TROISIEME ET DERNIÈRE

ENCYCLOPEDIE

THÉOLOGIQUE,

OU TROISIÈME ET DERNIÈRE

SÉRIE DE DICTIONNAIRES SUR TOUTES LES PARTIES DE LA SCIENCE RELIGIEUSE,

OFFRANT EN FRANÇAIS, ET PAR ORDRE ALPHABÉTIQUE,

LA PLUS CLAIRE, LA PLUS FACILE, LA PLUS COMMODE, LA PLUS VARIÉE
ET LA PLUS COMPLÈTE DES THÉOLOGIES.

CES DICTIONNAIRES SONT CEUX :

DE PHILOSOPHIE CATHOLIQUE, — D'ANTIPHILOSOPHISME, —
DU PARALLÈLE DES DOCTRINES RELIGIEUSES ET PHILOSOPHIQUES AVEC LA FOI CATHOLIQUE, —
DU PROTESTANTISME, — DES OBJECTIONS POPULAIRES CONTRE LE CATHOLICISME, —
DE CRITIQUE CHRÉTIENNE, — DE SCHOLASTIQUE, — DE PHILOLOGIE DU MOYEN AGE, — DE PHYSIOLOGIE, —
DE TRADITION PATRISTIQUE ET CONCILIAIRE, — DE LA CHAIRE CHRÉTIENNE, — D'HISTOIRE ECCLÉSIASTIQUE, —
DES MISSIONS CATHOLIQUES, — DES ANTIQUITÉS CHRÉTIENNES ET DÉCOUVERTES MODERNES, —
DES BIENFAITS DU CHRISTIANISME, — D'ESTHÉTIQUE CHRÉTIENNE, — DE DISCIPLINE ECCLÉSIASTIQUE, —
D'ÉRUDITION ECCLÉSIASTIQUE, — DES PAPES ET CARDINAUX CÉLÈBRES, — DE BIBLIOGRAPHIE CATHOLIQUE, —
DES MUSÉES RELIGIEUX ET PROFANES, — DES ABBAYES ET MONASTÈRES CÉLÈBRES, —
DE CISELURE, GRAVURE ET ORNEMENTATION CHRÉTIENNE, — DE LÉGENDES CHRÉTIENNES, — DE CANTIQUES CHRÉTIENS,
— D'ÉCONOMIE CHRÉTIENNE ET CHARITABLE, — DES SCIENCES POLITIQUES ET SOCIALES,
DE LÉGISLATION COMPARÉE, — DE LA SAGESSE POPULAIRE, — DES ERREURS ET SUPERSTITIONS POPULAIRES, —
DES LIVRES APOCRYPHES, — DE LEÇONS DE LITTÉRATURE CHRÉTIENNE EN PROSE ET EN VERS, —
DE MYTHOLOGIE UNIVERSELLE, — DE TECHNOLOGIE UNIVERSELLE, — DES CONTROVERSES HISTORIQUES, —
DES ORIGINES DU CHRISTIANISME, — DES SCIENCES PHYSIQUES ET NATURELLES DANS L'ANTIQUITÉ,
— DES HARMONIES DE LA RAISON, DE LA SCIENCE, DE LA LITTÉRATURE ET DE L'ART AVEC LA FOI CATHOLIQUE.

PUBLIÉE

PAR M. L'ABBÉ MIGNE,

ÉDITEUR DE LA BIBLIOTHÈQUE UNIVERSELLE DU CLERGÉ,

OU

DES COURS COMPLETS SUR CHAQUE BRANCHE DE LA SCIENCE ECCLÉSIASTIQUE.

PRIX : 6 FR. LE VOL. POUR LE SOUSCRIPTEUR A LA COLLECTION ENTIÈRE, 7 FR. ET MÊME 8 FR., POUR LE SOUSCRIPTEUR
A TEL OU TEL DICTIONNAIRE PARTICULIER.

60 VOLUMES, PRIX : 360 FRANCS.

TOME DIX-NEUVIÈME.

DICTIONNAIRE DES HARMONIES DE LA RAISON ET DE LA FOI.

PRIX : 8 FRANCS.

—

TOME UNIQUE.

—

S'IMPRIME ET SE VEND CHEZ J.-P. MIGNE, EDITEUR,
AUX ATELIERS CATHOLIQUES, RUE D'AMBOISE, AU PETIT-MONTROUGE,
BARRIÈRE D'ENFER DE PARIS.

1856

DICTIONNAIRE

DES

HARMONIES

DE LA RAISON ET DE LA FOI,

OU

EXPOSITION DES RAPPORTS DE CONCORDE ET DE MUTUEL SECOURS

ENTRE LE DÉVELOPPEMENT CATHOLIQUE,

DOCTRINAL ET PRATIQUE,

DU CHRISTIANISME

ET TOUTES LES MANIFESTATIONS RATIONNELLES,

PHILOSOPHIQUES, SCIENTIFIQUES, LITTÉRAIRES, ARTISTIQUES ET INDUSTRIELLES,

DE LA NATURE HUMAINE

INDIVIDUELLE ET SOCIALE.

PAR L'ABBÉ LE NOIR.

Etsi fides sit supra rationem, nulla tamen vera dissensio, nullum dissidium inter ipsas inveniri unquam potest, cum ambæ ab uno eodemque immutabili veritatis fonte, Deo optimo maximo, oriuntur, atque ita sibi mutuam opem ferant.....
Rationis usus fidem præcedit, et ad eam hominem, ope revelationis et gratiæ, conducit.....

(Propositions 1re et IIIe de la déclaration de la congrégation de l'Index contre le traditionalisme, envoyée par le Saint-Siége à Mgr l'archevêque de Paris.)

PUBLIÉ PAR M. L'ABBÉ MIGNE,

ÉDITEUR DE LA BIBLIOTHÈQUE UNIVERSELLE DU CLERGÉ,

OU

DES **COURS COMPLETS** SUR CHAQUE BRANCHE DE LA SCIENCE RELIGIEUSE.

TOME UNIQUE.

PRIX : 8 FRANCS.

S'IMPRIME ET SE VEND CHEZ J.-P. MIGNE, ÉDITEUR,
AUX ATELIERS CATHOLIQUES, RUE D'AMBOISE, AU PETIT-MONTROUGE,
BARRIÈRE D'ENFER DE PARIS.

1856

Imprimerie MIGNE, au Petit-Montrouge.

INTRODUCTION.

§ I⁺. — *But.*

Le titre de l'ouvrage que nous entreprenons ouvre devant l'esprit de vastes horizons dont nous n'avons pas la prétention d'embrasser l'étendue, de scruter les détails. Pour atteindre ce but, il faudrait faire une encyclopédie d'un genre nouveau; il faudrait prendre tous les mots qui composent le répertoire de l'intelligence humaine, traiter à tous les points de vue la vérité ou l'erreur que chacun d eux exprime, et faire ressortir les rapports d'harmonie qui existent, dans la réalité des choses, sur chaque question, entre la solution donnée par les voix de la nature et la solution donnée par celles de la révélation. Il faudrait faire comprendre à tout lecteur, par l'analyse la plus détaillée, la plus minutieuse, la plus approfondie, que l'ordre surnaturel de la rédemption ne blesse, en aucun point, l'ordre naturel de la création, et que, s'il existe des différences entre ces deux ordres, elles ne consistent jamais que dans le rapport de la supériorité à l'infériorité, du plus au moins, du contenant au contenu, en ce sens que chacune des voix de la nature humaine, celle de la raison, celle du sentiment, celle de l'observation, celle de l'art, celle de l histoire, celle de la philosophie, celle de la littérature, toutes celles des sciences, venant donner réponse à un problème, chacune des voix de la révélation, celle de l'antique prophétie, celle de l'Evangile, celle de l'Eglise, ne fait qu'ajouter une lumière nouvelle à la première loin de l'éteindre, éclairer la même vérité loin de l'obscurcir, en multiplier les aperçus et en agrandir la connaissance, toutes les fois qu'il plaît à ce rayon divin, venant des régions supérieures, nommé la parole révélée, de se projeter sur nous.

Tel serait le plan de l'encyclopédie des rapports harmoniques de la raison et de la foi, plan sans limites que remplissent de concert, depuis le commencement du monde, l'esprit de l'homme et l'esprit de Dieu descendu chez l'homme, qu'ils vont développant sans cesse en suivant la loi des créatures qui est celle du progrès, mais qu'il n'est encore venu dans l'idée d'aucune génération de transmettre à la génération suivante, au moyen de résumés écrits, pour la somme relative à son développement philosophique, scientifique, artistique, littéraire et industriel.

L'humanité fait de la science, de la philosophie, de la littérature, de l'industrie, de l'art; elle fait aussi de la théologie; c'est à travailler sur ces divers objets qu'elle passe son temps, qu'elle dépense ses forces; elle a raison, c'est la loi de Dieu qu'elle accomplit de la sorte; et elle ira l'accomplissant de mieux en mieux, parce que, découvrant de plus en plus, elle sentira de mieux en mieux le besoin de découvrir encore; mais un grand malheur, c'est qu'en étudiant les parties, elle néglige leurs rapports; c'est qu'elle détache les choses que Dieu a liées; c'est qu'elle ne pense pas à la synthèse. Pour faire de la science, elle se met en dehors de la théologie; pour faire de la théologie, elle se met en dehors de la science : voilà le défaut des travaux humains; toujours diviser sans réunir. La division est nécessaire pour pénétrer dans les éléments des choses, mais la réunion, la reconstruction ne l'est pas moins; c'est par elle que nous pouvons comprendre la magnificence de l'œuvre de Dieu, et en embrasser les harmonies profondes dans une mesure suffisante, toute limitée qu'elle soit, pour nous élever à la plénitude de l'adoration relative aux puissances dont nous disposons dans cette vie, et propre à nous préparer une vie future selon le plan divin.

Voilà donc le grand vice de nos études. Il semble que, pour nous livrer à la contemplation des beautés de la nature, il faille tourner le dos à celles de la grâce; que pour nous jeter dans la méditation des richesses de la grâce, il faille honnir à jamais celles de la nature. Si tel devait être, jusqu'à la fin, le résultat des travaux de l'esprit, il faudrait les maudire et leur préférer l'ignorance unie à la bonté d'intention, puisque cette ignorance conserve, au moins en gros, la grande synthèse des deux ordres; le paysan chrétien cesse-t-il d'admirer Dieu dans les étoiles de son hémisphère, et dans la verdure de ses champs, pour aller prier dans l'église du village ? Cesse-t-il d'adorer Dieu sous les symboles ecclésiastiques pour l'adorer dans le soleil du matin ?

N'est-il pas triste de penser que le savant d'une part, et le théologien, d'autre part, sont souvent sortis de leurs scrutations avec la perte à peu près totale de l'un des deux horizons au profit de l'autre, de cette précieuse synthèse que possède vaguement le pieux charbonnier, et que le pur instinct qu'il a reçu de Dieu entretient toujours dans son cœur et dans son âme ? Le travail intellectuel ne devrait-il pas avoir l'effet contraire ? N'est-il pas évident que, les deux ordres étant deux manifestations parallèles du même Dieu, la connaissance plus approfondie de chacun d'eux doit soutenir et éclairer celle de l'autre ?

Le fâcheux résultat que nous signalons comme un des plus effrayants mystères de cette vie, et dont notre siècle nous offre une recrudescence attristante pour toute âme qui voudrait aimer ses contemporains, ne peut s'expliquer que par la passion humaine de l'exclusivisme. La plupart des hommes sont mus, non par le bon sens et par le raisonnement qui est le développement pratique du bon sens, mais par l'amour et par la haine ; et, dans la plupart, l'amour d'une chose fait germer la haine de tout ce qui n'est pas elle. Or c'est précisément cette tendance qu'il est urgent de combattre. Il est bien, il est beau d'aimer ce qui est aimable, à quelque catégorie d'êtres que la chose appartienne, parce qu'elle est toujours un effet de la beauté infinie, parce qu'en l'aimant, c'est toujours Dieu qu'on aime ; il est bien, il est beau de haïr ce qui en est la négation, parce que cette haine n'est autre qu'une des formes du même amour, et, alors, plus la haine est énergique, plus elle est méritoire et digne de louange. Mais il ne faudrait jamais se tromper sur l'objet digne de haine. Haïr une chose, parce qu'elle est autre que celle qu'on aime, sans lui être contradictoire, c'est haïr Dieu dans son œuvre, parce qu'on l'aime dans son œuvre ; quelle antithèse ! quel désordre ! si cette absurdité était raisonnée, elle serait l'impiété même.

Nous faisons ce livre plutôt pour appeler à l'atelier de la grande synthèse catholique les ouvriers de l'intelligence, que pour la présenter déjà faite ; plutôt pour semer des idées générales, des plans au hasard, que pour offrir un édifice construit ; plutôt pour battre le rappel des soldats de Dieu entre deux camps ennemis, et leur crier : Venez bâtir vos tentes, venez les confondre sous le même ciel, que pour leur fournir des cités toutes bâties. Ce n'est pas l'œuvre d'un homme de rassembler dans un tableau les harmonies des deux univers, c'est l'œuvre de l'humanité lettrée tout entière ; et si cette œuvre est commencée, le tableau ne l'est pas, les matériaux s'entassent, les couleurs se broient, mais la toile attend, et les pinceaux dorment. Supposez que, dès l'origine des élucubrations humaines en tous genres, chacun eût travaillé dans le but de couvrir un coin de ce tableau, y eût jeté ses hachures, il suffirait à notre âge, à chacun de nous, d'ajouter sa contribution ; la mission serait simple et facile. Mais tout est pêle-mêle, il faut un triage universel ; qui fera ce triage ? Nous le répétons, ce n'est pas un homme ; mais il faut bien qu'un homme commence, et nous commençons.

Dieu bénisse la bonne volonté qui nous inspire, en nous donnant des continuateurs !

§ II. — *L'idée n'est pas nouvelle.*

Nous avons dit une chose qui serait fausse et injuste, si elle n'était expliquée.

Le tableau se compose en réalité depuis le commencement du monde, et tous les philosophes amis de Dieu et de l'homme, tous les génies honnêtes, en sont les peintres ; ils se succèdent à l'œuvre, sans cesse animés de la pensée sainte, aussi vieille que le genre humain, qu'on a exprimée, depuis longtemps aussi, par les mots de syncrétisme, de conciliation, de synthèse, d'accord, d'harmonie.

Dans l'antiquité païenne, au sein de cette grande ombre qui s'étendait sur presque tout l'univers, si Dieu permit, dans sa bonté, que quelques feux s'allumassent, tels que les Pythagore, les Platon, les Socrate, les Aristote, les Kong-feu-tseu, les Zoroastre, le principal souci de ces grands hommes ne fut-il pas, tout en fondant leurs constructions dogmatiques et morales sur le bon sens qu'ils tenaient de Dieu, de recueillir avec soin les traditions des peuples pour extraire, du mélange confus qu'elles présentaient, les vérités conciliables avec les enseignements de la raison, et faire, de la sorte, un commencement de synthèse entre la loi naturelle qu'ils trouvaient dans leur intelligence, et ce qu'ils pouvaient ressaisir à grande peine du vrai surnaturel primitivement révélé ? L'alliance, dans Platon, d'un respect profond pour les traditions populaires, avec une confiance plus profonde encore dans les évidences de sa raison, qu'il considérait comme autant de reflets des idées éternelles, restera toujours le grand type ancien de la pensée conciliatrice que nous venons d'exprimer.

Quand le christianisme répandit ses immenses clartés, ne vit-on pas tous les génies, la plupart dans le christianisme lui-même, tels que Justin, Clément d'Alexandrie, Origène, Augustin, quelques autres encore égarés dans les voies obliques, tels que Plotin et Numénius, poursuivre la même tâche ?

Les immortels travaux de la théologie scolastique, des Anselme, des Thomas d'Aquin, des Scot, des Bonaventure, ne sont-ils pas des développements du même syncrétisme ?

Et, plus tard, que sont les Descartes, les Bacon, les Leibnitz, les Mallebranche, les Bossuet, les Fénelon, les Locke, les Kant eux-mêmes, en un mot, toutes nos lumières modernes, sinon des travailleurs ardents sous l'aiguillon d'une pensée commune, celle de concilier la raison avec la foi ?

Ne disons donc pas que la toile dont nous avons l'idée soit restée sans artistes pour la couvrir.

Mais, ce qu'on n'a pas fait, ce qu'on n'a pas même commencé, c'est la coordination des parties, c'est le résumé, c'est le plan méthodique, n'ayant pour but que la synthèse elle-même. Chacun apportait sa pierre à l'édifice commun, mais ciselée, à sa façon, et sans tenir assez compte des moulures déjà faites. On présentait son système quelquefois avec un peu d'orgueil, et en attaquant trop le système des autres ; on était plutôt un instrument d'harmonisme dans les mains de Dieu qu'on ne voulait soi-même l'être, et il en résulta trop souvent l'apparence des contradictions. Tâchons, aujourd'hui, de concilier avec la volonté de le faire.

§ III. — *Plan de composition*

Il s'agit d'un horizon sans bornes, de celui tout entier dont l'homme est le centre, mais considéré dans ses rapports avec la religion, et par suite, avec les destinées surnaturelles de l'humanité dans ce monde et dans l'autre. Si donc nous voulons oublier le moins possible, dans la moisson que nous osons entreprendre, faisons d'abord une classification générale anthropologique dans le sens complet du mot, dont les divisions principales viendront poser tour à tour devant nous les questions, avertiront notre esprit et provoqueront notre attention, comme les jalons préalablement fixés arrêtent les yeux du géomètre.

Si l'on prend l'homme tel qu'il s'offre à l'observation dans la société, avec les éruptions phénoménales de son être, et toutes les causes mystérieuses dont ces éruptions provoquent le soupçon et déterminent l'étude, on aperçoit de prime abord trois ordres de manifestations : l'ordre de la science qui a pour sujet l'intelligence humaine, et pour objet le *vrai*, lequel est de deux sortes : le vrai physique représenté par le monde des corps, et le vrai métaphysique représenté par le monde des esprits ; ce qui divise la science humaine ou l'ensemble des idées humaines en deux parties, les sciences physiques et les sciences métaphysiques ou philosophiques.

L'ordre de la morale qui a pour sujet principal la volonté, et pour objet le *bien*, lequel est de deux sortes, le bien matériel et le bien spirituel ; ce qui divise la morale humaine en deux parties ; la morale politique renfermant la politique proprement dite, l'économie, l'industrie, tout ce qui se rattache au bien-être présent, et la morale religieuse qui élève plus haut et plus loin ses espérances.

Enfin, l'ordre artistique ou esthétique qui a pour sujet principal le sentiment, et pour objet le *beau*, lequel est de deux sortes, le beau matériel et le beau spirituel, ce qui divise encore l'esthétique humaine en deux parties, l'esthétique des arts et l'esthétique des lettres.

Quant à la base sur laquelle repose tout cet échafaudage, elle est naturelle ou logique : naturelle, s'il s'agit des réalités elles-mêmes correspondantes aux idées humaines, s'il s'agit du vrai, du bien et du beau pris en soi; logique, s'il s'agit de la certitude et de la démonstration de ces réalités, certitude et démonstration qui nous sont relatives.

Or, la base naturelle est Dieu même ou l'*Etre*, c'est-à-dire la réalité parfaite et absolue ; et la science qui en traite se détache des sciences métaphysiques, sous le nom d'*ontologie*, ou de *théologie* dans le sens restreint et étymologique du mot.

La base logique est l'idée que nous avons de nous-mêmes et de Dieu, le sentiment et la vision intellectuelle, clairs et distincts, qui sont en nous, de notre réalité et de celle de notre cause; et la science qui traite de cette idée, ainsi que des certitudes déductives qu'elle peut engendrer, se détache également des sciences métaphysiques sous le nom de *logique*, ou traité de la nature humaine.

Cela posé, deux flambeaux sont allumés par Dieu même pour éclairer l'humanité dans son voyage : le flambeau de la raison naturelle, qui n'est au fond qu'une révélation divine générale ou individuelle, médiate ou immédiate, intuitive ou déductive, extérieure ou intérieure, traditionnelle ou purement rationnelle, mais ayant sa place dans les conditions mêmes de la nature humaine, telle que Dieu l'a créée, et telle que l'homme la possède encore, malgré les pertes que lui a fait essuyer la déchéance ; et le flambeau de la révélation surnaturelle, qu'on appelle aussi le flambeau de la foi, dont les réflecteurs sont l'Ecriture et la tradition sacrée.

Or, ces deux flambeaux pourraient éclairer de concert les trois ordres que nous avons signalés, déployer leurs rayons sur toute leur étendue, sur leurs divisions et sous-divisions. Mais il n'en est pas ainsi.

La révélation surnaturelle se borne, en général, à éclairer directement la morale religieuse et les vérités dogmatiques de la métaphysique servant de fondement à cette morale, tandis que la raison naturelle étend ses investigations, aussi loin qu'elle le peut, sur les trois ordres, et sur tout ce qui en est dépendant, sans atteindre aux dernières hauteurs de la philosophie et de la religion, réservées à l'autre lumière.

Il suit, de cette explication, qu'on doit considérer la série des vérités humaines comme divisées en trois zones, dont la plus élevée est éclairée par le flambeau de la révélation, la plus basse par celui de la raison, et l'intermédiaire par les lumières confondues des deux flambeaux.

Ce n'est pas encore tout. Les deux lumières ont leur foyer primitif aux portes de l'Eden, berceau du monde, et prennent, l'une et l'autre, de l'intensité à mesure que les temps se développent; la première par l'addition successive de révélations nouvelles qui se superposent, et qui toutes se complètent enfin dans la grande révélation du Christ; la seconde par les découvertes successives de la raison accomplissant sa mission divine et réalisant le progrès qui lui est propre.

Or, sous ce rapport, qui est celui de l'histoire, elles divisent les zones qu'elles éclairent, dont la longueur est celle de la vie terrestre de la famille humaine, en trois échelles dont voici le tableau.

Le foyer primitif de la révélation surnaturelle avec son développement traditionnel forme la première dans l'ordre supérieur; elle s'appuie sur l'Eden et se termine à Moïse.

Le foyer mosaïque surajouté aux rayons du premier, avec son développement manifesté par l'Ecriture, forme la seconde; elle s'appuie sur Moïse et aboutit à Jésus-Christ.

Le foyer chrétien, qui est la plénitude de la révélation surnaturelle, forme la troisième avec son développement catholique dans l'Eglise et par l'Eglise; elle s'appuie sur le Christ et finit à la grande consommation des destinées humaines dans les splendeurs de l'éternité.

Dans l'ordre naturel, la raison avec ses développements donne aussi trois périodes.

La première commence avec le foyer naturel lui-même aux portes de l'âge d'or, et comprend le développement rationnel, le progrès humain, se manifestant dans la tradition parallèlement au progrès surnaturel, jusqu'aux éruptions grandioses de la philosophie écrite, lesquelles occupent plusieurs siècles dont Platon est le représentant par excellence.

La seconde s'ouvre quelques siècles après Moïse sur les bords du Gange, de l'Indus, de l'Euphrate, de l'Hoang-ho et du Céphise, avec les Vyaça, les Bouddha, les Zoroastre, les Koung-feu-tseu et les Platon, et se ferme successivement, selon les lieux, à mesure que la lumière chrétienne vient montrer ses splendeurs.

Enfin la troisième commence avec l'apparition du christianisme chaque fois qu'il se lève sur une nouvelle contrée, et se poursuit par le développement même des harmonies des deux lumières.

Cette période a commencé, pour les nations privilégiées, à la naissance même du christianisme; elle commence encore, tous les jours, pour celles qui n'étaient appelées que plus tard; et elle ne finira que dans l'avenir, quand la foi catholique n'aura plus de nations à conquérir, et que, dans les nations conquises, tous les problèmes étant résolus, toutes les difficultés éclaircies, la raison aura fait sa paix définitive avec elle.

Ce jour luirait sur la terre dans sa clarté parfaite, si la terre était un séjour immortel et le théâtre de nos dernières fins; mais, n'étant qu'un lieu de passage, il est à croire que, tout en avançant vers l'harmonie complète, en vertu de la loi du progrès, l'humanité ne jouira jamais de cette harmonie dans sa plénitude.

Nous n'avons pas tout dit :

Les deux courants, dont l'un est le courant naturel de la raison, l'autre le courant de la révélation, supérieur à la nature, engendrent, par les vices de l'humanité, par ses abus, ses imperfections, ses faiblesses, deux autres courants opposés qui se propagent en sens parallèle aux deux premiers, et sont avec eux en répulsion constante : ce sont les deux courants de l'erreur, de la déviation, du mal, dont l'un est celui des aberrations de la raison, celui de la nature altérée, celui de la philosophie mauvaise, et l'autre celui des aberrations de la foi, du faux surnaturel, des révélations mensongères.

Les deux courants de l'ordre naturel se repoussent dans toute leur étendue; les deux courants de l'ordre surnaturel se repoussent également, à peu près comme les fluides électriques qui portent le même nom; mais la répulsion la plus forte se manifeste du bon courant surnaturel au mauvais du même ordre, et, par suite, on doit se représenter ces deux courants aux deux côtés extrêmes de la traînée humaine. Les deux autres en occupent le centre où ils se repoussent aussi. Il y a, au contraire, attraction constante entre la révélation vraie et la droite raison, et, quant aux révélations fausses et à la raison égarée, il y a confusion perpétuelle dans leurs rapports.

Les deux traînées de l'erreur, de la superstition, du mensonge sont destinées à des métamorphoses, et à disparaître en fin de compte.

Les deux autres sont appelées à s'harmoniser, à s'unir, à se fusionner même, pour former la lumière complète, et seront immortelles.

C'est à la neutralisation des deux mauvais courants que travaillent les intelligences droites, les volontés pures, et elles travaillent en même temps, par cette épuration même, à faire briller l'harmonie des deux bons.

Nous apportons notre part d'efforts à cette grande œuvre de l'humanité en ce monde.

Quel sera donc notre plan ?

Quelques paroles suffiront maintenant pour le mettre en lumière.

Prendre les questions principales que présentent les trois ordres du répertoire des idées humaines; celles que présentent les sciences métaphysiques et les sciences naturelles; celles que présentent la morale des corps et la morale des âmes; celles que présentent l'esthétique des lettres et l'esthétique des arts; et montrer les rapports harmoniques entre les réponses que font à ces questions la révélation dans ses trois phases et la raison dans les siennes.

Tel est notre plan.

Nous avons dit qu'il est une zone de vérités supérieures que la révélation éclaire seule ou à peu près seule, une zone que la raison éclaire seule aussi, et une zone mixte qui se trouve éclairée par les deux flambeaux à la fois.

Nous aurons donc à faire bien comprendre comment, sur ces vérités mixtes, les deux lumières sont en tout point d'accord; comment, sur les vérités de l'ordre supérieur, la révélation ne pose ou n'implique aucun principe dont la raison ne puisse accepter la possibilité et toutes les déductions; et enfin, comment, sur les vérités de l'ordre rationnel pur, la raison ne pose ou n'implique elle-même aucun principe et aucune déduction que la révélation n'accueille, sans aucune crainte pour ses certitudes.

Matière immense ! mais nous l'avons dit, nous jetons seulement des fondations sur lesquelles d'autres pourront bâtir.

§ IV. — *Opportunité de ce travail.*

L'exposé qui précède suffit pour faire comprendre l'utilité de l'ouvrage dont nous avons l'idée, dans toutes les époques de la durée du monde. Deux voix, en effet, deux grandes voix retentissent sans cesse dans l'humanité, vibrent dans ses plus intimes profondeurs, et sont répétées par tous les échos. La première sort du fond même de son être ; c'est la voix de la conscience, de cette raison intérieure que tout homme possède à des degrés divers et dont aucun n'étouffera les cris. La seconde vient du dehors, vient par les oreilles ; elle porte à la première de grandes nouvelles sur nos destinées ; elle présente à son acceptation des vérités saintes ; c'est la révélation. Toutes deux sont des explosions de la Divinité dans l'être humain ; l'une c'est Dieu par dedans, l'autre Dieu par dehors ; l'une, Dieu substance de notre substance ; l'autre, Dieu enveloppe de notre enveloppe. Or comme Dieu ne saurait se contredire, ces deux voix doivent pousser les mêmes cris. Mais qu'arrivera-t-il si l'impression contraire se produit en nous ; si la voix du dehors nous appelle à gauche, pendant que l'autre nous appelle à droite ? nous tomberons dans la fièvre du vertige ou dans la mort de l'indifférence et du doute. Cependant nous avons observé, et c'est un fait humain trop visible, que les deux voix ont leurs contrefaçons ; or il n'est pas difficile de s'y méprendre ; c'est d'ailleurs en se trompant de cette sorte qu'on arrive à entendre des appels qui se nient réciproquement, car dans l'empire des fausses lueurs, des illusions, des magiques féeries, la contradiction règne ; dans les réalités seulement se déploie l'harmonie, s'engendrent éternellement la concorde et la paix. Il est donc bien utile de travailler sans cesse à chasser l'illusion, à étouffer ses cris, afin que la droite nature et la grâce véritable restent seules et soient seules écoutées.

Voilà ce qui fut important dans le passé, ce qui le sera dans l'avenir.

Mais si nous étudions notre âge, cette utilité prend des proportions plus considérables.

Deux systèmes également déplorables et désastreux se partagent depuis quelques années la majorité des esprits. Ce sont deux exagérations monstrueuses, deux évolutions sataniques qui s'étaient déjà montrées, sous d'autres formes, au temps des hérésies pélagienne et prédestinatienne qu'Augustin frappait aux deux extrêmes du champ de bataille dont il occupait le centre. L'un s'appelle le *naturalisme* exclusif ; l'autre s'appelle le *surnaturalisme* exclusif ; et tous deux sont également distincts de la vérité qui harmonise le naturel et le surnaturel, l'œuvre du Créateur et l'œuvre du Fils incarné, laquelle s'appelle le *catholicisme*.

Le naturalisme ne croit qu'à la nature et ne veut écouter que la raison.

Le surnaturalisme ne croit qu'à la grâce et ne veut écouter que la révélation.

Le premier s'épuise en efforts pour déprécier l'œuvre de Jésus-Christ dans ce qu'elle a de mystérieux, de miraculeux, de supra-naturel.

Le second s'épuise en efforts pour déprécier celle de Dieu dans ce qu'elle a de conforme aux lois rationnelles et ordinaires auxquelles il l'assujettit dès le principe.

L'un ne veut percevoir le vrai, aimer le bien, admirer le beau, que dans les limites du cours ordinaire et régulier des choses.

L'autre ne veut percevoir le vrai, aimer le bien, admirer le beau, qu'en dehors de ces limites, et dans l'auréole supérieure où s'épanouit la révélation surnaturelle.

Si chacun de ces systèmes se contentait de prendre ses ébats dans le milieu qui aurait plus spécialement ses sympathies, le mal serait petit et facile à guérir ; mais il n'en est pas ainsi. Chacun d'eux s'acharne à l'attaque, et entreprend plutôt de faire haïr ce que l'autre respecte que de faire aimer ce qu'il aime.

C'est la guerre, la discorde, la division entre deux éléments que Dieu a destinés à s'entr'aider pour servir de colonnes à l'édifice des vérités religieuses et sociales. C'est le plus grand des maux qui pût arriver au monde.

Par des répulsions qui s'expliquent facilement, le philosophe, le savant, le politique, le moraliste, le philanthrope, le littérateur, l'artiste sont refoulés, loin de la voie moyenne qui mène à la vie, par les excès révoltants du surnaturalisme dont nous parlons, et le même effet se produit, en sens contraire, par des réactions contre les excès du naturalisme ; de sorte qu'en supposant indéfinie la durée de ces répulsions, de ces contre-coups, de ces violents cahots, on serait conduit à désespérer de l'avenir.

Il est donc opportun de travailler à la réconciliation de ces extrêmes, en les rapprochant : tâche qui ne peut s'accomplir que par l'épuration de ce qu'il y a de vrai dans chacun d'eux. Cette épuration faite, ils s'embrasseront ; car la vérité se reconnaîtra, et la vérité n'a pour elle-même que de l'amour.

N'est-ce pas cette union qui, réalisée dans les âmes, constitue le règne même du catholicisme ? il est ainsi nommé de ce qu'il embrasse tout dans son domaine, vérités, temps, lieux, hommes, par destination de Jésus-Christ ; et il est évident que son triomphe ne sera complet que du jour où cette union sera consommée, puisque, jusqu'alors, il restera des régions, des vérités, des âmes non conquises, et reposant loin de ses foyers.

Ils sont funestes et malheureux les hommes qui cherchent à perpétuer les répulsions ! ne les maudissons pas, ne maudissons ni ceux d'un camp, ni ceux de l'autre camp, de peur de condamner des égarés que leur conscience rend justes ; mais combattons leur propagande aveugle ; c'est dans les jours où leurs efforts redoublent que les amis de la vérité complète doivent serrer leurs rangs et montrer leur bravoure.

Quand il s'agit de faire accepter au monde romain la religion du crucifié de Judée, tous les génies de l'époque qui combattirent pour elle, et qu'on a nommés les Pères de l'Eglise, adoptèrent pour tactique de prendre la philosophie rationnelle comme médiatrice entre le naturalisme païen et le surnaturalisme évangélique. Cette tactique, inspirée par l'idée même que nous exposons, eut pour résultat de christianiser le monde romain. Pourrions-nous mieux faire que de là continuer, dans un siècle où les exagérations des partis contraires tendent à nous replonger dans un religiosisme purement naturel, ou à nous jeter dans un fanatisme insensé, afin de garantir les fruits de leurs travaux, et de concourir dignement, pour notre part, à la consommation de leur entreprise ?

§ V. — *Esprit de l'ouvrage.*

Cet esprit se résume dans trois mots : bonne foi, impartialité, bienveillance. Point de ruses, point de réticences, point d'aigreur, point de passion, même dans l'intérêt de la vérité ; justice à l'égard de toutes les idées, de tous les hommes, de toutes les opinions, de sorte que Satan lui-même ne puisse jamais se plaindre avec raison. Loin de chercher à désunir, efforts constants pour concilier et rapprocher ; aveux quand la conscience en demande ; honnêteté dans la composition ; jamais de malveillance.

Voilà nos règles. Nous demandons à Dieu la grâce de ne les violer jamais. Nous lui demandons cette grâce, avec la passion de l'amour pour une cause sainte qui n'a d'ennemis dangereux que ses mauvais soldats.

§ VI. — *Exécution.*

Nous avons exposé notre plan. L'exécution ne saurait lui ressembler dans ses formes apparentes. Un dictionnaire est une collection d'articles placés sous les titres divers que la matière fournit et classés selon l'orthographe de ces titres. Or l'orthographe engendre par elle-même une série sans intelligence et sans ordre, un pêle-mêle plutôt qu'une série. Pour remédier à cet inconvénient, nous ferons consister l'ouvrage en un petit nombre d'articles qui seront des sortes de traités analytiques de plusieurs questions relatives entre elles, et nous ajouterons beaucoup de renvois pour le lecteur qui voudra lire ce qui concernera tel ou tel mot en particulier.

Nous ferons, de plus, une table qui indiquera une lecture suivie sur un plan méthodique, et qui sera courte pour la raison que nous venons d'exposer. Cette table satisfera la gravité philosophique, et l'ordre alphabétique la curiosité impatiente.

Nous indiquerons enfin, après chaque article, celui qui doit suivre dans l'ordre du plan.

Ce qui nuira le plus à l'exécution de notre travail sera l'immensité même des objets qu'il embrasse. Notre livre fourmillera de lacunes, il faut s'y attendre, et en fût-il exempt pour l'heure où nous l'exécutons, qu'il en serait rempli quelques années plus tard, vu les progrès en tout genre dont l'humanité va s'enrichissant perpétuellement, vu les rapports nouveaux qui se dévoilent, chaque jour, entre les vérités humaines et les vérités de l'ordre révélé. Notre insuffisance propre et l'imperfection de l'humanité même rendront ce défaut inévitable; mais, comme nous l'avons dit, ce n'est pas un dernier mot que nous allons écrire, c'est la première phrase d'un discours que d'autres achèveront.

En ce qui concerne les sciences, nous aurons soin de ne point entrer dans les détails qui demandent, pour être compris, des études spéciales. Si les mathématiques, en particulier, nous conduisent à quelques démonstrations dont la vue générale paraîtra indiquer une complication difficile à débrouiller, nous prions le lecteur de ne pas s'en effrayer. S'il désire comprendre, qu'il ait la patience de suivre pas à pas la figure avec l'explication, et n'eût-il aucune notion de ces sciences, il finira par saisir l'enchaînement.

Au reste, la variété ne manquera pas à l'ordre matériel du livre; on aurait tort de redouter la monotonie et l'uniformité : nous dirons, après l'avoir fait, ce que disait saint Clément d'Alexandrie de ses *Stromates*, ouvrage composé sur le berceau de l'Eglise, dans une pensée parfaitement conforme à la nôtre.

« Nos *Stromates* ressemblent à une prairie, mille objets divers s'y mêlent et s'y confondent, à la manière des fleurs, selon qu'ils se sont offerts à notre esprit, jetés sans ordre et sans art, quelquefois même dispersés à dessein

« Écrits de la sorte, ils seront pour moi un feu caché sous la cendre que l'on réveille au besoin.

« Et si, par hasard, ils tombent entre les mains d'un lecteur qui puisse être initié aux mystères de la connaissance, ils l'exciteront à y chercher, non pas sans labeur, ce qui peut lui servir.

« La justice veut que le travail précède la nourriture ; il est juste aussi que la fatigue précède la connaissance.

« Qui tend au salut et à la béatitude éternelle y tend par la voie laborieuse, qui est la voie véritable du Seigneur. » (*Stromates*, liv. VI, ch. 1er.)

§ VII. — *Epigraphe.*

Ce qui précède fut écrit il y a dix-huit mois, lorsque nous nous préparions à composer l'ouvrage que nous terminons aujourd'hui. Nous ne pensions pas alors à une épigraphe, et si, depuis, quelque idée nous en est venue, nous n'avons guère songé qu'à la phrase de Bacon : *Peu de philosophie éloigne de la religion, beaucoup y ramène.* Mais les propositions qui viennent d'être envoyées par le Saint-Siège à Paris contre nos traditionnalistes nous en fournissent une qu'on dirait composée tout exprès.

Voici le texte de ces propositions dont on peut voir la traduction à la fin de l'article Logique. Ce texte doit être conservé en son complet dans ce livre, avec les paroles de l'archevêque de Paris, dont nous l'accompagnons.

« Paris, le 12 décembre 1855.

« Messieurs et chers coopérateurs,

« Nous avons reçu dernièrement, de la part du Saint-Siége, communication des quatre propositions doctrinales qui ont été formulées et approuvées dans le sein de la Congrégation de l'*Index*. Nous accomplissons un devoir en vous les faisant connaître, parce qu'elles se rapportent à des écrits qui ont paru et à des controverses qui se sont élevées, principalement dans notre diocèse. Voici ces quatre propositions:

« I. *Etsi fides sit supra rationem, nulla tamen vera dissensio, nullum dissidium inter ipsas inveniri unquam potest, cum ambæ ab uno, eodemque immutabili veritatis fonte, Deo optimo maximo, oriantur atque ita sibi mutuam opem ferant.*

« II. *Ratiocinatio Dei existentiam, animæ spiritualitatem, hominis libertatem, cum certitudine probare potest. Fides posterior est revelatione, proindeque ad probandum Dei existentiam contra athæum, ad probandum animæ rationalis spiritualitatem, ac libertatem contra naturalismi ac fatalismi sectatorem allegari convenienter nequit.*

« III. *Rationis usus fidem præcedit, et ad eam hominem, ope revelationis et gratiæ, conducit.*

« IV. *Methodus, quo usi sunt D. Thomas, D. Bonaventura, et alii post ipsos scholastici, non ad rationalismum ducit, neque causa fuit cur, apud scholas hodiernas, philosophia naturalismum et pantheismum im-*

pingeret. Proinde non licet in crimen doctoribus et magistris illis vertere, quod methodum hanc, præsertim approbante vel saltem tacente Ecclesia, usurpaverint.

« Vous le voyez, Messieurs et chers coopérateurs, ces propositions sont dirigées contre ce système nouveau qui s'appelle *traditionnalisme*, et qui tend à enlever à la raison humaine toute sa force.

. . . .

« † Marie-Dominique-Auguste,
« *Archevêque de Paris.* »

Cet ouvrage n'est qu'un développement commencé de ces quatre propositions, dont la sagesse philosophique paraît dans chaque mot, et se montre sans la moindre tache.

Dans ce développement nous aurons pour juges, sur les matières de l'ordre naturel, la raison, la science et le bon goût; sur celles de l'ordre surnaturel, que nous sommes obligé d'aborder pour remplir notre plan, l'Eglise catholique.

S'il était possible de mettre rigoureusement en pratique, dans toutes les phrases d'un livre aussi long que le nôtre, la maxime de Fénelon, de Mallebranche, de Bossuet et des autres cartésiens fidèles à leur maître : *Si vous n'affirmiez que ce que vos idées claires présentent, si vous ne rejetiez que ce qu'elles excluent avec clarté, vous ne tomberiez jamais dans la moindre erreur.* (Fénelon, *Lettre au duc d'Orléans*.) Si cela était possible, et que notre conscience nous dît, avec la clarté cartésienne, que nous l'eussions fait, nous aurions, par là même, la certitude de nous trouver, de tout point, en plein accord avec tous les détails explicites ou implicites de l'enseignement ecclésiastique ; et, par suite, nous n'aurions qu'une prédiction à faire ici, celle d'un accueil absolu de la part de l'Eglise

Mais nous connaissons trop notre faiblesse pour ne pas conserver de la méfiance contre nous-même à l'égard de certaines hypothèses explicatives, dont la forme pourra sembler hardie. C'est pourquoi, par une prudence qui nous paraît très-logique, nous ne ferons, en assurant à l'avance notre soumission entière au juge de la question surnaturelle, qu'émettre le vœu et l'espoir de la bienveillance de ce juge à l'égard d'un fils de l'Eglise, dont le dévouement est sans bornes pour convoquer à son apothéose toutes les puissances vraies de la nature, la raison et la philosophie, les sciences et les lettres, l'industrie et l'art. — *Voy.* Philosophie-Théologie, 1er art. de la 1re partie.

TABLEAU INDICATEUR
DE L'ORDRE A SUIVRE DANS LA LECTURE DU DICTIONNAIRE DES HARMONIES.

Introduction.
Ire Partie. — *Les harmonies de la philosophie avec la foi catholique.*
IIe Partie. — *Les harmonies du symbole catholique avec la raison.*
IIIe Partie. — *Les harmonies de la science avec la foi catholique.*
IVe Partie. — *Les harmonies de la littérature, de l'art et de l'industrie avec la foi catholique.*

PREMIÈRE PARTIE.
Les harmonies de la philosophie avec la foi catholique.

1. — Philosophie. — Théologie.
2. — Rationalisme. — Traditionnalisme.
3. — Naturalisme. — Surnaturalisme.
4. — Logique. — Certitude de la foi.
5. — Abus de la raison. — Abus de la foi.
6. — Abstraction. — Distinction.
7. — Absurde (l'). — Le rationnel. — Le mystérieux.
8. — Absolu (l') de la raison. — Le Dieu de la foi.
9. — Raison. — Révélation.
10. — Ontologie. — Catéchisme chrétien.
11. — Théodicée. — Catéchisme chrétien.
12. — Trinité rationnelle (la). — La Trinité révélée.
13. — Psychologie. — Catéchisme chrétien.
14. — Jugement de la raison. — Jugement de la foi.
15. — Aberrations de la raison. — Aberrations de la foi.
16. — Morale philosophique. — Morale chrétienne.
17. — Acatalepsie de la raison. — Acatalepsie de la foi.
18. — Honnêteté. — Dévotion.
19. — Abnégation philosophique. — Abnégation chrétienne.
20. — Abrutissement. — Abandon de Dieu.
21. — Histoire de la philosophie. — Histoire de la théologie.
22. — Athéisme. — Raison.
23. — Panthéisme (le) — devant la raison et devant la révélation.
24. — Polythéisme (le) — devant la raison et devant le christianisme.
25. — Fatalisme (le) — devant la raison et devant le dogme catholique.
26. — Optimisme (l') — réfuté par Fénelon et Bossuet.
27. — Liberté de conscience (la) — présentée à la foi par la philosophie et la théologie.
28. — Intolérance (l') armée dans l'ordre religieux.
29. — Absolutisme. — Schisme

SECONDE PARTIE.

Les harmonies du symbole catholique avec la raison.

1. — Symbole catholique (le) — devant la foi et devant la raison.
2. — Foi. — Raison.
3. — Dieu — devant la foi et devant la raison.
4. — Sainte Trinité (le mystère de la) — devant la foi et devant la raison.
5. — Création (le dogme de la) — devant la foi et devant la raison.
6. — Déchéance (la) de l'humanité — devant la révélation et devant la raison.
7. — Rédemption (le mystère de la) — devant la foi et devant la raison.
8. — Incarnation (le mystère de l') — devant la foi et devant la raison.
9. — Conception (la) du Christ — devant la foi et devant la raison.
10. — Naissance (la) du Christ — devant la foi et devant la raison.
11. — Jésus (la vie de). — Les vies des grands chefs de religion et d'école.
12. — Passion de Jésus-Christ (la). — Mort de Socrate. — Mort de Jésus.
13. — Enfers (la descente de Jésus-Christ aux) — devant la foi et devant la raison.
14. — Résurrection du Christ (la) — devant la foi et devant la raison.
15. — Ascension de Jésus-Christ (l') — devant la foi et devant la raison.
16. — Glorification du Christ (la) — devant la foi et devant la raison.
17. — Jugement des âmes (le) par le Christ — devant la foi et devant la raison.
18. — Eglise catholique (l') — devant la foi et devant la raison.
19. — Infaillibilité (l') — dans l'ordre naturel et dans l'ordre surnaturel.
20. — Communion des saints (la). — La fraternité naturelle.
21. — Rémission des péchés (la) — dans l'ordre de la nature et dans l'ordre de la grâce.
22. — Résurrection de la chair (la) — devant la révélation et devant la raison.
23. — Vie éternelle (la) — devant la raison et devant la foi.
24. — Descente (la) de l'Esprit-Saint sur l'Eglise naissante — devant la foi et devant la raison.
25. — Livres sacrés (nos) — devant la foi et devant la raison.
26. — Justification (la) — devant la foi et devant la raison.
27. — Œuvres morales (les) ou les mérites — devant la foi et devant la raison.
28. — Grâce et liberté. — La grâce et la liberté dans l'ordre naturel et dans l'ordre surnaturel, devant la foi et devant la raison.
29. — Gratuité des grâces naturelles et des grâces surnaturelles.
30. — Inégalité de distribution des grâces naturelles et des grâces surnaturelles.
31. — Prescience et prédestination — dans l'ordre naturel et dans l'ordre surnaturel, devant la raison et devant la foi.
32. — Persévérance. — Persistance.
33. — Sacrement (le) catholique. — Le langage naturel.
34. — Baptême. — Ablutions.
35. — Confirmation (le sacrement de).
36. — Eucharistie (l') — devant la foi et devant la raison.
37. — Sacrifice de la messe (le) — devant la foi et devant la raison.
38. — Pénitence (le sacrement de) — devant la foi et devant la raison.
39. — Contrition (la) en tant que partie du sacrement de pénitence — devant la foi et devant la raison.
40. — Confession (la) — devant la foi et devant la raison.
41. — Satisfaction (la) en tant que partie du sacrement de pénitence — devant la foi et devant la raison.
42. — Extrême-onction (le sacrement d') — devant la foi et devant la raison.
43. — Ordre (le sacrement de l') — devant la foi et devant la raison.
44. — Mariage (la théologie du) — devant la foi et devant la raison, — ou philosophie, théologie et politique du mariage.
45. — Indulgences (les) — devant la foi et devant la raison.
46. — Immaculée conception (l') — devant la foi et devant la raison.
47. — Anges (la croyance aux) — devant la foi et devant la raison.
48. — Lois de l'Église (les) — devant la foi et devant la raison.

TROISIÈME PARTIE.

Les harmonies de la science avec la foi catholique.

1. — Science. — Religion.
2. — Stratégie dans la défense de la vérité catholique devant le progrès de la science.
3. — Académie. — Eglise.
4. — Mathématiques (sciences). — Philosophie religieuse.
5. — Cosmologiques (sciences). — Théologie naturelle et surnaturelle.
6. — Géologiques (sciences). — Genèse.
7. — Physiologiques (sciences). — Anthropologie chrétienne.
8. — Historiques (sciences). — Histoire sacrée.
9. — Cosmogonies philosophiques. — Cosmogonies traditionnelles.
10. — Déluge (le) — devant l'histoire sacrée et devant l'histoire profane.
11. — Sociales (sciences). — Morale catholique.
12. — Avenir (l') du monde présent — devant la science et devant la révélation.

QUATRIÈME PARTIE.

Les harmonies de la littérature, de l'art et de l'industrie avec la foi catholique.

1. — Art. — Religion.
2. — Imitation (l') — dans l'ordre naturel et dans l'ordre surnaturel.
3. — Littérature. — Catholicisme.
4. — Langage (le) matérialiste — spiritualiste — surnaturaliste.
5. — Eloquence. — Progrès religieux.
6. — Prédication chrétienne. — Vice radical à éviter.
7. — Tolérance oratoire (la) — pratiquée par saint Paul.
8. — Ecriture. — Progrès religieux.
9. — Poésie. — Progrès religieux.
10. — Peinture. — Progrès religieux.
11. — Sculpture. — Progrès religieux.
12. — Architecture. — Culte catholique.
13. — Spectacles ou drame en action. — Morale religieuse.
14. — Musique. — Progrès religieux.
15. — Gymnastique. — Morale religieuse.
16. — Bals somptueux. — Casuistique chrétienne.
17. — Esprit. — Piété.
18. — Industrie. — Christianisme.

NOTA. — *En sus de cette table, la lecture est encore indiquée, selon le même ordre, à la fin de chaque article, de sorte qu'en commençant par l'Introduction et en suivant selon les indications, on arriverait jusqu'à la fin.*

DICTIONNAIRE
DES HARMONIES
DE LA RAISON, DE LA SCIENCE, DE LA LITTÉRATURE, DE L'ART ET DE L'INDUSTRIE,
AVEC LA FOI CATHOLIQUE.

> *Etsi fides sit supra rationem, nulla tamen vera dissensio, nullum dissidium inter ipsas inveniri unquam potest, cum ambœ ab uno eodemque immutabili veritatis fonte, Deo optimo maximo, oriantur, atque ita sibi mutuam opem ferant.....*
> *Rationis usus fidem præcedit, et ad eam hominem ope revelationis et gratiæ conducit.*
>
> Bien que la foi soit au-dessus de la raison, aucune division véritable, aucun désaccord ne peut cependant jamais être découvert entre elles, puisque toutes deux sortent de la même source immuable de vérité, Dieu très-bon et très-grand, et qu'ainsi elles se prêtent un mutuel secours.....
> L'usage de la raison précède la foi, et y conduit l'homme avec le secours de la révélation et de la grâce.....
>
> (Première et troisième propositions de la déclaration de la congrégation de l'Index contre le traditionalisme, envoyée par le Saint-Siége à l'archevêque de Paris.)

A

ABERRATIONS DE LA RAISON.—ABERRATIONS DE LA FOI. (Ire part.,'art.15.)—Le mot *aberration* est employé par la science moderne pour exprimer des séries de phénomènes qui nous trompent sur leur véritable cause, en nous montrant les apparences différentes des réalités. C'est ainsi que les aberrations de la lumière des astres nous les font voir ailleurs qu'ils ne sont, en effet, dans l'espace.

Ces aberrations n'en sont pas, à proprement parler : ce sont des résultats de lois constantes et harmoniques prévus par le Créateur et voulus par lui dans le monde des corps ; il n'y a point en elles de déviations de la voie droite, car la voie droite est la loi, et la loi s'accomplit toujours, parce que l'être qui y est soumis n'a ni l'intelligence pour imaginer les fantaisies nouvelles, ni la volonté pour en accomplir.

Il n'en est pas de même dans le monde des âmes. Dieu leur a donné cette ressemblance avec lui-même, de concevoir des idées, des désirs, et de pouvoir les mettre à exécution. Il en résulte des aberrations véritables, c'est-à-dire, des égarements, des déviations à droite ou à gauche de la ligne dont la direction est la seule bonne, la seule voulue par l'éternelle sagesse.

Or on en peut distinguer de plusieurs sortes.

Si l'on considère l'individu moral, deux espèces d'aberrations peuvent s'y manifester, les erreurs et les crimes ; et si l'on considère l'humanité dans sa vie d'ensemble, dont l'histoire est le tableau, on en trouve encore deux espèces radicalement distinctes, les errements de la raison et les errements de la foi.

Pour se faire une idée juste de ces sortes d'aberrations, il faut commencer par comprendre que toute aberration suppose un centre d'où l'on s'éloigne pour se perdre dans l'inconnu, dans des milieux où l'on ne peut être qu'en souffrance. Ce centre est la règle, la loi, la vérité; c'est, en fait de science, le vrai ; en fait de morale, le bien; en fait d'art, le beau.

Cela posé, l'individu intelligent et libre peut s'écarter de ce centre par l'idée ou par la volonté.

S'en écarter par l'idée, c'est penser le faux, croire ce qui n'est pas, ne pas croire ce qui est ; mais, si à cet égarement ne vient pas se joindre un égarement de volonté, il en résulte seulement une aberration non coupable, qui ne tient qu'à une imperfection de science ou de jugement, et dont l'individu ne saurait être plus responsable que ne l'est un aveugle qui, ne voyant pas la ligne droite, suit des chemins tortueux.

Mais s'en écarter par la volonté libre, c'est faire le mal, c'est se rendre coupable devant sa conscience et devant Dieu. Cette sorte d'aberration devrait être ignorée parmi les hommes.

Demander quel est ce centre qu'on ne peut quitter sans s'égarer aussitôt dans l'une ou l'autre des deux aberrations, serait faire une question insoluble, tant elle serait compliquée, en ce qui regarde plus les erreurs de l'esprit; car il faudrait, pour la résoudre, faire l'énumération de toutes les vérités humaines, et qui oserait l'entreprendre? mais, par contre, facile à élucider, tant elle est simple, en ce qui regarde les erreurs de la volonté.

Quel est, en effet, le vrai, le bien et le beau pour une volonté libre? C'est uniquement l'harmonie qu'elle établit elle-même entre ses déterminations décisives et la manière de voir, de croire et de penser de sa conscience; si elle suit, en toute simplicité et bonne foi, cette manière de voir, elle sera dans le vrai, non pas de fait mais d'amour; elle l'embrassera en embrassant ce qu'elle prend pour son image, et Dieu lui en tiendra le même compte. Elle sera dans le bien; n'est-ce pas pour elle la perfection même que de s'assujettir à tout ce qu'elle croit bon ? elle se couronnera de l'auréole du beau, car le beau n'est autre, en ce moment, pour elle que l'harmonie même dont tous ses sentiments intimes lui témoignent la beauté; et il n'y aura point, chez elle, aberration morale, laquelle ne peut exister, par contre, que dans la contradiction qu'oppose la volonté à la voix de la conscience.

Venons aux aberrations qu'on pourrrait dire sociales, aux grandes aberrations historiques de l'humanité. Elles ne sauraient présenter le caractère moral du mérite ou du démérite, étant considérées dans leur généralité même; une collectivité ne pèche point en tant que collectivité, quoique ses errements généraux puissent résulter d'errements coupables des individus qui la composent. Pour trouver le mérite ou le démérite d'une erreur sociale, il faut redescendre à l'individu même, et, pour ainsi parler, individualiser cette erreur. Nous avons dit ce que nous avions à dire de l'aberration individuelle; nous n'avons donc pas à nous occuper davantage de l'aberration dans le mérite ou le démérite qui peut l'accompagner; mais il nous reste à constater une corrélation frappante entre l'ordre naturel de raison et l'ordre surnaturel de révélation par rapport aux grandes aberrations humaines.

Nous avons posé leur division première dans notre titre même; aberrations de la raison, aberrations de la foi.

C'est qu'en effet on est frappé, en lisant notre histoire universelle, de deux phénomènes très-différents. On voit, d'une part, un courant d'erreurs s'établir et traverser les siècles, dont les caractères distinctifs, en fait de science, de morale ou d'art, mais principalement en fait de science philosophique et de morale politique et religieuse; sont l'incrédulité, la méfiance, l'indifférence et le doute. Ce courant a pour principes générateurs, d'époque en époque, des philosophies erronées, dont les chefs avaient mis leur gloire à révoquer en doute ou à attaquer de front les traditions reçues. On voit, d'autre part, un courant d'erreurs s'établir et s'étendre en débordements immenses, dont les caractères distinctifs sont, au contraire, la crédulité, la confiance aveugle, l'adhésion ardente, la foi fanatique. Ce second courant a pour point de départ, soit des législateurs qui se disaient prophètes, soit des faits plus ou moins réels surchargés de merveilleux par la poésie, soit des fictions mythologiques, de pure invention imaginative, passées dans les traditions d'un peuple; et il se compose, en majeure partie, de ces envahissements torrentiels, que l'histoire nous peint sous les noms de religions idolâtriques et de politiques abrutissantes.

L'une et l'autre de ces aberrations humaines est une calamité plus désastreuse que les plus terribles fléaux de la nature, parce que l'une et l'autre s'attaquent aux âmes. Mais cependant, si on les compare, on trouve que la première garde des proportions mesquines, tandis que la seconde ressemble, dans ses ravages, aux grands incendies. La première laisse les individus isolés, ou ne les groupe que par écoles; la seconde les rassemble par masses énormes, et les pousse aux tragiques aventures, ou bien aux sommeils apathiques et interminables.

Toutes deux consistent dans des écarts de la règle; or la règle est double; il y en a une pour la raison; c'est le bon sens naturel, le jugement droit, le discernement exact du vrai, du beau et du bien. Il y en a une pour la foi, c'est la révélation vraie, non altérée dans sa transmission, ou ramenée à sa pureté par l'examen critique du bon sens lui-même, base première de nos certitudes. Si l'humanité perd de vue, dans l'ordre naturel, la première de ces règles, elle s'égare dans les philosophies négatives qui sont les hérésies de la raison; si elle perd de vue la seconde dans l'ordre surnaturel, elle s'égare dans les affirmations superstitieuses et fanatiques, qui sont les hérésies de la foi: c'est ce qui se montre, sous un développement effrayant, à toutes les pages de l'histoire.

On pourrait faire un livre pour en tracer les tristes tableaux; ce livre serait le complément de celui-ci, s'il était construit sur le même plan et composé dans la même pensée. Nous voulions seulement constater et faire comprendre un rapport frappant entre les deux ordres qui se partagent les destinées du monde. Nous le résumons ainsi :

L'ordre naturel a ses déviations, ses hérésies, ses schismes, ses aberrations enfin, dans toutes les philosophies erronées, les physiques fausses, les mauvaises théories politiques, les morales impies, les littératures et les productions artistiques de mauvais goût.

L'ordre surnaturel a ses hérésies, ses sophismes, ses aberrations enfin, dans toutes les religions idolâtriques, fanatiques, tyranniques, abrutissantes, et, même à l'intérieur de la vraie religion, dans toutes les mauvaises interprétations qu'on en fait, dans toutes les superstitions qui peuvent en surgir, malgré la précaution qu'a prise Jésus-Christ de poser à jamais devant les hommes la règle précise de la croyance et de l'enseignement de son Eglise en ce qui est des vérités révélées dont il lui a confié le dépôt.

On pourrait nous répondre que ce que nous appelons les aberrations du surnaturel ne sont, en réalité, que des aberrations de la raison humaine, et rejeter, par cette objection, le mal tout entier sur la raison, pour en laver complétement la foi.

Mais il suffit d'un instant de réflexion pour saisir le sophisme.

Il y a dans l'homme deux tendances : la tendance à juger avant de croire, à n'adhérer qu'après certitude raisonnée ; et la tendance à croire avant de juger, à adhérer aveuglément, sans certitude, pour le plaisir de croire : car il y a plaisir et bonheur à se reposer dans la quiétude de la foi.

Il y a aussi, dans la richesse intellectuelle du genre humain, deux catégories d'idées : les unes fondées sur l'ordre naturel des choses, tant extérieures qu'intérieures, et les autres sur un ordre surnaturel de manifestations divines, soit au dedans des âmes, soit dans le monde extérieur et visible. Les idées de l'ordre naturel intérieur ont pour objet les phénomènes ordinaires qui se passent au dedans de nous; celles de l'ordre naturel extérieur ont pour objet les phénomènes du monde matériel et du monde social, conformes aux lois existantes de la création, que notre expérience a constatées. Les idées de l'ordre surnaturel intérieur ont pour objet des révélations ou inspirations extraordinaires et mystérieuses, tels que les pressentiments prophétiques, les visions, les songes, les extases ; celles de l'ordre surnaturel extérieur ont pour objet les miracles et tout le merveilleux dont peut s'envelopper une puissance invisible pour se manifester sur la terre.

Ainsi donc, deux conditions concourent à constituer l'ordre de raison ; quant au sujet, la défiance qui entraîne l'examen avant l'adhésion, et, quant à l'objet, sa conformité aux lois communes : et deux conditions concourent à constituer l'ordre de foi ; quant au sujet, la confiance qui détermine la croyance avant l'examen ; et quant à l'objet, son caractère merveilleux.

Cela posé, qui osera dire que c'est la raison qui se trompe, quand il y a, d'une part, absence de toute défiance, absence d'examen, confiance aveugle, de prime abord, dans les traditions, et, d'autre part, croyance en des choses merveilleuses et surnaturelles ? Prétendre que ce n'est pas la foi qui s'égare dans le cas des religions fausses toutes bardées de mystères, et rejeter l'égarement sur la raison, c'est nier la lumière pour ne pas dire : j'ai tort.

Il est donc vrai que, si la raison a ses aberrations, la foi a les siennes, et nous ajoutons qu'au jugement de l'histoire, les unes sont des ruisseaux quand les autres sont des torrents.

La lumière évangélique a pour mission de les dissiper toutes, de concert avec l'examen du bon sens, qu'elle ne cessera jamais d'invoquer. — *Voy.* MORALE PHILOSOPHIQUE. — MORALE CHRÉTIENNE.

ABNÉGATION PHILOSOPHIQUE. — ABNEGATION CHRETIENNE. (Ire part., art. 19.) — Il y a des esprits qui paraissent éprouver un sentiment pénible chaque fois qu'ils rencontrent, dans la nature humaine considérée en dehors de l'influence évangélique, quelque chose de beau et qui approche de la perfection morale prêchée et mise en pratique au degré le plus élevé par Jésus-Christ, et imitée par les saints du christianisme à des degrés divers. On ne saurait comprendre ces marques d'une contrariété qui ressemble à de l'envie. Plus la nature que Dieu a faite est déjà belle en soi, et plus ses fruits sont beaux; plus il y a lieu d'élever le surnaturel et de lui rendre gloire, en établissant sa supériorité. Il n'est pas difficile de surpasser le néant, et c'est montrer une singulière habileté que de déprécier, dans les comparaisons, celui des termes que l'on se propose de mettre en regard de l'objet dont on veut faire briller les grandeurs. Plus vous élèverez la nature, plus vous élèverez la grâce, en montrant qu'elle la dépasse encore ; plus vous ferez grand Socrate, plus Jésus deviendra grand si vous concluez, avec Rousseau, qu'il le surpasse de toute la distance entre la terre et le ciel, entre le sage et Dieu. Evitons cette maladresse en disant simplement la vérité.

Il existe dans la nature humaine, par don gratuit de celui qui l'a créée, une idée première, un sentiment, si l'on préfère ce mot, qui fait consister la grandeur dans l'abnégation de soi-même. Cette idée est inscrite au plus intime sanctuaire de la conscience, et nul homme doué de raison ne l'en effaça jamais : elle est assaillie de passions égoïstes dont les efforts persistants ont pour but de la détruire, de la chasser de nos cœurs ; mais ces efforts sont vains, elle brille d'une lumière que Dieu rallume sans cesse, ou plutôt dont il se fait lui-même l'éternel aliment.

On ne peut étudier l'histoire de l'humanité dans aucune de ses phases sans retrouver partout cette idée mère des grandes choses. Elle consiste dans une admiration intérieure de tout ce qui implique le sacrifice de soi ou à Dieu ou aux créatures nos sœurs. Quel homme ne sentit son premier mouvement se déterminer pour l'âme désintéressée qui manifeste, dans sa profession de foi et dans ses œuvres, plus d'amour pour ce qui n'est pas elle que pour elle-même, et qui pousse le courage jusqu'à l'immolation de son être propre et de son propre plaisir, quand cette immolation est profitable aux autres, ou doit plaire, à son jugement, au grand Dieu qu'elle adore? Quel homme aussi n'éprouve une répugnance, et n'a, de prime abord, des paroles de malédiction pour l'âme égoïste qui met ses plaisirs avant ceux d'autrui, ou qui manque du courage nécessaire pour faire abnégation d'elle-même? Il en fut ainsi dans tous les temps, et, quand le christianisme vint prêcher les dévouements sublimes, il ne fit que consacrer et promulguer de nouveau une pensée vivante sans laquelle les hommes auraient déjà appartenu à la classe des animaux perdus.

C'est elle qui avait inspiré à toutes les mères les dévouements qui élèvent à la suprématie de la force celui des êtres terrestres qui est le plus faible à sa naissance; c'est elle qui avait inspiré aux législateurs les lois du sacrifice de l'individu à la patrie, et disposé les hommes à l'acceptation de pareilles lois. C'est elle qui s'était exprimée par l'enseignement philosophique lorsqu'il exaltait le mépris de la mort endurée pour le salut des amis, des parents, de la nationalité, et qui avait enfanté toutes les grandes actions dont l'antiquité est si glorieuse; c'est elle qui avait inspiré toutes les lyres pour chanter les héros qui se dévouent.

Et si l'on envisage l'abnégation par rapport à Dieu même, on la trouve également en germe dans l'humanité de tous les temps. Nous citerons ailleurs des préceptes sortis de la bouche des sages qui ne permettent pas de douter que, dans la Grèce, dans Rome, dans la Chine, et surtout du Gange à l'Indus et de l'Indus à l'Euphrate, l'amour de Dieu poussé jusqu'au sacrifice, et même l'amour pur, ne fut connu, admiré, et célébré comme le sublime du beau et de la vertu.

Il serait donc faux de croire et d'affirmer que l'idée de l'abnégation, et la vertu qui en est la suite, aient été importées comme une chose nouvelle par Jésus-Christ dans le monde. Le Sauveur qui venait accomplir la loi primitive et imprimer, par sa parole et son exemple, une activité surnaturelle à l'observation de cette loi, reprit, en sous-œuvre, cet élément de nos grandeurs, ainsi que tous les autres, et y ajouta deux perfectionnements.

Le premier consista à fixer, d'une manière plus précisive, la ligne médiane de l'abnégation entre les excès en plus ou en moins. Certains peuples et certaines écoles ne comprenaient pas suffisamment cette vertu, la restreignant, par rapport aux hommes, dans des limites de famille, de castes, de nationalité, pendant qu'elle doit s'étendre à tous les descendants du père commun. D'autres peuples et d'autres écoles l'exagéraient par rapport à Dieu, la poussant jusqu'à ce renoncement contraire à la raison et à la nature, qu'ont imaginé nos quiétistes; il en était ainsi sur les bords du Gange. L'abnégation, dans ces contrées, et dans l'esprit des pénitents, des cénobites, des frères prêcheurs dont elles étaient couvertes, devenait souvent une annihilation panthéistique, ne laissant aucune place aux amours naturels de la famille, de la patrie, du genre humain, et encore moins au respect raisonnable de nos intérêts propres.

Jésus-Christ par son exemple, plus encore que par sa prédication, détermina les bornes de l'abnégation en la rationalisant pour les uns, en la surnaturalisant pour les autres. Il excita chez ceux-ci l'enthousiasme divin qui leur manquait, il refroidit chez ceux-là l'exaltation déraisonnable qui les emportait dans des mondes de chimères.

Il y a un livre écrit par un des disciples de Confucius qui s'appelle *l'invariable milieu*: c'est notre Evangile qui mériterait ce nom; car c'est le livre par excellence où toutes les exagérations sont évitées. Ce caractère, qui en fait la pureté, est, à nos yeux, la principale preuve intrinsèque de sa divinité.

L'Evangile est le livre des harmonies du sentiment et de la raison. — *Voy.* ABRUTISSEMENT. — ABANDON DE DIEU.

ABRUTISSEMENT—ABANDON DE DIEU. (1re part., art. 20.) — La philosophie naturelle, voulant peindre l'état d'une âme qui a perdu jusqu'au sentiment de sa puissance et qui suit en esclave tous les instincts sensuels de son enveloppe terrestre, sans en raisonner les résultats, dira tout d'abord qu'elle est abrutie, c'est-à-dire ravalée aux conditions de la bête.

La piété surnaturelle dira plutôt de cette âme qu'elle est abandonnée de Dieu.

Ces deux expressions sont, au fond, identiques; elles ne diffèrent que dans le point de comparaison sur lequel se porte le premier mouvement de la pensée. L'homme a une élévation à conserver dans l'échelle des êtres; Dieu qui occupe le sommet de cette échelle, est, en même temps, la puissance infinie qui soutient toute créature à la hauteur voulue par sa destinée; et, au-dessous de cette hauteur, sont d'autres créatures inférieures en perfection si on les compare avec celles qui les dominent, mais aussi parfaites qu'elles si on considère leurs relations avec l'ensemble, chacune y remplissant un rôle également important pour la réalisation de la grande harmonie. Le Créateur a mis sous nos yeux la brute pour nous faire comprendre que, si elle est bien dans son rôle, nous y serions mal. Si donc nous nous laissons vaincre par les appétits sensuels, ou si nous nous endormons dans le quiétisme insouciant de la matière, nous qui avons une âme active, nous qui sommes des forces vivantes, nous déclinons vers la condition de la brute, et si la pensée porte ses regards sur le point de mire dont nous nous approchons, elle dit que nous tombons dans l'abrutissement. Si au contraire, elle s'élève vers la beauté d'où nous nous éloignons, laquelle est, en même temps, la puissance qui nous suspendait à la hauteur morale en rapport avec notre nature, elle s'écrie en pleurant sur nous, que nous sommes abandonnés de Dieu, c'est-à-dire qu'il nous laisse décliner non pas jusqu'au néant, mais sur les degrés qui s'en rapprochent. Les deux locutions sont donc identiques; mais celle qu'emploie la piété est supérieure, parce qu'elle est tout à la fois un cri de douleur, une prière, une explication profonde, un hommage et un soupir d'amour.

Il y a deux sortes d'abrutissement et d'abandon, l'un qui est coupable, l'autre qui ne l'est pas; le premier prend sa source en nous-mêmes, le second nous vient du dehors. Le premier est l'effet direct du mauvais usage que nous pouvons faire de notre liberté; c'est l'aberration individuelle de la volonté qui a été expliquée; il mérite des plaintes; le méchant, disait autrefois Socrate avec tant de justesse, est, de tous les malheureux, le plus à plaindre; mais enfin, comme l'isolement qui le suit est la conséquence inséparable de déterminations librement consenties, nous ne pouvons qu'adorer l'éternelle raison dans cette fidélité constante à laisser les effets surgir de leurs causes. Le second est plus difficile à comprendre avec une providence infiniment parfaite, couvrant sans cesse l'humanité de son regard, et tenant dans sa main le timon de nos affaires. Il existe des pressions extérieures qui abrutissent l'homme malgré lui, le font ressembler à la bête; comme des poids lourds posés sur ses épaules, elles le font descendre de sa grandeur native et finale, sans que Dieu paraisse, au moins ordinairement, le retenir dans sa chute. Voyez une nation dont les membres sont emmaillottés par un tyran, ou mieux encore, par une organisation despotique depuis des siècles; la plupart de ses forces sont endormies, tous les ressorts puissants que Dieu lui avait donnés pour déployer, dans son avenir, l'auréole merveilleuse dont s'entourent les grands peuples, sont dans l'inaction et paraissent s'y accoutumer; pas un souffle, pas une respiration, pas un signe de vie; silence et mort dans les entrailles de cette vaste unité, qui vieillit sans avoir vécu; sensualisme impuissant, esclavage honteux, individualisme universel, isolement de l'animal, abrutissement, abandon de Dieu, qui est la vie, à toutes les vermines du tombeau. Et ces résultats séculaires ont une cause extérieure indépendante de la volonté de chacun de ces esclaves! et Dieu n'a pas encore envoyé sa foudre abattre le colosse qui tient tant d'innocents aux chaînes!

Voilà le mystère, voilà le problème; et comment le résoudre?

La raison et la révélation font la même réponse.

Si l'on considère individuellement ceux qui ont vécu et ont souffert sans avoir vu se lever les premiers rayons de l'espérance, la difficulté ne laisse qu'une issue, celle des compensations dans une autre vie : c'est ainsi que le comprit Platon lorsque, retournant la médaille, il éleva d'autant plus les esclaves au delà du tombeau, qu'il plongea plus profondément les tyrans dans son tartare. C'est ainsi que le comprenaient les prophètes du Seigneur lorsqu'ils s'écriaient avec des regards farouches : « Les puissants seront puissamment torturés; » c'est ainsi que Jésus, plus doux que Platon et les prophètes, se contentait de dire : « Celui qui s'élève sera abaissé, celui qui s'abaisse sera élevé. »

Et si l'on considère la collectivité des individus et des familles, la nationalité dans sa vie toujours renaissante, la même réponse aura son application sur la terre. L'avenir apporte ses compensations; viennent des jours de réveil où Dieu remet en jeu l'activité endormie, faisant sortir le mouvement de l'excès même du repos; il prouve que son abandon n'était qu'une mesure de sa sagesse en vue de l'éducation des générations; alors l'humanité se plaît elle-même à réfuter ceux qui l'accusaient d'être abrutie sans retour; et si, d'ailleurs, ces sublimes conversions se font longtemps attendre, c'est que les nations, comme les individus, sont quelquefois coupables, et doivent subir les peines essentiellement liées à leurs fautes; si ces peines sont les douleurs qui accompagnent les crises, quand les fautes consistent dans des colères folles, injustes, sans raison, elles sont l'esclavage et l'abrutissement dont nous avons parlé, quand la faute consiste dans une patience exagérée qui doit s'appeler paresse et inertie. — *Voy.* Histoire de la philosophie.— Histoire de la théologie.

ABSOLU (L') DE LA RAISON. — LE DIEU DE LA FOI. (1re part., art. 8.) — Le mot *absolu* exprime ce qui, dans son être, est exempt du besoin de relation avec un autre, ce qui ne tient pas à quelque chose, ce qui possède en soi toutes les conditions essentielles à son existence, ce qui, enfin, est libre de tout rapport *ad extra* à moins qu'il ne veuille s'en donner.

Toutes ces idées sont comprises dans le mot *absolu*, et il en découle une infinité d'autres dont l'énumération occuperait une créature pendant toute son immortalité.

C'est ce que nous avons dessein de faire comprendre dans cet article, en montrant que la voix de la raison naturelle et celle de la foi surnaturelle, proclament exactement le même symbole, sur cette matière, sous des langages différents. Nous nous bornerons à ce qui regarde la définition de l'être absolu ou de l'Être-Dieu, nous réservant à traiter directement la question de sa réalité aux mots *ontologie* et *athéisme*.

Le mot seul d'absolu existant dans toutes les langues, est un des phénomènes les plus étonnants qui se soient jamais offerts à l'observation. Il établit le fait d'une idée d'autant plus singulière qu'à considérer tout ce que nous sommes, et tout ce dont nous sommes affectés, nous n'y voyons rien qui corresponde à cette idée et qui puisse être qualifié du mot qui l'exprime. Si nous portons notre attention sur notre être propre, nous ne voyons, de toutes parts, que des relations, des rapports, des lignes indéterminées qui demandent un aboutissement. Du fils la pensée se porte sur le père, du corps elle se porte sur des corps environnants ; du présent elle se porte au passé et à l'avenir ; de l'attribut à un sujet, et de ce sujet à d'autres sujets plus profondément cachés dans le fond de l'être. Si nous embrassons l'univers, même série de superpositions et de sphères concentriques. Nous ne pouvons nous débarrasser d'un besoin indéfini, celui d'imaginer toujours une relation nouvelle au delà de la grandeur embrassée, par laquelle cette grandeur tient encore à une autre dont elle est dépendante. La sphère de notre système planétaire ne nous satisfait pas mieux sous ce point de vue que celle de notre atmosphère ; celle d'un autre système qui enveloppe et contient celui-là ne nous satisfait pas davantage : ce sont sans fin des vases qui contiennent d'autres vases, et qui sont contenus dans de plus grands qu'eux. Voilà les idées que provoquent en nous tous les êtres que nous percevons en esprit, et dont la présence frappe notre sens. De toutes parts contingence ; à droite, à gauche, en bas et en haut, chaîne indéfinie dont le dernier anneau en appelle indéfiniment de nouveaux. Telle est notre manière d'être, tel est le milieu qui nous enveloppe, telles sont toutes les scènes réelles ou fantastiques dont nous sommes les témoins.

Comment donc se fait-il que le mot et l'idée d'absolu soient tombés dans notre domaine ?

Mystère profond sans aucun doute, et absurde mystère, s'il n'y avait pas une réalité de l'absolu ; c'est la conséquence que nous déduirons ailleurs. Mais que signifie ce mot ? que nous dit cette idée ? Toute idée est sujette à l'analyse, car toute idée est un résultat d'éléments, ou un des éléments d'un résultat multiple : dans le premier cas, on l'analyse en le décomposant ; dans le second, on l'analyse encore par comparaison, en évaluant, à côté d'elle, les autres éléments avec lesquels elle concourt à former son tout.

Qu'est-ce donc que l'absolu ? Que veux-je dire par ce terme ? Quel sorte d'objet se peint dans l'âme de tous les philosophes quand ils répètent ce grand mot, le plus essentiel peut-être à leur langage ?

Prenons tour à tour les objets de nos idées ; prenons-les tous sans en excepter un seul. Soit d'abord en mathématique, un triangle, un cercle, une figure quelconque. Toutes les figures semblables que nous pourrions faire seront des individualités relatives ; elles seront supportées par un quelque chose qui lui-même sera supporté à son tour. Elles seront d'ailleurs incomplètes, il y manquera plus d'une condition pour répondre exactement à notre idéal de cette figure. Ces réalités ne sont donc pas l'absolu de la figure, elles n'en peuvent être qu'une imparfaite image, et notre imagination a beau concevoir, et concevoir encore, dans cette série infinie des figures matérielles et individualisées, elle n'a pas fait un pas vers l'absolu ; elle s'en éloigne plutôt que de s'en rapprocher, la multiplication de ce qui n'est pas ce qu'on cherche n'étant qu'un long voyage en direction inverse du but qu'on se propose.

Mais si nous concevons une idée éternelle, complète et permanente de la figure ; une idée subsistant sans relation extérieure essentielle à son être ; une idée telle qu'immuablement existante avant toute construction d'une copie d'elle-même, elle soit aussi nécessaire à ces constructions que ces constructions lui sont inutiles pour être ; une idée enfin qui renferme essentiellement et par soi toutes les conditions de perfection de la figure, de telle sorte que les figures qui seront faites ensuite ou conçues postérieurement à elle, ne seront que des essais d'imitation, des ombres grossières de celle-là.

Oh ! alors nous avons conçu l'absolu de la figure, et nous l'avons conçu par une opération intellectuelle consistant dans un saut grandiose loin de la région de nos figures visibles, par une opération qui, tout en tirant peut-être son origine, ou plutôt son motif occasionnel, de ces figures, en est cependant un dégagement complet. Voilà bien l'absolu, l'indépendant, le dégagé de toute relation ; c'est un idéal éternel, antérieur à tout, excepté à lui-même.

Prenons le moi ou l'homme : c'est encore un objet de nos idées, c'est le premier qui s'offre à la conscience dont les yeux s'ouvrent. Le moi est une force, une puissance, une activité, une vie, un souffle producteur. Mais vous ne pouvez l'envisager par aucune de ses faces sans être oppressé par l'apparition d'abîmes sans fond que traversent des fils aboutissants à des mains inconnues qui les tendent et les font mouvoir. Tu as vu, ô homme, de ces marionnettes agissantes par le jeu de ressorts et de transmissions de mouvement, dont un homme comme toi tient le clavier : voilà ton image. Tu as bien sur toi-même une puissance de volonté libre que n'ont pas ces pantins, mais sonde bien ton mystère, et tu trouveras encore que ta liberté même tient à un fil mu par des puissances cachées dans des abîmes dont tes yeux n'ont point scruté les profondeurs.

Imagine maintenant que cette force vivante qui est ton moi soit multipliée par un facteur quelconque ; imagine que toutes les activités de l'univers pareilles à la tienne soient additionnées ; agglomère, fais des multiples, épuise les nombres, appelle à ton secours l'algèbre avec toutes les surfaces des globes célestes pour tableaux à couvrir. Où vas-tu et qu'as-tu fait ? Tu n'es ni au néant ni à l'absolu ; tu te dilates entre ces deux termes sans les atteindre : car tu as fait des nombres avec des nombres, et tu vois, d'une évidence complète, que la multiplication ou l'addition de relatifs ne peut donner qu'un relatif pour somme ou pour produit. Arrête-toi donc, tu n'es pas dans la voie.

Mais, sautant par-dessus toutes les opérations possibles de cette sorte, et par-dessus leurs résultats, imagine d'un seul coup une activité éternelle à qui nulle autre ne soit antérieure, une activité, une force, une vie, une agence productive comme la tienne, si cela te convient, mais qui se meuve sans fils partant d'ailleurs, et d'où sortent tous les tiens. Tu as imaginé l'absolu.

Prenons chacun des éléments de ton activité, ta volonté, ta raison, ta bonté, ta mémoire, ton génie, ton adresse, ta science, ta vertu, ta beauté, tout ce qui est en toi ; tu ne trouveras l'absolu de toutes ces choses qu'en faisant le même saut, qu'en rompant subitement leurs relations externes, et les concevant existantes, privées de ces relations ; car on doit dire de chacune des parties dont se compose ton être ce qui se doit dire de ton être entier.

L'absolu de la bonté, c'est une bonté éternelle qui n'a besoin d'aucune chose extérieure pour être et s'exercer.

L'absolu de la raison est une raison éternelle qui n'a besoin ni de sujet, ni d'objet, ni de moteur, autre qu'elle-même, pour réaliser toutes les conditions constitutives de la raison complète.

Il en est ainsi des autres qualités.

Prenons ta substance même, le fond le plus intime de ton être ; si tu le conçois sans relation substantielle, sans un appui qui le porte, tu le conçois se soutenant lui-même avec sa puissance d'être, tu as l'absolu dans ta pensée ; mais tu appliques cette pensée à qui la repousse dans la réalité des choses : car nous prouverons bientôt que ce n'est pas toi, ô homme ! qui es l'absolu.

Prenons la durée ; chacun des jours, chacun des instants, dont la tienne se compose, n'est-il pas, dans ta pensée, essentiellement lié au jour et à l'instant qui le précède ? N'en est-il pas le fils comme tu es le fils de ton père ? Multiplie ces jours, et fais-en des siècles ; n'en sera-t-il pas des siècles comme des jours ? Divise, il en sera de même. Tu n'arriveras, par ces opérations, ni à la négation absolue de la durée, ni à l'affirmation de la durée absolue, parce qu'en divisant l'être tu ne saurais faire le rien, comme en divisant l'unité tu ne peux faire zéro ; parce qu'en multipliant le relatif tu ne peux faire l'absolu, comme en multipliant le composé tu ne peux faire le simple.

Comment feras-tu l'absolu de la durée ? Toujours par le saut brusque, en concevant le moment sans division, et le dépouillant de toute relation essentielle à son être, soit à un moment qui le précède, soit à un moment qui le suive. Tu as ainsi l'éternité qui est l'absolu de la durée, ou la durée absolue, la durée sans relation, nécessaire à elle-même.

Prenons enfin l'espace, et nous n'arriverons à l'absolu qu'en oubliant toute idée de lieux qui s'entre-contiennent, et concevant l'étendue sans relation à aucune autre qui la détermine.

Voilà donc l'absolu, et l'idée en est chez nous ; trésor précieux d'où nous extrairons toutes nos richesses.

Ajoutons encore que, s'il est essentiel à l'absolu, dont nous avons l'idée, de n'avoir besoin d'aucune relation *ad extra* pour être lui-même, il ne lui est pas moins essentiel de pouvoir se donner ou ne pas se donner des relations *ad extra*.

S'il ne pouvait pas ne pas s'en donner, c'est donc qu'il en existerait d'essentielles à son être, et, dès lors, il serait le relatif et ne correspondrait plus à notre idée.

S'il ne pouvait s'en donner, le relatif ne serait pas, et notre idée, qui est relative, ne serait ni possible ni existante. Or, qui viendra me nier mon idée, me la révoquer en doute ?

Arrêtons-nous : nous démontrons déjà la réalité de l'absolu, sa vertu créatrice et sa liberté.

C'est ainsi que raisonnait Platon ; c'est de l'observation et de l'analyse de l'idée de l'absolu que son génie fit éclore sa philosophie tout entière ; il n'écrivit aucun de ses dialogues sans le rappeler à ses lecteurs sous des formes diverses.

Il suppose, quelque part, tous les cercles du monde visible détruits, tous les cercles relatifs cessant d'être, et même n'ayant jamais existé ; la supposition lui paraît facile, et elle l'est en effet ; car quelle nécessité voit-on à l'existence de toutes ces réalités fugitives, qu'il appelle des fantômes ? et il demande, si, après que le néant aurait passé sa rature sur tout cela, l'idée du cercle, le cercle en soi, le cercle absolu, type de tout cercle, n'en serait pas moins une réalité éternelle, absolue.

Socrate, dans le *Phédon*, après avoir fait comprendre à ses amis la différence entre l'égalité concrète réalisée dans des objets égaux, et l'égalité en soi, l'égalité absolue, l'idée éternelle de l'égalité, et avoir conclu à l'existence en nous d'idées innées, qu'il assimile à des souvenirs, dont les occasions plus ou moins relatives à leur objet, provoquent le réveil, ajoute pour généraliser sa théorie :

« Ce que nous disons de la sorte ne s'applique pas plus à l'égalité qu'à la beauté même, à la bonté, à la justice, à la sainteté, enfin à tout ce à quoi convient manifestement le mot : *Il est*, et à quoi nous l'assignons absolument, soit que nous interrogions, soit que nous répondions. » (*Phédon*, 20.)

Dans le *Timée*, appliquant à la durée son idée de l'absolu, le philosophe définit l'éternité et la distingue du temps de cette sublime manière : « Comme la création ne pouvait ressembler en tout à l'idée éternelle, Dieu fit une image mobile de l'éternité ; et, gardant pour lui la durée indivisible, il nous en donna l'emblème divisible que nous appelons le temps, le temps créé avec le ciel dont la naissance fit tout à coup sortir du néant les jours, les nuits, les mois et les années, ces parties fugitives de la vie mortelle.

« Nous avons tort de dire, en parlant de l'éternelle essence : Elle fut, elle sera. Ces formes du temps ne conviennent pas à l'éternité ; *elle est*, voilà son attribut.

« Notre passé et notre avenir sont deux mouvements ; or l'immuable ne peut être de la veille ni du lendemain ; on ne peut dire qu'il fut ni qu'il sera ; les accidents des créatures sensibles ne sont pas faits pour lui, et des instants qui se calculent ne sont qu'un vain simulacre de ce qui est toujours.

« Souvent aussi nous appliquons *l'être* à des choses qui ont *été*, qui se passent, qui ne sont pas encore, ou même ne peuvent être ; erreurs de langage qu'il serait ici trop long de combattre. » (*Timée*.)

C'est à de pareilles hauteurs philosophiques que l'idée de l'absolu élevait le génie de Platon.

Dans le *Banquet*, portant sa pensée sur le beau, il monte, par la même voie et sur les mêmes ailes, à la beauté absolue qu'il semble un instant caresser avec complaisance comme un e'u des cieux.

Dans la *République*, considérant le bien, il se hâte de passer, par le grand saut dont nous avons parlé, à des tableaux aussi touchants que profonds du bien souverain.

Ailleurs c'est la raison absolue, loi suprême, loi des lois, devant laquelle il tombe en adoration, et fait tomber Cicéron comme à genoux, quelques siècles après. Aristote n'a dans l'esprit, comme son maitre, que l'idée de l'absolu, quand il raisonne sur la nécessité d'une cause première et d'un premier moteur, quand il établit dans sa *logique*, les lois de l'évidence.

Aux extrémités de l'Asie, la même idée inspirait Koung-feu-tseu cent ans avant Platon, bien que, simple moraliste, il n'entreprît pas d'en faire l'analyse dogmatique. C'est elle qu'il avait dans l'esprit lorsqu'il rappelait aux hommes *les lois éternelles*, le *principe lumineux de la raison*, la *vérité immuable et certaine*, la *volonté du souverain Seigneur ;* lorsqu'il les avertissait au nom de *l'auguste ciel, source absolue d'où procède toute raison*.

C'est encore cette pensée de l'absolu qui inspirait à l'auteur des *Védas*, plus de mille ans avant Platon, au delà du Gange, ses tableaux éloquents de l'Etre suprême, et qui le faisait s'écrier, en parlant de cet Etre sans oser lui donner un nom :

« Cet univers et tout ce qui se meut dans cet univers est rempli par son énergie.....

« Il demeure immobile ; et, pendant ce temps, après avoir mesuré l'étendue, il établit le système des mondes...... *Il se meut... il ne se meut pas... il est éloigné... il est près... il est dans tout... il est hors de tout... lui* enveloppe et pénètre tout... *lui* est sans corps, sans aspérités, sans souillures... *lui* est pur, inaccessible au péché, sachant tout... *lui* est le grand poëte, le grand prophète, plein de savoir et d'inspiration... *lui* est présent partout... *lui* est existant par lui-même... »

Ne sont-ce pas là les absolus de l'être, de la substantialité, de l'espace, de la sainteté, de l'art, de la prescience, de la science, de la spiritualité, de l'immutabilité, de la productivité, de tous les attributs affirmatifs?

Les productions de l'art et de la poésie, à la gloire des grandeurs, de la puissance, de toutes les merveilles des Jupiter, des Allah, des Brahma, des Adi-Bouddha, ne sont que des efforts de l'esprit humain pour développer son idée de l'absolu, et pour faire un impossible, celui d'en peindre l'objet aux yeux du corps ou à ceux de l'imagination.

Chez tous les peuples, la philosophie rêve sur cet objet, la science en scrute les rapports ou les effets, la politique l'invoque, la religion l'adore, la littérature le chante, et l'art est en recherche de langues toujours nouvelles pour le mieux nommer.

Voilà où en est l'ordre naturel sur l'absolu. La raison humaine en a l'idée, et, consacrant perpétuellement le jeu de ses puissances à l'épanouissement indéfini de cette idée, comme elle ferait pour le plus bel astre de son firmament intérieur, elle en tire, dans tous les lieux du monde, des océans de lumière.

Donnons maintenant un regard à l'ordre surnaturel, et nous allons voir la révélation s'harmoniser avec sa sœur pour développer, à sa manière, la même idée.

La révélation ne philosophe pas; telle n'est point sa mission ; c'est à la raison de philosopher, et elle n'empiète point sur le domaine de sa compagne. Elle affirme avec énergie, elle peint avec enthousiasme, elle emprunte à la poésie ses chants pour exprimer la foi; ou bien, modeste, simple et douce, elle dit ce qui est, sans démonstration, quand le dire est utile aux hommes. Qu'a-t-elle besoin d'employer la démonstration puisque la raison en tire tout le parti nécessaire au genre humain ? Sa démonstration, d'ailleurs, n'est-elle pas en elle-même? elle s'entoure du merveilleux qui étonne l'œil, qui écrase l'objection ; cela lui suffit : il est raisonnable qu'elle se contente d'affirmer et de peindre.

Elle dira donc simplement : *Dieu* ou *Jéhovah*, et étalera ses richesses, qui ne seront encore que des épanouissements de l'absolu. *Dieu dit : Que la lumière devienne, et la lumière devint*. (*Gen*. I, 3.)

Voilà bien l'absolu de la force créatrice ; production de la lumière par le simple énoncé de cette production.

Je suis celui qui suis. Dis-leur : *Celui qui est m'a envoyé vers vous.* (*Exod.* III, 14.) Voilà bien l'absolu de l'être ; ce que Vyaça exprimait vers la même époque, par ces mots : *l'être étant par soi*.

Quand Dieu parle à Job du milieu d'un tourbillon, et demande à l'homme, avec tant de splendeur et de richesse de poésie, si c'est lui qui possède tous les attributs qu'il énumère, s'il a produit les merveilles qu'il décrit, s'il connaît les mystères que la nature propose, n'est-ce pas encore l'absolu de la puissance et de la science qui est impliqué par toutes ces questions?

C'est la même idée qui sert de base aux chants des prophètes, toutes les fois qu'ils s'élèvent jusqu'à Jéhovah.

Quand Salomon fait dire à la Sagesse : *De moi vient le conseil et l'équité, de moi la prudence et la force... Avant qu'il n'y eût rien de créé, j'étais... Les abîmes n'étaient point, j'étais déjà conçue... Quand il préparait les cieux, j'étais là ; j'étais dans les délices, me jouant avec lui, me jouant dans l'univers... Qui m'aura trouvé aura trouvé la vie... Qui péchera contre moi blessera son âme... Qui me hait aime la mort !...* (*Prov.* VIII, 14, 23, 27, 30 35, 36.)

N'est-ce pas encore l'idée de l'absolu qui domine le Prophète ? C'est l'absolu de la raison, de la sagesse, de ce que Platon nomme quelquefois la loi suprême d'harmonie, qui se révèle à son âme et qui l'inspire.

C'est la même idée qui élève l'auteur du *Livre de la Sagesse* à des tableaux comme celui-ci : *En elle* (dans la sagesse) *est l'esprit d'intelligence, saint, un, multiple, subtil, disert, agile, sans taches, certain, doux, aimant le bien, pénétrant, que rien n'arrête, faisant le bien, aimant l'homme, bon, stable, infaillible, calme, ayant toute vertu, voyant tout, comprenant en soi tous les esprits, intelligible, pur,* etc., etc. (*Sap.* VII, 22 et seq.)

Il en est de même de l'auteur de l'*Ecclésiastique*, lorsque, dès le début, il s'écrie en parlant de la raison absolue : *La toute-sagesse est de Dieu, elle a été toujours avec lui ; elle est avant le temps.* (*Eccli.* I, 1.) Plus tard s'élèvera une parole qui se donnera pour l'absolu lui-même : *Je suis la voie, la vérité et la vie.* (*Joan.* XIV, 6.) Et l'historien de ses manifestations terrestres, accordant sa lyre au diapason de la philosophie, en même temps qu'à celui de l'inspiration, pour inaugurer le règne futur des harmonies de la raison et de la foi, dira de cette parole :

Dans le principe, elle était ; elle était en Dieu, et Dieu était en elle ; par elle toutes choses ont été faites, et rien, sans elle, n'a été fait ; en elle était la vie, et la vie était la lumière ; elle était la lumière vraie, illuminant tout homme venant en ce monde. (*Joan.* I, 1, 3, 4, 9.)

C'est l'idée de l'absolu en éternité, en force productive, en vie et en lumière, qui s'exprime par saint Jean, autant à la manière de Platon qu'à la manière des auteurs inspirés, pour provoquer l'alliance de la révélation et de la philosophie.

Saint Paul invitera le monde lettré à cette même alliance, lorsque, citant devant l'aréopage d'Athènes un vers philosophique d'Aratus sur la cause absolue, dont nous sommes tous les fils, il dira du Dieu qu'il annonce ce que les sages avaient dit du leur, et exprimera l'absolu de l'espace, de la vie, du mouvement et de l'être, en ajoutant qu'*en lui nous vivons, nous sommes mus, nous sommes.* (*Act.* XVII, 28.)

Il poursuivra son même plan de conquête et sera dominé par la même idée chaque fois qu'il répétera : *Tout par lui, tout de lui, tout en lui.* (*Rom.* XI, 36.) C'est l'absolu du produisant, de l'engendrant, du contenant universel.

Enfin, le poëte philosophe du christianisme clora la série des livres sacrés de la révélation pure, en faisant dire à Dieu : « *Je suis l'alpha et l'omega, le premier et le dernier, le commencement et la fin.* (*Apoc.* XXII, 13.) » Comme Platon avait dit de l'absolu, dans le préambule de ses lois : « Mortels, il est un Dieu, le commencement, le milieu et la fin de toutes choses. »

Si maintenant nous considérons le développement de la période évangélique, nous voyons les deux lignes de la révélation et de la philosophie s'unir et mêler leurs lumières pour éclairer de mieux en mieux l'idée de l'absolu, pour en détailler les beautés. C'est le caractère principal du génie chrétien.

Les plus savants Pères de l'Eglise : Justin, Clément d'Alexandrie, Origène, Augustin, reprennent tout ce qu'a dit Platon sur l'absolu, avec tout ce que renferment Moïse, les poëtes sacrés, l'Evangile et les apôtres sur le même objet, pour en composer les fondements de la démonstration évangélique.

Tous les génies du moyen âge, Anselme, Thomas d'Aquin, Scot, Bonaventure et leurs disciples, reprennent encore Platon et surtout Aristote, qu'ils appellent le *Maître*, avec les écrivains sacrés, pour poser les axiomes évidents et les lois de la déduction évidente, sorte d'émanations de l'absolu, sur lesquels ils construisent toute leur philosophie théologique.

La philosophie et la révélation de l'absolu redoublent de vie et de clarté avec les Descartes, les Bacon, les Leibnitz, les Malebranche, les Berkley, les Bossuet, les Fénelon. Tous ces génies remontent à la même idée, et, s'appuyant à la fois sur les données de la raison, constatées par les anciens, et sur les données de la révélation, élèvent plus haut qu'on ne l'avait encore élevé jusqu'alors l'édifice de nos certitudes, dont l'idée de Dieu ou de l'absolu est la pierre angulaire.

Et, pour conclure, tous ces efforts de l'intelligence sur le même point concourent à construire dans son résumé et à justifier dans son esprit la définition de Dieu et de l'absolu du catéchisme catholique ; synthèse pure et brève de ce qu'avait enseigné la révélation, dans ses manifestations confuses, touchant Brahma, Atma, Bouddha, Allah, le grand Esprit, le ciel, Jupiter, en un mot l'être sans dépendances *ab extra*, sous tous les noms que lui ont assignés les langues humaines ; de ce qu'avait enseigné concurremment la révélation pure touchant Jéhovah, ou le même objet sous le nom que lui donna la langue dans laquelle cette révélation s'est manifestée et conservée ; de ce qu'avait, enfin, enseigné la raison touchant l'absolu, dans toutes les langues du monde, par la parole et les écrits des philosophes :

« Dieu est un esprit pur, absolument parfait, créateur et souverain maître de toutes choses. » (*Catéchisme*) *Voy.* RAISON.—RÉVÉLATION.

ABSOLUTION. *Voy.* PÉNITENCE.

ABSOLUTISME (L') en Dieu. *Voy.* ONTOLOGIE.

ABSOLUTISME. — SCHISME. (1" part., art. 29.) — Nous avons défini l'idée de l'absolu; nous l'avons décrite, en décrivant l'objet qu'elle peint à l'esprit.

Or il n'existe, et il ne peut exister qu'un être qui corresponde à cette idée, qui en soit la réalité. Il est démontré que cet être existe en soi, existe nécessairement; mais déjà pourrait-on le conclure du fait de son idée même; est-ce qu'une idée de cette sorte serait possible si son objet ne l'était pas? et cet objet serait-il possible s'il n'était pas en effet? Autant vaudrait dire que je puis ne pas être tout en ayant la conscience de mon être. Il est démontré également que cet être n'est qu'*un*, qu'il ne peut être deux; et déjà ne pourrait-on pas aussi le déduire de son idée? En supposer deux serait supposer deux réalités éternelles substantiellement distinctes, sans relation l'une à l'autre; or cette hypothèse implique contradiction; car elle implique entre eux l'égalité éternelle, et cette égalité seule est une relation essentielle *ad extra* qui détruit l'absolu.

Mais comment en venir de ce principe à l'étude indiquée par les deux mots du titre? Rien n'est plus simple et plus naturel.

S'il n'existe et ne peut exister par essence qu'un absolu, quel est le crime de la créature qui se pose en maîtresse absolue, quelle est l'iniquité et la déraison du système qu'on nomme absolutisme?

C'est l'usurpation de l'attribut de Dieu qui constitue l'essence même de son être; c'est la révolte consistant à briser les rapports naturels entre soi et ce qui n'est pas soi, entre soi et Dieu, entre soi et ses semblables; c'est l'attentat que Dieu et les semblables viennent un jour punir de leur plus terribles châtiments, et qui, jusqu'alors, est la plus monstrueuse des monstruosités.

Dans l'ordre philosophique, l'absolutisme et l'athéisme sont une même chose. Être athée, pour un homme, c'est nier sans pudeur ou par aveuglement sa relation avec la cause; c'est s'isoler de son principe; c'est imiter le fils qui ferait des efforts pour rompre ses liens de parenté avec son père; c'est imiter la liqueur qui nierait le vase qui la contient; édifice, c'est abjurer son architecte; arbre couvert de rameaux chargés de fruits dont la substance a été pompée par les racines, c'est dire aux racines : vous n'êtes rien; montagne supportée par la terre, c'est dire à la terre : je n'ai pas besoin de toi.

Voilà l'absolutisme en philosophie, et c'est ainsi que la raison le condamne. La révélation le maudit sous le nom de schisme dans des termes semblables quand elle l'assimile au vase de terre cuite qui dirait au potier : Je ne te connais pas; ou encore à la main disant à l'estomac : De quoi me sers-tu?

Dans l'ordre de la science, l'absolutisme est l'erreur résultant de l'attachement aux idées propres, aux préjugés, aux croyances, aux convictions préconçues, et de la résistance aveugle aux manifestations progressives des vérités naturelles par l'observation. C'est encore une nécessité relative, une loi de Dieu, à laquelle on refuse de s'assujettir; par orgueil et pour singer l'absolu, on s'en débarrasse; mais par cette rupture, on s'éloigne de la vérité qu'on aurait suivie avec le torrent du progrès, et l'absolutisme dans lequel on se pose devient un grand schisme avec elle, en devenant théoriquement l'ignorantisme et pratiquement l'ignorance.

Dans l'ordre de la morale religieuse, l'absolutisme est une seule et même chose avec le péché, et il consiste dans l'acte par lequel on se délie de la relation avec le bien, laquelle n'est autre que la loi, non pas la loi de l'homme, — quand l'homme fait la loi, c'est-à-dire, ne se contente pas de la déclarer et d'en régler l'accomplissement, il fait, par cela seul, acte d'absolutisme et viole son droit — mais la loi de Dieu, la loi de l'éternelle raison, la loi vraie impliquée par l'essence des choses. C'est ainsi que le comprenait Socrate dans une des belles circonstances de sa vie que nous allons citer tout à l'heure; c'est ainsi que le comprenait saint Paul, quand il disait que la conscience des païens, aussi bien que celle des Juifs, était l'expression de la loi, et que tous deux seraient également jugés sur cette conscience, si, pour n'en pas tenir compte, ils se constituaient en schisme avec elle. Si le crime s'adresse à Dieu, il y a, dans l'individu révolté, acte d'absolutisme contre les rapports essentiels de la créature au Créateur. Si le crime s'adresse aux hommes, il y a encore dans l'individu acte d'absolutisme, mais alors contre les rapports établis par le Créateur entre les frères de la famille humaine. Si enfin, le crime s'adresse à soi-même, tel que le suicide, — et, d'ailleurs, tout crime est un degré du suicide, — c'est encore un acte d'absolutisme, par où l'individu, s'isolant de toute relation *ad extra*, se constitue son maître sans restriction.

En morale politique, il en est de même. L'absolutisme est le crime de lèse-humanité, parce qu'il consiste à nier les rapports de l'individu à la société, à s'élever sur la force brutale au milieu de ses semblables et à leur dire : je suis la loi, je suis l'État, je suis tout; je suis Dieu; obéissez. C'est la partie faisant schisme avec le tout pour s'élever plus haut et, de là, lui régler les conditions de son organisme. Il y a tout à la fois schisme avec Dieu, schisme avec les hommes et schisme avec soi-même, parce qu'en brisant ses relations de nature avec la famille, on brise le réseau à triple ramification qui, en nous rattachant à Dieu et à la famille, fixe notre individualité à sa place. C'est ce qui a fait dire à Aristote que, « plus l'autorité est absolue, moins elle est durable. » (*Politique*, v, 11.) Où est, en effet, la stabilité si ce n'est pas là où est l'équilibre? Qu'un des globes du système des planètes se constitue absolu, c'est-à-dire libre des influences qu'il reçoit de ses rivaux, pour n'avoir plus qu'à communiquer les siennes, où ira-t-il? se briser, à travers le chaos qu'il aura déchaîné, contre des globes plus forts qui ne manqueront pas de se présenter quelque jour à sa rencontre. Il n'y a de positions fixes et durables dans le monde des corps et des âmes, que les positions harmoniques dans lesquelles on reçoit et l'on donne selon la mesure voulue par l'éternelle raison. Dieu seul donne sans recevoir, et commande sans obéir, parce que lui seul est absolu; et qui prétend usurper quelque chose de cette ressemblance renouvelle la fable des Titans.

Nous venons d'aller trop loin en concédant à Dieu l'absolutisme ; Dieu lui-même n'est point absolu ; il est soumis aux lois éternelles de raison qui constituent son intelligence et sa sagesse. « C'est tout renverser, dit Malebranche, de prétendre que Dieu soit au-dessus de la raison et qu'il n'a point d'autre règle dans ses desseins que de faire sa volonté. Ce faux principe répand des ténèbres si épaisses qu'il confond le bien avec le mal, le vrai avec le faux, et fait de toutes choses un chaos où l'esprit ne connaît plus rien. » (Entret. IX, 13.) On nous avait compris cependant sans doute ; si Dieu obéit dans sa volonté et dans ses actes, ce n'est qu'à lui-même en tant que sagesse infinie, pendant qu'aucune créature ne saurait exister sans le devoir d'obéir à des relations multipliées qui l'enveloppent et qui partent d'objets différents d'elle-même ; elle est une partie, elle ne peut être un tout ; Dieu seul a ce caractère. Si donc elle s'isole par l'absolutisme, elle se brise ; voilà le résultat essentiel dans tous les ordres, depuis l'ordre religieux jusqu'à l'ordre social.

« Les Trente, dit Platon, exerçaient le pouvoir absolu... je les vis ordonner au vieux Socrate, mon ami, d'aller, avec d'autres Athéniens, traîner un innocent à la mort, pour rendre leur complice, malgré lui, cet homme que j'ose appeler le plus juste de son siècle, et qui, en n'obéissant pas, aima mieux s'exposer à tout souffrir que de partager leur crime.

« Je vis plusieurs actes non moins atroces, et je frémis alors, et je m'éloignai de ceux qui faisaient le malheur de ma patrie.

« Peu de mois après les trente tyrans étaient renversés. » (Lettre 7.)

Voilà l'éternelle histoire de l'absolutisme ; elle s'est développée dans les proportions les plus effrayantes au temps de nos martyrs, dans le moyen âge et dans la période de transition qui s'accomplit sous nos yeux.

L'absolutisme fait la loi et donne les ordres; il proclame que la vérité, la justice, le bien, la vertu consistent à suivre la loi qu'il a faite et à exécuter les décrets qu'il porte ; sous son règne toutes les questions sont retournées ; plus de vérité en soi, plus de Dieu ; les notions droites de la conscience n'osent se montrer que si elles sont accompagnées d'un assez grand courage pour assumer la honte, le déshonneur, l'infamie dues au crime. Comme il fait schisme avec le vrai, le bien et le beau, il faudrait faire schisme avec lui pour garder hautement ses relations avec le vrai, le bien et le beau ; mais peu ont la bravoure d'en affronter le déshonneur officiel. Si quelques-uns le font comme Socrate, et comme le firent les disciples de Jésus par multitudes, ils passent pour des ennemis de l'ordre, pour des révoltés ; cependant c'est à eux qu'est réservée la gloire définitive ; toute conscience le sait, sans oser le dire, en attendant le jour où l'absolutisme ayant clos son drame par sa chute, ceux qui ont été les plus lâches sont les premiers à s'emparer de la lyre d'Isaïe pour chanter sur sa tombe :

« Comment es-tu tombé, Lucifer ?.... »

A l'absolutisme de l'ordre naturel que nous venons de décrire brièvement, correspond l'absolutisme surnaturel mieux connu sous le nom de schisme.

Jésus-Christ, dans cet ordre supérieur, est l'absolu par rapport à la terre, puisqu'il est son Dieu sous sa manifestation la plus touchante, la plus admirable, celle de Sauveur et de frère de sa créature. Or Jésus-Christ a fondé une société religieuse dans laquelle tous sont un en lui et par lui, comme il l'expliqua dans ses adieux au monde, que reprit et développa quelques années après, avec tant de génie et de puissance, son apôtre saint Paul. Que fait donc celui qui s'isole, par le schisme, de cette société ? Il s'élève à l'égal du Christ ; il se fait prophète ; il rompt les rapports surnaturels qui le fixaient en son lieu dans l'œuvre de la rédemption ; il veut se faire centre à l'encontre du Sauveur et en concurrence avec lui ; il imagine un absolutisme insensé et le réalise selon ses forces.

Devant le Christ seul tout genou doit fléchir dans les hauteurs, sur la terre et dans les profondeurs ; à lui seul l'honneur, la puissance et la gloire ; et qui s'attribue l'absolutisme dans cet ordre, ainsi que dans l'autre, fait schisme avec la voie, la vérité et la vie.

Est-ce à dire qu'il n'y ait pas en religion, au-dessous du Christ, un absolutisme limité pour la conscience, et un autre pour la société même que le Christ a fondée ? Non ; ces deux forces ont leurs droits, et l'usage de ces droits n'est que la mise en harmonie de la raison avec l'obéissance, des lois naturelles avec les lois surnaturelles, de l'œuvre du Père avec celle du Fils ; c'est ce qui sera expliqué sous divers titres. Mais le souverain domaine n'en est pas moins à Jésus-Christ seul ; et l'individu qui s'en affranchit pour se constituer indépendant, dominateur et maître, est, dans l'ordre de la grâce, ce qu'est le despote dans l'ordre de la nature.

Même crime et même sort.

Fin de la Ire partie. — Lisez SYMBOLE CATHOLIQUE, 1er art. de la IIe partie.

ABSTINENCE. Voy. ÉGLISE.

ABSTRACTION. — DISTINCTION (Ire part., art. 6). — L'abstraction est une opération de l'esprit, que peint très-bien le mot qui l'exprime. Nous n'en parlerions pas dans cet ouvrage, qui n'est ni un traité de grammaire, ni un traité de logique, si l'on n'avait depuis longtemps trop critiqué une autre opération à peu près identique à celle-là et connue sous le nom de distinction théologique.

L'abstraction a pour but de séparer les éléments d'une idée qui, vu le grand nombre de points de vue qu'elle embrasse, peut être confuse pour l'esprit, et de la rendre claire en fixant la pensée sur chacun de ces éléments mis à part. C'est par l'abstraction que toute intelligence créée arrive à comprendre ce qu'elle ne comprenait pas d'abord; l'abstraction est la grande cheville ouvrière de toute la logique : en Dieu réside aussi l'abstraction à côté de la composition; mais cette abstraction est fixe, éternelle, indivisible, totale à tout instant, aussi bien que la composition qui l'accompagne, parce que Dieu embrasse et pénètre tous les êtres, de manière à voir complétement tous leurs éléments et tous leurs rapports, tant en sens divisé qu'en sens composé; tandis qu'elle se fait par succession et travail dans la créature.

Il ne faut donc pas accuser l'abstraction; et, en effet, aucun philosophe ne l'accusa jamais, sachant par sa propre expérience et par l'observation de lui-même que c'est à elle qu'il devait toutes ses réussites.

Mais autant il y aurait de folie à crier contre l'abstraction, autant il y en a à incriminer la *distinction* théologique, laquelle n'est autre chose que l'abstraction même, appliquée, pour l'ordinaire, à des émissions dogmatiques beaucoup plus compliquées et ayant, par suite, un plus grand besoin de ces distinctions.

Ce rapport intime, cette identité de l'abstraction et de la distinction est si vraie, qu'un livre moderne, dont il est longuement question au mot *athéisme*, tout en attaquant la théologie et ses distinctions, a substitué, sans paraître s'en apercevoir, le mot théologique au mot philosophique, appelant les *distincts* ce que jusqu'alors on avait appelé les *abstraits*, c'est-à-dire les idées élémentaires plus simples résultant de la division et analyse, qu'a opérées l'esprit par abstraction ou distinction, sur l'idée composée qu'il s'agissait de juger.

Sans la distinction l'erreur est inévitable. Qu'arrive-t-il? on émet une proposition qui renferme un grand nombre d'acceptions, qui peut s'appliquer à une foule de choses, qui présente des rapports compliqués; l'esprit ne s'occupe pas de distinguer, c'est-à-dire de passer en revue ces acceptions, ces choses, ces rapports; il se contente d'affirmer ou de nier en gros; il généralise avant de savoir s'il en a le droit; et il produit un chaos, mélange confus de vérité et d'erreur, chaos pire que ne serait l'erreur simple et absolue, si elle se présentait jamais dans sa nudité, parce que les vérités qu'il renferme lui serviront de carte d'entrée pour envahir les âmes.

Que fait le théologien qui distingue? il détermine et met à part chacune des acceptions de la proposition, chacun des objets auxquels on pourrait l'appliquer, chacune des faces qu'elle présente, et, considérant successivement les parties ainsi dégagées, nie celle qu'il faut nier, affirme celle qu'il faut affirmer, distingue encore celle qui a besoin d'être distinguée, et c'est ainsi qu'il fait le jour au sein des ténèbres.

Il n'est pas étonnant qu'on ait médit du théologien à propos de son amour de la distinction. On avait deux motifs puissants pour le faire : le premier et le principal, c'est qu'il embarrassait ses ennemis, c'est qu'il réduisait à néant, par son procédé, leurs objections, et qu'aucune subtilité ne pouvait tenir devant sa tactique. Etudiez les livres pour et contre la vérité, vous verrez toujours les premiers, dans le sentiment de leur force, aborder de front et par la minutieuse analyse, et les autres la fuir comme une peste. Le second motif, c'est la paresse de l'esprit humain, le frémissement qu'il éprouve devant le travail consciencieux et complet; il n'aime pas suivre le théologien dans les circuits où celui-ci le mène; il voudrait comprendre, d'un trait, comme Dieu comprend, et, dans son impuissance, il prend le parti de nier ou d'affirmer en gros et à la hâte, donnant pour des vues claires ses illusions. Le théologien veut le guérir de ce mal en lui appliquant le remède des contraires, et il maudit un médecin qui le gêne.

Ce n'est pas Aristote qui a inventé le procédé des distinctions; ce procédé est tombé du ciel sur la terre avec la création de celle-ci; et toujours il y fut pratiqué par les sages. Mais Aristote en fit une théorie, et cette théorie fait sa gloire; l'Inde eut aussi ses Aristote. Au reste, le logicien de la Grèce avait été à bonne école pour apprécier le mérite de l'abstraction et de la distinction, car Socrate, dans Platon, est peut-être l'abstracteur le plus fin et le plus habile qui fût jamais; il possède ces qualités à un degré d'autant plus éminent qu'il les cache dans son dialogue, les enchaîne, les dissimule, et vous instruit avec elles sans que vous en sentiez le dur aiguillon; il les enveloppe même de tous les charmes de la poésie. C'est par le même art qu'il cache aussi ses affirmations sous la forme du doute et de la modestie; il laisse ses raisonnements vous communiquer ses convictions en les substituant à sa personnalité, à l'autorité brutale de l'individu. Oh! que l'on a injustement calomnié le doute socratique, aussi bien que celui de notre Descartes! Mais bien peu de grands hommes sont doués de cette baguette enchanteresse; Aristote en était dépourvu, et les théologiens du moyen âge ne l'avaient pas non plus; ils l'auraient possédée, qu'ils n'eussent pas pensé à s'en servir. Gloire à eux pour avoir apprécié et accepté la logique du grand méthodiste de Stagyre, pour l'avoir mise au service de la vérité chrétienne. Ils ont ainsi dépouillé les rapports cachés qui rattachaient les sciences exactes, les mathématiques à la religion; ils géométrisaient et algébrisaient celle-ci avant même que la géométrie et l'algèbre eussent atteint leur simplicité de formules, et pussent leur servir de modèles.

On dira qu'ils ont abusé de l'abstraction et, par cet abus, compliqué les questions au lieu de les ramener à des expressions simples.

D'abord peut-on abuser de l'abstraction et des distinctions? S'il n'était prouvé par expérience qu'on peut abuser de tout, nous répondrions qu'on ne le peut pas. Les points de vue des choses sont infinis; on ne saurait les épuiser, et plus on en dégagera, plus la vraie science aura progressé. Quel inconvénient conçoit-on, *a priori*, dans la classification détaillée conforme aux multiplicités que présentent les natures? Y a-t-il du danger à reproduire, dans le portrait des êtres, les richesses qu'ils contiennent en réalité? Or nous ne faisons que des portraits en faisant des traités; philosophes, théologiens, savants, moralistes, sont tous, comme les artistes et les littérateurs, des peintres copistes; le plus habile est le plus fidèle; le plus fidèle est le meilleur détaillant; reprochera-t-on à une copie trop de fidélité? Voilà ce que répond la raison à première vue. Cependant elle n'en soupçonne pas moins la possibilité de l'abus, appuyée sur cette espèce d'axiome qu'il n'est rien dont on ne puisse abuser. Elle conçoit que l'ensemble perde de sa beauté, de sa physionomie harmonique aux yeux de l'esprit par la dissection même qu'en fait l'esprit. Ne peut-on pas aussi distinguer mal à propos et sans motif? Si l'on surcharge une pensée de rapports imaginaires, on la complique inutilement, et l'on embrouille l'âme à son sujet, au lieu de l'envelopper de lumière. Enfin pour éviter l'accusation de paradoxe et ne pas briser en visière avec l'opinion commune, avouons que les théologiens ont quelquefois abusé des distinctions quoique, en ce qui concerne notre expérience, nous n'ayons jamais eu occasion de nous plaindre de leur méthode, sinon quant à la clarté et à l'art, au moins quant à la profondeur. — *Voy.* ABSURDE.

ABSURDE (L'). — LE RATIONNEL — LE MYSTÉRIEUX (1re part., art. 7). — Ces trois mots énoncent les trois aspects sous lesquels une proposition peut s'offrir à l'esprit. L'absurde est l'évidence absolue de l'impossible; le rationnel est l'évidence absolue du possible ou du nécessaire; et le mystérieux est l'absence d'évidence absolue du possible. L'absurde n'a pas de degrés. Le rationnel, tel qu'il vient d'être défini, n'en a pas non plus. Le mystérieux forme entre ces deux extrêmes une échelle indéfinie de degrés en plus et en moins. La raison exclut, *a priori*, l'adhésion de la foi à l'absurde. La raison provoque, *a priori*, l'adhésion de la foi au rationnel, moyennant preuves extrinsèques, hors le cas du nécessaire. La raison n'exclut ni ne provoque l'adhésion de la foi à ce qui est mystérieux pour elle, avant que des preuves extrinsèques ne lui en soient offertes.

Ces propositions sont le résumé de ce que nous avons à dire sur l'absurde, le mystérieux et le rationnel dans leurs rapports avec la raison et la foi.

Le mot *mystère* est un de ceux dont on a le plus abusé; les uns en ont fait une étiquette inscrite sur la porte d'un abîme où l'intelligence ne dut jamais plonger; ou, si l'on aime mieux, la sentinelle d'un temple enveloppé de ténèbres, quoique recélant les plus magnifiques choses, laquelle a pour consigne l'éternelle réponse : *On n'entre pas.* C'est l'orgueilleuse hyperbole de l'humilité. D'autres, acceptant volontiers cet emploi du mot, ont vu dans le mystère la région des ténèbres et du néant, et, prenant la consigne à la lettre, ont répondu à cœur ouvert : Nous n'entrerons pas, et, tournant le dos, sont allés à d'autres régions. Ils sont nombreux ceux-là, et les premiers, qui le sont aussi, ont sur la conscience leur désertion.

Pour nous, le mystère n'est point un abîme ténébreux et redoutable comme le tartare de la mythologie. C'est l'aurore humaine de l'infinie lumière, le rayon qu'elle nous jette en appât du fond de sa gloire, pour nous attirer par l'intelligence et par l'amour. Ce n'est point d'ignorance, c'est la science commencée destinée à grandir; ce n'est le désespoir ni de la foi, ni du doute; c'est l'espérance de la raison commençant à voir et à comprendre.

Nous le démontrerons en détail sur chacun des principaux mystères des deux ordres, dont on trouvera l'énumération à l'article *symbole.*

Pour le moment nous ne ferons que poser les fondements des rapports harmoniques de la raison et de la foi sur le mystère en général, en répondant aux deux questions suivantes:

Qu'est-ce que comprendre et ne pas comprendre?

Peut-on raisonnablement croire une chose que l'on ne comprend pas?

1. Qu'est-ce que comprendre et ne pas comprendre?

En répondant à cette question nous définirons l'absurde, le rationnel et le mystérieux.

Supposons quatre propositions de nature à impressionner diversement ma faculté de comprendre; nous arriverons par là à formuler la réponse d'une manière précise.

1° Voici la première : *La puissance absolue*, c'est-à-dire Dieu, *peut faire un triangle sans trois angles.*

Que dirons-nous de cette proposition? Que nous la voyons clairement et absolument impossible. Car l'émettre c'est dire qu'une puissance peut faire qu'une chose soit et ne soit pas en même temps. Qu'est-ce qu'un triangle? une figure à trois angles. *Triangle, figure à trois angles*; voilà deux expressions identiques; quand on dit : *Dieu peut faire un triangle qui n'ait pas trois angles*, on dit équivalemment : *Dieu peut faire qu'une figure qui a trois angles n'ait pas trois angles en même temps qu'elle a trois angles;* ou encore : *Dieu peut faire qu'un triangle* soit, et ne soit pas ; en même temps qu'il est, c'est la contradiction évidente ; c'est l'affirmation et la négation du même objet dans le même moment et sous le même rapport. Il y a en moi perception, aussi claire que possible, aussi claire qu'en Dieu même, que la proposition énonce une impossibilité absolue, et, par conséquent, qu'elle est fausse.

Or, voilà l'absurde.

Mais, dans ce cas, il y a absence complète de ténèbres ; il y a compréhension, sous tous les rapports, lesquels ne sont pas nombreux, puisqu'il y a simplicité dans l'objet, de l'impossibilité absolue ; et, par suite, il n'y a rien de mystérieux dans la proposition ; il n'y a mystère à aucun point de vue.

2° Voici la seconde : *Le tout est plus grand que sa partie :* ou bien encore, après démonstration : *les trois angles d'un triangle valent deux droits.*

La raison perçoit dans cet énoncé, d'une manière absolument claire et certaine, non-seulement la vérité qu'il exprime, mais encore la nécessité éternelle de cette vérité. Il n'y a pas de force qui puisse lutter contre cette évidence autrement qu'en la faisant disparaître. Dieu pourrait m'enlever la pensée, la connaissance de cette vérité ; mais, tant que je l'aurai, il ne peut faire qu'elle ne m'en donne la certitude absolue, à tel point que je sois forcé de me dire : la chose est ainsi de toute éternité, j'en suis sûr, et si une puissance d'illusion venait, ce qui est possible, m'embrouiller mon évidence, me plonger sur ce point dans d'épaisses ténèbres, la chose n'en serait pas moins comme je l'ai conçue ; il n'y aurait de changé que mon état intellectuel relatif à cette chose, qui continuerait d'être à mon insu.

Voilà le rationnel tel que nous l'avons défini.

Il y a, comme dans le cas de l'absurde, absence complète de ténèbres ; il y a compréhension sous tous les rapports, vu la simplicité de l'objectif, et de la possibilité, et de la nécessité, et de l'être. Il n'y a rien de mystérieux dans la proposition, dès qu'elle est conçue ; il n'y a pas mystère.

On voit que le rationnel touche de près à l'absurde, en ce sens que l'un est directement la négation de l'autre, au sens dans lequel on dit que les extrêmes se touchent ; car ce sont bien les deux pôles contraires. Dans l'absurde on voit clairement, et il est absolument certain, qu'il faut nier ; dans le rationnel on voit clairement, et il est absolument certain, qu'il faut affirmer.

3° Voici la troisième : *La substance absolue étant une, son essence ou sa manière d'être, sa nature se compose de trois énergies distinctes, subsistantes et génériques : la puissance, l'intelligence, l'amour ; auxquelles on a donné le nom de personnes, les noms de Père, de Fils et d'Esprit, c'est-à-dire de générateur, d'engendré et de spiration procédant du générateur et de l'engendré.*

Que dirons-nous de cette proposition compliquée ?

Qu'elle ne contient rien d'absurde ; qu'elle contient du rationnel, et qu'elle contient aussi du mystérieux.

D'abord, elle ne contient rien d'absurde ; où serait-il ? l'absurde n'a lieu qu'à la condition d'une contradiction évidente ; or ici nulle contradiction : je dis que, la substance étant une, l'essence se compose de trois énergies distinctes ; rien d'inconciliable dans ces deux affirmations ; on ne se contredit pas en disant qu'un être, dans son tout, résulte de trois énergies dont l'une n'est pas l'autre ; l'absurde aurait lieu si je disais que l'essence de Dieu tout entier consiste dans la puissance, son essence tout entière dans l'intelligence, et son essence tout entière dans l'amour, car il y aurait alors l'*un* et le *triple*, le *oui* et le *non* dans la définition de l'essence, puisque d'une part je supposerais une seule essence, l'essence de Dieu, et, d'autre part, trois essences, l'essence puissance, l'essence intelligence, l'essence amour ; et dire qu'il peut se trouver en même temps dans le même être, une seule essence et trois essences, c'est dire le oui et le non du même objet, puisque *un* est la négation de trois, et trois la négation d'*un*. L'absurde aurait encore lieu si, tout en affirmant l'unité de substance, j'affirmais, d'autre part, la triplicité de substance. Mais je n'ai dit, dans ma proposition, ni l'une ni l'autre de ces absurdités. J'ai dit, au contraire, quant à la substance, qu'il n'y en a qu'une, qu'il n'y en a pas trois ; quant à l'essence, qu'il n'y en a également qu'une et non trois ; mais que la puissance, l'intelligence et l'amour concourent également à constituer cette essence infinie, de telle sorte que la puissance, prise abstractivement et en sens divisé, n'est pas cette essence tout entière, l'intelligence cette essence tout entière, l'amour cette essence tout entière, mais que la puissance, l'intelligence et l'amour, voilà l'essence infinie de la substance absolue.

L'absurde n'est pas davantage dans la seconde partie de la proposition, laquelle ne consiste qu'à donner aux trois énergies des noms qui indiquent leur éternelle permanence, pour les distinguer des accidents et des modifications fugaces, et qui rappellent, en même temps, les rapports de chacune à chacune, celui de la puissance à l'intelligence, qui est une génération, et celui de l'amour à la puissance et à l'intelligence, qui est une spiration allant de l'une à l'autre, appelée procession.

Notre proposition contient du rationnel. Avoir fait comprendre clairement qu'elle ne renferme l'énoncé d'aucune contradiction, c'est avoir démontré qu'elle est rationnelle quant à la possibilité. Car, si, d'un côté, la raison perçoit avec évidence que ce qui implique contradiction est impossible en soi, elle perçoit, d'un autre côté, avec la même évidence, que ce qui ne renferme aucune contradiction est possible en soi, à rien qui répugne à l'être. Les deux perceptions sont deux formes d'une même perception.

On nous objectera sans doute ici, qu'un être possible *intrinsèquement* peut n'être pas possible *extrinsèquement*, c'est-à-dire peut manquer de certaines conditions étrangères à son essence et cependant nécessaires pour sa réalisation ou sa réalité.

Nous répondons, pour la clarté de notre série, qu'il ne s'agit que de la possibilité intrinsèque, laquelle est toujours certaine quand il y a vision claire d'absence de toute absurdité, ce qui a lieu dans le cas présent.

Nous répondrons ailleurs, en ce qui est de l'absolu, que la possibilité intrinsèque et la possibilité extrinsèque se confondent de telle sorte que, l'une existant, l'autre existe également, parce qu'il est nécessaire qu'il *soit*, et parce que, s'il n'était pas, il ne serait possible d'aucune manière et sous aucun rapport, comme l'a observé Leibnitz avec tant de justesse.

Ainsi, jusqu'alors, lumière complète dans mon esprit sur la proposition; compréhension parfaite de la possibilité en soi ou de l'absence de répugnance à l'être; point de ténèbres, et, par conséquent, point de mystère.

Mais nous avons ajouté que la même proposition contient aussi du mystérieux, et elle en contient, en effet, des océans infinis.

Ce mystérieux ne portera pas sur la possibilité de ce qu'elle énonce, d'après ce qui précède; il ne portera même pas sur sa nécessité ni sa réalité, l'une et l'autre seront trop clairement démontrées pour qu'on puisse accorder qu'elles demeurent enveloppées des ombres du mystère, ce qui serait laisser notre lecteur dans un doute, à leur occasion, lequel exclurait la foi raisonnée (*voy.* l'article TRINITÉ.); il portera sur tout le reste, sur le *comment* de ce qu'on pourrait nommer, si on l'osait, l'*organisme* divin, sur les ressorts de son être et sur les mouvements ineffables de ces ressorts, sur tout ce qui se passe éternellement entre les personnes qui forment son essence, sur les modes infinis de sa substance, sur les opérations par lesquelles la Trinité s'épanouit dans ses éternelles profondeurs. Qui nous dira la génération adorable de ce que l'on appelle le Fils et le Père, la spiration de l'Esprit? Qui nous expliquera comment la puissance fait germer, sans commencement et sans fin, son intelligence, qui est le Verbe infini; comment l'amour procède, sans commencement et sans fin, de l'intelligence et de la puissance? Qui nous fera comprendre comment les Trois, par une fusion ineffable et éternelle, constituent l'absolu? Quelle âme sera jamais assez large pour embrasser ce qui n'a pas de limites? Pareille à la lueur d'un flambeau présenté au soleil, elle pâlit et perd conscience d'elle-même, dès qu'elle veut plonger dans l'immensité des éternelles clartés, dès qu'elle ose affronter l'infinie lumière.

Oui, le mystère est là, profond, éblouissant, impénétrable, tellement que nous ne sommes plus rien pour le saisir, le voir et exister devant lui, s'il ne veut lui-même nous agrandir en proportion de ce qu'il nous montrera de son étendue.

Concluons : la proposition troisième renferme un mélange de rationnel et de mystérieux, dont l'un consiste dans la vision claire du possible, et l'autre dans l'éblouissement causé par l'infinité de richesses dont elle donne le soupçon. Je comprends cette possibilité de trois dans un; je ne comprends rien à ces richesses.

4° Voici la quatrième : *Dieu m'a créé*. Elle énonce le dogme de la création.

Que dirons-nous de celle-là? D'abord quelle idée suscite-t-elle dans l'esprit, ou qu'entend-on par l'assemblage des mots qui la composent? On entend que, n'ayant pas toujours existé comme personnalité distincte, quoique j'existasse en Dieu à l'état d'idée, n'ayant pas toujours existé à la manière que je le sens, et que j'exprime par le mot *substantiellement*, Dieu a fait que j'existe de cette façon; ce qui signifie, en résultat, que Dieu a fait surgir un *moi*, distinct du sien, lequel n'était pas auparavant.

Or, faisons l'aveu de notre impuissance: ici point de vue claire du possible ni de l'impossible.

Y a-t-il contradiction dans ce que je viens de dire? Rien dans ma proposition ne me porte à l'affirmer. Si je disais : *Dieu fait qu'une chose, qui n'est pas, soit en même temps qu'elle n'est pas*; je saisirais immédiatement l'absurde, et je dirais a priori : c'est impossible. Ce qui est est, ce qui n'est pas n'est pas, et dire que ce qui est n'est pas, c'est émettre une évidente impossibilité.

Mais ce n'est pas ainsi que j'ai parlé, et ce n'est pas ce que j'ai voulu dire. J'ai dit : Dieu fait que ce qui n'était éternellement qu'à l'état d'idée en lui, et, par conséquent, non distinct de lui-même, devient une réalité distincte de lui-même, de telle sorte qu'avant la création il était vrai de dire : elle n'est pas en tant que réalité distincte, et que maintenant il est vrai de dire : elle est de cette façon. La contradiction que je viens de supposer n'existe donc pas dans ma proposition.

Si même je disais que cette réalité créée n'était éternellement d'aucune manière, n'existait pas, au moins, en idée quelconque, je tomberais encore dans la contradiction; car ma proposition reviendrait à affirmer, d'une part, qu'une chose peut être faite *avec* rien, au sens absolu du mot; peut commencer d'être sans avoir un type; qu'un portrait peut être portrait sans avoir un original; et, d'autre part, que Dieu aurait, un jour, perfectionné son Verbe en l'enrichissant d'une idée, d'un type qui n'y était auparavant d'aucune manière, ce qui est contradictoire avec l'absolu. Mais ce n'est pas encore ce que j'ai dit; j'ai même eu soin d'énoncer le contraire: d'où je conclus encore que cette absurdité n'est pas dans ma proposition.

Je ne vois donc point l'impossibilité.

Mais je ne vois pas, non plus, la possibilité; car n'y aurait-il pas contradiction, par le fait, à ce qu'une chose qui n'est pas, dans un temps, substantiellement, soit, de cette sorte, dans un autre temps. Conçoit-on possible que ce qui est n'ait pas toujours été? le conçoit-on même pour de simples accidents, pour des phénomènes, malgré que le fait en soit certain; à plus forte raison pour un sujet qui pense, qui agit, qui dit *moi*? L'être peut-il avoir été néant? ce qui est d'une manière quelconque ne devrait-il pas avoir toujours été? ne serait-il pas vrai de dire que l'être ou le néant ne peuvent qu'être éternels par essence? Je suis bien loin de ma proposition sur la Trinité; elle n'impliquait aucune de ces questions; elle était, quant à la possibilité de son objet, d'une clarté parfaite qui excluait tout soupçon de contradiction sous un rapport quelconque, parce que l'objet en était simple. Rien de plus simple et de plus clair que ceci : Une substance peut posséder trois énergies; mais ici que de soupçons d'impossible restent devant ma pensée comme des fantômes!

Non : Je ne vois pas, je ne sais pas, je ne comprends pas. Je suis flottant entre le possible et l'impossible, que je ne puis ni l'un ni l'autre affirmer. Ténèbres dans ma pauvre nature, mystère!

Ma quatrième proposition n'a que du mystérieux.

C'est ainsi que nous répondons à la première question, qu'est-ce que comprendre, et, qu'en y répondant, nous définissons le mystère. Résumons : Quand je vois l'impossibilité, c'est l'absurde, et rien de mystérieux; quand je vois clairement la possibilité, la nécessité, la réalité, sans qu'une autre question, plus complexe, vienne se joindre, c'est le rationnel, et rien de mystérieux; quand je vois la possibilité, et même la nécessité ou la réalité, mais qu'il se mêle des comment et des pourquoi contre lesquels ma compréhension se brise, c'est le mélange du rationnel et du mystérieux, premier degré du mystère; enfin, quand je ne vois clairement ni la possibilité ni l'impossibilité, c'est le mystérieux pur, degré le plus élevé du mystère.

II. Peut-on raisonnablement croire une chose que l'on ne comprend pas?

En répondant à cette question, nous tracerons les devoirs de la raison par rapport à l'absurde, au rationnel et au mystérieux.

Reprenons nos quatre propositions, et répétons la question sur chacune d'elles :

1° Puis-je raisonnablement croire une proposition dont je vois clairement l'impossibilité?

S'il y a évidence de l'absurde, comme dans le cas donné pour exemple, ma raison répond, *a priori*, que je ne puis croire pareille chose, quelle que soit, d'ailleurs, l'autorité qui voudrait m'y contraindre. Dès lors que je vois clairement la contradiction dans les termes, l'arrêt est porté sans appel; j'ai la certitude absolue de l'impossible, et il n'est pas une voix, venant m'en affirmer l'existence, à qui je ne répondrais : Tu mens. Si donc l'univers entier venait me dire un jour que Dieu peut faire un *triangle sans trois angles*, ou qu'un tout n'est pas plus grand *que sa partie*, assis sur ma raison, je répondrais à l'univers qu'il a menti.

2° Puis-je raisonnablement croire une proposition dont je vois clairement, non-seulement la possibilité, mais la nécessité absolue?

C'est le cas du rationnel dans toute sa plénitude, et la réponse est aussi évidente que pour le cas précédent. Je connais la nécessité de la chose; je vois clairement qu'il est impossible qu'elle ne soit pas comme je l'exprime; donc, non-seulement je peux la croire, mais je le dois, et le refus de mon adhésion serait le plus inexplicable des crimes, s'il n'était une folie; car il consisterait dans la mauvaise volonté toute pure, disant à la raison : Je te renie.

Telle est donc mon attitude obligée, devant tous les axiomes, soit négatifs, soit affirmatifs, qu'*a priori* j'ai, pour devoir essentiel à ma nature, de nier les uns, d'affirmer les autres. C'est une ressemblance que Dieu m'a donnée avec lui-même quant à ces vérités générales; c'est un peu d'absolu qu'il m'a communiqué! En lui réside une vision claire, infinie de toute vérité, et une adhésion d'amour adéquate à sa perfection; il m'a fait participant de ces deux attributs dans une limite relative à quelques vérités; l'homme qui le nie, se nie lui-même et insulte Dieu dans son image.

3° Puis-je raisonnablement croire une proposition du genre de celle que nous avons formulée sur la Trinité, c'est-à-dire qui renferme un mélange de rationnel et de mystérieux, en ce sens qu'il y ait en moi compréhension de sa possibilité, de sa non répugnance à l'être, et absence de compréhension de ses modes de réalisation?

La réponse n'est pas plus difficile que dans les deux cas précédents.

D'abord je n'ai pas le droit de nier cette proposition *a priori*, puisque je la conçois possible, puisque je vois qu'elle ne contient aucune absurdité. Le dogme qu'elle exprime est possible, donc je puis le croire; voilà la première déduction que ne touche en rien le mystérieux, vu que ce mystérieux ne porte pas sur la possibilité.

Supposons, maintenant, qu'en envisageant la proposition sous d'autres rapports, je tire, par exemple, de phénomènes certains pour moi, quant au fait, des conclusions logiques qui me montrent clairement la nécessité de la vérité qu'elle exprime (*voy.* Trinité); alors non-seulement je puis croire, mais je le dois. C'est la seconde déduction que ne touche encore en rien le mystérieux de la proposition, puisque ce mystérieux continue d'être en dehors, et de la possibilité, et de la nécessité de la vérité qu'elle exprime.

Supposons autre chose : que, sans m'occuper de la nécessité, une autorité digne de foi, une voix extérieure, dont l'existence et la véracité me seront antérieurement démontrées, de manière à ce qu'il ne m'en reste aucun doute, se fasse entendre et me dise en paroles claires : Ce dont tu conçois le possible, je t'en affirme la réalité : ne dois-je pas croire encore? et, si je ne crois pas, puis-je être autre chose qu'un esprit sans logique ou sans bonne foi? D'un côté je suis certain, par ma raison, que le dogme est possible; de l'autre je sais, par une autorité dont la véracité est, pour ma raison, hors de doute, que ce dogme est en effet; donc le seul parti raisonnable qui me reste à prendre est d'y adhérer par la foi. Autre déduction non moins claire, que n'obscurcit en rien le mystérieux de la proposition pour les mêmes raisons.

Me retrancher sur ce mystérieux pour ne pas croire! Mais que m'importe mon ignorance sur les secrets intimes de l'objet de ma foi, puisque j'ai, d'une part, la certitude du possible, et d'autre part, la certitude du fait. C'est ainsi que je crois à la trinité divine, et je me flatte de faire, en y croyant, un acte simple de bon logicien et d'honnête homme.

Ce mystérieux des intimités de l'être nous enveloppe de toutes parts; il est en nous, devant nous, hors de nous; il pèse sur chacune de nos pensées; il nous écrase à toute heure. Faut-il, pour cela, ne rien croire? Commençons, alors, par douter de nous-mêmes. Mais quel est cet imbécile orgueil qui nous fera dire : Je saurai tout, ou je ne croirai rien; Dieu m'introduira dans tous les détails de son sanctuaire, ou je fermerai les yeux pour n'en pas voir la porte, pour ne rien croire et ne rien comprendre. Ne dirait-on pas la sotte moue d'un enfant, ou le caprice sans raison d'une femme en colère? Cependant il y a plus de logique encore dans ce doute complet que dans un triage insensé de ce qui ne recélerait aucun mystère, puisqu'il n'est rien dont le fond ne se cache à la créature, ce qu'ont avoué tous les philosophes, ce qui a fait dire à Malebranche, le grand cartésien, l'ami de la raison, qu'il y a autant et plus de mystères dans un fétu que dans tous les dogmes du christianisme; et à Lamennais, l'anticartésien, l'ennemi de la raison, parlant de ceux qui attaquent le mystère : « Insensés! qu'ils m'expliquent un grain de sable, et je leur expliquerai Dieu. »

4° Enfin, puis-je raisonnablement croire une proposition dont je ne vois clairement ni le possible ni l'impossible?

Pour répondre, faisons plusieurs hypothèses.

Supposons d'abord que je ne connaisse aucune autorité, extérieure à moi, qui m'en affirme la réalité comme fait, et que ma raison propre ne me fournisse, non plus, aucune preuve de cette réalité. Dans cette position, qu'ai-je à faire? Une seule chose : douter simplement, absolument et sans restriction; douter de la possibilité, puisque, ne la voyant pas clairement, je n'ai pas droit de l'affirmer; douter de l'impossibilité, puisque, ne la voyant pas davantage, je ne puis pas davantage l'affirmer; douter de l'existence réelle, puisque, par hypothèse, je n'ai aucune raison de la croire ou de la rejeter.

Voilà, jusqu'alors, quelle sera ma conduite si j'agis en être raisonnable.

Supposons, en second lieu, que, sur ces entrefaites, après des recherches ou par hasard, une autorité se révèle à ma connaissance, une autorité telle que je ne puisse douter ni de sa réalité, ni de sa parole, ni du sens qu'elle y attache, ni de sa véracité; soit, par exemple, l'autorité de Dieu même bien établie; et que cette autorité me dise : Tu ne vois jusqu'alors, dans ce dogme, ni le possible ni l'impossible; il n'est, pour toi, ni rationnel ni absurde, et tu doutes avec sagesse; mais moi qui sais, non-seulement qu'il est possible, mais qu'il est, je viens te l'affirmer et t'inviter à le croire sur mon affirmation : que ferai-je alors? Évidemment je croirai, puisque je n'ai aucun motif de négation *a priori*, et tout sera fini : plus de doute, j'aurai la foi, et la foi raisonnable. Retournant alors à la question du possible, qui était restée ténébreuse, ma raison, par une nouvelle déduction logique, que l'école a exprimée sous forme d'axiome, en disant que *du fait au possible la déduction est bonne : Ab actu ad posse valet consecutio*, donnera son adhésion, et affirmera avec certitude, au moyen de ce circuit, la possibilité sans la voir en elle-même.

Supposons enfin que je vienne à découvrir, par le travail de ma raison, en prenant pour base les phénomènes de mon être, la nécessité absolue du dogme dont je n'ai encore vu ni le possible ni l'impossible; supposons que je perçoive, par cette voie, d'une manière évidente, la répugnance et l'absurdité de toute hypothèse contraire, je n'aurai encore à prendre qu'un parti : celui d'affirmer la réalité de la proposition, et, en la croyant, de rejeter mon doute, dont la persistance ne serait plus raisonnable. J'aurai, dans ce cas, conquis ma foi par mes propres efforts, et elle sera purement philosophique, n'étant pas celle dont parle saint Paul quand il dit : *Fides ex auditu*. (*Rom.* x, 17.)

Le sage croit à la création, de ces deux manières en même temps, quoique la proposition qui l'énonce ne soit pas rationnelle, sans cependant être absurde. Il voit l'absurde ouvrir ses abîmes s'il la nie, puisqu'il devient lui-même pour lui-même une absurdité (*Voy.* Ontologie.). Il entend, d'autre part, les voix dont il sait, avec certitude, l'infaillibilité, lui crier que Dieu a créé l'univers; et il adhère, d'une foi complète, à cette vérité, aussi certain, quoique moins savant, que s'il avait compris la possibilité en elle-même; mais il sait que Dieu s'est réservé cette énigme, et il adore.

A celui qui désapprouverait sa conduite et le traiterait d'esprit faible, il dirait : Tu ne veux pas croire, *a priori*, ce dont tu ne vois ni clairement la répugnance ni clairement la non-répugnance, et tu rejettes d'avance toutes les preuves qu'on t'en apportera. Mais tu crois quelque chose; tu le manifestes par toutes tes actions. Or, as-tu réfléchi sur l'ensemble de tes croyances? Si j'allais te montrer que, sans t'en apercevoir, presque toutes ont pour objet des choses de même espèce, des créations où ton esprit s'égare dans le soupçon de l'impossible! Tu crois qu'un homme peut produire son semblable, puisque tes yeux sont les témoins du fait. Eh bien, remonte avec moi, par la pensée, jusqu'à un premier homme qui n'aurait pas encore été père, et suppose qu'une voix te fasse entendre ces mystérieuses paroles : Cet homme a la puissance d'en faire surgir un autre qu'on appellera son fils. A cette voix, que vas-tu dire? A ces mots : *Produire un être semblable à soi*, avoue en toute sincérité ce qui va se passer dans ton âme. Diras-tu : Cela est impossible? Oh! si tu le dis, tu te trompes; tu ne vois pas, dans ces termes, la contradiction, et le fait t'aura bientôt réfuté. Diras-tu : Cela est possible? Non; car, franchement, n'ayant encore vu aucun être se reproduire, tu ne vois pas avec clarté que cette merveille soit possible. Diras-tu : Devant un pareil mystère, je refuse à jamais ma croyance? Oh! c'est trop de hardiesse : c'est de l'imprudence; le fait se prépare à te faire mentir ou à te laisser dans un sot entêtement. Que diras-tu pour être raisonnable? Je ne vois, en cela, ni l'absurde ni le rationnel; je doute; et si des preuves m'arrivent, qui me forcent à conclure de *l'acte au possible : Ab actu ad posse*, je croirai le tout en bon philosophe. Voilà, ami, ce que tu dois dire toujours en face du mystère; et, dès que la preuve extrinsèque se montre, ton doute doit, en effet, céder la place à la foi.

C'est ainsi qu'on peut croire, dans certains cas, très-raisonnablement ce dont on ne comprend pas la possibilité.

Nous venons d'exposer les règles de conduite d'une âme raisonnable par rapport à l'absurde, au rationnel et au mystérieux; nous en ferons l'application aux mystères de la dogmatique chrétienne. Ne pouvons-nous pas conclure déjà que le mystère, quant à la foi qu'on lui accorde, loin d'être la région de la nuit, n'est véritablement qu'une aurore de la parfaite lumière?

Nous aurions le droit, maintenant, de qualifier d'axiomes les principes que nous avions émis en commençant. Répétons-les sous des formules moins concises.

Premier principe. — La raison exclut, *a priori*, la foi à ce qu'elle voit clairement impossible.

Deuxième principe. — La raison provoque, *a priori*, la foi à ce qu'elle voit clairement possible, pour le cas où des preuves extrinsèques lui seront fournies de la réalité; et, si elle en voit clairement la nécessité, la foi est déjà formée si la volonté n'y met ridiculement obstacle.

Troisième principe. — La raison admet l'adhésion de la foi à toute proposition exprimant un dogme qu'elle voit clairement possible en lui-même, quoique, dans tout ce qui ne regarde pas la question du possible, il soit enveloppé de mystérieux, pourvu que des preuves extrinsèques péremptoires lui en soient fournies.

Quatrième principe. — La raison admet encore l'adhésion de la foi à un dogme dont elle ne voit clairement ni la possibilité ni l'impossibilité, moyennant la condition des preuves extrinsèques, sans lesquelles le doute conserve ses droits. — *Voy.* ABSOLU.

ABUS DE LA RAISON. — ABUS DE LA FOI. (Ire part., art. 5.) — Il y a deux propensions dans l'être humain correspondantes à deux facultés; la propension à raisonner, correspondante à la faculté de percevoir et de comprendre, laquelle nous pousse à mettre en jeu les ressorts de cette faculté pour faire la lumière autour de nos pensées; et la propension à croire, correspondante à la faculté d'adhérer par nos déterminations affirmatives, laquelle nous pousse, avec autant d'énergie, à nous coller d'amour à certains objets de connaissance, malgré les ténèbres qui les enveloppent, à nos yeux, dans l'état présent.

Ces deux tendances, ces deux facultés sont deux instruments dont nous pouvons user et abuser. En quoi consiste l'abus sous ces deux rapports, et comment se distingue-t-il du légitime usage?

L'abus de la foi se comprend à merveille. Supposons une âme qui croit tout ce qui lui est affirmé par la parole extérieure : les âmes de cette espèce ne sont pas rares : elles sont bonnes, sans malice, remplies de bienveillance, mais simples; et elles deviennent méchantes quand leurs convictions, si faciles à acquérir, montent jusqu'au fanatisme; à tous les degrés leur foi prend le nom de superstition. Or il est évident qu'une âme de cette sorte abuse de sa faculté de croire. Tout usage d'une puissance naturelle aboutissant au mal est un abus, sans quoi Dieu, qui est l'auteur des puissances naturelles, serait seul coupable, pensée impie qu'ont repoussée de concert la philosophie et la religion. Koung-feu-tseu, Vyaça, Bouddha, Zoroastre, Platon ont enseigné, dans les termes les plus explicites, que Dieu n'est point responsable du mal qui se fait; et la révélation, dans toutes ses phases, a affirmé, implicitement ou explicitement, que Dieu n'a pas été plus loin, dans l'œuvre du mal, que de poser le bien devant l'homme, la laissant libre d'y adhérer ou de le fuir; l'Église catholique a pris tout le soin possible de condamner les hérétiques dont la doctrine ouvrait la voie à des incriminations contre Dieu sur cette grande question. Si cependant l'emploi régulier d'une faculté venant de Dieu conduisait à un mal quelconque, on serait bien obligé de dire que Dieu aurait voulu ce mal, puisqu'il aurait voulu, par hypothèse, et la faculté et la manière dont on s'en serait servi. Il est donc vrai qu'il y a abus dans la cause toutes les fois que le résultat est mauvais dans l'effet. Nous ne disons pas que l'abus soit toujours coupable, mais seulement qu'il existe au moins matériellement. Si donc une âme adhère trop aisément à ce qu'on lui enseigne, elle abuse de sa foi; car elle s'expose à l'affirmation du mensonge; elle aboutira même, par le fait, souvent à cette affirmation ; et qui oserait dire que l'affirmation d'un mensonge n'est pas toujours un mal, au moins matériel, un véritable désordre ?

Il est donc facile de comprendre les abus de la foi ; et cela est d'autant plus facile que rien n'est plus commun. Voyez les peuples ; combien de croyances diverses et erronées que les pères transmettent aux enfants et que reçoivent ceux-ci avec une confiance aveugle qui ne peut être qu'un abus de la faculté de croire. C'est de cet abus que résultent les phénomènes désolants qui faisaient dire à Montaigne avec l'ironie du critique, et à Pascal avec l'accent amer du moraliste attristé : Vérité en deçà des montagnes, erreur au delà. Voyez, dans chaque peuple, les familles ; combien de préjugés, de dictons, de jugements plus ou moins ridicules se transmettent encore de père en fils, le dernier croyant toute sa vie sur l'autorité pure de celui qui l'éleva, répétant la chose devant ceux qui lui succéderont, et leur communiquant sa foi, sans qu'il vienne dans l'esprit d'un seul de se demander si ce ne serait pas une bêtise ; c'en est une, et son règne est éternel, par l'éternel abus de la faculté de croire.

On ne peut nier la justesse de ces observations. Le monde est trop rempli de contradictions traditionnelles pour qu'il reste une porte à l'objection. Tout esprit de bonne foi avouera même que cette sorte d'abus est la plus commune et la plus frappante qui soit dans le monde.

Quel en est le remède ? nous avons beau chercher, nous ne trouvons que la méfiance, la réflexion, l'examen et toutes les opérations intellectuelles dont l'ensemble forme ce qu'on a nommé la raison. Si tout homme avait soin de ne jamais croire sans un examen sérieux, selon l'étendue de ses moyens, sans des preuves suffisantes après réflexion, ces abus n'auraient pas lieu, et tous les fâcheux résultats disparaîtraient du milieu des hommes. Car il arriverait de trois choses l'une : ou l'on reconnaîtrait la vérité de la chose affirmée, soit qu'elle ressortît de sa rationabilité intrinsèque, soit qu'elle fût une déduction de la valeur bien établie de l'autorité qui l'enseigne, et alors on y ajouterait foi avec une satisfaction plus réelle ; ou l'on en reconnaîtrait la fausseté de la même manière, et on aurait la même satisfaction à refuser sa croyance ; ou enfin on n'arriverait à aucune certitude, et on douterait ; quel inconvénient y a-t-il à douter de ce dont on n'est pas sûr ? Dans ces trois cas, on cesserait d'enseigner ce qui n'est pas, et l'abus de la foi serait détruit dans sa cause. L'histoire nous offrirait un spectacle bien différent, si les hommes avaient agi de la sorte dans l'antiquité ; comme leurs croyances ont toujours été mélangées des grandes vérités fondamentales, et de rêveries plus ou moins absurdes surajoutées à ces vérités, ils auraient conservé les bases, relégué les rêveries dans la région des erreurs, ou au moins des doutes, et l'histoire religieuse des peuples serait celle de la vraie religion plus ou moins développée. Il n'en a pas été ainsi ; les hommes ont cru tout ce qui a germé de bizarre dans quelques imaginations, tout ce qu'a chanté la lyre, imposé la loi, conçu le génie comme hypothèse ; ils se sont fanatisés de ces rêves, ont pris les allégories pour des réalités, ont affirmé, se sont battus comme des insensés pour leurs convictions déraisonnables, ce qu'ils n'auraient pas fait pour la vérité pure ; et l'histoire est devenue ce qu'elle est, un infernal poëme.

Nous venons de parler de rêves du génie ; on peut nous saisir à ce mot, et, le prenant pour un aveu échappé sans calcul, rejeter sur la raison la première faute. Si la foi a abusé d'elle-même, dira-t-on, elle n'a fait qu'adhérer avec folie aux conceptions d'une raison non moins folle qui, altérant, surchargeant, décomposant la vérité, lui fournissait matière.

Il y a du vrai dans la reprise, et nous sommes loin de le nier ; c'est par là que nous arrivons aux abus de la raison, dont nous dirons aussi quelque chose.

La raison dans l'homme a plusieurs compagnes dangereuses contre lesquelles il lui arrive souvent de n'être pas suffisamment en garde. Ces compagnes sont l'imagination, la poésie, la superbe, la passion des nouveautés et celle du despotisme. L'imagination veut donner un corps à tout, un corps fantastique ; elle cueille çà et là des lambeaux de vérités, les greffe l'un sur l'autre, et en fait des êtres bigarrés qu'elle aime comme ses enfants. La poésie les chante et les berce comme des houris dans des nuages de lumière et d'azur. La superbe les contemple avec orgueil et s'adore en eux. La passion des nouveautés les allaite, les nourrit, les fait grandir et les conserve. Celle du despotisme en impose l'adoration aux mortels. Et la raison, si elle manque de courage, s'amollit dans le concert de ses sœurs ; elle devient leur esclave ; elle abuse de ses forces en les mettant à leur service pour les justifier ; elle se prostitue à leurs pompes, elle perd sa vertu, elle devient aveugle ; elle n'est plus la raison, tout en continuant d'être le génie ; elle s'est tuée par complaisance ; elle a mangé le fruit de l'illusion, s'en est enivrée, et l'illusion l'a emportée dans son empire : voilà comment elle a abusé d'elle-même. Son abus consiste à laisser tomber de sa main le sceptre de la logique austère et inflexible, pour complaire à ses compagnes.

Mais ce n'est pas elle qui a fourni matière aux abus de la foi ; ce sont toutes les facultés humaines, excepté elle ; son crime est de n'avoir pas dominé leur fougue et neutralisé leurs écarts.

Conservez-lui son gros bon sens avec l'énergie d'en user, vous n'avez ni ses abus ni ceux de la foi. — *Voy.* ABSTRACTION.

ABUSER (DROIT D'). — *Voy.* SOCIALES (Sciences).

ACADÉMIE. — ÉGLISE. (III⁰ part., art. 3.) — Quand le Verbe de Dieu se manifesta sous forme humaine, il trouva sur la terre des sociétés philosophiques, scientifiques, littéraires et artistiques, des académies. Les hommes en sont à peine à leurs débuts de ce qu'on appelle la civilisation, que l'idée vient aux plus avancés d'entre eux de fonder des associations régulières dans un but déterminé. Nous ne parlons pas en ce moment de l'intérêt social, qui est le premier objet de leurs efforts, parce qu'il implique les intérêts particuliers; nous ne parlons pas non plus du besoin qu'on a de s'unir pour se livrer en commun aux exercices d'un culte, lequel est contemporain du besoin d'association politique, la cité civile et la cité religieuse étant les deux éclosions primordiales de la civilisation. Nous ne parlons, dans cet article, que de l'académie proprement dite, et, par suite, du but que se proposent ceux qui veulent imprimer quelque activité au progrès des sciences, des lettres et des arts. Ils se hâtent de faire appel aux mieux disposés, de s'organiser en corps, d'établir un commerce d'idées sur les objets qui les intéressent; de former, en un mot, ces réunions et corporations appelées maintenant académies. C'est ce qui avait eu lieu, au temps de Jésus-Christ, dans l'ordre naturel, chez presque tous les peuples.

Or Jésus-Christ, venant accomplir une mission d'un ordre différent, et se proposant directement un but tout surnaturel, dédaignera-t-il d'imiter le savant, le philosophe, le poëte et l'artiste? On pourrait croire que, sans dédain, il employât, pour agir sur l'humanité dans une espèce différente, des moyens différents. Mais tel n'était pas le plan de sa sagesse; il voulait, au contraire, imiter l'homme, afin que l'homme pût ensuite l'imiter; il tenait d'ailleurs à honorer de son hommage l'œuvre de son Père: *Je vous ai glorifié*, lui disait-il, *maintenant glorifiez-moi*. (*Joan.* xvii, 4.) Comment avait-il glorifié son Père? En le manifestant à la créature, et en embellissant l'ordre naturel, qu'il avait créé, d'une auréole surnaturelle de grâces, de vertus et de gloire. C'est la pensée qui se montre sans cesse dans le Christ, soit par la parole, soit par les actes; il prend toujours la nature pour base, et, en l'élevant au-dessus des hauteurs qu'elle occupait déjà, lui rend justice et honneur. Trouve-t-on dans l'Evangile une seule malédiction contre la philosophie, la poésie, les arts? Nous ferons voir en diverses occasions que Jésus-Christ consacre et honore toutes les fructifications de la nature et de la raison, soit en s'en emparant pour s'en servir lui-même, soit en les couvrant de sa protection. Il ne maudit que l'orgueil pharisaïque, qui est d'un ordre tout différent; et la révélation, dans toutes ses périodes, suit irrévocablement la même morale.

Cette méthode apparaît sous le rapport qui nous occupe en ce moment comme sous tous les autres. Jésus-Christ ne dédaigne pas de faire comme avaient fait les rapsodes d'Homère, les Eschyle, les Phidias, et mieux encore les Koung-feu-tseu et les Socrate. Il réunit quelques hommes qu'il s'attache, qu'il appelle ses disciples, et qu'il constitue en corps dans un but déterminé. Il fonde une académie. Le collège apostolique, avec un président destiné à lui servir de centre lorsque lui-même aurait quitté la terre, est évidemment une académie religieuse ressemblant de tout point à celles qu'avaient fondées les philosophes, les poëtes et les artistes.

Il faut cependant une différence entre l'académie chrétienne et toutes les autres, sans quoi Jésus-Christ n'élèverait pas la nature au dessus d'elle-même; et la différence est merveilleuse. Les académies humaines n'avaient pas même soupçonné l'universel; l'idée de devenir cosmopolite n'était venue à aucune, et on conçoit qu'un tel orgueil ne pût croître dans un mortel. En Jésus-Christ ce n'est point de l'orgueil, il connaît sa force divine; et l'avenir prouvera au monde qu'il n'a fait qu'exprimer simplement la vérité surnaturelle, et qu'il y avait autant de modestie relative dans cet ordre grandiose donné à l'académie qu'il fonde: *Enseignez toutes les nations*, qu'il y en avait dans Socrate disant à la science: Je ne sais rien.

Voilà donc la différence: c'est la différence du petit au grand, de la parcelle au tout, du particulier au général, d'une réunion de famille à une association cosmopolite. Mais le rapport harmonique dans l'espèce est conservé.

Nous avons ajouté que Jésus-Christ a imité l'homme pour en être imité. Platon avait dit que le devoir de l'homme est d'imiter Dieu, dans des termes parfaitement semblables à ceux de saint Paul: *Imitatores Dei estote*. (*I Cor.* iv, 16.) Comment imiter Dieu, quand il ne s'est pas encore rendu imitable en se faisant homme? La parole de Platon n'en est pas moins sublime, même au point de vue pratique, car elle se comprend déjà avant l'incarnation, comme se comprenait celle de Moïse: Dieu nous a faits à son image. Mais on comprend aussi notre question. L'imitation ne saurait être matérialisée avant que l'esprit suprême ne se soit enveloppé d'une figure humaine, n'ait rempli un rôle d'homme et n'ait rendu, de la sorte, visible et formelle l'imitation de Dieu.

Revenons à notre point particulier. Nous est-il maintenant défendu de concevoir des imitations, dans l'ordre naturel, de l'académie surnaturelle du Christ, qui s'appelle l'Eglise? ne nous est-il pas, au contraire, ordonné d'y croire pour l'avenir, par les tendances que nous manifeste présentement le genre humain? Les peuples se mélangent déjà; que n'arrivera-t-il pas, sous ce rapport, à la suite des moyens matériels de fusion que l'esprit humain imagine aujourd'hui avec une exubérance de fécondité qui éblouit? Depuis les conciles catholiques, premiers congrès universels qui se soient déployés devant l'histoire, on a vu dernièrement s'inaugurer de semblables congrès dans l'ordre industriel. Croyez-vous que l'humanité s'en tienne à ce premier pas dans l'imitation des œuvres du Christ? Vous savez ce que Dieu a dit à l'Océan : « Tu briseras ici l'orgueil de tes vagues; » mais vous ne savez pas ce qu'il a dit à l'humanité, ou plutôt vous le savez; il lui a dit : « Croissez et multipliez-vous; » c'est le progrès sans limite marquée, c'est l'inverse de ce qui fut dit à l'Océan.

Oui, le genre humain aura un jour ses académies cosmopolites dans toutes les subdivisions de l'ordre naturel, dans les sciences, dans la politique, dans les arts; alors l'académie religieuse, fondée par Jésus-Christ, acquerra son développement suprême; le perfectionnement de l'une aidera celui de l'autre; par l'accomplissement des lois du Rédempteur, auquel se joindra l'imitation humaine pour accomplir celles du Créateur, se consommera la grande harmonie de l'ordre de la nature et de l'ordre de la grâce. — *Voy.* MATHÉMATIQUES.

ACATALEPSIE DE LA RAISON. — ACATALEPSIE DE LA FOI. (1re part, art. 17.) — Il n'est pas de beauté créée qui ne soit sujette à des maladies; c'est une nécessité de l'être fini, quelle que soit sa perfection, de pouvoir devenir malade, à moins que la cause toute-puissante qui l'a réalisé, ne s'engage, en le réalisant, à le soutenir perpétuellement en état de santé. Dieu n'a pas pris cet engagement à l'égard de l'homme, l'expérience le prouve suffisamment, et il suit de là que tout, en lui, peut se détériorer, même ce qui paraîtrait, de sa nature, le moins susceptible de dissolution.

La raison n'est autre que ce bon sens naturel qui fait distinguer ce qui est bien établi de ce qui l'est mal, ce qu'on doit croire de ce dont on doit douter. La foi est la compagne de la raison, qui fait aimer la vérité montrée par celle-ci, soit immédiatement, soit par déduction, soit dans la nature considérée à l'œil nu, soit dans des régions supérieures observées à travers des longues vues reçues des mains d'une autorité charitable.

Quoi de plus excellent que ces deux reines de l'âme ! quels présents plus précieux et plus purs aurions-nous pu recevoir de Dieu même? Cependant la raison et la foi tombent quelquefois dans de si déplorables états, qu'on se prend à dire, comme Jésus de celui qui l'avait trahi : « Mieux vaudrait qu'elles ne fussent jamais nées. » L'expression est cependant inexacte au moins quant à l'ensemble, ainsi que l'a observé Platon, et, après lui, Leibnitz, qui a fait un beau livre pour le démontrer.

La plus grave peut-être de toutes les maladies des deux compagnes, c'est l'acatalepsie.

En médecine, ce mot grec exprime une affection morbide du cerveau qui ôte la faculté de bien saisir les choses, et détruit la puissance du choix.

En philosophie, il a le même sens, excepté qu'au lieu de considérer le cerveau, on considère l'âme elle-même comme le siège du mal.

Le mal peut affecter principalement et directement la partie de l'âme qui croit ou celle qui raisonne, et il en résulte la folie dans les deux cas; voici comment :

La raison voudra tout comprendre; il ne lui suffira pas de voir avec évidence les motifs plus ou moins extrinsèques de la vérité; elle prétendra la pénétrer et l'embrasser toujours en elle-même. Qu'en résultera-t-il? La foi, voyant qu'elle fait de vains efforts et que jamais elle n'arrive à un but que Dieu seul atteint en vertu de la loi essentielle des êtres, se jettera, de dépit et d'impatience, dans la négation absolue; elle dira, furieuse, à la raison : « Puisque tu veux tout comprendre, je ne croirai plus rien, et, de ce jour j'affirmerai sans réserve l'incertitude de toute connaissance. » C'est le phénomène qui se manifesta, dans l'antiquité, chez les sectes erronées qui nièrent toute certitude, et qu'on appela très-judicieusement les sectes acataleptiques. C'est ce qui a lieu chez les modernes qui les ressuscitent et qui sont à peu près aussi populeuses.

La foi voudra croire sans peine, par un pur effet de propensions intimes; voudra croire tout pour sa propre satisfaction. L'examen que la raison ferait à côté d'elle l'ennuierait; il lui ferait, dirait-elle, perdre un temps précieux. Qu'en résultera-t-il? La raison, la voyant ainsi se jeter tête baissée dans l'aveugle adhésion et se sentant trop faible pour la retenir, fermera les yeux de dépit et d'impatience, la suivra partout où elle voudra la conduire, et lui dira enfin : « Marche à ton gré, je ne suis plus rien. » C'est ce qui a lieu dans notre époque, au sein d'une fraction de croyants qui épuisent logique et éloquence pour s'encourager mutuellement dans leur système et justifier leur conduite morale.

Évidemment c'est la folie dans les deux cas. Qu'est-ce que la folie? Une rupture d'équilibre entre les forces d'une nature, une ascension d'un plateau, dans une balance, aux dépens de l'autre, une déviation de l'aiguille aimantée vers l'orient ou vers l'occident, lorsqu'elle devrait garder sa direction dans l'intervalle des deux sollicitations. N'est-ce pas, au plus juste, l'un et l'autre des deux résultats que nous venons de signaler?

Il y a mieux : ces deux phénomènes, sans être identiques dans leur cause, le sont parfaitement dans leur aboutissement logique. Y a-t-il une grande différence entre tout nier et tout affirmer, entre douter de tout et ne douter de rien, entre ne pas croire parce qu'on ne comprend pas, et ne pas comprendre parce qu'on croit? Nous n'en voyons aucune, sinon dans la pratique, qui est presque toujours une série d'inconséquences, au moins dans la logique, pour qui la pratique est comme si elle n'était pas.

Dire : je crois, cela me suffit, et j'impose silence à ma raison : c'est dire : je ne sais pas, je ne suis pas certain, et je ne veux pas l'être; car la foi pure et simple n'est pas une preuve; qu'elle ait toutes les conditions imaginables de puissance et d'énergie; qu'elle soit capable de tout affronter, cela n'est rien pour la certitude. Qui concevra une foi aussi grande que celle du Chaman insultant par son sang-froid aux tortures et à la mort, en témoignage d'une grossière ineptie? Si vous supposez que la foi renferme une évidence intuitive ou déductive de la chose, une évidence au sens complet du mot, la question change, car la raison, par l'hypothèse, est demeurée fidèle à son rôle; c'est elle qui voit, comme c'est la foi qui croit; et si, sans voir l'objet en lui-même, condition nécessaire pour qu'il y ait foi proprement dite, elle en voit clairement la nécessité ou la réalité démontrées, ce n'en est pas moins elle qui accomplit cette opération plus ou moins active, et même complétement passive si vous aimez mieux. C'est donc sortir de la supposition que de présenter cette réplique. Pour y rester, il faut laisser toute évidence à part, et la raison suivre par derrière, comme nous l'avons dit, les yeux bandés, ainsi que le veulent en effet, sans ambages, les amants de la foi pure. Or, disons-le, enfermés dans ce cercle, si nous ne le franchissons d'aucun côté, notre foi, logiquement parlant, n'est autre chose qu'un aveu de scepticisme.

Nous aboutissons donc à l'acatalepsie systématique aussi bien par la foi imposant silence à la raison, que par la raison imposant silence à la foi; aussi bien par la foi voulant régner seule et déterminer, par son exclusivisme, la raison à l'abandonner, que par la raison voulant tout comprendre et déterminer la foi à se jeter dans l'abîme du doute et du désespoir.

La santé de l'âme est dans le maintien de l'équilibre des deux forces : si l'une prévaut, elle est folle par excès en plus, et rend l'autre folle par excès en moins.

Voilà le diagnostic de l'acatalepsie, maladie commune, dont on n'a, trop souvent, envisagé et analysé qu'un des extrêmes. — *Voy.* Honnêteté, — dévotion.

ACCORD DE LA GRACE ET DE LA LIBERTÉ. *Voy.* Grace, IV.
ACTEURS. *Voy.* Spectacles.
ADMINISTRATION DES SACREMENTS. *Voy.* Ordre, X.
AFFIRMATION DE LA FOI. — PLATON. *Voy.* Morale, I.
AFFIRMATION ET NÉGATION. *Voy.* Histoire de la philosophie.
AGRÉABLE (L') ET L'UTILE. *Voy.* Peinture.
AIMER LA VERTU POUR ELLE-MÊME. — PLATON. *Voy.* Morale, II, 11.
AIMER SON PROCHAIN COMME SOI-MÊME. — CONFUCIUS. *Voy.* Morale, II, 12.
ALGÈBRE. — RELIGION. *Voy.* Mathématiques.
ALIÉNATION MENTALE. — SPIRITUALISME. *Voy.* Physiologiques (Sciences), I, II.
ALLÉGORIE. *Voy.* Poésie.
ALLIANCE DE LA PHILOSOPHIE ET DE LA THÉOLOGIE. *Voy.* ces mots. — *Voy.* aussi Histoire de la philosophie et de la théologie.

AMBITION. — PLATON. *Voy.* Morale, III, 9.
AME. *Voy.* Ontologie, Psychologie, Morale, III, 2; Passion, I, 3; Mathématiques, Physiologiques (Sciences), I, II, 4.
AMOUR (L'ordre dans l'). *Voy.* Morale, III, 16.
AMOUR DE DIEU — PLATON. *Voy.* Morale, I.
AMOUR DU BIEN SOUVERAIN. — CONFUCIUS. *Voy.* Morale, I, 11.
AMOUR DU PROCHAIN. — PLATON. *Voy.* Morale, II, 6.
ANALYTIQUE (Géométrie). — RELIGION. *Voy.* Mathématiques.
ANGES (La croyance aux) — DEVANT LA FOI ET DEVANT LA RAISON. (II° part., art. 47.) — I. Ce que la foi catholique enseigne sur les anges peut se résumer en quelques propositions que le lecteur est prié de revoir, dans l'article Symbole catholique, n. 46.

II. Ce n'est pas seulement la société catholique qui croit à des anges bons et méchants, prie les uns, se met en garde contre les influences que les autres peuvent exercer, parle d'anges gardiens et d'anges tentateurs, etc., ce sont toutes les sociétés religieuses de l'humanité; les noms changent selon les cultes et les langages; les idées sont les mêmes. Chez les Grecs et chez les Romains, les anges sont appelés dieux secondaires et génies. Le Parse les nomme Amschaspands et Darvans; les premiers ont pour chef Ormouzd qui n'est pas le Dieu éternel et suprême, les seconds Arhiman qui est la grande personnification du mal comme chez nous Satan. Chez les Bouddhistes, chez les Scandinaves, jusque chez les sauvages de tous les continents et de toutes les îles, on retrouve l'idée des anges, et la foi en leur influence sur les choses de ce monde; c'est une croyance qui accompagne les germes les plus rudimentaires du culte, et qui se développe dans des proportions éblouissantes sous la baguette magique de la poésie, à mesure que la religion se développe elle-même.

Ce n'est donc pas à l'Evangile des Chrétiens qu'il faut attribuer la responsabilité ou l'honneur de cette croyance, qui existait, avant lui, chez les Hébreux comme dans toutes les nations; c'est à l'humanité elle-même. L'humanité trouve cette idée au fond du trésor intellectuel qu'elle reçoit de Dieu à sa naissance, et lui fait subir, ensuite, les mille métamorphoses fantastiques plus ou moins raisonnables ou ridicules, dont la poésie, ainsi que l'histoire de nos superstitions et de nos grandeurs, nous offre le spectacle.

III. Une observation nous frappe à ce sujet, c'est que les plus grands génies de tous les temps et de tous les lieux, loin de combattre cette persuasion des peuples, l'acceptent comme avec empressement. Ce ne sont que les génies secondaires et moins complets qui sont des esprits assez forts pour la rejeter et la combattre. Dans les contrées qu'arrose le Gange, Vésa-Wyasa, Mannou, Bouddha, l'embrassent avec tous les délires de la poésie, de la philosophie contemplative, de la religion enthousiaste. Nous voyons faire de même Zoroastre sur les bords de l'Euphrate; Odin, dans les voisinages du pôle; Mohammed, dans les plaines d'Arabie. On connaît nos Homère et nos Eschyle; et si on trouve facilement des motifs à cette acceptation de la part de ces grands hommes, on se l'explique, du moins, avec assez de peine de la part des Pythagore et des Platon, si ce n'est en disant que leur sagesse honnête et profonde ne put s'empêcher d'attribuer à une croyance aussi universelle la valeur qu'elle mérite. Nous ne parlons pas de Moïse et des philosophes chrétiens qui joignent leur voix au grand concert, bien qu'avec une modération et un calme auxquels ne ressemblent, en dehors de la ligne chrétienne, que la modération et le calme des Confucius, des Lao-Tseu, des Platon, des Socrate. Remarquons encore l'espèce de dévergondage d'imagination avec lequel Luther, le plus grand des hérésiarques du christianisme, croit aux anges et surtout aux mauvais génies.

Nous n'avons cité que quelques noms, mais ces noms apparaissent, dans l'abîme du passé, comme les grands noyaux autour desquels se groupent nos histoires humaines, soit à titre de symboles résumant les croyances, soit à titre de propulseurs qui les déterminent. Le lecteur suppléera les détails avec un seul regard jeté sur le panorama de nos phénomènes historiques.

IV. Malgré le grand accord et l'adhésion des génies, s'il y avait dans la croyance aux anges, bons ou mauvais, entrant dans la combinaison des causes secondes de notre univers, quelque chose de contraire aux principes premiers et évidents de la raison, nous en ferions bon marché; nous le disons sans crainte : le bon sens avant tout; il n'y a que l'erreur qui puisse choquer le bon sens. Voyons donc ce qu'il en est en réalité.

Dès que la raison s'élève aux grandeurs de l'Etre infini et de ses opérations créatrices, elle trouve que la pluralité des mondes, leur nombre indéfini et celui de leurs espèces, sont choses, non-seulement naturelles, mais d'une convenance lumineuse qui approche de la nécessité. Ce dernier mot ne doit cependant pas être introduit, car il supposerait en Dieu l'absence de liberté, soit pour s'abstenir de création externe ou de réalisation de ses idées *ad extra*, soit pour s'y livrer dans une mesure dépendante de sa volonté pure. L'Etre créateur se joue dans la création, mais s'y joue librement; si l'on sort de cette manière de comprendre Dieu, on est aveuglé de tous côtés par l'absurde, et l'on ne trouve plus de cause à notre propre liberté. Mais en dessous de la nécessité se trouvent tous les degrés de la convenance, de la probabilité rationnelle des usages que Dieu fait de la liberté, et nous disons que l'indéfini dans le nombre des mondes et des espèces de mondes, est la seule supposition que la raison puisse faire *a priori* et *a posteriori*.

A priori : ce n'est pas une démonstration qu'il nous faut dans cet ordre de choses, c'est une simple conception philosophique, une percée intellectuelle profonde dans l'idée de Dieu. Celui qui n'a pas l'aile vigoureuse nécessaire pour accomplir ce jet, n'a pas d'oreilles pour nous comprendre; celui qui a cette aile nerveuse nous comprend au simple énoncé. Dieu, l'infini, l'absolu, l'éternel, le germe primitif, la force sans limites, l'exubérance de la puissance et de la production, la vertu germinante, etc., etc., tous ces mots impliquent la série illimitée des productions, l'indéfini des mondes, l'indéfini des espèces. Concevez, imaginez, construisez, épuisez vos ressorts idéalisateurs, vous serez sûr de n'avoir abstrait qu'un point de Dieu et de ses œuvres. Voilà tout ce que nous pouvons dire, *a priori*, des créations, après nous être élevés de la nôtre à la pensée du Créateur.

A posteriori : la même idée se formule, de quelque côté qu'on envisage les créatures soumises à notre observation. Si on les décompose, on ne vient pas à bout de découvrir leurs derniers éléments; il y a toujours des phénomènes causateurs en dessous des phénomènes trouvés; c'est la variété indéfinie dans la division de chaque être; ce sont les mondes sans fin dans l'unité de chaque monde. N'est-il pas naturel de concevoir une richesse de composés aussi grande que celle des composants?

L'expérience et le progrès astronomiques nous conduisent directement à cette conclusion que ferait supposer la chimie toute seule. On sait que les étoiles fixes sont des soleils, centres de mondes planétaires; on sait que les nébuleuses, dont la voie lactée nous est la plus connue parce qu'elle est la plus rapprochée de nous, sont des nuages lumineux dont chaque molécule est une étoile fixe; les instruments nous montrent ces soleils parfaitement distincts, de plus en plus nombreux à mesure qu'ils sont perfectionnés. On a déjà compté, à l'heure qu'il est, mille millions de soleils dans la voie lactée; on a aussi compté cinq mille nébuleuses; multipliez pour avoir le nombre des soleils. Notre monde planétaire présente, aujourd'hui, près d'une cinquantaine de planètes connues, à lui seul, et tous les ans on en découvre, en moyenne, quatre nouvelles; multipliez par 50 le nombre des soleils pour avoir celui des planètes, vous obtenez un nombre prodigieux de terres comme la nôtre, lequel n'est qu'un premier coin de l'immensité, celui que notre œil a pu pénétrer jusqu'alors.

Yong a calculé que la lumière de la nébuleuse la plus rapprochée de nous ne peut nous parvenir qu'en un million d'années; la lumière qui voyage dans l'espace avec une vitesse de cent mille lieues par heure à peu près! Telle est l'immensité des créations de notre univers! Or est-il croyable que le grain de poussière sur lequel nous sommes fixés dans cette multitude et cette immensité, soit le seul peuplé d'êtres intelligents? Est-il croyable que cet univers ait existé et se soit développé durant des siècles indéfinis avant notre terre qui est toute neuve, et très-nouvellement habitée, comme l'attestent les observations géologiques, lesquelles ne font remonter l'homme qu'à moins de dix mille ans, sans qu'il y ait eu des multitudes d'êtres et d'esprits, de perfections diverses, capables d'adorer leur auteur? On tombe dans l'insupposable, même dans l'irrationnel, quand on n'admet pas, sur de pareilles données fournies par l'observation, la pluralité des mondes que soutint Fontenelle, et que le docteur américain Dick vient de soutenir encore en dépassant Fontenelle, puisqu'il va jusqu'à calculer, par exemple, le nombre des habitants de Jupiter, décrire, non sans raisons de probabilité, leur état moral, leur nature. Quant aux diversités des espèces d'êtres ou de sociétés devant peupler les mondes, tout concourt pour nous les faire supposer en nombre indéfini.

Dans l'intérieur même de notre séjour, dans cette petite sphère, sur cette tête d'épingle qu'on nomme la terre, que de variétés, que d'espèces, que de forces différentes! Les fluides impondérables qui travaillent, invisibles, agiles, puissants, dans les phénomènes électriques, caloriques, magnétiques, végétatifs, attractifs, etc., nous donnent, des êtres subtils, une idée assez féconde pour qu'il soit permis à notre concept de tout imaginer dans cet ordre, à notre âme, de croire tout possible et infiniment probable. Pourquoi donc nous serait-il donné de concevoir plus que Dieu ne réalise? Assurément il suffit aux exigences métaphysiques que l'objet de nos imaginations soit en type éternel dans l'idée divine; mais n'est-il pas naturel de croire qu'il n'existe pas seulement à cet état rudimentaire éternellement essentiel à tous les êtres, mais qu'il est réalisé par l'infini, à son heure, comme nous en réalisons, à l'heure marquée, la construction idéale dans notre âme?

Que venons-nous de concevoir? Quelque chose d'aussi immense qu'admirable, d'aussi conforme à la puissance intarissable de Dieu, qu'à sa grandeur et à sa bonté. Or, dans cette immensité de choses, dans cet abîme où se remuent tant de natures, dans cette échelle que notre esprit n'allonge que pour en reculer les deux extrêmes, notre raison sera-t-elle peinée de placer les anges, les chérubins, les séraphins, les vertus célestes du grand Apôtre, comme les dieux nés de Platon, les génies; comme les izeds, les amchaspands, les Darvahds de Zoroastre? Ce sont des forces intelligentes qui entrent dans l'explication des phénomènes; avons-nous jamais trop d'explications des mystères? Insensé qui se plaindra d'en trop savoir, d'en trop imaginer, d'en trop comprendre dans le cosmos des grandeurs du Très-Haut! Reprocherons-nous à notre révélation, à notre foi chrétienne de nous en avoir montré quelque chose de plus que ce qu'en voient nos yeux de chair? Il faudrait la gourmander, cette foi, si, après nous avoir parlé d'esprits supérieurs, plus agiles que les nôtres, nous en avoir nommé quelques-uns, comme les Lucifer, les Michel, les Gabriel, elle nous disait : Voilà tout, Dieu ne fait que cela dans son éternité. Mais elle nous dit seulement des parcelles de l'œuvre infinie, sans nous en marquer les confins, comme pour nous lancer dans la grande carrière, sans frein, sans retenue. Nous ne lui devons qu'un merci.

V. Elle ajoute un rudiment d'histoire de la société angélique dont elle nous signale l'existence. Elle dit que cette société est, comme nous, douée d'intelligence et de liberté par le Créateur; qu'une partie s'éloigne du souverain bien, que d'autres s'y attachent; que les premiers travaillent, dans la sphère de leur action, à l'édification du mal; les seconds à l'édification du bien. N'est-ce pas ce qui se passe entre nous autres hommes? N'en voyons-nous pas quelques-uns dresser sans cesse, pour les autres, les chevalets du malheur? Ne se peut-il pas bien qu'il en soit de même dans un autre monde mis en contact avec celui-ci par des rapports invisibles? Dans les possibles de l'idéalité, la raison voit celui-là; et si, comme nous l'avons dit plus haut, il est présumable que ceux qui sont vus par la raison, sont en réalité, il est présumable aussi que celui-là est. Que fait donc notre révélation, si ce n'est nous dire l'existence de ce que déjà notre raison croirait sur de fortes présomptions. Voilà tout le mystère; c'est-à-dire qu'il n'y a de mystère que pour l'âme obtuse qui n'a jamais que piétiné la boue.

L'homme sage, le philosophe, sait tout ce que la raison voit possible aussi facilement qu'il refuse irrévocablement sa croyance à ce qu'elle voit évidemment absurde. L'enseignement catholique, dans ces conditions, a pour lui plus de valeur mille fois qu'il n'en serait nécessaire pour déterminer sa foi. — *Voy.* Lois de l'Église.

ANTHROPOLOGIE. — DOCTRINE CHRÉTIENNE. *Voy.* Physiologiques (Sciences), II, 3.

ANTICHRÉTIENNE (Littérature). *Voy.* Littérature, III, à la fin.

ANTINOMIES DE KANT. *Voy.* Athéisme.

ANTIQUITÉ CHRONOLOGIQUE DES PEUPLES. *Voy.* Historiques (Sciences), V, 1-5.

APOLOGUE. *Voy.* Poésie.

APOLOGIE DE LA RELIGION (Tactique dans l'). *Voy.* Stratégie.

APPLICATION DE L'ALGÈBRE. *Voy.* Mathématiques (Sciences).

A RADICE (Dispense). *Voy.* Mariage, II.

ARCHÉOLOGIE. — HISTOIRE SACRÉE. *Voy.* Historiques (Sciences), IV.

ARCHITECTURE. — CULTE CATHOLIQUE. (IV° part., art. 12.) — L'architecture naquit le jour où l'homme se fit un abri contre la pluie et le soleil, ou bien encore dressa quelques pierres en forme d'autel, pour y faire un sacrifice à Dieu. Plus tard, elle s'enhardit, multiplia ses œuvres, entreprit les travaux les plus grandioses, et couvrit la terre de ses merveilles. C'est elle qui bâtit les cités, les temples, les tombeaux, les palais, les théâtres, les cirques, les ateliers de la ville et des champs, qui construisit les ports, les tours, les ponts, les puits, les tunnels, les arsenaux, les colonnes triomphales, les bastions, les murailles. A peine née, elle se fit la grande ouvrière de la civilisation, formant, dans son esprit, le projet titanesque de prendre la surface de la terre telle que Dieu la lui donnait dans son état brut, et d'y mêler partout assez de créations pour qu'elle pût dire un jour : Dieu et moi nous avons fait cela.

L'architecture est la muse tutélaire, la vieille sœur qui rassemble toutes les autres sous ses ailes, les abrite, et autour de laquelle celles-ci travaillent pour ajouter à sa beauté et à sa puissance. La sculpture cisèle dans les plis de sa grande robe, expose, fixe ses statues dans ses niches, ses bas-reliefs, ses frontons, ses portes, ses colonnes; la peinture colore ses murailles, les pare de ses vitraux, habille de ses fresques ses pans et ses dômes, fait hommage de ses tableaux à ses portiques. La musique s'exalte sous ses abris majestueux, et fait retentir de ses harmonies ses voûtes mystiques; elle trouve dans les échos de ses parvis à s'écouter mieux que dans ceux de la nature, pour accorder ses voix et ses instruments. La gymnastique déploie sur ses dalles les évolutions, les figures, les mouvements rhythmiques que combine et compose son génie pour ses chœurs. Le drame met en action, dans ses amphithéâtres, les scènes tristes ou gaies que lui confie son poëte. L'éloquence établit son domaine dans ses chaires. L'écriture entasse les volumes dans ses bibliothèques. Et la poésie, qui vivifie toutes les belles choses, ne manque pas d'éclairer l'architecture, avec toutes ses sœurs, de ses divines flammes.

Parmi les productions du génie de l'homme, c'est le chef-d'œuvre architectural qui représente l'univers; les autres ne sont les images que d'ornements particuliers du grand palais dont Dieu fut l'architecte. La musique en imite les gazouillements, les murmures, les échos, tous les bruits, tous les chants; la peinture et la sculpture en copient les formes, les couleurs, les combinaisons vivantes, les regards et les poses; le drame et la danse en reproduisent les actions, les surprises, les rires et les larmes, les mouvements harmoniques; l'éloquence, l'écriture et la poésie en expriment l'âme, le feu interne, l'incandescence immatérielle, le spirituel brasier. L'architecture, en convoquant toutes ces filles de l'art à ses ateliers, et s'aidant de leurs produits pour se réaliser elle-même, est l'imitation humaine de la nature entière, le grand bazar du goût, d'où ne sont pas même absentes les richesses multipliées de l'industrie.

Nous n'entrerons pas dans l'étude technique, ni même technologique, des branches de l'architecture, qui sont la domestique, la sociale, la religieuse, ni de ses divers styles, qui sont l'égyptien, l'hébreu, le grec, le romain, le byzantin, le roman, le gothique, celui de la renaissance, le turc, l'arabe, le chinois, l'indien, le mexicain, l'antique, le moderne. Nous nous ferons seulement ces questions générales : Que serait la religion sans l'architecture ? Que serait l'architecture sans la religion ? Où en est l'architecture dans ses rapports avec le culte catholique en particulier ?

Si l'architecture n'existait pas, ni l'Etre à adorer, ni l'adorateur, ni le prêtre, ni l'encens, ni le temple ne manqueraient. Dieu ne dépend d'aucune condition dans son existence, et ce qu'il se révèle à l'humanité, ce n'est point autre chose que lui-même et le sceau de lui-même imprimé par lui sur ses œuvres. La créature intelligente et capable d'amour par cela seul qu'elle ne l'ignore pas; elle se fait son prêtre pour lui offrir en sacrifice ce qu'elle a reçu de lui; l'œuvre inintelligente offerte en symbole est l'encens tout trouvé, image de l'encens véritable qui s'échappe des cœurs, et enfin le temple est l'univers où le mystère se passe entre le créateur et la créature. Qui en trouvera jamais un plus digne et plus beau que celui qui fut conçu dans l'éternité et construit dans le temps par le génie et la puissance de la cause infinie? Manque-t-il quelque chose à la religion, pour être complète, avant que l'architecture humaine se soit éveillée? Non.

Cependant, supposez la terre ornée des seules richesses qu'elle produit par sa fécondité naturelle, veuve des temples et des autels que la main de l'homme y construit sans cesse, et il semble que la religion l'ait désertée. C'est de là que, dans les crises où une tyrannie jette aux vents les pierres entassées par un culte, ce culte pleure comme la lyre prophétique du *super flumina Babylonis*, n'a plus la force de chanter son Dieu, suspend ses harpes aux saules témoins de sa douleur, et se tait comme s'il avait perdu sa religion. Il ne l'a point perdue, en effet; il la chante, par son silence même, avec plus d'éloquence qu'il ne le fit jamais, et l'empêche de mourir en souffrant, comme il souffre, de ce qui, devant ses yeux, ressemble à sa mort; mais aussi ses temples se relèveront, et les anciens n'auront disparu que pour voir sortir de leurs décombres des temples nouveaux. L'homme est fait de manière que la religion ne peut exister en lui sans qu'il la fasse sienne en la travaillant à son image, et, la mélangeant de ses produits; il ne peut s'empêcher de la vêtir à son goût, de l'arroser de ses sueurs; autrement il lui suffirait d'être devant son Dieu, avec toute la nature, pour prier assez; ce serait le quiétisme absolu des fanatiques de l'Inde; il n'en est pas ainsi; l'humanité est active, elle doit produire, de concert avec Dieu, dans l'ordre religieux comme dans tous les autres, et elle produit, par le fait, en inventant et réalisant les formes, plus ou moins permanentes, de l'adoration dont le temple est la synthèse écrite avec la pierre. C'est ainsi que la première oblation suppose le temple naissant, puisqu'elle suppose un rudiment d'autel, et que, grâce aux nécessités du progrès en toute chose, le germe posé rend nécessaire tout son développement, qui est l'architecture religieuse elle-même dans sa magnificence.

Voilà comment la religion, dans l'humanité, ne peut se passer de l'architecture et de ses merveilles; il faudrait un sommeil léthargique, pour que cette manière d'adorer fût mise en oubli; et, celle-là omise, toutes les autres le seraient en même temps. On peut détruire un être, on ne saurait le faire mourir à moitié, à moitié le laisser vivre. Si l'homme cessait de construire à la gloire du Très-Haut, c'est qu'il ne prierait plus; s'il ne priait plus, il ne penserait plus, et s'il ne pensait plus, il ne serait plus l'homme.

Quand on s'élève aux grandes rêveries dans l'immensité divine, on trouve bien puérils les efforts de nos architectes; que sont ces monceaux de pierres taillées près du Dieu qu'on adore? qu'est le monde lui-même, le ciel avec ses astres, la terre avec ses habitants, l'Océan avec ses ondes? et cependant de quelle infinité ne surpassent-ils pas nos misérables œuvres? Oui sans doute; mais dans nos œuvres il y a du nôtre; elles sont une prolongation de nous-mêmes, et, en les offrant telles qu'elles sont, nous offrons plus qu'en offrant l'univers; peut-on offrir mieux, offrir autant que soi-même et sa floraison propre? Si un peuple de fourmis avait l'intelligence, et accumulait ses brins de paille avec l'intention d'en faire un temple à Dieu, il serait aussi grand que l'humanité lui bâtissant ses tours, et que tous les peuples d'anges qu'il est permis de rêver entassant mondes sur mondes, pour élever, dans l'espace, un autel à leur Père. Tout est également beau, tout est également petit devant l'Eternel; et quand la créature offre toute sa puissance, elle s'acquitte pleinement. Mais, qu'elle en réserve quelque chose, elle n'a rien donné, et l'adoration n'existe pas. Voilà pourquoi la religion, dans l'homme, ne serait point, sans les offrandes de l'architecture et de tous les arts.

Mais si la religion, pour se compléter dans l'humanité, a besoin de l'architecture, l'architecture elle-même peut-elle se passer de la religion pour atteindre sa grandeur? Jugeons-en par ce qu'elle lui doit déjà dans le passé.

Il est remarquable que tout ce qui reste sur la terre de plus anciennes ruines et de plus beaux vestiges d'architecture antique porte le cachet de la consécration religieuse. On y reconnaît les caractères du temple ou du monument funèbre. L'histoire s'accorde, d'ailleurs, avec l'archéologie, pour nous enseigner que ce fut sous les auspices et les inspirations de l'idée religieuse que l'architecture fit ses premiers efforts, prit ses élans, s'étendit peu à peu, se développa et s'éleva enfin à l'apogée de sa gloire dans notre moyen âge. La raison le devinerait, au reste, par elle seule; l'homme a-t-il besoin, pour son utilité, et même pour son but et ses plaisirs, de ces monuments gigantesques essentiels à l'épanouissement de la grande architecture; et peut-on assigner d'autre idée génératrice à de telles œuvres que celle de l'adoration, qui monte sans fin, et sans être jamais satisfaite de ses ascensions, vers l'infini? On pourrait cependant nous répondre par la tour de Babel et tant de superbes travaux que la tyrannie réalisait jadis par la main des esclaves. Sans doute, il n'est rien que le bien puisse inventer qui ne soit, en même temps, et quelquefois même à l'avance, saisi par le mal comme moyen de défense ou d'attaque. Le même génie qui peut élever des voûtes ogivales pour la douce prière, peut créneler les tours pour le despotisme; mais il y a néanmoins une différence qui reste entre les deux produits, et qui décèle au passant leur origine. Le plus grandiose, le plus beau, le plus étonnant est au bien; le palais de Satan peut être immense, il n'égalera point celui de Dieu; nous en appelons à nos cathédrales gothiques; où sont les monuments de la perversité humaine qui puissent leur être comparés?

La pensée de ces œuvres sublimes nous conduit naturellement à celle du culte catholique qui les enfanta. Nous n'entrerons pas dans les discussions mesquines des architectes qui mettent en procès les divers genres d'architecture entre eux, ni dans celles des archéologues sur le point de savoir à qui revient le mérite de l'invention du genre gothique, si c'est au christianisme ou à quelque culte étranger. Devant nous tous les styles sont beaux; si la terre manquait, au jour de sa reddition de comptes, de l'un de ceux qu'a produits son passé, ou que produira son avenir, elle rougirait de se présenter devant son juge, se sentant borgne, incomplète en beauté, à demi-féconde. Que tel ou tel genre doive son premier jet à notre culte ou à un autre, à une pensée religieuse, ou à une pensée purement humaine, que nous importe? Ne savons-nous pas que la nature, avec son cortège de forces artistiques, nous suit jusque dans nos moments les plus déplorables; qu'il y a un fond sublime dans toutes les religions, et que les plus beaux fruits peuvent naître encore là même où l'erreur cultive avec acharnement ses âpres buissonnières, parce qu'il y reste toujours de nombreuses souches de vérité et de beauté, aux racines absorbantes. Autrement l'art n'aurait pu fleurir dans la Grèce païenne, qui est sa vieille patrie; autrement les œuvres du mal, comme celles du sensualisme, ne pourraient être belles dans leurs formes; autrement, disons-le, le mal serait impossible, et point de liberté, point de mérite dans la vertu; car s'il ne se présentait jamais que vêtu de laideur, exciterait une telle répulsion qu'au lieu de séduire à son profit, il chasserait de force toutes les âmes au giron du vrai Dieu. Si Cupidon ne se montrait que hideux et méchant, couvert de lèpre et armé d'un fouet ensanglanté, aurait-il des adorateurs ? il emprunte aux grâces de joyeux sourires et de douces paroles, et c'est ainsi qu'il parvient à multiplier ses victimes; le bien est dans le mal, le beau dans le laid, et voilà pourquoi, a dit Augustin, le mal et le laid ont des légions d'amants et de soldats.

Accordons, par conséquent, sans peine et sans scrupule, toute la gloire qu'on voudra attribuer aux divers cultes dans l'invention des styles d'architecture, et laissons aux dissertations futiles les débats sur la question du plus beau d'entre ces styles; mais établissons, en même temps, un grand fait, qu'il est impossible de révoquer en doute. Dans l'architecture, comme dans la peinture et dans la sculpture, c'est au culte catholique que nous devons les chefs-d'œuvre les plus étonnants, les plus merveilleux et les plus sublimes, quel que soit le genre et à quelque origine qu'on le fasse remonter. N'est-ce pas le sentiment catholique qui a produit les Sainte-Sophie de Constantinople, les Saint-Pierre de Rome, les Sainte-Geneviève de Paris ? N'est-ce pas le même sentiment qui a élevé à la gloire de Dieu, du Christ, et de son mystère eucharistique, les colonnes, les ogives, les galeries, les dômes, les flèches, les tours, les portails de nos cathédrales des XIIe, XIIIe et XIVe siècles? Qui les a garnis, comme les jardins de la nature, de fleurs, de feuilles, de fruits, d'animaux, d'hommes, d'anges, de démons, de scènes dramatiques, de figures et de symboles, de combinaisons plus ou moins compliquées, des lignes et des formes, de richesses, en un mot, soit éblouissantes, soit majestueuses, soit simples, soit innumérables et labyrinthiques? Quelles productions architecturales comparera-t-on à toutes ces œuvres? La gloire du catholicisme efface ici toutes les autres gloires; le fait en est visible; il était juste que la religion pure dépassât ses rivales d'une hauteur proportionnelle à sa supériorité morale; c'est ce qui a lieu · cela nous suffit.

Cette religion a-t-elle accompli sa mission et épuisé ses forces comme inspiration de l'art en architecture? Plus d'une parole le balbutie chaque jour, en exprimant le désespoir que le monde voie encore, à l'avenir, s'élever des édifices grandioses, hardis, majestueux, variés comme ceux qui illustrent notre moyen âge. Mais n'en croyons rien. L'idée chrétienne fera germer d'autres conceptions plus magnifiques encore. En vain l'on croit voir des impossibilités dans les excès de la dépense, dans les embarras de la construction, dans le besoin, de plus en plus impérieux qu'éprouve l'humanité, de consacrer ses travaux et son temps à la production de l'utile à mesure que les populations augmentent; le génie de l'homme vaincra tous ces obstacles, il trouvera le moyen de servir abondamment les instincts du beau sans que ceux du nécessaire y perdent rien. Il rêvera des expressions de plus en plus parfaites de sa prière à l'Eternel, créateur et sauveur du monde, et les réalisera. Qui pourrait décrire, à l'avance, les magnificences religieuses des siècles à naître ? qui pourrait soupçonner les subterfuges dont il sera fait usage, et les applications de découvertes scientifiques qui résoudront les problèmes et faciliteront la construction de monuments plus immenses et plus admirables que ceux du passé ? Nous traversons un âge d'agitations politiques, intellectuelles, morales, par lequel il ne faut pas juger de l'avenir. Mille préoccupations nous entraînent à d'autres soins; quand elles seront satisfaites, nous reviendrons à celles de l'artiste. Déjà, cependant, quelques éclairs se montrent, annonçant des idées de systèmes nouveaux; un des plus remarquables est celui de la substitution du métal et du verre à la pierre et au bois. Il y a dans cette idée un germe fécond qui produira des choses qu'on ne peut prédire et qui étonneront nos enfants.

Bien que le temple tel qu'on l'a construit, soit, comme nous en avons fait la remarque, une offrande plus méritoire et plus digne que celle de la nature entière, dont nous ne sommes pas les producteurs dans la même mesure, nous avouons cependant qu'on prie encore mieux dans le temple naturel, dans les solitudes des bocages et sous l'immensité des cieux, que sous la voûte construite de main d'homme. On priera mieux dans le temple de l'avenir parce qu'il imitera mieux celui de la nature. On le fera champêtre, immense, haut, compliqué, varié comme elle. Le métal imitera les courbes rustiques, les dômes des forêts, les formes des branches, des fleurs et des fruits; il permettra plus de hardiesse, plus de légèreté, plus d'élégance; le cristal laissera pénétrer dans les intérieurs les beautés du dehors; on sera à l'abri des injures de l'air et l'on jouira cependant de tous les dons du ciel, savamment groupés autour de l'édifice pour en faire hommage à leur auteur. On priera, à la fois, dans le temple de l'homme et dans celui de Dieu. Tous les arts porteront leur tribut et combineront leurs présents pour transformer l'église en un panorama de la terre et du ciel. Plus d'une industrie y joindra les réalités mêmes; la fleur et l'oiseau seront offerts dans leurs beautés vivantes; Ils naîtront, s'épanouiront et mourront d'eux-mêmes autour du sacrifice divin. Enfin la belle combinaison sera découverte, et c'est alors qu'on adorera plus parfaitement que jamais, que l'amour brûlera son pur encens, que l'extase la plus douce béatifiera les enfants du Seigneur.

A l'Eglise catholique sont réservées ces divines jouissances; à elle le progrès dans l'adoration; à elle l'accomplissement de la parole consolante et sublime : L'heure vient où vous n'adorerez plus ni à Jérusalem ni à Garizim, mais dans le vrai temple de l'Esprit et de la vérité, dont l'âme est le prêtre et la nature l'encens. — *Voy.* Spectacles.

ARIANISME. *Voy.* Panthéisme, III.

ARISTOTÉLISME. *Voy.* Histoire de la philosophie et de la théologie, J.

ARITHMÉTIQUE. — RELIGION. *Voy.* Mathématiques.

ART. — RELIGION. (IV° part., art. 1.) — Nous écrivons ce chapitre et ceux qui en dépendent contre les artistes prévenus qui se figurent la religion ; comme une force ténébreuse, antipathique à l'art, et contre les dévots prévenus qui, n'ayant de goût que pour ce qui porte au grand jour le cachet de la piété telle qu'ils la comprennent, regardent l'art humain comme une force antipathique et funeste à la religion.

Ce chapitre destiné aux généralités a pour but de montrer aux uns et aux autres que la religion a besoin de l'art et que l'art a besoin de la religion ; de sorte que travailler pour l'un c'est travailler pour l'autre, que lutter contre l'un c'est lutter contre l'autre, et que le sage ami de la religion, aussi bien que de l'art, n'a d'autre parti à prendre que de se faire, tout à la fois, le champion des deux causes.

Pour démontrer cette thèse analysons l'art, considérons-le dans son objet qui est le beau, et, par accession, le vrai et le bien; dans ses armes, qui sont la sensibilité, la passion, l'énergie, le feu, la grâce, le goût, la douceur et la colère, la tolérance et l'austérité, la séduction et l'anathème; dans ses qualités intérieures, qui sont l'unité, la réalité, l'idéalité, la clarté, la majesté, l'harmonie (1); dans ses caractères, qui sont l'universalité, l'immortalité, la divinité, la sainteté, le mysticisme, le spiritualisme et l'inspiration; dans ses origines et ses fruits moraux, qui sont la foi et l'espérance, l'enthousiasme, l'abnégation de l'individualité, l'amour et le dévouement, les vertus spéciales ; dans les grandes phases de son histoire, qui sont la phase orientale, la phase gréco-romaine et la phase chrétienne ; dans ses genres, que l'on divise assez exactement aujourd'hui sous les dénominations de genre classique et de genre romantique ; dans son sujet, qui est l'individu ; enfin, dans ses langues, qui sont l'éloquence, l'écriture, la poésie, la peinture, la sculpture, l'architecture, le drame, la musique et la gymnastique.

Avec un tel cadre on pourrait être long ; nous serons court ; les exemples, qui allongent, seront renvoyés au supplément, sorte de collection des pièces justificatives.

I. L'art poursuit le beau, il le rêve sans fin; plus il l'embrasse, plus il le désire ; plus il le trouve, plus il le cherche. Le beau est le point fixe qu'il vise et devant lequel il est à genoux dans une perpétuelle extase.

Or le beau complet que l'art humain ne peut atteindre, et qui rend son aspiration indéfinie, est l'attribut de Dieu ; il est la splendeur de la vérité, le charme infini du bien sans mélange, objet de son amour ; il est l'auréole de l'éternelle essence. L'art divin sent et voit cette auréole de lui-même ; il y a équation entre l'effort et le but, entre la vue et la chose, entre l'amour et le bien-aimé. Mais il en est autrement sous nos ombrages terrestres, où Dieu ne se montre à nous que par ses œuvres ; cependant comme il a répandu de sa splendeur dans toutes ses créatures, et que nous sommes doués d'un œil qui peut voir celles-ci, notre art découvre en elles des émanations de la beauté parfaite, et les idéalise de son mieux en remontant vers leur source ; il n'y a pas à craindre qu'il se trompe par exagération, puisque le modèle caché est l'infiniment beau ; il n'y a pas à craindre qu'il se trompe de centre, pourvu que les beautés, les fleurs de la création sur lesquelles il s'arrête, soient de vraies beautés, et non pas des ombres ; ce centre est nécessairement l'infini vers qui et d'où rayonnent toute lumière, toute couleur, toute beauté. Ce que nous venons de dire s'entend ; ce n'est pas que la laideur ne puisse être décrite, c'est-à-dire horrifiée et rendue détestable ; mais alors le beau n'est pas dans le sujet qu'on satanise, en tant que laid ; il est dans la satanisation même ; c'est le beau se peignant par son absence, et usant, pour se sensibiliser, du grand artifice des contraires. La négation du laid est une affirmation du beau, et le tableau exact des contradictions du mal n'est qu'une énergique contemplation des harmonies du bien.

Il suit de ces idées sur l'art, que l'art est la poursuite de Dieu à travers les buissons, les défilés, les labyrinthes de la création ; il est, en quelque sorte, la reconstruction du Créateur avec les parcelles de la beauté infinie qu'il a disséminées dans l'espace. Aussi les âmes de Platon et d'Augustin ont-elles senti l'art se transformer, chez elles, en une démonstration, aussi mathématique que poétique, de l'existence de Dieu. Toutes les beautés perçues, ou directement ou par les laideurs qui les nient, celles de l'homme, celles de la femme, celles de la nature, celles de la matière, celles de l'esprit, celles des sens, celles des formes, toutes en un mot sont, à chaque pas, pour ces deux génies, des échelons par lesquels ils montent en ligne droite à la beauté type, modèle, cause de tout ce qui est beau.

Voilà donc l'objet des aspirations de l'art. Et celui des aspirations de la religion, qu'est-il ? c'est le bien ; elle en rêve sans fin la conquête et la possession ; elle le veut pour

---

(1) Je dois dire ici, pour éviter le vice de ceux qui aiment à se parer du plumage d'autrui, qu'une partie des idées générales qui vont être indiquées, je la dois à la lecture d'un livre de Gustave Lenoir, intitulé: *L'Art*, et brûlant de poésie, dont l'auteur m'a communiqué le manuscrit. La justice qu'on doit à tous les hommes, on la doit à son frère, à double titre.

soi, pour ses semblables, pour toutes les créatures ; son génie est de jeter des passerelles, pour tous, de leur solitude à la cité des biens, et de les y pousser de toutes ses forces ; elle relie les barques entre elles et les attire vers le port ; elle allume les feux qui les guident ; elle ne rêve que le bonheur par la jouissance du bon qui le procure ; elle aime avec folie son idéal du bien, comme l'art son idéal du beau. Mais le bien souverain, objet de l'activité religieuse, objet tout à la fois inaccessible et facile à obtenir, parce qu'il est, d'une part, infini dans sa plénitude autant que le beau, et, d'autre part, répandu comme lui, par parcelles, dans toutes les sphères créées, objet que chaque vertu vous donne, et dont chaque possession vous éloigne pour alimenter éternellement vos soupirs et maintenir votre haleine ; ce souverain bien n'est-il pas encore Dieu ? Il ne serait rien, il serait une déception, un paradis de roman, une négation, une absence ; il serait le mal et le malheur s'il ne se concrétait dans celui que Platon appelait le père des âmes et le soleil des intelligences, Malebranche le lieu des esprits.

Donc l'art et la religion s'identifient dans leur objet ; l'un et l'autre sont la poursuite de Dieu.

Le voulez-vous comprendre encore mieux ? appelez à votre aide la philosophie : elle servira de médiatrice entre la religion, amour du bien, et l'art, amour du beau, en leur présentant le vrai qui est l'objet immédiat de ses efforts ; elle leur prouvera que le beau n'est que la splendeur du vrai, qu'il est son nimbe, son fils, son expression, son verbe ineffable ; que le bien n'est que l'embrasement du vrai, son amour, son souffle, sa vie, son esprit, sa loi, sa plastique émotion ; et, les forçant à s'agenouiller l'une et l'autre avec elle devant la vérité souveraine, aussi belle que bonne, les trois formeront la trinité créée en adoration devant la Trinité infinie. La philosophie, l'art, la religion, voilà l'unité trine de la terre, comme le Père, le Fils, l'Esprit, sont la trine unité des cieux.

Encore une réflexion. La religion présente devant l'humanité une longue série de phénomènes surnaturels, dont la souche est l'incarnation du Verbe éternel pour la rédemption de notre monde. C'est une manifestation extraordinaire et sous forme humaine de Dieu parmi nous, surajoutée à l'infusion de la nature. Or, puisque c'est encore Dieu qui se donne, et qu'il se donne avec plus de perfection et de clarté, n'en doit-il pas résulter un champ nouveau, plus fécond et plus facile à exploiter, de biens et de beautés ? Oui sans doute. Voilà donc tout à la fois une révélation pour la religion et pour l'art. Et, en effet, le Christ avec la série de faits, de croyances, d'éclairs, de miraculeuses harmonies qui le précède, et avec celle qui le suit, le Christ transfiguré avec Moïse et Élie dans le passé, avec l'Église dans l'avenir, n'est-il pas la plus grande mine offerte aux travaux de l'art comme à ceux de la religion ? Le premier répondrait-il à son besoin du beau toujours insatiable, le second à son amour du bien jamais satisfait, s'ils négligeaient ce monde surnaturel ? Ni l'un ni l'autre ne peuvent s'en passer.

Les voilà donc qui s'unissent encore pour exploiter de concert ces horizons nouveaux, et, comme nous allons le faire comprendre, ils ne seront des ouvriers puissants, des chercheurs heureux, ils n'éviteront la paralysie et la mort que s'ils revêtent les mêmes armes, s'assujettissent aux mêmes lois, parlent les mêmes langues.

II. Le premier instrument que l'art met en jeu, c'est la *sensibilité* ; par elle il sent le beau, par elle il le fait sentir. Vous avez vu l'insecte interroger, de sa petite trompe, le mystère des fleurs pour en aspirer les parfums, puis, dans sa cellule, pétrir, avec le même organe, le miel et la cire pour leur donner les formes visibles dont il fera son nid, celui de sa famille, sa nourriture et sa volupté. C'est ainsi que l'art se sert de la faculté de sentir. Celui que la nature en a privé ne fut jamais artiste, et jamais il ne fit goûter, ni à lui ni aux autres, les joies pures que doit éprouver l'âme au flair de la beauté.

Mais s'il ne prête à la religion cette précieuse armure pour sentir le bien par le beau qui en est le duvet, et pour le faire sentir à la foule dont il est l'aliment désirable, que fera la religion ? comment pourra-t-elle opérer ses conquêtes ? La religion peut, chez l'individu, vibrer plus ou moins fortement dans la région sensible ; mais elle n'existe pas, si elle n'y établit sa demeure. D'un autre côté, la religion n'est jamais totalement absente d'une âme qui, ayant reçu de Dieu la corde sensible, ne l'a pas brisée ; elle mesure son intensité sur la connaissance plus ou moins étendue de ses mystères ; mais elle existe, au degré compatible avec cette connaissance, quand la sensibilité n'est point paralysée ; c'est ce qui explique pourquoi la femme est plus souvent religieuse que l'homme, bien que son intelligence soit toujours moins étendue ; la sensibilité la sauve. Il en est de même de l'art ; si nous avons dit que l'être insensible ne fut jamais artiste, nous pouvons dire avec la même vérité que la sensibilité l'engendre toujours à un degré quelconque ; nous donnons en problème insoluble la découverte d'une âme sensible qui ne soit artiste selon la mesure de ses autres facultés, de ses études et de ses connaissances.

Voilà donc l'art et la religion qui viennent s'abriter sous la même armure, s'alimenter aux mêmes sources, s'asseoir au même foyer. Mais si on considère leurs grands éclats dans le monde, combien cette observation s'étend et gagne en évidence ! Qu'aurait fait la religion chrétienne depuis la croix du Golgotha, sans la sensibilité maniée par l'art à son profit ? Il suffit de poser la question pour tout dire. Dieu a voulu que ce ressort mis en jeu par toutes les filles de l'art, depuis l'éloquence jusqu'à la gymnastique des cérémonies, fut le principal propagateur des mystères de la rédemption.

Le mot *passion* est plein d'énigmes. Il exprime, dans son essence la plus radicale, une captivité, un esclavage, et, par l'usage que les hommes en font, il en est venu à exprimer l'activité, l'animation, l'explosion volcanique que rien ne maîtrise. La sensibilité n'en est que le bourgeon tendre, la première verdure, l'aimable printemps ; il n'y a point passion sans la sensibilité, il peut y avoir sensibilité sans la passion. Mais pourquoi la contradiction que nous venons de remarquer dans ce mot mystérieux ? C'est que, l'homme n'ayant point en lui-même la cause première de sa force, il commence par recevoir les impressions qui l'attirent; qu'attiré vivement, il joint à la puissance attractive venant du dehors, une puissance aspirative venant des profondeurs de son être et ; que, ces deux puissances, agissant dans la même direction, la rapidité de la translation devient prodigieuse : il en est de l'homme passionné, comme d'une locomotive, à développement de vapeur et d'électricité par le frottement, qui descendrait une pente ; elle serait passive sous l'attraction terrestre, et sa passivité même produirait en elle une activité croissante, puisque le mouvement causé par la force externe développerait une force interne agissant dans le même sens; et la rapidité croîtrait en proportion de la résultante des deux causes se surexcitant mutuellement. Quelle foudre! quelle fureur ! Et point de terme si la pente est indéfinie. Telle est la passion ; son champ n'a pas de bornes, quand ce champ est l'infini, et c'est l'infini même, lorsqu'il s'agit de l'art et de la religion, puisque c'est le beau et le bien, puisque c'est Dieu : jugez, par cet *a priori*, des prodiges que doivent enfanter la passion artiste et la passion dévote.

C'est la passion artiste qui invente l'image sublime, l'expression énergique, l'argument écrasant, le tableau sombre, le cri éloquent, le mouvement terrible, la vibration dramatique, le contraste imprévu, tout ce qui transporte, exalte, terrasse et enflamme. Que deviendrait la religion sans elle? Il n'est pas douteux que, si Dieu avait conçu un plan d'après lequel l'une et l'autre dussent vivre séparées, elles n'en accompliraient pas moins leur destin; mais cette hypothèse n'est point à faire dans notre humanité; elles sont unies inséparablement. Notre histoire nous montre, depuis les premières origines jusqu'aux développements contemporains, la religion armée de la passion artiste, et répondant à tous les obstacles par ses explosions : c'est là son grand moyen, son électricité, sa perpétuelle ressource des grandes occasions.

Sans la passion, sans ses bruits et ses accents émus, point d'éducation sérieuse et efficace; quand l'enfant incline dans un vice, c'est la passion de la vertu contraire, s'exaltant dans le maître jusqu'aux saintes colères, qui se met en contre-poids, et parvient à ramener l'équilibre : l'humanité est un enfant, la religion est son institutrice, et sans les exagérations de la passion contre le crime et ses peines, exagérations qui ne le sont qu'en figures, l'institutrice aurait-elle accompli ses devoirs, ses missions, ses prodiges. Elle tient par elle le monde en arrêt sur la crête d'un abîme, et l'attire par elle du côté des vallons fortunés; elle guérit l'hallucination du vice par celle de la vertu. Or c'est l'art lui-même qui est, dans cette œuvre, le grand ouvrier pendant que la religion est son inspiratrice, son démon, son conseil.

Jésus disait qu'élevé sur la croix il attirerait tout à lui; il l'a fait; comment l'a-t-il fait ? par l'amour passionné qu'il a communiqué, et qui est devenu force externe agissant sur les âmes, force interne sortant du fond des âmes; il a passionné le monde, et, de même que cette force n'était qu'une arme qui avait besoin d'être manœuvrée convenablement par l'art pour produire ses fruits, l'art lui-même avait besoin d'elle pour atteindre les hauteurs de sa destinée. En l'absence de la passion développée par le Christ, il éprouvait sans aucun doute, de nobles, grandes, saintes et bienfaisantes passions qui le rendaient créateur de choses sublimes ; mais il n'avait pas celle-là, pour s'élever aux régions du sublime chrétien ; or l'art est une aspiration qui mourrait de désespoir si, après avoir atteint le premier comble, il ne lui était pas donné des moyens d'en atteindre un second qu'elle a vaguement rêvé, et ainsi sans fin, durant l'évolution des siècles. L'art avait donc besoin de la passion chrétienne, comme le christianisme avait besoin de la passion artiste.

L'*énergie* est le bras de la passion. C'est aussi la vie qu'elle dépense et qui se renouvelle comme une source qu'on ne peut tarir. Il faut de l'énergie pour atteindre le beau ; il faut celle du travail qui sue sans s'affaiblir, celle de la patience que l'ennui n'a jamais vaincue, celle de l'audace pour semer dans le monde, malgré les résistances, les mépris, les indifférences, les répulsions du monde. Le grand artiste a toujours été malheureux, et son énergie seule a toujours sauvé l'art.

Il faut aussi l'énergie dans l'œuvre même ; il n'est pas de production qui puisse s'en passer pour être belle. La fleur la plus tendre, le son le plus doux, la plus frivole idylle a besoin d'énergie pour être un chef-d'œuvre; si ce n'est pas l'énergie musculaire aux ongles brutaux, c'est l'énergie voilée de plis soyeux et projetant, au travers de ces plis, la quintessence d'elle-même. Ce qui n'est pas énergique est toujours mauvais. Les petits peintres et les petits sculpteurs ne font que de fades déesses de la volupté, dont rougissent, à la fois, la morale et les arts; le grand artiste donne à sa Vénus l'énergie de la grâce, et en même temps qu'il n'a point fait une œuvre impudique, il a fait un chef-d'œuvre. L'énergie est une chaleur qui anime la toile, le marbre, le vers, la phrase, le geste, le ton, le mouvement, qui est sentie par la corde correspondante du lecteur, du spectateur, de l'auditeur, quand ils en sont doués, et qui leur fait dire de l'artiste : il a trouvé le beau, il l'a vu, il a eu foi en lui, et sa foi, il l'a fixée dans cette émanation de lui-même.

Que serait la religion sans l'énergie entendue dans le même sens, sans l'énergie de l'art? Elle ne serait ni une aspiration de Dieu, ni un amour du Christ, ni une adoration, ni une prière, ni une humiliation, ni une offrande, ni un dévouement; elle ne serait rien, si ce n'est le sommeil du quiétisme inerte. La religion a-t-elle trouvé Dieu, l'a-t-elle vu, a-t-elle conçu la foi, la religion est-elle la religion; l'énergie est dans sa pose, dans son verbe, dans son action, dans sa plume, dans son mouvement, dans son regard, dans tout ce qui sortira d'elle, comme elle est dans son cœur et dans sa pensée. La voilà donc encore qui fait vie commune avec l'art; et tous deux, nourris à la même table, fortifiés de la même foi, vêtus de la même armure, deviennent identiques dans le caractère de leurs productions.

Connaissez-vous de grandes œuvres d'art, soit d'éloquence, soit de poésie, soit de peinture, soit d'architecture, soit de sculpture, soit de musique, sans un fond d'énergie religieuse plus ou moins développée? Connaissez-vous de grandes productions religieuses dans un genre quelconque sans l'énergie de l'art? Et n'est-ce pas dans la série des merveilles enfantées par la religion chrétienne que cette énergie atteint son *maximum*?

L'homme ne séparera pas ce que Dieu a joint; Dieu a lui-même consacré, de toute éternité, le mariage de l'art et de la religion dans l'énergie; et ce mariage est indissoluble.

Le *feu* diffère de l'énergie comme la forme du fond; l'énergie est dans le dessin; le feu est dans la couleur. Voyez et comprenez le ton chaud des tableaux de Raphaël, du Titien, de l'Albane et de tant d'autres, cette sorte de flamme phosphorescente qui gît on ne sait où et circule dans les nuances; comprenez ce qui règne dans les harmoniques profusions de Rubens et de Murillo; comprenez aussi notre Delacroix et ses masses jetées avec autant d'audace que de bonheur pour produire cet ensemble brûlant d'où un détail mis à part serait comme un membre mort détaché d'un corps plein de vie. Soyez enflammé par cet accent indicible du pinceau dont la cause échappe à l'analyse, et vous aurez une idée conforme à la nôtre de ce qu'est le feu dans les productions de l'art. Il est dans l'âme, il la brûle, il la consume, jusqu'à ce que, l'artiste lui donnant pour écoulement sa langue, sa plume, son pinceau, sa harpe, ou tout autre canal, il aille se fixer dehors pour faire place à de nouvelles flammes dans celui qui en fut le foyer, et en développer sans fin de nouvelles dans ceux qui seront sensibles à son éloquence.

Or, ce feu divin, ce feu sacré, dont le peuple a gardé le nom pour résumer toutes ses idées sur l'art, qui en a besoin autant que la religion? qui sait l'allumer aussi brûlant? et qui en fut jamais aussi prodigue? C'est dans les œuvres qu'elle inspire que règne surtout cette chaleur profonde dont les toiles des grands peintres nous ont donné l'idée; d'autres propriétés, même essentielles, peuvent manquer, sans que la religion soit absente; mais là où le feu manque, elle n'a point veillé à la composition et n'a compté sur aucun service de la part de cette page. Le feu dont nous parlons est ce dont la religion peut le moins se passer; souvent nous l'avons senti dans l'austère syllogisme de saint Thomas, aussi ardent que dans les vers du Dante, tout dépourvu qu'il soit, chez le théologien, de couleurs et de flammes.

Nous retrouvons donc encore l'art et la religion étroitement unis pour embrasser leurs productions et les âmes du feu sacré qui est leur moyen dévorant. Ils s'empruntent mutuellement les aliments qui le nourrissent, les souffles qui l'allument. Ils sont tellement nécessaires l'un à l'autre sous ce rapport, et se mélangent à tel point qu'on ne les distingue plus. Quel œil assez fin pour les séparer dans le feu des grands chefs-d'œuvre, depuis ceux d'Homère, d'Eschyle et de Virgile, jusqu'à ceux des Tertullien, des Augustin, des Dante, des Milton, des Fénelon, des Corneille, des Racine, des Châteaubriand et de nos chefs romantiques? Quel jugement assez délicat pour dire, dans l'inspection d'une composition chaleureuse : ici le fruit du sentiment religieux, là le fruit du sentiment artiste? et s'il est vrai que la religion privée du feu dont l'art dispose ne serait, parmi nous, qu'une froide cendre, que serait aujourd'hui l'art privé des chaleurs infinies qu'a développées le Christ, notre foyer religieux? Il languirait, ayant épuisé son haleine, dans une cécité indifférente à l'égard des beautés célestes, dont le voile, que Jésus seul pouvait déchirer, serait encore tendu sur l'univers; il n'aurait pas un brasier inextinguible où s'abreuver sans fin de lumière et de feu.

Le mot *grâce* est aussi mystérieux que le mot *passion*. Il exprime, dans sa signification radicale, ce par quoi l'être se donne gratis, sans dette contractée, comme sans espoir de retour; c'est la pure bonté, la générosité absolue qui engendre la grâce ainsi comprise; et ce mot, dans la langue commune, a fini par exprimer, pour toute oreille, ce quelque chose d'inexplicable par lequel les objets gracieux, comme les fleurs nouvelles, et la vierge pure, enchantent l'âme et la plongent, en la rafraîchissant, dans un doux ravissement.

Ces deux sens du même mot se tiennent par le fond. Cette grâce qui charme dans les beautés gracieuses est nécessairement une communication de la beauté infinie, purement gratuite, c'est-à-dire non conquise; si elle était conquise, elle sentirait son origine, le travail, rappellerait à la pensée la justice aux raides contours, non la charité aux séduisantes poses, et ne serait pas la grâce; c'est ainsi que la fleur qui vient d'éclore et la femme pleine de grâce, répandent des odeurs et des charmes qui sont des dons purs, absolus, directement tombés de la source du beau. Il en est de même de ces dons dans leur relation avec l'être qui en reçoit l'impression; de même qu'ils n'ont pas été achetés, ils ne se vendent pas; ils se donnent, se transmettent, se multiplient et se propagent selon les lois de l'abnégation et de la charité; qui voudrait les vendre ou les acheter, leur attacher enfin un prix d'acquisition, les sentirait lui échapper par le souffle brutal de son haleine. Ils restent, dans l'être qui les transmet après les avoir reçus en pur don, et dans l'être qui les reçoit de la seconde main, ce qu'ils étaient dans le sein même de la beauté infinie; ils sont la grâce qui ne se définit pas en soi, mais seulement comme nous venons de le faire, c'est-à-dire dans son mode de production et d'échange.

Or, cette grâce est, tout à la fois, la propriété de la religion et de l'art. L'une et l'autre l'ont reçue, s'en vêtissent et la communiquent selon les lois du don que nous venons de résumer. L'une et l'autre la tiennent de Dieu, et nous la montrent dans une auréole enveloppant leurs deux têtes sans former deux auréoles, car elle est indivisible. C'est par elle que la religion nous fixe sur le bien et la vertu dans un rêve d'amour; c'est par elle que l'art nous fait aimer le beau d'une passion platonique; c'est par elle que ces deux anges de la terre nous enivrent des tranquilles voluptés qui ne se payent jamais, pas plus qu'elles ne se méritent. L'art donne pour donner et la religion fait de même; ils traitent l'humanité comme Dieu les a traités; qu'ont-ils jamais reçu de nous, en échange de leurs dons, qui puisse être mis, sans absurdité, en équation avec ces dons? Voilà pourquoi ils sont tous deux pleins de grâce.

Une abondance de grâces naturelles avait été versée par le Créateur; et l'art l'antique avec la religion s'en étaient parés, nourris, béatifiés pour en parer, nourrir et béatifier les hommes selon la mesure des possibilités naturelles. Mais le Sauveur est venu surajouter ses grâces; un océan a été versé dans un autre océan; l'art a redoublé de vie, la religion s'est élevée à une puissance de séduction sans limites, et la grâce chrétienne, dont le Christ est le foyer, a transfiguré la nature jusqu'à faire d'elle cette moderne beauté, dont la vue plongerait dans une extase céleste les Platon et les Homère, les Apelles et les Phidias, les Orphée et les Linus, s'il leur était donné de revivre un jour, avec les Augustin et les Milton, les Raphaël et les Canova, les Béthoven et les Mozart, dans la gloire chrétienne.

Le *goût* est le conseiller de l'art dans l'administration de ses dons. C'est le goût qui modère sa générosité, ou qui la provoque selon les circonstances. L'art sans le goût est une folie aux paroles désordonnées, aux accents qui se heurtent, aux couleurs antipathiques, aux coups sans mesure, aux extravagantes passions, aux inondations désastreuses. Par le goût, l'art devient la sagesse comme le deviennent, par la logique, l'intuition et le raisonnement.

Croyez-vous que la religion puisse impunément se passer du goût? Non; elle a recours à l'art pour avoir sans cesse l'assistance de son guide, de sorte que le goût est leur maître commun.

Il arrive quelquefois que la religion, dans ses représentants, manque de goût par oubli ou mépris, de la part de l'homme, des générosités de l'art; c'est un des grands maux de notre humanité: alors la religion est trahie par des aveugles, et on croirait qu'elle va périr si on ne savait que l'œil de Dieu veille sur elle pour la ramener toujours à temps à l'école du bon goût, dont l'art, par ses ordres, lui tient la porte ouverte. Si nous développions cette pensée, la terre deviendrait brûlante sous nos pas; livrons-la seulement aux méditations du lecteur; et, pour l'éviter, citons quelques-unes des justes et délicates appréciations de l'ouvrage dont nous avons parlé, en ce qui concerne le goût.

« Il est un dernier caractère dont la présence complète la parure de l'art, achève sa beauté..... Il s'agit de quelque chose de vague, de spontané, d'imprévu, de libre, qui ne peut qu'être indiqué et vu à distance. Cela a été semé du bout des doigts, comme l'on fait pour les graines menues et précieuses, et doit s'observer, se cueillir, à la pointe de l'esprit, dans une loupe polie et repolie. Les traits du goût, qui pointillent le corps du chef-d'œuvre et fourmillent sous le regard comme une poudre d'or sur un tamis agité, sont les friandises du beau..... Cela est varié, changeant, toujours frais, tendre, reluisant, gracieux; c'est un genre, un caprice, un essai, une tournure, un ajustement nouveau; cela se saisit au vol, dans les tourbillons d'images qui passent; cela se trouve, à force de chercher, dans le semis épais des fleurs aux mille nuances de l'idéalité. Cela s'amène de près, de loin, du fond de l'histoire, du bord de l'actualité. Cela se pêche au grand réservoir des substances les plus saines, les plus assimilables au tempérament de la conception. C'est l'activité que rien ne rebute, l'élément laborieux de l'art. Il passerait au crible le sable des rivages, distillerait l'eau des fleuves, effeuillerait arbres et fleurs du terrestre jardin, rangerait, à la file, sur l'immense champ de la mémoire, la multitude infinie des manifestations de la nature, pour trouver le grain de poids requis, le globule de transparence et de nuance désirées, les effets pressentis et demandés de bruit et de mouvement.....

« Le goût accuse le tact, l'à-propos, l'arrangement parfait, la mesure exacte. Ces mille gracieusetés, finesses, pointes, surprises, spontanéités et aperçus nouveaux, ces silences bien ménagés, cette diversité inépuisable des expressions physionomiques de l'œuvre, ces traits tantôt fermes, tantôt suaves, tantôt graves, cette teinte sans équivoque ni défaut, cet épanouissement ouvert à tous les désirs, frais autant qu'opulent, ce je ne sais quoi qui sent le passé, exprime le présent, laisse transpirer l'avenir, tout cela ressort du goût. Pour ne pas se méprendre, il lui faut connaître à fond son monde, son siècle, sa matière. Il résume la science de plaire. Tout travail accompli sous son contrôle présente un ensemble souple, dispos, aisé, coulant, serein, heureux. Le jugement est son principe, l'esprit son messager, sa force est dans la science, son arsenal est dans la mémoire. Tous les éléments de la conception viennent à lui les mains pleines..... Il ne trouve à sa convenance que les trésors de délices où son instinct lui dit de plonger. Il est celui qui ne se trompe point, ne prend point le fade pour le doux, la contrefaçon pour la bonne épreuve. Il est exigeant, changeant, capricieux; il a ses secrets, ses intentions, ses idées à lui, dont il ne doit et ne rend compte à personne. Il s'éveille chaque matin avec un nouveau rêve de beauté, et s'éclaire du premier rayon de soleil, pour trouver, sous la rosée, l'introuvable fleur qui en rehaussera le teint et en symbolisera le genre. On ne le connaît jamais parfaitement; il est le point mobile de l'esprit, l'enfant qui joue, s'ébat, se mutine, s'égare, et revient alerte, joyeux, bondissant, à la mère; l'intelligence qui le regarde faire avec bonheur, ne le perd point de vue, le tient sous sa tutelle indulgente, facile, généreuse.

« Le goût est le principe d'innovation dans les opérations du jugement; et c'est dans l'innovation que gît son écueil. L'art par lui-même si exigeant, si chatouilleux, qu'il ne peut se passer un seul instant du goût, l'impeccable dégustateur. Ce n'est, en effet, qu'à force d'études, de touchers, de dégustations, que l'artiste réalise et engendre le beau....

«Souple, curieux, remuant, attentif, le goût, routier des régions riches en produits artistiques, écoute son siècle, observe son entourage, consulte les battements du cœur social, en sonde, de sa trompe aiguë, toutes les veines, en essaye, à un, tous les nerfs, se recueille, médite, et, avec un air que rien ne peut peindre, se penche sur la conception, la bâtit, la mesure, la dispose, puis à l'aide de son organisation complexe, puisqu'elle comprend les appareils pondérateurs du beau, il répète son expérience à l'intention de l'avenir aussi bien que du présent, enfin la clôt, y appose son *visa*, voit venir la renommée aux cent voix, et la lui livre. » (Gustave LE NOIR, *L'Art*.)

Ce tableau qui nous semble aussi charmant qu'exact, est le portrait de Lacordaire, en qui le goût fin monte jusqu'au génie. Prédicateurs évangéliques que de maux vous épargnerez au monde, que d'âmes vous enfanterez à la grâce, si vous êtes au village ou à la ville, des hommes de goût, des Lacordaire, quelle que soit, d'ailleurs, l'étendue de vos talents. Avec le goût, saint François de Sales amena la conversion de plus de soixante mille calvinistes. Avec le goût, le plus simple curé de campagne sauverait tout ce que perdrait le génie privé du goût.

Restent la *douceur* et la *colère*, la tolérance et l'austérité, la séduction et l'anathème, armes contraires chacune à chacune, mais qui sont inséparables dans l'idée, comme le beau le sera toujours de sa négation qui est le laid, comme le bien de sa négation qui est le mal. Ces armes sont plutôt celles de la passion que celles de la religion et de l'art; mais comme la passion, ainsi que nous l'avons vu, est l'armure des deux, ces armes leur appartiennent par une conséquence nécessaire. Nous en avons parlé implicitement en parlant de la passion; mais nous trouvons utile de les signaler nominativement. L'art qui n'userait que de douceur, de tolérance et de séduction, serait tellement incomplet qu'il ne serait plus lui-même. Comment avoir la passion du beau sans frémir à la vue du laid? Et comment frémir à la vue du laid sans traduire son frémissement ou dans l'explosion de la colère, ou dans les sentences de l'austérité, ou dans les éclats de l'anathème? Le *vice versa* est également vrai; l'art qui ne ferait que maudire, condamner, effrayer d'ascétisme, ne serait pas non plus l'art; il lui manquerait sa propre base, qui est la douce contemplation du beau et qui ne peut exister sans se traduire elle-même en douceur infinie, tolérance sans mesure, séduction divine.

Aussi est-il à remarquer que tout grand artiste est à la fois l'homme terrible et la femme enchanteresse. Il ressemble à Moïse en colère au penchant de la montagne devant l'adoration du veau d'or, et à Moïse qualifié par l'inspiration du plus doux des hommes. C'est Dante Alighieri chantant sur la même harpe les tourments de la luxure et les joies de Béatrix, écrivant sur la porte de l'abîme : Me firent la puissance, la sagesse, et le *premier amour*. C'est Raphaël mettant le doux sourire sur les lèvres du séraphin pendant que sa lance foudroie le révolté. C'est Michel-Ange béatifiant et torturant, sur la même toile avec le même pinceau. Quo disons-nous? C'est le Christ juge dont la voix appelle les bénis de son Père et réprouve leurs bourreaux.

Voilà le grand artiste

Mais n'avons-nous pas décrit la religion elle-même? que fait-elle autre chose? quel est et quel doit être son rôle dans le monde, si ce n'est ce double rôle? et ne l'accomplit-elle pas chaque jour devant nous? Qu'elle embrasse donc l'art comme un ami nécessaire à sa vie, à son action, à ses conquêtes, à son règne sur la terre.

III. La loi fondamentale de l'art est celle de l'*unité*. Cette loi le règlemente considéré dans toute son étendue, considéré dans l'étendue de chacune de ses branches, et considéré dans chacune de ses productions. Dans toute son étendue, l'art est *un* comme

Dieu, et *un* comme la nature : *un* comme Dieu par le beau dont il est l'étude et la concentration plastique; *un* comme la nature par le concours harmonieux des formes variées et en nombre infini qui sont mises à sa disposition et qu'il emploie pour accomplir sa tâche bienfaisante dans l'humanité; mais cette seconde espèce d'unité est plutôt l'harmonie dont nous dirons quelque chose. Si l'art n'était pas *un*, il se détruirait lui-même; il serait de la sorte un monstre; or Dieu, père de l'art, ne saurait faire des monstres; la créature seule, et celle-là seulement qui est douée de liberté, est capable d'en produire. Dans l'étendue de chacune des branches de l'art, telle que l'éloquence, la poésie, la peinture, il y a encore unité, et tout ce qui sort de cette unité est répudié par le rameau comme étranger à son espèce. Enfin, dans tout fruit d'un rameau quelconque, l'unité est la première condition du beau; sans elle c'est la dissolution, la contradiction, le suicide de l'œuvre dans l'œuvre même; c'est par elle que l'esprit saisit et résume les détails, comprend le tout, l'embrasse de son regard, et peut l'admirer, pour l'aimer en même temps. S'il ne voit que des membres épars, il ne voit pas la vie, et il recule d'effroi ou de dégoût comme devant la mort.

La religion subit la même loi dans son ensemble, dans ses rameaux et dans chacun de ses fruits. Tout ce qui se détache de l'unité religieuse appartient à la réprobation. S'il s'agit de l'unité visible, ce qui en sort se jette, par là même, dans la réprobation visible, et s'il s'agit de l'unité spirituelle, invisible, la seule vraiment importante pour l'individu en lui-même, ce qui en sort tombe dans la réprobation spirituelle. C'est de là que la théologie catholique a fait de l'unité la première note de la véritable Eglise. Et en effet, se peut-il que le bon et le vrai se trouvent en antithèse avec le bon et le vrai ? Les rapports se multiplient, les nuances se jouent à l'infini, les générations d'idées se font avec une fécondité intarissable; mais la souche demeure toujours la même, et ses jets divers, dans leur variété, gardent le caractère un et ineffaçable de leur origine. Le bien, avec le beau, est un centre autour duquel tout ce qui rayonne est à son image. Si la ressemblance disparaît, il y a chute, dégénérescence, monstruosité, isolement; il y a brisement d'unité, et, par ce brisement, inauguration du règne de la mort.

Voilà donc la religion qui s'identifie, en quelque sorte, avec l'art par l'unité, leur qualité radicale et commune, comme le bien s'identifie avec le beau dans la divine essence.

Nous prenons le mot *réalité* dans le sens qui devrait lui être exclusivement attribué, et non dans celui de *réel* qu'on lui donne souvent. La *réalité* est la qualité; le *réel* est la chose; il en est de même de l'*idéalité* et de l'*idéal*. Associons ces deux qualités pour les mieux comprendre.

On classe aujourd'hui les artistes, et surtout les peintres, en réalistes et en idéalistes. On peut faire cette distinction, comme tant d'autres, en se basant sur la passion et le talent qui dominent dans l'artiste. Les réalistes ont pour caractère distinctif de représenter la nature visible dans sa vérité, c'est-à-dire avec ce que le goût relatif et de convention appelle ses qualités ou ses défauts; nous nous exprimons de la sorte à dessein; car il nous paraît clair que la nature, en tant que nature et œuvre de Dieu, n'a que des qualités, point de défauts, et ne peut présenter que des variétés infinies du beau. Mais les esprits étroits, qui n'ont du beau que l'idée qu'ils ont reçue d'un maître à système, ou d'une tradition artistique, ne le voient que quand le hasard veut qu'il se trouve renfermé dans le cadre de leur idée. En dehors de ces limites il n'y a que le laid; vrais Chinois, leurs yeux et leur âme sont aveugles pour tout ce qui dépasse leur grande muraille; ils sont de bonne foi, Dieu leur pardonne; laissez-les tranquilles. Il en est autrement du vrai juge en fait d'art; il a tout appris à l'école de Dieu et de la nature; la largeur de son âme est infinie; tout ce qui est beau y trouve place à l'admiration et à l'amour. Les réalistes sont donc ceux qui s'attachent à l'imitation, ou de ce que la nature présente de conforme à ce qu'on est convenu d'appeler beau, ou de ce qu'elle présente de conforme à ce qu'on est convenu d'appeler laid. Ils s'attachent aux formes visibles, et se divisent en trois catégories : ceux qui ne choisissent pour types que les formes dites belles, ceux qui ne choisissent pour types que les formes dites laides, et ceux qui savent alterner les unes et les autres, les mettre en contraste, les combiner, et tirer de leurs combinaisons des effets portant le cachet du génie. Cette troisième classe de réalistes mérite seule qu'on l'étudie avec insistance.

Les idéalistes ont pour passion dominante celle d'idéaliser la nature, ainsi que leur nom commun l'indique. Ils travaillent dans leur génie et par leur âme bien plus que par les yeux : il sort de leur pensée des mondes nouveaux que le vulgaire ne comprend qu'après de longues années, pendant lesquelles il s'est habitué à les voir, à les lire, à les entendre; alors les créations de l'idéaliste lui sont devenues familières comme la nature réelle, et elles ne sont plus, pour lui, des énigmes. L'idéaliste, pour en arriver là, néglige l'étude des formes, et s'attache aux idées, aux sentiments, à ce qu'il y a de moral et d'animé dans la nature; peu lui importe le corps, il ne pense qu'à l'âme, et pourvu que l'âme se remue sous les formes qu'il imaginera, pourvu qu'elle joue, à travers les voiles qu'il est obligé de lui donner, un rôle absorbant qui efface le reste, il est satisfait. Les idéalistes se divisent aussi en trois catégories : ceux qui ne savent exprimer et vivifier, dans leurs œuvres, que les idéaux de ce qui passe pour beau, ou de la beauté de tradition; ceux qui ne savent exprimer et vivifier que les idéaux de ce qui passe pour laid, ou de la laideur de tradition; et enfin ceux qui courent des uns aux autres, les combinent, les contrastent, et arrivent à des effets nouveaux marqués au sceau de la création et du génie. Ces derniers sont encore les seuls qui méritent une étude sérieuse.

Mais le lecteur a sans doute fait une observation : c'est que le grand réaliste que nous avons dépeint est idéaliste dans ses combinaisons, ses choix, ses contrastes, qui sont sa création, et plus encore dans sa copie fidèle de l'art divin toujours idéaliste pour qui sait le voir; et que le grand idéaliste est réaliste dans le choix de ses combinaisons qui sont les idéaux beaux et laids; car ces idéaux ne sont pas créés par son génie; Dieu seul en fut le créateur; il les a reçus et de sa nature intelligente, et de la tradition humaine, et de la nature visible qu'il observe avec autant de fixité que le réaliste. Tous deux, s'ils sont grands, n'ont appris, dans leur étude des anciens et des modernes, qu'à sentir leur vertu personnelle, qu'à dire *moi*, comme Descartes, lorsqu'il étudia la scolastique; tous deux n'ont lu, admiré, médité, observé, copié, chanté, analysé autrui, que pour différer d'autrui en étant soi. Ce qui les distingue, c'est que l'idéaliste puise plutôt les éléments de son œuvre dans le côté moral de tout être, et le réaliste dans le côté matériel; mais ils ont assez l'un de l'autre, par cela seul qu'ils sont supposés grands dans leur diversité de caractère. Qu'il nous soit permis de résumer notre pensée dans deux aphorismes appliqués à la spécialité de la peinture.

Plus le réalisme sera complet dans le paysage, plus l'idéalisme y régnera, car quel moyen y a-t-il d'idéaliser la matière inintelligente autrement qu'en copiant fidèlement l'œuvre du Créateur? c'est l'idéalisme divin qui circulera dans la copie réelle.

Plus l'idéalisme sera poussé loin dans le tableau des grandes scènes humaines, plus le réalisme y régnera; car quel moyen y a-t-il de réaliser sur la toile les passions et les âmes, autrement qu'en idéalisant les corps qui servent d'enveloppe aux mouvements de l'esprit. C'est le réalisme du monde invisible qui se peindra par l'idéalisation du monde des sens.

C'est par la puissance de l'idéalisme que le tableau du monde invisible devient réel; c'est par la puissance du réalisme que le tableau du monde visible devient idéal. Raphaël et Murillo n'avaient pas à craindre de trop idéaliser leurs vierges; car la nature nous montre quelquefois des femmes d'une beauté tellement angélique ou divinement exaltée que les types conçus par ces génies restent bien au-dessous. Il leur fallait donc se surpasser eux-mêmes en idéalisant pour atteindre la perfection du réalisme. Il en serait de même du *vice versa*.

L'un et l'autre seront donc sublimes, et également admirés par le syncrétiste, seul juge impartial et compétent. Cependant, comme il y a des degrés dans toute grandeur et dans toute plénitude, autre que celle de Dieu, l'idéaliste méritera d'être appelé l'artiste-roi.

Il nous semble résulter assez clairement de cette théorie, que l'art a besoin, tout à la fois, de la réalité et de l'idéalité, quelle que soit d'ailleurs la qualité qui domine. Sans la réalité, l'idéalité ne serait pas de ce monde et y serait incomprise; sans l'idéalité, la réalité serait sans âme, sans cœur et sans génie. La réalité seule, c'est la mort; que d'œuvres mortes parce que, cette qualité leur manquant, l'art les a jetées dehors, parmi les sarments de rebut! L'idéalité seule, c'est l'insaisissable; que d'œuvres dont l'idée est tellement vague et sans forme que nul ne l'a saisie, pas même, et souvent moins, l'artiste lui-même, que ceux qui ont eu la bienveillance de chercher à l'admirer!

Si maintenant nous considérons la religion, ne la trouvons-nous pas, tout à la fois, réaliste et idéaliste par excellence? Prenons, pour être plus court, son grand type, son résumé, sa personnification vivante, Jésus-Christ; lisons son histoire et informons dans notre pensée une image de ce type conforme au modèle. Cette image n'a-t-elle pas pour caractère principal la combinaison la plus parfaite de la réalité et de l'idéalité en tant que qualités humaines? Quoi de plus réel, de plus naturel, de plus vrai, de plus homme que le Christ? Quoi de moins vague et de plus positif que chacune de ses vertus, de ses paroles, de ses actions? On trouve en lui le réalisme le plus complet dans l'ordre religieux que l'art puisse concevoir. Sa colère et son anathème contre le vice sont aussi positifs, aussi accentués, aussi corrects que son exhibition de la vertu est naturelle et précise. Et, d'ailleurs, quoi de plus élevé dans la perfection idéale; c'est la douceur, l'amour, la bonté, le sentiment, le génie, l'horreur du mal, tels que l'idée seule avec la puissance les peut imaginer, combiner, associer dans une personne. L'histoire du Christ, de sa naissance à sa résurrection, est le drame de l'humanité même concentré par toutes les forces réunies de l'idéalisme. Sa prédication, toute réaliste qu'elle est, ressemble à des accents lyriques s'échappant par intervalles d'une perpétuelle extase. Il est plongé dans l'invisible; il parle de son Père, nous dit d'aspirer à sa perfection; il le prie, l'adore, s'entretient avec lui autant qu'avec les hommes; et ce Père, nul ne l'a vu que des yeux de l'esprit. C'est l'idéal qui anime le réel, le gonfle, l'enveloppe, le ravit sans cesse, sans lui ôter son caractère. Tel est le Christ; telle est la religion; tel est l'art. La religion et l'art ne sont donc pas seulement deux enfants du même père; ces enfants sont tellement semblables que plus on les connaît, plus on les confond.

La *clarté*, dont tous les critiques font, avec raison, si grand cas que, selon eux, toute œuvre d'art qui en est privée perd ses mérites, n'est autre que la lumière du vrai, dont s'entourent le style, le crayon, le ciseau, la voix ou l'archet. L'art n'est pas seulement fait pour délecter, instruire, toucher, exalter le génie qui le conçoit et l'incarne dans ses créations : il a pour mission de plaire à autrui et d'agir sur autrui par son langage ; il est un moyen d'influence de l'homme sur l'homme, d'un sur tous ; or comment remplirait-il sa mission s'il ne s'exprimait qu'en énigmes, si la clarté n'était pas l'attribut de sa parole? D'ailleurs, s'il est dans l'artiste ce qu'il est dans son essence originelle, il sera toujours clair ; quoi de plus clair que le soleil des esprits, la vérité ? Il en est l'éclat, l'éternel rayonnement ; et ce rayonnement garde sa clarté quand il ne passe point par des prismes obscurcissants et mensongers, comme le sont les idées et les expressions du mauvais artiste.

Il faut raisonner de même de la religion. La clarté lui est essentielle pour agir sur autrui, puisque ce qui n'est pas clair, n'est pas compris, et que ce qui n'est pas compris n'a pas plus d'influence sur l'esprit que ce qui n'est pas. Il est d'ailleurs évident que le but de la religion est d'agir. Elle a donc besoin que l'art, qui est son frère, veille sans cesse à ses côtés pour lui communiquer sa lumière. Ceux qui attaquent l'art sont les bourreaux de la religion ; ils la tuent dans son influence en tuant celui qui porte devant elle et pour elle le flambeau de la clarté. Retranchez de son histoire tous ces artistes, orateurs, poëtes, logiciens, peintres, musiciens, sculpteurs, architectes cérémonialistes, qui ont travaillé, chacun dans leur langue, à donner des expressions, des formes, des images claires et saisissantes à tous ses mystères, que devient-elle ? Une Agar dans l'exil livrée aux hallucinations du désert. On répondra que Dieu est sa providence, et que, s'il en est ainsi, c'est qu'il entrait dans son plan de faire travailler, en signe de dépendance, à son élévation toutes les forces humaines. Oh ! sans doute, mais c'est là précisément ce que nous prouvons ; Dieu n'a pas voulu isoler la religion de la nature, il a voulu, au contraire, les rendre nécessaires l'une à l'autre, et solidaires l'une de l'autre ; il lui a plu qu'il en soit de la sorte, et maudits les systèmes aveugles qui, tendant à éveiller la zizanie où il a mis la concorde, provoquent des divisions contraires à ses plans !

La *majesté* n'est pas l'attribut de la force matérielle, comme Satan, ce grand propriétaire des vanités terrestres, selon qu'il s'en vantait devant le Christ dans la tentation de la montagne, prétend nous le faire croire depuis si longtemps par l'usurpation perpétuelle du mot *majesté*. Rendons cette note sublime à qui la mérite, à qui la tient de Dieu, au génie. Il n'y a que le génie qui soit majestueux dans l'ordre naturel ; lui seul marche avec le calme de la grandeur, avec la noblesse, aussi simple qu'elle est imposante, de la domination. Or le génie, c'est l'art lui-même dans sa vie personnelle. Nous avons lu, dans un philosophe de la Chine, cette naïveté : Les peuples obéissent à l'empereur quand il travaille comme un serviteur fidèle à les rendre bons et heureux et l'empereur obéit aux artistes ; naïveté profonde et saisissante chez les moralistes d'une nation où règne la doctrine du droit divin politique, du mandat céleste. Le grand empereur a pour chef l'artiste ; il s'incline devant sa majesté, et la majesté impériale n'est que celle du mandataire qui obéit d'une part et sert de l'autre, majesté vraie, reflet de la première, quand elle existe dans ces conditions. Quel homme, digne d'être homme, à intelligence élevée, au grand cœur, au beau caractère, à l'âme morale, eut jamais une génuflexion pour des oripeaux, et en manqua pour les merveilles de Dieu incarnées dans l'œuvre du génie ? Or la seule majesté est celle devant qui s'agenouille avec liberté l'image du Créateur. Telle est celle de l'art, et l'art n'est pas où elle est absente, parce qu'elle est de Dieu, seul type de la grandeur, et que l'art qui n'a pas trouvé la grandeur divine et ne l'a pas reproduite dans la moindre de ses œuvres, jusque dans la pose d'un brin d'herbe, n'est qu'un transfuge du camp des ombres vêtu d'un costume et portant un nom qu'il a volé.

La religion est majestueuse comme l'art ; elle seule partage avec lui cette prérogative, héritée de l'éternel vieillard, qui force les grandes âmes à s'humilier devant elle. Disons mieux, l'un et l'autre ont besoin d'être unis pour être majestueux : si quelqu'un des sentiments que la religion inspire n'a pas de vibrations pour l'artiste, si la religion n'a pas d'oreille pour les harmonies de la beauté, point de majesté, point de grandeur réelle ; ce sont les jeux de l'enfance ou les gestes du crétinisme. Quelle majesté dans cette fille du père qui naît avec la création pour en être la prêtresse immortelle, et qui emprunte toutes les lyres pour chanter les grandeurs mystiques devant lesquelles se courbent les fronts chauves ! Quelle majesté dans cette transfiguration de l'homme, devant laquelle pose, éblouie, la tête de Moïse et tombe à genoux la vieillesse de Pierre ! la Bible et l'Évangile, c'est la majesté divine sur la terre ; c'est la religion et l'art.

L'*harmonie* a l'*unité* pour mère, et n'est pas plus l'unité que la lumière épandue dans l'espace n'est le soleil qui la donne.

L'unité est le centre de l'harmonie ; l'harmonie est la circonférence de l'unité. On peut dire aussi, en prenant, pour point de départ de sa pensée, l'irradiation elle-même et la remontant vers sa source, que l'unité est la résultante de la multiplicité harmonique. Sans l'unité pas d'harmonie ; mais sans l'harmonie l'unité est possible ; il suffit de concevoir une concentration telle dans le point central que ce point manque de développement visible à l'esprit. C'est l'infinie variété des tons, des images, des couleurs, des nuances, jointe à l'unité, qui rend possible et réalise l'épanouissement de l'harmonie. Or cet épanouissement, qui suppose la richesse et l'abondance, est la grande qualité de l'art, celle qui les résume toutes. Voyez la nature, ce tableau de l'éternel artiste, exposé sans cesse devant nous pour nous apprendre l'art, ainsi que le pensait, sans aucun doute, le moraliste du Céleste Empire lorsqu'il disait à ses élèves lui demandant pourquoi il parlait si peu : Considérez le ciel ; voyez les saisons suivre leur cours ; voyez la terre, voyez les ondes ; comment Dieu parle-t-il ?.... Ce tableau dont l'humanité n'épuisera jamais l'analyse, bien qu'il ne soit qu'un point sur la grande toile de la création totale, n'est-ce pas l'harmonie qui résume le mieux toutes ses beautés ? Comprenez cette infinité de rouages, de membres, de ressorts, de couleurs, de diversités, et élevez votre âme jusqu'à l'idée des rapports connus et inconnus de tous ces éléments ; vous aurez alors une image intellectuelle de la qualité de l'harmonie dans les imitations qu'il est donné au génie humain d'en produire. Plus les sentiments, les surprises, les personnages, les vertus et les vices, les clairs et les ombres, tout ce qui sert, en un mot, de matière à une œuvre d'art, seront multipliés, compliqués, contrastés, plus l'œuvre sera belle pourvu que l'harmonie s'illumine dans la même proportion, et que le tout soit aussi simple, dans l'aperçu général, pour le concept, que si la complication n'existait pas. Chaque artiste doit sentir sa force et n'en point dépasser les limites, sans quoi il s'égare dans les ténèbres et dans la confusion. Mais comme il s'agit de l'art, et non point d'un artiste, nous avons dû nous exprimer de la sorte. Aussi voyez-vous l'art humain se développer sans cesse en accumulant ses richesses dans un musée harmonique, imitation de la nature de plus en plus parfaite, et ne jamais atteindre l'épuisement. Quand les esprits vulgaires croient que tout a été fait, et se font de leur croyance une excuse pour leur paresse ou un palliatif de leur incapacité, ne voit-on pas, au moment où l'on y pense le moins, surgir un genre nouveau, des combinaisons neuves, des créations non soupçonnées, du fond des ateliers solitaires d'un génie donné au monde pour le relancer dans le travail et lui faire oublier son découragement ? il en est de même de la science et de l'industrie.

L'harmonie est à la religion ce qu'elle est à l'art ; et la religion se montre dans une auréole d'harmonie riche, compliquée, immense et lumineuse qui ne diffère pas de celle de l'art. La religion commence par embrasser la nature, sans négliger une seule de ses beautés ; il n'en est pas qu'elle ne prenne sous sa protection pour la spiritualiser, l'éclairer, la sanctifier, l'identifier à tous ses caractères. De son côté, l'art, dans sa course investigatrice, rencontre la religion, et frappé d'admiration devant cette abondance de points de vue sublimes qu'elle ouvre à ses regards, il s'arrête et en fait son empire. Les deux champs se confondent, et les deux enfants du Très-Haut se promènent désormais dans leurs immensités, amis et compagnons pour l'éternité. De cette alliance résulte la grande harmonie, l'harmonie complète ; la création et la rédemption unissant leurs mondes et tous les éléments de ces mondes, voilà l'ensemble universel auquel l'idée ne peut rien ajouter. La carrière est désormais infinie, et les deux ouvriers travailleront de concert à composer leur épopée dans toutes les langues de la nature et de la grâce. La religion cueillera d'une main ses fleurs et bénira de l'autre celles de l'art ; l'art cueillera les siennes, et, recevant celles de la religion, les assortira toutes selon l'idéal de son éternel rêve ; l'un et l'autre enfin tressailliront de la même joie en voyant qu'à deux ils ont trouvé la divine harmonie.

Telles les destinées de la religion et de l'art ; et ces destinées sont établies sur l'essence même des choses, car la qualité de l'harmonie qu'on ne peut nier être aussi nécessaire à l'une qu'à l'autre, ne saurait perfectionner sa réalisation que par l'alliance des deux sortes de merveilles dont Dieu gratifie le monde par les semailles du père et la culture du fils. Il est essentiel qu'une beauté manquant, elle soit désirée et aspirée par l'idéal de la plénitude harmonique.

IV. Le caractère extrinsèque sous lequel l'art se présente d'abord à notre esprit, c'est l'*universalité*. Il est universel parmi nous et quant aux objets de son étude et quant à l'étendue de son empire. Est-il un être qui ne le passionne, un lieu qui ne frémisse sous son sceptre ? Son berceau est celui de l'humanité elle-même. Adam est artiste en commençant de vivre ; il se jour avec la langue pour composer à chaque animal le mot qui peindra son espèce ; il est poëte à son premier réveil, pour chanter sa compagne : *Voilà l'os de mes os, la chair de ma chair*. (*Gen.* II, 23.) La plus antique des paroles humaines que l'histoire ait retenue est un hymne d'amour. Partout où ont vécu des hommes, le voyageur retrouve des vestiges de l'art ; la terre en est couverte, et chaque relique, après avoir dormi pendant des siècles, semblable aux graines impérissables, devient, un jour ou l'autre, une semence féconde. La peuplade la plus dégradée, la plus sauvage, laisse comme entrevoir un sentiment artiste qui fait son petit bonheur dans sa misère, et, quand la civilisation prend sa marche rapide, n'est-ce pas l'art qui la mène à ses destinées ? Il est donc universel, et appelé à s'universaliser de plus en plus. Il l'est également par rapport aux objets de son étude : est-il une chose qui échappe aux enchantements de sa magie, une chose qu'il ne célèbre, ne fascine, n'éclaire, ne peigne, ne trouve moyen de loger dans ses harmonies ? de la matière à l'esprit, de la terre au ciel, du petit être au grand, du bien au mal, des chefs-d'œuvre de la nature à ce qu'on appelle ses écarts, tout a sa place réservée dans ses galeries fantastiques ; il n'est rien qui ne plaise après qu'il l'a classé, entouré, embelli, ou transformé en élément de contraste. Citons le juge austère des artistes :

Il n'est point de serpent ni de monstre odieux
Qui, par l'art imité, ne puisse plaire aux yeux.

mais si l'art est universel, la religion

l'est aussi. Elle se montre avec lui au berceau de tous les peuples, se développe en sa compagnie, partage son règne sur les siècles de lumière. La religion catholique est ainsi nommée parce qu'elle est l'épuration de la religion même, embrassant tout le vrai des autres religions, n'en rejetant que les parties négatives ; et c'est ainsi qu'elle est semblable à l'art, comprenant dans son embrassement tous les lieux, tous les temps, tous les peuples, toutes les vérités. De même que l'âge le moins élevé dans l'échelle de l'art appartient néanmoins à l'art, parce qu'il lui emprunte et lui fournit quelque chose, de même la religion catholique embrasse tous les âges, parce qu'il n'en est aucun qui ne se rattache à elle par quelqu'un de ses mystères auquel il rend hommage. Nous avons dit que l'art n'oublie même pas les monstruosités ; la religion a besoin, comme lui, pour les mettre en contraste avec la vérité, les réfuter, les stigmatiser, les maudire, et faire briller d'autant mieux, à côté d'elles, la beauté de ses préceptes. Il n'est pas non plus un objet qu'elle ne saisisse pour le spiritualiser, le sanctifier, le réglementer, le moraliser ; elle s'étend à l'universel et au particulier ; rien n'échappe au souffle vivifiant de la religion et de l'art ; leur progrès, à l'un et à l'autre, consistera à grouper sans fin autour de leur giron, personnes et choses ; leurs aspirations sont envahissantes ; ils ne seront satisfaits que le jour où ils pourront dire au passé ce que le Christ disait au futur : J'ai tout absorbé ; je possède l'univers.

L'immortalité n'est que l'universalité dans la durée : nous ne disons pas l'éternité, parce qu'il s'agit de l'art et de la religion dans l'homme, et qu'ainsi compris, l'un et l'autre commencent avec l'homme ; car ils sont en Dieu de toute éternité ; l'art y éclaire sans cesse, par la personne du Fils, la beauté des trois, et la religion, par celle de l'esprit, les unit éternellement d'un amour ineffable ; dans la créature ils commencent, mais ils commencent pour ne jamais finir ; ils sont tous les deux immortels, et sur la terre et dans la vie des âmes. Sur la terre le développement de l'homme ne saurait s'en passer ; ils sont ses inspirateurs et ses guides ; et, si Dieu est sage, conséquent dans son œuvre, ils présideront de concert à ce développement jusqu'à son accomplissement final, grandissant eux-mêmes, en force, en étendue, en influence, afin de rester toujours au niveau de leur mission ; car l'imagination humaine, il faut y compter, se dévergondera d'autant plus que la religion et l'art auront élargi sa sphère, prolongé ses horizons, dénoué ses entraves, réalisé sa liberté future ; et son affranchissement même amènerait sa ruine, si l'art et la religion, augmentant leur intensité et élargissant leur action, ne devenaient ses modérateurs après avoir été et en continuant d'être les héros de sa délivrance. Il est donc vrai qu'ils sont essentiels, à double titre, à l'avenir de l'humanité, et que l'éternelle sagesse les a nantis, en les enfantant parmi nous, d'une commune assurance d'immortalité. Dans la patrie céleste les choses ne seront pas changées au point que semblent le supposer certains esprits imbus de l'idée et du désir d'une sorte d'immobilité quiétiste. La religion continuera son développement, et l'art avec elle multipliera ses enfantements. Nous ne pouvons nous former, dans l'état présent, une image précise de ces merveilles ; Dieu seul aurait pu nous en révéler le tableau ; il nous a dit seulement qu'il fallait compter sur d'ineffables biens dont le présent n'indique pas l'espèce. Aussi devons-nous imposer silence à notre curiosité en la noyant dans une vague et ferme espérance. Cependant il nous est permis de dire en gros que les énergies reçues du Créateur, comme éléments de notre être, acquerront tout ensemble une puissance énorme et un vaste champ d'exercice que nous ne pouvons pas même soupçonner ; or comme ces énergies impliquent la religion et l'art dans leurs relations avec le bien et le beau, ainsi que la science dans leurs relations avec le vrai, la religion, l'art et la science perpétueront leur règne. C'est là que la poésie, l'éloquence, le pinceau, l'archet, le cothurne, le génie des chœurs inventeront et réaliseront des mondes à la gloire du Créateur et pour l'enchantement des créatures !

Le caractère qu'on s'attache le plus à faire ressortir comme appartenant à la religion chrétienne, est celui de sa *divinité*. On a raison, car ce qui nous est donné, d'autorité divine, ne peut être rejeté, ni attaqué, ni moqué, ni accusé, sans folie ; l'origine seule bien *prouvée* suffirait même pour couper court, par un arrêt de non-lieu, à toute enquête. Nous ne devons pas entrer dans la question historique de l'origine surnaturelle de la religion ; rappelons seulement le Christ, et disons, en général, que la religion est divine parce qu'elle s'offre visiblement à nous sous une série accablante de phénomènes humains qui ne peut avoir qu'une intention spéciale de Dieu pour cause. La religion existe de fait dans l'humanité, c'est une grande partie de sa vie et de son être ; donc elle est de Dieu ; chercher à l'expliquer sans lui donner Dieu pour origine, est, d'ailleurs, parfaitement inutile, car quelle que soit la puissance qui l'aurait créée, Dieu en serait l'agent responsable au même degré, puisqu'il aurait communiqué à cette puissance la vertu d'une telle création et l'aurait autorisée à user de cette vertu.

Mais ce raisonnement général est applicable à l'art ; il prouve également sa divinité. Nous ne parlons pas des abus, ils ne viennent jamais que de la perversité ou de l'ignorance de l'individu ; et si nous en parlions, la religion tomberait dans la même critique. Nous ne devons considérer que la chose en elle-même, en tant qu'instinct, puissance, énergie et épanouissement naturel. Or, dans l'art, comme dans la religion, tout cela est de Dieu, pour les mêmes raisons. Qui osera, soit au nom de la religion, soit à tout autre titre, attaquer l'œuvre du Très-Haut? On rencontre quelquefois sur sa route des contradictions singulières; Comment comprendre que celui qui protège la religion parce qu'elle est divine, croie utile d'attaquer l'art pour la protéger ; et que celui qui protège l'art parce qu'il est divin, croie utile d'attaquer la religion pour le protéger? Voilà ce qui n'est pas rare ; et voilà pourquoi il y a peu d'hommes religieux qui soient artistes, et peu d'artistes qui soient religieux ; mais comme l'union des deux qualités est indispensable pour que chacune d'elles atteigne son maximum, la même raison fait qu'il y a aussi peu de grands artistes que de grands saints.

Nous arrivons, par cette remarque, à la *sainteté*, quatrième caractère de l'art et de la religion. L'un et l'autre sont saints dans leur origine, comme nous venons de le dire, parce qu'ils sont divins ; mais ils le sont aussi dans leur esprit et leur influence. Il y a en eux un amour, car rien sans amour ; or cet amour est celui du beau qui est saint, du bien qui est saint, du vrai qui est saint ; il y a en eux un ardent désir, car rien de grand sans désir ; or ce désir consiste à vouloir et à entreprendre la sanctification des hommes, leur moralisation, et, par leur moralisation, leur double salut de la terre et du ciel. Nous n'ignorons pas que l'art, considéré dans ses manifestations ou plutôt ce qui passe pour tel, n'est pas toujours saint, ni en soi ni dans son action ; mais la religion donne lieu aux mêmes regrets : que d'impiétés, de blasphèmes, de négations du vrai, de superstitions, de sacrilèges, de profanations de la nature, de dégradations infâmes, de cruautés, d'atrophies humaines, se font en son nom ! l'histoire en porte un deuil qu'elle ne cessera jamais, tant la blessure qu'elle en a reçue au cœur est sanglante et profonde ! Cela empêche-t-il la religion d'être sainte dans sa vérité ? et faut-il pour cela nous priver de ses bienfaits, la chasser de notre foyer ? Le mal retourne à qui l'a conçu, consenti et fait ; tout est en soi ce qu'il doit être ; la religion doit être sainte, elle est sainte pour l'éternité ; le plus grand des attentats contre Dieu consiste à conspirer sa ruine, et le plus grand des héroïsmes consiste à entreprendre sa purification par l'élimination des écrits pernicieux dont Satan veut toujours la rendre solidaire. Disons de même de l'art: les saturnales et les orgies qu'on peut lui reprocher ne sont pas celles qu'il peint pour les mettre en contraste avec la vertu et les faire servir à la glorification de celle-ci, mais celles-là seulement qui n'ont pour but que l'apothéose du vice ; or ce ne sont point ses œuvres naturelles, ce sont des déviations qu'il réprouve et auxquelles il n'accorda jamais son vrai feu sacré. Il est saint comme la religion, parce qu'il doit l'être, et que ce qui n'est pas selon l'exigence de sa nature cesse toujours d'être soi. Honneur aux grands artistes, aussi bien qu'aux grands athlètes de la vérité religieuse, parce que les uns et les autres ne sont grands qu'en ce qu'ils démontrent sans cesse à nos foules, par l'argument pratique, que la religion et l'art sont vraiment saints et sanctificateurs !

Mais il ne faudrait pas que l'esprit fût assez étroit pour ne comprendre la sainteté que dans l'exhibition du beau surnaturel, il la faut voir aussi dans le tableau des vertus de la nature. Un Spartacus donnant au tiers de l'empire abruti le noble exemple du rappel de la vie, du sentiment de la dignité humaine et de l'entrée en action dans la carrière laborieuse des destinées sociales, est une sublimité sainte, objet des apothéoses de l'art et de la religion, comme celle de la vierge martyre qui arrache le monde aux serres de César, uniquement inspirée par l'amour du divin crucifié.

On peut classer les tempéraments : les uns sont lymphatiques, d'autres bilieux, d'autres nerveux, etc. On peut de même classer les âmes : les unes sont philosophes, d'autres artistes, d'autres religieuses, etc. ; ce sont les tendances dominantes qu'on détermine dans ces classifications, car il y a toujours mélange, à des degrés divers, de toutes les propensions. Or, là où domine la tendance artistique, et là où domine la tendance religieuse, domine en même temps le *mysticisme*, de sorte que la religion et l'art viennent s'unir et même se fondre dans ce nouveau milieu.

Que la religion soit mystique, c'est ce qui n'a pas besoin d'être développé. Le rêve divin, la douce mélancolie, la contemplation prolongée, la vie ardente et la manducation affamée au banquet de l'invisible pendant le sommeil des sens : voilà ses passions, ses occupations, ses voluptés pures. Toute âme à tendance religieuse nous comprendra amplement, et personne ne nous contredira ; mais nous accordera-t-on aussi facilement la mysticité de l'art comme tempérament spécial? On le doit, car l'évidence nous en paraît la même. Il y a deux sortes d'artistes : ceux qui composent les mets et ceux qui les dévorent ; les premiers ne peuvent être ce qu'ils sont sans être ce que les autres sont, car ils n'apprêtent pas le festin sans en prendre leur part, et ils ne le peuvent apprêter sans avoir largement savouré à des festins déjà composés. Les seconds ne peuvent être que ce qu'exprime leur définition ; ils n'ont souvent que le goût délicat par lequel on saisit les saveurs, et ils ne sont alors qu'admirateurs, contemplateurs, auditeurs, juges. Cela posé, nous disons que les uns et les autres sont nécessairement mystiques, et que s'ils ne l'étaient pas, ils ne pourraient ni préparer les mets ni en sentir le goût. Il ne s'agit pas de substances matérielles ; ce qui se voit, se palpe, frappe l'oreille au sens physique, n'est pas l'aliment dont nous parlons, et cependant il lui sert de vase, d'habit, de support visible ; s'il n'y avait que ce support, comment concevoir que l'âme s'en nourrît et s'en désaltérât avec tant de volupté ! Non, le mets composé par l'artiste est quelque chose qui se moissonne dans le monde de la rêverie, c'est un fruit qui se cueille à l'arbre invisible du mystère. Le poëte a médité dans la solitude, il s'est joué avec des muses insaisissables à l'œil de chair; le musicien a entendu des harpes de l'autre monde; le peintre a vu des tableaux fantastiques comme ceux du mirage; l'acteur s'est exercé sur des scènes idéales; l'orateur a palpité d'émotions célestes; l'écrivain s'est entretenu avec des génies socratiques; tout grand artiste a trouvé son art dans de mystiques labeurs aux ateliers des morts et aux illuminations de l'avenir. La recherche profonde de l'inconnu est sa mère. Pourquoi donc, s'il en était autrement, les artistes mêmes qui excitent le gai rire, tel que Molière, seraient-ils si graves, si penseurs, si contemplatifs dans le travail producteur? Ce qui réjouira jusqu'à la fin du monde les générations jaillit un jour de la rêverie, éclairée de mysticisme, qui rend les fronts pâles. Et ceux qui ne font que déguster les œuvres d'art dont la surface matérielle frappe leurs sens, comprendraient-ils la pensée, le sentiment, la double vue de l'artiste, s'ils n'étaient en correspondance sympathique avec lui, s'ils n'avaient une corde répondant aux vibrations de la sienne? Ils ont le rêve mystérieux, le désir vague, la contemplation confuse d'un monde idéal; ils sont plus mystiques encore, en ce que leur génie, n'ayant pu concréter l'objet de son amour, s'est déroulé convulsivement dans son inquiétude, ou bien a mis ses complaisances dans le vague même de son aspiration; et quand l'objet se montre tout formé par le génie, c'est une reconnaissance qui béatifie, exalte, ravit aux voluptés de l'embrassement mystique; il se fait une communion spirituelle entre l'âme et l'objet de son rêve tout à coup incarné par un créateur dans un corps; et de là cette tension extatique qui est le *summum* du mysticisme dans l'admirateur, et qui correspond aux jouissances de l'ordre surnaturel que la manducation eucharistique procure aux âmes chrétiennes.

Nous retrouvons donc la religion et l'art unis dans un mysticisme commun, qui fait que la religion est artiste et que l'art est religieux, sans cependant qu'ils soient une seule et même chose.

Le *spiritualisme* ne diffère pas du mysticisme dans un certain sens; mais nous prenons ce mot pour exprimer l'idée philosophique de la qualité contraire au sensualisme.

Depuis que la philosophie s'est élevée, dans l'humanité, à la dignité de science, c'est-à-dire depuis que l'homme a eu l'idée formelle de se dire à lui-même : je pense, et a fait de sa pensée même un objet d'études ; depuis ce moment, le plus digne d'être à jamais chanté par toutes les lyres, il existe deux courants philosophiques, ou, si l'on aime mieux, deux écoles, dont les caractères distinctifs ont pris les noms de spiritualisme et de sensualisme ou matérialisme. La première établit ses échafaudages sur l'idée intelligible d'où elle tire la certitude de l'âme immatérielle et d'une intelligence infinie ; la seconde les établit sur la sensation, d'où elle prétend tirer, tout d'abord, la certitude du corps et du monde des sens. La première a pour foyers principaux de développement l'auteur *des Védas*, Laotseu, Zoroastre, Pythagore, Socrate, Platon, Zénon, Plotin, Augustin, Descartes, Leibnitz, Malebranche, Berkeley, Bossuet, Fénelon. La seconde réclame pour principaux représentants quelques Chinois, Indiens et Parsis, antagonistes de ceux que nous avons nommés, et, dans notre histoire européenne, tous les philosophes qui ont suivi plus ou moins les voies ouvertes par Démocrite, Épicure, Aristote, et qui comprennent, dans les temps modernes, les vrais matérialistes du XVIII° siècle, et les sensualistes, théistes et spiritualistes, tels que Bacon, Newton, Clarke, Loke, Condillac, de Bonald, etc.

Or nous avons fait, dans nos observations artistiques, une remarque constante qui est, à notre avis, d'une importance majeure : c'est que tous les chefs-d'œuvre en matière d'art se rattachent tellement à la ligne du philosophisme spiritualiste, qu'on les dirait inspirés, vivifiés, animés par la pensée qui sert de base à ce philosophisme, et que toutes les productions sublimes de la philosophie spiritualiste sont, en même temps, des œuvres d'art, pendant que les ouvrages de l'école opposée ne sont artistiques qu'autant qu'ils sont empreints d'un spiritualisme, soit spontané et comme échappé aux distractions de l'auteur, soit voulu par lui dans des tentations très-légitimes de syncrétisme entre les deux écoles. C'est ainsi que les grandes poésies hindoues, celles du *Zend Avesta*, celles d'Homère, d'Eschyle, d'Euripide, de Sophocle, de Pindare, jusqu'aux comédies de Térence, les discours de Cicéron, le poëme de Virgile, ceux du Dante, de Milton, de Fénelon, du Tasse, du Camoëns, les productions des Raphaël et des Michel-Ange, toutes celles des grands artistes modernes dans tous les genres, les œuvres des Corneille, Racine, Shakespeare, Lope de Vega, Alfieri, Victor Hugo, Lamartine, Châteaubriand, etc., etc., ne sont que des floraisons luxuriantes de la philosophie spiritualiste, qu'on peut aussi nommer le platonisme. C'est ainsi encore que les œuvres, plus ou moins sensualistes, par l'esprit qui semble y présider, des Sapho, Anacréon, Aristophane, Phidias, Praxitèle, Térence, Lucrèce, Horace, Ovide, Lafontaine, Voltaire, et de tant d'autres, ne sont vraiment belles devant l'art que par le sentiment et la couleur spiritualistes qu'elles conservent au su ou à l'insu de leur auteur. C'est ainsi enfin que les *Dialogues* de Platon, ceux de Cicéron, les *Confessions* d'Augustin et tous ses ouvrages philosophiques, les traités de Leibnitz, Fénelon, Bossuet, Malebranche et des autres, sont de vrais modèles pour l'artiste.

Oui, l'idée de l'âme et l'idée de Dieu,

voilà les sources de la grande poésie, l'art en a besoin pour composer son idéal ; et, pour le peindre, il ne peut se passer de leur éclairage. L'art est spiritualiste par sa nature, et le matérialiste par système ne sera jamais artiste qu'en se laissant tromper, dans les ardeurs de son enfantement, par la magie de ses croyances intimes au monde des esprits.

Et la religion, vit-elle d'un autre aliment que de la pensée de l'âme, de la pensée de Dieu et de l'espérance de la vie à venir? Toutes les religions furent établies sur ces bases, et le christianisme en a tiré toutes ses magnificences. C'est lui qui s'est élevé au maximum du spiritualisme ; il a enveloppé celui de Platon dans son feuillage, et il s'est fait ainsi l'ami intime, à jamais inséparable, de toutes les filles de l'art.

Le dernier caractère sur lequel nous voulons fixer la pensée du lecteur est celui de l'*inspiration*. L'art est inspiré; d'où lui vient cette propriété mystérieuse ? nous le savons nous autres ; elle ne peut lui venir que du grand inspirateur universel; de celui que l'Ecriture appelle l'esprit d'intelligence, l'esprit de force, l'esprit de sagesse, l'esprit de bonté, l'esprit de vérité, l'esprit de vie. Mais, quoi qu'on en pense, on avouera le mystère de la spontanéité dans les productions diverses de la puissance artiste. Ici chacun sent à sa manière; chacun s'illumine et s'échauffe de feux particuliers, tellement que le même objet peut donner lieu à des exhibitions artistiques en nombre infini, parfaitement distinctes et différentes. Deux poëtes chantent le même héros par des chants dissemblables ; deux peintres font de la même scène deux tableaux qui n'ont aucun rapport, et qui sont également véridiques; deux acteurs jouent le même rôle avec la même perfection sans se ressembler. Tout est personnel dans l'art, quand l'art est sublime ; comment expliquer ces mystères sans y introduire le mystère de l'inspiration intérieure? ce mystère est d'ailleurs un fait que l'artiste compositeur et l'artiste juge, ont tous deux senti. Il y a au fond de l'être une force inexplicable, une sorte de vertu électrique qui agit par éclairs et modifie l'idéal selon des combinaisons infinies qui souvent ne se ressemblent pas dans le même individu à heures différentes. On appelle cette force, elle est sourde, on n'y pense pas, elle accourt; elle est capricieuse; elle n'est pas esclave; si elle l'était de nos désirs, elle n'apposerait pas sur les productions son cachet propre, qui est l'impression même du cri de la spontanéité, de l'indépendance, de l'inspiration que rien ne maîtrise ; et là où ce sceau manque, l'art ne donne pas signe de vie.

La religion est inspirée de la même manière; il ne s'agit pas ici de cette inspiration des écrivains religieux que Dieu choisit pour ses propagateurs en ce monde; elle s'appelle révélation dans leur écriture, après avoir été l'inspiration proprement dite dans leur génie qui, sous son influence, ne manqua jamais d'être artiste. Nous ne voulons parler que de l'inspiration ordinaire des âmes religieuses dans leurs actions, leurs discours, leurs pensées, leurs paroles; cette inspiration, toute commune qu'elle est, suffit, comme la grande, pour transformer en artiste, dans l'ordre où elle agit, celui qui l'éprouve ; et elle est, comme celle de l'art lui-même, individuelle, indépendante, de nature insensible à toute autorité extérieure, à toute injonction, à tout appel; elle vient vous donner quelquefois la première condition qui vous manquait, la foi, au moment où vous y pensez le moins ; et, celle-là obtenue, elle vous illumine dans tous les sens, vous attire, vous éloigne, vous exalte, vous terrasse, vous donne la tristesse ou la joie, se joue dans votre sensibilité comme la lumière au sein du diamant. Il faudrait avoir une nature singulière pour être tout à la fois religieux et ne jamais sentir ces mystérieux effets de l'inspiration individuelle.

Disons-le donc encore une fois : la religion et l'art sont proches parents et bien intimes amis, puisque, jusqu'à cette inspiration capricieuse, tout ce qui est le propre de l'un se trouve appartenir à l'autre.

V. L'art naît de la *foi* et engendre la foi. Cette proposition n'a rien d'exagéré. Celui qui doute ne saurait être artiste sur le point dont il doute ; s'il veut l'être, ses efforts n'aboutiront qu'à de froides combinaisons de formes qui seront exécutées avec l'habileté de son talent, mais que n'atteindra aucune flamme jaillissant de son cœur. Comment peindre avec l'énergie, le ton chaud, le sentiment, la passion et la vie qui conviennent ce que l'âme ne croit point? la parole, la plume, le rhythme, le pinceau, le ciseau, le geste, la ligne, l'archet obéiront aux ordres de la volonté; mais, n'étant pas mus par la conviction morale, et n'étant pas trempés par l'extrémité qui tient à l'âme dans l'incandescence de la foi, ils ne peuvent distiller le mystérieux fluide dont la goutte brûlante est la magie de l'art. Par la même raison, l'œuvre sera morte pour autrui; elle ne communiquera pas la foi dont elle sera vide; et l'effet contraire se produira si c'est la foi qui en a inspiré la génération. L'être humain donne ce qu'il a ; il parle, a dit le Christ (*Matth.* XII, 34), de l'abondance de son cœur ; et ce qui est vrai de lui est vrai de son œuvre, qui n'est autre que la prolongation de lui-même. Le fruit du travail artistique, s'il s'est formé dans les émotions de la conviction forte, les transmettra à ses admirateurs. Voyez les basiliques de nos pères; écoutez leurs chants graves; lisez leurs grands poëmes : ne sont-ce pas des mondes harmoniques où leur foi s'éternise, et où les générations présentes peuvent rallumer la leur aux jours qu'elle s'éteint?

L'*espérance* étant fille de la foi, et ne la quittant jamais, disons mieux, n'étant que la foi elle-même fixant avec délices ses regards sur l'avenir, en parlant de l'une on a parlé de l'autre.

Il serait superflu de nous arrêter à démontrer que la religion, comme l'art et de compagnie avec l'art, a, en même temps, la foi et l'espérance pour principes et pour floraisons. Lisez le tableau que l'énergique saint Paul en a fait : c'est à la foi qu'il attribue la série des grands prodiges dans l'ordre religieux.

O vertus primordiales, foi sublime, douce espérance, régnez parmi nous; développez devant le monde ébloui vos splendeurs religieuses et artistiques! Nous vous devrons tant de merveilles qu'un jour, enfin, nous nous réunirons en congrès universel pour vous proclamer les inspiratrices célestes de la religion qui sauve et de l'art qui béatifie!

L'*enthousiasme* est le mobile immédiat, et des grandes actions dans l'ordre de la vertu, et des grandes œuvres dans l'ordre artistique. C'est un embrasement spirituel, dans lequel se décomposent, en quelque sorte, les éléments moraux, pour se recombiner en produits nouveaux et imprévus. C'est la sainte colère se surprenant elle-même en flagrante création de choses supérieures à sa force, et s'étonnant des échappées de vue qu'elle ouvre devant elle au moment même qu'il lui semble avoir perdu son *sui juris* et qu'elle se dirait folle, si elle n'était absorbée dans son étonnement. Mêmes phénomènes, sous ce rapport, dans l'âme des saints et dans celle des artistes. L'œuvre de ceux-ci est une action héroïque conçue et enfantée dans un embrassement enthousiaste de la beauté infinie; l'action de ceux-là est une œuvre sublime conçue et enfantée dans un embrassement enthousiaste du bien infini. Les paroles et les actes de Jésus-Christ sont vivifiés d'enthousiasme et communiquent l'enthousiasme aux foules du peuple qui, ne s'étant pas exercées, comme le pharisien, à s'enfermer dans un sot orgueil, reçoivent naturellement les flots qui débordent de ce grand type incarné du bien et du beau. Jésus est, dans sa conduite et dans ses discours, artiste pour être Sauveur, et enthousiaste pour être l'un et l'autre. L'art chrétien et la religion chrétienne rempliront leur destinée en s'exaltant de son admiration et de son amour. C'est ainsi qu'ils palpiteront la vie et la communiqueront; la vie est la grande condition de la religion et de l'art; et c'est l'enthousiasme qui la donne; il l'allume en foyers dévorants sur les chevalets où César croit organiser la mort, puisque c'est de là qu'elle part et devient l'incendie qui embrasera le monde; il l'allume de même sur le chevalet où l'artiste sue la quintessence de sa force, et ne trouve l'épuisement que pour nous combler de sa substance; semblable au martyr, il transfuse en nous le sang de ses artères. Mais ces mystères ne se font que dans la combustion de l'enthousiasme.

Nous venons d'indiquer l'*abnégation de l'individualité*, mère du sacrifice. Il ne s'agit pas de cet oubli de soi qui réduit à l'annihilation, et rend stérile : quiconque s'endort dans l'humilité de la simple copie manque de la faculté productive des vertus religieuses et des œuvres d'art, soit parce qu'en effet il est né stérile, soit parce qu'il a pris le parti du paresseux que la peine épouvante. Il n'est pas difficile de ne rien produire; mais celui dont le caractère pusillanime recule devant le travail par lequel on distingue sa personnalité, fût-il doué des forces les plus rares, est plus infécond dans tous les ordres que l'eunuque de naissance. Il faut garder sa personnalité : c'est la condition de l'énergie productive; c'est par elle qu'on remplit sa mission. Mais on peut étendre cette relation à soi jusqu'au but du travail; et alors ce qui était qualité devient poison qui paralyse; la religion se change en vice, et ne produit plus que des vices; l'art se fait monstre et n'enfante plus que des monstres. Il n'est rien qui écrase la grandeur humaine autant que l'égoïsme; ce sentiment, quand il règne, se glisse dans tout ce qui sort de l'être, et y joue le rôle de neutralisateur universel.

L'artiste que ce sentiment domine est un glacier au début de sa journée; le dévot, qui a prêté l'oreille à cet ange maudit, est une branche morte au cœur, dont l'écorce verte trahira quiconque la prendra pour appui. Comment s'égarer dans le rêve du beau ou dans celui du bien, quand on est enchaîné dans la sphère étroite de son individu? Pour trouver le ressort divin du sublime, aussi bien dans l'art que dans la vertu, il est nécessaire de se livrer à tous les élans de l'amour de Dieu et des hommes, de l'admiration de la nature, et même aux extravagances de l'utopie; c'est dans ces régions qu'est l'école de la religion vraie et de l'art sublime; c'est par l'extension de l'amour aux généralités, et par l'oubli de son intérêt propre, qu'on s'élève, avec les grands hommes et avec les saints, jusqu'aux lieux invisibles où la religion et l'art versent leurs parfums et brûlent leur encens. Voilà pourquoi l'on dit, parmi les égoïstes, avec une ironie flatteuse pour ceux qui en sont l'objet, que les poètes, les littérateurs, les artistes sont dans les nuages; ils y sont avec les Chrétiens vrais, les sincères et hardis philanthropes, et c'est là qu'ils travaillent pour le monde qui les méprise, et qui les déclare, par ces mépris mêmes, dignes de Dieu et de l'humanité; ils n'y étaient pas, où seraient-ils? dans vos fêtes, vos orgies, vos froids calculs, vos conspirations égoïstes; et travailleraient avec vous à maintenir le monde dans sa nuit misérable; ils le savent bien, et ils savent, en même temps, que, pareils à la Marie contemplative, ils ont choisi, et pour le monde et pour eux-mêmes, la meilleure part.

Mais, n'oublions pas nos conclusions : le Chrétien et l'artiste, quand ils sont grands, font toujours partie de la phalange avancée qui, oubliant ses intérêts du jour, avec ceux des heureux de la terre, n'a d'aspirations que pour un avenir dont elle n'aura joui qu'en espérance; et voilà précisément ce qui les fait grands; l'abnégation évangélique les a emportés sur ses ailes dans la sphère du beau, où sont révélés les mystères; et à leur tour, ils nous prêchent, de concert, cette abnégation par leurs œuvres : ils finiront, n'en ayez aucun doute, par sauver l'univers.

Oui, car l'amour et ses dévouements répondront à leur appel, leur donneront des semblables, leur fourniront des modèles nouveaux d'imitation; et il en résultera une telle accumulation d'excitants pour la religion et pour l'art, que tous deux finiront par avoir tout conquis. Chaque vertu particulière aura ses patrons déifiés, ses poëmes, ses musées, ses dômes, ses symphonies, ses temples allégoriques, son apothéose dans tous les langages. Chaque vice aura ses flétrissures dans les mêmes langues, flétrissures énergiques qui seront désormais ses uniques gémonies; la société retirera ses mauvaises lois, ses usages corrupteurs, ses organisations sataniques, ses tyrannies odieuses, devant l'idéal de la religion et de l'art, devenu clair, concevable, lumineux, absorbant; les esprits rebelles seront paralysés dans leur mouvement par l'évidence écrasante du modèle exhibé à tous les regards; et ils subiront, dans une rage concentrée, le règne du bien et du beau, réalisé dans les proportions toujours imparfaites et mélangées de douleurs, que comporte une vie qui n'est qu'un passage.

VI. Les faits matériels qu'enregistre l'histoire ont plus d'influence pour convaincre les médiocres intelligences, toujours soupçonneuses, que n'en ont les raisonnements solides sur la nature intrinsèque des êtres. Nous n'aurons pas de peine à établir, par cette voie, la thèse, que nous avons posée, de l'inséparabilité de la religion et de l'art.

Pour résumer le plus brièvement possible ce qui pourrait être la matière d'un immense traité, nous divisons l'histoire de l'art en trois grandes périodes : la période orientale ou primitive; la période grecque, et gréco-romaine, qu'on peut appeler aussi période européenne ou de transition; et enfin la période chrétienne ou universelle.

1° La période orientale commence à l'éden chanté par tous les poëtes, mais dont l'histoire ne nous parle qu'en termes aussi concis que mystérieux. Ensuite elle se cache dans d'épaisses ténèbres; d'où elle sort en plusieurs courants tout formés, faisant soupçonner une source commune, mais très-divers entre eux durant la série de leur développement connu. Les principaux de ces courants sont : le courant hébraïque, qui finit avec les derniers des prophètes, pour se renouer ensuite à la période gréco-romaine devenue absorbante.

Le courant persique dont le Zend-Avesta de Zoroastre est le plus antique monument, et auquel on peut rattacher les civilisations assyrienne et babylonienne.

Le courant égyptien dont il ne reste guère de traces que les monuments cachés sous les sables.

Le courant brahminique dont le boud-dhisme est devenu le rameau vigoureux, prenant pour lui toute la séve. Ses monuments sont les Védas, les lois de Manou, les livres bouddhistes et les grands poëmes de Valmiki et autres.

Le courant mongolique dont les écoles de Confucius et de Lao-Tseu ont immortalisé les souvenirs.

Homère ferme la période orientale, pour ouvrir, dans la Grèce asiatique, la période grecque.

2° Cette phase de transition, qui est grecque, d'abord, pour devenir ensuite gréco-romaine, se développe depuis Homère jusqu'à l'invasion du christianisme.

Elle s'assimile plus ou moins quelques courants de l'Orient, tel que l'hébraïque, l'assyrien et l'égyptien dans leurs modernes manifestations.

Elle voit de plus se développer quelque temps, à côté d'elle, les rameaux scandinave et teutonique, fils de l'Orient par le Nord, pour les perturber bientôt au moment où le christianisme va s'en emparer.

3° L'Evangile est le point de départ et le souffle inspirateur de la période chrétienne appelée à devenir universelle.

Cette période a son âge primitif, son moyen âge avec des agitations violentes qui donnent naissance à des courants extra-naturels et mélangés, tel que le musulman, et enfin son âge mûr qui commence.

Or, nous disons que, dans toutes ces phases et dans tous les courants particuliers qui s'en échappent, l'art se développe avec la religion, la religion avec l'art, et qu'ils sont liés d'une si étroite amitié que l'un ne peut vivre sans l'autre. Il est vrai qu'en étudiant leurs rapports et les approfondissant, on découvre la philosophie jouant le rôle de médiateur, toutes les fois qu'il y a développement solide, et que ce développement est d'autant moins heureux qu'elle exerce moins d'influence sur ses deux amis; mais cela n'empêche pas que ceux-ci ne marchent de pair, s'appuyant mutuellement et partageant toutes leurs aventures.

La première partie de l'époque orientale, comprenant les temps antédiluviens et ceux qui suivent immédiatement le grand cataclysme, n'a d'autre histoire sérieuse que celle de Moïse; et cette histoire se réduit aux premières pages de la Genèse. Cependant, malgré la concision du tableau et l'absence de détails, l'historien n'a pu consacrer quelques mots à la religion sans en consacrer quelques-uns à ce qui regarde l'art. A peine le Créateur a-t-il fini son rôle, qu'il se retire devant la majesté d'Adam, et lui laisse le soin d'inventer et de combiner 'es mots qui nommeront les animaux créés pour orner son empire. C'est la langue humaine qui s'essaye, pour la première fois, dans les harmonies, et qui réussit à se faire peintre, car il est dit que les noms donnés par Adam furent les noms qui convenaient aux espèces. Nous avons déjà fait observer que le premier discours sorti des lèvres du père des humains est un chant d'amour et d'exaltation à la vue de sa compagne naissante aussi belle que pure. Plus tard l'historien nous montre Tubal inventant la lyre; et plus tard encore, il nous représente des hommes assemblés pour une construction cyclopéenne que Dieu aurait bénie sans doute, s'ils n'avaient été mus par un motif d'orgueil, de domination et de puissance; mais il voulut lui-même les confondre dans la construction de leur premier instrument de tyrannie, première profanation de l'architecture. Cette fille de l'art et ses sœurs, la poésie et la musique, sont contemporaines de notre berceau avec la religion, dont on connaît les premières manifestations génésiaques; déjà la prophétie s'exprime dans la langue figurée des poëtes, et la prière élève des autels qu'entourent les cérémonies du sacrifice.

Viennent les temps de la phase hébraïque contemporaine des livres qui sont parvenus jusqu'à nous.

Moïse est à la fois législateur religieux et artiste sublime ; il se fait alternativement l'un pour être l'autre ; ces deux qualités sont mélangées en lui de manière à former l'unité de sa grandeur. Il est peintre sublime à son début dans le tableau de la création ; il est historien magnifique et simple, tour à tour, dans ses narrations ; il s'élève au lyrique enthousiasme dans ses cantiques, son récit de Jacob mourant devant ses fils, ses malédictions et ses bénédictions; il organise des chœurs de musique et de danse, dont il compose les hymnes; il grave sur la pierre la loi naturelle; il est architecte dans la construction du tabernacle; il sait réduire l'or en poudre et jeter en fonte des serpents d'airain ; il dessine les vêtements symboliques du grand prêtre, et les draperies qui abriteront l'arche de l'alliance sacrée des hommes avec Dieu ; il donne les plans de tous les objets d'art, en broderies et en sculptures, qui serviront dans la célébration des fêtes ; il est orateur énergique et foudroyant, quand il le faut, pour le bien du peuple. Moïse est artiste dans tous les genres, pour fonder solidement le monothéisme chez une petite nation, que poursuivra jusqu'à la fin la passion des dieux étrangers, mais que retiendra écumante le mords dont l'aura enchaîné son législateur au moyen de l'art.

Il est vrai qu'il paralyse en quelque sorte la statuaire, et peut-être aussi la peinture, en proscrivant les images ciselées; c'est une sévérité qui correspond à certaines tolérances dont il ne put se dispenser, telle que la polygamie; il aima mieux interdire à son peuple une branche de l'art, que de l'exposer à des retours vers l'adoration des idoles; il connaissait son caractère et sa faiblesse ; la nature humaine, pendant l'enfance des nations, oblige souvent les grands hommes à de telles mesures. On ne voit pas, en effet, que la nation juive ait beaucoup cultivé la sculpture ; mais elle progressa dans plusieurs autres arts, et jusque dans le drame en action : on y connaissait les spectacles.

Que dirons-nous de la série d'artistes qui part de Moïse et se prolonge jusqu'aux derniers prophètes ; c'est là que s'épanouissent toutes les splendeurs de la poésie, de l'éloquence, du tableau, du chant, du drame, de l'idylle, de l'épopée, de l'histoire, de l'inspiration et de l'enthousiasme : il suffit de nommer Job, Debbora, Ruth, David, Salomon, Judith, Daniel, Isaïe, Jérémie, Ezéchiel, Nahum, Joël et les autres. Job fait le grand poëme de la déchéance pour exalter Dieu ; David s'accompagne de la harpe pour célébrer les merveilles du Seigneur et prophétiser le christianisme ; Salomon prend la lyre de son père pour peindre l'amour mystérieux de la Sulamite ; il s'élève aux tons de Job pour chanter la folie et la sagesse. Isaïe laisse derrière lui tous les Pindares pour maudire les tyrans de la terre, et chanter le libérateur promis. Du commencement à la fin de la littérature hébraïque, c'est la religion et la nature qui fournissent le thème, et c'est l'art qui le prend, se l'assimile, le colore, l'échauffe, l'entoure de ses lumineux enchantements : retirez de notre collection biblique tout ce qui est art, que restera-t-il ? L'influence morale et religieuse en disparaîtra elle-même, tant elle s'y trouve identifiée avec la lyre ; la philosophie ne se mêle au concert qu'enveloppée du manteau de la poésie, et le Christ n'y règne que mystérieusement plongé dans ses nuages d'encens. A lire cette suite majestueuse de chefs-d'œuvre, on sent que la civilisation s'est faite sur les bords du Jourdain, comme aux flancs du Parnasse, sous les accents des harpes et aux éclats, tantôt sourds, tantôt aigus, tantôt mélodieux, tantôt effrayants, de toutes les voix de l'art.

Au Chrétien à courte vue et à sentiment concentré dans sa dévotion étroite, à nos hommes froids dont le positivisme a tué l'imagination, parlons comme parlait Horace aux religieux et aux politiques de son temps, qui n'avaient pas assez de respect pour les Muses.

« Vous rougissez de la lyre et du chantre Apollon ! mais qui donc a civilisé les peuples sauvages, leur a appris à respecter la vie des hommes, les a détournés de leurs hideuses coutumes, sinon vos Amphion et vos Orphée, de qui l'on peut dire qu'ils ont adouci les tigres et les lions, et rendu les roches sensibles à leurs chants ? N'est-ce pas leur sagesse qui fit comprendre la supériorité de l'intérêt général sur le particulier, du sacré sur le profane ; qui mit un frein aux passions, organisa le mariage, protégea les femmes contre la tyrannie des époux, fonda la cité, burina des législations sur la pierre ? N'est-ce pas pour ces bienfaits que vos prêtres et leurs chants furent appelés divins ! Ne sont-ce pas vos Homère et vos Tyrtée qui surent enflammer les âmes viriles de l'ardeur des combats, quand il en fut besoin, pour soutenir la justice ? Les oracles de vos prophètes furent rendus en vers ; en vers fut tracée la marche de la vertu, fut chantée la régénération du monde, furent prédits les temps libérateurs ! Et les langues cadencées, toutes les langues harmoniques, toutes les langues de l'art, en produisant ces biens, devinrent encore la volupté de vos loisirs, le repos de vos fatigues, le charme de vos tristesses. Oh! respectez les Muses, respectez le chantre Apollon! » (Hor., *Art. poet.*)

Remontons vers l'origine des âges, et considérons les autres courants : nous les verrons se réaliser dans les mêmes conditions.

Zoroastre règne entre les sources de l'Euphrate et le bassin de l'Indus. Qu'est-ce que Zoroastre? Comme Moïse, un artiste-prêtre. Il a, comme lui, des révélations sur la montagne; Dieu l'éblouit de ses rayons, il lui explique la vérité humaine; et il descend, transformé en prédicateur ardent, dont l'extension, avec réforme, de la religion des mages, une des plus vastes de l'antiquité, et peut-être la plus belle et la plus monothéiste après celle des Juifs, accusera le succès. Mais comment Zoroastre sera-t-il prédicateur sublime et pontife adoré, si ce n'est par l'éblouissement que répandra au loin sa gloire d'artiste? C'est avec des chants d'une sérénité céleste, avec des hymnes, des cantiques, des allégories, des tableaux imagés par toutes les couleurs du pinceau, qu'il ravit les âmes dans la grande idée de la durée sans limite, de l'unité souveraine, de Zervane-Akérène, qui se développe dans la trinité de lui-même, par la génération d'Hanover ou de l'intelligence, et par celle d'Ormouzd ou du bon absolu. Il chante et décrit la révélation, dans Hom ou l'humanité, avant sa concrétion écrite et précise dans l'Avesta-Zend. Ses Naçkas sont, pour la plupart, des poésies destinées à mettre la philosophie religieuse la plus profonde, le culte et la morale, enfin les sciences secrètes à la portée des esprits, tout en les enveloppant d'un vague mystérieux. Comme tous les artistes, il étend ses efforts sur l'avenir, et en fait des tableaux énigmatiques. Il prie dans des extases sereines, il loue avec exaltation, il bénit, il chante, et ses pages deviennent l'office quotidien de ses prêtres, dont quelques descendants, existant encore chez les pieux Guèbres, psalmodient cet office, et, disent qu'autrefois les peuples l'accompagnaient d'une musique savante. L'Avesta-Zend est d'une abondance inépuisable pour exalter les vertus, les grandeurs, les puretés, la bonté intinie de Dieu suprême et des légions bienfaisantes d'Ormouzd; il ne tarit pas non plus d'accent mélancolique pour retracer les perfidies et les malices d'Ahriman contre la race humaine; il sourit de béatitude, il pleure de regrets, et toujours il adore, avec toutes les voix qu'il peut trouver dans les ressources de son génie. Ses litanies intarissables aux vertus célestes, ses apothéoses des saints, ses tableaux du jugement sur le pont Tchinévad, et des délices des bons avec les Izeds et les Amschispands, sont tout à la fois des types de prédication religieuse à la portée du peuple, et d'un art oriental à caractère particulier, dont le cachet principal est la douceur la plus angélique.

Les révolutions de ce monde ont emporté, dans leurs torrents, les livres de l'antique Egypte, aussi bien que ceux de Ninive et de Babylone : il y a eu des incendies de bibliothèques immenses, par des chefs ignares autant que fanatiques, qui avaient conçu et sont venus à bout de fonder leurs sectes par la puissance brutale du fer aiguisé. Nous verrions dans ces livres, s'ils existaient encore, aussi bien que dans ceux qui nous sont parvenus, l'alliance intime de l'art et de l'idée religieuse. Mais, si les livres manquent, l'archéologie a fouillé dans la terre, et nous a rendu d'autres monuments qui suffisent pour la preuve. Nos musées sont remplis de ces reliques conservées par les sables, qui nous attestent des développements, plus ou moins heureux et étendus, de la sculpture, de l'architecture et même de la peinture. Ces reliques nous indiquent, en même temps, la culture de la mimique, de la danse, de l'ornementation cérémoniale, du drame lui-même. Or, ces statues, ces tombeaux, ces édifices, ces bas-reliefs, ces restes de peintures dont la conservation nous étonne, ne sont-ils pas toujours identifiés à une pensée religieuse? Ce sont des symboles énigmatiques pour nous, dans l'état présent des études archéologiques, mais qui ne le sont pas assez pour cacher leur caractère divin. Ils respirent la religion, ils sont nés pour elle aux ateliers de l'artiste. Elle a été l'inspiratrice de l'art, et l'art a été son missionnaire; on le voit, on le comprend, on n'en doute pas à l'inspection de ces ciselures, de ces poses, de ces processions; et les inscriptions hiéroglyphiques, à mesure qu'on vient à bout de les lire, en achèvent la preuve.

Que dirons-nous du courant brahminique, d'où sort, pour l'absorber en grande partie, et pour l'étendre sur la moitié de la surface terrestre, le rameau bouddhiste, à peu près mille ans avant Jésus-Christ? C'est là que nous retrouvons des livres; les Védas, avec tous les ouvrages qui les suivent, à peu près comme les livres hébreux suivent le Pentateuque, forment la collection la plus considérable de l'antiquité; celle des brahmanes purs et celle des bouddhistes sont également effrayantes, et présentent le tableau vivant d'une grande et brillante civilisation qui va s'éteignant, sous diverses influences, dans les premiers siècles de notre ère. Or, c'est là aussi que s'étalent les splendeurs de la poésie la plus exaltée, du lyrisme le plus éloquent, celui qui se fait peintre des mystères invisibles de l'infini. Ne parlons que des Védas et de leurs auteurs, et de la prédication bouddhiste et de Chakia-Mouni, son premier héros.

Véda-Vyaça, comme Zoroastre, est prêtre et artiste. Il écrit en vers; il compose des hymnes, des invocations, des prières et des rêveries théologiques, tantôt dans le style de l'argumentation, tantôt dans le style sublime de l'illumination et de l'enthousiasme. Ses morceaux lyriques, comme ceux de Zoroastre, forment le bréviaire des brahmanes. Il tire son coloris de l'observation rêveuse de la nature; il doit son sublime à la contemplation prolongée de brahm, le dieu suprême, incréé, unique, cause permanente de la création, sa fille. Il est dans les régions invisibles du spiritualisme le plus exclusif, puisque la matière se réduit, devant son âme, à des formes pures. Ses dieux secondaires sont lutteurs, guerriers, aventureux, athlètes, d'où il donne occasion à ses fils, tel que Valmiki, d'imaginer sur eux toutes les fictions de l'épopée. Il est vigoureux dans ses élans, énergique pour décrire les choses invisibles, terrible pour maudire, éloquent pour prêcher la contemplation de la beauté universelle ; on sait qu'il se perd, par des excès d'extase artistique et religieuse, dans un panthéisme qui, lui-même, est aussi religieux que poétique.

Le résumé de sa doctrine est tout entier dans l'énumération des cinq grands *sacrements*, qui sont : le *sacrifice*, l'*étude des Védas*, les *fêtes des ancêtres*, l'*aumône* et la *recherche du progrès*. C'est ainsi qu'il veut qu'on honore Dieu, l'homme et la société, et qu'on vaque, à la fois, à l'adoration en esprit, et à l'adoration par le culte extérieur. Toute la religion est là, et si l'on ajoute les incarnations et les révélations de Brahma, on saura le thème général sur lequel il tire de son luth tant de mâles symphonies. N'est-ce pas encore la fusion la plus intime de la religion et de l'art qui préside au courant brahminique ?

Les brahmanes modernes l'ont bien compris ; ceux qui ont de l'intelligence pleurent à la fois la décadence de l'antique poésie et de la morale antique : mélangeant l'une et l'autre ils chantent avec une mélancolie touchante que « la fille de Wiasa, la fille de Valmiki, l'épouse de Kalidasa, maintenant vieillie, décrépite, flétrie dans sa beauté, sans ornement, glissant dans sa marche, ne trouve plus une chaumière où s'abriter. »

Même physionomie dans l'ascétique figure du pénitent de Varanasi. C'est le grand mystique de l'Inde, qui, après s'être absorbé dans la prière et l'adoration du trias éternel, prêcha la pénitence et l'égalité des hommes contre l'ancienne théorie des castes, sur les bords du Gange. Il fut une incarnation de la divinité pour rappeler les humains à la vertu. Il leur fit comprendre la doctrine de l'annihilation de soi-même dans la divinité, et leur donna l'espérance du salut éternel. Il défendit l'usage de la force dans la propagation de sa doctrine, et sa doctrine, longtemps persécutée, envahit l'Asie et ses îles. C'est l'ascétisme de la dévotion qui le caractérise : il est religieux avant tout, ainsi que les grands Mouni qui sont célèbres dans le bouddhisme comme s'étant sanctifiés en l'imitant. Mais ce caractère de dévotion si prononcé l'empêche-t-il d'être artiste ? Son mysticisme seul répondrait suffisamment à la question ; l'homme qui va méditer dans les solitudes et contempler le ciel est toujours artiste. Mais il y a mieux, il compose le *Yad-Jour*, huit cents gros volumes, dit la Légende, pour expliquer la métaphysique des créations, chanter la nature périssable de l'homme, et l'éternel trias ;

or, ces livres ne sont encore que des recueils de rêveries poétiques dans tous les genres, et sur tous les tons.

Manou lui-même, ce législateur des détails, est un poëte ; il appelle à lui de solennels accents pour peindre la création et les destinées du monde ; et tout son code est en vers sanscrits.

Dans le courant mongolique, l'art est moins brillant, moins exalté, et la religion plus froide, moins divine, nouvelle observation à l'appui du principe. Koug-Feu-Tseu et Lao-Tseu sont des philosophes, de simples sages, plutôt que des artistes ; mais aussi ils ne sont point des prêtres. La religion règne dans leurs livres en proportion de l'art, et l'art en proportion de la religion ; l'un et l'autre s'y trouvent sous une teinte particulière et dans une sorte d'humilité devant la raison, qui se sont maintenues chez les sectateurs de ces deux chefs, surtout chez les lettrés dont Confucius est le grand homme ; car l'école de Lao-Tseu a été plus influencée par le bouddhisme ; elle se prêtait davantage à cette influence par ses tendances plus métaphysiques, plus hardies, plus célestes, plus platoniques, s'il est permis d'ainsi parler. Aussi le peuple chinois est-il resté le moins artiste et le plus froid en religion de tous les peuples, malgré sa civilisation antique et ses mœurs policées ; n'allons cependant pas trop loin ; les plus anciens livres de la Chine, tel que L'y-King auquel on attribue partout quarante-six ou quarante-sept siècles d'existence, sont poétiques ; le symbolisme les colore ; il y est question d'un chin-noug, espèce d'Orphée, portant une lyre ; on y chante, parmi les fils de Dieu, Tien-Hoang, le fils par excellence, l'intelligence du ciel qui nourrit et embellit toutes choses ; on y peint les périodes du monde et la fin du siècle présent. Beaucoup de traits indiquent que la musique était très-respectée dans les anciens temps, et, dans ces temps même, on attribue à la religion et à la prière un rôle beaucoup plus développé que dans les temps modernes. Enfin Koung-Feu-Tseu lui-même, malgré sa froideur de moraliste, a laissé, sous un titre qui signifie le *Livre des chants*, un recueil de trois cent onze petites pièces lyriques pour la plupart très-anciennes ; et il avait établi dans son école quatre divisions, dont la première avait pour objet la vertu, la seconde l'éloquence, la troisième la politique, et la quatrième la rédaction de la morale religieuse en style agréable. Si les lettrés n'étaient pas devenus de simples mandarins, c'est-à-dire des tyrans aristocrates occupés de vivre dans l'abondance aux dépens du peuple, et que l'esprit du maître eût continué d'animer leur conduite, l'art et la religion ne seraient pas tombés à cet état fixe de paralysie, d'où ils ne sortiront que dans le chaos d'une immense révolution à caractère chrétien ; l'un et l'autre, à l'heure présente, sont comme perdus en Chine, dans une matérialiste industrie.

Des extrémités de l'Orient revenons au

point de départ, qui est l'Asie Mineure. Sur ses côtes, dans ses îles voisines de la Grèce, et dans la Grèce elle-même, sont chantées, mille ans avant Jésus-Christ, les rapsodies d'Homère, dont le recueil a formé l'*Iliade* et l'*Odyssée*. Cette grande explosion de l'art antique ne peut être comprise comme sortant tout à coup d'une tête puissante, à la suite d'un passé et au sein d'un présent sans culture. Il n'y eut et n'y aura jamais un génie à qui le monde soit redevable sans qu'il doive rien au monde. Homère fut l'enfant de l'Orient avant d'être le père de la Grèce. Il suffirait, au reste, de son genre et de son style pour comprendre qu'il appartient à la période orientale, afin de la clore dans les lieux qu'il éclaire, et d'y lancer l'âge nouveau qui, quelques siècles après, embrassera l'ancien monde.

Tout le monde sait qu'Homère est une source où rayonnent déjà dans une immense gloire tous les foyers de l'art. La poésie s'y développe sous ses attraits les plus séducteurs ; le bon goût, le lyrisme, l'idylle, le drame, le tableau, l'éloquence, la majesté grandiose ou touchante y conspirent pour la production d'effets merveilleux. La musique, la sculpture, l'architecture, la peinture, la danse avec ses chœurs, y sont exposés dans un panthéon plus solide que ceux de marbre. Le symbolisme le plus éblouissant s'y joue dans les fictions. L'*Iliade* et l'*Odyssée* sont le temple des arts le plus complet et le plus harmonieux qui ait été construit ; c'est ce qui n'a pas besoin d'être rappelé par de longs discours.

Mais s'il en est ainsi de l'œuvre d'Homère en ce qui concerne l'art, n'en est-il pas de même en ce qui concerne la religion ? N'est-ce pas la pensée religieuse des rapports de la divinité avec l'humanité qui en est la grande inspiratrice ? Qui voudrait isoler les deux choses dans Homère, le détruirait : il n'est poëte et artiste qu'avec sa religion ; il est religieux avec la poésie. La prière de l'homme à la divinité, l'influence de la divinité sur l'homme, l'idée du Jupiter et des dieux inférieurs : voilà les points de départ d'où il tire ses images, ses combinaisons, ses beaux vers, ses allégories grandioses, toute sa puissance. La religion et l'art sont donc intimement unis dans Homère, y sont inséparables ; et c'est ainsi que se résument dans ce palais, riche entre tous, la phase orientale comme conclusion, la phase gréco-romaine comme origine.

Après Homère se présente la file majestueuse de ces artistes d'un goût si pur dont nous avons fait nos classiques : Eschyle, Sophocle, Euripide, Pindare, Hérodote, Platon, Démosthènes, Praxitèle, Phidias, Apelles, Térence, Cicéron, Horace, Ovide, Virgile, et tant d'autres, sont tous des disciples du père des poëtes, et ne sont grands comme lui que par la double irradiation, dans leurs œuvres, de la religion et de l'art. Si quelques-uns manquent du sentiment religieux qui constitue la piété telle que la pouvait comprendre leur génie, ou si quelquefois ce sentiment leur fait défaut, l'art chancelle et ne conserve de lui-même que sa forme, toujours pure, mais ingrate, froide, et dépourvue du feu interne qui la vivifie.

Que serait-ce si nous étudiions les législateurs, les pontifes, les sybilles, les oracles, les Apollon, les Orphée, les Linus, les Amphion, les Tyrtée, les Lycurgue, les Charondas, les Numa, tous les grands chefs de la période de transition ? Nous les trouverions tous artistes et civilisateurs, artistes et prêtres ; et nous les verrions n'exercer leur influence sur les peuples que par la combinaison de la religion et de l'art.

Nous avons cité Horace présentant aux Pisons la même observation à la gloire de la poésie.

Nous avons rattaché à la phase gréco-romaine les derniers de nos livres sacrés antérieurs à l'Évangile ; le nouveau genre se manifeste, en effet, d'une manière sensible dans le livre de la *Sagesse*, dans l'*Ecclésiastique* et dans les *Machabées* ; mais on y voit encore la religion pure des Hébreux avec sa morale sublime s'emparer de l'art moderne et se l'identifier, afin de s'insinuer dans les esprits.

Tout ce que l'archéologie découvre, se rapportant à cet âge où l'art grec envahit l'univers par l'entremise des Romains, sur les bords du Nil, sur ceux de l'Euphrate, sur les ruines de Carthage, dans la Phénicie, dans la Judée et en Europe, ne cesse de porter le double sceau de la même alliance.

Dirons-nous un mot des courants teutoniques et scandinaves dont il ne nous reste que des traditions à peu près contemporaines de la décadence de Rome et de l'invasion chrétienne ? Odin ressemble à un enfant de l'Orient acclimaté dans le Nord ; il est, comme les chefs antiques, artiste et prêtre ; il chante, il guerroie, il pontifie ; mais que chante-t-il ? La religion, les dieux et les hommes. Les Scandinaves, les Allemands, les Vandales, les Anglo-Saxons, les Lombards, les Francs, les Sicambres, toutes les tribus teutoniques en feront le plus puissant des immortels, parce qu'il fut le plus grand de tous leurs poëtes ; il aura créé ou décrit, comme Homère, leur mythologie en hymnes harmonieux et en merveilleuses aventures ; il sera leur dieu : telle est la puissance de sa lyre.

Hâtons-nous d'arriver à la période chrétienne dont les destinées sont de tout envahir et d'être immortelle. Malgré qu'elle soit bien connue, nous devons quelques hachures à sa gloire.

Croyez-vous d'abord que le Verbe de Dieu s'incarne et sauve le monde sans associer l'art à son travail sacré ? Croyez-vous qu'il se soit fait homme sans se faire artiste ? Qui le croit, n'a jamais senti l'Évangile. Jésus n'a pas été le pontife médiateur et restaurateur de l'humanité, sans être, en même temps, et par là même, le plus grand des poëtes, le plus sublime des peintres. Le récit appartient aux apôtres ; les apôtres étaient des esprits simples ; et cependant ce récit est admirable ; il présente les grandes qualités de l'art vrai, qui sont le naturel, le feu et la foi calme. Il fallait que leur maitre leur eût montré le beau dans sa splendeur pour les transformer en de pareils historiens. Mais laissons le style des apôtres, et ne considérons que le Christ lui-même, tel qu'ils nous le font connaître. Il va rêver la nuit sur les montagnes et au bruit des flots; il voyage en poëte et en pèlerin ; moins riche que l'oiseau des cieux, plus pauvre que le renard des forêts, il n'a pas un nid, pas une tanière, pas une pierre où reposer sa tête ; il pleure sur Jérusalem dont il voudrait rassembler les enfants comme la poule rassemble ses petits sous ses ailes ; il tire ses comparaisons, ses images, ses allégories des beautés de la nature ; il admire la robe de la fleur des champs, et, près d'elle, méprise celle des rois ; il assemble les foules sur les coteaux, et, prenant pour temple celui du soleil, pour tapis le gazon, leur prêche la bonté du père des créatures ; il bénit le peuple avec toutes les grâces qui séduisent ; il maudit les dominateurs avec toute l'énergie de la colère ; il parle en figures ; il fait usage de la parabole que tantôt il élève à la hauteur du drame effrayant, comme dans la sombre antithèse du riche et de Lazare, que tantôt il déploie en aventure touchante, comme dans la fiction de l'enfant prodigue, que toujours il rend frappante et enchanteresse pour insinuer l'amour de la vérité dans les cœurs. Il est d'une abondance infinie en images douces, saisissantes, terribles ; il met tout en tableau ; sa qualité dominante est celle du grand peintre ; voyez les descriptions de l'avenir et du jugement de Dieu ; il se montre lui-même dans des situations qui sont des tableaux vivants faits pour enthousiasmer ; sa naissance, son baptême, ses miracles, sa transfiguration, ses épisodes, sa passion, sa résurrection, ses apparitions, toutes les situations qu'il se donne sont divinement calculées pour l'effet qu'il veut produire sur les témoins et sur les générations futures. Il déploie dans ses combinaisons un goût infini, un sentiment exquis, une énergie immense, une majesté qui éblouit, une vie qui déborde, un art sublime ; sa manifestation sur la terre est un drame réel, supérieur à toutes les conceptions du génie ; et, pour que rien ne manque, il ménage des colloques avec ses adversaires dans lesquels ses réponses sont encore des modèles de finesse, d'esprit et d'argumentation personnelle. Trouvez une prière pareille, en beauté, à celle qu'il adresse à son Père après la cène ; trouvez un discours aussi sublime que celui qui précède cette prière ; citez une invention comme celle de son corps transformé en nourriture ; imaginez des situations qui égalent, sous le rapport de la grâce et de l'éloquence appropriée, celles de l'épisode de la femme adultère et de celui de la Samaritaine ; il faudrait tout rappeler. Que dut être Jésus pour ceux qui le virent, sinon le beau humain et divin tout ensemble, par le regard, le geste, l'expression, l'action, la parole, la pensée, la sensibilité, la prudence, la bonté, sinon une exhibition complète de l'art lui-même? Qu'est-ce qu'un Tyrtée maintenant ? et que dirait Horace de notre Christ, si, chrétien, il faisait aujourd'hui un traité de l'art?

Joignons maintenant à l'Evangile pris dans son ensemble, sans distinguer le héros du livre, toute la série d'explosions artistiques qui commence à son apparition, se continue jusqu'à nous, et ira se développant dans l'avenir jusqu'à parfaite absorption de toute vitalité terrestre ; nous trouvons, plus que jamais, l'art et la religion tellement associés que leur séparation devient une abstraction inimaginable. Résumons-nous dans l'émission d'une pensée générale que déjà nous a suscitée l'étude de la série biblique.

De la prédication philosophique et religieuse, écrite et parlée, des saint Jean et des saint Paul, retranchez en esprit tout ce qui revient à l'art, l'éloquence abrupte, la sensibilité touchante, la figure sublime, l'évolution nerveuse, l'explosion de vie, l'expression énergique ou séduisante.

De l'attitude entraînante et contagieuse dans l'ordre divin, de ces légions de martyrs, retranchez l'exaltation admirative du beau, aperçu dans le modèle évangélique, inspirant le dégoût de toute autre beauté, et donnant la force de tout sacrifier, même la vie et la famille, pour ce beau réel devenu l'idéal des siècles qui ne l'auront pas vu personnifié ; retranchez le saint orgueil avec ses poses insultantes, ses réponses provocatrices, ses regards de héros, ses démarches fières devant les césars et leurs prétoriens.

De la mission si magnifiquement accomplie des Pères du christianisme, depuis l'auteur de l'*Apocalypse*, jusqu'à l'auteur des *Confessions* et de *la Cité de Dieu*, en y comprenant Hermas, Clément, Ignace, Tertullien, Justin, Clément d'Alexandrie, Origène, Cyprien, les Grégoire, Ambroise, Jérôme, Chrysostome et tous les autres ; retranchez l'éloquence douce ou pathétique ; la poésie exaltée ou calme, dramatique ou naïve, foudroyante ou harmonieuse ; l'ingénieuse allégorie, la hardie métaphore, la prosopopée imprévue, l'ironie acérée, la voix sympathique, les tons variés, les grâces enchanteresses, l'action scénique, l'étude des convenances, l'appropriation des choses écrites ou parlées aux temps, aux circonstances, aux lieux ; retranchez, en un mot, tout ce que l'art réclame comme étant sorti de sa boîte pour compenser les émanations méphitiques de celle de Pandore.

De la propagande chrétienne du moyen âge, de la renaissance, et des temps modernes, retranchez le rêve du bien ; l'inquiétude aspiratrice de la merveille ; le fanatisme de l'espérance et de la foi ; cette architecture qui nous donne des temples où l'on peut trouver la solitude et la prière comme dans les forêts ; cette sculpture qui nous symbolise les mystères dans des symboles mystérieux comme les mystères eux-mêmes ; cette épopée des Dante, des Tasse, des Milton, où l'imagination se dilate comme dans l'infini ; ce drame des Shakespeare et des Lope de Vega, où se déchaîne la liberté et plane le terrible ; cette peinture des Michel-Ange, des Raphaël, des Philippe de Champagne, des Van-Dyck, des Rubens, des Ribeira, des Zurbaran, des Murillo, plus éloquente peut-être, pour prêcher les peuples que la parole et l'écriture ; cette musique avec ses hymnes, ses proses, ses psalmodies, son plain-chant, plus populaire encore que tout le reste ; retranchez aussi ces douces et simples analyses des passions, des vices, des vertus, des quiétistes contemplations de l'âme pieuse, dont l'*Imitation de Jésus-Christ* et les œuvres de saint François de Sale sont les principaux types, et les extatiques visions des sainte Thérèse et des Guyon, ces irradiations naturelles de l'art mystique cloîtré dans la foi.

De l'explosion de philosophie chrétienne et de rationalisme divin, qui remplit de sa magnificence nos grands siècles, retranchez le style harmonieux des Fénelon et leurs fictions antiques ; les sublimités éloquentes des Bossuet et des Pascal ; l'art des Bourdaloue ; la tragédie et la comédie des Corneille, des Racine, des Molière ; l'apologue malin des La Fontaine ; la satire des Boileau ; les chants romantiques de l'Allemagne ; les études artistiques de Châteaubriand, les éloquents tableaux de Lamennais ; les lyres de Lamartine et de Victor Hugo ; les symphonies de nos compositeurs ; les voix de nos chantres et cantatrices ; les fantaisies de nos orgues ; les rôles des Talma, des Rachel, des Ristori ; les toiles des Delacroix et de nos Ary Scheffer ; les improvisations de nos Lacordaire... on ne finirait pas l'énumération ; retranchez, en un mot, de ce torrent chrétien qui enveloppe l'humanité dans tous ses progrès, depuis l'Évangile, ce qui revient à l'art par droit de nature, de tendance et d'appropriation ; que vous restera-t-il ?.....

La religion, dites-vous. Oui ! mais la religion semblable à un esprit sans corps, à une pensée sans voix, à une âme ensevelie dans des membres paralytiques, ou si vous aimez mieux, à l'aigle vaincu qui, privé de sa serre, de son aile et de son regard, s'est réfugié, honteux, parmi les hiboux.

Mais il ne peut en être de la sorte, Dieu et le Christ ayant sacré indissoluble l'alliance du frère et de la sœur, et leur ayant dit, comme au premier couple de toutes les espèces : *Croissez et multipliez-vous* (*Gen.* I, 28.)

Cependant il faut le reconnaître : l'accomplissement de cette loi ne suit pas sa marche uniformément en tout lieu, en tout siècle, et chez tout peuple. Pour l'instruction des hommes, l'art s'avance avec d'autant plus de majesté et de vitesse, que la religion l'accompagne, plus complète et plus pure ; et la religion, de son côté, pour les mêmes raisons, se développe avec d'autant plus de vigueur que l'art l'accompagne plus puissant, plus libre et mieux réglé dans son vol. Nous en avons la preuve dans la comparaison des deux plus grands phénomènes d'isolement qui se soient produits dans la série chrétienne ; nous voulons parler de l'islamisme et du protestantisme, de Mohammed et de Luther.

Mohammed, comme tous les chefs de religion, est prêtre et artiste ; il s'appelle le prophète, et ce mot résume ces deux qualités. Une des bonnes définitions du prophète serait de l'appeler un artiste-prêtre. Il suffit d'ailleurs de lire le Coran et l'histoire du puissant Arabe qui l'a composé, pour se convaincre de ce que nous venons de dire. Le Coran est l'œuvre d'un poète ; il est écrit en vers pleins d'harmonie ; et du commencement à la fin, il se compose de tableaux, d'épisodes, de figures et de morceaux lyriques. Quant à Mohammed, tout guerrier qu'il est, une imagination d'artiste le dévore, et sa vie est aventureuse comme l'histoire de l'art. Puis, il s'isole du courant chrétien dont les destinées sont d'envahir la terre, et de n'y rien laisser sans l'avoir tôt ou tard confondu dans ses flots ; il s'en sépare d'une distance énorme ; il le fuit comme s'il en avait peur ; c'est pourquoi sa génération sera stérile. Elle dormira dans la stagnance de la religion et de l'art, jusqu'à ce qu'elle reprenne vie aux aliments préparés par le Christ, et que, dès lors, elle cesse de s'appeler la génération de Mohammed. Nous approchons de ces jours.

Voilà toute l'histoire du mahométisme. L'idée religieuse et l'idée artistique, semées par son chef, sont restées, sous les cieux et dans les vallées de l'Arabie, sous les cieux de l'inspiration antique, et dans les vallées les plus riches du monde en fécondités naturelles et en souvenirs éloquents, ce qu'elles furent dans l'esprit de Mohammed. Pas un progrès, pas une végétation, pas un jet de verdure qui mérite qu'on en parle ; et si nous parlions l'industrie, nous aurions à constater les mêmes résultats. Voilà ce qui se fait dans tout isolement, depuis que le Christ est venu dire : *J'attirerai tout à moi.* (*Joan.* XII, 32.)

Luther est comme les autres, artiste et prêtre. Ses écrits, ses prédications, sa vie, ses aventures, son caractère, son éloquence fougueuse, son imagination aux visions démoniaques, ses lyriques études de la nature, ses amours des oiseaux et des fleurs, ses emportements, son exaltation, son abondance, tout sent l'artiste dans cette grande figure, placée comme un fantôme, entre le moyen âge et les temps modernes. On sait d'ailleurs que la religion est son but, qu'il en est imprégné jusqu'à la moelle, et que s'il pense quelquefois à l'art, ce n'est que pour l'appeler au secours de son plan de réformateur.

Mais Luther, comme Mohammed, est un isolement ; c'est un jet qui se fâche contre la souche, et qui lui dit : Je vivrai bien sans toi ; et sa religion est une fille qui dit un jour à sa mère : J'irai où m'appelleront mes destinées, suivez les vôtres, adieu... La mère répondit : Qu'il soit fait ainsi, puisque tu le veux ; mais au revoir... Or, le monde saura un jour que la mère avait bien parlé, et que l'adieu de la fille n'était pas éternel.

Cependant des siècles de séparation devaient avoir lieu, et durant ces siècles, il fallait vivre de religion et d'art, ces deux aliments indispensables à l'humanité. Comment le protestantisme aura-t-il vécu?

Oh! sans doute, la stagnance ne sera pas celle de l'Orient de Mohammed. L'isolement n'est pas le même, la séparation n'est pas aussi complète : il reste des relations intimes, profondes, et l'on continue de s'abreuver aux mêmes sources évangéliques. Il y aura donc progrès, progrès religieux et progrès artistique ; mais ce progrès doit être en proportion de l'isolement, c'est ce qui crève les yeux de tout observateur, surtout au point de vue de l'art, terrain plus facile à scruter, puisqu'il est dans sa nature de se charger de fleurs et de fruits visibles à tout regard. Comparez donc les développements de la poésie, de l'éloquence, de l'écriture, et principalement de la peinture, de la sculpture, de l'architecture et de la musique, entre les sociétés protestantes et les sociétés catholiques, vous trouverez une supériorité marquée dans celle-ci ; vous verrez de plus que cette supériorité tient à s'effacer à mesure que le rapprochement s'opère dans les relations individuelles, dans les croyances particulières, dans les mœurs, et vous jugerez qu'elle devra cesser quand ce rapprochement sera officiellement conclu, sauf toutefois les différences de teintes tenant à d'autres causes. Il ne faut pas assujettir l'industrie à la même loi, comme nous l'avons fait à l'égard de la société musulmane ; l'union de l'art avec la religion est seule assez intime, pour que la distance de l'hérésie simple à l'orthodoxie, se fasse remarquer dans les effets sociaux.

Combien de grands hommes parmi les protestants ont été catholiques de sentiment et de raison, dans l'intimité de leur conscience, pour ne pas cesser d'être artistes.

Mélanchthon pleurait quand Carlostad abattait les statues des saints.

« Partout où régnera le luthéranisme, » disait Erasme, on verra s'éteindre le culte des arts! »

Le grand Leibnitz disait en parlant de la liturgie catholique : « La musique de leur Eglise est vraiment belle ! je ne saurais croire que Dieu repousse ces chants empreints de spiritualisme, cette fumée d'encens, ce bruit de cloches, cette harmonie de voix, que, dans notre étroit préjugé, nous avons bannis. »

« Nous avons voulu n'adorer qu'en esprit, » a dit un autre protestant célèbre, « et il n'y a plus chez nous, ni esprit, ni vérité ni adoration.

« Clausen, Spindler, Wit, Fessler et beaucoup d'autres ont chanté leur douleur de voir l'Eglise réformée, dont ils étaient les enfants, semblable à un printemps qu'on aurait dépouillé de sa robe de verdure et de rose ; ils ont célébré l'Eglise catholique, pour n'avoir jamais cessé de confier à l'art le soin d'orner son culte. »

« Quand une mère, » dit Clausen sur sa lyre, « va se jeter au pied de l'autel pour vouer son premier-né à la garde des anges ;

« Quand le soleil couchant se joue à travers les vitraux gothiques, et inonde de ses rayons la figure de la jeune fille qui prie dévotement ;

« Quand la lumière des cierges de l'autel brille à travers les ombres du crépuscule, et qu'à l'aube du jour la cloche appelle le moine qui va prier pour les morts et les vivants, l'Eglise catholique ne nous dit-elle pas que la vie ne doit être qu'une longue prière à Dieu ;

« Que l'art et la nature doivent s'unir pour élever le cœur de l'homme à l'adoration du souverain maître ;

« Et que le temple, où se trouvent tant d'éléments de prières, de contemplation et de recueillement, a droit à nos hommages ? »

Résumons en deux mots : L'art est le frère, la religion la sœur, et tous deux, enfants de Dieu, sont unis parmi nous comme dans leur commune source. Ils s'étaient magnifiquement épanouis dans l'ancien monde, et avaient accompli leur mission, quand Jésus-Christ vint les relancer l'un et l'autre à la fois dans de nouvelles destinées, dont les anciennes n'étaient que l'ombre, la prophétie, la figure. De ce moment, c'est la décadence universelle de la religion et de l'art, en dehors du développement chrétien, pendant qu'à l'intérieur de ce développement, c'est une irradiation croissante, qui prédit des gloires infinies dont on ne saurait encore se faire une idée, tant par l'accumulation des productions du passé que par celle des créations de l'avenir. Il semble que, pareils à nos feux de la nuit qui s'éclipsent au lever du soleil, toutes les grandeurs antiques se soient voilées et condamnées au silence à mesure que celle du Christ s'épanouissait à l'horizon. Enfin, dans le christianisme lui-même, le catholicisme garde l'avantage ; sa vigueur et sa fécondité embrassent toutes les branches de l'art comme toutes celles de la religion, et se montrent entourées des symptômes prophétiques de l'invasion complète.

VII. On a distingué, depuis quelques années, deux genres dans l'art : le genre classique et le genre romantique. Ces mots n'ont aucune signification rationnelle étymologique ; pour définir et faire comprendre les idées qu'ils ont la prétention de signifier, il faudrait leur substituer les mots genres *oriental* et genre *gréco-romain*, mais qu'importent les expressions, lorsque l'usage leur a imposé un sens assez précis pour qu'il n'y ait plus lieu à confusion. Nous userons indifféremment des termes, genre grec, genre gréco-romain, genre classique ; et genre oriental, genre biblique, genre romantique.

Les types par excellence du genre oriental sont dans la Bible, le Zend-Avesta, les

Védas; et tous les poëmes épiques ou lyriques de l'Inde fournissent les autres.

Les types par excellence du genre gréco-romain, sont dans Euripide, Thucydide, Phidias, Térence, Horace, Cicéron, Virgile, et quelques autres.

Homère, Hérodote, Eschyle, Sophocle, Aristophane, Pindare, Anacréon, Démosthènes, Platon nous paraissent appartenir à la fois aux deux genres; nous les avons toujours trouvés très-romantiques d'une part, et très-classiques de l'autre.

Le genre romantique est le plus ancien; il se caractérise principalement par le lyrisme et l'exaltation mêlés de naïveté et d'une familiarité très-réaliste. Les grands contrastes et la variété lui plaisent jusqu'à des excès qui quelquefois peuvent choquer le bon goût.

Le genre classique est plus moderne; il se caractérise par le goût, l'étude, la sagesse, la pureté, le calcul minutieux des effets. Il se maintient dans un milieu harmonieux; il ne parcourt pas toute la gamme humaine; il évite les antithèses trop frappantes; il est prudent jusqu'à manquer d'audace pour mouvementer ses situations et son style, jusqu'à tomber quelquefois dans le monotone.

Tous deux sont idéalistes et réalistes à la fois, chacun en leur manière, comme on doit le conclure de nos réflexions sur ces qualités de l'art.

Tous deux sont admirables; et nous avouons n'avoir jamais compris l'état de guerre dans lequel on a voulu les constituer. Aussi, en dépit des efforts des esprits à courte vue, sont-ils restés amis, s'applaudissant réciproquement de leurs créations, et se comblant tour à tour de bravos.

Nous avons montré, en parcourant les phases historiques du développement de l'art, comment ces deux genres sont inséparables de l'idée religieuse. Cependant, le romantique présente, sous ce rapport, une supériorité sur le classique : il est plus philosophique et plus divin; il semble qu'il cherche la religion plutôt que l'art; il ne paraît préoccupé que de celle-ci, et c'est dans son domaine qu'il puise ses éléments de grandeur et de sublime. Dans l'autre, la religion paraît occuper la seconde place, et l'art demeurer l'objet direct des préoccupations de l'artiste. Les modèles du genre oriental sont tous des livres sacrés; les modèles du genre gréco-romain sont des livres profanes. Cette double qualification, consacrée par les siècles, est un jugement imposant qui nous donne raison.

L'Évangile, au point de vue de l'art, comme au point de vue religieux, est, à notre avis, le premier des livres, non pas à titre de développement, mais à titre de source, de résumé et de type embryonaire. Or, si l'on étudie bien sa couleur, on la trouve quelque peu mélangée de nuances gréco-romaines, bien que le fond demeure oriental; la modération, la règle, la précision, le goût, la finesse, l'ordre logique, y sont en progrès sur l'antique Orient, et y ressemblent aux mêmes qualités chez les classiques. D'un autre côté, c'est le grandiose, le sublime, l'abrupt, l'imprévu, le sombre, le coloré, le naïf, le familier, les romantiques contrastes, et la vie exubérante de la Bible et des Védas, autant que le peut comporter le cercle d'un petit livre susceptible d'être lu en quelques heures, et, partant, si propre à devenir populaire.

Ce principe établi, il nous vient en pensée de consigner ici un de nos souvenirs d'enfance ou de première jeunesse :

Dans les années où le romantisme exalta les imaginations jusqu'à l'absurde, par exemple, jusqu'à la malédiction de Racine et de Boileau, nous entendions parler quelquefois du professeur de rhétorique d'une maison d'éducation située dans le voisinage, comme d'un homme avec lequel beaucoup d'autres étaient en guerre, et dont on n'admettait pas la théorie. Des professeurs l'attaquaient, et le bruit courait de leurs victoires et de ses défaites. Nous étions trop jeune pour comprendre quelque chose à ces discussions d'écoliers; cependant il nous en est resté une pensée et un mot. Le mot est celui-ci : genre catholique; la pensée est celle-ci : M. l'abbé Lafosse (c'était le nom du professeur) avait imaginé un genre qui n'était ni le genre romantique ni le genre classique, mais le genre catholique; et on lui prouvait sans cesse que ce troisième genre était un rêve, que les deux premiers étaient seuls possibles, et qu'il fallait nécessairement appartenir à l'un ou à l'autre.

Le mot et la pensée nous reviennent en ce moment; or nous reprenons le mot comme excellent, et nous soutenons que M. l'abbé Lafosse ne se trompait qu'en devançant son époque et en prophétisant l'avenir de l'art, au lieu de décrire son passé.

Jusqu'alors le genre catholique ou universel, dont le propre sera d'associer les deux autres genres et d'y ajouter des harmonies nouvelles, qu'enfantera une compréhension plus parfaite du christianisme, n'existe réellement que dans l'Évangile, et n'y est que dans un état de concentration presque incompris. Ce que nous avons produit dans la littérature et dans les arts, depuis ce divin livre, n'est, au fond, que l'Orient lui-même imbibé de christianisme, ou la Grèce, c'est-à-dire l'Occident, imbibée également de christianisme; ce n'est pas la fusion des deux, la grande harmonie catholique. Parmi les Pères de l'Église, les uns sont Orientaux, d'autres Gréco-Romains. Parmi les livres des apôtres eux-mêmes, bien qu'il y ait tendance à la fusion, Paul est marqué du sceau de la Grèce, et le vieillard de Pathmos de celui de l'Orient. Dante, le Tasse, l'Arioste, le Camoëns, Milton, Shakespeare, Lope de Vega, Goëthe, Klopstock, Shefferson, Byron, Châteaubriand, Lamennais, Victor Hugo, Lamartine, Beethoven, Mozart, Meyerbeer, Michel-Ange, Zurbaran, Murillo, Rubens, Rembrandt, Gros, Ary Scheffer, Delacroix, Decamps, et, poëtes supérieurs à tous, les constructeurs de nos cathédrales gothiques, sont autant de types appartenant au style oriental; tandis que le genre gréco-romain réclame d'autres grands noms, tels que ceux des Corneille, Molière, Racine, Boileau, la Fontaine, Bossuet, Fénelon, Pascal, Descartes, Leibnitz, Voltaire, Buffon, Rousseau, Bourdaloue, Massillon, Gluck, Rossini, Raphaël, Carrache, Paul Véronèse, Van-Dyck, Téniers, Poussin, le Sueur, David, Ingres, Paul Delaroche, Horace Vernet, et ceux des constructeurs des temples de la Renaissance, des panthéons et des églises modernes. On trouve bien, chez les plus grands de ces types, des tendances à la fusion des deux styles; mais aucun ne présente ce qui suffit pour satisfaire notre idée du beau catholique, même parmi les peintres; et s'il en est qui en approchent de près, ce ne peuvent être que les créateurs inconnus de quelques cathédrales gothiques. L'Orient était mort; la Grèce et Rome l'étaient aussi; sous le souffle chrétien, l'un et l'autre ont revécu, transfigurés dans des gloires pleines de magnificence; mais le catholicisme n'a pas encore produit sa création exclusive, synthèse parfaite des créations antécédentes, et, en même temps, lumière neuve dont Dieu seul a vu les splendeurs. La décrire serait la produire avant terme, et cela est impossible; nous ne pouvons que la nommer. Elle se réalisera peu à peu, avec l'universalisation du catholicisme en ce monde; et le jour où elle aura acquis sa plénitude d'existence sera celui de la fin des destinées terrestres. O vous que fanatise et béatifie le rêve du beau, ô artistes, espérez pour le monde, et travaillez, pour votre part, à la recherche du grand inconnu. Cet inconnu est une réalité future, reposant dans les arcanes du musée de Dieu, et que la terre, grâce à vos peines, ravira pour elle, comme Prométhée le feu de Jupiter. Quand la morale chrétienne aura envahi et refondu la politique et l'organisation sociale; quand la foi catholique aura réuni les nationalités et fondé la paix; quand l'unité se sera faite entre les esprits sous son influence, alors l'art chantera, peindra, sculptera, modulera des thèmes nouveaux sous des formes nouvelles; alors s'épanouira glorieux le genre catholique, aussi différent des deux autres par son synthétisme, qui se sera approprié leurs sublimes beautés, que par son vol dans des régions encore inexplorées; alors deviendra une réalité l'idéal chrétien, qui doit être, dès maintenant, poursuivi par tous vos efforts; alors enfin sera complète et féconde, à tous les points de vue, l'alliance du frère et de la sœur, sous la main bénissante du Sauveur de ce monde.

Déjà le critique, dont les pressentiments vagues précèdent, plus ou moins à son insu, les réalités dans le domaine de l'art, comme les théories, dans celui de la science, précèdent les découvertes et en montrent la voie, semble se jeter dans une direction conforme à nos pensées. Elle sait, aux points où nous écrivons, admirer, à la fois, Job et Homère, Isaïe et Pindare, Dante et Virgile, Racine et V. Hugo, Horace et Lamartine, Voltaire et Châteaubriand, Raphaël et Rembrandt, Ingres et Delacroix; et ainsi dans toutes les branches de l'art. N'est-ce pas déjà, sur le terrain de la théorie et du pressentiment, inaugurer ce système catholique qu'on prétendait, dans notre censure, être une chimère?

Oui, le progrès chrétien artistique n'est qu'à son début; nous n'avons fait encore que lui ouvrir la porte par le romantisme du moyen âge et du xixe siècle qui a marché dans les voies de l'Orient, et par le classisme du xviie et du xviiie qui a suivi les brisées d'Athènes; la troisième période ne fait que s'ouvrir; heureux les élus de ce monde qui en verront la gloire et qui en liront l'épopée!

VIII. Arrivant à considérer l'art dans l'individu qui en est le sujet, une question se présente à notre esprit: Peut-on être religieux sans être artiste, et artiste sans être religieux?

Or, cette question est plus grande qu'on ne pense, et voici comment nous la résoudrons.

• A prendre les mots dans leur sens large, la négative nous paraît incontestable. Jamais âme ne fut religieuse sans que le sentiment du beau, que la religion renferme, se soit quelque peu développé dans cette âme, et, par conséquent, sans que l'art l'ait subjuguée dans une mesure quelconque sur le terrain de la religion. Par contre, jamais âme ne fut artiste, sans qu'il ne se soit manifesté, en elle, quelque sentiment religieux, c'est-à-dire quelque aspiration du beau spirituel et divin, que la volonté raisonnée a pu, d'ailleurs, étouffer plus ou moins dans le moment où, l'art faisant silence, la liberté a eu son tour pour façonner l'être moral.

Mais ce sens large n'est pas celui qui doit nous occuper, vu qu'en raisonnant sur les données qu'il fournit, on aboutirait simplement à ce principe incontesté que l'individualité humaine a reçu de Dieu le double germe du sentiment religieux et du sentiment artiste, bien qu'à des degrés divers de puissance, avec la force libre de provoquer ou d'enrayer leur développement.

Il nous faut donc prendre les termes dans un sens plus étroit; et voici, sur ce nouveau terrain, ce que nous aurons à dire.

On peut être religieux, et même excellent chrétien, sans être artiste, au sens ordinaire du mot; c'est le phénomène le plus commun qui puisse être soumis à l'observation. On peut aussi être artiste sans être religieux ni chrétien, dans le même sens; c'est encore ce qui se voit trop souvent. Mais nous ajoutons 1° quant à l'artiste, qu'il ne peut être grand et puissant en influence sur les sociétés, s'il n'est profondément religieux dans la production de ses œuvres; et 2° quant au chrétien, qu'il ne peut être grand, saint et sanctificateur des autres s'il n'est artiste.

Ces deux propositions n'ont presque pas besoin d'être développées; tant elles sont évidentes, après tout ce que nous avons dit. Si l'artiste s'enferme dans la beauté matérielle ; s'il ne s'élève aux visions de l'esprit; s'il n'alimente son travail des ardeurs inspirées par le flair des essences supérieures à celles qui frappent les sens ; s'il ne fait suinter de sa toile, de son vers, de sa mélodie, de sa voix, de son geste, de son marbre, de son mouvement ce quelque chose sans nom qui vient de l'âme sensible et de ses espérances d'un idéal futur ; s'il ne travaille plongé dans le brasier dévorant qu'allume autour de soi le sentiment divin; si, en un mot, la religion ne l'échauffe, ne le provoque, ne l'illumine, ne le vivifie de ses flammes, il pourra produire ce qu'on appelle de l'esprit, de la logique, du bon sens quelquefois, mais jamais de cet art souverain qui, comme la lyre de Tyrtée, transporte les foules, est compris d'elle, les enthousiasme, les élève, les civilise, les mène aux combats de l'intelligence et de la vertu. Il pourra se faire admirer de quelques-uns, réunir peut-être une école de matérialistes, ses pareils; mais il ne vivra point dans la postérité, plus puissant après sa mort que pendant sa vie, et tenant sa place parmi les chefs de file de la grande armée. Dieu a réservé à la religion le beau qui fanatise les masses ; et l'artiste, que la religion n'a pas conduit à la contemplation de cette espèce de beau, n'a jamais pu devenir le grand artiste aux populaires et immortelles influences. L'autre proposition n'est pas moins vraie : l'homme religieux sans goût, sans feu, sans mouvement, sans vie, sans art, n'est religieux que pour lui ; il est mort pour les autres; les grands saints ont tous été des artistes dans l'accomplissement de leur mission, nous l'avons déjà dit. Il y a plus : le dévot qui n'a rien du sentiment de l'art, et qui n'a pas la prudence de s'en taire, fait plus de mal à la religion dans sa défense, que l'impie qui l'attaque. Il y a une bonne et une mauvaise manière de manœuvrer pour elle avec toutes les armes, celles de l'éloquence, celles de la poésie, celles de la conversation, celles des peintres, des sculpteurs, des musiciens, des architectes, des acteurs, et même des mouvements gymnastiques, dont les processions et toutes les cérémonies extérieures font partie; or la bonne, c'est l'art, le véritable art qui la trouve, la réglemente et la pratique; quant à la mauvaise, elle naît comme tout ce qui est mal, d'une absence, de l'absence de l'art, du tact, de l'habileté, du goût, et elle rentre dans les perfides insinuations de Satan. L'art est le grand propagateur de tous biens ; on peut être philosophe, savant, saint pour soi-même, sans son aide, mais on ne saurait l'être pour les autres. Celui-là seul communiquera sa philosophie, sa science, sa sainteté, en les rayonnant dans son atmosphère, qui, étant artiste en même temps, saura transformer son être extérieur avec ses facultés et leurs productions, en transmission ingénieuse de son mouvement interne. C'est par cet artifice qu'ont réussi tous les grands chefs de religion ; Jésus lui-même, le seul réformateur véritable, Jésus, la manifestation de Dieu par excellence, n'a pas dédaigné de s'en servir. Dieu fit le bien, l'enveloppa de l'auréole du beau pour lui donner la puissance de séduire, et chargea l'art de dévoiler peu à peu cette auréole ; depuis cette loi, que serez-vous sans lui ?

Soyons donc artistes, nous autres prêtres ; soyons-le de notre mieux, en respectant et cultivant les arts, si nous voulons être d'utiles messagers de Jésus-Christ.

L'art et la science, la littérature, seront aussi nos antidotes contre les petites et les grandes passions. La première condition pour que nous soyons dignes du Sauveur, c'est que nous soyons hommes de bien ; or cette qualité est essentiellement inhérente à l'étude. Quintilien le disait, et les païens comme lui ont émis des leçons que beaucoup d'entre nous seraient bien heureux d'avoir suivies. Écoutons-le en finissant :

« Non-seulement je dis que pour être un orateur comme je le comprends, il faut être homme de bien ; mais encore qu'on ne sera point orateur si l'on n'est homme de bien...... car l'esprit ne peut vaquer à l'étude du plus beau des arts, s'il n'est libre de tout vice; d'abord parce qu'il ne peut y avoir dans le même cœur alliance de l'honnête et du honteux, et qu'il n'est pas plus ordinaire à une même âme de concevoir à la fois de bonnes et de mauvaises pensées qu'à un même homme d'être tout ensemble probe et pervers. Ensuite parce qu'un esprit appliqué à une si grande étude, doit être exempt de toutes autres préoccupations même innocentes ; c'est ainsi seulement que, libre et n'ayant rien qui le distraye ou l'entraîne ailleurs, il pourra se livrer tout entier à la recherche du but auquel il tend. Si le trop grand souci de nos terres, si la trop grande attention à nos affaires domestiques, si le plaisir de la chasse et les jours donnés aux spectacles dérobent beaucoup de temps à l'étude; car le temps que vous donnez à une chose est perdu pour une autre, quel ne sera pas l'effet de la cupidité, de l'avarice, de l'envie, ces tyrans de la pensée qui troublent jusqu'à notre sommeil. Car rien n'est si occupé, si disputé, si tiraillé et déchiré de tant et de si diverses passions qu'un mauvais esprit. Quand il tend des embûches, il est harcelé par l'espoir, par le souci, par la fatigue ; et quand il jouit de son crime, il est torturé par l'inquiétude, par le remords, par l'attente de toutes peines. Y a-t-il place au milieu de tout cela, pour les lettres et pour toute autre étude honnête ? Pas plus assurément que pour les fruits dans une terre occupée par les buissons et les ronces. »

IX. Il nous reste à passer en revue les diverses langues particulières par lesquelles l'art humain se manifeste; nous les avons nommées : l'éloquence, l'écriture, la poésie, la peinture, la sculpture, l'architecture, le drame, la musique et la gymnastique ; chacune d'elles a un petit article spécial auquel nous renvoyons le lecteur.

Les trois premières de ces langues forment la *littérature*, mot générique qui demande quelques considérations de même espèce, qu'il sera bon de lire, dans l'article auquel il sert de titre, avant de passer aux détails. — *Voy.* Imitation.

ASCENSION DE JESUS-CHRIST (L'). — DEVANT LA FOI ET DEVANT LA RAISON (part. II, art. 15.) — Ce que l'Eglise nous donne à croire par l'article de son Symbole qui dit que Jésus est monté aux cieux, c'est le fait visible d'une disparition glorieuse en s'élevant dans les airs, tel qu'il parut aux yeux des apôtres et que l'ont décrit en quelques mots les historiens du Sauveur.

Il faut aux hommes des spectacles qui les frappent dans leur être sensible aussi bien que des idées et des raisons pour leur esprit. Il en fallait surtout pour transformer les pêcheurs de Génézareth en ces infatigables apôtres qui lancèrent le monde dans les voies de l'avenir chrétien. Jésus leur donna ce qui leur convenait ; il éclaira leur intelligence, attendrit leur cœur et éblouit leurs sens après sa résurrection par des apparitions aussi belles dans leurs circonstances qu'elles étaient merveilleuses. L'ascension fut le complément de leur préparation au grand œuvre dont ils devaient être les ouvriers ; c'est le dénoûment terrestre de la résurrection, et ce dénoûment est d'une beauté qui couronne dignement la gradation évangélique, cette gradation, sublime à tous les points de vue, dont les traits principaux sont la naissance avec ses douces merveilles, la prédication avec ses chefs-d'œuvre d'intelligence et d'amour, la passion avec ses gloires dramatiques, et la résurrection avec les riantes et solennelles manifestations qui la suivent. On ne peut guère apprécier cette beauté qu'en lisant la série des faits glorieux dont l'ascension est la clôture ; aussi renvoyons-nous à l'article Résurrection du Christ, où cette série est citée dans sa plénitude, telle qu'elle résulte des quatre histoires que nous avons de Jésus-Christ. Il ne nous reste ici que deux observations à faire.

C'est, d'abord, qu'il ne faut pas s'imaginer que Jésus ressuscité soit monté littéralement au ciel, après un séjour exclusif sur la terre, comme dans un lieu du genre de ceux de ce monde, situé vers les régions supérieures que peuplent les étoiles. Le ciel est un état intelligible des âmes relatif à un haut degré de manifestation de Dieu, et il est partout où sont les âmes dans cet état ; il était surtout pour le Christ partout où le Christ se trouvait, puisque partout il était en Dieu, et Dieu en lui, de la manière intime que nous expliquons au mot Incarnation. Il n'avait donc pas besoin de monter vers la voûte céleste pour y arriver. Mais il voulait s'abaisser, dans cette circonstance, comme il l'avait fait durant toute sa vie, et comme l'exigeait sa mission, au niveau de la nature humaine ; et, pour soutenir jusqu'au bout, devant les hommes, le rôle qu'il avait entrepris, il leur donna, en les quittant dans sa visibilité matérielle, ce spectacle conforme à ce qu'ils pouvaient concevoir de plus digne d'un Dieu en fait d'appareil extérieur.

L'imagination mythologique des peuples n'a trouvé rien de plus beau que quelque chose d'approchant de l'ascension de Jésus-Christ quand elle s'est appliquée à exalter la gloire de ses plus grands héros. C'est ainsi que la légende de Bouddha se termine en disant que Chakia le grand saint « s'éleva en corps et en âme, du sommet d'une montagne, vers les cieux, laissant sur la montage l'empreinte de son pied nu. »

L'Eglise aime à croire aussi, que ce fut à ce moment, si solennel pour la terre, où Jésus la quitta en la bénissant et lui léguant dans ses apôtres des libérateurs, qu'il inaugura, pour les morts, cette patrie heureuse dont il est le roi, et qu'on appelle le ciel surnaturel des Chrétiens. C'est cette pensée qu'exprime la peinture dans sa langue éloquente lorsqu'elle représente Jésus-Christ s'élevant sur les nuages et suivi de la légion des saints du vieux monde. Or, si cela est beau comme image grandiose et réjouissante, ce n'est, en même temps, que très-raisonnable et très-naturel. Il faut bien un commencement à tout ce qui se fait dans le temps, qu'il s'agisse des corps ou des esprits ; qu'il s'agisse de cette planète ou d'un autre séjour, qu'il s'agisse de la vie présente ou de la vie future. Il n'y a que pour Dieu qu'il n'y ait pas de commencement ; mais autant il est impossible qu'il y en ait eu lui, autant il est nécessaire qu'il y en ait dans la créature. Le ciel du Christ, cette Eglise triomphante, dont la militante ambitionne la conquête, étant une création de Dieu par l'entremise du Christ, devait donc avoir un commencement, une inauguration véritable. Or, quoi de plus raisonnable et de plus beau que de fixer cette inauguration à ce grand jour où Jésus, ayant accompli sa mission sur la terre, fondé l'Eglise militante en l'envoyant comme son Père l'avait lui-même envoyé, la bénit aussitôt fondée, la quitte, et s'en va, pour user de ses touchantes paroles, lui préparer le lieu des couronnements glorieux. C'est l'Eglise triomphante, au même instant fondée, qui est ce lieu, et désormais il y attendra et recevra sans cesse les âmes de ses braves, à mesure qu'ils mourront sur les champs de bataille de la vertu, comme la poésie scandinave représente Odin recevant les âmes de ses guerriers dans son Vallhalla. — *Voy.* Glorification du Christ.

ASSISTANCE. *Voy.* Sociales (Sciences), II.
ASSOCIATION. *Voy.* Sociales (Sciences), II.
ASSURANCE. *Voy.* Sociales (Sciences), II.
ASTRONOMIE. — Religion. *Voy.* Cosmologiques (Sciences).

ATHEISME — RAISON (Ire part., art. 22.)
Réfutation d'un Essai d'athéisme au xixe *siècle.*

Nous donnons ici ce travail dont une partie seulement a déjà paru dans un journal et une revue. La question de Dieu devant être toujours, dans l'humanité terrestre, la question fondamentale, il faut s'attendre à la voir reprise de temps en temps, jusqu'à la fin des siècles, ainsi qu'on l'a vue revenir dans le passé, et agiter les âmes à toutes les époques d'effervescence philosophique. Ce n'est pas un mal ; c'est toujours une occasion de plus pour le philosophe d'exalter les grandeurs de l'Être infini, et d'ajouter à l'hommage des intelligences un effort nouveau, à l'hommage des cœurs un nouveau soupir.

Notre siècle est théiste ; mais tous les siècles l'ont été et tous le seront, ce qui n'a pas empêché plus d'une tentative d'athéisme. Il est intéressant, ce semble, de savoir sous quelle forme et avec quel bagage d'arguments l'athéisme de notre âge vient nous faire ses propositions.

C'est ce qu'on saura par la lecture de cette réfutation du livre de Charles Bailly, intitulé : *Théorie de la raison humaine*, et on verra, en même temps, l'effrayant abîme de déraison où l'esprit est obligé de se perdre quand il renonce aux premiers mots du symbole universel : *Je crois en Dieu*.

Réfutation. — Nous avons pris souvent la défense de la philosophie contre l'*autoritarisme* et le *traditionalisme* exclusifs qui l'attaquent au nom de la foi, avec un acharnement qu'on ne peut expliquer qu'en l'attribuant à une réaction immodérée contre l'apothéose qu'avait décernée à la raison le XVIII° siècle.

Aujourd'hui il nous faut faire volte face pour défendre la philosophie contre un lutteur nouveau qui, dans un livre venant de paraître, l'attaque pour le moins aussi brutalement que les premiers, au nom de la raison, et en la défendant, défendre la foi, sa compagne et sa sœur.

Le lecteur comprendra, par le développement d'idées qui lui sera soumis, que, si l'on cédait la partie à l'auteur que nous allons combattre à titre de philosophe, comme le feraient assez volontiers sans doute les ennemis de la philosophie amis de la foi, on la lui céderait, par là même, à titre de chrétien, et que la plus profonde des incrédulités, l'athéisme, aurait gain de cause.

Le glaive dont nous nous servirons sera donc à double tranchant, et la pierre que nous lancerons à double coup. L'une blessera du revers ceux que l'autre atteindra du ricochet.

Ne nous occupons que de l'ouvrage qui est notre point de mire, l'intelligence du lecteur suppléera les déductions accessoires ; et descendons immédiatement sur le terrain.

Nous serons d'une franchise ouverte, d'une rusticité mathématique, d'une liberté de style qui dégénéreront peut-être en brutalité ; mais l'auteur, dont la forme est vigoureuse lorsqu'il écrit, l'audace proudhonienne lorsqu'il pense, et le caractère d'une rondeur et d'une bonté peu communes dans le commerce de la vie, ce qu'un lecteur impartial devinerait sur son livre, nous en aura plutôt gré que rancune, sachant que lui-même en donne le premier l'exemple à tous ceux qui le lisent. Étant donc parfaitement à notre aise, dégaînons.

M. Charles Bailly affectionne souvent la méthode des géomètres ; nous nous servirons souvent de la même méthode pour le réfuter ; et, pour mettre en pratique dès le début cette résolution, nous lui tiendrons le langage que voici :

Si votre ouvrage promet tout et ne donne rien, c'est un coup d'épée dans l'océan que de l'avoir jeté en circulation dans le monde intellectuel. Cela est clair.

Or, pour le juger à ce point de vue, la première chose à faire est d'exposer fidèlement ce qu'il promet ; la seconde est d'exposer non moins fidèlement ce qu'il donne ; et la troisième est de mettre en regard la chose promise et la chose livrée, en se demandant s'il y a entre elles égalité, si elles sont en équation algébrique. L'auteur admet peu les égalités et beaucoup les similitudes ; mais au moins, sera-t-il obligé d'avouer qu'en cette occurrence, il s'agit d'une égalité. Il pourra s'agir aussi quelquefois de similitude, par exemple, s'il nous arrive de constater qu'après avoir promis une chose, non-seulement il ne livre pas même le semblable de cette chose, en restant, pour user de son terme favori, dans la même *construction*, mais qu'au contraire, sortant de la *construction* sans s'en apercevoir, il livre la négation même de cette chose ou une autre totalement diverse, et ceci arrivera.

Ce langage, lecteur, est pour vous très-obscur. Un peu de patience ; il deviendra clair.

Ainsi donc : 1° exposer la promesse ; 2° exposer la livraison ; 3° examiner s'il y a équation entre la chose livrée et la chose promise ; et, à ce propos, démontrer mathématiquement :

1° Que l'auteur ne donne pas ce qu'il promet ; 2° que ce qu'il donne est égal à zéro ; 3° que quelquefois même ce qu'il donne est la négation de ce qu'il promet, est, par conséquent, inférieur à zéro, et devrait être représenté, en algèbre, par le signe — (*moins*), placé devant le terme représentant la promesse ; 4° enfin, comme conséquence générale, que son livre, loin de démolir la réalité objective de toutes les croyances de l'humanité philosophiques et religieuses, à commencer par la croyance en Dieu, ainsi qu'il le prétend, est un monument de plus élevé en témoignage de la solidité de ces croyances et de la réalité de leur objet : voilà ce que nous nous proposons de faire dans cette réfutation, en ayant soin de rendre claire, autant qu'il nous sera possible, la discussion d'une théorie, en elle-même, très-obscure, comme le sont toutes les théories erronées ; car dans la région des ombres les yeux les plus fins ne cueilleront jamais que des ombres.

I. Pour donner une idée de ce que promet à l'humanité l'auteur de la *Théorie de la raison humaine*, il nous suffira de transcrire ses affirmations les plus saillantes; elles seront assez curieuses pour ne pas ennuyer nos lecteurs.

« C'est un livre de science, » dit-il, dans la préface, « et non un recueil de discussions plus ou moins intéressantes que j'offre au public.... L'enchaînement des propositions est tel qu'il me paraît difficile de bien comprendre les dernières sans se familiariser d'abord avec celles par lesquelles débute l'exposition. Comme les vérités mathématiques font partie de cet enchaînement, j'ose croire qu'on ne pourra me réfuter qu'en les niant ou qu'en posant une idée dont la loi de formation soit en dehors de cette *théorie*.... Les idées que j'ai à exposer constituent une *théorie* dont je crois pouvoir revendiquer la découverte; je n'ai rien voulu cacher de la foi robuste et sincère que j'ai dans les résultats qu'elle doit produire. »

Après avoir synthétisé, à son point de vue, dans l'introduction, les travaux de Descartes, Spinosa, Mallebranche, Pascal, Berkley, Locke, Leibnitz, Hume, travaux qu'il appelle de la dialectique, il ajoute en parlant de celle-ci : « Elle ne trompera plus le voyageur dans son élément pur, cette pie infernale qui n'a pour toute ressource que la jactance et le bavardage. » (P. 3.)

Il dit ailleurs : « Il est plus qu'évident que j'ai découvert enfin le secret de la dialectique et que j'ai pu la poursuivre jusque dans ses derniers retranchements et la blesser dans sa partie la plus sensible... Le monstre aux cent formes diverses ne reparaîtra jamais, il n'en restera que le souvenir. Honte à quiconque lui adresserait des adieux de regrets; je défie le genre humain de le faire revivre.... Je lis depuis quinze ans les productions intellectuelles de différents pays; je suis obligé de déclarer, n'en déplaise aux écrivains, que je n'ai pas rencontré cent pages de véritable étude, et que j'en ai lu des milliers écrites sous l'influence de cet esprit infernal qui se cache sous différents pseudonymes, mais qui s'appelle réellement la *dialectique*.

« Cette prétendue science n'est autre chose que l'art de faire produire à un nombre déterminé d'idées des résultats contradictoires; son domaine se compose de toutes les *constructions* fausses; son effort est de détruire celles qui sont faites régulièrement.

« C'est la dialectique qui protège le crime, qui fait briller l'ignorant, et qui abreuve le genre humain de fictions. C'est à son abri que l'homme devient orgueilleux, hypocrite, fripon; c'est par elle qu'il se console dans la dégradation, se repose dans l'ordure, pratique la corruption et parvient à créer autour de lui une atmosphère où tout se montre, excepté la vertu. La dialectique a donné la foi au dogmatique; elle s'insinue partout; on la trouve dans le cahier du professeur, le dossier de l'avocat, le catéchisme du prêtre et au bout de la plume du philosophe. Elle a été jusqu'à présent la migraine de chaque homme et le plus grand fléau de la science.... » (P. 221 et suiv.)

« Il n'en sera plus de même dorénavant; on saura quelle voie elle parcourt pour nous conduire aux erreurs et aux illusions. Elle nous avait mis dans un tel état qu'on ne savait si on voulait conserver ou abdiquer la raison. Cette insipide dialectique savait avec tant d'art nous faire produire les créations les plus opposées, que l'esprit humain était sur le point d'avoir honte de lui-même. Relève la tête, ô puissance majestueuse! il n'y a rien qui puisse éclipser ta grandeur. L'univers n'est pour toi qu'un objet, et tu serais tentée de le céder à je ne sais quel être, qui n'est que ta caricature! il n'est fort que de ta force; il n'est attrayant que parce qu'il a de tes traits mal rendus, et tu t'enveloperais tristement sous ton manteau pour le laisser régner sans mot dire! Il n'en sera pas ainsi; n'ayons pas de craintes vaines. La dialectique expirera avec ses *principes*, ses *axiomes*, ses *arguments*, ses *raisonnements*, son *droit*; l'erreur et les illusions se dissiperont; l'*activité* nous livrera la mesure de son effort, et la raison paraîtra enfin pour le bonheur et la paix de l'humanité. » (P. 224.)

Voici comment il s'exprime au sujet de Kant : « Ce qu'il dit des *jugements*, des *catégories*, des *antinomies*, prouve que l'activité ne lui est pas apparue. Il a su nous faire voir que l'existence de Dieu ne pouvait pas être démontrée, que toutes les preuves que l'on en donne ne prouvent pas, qu'elles ne servent qu'à nous faire passer par une porte qui ne nous conduit à rien de nouveau; mais il ne nous dit pas ce que c'est que l'idée de Dieu, comment elle existe dans l'esprit humain; il ne nous apprend pas ce que c'est qu'une *démonstration*, à quelle condition elle existe, ce que c'est qu'une *preuve*, un *axiome*, un *principe*, etc. Quant à l'unité scientifique, il la laisse de côté, ou plutôt il la nie. Comment concilier la géométrie avec la morale ? les beaux-arts avec la physique ? les connaissances empiriques avec les idées ? Où est le lien qui relie entre elles toutes les connaissances sans exception ? Tels sont quelques-uns des problèmes auxquels il reste à chercher des réponses. C'est pour faire disparaître cette lacune que nous avons entrepris notre travail. Il est inutile d'insister pour en tracer la limite; son objet étant l'esprit humain, il doit l'épuiser pour être complet. » (P. 5.)

Les disciples de Kant ne sont pas mieux traités; « la dogmatique échevelée des successeurs de Kant a été impuissante : elle ne nous a rien appris. Fichte, Schelling, Hegel, ne sont que les moines de la philosophie kantienne. » (P. 4.)

Voici comment notre auteur fait l'éloge de Platon, Aristote et Descartes : « Leur popularité est incontestable; les vérités qu'ils ont découvertes ont pénétré dans tous les esprits et on a profité des fruits qu'elles produisent. Dieu lui-même leur doit son existence; ses ministres n'ont pu le déterminer qu'à l'aide des philosophes qu'ils ont voulu ensuite lui sacrifier. » (P. 9.)

Il dit ailleurs de Descartes : « Si on le considère comme philosophe, on s'aperçoit aussitôt que, tout en nous inspirant de la haine pour la scolastique, il en préconise contre son gré, les sophismes adroits, les vaines subtilités ; son *Discours de la méthode*, ne sort pas des données du sens commun ; on lui a fait une réputation qu'il m'est impossible d'admettre et de justifier. Sa valeur comme œuvre philosophique est à peu près insignifiante ; je défie qui que ce soit d'en faire sortir une idée féconde, capable de conduire au moindre résultat, à la moindre découverte..... les modernes cartésiens seraient fort embarrassés de trouver, dans la doctrine de leur maître, l'explication d'une seule idée. A quoi ont abouti ses discussions sur Dieu, sur l'âme, sur le monde et sur toutes les idées *transcendantes* ?... Le *je pense*, donc *j'existe*, n'est pas loin d'être ridicule..., il imaginait, comme tant d'autres qui désespèrent de sortir du chaos, que les produits de la pensée sont d'autant plus précieux qu'elle a été plus torturée. C'est comme si le naturaliste disait : Faisons marcher l'homme sur sa tête et ses bras, on pourra bien le prendre pour une plante ou pour un monstre qui ne figure dans aucun catalogue. » (P. 126 et suiv.)

Voici pour tous les philosophes :

« Philosophes de tous les siècles, vous avez appris à vos disciples qu'on ne parvient à faire valoir sa science qu'en faisant valoir celle des autres ; ce n'est pas cette maxime que je veux mettre en pratique. Je veux le succès à un autre prix... philosophes de toutes les écoles, théologiens de toutes les sectes, prophètes de tous les pays, vous n'avez été que des esclaves de toutes les illusions, des fous sublimes, des poètes sombres qui avez débité des choses magnifiques, lesquelles avaient le défaut capital d'être des produits d'une activité vagabonde. » (P. 128.)

La logique reçoit ainsi son arrêt : « Que vous vous réfugiiez dans le grand bâtiment de Port-Royal ou dans le cercle étroit du programme des collèges, vous n'échapperez pas aux coups de sifflet que provoqueront vos syllogismes. La vieille logique est destinée à périr ainsi que tout ce qu'elle a produit ; le jour de son trépas n'est pas éloigné ; elle a bien mérité son arrêt de mort en s'alliant partout avec la détestable dialectique. » (P. 207.)

« Vous parlez abondamment de *raisonnements*, d'*arguments*, de *preuves*, de *démonstrations*, de *syllogismes*, dit-il encore aux logiciens, et vous n'avez jamais su ce que ces mots signifient, pas plus que vous ne savez ce que sont les *principes* et les *axiomes*. Hé bien, vos raisonnements et vos arguments ne présentent aucune idée ; vos preuves et vos syllogismes ne sont qu'un cliquetis, qui fait du bruit sans besogne ; vos principes et vos axiomes n'existent pas. Se servir encore de ces expressions est une confession d'ignorance. » (P. 205.)

Arrivons aux affirmations qui se rattachent plus intimement à la théorie de l'auteur.

« Il faut sortir enfin, dit-il, de la grossière *observation des sens*, du *doute méthodique*, de la *table rase*, et cesser de s'agiter dans ces questions imbéciles : Qu'est-ce que Dieu ? qu'est-ce que l'âme ? qu'est-ce que le monde ? qu'est-ce que l'univers ? qu'est-ce que ceci ? qu'est-ce que cela ? Partons d'un autre point et suivons une autre méthode qui nous donnera la solution de tous les problèmes posés.... » (P. 12.)

« Lorsqu'on a agité une question pendant des siècles, on a fini par voir qu'elle n'avait pas de réponse dans les termes où elle était posée : que de peines inutiles et quelle confusion ! Ainsi après avoir étourdi le genre humain de la question de Dieu, de celle du libre arbitre, de celle du monde, on a conclu que l'existence de Dieu ne pouvait être prouvée, que la liberté dans l'homme ne pouvait qu'être sentie et qu'il était aussi juste de soutenir que le monde n'avait pas commencé et qu'il n'aura pas de fin, qu'il l'est de penser qu'il a eu un commencement et qu'il disparaîtra un jour.... Le *théorisme* (c'est ainsi que l'auteur qualifie son système) aura la plus heureuse influence.... la dispute deviendra impossible, et je ne doute pas qu'un jour la paix ne s'établisse pour jamais dans le domaine de la science où se sont agités tant d'hommes de génie. » (P. 14 et 15.)

« Les théologiens s'occupent depuis le commencement du monde à prouver l'existence de Dieu, à déterminer ses attributs, afin de donner une base aux religions et à la morale ; nul d'entre eux ne s'est aperçu que, si la tentative pouvait réussir, que, si Dieu pouvait être susceptible de démonstration, pouvait être déduit, il n'existerait pas autrement que comme objet, et la religion et la morale disparaîtraient aussitôt. Cela deviendra clair plus loin. » (P. 16.)

« La question la plus importante de la théodicée n'est pas celle-ci : Qu'est-ce que Dieu ? mais une autre ainsi conçue : Comment ai-je l'idée de Dieu ? il faudra aussi savoir comment on a l'idée d'âme ; comment il se fait que je sois forcé à croire à certaines vérités et que d'autres, au contraire, laissent le doute et l'indécision dans mon esprit. Tel sera le caractère du théorisme dont je veux essayer de poser la base inébranlable.... la réponse à toute question sera dans l'explication de son idée ; au lieu de : Qu'est-ce que le temps ? qu'est-ce que l'espace ? qu'est-ce que l'infini ? Nous avons : Comment ai-je l'idée de temps ? comment ai-je l'idée d'espace ? comment ai-je l'idée de l'infini ? le dogmatique, le sceptique, le critique seront forcés de nous suivre sur ce terrain sous peine d'abandonner tout ce qui fait leur essence. » (P. 11.)

Faisant l'apologie de la raison, l'auteur s'écrie : « La raison est le seul être qui dispose de l'homme, qui lui dicte ses lois, qui le tyrannise sans que l'homme s'en plaigne et essaye d'échapper à sa domination. Il l'idolâtre, il la divinise, il lui a élevé des statues et lui en élèvera encore ; il l'a mise au-dessus de Dieu, se confiant à cette puissante intuition intellectuelle qui. lui dirait que sans la raison Dieu ne serait pas. » (P. 19.)

Voici l'*Introduction* à la théodicée : « Un chapitre aussi délicat demande une disposition d'esprit toute particulière. Lorsqu'on écrit sur une matière qui intéresse profondément le genre humain tout entier, on doit prendre la ferme détermination de rester sincère.... ce serait une injure irréparable faite à l'esprit humain que de lui dire qu'il est dans l'erreur, sans lui tracer aussitôt la voie de la vérité. Je me croirais criminel, si j'osais attaquer, par toutes sortes de raisons, les croyances les plus précieuses de tous les hommes, sans être convaincu de pouvoir les remplacer par d'autres, aussi puissantes, aussi complètes, plus pures et plus vraies. Tout ce que je vais dire sur Dieu sera marqué du cachet de la plus ferme certitude.... les jugements que j'aurai à formuler ici ont pour moi une valeur mathématique; et si je savais ne pas être complet, je déchirerais ces feuilles et j'en brûlerais les derniers débris. Grâce à la théorie qui nous a guidé jusqu'ici, nous espérons épuiser le champ de la nouvelle théodicée. » (P. 274.)

« Dire que l'on va prouver l'existence de Dieu, » lit-on plus loin, « c'est avancer une phrase illusoire et vide de sens, bien digne de l'habileté des théologiens et de la folie des dogmatiques... La théologie, bien loin de servir à faire triompher l'idée de Dieu, a une tendance forcée à l'athéisme. Elle est absolument dans la voie qui y conduit lorsqu'elle va enfin démontrer l'existence de Dieu. Allons, messieurs les théologiens, passez-moi le mot, vous avez donc l'esprit creux comme vos prétendues démonstrations.... Pour que votre Dieu pût être l'objet d'une démonstration, il faudrait qu'il tombât sous les sens, qu'il fût une partie d'un objet, une extraction de cet objet; ce qui est, vous l'avouerez, du pur athéisme. Prenez-y garde, le jour où vous atteindrez votre but, les athées auront raison, et il sera nettement établi que vous les avez fait brûler autrefois parce que, poussant plus loin que vous la logique et prenant scrupuleusement note de toutes vos affirmations basées sur des principes qui n'existent pas, ils tiraient la conséquence de vos faux raisonnements.» (P. 280.)

On lit ailleurs des choses comme celle-ci : « Il n'est plus possible de s'y tromper : Dieu et le diable sont bien l'œuvre de l'homme qui les crée forcément par le jeu des lois de son entendement. Quiconque ne comprend pas ces déductions est dans l'impossibilité de s'expliquer la croyance qu'il professe pour les vérités mathématiques. L'idée de Dieu n'est pas plus sublime qu'une autre idée; elle ne coûte pas plus d'efforts en moi que l'idée de l'être imparfait; elle sort comme les autres de notre fond misérable et imparfait qui peut concevoir toute idée. » (p. 200.)

« Il ne faut pas croire, reprend M. Bailly, que je donne raison à ceux qu'on est convenu d'appeler athées et qui, jusqu'à ce jour, n'ont guère fait autre chose que tirer les conséquences des raisonnements du théologien. Il reste, au contraire, certain qu'il leur est impossible d'avancer la moindre proposition concernant Dieu, et qu'ils ne sont pas moins absurdes que les théologiens lorsqu'ils discutent sur cet être. La logique de l'athée, c'est la logique du théologien, c'est, en un mot, de la pure dialectique, c'est-à-dire des phrases dépourvues de sens. Le meilleur moyen pour supprimer les athées serait de chasser les théologiens. Cette mesure contribuerait plus au rétablissement de l'ordre dans les idées, au triomphe du droit et à la propagation de la morale, que toutes les lois et décrets qui remplissent la multiplicité de nos codes. » (P. 310.)

Sur les rapports de la religion et de la morale qu'il veut séparer, tenant aussi fortement à la seconde qu'il tient peu à la première, voici ce que dit notre auteur : « Elles sont du domaine de deux consciences différentes dont les produits contradictoires doivent se détruire ; la lutte durera peut-être longtemps, l'ignorance des individus servant à la prolonger, mais elle finira; les consciences cesseront de se confondre, leur limite s'établira visiblement, cela est vrai ou les mathématiques sont fausses. Aussi, toutes les attaques dirigées contre les religions se font-elles au nom de la morale qui, seule dans ce cas, peut entrer en lice. » (P. 358.)

Citons enfin les passages suivants dans lesquels M. Charles Bailly dit clairement ce qu'il pense lui-même de sa théorie, quant à sa valeur générale :

« Si l'on pouvait amener les hommes à tomber d'accord sur toutes les sciences, comme ils sont unanimes pour admettre les vérités mathématiques, il est évident qu'on aurait atteint un admirable but. C'est en vue de ces résultats que je multiplie mes efforts et que j'ai entrepris cet ouvrage. » (P. 18.)

« Nos arguments ayant en tout une forme mathématique, nous espérons que l'effet qu'ils produiront aura des conséquences jusqu'ici inaperçues. Nous croyons que la nouvelle voie que nous allons suivre est restée inexplorée, et qu'en y entrant franchement on sera conduit à la découverte des lois qui doivent être mises en vigueur, pour que le monde soit à jamais rendu à la paix, à l'ordre, au bonheur. » (P. 20.)

« Notre théorie est donc complète et rien ne peut être en dehors. Le caractère le plus important de la certitude, l'unité de construction, accompagne notre œuvre qui, par le fait, devient plus inattaquable que les vérités mathématiques. Nous avons d'abord posé l'acte, parcouru le domaine entier de la connaissance humaine, examiné toutes les parties de la connaissance, puis nous avons retrouvé l'acte. Nous ne sommes pas sorti de la construction et cette théorie est définitive. » (P. 319.)

« Nous avons déterminé le mouvement des facultés de l'être humain dans la production de toute science; tracé les caractères invariables de la vérité à laquelle nous avons donné un organe; marqué l'erreur d'un sceau indestructible; indiqué la route à suivre dans toute recherche; posé les lois par lesquelles ce qui est conçu et ce qui le sera a pu et pourra l'être; remis l'activité dans son véritable chemin, et assuré, nous le croyons, l'avenir de la saine logique, celui du calme dans le savoir, et préparé le triomphe du *droit*, de la *justice*, de la *morale* et de la *raison*. » (P. 387.)

Ce sont là les derniers mots du livre.

Les promesses de M. Bailly sont nombreuses et considérables. On peut les résumer comme il suit :

Donner une théorie *nouvelle* de l'entendement humain, basée sur un enchaînement de propositions ayant une valeur *mathématique* et sans solution de continuité; une théorie qui est appelée à transformer l'état intellectuel et moral du genre humain en fondant l'unité scientifique, et à renverser pour jamais tous les édifices des philosophes et des théologiens, des théistes comme des athées, des spiritualistes comme des matérialistes, des panthéistes comme des monothéistes, des anciens comme des modernes, lesquels n'ont été le produit que d'une détestable dialectique et d'une logique fausse.

Une théorie qui renfermera la preuve *mathématique* qu'il est impossible de démontrer Dieu; que le démontrer, c'est le détruire, et l'explication *géométrique* du pourquoi et du comment nous avons l'idée de Dieu, l'idée de l'infini.

Une théorie qui fera comprendre que Dieu n'est autre chose qu'une création, une construction, un rêve de la raison humaine, un produit de son activité; ainsi que l'âme en tant qu'immatérielle et immortelle; ainsi que la religion, par là même, et tout ce qui s'y rattache.

Une théorie enfin qui conservera cependant la morale, la distinction du juste et de l'injuste, qui lui rendra ses véritables bases, et sa vraie formule, en la faisant rentrer dans la grande unité scientifique jusqu'alors ignorée et à l'état d'impossibilité pour les esprits.

Telle est la promesse de notre auteur. Elle est audacieuse, franche, ronde et gigantesque.

Examinons maintenant la marchandise dont la livraison en doit être l'accomplissement.

II. Pour faire comprendre à nos lecteurs le système de M. Bailly, avec son enchaînement géométrique, nous le citerons peu; la forme et la trame de cet écrivain n'ont rien de ce clair et de ce net qui rendent les livres populaires; il est trop algébriste, trop métaphysicien, et trop particulier dans son langage, quoiqu'il ne soit pas néologue, pour être saisi et goûté par le public. Il nous a fallu du travail et de la réflexion pour envelopper son idée. Nous exposerons donc ce système universel à notre manière; il n'y perdra rien; nous serons d'une bonne foi sans mesure et d'une fidélité scrupuleuse, l'auteur en jugera.

Voici d'abord deux sortes de principes qu'il pose dès le début et que nous trouvons utile de transcrire.

« S'il est, dit-il, une chose facile à saisir, c'est que la condition nécessaire à la connaissance consiste dans l'existence de quelque chose qui connaisse, et celle de choses à connaître; rien n'est connu si rien ne connaît, et réciproquement; c'est le résultat inévitable de la décomposition du connaître. » (P. 2.)

Ce principe est vrai; c'est une des mille formules sous lesquelles peut se traduire le système cartésien, qu'on doit qualifier de *chrétien-rationaliste*; et nous ferons voir que ce principe ou définition ou explication ou axiome ou affirmation de l'évidence intuitive, comme on voudra l'appeler, les mots nous sont indifférents, suffit à lui seul, pour ruiner, de fond en comble, la théorie construite dans les quatre cents pages qui suivent.

Voici l'autre dont l'énoncé renferme des obscurités, des contradictions, des inexactitudes sur lesquelles nous reviendrons également : « Avant de commencer la décomposition de la raison, d'en étudier chaque partie, il est utile de faire comprendre la différence qui existe entre ces mots : *vérité, raison*...... La *vérité* peut être considérée comme la *matière nécessaire* à la raison; la *vérité* est un *produit* de la raison, produit qui reparaît sans cesse pour obtenir d'autres produits qui ne sont eux-mêmes possibles qu'à la condition d'une raison qui les combine et les multiplie d'une foule de manières différentes..... Réduite à sa plus simple expression, la *vérité* est une *idée* qui s'obtient d'une manière qu'il faut déterminer; son existence dans l'esprit est relative à certains mouvements dont il est nécessaire de donner les formes; ce que, du reste, nous promettons de faire. Il suffit de dire pour le moment....., que l'*idée* est la *racine* de la *vérité*, que la vérité est un degré de la raison, son auxiliaire, un levier, une partie essentielle et nécessaire de son développement. » (P. 20 et 21).

Passons à l'exposé de la théorie nouvelle. C'est nous qui parlons, mais comme l'écho.

On a voulu, en philosophie et en théologie, poser des principes premiers, évidents, d'où l'on déduirait géométriquement tout le reste; celui de Descartes est son fameux *cogito, je pense;* celui de Leibnitz est la *monade;* celui de Spinosa est le *tout;* celui de Hégel est l'*idée;* enfin chacun a choisi le sien.

Or, il n'y a pas de principes premiers, d'axiomes, de point de départ absolu et déterminé. *Chercher un principe, c'est chercher une chimère*, aussi bien en géométrie, qu'en philosophie, religion, politique, etc.

Il n'y a que des objets qui sont présents à l'esprit, que l'esprit inscrit par son activité, qu'il enveloppe, qu'il embrasse : telle est une bille dont mon activité se fait l'idée, qu'elle inscrit telle que les sens la lui présentent dans son entité composée, et dont elle extraira ensuite, par sa faculté de soustration, les diverses propriétés, comme la forme, la couleur, le poids, que l'auteur appellera les *distincts* de la bille.

A l'opération de l'activité intellectuelle qui inscrit l'objet, et à celle qui en distingue les propriétés, succède une autre opération qui consiste à augmenter et à diminuer l'objet et ses distincts à l'infini. Elle est le résultat de la faculté additive et soustractive qui n'a pas de limite et donne lieu à une progression prenant la forme d'un cône susceptible de s'allonger indéfiniment par sa petite base vers le simple et par sa grande vers le tout. Par exemple, je puis diminuer, dans mon idée, la bille à l'infini, ou la grossir à l'infini. Il n'y a pas de terme à mon activité dans les deux directions; l'effort continue toujours, se perpétue, ne peut s'inscrire lui-même, se déterminer dans une idée, et de là *l'infini*, qui n'est autre que le manque d'une limite à la progression.

L'ensemble de cette progression s'appellera la *construction* de l'idée. Et, toute construction pouvant se faire régulièrement d'après les lois du vrai, sans transition d'un ordre à un autre ordre, la science est possible.

Les propositions générales sont des constructions par lesquelles on applique à tous les objets semblables la propriété de l'un d'eux. Je sais qu'un triangle a trois angles, et j'applique cette propriété à tous les objets semblables grands et petits qui forment le cône des triangles, lequel je prolonge sans fin par les deux bouts. C'est ainsi que je formule ma proposition générale consistant dans l'emploi du mot *tout* appliqué aux différents termes de la progression.

On oublie toujours, lorsqu'on parle d'un principe premier, que, avant de poser ce principe, l'esprit avait fait plusieurs opérations nécessaires, et, par conséquent, qu'il n'est pas premier : l'opération d'inscrire un objet empirique composé, celle d'en déduire un distinct, et celle de construire le distinct en l'appliquant à tous les objets semblables plus grands et plus petits; d'où il suit que la *déduction* du distinct de sa construction, laquelle est l'énoncé même du principe, n'a lieu qu'après *induction*, par votre activité, de ce distinct dans sa construction, c'est-à-dire dans la formation du cône qui lui correspond. Votre principe premier est donc la déduction de ce que vous avez induit. Vous en êtes le créateur.

Une démonstration n'est aussi qu'une construction dans laquelle, partant d'un des termes de la progression, je fais voir à une autre conscience que tel autre terme y est renfermé comme plus grand ou plus petit.

Platon n'a construit son juste imaginaire que par la progression. L'idée de vertu se rattachant à l'un des distincts de l'homme, il n'y a pas de bout à rêver le plus et le moins : rêvant le plus, en d'autres termes, l'activité se dirigeant et faisant effort vers le grand côté du cône, vous avez l'homme infiniment bon; rêvant le moins, ou l'activité se dirigeant vers le petit côté, vous avez l'homme infiniment méchant.

Il y a trois sciences : 1° la science *empirique*, laquelle renferme les produits de l'activité sur les objets relatifs à l'expérience et qui tombent sous les sens. Elle se borne à l'inscription de ces objets dans le moi. Son tout s'arrête au plus grand et au plus petit objet qui a été vu, touché, etc. Elle ne comporte pas la généralisation des choses. Elle consiste uniquement dans un ensemble d'idées des objets sensibles, et dans la séparation de leurs distincts.

2° La science *transcendantale*, dont la base réside dans les *distincts*, c'est-à-dire les propriétés *extraites* des objets empiriques par l'activité, telles que la forme, la couleur, la grosseur dans une bille. Ces distincts sont capables de construction, peuvent être diminués et agrandis à l'infini, peuvent s'ajouter, former des produits, et par conséquent la science transcendantale est sans limite. L'arithmétique, la géométrie, l'algèbre, la statique, la physique pure en sont des divisions.

3° Enfin, la science *transcendante*, qui a pour champ tout le reste, c'est-à-dire toutes les idées *extraites-abstraites*, incapables de construction et n'ayant que la valeur d'un acte de l'activité intellectuelle. Elle ne s'occupe que des idées acquises par la conscience, des mouvements de celle-ci, et doit se borner à expliquer comment ces idées et ces mouvements peuvent se développer avec les matériaux fournis par les deux autres sciences, lesquelles, seules, correspondent à des réalités sensibles. L'idée de Dieu, l'idée d'âme, appartiennent à la science transcendante ; elle prend les noms de philosophie, théologie, théodicée, psychologie, ontologie, métaphysique, religion, etc.

Chacune de ces sciences a son domaine particulier, et l'erreur consiste à les confondre, à faire passer dans le domaine de l'une ce qui est du domaine de l'autre.

Les philosophes qui ont essayé une construction du monde, sont partis ou du *simple* ou de l'*absolu*, c'est-à-dire des deux extrémités insaisissables du *cône*, du vide, de l'indéfiniment prolongeable, tandis qu'il fallait partir de la réalité matérielle affectant nos sens, qui est le milieu visible du *cône;* aussi le *leibnitzianisme* et le *spinosisme* sont-ils identiques.

La science consiste à agiter les distincts de la conscience empirique, c'est de là que doit sortir tout produit; elle commencera toujours par l'*a posteriori*, et l'activité, en s'élançant vers le grand terme de la progression, et le franchissant pour revenir au point d'où elle était partie, sera l'*a priori*.

La science est donc *une*, puisqu'elle se résout dans l'établissement d'une progression indéfinie. La poésie, la musique, tous les arts ne diffèrent des autres sciences et entre eux, que par le distinct sur lequel agit l'activité, et par l'étendue de l'effort. Si l'activité se dirige vers le petit côté du cône, en fait d'art, elle construit le *laid*; si elle se dirige vers le grand côté, elle construit le *beau*.

Ces axiomes, *le tout est plus grand que sa partie, tout effet a une cause*, sont des constructions de la science *transcendante*, et ne servent à rien dans la science *transcendantale* : c'est gratuitement que l'activité, passant de l'*a posteriori* à l'*a priori*, y a mis le mot *tout* au sens absolu. Ce mot n'a de valeur que pour les objets observés. Toute généralité n'est que l'expression de l'*effort infini* du moi, et n'est réelle que comme un acte de ma conscience, ce qui revient à dire que l'*infini*, l'*absolu*, le *simple* ne sont que des efforts intellectuels sans terme. Il en est de même de la *nécessité*: si vous supposez un triangle, il aura nécessairement trois angles; si vous supposez un oiseau, il aura nécessairement des ailes, c'est donc vous qui construisez la nécessité. De là naît l'*évidence*, qui n'est aussi qu'une construction selon les lois de l'esprit, régulièrement suivies.

L'*explication* est une énumération de *distincts*; elle se fait, dans la conscience empirique, sur des objets réels dont les distincts ont été réunis par la nature; dans la conscience transcendante, elle est très-facile, puisqu'elle revient à énumérer les distincts que l'esprit seul a accumulés; en d'autres termes, à relire et analyser le roman qu'on a fait soi-même.

La *démonstration* n'appartient qu'à la science *transcendantale:* elle consiste dans une appréciation des rapports des objets *empiriques*, lesquels sont toujours entre eux en relation d'infériorité, de supériorité ou d'égalité. On ne démontre pas les objets eux-mêmes ni leurs distincts : les corps sont certains immédiatement. Quant aux objets de l'ordre transcendant, tels que Dieu, l'âme, etc., ce sont des actes de l'esprit qui ne se démontrent pas non plus. Par exemple, un triangle, objet empirique, étant donné sans démonstration, on démontrera que la somme de ses trois angles, lesquels sont aussi donnés par le triangle sans démonstration, est égale à la somme des deux droits. Prétendre démontrer, dans l'ordre *empirique* et dans l'ordre *transcendant*, c'est faire de la sophistique.

La *preuve* est un parcours de constructions, une régularisation de l'explication et de la démonstration ; elle se fait dans l'ordre empirique, par l'observation des sens; dans l'ordre transcendantal, par le retour de l'esprit sur les rapports démontrés, en suivant une marche inverse, comme dans les opérations de l'arithmétique; dans l'ordre transcendant il n'y a pas de preuve possible, puisqu'il n'y a pas de démonstration possible.

La logique, avec l'ensemble de ses lois, est du ressort de la science transcendante ; elle est (c'est ce que nous avons cru pouvoir conclure des énoncés très-contradictoires de l'auteur, au moins en apparence,) la science *transcendantale* de la science *transcendante*, la *mathématique* des objets *transcendants*, des actes de l'esprit, comme la science transcendantale est la *mathématique*

des objets empiriques; elle démontre les rapports, les objets, c'est-à-dire les idées, étant donnés sans démonstration, comme la géométrie démontre les rapports des objets empiriques, ces objets, c'est-à-dire les êtres matériels dont on ne peut douter, étant donnés sans démonstration.

Le syllogisme est vrai, mais il est un *pléonasme*, et par conséquent inutile. Il ne mène pas à la découverte, il ne fait que constater et exprimer une construction. Quand je dis : *Tous les hommes sont mortels: or Pierre est homme; donc Pierre est mortel;* je n'ai pu poser le mot *tout* dans la majeure sans avoir préalablement parcouru toute la collection en passant par *Pierre*. Je ne fais donc que me répéter et bavarder inutilement. C'est la construction primitive par l'énumération des objets et des distincts qui est le trésor de l'intelligence humaine.

Il en est de même de la méthode dite de *la série*.

L'*analogie* n'est qu'une expression de la construction; elle passe des semblables aux semblables en allongeant le cône, du côté de l'agrandissement ou du côté de la diminution.

L'*induction* suit l'analogie dans la construction, et la *déduction* n'est qu'une descente de l'escalier qu'on a monté par l'induction. On ne peut déduire que ce qu'on induit. Toutes ces opérations ne sont que les résultats des facultés additive et soustractive, ne sont que des progressions qu'on parcourt après les avoir faites.

La *dialectique* n'est qu'une confusion des trois sciences, par laquelle, faisant passer ce qui est du domaine de l'une dans le domaine de l'autre, elle imagine des constructions d'éléments divers, à l'infini sur le *matérialisme*, le *spiritualisme*, l'*âme*, le *libre arbitre*, l'*infini*, l'*absolu*, etc.

Toute construction aboutit au droit d'employer le mot *tout* ; mais ce mot a trois sens : celui que lui donne la science empirique, lequel s'arrête au dernier des objets observés; c'est alors *tout* ce qu'on a vu, touché, etc. Celui que lui donne la science transcendantale, lequel s'arrête... (ici l'auteur est très-obscur, il ne dit pas où le mot *tout* s'arrête, il dit seulement qu'il est toujours employé avec la même signification). Enfin celui que lui donne la science transcendante, lequel n'a pas de limites, et, par l'effort infini, passe à l'absolu. L'erreur consiste à confondre les divers sens de ce mot, c'est-à-dire à généraliser le réel pour en faire l'imaginaire. Il n'y a de loi générale qu'après construction, d'où il suit qu'on fait les principes avant de les poser, et qu'on roule éternellement dans un cercle vicieux.

Les *catégories* sont des constructions faites dans la conscience empirique; un objet est soumis à autant de catégories qu'il a de distincts connus, et l'activité fait passer ces catégories dans les deux autres sciences, par le prolongement de l'effort.

Les *universaux* de la scolastique n'étaient que des catégories.

Les idées d'*espace* et de *temps* sont des idées transcendantes, des actes purs de l'esprit ; celle d'espace infini n'est que l'effort infini de l'activité agrandissant indéfiniment l'étendue limitée empirique que nos sens nous révèlent. C'est l'angle ouvert A B C

dont on prolonge les côtés à l'infini, lequel ne peut être inscrit dans le moi, et a pour origine le triangle inscrit A H K, qui représente l'étendue empirique. Celle de temps infini n'est, par la même raison, que la forme que prend la conscience en agrandissant indéfiniment la durée empirique qui se rencontre partout.

L'*antinomie* résulte du jeu de l'activité, qui transporte dans une conscience les produits d'une autre, par exemple, dans la science transcendante les produits de la science empirique. (L'auteur cite en exemple deux antinomies de Kant sur l'être nécessaire et l'être simple, d'après M. Cousin ; nous y reviendrons.)

Les mots de *simple*, d'*absolu*, de *substance*, d'*espace*, de *temps*, ne devraient donc jamais figurer dans aucune étude sérieuse, puisqu'ils n'expriment qu'un élan de l'esprit dans une progression qui n'a de réalité que dans son rêve.

Les *jugements* ne sont que les actes de l'esprit nécessaires à l'élévation des constructions ; ce sont les mouvements additifs et soustractifs qui se font sur les objets et leurs distincts pour déterminer, à chacun des degrés de l'effort, la forme de chacune des trois consciences. On arrive aux jugements que Kant a qualifiés de *synthétiques a priori*, comme on arrive aux lois générales, par l'activité plongeant dans l'abîme infini qu'elle se creuse en agrandissant le fini.

L'idée de *Dieu* est un fait qu'on ne peut nier ; comment le genre humain la possède-t-il ?

Ce n'est pas une idée *empirique*, car Dieu ne nous est pas fourni par l'expérience, ne tombe pas sous nos sens, ne peut être enveloppé, inscrit par notre activité ; il serait, en ce cas, un objet limité, ce qui est une contradiction.

Ce n'est pas une idée *transcendantale*, car les idées de cet ordre sont des idées *extraites, non abstraites*, des objets empiriques, des idées de leurs distincts, que l'activité peut agrandir à l'infini, en extension et en nombre, et dont elle peut démontrer les rapports de *plus*, de *moins* et d'*égalité*. Or, l'idée de Dieu ne peut être une idée de cette sorte, puisqu'alors Dieu ne serait pas même un objet, mais seulement le distinct et l'extrait d'un objet, ce qui est absurde.

Donc l'idée de Dieu appartient à la conscience *transcendante* ; elle est le produit de l'effort infini de l'activité ; et, en effet, prenez l'idée de *cause*, vous voyez, dans l'ordre empirique, un certain nombre d'effets qui ont tous une cause, et vous dites : *Tout effet a une cause*, ce qui veut dire jusqu'alors : tous les effets que j'ai vus ont une cause. Puis votre activité élargit sa sphère, elle prend la terre, et dit de même ; elle prend le firmament, et dit de même ; elle prend l'univers, le tout, et dit de même ; mais alors elle a cessé de circonscrire l'objet, c'est l'angle ouvert et sans bornes, c'est l'effort infini, c'est l'absolu ; Dieu est créé par l'indéfini même de la progression.

L'activité arrive au même résultat en faisant mouvoir un distinct quelconque. Avec celui de bonté, elle arrivera à créer la bonté infinie ; avec celui de puissance, la puissance infinie, etc.

C'est donc l'homme qui crée Dieu par un mouvement de sa raison, et la théologie prend le contre-pied du réel quand elle crie à l'homme depuis des siècles : *C'est Dieu qui t'a créé*.

Elle s'abuse également et court à l'athéisme quand elle dit qu'elle va démontrer Dieu. Il a été prouvé qu'une démonstration n'est possible qu'entre des quantités qui sont inscrites, et dont l'une serait une partie des autres, qu'entre des objets empiriques ou des distincts fournis par ces objets, en faisant voir que l'un est égal, plus petit ou plus grand ; en un mot, qu'une démonstration n'est possible que dans l'ordre *transcendantal*. Si donc votre Dieu pouvait être l'objet d'une démonstration, c'est qu'il tomberait sous les sens, ferait partie d'un objet, en serait un extrait, ce qui, dans l'affirmation, est l'athéisme pur.

Si, au lieu de pousser la progression dans sa direction *ascensionnelle* vers l'absolu, on la pousse dans sa direction *dépressionnelle* vers le simple, au lieu de créer la bonté infinie, la puissance infinie, la perfection infinie, on créera le *mal infini*, c'est-à-dire le diable. Aussi le bien et le mal vont-ils de pair dans l'humanité, rivaux et, au fond, identiques, puisque ce sont deux prolongements, en sens contraire, de l'effort intellectuel, n'ayant, ni l'un ni l'autre, un but réel. Nous demandons pardon à Dieu et à l'humanité de parler, pour un instant, une semblable langue ; il le faut pour le triomphe même de leur cause.

L'auteur fait ensuite la critique des preuves métaphysiques de l'existence de Dieu, objet sur lequel nous reviendrons dans la troisième partie, qui sera la réfutation proprement dite. Achevons cette analyse.

L'idée d'*âme* est une idée *extraite-abstraite* de l'être humain ; elle ne peut donc pas se démontrer, puisqu'on ne démontre ni les objets ni leurs distincts ; elle n'a que la valeur d'un acte de conscience, elle appartient à l'ordre transcendant.

L'*immortalité* est le distinct de la vie soumise à l'effort infini ; c'est le temps. Démontrer que ce distinct appartient à l'âme, est impossible aussi ; comment séparer un distinct d'un acte, et par conséquent de l'âme qui n'est qu'un acte ? Si on le pouvait, il en résulterait que l'âme, *extraite d'un corps*, posséderait un autre distinct extrait de ce même corps, lequel s'en détacherait d'abord, sans preuve, comme l'âme elle-même, ce qui est une absurde complication.

Il en est de même de la *simplicité* de l'âme, et mieux encore, puisque le simple, n'étant qu'un effort de prolongement du cône par le petit côté, ne saurait être un objet de connaissance.

Le *droit* d'un individu est la somme des distincts dont il se compose, laquelle le place dans sa construction, qui est la construction humaine composée d'êtres *semblables* à lui, mais non ses *égaux*. Quand il perd quelques-uns de ses distincts, comme le fou, il change de construction, cesse d'être homme et perd de son droit. Le droit du fou n'est que de la pitié.

— Pardon encore, lecteur, de cette parole profondément matérialiste, que nous n'avons fait que copier textuellement.

— Nul être n'a le droit de porter atteinte aux distincts d'un autre. Ce qui tend à les conserver et à les élever est *bien*; ce qui tend à les détruire ou à les dépressionner est *mal*.

La *justice* est la reconnaissance et le respect du droit.

Le droit et la justice sont dans la conscience, ils n'ont besoin ni de lois ni de contrats. Il n'y a rien de plus niais que la prétention de faire de bonnes lois, puisque la loi ne saurait donner des droits ni servir à les conserver. Elle ne peut pas non plus les détruire.

Le bien et le mal se trouvent ainsi définis. L'activité, qui est un des distincts de l'être humain, tend à s'élever à l'infini dans sa construction; c'est là ma vie, ma loi, mon être, c'est le fait que je ne peux nier. Donc tout ce qui s'opposera au développement de mon activité sera *mal*, et tout ce qui le favorisera sera *bien*. La vertu nous mène indéfiniment dans la voie de la science, de la vie, à l'infini. Le vice nous mène dans la direction contraire, au néant. La construction régulière, selon les lois de mon être, donne le vrai et le bien; irrégulière, l'erreur et le mal. Peupler la conscience d'êtres chimériques et fantastiques, de miracles, dogmes et mystères, c'est construire le mal. Il suffit, par conséquent, pour que le bien et le mal existent, qu'il y ait des êtres capables de connaissance.

La *morale* est de l'ordre *transcendantal* comme les mathématiques. Sa base est le rapport dans lequel je me trouve avec les autres hommes, rapport qui est celui des figures semblables, ou des termes d'une même construction. Aussi les vérités morales sont-elles universellement reconnues comme les vérités géométriques.

Toute morale se réduit à ce précepte : *Conserve tes distincts et multiplies-en la puissance*. Précepte qui conserve celui de l'Évangile : *Fais à autrui ce que tu voudrais qu'il te fût fait*; et cet autre de Kant : *Agis de telle sorte que les règles de ta conduite puissent être érigées en lois générales*, mais qui a sur eux l'avantage d'énoncer clairement la construction de l'activité, et d'y pousser celle-ci.

La religion en posant, comme but de l'activité, un Dieu réel qu'elle ne construirait pas elle-même, l'arrête, lui ôte sa liberté. Pour que la liberté soit complète, et l'activité indéfinie, il faut que le but manque à l'effort, et que Dieu ne soit qu'une forme de la conscience que celle-ci puisse toujours agrandir.

Demander une sanction à la morale, c'est une immoralité; on ne doit la pratiquer que parce qu'elle est l'ensemble des lois de notre être.

Enfin, quant aux religions, elles sont les produits de l'activité franchissant les limites de la conscience *empirique*, passant dans la conscience *transcendantale* et peuplant celle-ci de distincts (empiriques assortis de mille façons, d'où l'on a la mythologie, les fables, les dogmes, les mystères, et toutes les créations de la poésie et de l'art, trésors imaginaires, comme ceux du monomane, formant toute la fortune de la science transcendante.

— Nous avons achevé cette pénible analyse; nous allons nous sentir plus à l'aise. Résumons-la en quelques mots.

Il n'y a d'objets réels que les objets qui tombent sous les sens. Ces objets et leurs distincts, c'est-à-dire les éléments qui les composent, sont le point de départ du travail intellectuel humain. Tant que l'activité se borne à les inscrire par l'idée et à séparer leurs distincts par la faculté soustractive, elle développe la science *empirique*.

Si l'activité s'exerce sur les rapports des distincts de ces objets, lesquels rapports sont également réels puisque les objets le sont, afin de mettre les semblables en construction conique, et de démontrer entre eux les relations du plus au moins, du moins au plus, ou de l'égal à l'égal, elle développe la science *transcendantale*, qui a pour branches la géométrie, l'arithmétique, l'algèbre, etc.

Si enfin l'activité, après être partie de l'objet empirique et de ses distincts, fait un effort infini, au delà du réel, dans le sens de l'augmentation ou de la diminution, elle n'a plus de terme, c'est l'angle ouvert, et elle développe la science *transcendante*, dont les objets n'ont, par là même, de réalité que dans l'esprit, n'ont que la réalité de l'idée, de l'acte mental, du rêve. Les divisions de cette science sont la philosophie, la théologie, la politique, etc.

Quant à Dieu, objet fondamental de la science transcendante, et de toutes les branches qu'elle peut présenter, il est impossible en soi de le démontrer; et d'ailleurs, l'idée qu'on en a est un fait qui s'explique facilement par l'effort infini de l'activité sur le fini, qu'elle élargit sans fin.

Telle est la théorie que M. Bailly vient apporter au monde comme nouvelle et comme démontrée mathématiquement, telle est la marchandise qu'il nous livre comme étant en équation avec la promesse qu'il nous avait faite.

Il nous reste à lui démontrer mathématiquement, à notre tour, que cette équation n'existe qu'à l'état de rêve creux de son activité, et de phraséologie géométrique jetée sur le papier par son audace proudhonnienne. La manière dont il justifie cette épithète en vaut ici la répétition, qu'au reste nous ne lui adresserions pas à titre de reproche, si sa théorie était solide ; car le plus hardi des architectes sera le meilleur, si sa construction nargue le vent, sinon il sera le plus sot.

III. Pas de préambule ; il y a assez longtemps que nous tenons le lecteur sur les épines.

La première des prétentions de M. Bailly est celle de présenter au genre humain une théorie *nouvelle* Or, sa théorie n'est qu'un plat réchauffé et flanqué de quelques vieux mots pris dans un sens particulier.

Il croit d'abord être neuf dans l'idée qu'il a conçue de poser une théorie des lois de l'entendement, une science de ce qui est, qui soit indépendante des réalités objectives, et conserve sa valeur, que Dieu, le monde, l'âme, soient ou ne soient pas en dehors de l'esprit humain, en dehors du moi.

Or, il se trompe singulièrement en cela ; et c'est, de sa part, une injustice d'accuser les philosophes de n'y avoir pas pensé. Ils y ont tous pensé à commencer par Aristote. Sa logique est une théorie de développement des idées sans égard aux objets extérieurs qu'elles peuvent représenter : n'en existât-il réellement un seul, elle ne s'en déconcerterait nullement, pas plus que la géométrie, l'arithmétique, l'algèbre et la statique, si on leur démontrait que les corps ne sont qu'en idée. Que font, par exemple, aux lois du raisonnement formulées par Aristote, les questions de Dieu, du monde, de toutes les réalités objectives, puisque ces lois ne régissent que des rapports, comme celui du contenant au contenu, qui est le principal. Assurément que ces rapports existent entre des êtres réels et extérieurs à moi, ou seulement entre des idées qui sont en moi, leur loi d'enchaînement s'en inquiète fort peu, et tout ce que vous direz à ce sujet, de votre théorie de la *construction*, Aristote la dira de son syllogisme. Il en est de même des mathématiques. La question de l'existence des corps leur est indifférente ; elles ne la traitent pas, peuvent parfaitement douter qu'il y ait des corps réels, et, dans l'hypothèse où il leur serait démontré par la philosophie qu'il n'y a que des esprits, elles n'en auraient ni plus ni moins de valeur en tant qu'elles posent les lois des rapports entre les éléments des êtres que l'on appelle corps, que ces êtres soient seulement des idées ou plus que des idées.

Voici mieux. Hégel a tout nié, excepté l'idée. En a-t-il moins fait une théorie de l'esprit humain très-développée, très-compliquée et très-ingénieuse ?

S'il ne nous fallait être sobre de détails, nous prouverions, par des citations, que tous les philosophes, tous les logiciens, tous les dialecticiens du moyen âge ont eu la même pensée que M. Bailly sur ce point, ce qui ne les a pas empêchés de s'occuper de la question des réalités objectives comme la première qui se présente, non pas en *logique*, mais en *ontologie*.

Ainsi donc, rien de nouveau sur ce premier article. Ajoutons cependant que M. Bailly suppose, dans sa théorie, l'existence objective des corps comme certaine, ce qui est un immense défaut que ne présentait pas la plupart des anciennes. Sur la question ontologique, les uns, comme Hégel, ont nié toutes les réalités objectives ; les autres, tels que Descartes, les ont toutes affirmées ; d'autres, tels que Leibnitz, Malebranche et Berkley, ont, ou démenti indirectement ou directement, ou nié d'une manière positive la réalité des corps, conservant celle des esprits ; d'autres enfin, les matérialistes, ont nié la réalité des esprits, conservant celle des corps ; mais leur logique à tous, qui était la vieille, ne souffrait nullement de ces divergences sur la question ontologique, elle en était indépendante, considérée en elle-même, tandis que celle de M. Bailly est tellement liée à l'affirmation de la réalité des objets matériels, qu'il appelle objets *empiriques*, qu'elle souffrirait beaucoup de l'argumentation de Berkley contre ces objets. Le lecteur le comprendra par la suite. Concluons que non-seulement M. Bailly n'est pas en progrès sur les anciens, mais encore qu'il est en marche rétrograde, par rapport à eux, sur la question d'une théorie des lois de l'esprit qui soit indépendante de toutes les solutions ontologiques.

Il croit encore avoir fait une découverte dans l'explication, qu'il reproduit sous mille formes, du comment l'on passe de l'*a posteriori* à l'*a priori*, des objets aux lois générales, du fini à l'infini, explication qui le conduit à nier les principes, les axiomes, à n'admettre, comme point de départ, que les objets empiriques, à en poser la certitude objective, à formuler sa théorie de la construction sous forme conique, etc., etc. ; car c'est cette explication qui est la base sur laquelle il a construit tout son édifice ; c'est elle qui en est la porte d'entrée, la galerie intérieure et la porte de sortie.

Or cette explication est précisément du même âge que le matérialisme athée, et il est impossible qu'il en soit autrement. Le premier qui nia Dieu comme réalité objective, et qui n'admit, à ce titre, que les objets sensibles, fut bien obligé de rendre compte de la production de l'idée de Dieu dans l'esprit humain, ainsi que de l'idée de l'infini, de l'absolu, des universaux, des généralisations, du mot *tout* ; et les objets sensibles n'offrant, en eux, que des réalités séparées, des individualités, des isolements, ne présentant directement rien de général, il n'eut d'autre moyen de lever la difficulté que celui d'avoir recours à l'esprit, qu'il n'appela peut-être pas une *activité*, mais peu importe, et de lui attribuer les honneurs de la généralisation, de l'abstraction, de la catégorisation des choses semblables, aussi bien que de l'agrandissement du fini jusqu'à l'infini, afin d'arriver à concevoir la création de Dieu dans l'humanité. Comment prétendre que Dieu n'est pas, sans prétendre, en même temps, que l'idée qu'on en a est un roman composé par l'esprit lui-même; et comment prétendre que l'esprit ait composé ce roman sans dire qu'il en est venu à bout, en généralisant la nature et les éléments distincts qu'elle présente, en l'agrandissant et la poussant, par un effort d'imagination, jusqu'à l'infini ; car il faut bien un point de départ à toute opération, et le matérialiste ne pouvait prendre, comme vous le faites, pour ce point de départ, que l'objet matériel tombant sous les sens, puisqu'il n'admettait que celui-là?

Aussi trouve-t-on dans tous les livres matérialistes et athées cette explication, depuis les plus anciens jusqu'aux plus modernes; elle est dans le poëme de Lucrèce. Il est même probable qu'en cherchant avec soin, on y trouverait le mot *construction*.

Cette explication n'a pas seulement été donnée par les matérialistes. Les philosophes qui ont prétendu que toutes les idées nous viennent, par l'entremise des sens, des objets matériels, à titre d'occasion, de point de départ, de moyen, dont se sert l'*activité*, qu'ils ont appelée l'*âme*, pour s'élever jusqu'aux idées métaphysiques, ont évidemment dit tout ce que vous dites. Vous avez beau repousser avec mépris Locke et Condillac, votre théorie n'en est pas moins une reproduction de la leur. Dire, comme vous le faites, que les objets empiriques, avec leurs distincts, sont l'unique point de départ d'où l'activité s'élève, et l'unique matière dont elle se sert pour construire tout l'édifice intellectuel *transcendantal* et *transcendant*, c'est dire, en propres termes, que toutes les idées nous viennent par les sens, comme l'ont dit Locke et Condillac, et c'est le dire beaucoup plus radicalement qu'ils ne l'ont dit.

En voici une autre preuve. Vous ne reconnaissez que trois sortes d'idées: les idées *empiriques*, servant de matière à la science empirique; les idées *extraites*, servant de matière à la science transcendantale, et les idées *extraites-abstraites*, servant de matière à la science transcendante. Or vos idées empiriques ne peuvent venir que par les sens, puisqu'elles ne sont, d'après vos définitions, que l'inscription au moi d'un objet matériel observé. Vos idées extraites, c'est-à-dire tirées des mêmes objets par la faculté soustractive et séparative de leurs éléments, que la vieille logique appelait leurs *simples*, et que vous appelez leurs *distincts*, viennent encore par les sens, condition sans laquelle, d'après leur définition même, l'activité ne les produirait pas, puisqu'elle n'aurait pas présents les objets sensibles d'où elles sont extraites. Enfin vos idées *abstraites-extraites*, c'est-à-dire *extraites* comme les précédentes des objets empiriques, mais de plus *abstraites* de ces objets, c'est-à-dire séparées d'eux, et jetées dans la région sans limites et sans règle de l'augmentation et de la diminution à l'infini, ne viennent encore, d'après les termes mêmes dont vous vous servez pour les qualifier, que des objets matériels, et, par conséquent, par les sens. Seulement l'activité leur fait subir des métamorphoses, des altérations, des changements de toutes sortes, quant à l'augmentation et à la diminution aussi bien que quant aux combinaisons selon lesquelles elle les groupe, ce que Locke était loin de nier, puisqu'il admettait l'*âme* comme vous admettez l'*activité*.

Il est donc constant qu'il n'y a dans votre système rien de nouveau.

Il serait trop long de signaler toutes les vieilleries renouvelées des anciens et des modernes qui parsèment le livre de M. Bailly. Nous en citerons cependant quelques-unes encore.

Voici, par exemple, qu'abordant la question de l'erreur, il semble s'applaudir d'une découverte à laquelle personne n'aurait pensé avant lui, en disant qu'elle consiste dans une association d'idées vraies en elles-mêmes, mais qui ne vont point ensemble, et dont la réunion est simplement la création d'un monstre n'existant pas dans la nature. « L'idée de plumes, dit-il, est un distinct séparé de l'idée d'oiseau ; néanmoins je puis l'appliquer à un chien, et dire, un chien qui a des plumes. » Et de là tous les fantômes créés par la raison qui s'égare et par la poésie qui s'amuse dans les jeux indéfinis de l'activité.

Ouvrez le premier traité élémentaire de philosophie qui vous tombera sous la main, vieux ou nouveau, vous y trouverez cette théorie de l'erreur, parfaitement vraie, la seule qu'on puisse donner, et qui devient complète en y joignant l'augmentation, en plus ou en moins, des qualités ou des défauts qui se rencontrent réellement dans les objets, ce qu'on a toujours appelé l'*exagération*, et ce que notre auteur appelle la *progressivité indéfinie*, mot qui ne change ni l'idée ni la chose.

Il dit encore, à ce sujet, que la conscience ne trompe jamais relativement à l'objet mental qu'elle construit. Rien de plus vrai et rien de plus vieux. Dire qu'elle se trompe sous ce rapport, serait dire qu'elle ne sait pas ce qu'elle sait, qu'elle ne sent pas ce qu'elle sent, qu'elle ne rêve pas ce qu'elle rêve, qu'elle ne voit pas ce qu'elle voit. Tous les philosophes ont fait cette observation, chacun à sa manière, et les seuls qui aient compris la question philosophique sont ceux qui se sont demandé, franchement et avec audace, comme Descartes, Malebranche, Berkley, et aussi Kant et Hégel, quoiqu'ils aient donné une solution différente et erronée : Y a-t-il quelque réalité objective, et est-il possible de distinguer les idées ou constructions intellectuelles qui en ont une de celles qui n'en ont pas? Mais nous reviendrons là-dessus.

Les malédictions de M. Bailly contre la dialectique ne sont pas plus neuves que le tour de passe qu'il emploie pour se donner le droit de les débiter. Quel que soit le mot par lequel on exprimera le travail de la raison humaine : logique, dialectique, syllogisme, induction, analogie, synthèse, analyse, série, etc., il y aura toujours le travail régulier et le travail irrégulier, celui qui mène au vrai et celui qui mène à l'erreur; or, prenant le second sous un quelconque des termes précités, on se donne facilement le droit aux imprécations. Il entend par dialectique, la mauvaise dialectique, celle qui confond tout, et, partant de là, il a beau jeu. Il se met dans le cas de celui qui, le premier, voulant tuer son chien, se le figura, en esprit, sous les traits d'un animal enragé, la chassie dans l'œil et l'écume aux dents. Cet homme est mort il y a longues années, et le premier qui apostropha la dialectique en usant du même procédé, l'est aussi.

Le reproche adressé au syllogisme de renfermer dans sa majeure le mot *tout* exprimé ou sous-entendu, c'est-à-dire une généralité à laquelle on n'a pu arriver qu'en passant par la conclusion et la mineure, d'où il suivrait que le syllogisme ne serait qu'un pléonasme et une grande inutilité, ce que nous examinerons plus loin, lui a été adressé de tous temps par tous les sceptiques et par tous les adversaires de la raison. Les rhéteurs et les sophistes, dès l'époque de l'école d'Alexandrie, argumentaient contre les philosophes exactement de cette façon, et toutes les belles phrases des traditionalistes modernes contre la valeur du raisonnement, reviennent à cette idée que notre auteur a rendue sous une formule mathématique, laquelle consiste à nier l'intuition directe et immédiate de certaines vérités générales.

Quand M. Bailly représente les religions en général comme mettant en parallèle Dieu et Satan, le bien infini et le mal infini, il est injuste à l'égard d'un grand nombre et surtout à l'égard du christianisme, qui n'a jamais eu cette pensée, puisqu'il établit entre Dieu et Satan l'abîme qui sépare le Créateur de la créature, l'infini du fini; mais, de plus, il n'invente absolument rien, il prend la doctrine du manichéisme et la jette comme un vieux manteau sur le christianisme lui-même, afin de confondre la vérité avec l'erreur et de pouvoir ensuite déverser l'ironie sur une construction fantastique dont sa propre activité est le forgeron et son cerveau le moule.

Toutes les objections qu'il oppose aux preuves de Dieu données par Aristote, Platon, saint Anselme, Descartes, Leibnitz, Newton, Clarke, Bossuet, etc., sont vieilles comme ces preuves elles-mêmes. On les trouve retournées sous mille formes, approfondies, épuisées dans les œuvres de ces grands hommes et dans celles de ceux qui ont combattu sur la ligne opposée, les uns au nom de l'esprit, tels sont Kant, Fichte, Hégel et Schelling; les autres au nom de la matière, tels sont presque tous les philosophes plus ou moins matérialistes ou athées, anglais et français, du xviii° siècle, philosophes à la suite desquels doit être placé M. Bailly, ne lui en déplaise.

Ce que nous venons d'avancer, le lecteur en saisira facilement la vérité dans l'examen que nous ferons de ces preuves de Dieu et des objections. Encore deux vieilleries à signaler, et nous changerons d'armure.

Nous ne comprenons guère comment l'auteur que nous attaquons n'a pas eu honte de répéter, en trois ou quatre endroits de son ouvrage, les pitoyables attaques que vous débitent les traditionalistes et les lamennaisiens, contre le *cogito, ergo sum* de Descartes, pour peu que vous entriez avec eux en discussion. Nous avouons, pour notre compte, n'avoir jamais rencontré d'élève en philosophie, ayant étudié sous un maître de cette école, qui ait ouvert la bouche pour nous dire autre chose que ceci.

« *Je pense* veut dire : *moi pense*, quelque chose pense. La pensée est posée comme un attribut du moi, comme un de ses distincts.....; c'est un déduit qui est dû à la faculté soustractive, un déduit de l'objet total représenté par *je* ou *moi*. Ajouter, *donc j'existe*, c'est répéter simplement l'objet déjà posé par le mot *je*, c'est faire un pléonasme vicieux. »

Et nous avons toujours répondu ceci :

Descartes, voulant poser un fait certain, évident par intuition directe, d'où il pût partir pour déduire tout le reste, n'en trouva qu'un qui réunît ces conditions, le propre fait de son être, son *je*, lequel se résout dans l'*idée*, et, par conséquent, ne saurait être mieux exprimé que par : *je pense*, mot qui résume tous ceux qu'on pourrait imaginer pour rendre les diverses formes que prend l'idée, tels que : *je sens, je souffre, j'agis, je vois*, etc., puisque, si je puis douter que je fasse réellement toutes ces choses, je ne puis au moins douter que *je pense*, ou que *je crois* les faire. Tout le reste pourra peut-être avoir besoin de démonstration; mais au moins le fait, le phénomène de mon idée n'en a pas besoin pour moi. Et comme Descartes ne devait pas s'en tenir là; comme il voulait, au contraire, avancer en besogne, poussant immédiatement un peu plus loin la réflexion, il ajouta : *donc je suis*, exprimant, par le mot *suis*, la substance du phénomène, le soutenant du soutenu, le producteur du produit, l'agent de l'acte, le foyer de la vie et du mouvement, toutes expressions identiques, que ce soit, d'ailleurs, l'idée elle-même qui soit son propre soutenant, ou que ce soit autre chose, question qui vient après, et qu'il résoud. Donc, il n'y a pas pléonasme dans la double proposition cartésienne, puisque les deux mots n'expriment pas la même idée. Le mot *pense* exprime un phénomène composé, qui n'est point extrait du sujet *je*, mais qui en résume la forme complète, au sens cartésien. Le mot *suis* exprime l'*entité*, la *substance*, l'*être en soi*, le germe actif et passif tout ensemble, sans autre qualité, par abstraction, que sa qualité d'être, ce qui, cette fois, est un extrait, un déduit essentiel, évident par intuition pure, puisqu'il n'y a pas besoin de démonstration pour être certain qu'on ne peut *penser* être, *penser* agir, etc., sans *être* réellement, tandis qu'on pourrait *être* sans *penser* tout cela. Il y a donc déduction, décomposition, et, si l'on veut user des termes de M. Bailly, qui sont bons comme beaucoup d'autres, *extraction d'un distinct* du distinct *activité*, après l'inscription de l'objet total, comme il en fait sur les objets matériels, sur sa *bille*. Il est vrai que le mot *je* exprime tout, implicitement, à lui seul; mais il en est de même de toute démonstration : il faut toujours un contenant d'où l'on déduise un contenu, et nous ferons observer, en son lieu, que ce qui est *contenant* dans l'ordre *naturel* devient toujours *contenu* dans l'ordre *logique*. On insistera en disant qu'il y a pléonasme, parce que le mot *je* se trouve dans les deux propositions; mais c'est encore une accusation injuste. Il faut d'abord qu'il s'y trouve répété; car, dans le raisonnement du philosophe, en même temps qu'il y a déduction du phénomène total ou de la forme complète du moi à la substance, analogue à celle que tire un physicien de toutes les manifestations du calorique au calorique lui-même, il y a déduction du sujet à la réalité objective, et, comme il se trouve que, dans ce premier anneau de la série cartésienne, le sujet et l'objet sont le même être, il faut *je* devant le mot qui rend le sujet dans sa forme, et *je* devant le mot qui rend l'objet dans sa substantialité. Ajoutons que la répétition du mot *je* n'est pas même un pléonasme, grammaticalement. Pour que cela fût, il faudrait que ce mot eût la même acception, sous tout rapport, dans les deux propositions; or, il est loin de présenter cette acception identique. Quand je dis : *Je pense*, je veux dire : le moi idée, le moi pensant faire tout ce que je fais, sentir tout ce que je sens, etc. Quand je conclus : *Je suis*, je veux dire : le moi en tant qu'être seulement, en tant que substance, le moi sous le rapport de ce *distinct-là*. L'enthymème de Descartes revient donc à ceci : Je perçois clairement, par intuition pure, que le moi pensant, ou dans la forme totale sous laquelle il se révèle à lui-même, renferme essentiellement, au nombre de ses éléments, M. Bailly dirait, de ses *distincts*, le moi étant, le moi sous le rapport unique de sa *substantialité*. Il n'y a pas plus de pléonasme dans cette décomposition du moi qu'il n'y en a dans la décomposition chimique de l'air pour arriver à l'oxygène. La seule différence, c'est que le chimiste voit le fait d'un élément par l'observation, et que le philosophe voit la nécessité d'un élément par l'intuition, ce qui légitime le *donc* qu'il met devant l'énoncé de cet élément.

Enfin, M. Bailly n'est ni plus original ni plus nouveau quand il prétend conserver la morale, avec la distinction du juste et de l'injuste, qui en est la base, sans Dieu, sans âme immortelle, sur les pures lois du moi dans le fait de son existence présente.

Il eût été plus neuf s'il eût été plus audacieux encore, s'il avait passé le grand coup de ciseaux sur la morale comme sur les axiomes; car il n'est guère de philosophes, à notre connaissance, quelle que fût l'excentricité de leur dogmatique, leur scepticisme ou leur nihilisme, leur matérialisme ou leur athéisme, qui n'aient mieux aimé affronter toutes les inconséquences que de faire cette rafle totale dans le champ des croyances de l'humanité. La morale y règne, dit M. Bailly, avec le degré de certitude des mathématiques. Cette raison n'était pas suffisante pour la lui faire respecter, car si la morale règne avec beaucoup plus de puissance et d'universalité que les mathématiques, excepté dans leurs notions les plus élémentaires, car peu les étudient, et parmi ceux qui les étudient peu les comprennent, elle ne règne pas mieux que Dieu lui-même et l'immortalité de l'âme, vérités qui sont les compagnes du genre humain dans toutes ses aventures, et, par conséquent, il n'y avait pas plus de raison, à ce point de vue, de conserver la morale que ces vérités. Cependant les athées et les matérialistes l'ont respectée tous, quel que fût leur motif, et M. Bailly a fait comme les autres. Notre amour du bien l'en remercie et notre logique l'en accuse, car nous terminerons cette réfutation en lui démontrant que, si l'on suit mathématiquement sa théorie, la morale se trouve si gravement compromise que, de dépit, elle se métamorphose en hibou.

Nous pourrions faire voir à M. Bailly qu'à peu près toutes les idées qu'il émet sont renouvelées de vieille date, et que la somme de ses découvertes se réduit à l'application du mot *cône* à toutes les sciences qui ont pour objet l'être fini, indéfiniment perfectible, expression que nous acceptons volontiers et que nous trouvons bonne pour un géomètre. Mais c'en est assez pour nous donner droit de conclure qu'il ne nous apporte rien de neuf dans son livre.

Ainsi donc, première équation manquée entre la promesse et son accomplissement. Nous comptions sur du nouveau, espérance déçue.

Abordons maintenant la partie sérieuse de ce travail, celle qui fera comprendre que la *Théorie de la raison humaine* ne présente point un enchaînement mathématique de valeur réelle; que le premier anneau en est de bois vermoulu et sans boulon pour le fixer; que la série des anneaux intermédiaires est disgracié d'une multitude de solutions de continuité, et que le dernier, sans soudure au précédent, n'a pour espérance que la rouille et l'oubli.

IV. Avant d'entamer directement la chaîne algébrique de M. Bailly, nous avons encore une tâche préliminaire à remplir, celle de constater quelques confusions de mots et d'idées qui se reproduisent dans presque tous les chapitres sous diverses formes, et qui fournissent à l'auteur un moyen perpétuel de faire des sophismes, de lancer des paradoxes, de déduire illogiquement d'un ordre à un autre ordre sans que le lecteur puisse s'en apercevoir, jusqu'à ce qu'il ait, par une étude sérieuse, pénétré le fond du livre et enveloppé la trame dans son ensemble et dans tous ses filons.

Quoiqu'il tombe à coups de massue sur les philosophes, les grammairiens, les mathématiciens, etc., qui commencent par poser des définitions, il fait comme eux, puisqu'on trouve, dès la vingtième page de son livre, le passage que nous avons cité pour définir les mots *vérité, raison*. Mais ce n'est pas sur cette contradiction entre la théorie et la pratique, laquelle ne manque jamais au rendez-vous de toutes les contradictions dans les produits de l'erreur, que nous voulons attirer l'attention. C'est uniquement sur la valeur intrinsèque de la définition en elle-même.

Après avoir donné un exemple, tiré de la géométrie, du travail intellectuel par lequel l'esprit arrive, de propositions certainement vraies pour lui, enchaînées les unes dans les autres, à une *conséquence forcée, invincible, absolue*, il conclut que *la raison est la faculté qui est la base de la possibilité de toutes les opérations analogues dans l'entendement humain*, et en cela, il est parfaitement exact et même parfaitement clair. Mais voici qu'il ajoute, pour faire comprendre la différence entre *vérité* et *raison*, différence qu'il dit facile à déduire de ce qui précède, et qui l'est, en effet, pour tout autre que pour lui, les propositions suivantes :

« La vérité peut être considérée comme la matière nécessaire à la raison.

« La vérité est un produit de la raison, produit qui reparaît sans cesse pour obtenir d'autres produits, etc.

« La vérité doit être quelque chose d'une force qu'on ne peut détruire.

« Réduite à sa plus simple expression, la vérité est une idée qui s'obtient d'une manière qu'il faut déterminer.

« L'idée est la racine de la vérité.

« La vérité est un degré de la raison, son auxiliaire, un levier, une partie essentielle, et nécessaire à son développement. »

Il faut avouer que, pour l'honneur de sa propre raison, M. Bailly eût été sage de biffer tout ce passage explicatif.

Qu'entend-il donc par *vérité*? Nous ne lui contestons pas le droit de se faire une langue, mais qu'il nous en donne un vocabulaire que nous puissions comprendre, sans quoi il sera, dans le monde philosophique, comme un Hottentot dans Paris.

Réduisant la question à son expression la plus simple, il n'y a que trois choses dans la décomposition du *connaître* ; vous l'avez dit : le *connaissant*, le *connu* et le rapport du *connaissant* au *connu*, qu'on nomme la *connaissance* ou l'*idée*, premier élément de la raison. Or, laquelle de ces trois choses entendez-vous par le mot *vérité?* Peu nous importe, pourvu que vous le disiez ; vous ne le dites pas.

Quand vous qualifiez la *vérité* de *matière* nécessaire à la raison, et par suite, ce semble, à l'idée, qui en est le premier élément, on pense que vous entendez par *vérité* l'objet *connu*, le rapport *connu*, l'être *connu*, en un mot, le *quelque chose connu* pris en soi, tel que l'*angle* dans le triangle, dont la réalité est très-indépendante de la connaissance qu'on en a ou qu'on n'en a pas, sans quoi vous seriez obligé de dire que, si le genre humain tout entier s'endormait pour deux heures, il n'y aurait pas d'angles pendant ces deux heures.

Mais quand vous dites que la vérité est un *produit de la raison*, un *degré de la raison*, une *idée qui s'obtient d'une manière qu'il faut déterminer*, évidemment vous ne pouvez entendre, par ces expressions, que la *connaissance* du connu par le connaissant, chose essentiellement variable, et dont la variabilité ne modifie en rien ni le connaissant ni le connu en tant qu'*êtres*, quoiqu'elle soit une modification du premier en tant que *connaissant*, et du second en tant que *connu*.

Il en est de même quand vous dites que l'idée est la racine de la vérité. Vous ne pouvez entendre alors par la *vérité* que le développement même de la connaissance et de la raison, dont l'idée est, en effet, la racine.

Quant à cette autre proposition : *La vérité doit être quelque chose d'une force qu'on ne peut détruire*, le mot *doit* paraît encore indiquer que la vérité est pour vous une connaissance certaine, évidente, à laquelle l'esprit ne peut refuser son adhésion. Si vous parliez de ce qui *est*, indépendamment de l'idée qu'on en a, la tournure serait différente, quoique ce fût le cas de dire, mieux que jamais, que la vérité est *quelque chose d'une force que l'on ne peut détruire*.

Lorsqu'on n'a pas des définitions de mots plus claires que celles-là, il vaut mieux s'en tenir à l'ancien langage philosophique, qui ne laisse rien à désirer en précision mathématique. Le mot *vérité* signifie, dans cette langue, *ce qui est*, et, par conséquent, ce qui peut devenir objet de la connaissance. Lorsque la vérité est connue, elle devient le *connu*. Si elle reste inconnue, c'est l'*inconnu*. S'il arrive que le *connu* soit l'être *connaissant*, se connaissant lui-même, le *connu* et le *connaissant* sont alors une seule et même *vérité*. Quant à la connaissance, elle est claire ou obscure, imposant forcément l'adhésion ou ne l'imposant point. Dans le premier cas, c'est la certitude, mot qui signifie une perception telle, que l'être qui la possède est certain que l'objet de cette perception est une vérité. Dans le second cas, c'est le *doute* pouvant incliner vers la *probabilité* ou l'*improbabilité*, mots qui signifient des perceptions telles, que l'être qui les possède n'est pas certain, par l'obscurité même de ces perceptions, qu'elles correspondent à des réalités objectives, qu'elles ne soient pas des constructions imaginaires; des tableaux sans original, n'ayant de réalité que comme idées.

On voit que dans l'ancien langage, remontant à Aristote, et bien au delà probablement, le mot *vérité* est assez clairement défini pour qu'on puisse, sans crainte de se voir obligé d'y revenir, aborder la question ontologique, c'est-à-dire se demander, en prenant l'une après l'autre les idées qui composent la richesse fondamentale de l'esprit humain, si ces idées ont ou n'ont pas pour objets des *vérités* correspondantes, indépendantes d'elles-mêmes, sont ou ne sont pas des tableaux ayant une vérité pour type. Mais quand on commence un livre par une explication aussi ténébreuse du mot vérité que celle de M. Bailly, par une explication qui ne dit clairement qu'une chose, à savoir que l'auteur ne sait pas bien ce qu'il entendra lui-même par ce mot, que sera ce livre? Le lecteur en jugera par la suite; mais nous pouvons dire dès maintenant qu'il ne saurait briller ni par la clarté, ni par la rigueur géométriques.

Voici une autre confusion qui est une des grandes sorcières de M. Bailly. Son intelligence est le jouet perpétuel de ses charmes; elle tient sur son esprit la baguette d'Armide. C'est la confusion de l'ordre réel avec l'ordre logique. Elle commençait à poindre dans son essai de définition de la vérité; le lecteur a pu s'en apercevoir.

L'ordre réel, c'est-à-dire le développement des choses en elles-mêmes, la génération de l'être, la série de la nature, a une marche qui lui est essentielle. L'ordre logique, c'est-à-dire l'enchaînement des idées pour aboutir à la démonstration, a aussi une marche qui lui est essentielle, et la marche du second est précisément l'inverse de celle du premier. La logique descend l'échelle que la nature monte, ou, si vous aimez mieux, monte l'échelle que la nature descend. Nous allons le faire comprendre par quelques exemples.

On peut distinguer deux ordres réels. — Si nous usons ici du mot *réel*, ce n'est pas comme exclusif de l'ordre logique, en tant que *réalité*, mais seulement comme qualificatif arbitraire, comme prénom distinctif. — On peut, disons-nous, distinguer deux ordres réels : l'ordre de développement du moi, tendant à la découverte des choses, des lois générales, des vérités quelconques; c'est cet ordre que suit, dans l'enfant et dans l'homme, le progrès intellectuel, la formation de la connaissance; et l'ordre de développement des réalités objectives, extérieures au moi, de toutes les natures, en un mot, de l'univers, tendant aux productions, compositions et décompositions de l'être.

Quant à l'ordre logique, il n'est que d'une espèce et n'a qu'un but : la production de la certitude dans l'esprit par la démonstration. L'intuition directe appartient à l'ordre réel intérieur au moi; la déduction appartient à l'ordre logique.

Cela posé, il nous sera facile de faire comprendre comment l'ordre logique suit la marche inverse des deux ordres réels.

Comparons d'abord l'ordre réel extrinsèque avec l'ordre logique. J'entends une voix humaine, et je dis : Donc il y a un homme, quoique mes yeux ne l'aient pas vu. Voilà une déduction, c'est une opération intellectuelle de l'ordre logique ; or, cette opération commence par où celle de la nature a fini : l'homme était dans la nature avant la voix, la cause avant l'effet, et dans l'ordre logique la voix est avant l'homme, l'effet avant la cause. Et cela est essentiel, car si vous pouvez déduire de la voix à l'homme, vous ne pourriez pas déduire de l'homme à la voix. Le physicien entend un coup de tonnerre ; il conclut : Donc il y a de l'électricité, et il est logique, tandis qu'il ne le serait pas si, en suivant l'ordre de la nature il concluait de l'électricité au tonnerre. Il en est de même du chimiste, qui peut conclure logiquement d'un corps composé aux éléments qui le composent, et qui ne le peut pas de tel ou tel élément au corps composé. La nature pose les éléments avant le corps ; la logique pose le corps avant les éléments.

Il en sera de même, disons-le en passant, de toutes les vérités métaphysiques ; l'essence des choses pose Dieu avant le moi, tire la vérité *moi* de la vérité *Dieu*; et l'essence de la logique pose le moi avant Dieu, tire la certitude de la vérité *Dieu* de la certitude de la vérité *moi*.

Comparons maintenant l'ordre réel intrinsèque avec l'ordre logique. Ici le principe que nous avons posé ne doit pas être émis d'une manière aussi absolue, parce que les deux ordres se touchent davantage, mais il est encore vrai de dire qu'ils sont essentiellement différents. La marche ordinaire de l'esprit pour découvrir et pour se développer consiste à monter du particulier au général ; la marche de la logique, pour démontrer, consiste à descendre du général au particulier. Avant que je sois arrivé à pouvoir conclure de l'audition d'une voix à la présence d'un homme, j'ai vu des hommes, j'ai entendu leur voix, et j'en ai formulé une connaissance générale de la voix humaine, de laquelle je tire maintenant ma déduction. Il en est de même des autres exemples. Il en serait de même si on analysait la découverte et la démonstration des théorèmes les plus élémentaires. Prenons celui que M. Bailly invoque assez souvent. *La somme des trois angles de tout triangle vaut deux droits.* Il est probable que l'esprit n'est arrivé à découvrir cette loi générale qu'en étudiant d'abord un triangle en particulier, et en comptant mécaniquement la valeur de chacun des angles à l'aide de cercles ayant pour centres leurs sommets ; il se trouva que la somme était 180 degrés (ou un autre chiffre, selon la division arbitraire du cercle), valeur de deux droits; on fit de même sur un autre triangle, on obtint le même résultat, et enfin on se demanda si ce n'était pas une loi générale. Avant de pouvoir l'affirmer, il fallait une démonstration évidemment applicable à tous les triangles possibles. On trouva cette démonstration; que tout géomètre connaît, et, depuis, la logique affirme, sans crainte de se tromper, sur le premier triangle venu, en concluant du général au particulier, que ses trois angles, quelle qu'en soit la forme, renferment 180 degrés. L'homme doit toutes les découvertes des généralités de ce genre à une tendance invincible qu'il éprouve à universaliser, tendance qui se manifeste d'une manière très-frappante dans l'enfant à mesure qu'il se développe. La loi de l'attraction formulée par Newton et les trois grandes lois qui régissent les mouvements des planètes, découvertes par Kléper, sont dues à cette tendance, qui est le plus sublime attribut de notre intelligence.

Une question resterait ici à vider entre nous et M. Bailly, celle de savoir si la généralisation est une construction gratuite de l'activité intellectuelle, ou si elle n'est pas plutôt une découverte de lois existant réellement et antérieurement dans les êtres. Mais cette question sera résolue par l'ensemble même de nos dissertations.

Nous venons de préciser la principale différence entre l'ordre réel et l'ordre logique. Que penser d'un livre où ces deux ordres sont perpétuellement confondus, où l'on va, par sauts et par bonds, de l'un à l'autre, sans avoir l'air de s'en douter, et en croyant suivre la ligne droite?

Or, c'est ce qu'on remarque dans celui que nous réfutons. En voici deux exemples tirés des premières pages :

« Descartes, est-il dit, page 28, a cru trouver son axiome dans le *je pense*; Leibnitz dans la *monade*, avec laquelle il essaie de construire le monde; Spinosa était moins modeste, il a pris le *tout* : le principe sera infailliblement là. Fichte s'appuie sur trois propositions et part de là avec confiance; Schelling et Hégel s'attachent à l'*identité absolue* et envient le *un* à Spinosa qu'ils imitent; les disciples de tous ces grands hommes suivent leurs maîtres, les répètent, et s'épuisent à la recherche de la proposition première. »

Voilà bien la confusion la plus complète entre l'ordre logique et l'ordre réel extrinsèque. Quand Descartes pose son point de départ dans le fait de la pensée ou du moi, il fait de la logique pour aboutir à une certitude. Il prend un effet qui est l'ensemble des phénomènes du moi, lequel lui est fourni par son ordre réel intrinsèque au moyen de l'intuition, et en déduit immédiatement l'élément essentiel, le soutenant, la substance, le producteur, la cause, en vertu d'une intuition générale, qui lui est encore fournie par son ordre réel intrinsèque, laquelle lui dit qu'un soutenu implique un soutenant. Au contraire, quand Leibnitz pose la monade, Spinosa le tout, Hégel l'idée comme la seule réalité, etc., ces philosophes ne font plus de la logique, mais de l'ontologie, c'est-à-dire qu'ils se posent dans l'ordre réel de l'être en soi, dans la question de la réalité objective et dans toutes celles qui s'y rattachent. Ils font enfin un système du monde, un système des choses et non un système de logique. Cela est si vrai que Descartes, après avoir épuisé la question de son *criterium*, aborde, comme eux, la question ontologique comme très-distincte de l'autre, et la traite à sa manière. Cela est si vrai que tous les philosophes que vous citez, Leibnitz, Spinosa, et même les Allemands, sont cartésiens sur la première question, quoiqu'ils soient loin de l'être sur la seconde. Ils prennent tous le moi pour premier point de départ, et ce n'est que sur les réalités objectives de l'idée qu'ils se divisent. Hégel n'en veut aucune, il ne garde que l'idée, que le moi. Leibnitz en veut, à titre de substance, autant que de monades, au nombre desquelles se trouve la mienne, substance de mes idées. Spinosa, prenant le contre-pied de Leibnitz, quoi qu'en dise ailleurs M. Bailly qui trouve leur système identique, n'en veut qu'une à titre de substance, et une multitude à titre d'attributs et de modes. Si nous citions Berkley, nous dirions qu'il en veut en grand nombre, mais qui, à titre de substances, ne puissent être que des esprits, ce qui revient aux monades de Leibnitz. Si nous citions Malebranche, nous dirions qu'il n'admet que des idées divines, des archétypes éternels comme Platon, mais dont quelques-unes passent, par la création, à l'état de foyers de mouvement, d'unités vivantes, et voient une partie des autres dans l'intelligence même de celui qui les a réalisées, ce qui revient encore aux belles conceptions de Leibnitz. Si nous citions les matérialistes, ce serait l'inverse de ces trois grands hommes; ils ne veulent comme réalités substantielles que les corps.

M. Bailly fait donc une incroyable confusion lorsque, mettant en regard le *je pense* de Descartes, la *monade* de Leibnitz, le *tout* de Spinosa, etc., il les qualifie d'axiomes, de points de départ logiques. Il n'y a que la double proposition cartésienne qui ait ce caractère ; la *monade* de Leibnitz, le *tout* de Spinosa, l'identité absolue de Hégel, le spiritualisme de Berkley, le matérialisme de Hobbes, sont des hypothèses ontologiques que leurs auteurs cherchent à démontrer, par la logique, le mieux qu'ils peuvent, en partant tous du *criterium* cartésien.

Quant à la confusion de l'ordre logique avec l'ordre réel intrinsèque, de la démonstration théorique des choses avec le développement pratique des idées dans l'homme, elle est fidèle au rendez-vous toutes les fois que M. Bailly attaque les axiomes, les principes, la généralité, la nécessité, la dialectique, le syllogisme, le droit d'employer le mot *tout*.

Sa grande objection consiste à dire qu'on ne peut pas appeler principe ce par quoi l'esprit humain finit dans son développement ; c'est l'idée qui fait les principaux frais du premier chapitre. Il suffit de répondre qu'en effet la découverte d'une loi générale, l'éveil de cette loi dans l'esprit, l'épanouissement formel de l'idée qui la montre, n'est pas ordinairement ce par où commence le développement pratique de l'esprit humain, et, par conséquent, est plutôt, dans l'ordre réel, que le principe; mais que cette généralité, une fois découverte et établie dans la pensée à l'état d'évidence et de certitude, devient, dans l'ordre logique de la démonstration, un principe réel, un axiome, une majeure, d'où l'on déduit forcément et de plein droit des conséquences sans nombre, en redescendant du général au particulier, échelle que l'ordre pratique avait montée.

Il y a ici une observation importante à faire, et qui prouve déjà que les lois générales ne sont pas seulement des constructions de l'activité, comme le prétend M. Bailly, mais des découvertes de lois réelles existant dans la nature : c'est que, pour arriver à l'évidence de ces lois, telles que celles-ci : *Tout effet a une cause ; le tout est plus grand que sa partie ; il est impossible que deux parallèles puissent jamais se rencontrer dans leur prolongement*, il n'est pas nécessaire que l'esprit ait passé par l'énumération complète de tous les objets particuliers dans lesquels la loi trouve son application, auquel cas il n'arriverait jamais à l'évidence du général absolu, puisque cette énumération, ayant pour objet l'indéfini, est impossible. S'il fallait parcourir tous les effets avant de pouvoir dire : *Tout effet a une cause*, il est clair comme le jour qu'on n'aurait pas droit d'émettre cette proposition, et cependant on en a le droit, parce qu'elle est évidente d'une évidence intuitive. Il en est de même de la seconde; il en est de même de la troisième ; s'il fallait prolonger les deux parallèles jusqu'à la fin pour avoir droit de dire qu'elles ne se rencontreront jamais, il serait impossible d'acquérir ce droit, puisqu'il n'y a pas de fin à leur prolongement. Ce droit existe néanmoins dans l'esprit ; il est d'une évidence intuitive contre laquelle il est impossible de lutter. Comment expliquer cela ? Il n'y a qu'un moyen, lequel est lui-même évident : c'est de dire que ces lois sont des réalités existant dans les êtres, dans l'essence même des choses ; que l'esprit n'y pense pas d'abord, ne les connaît pas, les ignore, comme le voyageur ignore la mine d'argent sur laquelle il marche et qu'il n'a pas encore trouvée ; qu'il en aperçoit l'application dans un premier objet particulier, puis dans un second, puis dans un troisième, et qu'enfin l'intuition de la généralité absolue, accompagnée d'évidence, lui surgit, provoquée par l'observation du particulier. Et, dès lors, le voilà plus riche ; il possède l'intuition formelle d'une loi générale dont il est certain, et dont il se servira, dans l'ordre logique, pour déduire mille et mille certitudes plus particulières, que celle-là engendrera, *logiquement*, comme une mère ses filles.

Le lecteur n'attend pas, sans doute, que nous lui exposions aussi longuement toutes les confusions de mots et d'idées de M. Bailly ; nous ferions plusieurs volumes gros comme le sien. Il en est cependant une ou deux encore qu'il est utile de signaler

Une troisième, qui joue dans son livre un rôle de fée, comme la précédente, c'est la confusion de l'*infini successif* avec l'*infini simultané*.

Nous trouvons en nous deux grandes idées générales, qui dominent toutes nos idées, se mêlent à toutes et leur servent comme de fond, de germe, de substance, de foyer générateur. C'est l'idée de l'imperfectible et l'idée du perfectible ; l'idée de ce qui n'est susceptible ni d'augmentation ni de diminution, et l'idée de ce qui peut être augmenté ou diminué ; l'idée du parfait, du *nec plus ultra*, du complet, de l'*infini simultané* en un mot, quoique ce mot soit mal fait, et l'idée de l'imparfait, du *plus ultra* et *minus citra*, de l'incomplet, du fini, de l'*infini successif* ou de l'*indéfini*, deux mots qui nous paraissent bons pour exprimer la chose.

Prenez le temps. — Vous avez d'une part l'idée d'un présent perpétuel invariable, non successif, l'idée d'une simultanéité constante, et, d'autre part, l'idée de moments qui s'ajoutent, se succèdent et forment une durée ayant un commencement, pouvant avoir une fin et pouvant aussi n'en pas avoir, sans arriver jamais à la simultanéité.

Prenez l'étendue. — Vous avez d'une part l'idée du point immense, absolu, ce qui revient à l'idée de l'être non susceptible d'agrandissement, non susceptible de diminution, précisément parce qu'il n'y a ni limite qui puisse servir de point de départ à l'agrandissement, ni limite qui puisse servir de point de départ à la diminution ; et vous avez aussi l'idée de l'espace limité, pouvant s'étendre et se rétrécir, se dilater et se contracter, sans pouvoir arriver jamais, soit par la dilatation, soit par la contraction, au point absolu.

Prenez le nombre. — Vous avez d'une part l'idée de l'unité absolue, en tant qu'unité, laquelle est invariable, ne peut aller du plus au moins, ni du moins au plus ; et d'autre part l'idée du composé, qu'on peut diviser indéfiniment ou multiplier indéfiniment, au moyen de l'unité ajoutée à elle-même dans les deux cas.

Prenez la puissance. — Vous avez d'une part l'idée de la puissance complète, pouvant tout ce qui n'est pas impossible en soi c'est-à-dire contradictoire ; et d'autre part l'idée de la puissance incomplète, pouvant plus ou moins, et susceptible d'être imaginée indéfiniment plus grande ou plus petite.

Prenez la bonté, la sagesse, l'intelligence, etc., il en sera de même.

Nous constatons ici ces deux idées de l'infini successif, qui n'est que celle du fini indéfiniment progressible, et de l'infini simultané, qui est celle du complet, et par conséquent de l'improgressible, comme deux faits que nous trouvons en nous, par une intuition aussi claire que l'est notre vision du soleil en plein jour, dans un ciel sans nuages, et sans nous occuper encore des conséquences qu'on en peut tirer. Nous les constatons comme étant essentiellement distinctes et impossibles à confondre par leur nature, puisque nous avons beau reculer les limites du progressible, nous ne pouvons arriver jusqu'à l'improgressible que par un saut, d'une idée à l'autre idée, aussi large que si nous n'avions pas reculé ces limites. Par exemple, que j'imagine un nombre aussi grand que je le voudrai, il sera tout aussi loin de ce qui n'est pas susceptible d'augmentation que si je l'avais imaginé moins grand, puisque je peux encore l'augmenter, sans arriver à ce terme, autant que si je ne l'avais pas déjà fait. Il y a donc un abîme infranchissable entre les deux idées du parfait et de l'imparfait qui sont en moi, et si j'ai à cœur de raisonner avec la rigueur géométrique, je ferai en sorte de ne jamais les confondre.

Or, M. Bailly confond ces deux idées à toutes les pages de son livre. On pourrait même dire que son livre n'est sorti du moule que pour les confondre. Le lecteur en est prévenu; nous l'y renvoyons.

La dernière confusion que nous ne pouvons nous dispenser de signaler est celle qui, de temps immémorial, dans les annales de la philosophie, a motivé la vieille distinction entre *concevoir* et *comprendre*, entre l'idée générale d'une chose et la pénétration de toutes ses propriétés, que notre auteur appelle ses *distincts*.

Il use, toutes les fois que cette distinction pourrait être utile, des mots géométriques *inscrire* et *circonscrire*, *inscription* et *circonscription*. Or, qu'entend-il par ces mots? Ce qu'on trouve de plus clair à ce sujet se lit à la page 37, dans le premier chapitre : « Pour qu'une bille de billard soit connue de moi, il faut que cette bille ait eu une relation avec la faculté de connaître; il faut que cette faculté l'ait, pour ainsi dire, parcourue, qu'elle l'ait enveloppée, *saisie en toutes ses parties*, qu'elle l'ait enfin *inscrite* au moi lui-même. » Cette explication semble dire assez clairement que l'inscription d'un objet par l'idée consiste dans la compréhension complète des éléments de cet objet. Nous n'oserions cependant l'affirmer, car nous avons rencontré d'autres passages qui paraissent supposer que l'idée d'un objet peut avoir lieu par la connaissance ou l'inscription d'un seul de ses éléments, par exemple de celui de sa forme, lequel embrasse les autres dans la nature, quoique, dans l'esprit, tous ces autres éléments soient complétement ignorés. C'est cette inscription que la vieille logique appelait *conception*, ou idée générale, ou idée en gros, par opposition à la connaissance complète et détaillée de tous les éléments, qu'elle appelait *compréhension*.

Quoi qu'il en soit du plus ou du moins de clarté que le mot *inscription des objets au moi* suscite dans l'intelligence de M. Bailly, nous lui présenterons ce dilemme : Si vous entendez par *inscription* l'enveloppement et la pénétration de tous les distincts de l'objet, vous n'arriverez jamais à cette inscription d'aucun des objets empiriques, et, par suite, toute votre théorie s'écroule, car elle est basée sur ce piédestal. Si vous entendez par *inscription* l'image d'un élément ou de quelques-uns seulement des éléments de l'objet, tels que la forme, la couleur, le poids, etc., de votre bille, alors cette inscription est possible ; c'est même en elle que consiste le point d'appui de l'activité intellectuelle. Mais à l'instant s'évanouit, comme le château féerique au coup de baguette de la sorcière, tout votre échafaudage d'objections contre la démonstration de Dieu, et l'inscription au moi de l'infini, qui devient parfaitement inscriptible dans ce second sens. — Vous choisirez.

Nous pourrions moissonner par centaines les équivoques, les explications insuffisantes, les obscurités, les doubles sens, les sauts de lièvre pour dépister la chasse ; mais nous devons ménager nos lecteurs, et c'en est assez pour faire comprendre à M. Bailly lui-même qu'il ne brille pas plus dans son ouvrage, par la rigueur algébrique que ceux qui l'ont devancé sur le même terrain. Il le comprendra, au reste, mieux encore par la discussion qui va suivre.

V. Nous pouvons maintenant saisir l'enchaînement géométrique de notre auteur, et le démolir anneaux par anneaux.

Peu nous importent ses brutales apostrophes aux axiomes, aux principes, aux propositions premières ; nous tenons peu à l'expression, si ce n'est que nous l'aimons mieux franche qu'hypocrite. La parole rustique choque l'oreille féminine, la parole mielleuse donne la nausée à l'âme virile. Mais sa chaîne, comme toutes celles qui furent jamais soudées par l'esprit, a un premier anneau, un point de départ, sans lequel il n'aurait pu ni la former en idée, ni la traduire en livre, et cela nous suffit. Ce premier anneau est, dit-il, un *objet*; ce mot mois convient. Celui de Descartes était aussi un objet, c'était le *moi*. La seule différence entre M. Bailly et tous les cartésiens français, anglais et allemands, anciens et modernes, réside dans le choix de l'objet.

Quel est donc l'objet, point de départ de notre nouveau philosophe?

C'est l'objet empirique, l'objet matériel, réalité extérieure, venant s'inscrire au moi par l'idée. C'est, par exemple, la bille d'ivoire que je vois, que je touche et que je circonscris dans ma pensée.

Examinons la valeur logique de ce premier anneau.

D'abord il y a, dans l'inscription de la bille au moi, deux objets à considérer : l'objet intrinsèque, réellement inscrit, qui n'est autre que la bille conçue, la bille idée, la modification du moi pensant en tant qu'il pense la bille; et l'objet extrinsèque séparé du moi, indépendant de son inscription au moi, la bille réelle existant en elle-même. Est-ce le premier objet, qui est immédiat, que vous prenez pour point de départ, sans vous occuper de son correspondant réel, ou bien est-ce le second en tant qu'il vient se peindre en moi?

Si c'est le premier seulement, vous répétez ce qu'a fait Descartes et toute son école, avec cette différence que, donnant plus d'ampleur à son vol, il ne s'arrêta pas à tel ou tel objet, à telle ou telle idée, mais embrassa tous les objets, toutes les idées du moi dans le mot général : *je pense*. Il savait que l'idée bille, que l'idée arbre, que l'idée Dieu, que l'idée âme, que toutes les idées enfin, empiriques et autres, prises à ce premier degré, prises comme acte de l'esprit, ont une valeur égale, une réalité identique qui n'est autre que la forme du moi, et que prendre la pensée en général équivalait à prendre telle ou telle pensée en particulier. Dans cette hypothèse donc, vous seriez, jusque-là, purement et simplement cartésien; et viendrait ensuite la question de la réalité extérieure, qu'on appelle réalité objective, que vous seriez bien obligé de résoudre, soit comme Descartes lui-même, qui l'admet pour tous les objets de tous les ordres, matériels et immatériels ; soit comme Berkeley, auquel on a droit d'associer Leibnitz et Malebranche, qui ne l'admet que pour les objets simples, les foyers de vie, les unités, les esprits, les âmes; soit comme Hobbes, qui ne l'admet que pour les objets empiriques ou composés ; soit comme Spinosa qui ne l'admet que pour une seule monade substantielle décorée d'attributs et de modes qu'il appelle le tout; soit enfin comme Hégel, qui ne l'admet pour rien, ne réservant que l'idée elle-même immédiate, et concentrant en elle l'univers qui, d'après lui, n'est que l'épanouissement de ses jeux, la scène féerique de ses métamorphoses.

Mais non; tous ces philosophes ont été logiciens dans les premiers pas de leur marche; il n'y a que sur la question de réalité objective que les uns ont eu tort et les autres raison ; et vous avez eu soin de ne pas l'être dès le premier départ de votre activité. Ce n'est pas l'objet intrinsèque empirique que vous prenez pour base, c'est l'objet extrinsèque, le corps lui-même, indépendant du moi et venant s'inscrire au moi.

Or, nous vous disons hardiment que, parmi tous les points d'appui qu'un philosophe puisse choisir, il n'y en a pas un qui soit aussi vaporeux que celui-là. Entre la bille et votre activité intellectuelle, votre moi intime, votre conscience, il y a vos sens, il y a aussi votre idée. Or, vos sens étant matériels comme la bille, en tant qu'ils se mettent en contact avec elle, ils doivent être certains, à ce titre, avant qu'ils puissent vous donner quelque certitude de la présence de la bille ; ils sont certains pour vous, par intuition immédiate, à titre d'idée et de sentiment, mais voilà tout. Avant que vous ayez droit d'affirmer que ce sont des instruments mécaniques existant en soi, il faut que vous vous démontriez à vous-même que la chose est ainsi, puisque vous comprenez que l'effet sur votre conscience serait exactement le même dans l'hypothèse contraire. Vos sens, fussent-ils d'ailleurs des réalités mécaniques, ils peuvent vous tromper, ils vous trompent souvent; comment savez-vous qu'ils ne vous trompent pas toujours? Et, après les sens, il y a l'idée de la bille, second intervalle entre votre conscience et l'objet. Votre conscience vous affirme bien cette idée, qui est en elle, qui est elle-même, mais l'abîme qui la sépare des sens et de la bille réelle, elle ne le peut franchir logiquement jusqu'alors ; elle n'a qu'un droit, celui d'affirmer son idée. Et c'est l'objet extérieur, distinct de vous, qu'on peut vous nier, sans que vous ayez rien à répondre, que vous prenez pour votre point de départ. En vérité, votre folie est grande d'aller bâtir ainsi sur les nuages. Avant de poser votre objet empirique, faites un premier volume pour en établir la certitude en partant de l'idée, et, après, vous pourrez élever construction sur construction. Mais en agir ainsi eût été suivre la méthode cartésienne, et vous ne le vouliez pas.

Cependant, vous avez senti sur ce point votre faible, et vous avez lâché quelques mots qui l'indiqueront à tous vos lecteurs. Voici comment vous vous êtes tiré de la question de la réalité objective des objets empiriques.

Vous avez dit, page 38 : « On s'est demandé comment la représentation était possible, comment les objets arrivaient au moi. Les réponses à ces questions ne peuvent avoir place ici ; elles sont du domaine de la physique et de la physiologie rationnelle. L'objet étant dans le moi, nous en sommes avertis par la conscience. »

C'est ainsi que vous vous êtes assis au départ, en rejetant sur la physique et la physiologie la grande question ontologique de la réalité objective des idées, fondement de toute philosophie, et en vous tirant d'affaire par cette misérable équivoque : *L'objet étant dans le moi, nous en sommes avertis par la conscience*. Vous saviez bien cependant que ce n'est pas l'objet extrinsèque qui est dans le moi, mais seulement l'objet intrinsèque qui n'est que l'image du premier.

Si vous étiez cartésien ou hégélien, si vous admettiez toutes les réalités objectives, ou si vous n'en admettiez aucune, on concevrait encore que vous eussiez négligé la question radicale en donnant une théorie du développement des idées en elles-mêmes. Mais vous faites une part : vous rejetez la réalité objective de toutes les idées métaphysiques, vous admettez la réalité objective de toutes les idées empiriques, et c'est là tout ce que vous dites sur la réalité extrinsèque, qui était précisément, pour vous, la chose à établir dans un ordre et à réfuter dans l'autre. Votre ouvrage, ami, est déjà tout jugé : il ne peut être qu'un gâteau à mille feuilles d'affirmations gratuites.

Je viens de me tromper. Vous avez dit encore quelques mots sur la réalité des objets empiriques. C'est un dialogue qu'on peut lire à la page 188 et qui est un nouvel exemple des facéties les plus insignifiantes par lesquelles se tire d'affaire un auteur embarrassé. Ce dialogue se termine par la phrase suivante : « J'avoue que j'aime mieux croire aux plantes, au soleil, à la terre, aux productions de la nature dont je suis plus certain que des idées. »

Ainsi, il est bien reconnu, et l'on ne pouvait ne pas le reconnaître, que les objets du monde extérieur ne peuvent être mis en rapport avec le moi, ne peuvent parvenir à ma conscience que par les idées que mon activité dessine à leur occasion, et maintenant on nous dit qu'ils sont plus certains, pour ma conscience, que les idées elles-mêmes qui sont en elle et qui lui montrent ces objets ! cela peut se rendre ainsi : Je suis plus certain d'une éruption volcanique aux Cordilières que de la présence du voyageur qui m'en apporte la nouvelle. Si M. Bailly n'avait fait que de cet esprit-là, son réfutateur mériterait un haussement d'épaules. Continuons :

Puisque vous parlez avec autant d'assurance de la certitude des objets empiriques, je vous évoque les ombres de Leibnitz, Malebranche et Berkley, et je leur cède pour un instant la plume :

Vous parlez d'inscription des objets par l'idée ; il n'y a pour vous de réel que ceux dont l'inscription est possible ; et les objets matériels sont pour vous les seuls qui jouissent de la propriété de pouvoir être inscrits, d'où vous concluez à la réalité de ceux-là et de ceux-là seulement. Tel est votre point de départ, et même le résumé de votre doctrine tout entière.

Or, quel que soit le sens que vous attachiez à ce mot *inscription*, nous pouvons vous démontrer géométriquement deux choses ; la première que l'inscription d'un objet empirique est impossible, la seconde que l'inscription d'un objet métaphysique, de Dieu et de tout esprit, est suffisamment possible pour qu'on puisse en établir la démonstration, d'où vous devrez conclure, d'après vos propres théories, aux propositions inverses des vôtres, à l'impossibilité, ou, au moins, au doute, de la réalité objective des objets empiriques, et à la possibilité de la démonstration de celle de l'âme et de l'infini.

Vidons d'abord la question de l'inscription des objets empiriques.

Prenons votre bille. Si vous entendez par son inscription, la pénétration et l'enveloppement de tous ses distincts, notre promesse est trop facile à remplir. Ces distincts sont en nombre indéfini, et un nombre indéfini ne s'inscrit pas, puisqu'il est absurde de le concevoir simultanément dans un être. Cela est à prouver, dites-vous ; oui, mais qui prouve le plus prouve le moins ; si donc nous vous prouvons l'impossibilité d'*inscr tion* dans le sens plus restreint qu'on attribuait, de notre temps, au mot concevoir opposé au mot comprendre, dans le sens relatif à un seul distinct en particulier, celui que vous voudrez choisir, nous aurons rempli notre promesse et au delà. C'est ce que nous allons faire.

Voulez-vous le distinct *masse*, le distinct *forme*, le distinct *couleur ?* peu nous importe. Prenons la masse, c'est celui qui donne naissance à tous les autres, qui en est comme l'appui substantiel.

La masse de votre bille est composée de parties, sans quoi elle serait une unité simple, une monade, une âme, chose dont vous ne voulez pas entendre parler et dont vous rejetez la réalité extrinsèque.

Or, de deux choses l'une : ou bien ces parties ne sont divisibles que jusqu'à un nombre de fois déterminé, ou elles sont divisibles indéfiniment. Dans le premier cas, la masse totale a un nombre fixé, soit A, pour plus grand diviseur possible, de telle sorte que $A + I$ devient supérieur au nombre de ses éléments. Dans le second, la masse totale n'a pas de plus grand diviseur possible, de telle sorte que c'est une mine inépuisable d'où l'on peut tirer indéfiniment des parties de plus en plus petites.

Prenez-vous la première hypothèse ; la masse, dès lors, n'est qu'une réunion d'unités simples, sans milieu ni côtés, sans étendue, dont le nombre total est A. Chacune de ces unités sera représentée par I, de sorte que vous aurez, pour la masse, $I \times A$. Mais I veut dire un être sans milieu ni côtés, sans étendue, par conséquent I non étendu ; donc vous avez, pour la masse : I non étendu $\times$ A égale A non étendu ; c'est mathématique. Cependant la masse totale, la bille, est étendue, et vous la voulez étendue, puisque vous ne croyez qu'aux êtres étendus. D'ailleurs c'est à titre d'étendue que vous l'inscrivez. C'est comme ayant un milieu et des côtés. Donc la masse, dans votre inscription, est I non étendu $\times$ A $=$ A étendu, ou bien, I sans milieu ni côtés $\times$ A $=$ A avec un milieu et des côtés, ou bien encore, I non $\times$ A $=$ A oui. Égalité absurde dont les deux termes se détruisent et donnent zéro, le néant complet, pour votre inscription dont elle est la formule. Tout cela veut dire qu'il est impossible d'inscrire une contradiction, que la masse, comme objet réel, ainsi comprise, est une contradiction, et, par conséquent, que l'inscription au moi en est impossible.

Prenez-vous la seconde hypothèse ? l'impossibilité d'inscription devient encore plus claire. Chaque partie, quelque petite qu'on la suppose, a un milieu et des côtés, et, par conséquent, renferme encore des parties ; donc la masse totale renferme un nombre infini de parties ; donc votre inscription de la masse est l'inscription d'un nombre infini : le mot nombre signifie mathématiquement I avec un multiplicateur déterminé, soit A, par conséquent $I \times A$. Le mot infini appliqué à l'idée du nombre nie tout multiplicateur déterminé, négation qu'on peut rendre par l'expression.—A. Donc vous avez pour expression de votre inscription du nombre infini $I \times A - A$ c'est-à-dire $I \times$ zéro, c'est-à-dire zéro. Tout cela signifie encore qu'un nombre infini est une contradiction, que la masse de la bille, dans la seconde hypothèse, devient un nombre infini, et, par suite, que l'inscription ou l'idée en est mathématiquement impossible.

Ne dites pas que ce sont là des jeux, des constructions de l'esprit à angle ouvert; il s'agit de la bille qui est pour vous un objet réel extérieur existant simultanément, et d'où l'imagination ne peut tirer *successivement* que ce qu'elle contient *hic et nunc*. Ah! si vous prétendiez que la bille est elle-même une construction imaginaire de votre activité, la difficulté s'évanouirait, puisque, tout se passant dans l'esprit, il ne resterait plus qu'une progression indéfinie, se développant *successivement* sous l'effort de votre activité, pour nous servir de vos expressions. Mais conservant à la masse de la bille sa réalité objective, il vous est impossible de l'inscrire, de quelque manière que vous le supposiez.

La même contradiction se présenterait pour tous les distincts sous diverses formes. On ne trouverait pas où loger la couleur, le poids, la forme, etc., la rondeur se présenterait avec toutes les contradictions, tous les mystères de la ligne courbe, les asymptotes, la quadrature du cercle, etc., etc., c'en est assez pour vous rendre claire l'impossibilité d'inscription de tout objet empirique, et de chacun de ses distincts, si vous en faites une réalité objective.

Nous avons ajouté qu'au contraire l'inscription de tout objet immatériel, à commencer par Dieu, est suffisamment possible pour qu'on puisse établir la démonstration de sa réalité........

Ici nous retirons la parole aux ombres de Leibnitz, de Malebranche et de Berkley. Nous gardons pour nous, et pour un peu plus loin, la question qu'elles allaient entamer.

Il résulte de cette discussion que M. Bailly ne pouvait choisir un anneau moins solide pour le premier de sa chaîne; d'abord parce que l'objet empirique, en tant qu'objet réel extrinsèque existant en soi, aurait besoin de démonstration avant de pouvoir être posé comme certain. Qui me dira que les pierres, les arbres, les animaux, les astres ont une réalité distincte des visions que j'en ai, que tout cela n'est pas moi, n'est pas l'ensemble des conditions de ma pensée? Ne pourraient-ils pas aussi être des formes par lesquelles se manifesteraient à moi des foyers de vie, d'action, d'être, des centres rayonnants, des unités plus ou moins actives analogues à la mienne? Enfin, plusieurs hypothèses sont également rationnelles, en dehors de celle de la réalité matérielle extérieure, et ont le même droit que celle-ci. Qui prononcera? Ce n'est pas, ce ne peut être l'intuition immédiate dont l'objet direct n'est que l'idée elle-même. Ce ne peut être que la déduction, la démonstration, le raisonnement. On allègue la conviction que l'on éprouve dans la réalité extérieure; pour l'homme qui pense, cette conviction vaut celle qui nous fait croire que c'est le soleil qui tourne et dont la déduction, aidée de l'observation, a détruit la valeur; pour l'homme qui ne pense pas, cette conviction ne porte que sur des associations d'accidents, de qualités, de distincts, de formes, et nullement sur des réalités substantielles, ce qui en réduit encore la valeur à zéro. Parmi tous les objets substantiels qui peuvent être, il n'y en a qu'un qui n'ait pas besoin pour moi de démonstration et dont l'intuition immédiate établisse la certitude absolue, c'est le moi dans sa forme, dans ses idées; car, pour tous les autres, il faut déduire de l'idée à la réalité objective extrinsèque, déduction qui implique une démonstration, parce que toute déduction en implique une. Aussi Descartes restera-t-il toujours, pour l'avoir choisi, le plus profond et le plus inattaquable des logiciens, et jamais philosophe n'édifiera-t-il solidement, en logique, qu'en partant d'où il est parti, de l'idée générale du moi, qui est le moi lui-même dans sa forme et qu'il décompose immédiatement en séparant les distincts qu'il voit avec évidence y être contenus.

M. Bailly, se jetant du côté de la matière, prend pour son centre logique l'objet matériel; d'autres, se jetant du côté de l'esprit, prennent pour leur centre logique l'objet métaphysique, Dieu. Ces derniers sont grands de poésie, sont nobles et larges par le cœur et par l'intelligence, mais ils ne sont pas plus logiciens et mathématiciens qu'il ne l'est, puisque, comme lui, ils commencent leur développement logique par un objet du dehors dont la réalité objective ne peut être posée comme une certitude sans déduction. Ils asseyent, comme lui, dans les airs, la pierre fondamentale de leur édifice; le centre premier du rayonnement logique, de l'auréole lumineuse qui doit se développer en moi, ne peut être que le moi lui-même, seul objet qui se sente et puisse se sentir par intuition absolument directe et immédiate.

Au reste, la méthode, après la première base posée, est essentiellement la même dans les trois procédés. Si vous prenez le moi avec Descartes, c'est le moi en gros dans sa forme générale, dans la pensée qu'il a d'être, d'agir, de parler, de manger, de marcher, etc., et puis vous le décomposez par la faculté d'abstraction, de soustraction, de séparation, tous mots identiques, décomposition qui vous mène à quelques-uns de ses éléments. Si vous prenez l'objet matériel de M. Bailly, c'est encore cet objet en gros dans sa forme générale, dans sa conception, et non dans sa compréhension, en supposant que sa conception même soit possible, et ensuite vous le décomposez pour obtenir quelques-uns de ses distincts. Si, enfin, vous prenez l'objet immatériel, l'esprit extérieur, Dieu ou l'infini, c'est encore cet objet en gros dans sa forme générale, dans son infinité, dans la conception que vous avez, et qui est très-possible, de sa perfection, de son improgressibilité, de son *nec plus ultra* générique, et ensuite vous faites la décomposition pour obtenir quelques-uns de ses éléments, sans espoir, encore moins que pour les autres objets, d'arriver jamais à l'inscription de tous.

Or, il résulte clairement de l'exposé qui fait la matière de ce chapitre que le droit est pour le moins aussi réel, dans le penseur, de poser sans démonstration l'objet immatériel comme premier départ logique, que de poser au même titre, sans démonstration, l'objet matériel, puisque, dans un cas comme dans l'autre, on pose une réalité extrinsèque distincte ontologiquement de l'idée qui la révèle.

Il faut donc mettre dos à dos M. Bailly matérialiste non cartésien, et Lamennais, par exemple, spiritualiste non cartésien, en posant sur la tête du second la couronne due au grand poëte qui a les yeux levés vers le monde des esprits, et en attachant au front du premier la lanterne des mines, qui n'éclaire qu'en bas.

Que ferons-nous du cartésien qui prend son point d'appui logique sur le fait de son être, se réservant à déduire aussitôt après, au moyen de l'analyse de ce fait immédiatement perçu, la réalité de l'objet Dieu, de l'infini, de la cause, du soutenant non soutenu, afin de redescendre, par un troisième pas, dans la région des autres objets, et de voir si l'on doit déduire de la décomposition des deux premiers, mis en rapport, la réalité objective de ces autres objets, soit matériels, soit immatériels, des corps et des esprits?

Que ferons-nous à ce logicien-là? Nous laisserons son front nu, et nous mettrons dans sa main droite le sceptre de la souveraineté philosophique.

Si nous ajoutons à ces observations sur le choix qu'a fait M. Bailly d'un point de départ qui aurait besoin d'être démontré, lorsqu'il devait, pour être fort dans sa théorie, en prendre un qui n'eût pas besoin de démonstration; si nous y ajoutons l'observation de Leibnitz, de Malebranche et de Berkley, lui faisant voir que l'objet empirique est ininscriptible dans sa pensée, nous serons en droit de conclure, après le besoin qu'il s'est fait de cette inscriptibilité comme fondement de son système, qu'il a véritablement joué de malheur.

Nous avons été long, quoique le moins possible, en discutant le point de départ. On en concevra facilement la raison. Cet anneau rompu, la théorie complète du nouveau matérialisme s'échappe. Fût-elle reliée, dans ses autres filons, de la manière la plus indissoluble, nous pourrions la laisser crouler d'elle-même tout d'une masse, comme on laisse tomber l'arbre dont on a coupé les racines.

Cependant, nous étudierons aussi l'enchaînement, et nous ferons observer quelques-unes des solutions de continuité dont il est rempli.

VI. A peine M. Bailly a-t-il posé l'objet empirique et sa présence dans le moi, qu'il appelle inscription, voici qu'il déduit l'*activité* du moi. C'est déjà faire un saut un peu brusque qui annonce une psychologie insuffisante. Dans la série qu'il construit, la *passi-vité* est antérieure à l'activité; voici cette série.

1° L'objet empirique, la bille, existe en soi.

2° Cette bille, par l'intermédiaire du faisceau lumineux qu'elle projette par réflexion, lequel faisceau traverse toutes les chambres de mon œil, et va inscrire son image sur ma rétine, et par le second intermédiaire de mon nerf optique qui reçoit l'impression de cette image, et la transporte jusqu'à sa racine, vient s'inscrire en idée dans le moi central comme la première image s'était inscrite dans le globe de mon œil.

3° Enfin ma conscience m'avertit de cette inscription.

Or, il n'y a, jusqu'alors, que de la passivité dans le moi central, la réception d'une impression, dont la cause productive est la chaîne d'actions mécaniques commençant à la bille, et finissant à ma conscience. L'activité ne se montrera qu'ensuite dans les opérations de décomposition, d'agrandissement et de diminution que je ferai subir à mon idée de la bille.

Dans la série cartésienne, la passivité du moi ne se présente qu'après la découverte d'une cause extérieure active, car il n'y a pas passif sans actif; dans le système d'Hégel elle ne vient jamais : le moi n'est qu'actif, que producteur, puisqu'il n'y a rien en dehors de lui pour produire quelque chose en lui. Mais dans le système matérialiste de M. Bailly, la passivité doit se présenter logiquement avant l'activité; et cependant il n'en parle pas; vraie solution de continuité dans sa chaîne.

Viennent ensuite l'augmentation et la diminution progressives et indéfinies de l'objet, de manière à former un cône que l'effort peut allonger sans mesure dans les deux sens. Nous lui accordons de grand cœur cette double opération de l'esprit sur tout objet limité; mais nous nions qu'elle soit une conséquence nécessaire de l'activité s'exerçant sur l'idée empirique. L'esprit n'y penserait pas, et s'en tiendrait à l'objet, tel qu'il lui est présenté par la nature, s'il n'avait pas une idée intuitive générale de la possibilité d'augmentation et de diminution de tout ce qui a des limites. Sans cette idée générale qui le domine, qui le pousse, et qui est essentielle à l'idée de grandeur limitée, quoiqu'elle puisse avoir besoin, pour être éveillée, de la présence d'un objet plus ou moins grand, il serait, par rapport à l'augmentation et à la diminution imaginaire, dans un état d'obscurité complète, et par conséquent, d'inaction. Au moins, nous ne concevons pas la chose autrement, et M. Bailly ne la fait pas concevoir à ses lecteurs.

Il en est de même par rapport aux généralisations des propriétés. J'ai reconnu par une démonstration géométrique que la surface d'un parallélogramme s'obtient en multipliant la base par la hauteur; et immédiatement je suis certain que cette propriété convient à tous les parallélogrammes possibles, grands et petits qui forment le cône de leur progression, parce que je vois *a priori* que la démonstration est applicable à tous sans que je les connaisse en particulier. Mais il est évident que cette déduction à l'absolu, au mot tous, sans aucune exception, laquelle est certaine, serait à jamais impossible, s'il n'y avait pas en moi une intuition générale qui a été éveillée par l'examen d'un objet particulier, et qui me révèle une vérité absolue, comme est, par exemple, celle-ci, que, dans toutes les figures semblables, grandes et petites, les rapports sont les mêmes, puisque c'est précisément dans cette identité de rapports que consiste la similitude.

M. Bailly nous dit bien que ces vérités générales sont des constructions que bâtit l'activité sur les objets empiriques, et sur leurs distincts, en prolongeant indéfiniment la progression, et en appliquant à chacun des termes de cette progression ce que la conscience a vu convenir à l'un d'eux; mais il est impossible de rendre compte, par cette explication seulement, de l'évidence avec laquelle l'esprit perçoit la généralité absolue de la loi, et arrive, à coup sûr, au droit d'employer le mot tout. Il fait encore ici un saut brusque par-dessus une difficulté dont la distance ne peut être comblée que par l'admission d'une intuition de la loi générale éveillée par le particulier.

Quant au passage du fini à l'infini, nous avons déjà parlé de la confusion que fait, à ce sujet, notre auteur, et nous en parlerons sans doute encore à l'occasion de l'idée de Dieu. Faisons remarquer, pour le moment, le nouveau saut qu'il fait sans droit et sans raison.

« On appelle *fini*, dit-il, ce que le moi inscrit, il est naturel d'appeler *infini* ce qu'il n'inscrit pas..... Comment passe-t-on du fini à l'infini ? en laissant l'effort ne s'arrêter à aucun degré, et en empêchant le moi de circonscrire l'objet. Comment de l'infini revient-on au fini ? en faisant prendre à la conscience qui nous donne le premier la forme exigée par le second ; en arrêtant l'activité et son effort à un point qui correspond à une détermination. »

Si M. Bailly entend parler de la progression indéfinie qui peut toujours être greffée sur le fait déjà inscrit, mais qui, par hypothèse, ne l'est pas encore, puisqu'il n'est pas inscrite, et s'appelle l'*infini*, il s'agit de l'infini successif, ou de l'*indéfinité*, qui est la propriété essentielle au fini, et alors il est bien clair qu'il n'y a pas inscription, puisque c'est la supposition même; on ne s'inscrit pas ce que l'on ne s'inscrit pas ; mais est-ce là l'infini simultané, le véritable infini philosophique ? nullement. C'est, au contraire, le fini dans son augmentation possible non encore faite ; par conséquent, c'est le fini inconnu, indéterminé, auquel on ne pense pas, le fini au delà des bornes où l'activité s'arrête, et qu'elle peut toujours reculer; et, en effet, l'activité se dilate, et se contracte dans cette carrière selon ses déterminations.

Mais M. Bailly veut parler de l'infini philosophique, et expliquer de la sorte comment l'activité l'imagine sans qu'il ait d'autre réalité que celle d'idée pure ; et c'est en cela qu'il y a solution de continuité dans son enchaînement. Nous expliquerons comment l'infini philosophique est une idée parfaitement inscrite tout infini qu'il est, à laquelle il est absurde de dire qu'on puisse arriver par la dilatation du fini. L'activité passe, *en empêchant le moi de circonscrire l'objet*, du fini connu au fini inconnu, vague, en d'autres termes, à la possibilité d'augmentation indéfinie, mais ne peut passer, par ce moyen, à l'infini connu, inscrit quant à son infinité, à sa perfection, à sa plénitude, puisqu'il y a ici effort arrêté sur un point fixe, comme sur le fini déterminé. Dire que l'on passe du fini connu à l'infini connu, en laissant l'effort se dilater dans le fini inconnu ; c'est dire ce que dit M. Bailly, et c'est dire une contradiction.

La distinction qu'il fait entre la conscience empirique et la conscience pure, entre les idées empiriques et les idées pures, est bonne à remarquer. « Je tiens, dit-il, une rose ; l'idée que j'en ai est empirique ; j'imagine une rose dix fois plus grosse, c'est une idée pure. Ainsi ce qui distingue les idées pures des idées empiriques, c'est l'absence d'un objet réel extérieur correspondant. » Il ne s'occupe pas de la réalité objective des idées, nous l'avons constaté ; donc sa distinction est gratuite, et l'on peut lui soutenir, par la simple affirmation, que toutes les idées sont pures, ou que toutes sont empiriques, même celles de Dieu, sans qu'il ait mot à dire.

En expliquant les idées extraites des objets composés par la faculté soustractive, lesquelles sont abstraites lorsqu'elles ne tombent point sous les sens, comme sont les idées de cause, de mouvement, d'instinct, d'âme, etc. Il émet cette généralité que *la loi de soustraction a pour but le simple, qu'elle ne saurait rencontrer, et que la loi d'addition a pour but le tout, qu'elle ne peut atteindre*. Cette généralité est amphibologique. Si l'auteur entend parler du simple substantiel dans le composé substantiel, comme dans une bille, la soustraction ne peut l'obtenir, car il fuit indéfiniment ; s'il entend parler du *tout* dans le fini, dans la nombre, l'addition ne peut encore l'obtenir, car il fuit indéfiniment par succession ; le fini, le nombre pouvant toujours admettre : plus 1. Mais s'il entend parler du simple, propriété élémentaire qu'il appelle distinct, la soustraction le rencontre partout, et à tout instant. Elle rencontre l'*être* qui est le simple absolu. De même s'il entend parler du *tout* dans le parfait, le complet, l'infini, l'esprit le rencontre partout et à tout instant par intuition directe et non par addition. Il n'y a pas de propriété, de loi, de vérité dont on ne perçoive le *nec plus ultra*.

Il en est ainsi de tous les théorèmes de géométrie.

L'auteur fait un chapitre pour prouver que la science est possible. Il serait facile de lui démontrer que, d'après ses principes, elle ne l'est pas. Pour qu'elle soit possible, il faut que l'esprit puisse arriver à pouvoir affirmer avec certitude tous les distincts d'un objet, de tous les termes de la progression en dehors de la série inscrite aussi bien qu'en dedans. Le peut-il ? Non, car il ne le peut que par l'intuition *a priori*, de l'impossibilité absolue où est l'essence des choses d'en présenter jamais un seul qui ne possède ces distincts. Mais l'auteur n'admet pas cette intuition, *a priori*, il n'admet que l'énumération indéfinie par le prolongement de l'effort, sans possibilité d'atteindre le grand terme; donc il n'est jamais certain de ce qui dépasse l'inscription ; donc il n'y a pour lui ni *a priori* ni *a posteriori* complet, donc il doit douter de toute proposition générale, même géométrique, donc toute science est impossible.

Quoi qu'il en soit, il admet la possibilité de la science quand elle part des objets empiriques, et la rejette quand elle part des objets métaphysiques, comme l'âme, l'instinct, parce que ceux-ci ne sont pas, d'après lui, susceptibles de soustraction régulière, comme l'est un triangle. On peut nier cette différence. L'âme donnant une idée renfermant plusieurs distincts, rien n'est plus facile de construire, par la pensée, un cône d'âmes, allant du plus au moins et du moins au plus, quant au degré d'étendue des distincts, quoiqu'ils restent tous dans la plus petite comme dans la plus grande. M. Gilliot n'a-t-il pas fait une classification des sentiments moraux, comme le naturaliste en fait des genres et des espèces du règne animal ? Si nous n'avions horreur des banalités, nous dirions à M. Bailly, le géomètre, ce qu'on disait à M. Cabanis, le médecin : c'est trop borner la vue intellectuelle, que de l'arrêter à la pointe d'un instrument de métal, scapel ou compas, l'espèce n'y fait rien.

La division de la science donnée par M. Bailly est une pure pétition de principe, faite en vue d'arriver à la négation des objets non empiriques. Elle suppose, comme le livre tout entier, que la question de la réalité objective est résolue affirmativement pour la matière, et négativement pour l'esprit, tandis qu'il n'en est rien. Elle est d'ailleurs incomplète. Voici la division qui se présente naturellement à la première réflexion sur le moi, et sur les objets sensibles, soit qu'on en admette, soit qu'on en rejette la réalité substantielle.

1° Inscription et décomposition des idées, lesquelles sont de deux sortes, l'idée du moi, dont le distinct fondamental est l'activité, espèce de centre, de foyer de mouvement, e germe vivant, que l'on appellera esprit, âme, conscience, intelligence, comme on voudra ; et l'idée de l'objet empirique, de la bille, par exemple, dont le distinct fondamental est une masse divisible.

D'où l'on a la science empirique ou fondée sur la simple observation, divisée, de primeabord, en deux branches, la science empirique psychologique, ayant pour objet l'ordre phénoménal du moi dans son inscription et sa décomposition, sans élévation aux qualités et aux rapports ; et la science empirique physicologique, ayant pour objet l'ordre phénoménal du monde extérieur à moi, ou paraissant tel, dans son inscription et sa décomposition, sans élévation aux généralités et aux rapports.

2° Construction des distincts des idées, étude et généralisation de leurs rapports, élévation aux lois de leur développement, etc., choses dont l'ensemble peut être appelé la *science transcendantale*, laquelle se divise en deux branches comme la science empirique qui l'a engendrée, la science transcendantale psychologique, ayant pour objet les lois générales de l'ordre phénoménal du moi, et de toute activité possible en similitude avec la mienne, c'est la *logique*; et la science transcendantale physicologique, ayant pour objet les lois générales de l'ordre phénoménal du monde extérieur ou paraissant tel, c'est la *mathématique*.

3° Question des réalités objectives substantielles de l'ordre phénoménal du moi et du monde, laquelle donne lieu à celle de la réalité objective du soutenant premier, du générateur premier, de la cause première, ou de Dieu, et laquelle devient l'objet de la science *ontologique*, qu'on peut aussi appeler *transcendante*.

Cette division de la science eût été complète, et, au lieu de supposer la question, l'eût émise franchement, mais elle aurait conduit notre auteur où il avait peut-être résolu, *a priori*, de ne jamais se rendre.

Quant à l'ordre psychologique que nous venons de poser dans notre division, lequel est engendré par l'idée même de l'activité du moi, idée qui s'inscrit au moi comme l'unité mathématique, nous le défions de ne pas le faire entrer, en première ligne, dans la science empirique ; pourquoi donc l'y a-t-il omis, et l'a-t-il reporté dans la science transcendante, mot auquel il fait signifier, quoique très-gratuitement, science sans objet ?

Vous dites que, dans l'ordre sensible, j'ai beau rêver un homme de vingt-cinq mètres de haut, cela ne me fera pas croire qu'il y ait des hommes de cette hauteur, parce que la science empirique me sert de régulateur et de contre-poids ; je le veux bien, mais il en est de même dans l'ordre psychologique ; j'ai mon activité, mon moi qui est ma science empirique aussi et qui me servira également de régulateur. Je peux rêver une activité indéfiniment plus puissante, qui soit égale peut-être à cent fois la mienne prise pour unité ; et tout ce que j'en conclurai, si j'ai du bon sens, c'est qu'une telle activité est possible comme l'homme de vingt-cinq mètres est possible, la question du fait ayant besoin d'autres bases pour être résolue.

Quand vous parlez du *simple*, de *l'absolu*, de la monade de Leibnitz, du tout de Spinosa, vous roulez sur d'incroyables équivoques. Vous confondez le simple au sens de non-étendu, sans milieu et sans côtés, avec le simple au sens d'unité, de propriété élémentaire. La monade de Leibnitz est simple dans le premier sens et composée dans le second; elle a des multitudes de propriétés sans être matériellement divisible; et Leibnitz en admet un nombre indéfini dans l'univers. Vous confondez aussi le tout de Spinosa avec sa substance. Sa substance est simple dans le premier sens ; c'est une monade; et il n'y en a qu'une d'après Spinosa; son tout est l'ensemble des attributs, des modes, des propriétés de cette monade. Spinosa est l'embryon d'Hégel, et l'antipode de Leibnitz.

L'auteur suppose quelque part un interlocuteur qui le met au défi de démontrer que deux fois deux font quatre; et il répond par cette démonstration syllogistique. $2 = 1 + 1$. Donc $2 + 2 = 1 + 1 + 1 + 1$. Or $4 = 1 + 1 + 1 + 1$. Donc $2 + 2 = 4$. Cette démonstration qui revient à la définition des mots deux et quatre, est bonne : mais elle s'appuie sur une intuition générale qui nous montre, comme absolument certain, que $2 + 2$ égale $2 + 2$ ou que toute chose est égale à elle-même, et c'est précisément cette égalité fondamentale qu'il est impossible de démontrer, par là même qu'elle est évidente *a priori*. Il n'admet pas d'évidence absolue *a priori*: donc sa démonstration ne vaut rien. Voilà la conclusion de sa théorie ; elle s'applique à toute la série des mathématiques. L'algèbre entière n'est que la réduction de tous les problèmes particuliers à cette équation axiomatique : *Toute chose est égale à elle-même*. Que devient encore à ce point de vue, la possibilité de la science pour M. Bailly ?

Voici un paradoxe qui exclut également cette possibilité. « Le mouvement, dit-il, n'a point lieu sans une force qui le fait naître ; cette force ne peut le communiquer sans l'avoir reçu et ainsi de suite. L'homme et l'animal ont cependant en eux la source de leur mouvement. La notion de cause n'a de valeur que dans la science empirique et la transporter en tout autre lieu, c'est vouloir créer des illusions. » Le lecteur a compris; M. Bailly nie la valeur de l'axiome : *Tout effet a une cause*, ailleurs que dans la science empirique; or comme, dans cette science, cette valeur est bornée aux effets observés, comme il est impossible, d'après la définition même de cette science, d'y poser une généralité absolue, il s'ensuit que celle-là, comme toutes les autres, est une construction sans réalité. Mais il suit de là que la science, et surtout l'unité de la science, est impossible, car, il n'y a que la généralité qui puisse servir de point central où viennent converger et d'où rayonnent les idées constitutives de la science. Sans ce point central, tout est haché, divisé, désuni, il n'y a pas science. Mais admirez la contradiction. En même temps que l'auteur établit la série indéfinie des causes et des effets sans vouloir s'arrêter à un premier moteur qui ne serait pas mû, il pose l'activité de l'homme et de l'animal comme un premier moteur, et il ne s'aperçoit pas qu'il en fait ainsi des dieux, des absolus, et qu'il suppose, par là même, forcément l'absolu de la formule ; *il n'y a point de mû sans moteur*. Au reste le livre est rempli de ces tours de force ; et cela est nécessaire ; quand on nie la généralité dans sa valeur, on est obligé de se contredire à tout mot, car elle nous enveloppe tellement qu'il est impossible de parler dans aucune langue sans l'impliquer à tout mouvement des lèvres.

Le *panthéisme est identique avec la théologie*. Savez-vous pourquoi ? C'est que le dieu de la théologie est l'infini, qu'au delà de l'infini il n'y a rien, qu'il est par conséquent le tout, et que se servir du tout pour rendre raison de tout c'est faire un cercle vicieux qu'évite Spinosa, dans l'expression, en réduisant les effets à de simples attributs ou modes. Le lecteur a déjà répondu premièrement, que la théologie n'est point identique au spinosisme, parce que le spinosisme pose une substance unique *numériquement* et *spécifiquement* ne supportant que des attributs et des modes, et que la théologie pose la substance absolue avec ses modes absolus supportant des substances relatives qui supportent, à leur tour, des attributs relatifs : Secondement, que le dieu de la théologie, pour être l'infini, l'absolu, le parfait, le soutenant universel, n'est pas le *tout*, en entendant par le *tout*, l'infini + le fini, le parfait + l'imparfait, la privation de la limite + la limite, précisément parce que ces expressions sont contradictoires, et qu'un être *un* ne pourrait être à la fois les deux choses, comme le oui ne peut être, à la fois, le oui et le non, ce qu'il est et ce qu'il n'est pas. Ce qui distingue le fini de l'infini, le progressible de l'improgressible, ce n'est que cette limite même qui lui est essentielle à un état quelconque de dilatation, comme l'absence en est essentielle à l'infini ; et comme la présence de la limite ne peut reposer directement sur le même *soutenant* que l'absence de la limite, on est obligé de concevoir, entre le soutenant premier et ce soutenu, un soutenant intermédiaire, foyer de mouvement soutenu radicalement par la substance absolue et soutenant son mode relatif ; c'est ce qu'on a appelé la substance incomplète, la substance créée, l'âme, etc.

Vous n'objecterez pas, sans doute, que l'infini de la théologie serait encore plus parfait avec l'addition de tout le reste que sans cette addition, et par conséquent qu'il n'est pas le parfait absolu ; car je vous demanderais simplement si le *plus*, en arithmétique, est plus grand avec le *moins* que sans le *moins*, si la lumière est plus parfaite avec l'ombre que sans l'ombre, si le plein a besoin du non plein pour être le plein, si le oui a besoin du non pour être le *oui*.

Ce que dit M. Bailly du *beau* et du *laid* qu'il pose comme les deux extrêmes du cône de l'art, a besoin d'explication dans le cône de la science, les deux extrêmes sont à la même distance du néant et de l'absolu, puisque le plus petit, à quelque degré qu'on fasse descendre sa petitesse, ne sera pas plus le néant que s'il était le plus grand, et que le plus grand, à quelque degré qu'on fasse monter sa grandeur, ne sera pas plus l'absolu que s'il était le plus petit. Il en est de même dans l'art. On trouve le néant pour le laid complet, et l'absolu pour le beau complet exempt d'élévation par son essence; quant à l'échelle du fini qui se dilate entre le néant et l'absolu, elle est à la même distance de l'un et de l'autre par ses deux extrêmes; il y a seulement des différences de limitation dans ses échelons et ces différences constituent le beau et le laid relatifs; de telle sorte que ce qui est le beau pour l'échelon inférieur sera le laid pour l'échelon supérieur. Il n'y a pas d'autre moyen d'expliquer le beau et le laid dans le fini. Il en est de même du bien et du mal : mais il faut y joindre cette observation que l'être qui s'abaisse volontairement dans l'échelle, malgré la loi de sa nature qui l'oblige à s'élever, tombe en antithèse avec lui-même et par conséquent en souffrance.

L'auteur suppose toujours la question lorsqu'il donne les idées formant la science transcendante comme n'ayant que la valeur d'un acte mental. Toutes les idées, aussi bien les empiriques, n'ont *primario* que cette valeur; elles doivent toutes être mises sur la même ligne ; et vient après, pour toutes, la question de la réalité objective qu'il suppose sans cesse résolue sans en avoir dit un seul mot.

Voici un nouvel exemple des aberrations de notre auteur dans les jugements qu'il porte sur les systèmes philosophiques. Il s'agit encore de Leibnitz et de Spinosa qu'il identifie dans leurs idées. « Leibnitz, dit-il, s'est servi des facultés additive et soustractive pour obtenir sa monade, et Spinosa pour poser le tout. Voilà pourquoi leurs résultats sont identiques ; partir de la monade pour monter à l'absolu ou partir de l'absolu pour revenir à la monade, c'est absolument la même chose. » Ainsi, parce que deux ouvriers se serviront du même outil, ils obtiendront le même résultat. Les résultats sont, au contraire, négatifs l'un de l'autre. L'absolu de Leibnitz n'est pas l'ensemble des monades, mais une seule monade qui est la monade absolue, la monade Dieu, ce qui n'empêche pas les autres d'être, à l'état relatif et limité, contenues, soutenues, vivifiées, réalisées par la première, et entre elles en hiérarchie. Quant à Spinosa, il ne descend pas de l'ensemble des monades à une monade cause, ce qui serait en effet le Leibnitzianisme, sous une de ses formules, mais rejetant la multiplicité des monades, il descend de l'ensemble des modes à une substance unique que l'on peut, au reste, appeler monade, et cette monade, qui est seule, forme l'absolu en tant qu'elle est décorée de la totalité des modes. Nous demandons pardon au lecteur de ces retours aux mêmes objets qui sont peut-être des répétitions ; mais l'auteur nous y force.

On ne trouve pas plus de justesse et de profondeur dans cette affirmation, que l'atome d'Epicure est la monade de Leibnitz, le tourbillon de Descartes, et l'*idée* d'Hégel. L'atome d'Epicure a un milieu et des côtés par où il s'accroche à son voisin. Les éléments du tourbillon de Descartes sont divisibles à l'infini, parce qu'ils sont étendus, et n'ont aucun rapport avec les activités, qu'il appelle *âmes* ou *esprits,* puisqu'ils sont inertes en soi. La monade de Leibnitz est simple, sans milieu ni côtés ; c'est plutôt l'âme de Descartes que la molécule de son tourbillon, mais il donne l'activité aux unes, l'inertie aux autres, au moins par assujettissement, et les constitue en hiérarchie pour former des individus. Quant à l'*atome* d'Epicure , il serait la molécule du tourbillon de Descartes, s'il n'était pas éternel et éternellement mouvant dans le vide. Et quant à l'idée d'Hégel, elle n'est qu'un mode, un jeu fantasmagorique du moi. Quelle identité y a-t-il entre ces diverses conceptions ? Il y en a une seule ; c'est que toutes admettent une cause éternelle et absolue, et, par conséquent, Dieu. Leurs différences roulent sur la création de substances relatives que rejettent Epicure, Spinosa et Hégel, que professent énergiquement Descartes, Leibnitz, Malebranche et Berkley.

Si le lecteur aime les contradictions, il en trouvera dans presque toutes les phrases du chapitre IX sur les axiomes, les principes, la généralité et la nécessité.

La manière dont l'auteur explique la nécessité mérite néanmoins quelques mots. Pour rester conséquent avec son système de négation de toute généralité absolue dans la valeur intrinsèque, il dit que la nécessité est une construction; par exemple, je suppose une fleur, dès lors il faut des pétales, des étamines, des carpelles, et par conséquent c'est mon activité qui en fait la nécessité. Il n'y a, dit-il, rien de nécessaire dans une somme que les distincts que l'activité y a placés en la construisant.

Or, remarquez d'abord la contradiction. Le géomètre n'a reconnu pour point de départ que des objets, par conséquent des totalités, des sommes que l'esprit inscrit et ne construit pas, et dont il sépare les distincts qu'il n'y a pas mis, mais qu'il y trouve. Et maintenant, il dit que l'esprit ne distrait ces distincts qu'après qu'il les a additionnés. Ce n'est donc pas l'objet qui est le point de départ, ce sont les éléments avec lesquels l'activité construit l'objet avant de l'inscrire dans sa totalité ; et cependant elle ne peut pas les inscrire eux-mêmes avant de les avoir extraits, ni les extraire avant d'avoir inscrit l'objet. Que le géomètre se débrouille comme il pourra : passons là-dessus.

Voici autre chose. Si la nécessité n'est que parce qu'on la fait, toujours est-il qu'elle ne peut être qu'en vertu de cette nécessité générale : *Ce qui est fait, est fait; ce qui est,*

est. Le voilà donc qui retombe, sans s'en apercevoir, dans une nécessité absolue non construite nécessaire elle-même à la construction de la nécessité. Enfin, quoi qu'il en soit du produit de l'activité, l'auteur voit, comme je la vois, et comme chacun la voit, une différence entre ce qui n'est que parce qu'il est, et ce qui ne peut pas ne pas être, entre ce qui pourrait manquer à une chose sans que son espèce en souffrît, et qui ne peut lui manquer sans qu'elle change d'espèce ; par exemple il est de l'essence d'un triangle d'avoir trois angles, de telle sorte qu'en détruisant l'idée des trois angles vous détruisez l'idée elle-même du triangle ; tandis qu'il n'est pas de l'essence du triangle d'avoir telle ou telle grandeur, d'avoir un mètre ou deux mètres de longueur à la base. On peut lui ôter cette dimension et lui en substituer une autre sans changer son espèce et en le laissant triangle. On appelle nécessaires les propriétés de la première sorte et contingentes celles de la seconde ; voilà tout.

La démonstration est basée sur cette différence du nécessaire et du non nécessaire. On pose une donnée quelconque et l'on fait voir, par une explication, par un développement, par une décomposition, que, posée cette donnée, tel distinct s'ensuit, parce qu'on voit clairement, après l'explication, que détruire le distinct c'est détruire la donnée. Nous examinerons bientôt, si cette opération n'est pas applicable à l'existence de Dieu en tant que cause, soutenant, moteur, etc., du moi, qui est la donnée.

Les attaques de M. Bailly contre le syllogisme, qu'il accuse d'être un pléonasme, sont d'une incroyable naïveté, nous y avons déjà répondu. On doit distinguer la marche ordinaire de l'esprit pour arriver à la découverte, qu'on peut appeler la méthode inventive, et la marche ordinaire de l'esprit pour arriver à la démonstration, qu'on peut appeler la méthode démonstrative, laquelle est toujours la même au fond qu'elle prenne la forme du syllogisme, celle du sorite, celle de la série, celle du dilemme, ou toute autre.

La première affecte l'ascension du particulier au général, et la seconde affecte la descente du général au particulier. La première est le syllogisme renversé, celui de Bacon ; la seconde est le syllogisme tel qu'Aristote le construisait. Or, voici pourquoi il n'y a pas pléonasme dans celle-ci. C'est que l'esprit humain, en pratiquant la première, l'analyse et l'induction, n'a pas eu besoin, en fait de choses nécessaires, de passer par l'examen de tous les particuliers pour formuler le général ; il lui a suffi de quelques particuliers pour apercevoir avec évidence la loi absolue, comme nous l'avons déjà dit, et lorsqu'il redescend dans la démonstration, en partant du général, il n'apprend — ou, au moins, celui qui écoute, — que le particulier en question est un de ceux compris dans la majeure, que par l'émission de la mineure. Il est bien vrai que la conclusion est émise implicitement dans le principe, mais suit-il de là que l'esprit humain perçoive formellement cette contenance ? Nullement il a besoin d'un autre examen pour la percevoir, et c'est cet examen qu'exprime la mineure, d'où naît le droit à la conclusion. C'est un des caractères de l'esprit de voir les choses en gros sans s'apercevoir des détails. Il en est de même des yeux du corps. J'aperçois de loin une église et j'en conclus immédiatement qu'elle a des fenêtres, sans les avoir vues, en vertu de ce principe qu'il n'y a pas d'églises sans fenêtres. Cependant je peux me tromper et je n'ai droit de conclure qu'à la probabilité, parce que les fenêtres ne sont point essentielles à une église pour être église ; mais quand il y a *nécessité*, la conclusion est rigoureuse. Lorsque M. Bailly nous affirme qu'on ne peut déduire que ce qu'on a induit, il confond l'induction formelle et explicite avec l'induction non sentie, et ignorée de l'induction qu'l'a faite en posant la loi générale. Avant qu'on connût la composition de l'eau, on induisait, dans l'idée générale de l'eau, l'oxygène et l'hydrogène, mais sans le savoir ; quand on a fait cette découverte, on a déduit formellement ce qu'on induisait implicitement, et, depuis, on fait les deux opérations d'une manière formelle, l'induction si on compose l'eau, la déduction si on la décompose. Cet exemple peut servir à donner une idée de ce qui se passe dans la déduction du général au particulier, et à faire comprendre comment le syllogisme n'est ni un pléonasme, ni une inutilité. Il suffit, pour qu'il ne soit ni l'un ni l'autre, que celui qui le fait, ou celui à qui on le donne en démonstration, soit, par rapport à la conclusion, dans le cas où était le chimiste, par rapport à l'oxygène et à l'hydrogène de l'eau, avant Lavoisier ; et cela arrive et arrivera du matin au soir à tout instant et sur toute chose ; car l'homme n'a pas la science universelle et ne l'aura jamais.

Il l'a cependant implicitement, cette science universelle, puisqu'il peut émettre le mot *tout*, qui n'oublie rien, et que, d'ailleurs, tout est dans tout, comme le disait Jacotot, qui, en cela, avait raison philosophiquement. Mais une science implicite n'est pas une science, c'est une chose à découvrir, à démontrer, à apercevoir soi-même ou à faire apercevoir aux autres, et le syllogisme, dans toutes ses formes, ainsi que l'observation du particulier, dans toutes les siennes, sont les seuls moyens de rendre explicite et formel pour l'esprit ce qui ne l'était pas.

Les singuliers reproches que M. Bailly fait au syllogisme, il doit au reste les faire, s'il est conséquent, à toutes les propositions dont se compose toute langue humaine. Par exemple : *Newton était savant* ; voilà un affreux pléonasme, et une grande inutilité ; en effet, qui dit *Newton* dit par un seul mot tous les distincts, toutes les qualités que posséda Newton, et par conséquent la science dont il fut doué ; donc qui dit : *Newton était savant*, fait un pléonasme et un discours inutile analogue à cette autre proposition : Newton était Newton. L'argumentation de l'auteur contre le syllogisme le conduit donc rigoureusement à exiger que l'homme ne parle plus que par l'émission de substantifs isolés. Qui sait s'il n'en viendra pas, de déduction en déduction, à soutenir sérieusement que le beuglement du taureau est une langue plus philosophique que celle de Platon, et le chant de la cigale plus poétique que celui d'Homère ?

Quant à ce que dit M. Bailly du mot *tout* qu'il semble réduire à la fonction de rappeler les termes d'une construction, nous lui demanderons s'il entend parler d'une construction formelle avec énumération de tous les particuliers, ou d'une construction implicite comme celle de l'eau pour celui qui en ignore la composition. Dans le premier cas, l'esprit n'aura jamais le droit d'employer le mot *tout* au sens absolu, au sens mathématique. Dans le second, il aura ce droit. Dans le premier, l'évidence est contre la définition, car beaucoup de généralités sont évidentes sans énumération formelle préalable de tous les termes, énumération qui serait impossible. Dans le second, le mot *tout* ne rappelle pas les termes de la construction, il les embrasse en lui-même, et il faut des mineures pour diriger l'activité sur tel ou tel terme qui s'y trouve compris, et le faire apercevoir à l'esprit, ce qui ramène forcément le syllogisme.

Nous nous arrêtons là, dans la crainte de fatiguer nos lecteurs en prolongeant un examen dans lequel viennent poser tour à tour les plus simples questions de la vieille logique. Au reste, nous sommes parvenus à la seconde partie de la *théorie de la raison*, dont les matières sont les *catégories*, *l'espace* et le *temps*, les *antinomies*, les *jugements*, *Dieu et Satan*, *l'âme*, le *droit* et la *justice*, le *bien* et le *mal*, la *morale*, et cette seconde partie n'est que la logique de la première mise en application.

Nous avons suffisamment prouvé que la nouvelle théorie, dût-on même lui céder son premier anneau, n'a rien de ce qui constitue un enchaînement mathématique.

Nous aurons accompli notre tâche quand nous aurons vidé, avec M. Bailly, les questions de Dieu et de l'âme, et celle de la morale.

VII. La théodicée de la *théorie de la raison* se résume tout entière dans les trois propositions suivantes :

Il est impossible de démontrer Dieu.

On n'a pas démontré Dieu.

L'idée de Dieu, fait humain qu'on ne peut nier, s'explique facilement sans la réalité Dieu.

Propositions auxquelles nous répondrons par les suivantes :

La démonstration de Dieu est possible.

Dieu est démontré dans son existence comme réalité objective.

L'idée de Dieu serait impossible et n'existerait pas sans la réalité Dieu.

D'abord peut-on démontrer Dieu ?

Les seules raisons qu'apporte M. Bailly, pour prouver *a priori* qu'on ne le peut pas, sont celles-ci :

Pour qu'on pût démontrer Dieu, il faudrait qu'il fût un objet inscrit par l'activité, ce qui est impossible, puisqu'il est, par l'hypothèse, l'infini.

Il faudrait qu'il fût un terme d'une construction dont on pût dire qu'il est égal, supérieur, ou inférieur à un autre de la même construction, ce qui est encore impossible, puisque, étant infini, il ne peut être ni un objet, ni l'extrait d'un objet, condition essentielle à toute construction. Or, ces deux raisons n'ont aucune valeur.

Premièrement il n'est pas nécessaire qu'une chose soit inscrite au moi pour pouvoir être démontrée. — Nous prenons ici le mot *démontrée* dans le sens de déduite en tant que nécessaire, et seulement sous le rapport de sa nécessité. Nous prenons le mot *inscrite* dans le sens de représentée mentalement quant à sa forme générale, puisque l'inscription détaillée et complète est toujours impossible. — Il suffit, pour la réussite assurée de cette opération intellectuelle, de l'inscription générale d'un fait quelconque, lequel renferme, parmi ses distincts, un rapport nécessaire, un lien évidemment essentiel avec la chose à démontrer, et d'une décomposition de ce fait suffisante pour faire apparaître à l'esprit la présence de ce rapport. Toutes les fois que ces conditions ont lieu, j'ai droit de conclure et je conclus forcément à la réalité nécessaire de la chose à démontrer, quoiqu'elle me soit totalement inconnue et que je ne puisse l'exprimer que par le pronom indéfini : *quelque chose*.

On peut en trouver des exemples dans tous les ordres. Supposons un astronome qui ait suffisamment inscrit et décomposé dans sa pensée notre monde planétaire pour savoir au juste toutes les influences qu'exercent, les uns sur les autres, les astres connus qui en sont les éléments, et qu'il ait de plus constaté, par l'observation, des perturbations dans l'un de ces corps, ne pouvant avoir pour origine les influences qu'il connaît, il en conclura immédiatement, et à coup sûr, qu'il y a, quelque part, un corps inconnu, dont il n'a pas l'idée, que nul ne soupçonne, et qui, par son influence, ignorée aussi, produit ces perturbations. Évidemment l'existence de l'objet est ainsi démontrée, sans qu'il y ait inscription de cet objet. Il y a seulement inscription d'un autre objet renfermant, parmi ses distincts, une relation nécessaire avec celui-là.

Il en est ainsi de tous les mystères de la nature dont on affirme la nécessité longtemps avant de les inscrire, aussi bien que de ceux dont la nécessité est certaine et que l'humanité n'inscrira jamais dans son répertoire intellectuel.

Il peut en être de même de Dieu. J'inscris un fait, le fait du moi, et je l'inscris assez pour y trouver, en le décomposant, un lien nécessaire avec un soutenant premier qui ne soit pas soutenu, avec un producteur premier qui ne soit pas produit, et j'en conclus, avec certitude, la réalité nécessaire de ce soutenant, de ce producteur, quoique je puisse n'en avoir aucune idée, aucune inscription, autre que celle de sa nécessité à ces deux titres.

On objectera que cette déduction est basée sur l'axiome : *pas d'effet sans cause*. Cela est vrai, mais, quelle que soit la voie par laquelle l'intuition de cette généralité m'est venue, elle est pour moi d'une évidence telle que je suis certain qu'elle ne peut souffrir aucune exception ; et cela suffit pour me satisfaire. Je me retire heureux dans ma vision claire de mon absolue infaillibilité sur ce point.

Ainsi donc, l'inscription d'un être n'est pas nécessaire à sa démonstration ; première difficulté résolue.

Secondement cette inscription fût-elle nécessaire celle de Dieu, de l'infini, serait possible au degré suffisant pour la démonstration.

C'est ici que nous complétons la pensée de Leibnitz, de Malebranche et de Berkley. Ils ont prouvé que l'inscription de l'objet empirique, base de toute philosophie matérialiste, est impossible en soi, à moins qu'on ne réduise cet objet à un acte pur de l'esprit ; ils voulaient prouver, de plus, que l'inscription du simple, et surtout de l'infini simultané de Dieu, est au contraire très-possible sans la réduction à un acte pur de l'esprit. Nous les avons arrêtés ; quelques mots suffiront pour suppléer ce qu'ils avaient à dire.

Il est clair qu'il ne s'agit pas de l'inscription totale de tous les distincts de l'infini, ou, pour parler plus juste, de toutes les abstractions possibles sur sa complète perfection. Une telle inscription ne se peut à l'égard d'aucun être, au moins dans l'état actuel de notre activité. Il s'agit seulement de l'inscription du distinct résumant la forme générale de l'infini, inscription analogue à celle que se fait, par exemple, du triangle, du pentagone ou de la sphère, l'enfant ou l'homme simple qui ne connaît aucune des propriétés mathématiques de ces figures.

Or, quel est ce distinct ? les mots *complet, imperfectible, plénitude*, et beaucoup d'autres peuvent l'exprimer. C'est l'état de ce qui ne peut être augmenté, de ce qui ne peut désirer rien au delà, de ce qui est rationnellement et métaphysiquement satisfait de ce qu'il est ; c'est la propriété consistant à être tout ce qu'il est possible en soi d'être, excepté d'être susceptible d'augmentation, c'est-à-dire limité, ce qui serait la négation même de l'hypothèse.

Voilà le distinct qu'il suffit d'inscrire pour inscrire l'infini. Ce n'est plus une masse, comme celle de la bille, dont chaque élément fuit devant la pensée, c'est la simplicité même ; ce n'est plus l'effort se prolongeant, comme dans la bille, en suivant un angle perpétuellement ouvert, c'est l'effort achevé, arrêté, ne trouvant plus rien à parcourir au delà.

Il n'y a donc pas d'inscription plus possible ; et d'ailleurs elle existe. Tous les mots des langues qui, en eux-mêmes et sans application à tel ou tel objet, expriment cette idée soit affirmativement, soit négativement. Les substantifs *grandeur, puissance, sagesse, force*, etc., ne supposent, dans l'idée générale qui leur correspond, ni le plus ni le moins : C'est la grandeur, la puissance, la sagesse, la force absolues sans plus ou moins de grandeur, plus ou moins de puissance, plus ou moins de sagesse, plus ou moins de force. Les substantifs opposés *petitesse, impuissance, folie, faiblesse*, ne sont que des négatifs plus ou moins étendus des premiers ; la petitesse n'est que la limite introduite dans la grandeur, et ainsi des autres. Il n'y a de petitesse en soi, d'impuissance en soi, etc., que le néant lui-même. Enfin l'esprit, en inscrivant toutes les idées affirmatives, à leur état suprême, inscrit l'être, et en voulant inscrire toutes les idées négatives, à leur état suprême, de négation, inscrit le néant, c'est-à-dire n'inscrit rien.

Comment se fait-il qu'il y ait des intelligences assez aveugles pour vouloir ou croire nier ce qu'affirme chacune de leurs paroles, ce qu'affirme, à tout instant et essentiellement, leur négation même ! Tant l'infini nous pénètre et nous enveloppe, nous presse en tout sens.

C'est donc une grande erreur de dire *a priori* que l'activité limitée, et par là même indéfiniment progressible de l'esprit humain, ne peut embrasser l'idée de l'infini ; elle ne peut détailler ses richesses, mais elle pense et exprime sans cesse son *tout* absolu. On ne nous demandera pas, sans doute, de démontrer ce fait, c'est un phénomène du moi que me révèle ma conscience, et aucun de ces phénomènes ne se démontre ; je les prends sans démonstration, comme Descartes, tels qu'ils me sont livrés par l'intuition directe, et puis je les décompose pour en tirer des déductions. Cependant on pourrait dire à celui qui ferait cette demande, en se mettant à son niveau philosophique : Étudiez les hommes, étudiez les langues, et vous trouverez à chaque pas des manifestations éclatantes de l'inscription de l'infini dans l'esprit humain.

Troisièmement. Pour anéantir la seconde objection, il suffit de quelques mots. L'infini, dit-on, ne saurait être démontré, puisque, n'appartenant ni à la science empirique, ni à la science transcendantale, mais seulement à la science transcendante, dont les réalités sont des illusions, en d'autres termes, n'étant et ne pouvant être ni un objet, ni les distincts d'un objet, il n'est pas susceptible de construction, condition essentielle pour toute démonstration.

Mais d'abord ce raisonnement suppose la question. Vous définissez la science *empirique*, celle qui a pour objet les corps ; la science *transcendantale*, celle qui a pour objet les rapports entre leurs distincts, les constructions de ces distincts et les démonstrations ayant pour but de faire voir les relations du contenant au contenu entre les termes des constructions ; et enfin la science *transcendante*, celle qui n'a pour objet que

les actes de l'esprit sans réalité objective.
Or, après une telle classification, il est facile de dire : l'infini n'est point un corps, donc il n'appartient pas à la forme empirique; il n'est point le distinct d'un corps, donc il n'appartient pas à la science transcendantale; donc il appartient à la science transcendante et est incapable de démonstration. Le lecteur a compris la pétition de principe bien et dûment faite au moyen d'une classification insuffisante. Cette classification suppose gratuitement qu'il n'y a d'objets réels que les corps, en mettant hors de question la réalité objective de tout ce qui n'est pas corps. Nous avons déjà fait observer ce défaut. Il suffit de répondre qu'un ordre empirique est omis, celui des êtres non corporels, analogues à mon activité propre, ne tombant pas sous les sens, mais tombant sous l'esprit. On pose ainsi affirmation contre affirmation, et l'auteur n'a rien à dire. C'est dans cet ordre empirique, non corporel, que l'on fera entrer l'idée de Dieu, et cet ordre donnant naissance, aussi bien que l'autre, à une science transcendantale correspondante, on fera, dans cette science, la démonstration de Dieu, qui deviendra un objet immatériel formant la base du cône des esprits, ou des activités intellectuelles et morales, dont ma conscience me révèle un type imparfait dans le moi. Il y aura inscription suffisante, comme nous l'avons expliqué, par la même décomposition en distincts, parmi lesquels se trouvera celui de l'existence, et enfin démonstration de la présence du distinct, *existence*, dans l'inscrit *Dieu*, en allant du moins au plus jusqu'au *nec plus ultra*.

Il est évident qu'avant que l'auteur ait droit de rejeter cette division, il faut qu'il ait établi la réalité objective des corps, et la non réalité objective des esprits, ce qu'il ne fera jamais ; nous le lui prophétisons sans crainte ; il rencontrerait plutôt qui pour lui démontrer la proposition inverse.

Mais il n'est pas même nécessaire, pour répondre à M. Bailly, de récuser la division qu'il donne de la science. Dieu ne sera pas un objet empirique ; il n'en sera pas non plus un distinct; mais le rapport de l'effet à la cause, du soutenu au soutenant, du produit au producteur, chaîne indissoluble, qui touche, comme nous l'avons dit, à la cause par une de ses extrémités, et, par l'autre, à l'objet, sera, dans cette dernière extrémité, un distinct de l'objet lui-même, et que s'ensuivra-t-il ? une construction d'anneaux qui mènera nécessairement à un premier, lequel sera nommé Dieu ou la cause, sans qu'on ait besoin de la connaître. La science transcendantale empirique toute seule aura suffi pour nous démontrer Dieu, en allant du contenu au contenant, du soutenu au soutenant, du moins au plus, si vous voulez, et vous serez forcé, sans plus de frais, à revenir sur la définition de votre science transcendante, et à lui accorder des réalités objectives.

Nous croyons pouvoir conclure, à l'encontre de la théorie de notre auteur, que la démonstration de Dieu est possible, soit qu'on parte, avec Descartes, des phénomènes du *moi*, seul fait, à notre avis, qui n'ait pas besoin de démonstration pour être certain, soit qu'on parte, avec M. Bailly, de la réalité objective des corps en tant que substances différentes des esprits, fait qui, à notre avis, aurait besoin d'une bonne démonstration.

Examinons, maintenant, en compagnie du nouveau philosophe, les démonstrations de Dieu, données par la vieille philosophie, et voyons si c'est à tort ou à raison, qu'elle en est orgueilleuse.

VIII. Il est impossible de démontrer Dieu *a priori* ; et la philosophie n'a jamais eu la prétention de le faire. Prenant les choses *a priori*, c'est-à-dire faisant abstraction de moi-même et de toute l'auréole des phénomènes dont je suis le centre, il m'est impossible d'affirmer s'il y a quelque chose ; le néant et l'être sont en présence et ont les mêmes droits, non pas dans la logique de Dieu, mais dans la mienne, qui, dès qu'elle se pose dans le véritable *a priori*, perd tout point de départ et ne peut faire que des pétitions de principe.

Par conséquent, toutes les preuves de Dieu données par la philosophie sont des preuves *a posteriori*, dans lesquelles la logique, suivant comme nous l'avons dit, la marche inverse de la génération des êtres, prend pour son appui le quelque chose dont elle ne peut douter, qui est le moi avec son auréole de phénomènes, et en déduit la nécessité de Dieu.

Il suit de là que toutes les preuves de Dieu reviennent à une seule, et qu'elles ne peuvent varier que dans la forme selon le distinct que l'on choisit, comme le remarque M. Bailly avec beaucoup de justesse, pour point de départ, nous ne dirons pas comme lui, d'une construction sans réalité, mais d'une construction avec réalité, d'une construction ayant pour terme un original dont elle n'est que la copie.

Cependant, on peut diviser et subdiviser cette preuve unique en branches et en rameaux selon les divisions et les subdivisions de la phénoménologie du moi — le lecteur est suffisamment averti du motif qui nous porte à tout réduire au moi ; pour être inattaquable, dans notre démonstration de Dieu, et victorieux sans retour contre les objections, il faut que nous partions de ce qui ne peut être nié, sous peine de folie, et il n'y a que la phénoménologie du moi qui jouisse véritablement de ce privilége ; Hégel, par exemple, a nié toute réalité extérieure, et il n'était pas fou.

Or tous les phénomènes du moi se réduisent à trois idées : L'idée de l'être absolu, de l'être complet, non susceptible d'augmentation. L'idée du néant absolu, du néant complet, non susceptible d'augmentation. L'idée du fini, du limité, de l'incomplet, susceptible à l'infini d'augmentation et de diminution.

La première est affirmative, fixe et sans degrés. La seconde est fixe aussi et sans degrés ; mais elle est négative ; c'est la tache noire, absolument noire, c'est-à-dire sans couleur ; c'est une absence dont le sentiment ne ressort en moi, comme celui de la tache noire sur la retine, que par le contraste avec la présence de quelque chose. La troisième est élastique à l'infini. Elle va du ciron à la baleine, du grain de sable au soleil, de l'atome à l'univers. Elle se métamorphose comme Protée, varie ses couleurs, miroite ses nuances, se dilate et se contracte dans tous les sens. Espèce de mélange des deux premières, elle peut s'approcher sans fin de l'une par l'agrandissement, de l'autre par la diminution, sans qu'il lui soit possible de devenir jamais la première ni la seconde ; elle est aussi différente de l'être absolu et du néant absolu, petite que grande.

Maintenant nous disons, avec la philosophie, que l'idée de l'être complet avec l'idée du néant complet, qui en est l'antithèse, implique la nécessité de Dieu, et que l'idée de l'incomplet, du fini, de l'indéfiniment perfectible, implique également cette nécessité.

De là deux preuves de Dieu que nous affirmons, avec la certitude basée sur la plus lumineuse évidence, être inattaquables à jamais.

La première, fondée sur l'idée même de Dieu, aura son développement dans la démonstration de la troisième proposition que nous avons émise à l'encontre de celle de M. Bailly, à savoir que l'idée de Dieu serait impossible et n'existerait pas dans le moi sans la réalité Dieu.

La seconde, fondée sur l'idée du fini, sera seule l'objet de ce chapitre.

Cette démonstration varie sa forme selon le distinct qu'elle prend pour son *a posteriori*, et comme les distincts de l'idée du fini sont innombrables, elle peut la varier de mille et mille manières. Nous nous arrêterons presque uniquement aux formes sous lesquelles l'a attaquée M. Bally, puisque c'est une réfutation, et non point une théodicée que nous offrons au public.

Nous considérerons donc les distincts suivants que je trouve dans mon idée du fini quand je le décompose :

Celui de l'étendue — celui de la durée — celui du mouvement — celui de la substance — et celui de l'être, qui est le plus simple.

1° Celui de l'étendue implique la nécessité d'un contenant universel, d'un espace contenant sans être contenu ; lequel est l'absolu, par là même, sous le rapport de ce distinct ; lequel est Dieu. Voici comment je raisonne :

Il n'y a rien ou il y a quelque chose.

La première hypothèse est fausse, j'en suis sûr ; car enfin, ne serait-ce que moi et moi, il y a quelque chose. Ce quelque chose ne peut-être qu'à trois états : à l'état de contenant sans être contenu ; à l'état de contenant-contenu ; et à l'état de contenu sans être contenant. Est-il à l'état de contenant sans être contenu, c'est le *nec plus ultra* de l'espace, c'est l'espace ne pouvant être conçu plus complet, puisqu'il n'y a rien au delà ; c'est l'absolu : Dieu est déjà trouvé. Est-il à l'état de contenant-contenu ? mais alors, en tant que contenu, il implique la nécessité d'un contenant. Ce contenant sera lui-même non contenu ou contenu ; non contenu c'est encore l'absolu, c'est Dieu : contenu, il demande encore un contenant, sur lequel je raisonnerai de même ; et, comme je vois avec évidence que la série des contenants-contenus, quelque longue que je l'imagine, n'est, en somme, qu'un contenu, lequel implique la nécessité d'un contenant, je suis forcé de m'arrêter à un contenant universel qui ne soit pas contenu ; c'est la nécessité absolue des choses, et cette nécessité est la nécessité même de Dieu, terme essentiel des conceptions indéfinies de mon activité. Est-il à l'état de contenu seulement, sans être contenant, c'est l'*a fortiori* du cas précédent.

Dieu est donc nécessaire dans toutes les hypothèses.

Mais la première est inconciliable avec les phénomènes du moi. Je me vois, je me sens, je m'imagine forcément comme contenu ; je ne trouve en moi que du contenu ; c'est le caractère essentiel de mon idée du fini sous le rapport de l'étendue ; sans cette condition je n'aurais pas cette idée, je ne pourrais pas l'avoir. Toute ma phénoménologie se développe sous la forme d'une hiérarchie de contenus se contenant les uns les autres ; je suis contenu dans l'humanité, l'humanité est contenue dans la sphère des planètes, celle-ci dans une plus grande, et ainsi de suite ; voilà mon ordre phénoménal, voilà le fait du moi, je ne puis le nier.

Donc il est nécessaire que j'aie recours à la seconde hypothèse, laquelle implique la nécessité d'un contenant non contenu au delà de moi-même. C'est Dieu.

Cette preuve peut-être nommée la preuve de l'*intraséité*, c'est-à-dire de la nécessité d'un *étant* en soi, non dans un autre et contenant tout autre.

2° Celui de la durée successive, ou du temps, implique la nécessité d'un *précédant* universel n'ayant pas été précédé, la nécessité d'un éternel, d'un simultané, lequel est encore l'absolu sous le rapport de la durée. On peut construire l'argument de la même manière :

Il y a quelque chose. Ce quelque chose ne peut-être qu'à trois états : à l'état de précédant sans être précédé, à l'état de précédant précédé, et à l'état de précédé seulement. Dans le premier cas, c'est l'absolu, c'est l'éternel qui est essentiellement simultané dans sa durée, puisque, si elle était successive, elle impliquerait essentiellement des précessions indéfinies, ce qui est absurde et contradictoire. Dans le second cas, tout précédé ayant nécessairement un précédant, sans quoi il ne serait pas précédé, il en faut un à ce quelque chose ; et vous avez beau prolonger la série des précédants-précédés, vous n'obtenez qu'une série de précédés, qu'un précédé total, lequel exige toujours un précédant. Vous êtes donc obligé de vous arrêter à un précédant non précédé, qui soit conçu simultané ou éternel. C'est l'absolu, c'est Dieu. Dans le troisième cas, l'*a fortiori*.

D'ailleurs, la première hypothèse est contraire aux phénomènes du moi ; ma durée est successive, je ne sens en elle que du précédé ; ce n'est donc pas moi qui suis l'éternel, c'est un autre qui est avant moi, ce qui ne m'empêche pas d'être avec moi et après moi, puisqu'il est fixe dans sa durée, dans son temps *un* et *indivisible*. C'est Dieu. Cette preuve s'appellera naturellement celle de l'*éternité* ou de la *simultanéité*.

3° Celui du mouvement et de toute production de toute action, implique la nécessité d'un moteur premier, universel, qui ne soit pas mû, et qui soit, sans être mû, le germe du mouvement, ce qui est encore l'absolu, le *nec plus ultra* du concept sous ce rapport.

Toujours même construction. Il y a du mouvement, c'est-à-dire quelque chose en mouvement, en action.

Ce quelque chose ne peut être en mouvement que de trois manières, ou à l'état de moteur de lui-même sans être mû par un autre, ou à l'état de moteur mû, ou à l'état de mû sans être moteur.

Dans la première hypothèse, c'est l'absolu au delà duquel on ne peut rien concevoir. C'est Dieu. Dans la seconde, *le mû par un autre* étant impossible sans un moteur qui est cet autre, ce moteur existe. Sur ce moteur, même raisonnement ; et vous rentrez ainsi dans la série indéfinie des moteurs mus, laquelle n'est qu'un mû qui exige son moteur non mû, c'est-à-dire l'absolu, c'est-à-dire Dieu. Dans la troisième, c'est l'*a fortiori*.

D'ailleurs, le quelque chose que je perçois immédiatement, je le perçois de toute part comme moteur mû ; tous les phénomènes du moi se réduisent à une hiérarchie de mouvements se produisant les uns les autres ; dire que tout cela est l'absolu du mouvement, serait dire que le même être est, à la fois, le moteur mû et le moteur non mû, contradiction évidente qui me force de conclure à un moteur non mû qui est *autre*, en ce sens qu'il y ait, au moins, entre lui et moi la différence du moteur non mû au moteur mû. C'est Dieu.

4° Celui de la substance ou du soutenant implique la nécessité d'un soutenant universel qui ne soit pas soutenu, lequel est encore l'absolu, puisqu'il est impossible de concevoir plus parfait, en fait de soutenant, que celui qui, sans avoir besoin d'être soutenu, soutient tout.

Même construction géométrique. Il y a quelque chose. Ce quelque chose ne peut être qu'à trois états, ou soutenant quelque chose, ne serait-ce que son mode d'être, sans être soutenu ; ou soutenant d'une part son mode d'être et soutenu de l'autre, ou soutenu seulement sans rien soutenir.

Dans la première conception, c'est l'absolu en substance, ce sous lequel on ne conçoit plus rien ; c'est Dieu. Dans la seconde, le soutenu ne pouvant se passer d'un soutenant, ce soutenant existe puisqu'il est nécessaire. Imaginez après, si vous voulez, une pyramide, un cône indéfini de soutenants soutenus, vous n'obtenez et ne pouvez obtenir de la sorte qu'un grand soutenu, lequel exige encore un soutenant. Vous êtes donc forcé par votre raison, pénétrée d'évidence, de croire à un soutenant premier non soutenu, base de la pyramide, seul repos possible de votre activité intellectuelle ; et ce soutenant non soutenu, c'est l'absolu, c'est la plénitude du substantiel, c'est Dieu. Dans la troisième, vous raisonnez évidemment *a fortiori*.

Mais, la révélation du moi à moi-même implique le sentiment du soutenu. Toute ma phénoménologie est une hiérarchie de soutenus se soutenant les uns les autres. D'ailleurs, le soutenant non soutenu étant l'absolu sous un rapport, doit l'être sous tous ses rapports, et ne peut soutenir immédiatement que des modes absolus échappant à la possibilité d'augmentation ; toute mon essence est soumise à cette possibilité d'augmentation ; donc il y a, entre le soutenant absolu, et mes phénomènes, un soutenant intermédiaire qui se limite et qui rend conciliable le relatif avec l'absolu, car il serait impossible de dire que le même soutenant porte, immédiatement et sous le même rapport, la présence d'une limite et l'absence d'une limite. La première hypothèse est donc inadmissible aussi bien que la troisième, et je suis forcé de me jeter dans la seconde, qui me donne Dieu, en établissant entre Dieu et moi la différence du soutenant absolu au soutenant relatif.

Cette preuve peut être appelée la preuve de la *subséité*, c'est-à-dire de la nécessité d'un étant en soi et sur soi, et soutenant tout le reste.

5° Enfin, celui de l'être implique la nécessité d'un étant par soi, par sa propre énergie, par son essence, et non par un autre, ce qui est encore l'absolu de l'être, le *nec plus ultra* de ce concept.

La construction sera toujours la même. Il y a quelque chose. Ce quelque chose ne peut être qu'en trois états, comme étant par soi, parce qu'il est, et sans un autre ; comme étant par un autre, et d'autres étant par lui ; comme étant par un autre, sans que d'autres soient par lui.

Dans le premier état, ce quelque chose est l'absolu de l'Etre : c'est Dieu. Dans le second, ce quelque chose, étant par un autre, implique cet autre, et cet autre existe nécessairement. Mais on fera sur cet autre les mêmes suppositions, et l'on tombera comme toujours dans la série indéfinie des êtres étant par un autre, laquelle, prise dans son ensemble aussi prolongé qu'on voudra, ne peut aboutir qu'à impliquer la nécessité d'un autre, et vous conduit, par là même, à la nécessité d'un dernier qui soit par lui-même et non par un autre. C'est Dieu. Dans le troisième état, c'est l'*a fortiori*, ou plutôt l'*a pari*, car la succession postérieure, qu'on la suppose ou qu'on la rejette, ne touche pas à la question. Or, tous les phénomènes de mon être me disent avec évidence que je ne suis point par moi et sans un autre. Ils me donnent la série ascendante. Je ne suis donc pas dans le premier état. Je suis dans le second, et, par conséquent, je suis obligé d'admettre la nécessité d'un autre, différent de moi en ce sens qu'il est par soi et que je suis par lui. C'est Dieu.

Cette preuve est appelée celle de l'*aséité*, c'est-à-dire de la nécessité d'un être qui soit indépendamment d'un autre comme cause.

Telles sont les preuves de Dieu que donne la philosophie en prenant, pour point de départ, l'idée du fini dans ses divers distincts. On pourrait les multiplier sans fin; on en ferait autant qu'il y a de propriétés dans ma phénoménologie. La raison conduirait à la raison absolue, la puissance à la puissance absolue, la force à la force absolue, la bonté à la bonté absolue, le beau au beau absolu, l'ordre de l'univers à l'ordre absolu, etc., etc., en tant que nécessaires, indispensables et impliqués comme réalités certaines par le moi lui-même.

Il y a plus. On arrive de la sorte non-seulement à la nécessité de l'existence de Dieu, mais encore à la nécessité de son essence trine.

Décomposant le moi, je trouve trois énergies fondamentales : l'énergie de l'être ou de la vie, l'énergie de la pensée, l'énergie de la volonté ou de l'amour, formant comme trois foyers dans un seul foyer; et la présence en moi de ces trois énergies limitées me mène à conclure la nécessité de trois énergies semblables, mais absolues, parfaites, sans limites, parce qu'elles sont sans type et sans cause, autre qu'elles-mêmes, dans le contenant, le soutenant, l'éternel, le moteur et l'étant par soi. J'arrive donc ainsi à la démonstration de la trinité divine, au moins depuis que l'esprit humain en a l'idée.

Qu'on juge, par cette observation, de la valeur du passage ironique, qu'on lit à la page 162 du livre que nous réfutons, sur le dogme de la Trinité, qui y est appelée la *Triade*, et qui, au demeurant, accepte ce nom comme aussi bon qu'un autre. Rire de la triade, c'est rire de soi-même, puisque le fait est qu'on trouve en soi les trois énergies. Au reste, de quelque manière qu'on attaque Dieu, ce n'est pas Dieu qu'on attaque, c'est soi-même.

Qu'a objecté M. Bailly contre les démonstrations que nous venons d'exposer? Rien, absolument rien. Il est vrai qu'il ne les a pas présentées de cette manière, et la formule est pour beaucoup quand on a à cœur d'éviter l'objection, quoique la pensée soit toujours la même. Il a cité seulement quelques passages, fort beaux, il est vrai, de plusieurs philosophes, mais qui ont le défaut, devant un géomètre, de n'être pas géométriquement construits. Voici les seules observations qui puissent s'adresser à ces preuves telles que nous les avons dessinées; les autres n'ont trait qu'à la démonstration tirée de l'idée positive de l'infini, dont nous allons nous occuper tout-à-l'heure.

La première de ces observations, et peut-être la plus directe, est adressée à Aristote, qui démontra Dieu par la nécessité d'un générateur premier du mouvement, à peu près comme nous l'avons fait. « S'il est absurde, dit M. Bailly, de supposer une chaîne de moteurs mobiles sans jamais rencontrer de premier anneau, il ne l'est pas moins de supposer un moteur immobile engendrant le mouvement. Comment l'inertie peut-elle produire le mouvement? Il y a manifestement impossibilité, à moins qu'elle ne renferme le mouvement. Dans ce dernier cas, je me demande ce qui le produit en elle? On est forcé de me répondre : Un moteur. — Comment est-il mis en mouvement? — Par un autre moteur. Et ainsi de suite. » Il est facile de voir que M. Bailly joue sur le mot *immobile*. Il le prend dans le sens *d'inerte*. Quelle puérilité! Quand on dit que la cause première est un moteur non mu, cela veut dire *non mu* par un autre, mais se mouvant lui-même, ayant en lui-même l'activité, le principe du mouvement. M. Bailly a professé cette activité dans l'homme et l'animal. Comment s'arrange-t-il avec lui-même? Le moteur premier de la philosophie ne renferme pas, non plus, nécessairement le mouvement comme acte, tel et tel mouvement en particulier; il renferme la puissance du mouvement, l'énergie du mouvement, et la série qu'on veut établir en lui est dès lors fermée. Le moteur étant lui-même, à la question, comment se met-il en mouvement? La réponse est : Par lui-même; et tout est fini. Comment donc M. Bailly répond-il encore? *Par un autre moteur.* Ne s'aperçoit-il pas qu'il rappelle la question résolue, qu'il continue quand il faut s'arrêter?

Notre contradicteur dit encore : « Si vous considérez le monde infini comme un *effet*, vous êtes obligé de poser la *cause* en dehors de l'*univers*, en dehors de ce *monde*, en dehors de l'*infini*; je vous prie alors de me dire où elle sera. » (P. 292.) C'est une des antinomies de Kant, à laquelle nous allons répondre un peu plus loin, quoique nous l'ayons déjà fait implicitement.

Il met enfin Clarke en opposition avec Aristote, en faisant dire au premier « qu'une chaîne de causes secondes dans l'infini n'est point absurde, et que tous les êtres sont contenus dans cette chaîne, qui ne saurait avoir, ni cause interne, ni cause externe. » Nous n'avons pas souvenance d'avoir rencontré pareille chose dans les œuvres de Samuel Clarke, bien qu'il nous reste un sentiment vague d'y avoir remarqué des propositions évidemment fausses. Quoi qu'il en soit, il ne s'agit ni de Clarke ni d'Aristote, il s'agit de la preuve ; et la raison voit avec évidence qu'une série de causes secondes a beau être poussée à l'indéfini, elle reste toujours un effet, et demande une cause qui n'en soit pas un. Si on dit que cette cause est la loi même de la série, on accorde le principe ; reste à détruire la contradiction consistant à faire résider dans le même sujet immédiat la succession et la simultanéité, la limite et la non limite, la progressibilité et l'improgressibilité, le mode fini et le mode infini.

La seule objection qui nous reste à résoudre est celle de Kant, relative à la preuve de l'aséité, et exposée par Kant lui-même dans une antinomie que cite l'auteur. Nous ne la transcrirons pas telle que M. Cousin l'a traduite du philosophe allemand ; nous croyons qu'en l'exposant à notre manière elle y gagnera, vis-à-vis de notre lecteur, en clarté et même en force, s'il est permis d'appliquer ce mot à ce qui ne saurait en avoir la chose.

Thèse. — En entendant par l'*univers* l'ensemble de tous les phénomènes, la raison est forcée d'admettre, soit en dedans, soit en dehors de cet ensemble, un être nécessairement existant pour les motifs que nous en avons donnés.

Antithèse. — Cependant il est impossible de concevoir cet être ni en dedans ni en dehors.

Pas en dedans : car alors, ou la série totale a un commencement, ou elle n'en a pas.

Si elle en a un, l'être nécessaire étant en elle, ce commencement est nécessaire, sans quoi, ou bien l'être nécessaire serait en dehors avant le commencement, ou bien il n'existerait en aucune sorte, puisque le commencement n'étaient pas nécessaire, la suite ne pourrait pas l'être. Dès lors ce commencement échappe à la loi de causalité, à l'action d'une cause, et est sans cause.

Si elle n'a pas de commencement, elle devient nécessaire dans sa totalité, quoique ses parties soient contingentes ; et il y a contradiction. Donc pas en dedans.

Pas en dehors : car si on le met en dehors de l'univers, de l'ensemble des phénomènes contingents, il ne peut accomplir une action sur eux, ne peut en être la cause, et ceux-ci sont sans cause. D'ailleurs, on a entendu par univers l'ensemble de tous les phénomènes, le tout ; donc il ne sera nulle part, s'il n'est pas dans l'univers. Donc pas en dehors. Donc l'être nécessaire n'est nulle part, et par conséquent n'est pas. Telle est l'objection de Kant dans toute sa force.

Sans prétendre dévoiler le mystère du rapport de l'éternité avec le temps, de l'infini avec le fini, nous pouvons résoudre la difficulté en tant qu'objection.

L'être nécessaire est *contenant, soutenant, actionnant, précédant* et *suivant* l'univers contingent, qui se limite en lui sous tous les rapports, celui de l'espace, celui de la durée, celui de la substance, celui du mouvement, etc. ; cela suffit pour détruire l'antithèse de Kant contre l'être nécessaire.

Si l'on entend par *univers* l'être nécessaire lui-même, *plus* la série totale des êtres contingents, il est évident que l'être nécessaire se trouve embrassé dans cette conception, et que le supposer en dehors de ce tout ainsi imaginé, c'est tomber dans la contradiction, puisque c'est, après avoir posé l'être nécessaire, le retirer, puisque c'est le mettre en dehors de lui-même, ce qui est absurde.

Il est donc dans cette conception du tout. Mais, comme elle renferme l'infini, *plus* le fini, il est tout naturel de répondre au dilemme : *la série a un commencement ou elle n'en a pas;* qu'en effet l'être nécessaire n'a pas de commencement ; mais qu'il n'est point une série, qu'il est une simultanéité, et que le fini en a un qui se réalise, quant au temps et quant à l'espace, par l'apparition de la limite.

Cette distinction faite, toute difficulté s'évanouit.

Parlez-vous de l'infini, il n'a pas de commencement sans quoi il ne serait pas l'infini ; il est nécessaire dans la totalité de son essence ; il est libre de réaliser des limites ; et il est en lui-même ; poser la question du dehors et du dedans devient une absurdité.

Parlez-vous du fini, de la série contingente, de l'ensemble des phénomènes limités quant au temps, quant à l'espace, quant à la substance, quant au mouvement, etc.? Alors l'être nécessaire est, tout à la fois, en dedans et en dehors, avant, pendant et après, en deçà, avec et au delà. Il en est le producteur premier, le soutenant premier, l'agent premier, le moteur premier, le contenant premier. Il est la substance universelle par excellence, sous tous les rapports ; ce qui n'empêche pas, ce qui demande même, pour les limites réalisées, une substance secondaire relative, intermédiaire, soutenue d'une part et soutenant de l'autre, laquelle est un foyer relatif d'être, de vie et d'action, à un degré quelconque.

Le commencement, dans cette série contingente, n'est point nécessaire ; il dépend de la volonté de l'être nécessaire ; et toutes les difficultés qu'on pourrait tirer de la double hypothèse du dehors et du dedans sont dissipées d'avance, puisqu'il n'est ni en dedans seulement ni en dehors seulement, mais en dehors et en dedans tout ensemble : en dehors, parce que ce n'est qu'au sein de l'infini qu'une limite peut se réaliser, et que cette limite, par son essence même, fait que l'infini est en dehors d'elle ; en dedans, parce qu'il reste nécessairement le soutenant et l'agent radical de toutes choses.

On voit que l'antithèse de Kant est basée sur une pitoyable équivoque. Quand nous rencontrons de telles faiblesses dans un philosophe, nous en avons d'autant plus de peine que nous respectons plus profondément son génie.

Nous terminons ici l'examen des démonstrations de Dieu données par le philosophe en prenant pour base l'idée du fini. Elles ne sont que le développement des trois grands mots de saint Paul : *En lui nous vivons, nous sommes mus, nous sommes :* « *In eo vivimus, et movemur, et sumus.* »(*Act.* XVII, 28.)

— *Vivimus, movemur, sumus;* voilà le phénomène, voilà le *je pense* cartésien; et de ce phénomène nous sommes remontés à la nécessité de cet *in eo* de l'Apôtre, de cet être dont la plus antique des paroles écrites contient le vrai nom : *Celui qui est.*

Gloire à la philosophie : elle a démontré Dieu; mais il lui était impossible d'en créer l'idée. C'est la question qui nous reste à vider.

IX. Non, l'idée de Dieu n'aurait jamais germé dans l'esprit humain, si Dieu n'était pas dans la réalité des choses.

Suivons la méthode du chapitre précédent; exposons les preuves de la philosophie, et nous mesurerons ensuite avec elles les objections de notre auteur.

Nous trouvons dans notre répertoire intellectuel, ainsi que nous l'avons déjà dit, un grand phénomène qui n'a pas besoin de démonstration, parce que c'est un fait immédiat de notre conscience. Ce phénomène, c'est l'idée de l'infini, du parfait, de l'imperfectible, de quelque chose qu'on ne saurait imaginer plus parfait; c'est l'idée de Dieu, positive, directe, immédiate. Nous n'examinons pas en ce moment comment cette idée a pu nous venir; nous le ferons plus loin : nous constatons simplement le fait, tel qu'il se présente à la réflexion du premier venu.

Or, voici comment la philosophie a opéré sur ce fait :

Elle l'a d'abord décomposé en deux ordres principaux : l'idée du mode absolu, qui se subdivise en modes particuliers, comme celui de l'éternité, celui de l'immensité, celui de la toute-puissance, etc.; et l'idée de la substance absolue, de l'être en soi, se soutenant lui-même, qui n'a pas de subdivisions, et dont celle du néant est l'antithèse.

Et, cette décomposition faite, elle a argumenté comme il suit sur l'idée du mode absolu et sur l'idée de la substance absolue.

I. *Sur l'idée du mode absolu.* — Il n'y a pas un mode, pas une qualité dont on n'imagine, d'une part, la présence au degré suprême, absolu, et, d'autre part, l'absence complète.

Or, cette idée, avec son antithétique, suppose nécessairement, d'une part, la réalité du mode au degré suprême dans quelque chose qui est, et, d'autre part, l'absence totale de ce mode à tous les degrés dans quelque chose qui n'est pas. Détaillons un peu.

Quant à l'espace, nous concevons un espace sans bornes, indivisible par là même qu'il est sans bornes, puisqu'il n'a ni centre ni circonférence, ni milieu ni côtés; un espace simple qui est l'immensité, à laquelle il est contradictoire et absurde de supposer un *au delà.*

Quant à la durée, nous concevons une durée sans commencement ni fin, par conséquent indivisible et simultanée, par conséquent point fixe, puisqu'elle refuse, par son essence même, le moment du départ à la succession. C'est l'éternité, à laquelle il est contradictoire de supposer un *avant* et un *après*, un *au delà.*

Quant aux rapports des choses entre elles, nous concevons avec évidence des lois universelles, nécessaires, invariables, absolues : telles sont les vérités mathématiques, que la démonstration fait voir clairement ne pouvoir être autrement qu'elles ne sont. C'est le parfait, c'est le degré suprême, rien au delà. Impossible, par exemple, de rien imaginer de mieux, en fait de cercle, que le cercle parfait, dont tous les points de la circonférence sont également distants du point central.

Quant aux attributs métaphysiques : l'intelligence, la puissance, l'amour, la sagesse, la bonté, la justice, etc., nous nous élevons, dit Descartes, par un irrésistible élan de la pensée et du cœur, à l'idée d'une perfection souveraine qui possède ces attributs dans leur plénitude. Encore rien au delà.

Maintenant, cette idée du mode absolu n'est possible qu'à la condition que le mode absolu lui-même soit possible essentiellement, ne répugne pas à l'essence des choses; car il est essentiellement impossible d'avoir l'idée de ce qui est essentiellement impossible. Il en est de même de l'idée négative opposée, qui est celle du néant : elle ne peut être quelque part que si l'absence totale du mode que l'on envisage est possible elle-même.

Cette double idée est un fait évident, c'est le fait de mon être;

Donc le mode absolu est possible, et son absence totale l'est également.

Mais si le mode absolu est possible, je vois clairement qu'il est; s'il n'était pas, en effet, il serait essentiellement impossible, car il serait contraire à son essence qu'il pût être réalisé par lui-même ou par un autre, puisque, si on le suppose réalisé, n'étant pas auparavant, il n'est plus l'absolu.

Voyant clairement qu'il est, je vois clairement qu'il a un sujet, un support, un soutenant; car il est absurde et contradictoire, et par conséquent impossible, de concevoir un soutenu sans soutenant. Donc il y a un sujet, un fondement du mode absolu existant en réalité. Ce sujet, c'est Dieu.

Quant à l'absence totale du mode absolu, étant possible, il faut aussi qu'elle soit; mais il est contradictoire de la mettre dans le sujet du mode absolu; d'ailleurs une absence ne demande pas un sujet; où est-elle donc? Dans tout ce qui n'est pas, comme elle était en moi avant que je fusse; ce qui revient à dire — et j'y suis forcé par la série logique — qu'il n'y a de nécessaire qu'un sujet pour le mode absolu, et que tout ce qui n'est pas ce sujet peut ne pas être.

La philosophie a encore posé cette preuve de la manière suivante :

Mon idée du mode absolu ne peut être en moi que de deux manières : ou bien parce que mon activité l'aurait elle-même construite en partant du mode limité, et l'augmentant indéfiniment; ou bien parce qu'elle la tiendrait d'un être réel possédant le mode absolu, lequel être en aurait lui-même orné mon intelligence.

Or, il est impossible que mon activité l'ait construite par elle-même avec les données qui sont à sa disposition et qui se composent des phénomènes du moi ; il faut donc, de toute nécessité, admettre l'existence d'un sujet réel du mode infini.

La mineure va être établie par la réponse même aux objections de l'auteur.

La première formule conclut de l'idée à la nécessité de son objet. La seconde conclut de l'idée à la nécessité de la cause même qui a produit cette idée.

II. *Sur l'idée de la substance absolue*, la philosophie a raisonné de la même manière. Elle a dit :

J'ai l'idée d'une substance qui n'a besoin que d'elle-même pour se soutenir, d'un sujet qui n'a rien de contingent, d'un être tel qu'il soit impossible de l'imaginer plus parfait, d'un être enfin, comme dit Fénelon, qui a la plénitude de l'être. Et j'ai aussi l'idée négative opposée du néant complet, du *n'être pas*.

Cette idée du *n'être pas* implique, non-seulement la possibilité du néant dans quelque chose, mais encore quelque chose qui serait possible et dont il est vrai de dire qu'elle n'est pas. Car, si cette locution négative n'était vraie d'aucune chose, c'est que tout ce qui est possible serait ; si tout ce qui est possible était, tout aurait toujours été, ou bien tous les possibles à réaliser seraient réalisés ; mais, dans le premier cas, l'existence serait essentielle à tous les possibles, et le néant serait impossible par là même ; il n'y aurait pas une seule chose dont il fût vrai de dire qu'elle pourrait ne pas être. Dans le second cas, comme le nombre des possibles est égal au nombre des degrés du fini, et que ce nombre est indéfini, il faudrait dire qu'un nombre indéfini est réalisé, ce qui est absurde. Il reste donc à conclure de l'idée du néant qu'il y a nécessairement quelque chose de qui il est vrai de dire qu'elle n'est pas ; c'est ce qu'implique essentiellement cette idée elle-même. Elle conduit à l'affirmation de quelque chose qui n'est pas et qui peut être, par suite, à l'affirmation du contingent et à la négation de l'éternité substantielle de toutes choses. Nous disons *substantielle*, car elle ne va pas contre l'éternité *idéale* de tous les possibles qu'il faut nécessairement admettre, en une certaine manière, comme condition de leur possibilité, malgré le mystère de ce développement idéal de l'indéfini dans l'intelligence infinie, mystère où l'esprit humain plonge pour se perdre, et qui ne se conçoit qu'en imaginant que l'indéfini n'existe à proprement parler que dans le fini, comme la succession n'existe que dans le temps. — Voy. *Ontologie*.

Venons à l'idée positive du souverainement parfait en substance et en être. Cette idée ne me donne pas seulement cet être comme possible, mais comme existant en réalité, et comme renfermant l'existence parmi ses propriétés essentielles ; car, si je ne le concevais que comme possible, et comme n'étant que par l'idée, ce ne serait plus lui que je concevrais ; il est plus parfait, dit saint Anselme, d'être à la fois dans l'esprit et dans la réalité que d'être dans l'esprit seulement. Je ne puis même pas le concevoir seulement comme possible, ajoute Descartes, car concevoir un être souverainement parfait, auquel manque l'existence, c'est concevoir un triangle sans trois angles, ou une montagne sans vallée ; et, par conséquent, si j'en ai l'idée, je l'affirme par cette idée même comme existant en réalité.

Tel est le phénomène que je trouve en moi. Or, est-il possible que cette idée soit fausse ? Non, parce qu'elle est une révélation claire de l'essence des choses, de l'absolu, et que, si je révoque en doute ces idées-là, lorsqu'elles ont la même clarté que celle qui me révèle ma propre existence, je dois également douter de moi-même, ce qui est absurde.

Non, parce qu'elle prouve au moins la possibilité d'un être à qui l'existence soit essentielle, comme les trois angles sont essentiels au triangle, et que de la possibilité on doit conclure, comme nous l'avons déjà fait pour le mode absolu, à l'existence même, puisque, s'il n'était pas, il ne serait possible d'aucune manière.

Non enfin, parce que mon idée d'un être à qui l'existence est essentielle, d'un être souverainement parfait, serait impossible à construire sans la réalité de cet être lui-même qui en soit, tout à la fois, le peintre et le modèle.

Ceci nous ramène encore à la solution des objections.

C'est ainsi qu'a raisonné la philosophie. Nous ne disons pas les philosophes ; car, malgré tout le respect que nous leur portons, malgré notre admiration sans mesure pour tant de monuments sublimes élevés par leur génie à la gloire terrestre du grand être qu'ils adoraient et qui les inspirait, nous avons un reproche à leur faire : c'est de n'avoir pas assez synthétisé toutes leurs démonstrations, de les avoir crues différentes, de n'avoir pas vu qu'elles étaient toutes bonnes, revenaient toutes à une seule, et de s'être quelquefois attaqués sans motif à ce sujet, pour ne pas se comprendre.

On sait que Platon, toujours spiritualiste et profond dans ses vues, s'appuyait principalement sur l'idée des lois universelles et nécessaires, tandis qu'Aristote, plus incliné vers les choses sensibles, remontait du mouvement au moteur ; que saint Augustin, saint Anselme, Descartes, Bossuet Fénelon, Malebranche, Leibnitz, Berkley, lancés dans le sillage ouvert par les ailes de Platon, s'arrêtaient de préférence aux éléments métaphysiques de nos idées du fini et de l'infini, tandis que beaucoup d'autres, tels que Bacon, Newton, Clarke, Loke imitaient plutôt Aristote en prenant pour appui des éléments plus sensibles, comme ceux de l'espace et de la durée. Tous avaient raison, mais ils ne se comprenaient pas toujours.

Venons maintenant aux arguments de M. Bailly qui s'adressent aux démonstrations de de Dieu tirées de l'idée de l'infini.

A l'argumentation de Clarke sur l'espace absolu et le temps absolu, pour déduire de ces attributs la nécessité d'une substance absolue qui en soit le sujet, il oppose une impossibilité *a priori*, celle où serait l'esprit humain d'embrasser l'espace et le temps, d'embrasser l'infini, pour en déduire le distinct de la substance; il nie d'ailleurs la valeur absolue du principe que tout soutenu implique un soutenant, et enfin il oppose à Clarke Leibnitz, sans attribuer plus de valeur aux arguments de ce dernier.

Nous avons répondu à la première difficulté en traitant de la démonstration de Dieu comme possible; et ce fait que nous trouvons en nous de l'idée positive de l'immensité et de l'éternité, suffit pour y répondre; on n'argumente pas contre un fait. Nous avons aussi résolu la seconde, si tant est qu'elle ait besoin d'être résolue; car l'évidence du principe qu'un soutenu a besoin d'un soutenant, est encore un fait — idée que chacun trouve en soi, et peut-on ne pas adhérer à l'évidence?

Quant à la discussion de Clarke et de Leibnitz, ces deux grands hommes ne s'étaient pas compris. Clarke entendait par le temps, la durée en soi, à son degré suprême, qui est l'éternité, et par l'espace, le contenant universel, absolu, par conséquent indivisible comme l'éternité, tandis que Leibnitz conservait aux mots de temps et d'espace la signification commune, qui est celle de la durée successive, limitée, divisible, et de l'étendue toujours susceptible d'augmentation, et divisible aussi par là même. Il suit de là que Leibnitz avait raison, dans son esprit, quand il disait que faire de l'espace un attribut de Dieu, c'était introduire la divisibilité dans son essence, et, que Clarke avait également raison de nier cette déduction, vu ce qu'il entendait par l'espace. L'antinomie, comme toutes les antinomies, reposait sur une équivoque. Il est fâcheux qu'ils ne s'en soient pas aperçus.

M. Bailly, parlant de Platon et de Bossuet lorsqu'ils déduisent la nécessité de Dieu de l'idée qui est en nous des lois absolues, dit que l'on pourrait les conduire à une contradiction, en leur demandant si ces lois font partie de Dieu ou si elles sont hors de lui. La réponse est simple; toutes les lois absolues, sont les lois de l'essence même de Dieu; il leur est soumis, comme un être est soumis à sa nature; elles forment la richesse de son intelligence, que saint Augustin appelait la région des vérités éternelles; elles sont l'absolu même de son être; et celles que nous concevons sont des manifestations qu'il nous donne lui-même d'une partie de sa beauté. C'est en lui, dit Bossuet, que je vois ces vérités éternelles, quoique d'une manière qui m'est incompréhensible. Quelle contradiction y a-t-il donc dans cette admirable doctrine?

Aux preuves de saint Anselme et de Descartes, tirées de l'idée d'un être souverainement parfait qu'il appelle des preuves *a priori*, quoiqu'elles soient *a posteriori*, comme nous l'avons fait voir, il oppose deux antinomies et une argumentation de Kant.

La première antinomie est insignifiante. « Si Dieu est infini, la terre, les astres, les animaux, les végétaux doivent être en Dieu, sans quoi il ne serait pas l'infini. » Rien de plus clair, l'infini étant le contenant premier universel, tout est en lui, mais non comme faisant partie de son essence, excepté en idée, parce qu'il est absurde de dire qu'il ait besoin, pour être l'infini, c'est-à-dire sans limite, de ce qui a une limite, et qu'il est impossible de mettre à la fois dans son essence la présence d'une limite et l'absence d'une limite. Quant à l'idée qu'il a du fini, elle n'est ni limitée ni indéfinie, elle est complète, voilà tout, mais d'une manière que nous ne pouvons pas nous représenter.

La seconde antinomie est celle-ci : si l'idée de la perfection souveraine prouve la réalité d'un être souverainement parfait, l'idée de l'imperfection souveraine que nous avons également, par antithèse, prouve de même la réalité d'un être souverainement imparfait. « Je conçois, dit-il, en retournant l'argument d'Anselme, un être souverainement imparfait, et je dis qu'il existe, car s'il n'existait pas dans la réalité, il ne serait pas souverainement imparfait. » Et de là des phrases peu sensées, comme on en conçoit, sur Dieu et le diable.

Nous avons prévu cette objection quand nous avons mis en opposition l'idée de l'être complet et l'idée du *non être* complet, du néant. L'idée de l'imperfection souveraine, étant l'idée du néant, implique l'absence de sujet dans l'imperfection souveraine, puisqu'il est mieux d'être d'une manière quelconque que de n'être en aucune manière; donc, en appliquant la formule de l'archevêque de Cantorbéry, on a pour conclusion : *L'être souverainement imparfait n'existe pas, puisque, s'il existait dans la réalité, il ne serait pas souverainement imparfait*. Ce qui est précisément l'inverse de la conclusion de M. Bailly. Lequel des deux de lui ou de saint Anselme était le meilleur logicien?

Venons à Kant, qui ne fut pas le premier à contester la valeur de l'argument d'Anselme et de Descartes, tiré de l'idée de l'infini considérée en tant qu'elle attribue à son objet l'existence comme essentielle; avant Kant on contestait, dans les écoles, la valeur de cet argument avec les mêmes raisons que ce philosophe lui opposa plus tard. « Ceux qui prétendent, dit-il, que l'existence nécessaire de Dieu résulte de son idée, confondent la nécessité logique ou celle qui lie un attribut à un sujet, avec la nécessité réelle des choses. Quand je dis : le triangle est une figure qui a trois angles, j'indique un rapport nécessaire et tel que, le sujet une fois donné, l'attribut s'y attache inévitablement.

Mais, tout disparaissant, attribut et sujet, il n'y a plus de contradiction possible. » Le lecteur comprend la conséquence à tirer. Dieu est le sujet, l'existence est l'attribut. Il y a contradiction à nier l'existence du sujet, après le sujet posé, comme il y a contradiction à nier les trois angles du triangle après le triangle posé, mais il n'y a pas contradiction à supprimer le tout, pas plus dans un cas que dans l'autre. Cela revient à dire ce qu'on disait dans les écoles que, la pensée n'imposant aucune nécessité aux choses, l'argument cartésien suppose la question par la position même du sujet.

Ces raisons sont vraies et détruisent la force de l'argument, si on le comprend comme Kant et les autres le comprenaient, c'est-à-dire comme un argument véritablement *a priori*. Mais posé comme nous l'avons posé, elles ne l'attaquent point.

L'idée ne rend pas les sujets nécessaires, mais elle est une révélation de leur possibilité, ou de leur nécessité, ou de leur existence, ainsi que des rapports essentiels entre les sujets et les attributs. C'est à ce titre de révélation qu'il faut la prendre ici. S'il n'y avait pas, dans la réalité des choses, au moins en tant que possibles, des figures à trois angles, l'esprit humain aurait-il l'idée du triangle ? non, car on ne peut inventer l'idée claire de ce qui est impossible, parce que ce qui est impossible est contradictoire, et que le contradictoire, c'est-à-dire le formé de deux éléments qui se détruisent, ne peut être l'objet d'une idée positive. Peut-on avoir l'idée d'une partie plus grande que son tout? donc l'idée d'un sujet à qui l'existence est essentielle, prouve au moins, par la présence en moi, qu'un tel sujet est possible dans la réalité des choses. Or, comme nous l'avons déjà dit après Leibnitz, si ce sujet n'était pas réellement, il ne serait pas possible, il serait contradictoire, et nous n'en aurions pas l'idée.

Cela est clair pour moi comme il est clair que le tout est plus grand que sa partie, et je n'en demanderais pas davantage pour affirmer Dieu sans crainte de me tromper. L'idée du triangle me pousse à conclure la possibilité, seulement, du triangle ailleurs que dans mon idée, parce qu'elle n'implique pas l'idée essentielle ; l'idée de Dieu me pousse, par sa nature, à conclure la réalité de Dieu, ne serait-ce qu'en passant par sa possibilité, qui implique clairement, dans mon esprit, la réalité même, parce que cette idée ne peut le représenter sans le représenter existant.

Nous ajoutons que cette idée de Dieu serait impossible à construire par une activité quelconque avec les données du monde fini, sans une réalité objective qui en soit tout ensemble l'imprimeur et le modèle. C'est ce qui nous mène encore une fois, et la dernière, à la réfutation de la grande objection de M. Bailly, servant de point central à son œuvre, contre toutes les preuves de Dieu et surtout contre la preuve de prédilection des cartésiens, tirée de l'impossibilité où se trouverait notre imperfection d'imaginer le parfait, si le parfait n'était pas pour s'imaginer lui-même en nous.

Nous venons déjà d'en donner des raisons radicales fondées sur ce que, l'être souverain étant impossible et contradictoire s'il n'était pas, il faut qu'il soit pour que nous puissions en avoir l'idée. Celles qui nous restent à donner seront fondées sur l'observation même de la nature du fini, et sur l'appréciation de ce qu'il nous est possible de concevoir avec cette base.

L'auteur développe, sous toutes les formes et à toutes les pages, cette pensée que la construction de l'idée de l'infini est possible par la loi de progression appliquée au fini et à tout distinct qui se présente. Il suffit, selon lui, que l'activité se lance à l'infini dans la voie progressive pour qu'il se perde forcément dans l'infini qui n'est que l'angle ouvert de son effort. Vous soulevez un poids, cela suffit pour que vous vous imaginiez un homme qui soulève le double, un autre qui soulève le triple, un autre qui soulève le quadruple, etc., et, en continuant sans fin, en prolongeant l'effort, vous obtenez celui qui soulèvera tout. Vous considérez un cercle dont le rayon est A et la surface B ; poussez par les lois de progressivité ce cercle à l'infini, en l'agrandissant indéfiniment, vous obtenez pour A une longueur infinie, et pour B une surface infinie, mais alors vous êtes sorti de la progression ; vous êtes dans l'angle ouvert, dans le vague, dans l'indéterminé, qui est l'infini et qui n'est une réalité qu'en tant qu'acte ou effort sans limite.

Inutile d'exposer plus longuement cette explication, qui est le but de la *théorie*, comme on l'a compris par l'analyse que nous en avons faite.

Nous répondons 1° qu'avec cette théorie M. Bailly n'obtient pour résultat que deux choses : la première, c'est le fini déterminé, qui s'arrête à la limite conçue par l'esprit, et qui, à quelque distance qu'on la place, n'est pas plus l'infini que la limite la plus raccourcie n'est le néant, son antithèse. Imaginez l'homme qui soulève notre système planétaire et autant de millions que vous voudrez d'autres systèmes avec celui-là, vous n'êtes pas plus avancé qu'au premier pas. Imaginez, par contre, celui qui ne soulève qu'un atome des millions de millions de fois plus petit qu'un grain de sable, pourvu qu'il soulève encore quelque chose, vous n'en êtes pas plus riche dans la formation de l'idée du néant, de l'idée de celui qui ne soulève rien. Vous pouvez passer aussi facilement du système planétaire au rien que du grain de sable au rien ; du grain de sable au tout, que du système planétaire au tout. Mais si vous faites ce saut dans ces deux extrêmes, vous tombez dans l'absolu positif, fixe, improgressible, où la progression, ascendante ou descendante, n'a servi de rien pour vous conduire.

Le second résultat qu'obtient M. Bailly, c'est le fini indéterminé, l'indéfini ; mais ce résultat n'est que la négation de toute idée, l'inconnu, ou, si l'on veut, l'idée vague de la possibilité indéfinie d'augmentation ou de diminution, l'angle ouvert, comme il le dit — la figure est bonne — l'expiration de l'effort, la mort de l'idée, le dernier bâillement de l'esprit qui cesse de penser; mais est-ce là l'infini d'une part, le néant de l'autre? est-ce là cette idée positive qui dit *tout*, cette idée négative qui dit *rien*? nullement, puisque c'est ou l'absence de toute idée, ou l'idée générale de l'indéfini, c'est-à-dire de la susceptibilité d'augmentation et de diminution du fini, idée qui n'a rien de commun avec les deux autres idées de l'absolu et du néant, du *tout* et du *rien*.

Nous lui répondons 2° que lui-même nous fournit, en mille endroits de son livre, des armes pour le battre, toutes les fois, par exemple, qu'il pose ce principe: *Il est absurde de dire que l'infini, multiplié par le fini, produise l'infini*, auquel il pourrait ajouter celui-ci: Il est absurde de dire que le fini divisé par le fini puisse produire le néant. En outre qu'il émet, sans s'en apercevoir, une vérité générale absolue, qui eût suffi toute seule à Platon pour démontrer Dieu, que fait-il, sinon avouer l'impossibilité dans laquelle se trouve le fini de construire l'infini avec le fini seul, à quelques combinaisons qu'il le soumette. Il sait très-bien, en sa qualité de mathématicien, que toutes les combinaisons possibles sont implicitement renfermées dans l'addition et la soustraction, et qu'au delà des combinaisons déjà faites, il n'a encore à faire indéfiniment que des combinaisons semblables, qui ne peuvent produire qu'un semblable résultat, c'est-à-dire le fini, par cela seul que la base donnée était le fini. Qu'il allonge le rayon du cercle par une multiplication indéfinie, il est bien certain, comme géomètre, qu'il n'obtiendra jamais qu'un cercle fini. Pourquoi donc nous parle-t-il d'une longueur *infinie* représentée par A? C'est une contradiction. Tout homme peut supposer sans peine un cercle dont il est le centre, et dont la circonférence passe par les étoiles les plus éloignées, en allongeant le rayon autant qu'il lui plaira; mais il n'obtient ainsi rien qui approche de l'espace de Clarke; il obtient le fini, quel que soit l'excès de son effort, ou ce bâillement de l'esprit dont nous avons parlé, qui lui fait dire en s'endormant: Ce serait toujours de même; mais il n'est pas plus près de l'espace indivisible de Clarke, du point immense de l'être omniprésent, omnicontenant et omnisoutenant dont la circonférence n'est nulle part, comme disait saint Anselme, et le centre partout, que l'enfant mesurant son cerceau.

Nous répondons enfin, qu'en considérant l'infini comme le tout de l'*être*, le néant comme le tout du *non être*, et le fini comme la progression des parties de l'être plus ou moins grandes se développant, dans l'être, sous des limites au delà desquelles est, par rapport à chacune d'elles, le non être, triple considération très-permise, puisqu'elle n'est qu'une des expressions de ma triple idée de l'être complet, du néant et de l'être incomplet, nous arrivons à cette déduction évidente que, dans la raison des choses, il serait impossible que l'intervalle fût rempli sans les deux extrêmes, et, par suite, que nous ne pourrions pas même avoir l'idée du fini, si l'infini n'était pas d'une part, et le néant de l'autre. Prenons pour exemple une fraction: la priorité rationnelle est à l'idée d'unité et à l'idée de l'absence complète d'unité; avec la première vous gardez une partie de l'unité, avec la seconde vous en retranchez une partie, et sans ces deux opérations, qui ne sont que des applications des deux idées primitives de l'être complet et du non être complet, l'idée de fraction serait impossible. Il en est de même des parties du cercle; la priorité, en raison, est au cercle total et à l'absence totale du cercle. Bien loin donc qu'avec le fini une activité puisse construire l'idée du néant et de l'infini, c'est avec l'infini et le néant, comme conditions essentielles, qu'une activité peut construire l'idée du fini; et on voit clairement que ce qui se dit de l'idée doit se dire de la réalité des choses. Qui ne voit de la sorte que la partie serait métaphysiquement impossible sans le tout, puisqu'elle l'implique dans son essence même de *partie*.

Avons-nous droit de conclure que ce ne sont pas les philosophes qui ont créé Dieu dans l'humanité?.... Vous nous direz, ami, vous nous direz un jour, vaincu par les mathématiques et par l'observation empirique de tous les faits humains, individuels et sociaux, que les philosophes l'ont trouvée chez les peuples et dans leur conscience, et vous appellerez sages ceux d'entre eux qui auront humblement, le long de cette grande route, suivi le troupeau.

X. Il ne nous reste que deux anneaux à parcourir dans l'enchaînement géométrique de M. Bailly, l'âme et la morale. Nous serons court.

On conçoit qu'après avoir détruit Dieu et toutes les bases de la logique humaine, M. Bailly n'ait pas de peine à démolir les vérités relatives à l'âme, et surtout celle de son immortalité; mais on conçoit aussi que, la certitude de Dieu, et la logique, étant rétablies comme nous venons de le faire, la psychologie et la théologie rentrent dans leurs droits.

L'âme n'est autre chose que le moi pensant, le moi considéré dans son activité intellectuelle et morale: inutile d'en demander la démonstration; c'est le fait même de ma conscience, c'est le *je pense* qui ne se démontre pas.

Mais ce fait, accepté forcément, et certain de la certitude la plus évidente et la plus radicale, se manifeste à moi-même par un sentiment et une idée dont je dois m'occuper d'analyser et d'étudier les distincts.

Or il en est que l'on peut déduire de l'idée même de l'âme, comme nous avons déduit l'existence de Dieu de son idée; mais il en est d'autres qui ne peuvent se déduire que de l'ensemble des phénomènes du moi, considérés dans leurs rapports avec Dieu, et même dans leurs rapports avec la trame historique du genre humain tout entier. C'est sur ces bases que s'établissent la psychologie et la théologie, pour arriver à la démonstration de ces distincts, dont le principal est celui de l'immortalité du moi. Tous les phénomènes de mon être témoignent de ma contingence, et rien, dans un être contingent, ne peut nécessiter la permanence de l'être, si ce n'est la volonté de cette permanence dans la cause qui le soutient. Cette immortalité me sera un jour révélée par le témoignage même de ma conscience, et, dès maintenant, elle m'est prophétisée par des manifestations éclatantes, naturelles et surnaturelles de la volonté de qui elle dépend. Avant donc d'en entreprendre la preuve, il faut remonter à Dieu, comme nous l'avons fait, redescendre ensuite de Dieu au genre humain, pour déduire de mes rapports avec Dieu la certitude des autres hommes, et enfin étudier les relations du moi avec la trame empirique de l'histoire humaine. On arrive ainsi à construire cette masse écrasante de preuves que tout le monde connaît, et qui sont le fondement logique de la foi du genre humain en son immortalité. Ce n'est pas le lieu d'en faire l'exposé.

Quant aux instincts que l'on peut déduire de l'idée même du moi, de l'acte de conscience par lequel je me sens et me perçois, les principaux sont la liberté, qui se sent directement en même temps que l'activité et la passivité, et la simplicité de la substance du moi, qui se déduit, par le raisonnement, de l'impossibilité de loger dans un sujet essentiellement composé de parties distinctes, aucun des phénomènes de sentiment, d'intelligence et de volonté que me révèle ma conscience, ni le point central de ma conscience elle-même. On connaît cette preuve aussi vieille que la philosophie.

M. Bailly n'oppose à ce que nous venons de dire sur l'âme que quelques raisons qui ne sont que l'application à l'âme de son argumentation contre Dieu, qui supposent la question, et qui ont été résolues. Nous nous arrêterons seulement à l'antinomie de Kant sur le simple dans l'univers. Citons-la textuellement.

DEUXIÈME ANTINOMIE.

Thèse. — *Toute substance composée l'est de parties simples ; il n'y a rien dans l'univers qui ne soit simple ou composé du simple.*

« Si l'on suppose en effet que les substances composées ne le sont pas de parties simples, une fois ces substances décomposées, il n'y aura plus alors ni composé ni simple ; il n'y aura plus rien, et par conséquent il faudra dire qu'aucune substance ne nous est donnée, ce qui est absurde. Il suit de là que les substances sont des êtres simples, et que, s'il y a quelque chose de composé dans le monde, ce quelque chose est composé de parties simples, ce qui démontre la thèse. »

Antithèse. - *Aucune chose composée ne l'est de parties simples, et nulle part il n'existe rien de simple.*

« Supposons qu'une chose composée le soit de parties simples, il faut convenir que toutes sont, comme elle, dans l'espace. Or, l'espace ne se compose pas de parties simples, mais d'espace ; tout ce qui occupe un espace a donc des éléments placés les uns en dehors des autres, et doit être, par conséquent, composé. Le simple serait donc un composé, ce qui serait contradictoire. En outre, nous ne saurions avoir l'intuition d'un objet simple ; la substance simple n'est donc qu'une idée à laquelle rien ne correspond dans le monde sensible ; nous pouvons donc affirmer qu'il n'y a rien de simple dans le monde. »

C'est ainsi que M. Cousin, qui a rendu à la philosophie française l'immense service de lui faire connaître Kant, a traduit cette antinomie.

Elle est posée de manière à embrouiller l'esprit, voilà tout. D'abord la thèse, pour être claire, devrait dire seulement : *toute substance est simple*; en ajoutant l'hypothèse de substance composée, mais composée de parties simples, elle ajoute une contradiction, car il est évident que le simple substantiel ajouté à lui-même, ne peut pas donner le composé substantiel. Il fallait donc, pour être clair, dire seulement : toute substance est simple, et le prouver comme il suit : si l'on suppose une substance composée, elle peut se décomposer, et se décomposer totalement ; étant supposée décomposée totalement, il est contraire à l'hypothèse de dire qu'il reste des éléments composés ; et, d'autre part, il est contraire à l'évidence de dire qu'il en reste de simples, car il est évident que le simple substantiel ajouté à lui-même ne peut fournir un composé substantiel ; donc il ne reste rien ; donc, supposer une substance composée, c'est supposer une contradiction ; donc il ne peut y avoir que des substances simples.

Cette difficulté, nous l'avouons, est pour nous insoluble ; la contradiction nous paraît très-claire ; mais comme elle ne s'adresse qu'à la matière, qu'elle ne tend qu'à en démontrer l'impossibilité en tant que *substance composée*, c'est le moindre de nos soucis.

Quant à l'antithèse, c'est différent : elle s'attaque à l'esprit, au simple, et nous la réfutons, ce qui n'est pas difficile.

D'abord l'hypothèse d'une chose composée substantiellement, et qui le serait de parties simples, est rejetée par la position même de la thèse, telle que nous l'avons rétablie ; il ne reste qu'à attaquer la substance simple : que trouvons-nous dans l'antithèse de Kant, tendant à démontrer l'impossibilité de la substance simple ? Deux raisons :

Première raison. — Il est nécessaire que toute substance qui occupe un espace ait des éléments placés les uns en dehors des autres, et, par conséquent, soit composée. Cette raison ne signifie rien. Qu'est-ce que l'espace ? c'est l'attribut de quelque chose ; et d'abord tout attribut est simple par sa nature. Dans l'infini, l'espace est son infinité même, son immensité qui est indivisible. Dans le fini, c'est la *finité*, c'est la limitation, c'est ce par quoi le fini n'est pas l'infini; c'est une négation, c'est l'idée qui se borne elle-même, le sentiment qui se borne lui-même, la force qui se borne elle-même, l'être total qui se borne lui-même. On ne conçoit dans tout cela que du simple. Dira-t-on que la durée est un composé substantiel? ce serait absurde; il en est de même de l'espace. Que signifie donc l'objection de Kant? elle prétend conclure la nature de la substance de la nature de l'espace; mais comme c'est, au contraire, la nature de la substance qui détermine celle de l'espace, lequel n'en est qu'un attribut, il faut prendre la marche inverse et dire tout bonnement qu'il ne peut y avoir espace composé que s'il y a des substances composées, et que s'il n'y en a pas, si elles sont impossibles, s'il n'y en a que de simples, l'espace sera lui-même quelque chose de simple, avec lequel se concilie parfaitement la substance simple. Le philosophe allemand ne fut pas profond dans cette circonstance; il arrêta sa vue à l'espace matériel qui n'est que le corps lui-même dans l'hypothèse du corps en tant que substance composée, et par conséquent il fit une pétition de principe.

Seconde raison. — Vous ne sauriez avoir l'intuition d'un objet simple; mais cela est contraire au fait même de votre être. La première de vos intuitions est celle de votre moi central, de ce point indivisible, identique, ayant conscience de lui-même, et rassemblant, en un tout, les phénomènes de votre existence. Comment donc osez-vous dire que nous n'avons pas l'intuition d'un objet simple? Est-ce que vous n'êtes pas, pour vous, le premier des objets? Vous retombez encore tout bonnement dans la pétition de principe en parlant du monde sensible, et en prenant, *a priori*, pour substance ce qui pourrait fort bien n'être qu'un mode, ce dont la substantialité ne peut, au moins, être affirmée avant démonstration, tandis que vous avez en vous-même l'objet simple, avec son intuition, pour type naturel de l'idée que vous devez vous faire de la substance.

On voit que l'antithèse de Kant contre l'esprit est sans valeur aucune, quoique sa thèse contre la matière soit d'une grande force, ce qui ne peut toucher désagréablement que les matérialistes.

Enfin, M. Bailly lance quelques mots contre Descartes à propos de la question de l'âme des bêtes. Un petit résumé des hypothèses de la philosophie, sur les êtres extérieurs à l'homme, suffira pour faire comprendre qu'elle ne prête point à rire.

Elle commence par un aveu. Vous me demandez, dit-elle, ce que sont l'animal, le végétal, le minéral, les astres, toutes les merveilles du monde sensible. Je sais, comme vous, que ce sont des phénomènes. Ces phénomènes m'inspirent, comme à vous, l'admiration et l'amour du grand être, qui en est, aussi bien que de moi, le générateur, le ressort et le soutien radical; mais quelle est la nature intime de ces effets? Je n'en sais rien. C'est le mystère, c'est l'énigme, c'est la question dont le grand être a gardé pour lui la réponse, avec l'intention, je l'espère, de me la révéler un jour. Mais enfin, m'a-t-il défendu de faire sur cette question des suppositions? Il m'y invite, au contraire, par l'impulsion même que j'éprouve vers la contemplation et l'étude de ses œuvres. Et, là-dessus, la philosophie a fait des hypothèses. Voici les plus belles:

Celui-ci croit à la matière, comme instrument inerte des âmes, et il aime mieux donner, comme causes secondes, des âmes à tous les corps, que de les placer immédiatement sous l'action de Dieu. Dès lors, le monde devient, pour lui, une hiérarchie d'âmes servies par des corps, depuis l'ange jusqu'à l'homme, depuis les astres jusqu'aux insectes et aux plantes. Il imaginera même que ces âmes changent de demeure à la mort, qui ne sera plus qu'une émigration. On reconnaît Pythagore, auquel on associerait Platon, s'il ne se rapprochait autant d'une autre hypothèse que nous allons rappeler.

Celui-ci fait un partage. Il n'accorde l'âme qu'aux animaux, la refusant à tout le reste, aux végétaux même, qui ne sont plus que des machines bien organisées; mais l'échelle des âmes est indéfinie; chaque espèce a sa nature, son degré de perfection, depuis le plus simple des animaux, dont l'âme ne sera qu'un commencement d'instinct, jusqu'au plus parfait, dont l'âme sera l'instinct dans sa plénitude. L'homme tiendra le sommet avec l'âme raisonnable, libre, immortelle, qu'il se connaît, et, au-dessus de l'homme, se placeront les esprits sans corps, formant une autre échelle, dont on ignore la fin. C'est l'opinion la plus commune, quant aux animaux, la plus conforme aux apparences.

Un autre, plus rigoureux dans la logique de ses idées, n'admettra que dans l'homme l'union du simple au composé, la duplicité de substance. Au-dessus seront les esprits purs; au-dessous seront les corps purs; il tiendra le milieu, et tous les corps, formant l'univers sensible, ne seront que des machines merveilleusement organisées, et harmonisées, les unes avec les autres, par le grand ouvrier, pour réaliser l'immense machine du monde: on reconnaît Descartes.

Un autre, ne croyant pas à la possibilité des substances composées, n'en admettra que de simples, et tout ce qui paraît composé ne sera qu'une hiérarchie d'éléments simples, d'unités, de monades, qui sont toutes immortelles: le minéral comme le végétal, le végétal comme l'animal, l'animal comme l'homme, et même les corps célestes. L'ensemble des mondes ne sera qu'une grande harmonie composée d'harmonies particulières que Dieu préétablit et maintient par des lois dans les plus belles conditions possibles de perfection générale: c'est Leibnitz.

Un autre, le plus inflexible et le plus net dans ses conceptions, n'admet, comme réalités substantielles que des esprits, à qui

Dieu montre plus ou moins les richesses de son intelligence, les images de son Verbe, les scènes de son panorama, et qu'il décore ainsi d'une auréole plus ou moins lumineuse et étendue. Les corps ne sont plus que des modes, des idées de Dieu manifestées à l'esprit dans un ordre fixe. C'est Berkley dont Platon est le premier des aïeux et Malebranche le père.

Un autre enfin pourra dire, en rejetant avec Malebranche, Leibnitz et Berkley les substances composées, que tous les êtres sensibles et non sensibles, extérieurs au moi, sont des réalités simples, des foyers d'existence, de vie, de mouvement, que Dieu manifeste les uns aux autres, et met en rapport par leurs modes, qu'on appelle corps, et qui ne sont que la détermination de leur limite au sein de l'infini, le seul être sans corps au sens absolu, selon que l'ont cru plusieurs Pères de l'Église après Platon, détermination qui est la condition essentielle de leur création, c'est-à-dire de leur passage, sous l'action divine, de l'état d'idée éternelle à l'état de substance incomplète.

On pourra faire encore d'autres hypothèses ; et à qui sera la gloire de toutes ces créations du génie, si ce n'est à celui qui créa le génie ?

Nous avions avancé que la chaîne du théorisme nouveau de M. Bailly présente des solutions de continuité ; le lecteur est maintenant à même de juger si notre accusation était injuste. Nous avons dit aussi que le dernier anneau est sans soudure avec les précédents ; c'est par la justification de ce reproche que nous allons déterminer notre critique.

XI. On peut voir à la fin de l'exposé que nous avons donné de la théorie de M. Bailly, comment il rentre dans la voie commune en déduisant, le mieux qu'il peut, de sa loi de progression ascendante et descendante, le droit et la justice, le bien et le mal, la morale enfin, et comment il la résume tout entière dans cette formule : *conserve tes distincts et multiplies-en la puissance.*

Nous en avons déjà trop écrit pour entreprendre de signaler en détail tous les défauts de cette partie du livre au point de vue de la logique, et, d'ailleurs, ayant relevé la base de toute philosophie et de toute théologie morale, en relevant la certitude de Dieu, ces détails seraient inutiles. Indiquons seulement quelques-unes des raisons qui prouvent qu'en suivant logiquement la série de l'auteur, toute la morale s'exile de l'humanité en théorie et en pratique.

D'abord il n'a admis ni axiomes, ni logique, ni principes, ni évidence, ni lois absolues, rien, en un mot, de ce qui fait que la science est possible, d'où nous lui avons démontré que la vraie conclusion de sa théorie, c'est que la science est impossible. Or s'il en est ainsi, la morale devient elle-même impossible. S'il n'admet aucune base commune entre nous et lui, s'il s'isole de la raison générale de l'humanité, de quel droit nous apportera-t-il un précepte de morale ?

comment s'y prendra-t-il pour le faire entrer dans nos esprits ? comment osera-t-il le formuler pour nous l'offrir ? Sa logique seule a porté d'avance le coup de mort à son éthique.

2° D'après M. Bailly, la morale appartient à la science transcendantale, sans quoi elle serait, comme tout le reste, excepté les objets matériels, un chaos d'illusions. Or la science transcendantale a exclusivement pour base les distincts des objets empiriques et les rapports de ces distincts. En morale l'objet empirique c'est l'homme, mais l'homme en tant que corps seulement, en tant qu'animal. La matière de la morale est donc réduite aux distincts corporels et à leurs rapports dans le cône des semblables. Que devient l'amour ? que devient le sacrifice ? que devient la lutte contre les sens lorsqu'ils conseillent mal ? comment rendre raison de tout ce qui est résistance aux entraînements de l'instinct ? vous ne pouvez pas vous élever jusque-là en partant de l'homme corps, de l'homme animal, de l'homme empirique ; et avec cette base vous n'arriverez jamais logiquement qu'à des conceptions de rapports matériels comme ceux des triangles semblables en géométrie. Votre morale se réduira nécessairement à manger, boire, dormir, et vivre le plus heureux possible comme fait l'animal avec son instinct. L'instinct de l'homme est plus noble, direz-vous ; cela est vrai ; mais pourquoi ? précisément parce qu'il élève ses vues au delà de la vie matérielle, parce qu'il voit deux avenirs, celui de ce monde et celui d'un autre monde encore ; et en rejetant dans la science transcendante, c'est-à-dire dans l'égout des mauvais rêves, tout ce qui n'est pas objet empirique et tout ce qui ne sort pas de l'objet empirique, vous détruisez ces nobles instincts, vous les combattez, vous les réduisez à l'état de constructions imaginaires aussi bien que les religions, et il ne vous reste que les rapports sensibles de l'animal à l'animal, morale plus que sèche, plus que stérile, plus que mesquine, plus que terrestre, morale honteuse, qui serait nommée par le genre humain, s'il pouvait jamais la comprendre, l'immoralité.

Vous avez beau dire que la vertu nous élève à l'infini dans la série de nos semblables, et que le vice nous abaisse dans la même série ; il reste à définir ce que c'est que la vertu, ce que c'est que le vice ; ce que c'est que le bien, ce que c'est que le mal. Vous définissez l'un, tout ce qui s'oppose au développement de mes distincts ; et l'autre, ce qui favorise ce développement : mais c'est un cercle vicieux. De quels distincts s'agit-il ? Nous venons de le dire ; ce n'est pas du sens de l'âme, puisque vous ne l'admettez pas. Il s'agit des distincts de l'homme empirique. Or, qu'est-ce que développer mes distincts empiriques ? Assurément ce n'est pas mourir pour mon frère ; mourir pour mon frère, n'est pas m'élever dans ma construction, puisque c'est me détruire, puisque c'est m'effacer de la place empirique que j'occupais dans le cône. Le développement de l'activité dans le sens qui découle logiquement de votre théorie, c'est le développement de la vie matérielle ; et, par conséquent, il n'y a de bien que les avantages des sens, de vertu que la force et la ruse par lesquelles on s'élève sur l'échelle de la richesse, de la puissance et de la volupté. Voilà ce qui explique peut-être certaines propositions qui semblent vous avoir échappé, telles que celle-ci : « l'homme de génie est toujours un homme vertueux. »

Nous le répétons ; si le genre humain comprend jamais votre morale, il la chassera dans les cavernes qu'habitent l'avarice, la luxure et la tyrannie, avec cet écriteau dans le dos : Immoralité.

3° *Conserve tes distincts et multiplies-en la puissance.* — Ce précepte avec le dogme de l'immortalité de l'âme peut résumer la vraie morale, ainsi que beaucoup d'autres, quoiqu'il ait trop besoin d'explication, comme nous le dirons en finissant. Si le moi est immortel, s'il persiste au delà du tombeau, conserver ses distincts et multiplier leur puissance signifiera naturellement conserver, avant tout, ceux qui doivent survivre, et multiplier la puissance de ceux-là, pour développer, de plus en plus, la grandeur de ma nature pendant la durée de mon immortalité qui en est à son vestibule. Mais sans le dogme de l'immortalité, c'est-à-dire sur le terrain où s'est placé notre philosophe, ce précepte ne peut signifier qu'une chose : Vis le plus longtemps et le plus heureux possible, en d'autres termes : Evite le mieux que tu pourras la mort et le malheur, la mort qui est l'anéantissement de tous tes distincts, le malheur qui est leur dépression ou la destruction de quelques-uns. Nouvelle preuve de ce que nous avons dit, que cette théorie réduit la morale humaine à celle de la bête, avec cette différence que, pour tous les animaux d'une même construction, le bonheur est le même, et que, parmi les hommes, chacun a son goût et sa réponse sur la question de ce qui rend heureux.

4° M. Bailly, en ôtant Dieu à notre tendance ascensionnelle vers le bien, lui ôte son but, ravit à notre activité tout objet d'effort. On ne monte pas si l'on ne monte vers quelque chose ; il détruit donc la marche ascensionnelle elle-même. Il ose dire que le progrès sera d'autant plus indéfini qu'il sera sans terme, et que lui fixer un but c'est l'arrêter ; nous lui répondons que les deux propositions sont radicalement fausses. Le but que nous fixons à l'activité, c'est Dieu, c'est l'infini, que le fini, quelque développé qu'on le suppose, ne peut jamais atteindre. Donc le progrès n'est jamais arrêté. C'est notre moraliste qui le paralyse en prétendant le lancer dans l'indéfini, dans l'inconnu, dans le vague, en lui disant : Va, sans lui dire où. Je lui dis, répond-il, d'aller à l'infini ascensionnel pendant que le vice ira à l'infini dépressionnel. Oui, mais qu'est-ce que ces deux infinis ? il nous l'a dit ; l'un c'est le simple, qui n'est pas une réalité, qui est le néant, l'autre c'est l'absolu, qui n'est pas non plus une réalité, qui est le néant. Entre néant et néant, quelle différence faites-vous ? que je descende l'escalier du crime, ou que je monte celui de la vertu, c'est le néant qui est au bout, c'est au néant que je cours, qui me déterminera dans mon choix ? Résumons. La vertu, pour M. Bailly, c'est l'effort indéfini du fini vers le néant, le vice, pour M. Bailly, c'est l'effort indéfini du fini vers le néant. Où est la différence entre vice et vertu ? Le théiste seul distingue les deux routes par le but où elles tendent, qui est l'infini pour celle de la vertu, le néant pour celle du crime, et, sans leur ôter le caractère de l'indéfini, puisque les deux termes sont également au delà de la portée du fini. C'est la loi du Christ : *Soyez parfait comme votre Père céleste est parfait.* (Matth. v, 48.)

5° Pour sauvegarder sa règle du reproche d'égoïste qu'on pourrait lui faire, l'auteur explique comment aucun être n'a le droit d'attaquer les distincts d'un autre de la même construction et comment les attaquer, c'est pour lui se rendre indigne de la construction à laquelle il appartient, et se lancer dans la voie dépressionnelle. C'est ainsi qu'il arrive à montrer que c'est un mal pour un homme d'attenter aux droits d'un autre homme. Mais en poussant cette règle à ses conséquences logiques, voici ce qui arrivera.

Les constructions — on disait avant M. Bailly, et on dira longtemps après lui, les genres et les espèces — sont basées sur les distincts communs ; la construction homme, c'est l'humanité, la société humaine, et ce qui fait qu'on est homme, c'est qu'on possède un ensemble de distincts que tous les hommes possèdent, de même que ce qui fait qu'un triangle isocèle appartient à la construction des triangles isocèles grands et petits, c'est qu'il possède les distincts qui font qu'un triangle isocèle est un triangle isocèle. Il résulte de là qu'il y a des constructions enveloppantes et des constructions enveloppées. La construction du triangle est plus étendue que celle du triangle isocèle. Le quadrilatère embrasse le parallélogramme, et le parallélogramme embrasse le lozange. Il en est de même dans tous les ordres. La plus enveloppante de toutes les constructions est celle de *l'être*, elle forme le cône de tous les êtres en allant des plus simples aux plus composés. Une autre sera celle de tous les êtres organiques, qui embrassera celle des végétaux et celle des animaux ; cette dernière donnera naissance à celle des poissons, des oiseaux, etc., et à celle de l'homme. Prenons la construction des êtres organiques ; elle se compose d'une série indéfinie de termes semblables, c'est-à-dire ayant les mêmes distincts, tous ceux qui font qu'un être est un être organique, et appliquons la règle : *Nul être n'a le droit d'attaquer les distincts d'un autre de la même construction.* L'homme, en tuant le bœuf pour le manger, le désorganise ; donc il attaque et détruit les distincts d'un être organisé comme lui, d'un des termes de sa construction, de son semblable. Donc il viole un droit, et commet un crime. Le bœuf en mangeant l'herbe de la prairie, la désorganise ; donc il viole, par la même raison, le droit de son semblable et se lance ainsi dans la voie dépressionnelle. Inutile de pousser plus loin l'explication. Le tigre n'aura pas droit de dévorer le renard, le renard la poule, la poule d'avaler le hanneton, le hanneton de ronger la feuille, ainsi de suite, et l'homme n'aura pas droit, non plus, de faire la guerre au tigre.

La nature n'est donc qu'une immense violation du droit, une vaste perturbation de la grande loi des constructions, et comme l'observation empirique nous apprend qu'elle ne se conserve, et ne peut se conserver que par cette violation hiérarchique des droits, M. Bailly est obligé de renoncer à sa règle ou de se voiler la tête en maudissant la nature empirique, et la vouant au néant, seul moyen pour elle de rentrer dans l'ordre par l'application de la loi des semblables.

Qu'il essaye maintenant de faire accepter son précepte aux termes de la construction humaine, aux hommes, pour qu'ils le suivent au moins entre eux. La logique règne dans cette construction-là, aussi bien que dans les autres; elle répondra que la nature, ayant besoin, pour vivre, d'en prendre le contre-pied, elle ne saurait mieux faire que d'imiter la nature et de remplacer, dans son propre sein, le respect des droits par leur violation.

Voilà où nous mène le matérialisme avec son algèbre. Oh ! rendez-nous Dieu, l'immortalité de l'âme, l'Evangile, la loi de fraternité, la loi des égaux, et tout renaît, la vie circule, l'homme s'immole pour l'homme, et l'humanité est grande, car elle n'est plus une construction mathématique, mais une famille où l'amour s'épand et s'unifie dans un centre commun qui s'appelle le Père.

6° Nous venons de prononcer un mot contre lequel M. Bailly réclame. Il n'y a pas d'égaux, il n'y a que des semblables. Nous l'avouons, chaque individu, chacun des termes de la série unique a son développement, sa grandeur propre, et, sous ce rapport, il n'y a que des semblables ; mais si l'on considère les devoirs et les droits, qui sont identiques, comme le dit l'auteur, en ce qu'ils ont une source commune et s'impliquent réciproquement, ce n'est pas la similitude qui se manifeste, c'est l'égalité. Entre frère et frère, considérés en tant que frères, il y a égalité absolue comme entre les deux termes d'une équation algébrique. Entre le devoir d'un homme représenté par A, de respecter la vie, l'honneur, la liberté de son semblable, et le même devoir dans un autre homme, représenté par B, il y a encore égalité. Entre tout droit radical inhérent à la nature humaine considéré dans le fou, et le même droit considéré dans le savant, il y a encore égalité ; la différence ne se montre que quant à l'exercice. Aussi M. Bailly a-t-il dit une monstruosité, quand il a dit que le fou est rayé de la construction humaine. Nous savons qu'en le disant il était conséquent, puisqu'il ne voit l'homme que dans ce qu'il se montre en lui-même empiriquement, et que le fou, se montrant sous les apparences de la bête, devient une bête pour lui. Mais l'ami, mais le frère, mais la sœur qui croient à une fraternité des âmes qui se continue et se développe derrière les tombeaux, n'en jugent pas ainsi de l'ami, du frère, de la sœur malade. L'égalité reste pour eux entre les natures, quant aux droits, et la similitude n'existe que dans l'exercice. Entre le droit de Paul à la liberté de conserver ses distincts et de multiplier leur puissance, pour user de la formule de l'auteur, et le droit de Pierre à la même liberté, n'y a-t-il pas égalité absolue ? Avec la théorie de la similitude, sous ce rapport, on arriverait directement à la justification de l'esclavage et à la raison du plus fort par les muscles ou par le génie, ce qui est la même chose. Le grand cercle enveloppera le petit, et l'absorbera, tout en le laissant cercle, ce qui veut dire que la grande force, le grand droit, la grande liberté neutraliseront la petite force, le petit droit, la petite liberté. Nouvelle conséquence antisociale, nous dirions antireligieuse et antiévangélique si l'auteur acceptait l'Evangile et la religion, de la théorie empirique, qui ne voit que le développement individuel, l'objet dans son fait et non dans son droit, parce que le droit sans le fait est de l'ordre trancendant. Un prêtre célèbre disait un jour : « Rendez à César ce qui est à César. Mais ce qui n'est point à César, faudra-t-il le lui rendre ?... Or, la liberté n'est point à César, elle est à la nature humaine. » Voilà ce qu'inspire l'égalité évangélique ; mais avec les similitudes de la géométrie, vous arrivez, par la progression du petit au grand, à tout absorber dans César, qui est empiriquement le plus grand des cercles concentriques, et qui l'est mieux encore, si l'on entend par ces mots la majorité.

7° M. Bailly jette une parole à la politique et aux lois, qu'il condamne toutes, soit comme déclaratoires du droit, soit comme réglementaires de l'exercice du droit. D'abord elles sont vraies et bonnes ou elles sont fausses et mauvaises, et, dans la première supposition, pourquoi les condamner ? Mais passons là-dessus. A qui appartient-il de juger, de critiquer, de déchirer les codes ? A nous, spiritualistes, qui avons une mesure éternelle, invariable pour unité de comparaison ; à nous, qui avons Dieu et sa justice, Dieu et sa charité, Dieu et toutes ses manifestations dans le monde. Avec ce point d'appui, nous ferons de toutes les forces qui sont en nous autant de leviers pour démolir toutes les constructions du mal, et le monde ira ainsi où Dieu veut qu'il aille. Mais vous, matérialistes, vous n'avez aucun droit et vous ne changerez rien ; vous applaudirez à tout ; vous prendrez, comme Hobbes, pour unique *criterium*, les législations telles qu'elles existent, et vous ferez, comme lui, de la tyrannie mécanique pour sauver la morale. Vous n'avez que ce moyen-là de la conserver, à moins que vous ne soyez inconséquents, ce que nous préférons quelquefois. M. Bailly est dans ce cas; il veut la morale, malgré ses principes ; il rejette la tyrannie, malgré sa morale ; il imite Alexandre coupant la corde qu'il ne peut dénouer pour accomplir l'oracle. Nous l'aimons de son inconséquence.

8° M. Bailly dit encore un mot de la religion à propos de la morale, afin de séparer la première de la seconde en rejetant la première dans le domaine des rêves de l'esprit, et en faisant à la seconde les honneurs de la conscience transcendantale en compagnie de l'arithmétique, de la géométrie, de la trigonométrie, de la statique, de l'algèbre. Nous avons tout dit implicitement à ce sujet en rétablissant Dieu. La religion, n'étant autre chose que la science des rapports avec Dieu, avec les autres hommes et avec soi-même, est identique avec la morale complète; nous disons complète, car celle de M. Bailly, ne s'étendant qu'à nous-mêmes et à nos semblables, devient incomplète et nulle, si l'on est conséquent, aussitôt que Dieu est rétabli comme réalité objective. Reste à discerner le vrai du faux, le bien du mal, en religion comme en toute autre chose.

9° A cette objection qu'on pourrait faire à l'auteur, qu'en détruisant l'immortalité de l'âme, il enlève toute sanction à la morale, il répond que toute sanction à la morale est une immoralité, qu'on doit la pratiquer parce qu'elle est l'ensemble complet des lois de notre être, et qu'il serait plus rationnel de demander une sanction pour l'immoralité, puisqu'elle est la destruction, la dépression, le sacrifice de soi.

Cette réponse est la reproduction d'une vieille objection qui court les villages. Voici les deux raisons qu'on doit lui opposer et qui la détruisent aux yeux de tout homme intelligent.

D'abord on appelle sanction ce qui n'est point une sanction comme celles qui ont lieu d'homme à homme ; avec Dieu, avec les lois éternelles, avec la vérité et la justice absolues, on ne compte pas de la sorte ; nos expressions, peine, récompense et autres, ne sont que des manières humaines d'exprimer quelque chose qui, en soi, est grand, digne de Dieu, et doit rationnellement se produire. M. Bailly lui-même n'admet-il pas que la vertu emporte avec elle l'élévation de l'être libre qui la pratique, et le vice avec lui la dépression, la dégradation de l'être libre qui le commet? Cette élévation et cette dépression, suites nécessaires de la vertu et du vice, application inévitable des lois éternelles, voilà ce que les hommes ont nommé sanction ; si ce nom vous déplaît, servez-vous d'un autre, mais de toucher à la chose, vous ne le pouvez pas, vous ne l'avez pas fait. Quant au malheur et au bonheur, vous ne les séparerez pas non plus de la dépression et de l'élévation, parce qu'ils sont une seule et même chose avec celles-ci, dès que celles-ci sont senties, et elles le sont plus ou moins par un être qu'on suppose intelligent, libre, actif, ayant conscience de soi. La religion ajoute qu'on aura davantage cette conscience de soi dans la vie future; quoi de plus rationnel? Cette dépression ne se conçoit-elle pas aussi dans des descendants d'une souche qu'on supposerait avoir subi quelque dégradation ? Seulement elle ne serait, dans ce cas, que matérielle, qu'un état inférieur indépendant de la volonté de celui qui le subit, et, par conséquent, ne pouvant engendrer, dans sa conscience, le remords et le malheur. C'est là tout le dogme de la déchéance. Que renferme-t-il de déraisonnable, posé les liens intimes du générateur à l'engendré qui existent dans la famille humaine? Non, Dieu ne dit pas à l'homme en la manière de la nourrice à son nourrisson : « Si tu fais cela, tu seras puni. » Il le fait beau, lui donne une conscience, lui révèle l'éternelle loi du juste et de l'injuste, et l'homme, ainsi armé, parcourt la carrière de son être, subissant les conséquences que Dieu lui-même ne saurait détacher de leurs causes, quoiqu'il puisse influer sur ces causes par un déploiement de ressorts que nous ignorons, et dans lequel nous avons un espoir sans limites.

Telle est la chose, en soi, entre Dieu et l'homme. Mais ne fera-t-on pas un reproche à la religion lorsque, se mesurant à la petitesse humaine, elle use de nos langages pour nommer ces inévitables suites de causes libres, et appelle à son secours la poésie pour les décrire, la peinture pour les figurer? Oh ! le philosophe qui, se drapant orgueilleusement dans son amour désintéressé du beau et du bien, accuserait la religion de cette conduite, ne serait pas philanthrope, parce qu'il ne connaîtrait pas les hommes, et qu'on ne peut aimer efficacement ce qu'on ne connaît pas. Il faut bien le dire, le genre humain, dans sa presque généralité, est un enfant qu'on sauve par la peur, et, quand la peur est fondée, serait-il philanthrope, celui qui oserait maudire la religion de ce qu'elle appelle au secours de son éloquence pour sauver les hommes? Prenez garde, vous qui parlez de la sorte ; si quelque jour il vous arrivait d'avoir à remplir une mission bienfaisante et grande auprès de vos semblables, vous ne ferez du bien aux peuples que si vous joignez à la passion du juste l'énergie qui fait peur.

Le Christ, au milieu d'une douceur sans nom dans aucune langue, a eu cette énergie dans certains discours, et sa mort en fut le plus grand acte. Il a sauvé le monde.

Nous ne répondons pas à la dernière observation. Elle se retire honteuse après avoir entendu ce qui précède.

10° Nous avons à cœur la justice. A plusieurs reprises nous nous sommes arrêté court dans le flux de nos pensées, craignant qu'il ne nous échappât des accusations fausses, et, nous avons relu de nombreuses pages du livre, ayant peine à croire à la justesse des reproches qu'il nous inspirait. S'il nous en était échappé quelques-uns qui fussent exagérés, notre premier désir serait de les rétracter.

Nous avons déjà reconnu avec empressement la bonne intention de M. Bailly à l'égard de la morale ; on a pu conclure que sa formule : *Conserve tes distincts et multiplies-en la puissance*, signifie dans sa pensée : Conserve-toi digne de tes semblables, et fais toujours des efforts pour agrandir ton être par la science et par la vertu.

Mais quand il s'agit de juger une formule aussi importante, c'est en elle-même qu'il faut la prendre et non dans l'esprit de son auteur. C'est ainsi que nous l'avons déjà sévèrement critiqué et que nous allons encore le faire en terminant.

Kant avait donné la sienne que voici : *Agis de telle sorte que les règles de ta conduite puissent être érigées en lois générales*. Tout le monde connaît celle de Jésus-Christ : *Fais à autrui ce que tu voudrais qui te fût fait* ; elle circulait déjà, et peut-être depuis le commencement du monde, dans les traditions ; elle se lit dans Tobie (IV, 16) et dans Confucius ; et Jésus eut soin de la faire entrer dans sa prédication comme plusieurs autres vérités naturelles primordiales, qu'il renforça ainsi de l'autorité de sa parole.

M. Bailly trouve la règle de Kant préférable à celle du Christ, et la sienne préférable à celle de Kant. Pour nous, nous trouvons la règle de Kant préférable à la sienne, et celle de Jésus-Christ préférable à celle de Kant. Lorsqu'on formule un précepte de ce genre, pour le commun des hommes, la condition la plus importante c'est qu'il soit intelligible pour tous, et sans possibilité d'équivoque. Celui de Kant ne nous paraît pas susceptible d'un mauvais sens, mais les lettrés seuls, avec les hommes naturellement intelligents, en comprendraient toute la portée ; d'où nous le regardons comme excellent pour les philosophes, et peu propre à circuler dans la foule en principe de vie. Celui de l'Evangile, au contraire, est d'une telle simplicité que les idiots seuls ne le comprendront pas ; il est à la portée de l'enfant, il résume toutes les leçons de morale de la mère ; il est une perpétuelle satire de ceux qu'on appelle grands parmi les hommes ; la tyrannie fait ce qu'elle peut pour l'effacer de son souvenir, et trop souvent le philosophe aurait besoin qu'on le lui rappelât. Notre auteur lui reproche de ne parler que du prochain ; d'abord il se trompe : *Traitez les autres comme vous désirez qu'ils vous traitent* ; n'est-ce pas une manière délicate de vous rappeler que vous avez des droits égaux à ceux des autres, et que vous devez respecter ces droits dans les autres comme vous exigez, avec raison, que les autres les respectent en vous. Et, d'ailleurs, si cette reconnaissance des droits du moi est exprimée si délicatement, si elle ne tient pas dans l'expression le premier rang, si elle est plutôt insinuée que formellement rendue, c'est précaution et sagesse, car si l'homme a besoin qu'on lui rappelle sans cesse les droits des autres, il n'en est pas de même par rapport aux siens ; l'égoïsme, qui jusqu'alors a régné sur la terre, se charge plus que suffisamment de le garantir contre un pareil oubli.

Ainsi donc, de quelque côté qu'on envisage le précepte du Christ, on le trouve parfait, tellement parfait qu'on ne craint pas de porter le défi à la philosophie d'en imaginer un autre qui vaille celui-là.

Quant au précepte de notre moraliste, nous le trouvons inférieur à celui de Kant en ce qu'il prête à l'équivoque, à l'abus, et se laisse comprendre difficilement si ce n'est dans le sens égoïste ; les lettrés eux-mêmes s'y laisseront prendre, d'autant mieux que l'égoïsme a des hameçons auxquels mordent aussi souvent les plus fins que les plus sots dans l'espèce humaine.

Représentez-vous la morale partant pour un voyage autour du monde, munie du précepte nouveau et convaincue de faire avec lui tous les miracles. Elle s'en va criant par les villes et les villages comme le prophète Jonas par les rues de Ninive : *Conserve tes distincts et multiplies-en la puissance*. Elle entre dans les chaumières et dans les palais, dans les ateliers et dans les comptoirs, et, prenant à partie les plus malades, leur démontre géométriquement que tous les maux, tous les désordres, tous les vices, tous les malheurs de la société viennent de ce qu'ils n'ont pas conservé leurs distincts, ni multiplié leur puissance. Supposons même que M. Bailly l'accompagne avec crayon blanc, tableau noir, tout ce qu'il faut à un algébriste pour la démonstration. Que pensez-vous du succès de deux apôtres ?

Les voici, par exemple, en tête à tête avec l'homme qui avait la passion de la puissance et qui a tout fait pour être puissant. Que me reprochez-vous, leur dit-il, je sentais que j'étais né pour commander à l'espèce humaine, pour m'élever au plus grand terme de la série des forts. J'ai tout sacrifié pour accomplir mon destin ; peines, veilles, fatigues, ruses, sueurs, serments violés, trahisons menées à bonne fin, sang versé, vertus persécutées, rien ne m'a coûté pour obéir aux lois de ma nature. J'aurais sacrifié mon âme si j'y avais cru. J'ai réussi ; j'exerce une tyrannie dont l'histoire humaine présente peu d'exemples, et j'espère un jour dépasser tous mes modèles. Qu'avez-vous à me dire ?....... Puis, relevant sa moustache, et se coiffant de sa couronne : n'ai-je pas bien *conservé mes distincts et multiplié leur puissance* ?

Nous vous ferons grâce, lecteur, de la description ; vous pouvez suivre, vous seul, en esprit, la morale et son démonstrateur chez toutes les tyrannies du second et du troisième étages : celle de l'argent, celle du sol, celle de l'orgueil, celle de la naissance ; chez tous les vices, toutes les passions, toutes les furies de ce monde ; et s'en trouvât-il une qui n'eût que deux distincts, celui du meurtre, et celui du succès, de sorte qu'elle eût assassiné la moitié du genre humain sans accident ; elle répondrait aussi fièrement que les autres : j'ai conservé mes distincts, et j'en ai multiplié la puissance ; et tous les A + B du géomètre ne la réfuteraient pas.

Figurez-vous maintenant la pauvre dame revenant de son voyage autour du monde! Avons-nous eu tort de dire, en commençant, que, de désespoir, elle ira dans le creux le plus sombre se faire hibou?

Supposez, au contraire, qu'un enfant, une femme, un moine en haillons, un misérable, un premier venu ouvre, devant ces hommes, le livre des Evangiles, et leur montre, du doigt, les deux versets qui disent : *Il n'y a parmi vous que des frères* (**Matth.** XXIII, 8) ; *Vous ne ferez point aux autres ce que vous ne voudriez pas qu'ils vous fissent* (**Matth.** VII, 12); qu'auraient-ils à répondre? Leur seule ressource serait de tuer l'enfant et de brûler le livre.

Ami, j'ai terminé la critique de ton ouvrage. Je te dois un merci de ce que tu l'as osé. Il m'a confirmé dans ma foi ; il en confirmera d'autres. En l'écrivant tu as mis la pierre à l'édifice des croyances fondamentales de l'humanité, et tu nous as donné une démonstration pratique en faveur de la liberté de l'écrivain ; car, s'il est difficile d'en abuser davantage, il est difficile aussi de mieux servir la bonne cause que par cet abus même. Puisse le Dieu que tu nies faire sortir un jour de tes excès ta propre guérison. — *Voy.* PANTHÉISME.

ATHÉISME RÉFUTÉ PAR LES MATHEMATIQUES. — *Voy.* ce mot, II.

ATOMISME. — *Voy.* ONTOLOGIE ET PANTHÉISME, I.

ATTRITION. — *Voy.* CONTRITION.

AUGUSTINIANISME. — *Voy.* PANTHÉISME, IV ; ET GRACE, IV.

AUMONE DES BIENS SPIRITUELS. — PLATON. — *Voy.* MORALE, II, 2.

AUTORITARISME. — *Voy.* LOGIQUE ET PANTHÉISME, III, 2.

AUTORITÉ (ESSENCE DE L'). — PLATON. — *Voy.* MORALE, II, 10.

AVENIR (L') DU MONDE PRÉSENT, devant la science et devant la révélation. (III part., art. 12.) — Nous comprenons, sous ce titre, trois questions curieuses : celle de la fin du monde, celle de la durée de l'avenir terrestre, et celle de la trame de cet avenir dans les grandes évolutions qu'il est possible de prévoir comme probables.

Les éléments de solution de ces questions sont de deux espèces : les uns sont fournis par la science et les autres par la prophétie chrétienne.

La science peut élever des suppositions qui ne soient pas sans valeur, en tirant des inductions analogiques de ses observations du passé et du présent. C'est ainsi que les sciences chronologiques, les sciences géologiques, les sciences physiologiques, les sciences historiques et les sciences sociales concourent à prouver, comme plus que probable, que notre genre humain ne durera pas toujours. Il en de même de la solution des deux autres questions ; les sciences ne sont pas sans fournir à cette solution des données de probabilité.

La révélation n'est pas, non plus, sans annoncer ce qui sera, d'une manière suffisamment intelligible pour qu'il nous soit permis d'en inférer des probabilités, et quelquefois même des certitudes, ainsi que cela a lieu pour une fin du monde. Jésus-Christ nous a même laissé un sublime tableau de l'avenir temporel, qui, rapproché des autres prophéties de l'Ancien et du Nouveau Testament, peut nous mettre sur la voie de prévisions fondées.

Tirer les inductions de la science ; tirer celles de la révélation ; rapprocher ces deux horoscopes des destinées temporelles du genre humain, et faire remarquer leur accord ; serait le but d'une dissertation assez longue que nous mettrions en ce lieu, si déjà l'espace qui nous est marqué par les dimensions du volume n'était rempli.

Nous renvoyons donc cet article au supplément de notre ouvrage ; et, pour satisfaire quelque peu la curiosité impatiente, disons seulement à l'avance, sur la première question, que la certitude de la fin du monde sera scientifiquement et théologiquement établie ; sur la seconde, qu'il sera démontré comme probable, par la science et par la prophétie, que la journée du genre humain n'a pas encore accompli sa première heure ; et, sur la troisième, que le tableau qui doit résulter de nos études est trop compliqué pour pouvoir être résumé en quelques mots.

Fin de la III° partie. — *Voy.* ART, 1er art. de la IV°.

B

BABEL (TOUR DE). — *Voy.* HISTORIQUES (Sciences), IV.

BAISME.— *Voy.* PANTHÉISME, IV ; et GRACE.

BALS SOMPTUEUX. — CASUISTIQUE CHRÉTIENNE (IV° part., art. 16.) — Nous fûmes, il y a quelque temps, témoin et acteur d'une scène de conversation qui nous parut digne d'être écrite et même imprimée, si l'occasion s'en présentait. C'est pourquoi, de retour au logis, nous en fîmes la rédaction rapide et négligée qu'on va lire. Sous l'inspiration d'une mémoire qu'aucun événement intermédiaire n'avait voilée, cette rédaction tomba de notre plume telle que la voici :

Je sors du plus agréable des salons, de celui où l'on parle à son aise, où tous les sujets sont autorisés, où toutes les opinions sont permises, où les oreilles ne sont point chatouilleuses, où la liberté règne, où la tolérance pardonne, où l'esprit d'absolutisme, d'exclusivisme et de rancune n'est jamais entré ; du salon où le naturel et la franchise sont des vertus, la bienveillance une habitude, la flatterie un mauvais ton, où l'on plaît en ne cherchant pas à plaire, où l'on parle comme on pense, et où l'on pense comme dans la solitude ; du salon de mes songes.

Plusieurs dames étaient là, et deux hommes seulement, deux hommes dont je formais, comme on va le comprendre, l'insignifiante moitié.

Une jeune mère, gracieuse, sémillante, belle, vive d'esprit, bonne de cœur, et folle de la danse, avait raconté d'une manière piquante, originale et fine à charmer, plusieurs épisodes d'un bal costumé qui avait eu lieu la nuit précédente, où elle avait brillé parmi les points de mire, et nous avait peint, en traits de flamme, les plaisirs qu'elle y avait goûtés.

Je l'avais écoutée avec bienveillance, prenant une part naïve au bonheur qu'évoquaient en elle les souvenirs de la nuit. En avait-il été de même du vieux théologien à cheveux crépus, à figure maigre, au teint hâve, au regard sec et à la morale inflexible, qui était mon vis-à-vis dans ce cercle des grâces ? La suite le dira, et pourra donner à conclure au lecteur que, si le salon n'eût été celui que j'ai décrit, la petite dame, après avoir jugé cet honnête homme d'un de ses regards de femme, aurait gardé pour meilleure occasion les détails qui lui démangeaient l'imagination et la langue.

Voici, en effet, qu'après le bon mot final de la dernière historiette, le vieux trouble-fête porte sans précaution à la jolie causeuse ce coup de pied brutal :

« Madame, allez-vous à confesse ? »

On pourrait croire qu'elle a répondu par le mot acéré que trouve le beau sexe et que répète le nôtre, par le mot qui paralyse la lèvre du plus intrépide. Mais elle est excellente, d'une angélique douceur, et, chose surprenante, n'a ni bec ni ongles quand on l'attaque de front. Elle est simplement devenue rouge comme une pomme d'Api, et a répondu avec l'ingénuité d'une vraie pénitente :

« Oui, Monsieur. Je n'ai jamais manqué à mes devoirs de religion. J'y tiens plus qu'au bal, je vous assure. S'il me fallait renoncer à mes plaisirs du soir pour sauver mon âme, je me ferais plutôt nonnain. Mais j'ai toujours cru que la religion n'est pas sévère à ce degré-là ; défend-elle qu'on s'amuse ? »

Quand je dis qu'elle n'a pas trouvé la réponse qui déconcerte, je me trompe peut-être. Chaque chose en son lieu. Cette modeste rougeur, ce ton contrit, cette explication douce m'aurait à coup sûr déconcerté. Pouvait-elle mieux répondre ? C'est aux femmes à le dire. Il serait injuste d'en juger par le peu d'impression qu'elle a produit sur le théologien. C'est un cœur de granit.

Le cruel, sans changer de mine ni de ton, a repris incontinent :

« L'amusement n'est point en question. On s'amuse avec la calomnie, avec la gourmandise, avec le vol, avec l'adultère ; on s'amuse avec les hommes, avec les femmes, avec les bêtes ; on s'amuse avec le bien et avec le mal ; on s'amuse avec tout. Ne parlons plus d'amusement ; il s'agit de savoir si la morale, si la charité, si la religion, si Dieu vous autorise, Madame, à courir les bals comme vous le faites ; à vous amuser de cette façon-là. Or, je dis que Dieu vous le défend, et que son ministre doit vous refuser l'absolution. »

Il aurait fallu vraiment avoir une âme de bronze, l'âme du vieux théologien, pour n'être pas brisé de compassion à la vue de l'innocente victime. Voyant son embarras et la résolution opiniâtre du sévère moraliste, de pousser la thèse à fond de cale, je me suis fait l'avocat de l'accusée, et arrêtant l'accusateur, je lui ai dit avec bravoure : « A nous deux, Monsieur, la galerie sera juge. — Et partie, a-t-il répliqué : vous aurez les voix et moi les consciences ; je serai satisfait du partage. »

Déjà la galerie écoutait de toutes ses oreilles, regardait de tous ses yeux ; la jeune dame respirait comme une asphyxiée qui revient à la vie, et s'engageait une discussion entremêlée de spirituelles sorties, de jolis coups d'aiguilles que ces dames pointaient de droite et de gauche, et que malheureusement nous avons oubliés selon notre habitude.

« Je vous demande, Monsieur, ai-je dit au moraliste, de réfuter sérieusement l'argument qu'a présenté madame dans sa touchante réponse. Elle subordonne la passion des soirées masquées, costumées, dansantes, à ses devoirs de piété. Peut-on mieux dire ? c'est à vous, ce me semble, de démontrer que la religion lui interdit ces réjouissances, et, si vous menez à bonne fin cette rude entreprise, elle y renoncera ; car je réponds de la sincérité de sa parole et de la droiture de son âme. »

« C'est, au plus juste, ce que je voulais faire, a-t-il répondu, et je le fais sans préface.

« L'homme a trois instruments de production, l'esprit, le cœur et la main ; et trois estomacs à nourrir, celui de l'intelligence, celui de la volonté et celui du corps. C'est avec les produits de l'esprit qu'il doit nourrir l'esprit ; avec ceux du cœur qu'il doit nourrir le cœur ; avec ceux du corps qu'il doit nourrir le corps. Mais il peut produire, avec son triple instrument, des aliments perfides, des aliments qui tuent au lieu de faire vivre, des poisons qui, loin de développer et d'entretenir la vie individuelle et sociale, provoquent la mort des individus et des sociétés. Toute vertu, toute religion se réduit donc, pour lui, à ne produire et consommer que des aliments sains, et à ne jamais déterminer par son fait, dans l'atelier social, la production des fruits qui donnent la mort. Admettez-vous ce principe ? » — La question m'a paru logiquement posée, mais féconde en pièges, et de nature à inspirer des craintes. Tremblant de poser le pied sur une chausse-trappe, en lâchant un aveu formel, j'allais répondre par le *transeat* de l'écolier méfiant et embarrassé, lorsque toutes ces dames, plus hardies, se sont écriées : « Accordé le principe ; nous n'en avons pas peur. » — « Qu'ainsi soit, ai-je repris, puisque Mesdames le veulent. Tirez vos conclusions. » Le théologien, sans tenir compte de l'incident, a passé de suite à la mineure : « Or, le bal, tel qu'il se pratique, et avec tout ce qui s'y rattache de près comme de loin, est une des choses les plus funestes au bien-être de l'esprit, au bien-être du cœur et au bien-être du corps. Voilà ce que je veux établir. Et d'abord au bien-être de l'esprit.

« Ce bien-être consiste dans la possession du vrai, dans la science des choses divines et humaines. Or je fais une question. Le temps et le travail qui sont employés par les uns à préparer vos fêtes et leurs décors, vos toilettes, vos costumes, vos nocturnes splendeurs, et par les autres à se montrer, causer, poser et danser dans vos somptueuses réunions, ont-ils pour but et pour résultat de développer quelque connaissance dans les esprits ? est-il une vérité religieuse ou profane qui y gagne quelque chose ? ne sont-ce pas, au contraire, du temps et de la peine dépensés à distraire les âmes de toute étude digne de l'homme, digne de la société, digne de Dieu ? Joignez l'influence de ces fêtes pour rendre vos esprits légers, futiles, pour les soustraire à la réflexion, pour leur ôter le goût des grandes vérités sur lesquelles repose le salut des citoyens et des cités, des individus et des nations, pour les efféminer, pour les éblouir, pour les aveugler, pour les remplir de fantômes, pour les endormir dans une paresseuse indolence, et, si vous n'avouez pas la vérité de ma proposition, j'accuserai votre bonne foi. »

« La chute est grave, Monsieur le théologien, ai-je dit aussitôt ; il y a des raisons, en faveur de ce que vous attaquez, plus que suffisantes pour servir de base à une bonne foi contraire à la vôtre. Ne faut-il pas des distractions à l'esprit ? peut-il travailler toujours ? Dieu lui a fait une nécessité du repos ; et ne vaut-il pas mieux employer le temps destiné à la récréation, en amusements où l'esprit se manifeste, d'une manière frivole, il est vrai, mais enfin se manifeste et s'exerce, que dans le désœuvrement, l'inertie, l'assoupissement, l'ennui ? Le bal est une des germinations de l'art ; le goût s'y épanouit dans l'éclat des toilettes, dans l'originalité des costumes, le talent dans les attitudes, l'activité intellectuelle dans la conversation, la grâce dans la tenue, mille ressorts de l'esprit dans les combinaisons harmoniques qu'invente le génie de la danse. N'y avait-il pas, au nombre des neuf muses, une danseuse ? »

A cette réponse, tout l'auditoire a respiré d'aise. L'espérance a rayonné sur les visages où l'argument du moraliste avait imprimé la terreur.

« Voilà qui est bien dit, s'est écriée la jolie conteuse ; nos bals sont des exercices où viennent rivaliser le talent, l'esprit, l'art, le goût et les grâces. Chacun a son costume de sa création, son rôle étudié, sa pose, son geste, ses paroles ; ce sont des improvisations dramatiques. Cette nuit, j'étais la bayadère des pagodes ; je serai demain la vachère des montagnes ; je jouerai bientôt la belle Léda, et j'espère clore mon carnaval par la furie Alecto. »

Comme toutes s'extasiaient sur les délicieuses originalités de la spirituelle danseuse, une vieille aux charmes masqués par les rides, aux rêves d'or noyés dans le fleuve des ans, aux souvenirs clairs des joies évanouies, a repris son feu de jeunesse pour célébrer les mérites de son beau vieux temps, sans pitié pour le nôtre.

« Le goût, disait-elle, a remonté vers sa source ; l'art a brisé ses pinceaux, l'esprit ses épingles, le plaisir tous ses talismans ; le monde ne sait plus s'amuser, ni folâtrer, ni rire. Que sont vos toilettes, vos fleurs, vos danses, toutes vos fêtes ? de mesquines arlequinades, des jeux de poupées, des folies de pensionnaires. Je me rappelle qu'un jour, nous avons, dans un bal, figuré la cour de Pluton ; la scène fut complète ; les Furies armées de fouets, la Mort avec sa faux, Rhadamante et Minos, Cerbère et Caron, toutes les divinités infernales étaient présentes. On remplissait les rôles à ravir ! on avait tant d'esprit dans ce temps-là ! quels quadrilles ! quels galops ! quel ensemble ! J'étais la reine des ombres, j'avais la chevelure enlacée de reptiles ; je portais des torches fumantes, le feu sortait de mes yeux ; c'est alors que l'art présidait aux réjouissances, qu'on s'amusait avec esprit, qu'on folâtrait avec grâce. Nous fîmes de l'enfer l'habitation des ris ; je gagerais, que, dans cette nuit, pas un des dieux de la joie ne passa la veillée aux salons de Cypris. »

J'ai oublié ce qu'on a dit durant ce quart d'heure de conversation exaltée, ce qu'ont dit les vieilles donnant des idées aux jeunes, ce qu'ont répondu les jeunes saisissant ces idées au passage, tout en ayant l'air d'en faire fi.

Le moraliste, auquel on ne pensait plus, écoutait avec l'impassibilité d'un sourd. Le thème épuisé, il s'est adressé gravement à moi-même.

« La récréation est nécessaire à l'homme, et le bon sens dit avec vous, Monsieur, qu'elle doit être encore un travail utile, qu'elle doit être une gymnastique des facultés de second ordre pendant que se reposent les facultés supérieures. Fondée sur cette règle, la morale admet les spectacles et tous les jeux auxquels président l'intelligence et le goût. Elle conçoit même des danses qui méritent d'être classées dans cette catégorie. La seule condition qu'elle réclame, c'est que l'esprit en retire quelque fruit, sans préjudice pour la santé du cœur et pour celle du corps, au double point de vue individuel et social, rapports sous lesquels vous savez qu'il me reste quelques mots à dire. Or, les bals luxueux, tels qu'ils se pratiquent de nos jours, et depuis longues années, tels que la mode les fait, étudiés dans tous leurs détails et sous toutes leurs faces, pris dans leur préparation, dans leur exécution, dans leurs suites, sont des passe-temps criminels, parce qu'ils sont inutiles et funestes. Faites, Mesdames, trois parts : la part de ce que gagne votre intelligence dans ces fêtes ; la part de ce qu'elle pourrait gagner dans d'autres passe-temps utiles, quoique récréatifs ; la part enfin de la prédisposition qu'elle en rapporte à l'indolence, du dégoût qu'elle y puise pour toute occupation sérieuse ; et, si votre conscience ne vous répond que la première est nulle, la seconde pesante, et la troisième plus pesante encore, vous êtes tombées, sous l'influence de votre genre de vie, dans un aveuglement qui démontre ma thèse mieux que tous mes arguments. »

Je ne comptais pas sur tant d'habileté de la part du rustique philosophe. Pensant qu'il allait condamner, sans merci et sans distinction, tous les amusements qui se rattachent au spectacle et à la danse, j'avais mis en réserve des réponses qui l'auraient sans doute fort embarrassé ; mais la concession qu'il a faite, de son propre mouvement, m'a déconcerté. Pour dissimuler ma gêne, je l'ai prié de passer de suite aux deux autres parties de sa mineure, promettant, avec une assurance qui a consolé l'auditoire, une réponse générale et définitive quand il aurait développé sa thèse.

Il a donc continué comme il suit

« L'aliment du cœur, c'est la vertu ; le vice en est le poison. Le bal est-il propre à rendre l'âme vertueuse ? Qui osera dire, oui ? Si, au contraire, il est un aiguillon pour les passions sensuelles, s'il efféminé les courages, s'il désarme la volonté avant le combat, s'il la plonge dans un monde d'illusions qui l'aveuglent, s'il est, pour elle, le château d'Armide, ne dois-je pas affirmer qu'il n'a que des poisons à lui offrir ? J'aurais tort, Mesdames, de développer devant vous cette pensée, vous en savez plus long que qui que ce soit sur ce point délicat ; vous avez l'expérience des douceurs envenimées que je ne veux pas vous décrire ; tout, dans vos bals, concourt au ramollissement des âmes, vos costumes, vos danses, vos intrigues, vos conversations, vos pudeurs lascives, tout y concourt aussi à vous remplir d'insensibilité pour les douleurs du pauvre ; car la pitié et la folie des jouissances sont deux extrêmes qui ne sauraient marcher de pair ; l'un montant, il faut que l'autre baisse. Enfin, pour abréger, je réduirai tout à une simple question. Il n'existe, dans l'humanité, que deux forces : celle du bien et celle du mal ; Dieu et Satan. Or, soyez sincères, vos bals sont-ils une invention du bien, une production de la vertu, une création de Dieu pour le salut de l'homme ? vous n'oseriez le soutenir ; ils sont donc une invention de Satan, une habile manœuvre de son génie pour souffler traîtreusement la mort dans vos âmes. »

J'ai répondu que, si l'on se reporte à ces fêtes païennes, à ces bals des Romains sous les Césars, les raisons alléguées par le théologien gardent toute leur force ; que ces fêtes étaient bien des apothéoses de la volupté, des formules brillantes de consécration et de naturalisation de tous les vices dans le cœur ; mais que le christianisme, dont la mission n'est pas de détruire les éléments de l'humanité, mais de les rendre saints en les passant à son foyer, a purifié ces sortes de distractions ; qu'il a jeté sur elles les voiles de la modestie ; qu'il y a introduit les convenances ; qu'il les a réconciliées avec la vertu par un des miracles dont il a reçu de Dieu le privilège.

Les dames ont trouvé l'observation juste, et l'ont appuyée par des réflexions d'une finesse exquise, tirées de la retenue dont les mœurs chrétiennes ont fait un devoir d'étiquette. Les dames savent tout dire ; elles ont reçu de la nature un vocabulaire qu'elles ont gardé pour elles, et dont leurs époux n'ont point ouvert les pages.

« J'ai vu vos bals, Mesdames, a dit le moraliste, j'ai assisté aux fêtes de vos salons ; je n'ai pas vu celles des Tibère et des Héliogabale, mais j'en ai lu, comme vous, les vivants tableaux qu'en ont laissés les grands hommes de Rome. Oh ! sans doute, vous ne répétez pas, dans vos soirées, les excentricités impures de cet empereur, qui trouvait des dames romaines pour jouer avec lui le jugement de Pâris, et d'autres pour applaudir à ses infâmes jeux. Le bon ton ne vous le permettrait pas ; il ne vous permet que les passions contenues et voilées, les passions qui se concentrent pour mieux éclater ; les passions qui se cachent sous ces dentelles à jour, que vous appelez chrétiennes ; il vous invite à l'hypocrisie. Si vous étiez ouvertement corrompues, si vous étiez franches dans votre dégradation morale, l'honnêteté vous abandonnerait, comme des excommuniées, à la compagnie de vos semblables ; le vice et la vertu seraient distinctes ; Satan aurait ses armées, Dieu les siennes ; et l'on ferait son choix en pleine liberté ; mais dans le système qui règne, tout est mélangé, tout est confus, et tout se corrompt ; la dissolution se dissimule, et la vertu se dissout, sans rougir et presque sans s'en apercevoir, à son contact impur. C'est la perfidie organisée ; c'est Béelzébub déguisé en Raphaël ; c'est le filet tendu à l'innocence ; c'est Cupidon sous les traits d'Iule. Dans vos salons le cœur se putréfie sans que l'écorce en paraisse altérée ; ce sont les temples où se marient le vice et la vertu sous des formules modestes, où ils s'identifient sous de pudiques embrassements

«Je ferais moins de cas peut-être des excentriques indécences, du dévergondage exalté des chaumières et des casinos, que de vos impudeurs pleines de grâces pudiques ; la vertu y satisfait promptement sa curiosité, s'y brûle et s'en va ; chez vous elle s'acclimate avec la volupté, et devient voluptueuse sans perdre le nom de vertu. Les orgies païennes furent celles des anges déchus s'étourdissant dans l'isolement de leur dégradation; les orgies chrétiennes, et je ne parle que des vôtres, sont les rendez-vous des anges bons et mauvais pour aboutir à une assimilation monstrueuse des uns avec les autres; ce sont les conférences diplomatiques de l'enfer et du monde. »

Cette impitoyable apostrophe a été reçue avec une résignation édifiante. J'ai demandé encore une fois la fin du raisonnement avant de présenter la grande réponse promise; et le théologien, qui en passait par tout ce qu'on exigeait de lui, sauf toutefois les concessions doctrinales, a, sur-le-champ, complété sa démonstration à peu près comme il suit:

« J'ai gardé, Mesdames, pour la clôture, mon argument définitif (à ce mot toutes ont pâli). Les raisons déjà signalées fussent-elles sans valeur, celle-ci rendrait, à elle seule, toute contradiction impossible.

« Il s'agit du bien-être social au point de vue matériel; et je dis que vos bals, toutes vos fêtes luxueuses vous sont interdites par les vertus chrétiennes, comme étant une des causes permanentes du paupérisme, une source constante de misères, d'homicides instruments de la décadence des nations, en un mot, le ver rongeur du bien-être en cette vie. Que diriez-vous d'un ami perfide qui, par des moyens habilement combinés, entraînerait son frère dans la voie du crime et du malheur, qui le mènerait hypocritement à sa perte sous le double rapport du corps et de l'esprit? Vous n'auriez pas de mots assez énergiques pour exprimer l'horreur que vous inspireraient ses allures. Or, vous êtes cet hypocrite ami; vous forcez le peuple à donner tête baissée dans le chemin qui mène à tous les maux, et vous y marchez avec lui, car vos malheurs sont inséparables des siens. Vos fêtes l'obligent à perdre son temps et ses efforts dans la production d'objets inutiles, de fleurs pour vos parures, alors qu'ils devraient aboutir à donner du pain et des vêtements à tous. Ne trouvant à gagner sa vie que dans la confection de ce qui sert à vos plaisirs, il s'accumule au sein des grandes cités, s'y corrompt, y devient misérable; les travaux indispensables et utiles se ralentissent; la production de la vraie richesse diminue; la nation devient d'autant plus pauvre qu'elle est plus riche en apparence; les besoins se multiplient; les maux s'entassent; les révolutions deviennent nécessaires, et elles arrivent infailliblement, la Providence ayant attaché le remède à la maladie elle-même, c'est-à-dire la révolution à l'agglomération de la population dans les centres, et à la misère qui s'y développe; et c'est vous qui menez sourdement la société à ces abîmes par votre amour effréné des jouissances. Vous êtes donc responsables de la misère matérielle et de la dégradation morale où l'on voit, d'époques en époques, se précipiter les nations; vous en êtes responsables comme la cause est responsable de ses effets. Les uns ont faim et froid, d'autres sont corrompus, pervers et méchants; dites, c'est ma faute; puisque c'est vous qui les avez, par une longue série d'influences qui s'enchaînent, affamés et pervertis. Donc la religion, la morale, la philosophie, la charité évangélique vous font un devoir de vous abstenir de toute participation à cette œuvre de mort. Donc vos bals sont des crimes. »

« Cependant, ai-je dit, vous ne nierez pas, philosophe, que ce ne soient des moyens de faire aller le commerce et d'activer la circulation. Le grand fléau du bien-être social, n'est-ce pas l'avare qui amasse des produits et les enferme, tandis que la société les réclame pour en tirer des produits nouveaux? Dépenser sa fortune est toujours utile et charitable, quelle que soit la manière dont on la dépense; il n'y a de pernicieux pour le peuple que la destruction des richesses ou un emprisonnement qui équivaut à la destruction. »

« Je vais prouver cette vérité par un exemple, a dit une jeune élégante : J'avais acheté pour mon dernier bal un costume qui ne me servira plus. Il entrait dans ce costume pour vingt mille francs de dentelles d'Angleterre. Si je n'avais pas acheté cette dentelle, elle serait restée chez le marchand; le marchand n'aurait pas eu l'occasion de gagner ce qui lui revient pour la peine et le temps qu'il emploie à tenir son entrepôt Il va remplacer le vide, que j'ai fait dans sa boutique, par un nouvel achat, auquel il n'aurait pas même pensé. Le fabricant va occuper des ouvrières à confectionner de nouvelles pièces, ce que celui-ci n'aurait pas fait non plus. Voilà donc que, par mon achat, des ouvrières vont gagner leur vie, tandis que peut-être elles auraient souffert de la faim avec leurs familles. J'ai donc fait une œuvre de charité chrétienne en achetant cette dentelle, et de charité mieux entendue que si j'avais distribué gratis mes vingt mille francs aux ouvrières, puisque je les ai forcées au travail, tandis que, par le don, j'aurais encouragé la paresse. »

Toutes les dames d'applaudir avec la confiance d'une victoire assurée.

« Encore quelques mots, a repris le théologien, et j'aurai tout dit.

« En achetant de la dentelle, vous nourrissez les marchands et les fabricants de dentelles; c'est, Madame, ce que vous avez établi, et c'est aussi ce que j'ai voulu dire. Or nourrir des bras, à la condition qu'ils passeront leurs temps à fabriquer des produits de ce genre, c'est un crime social, et voici pourquoi : Il en est qui ont froid l'hiver, parce qu'ils manquent de tissus nécessaires et solides qui garantissent contre les injures du temps; il en est qui ont faim, parce qu'ils manquent des aliments convenables; et aussi longtemps qu'il en sera de la sorte, celui qui a de l'argent ne doit payer des bras qu'à la condition qu'ils fabriqueront ce qui servira à vêtir ou loger ceux qui ont froid, à nourrir ceux qui ont faim. Je permettrai le superflu, quand le nécessaire et l'utile seront comblés, et encore sous la condition qu'il ne sera pas nuisible à l'esprit ou au cœur. Or comment payerez-vous des travailleurs pour fabriquer des choses utiles? En achetant ces choses, et n'achetant que celles-là. Vous en rendrez, par ce moyen, la production abondante; vous en diminuerez le prix par là même, et tous pourront s'en procurer. L'ouvrier, direz-vous, gagnera moins; c'est vrai, mais il lui en coûtera moins pour vivre, et, les choses utiles étant en abondance, nul n'en manquera, la nation sera riche. Mais en achetant du luxe, vous activez la production du luxe, vous ralentissez celle de l'utile, et vous poussez, comme je l'ai dit, la société à sa ruine, en la payant pour perdre inutilement son temps et ses peines, en la payant sans cesse pour vous fabriquer des joujoux, des instruments de vos futiles plaisirs. S'il n'y avait pas de corrupteurs, y aurait-il des corrompues? y aurait-il des prostituées s'il n'y avait pas d'assez riches libertins pour leur payer un salaire? vos bals splendides, vos luctuosités de toute espèce sont les agents de la décadence des nations. Enlevez ces causes morbides, l'activité se déploiera dans la production des choses nécessaires aux vrais besoins de l'homme tout entier; et l'homme ne sera misérable ni dans son intelligence, ni dans son cœur, ni dans son corps; car Dieu a muni l'humanité de forces productives suffisantes à la satisfaction de ses besoins réels, pourvu qu'elle ne perde pas ses moments en occupations vaines.

« Je reviens donc à mes conclusions. Vous êtes coupables, Mesdames; vous portez votre part de responsabilité des souffrances et des crimes qui sont les suites des débordements du luxe, en encourageant, de votre bourse, les causes qui rendent ces débordements nécessaires. Je ne puis voir dans nos capitales, sans frémir de crainte pour vous-mêmes et pour l'avenir de la patrie, ces éblouissants étalages d'objets inutiles qui coûtent au travail tant de journées et de soins.

« Je me résume.

« Il y eut un temps où le grand peuple romain corrompu et vaincu par César, se sentit fatigué de ses vertus, de sa force et de sa gloire, où, pour me servir de l'expression du plus éloquent de nos contemporains, il s'étendit sur la couche de la mollesse comme sur un lit de prostituée. Il obéissait alors aux Tibère et il ne demandait plus que du pain et des jeux, *panem et circenses*, du pain pour vivre, et des jeux pour jouir de la vie.

« Du pain, il en faut toujours, et de plusieurs espèces. Il y a un pain essentiel à la vie du corps, c'est la nourriture et le vêtement; il y en a un qui est essentiel à la vie de l'intelligence, c'est la vérité scientifique, politique et religieuse, individuelle et sociale; il y a enfin celui qui nourrit l'âme, c'est la vertu. Mais le peuple romain dans sa déchéance ne pensait qu'au pain matériel.

« Des jeux, on peut s'en passer; il y en a même dont on doit toujours se passer, comme je l'ai suffisamment établi. Mais dans certains âges, et chez certains peuples il s'opère des crises de ramollissement, qui ont pour excitants et pour symptômes les développements du luxe, toujours provoqués eux-mêmes par le mauvais emploi des richesses; et alors les passions sensuelles passent à l'état de besoins qui luttent d'énergie avec les besoins réels. Ce phénomène revient dans toute nation qui perd son autonomie, par la raison que, la famille des maux étant *une* comme celle des biens, servir un démon, c'est les servir tous. Obéir à Tibère, pour le peuple romain, c'était le suivre à Caprée.

« Or, c'est une des lois de l'économie humaine, une loi d'équilibre que le pain diminue d'abondance à proportion qu'on se livre davantage au plaisir; plus un peuple s'amuse, plus il a faim, et moins il a pour s'assouvir. Ce ne sont pas, sans doute, dans ce peuple, les mêmes hommes qui jouissent et qui ont faim; quand on parle d'un peuple, on le personnifie, on l'individualise, on établit entre tous ses membres la solidarité qui existe entre les diverses parties d'un même tout. C'est ainsi que l'on arrive à grouper sur l'ensemble les caractères propres aux différentes classes. Ceux qui avaient faim et froid sous Héliogabale s'inquiétaient peu, sauf les exceptions, des réjouissances du cirque, des danses impudiques du palais des Césars, et ceux qui se livraient aux folies de ces fêtes, que vous n'êtes pas encore assez riches pour imiter, ne manquaient pas de pain. Mais deux cris s'élevaient de Rome, deux cris qui en exprimaient énergiquement l'état matériel et moral, le cri de la misère qui demandait du pain, le cri de l'opulence qui demandait des jeux, or l'un et l'autre étaient l'évocation des barbares.

« Quelques sages, doués des simples énergies que donnent la raison et la nature, s'attristaient sur l'agonie sociale, osant à peine verser des larmes avec leurs amis au souvenir des mâles vertus que germait autrefois la république comme des moissons dont elle alimentait sa grandeur.

« Plus tard le christianisme envoya ses légions prêcher la vérité à toute créature, rappeler à chacun ses devoirs et ses droits; ces légions se sont multipliées; elles se composent maintenant des prédicateurs, des théologiens, des confesseurs catholiques. Ceux-là n'ont pas seulement pour aiguillon les inspirations de la nature; ils sont chargés directement par l'Eglise du Christ, d'arrêter, autant que possible, les sociétés et les individus sur la pente qui les mène aux abîmes. Tous n'accomplissent pas leur mission; s'il en était ainsi, les choses iraient mieux; mais quelques-uns le font, et j'en suis un, Mesdames. » Puis se tournant vers moi : « J'attends la réponse générale que vous avez promise. »

« Voici, Monsieur, cette réponse, ai-je dit

aussitôt, vous l'admettrez, j'espère, sans conteste, en votre qualité de théologien.

« Deux questions sont toujours à distinguer sur la moralité des actes humains, celle du mal matériel qui se base sur les principes absolus, et celle du mal individuel, le seul moral en soi, qui s'appuie sur les circonstances relatives aux personnes. Laissant de côté la première, j'invoque la seconde à la justification de ces dames, et je soutiens que, n'ayant pas approfondi les conséquences que vous avez signalées, n'ayant jamais fixé leur attention sur cet enchaînement compliqué, n'ayant point sondé les mouvements intimes de la machine sociale, ne voyant enfin dans le bal que le bal lui-même et ce qu'elles y font, elles sont dans la plus complète bonne foi et parfaitement dignes de votre absolution. »

« Monsieur, a répondu notre philosophe en saisissant son chapeau rapé, votre argument arrive trop tard ; j'en suis fâché pour toutes ces consciences, mais il vient de perdre aujourd'hui sa valeur. Elles sont maintenant instruites, savent à quoi s'en tenir, et viendraient en vain, par conséquent, à moins de changement de vie, me demander de les absoudre. »

Là-dessus l'original a salué la compagnie et a disparu.

« Oh ! s'est écriée l'une des dames comme il ouvrait la porte, je ne sais déjà plus un mot de ce qu'il a dit. »

Une autre a ajouté : « J'espère, au moins, que j'aurai tout oublié demain matin... »

« C'est un janséniste » a dit une troisième.

« Nous devons prendre ses paroles pour des contre-vérités, a poursuivi la quatrième, puisque les jansénistes sont condamnés par la cour de Rome. »

« Je conclus, s'est écriée la jolie danseuse ; nous allons pécher du mieux que nous pourrons durant le carnaval, pour nous bien laver pendant le carême, nous sanctifier à Pâques, et recommencer l'an prochain. »

La vieille m'a dit en particulier : « Vous n'aviez peut-être jamais entendu parler en janséniste ; franchement, qu'en dites-vous ? »

'ai répondu avec l'humilité que toujours je cherche sans la trouver toujours : « Ce monsieur a le ton rude et le verbe sauvage, mais je ne me sens pas de force à lutter contre lui. » — *Voy.* ESPRIT, PIÉTÉ.

BANQUE. *Voy.* SOCIALES (Sciences), II.

BAPTÊME, ABLUTIONS (II part., art 34°). — Toutes les questions fondamentales qui touchent à l'harmonie de la doctrine théologique sur le baptême, avec la raison, sont traitées aux mots *déchéance, rédemption, justification, sacrement.*

Observons seulement ici combien est rationnel le langage de ce sacrement. La matière consiste dans l'action par laquelle le ministre lave le corps du baptisé avec de l'eau, et la forme dans les paroles qui expriment cette action se faisant au nom de Dieu et de Jésus-Christ : *Je te baptise au nom du Père, du Fils et de l'Esprit-Saint.* Or, il s'agit d'un embellissement de l'âme, par la disparition d'une absence de couleur morale qu'on a nommée la tache originelle, laquelle tache est effacée, comme le noir sur un linge, par la réapparition du blanc primitif, c'est-à-dire des couleurs dont la combinaison formait la beauté première de l'être humain. Pouvait-on trouver un geste et une parole plus expressifs, plus énergiques, plus propres à peindre l'influx divin qui a lieu dans ce sacrement ?

Quand l'Homme-Dieu vint manifester à la terre, sous des formes visibles, l'action mystérieuse qu'il exerçait depuis la déchéance, en tant que Verbe, sur l'humanité pour la rapprocher de son Père, et l'empêcher de s'égarer plus profondément encore dans ses ténèbres, il trouva le monde livré à des religions superstitieuses et à des gouvernements théocratiques, dont un formalisme tout matériel était l'âme. Parmi les cérémonies et les formules les plus généralement reçues se distinguaient surtout les ablutions, c'est-à-dire, les bains, les aspersions, les lotions, en un mot toutes les purifications par l'eau. Les Grecs, les Romains, et mieux encore tous les peuples d'Asie faisaient usage d'ablutions dans leurs cultes. Le code de Manou qui s'est conservé jusqu'à nous, est rempli de dispositions qui en règlent l'usage, le mode, le temps, le lieu, la nécessité ; et Moïse, comme les autres législateurs, en avait établi chez les Juifs.

On attribuait généralement à ces emplois de l'eau des vertus non-seulement pour les corps, mais aussi pour les âmes. Ces vertus n'étaient pas réelles, au moins dans le sens où elles étaient comprises. Mais comme il y avait fanatisme à des degrés divers dans ceux qui se soumettaient aux ablutions, et que le fanatisme n'est autre qu'une persuasion puissante, une foi souveraine, quoique dénuée de motifs rationnels de crédibilité, il s'ensuivait qu'elles exerçaient, en effet, par l'entremise de ce fanatisme, une action réelle sur l'état des esprits. Qui oserait dire que des foules innombrables n'ont pas été soutenues, dans leur vertu relative, et justifiées de leurs fautes par l'influence qu'exerçaient sur leurs dispositions morales ces pratiques, par les résolutions et les repentirs dont elles étaient l'aiguillon ? N'est-ce pas ainsi, au reste, que l'ordre matériel agit sur l'ordre moral ; tout bien considéré, notre vie n'est-elle pas une suite de phénomènes mélangés d'éléments matériels et spirituels qui ne peuvent s'expliquer rationnellement que de la même manière ?

D'un autre côté, imaginer de se laver les membres avec de l'eau, pour exprimer une purification spirituelle, n'était pas sans raison. Quel langage eût été mieux approprié et plus énergique ? Souvent une parole figurée nous exalte, quand l'énoncé pur et simple de la pensée nous eût laissés froids jusqu'à donner à conclure qu'elle n'était pas arrivée au sensorium intime de notre être. Qu'étaient au fond toutes ces pratiques, sinon des discours en action et en figure, plus puissants que ne l'eussent été de simples paroles? Les gestes de l'orateur appartiennent à ce genre d'expression.

L'eau est la chose qui peint le mieux la pureté; le bain est l'action qui exprime le mieux, d'une manière visible, ce que fait une âme qui de malade se rend saine, de souillée se rend blanche. Le corps n'est pas si loin de l'esprit qu'on se le figure quand on fait de la métaphysique à l'instar des argumentateurs de l'école. Le corps, c'est le moi, c'est l'âme elle-même se prolongeant et s'exprimant au dehors. Se laver de volonté et d'action, dans ses membres et dans sa pensée, n'est-ce pas laver tout l'homme? Comme la pensée, sans son incarnation dans la parole, n'est pas aussi complète; l'ablution interne, sans sa matérialisation visible, ne l'est pas non plus. Socrate sortant du bain son corps purifié, pour le livrer à la ciguë, rendait à sa conscience et à ses amis un témoignage plus lumineux encore de son innocence. Le Christ lavant les pieds à ses apôtres, et Pierre l'ayant compris, lui disant : Seigneur, non-seulement les pieds, mais le corps et la tête; parlaient la plus sublime des langues, pour exprimer le plus sublime et le plus raisonnable des mystères.

L'eau enfin est l'agent le plus universel et un des plus puissants de santé et de guérison; l'hydrothérapie moderne est un hommage rendu, sous ce rapport, à l'antiquité.

Revenons au Christ.

Comment se fait-il que la Sagesse incarnée, venant apporter au monde une religion nouvelle, la religion restauratrice de l'humanité, conserve l'ablution externe imaginée par l'homme même durant son ténébreux voyage, L'ablution qui avait servi de matière à tant de superstitions et de fanatismes; non-seulement la conserve, mais la couvre de son sceau, et l'investit par contract passé avec les hommes, par testament en bonne forme, de la vertu qui sauve?

Celui qui a pour habitude de déployer son éloquence contre tout ce qui tient à l'ordre naturel, serait embarrassé par cette question, s'il ne recourait à son expédient universel : c'est un mystère. Elle n'a rien d'embarrassant ni même de mystérieux pour celui qui a les yeux fixés sur les harmonies des œuvres de Dieu.

Jésus-Christ ne venait pas diviser, mais unir; il ne venait pas fonder des antithèses et des antinomies, mais bien semer dans nos terres les germes d'une synthèse qui s'appellerait un jour la religion universelle. A-t-il condamné dans sa prédication un culte, une législation religieuse, ou une théorie philosophique quelconque? Il a fait le contraire, condamnant avec sévérité ceux qui condamnaient, lesquels s'appelaient alors les pharisiens, et leur disant que les païens les précéderaient dans son royaume. A son berceau, il voulut être adoré par trois représentants des antiques religions de l'extrême Orient, et, quand il parlait des préceptes ordinaires de la loi naturelle, il ne manquait pas de dire devant tout un peuple qui avait reçu de Moïse l'esprit d'exclusivisme alors indispensable pour éviter le chaos : Les païens le font aussi.

Jésus-Christ venait surnaturaliser la nature, l'élever à des hauteurs qu'elle ne pouvait atteindre que sous les inspirations de sa parole, et les prémotions de sa grâce; il ne venait pas la détruire; il devait donc prendre ce qu'elle présentait de véritablement humain, de conforme à elle-même, et l'élever jusqu'au spiritualisme, sans lui ôter son caractère de matérialité.

Il trouva, dans cet ordre de choses, ce que nous avons appelé la langue des ablutions; il la trouva chez tous les peuples, et ne dédaigna pas de la prendre. L'animant d'une parcelle de son âme, pour parler comme Platon, lorsqu'il peint les opérations plastiques du Créateur des mondes, il la concentra dans un résumé sublime, et fit le baptême.

Il concédait ainsi ce qu'il était nécessaire d'accorder à nos tendances terrestres, y mélangeait ce qu'il fallait de son esprit, faisait la part convenable à chacune des forces de la nature humaine, et posait la limite où viendrait expirer la superstition, en laissant à celui de nos instincts qui l'engendre l'aliment qui serait en même temps sa médecine.

L'œuvre du Christ pourrait être appelée le système équilibré de notre hygiène morale. — *Voy.* CONFIRMATION.

BEAU (Le) *Voy.* ART RELIGION.

BERKELEYISME. *Voy.* ONTOLOGIE.

BIBLE ET ÉVANGILE — CLASSIFICATION. *Voy.* LIVRES SAINTS ; VII.

BIEN (Le) ET LE VRAI. — Les chercher pour eux-mêmes. — PLATON. — *Voy.* MORALE; III, 8.

BIEN — Faire le bien pour le mal. — CONFUCIUS. *Voy.* MORALE, II, 14.

BIENVEILLANCE (AMOUR DE). *Voy.* CONTRITION.

BONHEUR (COMPOSITION DU). — PLATON, *Voy.* MORALE, III, 13.

BOTANIQUE — RELIGION. *Voy.* PHYSIOLOGIQUES (Sciences)

C

CALVINISME, *Voy.* PANTHÉISME, GRACE, DÉCHÉANCE.

CANONIQUES (ÉLECTIONS). *Voy.* ÉGLISE; ORDRE, VIII; SOCIALES (Sciences).

CANONIQUES (PEINES). *Voy.* INDULGENCES.

CARACTÈRE (Le), — DANS LE SACREMENT ET DANS LE LANGAGE NATUREL. *Voy.* SACREMENT, VIII.

CARTÉSIANISME. *Voy.* Logique, Mathématiques.

CASTES (Système des). *Voy.* Sociales (Sciences), II.

CATHOLIQUE (Église.) *Voy.* Église.

CATHOLIQUE (Littérature). *Voy.* Littérature, IV et V.

CATHOLIQUE (Théologie). *Voy.* Histoire de la philosophie et de la théologie.

CATHOLIQUE (Symbole). *Voy.* Symbole, I.

CAUSES FINALES (Quelques exemples de). *Voy.* Physiologiques (Sciences), I, 1.

CÉLIBAT. *Voy.* Mariage.

CÉLIBAT ECCLÉSIASTIQUE. *Voy.* Sociales (Sciences), II, vers la fin. — *Voy.* Ordre, X.

CENSURE. *Voy.* Poésie.

CÉRÉMONIES SACRÉES.—PLATON.*Voy.* Morale, I, 9. — *Voy.* Gymnastique.

CERTITUDE. *Voy.* Logique, Mathématiques.

CERTITUDE DE L'HISTOIRE ANCIENNE. *Voy.* Historiques (Sciences), IV.

CERTITUDINISME. *Voy.* Mathématiques, Logique.

CHANSON. *Voy.* Poésie.

CHARITÉ EN ÉCONOMIE POLITIQUE. *Voy.* Sociales (Sciences), II

CHARITÉ (Vertu de). *Voy.* Morale, Justification.

CHIMIE. — RELIGION. *Voy.* Cosmologiques (Sciences.)

CHRÉTIEN (Art.). *Voy.* Art, VI.

CHRIST (Le) MORT POUR TOUS. *Voy.* Rédemption, II à la fin, et Inégalité de distribution des graces, vers la fin.

CHRIST (Le) ARTISTE. *Voy.* Art, VI.

CHRIST (Vie du). *Voy.* Jésus (Vie de), etc.

CHRIST (Mort du). *Voy.* Passion, etc.

CHRISTIANISME. — INDUSTRIE. *Voy.* Industrie.

CHRONOLOGIE PROFANE. — CHRONOLOGIE SACRÉE. *Voy.* Historiques (Sciences), V 1-5.

CIEL (Le) *Voy.* Vie éternelle, II.

CIVILE (Liberté). *Voy.* Sociales (Sciences), III.

CLARTÉ. *Voy.* Art, III.

CLASSIFICATION DES CONNAISSANCES HUMAINES. *Voy.* Science. — Religion.

CLASSIQUE (Genre). *Voy.* Art, VII.

CLASSIQUES GRECS ET LATINS EN ÉDUCATION. *Voy.* Littérature.

COLLATION DE POUVOIRS. *Voy.* Ordre, X.

COMÉDIE. *Voy.* Poésie, I, et Spectacles.

COMÉDIENS. *Voy.* Spectacles.

COMMUNION EUCHARISTIQUE. *Voy.* Eucharistie.

COMMUNION DES SAINTS (La). — LA FRATERNITÉ NATURELLE(II° part.,art.20).

I. Y a-t-il rien de plus admirable que de se représenter notre antique symbole des apôtres, d'abord récité dans les catacombes par les assemblées de nos pères, et puis se révéler au monde païen, qui ne connaissait que des maîtres et des esclaves, avec cet article : *Je crois la communion des saints*, c'est-à-dire une fraternité fondée, non pas sur l'égalité de naissance, sur la conformité de mérite, d'idée, de sentiment, sur l'amitié ou tout autre motif de cette classe, mais sur la sainteté du cœur; c'est-à-dire encore, une fraternité, non pas seulement de cette vie et aussi longue qu'elle, mais immortelle et n'ayant son parfait développement qu'au delà des tombeaux ; c'est-à-dire enfin, une fraternité dont la vivante pratique ne se manifeste pas seulement entre les membres présents d'une même société, mais entre tous ceux qui sont justes devant Dieu, soit qu'ils participent encore aux luttes de cette vie, soit que leur âme ait émigré dans l'autre monde.

Cette communion fraternelle basée sur la sainteté est quelque chose d'infini comme Dieu même ; elle ne s'arrête pas aux frontières de l'humanité ; elle embrasse toutes les créatures intelligentes et libres qui puissent jamais sortir du Verbe créateur, et qui usent bien de leur intelligence et de leur liberté; quelles qu'elles soient, en nature et en nombre, elles sont toutes saintes et, par conséquent, toutes comprises dans cette communion des sœurs et des frères dont Dieu est le centre, le lieu, le contenant universel. Voilà les immensités dans lesquelles nous plonge le symbole catholique !

II. Le dogme chrétien de la communion des saints présenterait-il donc quelque difficulté sérieuse aux yeux de la raison ?

Celle-ci n'objectera rien, sans doute, contre cette fraternité réelle de tous les bons dans l'unité d'un même amour, plus ou moins étendu explicitement selon l'étendue de la connaissance, et également infini dans son objet d'une manière implicite, puisqu'en aimant sincèrement, et de toute son âme, ce qui est bien, ce que l'on croit tel, on aime Dieu tout entier, et, avec lui, tout ce qui est aimable. Cette première communion de sainteté est inhérente à l'essence même des choses. Elle n'objectera rien, non plus, contre la participation commune des bons aux biens spirituels et moraux dont l'infusion est attachée par l'éternelle munificence à cette disposition de l'âme qu'on appelle la sainteté; c'est encore un résultat qu'elle conçoit très-conforme à la bonté infinie. La participation de tous les membres de l'Église aux trésors extérieurs et visibles qu'elle répand, tels que les sacrements, ne saurait choquer davantage la raison: posée l'admission de l'ordre surnaturel fondé par Jésus-Christ, il en résulte une série de faits qui sont la base d'une communion sainte et bienheureuse, entre les Chrétiens, comme dans un banquet de citoyens, la présence de chacun à la table commune est un fait qui le met en communion civique avec ses frères. La raison conçoit toutes ces choses, et le sentiment bénit Dieu de ce qu'elles sont, pour nous, des réalités connues.

Que resterait-il donc à justifier devant le philosophe? Un seul point, la communion de prières, non-seulement avec les vivants, mais aussi avec les morts, et l'échange de pensées affectueuses entre toutes les âmes saintes, lors même qu'elles ne se voient plus, et, qu'à en juger par les seules apparences, elles sont perdues les unes pour les autres. Mais quoi de plus simple encore? sans la notion de Dieu, le phénomène serait inexplicable, il serait impossible, comme tous les phénomènes ; mais avec elle il devient d'une simplicité qui ne tient du mystère que parce que Dieu lui-même est mystère, et qu'on ne le comprend, comme dit Augustin, qu'en ne le comprenant pas. Dieu, en effet, n'est-il pas le centre universel qui explique toutes les relations? Il est, dit Malebranche, le lieu des âmes comme l'espace est le lieu des corps. Il est, dit Augustin, la patrie des esprits ; nous ajoutons: il est le support commun de tous les êtres, et autant il est nécessaire de reconnaître son existence, autant, son existence admise, il est essentiel de le concevoir ainsi. Or placez maintenant les âmes saintes qui composent la société des bons, aux distances qu'il vous plaira d'imaginer ; ne faut-il pas qu'elles soient en Dieu? et, si elles sont en Dieu, quel obstacle pourrait s'opposer à ce qu'elles demeurent en communion et en commerce de pensées, de désirs, de prières, sans que cette communion soit sentie par elles? Dieu est le terme moyen qui les met en rapport. La transmission d'idées d'un homme vivant à un homme vivant par la parole ne s'explique qu'en faisant intervenir Dieu dans le vide infini qui les sépare ; la communication du sentiment corporel au sens intellectuel et moral ne peut encore s'expliquer que de la même manière ; si je veux concevoir comment le soleil se peint dans mon âme, il faut que j'imagine une action du soleil sur mon âme ; mais cette action devient une absurdité en soi dès que je fais le vide entre le grand corps des cieux qui n'est pas moi, et ma pensée, en ôtant Dieu de l'intervalle qui sépare les deux termes. Il me faut Dieu partout ; sans lui je tombe dans les ténèbres de l'impossible sur tous les points où puisse se porter ma réflexion. Je n'ai donc, pour comprendre comment mes amis de l'autre monde entendent mes prières, voient les élévations de mon cœur, qu'à imaginer entre eux et moi l'universel messager de toutes les créatures, et à me dire qu'il agit dans cette circonstance comme dans toutes les autres.

Puis-je concevoir, d'ailleurs, que l'union de l'amour entre deux êtres immortels soit rompue par la transformation que l'un a subie et que l'autre doit subir? puis-je concevoir que Dieu, après avoir uni leurs âmes dans le combat, les rende étrangères, quand il s'agit pour l'une d'achever son vol dans le sillage ouvert par l'aile amie qui l'a précédée? Je crois ce que voit maintenant le grand homme qui a terminé son pèlerinage avant moi ; j'espère ce qu'il possède ; j'aime ce qu'il aime ; ni lui ni moi n'avons changé, et Dieu n'a pas cessé de nous unir. S'il est encore soumis à des épreuves de purification, je prie pour lui celui qui ne m'a pas donné en vain la puissance et l'instinct de la prière. S'il est dans la gloire suprême, que ma demande soit profitable pour un autre? et, dans les deux cas, je suis certain qu'il n'oublie pas, dans sa pensée auprès de Dieu, celui qui ne l'oublie pas sur les sillons où il a semé, dans les retranchements où il a combattu.

Oui, l'Eglise qui combat, l'Eglise qui triomphe, et l'Eglise qui voyage encore, dans les intervalles du champ de la bataille au champ de la gloire, sont la même Eglise, et il se fait entre elles de perpétuels échanges d'amour et de protection par l'entremise de Dieu.

III. L'idée claire et développée de la communion des saints est due au christianisme ; mais on en trouve des traces dans toutes les religions et dans toutes les philosophies affirmatives, tant cette idée est rationnelle et conforme aux instincts de la nature humaine. Quand Socrate parlait avec sérénité, devant ses juges, du bonheur qu'il aurait à retrouver dans l'autre vie les âmes des anciens, dont la sienne admirait les vertus, il avait en pensée quelque chose d'à peu près semblable à ce que nous croyons sur la société de ceux qui espèrent avec ceux qui possèdent. Pourquoi les sacrifices aux ancêtres et pour les ancêtres dont parle tant Confucius, aussi bien que tous les philosophes et réformateurs de l'Asie, s'il n'y avait pas chez ces peuples une idée de société des âmes que ne rompt pas la mort? Ils disent même que les ancêtres viennent assister aux honneurs qu'on leur rend. Il n'y a pas de culte si peu développé qu'il ne renferme quelques cérémonies dont l'esprit est la prière même aux aïeux et pour les aïeux. Il n'en est pas où l'on ne fasse des apothéoses de héros, des listes de grands hommes qu'on vénère et qu'on invoque, comme nous vénérons et invoquons nos saints. La poésie antique a puisé dans cette pensée une grande partie de ses inspirations et de son merveilleux ; si elle peint des combats, elle y fait assister les âmes des héros. On sait les fictions ingénieuses que la mythologie des Grecs et celle des Indiens ont construites sur cette base. Les théories métempsycosiques divisaient, en général, les morts en trois parts : celle des grands scélérats, des monstres humains qui haïssaient les hommes, des tyrans, et plongeaient ceux-là dans un Tartare dont les barrières ténébreuses rompaient tout commerce avec le genre humain ; celle des âmes qui, n'étant fixées, ni dans le bien, ni dans le mal, avaient besoin d'être soumises à de nouvelles épreuves, ou, au moins, à des purifications, et rentraient, pour cette fin, dans des corps nouveaux; cette classe était la plus nombreuse, ainsi que le juge, en effet, celui qui observe bien les hommes en cette vie ; et enfin celle des bons, qui avaient mérité le séjour dans la lumière céleste ; or la communion n'était pas brisée entre les vivants et les morts de ces deux dernières classes. Si maintenant on observe que cette croyance métempsycosique a régné, dès la plus haute antiquité, sur tous les points de la terre, et règne encore avec des modifications qui n'en changent pas l'essence, on ne peut s'empêcher de reconnaître dans l'humanité, en ce qui regarde la communion dont il s'agit, une de ces idées universelles dont l'existence est inexplicable sans une vérité pour origine et pour terme.

IV. Au reste, si l'on étudie la nature sociale de l'humanité, telle que les faits présents nous la révèlent, on y trouve une communion de fraternité et de solidarité déjà très-étendue. Les hommes ne sont point créés par individus isolés; leur vitalité n'est point faite pour se développer sans s'épandre au dehors et sans recevoir du dehors. Il y a, dans la famille humaine, communion de similitude naturelle, tous les membres ayant un fonds commun parfaitement semblable, une raison commune, une ressemblance dont Dieu est le type, le grand exemplaire, la cause modèle comme la cause efficiente ; une communion de sang, puisque c'est la même circulation qui se transmet, et que, sans le battement de cœur d'une génération, celui de l'autre serait impossible ; une communion de richesse morale, Que serait chaque esprit sans les participations qu'il reçoit des autres esprits? une communion de richesse matérielle, puisque le fonds premier fourni par la nature n'est approprié par le créateur à aucune individualité, bien qu'il soit concédé sans réserve à la communauté tout entière, et aux individus qui la composent avec la restriction qu'ils ne posséderont que ce que leur travail propre fera sien ou conservera tel ; une communion de productivité laborieuse, que serait la fécondité individuelle sans les éléments qu'elle reçoit de la fécondité générale? Une communion de consommation, puisque, par l'essence même des capacités diverses dont la Providence nous munit, il faut que nous vivions mutuellement de la sueur des autres, presque personne, dans la cité, ne consommant ce qu'il produit ; une communion d'échange, les biens intellectuels, moraux et matériels se troquant sans cesse entre eux et les uns contre les autres, pour la réalisation de la plus grande richesse particulière et générale. Enfin, de quelque côté qu'on envisage la nature humaine, telle qu'elle est sortie du souffle de Dieu, ce n'est qu'une grande communion universelle; il n'est pas jusqu'aux molécules vivantes de l'organisme qui ne soient des emprunts continuels, puisque notre corps est formé de principes qui ont déjà servi à en composer d'autres et qui serviront à constituer les membres d'hommes à venir ; quant aux âmes, qui en connaît la génération, et pourrait dire qu'il ne se passe pas, dans ce mystère, quelque chose de semblable? nous savons, au moins, que les idées universelles qu'Augustin appelait la raison commune, avant Fénelon, et qui sont l'aliment de notre intelligence, se résolvent dans une lumière générale à laquelle toutes les âmes s'abreuvent sans pouvoir l'épuiser, comme tous les yeux regardent un même soleil et voient tout par lui sans l'éteindre.

Or, que venait faire Jésus-Christ dans notre nature, si ce n'est l'élever à une excellence bien plus grande, et, pour cette fin, développer, par des ressorts à lui seul connus, les éléments de sa grandeur ? il venait la surnaturaliser, ce qui était le contraire de la détruire ; il a donc élargi et rendu plus intime la communion des hommes par son christianisme ; il s'est fait lui-même leur centre d'unité. il les a constitués, comme le dit saint Paul, en un grand corps unique dont chaque individu n'est autre qu'un membre, et dont la vie est la même pour tous, vie de grâce, d'amour, de joie ineffable, de grandeur morale, d'intimes effusions ; vie dont la vie naturelle, dans sa nudité, n'était qu'une ébauche ; et, pour rendre cette vie sensible à notre état présent, il a inventé les sacrements qui se voient, qui se touchent, qui s'entendent, expressions sublimes de ce qui se passe dans l'intimité de son âme avec nos âmes ; il s'est fait lui-même sacrement sous le symbole de la nourriture commune, pour élever nos pensées aussi haut que possible, dès cette vie, vers la conception du communisme de l'autre, au banquet de son Père.

Quelle contradiction trouverait-on maintenant, sur cet article de notre foi, entre la grâce et la nature? N'est-ce pas au contraire, comme sur tous les autres, la plus ravissante harmonie? — *Voy.* RÉMISSION DES PÉCHÉS.

COMMUNISME. *Voy.* SOCIALES (Sciences).

CONCEPTION DU CHRIST(LA). — DEVANT LA FOI ET DEVANT LA RAISON. (II*e* part., art. 9). — I. Ce mystère consiste en ce que le premier germe du Christ, sous le rapport corporel, fût tiré du corps de la vierge Marie, et rendu fécond dans son sein sans le concours de l'homme ; qu'en même temps il se passa ce qui se passe dans la production de toute âme humaine, chose que nous ignorons en ce qui nous concerne, aussi bien qu'en ce qui concerne Jésus-Christ ; que le Verbe de Dieu assuma l'être humain hypostatiquement, comme nous l'expliquons au mot INCARNATION ; et qu'enfin ce fut par une opération spéciale du Saint-Esprit, qui est l'amour divin, que la puissance infinie réalisa ces merveilles, ainsi qu'on va le remarquer dans le récit de l'historien sacré : SPIRITUS SANCTUS *superveniet in te, et virtus Altissimi obumbrabit tibi*

II. Voici comment la révélation évangélique nous en raconte le fait, dans ce qu'il eut d'extérieur et de visible :

Au sixième mois (de la grossesse d'Elisabeth, mère de Jean-Baptiste), *l'ange Gabriel fut envoyé de Dieu dans une cité de Galilée dont le nom est Nazareth, à une vierge fiancée à un homme dont le nom était Joseph, de la maison de David; et le nom de la vierge était Marie.*

Et l'ange étant entré, lui dit : Je vous salue, pleine de grâce; le Seigneur est avec vous; vous êtes bénie parmi les femmes.

Ce qu'ayant entendu, elle fut troublée d'un tel discours, et elle pensait quelle était cette salutation.

Or l'ange lui dit : Ne crains pas, Marie, car tu as trouvé grâce près de Dieu; voici que tu concevras et enfanteras un fils, et l'appelleras du nom de Jésus; celui-ci sera grand, et sera appelé le Fils du Très-Haut, et le Seigneur Dieu lui donnera le siége de David son père; et il régnera éternellement sur la maison de Jacob; et à son règne, il n'y aura pas de fin.

Alors Marie dit à l'ange : Comment cela se fera-t-il, puisque je ne connais point d'homme?

Et l'ange répondant, lui dit : L'Esprit-Saint surviendra en vous, et la vertu du Très-Haut vous ombragera. C'est pourquoi le saint qui naîtra de vous sera appelé le Fils de Dieu. Voilà qu'Elisabeth, votre parente, a conçu elle-même un fils dans sa vieillesse; et ce mois est le sixième de celle qu'on appelait stérile; car il n'est point de parole impossible à Dieu.

Marie répondit : Voici la servante du Seigneur; qu'il me soit fait selon votre parole.

Et l'ange se retira. (Luc. I, 26-38.)

C'est dans cette forme simple et incomparablement sublime que Jésus-Christ a voulu transmettre aux âges futurs le récit de sa conception surnaturelle.

III. Voici comment s'expriment nos symboles sur cet article de notre foi.

1° Symbole des apôtres : *Je crois... en Jésus-Christ son Fils unique, Notre-Seigneur, qui a été conçu du Saint-Esprit.*

2° Symbole de Nicée revu et développé par le concile de Constantinople : *Nous croyons en un seul Seigneur Jésus-Christ, Fils unique de Dieu... qui, pour nous autres hommes et pour notre salut, est descendu des cieux, s'est incarné du Saint-Esprit, de la vierge Marie, et s'est fait homme.*

3° Symbole d'Athanase : *Notre-Seigneur Jésus-Christ, Fils de Dieu, est Dieu et homme; il est Dieu engendré de la substance du Père avant les siècles, et il est homme né de la substance de la mère dans le siècle.*

IV. Il faut bien que l'idée d'une conception comme celle du Christ par la vierge Marie, dans laquelle Dieu se fait immédiatement père du conçu sans le concours d'aucun homme et sans que la virginité de la mère en reçoive aucune atteinte, n'ait rien qui répugne à la raison universelle de l'humanité; car il n'y a pas de peuple antique où l'on ne trouve cette idée.

« Il est une ville, dit Prométhée à Io dans Eschyle, il est une ville à l'extrémité de l'Egypte, bâtie à la bouche même du Nil, sur les sables amoncelés par le fleuve ; c'est Canope. Là, Jupiter te rendra la raison ; il posera sur ton front sa main caressante ; son toucher suffira. Et de toi, un fils naîtra dont le nom rappellera l'origine, Epaphus. » (*Prométhée enchaîné*.)

On lit dans Plutarque que, d'après les philosophes égyptiens, une femme peut devenir féconde en recevant simplement *le souffle de Dieu*. (*Isis et Osiris*.)

On sait avec quel luxe poétique les Grecs et les Romains ont transfiguré sous toutes les formes la pensée de l'alliance de la divinité avec la femme.

On connaît les monuments druidiques élevés à Isis, vierge et mère d'un libérateur attendu, portant cette inscription : *Virgini pariturœ, druides*. A la vierge qui doit enfanter, les druides.

On connaît le culte que les habitants du Monomotapa rendaient à la vierge Perou ou Alfirou, et les prêtresses, sortes de vestales, qui gardaient, dans ses temples, une perpétuelle virginité.

Au Paraguay, les macéniques racontaient aux missionnaires que, dans l'antiquité, une femme d'une rare beauté devint mère sans le concours d'aucun homme, et que son fils, après de grandes merveilles, s'éleva dans les airs et devint le soleil qui éclaire le monde.

C'est une croyance des deux cent soixante millions de bouddhistes qui couvrent l'Asie et soixante îles de l'Océanie que Chakia-Mouni, le grand réformateur du genre humain, est né de la vierge Maya sans le concours d'aucun homme; et cette croyance se trouve exprimée dans des livres bien antérieurs à l'ère chrétienne.

D'après William Jones, il est déclaré dans beaucoup des livres sacrés brahmaniques que, quand Dieu veut s'incarner sous forme d'homme pour instruire l'univers, il se sert d'une vierge seule qui continue d'être vierge.

Enfin les livres chinois sont étonnants de précision pour exprimer la même idée.

On lit dans le *Chouen-veu*, dictionnaire rédigé vers le moment où la merveille de l'incarnation se passait en Judée, cette définition : « Les anciens saints et les hommes divins étaient appelés *fils du ciel*, parce que leurs mères les avaient conçus par la puissance de *Thien* (*Dieu*) ; c'est à cause de cela que le caractère *sing* est composé de deux, dont l'un signifie *vierge* et l'autre *enfanter*. »

On lit dans le *Chi-King* une ode magnifique qui renferme le passage suivant; il s'agit de Héou-Tsi, chef de la dynastie des Tchéou :

« Lorsque l'homme naquit, Kiang-Yuen fut sa mère. Comment s'opéra ce prodige ?

« Elle offrait ses vœux et son sacrifice, le cœur affligé de ce que le fils ne venait pas encore. Tandis qu'elle était occupée de ces grandes pensées, le Chang-Ti (souverain seigneur) l'exauça.

« Et à l'instant, dans l'endroit même, elle sentit ses entrailles émues, fut pénétrée d'une religieuse frayeur, et conçut Héou-Tsi.

« Le terme étant arrivé, elle enfanta son premier-né, comme un tendre agneau, sans déchirement, sans effort, sans douleur, sans souillure. Prodige éclatant! miracle divin!

« Mais le Chang-Ti n'a qu'à vouloir!

« Et il avait exaucé sa prière en lui donnant Héou-Tsi.

« Cette tendre mère le coucha dans un petit réduit à côté du chemin; des bœufs et des agneaux l'échauffèrent de leur haleine; les habitants des bois accoururent malgré le froid; les oiseaux volèrent à l'enfant et le couvrirent de leurs ailes. Lui poussait des cris, mais des cris puissants qu'on entendait au loin! »

La mère de Fo-Hi le conçut en marchant sur les traces d'un géant; celle de Chin-Noug par un esprit; celle de Hoang-Ti par une lumière céleste qui l'enveloppa; celle de Yao par le rayon d'une étoile, etc., etc.

Si quelques-unes de ces traditions peuvent, à la rigueur, avoir pour origine un écho du christianisme, la plupart sont d'une antiquité incontestablement antérieure à Jésus-Christ. Des auteurs ne se les expliquent que par l'hypothèse d'une révélation explicite de la conception miraculeuse du Messie faite aux premiers temps du monde; cette hypothèse n'a rien d'impossible; mais ce qui la rend, à notre jugement, peu probable, c'est qu'il n'y ait rien de formel à ce sujet dans les plus anciens livres des Hébreux; conçoit-on que, si cette révélation avait eu lieu, Moïse ne l'eût pas consignée? Car on ne peut regarder comme assez claire pour avoir fait naître l'idée d'une conception sans le secours de l'homme, la parole antique : « Je mettrai des inimitiés entre sa semence et la tienne. » (*Gen.* III, 15.) Celle d'Isaïe est explicite, mais elle est trop moderne pour servir à expliquer les traditions dont nous parlons. Reste donc à penser que l'esprit humain, dans ses rêves exaltés sur ceux qu'il entreprenait de glorifier comme bienfaiteurs des hommes, imagina cette origine miraculeuse; ce qui prouve, comme nous l'avons dit en commençant, qu'une telle idée n'a rien qui soit choquant pour la raison.

V. Si, en effet, on l'étudie en elle-même, on trouve qu'elle n'implique qu'une exception des plus simples aux lois de la nature.

Quelle que soit la théorie qu'on adopte ou qui finisse par triompher sur la reproduction des êtres organiques, il sera toujours de la dernière évidence que Dieu, qui créa les mondes avec leurs lois, peut, à tout instant, développer un germe humain dans le germe d'une mère, par son action immédiate, en tirant ce germe de la substance même de la mère, dans laquelle se trouvent les éléments matériels suffisants pour le constituer, puisqu'elle est elle-même un être humain. Mais ce qui n'est pas sans importance au regard de certains esprits, c'est que, sur cette question, comme sur toutes les autres, plus la science avance, plus ses explications des lois naturelles s'harmonisent avec les mystères de la révélation.

Il est à peu près constaté, aujourd'hui, que tous les êtres organiques, animaux et végétaux, sont au fond ovipares; que les individus du sexe féminin possèdent la graine complète; que le père ne fournit jamais autre chose que la vertu plastique de fécondation; et que le développement se fait ensuite par une incubation quelconque extérieure ou intérieure.

Or, quoi de plus simple, avec cette théorie moderne et à peu près démontrée, que la conception miraculeuse du fils de Marie? Dieu rendit fécond et vivant, par son action immédiate, le germe destiné à devenir le salut du monde, germe extrait de la substance de Marie, et qui prit encore dans son sang les éléments de son développement durant la grossesse; il le rendit fécond sans se servir de l'homme, qui n'est, dans les cas ordinaires, que l'instrument de sa puissance. On trouverait incroyable que Dieu eût ainsi opéré sur un germe déjà présenté par la nature! Evidemment la question est trop simple pour qu'on s'y arrête. Déterminer ce qu'on appelle une conception dans le sein d'une vierge, et la rendre sans qu'elle cesse d'être vierge, est un des actes les moins compliqués de la puissance de Dieu.

Pour ce qui regarde la production de l'âme, nous l'avons dit, le mystère est le même que pour la production de toutes les âmes. Et ce qui concerne l'union du Verbe, regarde l'article sur l'*Incarnation*. — *Voy.* NAISSANCE DU CHRIST.

CONCEPTION DE MARIE. *Voy.* IMMACULÉE CONCEPTION.

CONCEPTUALISME. *Voy.* HISTOIRE DE LA PHILOSOPHIE.

CONCILES OECUMENIQUES. *Voy.* EGLISE.

CONCRETION DES IDEES EN DIEU. *Voy.* ONTOLOGIE, quest.— *des rapports*.

CONCUPISCENCE (AMOUR DE). *Voy.* CONTRITION.

CONCUPISCENCE. — GRACE. *Voy.* GRACE ET LIBERTÉ

CONCURRENCE (LIBRE). *Voy.* SOCIALES (Sciences), II.

CONDIGNO (MÉRITE *ex*) ET *EX CONGRUO*. *Voy.* OEuvres mor., XIII.

CONDITIONNELS (SCIENCE DES). *Voy.* PRESCIENCE, III.

CONFESSION (LA), — DEVANT LA FOI ET DEVANT LA RAISON (II° part. art. 40).—La pratique de la confession est une déduction qu'a tirée l'Eglise, à titre d'interprète de la révélation, des paroles du Christ, par lesquelles il institua le sacrement de la pénitence : *Les péchés seront remis à ceux à qui vous les remettrez*, etc. (*Joan.* xx, 23.) Nous expliquons ces paroles au mot PÉNITENCE. Il s'agit ici de rendre raison de la déduction qu'en a tirée l'Eglise relativement à la confession comme faisant partie du sacrement institué par le Christ.

L'Eglise a raisonné comme il suit : Le Christ me donne le pouvoir d'absoudre, par conséquent, d'exercer l'office de juge ; or, cette mission est impossible, dans son exercice, sans la connaissance de l'état de la question ; cet état de la question ne peut être connu que par l'aveu de celui qui demande à être absous ; donc la confession doit avoir lieu pour la réalisation du sacrement.

Il n'y a rien que de très-naturel et de très-logique dans ce raisonnement, si on le maintient dans ces limites. Il est évident qu'il faut une confession de l'état moral faite au juge, pour que le juge puisse savoir s'il doit ou non donner l'absolution. Mais si on prétendait pouvoir logiquement, et abstraction faite de toute mission surnaturelle d'interprétation de l'Ecriture, déduire des paroles du Christ et de l'institution du sacrement de la pénitence, la confession détaillée, et telle qu'on la pratique aujourd'hui dans le catholicisme, on irait trop loin.

Ne conçoit-on pas, en effet, qu'on puisse faire connaître suffisamment au juge l'état présent de son âme relativement au repentir du passé et aux résolutions pour l'avenir, sans entrer dans les détails des fautes commises? Sans doute cet aveu détaillé, quand il est libre, est une marque très-expressive de vraie contrition ; mais il n'en est pas moins vrai que ce qui rend digne de l'absolution, c'est l'état présent de l'âme contrite et résolue à mieux agir : or ces deux choses peuvent être mises à la connaissance du juge, sans détails formels sur le passé. Si l'absolution était différente pour chaque espèce de faute, on verrait la nécessité dont il s'agit comme déduction rationnelle ; mais elle est la même pour tous les crimes, et n'admet pas de séparation entre eux : elle porte sur l'état total du pénitent. Il serait donc possible, en raison, que le Christ eût dit ce qu'il a dit, et eût établi le sacrement de réconciliation sans exiger, comme matière ou comme condition, la confession détaillée telle qu'on la pratique dans notre orthodoxie. On peut raisonner de même sur la nécessité de la confession. Il se pourrait, en rigueur, que Jésus-Christ eût établi un moyen plus facile de réconciliation avec Dieu, sans exiger que tous les Chrétiens en fissent usage, vu que la contrition parfaite est toujours à leur disposition comme simple conséquence de la grâce et de la liberté, et qu'on peut, par elle, accomplir le devoir de la conversion. Il ne faut pas dire ici que la contrition implique le vœu de la confession, car cette observation suppose la question même qui est de savoir si le Christ a fait un précepte à ce sujet, ou s'est contenté de mettre le sacrement à la disposition des fidèles, ainsi qu'il l'a fait, par exemple, à l'égard de la confirmation. Dans ce dernier cas, la contrition pourrait exister sans la résolution de se confesser.

Mais il n'est pas permis de s'en tenir là. L'Eglise est l'interprète de la parole du Christ ; et il arrive très-souvent qu'elle tire de cette parole des déductions qui, aux yeux de la raison, sont douteuses, peuvent y être ou n'y être pas impliquées, et les déclare comme ayant été dans l'intention du révélateur et législateur.

Or il y a, dans la doctrine et la législation de l'Eglise sur la confession, des points qu'elle donne comme déduction de l'institution du sacrement, et des points qu'elle donne comme règlements émanés d'elle seule. Nous allons distinguer ces divers points pour les justifier tous.

II. L'Eglise donne comme déduction des paroles du Christ, et, par conséquent, comme impliqués dans le droit divin évangélique les points suivants :

1° La confession intègre des péchés, *integram peccatorum confessionem*, dit le concile de Trente. (Sess. 14, ch. 5.) Or le même concile entend par la confession intègre, l'aveu par lequel on fait connaître, non-seulement en général, mais en particulier, tous les péchés graves dont on se souvient, après examen, même ceux qui sont cachés, et, par suite, les circonstances qui en changent l'espèce : *Circumstantias quæ speciem peccati mutant*, puisque ces circonstances rendent le péché distinct et différent. (*Ibid.*, cap. 7.)

2° La nécessité de précepte de cette confession pour ceux qui peuvent en user, et qui se trouvent dans le cas d'avoir besoin du sacrement, c'est-à-dire qui sont tombés dans des fautes graves après le baptême. (*Concil. de Tr. ubi supra*, et autres conciles.)

III. L'Eglise déclare que tout le reste est de droit ecclésiastique, c'est-à-dire, une série d'applications, qu'elle a jugé convenable de faire, des pouvoirs qu'elle tient du Christ d'imposer des règlements à ses fidèles. Or, ces règlements, au sujet de la confession, se rattachent soit au mode, soit à l'obligation de se confesser.

1° Quant au mode, la confession publique et la confession secrète ont toutes deux été pratiquées dans l'Eglise, et la confession secrète a prévalu dans l'usage, mais on ne trouve pas dans les archives ecclésiastiques de dispositions qui défendent la confession publique. Il n'en est pas de même de la confession par lettres ; l'histoire en fournit des exemples, dans lesquels la validité de l'absolution, en tant que sacramentelle, est reconnue ; on cite, entre autres, celui de Hildebolde, évêque de Soissons, qui, en 871, se confessa par lettre à Hincmar et en eut l'absolution par écrit, et celui de Robert, vingt-quatrième évêque du Mans, qui se confessa de même en 873, pendant le siège d'Angers par Charles le Chauve ; mais, depuis cette époque, on trouve des décrets de conciles qui défendent la confession par lettre, et Clément VIII condamna en 1602 la proposition suivante : *Il est permis de se confesser par lettre ou par ambassadeur à un prêtre et de recevoir de lui l'absolution sacramentelle.* La confession de vive voix ou par signes, à défaut de la parole, est maintenant la seule pratiquée et autorisée.

2° Quant à l'obligation de se confesser, ce n'est qu'au xiiie siècle que l'Eglise a ordonné à tous ses fidèles de se confesser au moins une fois l'an, sans préciser l'époque, à leur propre prêtre, ou à tout autre avec son autorisation. Ce fut le ive concile de Latran qui porta cette loi, et il ordonna, en même temps, de recevoir l'eucharistie au moins à Pâques. Auparavant on se confessait quand on pensait en avoir besoin, et on communiait quand on y était porté par la dévotion, sans qu'il y eût de préceptes ecclésiastiques spéciaux à ce sujet.

IV. Les règlements purement ecclésiastiques sont toujours faciles à justifier, au point de vue général, et cela pour deux raisons. La première, c'est qu'il est admis en théologie que l'Eglise n'a ni le privilége ni le devoir de faire toujours ce qui est le mieux; elle n'a l'obligation et la garantie, de par le Christ, que de ne jamais rien décréter disciplinairement qui soit absolument mauvais et contraire à la loi divine naturelle et révélée. La seconde, c'est que ses lois ne sont point immuables, mais au contraire sujettes à changements, puisque l'autorité qui les porte est toujours là pour les rapporter quand elles ne conviennent plus. Avec ces deux remarques, la raison est facilement satisfaite au sujet des règlements ecclésiastiques. Vous objectez que telle loi n'est pas bonne : et il se peut, en effet, qu'en envisageant la question dans votre sphère très-limitée, dans votre époque et dans ce que vous pouvez observer, elle présente les inconvénients que vous signalez ; mais je répondrai toujours que vous êtes à côté de la question. Il s'agit de savoir si la loi est contraire au droit naturel et à l'Evangile, leur est clairement et directement antipathique ; or vous ne prouverez jamais ce premier point : c'est ce que j'affirme en ma qualité de catholique et ce sur quoi je vous attends de pied ferme. Il s'agit de savoir, en second lieu, si la loi, pour les lieux et les temps auxquels elle s'adressa quand elle fut portée, n'était point, non pas la meilleure possible, — y a-t-il le mieux possible dans l'humanité? — mais convenable et utile, produisant du bien au point de vue spirituel et aussi temporel, car l'un suit l'autre. Or, dans l'immense complication des choses humaines, des mœurs, des usages, des faiblesses, des misères, des besoins individuels et sociaux, généraux et particuliers, on peut défier à tout jamais un individu, quelque sagace que soit son esprit, de trancher cette question d'une manière négative, avec l'assurance de la certitude, après que l'Eglise, qui connaissait mieux que personne les besoins du monde moral, lorsqu'elle porta la loi, l'a tranchée avec long et mûr examen dans un sens contraire. Il s'agit enfin de savoir si les besoins moraux se sont modifiés de manière à ce qu'il soit bon que la loi soit modifiée ou rapportée; or, sur ce point, vous avez le droit d'avoir votre opinion et de chercher à la faire triompher; apportez vos raisons, et soyez sûr qu'avec le temps, si elles sont bonnes, elles auront gain de cause ; mais soumettez-vous jusqu'à ce que l'autorité les ait reconnues pour bonnes, et donnez-lui le temps d'accomplir ses destinées.

Cette argumentation générale est applicable à toutes les lois ecclésiastiques, et par conséquent, à celles de la confession ; nous ne pouvons, sans dépasser les limites de notre plan, entrer dans l'examen détaillé de celles-là en particulier, et nous avouons, d'ailleurs, trouver la question tellement compliquée, qu'il nous paraît beaucoup plus sûr de marcher simplement à la suite de l'Eglise, prenant pour bon ce qu'elle fait et fera, comme ce qu'elle a fait.

V. On ne peut pas raisonner de même à l'égard des institutions de Jésus-Christ, bien qu'elles ne soient pas nécessairement les meilleures possibles, puisque l'optimisme est incompatible avec la créature, et ne convient qu'à l'Être infini considéré en lui-même. Elles ont un caractère propre qui doit rendre la raison beaucoup plus exigeante en ce qui les concerne ; ce caractère est l'immutabilité, la perpétuité, l'invariabilité, dont elles sont douées ; l'Eglise a pour mission de les conserver comme un dépôt sacré, et n'y peut apporter aucune modification ; elles sont déposées, à demeure, dans l'humanité, doivent durer autant qu'elle, ne sont relatives ni au temps ni au lieu, sont pour tous les hommes à jamais ; et, par conséquent, il est essentiel que la raison ne perçoive aucune incompatibilité entre elles et le fond de la nature humaine ; il faut, au contraire, qu'elle puisse, jusqu'à un certain point, saisir leurs rapports harmoniques avec cette nature, puisqu'elle est destinée à se développer avec elles jusqu'à la fin.

Or, revenant à l'objet de ce chapitre, nous trouvons, dans l'Eglise catholique, une croyance et un enseignement bien formels, disant que la confession intègre des fautes graves dans leur espèce, faite à un ministre de l'Eglise pour en recevoir l'absolution, et profiter ainsi des bienfaits d'un sacrement, est de précepte évangélique et voulue par Jésus-Christ, quand on se trouve dans le cas d'en avoir besoin. Voilà la chose à demeure dans l'humanité ; la chose, et la seule chose que l'Eglise affirme ne devoir jamais varier jusqu'à la fin du monde. C'est donc celle-là qu'il faut justifier comme n'impliquant rien d'anti-rationnel.

Pour le faire pleinement, il faudrait entrer dans une longue étude morale de l'humanité, sur laquelle Jésus devait exercer son influence de Rédempteur, non-seulement par les ressorts cachés de la grâce éternelle, mais encore par les moyens sensibles en rapport avec la partie extérieure de l'être humain. Nous ne devons qu'indiquer ici les bases de cette étude.

1° La première condition que la raison exige dans ces sortes de matières, c'est l'absence de toute irrationabilité évidente dans l'objet de la loi. Or, non-seulement, la raison ne voit, dans la confession pratiquée, lorsque la conscience est malade, aucune absurdité, mais elle y voit, au contraire, une conformité très-frappante avec les impulsions de la nature. Le coupable véritablement contrit, n'est-il pas porté à faire l'aveu de son crime? ne lui semble-t-il pas qu'en l'avouant, il s'en décharge? Il l'avoue à Dieu, c'est son premier acte, et il le lui avoue explicitement, le plus formellement qu'il peut, par le sentiment, par la pensée formelle, par la langue du geste et par celle de la parole. Mais il semble que cet aveu ne lui suffise pas ; s'il a un ami qu'il respecte, auquel il a confiance, il va le trouver, et il n'est content qu'après lui avoir fait sa confession détaillée ; c'est la plus haute expression de son repentir, et il n'est satisfait de lui-même qu'après qu'il l'a mise en usage. Ainsi donc, tendance dans la nature humaine à faire la confession des fautes graves à son semblable, lorsqu'on avoue à soi-même et à Dieu qu'on a mal agi. ce fait, que nous constatons, est incontestable, si l'on considère la masse du genre humain, et le commun des hommes. Chacun peut s'interroger sur ce point, et si l'on voulait aborder les preuves extérieures, l'histoire des sociétés et des religions présenterait, en abondance, des preuves considérables de ce que nous avançons. On verrait même cette tendance s'épanouir en usages religieux et consacrés par le culte dans beaucoup de communions étrangères au christianisme; on trouverait, par exemple, la confession, plus ou moins ressemblante à la nôtre, dans beaucoup de religions asiatiques remontant à l'antiquité la plus reculée dont il reste des archives.

Ce besoin d'ouvrir sa conscience à son semblable est une germination de l'instinct naturel qui nous porte au bien, de l'horreur que le fond de notre être éprouve pour le mal, et d'un sentiment intime qui nous pousse à chercher le remède au mal déjà commis, à nous assurer que le mal est véritablement effacé par le repentir, et à nous associer une aide à notre portée pour doubler nos forces contre les assauts de l'avenir.

2° On nous dira : Ces observations sont justes en supposant que la confession reste libre, et à la disposition de ceux qui seront portés à en faire usage, ainsi qu'on le remarque dans l'ordre purement naturel ; mais ce qui paraît difficile à concilier avec la nature, c'est le précepte de la confession ; il est des caractères auxquels elle répugne, pourquoi les y astreindre ? Pourquoi ne pas la laisser comme moyen livré à la dévotion de ceux à qui elle convient ?

A cette difficulté, qui n'est pas sans gravité, voici ce que nous répondons : Il faut d'abord se rappeler qu'il ne s'agit pas de la loi ecclésiastique dont nous avons parlé, qu'il ne s'agit que de la loi de Jésus-Christ déclarée par l'Eglise, et que cette loi exige seulement l'usage de la confession pour ceux qui ont besoin de sortir, par le sacrement de pénitence, de l'état fâcheux où ils se sont mis, en s'abandonnant à de graves désordres ; l'Eglise n'a jamais défini la nécessité de précepte divin de la confession dans un sens plus étroit. Or reportons-nous à Jésus-Christ établissant le sacrement de réconciliation. Nous expliquons, aux mots *pénitence* et *contrition*, comment cette institution est un privilége accordé à l'humanité pour rendre à l'homme coupable sa conversion vers Dieu plus facile ; n'est-il pas très-naturel que le Christ, en accordant ce privilége, mette une condition à l'obtention des bénéfices moraux qui seront attachés au sacrement, et une condition en rapport avec la nature de ces bénéfices, avec leur importance et avec les tendances de l'humanité ? Nous venons de dire que la confession est en rapport avec les tendances de la nature humaine; on conçoit facilement qu'elle est en rapport avec la nature du bienfait, puisque ce bienfait consiste dans un achèvement de la conversion du cœur, et que rien n'est plus propre à exprimer et même à exciter ce parachèvement de contrition que l'humble aveu de son crime à son semblable ; enfin, elle n'est pas moins conforme avec la grandeur du bienfait ; le bienfait est immense, il est au-dessus de tout payement équivalent, il ne peut pas y avoir, entre cette grâce et ce que donne l'homme, égalité d'échange ; mais au moins est-il juste que l'homme le paye de son mieux ; comment pourrait-il l'acheter plus équivalemment, et plus facilement tout à la fois, qu'en s'imposant la honte et la peine de l'aveu vis-à-vis d'un frère ? La raison ne trouvera rien de mieux pour équilibrer l'échange entre Dieu et l'homme, autant qu'il est permis d'imaginer cet équilibre entre celui qui donne tout et ne doit rien, et celui qui reçoit tout et doit tout.

On insistera en disant que la raison est bonne à l'égard de celui qui veut profiter du privilége, mais qu'on ne la conçoit pas à l'égard de celui qui se décide à s'en passer, et qui se contente de la grâce ordinaire et de la contrition du cœur pour revenir à Dieu.

A cette instance je réponds 1° que chacun est libre de rester dans le mal ou d'en sortir, et que Jésus-Christ repousse loin de lui tous les moyens de coaction. 2° Que, dans l'hypothèse où l'on veut sincèrement sortir du mal, on ira toujours, de soi-même, au-devant du moyen plus sûr et plus facile, et que l'on ne conçoit guère une volonté réelle de conversion, mêlée à une disposition d'âme qui fait qu'on refuse une grâce de ce genre que vous présente la main de celui qui a été offensé, lors même que l'acceptation de cette grâce ne serait pas exigée. 3° Qu'il n'est pas très-naturel de penser que Jésus-Christ ait institué le sacrement sans l'accompagner du désir, et même de la volonté, que ses amis s'en servent dans tous les cas où ils en auront besoin. 4° Enfin que cette loi qui le rend obligatoire pour les cas du besoin, et qui fait que la contrition parfaite ne se conçoit plus sans le désir d'en user, ne change pas la question pratique à l'égard des individus. En effet, ou la conscience du pénitent sera persuadée de l'obligation d'avoir recours au sacrement, ou, par suite de son état intellectuel et de toutes les circonstances qui modifient les consciences, elle croira, en toute sincérité, n'y être pas obligée. Dans le premier cas, l'obligation ne fût-elle pas rigoureuse, elle existerait également pour l'individu, et la contrition parfaite ne pourrait pas se réaliser en lui, sans la détermination d'avoir recours au moyen proposé; dans le second cas, cette obligation n'existe pas en réalité pour l'individu qui, en toute sincérité, n'y croit point ou l'ignore. La contrition parfaite devient, en lui, possible, sans la détermination à la confession et à la réception du sacrement, et la conversion est une affaire intime entre lui et Dieu, comme si le sacrement n'existait pas ; il se trouve posé en dehors des voies ordinaires de l'ordre surnaturel, et dans un cas parfaitement semblable à celui où il serait, si, en réalité, le Christ n'avait pas exigé l'usage de la confession et de son sacrement. On voit donc qu'en pratique, l'exigence du Christ ne change rien à la question de la conscience dans ses rapports avec le bien et le mal, et il suit de cette observation, jointe aux précédentes, que la raison ne trouve rien à reprocher à Jésus-Christ dans la loi de la confession, telle que l'Eglise déclare qu'il l'a portée. Bien au contraire, la raison se confond en reconnaissance devant le Sauveur, quand elle le voit entrer dans ces détails de moyens de salut.

3° Elargissons maintenant notre point de vue. Jésus-Christ, n'ayant nullement pour but de changer la nature humaine, mais seulement de l'améliorer et de la sauver, tout en la laissant se développer selon ses capacités et ses tendances, devait approprier ses moyens à cette nature, et non la modifier sur ses moyens. Or, dans une complication comme celle du genre humain, la question de l'excellence d'une mesure générale ne saurait impliquer celle d'une perfection telle qu'il ne s'ensuive aucun inconvénient; cette question se réduit toujours à demander si la mesure est préférable à l'absence de la mesure, s'il en résulte plus de bien dans le monde que si elle n'existait pas. Toutes les fois que la somme du bien surpasse, et surtout surpasse notablement celle du mal, la mesure doit être approuvée par l'homme sage, et doit avoir été prise par le législateur si elle a été à sa disposition, pourvu qu'en principe elle ne soit point contraire au droit primitif naturel et éternel.

Or que l'institution de la confession dans les termes évangéliques expliqués ci-dessus, ne soit point contraire à ce droit absolu, inviolable, c'est ce que nous avons suffisamment démontré, et ce qui luit, de prime-abord, à la raison ; la seule objection qu'on pourrait encore faire à ce sujet s'appuierait sur le droit individuel du silence à l'égard du mal dont on s'est souillé, lorsque ce mal est secret et relatif à soi seul et à Dieu. Mais Dieu a un droit supérieur à tous ceux de la créature, celui de dévoiler les consciences; et, par suite, d'exiger que les consciences se dévoilent elles-mêmes. D'ailleurs ce n'est point la confession publique que le Christ a demandée dans son sacrement, il n'en a rien dit, L'Eglise le professe; il a voulu une confession quelconque, et, si cette confession se pratique en secret, selon les règles convenables, le secret ne dépassera pas la connaissance d'un homme, publicité dont bien peu de crimes soient exempts sans la confession, pour l'homme qui vit plongé dans la solidarité sociale. enfin, si l'on ne peut pas poser en principe que le coupable ait perdu, par son crime, tout droit au silence sur son crime même ; si on ne peut, en bonne morale, l'obliger à se diffamer, bien qu'il se soit rendu plus ou moins digne de la diffamation, on ne voit pas, en raison, qu'il puisse conserver un droit bien rigoureux au secret absolu, après s'être mis dans le cas de révolte contre la justice éternelle ; celui-là, au moins, dont il a violé les droits, Dieu, peut ensuite exiger de lui ce qu'il voudra, et c'est là toute la question, puisque dans l'hypothèse où nous sommes placés, c'est l'Homme-Dieu qui porte la loi.

Que reste-t-il donc à examiner ? uniquement le rapport de la mesure avec l'individu et avec la société, quant aux fruits qu'elle est appelée à produire, la société et l'individu étant ce qu'ils sont. Mais la question ramenée à ce point nous paraît de la plus grande simplicité et implique une solution favorable d'une évidence générale qui frappe le bon sens. Nous exprimons cette solution par les deux propositions suivantes :

Il était bon pour l'individu et la société que la mesure se réalisât dans l'univers catholique.

La mesure ne pouvait se généraliser sans un commandement qui obligeât d'en user quiconque se mettrait dans le cas d'avoir besoin de la réconciliation.

La première de ces propositions demanderait de longs discours pour être développée. Nous ne ferons qu'appeler la pensée du lecteur sur deux observations et sur une question générale que nous poserons après les avoir faites.

1° Quant à l'individu, prenez les quatre-vingt-dix-neuf centièmes de ceux qui se repentent de fautes graves qu'ils ont commises—nous ne parlons pas de ceux qui veulent persister dans leurs désordres ; ils usent mal de leur liberté et sont en dehors de la question — et les étudiant, avec impartialité, dans leur naturel, leur caractère, leurs besoins moraux, leurs faiblesses, leur instruction peu développée, leur jugement, etc., dites-nous si la confession n'est pas, pour eux, un moyen puissant et précieux, réparateur du passé, consolateur du présent et préventif de l'avenir? Réparateur du passé; il les excite à un repentir plus positif, plus grand, plus sérieux, plus sensible, plus formel, et dont ils se rendent un compte plus exact; consolateur du présent, il tranquillise leur conscience ; préventif de l'avenir, il leur donne une aide, leur associe une amitié qui doit être sainte, sérieuse, et les appuyer dans le travail divin, et, ce qu'ont eu soin de remarquer tous les moralistes, a plus d'empire sur eux, pour les éloigner du mal, que les motifs les plus puissants. « La pensée, dit Bourdaloue, qu'on est obligé de confesser sa faute commise, si on la commet, exerce une influence directe, à nulle autre pareille, pour arrêter sur les bords du crime, la masse des individus accessibles au repentir; » or nous le disons hautement dans notre impartialité, cette observation est d'une justesse profonde que saisit, de prime abord, le moraliste qui connaît les hommes.

2° Quant à la société, l'influence de la confession, comme moyen moralisateur, et comme source de progrès, si elle se pratique selon l'esprit de son institution, ce qu'on doit toujours supposer quand on étudie une mesure générale, puisque s'arrêter aux abus, c'est tout rejeter en aveugle, est une suite de l'influence sur l'individu.

3° Nous demandons si, tout compensé, avantages et inconvénients, bons résultats et mauvais fruits, on oserait dire qu'il eût mieux valu pour le genre humain que la confession n'existât point; et si, au contraire, il n'est pas évident qu'elle a produit, et produit encore, beaucoup plus de bien que de mal. Si la réponse est favorable, le Christ est justifié ; il n'est pas besoin d'en exiger davantage, car il n'est rien dans l'humanité qui ne soit sujet aux abus, et, dans cet ordre de chose, quand la somme du bien dépasse celle du mal, la question est résolue. Or, nous ne voulons rien nier des tristes influences que peuvent exercer sur les âmes des ministres mauvais ou ignorants, ainsi que des abus des pénitents eux-mêmes; nous tenons à être aussi large que possible dans ces concessions ; les négations de faits objectés par les adversaires nous paraissent toujours des petitesses et de pitoyables moyens de défense; nous accorderons donc tout ce qu'on voudra sur les détails, mais nous n'en défierons pas moins tout homme de sens et de bonne foi, d'oser dire que, ces objections accordées, il ne reste pas encore une somme énorme d'avantages, beaucoup plus lourde que celle des inconvénients et des mauvais fruits.

La seconde proposition nous paraît encore d'une évidence lumineuse pour celui qui juge les hommes sans prévention et les voit tels qu'ils sont. Bien que la confession soit conforme aux instincts de la nature humaine, elle est gênante en pratique, et si Jésus-Christ l'avait laissée à la disposition des Chrétiens, on peut dire avec certitude qu'elle ne serait jamais devenue une pratique générale. Il était donc nécessaire, pour arriver à ce résultat, qu'il la rendît obligatoire pour le cas du besoin, ainsi que l'Eglise enseigne qu'il l'a fait, en sa qualité d'interprète de l'Ecriture et de la tradition.

C'est ainsi que nous résumons notre manière de voir sur cette pratique contre laquelle la contradiction ne cessera de rugir; nous croyons l'envisager avec une impartialité complète, et aboutir ainsi à constater, dans cette institution, un profond rationalisme en matière de morale humaine, individuelle et sociale. Nous tenons à laisser aux méditations du lecteur cette pensée que ce n'est pas tel ou tel individu qu'il faut considérer, pour juger de l'utilité d'une pareille mesure, mais le commun des hommes, et que ce n'est qu'en élargissant ainsi sa vue, qu'on puisse arriver à bien comprendre ce qu'il était raisonnable que le Christ fît pour l'utilité individuelle et sociale des temps, des lieux et des masses. — *Voy.* Satisfaction.

CONFIANCE EN DIEU. — PLATON. *Voy* Morale, I, 7.

CONFIRMATION (Le Sacrement de) (II° part., art. 35). — Les questions capitales d'accord de la doctrine chrétienne, sur la confirmation, avec la raison sont traitées dans un article sur la Grace et au mot Sacrement.

La seule chose à faire observer ici, c'est le rationnel de la matière et de la forme de ce sacrement. Il a pour résultat d'infuser dans l'âme une force divine. La matière et la forme expriment très-bien cet effet. On trouve, dans ce qu'on peut considérer comme la matière, l'imposition des mains et l'onction avec de l'huile et du baume; les Grecs ajoutent une composition aromatique de trente-cinq sortes d'herbes odoriférantes. La forme se compose de prières accompagnant ces actes et dont le sens consiste à appeler sur le confirmé les vertus de l'esprit de Dieu. Quoi de plus propre que ces prières et ces actions à peindre l'effet mystérieux dont nous venons de parler? L'imposition des mains représente l'esprit incubant la créature, comme il le fit quand il féconda le chaos; l'huile avec les aromates est le symbole et le moyen de la vigueur des athlètes ; et il suffit d'entendre l'évêque appeler sur l'humanité qu'il confirme l'esprit de sagesse, l'esprit d'intelligence, l'esprit de conseil, l'esprit de piété, l'esprit de crainte du Seigneur, l'esprit de science, l'esprit de force, et lui dire ensuite, le doigt sur le front : Je te marque du signe de la croix, pour trouver, dans les paroles, tout le sublime de l'art. — *Voy.* Eucharistie

CONFUSION DES LANGUES. *Voy.* Historiques (Sciences), IV, 1.

CONGRUISME. *Voy.* Grace, IV.

CONSCIENCE (Consulter la). — CONFUCIUS. *Voy.* Morale, III, 16.

CONSCIENCE (Droits de la) — DEVANT ELLE-MEME, DEVANT L'AUTORITE SPIRITUELLE, ET DEVANT L'AUTORITE TEMPORELLE. *Voy.* Liberté de conscience.

CONSOMMATION. *Voy.* Sociales (Sciences), II.

CONSTITUTION DE L'EGLISE. *Voyez* Eglise, I et II.

CONTE. *Voy.* Poésie.

CONTEMPLATION DE DIEU. — PLATON. *Voy.* Morale, I, 1.

CONTINGENT (Le). — L'ABSOLU. *Voy.* Ontologie et Absolu.

CONTRITION (LA), en tant que partie du sacrement de pénitence, — DEVANT LA FOI ET DEVANT LA RAISON (II° part., art. 39.) I. On distingue, en théologie, deux espèces de contrition, ou plutôt deux degrés dans la contrition. Lorsque la douleur du mal commis, jointe à la résolution de ne plus le commettre a pour principe l'amour de Dieu par-dessus toutes choses, engendrant un repentir aussi grand que possible de lui avoir déplu, on dit que la contrition est parfaite, et on l'appelle la contrition proprement dite. Lorsque cette douleur est motivée sur les biens que procure la vertu et sur le dommage que cause le péché, elle est imparfaite et s'appelle attrition. Dans les deux cas, le motif qui caractérise la contrition ou l'attrition n'est point exclusif de l'autre à tel point qu'il n'y puisse entrer accessoirement ; ainsi la contrition parfaite n'en sera pas moins parfaite s'il s'y mêle, *secundario*, quelque considération du mal que le péché entraîne à sa suite, par exemple, des châtiments de l'autre vie, ou des biens que procure la vertu, par exemple, des récompenses du ciel. Et, quant à l'attrition, elle sera d'autant meilleure que l'amour de Dieu y aura une plus grande part. — La contrition et l'attrition peuvent être, d'ailleurs, naturelles ou surnaturelles : elles sont naturelles, lorsqu'elles se forment en dehors de l'ordre de la Rédemption, et surnaturelles quand elles ont lieu dans cet ordre même, en considération des motifs qu'il propose. Le repentir naturel implique évidemment un changement de l'état moral, très-bon et très-louable, mais qui, par l'hypothèse, n'a aucun rapport à l'ordre surnaturel, et laisse celui qui en est le sujet, dans l'ordre naturel pur, de sorte qu'il ne doit pas en être question dans cet article où nous considérons la contrition comme faisant partie du sacrement de pénitence, et, par suite, comme appartenant à l'ordre surnaturel. Nous traitons d'ailleurs assez longuement du bien moral naturel et de la grâce naturelle dans tous les articles sur la grâce et la liberté. Reste donc à justifier, devant la raison, ce que l'Eglise enseigne sur la contrition et l'attrition surnaturelles, dans leurs rapports avec le sacrement de pénitence.

II. On croit et on enseigne généralement dans l'Eglise que la contrition parfaite impliquant, par l'hypothèse même de la perfection, le désir sincère du sacrement, justifie toujours par elle-même, avant l'absolution reçue. Le concile de Trente l'indique dans la sess. XIV, cap. 4, et une foule de passages de l'Ecriture le disent assez clairement. Cependant ce point n'est pas précisément de foi catholique; Pallavicini raconte qu'il se trouva, dans le concile, des théologiens soutenant l'opinion contraire, qu'il n'a point été dans l'intention des Pères de déclarer hérétiques (*Hist. Conc. Trid.*, liv. XII, ch. 1); et Estius a soutenu, sans qu'on l'ait condamné, que la contrition parfaite ne réconcilie avec Dieu que dans quelques circonstances, par exemple, à l'article de la mort. (IV° *Sent.*, dist. 17, § 2.)

Le bon sens nous paraît dire clairement avec l'Eglise dans sa croyance universelle, bien que non encore officiellement déclarée, que la contrition parfaite justifie par elle-même, et, par conséquent, rejeter comme visiblement erronée, l'opinion d'Estius. N'y a-t-il pas contradiction à affirmer qu'une âme aime Dieu par-dessus tout, ait de son crime la plus grande douleur qu'elle en puisse avoir, pour le motif du déplaisir que cause le mal moral à l'éternelle justice, et cependant ne soit pas changée et reste encore dans le crime au regard de cette justice ? De deux choses l'une, ou Dieu ne lui fera pas la grâce de la contrition parfaite, ou il la lui fera ; s'il ne la lui fait pas, cette contrition n'existe point, et l'on sort de l'hypothèse ; s'il la lui fait, c'est qu'il la justifie, car il est impossible que la même volonté soit tout à la fois amie de Dieu au suprême degré, et son ennemie ; or on ne voit pas que la justification relative au péché actuel, qui est le péché personnel et véritable, puisse consister en autre chose que dans le détachement du mal, faisant place à l'attachement au bien et à l'amour de Dieu. C'est ainsi que le raisonnement se trouve d'accord avec la croyance universelle de l'Eglise, qui, probablement, sera un jour élevée en déclaration dogmatique officielle.

III. C'est l'opinion du clergé de France, et on peut dire, l'opinion la plus commune, que la contrition parfaite n'est point nécessaire dans le sacrement de pénitence pour la réconciliation avec Dieu, mais que l'attrition suffit avec un commencement d'amour de Dieu. Mais cette opinion n'est pas essentielle à la foi; on peut voir dans Wittasse (*Traité de la pénitence*) que de célèbres théologiens, avant, pendant et après le concile de Trente, ont soutenu la nécessité de la contrition parfaite dans le sacrement, et n'ont point été condamnés.

Chacune de ces opinions donne lieu à une difficulté particulière. Si l'on dit que l'attrition ne suffit jamais, même dans le sacrement, on ne voit pas l'utilité du sacrement, puisqu'il lui faudra la contrition parfaite, laquelle suffit déjà par elle-même; et l'absolution n'est plus que déclaratoire, sentiment condamné. Si l'on soutient la suffisance de l'attrition dans le sacrement, bien qu'elle soit insuffisante prise seule, comment concevoir qu'une âme qui n'est pas encore devenue véritablement l'amie de Dieu et du bien, puisque, par hypothèse, elle n'a pas la contrition qui implique le changement moral constituant le passage du crime à la vertu, soit cependant justifiée devant Dieu, et vertueuse à ses yeux, par l'application de l'absolution à son commencement de conversion ?

Il nous semble très-facile de répondre à ces deux difficultés. Il suffit, pour les faire disparaître en même temps, de combiner les deux opinions contraires dans une synthèse qui nous paraît être la vraie doctrine de l'Eglise et qui satisfait pleinement la raison. Quand on dit communément que l'attrition suffit au sacrement de pénitence, on entend parler des dispositions antécédentes à l'effet du sacrement lui-même, de l'état moral que le pénitent doit apporter pour que l'absolution lui soit profitable; or rien de plus simple que la conciliation de l'autre sentiment avec celui-là; il suffit d'entendre, par ce sentiment, que l'effet même du sacrement, dans le moment où il est reçu, consiste à élever l'âme qui n'avait jusqu'alors que l'attrition, c'est-à-dire le repentir commencé et insuffisant, jusqu'au repentir complet qui emporte en soi la justification et fait une seule et même chose avec elle. En entendant la chose ainsi, il sera tout à la fois vrai de dire que l'attrition suffit et que la contrition est nécessaire; l'attrition suffit comme disposition à laquelle on arrive sans l'influx du sacrement; la contrition est nécessaire comme étant impliquée dans le produit du sacrement au moment même où il se réalise. De cette manière, l'utilité de l'institution de Jésus-Christ est visible, puisqu'elle a pour résultat de changer le repentir insuffisant, ou l'attrition, en repentir suffisant, ou contrition; et, d'autre part, le sacrement ne justifie pas sans que l'âme parvienne, en même temps, à l'état moral d'amour du bien essentiel pour qu'il y ait conversion réelle et complète.

La pensée que nous exprimons est parfaitement conforme à l'idée catholique de la grâce sanctifiante que produit le sacrement; cette grâce n'est pas seulement un rapport entre le Créateur et la créature, sans modification intérieure dans celle-ci, elle n'est pas seulement, dans le cas de justification, une cessation d'imputation du péché, ce qui ne pourrait être soutenu sans erreur dans la foi; c'est une véritable transformation de l'âme, sous l'action divine, une vraie beauté qui lui est ajoutée; on ne trouve même guère de différence entre la grâce sanctifiante et la charité habituelle; beaucoup prétendent qu'elle est avec elle une seule et même chose; or, comme il est de foi, d'un autre côté, que le sacrement de pénitence reçu en bonne disposition donne cette grâce sanctifiante à celui qui en était privé, ou l'augmente dans celui qui l'avait déjà, il est bien naturel de penser que, dans le cas de la réconciliation, cette grâce sanctifiante est précisément l'élévation de l'âme à la charité habituelle qui implique la contrition suffisante pour une entière conversion. Que pourrait être la grâce du sacrement, si ce n'était ce changement d'état dans l'âme même, puisqu'il est défendu, et par la foi et par le simple bon sens, de dire que ce n'est qu'une manière différente dont Dieu considère l'âme, sans qu'il y ait changement dans celle-ci? Les termes de la définition du concile de Trente sur l'attrition sont très-favorables à notre théorie; ils ne peuvent même guère s'expliquer dans une autre; les voici : « quoique, sans le sacrement de pénitence 'attrition ne puisse conduire, par soi, le pécheur à la justification, cependant elle le dispose à obtenir la grâce de Dieu dans le sacrement de pénitence. » (*Sess.* 14, c. 4.)

Nous croyons donc, comme on le croit partout dans l'Eglise, qu'il suffit de l'attrition pour s'approcher dignement, et avec fruit du sacrement, mais que l'effet même du sacrement est d'élever cette attrition jusqu'à la contrition véritable; Dieu achève, sous l'influence de l'absolution, ce qui jusqu'alors n'était que commencé; rien de plus rationnel, Dieu ne tient-il pas les cœurs dans sa main? et n'a-t-il pas dépendu de lui de s'engager à agir de la sorte toutes les fois qu'on se placerait dans les conditions indiquées par lui? N'est-il pas, d'ailleurs, bien conforme à sa sollicitude envers ses créatures, qu'il leur ait ainsi ménagé des moyens positifs de réconciliation, des marques visibles de son action sur elles et capables de tranquilliser leurs consciences. Dieu mesure ses précautions sur la nature spéciale des êtres qui en sont l'objet, et nulle précaution ne pouvait être plus en harmonie avec la nature humaine que celle du sacrement de pénitence.

IV. C'est encore l'opinion du clergé de France, et la plus commune, que, dans l'attrition nécessaire comme disposition au sacrement, il faut un commencement d'amour de Dieu comme source de toute justice : *Ne quis putet*, dit le clergé de France dans l'assemblée de 1700, *in utroque sacramento baptismi et pœnitentiæ securum se esse, si, præter fidei et spei actus, non incipiat diligere Deum tanquam omnis justitiæ fontem.* On sait, d'ailleurs, que le concile de Trente, expliquant les dispositions pour lesquelles les adultes se rendent dignes de la grâce du baptême, a dit qu'ils doivent commencer à aimer Dieu comme source de toute justice, *tanquam omnis justitiæ fontem diligere incipiunt;* or, dit-on, on doit penser évidemment de la pénitence comme du baptême dans le cas dont il s'agit, et, si même il était possible d'exiger moins dans l'un de ces deux sacrements, ce serait dans celui du baptême, qui, sous le rapport du péché originel, n'exige aucune contrition de la part du sujet. Cependant, les théologiens sages ne pensent pas qu'on puisse taxer d'hérésie l'opinion contraire; des docteurs célèbres, surtout parmi les Jésuites, tels que Suarez, ont pensé qu'un commencement d'amour n'est point nécessaire, mais qu'il suffit de l'attrition fondée uniquement sur la crainte, et ils n'ont point été qualifiés d'hérétiques. Dans ce sentiment on répond au mot du concile de Trente que ce concile ne voulut point trancher sur les opinions théologiques; que, de tout temps, au nombre de ces opinions se trouvait celle dont il s'agit; et qu'en conséquence, il a seulement voulu dire que le commencement d'amour est au nombre des dispositions qui font que le baptême (et par suite la pénitence) produit son effet, sans déclarer que cette disposition soit indispensable. Il commence en effet son explication par le mot *disponuntur : sont disposés à la justification ceux*, etc. (sess. 6,

c. 6), formule de langage qui n'implique pas nécessairement l'idée de condition *sine qua non*.

Bien qu'on pût concevoir que Dieu se contentât de l'attrition intéressée et dépourvue de tout amour de Dieu, puisqu'il suffirait d'imaginer que son pouvoir souverain sur les âmes élevât, dans le sacrement, celle-là au degré suffisant, il nous paraît plus conforme à la raison qu'il exige un commencement de l'amour, dont le perfectionnement impliquera la justification même, sous l'influx sacramentel. Dans un cas il donnerait ce qu'on n'aurait pas; dans l'autre, il perfectionnerait ce qu'on aurait déjà par coopération de la liberté à la grâce; l'un et l'autre sont possibles; mais la seconde hypothèse nous paraît la plus rationnelle; c'est aussi, nous l'avons dit, la plus enseignée.

V. On distingue l'amour divin de concupiscence, c'est-à-dire, par intérêt personnel, et l'amour divin de bienveillance, c'est-à-dire de Dieu, du bien, de la justice, parce qu'ils sont Dieu, le bien et la justice. Personne ne dit que cet amour de bienveillance doive être tellement pur qu'il ne s'y mêle aucun retour sur soi-même, ce qui serait moralement et généralement impossible; mais le clergé de France soutient que le commencement d'amour, dont nous venons de parler, doit être un commencement d'amour de bienveillance. Cette opinion est loin d'être de foi; de très-grands théologiens soutiennent, malgré l'expression du concile de Trente, *comme source de toute justice*, qu'il suffit d'un commencement d'amour de concupiscence.

Bien qu'on observe, non sans raison, qu'aimer Dieu par intérêt propre, et uniquement par intérêt propre, ce n'est point l'aimer véritablement, ni comme source de toute justice, mais plutôt s'aimer soi-même; cependant, pourquoi Dieu n'aurait-il pas établi un sacrement dont l'effet serait d'élever l'âme, de cet amour purement intéressé, à celui qui implique la justification à ses yeux, lorsque l'autre est déjà une suite des efforts de la coopération du libre arbitre à la grâce ordinaire? C'est un acte de bonté qu'il ne s'est jamais interdit et qui peut avoir lieu dans notre ordre surnaturel. Quant à l'expression du concile, ne peut-on pas aimer Dieu comme source de toute justice, par intérêt propre? et d'ailleurs, s'agit-il certainement d'une condition absolue?

VI. On enseigne le plus généralement que la contrition parfaite, qui justifie sans la réception actuelle du sacrement, doit consister, pour produire son effet, en un degré élevé d'amour de Dieu, comme source de toute justice, et que tout degré de cet amour ne suffit pas pour la constituer. Cependant plusieurs théologiens célèbres ont prétendu, au vu et au su de toute l'Église, que cet amour, en quelque degré qu'il soit, mais impliquant le désir du sacrement, sans quoi il ne serait pas réel, réconcilie avec Dieu dès qu'il existe. C'est ce qu'a soutenu avec force

M. de Néercassel, évêque de Castorie.

Il nous semble impossible de déterminer au juste ce qui doit se passer dans une âme, pour qu'aux yeux de la justice éternelle elle devienne juste et pure, d'injuste et d'impure qu'elle était auparavant; cela doit varier selon les personnes. De même que l'étendue du mal est relative à mille circonstances, l'étendue de la contrition, nécessaire pour l'effacer, doit aussi varier selon les cas. Tout ce que la raison nous permet de dire, c'est qu'on conçoit facilement un commencement de conversion morale, sans conversion entière. Dans l'hypothèse de ce commencement, il est nécessaire d'admettre qu'il n'y a point encore justification, mais seulement amélioration de l'état; et nous avons expliqué comment on conçoit très-bien aussi qu'il existe un degré de commencement quelconque qui soit toujours élevé par le sacrement à la plénitude suffisante pour la plénitude de la justification. Quant aux conditions constitutives de ce degré et de cette plénitude, Dieu seul les connaît dans leurs rapports aux diversités individuelles.

Pour dire le fond de notre pensée sur ces questions, nous serions assez porté à croire, 1° que l'attrition fondée sur le seul motif de l'intérêt propre, du mal que fait le péché, du bien que procure la vertu, ne suffit en aucun sens, ni dans l'ordre naturel, pour la conversion naturelle, ni dans l'ordre surnaturel; pour la conversion surnaturelle, même comme disposition prochaine à la guérison sacramentelle, bien qu'elle soit, dans tous les cas, une voie ouverte à la conversion et une disposition louable; 2° qu'un degré quelconque d'amour de Dieu et du bien, même de l'amour de concupiscence, pourvu qu'il y ait amour positif, et non pas seulement crainte intéressée, suffit comme disposition dans le sacrement; 3° qu'un degré quelconque d'amour de bienveillance, d'amour de Dieu et du bien pour eux-mêmes, suffit toujours pour la justification, pourvu que cet amour implique la soumission à tout ce que Dieu exige, soumission qui sera plus ou moins explicite, selon l'étendue des connaissances, et de la foi considérée dans les vérités qui en sont l'objet. Et ces trois points nous semblent suffisamment éclaircis par tout ce qui précède, pour qu'une raison droite n'y trouve rien d'incompatible avec ses exigences. — *Voy.* CONFESSION.

COOPÉRATION A LA GRACE (POSSIBILITÉ DE). *Voy.* GRACE, III

CORPORATIONS. *Voy.* SOCIALES (Sciences), II.

CORPORÉITÉ DE L'ÊTRE HUMAIN. *Voy.* ONTOLOGIE, question des essences, II.

CORPS (SYSTÈMES SUR LES). *Voy.* ONTOLOGIE, question des essences, I et II. — *Voy.* aussi EUCHARISTIE.

CORPS (LA RELIGION DU). — PLATON. *Voy.* MORALE, III, 3.

CORPS (LUI PRÉFÉRER L'AME). — CONFUCIUS. *Voy.* MORALE, III, 16.

COSMOGONIES PHILOSOPHIQUES.

COSMOGONIES TRADITIONNELLES (III° part., art. 9). — Pour bien résumer la question très-complexe des cosmogonies, et arriver à faire comprendre que la raison droite et la révélation vraie sont en parfait accord sur l'origine de l'univers, il faut distinguer d'abord les cosmogonies des philosophes et les cosmogonies des peuples.

Les cosmogonies des philosophes sont les diverses conceptions de l'esprit humain pour rendre compte de ce qui est, lesquelles peuvent être plus ou moins mélangées d'idées populaires moissonnées dans le courant traditionnel, suivant que le philosophe avait plus ou moins de respect pour ces idées.

Les cosmogonies des peuples sont les traditions mêmes, ayant probablement pour base originelle une révélation primitive, laquelle put être intérieure ou extérieure, fut emportée par le courant traditionnel, et subit des transfigurations mythiques et allégoriques plus ou moins importantes. Ces traditions sont toujours enveloppées de merveilleux par la poésie, qui ne manque pas de s'en emparer, y trouvant un aliment de son goût; et elles peuvent aussi présenter des idées philosophiques remontant à des hommes de raison et de génie, qui auraient exercé une grande influence sur les populations de leur pays et des pays voisins.

Cette première division établie, il en faut établir une seconde.

La raison peut être droite ou égarée, négative ou affirmative d'elle-même, produire des fruits sains ou des fruits de mauvais goût que rejette le bon sens. De là deux sortes de cosmogonies philosophiques, celles qui ne sont que des rêves de la raison égarée, et celles qui ne font qu'exprimer les conceptions de la droite raison. Les premières sont en totalité systématiques, mais d'une manière antirationnelle; les secondes sont, partie purement rationnelles, se contentant de généralités modestes dont la nécessité est clairement perçue, et partie systématiques, mais rationnelles encore dans cette partie même, en ce sens qu'elle n'énonce ni n'implique évidemment rien d'absurde en soi.

Il en est de même des cosmogonies traditionnelles : elles peuvent être l'expression pure de la révélation primitive ou de révélations réelles venues postérieurement, et fidèlement conservées. C'est ce qu'il faut penser de la cosmogonie de Moïse, et c'est celle-là qui se trouvera en harmonie avec les bonnes cosmogonies philosophiques. Mais la révélation livrée aux flots de la parole humaine n'est pas exempte de détérioration; si elle tombe dans la région des tourbillons et des orages, si elle devient le jouet d'une poésie fantasque, s'il lui faut traverser les nuits sombres de l'ignorance et les nuages agités de la superstition, elle s'oubliera, pour ainsi dire, elle-même à force de changer de costumes, de multiplier ses rôles, et plus tard, semblable au génie des métamorphoses, elle ne laissera voir quelques restes de ses premiers traits qu'à l'œil assez pénétrant pour deviner la sagesse sous le casque de Pallas. Les cosmogonies des peuples seront donc, ou le reflet fidèle de la révélation pure, ou le mirage flottant de la révélation transfigurée.

Le titre de notre ouvrage nous défend d'exposer longuement les quatre espèces de cosmogonies qui résultent des divisions que nous venons d'établir, et il nous ordonne, en même temps, d'en dire assez pour mener l'esprit du lecteur aux déductions qu'il promet sur ce point comme sur tous les autres.

I. — Cosmogonies de la raison égarée.

Il ne faut pas rattacher à cette catégorie les systèmes physiques anciens et modernes, plus ou moins singuliers dans le fond ou dans la forme, sur la formation de l'univers, sur le chaos, sur le premier élément par où le monde visible aurait commencé. Ces systèmes sont indépendants de la philosophie religieuse, qui s'appuie sur l'idée de la cause suprême. Que l'on considère le feu comme l'élément primitif du monde matériel, un autre l'eau, un autre le vent, qu'importe à cette philosophie? Toutes ces conceptions ne regardent que les causes secondes, les moyens dont a pu se servir la cause première; elles sont également possibles en soi, quoique plus ou moins belles, et plus ou moins analogiques ou antinomiques aux observations de la science, dont les découvertes sont appelées à réfuter les unes, à appuyer les autres. Dans le contingent, il n'est pas de combinaison qu'on ne puisse imaginer, et qui ne soit une des combinaisons possibles, pourvu qu'on n'imagine pas ce qui se neutralise de soi par les contradictions qu'on y introduit. Le seul malheur qui puisse arriver, c'est de ne pas tomber sur la combinaison réelle de notre univers, quoique ce puisse être celle d'un autre; et, dans cet ordre, il n'y a que l'observation baconnienne des phénomènes existants qui puisse, soit établir la justesse des théories conçues, soit les démontrer fausses, soit conduire pas à pas à la vraie théorie. C'est à cette œuvre que travaillent, avec une constance admirable, les géologues, les physiciens, les astronomes.

Les cosmogonies de la raison égarée ou de la folie sophistique se rattachent toutes à l'une ou à l'autre de trois idées fausses que n'ont cessé d'agiter les esprits supérieurs, depuis les premières méditations philosophiques, soit pour les attaquer, soit pour les entourer de mauvais systèmes de défense. Ces trois idées sont l'idée panthéiste extrême, l'idée athéiste extrême, et l'idée dualiste extrême. La première consiste dans l'affirmation de l'être éternel, absolu, immuable en substance, accompagnée de la négation de toute identité personnelle contingente, non éternelle, limitée et variable, distincte *ad extra* de l'être éternel. La seconde consiste dans l'affirmation des individualités variables, substantielles et identiques en tant que matériellement éternelles, accompagnée de la négation de toute identité intelligente éternelle, absolue, et distincte, ayant déterminé leur réalisation. La troisième consiste dans un mélange absurde des deux idées précédentes; elle présente l'affirmation du principe immuable, intelligent, en tant qu'éternel, et l'affirmation du principe immuable, aveugle, matériel, en tant qu'éternel, aussi bien que l'autre; elle qualifie le premier de principe du bien, le second de principe du mal; et implique dans sa double affirmation la négation de l'unité du principe absolu.

Nous avons dit l'idée panthéiste *extrême*, l'idée athéiste *extrême*, et l'idée dualiste *extrême*. Car, si l'on avait la prudence de s'arrêter à temps dans ces conceptions, on éviterait l'absurde très-facilement. Supposez que le panthéisme s'arrête ayant la négation du moi intelligent distinct, dont notre conscience nous révèle à tous la réalité, il restera seulement l'affirmation de la substance absolue unique, soutenant, contenant, pénétrant, activant, etc., ses créations, ce qui est la vérité. Supposez que l'athéisme s'arrête avant la négation de la cause intelligente et devant l'affirmation de la matérialité éternelle, il ne sera que le correctif du panthéisme précédent, puisqu'il consistera à professer que l'univers et toutes les identités qui le composent ne sont pas Dieu lui-même sous tout rapport, en sont au contraire des réalités distinctes. Supposez enfin que le dualisme, tout en reconnaissant le mal et la mutabilité comme un fait qui doive même se prolonger indéfiniment, ne le donne pas comme éternellement simultané au bien; du côté de l'origine, il deviendra encore un système rationnel n'impliquant pas l'absurde, par cela seul qu'il ne niera pas l'unité de l'absolu.

Revenons à nos cosmogonies philosophiques déraisonnables. Elles sont donc ou panthéistiques ou athéistiques ou dualistiques.

A la première espèce paraissent appartenir beaucoup d'émissions philosophiques des livres indiens, et quelques-unes aussi de nos anciens philosophes connus sous le nom de stoïciens. Nous n'osons pas aller plus loin dans notre accusation, car souvent ces émissions sont corrigées par d'autres qui paraissent ramener le panthéisme de ces philosophes dans des limites plus raisonnables. Leurs erreurs panthéistiques ne ressemblent ordinairement qu'à des efforts de l'esprit pour expliquer le mystère incompréhensible de Dieu producteur substantiel, et soutien substantiel de tous les êtres contingents. Ceux qui ont formulé le panthéisme théorique extrême, d'une manière précise, qui ne laisse aucun doute, ce sont Spinosa et les philosophes modernes de l'Allemagne; Hégel est tellement avancé dans cette voie qu'on ne saurait aller plus loin. (*Voy.* PANTHÉISME.)

A la seconde espèce, appartient le célèbre système de la formation de l'univers actuel par le concours fortuit d'éternels atomes. C'est la poésie qui a vulgarisé cette cosmogonie, par la plume de Lucrèce, dont Virgile regretta de n'avoir pas éclipsé la gloire en développant, dans un poëme, ses idées plus spiritualistes, presque stoïciennes et platoniciennes :

Felix qui potuit rerum cognoscere causas !

Il ne faut pas confondre l'atomisme extrême avec l'atomisme d'Epicure qui ne l'empêchait pas d'admettre la divinité intelligente. Ce sont encore des modernes qui ont systématisé l'athéisme complet, en prétendant expliquer le monde et tout ce qu'il renferme, les uns par une production indéfinie en ligne droite d'effets qui deviennent causes, d'autres par un cercle de productions périodiques sans commencement ni fin, les uns et les autres indépendamment d'une cause éternelle.

Enfin, à la troisième espèce, n'appartient pas le dualisme de Zoroastre, puisque le *Zend-Avesta*, tout en distinguant Ahriman, principe du mal, d'Ormouzd, principe du bien, n'admet, comme éternel, que celui du bien, l'autre n'étant qu'une créature révoltée contre son principe; mais appartient le dualisme des manichéens, avec toutes les cosmogonies philosophiques qui impliquent, en même temps, l'éternité de la matière et celle de Dieu. Platon, comme on va le voir, ne doit pas être accusé de cette erreur, malgré ce qu'on en a dit, et ce que semblent donner à conclure quelques passages de ses *Dialogues*; mais Aristote ne peut échapper à cette accusation.

Malgré que toutes ces grandes hypothèses cosmogoniques renferment des choses déraisonnables et contradictoires, il ne faut cependant pas les mépriser jusqu'à leur refuser toute étude et toute considération. Nous l'avons dit, elles ont deux parties, l'une affirmative, l'autre négative; et la première est toujours remplie d'idées magnifiques et très-utiles, soit en philosophie, soit en physique, soit en morale, soit en esthétique.

Prenons pour exemple celle des atomes : si l'on en retranche la négation d'une cause unique, spirituelle et intelligente, il reste une théorie des phénomènes matériels dont se compose notre univers visible, des causes secondes, qu'il est absurde de substituer à la cause première, mais qui n'en sont pas moins d'admirables réalités. Or, cette théorie est un roman sublime de l'esprit qui a donné lieu à d'autres romans du même genre, a aiguillonné le génie dans la recherche des mystères de la nature, et présente des parties qui se trouveront conformes aux découvertes réservées à la méthode expérimentale si bien pratiquée par les modernes. Lorsque le pieux Mercator imaginait, dans le xvi° siècle, la formation du monde au sein d'un chaos de molécules informes sous l'influence d'un vent ou d'un mouvement universel déterminé par l'intelligence suprême, après que le tout était déjà sorti du non-être, à sa parole, il ne faisait que modifier l'atomisme d'Epicure et de Lucrèce. Quand le génie de Descartes conçut la théorie, aussi grandiose que sublime d'unité, de ses tourbillons, il reprenait aussi, en le modifiant philosophiquement et physiquement, l'atomisme des anciens. Plus tard, Buffon accomplissait une tâche du même genre, relativement aux mystères de la matière organisée, en imaginant son grand système des molécules organiques vivantes ; et, aujourd'hui, si l'expérience n'a pas confirmé la complète exactitude de ces rêves *a priori* de l'esprit humain, de ces sortes de poëmes de la nature, ravis au monde indéfini des possibles qui décore éternellement l'intelligence de Dieu et dévore celle de la créature, elle nous paraît sur la voie d'en justifier certains aperçus et certaines données au moins générales. Ce que soupçonne la science de l'homogénéité et de l'identité radicale des fluides impondérables, de leur distinction ne consistant que dans des diversités et des combinaisons de vibration, se rapproche beaucoup des idées de Buffon, de Descartes, et rappelle les atomes d'Epicure. Déjà le père des philosophes modernes a eu gain de cause sur sa théorie des ondes lumineuses, qui n'est qu'un chapitre de son grand système, auquel il en eût ajouté plusieurs autres fondés sur la même idée, s'il avait connu les merveilles de l'électricité, du magnétisme, et de leurs rapports avec la lumière et la chaleur. Dans un autre point de vue, les observations géologiques de nos savants contemporains ne viennent-elles pas donner quelque raison à beaucoup d'idées cosmogoniques de philosophes anciens, supposant des périodes de longue durée pour la formation de la terre, et plus encore à celles de Buffon, qui avait déjà pu s'appuyer, pour imaginer son système, sur des rêves antérieurs et sur l'expérience? En un mot, ne méprisons rien dans l'ordre scientifique, et sachons comprendre que la question de la cause suprême domine tellement toutes les théories, qu'elle demeure toujours nécessaire, comme premier anneau de tous les enchaînements qu'on imaginera, en sorte que, quelles que soient ces théories, elle n'en saurait être compromise, ne pouvant jamais être attaquée que par une négation pure et simple, surajoutée irrationnellement au système conçu par le génie.

II. — Cosmogonies de la révélation altérée ou de la tradition infidèle.

Ces cosmogonies sont un immense dédale d'où l'on désespère de sortir quand on y est entré, elles forment la substance de toutes les mythologies, lesquelles sont en nombre infini, et d'une complication incomparable, due en grande partie aux jeux mélangés de l'imagination populaire, du génie des poëtes, et de l'amour des contes. Ces trois fées s'en sont données à cœur joie sur la matière ; aussi n'entreprendrons-nous pas d'en faire un résumé quelconque ; mais nous les classerons comme nous avons classé les précédentes.

Les cosmogonies à caractères traditionnel dominant présentent, comme les autres, une partie, simplement affirmative soit de ce que dit la raison, soit de ce que dit la révélation ; et cette partie, quoique souvent cachée sous l'allégorie, n'a rien d'absurde ; mais elle tient une place imperceptible dans des mondes de chimères, et ces chimériques fantaisies, à la lettre desquelles ont cru et croient encore d'innombrables foules, se rapportent à trois erreurs correspondantes aux erreurs philosophiques que nous avons signalées ; deux de ces erreurs se sont confondues dans leurs résultats quant aux croyances populaires, et la troisième a pénétré partout où ont régné les deux premières, de sorte qu'il en est résulté une confusion inextricable, que la passion humaine d'habiller la divinité de formes visibles, l'anthropomorphisme, a toujours, et en tout lieu, recouverte de ses grotesques ornementations.

La première de ces erreurs est le panthéisme lui-même, mais le panthéisme grossier tel que peuvent le comprendre des populations ignorantes. Si tout est Dieu, n'est-il pas naturel de tout adorer ? et comme les êtres se succèdent aux êtres, que les êtres paraissent différents, et que le peuple ne voit que les apparences, il s'ensuivra, pour lui, que l'univers ne sera qu'une série très-compliquée de générations de dieux, et que la cosmogonie se transformera en une théogonie dont l'histoire sera inépuisable. L'esprit plus subtil continuera de voir, dans les phénomènes, de simples métamorphoses de la Divinité unique ; tandis que la multitude y verra, de ses yeux du corps, des divinités sans nombre ; et, malgré les efforts des lettrés, le culte prendra toutes les formes du fétichisme.

C'est ce qui se remarque chez les peuples où l'idée panthéistique est passée à l'état traditionnel en altération et exagération de l'idée vraie d'un Dieu présent partout, pénétrant tout, et premier moteur de toute activité. Les peuples indous, et en général tous ceux de l'extrême Asie, nous en fournissent des exemples frappants ; quels qu'aient été les efforts de leurs philosophes pour maintenir chez eux le spiritualisme, pour l'élever même jusqu'à l'idéalisme pur le fétichisme matérialiste y a fait irruption et l'a emporté généralement dans les masses. De là sont nées, en même temps, leurs théogonies interminables, peu différentes de celles des peuples polythéistes dont nous allons parler.

La seconde erreur radicale est le dualisme lui-même, mais aussi le dualisme populaire et grossier qui passse rapidement au polythéisme. Dès que vous avez abandonné le principe de l'unité, qui vous arrêtera dans la multiplication des dieux ? Deux principes éternels et incréés n'ont-ils pas également droit aux adorations soit de crainte, soit d'amour ? L'un, dites-vous, est intelligent, immuable et bon, l'autre est aveugle, muable et mauvais ; l'un est la lumière, l'autre est la nuit ; mais le peuple ne s'arrêtera pas à cette idée primitive, si ses traditions s'en emparent, il aura l'instinct, très-logique, de ne pas faire une grande différence entre l'un et . autre puisqu'ils sont également incréés; et, comme le second prend mille et mille formes, comme le premier agit pour le bien de mille et mille manières, il va diviniser toutes ces choses, et c'est à peine s'il lui restera l'idée d'un Dieu supérieur à tous les dieux qu'il imaginera. Il multipliera la famille des divinités malfaisantes avec celle des divinités bienfaisantes; tout deviendra Dieu pour lui; ses cosmogonies seront encore des théogonies mythologiques sans commencement ni fin, et son culte un fétichisme comme le précédent.

Voilà ce qui s'observe chez les Grecs, les Romains, les Scandinaves, les Egyptiens, les Chaldéens, les Américains et même un peu chez les Persans que la religion si spiritualiste de Zoroastre, et son dualisme, peu différent de celui de Job et des Chrétiens, n'a pas complétement préservé du fétichisme.

Inutile de faire observer le rôle important que joue l'anthropomorphisme dans les deux espèces de cosmogonies dont nous venons de signaler la différence d'orígne, quoiqu'elles aient les mêmes caractères dans le développement.

La troisième erreur traditionnelle n'est pas l'athéisme. La négation de toute espèce de puissance supérieure intelligente n'a jamais glissé dans les traditions populaires; elle est demeurée à l'état d'isolement dans quelques cerveaux malades; les peuples ont pu tout diviniser, astres, hommes, bêtes, plantes, pierres brutes et pierres taillées; ils ont pu croire que Dieu est multiple ou que tout est Dieu; ils n'ont jamais pu se figurer qu'il n'y en ait point. Cette erreur n'est donc pas l'athéisme; mais il en est une autre qui ne vaut pas mieux et qui s'est infiltrée, de toutes parts, dans l'esprit des masses. C'est le fatalisme, c'est l'idée d'une loi éternelle, inévitable, fixe comme les bases mêmes de l'Etre, et, par conséquent, aveugle, supérieure à tout, aux dieux comme aux hommes, et qu'ils ont appelée de noms différents qu'on pourrait tous traduire par celui de destin. Il n'y a pas loin de cette pensée à celle du concours fortuit des atomes, car logiquement elle transforme tous les éléments de l'univers, aussi bien la Divinité, en autant d'atomes mus irrévocablement par quelque chose de fatal qu'il est indifférent d'appeler hasard ou destin. Les peuples n'en ont pas moins cessé d'adorer et de prier, c'est une de ces inconséquences qui ne sont pas rares; mais, par le fait, cette erreur, aussi absurde que l'athéisme, a envahi les traditions.

Il n'en est pas résulté de cosmogonies spéciales; elle a seulement dominé les cosmogonies traditionnelles en ce qu'elles ont d'erroné; vous voyez toujours les générations, les combats, les aventures des dieux comme celles des hommes assujettis à l'aveugle arrêt de la destinée, ce qui, nous le répétons, rabaisse le théisme de toutes les traditions populaires, infidèles à la droite raison et à la révélation pure, au niveau de l'atomisme : tant il est important de conserver à Dieu la liberté pour ne pas retomber sans fin dans le même gouffre.

Nous avons jusqu'alors considéré les égarements de l'humanité sur l'origine du monde; considérons maintenant les conceptions de la droite raison, enrichie des choix qu'elle peut faire dans le chaos des traditions, et comparons sa cosmogonie avec celle de la révélation pure et de la tradition fidèle conservée par Moïse.

III. — Cosmogonies philosophiques de la droite raison.

Nous avons déjà donné à entendre que ces cosmogonies doivent renfermer trois parties; l'une brève et modeste, mais sublime, consistant dans l'énoncé pur et simple de ce dont la raison voit clairement la nécessité; l'autre systématique, par conséquent plus orgueilleuse et plus longue, mais belle encore en ce sens qu'elle ne sort pas des limites du possible, quoiqu'elle ne soit pas démontrée et ne puisse l'être que par la révélation ou, quelquefois, par la science expérimentale de l'avenir; enfin la troisième consistant dans ce que peut ressaisir la raison de conforme aux lumières du bon sens et de vraiment révélé, quoique non nécessaire, au milieu des ondes troubles et du mirage symbolique des traditions humaines. Il est impossible, absurde et injuste d'isoler complétement la raison des lumières qui lui viennent du dehors, qu'elles aient pour origine une révélation ou des conceptions de la raison même; le mérite consiste, pour cette partie inséparable des deux autres, dans l'épuration qu'en fait un sage éclectisme.

Cela posé, c'est Platon qui va nous fournir un modèle à peu près complet, au moins quant aux deux premières parties, d'une cosmogonie de cette espèce. Nous transcrirons fidèlement celle du *Timée*, en prenant soin seulement de trier les trois parties qui s'y trouvent intercalées, fractions par fractions, selon la méthode socratique.

I. — Partie rationnelle de la cosmogonie de Platon.

« L'Eternel créa le monde; et, quand cette image des êtres intelligibles eut commencé à vivre et à se mouvoir, Dieu, content de son ouvrage, voulut la rendre plus semblable encore au modèle, et lui donner quelque chose de cette nature impérissable. Mais, comme la création ne pouvait ressembler en tout à l'idée éternelle, il fit une image mobile de l'éternité; et, gardant pour lui la durée indivisible, il nous en donna l'emblème divisible que nous appelons le temps; le temps créé avec le ciel, dont la naissance fit tout à coup sortir du néant les jours, les nuits, les mois et les années, ces parties fugitives de la vie mortelle.

« Nous avons tort de dire, en parlant de l'éternelle essence : elle fut, elle sera ; ces formes du temps ne conviennent pas à l'éternité ; elle est, voilà son attribut.

« Notre passé et notre avenir sont deux mouvements; or, l'immuable ne peut être de la veille ni du lendemain; on ne peut dire qu'il fut ni qu'il sera; les accidents des créatures sensibles ne sont pas faits pour lui, et des instants qui se calculent ne sont qu'un vain simulacre de ce qui est toujours.

« Souvent aussi nous appliquons l'être à des choses qui ont été, qui se passent, qui ne sont pas encore, ou même ne peuvent être; erreur de langage qu'il serait ici trop long de combattre.

« Le temps naquit avec le ciel pour finir avec lui, s'ils doivent finir; il n'est donc qu'une ressemblance imparfaite de la durée; car celle-ci est l'éternité même; et l'éternité qui n'a point commencé ne finira jamais.

« La parole et l'esprit de Dieu voulant donc ainsi créer le temps, aussitôt le soleil, la lune, et les autres astres allèrent dans l'espace en mesurer la marche rapide.........

« En formant ces astres qui voyagent dans l'infini, le créateur imitait encore l'éternelle structure du monde idéal et parfait; et jusqu'à la naissance du temps, l'imitation était fidèle. Mais voici une autre différence entre les deux mondes, il manque à cette nature nouvelle des êtres qui la peuplent et qui l'animent.

« Son auteur, pour achever l'ouvrage, continua de reproduire le modèle suprême, et tout ce que l'intelligence peut concevoir d'êtres vivants fut créé par sa pensée dans le ciel, dans notre atmosphère, au sein des eaux et sur la terre...... »

Platon expose ensuite l'ordre dans lequel la puissance absolue réalise l'univers, comme on va le voir dans la partie systématique, et, après la création des génies supérieurs, de ces âmes qu'il appelle dieux-nés, il met dans la bouche de l'auteur du monde ces paroles :

« O vous dont je suis le créateur et le père, mes ouvrages ne sont immortels que par ma volonté; car tout ce qui a commencé doit finir. Mais il n'y a que le méchant qui veuille briser ce qui est bien; aussi, quoique nés pour mourir, vous vivrez; je rends indissolubles des nœuds que je puis rompre, et les droits de la mort ne s'étendront pas sur vous : ma volonté est un lien plus fort que ceux dont je viens d'unir les parties de votre être...... »

Puis, arrivant à la création de l'homme qui doit être « soumis à la vertu, le roi de la terre, et réunir à un corps périssable un principe d'immortalité, » il ajoute « que les âmes ne doivent jamais oublier qu'elles eurent toutes une même origine, que la Providence ne fut injuste pour aucune, que celle qui aura mené la vie des justes ira jouir de la félicité suprême, et que Dieu mit devant elles ses lois pour n'avoir pas à répondre un jour des peines de l'humanité. Et le Créateur du monde, dit-il en finissant, n'était pas sorti de l'éternel repos.» (*Timée*.)

Telle est la partie rationnelle de la cosmogonie platonique, la plus belle, la plus claire et la plus développée de toute l'antiquité, surtout si on se donnait la peine de la compléter par tous les passages des dialogues de Platon qui s'y rapportent. Les grands principes de l'unité de Dieu, de la distinction entre Dieu et ses œuvres, de l'éternité divine non successive de l'intelligence, de la liberté et de la providence en Dieu, de la contingence essentielle de toutes choses, excepté de Dieu qui les soutient dans l'être par son bon plaisir, de la moralité humaine et du libre arbitre, qui font que Dieu n'est pas responsable des crimes de l'humanité, enfin de l'immortalité de l'âme et des récompenses futures, y sont positivement impliqués et même professés.

Si nous consultions les autres philosophies du vieux monde, nous ne trouverions nulle part un symbole aussi clair, aussi complet, aussi pur; et cependant nous pourrions le reconstruire à peu près, avec les leurs, fractions par fractions.

Les philosophes de la Chine, Lao-Tseu, Kong-Feu-Tseu, Meng-Tseu, à un siècle ou deux près, contemporains de Platon, donnent, comme premier type de toutes choses, n'ayant de type que lui-même, un être ineffable, incréé, éternel, sous les noms de la *grande unité*, du *grand comble*, du *ciel*, de la *raison* par excellence, du grand *Tao*, comme les platoniciens auraient dit, du grand *Théos* (θεός, Dieu), et ils ajoutent que cet être ineffable, incorporel, a fait l'homme pour être saint et redevenir, par la sainteté, incorporel et heureux comme lui.

Zoroastre a rempli le *Zend-avesta* de professions de foi philosophiques et de prières comme celle-ci :

« J'invoque et célèbre le Créateur, Abouza-Mazda, lumineux, resplendissant, très-grand et très-bon, très-parfait et très-énergique, très-intelligent et très-beau, éminent en pureté, qui possède la bonne science, source de plaisir, lui qui nous a créés, formés, nourris, lui le plus accompli des êtres intelligents. »

(Traduction de l'*Iaçna*, par E. BURNOUF.)

Cependant, d'après le philosophe, Abouza-Mazda n'est point le nom véritable du premier principe, c'est Zervane-Akerène, c'est-à-dire le temps sans limites, l'éternité qui engendre Ormouzd ou le bon, Honover ou l'intelligent, et ensuite Hom ou l'univers aux formes sensibles; Ahriman, le mauvais, est le chef de ses fils révoltés.

Wasaj raconte la création, en disant de l'Etre suprême qu'il appelle *lui* :

« Lui eut cette pensée : Je veux créer des mondes...... Lui eut cette pensée; voilà donc des mondes : je veux créer des gardiens des mondes, » etc. (*Aitaréva-Aranya*.)

Bouddha émet des idées comme celle-ci :

« Quand aucun être n'existait encore, celui qui existe par lui-même existait; et il conçut le désir de cesser d'être unique. »
(*Gouna-Karanda*.)

On lit dans le *Shastah* : « L'Eternel résolut, dans la plénitude des temps, de former des êtres divins et heureux comme lui. Ces êtres n'étaient pas ; il voulut, et ils furent. »

Le *Vedanta* s'exprime ainsi sur la création : « La nature n'est pas le créateur du monde, et elle n'est pas représentée ainsi par le *Veda*, car le *Veda* dit : Dieu, de son regard, a créé l'univers. »

(Abrégé du *Vedanta*, par Ram-Mohan-Raé.)

Les philosophes de l'Égypte professaient l'existence éternelle d'un être unique, indivisible, infini, qui créa, ou, au moins, forma l'univers par sa parole ; ils l'appelaient Chnef, Dieu sans commencement et sans fin, ou Ammon. Dieu caché, qui fait jaillir la lumière au sein des ténèbres, qui ouvre la carrière des années, et qui mène à sa suite les dieux et les hommes.

En un mot, toutes les philosophies antérieures au christianisme, sauf celles des athées, qui ne sont que négatives, présentent des professions de ce genre, bien qu'elles s'élèvent rarement à la démonstration persistante de Platon et d'Aristote, et qu'elles soient souvent obscurcies par trop de respect pour les traditions mythologiques, ou par des idées de panthéisme ou de dualisme venant s'y mélanger.

Au reste, le panthéisme et le dualisme des anciens peuvent être souvent expliqués et conciliés avec la vérité. Platon lui-même a été accusé de dualisme pour avoir dit quelquefois que la matière et le monde sont éternels en Dieu. On n'avait pas compris qu'il parlait de la matière et du monde en tant qu'idées ou images divines, lesquelles sont nécessairement éternelles. Il eût été plus juste de l'accuser d'idéalisme ; car il semble dire assez souvent que la matière n'a d'autre substantialité que celle-là : d'où il suivrait que, dans son esprit, il n'y aurait de substances réelles que Dieu et les esprits créés.

II. — *Partie systématique de la cosmogonie platonicienne.*

« La parole et la pensée de Dieu voulant ainsi créer le temps, aussitôt le soleil, la lune, et les cinq autres astres, nommés planètes, allèrent dans l'espace mesurer la marche rapide, et parcourir obliquement les sept routes que Dieu leur avait tracées. Le cercle de la lune fut le plus proche de la terre ; dans la seconde région, le soleil, Vénus, et l'étoile sacrée de Mercure, d'une vitesse égale, prirent une course opposée, et se suivirent ou se succédèrent tour à tour. Mais si je disais l'ordre et les causes de toutes les sphères, emporté loin de mon récit, je me perdrais à travers tant de nouveaux prodiges ; il faut plus de loisir et d'étude pour contempler dignement le spectacle des cieux.

« A peine les astres furent-ils lancés dans la route où ils s'en vont mesurer le temps, à peine tous ces corps célestes furent-ils animés et dociles à leurs devoirs, chacun d'eux suivit le mouvement oblique qui lui est propre, maîtrisé par celui d'une âme universelle, les uns plus rapidement dans une orbite moindre, les autres plus lentement dans un plus vaste espace ; et ceux dont la nature précipite la course furent enveloppés, suivant leurs rapports de vitesse, par ceux d'une marche plus tardive. En effet, comme ils ont, chacun, deux mouvements contraires, moins ils quittent le centre de conversion, plus ils sont près de nous. Mais, pour fixer entre eux ces rapports de vitesse et de lenteur, pour diriger leurs révolutions, Dieu, dans le second cercle des planètes, alluma ce feu nommé le soleil, qui, de là, inonde au loin de sa lumière l'immensité des cieux, et dont le mouvement, réglé par l'âme centrale, apprit l'art des nombres à tous les êtres doués de raison.

« Alors du jour et de la nuit se forma la première et la plus simple division du temps ; puis on compta les mois par la révolution de la lune et son retour au soleil ; ensuite les années par le cours du soleil même.

« Les autres globes, leurs noms, leurs éléments sont connus de quelques mortels ; mais la plupart ne soupçonnent pas que le temps se mesure aussi sur la carrière de ces astres, dont nous ne saurons jamais ni le nombre ni les merveilles. Seulement on peut croire que la succession complète des âges ramènera la grande année périodique, lorsque toutes les sphères, après les innombrables combinaisons de leur double mouvement, par la force de l'âme divine, seront revenues au point où leur course errante a commencé...

« Le Créateur donna aux dieux des étoiles un corps de feu pour les rendre plus éclatants et plus beaux ; la forme circulaire pour qu'ils fussent semblables à l'univers même ; le sentiment de l'ordre et l'amour du bien, pour que ce peuple de génies, dont la lumière couronne le monde, entretînt l'harmonie dans leur course.

« Il leur assigna aussi deux mouvements, l'un qui les fait tourner sur eux-mêmes dans une infatigable persévérance, l'autre qui les attire par l'impulsion irrésistible de la cause première. Les cinq autres mouvements leur sont interdits ; ils y résistent, pour conserver leur perfection.

« Ainsi parurent ces dieux, fidèles à la loi qui les rend presque stationnaires, tandis que les génies des planètes, nés avant eux, se promènent dans l'immensité.

« La terre seule notre mère commune, qui, par son mouvement de rotation autour de l'axe du monde, produit incessamment les jours et les nuits, naquit la première des créatures célestes.

« Mais les chœurs de danse, formés par tous ces moteurs des astres, leur marche symétrique, leur cours et leur décours, leurs aspects réciproques, les moments où ils se rencontrent, se suivent, se précèdent, l'éclipse soudaine de leur lumière, les terreurs, les prophéties que leur retour inspire à la science humaine, enfin tous les mystères du ciel échappent à l'esprit, si les yeux n'apprennent à voir la nature elle-même...

« Lorsque l'auteur du monde eut créé les génies, et ceux qui brillent dans les astres, et ceux dont la divinité est voilée, il leur adressa la parole :

« Dieux des dieux.... (*Voyez plus haut le commencement du discours*), écoutez mes ordres et mes leçons :

« Trois sortes de substances animées et mortelles doivent naître encore, autrement l'univers ne serait pas achevé; il n'aurait pas des habitants de tous les genres; il a besoin de leur naissance. Mais si je les créais moi-même, ces nouveaux génies seraient vos égaux ; pour qu'ils soient mortels et que ce tout soit accompli, formez, selon votre nature, des êtres vivants, comme je vous ai formés. Il suffit qu'il y en ait un qui, mortel demi-dieu, votre image, commande à tous les autres et vous soit soumis ainsi qu'à la vertu. Recevez de moi le germe déjà ébauché de ces rois de la terre. Vous, unissez à un corps périssable ce principe d'immortalité; qu'ils naissent, qu'ils croissent par vous, et qu'après leur mort ils viennent vous retrouver.

« Il dit, et dans la coupe où il avait d'abord composé l'âme du grand tout, il versa les restes de cette âme, qui redevint féconde ; mais l'essence formatrice n'était plus entière, elle était deux et trois fois moins divine. L'Eternel, embrassant dans sa pensée l'harmonie du monde, fixa le nombre des âmes d'après celui des corps célestes : à chacune d'elle fut assignée une étoile qui l'emporta dans l'espace. Alors, il leur montra son ouvrage et fit ses immuables décrets.

« Que les âmes se ressouviennent qu'elles eurent toutes une même origine, et que la Providence ne fut injuste pour aucune. Répandues dans les astres, ces organes du temps, qu'elles aillent, de là, vivifier une créature nouvelle qui sache honorer Dieu. Dans cette âme double, la prééminence appartiendra au sexe qui sera nommé celui des hommes. Une fois enchaînées dans un corps matériel qui s'accroît et qui dépérit, les âmes éprouveront d'abord l'impression inévitable des sensations violentes, puis l'amour mêlé de peine, ensuite la terreur, le courroux et beaucoup d'autres affections semblables ou contraires. Quiconque aura mené la vie des justes, retournera dans l'astre paternel jouir de la suprême félicité; les coupables deviendront femmes quand ils reparaîtront sur la terre; tous, après mille ans, pourront choisir le genre de vie dont ils voudront hériter, et la condition même des animaux leur sera permise. Si le méchant n'en persiste pas moins dans sa folie, alors il prendra tour à tour, suivant ses vices, la forme des brutes dont il aura pris les mœurs ; et les métamorphoses, les supplices ne cesseront qu'au moment où, par la victoire de l'essence originelle sur les éléments grossiers qui la déshonorent, et de la raison sur la foule des passions turbulentes, il retrouvera la dignité de son être et de ses premières vertus.

« Dieu, en leur donnant ces lois pour n'avoir pas à répondre un jour des crimes de l'humanité, semait les âmes dans le soleil, dans la lune, dans toutes les étoiles qui règlent la marche des heures. Il ordonne enfin aux jeunes dieux de façonner des corps mortels, d'ajouter ce qui manquait à l'âme de l'homme, de n'oublier aucune des facultés de sa nature, et de gouverner un être si faible avec tant de vigilance et de sagesse qu'il ne devînt pas lui-même l'auteur de ses infortunes. »

« Tels furent ses ordres ; et le créateur du monde n'était point sorti de l'éternel repos. »
(*Timée*.)

Le grand système que Platon expose dans ce morceau avec une magnificence incomparable peut se résumer dans quelques articles.

Une âme du monde.

Des génies chargés de présider aux globes célestes comme l'âme de l'homme préside à son corps.

La création de tous les êtres terrestres sujets à la mort par des dieux ou anges déjà créés recevant du Dieu suprême la puissance et l'ordre de le faire.

La création de toutes les âmes humaines en même temps, ce qui suppose leur préexistence à la vie terrestre, et leur séjour dans des astres avant leur union avec un corps mortel.

La métempsycose, manière d'expliquer les peines et les récompenses futures.

Enfin, surveillance des génies sur les hommes, et mission reçue par eux, de la part de Dieu, d'exercer sur ceux-ci des influences bienfaisantes dans le but d'empêcher, autant que possible, sans détruire leur liberté, qu'ils ne deviennent eux-mêmes les auteurs de leur infortune.

Ce système ne se trouve pas d'accord, dans plusieurs de ses articles, avec la révélation chrétienne ; mais il n'en est pas moins très largement conçu, et même dans les points que nous savons, par notre symbole catholique, ne pas cadrer avec les réalités de notre création, il ne présente rien de contradictoire, ni de déraisonnable en soi. Dieu aurait pu faire les choses ainsi, et même affirmer qu'il ne l'a pas fait pour quelque monde différent du nôtre, serait, à notre avis, une hardiesse peu sensée.

Il y a, au reste, dans ce morceau, deux choses que tous n'interprètent pas de la même manière. Plusieurs ont vu dans le passage qui attribue des génies aux globes célestes une idée poétique analogue à celle qui porte saint Jean, dans l'*Apocalypse*, à représenter le soleil comme gouverné par l'ange de la lumière (*Apoc.* XIX, 17.), Milton, à développer la même figure (*Parad. lost.* III, 613), et tous les poètes sacrés et profanes à user de tableaux du même genre. Nous ne sommes pas de cet avis, parce que l'idée prise à la lettre se rattache nécessairement à un vaste système que Platon nous paraît avoir conçu, lequel consiste à voir dans l'univers, comme plus tard Leibnitz, une immense hiérarchie d'unités ou de monades simples dont les corps ne sont qu'un vêtement extérieur leur servant d'organe et de limite. Chacune a sa fonction dans l'universelle harmonie, et tout est arrangé par la sagesse suprême pour que les unes soient soumises à des lois fixes, que les autres demeurent des activités libres, et que l'ensemble marche, avec tous ses rouages, selon le plan du Créateur. Nous dirons de même de l'âme du monde que Platon appelle quelquefois l'âme centrale ou l'âme du grand tout. Beaucoup d'auteurs, entre autres Théodoret, Abeilard, Cudworth (*Voy.* TRINITÉ), ont cru voir, dans cette âme du monde de Platon, le principe incréé, troisième hypostase de la trinité catholique, que nous appelons l'Esprit-Saint. Il y a bien quelques phrases, principalement dans le dixième livre des lois, qui pourraient le donner à penser. Mais il nous semble que le Timée ne laisse guère lieu de douter que Platon ait entendu par là un principe créé; et nous le croyons d'autant mieux que ce principe créé lui était nécessaire pour compléter son système d'harmonie universelle, pour servir au monde de centre d'unité.

Au reste les expressions du philosophe sont très-souvent métaphoriques, et, pour entrer profondément dans sa pensée, il ne faut pas s'en tenir à la lettre. Le lecteur suppléera aux détails dans lesquel notre cadre ne nous permet pas d'entrer.

Presque tous les hommes de génie, soit avant soit après la prédication chrétienne, ont imaginé leur système cosmique; il n'en est pas un qui n'ait sa beauté, et celui de Platon est d'une grandeur à laquelle il faut rendre justice. N'oublions pas, non plus, d'admirer les rapports qu'il présente avec la vérité chrétienne, dans l'esprit moral qui le vivifie.

III. — *Partie traditionnelle de la cosmogonie platonicienne.*

Après avoir raconté, selon son hypothèse, la naissance des dieux célestes, Platon, ne voulant pas omettre les dieux mythologiques de la religion dans laquelle il fût élevé, ajoute ce qui suit :

« Cependant nous n'avons encore parlé que de l'origine des divinités célestes : que dirai-je des autres génies? Faible mortel raconterai-je leur naissance ? non, croyons-en les premiers hommes qui s'appelaient fils des dieux, et qui, sans doute, connaissaient leurs ancêtres. Quand les fils des dieux, même sans preuve ni sans vraisemblance, nous content l'histoire de leur famille, la loi nous ordonne de les croire, et telle est, d'après leur récit, la généalogie de ces dieux :

« De l'hymen de la terre et du ciel naquirent Océan et Téthys, de ceux-ci Rhée, Saturne, Phorcys et leurs frères; de Saturne et de Rhée, Jupiter, Junon, leurs frères que notre religion leur donne et tous leurs descendants. » (*Timée.*)

Voilà ce qu'emprunte Platon aux traditions religieuses de la Grèce pour l'intercaler dans sa cosmogonie.

Les uns ont vu, dans ce passage, un aveu sérieux de superstition païenne, et, par suite, une contradiction avec tout le reste. C'est ainsi qu'en ont jugé Velleius (*De nat. d.* I, 12), Théodoret (1" et 3° disc.), et même Proclus. (*Tim.* p. 387.)

D'autres, avec Eusèbe (*Prépar. év.*, II, 7; XIII, 1), n'ont aperçu qu'une ironie socratique dans ces mots : *Croyons-en les premiers hommes*, etc.; et ces derniers seuls ont côtoyé la véritable interprétation sur laquelle le ton du discours, rapproché des sentiments que Platon manifeste partout à l'égard des traditions, ne laisse aucun doute.

Ce grand génie était sans cesse partagé entre deux tendances, celle de l'honnête bon sens qui, loin de mépriser ce qui lui vient du dehors, l'accueille avec empressement, espérant toujours y trouver des aliments précieux propres à satisfaire sa soif de connaître Dieu et le mystère de l'homme; et celle de l'austérité rationnelle qui ne saurait admettre ce qui la choque. La première explique le respect soutenu du philosophe grec pour les croyances générales, ses voyages et toute sa vie. La seconde explique sa théorie sur la certitude humaine parfaitement identique à celle que Descartes exposa plus tard avec tant de puissance et de clarté, aussi bien que le rationalisme si fin, si minutieux, si exquis de ses dialogues.

Or, dans la circonstance présente, il laisse percer tout à la fois ces deux sentiments; l'un dans un ton d'ironie dubitative, portant principalement sur l'obéissance ridicule à des lois d'intolérance quant à la foi, et sur la mythologie théogonique des Grecs, qu'il trouve absurde au fond de son âme, comme il le manifeste suffisamment en mille endroits; l'autre dans l'émission sérieuse de son principe général consistant dans une sage disposition d'esprit à admettre quelque révélation surnaturelle et à croire aux traditions raisonnables et bien établies, de sorte que, s'il avait connu toutes les traditions que nous connaissons, il n'aurait point passé si légèrement sur cet objet.

Suivons ses leçons et remplissons, en ce moment même, la lacune qu'il a laissée, faute d'une connaissance suffisante des croyances populaires généralement répandues sur l'origine du monde.

En cherchant bien dans les cosmogonies traditionnelles, on découvre sous les fables plus ou moins symboliques qui les composent, un fond commun qui, sans avoir le caractère de la nécessité aux yeux de la raison, ne présente rien que de possible et de conciliable avec la cosmogonie rationnelle exposée plus haut.

Voici le résumé le plus succinct des principales cosmogonies sous ce rapport.

1° Celle des Phéniciens, conservée par les fragments de Sanchoniaton retrouvés dans Eusèbe et Philon de Biblos, racontait qu'avant l'univers présent existait le chaos, que l'esprit l'anima, qu'il en résulta un mélange appelé *mot*, puis une fermentation, et, de cette fermentation, les naissances successives, et par époques, des diverses parties du monde et du globe terrestre. Les animaux sortirent du limon, et, quant au genre humain, il commença par deux, *protogone*, le premier-né, et *eon*, la vie, lesquels furent produits par le vent Col-pi-yah, la voix de la bouche de Dieu.

2° Les traditions chaldéennes, conservées principalement par Bérose, attribuaient l'origine des choses à la déesse Omoroca, la mère du Vide, dont Bel forma les cieux et la terre en la partageant par le milieu. Les hommes naquirent du mélange d'une partie de cette divinité avec de la terre.

3° La mythologie des Egyptiens donnait à entendre que la formation du monde commença par le feu et la lumière, qu'il y eut refroidissement, que, de ce refroidissement, vinrent les eaux, d'où les Egyptiens disaient que *la mer avait été engendrée par le feu*; que régna ensuite le soleil, fils du feu (Ἥφαιστος), puis successivement les plantes et les animaux, et enfin Isis et Osiris dont les descendants naquirent, par génération, à la manière humaine.

4° Tout le monde connaît le fond doctrinal que paraissent couvrir les mythologies grecques et latines : elles supposent en général, pour état primitif, un chaos d'où surgissent successivement tous les êtres, et, pour pères du genre humain, un homme et une femme formés, l'un après l'autre, de limon et d'une étincelle de feu divin. On connaît aussi les traditions relatives à la boîte de Pandore, d'où s'échappent tous les maux, et qui recèle encore l'espérance ; aux divers âges du monde ; à Prométhée. Mais cette partie se rapporte à une autre série de faits humains dont il est question ailleurs. (*Voy.* DÉCHÉANCE.)

5° D'après la cosmogonie étrusque, Dieu avait employé six époques, de mille ans chacune, pour compléter la formation du monde. Voici l'ordre de ces six périodes de création : 1° ciel et terre; 2° firmament ; 3° toutes les eaux ; 4° astres ; 5° animaux; 6° l'homme.

6° La cosmogonie des Scandinaves, une des plus confuses, implique encore des séries de formation, à partir d'un état indéfini où les éléments sont confondus. A cet état succèdent les glaces, aux glaces leur fusion, à cette fusion des êtres vivants, à ces êtres vivants des inondations, et à ces inondations l'homme et la femme.

7° D'après quelques poésies trouvées chez les Lapons, l'univers serait le résultat d'un œuf pondu par le vieux Wainamoïen, qui est le dieu suprême, et chacune des parties de l'œuf, en se développant à son commandement, seraient devenues les parties de l'univers.

8° La cosmogonie persane, après l'exposé de la philosophie de Zoroastre, qui implique la trinité et la création des génies, dont les uns restent bons et les autres deviennent mauvais, assigne à la formation de notre globe six époques, qui durent en totalité six mille ans, et dont voici l'ordre : 1° ciel ou atmosphère ; 2° eau ; 3° terre ; 4° arbres ; 5° animaux; 6° Meschia et Meschiané, nos ancêtres ; le reste se rapporte à la déchéance. Toutefois, dit M. l'abbé Bertrand, les légendes varient sur la formation de l'homme.

9° Les cosmogonies de l'Inde sont très-nombreuses. Après avoir posé le principe philosophique de l'Etre absolu, et même de la Trinité, elles racontent, en y mélangeant du panthéisme, la formation de l'univers par plusieurs époques, dont la première est la confusion de toutes choses. Viennent ensuite le ciel ou l'éther, la lumière, la terre, l'atmosphère, les astres, des génies sans nombre, un premier homme et une première femme, et des couples d'animaux. Quelques-unes, par un esprit d'aristocratie qui fait penser, donnent à la race humaine autant de couples originaires qu'il y a de castes.

Les bouddhistes ont leur cosmogonie particulière : elle divise la vie du monde en quatre âges : celui de la formation, celui du développement stationnaire, celui de la destruction, et celui du vide qui précède le premier, et suit le dernier des trois précédents. L'âge de formation se subdivise en une vingtaine de périodes, et le premier des développements qui marquent ces périodes est celui de l'eau. Les dieux viennent ensuite, puis le jour et la nuit, puis des végétaux et des animaux, et, enfin, la condition humaine, qui donne lieu, par ses événements, au développement du second âge.

10° Les Chinois remontent, comme les autres peuples, à un chaos primitif d'où naissent le ciel et la terre, d'abord sans forme, puis avec une forme, laquelle subit des métamorphoses qui aboutissent à l'apparition du dernier des pouvoirs de la création, qui est l'homme.

Les Japonais ont des cosmogonies à peu près semblables.

11° Les traditions cosmogoniques de l'Afrique parlent de création par le *bon Dieu*, du ciel et de la terre, d'esprits, et d'un homme et d'une femme, pères du genre humain. Elles parlent aussi d'un mauvais esprit et d'une déchéance.

12° Les traditions américaines sont peu connues.

Celle des Mexicains assigne quatre âges à la formation du monde : l'âge de la terre, l'âge du feu, l'âge du vent, et l'âge de l'eau.

13° Il en est de même des traditions des peuplades de l'Océanie. On en a cependant recueilli quelques fragments qui divisent la création de l'univers, ou seulement sa formation, en actions distinctes du pouvoir créateur ou formateur.

Il résulte, comme on peut en juger par cet imperceptible résumé de l'étude des cosmogonies de tous les peuples, que les traditions du genre humain, sur l'origine de l'univers, s'accordent, quant au fond, sur certains faits cosmogoniques dont voici la série :

D'abord, un chaos, un vide confus, un mélange vague dans lequel aucun être ne présente une forme distincte, et qui n'en a pas lui-même. Sous l'influence d'un esprit, ou d'une parole puissante, les êtres se débrouillent dans ce chaos, mais ne prennent leurs formes que les uns après les autres, et par époques de longue durée.

Le feu et la lumière, ainsi que l'eau, jouent un grand rôle dans les développements. Il y a des états de fusion et des refroidissements; les astres n'apparaissent, en général, qu'après la lumière. Il y a aussi des inondations. Les plantes et les animaux appartiennent à des époques plus récentes. L'homme est la dernière des productions.

Il est question de limon et d'étincelle divine, ou du souffle émané de Dieu, pour le former. Le genre humain commence par un seul couple, homme et femme, et la femme est formée la dernière. Enfin, dans ces créations, sont intercalées celles de génies, de dieux ou d'esprits, dont les uns sont bons et les autres mauvais.

Voilà ce qu'on peut extraire, avec plus ou moins de peine, des diverses cosmogonies, et ce sur quoi presque toutes paraissent tomber d'accord. Cet accord est singulier, et n'est pas sans donner à réfléchir, vu que, d'une part, ces faits, sans être nécessaires, comme le sont les principes posés par la cosmogonie purement rationnelle, n'ont rien de déraisonnable, et constituent un ordre de formation appartenant évidemment à l'innombrable liste des possibles, et que, d'autre part, ils sont consignés dans des livres appartenant à toutes les époques de l'histoire et à tous les pays. Plusieurs de l'Inde et de la Chine paraissent même être antérieurs au Pentateuque et à Moïse.

Ce n'est pas tout : les observations géologiques modernes, aussi bien que les découvertes en physique et en astronomie, et quelques données fournies par l'étude ethnologique des langues et des races, viennent les appuyer jusqu'alors d'une merveilleuse manière, sans rien fournir contre eux, quant aux époques de longue durée marquées par des révolutions dont le feu et l'eau sont les principaux éléments; quant à l'apparition des animaux en dernier lieu ; quant à l'antériorité de la lumière sur les astres; quant à la création de l'homme comme dénoûment du long drame géologique, et quant à l'unité d'origine du genre humain dans un seul couple primitif. La science est même sur la voie de construire avec ses propres observations tout un système cosmogonique qui sera aussi solidement appuyé qu'en harmonie avec ces traditions.

Disons donc que la raison peut, sans être téméraire, ajouter ces faits à la partie rationnelle de la cosmogonie de Platon, et bâtir de la sorte une histoire complète de la création de notre univers, dont les bases seront les articles suivants :

1° L'Etre éternel, unique, intelligent, libre, non successif dans son éternité, ayant dans sa pensée l'idéal parfait de tous les mondes possibles, créa le nôtre en réalisant cet idéal dans une perfection relative, et fut content de son ouvrage. Il fit ainsi le temps, que mesurent les astres et tous les corps qui se meuvent, image mobile de son immobile éternité. Il lui suffit de sa pensée et de sa volonté, exprimées par sa parole, pour réaliser l'univers. Toutes ses œuvres sont mortelles de leur nature; mais il les rend immortelles par sa volonté; car il est bon, et

l'être bon ne brise pas ce qui est bien; il en est ainsi des âmes. Pour faire l'homme, il unit des âmes à des corps périssables, et il voulut que ces âmes fussent soumises à la vertu, n'oubliassent jamais leur origine. Sa providence n'est injuste pour aucune; mais elles sont libres, et celle qui aura mené la vie des justes ira jouir, après la mort, de la félicité suprême. C'est ainsi que la sagesse et la bonté de Dieu ne sont point responsables des crimes de l'humanité. Le Créateur, pour réaliser toutes ces harmonies, ne sortait point de son repos.

2° Mais il lui plut d'assigner de longs siècles au développement successif de ces harmonies ; c'est au moins ce que nous ont appris les traditions des premiers hommes, et ce que la science humaine paraît lire dans les entrailles de la terre et dans les profondeurs des cieux. Il fit d'abord le chaos informe, mais doué de principes et de lois qui n'étaient que sa providence continue, et qui devaient amener successivement les productions jusqu'à l'état présent, lequel changera encore, et donnera lieu, en périssant, à des états nouveaux. En vertu de ces lois et sous l'incubation de son esprit, la lumière et le feu se développèrent d'abord, puis la terre et les astres. La terre fut soumise à des révolutions nombreuses, par le feu et par l'eau, ces révolutions détruisaient l'état précédent pour en déterminer un nouveau, toujours plus parfait, et c'est ainsi que se formèrent successivement les plantes et les animaux qui la couvrent, selon la loi du progrès naturelle aux créatures. L'homme parut le dernier ; ne fallait-il pas que le palais fût meublé avant de recevoir son maître? Quelques-uns disent que sa formation marqua la sixième époque. Il sortit du limon terrestre animé par le souffle de l'esprit, et la femme lui fut ajoutée, afin que de ce couple unique descendissent, par génération, tous les membres du genre humain. Ailleurs, pendant ces longues périodes, Dieu réalisait des mondes d'esprits, de génies, de dieux, d'anges, dont on parle sans les connaître.

Mais pour ce qui est de notre terre, quand elle eut germé l'homme sous le souffle de Dieu, Dieu cessa d'y déterminer des productions nouvelles, ne veillant plus désormais qu'aux reproductions des types déjà formés. C'est la septième époque.

Telle est la cosmogonie que pourrait construire, à l'aide des philosophies antiques, des traditions populaires, des données fournies par la science moderne, une raison judicieuse, en faisant abstraction complète de la révélation mosaïque.

Il nous reste à prendre cette révélation même, et à comparer sa cosmogonie avec celle de la raison que nous venons de résumer.

IV. — Cosmogonie de la révélation pure.

Traduisons la *Genèse* :
Dans le principe, Dieu créa le ciel et la terre. Or la terre était informe et nue. Les ténè-

bres étaient sur la face de l'abîme, et l'Esprit de Dieu était porté sur les eaux.

Or Dieu dit : Que la lumière devienne ; et la lumière devint.

Et Dieu vit la lumière, il vit qu'elle était bonne ; et il sépara la lumière des ténèbres.

Il appela la lumière jour, et les ténèbres nuit ; et, du soir et du matin, se fit un jour.

Dieu dit aussi : Devienne le firmament au milieu des eaux, et qu'il sépare les eaux des eaux.

Et Dieu fit le firmament, et il sépara les eaux qui étaient sous le firmament de celles qui étaient sur le firmament ; et il se fit ainsi.

Et Dieu appela le firmament ciel ; et se fit, du soir et du matin, le second jour.

Mais Dieu dit : Que s'amassent en un lieu les eaux qui sont sous le ciel, et que l'aride paraisse. Et il se fit ainsi.

Et Dieu appela l'aride terre ; et les amas d'eaux, il les appela mers. Et Dieu vit que c'était bien.

Et il dit : Que la terre germe de l'herbe verte et faisant semence, et du bois pomifère faisant fruit selon son espèce, dont la semence soit en eux-mêmes sur la terre. Et il se fit ainsi.

La terre produisit de l'herbe verte et faisant semence selon son espèce, et du bois faisant fruit, tout ayant semence selon son espèce. Et Dieu vit que c'était bien.

Et se fit, du soir et du matin, le troisième jour.

Or Dieu dit : Deviennent des luminaires dans le firmament du ciel, et qu'ils dirigent le jour et la nuit ; et qu'ils soient en signes des temps, des jours et des années ; et qu'ils luisent dans le firmament du ciel, et illuminent la terre. Et il se fit ainsi.

Dieu fit deux grands luminaires ; un luminaire plus grand pour présider au jour, un luminaire moindre pour présider à la nuit ; et des étoiles ; et il les plaça dans le firmament du ciel pour luire sur la terre, et présider au jour et à la nuit, et diviser la lumière et les ténèbres. Et Dieu vit que c'était bien.

Et se fit, du soir et du matin, le quatrième jour.

Dieu dit encore : Que les eaux produisent le reptile à âme vivante, et le volatile sur la terre sous le firmament du ciel.

Et Dieu créa les grands poissons, et toute âme vivante et active qu'avaient produite les eaux dans leurs espèces, et tout volatile selon son espèce. Et Dieu vit que c'était bien.

Et il les bénit, disant : Croissez et multipliez, et remplissez les eaux de la mer ; et que les oiseaux multiplient sur la terre.

Et se fit, du soir et du matin, le cinquième jour.

Dieu dit aussi : Que la terre produise les animaux vivants dans leurs espèces, les juments, les reptiles et les bêtes de terre selon leurs espèces. Et il se fit ainsi.

Dieu fit les bêtes de terre selon leurs espèces, et les juments, et tout reptile de terre dans son espèce. Et Dieu vit que c'était bien.

Et il dit : Faisons l'homme à notre image et ressemblance, qu'il préside aux poissons de la mer, et aux oiseaux du ciel, et aux bêtes, et à toute la terre, et à tout reptile qui se meut sur la terre.

Et Dieu créa l'homme à son image ; il le créa à l'image de Dieu ; il les créa mâle et femelle, et Dieu les bénit et leur dit :

Croissez et multipliez-vous, et remplissez la terre, et soumettez-la, et dominez sur les poissons de la mer, et sur les oiseaux du ciel, et sur tous les animaux qui se meuvent sur la terre.

Et Dieu dit : Voilà que je vous ai donné toute herbe portant graine sur la terre, et tous les arbres ayant en eux-mêmes la semence de leur espèce, afin qu'ils vous soient en nourriture, et à tous les animaux de la terre, et à tous les oiseaux du ciel, et à tout ce qui se meut sur la terre ayant une âme vivante, afin qu'ils aient pour se nourrir. Et il se fit ainsi.

Et Dieu vit toutes les choses qu'il avait faites ; et elles étaient très-bonnes.

Et se fit, du soir et du matin, le sixième jour.

Le Seigneur Dieu forma donc l'homme du limon de la terre, et il inspira sur sa face un souffle de vie et l'homme devint une vie animée

Or le Seigneur Dieu avait planté, d'abord un paradis de volupté dans lequel il mit l'homme qu'il avait formé.

Et le Seigneur Dieu avait produit de la terre tout arbre beau à la vue et suave au goût ; et aussi, dans le milieu du paradis, l'arbre de vie et l'arbre de la science du bien et du mal.....

Il prit donc l'homme et le plaça dans ce paradis de volupté afin qu'il y travaillât et le conservât

Il lui fit aussi un commandement, disant : mange de tout arbre du paradis, mais de l'arbre de la science du bien et du mal ne mange point ; car en quelque jour que tu en manges, tu mourras de mort.

Le Seigneur Dieu dit aussi : il n'est pas bon que l'homme soit seul, faisons-lui une aide semblable à lui.

C'est pourquoi, ayant formé de la terre tous les animaux terrestres, et tous les oiseaux du ciel, le Seigneur les amena à Adam afin qu'il vît comment les appeler (car tout nom qu'animal vivant reçut d'Adam est son vrai nom).

Adam appela donc tous les animaux par leurs noms, et tous les oiseaux du ciel, et toutes les bêtes de la terre.

Mais Adam n'avait point encore une aide semblable à lui.

Le Seigneur Dieu envoya donc un assoupissement dans Adam ; et quand il se fut endormi, il tira une de ses côtes et mit de la chair à la place.

Et le Seigneur Dieu forma en femme la côte qu'il avait tirée d'Adam ; et il l'amena à Adam.

Et Adam dit : voilà maintenant l'os de mes os et la chair de ma chair, celle-ci sera appelée virago puisqu'elle a été prise de l'homme. C'est pourquoi l'homme laissera son père et sa mère et s'attachera à son épouse ; et ils seront deux en une seule chair.

Or l'un et l'autre étaient nus, Adam et son épouse ; et ils ne rougissaient pas.....

Les cieux et la terre furent donc ainsi achevés, et tous leurs ornements.

Et Dieu accomplit, au septième jour, l'œuvre qu'il avait faite; et, ce septième jour, il se reposa de tout l'ouvrage dont il était le Père.

Et il bénit le septième jour et le sanctifia, parce qu'en ce jour il avait mis fin à son travail pour faire ce qu'il a créé.

Telles sont les générations du ciel et de la terre, quand ils ont été créés au jour que le Seigneur Dieu fit le ciel et la terre. (Gen. I et II.)

Nous avons fait quelques transpositions pour établir l'ordre du récit selon l'ordre des faits, ce qui n'a pas lieu dans le texte à partir de la création de l'homme.

Nous ne ferons pas une dissertation pour montrer l'harmonie de cette narration cosmologique avec celle de la raison droite qui la précède. Nous inviterons seulement le lecteur à les étudier l'une et l'autre, en ayant soin de faire, dans celle-ci, la part du langage figuré, solennel et chantant, propre à l'antique Orient, quoique peu de morceaux de la Bible soient, au fond, moins métaphoriques que celui-là.

On a assez parlé du sublime qui y règne pour que nous nous taisions sur cet objet. Voici la seule observation que nous croyions devoir soumettre.

La partie philosophique est moins développée que dans Platon. La révélation a pour habitude d'affirmer et de peindre; elle n'explique ni ne démontre, excepté toutefois par la bouche de Jésus-Christ, qui se mit, sous ce dernier rapport comme sous les autres, à la portée de l'humanité. Cependant cette partie s'y trouve presque tout entière implicitement comprise.

L'unité de Dieu lui sert de base, et les cinq livres de Moïse ne sont, ensuite, qu'une prédication énergique de ce dogme primordial, impliqué par le premier mot de la *Genèse*.

L'éternité de Dieu non successive, avec les attributs qui en découlent, n'y est pas signalée; mais Dieu y est représenté tellement grand qu'on l'en déduit naturellement, surtout quand on rapproche de ce début de Moïse la parole profonde du premier chapitre de l'*Exode* : *Je suis celui qui suis.*

La distinction entre Dieu et ses œuvres est dans l'esprit du récit, comme chez Platon.

Il en est de même de l'intelligence et de la liberté en Dieu, aussi bien que du soin qu'il prend de ses créatures et de leur contingence. Le tableau exprime ces idées de la manière la plus forte. La toute-puissance ne saurait être mieux représentée que par ce mot sublime : *Fiat lux; et facta est lux.* (Gen. I, 3.) Dieu y est aussi représenté comme premier type des choses, quoique cette idée n'y soit point développée, puisqu'il est dit que l'homme fut créé à son image. La moralité humaine et le libre arbitre, qui font que Dieu n'est pas responsable des crimes de l'humanité, n'y manque pas non plus; elle est impliquée dans le commandement ou plutôt l'avertissement fait à l'homme.

Quant à l'immortalité de l'âme et aux récompenses d'une autre vie, ce point est passé sous silence, et n'y est peut-être pas impliqué nécessairement. Cependant l'avertissement conditionnel : Si tu touches à l'arbre du mal, à l'arbre qui fait comprendre la différence entre le bien et le mal par le mal même, tu mourras, ne suppose-t-il pas une immortalité? Car il n'y a pas d'immortalité, dans quelque sens qu'on la comprenne, qui ne renferme essentiellement l'absence d'annihilation du sujet. D'un autre côté, si une mort quelconque est donnée comme suite du mal voulu librement, c'est une peine; et, par contre, l'absence de cette mort, dans le sujet qui fera le bien, sera la récompense immortelle naturellement opposée à cette mort. Nous ne voyons pas comment on sortirait de cette argumentation, à moins qu'on ne prît l'homme comme représentant l'humanité, au sens collectif et exclusif des individus qui la composent; mais, en outre que cette interprétation ne serait pas catholique, par l'exclusion même qu'elle poserait, elle sortirait complètement de l'esprit de la narration mosaïque. Au reste, nous ne sommes pas de l'avis des théologiens qui ne peuvent trouver l'immortalité de l'âme dans les anciens livres hébreux; bien qu'elle n'y soit peut-être pas directement et philosophiquement affirmée, nous l'y sentons partout en les lisant.

Quant à l'idée de création véritable au sens philosophique, il nous paraît bien difficile, pour ne pas dire impossible, d'établir par le mot hébreu *bora*, qu'emploie Moïse, que le premier verset exprime cette idée. Il semble même que ce premier verset ne soit qu'un résumé général de tout ce qui va suivre, une annonce, pour entrer en matière, de tout ce qui va être raconté; auquel cas Moïse n'aurait, comme on le remarque dans la plupart des cosmogonies, commencé la sienne qu'au chaos primitif, dans lequel la terre était informe et nue, sans s'occuper de ce qui précéda. Mais on pourrait élever la même difficulté sur la phrase de Platon : *L'Éternel créa le monde*, et même à plus forte raison, vu que certains passages du philosophe viendraient la corroborer, et que la Bible, loin d'en fournir de semblables, favorise partout l'idée d'une véritable création. Au reste, nous croyons, avec saint Clément d'Alexandrie, que le philosophe grec n'a pas cru, ainsi que nous l'avons déjà dit, à l'éternité de la matière, et entendu parler de créations proprement dites. Or, si l'on en juge ainsi de Platon, on doit pour le moins user de la même mesure à l'égard de Moïse, et lui attribuer la même idée, quoique le texte n'emporte pas nécessairement cette interprétation.

Il resterait beaucoup de détails à passer en revue; mais, nous le répétons, l'harmonie est si frappante sur tous ces points, qu'il suffit de lire avec attention les deux cosmogonies pour en être ébloui.

En ce qui concerne Platon, en particulier, ce sont les passages de ce genre, dont ses dialogues fourmillent, qui firent supposer à plusieurs Pères de l'Église platoniciens que le philosophe avait eu connaissance des livres hébreux, et qu'en *ami de la vérité*, comme dit Clément d'Alexandrie, il n'avait pas manqué d'en saisir les plus belles paroles, pour en déduire ensuite, avec son génie, des développements sublimes. Mais cette pensée, qui entrait dans la sainte tactique de ces Pères contre les néoplatoniciens ennemis du christianisme, n'est pas fondée, et est réfutée par dom Calmet. Le motif qui porterait, à l'heure qu'il est, un catholique à la soutenir militerait dans le même sens à l'égard des anciens livres philosophiques de la Chine et de l'Inde; et, si on la poussait jusque-là, on tomberait dans l'absurde, en prétendant que la *Genèse* aurait été connue du monde entier avant Jésus-Christ, sans qu'il en fût resté, non-seulement aucun exemplaire, mais aucunes citations; et que des écrivains relégués aux extrémités d'un monde inconnu, et vivant dans des époques, soit postérieures de quelques siècles à Moïse, soit contemporaines, soit même antérieures pour quelques-uns, selon des probabilités respectables, auraient puisé leurs philosophies dans des livres sublimes de grandeur, de pureté et de poésie, mais qui n'ont point le caractère philosophique, et dont quelques paroles, profondes sous ce rapport, donneraient plus à travailler au génie, pour en déduire les développements démonstratifs des Platon, des Aristote, des Lao-Tseu, que les idées premières et les inspirations naturelles soufflées dans nos âmes par celui qui éclaire tout homme venant en ce monde.

On ne peut cependant s'empêcher de reconnaître, à l'accord des traditions sur certains faits cosmologiques, et à leur ressemblance avec le récit de Moïse, que ces traditions ne remontent à une source commune, qui ne peut être qu'une révélation primitive dont Moïse a été le seul écho fidèle, quoique obscur, ainsi que les autres, puisque les débuts de sa Genèse prêtent à une foule d'interprétations dont les sciences physiques pourront seules fixer le choix.

Revenons à Platon, qui n'est pas, comme l'auteur inspiré, supérieur aux éloges; et, disons à sa gloire, avec les Pères de l'Eglise qui ne rougissaient pas d'associer son nom à celui du Christ, en se disant platoniciens, que ce n'est ni de lui ni de ses pareils qu'a parlé l'auteur du livre de la Sagesse, lorsqu'il a dit: *Vains sont les hommes dans lesquels ne subsiste pas la science de Dieu, et qui n'ont pu, par les choses qui paraissent bonnes, comprendre celui qui est.* « Vani sunt omnes homines in quibus non subest scientia Dei, et, de his quæ videntur bona, non potuerunt intelligere eum qui est. » (*Sap.* XIII, 1.) Pas plus que saint Paul, disant aux Romains que *les choses invisibles de Dieu sont perçues et comprises par ce qui a été fait; de sorte qu'ils sont inexcusables ceux qui, ayant connu Dieu, ne l'ont point glorifié.* (*Rom.* I, 20.)

Quelle glorification plus magnifique que celle de la grande démonstration platonique passant par les âmes de tous les génies jusqu'à la fin des temps! — *Voy.* DÉLUGE.

COSMOGRAPHIE. — BIBLE. *Voy.* COSMOLOGIQUES (Sciences).

COSMOLOGIQUES (SCIENCES). — THEOLOGIE NATURELLE ET SURNATURELLE (III° part. art. 5). — Comme le titre l'indique, nous pensons devoir considérer les sciences cosmologiques dans leurs rapports avec la religion naturelle et la religion révélée. Comprenant donc, ainsi qu'on peut le voir à l'article SCIENCE, sous le nom générique de cosmologie, la physique, l'astronomie et la chimie, vu qu'elles s'occupent, plus que les autres branches de la science naturelle, des lois générales de la matière universelle, ou du Κοσμος, nous aurons à faire comprendre, par des considérations aussi générales que possible, comment le progrès humain, dans ces sciences, perfectionne et purifie, de sa nature, la religion naturelle, n'attriste point la religion révélée, et vient, au contraire, à l'aide de celle-ci pour solidifier sa foi.

I. — Le progrès dans les sciences cosmologiques perfectionne et purifie la religion naturelle

I. Etudier les grandes harmonies de l'univers, c'est étudier Dieu lui-même se révélant dans ses ouvrages; et pénétrer, de plus en plus, dans les mystères de sa puissance, c'est avancer dans l'édification de sa connaissance en nous, base de l'adoration, non pas en ce sens que le cœur pur ne puisse élever, sur la plus simple idée du Créateur, un édifice religieux suffisant pour préparer les plus sublimes développements dans l'autre vie, mais en ce sens que l'adoration en soi s'approche davantage de son état parfait et normal, quand la connaissance est plus exacte et plus étendue. On comprendra mieux cette pensée par ce qui va suivre. Nous ne voulons, en commençant, que poser la vérité générale que nul ne peut contester et qui peut s'énoncer sous la forme suivante:

La science cosmologique n'est autre chose que l'humanité en travail permanent pour dresser un catalogue de plus en plus fidèle et complet, à la louange de Dieu, des titres de sa gloire.

II. La vue de l'univers matériel et l'observation de ses magnificences ne donnera pas lieu à une preuve de l'existence de Dieu qu'on puisse analyser et traduire algébriquement comme celle que fournit la métaphysique ontologique et mathématique; mais elles en engendrent une autre toute de sentiment qui parle plus clairement aux oreilles communes, et qui a la priorité dans l'ordre pratique. L'homme n'ouvre pas les yeux au spectacle du monde, qu'un sentiment clair, énergique, tout-puissant, ne s'élève dans son être en forme de révélation du Créateur. Or, les sciences physiques sont la culture même de cette révélation; ce sont elles qui se chargent de détailler à l'infini la démonstration de Dieu par les beautés du cosmos, par les harmoniques concordances qu'on a nommées les causes finales et qui annoncent le plan préconçu, avec d'autant plus de force que les rouages sont plus multipliés. Ce qu'elles font, surtout, c'est de prêcher à l'esprit, à mesure qu'elles s'étendent, les attributs principaux de l'Être suprême, après que l'ontologie en a posé en principe la nécessité absolue, et de rappeler à l'homme en même temps, sa dignité, sa noblesse, sa propre grandeur comme image de son père.

Les attributs fondamentaux de la Divinité dont le progrès des sciences physiques chimiques et astronomiques est une manifestation toujours croissante, et dont ce progrès provoque de plus en plus en nous l'adoration, sont la puissance et la grandeur, l'intelligence et la sagesse, l'amour et la liberté.

III. Il fut un temps où l'astronomie consistait à regarder la terre comme une grande table plate sur laquelle reposait une énorme cloche de cristal ornée de flambeaux plus ou moins brillants qui s'y promenaient d'orient en occident. L'homme avait-il alors une idée de Dieu qui fût digne de lui? sans doute, il l'adorait suffisamment avec son cœur; mais cependant n'y avait-il pas, dans son adoration, une anomalie? il le remerciait de ce qu'il n'avait pas fait, ignorant les réalités, incomparablement plus belles, qu'il avait prodiguées dans l'espace. Le remercier comme nous pouvons le faire aujourd'hui de toutes les grandeurs merveilleuses découvertes par les astronomes, de Zoroastre et des Chaldéens à Pythagore, de Pythagore à Hipparque, d'Hipparque à Ptolémée, de Ptolémée à Copernic, et de Copernic à nos Herschell et nos Arago, n'est-ce pas une louange plus belle et plus parfaite?

Au milieu du XIIIe siècle, Alphonse X, roi de Castille, zélé protecteur de la science, se fit un jour expliquer, par les astronomes qu'il encourageait de ses largesses, leurs sphères, leurs épicycles, leurs tables pleines d'erreurs, qui passaient alors pour des vérités, et qui découlaient de la théorie de Ptolémée, qu'on regardait comme un crime de contredire pour retourner aux idées de Pythagore et de Platon contre l'immobilité de la terre; et, jugeant toute cette complication peu digne de Dieu, il leur dit cette parole plaisante qui fut sottement traitée d'impiété, et qui n'était qu'une critique annonçant dans son esprit, le sentiment d'une vérité plus belle : « Si Dieu m'avait appelé à son conseil lorsqu'il créa l'univers, les choses auraient été dans un ordre meilleur et surtout plus simple. » Alphonse avait raison de n'être pas content; Dieu, par le fait, avait travaillé beaucoup mieux, car, trois cents ans après, venait un homme qui, ayant trouvé le vrai plan de l'univers, écrivait un livre en tête duquel il mettait ces paroles que personne maintenant n'oserait traiter d'orgueilleuses : « Le sort en est jeté; j'écris mon livre; on le lira dans l'âge présent ou dans la postérité, que m'importe? il pourra attendre son lecteur. Dieu n'a-t-il pas attendu six mille ans un contemplateur de ses œuvres? » Cet homme était Képler.

Depuis que Képler et ses disciples nous ont appris la simplicité majestueuse des révolutions célestes, l'immensité de la création, les vastes harmonies de ses lois, la petitesse de notre planète relativement à ces multitudes de corps qui enrichissent l'espace; depuis que tout concourt à rendre probable l'hypothèse de la multiplicité de globes habités, jetés çà et là comme des chœurs dans le concert universel; n'avons-nous pas une idée plus digne de la puissance, de la sagesse et de l'amour infini? le génie de l'adoration pouvait désirer qu'il en fût ainsi pour la gloire de l'éternel principe; et voilà que, peu à peu, l'observation astronomique vient satisfaire ses vœux !

« On devrait, dit Herschell, s'attendre assez naturellement à ce qu'une base aussi vaste que le diamètre de l'orbe terrestre pût être avantageusement employée pour la triangulation des étoiles; à ce que le déplacement de la terre, d'un point de son orbite au point opposé, produisît une parallaxe annuelle des étoiles, susceptible d'être mesurée, et de conduire, par le calcul, à la connaissance de leurs distances. Mais quelque raffinement qu'on ait apporté aux observations, les astronomes n'ont pu arriver, par cette voie, à des conclusions positives et concordantes; de façon qu'il semble démontré que cette parallaxe, même pour les étoiles fixes les plus proches parmi celles qu'on a examinées avec le soin convenable, se trouve mêlée avec les erreurs fortuites inhérentes aux observations, et masquée par elles. Or le degré de perfection auquel celles-ci ont été portées, ne permet pas de douter que, si la parallaxe en question était seulement d'une seconde (ou si le rayon de l'orbe terrestre vu de la plus proche étoile fixe, sous-tendait cet angle si petit), elle n'aurait pas manqué d'être universellement reconnue... étant moindre qu'une seconde, la distance de la plus proche des étoiles est donc plus grande que six trillions sept cent vingt billions de lieues; 6,720,000,000,000 ! De combien est-elle plus grande? C'est ce que nous ignorons. » (*Traité d'astronomie*, art. 588, trad. de Cournot.)

Bessel, à l'observatoire de Kœnigsberg, est cependant parvenu, dans ces dernières années, à force de patience, à calculer la parallaxe de la 61e du Cygne, étoile double dont l'une des deux tourne autour de l'autre, ce qui a rendu possible l'opération. La parallaxe de cette étoile est d'un *tiers de seconde*, ou, plus exactement, de 0", 31; or la distance correspondante à cette parallaxe est telle que la lumière, avec sa vitesse de 77 mille lieues par seconde, met encore dix ans à nous arriver. D'où il résulte, si l'on en juge par analogie, que la lumière d'une étoile de 6e grandeur, mettra plus de 2,000 ans à nous parvenir, en supposant que la diminution de visibilité de l'étoile tienne à la distance, ce qui doit avoir lieu le plus souvent. Et il ne faut pas prendre ces énormités pour des rêveries; elles sont fondées sur des observations et des calculs d'une solidité mathématique. La parallaxe est l'angle au sommet du triangle formé par deux rayons de lumière venant de l'astre à nos yeux, aux deux bouts d'une ligne de 1,500 lieues, ou d'un rayon terrestre, quand il s'agit de la lune, et encore du soleil; mais, quand il s'agit d'astres plus éloignés, d'une ligne traversant l'orbite terrestre, préalablement connue, c'est-à-dire de 75 millions de lieues ; pour obtenir cette ligne à la base du triangle, on fait deux observations à six moins de distance. Quand on a le triangle, c'est-à-dire qu'on en connaît les deux angles à la base, et, par déduction, l'angle au sommet ou la parallaxe, il n'est pas difficile, grâce à la base également connue, de calculer les autres côtés, et par conséquent la distance ; c'est la trigonométrie qui donne son résultat mathématique.

Et quand on pense à la multitude des étoiles, à ces nébuleuses, dans la région desquelles un espace, présentant une aire égale à la dixième partie de celle du disque de la lune, donne à compter, dans un télescope, jusqu'à vingt mille étoiles, l'esprit ne s'élance-t-il pas dans des admirations infinies de la grandeur de Dieu ?

« Sous quelque point de vue, dit encore Herschell, après avoir arpenté le firmament, sous quelque point de vue qu'on envisage les nébuleuses, elles offrent un champ inépuisable de spéculations et de conjectures. On ne saurait douter qu'elles ne soient, pour la plupart, formées par une agglomération d'étoiles, et l'imagination se perd dans cette série interminable qu'elle entrevoit, de systèmes qui se groupent pour former d'autres systèmes, de firmaments qui composent d'autres firmaments. » (*Ibid.*, art. 625.)

Ce que le télescope nous a révélé sur l'infini de la grandeur des œuvres du Très-Haut, le microscope nous en a donné le pendant du côté de la petitesse, qui, présentant un autre infini, redevient une grandeur plus admirable encore. La chimie est parvenue à constater des ordres multipliés de combinaisons des atomes invisibles. Autant de découvertes, autant de preuves nouvelles d'une sagesse immense à qui rien n'échappe, et qui prévoit tout.

Quand la science dormait sur la théorie des quatre éléments, l'homme ne pouvait rendre hommage au Très-Haut, et l'admirer que du résultat superficiel de ses procédés : il ressemblait à celui qui passe devant les produits d'un atelier, mais ignore les artifices de l'industrie qu'on voit à l'intérieur, et qui surprennent bien davantage celui à qui on les explique. Depuis qu'on sait les combinaisons infinies des molécules élémentaires, et les moyens employés dans l'atelier de Dieu pour arriver aux mille métamorphoses des êtres matériels, quelle carrière plus immense n'est pas ouverte à l'admiration !.... Plus on approche du travail intime et détaillé de Dieu, plus on le trouve grand et digne d'amour !

Avant que la physique eût mis l'homme en demeure de créer des langues nouvelles, pour nommer ces forces mystérieuses aux fantastiques effets, et nomenclaturer les modes réguliers de production de ces phénomènes, qu'on ne se lassera jamais d'admirer, l'homme avait-il une idée aussi grande de la fécondité du génie créateur, et pouvait-il élever aussi haut ses contemplations pieuses ?

La science cosmologique est chargée, par Dieu même, de composer l'encens que brûlera la prière.

Que ne pouvons-nous faire seulement passer devant les yeux un résumé rapide des merveilles qu'ont exhibées sur l'autel du Très-Haut, dans ces derniers siècles, l'astronomie, la chimie et la physique ? Mais ce serait entreprendre un livre à part dans un autre déjà bien long. Cependant, nous ne pouvons résister au désir de citer en exemple, avec quelque détail, une découverte toute récente dans la partie de la physique qui traite de la lumière.

IV. Il y a longtemps qu'on sait que la vue ne consiste pas dans une émanation subtile qui sortirait de l'œil, irait toucher les objets à l'instar d'une main, et nous en apprendrait l'existence, mais dans le rayon lumineux, extérieur à nous, qui va frapper la surface des corps, est réfléchi par elle, comme une bille élastique, et, s'introduisant jusqu'au fond de l'œil, avertit l'individu de la présence, de la couleur et de la forme du corps éclairé. Mais ce n'est que depuis Descartes et Newton que l'homme connaît les merveilles de la lumière et de la vision ; et, chaque jour, il en trouve de nouvelles. Il sait, par exemple :

Que le rayon lumineux, réfléchi par l'objet vers l'œil du spectateur, forme, avec la surface de cet objet, après la réflexion, un angle égal à celui qu'il forme, avec la même surface, à son arrivée sur elle ;

Que, dans un milieu homogène, le rayon lumineux se propage toujours en ligne droite ;

Que, dans un milieu hétérogène, il se propage en ligne courbe, plonge obliquement dans ce milieu, et que sa direction se rapproche de la normale, c'est-à-dire de la perpendiculaire, sur la surface de sortie, chaque fois qu'il passe d'une couche moins dense dans une couche plus dense ; *et vice versa* pour le cas contraire ;

Que la lumière se propage avec une vitesse d'au moins 71 mille lieues par seconde, et qu'elle met 8 minutes 15 secondes à nous arriver du soleil ;

Que les objets ne sont pas colorés par eux-mêmes, que la lumière seule possède les couleurs, mais que leur surface est propre ou à absorber toute la lumière reçue, auquel cas elle est noire, ou à en réfléchir toutes les parties, auquel cas elle est blanche, ou à en réfléchir une partie seulement, auquel cas elle est colorée en violet, indigo, bleu, vert, jaune, orange, rouge, ou nuances mélangées et intermédiaires, selon qu'elle réfléchit le rayon violet ou le rayon bleu, ou le rayon vert, etc., en absorbant les autres, ce qu'on a trouvé moyen de démontrer avec évidence par la décomposition d'un rayon blanc dans le prisme ;

Que les corps diaphanes sont ceux qui laissent passer les rayons à travers leur substance sans les absorber ni les réfléchir, et que les corps opaques sont ceux qui les absorbent ou les réfléchissent comme nous l'avons dit;

Que l'œil est une chambre noire, au fond de laquelle est une sorte d'écran appelé rétine, sur lequel le faisceau de rayons lumineux, partant de l'objet vu, va dessiner, en petit, avec sa couleur et ses formes, une image renversée de cet objet, et que c'est cette image qui, excitant une impression sur le nerf optique, dont la rétine est l'aboutissement, avertit l'âme, etc., etc.

Il sait encore, depuis les démonstrations des physiciens de nos jours, et, en particulier, du jeune Léon Foucault, que Descartes avait eu raison d'imaginer que la lumière n'est pas une émanation des corps lumineux, tel que le soleil, mais une ondulation d'une matière subtile, espèce d'océan appelé éther, où sont plongés tous les êtres visibles ; ondulation que détermine tout foyer de lumière avec plus ou moins de puissance; qui se propage comme l'onde dans un liquide, comme le son dans l'air; et qui forme ainsi des rayonnements autour d'un centre, lesquels, réfléchis par les obstacles, comme le seraient de véritables émissions, suivent les mêmes lois, se livrent aux mêmes jeux.

Il sait encore, depuis les travaux magnifiques de Fresnel et d'Arago, que la lumière diversement réfractée se neutralise elle-même, se modifie, se colore, se joue de mille manières dans les beaux phénomènes de polarisation, que la tourmaline, sorte de pierre précieuse, a révélés.

Il a même trouvé moyen, dans ces dernières années, de fixer sur le métal et sur le papier l'image lumineuse de la chambre noire artificielle, moins les couleurs, qu'obtient cependant aujourd'hui M. Niepce de Saint-Victor, mais qu'il ne peut encore fixer suffisamment pour que le jour ne les altère pas.

Tels sont les points fondamentaux des connaissances modernes sur la lumière ; et voici où nous voulons en venir : il se trouve que les rayons lumineux qui vont imprimer l'image photographique, en se faisant peintres, pour ainsi parler, à la volonté de l'homme, ne sont pas ceux que notre œil voit, mais d'autres qui les accompagnent; de sorte que Dieu, en établissant les ondulations lumineuses, en ménagea de photographiques, qui n'ont produit chez nous leur résultat prévu que depuis notre invention de la photographie. Pour comprendre ce singulier phénomène constaté dernièrement par l'optique, il nous faut remonter à la décomposition de la lumière blanche par le prisme, ou au spectre solaire, par lequel Newton prouva expérimentalement plusieurs vérités que, déjà, Descartes avait devinées dans ses hypothèses.

Recevant donc un rayon blanc, par un trou, dans une chambre obscure, et le faisant passer à travers un prisme de verre, il est décomposé par les réfractions différentes que subissent les sept rayons composants, de sorte que ces sept rayons vont former une image oblongue, de ronde qu'elle était avant la décomposition, le rayon rouge occupant une extrémité, le rayon violet occupant l'extrémité opposée, et les cinq autres couleurs remplissant, par bandes, l'intervalle en forme d'éventail.

Or l'onde lumineuse, qui est appelée rouge parce qu'elle détermine dans notre œil la sensation de la couleur rouge, résulte d'une multitude de vibrations, ou va et vient, de chacune des molécules de l'éther, sous une dimension particulière ; et il en est de même des six autres ondes : c'est la longueur de la vibration qui détermine la couleur. On a pu calculer cette dimension des ondes, et on a constaté que c'est le rouge qui est la plus longue, la violette la plus courte, et que les autres affectent des longueurs graduées dans l'intervalle.

La vibration rouge est, pour chaque molécule de l'éther, de six dix-millièmes de millimètre, et la violette de quatre dix-millièmes, le rapport étant, ainsi, de trois à deux. C'est, à peu près, la limite des objets visibles au microscope, à peu près la centième partie de l'épaisseur d'un cheveu.

Quant au nombre des vibrations qui se font en une seconde, le calcul donne un résultat effrayant pour l'imagination. On trouve cinq cent vingt-six trillions de mouvements de va et vient, en une seconde, pour le rouge, et, pour le violet, sept cent quatre-vingt-dix trillions dans le même temps. Quelle différence avec la rapidité des vibrations du son, lesquelles s'élèvent, pour l'*ut* grave, qui correspond, dans la gamme, à la couleur rouge, au nombre de deux cent cinquante-six par seconde, et pour le *si*, qui correspond au violet, de cinq cent douze.

Cela posé, de même qu'il y a, en deçà et au delà des limites de notre audition, des sons que nous ne pouvons pas entendre, les uns parce qu'ils sont à vibrations trop longues et trop lentes, par conséquent trop graves, les autres, parce qu'ils sont à vibrations trop courtes et trop rapides, par conséquent trop aiguës ; de même, il y a des rayons lumineux, soit réfractés en deçà du rouge, soit réfractés au delà du violet dans le spectre solaire, que nous ne pouvons pas voir, les premiers, parce qu'ils sont à vibrations trop longues et trop lentes pour nos yeux, où, si l'on veut trop rouges, les seconds, parce qu'ils sont à vibrations trop courtes et trop rapides, ou, si l'on veut, trop violets.

Ces rayons existent; le fait en est certain, indubitablement établi. M. Stokes de Londres a trouvé dernièrement des moyens de rendre visibles quelques-uns de ces rayons invisibles. Il se sert, pour obtenir ce résultat curieux, de substances qu'il appelle *reflorescentes ;* le sulfate de quinine est une de ces substances. Une dissolution de ce sel est, pour nos yeux, transparente et incolore comme l'eau pure, de sorte qu'on ne pourrait distinguer, à la couleur, un flacon d'eau d'avec un flacon de ce liquide. Or faites la nuit dans la chambre ; allumez, dans un godet suspendu par un fil de métal, de la fleur de soufre ; plongez cette lumière dans un bocal rempli d'oxygène ; vous aurez une lampe à la lumière de laquelle, l'eau restant incolore comme auparavant, la dissolution de sulfate de quinine prendra une teinte violet-clair très-prononcé, et vous pourrez vous en servir sur papier blanc comme d'une encre qui redeviendra invisible à la lumière ordinaire. Voilà donc une substance qui réfléchit des rayons colorés que votre œil ne voit pas, et que peut voir un œil différent du vôtre, celui, par exemple, de quelque animal, puisque M. Stokes vous les fait apercevoir au moyen de la dissolution de sulfate de quinine, combinée avec ces mêmes rayons sortant d'un foyer d'oxygène et de soufre.

Au reste, et quoi qu'il en soit de cette démonstration, l'existence de rayons invisibles en deçà du rouge et au delà du violet, est un fait acquis à l'optique ; et, ce qui est plus curieux encore, ce à quoi nous voulons venir, c'est que ces rayons invisibles ont des propriétés qui leur sont spéciales ; il est établi que ceux qui dépassent les rouges quant à la longueur et à la lenteur de l'oscillation, qui sont, par exemple, de sept dix-millièmes de millimètre au lieu de six, sont des rayons qui chauffent, et, par conséquent, dans lesquels il faut voir le principe de la chaleur.

Quant à ceux qui dépassent le violet en brièveté et en rapidité de vibration, qui ont, par exemple, trois dix-millièmes de millimètre au lieu de quatre, il est établi, par des expériences toutes récentes, que ce sont les rayons photographes.

Ainsi donc ce n'est pas la lumière productrice de l'image vue dans la chambre noire, la lumière visible pour nous, qui laisse sur la plaque iodurée de Daguerre, sur le papier imbibé de nitrate d'argent de lord Talbot, et sur le verre collodionné ou albuminé, ces traces fixes dont l'ensemble est le portrait négatif des objets, c'est une autre lumière à vibrations plus courtes et plus rapides, compagne fidèle de celle que nous voyons.

Il paraîtrait que le moment où les rayons photographes se jouent le plus à l'aise dans notre atmosphère, c'est le milieu du jour, de dix heures du matin à deux heures du soir, dans la belle saison, car c'est alors que l'artiste réussit le plus facilement.

Nous venons d'en dire assez pour donner une idée des magnificences infinies, curieuses, que Dieu a cachées dans un rayon de soleil : il en est ainsi de chaque détail à mesure que la science parvient à l'assujettir à son analyse. Or qu'elle religieuse satisfaction n'est-ce pas, pour une intelligence, de pouvoir offrir en sacrifice au Créateur non pas du sang et des chairs palpitantes, mais le vrai mot de ses énigmes après qu'elle a sué pour le découvrir ?

Qand le génie ancien, — Véda, Laotseu, Zoroastre, Pythagore, Platon, Cicéron, Plotin, Augustin, Anselme, saint Thomas, — exalte les attributs divins, la puissance, la sagesse, la bonté sans mesure, et, pour élever toute âme à des idées sublimes de ces divines richesses, invoque des faits scientifiques maintenant reconnus faux ; quand il parsème, dans ce but, sa philosophie et ses hymnes, d'erreurs d'astronomie, de chimie et de physique, sans doute le raisonnement et la poésie n'en perdent rien de leur valeur ; car, si le fait est erroné, si l'apparence est trompeuse, il y a, à leur place, une réalité beaucoup plus admirable et plus étonnante qui servirait encore mieux la raison et l'enthousiasme. Cependant, en est-il moins vrai que le mélange d'erreurs dans l'accessoire, est un défaut, et que le génie moderne est mille fois plus heureux que l'ancien, grâce au progrès de la science ?

V. Si l'étude cosmologique agrandit dans l'homme l'idée de Dieu, elle agrandit aussi dans son âme le sentiment de sa propre grandeur, mais en lui rappelant avec une énergie proportionnelle sa petitesse et ses obligations d'humilité. N'est-on pas saisi d'admiration devant cette puissance de l'exploration humaine qui va plonger son regard dans les voûtes célestes, à des distances infinies, et qui les mesure plus exactement que si elle avait des ailes pour y porter ses membres ? devant ces artifices du génie qui trouve moyen d'assujettir, de réglementer, d'évoquer et de faire disparaître à son gré ces forces occultes que la physique appelle le magnétisme et l'électricité ? devant ces subtilités de la chimie, qui parvient à dégager les éléments des choses, à les enfermer, à les détruire, à soumettre ce qui est invisible aux plus minutieuses analyses ? mais, d'un autre côté, plus la puissance augmente, plus elle sent sa limite ; elle voit d'autant mieux ce qu'elle ne peut pas, qu'elle peut davantage ; plus elle avance profondément dans sa conquête, plus elle trouve immense ce qu'elle ne peut conquérir.

L'astronomie, en son particulier, a grandement rappelé à notre humanité ce qu'elle est devant Dieu et dans l'immensité de ses œuvres. Celle-ci se croyait une reine parmi toutes les créatures de l'univers, une reine pour qui l'immensité céleste n'était qu'un séjour décoré proportionnellement à sa grandeur. Elle se trompait fort, et elle a pu rentrer dans l'humble sentiment de la vérité, quand Copernic, Galilée, Képler et Newton lui ont prouvé qu'elle est assise sur une petite planète légèrement emportée autour d'un centre, avec d'autres planètes ses égales, et pouvant présenter les mêmes droits qu'elle à des habitants doués d'intelligence ; quand, surtout, des études plus récentes sont venues lui faire comprendre que son soleil lui-même n'est qu'une simple étoile de modeste grandeur, qui devient invisible pour d'autres corps, à des distances moindres que celle qui la sépare des plus petits feux de sa nuit.

VI. Dans le triple domaine des sciences qui nous occupent en ce moment, tous les phénomènes tiennent à des forces et à des mouvements ; le repos lui-même n'est que l'équilibre produit par les actions contrastées de plusieurs forces qui s'entre-neutralisent.

Or, ce qu'on remarque d'une manière constante, c'est qu'en remontant le fil des effets aussi loin qu'on le peut, on ne trouve jamais pour origine qu'un phénomène qu'on décore improprement du nom de cause, et qui ne mérite que celui de loi, beaucoup plus modeste, parce qu'il n'indique que la régularité et la constance : toujours et partout des vertus excitantes qui sont, à leur tour, excitées, jamais cette raison première qui satisfait l'esprit, le repose et semble lui dire : tout est expliqué ; rien au delà ; il n'en est pas besoin; tu peux dormir. C'est ainsi que la chimie trouve des affinités, des sortes de sympathies moléculaires qui rapprochent et combinent tels ou tels atomes ; que la physique découvre des attractions et des répulsions, des besoins d'équilibre, des vibrations, des transmissions de mouvement d'une subtilité et d'une complication incompréhensibles ; que l'astronomie peut remonter aussi à des influences prodigieuses, exercées de distances incommensurables, à des élans reçus et transmis, à des lois constantes d'actions réciproques ; mais il reste toujours la question de la cause explicative, n'ayant pas besoin elle-même d'être expliquée.

Le savant a beau pousser loin son regard investigateur, il ne voit qu'une fuite incessante de cette raison première et dernière de tant de merveilles. Il faut qu'il s'élève à la métaphysique pour l'apercevoir ; mais à peine s'est-il fait philosophe, qu'elle se présente d'elle-même ; ce quelque chose, dit-il, que mes observations et mes hypothèses ne sauraient trouver ; cette main nécessaire pour soutenir tous ces phénomènes, cette énergie indispensable pour en activer le mouvement, ce ressort primordial qui se tend de soi, c'est la puissance infinie ; et le savant s'incline et adore.

C'est ce que disait et faisait Newton. Après avoir observé l'attraction universelle, vu et trouvé qu'elle agit en raison directe des masses et en raison inverse du carré des distances, expliqué enfin par elle les trois grandes lois de Képler, il ajoutait : « C'est Dieu lui-même qui meut directement les corps célestes, et cette attraction n'est que le mode de mouvement qu'il leur donne. »

Si Descartes imagine cette sublime hypothèse des tourbillons éthérés, de laquelle il déduit, *à priori*, plusieurs idées, comme celle des ondulations de la lumière, dont la science moderne a reconnu la vérité, mais aussi plusieurs autres qui ne se sont pas trouvées d'accord avec l'observation, ce qui a déterminé la science à abandonner ce grand système de mécanique universelle, surtout depuis la réfutation de d'Alembert ; si Leibnitz et toute la multitude des savants du grand siècle admettent ces tourbillons explicatifs, sauf Newton, qui les trouve inconciliables avec les lois de Képler, bien qu'en conservant la matière subtile sous le nom de *milieu*, il s'en rapproche beaucoup ; si la science moderne tend à des théories de même espèce que celle des tourbillons, en croyant reconnaître l'unité et l'identité radicales des fluides impondérables, et soupçonnant leur activité d'être le ressort du mouvement dans l'ordre astronomique, l'ordre physique et l'ordre chimique ; si, par exemple, M. Boucheporn a publié, dernièrement, un ouvrage : *Du principe général de la philosophie naturelle*, où, retournant à l'éther de Descartes, il ne fait guère que métamorphoser à la moderne son hypothèse, non pas en prédisant, comme faisait Descartes, ce qui devait être en conséquence de son *à priori*, mais en conciliant la théorie elle-même avec les faits connus, et expliquant ainsi tous les phénomènes du monde, depuis les attractions chimiques jusqu'aux merveilles de l'électricité, de la chaleur, de la lumière, etc. Depuis le mouvement des eaux de notre planète, jusqu'aux rotations et translations des astres ; si, enfin, toute tête et tout siècle travaillent à pénétrer plus profondément vers les causes, ils ne font qu'un ou deux pas de plus dans la série phénoménale, et ils laissent toujours inexpliqué le premier élan dont ils ont besoin pour que leur explication explique quelque chose ; d'où il suit qu'ils sont tous obligés de se rencontrer avec Newton et la simple femme en un point quelconque de leur voyage, et là, de dire avec eux : C'est Dieu qui meut tout.

Que d'autres attribuent une activité à la matière, ils n'en sont pas plus avancés. Cette vitalité, tantôt mécanique, tantôt végétative, tantôt animale, n'est encore rien comme explication fondamentale, si elle est issue, déterminée, activée elle-même ; car une activité produite et déterminée n'est qu'une activité passive, et, par suite, une passivité dans sa raison d'être. Or, leur science expérimentale les force d'avouer qu'ils ne découvrent que des activités de cette dernière espèce, qui leur prêchent toujours la nécessité d'un actif antécédent. Si, faisant de la philosophie transcendante, ils imaginaient une activité universelle se modifiant de mille manières et n'ayant pas besoin d'être expliquée, étant la raison première qui satisfait l'esprit, ils imagineraient le Dieu dont la cosmologie ne peut se passer dans quelque sens qu'elle se tourne, et rejoindraient encore, par cette voie, Newton et le charbonnier.

VII. On reconnaît, en étudiant l'astronomie, la chimie et la physique, deux espèces de lois très-distinctes. Voici un exemple de chacune d'elles.

Soient les deux forces B C,

$$A \stackrel{B}{=\!=\!=\!=} C$$

ayant leur point d'application en A, et tendant à l'entraîner dans deux directions parallèles, il est évident qu'elles s'ajoutent, et que leur résultante est égal à leur somme.

Soient les deux mêmes

$$\stackrel{C}{\longleftarrow} \stackrel{A}{} \stackrel{B}{\longrightarrow}$$

forces tirant sur le point A dans des directions opposées, il est évident que, si elles sont égales, elles se neutralisent, et que, si l'une est plus intense que l'autre, elle agira sur A selon l'énergie dont elle l'emporte, ce qu'on exprime en disant que leur résultante est égale à leur différence.

Soient enfin les deux mêmes forces agissant sur le même point dans toutes les situations relatives intermédiaires, dont trois sont représentées par la figure suivante : ces directions sont AB, AC; AB, AC'; AB, AC".

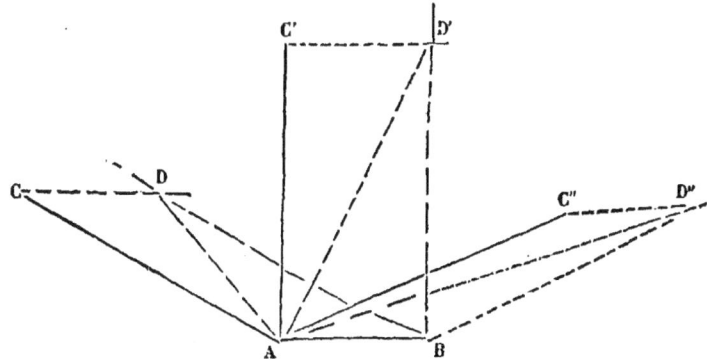

On démontre, en mécanique, que la résultante est exactement représentée, en direction et en intensité, par la diagonale du parallélogramme construit sur les deux lignes qui représentent les deux forces. Nous supposons, dans la figure, la force AC double de l'autre; on voit les résultats, quant à la direction et à l'intensité, par les diagonales AD, AD', AD". On conçoit même cette loi sans démonstration, par la simple vue de la diagonale qui, depuis le cas de l'opposition des deux forces, où elle se perd dans leur différence, jusqu'au cas contraire, de la traction parallèle dans le même sens, où elle devient égale à la somme des deux forces à l'instant même qu'elle cesse d'être une diagonale, vu que le parallélogramme n'existe plus, prend toutes les grandeurs et toutes les directions intermédiaires.

Cette loi, connue sous le nom de *parallélogramme des forces*, est absolue; il est de l'essence des choses que, si deux forces quelconques, même morales, exercent leur action sur un même point en sens contraire, elles se neutralisent autant que possible, c'est-à-dire jusqu'à concurrence de la supériorité de l'une sur l'autre; que si elles exercent leur action dans le même sens, elles produisent une traction égale aux deux tractions réunies; et, par une conséquence inhérente au principe général de la proportionnalité des effets avec les causes, que, si elles exercent leurs actions dans les directions intermédiaires, elles suivent, dans leur résultante, toutes les variations indiquées par les diagonales, puisque ces diagonales donnent les proportions exactes des situations entre elles, quant à l'intensité et à la direction, comme la mécanique le démontre.

Voilà donc une espèce de lois dont le caractère est une nécessité contre laquelle aucune puissance ne peut rien. Ces lois sont admirables de sagesse; mais on sent qu'elles résultent d'une sagesse nécessaire qui n'a eu rien de libre dans sa génération éternelle.

Prenons maintenant une des lois de Képler; la première par exemple.

Les rayons vecteurs des planètes et des comètes décrivent des aires proportionnelles au temps — soit A le soleil, B une planète. Le rayon AB, qui joint les centres du soleil et de la planète, décrira une

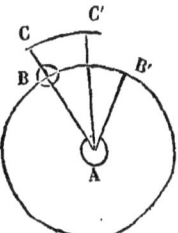

aire ABB' égale, en équivalence, à celle que décrira toute autre planète ou comète dans un temps égal. Cette loi renverse tout le système antique; car il s'ensuit que plus les corps sont éloignés de leur centre de révolution, plus ils vont lentement, vu que l'arc à décrire, dans le même temps, par exemple CC', pour faire une aire équivalente, est de plus en plus court à mesure que le corps s'éloigne, — la figure suffit pour en donner l'idée générale — tandis qu'il était nécessaire de dire, dans la théorie de Ptolémée, que plus les astres sont éloignés plus ils vont vite, puisque nous les voyons tous faire le tour de la terre en 24 heures, aussi bien les plus éloignés que les plus voisins.

Or, malgré toute la beauté de cette loi; malgré que toutes les observations faites depuis Képler conspirent pour la confirmer, à tel point qu'elle est passée à l'état d'axiome, ainsi que les deux autres, en astronomie; malgré que les petites violations de ces lois, qu'on remarque dans le ciel, en soient devenues des preuves nouvelles, parce qu'on a trouvé, en même temps, grâce à la délicatesse des instruments et à la précision des calculs, que ces violations ne sont jamais que des perturbations produites par des influences combinées d'autres astres qui, cherchant eux-mêmes à les suivre, sont obligés d'agir sur celui qu'on observe de manière à altérer quelque peu sa fidélité à la règle; en un mot, malgré que les lois de Képler soient la base de toute l'astronomie moderne, et paraissent devoir réglementer tous les systèmes planétaires de l'immensité, on ne peut pas dire qu'elles soient essentielles, les astres étant posés dans les situations que nous leur connaissons, comme est essentielle la loi du parallélogramme des forces, les forces étant supposées agir comme nous l'avons expliqué. L'esprit conçoit facilement, au contraire, que les planètes fussent lancées autour du soleil de manière à décrire, dans des temps égaux, des arcs égaux en équivalence, et non des aires; il est vrai qu'il faudrait, pour cela, que l'attraction n'agît pas en raison inverse du carré des distances, car la force centrifuge, devant être aussi considérable aux grandes distances qu'aux petites, pour pousser les corps éloignés avec la même vitesse, ne serait plus balancée à juste point par la force centripète ou attractive, finirait par emporter le corps dans la direction de la tangente, lui rendrait sa course en ligne droite, et le ravirait aux limites du système; mais il n'est pas contraire à l'essence des choses de concevoir une attraction qui agirait avec une force égale à toutes les distances, bien que cela ne nous paraisse pas aussi naturel. Ne concevons-nous pas bien un monde analogue à celui du rêve antique et conforme aux apparences dont nous sommes témoins? il est clair pour l'esprit que rien ne s'opposerait, dans la nécessité des choses, à ce qu'une puissance infinie en fît un de ce genre; tandis que nous voyons clairement impossible que deux forces contraires ne se neutralisent pas jusqu'à concurrence de l'excès de l'une sur l'autre.

La seconde espèce de lois dont nous parlons ne consiste même, au fond, que dans des applications qui peuvent être diverses, des lois de la première espèce. Ainsi, la course elliptique des planètes autour du soleil, de manière que le soleil occupe constamment l'un des foyers, qui est la seconde loi de Képler, n'est, avec les deux autres, qu'une application contingente de la loi absolue du parallélogramme des forces. — Un court développement suffira pour mettre l'esprit sur la voie de le comprendre. Les deux forces sont l'attraction, ou force centripète, et l'élan en ligne droite, ou force tangentielle : elles agissent primitivement dans des directions formant un angle droit, puisque l'une AO, par sa nature radicale, suit le rayon, et l'autre, AB, la tangente, qui est toujours perpendiculaire au rayon. Or, supposant la première nulle, la planète A tombe directement au centre; supposant la seconde nulle, la planète A suit la droite AB et se perd dans les espaces. Supposant l'une et l'autre égales en intensité et restant telles, nous obtenons pour direction et intensité de la résultante, la diagonale AC qui se

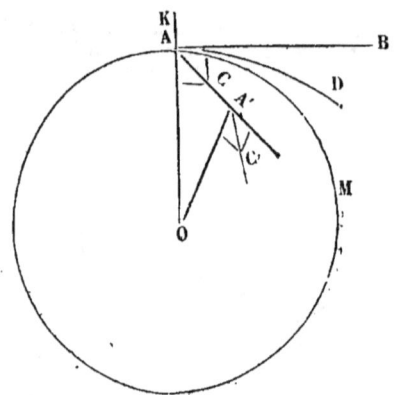

rapproche du centre; puis, en chacun des points de cette résultante, l'effet indiqué par la nouvelle diagonale A'C', puisque le rayon tracteur change de place à mesure que la planète avance; et, par suite, la planète va suivre une courbe qui la mènera bientôt au centre même, d'où il suit que l'égalité d'intensité des deux composantes n'aboutira qu'au résultat de la première hypothèse avec la différence d'une chute curviligne à une chute rectiligne. Supposons maintenant la force tangentielle beaucoup plus puissante que sa concurrente, on concevra plusieurs rapports divers. Il y en aura un dont le résultat sera de porter la planète dans la direction intermédiaire A D, s'éloignant du centre de plus en plus, et commençant une ellipse très-allongée, selon les diagonales successives données par le parallélogramme construit sur le point d'application des forces à chacun de ses changements de position. Mais il y en aura aussi un dans lequel la supériorité d'intensité de la force centrifuge sera telle que les parallélogrammes donneront une série de naissances de diagonales dont le résultat sera la courbe circulaire A M. C'est à la condition de l'établissement de ce rapport que l'équilibre existera entre ces deux forces et que l'élan primitif selon la tangente sera transformé en une translation traçant une circonférence de cercle autour du centre O. Si de la somme des deux forces on retranche la valeur exprimée par la diagonale en chacun des points donnant naissance à un parallélogramme, on obtient un reste qui est neutre, quant à l'effet sensible, ou plutôt dont l'effet n'est que négatif; ce reste renferme la partie de la force tangentielle qui sert à contre-balancer directement la force qui attire directement au centre, ainsi que cette partie elle-même; la première de ces deux parties, qui se font un équilibre exact, est représentée par le prolongement du rayon A K, et est la véritable force centrifuge; la seconde est représentée dans sa direction par le rayon lui-même, et ce sont ces deux résultats parfaitement égaux en intensité, parfaitement contraires en direction, qui maintiennent le corps à tous les points A de la trajectoire A M.

Venons maintenant à l'ellipse. Le raison-

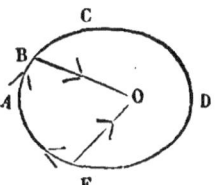

nement que nous venons de faire reste bon, comme expliquant la nécessité d'un rapport fixe entre les deux forces pour que la résultante soit la direction curviligne. Il suffit d'introduire une autre cause de modification pour achever de comprendre ; et cette cause est une variation progressive dans les intensités des forces, laquelle va résulter de la forme elliptique et lui servir de maintien tout à la fois. Quand la planète est dans la position A, supposons la force centripète mise par la première cause déterminante, qui ne peut être que Dieu, dans un rapport tel avec la force centrifuge, qu'elle doive prendre, en vertu de la loi du parallélogramme, la direction A B, et tout va être fini, pourvu que la même cause maintienne constamment la force attractive agissant en raison inverse du carré de la distance ; en effet, le point O, siége de cette force, attire vers lui autant que le lui permet la force centrifuge, la planète, et, à mesure qu'il l'attire obliquement, l'attire de plus en plus fortement, puisqu'elle s'approche de lui ; la traction augmente comme diminue le carré de la distance, et il en résulte que la vitesse de la planète en translation est augmentée par l'addition d'une partie de la force centripète à la force centrifuge ; c'est un effet de la forme elliptique ; le rayon tracteur O B tirant vers O et ne pouvant réussir à attirer directement, ajoute à la vitesse de B en C. Voilà donc cette vitesse qui va en augmentant jusqu'en D, point où la planète est la plus rapprochée du soleil, périhélie de cette planète. Mais alors que sa course est la plus rapide, elle lutte, en vertu de cette vitesse acquise, avec d'autant plus d'énergie contre la force centripète, et par là même, en conséquence de la loi du parallélogramme, elle tend à s'éloigner du centre ; c'est ce qu'elle fait en E et jusqu'à A, son premier point de départ ; mais il ne faut pas oublier que, dans cette partie de son parcours, elle perd insensiblement la vitesse acquise, puisque, loin d'être favorisée dans cette vitesse centrifuge par la traction du centre, comme dans le premier voyage, elle lutte contre cette traction, puisqu'elle s'éloigne du centre, et, par suite, use sa vitesse acquise ; elle retombe donc en A dans le rapport primitif des deux forces, pour recommencer de la même manière.

Il suit de cette explication, qui n'est qu'un étroit aperçu des premières harmonies dont abonde l'astronomie de Képler, perfectionnée par Newton, que le soleil, par son attraction puissante, sorte d'élasticité, variant toujours d'une limite à l'autre, relance et ralentit tour à tour les planètes dans les révolutions qui mesurent leurs années, et entretient ainsi leur course elliptique. C'est par suite de cette combinaison admirable qu'il se trouve que *les aires décrites par les rayons vecteurs, soit dans la même ellipse, soit dans plusieurs ellipses comparées, sont proportionnelles aux temps employés à les décrire*, sauf les modifications minimes des influences perturbatrices. C'est aussi, par suite de la même combinaison, qu'il se trouve que *les carrés des nombres qui représentent les révolutions périodiques des planètes en années, jours, etc., sont proportionnels aux cubes des nombres qui représentent, en lieues ou rayons terrestres, leurs distances moyennes au soleil, lesquelles se mesurent en divisant par 2 les grands axes* ; 3° loi de Képler avec laquelle connaissant, par l'observation, la durée de la révolution d'une planète, on en conclut très-certainement sa distance au soleil, aussi bien et plus exactement, malgré les petites erreurs provenant des perturbations, que si on la calcule directement par le procédé trigonométrique de la parallaxe.

Or, que suit-il de cette merveilleuse théorie des astres? Deux choses ; la première, qu'elle a constamment besoin de la cause originelle, pour le maintien de la force attractive dans le foyer occupé par le soleil, et pour le maintien d'un principe centrifuge ; car nous avons beau concevoir le relancement périodique par la force attractive elle-même, il n'en est pas moins vrai que, si l'on suppose cette force agissant seule à un moment donné, elle attirera directement la planète au centre. Que Dieu abandonne un instant l'une ou l'autre, tout est perdu. La seconde conséquence est la vérité même qui nous a poussé à cette digression ; il reste clair que la loi des forces est très-différente des trois lois de Képler ; que cette loi est absolue, ne saurait être violée par Dieu lui-même, dès qu'il mettra des forces en concours, tandis que les lois de Képler n'en sont que des applications qui n'ont rien d'essentiel et qui pourraient être différentes.

Il en est de même des explorations de l'esprit dans la physique et dans la chimie. On trouve, dans ces domaines, des multitudes de lois, générales ou particulières, qui ne portent nullement le sceau de la nécessité, pendant qu'il en est quelques autres plus radicales et rentrant, par un côté, dans l'empire des mathématiques, qui ne supportent pas l'exception, et qu'on peut affirmer étendre leur règne dans tous les mondes possibles. Ces dernières sont des nécessités dont la violation impliquerait contradiction ; les autres qui sont, à proprement parler, les lois physiques, chimiques, astronomiques, peuvent être conçues n'exister pas ou être différentes. Aussi les premières sont-elles toujours mathématiquement suivies, et les secondes sont-elles soumises, dans leur essence même, à des modifications sans nombre produites par les influences environnantes. Il y a des hommes qui doutent de la science, parce qu'ils voient souvent le progrès scientifique reconnaître des exceptions aux lois précédemment posées ; c'est ainsi que la loi de compression des gaz appelée loi de Mariotte, celle de leur dilatation, donnée par Gay-Lussac, celle des courants électriques d'Ohm, et une foule d'autres, sont reconnues aujourd'hui ne pas satisfaire à tous les cas et pouvoir donner lieu à des erreurs; qu'en conclure raisonnablement? Une seule chose; qu'il ne dépend pas de l'homme de rendre absolues des lois qui ne le sont pas en elles-mêmes et qu'il faut toujours s'attendre aux exceptions, quand l'esprit n'a pas vu clairement qu'il s'agit d'une vérité mathématique dont la moindre modification tombe dans l'impossible.

Revenons à notre sujet. On peut s'expliquer les lois essentielles et absolues par leur nécessité même; elles sont éternelles, et ce qui est éternel n'a pas besoin de création; il est et règne de sa propre vertu; c'est Dieu, dans ce que voit sa sagesse sans que sa volonté y puisse apporter aucun changement. Mais ce qui n'a pas ce caractère, ce qui peut être conçu n'être pas ou être différent, comme la plupart des objets de la science cosmologique, n'a point en soi sa raison d'être, et devient impossible à concevoir sans une détermination qui a voulu que cela fût ainsi, a aimé librement la chose avant de la faire, l'a trouvée bonne, pour parler comme Moïse, et l'a réalisée en la manière qu'elle a préférée, pouvant la réaliser sur un autre plan. C'est ainsi que la cosmologie méditée philosophiquement nous révèle de plus en plus, à mesure qu'elle progresse, l'amour et la volonté libres dans la cause à côté de la puissance.

VIII. Mais cette liberté déterminante qui vit et respire dans ses effets visibles constatés par la science, ne se peut concevoir sans l'intelligence et la sagesse. Il est impossible qu'un être veuille une chose sans la connaître, qu'il l'aime pour la faire, et la trouve bonne avant de l'avoir faite, sans la juger dans un idéal conforme à ce qu'elle sera, s'il la fait. Voilà donc que nous sommes obligé de concevoir dans l'être Créateur la vision universelle de cette complication de phénomènes, de ce vaste cosmos depuis ses infiniment petits jusque ses infiniments grands, depuis ses myriades de soleils aux nuances, aux masses, aux orbites, aux dimensions variées, dont nous découvrons chaque jour de nouveaux secrets, jusqu'aux richesses des cristallisations, aux subtils ressorts des palpitations électriques, aux magiques féeries des polorisations de la lumière, depuis le peu que nous savons jusqu'aux multitudes de merveilles que, sans doute, des créatures admirent, et que nous autres hommes ne connaîtrons jamais. Calculer les actions et les réactions des innombrables combinaisons chimiques du grand laboratoire de la nature; assigner les fonctions de tous les agents; pondérer les élasticités des gaz; faire concorder les affinités des éléments pour produire les spectacles dont nous sommes témoins; distribuer aux divers corps les surfaces qui décomposeront, chacune en sa manière, le rayon lumineux et varieront les couleurs; réglementer les jeux des fluides impondérables à travers les circuits de la matière et les solitudes de l'étendue; concilier leur fulminante énergie avec l'ordre, la paix, les vies délicates de tant d'êtres fragiles; harmoniser les mille effets de la pesanteur de l'air avec une seule loi; mesurer les proportions de toutes choses; combiner dans l'unité la plus sublime les vertus les plus disparates et les plus opposées; équilibrer les astres, et, par des mouvements habilement contrastés, leur donner, dans l'agitation la plus furibonde, la majesté du calme; jeter enfin dans l'espace cet immensurable univers avec ses forces fécondes, ses germes de tous les développements, ses principes de vie, ses principes de mort, ses luttes incessantes, son fracas infini, et en asseoir le vaste équilibre dont notre science découvre peu à peu quelques conditions; telle fut la sagesse du Dieu des Képler, des Newton et des Lavoisier.

IX. Oui, nous avons eu raison d'avancer que le progrès scientifique perfectionne et purifie la religion naturelle. Il lui fournit chaque jour des éléments nouveaux d'admiration, de conviction et de prière; il le tient en haleine sur les brisées de Dieu; il lui apprend à le remercier des réalités qu'il a faites, et non pas seulement des apparences; il l'empêche de mêler dans ses chants l'erreur à la piété; et, ce que nous voulons encore dire en finissant, il lui compose le remède à la superstition.

C'est la science, non-seulement dans les ordres plus directement liés à la religion, mais aussi et non moins puissamment, dans ceux qui font l'objet de cet article, qui éclaire les âmes et les élève au-dessus des puériles croyances. Les siècles les moins avancés dans les sciences physiques sont toujours les plus superstitieux. Ces sciences, en effet, ayant une relation directe avec tous les phénomènes sensibles de l'univers, et n'ayant d'autre but que de les expliquer raisonnablement, en tirant leurs causes du mystère, enlèvent à l'instinct du merveilleux son aliment à mesure qu'il s'en empare. On croit que tel ou tel phénomène est le produit de causes occultes, d'esprits invisibles, d'une action surnaturelle de Dieu; et voici qu'un beau jour la science cosmologique vient vous démontrer que c'est un produit d'agents naturels qui le répéteront régulièrement chaque fois qu'ils se trouveront dans les mêmes circonstances. L'humanité s'étonne alors de sa simplicité; ces sortes de réfutations se multiplient, et elle se guérit insensiblement. La superstition ne s'affermit guère que dans les choses sensibles; l'ordre métaphysique admet facilement l'erreur, mais très-difficilement cette maladie : c'est donc le progrès dans l'ordre physique qui en est le remède approprié. Ce progrès habitue les âmes à relier les effets à des causes de même ordre, leur fait sentir l'absurdité du sophisme qu'on appelle en logique *non causa pro causa*, les met en garde contre ses dangers, et peu à peu les élève à la dignité d'une créature intelligente en qui la raison tient le gouvernail de la conduite morale. Que de tyrannies, d'atrocités, de dominations de castes ont désolé le genre humain, par la seule raison que ce progrès s'est fait longtemps attendre! Son absence est le grand moyen d'exploitation de l'homme par l'homme, et sa venue est une lumière qui dessille tant de regards, que les organisations sociales, conformes à la nature humaine et à la justice éternelle, deviennent des nécessités mathématiques contre lesquelles les intéressés au maintien du passé ne peuvent lutter qu'un temps. Ce progrès agit encore comme dérivatif : il détourne l'activité intellectuelle des rêveries merveilleuses, et la fixe sur la recherche rationnelle des enchaînements sublimes qui sont le seul artifice employé par le Créateur pour développer les magnificences de l'univers.

Rappelons-nous les superstitions du moyen âge. Elles étaient ou fondées sur l'ignorance des causes physiques que la science a découvertes, ou dérivées de cette ignorance, ou essentiellement liées à d'autres qui en étaient les filles. C'est l'alchimie, la magie et l'astrologie qui les nourrissaient, les multipliaient, entretenaient leur influence, et exerçaient à leur profit un tel empire, qu'elles en avaient entrelardé la législation même. Quand l'alchimie est devenue la chimie, que la magie et la sorcellerie ont été détrônées par la physique, et que l'astrologie s'est voilée la face devant l'astronomie moderne, toute cette fantasmagorie superstitieuse a disparu comme un rêve au réveil, comme un délire au retour de la santé. Mais il fallait toutes les clartés de la science, toutes les luttes du génie, tous les dévouements et toutes les persistances de la conviction, pour chasser ces fléaux de la religion et du bon sens, que tenaient embrassés le fanatisme, la misère, l'ignorance, la violence et l'hypocrisie ; il fallait même que ce progrès eût ses martyrs, comme tous les progrès. Les noms des Galilée, des Képler, des Papin, des Lavoisier et de tant d'autres, sont placés devant l'avenir en avertissements perpétuels ; et, malgré d'aussi énergiques leçons, chacun de nous sait que le temps est encore loin où toute vérité nouvelle n'aura plus à craindre la persécution de l'intolérance et des préjugés. Ce n'est pourtant que par l'offrande de la vérité qu'on adore Dieu d'une manière digne de lui. Que devait-il penser des holocaustes de l'alchimie, de l'astrologie et de la magie, près de ceux que lui réservait la science future ? Comprenons donc, ô hommes, qu'il en est ainsi dans tous les ordres, et laissons au moins la liberté à la pensée, par respect pour Dieu, par intérêt pour nous.

II.— Le progrès dans les sciences cosmologiques n'a rien d'attristant pour la théologie révélée ; il ne fait, au contraire, que la solidifier dans son enseignement et sa foi.

J. La première idée qui se présente est celle des contradictions apparentes qui peuvent se trouver entre les vérités astronomiques, physiques, chimiques, que le progrès découvre, et ce qu'on rencontre de relatif à ces vérités dans le livre sacré des Chrétiens. Commençons par poser sur cette matière, qui demanderait un ouvrage spécial pour être traitée en détail, mais que nous traiterons suffisamment en gros dans quelques pages, un principe général.

Les esprits prévenus contre le surnaturalisme chrétien, et qui ont pris le parti de lui faire la guerre, s'obstinent toujours à soutenir qu'il existe une astronomie biblique, une physique biblique, et même une chimie biblique ; car il n'est pas douteux qu'on ne puisse trouver dans la Bible des choses tenant à la chimie : l'action de Moïse réduisant en poudre le veau d'or, et le faisant manger aux Hébreux pour leur dire : voilà votre Dieu ! en est un exemple.

Or, nous posons, en principe général, qu'il n'existe ni astronomie, ni physique, ni chimie biblique ; d'où s'écroulent d'un bloc toutes les objections. Comme nous l'expliquons au mot : *Ecriture sainte*, il n'y a, dans nos livres sacrés, que ce qui a un rapport direct à l'éducation religieuse et civile du genre humain, c'est-à-dire, de l'histoire, de la philosophie, de la politique, de l'économie sociale, de la théologie dogmatique et morale, et surtout de la poésie philosophique et religieuse. L'éducation scientifique n'entrait pas dans le but de cette révélation. Il n'y a qu'un moyen de s'en convaincre, c'est de la lire ; et celui qui, après l'avoir lue, soutiendrait la thèse opposée, nous paraîtrait d'un aveuglement tel qu'il aurait perdu toute sensibilité de l'évidence. On voit, depuis le premier mot de la *Genèse* jusqu'au dernier de l'*Apocalypse*, qu'à l'égard des sciences cosmologiques, l'écrivain n'a aucune préoccupation, et qu'il s'en tient simplement à mettre son langage en conformité avec les idées de son temps, vraies ou fausses. La réduction du veau d'or en poudre, et plusieurs autres faits du même genre, viennent à l'appui de ce que nous avançons, en même temps qu'ils concourent avec les musées d'antiquités égyptiennes et babyloniennes, pour prouver que les civilisations orientales étaient très-avancées en procédés industriels et scientifiques. L'indifférence de Moïse à l'égard du moyen qu'il employa, et cette manière de raconter brièvement le fait sans penser à instruire le lecteur du procédé chimique, montre clairement que la question scientifique était le moindre de ses soins. S'il en est ainsi de Moïse, philosophe à qui la science égyptienne ne manquait pas, puisqu'il avait reçu son éducation à la cour des Pharaon, à plus forte raison en sera-t-il de même des autres écrivains sacrés qui, pour la plupart, écriront dans des conditions beaucoup moins favorables. Job et Salomon furent encore des savants initiés aux progrès chaldéen et persique. Même observation sur leurs ouvrages. Ils en firent d'autres, sans doute, dans un but scientifique, mais que Dieu n'a pas laissé parvenir jusqu'à nous, peut-être pour éviter à notre faiblesse des occasions plus dangereuses d'objection. Job est celui qui puise le plus d'éléments poétiques dans les sciences naturelles de son temps, et l'on sent, à la lecture, qu'il n'en faut pas plus tenir compte, comme enseignement sérieux de la vérité scientifique, que des images de même ordre qu'on trouve dans tous les poëtes. Tout l'usage qu'il soit permis d'en faire se réduit à en tirer des renseignements sur l'idéologie cosmologique de l'époque.

Mais ce principe général, d'absence complète de cosmologie biblique, donne lieu à une règle pratique de la plus haute importance, dont l'Eglise catholique a payé bien cher, au siècle des encyclopédistes, les violations commises, dans le passé, par ses membres. Notre pensée deviendra plus saisissante si nous en accompagnons le développement d'un petit retour historique sur les systèmes du monde.

Celui de Ptolémée avait conquis toutes les croyances ; il régnait depuis des siècles, et, malheureusement, à titre de système biblique autant que scientifique. Ce système consistait à représenter l'univers comme composé de plusieurs cercles tournant autour de la terre immobile et appelés cieux. Tels étaient celui de l'air, celui de la lune, celui du soleil, ceux des planètes, celui des étoiles fixes, le premier mobile, et enfin l'empirée ou ciel des bienheureux. Il paraissait simple au premier abord; mais, quand il s'agissait de le concilier avec l'observation, il présentait des difficultés inextricables, dans lesquelles se perdait le génie des astronomes. Le ciel des étoiles fixes, par exemple, pour tracer, en vingt-quatre heures et tout d'une masse, un cercle dont on commence à juger l'étendue quand on sait que les distances énormes du soleil et des planètes ne sont rien en comparaison de celles de ces étoiles, demandait une vitesse qui semblait déjà dépasser le possible. Ensuite, on ne trouvait guère moyen de rendre compte des changements continuels de positions relatives des planètes ; comment se fait-il, par exemple, que Vénus et Mercure ne s'éloignent du soleil que jusqu'à un certain point, puis s'en rapprochent pour s'en éloigner de même du côté opposé, et ainsi de suite? Les satellites de Jupiter et des autres corps célestes qu'on découvrirait bientôt, comment expliquer leur petite révolution particulière? etc., etc. On était lancé dans une série interminable de contradictions, comme il arrive toujours quand on a pris la mauvaise direction. Mais il n'importe ; Ptolémée régnait, dans sa brillante mémoire, depuis treize siècles, et avait pour lui la triple phalange, également puissante, de l'ignorance, du préjugé et du fanatisme religieux. Copernic vient, en 1507, briser en visière à cette triple phalange, et annoncer au monde savant que c'est la terre qui tourne sur elle-même, et nous montre ainsi sans peine, avec une vitesse de neuf mille lieues en vingt-quatre heures, tous les points de la sphère étoilée les uns après les autres ; que le soleil est au centre ; que la terre et les autres planètes exécutent autour de lui un mouvement de translation qui rend facilement compte des variations observées ; que la lune se conduit à l'égard de la terre comme la terre à l'égard du soleil, etc., etc. Toutes choses qui rendaient simple, beau, rationnel et concevable le système du monde. Bientôt Képler trouve les lois aussi simples qu'admirables que nous avons en partie expliquées ; Newton les centralise dans le grand principe de l'attraction et de ses règles ; chacun apporte son idée et son observation ; tout s'harmonise et la raison est satisfaite.

Mais la foi religieuse se croyait atteinte. Képler vivait et mourait dans la misère, par suite de la répulsion que suscitait contre lui son audace ; et Descartes, possédé d'une crainte exagérée, dit Bossuet, des hommes d'Eglise, Descartes, cependant le plus hardi des génies, conservait encore la terre au centre, tout en lui donnant la rotation sur elle-même, sa raison ne pouvant concéder davantage. Mais Galilée, à peu près dans le même temps, enseignait publiquement, à Pise et à Padoue, le système de Copernic et y ajoutait des preuves par des découvertes à l'aide de télescopes qu'il construisait. Or, on sait la suite ; traduit devant le tribunal de l'inquisition, il fut deux années sous les verrous, fut témoin de l'auto-da-fé de ses ouvrages, et enfin poussé à la faiblesse d'une rétractation pendant que sa conscience disait de la terre : *Et pourtant elle tourne.*

Que se passait-il dans ces tristes débats, qui résument en eux tout le caractère et toute l'histoire des siècles de confusion et de mélange de l'ordre naturel avec l'ordre surnaturel ? La théologie de l'inquisition disait à Galilée : Votre système est contraire à la révélation qui parle toujours de la terre comme d'une masse immobile ; et elle ne manquait pas de citations pour construire sa thèse. Galilée, ardent chrétien et imbu du préjugé, que Descartes seul pouvait déraciner des âmes, consistant à rattacher toutes les questions à l'*a priori* de la révélation, répondait : Vous vous trompez ; la Bible enseigne la théorie de Copernic, il ne s'agit que de la comprendre ; et il ne manquait pas non plus, de citations qui, interprétées à sa manière, devenaient des preuves du nouveau système. De là une lutte ardente où le fiel abondait, et de laquelle le faible ne pouvait sortir que victime du fort.

Or que fallait-il pour empêcher ces déplorables événements, tant de fois reprochés injustement à la vérité catholique, qui n'est pas responsable des ignorances et des passions de la terre qu'elle cherche à guérir de son mieux ? Que fallait-il faire pour couper court à la discussion, rendre à la religion et à la science une réciproque liberté, et prévenir de cruelles représailles ? un seul mot : *Il n'y a pas d'astronomie biblique.*

Aucune bouche ne prononça cette parole, sauf Descartes, qui l'impliqua sans la formuler, dans sa distinction de l'ordre religieux et de l'ordre rationnel ; ou, si elle fut prononcée, nulle oreille ne s'ouvrit pour l'entendre : mais elle règne aujourd'hui ; et qui a fait ce changement? ce n'est pas un homme ; c'est le temps. Képler et Galilée, vaincus pendant leur vie, ont vaincu après leur mort. Ils ressemblent, en cela, à Jésus-Christ ; et il ne faut pas s'en étonner, on lui ressemble toujours quand on est la vérité persécutée, quelle que soit la victime et quel que soit le bourreau.

Il n'y a pas longtemps que notre civilisation européenne est guérie du mal que nous déplorons, en ce qui concerne les sciences cosmologiques, et elle en est plus affectée que jamais sous d'autres rapports, car on abuse encore de la Bible et de l'Evangile dans tous les sens et dans tous les camps, pour établir par elle des idées vraies ou fausses qui n'entraient pas dans le but de la révélation; mais ne sortons pas du sujet, et citons un autre exemple de la même couleur, quoique moins révoltant, qui s'est passé au xviii siècle.

Buffon fit une théorie cosmographique dans laquelle il donnait, sous forme d'hypothèse, un dévelopement de la création selon une idée-mère qui a triomphé et que la science moderne admet généralement, bien qu'elle ait renoncé aux détails théoriques du célèbre naturaliste. Nous voulons parler de sa *Formation du monde* et de ses *Epoques de la nature*. L'idée fondamentale qui en est restée consiste à regarder la terre comme une masse d'abord en fusion, qui s'est peu à peu refroidie à la surface; dont le mouvement de rotation a déterminé, quand elle était encore tendre, la forme d'un sphéroïde aplati vers les pôles qu'on lui connaît maintenant; sur laquelle les êtres se sont lentement développés, à mesure que s'inaugureraient leurs conditions d'existence; dont les eaux ont parcouru tous les lieux en y laissant des traces de leur passage; et qui, enfin, garde encore aujourd'hui son centre incandescent. La Sorbonne française s'émut à la publication de cette théorie exposée avec toute l'éloquence du grand écrivain, tous les charmes de la description et toute l'érudition du savant dans une matière encore inexplorée; puisque la géologie ne faisait que de naître avec cette idée même. On trouva le système contraire à la cosmogonie de la *Genèse*, et on le condamna en termes modérés, autant qu'il nous reste souvenir de la rédaction. Buffon s'en tira, en disant qu'il ne tenait point à son système; qu'il ne le donnait que comme hypothèse; et qu'il l'avait cru facile à concilier avec la *Genèse*. Mais, peu importent ces détails qui ne regardent qu'un homme. Ce que nous voulons faire observer, c'est l'acharnement que mirent, de concert, les ennemis de la religion pour le soutenir inconciliable, en effet, avec la Bible, et les amis de la religion, pour soutenir la même thèse; les premiers se servaient du système qui se présentait avec des documents géologiques déjà de quelque importance, pour réfuter la Bible; et les autres se servaient de la Bible pour réfuter le système. Le temps a passé sur ces débats, la science a poursuivi ses investigations, et où en sommes-nous aujourd'hui? Quant au refroidissement progressif de la terre à la surface, Arago a à peu près démontré qu'il est insensible, mais les puits artésiens, les sources d'eau chaude minutieusement étudiés, le fait constaté de l'élévation rapide du thermomètre à mesure qu'on s'enfonce dans le sol, les volcans observés avec soin dans leurs curieux phénomènes, les soulèvements nouveaux et mille faits comparés entre eux ont suffisamment prouvé l'incandescence présente du centre de la terre; d'un autre côté les longues périodes géologiques, dont nous parlons dans le chapitre qui a ce mot pour titre, ont été reconnues pour certaines autant que certitude puisse être en pareille matière, au berceau d'une science; et enfin, tout a si bien marché que la théologie, qui condamnait Buffon, sous prétexte qu'il attaquait la cosmographie biblique, a modifié elle-même ses interprétations de cette cosmographie, professe maintenant l'idée fondamentale des règnes successifs, à longues périodes, du feu et de l'eau sur notre planète, et concilie facilement le récit mosaïque de la création avec ces idées nouvelles. Le docteur Buckland a rendu un immense service à la théologie dans cette matière, et celle-ci lui en a témoigné sa reconnaissance en s'identifiant à sa pensée.

Rien de mieux, sans doute, pour le présent, et béni soit Dieu du bien qu'il fait à l'Eglise en la réconciliant avec la science; mais l'histoire ne s'oublie pas, le passé reste avec ses tristes souvenirs; la malveillance en profite et on se désole quand on pense qu'un mot bien compris et accepté aurait tout prévenu, le mot que nous avons déjà répété plusieurs fois : Il n'y a pas dans la bible, de cosmologie scientifique, liberté complète à la science, nous pourrons toujours interpréter, conformément à ses découvertes, ce qui peut ressembler, dans nos livres sacrés, à une cosmologie. En effet, quand un livre est écrit, comme la Bible, dans un but évidemment spécial de religion et de philosophie morale, l'accessoire est très-élastique; la preuve en est dans l'interprétation même qu'on fait aujourd'hui des jours de la création. Mais pour ne pas empiéter sur le chapitre qui concerne la géologie, nous ne devons parler ici que des huit premiers versets du récit mosaïque relatifs aux deux premiers jours, et de ceux qui regardent le quatrième jour ou l'apparition des astres, comprenant le 14e jusqu'au 19e verset.

Dans le principe Dieu créa le ciel et la terre.
— Ce début n'est que l'émission sublime du dogme philosophique de la création. Il ne dit rien au point de vue scientifique.

Or, la terre était informe et nue, les ténèbres étaient sur la face de l'abîme et l'esprit de Dieu était porté sur les eaux. — Ceci n'en dit pas davantage. C'est un tableau admirable de concision et de poésie, pour peindre un chaos dans lequel s'opère un travail de formation, travail qui est présidé par l'esprit de Dieu. Chacun sait que les orientalistes entendent, par la dernière phrase dans l'original, que l'esprit de Dieu incubait ce chaos semblable à un abîme que la lumière n'éclairait pas encore; elle n'y était que dans ses éléments à l'état neutre, comme le fluide électrique, le calorique latent et les autres fluides impondérables, avant qu'ils aient pu, sous l'influence d'une cause de développement, manifester leurs effets. Il reste encore des jeux de ce merveilleux fluide qui peuvent ressembler à cet état primitif, dans le phénomène des interférences expliqué par Arago et dans celui de la polarisation, où la rencontre de deux lumières selon certaines conditions peut faire la nuit. Or, soit qu'il s'agisse seulement de l'état primitif de notre planète, comme le mot la terre pouvait l'indiquer, soit qu'il s'agisse, en même temps, de la formation de tout notre système planétaire, ce qui pourrait être plus rationnel, soit même qu'il s'agisse d'une situation primordiale de l'ensemble des systèmes planétaires observables pour nous, il est évident que ce tableau peut se prêter à toutes les théories possibles, et qu'on pourrait mettre à défi tout cosmologue d'en imaginer une avec laquelle on ne pût le concilier ; car il y aura toujours un moment, long ou court, dans le développement cosmogénique, duquel ce tableau sera la vraie peinture.

Or Dieu dit : Que la lumière devienne, et la lumière devint ; et Dieu vit la lumière ; il vit qu'elle était bonne ; et il sépara la lumière des ténèbres ; il appela la lumière jour, les ténèbres nuit ; et du soir et du matin se fit un jour. — Le sublime continue au point de vue de l'art, et le tableau se prête encore à tous les systèmes. La lumière dont il s'agit peut être le fluide lumineux, l'éther, qui commence d'être mis en vibration, avec les autres fluides impondérables, et en particulier la chaleur, lesquels ne sont sans doute, au fond, qu'un même fluide ; avec ce commencement naîtra un ordre d'où sortira par degrés l'ordre dernier ; et l'état d'incandescence de la masse terrestre, lorsqu'après avoir été une sorte d'océan confus analogue à ce qu'on a cru être certaines nébuleuses, elle put commencer à prendre de la solidité, s'accorderait très-bien avec cette apparition de la lumière ; car le développement des fluides formerait l'incandescence, et la vibration lumineuse résulterait facilement de l'incandescence même. Enfin, si l'on applique cette germination grandiose de la lumière avec le commencement de l'harmonie, à tout notre système planétaire, on n'aura pas de peine à concevoir un degré dans lequel règne une vaste lumière sans foyer particulier d'ondulation, ou telle que les foyers naissants soient effacés par son immense splendeur. Cette lumière est séparée des ténèbres par sa détermination même ; elle est appelée jour, parce qu'elle ressemble à ce qui sera plus tard appelé jour dans la langue humaine ; les ténèbres qui l'ont précédée sont appelées nuit par la même raison, et à partir de la fin de ces ténèbres primitives, du soir de leur règne jusqu'au matin de cette lumière, c'est-à-dire, jusqu'à son parfait développement, se fit une première époque, ou le premier jour dans la série créatrice. On voit combien il est facile d'adapter le tableau à toute théorie, puisqu'il faut bien mettre, dans toute, un moment long ou court, où l'ordre et la lumière se montrent en un certain degré qui tranche sur l'état précédent et qui prédit la magnificence à naître. Il est très-remarquable que Moïse introduise l'apparition de la lumière avant celle du soleil et des astres ; cela prouve qu'il la regardait comme distincte de ces corps ; chose vraie, puisque la théorie cartésienne des ondulations a vaincu dans la science de l'optique.

La grande idée de Buffon que les planètes sont filles du soleil, étant des parties détachées de sa substance, se concilie aussi très-facilement avec ce tableau, surtout si on la modifie selon les exigences de l'astronomie moderne. L'état primitif du chaos incubé par l'esprit de Dieu serait le mélange de toute la matière du système planétaire, et, par conséquent, le soleil non formé, non distingué encore de ses satellites ; puis le premier jour aurait vu, avec l'apparition de la lumière, la séparation de ces divers corps, mais par masses demandant chacune des développemets particuliers très-considérables. On ne serait pas surpris de voir, dans cette hypothèse, la création du soleil et des astres n'arriver qu'au quatrième jour, car cette création signifierait sa formation particulière en vrai soleil, foyer lumineux tel qu'il existe, ainsi que son apparition sous cette forme avec celle de la lune et des étoiles par suite de l'accomplissement des conditions de leurs visibilités sur la terre. L'état du soleil non lumineux jusqu'au quatrième jour n'aurait rien que de conforme à la science moderne, puisque, immense corps central, ce père du système est regardé maintenant, par suite d'observations sur son mouvement de rotation, sur ses taches, sur les propriétés de sa lumière etc., comme un noyau opaque de nature semblable à celle des planètes, mais entouré d'une atmosphère qui a, dans l'état présent, la propriété de développer, par ondulation, de la lumière et de la chaleur. Cette atmosphère aurait employé à se former le temps écoulé depuis la séparation jusqu'au quatrième jour, temps pendant lequel les planètes elles-mêmes se développaient au sein de la grande lumière et de la grande chaleur vague et phosphorescente, formant comme une immense serre, dans laquelle, sur la terre au moins, le règne des eaux et de l'air étant venu par le refroidissement comme nous allons le dire, il y aurait eu, dès le quatrième jour, une végétation gigantesque, avant que l'atmosphère solaire eût achevé son perfectionnement. — *Voy.* GÉOLOGIE. — Inutile d'ajouter que durant ces longs siècles, les mouvements de rotation, d'abord du chaos planétaire, qu'on peut appeler le soleil primitif, puis du second soleil invisible et de ses filles, aussi bien que les révolutions périodiques de celles-ci, se font et s'équilibrent. On peut même attribuer à ces mouvements la cause principale du développement. On voit combien Moïse est facile à faire concorder avec les théories.

Dieu dit aussi : Devienne le firmament au milieu des eaux, et qu'il sépare les eaux d'avec les eaux ; et Dieu fit le firmament ; et il sépara les eaux qui étaient sous le firmament de celles qui étaient sur le firmament, et il se fit ainsi; et Dieu appela le firmament ciel; et se fit, du soir et du matin, le second jour. — Si nous suivons le même ordre d'idées, ceci s'applique à merveille. La masse terrestre, en se refroidissant peu à peu à la surface, finit par condenser autour d'elle des quantités énormes de vapeurs qui deviennent comme un océan plus ou moins fluide. Ce peuvent être ces eaux d'abord mélangées qu'il s'agit de séparer. Le firmament peut être l'atmosphère aérienne qui s'épure et se forme. En s'épurant ainsi elle laisse se condenser, sur la terre, la partie aqueuse qu'elle renfermait d'abord et qu'elle gardait jusqu'à refroidissement suffisant, ce qui établit sur notre planète le règne neptunien après celui du feu ; elle est sans doute alors toute couverte d'eau, et l'élément aride ne se voit pas encore. Quant à ces eaux supérieures qui s'élèvent sur le firmament, c'est-à-dire en haut, ce peuvent être simplement des nuages comme il s'en forme encore aujourd'hui ; ce peuvent être aussi des vapeurs plus légères que l'air lui-même, qui sont rejetées par lui à de très-grandes hauteurs et qui se solidifieront ou liquéfieront quelque part, par exemple à la lune, fille de la terre, dont la formation peut avoir lieu dans le second jour, mais qui ne sera le luminaire de la nuit que quand le soleil sera lui-même devenu le luminaire du jour, puisqu'elle ne brillera qu'en réfléchissant sa lumière. Des phénomènes du même genre peuvent se passer à la surface de Jupiter, de Saturne, et des autres planètes, pour la formation de leurs satellites.

Vient le commencement de la troisième période : *Dieu dit : que s'amassent en un lieu les eaux qui sont sous le ciel, et que l'aride paraisse,* etc. — Ceci appartient à la géologie, qui trouve, dans ses révolutions, celle de la formation de l'océan, soit par élévation, soit par abaissement de certaines parties de la croûte terrestre, sous l'influence des bouillonnements du feu central. La production des végétaux après cette révolution accomplie, et, à la fin de ce troisième jour, lui appartient encore ; nous venons déjà d'en parler; elle en constate l'existence passée par de nombreuses reliques ; les houillères terrestres sont en partie les résultats des détritus de cette végétation grandiose.

Reste donc, pour la cosmographie, le quatrième jour où Dieu dit : « *Deviennent des luminaires dans le firmament du ciel, et qu'ils divisent le jour et la nuit ; et qu'ils soient en signes des temps, des jours, et des années ; et qu'ils luisent dans le firmament du ciel, et illuminent la terre ; et il se fit ainsi. Dieu fit deux grands luminaires : un luminaire plus grand pour présider au jour, un luminaire moindre pour présider à la nuit ; et des étoiles ; et il les plaça dans le firmament du ciel, pour luire sur la terre, et présider au jour et à la nuit, et diviser la lumière et les ténèbres. Et Dieu vit que c'était bon; et se fit, du soir et du matin, le quatrième jour.*

C'est, comme nous l'avons dit, l'atmosphère solaire, ou ce qui constitue dans le soleil la propriété d'être un foyer vibratoire de lumière et de chaleur, qui a fini de se former, et dont l'historien signale l apparition merveilleuse, à partir du soir de l'époque précédente jusqu'au parachèvement de cette apparition, qui est le matin de celle-ci. Ce sera, désormais, ce foyer qui remplacera la lumière vague dont le règne est fini, mais dont il nous restera des souvenirs dans toutes nos lumières météoriques, phosphoriques, chimiques, électriques, géologiques, autres que celles du soleil. La lune, qui a pu se séparer de la terre, ainsi que nous l'avons dit dans la seconde période, est toute prête et s'allume aussitôt que le soleil paraît. Quant aux étoiles, nous ignorons ce qui s'est passé dans leurs systèmes sans nombre ; mais elles ne sont vues de notre terre qu'à partir de ce jour, parce que, sans doute, la lumière phosphorescente des jours précédents, qui avait bien distingué le jour de la nuit primitive, mais qui ne divisait pas, comme celle du soleil, les temps, les années, et les jours proprement dits, par absence de mouvement périodique, ne laissait pas de nuit durant son règne, pour qu'on pût les apercevoir.

A partir de cette quatrième période, les animaux s'ajoutent aux végétaux, jusqu'à la création de l'homme, qui termine la série. — *Voy.* Géologie.

On voit combien il est facile de faire cadrer la *Genèse* avec les systèmes cosmogéniques. Mais, comme on pourrait aussi l'entendre très-différemment, par exemple, selon la manière du moyen âge, c'est-à-dire en prenant les jours pour des jours véritables ; ou encore selon l'interprétation qui paraissait la plus rationnelle à saint Augustin, laquelle consistait à penser que Dieu avait créé le grand tout en un seul instant, et que Moïse n'avait divisé son œuvre par journées, que pour faire un tableau classificateur et analytique des actions créatrices impliquées dans la création générale ; comme on pourrait même imaginer d'autres explications, nous disons simplement qu'il n'y a pas de cosmologie biblique, et qu'on ne peut s'autoriser de la Bible pour appuyer aucune théorie. Moïse, ainsi que tous les écrivains les plus antiques de la Chine, de l'Inde et de la Perse (*Voy.* Cosmogonies), a résumé les traditions sur l'origine du monde, et les a concentrées dans un sublime tableau en suivant un ordre progressif basé simplement sur les apparences. Il est naturel de placer, dans une telle analyse, la confusion avant l'ordre, les ténèbres avant la lumière, la nudité et le manque de forme avant la forme et l'ornement, la lumière en général avant les flambeaux particuliers, le firmament, en comprenant simplement par ce mot l'espace, avant ce qui est dedans, la confusion de l'azur de l'Océan avec l'azur du ciel, avant leur distinction — car nous croirions assez que Moïse n'a point pensé à autre chose en parlant des eaux supérieures, — le mélange de la terre et de l'eau terrestre avant leur séparation, les végétaux avant les reptiles, les poissons et les oiseaux, ceux-ci avant les quadrupèdes qui sont plus parfaits, et enfin le palais tout entier avant son roi, pour donner à celui-ci une idée de sa dignité dont il avait grand besoin au temps de Moïse, et dont il n'a guère moins besoin encore aujourd'hui. Il n'y a pas un de nos poëtes, fût-il le premier des cosmologues, qui ne pût, dans l'intérêt de l'art et de la morale, faire une peinture de la création sans tenir compte de sa science, et personne ne penserait à l'en chicaner. Que reprocherons-nous à Moïse, lorsque nous voyons qu'en le prenant de toutes les façons, il est si facile de le justifier.

Voici bien autre chose. Dans le système de Berkley sur la matière, il n'y a plus que des créations de sensations à demeure dans l'esprit humain, qui est la substance réelle tirée du néant. Or, lisez la fin du *Dialogue entre Hilas et Philoüs*, et vous verrez si l'interprétation que donne le philosophe du récit mosaïque, pour le faire cadrer avec sa théorie, n'est pas aussi naturelle et rationnelle qu'elle est belle de grandeur poétique.

Il n'y a donc pas à nous préoccuper de la Bible en ce qui concerne la science cosmologique; celle-ci peut suivre sa marche en toute liberté; la révélation ne lui a tracé aucunes limites, et, par la même raison, les hypothèses de cette science ne peuvent jamais se trouver en contradiction avec la voix de la révélation qui n'est, à cet égard, qu'un pur silence.

II. Il ne faudrait pas cependant appliquer sans intelligence et en aveugle le principe que nous venons de poser, car il peut arriver que deux choses, qui n'ont aucun rapport entre elles, en aient cependant par l'entremise d'une troisième relative aux deux à la fois. La Bible contient de l'histoire, et par suite se trouve en rapport avec la trame de l'histoire profane. L'astronomie, et peut-être même la physique et la chimie, peuvent avoir des rapports avec l'histoire humaine, ne serait-ce qu'en présentant, dans leur archéologie particulière, des monuments relatifs au passé; il peut donc arriver qu'il importe, pour la révélation d'une part, et pour la science de l'autre, de trouver le rapport d'harmonie entre les deux renseignements historiques. De grandes discussions ont été suscitées sur ce terrain par les zodiaques de Denderah et d'Eslé, monuments archéologiques d'astronomie, et par des observations d'éclipses ou autres phénomènes célestes consignés dans de vieux livres comme ayant eu lieu à des époques très-reculées. L'honnête et infortuné Bailly s'occupa de ces questions jusqu'à calculer ces phénomènes astronomiques passés, afin d'en vérifier mathématiquement la certitude, et de savoir, autant que possible, par ce moyen, jusqu'à quel point l'histoire était digne de foi, et pouvait servir de base à des renseignements sur l'antiquité du monde.

Mais ces sortes de questions étant plus historiques qu'astronomiques, nous n'en traiterons quelque peu que dans un des chapitres sur l'histoire. (*Voy.* Historiques.)

III. Il est une autre espèce d'objections que la malveillance ou le manque d'études théologiques tirent quelquefois du progrès moderne dans l'astronomie, la chimie et la physique. Connaissant, dit-on, les lois fixes des révolutions des astres, on prédit les phénomènes célestes; à l'aide des connaissances physiques et chimiques, que de choses merveilleuses ne peut-on pas faire? L'électricité, le magnétisme, le galvanisme, l'élasticité des gaz, les affinités chimiques, etc., etc., donnent lieu, aujourd'hui, à des phénomènes dont la cause est occulte pour le commun des hommes, et tellement surprenants, qu'on ne peut guère citer de faits surnaturels qui le soient davantage. Qui nous dit que les miracles et les prophéties sur lesquels s'appuie la révélation, ne furent pas des phénomènes de ce genre, produits par des lois naturelles qui n'étaient connues que du prophète ou du thaumaturge? Rousseau tourna très-habilement cette objection en raisonnant *a priori*, et en soutenant que, comme il n'y avait pas de loi naturelle qui ne pût être, pour un moment, entravée par une autre, on ne pouvait jamais affirmer le miracle avec certitude. Mais tout ce qui s'invente chaque jour, toutes les ressources que tire le génie industriel des forces physiques, vient, dit-on, terriblement corroborer ce raisonnement.

Sans perdre notre temps à disserter sur la limite des puissances naturelles, limite qu'on ne peut préciser mathématiquement, que, rigoureusement parlant, on ignore toujours, mais que cependant on sent, dans certains cas, à n'en pouvoir douter, ainsi que Rousseau en fait l'aveu dans la *Lettre même de la montagne*, à laquelle nous faisions allusion tout à l'heure, en disant: « qu'un homme vienne nous tenir ce langage : « Mortel, je vous annonce la volonté du Très-Haut : reconnaissez à ma voix celui qui m'envoie. J'ordonne au soleil de changer sa course, aux étoiles de former un autre arrangement, aux montagnes de s'aplanir, aux flots de s'élever, à la terre de prendre un autre aspect : à ces merveilles qui ne reconnaîtrait pas à l'instant le maître de la nature? Elle n'obéit point aux imposteurs. » Sans donc nous jeter dans la recherche de règles que le sentiment révèle très-bien à l'occasion, nous répondrons simplement que l'intervention des lois de la nature, qui constitue le miracle, ne doit pas être seulement considérée dans son entité matérielle, mais aussi et beaucoup plus, quant à sa *vertu probante*, dans son influence morale relative aux temps, aux lieux et aux situations intellectuelles et passionnelles des peuples qui en sont témoins. Sa valeur est basée sur la véracité de Dieu, et sur sa providence, qui ne peut souffrir que sa puissance soit mise en jeu de manière à convaincre invinciblement le genre humain au profit de l'erreur et du mal. Qu'importe donc que le fait pris en lui-même soit métaphysiquement possible ou impossible naturellement, qu'il soit l'effet d'une volonté spéciale de Dieu, ou de quelque puissance occulte qu'on puisse supposer, comme serait le démon, s'il est de nature à ne pouvoir être pris par le genre humain que pour un vrai miracle? S'il est fait avec invocation de la vérité d'une doctrine importante pour l'humanité, il prouvera cette vérité; car, dans le cas où il s'agirait d'une erreur grave, Dieu ne pourrait en tolérer l'influence irrésistible, quelle que soit la cause réelle, sans fournir aux hommes des moyens de résistance morale. Dieu surveille l'humanité comme tous les êtres qu'il a créés, et il ne peut se jouer d'elle en divinité malfaisante, ni souffrir qu'aucune puissance le fasse avec certitude de réussir. Si donc on nous soutient que l'ensemble des faits surnaturels, prophéties ou miracles, invoqués par la théologie catholique, a pu n'avoir pour cause que les ressources de la nature, tout en réservant par devers nous notre évidence de sentiment, nous dirons, pour couper court : expliquez ces faits comme bon vous semble; ils n'en sont pas moins, des preuves de la vérité, car, dans l'état de science physique de l'humanité au moment de ces faits, ils étaient de nature à influencer si invinciblement la société, et l'ont influencée avec tant d'éclat, qu'il est impossible que Dieu eût laissé cette influence s'exercer au profit de l'imposture... Si, dans les fausses religions vous me citez des influences pareilles, je ne le nierai pas, jusqu'à un certain point; mais j'ajouterai que les fausses religions sont pleines de vérités, et que ce fut, sans aucun doute, en faveur seulement de ces vérités, et du bien qui devait résulter de ces religions, que Dieu permit ces influences.

Voilà ce qui nous semble tuer l'objection dans sa racine.

IV. Nous avons dit que les sciences cosmologiques viennent plutôt en aide à la théologie révélée qu'elles ne peuvent l'inquiéter. Elles prêtent à plusieurs points de cette théologie un appui de nature à exercer un grand empire sur l'esprit du savant, non pas comme démonstration, mais comme préparation analogique à la démonstration et à la foi. Nous ne citerons que quelques-uns de ces points, savoir, le mystère en général, l'existence d'esprits entrant dans le gouvernement du monde, la rédemption et la grâce.

La physique, l'astronomie et la chimie sont des nids à mystères beaucoup plus compliqués et plus embarrassants pour l'esprit que ceux de la religion. Ces derniers sont éblouissants de grandeur, et d'une profondeur impénétrable; mais au moins ils présentent une simplicité et une clarté d'énoncé qui les met, en quelque sorte, à la portée de tout le monde. Ceux de la nature forment un labyrinthe dont les mille circuits vont se multipliant à mesure qu'on parvient à les pénétrer.

Voyez la chimie : elle tire ses premières aspirations du mysticisme des néoplatoniciens d'Alexandrie, et continue ses efforts pour naître dans les travaux des alchimistes du moyen âge. Or, durant cette période de pénible enfantement, elle consiste à poursuivre la grande œuvre, la pierre philosophale, la panacée universelle; elle se mélange d'astrologie, de magie, de surnaturalisme plus ou moins fanatique et superstitieux; elle n'est que mystère et ténèbres; Van Helmont paraît, les recherches raisonnées commencent, et elle s'épanouit enfin magnifiquement dans notre siècle sous la culture des Berzelius, des Thénard, des Dumas, des Liébig, des Payen et d'une multitude d'autres, grâce aux travaux préparatoires de Glauber, de Brandt, de Hook, de Becker, de Stahl, de Boerhaave, et surtout des Lavoisier, Fourcroy et Berthollet. Mais croyez-vous que, devant ce magnifique et miraculeux développement, le mystère se retire? il ne fait que croître, multiplier et devenir plus profond. Que fait Van Helmont? il découvre les gaz et les étudie; qu'a-t-il découvert? un mystère auquel on ne pensait pas, et tous ses disciples ne font qu'ajouter phénomènes à phénomènes, c'est-à-dire questions sur questions, en développant la chimie pneumatique. Becker veut tout expliquer par trois éléments, Geoffroy par un seul qu'il nomme l'affinité; qu'est-ce que ces éléments, qu'est-ce que l'affinité? nouveaux mystères dénichés par le génie. Stahl devient chef d'école en expliquant les actions chimiques et leurs résultats par son phlogistique, ou principe inflammable qu'il fait voyager d'un corps dans un autre par la combustion, et produire toutes les métamorphoses de la chimie naturelle et artificielle; mais qu'est-ce que ce phlogistique? nul ne le put jamais isoler; un métal le perd en passant à l'état d'oxyde et devient plus pesant; il n'a donc qu'une pesanteur négative, etc., etc., mystères sur mystères. Black découvre l'acide carbonique, Cavendish, l'hydrogène, Priestley et Scheele, l'oxygène, Bergmann, l'attraction moléculaire; mais qu'est-ce que tout cela? nouveaux mystères auxquels on ne pensait pas, et sur lesquels on n'est plus savant que les anciens que parce qu'on n'en ignore plus l'énoncé. Lavoisier réfute le phlogistique en trouvant la composition de l'air et donnant le moyen d'expliquer la combustion suivie de nouveaux composés plus lourds, par l'addition de l'oxygène de l'air au combustible; le phénomène devient sans doute plus rationnel; la contradiction disparaît, mais le mystère demeure ; dites-nous comment et pourquoi l'oxygène se combine avec tel ou tel corps; on demandait auparavant pourquoi et comment tel corps brûle; les deux questions se valent, bien que la science ait fait un pas énorme. Guyton de Morveau a l'idée d'une nomenclature chimique, et Lavoisier, Fourcroy, Berthollet, l'exécutent avec un bonheur admirable; mais la nomenclature n'est qu'une ingénieuse énumération des mystères de la chimie; c'en est un catéchisme qui les compte et en rappelle la multitude indéfinie. Voici venir, après la nouvelle chimie pneumatique, qui veut tout rattacher, combustions et acidifications, à l'action de l'oxygène, la chimie moderne qui reconnaît que l'oxygène n'est pas le seul moteur, puisqu'elle trouve des acides formés de deux métalloïdes sans oxygène, et qui remonte à l'électricité pour concentrer les phénomènes dans une raison générale ; et à peine a-t-on classé les agents selon leurs relations et propriétés électriques, que déjà on se croit sur les traces d'une influence antérieure et plus générale encore, à laquelle l'avenir attribuera tous les effets ; nous croyons, sans doute, à cette unité de cause ; c'est de là que résulte la grande harmonie de la création ; Dieu l'a faite à son image ; et, de même qu'en lui tout se centralise, chaque classe de résultats va se centraliser dans un même principe. Mais ce que nous pouvons ajouter, c'est que l'influence, plus universelle encore que l'électricité, après laquelle nous courons aujourd'hui, ne sera pour nous qu'un mystère de plus, et plus profond encore dès qu'elle sera sentie et nommée.

Nous appelons *cohésion* une force existante qui fait que les atomes homogènes, dits aussi *intégrants*, s'unissent pour former les corps simples élémentaires; nous appelons *affinité* la même force, lorsqu'elle rapproche et marie des atomes hétérogènes ou déjà composés, dits *constituants*. Qu'est-ce que cette force ? On l'a considérée longtemps comme une modification, appropriée aux distances moléculaires, des grandes attractions célestes ; aujourd'hui beaucoup la considèrent comme une résultante d'actions électriques combinées avec d'autres causes : c'est le mystère qui se joue avec le génie, et, pendant ces jeux, la nature se livre aux siens ; elle fait passer les corps de l'état solide à l'état liquide, de l'état liquide à l'état gazeux; elle forme les acides, les oxydes, les sels ; elle cristallise de mille et mille manières ; rhomboïdes, prismes, hexaèdres, dodécaèdres, etc., etc.; toutes les formes, toutes les symétries lui sont familières ; et les bizarreries ne lui manquent pas non plus ; pourquoi son *affinité* ne s'exerce-t-elle que sur deux, trois, rarement quatre, et presque jamais cinq atomes déjà différemment constitués; pourquoi cette affinité subit-elle, contrairement à ce que pensaient les Geoffroy et les Bergmann, des modifications profondes du degré de cohésion des quantités, de la température, du poids spécifique, de l'état galvanique, de la pression, etc. ? Comment se fait-il que la cohésion soit nulle dans les fluides aériformes, et y soit remplacée par une force d'expansion tout opposée? On s'aperçoit, il y a quelque temps, d'un phénomène qu'on appellera *isomerie*, consistant dans la production de composés qui jouissent de propriétés différentes, bien qu'ils se forment des mêmes éléments combinés dans les mêmes proportions ; expliquez cela : que fait donc la science, que fait l'observation, que fait l'analyse ? elles nous glorifient et nous instruisent, mais en entassant les problèmes.

Que serait-ce si nous entrions dans les détails des lois, des combinaisons, des millions de jeux des agents chimiques si ingénieusement synthétisés, et classés, autant que possible, par Berzélius et les autres ? La chimie est plus mystérieuse que la métaphysique des religions ; et nous ne comprenons guère qu'un chimiste refuse de croire à nos mystères sous prétexte qu'il ne les comprend pas.

L'astronomie et la physique nous fourniraient évidemment, et à l'infini, des observations semblables. Consultons la physique sur la question des anges. Singulier rapprochement, dira-t-on peut-être. Qu'importe, s'il se trouve puissamment motivé, et si, en effet, la physique peut nous donner là-dessus quelque renseignement.

Nous avons fait des découvertes prodigieuses de forces incompréhensibles ; ne parlons, pour être suffisamment court, que de l'électro-magnétisme, et considérons-le, pour le mieux apprécier, dans nos applications industrielles. Qu'est-ce donc que cette palpitation électrique qui se transmet avec une rapidité incalculable à des distances infinies, et qu'est-ce que cet éclair subit de l'appareil d'induction qui va donner, à l'autre bout d'un fil aussi long que la terre, et à toutes les extrémités de tous les fils qu'on lui donnera pour rameaux, la propriété magnétique? Qu'est-ce que ce courant qui va porter à notre fantaisie les idées que nous voulons transmettre ? Que sort-il donc de ces métaux en contact, dont le contact seul détermine ces courants, lorsqu'on réunit, par un conducteur, les extrémités sympathiques de leur série? Une oscillation de pendule, entretenue dans un parfait isochronisme, par une pile de volta, va, au moyen de ramifications conductrices, réglementer avec une régularité mathématique, tous les cadrans d'une maison, d'une ville, d'une nation entière, et porter l'heure dans mille lieux à la fois. L'un dira : ce sont les deux fluides positif et négatif, vibré et résineux, qui vont se réunir pour se neutraliser dans une sorte de mariage, là où un passage leur est présenté par une substance conductrice ; un autre expliquera le phénomène sans avoir recours à la distinction des deux fluides, et trouvera moyen d'en rendre raison d'une manière peut-être plus savante et non moins ingénieuse ; mais toutes ces théories ne sont que des méthodes qui facilitent, pour l'esprit, l'intelligence des effets, en déterminent la régularité, en classent les harmonies et en assurent d'avance la réalisation, comme les calculs exacts des mouvements célestes fournissent le moyen de prédire les éclipses ; ce sont des réductions en tableaux des merveilles de la nature, des langages et des écritures pour les exprimer ; ce sont des logarithmes et des formules d'algèbre qui disent les résultats des conditions variées déjà soumises à l'expérience, ou supposées par analogie ; mais ce ne sont jamais des explications radicales ; la transmission merveilleuse demeure avec tous ses mystères, et l'on est obligé d'imaginer une force occulte, par la seule raison métaphysique qu'il n'y a jamais d'effet sans cause.

Or cette force occulte, à moins qu'on ne dise que c'est la main de Dieu qui agit directement, ce qu'on ne fera pas en qualité de savant, parce que ce serait parler comme la pieuse grand'mère, est-elle plus facile à comprendre que ces esprits dont nous parle la révélation comme entrant dans le gouvernement providentiel du monde ? Ces esprits ne sont que des forces intelligentes; ainsi les appelait le divin Platon. Or, ne conçoit-on pas aussi bien, sinon mieux, des forces intelligentes que des forces physiques? n'en aurait-on pas même aussi vite et aussi bien fini en disant que la force électrique est une vertu spirituelle assujettie à des conditions régulières et manquant seulement de pensée et de liberté?

On a ri d'anciens philosophes qui expliquaient tout par les esprits, et qui ne voyaient dans les dieux multipliés des mythologies, présidant aux merveilles de la nature, que des symboles de leur pensée philosophique. On a eu grand tort. Que la force tangentielle des planètes, la force d'attraction des centres d'orbites, la force de sympathie chimique, la force végétative, la force animale, la force électrique et toutes les forces intimes que notre œil ne voit pas, et dont nous ne pouvons qu'observer avec étonnement les effets, soient des vertus simples, métaphysiques, spirituelles, des substances en action analogues à des âmes, moins les conditions de la moralité, c'est ce qu'il est impossible de réfuter et ce qui expliquerait tout, beaucoup mieux qu'on ne l'explique avec des molécules, des atomes, de l'éther et des vibrations, puisque ces choses ne sont encore à classer que dans les effets, n'expriment encore que l'instrument, l'objet, le résultat de la force. Qu'y a-t-il donc d'incroyable dans l'enseignement théologique, lorsqu'il nous parle d'anges, d'archanges et de séraphins mêlés aux causes secondes de la création? Un physicien ne peut, ce nous semble, présenter une âme rebelle à de pareilles croyances, près des forces occultes dont il analyse et médite sans cesse les admirables manifestations.

La rédemption et la grâce trouvent aussi un singulier appui dans la cosmologie. Nous avons déjà constaté que les forces astronomiques, physiques et chimiques, sont toujours excitées avant d'être excitantes. Prenons, par exemple, la force de rotation de la terre sur elle-même, que démontrent encore chaque jour de nouvelles expériences, et entre autres celle de M. Léon Foucault sur la déviation régulière du pendule depuis l'absence de déviation sous l'équateur, jusqu'au circuit complet, en vingt-quatre heures, aux pôles, en passant par tous les intervalles selon les latitudes, ainsi que le demande le calcul *a priori*. Cette force est excitante relativement à tous les phénomènes qu'elle produit et qui la démontrent; mais il est clair qu'elle n'est elle-même que l'effet d'une excitation antérieure à elle. Descartes voulut l'expliquer par les tourbillons éthérés; mais ces tourbillons demandaient à leur tour un excitant. Parlerez-vous d'attraction ou de courant magnétique agissant dans des conditions à déterminer une rotation? Newton vous a dit à l'avance que ce ne sont encore que des forces excitées qui expliquent leurs effets sans s'expliquer elles-mêmes. Enfin, partout l'excitateur premier vous manque, si vous n'élevez, par un brusque saut, votre pensée à Dieu lui-même.

Que conclure de là à l'ordre moral dont les résultats et les forces sont bien plus merveilleuses, sinon le besoin d'un excitant semblable propre à leur espèce; or cet excitant est nommé la grâce en théologie: voilà tout le mystère.

Mais, par là même que les forces physiques exigent, pour être ce qu'elles sont, ce ressort agissant auquel elles soient subordonnées, si nous supposons que, par une catastrophe, elles viennent à tomber dans une perturbation profonde, à perdre leurs conditions d'harmonie, nous devrons dire qu'elles ne pourront rétablir par elles-mêmes leur jeu primitif, mais qu'il leur faudra l'intervention de la cause explicative. Imaginons que les astres viennent à perdre l'équilibre existant aujourd'hui entre leur force centrifuge et leur force attractive, que les planètes et le soleil soient arrêtés dans leur mouvement de rotation, que les ondulations électriques, caloriques, magnétiques, lumineuses, soient paralysées par un désordre introduit dans leurs rapports; que les affinités chimiques cessent de marier et divorcer les molécules selon les conditions auxquelles les assujettit une invariable loi; imaginons enfin une sorte de mort des harmonies de la nature, et, à leur place, une sorte de chaos qui sera une combinaison possible comme la première, mais inférieure en beauté. Nos puissances naturelles pourront-elles se réorganiser par elles-mêmes dans leur premier gouvernement? Non, si l'excitateur ne revient à leur aide et ne restaure lui-même la nature par un relancement nouveau.

Que venons-nous de faire dans ces quelques lignes? Raconter l'histoire de la déchéance morale du genre humain et dire le besoin absolu qu'il avait de la grâce de rédemption pour remonter à sa première grandeur.

Concluons donc encore une fois que le physicien, l'astronome, le chimiste sont invités sans cesse, par leur science, à la foi en nos mystères. — *Voy.* GÉOLOGIQUES (Sciences).

CRANIOSCOPIE DE GALL. *Voy.* PHYSIOLOGIQUES (Sciences).

CRÉATION (LE DOGME DE LA) — DEVANT LA FOI ET DEVANT LA RAISON (II part., art. 5). — On peut considérer la création sous le rapport philosophique, sous le rapport scientifique et sous le rapport historique.

Considérée sous le rapport philosophique, c'est un dogme qui tombe en même temps dans le domaine de la raison et de la révélation. Nous l'étudions suffisamment, à ce double point de vue, aux mots *ontologie*, *athéisme*, *panthéisme* et *grâce*.

Considérée sous le rapport scientifique, nous en traitons dans les articles *mathématiques, cosmologiques, géologiques*, etc.

Enfin, considérée sous le rapport historique, c'est un grand fait qui se rattache tout à la fois à l'histoire sacrée et aux traditions profanes. Nous en parlons suffisamment, à

ces deux points de vue, au mot *cosmogonies*. — *Voy.* DÉCHÉANCE.
CRÉATURE ET CRÉATEUR : distinction de l'une et de l'autre. *Voy.* ONTOLOGIE, MATHÉMATIQUES, PANTHÉISME, etc.

CRITERIUM DE CERTITUDE. *Voy.* LOGIQUE.
CRITIQUE (POÈME). *Voy.* POÉSIE.
CULTE DES IMAGES, — PLATON. *Vo* MORALE, II, 5.

D

DÉCHÉANCE (LA) DE L'HUMANITÉ. — DEVANT LA RÉVÉLATION ET DEVANT LA RAISON (II° part., art. 6). — La chute de l'humanité d'un état meilleur dans un état moins bon par suite du mal moral, laquelle est vulgairement appelée le péché originel en langage théologique, est un grand fait humain qui appartient principalement au domaine de la révélation; car c'est la révélation et la foi qui le déterminent d'une manière fixe, claire, certaine et positive. Mais il n'en tombe pas moins, par certains côtés, dans l'empire de la raison. Comme tous les articles de la foi catholique, c'est à la raison qu'il présente ses motifs de crédibilité, c'est-à-dire les preuves sur lesquelles se fonde la certitude de l'autorité qui propose à croire le symbole dont il fait partie. (*Voy.* SYMBOLE CATHOLIQUE.) Comme tous les articles de la même foi, il se montre hardiment devant la raison, la défiant de rien découvrir en lui qui soit entaché d'absurde, de contraire à quelque évidence, et par conséquent, d'impossible. Enfin, comme c'est un fait humain qui se passe dans l'intérieur de notre évolution, bien que sous les premiers rayons qui aient éclairé notre berceau, et qu'il porte en soi tous les caractères de la visibilité extérieure, il a cela de particulier qu'il entre dans le courant de notre histoire, et qu'en conséquence la raison peut encore l'étudier à ce point de vue. Cet ouvrage ne peut avoir pour objet l'examen rationnel de ce grand fait, dont les suites nous enveloppent, que sous les deux derniers rapports.

Pour atteindre ce but, et montrer l'harmonie des conclusions de la raison avec les enseignements de la foi catholique, nous répondrons aux questions suivantes :

1° Que faut-il croire sur la déchéance pour être catholique ?
2° Que peut-on croire, sans blesser la foi ?
3° Comment les théologiens expliquent-ils le péché originel ?
4° Ce fait compris dans les limites de la foi, sans addition ni soustraction, présente-t-il quelque impossibilité rationnelle ?
5° Jusqu'à quel point la raison peut-elle le soupçonner ?
6° Jusqu'à quel point la critique historique peut-elle le constater sans recours à la révélation surnaturelle ?
7° Que peut-on soupçonner sur l'état antérieur à la déchéance ?

I. — Que faut-il croire sur la déchéance pour être catholique ?

Voy. la réponse à l'article SYMBOLE CATHOLIQUE, § I, n. III.

Ajoutons seulement ici toutes les paroles essentielles du décret du concile de Trente sur le péché originel, avec les réflexions interprétatives que fait la raison à première vue.

I. « Si quelqu'un ne reconnaît pas qu'Adam, le premier homme, ayant transgressé le commandement de Dieu, dans le paradis, est déchu *de l'état de sainteté et de justice* dans lequel il avait été établi, et, par ce péché de désobéissance, et cette prévarication, a encouru la colère et l'indignation de Dieu, et, en conséquence, la mort, dont Dieu l'avait auparavant menacé, et, avec la mort, la captivité sous la puissance du diable, qui, depuis, a eu l'empire de la mort, et que, par cette offense et cette prévarication, Adam, *selon le corps et selon l'âme*, a été changé en un état pire, « *in deterius*, » qu'il soit anathème. »

Ce canon distingue très-bien, dans Adam, l'acte du péché de l'état qui en est la suite. Quant à l'acte, il l'appelle *transgression*, *désobéissance, prévarication, qui encourt la colère et l'indignation de Dieu, offense*. Quant à l'état, suite de l'acte, il l'appelle *déchéance de l'état de justice et de sainteté dans lequel Adam avait été établi; mort, avec captivité sous la puissance du démon*, personnification du mal, laquelle mort est physique et morale d'après ce qui suit; enfin, *changement selon le corps et selon l'âme* en un état pire, *in deterius*. (Le comparatif est important, en ce qu'il indique une *détérioration* relative à l'état précédent.)

II. « Si quelqu'un soutient que la prévarication d'Adam n'a été *préjudiciable* qu'à lui seul, et non à sa postérité, *sibi soli, et non ejus propagini, nocuisse;* et que ce n'a été que pour lui, et non pas aussi pour nous, qu'il a perdu *la justice et la sainteté qu'il avait reçues et dont il est déchu ;* ou qu'étant *souillé personnellement* par le péché de désobéissance, il n'a communiqué et transmis à tout le genre humain que *la mort et les peines du corps*, et non pas *le péché, mort de l'âme*, qu'il soit anathème, puisque c'est contredire à l'Apôtre, qui dit : *Le péché est entré dans le monde par un seul homme, et la mort par le péché; et ainsi la mort est passée dans tous les hommes, tous ayant péché dans un seul.* » (*Rom.* v, 12.)

Nous trouvons encore la distinction de l'acte ou du péché proprement dit, et de l'état qui en est la suite. — L'acte est encore appelé *prévarication, péché de désobéissance*, et, de plus, *souillure personnelle ;* et tout cela n'est attribué qu'à Adam seul. — L'état est déclaré transmis à la postérité, et cet état est défini un *préjudice causé à la postérité,* une *perte* ou *privation de l'état de justice et de sainteté reçu d'abord;* quelque chose de plus *que la mort et les peines du corps, aussi le péché, mort de l'âme.* — Il faut remarquer avec soin la différence entre les mots, *péché de désobéissance,* et *péché mort de l'âme.* Le premier signifie le péché proprement dit, le péché actuel et personnel, commis librement, qui n'est attribué qu'à Adam; le second signifie l'état qui le suit et qui se transmet, le *deterius* de l'autre canon, qui n'est pas seulement corporel, ce qui aurait lieu s'il n'impliquait que la mort et les peines du corps, mais qui est aussi moral, qui touche l'âme et qui en est la mort, par opposition à la vie antécédente, dont il est la privation et la perte.

III. « Si quelqu'un soutient que ce péché d'Adam, qui est un dans sa source, et qui, étant transmis à tous par la *génération,* et non par l'*imitation,* devient propre à chacun, peut être effacé ou par les forces de la nature humaine, ou par un autre remède que le mérite de Jésus-Christ,... qu'il soit anathème, parce qu'*il n'y a point d'autre nom sous le ciel qui ait été donné aux hommes, par lequel nous devions être sauvés.* » (*Act.* IV, 12.)

Ce canon émet les idées suivantes : 1° Le péché d'Adam, sous le double rapport expliqué ci-dessus, est un dans sa source; il n'appartient qu'à Adam en tant qu'actuel, en tant qu'acte libre mauvais, et aussi en tant qu'état pire dans le transgresseur lui-même. 2° Mais il devient multiple dans ses résultats sur la postérité, non point dans son entité d'acte, mais seulement en tant que nuisible à la postérité, à qui il enlève l'état antécédent supérieur dont elle aurait joui, et qui le met dans l'état d'infériorité, appelé *deterius.* C'est ce qui résulte du canon précédent. 3° Ce péché, état *deterius,* se transmet *par la génération,* et non point *par l'imitation,* ce qui est essentiel, puisque, s'il se contractait, dans les descendants, par imitation, le péché originel serait multiple en eux à titre d'acte, tandis qu'il ne l'est qu'à titre d'état. Cette exclusion de *l'imitation,* posée par le concile, est très-importante; elle condamne implicitement quiconque voudrait soutenir qu'il y a dans l'âme, à son origine, une *inclinaison active* dans le mal, puisque, si cela était, il y aurait, à un degré quelconque, imitation d'Adam transgresseur. On ne peut soutenir, après ce mot du concile, qu'une inclinaison complétement *passive.* 4° Cet état devient, par génération, par nécessité, et sans aucune inclinaison active, propre à chacun des fils d'Adam. 5° Enfin, cet état, ce *deterius,* ne peut être, selon l'ordre de Dieu, effacé, c'est-à-dire changé, dans son entité morale, en l'état primitif, que par Jésus-Christ.

IV. « Si quelqu'un nie que les enfants nouvellement sortis du sein de leur mère, même ceux qui sont nés de parents baptisés, aient besoin d'être aussi baptisés; ou si quelqu'un, reconnaissant que véritablement ils sont baptisés pour la rémission des péchés, soutient pourtant qu'*ils ne tirent rien du péché originel d'Adam* qui ait besoin d'être expié par l'eau de la régénération, pour obtenir la vie éternelle,... qu'il soit anathème... C'est pourquoi même les petits enfants, *qui n'ont pu encore commettre aucun péché personnel,* sont pourtant véritablement baptisés pour la rémission des péchés, afin que *ce qu'ils ont* contracté par la génération *soit lavé* en eux par la régénération... »

Ce canon définit la nécessité du baptême, et implique les idées suivantes : 1° L'enfant tire *quelque chose* du péché originel d'Adam, et quelque chose qui a besoin d'être détruit par le baptême, pour que la jouissance de la vie éternelle soit possible. Observons qu'ici le mot *péché originel* n'est appliqué qu'à Adam, et que l'état de l'enfant est appelé *quelque chose* qui en découle. 2° Ce *quelque chose* n'est point un péché personnel, puisqu'il existe, d'après le concile, dans ceux qui n'ont pu commettre aucun péché personnel. 3° Ce quelque chose, qu'on a contracté par la génération, est lavé par la régénération : c'est donc une tache, une sorte d'absence de blancheur, qui est détruite par l'eau régénératrice.

V. Le dernier canon pose les principes suivants : 1° Que la grâce de Jésus-Christ, conférée dans le baptême, efface tout ce qui constitue le péché originel dans son essence; 2° qu'elle en remet les effets, de telle sorte qu'on devient digne du ciel; 3° que, cependant, cette grâce ne détruit pas la concupiscence ou l'inclination au péché.

La destruction du péché originel, dans son essence même, est appelée l'*enlèvement de tout ce qui constitue la raison propre et vraie de ce péché :* « *Tolli totum id quod veram et propriam peccati rationem habet;* » et le concile défend de l'appeler seulement un *rasement,* un *balayement,* un *grattement :* « *tantum radi ;* » ou une *cessation d'imputation :* « *non imputari.* » — Cela est important ; les deux idées d'*imputation* simple et de simple *grattement* étant exclues, il ne reste à imaginer que celle d'une grande *addition* faite à l'âme par la grâce, ce qui favorise beaucoup la notion que nous donnerons plus loin du péché originel.

La neutralisation des effets du péché originel est appelée *rémission* de la prévention ou de l'obligation à la peine ; du *reatus,* mot obscur, qu'on a traduit, en théologie, de diverses manières, et qui signifie, en ce lieu, ce qui doit arriver à l'être tant qu'il demeure sous la loi par laquelle Dieu dit au premier père : « Si tu pèches, toi et tes enfants, aurez un sort qui sera une vraie mort, par rapport à la vie dont vous jouirez, si tu ne pèches pas, puisqu'il sera la privation de cette vie ; c'est ainsi qu'on doit l'entendre, puisque le concile conclut, en se résumant, qu'après la régénération baptismale, « on est tellement innocent et immaculé, que rien absolument ne s'oppose à l'entrée du ciel. »

Enfin, la permanence de la concupiscence est exprimée par ces paroles : « Le saint concile, néanmoins, confesse et reconnaît que la concupiscence, ou l'inclination au péché, reste pourtant dans les personnes baptisées; laquelle, ayant été laissée pour le combat et l'exercice, ne peut nuire à ceux qui ne donnent pas leur consentement, mais qui résistent avec courage par la grâce de Jésus-Christ; au contraire, la couronne est préparée pour ceux qui auront bien combattu. Mais aussi, le saint concile déclare que cette concupiscence, que l'Apôtre appelle quelquefois *péché*, n'a jamais été prise ni entendue par l'Église catholique comme un véritable péché qui reste, à proprement parler, dans les personnes baptisées; mais *qu'elle n'a été appelée du nom de péché que parce qu'elle est un effet du péché et qu'elle porte au péché.* » Cette interprétation du mot *péché* est importante, en ce qu'elle ouvre la porte à la raison pour comprendre un grand nombre de termes employés par l'Écriture, la tradition et l'Église.

Si, après avoir lu les explications qui vont suivre, on veut les comparer avec ces décrets du concile de Trente, on saisira facilement la compatibilité de notre théorie, avec la doctrine contenue dans ces décrets.

II.— Que peut-on croire sans blesser la foi?

Nous ne dirons pas seulement ce qu'on peut croire, mais aussi plusieurs choses que l'on doit croire pour se mettre en pleine conformité avec la foi, bien que ce ne soient pas choses rigoureusement définies sous l'anathème des canons.

1° L'enfant qui naît dans l'état de déchéance n'a point péché lui-même, et n'est point, à son origine, dans une activité vicieuse, dans une volonté criminelle d'un degré quelconque, puisque le concile de Trente affirme qu'il n'y a pas en lui, par l'essence du péché originel, *imitation* d'Adam prévaricateur, et que *son état se trouve dans ceux qui n'ont pu commettre personnellement aucun péché.*

2° Il suit de ce principe que l'état de péché originel n'admet ni désaveu, ni repentir; c'est, d'ailleurs, ce qui résulte de la condamnation de la proposition suivante, par Alexandre VIII :

« L'homme doit faire toute sa vie pénitence pour le péché originel. » (Décret, 1690, prop. 19.)

C'est aussi ce que dit saint Thomas : « La contrition ne peut être conçue que des péchés qui proviennent en nous de la dureté de notre volonté; et, comme le péché originel n'est pas entré chez nous par notre volonté......., nous ne pouvons en avoir la contrition. » (*Supplem.*, q. 11, art. 2.)

3° Il suit encore que, si l'état de nature déchue peut être dit un état de *péché*, ce n'est que par relation et considération au véritable péché d'Adam, dont il est l'effet matériel. C'est encore ce qui résulte de la condamnation de la proposition 47 de Baïus, ainsi conçue : « Le péché d'origine a vraiment nature de péché sans considération et rapport à la volonté d'où il a tiré son origine. »

4° Il suit encore qu'il ne peut être dit renfermer une prédisposition habituelle et infuse positive à l'aversion de Dieu et du bien. C'est ce qui résulte de cette autre proposition condamnée : « Il arrive, par suite d'une volonté habituelle dominante, que l'enfant qui grandit sans le sacrement de régénération, quand il aura atteint l'usage de la raison, aura actuellement Dieu en haine; le blasphémera, et répugnera à sa loi. » (Prop. 49 de Baïus.)

Sur quoi le P. Perrone observe avec justesse : « Quand on dit que nous naissons éloignés de Dieu par le péché, cet éloignement doit être entendu dans le sens négatif, c'est-à-dire d'un manque (dans un degré relatif) de tendance et d'amour; autrement, si on devait l'entendre d'une aversion positive, il s'ensuivrait que les enfants, ayant atteint l'âge de raison, auraient une haine actuelle de Dieu et répugnance pour sa loi, ce qui est absurde et condamné. » (*Prælection. theolog.*, Tract. *de Deo creat.*, p. III, cap. 4, n. 467.)

5° Il suit encore que l'enfant n'est pas regardé comme *complice* de la faute du premier père, parce que l'état dans lequel il naît a sa raison d'être dans une pure *relation*, ne tenant point à la volonté, et nullement dans une *coopération* ou *complicité*, ou *imitation*.

Saint Augustin disait des enfants : « Hé quoi! faudra-t-il faire une dépense de temps et de paroles pour montrer que les petits enfants, en qui tout le monde reconnaît un type d'innocence, n'ont point commis d'action mauvaise par un acte de volonté propre, sans lequel il ne peut y avoir de péché actuel? Cette complète débilité d'esprit et de corps, cette incapacité générale de connaître, cette ignorance profonde des devoirs, cette absence de raison et de choix, qui sont le propre de leur âge, ne sont-ce pas là des preuves de ce que nous disons, plus convaincantes que tous les raisonnements? Je voudrais bien apprendre de celui qui est d'un sentiment contraire, quel péché il a remarqué dans un enfant au berceau. » (*De peccatorum merit.*, lib. I, n. 65.)

Saint Paul dit que le premier homme est le type, la forme, le moule de ceux qui en naissent : *forma futuri*, et que c'est en vertu de cette loi de nature qu'il transmet la mort, c'est-à-dire l'absence d'un degré supérieur de vie qu'il avait auparavant. Le mot de saint Paul exprime très-bien la relation matérielle dont nous parlons.

Cette manière de comprendre le péché originel, laquelle exclut toute participation à la faute et le réduit à un pur état, est impliquée dans les rapprochements que les Pères de l'Église ont faits si souvent, d'après saint Paul, entre la déchéance et la réparation par Jésus-Christ, qu'ils appelaient, comme l'Apôtre, *le second Adam*.

La pensée fondamentale de ces rapprochements, c'est que le premier Adam enlève au genre humain une possibilité, une aptitude, une puissance de s'élever très-haut vers la divinité, par suite du rapport de génération que ses descendants ont avec lui, et que le second Adam lui rend cette puissance; que l'un et l'autre effet se produisent sans participation de notre volonté aux actes qui en sont la cause; que, dans un cas, ce sont des obstacles matériels posés, et, dans l'autre, ces mêmes obstacles détruits; que, dans le phénomène de la déchéance, nous tombons dans un état d'abaissement, par suite de notre parenté naturelle avec Adam, et que, dans celui de la régénération, nous sommes relevés par suite d'une parenté surnaturelle avec Jésus-Christ; que la déchéance n'est point une imputation faite à l'âme de la faute d'Adam, mais un état qui lui est inhérent, et que, de même, la justification par le Christ n'est point une imputation extérieure de ses mérites, mais une modification d'état propre et inhérente; que ni l'une ni l'autre n'est un acte qui lui soit personnel; que la responsabilité morale de la chute ne retombe pas plus sur elle qu'elle n'a le mérite de la rédemption, etc. Ces idées sont développées par saint Chrysostome : *Homélie sur l'épître aux Romains*; par saint Irénée, chap. 16; par saint Bernard, lettre 90 au Pape Innocent, ch. 6, n. 16, et par tous les Pères.

Bayle avait raison d'écrire : « Il est évident qu'une créature qui n'existe point ne saurait être complice d'une action mauvaise. » (Art. *Pyrrhon*.) Mais il ne faisait que répéter une vérité qu'avait toujours enseignée la théologie.

6° Il suit enfin que les conséquences de la chute d'Adam ne sont point, à proprement parler, une punition pour ses enfants, quoiqu'ils en soient une pour Adam lui-même. Dire que nous expions la faute de notre premier père est une manière de parler qui se comprend, mais qui n'est pas exacte dans son sens littéral. Les mots de peine, de mort de l'âme, d'expiation, d'enfants de colère, de culpabilité de tous dans un seul, etc., ne doivent être pris, comme celui de péché, que relativement à l'état de perfection primitive et à l'acte coupable qui en a fait déchoir toute la race, et jamais au sens absolu. On dit péché, parce qu'on enveloppe sous un seul mot l'acte du péché et l'état qui s'ensuit; mais le péché proprement dit, l'acte du péché, n'est que dans Adam. De même on dit mort de l'âme, parce qu'on enveloppe dans le même mot la détérioration qui se fit dans Adam, d'une manière coupable, avec celle qui est devenue notre état naturel, qui n'est point coupable en nous, qui n'est même, en nous, ni une peine ni un malheur au sens absolu, mais qui, considéré par comparaison à l'état supérieur qui aurait eu lieu, est cependant l'un et l'autre. Qu'un roi devienne berger, par suite d'un crime qu'il aura commis, son état de berger sera, pour lui, une grande peine et une punition; mais, pour ses enfants, ce sera une condition dans laquelle ils naîtront, qui n'aura le caractère de mal que relativement et par comparaison à la royauté de leur père, et qui ne suscitera l'idée de criminalité que par la liaison au crime qui en fut l'origine.

C'est la pensée du P. Perrone. « Dans l'état présent, dit-il, les noms de péché (originel) et de peine (effet de ce péché), sont relatifs à l'état d'élévation et d'intégrité; et, pour cette raison, ils sont péché et peine, non en soi, mais parce qu'ils ont une liaison avec le péché d'Adam. » (*Prælectio theol.*, *Tract. de Deo Creatore*, p. III, cap. 4, n. 466.)

7° Beaucoup de théologiens soutiennent, et on peut dire que l'état de péché originel ne renferme aucun principe vicieux, aucune infection positive inhérente à l'âme, mais qu'il est simplement une absence ou privation de dons gratuits, tant intérieurs qu'extérieurs, que la race humaine aurait possédés sans l'accident de la déchéance. C'est l'idée qui correspond le mieux au mot *tache originelle*, dont on se sert souvent, puisqu'une tache, dans un foyer lumineux comme est l'âme, résulte le plus naturellement d'une absence de lumière, d'une ombre; on sait qu'un point noir est une privation simple des couleurs. Ainsi conçu, il n'est quelque chose, dans son essence, que par ce qu'il n'est pas; il n'est rien en soi, il n'est qu'un vide auquel on n'aurait jamais pensé, si on n'avait connu le plein antécédent, et la raison pour laquelle ce plein a cessé d'être.

Cette explication du péché originel est celle de saint Anselme. « Ce péché, dit-il, qui s'appelle originel, je ne puis le comprendre, dans les enfants d'Adam, autrement que comme un dénudement de l'état de beauté qu'ils devaient avoir, dénudement que j'ai montré plus haut s'être fait par sa désobéissance. »

Celle de saint Thomas : « Comme le péché originel est opposé à la justice originelle, il n'est rien autre chose, formellement, qu'une privation de la justice originelle. (L. II, q. 82, art. 2 concl.) On sait qu'en théologie le mot *justice* signifie une beauté surnaturelle de l'âme, comme celui de *grâce sanctifiante*. C'est pourquoi saint Thomas dit de cette grâce « qu'elle est un commencement de la gloire en nous; et que la gloire est comme la perfection et la consommation de la grâce. »

Celle de Scot : « Le péché originel ne peut être autre chose que cette privation (la privation de la beauté originelle). »

Celle de Maldonat : « De là se déduit la définition du péché originel : le péché originel est une indignité (relativement à une dignité plus grande) contractée par suite du péché des premiers parents, par laquelle nous naissons privés de la justice originelle. » (*De peccat. origin.*, quæst. 3.)

Celle de Bellarmin, qui est très-explicite, que nous citerons plus loin, et qui ajoute que c'est le sentiment commun des docteurs de l'école ancienne et moderne.

Celle de d'Argentan : « Étant privés de la grâce *au point qu'ils la devraient avoir*, et en étant privés par punition du péché de l'homme, cette privation, qui marque l'innocence perdue, est une tache à l'âme, et ce que l'on nomme *la tache du péché originel.* » (Grand. *de la sainte Vierge.*, conf. 4.)

Celle du cardinal Gousset : « Le péché originel, quoique unique dans sa source, ne consiste point, comme on le voit, dans l'acte de désobéissance, qui est personnel à nos premiers parents, mais bien dans la mort de l'âme : *Peccatum quod mors est animæ*, c'est-à-dire dans la perte ou la privation par la justice divine de la grâce sanctifiante qui est la vie de notre âme; de la sainteté primitive, surnaturelle et gratuite, dont nous avons tous été déshérités par un père rebelle; tels, dans un autre ordre de choses, les enfants qui sont déshérités par le crime qui enlève à leur père les biens qui leur étaient destinés. Ainsi tombent toutes les difficultés que les hérétiques font contre le dogme catholique, en affectant de confondre la notion du péché originel avec celle du péché actuel, » etc. (*Théol. dogm.*, t. II, p. 92 et 93.)

Celle du P. de Ravignan, qui l'exposa, devant nous, dans une de ses plus belles conférences sur le surnaturel, et qui, rendant compte par elle de la transmission du péché d'origine, aux raisons qui l'écoutaient, leur dit ce mot avec un charme qui nous frappa beaucoup : « Je vous le demande, Messieurs, comment se transmet une privation? Voilà le mystère. »

Celle de M. l'abbé Guitton, qui nous fournit ces citations dans un excellent livre qui vient de paraître sous ce titre : *L'homme relevé de sa chute, ou Essai sur le péché originel et les fruits de la rédemption.*

Ne semble-t-il pas qu'on soit conduit à penser ainsi du péché originel, par la condamnation de plusieurs des propositions de Baïus, énumérées dans la bulle *Auctorem fidei?*

La proposition 47e déjà citée, n. 3, donne pour contradictoire que *le péché d'origine n'a point vraiment nature de péché*, si on fait abstraction de la volonté mauvaise d'Adam qui en est la cause; or, s'il impliquait une direction positive d'activité dans le mal, il aurait, en soi et par son seul fait, nature de péché.

Il suit de la condamnation de la proposition 49e, citée n. 4, qu'il est faux de dire, et que c'est une erreur de croire que l'*enfant non régénéré prenne en grandissant, par suite d'une mauvaise volonté habituelle dominante, le bien et Dieu en aversion.* Or ne serait-ce pas cependant une prédisposition morale de cette espèce et tendant à de tels résultats que consisterait la viciosité héréditaire; on ne voit pas ce qu'elle pourrait être dans la partie morale de l'homme, si elle n'était pas cette prédisposition.

Enfin la condamnaton de la proposition 55e, que nous allons citer plus loin, oblige celui qui reconnaît la valeur de la bulle *Auctorem fidei*, admise par toute l'Eglise, à professer, avec les philosophes moralistes les plus sages, que *Dieu aurait pu créer directement l'homme dans l'état où il naît aujourd'hui.* Or s'il y avait en lui plus qu'un affaissement dans l'échelle des perfections, plus qu'une chute à un degré inférieur; s'il y avait un vice moral formel, rendant l'être hideux, faisant de lui un monstre, un vrai révolté, une nature volontaire perverse, ne serait-il pas absurde et injurieux pour l'infinie bonté, de soutenir qu'elle eût pu créer directement un pareil être?

L'opinion que nous soutenons en ce moment sur l'essence du péché d'origine, laquelle sera probablement un jour positivement déclarée et élevée à la hauteur des certitudes catholiques, mais qui jusqu'alors n'est qu'une opinion, ne pouvait guère être formellement soutenue ou attaquée avant la scolastique, dont les formes logiques, si arides, si longues, si ennuyeuses pour l'homme d'imagination, eurent le grand avantage de préciser les nuances les plus imperceptibles, et de tout classer en fait d'idées théologiques, comme Bernard de Jussieu a précisé les caractères des plantes et les a classées. C'est une justice qu'on ne rend pas assez à Aristote et à ses disciples chrétiens du moyen âge; leur fièvre de distinctions mathématiques eut, sans aucun doute, ses excès; elle eut pour résultat d'embrouiller souvent les questions au lieu de les rendre claires, et de produire des œuvres qui ne devaient plus soutenir la lecture dans les âges suivants; mais ses fruits n'en étaient pas moins réels; les auteurs modernes les ont recueillis et ont pu souvent, grâce à eux, allier la poésie à l'exactitude, avec plus d'avantage que les anciens. La distinction, dans le péché originel, d'un principe vicieux et d'une simple privation, est une de celles qu'on doit à la scolastique; il ne faut donc pas la chercher dans les Pères de l'Eglise. Cependant on l'y trouve en germe dans une multitude de passages dont se sont prévalus, à tort, les pélagiens modernes et les incrédules pour attaquer le péché originel. Nous n'en citerons que trois ou quatre exemples.

Tertullien disait (*De baptis.*, c. 18) : « que les enfants viennent au baptême quand ils pourront connaître le Christ! Qu'y a-t-il de si pressant pour cet âge *innocent* d'aller à la rémission des péchés? » Il se trompait sans doute; mais comme on sait, d'ailleurs, qu'il enseignait le péché originel, on peut conclure de sa manière de parler qu'il ne voyait pas dans l'enfant non baptisé un mal positif et formel qui rendît urgente l'administration du baptême, mais seulement une infériorité, dont il atténuait, au reste, beaucoup trop l'importance relative.

Tout les Pères des premiers siècles appellent, comme Tertullien, les enfants *innocentes.* S'ils avaient cru à la viciosité morale, à une infection réelle qui rendît horrible aux yeux de Dieu, comme celle qui résulte du péché actuel, auraient-ils eu l'idée de les qualifier ainsi?

Saint Clément d'Alexandrie disait aux basilidiens qui condamnaient le mariage, et exagéraient l'austérité en tout, comme l'ont fait plus tard les jansénistes : « Dites-nous donc où a forniqué l'enfant qui vient de naître? comment peut tomber sous l'exécration d'Adam celui qui n'a rien fait? » (*Strom.*, lib. III, num. 16.) S'il avait cru à une souillure positive du principe actif et volontaire, aurait-il parlé ainsi? il aurait accordé aux basilidiens que toutes les âmes avaient, réellement et au sens propre du mot, péché de complicité avec celle d'Adam, afin de se rendre compte à lui-même de sa foi; car nul, plus que Clément d'Alexandrie, ne tient à satisfaire sa raison.

Saint Grégoire de Nysse, dans son discours sur les enfants qu'enlève une mort prématurée, jette cette proposition : « Aucun enfant, depuis le commencement, n'a apporté de maladie dans son âme. » Comme il est clair que ce Père, ainsi que tous les autres, enseigne le péché originel, on ne peut expliquer ces paroles qu'en disant qu'il rejette l'idée d'une maladie réelle, d un principe morbide, d'un virus infectant. Or, cette idée rejetée, il ne reste que celle d'une privation, d'une simple tache par absence de la beauté qui devait être.

Enfin saint Chrysostome nous paraît avoir eu assez clairement dans l'esprit l'idée du péché originel comme simple privation; il dit d'une part (*Epist. ad Olympiam*) : « Quand Adam pécha, ce grand péché *damna* en commun tout le genre humain; » et, d'autre part, en plusieurs lieux, des choses comme celle-ci (*Homil. ad neophyt.*) : « Nous baptisons les enfants, quoiqu'ils ne soient point souillés de péché, *cum non sint coinquinati peccato*, mais afin que leur soit *donnée* ou *ajoutée*, « *ut eis detur vel addatur*, »la sainteté, la justice, *l'adoption*. » Il semble impossible de dire plus clairement que le *dam*, exprimé par *damnavit*, ne consiste que dans la *privation* de la sainteté, de la justice, de l'adoption surnaturelles, et que l'effet du baptême est de combler cette privation en ajoutant à l'être le surnaturel qui lui manquait.

On voit que la tradition des premiers siècles est loin de n'offrir aucun indice de l'opinion moliniste sur l'essence du péché originel.

8° Quant aux suites de la déchéance en cette vie, qui ne sont que la mort et la convoitise, car les maladies et la sujétion à des douleurs sont choses impliquées par la désorganisation qui aboutit à la mort, et les peines de l'âme sont la suite des passions, on peut dire aussi, devant la foi, qu'elles appartiennent à une manière d'être qui aurait pu exister, sans péché originel, par création directe de Dieu, parce que la somme des biens y est encore supérieure à la somme des maux, que cet état est de beaucoup préférable au néant, lors même qu'il aboutirait à l'anéantissement, et qu'avec une autre vie servant de compensation, il ne reste aucune difficulté. Cette pensée est conforme à la condamnation de l'affirmation suivante émise par Baïus : « Dieu n'eût pu créer l'homme, au commencement, dans l'état où il naît aujourd'hui (prop. 55); » à la condamnation de celle-ci par Pie V, du même Baïus : « L'intégrité de la première création ne fut pas une élévation non due à la nature humaine, mais sa condition naturelle; » et à cette parole de saint Augustin : « Adam était à la fois mortel et immortel, mortel par la condition de sa nature, immortel par le bienfait du Créateur. » (*De gen. ad litt.*, l. VI, c. 36.) Elle résulte aussi de la condamnation de la proposition 17ᵉ du synode de Pistoie, ainsi conçue : « Instruits par l'Apôtre, nous regardons la mort, non plus comme condition naturelle de l'homme, mais bien comme la juste peine du péché originel; » laquelle proposition est condamnée « en tant que, sous le nom de l'Apôtre, allégué par ruse, elle insinue que la mort, qui, dans l'état présent, est infligée comme juste peine du péché, par soustraction de l'immortalité, n'était pas une condition naturelle de l'homme, comme si l'immortalité n'avait pas été un bienfait gratuit, mais une condition naturelle; » et est déclarée captieuse, téméraire, injurieuse à l'Apôtre, etc. (Bulle *Auctorem fidei*, prop. 17.)

Il est bon de faire observer qu'on entend par *condition naturelle* en théologie, non pas l'état dans lequel une créature se trouve à l'instant où elle commence d'être, mais un état tel que, posé que Dieu la crée, il est lui-même obligé par les exigences de sa justice et de tous ses attributs, de la créer ainsi. Par exemple, l'état de malice dans lequel se met volontairement une créature libre, ne peut être l'état naturel d'aucun être, parce qu'il répugne aux attributs de Dieu de faire un être méchant par nature.

M. de Bonald dit dans le même sens, au sujet de la mort : « La mort, sans doute, est effrayante pour l'imagination; mais la raison, même dépourvue des lumières de la religion, y voit moins un mal qu'une nécessité, et la première condition de notre nature matérielle. »

Quelques auteurs avaient dit, au temps de saint Thomas, que la mort n'aurait pas existé, même chez les animaux, sans le péché originel. L'Ange de l'école condamne ce sentiment dans les termes suivants : « Quelques-uns disent que les animaux, qui sont maintenant féroces, eussent été doux dans cet état, non-seulement à l'égard de l'homme, mais à l'égard des autres animaux. Mais cela est irrationnel, car la nature des animaux n'a pas été changée par le péché de l'homme; ceux dont la nature est de manger la chair d'autres animaux, comme les lions et les oiseaux de proie, auraient-ils vécu d'herbe ? » (*Somme*, I p., q. 97, art. 1 ad 2.)

Enfin l'Eglise nous fournit, au moment même où nous écrivons, un nouvel argument. Elle déclare la conception immaculée de la Mère du Christ d'une manière officielle, ce qu'elle n'avait point encore fait jusqu'alors. La Vierge Marie fut donc créée dans l'état moral humain antérieur à la déchéance; cependant elle n'en fut pas moins soumise à la mort et à toutes les peines matérielles et intellectuelles de la vie présente, excepté celles qui accompagnent le péché. Donc l'être infini peut réaliser, parmi les êtres, une créature exposée naturellement au mélange de douleurs et de joies de cette vie, sans qu'il se soit fait en elle aucune révolution anormale.

9° Reste un point sur lequel il est très-important de dire clairement ce qu'il est permis de penser, ou plutôt ce que l'on pense à peu près universellement dans l'Eglise. Dieu a opéré la rédemption; mais il a fait dépendre la restauration de tel ou tel individu, de conditions qui peuvent manquer à plusieurs sans leur faute. Il faut, pour participer à la gloire surnaturelle méritée, gagnée et fondée par le Christ, être rattaché, soit par la voie ordinaire, qui est le baptême, soit par une voie extraordinaire, qui serait le secret de Dieu, à l'œuvre du Christ; il faut être introduit dans le cercle de ses membres. (*Voy.* RÉDEMPTION.) Or supposons un nombre quelconque de créatures humaines qui n'ont été introduites par aucun moyen, et qui meurent, sans avoir mérité ni démérité devant leur conscience, n'ayant jamais joui de leur raison; ces créatures, au nombre desquelles tombent régulièrement les enfants morts sans baptême, se trouvent fixées dans l'état de nature déchue, suite du péché originel. Or, quelle est leur condition dans l'autre vie?

« Quel est donc, » dit l'abbé Guitton, « dans la vie future, la peine du péché d'origine (ce mot *peine* a été expliqué plus haut)? Les principes ci-dessus posés répondent par avance à cette question. Il y a une corrélation nécessaire entre le péché et la peine. Un acte accompli par une volonté étrangère peut bien nous enlever des priviléges; mais nous rendre dignes d'une peine afflictive, jamais. C'est une maxime d'éternelle justice, et le droit de l'homme reflète ici le droit divin. Le péché originel est la privation de la justice; ses peines sont les conséquences de la justice perdue: dans la vie présente les maux naturels à l'homme; dans la vie future, l'exclusion de la gloire à laquelle la grâce seule peut nous enfanter. » (*L'homme relevé de sa chute*, t. II, part. II, chap. 14.)

Un jour saint Augustin, qui inclinait alors pour l'opinion platonicienne de la préexistence des âmes, avec les modifications qu'exigeait le christianisme, avança, dans un sermon véhément fait à Carthage, que les enfants morts sans avoir été régénérés seront malheureux, dans l'autre monde, d'une manière sensible et sentie. L'hérésie pélagienne qui exagérait en sens contraire avait contribué à le jeter dans cet excès; plus tard, il s'adoucit beaucoup comme on peut le voir dans une réponse à Julien d'Eclane; cependant il paraît avoir toujours cru à une peine sentie, fondé sur ce raisonnement, que « ces créatures innocentes aimeront le royaume du Christ, et par conséquent souffriront d'en être séparées, » raisonnement qui n'est pas rigoureux, puisque, d'un côté, rien ne dit qu'ils auront l'idée du bonheur dont ils seront exclus, et que, d'un autre côté, une droite raison ne s'affecte pas de se sentir dépourvue d'une perfection qui est en dehors des conditions de sa nature. Augustin s'affligeait-il de n'être pas un ange? Au reste il dit en maints endroits que « cette damnation (c'est-à-dire, privation de la gloire chrétienne) sera la plus légère de toutes, *levissima*; la plus *douce* de toutes, *mitissima sane omnium.* » Il dit encore « qu'il est embarrassé sur cette question, et qu'il ne sait que répondre. » D'où il suit qu'il n'a jamais regardé que comme une opinion ce qu'il en a dit.

Malgré ces adoucissements la proposition avancée dans le discours de Carthage servit de point de départ au sentiment rigoureux soutenu par le cardinal Robert Pullus et surtout par Grégoire de Rimini, qui en est le représentant dans le moyen âge. Ces théologiens s'appuyaient sur Augustin, et sur ses disciples, saint Grégoire le Grand et saint Fulgence, qui avaient parlé, en effet, plus durement que leur maître.

Mais, quoi qu'il en fût de ces autorités, cette opinion fut repoussée généralement, avec *indignation* et *dédain*, dit l'abbé Guitton, comme *irrationnelle*. Elle eut contre elle Alexandre de Halès, Pierre Lombard, saint Thomas, Dons Scot, saint Bonaventure, Pierre Auréole, Innocent V, Henri de Gand, saint Bernardin de Sienne, saint Antonin, Tostat, etc., etc., « suivis, dit « Billuard, » d'une foule innombrable de théologiens tant anciens que modernes. » (*Traité des passions et des vertus*, Dissert. 7, art. 6.)

Saint Grégoire de Nazianze dit que: « Ceux qui ont méprisé le baptême et commis d'autres crimes doivent subir des peines; que ceux qui ont négligé de le recevoir sans mépris, doivent en subir de légères, et que ceux qui en ont été privés sans leur faute, quoique privés de la gloire céleste, n'en doivent subir aucune. »

Saint Grégoire de Nysse: « La mort prématurée de ces enfants démontre qu'ils ne seront ni dans la douleur ni dans la tristesse. »

Médina dit de l'opinion qui admet une peine sensible « qu'elle est dure et désormais répudiée par tous les esprits. »

Bellarmin: « Qu'elle ne paraît pas ouvertement réprouvée par l'Eglise, mais qu'elle est rejetée des écoles. » (*De amiss. grat.*, lib. VI, cap. 4.) Malgré cela Bellarmin admet quelque déplaisir formel de ne point participer au bonheur du Christ, tout en disant que le sentiment qui rejette tout déplaisir, ayant pour lui saint Thomas, saint Bonaventure et beaucoup d'autres, est *probable.*

Suarez dit que les créatures dont il s'agit, « ne souffriront pas de peines sensibles comme l'enseignent tous les théologiens, *neque patientur pœnas sensibiles, ut omnes theologi docent.* (T. II, p. III, disp. 50, sect. 4.)

Lémos: « Que c'est le sentiment commun des saints et des théologiens. » (*Panopl.*, t. I, cap. 24.)

P. Auréole: « Que c'est le sentiment

commun de l'Eglise. » (Sent. 2, dist. 33, quæst. unica.)

Gouet : « Que c'est l'avis presque unanime des théologiens qui ont écrit depuis 500 ans. » (T. III, tract. 4, disp. 7.)

Curiel : « Que c'est l'opinion de tous les scolastiques, un seul excepté, Grégoire de Rimini. » (I, 2, quæst. 83, art. 4.)

André Duval : « Que cette croyance n'est pas ouvertement de foi, mais qu'elle approche de la foi. » (*Tract. de peccat.*, quæst. 4, art. 2.)

Godoi : « Qu'elle est tellement commune que de s'en éloigner n'est pas sûr. »

Cornélius Mussius, des Frères Mineurs, évêque de Bitouto, un des Pères du concile de Trente et savant théologien, s'exprime ainsi : « On doit croire pieusement, avec presque tous les docteurs de la sainte Eglise catholique, que les enfants morts sans avoir été purifiés par l'eau baptismale ne souffrent d'autres peines que d'être éternellement privés de la gloire dont jouissent, au ciel, les bienheureux. Celui qui pense autrement donne lieu de croire qu'il connaît peu la miséricorde divine. » (*In epist. ad Rom.*, cap. v.)

Saint Thomas disait que sa manière de penser était *communément* admise, et saint Bonaventure que les maîtres approuvaient cette croyance. (S. Thom., *De malo*, art. 2, quæst. 5. — S. Bonav. *In 2 sent.*, dist. 32, quæst. 1.)

Le P. Passaglia résume ainsi la question : « C'est une hypothèse qu'aucun homme prudent ne peut mépriser, et que personne ne peut condamner sans témérité, que les enfants affectés de la seule coulpe originelle ne sont l'objet d'aucune autre damnation que la damnation négative. L'Eglise orientale n'a approuvé et n'approuve que cette supposition. Beaucoup des Pères latins n'ont suivi qu'elle, tels saint Ambroise, saint Anselme, saint Bernard, Gélase, Gratien, etc. L'école s'y rallie exclusivement depuis le XIIe siècle. Innocent III l'a confirmée (*Decret.*, lib. III, tit. 42, cap. *Majores*, § *Sed adhuc*). le concile de Florence paraît assez clairement l'avoir préférée. Elle a envahi les esprits des fidèles. Elle seule est fondée sur l'analogie des dogmes et l'harmonie des doctrines. » (S. Bonav., *In breviloquio*, p. III, cap. 5.)

La bulle *Auctorem fidei* condamne beaucoup de propositions effrayantes de Baïus dans le sens contraire. Elle déclare, entre autres, fausse, téméraire, injurieuse envers les écoles catholiques, « la doctrine qui repousse comme une fable pélagienne le lieu des enfers que les fidèles désignent communément sous le nom de limbes, dans lequel les âmes qui meurent avec le seul péché originel ne seraient punies que de la peine du dam, comme si c'était introduire ce lieu, exempt de *coulpe* et de peine, mitoyen entre le royaume du Christ et la damnation que les pélagiens imaginaient. » (Prop. 26.)

Nous avons dit que, dans l'idée catholique, il reste *coulpe* et *peine relatives* à la perfection primitive et au péché d'Adam, ce que les pélagiens rejetaient par cela même qu'ils niaient le péché originel avec ses suites. Ajoutons que, l'Eglise ne s'étant jamais préoccupée que de deux catégories, celle des participants à la gloire du Christ, appelés élus et bienheureux, et celles des non participants à cette gloire appelés damnés, c'est-à-dire *privés* de cette gloire même, elle doit appeler *damnation* l'état des créatures dont nous parlons.

La peine sensible étant rejetée, quel sera l'état de ces créatures ? On a fait toutes sortes d'hypothèses. Personne, que nous sachions, ne les a mises dans un état rigoureusement indifférent, et l'eût été absurde, vu que, si l'on suppose une existence qui a conscience d'elle-même, exempte de douleur sentie, on la suppose au moins heureuse d'être. Quelques-uns ont mélangé leur bonheur d'être d'un déplaisir patiemment supporté de ne pas jouir du bonheur dont ils auraient pu jouir, mais aussi d'une action de grâce rendue à Dieu de ce qu'il leur a épargné l'occasion de se rendre coupables. D'autres les ont exemptés, avec plus de logique, de tout déplaisir. Le cardinal Sphondrat est allé jusqu'à imaginer pour elles des jouissances et des délices de toutes sortes, d'un ordre inférieur au bonheur des élus, mais plus flatteuses pour les sens, de sorte que, relativement à elles, leur état serait préférable au ciel même. Cette dernière idée, qui nous paraît absurde, est en général réfutée par les théologiens, mais cependant n'a pas été condamnée par l'Eglise. Enfin, l'opinion la plus suivie consiste à dire que ces âmes sont heureuses dans la connaissance et l'amour de leur auteur et dans les biens naturels qu'elles reçoivent de sa bonté.

Voyez, à l'article Vie éternelle, ce que dit à ce sujet si agréablement le docteur M. L. Bail, commentant saint Thomas, dans sa *Théologie affective*, part. III, traité 4.

La seule chose de foi, c'est qu'il y a, pour elles, peine du *dam*, c'est-à-dire non participation au royaume du Christ ; mais dans cette privation, cette perte, ce dam, on peut imaginer tout ce qu'on veut : on peut dire que le *dam* n'est pas senti, qu'il n'en résulte pour elles aucun mal-être, et qu'il y a, d'autre part, bien-être plus ou moins grand.

III. — Comment les théologiens expliquent-ils le péché originel.

On a pu inférer de ce qui précède que quelques-uns ont conçu l'état de péché originel comme une viciosité positive inhérente à l'âme, et les autres comme une simple privation, ou perfection moindre.

Les premiers conçoivent l'état de justice antécédent comme l'état naturel dans lequel Dieu devait nécessairement mettre l'homme pour le faire homme, et l'état qui a suivi la déchéance comme un état contre nature, qui ne pouvait être que la suite d'un crime.

Les seconds conçoivent le premier état comme déjà surnaturel, étant enrichi par le Créateur de dons gratuits que n'exigeait pas la nature humaine pour être nature humaine, et l'état subséquent comme une simple privation de ce que le premier possédait de surnaturel.

I. Les premiers, pour rendre compte de l'introduction du principe vicieux dans l'âme naissante, ont eu recours à diverses théories.

Les uns, parmi lesquels figurent plusieurs anciens Pères, ont imaginé une espèce de préexistence de toutes les âmes dans Adam, de sorte que le genre humain tout entier aurait participé à sa faute et se serait souillé dans le même moment. On sait que Platon avait conçu une autre vie réelle et morale pour chaque âme, antérieure à celle-ci, dans laquelle beaucoup s'étaient rendues coupables, et avait supposé que nous sommes ces âmes coupables renaissant dans un état dégradé en punition des premières fautes, bien qu'on ne conçoive guère de punition morale sans le souvenir du mal qu'on a fait. L'idée des Pères dont nous parlons n'est que celle de Platon modifiée.

D'autres ont conçu une génération des âmes par une espèce d'émanation plus ou moins analogue à ce qui se passe dans la génération des corps. De cette manière, la transmission d'un germe vicieux, à l'état d'habitude ou de prédisposition, se trouverait encore explicable jusqu'à un certain point. Cette théorie remonte, comme la première, à quelques anciens Pères de l'Église. Saint Augustin paraît avoir flotté entre ces hypothèses, comme on peut le voir dans sa lettre 18° à Jérôme, dans le livre *De l'âme*, l. I, ch. 18, etc., et même dans *les Confessions*, l. I, ch. 6, où il semble douter s'il n'a pas existé, d'une certaine façon, avant d'exister dans le sein de sa mère.

D'autres ont attribué la cause génératrice du principe vicieux à l'influence du corps sur l'âme ; ceux-là ont considéré le corps comme un vase dans lequel l'âme est introduite à un moment donné, l'âme elle-même comme une liqueur qui serait mise dedans, et se sont expliqué la souillure de l'âme par la souillure du corps, en vertu de l'union intime de l'un et de l'autre. Le corps, disent-ils, fut souillé dans Adam par son âme, et, dans ses enfants, l'âme est souillée par le corps, qui est une émanation de celui d'Adam. Mettez une liqueur dans un vase souillé, elle sera souillée.

D'autres, enfin, ont attribué la transmission de la dégradation au corps et à l'âme tout ensemble. C'est Leibnitz qui a le mieux formulé cette dernière explication avec son grand système des monades. Tout homme, d'après lui, était en germe dans Adam, mais seulement à l'état de vie sensitive. La maîtresse-monade de chacun, qui est sans étendue et indivisible comme toutes les autres, s'y trouvait à une place inférieure dans la hiérarchie des monades qui composaient son être. Cette monade, destinée à devenir le foyer vital de tel individu, passe de corps en corps, et enfin est élevée au rang suprême, c'est-à-dire à l'état de raison, dans cet individu. Quand son tour arrive, cette élévation, ajoute-t-il, se fait soit par un ressort naturel, ce qu'il a peine à concevoir, soit par une espèce de *transcréation*, puisqu'il faut admettre en tout des opérations immédiates de Dieu. Et, avec cette hypothèse, qui n'est qu'un détail de son grand système du monde dont la base est la monade, Leibnitz conçoit que chaque individu ait été dégradé physiquement et animalement dans Adam. Il ajoute qu'il lui semble concevoir mieux le péché originel de cette manière que par les autres explications. (*Théodicée*, part. I", n. 91.)

Mgr de Pressy a tenté de renouveler et d'accréditer cette hypothèse du philosophe allemand, laquelle n'est qu'un *comment* donné par son génie à l'idée platonicienne des anciens Pères.

Plusieurs écoles allemandes, et chez nous l'école de médecine de Montpellier, ont professé, dans ces dernières années, sans en faire l'application au péché originel, que l'on nie ou qu'au moins on néglige, des doctrines qui rappellent l'antique *animisme*, et qui se concilient facilement avec la théorie de Leibnitz. Ces doctrines se sont produites sous les noms de *vitalisme*, *dynamisme*, etc. Y a-t-il dans l'homme une âme animale distincte à la fois de l'organisme mécanique et de l'âme pensante, ou bien est-ce l'âme raisonnable qui remplit, dans le mécanisme, la fonction d'âme animale végétative et sensitive? Dans le premier cas, on n'est pas loin de Leibnitz, car cette âme animale de l'un pourra, sans doute, fournir le principe de l'âme raisonnable d'un autre. Dans le second, on peut encore rentrer très-facilement dans l'idée du grand philosophe allemand, car si l'âme raisonnable peut jouer le rôle d'âme animale, elle a pu ne jouer que ce rôle dans les phases de son existence antérieures à celle de la vie présente. Mais, comme nous l'avons dit, ces hypothèses appliquées au péché originel reviennent toutes au vieux système de la préexistence des âmes et de leur concentration originelle dans le premier père.

De tous les systèmes sur l'union de l'âme et du corps, c'est celui de Descartes, que Mallebranche développe avec tant de puissance sous le nom de *causes occasionnelles*, qui est le moins favorable à l'idée de viciation héréditaire. L'animal dans l'homme, comme l'animal hors de l'homme, n'est, d'après ce système, qu'un pur mécanisme ; il n'y a besoin, pour le comprendre, d'aucune *animation* venant d'une force active, pas plus de l'animation par un principe propre que de l'animation par l'âme pensante elle-même ; tout s'y fait machinalement par suite d'un mouvement déterminé par la cause première au sein de l'inertie la plus absolue ; et c'est cette cause première qui, servant d'intermédiaire, dans l'homme, entre le corps purement machine et l'âme pensante et active, fait faire au corps ce que veut l'âme, fait sentir à l'âme ce qui se passe dans le corps. Les âmes d'ailleurs ne s'engendrant point, mais étant créées à l'occasion du corps prépare pour les recevoir, on ne peut comprendre l'empoisonnement moral de l'âme que par l'influence du vase détérioré sur l'âme au moment où elle y entre, selon un des systèmes explicatifs déjà exposés. Mais comment comprendre que ce soit Dieu lui-même qui se charge d'empoisonner l'âme qu'il crée, au moment où il l'a créée, ce qu'il faudrait dire pourtant, puisque l'influence n'a lieu que par son intervention. Aussi la théorie de la viciation est-elle rejetée par l'école cartésienne pure, comme nous en ferons la remarque un peu plus loin. L'harmonie préétablie de Léibnitz ne diffère pas en elle-même des causes occasionnelles de Malebranche; il en faudrait tirer les mêmes conclusions, si Leibnitz n'ajoutait, comme nous l'avons dit, que le corps, loin d'être une machine, est formé de principes actifs, qui tous peuvent être ou devenir des unités pensantes, des âmes raisonnables, et avoir été présents dans Adam transgresseur ; et que la création de chaque âme ne peut être que une *transcréation* ou élévation à l'état pensant d'une monade qui existait déjà, bien que sous des états inférieurs, ce qui laisse à penser qu'une viciation positive de cette monade germe, quand elle était dans Adam, n'est point inconcevable, est peut-être même assez naturelle.

Le système de Berkelay est, aussi, peu favorable à la viciosité formelle, à moins qu'on n'y ajoute une génération des esprits les uns par les autres. Car ce système se prête également à la création particulière de chaque esprit, à l'occasion du rapport sexuel de deux autres, par les formes idéales corporelles en tout semblables à des réalités substantielles, et à la génération proprement dite, sinon par émanation, puisque l'émanation ne se conçoit guère là où il n'y a point de parties, au moins par une sorte de communication dynamique mêlée à l'action créatrice de Dieu, communication qui ressemblerait à celle du mouvement dans un corps qui en pousse un autre ; de cette dernière idée pourrait peut-être sortir une possibilité de viciation de la substance que Dieu tire du néant par suite de la participation intime que le père et la mère auraient à la réalisation de son entité humaine; ceux-ci entreraient, au moment même de la création déjà déterminée par eux, dans l'humanisation, en transmettant au nouvel être, d'une manière directe et plastique, le mouvement vital, comme l'éducation transmet le mouvement intellectuel ; malgré cela, l'idéaliste, au sens de Berkelay, qu'il faut bien distinguer de l'idéaliste allemand, aimera mieux la simple privation, qui n'exige qu'une création dans un état donné très-possible, bien qu'inférieur à celui qui devrait être, et, sous ce rapport, contraire à l'ordre primitif humain, mais non contraire à l'ordre éternel et absolu de l'essence des créations.

De toutes les théories de la substance créée, la plus favorable à l'idée de viciation originelle, proprement dite positive, et telle qu'il répugnât aux perfections de Dieu de créer directement une pareille nature, c'est la théorie de M. Bordas-Demoulin, philosophe profond de notre époque, trop peu connu. Il ne conçoit pas de substance inerte, il ne conçoit l'inertie que comme étant un des deux éléments radicaux de la substance; ces deux éléments sont, d'après lui, la *quantité* qui engendre le nombre, et qui n'est inertie que si, par abstraction, on la considère seule ; et la *force* ou la vie qui implique l'unité, mais qui est, dans la réalité de toute créature, inséparable de la quantité. Les quantités sont de tous les ordres, et, dans chaque ordre, de tous les degrés : il y a la quantité spirituelle, intelligible, et la quantité matérielle réellement étendue et divisible ; il y a la force *physique* dans le corps brut, laquelle est électricité, lumière, chaleur, attraction, etc. ; la force végétative dans la plante, la force sensitive dans l'animal, la force pensante dans l'homme, etc. L'homme est d'ailleurs le résultat de deux substances, l'une consistant dans la quantité matérielle et les forces physique, végétative, sensitive ; l'autre consistant dans la quantité spirituelle et la force pensante ; et l'influence de l'une sur l'autre se fait par *excitation* immédiate réciproque des forces d'ordres différents. Cela posé, la génération se fait par une transmission, extension, explosion *ad extra* de quantité et de force, suffisante pour former un foyer nouveau de force et de quantité, et, par suite, une substance individuelle ; mais comme c'est la quantité d'un ordre donné, d'un degré donné, et d'un état existant bon ou mauvais qui produit et engendre, de soi, la quantité nouvelle ; comme il en est de même de la force; l'être engendré devra être bon ou mauvais, sain ou vicié, selon que le générateur sera lui-même l'un ou l'autre ; on arrive, par là, à s'expliquer facilement qu'Adam soit à la lettre, comme le dit saint Paul, la forme ou le type de ses fils, *forma futuri*: et si l'on admet, dans Adam, l'empoisonnement formel physique et moral, existant non pas comme diminution d'être et de beauté, mais comme venin analogue au virus des maladies, comme pourriture dans la quantité et dans la force, éléments de la substance, il faudra admettre, par là même, la transmission de ce virus et de cette pourriture, dans le fils, par la génération, c'est-à-dire, la génération d'un fils atrophié, malade, envenimé, pourri comme le père dans les plus intimes profondeurs de sa nature, et dans toute l'étendue de son être.

Si ce système consiste en autre chose que des mots, s'il correspond aux véritables essences de la substance, s'il n'implique pas une contradiction dans l'union substantielle et identifiante qu'il imagine entre la quantité étendue, divisible à l'infini, et la force indivisible, une et non étendue ; s'il ne renverse pas la grande preuve de la simplicité du sujet pensant, et de la distinction de l'âme et du corps ; s'il ne pousse pas au matérialisme ; si, appliqué à Dieu, il n'aplanit pas la voie au pire des panthéismes, en fournissant une série d'arguments nouveaux à celui qui imagine, avec Spinosa, sous le nom d'attributs de la substance, la compatibilité de l'unité et de la multiplicité simultanément réalisées, de l'étendue matérielle et de la force spirituelle dans le même sujet numérique ; si tant est que, selon les bonnes intentions de son auteur, ce système ne présente point ces inconvénients et beaucoup d'autres, nous avouons qu'il explique assez bien, quoique d'une manière aussi mystérieuse que possible, la transmission d'une viciosité morale par la génération, puisque la génération, d'après cette théorie, impliquera facilement, si l'on veut, celle de l'âme par l'âme, dans sa quantité et sa force, aussi bien que celle du corps par le corps dans sa quantité et sa force spéciales. Il est vrai qu'elle suppose dans le père l'empoisonnement substantiel et intime, ce qui serait aussi à démontrer quant à l'état dans lequel il se trouve en tant que générateur : il y eut dans Adam une volonté vicieuse, active, lors de son péché actuel ; mais cette volonté vicieuse n'est pas ce qui constitue un état de déchéance transmissif, puisqu'elle fut même effacée, selon la croyance de l'Église, par un repentir efficace dû à la grâce du Rédempteur promis, et que ce repentir impliqua essentiellement une volonté contraire ; grande difficulté sans doute, dans la théorie dont nous parlons, et dans celle de la viciosité morale en tant qu'inclinaison de la force active, en aversion de Dieu ; tandis que, dans la théorie de la privation simple, cette difficulté n'existe pas, puisque le repentir d'Adam, tout en rétablissant son inclinaison active dans le sens du bien, avant qu'il engendrât des fils, le laisse néanmoins, en cette vie, dans l'état d'infériorité naturelle physique, intellectuelle et morale, et ne fait que lui donner, grâce à Jésus-Christ, un droit pour l'autre vie à l'élévation, aux primitives grandeurs. Il engendrera donc, dans son état de déchéance, des êtres déchus, tout converti qu'il soit, et chacun de ses enfants pourra être restauré, comme lui, surnaturellement. Disons la vérité entière sur la théorie de M. Bordas Demoulin ; elle doit le conduire, et conduire ses disciples à des idées fort voisines de celles des Baïus et des Jansénius sur la faute originelle ; il est forcé, par la logique de son système, d'admettre que la force animale et la force spirituelle, qui constituent la double substance humaine, avec les deux quantités correspondantes, sont restées empoisonnées et entachées d'une tendance habituelle en aversion de Dieu ; que leur activité est restée dans Adam, après sa conversion, naturellement tendue vers le mal, vers la haine de Dieu, vers l'amour du désordre moral, et qu'elle a transmis cette tension active à la postérité. Mais que suit-il de là ? Que l'enfant aura, dès son premier instant, une direction active de volonté en aversion de Dieu, et, quand il grandira, actualisera de plus en plus cette direction, par la nécessité de sa nature ; de sorte qu'il haïra Dieu naturellement, ce qui est une des grandes erreurs condamnées dans les chefs du protestantisme, dans Baïus, dans Jansénius ; ce qui est, comme nous l'avons vu, contraire au concile de Trente ; et ce qui n'est pas moins contraire au bon sens ; car, en outre qu'on ne comprendra jamais une volonté mauvaise que par suite d'un usage parfaitement libre de sa liberté personnelle, on voit assez clairement que, si la théorie de M. Bordas Demoulin rend nécessaire la communication de la volonté perverse à tous les éléments de la série humaine, elle ne rend pas moins nécessaire la communication de la volonté guérie et redevenue bonne aux éléments de la même série, ce que cependant il ne peut pas accorder, puisque ce serait nier le péché originel. Qu'une série d'aveugles enchaînés les uns aux autres soient conduits par un chef de file qui leur transmet, de l'un à l'autre, la direction active du mouvement ; aussi longtemps que, dans le chef, la volonté d'aller à la mort subsistera, la file entière ira à la mort ; mais que cette volonté change, la direction changera aussitôt, et la série entière ira à la vie. Nous concevons très-bien que, malgré le changement de direction morale actuelle dans Adam prévaricateur, l'infirmité physique, l'infériorité de perspicacité intellectuelle, la concupiscence, qui n'est en soi ni bonne ni mauvaise, et la tache originelle entendue comme infériorité morale, comme privation d'une beauté antérieure, soient encore transmises par la constitution déchue devenue seconde nature ; mais nous ne concevrons jamais qu'il puisse y avoir communication de volonté morale vicieuse à un degré quelconque, lorsque cette volonté n'existe plus, à aucun degré, dans le père, puisqu'il est converti. Nous ne concevons même pas, nous l'avons dit, une pareille transmission, dans l'hypothèse d'un père non relevé.

Disons un mot des théories physiologiques sur la génération matérielle : ce point de vue ne peut se rapporter directement à la transmission d'une viciosité morale, mais seulement à la transmission d'une viciosité physique, ce qui n'empêche pas qu'il ne soit important dans la question présente, puisque la déchéance est à la fois physique et morale, et que, dans la plupart des systèmes d'explication, on fait même dépendre la déchéance morale de la déchéance physique comme moyen de transmission.

On a construit sur la génération une foule de systèmes ; l'esprit humain a même épuisé, sur ce sujet, toutes les hypothèses, comme sur presque tous les autres ; et s'il en est une qui triomphe aujourd'hui dans la science, elle le doit à sa conformité avec les observations, devenues extrêmement subtiles, délicates et pénétrantes. Voici, ce semble, toutes les suppositions à faire et qui aient été faites.

1° Le père seul fournit le germe qui devient le fétus, et la mère ne fournit que l'alimentation pour le développement. On avait peine à se rendre compte, dans cette théorie, des ressemblances du fils avec la mère.

2° La mère seule fournit le germe, la graine, l'œuf; le père féconde ce germe, le vivifie, en détermine l'information et le développement. La mère fournit le reste, comme le fait le prouve incontestablement. La ressemblance avec le père devient difficile à comprendre.

3° Le père et la mère fournissent chacun leur partie du germe; c'est la réunion des deux émanations qui compose le premier incrément du fétus dans sa plénitude de quantité et de vie nécessaire et suffisante pour le développement. La double ressemblance s'explique très-bien. Ce système est celui de Buffon.

4° Quelle que soit l'hypothèse admise, deux théories se présentent sur la question de la première formation du germe, ou de la première formation du double élément destiné à le constituer complet.

Ou le germe remonte aux parents primitifs et a existé chez eux sous une petitesse infinie; ou il se forme dans chaque individu par assimilation successive.

Selon le premier système, il faut se représenter, dans le premier homme, ou dans les deux à la fois, ce que nous allons dire d'un premier chêne qui aurait produit tous les autres. Ce chêne renfermait en petit tous les glands qui devaient produire sa première descendance; chacun de ces glands renfermait en petit le chêne qui devait en sortir, décoré de tous ses glands; chacun de ces petits glands, leur chêne particulier décoré encore de tous ses glands, et ainsi jusqu'aux derniers chênes et derniers glands qui seront produits sur la terre. L'esprit se perd dans une telle division, mais pour la raison qui pourra se familiariser avec l'idée, à notre avis contradictoire, de la présence réelle et simultanée d'un être étendu d'où l'on peut tirer, durant l'éternité entière, des parties sans l'épuiser jamais, cette division n'a rien de surprenant, puisqu'elle admet un terme, et qu'il reste encore, entre elle et la division à l'infini, une distance infinie.

Selon le second système, qui est encore celui de Buffon, chaque être vivant est force et moule ayant la vertu de créer en soi, par une assimilation de l'espèce de celle par laquelle la nutrition transforme l'aliment, des germes ou éléments de germe propres à devenir, par une nouvelle assimilation, l'être nouveau semblable au premier et fils du premier.

Les études physiologiques expérimentales et d'observation de notre siècle, ont conduit les naturalistes à ne plus admettre l'existence du germe que dans la mère, tant pour le règne végétal que pour le règne animal, et l'existence de la matière fécondante que dans le père seul; quant à la formation primitive de l'œuf d'une part, de la matière fécondante, d'autre part, elles laissent en problème aux métaphysiciens, le prononcé du jugement entre la formation complète, sans cesse renouvelée par assimilation, sans transmission d'aucune quantité réelle, d'aucun levain, mais seulement du mouvement et de la force, et la formation primitive complète, en Adam et Eve, de tous les germes et ferments contenus, dès l'origine, les uns dans les autres.

Telles sont les idées mères que l'on puisse imaginer sur le grand mystère de la génération organique. Or toutes ces idées sont également compatibles avec les deux théories sur l'essence de la dégradation originelle quant au corps. Les trois premières divergences n'intéressent nullement la possibilité de la transmission, soit du principe vicieux, soit de la privation; cela est évident. Que ce soit le père ou la mère, ou les deux à la fois qui portent le germe, la transmission se concevra aussi facilement. Il semble au premier abord, qu'il en est autrement des deux dernières controverses; mais, si l'on réfléchit un instant, on conçoit aussi bien soit la communication de la viciosité, soit la génération dans un état inférieur, par l'assimilation exclusive dans chaque individu que par la présence de tous les germes dans le père; car si l'on veut qu'il y ait viciosité positive, cette viciosité existant dans le moule, dans le type, dans le modèle, et le germe de l'engendré se formant semblable à ce modèle, il se formera avec la viciosité; et si l'on ne veut que l'état privatif, tout deviendra encore plus clair, car on ne concevrait même pas que, par l'assimilation formatrice, se réalisât, dans le type, un être plus parfait que le type lui-même; la raison conduit encore, dans ce cas, au mot du grand Apôtre: *Primus Adam forma futuri.* (Rom. v, 14.)

II. Tous les efforts explicatifs que nous avons exposés sont en pure perte quand on admet le second système théologique qui réduit l'état de déchéance à une simple privation, et qui nous paraît le plus, pour ne pas dire le seul, rationnel.

De quelque manière, en effet, que se fasse la production du corps et de l'âme, ou de l'âme seule si, comme Berkelay le prétend, l'être humain n'est substance que par l'âme, on ne concevrait pas, comme nous venons de le dire, qu'Adam eût produit une lignée d'une nature supérieure à la sienne prise au moment de la génération, pas plus qu'on ne conçoit que l'homme engendre l'ange, à moins d'exception miraculeuse posée par Dieu aux lois naturelles. Or, d'après ces théologiens, tout ce dont le genre humain et Adam ont été dépouillés par le péché de celui-ci (à part l'absence du péché actuel, ou l'innocence actuelle d'Adam lui-même, qui lui était essentielle avant son péché actuel, comme elle l'est à toute créature qui n'a pas péché actuellement) n'était que du non-essentiel, du surplus, du surajouté à la nature humaine ; donc en engendrant sa descendance, dans l'état où elle est, il n'a fait que l'engendrer semblable à ce qu'il était de sa nature, comme il l'aurait engendrée lors même qu'il n'eût pas péché, si Dieu n'avait, par un miracle perpétuel de sa bonté, fait en sorte qu'il en fût autrement. Ce qui embarrasse, c'est la transmission d'un principe vicieux, d'un mal moral positif, or si vous dites qu'il n'y a à transmettre qu'un état naturel moins parfait qu'un autre, ou privé d'une perfection qui n'entrait pas dans la condition de son essence, qui, au contraire, était pour lui surnaturelle, toute difficulté s'évanouit.

Voici comment ces théologiens développent cette pensée :

Que faut-il pour constituer l'être humain dans son état naturel pur et simple ? Il faut ce qui est ; quant au corps, la naissance, le développement, le dépérissement et la mortalité, comme dans les autres animaux, avec le travail et la lutte contre les obstacles que présente la vie ; quant à l'âme, le développement laborieux, dans la science et le mérite moral, avec une limite de perfectionnement. Voilà l'être humain à l'état naturel, le voilà avec le degré de beauté et de grandeur relatif à sa nature. Que Dieu le rende immortel, par exception à la loi commune des habitants de la terre ; qu'il l'exempte de ce qu'il y a de pénible dans le travail, ainsi que dans toutes les misères de la vie ; qu'il le remplisse d'une science supérieure ; qu'il entoure son âme d'une auréole de beauté dépassant la limite assignée à ses efforts par sa création même ; qu'il le rende apte à un avenir dont il n'était pas capable dans les conditions de sa nature ; voilà ce dont on ne peut refuser à Dieu la puissance ; après avoir fait une créature, il peut l'embellir, il est même à présumer qu'il le fera ; c'est ainsi que le jardinier transforme, par l'art, la rose sauvage en la rose domestique. Dieu le fait donc pour l'homme, et il en résulte Adam dans le paradis terrestre. Mais Adam pèche ; et, dès lors, il perd toutes les prérogatives surajoutées, il retombe dans son état naturel et sauvage, et maintenant il n'engendrera que des semblables, des hommes qui, comme lui, seront dans l'état de simple nature, moins cependant sa culpabilité actuelle librement voulue. La nature de l'homme est d'être nu ; on l'habille ; il perd son habit par un crime, et il redevient nu, ne pouvant engendrer désormais que des enfants nus comme lui ; voilà tout le mystère.

Saint Thomas émit cette explication sans la développer, et sans s'y arrêter d'une manière fixe. On trouve, dans son commentaire sur le Maître des sentences, cette phrase qui paraît la contredire : « L'homme fut spolié des dons gratuits, et blessé dans les naturels. » (Part. II, dist. 31, quæst. 1, art. 1, not. 3.) Mais partout ailleurs il en pose les bases. « L'homme déchu, dit-il, est retombé dans la condition de ses principes. » Et plus clairement encore : « Il est manifeste que cette soumission du corps à l'âme et des forces inférieures à la raison (dont jouissait Adam dans le paradis terrestre) n'était pas naturelle ; autrement elle serait restée après le péché. » (Somme, part. I, quæst. 95, art. 1.)

Depuis saint Thomas, beaucoup de théologiens très-célèbres ont repris son idée et l'ont élevée à une théorie complète soutenue par toutes sortes d'arguments. Tels sont Molina et Bellarmin.

Le premier se résume ainsi : « Les forces naturelles sont restées telles en soi que nous devions les avoir si nous avions été constitués, dès le principe, dans l'état de pure nature pour une fin seulement naturelle : car le péché du premier père n'a nui que dans les dons gratuits surnaturels. » (De concordia gratiæ et liberi arbitrii, quæst. 14, art. 13, disp. 3.)

Le second s'exprime comme il suit : « En conséquence, l'état de l'homme après la chute ne diffère pas plus de son état purement naturel que ne diffère le déshabillé du nu ; et la nature humaine, si vous en retirez les fautes actuelles, n'est pas pire, ni n'est affectée de plus d'ignorance et d'infirmités qu'elle ne serait étant constituée dans le naturel pur. Et, par suite, la corruption de la nature ne nous est venue ni par le manque de quelque don naturel, ni par l'introduction de quelque mauvaise qualité, mais de la seule perte du don surnaturel par suite du péché d'Adam. C'est le sentiment commun des docteurs de l'école anciens et modernes. » (Controv. de gratia primi hominis, cap. 5.)

Il ajoute (cap. 6) : « Nous avons un exemple de la chose dans Samson qui, après ses cheveux coupés, perdit cette force remarquable qu'il avait reçue de Dieu surnaturellement, et devint, dit-on, faible, non parce qu'il fut, dès lors, plus faible que n'ont coutume de l'être, pour l'ordinaire, les autres hommes, mais parce qu'il était plus faible que lui-même ne l'avait été auparavant. »

Descartes et tous ses disciples, sauf les jansénistes, adoptèrent cette explication, disant que la chute n'a fait qu'enlever à la nature humaine ce qui lui était surajouté.

La Luzerne pense de même avec presque tous les théologiens modernes.

Les explications de Leibnitz, aussi bien que son optimisme, et celui de Malebranche, ne les empêchent pas de suivre Descartes quant à l'essence du péché originel.

Nous croyons inutile d'ajouter en général que toutes les théories, que nous avons rappelées sur le corps et l'âme et sur la génération, peuvent s'harmoniser aussi facilement avec le péché originel compris comme simple *privation*, qu'avec le péché originel compris comme *viciation* ou *empoisonnement*. Disons mieux, elles se concilient, pour la plupart, avec la privation d'une manière si aisée et si naturelle qu'il n'y a pas de possibilité que la raison saisisse rien avec plus de lumière. Quant à celles qui favorisent la viciation, il n'y a pas, non plus, un grand effort à faire pour comprendre que ce qui donne quelque idée du plus, donne, *a fortiori*, une idée du moins.

Les théologiens, après avoir posé la théorie, plus que ingénieuse de la privation, ont les coudées franches pour montrer comment il y a proportion, dans le phénomène de la déchéance, entre la cause et l'effet ; la cause, qui est l'état intérieur, n'étant qu'une privation de beauté et de force, l'effet, ou la peine qui s'ensuit, n'est aussi qu'une privation des conséquences de cette beauté et de cette force. C'est ce qu'ils développent avec beaucoup d'habileté.

Nous n'avons rien dit des explications de Locke, de Condillac et de M. de Bonald pour concilier la déchéance avec leurs théories des idées, venant toutes par les sens, ou n'étant que des sensations transformées. Indiquons-les.

Locke ne voit dans la déchéance, comme principe radical, que la mortalité du corps et toutes les faiblesses qui s'ensuivent, et il trouve cependant à peu près moyen de rentrer dans le dogme théologique ; car, le corps étant, d'après son système, le *factotum* de l'être humain, et l'âme une simple passivité, pour ainsi dire, n'ayant de vertu que par lui, dès qu'il devient mortel et infirme, de fort et immortel qu'il était, l'âme est foncièrement déchue, et déchue par ce biais autant qu'on le voudra.

Condillac s'y prend autrement ; il dit qu'avant la chute l'âme voyait Dieu intérieurement, et que l'effet de cette chute a été de lui enlever cette vue intuitive de Dieu, en sorte qu'elle n'a plus que des sensations qui, en se transformant, deviennent idées ; d'où il suit que tout son système ne porte que sur l'état de nature déchue. La rédemption aura pour résultat, dans la vie future, de rendre à l'âme sa vue intuitive.

M. de Bonald veut aussi que les idées ne nous viennent que par les sens, et même seulement par le sens de l'ouïe ou par la parole ; mais ces idées qui nous arrivent ainsi sont des idées que Dieu nous révèle, de sorte que c'est Dieu qui nous illumine et nous anime par sa révélation extérieure et parlée. Il suit de ce système que la révélation est un complément nécessaire de la création. Or cette théorie admet encore assez facilement la déchéance ; car il y a beaucoup de degrés convenables dans l'illumination et l'animation par le dehors, et il suffit de supposer qu'étant élevées à un haut degré, plus que naturel, dans Adam avant son péché, elles sont retombées, par suite de ce péché, à un degré très-bas, auquel est venu ensuite s'ajouter la révélation postérieure de la rédemption, qui nous rapproche de l'état primitif.

Le système de l'illumination et animation intérieure, si bien exposé par Malebranche, après avoir été si fortement conçu par Platon, a besoin d'une explication à peu près semblable pour être concilié avec la déchéance. Tout repose sur les différences de manifestation de Dieu à sa créature. Une créature déchue est celle à laquelle Dieu se donne moins qu'il ne le faisait d'abord, car il faut bien qu'il se donne toujours en un certain degré, ne serait-ce qu'en celui qui consiste à soutenir dans l'être. Dire, par exemple, que le damné, à quelque degré de damnation qu'on le suppose, existe absolument sans Dieu, serait émettre la plus grossière des absurdités, à savoir qu'il serait devenu Dieu même. C'est ce qu'on trouve expliqué en maintes pages du grand Augustin.

IV. — Le fait de la déchéance, tel que le propose la foi catholique, sans addition ni soustraction, présente-t-il quelque impossibilité rationnelle?

On pourrait dire que nous avons suffisamment répondu à cette question en exposant ce que dit réellement l'Eglise, et ce que la théologie suppose pour rendre compte de son enseignement devant la raison. Il suffit presque toujours, pour justifier la doctrine catholique, de l'exposer fidèlement. Cependant il sera bon d'ajouter quelques observations.

Sans oser déclarer absolument contraire à la raison aucune théorie de la déchéance, excepté celles qui soutiendraient que Dieu ne pourrait pas créer des êtres de toutes les perfections possibles, celles qui mettraient dans l'enfant une culpabilité morale et personnelle, bien qu'il n'eût jamais joui de son libre arbitre, celles enfin qui fixeraient dans un malheur sensible et senti des êtres à qui leur propre conscience ne reproche rien, parce que ces trois affirmations impliquent en elles-mêmes contradiction évidente, nous adoptons franchement la théorie qui réduit le péché originel à un état de privation relatif à des dons supérieurs qu'on aurait possédés, et, par suite, la condition des âmes non régénérées à un bien-être naturel inférieur au bonheur surnaturel des Chrétiens. Or, on peut encore faire, contre cette théorie qui paraît si simple, quelques objections que nous voulons résoudre, afin de prouver que cette manière très-permise, et même la plus commune d'interpréter la foi catholique, affronte la raison par toutes ses faces.

La première objection qui se présente est celle-ci : Molina, Bellarmin et tous vos théologiens supposent une première création de l'être naturel, puis une seconde consistant à habiller cet être de surnaturel pour arriver à dire qu'en se rendant coupable il retombe simplement dans les conditions de la première. Est-il croyable que Dieu s'y soit pris ainsi à deux fois pour créer l'homme?

Ceux qui font cette objection n'ont vu que la surface de l'hypothèse explicative. On ne dit point, par cette hypothèse, que Dieu ait fait l'homme, dans son premier état, à deux reprises différentes, quoique ce ne fût point impossible ; on ne fait que séparer, par une abstraction de raison pure, deux degrés de perfection dans le même être : un premier degré qui forme le fond de sa nature, et un second qui en est une décoration ; et l'on ajoute que Dieu, pouvant créer des êtres de toutes les espèces et assujettis à toutes sortes de lois, avait fait celui-là dans des conditions telles que, s'il se rendait librement coupable, lui et sa race perdraient la décoration et ne garderaient que le fond naturel, dans la nudité duquel il aurait pu le créer directement. Ce qui prouve que Molina, par exemple, l'entend de la sorte, c'est qu'il ajoute que les deux états, de *nature pure* et de *surnature*, n'ont point existé séparément, que Dieu a fait en même temps l'un et l'autre, ou l'un immédiatement après l'autre, avec la seule séparation de l'instant de raison. On doit donc considérer l'hypothèse comme un procédé méthodique pour faire entrer dans l'esprit la distinction rationnelle des deux degrés de perfection, et, par ce moyen, justifier Dieu.

Voici une seconde objection qui a plus de valeur et qui peut réellement porter contre quelques théologiens. Si Dieu, dit-on, peut créer des êtres de tous les degrés, il n'y a point de perfection qui soit le propre de quelqu'un, et par conséquent point d'état qu'on puisse appeler naturel plutôt que ceux qu'on appellera surnaturels.

Il est vrai que l'être contingent n'exige rien de sa nature, et que tout ce qu'il tient de Dieu est don gratuit, aussi bien ce qu'on a nommé naturel que ce qu'on a nommé surnaturel. Il n'y a que deux choses qui soient exigées par toute créature, posé que Dieu la réalise, et cela par une nécessité découlant de ses attributs : c'est, en premier lieu, qu'elle ne soit pas méchante au sortir de ses mains et qu'elle ne puisse le devenir que librement ; c'est, en second lieu, que dans son mélange d'imperfections et de perfections senties, il soit préférable pour elle d'être que de n'être pas. Hors de là se déploient, dans leur variété infinie, tous les possibles avec leurs participations plus ou moins étendues des perfections de Dieu ; et on doit dire qu'il n'y a pas de degré qu'on puisse appeler essentiel à chacun d'eux, puisqu'il dépend de la libre volonté de Dieu de les faire comme il lui plaira. Si donc il est des théologiens, fût-ce même saint Thomas, qui aient imaginé quelque chose de contraire à ce principe, soit, par exemple, qu'il existe, pour chaque créature, une essentialité naturelle qui soit due, posé que Dieu la fasse, nous ne craignons pas d'affirmer que c'est un rêve contraire à l'idée qu'on doit se faire de la puissance de Dieu, parce qu'il aurait toujours pu la faire moins parfaite ou plus parfaite, et que, l'ayant créée dans ce plus ou dans ce moins, sa nature aurait toujours été ce qu'il l'aurait faite, sans qu'il y eût à distinguer entre le dû et le gratuit, entre le naturel et le surnaturel, relativement à lui. Mais on peut entendre la chose autrement : par là même que tout est gratuit dans l'être créé, et que Dieu peut le créer dans toutes les conditions possibles, il est permis d'en imaginer un qui sera créé dans un degré donné de perfection avec cette loi qu'il engendrera des semblables, et que s'il se rend coupable, il perdra une partie de sa perfection, dont sera aussi privée sa descendance, en vertu de la loi de *génération* déjà portée ; puis le malheur étant arrivé, on appellera du nom qu'on voudra, pour les distinguer, la somme perdue et la somme gardée, en ayant soin de comprendre que, radicalement, l'une et l'autre étaient des dons gratuits, et que la seule différence entre elles, c'est que Dieu avait dit de la seconde : « Celle-là te restera à tout événement ; » et de la première : « Tu perdras celle-là si tu pèches ; » en d'autres termes, qu'il avait donné l'une sans condition et l'autre sous condition, tout en les donnant par un seul et même acte.

C'est ainsi que Bossuet paraît avoir compris la question lorsqu'il modifia, dans ses *Réflexions sur le Nouveau Testament*, la phrase de Quesnel. Quesnel avait dit : « La *grâce* d'Adam (on désigne souvent en théologie la somme de biens donnée sous condition et dite surnaturelle, par le mot *grâce*), la grâce d'Adam était une grâce de justice qui était une suite de la création, et qui était due à la nature saine et entière. » (*Vains efforts des Jésuites contre la justification des réflexions*, etc.) Bossuet écrivit : « La grâce d'Adam était une suite de la création, Dieu ayant mis en lui cette grâce en même temps qu'il le forma. » On voit que Quesnel en faisait une chose *due*, ce qui était contre toute raison, Dieu ne devant rien à sa créature, et que Bossuet n'en faisait qu'une chose *donnée* au moment de la création même. Il y a entre ces deux rédactions toute la distance du jansénisme au catholicisme.

Mais, dira-t-on, est-il bien certain que Dieu aurait pu créer directement la nature humaine dans l'état où elle est depuis sa chute, abstraction faite de la rédemption ? Saint Augustin a dit : « Sous un Dieu juste, personne ne souffre s'il n'est coupable. » Et le même Père concluait, contre Pélage, des misères humaines à la certitude de la déchéance.

Quant à l'aphorisme d'Augustin, il n'est pas vrai, pris à la lettre. Nous lui opposons toute l'argumentation de Leibnitz, lorsqu'il prouve, qu'à considérer le *tout*, comme on le doit à l'égard de Dieu, un mélange de mal ne fait qu'ajouter à l'harmonie ; nous lui opposons ce que nous avons déjà dit de l'homme considéré seul, que la possibilité d'acquérir des vertus et des mérites au milieu de douleurs et de travaux passagers, est un bien qui non-seulement vaut mieux que le néant, mais vaut même peut-être mieux qu'un bien beaucoup plus grand, qui serait fixe et dépouillé d'occasions de montrer sa valeur ; nous lui opposons le sentiment qu'éprouvent les plus malheureux des hommes, qui aiment encore mieux vivre dans leur malheur que de cesser d'être ; nous lui opposons même cette affirmation, que l'état présent, mélange de biens et de maux, dût-il durer toujours avec ses retours et ses relaps, avec ses luttes, ses défaites, ses victoires, une droite raison devrait rendre éternellement grâces à Dieu de l'avoir créée dans cet état plutôt que de l'avoir laissée dans la tombe des possibles; nous lui opposons enfin saint Augustin lui-même, qui affirme ne parler, dans son aphorisme, que de la souffrance en soi devant la justice absolue, ajoute qu'à envisager les relations des choses, il en est autrement, et pose lui-même le principe d'où Leibnitz aurait pu tirer tout son optimisme en disant : « De même que l'opposition des contraires fait la beauté du langage, ainsi la beauté du monde résulte de la sage disposition des contrastes, qui constitue l'éloquence des choses. » (*Cité de Dieu*, xi, 18.) S'il a recours à cet argument pour justifier Dieu d'avoir créé des êtres qu'il savait devoir être méchants, on peut y avoir recours pour le justifier de créer quelquefois des êtres qui souffrent, puisque leur souffrance peut entrer comme condition d'harmonie et de beauté relativement à l'ensemble de leur vie particulière et relativement à l'évolution générale de l'univers.

Quant à l'argumentation d'Augustin contre Pélage nous allons, dans un instant, examiner sa valeur.

On dira encore : si les résultats de la déchéance étaient les mêmes pour tous les enfants d'Adam, de sorte que l'humanité entière fût tombée sous une loi commune de perfection moindre ou de dégénérescence, on comprendrait votre explication. Mais il n'en est pas ainsi : les uns sont régénérés par le Christ, et les autres ne le sont pas, sans qu'il y ait de leur faute. Comment expliquer cette différence sous un Dieu bon dont nous sommes, tous, les enfants au même titre?

Quoi! vous accusez Dieu de ne pas donner à tous la même somme de biens! accusez-le donc d'avoir fait des créatures de diverses beautés. L'animal va se plaindre de n'être pas un homme, l'homme va se plaindre de n'être pas un ange! dites simplement que Dieu n'a pu rien créer, parce qu'il lui était impossible de faire des mondes dont toutes les parties fussent également parfaites, ce sera plus logique. S'il en est qui, sans leur faute, ne participent point au bienfait de la rédemption, êtes-vous de ce nombre, ou n'en êtes-vous pas? Si vous en êtes, quel mal Dieu vous fait-il en faisant du bien aux autres? Et si, n'ayant pas à vous plaindre en votre particulier, vous êtes jaloux de ce qu'il est bon pour vos frères, vous êtes un monstre! Si vous n'êtes pas de ce nombre, de qui vous plaignez-vous, puisque vous avez part à ses prédilections, puisque vous êtes de ses élus? Est-ce la charité pour les autres qui vous anime? alors commencez par la charité envers Dieu même, priez et espérez; il s'est réservé bien des énigmes; mais n'accusez pas, vous n'en avez pas le droit. (*Voy.* RÉDEMPTION.)

Résumons-nous.

Dieu peut-il créer des êtres de tous les degrés de perfection, sauf la perfection complète? — Oui.

L'état présent de l'humanité, sans la chute et sans la rédemption, est-il une des créations possibles? — Oui.

Une perfection supérieure consistant dans des forces plus grandes, propres à conduire vers un avenir plus beau, était-elle également dans l'ordre des possibilités? — Oui.

Cette nature plus parfaite pouvait-elle être assujettie par le créateur, en ce qu'elle présentait de supérieur à ce qui est maintenant, à une condition quelconque de durée, telle que celle de la conservation de l'innocence dans la souche première pour toute la race, ou dans une des souches subséquentes pour la portion de la race qui naîtrait de celle-ci? — Oui.

En supposant que Dieu ait ainsi créé l'humanité et que la première souche soit sortie, par sa faute, de la condition de conservation de sa nature en ce qu'elle avait de supérieur à ce qui est, peut-on faire à Dieu quelque reproche sur la chute de la race entière dans l'absence de la perfection soumise à la condition, c'est-à-dire dans l'état qui est et qui aurait pu être par création directe? — Non.

S'il plaît à Dieu de restaurer la race en tout ou en partie, que fera une raison droite? — Elle l'en remerciera.

S'il arrive qu'une partie seulement soit restaurée par le fait, et que l'autre continue de vivre immortelle dans la seconde nature, cette partie aura-t-elle à se plaindre? — Non.

Et celle qui sera restaurée? — Encore moins.

Voilà tout le mystère du péché originel. Maintenant que le lecteur a été conduit pas à pas à l'évidence même, disons-lui le fond de notre pensée.

Nous trouvons inutile d'imaginer un surnaturel avant la déchéance; l'homme était sorti des mains de Dieu tel qu'il exista avant sa chute; c'était là sa nature, et, dans cette nature, tout était gratuit. Le surnaturel suppose une réaction, un retour vers la créature, un travail artificiel surajouté à la création même; il n'y avait eu, disons-nous que l'acte créateur; donc il n'y avait pas de surnaturel proprement dit. Mais il y avait, dans cette nature primitive, des forces, des splendeurs, des propriétés que l'être pouvait perdre sans cesser d'être homme, et dont la conservation était attachée à une condition : *Si comedes fructum, morieris.* (*Gen.* ii, 17.) La condition a été violée, et l'effet s'est produit; l'homme est resté homme tel que Dieu l'aurait pu créer tout d'abord, tel qu'il en a peut-être créé, quelque part, dans l'immensité des mondes, mais privé de cette supériorité, de cette abondance de vie morale, intellectuelle et physique, qui entrait conditionnellement dans sa nature première. Il en est résulté une seconde nature qui, relativement à l'autre, doit s'appeler nature déchue, et que Dieu, par bonté, est revenu trouver, pour lui faire de nouvelles destinées, supérieures peut-être aux destinées primitives. C'est alors seulement qu'a commencé l'invasion du vrai surnaturel dans l'humanité.

La raison, maintenant, doit comprendre

sans peine les énergies de l'Ecriture : *J'ai été conçu dans l'iniquité; ma mère m'a conçu dans le péché.* (Psal. L, 7.) *Qui sera pur de tache? Personne; sa vie ne fût-elle que d'un jour sur la terre* (Job, XIV, 4), selon les Septante. — *Qui peut rendre pur ce qui est conçu d'une semence impure? N'est-ce pas toi qui seul es?* (*Ibid.*) La Vulgate. — *Nous étions, par nature, enfants de colère.* (*Ephes.* II, 3.) — *Par un seul homme le péché entra dans ce monde, et par le péché la mort; et ainsi la mort est passée dans tous par celui en qui tous ont péché.* (Rom. v, 12.)

Elle comprend comment ces énergies ne sont point contraires à une foule d'autres en direction opposée telles que les suivantes : *L'âme qui aura péché elle-même* : « *Quæ peccaverit ipsa,* » *mourra; mais le fils ne portera pas l'iniquité du père.* (Ezech. XVIII, 4.) Tout le chapitre est dans le même sens. — *Où il n'y a point loi, il n'y a pas prévarication.* (Rom. IV, 15.) Comme il n'y a point eu loi connue pour l'enfant, il n'a pu prévariquer à proprement parler, c'est-à-dire violer la loi; c'est ce qui fait dire à saint Augustin qu'il ne participe point au péché d'Adam par *propriété d'action,* « *non proprietate actionis* » (lib. VI contr. *Julian.,* cap. 9); c'est ce qui fait que nous avons vu le concile de Trente éviter d'appliquer le mot *prévarication* à la postérité d'Adam, et ne l'appliquer qu'à Adam lui-même. — *La mort a régné, d'Adam jusqu'à Moïse, même dans ceux qui n'ont point péché en similitude de la prévarication d'Adam* (Rom. v, 14); il n'y avait, d'après l'Apôtre, dans les justes issus d'Adam en état de déchéance, aucun péché en similitude de la prévarication d'Adam, rien qui ressemblât à son activité volontaire mauvaise ; n'est-ce pas ce que nous avons déjà déduit du concile de Trente? — *Il faut que tous nous soyons manifestés devant le tribunal du Christ, afin que chacun produise ses propres actions, selon qu'il a bien ou mal fait.* (*I Cor.* v, 10.) Il suit de ce texte, aussi bien que de celui d'Ezéchiel cité en premier lieu, et de l'axiome évangélique : *A chacun selon ses œuvres,* que la vraie punition, celle qui fait le malheur de l'être, est une suite de la prévarication personnelle, libre, volontaire, exempte de toute coaction et de toute nécessité, et que, dans tous les états, autant dans celui de la nature non relevée que dans celui de la nature relevée, il y a récompense pour le bon usage de la liberté et peine pour le mauvais usage de la liberté, comme nous l'expliquerons au mot *vie éternelle.* — Nous négligeons les passages sans nombre de Tertullien, saint Clément, Origène, saint Grégoire de Nysse, saint Chrysostome, Théodoret, etc., qui sont dans le même sens.

Elle comprend enfin le mieux du monde le résumé théologique du concile de Trente empruntant le langage de l'Ecriture et des Pères pour exprimer énergiquement l'état de déchéance, et réduisant le dogme catholique à ces points principaux : 1° Etat de justice et de sainteté perdu dans Adam, avec la mort et les peines à la suite de cette perte ; 2° péché d'Adam nuisible à sa postérité ; 3° transmission de la détérioration spirituelle et corporelle ; 4° cette détérioration propre à chacun ; 5° régénération par le Christ, nécessaire pour parvenir au partage de sa gloire ; 6° enfin ce qui constitue le péché originel, détruit pleinement par cette régénération, mais non les résultats temporels qui sont la mort et la concupiscence. (Sess. 5, can. 1, 2, 3, 4, 5.)

Quant à la foi, elle sourit à la raison de se voir si bien comprise.

V. — Jusqu'à quel point la raison peut-elle soupçonner la déchéance ?

Nous avons dit un mot de l'argument que tirait saint Augustin des misères humaines contre Pélage en faveur du dogme de la déchéance. Cet argument ne peut être absolument rigoureux qu'autant qu'on poserait en principe que Dieu n'a pas pu faire, par création immédiate, une nature semblable à la nôtre ; car s'il l'a pu, il nous est impossible de savoir par la simple raison s'il ne l'a pas fait en réalité ; et au contraire, si cela répugnait à ses attributs, la raison pourrait conclure à la nécessité d'une subvertion indépendante de Dieu, et par conséquent dont la cause fût la liberté humaine. Tel est l'état de la question.

Or, deux excès sont à éviter. Le premier a pour représentants Pélage et les philosophes déistes de tous les temps ; nous l'appelons le *naturalisme.* Le second a pour représentant Baïus, l'école jansénisle, et les traditionalistes exagérés de ces derniers temps. Nous l'appelons le *surnaturalisme.*

Le naturalisme, rejetant la déchéance *a priori,* n'a garde d'en voir des traces dans les misères humaines. Il trouve tout naturel que Dieu ait créé l'homme dans l'état présent ; et, pour justifier sa théorie, il s'appesantit sur le beau côté de notre nature, en détaille les grandeurs, en décrit les puissances, et ne trouve, dans les faiblesses, les malheurs, les passions et la mort, que des conséquences intimement liées à notre manière d'être ou des conditions essentielles à notre développement.

Le surnaturalisme, rejetant *a priori* la valeur naturelle de la raison et de toutes les forces de notre état présent, si on le considère sans la révélation chrétienne, s'attache à détailler nos misères, nos faiblesses, nos impuissances, ne voit dans notre nature que du mal, du désordre, du malheur et du crime, et arrive à nous représenter comme un être tellement atrophié et misérable qu'il n'est plus possible de le concevoir que sous l'idée d'un monstre enfanté et nourri par le péché.

Dans la première théorie, la raison humaine est la puissance suprême qui triomphe de tous les obstacles, qui fait l'homme grand malgré les difficultés, qui crée, construit, développe, fonde peu à peu l'empire que Dieu nous promit quand il nous ordonna de multiplier et d'asservir les trois règnes de la nature ; elle est le dieu de la terre, et elle sera le dieu de l'avenir céleste, qu'elle se construit d'autant plus beau qu'elle a plus de difficultés à vaincre, en vertu de ce principe posé par saint Thomas qu'il est « supérieur d'obtenir par mérite que de recevoir en pur don. »

Dans la seconde, la raison humaine n'est rien ; elle a perdu par la déchéance toutes ses vertus ; elle n'est plus qu'erreur et impuissance ; tout lui vient désormais de la révélation que Dieu a heureusement surajoutée : « notre raison, dit Pascal, est une fausse raison, notre justice une misérable justice ; damner un enfant pour un péché où il paraît avoir si peu de part ! et cependant l'homme est encore plus inconcevable sans ce mystère que ce mystère n'est inconcevable à l'homme. » (*Pensées*, ch. 4.) Nous citons Pascal ; mais Pascal est un orateur philosophe qui s'entend lui-même dans ses énergies, et qui les corrige presque suffisamment à l'occasion. Que serait-ce des modernes ?

Voilà donc les deux excès ; pour être dans le vrai, il faut les réunir et, en les réunissant, les dépouiller de ce qui les rendait incompatibles.

D'un côté la nature humaine demeure assez belle encore et assez grande, même en dehors du christianisme, qui est la ligne de régénération, pour qu'on la conçoive ainsi que nous l'avons dit, et que nous y autorisait la condamnation de plusieurs propositions de Baïus, un effet direct de création divine, sans dégénération par abus de liberté.

D'un autre côté, il y a, dans notre mélange de bien et de mal, un mystérieux qui donne à réfléchir, et qui s'explique naturellement par une révolution morale survenue dans notre être. L'idée qu'on se fait de Dieu porte à penser que, bien qu'il eût pu nous créer de la sorte, il est peu croyable qu'il l'ait fait. Platon préférait s'expliquer notre énigme de la révolte des sens contre l'esprit, et de la faiblesse de l'âme malgré sa noblesse, par la supposition d'un crime commis dans une vie antécédente ; il avait, peut-être, puisé cette pensée dans des traditions ; mais il ne la rejetait pas, il l'acceptait avec empressement. Or cette autorité sur une pareille question est considérable.

Disons-le donc, l'argument d'Augustin n'était pas sans valeur ; il mène la raison à des soupçons et à des probabilités, quoique aucune certitude n'en puisse sortir.

C'est à cette conclusion qu'est arrivé saint Thomas dans ses études, qui ne se font point comme celles de Pascal, sur les charbons ardents, mais avec le compas du géomètre, et qui n'en valent que mieux. Voici comment il réduit à sa juste valeur l'argument dont nous parlons, en s'appuyant sur les principes de la philosophie d'Aristote, ce qui importe peu dans le cas présent.

« Il est vrai que le corps humain, composé de parties hétérogènes, doit être sujet à la corruption ; que les choses qui flattent les sens, objet de l'appétit sensible, doivent se trouver quelquefois en opposition avec la raison ; que l'intellect qui ne possède point les connaissances en acte, mais seulement en puissance, et ne les acquiert qu'à l'aide des sens, doit parvenir difficilement à la connaissance du vrai, et s'en laisser facilement détourner par les impressions des objets sensibles. Néanmoins, en partant de l'idée de la Providence divine qui donne à chaque qualité la perfection convenable, on peut estimer *assez probable* que la partie la plus noble, l'âme, n'a été unie au corps que pour le régir avec un plein empire ; et que, si le défaut de la nature oppose un obstacle à cette domination, Dieu le ferait disparaître *par un don spécial et surnaturel*.... on peut donc poser d'une manière *assez probable* que les défauts dont nous avons parlé ont le caractère de peines et en inférer que le genre humain est vicié par quelque péché originel. » (*Contra gentes*, lib. IV, cap., 52.)

VI. — Jusqu'à quel point la critique historique peut-elle constater le fait de la déchéance sans recourir à la révélation surnaturelle ?

L'accident survenu à notre premier père fut pour lui assez frappant pour qu'il n'en perdît jamais le souvenir. Il dut le raconter à ses enfants, ses enfants le transmettre à leurs enfants ; et, de cette sorte, la déchéance dut entrer dans la tradition historique purement humaine, comme les plus grands faits des âges passés ; on peut donc la chercher dans notre histoire. Supposons une raison se livrant à cette recherche, et voyons à quelles conclusions elle pourra aboutir dans l'état présent des sciences historiques.

Elle commence son voyage par les extrémités de l'Asie. La Chine se présente avec ses anciens livres, et elle lit dans le Chi-King :

« Je lève les yeux vers le ciel, il paraît comme de bronze. Nos malheurs durent depuis longtemps, le monde est perdu ; le crime se répand comme un poison fatal ; les filets du péché sont tendus de toutes parts, et l'on ne voit pas d'apparence de guérison.

« Nous avions d'heureux champs, la femme nous les a ravis. Tout nous était soumis, la femme nous a jetés dans l'esclavage ; ce qu'elle hait, c'est l'innocence ; et ce qu'elle aime, c'est le crime.

« Le mari sage élève l'enceinte des murs, mais la femme qui veut tout savoir la renverse. Oh ! qu'elle est éclairée ! c'est un oiseau dont le cri est funeste ; elle a eu trop de langue ; c'est l'échelle par où sont descendus tous nos maux. Notre perte ne vient point du ciel, c'est la femme qui en est cause. Tous ceux qui n'écoutent pas les leçons de la sagesse sont semblables à cette malheureuse.

« Elle a perdu le genre humain ; ce fut d'abord une erreur, puis un crime.

« D'où vient que le ciel vous afflige ? pourquoi les esprits célestes ne vous assistent-ils plus ? c'est que vous vous êtes livrés à celui que vous deviez fuir, et que vous m'avez quitté, moi que vous deviez uniquement aimer.

« Toutes sortes de maux vous accablent ; il n'y a plus aucun vestige de gravité et de pudeur. L'homme s'est perdu, et l'univers est sur le point de sa ruine.

« Il n'a plus ce qu'il possédait avant sa chute, et il a enveloppé tous ses enfants dans son malheur. O ciel ! vous pouvez seul y porter remède ; effacez la tache du père et sauvez la postérité......

« Si nous errons dans ces déserts, couvrant notre nudité avec des feuilles d'arbres, c'est la femme qui en est cause. »

Elle lit dans Io-pi : « Au commencement l'homme obéissait au ciel ; il était tout esprit ; mais, ne veillant pas sur lui-même, la passion prit le dessus, et il perdit l'intelligence...... après que la nature eut été corrompue, tous les oiseaux du ciel et toutes les bêtes de la terre, les reptiles et les serpents, commencèrent à être hostiles à l'homme...... lorsque l'homme eut acquis la science, toutes les créatures en devinrent ennemies. En moins de trois ou cinq heures le ciel changea, et l'homme ne fut plus le même. »

Elle trouve dans le philosophe Tchouang-Tsé que, « dans l'état du premier ciel, l'homme était uni, au dedans, à la souveraine raison, et, au dehors, pratiquait toutes les œuvres de la justice ; que le cœur se réjouissait dans la vérité ; qu'il n'y avait en lui aucun mélange de fausseté ; qu'alors les quatre saisons de l'année suivaient un ordre réglé sans confusion ; que rien ne nuisait à l'homme, et que l'homme ne nuisait à rien ; qu'une harmonie universelle régnait dans toute la nature..... mais que ces colonnes du ciel furent rompues ; que la terre fut ébranlée jusqu'aux fondements ; que l'homme s'étant révolté contre le ciel, le système de l'univers fut dérangé, et l'harmonie générale troublée ; que les maux et les crimes inondèrent la face de la terre. » (*Voy.* Ramsay, et surtout l'ouvrage du P. Premare.)

D'autres traditions chinoises lui disent : qu'un dragon superbe fut l'auteur de la révolte contre le ciel, et que ce dragon s'appelait Tchi-Iéou, mot dans lequel M. Paravey trouve les sens de *mauvais*, d'*insecte*, de *femme* et de *serpent*. « Tchi-Ieou, dit le Chou-King, est le premier de tous les rebelles, et la rébellion se répandit sur tous les peuples qui apprirent de lui à commettre toutes sortes de crimes. »—« Le désir immodéré de la science, dit Hoï-nan-Tsé, a perdu le genre humain. »—« Il ne faut pas, » dit un proverbe populaire, « écouter les discours de la femme, car la femme a été la source et la racine du mal. »

Au Japon elle voit la création représentée par le symbole d'un gros arbre autour duquel se roule un horrible serpent. (Noel.)

Elle va chez les Mongols, et elle y trouve cette tradition que « l'état de nos premiers pères ne fut pas de longue durée; qu'ils virent bientôt s'échapper, par leur faute, toutes les félicités qui avaient jusqu'alors embelli leur existence, qu'à la surface du sol croissait en abondance la plante du schimæ, blanche et douce comme le sucre, que son aspect séduisit un homme qui en mangea, et que tout fut consommé. »

(Benjamin Bergmann traduit par A-F. Ozanam. Voir le passage presque entier dans le *Dictionnaire des religions* de M. l'abbé Bertrand, art. *Chute*.)

Les Tartares lui disent que « nos premiers parents, d'abord éclairés et heureux, devinrent malheureux en mangeant d'une plante funeste dont la douceur égalait la beauté. » (Kalmouck cité par M. Marcadé, p. 518.)

Elle étudie la religion de Bouddha, et elle trouve que cette théologie, objet de la croyance de deux à trois cents millions d'hommes, implique pour fondement la déchéance, comme celles de toutes les anciennes nations, conformément à l'observation qu'en a faite Voltaire (*Questions sur l'encyclopédie*, addit à l'*Histoire générale*), et comme le prouve Lamennais. (*Essai*, III, ch. 27.)

Elle constate le même fait dans le brahmanisme, dont le bouddhisme est une hérésie meilleure que l'orthodoxie dont elle s'est séparée.

Elle trouve dans la mythologie hindoue que Dieu, ayant créé Pourou et Prakriti, le premier homme et la première femme, bientôt les crimes envahirent la terre, tellement que le Tout-Puissant, poussé à bout, résolut enfin de procéder à une création nouvelle. (*Voir* pour les Indiens, Maurice, *Hist. de l'Indostan*, ch. 11.)

Elle arrive au pays des Parses dont Zoroastre est la lumière « Mesquia et Mesquiane étaient d'abord purs et plaisaient à Ormouzd ; Ahriman, jaloux de leur bonheur, les aborda sous la forme d'une couleuvre, leur présenta des fruits, et leur persuada que lui, Ahriman, était l'auteur de l'univers; ils le crurent et devinrent ses esclaves ; leur nature fut dès lors corrompue, et cette corruption infecta leur postérité. Le péché ne vient donc pas d'Ormouzd, mais d'Ahriman, c'est-à-dire de l'être caché dans le crime. » (*Avesta-Zend*, d'Anquetil Duperron, t. II, p. 378.)

Elle rencontre les sectateurs de Mohammed, qui lui racontent l'histoire des premiers chapitres de la Genèse. (*Voir le Dict. des religions*, art. *Chute originelle*.)

Elle remonte vers le nord, en passant chez les Scythes dont les pères appelaient leur mère commune la *femme serpent* (Hérodote et Diodore de Sicile), et trouve les Edda des Scandinaves qui lui disent que le principe du mal, le terrible fils de Loke, est un serpent qui enveloppe le monde et le pénètre de son venin. (Mallet, *Introduction à l'Histoire du Danemark. Voyage en Norwége et Traditions scandinaves*.)

Elle descend chez nos ancêtres les Druides et apprend qu'ils enseignaient aux peuples la tradition d'un péché originel. (Maurice, *Ant. ind.*, t. VI, p. 56.)

Elle parcourt les livres de la Grèce et de

Rome; les poëtes lui racontent l'histoire de l'âge d'or et de l'invasion des crimes qui le chassent de la terre, celle de la boîte de Pandore, et le drame de Prométhée enchaîné, dont le vautour était né, d'Echidna, monstre moitié femme et moitié serpent. (Ramsay, *Disc. sur la mythol.; Études sur la religion* de M. Nicolas.)

Le philosophe pythagorien Philolaüs lui parle d'anciennes théologies qui disaient que l'âme est ensevelie dans le corps comme dans une tombe en punition d'un péché. (Clém. d'Alex., *Strom.*, liv. iii.) « Nous apportons le vice de notre nature, de nos ancêtres, lui dit Timée de Locres, interprète des dogmes de Pythagore; ce qui fait que nous ne pouvons jamais nous défaire de ces mauvaises inclinations, qui nous font tomber dans le défaut primitif de nos premiers parents. » (Cité par l'abbé Mitraud. *De la nature des sociétés humaines.*)

Elle constate que Platon, le prince des philosophes, soupçonne la déchéance et même la suppose comme un fait accompli; il pense, dans le *Philèbe*, à un premier état de pureté et d'innocence dans lequel « les hommes nos pères valaient mieux que nous et étaient plus près des dieux. » Dans le *Timée*, il invite les hommes « à se rendre dignes, par la victoire sur leurs corps, masse turbulente et désordonnée, de recouvrer leur première et excellente condition. » Dans le *Politique*, le *Timée*, *Critias*, il est question d'un état primitif, meilleur que l'état présent, parce que Dieu gouvernait alors l'humanité. On trouve dans le *Phédon*, plusieurs propositions dont le sens paraît être que « la nature et les facultés de l'homme ont été changées, corrompues, dans son chef, dans son origine. » Dans le *Livre des Lois*, nous lisons ce qui suit : « Les siècles ont transmis jusqu'à nous la mémoire d'un âge d'or, où tous les biens venaient d'eux-mêmes trouver les hommes...... Cet âge n'est plus; emblème ingénieux de la vérité, il semble nous dire encore que partout où régneront des mortels et non des dieux, l'homme ne respirera jamais de ses fautes et de ses peines; *mais qu'il doit se rapprocher, autant qu'il est en lui, de cette vie primitive*, obéir à ce qu'il y a d'immortel dans son être, donner à l'âme toute l'autorité sur lui-même,.... et ne reconnaître pour loi que l'inspiration de son intelligence divine..... n'oublions jamais l'allégorie des premiers siècles ; laissons Dieu nous gouverner. » L'âge d'or des poëtes est, pour le philosophe, une allégorie, quant à la forme et non quant au fond, puisqu'il croit à une préexistence des âmes durant laquelle elles se sont souillées librement.

M. Cousin avance, dans la préface des *Lois*, qu'au iii* livre, l'état sauvage est donné comme l'état originel du genre humain ; cela n'est pas exact ; il s'agit de l'origine des gouvernements depuis le déluge, et non de l'état primitif. Et, d'ailleurs, cet état sauvage par lequel le génie humain aurait passé, d'après Platon, dans celle de ses évolutions qui a suivi le déluge, est encore représenté comme un état dans lequel les humains sont « plus simples, plus courageux, plus tempérants, plus justes en toute chose que ceux d'aujourd'hui. » (Traduct. de Cousin, t. VIII, p. 104.)

Elle lit dans Cicéron : « Ces erreurs et ces calamités de la vie humaine ont fait dire aux anciens devins ou interprètes chargés d'expliquer aux initiés les mystères divins, que nous n'étions nés dans cet état de misère que pour expier quelque grand crime commis dans une vie supérieure ; et il paraît qu'ils ont vu quelque chose de la vérité à cet égard ; il paraît vrai aussi, comme le dit Aristote, que nous sommes condamnés à un supplice semblable à celui que subissaient autrefois les malheureux qui tombaient entre les mains des brigands d'Etrurie : des corps vivants étaient attachés face à face à des corps morts ; ainsi en est-il de nos âmes dans leur union avec nos corps. » (Hortensius, *sive de philosophia fragmenta.*)

Elle trouve dans Plutarque que « le Typhon des Egyptiens, « d'après les traditions de ce peuple, » fit, par son envie et sa malignité, plusieurs mauvaises choses, et qu'ayant mis tout en combustion, il remplit de maux et de misères la mer et la terre... et puis en fut puni ; et la femme, sœur d'Osiris, en fit vengeance, éteignant et amortissant sa rage et sa fureur. » (*Isis et Osiris*, trad. d'Amyot.)

Elle parcourt l'Afrique, et, dans toutes les tribus qui la peuplent, elle retrouve quelques restes d'une croyance à un crime primitif et d'une punition infligée pour ce crime. Chez les Amakouas, c'est la paresse mêlée de la désobéissance à une loi de travail qui est la première faute. Chez les Madécasses, il y a tradition d'un paradis terrestre et de l'expulsion hors de ce paradis pour un péché.

Elle va dans le nouveau monde, et moissonne partout des signes épars d'une croyance primitive à une chute de l'humanité. Ici la femme est le principe du mal. Ailleurs Dieu fait descendre du ciel son Fils pour tuer le serpent, horrible fléau des peuples de l'Orénoque, et le Fils de Dieu l'ayant vaincu, lui dit : Va-t-en à l'enfer ; tu ne rentreras jamais dans ma maison. (Gumilla, t. I, p. 171.) Chez les Iroquois, la mère du genre humain se laisse séduire au pied d'un arbre, est chassée du paradis et a deux enfants dont l'un tua l'autre. (*Mœurs des Sauvages américains*, par Laffitteau.) Dans le Mexique, la mère de notre chair est représentée avec un gros serpent, et appelée Cihua-cohuatl, la femme au serpent ; ce serpent est, dans quelques peintures, terrassé par le grand esprit ; c'est, dit M. de Humbolt, le génie du mal, un véritable Kakodaïmon. (*Vue des Cordillières et des monuments de l'Amérique*, t. I, p. 233 et 274.)

Il n'est pas jusqu'aux îles de l'Océanie où elle ne rencontre des souvenirs, plus ou moins confus et transfigurés, d'une antique déchéance.

Dans ses voyages, se sont montrés çà et là des Juifs qui lui ont ouvert les premières pages du livre dont la prodigieuse antiquité est la mieux avérée, lui ont fait lire *Job*, le plus sublime des poëmes, sur le mystère du mal, les chants de douleur de *David* sur le même sujet, et la grande ironie philosophique de l'*Écclésiaste*.

Enfin, elle a trouvé partout des membres de la société chrétienne composée de deux cent cinquante millions d'hommes et les a entendus lui raconter et expliquer, d'une manière dogmatique et précise, le grand fait dont elle a recueilli des souvenirs sur tous les coins de la terre.

Quelle conclusion tirera cette raison, que nous supposons douée de sagesse et d'impartialité, sinon qu'il est impossible qu'un tel accord existe sans un fond de réalité? Elle n'arrivera pas, avec sa critique, à préciser les circonstances et le mode du phénomène, à cause des fables contradictoires et allégoriques dont elle le trouve surchargé; mais elle ne pourra refuser son adhésion à une vérité radicale quelconque, se résolvant toujours dans une détérioration de la race au triple point de vue intellectuel, physique et moral, surtout lorsque, élevant sa pensée vers le Créateur, elle se dira qu'en effet tout s'explique plus naturellement avec l'introduction de cette cause.

C'est ainsi que se réalise l'harmonie de la révélation et de l'histoire, comme nous avons vu se réaliser celle de l'argumentation rationnelle avec la foi.

Traduisons ici le troisième chapitre de la *Génèse*, pour compléter la cosmogonie mosaïque dont nous avons donné la première partie au mot *cosmogonie*. La vérité originelle de toutes les traditions va se retrouver dans cette narration charmante dont l'image, aussi simple que vive, aussi parlante que mystérieuse, efface toutes les idylles pour peindre, devant l'esprit, la triste révolution qui se fit dans deux âmes innocentes, quand le mal envahit, pour la première fois, la conscience humaine (2).

Or le serpent était plus rusé que tous les animaux de la terre qu'avait faits le Seigneur Dieu.

Il dit à la femme : Pourquoi Dieu vous a-t-il ordonné de ne pas manger de tous les fruits du paradis ?

A quoi la femme répondit : Du fruit des arbres qui sont dans le paradis, nous en mangeons : mais du fruit de l'arbre qui est au milieu du paradis, Dieu nous a ordonné de n'en point manger, et de n'y point toucher, de peur que peut-être nous ne mourions.

Le serpent dit à la femme : Point du tout, vous ne mourrez d'aucune mort, car Dieu sait qu'au jour où vous en aurez mangé, vos yeux seront ouverts, et vous serez comme des dieux sachant le bien et le mal.

La femme vit que le fruit était bon à manger, beau pour les yeux, délectable à la vue; elle en prit un et le mangea. Puis elle en donna à son mari qui en mangea comme elle.

Et les yeux de l'un et de l'autre furent ou-

---

(2) On sait que le cardinal Cajetan soutint avec force que le tableau qu'on va lire est une allégo-

verts. Ayant reconnu qu'ils étaient nus, ils entrelacèrent des feuilles de figuier, et se firent des ceintures.

Et ayant entendu la voix du Seigneur, Dieu se promenant dans le paradis à l'air d'après-midi, Adam se cacha, et son épouse, devant la face du Seigneur Dieu, au milieu du bois.

Et le Seigneur Dieu appela Adam et lui dit : Où es-tu ?

Il répondit : J'ai entendu ta voix dans le paradis, et j'ai craint, parce que j'étais nu, et je me suis caché.

Dieu lui dit : Qui t'a indiqué que tu étais nu, si ce n'est que tu as mangé du fruit dont je t'avais défendu de manger ?

Adam lui dit : La femme que tu m'as donnée pour compagne m'a donné du fruit, et j'en ai mangé.

Le Seigneur Dieu dit à la femme : Pourquoi as-tu fait cela ?

Elle répondit : Le serpent m'a trompée, et j'ai mangé.

Le Seigneur Dieu dit au serpent : Puisque tu as fait cela, tu es maudit entre tous les animaux et les bêtes de la terre. Tu ramperas sur ta poitrine et tu mangeras la terre tous les jours de ta vie. J'établirai des inimitiés entre toi et la femme, entre ta semence et sa semence. Elle-même écrasera ta tête, et tu la guetteras au talon.

Il dit aussi à la femme : Je multiplierai tes peines et tes conceptions; tu enfanteras des fils dans la douleur, et tu seras sous la puissance de l'homme, et il te dominera.

Et il dit à Adam : Puisque tu as écouté la voix de ton épouse, et que tu as mangé du fruit dont je t'avais ordonné de ne point manger, la terre sera maudite dans ton travail. Tu en tireras ta nourriture dans les labeurs tous les jours de ta vie. Elle te germera des épines et des ronces, et tu mangeras l'herbe de la terre. Tu te nourriras de pain à la sueur de ton visage jusqu'à ce que tu retournes dans la terre d'où tu as été tiré; car tu es poussière et tu retourneras en poussière.

Et Adam appela son épouse du nom d'Eve, en ce qu'elle était la mère de tous les vivants.

Le Seigneur Dieu fit aussi à Adam et à sa femme des tuniques de peaux et les en revêtit.

Et il dit : Voilà ! Adam est devenu comme l'un de nous, sachant le bien et le mal. Maintenant donc, de peur que peut-être il avance la main, et cueille même à l'arbre de vie, et mange, et vive éternellement......

Le Seigneur Dieu l'envoya du paradis de volupté, afin qu'il travaillât la terre d'où il avait été tiré.

Il chassa Adam, et plaça devant le paradis de volupté des chérubins, brandissant un glaive de flamme, pour garder la voie de l'arbre de vie.

VII.—Que peut-on soupçonner sur l'état antérieur à la déchéance?

Cette question est de pure curiosité, et

---

rie quant à la forme, et qu'on n'a jamais pu le faire condamner.

cependant elle n'est pas sans donner lieu à quelques observations importantes.

L'état primitif différait beaucoup de l'état présent ; l'enseignement catholique ne laisse sur ce point aucun doute. L'âme était plus forte et le corps plus soumis, bien qu'il ne fût pas dépourvu de sensibilité, puisque Moïse nous représente le génie du mal triomphant de la femme par l'appât d'un fruit, et la femme triomphant de l'homme par une séduction. L'homme était intelligence, amour et sensation, puisque ce sont les qualités constitutives de son être. Mais l'équilibre existait ; le bien se pratiquait sans efforts, la science s'acquérait sans peine, et le sensualisme, gardant son juste rôle, se bornait à procurer d'innocentes jouissances : pour ce qui regarde les fonctions reproductives, ôtez ce qui est la répugnance de l'esprit, la violence de l'appétit sensuel hors de propos, et la honte qui ne s'explique guère que par la déchéance théologique, vous n'avez plus qu'un plaisir honnête, autant spirituel que corporel, comme tous les plaisirs qu'on goûte aux choses dans lesquelles l'âme a gardé sa prépondérance. Enfin, Dieu se manifestait davantage ; c'est en cette condition que consiste principalement la supériorité.

Mais il y a deux points sur lesquels il nous paraît utile de ne pas exagérer l'idée qu'on doit se faire de l'état dans lequel nous serions sans la chute de nos pères : ce sont le travail et la mort corporelle. Disons d'abord quelques mots du second, qui est le moins important, quoiqu'il ait quelque gravité relativement à la propagande catholique parmi les intelligences du siècle, qu'il faut toujours, si l'on veut être habile, éviter d'effaroucher par des choses trop extraordinaires.

Si l'homme ne devait ni vieillir, ni mourir, dira-t-on, quelle multiplication ! En supposant même que le nombre des hommes n'eût pas dépassé celui qui leur est assigné dans l'état présent, le globe n'aurait pu, à beaucoup près, les loger tous.

Remarquons d'abord que, si l'on ne consulte que nos livres sacrés, on n'en peut pas conclure à l'absence de toute espèce de mort. La mort dont il est question dans la *Genèse* et dans saint Paul, est, avant tout, la mort intellectuelle et morale dans le sens que nous l'avons expliquée. Elle est aussi la mort corporelle ; mais non pas toute sorte de mort corporelle. Adam et Eve étaient nus avant leur péché, et n'en ressentaient ni honte, ni peine, puisqu'ils ne s'en apercevaient pas ; aussitôt que leur crime est commis, leur nudité devient pour eux un tourment ; et c'est alors seulement qu'il y a pour eux nudité véritable. On peut dire qu'une chose n'est pas, quand elle n'est pas sentie. Quand Dieu dira à Noé : Je mettrai mon arc dans les nuées en témoignage qu'il n'y aura plus de déluge, faudra-t-il en conclure que l'arc-en-ciel ne se formait pas auparavant par la réfraction des rayons lumineux ? nullement ; mais bien, que l'arc-en-ciel, qui existait déjà, sera dorénavant un gage de sa promesse. On pourrait donc entendre par le mot : *Tu mourras de mort*, que la mort qui existait déjà, deviendra une peine, un malheur, un événement auquel on répugnera, comme la nudité deviendra une honte. Paul aurait pu dire de la nudité comme il a dit de la mort : « Par un seul est entré dans ce monde le péché, et par le péché la nudité, et ainsi la nudité a passé dans tous, » précisément parce qu'auparavant on n'avait ni le besoin ni la pensée de se couvrir, et qu'aujourd'hui on a l'un et l'autre. Le troisième chapitre de la *Genèse* renferme une expression toute semblable ; Dieu dit au serpent : Tu ramperas sur le ventre. Est-ce à dire que le serpent avait auparavant des pieds ou des ailes ? ce serait une grande faiblesse d'esprit de l'imaginer. Le serpent rampait comme à présent ; mais ce qui était en lui chose naturelle, est pris en signe de malédiction.

L'Eglise nous permet-elle d'entendre la chose ainsi ? abstraction faite de toute autre explication, nous l'ignorons complètement ; elle ne sépare jamais l'idée de mort de l'idée de peine, et par conséquent il est difficile de savoir ce qu'elle pense de l'une sans l'autre. Le tableau de la grandeur de l'homme du xviie chapitre de l'*Ecclésiastique* (vers. 1-10), qu'elle applique ordinairement à l'état primitif, renferme cette parole : *Dieu.... lui donna un nombre de jours, et un temps*. L'Eglise ne s'occupe pas, non plus, de déterminer ce qui aurait eu lieu si Adam n'avait pas chuté, non plus qu'elle ne s'occupe d'interpréter les prophéties non accomplies ; elle nous enseigne ce qui nous est utile dans notre état présent. Au reste, qu'importe ? ce que nous savons, c'est qu'elle nous permet l'hypothèse suivante :

L'homme ne serait pas resté éternellement sur la terre ; il n'y aurait été que dans la voie d'une autre vie, *in via*, comme disent les théologiens, et libre de bien ou mal agir. Or, qu'est-ce que la mort, au sens le plus général et le plus vrai pour un être immortel ? c'est le passage de cette vie dans l'autre. Il y aurait donc eu mort pour l'homme dans cette acception du mot. Or, sans nous occuper de la manière dont se serait opérée la transition et la transformation, ce que Dieu ne nous a pas mis sur la voie de connaître, disons que ce passage n'aurait eu pour l'homme rien d'effrayant, rien que de naturel, et qu'après avoir chaque individu aurait parcouru les phases de la conception, de la grossesse, de la naissance, de l'enfance, de la jeunesse, de l'âge mûr, et d'une vieillesse qui n'aurait eu que les apanages de la vénération, comme l'enfance et la jeunesse n'auraient eu que les jeux et les charmes ; il se serait endormi pour la terre et éveillé pour l'éternité bienheureuse, disant au revoir à sa famille, contente, dans sa raison éclairée, de voir s'accomplir la loi du Très-Haut. Les départs, les absences et les retours ne seraient-ils pas encore, dans notre état présent, de vrais bonheurs, s'ils étaient dégagés des périls qu'on a toujours raison de soupçonner et de craindre ? La monotonie n'eût pas été l'attribut de l'état d'innocence, et elle ne sera pas celui de l'éternelle patrie. Les paroles d'Adam, en voyant pour la première fois sa compagne : *L'homme quittera son père et sa mère et s'attachera à sa femme, et ils seront deux dans une seule chair* (*Gen.* II, 23, 24.), prononcées avant qu'il fût question de la déchéance, et déclarant le mariage, indiquent assez que la première nature aurait eu de grands points de ressemblance avec la seconde. Otez de celle-ci tout ce qui est peine, misère, tourment, monstruosité, crime, erreur, grossière ignorance, et vous avez l'autre, en ce qui concerne la vie terrestre avec son développement individuel et social.

L'objection nous paraît pleinement résolue.

Reste le travail. Dira-t-on que l'homme et la société n'auraient point travaillé dans le paradis terrestre ? Enlever à un être intelligent et libre, c'est-à-dire actif, le travail, c'est lui ravir son plus bel attribut, l'attribut qui constitue sa ressemblance avec Dieu, celle, au moins, qu'un être créé peut avoir avec le Créateur absolu. Plus une créature est active et travailleuse, plus elle ressemble à celui qui l'a faite ; car elle crée comme lui, d'autant mieux qu'elle travaille, et il n'y a pas de ressemblance actuelle avec Dieu sans des créations. Ne rêvons donc le paresseux quiétisme ni pour nos pères avant leur déchéance, ni pour la société qui serait sortie d'eux, ni pour leur avenir céleste, ni pour le nôtre. Plus on imagine de perfections et de puissance dans un être, plus on l'approche de Dieu ; plus on conçoit grande la mesure selon laquelle Dieu s'ouvre à sa vue, plus on lui suppose développée la vertu du travail.

Il suit de là que ce n'est pas le travail qui est une peine, mais seulement la stérilité et la douleur qui l'accompagnent dans notre état présent, et, par conséquent, que le travail remonte au delà de la déchéance, à la création même. Dieu travaille en sa manière ineffable pour réaliser les mondes, et à peine les mondes sont-ils réalisés qu'ils commencent à travailler dans leur ensemble et dans leurs parties, pour imiter le Créateur.

L'individu et la société se seraient développés par le travail, par la mise en action de leurs puissances, afin qu'ils pussent dire le soir, comme saint Paul : Dieu nous a fait nos destinées, mais avec nous-mêmes, et nous nous les sommes faites avec lui.

Aussi, l'historien sacré ne refuse-t-il pas à nos pères, avant leur faute, cette prérogative. A peine l'homme est-il créé, qu'il lui dit : *Crois, multiplie, remplis la terre, assujettis-la, domine les animaux, les éléments, les plantes, toutes les forces; nourris-toi de ses productions.* (*Gen. ;* I, 26-31.) Il rend pour lui la terre délicieuse, il en fait un empire dont la conquête se fera par un travail doux, agréable, fécond, et il le mène aux frontières de cet empire, en lui ordonnant d'en être *le cultivateur et le gardien.* (*Gen.* II, 15.) Il étale à ses yeux tous les êtres destinés à le servir, et l'homme commence son travail par l'opération scientifique qui consiste à les classer en genres et en espèces, et à leur donner, dans sa langue, les noms qui expriment leurs rapports. (*Ibid.*, 19, 20.) Lorsque Lamennais fait, dans son *Esquisse* (t. II, p. 62 et 64), cette observation « Le texte mosaïque ne dit point que l'homme ait été créé dans l'état de perfection que les interprètes ont imaginé, mais dans un état d'innocence dont la durée n'est point indiquée ; il énonce même positivement que le travail et le combat appartiennent à sa destinée, puisque Dieu l'avait placé sur la terre pour la cultiver et la défendre. » Il la fait avec l'intention de nier tout ordre surnaturel ; mais, à part cette exagération qui mine le christianisme par ses bases, et ce qui y tend dans l'observation même, il n'émet qu'une pensée juste et vraie.

On ne doit donc pas considérer le travail comme une peine honteuse infligée pour un crime, non plus que le mariage, la conception, la grossesse, la naissance, tout ce qui fait l'homme, tout ce qui fait la femme, et le passage de cette vie dans la vie future, mais seulement la douleur et la stérilité fréquente qui accompagne l'un, ainsi que les misères, les angoisses et les dérèglements qui accompagnent les autres. C'est qui est marqué, aussi clairement que possible, dans le texte sacré, par le changement de langage de Dieu après la faute : « Je multiplierai tes peines et tes conceptions : tu enfanteras dans la douleur ; tu seras asservie ; — tu ne tireras de la terre ta nourriture qu'avec beaucoup de peine ; elle te produira des épines et des ronces ; tu mangeras ton pain à la sueur de ton visage jusqu'à ce que tu retournes dans la poussière d'où tu es sorti. » (*Gen.* III, 16-19.)

Ne quittons pas ces débuts de notre histoire sans ajouter qu'un des plus grands maux que la déchéance nous ait légués, c'est l'asservissement de la femme par l'homme, en général, du faible par le fort. Dans le paradis de nos pères, la liberté, l'égalité et la fraternité, ces filles du Père commun, auraient régné sans avoir besoin d'être conquises, et auraient servi de champ de bataille à toutes les conquêtes. Dans notre état déchu, mais aussi réparé, sous les rapports principaux, tant au point de vue du ciel qu'au point de vue de la terre, par le commun Sauveur, nos droits et nos devoirs sont de reprendre peu à peu, d'assaut, les forteresses perdues.

C'est ainsi que nous n'aurons rien à regretter du premier état, le second étant redevenu, grâce au Christ, supérieur au premier, comme l'ont cru Origène, saint Ambroise, saint Athanase (*Contra Arian.*, orat. 2), saint Chrysostome (*In Epist. ad Rom.*, hom. 10), saint Augustin (*De civit. Dei*, XIV, 27), le Pape Léon, saint François de Sales, Liguori, etc., etc., et comme l'insinue le cri de l'Eglise au chant du samedi : *Felix culpa!*

« Saint Paul, dit Origène, emploie les expressions les plus fortes pour nous montrer que l'âme reçoit par Jésus-Christ plus qu'elle n'avait perdu par Adam, et que les dons qui nous sont faits l'emportent de beaucoup sur nos pertes. » (*In Epist. ad Rom.*, v.) — *Voy.* RÉDEMPTION.

DECLARATION DES DOGMES. — *Voy.* ORDRE, X, et INFAILLIBILITÉ.

DECRETS DE DIEU. — ANTECEDENTS ou CONSEQUENTS AU MERITE. — *Voy.* PRESCIENCE, III.

DELEGATION DE POUVOIRS. — *Voy.* ORDRE, X.

DELIMITATIONS ECCLESIASTIQUES. — *Voy.* ORDRE, X.

DÉLUGE (LE) — DEVANT L'HISTOIRE SACRÉE ET DEVANT L'HISTOIRE PROFANE (III° part., art. 10).
— Le déluge est le grand fait historique qui termine la cosmogonie mosaïque, et qui sert de point de départ à la période présente de l'humanité; il est donc important de savoir si les sciences profanes se trouvent en harmonie avec l'histoire sacrée sur ce grand fait.

Le déluge, considéré aux simples lumières naturelles, peut appuyer sa certitude sur deux bases distinctes, les monuments géologiques et les monuments historiques. Nous parlons des monuments géologiques, en ce qui concerne la vérité du déluge, vers la fin de l'article *Géologie*; il nous reste ici, pour compléter la question, à résumer, en quelques mots, l'état de l'histoire et des traditions humaines relativement au déluge. Nous ne le ferons qu'en ce qui regarde l'événement en lui-même, la difficulté de son antiquité plus ou moins grande étant examinée dans le chapitre des sciences *historiques*.

Il y a, dans le curieux *Dictionnaire des religions* de M. l'abbé Bertrand, au mot DÉLUGE, un résumé des traditions de tous les peuples sur ce grand fait. Nous ne ferons que mettre en tableau les indications qui ressortent de ce résumé.

I. Histoires et traditions grecques. — Déluge d'Ogygès, attribué par Varron à l'année 1600 avant la première olympiade, ce qui lui donnerait, en 1850, quatre mille deux cent vingt-six ans d'antiquité, époque trop moderne pour le grand déluge de Moïse; mais les Grecs, au lieu d'allonger les temps, les raccourcissent plutôt, à l'encontre de beaucoup d'autres peuples.

Déluge de Deucalion, dont les circonstances ressemblent à une transfiguration d'une tradition analogue à celle qu'implique le récit de Moïse. Ce déluge est universel, puisque Deucalion et Pyrrha sont obligés de reproduire des hommes miraculeusement, au moins d'après Ovide. *Deucalion*, dit Letronne, signifie, par étymologie, *fabricateur de coffres*.

II. Traditions phéniciennes. — Récit mythologique identique à celui des Grecs. A Hiérapolis on célébrait tous les ans une fête commémorative du déluge, qu'on disait avoir été instituée par Deucalion.

III. Traditions chaldéennes. — Xisuthrus, d'après Bérose, reçut de Cronos (Dieu), la prédiction d'un déluge universel, l'ordre de construire un vaisseau, etc., etc.; et tout le reste pareil au récit de Moïse. Xisuthrus avait écrit une histoire des événements antérieurs, l'avait enterrée à Sippara, et cette histoire fut retrouvée plus tard. — C'est le Cyncelle qui rapporte ce fragment de Bérose.

IV. Traditions égyptiennes. — Grande inondation du Nil sous Osiris. — Mutardi cite, d'après Albumassar, deux anciens livres égyptiens, qui parlaient d'un déluge qui avait renouvelé le genre humain lorsque le soleil était au premier degré du bélier, et régulus dans le colure du solstice. — Diodore parle d'un grand navire de deux cent quatre-vingts coudées de long, construit par les Thébains. Hérodote parle de deux colombes, dont l'une se percha sur un hêtre, à Dodone.

V. Traditions arméniennes. — D'après Josèphe, il y avait, au pied du mont Ararat, une ville appelée le *lieu de la descente*, *Nachidchevan*. — Les Persans appellent le mont Ararat *Koh-nouh*, *mont de Noé*, ou *Sahattopuz*, *heureuse colline*. — Josèphe, Bérose, Nicolas de Damas, disent que, de leur temps, on montrait encore les restes de l'arche, et qu'on y prenait, comme un préservatif salutaire, la poudre du bitume dont elle était enduite. On en croira ce qu'on voudra.

VI. Tradition musulmane. — On peut la lire dans les livres arabes; mais elle n'est qu'une reproduction du récit de Moïse.

VII. Livres des Parsis. — Déluge envoyé de Dieu sur le genre humain corrompu, malgré l'assistance des anges, lequel dure dix jours et dix nuits, et le détruit tout entier.

VIII. Livres indous. — Le VIII° livre du *Bhagawata* raconte, avec autant de clarté que d'élégance, l'histoire d'un déluge qui arriva sous le règne de Vaivaswata, l'enfant du soleil, et détruisit tous les hommes, excepté Vaivaswata, sept richis (saints), et leurs femmes. — Apparition de Vichnou, prédiction du déluge dans sept jours, promesse de conservation dans un vaisseau, etc.

Déluge indien arrivé il y a vingt-et-un mille ans, dans lequel la mer couvre tout, sauf une montagne du Nord. (*Transact. philos. de* 1701.)

Déluge des Banians, venant terminer le premier âge et laver la terre de ses infamies, lesquelles ont gagné brahmanes, kchatriyas (guerriers), soudras (marchands), et vaisyas (serviteurs); en un mot, toutes les castes de la société brahminique. (*Diss. hist. de la relig. des Banians.*)

Déluge de Manou, que tout le monde a pu lire dans le livre qui porte son nom. (*Panthéon litté. liv. sac. de l'Orient*), etc.

IX. Traditions tartares. — Chacun des âges du monde, d'après le chamanisme, finit par un déluge universel. — Invasion des crimes, des guerres, etc.; abréviation de la vie humaine; esprits célestes qui annoncent les pluies et les torrents; tempêtes grandioses; il pleut des glaives; horribles tableaux; quelques hommes saints, vainqueurs de leurs passions, survivent, pratiquent la vertu, et vivent heureux une vie de quatre-vingt mille ans. Ainsi racontent les Mogols et les Kalmouks.

X. Livres chinois. — Point de déluge universel proprement dit; mais grande inondation sous Yao, 2,297 ans avant Jésus-Christ. « Quand la grande inondation, dit le Chou-King, s'éleva jusqu'au ciel, quand elle enveloppa les montagnes, les peuples troublés périrent dans les eaux. »

Autre déluge sous Fo-hi, environ 3,100 ans avant Jésus-Christ; coup de corne du rebelle Koung-Koung contre la montagne; colonnes du ciel brisées; ciel écroulé au nord-ouest et au sud-ouest; terre fendue. Koung-Koung paraît être une personnification du génie du mal.

Nous passons à l'Europe, dont les traditions sont moins précises.

XI. Mythologie scandinave. — Les enfants de Bore tuent le géant Ymer, père de la race des géants méchants comme lui, et il s'écoule tant de sang de ses plaies que tous les géants sont noyés à la réserve de Bergelmer, qui se sauve avec une barque sur l'océan Rouge.

XII. Traditions celtiques. — Déluge qui fait périr tous les hommes, sauf Dwivan et Dwivach, qui se sauvent sur un vaisseau sans voile, avec des couples d'animaux.

XIII. Lapons. — Quand les mers et les fleuves sortirent de leur lit, un frère et une sœur sont transportés par le bras de Dieu sur une montagne; ils cherchent des hommes, se rencontrent seuls plusieurs fois, se reconnaissent, recommencent leurs recherches, et enfin ne se reconnaissant plus la dernière fois, s'unissent sans scrupule et repeuplent le monde.

Nous passons aux nations de l'Amérique et de l'Océanie..

XIV. Brésiliens. — Ils chantent un frère et une sœur qui échappèrent seuls à une inondation causée par un puissant étranger, ennemi de leurs ancêtres. Ils chantent aussi les palmiers qui sauvèrent la famille du vieillard blanc, quand Dieu avertit Tamaudouaré de fuir l'inondation universelle en grimpant au sommet de leurs stipes.

XV. Péruviens. — Manco-Capac descendait d'une des six personnes qui échappèrent à l'inondation. Suivant Acosta, il y en eut sept, d'où sortirent les Incas. — Dans le Pérou, vénération pour l'arc-en-ciel.

XVI. Anciens *Cundinamarca*. — Le dieu Chibchachum, offensé par les Muyscas, crée les torrents qui les inondent; mais s'adressant à Bochica, le dieu suprême, ce dieu leur apparaît sur l'arc-en-ciel, avec une baguette d'or, fend la montagne pour ouvrir un passage aux torrents, d'où la grande cataracte du saut de Tequendama, et punit Chibchachum, en le condamnant à porter la terre sur ses épaules; quand il change d'épaule, pour se délasser, il occasionne les tremblements de terre.

XVII. Traditions mexicaines. — Déluge de Coxcox, le Noé de ces peuples, avec une tradition toute pareille à celle de la *Genèse*, dans tous ses détails. — Ce sont eux qui appelaient Dieu *Téotl*, presque comme les Grecs, *Téos*.

XVIII. Tlascaltèques, Aztèques, Miztèques, Zapotèques, Méchoacanèses. — Hommes échappés au déluge, changés en singes, et recouvrant peu à peu leur raison.

XIX. Chiapanèses. — Vieillard sauvé, dans un radeau, de l'inondation qui détruisit la majorité du genre humain. Ce vieillard travaille au grand édifice, mais l'ouvrage est interrompu, et chaque famille reçoit un langage différent.

XX. Caraïbes. — Déluge par suite de la méchanceté des hommes.

XXI. Achagua. — « Pourquoi, disait un insulaire de Cuba à Gabriel de Cabrera, pourquoi me grondes-tu, puisque nous sommes frères? Ne descends-tu pas, comme moi, de celui qui construisit le grand vaisseau qui sauva notre race? »

XXII. Floridiens. — Le soleil ayant retardé sa course de vingt-quatre heures, le lac Théomi déborda jusqu'aux sommets des plus hautes montagnes, à la réserve de celle d'Olaimi, où était un temple au soleil. Les pèlerins furent sauvés. Au bout de vingt-quatre heures le soleil sécha tout.

XXIII. Iroquois. — Le grand esprit envoya un déluge; Messou députa un corbeau qui s'acquitta mal de sa commission; il envoya le rat musqué, qui rapporta un peu de limon; il lança deux flèches contre les troncs d'arbres, et ces flèches devinrent des branches; puis il épousa une femelle du rat musqué, et le genre humain actuel se réforma.

XXIV. Canada. — Déluge avant la création de l'homme; castor, rat musqué, corbeau, voilà les principaux acteurs de cette fable.

XXV. Mandans. — On trouve encore dans leurs édifices de petits modèles d'une tour en bois, en souvenir d'une arche qui avait sauvé une partie de la nation d'un déluge suscité par les blancs. On célèbre aussi, pendant quatre jours, la fête d'Okippe, à la même intention.

XXVI. Taïti. — Taaroa, le grand dieu, en colère contre le monde, le précipita dans l'Océan, et tout fut submergé, excepté quelques éminences. — Dans le groupe de l'ouest, il y a une légende d'un pêcheur sauvé seul avec ses compagnons, par Toa-Marama, le dieu des mers. — On y donne, pour preuve du déluge les madrépores et les coquillages qu'on trouve sur la montagne.

XXVII. Il en est des Madécasses comme des Musulmans : leur histoire diluvienne est tirée du récit de Moïse.

Il est évidemment impossible, à tous les points de vue, de douter de la réalité du déluge; mais on peut se demander si celui de Noé, que Moïse nous raconte, fut universel au sens complet.

Qu'il ait détruit tous les hommes alors existants, c'est ce qui paraît ressortir clairement des paroles de Moïse, lorsqu'il dit que, *de Noé et sa famille, sont descendus tous les hommes qui sont maintenant sur toute la terre*. Il y a eu cependant des interprètes qui n'ont pas vu dans ce mot une preuve décisive, vu qu'on trouve quelquefois dans l'Ecriture, des locutions comme celle-ci : *Universa terra*, toute la terre, pour exprimer la Judée seulement. Mais il nous paraît clair que le sens du récit et des passages de l'Ecriture, relatif au déluge, est qu'il n'échappa aucun homme. Quant aux animaux, il nous semble qu'on peut très-bien entendre seulement les animaux terrestres de la contrée inondée, dans l'hypothèse d'un déluge particulier ; d'autant plus que les mots , *tous les animaux*, ne signifient pas les poissons et les bêtes aquatiques; il est évident qu'il faut comprendre qu'on ne mit dans l'arche que les animaux, ainsi que les grains de végétaux, qui seraient morts par l'inondation. Ajoutons, en ce qui concerne les hommes, que nous venons de voir la plupart des traditions faire universel, sous ce rapport, le déluge dont elles parlent.

Venons à la question de l'universalité quant aux lieux. Il est certain, en géologie, qu'il y a sur tous les points du globe, des traces de déluges quelconques; mais, comme il y en a eu d'immenses, de très-longs, et d'absolument universels durant les périodes géologiques, il est souvent difficile de décider si telle et telle relique se rapporte au dernier, et surtout si elle se rapporte à celui dont parle Moïse ; cependant, tout porte à penser que celui qui ne peut pas remonter plus haut que six ou sept mille ans, a été universel; et nous sommes convaincu que la science finira par le déclarer officiellement. Si, de la géologie, nous passons aux traditions, elles corroborent cette idée, puisqu'on les trouve partout ; cependant, hâtons-nous d'avouer qu'elles ne sauraient fournir une preuve réelle que de l'universalité quant au genre humain, puisque les peuples, en altérant leurs traditions, les auraient naturellement localisées, lors même qu'en venant habiter leur pays, ils n'y auraient trouvé aucun indice de l'inondation dont leurs aïeux auraient été la victime dans la contrée alors habitée par le genre humain. Enfin, disons que toutes les probabilités sont pour l'universalité de lieu, quand on a admis l'universalité de destruction de la race, car le genre humain avait eu, à notre avis, le temps de se répandre, avant le déluge, dans presque tous les lieux du monde.

Cela dit, ajoutons qu'au point de vue de la foi, on n'est pas obligé de croire que le déluge de Moïse fut universel. Volsius, M. Deluc, la plupart des critiques d'Allemagne et un très-grand nombre de savants interprètes ont soutenu que ce déluge fut particulier. L'Eglise s'est tue à ce sujet. Mabillon empêcha, comme le raconte Genoude, une congrégation romaine de le flétrir d'aucune note, dans une occasion célèbre; par conséquent, on peut le dire particulier, si on le préfère, et qu'on puisse, d'ailleurs, faire cadrer cette opinion avec les documents scientifiques.

Nous ne pouvons finir sans faire observer la beauté poétique de cette histoire, quand elle nous représente le genre humain tout entier flottant, dans une arche, sur la face de l'immense océan dont le globe est enveloppé. *Voy.* SOCIALES (Sciences).

DEMEURES (LES) DIVERSES DE LA MAISON DU PÈRE. *Voy.* VIE ÉTERNELLE.

DESCENTE (LA) DE L'ESPRIT SAINT SUR L'ÉGLISE NAISSANTE, — DEVANT LA FOI ET DEVANT LA RAISON (11ᵉ part., art. 24).

I. Voici comment l'auteur du *Livre des Actes* raconte ce fait :

Lorsque furent accomplis les jours de la Pentecôte, étant tous ensemble dans le même lieu, soudain, il se fit un bruit du ciel, comme de la venue d'un souffle impétueux, et il remplit toute la maison où ils étaient assis.

Et leur apparurent comme des langues de feu, qui se partageant, s'arrêtèrent sur chacun d'eux.

Et tous furent remplis de l'Esprit-Saint, et commencèrent à parler diverses langues, selon que l'Esprit-Saint leur donnait de parler.

Or, il y avait à Jérusalem des Juifs, hommes religieux, de toutes les nations qui sont sous le ciel ; et cette voix s'étant répandue, la multitude s'assembla et demeura confondue en esprit, de ce que chacun les entendait parler dans sa langue.

Tous s'étonnaient et admiraient disant : Est-ce que tous ceux-là qui parlent, ne sont pas Galiléens ? Comment donc entendons-nous chacun notre langue, dans laquelle nous sommes nés ? (*Act.* II, 1-8.)

II. A la manière simple et positive avec laquelle cet événement est raconté, on juge qu'il s'agit, dans l'esprit de l'historien, d'un fait matériel et visible, et non point seulement d'une sainte exaltation des âmes qui serait exprimée sous des métaphores. Souvent, dans l'Ecriture, l'image est employée ; souvent on la sent avec certitude ; souvent aussi il y a doute sur son existence ; mais il est des cas où l'esprit droit et sincère ne la trouve point, et celui-ci est de ces derniers.

Nous ne pouvons donc pas avoir recours à ce biais, dans cette circonstance, pour rationaliser le récit de l'historien. Et à quoi bon, en effet, recourir à de tels moyens quand la chose n'a rien que de raisonnable, de beau, de sublime à tous les points de vue, quand elle ne présente, en extra-rationnel, que le simple caractère du merveilleux ?

Or, il en est ainsi dans le cas présent. Quoi de plus naturel que Dieu, après avoir manifesté son incarnation, comme l'Evangile nous le raconte, et voulant la transformation religieuse et sociale qui va s'opérer dans l'univers moral, lance, par une merveille éclatante, au grand combat qui ne doit plus finir qu'après victoire complète, le collége de prédicateurs que le Christ a formé ? Quand on apprécie à sa juste mesure l'état des sociétés et des individus, sans en excepter la nation juive livrée aux serres pharisaïques, on conçoit que, pour cette transformation, il faille plus que les forces ordinaires des leviers humains, plus que les forces du génie, du courage, de l'intrépidité, de l'audace, de la vertu, de la vérité elle-même, mais par-dessus tout cela, les forces de Dieu surnaturellement épanouies. Socrate l'avait dit, en affirmant que l'homme s'épuiserait en vain pour retirer le monde de sa misère intellectuelle, et qu'il fallait que Dieu prît en main cette difficile affaire.

D'autre part, la merveille est sublime, et la plus convenable qu'on puisse imaginer. Voilà quelques hommes peu instruits, de la classe des ouvriers les plus simples, quelques pêcheurs des bords d'un petit lac, avec un commis de bureau et quelques femmes. Les voilà tout étonnés de se trouver sans leur maître, et ne sachant comment s'y prendre pour accomplir la mission, effrayante d'impossibilité, qu'il leur a confiée en les quittant. Tout ce qu'ils peuvent faire, c'est de prier de leur mieux, avec pleine confiance que celui auquel ils croient leur viendra en aide. Dix jours se passent ainsi, et voici la merveille.

Réunis dans la salle de Jérusalem où ils s'étaient entretenus avec leur Maître, un grand souffle se fait entendre, une grande lumière se montre; la lumière se divise en flammes qui vont se poser sur leur tête en les caressant; leur imagination, frappée merveilleusement par le bruit et par la lumière, s'élève à une exaltation intime, dont ce qui se passe au dehors n'est que le sacrement; ils sortent et se mettent à prêcher dans les rues de la ville, oubliant tout ce qui les avait rendus craintifs jusqu'alors. Ce n'est pas tout, il se trouve qu'on les entend dans toutes les langues parlées à Jérusalem par les étrangers venant à la fête. Quelle merveille pouvait mieux convenir dans des hommes qui devaient convertir l'univers par le seul bruit de leur voix, la seule flamme de leur amour, la seule universalité de leur parole?

Que le créateur d'un poëme eût introduit pareille fiction dans le départ d'une compagnie de héros, l'art crierait au sublime. Que Dieu introduise, dans son poëme réel de l'humanité, cette merveille, n'a-t-il pas agi en Dieu pour satisfaire, tout ensemble, la poésie, l'art, le cœur et la raison? — Voy. Livres sacrés.

DESPOTISME — PLATON. — Voy. Morale, II, 10.

DESSIN. Voy. Peinture.

DEVOIRS DES ENFANTS — PLATON. Voy. Morale, II, 4.

DEVOIRS RELATIFS AU MARIAGE. Voy. Mariage, à la fin.

DÉVOUEMENT — PHILOSOPHES. Voy. Morale.

DIACONAT. Voy. Ordre.

DIDACTIQUE, (Poeme). Voy. Poésie.

DIEU DEVANT LA FOI ET DEVANT LA RAISON. — (II° part., art. 3.) — La question de Dieu revenant très-souvent dans cet ouvrage sous divers titres, nous ne ferons pas sur elle un article spécial.

Etudiée philosophiquement, on la trouvera surtout aux mots Ontologie, Absolu, Panthéisme, Athéisme.

Etudiée historiquement, on la trouvera au mot Historiques (Sciences.)

Etudiée dans ses rapports avec l'ordre surnaturel, on la trouvera principalement aux mots Trinité, Déchéance, Incarnation, Rédemption, Grace et Libre Arbitre.

Etudiée dans ses rapports avec les sciences, on la trouvera aux mots Mathématiques (Sciences), Cosmologiques. — Voy. Sainte Trinité.

DIEU (Les noms de). Voy. Historiques (Sciences), II.

DIFFÉRENTIEL et INTÉGRAL (Calcul). — Religion. Voy. Mathématiques (Sciences.)

DIGNITÉS ECCLÉSIASTIQUES (Présentation aux). Voy. Église.

DISCIPLINE ECCLÉSIASTIQUE. Voy. Confession, IV, Ordre, X, Lois de L'Eglise.

DISPENSES. Voy. Mariage.

DISPERSION DES PREMIERS HOMMES. Voy. Historiques (Sciences), I.

DISSOLUTION DU MARIAGE (Cas de). Voy. Mariage.

DISTRIBUTION DES GRACES. Voy. Inégalité dans la distribution des graces.

DIVINITÉ DE L'ART. Voy. Art, IV.

DOCTRINES AFFIRMATIVES ET NÉGATIVES. Voy. Histoire de la philosophie et de la théologie.

DOGME (Le) EN SOI. Voy. Infaillibilité, III.

DOGME IMPLICITE. Voy. Immaculée Conception, II.

DOMINATION. — PLATON. Voy. Morale, II, 10.

DON (Le). Voy. Sociales (Sciences), II.

DOUCEUR. — PLATON. Voy. Morale, II, 2.

DOUCEUR et COLERE. Voy. Art. II.

DOUTE. Voy. Logique, Histoire de la Philosophie, Mathématiques.

DRAME EN ACTION. Voy. Spectacles.

DRAMATIQUE (Poeme). Voy. Poésie.

DROIT (Espèces de). Voy. OEuvres morales, et sociales (Sciences), I.

DROIT CIVIL (Questions de). Voy. Sociales (Sciences), III.

DROITE RAISON. — CONFUCIUS. Voy. Morale, I, 11.

DROITS DE L'ÉGLISE. Voy. Église, I.

DUALISME. — REFUTÉ PAR LES MATHÉMATIQUES. Voy. ce mot, III. Voy. aussi Ontologie.

E

ÉCHANGE (L'). *Voy.* Sociales (Sciences), II.

ÉCLECTISME et SYNCRETISME. *Voy.* Histoire de la philosophie et de la théologie.

ECOLES DE PHILOSOPHIE ET DE THÉOLOGIE. *Voy.* Histoire de la Philosophie, etc.

ECONOMIE SOCIALE. *Voy.* Sociales (Sciences), II.

ÉCRITURE. — PROGRÈS RELIGIEUX (IV⁰ part., art. 8). — Nous entendons, dans cet article, par écriture tout livre qui ne doit pas être classé dans la catégorie de ceux que nous appelons poétiques. (*Voy.* Poésie.)

Les livres de cette espèce s'occupent de religion, de philosophie, de science, d'histoire, de littérature, d'art, d'industrie, ou de critique quelconque. Nous ne devons en parler ici qu'en général et au point de vue artistique, dans leur rapport avec le progrès religieux. Ayant déjà montré l'intime liaison de cette richesse humaine avec la religion, et le service mutuel qu'elles se rendent l'une à l'autre, dans les articles sur l'art et la littérature, nous nous arrêterons, comme nous l'avons fait à l'égard de l'éloquence parlée, à l'idée capitale de la liberté de l'écriture que nous tenons pour nécessaire au progrès religieux, et pour devoir être un jour, dans son établissement définitif, l'effet de ce progrès.

Les principaux genres d'écriture sont la thèse logique, l'exposé scientifique, dogmatique ou moral, le discours écrit, l'étude critique, la narration des faits, la description des choses, et la méditation mystique lorsqu'elle ne rentre pas dans ce que nous comprenons sous le mot poésie.

C'est l'écriture qui conserve aux générations le capital intellectuel amassé par les générations précédentes ; elle fait participer tous les âges au banquet de l'humanité passée ; elle le fait surtout, et le fera de plus en plus, depuis la grande invention de l'imprimerie. Autrefois que de peines pour conserver les travaux de l'écrivain ! Le copiste ne pouvait arriver qu'à donner au monde quelques exemplaires qui couraient de terribles chances dans les accidents sociaux ; ces exemplaires ne pouvaient être lus que par un petit nombre de lettrés ; les masses du peuple n'en savaient pas le nom. Combien de trésors sont tombés dans l'oubli, ont été la proie des flammes, et sont disparus par le manque de publication suffisante ! mais depuis l'imprimerie rien de tout cela n'est à craindre, nos descendants profiteront de tous les fruits de nos travaux.

Telle est aujourd'hui la situation de l'écriture devant l'humanité. Il est évident qu'elle est appelée à jouer un rôle immense sur ses destinées humaines et divines, religieuses et morales, sociales et individuelles. La religion, de son côté, tient du Christ une mission spéciale sous les mêmes rapports ; il faut, pour le bien du monde, que ces deux forces s'harmonisent dans leurs tendances et poussent au progrès du bien. Voilà ce qu'il est nécessaire de désirer pour être honnête et chrétien tout ensemble. Dans quelles conditions s'harmoniseront-elles de la sorte, et rempliront-elles le mieux leur mission ? La question est là. Il ne s'agit pas de rêver l'absolument parfait ; ce parfait n'est pas de notre monde ; il s'agit seulement de trouver ce qui produira le plus de bien et le moins de mal. Or, nous concluons, après examen sérieux, impartial, approfondi, à la liberté complète et réciproque de la religion et de l'écriture.

Si l'écriture est entravée, censurée, limitée par une puissance quelconque, l'art de l'écrivain n'a point ses ébats ; il manque d'air, d'espace, d'indépendance pour le mouvement de ses ailes. Or l'art est un oiseau sauvage qui ne chante pas en prison, c'est à peine s'il y pousse le faible cri de la douleur. Il ne se lance, ne se remue, ne compose et n'improvise que dans la liberté de la solitude ou de la mêlée, du silence ou du bruit. Réglementer ses élans, c'est toujours l'asservir à des caprices qui ne sont pas les siens, et il ne peut travailler d'office ; soumettre l'art au régime d'une caserne, c'est lui dire : Tais-toi ; et il se tait toujours, à moins qu'il ne se fasse déserteur ou félon ; le seul mot de consigne le rend paralytique. C'est avec ce naturel fantasque que Dieu a créé l'art ; insensés qui voulez l'asservir à des lois, et qui le boudez pour le mutisme qu'il vous donne en réponse, dites à Dieu de réformer son œuvre ; donnez donc des leçons à Philomèle, un diapason aux tempêtes, une règle aux cascades ; donnez au brisements de l'Océan des conseils de prudence. L'art est le frère de la nature ; il en a le caractère et l'humeur ; il n'est fécond qu'avec la liberté.

Mais s'il en est ainsi de l'art de l'écrivain comme de tous les autres, il arrivera, dès qu'il n'aura plus son mouvement libre, que l'activité humaine cessera d'occuper avec lui ses loisirs, et se jettera du côté des satisfactions matérielles ; elle le mettra en oubli ; on verra la nation se passionner pour les choses vaines, et courir, comme une folle, à sa décadence. Plus de productions sérieuses, plus de lectures graves ; les plaisirs, les fêtes, les salons somptueux, les vêtements d'or et de soie seront l'objet exclusif des préoccupations du riche ; les spéculations plus ou moins entachées d'improbité se multiplieront sans mesure dans la classe moyenne ; et les couches infimes de la société, surchargées de misères, vivront dans une dégradation croissante, jusqu'à ce que l'excès devenu intolérable cherche son remède et le trouve dans la violence qui détruit tout avant de ressusciter le monde.

La religion pourrait-elle gagner à ce dépérissement de l'écriture, à cette élévation du sensualisme en haut, de la misère en bas, qui se fait proportionnellement à l'inclinaison de l'art, et du goût des choses intellectuelles dont l'art s'occupe? Personne ne pourrait le soutenir; la religion s'occupe aussi des choses intellectuelles, et, quand l'homme cesse de les cultiver en tant qu'artiste, il ne les cultivera pas longtemps à titre de chrétien. Le matérialisme ne diffère pas de lui-même; il ne se partage pas non plus; votre activité se porte-t-elle du côté des jouissances du corps, elle quitte d'autant la voie qui mène à celle de l'âme; et c'est en vain qu'elle se flatterait de pouvoir dévier de cette voie sous un rapport, en la conservant sous un autre. Dans la classe des lettrés on perd le sentiment religieux, en perdant le goût de l'étude et des livres, c'est un phénomène de tous les instants; et dans la classe des illettrés, on perd la piété, par l'obligation où l'on se trouve d'un travail excessif, par l'oppression de la misère, où par la passion du gain matériel; c'est encore un fait que personne n'ignore. Ce que l'on observe dans l'individu, se reproduit en grand dans la société.

Quand la religion catholique trouve un peuple sauvage et qu'elle le convertit à sa foi, elle lui donne, en même temps, le goût des livres; elle a besoin d'attirer son esprit vers les objets immatériels, dont les livres l'occupent, quels que soient, d'ailleurs, ces objets, pour développer en lui le caractère religieux; elle sent qu'il lui serait impossible d'atteindre son but sans user de ce moyen. Quand elle trouve une nation où les préjugés sont déjà ébranlés par un commencement de travail intellectuel, où l'écriture et la lecture sont vulgarisées, où les âmes pensent et réfléchissent, où s'est développé, jusqu'à un certain point, le goût du beau, elle travaille avec un succès rapide à l'amélioration de l'état religieux de cette nation; elle y trouve de l'écho dès le début de ses efforts, et il ne se passera pas longtemps avant que le christianisme y ait fondé sa demeure. C'est ce qui eut lieu dans l'empire romain, et ce qui, joint à la direction surnaturelle de Dieu, explique la métamorphose subite de l'humanité de cette époque; les langues latine et grecque étaient populaires; on écrivait beaucoup; on lisait beaucoup; on s'occupait d'art: la discussion put s'ouvrir, malgré les tyrans, et le fruit de la discussion fut la conversion de l'univers; il est bien vrai que la moitié du genre humain se composait d'esclaves abrutis, et que le christianisme fit autant de progrès dans ces bas fonds de la société qu'il en faisait dans l'aristocratie des lettres; mais d'abord on aurait tort de croire que tous les esclaves fussent sevrés de toute participation aux œuvres de l'esprit; les Térence, les Épictète et plusieurs autres, sortis de la classe des esclaves, le prouvent éloquemment; et

il suffisait de quelques chefs influents pour entraîner le troupeau. Au reste, le christianisme a mille cordes à son arc, et le jeu de l'une n'empêche pas celui de l'autre; il rendait meilleur le sort des esclaves; il leur fournissait des moyens d'affranchissement; il les proclamait les égaux de leurs maîtres devant la nature et devant le Christ; il leur donnait le même rang dans les agapes; il leur faisait sentir, en un mot, la transformation qui allait se faire peu à peu dans le monde, à leur sujet; voilà ce qui combattait puissamment pour lui dans les classes intimes. Cependant, s'il n'avait pas été de son essence de tirer profit de la discussion et du rayonnement littéraire dans les rangs supérieurs, il n'aurait point agi avec le même succès, et son succès n'aurait point été solide; les deux causes réunies firent, humainement parlant, son triomphe; or il faut toujours mélanger l'humain au divin dans ces sortes de phénomènes, car Dieu, en agissant dans l'humanité, n'y agit pas sans elle. Il en est des grandes transformations sociales, comme des conversions individuelles; la grâce surnaturelle et l'activité naturelle sont inséparablement unies.

Enfin, quand la religion chrétienne trouve des nations élevées à un certain degré de civilisation, mais dans lesquelles l'écriture et la lecture sont le monopole d'un très-petit nombre, par l'effet de la nature même de la langue qui présente des difficultés considérables, elle éprouve des peines infinies à pénétrer, à se faire comprendre et à s'établir: la Chine est un exemple aussi frappant qu'immense, de ce phénomène; nulle part les livres ne sont plus nombreux; mais la masse n'en peut profiter, par suite de la difficulté énorme qu'on éprouve à les comprendre. Les lettrés n'en peuvent eux-mêmes expliquer que de faibles parties après un travail de la vie entière. De là point de discussion ouverte, point de lutte intellectuelle, enracinement des préjugés, perpétuité de l'ignorance, stagnation du goût, et, avec ces résultats, celui de l'absence de progrès religieux, au moins rapide, vers le christianisme. Si des missionnaires, admirables de dévouement, font des efforts surhumains et réussissent, dans une certaine mesure, parmi les classes misérables, ce progrès, en n'atteignant pas suffisamment les hautes régions, les régions de la science, ne se soutient que par la parole du prêtre catholique, et s'éteint peu à peu quand cette parole manque. Tant que l'écriture et la lecture ne se seront pas popularisées dans l'Asie, le christianisme n'y aura point conquis le sceptre universel. Son mouvement et sa consolidation sont inséparables de la vulgarisation des livres et du goût des arts.

Nous venons de faire comprendre, en même temps, que, si l'autorité politique empêche les explosions de l'écriture, l'impression et la circulation des livres, en s'attribuant la faculté de les juger, ses manœuvres deviendront l'obstacle au progrès religieux; car, de quelque part que cet obstacle vienne, les résultats sont les mêmes; entre le cas où la langue s'oppose par sa nature au rayonnement littéraire, et celui où le gouvernement s'y oppose, nous ne voyons que la différence du malheur au crime. Le mandarinat chinois, par exemple, en exerçant la censure sur les livres et assujettissant leur circulation à de lourds impôts, surtout dans les pays tributaires, n'est autre chose qu'une organisation satanique en vue de maintenir l'ignorance et, par suite, le *statu quo* des idées religieuses. C'est au milieu des éclairs et des foudres de la discussion écrite et parlée que la religion s'illumine, s'approfondit, se démontre, se comprend, se purifie, se développe et se popularise; c'est au milieu des luttes de l'écriture et de la parole que la religion vraie déploie, autour de son front, l'auréole, visible pour les masses, qui doit lui conquérir le monde.

On fera toujours l'objection officielle : Ne vaut-il pas mieux réglementer l'écriture que de laisser les mauvais livres courir pêle-mêle avec les bons? et l'on y répondra toujours avec raison par les deux observations suivantes : Donner à une force quelconque le droit de distinguer le bien du mal en fait de discussion écrite et de protéger l'un contre l'autre, c'est se jeter dans le cercle vicieux du juge se jugeant lui-même, et tout réduire au droit du plus fort; c'est livrer l'humanité aux caprices intéressés d'une tête ou de quelques têtes. (*Voy.* LIBERTÉ DE CONSCIENCE.) Et, en second lieu, est-il vrai que les livres mauvais ne soient qu'un malheur pour la société? ne doit-on pas soutenir, au contraire, que leur existence est préférable pour le triomphe du bien? C'est ce que nous prétendons formellement, d'accord en cela avec le Christ, qui a dit que les scandales sont utiles. En effet, ou les livres mauvais devant la vérité religieuse le seront aussi devant l'art, ou ils seront beaux et bons au point de vue artistique, étant mauvais au point de vue religieux. Dans le premier cas, l'art les renie; ils deviennent le rebut méprisé des hommes de goût, et la religion gagne en dignité et en respect ce que perdent ses ennemis; les malheurs individuels que causent ces sortes de livres pendant un temps ne sont rien comparativement à l'honneur que la religion en retire et au bien général qu'en fin de compte ils déterminent. Dans le second cas, ces livres sont de nature à nuire directement à la religion; mais ils ne font encore que la servir en définitive. D'un côté ils servent l'art, et, en mettant à découvert de nouveaux rameaux des forces qu'il recèle, préparent des armes pour la vérité; d'autre part, ils aiguillonnent les talents bien intentionnés, les inspirent, les mettent en jeu et les poussent à produire ce dont ils ne se seraient pas même crus capables. Rien n'est perdu pour le bien de ce qui se découvre dans le domaine du beau comme dans celui du vrai. L'art du logicien exposé par le païen Aristote et développé, soit théoriquement, soit pratiquement, par ses disciples, aussi bien les ennemis que les amis du christianisme, est-il resté inutile? C'est avec cet art que saint Thomas a produit sa grande œuvre et que s'est formée toute la théologie catholique; dire que cette théologie, fille de la logique d'Aristote, n'est pas une des richesses chrétiennes les plus considérables, serait, à nos yeux, une sorte de blasphème. Il en est de même de tous les autres arts relatifs à l'écriture. Celui du discours écrit, dont les Démosthène, les Cicéron, et après eux leurs imitateurs dans les rangs de nos adversaires, sont les patriarches, est devenu une des armes les plus foudroyantes contre le paganisme dans les mains de Tertullien et des autres Pères de l'Eglise. L'art de l'historien, mis à découvert par les païens et par tous nos ennemis depuis dix-huit siècles, est devenu, à mesure qu'il a progressé ou s'est répandu, une ressource pour la défense du catholicisme, dont nous profitons et dont profitera tout l'avenir; ainsi de tout le reste. Voilà comment rien de beau ne peut être produit qui ne devienne, tôt ou tard, un élément précieux dont la vérité fait son armure.

Arrière donc ceux qui veulent éteindre ou modérer le développement de l'écriture; de quelque côté que nous l'envisagions, nous arrivons à conclure que, si l'on veut de bonne foi servir la religion, il n'y a qu'à prendre le parti facile de lui laisser la liberté et de l'abandonner à la concurrence.

La vraie religion, de son côté, provoque et protége le progrès de l'écriture.Elle lui fournit des modèles admirables dans ses livres sacrés et dans toute la série d'œuvres éloquentes dont ils tiennent la tête. Elle demande, non pas toujours par la bouche de ses avocats, car il y en a qui sont insensés et qui lui sont plus à charge que ses accusateurs, mais par toute lèvre qu'inspire une âme généreuse, sage, intelligente et véritablement convaincue; elle demande la liberté de mouvement, sur l'arène commune de la discussion écrite, pour ses rivales comme pour elle, pour ses amis comme pour ses ennemis. Elle excite, encourage, aiguillonne les talents; elle se livre d'elle-même à l'examen de qui veut l'étudier; elle déroule ses titres au grand jour, les éparpille et défie l'univers d'y trouver rien à reprendre; c'est elle qui met les esprits en ébullition, qui donne l'essor aux imaginations, qui électrise les plumes. Repassez son histoire, vous trouvez que sa venue est partout le signal de l'agitation intellectuelle, des batailles de la parole et de celles de l'écriture. Avant son invasion européenne, c'est le silence et la nuit; à peine s'est-elle montrée, tout s'anime, les génies fourmillent, les livres se multiplient, chacun prend part à la controverse, la discussion s'introduce dans le monde pour y régner jusqu'à la fin. Le jour où se rétablirait le premier calme, serait celui d'une éclipse de la lumière. Il est de sa destinée de traverser les âges, entourée des fulminantes explosions de l'esprit, et des ébullitions artistiques. Qui veut la paix n est pas chrétien, s'il entend par la guerre autre chose que le croisement des lances d'acier rouges de sang humain ; car le Christ a voulu toutes les guerres, excepté celle-là. Gardons ce lot du Seigneur, bénissons-le, et, pour le conserver, réclamons toujours la liberté pour nos adversaires, avant de la demander pour nous-mêmes. — *Voy.* Poésie.

ÉCRITURES SACRÉES DES DIVERS PEUPLES. *Voy.* Livres sacrés.

ÉDUCATION. *Voy.* Physiologiques, 1, et Littérature, II.

EFFICACE (Grace). *Voy.* Grace et Liberté, IV.

ÉGAL-ÉCHANGE. *Voy.* Sociales (Sciences), Quest. économique.

ÉGALITÉ ORIGINELLE DES DROITS. — PLATON. *Voy.* Morale, I, 8.

ÉGLISE CATHOLIQUE (L'). — DEVANT LA FOI ET DEVANT LA RAISON (II° part. art. 18). — Ce que professent les catholiques sur l'Eglise et principalement sur son infaillibilité est ce qui semble révolter le plus les intelligences et les cœurs non initiés aux douceurs de la foi. Il n'y a cependant, dans toute cette doctrine, rien de choquant pour une raison droite et impartiale, surtout si elle se donne la peine de choisir, parmi les opinions libres que présente la théologie, celles qui s'accordent le mieux avec les convenances rationnelles et s'éloignent le moins du cours naturel des choses de ce monde, ainsi qu'on doit toujours le faire, serait-ce par pure habilité et contrairement à son sentiment propre, quand on s'adresse aux esprits égarés.

C'est ce que nous allons démontrer de la manière la plus générale et la plus abrégée que nous pourrons, en résumant d'abord la théologie catholique sur la constitution de l'Eglise, et en établissant ensuite que cette constitution, non-seulement n'a rien d'irrationnel en soi, mais est, au contraire le plus grand chef-d'œuvre de génie, de raison et de sagesse qu'il soit possible de concevoir en son espèce.

I. — La constitution de l'Eglise devant la foi.

Jésus-Christ aurait pu s'en tenir à semer ses enseignements et ses exemples dans l'humanité, sans y ajouter aucune constitution gouvernementale chargée de conserver les uns, de proposer les autres, et de travailler sans cesse à la sanctification des hommes, puisqu'il était maître de ses dons, puisqu'il venait sauver le monde en la manière et au degré qu'il avait librement voulus. Il serait simplement résulté de cette méthode, en ce qui concerne l'extérieur de la rédemption, des paroles traditionnelles, des paroles écrites, et des actions sublimes pour points de ralliement des cœurs et des esprits. La plupart des écoles protestantes ont prétendu que Jésus-Christ n'a pas fait davantage, et qu'il n'a laissé sur la terre, comme représentation sûre et perpétuelle de lui-même que son histoire et sa doctrine telles que les ont écrites ses apôtres. La théologie catholique prétend, contre ces écoles, que Jésus-Christ, tout en laissant ce premier centre de ralliement, a, de plus, organisé une société visible, hiérarchiquement constituée, devant se perpétuer dans tous les âges, chargée de conserver le dépôt sacré de sa doctrine, de légiférer la terre dans l'ordre spirituel, de veiller au bien-être moral de ses membres, et dont la constitution et les droits peuvent se résumer dans les principes que nous allons exposer.

1. L'Eglise dont il s'agit est, par son essence, une société visible, extérieure, reconnaissable à des marques sensibles, et ressemblant, dans son corps apparent, aux constitutions politiques, bien qu'elle n'ait pour objet que l'ordre spirituel.

D'où il suit que ce qui la fait ce qu'elle est, ce qui la détermine, ce n'est :

1° Ni la propriété d'embrasser dans son sein ceux qui sont exempts de crime devant Dieu et leur conscience. Supposons un infidèle qui n'est point dans les conditions essentielles d'initiation à la rédemption, (*voy.* ce mot et Déchéance), et qui cependant agit de son mieux, évitant le mal et pratiquant le bien dont il a connaissance ; cet homme est de la grande société naturelle des justes sans appartenir à l'Eglise.

2° Ni la propriété d'embrasser ceux qui sont rattachés à la rédemption par le baptême d'eau ou autrement. Supposons un hérétique ou un schismatique, ou un simple excommunié, étant dans la bonne foi, agissant comme un saint, et se sanctifiant en réalité ; supposons aussi un enfant d'hérétique ou de schismatique baptisé, par conséquent régénéré, et n'ayant pas encore perdu son innocence ; ces individus appartiennent à la grande société surnaturelle des membres vivants de Jésus-Christ, que l'on appelle l'*âme* de l'Eglise, mais n'appartiennent pas à l'Eglise visible dont nous parlons, que l'on appelle aussi le *corps* de l'Eglise. Quelques théologiens catholiques, tels qu'Alphonse de Castro, et même Suarez pour les excommuniés seulement, les y font rentrer, avec leurs semblables de mauvaise foi qu'ils assimilent aux mauvais catholiques ; mais cela supposerait une autre définition de l'Eglise visible avec des sous-divisions qui nous ramèneraient au même point, sans quoi la logique même serait attaquée, puisque ces individus ne sont pas dans l'intérieur de la communion visible, doctrinale et hiérarchique. Quant aux enfants d'excommuniés, ils ne restent hors l'Eglise visible, qu'autant que l'excommunication, laquelle consiste, dit saint Augustin « à être visiblement retranché du corps de l'Eglise » (*De unitate Ecclesiæ* cap. ultimo) les enveloppera avec leurs pères ; ce qui n'a lieu que dans les excommunications générales des sociétés hérétiques et schismatiques.

3° Ni la propriété de n'embrasser que des saints régénérés surnaturellement, c'est-à-dire des chrétiens justes ou qui deviendront justes. Supposons un fidèle ayant la foi catholique complète avec la profession extérieure de cette foi, et faisant partie de l'organisation hiérarchique, sans en avoir été excommunié, mais méchant de volonté, parce qu'il est ou avare, ou adultère, ou incestueux, ou parjure, ou assassin, et mourant avec son cœur pervers; cet homme n'a jamais cessé d'appartenir à l'Eglise visible bien qu'il se soit mis en dehors de la société des bons. C'est ce qu'on entend quand on dit qu'il y a des membres de l'Eglise qui sont vivants et d'autres qui sont morts.

Ici se présentent deux questions.

1° Que penser d'un homme qui n'a pas été baptisé et qui ne croit pas les dogmes catholiques, mais qui cependant se montre extérieurement en tout semblable, dans la pratique, aux membres de l'Eglise? Jean Driedo et plusieurs théologiens orthodoxes prétendent que cet infidèle caché appartient à l'Eglise visible; nous ne le croyons pas, parce que le baptême est l'enrôlement dans la corporation, et qu'il ne l'a reçu ni sacramentellement, ni par vœu, d'après l'hypothèse. Il en serait autrement, à notre avis, de celui qui n'aurait pas été baptisé, ou dont le baptême aurait été invalide, qui l'ignorerait, et qui aurait eu, dans un moment quelconque de sa vie, la foi et l'amour exigés par le concile de Trente pour le baptême des adultes, parce qu'alors il aurait reçu réellement le baptême en esprit par le désir implicite de le recevoir; dans ce cas, s'il en venait à ne plus croire, il rentrerait dans la catégorie dont nous allons parler.

2° Que penser de la classe nombreuse des catholiques qui rejettent formellement les vérités chrétiennes, et qu'on nomme incrédules, ou qui nient dans leur cœur une partie quelconque de ces vérités, et qui, sans abjurer publiquement la religion catholique, s'en séparent de consentement? Les premiers peuvent être appelés infidèles secrets de volonté; les seconds hérétiques secrets de volonté; et quelques théologiens orthodoxes les mettent hors le corps de l'Eglise. Bien que cette opinion ne soit pas la plus commune, nous sommes porté à l'admettre; car on ne reste pas dans l'Eglise malgré soi, pas plus que dans toute autre corporation, et il nous semble qu'il n'est pas besoin d'abjuration publique pour s'en excommunier, mais qu'il suffit de la simple volonté intérieure. On ne peut nous objecter qu'avec ce système il pourrait arriver, dans des temps d'incrédulité, que le nombre des membres de l'Eglise visible serait trop diminué, car la promesse du Christ peut s'entendre en ce sens, qu'il y en aura toujours assez, tant de bons que de mauvais, qui présenteront l'adhésion complète à l'enseignement avec la profession extérieure, pour constituer le grand corps immortel de l'Eglise visible. Quant à l'âme de l'Eglise, on en fait toujours partie quand on est régénéré, et de plus, en bonne conscience devant Dieu. Ce que nous venons de dire ne se rapporte qu'à l'individu considéré en lui-même; car l'Eglise compte toujours pour ses membres ceux qui n'ont pas abjuré publiquement et qui se laissent appeler catholiques; elle doit en agir ainsi puisqu'elle n'a pour base de son recensement que la profession extérieure de chacun.

L'Eglise, dans son corps terrestre et en tant que société visible constituée par Jésus-Christ, se compose donc, d'après la théologie, de tous les baptisés qui, professant la foi catholique dans sa plénitude, sont incorporés dans le cercle de la hiérarchie, et uniquement de ceux-là; bien que, dans ce cercle, puissent se rencontrer des méchants, et qu'en dehors puissent se trouver des saints.

II. Cette société composée comme nous venons de l'expliquer est une confédération indéfectible, c'est-à-dire, qui ne peut jamais tomber en ruine, et disparaître de dessus la terre. C'est ce que démontre la théologie, en s'appuyant sur les anciens prophètes et principalement sur les promesses de Jésus-Christ.

III. Cette société tient de son fondateur trois pouvoirs : L'un relatif aux dogmes et aux préceptes évangéliques, qui est de *conservation*, de *déduction* et de *déclaration*. Un autre de *législation*, consistant dans le droit de faire des règlements obligatoires pour les membres de la société. Et un troisième, qu'on peut appeler *administratif*, ayant pour objet l'administration des sacrements, la collation des juridictions et l'application des sanctions spirituelles aux violateurs de la législation religieuse.

IV. Cette société est infaillible dans l'exercice de ces trois pouvoirs ; mais ce principe a besoin d'explication.

1° Comme autorité *conservatrice*, *exégésive* et *déclarative* de la doctrine et des préceptes de Jésus-Christ, l'Eglise est infaillible en ce double sens, 1° qu'elle ne peut en venir à croire, professer et enseigner, dans son universalité dispersée, quelque chose de contraire à cette doctrine et à ces préceptes. 2° qu'elle ne peut en venir à définir, par la représentation déclarative, officielle et adéquate, comme étant foi de l'Eglise et doctrine de Jésus-Christ, ce qui ne le serait pas, ou à rejeter, comme n'étant pas foi de l'Eglise et doctrine de Jésus-Christ, ce qui le serait réellement.—Bellarmin appelle la première infaillibilité, *infaillibilité de croyance*, et la seconde, *infaillibilité d'enseignement*. La Chambre appelle la première *infaillibilité passive* ou de *profession de foi*, et la seconde *infaillibilité active* ou de *décision et de jugement*. Bien que ces termes soient convenables, nous trouverions plus exacte la manière suivante de distinguer les deux infaillibilités.

Première infaillibilité — *Infaillibilité de profession de l'Eglise universelle dispersée*.

Seconde infaillibilité. — *Infaillibilité de déclaration officielle de cette profession même*.

La première se subdiviserait ensuite en deux éléments corrélatifs et constitutifs d'elle-même, qui sont l'*infaillibilité de croyance dispersée*, qu'on peut appeler *passive*, et l'*infaillibilité d'enseignement dispersé*, qu'on peut appeler *active*. La condition de l'une et de l'autre serait l'accord universel. Dans ce degré premier et fondamental a lieu le travail d'exégèse producteur de la lumière qui permet ensuite la déclaration officielle ; et après que ce travail a produit son fruit, la croyance et l'enseignement sont indispensables dans le fidèle aussi bien que dans le pasteur ; tout membre est enseigné par un autre, quel qu'il soit, avant de croire, et, à son tour, il croit avant d'en enseigner d'autres ; d'où il suit que, dans la vie pratique de l'individu, la foi a la priorité sur l'enseignement des autres ; le père croit avant d'enseigner son fils ; et l'enseignement la priorité sur la foi des autres ; le père enseigne son fils avant que celui-ci croie. Les dépositaires de cette infaillibilité radicale sont tous les catholiques pris comme société.

Quant à l'infaillibilité de déclaration officielle des dogmes de foi, elle implique aussi la discussion, la croyance et l'enseignement; mais elle a pour objet direct la définition précise de ce qui est dogme, c'est-à-dire croyance universelle de l'Eglise, déjà existante. Elle réside dans le corps représentatif et enseignant fondé par le Christ, lequel se compose des évêques, ayant le Pape pour chef, et le clergé au moins pour conseil. C'est elle qui fait qu'une certitude théologique, universellement crue, devient article de foi, c'est-à-dire qui déclare que l'on ne sera plus compté parmi les membres de la communauté visible, si l'on refuse son adhésion au point défini. Le Pape, comme pouvoir exécutif universel, exerce quelquefois cette mission en l'absence du concile œcuménique. — *Voy.* INFAILLIBILITÉ.

Telles sont les deux grandes infaillibilités dogmatiques. Dans la démonstration logique de l'infaillibilité de l'Eglise, démonstration qui a pour point d'appui les promesses du Christ, la première sert de piédestal pour s'élever à la seconde, si l'on veut construire l'argument d'une manière inattaquable ; et, dans la pratique, c'est encore la première qui fournit le grand fait de la profession universelle, objet et matière immédiats de la seconde.

Il faut bien remarquer qu'aucune des deux infaillibilités doctrinales ne suppose la croyance ni la définition explicites perpétuelles de tous les points de la doctrine révélée, et encore moins de toutes les déductions plus ou moins rigoureuses que l'Eglise en peut tirer. Ce développement formel est l'œuvre du temps, ne se fait que successivement et est indéfini. Elles impliquent seulement l'impossibilité de négations de choses que le Christ aurait affirmées, ou d'affirmations de choses qu'il aurait niées.

2° Comme autorité *législative*, l'Eglise est infaillible, en ce sens qu'elle ne peut pas porter de lois générales de l'ordre spirituel qui soient contraires à la doctrine et aux lois de Jésus-Christ.

Elle l'est encore en ce sens que ses lois sont toujours portées validement, et, par suite, obligatoires pour ses membres, c'est-à-dire pour tous ceux, et pour ceux-là seulement, qui sont dans le cercle de sa hiérarchie.

Elle ne s'occupe pas, dit saint Paul, de ceux qui sont dehors, excepté pour tâcher de les faire entrer. Cette infaillibilité n'est qu'une souveraineté semblable à celle de tout pouvoir qui a droit de commander. Elle implique la possibilité de révocation des lois déjà portées, et une variation continuelle dans la discipline, réglée sur les besoins des temps. Elle ne consiste pas à porter toujours les lois les plus salutaires et les meilleures, selon la réflexion de Payva d'Andrada, célèbre théologien du concile de Trente (*Defens. trid. fidei*, lib. 1), mais seulement comme nous l'avons dit, à n'en jamais faire de contraires, en soi, à l'Evangile.

Enfin, comme autorité *administrative*, l'Eglise est encore infaillible en ces trois sens; qu'elle ne cessera jamais d'administrer les sacrements selon l'institution de Jésus-Christ; qu'elle ne cessera pas, non plus, de transmettre les juridictions qu'elle en a reçues; et qu'elle n'outre-passera pas son droit dans les peines spirituelles qu'elle portera ou remettra. Mais il suit de ce que nous allons dire sur les limites de son infaillibilité, quant à l'objet, qu'il n'est point impossible qu'elle se trompe sur l'appréciation des personnes, et les excommunie sans qu'elles le méritent en particulier.

V. L'infaillibilité de l'Eglise ne s'étend pas à tous les objets; elle est circonscrite aux limites de sa mission, qui est la conservation du dépôt doctrinal évangélique, la législation spirituelle, et la mise à exécution de cette législation.

Il suit de là que la triple infaillibilité ou souveraineté ecclésiastique est sujette aux restrictions suivantes :

1° L'infaillibilité doctrinale de transmission, d'exégèse et de déclaration des dogmes révélés, ne s'adresse directement ni à la philosophie, ni à la science, ni à la littérature, ni à l'art, ni à l'industrie. L'Eglise n'a reçu de Jésus-Christ aucun privilége sur ces objets de l'ordre naturel. Mais s'il arrive qu'un philosophe, un savant, un littérateur, etc., posent des principes qui conduisent à la négation de la doctrine de Jésus-Christ, ces principes se trouveront condamnés, en tant que négatifs de cette doctrine, par l'exposé même qu'en fera l'Eglise ; et l'Eglise pourra aussi déclarer la déduction, puisque, connaissant le dépôt doctrinal du Christ, elle connaît, par là même ce, qui lui est contraire, et le nie toujours, soit implicitement, soit explicitement. Par exemple, qu'un économiste prétende établir avec sa science que l'usure est une bonne chose ; bien que l'Eglise ne s'occupe pas d'économie politique, et ne soit pas infaillible sur cet objet, elle le sera en condamnant la doctrine de l'économiste sur l'usure, parce qu'elle se trouve en contradiction avec un principe moral posé par Jésus-Christ, que l'Eglise a puisé dans l'Ecriture et la tradition. En un mot, toutes les définitions et tous les anathèmes que porte l'Eglise reviennent à l'une ou à l'autre des deux déclarations suivantes : Cela est conforme à l'enseignement du

Christ; ceci est contraire à l'enseignement du Christ. Et l'Eglise n'a aucune mission sur ce qui est absolument en dehors de cet enseignement.

2° L'infaillibilité doctrinale porte sur la substance du dogme affirmé ou condamné, et non sur les raisons qui peuvent être alléguées à l'appui de l'affirmation et de la condamnation, quand ces raisons sont prises en dehors de la révélation. On pourrait citer un grand nombre de faits à l'appui de cette assertion, qu'émettent tous les théologiens raisonnables. Par exemple : « Le VII° concile général tenu à Nicée, dit La Chambre, prouve la légitimité du culte des images par un faux miracle arrivé à Pérythe, à l'occasion d'une image frappée par des Juifs, et dont il coula du sang. » (*Exposition claire et précise*, etc., t. II, p. 292.)

3° L'infaillibilité doctrinale ne porte point sur les faits, même sur les faits doctrinaux, parce que l'Eglise peut être induite en erreur par les témoignages purement naturels qui livrent ces faits à sa connaissance. Mais si l'on veut appeler faits les livres de l'Ecriture et de la tradition, en tant que contenant l'exposé de la doctrine de Jésus-Christ, elle reprend son infaillibilité pour en tirer cette doctrine, sans quoi elle perdrait son privilége surnaturel par ce biais. Quant à la fixation du sens de chaque auteur en particulier, pour le déclarer conforme ou contraire à la doctrine du Christ, Fénelon a soutenu qu'elle est infaillible sur cet objet, et un assez grand nombre de théologiens prétendent qu'elle ne l'est pas. Nous préférons, en notre particulier, ce dernier avis, tout en reconnaissant l'impossibilité qu'un grand nombre d'hommes savants puissent se tromper sur le sens naturel d'un livre, en ce qui concerne la matière dont ils font leur étude, bien que ce sens, qui est celui de la lecture, ne soit pas toujours celui des intentions de l'auteur.

4° Passons à l'infaillibilité législative.

Cette infaillibilité peut être considérée en tant que souveraineté ou en tant qu'infaillibilité.

La souveraineté a pour limites le droit naturel, qu'elle ne peut violer ni directement ni par déduction; le droit divin, qui est également inviolable; et, de plus, le droit social temporel, qui rentre dans le droit naturel, et qui est en dehors de sa mission, comme nous le démontrons au mot LIBERTÉ DE CONSCIENCE. Elle se borne donc à l'émission et révocation de lois purement spirituelles, conformes au droit naturel et au droit divin.

L'infaillibilité dans l'exercice du droit législatif consiste en ce que l'Eglise ne portera jamais aucune loi spirituelle qui soit contraire au droit naturel ou au droit révélé; mais elle ne dépasse pas l'ordre spirituel : de telle sorte que, s'il arrivait que l'Eglise portât, en tant qu'Eglise, des lois civiles, elle ne serait pas infaillible dans l'émission de ces lois, pourrait les faire mauvaises, et se mettrait en dehors du droit qu'elle tient de Jésus-Christ.

Cela n'empêche pas qu'un chef ou une assemblée ecclésiastique ne puisse être tout à la fois pouvoir politique et pouvoir religieux; mais ce que fait alors le pouvoir politique est parfaitement distinct de ce que fait le pouvoir religieux, et l'infaillibilité de ce dernier n'empêche pas la faillibilité de l'autre. Nous croyons, au reste, que ce mélange n'est pas bon, sauf dans certains temps particuliers.

5° Ce que nous avons dit de l'absence d'infaillibilité dans le jugement doctrinal, quant aux raisons de la décision, doit se dire de l'infaillibilité dans le pouvoir législatif, quant aux raisons de la loi. Par exemple : « Le IV° concile de Latran, dit encore La Chambre, interdit le mariage au quatrième degré d'affinité, parce qu'il y a quatre humeurs dans le corps. » (*Exposition*, etc., t. II, p. 292.)

6° Il en est de même des faits relatifs à la législation, et de la censure des livres qui attaqueraient la discipline ecclésiastique. On doit en juger comme en ce qui concerne les faits et les livres doctrinaux.

7° Passons au pouvoir administratif. L'Eglise, dans l'administration des sacrements, la collation des pouvoirs spirituels, et l'application de ses lois, ne peut employer la force matérielle; Jésus-Christ lui en a positivement interdit l'usage (*voy.* LIBERTÉ DE CONSCIENCE); et si elle venait à le faire, en tant qu'Eglise, fût-elle unanime dans cette pratique, elle outre-passerait son droit et désobéirait à Jésus-Christ, sans cesser d'être infaillible dans le cercle de sa mission. Elle ne peut user, pour sanction de sa législation, que de peines spirituelles, lesquelles se résolvent dans l'excommunication à divers degrés.

Elle n'a aucun pouvoir sur l'ordre temporel des Etats, bien que les ultramontains le prétendent; mais ses décisions doctrinales, sa législation spirituelle, et sa pratique disciplinaire exercent indirectement une grande influence sur l'ordre social par la force même des choses.

8° Quant au pouvoir administratif de l'Eglise, en fait d'approbation ou d'improbation des personnes, tous les théologiens conviennent qu'elle n'est point infaillible dans l'exercice de ce pouvoir, vu que ces sortes de jugements sont nécessairement fondés sur des informations et des appréciations naturelles qui peuvent être erronées. Il suit de là que, quand elle condamne les personnes, la condamnation peut être non méritée, et que, quand elle canonise, elle peut aussi se tromper, bien qu'il faille reconnaître avec Melchior Cano, sur ce dernier point, qu'après tous les soins qu'elle prend pour éviter l'erreur, il serait téméraire et irréligieux de la contredire dans ses jugements. (*De locis theol.*, lib. v, cap. 5, ỹ 5, concl. 4.)

Telles sont les limites de l'infaillibilité de l'Eglise en bonne théologie.

VI. L'Eglise, telle que nous l'avons définie, et armée des priviléges que nous venons de lui attribuer, ne relève que de Jésus-Christ et est absolument indépendante, en tant que société religieuse, des puissances temporelles, en gros et en détail.

Les théologiens gallicans n'admettent pas ce principe dans sa rigueur absolue; mais nous sommes convaincu qu'ils se trompent; et nous nous rangeons, de grand cœur, sur cette question, du côté des ultramontains.

VII. L'Église renferme, par constitution du Christ, quatre parties hiérarchiquement organisées. Ce sont les simples fidèles, les prêtres, les évêques et le Pape.

L'assemblée des fidèles constitue, avec les trois autres degrés, la société infaillible en fait de croyance et de profession.

L'assemblée des prêtres, des évêques et du Pape constitue le pouvoir déclarant, légiférant et administrant, mais avec des différences d'autorité qu'il faut expliquer.

1° Jésus-Christ n'a pas donné indistinctement à tous les membres de l'Eglise la même puissance, sans quoi le sacrement de l'ordre serait inutile, et sans quoi il n'y aurait pas de constitution hiérarchique. Le docteur Richer, ayant prétendu quelque chose de semblable, fut réfuté par Bossuet, condamné à Rome et à Paris, et se rétracta.

2° La puissance spirituelle qui se transmet par le sacrement de l'ordre et par les collations de juridiction de pasteur à pasteur, vient immédiatement de Jésus-Christ; et les pasteurs ne la tiennent point de la communauté des fidèles, comme les chefs politiques tiennent la leur de la communauté naturelle qu'on nomme nation. « L'une, dit Estius, vient de Dieu immédiatement, et l'autre n'en vient que médiatement par les peuples. »

3° Les prêtres sont, par institution du Christ, inférieurs et subordonnés aux évêques, et quant à l'autorité d'enseignement en ce qui concerne la prédication et les décisions dogmatiques;

Et quant à l'autorité législative, en ce qui concerne les règlements pour la conduite des fidèles;

Et quant au pouvoir administratif, même en ce qui concerne l'administration des sacrements, pouvoir que la théologie appelle, par rapport à la question présente, la puissance d'*ordre*.

4° Les évêques ont tous, en vertu de leur ordination, la même puissance d'ordre consistant dans le droit radical de prêcher l'Evangile, de faire des règlements spirituels, d'opérer les sacrements, de déléguer et de porter des censures; mais le Pape est supérieur à chacun d'eux en honneur et en juridiction. Il est chargé, par le Christ, comme successeur de Pierre, de veiller, dans toute l'Eglise, à la conservation de la foi et à l'observation de la discipline. Il peut, en l'absence du concile œcuménique, modifier cette discipline selon les besoins de l'époque, et porter ou lever des censures pour tous les lieux du monde catholique, dans des limites sur lesquelles les théologiens ne sont pas d'accord, comme les évêques peuvent aussi toutes ces choses jusqu'à un certain point, dans l'étendue de leur juridiction.

5° La limitation de la puissance de juridiction par cures, évêchés, métropoles et patriarcats, est d'institution ecclésiastique; c'est l'Eglise, elle-même, qui s'est ainsi organisée pour la régularité de son gouvernement, Jésus-Christ n'ayant fait qu'instituer en général, et sans assignation de territoire, le presbytérat, l'épiscopat et la papauté.

6° Bien que la puissance spirituelle des dignitaires ecclésiastiques, depuis les diacres jusqu'au Pape, vienne immédiatement de Jésus-Christ dans son essence, et ne puisse être délimitée, dans son exercice actuel, que par les tribunaux de la hiérarchie fondée pour le gouvernement de l'Eglise, il reste à savoir comment se fera la présentation des sujets pour la promotion aux dignités par le sacrement et l'institution canonique?

Or, on n'imagine que deux moyens de détermination des personnes pour cette promotion, l'hérédité et l'élection; on sait d'ailleurs que Jésus-Christ a aboli le premier mode qui était celui de l'ancienne loi, d'où il suit que la présentation par élection est d'institution divine.

Mais l'élection elle-même peut se faire de plusieurs manières. La première est l'élection directe de Jésus-Christ, laquelle n'a eu lieu que pour les disciples du Sauveur. Une seconde est celle de la communauté du clergé et des fidèles, et celle-là fut pratiquée dans les premiers siècles de l'Eglise. Le mode maintenant en vigueur dans beaucoup de contrées, en vertu duquel ce sont les chefs politiques qui font la présentation, mode tant déploré par les amis sincères et intelligents du catholicisme, est cependant un reste du précédent, puisque ces chefs ne peuvent avoir été investis de ce privilége qu'à titre de représentants du peuple entier, composé de clercs et de fidèles, dont ils tiennent le gouvernement. Le célèbre Génébrard, archevêque d'Aix au XVI° siècle, soutient avec force, dans son *Traité des élections sacrées*, le seul qui ait été fait sur cette question, que le mode de présentation par élection libre du clergé et du peuple, pratiqué dans les premiers siècles, est de droit divin et apostolique. Cette manière de penser ajoute beaucoup, selon nous, à la sublimité de la constitution de l'Eglise, et, comme elle est d'ailleurs appuyée par des preuves très-fortes, nous l'adoptons, au moins quant au droit radical de présentation, laissant à l'Eglise la puissance d'en limiter l'exercice actuel, selon les besoins du temps, comme on est obligé de lui laisser la même puissance à l'égard de la limitation des juridictions spirituelles de ceux qui ont déjà reçu le sacrement de l'ordre et qui sont déjà promus aux dignités.

VIII. Le concile œcuménique, composé de tous les évêques de la catholicité moralement parlant, présidé par le Pape, et éclairé des lumières ecclésiastiques et même laïques.

dont ses membres se font accompagner, est le grand tribunal religieux, déclaratif, législatif et exécutif, au delà duquel il n'y a pas d'appel. Il est tout à la fois l'autorité enseignante succédant au collège apostolique directement fondé par Jésus-Christ, et la représentation adéquate de l'Eglise universelle, de sa foi, de ses besoins, de ses vœux ; à ces deux titres il est le gouvernement suprême, la grande expression de l'infaillibilité, et tous les autres tribunaux ecclésiastiques lui sont subordonnés.

Quand il n'est pas rassemblé, la collection n'en existe pas moins, quoique dispersée, et, parconséquent, la même souveraineté reste à l'état de permanence, avec cette seule différence que l'exercice en est plus difficile, la manifestation de l'unanimité morale étant beaucoup plus lente. Mais alors la papauté qu'elle reconnaît, conserve et voit agir sans réclamation, lui sert de centre, de parole, d'expression formelle, visible et vivante.

Ce principe n'est contesté par aucun théologien sous les termes dans lesquels nous l'avons formulé. La division ne se fait que quand on suppose le défaut d'accord dans l'assemblée, et le Pape pensant comme la minorité. Dans ce cas les ultramontains soutiennent que la minorité avec le Pape est supérieure à la majorité sans le Pape, parce que, disent-ils, le Pape est infaillible en son particulier dès qu'il parle comme chef de l'Eglise. Les gallicans soutiennent que la majorité l'emporte sur la minorité dans cette hypothèse comme dans toutes les autres, parce que la première convention essentielle dans toute assemblée, c'est que la minorité se soumettra à la majorité après décision, et qu'en conséquence le Pape lui-même, dès qu'il fait partie d'un concile œcuménique, adhère implicitement de toute nécessité à la décision du grand nombre, par engagement radicalement lié à l'essence même du concile. Ce dernier avis, qui implique la non infaillibilité du Pape en son particulier bien que parlant comme chef de l'Eglise, avant adhésion de l'Eglise elle-même à ses décisions, nous paraît ouvrir un terrain beaucoup plus favorable à la discussion avec les hérétiques et les incroyants, présenter une doctrine beaucoup plus propre à rapprocher de la foi catholique les intelligences qui en sont éloignées, fondé sur des thèses plus solidement construites, enfin plus en harmonie avec l'Ecriture et la tradition bien comprises ; et, parconséquent, c'est en nous plaçant dans ce retranchement théologique, que nous soutiendrons à jamais devant infidèles, hérétiques, catholiques, incrédules, philosophes, bons et mauvais, savants et ignorants, sacrés et profanes, devant tout l'univers, la sublimité rationnelle de la constitution de notre Eglise.

II. — La constitution de l'Eglise devant la raison.

Que la raison reconnaisse en Jésus-Christ le droit de constituer une société religieuse visible sur les bases que nous venons d'exposer, c'est ce que la simple logique exige d'elle aussitôt qu'elle a admis sa mission surnaturelle de rédempteur et sa divinité. Un seul motif pourrait l'arrêter dans cet aveu, celui de quelque absurdité ou contradiction avec les principes éternels de justice évidents par eux-mêmes, se rencontrant dans la constitution proposée. Nous le proclamons sans crainte, dans cette hypothèse, la raison dirait *a priori* avec certitude : le Christ ne peut être et n'est pas l'auteur d'un tel plan. Mais cette constitution, telle que nous venons de la résumer, peut être sondée dans tous ses replis par la raison la plus minutieuse, et nous jetons le défi à tous les lecteurs d'y découvrir le moindre trait portant le caractère de l'impossibilité rationnelle.

Les ennemis de l'Eglise, soit hérétiques soit philosophes incroyants, ne cessent néanmoins de répéter trois objections générales qui ont pour but d'établir que cette constitution est déraisonnable, mais ces objections sont réfutées par l'exposé même que nous en avons fait.

La première, fondée sur la proposition malheureusement ambiguë et trop concise : *hors l'Eglise point de salut*, n'a plus de sens ni d'objet après la distinction de l'Eglise visible et de l'Eglise invisible que nous avons faite. Si l'on entend : *Hors l'Eglise visible point de salut*, il faut ajouter pour ceux qui, la connaissant comme la véritable Eglise de Jésus-Christ, restent dehors malgré leur conscience qui leur commande d'y entrer ; et si l'on entend : *Hors l'Eglise invisible point de salut*, rien de plus clair, puisque l'Eglise invisible est l'assemblée de tous les justes que Jésus-Christ recrute en tous lieux aussi bien dans le schisme et l'hérésie que dans la catholicité, la bonne foi dans la conduite entière de l'individu étant la seule manière d'en faire partie.

La seconde objection n'est pas un reproche du même genre, mais plutôt celui d'une tolérance exagérée jusqu'à l'absurde en un certain sens. N'est-il pas, dit-on, contraire au bon sens de compter comme membres de l'Eglise, de cette société sainte et pure que Paul appelle le corps du Christ, des méchants que le Christ repousse ? et cependant c'est ce que font les catholiques en n'exigeant, pour la qualité de membre, que la profession extérieure et la soumission à la hiérarchie ? Or, ce reproche est encore sans motif après la définition que nous avons donnée du corps de l'Eglise. Il y aurait contradiction à faire entrer des cœurs pervers dans la vraie société des justes, qui est l'Eglise invisible et immortelle des amis du Christ, sa véritable épouse, son corps pur, sans tache ni ride, quant aux membres, individuellement pris, dont il est composé ; mais il n'y a aucune raison de prétendre que des volontés corrompues, présentant d'ailleurs toutes les conditions visibles exigées pour une association dont l'essence est dans sa visibilité même, ne puissent faire partie de cette société. Il y a confédération et confédération ;

chacune a son lion et son drapeau ; il s'en forme sur la terre de toutes les espèces, de scientifiques, d'artistiques, de politiques, de religieuses ; et les conditions d'enrôlement dans ces confédérations, ne s'impliquent ni ne s'excluent les unes les autres ; pour appartenir à une association scientifique, qu'importent les conditions politiques, artistiques, religieuses? et réciproquement? Or, que Jésus-Christ ait pu fonder une cité terrestre dont l'enrôlement consiste uniquement dans une foi individuelle identique avec la foi générale, et dans la soumission extérieure à l'ordre hiérarchique qu'il a soin de constituer en même temps, sans s'occuper, en ce qui concerne cette société en tant que visible, des états de l'âme que nul homme ne connaît et dont l'exigence rendrait la société impossible à distinguer à tout autre œil que celui de Dieu ; voilà ce que la raison conçoit le mieux du monde et ce dont elle voit même la nécessité ; car Jésus-Christ n'avait pas d'autre moyen que celui-là de faire une Eglise dont les membres se reconnussent entre eux, à moins d'imaginer des miracles permanents qui détruiraient l'ordre naturel dans lequel il voulait agir sans le briser.

La troisième objection consiste à dire qu'avec cette autorité infaillible, l'activité humaine est écrasée, la liberté de la pensée réduite à l'esclavage, le travail intellectuel enchaîné, et l'obéissance matérielle élevée à la dignité de mobile unique des vertus humaines, ce qui détruit, par un autre côté, cet ordre naturel que cependant Jésus-Christ voulait respecter. Mais il suffit encore de lire et de comprendre le résumé théologique qui précède, pour voir s'évanouir la valeur de cette observation. L'autorité ecclésiastique, en tant qu'infaillible, est circonscrite, avons nous dit, dans le cercle du dépôt doctrinal évangélique que le Christ lui a donné en garde ; la philosophie, la littérature, l'esthétique, les sciences naturelles, la politique, l'industrie n'ouvrent-elles pas, en dehors de ce cercle, des mondes infinis dont l'humanité n'aura jamais parcouru que quelques rives, et dont les richesses inconnues seront jusqu'à la fin l'aiguillon de ses travaux ? Ce n'est pas tout ; dans l'intérieur même du dépôt sacré, n'y aura-t-il pas toujours des développements à donner, des démonstrations à construire, des réfutations à faire, des déductions à tirer, mille et mille trésors à épanouir qui ne seront, jusqu'à cet épanouissement, que l'objet de connaissances et de croyances implicites renfermées dans la foi générale ? Et qui amène cet épanouissement, si ce n'est l'activité intellectuelle de tous ceux qui s'en occupent ? ici pas d'exclusion ; chacun peut être ouvrier de l'atelier religieux sans autre titre que le talent qu'il a reçu de Dieu ; et celui qui aura fait rayonner dans le monde de nouvelles lumières autour de la doctrine sainte sera toujours béni par l'autorité qui la conserve pure. Nous ne parlons pas des lois religieuses ecclésiastiques qui sont variables de leur nature et sans cesse sujettes, comme toutes les choses humaines, à révocation par l'autorité qui les a portées et qui est là pour les supprimer, quand elles ne conviennent plus. Elles ne peuvent être l'objet du reproche que nous réfutons, en conséquence de leur variabilité même. Chacun est admis à exposer ses raisons pour ou contre, à pétitionner, réclamer, argumenter, et c'est précisément de ces efforts particuliers que sortira perpétuellement la lumière, avec laquelle l'autorité compétente finira toujours par mettre sa discipline en harmonie. Il n'y aura pas jusqu'aux scandaleuses rébellions ou inconvenances qui n'entrent dans le plan de Jésus-Christ comme moyens d'affermir et d'étendre la règle du vrai, du juste et du beau ; c'est ce qu'il a dit lui-même en prophète de l'avenir.

Après ces quelques mots, qui nous paraissent suffire contre les objections, que dirons-nous de la sublimité rationnelle de la constitution de notre Eglise? C'est la mission des orateurs chrétiens de la faire sans cesse admirer, et les grands d'entre eux, que Dieu suscite d'époque en époque, ne manquent pas de s'acquitter dignement de cette mission. Lacordaire en a dit, de notre temps, des choses admirables ; ce sont les intelligences, comme la sienne, qui savent la comprendre. Nous renvoyons à ces belles études ceux qui sont sensibles aux paroles éloquentes, et nous ajoutons quelques froides remarques pour ceux qui aiment le flegme du juge impartial.

Si l'on suppose que Jésus-Christ fasse plus que de semer sa parole dans l'humanité, en l'abandonnant aux forces naturelles des terrains et des saisons, il instituera une société qui sera chargée de la conserver et de la répandre. Si, d'ailleurs, il fonde cette société, il sera obligé de se faire législateur constituant, et de l'établir sur un plan quelconque ; c'est ce qu'il a fait ; or, quel plan social est sorti de son génie divin ! Voilà la question à laquelle nous voulons répondre.

En matière d'organisation et de constitutions sociales, trois idées fondamentales avaient cours dans le monde, aussi bien en application pratique qu'en théorie pure : c'étaient l'idée du gouvernement démocratique, celle du gouvernement aristocratique et celle du gouvernement monarchique. Et comme on ne saurait imaginer une forme gouvernementale qui ne soit renfermée dans l'une de celles-là, il faut bien que Jésus-Christ, fondant une cité spirituelle extérieurement et visiblement organisée, la constitue, dans sa visibilité, sur un modèle quelconque fourni par ces idées. Il y avait de plus l'idée de la théocratie, c'est-à-dire, d'un gouvernement dont la divinité elle-même tient le timon, et dans lequel les gouvernants sont regardés comme ses ministres ; mais cette idée n'est pas exclusive des trois autres : elle ne se conçoit même en application qu'unie à l'une d'elles ; ainsi la théocratie sera monarchique, si tout pouvoir est concentré dans un seul qui se prétend, à tort ou à raison, tenir immédiatement son droit de Dieu même, et son envoyé, comme Mahomet le fit croire aux anciens Arabes ; elle sera aristocratique, si l'autorité divine réside dans un nombre plus ou moins grand de chefs qui se la transmettent; certains gouvernements politico-religieux, fondés sur les castes, tels qu'en présente le brahminisme de la vieille Asie, en sont des exemples ; enfin elle sera démocratique, si l'autorité divine surnaturelle réside habituellement dans le peuple, et qu'il l'exerce, soit par lui-même, soit par des représentants qu'il se donne. La république des Juifs, telle que Moïse l'avait constituée, sous le rapport politique, et qu'elle exista depuis la conquête de la terre de Chanaan jusqu'à l'établissement de la royauté, en fournit une remarquable application. Les juges n'étaient que des espèces de dictateurs que le peuple se donnait, par inspiration de Dieu, aux moments du besoin. La théocratie ne doit donc pas être mise sur la même ligne que la monarchie, l'aristocratie et la démocratie; elle peut les accompagner toutes les trois : et, à moins que Dieu ne se rendît visible pour gouverner directement sans ministres pris parmi les hommes, comme la mythologie gréco-romaine le racontait de l'âge d'or, elle ne peut même se passer de l'une d'elles.

Cela posé, il faut encore observer que Jésus-Christ, pour fonder son gouvernement spirituel, visiblement organisé, avait à travailler sur la nature, comme fonds, comme étoffe, et dans la nature, comme milieu ; qu'il ne voulait pas détruire ce fonds ni ce milieu, pas même le gêner en aucune sorte dans son évolution ; qu'il voulait, au contraire, en l'élevant à des hauteurs surnaturelles dans l'ordre religieux, favoriser tous ses développements naturels ; et, qu'en conséquence, il avait à harmoniser deux éléments distincts, de manière à ce que l'un ne fût pas écrasé par l'autre, l'élément naturel qui, en fait de forme gouvernementale, s'exprimait dans les faits en démocratie, aristocratie ou monarchie, et l'élément surnaturel qui, sous le même rapport, s'exprimait en théocratie. Comment donc s'y prendra-t-il ?

Fondera-t-il un gouvernement spirituel purement monarchique ? L'essence d'un tel gouvernement consiste dans l'hérédité du pouvoir, dans la concentration de tous les droits entre les mains d'un seul, dont les cogouvernants ne sont que les ministres et les délégués toujours révocables à son caprice, et dans l'absolutisme personnel, sans contrôle, en fait de législation et d'exécution des lois. Or, nous ne trouvons dans l'institution de Jésus-Christ aucune de ces trois conditions. Loin de fonder l'hérédité du pouvoir dans le chef du collège apostolique, il l'abolit à jamais pour toutes les dignités ecclésiastiques, et lui substitue l'élection, qui est négative de la monarchie pure et son principe de mort. Un Pape électif ne peut être un monarque que transitoirement; s'il peut devenir, en certains cas, un dictateur spirituel, la papauté dont il est revêtu ne saurait être une vraie monarchie. Jésus-Christ ne concentre pas tous les droits dans les mains d'un seul ; l'administration du sacrement de l'ordre, qui est le moyen de transmission de la puissance hiérarchique, n'est pas la propriété exclusive du chef des apôtres, et ne se fait pas en son nom ; Jésus-Christ donne à tous les apôtres et à leurs successeurs les mêmes droits sous ce rapport, de telle sorte qu'après avoir reçu ces droits, ils sont des ministres au titre de délégués de Jésus-Christ même, et n'ont rien à recevoir de personne pour que leur ordination soit valide. Il en est de même des pouvoirs radicaux que l'ordre communique aux prêtres simples ; ils ne tiennent pas ces pouvoirs d'un chef, mais directement de Jésus-Christ, par l'application du moyen de collation qu'il a établi. Il en est de même, quant aux évêques, du droit de prédication ; Jésus ne dit pas à Pierre tout seul : Instruis les nations, mais à tout le collège : « Instruisez les nations. » Le baptême, que tous peuvent administrer validement, ne s'administre pas au nom et par délégation du successeur de Pierre, mais au nom de Jésus-Christ et par délégation directe de lui-même ; de sorte que le Pape est sans droits pour en donner ou en ôter la puissance au premier Chrétien venu, et que le premier Chrétien venu est aussi souverain que le Pape, en ce qui concerne la validité de ce sacrement. On trouverait ainsi, de toutes parts, si l'on voulait entrer dans les détails, que Pierre et ses successeurs ne sont pas la source des principaux droits servant de base à la constitution ecclésiastique. Enfin, quant à la législation et à sa mise à exécution, on ne trouve point dans la papauté l'absolutisme personnel. En ce qui est des lois de Jésus-Christ, elles sont inviolables ; l'Eglise entière les conserve et les exécute sans qu'un seul individu, dans son sein, ait droit de les modifier ou d'en empêcher l'exécution ; et, quant aux lois ecclésiastiques, lesquelles sont variables, il est constant par l'Ecriture, la tradition et la pratique de l'Eglise, que le Pape ne peut pas plus les changer et en dispenser à son bon plaisir, qu'elles ne viennent en général de lui seul. Les ultramontains eux-mêmes ne vont pas jusqu'à dire pareille chose ; ils limitent plus ou moins les droits du Saint-Siège par conditions, dont ils veulent qu'il soit entouré, pour devenir infaillible et souverain. En un mot, il suffit de considérer comment les choses se passent durant tout le cours de l'histoire ecclésiastique, pour comprendre que le Pape n'est point un chef absolu, pouvant légiférer, ordonner, défendre, changer, dispenser, tout faire à son pur caprice, sans consultation et sans contrôle. Une seule observation suffit pour établir cette vérité, celle de l'importance qu'on a toujours attribuée aux conciles œcuméniques ; ne les a-t-on pas toujours regardés comme la grande expression de l'infaillibilité et de la souveraineté de l'Eglise, au-dessus de laquelle il n'en existe aucune autre, et à laquelle tout Chrétien doit adhérer? Or, si le Pape était un monarque absolu, de par Jésus-Christ, il y a dix-huit siècles que ce serait sa voix personnelle qui serait le grand sceau, et non celle du concile, sous le triple rapport déclaratif, législatif et exécutif.

On peut donc affirmer avec certitude que la constitution de l'Eglise catholique n'a rien de ce qui forme l'essence d'une monarchie pure. Aussi voyons-nous cette Eglise, au sortir même du moule divin, se mettre à fonctionner dans le monde sans aucun signe de monarchisme. Les apôtres dans leurs Épîtres, et surtout saint Paul, qui expose avec tant de détails tout ce qui la concerne, ne laissent pas échapper un seul mot qui indique que Pierre soit regardé comme le monarque spirituel absolu; ils donnent à conclure tout le contraire; ils agissent, prêchent, fondent des églises directement au nom du Christ: en plusieurs circonstances, ce n'est ni l'avis, ni l'exemple de Pierre qui l'emporte; saint Paul ne craint pas de le reprendre; Pierre se montre comme un président, et non pas comme un roi sans contrôle; il prêche, de son côté, comme les autres, et s'appelle leur frère : pas un seul d'entre eux ne se donne pour son délégué. Pourquoi n'est-il pas question de lui dans l'élection des sept diacres (*Act.* VI), mais seulement des douze, collectivement pris, convoquant toute la multitude des disciples, et remettant l'élection à cette multitude? Pourquoi, surtout, le concile de Jérusalem, si le Christ avait dit à tout le collège, en lui montrant Pierre : « Voilà mon seul représentant direct, » vous n'auriez autre chose à faire qu'à dire oui à toutes ses paroles, qu'à obéir à toutes ses injonctions, qu'à le consulter lui seul dans les questions à résoudre, qu'à recevoir ses ordres et à les exécuter? Pourquoi, dans la discussion qui s'éleva à Antioche, relativement aux observances légales, l'Eglise envoie-t-elle Paul et Barnabé, non pas à Pierre, mais *aux apôtres et aux prêtres de Jérusalem: « Ad apostolos et presbyteros in Jerusalem super hac quæstione? »* (*Act.* XV, 2) Pourquoi est-il dit, sans que Pierre soit nommé, quand les envoyés arrivent à Jérusalem : *Les apôtres et les anciens s'assemblèrent pour examiner cette question : « Convenerunt apostoli et seniores videre de verbo hoc? »* (*Ibid.*, VI.) Pourquoi Pierre qui, sans contredit, est le chef et préside, ne parle-t-il pas même le premier, mais après qu'une grande discussion se fut élevée : *Cum autem magna conquisitio fieret, surgens Petrus dixit ad eos?* (*Act.* XV, 7.) Pourquoi, lorsque Pierre a paru proposer de ne faire aucune concession aux exigences des Juifs, qui voulaient soumettre les disciples gentils aux observances légales, Jacques ose-t-il prendre la parole pour demander qu'on en fasse une, en interdisant au moins les viandes offertes aux idoles, celles des animaux étouffés et le sang? Pourquoi est-ce l'avis de Jacques qui prévaut dans l'assemblée?

Pourquoi est-il dit qu'*alors il plut*, non pas à Pierre seul, mais *aux apôtres et aux prêtres, avec toute l'Eglise, de choisir* des délégués pour porter la décision aux habitants d'Antioche : *Tunc placuit apostolis et senioribus cum omni Ecclesia eligere viros ex eis*, etc.? (*Ibid.*, 22.) Pourquoi la lettre synodale n'est-elle pas au nom de Pierre tout seul, mais commence-t-elle ainsi : *Les apôtres et les prêtres* (3), *et les frères à ceux qui sont à Antioche*, etc.? (*Ibid.*, 23.) Pourquoi les membres du concile disent-ils dans cette lettre : *Il a plu à nous réunis : « Placuit nobis collectis in unum. »* Il a paru bon au Saint-Esprit et à nous : « *Visum est enim Spiritui sancto et nobis*, etc. (*Ibid.*, 25, 28), et non, *il a plu à Pierre*, etc.? Pourquoi, enfin, lorsque Paul et lui, quelques années après le concile, vont à Jérusalem, Jacques et les prêtres rassemblés, *Omnes collecti seniores* (*Act.* XXI, 18), leur disent-ils : *Nous avons écrit en juges: « Nos scripsimus judicantes; » que l'on s'abstienne*, etc. (*Ibid.*, 25), et non, *Pierre a écrit?* Toutes ces questions et beaucoup d'autres sont insolubles, si l'on suppose que Jésus-Christ avait donné au chef des apôtres la monarchie spirituelle absolue; car les paroles du Sauveur étaient encore fraîches dans toutes les oreilles; les apôtres avaient reçu l'illumination de l'Esprit-Saint pour les bien comprendre, et leur volonté de les exécuter ponctuellement était sans mesure. On connaît de plus tous les faits des premiers siècles, tels que la résistance des évêques d'Asie à l'Eglise de Rome, sur la célébration de la pâque, jusqu'à la décision du concile de Nicée, et celle de saint Cyprien, sur la rebaptisation, faits dont s'autorisent les gallicans pour prouver que l'Eglise ne pensait même pas à considérer l'évêque de Rome comme infaillible et souverain. Que ces faits établissent ou n'établissent pas la thèse des gallicans, peu nous importe, puisque nous soutenons seulement que le Pape n'est pas plus un monarque absolu, source unique de tous les pouvoirs religieux depuis Jésus-Christ, qu'il n'est un monarque héréditaire ; proposition qu'avouera tout ultramontain raisonnable, et que ces faits rendent évidente comme étant impliquée dans la croyance de l'Eglise à cette époque, ainsi qu'elle l'a toujours été et qu'elle l'est encore.

Donc Jésus-Christ n'a point fondé une monarchie pure.

A-t-il fondé une aristocratie véritable et

---

(3) Il y a dans la Vulgate : *Apostoli et seniores fratres*, que Maultrot et plusieurs autres traduisent par : *les apôtres et les frères prêtres*; mais le grec porte : Καὶ οἱ ἀπόστολοι, καὶ οἱ πρεσβύτεροι, καὶ οἱ ἀδελφοί, et ce texte était tel au temps de saint Chrysostome. Pourquoi le mot *frères*, s'il n'est pas question des fidèles? pourquoi, dans le même passage, le mot *avec toute l'Eglise?* Tous les traducteurs raisonnables pensent que la conjonction est oubliée dans la Vulgate, et traduisent d'après le grec ; mais peu importe ce point à la question présente.

sans mélange? Pas davantage. Il y aurait plutôt encore monarchie sans hérédité qu'aristocratie sans hérédité; du moment où les priviléges s'éteignent avec l'individu et où la naissance ne jette plus sur la terre que des égaux, l'aristocratie n'existe plus. Jésus-Christ, en abolissant l'hérédité dans l'ordre spirituel, abolissait donc l'aristocratie au lieu de la fonder. Aussi ne peut-on pas comparer notre épiscopat, comme gouvernement spirituel, à ceux des castes qui sont vraiment aristocratiques, parce que ce sont des hiérarchies de familles qui gouvernent d'autres familles. Il ne présente pas non plus l'absolutisme qui est la seconde condition de l'aristocratie; chaque évêque n'est ni infaillible ni souverain; ses droits sont très-limités; il est obligé de croire comme le simple fidèle ce que croit la communauté entière; il est bridé par en haut, puisqu'il a un surveillant qui est le Pape, et aussi par le clergé et le peuple, qui le regardent comme soumis à la foi et à la législation universelle, et qui ne manqueraient pas de réclamer, s'il montrait de l'absolutisme de ce côté-là. Enfin la réunion de tous les évêques est bien infaillible et souveraine, à titre de voix déclarative de la foi de l'Eglise et d'autorité législative, par suite d'un privilége venant directement de Jésus-Christ; mais comme ce n'est point la naissance qui transmet à l'évêque ses pouvoirs, mais le sacrement et l'institution après élection locale, il s'ensuit que l'assemblée, en même temps qu'elle est pouvoir enseignant et légiférant d'institution divine, est aussi une représentation que se donne elle-même l'Eglise universelle, en choisissant ceux qu'elle juge dignes de recevoir le sacrement et l'institution canonique : or ce dernier titre est exclusif de l'essence du vrai pouvoir aristocratique.

Si l'on étudie l'Eglise naissante dans les écrits des apôtres, des premiers historiens ecclésiastiques et des Pères, on n'y rencontre pas mieux l'aristocratie pure que la monarchie pure. Le clergé inférieur, composé de diacres et de prêtres, joue un très-grand rôle avec l'assemblée des simples fidèles; nous venons de voir le presbytérat figurer avec l'épiscopat au premier concile de Jérusalem; le peuple fidèle n'y est pas non plus oublié sous le nom simple de *frères, fratres*, et sous celui de *toute l'Eglise, cum omni Ecclesia*. Nous l'avons vu chargé d'élire les sept diacres. Si l'on se reporte à l'élection de Mathias pour remplacer Judas, on voit Pierre présider une assemblée de cent vingt frères, proposer l'élection d'un douzième apôtre, et l'assemblée en désigner deux entre lesquels c'est ensuite le sort qui décide. Or parmi ces cent vingt, il y avait plus que les évêques, puisque leur nombre était alors de onze seulement, et plus que les prêtres, au moins probablement, puisque l'historien se sert du mot *turba hominum* pour désigner ceux à qui Pierre propose de procéder à l'élection, et que, quand on mettrait dans ce nombre les soixante-douze disciples qu'on regarde comme les premiers prêtres institués directement par Jésus-Christ, on n'arriverait pas, avec les onze, au nombre de cent vingt. Il faut ajouter à ces premiers faits toutes les élections des évêques, y compris celui de Rome, par le clergé et le peuple, durant la plus belle période de l'histoire ecclésiastique, et la méthode qui fut suivie dans les premiers conciles, au rapport d'Eusèbe, de Socrate, de Sozomène et de Théodoret. Dans celui de Nicée, on voit se réunir, en sus des trois cent vingt évêques, « des prêtres, des diacres, des acolytes, et plusieurs autres en nombre incalculable, » dit Eusèbe (lib. III, *Vita const.*, c. 8). On y voit « plusieurs laïques, et l'un d'eux plein de bon sens, prendre la parole, aussi bien que l'empereur Constantin:» (SOCRAT., *Hist.*, lib. I, c. 8.) C'est le diacre Athanase qui en est le grand argumentateur, et y rédige la profession de foi. (SOZOMÈNE, *Hist.*, lib. I, c. 17.) En ce qui concerne l'évêque de Rome, il y est représenté par deux prêtres de son clergé, « qu'il y a envoyés, dit Théodoret, afin qu'ils souscrivent, en son nom, aux décisions du concile. » (Lib. I, c. 7.) Ajoutons enfin une considération importante. La véritable aristocratie suppose l'esclavage et l'exclusion de tous les droits dans ceux qui n'en font pas partie; or les fidèles chrétiens, avec les droits qu'ils ont dans l'Eglise et la manière dont ils doivent être traités par tous les degrés de la hiérarchie, ne sauraient être des esclaves. Jésus, en instituant ces degrés, dit à tous ses adorateurs : Vous êtes frères, et il n'y aura point parmi vous de dominateurs. N'y eût-il que la dignité surnaturelle à laquelle la puissance d'administrer validement le baptême, le plus important des sacrements, élève tout homme et toute femme, n'en serait-ce pas assez? Celui qui peut exercer le premier degré du sacerdoce et peut faire un Chrétien peut-il être un esclave? Voilà pourquoi saint Paul n'exige du fidèle qu'une obéissance raisonnable.

Voilà pourquoi aussi l'enseignement chrétien se fait du père au fils, de la mère à la fille, du frère au frère, du plus instruit à celui qui l'est moins, comme du pasteur au fidèle. C'est même cet enseignement dispersé, père et fils, tout ensemble, de la foi universelle, qui est le fruit radical et primitif de l'infaillibilité surnaturelle de l'Eglise, le fruit sur lequel Jésus-Christ a les yeux, qu'il produit par une influence divine ensevelie dans le cours naturel des choses, et circulant dans les artères les plus intimes de l'humanité; et ce fruit est ensuite la base et la matière de l'infaillibilité déclarative officielle, puisque c'est lui-même que cette infaillibilité cueille, expose, montre, proclame et déclare, après que l'Eglise l'a germé, nourri, élaboré, mûri dans sa fermentation lente et dispersée, de sorte qu'on peut dire, qu'au-dessous de l'infaillibilité formelle du corps enseignant, proprement dit, il y en a une plus profonde, plus radicale, en contact permanent et direct avec la surveillance du Christ, et que, dans celle-là, tous les Chrétiens ont un rôle. Disons-le donc; l'Eglise, telle que le Christ l'a fondée, n'est point une pure aristocratie.

Est-elle une démocratie pure? Pour répondre, il nous faut encore remonter à l'essence de cette espèce de gouvernement : ce qui le constitue, ce n'est pas précisément la participation égale de tous à la direction des affaires, à la législation, etc., mais plutôt la possession de tous les droits par la communauté, en sorte que ce soit d'elle que dérive toute puissance, comme de sa source ; car il n'est pas nécessaire qu'elle se gouverne directement elle-même ; cette méthode n'est pas même possible dans les grandes démocraties ; il faut des représentants délégués par la communauté ; seulement, il est de l'essence du système démocratique que ces représentants ne soient considérés que comme des ministres à tout instant révocables par le souverain. S'il y a irrévocabilité, la communauté s'est tuée dans son droit, et la démocratie n'existe plus dans les faits. Or, trouvons-nous, dans l'Eglise, la source du pouvoir sacerdotal, épiscopal et papal soit la communauté, et qu'il y ait révocabilité permanente de ce pouvoir par l'autorité qui l'a conféré? Le docteur Richer le prétendit après plusieurs écrivains protestants, et il fut condamné avec raison par la Sorbonne. La constitution ecclésiastique n'est point démocratique de cette manière, et, par conséquent, ne peut pas être appelée démocratique, dans la véritable acception du mot, puisque c'est là ce qui constitue l'essence de la démocratie. Les pouvoirs que confèrent le sacrement de l'ordre et l'institution canonique, ne sont pas conférés par la communauté, ils viennent directement de Jésus-Christ, par transmission surnaturelle ; le pouvoir du laïque, relativement au baptême, en vient de la même manière ; ce n'est point la communauté qui rend apte à baptiser celui qui administre ce sacrement avec l'intention de faire ce que fait l'Eglise; ce n'est point la communauté qui donne au prêtre son pouvoir d'ordre ni sa juridiction sur telle et telle âme; ce n'est point la communauté qui donne à l'évêque son pouvoir épiscopal, ni au Pape la primauté d'honneur et de puissance ; c'est Jésus-Christ qui a délégué lui-même directement le presbytérat, l'épiscopat, la papauté, comme c'est lui qui a rendu directement tout homme capable d'administrer validement le baptême; et tous ces droits sont de plus irrévocables à l'égard de la communauté, qui n'est apte ni à les donner, ni à les retirer. Voilà ce qui est de foi catholique, et ce qui résulte clairement de l'institution de l'Eglise, telle qu'elle est racontée par l'Ecriture. Il manque à la communauté chrétienne, pour être une vraie démocratie, ce qui manque à la papauté pour être une vraie monarchie ; tous les pouvoirs fondamentaux de la hiérarchie catholique viennent, comme le dit Estius, de Dieu immédiatement, tandis que, dans les communautés civiles, ils n'en viennent que médiatement à leurs hiérarchies, par le canal des citoyens.

Disons-le donc encore : le gouvernement de l'Eglise catholique n'est point une démocratie pure.

Ce n'est pas non plus une pure théocratie monarchique, aristocratique ou démocratique : il faudrait, pour le premier résultat, que le chef fût absolu en infaillibilité et en souveraineté, dans sa seule personne, en tant que sans cesse inspiré de Dieu, et qu'à ce titre, il n'existât d'autre règle et d'autre loi que sa simple volonté. Nous avons vu qu'il n'en est pas ainsi. Il faudrait, pour le second résultat, que chaque évêque fût absolu, sous les mêmes rapports et au même titre, à l'égard de ses subordonnés. Nous avons reconnu que cela n'est pas. Il faudrait enfin, pour le troisième résultat, que la communauté fût absolue, comme inspirée de Dieu collectivement, et transmît elle-même les pouvoirs en vertu du droit divin, dont elle serait directement revêtue. C'est encore ce qui n'a pas lieu.

On pourrait cependant objecter que la communauté totale, considérée dans son infaillibilité de profession, et que la communauté pastorale, considérée dans son infaillibilité de déclaration officielle de la foi, sont deux théocraties, puisqu'elles tiennent leur infaillibilité et leur souveraineté de Jésus-Christ même. Mais si l'on considère la manière dont leur infaillibilité se réalise, on y trouve un tel mélange de naturel et de surnaturel, d'humain et de divin, qu'on ne peut plus se servir du mot *théocratie pure*. Point de miracles, tout se passe selon l'ordre des phénomènes naturels de l'humanité ; tout se résout par travail, examen, et à l'aide des lumières que chacun fait jaillir dans la discussion. A ne considérer que la nature humaine, il résulterait déjà une infaillibilité morale presque suffisante de l'accord unanime d'un si grand nombre d'hommes répandus par toute la terre, sur ce qui a toujours été enseigné comme étant la doctrine du Dieu-Homme qu'ils adorent. Comment cette immense société, qui ne fait pas de dogmes nouveaux, mais qui croit seulement ce qu'elle a toujours cru, pourrait-elle en venir, un jour, à s'éveiller avec une foi nouvelle et un enseignement nouveau? Comment un si grand nombre de docteurs dont la théologie catholique est l'étude continuelle, pourraient-ils, soit tomber tous ensemble dans des erreurs sur la doctrine chrétienne sans cesse professée publiquement par chacun d'eux, soit s'unir pour tromper le monde, et lui dire par déclaration collective : voilà ce que tu crois ; pendant qu'il n'en croirait rien.

Il ne faut pas oublier que l'objet de cette infaillibilité est le dépôt doctrinal confié par Jésus-Christ à ses disciples ; rien de plus simple, ce semble, qu'une société soit infaillible dans la conservation traditionnelle des vérités qu'elle tient de son fondateur. On pourrait presque en dire autant des écoles de philosophie, lorsqu'elles sont unanimes sur l'interprétation de la doctrine de leur chef, ainsi que de beaucoup de communions religieuses. Prenez les points de l'islamisme sur lesquels il y a unanimité de profession parmi les sectateurs de Mahomet, il est très-certain que ces points sont véritablement la doctrine de Mahomet et du *Coran*. Nous avons lu dans le *Code* de Manou que, quand une réunion de brahmanes, assez considérable, serait d'accord pour définir la doctrine de Brahma, cette réunion serait infaillible. Ce sont ces considérations qui ont porté nos théologiens à distinguer une première infaillibilité naturelle de l'Eglise, et à poser les deux propositions suivantes :

« A ne consulter que les lumières de la raison, il est moralement impossible que l'Eglise, prise pour l'assemblée des fidèles et des pasteurs, erre dans sa connaissance de la doctrine de Jésus-Christ et dans sa croyance à cette doctrine. »

« A ne consulter que la lumière naturelle, il est moralement impossible que les pasteurs, qui ont autorité de décision dans l'Eglise, s'unissent tous pour définir l'erreur et pour anathématiser quelqu'une des vérités catholiques. »

Quant aux lois, le même phénomène se passe, à plus forte raison. Il n'est pas concevable que tous les membres de l'Eglise enseignante se trouvent d'accord pour en porter qui soient contraires aux vérités chrétiennes ; ils connaissent, d'ailleurs, les besoins des fidèles qu'ils ont sous leurs yeux ; et s'il n'est pas essentiel, même à l'infaillibilité surnaturelle de l'Eglise, que leur assemblée universelle porte les meilleures, il est tout naturel qu'elle en porte de conformes aux exigences des temps et des lieux.

La théocratie du gouvernement de l'Eglise se réduit donc à une simple assistance de l'esprit du Christ, pour la veiller et l'empêcher de se jeter dans des égarements qui seraient déjà presque impossibles à concevoir en l'absence de cette garantie. Hors cette surveillance, tout se passe en la manière et par les moyens naturels. Cela est si vrai que, sur tous les points où la possibilité d'erreurs serait inévitable sans miracle évident, tels que les faits et l'appréciation des personnes, la théologie cesse d'attribuer à l'Eglise l'infaillibilité.

Qu'est-ce donc que l'Eglise catholique? après avoir dit ce qu'elle n'est pas, il suffira de quelques mots pour dire ce qu'elle est.

Si elle n'est pas une pure monarchie, elle présente quelque chose de l'élément monarchique dans la papauté, sans quoi tout ce que Jésus-Christ dit à Pierre, en particulier, n'aurait aucun sens. On dira qu'il ne fit de cet apôtre qu'un président du collége apostolique ; soit. Les mots ne font pas les choses. Mais une présidence fondée par Jésus-Christ même, et devant montrer toujours aux nations ces paroles du Maître, gravées sur le fronton de son siége : *Tu es Pierre, et sur cette pierre, je bâtirai mon Eglise*. (*Matth*. XVI, 18.) *Pais mes agneaux, Pais mes brebis* (*Joan*. XXI, 15), est bien un véritable élément de monarchie; seulement Jésus ne laisse rien subsister de la monarchie de naissance, ni de l'absolutisme dans la monarchie, comme nous l'avons vu ; ce qu'il conserve de cet élément, il le soumet à l'élection, le ramène au mérite, l'asservit à la fraternité.

Si l'Eglise n'est pas une pure aristocratie, elle présente l'élément aristocratique dans l'épiscopat. Ce n'est pas en vain que Jésus-Christ établit les évêques pour *régir l'Eglise de Dieu* (*Act*. XX, 28); qu'il leur donne, à tous, y compris Pierre, le même pouvoir d'ordre, pouvoir supérieur à tout ce qui est au-dessous; qu'il leur dit à tous également : *Instruisez les nations ; je suis avec vous tous les jours jusqu'à la fin. Tout ce que vous lierez sur la terre sera bien lié; tout ce que vous délierez sera bien délié*. (*Matth*. XVIII, 18, 19.) Mais ce n'est plus l'aristocratie de naissance; c'est une aristocratie d'élection, et, partant, de mérite, qui est, comme ce qu'il garde de monarchie, asservie à la fraternité et dépouillée de l'absolutisme.

Enfin, si l'Eglise n'est pas une démocratie pure, elle présente l'élément démocratique dans le clergé de second rang et dans le peuple, qui, comme nous l'avons vu, participent largement, dès l'entrée en activité de l'Eglise sur la terre, à son mouvement vital, et doivent y participer à jamais, non-seulement par le travail de discussion qui est libre, mais encore par l'exercice de droits importants qu'ils tiennent du Christ même, et qu'on ne saurait leur ravir. Le clergé est muni de droits inaliénables dans l'administration valide de plusieurs sacrements ; on le voit prendre une grande part à la législation et aux décisions sur la discipline ; dès le berceau de l'Eglise, il vote dans le concile, et il est probable, comme le soutient La Chambre, avec des arguments d'une force terrassante, qu'il tient du Christ une voix même délibérative dans ces assemblées; le peuple chrétien est investi du droit de baptiser validement ; des laïques prennent part, avec le clergé, aux conciles ; dans la promotion aux charges ecclésiastiques, l'un et l'autre apportent leur voix dans la présentation, de sorte que le personnel de l'Eglise résulte d'une élection par tous, bien que les droits d'ordre ne soient transmis que par le sacrement, et la juridiction, qui rend licite l'exercice de ces droits, par l'institution canonique. Enfin, c'est la masse universelle qui conserve invariablement, dans l'ordre de foi, le dépôt doctrinal, et qui, par là, est le sujet premier et immédiat de l'infaillibilité radicale. Voici comment Bossuet exprime ce dernier point qui est le plus délicat, vu qu'il importe de ne pas confondre l'infaillibilité de possession, résidant dans tout le corps, avec l'infaillibilité de déclaration dogmatique, résidant seulement, de par Jésus-Christ, dans la partie gouvernante, qui est la voix du corps entier.

« L'infaillibilité que Jésus-Christ a promise à son Eglise réside primitivement dans tout le corps, puisque c'est là cette église qui est bâtie sur la pierre, à laquelle le Fils de Dieu a promis que les portes de l'enfer ne prévaudraient point contre elle...... La dernière marque qu'un concile représente véritablement l'Eglise catholique, c'est lorsque tout le corps de l'épiscopat, et toute la société qui fait profession d'en recevoir les instructions, l'approuve et le reçoit..... » (*Mémoire pour servir de réponse à plusieurs lettres de Leibnitz.*)

Et ailleurs : « Nos adversaires nous repartiront qu'il faut que chaque fidèle en particulier discerne la bonne doctrine d'avec la mauvaise, par l'assistance du Saint-Esprit ; ce que nous accordons volontiers, et jamais nous ne l'avons dénié ; aussi n'est-ce pas en ce point que consiste la difficulté. Il est question de savoir de quelle sorte se fait ce discernement ; nous croyons que chaque particulier de l'Eglise le doit faire avec tout le corps, et par l'autorité de toute la communion catholique à laquelle son jugement doit être soumis ; et cette excellente police vient de l'ordre de la charité, qui est la vraie loi de l'Eglise ; car lorsque Jésus-Christ l'a fondée, le dessein qu'il se proposait, c'est que ses fidèles fussent unis par le lien d'une charité indissoluble. C'est pourquoi il n'a pas permis que chacun jugeât en particulier des articles de la foi catholique, ni du sens des Ecritures divines; mais, afin de nous faire chérir davantage la communion et la paix, il lui a plu que l'unité catholique fût la mamelle qui donnât le lait à tous les particuliers de l'Eglise, et que les fidèles ne pussent venir à la doctrine de vérité que par le moyen de la charité et de la société fraternelle. » (*Réfutation du catéchisme de Jean Ferry*, 2ᵐᵉ vérité, chap. 4.)

Le célèbre chancelier Thomas More, auteur de *l'Utopie*, avait fait à ses juges une réponse admirable et parfaitement conforme à cette doctrine, avant de poser sa tête sur le billot de la tour de Londres, pour la foi catholique. Il avait dit : « Vous, milords, vous, les grands du royaume d'Angleterre, comment se fait-il qu'après vous être engagés à ne rien entreprendre contre la sainte Eglise, vous ayez eu la témérité de sanctionner une loi qui en détruit la paix, l'unité, la concorde ? Ne savez-vous pas que cette Eglise universelle est un corps unique inaltérable, indivisible; que, dans toutes les matières qui regardent la religion, rien ne doit être décrété et réglé sans le consentement unanime de la chrétienté ? Redoutez un avenir menaçant! le temps des désordres est proche, et c'est ici, dans cette enceinte même, que l'épouvante glacera toutes les âmes. » (*Histoire de Th. More*, par Stapleton.)

Enfin, si l'Eglise n'est pas une pure théocratie, elle en révèle un élément, celui d'une assistance surnaturelle que lui a promise Jésus-Christ contre la chute et l'invasion de l'erreur dans ce qu'il a lui-même enseigné : *Je suis avec vous tous les jours jusqu'à la fin.*

Que suit-il de tout ce qui précède ? que l'Eglise catholique est une harmonie pondérée de toutes les forces sociales, force monarchique, force aristocratique, force démocratique, force providentielle, pour la direction de l'humanité dans ses destinées religieuses.

Que n'aurions-nous pas à dire maintenant de la sublimité d'une telle constitution, si nous avions à jouer le rôle de l'orateur et du poëte ? quelques observations vont suffire pour ouvrir des horizons sans terme à l'éloquence et à la poésie apologistes des œuvres de Jésus-Christ, et que devraient être toutes les éloquences et toutes les poésies.

Le caractère le plus étonnant de cette constitution c'est qu'étant destinée à tous les temps et à tous les lieux, il n'est pas d'état social possible dont elle ne doive satisfaire les besoins. L'humanité est le seul être variable de notre création ; ce qui lui convient aujourd'hui ne lui conviendra plus dans quelques jours; ce qui convient à tel peuple ne convient pas à tel autre ; c'est, à tout instant, des métamorphoses imprévues, de sorte qu'une organisation fixe, invariable, sans élasticité, ne saurait être immortelle. Il vient un moment où une telle organisation est un cercle au sein duquel palpite une force immense qui le brise, soit en voulant le rétrécir, soit en voulant l'agrandir, soit en voulant le modifier dans sa forme, à moins que ce cercle ne soit de nature à se plier de lui-même aux circonstances. Considérez les gouvernements politiques; tantôt l'humanité a besoin de dictature, tantôt il lui faut de l'aristocratie, tantôt elle retourne à la démocratie, et, comme ces gouvernements sont toujours l'une ou l'autre de ces trois choses, il n'en est pas qui ne se brisent dès qu'ils ont besoin de modification. Pour qu'un gouvernement fût immortel, il faudrait qu'il pût se dilater de lui-même dans le sens qui convient. On a essayé d'en construire dans ces derniers temps qui fussent doués de cette propriété; on a manqué le but, et on le manquera toujours plus ou moins, parce que l'œuvre est impossible aux forces humaines; l'humanité ira son train, se modifiant sans cesse dans sa vie économique, et les modifications du fond briseront les formes à un jour donné, parce que ces formes ne cesseront jamais d'avoir pour caractère une aveugle imprévoyance. Dans l'ordre religieux, le même phénomène se présente en ce qui concerne les besoins des lieux et des temps, mais l'Eglise du Christ est faite de telle sorte qu'elle se dilatera dans tous les sens exigés par ces besoins. Une expérience de dix-huit siècles est devant nous pour le prouver, et cette expérience s'allongera de toute la suite des siècles à venir. Vous avez vu l'Eglise se dilater, dès son berceau, dans le sens démocratique, aussi largement qu'il le fallait pour son succès dans le monde, et pour dévorer toutes les organisations religieuses existantes. Vous l'avez vue, un peu plus tard, se dilater dans le sens aristocratique, aussi puissamment qu'il en était besoin pour se guérir elle-même des hérésies qui fourmillaient dans son sein ; c'est l'époque qui commence au concile de Nicée. Vous l'avez vue, plus tard, se dilater dans le sens monarchique, sans cesser d'être en conformité suffisante avec la charte de son fondateur, pour lutter contre le débordement du vice, et contre les puissances de la terre qui voulaient l'asservir en la caressant, l'enrichir et lui donner une part de leurs festins, à la condition qu'elle les adorât ; c'est le moyen âge que la puissance des Papes a sauvé ; elle s'est alors concentrée dans les Grégoire VII et les Boniface VIII pour dire aux puissances comme le Christ sur la montagne de la tentation : Retire-toi, Satan ; et aux peuples : Venez à moi, vous qui souffrez, je vous soulagerai. Les temps ont changé, et l'on a vu l'aristocratie ecclésiastique revenir à la charge dans le concile de Constance pour guérir des maux qu'avait engendrés la monarchie, le schisme et plusieurs autres. Depuis lors, on pourrait compter de nombreuses variations, et le monde est appelé à en voir de bien autrement merveilleuses. Il y aura, dès le siècle présent, des dilatations étonnantes vers la démocratie. Or, dans toutes ces espèces de métamorphoses, l'Eglise ne fait que mettre en jeu des forces qu'elle tient de Jésus-Christ, sans jamais faillir à son être, sans jamais cesser d'être l'harmonie pondérée des quatre éléments que nous avons vus composer son sublime organisme. Qu'on imagine de pareilles conceptions dans des cerveaux humains, disons mieux, qu'on l'imite, si on peut, dans la cité de la terre, puisqu'elle pose, au grand jour, en éternel modèle.

Voilà pour le gouvernement. Si nous considérons le côté qui regarde la foi de ceux qui croient, c'est-à-dire de tous, et l'infaillibilité du corps qui dogmatise, nous trouvons que l'humanité se compose, presque en totalité, d'esprits peu capables d'examen sérieux; soit parce que la nature ne les a pas gratifiés du don de philosophie; soit parce que l'éducation leur a manqué ou a développé en eux le sentiment et l'imagination plutôt que le bon sens; soit parce que les travaux de l'ordre humain, auxquels ils sont obligés de consacrer la journée, leur rendent l'examen presque impossible. C'est ce qu'avait observé Platon lorsqu'il disait avec mélancolie : « Non, les peuples ne seront jamais philosophes. » Et c'est ce qui faisait dire à Augustin, que si la raison pouvait conduire très-loin dans les voies de la foi, elle n'était pas le moyen du grand nombre, mais plutôt l'autorité. Or, quoi de plus facile, en même temps de plus satisfaisant pour la raison et de moins humiliant pour la dignité humaine, que l'adhésion de chaque individu, par la croyance, au témoignage de tous les frères qui composent l'Eglise de Jésus-Christ ? La raison et le cœur ne trouvent-ils pas, dans cette adhésion, du plaisir et du charme? C'est, comme l'a dit Bossuet, un acte de fraternité en même temps que de logique et de bon sens. Ce n'est point une profession aveugle qui est demandée, c'est une concession raisonnable à une grande lumière, à une haute raison collective, faisant elle-même sans cesse le travail d'examen qui serait au-dessus des forces de chaque individu ; c'est une initiation aux sublimités de la science utile, aux mystères ineffables de Dieu et du monde, aux grandeurs de nos destinées, aussi facile pour le plus ignorant ou le plus occupé des choses de la terre, que la participation à la lumière du jour est facile pour l'œil sain qui s'ouvre à cette lumière.

Quand la raison médite sur l'homme, sur nos passions, sur les difficultés qui jonchent notre route, sur toutes nos misères, elle se prend à comparer notre pauvre famille à un troupeau d'enfants qui ont besoin d'un guide, et quand elle pense que Jésus-Christ lui a donné pour guide et pour flambeau, non pas une autorité brutale ou mesquine ressemblant à une tyrannie et de nature à choquer la majesté humaine, mais la voix universelle et permanente de sa grande Eglise, elle tombe à genoux devant son image et adore. — *Voy.* INFAILLIBILITÉ.

EGOISME — PLATON. *Voy.* MORALE, II, 1.
EGOISME DANS L'ART. *Voy.* ART, V.
EGYPTE (LA SORTIE D'). *Voy.* HISTORIQUES (Sciences), IV, 3.
ELECTIONS DANS L'ORDRE PROFANE ET DANS L'ORDRE SACRÉ. *Voy.* SOCIALES (Sciences), I.
ELECTIONS CANONIQUES. *Voy.* EGLISE, ORDRE, VIII. SOCIALES (Sciences).
ELOQUENCE. — PROGRÈS RELIGIEUX (IVᵉ part., art. 5). — Nous n'entendons ici par éloquence que l'éloquence parlée, qui est la souche originelle de la littérature, puisque c'est la parole elle-même en action, premier langage dont Dieu ait armé l'espèce humaine.

Nous trouvons dans la nature deux classifications des divers genres d'éloquence; l'une est fondée sur les objets dont elle peut s'occuper, l'autre sur les circonstances dans lesquelles elle peut se produire.

La classification des objets de l'éloquence nous paraît être celle-ci : intérêts individuels, intérêts sociaux, intérêts scientifiques, intérêts religieux.

La classification des circonstances modificatives du genre d'éloquence sont, à notre jugement, le cas de l'entretien ; celui de l'enseignement professoral; celui du discours devant la foule des rues; celui du discours devant des juges ; celui du discours devant une assemblée représentative ; et celui du discours dans les temples.

Les quatre sortes d'objets que nous avons distingués peuvent être traités dans les diverses circonstances que nous venons d'énumérer ; cependant on doit dire, en général, que l'entretien ou la conversation n'affecte pas d'objet spécial, mais s'occupe également de toutes les matières ; que la leçon du professeur a pour objet les questions scientifiques de tous les ordres; que le discours devant la foule du peuple n'est guère provoqué que par les questions politiques, sociales ou religieuses ; que le discours devant les juges s'occupe surtout des intérêts des particuliers ; que celui qui s'adresse aux assemblées représentatives, peut s'étendre aux mêmes questions que celui de la rue ; et qu'enfin le discours dans les temples se borne exclusivement aux matières religieuses, dogmatiques et morales.

Tous ces genres d'éloquence sont dans la nature, et enfants de Dieu ; ils sont les fruits de son art infini, descendu des cieux pour établir un de ses ateliers parmi nous. Semblable au peintre qui fait ses tableaux à l'image de son génie, qui est *un*, et cependant leur donne à chacun son caractère propre, Dieu fait toutes ces éloquences à son image, en les variant entre elles et entre les individus qui leur servent d'incarnation humaine. C'est ainsi qu'il donne à l'un la vocation et le besoin de la conversation familière et de ses charmes ; qu'il crée l'autre pour le professorat ; qu'il souffle dans les veines de celui-ci les ardeurs du tribun ; qu'il fait naître celui-là pour les dévouements et les luttes du barreau ; qu'il en forme d'autres aux agitations des parlements ; et d'autres enfin aux majestueuses et saintes missions de la chaire sacrée. Et il ne se contente pas de classer de la sorte ses impulsions, il diversifie même les dons qui leur correspondent dans chacun des genres avec une telle richesse qu'ils ne se ressemblent entre eux qu'en la manière dont se ressemblent les sujets différents d'une même race.

Que la religion ait besoin de toutes les espèces d'éloquence que présente la nature, en tant qu'elles s'occupent directement de sa propagation, c'est ce qu'il est inutile de faire ressortir. Saint Paul a dit : *Fides ex auditu* (*Rom.* x, 7), et l'histoire ecclésiastique n'est qu'un précis des merveilles sans nombre dont ces deux mots sont la complète synthèse. La parole sous toutes ses formes, dans tous ses costumes, avec toutes ses explosions, voilà le grand opérateur de la conversion de l'univers à la religion de Jésus.

Mais ce qu'il ne sera pas inutile de faire comprendre avec un peu plus de détail, c'est l'utilité de toutes les éloquences, et par conséquent de leur liberté, pour le progrès religieux bien compris, ainsi que l'utilité du progrès religieux lui-même pour les aider à conquérir le libre mouvement, lors même qu'on les envisage dans leur mission purement humaine.

D'abord si Dieu m'a fait tribun ou professeur par nature, homme de conversation ou orateur d'assemblée, avocat du malheureux ou prédicateur des vérités universelles, de quel droit un homme ou plusieurs hommes, un Nemrod ou une Babylone viendront-ils me paralyser dans l'accomplissement des volontés de Dieu sur moi ? De quel droit se mettront-ils en travers de ma vocation ? Comment oseront-ils établir autour de moi, pour me rendre immobile, une atmosphère semblable à celle de la plus sombre des dix plaies d'Égypte ? S'ils ont reçu la verge de Moïse, qu'ils le prouvent : si non, ils ne peuvent être que des éteignoirs sataniques, ouverts, pour un jour, sur le soleil de Dieu. On dira que Dieu n'a pas seulement fait l'individu avec des forces et des devoirs, mais aussi la société avec des droits de compression contre les abus ? Oh ! sans doute, l'abus consommé doit être repris, lorsqu'il est clair pour tous qu'il n'y a pas accomplissement d'une mission sacrée, mais atteinte criminelle à la majesté humaine ; est-ce là ce qu'on accuse ?... Il s'agit des circonstances, trop communes, où tout est immobilisé par précautions prétendues. Ces précautions antécédentes sont des crimes semblables à celui d'un père qui tuerait son fils au sortir du sein maternel, par peur qu'il ne devienne un scélérat. Toute cité où les éloquences de tous les ordres, de tous les degrés et de tous les objets, ne se remuent pas en pleine liberté au soleil, est une mère qui étouffe ses fils. C'est, de plus, une eau stagnante en voie de putréfaction, à moins que le jour qui passe ne soit une heure de fatigue après la tourmente, de repos avant le combat. C'est aussi l'ange rebelle qui forge, malgré Dieu, pour sa famille, les fers de la déchéance.

On dira que la société, ou la force qui la représente plus ou moins, est aussi de Dieu, et que l'accuser c'est accuser Dieu même à un autre point de vue. Réponse perfide dont se couvre toujours l'œuvre diabolique ; ces compressions entrent dans l'évolution providentielle comme le mal dans les causes secondes d'où l'éternelle sagesse tire ses dernières fins ; l'intelligence divine en les manœuvrant telles que l'homme les pose, pour amener le bien, est bonne à l'excès ; mais l'homme, en commençant par la révolte contre le droit et l'accomplissement des devoirs, est infâme, et ne cessera pas de l'être.

Cela posé irrévocablement, venons au point qui nous intéresse. Le progrès religieux est intimement lié au libre développement de toutes les éloquences, et le libre développement de toutes les éloquences au progrès religieux. Nous l'avons dit et nous le maintenons plutôt comme affirmation que comme thèse en règle, vu que notre cadre se ferme et nous impose dorénavant une concision excessive.

La religion se lie à tout par ses racines, ses rameaux, ses fruits ; on peut la séparer, dans la loi, de l'ordre humain ; on le doit même sous peine de saccager le bien d'autrui (*Voy.* LIBERTÉ DE CONSCIENCE) ; mais dans le fait pratique, la séparation est impossible ; elle s'adresse à la conscience pour lui rappeler les droits d'autrui et lui crier ses devoirs ; or ces droits et ces devoirs de conscience naissent de toutes les matières ; il n'y a pas une action dans la vie qui n'ait sa règle morale, qui ne soit criminelle ou vertueuse ; les intérêts particuliers, les intérêts sociaux, les intérêts religieux, les intérêts scientifiques eux-mêmes donnent naissance à des droits et à des devoirs ; c'est la religion qui en est la législatrice et le mentor devant la conscience, où s'épanouissent lumineuses, dans une transfiguration qui n'est que la réalité divine, les abstractions universelles, les généralités synthétiques; points de vue culminants d'où l'on embrasse, d'un regard enchanté, les circuits parcourus. C'est ainsi que la religion procédé; or pour appliquer sa méthode, il faut que toutes les voies lui soient ouvertes. Mais comment seront-elles à sa disposition si elles ne sont pas libres à tout venant, si l'on demande un passe-port à l'entrée? Nous supposerons, si cela vous plaît, que la religion seule ne sera pas assujettie au règlement; mais insensé! vous ne voyez donc pas que la contradiction vous enlace! la religion libre par privilége! elle est connue dès lors, et obligée de se faire connaître; elle ne joue plus son rôle; vous la paralysez dans ses métamorphoses; vous lui défendez les travestissements; vous l'arrêtez au passage lorsqu'elle va entrer sous le costume, l'individu, la voix en qui elle a mis ses espérances de salut pour le monde! et que va-t-il arriver, pour comble de malheur? elle sera jalousée, honnie, méprisée comme tout favori de la puissance terrestre. Elle se glisse, d'ailleurs, dans le discours, sous toutes les apparances et tous les prétextes; elle profite, comme l'électricité, de tous les conducteurs; elle est plus subtile que l'éclair, plus habile que Protée, afin de s'infiltrer partout pour sauver les âmes; et presque toujours elle est d'autant plus heureuse dans les résultats, qu'elle a moins paru dans le travail; elle ressemble à la science qui s'apprend par analyse et se fait par synthèse; dans la méthode analytique qu'elle pratique sans cesse, elle se dédouble, se réduit en parcelles si petites, se mélange tellement, avec les choses de la terre, que souvent on cesse de la voir; mais c'est alors qu'elle agit au fond de l'être avec le plus de séduction et de puissance; elle ne s'épanouit, au grand jour, dans sa majestueuse et voyante synthèse, que pour les yeux déjà conquis; ceux qui ont besoin d'être attirés par elle, ressemblent aux élèves à qui le maître fait voir les exemples concrets, au sein desquels règnent, inaperçues d'abord, les vérités générales, et qu'il conduit ainsi pas à pas au sommet de la montagne. Vous l'aurez donc tuée à la fois dans ses deux ministères, dans celui, de sa prédication divine, et dans celui, mille fois plus précieux pour elle, de son insinuation sous la parole humaine.

Oui! la liberté de toutes les éloquences, voilà la sauvegarde du progrès religieux. Non pas qu'il s'arrête court sous les autres régimes; ce que Dieu pousse va toujours, et celui qui a dit: va!, ne s'arrête point. Mais la marche est plus lente, et le monde souffre, alors, longtemps de sa misère.

Il y aura lutte, dites-vous, lutte bruyante, et savez-vous le nom du vainqueur? Oui, nous le savons, nous autres hommes de foi; nous lisons dans l'avenir ce nom écrit en caractères aussi gros que dans le passé; une voix sortit un jour des lèvres d'un homme condamné par la justice des hommes pour avoir abusé de la parole, et cette voix alla imprimer ce nom, en lettres de feu, sur les colonnes d'Hercule de l'humanité à venir: lisez....

Oui, il y aura lutte d'intelligence et de parole, lutte de discussion, dans l'entretien de la rue et du foyer, dans les amphithéâtres de l'enseignement, à la tribune, au barreau, dans les temples, dans les cercles et devant les foules sous le ciel; lutte de l'erreur avec la vérité, du mal avec le bien, de l'injustice avec la justice; et c'est de cette lutte que sortira la grande victoire de Dieu. Que fait la vie, quand le mouvement lui est interdit? elle singe la mort; et quand elle singe la mort, que fait le monde? il meurt. Les esprits se matérialisent, les cœurs n'aiment ni ne haïssent, les intelligences s'affaissent, les idées s'émoussent, les talents s'endorment, les yeux s'alanguissent, les corps s'obèsent, l'indifférence aux questions vitales étend son règne, l'amour sensuel s'empare de l'être humain; tout devient silence, maladie, langueur, ruine; et la religion voilée, assise comme Jérémie sur des décombres, crie à Dieu dans ses pleurs: As-tu créé ta fille pour la cité des morts?....

Oui, répondra celui qui veille sur l'humanité, pour la cité des morts, afin que tu la sauves et lui rendes la vie. Va réveiller toutes les éloquences.

C'est alors que la religion, reprenant son allure, rend à la liberté de la parole tout ce que cette liberté avait fait ou voulu faire pour elle. Elle se revêt d'audace, court sus aux prétoriens, livre ses soldats aux bourreaux, agite ses bannières, et parle malgré les Césars, avec toutes ses voix. La discussion renaît, et, exaltée par la vue du sang, devient assez forte pour briser ses entraves; l'éloquence vibre au loin ses colères, le prédicateur est tribun, le tribun, s'il le faut, est soldat ou martyr; tout devient occasion de prêcher haut et fort; les objets se confondent, les intérêts divisés se mélangent; ceux qui plus tard se montreront athlètes de partis différents, paraissent aujourd'hui compagnons; c'est la vie commune, universelle, formée de toutes les vies particulières, la vie de la liberté qui s'est insurgée contre sa tombe. Tout change, tout s'anime, tout se croise dans l'espace; la religion a sauvé l'éloquence, s'est sauvée avec elle, et les deux sœurs vont maintenant travailler librement à délivrer le monde de tous ses esclavages.

Nous venons de tracer, dans ce peu de phrases, l'histoire passée et future du progrès catholique et de l'éloquence.

Au reste, tout concourt dans l'enchaînement des événements humains aux fins de la Providence: la tyrannie elle-même et la persécution sont souvent nécessaires pour le double progrès de l'éloquence et du christianisme; l'une et l'autre sont alors obligées de s'élever avec violence contre les obstacles, et ces obstacles sont pour elles l'occasion d'un sublime qui n'aurait point surgi dans l'humanité, si la liberté n'avait pas eu besoin d'être conquise. Citons-en un exemple pour clore cet article :

Chrysostome est élu, par le peuple et le clergé, patriarche de Constantinople. Il trouve dans la grande ville une cour efféminée, qui donne l'exemple des vices et de tous les luxes de l'Asie. Il tonne chaque jour contre les abus; pendant que l'empereur, fuyant devant Alaric, est réfugié dans Sainte-Sophie, il assemble la foule pour lui crier : *Vanité des vanités* (*Eccle.* 1, 2), et la repaître d'allusions terribles contre ses voluptueux tyrans. Il est sans pitié pour les maîtres, le jour même où l'humiliation les écrase, lui dont le cœur saigne pour l'humanité. Il poursuit sans relâche sa mission, mêlant l'habileté à l'énergie : on veut l'arrêter ; la cour est furieuse ; la reine Eudoxie n'en peut plus de colère ; elle organise une ligue contre Chrysostome ; alors sa véhémence monte comme l'orage, il brave tout.

« Que puis-je craindre, dit-il à tout le peuple ? Serait-ce la mort ? Mais vous savez que le Christ est ma vie et que je gagnerais à mourir. Serait-ce l'exil ? Mais la terre, dans toute son étendue, est au Seigneur. Serait-ce la perte des biens ? Mais nous n'avons rien apporté dans ce monde, et nous n'en pouvons rien emporter. Ainsi toutes les terreurs du monde sont méprisables à mes yeux, et je me ris de tous ses biens ; je ne crains pas la pauvreté, je ne souhaite pas la richesse, je ne redoute pas la mort, et je ne veux vivre que pour le progrès de vos âmes.

« Mais vous savez, mes amis, la vraie cause de ma perte ; c'est que je n'ai point tendu ma demeure de riches tapisseries, c'est que je n'ai point revêtu des habits d'or et de soie, c'est que je n'ai point flatté la mollesse et la sensualité de certaines gens. Il reste encore quelque chose de la race de Jézabel, et la grâce combat encore pour Elie. Hérodiade demande encore une fois la tête de Jean, et pour cette infamie elle danse : εἰς ἀδοξίαν ἐντρεχεῖ. »

Pendant qu'il parle de la sorte, Théophile, patriarche d'Alexandrie, tient contre lui un concile à Constantinople. On l'enlève de nuit, on le jette sur un navire ; mais le peuple exalté s'insurge et le redemande avec menaces. Eudoxie, effrayée, le rappelle en hâte, et les Pères du conciliabule prennent la fuite. Il rentre aux acclamations de la foule et dit ces simples mots :

« Les situations sont différentes, l'hymne de reconnaissance est le même. Exilé, je bénissais ; revenu de l'exil, je bénis encore. L'hiver et l'été ont une même fin, la fertilité de la terre. Béni soit Dieu qui déchaîne l'orage ; béni soit Dieu qui l'a calmé ! »

Il ajoute qu'il n'y a qu'un vainqueur, le peuple, et il reprend avec la même indépendance sa mission de chrétien réformateur. Il a conquis, pour un temps, la liberté de la religion et de la parole, et pour la conquérir, son éloquence a donné au monde un de ces sublimes exemples qui restent dans l'avenir moral de l'humanité, graines immortelles éternellement fécondes. — *Voy.* Prédication chrétienne.

ELUS (Question du petit nombre des). *Voy.* Vie éternelle, III, 1re quest.

EMPÊCHEMENTS AU MARIAGE. *Voy.* Mariage.

ÉNERGIE. *Voy.* Art, II.

ENFANTS MORTS SANS BAPTÊME. *Voy.* Déchéance, II, et Vie éternelle.

ENFER (L'). *Voy.* Vie éternelle.

ENFER (L') DES TYRANS. — PLATON. *Voy.* Morale, II, 10.

ENFERS (La descente de Jésus-Christ aux) — DEVANT LA FOI ET DEVANT LA RAISON (IIe part., art. 13).—I. Le Symbole des apôtres et celui d'Athanase, après avoir dit que Jésus-Christ est mort, ajoutent qu'il *descendit aux enfers* ; celui de Nicée omet cette parole.

L'Eglise l'a toujours interprétée en ce sens que Jésus-Christ, dans l'intervalle de sa mort à sa résurrection, se manifesta, avec son âme et sa divinité, à des morts dont l'état est représenté par l'idée d'une attente dans un lieu qu'elle nomme les enfers ou les limbes. Elle attribue cet état aux âmes des justes qui avaient vécu avant la rédemption, et qui avaient été suffisamment éclairés pour être enrôlés sous le drapeau du Messie.— *Voy.* Rédemption.—Elle compte en première ligne, parmi ces justes, les saints de l'Ancien Testament, tels qu'Adam , Noé, Abraham, Moïse, les prophètes ; mais elle n'en exclut pas ceux des gentils, qui purent être en plus ou moins grand nombre ; il y en a même plusieurs, tels que Job, en supposant que ce fût un personnage réel, tels que certains des Ninivites convertis à la prédication de Jonas, etc., qu'elle aime à classer dans la même catégorie. En un mot elle laisse de ce côté-là toute latitude aux hypothèses et ne décide rien, selon son habitude de ne point s'occuper des secrets de l'autre vie. Elle croit, de plus , que Jésus-Christ, en se révélant à ces morts pendant que son corps était au tombeau, leur causa une grande joie en leur faisant connaître par lui-même la réalisation du grand œuvre de la rédemption par eux attendu depuis longtemps ; qu'il modifia, par conséquent, en mieux, leur état, qui était déjà un état de bonheur, mais non de ce bonheur surnaturel qu'on goûte en compagnie du Christ, puisque le Christ, n'existant pas encore, n'avait pu jusqu'alors organiser son royaume particulier dans le royaume universel de son Père. Elle croit enfin que l'inauguration de ce ciel de Jésus-Christ n'eut lieu, parmi les morts, que le jour de l'ascension, quarante-un ou quarante-deux jours plus tard, au même moment où Jésus, quittant la terre, venait de constituer définitivement son royaume terrestre ; de sorte que les deux Eglises, l'Eglise militante et l'Eglise triomphante furent inaugurées dans le même instant. Les morts étaient en fête pendant que se formait, dans un lieu du monde ignoré, l'embryon de la société religieuse qui devait un jour s'assimiler tout l'univers.

II. La théologie interprète en ce sens deux passages du Nouveau Testament, l'un de saint Paul et l'autre de saint Pierre.

Voici celui de saint Paul : *Un seul Seigneur, une seule foi, un seul baptême, un seul Dieu et père de tous, qui est sur tous et par toutes choses, et en nous tous. Or, à chacun de nous a été donnée la grâce selon la mesure de la donation du Christ. Ce pourquoi il est dit : montant en haut il a conduit captive la captivité, et a fait des dons aux hommes.* (Psal. LXVII, 19.) *Or qu'il soit monté, qu'est-ce sinon qu'il est descendu d'abord dans les parties inférieures de la terre? celui qui est descendu est celui-là même qui est monté au-dessus de tous les cieux pour tout remplir.* (Ephes. IV, 5-10.)

Voici celui de saint Pierre : *Le Christ est mort une fois pour nos péchés, le juste pour les injustes, afin de nous conduire à Dieu ; mort dans la chair, mais vivifié par l'esprit ; en qui il vint aussi prêcher ces esprits qui étaient en prison, lesquels autrefois avaient été incrédules quand les attendait la patience de Dieu aux jours de Noé, pendant que se fabriquait l'arche.* (I Petr. III, 18-20.)

Ce dernier passage indique un lieu de purification pour les âmes des anciens qui en avaient besoin.

Sans aucun doute, ces textes, auxquels la langue humaine est bien obligée de prêter des expressions figurées tirées des apparences de cette vie, telles que les mots *en prison*, et surtout ceux-ci : *est descendu dans les parties inférieures de la terre*, pris en antithèse avec ces autres mots : *au-dessus de tous les cieux*, seraient susceptibles d'interprétations différentes ; mais il faut avouer que le sens qu'on leur attribue paraît fort naturel ; et la raison l'accepte avec empressement, comme une porte ouverte à des hypothèses qui la satisfont. C'est ce qui nous reste à indiquer.

III. Et d'abord, on ne voit rien de déraisonnable dans cet état de légions d'âmes appelées à jouir un jour de la béatitude chrétienne, et n'en jouissant pas encore jusqu'à l'entrée de l'Homme-Dieu dans sa gloire, pas plus que dans la visite que leur rend l'âme de Jésus-Christ pour leur annoncer que cette gloire va commencer dans quelques jours pour lui et pour elles.

Nous dirons au mot VIE ÉTERNELLE que le caractère le plus distinctif de celle des demeures du Père dont parlait Jésus quand il disait aux hommes, avant de les quitter, qu'il allait leur préparer le lieu, ou du ciel des Chrétiens, c'est une possession de Dieu, dans un degré sublime, en compagnie du Christ et par son entremise. Or, avant l'incarnation il n'y avait pas de Christ, le médiateur n'existait que dans le décret divin et dans l'espérance humaine ; il était donc impossible qu'aucun homme, fût-il d'une sainteté sans égale, fût-ce l'admirable martyr Jean-Baptiste, jouît de cet état auquel Jésus-Christ est essentiel, puisqu'il en est le nœud et le centre.

D'ailleurs la justice éternelle produisant toujours de toute nécessité ses effets, il faut dire que les âmes des morts de l'ancien monde étaient dans des conditions diverses proportionnelles à leur degré de vertu ou d'imperfection. Cette hypothèse est indispensable. Or rien de plus aisé à comprendre malgré que le royaume du Christ n'existe pas encore ; car l'éternel existe, et les moyens sont pour lui toujours les mêmes de se donner plus ou moins en participation, et d'équilibrer ainsi les choses. Aussi la révélation nous indique-t-elle suffisamment qu'il existait parmi ces âmes des catégories. Nous venons de voir saint Pierre parler de celles qui s'étaient rendues coupables d'incrédulité aux jours du déluge, et que cependant Jésus-Christ va visiter dans leur état qu'il appelle une prison. Nous venons de voir saint Paul parler aussi d'une captivité que le Christ emmène, au moment où il fait ses dons à la terre. Et enfin l'Eglise, se fondant sur la parabole du pauvre et du riche, nomme aussi les enfers ou les limbes, le *sein d'Abraham* ; or cette expression ne peut signifier, pour ceux à qui elle convenait, tels que Lazare, ni une captivité, ni une prison, mais un état de bonheur pur.

Que Jésus-Christ se soit, d'ailleurs, manifesté à toutes ces créatures aussitôt après sa mort, comme s'il n'eût pas voulu perdre un instant avant de leur faire savoir la nouvelle du changement qui allait se faire en elles d'après l'ordre de la Providence, c'est ce qui nous paraît non-seulement très-conforme au bon sens, mais une beauté sublime digne d'être chantée par la poésie et de devenir la matière d'une grande épopée.

IV. Nous regardons, en outre, cette croyance de l'Eglise comme une précieuse donnée à deux points de vue différents.

Une persuasion aussi universellement répandue et aussi contraire aux passions humaines, que celle des migrations des âmes après la mort, ne s'explique pas sans un fonds de vérité. Or, si l'on ouvre carrière à son imagination en partant de la foi de l'Eglise sur les limbes et sur les changements qui s'y font, d'après cette foi, sans cependant aller au delà de ce qu'elle tolère, on arrive facilement à des idées dont celles de l'antiquité n'étaient pas aussi éloignées qu'on pourrait le dire avant réflexion. Prenons, par exemple, une des âmes dont parle saint Pierre, et reportons-nous au moment de sa mort par les eaux du déluge. Elle entre d'abord dans un état en harmonie avec celui dans lequel elle s'était mise elle-même sur la terre, et, par conséquent, pénible et laborieux, destiné à sa purification, à son élévation en dignité devant Dieu. Supposons qu'au bout d'un temps la loi de justice soit satisfaite ; la voilà déjà qui passe dans un autre état, en d'autres termes, sous une autre forme de beauté supérieure aux deux précédentes, en autres termes encore, dans le sein d'Abraham. Puis Jésus-Christ meurt sur la croix, et vient la trouver ; nouvelle modification qu'elle appelait de ses désirs comme les ombres errantes des poëmes antiques attendaient, sur les bords du fleuve mystérieux, le moment de leur passage aux rives opposées. Jésus-Christ entre dans sa gloire, et l'associe à cette gloire; la voilà donc qui s'élève encore et bien plus haut; la voilà qui s'élève jusqu'au sein de la lumière des hommes, comme les âmes pures de la mythologie platonique qui allaient se fixer dans les astres. Ce n'est pas tout: le Christ n'est pas à sa dernière manifestation; il a promis de revenir et de rendre aux citoyens de sa ville, sous une forme spirituelle et glorieuse, la partie d'eux-mêmes dont la mort les avait dépouillés. C'est la résurrection des corps et la constitution de la cité des cieux dans sa plénitude; voilà donc un nouveau changement, que cette âme attend et désire. Nous venons de compter cinq états différents pour l'âme que nous avons supposée, à partir de la mort, et sans y comprendre celui de la vie présente.

L'hypothèse de ces cinq états est plus que fondée en raison, elle l'est en révélation, elle est basée sur la croyance même de l'Eglise. Qui oserait dire que Dieu ne l'assujettit pas à d'autres changements? Il a dit ce qu'il fera, mais non point tout ce qu'il fera. N'est-il pas conforme, au contraire, à l'idée qu'on doit se faire de ses attributs, qu'il variera, avec une richesse infinie, durant l'éternité, les élévations en gloire de ses élus? Dépouillez maintenant de leurs parures poétiques et matérielles les diverses métempsycoses dont on trouve la croyance chez toutes les nations antiques, et vous arriverez à des conceptions très-voisines de celle que nous venons d'indiquer.

A un autre point de vue, notre raison se trouve heureuse de ce que la révélation lui fournit cette base, qui l'aide à construire le rêve de l'autre monde que nous exposons dans l'article VIE ÉTERNELLE. Ce rêve s'appuie principalement sur la distinction du ciel surnaturel de Jésus-Christ d'avec d'autres cieux, qui, n'étant pas le résultat de l'ordre de la rédemption, sont qualifiés, à bon droit, de naturels. Or, quoi de plus en harmonie avec notre hypothèse que cette croyance aux limbes de l'antiquité, puisqu'elle donne à conclure que ceux-là mêmes qui avaient été reliés, par une espérance suffisante du Messie, à la rédemption (*voy.* ce mot), ne jouirent point jusqu'au Christ du bonheur surnaturel que la foi catholique promet aux Chrétiens. C'est donc que ce bonheur consiste réellement dans la société de Jésus-Christ et dans le partage, en lui et par lui, d'ineffables manifestations de la trinité infinie; c'est donc que là où le Christ n'est pas chef et centre d'unité, il ne peut y avoir ce que la théologie appelle béatitude surnaturelle, quoique, d'ailleurs, il puisse y avoir d'autres béatitudes, par d'autres voies providentielles. — *Voy.* RÉSURRECTION DU CHRIST.

ENNEMIS. — PLATON. *Voy.* MORALE, II, 7.

ENSEIGNEMENT (QUESTION DE L'). *Voy.* SOCIALES (Sciences), IV.

ENSEIGNEMENT (L') DANS L'EGLISE. *Voy.* ORDRE, X.

ENTELECHIE. *Voy.* GRACE, IV.

ENTHOUSIASME. *Voy.* ART, V.

ENVIE. — PLATON. *Voy.* MORALE, II, 2.

EPICURISME. *Voy.* ONTOLOGIE, et HISTOIRE DE LA PHILOSOPHIE, etc., I.

EPIGRAMME. *Voy.* POÉSIE.

EPISCOPAT (L') DANS L'EGLISE. *Voy.* EGLISE et ORDRE, X.

EPISODE. *Voy.* POÉSIE.

EPOPEE. *Voy.* POÉSIE.

ERREUR ET VERITE. *Voy.* HISTOIRE DE LA PHILOSOPHIE ET DE LA THÉOLOGIE.

ESCLAVAGE (ABSENCE PRIMITIVE D'). *Voy.* HISTORIQUES (Sciences).

ESCLAVAGE EN ORGANISATION ECONOMIQUE. *Voy.* SOCIALES (Sciences), II.

ESCLAVES. — PLATON. *Voy.* MORALE, II, 8.

ESPACE. *Voy.* ONTOLOGIE et MATHÉMATIQUES.

ESPÈCE HUMAINE (UNITÉ DE L'). *Voy.* PHYSIOLOGIQUES (Sciences), II, 3.

ESPERANCE (RATIONALITÉ DE L'). *Voy.* ONTOLOGIE, quest. des essences, I.

ESPERANCE. — PLATON. *Voy.* MORALE, I, 7.

ESPERANCE DANS L'ART. *Voy.* ART, V.

ESPRIT. — PIÉTÉ (IV° part., art. 17). — Il existe deux préjugés qui sortent d'une idée identique, laquelle se modifie sous deux formes selon l'espèce de monde où elle circule. Dans la société qui ne croit pas, et conforme sa conduite en religion à sa croyance négative, on est persuadé que l'esprit, la science, le goût de la littérature et des arts, l'amour du progrès dans l'industrie. ne sauraient se trouver dans une âme véritablement pieuse, de sorte qu'il suffit, devant ce monde, pour être jugé comme sot, de passer pour avoir de la dévotion. Dans la société qui croit et pratique, on est persuadé que la passion de la philosophie, celle de la science, celle de la littérature, celle des arts profanes, celle du progrès industriel, sont exclusives de la vraie dévotion, de sorte qu'il suffit de montrer une grande ardeur vers ces objets, pour être jugé comme un impie ou un indifférent par les hommes dont nous parlons. On voit donc les deux préjugés n'en font qu'un, et que les deux mondes, au fond, sont parfaitement d'accord. Ont-ils raison? Voici ce qui nous paraît être la vérité.

En droit jamais erreur ne fut plus profonde et plus déplorable: plus déplorable, car elle a pour résultat d'isoler sans cesse le talent et l'esprit du sanctuaire, le sanctuaire du talent et de l'esprit; plus profonde, car la piété consistant, selon la définition du Christ, dans l'amour de Dieu, c'est-à-dire du vrai, du bien et du beau, non pas en tant qu'abstractions, mais dans leur parfaite concrétion en l'être créateur, et dans l'amour des hommes, il n'y a rien de plus compatible avec l'esprit et la science qui sont la perception des mêmes objets par la faculté de connaître. La piété aime ce que l'esprit saisit avec agilité. La piété et l'esprit ne diffèrent que par le mode d'action de l'âme vers un but commun. Loin donc qu'il y ait incompatibilité et répulsion, ne semble-t-il pas qu'il serait plus juste de dire que la piété et l'esprit ne sont complets que quand ils sont unis? Voilà pour le droit.

Quant au fait, il en est autrement, et les deux mondes n'ont pas tout à fait tort dans leur manière de juger — nous parlons en général et réservons d'avance la multitude plus ou moins considérable des glorieuses exceptions. — On observe à tout instant qu'en effet là où se trouvent l'esprit, l'art, la science, toutes les qualités humaines de l'intelligence et même du corps, la piété est bien rare ; et que là où se trouve la dévotion, ces qualités ne le sont pas moins. Comment expliquer cette contradiction entre le fait et le droit?

Nous n'en pouvons donner qu'une raison, et cette raison consiste dans le défaut de largeur de pensée aussi bien du côté de l'esprit que du côté de la dévotion. Si l'esprit était encore plus spirituel, il comprendrait et ne perdrait jamais de vue le raisonnement que nous avons fait pour le définir ainsi que la piété ; si la piété était encore plus pieuse, c'est-à-dire, plus véritablement pieuse, elle ferait de même ; et la fusion s'opérerait par cette force qui réalise toujours en fait ce que l'idée a conçu.

Que la piété comprenne un jour que ce n'est pas seulement par les pratiques visibles et directes, par les formules d'usage qu'on peut adorer le bien, le beau, le vrai de la Divinité ; mais qu'on peut le faire encore mieux par l'étude, la pensée, la science, le sentiment, l'art, le travail industriel lui-même, par toutes les œuvres naturelles que la bonne volonté surnaturalise ; et elle appellera dans ses rangs des multitudes qu'elle en chasse avec tant de maladresse.

Que l'esprit, en s'élargissant davantage, comprenne, de son côté, que le vrai, le beau, le bien peuvent être aimés, adorés, imités, poursuivis par d'autres voies que celles de sa sympathie ; qu'il comprenne que Dieu étant l'immensité même, il se gagne par autant de voies qu'il y a de natures et de caractères ; que la mère tendre avec la fille qui prie à ses côtés trouve aussi bien son Dieu dans la récitation de quelques paroles composées par autrui, dans un geste ou une pose, que Bossuet dans le travail de son génie, lorsqu'il composait ses *Méditations*; que Fénelon dans ses fictions, lorsqu'il composait son *Télémaque*; que Michel-Ange dans le jeu de ses pinceaux, lorsqu'il peignait ses fresques ; que tous les poëtes, les artistes, les philosophes, dans les éruptions de leur cerveau. Que l'esprit comprenne un jour ces vérités, et il n'aura plus de satires ni de dédains pour tout ce qui n'est pas sa manière d'adorer.

Espérons que peu à peu s'élargiront les pensées dans les deux camps, que l'un embrassera l'autre, que l'esprit comprendra la piété, la piété l'esprit, et qu'ainsi s'établira dans le fait l'harmonie du droit.

Il suffit pour ce résultat de tout ramener à l'adoration du cœur, centre commun où se rencontrent tous les élans vers Dieu, ceux de l'ignorance comme ceux du génie ; et de juger tout ce qui n'est pas vivifié par cette adoration vraie, comme saint Grégoire de Nysse jugeait les grands pèlerinages qu'on faisait de son temps à Jérusalem.

« Celui qui visite la Terre-Sainte, disait-il, a-t-il un avantage sur les autres hommes?... Comme si Dieu habitait corporellement dans ces lieux et s'était éloigné de nous, etc... Ce n'est pas le changement d'habitation qui nous rapproche de Dieu. Quelque part que vous soyez, Dieu viendra vers vous si votre âme est un asile digne de le recevoir. Si l'homme intérieur, en vous, est plein de pensées coupables, quand même vous seriez sur le Golgotha, sur le mont des Oliviers, devant le sépulcre de la résurrection, vous êtes aussi loin de Jésus-Christ que ceux qui n'ont jamais professé sa loi. Conseillez donc à vos frères de s'élever vers Dieu et non de voyager de Cappadoce en Palestine. » (S. Greg. Nyss., *Opera*, t. II, p. 44.) — *Voy.* Industrie-Catholicisme.

ESPRIT-SAINT, troisième personne de la sainte Trinité. *Voy.* Trinité.

ESPRIT-SAINT (La descente de l') SUR L'ÉGLISE. *Voy.* Descente, etc.

ESSENCES (Quest. des). *Voy.* Ontologie.

ESTHÉTIQUE. — RELIGION. *Voy.* Art et Imitation.

ETAT SOCIAL (Diverses formes d'). *Voy.* Sociales (Sciences), I.

ÉTERNEL (L'). *Voy.* Ontologie.

ETERNELLE (Vie). *Voy.* Vie éternelle.

ETERNITÉ DES PEINES. *Voy.* Vie éternelle, III, 1re quest.

ETHNOGRAPHIE. — HISTOIRE SACRÉE. *Voy.* Historiques (Sciences), III.

ETRE. *Voy.* Ontologie.

ETYMOLOGIES DES NOMS DE DIEU *Voy.* Historiques (Sciences), II.

EUCHARISTIE (L'), — DEVANT LA FOI ET DEVANT LA RAISON (IIe part... art. 36).— Le dogme catholique, sur l'auguste mystère de l'Eucharistie, se résume dans deux mots consacrés pour l'exprimer, la transsubstantiation et la présence réelle. On peut voir, dans l'article Symbole catholique ce que signifient ces deux termes. Une phrase suffit pour cette explication, et cette phrase est connue de tous les Chrétiens.

Ce mystère est le plus profond de la doctrine catholique, et autant il est profond, autant il est philosophique, rationnel, conforme aux idées véritables, que nous trouvons dans l'humanité, de nos rapports avec Dieu, tant au point de vue de la nature qu'au point de vue de la rédemption surnaturelle. C'est ce que nous allons établir le plus brièvement possible, en considérant l'eucharistie dans son esprit et dans sa lettre, dans sa réalité figurée et dans sa réalité figurative.

1. Si l'on considère l'Eucharistie dans sa

réalité figurée, ou dans le mystère spirituel dont le sacrement est le signe, on trouve qu'elle exprime les deux vérités fondamentales de l'humanité, la vérité naturelle du Créateur se faisant nourriture vivifiante de la créature pour la soutenir dans l'être, et la vérité surnaturelle du restaurateur de l'humanité déchue, se faisant encore nourriture de la créature malade, mais nourriture-remède pour lui rendre une vie surabondante qu'elle a perdue.

1° Sous le premier rapport, l'Eucharistie exprime le mystère essentiel où la logique conduit directement toute raison dès qu'elle a admis la cause première et les effets substantiels distincts de cette cause. Il est aussi impossible de s'expliquer la permanence dans l'être d'un foyer de vie sans une communion constante au foyer éternel de l'être et de la vie, sans une alimentation perpétuelle et non interrompue par l'absolu se communiquant lui-même, qu'il est impossible de s'expliquer l'apparition dans l'existence, sans l'acte profond par lequel l'infini tire de son sein le souffle réalisateur du fini. Cette idée mère de toute philosophie raisonnable est souvent exposée dans cet ouvrage. Voilà donc qu'en simple raison il faut déjà reconnaître que Dieu se fait nourriture commune de toutes choses, et que tout communie en lui par les racines mêmes de la substance et des attributs, de sorte que l'eucharistie exprime déjà la base nécessaire de la philosophie, implique une proclamation énergique et ineffable des moyens d'être, de vie et d'action des entités finies. Ce n'est pas tout; elle exprime en même temps la communauté radicale de toutes les substantialités, la fraternité de toutes les créatures dans l'unité du Père. Puisque rien ne peut être qui ne puise son être de tout instant à cette mamelle féconde de l'infini, toujours sucée et toujours pleine, rien n'existe qui ne soit en fraternité intime avec tout ce qui est. C'est la même vie qui circule dans tous et dans chacun; l'ensemble des créations est une multiplicité de membres qui vont unifier leur vie dans un même centre, dans un même aliment qui est Dieu. Voilà donc que l'eucharistie exprime encore l'unité des créatures entre elles malgré leur diversité, et le mot *communion* concentre en lui toutes ces vérités. Si tous les êtres étaient réunis et avaient une voix pour dire leur mystère, ils s'écrieraient d'un commun accord : Nous vivons de toi, ô Dieu, et nous vivons, en toi, les uns des autres : communion ! eucharistie ! derniers mots de tous nos mystères !

2° Mais ces observations, pour être vraies, ne sont pas complètes ; elles ne disent que le commencement des choses ; il reste à exprimer leur milieu et leur fin. Et si l'on particularise sa pensée sur notre humanité, on trouve en elle une évolution, dont nous exposons le rationalisme aux mots Déchéance et Rédemption, laquelle implique une particularisation de Dieu en elle, qui a son espèce propre et consiste dans une infusion divine en forme de remède devant aboutir à une guérison.

Sous ce rapport, l'eucharistie, dans sa réalité spirituelle, se surnaturalise, devient le mystère de la rédemption, le mystère du Fils incarné, le mystère du Christ sauveur envisagé dans sa vérité même. Mais Jésus a exposé ce mystère aussi clairement que le permettaient les convenances humaines avant son épanouissement chrétien, lorsqu'il était à peine au milieu de sa prédication terrestre. Nous ne pouvons mieux faire que de citer ses paroles ; quelques mots suffiront ensuite pour les rendre lumineuses aux yeux de la raison.

C'était le lendemain du jour où Jésus avait nourri une multitude avec quelques pains ; un troupeau de ses disciples le trouve dans la synagogue de Capharnaüm, c'est-à-dire près des mêmes lieux, sur les bords de la mer de Tibériade ; et s'engage l'entretien suivant :

Ils lui dirent : Maître, comment êtes-vous venu ici ?

Jésus répondit : En vérité, en vérité je vous le dis ; vous me cherchez, non parce que vous avez vu des signes, mais parce que vous avez mangé des pains et avez été rassasiés. Travaillez, non pour la nourriture qui périt, mais pour celle qui demeure dans la vie éternelle et que le Fils de l'homme vous donnera ; car Dieu le Père a marqué celui-ci de son sceau.

Ils lui dirent : Que ferons-nous pour opérer les œuvres de Dieu ?

Jésus leur dit : L'œuvre de Dieu est que vous croyiez en celui qu'il a envoyé.

Ils lui dirent : Quel signe faites-vous donc pour que nous voyions et croyions en vous ? qu'opérez-vous ? Nos pères ont mangé la manne dans le désert ainsi qu'il est écrit : Il leur donna le pain du ciel à manger.

Jésus leur dit : En vérité, en vérité je vous le dis : Moïse ne vous a point donné le pain du ciel ; mais mon Père vous donne le vrai pain du ciel, car le pain de Dieu est celui qui est descendu du ciel et donne la vie au monde.

Ils lui dirent : Seigneur, donnez-nous toujours ce pain.

Et Jésus leur dit : Je suis le pain de vie : qui vient à moi n'aura pas faim, et qui croit en moi n'aura jamais soif. Mais je vous l'ai dit, vous m'avez vu et ne croyez point. Tout ce que me donne le Père viendra à moi, et celui qui vient à moi, je ne le rejetterai point dehors, parce que je suis descendu du ciel, non pour faire ma volonté, mais la volonté de celui qui m'a envoyé ; or ceci est la volonté du Père qui m'a envoyé, que, de tout ce qu'il m'a donné, je ne perde rien, mais que je le ressuscite au dernier jour ; et ceci est encore la volonté de mon Père qui m'a envoyé, que quiconque voit le Fils et croit en lui ait la vie éternelle ; et moi je le ressusciterai au dernier jour.

Or les Juifs murmuraient contre lui, parce qu'il avait dit : Je suis le pain vivant qui suis descendu du ciel ; et ils disaient : Celui-ci n'est-il pas fils de Joseph dont nous connaissons le père et la mère ? Comment donc dit-il : je suis descendu du ciel ?

Jésus, répondant, leur dit : Ne murmurez

point entre vous. Nul ne peut venir à moi si le Père qui m'a envoyé ne l'attire ; et moi je le ressusciterai au dernier jour. Il est écrit dans les prophètes : Ils pourront tous recevoir l'enseignement de Dieu. Quiconque a écouté. le Père et a appris de lui vient à moi; non qu'aucun ait vu le Père, sinon celui qui est de Dieu; celui-là a vu le Père. En vérité, en vérité je vous le dis, qui croit en moi a la vie éternelle. Je suis le pain de vie. Vos pères ont mangé la manne dans le désert et sont morts; mais celui-ci est le pain qui descend du ciel, afin que celui qui en mange ne meure point. Je suis le pain vivant qui suis descendu du ciel, celui qui mange de ce pain vivra éternellement. (Joan., VI, 25-52.)

Arrêtons-nous un instant : n'est-il pas évident que le pain de vie dont parle Jésus-Christ, et qui est lui-même, n'est autre chose, dans sa vérité fondamentale, que le Verbe même de Dieu, sa grâce, son infusion dans l'humanité par laquelle il nourrit l'humanité d'un aliment spirituel et invisible qui l'élève vers lui, la sanctifie, la fortifie, l'agrandit, la surnaturalise en lui-même ? Il est impossible de saisir une autre pensée dans le divin interlocuteur jusqu'à cet endroit de l'entretien; dans ce qui suit, il sera question de la réalité figurative qu'il instituera plus tard et qui n'existe pas encore, bien que la réalité figurée soit déjà dans sa plénitude ; mais comme ce qui se rapporte à la forme charnelle sert encore à expliquer l'aliment spirituel auquel on participe par la foi et la bonne volonté, par un bon usage de sa volonté libre, et par l'entremise du signe sensible quand on l'a à sa disposition, continuons de citer jusqu'à la fin :

Jésus poursuit : *Et ce pain que je donnerai est ma chair pour la vie du monde.* (Joan. VI, 52.)

Cette parole est la première qui descende à la forme visible et matérielle; mais elle ne paraît encore s'appliquer directement qu'à l'immolation sur la croix, qui n'a lieu qu'une fois, et qui est le grand sacrement de cette action de Dieu sur l'humanité déchue, qu'on nomme rédemption. Jésus va maintenant étendre son discours jusqu'à la perpétuation du sacrement de la croix dans le sacrement de l'eucharistie, en ce qui concerne la forme réalisée parmi nous du même mystère invisible entre l'esprit infini et l'esprit fini déchu et relevé:

Les Juifs donc disputaient entre eux, disant : Comment celui-ci peut-il nous donner sa chair à manger ?

Et Jésus leur dit : En vérité, en vérité je vous le dis, si vous ne mangez la chair du Fils de l'homme et ne buvez son sang, vous n'aurez pas la vie en vous. Qui mange ma chair et boit mon sang a la vie éternelle, et moi je le ressusciterai au dernier jour; car ma chair est véritablement nourriture et mon sang est véritablement breuvage; qui mange ma chair et boit mon sang demeure en moi, et moi en lui. Comme est vivant le Père qui m'a envoyé, et que je vis par le Père, ainsi celui qui me mange vivra lui-même par moi. Voici le pain qui est descendu du ciel, non comme la manne qu'ont mangée vos pères qui sont morts, mais qui mange ce pain vivra éternellement. (Joan. VI, 53-59.)

On ne peut nier que Jésus ait ici dans la pensée, tout ensemble, et l'opération spirituelle par laquelle le Verbe infini, qui vit du Père, se donne à manger à la créature pour la faire vivre ; et cette même opération spécialisée dans l'œuvre de la rédemption ; et la première expression de cette opération dans l'incarnation et le sacrifice de la croix; et enfin la seconde expression de cette opération, prolongation de la première, dans le sacrement de l'eucharistie, qu'il institua la veille de sa mort. Continuons :

Il dit ces choses, enseignant dans la synagogue à Capharnaüm, où plusieurs de ses disiples, les entendant, dirent : Cette parole est dure, et qui peut l'écouter ?

Mais Jésus, connaissant en lui-même que ses disciples en murmuraient, leur dit : Cela vous scandalise ?..... et si vous voyiez le Fils de l'homme montant où il était auparavant !... C'est l'esprit qui vivifie, la chair ne sert de rien. (Ibid., 60-64).

Cette parole est capitale; elle rappelle à la pensée tout ce qui a été dit auparavant, et dit clairement que c'est la réalité figurée, l'opération spirituelle et invisible de l'infini sur le fini qui est tout. Elle élève l'intelligence à une hauteur philosophique où la raison se dilate à l'aise et se trouve satisfaite. Quelque augustes, en effet, que soient la vie et la mort du Christ dans ce qu'elles ont de matériel et de sensible, quelque auguste que soit la reproduction de cette même vie et de ce même sacrifice par la transsubstantiation et la présence réelle dans l'eucharistie, sous le même rapport, tout cela n'est que la figure d'une chose bien plus grande, tout cela n'est que la chair, la forme, l'habit de l'esprit qui vivifie, et tout cela ne serait rien si l'esprit n'était pas dessous.

Jésus poursuit : *Les paroles que je vous ai dites sont esprit et vie, mais il en est parmi vous quelques-uns qui ne croient point..... C'est pourquoi je vous ai dit que nul ne peut venir à moi s'il ne lui est donné par mon Père.*

De ce moment plusieurs de ses disciples se retirèrent, et ils n'allaient plus avec lui.

Jésus donc dit aux douze : Voulez-vous, vous aussi, vous en aller ?

Et Simon-Pierre lui répondit : A qui irions-nous, Seigneur ? vous avez les paroles de la vie éternelle ! nous avons cru, nous, et nous avons connu que vous êtes le Christ, Fils de Dieu.

Jésus leur répondit : Ne vous ai-je pas choisis tous les douze ?... Et parmi vous il y a un démon. (Ibid., 64-72.)

Nous ne croyons pas devoir ajouter d'autres explications à cet exposé fait par Jésus lui-même du mystère eucharistique envisagé sous tous ses rapports ; et il nous semble que cet exposé suffit pour en faire comprendre le profond rationalisme au point de vue de la réalité figurée, laquelle n'est autre que l'action créatrice, conservatrice et restauratrice de l'humanité par l'essence éternelle se donnant à elle en aliment.

Considérons maintenant la réalité figurative elle-même ; il est essentiel qu'elle n'implique également rien de déraisonnable.

II. Nous venons de reconnaître deux réalités figuratives, celle de la vie et de la mort du Christ qui n'a lieu qu'une fois, et celle du sacrement même de l'eucharistie, qui est la perpétuelle résurrection de la première, et qui se multiplie en tout temps et en tout lieu dans l'humanité depuis l'institution du christianisme.

Nous ne devons pas ici nous arrêter sur la vie et la mort de l'Homme-Dieu ; la question de l'accord de l'humanité réelle en tant qu'adjointe à la divinité dans le Christ, avec les données premières de la raison humaine, est traitée aux mots *Incarnation* et *Rédemption*. Il ne nous reste donc à examiner que ce qui regarde le sacrement eucharistique proprement dit, la transsubstantiation du pain et du vin au corps de Jésus-Christ, et la présence réelle de l'Homme-Dieu sous les saintes espèces.

L'Eglise s'en est tenue à définir que la substance du pain et du vin est changée en la substance du corps de Jésus-Christ mort sur la croix, et que, sous les espèces et apparences qui restent, Jésus-Christ demeure présent tout entier après cette transsubstantiation, jusqu'à disparition des espèces elles-mêmes. Voilà tout ce qui est de foi sur l'auguste mystère, de sorte qu'il est laissé une grande latitude aux théologiens-philosophes pour l'explication.

Comme il s'agit de la matière, il nous faut entrer quelque peu dans la métaphysique des corps ; et, nous posant sur ce terrain, nous nous proposons de montrer que, dans tous les systèmes sur les corps, l'eucharistie peut s'expliquer facilement, pourvu qu'on n'ajoute rien aux termes de la définition ecclésiastique.

Avant d'aborder la question qui concerne le corps et les espèces, la seule grave, posons deux principes incontestables relatifs à la présence réelle de la Divinité même, et à celle du Christ en tant qu'âme.

L'objection mère et génératrice de toutes les autres est fondée sur l'impossibilité de la présence d'un même individu en plusieurs lieux à la fois dans le même temps, en d'autres termes, sur la contradiction qu'on perçoit dans cette affirmation qu'un individu soit simultanément *un* et multiple. Or, cette objection peut tomber, quant à Jésus-Christ dans l'eucharistie, sur la divinité, sur l'âme humaine, et sur le corps humain. — Nous voulons d'abord l'éliminer sous le double rapport de la divinité et de l'âme.

Quant à la divinité, non-seulement la difficulté est nulle, mais encore, il est essentiel, philosophiquement, que Dieu soit partout en même temps. C'est la vérité fondamentale de son ubiquité ou omniprésence. (*Voy.* Ontologie, Panthéisme, Athéisme, etc.)

Quant à l'âme humaine du Christ, il en faut dire, sous le rapport des possibilités métaphysiques, ce qu'on est obligé de dire de toute âme, de tout esprit, de tout foyer simple de passivité et d'activité. Or, nous soutenons, en général, que toute unité de cette espèce admet la présence simultanée dans plusieurs points d'une étendue. Ce n'est pas une multiplicité proprement dite impliquée dans l'unité ; c'est une existence passive et agissante relativement à plusieurs termes. Les termes sont distincts, et c'est en eux qu'a lieu la multiplicité ; le centre présent à tous ces termes est *un*, identique, et c'est en lui qu'a lieu l'unité. Il n'y a que Dieu qui puisse être et qui soit, par essence, le centre universel présent à tous les termes de l'idéal et de la réalité, parce que lui seul est l'absolu, l'infini, et que lui seul est la condition nécessaire de toute éruption d'être, de toute permanence d'être, de toute action d'être ; et pour cette raison on doit dire de lui seul qu'il est présent partout, en même temps qu'on dit de lui qu'il est sans limite. Mais chacun des foyers simples de vie, chacune des âmes créées a cela de commun avec le foyer créateur, qu'il soit ou puisse être présent, non point à tous les termes, ce qui serait contradictoire à son essence nécessairement limitée, mais à plusieurs en plus ou moins grand nombre. C'est un centre ; or un centre rayonne autour de lui une sphère de présence et d'action, laquelle peut être aussi étendue que l'on voudra, pourvu qu'elle ne soit pas infinie. Cette considération transcendante suffirait pour établir notre principe ; mais pour les esprits qui préfèrent les arguments d'expérience, n'oublions pas d'invoquer le fait même de notre âme dans notre corps. Nous sommes *un*, nous sommes *identique* ; notre conscience nous l'affirme, et elle ne peut mentir sur un tel fait, puisque se penser, se sentir identique, pour la conscience, c'est l'être en réalité ; or, notre conscience, tout unité qu'elle est, est simultanément présente à toute l'étendue de notre corps ; est-elle dans un membre plutôt que dans un autre, dans un point de cet espace limité plutôt que dans un autre ? Non, elle est en même temps dans toute cette étendue, tant que celle-ci n'est pas dissoute, désunie par la mutilation, la mort, etc. C'est même la conscience, unité centrale du sentiment et du mouvement, qui fait de toutes les parties très-distinctes qui composent notre étendue corporelle, un tout harmonique. Cependant, n'oublions pas que les parties prises en particulier sont diverses, occupent chacune leur lieu particulier, sont séparées par des distances. Voilà donc le principe de la présence simultanée d'une âme en plusieurs lieux, posé par le fait même de notre conscience : que faut-il de plus ? Qu'importe maintenant le plus ou le moins ? Évidemment les mètres sont des distances comme les millimètres, et les myriamètres en sont d'autres qui ne diffèrent point des mètres métaphysiquement. Si une âme peut être présente, en même temps, à deux points distants comme le sont main droite de ma main gauche, elle peut-être présente à deux points, à mille points séparés par la distance qu'on voudra ; la seule chose que la raison condamnerait serait d'étendre cette propriété à l'ubiquité absolue dans l'âme créée, parce qu'ainsi étendue cette propriété ne convient qu'à Dieu ; mais réservant une limite quelconque, comme on le fait pour Jésus-Christ en tant qu'homme, en tant qu'âme créée, la raison ne voit surgir aucune impossibilité : nous n'avons cité en exemple que le fait de la conscience présente à toutes les parties du corps humain ; nous aurions pu en citer une foule d'autres. L'idée dont telle ou telle phrase écrite du premier livre venu est le réceptacle et le signe n'est-elle pas présente dans son unité simple à tous les lecteurs qui la lisent simultanément sur tous les points de la terre ? Or, les idées et les âmes sont de même ordre, sont des êtres simples, et peuvent se comparer ; ce qui se fait dans les unes peut servir à faire comprendre ce qui peut être dans les autres.

Mais restons-en à notre exemple de l'être humain que chacun de nous porte en soi ; il donne une juste notion du mystère ; de quelque façon qu'on explique l'omni-présence de l'âme dans un corps, il m'importe peu ; car, ayant pris le fait naturel pour point de comparaison du fait surnaturel de la présence réelle de l'âme de Jésus-Christ dans l'eucharistie, je répondrai toujours : l'explication m'est insignifiante ; tout ce que je demande, c'est qu'on reconnaisse la possibilité d'un mystère d'après lequel Jésus-Christ, dans son âme humaine, soit présent sous toutes les espèces consacrées, de manière que la matière, quelle qu'en soit d'ailleurs la nature intime, cachée sous l'espèce, soit le corps de cette âme comme ma tête est la tête de mon âme, ma main droite la main droite de mon âme, ma main gauche la main gauche de mon âme, etc., ni plus, ni moins, l'Eglise n'exigeant pas qu'on en dise davantage. Or, nous le répétons, il n'est pas plus difficile à concevoir qu'une âme soit présente de cette sorte à mille portions de matière diverses, séparées par des millions de myriamètres, que de concevoir que mon âme soit simultanément présente, de la même manière, à mille portions de matière diverses séparées par des millimètres seulement, ainsi que ma conscience le constate dans mon être propre.

Voilà pour ce qui regarde la présence simultanée de l'âme en plusieurs lieux à la fois. Il nous reste à étudier la même possibilité à l'égard du corps, seule question difficile, que nous allons approfondir méthodiquement, et d'une manière complète, en n'oubliant aucun des systèmes philosophiques sur les corps.

Ces systèmes se réduisent à trois, et l'on peut affirmer sans crainte qu'il est impossible d'en imaginer un quatrième.

Le premier est celui de Descartes, et, en même temps, celui de presque tout le monde. Il consiste à se représenter le corps comme une substance essentiellement étendue et divisible à quelque degré qu'on rapetisse, par le concept, cette étendue, à quelque degré qu'on suppose cette division déjà poussée. D'après cette théorie, le corps est divisible à l'infini ; il est toujours consistant dans des molécules distinctes, séparables, ayant sans fin, quoiqu'on le rapetisse, un milieu et des côtés, de sorte que Dieu même le diviserait pendant toute l'éternité sans pouvoir arriver à un élément qui cessât d'être étendu, composé d'un côté droit et d'un côté gauche susceptibles de séparation, et occupant son lieu distinct exclusif de tout autre corps et de tout autre lieu. C'est la multiplicité essentielle et substantielle sans unité composante. C'est aussi le nombre infini impliqué dans chaque molécule de matière. C'est encore l'étendue substantielle imperdable sans anéantissement. C'est enfin la distinction du lieu propre à chaque corps, à l'exclusion de tout autre, que l'on appelle en physique l'impénétrabilité, et qui implique, d'un côté, l'impossibilité absolue de deux lieux occupés par la même molécule numérique ; d'un autre côté, l'impossibilité absolue d'un même lieu occupé à la fois par deux molécules numériques, parce que, s'il y a deux lieux occupés, le lieu n'étant que l'étendue elle-même, il y a deux molécules numériquement distinctes, et que, s'il n'y a qu'un lieu occupé, il n'y a qu'une molécule par la même raison. Tel est le premier système.

Le second est celui de Leibnitz. Le corps, d'après ce grand homme, est un composé de monades indivisibles, sans étendue, parfaitement simples, et, sous ce rapport, véritables esprits ; le composant est rendu au composé ; point de divisibilité à l'infini, point d'étendue essentielle ; et, si la collection se présente sous forme d'étendue, c'est l'esprit qui la conçoit de la sorte, qui se la figure ainsi, parce que tout être fini ne peut s'imaginer qu'avec une limite, avec une forme qui peut varier selon l'espèce, mais qui implique essentiellement des frontières quelconques, que l'on appelle lieu quant à l'espace, et temps quant à la durée. Ce n'est plus la multiplicité sans unité, c'est la multiplicité avec l'unité. Mais il faut bien remarquer une la conséquence nécessaire de ce système, c'est qu'il n'y a pas d'étendue substantielle, puisqu'il n'y en a pas dans les molécules composantes ; il est évident que des éléments non étendus ne peuvent faire un composé étendu en substance ; il y aurait contradiction à le soutenir. Aussi avoue-t-on, dans cette théorie, que l'étendue n'est qu'un jeu de l'esprit, une figure représentative de multiplicités constituées en hiérarchie ; les corps ne sont plus que des groupes d'esprits doués de propriétés plus ou moins élevées, et réunis selon des lois harmoniques en vertu desquelles l'un d'eux sert de centre autour duquel les autres sont hiérarchisés. Tout être qui forme individu, comme le végétal, l'animal, l'homme, a une âme, foyer servant d'unité centralisatrice, laquelle est végétative, animale, intelligente, etc., et toutes les autres, qui lui sont assujetties, fonctionnent autour d'elle pour constituer l'individu dans sa plénitude. Le corps n'est autre chose que la hiérarchie des monades obéissantes ou accessoires.

Le troisième système est celui de Berkeley. Plus de multiplicité dans l'individu; le philosophe n'y conserve que l'unité. Toute individualité est indécomposable; elle ne ressort que d'un seul élément qui est un esprit; telle est sa vérité substantielle; mais quant aux modes divers dont cette substance est douée, ils peuvent être de toute perfection, de toute espèce, de toute forme. Or, parmi les diverses espèces de modifications qui peuvent différencier les êtres se trouve celle des corps, sorte d'auréole dont Dieu enveloppe, de manière à ce qu'elle dure, telles ou telles âmes, et, entre autres, l'âme humaine. Pour cet effet, le Créateur, en créant l'esprit, n'a qu'à l'affecter, à tout jamais, de sensations, images, etc., devant se modifier selon des lois constantes, toutes pareilles à celles qui se produiraient en lui s'il existait des corps réels. Rien de plus facile à comprendre de la part du Créateur. L'univers matériel n'est plus qu'une grande modification des esprits, dans laquelle se forment, se développent et varient, selon l'ordre de la création, les modifications particulières des esprits-individus. On a accusé ce système d'être panthéiste; on s'est grossièrement trompé, puisqu'il distingue substantiellement les esprits créés de l'esprit incréé, et les modes de ces esprits des modes de l'esprit créateur. Il reconnaît les corps comme êtres; il ne fait que nier en eux le *substratum* philosophique qu'on imagine comme support de leurs qualités, et seulement en tant que distinct des esprits; car les unités simples restent toutes pour faire l'office de ce support sans lequel on ne pourrait concevoir la réalité des modes.

On conçoit clairement que ces trois systèmes sont les seuls qu'on puisse imaginer; car, dans le premier, c'est la multiplicité substantielle sans unité élémentaire; dans le second, c'est la multiplicité substantielle avec l'unité élémentaire et par cette unité élémentaire; et, dans le troisième, c'est l'unité substantielle sans multiplicité dans le même individu. Ainsi, multiplicité seule, unité seule, unité et multiplicité réunies; toute hypothèse est épuisée.

Il faut remarquer que les systèmes de Leibnitz et de Berkeley diffèrent peu parce qu'ils s'accordent sur le point capital, qui est la négation de l'étendue et de la divisibilité substantielles. Il faut encore remarquer qu'ils ne remontent pas seulement aux deux noms à qui nous venons de les attribuer, mais aux temps les plus reculés de l'histoire humaine. On en trouve des indices, et même des développements, dans Platon, et surtout dans les philosophes de la Chine, de l'Inde et de la Perse.

Cela posé, montrons que le mystère de l'Eucharistie n'implique aucune contradiction dans aucun des trois systèmes sur l'essence des corps.

I. Dans le système de Berkeley la question est d'une simplicité admirable. Jésus-Christ est homme complet en même temps qu'il est Dieu; il est un homme comme nous, composé d'un corps et d'une âme; c'est ce que l'Église a maintes fois défini, en condamnant toutes les hérésies qui avaient pour but de lui ôter une partie de notre nature; telles furent celles qui ne lui accordaient qu'un corps fantastique, par opposition aux corps des autres hommes qui ne le sont point. Son corps, en un mot, fut et est encore aussi complet, aussi réel, aussi vrai que le nôtre; mais ce corps, aussi bien que le nôtre, et que tous les corps, n'est qu'une modalité, une manière d'être, une forme, un vêtement, dont le *substratum* est l'âme, que l'âme emporte avec elle partout où elle va, et qui, étant spirituel comme elle, ne s'oppose à rien de ce qu'elle-même peut faire. Jésus ressuscité est dans ce cas, aussi bien qu'avant sa résurrection; il a son corps tel qu'il l'avait, absolument le même, et de manière que l'âme en soit beaucoup plus maîtresse encore, puisque la modalité qui le forme, loin d'être une chaîne comme chez nous en cette vie, est une glorieuse auréole. Nous avons reconnu que l'âme peut être présente à plusieurs termes à la fois; ce corps peut tout ce qu'elle peut; donc rien ne s'oppose à la présence réelle du Christ sur tous les autels de la terre au même instant. Il serait inutile d'en dire plus long sur ce point, puisqu'il n'y a plus de *substratum* impénétrable, occupant son lieu et ne pouvant occuper que le sien.

Quant à la transsubstantiation, elle devient quelque chose d'aussi simple. Ici le mot substance est pris par l'Église pour signifier que ce qui constitue le pain et le vin devient ce qui constitue le corps de Jésus-Christ; car il serait puéril de conclure de ce mot à un système philosophique; l'Église n'a jamais prétendu trancher dans cette matière; elle s'est uniquement servie des termes communs que les langues lui ont fournis pour s'exprimer de manière à être entendue; or dans le langage commun on a toujours entendu par substance ce qui constitue la réalité d'une chose, ce qui fait qu'une chose est ce qu'elle est. On use de ce mot aussi bien à l'égard des êtres spirituels et des modes qu'à l'égard des êtres corporels. Quand saint Paul dit que *la foi est la substance de l'espérance*, il n'entend pas parler d'un *substratum* philosophique. D'ailleurs, dans le système de Descartes lui-même, on ne peut pas prendre le mot transsubstantiation dans le sens philosophique, puisque, dans ce sens, le *substratum* de tout corps est le même élémentairement, et qu'il ne peut y avoir changement d'une substance en une autre qu'à condition qu'on entendra, par la substance du vin, ce qui fait que le vin est du vin, et non pas ce qui fait que le vin est un corps; le corps du Christ est un corps, le vin est aussi un corps, transsubstantiation ne signifie donc pas que ce qui fait qu'un corps est un corps est changé en ce qui fait qu'un corps est un corps, mais bien que ce qui fait qu'un corps est d'une espèce est changé en ce qui fait qu'un corps est d'une autre espèce. Le mot substance doit donc être pris, dans toute hypothèse, comme exprimant quelque chose de moins élémentaire que le *substratum* philosophique, quelque chose qui différencie tel corps de tel autre, et, par conséquent, de plus superficiel et de tenant à la composition. Or, cela posé, que se fera-t-il dans le système de Berkeley? Ce qui fait que le pain est du pain, que nous l'appelons du pain, et que, selon les lois de l'univers physique, il doit être appelé du pain, deviendra ce qui fait que le corps de Jésus-Christ, d'après les mêmes lois, doit être appelé le corps de Jésus-Christ. Ce ne sont que des modalités supportées par des *substratum* simples, par des âmes; très-bien; que s'ensuit-il? Qu'une modalité est changée en une autre modalité; et le résultat est absolument le même quant au changement. Mais, dira-t-on, les apparences du pain et du vin demeurent; où est donc le changement? Nous répondons: les apparences ne sont pas la modalité tout entière; elles ne sont qu'un rapport entre notre manière de voir et le milieu dans lequel nous vivons; or il ne suffit pas de considérer les modes-corps par rapport à nous, il faut les considérer en soi, par rapport à Dieu, par rapport au Christ, par rapport à tous les autres esprits pour qui ils sont, aussi bien que pour les nôtres. Or, les apparences restent, c'est-à-dire que relativement à nous, le changement n'est pas visible; mais il n'y en a pas moins le changement radical du pain au corps de Jésus-Christ, parce que, relativement à lui, il identifie à son mode-corps ce qui, avant la consécration, était, sous tout rapport, du mode-pain; parce que ce changement est visible pour Dieu et les esprits différents des nôtres; parce que son âme avec son auréole entière assume en sa propriété le pain qui disparaît, comme pain, excepté pour mes yeux corporels au regard desquels Dieu veut que rien ne change, et que l'apparence du pain soit le voile du mystère. En un mot, que le corps soit ce que dit Berkeley ou ce que dit Descartes, peu importe à la transsubstantiation, puisque la diversité des systèmes ne porte que sur l'essence des termes, et que le changement relatif est toujours le même d'un terme à l'autre.

Il faut observer que, dans cette théorie, la présence réelle, la transsubstantiation et la permanence des espèces ont lieu absolument à la lettre et au sens numérique. Jésus-Christ, dans sa divinité, qui est partout la même, dans son âme qui est la substance de son corps et qui se rend présente sur tous les autels à la fois, sans se multiplier, comme nous l'avons dit, et enfin dans son corps qui est la forme de son âme, forme essentiellement spirituelle, est, sous les espèces, le même numériquement sous tous les rapports, le même qu'il est né de la Vierge, a été enfant, puis homme, puis est mort sur la croix. Et rien de plus facile à concevoir comme possible, puisque, l'âme étant le *substratum*, c'est elle qui détermine seule l'identité numérique; le mode peut subir tous les changements possibles, si le sujet qui la supporte et qui s'exprime par lui, comme une idée par une figure de langage, reste soi, l'individu tout entier sera le même numériquement. Quant aux espèces, elles restent sans aucun changement par rapport à nous, puisque la sensation et l'idée qui les réalisent dans notre âme ne changent point; et cependant le pain et le vin deviennent bien réellement le corps du Christ, puisque, relativement au Christ et à ceux pour qui le mystère est sensible, les modes constitutifs du pain et du vin sont identifiés aux modes constitutifs du corps de Jésus-Christ, sont élevés à ces propriétés, sont métamorphosés en elles; ce qui n'implique aucune contradiction quand il s'agit de modes. Dans la communion, il en est de même, il y a manducation véritable du Christ sous les espèces, assimilation mystérieuse, non pas de lui-même au chrétien, mais du chrétien à lui-même, parce qu'ici l'aliment devient le type, et assimilation aussi véritable que dans toute autre alimentation. Celui donc qui adopte le système de Berkeley n'a besoin de se donner aucune peine pour expliquer les termes du dogme eucharistique; il n'a qu'à les prendre dans le sens le plus littéral et le plus rigoureux.

Mais il nous faut venger ce dogme de toute contradiction dans tous les systèmes. La matière est tellement importante qu'il est utile de satisfaire toutes les théories.

II. Le système de Leibnitz fournit à peu près les mêmes facilités que celui de Berkeley pour l'explication, bien qu'il introduise une complication qui n'existait pas.

Quant à la présence réelle relative à plusieurs termes distincts en même temps, elle se conçoit aussi facilement. Tous les éléments des êtres sont simples, non étendus, non divisibles, non localisés par essence dans un espace exclusif de tout autre et nécessairement *un*. Le corps du Christ est composé de ces éléments comme tout corps humain; c'est une hiérarchie de monades spirituelles auxquelles commande une monade-reine qui est l'âme. On doit dire de chacune de ces monades ce que nous avons dit de l'âme, puisque, à titre de substance, elles n'en diffèrent point; elles peuvent donc toutes être présentes à plusieurs termes en même temps, et rien ne s'oppose à ce que le corps de Jésus-Christ ainsi compris soit le même, au sens rigoureux et numérique, sur tous les autels de la terre, puisque chacun des éléments qui le forme a les mêmes propriétés fondamentales que son âme.

En ce qui concerne la transsubstantiation, il faut distinguer deux manières d'entendre le système des monades. L'un dira que ces hiérarchies d'unités simples n'existent que quand il y a individualité, foyer de vie, de sentiment, de mouvement, de passivité, d'activité quelconque, ainsi qu'on le remarque dans le végétal, l'animal, l'homme; et que ce qui n'est point individu n'existe qu'à l'état de mode ou de figure d'idée. L'autre dira que tout corps est un composé de monades substantielles. Par le premier système, on retombe dans la théorie de Berkeley, relativement au pain et au vin, matière de l'eucharistie, et la même explication doit être invoquée. Par le second, on introduit une difficulté apparente qu'il faut résoudre.

Que peut-il arriver, par la transsubstantiation, aux monades composantes du pain et du vin? Sont-elles anéanties ou écartées pour faire place à celles qui composent le corps du Christ? Mais si ce miracle se conçoit facilement, comme très-possible à Dieu, on n'y voit pas une vraie transsubstantiation, mais plutôt une substitution d'une substance à une autre, et le mot catholique dit plus que cela. Sont-elles véritablement organisées en corps, et assumées par l'âme du Christ? Alors on voit une vraie transsubstantiation, puisque ce qui faisait qu'elles étaient du pain et du vin est changé en ce qui fait qu'elles sont le vrai corps du Christ assumé par son âme, comme son humanité tout entière a été assumée par sa divinité, assomption d'où a résulté que le Christ est Dieu; mais il suit de cette assomption qu'il y a une addition de monades au corps de Jésus-Christ, de sorte que ce corps se multiplie, augmente le nombre de ses éléments pour consommer le mystère eucharistique. N'est-ce pas là une difficulté?

Nous répondons que, sans oser affirmer que la première hypothèse soit clairement opposée à la foi catholique, nous la rejetons comme incompatible, à notre jugement, avec cette foi; mais, que, d'autre part, la seconde nous paraît être plausible au double point de vue de la foi et de la raison. L'Eucharistie est véritablement, dans la pensée catholique, une multiplication du corps de Jésus-Christ, sans être une multiplication de son âme et de son moi, multiplication qui n'est que transitoire, puisqu'elle ne dure que le temps de la durée des espèces dans leur entité visible. Dans cette pensée, la vertu des paroles de la consécration consiste précisément à faire que l'âme de Jésus-Christ et sa divinité assument la substance du pain et du vin, et en fassent le corps qui leur appartient. D'un autre côté, la raison ne voit en cela que deux choses, à savoir que toute monade de matière appartenant à une âme, unie à cette âme de l'union qui fait que le corps de mon âme est mon corps, est, par cette union même, le vrai corps de cette âme; et que le nombre des monades est absolument indifférent à la possibilité de l'union, puisque leur âme peut être présente à plusieurs objets divers en même temps. Or, ces deux observations suffisent pour écarter toute assertion d'impossibilité. Seulement on est obligé de dire, dans cette manière d'entendre la transsubstantiation, que les monades qui étaient pain et vin avant la consécration, et qui deviennent corps du Christ par la consécration, ne sont pas les mêmes au sens numérique, quoiqu'elles soient les mêmes sous tout autre rapport, que celles qui forment le corps habituel et permanent du Christ glorieux; car il y aurait contradiction à affirmer, d'une part, que les monades du pain ne sont ni anéanties ni écartées, mais restent, en tant que monades susceptibles d'engendrer toute matière possible; et, d'autre part, qu'en devenant le corps du Christ, elles deviennent celles de ce corps sans aucune addition? Si elles restent soi, comme les monades dont se composent nos aliments, elles sont ajoutées à celles du corps ordinaire du Christ; et s'il n'y a, dans son corps céleste, aucune addition par la consécration, il est impossible qu'elles restent soi sous l'influence de la forme sacramentelle; cela est évident, c'est le oui ou le non. Mais quel inconvénient y a-t-il à dire qu'il en est du système eucharistique, dans l'ordre surnaturel et par la vertu de la consécration, comme du mystère de la nutrition, dans l'ordre naturel, par la vertu des lois de Dieu? Est-ce que la molécule qui devient en nous chyme, chyle, sang, et, en dernier lieu, chair et os, n'est pas bien véritablement notre corps après ces diverses transformations, bien qu'elle reste soi, et qu'elle ne soit pas numériquement identifiée avec les molécules typiques et antérieures de notre corps, ce qui serait incompatible avec l'hypothèse de molécules substantielles, ni anéanties, ni écartées, mais seulement assimilées et faites corps d'homme? Nous reviendrons sur cette pensée, dont nous aurons encore plus besoin pour concilier le système cartésien avec le dogme eucharistique.

Enfin, si l'on demande comment les espèces peuvent se soutenir après le pain et le vin devenus corps, on peut dire qu'elles existent dans nos sens et notre âme leur servant de support; on peut dire aussi qu'elles sont soutenues par Dieu : ne faut-il pas admettre que Dieu soutient tout, et que tous les modes sont supportés par lui dans l'éternité à l'état d'idéalités? Quoi donc de plus simple que d'imaginer que le pain et le vin reprennent leur état primitif d'idéalités en Dieu, et que Dieu nous rend visibles ces idéalités, sans leur soutenant créé, comme il nous les avait rendues, pour un temps, visibles avec ce soutenant? Enfin, rien ne nous paraît s'opposer à ce qu'on dise, avec plus d'un théologien, que le corps même du Christ, son corps eucharistique, formé des monades élémentaires qui avaient été pain et vin, serve de support aux espèces et apparences. La seule absurdité dans cet ordre consiste à affirmer un soutenu sans soutenant; nous venons de trouver trois soutenants possibles des espèces eucharistiques; il n'y a donc aucun embarras.

III. Le système de Descartes sur les corps multiplie les difficultés, et cependant il n'en est pas qui ne se résolvent sans peine; c'est ce qu'on va comprendre.

Éliminons d'abord la question de la persistance des espèces. Il est évident que ce que nous venons d'en dire à propos du système de Leibnitz est applicable au système cartésien. Les trois soutenants que nous avons proposés ne cessent pas d'être pour rendre possible cette persistance. Il est bon cependant d'ajouter quelques mots sur cet objet. Deux systèmes ont été proposés dans les écoles, celui de saint Thomas et des péripatéticiens, et celui du P. Maignan que Rohault modifia quelque peu, quant au développement. Saint Thomas pose en principe la possibilité d'accidents absolus, c'est-à-dire de modes sans sujet d'inhésion, et explique la persistance des espèces eucharistiques par elles-mêmes. Plusieurs de ses disciples ont même affirmé que la foi catholique obligeait à cette croyance ; mais ce fut une grande exagération aussi vite réfutée qu'émise. Pierre d'Ailly, évêque de Cambrai, cardinal célèbre du concile de Constance, bien que partisan des accidents absolus, déclare qu'on peut les rejeter sans tomber dans l'hérésie (4 sent. q. 6), et Huet, évêque d'Avranches, affirme positivement, ainsi que tous les théologiens sensés, « qu'il est permis de prendre, sur ce point, le sentiment qu'on veut. » (*Accord de la foi et de la raison,* c. 8.) Que pouvait donc comprendre saint Thomas dans son affirmation des accidents absolus ? Voulait-il dire qu'il est possible qu'un mode, c'est-à-dire, d'après ses propres définitions et celles de tout le monde, un *être soutenu* puisse exister sans *aucun soutenant,* au sens absolu ? L'absurdité serait trop palpable : ce serait dire qu'une chose peut être et n'être pas tout ensemble, car on ne peut pas être soutenu sans être soutenu par quelque chose. Il est impossible que le génie et le bon sens de saint Thomas soient tombés dans une telle affirmation qui saperait par la base tout l'échafaudage de ses démonstrations. Nous croyons donc que saint Thomas et les péripatéticiens ont entendu, par accidents absolus, des accidents qui n'ont point de soutenant créé propre à eux, mais qui sont soutenus par le soutenant incréé et universel qui est Dieu, ce qui revient simplement à affirmer, sous une forme particulière, la grande théorie de Platon sur les idées archétypes éternels, figures plastiques des choses qui existent toujours, que Dieu substantialise et désubstantialise quand il lui plaît, et qu'il rend visibles *ad extra* à ses créatures intelligentes, selon qu'il lui plaît, soit en les substantialisant, soit en les laissant à l'état pur d'idéaux. En comprenant ainsi les accidents absolus des thomistes, nous les acceptons parmi les hypothèses rationnelles, explicatives de l'eucharistie, ainsi qu'on le comprend après avoir lu ce qui précède. Le P. Maignan et Rohault donnent pour *substratum* aux espèces eucharistiques Jésus-Christ et l'homme qui les voit, Jésus-Christ pour les propriétés qu'il appelle intimes, telles que le mouvement, la dureté, l'impénétrabilité ; et l'homme témoin, pour les propriétés relatives, telles que la couleur, la saveur, l'odeur ; le premier explique la perception en nous de ces dernières par un miracle, et le second, par une simple application des lois naturelles. On voit qu'ils ont recours aux deux autres hypothèses que nous avons faites plus haut. Quant à leur distinction des propriétés absolues soutenues par le corps même du Christ, et des propriétés relatives existant dans nos sens et notre esprit, nous n'en voyons nullement la nécessité ; pour dire notre pensée véritable et complète sur ce point, nous trouvons que toutes ces hypothèses doivent se confondre dans le grand principe de Platon et de saint Thomas bien compris, puisque, quelque soutenant qu'on imagine, il n'explique rien tant qu'on n'arrive pas au soutenant radical et éternel qui est la substance absolue, qui est Dieu. On peut élever, en esprit, une pyramide aussi haute qu'on voudra de soutenants soutenus, mais puisqu'il faut en arriver nécessairement à un soutenant non soutenu, se soutenant lui-même, et soutenant le pyramide entière, pourquoi perdre son temps dans les bagatelles des intervalles, et ne pas jeter immédiatement sa pensée sur la base universelle au delà de laquelle il n'y a plus rien ? Nous disons donc simplement, à l'égard des espèces eucharistiques, comme à l'égard de tous les êtres, substances et modes, qu'elles existent parce que Dieu les soutient et nous les rend visibles.

Reste donc à examiner la présence réelle et la transsubstantiation dans le système cartésien sur la nature des corps ; mais il faut encore exposer auparavant une théorie mixte soutenue par les péripatéticiens. Cet exposé nous servira d'une introduction utile à ce qui suivra.

D'après ces philosophes-théologiens, l'étendue n'est pas tellement essentielle au corps qu'il ne puisse en être dépouillé sans cesser d'être corps ; et partant de cette base, ils soutiennent qu'il y a, par la vertu de la consécration, séparation entre l'étendue du pain et du vin et leur substance, que l'étendue reste seule à l'état de mode sans soutenant, c'est-à-dire, à notre manière de les comprendre, soutenue uniquement par Dieu ou réduite à l'état de figure idéale visible ; et que la substance, désormais sans étendue et par conséquent simple, dénuée de milieu et de côtés, est identifiée au corps de Jésus-Christ, de telle sorte que ce corps du Sauveur, soit considéré sur l'autel, soit considéré dans les cieux, est sans étendue, et n'a aucun rapport de proximité ou d'éloignement avec les corps environnants. « On convient, » dit La Chambre, « que cette manière d'expliquer la transsubstantiation exclut du sacrement de l'eucharistie la présence corporelle et matérielle ; mais, comme l'Eglise n'a point encore prononcé en faveur de cette espèce de présence, il ne convient à aucun particulier de taxer d'hérésie ceux qui la croient. » (*Exposition claire et précise,* etc. t. 1er, p. 419.) On conçoit que cette théorie, tout en laissant la matière étendue substantiellement dans son état ordinaire, la ramène, dans le cas des corps glorieux et du corps de Jésus-Christ dans l'Eucharistie, à quelque cnose de semblable aux monades de Leibnitz, et que, par ce biais, les difficultés résultant de la présence simultanée du même corps numérique en plusieurs lieux sont complétement tournées. Mais on élève contre-cette hypothèse de graves objections qu'il est bon de résumer.

Si le corps du Christ dans le sacrement et dans le ciel n'est pas étendu, après l'avoir été sur la terre comme les nôtres, peut-on dire que ce soit le même corps qui est né de Marie, a souffert pour nous, est mort, est ressuscité?

Si l'étendue n'est pas de l'essence des corps et peut en être détachée sans qu'ils cessent d'être des corps, les dimensions, longueur, largeur et profondeur, ne peuvent être que des idéaux, des modes non substantiels supportés par un *substratum* simple, et si on dit pareille chose, on tombe d'aplomb dans le système de Berkeley ou de Leibnitz, et mieux vaut professer explicitement l'un de ces deux systèmes.

Mais on ne veut pas tomber dans ces théories, et, pour éviter cette chute, on a recours à une vraie contradiction. On dit « qu'être étendu c'est être composé de parties qui soient les unes hors des autres et contiguës les unes aux autres sans que les unes soient les autres; mais qu'un corps peut être étendu ou par rapport à soi, *in ordine ad se*, ou par rapport au lieu, *in ordine ad locum.* On nomme la première étendue, *étendue interne*, et la seconde, *étendue externe;* et on ajoute que le corps de Jésus-Christ, sous les saintes espèces, est étendu *in ordine ad se*, sans l'être *in ordine ad locum.* » (LA CHAMBRE, *ubi supra*, 421.) Or, il est évident que ce sont là des contradictions. Si le corps est substantiellement étendu par rapport à soi, c'est-à-dire de manière que chaque partie soit une substance occupant son lieu distinct relativement aux autres parties, il est évident que le corps qui est l'ensemble de ces parties, occupera aussi un lieu relativement au corps extérieur. L'un n'est pas possible sans l'autre.

Ces deux dernières objections sont insolubles. Aussi l'explication péripatéticienne ne nous paraît-elle soutenable qu'à la condition qu'on rejette l'étendue interne aussi bien que l'étendue externe, et qu'on assimile le corps du Christ avant sa résurrection à son corps après sa résurrection : ce qui revient à dire que l'on fera de tous les corps des êtres simples en substance, et de l'étendue une pure figure idéale. Mais modifier de la sorte le système péripatéticien, c'est le ramener à ceux de Berkeley et de Leibnitz dont il a été question.

Venons enfin au système de Descartes, qui fait consister l'essence même des corps dans l'étendue substantielle, et, par suite, affirme implicitement que cette étendue ne peut jamais en être séparée sans anéantissement du corps lui-même. Il découle de cette idée du corps deux principes d'une évidence axiomatique, et contre lesquels il est impossible de rien élever dans l'ordre de foi et dans l'ordre de raison. Voici ces deux principes :

Premier principe. — Si le corps est une substance essentiellement étendue, et, par suite, infiniment divisible, il est d'une impossibilité métaphysique absolue qu'un corps reste corps en perdant son étendue et sa divisibilité. Si on l'imagine changé en quelque chose de non étendu et de non divisible en substance, on l'imagine anéanti et une nouvelle création mise à sa place.

2ᵉ principe. — Si le corps est une substance essentiellement étendue, il se limite dans un espace matériel, dans un lieu qui est sa propre dimension, qui est son étendue elle-même essentielle, qui ne peut être séparé de sa substance sans anéantissement, qui le suit partout, et qui est, tout à la fois, nécessairement un et exclusif de tout autre; et il y aurait contradiction évidente à dire que le même corps numériquement pris occupât deux lieux à la fois; le corps et son lieu étant, par l'hypothèse, inséparables, étant une seule et même chose, s'il n'y a qu'un corps au sens numérique, il n'y a qu'un lieu occupé par lui dans le même sens; et s'il y a deux ou plusieurs lieux occupés à la fois, il y a autant de corps, en nombre, qu'il y a de lieux occupés.

Ces principes sont tellement impliqués dans la définition cartésienne du corps, qu'il est impossible de poser cette définition sans les poser en même temps; et il s'agit d'une telle impossibilité que la puissance de Dieu, comme toutes les autres, n'y peut rien, par là même que cette puissance ne peut réaliser, à la fois, dans le même être, et sous le même rapport, le oui et le non.

Cela reconnu avec la bonne foi dont nous faisons notre première règle en toute chose, tirons-en, avec la même bonne foi, les conséquences relatives à la présence réelle et à la transsubstantiation.

En ce qui concerne ce dernier point, il n'y a que deux hypothèses à faire; ou la substance du pain, en tant que matière, est informée par la puissance divine, de manière à devenir, sans anéantissement ni écartement, le corps du Christ; ou cette substance est anéantie ou écartée, et le corps du Christ glorieux, tel qu'il est dans le ciel, lui est substitué sous les apparences. Or, la seconde explication, nous l'avons déjà dit, ne nous paraît pas suffisante pour satisfaire la foi exprimée par le mot transsubstantiation, de sorte que nous ne nous y arrêterons pas, bien qu'elle expliquât très-facilement le mystère du changement. Il nous faut donc admettre l'autre ; mais cette autre, en supposant la conservation des éléments matériels qui formaient le pain avant la consécration, suppose, par là même, une multiplication ou une extension numérique du corps du Christ. Ces éléments n'étant pas ceux de ce corps tel qu'il était dans le ciel avant ce mystère, ces éléments occupant leur lieu, puisqu'ils ont leur étendue propre, comme ceux du corps habituel occupent le leur, puisqu'ils ont aussi leur étendue propre, on est obligé de dire qu'il y a distinction de lieux occupés, quelle que soit l'union ou la fusion que l'on imaginera avec l'assimilation ; c'est une suite essentielle de l'hypothèse de la permanence de ces éléments en tant que matière, et du rejet de celle de la simple substitution du corps du Christ au *substratum* du pain. Nous voilà donc obligés d'admettre une distinction numérique entre la substance du pain devenue corps du Christ, et la substance du corps du Christ hors de l'Eucharistie, bien qu'en tant que corps du Christ il y ait identité parfaite entre les deux substances.

En ce qui concerne la présence réelle du corps du Christ sur tous les autels à la fois, nous sommes encore obligés d'admettre, pour ne pas sortir de la définition cartésienne, une distinction numérique dans l'unité identique du corps. Pour être clair, concentrons notre pensée sur le corps du Christ, tel qu'il est au ciel d'une manière permanente. Ainsi considéré, il est, d'après Descartes, essentiellement étendu, occupant son lieu, le portant avec lui, et ne pouvant, tout en étant le même numériquement, en occuper deux à la fois, puisque cela impliquerait deux corps, le corps et son lieu étant une même chose. Nous voilà forcés, encore une fois, pour concevoir la possibilité de la présence réelle et substantielle du corps comme de l'âme, ici et là simultanément, d'écarter l'identité numérique, et de dire : le corps, en tant que présent où je suis, peut bien être le même que le corps en tant que présent où vous êtes, à titre du corps de Jésus-Christ, mais il ne peut pas être le même numériquement dans les deux cas, à titre de substantialité matérielle ; car il y a deux lieux occupés, deux étendues distinctes, et cela veut dire deux corps au sens numérique, sans quoi on sort de la définition cartésienne.

Voilà ce qu'il est impossible de contester comme déductions du système qui fait de l'étendue l'essence même des corps. Aussi les cartésiens catholiques ont-ils mis à contribution toutes les ressources de leur génie pour trouver une conciliation de leur théorie sur les corps, qu'ils ne voulaient point abandonner, avec la transsubstantiation et la présence réelle, auxquelles ils ne tenaient pas moins. Le point commun qui sert de base à leur explication consiste à soutenir l'identité parfaite du corps eucharistique avec le corps de Jésus-Christ, en tant que corps de Jésus-Christ, tout en rejetant l'identité numérique du corps eucharistique, tant avec le corps dont Jésus est habituellement revêtu, qu'avec les autres corps eucharistiques. Ils disent que l'identité spécifique est la seule qui soit constitutive de la réalité du mystère. Toute l'école cartésienne, dans laquelle il faut nommer en particulier Fénelon, s'est retranchée dans cette théorie ; l'Église n'a ni approuvé, ni désapprouvé, et deux hommes célèbres ont élevé sur cette pensée deux grandes explications qu'il nous reste à exposer ; ces deux hommes sont Cailly, professeur de philosophie dans l'université de Caen, et Varignon, professeur de mathématiques au collège Mazarin, dans l'université de Paris.

Tous deux raisonnent comme il suit : ce qui fait que le corps d'un homme est son corps, ce n'est point l'identité numérique des éléments qui le composent, mais leur identité en espèce, et cette identité d'espèce consiste, en premier lieu, dans l'union intime de ces éléments avec l'âme qui les centralise dans son moi, et sans laquelle il n'y aurait ni unité, ni identité individuelle. Nous portons en nous une série de phénomènes qui prouvent, avec la dernière évidence, que l'identité numérique des éléments matériels n'est d'aucune importance dans la question de l'identité individuelle, matérielle, aussi bien que spirituelle. Il est très-bien établi, en histoire naturelle, que notre chair, nos os, notre sang, toutes les parties de notre corps, se renouvellent sans cesse par la déperdition des éléments qui les ont composées, et par la substitution d'éléments nouveaux qui viennent s'assimiler aux anciens et les remplacer. Il résulte de cette métamorphose perpétuelle qu'au bout d'un nombre d'années, quinze ou vingt ans, il ne reste plus rien, dans le corps d'un homme, de ce qui y était quinze ou vingt ans plus tôt : ce corps nouveau en est-il moins le corps véritable de l'individu ? en est-il moins le même corps, en tant que corps humain, que celui du passé ? Evidemment l'identité est parfaite, bien qu'il n'y ait pas identité numérique. Qu'il en soit de même des corps eucharistiques de Jésus-Christ, ils seront bien véritablement son corps, et pourront occuper plusieurs lieux à la fois, puisqu'ils seront multiples numériquement, quoique *un* spécifiquement, comme mon corps actuel est le mien absolument et le même qu'il y a quinze ou vingt ans, parce que, quoique multiple numériquement, si on le considère aux deux époques de sa durée, il est *un* spécifiquement à ces deux époques. Il y a mieux, prenons Jésus-Christ lui-même : pendant sa vie mortelle son corps fut assujetti, comme le nôtre, aux lois naturelles, puisqu'il fut un homme comme nous ; il fut d'abord tiré du sang de sa mère, puis il se développa, grandit, se forma, et se trouva, à l'âge du sacrifice sur la croix, composé de molécules matérielles numériquement distinctes de celles qui l'avaient composé dans le sein de la Vierge, à sa naissance et dans son enfance : or, l'Église dit que, sous les saintes espèces, le corps de Jésus-Christ est présent et le même qui a été conçu dans le sein de la Vierge, est né de la Vierge, a vécu, a été crucifié. Or, d'après le principe d'histoire naturelle que nous venons d'expliquer, et le principe de foi que Jésus-Christ, dans son corps, fut semblable aux autres hommes, son corps, pris à la conception, ne fut pas le même numériquement que le corps de l'enfant Jésus, mais seulement le même spécifiquement ; le corps de l'enfant Jésus ne fut pas le même numériquement que le corps qui fut crucifié, mais seulement le même spécifiquement ou personnellement. Donc l'Eglise, en disant que c'est le même corps, et dans ces trois circonstances de la vie mortelle, et dans l'Eucharistie, entend parler d'une identité spécifique, la seule qui fait que le corps d'un homme est le corps de cet homme. Si elle entendait autre chose, on serait en droit de lui demander si le corps eucharistique est celui de l'enfant Jésus ou celui du Christ crucifié, parce qu'il ne peut pas être les deux à la fois au sens numérique ; mais elle n'entre pas dans ces détails, elle dit que le corps, dans l'eucharistie, est le même que le corps de l'enfant et que le corps du crucifié, comme nous disons avec justesse dans toutes les langues, que le corps d'un vieillard est le même que celui qui est né de sa mère, a grandi, est devenu celui de l'homme fait, puis a vieilli.

Avec ce principe des cartésiens, on conçoit que toute contradiction disparaît dans la présence réelle d'un même corps en plusieurs lieux à la fois ; et comme cette difficulté était la seule considérable, beaucoup de ces philosophes s'en tiennent là, et ne s'occupent point de la transsubstantiation, disant en général qu'il suffit à la raison de concevoir que Dieu fasse, par un moyen quelconque surnaturel, le changement du pain et du vin au corps du Christ, et qu'elle le conçoit facilement en gros, puisqu'il s'agit simplement pour elle d'imaginer qu'il opère surnaturellement un effet du même ordre, que celui qu'il opère sans cesse naturellement dans les corps organisés, par l'assimilation des aliments à ces corps, par leur transformation en la chair et les os de celui qui s'en nourrit. Leur raisonnement est d'une évidence lumineuse ; cependant Cailly et Varignon, que nous avons cités, ont voulu pénétrer plus profondément dans la question de la transsubstantiation elle-même, et c'est sur ce point que leurs théories diffèrent.

Cailly propose une explication extrêmement simple et qui peut se résumer en quelques mots. La seule condition, dit-il, qui soit nécessaire et suffisante pour faire un individu homme, c'est l'union hypostatique, ou constituant identité personnelle, d'une portion quelconque de matière à une âme humaine, de sorte que cette portion de matière, quels qu'en soient l'arrangement et la forme, devient le vrai corps de l'individu dès qu'elle est assumée ainsi par son âme ; c'est ce qui faisait dire aux théologiens et aux conciles antiques que l'âme est *la forme du corps*, le *formant du corps*, que c'est elle qui fait que le corps, qui lui est uni, est corps humain, en l'informant à elle hypostatiquement. Que faut-il donc, pour que le pain, dans l'eucharistie, soit changé en le corps du Christ, pour le passage de la substance pain à la substance corps du Christ ? Il suffit que l'âme et la divinité du Christ s'unissent hypostatiquement à la substance du pain, au pain qui n'est plus pain, dès que cette union a lieu, bien qu'il reste en soi, et abstraction faite de toute relation à Jésus-Christ, ce qu'il était auparavant, mais qui est devenu véritablement corps de l'Homme-Dieu. On conçoit combien cette hypothèse simplifie la question, sous tous les rapports. La divinité et l'âme assument la matière pain et vin, et cette assomption implique, sans autre addition, la transsubstantiation elle-même ; chaque portion de pain et de vin consacrée demeure numériquement distincte de toutes les autres également consacrées, de sorte que la présence réelle en plusieurs lieux à la fois devient chose très-simple ; et, comme la substance de cette portion de matière, tout en devenant corps de Jésus-Christ, par l'assomption hypostatique qu'en font son âme et sa divinité, demeure matière de pain et de vin comme auparavant, il est tout naturel qu'elle en conserve les apparences et tous les attributs intérieurs et extérieurs. D'un autre côté, il y a véritablement multiplication du corps de Jésus-Christ, reproduction de l'incarnation et de l'immolation, nutrition enfin, même matérielle, du chrétien par l'Homme-Dieu à titre d'aliment.

Tel est le célèbre système de Cailly, que le janséniste Nicole a voulu réfuter, auquel on n'a pu guère reprocher qu'une trop lumineuse simplicité, reproche parfaitement déraisonnable, et que l'Eglise n'a jamais condamné.

Varignon a introduit, dans la théorie de Cailly, une complication qui consiste à imaginer, dans chacune des parties intérieures du pain et du vin consacrés, une véritable organisation matérielle. La matière, dit-il, étant divisible à l'infini, toute partie de matière, quelque petite qu'elle soit, peut devenir un corps organisé par l'introduction en elle de modifications dans l'arrangement des molécules. D'ailleurs la grandeur est indifférente à la nature humaine, puisque les nains et les géants sont également des hommes, et que, si un enfant reste le même être humain en devenant homme, on conçoit qu'un homme, en se rapetissant indéfiniment, resterait toujours homme et le même homme, parce qu'il aurait la même âme, le même moi, avec la même organisation en plus petit, et que, pour faire deux hommes, il faut deux âmes. Et Varignon conclut de ces principes qu'il suffit d'imaginer que Dieu transforme chacune des particules du pain et du vin en de petits corps organisés, auxquels s'unit l'âme du Christ avec sa divinité, pour comprendre qu'il soit réellement et totalement présent ainsi que l'enseigne la foi, non-seulement dans l'ensemble de chaque espèce, mais dans chacune de ses parties. Quant aux apparences, elles restent la superficie visible et sensible des petits corps dont elles sont comme le voile et l'habit ; et ces petits corps en sont la substance.

On ne perçoit encore dans ce système aucune impossibilité métaphysique, et il est certain que, dans l'hypothèse de la matière-substance au sens de Descartes, Varignon trouve moyen, aussi bien que Cailly, d'écarter toute contradiction.

Notre devoir est de ne prendre aucun parti dans ce conflit d'hypothèses, mais de faire observer au lecteur que le dogme de l'eucharistie se justifie facilement devant la raison dans tous les systèmes sur les corps, ainsi que nous l'avions annoncé au commencement.

Nous avons attaqué de front les difficultés fondamentales. Nous ne devons pas nous arrêter à celles de détail qui trouvent leur solution dans la réponse aux premières. Celle de la présence du Christ tout entier, non-seulement dans l'hostie entière, mais dans chacune de ses parties, se résout facilement, dans les trois systèmes sur les corps, à l'aide des explications que nous avons données, et par cette simple observation que Jésus-Christ est tout entier là où est son moi personnel ; or, on a dû comprendre que son moi personnel sera présent tout entier dans chaque fraction de l'hostie, si l'on dit avec Berkeley que le corps n'est qu'un mode ; si l'on dit avec Leibnitz qu'il est un composé d'éléments simples, puisque chaque élément ne fera qu'un avec son âme, et que l'on aura soin de poser en principe que l'assomption, par l'âme, d'un seul élément suffit pour l'être humain identique et complet, le nombre, comme nous l'avons observé, étant indifférent à l'identité du *moi* ; enfin si l'on dit, avec Descartes, que la matière est divisible à l'infini, puisqu'alors on pourra avoir recours aux idées ingénieuses de Cailly ou de Varignon. On trouve aussi dans certains livres cette objection, que, s'il est vrai que le tout soit plus grand que sa partie, Jésus-Christ ne put mettre, en communiant avec ses apôtres, son corps qui était le tout, dans sa bouche qui était la partie ; mais dans le premier système, l'objection n'a pas même de sens, puisqu'il n'y a plus d'étendue substantielle ; dans le second, même observation, puisque les éléments matériels sont sans étendue ; et, dans le troisième, nous accordons bien l'impossibilité qu'un tout étendu se renferme dans sa propre partie numériquement sienne ; mais aussitôt que vous retirez l'identité numérique, la question revient à demander si une partie d'un tout peut contenir un tout qui est le même, en tant que corps de la même âme, mais qui peut être de toute grandeur et qui se distingue numériquement du premier ; or, la réponse de la raison ne se fait pas attendre.

D'ailleurs, la manducation matérielle, dans la communion, porte directement sur les espèces et apparences, et, quant au mystère ineffable de l'infusion du Christ dans le chrétien, Dieu ne nous en a jamais révélé la manière et le moyen, de sorte qu'à cet égard on ne doit qu'adorer.

Nous avons accompli notre tâche, puisque nous en avons dit assez pour faire comprendre à tout lecteur de bonne foi que, de quelque côté qu'on se tourne, le mystère de l'Eucharistie s'harmonise facilement avec les principes rationnels. — *Voy.* SACRIFICE DE LA MESSE.

EUTYCHÉISME. *Voy.* PANTHÉISME, III, 2.

EVANGILE (SUPÉRIORITÉ DE L'). *Voy.* MORALE, Conclusions.

EVANGILES (ANALYSE DES QUATRE). *Voy.* JÉSUS (Vie de), I.

ÉVIDENCE. *Voy.* LOGIQUE.

EXEMPLE (BON). — PLATON. *Voy.* MORALE, II, 3.

EXEMPLE (PRÊCHER D'). — CONFUCIUS. *Voy.* MORALE, III, 16.

EXISTENCES (QUESTION DES). *Voy.* ONTOLOGIE.

EX OPERE OPERATO (PRODUCTION DE LA GRACE). *Voy.* SACREMENT.

EXTRÊME-ONCTION (LE SACREMENT DE L') — DEVANT LA FOI ET DEVANT LA RAISON (II° part., art. 42). — *Quelqu'un de vous*, dit saint Jacques, *est-il dans la tristesse, qu'il prie; est-il dans la paix de l'âme, qu'il chante; quelqu'un, parmi vous, est-il malade, qu'il appelle les prêtres de l'Eglise, et qu'ils prient sur lui, l'oignant d'huile au nom du Seigneur, et la prière de la foi sauvera le malade, et le Seigneur le soulagera : et s'il est dans des péchés, ils lui seront remis; confessez vos péchés l'un à l'autre et priez les uns pour les autres, afin que vous soyez sauvés : car la prière assidue du juste peut beaucoup.* (Jac. v, 13-16.)

De ces paroles de l'apôtre saint Jacques et de l'usage conforme à ces paroles, que l'Eglise a toujours trouvé dans son propre sein, se déduit tout naturellement le sacrement d'extrême-onction. L'explication de l'apôtre est aussi claire que possible. La matière de l'extrême-onction est de l'huile, et la forme consiste dans la prière, que ne cite pas saint Jacques, qui peut varier de forme, mais qui doit exprimer plus ou moins l'effet du sacrement, lequel est relatif à la maladie de l'âme et à celle du corps, mais surtout à la première.

Le sacrement d'extrême-onction s'explique comme tous les *sacrements*. (*Voy.* ce mot.) Il présente cependant une difficulté particulière, qu'il est bon de ne point passer sous silence.

Il est des circonstances où le sujet n'est pas capable de recevoir validement le sacrement de pénitence, bien qu'il soit dans une disposition d'âme habituelle qui lui en rendrait la réception fructueuse. Cela arrive lorsqu'il ne peut ou n'a pu faire aucune confession relative à l'absolution qu'il recevrait, puisque la confession est partie essentielle du sacrement de pénitence, soit qu'elle concoure à en former la matière, ce qui est le plus probable, soit qu'elle y entre comme condition indispensable. L'attrition peut, à coup sûr, exister au fond de l'âme d'un sujet que la maladie met dans ce cas, soit à l'état actuel, soit à l'état habituel, par suite d'actes antérieurs d'attrition. Comme on ne sait jamais au juste ce qui se passe dans les consciences, et s'il n'y aurait pas eu dans le malade quelque confession suffisante aux yeux de Dieu, on donne toujours l'absolution, quel que soit l'état du malade, à moins qu'il n'y ait eu, lorsqu'il manifestait son intelligence et sa liberté, refus explicite ou implicite non douteux à cet égard ; mais cette pratique ne modifie pas le principe : elle est fondée sur l'impossibilité de constater avec certitude entière ce qui a eu lieu et a lieu dans le malade, et le principe reçu partout n'en affirme pas moins que, sans quelque confession jointe à une disposition d'âme résultant de l'intelligence et de la liberté morale, le sacrement de pénitence ne peut pas produire son effet, qui est d'élever cette disposition même au degré qui justifie. Or, cela posé sur la pénitence, on dit généralement, avec saint Charles Borromée, que l'extrême-onction remplace, dans ce cas de nullité de l'absolution, le sacrement de pénitence, parce que l'extrême-onction n'exige pas la confession. Comment donc peut-il se faire qu'une âme soit élevée à la justification lorsqu'elle est incapable, par la maladie, des actes humains nécessaires avec l'absolution ?

Telle est la difficulté ; mais elle n'embarrasse que par suite de l'exposé embrouillé qu'on en fait, par défaut d'analyse. Relativement à l'acte qui constitue la confession plus ou moins complète, on conçoit très-bien qu'un sacrement de justification produise son effet sans cet acte ; c'est un acte extérieur dont on ne voit pas la nécessité, et qui ne serait pas même nécessaire dans la pénitence, si le Christ n'avait pas jugé convenable de l'exiger. — *Voy.* Confession. — Reste donc la coopération libre de l'âme à l'effet du sacrement, coopération qui, comme nous l'expliquons au mot Contrition, n'est en soi qu'une simple attrition insuffisante, et devient, par l'influx sacramentel, contrition suffisante mais il l'Eglise ne dit pas, dans sa croyance commune, que l'extrême-onction ait le privilége de rendre l'âme juste, lorsqu'elle a eu l'attrition, qui ne la justifiait pas encore, sans aucun acte moral de sa part, senti ou non senti, au moment du perfectionnement de sa justification. Au contraire, elle engage et même ordonne que l'extrême-onction soit administrée avant que le malade ait perdu les apparences visibles de la connaissance et de la liberté ; et si elle permet, dans le danger de mort, de la donner, lorsque ce moment est arrivé, elle n'affirme pas que le sacrement soit valide et fructueux ; elle juge seulement, comme pour l'absolution, qu'il faut toujours tenter les chances, lorsqu'il n'y a pas certitude entière que le sujet est incapable de recevoir validement le sacrement, certitude qui n'a lieu, dans le cas présent, que quand la mort est certaine, Dieu seul connaissant ce qui peut se passer dans les profondeurs d'une âme dont le corps est encore en vie.

Si l'on disait qu'en dehors de toute coopération morale, de toute activité du sujet, l'extrême-onction, ou l'absolution, justifie dès que le sujet présente la disposition purement habituelle et passive de l'attrition, sans aucune réaction de vie morale de sa part déterminée par l'influx sacramentel, nous aurions recours à la supposition d'une effluve de liberté dans laquelle Dieu élèverait au degré suffisant la coopération, par contrition, de l'âme elle-même, soit au moment de la séparation de l'âme et du corps, soit dans un moment quelconque ; car, si nous concevons très-facilement l'élévation de l'âme à l'état qu'on nomme en théologie, *grâce sanctifiante* (*Voy.* Justification), lorsqu'elle est seulement entachée du péché originel , sans coopération active de sa part, nous ne concevrions guère ce même effet, lorsqu'elle s'est rendue coupable du péché actuel. Un état contracté passivement peut être changé passivement, mais un état contracté par activité ne peut être détruit qu'avec coopération active de celui qui l'a contracté ; or l'attrition, n'impliquant pas, par l'hypothèse, la conversion complète de la volonté, ne peut être suivie, par la vertu exclusive d'une action extérieure, et sans une participation quelconque de la volonté, d'une conversion complète de cette volonté ; il semble qu'on aperçoit une sorte de contradiction dans les termes. Mais l'Eglise ne nous force pas, au moins que nous sachions, à la supposition que nous avons faite en dernier lieu. Elle professe, au contraire, en général, que, si Dieu tient les cœurs dans sa main et en fait ce qu'il veut, c'est en modifiant leurs dispositions, et non point en cessant uniquement de leur imputer leurs crimes ; elle dit hautement, et sans restriction, qu'il n'y a point de conversion du cœur sans coopération du cœur lui-même.

Malgré tout ce que nous venons de dire, nous poserons encore cette question : Ne serait-il pas possible qu'une volonté mauvaise, ou à moitié changée, s'endormît complètement, devînt tout à fait passive, et que, dans son sommeil, Dieu la changeât par lui seul, quant à son état habituel, d'une manière si parfaite qu'à son réveil elle se trouvât bonne et ne voulant activement que le bien ? Oui, sans doute, la puissance infinie ne peut faire qu'une volonté soit bonne en même temps qu'elle reste mauvaise ; mais elle peut faire que la même volonté mauvaise aujourd'hui soit bonne demain, par suite d'une action qu'il aura exercée sur elle, tandis qu'elle dormait. On pourrait donc concevoir encore, en rigueur, que, sous l'influence de l'extrême-onction, une volonté endormie, qui avait commencé, par l'attrition, à devenir meilleure, se réveillât, par la mort, voulant le bien tout à coup, sans qu'elle sût comment ce changement s'est opéré en elle. Elle dirait à Dieu en s'éveillant : Tu as tout fait en moi, sans coopération de ma volonté ; merci, mon Dieu !

On voit que, quand il s'agit de l'action divine, il faut dire des choses bien fortes pour que la raison ait droit de crier à l'impossible. — *Voy.* Ordre.

F

FATALISME (Le). — DEVANT LA RAISON ET DEVANT LE DOGME CATHOLIQUE (Ire part., art. 25). — Pour celui qui croit à l'existence de Dieu, il ne peut être conçu que deux fatalismes : le fatalisme par sagesse et le fatalisme par volonté.

Le premier n'est autre que l'optimisme, qui assujettit la volonté à la sagesse jusqu'à enlever à celle-ci toute liberté. Il s'ensuit, quant aux événements de l'univers, que tout arrive nécessairement selon la loi du mieux pour l'harmonie de l'ensemble.

Le second est un absolutisme de l'être suprême tellement complet sous tout rapport, qu'il réduit la Providence à un *volo* éternel, indépendant de toute raison, et étant lui-même la seule raison du vrai, du bien et du beau. Pur caprice que rien ne règle, faisant à son gré sagesse, vérité, justice, excluant la considération des causes finales et devenant, ainsi, une loi inexorable purement arbitraire, il ne reste à la créature que la perspective d'une nécessité universelle, qui l'entraînera forcément où elle ne sait pas ; et par conséquent, elle n'a qu'à s'endormir dans le quiétisme de l'impuissance absolue.

Ces deux fatalismes sont suffisamment réfutés au mot ONTOLOGIE (2e quest.), où l'on montre que la raison conduit au même Dieu que la foi, au Dieu en qui se combinent, au degré suprême du parfait, la volonté libre dans la sagesse, la sagesse dans la volonté libre, la justice dans la bonté, et la bonté dans la justice.

Les mêmes questions sont amplement traitées, au point de vue philosophique, au mot OPTIMISME, et, au point de vue surnaturel, dans les articles sur la GRACE.

Quant au fatalisme matérialiste qui n'admettrait qu'un aveugle *fatum*, loi inexorable sans autre entité substantielle que celle de la nature physique, il se trouve traité dans la réfutation de l'*athéisme* et du *panthéisme* matérialiste. Il en est question aussi dans l'article MATHÉMATIQUES. — *Voy.* OPTIMISME (réfuté par Fénelon).

FATUM (Le) INEXORABLE. *Voy.* ONTOLOGIE, question des essences, et MATHÉMATIQUES, V.

FAUTES (elles sont personnelles). — PLATON. *Voy.* MORALE, II, 10.

FEMME (ÉMANCIPATION DE LA). *Voy.* SOCIALES (Sciences), III.

FEU (Le) DANS L'ART. *Voy.* ART, II.

FEU ÉTERNEL. *Voy.* VIE ÉTERNELLE, III, 2e quest.

FICTION. *Voy.* POÉSIE.

FIDÈLES (Les) DANS L'ÉGLISE. *Voy.* ÉGLISE.

FIN SURNATURELLE. *Voy.* DÉCHÉANCE, RÉDEMPTION, VIE ÉTERNELLE, etc.

FINI (Le). *Voy.* ONTOLOGIE.

FOI. — RAISON (IIe part., art. 2). — L'article suivant fut publié, il y a deux ans, en un moment où la discussion sur la foi était vive avec un journal religieux trop connu dans notre époque. Cet article se trouvant être, au plus juste, le développement de la pensée déclarée, il y a quelques jours, par la congrégation de l'Index dans cette proposition :

Rationis usus fidem præcedit, et ad eam hominem ope revelationis et gratia conducit. — « L'usage de la raison précède la foi, et y conduit l'homme avec le secours de la révélation et de la grâce. »

Nous croyons intéresser le lecteur en le reproduisant ici :

Croire et obéir : dans ces deux mots est résumé tout le catholicisme.

Voilà ce que vous entendez répéter à tout instant, et si vous avez le malheur de parler de logique et de raison, de dire que l'opération par laquelle on conçoit et l'on démontre précède celle par laquelle on croit et l'on obéit, de vous approprier la pensée que le poëte, au temps du règne de la philosophie, traduisait ainsi :

La raison, dans mes vers, conduit l'homme à la foi.

Si vous êtes surtout assez audacieux pour affirmer que l'Église n'interdit ni ne condamne l'examen rationnel des choses religieuses, à commencer par son infaillibilité, pas plus que celui des choses profanes, on vous traite d'hérétique, et, pour toute réponse, on vous jette, comme à un damné, le grand *anathema*.

Cette conduite est celle de beaucoup de catholiques, que Dieu sauve, nous n'en doutons nullement, mais qui, n'ayant ici-bas aucune notion de l'art des distinctions théologiques, ne comprendront la doctrine de l'Église que dans l'éternité.

Cet article a pour but d'appeler l'attention du lecteur sur quelques-unes seulement des confusions d'idées que couvre leur formule. Nous nous bornerons à en signaler deux ou trois.

I. Sur cette question : est-ce la raison qui précède la foi, ou bien, est-ce la foi qui précède la raison ? jamais on ne s'entendra tant qu'on n'aura pas fait les deux distinctions suivantes :

Première distinction. — Entendez-vous par la raison, l'âme percevant simplement l'objet de la foi, l'âme recevant, par un moyen quelconque, l'idée de cet objet ? ou bien entendez-vous l'âme se démontrant à elle-même la réalité de cet objet, se livrant à l'examen de ses preuves ou motifs de crédibilité, comme on dit en théologie, en un mot, travaillant à en acquérir la certitude logique ?

La raison, prise dans le premier sens, précède évidemment la foi, au moins d'une précession métaphysique ; tout le monde est d'accord sur ce point, parce que tout le monde est d'accord sur les axiomes et qu'il n'est qu'une déduction immédiate de l'axiome suivant : Il est impossible d'adhérer formellement, par la foi, à une vérité dont on n'a pas l'idée, une vérité complétement inconnue étant, pour l'intelligence qui l'ignore, comme si elle n'était pas, relativement aux actes ayant cette vérité pour objet. C'est ce qu'on peut résumer dans cette courte proposition : la foi suppose une idée quelconque de la chose crue.

Si on prend le mot raison dans le second sens, il faut, pour résoudre la question, commencer par poser la seconde des deux distinctions que nous avons annoncées.

Deuxième distinction. — Voulez-vous parler de l'ordre de développement que suit la nature humaine à partir de la naissance, en d'autres termes, de la raison et de la foi dans leur vie pratique? ou bien voulez-vous parler de la marche logique de la raison et de la foi dans la discussion, dans l'examen philosophique et théologique, dans la démonstration?

Sur le premier champ de bataille, c'est, en général, la foi qui précède la raison ; l'enfant commence par croire à une parole à laquelle il a besoin d'avoir confiance, et ce qui a lieu dans l'enfant se répète dans l'homme pour une foule de choses, de sorte que, si le poëte philosophe eût envisagé la question sous ce point de vue, il aurait mis dans son vers la pensée inverse et aurait pu le tourner comme il suit :

La raison, *dans la vie, est fille de* la foi.

Nous ne craignons pas de dire qu'il l'eût fait, car aucun des rationalistes chrétiens n'a prétendu le contraire, et nous sommes persuadé qu'on trouverait dans Descartes lui-même des aveux explicites de la pensée que nous venons d'émettre, laquelle est parfaitement conciliable avec son doute méthodique, qui n'est autre chose qu'un développement complet de ce qui nous reste à dire relativement à l'ordre logique de la démonstration.

Sur ce second champ de bataille, c'est la raison qui a la priorité sur la foi. Il y a contradiction et absurdité à prétendre que le scrutateur qui veut, par un examen approfondi, se rendre compte d'une vérité et arriver à la certitude logique de cette vérité, que l'argumentateur qui veut la démontrer, doivent commencer par s'imposer ou imposer la foi dans la discussion, ce serait renverser la série discursive, ce serait mettre le but avant la voie, la fin avant le commencement. Leur travail même implique, par essence, le doute méthodique ; tout ce qu'on cherche, tout ce qu'on démontre est supposé, au moins par fiction, non trouvé avant la recherche, non démontré avant la démonstration. Cela est tellement évident qu'il est incroyable qu'on rencontre à chaque pas des chrétiens qui vous traitent d'hérétiques pour ne dire que cela. En vérité, il y a de quoi s'apitoyer sur le genre humain.

Voici quelques exemples qui serviront peut-être à faire comprendre comment, en toutes choses, la vie pratique, la nature dans les faits, commence par où finit la vie logique, la nature dans le labeur intellectuel.

Le pommier, dans la nature, précède la pomme ; c'est un fait. Eh bien ! dans l'ordre logique de la démonstration, c'est la pomme qui précède le pommier ; car, si vous ne pouvez pas dire : Voilà un pommier, donc il y a des pommes, vous pouvez dire très-logiquement : Voilà des pommes, donc il y a un pommier.

De même, la logique dit : Voilà de la fumée, donc il y a du feu, mettant la fumée avant le feu, tandis que la nature met toujours le feu avant la fumée.

De même encore, Descartes disait très-logiquement : Je pense, donc je suis, par cela même que la nature pose l'être avant la pensée.

On dira enfin : je suis, donc Dieu est, quoique Dieu soit avant moi, et par cela même qu'il est avant moi.

Ainsi la foi précède, en général, dans la vie pratique, et surtout dans l'enfant, l'examen démonstratif ou réfutatif, selon qu'il naît dans l'auréole de la vérité ou dans les langes de l'erreur, et cela n'empêche pas que la logique doive toujours dire, en mettant la foi après la raison : je suis certaine, donc je crois.

Nous avons fait notre possible pour faire sentir la première confusion que font les catholiques qui vous traitent d'hérétique quand vous ne dites pas comme eux, pour tout résumé de la doctrine chrétienne : croire et obéir ; quand, faisant l'inversion de leur série pratique, vous rétablissez, dans vos raisonnements, le principe en son lieu rationnel, c'est-à-dire avant la conséquence. Ils confondent simplement l'ordre humain dans les faits avec l'ordre logique ; ils jouent, vis-à-vis du logicien, un rôle semblable à celui d'un enfant affamé qui, saisissant un morceau de pain sans l'examiner et le dévorant, couvrirait d'injures le chimiste qui, devant lui, ferait l'analyse de ce pain avant d'affirmer avec certitude que ce n'est pas du poison. Si le chimiste ne blâme pas l'enfant de sa confiance aveugle, l'enfant doit-il blâmer le chimiste de ce qu'il procède avec sagesse et fidélité à ses prescriptions dans la pratique de son art?

Voici une autre confusion beaucoup plus fâcheuse encore et surtout plus délicate à traiter, parce qu'elle tombe directement sur la foi au symbole de l'Eglise et sur l'obéissance à sa législation.

II. Sur la même question de la précession de la foi ou de la raison, examinée dans son rapport direct avec l'autorité ecclésiastique, voici comme on raisonne :

L'Eglise dit : Croyez et obéissez, et, après, vous vous rendrez compte, si vous le voulez, de votre foi et de votre obéissance, par l'examen de mes titres à l'infaillibilité et au droit de commandement.

C'est donc la foi qui doit précéder la raison d'après le symbole catholique, et c'est commencer par un acte d'hérésie et de schisme que de raisonner avant de croire et d'obéir.

Ceux qui argumentent de la sorte ont simplement oublié la distinction du catéchisme entre l'Eglise visible, ou le corps de l'Eglise, composé de ceux qui font extérieurement profession de la foi à la même doctrine et d'obéissance aux mêmes pasteurs, et l'Eglise invisible, ou l'âme de l'Eglise, composée de ceux qui, ayant la connaissance des choses nécessaires de nécessité de moyen, sont, de plus, et quelle que soit d'ailleurs leur foi explicite, en sûreté de conscience devant Dieu; distinction qui ruine le protestantisme de fond en comble, et que, pour cette raison, ne voulait pas admettre Claude discutant avec Bossuet.

Justifions cette assertion.

L'Eglise visible étant une société extérieure reconnaissable par son unité dans la profession d'une même foi et dans l'obéissance à une même hiérarchie, ne doit s'occuper, pour constater si tel ou tel doit être classé sur son catalogue, que du fait même directement observé de sa profession de foi et d'obéissance. C'est ainsi qu'elle dit : Voulez-vous être catholique? croyez et obéissez, voilà tout. Je ne m'occupe pas de la manière dont vous arrivez à la foi; c'est un secret entre vous et Dieu; je cherche seulement le fait même, et, si je le trouve en vous, je vous compte au nombre de mes membres. Si, au contraire, je ne l'y trouve pas; si je trouve à sa place la discussion, l'examen, l'argumentation, toute autre chose que le fait de la foi, vous n'avez point le passe-port qu'il me faut; quand vous en serez muni, vous serez admis.

Et ce langage est parfaitement rationnel. Supposez dix personnes ayant fait société et ayant pris, pour centre d'unité de leur association, un symbole quelconque, évidemment elles ne diront pas à celui qui voudra faire partie de leur société : Raisonnez, discutez, examinez mon symbole; elles lui diront : Acceptez-le, et vous serez admis. Tant que vous ne ferez que le raisonneur, vous ne serez pas des nôtres; ce n'est point l'examen qui enrôle parmi nous; c'est l'acceptation, c'est le signe donné ; il est contraire à l'essence même de toute société qu'il en soit autrement, et voilà pourquoi celles qui, admettant l'examen particulier, ont rejeté la foi et l'obéissance simples comme conditions et marques d'admission, n'ont point été des sociétés, mais de pures désorganisations.

Voilà comment l'Eglise, en tant que visible, prise dans son corps terrestre, demande purement et simplement la foi et l'obéissance. Elle n'admet même pas, sous ce rapport, qu'on raisonne après plutôt qu'avant. Du moment que la foi et l'obéissance n'y sont pas, vous n'êtes pas sociétaire ; du moment que la foi et l'obéissance cessent, vous êtes rayé du catalogue; peu lui importe le reste, elle ne s'en occupe pas, et ne peut, par la logique même de sa constitution, s'en occuper.

Voilà pour l'Eglise visible. C'est la négation de cette Eglise et la substitution de l'examen particulier à la soumission pure, pour en faire partie, qui constitue l'hérésie protestante.

Est-ce là une atteinte portée au droit naturel que possède toute intelligence d'examiner les titres d'un symbole, les bases d'une autorité, afin de ne pas croire et de ne pas obéir en aveugle? Est-ce là une défense d'employer les procédés de la logique pour s'assurer si c'est bien dans la vérité qu'on entrera, en entrant dans l'Eglise visible, si on n'y est pas encore, ou bien si c'est dans la vérité qu'on restera, en restant dans l'Eglise visible, si on y est déjà?

Nullement. Ce droit naturel est imprescriptible, inviolable; il n'y a pas de droit contre lui; mais la constitution de l'Eglise, telle que nous venons de l'expliquer, ne le blesse en rien.

C'est ce qui reste à prouver par la doctrine théologique elle-même.

Ce droit serait atteint par cette doctrine, si elle n'admettait pas l'Eglise invisible formée de la réunion des bons; car alors, l'âme de l'Eglise, n'ayant pas plus d'extension que son corps, toute conscience serait obligée, sous peine de perdition, de faire explicitement l'acte de foi qui ouvre la porte de l'Eglise visible, qu'elle le pût, ou qu'elle ne le pût pas, qu'elle crût sincèrement, ou non, faire un crime en le faisant, — cette persuasion est possible, — qu'elle se crût, ou non, obligée au moins de la faire précéder d'un examen, — persuasion qui est encore possible, — et la conscience se trouverait ainsi placée entre deux lois contradictoires, sa persuasion intime lui criant : Avant d'entrer par cette porte, assure-toi si c'est la vérité qui est au delà; et la loi inexorable de l'Eglise lui criant : Si tu n'entres pas sans examen, et malgré ta persuasion, tu es perdue.

Il y aurait donc, dans cette hypothèse, violation du droit naturel inhérent à toute conscience, de ne jamais se déterminer sans motif raisonnable, et atteinte au devoir naturel qui incombe à toute conscience de ne jamais faire ce qu'elle croit mauvais.

Il n'en pouvait être ainsi de l'Eglise fondée par Jésus-Christ ; et, en effet, sa doctrine est tout autre.

Cette doctrine pose en principe, d'une part, que, pour qu'il y ait crime aux yeux de Dieu, il faut qu'il y ait détermination contraire à la voix de la conscience, contradiction, dans l'individu même, entre la conscience et la volonté ; d'autre part, qu'on peut appartenir à l'âme de l'Eglise sans appartenir à son corps, phénomène qui se réalise chaque fois qu'un individu, relié à l'œuvre de la rédemption par voie ordinaire ou extraordinaire, est, de bonne foi, hors de l'Eglise visible, et phénomène qui doit être fréquent chez les hérétiques.

Or, ces deux principes sauvegardent tous les droits de la conscience individuelle. Pour le montrer, faisons quelques suppositions.

Un protestant est de bonne foi dans son protestantisme et n'a nullement la pensée d'en sortir. L'Eglise visible lui dit : Voilà mon symbole, voilà mon autorité ; crois et obéis. Il répond par sa conduite : Je n'ai ni la foi que tu demandes, ni la volonté de t'obéir. Que s'ensuit-il ? Uniquement que cet individu n'appartient pas à l'Eglise visible, n'est point catholique extérieurement, puisqu'il ne présente pas le fait nécessaire pour son admission dans la société, le fait de la foi et de l'obéissance explicites. Mais il n'en est pas moins membre de l'Eglise invisible et bon devant Dieu, par cela seul qu'il est supposé se conduire conformément à sa conscience.

Un philosophe examine, creuse, raisonne, étudie le mieux qu'il peut les titres de l'Eglise, se dit chaque jour : Dès que j'aurai découvert la certitude que je cherche, je croirai et obéirai, mais cette heure n'est pas encore venue ; il continue de travailler, faisant tout ce qu'il lui est possible de faire, et ayant la plus complète bonne foi qu'on puisse imaginer. Ce philosophe pèche-t-il contre la loi de l'Eglise en travaillant ainsi ? Nullement. Il ne présente pas encore la condition d'admission, qui est le fait même de la foi et de l'obéissance ; donc, il n'appartient pas à l'Eglise visible. Mais il n'a rien à se reprocher devant sa conscience et devant Dieu ; donc il appartient à l'Eglise invisible. En examinant, il use de son droit et remplit son devoir ; qu'il continue, Dieu fera le reste.

En voici un troisième qui présente sa profession de foi et d'obéissance : sur ce l'Eglise l'enrôle, s'il n'est pas déjà enrôlé, sans lui demander ni pourquoi, ni comment il possède la foi qu'elle demande. Cependant sa conscience d'homme n'est pas encore satisfaite, il n'est pas certain de ce qu'il croit, et il veut s'assurer logiquement de ce qu'il en est dans la réalité des choses ; il se met à l'œuvre, et étudie, par exemple, la grande question de l'infaillibilité. Désobéit-il à la loi de l'Eglise, même visible ? Nullement. Il remplit son devoir en étudiant ce que sa conscience lui dit d'étudier, et quant à cette Eglise, comme il continue de lui présenter, à titre de fait, sa profession de foi et d'obéissance, elle le garde dans son giron, sans s'occuper du reste. Si son travail aboutit à rendre sa foi éclairée, basée sur la certitude logique, d'aveugle ou d'obscure qu'elle était, l'Eglise invisible se joindra à lui tout entière pour en bénir Dieu ; si, au contraire, son travail aboutit à lui ôter la foi, ce qui, en toute rigueur, est possible sans qu'il y ait de sa faute, il aura perdu sa carte d'entrée pour l'Eglise visible ; il n'en fera plus partie, du moment où il aura retiré sa profession de foi et d'obéissance. Quant à l'Eglise invisible, si on peut supposer qu'il n'y ait point de sa faute, on peut supposer, par là même, qu'il continuera d'y avoir sa place.

On pourrait multiplier les hypothèses pour montrer comment on peut appartenir à l'Eglise invisible sans appartenir à l'Eglise visible *et vice versa*. En résumé, la condition demandée par l'Eglise extérieure pour lui appartenir, c'est le fait pur et simple de la profession de foi et d'obéissance, et la condition nécessaire et suffisante à un chrétien pour appartenir à l'Eglise invisible, c'est la bonne conscience. Nous ne disons rien de ceux qui se trouvent en dehors des conditions matérielles nécessaires pour être membre de la société surnaturelle fondée par le Christ ; ils forment une autre catégorie dans laquelle, pas plus que dans celle du Christ, il ne s'élèvera aucune plainte contre la bonté de Dieu.

Si le lecteur a bien compris notre distinction, il a compris, par là même, la confusion d'idées que nous voulions constater dans ceux qui disent, sans autre explication, que l'Eglise veut la foi et exclut l'examen. L'Eglise visible ne s'occupe pas de ce qui se passe au for intérieur de chaque conscience, et demande le fait de la profession de foi comme carte d'admission dans son cercle ; l'Eglise invisible veut que chaque conscience se mette en harmonie avec Dieu et elle-même ; et c'est ainsi que l'Eglise, dans sa plénitude, évite, d'une part, la dissolution protestante, et, de l'autre, la violation des droits et des devoirs individuels de la conscience, de la raison et de la logique.

Il est une autre confusion que l'on pourrait faire sur une définition de la foi que nous avons donnée ailleurs, une *certitude aimée* ; nous la ferons observer pour la prévenir.

III. Si nous avons défini la foi une *certitude aimée*, ce n'était pas sans prévoir les objections que cette définition pourrait provoquer. Ces objections auront toutes pour origine une confusion quelconque dans l'idée. Nous allons en résoudre d'avance quelques-unes.

On reprochera d'abord à cette définition de n'être pas conforme à celle de l'Eglise qui dit que la foi est une vertu par laquelle l'âme acquiesce aux vérités que Dieu a révélées et que l'Eglise nous enseigne de sa part.

En quoi consiste la différence des deux définitions ? En ce que celle du catéchisme exprime le fait même de la foi, sans s'occuper de la base rationnelle qu'elle peut avoir ou n'avoir pas ; tandis que la nôtre implique, dans le mot *certitude*, cette base rationnelle que les théologiens appellent *motifs de crédibilité*. Or, si l'Eglise visible eût fait entrer cette condition dans la définition de la foi qu'elle exige, elle aurait donc exigé dans l'individu la certitude logique avant de l'admettre sur la liste de ses membres ; et c'eût été se mettre en contradiction avec elle-même, d'après ce que nous avons déjà dit, qu'elle n'exige que le fait sans s'occuper de ce qui peut se passer dans la conscience avant de l'obtenir, et même après l'avoir obtenu.

Ce n'est donc pas, Dieu merci, la substitution d'une définition nouvelle à celle du catéchisme que nous avons voulu faire ; nous avons voulu seulement ajouter à cette définition, par le mot certitude, une idée qu'elle n'exige ni ne rejette, afin de définir philosophiquement la foi en elle-même, dans sa plénitude de perfection, la foi éclairée, laquelle n'est pas nécessaire pour appartenir à l'Eglise, mais laquelle, pour être éclairée, doit être fondée sur une certitude logique, soit certitude immédiate de la vérité crue, soit certitude médiate de cette même vérité par la certitude préalable de la véracité d'une parole qui l'affirme.

On objectera encore que, par le mot *aimée*, dont nous qualifions la certitude de la foi, nous nous mettons en contradiction avec la tradition et le concile de Trente lorsqu'ils déclarent que la foi peut exister sans la charité, et qu'il suffit de cette foi morte pour être chrétien.

Nous répondons, en premier lieu, qu'en ajoutant cette qualification, nous la prenons dans le sens philosophique, sens dans lequel elle exprime une idée parfaitement identique à l'idée cachée sous les termes théologiques *adhésion*, *acquiescement* de l'âme à la vérité révélée. L'âme, comprise philosophiquement, possède deux énergies, l'énergie qui se forme l'idée des choses, qui en a connaissance, et l'énergie qui adhère aux choses, qui les veut, qui s'y attache après qu'elles sont connues. La première est l'intelligence, l'entendement, la raison, etc.; la seconde est l'amour, la volonté, le cœur, etc. Or, si c'est par la première que la foi est d'abord une connaissance, c'est par la seconde qu'elle devient ensuite une vertu ; et quel que soit le terme dont on usera pour exprimer l'acquiescement de l'âme sans lequel il n'y aurait pas vertu, l'idée n'en sera pas moins toujours la même.

Nous répondons en second lieu que, quand nous avons défini la foi de cette manière, il s'agissait de la foi complète, de la foi pratique, de la foi vive, de la foi à laquelle la charité ne manque pas, d'où il suit que, quelque extension qu'on donne au qualificatif *aimée*, nous nous trouverons toujours d'accord avec la tradition et le concile de Trente.

Nous répondons enfin que la foi morte elle-même peut se définir ainsi, parce qu'en soi elle n'en est pas moins une vertu, toute morte qu'elle est. *Certitude aimée* ne veut pas dire certitude accompagnée de la charité chrétienne produisant les œuvres, mais seulement certitude à laquelle on adhère. Il peut y avoir et il y a trop souvent division dans l'homme. On peut avoir la connaissance certaine d'une vérité et adhérer pleinement par l'amour à cette certitude, sans que, pour cela, il y ait la même adhésion aux autres vérités, sans qu'il y ait surtout adhésion aux préceptes jusqu'à les accomplir. On a alors la foi en cette vérité, sans avoir la charité qui, elle, est indivisible, et qui embrasse tout explicitement ou implicitement. Vous ne sortirez pas de la nature en supposant un homme qui, fondé sur une certitude logique à laquelle rien ne manque, croit tout le symbole catholique, y adhère complétement, aime la certitude qu'il en a, et cependant ne pratique pas les préceptes de l'Eglise ; cet homme a bien la *certitude aimée*, et cependant n'a pas la charité efficace. C'est une contradiction, il est vrai ; mais qu'est-ce que l'homme, malheureusement, sinon une contradiction vivante, innocente ou coupable ?

C'est ainsi que le concile de Trente, étudié au point de vue philosophique, devient admirable d'exactitude rationaliste et psychologique dans son décret, comme cela arrive de toutes les définitions de l'Eglise bien expliquées.

On nous reprochera peut-être enfin de ne parler ni de grâce, ni de surnaturel, ni de révélation, ni d'Eglise dans notre définition. Cet oubli serait un défaut si nous avions pour but de préciser la foi chrétienne en particulier. Mais on le comprendra facilement quand on saura que nous avons voulu embrasser, dans une définition générale, la foi naturelle et la foi surnaturelle. On ne peut nier la réalité d'une foi naturelle à l'égard des vérités naturelles, et surtout dans l'homme qui ignore l'ordre surnaturel de la rédemption. Il est vrai que cette foi naturelle a aussi pour origine, pour flambeau, pour ressort, une grâce de Dieu qu'on peut appeler naturelle elle-même. C'est ce qu'on prouverait facilement si l'on traitait la question de l'origine de la certitude, ainsi que de l'adhésion, de l'amour à la certitude, comme on prouve la nécessité de la grâce surnaturelle, dans la foi surnaturelle, en traitant la question de son origine sous le double rapport de la connaissance et de l'adhésion. Mais il n'était pas nécessaire, dans une définition, de soulever ces questions.

Nous demandons pardon à nos lecteurs d'avoir arrêté leur pensée sur des observations aussi simples et qu'ils avaient sans doute déjà faites. Mais il existe des esprits si peu ouverts aux distinctions métaphysiques, et surtout si disposés à la critique et à l'accusation, qu'on ne saurait avoir trop de précautions à leur égard.

Le monde est un champ couvert de fleurs et de halliers où voltige l'insecte, roucoule la colombe et paît la brebis, mais où veillent aussi les serpents.

Cet article était suivi du petit entrefilet que voici :

L'HOMME ET LA FOI.

Il y a trois hommes dans la société chrétienne, et il n'y en a que trois : l'homme contre la foi ; l'homme sans la foi ; l'homme avec la foi.

L'homme contre la foi ricane, à l'imitation de Satan, quand il voit la confusion surgir dans le personnel de l'Eglise, et l'Eglise perdre quelques paillettes de sa couronne temporelle ; comme s'il croyait réellement, au fond de sa conscience, qu'à ces oripeaux est attachée sa force, comme celle de Samson à sa chevelure, et qu'à la vertu des hommes est confiée son immortalité!

L'homme sans la foi se désespère et pleure au lever des mêmes signes. Ce sont pour lui des signes de décadence ; et comme il aime l'Eglise, il fait ce qu'il peut pour lui recoudre les lambeaux de son manteau, pour voiler les divisions de ses membres, pour lutter, dit-il, contre le mal, qui lui apparaît comme un léviathan prêt à absorber dans sa gueule l'œuvre de Jésus-Christ. Il croit la sauver par ses petits tours, le pauvre insensé!

L'homme avec la foi ignore la peur. Il croit en Dieu et au Christ. La tempête rugit, il ne doute pas. La division s'élève, il voit en elle un signe de puissance, une occasion de triomphe, une aurore de salut, une résurrection du mouvement. Le vent menace d'emporter les oripeaux, il dit : « Tant mieux ! Dieu et Jésus-Christ savent ce qu'ils font. Ont-ils besoin d'un peu de clinquant pour régner? » Rien ne l'effraye, rien ne l'émeut ; sa confiance gît dans une vision de l'Eternel organisant les choses pour la gloire de ce qu'il aime. Tous les faits sont bons à ses yeux ; les plus mauvais pour les deux autres sont pour lui les meilleurs. Il doute de la vertu des hommes et croit en celle de Dieu. Voici son discours :

« Ce que vous couvrez aujourd'hui de pourpre et demain de haillons, ce dont vous déplorez les désordres, les divisions, les guerres, c'est l'humanité! L'Eglise est une parole tombée des lèvres du Christ. Cette parole est dans l'air comme le fluide qui fait la foudre, dans le sol comme le suc qui nourrit, dans le sang comme la force vitale, dans le firmament comme la lumière, dans les âmes comme l'idée, dans la création comme Dieu, et vous avez peur! »

Egalement insensés ceux qui désirent la mort de ce qui ne peut mourir et ceux qui la redoutent, l'homme sans la foi qui pleure, et l'homme contre la foi qui ricane ! — *Voy.* Dieu devant la foi et devant la raison.

FOI RAISONNABLE. *Voy.* Absurde (L').
FOI EN DIEU. — CHINE ANTIQUE. *Voy.* Morale, I, 11.
FOI DANS L'ART. *Voy.* Art V.
FOLIE. *Voy.* Physiologiques (Sciences).
FORCE (Emploi de la) POUR LA VERITÉ. *Voy.* Liberté de conscience.
FORMATION DE L'UNIVERS. *Voy.* Cosmogonies et Cosmologiques (Sciences).
FORME (Matière et). *Voy.* Sacrement, XII.
FORME DANS L'ART. *Voy.* Art, et les articles qui en dépendent.
FRATERNITÉ HUMAINE. *Voy.* Physiologiques (Sciences), II, iii.
FRATERNITÉ. — CONFUCIUS. *Voy.* Morale, II, 12.
FUTURE (Vie). — PLATON. *Voy.* Morale, I, 10. *Voy.* surtout Vie éternelle.

G

GALLICANISME ET ULTRAMONTANISME (Conciliation des deux opinions). *Voy.* Infaillibilité.
GENERATION DU VERBE. *Voy.* Trinité.
GENERATION. — PECHÉ ORIGINEL. *Voy.* Déchéance, III.
GENÈSE. — COSMOGRAPHIE. *Voy.* Cosmologiques (Sciences), II, i.
GEOGRAPHIE PHYSIQUE. — BIBLE. *Voy.* Géologiques (Sciences).
GEOLOGIE (Analyse de la). *Voy.* Géologiques (Sciences), II.
GEOLOGIQUES (Sciences). — GENÈSE (IIIe part., art. 6). — Nous comprenons, sous ce titre général, toutes les sciences qui ont pour objet le globe terrestre avec son enveloppe aériforme, l'état présent de sa surface, la construction de sa croûte, la nature de sa masse centrale autant qu'on la peut connaître, et les matières diverses que cette croûte offre à notre étude, non compris le règne végétal et le règne animal, c'est-à-dire tout ce qu'elle supporte d'organique et de vivant. La météorologie, la géographie physique, la géologie proprement dite et la minéralogie sont donc les subdivisions naturelles de ce que nous appelons la science géologique.

Nous ferons d'abord quelques observations générales sur cette science ainsi comprise. Nous résumerons, en second lieu, l'état présent des connaissances humaines en géologie proprement dite, sans nous préoccuper, en aucune façon, de la conciliation avec notre histoire sacrée des temps primitifs ; et, enfin, nous confronterons la *Genèse* avec la science préalablement exposée.

I. — Observations générales.

1re *Observation.* Tout ce que nous ont inspiré les sciences cosmologiques relativement aux manifestations naturelles des attributs divins, les sciences géologiques, bien que circonscrites, dans leur objet, à notre globe, imperceptible au milieu des grandeurs du cosmos, nous l'inspirent également.

La météorologie fait passer devant nos méditations, en nous les expliquant autant qu'elle peut, les phénomènes de cette atmosphère, d'une épaisseur d'une quinzaine de lieues, qui enveloppe notre globe, suit autant qu'elle peut son mouvement de rotation, et l'accompagne dans son voyage annuel autour de son foyer. Elle étudie les effets de sa pesanteur, ses jeux avec les liquides, les gaz, la lumière, l'électricité, le calorique. Elle étudie son arc-en-ciel, ses mirages, ses courants, ses trombes, ses nuages, ses pluies, ses neiges, ses brouillards, sa grêle, ses aurores boréales, ses tonnerres et ses éclairs, ses états hygrométriques, ses rosées, ses températures, ses étoiles filantes, ses pierres métalliques, qu'elle laisse quelquefois tomber sur nous comme la pluie, en un mot, toutes ses apparitions météoriques. Or ces énumérations ne sont que des listes de merveilles qu'elle dresse à la gloire de la force, de l'intelligence et de la bonté libre de la cause première, pour les raisons que nous en avons données au chapitre des sciences *cosmologiques*.

Il en est de même quand on passe en revue philosophiquement les merveilles dont s'occupe la géologie physique, les montagnes, les volcans, les steppes, les savanes, les déserts, les oasis, les fleuves, les mers, les bassins des eaux, les marées, les torrents, les gouffres, les recsifs, les lacs, les sources thermales, les îles, les continents, les zones, les pôles, les tropiques, toutes les particularités des deux hémisphères. Dans la matière ébauchée donnée à l'homme pour qu'il la pétrisse et accomplisse sa mission en la finissant, on trouve encore les précautions profondes d'une sagesse infinie dans ses vues.

La minéralogie et la géologie nous conduisent dans le sanctuaire des mystères souterrains, dans les veines cachées de la pierre, de la houille, du minerai. Elles nous entr'ouvrent l'antique reliquaire des travaux divins pour nous préparer ce séjour; elles nous donnent à déchiffrer les hiéroglyphes laissés par Dieu même des révolutions de notre planète avant et depuis notre installation dans ses ateliers. C'est reporter nos pensées vers les origines qui, d'anneaux en anneaux, ne peuvent aboutir qu'à la puissance, la sagesse et l'amour.

2° *Observation*. Cette science de la terre nous conduit aussi, comme celle du monde, à trouver naturel le mystère de la foi. Qui ne croirait, sans peine, à l'aurore après qu'il a vu le crépuscule? Les vérités du christianisme sont moins incroyables et moins ténébreuses que tous les phénomènes au milieu desquels nous vivons, et qu'entassent devant nous sans fin, à titre de problèmes, les sciences que nous avons nommées. Non-seulement leurs ressorts intérieurs sont toujours des énigmes, mais il y en a même un grand nombre dont la véritable cause immédiate se cache à nos investigations. Une détonation se fait entendre, une lumière brille, et un bloc de métal tombe du ciel aux pieds du savant; il le prend, le retourne, le pèse, le brise, le soumet à l'épreuve du feu, le livre aux réactifs, observe l'atmosphère, médite, calcule, invente, fait des hypothèses; le temps se passe; nouvelle pluie d'aérolithes, nouvelles recherches; et jusqu'alors le mystère demeure. L'un dit que c'est un bloc de lave lancé par un volcan terrestre; mais il est réfuté par l'observation. Un autre dit que c'est un volcan de la lune qui a vomi jusqu'aux limites de nos attractions, cette matière, et il en prouve la possibilité par ses calculs; mais de nouveaux calculs viennent rendre son hypothèse peu croyable. On imagine que ce peut être une formation chimique déterminée dans l'atmosphère elle-même par des causes inconnues, mais on ne le croit pas. En fin de compte, on finit par dire que c'est un des millions d'astéroïdes ou éclats de planètes brisées qui circulent dans l'espace autour de la terre comme de petits satellites, lequel, ayant eu la mauvaise chance de s'approcher trop près, s'est échauffé jusqu'au blanc au frottement de l'air, et, à force de s'engager dans notre attraction, a fini par tomber en éclatant; c'est l'opinion la plus admise, mais l'aérolithe n'en reste pas moins au nombre des phénomènes dits *problématiques* pour la science elle-même. Qu'on trouve avec certitude la vraie cause immédiate, en sera-ce moins un singulier mystère?

Les marées, les vents, la grêle, l'iris, les tempêtes, les trombes, les volcans, les gouffres, les glaciers, le magnétisme terrestre, la boussole, l'aimant, les banquises, les cristaux, les minerais, les tourbes, le diamant, la moindre pierre, grouillent d'énigmes dont le dernier mot reculera à mesure que nous le poursuivrons de plus près, et qui ressemblent à d'inextricables labyrinthes près de la clef des champs, quand on les compare aux vérités métaphysiques que nous propose la foi.

3° *Observation*. Quoique les sciences géologiques, aussi bien que la physique, l'astronomie et la chimie, ne semblent progresser que pour confondre l'orgueil, et pour prêcher le mystère, elles ne manquent, sous un autre rapport, de nous faire sentir notre force, notre génie, notre dignité dans la création. Quand nous voyons la science pénétrer assez profondément encore dans les phénomènes pour fournir à l'industrie le moyen de les assujettir; quand nous la voyons, par exemple, réduire à son service le principe du tonnerre, transformer la propriété magnétique de notre globe en un guide sur les océans, tirer des mines souterraines jusqu'à des gaz pour nous éclairer pendant la nuit, refaire l'histoire des révolutions antiques de notre terre avec des classifications minéralogiques, enfin, résoudre les uns après les autres, malgré les difficultés que présentent tous les éléments conjurés, les grands problèmes géographiques dont celui de Christophe Colomb tient la tête; nous sommes en admiration devant notre audace, nos inventions, nos artifices, notre énergie et notre puissance dans l'accomplissement de cette mission terrestre qui consiste à transformer, à notre tour, le globe que nous habitons, comme Dieu transformait autrefois le chaos, et à finir, à son imitation, ce qu'il a commencé. Ne semble-t-il pas qu'arrivé à notre création, il ait trouvé son œuvre si puissante qu'il lui ait dit : Maintenant, ô homme, travaille à ma place.

4° *Observation*. Nous disons dans ce chapitre, comme dans celui des sciences cosmologiques, qu'il n'y a ni météorologie biblique, ni géologie biblique, ni minéralogie biblique, et que la géographie physique de la Bible se borne à la description de quelques lieux où se sont passés les événements, sans aucune prétention scientifique, ce qui revient à dire qu'il n'y en a pas, non plus.

Que les poëtes hébreux, tels que Job, Moïse, David, Salomon, les prophètes, nous jettent des mots sublimes sur les météores : c'est la poésie qui s'inquiète peu de l'exactitude scientifique, ne considère que les apparences, n'écoute que ce qu'on dit généralement, laisse l'étude positive à d'autres travaux, et dévore la nature, avec tous ses sens, comme un aliment céleste, s'abreuve et s'enivre de ses merveilles visibles comme du vin des dieux.

Que Moïse, en qualité d'historien ou de peintre, nous parle de quatre fleuves qui arrosaient l'Eden, le Tigre et l'Euphrate, qu'on trouve encore, le Phison et le Gehon qu'on a peine à retrouver, et leur donne une source commune qui n'existe plus, soit parce que le déluge a tout bouleversé depuis ces temps primitifs, soit même parce qu'elle n'aurait jamais existé : cela nous importe peu ; il résumait les traditions de l'Arménie dans lesquelles avaient sans doute pénétré quelques altérations ou obscurités relatives à l'accessoire, qu'il n'était pas tenu, dans son inspiration divine, de corriger, ou d'éclaircir, puisqu'il ne faisait pas un traité scientifique.

Qu'il nous raconte la catastrophe de Sodome, dont il reste encore assez de ruines pour démontrer aux archéologues l'existence d'une ancienne éruption volcanique sur les villes coupables, ainsi que l'a constaté M. de Saulcy dans son voyage et qu'il nous la présente sous son côté providentiel, sans indiquer le moyen naturel que Dieu appropria à la satisfaction de sa justice, c'est encore ce qui nous inquiète peu pour la même raison. Moïse inspiré travaillait au bien moral de l'humanité et non pour la science.

En un mot qu'il soit question çà et là dans nos livres saints, de phénomènes naturels, de conformation physique de certains lieux, de métaux, de pierres précieuses, de créations ou révolutions géologiques, de tout ce qu'on voudra dans ces matières, et que la science moderne y découvre des inexactitudes, des préjugés, des puérilités, des erreurs, tout ce qu'on voudra encore, ce qui cependant ne sera pas fréquent, nous pouvons en avertir la science, nous en serons peu soucieux comme on peut le voir par notre manière large d'apprécier les deux faits que nous venons de mettre en exemple. Dieu ne devait pas apprendre, par un brusque saut, aux écrivains inspirés ce qu'il était dans l'ordre de sa providence que le travail humain découvrît avec de longs siècles de travaux ; et ces écrivains, eussent-ils su tout ce que nous savons, n'en auraient pas moins dû se mettre à la portée de leur temps, à moins qu'ils n'eussent entrepris de lui faire un cours de science, ce qui eût été un but tout différent de celui que l'esprit de Dieu suscitait devant leur zèle ; agissant autrement, ils auraient mérité la censure d'Horace : *Non erat hic locus*. Qu'un catéchiste, comme déjà nous l'avons dit quelque part, cherchant à donner à des enfants une idée de Dieu et de la création, se jette dans les détails de la géologie, ne manquera-t-il pas de l'intelligence de la situation, et ne ferait-il pas mieux de prendre à la lettre la narration de Moïse ? Quand on instruit les hommes, on doit leur donner, selon la pensée de Jésus-Christ, le pain qu'ils sont capables de digérer. On est insensé et ridicule, quand pour leur faire de la morale, de la philosophie, de la religion, on se jette en dehors de l'état intellectuel où leur siècle les a placés, c'est-à-dire en dehors de ce qui est vu et cru dans l'ordre scientifique au moment où l'on parle.

Aussi, pour être conséquent, ne regardons-nous pas comme des preuves à l'appui des théories du géologue, beaucoup de passages des poëtes sacrés, qu'il est cependant très-beau de voir la science invoquer. *Le feu*, s'écrie Moïse en faisant parler Dieu, *a été allumé dans ma fureur ; il brûlera jusqu'au plus fond de l'enfer ; il dévorera la terre avec son germe ; il consumera les fondements des montagnes.* (Deut. XXXII, 22.) *Les eaux siégeront sur les montagnes*, s'écrie le Psalmiste... *les monts s'élèvent et les vallées s'abaissent... tu places les monts comme une limite que les eaux ne franchiront point ; elles ne retourneront point sur leurs pas pour couvrir la terre.* (Psal. CIII, 8.) *Avant que les montagnes se fussent formées, ou même la terre et l'orbe tout entier, tu es, ô Dieu*, dit encore le Psalmiste. (Psal. LXXXIX, 2.) On pourrait voir, dans mille tableaux poétiques de ce genre, des allusions à des vérités géologiques ; le règne du feu ; la formation des montagnes par les volcans souterrains ; le voyage des eaux par tous les lieux avant de se reposer dans leur lit présent ; leur fixation par l'effet des soulèvements ; enfin toutes les idées mères de Buffon et des géologues modernes seraient facilement déduites de ce que nous venons de citer. Mais nous préférons n'y voir que des fruits de l'imagination et de l'enthousiasme divin pour exalter la grandeur de Dieu.

C'est par cette raison générale de l'absence d'enseignement scientifique dans nos livres saints que nous saurons, d'un seul coup de faux, toutes les critiques légères passées et futures, semblables à celles du vieux pamphlétaire du XVIII° siècle, qui, malgré la justice que nous voulons rendre à ses immenses talents, à ses belles poésies, à ses histoires, et surtout à son utile défense de la tolérance, ne mérite, à nos yeux, que ce triste nom dans ses puériles chicanes contre un livre sublime dont l'incomparable beauté ne trouvait en lui qu'un cœur de fiel et une imagination morte.

Malgré cela, faisons plus qu'il ne serait nécessaire. Résumons dans sa substance, la science géologique telle qu'elle brille aujourd'hui par les travaux de Buffon, Hutton, Guettard, Werner, Dolomieu, de Saussure, Pallas, Breislach, Buckland, Deluc Boubée, de la Bêche, Lyell, Cuvier, Brongniart, de Buch, de Humbolt, Hausmann, d'Halloy, Dumont, Elie de Beaumont, Dufrénoy, Constant Prévost, Cordier, etc., et nous verrons après si la *Genèse* de Moïse est inconciliable avec ce résumé.

II. — Etat présent de la science géologique.

Au commencement du XIXᵉ siècle, Cuvier disait des géologues, comme autrefois Cicéron des prêtres païens, dont il était le souverain pontife, que deux d'entre eux ne pouvaient se regarder sans rire. Mais depuis cinquante ans les choses ont changé d'aspect, l'observation est venue montrer qu'on avait aussi grand tort de mépriser les hypothèses de Buffon, qu'autrefois celles de Descartes, quand elles n'étaient encore que des prédictions ; Cuvier lui-même est devenu le plus grand géologue de son temps ; et aujourd'hui la géologie est une science assez positive pour faire partie du programme universitaire.

M. Cordier dirige une classification géographique d'échantillons géologiques au cabinet de Paris, laquelle compte déjà trois cent mille individus de tous les pays du monde, et que l'exposition universelle de cette année (1855) a du considérablement enrichir, puisqu'elle a présenté des produits, en ce genre, venus d'Amérique, d'Asie, d'Afrique, et, ce qui est plus curieux, de l'Australie et autres îles de l'Océanie, qui sont nos antipodes.

Avant de donner le tableau géologique par terrains et par périodes correspondantes aux terrains, nous devons commencer par quelques notions générales qui serviront d'introduction à l'esprit du lecteur.

1. *Notions générales*. — Tous les géologues sont d'accord pour reconnaître, comme aussi certain que possible, un état primitif de fluidité ignée par lequel notre globe a passé ; ils n'en peuvent douter à l'inspection des phénomènes suivants :

Les couches concentriques de matières diverses dont se compose l'écorce terrestre, aussi loin en profondeur qu'on ait pu les étudier jusqu'alors, c'est à dire jusqu'à 400 mètres environ, augmentent de densité en approchant du centre, et deviennent au plus bas, des roches très-pesantes portant tous les caractères de ce qui résulte de la fusion par refroidissement ; elles ressemblent aux laves refroidies des volcans. Les montagnes présentent aussi de ces matières dures à leurs sommets, ce qui s'explique très-bien, soit dans l'hypothèse de leur formation par soulèvement, soit dans l'hypothèse de leur formation par abaissement des vallées environnantes; car, dans les deux cas, leurs cimes se sont dénudées sous le balai des vents, des torrents, des pluies, et ont fini par ne garder que les roches solides analogues à celles qui leur correspondent dans les profondeurs du sol. Ces formations de montagnes par élévation ou abaissement sont, au reste, clairement indiquées par les couches de terrains souvent intactes et inclinées qui habillent leurs flancs vers la base. Notre histoire, d'ailleurs, enregistre quelquefois de ces formations par soulèvement, surtout dans l'Océan, ce qui fait des îles nouvelles.

Il résulte de calculs, qu'il serait trop long de faire connaître, basés sur certaines lois astronomiques de notre système, tenant aux attractions, mouvements, densités relatives du soleil et de ses lunes, basés en même temps sur les différences d'oscillation du pendule, de l'équateur au pôle et dans les divers lieux de la terre, qu'elle est occupée au centre par des matières pesantes et compactes comme nos plus lourds métaux.

On arrive aussi par le calcul à prouver que ces matières sont si chaudes qu'elles sont probablement dans un état de fusion perpétuelle. En effet, à partir d'une profondeur de 30 à 40 mètres, la température ne varie plus selon les saisons et les latitudes ; elle est partout stationnaire et uniforme. Ensuite elle s'élève à mesure qu'on s'enfonce davantage sous le sol. Il y a des mines très-profondes, qui sont si chaudes que les ouvriers n'y peuvent travailler que nus ; les puits artésiens, tels que celui de Grenelle, et les sources naturelles dont l'eau vient d'une grande profondeur, la jettent toujours à une température très-élevée. Or, d'après les expériences et les calculs minutieux de M. Cordier et de plusieurs autres, l'augmentation de chaleur est d'un degré centigrade, par 25 mètres, en moyenne ; d'où, si la loi continue d'être fixe, on obtient à 2,500 mètres la température de l'eau bouillante, ou 100 degrés ; à quelques lieues, une chaleur telle que ces matières dures, dont nous avons parlé, doivent être en fusion ; et, au centre, une chaleur incalculable. On croit cependant qu'il se fait, à une certaine profondeur, un équilibre général, de sorte qu'une température de quelques mille de degrés y soit uniforme.

Les phénomènes volcaniques, les tremblements de terre considérables, les soulèvements et les abaissements de terrain, les sources thermales avec émanations de gaz, etc., sont autant de faits qui viennent à l'appui de la fusion incandescente au centre de la terre. Avec cette base, en effet, il suffit de fissure ou de rupture dans la voûte, et de bouillonnements gazeux ou autres, venant de la masse interne, pour expliquer tous ces phénomènes.

Il y aura donc eu, d'après l'indication des couches de terrains, un refroidissement à la surface, d'abord en fusion elle-même ; il se sera formé une première pellicule cristallisée qui est toujours allée s'épaississant par superposition de *haut en bas*, et qui continue encore de s'épaissir sous nos pieds. Cependant, il ne faut pas croire que le refroidissement se fasse aujourd'hui comme il a dû se faire dans l'origine ; il semble qu'il approche de son terme, et peut-être même l'a-t-il atteint; car, depuis les temps historiques, la température du globe n'a pas changé sensiblement, comme notre Arago l'a très-bien démontré. Cela tient à ce que la terre reçoit maintenant du soleil, pendant l'espace d'une année à peu près, la quantité de chaleur équivalente à celle qu'elle perd de son centre dans le même espace de temps ; de savants calculs, dit Milne Edwards, l'ont prouvé. Il faudrait plus de trente mille années pour que l'influence, presque nulle déjà, que la chaleur centrale exerce sur la température de la surface, diminuât de moitié. Ce peu de déperdition du calorique intérieur, indépendant de celui du soleil, et reste de l'incandescence originelle, vient de la nature des couches supérieures dont nous allons parler, lesquelles sont très-mauvaises conductrices du calorique comme tout ce qui résulte de stratifications et sédiments sous l'influence des eaux.

Quand le refroidissement primitif eut atteint un degré considérable, des vapeurs s'amassèrent sans doute par condensation, et finirent par retomber en eau, ce qui donna lieu à un nouvel ordre de choses dont l'eau fut le principal agent. Au-dessus des couches métalliques refroidies, se formèrent, par décompositions et recompositions chimiques, ainsi que par agrégations de molécules nageant dans le liquide, de nouvelles couches appelées dépôts sédimentaires, ou *neptuniens*, par opposition aux terrains primitifs ignés appelés aussi, *plutoniens*. Ces couches nouvelles, dont l'observation suit facilement la superposition en sens inverse des premières, c'est-à-dire de *bas en haut*, sont les vraies couches géologiques dont quelques-unes continuent encore de se former ; et c'est d'elles que nous allons principalement nous occuper.

On conçoit déjà, en général, les mille jeux auxquels a dû se livrer l'épiderme terrestre, sous l'influence des causes que nous venons de signaler. Par les efforts de la matière intérieure en fusion contre la croûte qui la presse, brisements, retraits, contractions, fissures, soulèvements, ondulations, plissements, affaissements ; par l'action de la pesanteur sur les eaux, durant ces modifications du sol, courants, lits de rivière, grandes érosions, et, par suite, nouveaux sédiments arrachés au sol originaire et entassés par les eaux ; sous l'action du feu central, vaporisations métalliques qui se dégagent par les fissures, et les remplissent, de bas en haut, par condensation, aux parois, des gaz minéraux, d'où oxyde d'étain, sulfure de plomb, etc., ou bien encore, éruption, par ces fissures, de matières métalliques à l'état liquide, et entassements subits, de bas en haut, par refroidissement ; enfin, révolutions par l'eau et par le feu, qui succèdent aux révolutions ; et chacune d'elles amène des bouleversements dans les entassements de la révolution précédente ; comme aujourd'hui les éruptions volcaniques ramènent à la surface des matières qui appartiennent aux formations primitives; mais les caractères demeurent ; chaque médaille du passé porte le sceau de l'âge qui la tira de son moule. Le géologue retrouve tous ces effets, et mille autres dans ses études du sol ; il constate un vaste champ de bataille entre les éléments, surtout entre l'eau et le feu, et relit l'histoire de ces grandes luttes, dont les résultats derniers ont été le règne des végétaux, celui des animaux, et enfin, celui de l'homme, qui dure aujourd'hui.

Il est prouvé que l'écorce, ainsi torturée, et qui nous soutient sur l'abîme de feu, n'a pas plus de 100 à 120 kilomètres d'épaisseur, ce qui est bien peu de chose dans le rayon terrestre qui est de 6,000 kilomètres.

Cela posé, il ne nous reste, pour terminer ces notions générales, qu'à résumer les termes les plus importants du vocabulaire géologique.

On appelle *terrains* toutes les couches qui forment l'écorce terrestre.

Ces terrains sont d'origine pyrogénique ou d'origine hydrogénique. Telle est la grande division. Les premiers sont appelés *ignés* ou *plutoniens* ; ou encore *massifs* : ils ont une grande analogie avec les laves refroidies des volcans, quand ils n'en sont pas ; ils renferment même souvent des matières qui se produisent dans les fourneaux de nos usines; ils forment ordinairement d'énormes masses, et ne sont point superposés par couches régulières. Les seconds, appelés *neptuniens*, sont d'une texture grossière, rarement cristalline, souvent composés de grains de sable agglomérés, et de fragments hétérogènes ; ils ressemblent quelquefois à de la boue durcie ; leur principal caractère consiste dans une disposition par couches parallèles, qu'on a nommée *stratification* ou *sédimentation*. Aussi les désigne-t-on également sous le nom de *terrains stratifiés*, ou *terrains de sédiment*.

C'est au milieu de ceux-ci qu'on trouve les débris, appelés *fossiles*, de corps organisés, végétaux ou animaux, dont la terre était peuplée au moment de leur formation. Il n'en existe pas dans les autres, qu'on appelle aussi, pour cette raison impliquant leur priorité, *terrains primitifs*.

Les terrains *stratifiés* sont partout dans le même ordre de superposition, de sorte que la couche de telle nature, qui en recouvre telle autre à Paris, ne sera nulle part recouverte par celle-ci ; cette couche pourra manquer tout à fait, et alors, celle de dessous, et qui doit s'y trouver d'après l'ordre général, est ou à nu ou recouverte d'une autre qui, d'après la même loi universelle, doit se trouver au-dessus de l'absente ; mais jamais d'interversion. La grande exposition de 1855 l'a prouvé de nouveau pour les pays les plus éloignés. C'est ainsi que, le *gypse* étant supérieur au *calcaire grossier*, celui-ci à l'*argile plastique*, celle-ci à la *craie*, aux environs de Paris, on est certain qu'en aucun lieu du monde, le calcaire ne se trouvera sur le gypse, quoiqu'il puisse arriver qu'en certains lieux un nouveau sédiment soit intercalé, ou qu'un de ceux-là manque; c'est ce qu'on observe très-bien quand on creuse des puits profonds.

Nous avons déjà parlé de la situation horizontale ou inclinée de ces couches; cette condition est encore soumise à des lois générales relatives aux montagnes. A mesure qu'on s'élève, les couches supérieures des vallées vont s'amincissant, puis disparaissant, de sorte qu'on se trouve marcher sur des terrains de plus en plus profonds en lieux ordinaires, c'est-à-dire de plus en plus anciens. De plus, il arrive ou que ces couches se sont redressées presque verticalement, comme on se brisant, ce qui annonce un soulèvement ou un abaissement brusque, ou qu'elles ont pris une position oblique, ou qu'au bas de la couche oblique ou verticale, elles sont placées horizontalement, ce qui s'explique soit par des soulèvements ou abaissements lents, soit par des formations de sédiments dans les eaux, le long des flancs de collines déjà formés antérieurement. On arrive, en étudiant ces rapports de position, à calculer l'âge géologique des montagnes. On constate même des élévations et des abaissements du sol, relatifs au niveau des mers, se faisant, dans plusieurs pays, d'une manière insensible ; une partie de la côte de Naples s'est abaissée depuis les Romains et s'est ensuite relevée graduellement ; le *temple de Jupiter Sérapis*, qui existe encore sur cette côte, s'est trouvé plongé dans l'eau en 1488, et des animaux marins y ont laissé de leurs vestiges ; depuis, il s'est relevé peu à peu, de sorte qu'aujourd'hui, il se trouve à sec jusqu'au pavé. Si c'était la mer qui eût changé de niveau, il y aurait eu un déluge européen. La Scandinavie et le Chili présentent de semblables phénomènes, qu'on observe depuis plusieurs siècles, à l'aide de marques gravées, d'abord à fleur d'eau, sur les rochers et les falaises. Dans le golfe de Bothnie, il s'opère une élévation lente du rivage, de quatre pieds par siècle.

Quant aux *sédimentations*, on en a observé aussi, et même de considérables, par les eaux de la mer et par les eaux des rivières. Le Pô a transporté tant de matières terreuses des montagnes dans la plaine, depuis les Romains, que plusieurs lacs et marais ont été mis à sec sur ses bords. Le Réno, à Ferrare, a tellement rempli son lit qu'on a été obligé de le border de digues, et qu'aujourd'hui l'eau coule sur un niveau plus élevé que le toit des maisons. Le lac de Genève est rempli sans cesse par le Rhône, et si vite qu'on compte les villages qui, autrefois baignés par l'eau du lac, en sont à une demi-lieue. Aux embouchures de ce fleuve, se forment des terres nouvelles qui s'avancent dans la mer. Tout le monde connaît l'importance du delta du Nil qui s'est accru d'une demi-lieue depuis Hérodote. Les deltas du Gange et du Mississipi s'accroissent beaucoup plus rapidement. Les mers donnent souvent lieu à des observations semblables sur leurs côtes; la mer Rouge a reculé sa pointe septentrionale d'une quinzaine de lieues depuis Moïse.

Or, on appelle *étages* les grandes superpositions qui constituent les terrains, *couches*, les subdivisions des étages, et les couches sont composées, comme nous l'avons dit, de matières souvent hétérogènes, au moins quand elles sont sédimenteuses, appelées roches, tels que le *grès*, la *marne*, le *gneiss*, etc.

Les *minéraux* sont la partie élémentaire des roches; c'est ainsi que le granit qui est une roche ignée se compose de plusieurs minéraux, savoir de molécules de feld-spath, de quartz et de mica.

Les *filons* sont ces formations dans les fissures dont nous avons parlé, soit par condensation des gaz, soit par refroidissement de liquides ayant fait éruption, soit enfin par sédimentation particulière, l'eau ayant pu, par exception, remplir de stratifications une fissure existante, dans un lieu envahi par elle.

On appelle *alluvions* les entassements, par sédiment, des fleuves et de la mer. Ceux des fleuves à leur embouchure sont les *deltas*; ceux de la mer sont les *dunes*.

Il y a beaucoup de restes, soit par alluvions, soit par érosions, d'une grande inondation qui n'est pas ancienne et qui sert de point de départ à l'époque géologique présente; on a nommé *diluvium* le torrent énorme qui a laissé ces traces. On l'appelle aussi *torrent diluvien*, *torrent océan*, ou simplement *déluge*.

Les *blocs erratiques* (*errare*, *errer*) sont des morceaux de roches, des cailloux, qui ont été transportés par les eaux d'un pays dans un autre.

Les *brèches osseuses* sont des fissures de roches qui renferment des stratifications mêlées d'ossements d'animaux plus ou moins pétrifiés et faisant corps avec la masse.

Les *cavernes osseuses* sont des cavernes où sont entassés des débris d'animaux et même d'hommes, soit roulés là par les eaux, soit encaissés dans une terre d'alluvion dont quelque torrent a rempli la caverne, lorsque ces débris s'y trouvaient déjà.

Les *fossiles* sont les débris d'animaux ou de végétaux altérés dans leur nature par le temps. Ils remontent à des époques antérieures aux formations actuelles dont les restes conservent, en général, leur composition primitive; on trouve, par exemple, dans les régions boréales, des éléphants entiers parfaitement conservés avec leur chair, tandis que les restes appelés *fossiles* ne sont que des os, des coquilles, des écailles avec des particules pierreuses remplaçant les parties molles. Quelquefois ils n'ont laissé d'autre marque de leur présence antique qu'une empreinte dans la roche qui les englobait et qui était ou une lave refroidie, ou une stratification. La plupart des fossiles appartiennent à des espèces qui n'existent plus, et qui s'éloignent d'autant plus des espèces présentes qu'elles se rencontrent dans des couches plus profondes, et appartiennent, par conséquent, à des formations plus anciennes. Il y en a qui sont propres exclusivement à certains étages, de sorte qu'on ne les trouve jamais ni plus haut ni plus bas.

Les géologues, en comparant et analysant de toutes les manières les terrains, la position de leurs étages et de leurs couches, la composition chimique des roches, les fossiles, les érosions, dénudations, etc., ont reconnu que l'histoire de notre globe se divise en grandes périodes séparées par des révolutions soit volcaniques, soit diluviennes, près desquelles les plus épouvantables de celles dont l'homme est témoin ne sont que des jeux d'enfant, et entre lesquelles se sont écoulés des siècles de tranquillité, qui ont permis à des animaux et à des végétaux de se multiplier. Les sédiments se sont aussi formés durant ces âges organiques, et nous en ont, heureusement pour la science, conservé des débris.

Ils appellent *formations* l'ensemble des terrains qui se sont ainsi déposés dans l'intervalle de deux révolutions.

Nous allons suivre, dans le résumé que nous avons promis, l'ordre de ces formations et, par suite, des époques qui leur correspondent, en commençant par les plus anciennes.

II. *Résumé de la géologie dans son état présent de simplification.* — Nous avons distingué deux grandes classes de terrains : les terrains ignés et les terrains de stratification. Les premiers constituent la plus grande partie de l'écorce terrestre ; ils se trouvent presque partout, soit dénudés sur les montagnes, soit par-dessous toutes les autres couches dans les plaines, — dans ces deux cas ils se présentent ordinairement en masses énormes, — soit enfin, sous forme de débris mélangés aux autres terrains. Ils offrent des traces de grands bouleversements ; ils sont inclinés, contournés, brisés, remplis de *failles*, c'est-à-dire de fentes violemment occasionnées par des torsions qui ont mis les deux arêtes de la brisure hors de niveau. On en trouve beaucoup qui ont été ramenés de bas en haut et rejetés par blocs dans des terrains de formations nouvelles. Il est naturel que ce qui constituait la première croûte ait été le plus tourmenté, puisque c'est ce qui a vu toutes les révolutions.

Nous allons passer rapidement sur cette première classe, qui ne porte aucuns restes de vie organique, pour entrer dans plus de détails sur les terrains stratifiés qui sont les vrais terrains géologiques.

1° Terrains ignés. — Ils sont de deux sortes ; ceux qui, correspondant au premier refroidissement de la croûte, et que nous appellerons terrains *cosmologiques*, parce qu'ils sont les témoins de l'époque primitive qui vit probablement se former tout notre système planétaire ; et ceux qui sont sortis, par éruptions de la fusion centrale, à toutes les époques : nous appellerons ces derniers terrains *volcaniques*.

Les véritables terrains cosmologiques, ou appartenant au premier refroidissement, sont peu connus et difficiles à distinguer de ceux qui sont dus à des épanchements plus modernes à travers la croûte déjà formée. Dans l'état présent de la science on est obligé de les confondre avec les couches d'épanchement, massives comme eux, dont le rejet vers la surface ne s'est pas effectué par des volcans reconnaissables. Voici les principaux de ces terrains.

Le *granit* est le plus ancien, bien qu'il y ait des granits plus modernes que d'autres. Il occupe la partie la plus inférieure de toutes les assises connues. Il paraît leur servir de base. Quelquefois on remarque des épanchements granitiques plus récents, par des fentes d'un granit plus ancien. Quelquefois aussi il y en a par des fentes de terrains sédimentaires. Il est d'une dureté extrême ; il se compose de cristaux formés de *quartz*, matière élémentaire du cristal de roche, de *feld-spath*, autre minéral, et de *mica*, sortes de paillettes brillantes noires ou blanches. Il y en a beaucoup à Cherbourg, en Bretagne, en Corse, etc.

Les *porphyres* paraissent être sortis à l'état liquide de dessous le granit, ainsi que les *siénites* et une foule d'autres roches ignées, à texture très-cristalline.

Les *trachytes* viennent au troisième rang ; elles offrent souvent un éclat vitreux.

Tels sont les terrains que nous appelons cosmologiques, et que les géologues désignent quelquefois sous le terme commun de terrains *d'épanchement*.

Les terrains volcaniques sont encore massifs, mais ont une texture peu cristalline, et sont, en général, reconnaissables quant à leur mode d'émission. Ce sont les *basaltes* et les *laves*.

La structure des basaltes est compacte et uniforme ; leurs masses sont en forme de cônes isolés très-considérables ou de nappes d'une épaisseur variable formant de vastes plateaux ; leurs fentes sont d'une grande régularité, en sorte que leurs divisions ressemblent à des colonnes verticales serrées les unes contre les autres, qui, vues de face, présentent l'aspect de gigantesques mosaïques. Ils révèlent pour cause des éruptions volcaniques très-anciennes, dont les coulées immenses se sont peu à peu refroidies, ou dont le liquide a formé, sur l'orifice d'éruption, une accumulation pâteuse qui en a pris la forme. Il y en a dans l'Auvergne ; les plus célèbres sont les colonnades de l'île de Staffa et des Hébrides, et la Chaussée des Géants des côtes de l'Irlande. Les *laves* sont de deux ordres, les laves *anciennes*, ou de volcans éteints, et les laves *modernes*, ou de volcans étant encore ou ayant été en activité depuis les temps historiques.

Les premières diffèrent d'autant plus des laves modernes, qu'elles sont plus anciennes. Toute la chaîne du Puy-de-Dôme est formée d'une cinquantaine de vieux cônes volcaniques avec cratère au sommet et coulées de laves aux flancs. On constate facilement que ces laves ne sont pas anciennes, mais quelles sont antérieures aux temps historiques. Il y a aussi des volcans éteints entre les Ardennes et Cologne sur les rives du Rhin ; plusieurs de leurs cratères sont devenus des lacs circulaires ayant près d'une lieue de diamètre. Les laves, en vieillissant, tendent à ressembler aux basaltes pour la composition.

Les laves modernes sont connues de tout le monde, et ce n'est pas le lieu de décrire les curieux et affligeants phénomènes des éruptions volcaniques, leurs émanations de toute espèce, leur bruits souterrains, leurs détonations, leurs ouvertures de nouveaux cratères, leurs blocs lancés à des hauteurs énormes et à des distances de plusieurs lieues, leurs nuages de poussière et de fumée, leurs formations de montagnes, de vallées, de lacs, de golfes, d'îles nouvelles, et leurs inondations quand elles ont lieu sous les eaux. On sait ce qui se passa en 1538, les 27 et 28 septembre, près de Pouzzoles aux environs de Naples, quand se forma tout à coup le Monte-Nuovo avec une baie nouvelle par une fente subite du rivage. Les îles les plus célèbres formées par des volcans sous-marins sont celle d'Hiera nommée autrefois *Kalliste*, c'est-à-dire la belle, parce qu'elle sortit du sein des eaux ; celle de Thia dans le même golfe de Santorin, formée en 1573, et surtout celle de Neo-Kaymmeni qui remonte au 23 mai 1707, et fut accompagnée, dans sa formation, d'une chaleur énorme, d'une mer bouillante et agitée, de mugissements souterrains, de fumées épaisses, de poissons morts jetés sur la côte, de pierres lancées au loin, de feux et de flammes qui lui donnèrent, pendant une année entière, l'aspect d'une île embrasée dont on ne pouvait approcher ; elle atteignit une hauteur de soixante-dix mètres et une circonférence de 1600. Elle exhale encore une odeur de soufre, et le fond du golfe continue de s'élever.

Les volcans modernes et les soltafares dépassent le nombre de cinq cents, et forment plusieurs groupes dans lesquels on croit à des connexions souterraines. Ces groupes sont, celui de l'Etna qui comprend le Vésuve, Stromboli, les îles volcaniques de l'archipel grec, etc. ; celui des Canaries et des Açores ; celui de l'Islande et du Groenland ; celui de la Cordillière des Andes, chaîne de montagnes de formation récente, et à laquelle Elie de Beaumont attribue le déluge ; celui des îles océaniennes du Kamtschatka, des Moluques et de la partie sud-est de l'archipel de l'Océanie ; et enfin celui qui paraît exister dans l'Asie centrale.

Passons aux terrains stratifiés et par suite à la véritable classification géologique.

2° Terrains de stratification formés sous l'influence des eaux, et disposés par sédiments superposés. — Nous les diviserons en deux classes. Les terrains *primordiaux* ou non organifères, qu'on nomme aussi le système *Cambrien*, qui ne conservent aucun reste d'organisation végétale ou animale, et qui viennent immédiatement après les *granits*, les *porphyres*, les *trachytes*, et tout ce que nous avons appelé terrains cosmologiques ; et les terrains organifères qui portent des reliques d'êtres organisés. On les nomme aussi le système *silurien*.

Les premiers présentent une structure d'autant plus cristalline qu'ils sont plus anciens, et, bien qu'ils ne soient pas d'origine ignée, ils paraissent avoir eu à subir l'action d'une forte chaleur. Ce sont les dernières victimes du feu, lorsque les eaux avaient déjà commencé leurs formations sédimentaires. Nous pourrions donc les rattacher aux terrains cosmologiques, en les qualifiant du nom de *minéralogiques*, et, comme ceux-ci, ils ne donneront lieu qu'à peu de détails.

Ces terrains sont : le *gneiss*, structure feuilletée, position immédiate, en général, sur le granit, vastes systèmes de terrains, il se trouve près de Lyon, dans les Alpes, la Saxe, la Suède, etc. ; le *mica-schiste*, structure lamelleuse composée de quartz et de mica, il suit le précédent ou l'accompagne ; le *schiste argileux*, apparence terreuse, sédimentation évidente sous les eaux.

On cite encore le *quartz*, quelques *calcaires* très-durs, et plusieurs autres roches.

Ces terrains sont en grande quantité et ont de leurs débris répandus partout comme les terrains cosmologiques. Ils se partagent avec eux le plateau central de la France, une partie de la Bretagne et de la Corse, le vaste massif de la Scandinavie et de la Finlande, les Alpes, les Pyrénées, les monts de la Saxe, ceux d'Ecosse, les monts Ourals, les Alleghanys, les Andes, etc.

De l'absence de fossiles dans ces terrains peut-on conclure avec certitude qu'il n'y ait point eu d'êtres vivants sur la terre, dans l'âge de leur formation par sédiments ? Milne Edwards et Achille Comte, dont la clarté et la prudence nous servent de guide dans cette analyse, répondent : « Il serait possible qu'il en ait été autrement, et que l'absence de fossiles dans ces terrains dépende de quelque cause, telle que leur destruction par la chaleur résultant du voisinage d'énormes masses de roches ignées, épanchées auprès, et même au-dessus de ces couches non fossilifères. »

Il nous reste à exposer la classification des terrains stratifiés *organifères*. C'est cette classification, impliquant la série historique des métamorphoses subies par notre globe pour arriver à l'état présent, qui constituera réellement ce résumé géologique. Voici donc la classification des terrains stratifiés organifères.

On les divise en quatre séries, qui correspondent à quatre grandes périodes.

Ces séries et ces périodes sont :
1° La série des terrains de *transition*, correspondant à la première période organique ; 2° la série des terrains secondaires, correspondant à la seconde période organique ; 3° la série des terrains tertiaires, correspondant à la troisième période organique ; 4° la série des terrains modernes ou quaternaires, correspondant à la période actuelle.

ou, du moins, aux temps postérieurs à l'apparition de l'homme sur la terre.

Reprenons successivement toutes ces séries.

1° Série des terrains de transition :

Ces terrains sont les *schistes-ardoises*, les *calcaires de transition* et plusieurs autres.

Ils indiquent, par leur position relative aux précédents, une révolution intermédiaire entre la formation de ceux-ci et la leur, car ils en diffèrent peu par leur constitution. Ils annoncent être le résultat de sables, de vase et d'autres matières déposées dans les eaux. Ils annoncent aussi une origine marine, et leur époque paraît avoir été marquée par un long séjour des eaux salées sur toute la surface du globe, ou à peu près. Ils sont par couches horizontales non parallèles à celles des terrains primordiaux, d'où l'on conclut que ceux-ci furent bouleversés avant qu'ils se formassent. Leurs couches les plus inférieures ne renferment que très-peu de fossiles, et plusieurs autres en sont très-riches. A ces terrains appartiennent les roches du centre de la Bretagne, d'une partie du Cotentin, de l'Anjou, du Maine, des Vosges et des Pyrénées ; Les calcaires de Dudley en Angleterre; celles de la Suède, etc.

C'est pendant leur formation que paraissent s'être élevées, par soulèvements volcaniques, les montagnes du Westmoreland, la chaîne de Cornouailles, une partie de celle de Bretagne et du Bigorre, de celle du Handsruk, de l'Eifel et du Hartz en Allemagne. On remarque aussi des bouleversements, comme intercalés entre leurs couches les plus anciennes et leurs couches les plus récentes, qui ont troublé la symétrie des premières. Elie de Beaumont place dans cet intervalle l'éruption des ballons d'Alsace et du Comté dans les Vosges, ainsi que le soulèvement des collines du Bocage dans le Calvados, et de plusieurs chaînes de l'Angleterre, de l'Allemagne et de la Pologne.

Ces terrains présentent, dans toutes les parties des deux continents, d'immenses dépôts presque identiques de végétaux et surtout d'animaux marins, et c'est à peine si l'on peut y reconnaître quelques traces très-rares de végétaux terrestres.

Les fossiles végétaux appartiennent, en général, à la famille des fucus ou varechs; ils annoncent avoir été peu abondants.

Quant aux fossiles animaux, ils sont en très-grande quantité, mais ils représentent des animaux très-différents des espèces actuelles et appartenant aux classes inférieures. Ce sont des *éponges* et des *polypes* qui n'existent plus; des *mollusques* en petit nombre, pour la plupart bivalves, désignés sous les noms de *spirifères* et *productus* ; Des *encrines*, espèces d'étoiles de mer, qui vivaient fixées au sol par une longue tige; et les *trilobites*, espèces de crustacés ressemblant à d'énormes cloportes, et n'ayant eu, en guise de pattes, que des lamelles membraneuses propres à la natation.

On trouve dans la couche d'ardoises des environs d'Angers, s'étendant entre Avrillé et Trélazé, des empreintes de grandes trilobites du genre *ogygie*; mais ces fossiles abondent surtout dans les calcaires de Dudley et de la Suède.

Dans les terrains de transition, point de reptiles d'*ammonites* et de tous les animaux et plantes que nous allons voir apparaître dans la période suivante. Cependant, après avoir cru longtemps qu'il n'existait alors aucun vertébré, on a découvert, dans ces dernières années, quelques débris de poissons de mer au sein des roches de cette antique formation. Ainsi la fin au moins de la première période fut marquée par l'apparition de quelques poissons. Ces poissons appartiennent à la famille complétement éteinte des *sauroïdes*...

Dans les couches les moins anciennes de transition, commencent à se montrer des lits d'*anthracite*, mauvais charbon de terre, et quelquefois de véritable *houille*. Ces terrains sont très-riches en filons métallifères.

L'exposition de 1855 a confirmé la généralité de ces principes géologiques relatifs aux terrains de transition. Le Canada et l'Australie ont envoyé de belles collections d'échantillons de tous les étages, et, parmi ces échantillons, nous avons vu les fossiles qui s'y rapportent : c'est ainsi que, dans la collection de l'Australie, le terrain poléozoïque, qui est un de ceux de transition, montrait de superbes trilobites, des mollusques tels que le *canularia*, le *productus* le *pentamerus*, etc., et des végétaux, tels que le *sigillaria* et le *lepidodrendron* qui prouvent la suite immédiate, comme chez nous, de l'assise carbonifère. Plusieurs de ces fossiles étaient nouveaux, d'autres étaient les mêmes que les nôtres, mais leur caractère prouvait, en somme, l'analogie parfaite entre les formations des deux mondes à la même époque. Les roches parmi lesquelles se trouvaient aussi des schistes-ardoises, menaient à la même conclusion.

2° Série des terrains secondaires.

Ces terrains se sont formés antérieurement au soulèvement des Pyrénées. Ils commencent avec la houille et finissent avec la craie. Ils sont caractérisés par la présence de beaucoup de fossiles végétaux et animaux qui rappellent des êtres gigantesques, surtout dans le genre reptile et dans le genre fougère, et par l'absence complète ou presque complète de mammifères. Les coquilles marines et d'eau douce y sont très-abondantes. Cette série se subdivise en quatre étages correspondant à quatre formations et à quatre ères principales séparées par des révolutions. Ces étages sont : l'étage carbonifère; l'étage salifère; l'étage jurassique, et l'étage crétacé.

Reprenons. 1° *Étage carbonifère.* — Il est postérieur à l'éruption des ballons de l'Alsace et autres montagnes citées plus haut. Il vient après la révolution qui détruisit les trilobites. Il se divise en deux couches : la couche inférieure, composée de vieux grès rouge et de calcaire de montagne, ou calcaire carbonifère ; la couche supérieure formant le vrai terrain houiller.

Le vieux grès rouge indique une époque de repos pendant laquelle se déposent et se durcissent des assises de grès, des fragments de rochers et de galets cimentés, appelés conglomérats ; puis, par-dessus cette sédimentation, s'en forme une autre qui se fait lentement, et qui s'élève jusqu'à des hauteurs de sept à huit cents pieds ; c'est la couche de calcaire carbonifère, dont les assises sont quelquefois alternées par des sédiments sablonneux.

Enfin, par-dessus tout cela, viennent encore s'accumuler des grès, des argiles schisteuses et de la houille véritable, ce qui constitue la couche supérieure du terrain houiller.

Ce terrain consiste, d'ordinaire, dans des dépôts considérables de charbon, logés dans des bassins plus ou moins profonds, formés en immenses jattes par le calcaire carbonifère ou un autre terrain plus ancien. Il y en a beaucoup en Allemagne, en Belgique, en Angleterre, en Amérique, à la Nouvelle-Hollande, en France, comme chacun le sait. Le plus célèbre des bassins français à charbon de terre, est celui de Saint-Etienne, dont la superficie est de deux cent vingt et un kilomètres carrés. Celui-là s'appuie sur le gneiss et le mica-schiste. Un autre, qui est immense, et qui s'étend entre Liége et Valenciennes, repose sur le calcaire carbonifère et sur le vieux grès rouge, lesquels s'appuient eux-mêmes, selon la loi générale, sur des terrains de transition.

Les assises de houille ont souvent éprouvé des tortures, des ruptures d'horizontalité, des déplacements, des abaissements et des soulèvements. On y trouve des failles qui trompent les mineurs, et qui les obligent à chercher plus loin, et à des hauteurs différentes, la suite du filon, ou du lit, pour parler plus technologiquement. Ce grand bouleversement ne se manifeste pas dans les couches les plus élevées, et par suite les plus modernes, d'où l'on doit conclure qu'il n'a eu lieu que vers la fin de l'ère carbonigène.

Les fossiles de l'étage carbonifère sont très-curieux. Voici à quoi se réduit ce qui les concerne :

Le *vieux grès rouge* en contient peu, et ceux qu'il contient appartiennent presque tous à des espèces marines. C'est là qu'on trouve le poisson bizarre appelé *céphalaspis*, dont la tête ressemble à un bouclier.

Le *calcaire carbonifère* contient des polypiers; des mollusques, tels que les ammonites à coquille en forme de spirale, les spirifères à coquille en forme d'éventail, les encrines, dont nous avons parlé, ayant la propriété d'ouvrir et de fermer leurs tentacules comme la belle-des-nuits ses pétales ; encore des trilobites échappés sans doute à la grande destruction ; et enfin des poissons. Ce terrain est riche en métaux.

Enfin, la formation houillère est encore plus curieuse : la houille n'est elle-même autre chose que d'énormes amas de végétaux et de graisses animales qui, sous l'influence du temps, des eaux et d'actions chimiques, se sont métamorphosés en la substance que nous brûlons aujourd'hui, de sorte que cet âge avait mission d'emmagasiner pour le nôtre. Il le fit avec abondance ; car il résulte de l'observation et de l'analyse des houilles et autres terrrains de la même époque qu'alors la mer était très-peu profonde, et parsemée, en tout lieu, d'îles couvertes d'une végétation gigantesque ; c'est ainsi que l'eau et la terre se partageaient la surface du globe. Cette végétation, dont la science nomme aujourd'hui plusieurs centaines d'espèces, ne ressemblait pas à celle d'aujourd'hui. La plupart de ces espèces connues appartenaient à la classe des *cryptogames vasculaires*, et formaient de prodigieuses forêts. Il y avait des fougères en arbre qui s'élevaient, dans les régions tempérées et boréales, à cinquante pieds de hauteur, pendant que les mêmes espèces ne s'élèvent aujourd'hui, sous la zone torride, qu'à huit ou dix pieds. D'autres plantes, qui ne sont maintenant que des herbes, atteignaient une taille de soixante-dix pieds.

Quant aux fossiles animaux de la houille, on y trouve quelques poissons très-singuliers, dont le corps est couvert de grosses plaques solides, ressemblant au vêtement de la tortue, et qui portent plusieurs des caractères du reptile. On y trouve aussi des mollusques d'eau douce, des insectes qui se rapprochent des charançons et des névroptères, enfin des scorpions qui ne diffèrent des nôtres que par le nombre de leurs yeux.

La houille n'est pas sans présenter encore des fragments de troncs d'arbres, car nous en avons vu ; mais ces fragments pourraient peut-être appartenir à une époque plus récente.

2° *Étage salifère*. — Cet étage porte les indices d'une formation postérieure aux soulèvements qui ont fracturé les terrains houillers. La couche inférieure se compose du nouveau grès rouge, du calcaire magnésien et de quelques autres roches sédimentaires. La couche supérieure présente le *grès bigarré*, le *calcaire conchylien* et les *marnes irisées*, trois roches remarquables qui ont fait surnommer le terrain salifère terrain *triasique*, ou *trias*.

Une révolution considérable ayant détruit la riche végétation de l'ère précédente, il se forma des dépôts immenses de débris de terrains plus anciens, de sables, et de porphyres issus d'épanchements volcaniques. Ce sont ces dépôts qui forment cet étage salifère, lequel garde les traces de torrents énormes. Le nouveau grès rouge et ses accessoires sont souvent entassés par assises de deux cents mètres d'épaisseur. Il y en a, en France, autour de la partie culminante des Vosges. Une terre particulière, nommée *magnésie*, se trouve, dans certains lieux, par exemple en Calvados, superposée à ce nouveau grès rouge, et enveloppée de calcaire. C'est ce terrain qu'on appelle *calcaire magnésien*, *zechstein*, etc.

Il y a encore le grès vosgien, qui vient

soit après le grès rouge, soit après le calcaire magnésien.

C'est entre la formation de cette première couche de l'étage salifère et de la seconde couche, dont nous allons parler, que se sont fait sentir les convulsions qui ont engendré les *montagnes des Vosges* et *de la Forêt-Noire*.

Cette seconde couche fut le résultat de nouveaux sédiments, dont les principaux sont : le *grès bigarré*, massif au fond, lamelleux en haut, rouge, bleuâtre ou verdâtre, et répandu au pourtour des Vosges, sur les pentes de l'Aveyron, des Cévennes, des Pyrénées, en Allemagne et en Angleterre; le *calcaire conchylien*, grisâtre, compacte, et couvrant le grès bigarré du pourtour des Vosges; et les *marnes irisées*, appelées aussi *keuper*, couleur rouge lie de vin, et gris verdâtre ou bleuâtre, et s'étendant dans la Souabe, dans le Luxembourg, au sud-ouest des Vosges.

L'étage salifère tout entier renferme souvent des masses de *gypse* ou *pierre à plâtre*, et surtout des dépôts considérables de sel gemme, telle que la mine de Vic. C'est de cette particularité que ces terrains tirent leur nom. Ils sont moins tourmentés que ceux des périodes précédentes, et gardent souvent à peu près leur position de formation, c'est-à-dire horizontale; quelquefois aussi ils sont soulevés. L'élévation des montagnes du Morvan paraît avoir suivi leur sédimentation. Le nouveau grès rouge renferme très-peu de fossiles. Il venait après une destruction. Le calcaire magnésien possède des débris de fucus, beaucoup de zoophytes, de mollusques et de poissons.

Malgré ce que nous venons de dire du grès rouge, les géologues regardent l'apparition des premiers reptiles, et quelques-uns même celle des premiers oiseaux, comme contemporaine des derniers temps de sa formation. On a vu, en effet, dans le grès rouge d'Ecosse, des empreintes de pas de tortues, et dans d'autres terrains triasiques, des débris de crocodiles et de quelques autres sauriens. Quant aux oiseaux, on a cru en reconnaître des signes dans des empreintes de pattes très-curieuses, existant sur un grès rouge d'Amérique.

Le grès bigarré, premier sédiment de la seconde couche salifère, annonce une certaine reprise de végétation; on y trouve une grande quantité de plantes terrestres, pour la plupart différentes de celles du terrain houiller.

Le calcaire conchylien est plein de coquilles et de débris d'animaux marins : ammonites, bélemnites, térébratules, huîtres, étoiles de mer, encrines, espèces de langoustes, poissons; il contient aussi des ossements de reptiles. Dans les marnes irisées, peu de fossiles.

3° *Étage jurassique.* — Ces terrains paraissent postérieurs aux formations des montagnes du Morvan. La période qui leur correspond est caractérisée par la création d'une nouvelle faune, plus curieuse que les précédentes. C'est une foule de reptiles aquatiques à formes bizarres et gigantesques.

La couche inférieure se compose principalement du calcaire à gryphites, de grès du lias, et de lias.

La couche supérieure présente surtout la terre à foulon et l'oolite.

Les premiers dépôts de cet étage paraissent avoir été d'un grès fin, très-solide, quelquefois très-épais. La citadelle de Luxembourg est construite sur une saillie de ce *grès liassique inférieur*.

Au-dessus viennent les calcaires du lias, ou bien les calcaires à gryphites, ainsi nommés à cause des coquilles du genre gryphée, voisines des huîtres, qui y sont en abondance.

Cette formation du lias porte les marques d'une grande commotion antécédente aux couches du même étage qui les suivent.

Ces assises plus modernes, formant la couche supérieure, et ont trois échelons, qui lui ont aussi valu le nom de formation *triasique* (trias-triple).

Le plus inférieur commence ordinairement par du sable jaune pailleté de mica, d'une épaisseur de quarante mètres, puis se poursuit par des lits alternatifs de marne et d'argile, dont une espèce est employée comme terre à foulon, et, enfin, se termine par de belles pierres de taille, à leur tour surmontées d'argile, de sable et d'un calcaire très-coquillier.

Le moyen consiste en une couche énorme d'argile bleue, qui a quelquefois deux cents mètres de profondeur, et qu'on nomme argile d'Oxford, et en une seconde couche de sable, grès et calcaire, abondante en polypiers, et nommée, pour cette raison, par les Anglais, *coral-rag*.

Le dernier présente de l'argile, et des roches calcaires à texture tantôt grenue, tantôt compacte.

Les terrains jurassiques tirent leur nom de la chaîne du Jura dont ils garnissent les flancs. Ils se montrent aussi de chaque côté des Alpes et des Cévennes, bordent, vers l'est, les terrains de transition du Maine et de la Normandie, de Valognes à Angers, et jouent le même rôle en Angleterre.

Les fossiles des terrains jurassiques sont très-nombreux, et attestent une immense production d'animaux dans l'âge qui leur correspond. Quant aux végétaux, on en trouve peu. Ce sont, en général, des débris de conifères.

On trouve encore que les mers de cet âge étaient habitées par une population innombrable d'ammonites, de bélemnites, et d'autres mollusques bivalves et univalves, par des crustacés voisins de nos homards, par des écrevisses, des oursins, des gryphées arquées et autres zoophytes.

On trouve encore, dans quelques-unes des roches de cet âge, des débris d'insectes et des ossements d'oiseaux.

Mais ce qui frappe le plus, ce sont les grands reptiles aquatiques appelés sauriens.

Citons, pour exemples, le *megalosaurus*, sorte de lézard ou crocodile, grand comme notre baleine ; le *ichthyosaurus*, qui avait à peu près la même taille, mais qui n'était conformé que pour la nage, ayant, au lieu de pattes, quatre nageoires semblables à des rames ; le *plesiosaurus*, qui avait une petite tête à l'extrémité d'un cou d'une longueur énorme, ce qui le faisait ressembler à un serpent pourvu de nageoires ; le *pterodactyle*, vrai lézard volant qu'on avait pris au commencement pour un oiseau, et dont les ailes étaient faites comme celles de nos chauves-souris ; enfin des crocodiles monstrueux et de monstrueuses tortues.

On a découvert, dans les mêmes terrains, un fragment de mâchoire inférieure qui paraît indiquer un mammifère, quoique le règne des mammifères ne date que du commencement de la période tertiaire, où nous allons bientôt entrer.

4° *Etage crétacé.* — Après de longs siècles accordés au développement des grands sauriens aquatiques et des mollusques aux espèces variées dont nous venons de parler ; après que les sédiments jurassiques se furent entassés dans ces siècles de tranquillité, et eurent englobé les cadavres de ces animaux que nous observons aujourd'hui, il y eut une catastrophe universelle qui détruisit tout ce règne animal, et après laquelle, le calme revenant, une nouvelle sédimentation recommença : c'est la sédimentation crétacée. Cette catastrophe a laissé de grandes traces dans les terrains jurassiques ; elle paraît avoir eu pour cause des soulèvements et abaissements d'une partie de la croûte terrestre, et avoir élevé plusieurs chaînes de montagnes : le mont d'Or en Bourgogne, le mont Pilas en Forez, les Cévennes, l'Erzgebirge en Saxe. Ce ne fut pas encore le jour des Pyrénées.

L'étage crétacé, postérieur à cette révolution, a, comme les autres, ses couches inférieures ou les plus anciennes, et ses couches supérieures ou les dernières formées.

Les couches inférieures contiennent le *tufau des environs de Rouen*, la *craie chloritée* ou *grès vert*, etc.

Les couches supérieures contiennent la *craie blanche de Meudon, de la Champagne*, etc.

Les assises de grès vert et de tufau sont marines ; mais elles ont eu pour contemporaines en formation des assises analogues d'argile, de sable ferrugineux, de calcaire, qui sont d'eau douce, renferment des coquilles terrestres et fluviatiles, ainsi que des débris des reptiles terrestres de l'ère précédente, et révèlent, par conséquent, l'existence de grands lacs d'eau douce.

Après des convulsions qui troublèrent cet ordre, se firent les dépôts de la couche supérieure ; mais ces convulsions paraissent avoir engendré la chaîne de monts, d'Antibes à Lons-le-Saunier, c'est-à-dire les Alpes françaises et l'extrémité sud-ouest du Jura.

On remarque, dans les couches de craie postérieures à cette convulsion, la *craie marneuse* que l'eau dissout, la *craie compacte* qui peut fournir des pierres de construction, et la *craie graphique* ou *craie blanche supérieure* qui renferme beaucoup de silex, c'est-à-dire de cailloux pyrogéniques, placés par bandes très-rapprochées.

Les terrains crétacés occupent presque tout le nord de la France et le sud-ouest de l'Angleterre. Ils paraissent s'être formés au fond d'un vaste golfe dont les bords s'étendaient aux terrains jurassiques de la basse Normandie, du Maine, du Berry, de la Bourgogne et de la Lorraine. On les trouve aussi dans le midi de la France, mais recouverts d'autres terrains plus nouveaux.

On peut juger, comme on le voit, par l'étude de ces terrains, de ce qu'était l'état géographique du globe durant cette formation, et voici ce qu'on trouve pour la France.

Il n'y avait de terre qu'une presqu'île formée par la Bretagne, la basse Normandie, le Maine et la Vendée, qui avait le Poitou pour isthme de réunion au plateau central, lequel s'étendait ensuite jusqu'aux Ardennes et s'adossait aux Vosges. La mer couvrait la Flandre, la Picardie, la Champagne, les environs de Paris, la haute Normandie et la Tourraine. Elle couvrait aussi le midi, depuis Rochefort et Castelnaudary, la place occupée par les Pyrénées, une grande partie de l'Italie, de l'Autriche, la Prusse, la Pologne, etc.

Les fossiles de l'étage crétacé nous attestent que cette mer était peuplée d'une multitude de polypes, d'oursins, de térébratules, de mollusques, et de poissons d'espèces différentes de celles qui existaient à l'époque jurassique.

Les fossiles végétaux sont assez nombreux dans les couches inférieures ; on trouve des monocotylédons et des conifères.

Il vécut aussi, dans cet âge, de nouvelles tortues et de nouveaux sauriens, presque aussi énormes que leurs prédécesseurs : le *crocodile de Meudon* est un de ces sauriens.

Le *mosasaurus* est un des plus remarquables ; c'est un reptile qui se rapproche de nos *monitors*, mais qui avait des membres en palettes natatoires ; une tête monstrueuse de *mosasaurus* trouvée à Maestricht, indique une taille de vingt-cinq pieds de long.

Il y avait aussi des reptiles terrestres non moins curieux, tels étaient : l'*hylæosaurus*, sorte de lézard long de vingt-cinq pieds, dont le dos se terminait, dans toute sa longueur, par une arête osseuse hérissée de dents ; et l'*iguanodon*, espèce d'iguane herbivore, vingt fois plus gros que les iguanes d'aujourd'hui et long d'au moins soixante pieds.

On trouve aussi des ossements d'oiseaux de l'ordre des échassiers.

C'est après les longs siècles de la formation crétacée qu'eut lieu la révolution géologique, correspondante au soulèvement des Pyrénées, et de plusieurs autres chaînes ; car, on remarque, sur leurs flancs, les couches du terrain crétacé redressées avec celles des terrains précédents qui sont dessous, tandis que ceux de date plus récente s'étendent au pied en couches horizontales. Nous entrons ainsi dans la période tertiaire.

3° Série des terrains tertiaires.

Ces terrains se sont formés postérieurement au soulèvement des Pyrénées, et antérieurement à l'apparition de l'homme. Ils commencent avec des argiles, telle que l'argile bleue de Londres, et finissent avec les anciennes alluvions diluviennes. Ils sont caractérisés par la présence de beaucoup de mammifères et autres êtres organiques qui, bien que différant de genre, ou au moins d'espèce, avec les types actuels, présentent cependant le mode d'organisme aujourd'hui en usage dans l'atelier divin.

Enfin, ils attestent, par la diminution et l'isolement plus commun de leurs sédiments, que les mers occupaient alors beaucoup moins d'espace que dans les âges précédents.

Cette série se subdivise en trois étages correspondant à trois grandes formations, et à trois âges séparés par des révolutions immenses. Ces étages sont : l'étage tertiaire inférieur; l'étage tertiaire moyen; et l'étage tertiaire supérieur.

Reprenons : 1° *étage tertiaire inférieur*. — Cet étage, postérieur aux Pyrénées, paraît avoir précédé, dans sa formation, les montagnes de la Corse.

Il se compose de l'*argile bleue de Londres*, de l'*argile plastique* des environs de Paris, d'autres argiles, du *calcaire grossier* de Paris, des *calcaires siliceux* des environs de Paris, du *gypse* de Montmartre, etc.

Le calcaire grossier surmonte l'argile plastique et fournit de très-belles pierres de taille. Le fond du bassin est tapissé de cette argile plastique qui sert pour la faïence, les poteries et les briques, selon qu'elle est blanche comme à Moret, ou colorée en gris ou en rouge comme au sud de Paris.

Le calcaire siliceux s'est formé dans des eaux peu salées, car les coquilles qu'il contient sont fluviatiles ou terrestres.

Le gypse, ou *pierre à plâtre*, repose, vers la partie centrale du bassin de Paris, et surmonte les roches précédentes; il est lui-même recouvert de sables marins mêlés de coquilles d'huîtres et de débris de poissons.

Les chaînes qui bordent les hautes vallées de la Loire et de l'Allier, et celles qui occupent le centre de la Corse et de la Sardaigne, paraissent ne s'être dressées qu'après cette première formation des terrains tertiaires.

Les fossiles de cet étage attestent une génération considérable de mammifères qui n'existent plus. Citons : le *paleotherium*, espèce de pachyderme; l'*anoplotherium*, autre pachyderme, et des rongeurs très-grands.

Ces animaux paissaient sur les bords du golfe qui couvrait l'emplacement de Paris, pendant que ce golfe était habité par des dauphins, des lamentins, des baleines et autres grands cétacés; par des milliers de polypes à dépouilles pierreuses; par des milliers de mollusques et par des poissons.

Nous avons dit que le calcaire siliceux s'est formé dans des eaux peu salées; cela s'explique par de grandes rivières qui venaient mêler leurs eaux à celles du golfe, lesquelles redevinrent, plus tard, beaucoup plus salées, pour servir de demeure aux cétacés et aux poissons dont nous venons de parler.

On trouve des coquilles marines et fluviatiles en abondance; les oiseaux ne manquent pas, ni les reptiles terrestres et aquatiques.

2° *Étage tertiaire moyen.* — Cet étage paraît s'être formé après la révolution causée par l'élévation des montagnes de Corse et autres chaînes contemporaines. Il se compose des meulières supérieures des environs de Paris; des grès de Fontainebleau; des molasses de la Suisse; des terrains tertiaires de Bordeaux; des talus de la Tourraine. Les fossiles de cette seconde formation de la période tertiaire, nous révèlent une population plus nombreuse encore d'animaux terrestres et aquatiques, qui deviennent, de plus en plus, semblables à ceux de nos jours.

On reconnaît beaucoup de mollusques dont les espèces peuplent encore nos mers; des *mastodontes*, sorte d'éléphant; des *paléothériums*, des *anthracothériums*, des *lophidions* et autres mammifères perdus. Enfin, des rhinocéros, des hippopotames, des hyènes et des singes d'espèces particulières qui n'existent plus.

Cette seconde ère de la période tertiaire paraît avoir été close par un nouveau soulèvement des Alpes, dont une grande partie existait déjà par l'effet de soulèvements successifs. Ainsi le mont Viso, et ce qui en dépend, datait des terrains crétacés; Castel-Gomberti, de l'époque du soulèvement des Pyrénées; quelques parties, vers le Jura, de celle du soulèvement de la Corse. Mais la partie la plus considérable, toute la chaîne des Alpes occidentales, ne paraît remonter, avec ses pics grandioses, qu'après le second étage de la série des terrains tertiaires dont nous venons de parler. La chaîne qui part du Valais vers l'Autriche paraît encore plus récente.

3° *Étage tertiaire supérieur.* — Cet étage, qui s'est formé, comme nous venons de dire, après le plus grand soulèvement des Alpes, se compose de quelques dépôts d'eau douce et de terrains de transport.

On y distingue surtout les sédiments lacustres, dont les principaux sont les sables de la Bresse; les brèches et les cavernes osseuses; et les terrains diluviens ou d'alluvions anciennes, nommés aussi terrains clysmiens.

Mais on doit, pour la clarté et pour se conformer aux indications probables, subdiviser l'ère qui lui correspond en deux parties :

La première, qui commence au soulèvement de la partie occidentale des Alpes, et finit au dernier soulèvement de ces montagnes. Elle a pour terrains correspondants les sédiments lacustres.

La seconde, qui commence après ce dernier soulèvement, et qui conserve comme ses plus anciennes archives les alluvions clysmiennes. Elle se termine au soulèvement des Andes, si la science parvient à établir l'hypothèse de M. Elie de Beaumont. Dans le cas contraire, ce soulèvement des Andes pourra se trouver contemporain du dernier des Alpes, et alors, cette seconde partie de la troisième période de la série tertiaire ne sera que le commencement de l'âge quaternaire ou moderne.

Reprenons d'abord l'espace écoulé entre les deux derniers soulèvements alpins.

A dater du commencement des sédiments lacustres, l'Europe change d'aspect. Elle présente un vaste continent sur lequel ne se forment plus de sédimentations marines, sauf sur les côtes et dans quelques golfes, et sauf encore, comme dans la région des collines subalpennines, dans quelques parties de la Sicile et sur le littoral d'Angleterre. Mais on remarque des dépôts d'eau douce, soit dans les vallées de rivières qui coulent encore, soit dans quelques lacs qui ont disparu par suite d'une révolution plus récente.

On trouve dans la Bresse les traces d'un de ces lacs qui couvrait en même temps le département de l'Isère. Il y en avait aussi dans l'Alsace et dans le département des Basses-Alpes. Les assises qui s'y sont faites consistent dans une couche épaisse de sable mêlé de cailloux roulés et de marne. Le dépôt d'OEningen, dans le bassin du lac de Constance, se rapporte au même ordre de phénomènes.

Les fossiles de ce règne des lacs et des rivières sont la preuve d'un grand pas fait par la nature pour arriver à l'état présent.

Les dépôts de la Bresse contiennent de nombreux amas de bois fossile provenant d'arbres presque semblables à ceux de nos contrées et des coquilles d'eau douce.

Celui d'OEningen est devenu célèbre par la multitude de fossiles végétaux et animaux qu'on y a trouvés.

Des brèches osseuses et des cavernes osseuses montrent que la terre était couverte, durant cette période, d'hyènes et d'ours, d'éléphants velus, de mastodontes, de rhinocéros, d'hippopotames, de bœufs, d'antilopes, et d'autres mammifères dont les genres existent encore, mais dont les espèces sont perdues. Plusieurs de ces genres vivaient alors dans les contrées tempérées et boréales, pendant qu'aujourd'hui ils n'habitent que les pays chauds. Les mamouths, sorte d'éléphants trouvés par les Russes dans les régions les plus septentrionales, et entièrement conservés avec leur chair et leur peau, grâce aux glaces et aux neiges perpétuelles, le prouvent évidemment.

Le sol du bois de Boulogne, qui est, ainsi que tout l'emplacement de Paris, un dépôt de transport, contient des débris d'éléphants et d'autres animaux qui, depuis les temps historiques, n'ont jamais été vus dans ces contrées.

Il existe des cavernes et des fentes de rochers où sont entassés et enfouis, dans une sorte de ciment calcaire ordinairement rougeâtre, des ossements de carnassiers, très-forts, principalement d'ours et d'hyènes, entourés d'autres ossements d'animaux plus petits, qui leur servaient de pâture, puisque leur dent a quelquefois laissé son empreinte sur les os de ces derniers. Tout indique que ces cavernes étaient la demeure de ces monstres. Une des plus célèbres est celle de Kirkdale en Angleterre.

Les grands dépôts limoneux de la plaine de Buénos-Ayres, qu'on rattache à la même époque, ont révélé les ossements d'un mammifère gigantesque de l'ordre des édentés, qu'on a nommé le *megatherium*; et le crâne d'un rongeur, appelé le *toxodon*, qui ne ressemblait guère, pour la taille, à nos rats, souris et lapins, puisqu'il était gros comme nos éléphants.

Les sables d'Efelsheim en Bavière, également formés des sédiments lacustres de cette époque, ont fait connaître l'existence d'un autre mammifère gigantesque, nommé le *dinotherium*, dont la mâchoire inférieure était armée d'énormes dents recourbées en bas.

On fait souvent de nouvelles découvertes de ce genre, — c'est ainsi qu'on vient, il y a quelques mois, de trouver les restes d'un oiseau gigantesque dans le terrain de Paris; — et en rattachant les particularités éparses, on arrive à des notions générales. La nature descend du germe aux ramifications, et l'homme remonte des ramifications au germe.

Mais ici se présente un phénomène de haute importance.

Les géologues s'étaient toujours accordés pour dire que, dans les terrains dont nous parlons, et par suite dans les brèches osseuses et les cavernes osseuses, on ne trouvait ni ossements humains ni aucun vestige révélateur de l'homme; d'où l'on concluait que l'homme n'avait pas été contemporain du règne animal dont nous venons d'indiquer quelques types. Mais, il y a vingt ou vingt-cinq ans, on commença à trouver, dans le midi de la France, des ossements humains, et même des débris de poterie mêlés à des fossiles d'ours et d'hyènes des cavernes; et il y a eu, depuis, plusieurs découvertes semblables. Le fait ressemble à deux autres qu'on a pu remarquer, celui d'un vertébré trouvé dans les derniers terrains de transition, et celui d'un mammifère trouvé dans les derniers terrains secondaires. Observons, en passant, que ces faits paraissent indiquer la rareté extrême des individus à l'origine des classes, genres et espèces auxquels ils appartiennent. Mais telle n'est point ici la question. Elle consiste à savoir si ces ossements humains sont réellement de la même époque que ceux des mastodontes et des ours auxquels ils sont mêlés; car on conçoit qu'ils auraient pu leur être réunis longtemps après la destruction de ces animaux. Nous ne croyons pas que la science ait encore pleinement résolu ce problème; cependant nous sommes obligé de dire qu'elle tend plutôt à le résoudre négativement. M. Marcel de Serres a lu, il y a quelques jours (novembre 1855), à l'Académie des sciences, un mémoire dans lequel il conclut d'observations nombreuses que les ossements humains des cavernes ne sont pas de la même date que les dépôts diluviens auxquels ils sont associés. Ils sont même, dit-il, plus jeunes que les terrains glaciaires, et ne paraissent pas remonter au delà des temps historiques. Il ajoute qu'à en juger par les produits industriels qui les accompagnent, ils se rapportent à trois époques principales qu'on pourrait jusqu'à un certain point préciser. Cette communication enlève, à notre avis, beaucoup d'intérêt à ces ossements.

Il suit de là que les preuves manquent jusqu'alors pour soutenir que l'existence de l'homme ait précédé le dernier soulèvement des Alpes.

Après ce dernier soulèvement des Alpes vient de deux choses l'une : ou une nouvelle période de tranquillité qui sera celle de l'homme et des espèces actuelles, et qui sera interrompue par le dernier déluge ; ou l'entrée de la période présente, auquel cas le soulèvement des Andes et le dernier des Alpes ne seraient peut-être pas différents, et auraient concouru pour le dernier déluge.

Toujours est-il qu'il y a eu une révolution géologique qui a mis à sec les lacs, a occasionné des courants impétueux qui ont sillonné le sol, ont entraîné des fragments de rocs, du sable, de la vase, et ont formé les terrains désignés sous les noms susdits de *terrains de transport anciens, terrains diluviens, terrains clysmiens*.

C'est à ces terrains que se rapportent les *vallées de dénudation*, immenses ravins pratiqués à travers des collines par un torrent impétueux se portant dans le même sens d'un pays dans un autre ; les masses de granit et autres roches dures isolées des montagnes auxquelles elles ont appartenu, et séparées de leur mère par des érosions puissantes : il y en a une de 3,000 pieds d'élévation dans le Valais ; il est impossible d'en attribuer la formation à la cristallisation ; les blocs erratiques anciens, roulés quelquefois par masses énormes jusque sur les éminences et même les montagnes. De la Bêche en a trouvé à 800 pieds du niveau de la mer qui ne peuvent provenir que de pays éloignés, et on en trouve dans tous les lieux de la terre.

Une observation curieuse et importante, c'est que tous ces phénomènes étudiés et comparés les uns avec les autres, indiquent dans le *diluvium* ou torrent énorme qui les a produits, une direction à peu près uniforme du nord au sud.

C'est de ce déluge géologique, qui paraît peut-être devoir être trop ancien pour ne faire qu'un avec le déluge historique des traditions des peuples, que datent les vastes atterrissements du bassin de Paris, dont le sol du bois de Boulogne fait partie : on y observe de larges sillons creusés dans des terrains plus anciens par des eaux qui paraissent avoir été violemment déversées de l'ancien lac de la Bresse.

C'est enfin dans cette catastrophe que périrent probablement ces multitudes d'animaux dont il reste des fossiles dans les brèches et les cavernes osseuses.

Voici sur la question si ce déluge fut celui de Noé, la réflexion de Milne Edward et Achille Comte : « Il y a lieu de croire que, depuis la révolution géologique produite par le dernier soulèvement des Alpes, il y a eu d'autres catastrophes du même genre déterminées par le soulèvement des Andes, par exemple. Peut-être faudra-t-il rapporter à l'inondation qui a dû accompagner la dernière de ces révolutions, ce qui nous a été révélé touchant le déluge de Noé. Peut-être parviendra-t-on un jour a en obtenir des preuves scientifiques, lorsqu'on aura mieux exploré la géologie des parties du globe auxquelles l'espèce humaine paraît avoir été restreinte dans les premiers temps de son existence. »

4° Série des terrains modernes.

Ces terrains sont ceux qui se forment encore à l'époque actuelle ou qui ne se sont formés que dans les temps contemporains de l'existence de l'homme.

On y trouve des os humains et des produits de l'industrie humaine.

Il serait naturel de les diviser en deux groupes : ceux qui sont antérieurs au dernier déluge, ou antédiluviens, et ceux qui lui sont postérieurs ou post-diluviens. Mais il faudrait pour cela que la science géologique eût résolu la question que nous venons de poser quelques lignes plus haut. Cette solution amènera un des deux résultats suivants :

Ou il sera prouvé qu'il n'y a pas, sur le globe, de terrains de transport, analogues à ceux du bois de Boulogne, où l'on trouve des bœufs, des antilopes, des éléphants, et portant dans leurs bouleversements tous les caractères d'alluvions produites par un *diluvium* violent et immense, qui soient plus modernes que ceux-là mêmes qu'on a nommés terrains *clysmiens* ;

Ou on arrivera à prouver que ces sortes de terrains sont de deux ordres, les uns anciens et les autres plus modernes ; les uns ne renfermant pas, les autres renfermant des fossiles humains.

Dans la première solution, les alluvions clysmiennes seront le produit du dernier déluge et leurs matières représenteront l'époque antédiluvienne de la période moderne. Si l'on n'y trouve que très-peu d'ossements humains, par toute la terre, sans excepter aucun lieu, il faudra penser que le genre humain qui leur était contemporain, habitait des contrées qui, par suite de la révolution même, sont devenues des mers aujourd'hui, et qui, par des révolutions futures, pourront redevenir terres, et montrer à nos descendants les fossiles humains abondants que l'on cherche.

Dans la seconde solution, ce seront les terrains clysmiens modernes ou du dernier *diluvium* qui représenteront seuls l'époque antédiluvienne moderne, peut-être close par le soulèvement des Andes.

Comme le problème n'est pas résolu suffisamment, nous ne ferons pas la distinction susindiquée, et nous parlerons des terrains modernes en tant qu'ils sont postérieurs dans leur formation, non-seulement à la création de l'homme, mais encore au dernier déluge.

Ces terrains se rattachent à quatre classes principales : les tourbières, les terrains madréporiques, les terrains concrétionnés ou lysiens, les terrains de transport et l'humus.

Les *tourbières* sont des accumulations de végétaux brisés qui forment des dépôts considérables. Les tourbes prennent, à mesure qu'elles vieillissent, une ressemblance de plus en plus grande avec la houille, et surtout avec la lignite qui tient le milieu entre la tourbe et la houille, et qui repose en effet dans les plus hautes couches des terrains secondaires ou dans les terrains tertiaires, c'est-à-dire dans l'intervalle de l'une et de l'autre. Il y a deux espèces de tourbes, la tourbe des marais et la tourbe marine; la première est la plus commune. la plupart des tourbières sont encore sous l'eau; quelques-unes cependant sont parvenues à être à sec, et forment des prairies, grâce à une couche d'humus qui les recouvre. Il y en a aussi qui forment des îlots flottants au gré du vent et couverts d'une riche végétation. Les principales tourbières sont en Hollande, dans le nord de l'Allemagne et en Ecosse; il y en a aussi en France, surtout dans la vallée de la Somme.

Les terrains *madréporiques* sont des îles qui se forment sous les eaux et s'élèvent au-dessus de leur niveau, par l'accumulation des polypiers pierreux : les polypes sont assez nombreux dans les mers des pays chauds pour produire cet immense résultat. Telles sont les îles de corail de la mer du Sud. On peut juger, à l'inspection de certains grès des terrains secondaires, qu'il en fut de même dans les anciens temps géologiques.

Les terrains *concrétionnés* sont des cristallisations qui se forment par dépôts de sels que laissent échapper les gaz de seaux minérales. Il se fait de ces sortes d'incrustations dans l'eau de certaines sources, et surtout dans beaucoup de grottes. L'eau qui filtre de la voûte laisse se cristalliser ainsi les sels qu'elle contient en forme de glaçons suspendus; ce sont des *stalactites*; mais il arrive souvent aussi qu'au-dessous, l'eau tombant produit le même effet sur le sol; c'est alors une sorte de pain de sucre droit sur sa base, qu'on nomme *stalagmite*. Quand ces deux cristallisations viennent à s'unir, il en résulte une colonne cristalline. Il y a des grottes admirablement décorées par ces procédés de la nature.

Le *travertin* de Rome, terrain formé de matières calcaires agrégées avec des sables et des corps organisés, paraît avoir une semblable origine. C'est ainsi que depuis le commencement, l'élément solide s'augmente peu à peu aux dépens de l'élément liquide.

Les terrains de *transport* sont en très-grand nombre. Ce sont les alluvions de la mer et des fleuves, les atterrissements des montagnes, les sédiments des lacs, les dunes de sable, les deltas, les blocs erratiques, etc. Les îles de la Seine sont le résultat d'alluvions de ce genre. On en trouve partout, soit en état de formation permanente, soit plus anciens et ayant cessé de croître par cessation de la cause qui les déterminait.

C'est surtout dans ces terrains que l'on rencontre des débris d'hommes ou de l'industrie humaine et des restes d'animaux actuellement existants. C'est ainsi qu'en creusant les fondations du pont d'Iéna, on trouva un bateau en forme de pirogue : on a trouvé aussi assez souvent dans ces terrains des squelettes humains; et ce qui est très-remarquable, c'est qu'on en a vu quelques-uns, dont un des plus curieux est celui qu'on a découvert à la Guadeloupe, qui sont empâtés dans le terrain et présentent déjà les caractères des fossiles de la période tertiaire; ce qui indique assez que l'ordre de phénomènes qui s'est réalisé autrefois sur notre globe se réalise encore aujourd'hui, bien que très-lentement comme cela a toujours eu lieu.

Enfin, l'*humus* est la terre végétale qui vient la dernière et qui est répandue en couche plus ou moins mince sur presque toute la terre. Cette couche se compose le plus ordinairement de sable, d'argile ou de débris de roches calcaires, mêlés avec les produits de la décomposition des plantes et des animaux. Les pluies, le soleil, la gelée, etc., altèrent sans cesse la surface des roches, même les plus solides; il s'en détache des fragments; ces fragments se mêlent aux détritus des végétaux et des animaux, et il en résulte la terre végétale qui se couvre de productions, et, pour tous ces motifs, va toujours en augmentant.

Nous avons terminé notre analyse de la science géologique dans ce qu'elle offre de plus remarquable aujourd'hui, sauf une observation à laquelle donnent lieu tous les terrains modernes, et, en général, tout ce qui constitue la surface extérieure du globe terrestre.

Cette observation est relative au temps qui s'est écoulé depuis la dernière révolution géologique, ou le dernier déluge; et voici, sur ce point important, les conclusions admises aujourd'hui par tous les savants, comme absolument certaines.

Il est impossible que la dernière révolution diluvienne remonte guère au delà de six à sept mille ans.

Cette conclusion est appuyée sur des calculs dont voici le résumé le plus succinct :

L'accroissement des tourbières vierges a été observé et calculé ; et l'on a trouvé pour résultat qu'elles n'ont pu commencer à se former que vers cette époque, parce qu'autrement elles seraient beaucoup plus considérables, et ne présenteraient plus le même aspect, étant devenues des terrains solides et recouverts d'une couche végétale plus épaisse.

Les îles madréporiques elles-mêmes ont donné à penser qu'elles seraient plus étendues si la révolution qui remit tout à neuf sur la surface terrestre était plus ancienne.

La formation des stalactites, du travertin et de tous les terrains concrétionnés a donné lieu aux mêmes suppositions.

L'humus, lui-même, qui se trouve partout, peut fournir une base à des calculs semblables, surtout dans les lieux vierges, tels que les forêts du nouveau monde et les savanes.

Mais ce sont surtout les terrains de transport, avec les dénudations des éminences, qui sont des *chronomètres* positifs, pour nous servir de l'expression imaginée par Deluc dans ses déductions admises par Cuvier.

Les accumulations de détritus déposés par les glaciers à l'endroit du pied des montagnes où ils se fondent, se répètent chaque année uniformément sous l'influence de causes uniformes ; on les connaît sous le nom de *murèmes* ; et le calcul basé sur l'observation de leur augmentation par année et par siècle, donne, pour la formation de leur volume actuel, cinq ou six mille ans.

Les dénudations des montagnes avec les atterrissements qui se font à leurs bases donnent des résultats approximatifs à peu près semblables. On peut citer comme un fait très-curieux, se rattachant à cet ordre de phénomènes, la mine de sel gemme de Cardona en Catalogne, dont nous avons vu, à l'exposition de 1855, des échantillons, et que les géologues rapportent aux terrains crétacés. Ce dépôt célèbre forme une butte égale, en hauteur et en volume, à la butte Montmartre de Paris. M. Cordier a calculé que cette butte ne diminue, sous l'action dissolvante des pluies, que d'un mètre et demi par siècle ; mais ce n'en est pas moins un mètre et demi ; et si le cataclysme diluvien qui la mit à découvert remontait très-loin dans le passé, il y a longtemps que cette colline de sel serait entièrement disparue. Disons même que, si on la suppose dans l'état actuel depuis soixante siècles, ou six mille ans, elle a perdu quatre-vingt-dix mètres de hauteur, ce qui semble lui donner, avant cette perte, une dimension aussi considérable que possible relativement à sa base.

Les deltas des fleuves, tels que celui du Nil, celui du Rhône, celui du Pô, celui de l'Orne, etc., s'augmentent dans une proportion connue grâce aux histoires déjà très-anciennes qui les ont décrits. Et mêmes conclusions

Les dunes de sable qui bordent la mer sur certaines côtes fournissent un renseignement plus positif encore. On sait au juste leur augmentation par année ; il y en a même dans lesquelles on reconnaît parfaitement les lits correspondants aux années et aux siècles : on ne trouve pas plus de six mille ans.

C'est le même résultat, quand on étudie les sédiments des lacs en voie de se former et qui finiront par les remplir.

Toutes ces observations n'ont fait que se multiplier et se confirmer depuis que Cuvier s'exprimait ainsi : « Je pense donc, avec MM. Deluc et Dolomieu que, s'il y a quelque chose de démontré en géologie, c'est que la surface de notre globe a été la victime d'une grande et soudaine révolution, dont la date ne peut pas remonter beaucoup plus haut que cinq ou six mille ans. » (*Disc.*)

Nous avons dit six ou sept mille, afin qu'on ne puisse pas nous reprocher d'avoir forcé le chiffre à notre avantage.

Il est donc prouvé scientifiquement que la période présente ne fait que de s'ouvrir, ce qui donne à penser qu'elle est loin de son terme ; car pourquoi ne serait-elle pas en proportion de longueur avec celles qui l'ont précédée ?

III. — Harmonie de la science géologique avec la *Genèse*.

Nous serons court pour mettre cette harmonie en évidence. Il suffira de résumer, en quelques mots, le tableau de Moïse.

Mais auparavant, nous devons au lecteur deux observations.

Transportons-nous un instant sur le terrain de Berkeley qui soutient que Dieu n'a pu créer et n'a créé, comme substances, que des âmes. Dans cette hypothèse, l'univers matériel n'est qu'un ensemble de phénomènes constants, régulièrement enchaînés, dont la création consiste dans une détermination de modifications spirituelles au sein des êtres doués de sentiment, lesquelles sont, en tout, semblables à celles qui existeraient chez ces mêmes êtres s'il pouvait y avoir et s'il y avait des corps réels. Or croyez-vous que le tableau de l'historien sacré soit inconciliable avec cette opinion qui ne fera jamais fortune, au moins sur la terre ? Pour vous en convaincre, lisez, comme nous vous y avons déjà invités, le passage du *Dialogue entre Hylas et Philoüs*, où Berkeley répond à cette objection, et vous verrez que tout s'explique de la manière la plus naturelle. On conçoit, d'ailleurs, que, pour le philosophe original qui suivrait Berkeley, les observations géologiques ne pourraient jamais offrir de difficultés sérieuses à l'égard de la révélation.

Transportons-nous maintenant sur le terrain choisi par plusieurs Pères de l'Église, entre autres, par saint Augustin, lesquels disent que le monde n'a pas été créé réellement en six jours, mais en un seul instant ; qu'il est sorti du néant avec ses incalculables merveilles, comme un éclair de l'obscurité, à la parole du Verbe. Assurément cette hypothèse est plus digne de Dieu que celle de six jours véritables, et même nous ne trouvons d'admissible *a priori* que celle-là, ou celle des longues séries de développements gradués, qui la vaut bien, quand on pense à l'immensité des mondes, des soleils, des planètes, et aux modifications temporelles des créatures soumises à notre observation en ascension constante et harmonique vers des perfections finales. Or, croyez-vous que le récit de Moïse soit inconciliable avec cette opinion de la création universelle simultanée? Lisez ce qu'ont dit, à ce sujet, il y a treize et quatorze siècles, les Pères dont nous parlons; les jours n'étaient plus, pour eux, que six grandes classifications des créatures fondées sur une progression graduée, en d'autres termes, une division, pour faire tableau, du grand acte créateur, laquelle pourrait encore donner lieu à d'autres subdivisions sans nombre. Le but du narrateur sacré, qui est d'instruire l'homme et de lui donner une grande idée de Dieu, ainsi que de sa propre dignité vis-à-vis des êtres qui lui sont assujettis, est pour beaucoup dans la construction du tableau, et sert puissamment à l'interprétation des auteurs ecclésiastiques aussi bien qu'à celle du philosophe irlandais. Mais, nous sommes en géologie, et comment expliquer, dans cette hypothèse, ainsi que dans celle de Berkeley, ces étages de terrains, ces fossiles, tous ces phénomènes sur lesquels on lit un si long passé? Rien de plus facile; substances ou apparences, Dieu n'a-t-il pas pu, en un seul instant, établir ces séries dans des rapports absolument semblables à ce qui serait si le développement s'était fait en de longues périodes. Il est évident que sa puissance ne demande pas, comme la nôtre, un temps pour produire, et qu'en un moment, il peut faire, soit immédiatement, soit par une loi de développement subit, ce qui revient au même, tout ce qu'il ferait avec des éternités par des lois de développements lents et successifs.

Mais quand on voit les monuments géologiques, qu'on les tourne et retourne, qu'on les étudie, et qu'on les compare à ce qui se fait graduellement aujourd'hui, on ne croit plus à la formation subite; on est vaincu par l'apparence, et on affirme, sans pouvoir faire autrement, le développement gradué. C'est donc dans cette supposition qu'il nous faut interpréter la Genèse.

Les seules questions qui puissent rester sont celles des révolutions principales jusqu'à la dernière, des créations diverses, et surtout de l'ordre dans leur succession. Or analysons la Genèse telle que nous la traduisons à la fin de l'article *Cosmogonie*.

Nous n'avons pas à revenir sur la partie cosmologique (*Voy.* Cosmologiques), sauf cependant ce qui concerne, dans cette partie, l'opération du troisième jour.

Dieu dit : Que s'accumulent les eaux, et et que l'aride paraisse... (ỳ 9).

Il y avait donc déjà une immense mer qui couvrait toute la surface du globe, et déjà s'étaient formés des terrains de sédiments sur la croûte refroidie : ce sont les terrains de transition. Cette mer était, sans aucun doute, habitée par des polypes, des encrènes, des trilobites, des mollusques et un petit nombre de poissons, puisqu'on en trouve un dans les terrains de transition formés à cette époque. Mais l'historien n'en parlera pas, vu que le globe n'est qu'une vaste mer où ces animaux sont cachés, vu qu'ils sont imparfaits, et que s'il y a quelques vertèbres, ils doivent passer inaperçus près des immenses populations qui se montreront plus tard. Pourquoi parler aussi de quelques fucus invisibles près de la végétation gigantesque qui va se développer. Il a dit seulement de cette période (ỳ. 6, et 7) que Dieu, au second jour, a étendu les eaux sous le firmament : c'en était assez puisque c'était dire la grande opération cosmologique de ce second jour, pendant de celle du premier, qui avait été le développement de la lumière, impliquant sans doute celui de la chaleur, celui de l'électricité, celui de tous les fluides impondérables, dont le père commun est l'éther. Quand on décrit en poète philosophe, à grands traits, comme Moïse, on passe les détails.

Mais nous en sommes à la troisième opération grandiose, l'apparition première de l'aride. Quels soulèvements ici, quels abaissements là ne faut-il pas pour opérer cette distinction de la terre et des eaux? C'est le feu interne qui se charge du ministère divin, et accomplit sa tâche par ses bouillonnements énormes, qui, brisant la croûte, ramenant partout des morceaux de la pellicule première, ou des terrains ignés, désorganise les couches sédimentaires, tue ce qu'il y a d'animaux et de fucus, sauf quelques trilobites qui lui échappent, ne nous laisse, pour archives du règne universel de Neptune, que les fragments épars des sédiments primordiaux et de transition que nous étudions aujourd'hui, et dont les premiers n'ont aucun fossile, couvre enfin notre globe d'une multitude d'îles, plus ou moins continentales, par ses soulèvements et abaissements, et sépare ainsi *l'eau* de *l'aride*, pour parler comme Moïse; dès lors *les amas d'eaux* s'appelleront *mers*, *l'aride* sera nommé *terre*; et Dieu, par ses volcans, aura fait le matin du troisième jour.

Voici maintenant le soir. *Et Dieu dit : Que la terre germe de l'herbe verte; et la terre produisit de l'herbe verte....., et il vit que c'était bien* (ỳ. 11, 13).

Nous n'avons pas oublié cette végétation gigantesque de fougères en arbres de 60 pieds de hauteur, et autres plantes en proportion, qui couvre les îles, et dont les détritus ont produit nos houillères, premiers terrains secondaires, venant immédiatement après les terrains de transition. C'est bien encore une création remarquable à décrire. C'est la vigoureuse émergescence du règne végétal, la première qui doive entrer en ligne de compte pour le poëte inspiré. On comprend, d'ailleurs, cette fastueuse exubérance de vitalité arborescente dans l'immense bâche des îles abreuvées par les eaux et vivifiées par un firmament de lumière, de chaleur et d'électricité, avant que le soleil ait encore lui, et que la lumière des étoiles puisse devenir visible au milieu de l'océan de clarté permanente. Alors chaleur partout, point de régions glacées; aussi trouve-t-on les cryptogames monstrueuses jusque dans les contrées polaires.

Le quatrième jour est, dans le récit de Moïse, un abandon de la terre et un regard dans les cieux. C'est la constitution de notre atmosphère dans l'état présent, le perfectionnement de l'atmosphère du soleil, et son apparition comme luminaire qui divisera dorénavant le jour et la nuit.—*Voy.* COSMOLOGIQUES.

Passons donc au cinquième jour, où il s'agit de la terre.

Dieu dit : Que les eaux produisent le reptile à âme vivante, et le volatile sur la terre, sous le firmament du ciel. Et Dieu créa les grands poissons : Grandia cete... et toute âme vivante et active qu'avaient produite les eaux, dans leurs espèces. Et Dieu vit que c'était bien; et il les bénit, disant : Croissez et multipliez, et remplissez les eaux de la mer; et que les oiseaux multiplient sur la terre. Et du soir et du matin se fit le cinquième jour (ỳ 20-23). »

Quel tableau! il nous semble voir la seconde exubérance de vie de la nature, en production d'animaux monstrueux, comme ont été les plantes; c'est le règne animal dans sa jeunesse, dans son premier grand flot. A entendre Moïse, décrire à larges traits ce *reptile à âme vivante*, ces *cete grandia*, cette *âme active qu'ont produite les eaux*, chacune en son espèce, il semble qu'on assiste aux combats grandioses de ces énormes sauriens, de ces grands reptiles aquatiques, *aquæ reptile*, de ces mégalosaures, de ces plésiosaures, et de ces crocodiles des terrains jurassiques, dont Cuvier nous a reconstruit les formes. La terre s'est reposée depuis la grande végétation; des révolutions l'ont renouvelée; et voilà que les eaux, comme engraissées par les détritus de tout un règne, produisent cette population géante des amphibies, auprès de laquelle l'homme et les animaux d'aujourd'hui ne pourraient pas vivre. C'est le nouvel acte créateur à ne pas omettre, et il serait superflu de s'occuper de *bagatelles*, comme celles de quelques mammifères inaperçus dont le règne n'est pas encore venu.

Mais nous n'avons pas seulement reconnu des débris de ces grands sauriens; nous avons trouvé le ptérodactile, qu'on avait d'abord pris pour un oiseau, et qui, tout lézard qu'il fût, étendait de grandes ailes et volait comme nos chauves-souris. N'est-ce pas là ce volatile qu'ont aussi produit les eaux, n'est-ce pas assez déjà pour nous faire supposer une nombreuse population aérienne, telle dans son espèce que celle d'aujourd'hui ne puisse nous en donner l'idée?

Moïse finit par nous parler d'oiseaux, nous en avons aussi trouvé quelques ossements avec des débris d'insectes dans les mêmes terrains, ainsi que des empreintes de leurs pas marquées sur le grès.

A ce jour correspondent à la fois les terrains salifères jurassiques et crétacés, puisqu'ils nous conservent tous, dans leurs antiques reliquaires, les restes pétrifiés de cette seconde production organique, en reptiles, poissons, volatiles et oiseaux, plus étonnante encore que celle de la flore monstrueuse du troisième jour, dont nous brûlons aujourd'hui les débris.

Passons au sixième jour, et commençons par le matin de ce jour.

Dieu dit : Que la terre produise les animaux vivants dans leurs espèces, les juments, les reptiles et les bêtes de terre, selon leurs espèces; et il se fit ainsi. Dieu fit les bêtes de terre selon leurs espèces, et les juments, et tout reptiles de terre selon son espèce; et Dieu vit que c'était bien (ỳ 24, 25).

Après la série des terrains secondaires, n'avons-nous pas trouvé, dans les trois assises des terrains tertiaires, une nouvelle production très-abondante d'animaux différents de ceux qui ont précédé, et dont les espèces appartiennent aux classes et aux genres actuellement régnants? C'est le règne des mammifères, et des reptiles de terre *reptilia terræ*, de toutes les espèces. La série se gradue en approchant toujours des types modernes. Pachydermes, grands rongeurs, éléphants, rhinocéros, hyppopotames, hyènes, ours, bœufs, antilopes, nous y trouvons tous les genres de l'époque présente, les vraies bêtes de terre dont nous avons fait, depuis, des *jumenta*.

Enfin voici le soir du sixième jour : *Faisons l'homme, dit Dieu, faisons-le à notre image et ressemblance; qu'il préside aux poissons de la mer et aux oiseaux du ciel, et aux bêtes, et à toute la terre...* (ỳ 26-31).

Voilà le résumé : habitants des eaux, *reptile aquæ*, première création animale; habitants de l'air, *volatile sub firmamento cœli*, seconde création animale; habitants de la terre, *bestiæ terræ, reptile terræ*, troisième création animale. La création végétale ne sera pas, non plus, oubliée dans la reprise (*voy.* le verset 29). Mais l'homme est le dernier et mis à part. Il paraît, et puis Dieu se repose comme pour abdiquer en faveur de son image la domination du septième jour, et pour lui dire plus énergiquement encore que par sa parole : Tu as l'intelligence, tu as la liberté, règne maintenant à ma place sur toutes mes créations.

Or n'avons-nous pas les fossiles humains se montrer les derniers? Ils n'apparaissent que dans la série des terrains modernes, ou, tout au plus, dans les couches supérieures des terrains tertiaires.

Quant à la série indéfinie de productions, destructions et reproductions que constate la géologie, loin qu'elle présente rien de contraire à l'Écriture, on trouverait dans les poëtes hébreux des expressions nombreuses qu'on pourrait prendre sans peine pour des allusions à ces merveilles de Dieu. Quand Nahum s'écrie (I, 5) avec une sorte de fureur : *Par lui les montagnes ont été commotionnées, les collines ont été désolées, la terre a frémi, et tout l'orbe, et tout ce qui l'habitait*, il peut avoir en vue les grands soulèvements et les grandes destructions dont nous avons parlé. Quand David chante *les fondements de la terre révélés et mis a découvert* (Psal. xviii, 16), ne peut-on pas entendre le rappel, par les volcans antiques, des terrains primitifs à la surface? Quand l'Ecclésiaste (I, 9-11) nous dit *qu'il n'y a rien de nouveau sous le soleil, qu'une race passe, qu'une autre lui succède, et que la terre demeure; que ce qui a été autrefois est ce qui doit être à l'avenir; que ce qui s'est fait, c'est ce qui doit se faire encore; qu'on ne se souvient plus de ce qui a précédé;* et que, *de même, les choses qui viendront après nous seront oubliées*, ne pense-t-on pas naturellement aux périodicités que révèle la géologie? Job lui-même, l'antique Job, ne manque pas d'expressions du même genre : *Qui a enfermé la mer dans ses digues quand elle se ruait de son propre sein?..... qui racontera les dispositions des cieux, et qui fera dormir leur concert, quand la poussière s'épandait sur la terre et que ses glèbes se consolidaient?* (*Job*, xxxviii, 8, 37, 38.) Il semble qu'on voit les déluges géologiques, et qui mieux est, la première formation des sédiments avec la poussière des terrains ignés sous l'harmonie déjà antique du firmament.

Et ce n'est pas seulement notre Bible qui est remplie d'idées semblables, ce sont aussi les anciens livres de tous les peuples. On lit, par exemple, dans Manou : « Il y a des créations aussi et des destructions de mondes sans nombre ; l'Etre suprême accomplit ces choses avec autant de facilité que si c'était un jeu, répétant sans cesse les créations dans la vue de répandre le bonheur. » On sait les immenses périodes de toutes les cosmogonies orientales, celles des Birmans dans lesquelles les destructions s'opèrent par le feu et l'eau, celles des Egyptiens, toutes celles de l'Inde. La cosmogonie des brahmes donne trois âges avant celui-ci, lesquels sont d'une longueur énorme, et séparés par des cataclysmes universels. Le mage Bérose, qu'il ne faut pas confondre avec l'historien, prophétisait un cataclysme de ce genre, qui serait accompagné d'un vaste embrasement et d'un déluge universel. Les Chaldéens parlaient d'une époque ancienne qui avait suivi le chaos, et pendant laquelle la terre informe avait donné naissance à des monstres de toute grandeur et de toute structure.

Il y a mieux : nous trouvons des Pères de l'Eglise qui ont cru, d'eux-mêmes, à la théorie des longues périodes : tel fut saint Grégoire de Nazianze, au dire du martyr saint Justin.

Mais il reste une dernière circonstance à faire remarquer : Moïse, après avoir raconté l'histoire très-abrégée d'un premier développement du genre humain, nous place, à une distance assez rapprochée, une grande révolution diluvienne qui détruit les habitants de la terre. C'est le déluge. Nous ne soutiendrons pas avec une rigueur mathématique les chiffres que nous donne telle ou telle édition de son livre, d'autant plus que ces éditions ne s'accordent pas complétement ; le texte hébreu, dont la Vulgate est la reproduction, le texte grec des Septante et le texte samaritain diffèrent considérablement, tant sur les années qui durent s'écouler entre l'apparition de l'homme et cette dernière révolution diluvienne, que sur celles qui se sont écoulées depuis. On sait que la chronologie des Bénédictins qui suit les Septante et donne au monde à peu près mille ans de plus que la chronologie vulgaire fondée sur la Vulgate, est regardée comme plus sérieuse. Le texte samaritain a aussi ses différences propres, d'où nous concluons qu'il est nécessaire d'admettre, ou que Moïse ne fut inspiré sur ces chiffres, sans importance réelle pour la religion et la morale, que pour consigner, dans son livre, ce que disaient les traditions de son temps qui, elles, pouvaient très-bien n'être pas d'une grande exactitude ; ou, ce qui est peut-être plus possible encore, que les copies du manuscrit de Moïse ont introduit des altérations sur ces chiffres. Il le faut bien admettre, puisque les trois textes diffèrent, et on le conçoit à merveille, vu que l'ancienne écriture hébraïque manquait de voyelles, que ces voyelles ne se conservaient que dans la prononciation, et que les points voyelles qui y furent introduits vers le v° siècle avant notre ère, parce qu'on en sentit le besoin, étaient encore des signes faciles à altérer. On doit raisonner de même des livres qui ont suivi ceux de Moïse pour les temps postérieurs. Il y a même eu des altérations depuis Jésus-Christ ; car saint Paul donne, par exemple, près de deux cents ans de plus au séjour des Hébreux en Egypte, que notre Vulgate, ce qui prouve qu'il avait pris ce chiffre de quatre cent trente ans dans une copie qui le portait alors ; car l'altération du texte latin de saint Paul lui-même est contraire à toutes les probabilités. — Voyez CHRONOLOGIE. — La conclusion à tirer de là, c'est, en premier lieu, qu'on ne peut pas regarder la chronologie de nos livres sacrés comme mathématiquement rigoureuse, et, en second lieu, qu'elle implique néanmoins, pour la durée du genre humain avant et après le déluge, des périodes d'années peu considérables et insignifiantes relativement à celles qui avaient précédé. Etendons, pour être large, cette durée du monde depuis le déluge, de six à huit mille ans, et la durée totale du genre humain, jusqu'à huit ou dix, ou même un peu plus si on le désire, et ce ne sera encore qu'une période à son début, comme l'indique évidemment l'histoire sacrée.

Or n'avons-nous pas trouvé, dans les documents géologiques des preuves certaines, non-seulement de grandes révolutions diluviennes, mais encore qu'il ne s'est pas écoulé plus de six ou sept mille ans depuis la dernière de ces révolutions, et la reprise des modifications nouvelles de la surface terrestre? Voilà donc que la géologie vient donner raison à nos livres saints contre les chronologies fabuleuses de certains peuples et de certaines traditions qui attribuent au monde présent des durées énormes, depuis des vingt mille jusqu'à des centaines de mille ans.

Quant aux temps antérieurs au déluge, nous avons vu que la science géologique n'est point encore parvenue à les pouvoir calculer; peut-être y parviendra-t-elle. Dans tous les cas, elle arrivera à des appréciations approximatives sur le premier moment où l'homme apparut; et nous osons lui prédire que ses approximations se trouveront d'accord avec celles qu'on doit tirer de la chronologie biblique entendue largement comme notre prudence nous oblige à le faire.

Faut-il s'étonner, après cette concordance admirable, en tout point, d'une science, aussi moderne que la géologie, avec nos livres sacrés, que le docteur Buckland et beaucoup d'autres géologues en aient été assez frappés pour écrire des ouvrages dans le but unique de faire ressortir cet accord, et que tous les savants sans partialité en fassent solennellement l'aveu.

« C'est à tort, disent Milne Edwards et Achille Comte, que quelques auteurs ont cru trouver, dans ces faits constatés par la géologie, des arguments contre le récit de la création que Moïse nous a transmis dans les saintes Ecritures. Un des géologues les plus savants de l'époque actuelle, le docteur Buckland, a fait voir qu'il n'existait dans ce récit *rien* qui ne s'accorde parfaitement avec les découvertes de la science, et que les difficultés que quelques personnes ont cru y rencontrer dépendent de ce qu'on avait mal interprété le texte biblique. »

On peut lire cet ouvrage de Buckland intitulé : *De la géologie et de la minéralogie dans leurs rapports avec la théologie naturelle*, traduit en français par M. Doyère. — *Voy.* Physiologiques (Sciences).

GÉOMÉTRIE. — RELIGION. *Voy.* Mathématiques.

GLORIFICATION DU CHRIST (La) — DEVANT LA FOI ET DEVANT LA RAISON (II° part., art. 16). — Lorsque Jésus-Christ disait à son Père avant sa Passion : *Père, glorifiez votre Fils afin que votre Fils vous glorifie* (Joan. xvii, 1), il parlait de sa glorification sur la terre et de sa glorification dans les cieux. Or le Père l'a glorifié en ce monde par sa passion même et par les merveilles visibles qui l'ont suivie. Nous en voyons les premiers résultats : déjà le crucifié du Golgotha a laissé loin derrière lui bien des gloires. Cependant, il lui en reste plusieurs encore à éclipser; telles sont les vieilles grandeurs des Krichna, des Manou, des Rama et celle de Bouddha surtout qui compte encore de deux cent cinquante à trois cent millions d'adorateurs, pendant que Jésus en compte à peine deux cent cinquante millions; telle est aussi celle de Mohammed qui, sans avoir l'antériorité pour elle, s'est élevée en rivale de la sienne. Cette dernière est à son déclin, elle pâlit à vue d'œil, et le temps n'est plus très-éloigné où on ne parlera de Mohammed que comme des Lycurgue, des Numa et des César. Les autres se retireront aussi devant la marche envahissante du chef des adorateurs en esprit et en vérité, du roi de la liberté, de la tolérance et de l'amour, de celui qui a vaincu et vaincra par la puissance de la raison et du martyre. D'autres rivaux s'élèveront encore sans aucun doute, et réussiront pendant un temps : il semble qu'aujourd'hui nous en voyons un nouveau, se poser dans la Chine avec des chances de succès par les armes, succès dont le Christ a tracé, en un mot, toute l'histoire : *Qui frappera de l'épée périra par l'épée.* (*Matth.* xxvi, 52.)

Mais tous, les uns après les autres, se verront détrônés, jusqu'à ce que celui qui est la véritable incarnation de Dieu, ait réduit, comme l'a dit saint Paul, tous ses ennemis sous ses pieds. Alors, seulement, seront accomplies les Ecritures.

Nous ne voyons pas la glorification dans l'autre monde, c'est la mort qui en déchire le voile, et c'est la foi qui en décrit les splendeurs.

Notre symbole nous dit que le Christ est assis à la droite du Père de tous les êtres; et l'Ecriture sainte est parsemée de figures du genre de celle-là destinées à nous en donner, sous des formes sensibles en harmonie avec notre état présent, les plus grandes idées. Quels tableaux égaleront jamais, en splendeur, ceux du poëte de Pathmos? La droite raison sait faire la part des images et remercie en même temps la poésie, sa sœur, des magiques accents qu'elle tire de ses harpes pour l'enthousiasmer aux saints combats.

Dieu n'a ni droite ni gauche; il n'est limité ni dans le temps ni dans le lieu : mais il en est autrement pour la créature; celle-ci est toujours limitée, et quand elle parle de Dieu dans ses rapports avec elle, elle le représente comme se déterminant, en quelque sorte, lui-même dans le temps, dans le lieu, dans la forme, pour s'harmoniser avec elle. On peut concevoir des sociétés d'esprits supérieurs à nous, parlant des langues plus larges, plus sublimes, plus parfaites; mais quand on vient à les comparer avec Dieu, on ne conçoit encore leur langage que fondé sur l'artifice des formes déterminées, nulle intelligence finie ne pouvant ni concevoir ni exprimer la vérité en soi d'une manière adéquate à cette vérité, sauf l'idée générale de l'absolu de l'universel, qui est une participation, par l'effort intellectuel, de la grande idée infinie, mais qui n'existe pas substantiellement et indépendamment dans la nature des choses. Cette idée engendre en nous le monde intelligible, seul éternel parce qu'il est seul essentiellement supporté par la substance infinie, seul type immuable de tous les mondes réalisables, et seul concevable, adéquatement, par les intelligences d'une manière abstractive, c'est-à-dire par généralisations détachées. Tout le reste s'imagine plus ou moins imparfaitement selon la puissance conceptive de la créature, et n'est pas vu par elle sans l'entremise d'une information dans un corps qu'elle lui prête. De là les images essentielles aux langues des anges comme à celles des hommes, à toutes en un mot, excepté à celle de Dieu se parlant à soi dans son éternité ; lui-même, s'il parle aux créatures, revêt aussitôt sa parole des corps dont elle a besoin pour que celles-ci l'entendent et la comprennent.

Descendons de ces hauteurs métaphysiques. Quand l'Église nous dit que Jésus-Christ est assis à la droite du Père tout-puissant, elle tire son expression de ce qui se passe dans une fête de créatures, où la plus honorée est mise à la droite de celui qui donne la fête. Le Christ est l'âme de notre création ; et, dans le ciel qu'il a fondé, c'est lui qui tient la première place après l'Être qui en est la lumière, le vase, le support, la chaleur et la vie ; c'est lui devant qui tout genou fléchit, pour emprunter les images concises du grand Apôtre, au ciel, sur la terre et dans les enfers. — *Voy.* JUGEMENT DES AMES.

GOUT. *Voy.* ART, II.
GOUVERNEMENT. — PLATON. — CONFUCIUS. *Voy.* MORALE, II, 10, 12.

GRACE ET LIBERTE.—LA GRACE ET LA LIBERTÉ DANS L'ORDRE NATUREL ET DANS L'ORDRE SURNATUREL, DEVANT LA RAISON ET DEVANT LA FOI (II° part, art. 28.)— Nous allons, dans cet article, montrer les rapports d'harmonie qui existent entre l'action divine combinée avec la liberté humaine, dans l'ordre purement naturel, et cette même action combinée avec la même liberté dans l'ordre surnaturel, et nous espérons arriver, par ce parallèle, à faire comprendre la profonde rationabilité de la foi catholique sur cette mystérieuse et difficile matière.

Pour être clair, il faut des termes clairs ; or nous n'en trouvons pas de plus convenables pour représenter notre pensée, tout à la fois philosophique et théologique, que les suivants : *Grâce naturelle, liberté naturelle; grâce surnaturelle, liberté surnaturelle.* Mais comme l'emploi répété de ces mots pourrait porter les esprits peu attentifs à nous suspecter de semi-pélagianisme dans cette circonstance, malgré qu'il nous arrive si souvent de paraître incliner plutôt vers les tendances, toutes contraires, de l'augustinianisme et du thomisme, vu que les semi-pélagiens se servirent aussi de ces termes, et que les Pères nous réfutaient jugèrent convenable de les rejeter dans leur polémique, et de n'appeler *grâce* que celle de Jésus-Christ, nous croyons devoir couper court à de pareils soupçons en rejetant loin de nous, dès le début, la doctrine semi-pélagienne, et en justifiant le choix de nos expressions, par la définition même du sens que nous y attachons.

Les semi-pélagiens distinguaient donc des grâces naturelles accordées à tous les hommes en vertu de la création seule, et des grâces surnaturelles accordées en vertu des mérites de Jésus-Christ. (Ainsi FAUST DE RIEZ, *Tract. de gratia et libero arbitrio,* lib. II, c. 10.)

Et ils ajoutaient — voici le point capital — qu'avec ces grâces naturelles on peut désirer la foi et les bonnes œuvres surnaturelles, de manière à mériter, non-seulement *de congruo* ou par convenance, mais encore *de condigno* ou par un droit réel, les grâces du Christ nécessaires pour l'obtention du salut proprement dit, au moyen de cette foi et de ces bonnes œuvres.

D'où ils concluaient très-logiquement d'un tel principe, que la grâce du Christ n'était pas nécessaire pour le commencement du salut; qu'elle n'était pas prévenante et méritante, mais seulement prévenue et méritée.

Et ils ajoutaient encore, en ce qui concerne la persévérance, qu'une fois la justification acquise, on pouvait s'y maintenir par les seules grâces naturelles, sans aucun secours spécial de l'ordre de la rédemption.

Il suivait de cette doctrine que les deux ordres étaient confondus, puisqu'on pouvait mériter par les grâces du premier l'initiation dans le second ; et, de déduction en déduction, que l'homme, avec les seuls biens qui lui restaient après la déchéance, pouvait se relever jusqu'à l'état de réparation, ce qui était détruire de fond en comble toute l'économie théologique de la doctrine chrétienne, et ce qu'aperçut le génie d'Augustin avec un si juste coup d'œil, qu'il atteignit, d'un seul bond, les plus grandes hauteurs accessibles à la perspicacité de la théologie en ce monde sur cette matière capitale.

Or, nous disons avec l'Église que l'homme ne peut mériter absolument rien dans l'ordre surnaturel, par le bon usage des dons naturels qui lui restent depuis la déchéance, pas plus le premier commencement du salut que le salut tout entier, pas plus la première grâce du Christ que toutes les autres ; de sorte qu'en ce qui se rattache à la rédemption, tout est dû à Jésus-Christ au sens absolu, et que, depuis la première grâce prévenante jusqu'à la grâce efficace qui consomme le salut, il donne tout gratuitement sans aucun mérite antécédent de la part de l'homme aidé de Dieu comme simple créature dégénérée.

Cela dit, nous ne pouvons plus craindre qu'on nous accuse de semi-pélagianisme, et nous pouvons nous servir du terme *grâce naturelle* comme nous nous servirions de ceux-ci : *Providence, action providentielle, dons naturels, création, conservation, activation* de la créature par la puissance créatrice, etc. Nous préférons le premier, parce qu'il nous fournira le moyen de faire comprendre plus facilement à la raison du philosophe la simplicité rationnelle de la foi catholique sur la grâce.

Entrons maintenant dans notre examen.

I. — **Principes certains dans les deux ordres.**

1° Principes philosophiques.

Premier principe, celui de la liberté naturelle. — L'homme est libre dans son vouloir, à quelque société religieuse qu'il appartienne, quelle que soit sa croyance ou son état ; chrétien ou idolâtre, bon ou méchant, il sent qu'il se détermine librement dans sa conduite morale, qu'il pourrait vouloir ce qu'il ne veut pas, ou ne pas vouloir ce qu'il veut. Ce principe est un fait que chaque conscience trouve en elle, et qui est certain comme la conscience elle-même. Si elle doutait de sa liberté intérieure, elle douterait de son existence. Voici comment Fénelon constate ce fait en simple philosophe :

« Je suis libre, et je n'en puis douter ; j'ai une conviction intime et inébranlable que je puis vouloir et ne vouloir pas ; qu'il y a en moi une élection, non-seulement entre le vouloir et le non vouloir, mais encore entre diverses volontés, sur la variété des objets qui se présentent ; je sens, comme dit l'Ecriture, que je suis *dans la main de mon conseil*...... C'est cette exemption non-seulement de toute contrainte, mais encore de toute nécessité, et cet empire sur mes propres actes, qui fait que je suis inexcusable quand je veux mal, et que je suis louable quand je veux bien. Voilà le fond du mérite et du démérite ; voilà ce qui rend juste la punition et la récompense ; voilà ce qui fait qu'on exhorte, qu'on reprend, qu'on menace, qu'on promet...... C'est ce que les bergers et les laboureurs chantent sur les montagnes, ce que les marchands et les artisans supposent dans leur négoce, ce que les acteurs représentent dans les spectacles, ce que les magistrats croient dans leurs conseils, ce que les docteurs enseignent dans les écoles, ce que nul homme sensé ne peut révoquer en doute sérieusement. Cette vérité imprimée au fond de nos cœurs est supposée dans la pratique par des philosophes mêmes qui voudraient l'ébranler par de creuses spéculations. L'évidence intime de cette vérité est comme celle des premiers principes, qui n'ont besoin d'aucunes preuves, et qui servent eux-mêmes de preuves aux autres vérités moins claires. » (*Existence de Dieu*, part. I, ch. 3.)

Second principe, celui de la grâce naturelle. — Si la simple observation de ma nature me conduit à constater avec évidence mon activité libre dans l'ordre moral, le raisonnement me conduit à reconnaître avec la même évidence que, n'étant pas mon propre créateur, je ne puis être le moteur unique et premier de mon activité même, et, par suite, de mes opérations. Je serais Dieu si je pouvais produire sans lui quelque chose, et comme je sens que je produis des idées et des volitions, je suis certain qu'il m'assiste de sa toute-puissance dans cette production. (*Voy.* ONTOLOGIE et PANTHÉISME.) Je suis donc certain; par là même, qu'il m'est présent par une grâce naturelle quelconque, grâce d'être, grâce de conservation, grâce d'action, grâce d'intelligence, grâce de volonté, sans laquelle je n'existerais, ni ne durerais, ni n'agirais, ni ne penserais, ni ne voudrais. Voici comment Fénelon constate encore ce principe, en simple philosophe, sur le vouloir lui-même :

« Comment pourrais-je croire que moi, être faible, imparfait, emprunté et dépendant, je me donne à moi-même le plus haut degré de perfection (le bon vouloir), pendant qu'il est visible que l'inférieur me vient d'un premier être ? Puis-je m'imaginer que Dieu me donne le moindre bien, et que je me donne sans lui le plus grand ? Où prendrais-je ce haut degré de perfection pour me le donner ? Serait-ce dans le néant, qui est mon propre fond ?..... Il faut remonter plus haut, et trouver une cause première qui soit féconde et toute-puissante, pour donner à mon âme le bon vouloir qu'elle n'a pas..... L'opération suit l'être, comme disent les philosophes : l'être qui est dépendant dans le fond de son être ne peut être que dépendant dans toutes ses opérations ; l'accessoire suit le principal. L'auteur du fond de l'être l'est donc aussi de toutes les modifications ou manières d'être des créatures....

« Or, le vouloir est la modification des volontés, comme le mouvement est la modification des corps..... comme vouloir est plus parfait qu'être simplement, bien vouloir est plus parfait que vouloir. Le passage de la puissance à l'acte vertueux est ce qu'il y a de plus parfait dans l'homme. La puissance n'est qu'un équilibre entre la vertu et le vice, qu'une suspension entre le bien et le mal ; le passage à l'acte est la décision pour le bien, et par conséquent le bien supérieur. La puissance susceptible du bien et du mal vient de Dieu ; nous avons fait voir qu'on n'en pouvait douter. Dirons-nous que le coup décisif qui détermine au plus grand bien ne vient pas de lui, ou en vient moins ? Tout ceci prouve évidemment ce que dit l'Apôtre, savoir, que Dieu donne le vouloir et le faire selon son bon plaisir. » (*Exist. de Dieu*, part. I, ch. 2.)

2° Principes théologiques.

Premier principe : celui de la liberté surnaturelle. — L'homme est libre dans l'ordre surnaturel de la rédemption. Cette certitude résulte, en premier lieu, du fait observable que nous avons d'abord constaté dans l'ordre naturel ; car elle s'y trouve comprise comme le particulier dans le général : les Chrétiens qui appartiennent bien évidemment à l'ordre surnaturel sentent leur liberté comme les autres, en donnent la preuve aussi bien que les autres, en agissant bien ou en agissant mal, selon leur choix. Elle résulte, en second lieu, des enseignements de la révélation interprétée par l'Eglise. Il est de foi catholique que la grâce de Jésus-Christ, quelque puissante qu'elle soit sur l'intelligence et la volonté, n'est point nécessitante, et laisse à celui qui la reçoit, la liberté complète de coopération ou de résistance. C'est un principe dont l'Eglise ne s'est jamais départie, et pour lequel elle montre un si complet attachement, qu'elle a rejeté de son sein, comme hérétiques, tous ceux qui l'ont nié ou entamé depuis les anciens prédestinatiens et fatalistes, jusqu'aux Baïus, Luther, Calvin, Jansénius. « Quelque forte que soit l'opération divine sur la volonté des hommes, disent tous les théologiens orthodoxes, en qualifiant ce principe d'articlé de foi, elle ne lui impose aucune espèce de nécessité ; toujours parfaitement libre sous son impression la plus puissante, elle conserve le pouvoir d'accomplir ou de ne pas accomplir les préceptes de la loi. » (DE LA CHAMBRE, *Exposition claire et précise*, etc., tableau du traité de la grâce.)

Deuxième principe : celui de la grâce surnaturelle. — Il est également de foi catholique, tout Chrétien le sait, que, depuis la déchéance, aucune créature humaine ne peut accomplir un acte de vertu surnaturelle, entraînant la régénération, ou la conservant, ou méritant le ciel de Jésus-Christ, sans la grâce particulière que Dieu donne, en tant que rédempteur, pour cette fin. « Il n'y a de salut à attendre que par le Christ, » dit saint Pierre (*Act*. IV, 12). Saint Paul répète sans cesse la même pensée ; les Pères, les docteurs, les théologiens en font la base de leur échafaudage doctrinal, et ceux qui, de tout temps, ont attaqué la nécessité de cette grâce surnaturelle de rédemption, soit en niant la déchéance, soit autrement, tels que les pélagiens, les semi-pélagiens, les arminiens, les sociniens, et tous les théologiens-philosophes qu'on a nommés *naturalistes*, ou improprement *rationalistes*, parce qu'ils rejetaient l'ordre surnaturel, l'Eglise a pris autant de soin de prémunir ses fidèles contre leurs théories que contre celles des *surnaturalistes* exagérés qui attaquaient l'ordre naturel et la liberté morale, en écrasant la nature sous le poids d'une grâce nécessitante, et la réduisant à l'incapacité absolue dans l'absence de cette grâce. Il faut cependant excepter la Mère du Christ, mais elle seule, de cette loi commune, puisque l'Eglise vient de définir, ainsi qu'elle le croyait généralement, que cette femme privilégiée a échappé à l'effet réalisé de la déchéance et a été conçue dans un état semblable à celui dans lequel aurait été conçu tout enfant d'Adam, si Adam n'avait point péché ; il s'ensuit que Marie n'a eu besoin de rédemption à *aucun des instants de son existence*, vu que l'Eglise croit, en même temps, d'un autre côté, qu'elle ne s'est jamais rendue coupable par elle-même. Cette déduction est essentielle en ce qui concerne la personne de Marie prise isolément et considérée, en sens divisé, durant sa vie réelle ; mais l'Eglise ajoute que c'est encore la grâce de Dieu rédempteur qui a ainsi soustrait la conception de cette créature au courant ordinaire ; de sorte que, s'il n'y avait pas eu rédemption, elle aurait été conçue comme les autres. Dieu, en effet, n'aurait-il pas pu restaurer le genre humain de cette façon, s'il l'avait voulu ; le restaurer de manière que chaque individu fût conçu dans l'état premier ; or ce qu'il aurait pu faire pour tous, en tant que rédempteur, il a pu le faire pour un (*Voy*. IMMACULÉE CONCEPTION) ; et c'est encore la grâce surnaturelle du Christ qui produit ce résultat, de sorte que, si les hommes régénérés doivent tous au Sauveur unique leur régénération, Marie lui doit plus encore, à savoir, la soustraction de sa génération même au courant de la dégénérescence.

Tels sont les quatre principes qui servent de base au double édifice de la raison et de la foi. Les deux premiers ne sont point isolés des deux autres, chacun à chacun. On conçoit, de prime abord, après leur énoncé, que la liberté naturelle sert de fond à la liberté surnaturelle, et que la théologie rend grâce à la philosophie de la lui présenter pour étayer la sienne ; on conçoit de même que la grâce naturelle, essentiellement attachée à la création d'un être intelligent et libre, dans une mesure plus ou moins grande, sert de fond à la grâce surnaturelle, comme la création elle-même sert de fond nécessaire à la rédemption. Dieu pourrait-il surnaturaliser ce qu'il n'aurait pas créé ? Il y a mieux : les preuves métaphysiques qu'apporte la philosophie de la nécessité de cette grâce naturelle, viennent à l'appui de celles qu'apporte la théologie de la nécessité de la grâce surnaturelle depuis la déchéance, ainsi qu'on voit saint Paul l'indiquer en disant d'une manière générale, aussi bien philosophique que théologique, et sans distinguer ces deux ordres : *C'est Dieu qui opère en vous et le vouloir et le faire, selon son plaisir*. (*Philip*. II, 13.) Et encore : *Qui es-tu, ô homme, pour répondre à Dieu ? Le vase dit-il au potier : Pourquoi m'as-tu fait ainsi ?* (*Rom*. IX, 21.) Raison toute philosophique, tirée de la qualité de créateur. C'est aussi la pensée qu'exprimait Fénelon à la fin du passage que nous citions tout à l'heure.

Par réciproque, la révélation vient corroborer les deux principes rationnels de la liberté et de la grâce dans l'ordre de la nature. On la voit partout reprocher aux païens, comme aux autres, leurs mauvaises actions et les louer de leurs vertus, ce qui serait sans raison s'ils n'avaient pas la liberté morale. On la voit aussi redire sans cesse, des païens comme des autres, quand ils font de bonnes œuvres, que Dieu a tourné, changé ouvert, attendri leur âme.

L'Eglise, poussée par les hérétiques, a mis au nombre des articles de sa croyance que le libre arbitre n'a pas été détruit par la chute, mais seulement affaibli dans sa puissance du bien. Le décret suivant du concile de Trente est positif : *Si quelqu'un dit que le libre arbitre de l'homme, après le péché d'Adam, a été perdu et éteint, qu'il soit anathème*. La condamnation de la proposition suivante de Baïus n'est pas moins positive : « La volonté que ne prévient pas la grâce (il s'agit de la grâce surnaturelle du Sauveur), est capable de tout mal et incapable de tout bien. » Or, ce point de doctrine implique les principes philosophiques que nous avons posés. Il implique le premier, celui d'une liberté naturelle de bien et de mal, et par suite d'une puissance de mérite et de démérite, car si cette liberté et cette puissance n'existaient plus par l'effet de la déchéance, il faudrait dire que la déchéance a, non pas seulement affaibli le libre arbitre qui existait auparavant, mais l'a complétement détruit. Elle n'a fait que l'affaiblir ; donc, avant même le retour de la bonté divine qu'on appelle la rédemption, et immédiatement après la révolution funeste, il reste encore, dans la dégénérescence même, une liberté naturelle et morale, précieux débris échappé du naufrage, qui l'empêche d'oublier son origine et qui, joint aux autres débris, fait dire au chantre de Socrate :

L'homme est un Dieu déchu qui se souvient des cieux.
(LAMARTINE.)

Il implique le second, celui de la grâce naturelle, car il n'en reste pas moins établi, et philosophiquement et théologiquement, que la créature ne peut produire aucun bien par elle-même, et sans Dieu ; en d'autres termes, ne peut avoir aucune liberté morale de bien choisir sans que Dieu soit là pour constituer, par son action intérieure, cette liberté, et la rendre féconde. Il lui faut son influx non-seulement créateur, mais conservateur et propulseur, sans quoi l'être créé serait aussi inerte qu'un minéral.

C'est ainsi que la philosophie et la théologie s'entre-étayent pour soutenir, comme deux colonnes dont les ogives s'embrassent, l'édifice entier de la science religieuse de l'humanité.

Maintenant, il nous reste à mettre en parallèle les purs enseignements de la raison sur la liberté et la grâce naturelle, avec les purs enseignements de l'orthodoxie catholique sur la liberté et la grâce surnaturelle, et à faire briller aux yeux les plus obtus leurs rapports harmoniques.

II. — Nécessité de la grâce dans les deux ordres pour constituer la liberté ou la puissance du bien et du mal.

1° Nécessité de la grâce naturelle pour constituer la liberté naturelle. — Cette nécessité a été établie par la preuve même de l'existence de cette grâce, puisque, la liberté étant constatée comme on constate les faits de conscience, nous n'avons pu en déduire l'existence de l'influx divin en elle, influx qui n'est point un fait vu ou senti, et pouvant s'observer de la même manière, qu'en remontant, aussitôt, à la cause de cette liberté agissante, et démontrant *a priori* sa nécessité essentielle par cette raison sans réplique que, si la créature est supposée productive de quelque bien sans Dieu, elle est supposée une cause indépendante et première sous le rapport de cette productivité, et par suite, Dieu lui-même, ce qui est absurde. Objecter que Dieu a pu, en la créant, lui donner cette puissance productive et ensuite l'abandonner avec cette puissance, qui désormais fonctionnera sans lui, c'est dire que Dieu peut créer son égal sous un rapport quelconque ; et, d'ailleurs, ce n'est qu'éluder la difficulté par des mots qui n'ont aucun sens, s'ils ne signifient pas la doctrine même que nous professons : car du côté de Dieu, qui est éternel et, par conséquent, sans succession dans sa durée, quelle différence y a-t-il entre créer une force et la maintenir. Or, s'il est nécessaire, pour que cette force soit, et qu'elle soit créée et quelle soit maintenue, dire qu'elle agit sans Dieu, c'est dire tout ensemble qu'elle agit sans être maintenue agissante, et qu'elle est sans être créée. Au contraire, dire qu'elle est créée et maintenue, c'est dire qu'elle est pleine de la force créante et soutenante, et qu'elle agit par sa vertu. Il est impossible de séparer de l'essence divine ses opérations de création et de conservation, et non moins impossible de séparer de ces opérations leur résultante, qui est la chose créée et conservée, sans anéantir aussitôt cette résultante même, ou la déifier, ce qui serait la rendre éternelle, et nier sa création. Si donc il y a, dans l'être intelligent et libre, production de quelque bien moral, il y a, dans cet être, une grâce divine proportionnelle à l'effet produit, et, s'il n'y a pas cette grâce, il est aussi impossible que cet effet proportionnel s'y trouve qu'il est impossible qu'un poids soit soulevé par un levier d'une puissance inférieure à la résistance du poids.

C'est ainsi que liberté naturelle implique grâce naturelle, et que, sans cette dernière comme cause, tout bien moral est impossible dans l'ordre purement philosophique. Nous expliquerons plus loin la possibilité de la résistance dans la liberté même. Mais nous devons ajouter, maintenant, que la grâce n'est pas moins nécessaire pour la liberté du mal ; on peut en donner plusieurs raisons évidentes. D'abord le mal n'est que la résistance à la grâce : or cette résistance suppose la présence de la chose à laquelle on résiste. En second lieu, on conçoit que, si le bien n'est pas possible, le mal est nécessaire, à moins qu'on ne suppose l'inertie complète ; or, comme nous le dirons plus d'une fois, un mal nécessaire n'est plus un mal ; donc la liberté du bien est essentielle à la liberté de l'acte contraire qui est le mal ; en d'autres termes, la possibilité du mérite est essentielle à la possibilité du démérite ; en d'autres termes encore, on ne peut démériter sans pouvoir mériter : c'est ce qui sera expliqué plus longuement ; nous venons de prouver que la grâce est essentielle à la liberté du bien, donc elle est essentielle à la liberté du mal, puisque cette dernière est impossible sans l'autre.

Venons maintenant aux faits observables. Nous trouvons dans la nature présente, c'est-à-dire déchue, trois sortes de biens : l'être lui-même avec les qualités physiques et morales qui constituent son espèce ; des idées vraies, ou connaissances ; des déterminations bonnes, c'est-à-dire des actions conformes à ces connaissances. Il est impossible de révoquer en doute la réalité de ce triple phénomène, dans une étendue plus ou moins restreinte, même chez les hommes les plus ignorants, et chez les peuples les plus étrangers au christianisme. Quant à l'être, c'est évident ; et quant aux deux autres, c'est observable.

Saint Augustin ne se lassait d'admirer les vertus humaines des grands hommes de Rome, et disait que Dieu avait récompensé ces vertus par l'empire du monde. Les idées vraies et les actions vertueuses se montraient sous un développement plus considérable dans les Socrate et les Confucius, que dans les affranchis de Tibère, dans les Messaline et les Caligula, ou, si l'on veut, dans le nègre abruti par l'esclavage ; mais on ne saurait se résoudre à penser qu'un seul homme, sauf le fétus, l'idiot et le fou, voire même Néron et ses gladiateurs, ait jamais été complétement dépourvu de l'un et de l'autre de ces deux biens. Il y a mieux : la théologie catholique conclut du principe exposé plus haut, savoir, que la nature humaine n'a point été écrasée dans son intelligence et sa volonté, mais seulement affaiblie par la déchéance : 1° qu'en ce qui concerne les idées, l'homme peut, par ses seules lumières naturelles, et indépendamment du secours de la grâce intérieure et extérieure de Jésus-Christ (la grâce extérieure d'intelligence est la révélation transmise par l'ouïe), arriver à des vérités naturelles dont on ignore le nombre et l'étendue, et qu'avec le secours extérieur, il peut, indépendamment de la grâce intérieure, arriver à se former des notions vraies des vérités surnaturelles elles-mêmes ; 2° qu'en ce qui concerne la pratique du bien, l'homme peut, sans la grâce du Sauveur, faire des actions bonnes dans l'ordre naturel, quoique stériles pour le royaume du Christ, des actions qui ont pour fin, ou la gloire de Dieu, si on le connaît, ou l'équité en elle-même, si on ne le connaît pas explicitement ; et, pour principe générateur, un amour louable, tenant le milieu entre la cupidité vicieuse et la charité surnaturelle, tels que l'amour de l'ordre, l'amour purement philosophique de Dieu comme vérité éternelle, l'amour réglé de soi-même, l'amour du prochain. Ces maximes se lisent dans tous les théologiens les plus respectés, et, bien qu'elles ne soient pas de foi, peuvent le devenir, tandis que leurs contraires ne le peuvent pas, vu qu'elles seraient négatives de propositions de foi dont les premières sont des déductions. Or, remontant à notre principe incontestable de l'impossibilité d'un bien quelconque produit sans la cause éternelle, nous arrivons à conclure, dans l'ordre naturel, la nécessité de trois grâces naturelles ; l'une de création et de conservation de l'être dans son espèce, qui est la racine des autres ; l'une d'intelligence ou de lumière, pour la formation des idées et l'acquisition des connaissances, qui n'est autre chose que l'illumination de la raison même, tant par voie externe que par voie interne, cette lumineuse irradiation du Verbe, éclairant tout homme venant en ce monde, que Malebranche a démontrée et expliquée mieux qu'aucun théologien, et qu'aucun philosophe ; la troisième de volonté ou d'impulsion vers le bien pour la pratique de la vertu, pour la mise en harmonie du vouloir avec la conscience ; celle-ci se manifeste en ébranlements intérieurs, en sollicitations du fond de l'être aux œuvres de justice, de miséricorde, de religion, en regrets du mal accompli, et aussi en déterminations à l'acte de vertu ; car, comme le dit Fénelon, n'est-ce pas dans ce coup suprême, qui est le plus grand bien de l'homme, que la Divinité doit le plus agir ? Les théologiens orthodoxes, en professant l'existence d'un reste de capacité au bien moral dans l'homme déchu, indépendamment de la grâce du Christ, enseignent en même temps, qu'avant la déchéance, cette capacité, beaucoup plus étendue, n'existait qu'en vertu de la grâce du Créateur ; donc, s'il reste quelque chose de la capacité, il reste quelque chose de la grâce, et la nécessité de l'une pour l'autre est la même ; autrement, il faudrait dire que le péché a rendu l'homme moins dépendant de Dieu, plus fort sans lui, et que le diable n'avait pas menti en lui disant : Pèche, tu seras Dieu.

Ainsi donc, grâce naturelle de création et de conservation de l'être en son espèce, laquelle explique seule toute existence distincte de Dieu ; grâce naturelle d'illumination de l'esprit, d'inspiration de la pensée, laquelle explique seule tous les mystères de cette spontanée production des idées et des images qu'on nomme le génie ; et grâce naturelle d'impulsion de la volonté, qui explique seule toutes les grandeurs d'âme, toutes les belles actions, tous les dévouements, tous les sacrifices en dehors de l'inspiration chrétienne : voilà les trois grâces nécessaires, non-seulement dans l'homme tel que nous le connaissons, mais dans toute créature intelligente et libre, pour constituer son être, son activité intellectuelle et son activité morale.

2° Nécessité de la grâce surnaturelle pour constituer la liberté surnaturelle. — Nous venons de reconnaître la nécessité d'une action divine dans la réalisation de tout bien naturel, nécessité tellement absolue, ainsi que le remarquent et l'expliquent saint Augustin, Malebranche, Bossuet et Fénelon, que tout ce qui est bon dans le mal lui-même, tout ce qui est affirmatif et vrai, telles que la connaissance et l'énergie nécessaires pour l'accomplir, sont encore de Dieu, en sorte que le méchant se sert de Dieu et de ses dons pour consommer sa malice, et que tout crime est un sacrilége ; or, s'il en est ainsi du bien dont l'homme est capable depuis sa déchéance,— la théologie nous oblige d'accepter ce grand phénomène, et il va devenir la base de notre argumentation —, n'est-il pas évident que l'action divine lui est, à plus forte raison, nécessaire pour la réalisation d'un bien plus grand ? et, comme il est essentiel que toute cause soit en proportion d'espèce et d'intensité avec ses effets, ne faut-il pas que cette action divine, ou cette grâce, soit dans ces conditions relativement à ce bien plus grand? Ces principes sont de toute évidence. Quel est ce bien plus grand? C'est la régénération même de l'être dégénéré, et toutes les élévations morales de la terre et du ciel qui peuvent accompagner ou suivre cette régénération; l'espèce change dans l'effet, aussi bien que la difficulté dans l'entreprise; il ne s'agit plus, par hypothèse, du bien dont l'être est capable dans l'état donné, mais d'un changement de cet état lui-même, d'une élévation de l'être à une autre constitution morale; évidemment, il nous faut une autre action divine en harmonie avec un résultat différent et plus difficile, non point à Dieu, car tout lui est également facile, mais relativement aux effets considérés dans la créature et comparés entre eux; il nous faut une grâce proportionnelle en espèce et en intensité au but à obtenir, sans quoi l'obtention de ce but serait encore un effet sans cause. C'est cette grâce que nous appelons surnaturelle par rapport à l'état de nature déchue; quand Dieu l'accorde, nous ne l'appelons plus simplement Dieu créateur, mais Dieu rédempteur, quel que soit d'ailleurs le mode visible ou invisible de son opération rédemptrice; ne se fût-il formé en lui qu'un éternel *je veux* en vue de ce résultat dans le temps, il serait aussi complétement rédempteur, qu'il l'est par l'incarnation et par le Christ; il est maître de ses moyens, mais toujours est-il qu'il est tenu, en vertu des lois éternelles, de proportionner la puissance et l'espèce des causes à l'espèce et à l'importance des effets. Répétons-le : c'est cette action rédemptrice et conservatrice du nouvel état, après rédemption faite, c'est ce *je veux*, proportionnel au résultat, que nous appelons grâce surnaturelle. Cette grâce est donc nécessaire à son effet; car, en nier la nécessité et prétendre, avec Pélage, que la grâce naturelle suffit, serait dire que Dieu peut produire un effet sans proportionner son action à cet effet; en d'autres termes, qu'il peut produire un résultat sans le produire, racheter sans racheter, guérir sans guérir, opérer sans opérer. Il peut très-bien ne pas guérir, comme nous le prouvons au mot Gratuité de la grâce; mais, s'il guérit, il faut qu'il se fasse médecin et que la grâce soit médicinale, réparatrice, en un mot, surnaturelle.

C'est ainsi que, sans la grâce du Christ, qui n'est autre chose que cette action de Dieu rédempteur, il y a impossibilité absolue, pour la créature, de s'élever à l'état qui en est la fin, et qu'en conséquence il ne peut y avoir, pour elle, liberté surnaturelle, c'est-à-dire cet équilibre dans lequel il dépend de la volonté d'être, ce que Dieu lui donne la puissance d'être, juste et belle surnaturellement, ou de ne l'être pas par le moyen de la résistance et du refus. Ici revient, de lui-même, l'argument sans réplique que nous avons fait pour prouver la nécessité de la grâce pour la liberté du mal comme pour celle du bien. Il s'agit ici du bien surnaturel et de son contraire qu'on peut appeler le mal surnaturel, lequel constitue la maladie de ceux qu'on nomme les membres morts de la grande Église du Christ; or, il est évident qu'on ne peut contracter cette maladie sans la grâce surnaturelle puisqu'elle consiste dans la résistance à cette grâce et qu'il est impossible de démériter surnaturellement sans pouvoir mériter de même.

Si maintenant nous analysons plus en détail l'action divine dont nous parlons, nous retrouvons ce que nous avons trouvé dans l'ordre naturel, à savoir; la nécessité d'une grâce surnaturelle d'élévation et de conservation de l'être dans l'état supérieur, ou de rédemption opérée et maintenue, ou encore, de justification et de persévérance; c'est cette grâce qu'on nomme sanctifiante, habituelle, justifiante (*Voy.* Justification); la nécessité d'une grâce surnaturelle d'illumination pour l'élévation aux idées des vérités surnaturelles; et la nécessité d'une grâce surnaturelle d'impulsion de la volonté pour l'acquisition du mérite surnaturel par les œuvres. Cette triple nécessité est fondée sur le même principe de la proportion essentielle entre les causes et les effets. Pour ce qui regarde la première des trois grâces, celle de régénération de la créature dégénérée dans son état intime, il est aussi évident, comme nous l'avons dit, qu'elle est indispensable pour la production de cet effet, qu'il est évident que celle de création est indispensable pour la réalisation de l'être dans son espèce; et quant aux deux autres, la raison nous dit qu'elles diffèrent de celle-là, puisque celle-là ne tombe que sur l'état purement passif du sujet, peut modifier cet état sans qu'il y ait exercice d'aucune activité en lui, tandis qu'elles tombent sur l'exercice actuel de son intelligence et de sa volonté. Nous savons, d'ailleurs, par le retour sur nous-mêmes, que la lumière de la connaissance est très-différente de la détermination de la volonté, et que la première est indispensable pour la seconde, puisqu'on ne peut ni aimer ni faire ce que l'on ignore absolument : *Ignoti nulla cupido*; donc nous pouvons affirmer que l'action divine qui nous élève à l'idée n'est pas de la même espèce que l'action divine qui nous pousse à l'amour et à l'acte, et nous rend la détermination possible. Nous pouvons aussi affirmer que la première est une condition indispensable de la seconde, dans l'être raisonnable doué du *sui juris*, d'où nous concluons qu'une grâce quelconque de connaissance surnaturelle, suivie de son effet dans une mesure quelconque, est de nécessité de moyen pour la pratique des œuvres surnaturelles, pratique qui suppose qu'on ne parle que de l'adulte.. —*Voy.* Rédemption.

Nous voilà donc arrivés, par l'application des déductions logiques, à reconnaître la nécessité de trois grâces surnaturelles, pour la surnaturalisation sous tout rapport : grâce de rédemption passive pour le changement d'état; grâce d'intelligence et grâce de volonté pour le mérite actuel; comme nous avons reconnu la nécessité des trois grâces correspondantes dans l'ordre naturel.

Consultons maintenant la théologie catholique, et arrêtons-nous seulement sur les deux grâces actuelles, la première ayant des articles spéciaux.—*Voy.* Rédemption et surtout Justification.—C'est un dogme de foi, nous dit-elle, que sans une grâce surnaturelle, soit extérieure soit intérieure, il est impossible à l'homme déchu d'arriver à la connaissance des vérités surnaturelles ; si elles sont purement surnaturelles, sans relation essentielle avec le naturel, tel est, par exemple, le baptême, cette impossibilité est complète dans toutes ses acceptions; si elles sont tout à la fois naturelles et surnaturelles, objet de la raison et objet de la révélation, comme les récompenses et les peines de la vie future, cette impossibilité ne tombe que sur leur connaissance en tant que surnaturelle dans son principe. Au reste, ajoute la théologie, il n'est pas de foi que la grâce d'illumination intérieure soit nécessaire pour cette connaissance, et la plupart de nos sages pensent que la révélation, se transmettant par la tradition et par l'Ecriture, suffit; mais il faut au moins cette grâce extérieure, pour fournir la donnée première aux lumières naturelles ; et, dans tous les cas, il est de foi que cette connaissance qui ne viendrait que par la révélation, sans l'animation d'une lumière surnaturelle intérieure, ne ferait pas sortir l'homme de l'état naturel, et serait stérile pour la justification surnaturelle dans le Christ, l'affirmation contraire étant une des erreurs condamnées dans les œuvres de Pélage.

La théologie poursuit en ce qui concerne la volonté : Il est de foi catholique que la grâce surnaturelle d'impulsion, de détermination et de persévérance, s'attaquant intimement au cœur même, est nécessaire pour mériter en vue de la fin surnaturelle conquise à l'humanité par le Christ ; il ne se fait rien, dans cet ordre, sans cette grâce, et il est impossible que l'homme s'élève, sans elle, soit à mériter, soit à mériter ses résultats; d'où il suit que c'est elle-même qui constitue la liberté surnaturelle, ou la puissance du mérite chrétien. La maxime contraire est la seconde erreur de Pélage et des semi-pélagiens. La foi elle-même, continue la théologie, la foi en Jésus-Christ et à tout ce qui se rattache à sa mission salutaire, est précédée d'impulsions surnaturelles sur la volonté qui la font germer dans les cœurs, et il est impossible de l'acquérir, de manière qu'elle soit justifiante, sans ces impulsions antécédentes. Mais, si ces impulsions suffisent pour disposer à l'initiation chrétienne et pour la réalisation d'œuvres qui méritent quelque chose *ex congruo* (par convenance) dans l'ordre du salut, elles ne suffisent pas pour l'installation complète, pour la justification surnaturelle, qui n'est pas possible sans une foi plus ou moins développée (*Voy.* Rédemption), parce que la foi implique quelque connaissance, et que le salut, dans l'adulte, devant être l'effet d'un acte libre en même temps que de la grâce, au moins selon les lois ordinaires de la rédemption, la grâce qui éclaire dans la mesure exigée, et à laquelle la foi est une adhésion, est essentielle, pour constituer cette liberté, à celle qui donne directement la force de la détermination au bien surnaturel. Dieu lui-même ne peut pas faire, par sa grâce, que vous puissiez vous déterminer librement à ce dont vous n'avez aucune idée ; et si vous supposez l'absence de la foi, malgré la connaissance et la conscience, vous supposez déjà un acte libre en opposition avec la grâce, lequel empêche la justification.

Tel est le langage de la théologie. Que le lecteur se donne maintenant la peine de confronter un à un ses enseignements sur cette matière avec les déductions logiques que nous avons d'abord tirées d'un axiome, par application de cet axiome à l'ordre surnaturel, dans le même ordre que nous l'avions faite à l'ordre naturel, et il verra avec clarté l'identité parfaite des conclusions. (Il serait bon de lire ici, l'un après l'autre, les deux articles Gratuité des graces et Inégalité de distribution des graces.)

III. — Possibilité de coopération et de résistance à la grâce dans les deux ordres, ou liberté du bien et du mal.

1° Coopération et résistance à la grâce naturelle. — Il s'agit d'une chose difficile, de nous représenter en esprit comment la liberté du mal peut s'harmoniser avec l'action divine qui est dans le sens du bien, et qui fait que le bien est possible quand on ne le réalise pas, est réalisé quand on le réalise. Il s'agit de comprendre comment l'homme peut garder son activité libre, son *sui juris*, sous l'influence de Dieu, soit qu'il fasse le bien, soit qu'il ne le fasse pas. On a reproché à la théologie chrétienne d'avoir éveillé ce mystère dans les esprits et d'avoir jeté le trouble sur ce fait si simple de la liberté que chacun sent en soi, en transportant la discussion jusque dans l'infini, pendant que tout demeurait clair en la concentrant sur le terrain de la conscience. Mais ce reproche est une injustice ; ce n'est point la théologie qui a posé la question, c'est la raison, c'est la philosophie. Il est impossible d'étudier l'homme sans étudier Dieu, l'effet sans la cause ; et dès qu'on arrive aux questions de rapports entre les productions de l'un et les actions nécessaires de l'autre, dans ces productions mêmes, on se trouve en face de la grande question de la grâce et de la liberté. Bien avant saint Augustin, cette question tourmentait les philosophes, dans ses relations avec le bien et le mal de l'ordre naturel ; témoin les systèmes fatalistes et panthéistes, exagérations de l'influence de Dieu sur la créature, et les divers systèmes athéistes, exagérations de la liberté humaine, ou déifications de l'homme, qui agitaient les âmes de longs siècles avant la polémique d'Augustin et de Pélage sur le même objet transporté dans l'ordre surnaturel. Témoin, en ce moment même, l'ordre que nous allons suivre dans l'examen de la question. On va voir que le surnaturel ne présente aucune difficulté qui n'existe d'abord dans la nature même, et qu'au reste ces difficultés se résolvent de soi quand on veut les traiter avec la bonne intention de ne pas les grossir.

Commençons par raisonner *a priori* et par hypothèses sur les possibles; nous constaterons ensuite les faits de notre nature.

La raison ne conçoit-elle pas la possibilité des divers phénomènes que nous allons énumérer?

1° Celui d'une créature intelligente que Dieu met dans un équilibre parfait entre deux partis dont l'un est tel que la conscience de cette créature lui dira, si elle le choisit : J'ai agi selon l'ordre, j'ai bien agi, je m'en félicite; et l'autre tel que sa conscience lui dira, si elle le choisit : J'ai eu tort, j'ai mal agi, j'ai agi contrairement à ce que je croyais bien. La raison ne perçoit aucune impossibilité dans cette supposition. Elle comprend que la créature ne peut voir, des yeux de l'âme, les deux choses à faire que par une communication intime de l'intelligence de Dieu qui est sa lumière; ne peut distinguer des mêmes yeux le bon parti du mauvais, que par la même lumière; ne peut posséder la puissance de se déterminer, ne peut dire *je veux*, que par une communication intérieure de l'activité infinie : ne peut, dans l'acte même, réaliser son choix que par l'emploi de cette activité de Dieu en elle; la raison comprend toutes ces choses, et n'en comprend pas moins que la créature soit posée dans le parfait équilibre, de manière qu'il dépende d'elle d'incliner à droite ou à gauche, et que Dieu laisse à sa volonté, pendant qu'il la vivifie lui-même et la fait ce qu'elle est, ce quelque chose déterminatif de l'inclinaison. Ou Dieu peut créer, ou il ne le peut pas; s'il peut créer, il peut créer ainsi; et comme nous savons, par le fait de nous-mêmes, qu'il peut créer, nous concevons comme possible cette sorte de création. Comment l'équilibre aura-t-il lieu? par la pondération exacte des attractions. Qu'est-ce que faire une bonne œuvre? c'est céder à une attraction vers une chose. Qu'est-ce qu'en faire une mauvaise? c'est céder à une attraction vers une autre chose par préférence à la première ; les deux choses en soi n'ont rien de mauvais, car ce sont des êtres quelconques, ne fussent que des idées, et tout être est bon. Mais il est contre la raison, contre l'ordre, de préférer, dans la circonstance, la seconde à la première ; c'est l'hypothèse même du devoir que sent la conscience : or, l'attraction vers la chose à laquelle le devoir dit d'adhérer, est la voix de Dieu comme raison éternelle que Dieu même suit toujours par nécessité, c'est la grâce naturelle. Quelle est l'autre? c'est une attraction quelconque, bonne en soi, venant de Dieu également, ou de lois établies par lui, qu'on pourrait suivre dans tout autre cas, mais qui, se trouvant, dans celui-ci, en antithèse avec l'autre, doit céder pour qu'il n'y ait pas souffrance et subversion d'harmonie. Or nous la supposons exactement de même force que son contre-poids, de telle façon que la volonté de la créature n'ait pas plus d'effort à faire pour céder à l'une que pour céder à l'autre.

La possibilité de ce phénomène nous paraît aussi évidente dans l'ordre intelligible que celle de l'équilibre parfait des plateaux d'une balance dans l'ordre matériel. Mettez l'intelligence et l'activité morale dans la balance et vous en avez l'équivalent. Nous appelons ce phénomène celui de la liberté parfaite du bien et du mal; et, dans ce phénomène, il est évident qu'il y a mérite à choisir le bien.

2° Le second aura pour éléments les deux mêmes attractions, mais avec imperfection d'équilibre, et ce sera celle du mauvais qui aura le plus de force ; cependant, la différence ne sera pas suffisante pour que la volonté ne puisse la neutraliser par un effort que Dieu lui maintient la puissance de faire. Dans le premier cas, il n'était besoin d'aucune violence; le oui à droite et le oui à gauche, ou, si l'on aime mieux, le oui et le non étaient également faciles ; dans celui-ci, il faut un effort qui rétablisse l'équilibre parfait et dont le oui pour le bien soit la résultante, sans quoi on cède à l'attraction qui mène au désordre moral dans le cas donné. Mais la liberté, c'est-à-dire la possibilité du bien comme du mal, n'en existe pas moins, puisque l'effort, que la grâce rend possible, rend possible lui-même le rétablissement de l'équilibre, et, en dernier résultat, l'inclinaison dans la direction du devoir.

La possibilité du premier phénomène implique la possibilité de celui-ci: L'un se conçoit aussi facilement que l'autre. Nous appelons ce dernier celui de la liberté imparfaite du bien ; et la raison voit que, si l'être fait l'effort dans la bonne direction, il aura d'autant plus de mérite que l'effort aura dû être plus considérable, et que, s'il prend le parti contraire, le péché sera moins grand que dans la première hypothèse.

3° La troisième se devine. C'est la liberté imparfaite du mal. Si les deux premières sont possibles, celle-là l'est aussi, rien de plus évident. L'attraction vers le parti que la conscience improuve sera la plus faible, celle du devoir et par conséquent de la grâce, sera la plus forte, et cependant la différence ne sera pas suffisante pour que la volonté ne puisse appeler à elle des considérations qui, rétablissant l'équilibre, lui donnent la facilité du oui au mal; on peut même comprendre que, sans cet appel de motifs nouveaux, elle garde la puissance de suivre, uniquement par caprice et sans aucune apparence de raison, l'attrait le plus faible auquel la conscience lui dit qu'il serait bien de ne faire nulle attention, pour suivre celui du bien qui tend à l'entraîner naturellement dans ce troisième cas ; l'être aura moins de mérite à faire le bien, et plus de démérite à suivre le parti du mal.

4° Nous avons épuisé tous les phénomènes possibles de liberté, car de la liberté parfaite du bien et du mal, aux deux extrémes des libertés imparfaites, s'échelonnent tous les degrés possibles de ces deux libertés.

Reste une possibilité à établir, celle qui est exclusive de la liberté pour l'acte contraire, et que nous appellerons le phénomène de la nécessité. Jansénius distinguait la *nécessité* et la *coaction*. La première consistait, d'après lui, dans l'invincibilité d'un attrait intérieur qu'il nommait la *délectation victorieuse* lorsque cet attrait s'exerce dans le sens du devoir, et la *cupidité vicieuse* lorsqu'il s'exerce en sens opposé, et prétendait que, malgré l'invincibilité de cet attrait, on mérite ou démérite encore en y cédant. La coaction consistait, d'après l'évêque d'Ypres, dans une violence extérieure qui pèse sur l'être et tue sa puissance de détermination. Il ajoutait que le mérite et le démérite ne sont incompatibles qu'avec la coaction. Tel était même le fond du jansénisme, lequel va se trouver réfuté indirectement par nos explications. Ici nous ne devons point mettre en jeu la coaction par cela même qu'elle empêche la détermination, réduit à l'état passif et lie complétement l'activité; lorsque nous posons les hypothèses présentes, nous parlons de l'être doué d'intelligence et de volonté, et de cet être en tant qu'il n'a point perdu l'exercice de ces deux facultés; quand le volontaire n'existe plus, ainsi que cela a lieu dans la coaction, il n'y a plus l'être dont nous parlons, et les questions relatives à la liberté perdent leur à-propos. Donc nous gardons seulement l'hypothèse de la nécessité, et voici comment nous en comprenons la possibilité.

Nous concevons facilement une activité intelligente et volontaire, ayant des idées et produisant des déterminations sans que ces déterminations soient libres, c'est-à-dire sans qu'elle ait la possibilité des déterminations contraires. Il suffit, pour le comprendre, d'outrer nos deux suppositions de la liberté imparfaite jusqu'au-delà des limites où la liberté reste encore. Prenons d'abord la première: supposez, dans celle-là, l'attrait vers le parti qui est mauvais, relativement à son contraire, tellement fort, et l'autre attrait tellement faible, qu'il n'y ait plus possibilité pour la volonté de rétablir l'équilibre par son propre effort; il est évident que la liberté aura disparu, sans que le volontaire cesse d'exister, puisque l'âme voudra le mauvais parti sans possibilité de vouloir le bon. Mais y aura-t-il démérite, y aura-t-il péché? Nullement; le prétendre avec Jansénius serait émettre une contradiction pure; car le péché est un acte de la conscience par lequel elle se dit : Je sais que cela est mal; je sais que je peux résister à l'attrait qui m'y pousse et en même temps céder à l'attrait contraire, et, malgré tout, je le veux ainsi. Tout péché revient essentiellement à ce discours, et ce discours est inapplicable au cas supposé, puisque, par hypothèse, il y a impossibilité pour la volonté et la conscience de se déterminer pour le bon parti, et de ne pas suivre le mauvais. Aussi le mal disparaît-il aussi-

tôt que cette impossibilité est introduite, et la chose devient-elle étrangère à la question du péché, relativement à l'individu. Même raisonnement sur l'hypothèse correspondante, dans laquelle l'attrait du bien, ou la grâce naturelle, l'emporte à tel point qu'il soit impossible à la volonté, quelque effort qu'elle fasse, de ramener l'équilibre et de s'abandonner à l'attraction du mal. Alors la question du bien moral et du mérite disparaît également et pour la même raison, laquelle est essentielle, en ce qui concerne la détermination relative au mal opposé au bien dont on suit l'attrait. On va comprendre pourquoi nous ajoutons cette restriction : il est évident qu'il ne peut y avoir mérite à éviter un mal qu'il est impossible de vouloir, quelque effort qu'on fasse, ou plutôt vers lequel on ne peut pas faire effort.

Il résulte de ces deux dernières suppositions, que le mérite ou le démérite relatifs à l'acte contraire sont incompatibles avec la nécessité, puisque la nécessité rend cet acte impossible. Mais ne pourraient-ils pas reparaître sous d'autres rapports? Hâtons-nous de le dire : en ce qui concerne le démérite, notre raison voit très-clairement qu'il ne peut se montrer dans la nécessité, de quelque côté qu'on se tourne. Dans la nécessité du mal, le mal perd son caractère et disparaît en tant que mal relativement à la personne; dans celle du bien, le mal est impossible à réaliser; or il n'y a pas démérite sans qu'il y ait mal accompli, et accompli librement aussi bien que sciemment; si donc il n'y a même plus mal dans la nécessité, il ne peut y avoir démérite. Mais il en est tout autrement du mérite : s'il est impossible dans la nécessité, relativement à la fuite du mal contraire qu'on fait nécessairement, il n'est pas impossible dans les degrés du bien lui-même comparés entre eux; on conçoit très-facilement que, le mal étant impossible par la puissance irrésistible des attraits du bien, il reste la possibilité de s'arrêter ou de s'avancer plus ou moins dans le bien, ainsi que de préférer tel bien à tel autre. Comment cela se fera-t-il? Les attraits de plusieurs biens opposés au mal s'exerceront en concours, et seront si forts qu'il y aura impeccabilité; mais l'âme se retrouvera dans un équilibre parfait ou imparfait, qu'elle pourra rompre à droite ou à gauche entre les divers biens; elle saura que tous lui sont permis, et si elle préfère un plus grand à un plus petit, encore que l'attrait du plus grand soit moindre en elle que celui du plus petit en considérant ces deux attraits entre eux, il est évident qu'elle aura du mérite. Mais il faut bien remarquer que la liberté reparaît avec le mérite, que c'est encore elle qui le constitue, et que, dans ce mérite où le bien est nécessaire et le mal impossible, il n'y a point nécessité à l'acte même dont le choix est méritoire, puisqu'on pourrait lui en préférer un autre, mais seulement nécessité à l'omission du mal opposé. On peut donc très-bien mériter sans pouvoir démériter; on le peut, soit en voulant mériter plus, soit en préférant le moindre mérite à l'abstention de tout acte, ce qui est encore très-possible dans l'hypothèse où l'acte n'est point commandé, et où l'abstention seule est déjà un bien en soi relativement au mal défendu qu'on ne peut pas vouloir. On peut aussi rester sans mériter ni démériter; c'est ce qui arrive dans le cas de l'abstention pure, puisqu'alors on ne sort pas du nécessaire.

On ne peut raisonner de même de l'hypothèse du mal nécessaire; nous avons dit que, dans ce mal, le démérite est impossible, parce que le mal, en tant que moral, est détruit dans son essence; mais le mérite ne pourrait-il pas redevenir possible dans la préférence d'un moindre mal à un mal plus grand, dans l'arrêt à tel ou tel degré de la pente? Oui, sans doute, puisque ce choix du moindre mal n'est autre chose qu'un bien relatif. Mais hâtons-nous d'observer que la possibilité du démérite reparaît en même temps avec la possibilité du choix entre les deux maux, et avec l'absence de nécessité dans la détermination au plus grand; et, par suite, qu'on ne fait que ramener l'hypothèse de la liberté d'omission du mal, pour cette raison évidente qu'il n'en est pas du mal comme du bien, que dans le bien on peut n'être pas tenu au mieux, et que dans le mal on est toujours tenu au moindre mal en face du plus grand. Quoi de plus certain que c'est un crime de se plonger plus avant dans le mal, lorsqu'on peut s'arrêter sur la pente? D'où il suit que cette dernière hypothèse rentre dans celles de l'équilibre entre le bien et le mal, le moindre mal devenant le bien et le plus grand devenant le mal. Le moindre mal devient le bien par rapport à l'autre, puisqu'il y a nécessité au moins pour celui-là, et que la nécessité détruit le mal; le plus grand au contraire devient le mal opposé au bien, puisque la seule chose qui pourrait l'empêcher d'être mal serait la nécessité, et que la nécessité n'existe pas pour lui, comparé à l'autre, d'après l'hypothèse. Il est donc vrai qu'on rentre nécessairement dans l'équilibre entre le bien et le mal, tandis que, dans la nécessité de l'omission du mal, il ne reste que les biens plus ou moins grands, dont aucun ne peut devenir mal par rapport aux autres. Il est passé en proverbe qu'entre deux maux nécessaires il y a obligation de choisir le moindre, tandis qu'il n'est pas reçu de dire qu'entre deux biens on soit obligé de choisir le plus grand.

On peut conclure de ces explications les principes suivants : 1° On peut quelquefois mériter sans pouvoir démériter ; 2° on ne peut jamais démériter sans pouvoir mériter; 3° dans l'hypothèse du mal impossible à vouloir, on peut mériter et on ne peut pas démériter ; 4° dans l'hypothèse du bien absolu impossible à vouloir, on ne peut ni mériter ni démériter relativement à ce bien, mais on peut retomber subsidiairement dans l'un des phénomènes de liberté du bien et du mal par rapport au choix entre deux maux, dont le moindre devient le bien relatif; 5° dans ces phénomènes de liberté parfaite ou imparfaite, la possibilité du mérite et celle du démérite s'impliquent mutuellement : on ne peut mériter sans pouvoir démériter, et *vice versa*.

Il est inutile d'observer qu'il s'agit d'un mérite quelconque, et non point du mérite surnaturel, qui est impossible en soi sans la grâce surnaturelle, comme on l'a démontré.

Consultons maintenant la nature humaine, et voyons si nous n'y trouverons pas tous les jeux contrastés des deux attraits, de l'attrait de la grâce naturelle et de l'attrait du vice.

1° Le premier phénomène est celui de l'équilibre parfait. Voici un jeune homme tourmenté de deux passions très-opposées, celle de l'amour sensuel et celle de la pitié pour la souffrance ; l'argent est d'ailleurs le moindre de ses soucis, et il n'en manque pas. Il a cent francs dans sa poche; il rencontre une prostituée dont la beauté l'attire ; il est prêt à lui jeter ses cent francs. Au même instant une famille malheureuse se présente, à qui son argent peut sauver la vie ; sa passion de la pitié s'exalte dans les mêmes proportions que sa passion charnelle ; il se trouve suspendu entre la femme et les affamés ; également attiré des deux parts, à qui donnera-t-il sa bourse ? C'est sa volonté qui en décidera. Voilà un cas de liberté parfaite, malgré la violence des attractions contraires, puisque l'attrait de la grâce naturelle qui le pousse au bienfait est supposé contre-balancer exactement celui de la passion qui l'appelle au désordre. S'il se décide pour le bien, sa liberté morale aura produit un fruit méritoire ; s'il prend le parti contraire, elle aura produit une monstruosité que sa conscience lui reprochera le lendemain. Or ces cas d'équilibre sont très-fréquents, chacun le sait, et le sait à n'en pouvoir douter ; ils se présentent d'une manière plus claire encore, et mieux observable, dans les circonstances où les attraits viennent de passions douces et plus spirituelles.

2° Le phénomène de la liberté imparfaite du bien à des degrés divers est encore plus commun. Combien de fois n'arrive-t-il pas qu'on se trouve attiré par une passion violente vers une chose que la conscience réprouve comme contraire à l'honneur, au dévouement, à la justice, à l'ordre naturel, etc., et qu'on ne sente de contre-poids que cette désapprobation de la conscience devenant toujours de plus en plus faible à mesure qu'on fait plus de concessions à la passion? C'est la grâce naturelle qui se retire peu à peu, et l'on marche vers la nécessité du mal ; mais jusqu'à ce qu'on soit arrivé, si tant est qu'on y arrive jamais, à ce degré où l'âme aveuglée n'aurait plus même cette conscience du devoir, ce sentiment de la différence entre le juste et l'injuste, entre l'ordre et le désordre, entre l'honneur et la honte, ce qui serait la *damnation* dès cette vie, le *dam* ou la perte de la grâce naturelle, on se sent capable d'un grand effort et d'une victoire. Cela est si vrai que souvent on réalise l'un et l'autre par une décision vigoureuse, un énergique *je veux*, sans qu'on s'aperçoive d'aucun changement dans le rapport des deux attractions opposées. Voilà des faits de conscience dont on ne peut douter sans douter de son être.

3° Le phénomène de la liberté imparfaite du mal, ou de la résistance difficile à la grâce naturelle, se rencontre aussi très-souvent. Il y a des natures qui ont autant de peine à se déterminer au mal que d'autres à se déterminer au bien; il y en a qui ont la passion innée du juste, de l'ordre, de la symétrie morale, comme il y en a qui ont celle de la symétrie mathématique. Disons mieux : toutes les natures ont quelque côté qui présente ce phénomène; il n'en existe pas où, sous certains rapports, une passion aux bonnes directions ne tende à neutraliser presque complétement la tendance opposée : dans ce cas, la grâce est beaucoup plus forte que ce que Jansénius appelait la concupiscence ou la cupidité vicieuse; le bien est beaucoup plus facile que le mal sur le point en question, et cependant la liberté reste; point de nécessité. Si alors on se détermine pour le mal, la malice est plus grande, et si on se détermine pour le bien, le mérite est moins grand : c'est l'inverse du cas précédent. L'habitude de la vertu augmente encore cet état précieux, en provoquant le cumul des grâces naturelles et en amoindrissant les mauvaises tendances. Si l'on supposait que cette progression arrivât jusqu'à l'annihilation complète du désir instinctif du mal, on supposerait par là même la nécessité du bon vouloir sous le règne exclusif de la grâce, et il n'y aurait plus que la récompense des victoires passées, le mérite relatif au mal ayant achevé son œuvre; mais jusque-là la liberté existe encore, et par conséquent le mérite. Il arrive trop souvent qu'on en donne la preuve par des chutes terribles, comme le fit Eve, qui était plutôt dans cette liberté imparfaite du mal que dans le complet équilibre, et n'était point, à coup sûr, dans la liberté imparfaite du bien, vu qu'il n'y avait point en elle de passions violentes.

Tels sont tous les phénomènes et tous les degrés de liberté du bien et du mal : ils se résument dans la possibilité plus ou moins grande de résistance à la grâce naturelle, laquelle est Dieu même nous poussant dans une voie qui est, relativement à notre position dans l'harmonie du monde, la voie de l'ordre et du bien; ou, ce qui revient au même, ils se résument dans la facilité ou la difficulté de l'adhésion du vouloir à des attractions de la nature, non mauvaises en soi, puisqu'elles sont encore Dieu lui-même et ses lois, mais qui nous sollicitent vers une situation que notre conscience sent n'être pas la bonne relativement à la mission dont l'accomplissement est laissé à notre libre choix. Qu'on n'objecte pas que Dieu joue, en cela, un rôle indigne de lui, car, s'il ne pouvait tirer lui-même à droite et à gauche de cette manière une créature, c'est qu'il ne pourrait pas établir dans une âme l'équilibre plus ou moins parfait que nous avons expliqué, et par suite, créer un être libre de cette liberté qui rend capable de bien et de mal; or le fait de notre conscience nous prouve que cette liberté est en nous; d'où nous sommes bien forcés de conclure à sa possibilité en vertu de l'axiome qui donne le droit de déduire du fait au possible.

Nous savons les reproches que l'homme, pour sa honte, semble quelquefois adresser au Créateur : Pourquoi, lui dit-il, m'as-tu donné la liberté de mal faire? pourquoi ne m'as-tu pas constitué fixement dans le bien, de sorte que je ne puisse en sortir? Nous n'avons qu'une réponse à lui faire : Tu avoues donc, misérable, que tu ressembles au peuple abruti qui recule devant la peine de gérer ses propres affaires, et appelle de ses vœux un tyran qui l'enchaîne!

Quoi qu'il en soit, n'oublions jamais ce grand fait de notre nature, à quelque hauteur que nous nous élevions dans ce mystère de la prémotion divine; et gardons, pour notre flambeau dans nos voyages au sein de l'infini, certains que dès qu'elle sera voilée par nos raisonnements nous tomberons dans l'erreur, cette observation d'Augustin pareille à celle que nous avons déjà citée de Fénelon.

Il s'agit de la liberté humaine et de son absolue nécessité pour tout démérite, ainsi que pour le mérite relatif à la fuite du mal, et ce docteur s'écrie : « N'est-ce pas ce qui est chanté et répété par les bergers sur les montagnes, par les poëtes sur les théâtres, par les ignorants dans les assemblées, par les savants dans les bibliothèques, par les maîtres dans les écoles, par les évêques dans les lieux sacrés, par le genre humain dans tout l'univers? » (*Des deux âmes*, c. 9.)

4° Passons aux phénomènes de la nécessité. Si on les étudie *a priori*, comme nous l'avons fait, ils sont les plus faciles à comprendre, vu qu'ils n'offrent aucun mystère de conciliation avec l'action divine; mais il ne s'agit ici que de les constater dans notre nature où ils se rencontrent comme les précédents.

Commençons par celui de la nécessité au bien absolu, à ce qui est bien en soi relativement au jeu régulier de l'être dans l'harmonie universelle, qu'il y ait ou non nécessité à la réalisation volontaire de ce bien. La vie est pleine d'applications de cette possibilité morale. Fénelon cite celle-ci : Il est certainement contre l'ordre naturel d'une société humaine civilisée, surtout dans un pays froid ou tempéré, que l'homme se promène tout nu dans les rues d'une grande ville; et la conscience droite juge que de le faire serait une vilaine action, propre à causer du scandale. Voici Pierre, ou Paul, qui, en conséquence de cette règle, se promène habillé, et le fait très-volontairement; il veut se promener ainsi comme tout le monde, avec cette différence qu'il raisonne son acte, et que les autres n'y pensent pas; on le suppose en parfait état de raison et de santé, et un homme ordinaire, étant loin d'avoir la trempe de Diogène; a-t-il la liberté de l'acte contraire? en termes plus simples : est-il libre de vouloir efficacement se promener tout nu, c'est-à-dire de se promener réellement tout nu au milieu de la fête? Il est évident qu'il n'a pas cette liberté-là, et, par suite, qu'il veut et fait le bien nécessairement, quoique sans aucune coaction extérieure, qu'il le fait par une détermination voluntaire, mais nécessaire. C'est que l'attrait de la grâce naturelle est tellement fort, et l'attrait contraire tellement faible, qu'il lui est impossible, quelque effort de volonté qu'il fasse, de rétablir l'équilibre et de céder au second. Ajoutons cet autre exemple : qu'un homme sage et sain de raison soit sur le haut d'un toit; a-t-il la liberté morale de se jeter dans la rue? non, même nécessité au bien, même impossibilité de détermination au mal contraire; la grâce naturelle, qui est ici l'instinct de la conservation, et qui implique la répulsion du suicide, est trop forte pour qu'il puisse le vouloir efficacement malgré elle; si on suppose la manie, la colère, le désespoir, etc., on suppose, par là même, diminution de l'attrait de la grâce, augmentation de l'attrait contraire, retour dans l'équilibre plus ou moins parfait, et la liberté revient, mais on sort de la question.

Allons plus loin. Dans ce phénomène, dont la vie ne manque pas, y a-t-il du mérite à agir selon l'ordre, c'est-à-dire à ne pas accomplir l'acte contraire qui est mauvais en lui-même? Aucun, puisqu'il n'y a pas liberté d'accomplir cet acte, et que la grâce nous entraîne nécessairement à l'autre. Mais tournons notre esprit vers cet autre, vers le bien qu'on accomplit nécessairement, et demandons-nous s'il ne peut pas y avoir mérite dans les degrés et les modes d'accomplissement de ce bien lui-même comparés entre eux. La réponse est oui, sans aucun doute. Pierre, ou Paul, ne peut-il pas s'habiller plus ou moins convenablement, relativement à la circonstance, bien qu'il soit certain d'être toujours dans son droit, et de ne faire aucun mal, pourvu qu'il soit vêtu? Ne peut-il pas choisir entre plusieurs moyens plus ou moins sages, qui lui sont offerts, pour descendre du toit? En un mot, dans la nécessité du bien, il reparaît une liberté entre degré de bien et degré de bien, et avec cette liberté, possibilité de mérite, bien que le démérite, la vraie culpabilité, soit impossible, puisqu'on suppose les cas où l'on n'est pas tenu au mieux.

Si nous cherchons des exemples du phénomène de la nécessité à ce qui serait mal s'il n'y avait pas nécessité, nous en trouvons aussi facilement. Voilà une mère qui adore ses enfants; elle les voit affamés, près de mourir, et n'a rien à leur donner; mais un moyen se présente, un seul, par hypothèse, celui de voler du pain, soit à des voisins qui sont absents, soit dans des maisons ouvertes et sans maître qu'elle rencontre sur sa route. Le vol est toujours un désordre en lui-même : est-elle libre moralement de ne pas le commettre, lorsqu'elle se trouve entre ses enfants et le garde-manger? Non, à moins qu'on introduise dans la nature de cette mère des motifs particuliers qui rétabliraient l'équilibre entre la répugnance au vol et l'amour maternel, et qui changeraient la question; elle vole donc par nécessité. Y a-t-il démérite dans son action? Nullement; ce qui eût été mal dans les cas ordinaires cesse de l'être sous l'invincibilité de l'attraction et l'impossibilité de l'abstention contraire, lors même qu'il n'y eût pas d'autres raisons que celle-là, et la conscience saine n'en aura aucun remords. Même raisonnement sur l'ami tendre et dévoué à l'égard de son ami affamé. Voici des exemples d'un autre ordre et plus subtils. On peut avoir la monomanie de toutes sortes d'actions criminelles; or, dans la monomanie, si elle est réelle, il y a volonté du mal, avec une conscience plus ou moins claire du mal, sans qu'il y ait possibilité de résistance; nous avons eu connaissance d'une femme qui avait la monomanie du suicide, sans déraisonner sur aucun point, pas plus sur celui-là que sur tout autre; elle a pris, durant des années, toutes les précautions imaginables contre elle-même, a épuisé tous les moyens, toutes les luttes, toutes les ressources les plus minutieuses de tous les ordres, et, pour dénoûment du drame, elle s'est pendue. Elle l'aurait fait mille fois, sans les précautions de coaction qu'elle prenait d'avance. Or, dans cet acte suprême et dans toutes les déterminations antécédentes au même acte, a-t-elle été libre? Il est évident, pour tous ceux qui l'ont connue, qu'elle ne l'a pas été; qu'elle se trouvait enfermée dans une nécessité invincible du volontaire en vue du suicide; c'était la grâce naturelle de la conservation de sa vie qui lui manquait ou qui n'était pas assez forte pour la possibilité du bien contraire. Y a-t-il eu démérite dans son acte? Dieu seul sait ce qui se passe au fond des cœurs; mais tout porte à penser que la détermination au suicide cessa d'être un mal pour cette infortunée sous l'empire de la nécessité, et l'Église en jugea de la sorte en la traitant, après sa mort, comme une chrétienne fidèle. Dans le sommeil incomplet, ne peut-il pas se consommer des actions contre l'ordre, avec conscience et volonté du mal, sans qu'il y ait liberté du contraire? Bien que le jugement soit ici très-difficile, on sait cependant, par ce qui s'est passé dans l'âme et dont on a souvenance, qu'il y avait autre chose que du pur machinal, et, par ce qui se passe ensuite, qu'il n'y avait point de liberté, puisque le vouloir intime s'étonne de lui-même au réveil complet de la raison, et qu'il ne reste aucun remords à la conscience droite la plus délicate. Point de démérite, point de mal dans ces circonstances où la grâce naturelle vous manque et vous laisse en proie à la nécessité. Il en est de même de certains transports de vivacités, et d'autres passions. On allègue, ici, le défaut de précautions prises à l'avance, et les abus de la liberté qui en sont souvent la première cause. Mais, en se reportant ainsi à la cause, on change de terrain ; on tombe dans le cas dont parle Augustin, lorsqu'il dit de lui-même : « Quant à ce que je ne faisais qu'à regret, et comme malgré moi, je trouvais, qu'à proprement parler, je le souffrais plutôt que je ne le faisais, et il me paraissait que ce n'était point tant un péché qu'une punition ; et dès que je venais à penser que vous êtes juste, ô mon Dieu! je ne pouvais douter que je ne l'eusse méritée. »(*Confess.*, VII, 3.)

Nous avons ajouté, en examinant ces possibilités *a priori*, que, dans l'hypothèse de la nécessité à ce qui serait mal sans elle, on peut concevoir le retour de la liberté entre les degrés du mal, et que cette liberté redevient une liberté de bien et de mal, dans laquelle la grâce naturelle se montre en contre-poids suffisant de l'attraction au plus grand mal, et en faveur du plus petit, qui devient le bien relatif obligé. Pour le faire comprendre, reprenons l'exemple de la mère. Emportée par l'exaltation de son amour, elle se décide au vol par nécessité, et n'est pas coupable, lors même qu'elle croirait que le vol n'est jamais permis ; mais supposons qu'elle ait à choisir entre deux maisons, dont l'une est la cabane du pauvre et l'autre le palais du riche ; voler le pauvre est un mal plus grand que de voler le riche ; elle sauvera aussi bien la vie de son enfant en puisant à la provision de l'un qu'en puisant à la provision de l'autre ; elle est libre de son choix ; le sentiment de la pitié du pauvre, qui lui ressemble, est la grâce naturelle qui la pousse du côté du palais, ou au moindre mal ; toute considération qui la pousserait vers la chaumière serait la voix de Satan, donc elle déméritera si elle suit cette dernière influence, et méritera, par le seul fait de son choix, si elle suit la grâce. Voler le riche est, pour elle, le bien dans la circonstance ; voler le pauvre est le mal ; et comme il y a liberté, nous sommes retombés dans l'un des trois phénomènes de liberté où la possibilité du mérite et celle du démérite sont inséparables.

Nous venons d'écrire l'histoire morale de la vie humaine tout entière, considérée dans les limites de l'ordre naturel.

2° Coopération et résistance à la grâce surnaturelle. — La grâce surnaturelle prend l'homme dans l'état où nous venons de le montrer, c'est-à-dire placé par l'ordre de choses qui a suivi la déchéance, quelquefois dans l'équilibre parfait du bien et du mal, quelquefois dans la liberté imparfaite du mal, quelquefois dans la nécessité du bien, rarement dans la nécessité de ce qui serait mal sans cette nécessité, et le plus souvent dans la liberté imparfaite du bien ; elle vient d'ailleurs lui ouvrir des destinées plus sublimes dont elle est la porte et la clef. Elle va opérer une grande révolution dans l'être qu'elle doit sauver ; mais elle n'en va pas moins s'harmoniser avec sa nature, se combiner avec elle, se faire homme comme le Verbe, qui en est le semeur parmi nous, et se jouer, en quelque sorte, avec la liberté, de manière à reproduire dans la créature surnaturalisée, dans le Chrétien, des phénomènes semblables à ceux que produisait encore dans l'homme déchu ce qui y restait de la grâce du Créateur.

Ces phénomènes surnaturels peuvent, comme les autres, se concevoir, *a priori*, et hypothétiquement, comme possibles. Les attractions vers des situations que la conscience abhorre demeurent, en effet, absolument les mêmes, sauf l'étendue plus grande de leurs relations, vu les connaissances et les devoirs que peut surajouter la révélation ; et, quant aux attraits de la grâce surnaturelle, lesquels s'exerceront nécessairement dans la même direction que ceux de la grâce naturelle, puisque les uns et les autres tendent, par leur essence, à la mise en harmonie de la volonté libre avec les exigences de la raison divine ; ils ne seront que des additions de forces d'un ordre plus élevé ; d'où il suit qu'ayant conçu les divers équilibres et les nécessités de la simple nature, on a conçu, par là même, la possibilité de contrastes pareils entre les tendances mauvaises et les grâces du Christ. On conçoit en même temps que, ces grâces ne neutralisant pas celles de la nature, mais au contraire s'ajoutant à elles et les développant, comme la culture d'une fleur domestique ne fait que développer en elle les vertus de la fleur sauvage, loin de les détruire, tout en lui en communiquant de nouvelles, les cas heureux du parfait équilibre, de la liberté imparfaite du mal et de la nécessité du bien puissent devenir plus fréquents.

Ces mêmes phénomènes peuvent encore, comme les autres, se constater par la conscience. Il suffit de substituer la conscience du Chrétien à celle de l'infidèle, la conscience de la fleur domestique du jardin de Jésus-Christ, à celle du sauvageon, et de l'interroger sans faire abstraction de la lumière et de la chaleur surnaturelles qui éclairent et pénètrent sa nature, et que le grand orateur de notre âge a si bien nommés *transluminenses*, mot parfait qui les représente comme des rayons d'un monde supérieur enveloppant le nôtre, lesquels viennent se mélanger aux siens, et le pénétrer dans ses intimités. Que chaque Chrétien s'interroge donc et il trouvera que, malgré la puissante énergie de cette lumière et de cette chaleur du Christ où il est plongé, comme le poisson dans les ondes, comme le fœtus dans les eaux qui le vivifient, il se passe en lui les trois phénomènes de liberté du bien et du mal, à tout instant, et tous les jours, comme aussi, quelquefois, les deux phénomènes de la nécessité.

Mais nous avons, dans cet ordre nouveau, une voix de plus à consulter sur la réalité de ces phénomènes ; nous avons la révélation interprétée par l'Eglise. Ecoutons-la et admirons l'accord parfait dans lequel elle se trouve avec la raison, dont nous avons analysé plus haut les observations.

Commençons par les trois phénomènes de liberté qui embrassent la moralité humaine dans ses manifestations ordinaires et communes, lesquels résument le Chrétien à peu près tout entier.

De même que la philosophie naturelle a eu, dans tous les temps du monde, ses hérétiques fatalistes à refuter, et s'en est tirée avec une gloire incontestable, la philosophie surnaturelle, dont l'Eglise est l'incarnation vivante, a eu, dans presque tous les âges de sa durée, ses hérétiques de même espèce à combattre, et s'en est tirée avec la gloire que lui promettait Jésus-Christ lorsqu'il lui disait : Va et enseigne, je suis avec toi tous les jours et jusqu'à la fin. Ces hérétiques, sorte de résurrection chrétienne du fatalisme ancien, ont nié, sous des formes diverses, dans l'ordre surnaturel, ce que niait ce fatalisme dans l'ordre de la nature, c'est-à-dire précisément les trois phénomènes de liberté du bien et du mal pour leur substituer en loi générale, en règle commune et même absolue, les deux phénomènes de la nécessité. Le témoignage de la conscience fut toujours, sans doute, leur pierre d'achoppement, leur grand embarras ; mais ils prenaient le parti de s'en tirer par ce mot très-commun : La conscience se fait illusion, elle se croit libre et elle ne l'est pas. Disons cependant qu'ils n'osaient pas tous s'exprimer aussi crûment; la plupart distinguaient la liberté consistant dans la détermination de la volonté affranchie de toute coaction, et la liberté consistant dans la détermination de la volonté affranchie de toute nécessité; puis accordaient à l'attestation de la conscience la valeur de certitude sur la présence en elle de la première liberté, pour lui refuser cette valeur sur la présence de la seconde. La conscience, disaient-ils, sait avec certitude si elle a ou n'a pas la puissance de vouloir, le *volontaire*, et, par suite, si elle est ou n'est pas libre de toute coaction, par là même qu'elle sait qu'elle veut, quand elle veut, en d'autres termes qu'elle se sait elle-même. Mais savoir qu'elle veut, ou constater le volontaire en soi, n'est pas savoir si elle veut avec ou sans *nécessité* ; elle peut, là-dessus, se faire illusion, et se croire libre de nécessité sans l'être réellement ; il suffit pour cela qu'elle veuille sous la pression d'une nécessité qu'elle ignore. Et après avoir ainsi refuté la conscience, ils s'emparaient de l'influence toute-puissante et prédestinante de Dieu sur ses créatures, de la grâce infinie, sans laquelle on ne peut rien expliquer, pour démontrer *a priori*, la nécessité, au moins dans l'homme déchu, de cette nécessité même de tel et tel volontaire, que la conscience prend pour une liberté vraie, par cela seul qu'elle est affranchie de coaction.— *Voy.* PRÉDESTINATION pour la réfutation de leurs preuves tirées de l'influx et du domaine de Dieu sur ses créatures.

Ainsi ont raisonné, avec des ressources de génie très-diverses, au v° siècle, le prêtre Lucidus ; au ix°, le bénédictin Gotescalc ; au xiv°, Wiclef, docteur d'Oxford ; au xvi°, le prodigieux Luther, puis le brutal Calvin, puis Baïus, et enfin au xvii°, le subtil Jansénius.

« Dieu, disait Lucidus, et après lui Gotescalc, prédestine, indépendamment du mérite et du démérite, par sa volonté, et irrévocablement, les uns à la mort éternelle, les autres à la vie éternelle, et pour les conduire où il les prédestine, il assujettit leurs volontés à la nécessité du bien ou du mal. »

« Tout ce qui est volontaire est libre, disait Wiclef, qu'on puisse ou qu'on ne puisse pas vouloir autrement. Dieu lui-même est nécessité à faire tout ce qu'il fait, et cependant le fait librement, parce qu'il ne le fait pas sans le vouloir. Quant à l'homme, il est prédestiné au bien ou au mal, et, pour accomplir sa destinée, fait nécessairement tout ce qu'il fait sous la pression de Dieu ce qui ne l'empêche pas de le faire librement parce qu'il le fait en voulant le faire. »

« Il est, avant tout, dit Luther, nécessaire et salutaire au Chrétien de savoir que Dieu ne prévoit rien d'une manière contingente (*contingenter*); mais qu'il prévoit, et propose, et fait tout par une volonté immuable, éternelle, infaillible ; le libre arbitre est renversé et écrasé par ce coup de foudre. » (*Du libre arbitre*, p. 425.)

Luther continue : « Dieu seul est libre ; il fait tout en tous (mot de saint Paul). Il pousse où il lui plaît les méchants et les bons. Sa volonté immuable, toute-puissante, s'empare de l'impie qui la suit et ne peut que la suivre..... Dieu rend les hommes criminels ; il les endurcit : il les condamne ensuite comme s'il se plaisait aux péchés et aux supplices de ces malheureux..... Comment donc damne-t-il des hommes qui ne sont capables que de pécher ? Cela semble criant, inique, atroce. Tant de grands hommes, tant de siècles en ont été choqués ! Et qui ne le serait pas ? je l'ai été moi-même plus d'une fois. Ici-bas, la lumière de la grâce aussi bien que de la nature rejette le crime sur Dieu, non sur l'homme..... mais la lumière de la gloire prononcera un autre jugement... (*Ibid.*, p. 431-481, passim.)

Cela est carré et peint l'homme. Mystère ! voilà la ressource ; plus le mystère sera profond, plus Dieu sera glorifié. Ainsi raisonnent nos modernes dévots ennemis de la raison. Mais ne divaguons pas. Et Calvin : « C'est Dieu qui a produit l'inceste d'Absalon, les fureurs d'Achab, la profanation du temple, la trahison de Judas, » etc., etc. (*Instit.*, liv. I, ch. 23.) Et voici la justification de Dieu : « Ils demandent de quel droit le Seigneur entre en colère contre ses créatures qui ne l'ont provoqué par aucune violation, disant qu'il convient plutôt à la passion capricieuse d'un tyran qu'au légitime jugement d'un juge de vouer à la perdition tout ce qu'il lui plaît..... La suprême règle de justice est tellement la volonté de Dieu que tout ce qu'il veut, par cela seul qu'il le veut, doit être déclaré juste. » (*Instit.*, III, 23.)

Il y a loin de cette philosophie à celle de Malebranche qui démontre que Dieu est soumis à la raison.(*Entret. sur la métaphys.*, IX, entr. 13.)

Baïus soutenait, comme les autres, que « tout ce qui est volontaire doit être appelé libre, et qu'il n'y a pas d'autre liberté que celle-là dans l'homme déchu : que la volonté est nécessairement déterminée au bien par la grâce ou l'amour de Dieu, et au mal par la cupidité vicieuse ou la concupiscence. »

Enfin, Jansénius, malgré toutes ses précautions pour ne pas choquer les oreilles et pour éluder les anathèmes qui, de Lucidus jusqu'à Baïus, étaient tombés sur ceux dont il acceptait la succession doctrinale, émettait, dans son *Augustinus*, des propositions assez claires, telles que les suivantes : « Contre la délectation charnelle, quand elle presse, il est impossible que la considération de la vertu et de l'honnêteté l'emporte. » (*De gratia Christi*, IV, 9.) — « On ne résiste jamais à la grâce intérieure dans l'état de nature tombée. — Pour mériter et démériter dans l'état de nature tombée, la liberté de nécessité n'est pas essentielle, il suffit de la liberté de coaction. — Il y a des préceptes qui sont impossibles relativement aux forces présentes, non-seulement pour les infidèles aveuglés et endurcis, mais aussi pour les fidèles qui veulent le juste et le cherchent avec effort; la grâce manque, qui les rendrait possibles..... D'où il arrive que Dieu accorde à qui il veut et autant qu'il veut la grâce de prier et de demander les forces de la volonté..... C'est pourquoi on n'a point délectation et plaisir à prier à moins que Dieu n'inspire que cela plaise. » (*De gratia Christi*, III, 12.) » Il y a des sens restreints dans lesquels on pourrait dire des choses à peu près semblables à ces dernières et dans lesquels saint Augustin en a dit en réfutant Pélage; mais ce ne sont pas les sens de Jansénius, comme tout son livre le prouve avec évidence.

On comprend sans peine que toutes ces théories aboutissaient directement à! nier, dans l'ordre surnaturel, comme nous l'avons dit, les trois phénomènes de liberté du bien et du mal. La conclusion vraie, si tous ces théologiens de l'erreur l'avaient vue ou tirée avec la franchise des philosophes fatalistes de tous les temps, aurait été, non pas que l'homme agit bien ou mal sous l'empire de la nécessité, mais que, pour lui, il n'y a point de mal, et que, de quelque façon qu'il agisse, il agit bien. Car le raisonnement que nous avons fait sur les cas du mal nécessaire est de la dernière évidence; dès qu'il n'y a plus possibilité du bien contraire ou de l'omission du mal, qui est elle-même un bien relatif, le mal cesse d'être mal; il est détruit dans son essence, et le remords de la conscience n'est plus qu'une folie, ou n'existe pas. Mais il existe sans être une folie, car la conscience, en se sentant elle-même dans ses opérations, sait si elle se détermine avec ou sans nécessité, et ne conçoit de remords que dans ce dernier cas. Dire qu'elle peut se faire illusion sur la nécessité et qu'elle ne le puisse pas sur la coaction, c'est se contredire; la nécessité est une coaction intérieure qui s'adresse au vouloir sans le détruire et qui le violente dans sa détermination; or, de même qu'elle sentira qu'elle peut ou qu'elle ne peut pas produire un vouloir, et qu'elle le saura par l'acte lui-même qui se fera ou qui ne se fera pas, de même elle sentira qu'elle est nécessitée ou qu'elle ne l'est pas à vouloir telle ou telle chose préférablement à telle ou telle autre. Dieu lui-même ne peut pas faire que, dans le moment où j'incline ma volonté, je me sente, avec clarté, libre de produire l'inclinaison contraire sans que je le sois réellement, pas plus qu'il ne peut faire que je me sente nécessité à l'acte que je produis sans que j'y sois nécessité; que je me sente faire cet acte ou avoir ce vouloir, sans que j'aie ce vouloir; que je me sente penser une chose, sans que je la pense, que je me sente souffrir, sans que je souffre, que je me sente être sans que je sois. Il ne le peut pas, parce qu'il est contraire à l'essence des choses qu'un être soit et ne soit pas en même temps; et que se sentir libre, c'est être libre, se sentir exempt de nécessité, c'est être exempt de nécessité. Il ne le peut pas, parce qu'il est en même temps contraire à ses attributs de me donner ce sentiment de ma liberté, clair, distinct, profond, absolu — il s'agit des cas où il en est ainsi, et non point des phénomènes obscurs, douteux — sans que je sois réellement libre, aussi bien affranchi de la nécessité que de la coaction, parce qu'il me tromperait, et me tromperait de la manière la plus perfide et la plus cruelle. Quelle épouvantable erreur que celle d'où dériverait cette haine de mon être que j'appelle le remords après le mal agir! quelle malice que celle de faire croire aux consciences de tous, par une loi constante, par une vision de soi lumineuse comme celle du soleil, qu'elles sont coupables quand elles ne le sont pas, et de les abandonner aux tortures qui s'ensuivent, sans les éclairer sur l'illusion qui en est cause!

Au reste, on vient de voir Luther avouer franchement qu'il ne comprend rien à son propre système, et se jeter dans l'espérance absurde de voir un jour la lumière de la gloire faire disparaître le mystère d'une contradiction évidemment perçue en cette vie au flambeau de la raison et de la grâce. Non, toutes les lumières de l'infini n'ajouteraient pas une clarté à celles de nos évidences, qui sont les irradiations absolues de ces lumières sur le point évident. Or, il m'est évident, dans une multitude de cas, que je suis libre du mal contraire au bien que je fais, libre du bien contraire au mal que je fais; comme il m'est aussi évident, dans quelques autres, que je ne le suis pas, et que je cède invinciblement, dans mon vouloir, à une pression de nécessité. Je juge très-clairement la différence ; je me sens libre de donner une pièce de monnaie au frère malheureux que je rencontre, ou de ne pas la donner, avec autant de clarté, et plus encore peut-être, que je me sens non libre de me promener nu dans une assemblée. Et comme il s'agit des phénomènes intérieurs du moi, de mon être propre dans ses révélations de lui-même à lui-même, c'est la certitude absolue, qu'aucune clarté de Dieu ne saurait réfuter ni contredire, parce que Dieu ne peut réfuter Dieu.

Mais qu'a dit l'Église de ces théories négatives du triple phénomène de liberté dans l'homme? C'est ce qui nous reste à rappeler, et quelques mots suffiront.

L'Église catholique, avec un sang-froid et une précision de coup d'œil admirables, au milieu des tourbillons intellectuels et passionnels que suscitaient les génies de l'erreur, et qui emportaient dans des excès contraires les esprits, déclarait sans cesse hérétiques ces idées négatives de la liberté humaine, à mesure qu'elles renaissaient sous des formes nouvelles. Toutes les propositions que nous avons citées de ces génies sont inscrites, avec des milliers d'autres qui leur sont semblables, au catalogue des doctrines condamnées. Or, voici ce qui résulte de ces condamnations:

1° Les phénomènes de liberté du bien et du mal existent réellement, à des degrés divers, aussi bien dans l'homme régénéré que dans l'état de nature déchue. Condamner les propositions de Jansénius, que nous avons citées, c'est le dire en termes équivalents.

2° Ces phénomènes de liberté, sans nécessité aucune, forment la loi commune, l'ordre général de la vie morale individuelle du Chrétien : de sorte que, si quelques faits s'en écartent, ce sont des faits particuliers, anormaux, qui ne font point règle. C'est ce qu'on doit conclure des condamnations et définitions contre la nécessité au bien sous l'influence de la grâce efficace, et contre la nécessité au mal par le manque de la grâce suffisante, relativement à la force de l'attrait contraire. Le concile de Trente, en déclarant anathème « celui qui dira que le libre arbitre, mû et excité par Dieu, ne coopère en rien en donnant son assentiment à Dieu, qui l'excite et l'appelle,... et *ne peut refuser cet assentiment s'il le veut,* » proclame, comme loi générale de l'humanité régénérée, l'absence de nécessité au bien, quand on le pratique, la possibilité de l'acte contraire par dissentiment de la volonté à la grâce, et, par conséquent, la liberté du mal. Le même concile, en déclarant que « les préceptes de Dieu ne sont point impossibles, mais qu'il donne les secours qui rendent leur accomplissement possible, » proclame également, comme loi générale, la présence de grâces suffisantes pour le bien, lorsqu'on ne le fait pas, par conséquent, la possibilité de la détermination contraire quand on prend la mauvaise, et, par conséquent encore, la liberté du bien.

3° Dans l'état de nature déchue, les phénomènes de liberté imparfaite du bien sont plus communs que ceux du parfait équilibre et de la liberté imparfaite du mal. C'est ce qui suit du principe posé par le concile de Trente, que le libre arbitre n'a été ni détruit ni éteint par la chute, mais qu'il a été affaibli.

4° Dans l'état de régénération, les phénomènes du parfait équilibre et de la liberté imparfaite du mal deviennent plus communs que dans l'état de déchéance, parce que la grâce du Christ, qui est donnée suffisante en des degrés divers et souvent efficace, vient s'ajouter aux forces naturelles et augmenter le contre-poids aux attraits du désordre. C'est ce qui suit de la grande idée qu'a l'Église de la supériorité des nations chrétiennes dans l'ordre du bien, même naturel, et de l'expérience, qui montre aux yeux les moins clairvoyants, chez ces nations, un plus grand développement de vertus. Lacordaire a magnifiquement exposé cette supériorité dans ses *Conférences* sur ce qu'il nommait les vertus réservées au christianisme, mot qu'il faut plutôt interpréter de la fécondité de ces vertus et de l'abondance de leurs moissons, que de leurs germes eux-mêmes, dont la nature n'a jamais été complétement dépouillée, puisqu'on voit tous les philosophes moralistes de l'antiquité les constater et les célébrer de leur mieux.

Telles sont les conséquences qui découlent, en ligne droite, de la théologie catholique sur la réalité des phénomènes de liberté du bien et du mal, que notre conscience nous révèle à tous.

Mais faut-il conclure, des principes posés par l'Église sur l'universalité des grâces suffisantes et l'absence de grâces nécessitantes, que les phénomènes de nécessité, soit à ce qui serait mal sans elle, soit au bien, que nous avons constatés dans l'ordre naturel, ne puissent jamais exister dans l'ordre surnaturel?

Cette conclusion serait trop large; elle enfermerait Dieu dans un cercle qu'il ne s'est point imposé. L'Église définit les lois ordinaires, l'ordre universel et commun, sans jamais prétendre que Dieu ne puisse y mettre exception; sans lui ôter le droit des priviléges, des faits mystérieux, des anormalités, des miracles; sans même cesser jamais de croire à la réalité de faits semblables se passant, dans le particulier, entre Dieu et la conscience. Si Jansénius avait posé les règles générales que nous venons d'écrire, et eût seulement ajouté ceci : Telle est la loi commune; mais, en dehors de cette loi, il peut arriver, pour quelques actes spéciaux, que Dieu, dans sa sagesse, juge convenable ou de refuser la grâce suffisante pour l'accomplissement de tel ou tel bien, en sorte que l'individu demeure sous une influence contraire irrésistible, qu'il est nécessité à suivre, ou de l'entraîner invinciblement à tel ou tel bien, de manière que la grâce soit, dans ce cas, nécessitante. Mais, dans ces sortes de miracles, la conscience saura ce qu'il en est; elle ne pourra se sentir avec clarté la liberté qu'elle se sent d'habitude; elle se sentira, au contraire, nécessitée; et, par le seul fait de cette nécessité, le précepte, dans l'hypothèse de la grâce insuffisante, perdra la valeur de précepte; et point de démérite; le mal ou l'omission du bien, dans l'hypothèse de la grâce nécessitante, deviendra impossible, et point de mérite relatif à ce mal ou à cette omission. Si Jansénius, disons-nous, eût parlé de la sorte, il est certain qu'il n'aurait jamais été condamné; mais il faisait l'inverse, transformant les phénomènes exceptionnels en loi générale, absolue, universelle, et conservant, de plus, par une contradiction pitoyable, le mérite et le démérite sans la liberté, qui est leur essence même. Voici donc ce qui nous reste à dire sur les deux phénomènes de nécessité dans l'ordre surnaturel.

L'un et l'autre sont encore possibles comme faits anormaux; la théologie l'admet en général; quelques théologiens ont fait des thèses pour démontrer la réalité de pareils faits sous certains rapports; et l'Eglise consacre avec la révélation, des exemples qui impliquent la nécessité morale dont nous parlons.

1° Quant à la nécessité de ce qui serait mal sans cette nécessité, d'anciens théologiens ont soutenu, en s'appuyant sur l'Ecriture sainte, qu'il existe des pécheurs endurcis que Dieu abandonne à tel point que la conversion leur devient impossible; ils seraient livrés aux attraits du désordre et dans la nécessité de suivre ces attraits par le manque des grâces suffisantes, nécessaires pour les mettre dans un équilibre suffisant à l'inclinaison de la volonté vers le bien. Les théologiens modernes rejettent tous cette thèse, comme entachée d'un rigorisme qui répugne à l'idée de la bonté infinie. Nous ne comprenons pas cette considération; car, si ce phénomène moral se présente, on peut dire qu'il est, au contraire, un effet de la bonté de Dieu qui, voyant une volonté s'avancer de plus en plus dans le crime, lui retire sa grâce, comme on retire une arme à un insensé qui s'en servirait contre lui-même. Cet état de nécessité serait, en effet, plus utile que nuisible à un tel pécheur, puisque, d'après un article de foi, que nous allons encore répéter en finissant, ils n'y pourrait plus démériter. Au reste, nous ne croyons pas, non plus, à ce phénomène général de nécessité pour toute une période de la vie, nous y croyons d'autant moins, que les preuves qu'on en apporte sont peu concluantes et faciles à contre-balancer par des preuves contraires. Mais nous croyons à ce phénomène pour des actes particuliers analogues à ceux que nous avons cités en exemple dans l'ordre naturel; nous y croyons, non-seulement dans le pécheur, mais aussi dans le juste; ceux qui tiennent au manque de la grâce d'intelligence et qui consistent dans la bonne foi, sont très-fréquents, et nous ne voyons pas pourquoi il ne s'en passerait pas de semblables, par exception, relativement aux grâces de volonté.

2° Quant à la nécessité au bien, il y aurait d'abord à se demander s'il ne peut pas arriver que, par un privilége spécial, un juste soit établi dans sa justice inamissible par la rupture complète d'équilibre, en lui, entre l'attrait du mal et la grâce, ce qui constituerait une nécessité définitive au bien comme celle des élus; ce serait le cas correspondant à celui du pécheur dont nous avons parlé. Assurément, cette inamissibilité ne serait nullement celle des calvinistes qui en faisaient une loi générale, puisqu'il ne s'agirait que de quelques privilégiés, et que personne ne saurait jamais ce que Dieu lui réserve sous ce rapport pour le lendemain. Le juste, dans cet état n'en serait pas moins susceptible de mériter, quoiqu'il ne pût démériter, puisque la liberté pourrait lui être laissée dans le choix des biens plus ou moins grands. Jésus-Christ était, par son essence de Dieu-Homme, impeccable, et, par conséquent, dans cet état, en tant qu'homme; ce que croit l'Eglise de la sainte Vierge, qu'elle n'est jamais tombée dans la moindre faute, approche de cette hypothèse, bien qu'on puisse dire qu'elle eut la liberté du mal et qu'elle l'évita librement jusque dans les moindres détails. Des théologiens ont cru que quelques saints avaient joui du même privilége, tel que Jean-Baptiste, ce qui approche encore de l'impeccabilité dont nous parlons, quoiqu'on puisse répondre, comme pour la sainte Vierge, que la ressemblance n'est que dans le résultat. Enfin, quoi qu'il en soit de ces mystères de Dieu et des âmes, nous croyons à la nécessité au bien pour des actes en particulier, par exception à la loi commune, dans l'ordre surnaturel comme dans l'ordre naturel.

Quoiqu'on pût citer, peut-être, comme un exemple de ces merveilles irrésistibles de la grâce, de ces attaques de Dieu qui emportent l'âme de vive force, la subite conversion de saint Paul sur le chemin de Damas, et qu'il ne s'ensuivît aucun inconvénient pour les mérites de ce sublime Chrétien, à cause de tout ce qu'il a fait dans la suite, et même à cause de l'étendue de sa soumission au Maître, dans sa conversion même, laquelle put dépasser l'entraînement invincible; quoique le ton avec lequel le Christ lui dit : *Il t'est dur de regimber contre l'aiguillon*, paraisse autant indiquer une impossibilité de résistance qu'une grande difficulté, nous prendrons ces mots à la lettre, et nous ne verrons, dans la réponse du jeune persécuteur : *Seigneur, que veux-tu que je fasse?* (*Act.* IX, 5) qu'un des phénomènes situés sur les dernières limites de la liberté imparfaite du mal, et qu'on peut appeler, sans crainte, de presque nécessité au bien. Mais où nous trouvons la nécessité, c'est dans le ravissement de Paul au troisième ciel, dans les extases des saints qu'admet l'Eglise, dans les explosions de charité d'une Thérèse; il y a certainement des moments transitoires d'exaltation céleste, dans la vie des saints, pendant lesquels il serait absurde de prétendre que le péché fût possible, et que la liberté des actes contraires existât encore. Soutenir, avec les quiétistes, que l'amour pur à l'état permanent soit de la terre, est une exagération que la conscience rejette ; mais nier la réalité de passages des âmes par cet amour pur, serait le fait d'un esprit qui n'a rien compris aux mystères intérieurs de la sainteté chrétienne. Or dans ces passages d'absorption mentale au sein de l'infini, qui oserait soutenir que l'attrait au mal n'a pas disparu, que la chaîne qui attire aux créatures ne s'est pas brisée, que la grâce ne règne pas seule, et que la liberté du mal existe encore? Mais elle reparaît ensuite, et c'est alors que la volonté réalise librement sa persévérance de compagnie avec Dieu, dont la présence est essentielle à toute liberté.

3° Mais ce qu'il ne faut pas omettre, c'est l'axiome général qu'établit l'Eglise sur tout phénomène de nécessité. Elle déclare que la liberté est essentielle au mérite et au démérite, relativement à l'objet du choix ; que, sous l'empire de la nécessité, le mal cesse d'être mal moral, quant à l'objet sur lequel la nécessité tombe ; et que, sous le même empire, le bien cesse également d'être bien moral en ce qui concerne l'objet sur lequel la nécessité tombe, et qui peut n'être que l'omission du mal, la liberté restant, et le mérite avec elle, relativement au choix de tel ou tel bien, ainsi que cela eut lieu en Jésus-Christ, qui était dans la nécessité du bien en tant qu'impeccable, et dans la liberté des biens comparés entre eux, vu qu'aucun être, pas même Dieu, n'est tenu, par devoir, à l'optimisme.

Cet axiome, que nous avons posé d'abord comme vérité philosophique, l'Eglise en a fait une vérité de foi chrétienne, en déclarant, par exemple, que Dieu ne commande jamais l'impossible, d'où il suit que, si l'on suppose le fait de la nécessité, Dieu ne commande plus, et surtout en condamnant la proposition de Jansénius : « Pour mériter ou démériter dans l'état de nature tombée, il n'est pas nécessaire à l'homme, de la liberté de nécessité, il lui suffit de la liberté de coaction. » Condamner cette proposition, c'est poser directement l'axiome dont nous parlons, puisque c'est dire qu'il n'y a ni mérite ni démérite sans liberté absolue sur l'objet dont le choix volontaire constitue l'un ou l'autre ; et, par suite, que si l'on suppose, non pas seulement la coaction, mais la nécessité, dans le volontaire, il n'y a plus ni bien ni mal, quelle que soit la matière en elle-même. Il peut y avoir dans la nécessité récompense ou punition, ou seulement vues de la Providence dont nous ignorons les motifs, mais point mérite ni démérite.

La conclusion générale de cette étude est la même que sur toutes les questions : harmonie parfaite entre les enseignements de la foi et ceux de la raison.

IV. — Combinaison de l'activité divine et de l'activité humaine dans la production des phénomènes de liberté tant de l'ordre naturel que de l'ordre surnaturel.

Cette question est toute philosophique avant d'être théologique ; elle porte sur le comment d'un mystère qui se présente d'abord aux yeux de la raison, et que celle-ci propose ensuite à la théologie comme un grand problème à résoudre de concert avec elle. Encore moins que les précédentes, elle ne se concentre pas dans l'ordre surnaturel, ainsi que beaucoup d'autres ; le moindre fruit de vertu naturelle la fait surgir comme les plus grandes actions d'un saint Paul, puisque la créature n'est pas plus capable de produire l'un par soi et sans Dieu à titre de créateur, que de produire les autres par soi et sans Dieu à titre de rédempteur ; c'est pourquoi nous ne ferons pas ici deux paragraphes, l'un sur l'ordre de la nature, l'autre sur l'ordre de la rédemption ; nous mélangerons philosophie et théologie, et nos solutions seront applicables aux deux ordres. Nous aurons l'avantage, en procédant ainsi, d'imiter mieux que jamais saint Thomas dont l'œuvre prodigieuse est une vaste fusion de la philosophie et de la théologie. Procédons méthodiquement ; le mystère s'en éclairera mieux. Or notre méthode va se résumer dans les trois besognes suivantes : Exposer brièvement les divers systèmes théologiques sur l'accord de la grâce et de la liberté ;—poser deux principes essentiels pour éviter, tout à la fois, la chute dans l'athéisme et dans le panthéisme ; l'un qui part de Zénon à l'état philosophique, s'exagère dans les stoïciens, se christianise dans saint Augustin, et se formule théologiquement dans saint Thomas ; l'autre qui part d'Aristote, s'exagère dans Pélage, se christianise dans saint Thomas, et se formule théologiquement dans Molina ; — enfin revenir aux divers systèmes exposés pour montrer qu'ils sont tous vrais en même temps, et que leur combinaison harmonique, par le baptême, en eux, de ce qu'ils ont de négatif les uns des autres, est ce que l'homme peut concevoir de mieux sur le mystère de Dieu et de la créature libre.

Reprenons : 1° Les diverses conceptions de l'esprit chrétien sur l'accord de la grâce et de la liberté sont toutes comprises dans trois théories dont voici les noms :

Le thomisme, dont l'augustinianisme rigide et l'augustinianisme relâché sont deux nuances qui méritent peu de considération vu que la logique n'y brille pas d'un grand éclat, tandis qu'elle se développe sans matière à critique dans le thomisme pur.

Le molinisme qui est aussi très-conséquent avec lui-même.

Et le congruisme qui est un milieu entre les deux autres, se rapprochant du premier quant aux résultats sur l'homme, se rapprochant du second quant à l'essence de l'opération divine, et dont le système du P. Thomassin est une nuance digne d'être signalée.

Nous ne considérons point ici ces théories dans leurs rapports avec la *prédestination* et la prescience divine. Bien qu'il soit difficile de séparer ce qui concerne l'action de Dieu dans l'homme des décrets et prévisions éternelles de Dieu sur l'homme, nous essayons d'y réussir, et nous renvoyons au mot Prescience un nouvel examen de ces systèmes sur ce point.

Le thomisme ne remonte point à saint Thomas, il prit naissance au xvie siècle, dans l'école de ce grand chef; ce fut Bannès, théologien thomiste, qui l'inventa, en le déduisant des principes du maître; Alvarez fut un de ses principaux auxiliaires, et tous les Dominicains l'adoptèrent, aussi bien que les autres disciples de saint Thomas.

Cette théorie consiste à distinguer deux sortes d'influx de Dieu sur la volonté : l'un qui est une grâce de pouvoir et qui rend libre de se déterminer pour le bien ou pour le mal; l'autre qui est une grâce de détermination, et qui, sans nécessiter la volonté, la détermine, par le fait, au bien préférablement au mal. La grâce de possibilité est appelée *excitante* ou *suffisante;* la grâce d'action est appelée *efficace* ou *prédéterminante.* L'une et l'autre agissent comme cause efficiente et *physique*, ou plutôt *psychique*, puisqu'il s'agit de l'âme, et non point comme simple cause morale, telle qu'est l'influence d'un homme sur un homme ; l'une et l'autre sont une *productivité*, intime, profonde, vraie cause; mais la première ne produit que le *pouvoir vouloir,* et la seconde le *vouloir même,* sans qu'il y ait nécessité à ce vouloir. La première a pour premier effet prochain, des mouvements indélibérés et irréfléchis vers le bien, effet qu'elle produit toujours; et pour second effet, ces mêmes ébranlements, mais consentis et approuvés de l'âme, sans être encore exécutés, effet qu'elle ne produit pas toujours selon quelques-uns, et qu'elle produit toujours selon Alvarez et plusieurs autres; elle a pour effet éloigné l'exécution même, l'accomplissement parfait, la détermination décisive suivie de l'action quand il en faut une, mais elle est toujours privée de cet effet éloigné, si elle reste seule, puisque cet effet est le propre de la grâce efficace. Cette grâce efficace est la prémotion à l'acte même; elle a toujours son effet, qui est la détermination libre, sans quoi l'homme pourrait lutter contre Dieu, sans quoi il faudrait refuser à l'Etre infini la qualité essentielle de grand moteur, sachant déterminer ses créatures aux bonnes œuvres sans porter préjudice à leur liberté. Enfin, la grâce excitante ou suffisante est donnée à tous, et la grâce efficace ou prédéterminante n'est donnée qu'à ceux qui font le bien. Quant aux autres, ils n'ont point la grâce efficace précisément, parce qu'ils résistent à la grâce suffisante qui leur a donné le vrai pouvoir-agir. Il en est ainsi dans notre état de nature relevée en ce qui concerne les vertus surnaturelles, et, sous ce rapport, l'action divine de détermination s'appelle *grâce efficace par elle-même;* il en est ainsi dans l'état de nature déchue, en ce qui concerne les vertus naturelles dont l'homme est encore capable, et, sous ce rapport, la même action de Dieu s'appellera simplement prémotion ou *prédétermination physique;* il en fut ainsi, enfin, dans l'état primitif de l'homme, des anges, ou de toute créature intelligente et libre, parce que la *prémotion* divine est indispensable à la production de toute élévation d'une créature quelconque vers l'Etre infini, et que le moindre acte par lequel une volonté se détermine au bien est une production de ce genre. — Tel est le thomisme pur.

Les augustiniens ajoutaient à l'idée de grâce celle de *délectation,* ce qu'aimaient beaucoup les jansénistes; et, ce que n'aimaient pas moins ces derniers, ils excluaient de ces règles l'état de l'homme avant sa déchéance et celui des anges, disant que cette prémotion puissante et intime avec la délectation n'est devenue nécessaire que par suite de la faiblesse où le péché nous a réduits; ce que les vrais thomistes réfutaient facilement en faisant observer que l'état d'innocence n'empêche pas la dépendance essentielle de la créature à l'égard du Créateur, et ne fait pas que celle-ci puisse mieux se passer de sa vertu. Avant la chute, Dieu est créateur, conservateur et moteur, comme après; et, après, il est de plus médecin, mais ce n'est pas ce titre nouveau qui engendre radicalement la nécessité de sa prémotion, ce sont les trois premiers.

Les augustiniens relâchés, tels que le cardinal Noris, M. d'Argentré, Tournely, n'admettent la nécessité de la grâce efficace des thomistes que pour les œuvres difficiles, disant que celles qui sont faciles, peuvent être accomplies avec la seule grâce excitante qui donne la liberté et la puissance de les accomplir. Mais les thomistes purs les réfutent encore assez facilement par leur raison générale fondée sur l'impossibilité de concevoir une bonne production, fût-elle la plus facile de toutes, avec le simple pouvoir et sans une action spéciale de Dieu pour la production même, action qui sera une grâce d'opération, et non de puissance, et, par conséquent, qui rentrera dans la prémotion physique.

Le molinisme eut pour auteur Louis Molina, savant jésuite espagnol du xvie siècle. Il fit le plus grand bruit dans le monde théologique, et n'a cessé, depuis son apparition, d'avoir de nombreux partisans. Voici en quoi consiste ce système :

Point de différence de nature entre la grâce qui ne fait que donner la puissance du bien, et la grâce à laquelle l'homme coopère par le fait; point de grâce suffisante et de grâce efficace essentiellement diverses dans leur origine. La grâce n'est pas, non plus, une prémotion physique, agissant à la manière des causes efficientes, prenant l'âme par le fond de son être, la faisant agir par impulsion immédiate et directe, opérant et faisant opérer, tout à la fois, la volonté en elle. C'est un attrait quelconque qui met la créature en équilibre, non pas de penchant, au moins habituellement, mais de forces, et lui donne, en la manière des causes morales, la puissance d'en opérer la rupture du côté du bien. Cette grâce toujours identique dans sa nature, est octroyée à tous par bonté pure, sans égard à la prévision des mérites,

— ce *sans* évite le pélagianisme, — et quoique octroyée à des degrés divers d'intensité, selon le plaisir de Dieu, est toujours suffisante pour mettre la volonté dans le cas de se déterminer librement. Elle est *versatile*, c'est-à-dire capable de devenir efficace, ou de rester seulement suffisante ; elle est efficace sous la condition que la volonté n'y résistera pas, seulement suffisante dans le cas contraire, et c'est l'inclinaison de l'âme en coopération ou en résistance, qui la rend efficace ou inefficace. Il en fut ainsi dans l'état d'innocence, il en fut ainsi chez les anges, il en est ainsi dans l'état présent soit relativement aux limites du naturel, soit relativement à l'étendue du surnaturel ; il en est ainsi enfin de toute créature libre.

Avant d'exposer le congruisme, il est bon de faire observer les différences suivantes entre le thomisme et le molinisme : à envisager la grâce dans sa source, elle est, selon le premier système, Dieu lui-même produisant nos actes de vertu avec nous, et les produisant si immédiatement, si véritablement, si physiquement qu'il ne peut jamais arriver, ni que l'effet propre manque à la cause, ni que cet effet soit sans la cause ; sans la grâce de pouvoir, point de pouvoir, et avec elle toujours pouvoir ; sans la grâce d'action, point d'action, et avec elle toujours action, quel que soit l'individu sur lequel Dieu exerce sa puissance, sans nécessiter sa volonté. Elle est, selon le second système, Dieu nous attirant vers le bien, soit par délectation de sentiment, soit par délectation de raison, soit par tout autre moyen, mais ne faisant que nous attirer moralement et nous rendre suffisamment forts pour l'action. A envisager la grâce dans ses résultats parmi les hommes, Dieu, d'après le premier système, sauve qui il veut par la gratification de la grâce d'action surajoutée à celle du pouvoir, et laisse se perdre qui il veut par le refus de la grâce d'action, tout en lui donnant celle du pouvoir, et avec elle, celle de se sauver, de sorte qu'il se sera perdu par sa faute ; Dieu, d'après le second système, veut, de la même volonté, sauver tout le monde, sauf seulement la condition de l'acquiescement des volontés humaines ; il ne fait pas de différence ; c'est l'homme qui la fait ; d'où il suit que le mystère de la prédestination se change en celui de la prescience, qu'il ne faut pas croire au reste moins grand ; car, si avec la prédestination, la liberté est plus difficile à comprendre, sans elle, la prescience s'explique plus difficilement. — Voy. Prescience et Prédestination

Le congruisme, dont Suarez est le grand homme, trouve le moyen ingénieux 1° de rejeter toute la partie du thomisme qui concerne la prémotion et la différence de nature entre la grâce suffisante ou inefficace et la grâce efficace, de sorte que, dans ce système, comme dans le molinisme, c'est la volonté libre qui rend la même grâce efficace ou inefficace, par son refus ou sa coopération ; et 2° de rejeter, d'autre part, toute la partie du molinisme qui change la prédestination en prescience ; de sorte que, dans ce système, comme dans le thomisme, Dieu sauve qui il veut, laisse se perdre qui il veut, tout en lui donnant autant de puissance qu'aux autres pour le bien, et ne prévoit que selon les combinaisons de ses décrets.

Le congruisme, pour résoudre ce problème qui paraît insoluble au premier abord, imagine les attraits de la grâce comme pouvant être de toutes les espèces et de tous les degrés, quoiqu'ils soient tous suffisants pour établir l'équilibre qu'il est du ressort de la liberté de rompre à droite ou à gauche, et qu'ils ne soient, aucuns, prédéterminants physiquement par eux-mêmes ; il est certain, en effet, que Dieu a mille manières et mille degrés de sollicitation à la vertu. Or, Dieu, par la science qu'il a de ses œuvres, et des combinaisons des causes secondes, voit quel doit être l'effet de telle grâce combinée avec telle nature libre dans telle circonstance ; il voit les rapports de congruité ou d'incongruité qui s'établissent, dans tous les possibles, entre tel de ses secours, et telle de ses créatures dans telle situation donnée ; il voit enfin, qu'avec telle manière de solliciter le libre arbitre de Pierre ou de Paul, Pierre ou Paul céderont ; tandis qu'avec telle autre manière, quoique peut-être plus forte en elle-même, quoique devant, sans aucune modification, déterminer Jacques ou Jean, ils ne céderont pas. Et, ce principe posé des relations des diverses grâces avec les individus comme causes morales, le congruisme ajoute que Dieu donne celles qu'il lui plaît de donner à tel et à tel : à l'un celle qui se trouve en congruité avec ses dispositions et à laquelle il cèdera ; à l'autre, celle à laquelle il ne cèdera pas ; de cette manière chacun aura reçu un bienfait qui ne lui était pas dû, et Dieu sera resté le maître souverain disposant de ses créatures à sa volonté, sauvant les uns parce qu'il veut les sauver, donnant aux autres tout ce qu'il leur fallait pour arriver au même but, quoiqu'ils n'en profitent pas, en un mot, le souverain moteur à qui l'élu devra son élection, comme le non élu la possibilité où il fut de s'introduire au nombre des élus.

Nous observons qu'en ce qui concerne les rapports de Dieu avec l'homme, le congruisme ne diffère du thomisme qu'en ce qu'il fait consister la différence des grâces efficaces et des grâces suffisantes, non point dans leur nature, mais dans le rapport où elles se trouvent avec les caractères et les conjonctures. Mais si l'on ajoute que c'est encore Dieu qui arrange, d'un autre côté, ces caractères et ces conjonctures, on sent qu'on aboutit à un congruisme d'équations dont Dieu seul fait les extrêmes, par suite les rapports combinés, et qui ne diffère en rien, quant aux effets, de la prédestination ou préordination thomiste.

Le P. Thomassin, au lieu de faire consister l'élection divine dans le choix de tel ou tel attrait appliqué, en particulier, à tel individu et à telle action, la fait consister dans la combinaison d'une multitude d'attraits qui, pris chacun séparément, pourraient ne pas obtenir leur effet, et souvent même ne l'obtiennent pas. (*Dogmes théolog.*, t. III, tr. IV, c. 18.) Mais le résultat est exactement le même que celui du congruisme, et on peut considérer cette idée de Thomassin comme impliquée dans celle de Suarez; car celui-ci ne nie pas que, dans certaines circonstances, ce soit la combinaison de secours multipliés qui devienne efficace.

Tels sont tous les systèmes sur l'accord de la grâce et de la liberté, sauf des modifications et explications de détail. On ne conçoit même pas qu'on en puisse imaginer d'autres, excepté la combinaison de tous, que nous allons soumettre au lecteur un peu plus loin, si tant est que cette combinaison puisse porter le nom de système.

2° Nous avons parlé de deux principes qu'il faut admettre nécessairement pour garder la crête qui sépare, en philosophie, le panthéisme de l'athéisme; et, en théologie, le jansénisme du pélagianisme. Les voici:

Premier principe. — Saint Thomas ne fit jamais de système sur l'accord de la grâce et de la liberté; mais il posa et développa, sans se douter du parti qu'on en tirerait plus tard, la nécessité de la prémotion physique de Dieu, dans toute production de cause seconde. Cette idée avait déjà servi de base à la philosophie de Zénon et des stoïciens, et avait passé, dans leur esprit, par diverses exagérations; le Dieu immense, infini, universel de Zénon, habitant l'âme, la soutenant de sa substance, l'éclairant de sa lumière, la pénétrant de sa force, produisant en elle les idées et les volitions, ne diffère pas, si on s'abstient des excès panthéistiques et fatalistes dans lesquels donnaient la plupart des stoïciens, du Dieu de Paul et d'Augustin, qui fait tout en tous, sous le triple rapport de l'être, de l'intelligence et de la volonté. Le grand théologien vient ensuite sous le règne de la méthode péripatéticienne, reprend cette idée de la cause universelle, sans laquelle toute philosophie est un édifice dépourvu de fondement, et la développe dans ses thèses sur la création, sur l'activité intellectuelle, sur l'activité volontaire, et, sous ce dernier rapport en particulier, qualifie l'action de Dieu de plusieurs dénominations qui expriment toutes le travail direct et officieux de Dieu dans l'homme et avec l'homme, la priorité restant à Dieu, et qui se résument très-bien dans celle de *prémotion physique.*

Or, nous disons que cette prémotion physique est nécessaire dans toute production d'activité créée, et jusque dans l'acte par lequel le libre arbitre incline sa volonté. C'est ce que nous avons démontré en établissant la nécessité de la grâce; c'est ce que nous avons vu Fénelon et Bossuet exprimer avec force en ce qui concerne l'*agir* même de la volonté, après saint Augustin, qui le répète dans toutes ses OEuvres (*Voy.* Ontologie, Panthéisme, Histoire de la philosophie), et qui le résume par ces paroles concises:

« Soit peu, soit beaucoup, on ne le peut faire sans celui sans lequel rien ne peut être fait. » (Tr. 81 *sur saint Jean*, n. 3.) Et nous ne revenons ici sur cette prémotion de Dieu en nous, que pour l'analyser plus en détail, la fixer plus théologiquement.

On remarque, dans l'être créé, des puissances qui ne sont pas toujours en exercice, qui semblent quelquefois dormir, et qui se manifestent par la production de mouvements, lorsqu'elles agissent. Telle est en nous la volonté, dont la manifestation est le vouloir même appliqué à tel ou tel objet. Qu'on nomme ces puissances facultés, énergies, propriétés, etc., etc., l'esprit ne les conçoit que comme existant par elles-mêmes ou par un autre. Or elles existent par elles-mêmes en Dieu et en Dieu seul; rien n'est plus facile à démontrer (*Voy.* Ontologie, Athéisme); et, par conséquent, elles ne sont en nous des réalités que par Dieu, que parce qu'en lui elles sont des réalités éternelles. Mais cela ne se conçoit qu'en concevant, avec saint Thomas, ces forces de la créature comme des participations permanentes des forces éternelles de Dieu-même; il y a bien appropriation de la force dans la créature, sans quoi il n'y aurait pas créature; mais la force n'en reste pas moins, dans son essence, la propriété de Dieu; elle est, à la fois, la vertu de Dieu et celle de son œuvre; elle est Dieu par sa racine infinie et indéterminée, comme dit saint Thomas; elle est son œuvre par sa particularisation limitée; impossible de comprendre autrement la créature dans ses puissances, lorsqu'elles sommeillent. Jusqu'alors nous n'avons pas de prémotion; nous n'avons qu'une *préessence.*

Considérons l'acte même, la faculté en exercice. Par quel ressort va-t-elle se mouvoir? Elle dort, qui va l'éveiller? Dira-t-on qu'elle s'éveille d'elle-même, en tant que soi autre que Dieu? Dira-t-on que Dieu, après l'avoir faite, l'avoir identifiée en elle-même, l'abandonne à ses propres ressources, et qu'ainsi abandonnée, elle va fonctionner? Ce serait dire que Dieu a fait son égal, a fait une cause seconde qui, une fois faite, se fait elle-même cause première. Cela est impossible, parce que cela est contradictoire. Que se passe-t-il donc? La faculté type et racine, c'est-à-dire Dieu, sous ce rapport spécial, fait encore l'action et le mouvement, met le ressort en jeu, détermine la mise en activité. Comme il possède cette activité par essence, il ne lui est pas difficile de l'actionner dans la créature; c'est lui-même qui s'agite, et, en s'agitant, agite son œuvre; comme il est *préétant* en elle, il est *prémotionnant*, et, par conséquent, la prémotion divine du grand théologien est essentielle à toute détermination de volonté. Il ne s'agit pas ici d'un attrait, d'une action morale sur un être en dehors de soi; cet attrait, cette action morale n'expliquent rien; ce ne sont que des rapports par contact, par les extrémités de l'être, par le dehors, et n'imaginer que cela entre Dieu et ses œuvres, c'est déifier ses œuvres, c'est en faire des dieux.

sur lesquels il n'a plus de domaine et d'influence que comme les créatures supérieures, dans la hiérarchie, en ont sur leurs subordonnées; il faut autre chose entre le Créateur lui-même et ce qu'il a fait, sans quoi la créature devient un absurde qui agit par soi sans être par soi; il faut la prémotion non pas *morale*, mais *physique* du même théologien.

On demandera comment se fait la détermination au mal. La réponse est facile. Elle se fait encore par le ressort fondamental de la même prémotion; cela paraît surprenant; rien de plus simple. Qu'est-ce que le mal? Est-ce l'idée du mal? Non, cette idée n'est qu'une science qui est en Dieu avant d'être en nous, c'est la science de l'inclinaison possible d'un être vers ce qui est pour lui une diminution d'être, vers un moindre qu'il est défendu de préférer à un mieux. Est-ce l'action en vue de ce moindre considérée en soi et absolument? Pas davantage; cette action n'est qu'une direction vers quelque chose, soit un plaisir sensuel, et il n'y a pas de direction vers un quelque chose qui puisse être qualifiée mauvaise. Qu'est-ce donc que le mal? C'est un rapport de préférence qui s'établit, dans la créature intelligente et libre, entre deux directions. Dieu fait-il le mal en faisant l'idée et en prémotionnant? Nullement, puisque le mal n'est ni dans l'idée, ni dans la prémotion; mais la créature peut le faire en déterminant, avec l'activité et le mouvement que Dieu lui communique, la direction de ce mouvement vers la droite ou vers la gauche. C'est cette action nécessaire de Dieu dans ce qui devient mal relativement à la créature, qui a fait dire à saint Augustin que, dans le mal même, on trouve encore de la satisfaction puisqu'on y trouve quelque chose de Dieu. Celui qui tient le robinet de la vapeur dans une locomotive et qui, par la direction qu'il donne au courant, fait avancer ou reculer le convoi, n'est ni la force motrice ni la cause efficiente du mouvement lui-même; il ne fait qu'avancer ou reculer comme il lui plaît, avec une force et un mouvement qui ne sont pas siens. C'est à cette sorte de phénomène matériel que ressemblent ceux du libre arbitre humain combiné avec la force et la prémotion de Dieu; mais nous entamons ici notre second principe. Retenons bien le premier:

Prémotion physique de saint Thomas, absolument indispensable dans tout phénomène de détermination libre, aussi bien que dans toute action de créature, principe sans lequel la logique nous conduirait, de déduction en déduction, jusqu'à l'athéisme.

Second principe. — Aristote avait défini l'âme humaine, et, par suite, le libre arbitre, une entéléchie, c'est-à-dire un *ayant-soi-vers-une-fin*, une force qui se possède, qui est autonome, et qui se dirige, comme elle le veut, vers la fin qu'elle préfère librement. Dans cette définition est la proclamation philosophique la plus profonde qu'on ait jamais faite de la liberté. C'est ce qui a fait dire à Fénelon : « Je veux que les théologiens, en soutenant la nécessité de la grâce, ne blessent ni n'obscurcissent jamais cette notion du libre arbitre, que Dieu a imprimée dans tous les cœurs..... La théologie, sur ce point, doit être d'accord, non-seulement *avec la définition d'Aristote*, mais encore avec les vers des poëtes chantés sur les théâtres. C'est un dogme qui est tout ensemble populaire, philosophique et théologique. » On sait comment Pélage, en faisant passer ce principe dans le surnaturel, l'exagéra, jusqu'à nier la nécessité de l'influx divin, et comment Augustin, obligé de soutenir, contre lui et ses partisans, la plus formidable lutte qui se soit jamais élevée en théologie, parut quelquefois l'oublier, sans qu'il en fût rien dans la réalité, témoin ce que nous avons cité de ce grand homme et tous ses traités bien compris. Saint Thomas, venant dans un siècle plus calme sur cette matière, reprit au complet la définition d'Aristote, et, tout en soutenant la prémotion physique, soutint, aussi explicitement, l'activité libre; sa définition de l'âme : une *intelligence agissante*, « *intellectus agens*, » qui est une reproduction en petit de celle d'Aristote, sert encore de monument dans l'Ecole pour consacrer l'exactitude profonde du père des théologiens. Mais c'est dans Molina que ce principe acquiert son développement le plus étendu sans dépasser les limites permises. On a pu le comprendre à l'exposé que nous avons fait de sa théorie, dans laquelle il débarrasse, autant qu'il peut, l'activité libre de l'action divine, sans cependant rien rejeter, comme Pélage, de la nécessité de la grâce. Pourquoi faut-il que cet ingénieux esprit se soit cru obligé d'abandonner la prémotion physique pour voguer librement dans ses analyses des phénomènes de liberté? Quelques années plus tard, Descartes, sans entrer à fond dans la question théologique, se déclarait thomiste, comme on peut le voir dans la lettre 10e, et, d'autre part, se faisait accuser de pélagianisme aussi bien que Molina. La vérité, c'est qu'il y a eu, peut-être, dans l'esprit de ce philosophe comme dans celui de Bossuet, pour expliquer la prescience divine, un manque d'audace vers la direction de Molina et un excès de thomisme. (*Voy.* PRESCIENCE et PRÉDESTINATION.) Quoi qu'il en soit, voici ce que nous devons reconnaître sans plus de réserve que la prémotion elle-même.

Il y a dans le phénomène de la détermination libre un quelque chose qui ne vient pas immédiatement de Dieu, qui n'en vient que médiatement, et dont l'homme est la véritable cause : c'est la rupture d'équilibre entre les forces. Sans l'admission de cet éclair intime, comme œuvre directe de la créature, la liberté est détruite. Que tout le reste, idée et mouvement, soit le fruit immédiat de Dieu même, si ce quelque chose n'est pas celui de l'homme, au sein de la lumière et de l'action de Dieu, l'homme devient passif au sens absolu, et plus de libre arbitre. Voilà ce que Molina saisit avec plénitude, et ce qui suit rigoureusement des faits de conscience que nous avons constatés. En effet, qu'on explique comme on voudra la détermination, qu'on dise qu'elle se fait par l'appel de motifs qui, se trouvant en concurrence avec les premiers, en détruisent l'effet, ainsi qu'on le dit ordinairement en philosophie, et que l'on dise, avec saint Augustin, qu'après cette opération préliminaire, dans laquelle consiste le vrai mouvement libre, *il est nécessaire que l'âme agisse selon ce qui la délecte le plus :* « *quod amplius nos delectat secundum id operemur necesse est;* » qu'on allègue ces explications ou tout autres, on ne fera jamais que reculer la difficulté de degrés en degrés, à l'infini, et il faudra, pour conserver la liberté, admettre, soit dans le premier degré, soit dans le second, soit dans le troisième, c'est-à-dire, soit dans l'équilibre entre la chose bonne et la chose mauvaise, soit dans l'équilibre entre le motif poussant à la bonne et le motif poussant à la mauvaise, soit dans l'équilibre entre des motifs plus éloignés qui n'ont de rapport direct qu'avec d'autres motifs plus voisins, etc., un éclair de liberté relatif à un *je veux* dont l'homme est le producteur immédiat, l'unique maître, auquel il n'y a, de la part de Dieu, qu'une prémotion médiate, prémotion versatile, comme le dit Molina, pouvant prendre à droite ou à gauche, et dont l'âme détermine aussi véritablement et librement l'inclinaison que le directeur de la locomotive son mouvement, qui, au fond, n'est pas le sien, en avant ou en arrière.

Nous tombons, sans doute, dans un immense mystère ; comment l'être créé qui n'a rien de soi et ne fait rien par soi, peut-il produire, par soi et librement, cette rupture d'équilibre de manière à pouvoir tromper Dieu dans ses combinaisons si Dieu ne savait pas tout, car la liberté implique essentiellement cette possibilité ? C'est le mystère même de la création, le plus profond de tous, mais qu'il faut admettre sous l'éloquence irréfutable de mon être.

Au reste, vous demandez comment il se peut que la créature produise ces éclairs de détermination, et devienne, en cette production, cause non causée ; je réponds qu'elle n'est pas cause non causée ; la prémotion physique demeure complète, le mouvement ne cesse pas d'être celui de Dieu dans l'éclair lui-même, et la force agissante par laquelle l'inclinaison se fait est aussi celle de Dieu ; mais n'est-elle pas mienne en même temps par le côté moi ? Oui, sans quoi je ne suis pas, sans quoi il n'y a que Dieu, et nous tombons dans le panthéisme ; or c'est cette force-moi qui fait l'inclinaison d'une manière immédiate, et elle n'est pas cause première, puisque c'est la force-Dieu qui la fait elle-même, en tant que moi-être et en tant que moi-agissant. Je n'ôte donc à Dieu, dans ce quelque chose, dernier moyen de liberté, que la causalité immédiate et directe, la lui laissant dans tout le reste ; c'est un ressort mystérieux, que la créature, fût-elle la plus élevée des anges, ne comprendra jamais, que Dieu met perpétuellement en action, qu'il maintient tendu, et auquel il laisse, par une abnégation de lui-même, la puissance complète de faire tourner toutes les vertus dont il le sature, en dilatation dans son amour ou en contraction dans l'orbe étroit du particulier.

Si Bossuet en disant (*Traité du libre arbitre,* III) que « Dieu ne peut connaître que ce qu'il est ou ce qu'il opère » a voulu dire ce qu'il opère soit immédiatement, soit médiatement par la force qu'il donne sans cesse à sa créature de l'opérer, nous admettons cette maxime ; mais ainsi comprise, elle n'explique pas la prescience des déterminations libres, qui, dans ce cas, ne peut s'expliquer que par la *science moyenne* de Molina, et l'absence de futur en Dieu ; s'il a eu dans l'esprit une opération immédiate, Bossuet nous semble avoir plongé un instant vers le panthéisme et vers l'extinction de l'activité libre. Nous ne croyons qu'au premier sens dans l'évêque de Meaux.

Nous venons de poser le second principe et de le concilier avec le premier d'une manière assez lucide pour que notre intelligence ne perçoive aucune contradiction dans le mystère. En niant l'un de ces principes, il nous paraît clair, comme nous l'avons dit, qu'on tombera, si l'on est conséquent, dans les erreurs des athéistes et des pélagiens de toutes les nuances, lesquelles aboutissent à déifier l'homme pour anéantir Dieu. En niant l'autre, il nous semble aussi clair qu'on tombera, si l'on est conséquent, dans les erreurs des fatalistes et des prédestinatiens de toutes les nuances, lesquelles aboutissent à anéantir la créature pour panthéiser Dieu.

Reste à exposer notre syncrétisme catholique de tous les systèmes sur la grâce et la liberté, ce qui ne sera pas difficile après les explications qui précèdent.

3° Pour réunir en un tous les systèmes, suivons notre méthode habituelle ; éliminons de chacun d'eux ce qui est négatif des autres et gardons-en toute la doctrine affirmative.

Observons d'abord que le plus fort est fait, puisque la prémotion physique, base du système thomiste, est reconnue nécessaire, que la rupture d'équilibre respectée par la volonté divine, base du système de Molina, l'est également, et que ces deux causes sont mises en harmonie par cette double considération, que, d'une part, la volonté ne rompt l'équilibre qu'à l'aide des forces et du mouvement que Dieu lui communique par sa prémotion, et que, d'autre part, Dieu ménage son action dans l'âme et la combine de manière que l'âme demeure complétement arbitre de son inclinaison, arbitre à tel point qu'il n'arrive pas, dans le choix, ce que Dieu veut, mais ce que l'homme veut.

Cela reconnu, entrons dans quelques détails.

Admettrons-nous une grâce de pouvoir et une grâce d'action distinctes par leur nature ? Oui, car nous avons admis qu'il faut une communication de Dieu qui donne la force à l'état d'être, et une seconde communication qui mette cette force en action, qui lui donne le mouvement. Dirons-nous qu'elles sont l'une et l'autre efficaces relativement à leur objet prochain? Oui, encore; la première, pour être efficace en ce sens, n'a besoin que de produire le pouvoir ou la force, qu'on peut nommer *faculté* s'il s'agit de l'ordre naturel, et *capacité* pour les vertus chrétiennes, s'il s'agit de l'ordre surnaturel; or, cet effet, elle le produit toujours; la seconde, pour être efficace dans le même sens, n'a besoin que de déterminer le mouvement qui est versatile et que Dieu laisse à l'âme le soin de diriger par une inclinaison à droite ou à gauche; or, elle produit encore cet effet invariablement toutes les fois que la prémotion est donnée. Enfin, dirons-nous que la prémotion physique se subdivise en deux espèces, l'une qui est de telle nature qu'étant donnée, la volonté s'inclinera toujours et infailliblement au bien; l'autre qui est de telle nature qu'étant donnée, la volonté, quoique pouvant s'incliner au bien, ne s'inclinera jamais qu'au mal? Non, c'est ici que nous devons éliminer de la théorie des thomistes ce qui est négatif de celle de Molina. Nous dirons facilement, avec les premiers, que Dieu peut modifier sa prémotion et lui donner puissance telle que, sans détruire le libre arbitre, elle le mette dans un de ces degrés de liberté imparfaite du mal dont nous avons parlé, où le bien aura toujours gain de cause; nous croyons même que Dieu le fait; il est dans son droit et conforme à sa bonté de faire des privilégiés, des élus, sans faire tort à aucun des autres, et les thomistes pourront supposer de ces élus tel nombre qu'ils voudront, avec d'autant plus de satisfaction que ce nombre sera plus considérable. Nous irons même jusqu'à leur accorder, s'ils le demandent, qu'aucun de ceux-là ne résistera à l'impulsion forte dont il sera l'objet, bien qu'il soit difficile de comprendre qu'Adam et les anges déchus, dans leur état d'innocence, n'aient pas été de ces privilégiés auxquels le mal est si difficile qu'ils ne le font pas, et que, cependant, ils aient résisté à l'impulsion vers le bien. Mais ce que nous ne pouvons leur accorder, c'est que, parmi les autres, qui ne sont soumis qu'à la prémotion nommée suffisante et tirant ce nom de sa manière d'être indépendamment de la tournure que la liberté lui donne dans l'âme, il ne s'en trouve jamais un seul qui s'incline au bien par cela même que Dieu constitue, par cette prémotion suffisante, l'être créé son propre arbitre, se retenant pour ainsi dire devant lui comme avec respect, ni trop ni trop peu, mais au juste degré que lui seul connaît, pour qu'il soit véritablement libre. Il doit s'en trouver, dans la multitude, qui inclinent au bien et d'autres qui inclinent au mal; c'est cette partie du thomisme, et celle-là seule, que nous rejetons, parce qu'elle seule est vraiment incompatible avec la théorie de Molina. Aussi, tout en admettant les privilégiés d'Alvarès, qui sont conduits infailliblement au salut par une bonté spéciale, n'en acceptons-nous pas moins, sans restriction, cette critique aussi maligne que judicieuse du cardinal Sphondrate sur la grâce suffisante des thomistes :

« Ceux qui nous parlent d'une grâce suffisante qui jamais n'obtient son effet m'ont tout-à-fait l'air de poser une grâce qui n'est pas une grâce, et dont personne ne peut espérer l'éternelle félicité; car qui pourrait espérer le salut d'une grâce par laquelle personne ne l'a obtenu, ne l'obtiendra jamais? Quel malade désirerait un remède qui jamais n'a guéri ni ne guérira, avec lequel tous ceux qui l'ont pris sont morts? Est-ce là cet excès de charité dont Dieu nous a aimés, cette rédemption pleine et magnifique, cette grâce abondante, ces richesses de miséricorde tant de fois promises, tant de fois célébrées dans les Écritures? Tout cela pour des secours avares et de leur nature si infimes que, depuis la création et pendant l'espace de six mille ans, sur tant de myriades d'hommes pas un ne s'est trouvé à qui ils aient servi, pas un ne se trouvera jusqu'à la fin du monde à qui ils serviront pour la vie éternelle; secours que personne ne peut demander ni désirer, sûr de périr s'il les obtient! Je ne m'arrête point à ce qu'ils disent, que ces grâces suffisantes donnent, il est vrai, le pouvoir d'agir, mais jamais l'acte. Pouvoir imaginaire! Qui a jamais vu, sur tant de milliers de causes qui sont dans le monde, un ordre de causes qui n'ait pas produit un seul acte en rapport avec sa nature, un feu qui n'ait jamais brûlé, une étoile qui n'ait jamais lui, un miroir qui n'ait jamais réfléchi une image? En vérité ce sont là des découvertes neuves et inouïes dont on ne peut parler, et qu'on ne saurait croire, parce qu'elles sont sans raison aussi bien que sans exemple. Mais y eût-il je ne sais quoi dont on pût conter des choses si prodigieuses, encore ne serait-ce pas une raison pour parler ainsi de la grâce, » etc. (*Modus prædestinationis dissolutus*, p. 1, § 2, n. 3.)

Passons au molinisme. En admettrons-nous la partie qui rejette toute distinction entre grâce de pouvoir et grâce d'action, qui repousse la prémotion physique, et qui soutient que la grâce n'est qu'un attrait agissant sur l'âme en la manière des causes morales? Nous venons de dire assez que nous rejetons toute cette partie du molinisme comme négative du thomisme, et, de plus, comme incompatible avec la philosophie de Dieu et de la créature. Mais nous avons dit, en même temps, que nous admettons la versalité de la grâce-prémotion elle-même, c'est-à-dire la possibilité dans le libre arbitre de la faire tourner dans la bonne ou dans la mauvaise direction; en d'autres termes, de s'en servir pour s'approcher de Dieu et de la rendre ainsi efficace, ou pour s'en éloigner en s'approchant de la créature mise en antithèse avec lui, et de la rendre ainsi inefficace ou simplement suffisante. Est-ce là tout ce que nous emprunterons à Molina?

Non. Reste encore la grâce-attrait, opposée à d'autres attraits venant aussi des lois de Dieu, mais qu'il faut vaincre, dans la conjoncture donnée ; grâce-attrait qui sert principalement à constituer l'équilibre plus ou moins parfait dont nous avons expliqué les trois degrés principaux ; celle-là n'agit plus comme cause physique, mais seulement comme cause morale. Or, avoir admis comme essentielle la prémotion qui agit physiquement en pénétrant les plus intimes profondeurs de l'être, et émergeant en lui du côté de l'intérieur et de la racine, ne nous oblige nullement à rejeter l'attrait moral de Molina ; au contraire, nous sommes également obligé de l'accepter, même à titre de philosophe ; car Dieu n'est pas seulement le fond premier et la cause première de toutes les essences, il est aussi leur contenant universel ; il les enveloppe toutes, comme l'atmosphère tout ce qui respire, et, sous ce rapport, il agit sur elles par les extrémités, au moyen d'une action morale venant du dehors. Cette action, s'exerçant sur l'âme du dehors au dedans sera la lumière et l'attrait dont parle Molina, la délectation selon d'autres, en un mot, toutes les influences morales qui passent par les sens pour arriver à l'âme ; elle sera cette grâce qu'on peut appeler extérieure qui varie ses formes en instructions, exhortations, paroles, gestes, combinaisons de circonstances, matières et formes sacramentelles, etc. Ainsi donc, en même temps que le Chrétien est vivifié par la grâce-prémotion de Jésus-Christ dans le foyer le plus intime de son être, il est plongé dans la grâce-attrait de Jésus-Christ comme le poisson dans les eaux de la mer ; et il en est de même de l'homme, en tant qu'homme, dans le cercle inférieur, et concentrique à l'autre, de la simple nature, en ce qui concerne la somme qui lui reste encore des grâces du Créateur.

Passons au congruisme. Le lecteur devine facilement ce que nous allons en retrancher et en conserver, pour l'harmoniser avec ce qui précède. Comme le molinisme, il retire la prémotion thomiste ; nous l'avons déjà reprise, et nous avons dit dans quel sens. Comme le thomisme, il établit des privilégiés que Dieu amène infailliblement, non plus par l'efficace intrinsèque de son action, mais par la congruité ou l'harmonie des rapports entre ses actions et ses œuvres, à un salut qu'il leur a destiné ; nous avons admis ces priviléges exercés par le moyen thomiste ; nous les admettons également en tant qu'exercés par le moyen congruiste ; ce serait une inconséquence de notre part d'en agir autrement, puisque nous avons reconnu les divers attraits moraux aussi bien que les prémotions. Il nous semble évident que Dieu peut combiner ces attraits, ainsi que l'explique Suarez ou Thomassin, de manière à conduire le libre arbitre à bonne fin, sans violer ses droits. Mais, par la même raison que nous avons rejeté la classification faite par Dieu d'un nombre plus ou moins grand auquel ne seront accordées que les prémotions qui par elles-mêmes suffisent, sans avoir jamais leur effet, parce qu'elles ne sont pas les grâces d'action, tout en étant celles de possibilité ; par là même nous rejetons toute la partie du congruisme qui établit une classification pareille, non plus par le moyen direct du refus des grâces d'action, mais par ce détour ingénieux de la congruité, c'est-à-dire des rapports harmoniques ou non harmoniques entre les grâces et les caractères, entre les grâces et les occasions. Que nous importe que la grâce efficace et la grâce seulement suffisante se différencient ou s'identifient dans leur source, si, relativement à l'être qui les reçoit, l'une est telle que son effet soit immanquable, et l'autre telle que son effet soit toujours manqué ? Ainsi donc, point de ces grâces incongrues, combinées de manière qu'avec elles on ne se sauve jamais, quoiqu'on le puisse. Aussi admettons-nous sans plus de réserve que nous avons admis celle de Sphondrate, la critique suivante de saint François de Sales, tombant indirectement contre les congruistes :

« Voyez donc ; ceux qui ont reçu moins d'attraits sont tirés à la pénitence, et ceux qui en ont plus reçu s'obstinent ; ceux qui ont moins de sujet de venir viennent à l'école de la sagesse, et ceux qui en ont plus demeurent dans leur folie.

« Ainsi se fait le jugement de comparaison, comme tous les docteurs ont remarqué, qui ne peut avoir aucun fondement, sinon en ce que les uns, ayant été favorisés, d'autant ou plus d'attraits que les autres, auront néanmoins refusé leur consentement à la miséricorde, et les autres, assistés d'attraits pareils ou même moindres, auront suivi l'inspiration et se seront rangés à la très-sainte pénitence. Car autrement pourrait-on reprocher aux impénitents leur impénitence, par la comparaison de ceux qui se sont convertis ?

« Certes, Notre-Seigneur montre clairement, et tous les Chrétiens entendent simplement, qu'en ce juste jugement on condamnera les Juifs par comparaison des Ninivites, parce que ceux-là ont eu beaucoup de faveur et n'ont eu aucun amour, beaucoup d'assistance et nulle repentance ; ceux-ci moins de faveur et beaucoup d'amour, moins d'assistance et beaucoup de pénitence. » (*Traité de l'amour de Dieu*, l. II, c. 10.)

Le passage évangélique auquel saint François de Sales fait allusion est, en effet, d'une force écrasante contre la grâce suffisante qui ne suffit jamais, et la grâce efficace qui suffit toujours, des thomistes et des congruistes, tellement que Lachambre, disciple exclusif et ardent du grand thomiste Bossuet sur ce point que nous n'admettons pas, avoue franchement ne pouvoir concilier ce passage avec son opinion. Voici cette parole du Christ :

Alors il se mit à reprocher aux cités dans lesquelles s'étaient manifestées plusieurs de ses vertus, de n'avoir pas fait pénitence : Malheur à toi Corozain, malheur à toi, Bethsaida, car si en Tyr et en Sidon s'étaient montrées les vertus qui se sont montrées chez vous, elles auraient fait pénitence dans le cilice et la cendre; or, je vous le dis: il sera plus remis à Tyr et à Sidon, au jour du jugement, qu'à vous. (*Matth.* xi, 20, 21.)

Comment se tirer de ce rapprochement fait par Jésus-Christ même ? Il s'agit des mêmes grâces quant à l'espèce et au nombre; il s'agit de deux positions faites par Dieu toutes pareilles sous tous les rapports, puisque Jésus-Christ n'y met la différence que dans les résultats volontaires et libres de ceux qui se trouvent dans ces positions ; donc il peut arriver que dans des situations absolument égales, les uns se sauvent et les autres se perdent, ce qui détruit de fond en comble la partie du thomisme et du congruisme que nous attaquons.

On peut citer, nous le savons, des paroles embarrassantes, dans le sens opposé, de l'Ecriture et de la tradition, mais surtout de saint Paul, toutes celles sur lesquelles les Luther et les Jansénius voulaient établir leur fatalisme ; mais, comme il faut qu'elles s'interprètent pour leur conciliation avec la liberté, on peut aussi bien pousser l'interprétation jusqu'à la conciliation avec les paroles du Christ que nous venons de citer, et beaucoup d'autres, au nombre desquelles on peut mettre toutes celles que rappelle Liguori (*Grand moyen de la prière,* p. ii, ch. 3), comme revenant à celle-ci : *Optio vobis datur* : « *L'option vous est donnée,* » que s'arrêter en chemin pour faire plaisir aux partisans des grâces suffisantes qui ne suffisent jamais, soit par manque de prémotion à l'action, soit par manque de congruité. On peut voir toutes ces interprétations de textes dans les théologiens des diverses écoles, et on trouvera qu'il n'est pas de difficulté d'où l'on ne sorte assez facilement.

L'opinion que nous venons d'exposer sur ce point particulier du thomisme et du congruisme ne manque pas d'autorités, comme on peut le voir dans l'ouvrage tout moderne de l'abbé Guitton. (*L'homme relevé de sa chute,* t. II, ch. 16.) Ce moliniste intelligent, dont le seul défaut est de tomber dans l'excès ordinaire, qui consiste à exagérer le thomisme jusqu'au calvinisme pour le mieux réfuter, appelle à son appui tous les Pères grecs et latins antérieurs à Augustin ; depuis ce dernier, tous les grecs, et beaucoup de latins, au témoignage de Maldonat (*De prædest.*, gr. 4) ; et une foule de théologiens, dont nous rappellerons Liguori, Maldonat, Cornelius à Lapide, qui dit : « La couronne pour l'homme, et non l'homme pour la couronne; » Bail, le cardinal Sphondrate et saint François de Sales, que nous avons cités, et le cardinal Gotti, qui croit, comme les autres, que la suffisance de la grâce suffisante est établie par ce fait même qu'elle devient souvent efficace.

La seule objection qu'il entre dans notre plan de résoudre, et que nous avons déjà résolue est celle de Bossuet : s'il peut arriver que de deux individus également traités, et pourvus de grâces égales en nature et en congruité, égales absolument et relativement, l'un se sauve et l'autre se perde, on doit dire que le premier s'est fait son mérite à lui-même et sans Dieu en ce qui concerne l'éclair de liberté qui a décidé la question, et qu'un bien s'est produit sans que Dieu en fût la cause. Or, nous l'avons déjà dit, ce n'est point dans la comparaison qu'est la question de cause, elle est dans chacun des individus en particulier ; prenons le premier. Il se décide au bien, pourquoi et comment ? par la force, par la prémotion, par l'attrait, par toutes les sollicitations internes et externes dont Dieu le pénètre et l'enveloppe ; il fait le bien, et ce n'est pas lui qui le fait, c'est Dieu qui le fait en lui et avec lui ; il n'est donc pas cause unique et première de sa détermination même ; il est vrai qu'avec Dieu se donnant à lui, il s'incline lui-même à la bonne voie très-librement ; mais ou il est libre ou il ne l'est pas, et s'il est libre, il faut qu'il en soit ainsi, car si Dieu ne peut pas faire qu'il en soit ainsi, il ne peut pas créer un être libre. Prenons le second : il possède Dieu se donnant à lui au même degré qu'à son voisin ; donc s'il faisait le bien on raisonnerait de même à son égard ; il ne le fait pas : cela change-t-il les conditions de l'autre relativement à Dieu ? cela empêche-t-il que l'autre doive son salut, non pas à lui seul, mais à Dieu et à soi, à Dieu comme cause première, à soi comme cause seconde, ainsi que nous en sommes convenu ? il est évident que c'est la comparaison qui a embrouillé les esprits et que, pour y voir clair, il faut la négliger. Considérons maintenant ce même individu faisant le mal avec une grâce quelconque, soit celle que vous appelez suffisante, inefficace, si cela vous fait plaisir ; est-ce lui ou Dieu qui détermine son inclinaison et qui fait son sort ? Si vous dites que c'est Dieu, vous dites que Dieu le damne, et vous tombez dans les monstrueuses affirmations de Calvin ; vous êtes donc obligé d'avouer que celui-là se fait à lui-même sa détermination, en dehors de toute action immédiate de Dieu relative à cette détermination ; or, cet éclair libre d'inclinaison au mal est-il, par le fait, plus facile à produire sans Dieu que son correspondant vers le bien, dans le cas de la même situation et de la même grâce ? nullement ; c'est un quelque chose, un produit moral comme l'autre, disons mieux, c'est le même quelque chose, le même produit en soi ; l'objet seul diffère, c'est un *oui* à gauche, et l'autre un *oui* à droite ; un *oui* vaut un *oui* en difficulté, dans le cas supposé ; pourquoi donc ne se trouvera-t-il pas quelqu'un, situé dans un ensemble de grâces tout pareil qui produira ce *oui,* tandis que l'autre produira le *oui* contraire ? Bossuet répond avec les thomistes que le *oui* au bien est une élévation de l'être, le *oui* au mal une chute vers le non-être, et qu'une ascension vers Dieu est plus difficile qu'une chute vers le néant, la première étant une création de bien en soi, chose qui est le propre de Dieu, la seconde étant un commencement d'anéantissement, chose qui est le propre de la créature abandonnée à elle-même. Cela est vrai et profond ; mais on ne fait pas attention que ce n'est pas le *oui* abstractivement pris comme opération du libre arbitre qui est l'une ou l'autre de ces choses, mais que ces choses en sont les résultats, de quelque manière qu'on l'envisage. Si on le considère comme un *oui* adressé à la créature de préférence à Dieu, c'est une adhésion à un être, et, par conséquent, un produit d'activité comme l'adhésion à Dieu ; et ce produit réalisé est immédiatement suivi de l'abaissement, pendant que son contraire serait suivi de l'élévation. Si on le considère comme un *non* adressé à Dieu, pendant que son contraire serait un *non* relatif adressé à la créature, c'est encore un produit d'activité en mouvement rétrograde, en aversion, et l'abaissement vers le non-être n'en est que la suite. Il en est de même de l'idée du moins relativement à celle du plus, de l'idée du néant relativement à celle de Dieu ; ce sont des opérations intellectuelles qui sont aussi positives, aussi réelles comme opération, que leurs contraires, et qui demandent la même activité ; il n'y a de négatif que l'objet et l'aboutissant de l'opération ; le négatif de l'opération serait l'absence de pensée ou de direction de l'esprit, l'abstention, le sommeil, et voilà la seule chose qui serait plus facile ; aussi est-ce la seule qui se fasse réellement sans Dieu, parce qu'il est absurde de dire d'elle qu'elle se fait puisqu'elle n'est rien. Il faut, nous l'avons dit, la prémotion divine, dans le *oui* insensé à la créature impliquant le *non* au Créateur, comme dans son contraire qui est la sagesse, et nous avons fait comprendre comment ce prêt que Dieu nous fait de lui-même, et qui nous rend possible le péché, n'est point une participation au mal ; mais ce qui nous importe en ce moment, c'est de bien comprendre que les deux *oui* ou les deux *non*, ou si l'on aime mieux, le *oui* et le *non*, sont, en tant qu'opération volontaire et libre, de la même espèce, de la même nature et de la même difficulté en production ; d'où nous concluons que rien ne s'oppose à ce que l'un et l'autre soient opérés dans des combinaisons de prémotions et d'attraits exactement semblables, comme le suppose Jésus-Christ dans le reproche à sa patrie, et, par suite, que la raison de Bossuet n'est pas bonne en ce qui concerne le vrai point en question.

Revenons à notre harmonisme des divers systèmes, et résumons-le.
Prémotion physique dans tous et se modifiant dans quelques élus privilégiés de manière à amener infailliblement leur salut. Elle se manifeste quelquefois en délectation indélibérée pour le bien comme le veulent les augustiniens.
Grâce-attrait s'exerçant à la manière des causes morales et servant principalement à établir les équilibres de liberté. Autonomie du libre arbitre dont l'effet est de rendre cette grâce efficace ou inefficace pour le mérite et le salut.
Grâce-congrue qui, par ses combinaisons de rapport et de nombre, rend, comme la prémotion, le salut assuré pour des privilégiés.
Enfin, point de ces partages de grâce avec lesquels on n'a que le pouvoir et jamais l'acte, soit qu'on attribue à leur nature intrinsèque la propriété de ne donner que le pouvoir, soit qu'on l'attribue à leur relation d'espèce ou de nombre avec les caractères et les situations.
Si nous ajoutons à cette combinaison, si bien en rapport avec la grande idée qu'on doit se faire de Dieu et de ses moyens d'action, les quelques concessions permises que nous avons faites aux hérétiques, savoir : dans les deux ordres, quelques phénomènes de nécessité au bien, et de nécessité à ce qui serait mal s'il y avait liberté, d'où peuvent résulter peut-être — nous ne voyons du moins aucun inconvénient à le supposer — quelques exclusions du royaume du Christ par nécessité, correspondantes à celles des enfants morts non régénérés, qui ont lieu par coaction, lesquelles n'emporteraient, bien entendu, aucune punition proprement dite comme suite de la nécessité ; et quelques introductions par nécessité dans ce royaume, correspondantes à celles des enfants morts régénérés, qui ont aussi lieu par coaction ; il nous semble qu'il ne manque rien à notre synthèse catholique de conciliation et d'harmonie, puisque Pélage lui-même a sa petite part de concession dans l'indépendance que nous accordons au libre arbitre avec Molina sur la rupture de l'équilibre où Dieu le soutient dans l'ordre de la nature et dans celui de la grâce.

Cela dit, nous avons fini notre tâche en ce qui concerne cet article aussi important que délicat, et nous donnons, pour récréation, au lecteur les lignes suivantes de saint François de Sales, qui concordent si bien avec le fond de notre intention, de nos sentiments et de nos pensées :

« Tel donc est l'ordre de notre acheminement à la vie éternelle, pour l'exécution duquel Dieu établit, dès l'éternité, la multitude, distinction et entremise des grâces nécessaires à cela, avec la dépendance qu'elles ont les unes des autres.

« Il voulut premièrement d'une vraie volonté, qu'encore après le péché d'Adam tous les hommes fussent sauvés, mais en une façon et par des moyens convenables à la condition de leur nature douée du franc arbitre ; c'est-à-dire, il voulut le salut de tous ceux qui voudraient contribuer de leur consentement aux grâces et faveurs qu'il leur préparerait, offrirait et départirait à cette intention.

« Or, entre ces faveurs, il voulut que la vocation fût la première, et qu'elle fût tellement attrempée à notre liberté, que nous la puissions accepter ou rejeter à notre gré ; et à ceux desquels il prévit qu'elle serait acceptée, il voulut fournir les sacrés mouvements de la pénitence. Et à ceux qui seconderaient ces mouvements, il disposa de donner la sainte charité. Et à ceux qui auraient la charité il délibéra de donner les secours requis pour persévérer. Et à ceux qui emploieraient ces divins secours, il résolut de leur donner la finale persévérance et glorieuse félicité de son amour éternel.

« Nous pouvons donc rendre raison de l'ordre des effets de la Providence qui regardent notre salut, en descendant du premier jusqu'au dernier, c'est-à-dire depuis le fruit, qui est la gloire, jusqu'à la racine de ce bel arbre, qui est la rédemption du Sauveur. Car sa divine bonté donne la gloire ensuite des mérites, les mérites ensuite de la charité, la charité ensuite de la pénitence, la pénitence ensuite de l'obéissance à la vocation, et la vocation ensuite de la rédemption du Sauveur, sur laquelle est appuyée toute cette échelle mystique du grand Jacob, tant du côté du ciel, puisqu'elle aboutit au sein amoureux de ce Père éternel, dans lequel il reçoit les élus en les glorifiant, comme aussi du côté de la terre, puisqu'elle est plantée sur le sein et le flanc percé du Sauveur, mort pour cette occasion sur le mont du Calvaire. » (*Traité de l'amour de Dieu*, l. III, ch. 5.) — *Voy.* GRATUITÉ DES, etc.

GRACE (LA) DANS L'ART. *Voy.* ART, II.

GRATUITÉ DES GRACES NATURELLES ET DES GRACES SURNATURELLES (II° part., art. 29).

Cet article est un de ceux qui se rattachent à celui qui a pour titre : GRACE ET LIBRE ARBITRE, et qu'il faut lire d'abord.

I. — Gratuité de la grâce naturelle.

Tous les dons de Dieu sont gratuits, dans le sens absolu et composé; comment l'Être éternel pourrait-il devoir quelque chose à ce qui n'est pas, à ce qui pourrait n'exister jamais, à ce qu'il réalise librement. S'il était soumis à des lois nécessaires, que la liberté n'entrât point dans ses attributs, ou qu'il fût tenu à l'optimisme, au sens de Leibnitz, et même encore au sens de Malebranche, il n'y aurait pas lieu de lui savoir gré de ses dons. Mais il n'en est pas ainsi, tout ce qu'il fait en gros comme en détail, il pourrait ne pas le faire, et, par conséquent, tout ce qu'il donne est gratuit. Cependant, on pourrait abuser de la pensée que nous émettons en ce moment; si tout absolument était de sa part un effet de bonté pure, même à considérer les choses dans leurs rapports entre elles, il s'ensuivrait qu'il ne serait que bon et que la justice devrait être rayée de ses attributs ; car la justice consiste à donner tout ce qu'on doit, comme la bonté consiste à donner ce qu'on ne doit pas, d'où il suit que s'il ne devait rien même en sens divisé, il n'aurait jamais occasion d'exercer la justice, et ne serait pas doué de cet attribut, au moins considéré *ad extra* : sa justice ne serait qu'une éternelle équation entre les exigences de sa nature et ses opérations intérieures, entre lui-même et lui-même ; se connaissant, il se doit l'amour, et il s'acquitte envers lui-même en se le donnant ; voilà quelle serait toute sa justice, une éternelle nécessité d'harmonie dans les mystérieuses profondeurs de son essence. Il lui faut aussi la justice *ad extra*, et pour qu'il y ait lieu à cette justice, pour qu'elle ait une raison d'être, il faut qu'il doive, dans certains cas, certaines choses. Il en est ainsi. Posé telle ou telle création et telle ou telle fin assignée à la création, il doit à celle-ci les moyens d'atteindre sa fin, ou ne pas exiger qu'elle l'atteigne. De même, posé telle ou telle promesse faite à la créature, il doit à celle-ci ce qu'il a promis. Dans les deux cas c'est lui-même qui se crée librement matière à justice ; dans les deux cas, le tout en sens composé, le tout en bloc est de sa part absolument gratuit ; mais si l'on divise l'acte par lequel il impose la loi ou fait la promesse, de l'acte par lequel il fournit le moyen ou accomplit la promesse, on trouve que le second n'est plus gratuit, et devient chose due dans l'hypothèse du premier. On peut répondre que le sens divisé est un jeu de notre esprit, qui n'a aucune réalité correspondante dans les opérations divines, où tout se passe sans succession par un acte éternel. La réponse est juste à ne considérer que Dieu en lui-même et son opération dans son germe, c'est la clef de solution des plus grandes difficultés ; mais il faut aussi que l'opération divine soit considérée dans sa floraison temporelle, dans son terme, puisque ce terme est une réalité que je ne puis nier sans me nier moi-même ; et comme dans ce terme le sens divisé n'est pas seulement un jeu de l'esprit, mais une vérité que le temps réalise,— le temps divise par le fait la création de sa fin, la promesse de son accomplissement, c'est ce qui se passe en moi, — nous sommes obligés d'admettre ce sens divisé relativement aux créatures, ce qui nous fournit le moyen d'introduire en Dieu la justice *ad extra* et de lui donner un trône dans celui de la bonté.

Appliquons ces principes aux grâces naturelles des trois catégories.

1° La grâce de création est-elle gratuite ? Oui, puisque Dieu pourrait toujours ne pas créer tel ou tel monde, et, dans ce monde, tel ou tel en particulier. On dira que, dans l'hypothèse d'un monde en particulier, la loi de l'harmonie l'oblige à créer chacun des êtres qui seront les éléments de ce monde ; mais que veut-on dire ? que dans l'hypothèse de la création du monde dont cet être fait partie, il ne peut pas ne pas créer cet être ? rien de plus évident, c'est dire que créant cet être il ne peut pas ne pas le créer, ou qu'il ne peut pas le créer sans le créer ; mais ce n'est point là une nécessité de création, ce n'est qu'une impossibilité de contradiction. Veut-on dire qu'il y a des êtres particuliers qui ne pourraient manquer à leur monde ? alors on dit une fausseté, car tout monde se conçoit moins tel ou tel être qui en fait partie, c'est-à-dire privé d'un ou de plusieurs de ses éléments actuels ; avec cette privation, il est un monde inférieur, mais appartenant à la grande catégorie des mondes possibles ; et, par conséquent Dieu aurait pu le créer ; s'il ne l'avait pas pu, il n'aurait pu, non plus, créer celui qu'on suppose, puisqu'on le conçoit facilement lui-même avec des éléments de plus, qui cependant lui manquent. Il suit de là qu'il n'y a pas un être particulier dont la création soit nécessitée, et encore, qu'il n'y a pas une création en gros ou en détail qui ne soit purement gratuite. Si cependant il arrivait qu'une création fût promise, soit explicitement à une autre création, soit implicitement à titre de moyen nécessaire pour l'obtention d'un but obligé, l'obligation naîtrait de l'engagement que Dieu aurait pris librement, comme nous allons le voir à l'égard de la conservation.

La grâce de la création implique celle de la conservation pendant la durée marquée par le décret divin de l'être créé ; donc si Dieu a fait connaître ce décret, la créature est certaine de sa conservation et peut dire que Dieu la lui doit désormais par engagement pris et par suite de l'impossibilité qui lui incombe de se contredire dans ses décrets. La grâce de la création dans l'homme implique trois grâces plus particulières, celle de la communication de l'être, celle de la communication de l'intelligence comme faculté en germe, et celle de la communication de la volonté dans le même sens. Ces trois grâces sont absolument gratuites, c'est ce qu'on vient de dire ; mais si elles sont impliquées dans celle de la création, elles le sont aussi dans celle de la conservation, puisqu'elles constituent l'espèce même de l'être créé dont il s'agit. Or, rapprochant cette classification du principe précédent, on trouve que, si Dieu a manifesté à l'homme qu'il le conservera toujours ou qu'il l'a fait immortel, il lui doit maintenant, en vertu de cet engagement, les trois grâces de conservation des trois parties de sa nature. Nous a-t-il fait cette manifestation? on ne peut pas le dire, en ce qui concerne cette vie, à l'égard de ceux qui meurent sans l'usage de raison ; mais la philosophie essaye de l'établir à l'égard des autres par les preuves qu'elle apporte de l'immortalité de l'âme. (*Voy.* Psychologie.) Nous croyons qu'elle y réussit très-bien pour l'existence d'une autre vie, mais nous ne voyons pas clairement que ses preuves aillent jusqu'à démontrer l'immortalité de cette vie future. Ainsi donc si l'on fait abstraction de la révélation, Dieu ne doit pas les trois grâces de conservation à ceux qui meurent sans avoir pensé, parce qu'il ne leur en a manifesté aucune promesse ; mais il doit ces trois grâces pour une durée quelconque à ceux qui ont compté dessus en cette vie, fondés qu'ils étaient sur des manifestations certaines, existant dans leur être et dans leurs rapports avec la société, d'un décret divin librement arrêté sur ce point dans le plan général de notre création.

2° La grâce naturelle d'intelligence ou de pensée en acte est-elle gratuite ? Elle l'est absolument comme toutes les autres en sens composé ; mais l'est-elle en sens divisé ? en d'autres termes, l'être humain une fois créé, Dieu lui doit-il la grâce de la connaissance actuelle? Il ne pourrait la lui devoir qu'autant qu'il la lui aurait promise ou qu'elle serait pour lui le moyen de remplir un devoir dont il lui sera demandé compte. Or, quant à la promesse explicite, on ne le trouve point dans la nature humaine, ni quant à l'usage de raison en gros, ni quant à telle ou telle idée en particulier : sous le premier rapport elle est impossible en tant que manifestée à celui qui n'a pas encore eu cette grâce, puisqu'il n'a pas encore pensé par là même ; sous le second, on ne voit pas que, quand on a déjà quelques connaissances, Dieu se soit engagé à les augmenter, bien qu'il le fasse ordinairement pour celui qui appelle son secours par le travail. Quant à la promesse implicitement comprise dans le devoir imposé, elle ne peut exister, non plus, à l'égard de celui qui n'a point encore reçu la première grâce de pensée, puisqu'il n'y a aucun devoir pour celui qui n'a aucune idée ; mais elle peut exister, et elle existe pour celui qui a déjà pensé ; il y a une mesure d'instruction qui lui est relative, qu'il doit se donner, et que sa conscience lui indique : Dieu, de son côté, lui doit, en vertu même de cette fin manifestée à sa conscience, la grâce naturelle qui est le moyen de l'atteindre, et il la lui donne ; à chacun d'en profiter. Au reste, l'harmonie se fait d'elle-même entre le devoir et la prolation de la grâce pour le remplir ; car si cette grâce manque, non pas dans son effet, qui dépend de la coopération ou de la résistance de l'individu, mais dans sa collation réelle de la part de Dieu, ce qu'on sait quand on sait qu'on fait tout ce qu'on peut et qu'on n'arrive pas, le devoir cesse, par là même, en vertu du principe de justice éternelle : à l'impossible nul n'est tenu.

3° Il faut raisonner de même à l'égard de la grâce de volonté en acte; elle est d'abord essentiellement précédée de celle d'intelligence, puisqu'il est impossible de vouloir ce qu'on ignore ; et, comme elle, aussi bien que comme celle de création et de conservation, elle est absolument gratuite en sens composé ; mais on peut demander si elle est toujours gratuite en sens divisé, dans l'hypothèse de l'idée déjà accordée. Or, quant à la promesse explicite de cette grâce, on ne la trouve point dans le répertoire des idées rationnelles pour tel et tel en particulier, mais on y trouve souvent cette promesse implicitement renfermée dans l'idée du devoir ; par là même que la conscience vous montre un devoir à remplir, Dieu vous assure et vous donne la grâce naturelle suffisante pour le remplir, au moins de volonté et d'intention, ce qui constitue le véritable acquit du devoir, puisque, dès qu'on suppose le manque de cette grâce, ou, ce qui revient au même, l'impossibilité de la détermination, la conscience cesse de vous obliger, et le devoir d'exister. Obligation sous peine de crime, et possibilité de répondre à l'obligation par la grâce nécessaire pour cet effet, sont choses qui s'impliquent et qui, par la loi éternelle des équations de l'être, s'équilibrent toujours ; mais la grâce n'en est pas moins gratuite dans son essence, parce qu'il dépend de la libre volonté de Dieu d'effacer le devoir lui-même en ne la donnant pas.

Si l'on considère les faits, on y trouve la preuve éclatante de cette gratuité dans la répartition si variée des dons de la nature, dont il est question dans l'article *Inégalité de distribution des grâces*. Observons seulement ici que Dieu prouve lui-même qu'il n'accorde que comme il lui plaît la grâce de la création et de la conservation, par les multitudes d'espèces et d'individus que nous concevons possibles et qu'il n'appelle pas à la vie, ou que nous concevons comme pouvant être immortels et qui ne le sont pas ; qu'il nous donne la même preuve, dans l'intérieur même de notre espèce, en ce qui regarde la grâce d'entendement, par les embryons qui meurent dans le sein des mères, et par les idiots auxquels, après avoir donné le germe de la pensée, il refuse la grâce actuelle de la fructification et de l'usage ; qu'il la donne encore, pour ce qui concerne la grâce de volonté, principalement par les fous à qui, après avoir donné toutes les autres, même celle des idées et des images, il refuse la grâce naturelle du volontaire libre dans le gouvernement de tout l'individu. Inutile de chercher d'autre cause radicale de ces dons et de ces refus que la simple volonté de Dieu ; l'unique raison en a été apportée par saint Paul dans la comparaison du vase et du potier.

Cela n'empêche pas que Dieu ne se montre, par le fait, généreux en proportion, à peu près constante, du bon usage que l'on fait de ses dons, du désir qu'on lui manifeste par la prière, et de la soumission à sa volonté ; c'est une convenance, un mieux peut-être auquel il n'est pas tenu, mais qu'il se plaît à mettre en pratique. Plus l'on étudie dans l'ordre naturel, plus on devient savant ; de même, plus l'on s'exerce à la pratique du bien, plus on devient vertueux ; cette maxime qui équivaut à celle-ci : plus l'on correspond aux dons de Dieu, plus les grâces abondent, a son application, d'une manière si multipliée et si universelle, qu'il n'y a pas de moraliste, de Confucius à Socrate, de Zoroastre à Platon, qui ne l'ait développée sous toutes les formes.

Mais on ne saurait l'exagérer sans tomber dans une erreur philosophique des plus profondes ; tout ce qu'il est permis d'affirmer, c'est qu'il plaît à Dieu presque toujours d'augmenter les grâces en raison du bon usage qu'on en fait. Mais dire qu'il doit cette augmentation, et qu'il la donne absolument toujours, c'est aller contre la métaphysique des choses. User bien d'un don de Dieu, c'est purement et simplement faire ce qu'on doit ; et il est impossible qu'on fasse jamais plus, parce que supposer qu'on dépasse par soi-même et sans lui l'effet proportionnel à la grâce, c'est supposer l'absurdité, déjà tant de fois rappelée, de la production d'un bien sans Dieu, et, par suite, d'un effet sans cause réelle, ou celle qui consisterait à déifier l'homme, et qui sans être moins illogique serait plus impie. Or, si l'homme ne peut jamais faire ce qu'il doit relativement à Dieu, il est impossible que Dieu lui soit jamais redevable de quelque augmentation de grâce, à moins qu'il ne l'ait promise. Se rejeter sur la prescience divine, et dire que Dieu est déterminé, en tant que justice souveraine, à donner tel ou tel bien, tel ou tel secours par le bon usage qu'il prévoit qu'on en fera, ce n'est que reculer la difficulté par une supercherie qui ne signifie rien ; car il voit dans son intelligence de toutes choses, ce qui se passe en réalité, ou, si l'on aime mieux, il y a, en lui, équation parfaite entre sa vue de l'événement et l'événement lui-même ; par conséquent ce qui est antécédant dans l'événement, ce qui est cause, est antécédent et cause dans sa vue ; or, dans l'accomplissement de l'acte de vertu de la créature, c'est sa grâce qui est antécédente et cause première, puisque, sans elle, la vertu est impossible ; donc il en est de même dans sa prescience ou plutôt dans sa science ; donc c'est tout simplement se contredire que d'affirmer qu'il donne sa grâce en récompense du bon usage qu'on en doit faire, puisque c'est mettre dans sa prescience l'effet avant la cause ; puisque c'est dire, d'une part, que la grâce entraîne le bon usage et, d'autre part, que le bon usage entraîne la grâce. Tout s'enchaîne dans sa prescience avec le même ordre que dans les faits réels, puisque sa prescience ou son idée est l'éternel type de ces faits ; ce qui est priorique dans l'un est priorique dans l'autre, de priorité logique ; et, par suite, qu'on raisonne sur la chose accomplie ou sur l'idée divine qui est son original suprême, et, selon Platon, sa vraie réalité, on n'introduit rien de nouveau dans la question.

II. — Gratuité de la grâce surnaturelle.

Si nous répétions tout ce que nous venons de dire en changeant le mot création en celui de rédemption, et celui de grâce naturelle en celui de grâce surnaturelle, nous ne ferions qu'exposer la théologie catholique sur la gratuité des dons du Sauveur. Il suffira d'analyser en quelques propositions cette théologie pour mettre le lecteur à même de saisir pleinement la similitude.

Les grâces surnaturelles d'intelligence, de volonté et de justification, ne peuvent être méritées par la valeur intrinsèque du bon usage des dons naturels. *Tous ont besoin*, dit saint Paul, *de la gloire de Dieu ; ils sont justifiés gratuitement par la grâce, par la rédemption qui est dans le Christ Jésus.* (Rom. III, 23, 24.) *S'il y a grâce*, dit-il encore, *elle ne vient point des œuvres ; autrement il y aurait grâce sans qu'il y eût grâce.* (Rom. XI, 6.) *Elle ne dépend point de celui qui veut ni* de celui qui court, mais de Dieu miséricordieux. (Rom. ix, 16.) Et l'Eglise, se fondant sur ces oracles et d'autres semblables, a déclaré hérétiques les pélagiens pour avoir soutenu que la grâce surnaturelle peut être méritée par les vertus naturelles. Si, en effet, nous avons établi rationnellement que la coopération à la grâce naturelle ne peut pas même mériter, au sens propre, l'augmentation de cette même grâce, comment pourrait-elle mériter la grâce surnaturelle qui est, non-seulement une augmentation de grâce, mais encore une grâce d'espèce différente?

C'est également une hérésie semi-pélagienne d'affirmer que ces grâces surnaturelles soient méritées par le bon usage que Dieu sait qu'on fera d'elles-mêmes. La théologie l'infère du reproche de Jésus-Christ aux villes de Corozaïm et de Bethsaïda, lorsqu'il leur dit que, si les prodiges dont elles sont les témoins avaient été faits dans Tyr et dans Sidon, Tyr et Sidon eussent fait pénitence, ce qui suppose que ces villes n'ont point reçu ces grâces, bien que si elles les avaient reçues, elles en eussent fait bon usage, et, par suite, que ce bon usage prévu n'a pas fait que Dieu leur en fût redevable. C'est encore ce que nous avons démontré rationnellement pour les grâces naturelles, et le même argument revient pour celles-ci.

On ajoute cependant, après saint Augustin, que le bon usage, déjà réalisé, des grâces naturelles dispose à la réception des grâces surnaturelles, les provoque, et que le bon usage de ces dernières appelle de même leur augmentation en tant qu'actuelles; nous ajoutons ce mot, car nous disons, à l'article BONNES ŒUVRES, qu'à ce bon usage est essentiellement attachée une certaine somme de justice intrinsèque que Dieu n'en peut pas séparer sans contradiction; mais on a soin d'observer, en même temps, qu'il s'agit d'un mérite de pure convenance, analogue à celui par lequel la prière appelle les faveurs de celui auquel elle est adressée, ce qui n'empêche pas le souverain de rester libre de ses dons, et la faveur accordée à la prière de rester une pure faveur, bien loin d'être l'acquit d'une dette. N'est-ce pas ce que nous avons dit encore à l'égard de l'augmentation des grâces naturelles, après tous les moralistes?

Enfin la théologie avoue que, dans les cas où Dieu a promis, par révélation, d'accorder des grâces surnaturelles moyennant telle ou telle condition, et où l'homme remplit la condition, les grâces promises sont dues en vertu de l'engagement librement contracté par Dieu même à l'égard de l'homme. Il y a dans la révélation beaucoup de promesses de ce genre qui correspondent à celles que la philosophie trouve dans la nature et dont nous avons parlé, par exemple, au sujet de la conservation de l'être pour la récompense. En vain y chercherait-on, néanmoins, la promesse générale et formelle des grâces surnaturelles au bon usage des dons de la nature, bien que Molina soit allé jusqu'à soutenir, en s'appuyant sur certains passages, qu'il existe une sorte de pacte entre Dieu le Père et Jésus-Christ, entre le Créateur et le Rédempteur, en vertu duquel ce dernier donne ses grâces toutes les fois que le libre arbitre correspond à celles du premier. Cette opinion que les thomistes accusent, sans raison, d'être entachée de semi-pélagianisme, n'a point été condamnée par l'Eglise; on ne doit regarder le jugement sévère qu'a porté contre elle le clergé de France dans son assemblée de 1700, que comme l'émission d'une opinion contraire; mais nous la croyons impossible à démontrer, et, comme elle ne cadre pas avec la théorie harmonique de la vie éternelle, que nous exposons dans le chapitre qui a ce mot pour titre, puisqu'elle nous ravirait, d'un trait, toute la classe des adultes morts dans la vertu naturelle, correspondante à celle des enfants morts sans la régénération baptismale, nous ne l'admettons point, quoique d'ailleurs nous empruntions, sur la question de la grâce, autant à Molina qu'à saint Thomas.

Toujours est-il qu'il résulte de cet article que l'enseignement de la théologie chrétienne sur la gratuité des grâces du Christ est en parfaite identité avec celui de la philosophie sur la gratuité des grâces du Créateur, et que, si quelque difficulté s'élevait à ce sujet, la raison pure en serait responsable avant la révélation. — *Voy.* INÉGALITÉ DE DISTRIBUTION DES GRACES, etc.

GRAVURE. *Voy.* PEINTURE.

GRÉCO-ROMAIN (GENRE.) *Voy.* ART, VII.

GYMNASTIQUE. — MORALE RELIGIEUSE (IV° part., art. 15). — Dans tous les arts, on trouve l'âme et le corps : l'âme agissant comme cause radicale et le corps agissant comme instrument. Mais tous ne sont pas cependant spirituels et matériels à la fois au même degré. L'éloquence, l'écriture, la poésie, la peinture, la sculpture, l'architecture, le drame en action et la musique, ne sont que l'âme elle-même exprimant son mouvement par les diverses formes sensibles dont elle dispose, et s'adressant à d'autres âmes pour exciter chez elles le même mouvement par l'intermédiaire des modifications qu'elle fait subir à ces diverses formes. Tous ces arts sont de l'esprit, vont à l'esprit, ont pour but l'esprit. La gymnastique, telle que nous l'entendons, est l'art corporel, celui qui, tout en germant de l'âme aussi bien que les autres, a le corps pour but.

Nous nous inquiétons peu que le mot convienne étymologiquement ou ne convienne pas pour rendre notre idée générale, pourvu que le lecteur nous comprenne; et il nous comprendra quand nous l'aurons défini.

Nous entendons donc par le terme générique de gymnastique tout ce que l'âme imagine pour exercer le corps, d'une manière agréable et plus ou moins utile, inutile ou nuisible. Si quelques-unes des floraisons de la gymnastique ainsi comprise rentrent dans l'industrie, nous les en retirons ici en ne les envisageant que sous le rapport artistique qu'elles peuvent présenter. On peut conclure de là que nous embrassons beaucoup dans cet article. Faisons d'abord une classification, qui précise les objets dont nous ne voulons parler qu'en général.

Nous distinguons cinq espèces de gymnastique, dont voici l'énumération avec les principaux détails renfermés dans chacune d'elles.

Gymnastique d'éducation qui a pour objet tous les exercices musculaires propres à développer les forces physiques. La course, le saut, la lutte, les jeux de la corde, du tremplin, du trapèze, etc., la natation, l'équitation, l'escrime, la danse en font partie.

Gymnastique de divertissement qui est domestique ou publique. La première embrasse tous les jeux de famille, soit d'intérieur soit de dehors; la seconde tous les jeux et spectacles de cirque, d'arène, d'hippodrome, de théâtre, de carnaval, de place publique, etc., et surtout les bals.

Gymnastique de parade, qui est civile ou gouvernementale : la première comprend les costumes et modes, les usages de politesse, les étalages de noces, de funérailles, de repas, de cérémonies, etc. La seconde comprend tous les déploiements de luxe, en uniforme, en décorations, en pavoisements, en défilés, en présentations, en fêtes, en ordres honorifiques, en repas officiels, en discours et réponses calculées, en armoiries, en illuminations et feux d'artifice, en appareils de toute sortes, qu'emploient les cours pour éblouir la foule, lui plaire ou la terrifier, la maintenir, à leur égard, dans une espèce de culte idolâtrique.

Gymnastique militaire, qui consiste dans le maniement des armes et les évolutions de régiments.

Enfin, gymnastique d'église, dont les ornements sacrés, les processions, les décorations pour les fêtes, les offrandes d'encens, les cérémonies gaies et tristes, etc., forment l'ensemble.

Dans ce monde infiniment varié des inventions artistiques relatives aux sens, il faut faire deux lots: celui que la religion et la raison proscrivent impitoyablement, et celui qu'elles accueillent et protégent.

Voici le premier. Tout ce qui, dans toutes les gymnastiques, a pour résultat d'énerver les esprits, de les éloigner des occupations utiles, de pousser les sociétés dans la voie du luxe, de corrompre les cœurs, d'efféminer les hommes, de fanatiser ou sensualiser les femmes, d'asservir les âmes, de leur faire perdre le sentiment de leur dignité, de leur souveraineté morale, de favoriser l'oisiveté, de rendre cruel, d'exciter les passions animales, d'abrutir l'être humain, de frivoliser les intelligences, de les affoler pour les vanités, de leur jeter de la poudre aux yeux, de provoquer l'idolâtrie de la puissance chez les uns, l'orgueil et la tyrannie chez les autres, de diminuer la production du triple aliment intellectuel, moral et matériel à mesure que, la population augmentant, le besoin s'en fait sentir davantage, en un mot, de lancer une nation dans le chemin qui les mène toutes à la décadence; voilà le premier lot que repousset avec la même énergie la raison et notre foi.

Au contraire, tout ce qui, sans avoir, de sa nature, les résultats que nous venons de signaler, a pour effet de développer le bon goût, de fortifier le corps, d'entretenir la santé, de donner de l'agilité aux membres, de distraire agréablement et sagement tout ensemble, de reposer et, en reposant, de rendre les forces, soit physiques soit morales, nécessaires pour la reprise du travail, d'aiguillonner le génie des arts, de civiliser, de moraliser, de faire naître dans tous les cœurs le sentiment de la fraternité humaine, de fondre les classes, d'élever les inférieures et d'abaisser les supérieures vers le milieu rationnel qui ne déshonore pas et qui n'enfle pas; en un mot, d'occuper les loisirs que demande la nature, soit avec accompagnement d'utilité, soit même d'une manière purement agréable, voilà le second lot auquel sourient du même œil la raison et notre foi.

Énoncer ces principes comme nous venons de le faire, c'est les établir; car nous n'avons rien mis dans la description qui ne soit évident de soi, comme mauvais dans le premier cas, comme bon dans le second. Entrerons-nous dans l'application pratique et détaillée, dans la revue des choses qui concourent à former le vaste répertoire que nous avons nommé la gymnastique, pour qualifier chacune et assigner celui des deux lots auquel elle appartient? Non. Il faudrait, pour le faire, un ouvrage spécial, et encore courrait-on grand risque de se tromper souvent, vu que, dans l'ordre dont il s'agit, tout est relatif aux temps, aux pays, aux mœurs. Cependant nous donnerons une idée des solutions particulières auxquelles pourraient donner lieu, dans notre âge, les questions de détails, par un article sur les Bals somptueux, tels qu'ils se pratiquent dans nos sociétés, article auquel nous prions le lecteur de recourir après qu'il aura lu celui-ci; et, de plus, nous consacrerons ici même quelques appréciations générales à chacune des espèces de gymnastiques que nous avons distinguées.

Celle d'éducation ne fournit rien au mauvais lot; il n'est pas d'exercice matériel, ni de jeu autorisé par le père intelligent, qui ne soit utile au développement de l'enfant, et, par suite, que la religion n'approuve. Elle veut que l'homme, dans tout son être, arrive à son maximum de puissance; et c'est une calomnie de lui reprocher l'oubli de la partie physique, aussi bien que de la partie intellectuelle, au profit de la partie morale. Sa règle première consiste à exiger qu'on attribue à chaque chose l'importance qu'elle mérite, et que l'amour des grandes ne fasse pas négliger les inférieures. On peut ne pas la comprendre, on peut aussi vouloir altérer ses enseignements pour les combattre plus à son aise; mais elle laisse passer ses détracteurs, et suscite, au besoin, de ses amis pour leur répondre. Nous sommes de ces derniers. A titre d'éducation physique de l'être humain, tous les exercices corporels, y compris la danse, sont choses sanctionnées par la théologie catholique, et bénies par la vraie piété.

La gymnastique de divertissement fournit aux deux lots. Les jeux domestiques transformés en spéculations folles et passionnées sont pernicieux : le bon sens le dit, avec l'expérience, et la religion les condamne. Les jeux publics de même caractère, tels que ceux de bourse, tombent sous le même anathème. Les combats du cirque, où des hommes jouent leur vie contre des animaux ou d'autres hommes, où le sang coule, sont des exercices féroces que le christianisme a fait disparaître en grande partie, et dont il ne cessera, de concert avec la philanthropie, de poursuivre les restes. D'autres réjouissances, dans lesquelles l'homme se plaît à imiter la dégradation, l'abrutissement, la folie, sont également proscrites par la raison et la religion, comme contraires au respect qu'il se doit à lui-même. Enfin, il est des spectacles, des ballets, des danses scéniques d'un autre caractère, que la morale condamne comme remplis d'excitants à la volupté, pour les mêmes raisons avec lesquelles le théologien attaque les bals du grand monde, dans l'article qu'on est prié de lire après celui-ci. Le jugement de ces divertissements est néanmoins subordonné à l'esprit qui ressort de l'ensemble : si le mal ne se montre que pour concourir à des conclusions, claires et saisissantes, favorables au bien, le tort ne sera qu'à la perversité de ceux qui en tireront de mauvais fruits. Nous venons d'exclure à peu près tout ce qui doit être exclu : que le reste soit libre; l'homme y trouvera une distraction innocente, et la société un des instruments les plus efficaces de civilisation.

Dans les gymnastiques de parade, celle que nous avons appelée civile peut fournir encore aux deux héritages. Tout ce qu'elle présentera d'excessif et de propre à provoquer les envahissements du luxe tombera sous la condamnation que la double sagesse rationnelle et religieuse infligera toujours au luxe lui-même; le reste aura droit à la liberté, et sera accueilli par cette double sagesse. Disons, en passant, qu'en fait de costumes, de tenue et d'usage de tout genre, chacun doit jouir pleinement de la disposition de sa personne. Quand une autorité prétend enrégimenter les citoyens sous un rapport quelconque, et leur défendre telle ou telle manière d'être, elle entre dans une tyrannie qui s'accompagne de plusieurs autres, et qui ne peut être, si elle dure, qu'une vengeance de Dieu, dont l'instrument coupable sera châtié lui-même un jour.

Quant à la pompe extérieure dont s'environnent les rois, c'est un mal nécessaire dans nos mœurs actuelles; elle afflige le sage et fait rire l'homme d'esprit; nous n'y pouvons rien trouver qui fasse partie du bon lot et qui soit digne d'être conservé dans une société composée d'hommes intelligents et habitués à respecter l'autorité. Oh, s'il était un peuple assez heureux pour n'être constitué que de sages, ces parades des cours ne seraient plus pour lui que les symboles de la domination, les prédications de la force, les longues robes du pharisien que le Christ a maudites en le maudissant.

La gymnastique militaire est immorale dans son terme qui est la guerre; mais le besoin de se tenir prêt à se défendre contre d'injustes agressions la justifie. Espérons que les nations se fédéreront un jour, et organiseront un tribunal d'arbitres pour vider leurs différends, comme il en existe déjà pour vider ceux des individus. Alors la gymnastique militaire aura perdu sa raison d'être, ou n'occupera plus les belles années des générations nouvelles à des exercices improductifs; l'oisiveté ou le meurtre ne seront plus des nécessités légales, des devoirs de citoyen, l'humanité aura consommé la période de ses anomalies.

Enfin la gymnastique d'église ne semblerait devoir fournir qu'à la part du bien. A ne considérer que sa nature, il en est ainsi; tout cérémonial religieux est une offrande de l'art à l'artiste éternel, et une glorification de Dieu, d'autant plus digne que le goût y règne davantage, et que l'homme y a consacré ses plus précieuses richesses; à ce point de vue, le luxe d'ornements et de tout ce qui sert aux fêtes religieuses en dehors des produits de la peinture, de la sculpture, de l'architecture et de la musique, dont nous parlons ailleurs, se justifie sans peine. Cependant, comme le mal peut s'insinuer partout, et que l'homme peut tout corrompre par l'abus, il n'est pas hors de propos de demander si le luxe des pompes sacrées ne présenterait pas des détails appelant une réforme dans l'avenir. N'est-ce pas d'abord une contradiction de condamner le luxe en général, et d'en donner l'exemple au sanctuaire ? Qu'on y fasse preuve de bon goût et d'art dans la simplicité; qu'on en chasse l'opulence, le faste, ce qui demande une trop grande perte de temps au producteur, ce qui représente une trop grande somme de richesses, choses desquelles fort souvent la vraie beauté est absente, et l'on honorera Dieu, le Christ, la Vierge de Bethléem, les anges et les saints avec intelligence. Un autre vice qui jure plus encore contre l'esprit évangélique, et qui disparaîtra, il n'en faut pas douter, c'est le manque d'égalité sous les voûtes du temple, dans la manière de traiter les fidèles. Cette égalité existe sur plusieurs points, par exemple, dans l'administration de l'Eucharistie, et elle est tellement belle qu'il n'est pas un prédicateur qui ne l'ait célébrée à la gloire de l'Eglise, pas un individu qui ne l'ait admirée quand il y a pensé.

Ne vaudrait-il pas mieux que la règle fût sans exception ? Les places d'honneur, les pompes nuptiales, les diversités dans les cérémonies funèbres, tout cela semble peu digne de notre sublime culte, et choque depuis longtemps les masses, la pensée la plus naturelle c'est que tout devrait se faire à l'église absolument de la même manière pour tous. Que le riche se bâtisse, si cela lui plaît, sous la voûte du ciel de superbes tombeaux, mais, au temple, il sera traité comme le pauvre, et le pauvre comme lui ; là, même baptistère, même palais nuptial et même mausolée pour tous, comme, pour tous, même foi et même Christ. Il est vrai que, pour réaliser cette pensée, il est nécessaire que la société s'organise pour subvenir en commun aux frais du culte, de manière que tout en soit gratuit relativement à chaque individu en particulier; mais quoi de plus facile... A part ces défauts qui disparaîtront dans notre Église, parce qu'elle est la vie, et que la vie a pour caractère de se guérir elle-même des maladies qui lui surviennent, le cérémonial catholique fait partie de l'auréole par laquelle la vérité surnaturelle s'exprime ; elle est éloquente, séduit, conquiert l'admiration et l'amour; l'art humain l'invente à l'imitation de ce vêtement magnifique, nommé la nature, qui est la féerie divine ravissant nos âmes dans l'adoration du Créateur. — *Voy.* BALS SOMPTUEUX.

H

HABITUDES. *Voy.* PHYSIOLOGIQUES (Sciences), I, II.

HARMONIE. *Voy.* ART, III.

HARMONISME PHILOSOPHIQUE. *Voy.* HISTOIRE DE LA PHILOSOPHIE ET DE LA THÉOLOGIE. *Voy.* aussi PANTHÉISME, III, II.

HEGELISME. *Voy.* ONTOLOGIE.

HISTOIRE DE LA PHILOSOPHIE. — HISTOIRE DE LA THÉOLOGIE (Ire part. art. 21). — Nous avons, dans notre siècle, si peu d'écrivains philosophes, qu'on ressent une joie vive quand on ouvre des pages empreintes de vérités sérieuses et fortement pensées. Nous lisons dans les *Mélanges philosophiques et religieux*, de M. Bordas-Demoulin, les paroles suivantes : « Ramasser toutes les extravagances et les monstruosités enfantées par les écoles du mensonge et s'écrier : Voilà la philosophie, est aussi juste et aussi sensé que si ramassant toutes les extravagances, toutes les monstruosités enfantées par les sectes religieuses, on s'écriait : Voilà l'Église. » (P. 15.)

En temps ordinaire, ces paroles exprimeraient une vérité si commune, qu'elles n'auraient rien de frappant : aujourd'hui elles expriment une vérité méconnue, sont empreintes d'originalité, et suffisent pour donner une grande idée de celui qui les a écrites. Sont grands tous ceux qui luttent contre les entraînements de leur époque, et savent résister aux attraits de la popularité pour être sages. Ces paroles serviront de point de départ à tous les développements de cet article.

Si l'on prend les mots philosophie et théologie dans le sens rigoureux qu'on leur attribue dans l'école, ils expriment deux séries de phénomènes inhérents à l'humanité, se développant avec elle depuis l'origine, et se distinguant l'une de l'autre, par les sources qui les produisent, l'une étant un épanouissement indéfini de la raison naturelle, ou des idées premières qui constituent sa richesse, l'autre étant un épanouissement, dont le terme n'est pas moins ignoré, de la révélation surnaturelle, ou d'idées surajoutées à celles de la raison par une parole tombée d'en haut. On voit ces deux sources se confondre dans une seule aussitôt qu'on remonte à leur première origine. Toutes deux ne sont que la grande unité primordiale, le tao de Lao-Tseu, le logos de Platon, la sagesse absolue de Salomon, le Verbe éternel de saint Jean, Dieu enfin en tant que lumière et parole s'épandant *ad extra*. Mais il n'en est pas moins vrai qu'elles diffèrent, si on les prend au second degré de leur émanation parmi nous, l'une étant Dieu illuminant immédiatement notre esprit, lui montrant quelque chose de lui-même, l'autre étant Dieu venant ouvrir à nos âmes, par un second acte, et par un procédé différent des voies ordinaires, des échappées de vue plus vastes, plus profondes.

De cette définition suit rigoureusement que la philosophie et la théologie, identiques dans leur germe, sont, par essence, conformes entre elles, dans tous leurs développements logiques. Mais l'une et l'autre sont livrées à l'humanité, circulent dans son sein, vivent de sa vie, s'alimentent de sa substance, et, dans leur pèlerinage au milieu des hommes, peuvent subir des travestissements, contracter des épidémies, participer, en un mot, des maladies humaines. Ainsi malades elles ne sont plus elles-mêmes ; elles ne sont que des images infidèles de ce qu'elles continuent d'être en soi, mais des images souvent perfides, que nos yeux imparfaits peuvent prendre, et prennent trop souvent pour le vrai type.

C'est alors qu'on doit invoquer l'éclectisme, à titre de méthode, pour se sauver soi-même du labyrinthe, en distinguant la vérité de ce qui n'est que sa contrefaçon, et y reposer son âme. « Il y a un plaisir extrême à remarquer dans les divers raisonnements des philosophes, en quoi les uns et les autres ont aperçu quelque chose de la vérité qu'ils ont essayé de connaître. Car, s'il est agréable d'observer, dans la nature, le désir qu'elle a de peindre Dieu dans tous ses ouvrages, où l'on en voit quelques caractères, parce qu'ils en sont les images, combien plus est-il juste de considérer dans les productions des esprits les efforts qu'ils font pour parvenir à la vérité, et de remarquer en quoi ils y arrivent, et en quoi ils s'en égarent! C'est la principale utilité qu'on doit tirer de ces lectures: »(PASCAL.) Nous allons donner quelque idée de cet éclectisme dans un parcours rapide de ce qui s'est fait au sein de l'humanité, en philosophie et en théologie.

Notre manière de procéder sera simple ; elle sera fondée sur ce principe, que la vérité est toujours où est l'affirmation, l'erreur toujours où est la négation ; qu'il n'y a pas de systématique humaine, soit en philosophie, soit en théologie, absolument mauvaise, c'est-à-dire ne renfermant que l'erreur, parce que la négation absolue est impossible ; que tous les philosophes et tous les théologiens ont développé des vérités diverses selon le rapport sous lequel ils envisageaient les points de doctrine ; qu'ainsi tous, même les plus erronés, ont servi au progrès de la vraie science ; que cependant une différence radicale sépare les philosophies et les théologies en deux grandes classes : celles qui n'ont rien nié de la vérité philosophique ni théologique, et celles qui en ont nié quelque chose ; et que c'est uniquement cette différence qui détermine les deux courants du bien et du mal, en fait d'enseignement.

En suivant ces données, notre éclectisme ne différera guère du syncrétisme qui tourmenta si fort quelques platoniciens de l'école d'Alexandrie, et quelques autres de l'école de Descartes, Leibnitz en tête, bien qu'on le présente d'ordinaire pour l'opposé de l'éclectisme, celui-ci consistant dans un triage intelligent, celui-là dans une association de tous les systèmes. D'une part, nous choisirons en élaguant du fond tout ce qui est négatif ; d'autre part, nous réunirons et mélangerons toutes les parties affirmatives, pour en faire un tout qui sera la vérité complète ; ou plutôt nous poserons quelques aperçus de cette grande œuvre, qui ne s'achèvera qu'avec le monde.

I. — Eclectisme et syncrétisme en philosophie.

Aussi loin que nous puissions remonter les courants philosophiques qui sillonnent l'univers intellectuel le mieux connu de la civilisation européenne, nous voyons se former cinq grandes sources d'où sortent cinq génies qui en sont déclarés par le sentiment commun les dieux tutélaires, et qui nous apparaissent penchés sur les urnes d'où coulent les torrents auxquels ils président. Ces génies sont Platon, Zénon de Cittium, Aristote, Epicure et Pyrrhon. Les sources qui les produisent et dont ils deviennent les dieux protecteurs sont le spiritualisme théiste, le spiritualisme panthéiste, le spiritualisme athéiste, le matérialisme et le scepticisme. Ces mots vont être expliqués ; le troisième, en particulier, a grand besoin d'une interprétation qui en adoucisse la brutalité.

Le spiritualisme théiste consiste à affirmer l'âme humaine, à en déduire aussitôt l'existence de Dieu son original, sa cause, son soutien, sa lumière, puis tout le reste, et à expliquer les idées de l'âme par une participation aux idées éternelles de Dieu qu'elle voit en lui comme l'œil du corps voit les objets dans la lumière du jour. Sa vision est à elle, est elle-même ; mais la vérité vue, qui est l'idée éternelle en soi, n'est point à elle, est à Dieu, est Dieu même.

Le spiritualisme panthéiste consiste à affirmer Dieu sans déduction, sans poser primitivement la vision intellectuelle de l'âme ; à l'affirmer directement, sans distinguer l'effet de sa cause, et à expliquer les idées de l'âme par une habitation de Dieu dans l'âme ; en sorte que la vision de celle-ci soit une seule et même chose avec la raison divine qui habite en elle. Ce n'est point le panthéisme proprement dit et complet, ce n'en est que le germe.

Le spiritualisme athéiste ne consiste pas à nier Dieu en lui-même ; loin de là : il remonte à Dieu comme cause première, et démontre son existence avec une rigueur mathématique ; il s'en passe seulement pour les idées dont il explique la formation dans l'âme, sans action immédiate de la cause, par une vertu intrinsèque que possède l'âme elle-même. Cette vertu, qu'il appelle *entéléchie* ou *intellect agissant*, a besoin d'ailleurs, pour produire l'idée formelle, des sensations ou notions particulières que fournissent les sens ; elles en sont l'occasion et la matière. Quant aux idées particulières, les sens les fournissent ; quant aux idées universelles, elles sont en puissance dans l'entendement ; et quant à leur développement formel, les idées particulières ou sensations le déterminent ; Dieu, dans tout ce mécanisme, est négligé. Cette théorie, plus compliquée que les autres, et que reprendra l'école écossaise, ressort de plusieurs passages d'Aristote. « Ce n'est point par les sens, dit-il, que nous acquérons la science ; car les sens ne nous apprennent que le particulier, que ce qui existe dans un lieu et dans un temps, tandis que la science est la connaissance de l'universel ou de ce qui est indépendant des lieux et des temps. Les démonstrations, les raisons des choses sont universelles : or l'universel est hors du domaine des sens ; il est donc manifeste que ce n'est point par eux que nous pouvons y parvenir. Pussions-nous reconnaître par les sens que les trois angles d'un triangle valent deux angles droits, nous en demanderions encore la démonstration, la raison, car jusque-là nous ne la saurions pas. Les sens ne nous font connaître qu'un triangle particulier, et la science est la connaissance de l'universel, parce que là seulement se découvre la raison de ce qui est dans le particulier. » (*Analyt.*, liv. i, ch. 31.) Voilà l'idée de l'universel, indépendante des sensations. Mais qu'est-elle à ce degré? Simplement une puissance dans l'entendement. « L'entendement renferme en puissance les choses intelligibles. » (*Traité de l'âme*, liv. iii, ch. 4.) Et elle devient une connaissance formelle en se matérialisant dans les exemples particuliers; d'où l'axiome de l'école péripatéticienne, qu'il n'y a de connaissance réelle dans l'esprit qui n'ait passé par les sens. Enfin, quant à l'oubli du rôle de Dieu, au moins immédiat, les attaques d'Aristote contre Platon laissent peu de doute sur ce point important, et voici quelques mots qui sont malheureusement trop positifs : « Il est absurde de chercher la vie, non pas dans soi, mais dans un autre, et de transporter là sa jouissance ; car ce qui appartient à l'homme par sa nature est pour lui ce qu'il y a de plus excellent et de plus heureux. La meilleure vie, pour l'homme, est donc celle qu'il trouve dans son âme ; elle est pour lui le souverain bien. » (*Morale*, liv. x, ch. 7.)

Le matérialisme n'admet que le monde visible, en ce qui concerne l'âme et ses idées ; il ne voit dans celles-ci que des transformations de sensations : la sensation physique s'imagine dans l'organisme humain, pénètre, sous cette forme, jusqu'à l'âme, et arrivée là, devient l'idée, qui se généralise, par une dernière digestion abstractive, jusqu'à devenir l'universel. Le sensualisme, à ce premier degré de son évolution, ne nie pas Dieu ; il n'est que le germe de l'athéisme.

Enfin, le scepticisme consiste à douter, et par conséquent à ne pouvoir aucun système.

Telles sont les idées mères de toutes les philosophies dont l'Europe a été le principal siège ; telles sont-elles du moins dans Platon, Zénon, Aristote, Epicure et Pyrrhon ; et, depuis ces chefs, elles ont servi de point de départ à tous les philosophes pour construire des systèmes purs ou mélangés d'erreurs.

Les philosophies de l'Egypte, de la Perse, de l'Inde et de la Chine pourraient être également ramenées à quelques idées générales, soit identiques, soit voisines de celles-là. Comme elles sont encore peu connues dans les détails, nous les passerons ici sous silence, nous contentant de renvoyer le lecteur à d'autres articles où il en est question, tels que Panthéisme, Trinité, etc.

Avant d'aborder l'historique de ces idées prises dans ce que nous connaissons de leurs germinations antérieures aux premiers génies qui les ont systématisés, et dans leurs transformations postérieures, faisons quelques observations.

Le spiritualisme théiste de Platon ne recèle aucune négation proprement dite ; il est affirmatif dans toutes ses parties ; il affirme l'âme personnelle, identique et distincte ; il affirme Dieu comme sa cause, son appui, sa lumière et son type ; il affirme tous les êtres en dehors de l'âme par la déduction de la véracité de Dieu qui ne saurait mentir en nous les montrant ; il affirme, dans l'idée, la vision de l'âme comme sienne, et l'objet de cette vision comme une des vérités types existant éternellement en Dieu à l'état de réalité, idée permanente, seule manière d'être absolue et parfaite des choses ; il affirme la valeur de l'évidence et des déductions logiques, ainsi que la puissance morale que possède l'âme tendue librement vers la beauté absolue. Il ne fait qu'affirmer, et ses affirmations sont des affirmations véritables, qui ne cachent point la négation sous des formes trompeuses. Le spiritualisme n'est pas, sans doute, la vérité complète, mais il est la vérité pure de toute erreur dans ce qu'il se contente d'affirmer.

Le spiritualisme panthéiste de Zénon consiste dans deux affirmations qui peuvent être accompagnées de deux négations, selon qu'on presse plus ou moins la théorie. Poser Dieu immédiatement, et sans déduction logique peut s'interpréter de deux manières ; si Zénon entend, par ce procédé, exclure son moi, son âme comme un effet distinct de sa cause, il la nie, et voilà l'erreur panthéistique dans cette négation même ; quant à l'affirmation de Dieu, elle reste vraie ; s'il entend que l'âme a l'intuition immédiate de Dieu, il affirme l'âme et Dieu tout ensemble, l'âme d'abord en la posant comme sujet de son intuition, et Dieu comme objet de cette même intuition ; dans ce cas, il ne fait qu'affirmer cette grande vérité, que nous n'arrivons pas seulement à Dieu par raisonnement, mais aussi par intuition directe, de sorte que nous voyons Dieu en même temps que nous nous voyons nous-mêmes. Quant à la définition des idées, si, en disant que l'idée humaine n'est que l'idée divine habitant dans l'âme, il entend nier la vision de l'âme comme sienne, c'est-à-dire l'âme elle-même en tant que voyant l'idée de soi ou de toute autre vérité résidant éternellement en Dieu, voilà la négation d'un être, voilà l'erreur. Quant à l'affirmation de Dieu habitant dans l'âme, elle reste vraie. Mais s'il entend que l'idée divine est tout à la fois, et la lumière de l'âme, non l'organe qui reçoit cette lumière, et l'objet vu immédiatement, servant d'intermédiaire entre l'âme et l'objet extérieur, s'il s'agit d'un objet extérieur, alors il ne fait qu'affirmer avec Platon l'âme et Dieu, et ne dit que la vérité pure, en appuyant davantage sur le rôle de l'idée divine dans notre propre vision. Il importe peu de savoir ce que pensaient au juste Zénon et les stoïciens ; et il serait difficile de s'en rendre exactement compte.

Le spiritualisme athéiste d'Aristote peut, comme le précédent, présenter une partie négative, si on le presse, et Aristote ne laisse guère lieu de douter qu'il ne la renfermait réellement dans son esprit. Il admet et démontre Dieu comme cause première des êtres, mais il le nie dans l'idée, prétendant expliquer l'idée sans lui par l'intellect agissant, appuyé sur la sensation. C'est par cette négation seulement qu'il s'éloigne du platonisme, et tombe dans l'erreur. Mais dans son affirmation d'un intellect agissant, d'une *entéléchie* ou activité vers une fin, et du besoin que cette autorité a des sens pour se développer, il ne fait qu'ajouter au platonisme une vérité de plus ; car l'âme n'est pas seulement passive dans la production des idées, elle est aussi active, malgré que Dieu soit toujours le ressort premier de cette activité ; elle se meut vers l'être, elle fait effort vers l'idée éternelle pour la voir, et les sens lui sont nécessaires dans ce mouvement, comme aiguillon. Aristote, en ce qu'il a d'affirmatif au profit de l'âme, ne fait donc que considérer celle-ci sous un nouveau rapport, s'appesantir dessus, et ajouter une lumière à celles qu'allument les deux autres.

Le matérialisme d'Epicure est plus négatif que les deux systèmes précédents ; non-seulement il nie Dieu dans l'idée et dans l'âme ; mais il nie même l'activité propre de l'âme. L'idée n'est plus qu'une métamorphose mécanique de la sensation ; et dans ces négations gît toute son erreur. Cependant il n'est pas sans une partie affirmative, celle qui fait entrer la sensation comme élément de la formation des idées, ou de la vision intellectuelle ; c'est un mensonge de nier les autres éléments en prétendant qu'il n'existe que celui-là ; mais c'est une vérité que d'affirmer celui-là. Les sens, à un état quelconque, font partie intégrante et essentielle de l'âme humaine ; ils sont sa limite, sa surface, son contour ; elle ne peut jamais être sans des sens entendus dans l'extension la plus large du mot, et elle ne peut agir ni produire, ni voir sans cette condition ; c'est par les sens que Dieu lui communique une partie de sa lumière, et, par conséquent, de ses idées. Il y en a qui ne sont, à proprement parler, que des sensations transformées, comme l'explique Epicure. Quand je sens un corps, et que je le presse, mon sentiment et ma pensée ne sont qu'une impression physique qui s'imagine en moi, se spiritualise, et devient idée, par son mélange avec l'idée divine du corps, qui est l'intermédiaire entre le corps et mon âme. Merci donc à Epicure, comme aux précédents, d'avoir illuminé un nouveau rapport du mystère humain. Que ne s'est-il arrêté devant la négation des autres !

Enfin le scepticisme de Pyrrhon paraît être une négation absolue, la négation de toute affirmation. C'est assurément le pire des systèmes, ou plutôt ce n'est point un système, c'est le suicide de l'être. Cependant il n'est pas sans cacher quelque affirmation, celle de la logique tout entière et de la méthode. Dire : Je doute, c'est affirmer le besoin qui est dans l'âme de la démonstration; c'est le mot implicitement prononcé par le logicien avant tout syllogisme ; c'est l'énoncé affirmatif d'un côté tout entier de la nature intelligente, de celui où la preuve se jette en fonte, s'épure et se formule ; ne verra-t-on pas, deux mille ans plus tard, le plus absolu des affirmateurs, le plus assuré des hommes de foi, Descartes, reprendre le doute de Pyrrhon, non pas comme but, mais comme moyen ; non pas comme système de métaphysique, mais comme méthode, et en faire le sentier même de la certitude ? Merci donc encore à Pyrrhon d'avoir éclairé une nouvelle face de l'âme. Pourquoi s'est-il arrêté à la porte de la logique, et, après l'avoir ouverte, a-t-il fermé les yeux, comme celui qui a peur devant la lumière de la démonstration, aimant mieux lui tourner le dos en gardant son doute, que de la considérer en face et de lui jeter son doute à dévorer ?

Portons maintenant un coup d'œil rapide sur les aventures des cinq grands systèmes dans l'humanité.

Avant Platon, Zénon, Aristote, Epicure et Pyrrhon, on affirmait Dieu et l'âme, et par conséquent la philosophie existait. La vérité, dans l'homme, est contemporaine de la création de l'homme; la philosophie sort avec lui du sein de Dieu. Les travaux du génie ne font que la coordonner dogmatiquement, et la développer dans ses conséquences. Il y a une grande petitesse d'esprit à dire que tel ou tel grand homme a fondé la philosophie, et c'est faire une odieuse injure à celle-ci : elle est naturellement en Dieu, comme la révélation, ainsi que le disait Zoroastre de l'Avesta-Zend ; et il y a cette différence entre elle et la révélation, que dès qu'on suppose Dieu créant une intelligence, on suppose qu'il l'éclaire des premiers rayons de la philosophie, tandis que la révélation ne lui est manifestée qu'après, par des moyens en dehors de la nature. Mais ces premiers rayons sont appelés à un épanouissement progressif, dont les hommes de génie seront les promoteurs avec Dieu.

Aussi trouve-t-on, avant Platon, quelques germes de toute sa dogmatique affirmative, et en trouverait-on bien davantage, si l'histoire de ces temps les plus antiques n'était pas perdue.

Selon Plutarque, Thalès considérait Dieu comme l'âme du monde; et, selon Diogène Laërce, il enseignait que Dieu avait fait le monde, et, dans le monde, des âmes immortelles. « Dieu est le plus ancien des êtres, disait-il, Dieu est sans fin et sans commencement. La plus belle chose, c'est le monde, puisque Dieu l'a fait ; la plus grande, l'espace, puisqu'il contient tout; la plus prompte, l'esprit, puisqu'il parcourt l'univers; la plus profitable, la vertu, puisqu'elle rend tout le reste utile par le bon usage; la plus nuisible, le vice, qui perd et gâte tout; et la plus difficile, c'est de se connaître soi-même. La Divinité connaît toutes choses, la pensée de celui qui songe mal est vue des dieux. » (PLUTARQUE, *Banquet des sept sages.*)

Pythagore remontait, comme les philosophes de la Chine, à la grande unité, principe de toutes choses ; laquelle, s'unissant à deux, produit trois d'où tout résulte ; assimilant ainsi la génération des êtres à celle des nombres, et expliquant l'une par l'autre, il distinguait l'âme comme le principe radical de l'homme, la définissait un nombre en mouvement, définition profonde, d'où Aristote tirera son entéléchie, et par laquelle il arrivait à distinguer, en elle, deux éléments de la lutte qui s'y passe entre le bien et le mal, l'élément rationnel et l'élément déraisonnable ou sensuel, siège de l'orgueil et de la volupté. Pythagore est devenu célèbre par sa manière d'expliquer l'immortalité de l'âme avec les peines et les récompenses, quoiqu'il n'en soit pas l'inventeur, puisqu'on trouve la métempsycose à l'état de croyance populaire dans les plus antiques civilisations de l'Orient. Il attachait une grande importance à la frugalité, à la tempérance, au travail, à la méditation de Dieu et de sa présence en nous, à la prière, et organisa une association d'où sortirent plusieurs législateurs, tels que Zaleucus et Charondas, où l'on pratiquait toutes ces vertus. Il prêchait aussi la liberté des peuples; ses disciples chassaient les tyrans; plusieurs périrent victimes de leur zèle, et lui-même fut égorgé à Métaponte, à l'âge de 84 ans, dans une persécution suscitée contre son école.

Si l'affirmation philosophique commence avec la création de l'humanité intelligente et libre, la négation remonte aussi jusque-là. Puisque la vérité est éternelle, et que le néant relatif l'est également, l'affirmation de l'être et sa négation sont offertes à l'intelligence créée dès qu'elle existe; et il arrive malheureusement qu'elle fait des écarts vers la région des ténèbres. Dans l'époque dont nous parlons, elle s'enhardit et s'exprime par la bouche de quelques novateurs; les principaux sont, d'une part, Leucippe et Démocrite; et, d'autre part, Xénophane et Parménide. Les premiers se font chefs d'une école de physiciens, qui, pour affirmer la multiplicité des éléments de l'univers, qu'ils appellent *atomes*, paraît aller jusqu'à nier l'unité et l'immutabilité, comme étant de pures abstractions de l'esprit. Les seconds se font chefs d'une école de métaphysiciens, qui, pour affirmer l'unité centrale de toutes choses, paraît aller jusqu'à nier la multiplicité et la distinction comme étant des jeux purs de l'idée sans réalité objective.

Les sophistes de la Grèce s'emparent des négations de Démocrite, et s'essayent à les établir par toutes les subtilités dont ils sont capables.

Zénon d'Elée leur répond par une dialectique plus puissante, mais basée, comme la leur, sur une négation contraire, sur la négation du multiple. Ses arguments d'*Achille et de la tortue*, de *la flèche*, et plusieurs autres, dirigés contre l'espace et la pluralité des choses, sont d'une grande force pour attaquer la réalité du substratum composé qu'admettaient les sophistes d'après Démocrite; mais ne touchent pas à la réalité des esprits en nombre multiple et distincts, quoiqu'ils ouvrent devant la pensée le problème, insoluble pour l'homme, de l'indéfini du fini dans l'infini. Zénon d'Elée est, par le fait, un génie profond, quoique avec sa dialectique subtile il serve Pyrrhon; il est aussi un grand citoyen qui lutte toute sa vie pour la liberté et qui finit, d'après Hermitte, par être pilé vif dans un mortier par la tyrannie.

Devant ce Zénon et les sophistes se pose Socrate, le sage par excellence, qui, en riant de leur lutte, des paradoxes et des subtilités dont ils font leurs armes, leur dit avec ironie : Je ne sais rien, vous ne m'apprenez rien, et je ne veux rien savoir de toutes ces choses. Tout ce que je sais, et tout ce que je veux savoir, c'est que Dieu est, qu'il est un, que je suis âme et pensée, que je suis immortel, que la vertu est le seul bien de l'homme, que la vraie philosophie consiste à la pratiquer, qu'être philosophe, enfin, c'est apprendre à mourir et savoir franchir avec une conscience pure le grand passage de cette vie dans l'autre. Voilà Socrate : c'est l'affirmation même dans le doute, et la négation opposée à la sophistique, et à la dialectique embrouillée d'Athènes et de la Grèce.

Viennent ensuite les grands chefs que nous avons nommés, Platon, qui est le développement sublime de l'affirmation et de l'étude socratique; Zénon de Cittium, qui est l'élévation de Parménide à la formule dogmatique; Epicure, qui est l'épanouissement de Démocrite en système; Aristote, qui fait une alliance de l'un et de l'autre à l'aide de son entéléchie, terme moyen et centre d'union des deux mondes, mais qui néglige Dieu, ce qui fait son erreur; et enfin Pyrrhon qui s'inspire de Zénon d'Elée, des sophistes et du sensualisme d'Epicure, non plus, comme Socrate, pour leur jeter l'ironie d'un doute méthodique et l'affirmation par-dessous, mais pour établir un doute définitif, où il paraît reposer son âme, malgré les douleurs qu'elle endure sur cette couche d'épines.

Mais Platon est déjà lui-même le grand foyer de lumières d'où se détachent les quatre autres par la négation de quelqu'une des vérités de son symbole, et auquel ils ajoutent, en même temps, des rayons particuliers, par des développements plus formels de certains rapports vrais sur lesquels ils s'appesantissent. Platon mériterait donc ici une étude spéciale; nous remplacerons cette étude par une citation d'un platonicien du XIXᵉ siècle, qu'il nous a été doux de rencontrer au milieu du chaos doctrinal qui caractérise notre époque.

« Platon naquit à Athènes en 430, et y mourut en 348 avant Jésus-Christ. A l'âge de vingt ans, il s'attacha à Socrate, jusqu'à la mort de celui-ci en 400. Il fréquenta ensuite Cratyle, disciple d'Héraclite, et Hermogène, sectateur de Parménide. A trente-deux ans il se rendit à Mégare pour entendre Euclide; de là il passa à Cyrène pour étudier chez le mathématicien Théodore, puis en Italie, pour voir les pythagoriciens Philolaüs et Eurytus; enfin il visita les prêtres de l'Egypte.....

« Ceux qui, avant lui, travaillaient à savoir considéraient les objets sans égard à ce qui les représente à la pensée dans la pensée elle-même, qu'ils étudiaient aussi de cette manière, ne songeant pas plus à examiner par quoi et comment elle peut se connaître que par quoi et comment elle peut connaître les autres choses. Aussi n'obtenaient-ils que des notions vagues, confuses, et s'il arrivait qu'elles fussent vraies, il leur était impossible de s'en assurer, faute du principe de la science. Socrate commença à s'enquérir de ce principe ou à rechercher ce qui fait en nous que nous savons, et il trouva que ce sont les idées générales que chacun porte en soi, et qui se rencontrent à découvert ou cachées, bien ou mal prises, dans toute notion, selon qu'elle est claire ou obscure, vraie ou fausse. En rentrant en lui-même pour les regarder avec attention, il vit, et quiconque fera ce retour d'une manière sérieuse verra également, que ces idées contiennent les raisons de tout ce qu'il nous est donné de comprendre, et sont elles-mêmes leur propre raison, de sorte qu'elles se connaissent d'elles-mêmes et fournissent le moyen de connaître ce qui n'est point elles. Mais si les idées ont une source en nous, puisqu'elles constituent notre entendement, elles ont une source plus haute en Dieu, de qui elles constituent aussi l'entendement : elles se divisent en deux ordres, dont un seul nous appartient, dont l'autre appartient à Dieu ; et il faut les considérer à la fois dans ces deux ordres pour les embrasser avec toute leur étendue et leur réalité. Or, Socrate paraît s'être arrêté au premier, et ne les avoir envisagées que comme constitutives de notre entendement. Du moins cela ressort de Xénophon, qui passe pour le rapporteur fidèle de ses entretiens, et Aristote autorise pareillement à le croire. Selon lui *Socrate a, le premier, cherché ce qu'il y a d'universel dans les vertus, mais il ne séparait point cet universel. D'autres firent cette séparation, et l'étendirent de la morale à toute chose.* (*Métap.* I, 5 ; - XIII, 4.) Il s'agit de Platon, à qui il reproche d'avoir supposé que cet universel, que nous découvrons en considérant soit la nature de notre esprit, soit celle des corps, a, hors de notre esprit et des corps, une existence à soi, indépendante. Platon n'a rien supposé de semblable, bien qu'on le lui ait souvent imputé, sans doute d'après Aristote. Mais à part cette absurdité, qui lui est gratuitement prêtée, ces lignes constatent qu'il s'éloigne de Socrate en ce qu'il reconnaît l'universel ailleurs que dans notre esprit et dans les corps. Effectivement, il le reconnaît aussi dans Dieu (4). L'universel en Dieu, il le nomme *eidos auto katà auto*, ce qui signifie l'ensemble des idées prises en elles-mêmes, c'est-à-dire les idées éternelles, absolues ; l'universel dans notre esprit et dans les corps, animaux, végétaux, minéraux, il l'appelle *eidos* ou *idea*, employant toutefois plus particulièrement *eidos* pour l'esprit, et *idea* pour les corps. L'un et l'autre est l'ensemble des idées prises dans l'imitation de ce qu'elles sont en soi, c'est-à-dire les idées produites, relatives..... En créant les esprits, Dieu a produit l'image de lui-même, et les idées générales qui constituent tout esprit créé, sont la copie des idées générales correspondantes, qui constituent l'esprit créateur. En créant les corps, il a produit aussi une certaine image de lui-même, puisqu'il les a faits d'après ce qui, en lui, les lui représente éternellement ; et les propriétés générales qui se rencontrent dans les corps, et y forment ce qu'ils ont de fondamental sont, à leur manière, une copie de ce qui leur répond en Dieu (5).

« Ainsi les idées qui subsistent dans lui comme raison souveraine et incréée, en nous comme raison subalterne ou créée, subsistent dans les corps comme rapport animal, végétal, minéral. C'est pourquoi notre intelligence, malgré qu'elle ne voie et ne comprenne jamais que ce qui est en elle-même, voit et comprend ce qui est hors d'elle, au moyen d'elle-même, qui, pour soi, en est la représentation (6). L'extrême différence des deux

---

(4) Ce qu'on a reproché à Platon, sans aucun motif, c'est d'avoir substantifié les idées universelles en dehors de la substance de Dieu, et non pas en dehors des substances imparfaites et créées. Ne pas les substantifier en Dieu, c'est-à-dire ne pas les donner pour inhérentes à la substance divine, de telle sorte qu'elles n'en puissent être séparées que par une abstraction du concept, c'est nier Dieu. Et comme les substantifier ainsi, c'est les substantifier en dehors des créatures, et indépendamment d'elles, on n'aurait pas eu tort d'attribuer à Platon cette pensée qui est le fonds de sa philosophie. En quoi donc l'a-t-on calomnié ? en lui faisant distinguer substanciellement les idées divines, ou le λόγος de Dieu même, ce qui serait poser un dualisme éternel et nier l'unité de l'absolu, absurdité qu'il n'a jamais émise. On lui a prêté aussi l'erreur qui consiste à enseigner que la matière est éternelle, ce qui ferait une troisième substantialité, un troisième Dieu égal aux deux autres, puisqu'il serait soi par soi et distinct d'eux en substance ; mais c'est encore une calomnie ; Platon admet des foyers d'êtres créés de tout degré de perfection, comme Liebnitz, et l'étendue qui se limite en eux n'est pour lui, en dehors d'eux, que comme un simple idéal éternel-lement en Dieu, ce qui est vrai. On a beau faire, Platon n'est ni dualiste, ni tritheiste : il est monothéiste.

(5) Voici ce qui nous est resté de l'étude de Platon, en ce qui concerne la question des corps, et nous pensons qu'en l'épluchant minutieusement sur ce point, on arriverait facilement à établir que tel fut le fond de sa pensée :

Les corps, aussi bien que les âmes, sont éternels en Dieu pour le fond de leurs propriétés, lequel fond n'est autre que l'idée archétype dont ils sont, devant nous, des copies manifestées. Ils ne sont que cela ; point de quantité substantielle en eux autre que celle-là ; le reste est ombre sans consistance. C'est ce qui les fait différer des âmes qui sont des forces propres, des êtres soi, des substances distinctes et véritablement créées.

C'est de là qu'on avait accusé Platon, sans le comprendre, de croire à l'éternité de la matière, tout en professant la création des âmes ; c'est de là aussi que quelques-uns avaient supposé qu'il regardait ses archétypes formant le fils comme des substances distinctes de la substance du père ; absurdités auxquelles il n'a jamais pensé !

(6) On ne peut concevoir de propre à l'âme que

copies, dont la première donne les esprits, et la seconde les corps, c'est que l'une connaît et que l'autre ne connaît point. Quoique ces copies, ou les esprits et les corps, soient des êtres réels, qu'ils aient une substance propre, cependant comme ils l'ont d'emprunt, comme ils ont été faits tout ce qu'ils sont, ils ne sauraient vivre et se conserver qu'autant qu'ils se trouvent unis à leur modèle, leur auteur, et enveloppés de son action souveraine. D'où il suit que nos idées dépendent immédiatement, à l'intérieur, des idées divines, et qu'elles doivent sans cesse s'élever à elles et leur rester unies, pour se soutenir et être dans leur force.

« Tel est le fond de l'enseignement de Platon, qui le répand dans ses ouvrages avec une intarissable profusion de faces, d'aperçus et de tours. Résumé dans le *Parménide*, qui a pour objet la nature des idées, dans le *Timée*, où est exposée l'origine de l'univers, cet enseignement se montre à chaque instant ailleurs, mais seulement par quelqu'un de ses points, selon le besoin du sujet...

« En lui l'esprit humain se reconnaît vraiment pour la première fois, et à le regarder agir, il sent qu'il est sorti enfin du vague et de l'incertitude; qu'il a cessé d'être l'esclave de l'ignorance, le jouet du faux-savoir; qu'il est posé dans la vérité et dans la lumière. Voyez-vous comme il porte au dehors l'ordre qu'il vient de découvrir en lui-même, distingue les créatures du Créateur, jusque-là le plus souvent confondus, soit qu'on absorbât les créatures en Dieu, comme l'école métaphysique d'Elée, soit qu'on absorbât Dieu dans les créatures, comme l'école physique du même nom ; met la cause première et les causes secondes à leur place respective; maintient leurs rapports naturels dans l'ensemble de l'univers, et dans beaucoup de ses parties, sinon dans toutes ! Voyez-vous comme il affronte avec confiance et confond avec facilité l'enseignement captieux et superbe des sophistes, qui, depuis si longtemps, exercent l'empire! Avec quelle promptitude il leur enlève la jeunesse, qu'ils tiennent fascinée, et la fait descendre de la présomption d'une science mensongère à la juste défiance d'elle-même ! Tout change d'aspect, la pensée prend un autre cours, la raison secoue son antique engourdissement, s'élève et prévaut. Si elle ne saisit point encore la conduite de la vie dans ce qu'elle a réellement d'important, et laisse l'homme asservi aux cultes sensuels et aux sociétés despotiques, c'est qu'il ne lui est pas donné de restaurer seule l'homme dégradé; mais elle proclame les vrais rapports qu'il a, du côté de l'âme, avec Dieu; et ces rapports intérieurs, directs, en vertu desquels il ne relève nécessairement que de l'éternelle raison, sont la base où, vingt siècles plus tard, lorsqu'il aura été renouvelé par le christianisme, s'assoiera l'ordre des choses qui le mettra en possession de lui-même et dans la jouissance de ses droits naturels.

« Platon obtint de son siècle le surnom de *divin*, et la postérité le lui a conservé. Il faut le dire, aucun mortel ne le mérite mieux. Mais d'ordinaire, on n'exalte par là que la magnificence, la pompe et la mélodie de son langage, le charme délectable que respirent ses peintures du sentiment. Sans doute, même à cet égard, il souffre peu de comparaison. Saint Augustin a-t-il, pour la beauté éternelle, *cette beauté toujours ancienne et toujours nouvelle,* dont la contemplation et l'amour l'enivrent; a-t-il des traits plus admirables, plus enchanteurs, et surtout aussi fiers que Platon, lorsque, dans le banquet, après avoir préparé les âmes à en supporter l'éclat, il l'étale à leurs yeux vivante? Homère, ce créateur de l'Olympe, à qui les dieux doivent leur grandeur et Jupiter sa majesté, a-t-il, avec sa puissante audace du merveilleux, animé les cieux d'un spectacle pareil à celui que Platon y donne, lorsque, dans le *Phèdre*, il représente les légions innombrables des dieux et des génies, conduites par leur chef suprême, et montant sur leurs chars ailés au sommet du ciel; autour de ce sommet, où réside éternellement l'essence véritable de la justice, de la sagesse, de la beauté, de la science, faisant des évolutions majestueuses, et, après avoir contemplé toutes ces essences, et s'en être abreuvées, se replongeant dans l'intérieur du ciel, rentrant dans leurs palais divins, épurées, fortifiées par cet aliment immortel de l'intelligence? Oui, Homère semble petit. Que des cieux Platon veuille transporter sur la terre cette scène, qu'il entreprenne de retracer les efforts des hommes pour s'élever à la région supérieure des essences, les images sont sous sa main pour donner un corps à ses pensées : notre âme lui apparaît comme un attelage dont l'intelligence est le conducteur, l'amour des choses du ciel et l'amour des choses de la terre, les deux coursiers. Si le coursier céleste l'emporte, le char s'élève à la source du vrai, du beau, du bien où il se désaltèrent les dieux. Mais l'âme n'en peut obtenir qu'un faible rejaillissement, que comme une vapeur, parce que la fougue du coursier de la terre agite la machine et la rend vacillante. Si celui-ci triomphe, le char descend, se brise à travers les écueils et s'engloutit dans les précipices.

« L'âme alors se traîne dans ce tombeau « qu'on appelle le *corps*, comme l'huître dans « la prison qui l'enveloppe. » Ici Platon peut défier Pascal et Bossuet, ces deux peintres terribles de la lutte acharnée que se livrent en nous la raison et les sens, et dans laquelle se terrassant tour à tour, ils produisent nos grandeurs et nos misères et leur effrayant contraste.

«Mais l'énergie, l'opulence, l'enchantement du style ne sont que la partie inférieure, j'oserai presque dire grossière de son génie.

---

sa vision de l'idée divine, comme il n'y a de propre à l'œil que sa vision de la lumière du soleil ; c'est la théorie de Malebranche qui est, sous ce rapport, le vrai platonisme.

Voulez-vous le voir dans sa sublimité ? suivez-le dans les rues, dans les ateliers, dans les places publiques, où, sous la personne de Socrate, il va avec son ton simple et badin, sa conversation naïve, ses propos familiers, instruire les ignorants, démasquer les faux sages, qui, s'emparant des connaissances acquises, les gâtent pour renverser les maximes du bon sens et de la morale, aveugler les esprits, corrompre les cœurs, gagner du crédit et de la fortune, et flétrir leur époque en lui imprimant le nom d'époque des sophistes. A l'entendre parler de laboureurs, de vignerons, de cuisiniers, de bûcherons, de charpentiers, de tisserands, de marchands, de joueurs de lyre, de pilotes, on le prendrait pour un bon campagnard, un homme de ménage, de boutique, ou tout au plus pour un maître d'école, si on ne le voyait entouré continuellement des fils des premières familles, et dans les assemblées des rhéteurs et des sophistes qui pâlissent à sa vue, et si, en même temps, ses entretiens n'étaient, dans leur abandon et leur simplicité, si accomplis, et ne décélaient une culture parfaite : aussi sous ce langage et ces objets communs qu'il cache un sens profond, une sagesse relevée, et un art admirable de les communiquer ! Il semble ne discourir qu'inspiré par les occasions et le hasard ; ce qu'il dit paraît plutôt l'expansion ingénue de la nature que le fruit de l'étude. Cependant on sent que ce qu'il enseigne est assis sur des principes si fermes, sur une méditation si étendue et si suivie, qu'il est impossible de méconnaître en lui un homme qui a sondé tous les recoins de la pensée et qui sait où est le vrai et où est le faux, qui écoute ou provoque les objections avec l'assurance de ne voir surgir aucune vérité, aucune erreur nouvelle. Il affecte l'ignorance, et, en effet, il n'a pas le savoir mensonger qui est en vogue, il n'a pas non plus ce savoir empirique qui est fondé, mais qui ne réside que dans la mémoire. Le sien est d'intelligence : c'est pourquoi il semble toujours spontané. Avec cette maîtresse connaissance de soi, cette domination des idées premières, il entreprend hardiment d'éclairer les autres ; il les travaille, il les presse par ses questions faites à propos, par ses exemples si sensibles, si bien choisis, jusqu'à ce qu'ils aperçoivent ces idées-là, et qu'à leur clarté pure ils voient disparaître les lueurs vagues dont ils étaient si fiers, ou les ténèbres de leur ignorance native (7). Ne lui croyez pas la prétention de leur enseigner quelque chose, il ne s'attribue, suivant son langage, que le mérite des sages-femmes, celui d'aider les âmes à enfanter, ou à trouver en elles-mêmes et mettre au jour ce qu'il y cherche avec elles. Quelquefois d'interrogation en interrogation, de réponse en réponse, il les conduit avec tant de subtilité et d'adresse, qu'il leur fait parcourir en tout sens la pensée, en les alléchant par l'espoir de découvrir ce que c'est que la sagesse, l'amitié, le courage, et finit par les laisser déçues et dans une incertitude inquiétante, de sorte que vous le prendriez lui-même pour un de ces sophistes dont les leçons ne sont que mécomptes, et dont il s'est déclaré l'implacable ennemi. Mais si on y regarde de près, on s'aperçoit qu'il a obtenu un résultat non moins important que s'il avait mis en lumière l'objet particulier de sa recherche; il a exercé les esprits avec lesquels il converse, il les a fait réfléchir, il leur a appris à voir d'un coup d'œil dans chaque principe la longue chaîne des conséquences qui en découlent, et à surprendre les liaisons de ces conséquences avec les conséquences d'autres principes. Et qu'il finisse ou qu'il ne finisse point par éclaircir le point dont il s'agit, il a rempli son objet qui est de conduire à philosopher.

« Voilà ce qui fait Platon grand, et justifie son titre de divin ; car la grandeur réelle qui nous rend semblables à Dieu, c'est de connaître et d'aimer la vérité, objet unique de la connaissance et de l'amour divins. Lorsque de la contemplation des idées, dans lesquelles il puisait ardemment la science, il a laissé tomber, revêtu de couleurs splendides et de sons harmonieux, quelques-uns des transports qu'il devait souvent ressentir, les hommes captifs des sens ont été éblouis et se sont persuadés qu'il avait passé tout entier dans ces pages resplendissantes. O vous, qui avez lu Platon, et le voyez en lui qu'une imagination prodigieuse et magique, et le traitez de beau rêveur, humiliez-vous devant une telle raison; obtenez-en, s'il est possible, une étincelle, qui suffira pour vous le faire reconnaître. Et vous, qui n'avez cherché en lui que l'éclat de ces pages, ou même qui ne vous le représentez que sur des ouï-dire trompeurs, lisez, méditez ses écrits, à l'exemple du positif, mais judicieux Fleury qui s'abusait comme vous, et il ne vous restera plus sans doute qu'à confesser votre erreur comme lui. « Platon, » dit-il, « passe pour un visionnaire, et pour un au-
« teur dont les ouvrages ne peuvent servir,
« tout au plus, qu'à orner des harangues. Je
« le croyais tel moi-même avant que je l'eusse
« lu, et j'avoue que je fus bien étonné de le
« trouver, au contraire, très-solide, approfon-
« dissant extrêmement les sujets qu'il traite,
« allant toujours à prouver quelque vérité ou
« à détruire quelque erreur, établissant ou
« insinuant dans tous ses ouvrages une mo-
« rale merveilleuse, et fournissant une infinité
« de réflexions capables de désabuser les
« hommes les plus prévenus et d'arrêter les
« plus emportés.... Son esprit, outre les qua-
« lités qu'on lui accorde d'ordinaire, d'avoir
« eu l'imagination belle, l'invention, le tour
« délicat, l'élévation, la grandeur de génie,
« avait encore la solidité, le jugement, le bon

---

(7) Personne, suivant Bacon, n'a encore tenté la vraie méthode d'induction, si ce n'est peut-être Platon, qui, pour analyser et vérifier les définitions et les idées, emploie jusqu'à un certain point cette méthode. (*Novum organum*, pag. 346, trad. de LA SALLE.)

« sens, et il me paraît avoir plus excellé en « ces dernières qualités.» (*Disc. sur Platon.*)

« Étonnant pouvoir de la renommée ! De la même main, elle abaisse la supériorité qui éclaire le monde et exhausse la médiocrité qui l'aveugle. Qui a fait à Platon la réputation d'esprit chimérique, à Aristote et à Bacon celle de génies souverains ? ceux-là précisément qui ne les ont point lus ou qui n'ont su les comprendre (8).

« Ces notions qui, dans tous les temps, sont le fond des conversations et des livres utiles, ces considérations qui les alimentent, remplissent les écrits de Platon. Elles n'appartiennent pas toutes à lui ; la plupart remontent même au delà de Socrate, et leur ont été transmises par leurs devanciers, mais mal exposées, incomplètes, sans lien, presque sans fruit (9). A eux la gloire de les avoir présentées avec une netteté qui les rend accessibles à tous, de les avoir développées, condamnées, fécondées, et surtout de les avoir ramenées à leur source, je veux dire aux idées primitives, dont ils ont fait jaillir une infinité d'autres, et d'avoir composé de cet ensemble le riche et éternel héritage de la pensée, que se sont ensuite distribué les moralistes, les politiques, les théologiens, les littérateurs.

« Là ont pris Aristote, Démosthènes, Cicéron, Sénèque, Epictète, Plutarque, Montaigne, Fénelon, Domat, Montesquieu, Rousseau, Bernardin de Saint-Pierre, saint Justin, Origène, saint Clément d'Alexandrie, saint Augustin, Bossuet. Chacun sans doute a agrandi sa part, et l'a, en quelque sorte, refaite par la méditation, et par les matériaux d'une expérience qui manquait à Platon. Toutefois ces notions, ces vues, ces réflexions n'ont rien, en lui, d'informe, rien qui sente le premier jet; elles s'y montrent dans des proportions admirables et avec une variété de manières et de tons qui, bien qu'elle soit abrégée, le cède peu à la variété qu'elles offrent dans cette multitude d'auteurs réunis. » (BORDAS DEMOULIN, *Mélanges philosophiques et religieux*, p. 88 et suiv. — *La philosophie.*)

Nous le répétons, c'est une des grandes joies de notre vie d'avoir rencontré, il y a quelques jours, de telles pages ; elles nous eussent épargné plus d'une plainte contre nos contemporains, si nous les eussions connues plus tôt.

Il serait long de passer en revue toutes les transformations et tous les développements que reçoivent les sources doctrinales qui coulent de la Grèce sur la société lettrée jusqu'à nous. Considérons seulement les principaux foyers d'où elles viennent, d'époque en époque, reprendre chaleur et mouvement.

Si d'abord nous réunissons toutes les affirmations des cinq écoles mères, nous avons la doctrine philosophique à peu près complète, au moins en embryon, et une question se présente assez naturellement sur l'histoire de cette doctrine ; y a-t-il des génies philosophes qui l'aient professée et développée dans sa plénitude, sans y ajouter des négations fâcheuses? S'il en existe, ils ne seront que des Platon nouveaux, puisque lui-même est déjà la synthèse des vérités premières génératrices de la philosophie.

Or, nous répondons que Dieu en a donné quelques-uns au genre humain, que nous n'en connaissons qu'un petit nombre, que notre désespoir est de ne pas les connaître tous, et de ne pouvoir leur rendre justice en les signalant dans la classe dont ils font réellement partie, et qu'enfin voici ceux qui nous sont connus :

I. Saint Augustin se place en première ligne. C'est le Platon le plus complet et le plus fidèle des premiers temps éclairés par le christianisme. Nous trouvons dans ses œuvres la théorie des idées éternelles du père des philosophes; ce que le panthéisme de Zénon renferme de rationnel et d'affirmatif ; ce qu'Epicure a de bon dans sa théorie des sensations ; l'idée d'Aristote sur l'activité de l'âme sans exclusion du moteur radical de cette activité ; et enfin le doute de Pyrrhon en tant que méthode, pour établir logiquement la certitude.

Le premier point est la base même de toute la philosophie d'Augustin qu'il ne craint pas d'appeler son platonisme. Il développe cette philosophie en partant toujours du beau, du vrai et du bien, dont il trouve des participations dans les créatures, et les types en Dieu : on peut le voir, en particulier, dans le livre de *La vraie religion*, dans le dernier des six livres de *La musique*, dans le premier livre de *La Genèse* contre les manichéens, dans la *Lettre* troisième à Nébride, dans la cent-vingtième à Consentius, dans divers chapitres de *La Cité de Dieu*, dans les *Soliloques*, et partout dans les *Confessions*. Voici ce qu'il dit de la philosophie platonicienne : « Ils ont (Platon et ses disciples) considéré que tout ce qui est, est corps ou âme, et que l'âme est plus excellente que le corps, que la forme du corps est sensible, et celle de l'âme intelligible, ce qui les a conduits à préférer l'âme au corps..... Lorsqu'ils ont vu que les corps et les esprits ont plus ou moins de beauté, et que s'ils n'en avaient point du tout, ils ne seraient point, ils ont reconnu qu'il y a une beauté première et immuable, et qui, par conséquent, ne saurait être comparée à aucune autre, et que c'est elle qui est le principe des choses. principe qui n'a point été fait, et qui a fait tout ce qui est. C'est ainsi que Dieu leur a découvert ce qu'il est possible de connaître de lui par les créatures, et qu'ils se sont

---

(8) Ceci nous paraît sentir l'emportement. Aristote et Bacon ne sont point des médiocrités qui aveuglent le monde ; ils sont très-grands, et ils peuvent l'être tout à leur aise, sans aucun danger pour la grandeur de Platon.

(9) Encore exagération. Qu'en savez-vous? tous les livres nous ont-ils été transmis? avez-vous entendu les conversations et les enseignements des temps antérieurs ? est-il croyable que l'humanité ait dormi de si longs siècles, sans que Dieu lui ait suscité des Platons? Allez dans l'Inde et la Chine antiques, vous en trouverez.

élèves, par la considération des choses visibles, à la connaissance de ses grandeurs invisibles, de la puissance éternelle et de la divinité de celui qui a créé toutes les choses visibles et temporelles. Voilà pour ce qui regarde cette partie de la philosophie qu'on appelle physique. Quant à la logique ou philosophie rationnelle, Dieu nous garde de comparer aux platoniciens ceux qui ont fait les sens juges de la vérité des choses, et ont cru que l'on doit rapporter toutes nos connaissances à une règle si fautive et si trompeuse, comme les épicuriens et autres semblables philosophes, sans en excepter les stoïciens mêmes, qui dans l'excès de leur amour pour la science de disputer, qu'ils nommaient dialectique, ont soutenu qu'il fallait la tirer des sens. C'est de là que ces philosophes assurent que viennent toutes les notions de l'esprit, nommées par eux *ennoiai*, c'est-à-dire les notions des choses qu'ils expliquent en les définissant, et que se forme toute la méthode d'apprendre et d'enseigner. J'admire souvent à ce sujet, comment ils peuvent accorder cette assertion avec ce qu'ils disent, qu'il n'y a que les anges qui soient beaux, et je leur demanderais volontiers de quel sens du corps ils se sont servis pour découvrir cette beauté de la sagesse, et avec quels yeux ils l'ont vue. Mais ceux que nous préférons justement aux autres, ont distingué ce que l'on voit par l'esprit, d'avec ce que l'on voit par les sens, sans ôter toutefois aux sens ce qui leur appartient, et sans leur accorder aussi plus qu'il ne leur appartient. Ils ont dit que cette lumière d'esprit, qui nous rend capables de comprendre toutes choses est Dieu même qui a créé toutes choses. Il ne reste plus que la morale, que les Grecs appellent *éthique*, cette autre partie de la philosophie où l'on traite du souverain bien auquel nous rapportons toutes nos actions, et que nous recherchons pour lui-même, de sorte que, du moment que nous l'avons conquis, nous n'avons plus rien à désirer pour être heureux..... Quelques philosophes ont dit que ce bien... vient du corps, les autres de l'esprit, et d'autres de tous les deux...... Il est vrai que ceux qui l'ont cherché dans le corps l'ont mis dans une partie de l'homme beaucoup moins noble que ceux qui l'ont cherché dans l'âme, ou dans l'âme et dans le corps ensemble ; mais enfin les uns et les autres ne l'ont cherché que dans l'homme.... que tous ceux-là donc le cèdent à ceux qui n'ont pas dit que l'homme est heureux lorsqu'il jouit du corps et de l'esprit, mais lorsqu'il jouit de Dieu, et qu'il en jouit, non comme l'esprit jouit du corps ou de lui-même, mais comme l'œil jouit de la lumière. S'il est besoin d'ajouter encore quelque chose pour éclaircir cette comparaison, nous tâcherons de le faire ailleurs, s'il plaît à Dieu. Il suffit maintenant de remarquer que Platon met le souverain bien à vivre selon la vertu, et dit que celui-là seul le peut faire, qui connaît et imite Dieu, et qu'autrement il ne saurait être heureux. Sur ce fondement, il ne fait point difficulté de dire que, philosopher, c'est aimer Dieu, dont la nature est incorporelle..... afin que, comme la fin de la philosophie consiste à être heureux, celui qui aime Dieu soit heureux en jouissant de Dieu. Au reste tous les philosophes qui ont eu ces sentiments de Dieu, soit qu'on les appelle platoniciens, ou qu'ils portent un autre nom.... soit qu'ils soient de ceux qu'on a nommés sages, dans d'autres nations, comme parmi les Atlantiques, les Libyens, les Égyptiens, les Indiens, les Perses, les Chaldéens, les Scythes, les Gaulois, les Espagnols, et les autres, nous les préférons à tous, et nous disons qu'ils ont approché le plus près de notre croyance. » (*Cité de Dieu*, liv. VIII, ch. 6 et suiv.)

Le second point, qui se rapproche du premier, sauf qu'on ne distingue plus entre les sens et l'esprit, qu'on considère l'homme tout entier, et que, remontant immédiatement et par intuition jusqu'à Dieu, on attribue tous les phénomènes humains à cette grande cause, en tant qu'origine première et permanente, ceux des sens comme ceux de l'esprit, Dieu pouvant aussi bien éclairer l'esprit et mouvoir la volonté par le côté sensible que par tout autre; ce second point est suffisamment démontré comme faisant partie de la doctrine d'Augustin par tout ce que nous citons de lui à l'article panthéisme, et par ce que tout le monde connaît de sa théorie sur la grâce. On peut y joindre la proposition suivante du livre *De la vraie religion*, ch. 43. On la dirait de Malebranche : « Rien d'*interposé* entre notre âme et Dieu qu'elle connaît dans une lumière naturelle. » C'est bien la vision immédiate sans l'intermédiaire d'idées innées distinctes de l'action de la lumière infinie sur notre âme. On peut y joindre également, si l'on veut, le passage suivant du livre II *Sur le libre arbitre*, c. 16, ainsi traduit par l'archevêque de Paris dans son discours pour l'inauguration de la fête des écoles : « Malheur, malheur à ceux qui, refusant d'être éclairés de vos splendeurs, ô soleil des intelligences, prennent un funeste plaisir dans leurs ténèbres ! car en s'éloignant de vous et tournant, pour ainsi dire, le dos à l'astre brillant du jour, que peuvent-ils voir sinon des ombres dans ces grossières voluptés, *où la joie même qu'ils ressentent ne vient que de l'éclat de votre lumière*, dont ces ombres sont environnées ? Ah ! plus on se plaît dans cette obscurité des sens, plus l'œil de l'âme en devient faible, languissant, incapable de soutenir votre présence, et de vous contempler, ô sagesse, qui êtes, tout à la fois, la beauté infinie, la vérité suprême, le *bien universel*! Ainsi, quand l'homme s'attache à ce qui flatte et entretient ici-bas sa convoitise, il s'aveugle de plus en plus. Alors il commence à ne plus voir rien de grand et de sublime dans le monde supérieur dont celui-ci n'est que l'image. »

Le troisième est impliqué par ces mots qu'on dirait d'Aristote : « Si l'âme acquiert par les sens la connaissance des corps, c'est *par elle-même* qu'elle connaît les choses immatérielles. » (*Trinité*, l. IX.)

Au reste, saint Augustin dit positivement dans le *Traité du libre arbitre* « que, dans sa pensée, les deux grands philosophes de l'antiquité, Platon et Aristote, ne diffèrent entre eux que pour les yeux peu attentifs, et que leurs théories lui paraissent devoir être ramenées, par le travail des siècles, à un seul système de vraie philosophie. »

Le troisième et le quatrième sont renfermés dans ce passage de la lettre XIII à Nébride, traduit encore par M. Sibour : « Comment le vrai est-il conçu dans l'esprit? C'est Nébride qui interroge — Souvenez-vous, mon cher Nébride, lui répond le philosophe d'Hippone, que ce que nous appelons concevoir se fait en nous de deux manières, ou intérieurement *par la seule action de l'âme et de l'intelligence*, ou *par les impressions et les avertissements des sens*. Dans l'une et l'autre manière de concevoir, notre connaissance n'est, pour ainsi dire, que la réponse que nous fait la vérité éternelle que *nous consultons intérieurement*; mais que nous consultons, dans l'une, sur ce que nous trouvons en nous-mêmes, et dans l'autre sur ce qui nous est rapporté par les sens. »

Tous ces points sont impliqués à la fois dans les phrases suivantes : « *Notre premier devoir est de rechercher* cette vérité qui ne peut être mélangée de rien de faux, qui n'a point deux faces différentes, qui ne se contredit jamais, et *dont le nom sert à désigner les choses vraies*, de quelque manière qu'on les désigne. » (*Soliloq.*, II, 10.)

« *Puisez* la vérité en Dieu qui en est la source. Rassasiez-vous au dedans, afin de répandre ensuite au dehors de votre plénitude ; puisque vous ne pouvez puiser la vérité dans vous-mêmes, il faut nécessairement que vous la puisiez en Dieu, comme *dans la source d'où elle s'épanche sur les intelligences*. » (*Enarr. in psal.* XCI.)

« Où vous ai-je donc trouvé, ô mon Dieu ! de manière à vous connaître, sinon en vous-même, au delà de moi ! Entre vous et nous, il n'y a pas de lieu, et cependant nous nous éloignons ! Nous nous approchons, et cependant point de lieu ! partout, vérité, tu présides, et réponds à tous ceux qui te consultent, à tous en même temps, quelque diverses que soient leurs consultations. Tu réponds clairement, mais tous n'entendent pas avec la même clarté. » (*Confess.*, X, 26.)

« L'homme juge de tout lorsqu'il est avec Dieu, parce qu'il est au-dessus de tout, et il est avec Dieu lorsqu'il le connaît par la lumière de l'esprit pur, et que, le connaissant, il l'aime de tout son cœur. C'est par là qu'il devient la loi même selon laquelle il juge de tout..... Si les législateurs qui établissent des lois temporelles sont sages et vertueux, ils consultent cette loi éternelle, afin qu'ils puissent discerner, d'après ses immuables règles, ce qu'ils doivent commander ou défendre, selon les conjonctures. » (*De la vraie religion*, ch. 31.)

Enfin le dernier point, qui n'est pas le moins important, attendu qu'il sert de base à la logique humaine, et qu'il entraîne après lui ce premier pas : *je suis, puisque je pense*, ne manque pas davantage à la philosophie d'Augustin. On le rencontre dans plusieurs pages sublimes de la *Cité de Dieu* (XI, 26, 27), de *la Trinité* (XV), du livre contre les académiciens et de celui sur *la foi, l'espérance et la charité*, aussi clairement posé que dans le dialogue suivant des *Soliloques :*

« Le Philosophe : Commençons ce grand ouvrage.

« La Raison : Commençons-le.

« Le Phil. : Croyons que Dieu nous soutiendra.

« La Rais. : Croyons-le, certainement, croyons-le sans aucun doute, si cette croyance est en notre pouvoir.

« Le Phil. : C'est Dieu lui-même qui est notre pouvoir.

« La Rais. : Prie-le donc aussi brièvement et aussi parfaitement que tu le pourras.

« Le Phil. : O Dieu, toujours le même, faites que je me connaisse, faites que je vous connaisse, telle est ma prière.

« La Rais. : Mais toi, qui veux te connaître, sais-tu que tu existes ?

« Le Phil. : Je le sais.

« La Rais. : As-tu connaissance de toi-même, comme d'un être simple ou composé ?

« Le Phil. : Je l'ignore.

« La Rais. : Sais-tu si tu es mis en mouvement (ou si le principe du mouvement est en toi) ?

« Le Phil. : Je l'ignore.

« La Rais. : Sais-tu si tu penses ?

« Le Phil. : Je le sais.

« La Rais. : Il est donc vrai que tu penses ?

« Le Phil. : Oui, cela est vrai. »

Dans ce dialogue (II, 1), à part le *moi*, en tant que pensée et être, à part Dieu, en tant que senti immédiatement par la conscience, comme le prétendait Zénon, tout est mis en doute pour déblayer le chemin qui mène à toutes les certitudes.

A l'éclectisme syncrétique, qui obtient un développement si complet dans Augustin, se rattachent, sous des proportions plus ou moins larges, la plupart des écrivains ecclésiastiques des siècles de l'Eglise pendant lesquels la foi en celui qu'on appelait souvent alors le *philosophe crucifié*, envahissait le monde.

Il faut compter dans cette catégorie l'auteur du *IV° livre d'Esdras*, platonicien ; — l'auteur de l'*Epître à Diognète*, qui prend quelquefois le Théétète pour modèle ; — Hermas, qui répand, dans son livre du *Pasteur*, le mysticisme de Platon et de Zénon avec la morale de Socrate ; — saint Justin qui, après avoir étudié Pythagore, Zénon, Aristote, lut Platon, et se fit chrétien ; qui compare sans cesse le philosophe de l'Académie à Moïse, aux prophètes, aux apôtres, et qui va jusqu'à dire dans son *Apologétique* (II, 5) : « Ce qui a été révélé à Socrate par le Verbe, l'a été aux barbares par le même Verbe qui s'est fait homme, et qu'on a nommé le Christ. » — Athénagore, qui disait à Marc-Aurèle : « Prince, si Platon, en reconnaissant un seul Dieu créateur et conservateur du monde, n'est pas un impie, nous ne sommes pas des impies en adorant, dans un seul Dieu, le Verbe qui crée et l'Esprit qui conserve. » — Clément d'Alexandrie, qui voit dans la *République* de Platon, traduite en hébreu vers le même temps, l'image de la cité sainte, et, s'élevant plus haut dans l'idée syncrétique qu'avaient pratiquée Socrate et Platon, pose, au premier livre de ses *Stromates*, ces remarquables paroles : « Je ne donne pas le nom de philosophie aux enseignements de Zénon ni de Platon, d'Epicure ni d'Aristote; mais tout ce qui, dans ces écoles diverses, enseigne la justice et la science du salut, tout cet éclectisme, voilà ce que j'appelle philosophie. » C'est qu'en effet il avait remarqué des négations dans Platon lui-même, non pas en ce qui concerne les principes, mais en ce qui touche la série compliquée des conséquences. — Le grand Origène, plus étonnant encore comme philosophe que comme chrétien, mais dont l'éclectisme laisse subsister quelques négations dans son syncrétisme. — Eusèbe, Théophile d'Antioche, Irénée, Grégoire le Thaumaturge, Paul de Samosate, Méthodius, Pamphile, Athanase, qui, tous, vont chercher des autorités dans les philosophes païens. — Le poète Grégoire de Nazianze, Basile de Néocésarée, et le grand orateur Jean Chrysostome, formés à l'étude de la philosophie platonicienne. — Arnobe, que la discussion philosophique convertit au christianisme, et Lactance, tous deux platoniciens. — Synésius, qui n'accepte l'évêché de Cyrène qu'à la condition de rester philosophe de doctrine et de mœurs, qui, déjà vieil évêque, s'appelle toujours le philosophe Synésius, et qui fait des vers aussi beaux pour un platonicien que pour un Chrétien. — Némésius, platonicien et chrétien tout ensemble, dans son *Traité de la nature de l'homme*, ainsi que Macrobe, dans son *Commentaire du songe de Scipion*. — Théodoret, qui appelle la doctrine chrétienne la *philosophie* évangélique, avant qu'Augustin dise que « la philosophie et la religion de Jésus-Christ sont une seule et même chose (*De la vraie religion*, ch. 5), » parce qu'elle implique l'alliance de toutes les affirmations philosophiques et le rejet de toutes les négations. — Cyprien, Victorin, Optat, Hilaire, que, d'après Augustin, l'on doit imiter, en moissonnant comme eux, au profit de la vérité complète, dans les écrits de tous les philosophes.(*De la doctrine chrétienne*, l. II, XL.) — Boëce, qui, quoique le principal propagateur du péripatétisme, garde beaucoup de platonisme dans le fond. — Enfin, Æneas de Gaza, et Zacharie, évêque de Mytilène, qui sont encore platoniciens, le premier, dans un dialogue intitulé : *Théophraste*, sur l'âme et la résurrection ; le second, dans celui qu'il compose contre l'éternité du monde, et dans son *Traité contre les manichéens*; malgré le voile de ténèbres que viennent déployer sur la civilisation les irruptions de barbares.

Les Tertullien, les Jérôme et quelques autres ne figurent pas dans cette liste : ce sont des génies oratoures, ardents, fougueux, ascétiques, qui se concentrent davantage dans la révélation, et auxquels ressembleront, plus tard, les Lamennais et les Pascal, bien que ces anciens diffèrent des modernes par un respect et une sorte de passion pour la littérature païenne, que ces derniers n'ont pas. On sait que l'austère saint Jérôme ne pouvait se passer, dans sa solitude de Bethléem, des Cicéron et des Virgile, et qu'il s'occupait de faire expliquer les Horace à des jeunes gens dans sa cellule.

Comme la théologie chrétienne, ainsi que nous le dirons bientôt, est, et ne peut être autre chose, en ce qu'elle possède de certitudes naturelles, qu'un syncrétisme sage de toutes les vérités philosophiques enseignées par toutes les voix de la nature, depuis celle du sauvage jusqu'à celle de Platon, depuis les écoles de la Grèce et de Rome jusqu'à celles des bords du Nil, de l'Euphrate, du Gange et du Hoang-Ho, il n'est pas surprenant qu'on voie, groupés autour de l'harmonisme universel d'Augustin, presque tous les génies de l'Église naissante.

En dehors du christianisme, l'éclectisme syncrétique ne se fait pas avec la même assurance et le même succès; cependant, il se manifeste en des efforts constants, et plus ou moins heureux, inspirés par la méthode de Socrate et de Platon.

Cicéron, le plus philosophe des Romains, quoiqu'il le fût médiocrement, puise dans Aristote, Zénon, Epicure, Pyrrhon, et, somme toute, est platonicien, sans exclusivisme; il ressuscite à la fois l'Académie et le Lycée dans ses maisons de plaisance. (*De divinat.*, 1, 5. — *Tuscul.*, II, 3. — *Plin.*, XXXI, 2, etc.) — Les Brutus et les Caton, bien qu'occupés toute leur vie à tâcher de soutenir la république contre les efforts triomphants de la tyrannie la plus habile, sont, à la fois stoïciens et platoniciens. Le stoïque Caton fait ses adieux à la terre en lisant, à plusieurs reprises, le dialogue de Platon sur l'immortalité de l'âme et la mort de Socrate. — Virgile est un poëte platonique, que le philosophe d'Athènes eût traité moins sévèrement qu'Homère. — Epictète, Sénèque et Marc-Aurèle sont, avant tout, des disciples de Zénon, et cependant sont, dans le fait, autant platoniciens que stoïciens; leurs ouvrages, dont la morale est si belle, révèlent plus que des tendances syncrétiques.

On pourrait ajouter d'autres noms, tels que ceux de Pline et de Tacite, qui ne sont pas sans couleur philosophique; mais venons aux vrais néo-platoniciens, parmi lesquels les plus sages se font remarquer par l'idée de la conciliation des doctrines. — Potamon, d'Alexandrie, fait un appel à la synthèse harmonique dès le siècle d'Auguste, et sa pensée est comprise plus tard par Ammonius, Numénius d'Apamée, Plotin surtout, le plus grand des néo-platoniciens, et par le sage Proclus, qui clôt leur série. Les tentatives de ces intelligences sont assez connues, non-seulement pour réconcilier les écoles des Platon, des Zénon et des Aristote, mais encore les religions des peuples.

Numénius appelait Platon le Moïse athénien, et comparait ses livres à ceux des Hébreux, dans des commentaires. — Ammonius fut le plus ardent syncrétiste ; il eut pour disciples Plutarque et Plotin, qui gardèrent ses idées, et fut surnommé lui-même le disciple de Dieu. — Plotin, philosophe vertueux et austère, fut le grand apôtre du néo-platonisme ; il étonna Rome par son génie, disent les historiens, et, de son vivant, passa pour demi-dieu. — Parmi ses disciples, Porphyre, qui nous a conservé ses ennéades, Philostrate, Amélius et Jamblique, aveuglés par une haine inexplicable contre le christianisme, s'écartent du principe de conciliation de leur maître, se jettent dans toutes les superstitions de la théurgie, et cependant conservent encore la théorie des idées, et les principales vérités philosophiques. — Proclus est, comme Plotin, religieux, tolérant et sublime, dans la théologie de Platon et tous ses commentaires.

C'est sous l'influence de la philosophie néo-platonicienne que Marcellin, Symmaque, Ausone, Claudien manifestent des inclinaisons vers le christianisme ; que Symmaque écrit au jeune Valentinien : « Il est juste de penser que nous n'avons tous qu'un seul objet de culte ; nous contemplons les mêmes astres, le même ciel éclaire tant de peuples ; le même monde nous environne. Qu'importe par quel système on cherche la vérité ? Un seul chemin peut-il conduire à ce grand mystère ? » Que Thémistius, professeur de saint Grégoire de Nazianze, parle à peu près de même ; qu'Asclépiade, auditeur de Proclus, fait un livre *De l'accord de toutes les religions*, et qu'enfin le monde savant travaille, même en dehors de la foi évangélique, à disposer les esprits vers l'acceptation de la grande synthèse de toutes les vérités que cette foi leur présentait toute faite.

Nommons encore Hiéroclès d'Alexandrie et Olympiodore qui écrivent dans le même sens, parce qu'ils sont encore platoniciens ; et arrêtons-nous devant ces empereurs qui font brûler les livres des philosophes, parce qu'ils ne sont pas iconoclastes, et qui inaugurent un âge de ténèbres sur lequel la philosophie platonicienne et syncrétique voile presque totalement son soleil.

II. Une seconde lumière va briller au sein des ombres, entourée d'étoiles comme celle d'Augustin, et cette lumière est saint Thomas.

Qu'on fasse de ce génie un disciple d'Aristote, on en a le droit, car il en porte le casque, la cuirasse et toute l'armure ; à le juger dans sa forme, c'est un vrai péripatéticien. Syllogisme, catégories, topiques, définitions, distinctions, méthode, il en garde tout, de sorte qu'à le regarder dans sa physionomie, on le prend et on doit le prendre pour une sorte de résurrection chrétienne du philosophe de Stagyre. Mais si l'on pénètre au fond de sa doctrine, on reconnaît, dans le fait, un platonicien et un harmoniste qui emprunte, comme l'a fait Augustin, tout ce qu'il y a d'affirmatif dans Zénon, Epicure, Aristote et Pyrrhon, pour en composer avec le platonisme la philosophie véritable. Il ne pouvait en être autrement du grand théologien catholique, puisque le catholicisme, en tant que philosophie, n'est que le platonisme purifié et développé à la lumière de la révélation évangélique. Il y a mieux, saint Thomas connaissait Platon plus qu'on ne pense ; il le cite assez souvent malgré que Platon fût oublié dans le moyen âge, et qu'Aristote y régnât en souverain, règne qui contribua aux sanglantes tragédies de ces tristes jours. « D'où sont nées, a dit Hobbes, tant de guerres civiles de religion dans l'Allemagne, la France et l'Angleterre, sinon de la métaphysique, de la morale et de la politique d'Aristote ? » Et il y a beaucoup de vrai dans cette observation ; Aristote est tranchant, exclusif, sec, peu harmoniste, et peu tolérant, tandis que Platon a toutes les qualités contraires. L'élève de Socrate ne s'attache point à réfuter ni à condamner les autres ; Aristote en fait son principal souci. Le premier cherche à faire entrer la vérité dans les âmes avec une douceur tout évangélique, et par les subterfuges d'une conversation suivie qui fait penser aux paraboles du Christ ; le second vous écrase à coups de massue, avec sa dogmatique abrupte bardée de dilemmes et d'enthymèmes. Platon cherche avec ceux qu'il instruit ; Aristote prononce des décisions et des anathèmes. Revenons à saint Thomas dont nous négligeons en ce moment la forme, pour ne considérer que le fond.

La théorie des idées éternelles de Platon est tout entière dans le parti que prend le père des théologiens sur la question tant débattue du *réalisme* et du *nominalisme*. Il s'agissait de savoir si les vérités universelles et communes qui constituent les ressemblances des individus et donnent lieu aux genres et aux espèces, sont des réalités en soi ou seulement des abstractions chimériques de l'esprit, auquel cas elles n'existeraient-ce dans les mots, d'où le nom de nominalistes à ceux qui soutenaient ce dernier système. On comprend, à ce simple exposé, que, si l'on prend à la rigueur le réalisme et le nominalisme sans autre explication, on peut se jeter ou dans le panthéisme par identification, ou dans le panthéisme par multiplication, lesquels portent communément les noms de matérialisme et d'athéisme. —*Voy.* Panthéisme.—En effet, si tout l'universel, tout l'ensemble des universaux est une réalité existant en soi, substantiellement et indépendamment des individualités, il est le fond commun par lequel elles sont ; il est donc leur substance commune ; et le particulier qui les différencie n'est plus qu'un accident ou plutôt une pure illusion, une chimère ; car si on le suppose une réalité, cette réalité redevient commune et rentre dans l'universel par sa réalité même. Le *moi*, ma personnalité, par exemple, n'est plus, puisque c'est une chose commune que de dire *moi*, et que, cela étant un des universaux, cela rentre dans la substance commune indépendante de l'individualisation. Spinoza ne fut qu'un réaliste raisonnant de la sorte. D'un autre côté, si l'universel n'est qu'une chimère créée par l'esprit, et qu'il n'y ait de réel et d'existant en soi que le particulier, voilà tous les êtres réduits à l'état d'atomes isolés n'ayant ni centre, ni rapports, ni cause, ni soutien, puisque tout cela leur serait commun en réalité; les voilà même n'ayant pas d'être ni de substantialité, si l'on va jusqu'aux dernières conséquences, puisque l'être et la substantialité sont des universaux; et il n'y a plus que le néant.

Comment faire pour éviter les deux abîmes? Saint Thomas s'en tire, en introduisant un milieu, ou, si l'on aime mieux, en réunissant les deux affirmations renfermées dans les deux systèmes et les débarrassant de ce qu'ils ont de négatif, au moyen de la théorie platonicienne des idées.

Il dit aux uns et aux autres : Entendez-vous parler des universaux absolus, et purement affirmatifs, tels que l'intelligence, la bonté, la sainteté, la puissance, la beauté, l'unité, la spiritualité, etc. Alors il est vrai et nécessaire de dire qu'ils existent réellement en soi, indépendamment des individualités multiples, car ils sont substantiellement en Dieu par énergie d'être, par énergie d'idée, par énergie d'amour; et vous avez raison, réalistes, puisqu'en l'affirmant vous n'êtes que des théistes purs; et vous, nominalistes, vous avez tort, puisque nier l'existence indépendante de ces universaux, c'est nier Dieu dans toute son essence. Mais entendez-vous parler des universaux relatifs renfermant limite et négation, tels que l'humanité, l'animalité, la végétalité, la multiplicité, la corporéité, etc. Alors il est vrai et nécessaire de dire qu'ils n'existent point substantiellement en soi, et indépendamment des individualités, ou foyers d'être multiples qui doivent leur servir de suppôt immédiat, et, dans ce sens, nominalistes, vous avez raison. Cependant il faut encore ajouter que ces universaux existent d'une certaine manière indépendante des individus, sans quoi ni eux ni individus ne seraient possibles ; ils existent en Dieu, non substantiellement, mais à l'état d'idées et d'objets d'amour, types éternels de leur réalisation. Et dans ce sens, réalistes, c'est encore vous qui avez raison.

Supposons maintenant que Dieu réalise ces universaux relatifs, qu'il les fasse passer de l'état d'idées à celui d'une multiplicité d'individualités substantiellement existantes, chaque individualité sera le suppôt de son universel relatif, et elle se distinguera des autres par sa limite propre, par ce qu'elle n'aura pas de l'universel absolu correspondant, et de Dieu lui-même par cela seul qu'il y aura du négatif en elle. De plus l'idée divine éternelle de son universel, qui est son type, restera le centre d'unité, la base des rapports d'elle-même avec ses sœurs ; c'est à ce centre qu'elles remonteront toutes comme à leur origine, et c'est dans ce centre, comme dans un globe de lumière, pour parler comme Augustin, qu'elles se verront elles-mêmes, et les unes les autres, en voyant Dieu.

Ajoutons que, les universaux relatifs n'étant que des délimitations d'universaux absolus, leur réalisation dans des individus multiples ne peut être conçue, en ce qu'elle a d'affirmatif ou d'être, que comme un déduit et une participation de l'être divin. *Omnia vero alia*, dit saint Thomas, *sunt entia per participationem.* Et ailleurs: *Esse quod rebus creatis inest, non potest intelligi, nisi ut deductum ab esse divino.*

Saint Thomas n'est donc ni réaliste, ni nominaliste, ou plutôt il est l'un et l'autre, pour être simplement platonicien. C'est ce qui explique comment il a attaqué, tout à la fois, des réalistes et des nominalistes, et pourquoi il a été qualifié de ces deux noms, selon les appréciations diverses des critiques.

Nous avons fait plus que prouver, par cette explication, le platonisme de saint Thomas; nous avons, en même temps, fait comprendre ce qu'il conserve du panthéisme de Zénon. On retrouverait plus clairement encore ce panthéisme, en ce qu'il a d'affirmatif et de rationnel, dans la doctrine de l'Ange de l'école sur la grâce, dans son illumination immédiate et la prémotion physique de Dieu au fond des âmes. (*Voy.* PANTHÉISME.)

Quant à la part de la sensation dans la production des idées et des volitions, combinée avec l'activité de l'entendement conçue par Aristote, on connaît la théorie thomiste de l'*intellect agissant* qui fait de l'âme une force productive en mouvement vers une fin, et celle de l'âme *forme substantielle du corps*, qui fait du corps un des résultats de l'âme elle-même, et un des éléments de ses opérations, par l'artifice d'une union tellement intime qu'elle en devient une sorte d'identification.

Reste, pour compléter l'intégralisme philosophique de saint Thomas, la méthode de démonstration qui est le propre du logicien et qui implique le doute hypothétique. Or, il suffit de lire la première venue de ses grandes thèses pour sentir cette méthode. Comme Augustin, il réfute les sceptiques en partant de l'évidence que l'on a de son être, et il remonte à celle que nous avons des premiers principes, pour en faire la base de sa démonstration. « Il est constant, dit-il, que les vérités de l'ordre naturel que nous pouvons connaître au moyen de la raison sont tellement certaines qu'il n'est pas possible de les considérer comme des erreurs... La connaissance des principes que nous possédons naturellement, dit-il encore, nous vient de Dieu, puisqu'il est l'auteur de notre nature; la divine sagesse possède donc elle-même ces principes, et par conséquent tout ce qui est contraire à ces principes est contraire à la divine sagesse et ne peut venir de Dieu. Tout argument, conclut-il, contre la vérité ne peut être légitimement déduit des premiers principes naturels qui sont évidents par eux-mêmes, et par conséquent n'est pas démonstratif. Ce ne peut être qu'une raison sophistique et spécieuse qu'il y a toujours moyen de détruire. » (*Somme*, ch. 7 et passim.)

On reconnaît la dialectique de Platon, d'Aristote et des stoïciens, posant comme règle première qu'on doit ajouter foi à ce qui est évidemment déduit de l'évidemment perçu, supposant le doute jusqu'après les déductions faites, et exigeant qu'on ne leur demande pas la démonstration de ce qui n'en a pas besoin, comme on le voit, en ce qui concerne les disciples de Zénon en particulier, dans le dialogue intitulé *Questions académiques*, où Cicéron reproduit tous les arguments que leur opposaient les vrais sceptiques.

Autour de l'astre du moyen âge, viennent se grouper plusieurs grands hommes, soit pour préluder à l'aurore de sa grande synthèse, platonique dans le fond et dans le but, aristotélique dans la forme et dans le moyen, soit pour en poursuivre les développements chacun à sa manière, et chacun sur son terrain particulier.

Au commencement du ixe siècle, il se fait une traduction arabe de la *République* et des *Lois*, et les docteurs de Bassora disaient, au rapport d'un historien mahométan : « La religion profanée par des erreurs ne saurait être purifiée qu'à l'aide de la philosophie, et c'est du mélange de la philosophie grecque et de la religion arabe qu'on doit espérer enfin la perfection. »

Jean Scot Érigène garde quelque chose, dans ses livres, du mysticisme d'Alexandrie.

Nanno de Stavern s'occupe, au xe siècle, des ouvrages de Platon.

Constantin de Carthage, moine du Mont-Cassin, publie au xie, quelques ouvrages platoniques.

Saint Anselme domine cette époque, et on retrouve, dans ses explications de la Trinité, une grande partie du platonisme et de la théorie des idées. Il manifeste d'une manière éclatante cette théorie dans sa lutte contre le nominalisme de Roscelin, qu'il fait condamner au concile de Soissons.

Philippe de Champeaux, maître d'Abailard, se jette dans le réalisme exagéré de tous les universaux indépendamment des individus, lequel conduit au panthéisme, et est ramené par les objections d'Abailard à ce qu'il y a de vrai dans l'idée panthéistique de Zénon, c'est-à-dire au bon réalisme, dépouillé de la négation du particulier substantiel.

Abailard a beaucoup de platonisme ; il est accusé par saint Bernard d'être plus platonicien que chrétien. Cependant il incline trop dans le nominalisme en imaginant son conceptualisme. La distinction de l'universel absolu et de l'universel relatif lui manque, et il est hésitant.

Pierre le Vénérable, son protecteur, abbé de Cluny, imite Platon dans son *Traité des miracles*.

Amaury de Chartres et David de Dinant, ses disciples, sont trop réalistes, comme l'avait été Philippe de Champeaux ; ils substantialisent tous les archétypes, même les relatifs, et tombent ainsi, par déduction, dans le panthéisme qui nie les moi distincts de Dieu. C'est un excès de platonisme et de zénonisme.

En un mot, tous les réalistes sont au fond des platoniciens et des stoïciens qui ont ou n'ont pas la précaution de conserver la personnalité particulière créée ; et les nominalistes sont des épicuriens et des aristotéliciens qui ont ou n'ont pas la précaution de conserver l'unité causative universelle.

Guillaume, évêque de Paris, Robert Grosshead, évêque de Lincoln, Arnauld de Villeneuve, offrent des mélanges de platonisme et de péripatétisme.

Enfin Albert le Grand présente, éparpillée mais presque complète, la vaste synthèse encyclopédique de saint Thomas. Duns Scot et son école ne font qu'une guerre apparente aux thomistes ; il serait facile de les concilier sur presque tous les points ; le nominalisme mitigé des premiers consistant à dire que les universaux sont indifférents à faire partie d'un individu plutôt que d'un autre, signifie simplement qu'en ce qu'ils ont d'éternel et d'absolu dans l'idée divine, ils ne nécessitent pas la réalisation de telle ou telle individualité, ce qui est professer la liberté en Dieu, que professe saint Thomas.

Occan va plus loin ; il ressuscite le nominalisme négatif de Roscelin en l'habillant du conceptualisme d'Abailard ; et les subtilités fourmillent jusqu'à ce que Descartes les mette en fuite devant son souffle, comme les pailles sont emportées par les ouragans.

Pendant ce temps, Platon et son syncrétisme continuaient de fermenter dans quelques âmes. Ils produisaient le Dante, le grand poëte platonicien du christianisme, le Virgile du moyen âge, plus étonnant que son guide. Aristote n'a pas le germe de vie qui enfante les poëtes ; il concentre tout dans le froid argument ; Platon, sensible aux inspirations de l'amour et aux enchantements de l'imagination, doué de bienveillance à l'égard des traditions, malgré qu'il ne croie que ce que sa raison lui permet de croire, porté, enfin, au symbolisme qui plaît aux populations, est le père des poëtes autant qu'Homère.

Pétrarque est de la même école ; il se faisait expliquer le philosophe d'Athènes par un moine calabrais en 1339.

Jean Aurispa, de Sicile, gratifie l'Italie des œuvres complètes de Platon, de Plotin et de Proclus.

Sous Nicolas V, Georges de Trébisonde les traduit et les attaque sans les comprendre ; il est réfuté par Bessarion, élève d'un grand platonicien, Gemiste Pléthon, qui accompagnait Jean Paléologue au concile de Florence, et qui inspirait à Cosme de Médicis la pensée de fonder la nouvelle académie dont Marsile devient le chef.

Celui-ci commente Platon et relève sa gloire longtemps oubliée. Philippe Valori, Cavalcanti, Ange Politien, Mercati, et de la Mirandole, mort si jeune, si savant et si ardent philosophe chrétien, le secondent dans son œuvre.

Telesio mérite le titre de nouveau Parménide ; Patrizzi marche sur ses traces et publie une philosophie universelle ; Steuchus, Eugubinus et Mutius Pansa, travaillent avec eux à synthétiser les vérités éparses de toutes les écoles.

Viennent ensuite, comme défenseurs du bon sens et restaurateurs du bon goût, Erasme, son ami Vivès, dernier philosophe de l'Espagne, Louis Le Roi, traducteur du *Timée* et de la *République*, Ramus et tant d'autres.

C'est le commencement de la réaction contre la scolastique ; et de là que d'excès en tout sens dans un siècle où la modération est inconnue! Ramus ose dire un jour : « J'ai reconnu qu'Aristote m'a trompé.... Grâces immortelles à Dieu de ce qu'il m'a fait connaître Platon..... Sans la méthode platonique, sans sa lumière, sans la liberté platonique de philosopher et de chercher, je n'eusse pu marcher droit et sans écarts. » (Liv. IV.) Et il est massacré par ses adversaires le jour de la Saint-Barthélemy.

III. Voici venir la troisième résurrection du soleil platonique, et ce sera la dernière, à moins que l'avenir ne nous en garde de nouvelles. Jusqu'alors Platon, Augustin, saint Thomas sont les grands astres du monde philosophique échelonnés le long des âges. Ajoutez Descartes entouré de ses disciples, et la série sera close.

Il est un point sur lequel le père de la philosophie moderne éclipse tous ses précurseurs, et ne saurait avoir d'égaux dans l'avenir, parce que, l'ayant élevé à sa perfection, il lui restera toujours l'avantage de l'antériorité. C'est la méthode.

Cet esprit positif écartant, par un premier acte, toutes les théories, distinctions, complications infinies entassées les unes sur les autres, que lui offre son époque, comme un héritage du moyen âge et de tout le passé, se pose devant le genre humain, et sous tous les rapports, ainsi que l'avait fait Socrate en morale devant les dialecticiens et les sophistes, dans la simplicité d'un doute hypothétique universel ; rentre, en lui-même, par un second acte, se voit en tant que pensée éruptive, et sort, à l'instant, de son doute, en tirant cette déduction évidente : *Je suis* quelque chose ; car, lors même que je me tromperais sur tout, que je serais un amalgame de fantômes et d'illusions, que je ne ferais que penser être, je serais encore une réalité ; remonte, par un troisième acte, à la nécessité d'une cause absolue ; distingue, par un quatrième, cette cause de soi, à l'aide des notions, déjà reconnues certaines, de l'absolu, et de la constatation non moins certaine de ses phénomènes propres, négatifs de ces notions ; redescend, par un cinquième, de la cause aux autres créatures, dont il déduit l'existence réelle de la véracité nécessaire de la cause, qui ne pourrait le maintenir dans l'apparence constante et complète d'êtres distincts de lui et d'elle, sans faire un perpétuel mensonge ; de là, échafaude les unes sur les autres toutes les vérités premières de la philosophie, la spiritualité et l'immortalité de l'âme avec les règles de la morale, et celles de la valeur des témoignages étrangers ; et enfin sort de son labeur le cœur calme, l'esprit satisfait, la certitude au fond de l'être, avec cette formule, résultat de toute sa méthode : Cela est certain et cela seul est certain pour moi, dont j'ai la perception claire et distincte, soit par intuition, soit par déduction.

Voilà Descartes et la vraie logique. C'est l'effort de l'esprit humain le plus vigoureux, le mieux calculé et le plus efficace qui ait jamais été fait vers la législation raisonnée de la certitude humaine.

Descartes s'attache moins aux autres parties de la synthèse philosophique, principalement à celles qui sont le propre de Platon et de Zénon ; il laisse, sous ces rapports, beaucoup à faire à ses disciples ; et ceux-ci le compléteront d'une manière admirable ; cependant on trouve déjà en lui cette synthèse.

Le spiritualisme théiste de Platon ne lui manque pas. Il constate dans l'âme les idées générales, d'où il remonte aux idées absolues qui constituent l'entendement divin. Il dit que ce qui est fini en nous est infini en Dieu, et « qu'il en est ainsi de tous les attributs divins dont nous reconnaissons en nous quelque vestige. » Il distingue, dans notre répertoire intellectuel, des notions qui ne peuvent s'expliquer par les sens et qu'il appelle idées innées ; ce sont, pour lui, toutes celles qui ont pour objet l'universel ; il conçoit ces notions comme antérieures et essentielles à l'acte mental de la généralisation ; il démontre Dieu par la nécessité d'un type et d'un sujet des idées universelles absolues ; or tout cela n'est autre chose que le spiritualisme de Platon.

Le panthéisme de Zénon, en ce qu'il a d'affirmatif et de rationnel, ne lui est pas non plus étranger, malgré la définition de la substance qu'il emprunte à la scolastique ; nous en ferons l'observation au mot PANTHÉISME. Ses idées innées ne sont des réalités non senties antérieures à leur apparition sentie dans l'âme qu'en ce qu'elles sont en Dieu, avant tout épanouissement limité, *ad extra*, d'où il suit qu'elles ne sont que des idées divines éternelles, saisies plus ou moins imparfaitement par notre âme aussitôt qu'elle s'éveille. Cependant il faut dire que ce point de vue est celui que Descartes a le moins caressé, quoiqu'il soit le plus poétique, le plus beau, et qu'il ait tant occupé saint Augustin. Ce seront Malebranche, Fénelon et Berkeley qui le sentiront avec le plus de pénétration et de délicatesse.

L'activité de l'âme, grand pivot de la psychologie d'Aristote, est un des rapports qu'il embrasse avec le plus d'ardeur ; il le creuse et l'explique jusqu'à paraître oublier quelquefois l'influx divin, et à fournir au mauvais vouloir des prétextes pour l'accuser de pélagianisme. Sa théorie des idées innées, envisagée à ce point de vue, est basée sur cette activité : les idées innées ne sont pas pour lui, relativement à l'âme, des impressions qui dorment, chose qui ne tomberait pas sous le concept, puisque l'idée est une vision, et qu'on ne conçoit point la vision sans l'objet vu formellement à un degré quelconque ; ce sont des potentialités d'une faculté qui, dès qu'elle entre en jeu, s'active dans la direction de la vérité, qui est l'idée divine, la voit et ne peut ne pas la voir, tant celle-ci est près d'elle, et tant il est de l'essence de la perception et du sentiment dans l'homme de n'être qu'à la condition d'un objet réel perçu ou senti.

Ce qu'ajoute Aristote, en l'empruntant à Epicure, du rôle de la sensation, Descartes ne le néglige pas non plus. Il attribue aux sens l'origine des idées particulières, il leur demande les connaissances de fait, et même il pousse au delà des bornes nécessaires l'importance de la substantialité de l'étendue, dans la sixième méditation en particulier, pour établir la valeur de la sensation en tant qu'élément des opérations intellectuelles. Nous allons corriger cet excès du grand Descartes en parlant de Berkeley.

Faisons observer encore combien il est syncrétiste dans l'application qu'il fait, et dans le merveilleux profit qu'il sait tirer, nonobstant son spiritualisme, de l'atomisme de Démocrite et d'Epicure. Descartes représente l'alliance de l'idéalisme et du matérialisme ; il va jusqu'à unir l'indivisible, qui est la pensée substantielle, au divisible à l'infini, qui est pour lui le corps substantiel, dans un seul moi au moyen de Dieu, avec la théorie des causes occasionnelles. Mais il nous paraît, sur le terrain des corps, oublier sa logique, car aurait-il admis comme vérité générale qu'un composé soit possible sans composant ? Non certes ; or admettre des substances dont les éléments fuient éternellement devant la division rationnelle, c'est admettre des composés sans composants. Epicure s'était jeté dans une contradiction en posant ses atomes, d'une part indivisibles, et, d'autre part, substantiellement doués de côtés et d'un milieu ; mais la contradiction n'était pas plus choquante que celle qui est impliquée dans la divisibilité à l'infini d'un *substratum* étendu. Nous verrons Leibnitz corriger le maître sur ce syncrétisme impossible.

Toujours est-il que le grand chef de la période philosophique moderne travaille aussi largement, et, grâce à sa méthode, plus heureusement encore que ne l'avaient fait ses précurseurs, à l'œuvre d'harmonisme qui est, en ce monde, la tâche de tous les sages, et dont l'accomplissement sera, dans l'autre, la manifestation de Dieu même aux élus.

Autour de Descartes s'allument tous les flambeaux du xvii° siècle, le plus éclairé dans les sciences métaphysiques dont l'histoire fasse mention ; c'est encore à sa lumière que se forment les écoles célèbres du xviii° siècle en Allemagne et en Ecosse, et le nôtre lui doit ce qui lui reste de philosophie.

Mais, comme il arrive toujours, dans les révolutions qui suivent les réveils de l'esprit, divers courants se forment, selon que tel ou tel chef de file dirige ses méditations sur telle ou telle face de la nature, et, ainsi, l'on ne se contente pas d'ajouter sa pierre à l'édifice, on veut renverser, par sa négation, celles que d'autres ont bien soudées. Ces efforts sont déplorables, c'est du temps perdu, qu'y faire ? Il entre dans les destinées de l'humanité de ne jamais construire qu'en démolissant, de ne faire un bien qu'en en détruisant un autre. Nous nous trompons, ce ne sont que des efforts, car le bien reste, et il ne fait que s'enrichir des parcelles de vérité que jette autour de lui le prétendu démolisseur.

Les cinq idées mères sorties de la Grèce sont donc reprises avec une ardeur qui ne s'était jamais vue, et sont poussées à des épanouissements merveilleux ; mais chez les uns cet épanouissement, qui n'a rien que de bon en soi, est accompagné de négations, tandis que, chez les autres, il demeure un perfectionnement pur et simple de l'harmonisme.

Malebranche et Fénelon sont les plus profonds pour expliquer le côté panthéistique vu par Zénon, et pour concilier l'influence radicale de Dieu en tous sens sur la créature, avec l'identité personnelle, distincte et immortelle de celle-ci. Quelques-uns leur reprochent de s'éloigner de Platon, et de tendre au panthéisme négatif de la personnalité créée, en reléguant toutes les idées en Dieu, et les refusant à l'homme à titre de propriété. Ceux-là se trompent. Malebranche et Fénelon ont raison de dire que Dieu seul possède réellement et substantiellement les idées, et qu'il ne saurait les faire posséder réellement et substantiellement à la créature ; qu'il n'y a de concevable en elle qu'une vision des vérités qui sont en lui, et qu'il suffit, pour éviter le panthéisme, d'attribuer à l'âme, comme son bien propre et distinct, par donation perpétuelle de Dieu, 1° un foyer substantiel soutenu par lui et soutenant la vision, lequel est l'organe de la participation à la lumière universelle ; 2° une vision propre qui se distingue de l'idée divine, comme l'impression du soleil sur la rétine diffère du rayon lumineux qui en forme l'image. C'est ce que dit Malebranche dans cette proposition, une des plus fortes qu'il ait émises dans le sens du panthéisme dont on l'accuse : « Toutes nos idées se trouvent dans la substance efficace de la Divinité, qui, en nous affectant, nous en donne la perception ; notre volonté n'est que le mouvement que cette substance efficace nous imprime par les idées vers le bien. » (*Recherche de la vérité*, III, 6.)

Comment pourrait-on dire plus clairement que ces idées divines s'informent en nous, et se distinguent, par cette information, impression ou perception, de ce qu'elles sont en Dieu? Quant à l'action divine dont il parle pour produire notre volonté, on ne peut la nier sans nous isoler de Dieu, et lui enlever sa prérogative essentielle de premier moteur ; c'est cette motion même qui est la base radicale de notre activité vers le bien, qui l'explique, et qui devient la condition la plus fondamentale de notre liberté, laquelle consiste à pouvoir coopérer ou résister, dire oui ou dire non ; aussi Arnaud, pour attaquer Malebranche sur ce point, se jetait-il dans l'excès qui consiste à dire que nous ne voyons toute chose qu'en nous, et sans Dieu, comme l'avait dit Aristote, ce qui allait à renverser tout son jansénisme sans qu'il parût s'en douter. Quant à Malebranche, il favorisait le jansénisme en réalité, mais il était attaqué par les jansénistes, car il conservait la liberté humaine et ne donnait, pour l'attaquer, dans aucune de leurs subtilités ; il s'humiliait et s'extasiait avec saint Augustin devant le grand mystère de la conciliation des deux activités dans le même sujet, l'une finie, l'autre infinie, et l'embrassant de toutes parts, il s'écriait avec lui : « Que suis-je donc ? quelle nature suis-je ? c'est là mon esprit, c'est là moi-même ! une vie qui se dilate d'une multitude de manières et indéfiniment dans votre vie, ô mon Dieu ! »

Toutes ces observations sur Malebranche conviennent à Fénelon dont la grâce, le style, les théories politiques, la vertu aimable et la philosophie sont la germination chrétienne la plus touchante du platonisme dans les temps cartésiens. Comment peut-on l'accuser de panthéisme ? S'il dit d'un côté : « L'idée est une lumière qui est en moi et qui n'est point moi-même (*Existence de Dieu*, passim) ; » — « Mon bon vouloir n'est pas une chose que je me donne : il me vient de celui qui m'a donné la volonté et l'être(*Ibid.*); » ne dit-il pas aussi : « Mon esprit n'est point la raison primitive, la vérité universelle et immuable ; il est seulement l'organe par où passe cette lumière originale et qui en est éclairé (*Ibid.*); »— « Si c'est Dieu qui me modifie, je me modifie moi-même avec lui ; je suis cause réelle avec lui de mon propre vouloir. Mon vouloir est tellement à moi qu'on ne peut s'en prendre qu'à moi, si je ne veux pas ce qu'il faut vouloir ? » (*Ibid.*)

Berkeley s'attache au même point de vue et n'est pas plus négatif que ne le sont Malebranche et Fénelon. Il distingue, aussi clairement que possible, l'esprit créé de l'esprit incréé, et les esprits créés les uns des autres. En niant des *substratum* divisibles à l'infini et, partant, dépourvus de toute unité composante, il nie une négation, ce qui revient à une affirmation. Il admet les corps, c'est-à-dire, l'ensemble des propriétés qu'on appelle de ce nom, telles les formes, les couleurs, les étendues, les mouvements ; seulement il pose ces propriétés très-simples en soi sur des suppôts simples qu'il nomme esprits, comme Leibnitz les avait nommés monades et Epicure atomes, d'où il peut conclure avec raison que les corps ne sont point des substances en dehors de l'esprit incréé et des esprits créés, puisqu'après sa définition, les imaginer existant ainsi, ce serait imaginer des soutenus sans soutenant. Il y aurait chez lui exagération et négation véritable s'il allait jusqu'à dire que les propriétés corporelles n'ont pas d'autres suppôts réels que les esprits humains, et Dieu, qui les possède à l'état d'idées particulières comprises dans ses idées générales, puisque ce serait nier toute créature autre que l'homme. Mais il ne tombe pas dans cette audace insensée ; il ne refuse pas d'admettre des créatures simples substantielles, supérieures à l'homme et inférieures à lui, formant une longue échelle depuis le plus élevé des anges jusqu'à l'individu le moins être de l'univers.

Leibnitz est le plus grand syncrétiste des philosophes. Il est plein de l'idée d'une conciliation de tous les systèmes. Il harmonise Platon et Aristote, enseignant, avec le premier, les idées universelles comme résidant éternellement en Dieu, une sorte de réminiscence des âmes, une harmonie préétablie, dont le germe est dans le *Timée*, et qui se résout dans une action persistante de Dieu que Descartes et Malebranche professent aussi sous le nom de causes occasionnelles, définissant, avec le même, le pressentiment et l'enthousiasme, ainsi que tous les phénomènes mystérieux de notre nature, par l'intervention plus ou moins immédiate de la cause première, et reprenant à Aristote et à saint Thomas leur définition de l'âme, qui est, pour lui, une force, une entéléchie, une activité, un foyer de puissance, *intellectus agens*, sans rejeter, sous aucune face, le concours nécessaire de Dieu pour la constituer ce qu'elle est. Son optimisme, qu'il exagère, puisqu'il rendrait en Dieu la création nécessaire, et que Malebranche n'atténue pas assez, puisqu'il n'existe pas un meilleur monde possible dans l'ordre du fini, n'est, au fond, qu'une grande explication rationnelle du mystère du mal ; dont Platon avait posé la base ; qu'Augustin indique par ces paroles : « De même que l'opposition des contraires fait la beauté du langage, ainsi la beauté du monde résulte de la sage disposition des contrastes, laquelle constitue l'éloquence des choses (*Cité de Dieu*, XI, 18) ; » et qui garde toute sa valeur après élimination de l'excès qui l'accompagne dans Leibnitz et Malebranche. N'oublions pas de rappeler ses monades, qui sont la conciliation d'Epicure et de Zénon, qui ne diffèrent pas des esprits de Berkeley, de la vision de toutes choses en Dieu, même des corps, de Malebranche, et dont Platon avait conçu la première idée d'une manière implicite en s'expliquant le corps comme étant la partie concupiscible de l'âme. Ajoutons enfin la simplicité et la tolérance de ce grand homme qui rappellent Socrate, et nous aurons un admirable enfantement de Platon, d'Augustin, de saint Thomas et de Descartes.

Bossuet travaille dans la même ligne. Il démontre Dieu par l'idée de l'universel ; il établit la liberté morale ; il est platonicien comme les anciens Pères ; et, par son thomisme sur la grâce, ainsi que par son malebranchisme sur l'illumination des esprits créés par l'incréé, il ne manque pas de se rattacher à Zénon. « Un rayon de votre force, ô Seigneur, s'écrie-t-il, s'est imprimé dans nos âmes, c'est là que nous découvrons la première raison, qu'elle se montre à nous par son image ; c'est là que nous découvrons, comme dans un globe de lumière, un agrément éternel dans l'honnêteté et la vertu. » (*Sermon sur l'immortalité de l'âme.*) Et il n'en admet pas moins l'activité d'Aristote : « Hélas ! » dit-il encore, « ce n'est que de temps en temps que nous voyons luire quelque rayon imparfait de la vérité. Il nous la faut chercher par de grands efforts, la tirer de loin comme par machines et par artifice, par une longue suite de conséquences, et par un grand circuit de raisonnements. » (*Sermon sur le bonheur du ciel,* 1re p.)

Wolf coordonne Leibnitz sous forme de classification régulière.

Les philosophes de Port-Royal coordonnent de même la logique cartésienne, et s'attachent, en même temps, à approfondir les mystères de l'influx divin et de la pénétration du fini par l'infini, mais trop souvent manquent de précaution pour sauvegarder la liberté et l'activité créées.

Arnaud soutient *l'activisme* d'Aristote comme l'école écossaise et n'en exagère pas moins la pression de Dieu sur l'âme jusqu'aux atteintes jansénistes contre la liberté morale.

Pascal, que son œil fixé sur les contradictions humaines maintient dans la perpétuelle tentation de scepticisme, et que son esprit géométrique tiraille en sens contraire, écrit des choses comme celles-ci : « Les premiers principes ne peuvent se démontrer.... mais comme la cause qui les rend incapables de démonstration, n'est pas leur obscurité, mais, au contraire, leur extrême évidence ; ce manque de preuve n'est point un défaut, mais plutôt une perfection. » (*Pensées*, 1re part.) « O homme, s'écrie-t-il, tu n'es qu'un roseau le plus faible de la nature, mais tu es un roseau pensant. L'univers peut t'abattre, et une goutte d'eau y suffit ; mais dans ta chute, tu serais encore plus noble que l'univers qui t'écrase ; car tu sais que tu meurs, et l'avantage que l'univers a sur toi, l'univers n'en sait rien.... quelle chimère est-ce donc que l'homme ?... juge de toutes choses, imbécile ver de terre ; dépositaire du vrai, amas d'incertitudes, gloire et rebut de l'univers, s'il se vante, je l'abaisse, s'il s'abaisse, je le vante ; et je le contredis toujours jusqu'à ce qu'il comprenne qu'il est un monstre incompréhensible. » Pascal arrive, par le doute, à la certitude religieuse, comme Descartes, par le doute, à la certitude philosophique ; mais on ne peut logiquement gagner l'une sans l'autre.

Bacon et Gassendi remontent du particulier au général, et ouvrent la voie à la méthode expérimentale source de toutes les grandes découvertes modernes dans le monde visible. Ils penchent du côté des sens, et s'attachent aux faits sans cesser d'être spiritualistes.

Newton et Clarke inclinent dans la même direction, qui est celle d'Aristote et d'Epicure, mais ils ne nient point en réalité la méthode platonicienne ; ils ne font que la compléter par la leur.

Régis est un des cartésiens les plus célèbres et les plus redoutés des péripatéticiens, quoiqu'il se rattache, par sa théorie des idées, à l'école d'Aristote.

Locke et Condillac approfondissent, aussi parfaitement que possible, l'importance de la sensation et de la parole dans la production de la vision intellectuelle ; ils rendent d'immenses services à la grande synthèse qui souffrirait par ce côté-là sans leurs travaux. Condillac ne va pas trop loin lorsqu'il dit que Dieu peut rendre la matière pensante ; si, en effet, elle ne peut supporter la pensée quand on se la représente substantiellement étendue et divisible à l'infini, elle ne peut, non plus, dans cette hypothèse, supporter les autres qualités, comme la couleur, la figure, le poids, l'être, qui sont choses aussi simples que la pensée ; et qui, lors même qu'elles ne seraient pas simples, n'y trouveraient aucun point d'appui, puisque ce point d'appui est nié par la supposition même de l'absence de composants dans le composé, et qu'en imaginant la division, ces composants sont introuvables ; mais si l'on sort de cette division à l'infini, la pensée ne répugnera pas plus à la matière qu'à tout autre *substratum*, puisque le suppôt n'est plus introuvable et devient, par cette raison, parfaitement simple. Au reste, Locke et Condillac tombent dans l'exclusivisme ; il leur semble qu'ils ne puissent affirmer le monde sensible sans attaquer le monde intelligible ; ils sont étroits et concentrés dans leurs conceptions, ils ne sont ni platoniciens ni syncrétistes. Condillac ne portait-il pas, plus sévèrement qu'on ne le fera jamais, sa propre condamnation sous ce rapport, en disant « que les opinions de Platon ne lui paraissaient qu'un délire, et qu'il avait retardé les progrès de la raison ? » (*Cours d'étud.*, VI, 162.)

Spinosa veut faire une alliance de Zénon et d'Epicure ; il démontre algébriquement et avec succès l'unité de la substance absolue, de la substance absolument substance ; mais, en oubliant, entre elle et les modes, un milieu, soutenu par elle, pouvant soutenir des modes, et étant le sujet distinguant fondamentalement la créature du Créateur, il confond l'une et l'autre, et réduit les âmes et les corps à l'état de modifications. Son système est affublé et atrophié d'une partie négative tellement dominante qu'il fournit peu à l'harmonisme.

Nommons seulement les platoniciens anglais Cudvorth, Henri More, Théophile Job, Gilbert, Thomas Bernet, etc., qui apportent tous quelque chose à l'édification de la synthèse.

Harrington rappelle, par son *Oceana*, nouvelle utopie, les œuvres de Platon.

Shaftesbury, père de l'école écossaise, cherche un milieu entre le spiritualisme de Descartes et le sensualisme de Locke, au moyen de sa théorie des sens moraux du vrai, du bien et du beau, qui ne sont que les idées innées de Descartes sous d'autres noms.

Il est suivi par Hutcheson, Reid, Oswald, Dugald Steward, Smith, qui admettent, tous, les vérités rationnelles, fondements de la morale, les défendent comme Socrate, et, cependant, sont encore plus péripatéticiens que platoniciens, en ce qu'ils attribuent à l'âme la vertu intrinsèque de s'élever, des idées particulières fournies par la sensation, jusqu'à l'universel. Nous avons dit que cette vertu existe en résultat, mais qu'elle ne s'explique que par l'action immanente de la Divinité, que cette école a le tort, après Aristote, de paraître oublier.

Notre France au xviii° siècle est peu platonicienne et, partant, peu philosophique. Cependant Rousseau, avec son sens moral, sa conscience du juste et de l'injuste et son théisme plein de sentiment, décore ses œuvres de pages enthousiastes qui suent le platonisme.

Buffon, Bernardin de Saint-Pierre et Montesquieu peuvent être signalés, quoiqu'ils s'écartent des rangs philosophiques.

Charles Bonnet, admirateur de Leibnitz, ne doit pas être omis, puisqu'il va jusqu'à tenter de concilier, dans sa *Palingénésie*, l'antique métempsycose avec la philosophie moderne.

Mais la plupart des autres se jettent, avec une telle frénésie, à la suite de Hobbes, du côté de la matière, et laissent si loin derrière eux Epicure, qu'ils ne fournissent guère à l'éclectisme, dans l'édification de son œuvre de conciliation, que leur grande requête à l'humanité pour la tolérance, la liberté, le bon sens pratique dans l'ordre terrestre, requête sous toutes les formes, dont l'énorme défaut est de confondre la chose avec l'homme, et dont Voltaire fut l'infatigable rédacteur en chef.

Puisque ce nom du sarcasme vivant vient de tomber de notre plume, justifions la part que nous lui laissons, dans l'accomplissement des desseins de Dieu, par le témoignage de l'abbé Guénée, son contemporain et son adversaire, qui fut obligé de le connaître à fond pour le réfuter : ce chanoine d'Amiens, auteur des *Lettres de quelques Juifs* l'appelle « le plus brillant et le plus vaste génie de son siècle, celui qui renverse les pernicieux et insensés systèmes des sophistes, qui établit contre eux l'existence de Dieu, sa justice, sa providence, vérités chères à tous les cœurs, seuls fondements solides des sociétés, qui enseigne aux citoyens l'obéissance aux lois, aux législateurs l'humanité, aux souverains une tolérance sage, qui poursuit sans relâche le fanatisme, cause de tant d'assassinats, de massacres, de guerres sanglantes dans notre patrie et dans le reste de l'univers. » Nous avouons qu'en parcourant ses œuvres, nous trouvons trop souvent le ton léger, qui nous déplaît même au profit du bien, pour en parler jamais nous-même sous les premiers rapports, comme l'abbé Guénée, mais nous respectons ce jugement et nous le croyons juste relativement au siècle dont Voltaire fut, tout à la fois, et l'enfant et le père.

L'Allemagne est plus sérieuse. Elle donne à la philosophie Christian Thomassius et Budde, disciples de Leibnitz, en fait de conciliation et d'éclectisme, Baumgarten, Lessing et Mendelsshon, qui raniment et font aimer la science du beau ; Creuz, Garve, Engel et plusieurs autres moralistes, qui savent résister aux entraînements matérialistes de leur époque. Ils font tous un mélange du spiritualisme de Platon et de celui d'Aristote.

Elle donne surtout Kant, Fichte, Schelling, Hégel, et toute cette école allemande devenue si célèbre, qui reste fidèle aux grands chefs de la philosophie sur les principes nécessaires, les idées absolues, les preuves de sentiment et d'intuition, l'universel en Dieu, l'adoration de l'invisible, le spiritualisme et beaucoup d'autres points fondamentaux, mais se jettent dans l'exagération la plus outrée du panthéisme de Zénon, pour s'égarer sans mesure dans des rêves qu'on déplore : elle présente une large partie toute négative à éliminer, fruit sans valeur de méditations profondes et pénibles travaux pour aboutir à nier la multiplicité des identités personnelles, malgré l'évidence accablante du témoignage de la conscience qui nous révèle notre être comme un effet distinct de la cause absolue dont il ne peut se passer.

Faisons cependant une restriction sur Kant : il ne sort point du courant platonique dans sa foi, mais détruisant par ses antinomies la certitude des preuves métaphysiques, sur lesquelles repose la vraie philosophie des rapports de l'âme avec Dieu, il lance ses disciples dans une voie qui les conduit logiquement à la négation absolue de la créature. Il paraît se rattacher, ainsi que Fichte, au principe d'Aristote sur l'âme. Schelling serait plutôt stoïcien ; et Hégel, qui nie tout excepté l'idée, appartient à toutes les écoles par son affirmation et se sépare de toutes par sa négation universelle. Les philosophes que nous avons nommés sont cartésiens sur la question de la certitude. Ils disent tous avec Fénelon : « J'ai beau vouloir douter de toutes choses, il m'est impossible de pouvoir douter si je suis ; le néant ne saurait douter ; et, quand même je me tromperais, il s'ensuivrait, par mon erreur même, que je suis quelque chose, puisque le néant ne peut se tromper. Douter c'est se tromper, c'est penser. Ce moi qui pense, qui doute, qui craint de se tromper, qui n'ose juger de rien, ne saurait faire tout cela s'il n'était rien....... me voilà donc enfin résolu à croire que je pense, puisque je doute, et que je suis puisque je pense ; car le néant ne saurait penser, et une même chose ne peut tout ensemble être et n'être pas..... je conclus..... sur l'idée claire que j'ai de mon existence par ma pensée..... que nul homme de bonne foi ne peut douter contre une idée entièrement claire, » etc. (*Existence de Dieu*, p. II, ch. 1er.) Le mal de ceux qui se trompent est de faire une application fausse de la règle à la solution des problèmes ontologiques de Dieu et de l'âme.

Sur ce terrain nous ne trouvons, qui renouvellent la négation de la certitude humaine de Pyrrhon et veuillent persister dans le doute rationnel que Montaigne, Charron, Le Vayer, Buffier, Huet, Bayle, Hume, D'Alembert et Lamennais. Ceux-là commencent par dire avec Montaigne, d'après les principes d'Epicure : « Toute connaissance s'achemine en nous par les sens et se résout en eux... les sens sont le commencement et la fin de l'humaine connaissance ; » puis, faisant un second pas, ils attribuent l'introduction de toute vérité dans nos âmes à la voie extérieure de la parole ; puis, par un troisième, nient toute certitude rationnelle, soit pour ne la remplacer par aucune autre, comme Montaigne, et laisser l'homme dans le doute de Pyrrhon, soit pour la remplacer par la certitude de la révélation surnaturelle comme Huet, soit enfin pour la remplacer par la certitude du témoignage du genre humain, comme Lamennais. Où est leur erreur ? Dans la négation de la valeur des notions générales que nous trouvons en nous ; et s'ils ont raison, comme Huet et Lamennais, d'admettre un critérium pour échapper au doute, ils sont bien aveugles pour ne pas voir qu'en niant la certitude de toute évidence rationnelle ils nient leur propre critérium, puisqu'il ne peut avoir de solidité qu'autant que son existence et sa valeur sont déjà reconnues par la raison. C'est un fait de notre nature que la parole traditionnelle ou écrite, tant celle qui part de la révélation surnaturelle et en transmet les vérités, que celle qui part de l'homme primitif, ou de l'un quelconque de ses descendants, est pour nous un grand moyen de connaître ; mais c'est un fait aussi que ce n'est point le seul ; témoin toutes les découvertes et démonstrations qui se font chaque jour et dont il n'avait jamais été question dans le monde. Dieu nous éclaire et par la voie du dehors qui est la parole, et par la voie du dedans qui est la pensée, c'est-à-dire, une illumination interne accompagnée d'un travail intellectuel. L'erreur consiste à nier l'un de ces moyens de connaissance, la vérité consiste à les reconnaître l'un et l'autre.

M. de Bonald est de la famille de Zénon, comme Fénelon et Malebranche, et cependant il attribue, avec Epicure, toutes nos connaissances au langage. C'est lui qui pose, dans notre siècle, la majeure dont Lamennais tire les déductions, que son éloquence a rendues si désastreuses en logique et en théologie, principalement dans les rangs du clergé français. Ce dernier n'en a pas moins rendu de grands services sous d'autres rapports. Chose remarquable ! après avoir nié tout autre moyen de certitude que celui du témoignage des hommes, et, par conséquent, de la parole externe, il en est venu ensuite à professer l'illumination interne jusqu'à se faire accuser de panthéisme. Que n'avait-il, dès l'abord, concilié simplement les deux choses ?

Maine de Biran, que Damiron a déclaré leur maître à tous, c'est-à-dire le père des éclectiques modernes, fait un mélange métaphysique et transcendant d'Aristote, de Zénon et de Leibnitz qui mérite d'être sérieusement étudié.

Nous ne passerons pas sous silence les efforts d'un grand nombre de généreux écrivains laïques et ecclésiastiques, parmi lesquels nous nommerons M. Gilliot, vers le syncrétisme de l'avenir, en s'appuyant, à l'imitation de Lamennais, sur le dogme de la Trinité. Cette vérité est appelée, selon nous, à devenir la base des développements et des classifications de ce syncrétisme ; et ce retour à la Trinité, en philosophie, après l'oubli qu'en avaient fait les XVIIe et XVIIIe siècles, sera le plus beau titre de gloire du XIXe.

Citons encore M. Bordal Demoulin qui, avec sa systématique exclusion de tout ce qui n'est ni Platon ni Descartes, chose si rare aujourd'hui que nous l'en admirons, rapproche, en résultat, Zénon et Aristote ; il tient à ce que l'on dise que l'idée est tout à la fois dans l'âme et dans Dieu, créée dans l'une, increée dans l'autre. Or, rien de plus facile que de le satisfaire ; l'espace occupé par un corps n'est-il pas tout à la fois dans l'espace en soi et dans le corps lui-même, et n'est-il pas le propre de l'un et de l'autre ? Dans une transmission de mouvement, le mouvement n'est-il pas tout ensemble dans le moteur non mû, le mû devenant moteur à son tour, et dans le mû non moteur ? Ajoutez, en ce qui concerne l'homme, le mystère insoluble, mais évident pour la conscience, de la liberté morale, et vous avez dit que l'âme possède une propriété de raison et une propriété d'action, comme M. Bordal Demoulin, sans dire autre chose que ce que disaient Malebranche et Fénelon, après Augustin. On se querelle si souvent pour des mots, parce qu'on n'est pas assez syncrétiste ! Qu'on se mette au point de vue de celui qu'on attaque et on verra tout s'harmoniser. Il n'y a que la négation, non point apparente, mais réelle, qui soit inconciliable avec toute vérité.

Enfin, nous devons ajouter à l'atelier des philosophes l'école éclectique moderne, qui se range encore à la suite du même maître. A considérer son éclectisme comme méthode, on ne saurait qu'y applaudir en principe ; quoi de mieux que de choisir tout ce qu'il y a de bon et de vrai dans tous les systèmes? C'est l'idée même qui fait l'objet de cet article, et cette idée fut celle de toutes les lumières philosophiques qui ont éclairé le monde. Mais si nous considérons les résultats des travaux de cette école, nous n'y trouvons point le syncrétisme auquel l'éclectisme devait aboutir. Il y a bien, chez elle, des efforts pour opérer la synthèse, objet de nos vœux, entre la raison de Platon, l'activité d'Aristote, la sensation d'Epicure, et l'idée panthéistique de Zénon, à l'aide du doute de Pyrrhon assujetti par Descartes à la certitude; mais les ouvriers sont au-dessous de la tâche; leur système ne sort guère d'une espèce de probabilisme; il n'est dans plusieurs qu'un scepticisme déguisé; il garde des négations, quoique timides, des contradictions, des hésitations, des exagérations, des écarts, des erreurs. Les anciens avaient mieux travaillé: le principal mérite de nos éclectiques est de les avoir fait connaître. Nous craignons d'être injuste quand nous sommes sévère, mais il faut bien que notre conscience s'ouvre; nous avons cherché des philosophes, et nous n'avons trouvé que de petits Cicérons. Pour citer quelque chose à l'appui de ce jugement, voici, par exemple, une critique du plus célèbre d'entre eux qui suffirait pour nous justifier: « Si Descartes a fait preuve d'un bon sens et d'une profondeur admirables en ne mettant point l'existence de l'âme et l'existence de Dieu à la merci d'une argumentation d'école, et en tirant immédiatement ces deux convictions des données primitives de la pensée, il a commis une faute, un anachronisme évident dans l'histoire de la conscience en ne plaçant pas sur la même ligne la conviction de l'existence du monde extérieur. » (*Hist. de la phil. du* XVIIIe *siècle*, t. I, p. 463.) Si Descartes n'avait pas, au contraire, saisi la distance entre les vérités de conscience et celle du monde extérieur en tant qu'objet en soi distinct de nos sensations, et n'avait usé, pour établir la réalité de cet objectif, de son fameux circuit qui consiste à aller d'abord à Dieu, puis à en revenir armé de sa véracité, il n'y aurait pas eu de Descartes au XVIIe siècle; c'est précisément là qu'est l'explosion de son génie.

Ainsi donc, de dogmatique véritable, de vrai syncrétisme, il n'y en a pas chez nos éclectiques. Pourquoi aussi se sont-ils isolés de la théologie chrétienne, dont nous allons parler tout à l'heure? Ils se sont crus obligés à cet isolement en qualité de philosophes; quelle petitesse de vues! Les Platon, les Augustin, les saint Thomas, Descartes lui-même avaient-ils pensé ainsi? L'homme est au centre d'une multitude de moyens de connaître, et pour faire une bonne philosophie, il doit recourir à tous ces moyens; aucun n'est de trop, grand Dieu! La séparation que fit Descartes de la philosophie et de la théologie, n'est qu'une séparation abstractive, hypothétique et méthodique comme son doute; nos modernes en ont fait une séparation réelle; ils ont transporté dans la Psychologie, la théodicée, la morale, ce que Descartes n'avait mis, en réalité, que dans la première partie de sa logique. Que serait le syncrétisme si, appelant à son secours toutes les voix qui retentissent, il commençait par dire arrière à celle de la religion traditionnelle? N'est-ce pas la plus respectable aux yeux du philosophe? N'est-ce pas ainsi qu'en jugeait Platon, bien que cette religion lui manquât dans sa pureté? Il n'y a rien de trop, en fait d'instruments de connaissance, pour le véritable ami de la sagesse. Ces critiques posées sur nos contemporains, disons hautement, qu'ils ont eu l'idée de l'harmonisme, qu'ils ont eu le courage d'en tenter la réalisation, et que leur essai est un noble effort qui aura sa part de mérite et de gloire.

Ils avaient compris cet appel d'une femme : « L'homme a flotté sans cesse entre ses deux natures; tantôt ses pensées se dégageaient de ses sensations; tantôt ses sensations absorbaient ses pensées; et successivement il voulait tout rapporter aux unes et aux autres. Il me semble que le moment d'une doctrine stable est arrivé; la métaphysique doit subir une révolution semblable à celle qu'a faite Copernic dans le système du monde; elle doit replacer notre âme au centre, et la rendre en tout semblable au soleil autour duquel les objets extérieurs tracent leur cercle, et dont ils empruntent la lumière. » (*L'Allemagne*, p. III, c. 2.)

Ces paroles sont belles et se comprennent, quoique, si l'auteur, tout en conservant l'âme au centre de l'ordre logique, avait mis Dieu à la place de l'âme, dans la comparaison du soleil, il eût été beaucoup plus profond.

Restons-en là de cette revue rapide; et passons à l'ordre surnaturel pour montrer, d'une manière plus générale encore, les rapports harmoniques de sa marche dans le monde avec celle de la philosophie.

II. — Eclectisme et syncrétisme en théologie.

La vérité peut être plus ou moins éclairée, puisque, à une lumière, peut s'en ajouter une autre, mais elle ne saurait, dans son développement, tomber en contradiction. On peut affirmer qu'une vérité déjà connue ne sera jamais exclue par une nouvelle, ni n'exclura celle-ci.

Ce principe trouve son application complète et invariable dans les deux histoires de la philosophie et de la théologie mises en rapport.

Nous avons constaté, dans la philosophie naturelle, cinq grandes bases : l'idée de l'universel ou la raison, sur laquelle Platon s'élève à l'âme et à Dieu; l'idée de Dieu, cause et soutien universels, dans laquelle Zénon plonge et s'absorbe; l'idée de l'activité de l'âme en intellect et en volonté, où s'arrête Aristote; l'idée de la sensation, moins élevée que les autres, mais aussi réelle, où s'emprisonne Épicure; enfin, l'idée du doute hypothétique et méthodique, ou de la logique, qui décourage Pyrrhon, au point qu'il reste assis sur la première marche.

Or, la science de la révélation, ou la théologie, commence par ne nier aucune de ces vérités fondamentales ni de leurs déductions; puis les admet toutes sans les accompagner d'aucune des exagérations dont plusieurs philosophes les ont embarrassées; en troisième lieu, greffe, par dessus tout, un ordre de vérités que la raison seule n'en aurait pas déduites, parce qu'elles n'en sont point des conséquences nécessaires, et qu'elles se rattachent à l'incarnation du Verbe dans l'humanité, laquelle n'était point essentielle, mais parfaitement libre dans la volonté suprême; et enfin suit, dans son développement humain, la méthode éclectique, que nous avons exposée en philosophie, pour arriver à un syncrétisme universel, sous le nom de catholicisme.

Développer toutes ces propositions demanderait un long ouvrage. Que disons-nous? c'est l'ouvrage même dont cet article fait partie, et cet ouvrage n'est encore que l'introduction à celui de l'avenir. Nous ne devons donc, en ce moment, que poser quelques généralités relatives à ces propositions, pour mettre l'esprit sur la voie d'en saisir la vérité en gros.

1. Si l'on parcourt avec soin toute la série de nos livres saints, de la Genèse jusqu'aux Machabées, de l'Évangile de saint Mathieu à l'Apocalypse, on est étonné de ne rencontrer aucune négation des vérités fondamentales de la philosophie ou des conséquences qu'elles renferment avec certitude, que ces conséquences soient prochaines ou éloignées. Ces vérités et ces conséquences n'y sont pas toutes enseignées dans chaque livre, ce qui sortirait du naturel; les livres les plus anciens présentent même de grandes lacunes; plusieurs vérités radicales n'y sont point formellement émises, mais n'y sont-elles jamais niées ni implicitement ni explicitement. Les objections qu'on peut faire à ce sujet sont toujours faciles à résoudre. C'est, au reste, le règne de la poésie, et c'est par les symboles, les chants, l'enthousiasme des poëtes, que la révélation laisse déborder sur l'homme les vérités dont il a besoin dans les divers âges de sa vie surnaturelle. Plus les temps approchent, plus les grandes vérités rationnelles sont, de nouveau, promulguées par cette voie; les derniers livres les professent plus explicitement que les anciens, et quand on arrive à l'accomplissement de l'antique promesse, à l'épanouissement évangélique, on les voit qui s'éclairent, toutes, d'une merveilleuse illumination sans aucune infiltration d'erreur. C'est cette pureté, cette absence complète de négation d'une vérité quelconque, qui est le caractère le plus surprenant et le plus admirable de nos livres saints.

Mais vient la théologie, dont saint Paul et saint Jean sont les deux grandes sources, et dont l'Église est la règle constante. Or, il n'est pas moins étonnant de ne pouvoir trouver, dans la longue série de son développement, la négation réelle, implicite ou explicite, d'aucune des vérités philosophiques ou de leurs conséquences. Que l'on soumette à l'examen le plus sévère toutes les définitions des conciles, tous les points de la doctrine catholique reçus dans toute l'Église, et il ne restera, après tamisage, aucune proposition qui renferme, si on la comprend bien, la moindre exagération négative d'une des cinq vérités premières que nous avons posées en philosophie. C'est ce qui résultera de la lecture de ce livre.

II. La révélation en se développant appelle successivement à son secours, selon le besoin qu'elle en a, les principes premiers de la philosophie, d'après cette maxime du sage : « L'amour de la sagesse conduit au royaume éternel (*Sap.*, VI, 21), » et finit par les impliquer tous, sans ordre méthodique dans le Nouveau Testament, avec ordre méthodique dans la théologie catholique. Ce que nous avons dit de saint Augustin et de saint Thomas, dans lesquels la philosophie et la théologie sont des sœurs qui s'embrassent d'une manière si intime, suffit pour le prouver sous le second rapport, et, sous le premier, il suffit de lire l'Évangile et saint Paul avec intelligence pour en demeurer convaincu.

Que le spiritualisme théiste de Platon, consistant à remonter à Dieu comme étant la vérité complète, à distinguer l'âme raisonnable des sens, et à tout rapporter à ces deux principes, soit le fond de l'Évangile et de la doctrine des apôtres, c'est ce qu'il serait inutile de montrer par des citations.

Que l'idée panthéistique de Zénon, bien comprise et ramenée à sa mesure rationnelle, y soit aussi, c'est ce que nous allons bientôt établir surabondamment au mot PANTHÉISME.

Que l'activité intellectuelle et morale de l'âme humaine, principe fondamental d'Aristote, s'y trouve également, c'est ce qu'il serait encore inutile de prouver; toutes les exhortations à la science et à la vertu, ainsi que la distinction du bien et du mal dans l'homme, l'impliquant nécessairement.

Que l'importance qu'attache Épicure à l'ordre sensible, dépouillée de ses exagérations, y soit reconnue, c'est un point qui aura besoin d'être établi en particulier, vu les reproches qu'on a faits à la doctrine évangélique, comme à celle de Platon, de trop spiritualiser l'homme et de négliger une partie de lui-même.

Enfin que le rationalisme cartésien, enfant sage de la folie de Pyrrhon, dont le caractère est d'exiger la preuve avant la foi, soit impliqué dans l'Évangile et dans les épîtres de saint Paul, c'est ce qui va déjà ressortir d'une simple observation que nous allons faire tout à l'heure.

Mais tous ces points seront étudiés avec une attention spéciale dans le complément destiné aux détails, sous les titres suivants : SPIRITUALISME, PANTHÉISME, ACTIVISME, SENSUALISME et RATIONALISME. Nous y ferons voir, sur pièces justificatives, que nos livres sacrés et notre théologie sont une exhibition sublime des déductions auxquelles conduisent ces cinq grandes bases de la philosophie complète.

III. La révélation surajoute à ces lumières naturelles d'autres lumières dont l'homme avait besoin depuis la déchéance, et qui lui montrent la grande opération de Dieu en lui par le Christ avec les multitudes de prodiges de bonté qui s'y rattachent, pour le relever d'un abaissement où Dieu n'a pas voulu qu'il restât enseveli. C'est l'ordre surnaturel tout entier avec la prophétie, le miracle, l'inspiration, la manifestation de Dieu dans l'enfantement d'une Vierge, la prédication du Christ, sa mort sanglante, sa résurrection, l'établissement des sacrements et la constitution de l'Eglise.

Or la théologie établit logiquement toute cette série de vérités surnaturelles sur des bases identiques à celles qui servent de fondements à la série des certitudes naturelles. La seule différence consiste en ce que Dieu est considéré comme Rédempteur et s'appelle le Christ, et en ce que l'homme est considéré comme transporté par lui dans un état supérieur que la théologie nomme état de la nature relevée ou état chrétien.

Suivons, pour le faire comprendre, l'ordre cartésien.

La philosophie dit : Je pense, c'est-à-dire, il me semble voir et sentir une foule de phénomènes en moi et hors de moi; donc je suis; donc Dieu est; donc le genre humain est; donc l'histoire est une réalité, etc., etc.

Le sorite revient à l'enthymème suivant : Il y a phénomène naturel ; donc il y a cause naturelle.

La théologie continue et dit : Il y a dans la trame historique du genre humain des phénomènes surnaturels que je ne puis nier, parce qu'ils me sont démontrés par les preuves mêmes que reconnaît la philosophie comme indubitables, et qu'elle me propose ; donc il y a une cause surnaturelle qui agit dans le genre humain pour y produire ces phénomènes. Et de là tout l'enchaînement théologique.

C'est ainsi que le Christ répondait à ceux qui lui demandaient : Qui es-tu? Voyez mes œuvres. (*Joan.*, XIV, 12.) C'était autoriser le doute avant la preuve, n'exiger la foi qu'après démonstration, et poser, dans l'ordre surnaturel, l'enthymème cartésien.

Mais, au moyen de la série logique, la théologie aboutit au Christ, ou à Dieu rédempteur, comme cause première de tout' l'ordre surnaturel; c'est donc le Christ qui va devenir, dans cette nouvelle science, ce qu'est Dieu dans l'autre, c'est-à-dire le centre, l'origine, le pivot, le type, la solution des problèmes, tout enfin. Elle aboutit aussi à l'âme restaurée et appelée à l'état surnaturel d'association aux joies divines du Christ lui-même. Voilà donc le Christ et l'âme chrétienne devenus les deux pôles de la théologie, comme Dieu et l'âme humaine. étaient les deux pôles de la philosophie de Platon ; et de là vont sortir, comme bases de la synthèse théologique, quatre principes correspondant à ceux de la synthèse philosophique.

L'idée divine, la raison absolue, le Verbe enfin, est, pour Platon, la lumière qui éclaire l'âme humaine ; le centre qui l'attire; la cause et le modèle où elle remonte ; ce pour quoi et par quoi elle s'élève au-dessus des plaisirs sensuels, lutte contre eux et les vainc. Le Christ, qui est cette idée, cette raison, ce verbe sous les traits de l'homme, est pour saint Paul la lumière qui éclaire l'âme chrétienne, le centre qui l'attire, la cause et le modèle où elle remonte. Il est sa voie, sa vérité et sa vie; c'est pour lui et par lui que l'âme chrétienne triomphe de la matière ; et Paul ne peut dire une phrase sans y mettre le nom de Jésus-Christ.

Dieu est pour Zénon le soutien universel, la lumière universelle, le mouvement universel, la raison universelle, au sein desquels l'âme s'informe et desquels elle reçoit tout ce qui la constitue comme tout ce qu'elle fait de bien, de sorte que, par rapport à lui, elle est passive. Le Christ est, pour saint Paul, toutes ces choses dans l'ordre du salut. Il nous engendre, nous informe de nouveau, nous enfante, nous régénère ; l'âme chrétienne connaît de sa connaissance, vit de sa vie, se meut de son mouvement ; le Christ est la vigne, nous sommes les branches ; le Christ est le corps, nous sommes les membres, et, par suite, les membres les uns des autres. Tout est en lui, tout est de lui, tout est par lui. Il est le même que celui qui opère en nous le vouloir et le faire.

L'âme humaine est, pour Aristote, une puissance qui s'élève à l'universel, bien au-delà du domaine des sens. C'est une activité personnelle qui dit *moi*, qui est libre, qui produit la science et la vertu.

L'âme chrétienne est, pour Paul, cette puissance active qui s'approche du Christ ou qui s'en éloigne, qui veut le connaître ou qui ne le veut pas, qui l'aime ou qui ne l'aime pas ; qui est responsable de ses actions, qui enfin coopère ou résiste volontairement à la grâce du Christ.

Enfin Epicure voit l'âme humaine dans les sens ; la partie sensible est pour lui tout l'homme. Pour saint Paul, elle n'est pas tout l'homme, mais, entrant dans la constitution humaine avec l'intelligence et la volonté, elle est respectable et importante comme celles-ci. Le Christ a pris un corps de chair aussi bien qu'une âme ; il est ressuscité avec ce corps pour nous donner un gage de la résurrection des nôtres ; nous naissons avec un corps corruptible, nous ressusciterons avec un corps spirituel et glorieux. C'est par le corps que les sacrements exercent leur vertu. L'âme chrétienne enfin est dans les sens et a besoin d'eux. Ils font partie de la nature restaurée par le Christ ; c'est par eux que vient se former en elle la connaissance du Christ et la foi en lui : *fides ex auditu* (*Rom.*, X, 17).

C'est ainsi qu'on retrouve dans Paul, ce grand type humain de la nature élevée au surnaturel, Platon, Zénon, Aristote et Epicure devenus chrétiens. Aussi ne condamnait-il aucune de ces écoles quand il parlait dans l'aréopage, à leurs adeptes réunis. — *Voy.* TOLÉRANCE ORATOIRE.

IV. Enfin, la théologie suit, dans son développement parmi les hommes, la méthode eclectique que suit la philosophie, et marche, comme elle, par cette méthode au syncrétisme. Mais il y a une différence qu'il est essentiel de bien comprendre.

En philosophie, tous sont ouvriers; chacun peut apporter son rêve; et c'est la raison, commune à tous les hommes, quoique existant, avec des degrés divers d'étendue, mais avec sa vertu complète sur les points qu'elle saisit, dans chaque individu, qui est le juge et qui fait le syncrétisme en dépouillant peu à peu l'affirmation de toutes ses négations.

En théologie, tous sont ouvriers également, aucun n'étant repoussé de ceux qui apportent une explication, un développement, un point de vue nouveau. Mais il y a un tribunal surnaturel fondé par le Christ, revêtu d'une autorité qu'il lui a léguée, assisté par son esprit d'une lumière qu'il lui a promise, et c'est ce tribunal qui est chargé, tous les jours, de synthétiser les affirmations de l'ordre révélé, et de les présenter en symbole à la terre. Ce tribunal est l'Eglise.

Avant le Christ s'écoulent les temps de la promesse et de l'espérance. Ces temps se divisent en deux séries. Celle de la tradition simple et celle de l'Ecriture. Durant la première, il n'est pas apparence d'Eglise sur la terre; la prophétie du grand événement, résolu dans le plan divin pour le salut de l'homme, se conserve par la parole dans une simplicité qui suffit à l'humanité naissante pour être la source de la vie surnaturelle. Durant la seconde, cette prophétie se développe dans l'Ecriture et il y a même une organisation qui est l'Eglise en germe. C'est le concile religieux permanent fondé par Moïse; c'est la synagogue. Déjà cette Eglise, figure de la grande que donnera l'avenir, s'occupe de dépouiller les vérités connues que développent les travaux de l'esprit, que chante la poésie, que peint l'enthousiasme; elle sépare les livres purs des livres mélangés de négation, et en forme le canon sacré; elle commence enfin l'œuvre de la synthèse et du symbole.

La promesse s'accomplit; le Christ consomme sa mission et fonde la grande Eglise: dès lors commence le travail incessant de la symbolisation catholique qui est le syncrétisme chrétien.

Nous n'en ferons pas l'histoire; il nous suffit d'indiquer ce rapport harmonique entre les deux ordres, à peine indiqué, il devient d'autant plus évident que l'on connaît mieux l'histoire ecclésiastique, dans ses relations avec l'intelligence et la foi.

On y remarque un labeur permanent qui se fait dans les âmes pour approfondir les mystères révélés, pour pénétrer, de plus en plus loin, vers les déductions des principes déjà déclarés vérités de foi, c'est-à-dire axiomes dans l'ordre de révélation, pour expliquer, analyser, résumer, développer. On voit que tous sont admis à présenter les résultats de leurs veilles. On trouve des époques d'explosion, ou s'entrecroisent des sentiments contraires; la lumière sort de la discussion; les négations se mêlent aux affirmations; les unes et les autres se formulent et deviennent saisissables; c'est alors que des conciles s'assemblent, que les discussions s'y résument, que les négations sont rejetées, et qu'on ajoute aux affirmations, faisant déjà explicitement partie du symbole, des affirmations nouvelles qui n'y étaient qu'implicitement contenues. Ceux qui s'obstinent alors dans ce qu'ils ont nié se constituent eux-mêmes hérétiques par leur obstination, c'est-à-dire en dehors de la grande Eglise de Jésus-Christ.

Voilà comment se fait, par le prononcé définitif du tribunal universel, précédé d'un éclectisme, ou examen sérieux, le syncrétisme catholique; et c'est ainsi qu'il se fera jusqu'à la fin. Toute vérité est acceptée, quoiqu'elle ne soit pas toujours et à tout moment déclarée article de foi; car l'Eglise est prudente et va lentement dans une œuvre aussi sérieuse, aussi sainte. Il en est de même du rejet des négations; elle attend longtemps avant de les exclure des lettres qui portent son sceau, mais elle y arrive toujours.

C'est ainsi qu'ont été éliminées successivement la négation d'Arius qui enlevait à l'ordre surnaturel sa raison première, son centre et son type, en rabaissant le Verbe de Dieu, et par conséquent le Verbe incarné, au rang des créatures, en lui ôtant l'absolu qui est son essence même; la négation de Pélage, qui enlevait à la grâce divine sa prérogative de première cause, première illumination, première motion des intelligences et des volontés; la négation des prédestinatiens anciens et modernes, qui enlevait à l'âme son activité, sa liberté, sa force d'être soi, d'être *sui juris*, et, par suite, la responsabilité de ses actes; la négation des quiétistes et de tous les mystiques exagérés qui enlevait à l'homme sa matérialité, enlevait à Jésus-Christ son humanité en tant que corporelle, et voulait faire, de tout ce qui est humain, de l'esprit pur; enfin la négation de tous les surnaturalistes exagérés qui prétendaient que la nature a perdu, par la déchéance, toute vertu dans l'ordre intellectuel et dans l'ordre moral, qu'elle est incapable de toute certitude et de tout bien, et que, hors la foi surnaturelle, il n'y a que l'impuissance et le mal, détruisant ainsi le surnaturel lui-même dans sa certitude et dans son essence, par la soustraction du fond qui lui sert de base; et toutes les négations particulières se ramifiant à l'infini sur ces grandes souches.

Voilà ce qui se passe dans le catholicisme et ce qui continuera de s'y faire tous les jours jusqu'à la consommation des siècles. Il nous semble qu'il ne manque rien aux harmonies de l'ordre philosophique et de l'ordre chrétien, si on les prend en soi et non pas dans tels et tels hommes. — *Voy.* ATHÉISME. — RAISON.

HISTOIRE BIBLIQUE (CERTITUDE DE L'). — *Voy.* HISTORIQUES (Sciences), IV.

HISTOIRE NATURELLE. — RELIGION. *Voy.* PHYSIOLOGIQUES (Sciences).

HISTORIQUES (Sciences). — **HISTOIRE SACRÉE** (III° part., art. 8). — Nous avons rattaché, dans l'article Sciences, à l'histoire proprement dite qui décrit les événements passés et les étudie sous tous les rapports, la chronologie, l'archéologie, la mythologique, l'ethnographie et la linguistique, qui se concentrent chacune dans sa spécialité.

Si nous épuisions toutes les questions relatives à l'accord de notre histoire sacrée avec toutes ces branches de la science historique, nous ferions un ouvrage spécial d'une grande longueur, qui se trouve fait d'ailleurs dans l'*Encyclopédie théologique*, et surtout qui est disséminé dans le *Cours complet d'Écriture sainte*.

Nous ne pouvons pas dire, en effet, en commençant ce chapitre, ce que nous disons de la physique, de la chimie, de l'astronomie, de la géologie, de la zoologie, etc., en un mot de toutes les sciences naturelles relativement à nos livres sacrés, savoir que ces livres ne renferment aucun enseignement des sciences historiques, et qu'en conséquence, il est hors de propos de chercher des conciliations entre deux enseignements dont l'un n'existe pas. Il y a, dans la Bible, une véritable histoire qui se relie à la trame de tout le genre humain, ainsi qu'une vraie philosophie et une vraie politique ; c'est ce qui devait être, car ces sciences sont mixtes ; elles sont essentiellement liées à la religion, et la révélation religieuse ne pouvait se faire sans des émissions de vérités de ces divers ordres. L'histoire emporte, à elle seule, une large part, vu qu'on ne peut détacher l'histoire de la religion, de celle du genre humain.

Nous éviterons donc les détails, et nous résumerons seulement les grandes questions générales après la solution desquelles les autres ne pourront présenter de difficultés sérieuses.

Commençons par établir la série des grands faits qui résument toute notre histoire sacrée ; nous les reprendrons ensuite, les uns après les autres, et nous verrons si toutes les branches profanes des sciences historiques ne concourent pas à les justifier, ou, au moins, ne sont pas en voie de le faire un jour.

Si on prend l'évolution complète de l'humanité sur la terre, telle que nous la présentent nos livres sacrés, historiques pour le passé, prophétiques pour l'avenir, descriptifs pour les temps où ils furent composés, cette évolution se divise, par chacun des points qui peuvent s'y rapporter, en trois âges.

L'âge primitif qui est celui du vrai, du beau, du bien, du droit, de l'ordre, simplement en germe et sans développement dû au travail humain, parce que c'est l'œuvre pure de Dieu à son berceau.

L'âge moyen qui est celui de la dégradation, de la guerre, du mal avec le bien, des déviations, des douleurs, des désordres, de la convulsion qui tout à la fois tue et enfante, en un mot du chaos par la présence de l'élément de liberté, et par son double jeu en bien et en mal. La dictature de Satan est le propre de cet âge, et, toute détestable qu'elle soit en elle-même, Dieu s'en sert pour amener lentement le triomphe réservé au troisième âge.

Enfin l'âge final, qui est celui de la restauration, de la guérison, de la gloire du bien, des hontes du mal et du retour avec développement, aux principes purs du premier âge.

Les trois âges que nous venons de définir se présentent d'abord dans un ordre supérieur, embrassant l'histoire totale de l'humanité, dans ses rapports psychiques avec Dieu, et ordre qu'on pourrait appeler, pour cette raison, *théico-psychosique*; et ainsi considérés, ils ont pour point de départ les trois grands faits suivants :

La création de la terre et de l'homme, point de départ de l'état d'innocence, véritable âge d'or de l'humanité.

La déchéance, point de départ de l'évolution terrestre, second âge qui est celui du mélange des biens et des maux.

Et enfin, la rédemption par le Christ, point de départ de la vie éternelle, qui est le troisième âge dont l'attribut est l'innocence première, mais embellie d'une auréole nouvelle construite par la grâce et par la coopération à la grâce durant les luttes de l'âge intermédiaire.

Or, ces trois faits affirmés par l'histoire sacrée ne sont pas sans trouver un appui dans l'histoire, la philosophie, la poésie et même les sciences profanes.

On peut le voir, pour la *création*, aux mots Cosmogonies, Cosmologiques, Géologiques, Ontologie, etc.

Pour la Déchéance, à ce mot lui-même.

Et pour la Rédemption, à ce mot lui-même, et à celui d'Incarnation.

Ces trois grands faits cosmogoniques étant donc traités, même au point de vue de l'histoire, nous devons nous rétrécir ici notre cercle. Nous devons nous poser dans l'intérieur de l'évolution terrestre depuis la déchéance avec promesse de rédemption ; et y considérer la subdivision ternaire qui s'y retrouve encore dans son mode relatif, comme elle se retrouverait dans le christianisme lui-même considéré depuis Jésus-Christ, dans la vie sociale de chaque peuple, et jusque dans le cercle étroit de chaque vie individuelle.

Après la promesse du Rédempteur, l'humanité est donc relancée dans une nouvelle voie qui présente à son tour les trois séries successives : celle de l'état primordial, beau et pur, relativement aux dégradations, aux troubles, aux grandes anarchies et dictatures qui viendront dans la seconde période ; cette seconde période, mélange horrible de biens et de maux, avec les maux en prédominance ; et enfin la restauration humaine terrestre par le triomphe du christianisme en ce monde, lequel nous est promis, et commence déjà à nous éclairer de ses premières lueurs.

Cet âge final, en ce qui est de la terre, est tout entier en tableau prophétique, ainsi qu'en droit déclaré, dans nos deux testaments divins, et surtout dans l'Evangile ; mais il ne s'établit que lentement dans les faits ; et sa réalisation finale, à laquelle nous croyons sur promesse infaillible, est réservée à l'avenir ; c'est pourquoi nous n'avons pas à nous en occuper ici. Nous hasarderons seulement nos soupçons sur plusieurs de ses circonstances, dans un article développé, intitulé l'*avenir*, que nous réservons pour le supplément.

Mais, comme il doit être un retour, aussi pur que le comporte la perfectibilité présente, aux principes du premier âge, avec tous les développements et les entourages que nos forces humaines pourront réaliser dans cette vie toujours bien imparfaite et bien misérable, il importe beaucoup que nous établissions, aussi bien sur les données profanes que sur celles de la révélation historique, la certitude de ces formes plastiques de l'âge primordial, qui sont le moule embryonaire de nos destinées.

C'est donc sur les grands faits religieux et sociaux de cet âge primitif que nous ferons ressortir les harmonies de l'histoire profane et de l'histoire sacrée.

Quant à l'âge moyen, nous aurons aussi quelques pages à lui consacrer.

Les grands faits de l'âge primitif sont de plusieurs ordres :

Il y en a un qui est *géologique* : c'est le *déluge*. Nous en traitons dans l'article GÉOLOGIQUES (siences), et en particulier au mot DÉLUGE.

Il y en a deux qui sont *physiologiques* ; le premier est le changement survenu dans la *durée de la vie humaine*, quelques siècles après le déluge, et quand les hommes commencèrent à se corrompre de nouveau. Le second consiste dans l'*unité de race* positivement affirmée par Moïse, lorsqu'il répète plusieurs fois que *Sem, Cham et Japhet furent les trois fils de Noé, et que d'eux est sortie toute la race des hommes qui sont sur toute la terre*. (Gen. IX, 19 ; x, 12.) — Nous avons raité suffisamment de ces deux faits dans l'article sur les sciences *physiologiques*.

Il y en a un qui est *géographique* ; c'est la dispersion des descendants de Noé. Nous en parlerons dans cet article.

Et, après ces faits matériels, viennent ceux que nous avions en vue dans ce que nous disions un peu plus haut. Ces derniers sont de l'ordre religieux et de l'ordre social.

Les faits religieux sont le *monothéisme* avec l'*adoration en esprit*, exprimée extérieurement par la prière et l'offrande.

Les faits sociaux sont l'*unité du langage*, l'*unité du mariage*, l'*absence de royauté*, l'*absence d'esclavage*, l'*absence d'usure* et l'*absence de la peine de mort dans la cité*.

L'âge moyen nous présente deux questions : celle de son antiquité chronologique ; et celle de la trame de son histoire, depuis les livres et les monuments.

Commençons notre examen à partir du fait géographique.

1. — Dispersion des descendants de Noé.

Moïse fait le dénombrement des descendants de Noé et indique même, d'une manière générale, les contrées du monde où ils s'établirent. Ce curieux document forme le x⁰ chapitre de la *Genèse*.

Observons d'abord qu'il ne faut pas prendre chacun des noms cités par Moïse comme exprimant seulement un individu. Ce sont des tribus et des peuples entiers qu'il met en scène, sous le nom du fils de Noé qui leur servit de souche. Plusieurs de ces noms portent, dans l'hébreu, un signe de pluriel analogue à celui que nous ajoutons aux noms propres quand nous disons, par exemple, *les Napoléon*, pour signifier toute la famille dont Napoléon fut le type créateur en célébrité. Les noms propres *Juda, Siméon, Lévi*, etc., sont très-souvent employés seuls, dans le même sens, pour signifier la tribu de Juda, celle de Siméon, celle de Lévi, etc., prises dans toute leur durée. C'est ainsi qu'il est dit que le Christ est né de Juda.

Cela posé, nous avons à nous demander s'il n'y aurait pas, dans l'histoire profane, quelques documents qui viendraient appuyer cette première formation des nations racontée par Moïse ; et, sans nous jeter dans des recherches qui exigeraient des volumes de critique, nous ferons seulement remarquer une singulière concordance.

On retrouve dans la suite des histoires, dans les anciennes géographies, et même encore aujourd'hui dans les langues régnantes, une foule de noms de peuples qui ont un tel rapport d'étymologie et d'assonance avec les noms donnés par Moïse qu'il est impossible de ne pas y voir un indice, conservé par les traditions de chaque peuple, de filiations remontant aux enfants de Noé. Nous ne citerons qu'une partie de ces homonymies.

Sem se dit en hébreu, *Schem*. — Les Orientaux appellent encore la Syrie *Scham*.

Cham, en hébreu, *Ham*. — L'Egypte est appelée terre de *Chémi*, terre d'*Hammon*, etc.

Japhet a été conservé par les Grecs sans altération, Ἰαπετός.

Descendants de Sem.

Elam, *Elamites* ou *Elyméens* (Les Persans). — Assur, *Assyriens*. — Arphaxad, *Arrapachites*. — Lud, *Lydiens*. — Aram, *Araméens*.

Quelques descendants de Cham.

Misraïm. — L'Egypte est appelée dans tout l'Orient *Misr*, ou *Mesr*. — Canaan, *Cananéens*. — Saba, Havila, Sabataka, tribus qui existent encore. — Regma ou Rama : Est-ce le *Rama* hindou, chanté par les poètes ? — Petrusim, *Petrès* dans l'Egypte. — Nephthuhim, *Nephthys* à l'extrémité de l'Egypte. — Araki, *Arca*. — Sini, *Sinna*. — Semari, *Simyra*. — Hamathi, *Hamath*.

Quelques descendants de Japhet.

Gomer, *Gimmeriens et Cimbres*. — Magog, nation tartare du même nom. — Madaï, *Mèdes*. — Iavan - Ion, *Ioniens*. — Mosok, *Mesques* ou *Moscovites*. — Thiras, *Thrace*. — Riphas, *monts Riphéens.* — Thogorma, *Turcomans,* et *Thogorma,* fondateur de l'empire d'Arménie. — Elisa, l'*Elide.* — Tharsis, *Tarsis.*—Kittim, *Kitiens* ou *Crétois.*—Rodanim, *Rhodes.*

Ajoutons avec l'abbé Bertrand (*Dict. des Religions*, art. *Noé*) les rapprochements suivants :

Dans la mythologie grecque, Κρόνος a trois fils : Ζεύς, roi de l'Asie ou du ciel ; Sem, d'après Moïse, eut l'Asie. — Ποσειδῶν, roi des eaux ; Japhet se partagea les îles des nations. — Enfin Ἅδης, roi de la région brûlante ou de l'enfer ; Cham eut l'Afrique.

Même remarque sur le Saturne des Romains et ses trois fils, Jupiter, Neptune et Pluton.

Chez les Atlantes, Uranus a trois fils, Titan, Oceanus et Saturne.

Chez les Indous, Brahma est dieu du ciel ; Vichnou, dieu de l'océan, et Siva, dieu des enfers.

Chez les Scandinaves, le monde est peuplé par Bore, qui a trois fils : Odin, Vile et Vé.

Chez les Chinois, Hoang-Ti a trois fils : Chao-Hao, Fo-Hi et Tchang-Hi, etc., etc.

II.—Le monothéisme avec l'adoration en esprit, exprimée par la prière et l'offrande.

Il suffit de lire le résumé, que nous a laissé Moïse, de l'histoire primitive jusqu'aux temps d'Abraham, pour conclure que, d'après ce récit, il ne fut point question de polythéisme ni d'un culte extérieur superstitieux ou compliqué, à l'origine des sociétés humaines. Nous n'y voyons que l'adoration d'un Dieu unique, avec le sacrifice et la prière. Avant le déluge, Caïn offre à Dieu de ses moissons, Abel de ses troupeaux ; Enoch invoque le nom du Seigneur, et ce que l'historien reproche au monde vers la fin de cette première période, c'est seulement le sensualisme, la passion des femmes, l'assassinat et la domination d'hommes puissants sur les autres, en un mot une corruption de mœurs qui amène le châtiment du déluge. Point d'idolâtrie ni d'adoration de plusieurs dieux. A partir du déluge, nous retrouvons le même monothéisme avec la même simplicité d'adoration. De Noé à Melchisédech, contemporain d'Abraham, l'historien ne parle que d'un culte pur, tout en signalant des crimes de la même espèce que ceux qui avaient précédé. C'est, enfin, sous Jacob qu'il commence à indiquer l'existence d'idoles et de dieux étrangers ; la manière dont il en est question, à partir de ce moment, dans toute l'histoire, donne à penser que le polythéisme existait depuis longtemps, et s'était répandu dans l'intervalle de Noé à Abraham ; mais le silence précédent indique aussi qu'il n'existait point dans les siècles voisins de celui de Noé.

Le récit du voyage de Joseph en Egypte indique même qu'à cette époque encore l'idée d'un seul Dieu était loin d'être perdue dans cette contrée, puisque Pharaon tient à Joseph un langage de monothéiste. Quant au culte, tout est simple encore au temps d'Abraham, d'Isaac et de Jacob ; cependant la manière dont le sacrifice d'Isaac est raconté pourrait peut-être faire soupçonner l'usage, en certains pays, des sacrifices humains, dont le peuple juif ne paraît pas avoir été complètement exempt lui-même au temps des juges.

Tel est le grand fait religieux qui se révèle dans le récit mosaïque du premier âge.

Or, toutes les traditions, toutes les histoires, toutes les mythologies profanes laissent deviner suffisamment le même fait en ce qui concerne les premiers temps du monde. Nous en apportons quelques témoignages dans plusieurs articles tels que ceux de *panthéisme, trinité,* etc. Nous nous adresserons ici à la linguistique, et nous lui demanderons quelques renseignements dans ses étymologies des noms de Dieu chez les principaux peuples. On ne saurait imaginer de monuments humains plus anciens. Le mot Jéhova, par exemple, est plus ancien que la Genèse, par-là même qu'une langue est antérieure à tout livre écrit dans cette langue, et, si l'on trouvait dans ce mot une étymologie venant d'une autre langue, il est évident qu'on remonterait, par-là même, à une antiquité plus grande encore. D'un autre côté, les mots, n'étant que des signes d'idées, sont, en cela même et pris seuls, des monuments historiques des idées existantes hors de leur formation.

M. l'abbé Bertrand a publié, dans son *Dictionnaire des religions*, une longue synglosse très-curieuse, quoique bien incomplète encore, de son aveu, des vocables de Dieu des diverses langues vivantes et mortes ; nous allons en extraire les renseignements étymologiques les plus importants.

Il y a quatre familles de noms de Dieu qu'il faut d'abord faire connaître : ce sont la famille *Déva*, la famille *El* et *Allah*, la famille *Khoda* et la famille *Hava*. Pour en exposer, autant que possible, la généalogie, nous commencerons par les dérivés modernes, et nous remonterons la suite des temps. Nous ajouterons aussi à chaque famille les noms qui, sans avoir de parenté phonique et graphique, ont exprimé des idées de la même famille chez les peuples qui s'en sont servis.

Il y aura quelques mots dont le lecteur ne sentira pas avec évidence la dérivation ; parmi ces mots, ceux qui appartiennent aux langues européennes et asiatiques très-connues ne sont mis sur notre liste que sur l'autorité des philologues et des linguistes qui se sont assurés historiquement des transformations successives qu'a subies le radical ; et ceux qui sont tirés de langues africaines, américaines, etc., presque inétudiées jusqu'alors et parlées par des peuplades sauvages, peuvent être considérés comme douteux, quand l'étymologie n'est pas frappante.

I. — *Famille Déva, sanscrite ou indienne.*

Il va résulter du tableau de cette famille qu'on pourrait l'appeler *Indo-chino-gréco-romano-germanique.*

1° *Langues européennes vivantes et mortes.* — Français moderne : *Dieu.* — Français ancien : *Dié, Déé, Deu, Deus, Dex, Diex, Dix,*

Deou, etc. — Espagnol : *Dios*. — Portugais : *Deos, Deus*. — Castillan : *Deu*. — Catalan : *Dios, Dieu, Deu*. — Gitanos d'Espagne : *Debel*. — Roman : *Diu, Dius, Dei, Deu, Diou, Dieou, Di, Deou, Dieu*. — Piémontais : *Diou*. — Italien moderne : *Dio , Iddio*. — Italien ancien : *Deo, Iddeo*.— Ramon ou langue des Grisons : *Diu, Diaus, Deus, Dieu*. — Lithuanien : *Diewas*. — Letton : *Dews*. — Hybernien ou irlandais : *Dia*. — Gallois ou kimraeg : *Duw, Dew*. — Armoricain ou brezounecq. : *Doué*. — Celtique ou ancien gaulois : *Dès, Dé, Dio, Teut*. — Latin classique : *Divvs, Devs , Deus, Diespiter* (sanscrit, *Dis-pita*, *père de la lumière*). — Latin ancien : *Devrs*, Ombrien : *Di, Dei*. — Albanais : *Siot, Soti, Perdia*.— Grec : Θιος, Θιος, Σεος, Σιος (éolien) Σιορ, Ζευς, Διος, Δεσπότης, (sanscrit, *Dis-pati* ou *Despata*, maître de la lumière ou du ciel. Euripide dit que le mot Δεσπότης ne convient qu'à Dieu.)

2° *Langues africaines vivantes*. — Bagnou (Afriq. centr,) : *Din* — Congo, Loango et Mandongo : *Déouskata, Désou*. — Monomotapa : *Atouno*.

3° *Langues américaines, vivantes*. - - Mexicain : *Téotl* (compos. : *Teoyotl , Teocalli*), *Teuctli*.— Othomi : *Tha y Tha Khy Kha Tha*.

4° *Langues de l'Océanie, vivantes*. — Malaise : *Déva*. — Maldives : *Dewatai*. — Battas : *Daibatta, Dibata*. — Javanais : *Déva, Maha-Déva, Dieng , Deouta*. — Bali : *Deva*. — Dayas : *Diwata, Dewata*. — Togalas : *Diva, Divata*. — Bissayes : *Divata*. — Iouli : *Tautoup*. — Vanicoro et Tikopia : *Atoua*. — Harwaï : *Akoua*. — Nouka-Hiva et une foule d'autres îles : *Atoua, Etoua, Hotoua, Atou, Waidoua*, etc.

5° *Langues asiatiques vivantes et mortes*. — Bengali : *Deva*. — Newari (Népàl) : *Déva, Adjhi-Déo*. — Tamoul : *Déven*. — Malabar : *Déven*. — Télougou : *Devata, Djédjé*. — Tzengari : *Déva, Dével, Del*. — Chingalais : *Déwo, Deo, Dewiyo*. — Pali : *Dévo*. —Hindoui, Bradj-Bhakha, Mahratti, Goudjarati, Kanara, Orissa, Vikanera, etc. : *Dew, Déva, Devita, Devata*. — Barman : *Déva*. — Touchi, Ingouche : *Dalé, Delé, Daia*. — Japonais : *Dai-Sin*. — Circassien : *Tha , Tkha*, — Geratchaï : *Taïri*. — Coréen : *Tchen*. — Annamite : *Thien-chua, Chua-té , Tuongchua*, — Chinois : *Tao, Ti, Thien, Thian, Thien-Tchu, Chang-ti, Hoang-thien, Changthien, Tching-tchu, Tày-y*. — Zend : *Daéva*. — Sanscrit : *Deva, Devata, Daivata, Divaïkas, Divichat* (radical primitif, *Div, splendeur*.)

Faisons ici quelques réflexions.

Les grands chaînons de cette série ascendante de transformation du mot Dieu sont :
1° notre mot *Dieu*, sous ses formes européennes, maintenant en usage ; 2° le mot *Deus*, des Romains; 3° le mot Θιος, des Grecs; 4° les trois formes chinoises *Tao, Ti*, et *Thien ;* 5° la forme arienne du Zend, *Daeva ;* 6° enfin la forme sanscrite *Déva*.

Or, nous savons très-bien que *Dieu* vient de *Deus*, et que le *Deus* des Latins est identique avec le Θιος des Grecs, les modes de transition nous ayant été transmis. Nous savons, d'ailleurs, avec certitude, que les langues latine et grecque sont postérieures aux langues chinoise, zende et sanscrite, et qu'elles tirent une foule de mots de cette dernière ; on sait donc que *Deus* ou *Divus* et Θιος viennent d'un des mots *Thien, Tao , Daéva, Déva*, ou d'une langue-mère antérieure au zend, au chinois et au sanscrit. Quant aux mots *Thien, Tao, Daéva, Déva*, il n'est pas facile de dire lequel a engendré les autres. Ce qu'il y a de certain, c'est qu'ils ont un fond commun ; or quelle est l'idée correspondante à ce fond commun ?

Les mots *Déva* et *Daéva* impliquent pour fond commun l'idée de splendeur, de lumière, et leur terminaison indique la possession, de sorte qu'ils signifient, étymologiquement, l'*Etre qui possède la splendeur*.

Les mots chinois, *Tao, Ti* et *Thien*, ont aussi un fond commun qui implique l'idée de *ciel* mêlée à celles d'*unité*, de *grandeur*, de *raison*, et même d'*esprit*. Le signe graphique de *Thien* se compose de deux signes, dont l'un est le symbole de la plus grande étendue, et l'autre celui de l'unité (10). Le mot *Ti*, usurpé par l'empereur, signifie primitivement l'*esprit du ciel* ou le *maître du ciel* ; et le mot *Tao* signifie, dans les plus anciens livres, l'*éternelle raison*. On trouve aussi *Ta, Da* et *Tha*, ayant l'idée de *père*.

L'emploi usuel de tous ces mots ne s'est pas trop éloigné de l'étymologie ; car *Déva*, dans ses modifications indiennes, signifie le *céleste*, l'habitant du ciel, le roi du ciel, etc. Le *Thien* des Chinois signifie pour eux le *ciel*, encore aujourd'hui ; leur *Ti* signifie le *maître*, le *souverain*, et leur *Tao* signfie toujours l'*Eternelle raison, la raison, la voie par excellence*.

Mais quelle est la déduction naturelle à tirer de cette observation ? C'est que, si l'on reporte son esprit à l'époque primitive où ces mots sortirent d'un type commun, on trouve que l'idée régnante de la Divinité devait être celle d'un être qui *possède la splendeur en propre*, est le *maître des cieux*, *habite le ciel*, est l'*esprit souverain*, est la *première grandeur*, est la *grande unité*, est l'*éternelle raison*.

Or, cette collection d'attributs implique le monothéisme ; et il serait impossible d'en rendre compte, ainsi que des mots qui les expriment, si le polythéisme avait été la doctrine religieuse de l'époque contemporaine de la formation de leur commune racine.

Ce n'est que longtemps après, c'est-à-dire

---

(10) Le signe de la plus grande étendue est celui-ci : 大 il rappelle l'homme étendant autant que possible ses jambes et ses bras. Le signe de l'unité est celui-ci : — Les deux réunis donnent le suivant : 天 qui est le mot *Thien* (Dieu), écrit en Chinois.

dans le second âge, que le vocable de la Divinité fut profané, tantôt par l'usurpation des tyrans qui osaient en parer leur orgueil; tantôt par l'application au soleil, aux astres, au ciel matériel; tantôt par la conception mythologique de plusieurs génies distincts représentant chacun un attribut du Dieu suprême, tantôt par l'adoration de mille symboles, tels que des animaux, des plantes, des montagnes, des mers, des fleuves, même des statues et des fétiches sous le nom de dieu. C'est ainsi que ce nom, essentiellement singulier dans l'origine, prit un pluriel insultant pour l'être qu'il exprime. Quelques grandes âmes, telles que Lao-Tseu, Zoroastre, Platon, cherchèrent à le ramener à sa signification primitive, mais ne réussirent guère. C'est le Christ qui devait déterminer l'avénement progressif du troisième âge, que nous voyons se former peu à peu, et dans lequel le mot *Dieu, Deus, Déva, Théos, Thien* et *Tao* recommencent à exprimer ce qu'ils exprimèrent d'abord, le monothéisme.

On pourrait cependant faire contre cette famille de vocables, une objection qui ne serait point admissible contre celles que nous allons encore exposer. On pourrait dire que ce qu'exprima la première racine fut simplement le *ciel matériel*: mais en outre que les autres étymologies vont réfuter cette interprétation, nous avons assez de notions historiques sur la philosophie des premiers âges chez les peuples les plus anciennement possesseurs de ce vocable, pour que cette interprétation soit inadmissible.

Il y a, dans l'Inde, une série d'ouvrages remontant à des antiquités considérables, et ces ouvrages démontrent avec évidence qu'au milieu des fictions polithéistes les plus abondantes, il y eut toujours, sans interruption, un certain nombre de lettrés qui professaient l'existence d'un être auquel ils attribuaient les propriétés suivantes:

« Auteur et principe de toutes choses, éternel, immatériel, présent partout, indépendant, infiniment heureux, exempt de peines et de soucis, vérité pure, source de toute justice, gouvernant tout, disposant de tout, réglant tout, infiniment éclairé, infiniment sage, sans forme, sans figure, sans étendue, sans nature, sans nom, sans caste, sans parenté, d'une pureté qui exclut toute passion, toute inclination, toute composition. »

Dans la Chine, les Sinologues modernes ont fait les mêmes observations, et ont vengé les anciens Chinois de l'accusation qu'on avait élevée contre eux au sujet de l'idée de Dieu. Le P. Prémare, par exemple, a prouvé que le mot *Thien* signifiait pour eux une intelligence supérieure. Et qui douterait du sens antique de *Tao* après ces paroles comme celles-ci de *Lao-Tseu:* « La confusion de tous les êtres précéda la naissance du ciel et de la terre; oh! quelle immensité et quel silence! Un Etre unique planait sur tous, immuable, et toujours agissant sans jamais s'altérer; il est la mère de l'univers; j'ignore son nom, mais je l'appelle *Tao, verbe, raison, principe.*

On sait, par le *Zend-Avesta*, qu'il en fut de même dans l'ancienne Asie. Et Platon, après Pythagore, nous est aussi un garant des antiques croyances du genre humain, à l'égard de l'unité de Dieu; il n'en parlerait pas avec tant de respect et d'insistance s'il n'en avait trouvé des signes épars, assez éloquents pour frapper son génie.

II. — *Famille El, Allah, arabe ou chaldéenne, dite sémitique.*

Il va résulter du tableau qu'on pourrait l'appeler arabico-chaldeo-phenico-hebraïco-samaritano-musulmane.

1° *Langues européennes vivantes.* — Espagnol: *Ala*, (venu des Maures.)

2° *Langues africaines vivantes et mortes.* — Somauli: *Illah.* Darfour: *Kalqué, Allah.* — Mobba: *Kalah.* — Borgou et Garriba: *Alla.* — Sousou: *Allah.* — Sokko: *Alla.* — Foula et Saracolé: *Alla.* — Kyssour: *Valloye, Allah.* — Bambara: *Ngala.* — Mandingue: *Halla, Alla.* — Wolof: *Yalla, Hialla.* — Berbère ou Cabyle: *Allah.* — Turcs et Arabes: *Allah.* — Danakil, Souaken, Adaïel: *Allah.* — Saho: *Valla.* — Ethiopien ou Abyssin: *Amlak (adorer* ou *gouverner.)* — Libyen ancien: *Olan.*

3° *Langues américaines vivantes.* — Warout: *Illamo.* — Arraouks: *Alubéri.*

4° *Langues de l'Océanie, vivantes.* — Bali: *Allah.* — Javanais: *Alah, Allah-talla.* — Rejangs: *Oula-tallo.* — Lampons: *Allah-talla.* — Achinais: *Allah.* — Nicobar: *Knallen.* — Maïndanao: *Alla-talla.* — Malais: *Allah, Alla Taala, Berala.*

5° *Langues asiatiques vivantes et mortes.* — Samoyèdes de Soyet: *Oulou-koudai.* — Akoucha: *Zalla, Tsalla.* — Tatares musulmans: *Allah.* — Turc: *Allah.* — Formosan: *Alid.* — Bhot ou Tibétain: *Lha,* (ciel.) — Hindoustani: *Ilah, Allah, Khaltaq* et *Khaliq,* (créateur.) *Haqq,* (vérité.) — Persan: *Allah.* — Punique: *Alon.* — Samaritain: *Ela, Eléha.* — Syriaque: *Alo, Aloho.* — Hébreu: *Eloah, Elohim, El, Elion.* — Phenicien, Araméen, Philistin, Ammonite, Moabite, Tyrien, etc. *El, Il, Elah.* — Chaldéen: *Elah, Elaha.* — Arabe: *Elahou, Elah, Ilah, Allaho, Allah.* (Radicaux primitifs: *Il, Oul, force, puissance.* — *Alah, élever.* — *Alah, adorer.)*

L'extension moderne de cette famille, *Allah*, est due aux musulmans. Elle ne se montre guère, dans les temps antiques, que chez les peuples appelés *Sémitiques* qui occupaient toute l'Asie Mineure depuis le Tigre et une partie du nord de l'Afrique, et qui parlaient des langues sœurs de la langue hébreue. Les Abyssins paraissent se rattacher aux mêmes peuples. C'est au moins ce qu'indiquent leurs dialectes.

Il est difficile de reconnaître laquelle de ces langues est la mère des autres; il paraîtrait plus probable qu'elles seraient sorties d'une mère commune antérieure à elles.

Toujours est-il que tous les noms de Dieu que nous venons d'énumérer ont un fond commun, et sortent évidemment d'une même source devant la science de la linguistique.

Cette source, dont la consonne *l* est l'élément central, comme la consonne *t* ou *d*, quelquefois transformée en *s, dz, th*, était l'élément central de la famille précédente, implique, comme idées fondamentales celles de l'*Etre fort*, l'*Etre puissant*, l'*Etre grand*, le *très-haut*, et surtout l'*Etre adorable par excellence*. C'est cette dernière acception qui s'est transmise dans presque toutes les langues où ce radical a passé. Chez les Hébreux, *El* n'a cessé de signifier l'*Etre fort, Eliou* le *très-haut*, et *Eloah* l'*Etre adorable*. Ils employaient aussi le pluriel *Elohim*, bien que formé nécessairement depuis le polythéisme, pour dire que leur dieu remplaçait tous les dieux; ils disaient : « au commencement *Elohim* (les *dieux*) créa (au singulier) le ciel et la terre (*Gen.*, I, 1). » « Jehova, *dieux de nous*, ou *nos dieux*, est un. » (*Deut.*, VI, 4.) La racine *ulah, adorer*, n'a été conservée que par l'Arabe, où elle n'a cessé d'avoir le même sens. Comme les Hébreux étaient sortis des Chaldéens, que les Cananéens ou Phéniciens leur étaient, d'ailleurs, antérieurs en Palestine, et que le même nom de Dieu se retrouve dans les langues anciennes de ces peuples, déjà composé avec le même radical, on doit conclure qu'il y eut une langue antérieure à toutes ces langues, laquelle leur fournit cette racine, après qu'elle avait servi à exprimer le monothéisme des peuples primitifs qui la parlaient.

N'oublions pas de remarquer que ce monothéisme ne pouvait être purement philosophique et pratiquement stérile, puisque le mot qualifiait Dieu par l'adoration même que la terre lui rendait en l'appelant l'*être adorable*, ce qui impliquait le *seul adorable*.

Ce nom, comme le précédent, fut profané plus tard par les nations d'où Abraham sortit, et desquelles Moïse sépara son peuple. La précaution de ce dernier, lorsqu'il en use au pluriel, *Elohim*, tout en l'accompagnant du verbe au singulier, de l'épithète *un*, et tout en prêchant si fortement son monothéisme, en serait une preuve suffisante. C'est donc Moïse qu'on doit regarder comme le sauveur du vrai sens de ce mot, comme celui qui le rappelle à sa signification primitive. C'est de lui, en effet, que l'ont reçu dans son vrai sens, tous les génies des bords du Jourdain, et plus tard Mohammed lui-même, qui eût poursuivi le rôle de Moïse, si le polythéisme pouvait avoir, depuis Jésus-Christ, un digne vainqueur autre que l'Evangile,

III. — *Famille* Khoda, *arienne ou Zende-Pehlvie.*

Il va résulter du tableau qu'on pourrait l'appeler *persico-indo-germanique*.

1° *Langues européennes, vivantes et mortes.* — Rhunique : *Kud, Ikud.* — Islandais : *Gud.* — Suédois, Danois, Norwégien : *Gud.* — Anglais : *God.* — Flamand : *Godt.* — Hollandais : *Go.* — Allemand moderne : *Gott.* — Théotisque ou Francique : *Kot, Gkot, Got, God.* — Gothique d'Ulphilas : *Guth, Gotha.* — (Ce mot n'a passé que dans nos langues teutoniques et une langue finnoise. La dernière forme *Gotha* indique la transition de l'orient à l'occident.

2° *Langues africaines vivantes.* — Baie de Saldanha : *Ga.* — Séroa : *Ngo.* — Pays d'Hurur : *Goëta.* — Amharic : *Guéta.*

3° *Langues américaines vivantes.* — Nouvelle Angleterre : *Ketan, Kichtan.* — Othomi : *Go.* — Esquimaux : *Gudia, Goudia.* — Groenlandais : *Gude, Goude, Goum.* — Américain polaire : *Aghat.*

4° *Langues de l'Océanie, vivantes.* — Nouvelle Galles du sud : *Koyan.* — Mulgraves : *Kennit.*

5° *Langues Asiatiques, vivantes et mortes.* — Kamtchadales : *Koul, Koutcha, Koutchai.* — Yaukaghirs : *Khail.* — Samoyèdes de Soyet : *Oulou-Koudai.* — Samoyèdes de Koïbal : *Khoudai.* — Samoyèdes de l'Obdorsk : *Khai (ciel).* — Mordouine : *Chkai (ciel).* — Ossète : *Khoutsaw.* — Dagour : *Khtsau.* — Géorgien : *Ghouda, Khotta, Khoththa, Ghouthi, Ghthi.* — Turc : *Khoudai.* — Téléoutes : *Khoudai.* — Mongols : *Erkétou (tout-puissant),* — Coréen : *Khota.* — Annamite : *Chua-té (dieu gouverneur).* — Hindoustani : *Khouda.* — Afghani : *Khouda, Khoudai.* — Kourde : *Khoudi.* — Persan : *Khoda, Khodai, Khodawend-Alemin (le maître des mondes).* — Hébreu : *Chaddai.* — Arabe : *El-Caddem (le préexistant).* — Pehlvi : *Khoda.* — Zend : *Qa-Dâta* (c'est le double radical primitif). *Qa, â Se, Dâta, Datus, de soi donné,* ou *donné de lui-même,* ou *de soi datant,* c'est-à-dire *existant par soi.*

Les mots les plus anciens de cette famille, qui règne encore dans beaucoup de nos langues européennes, sont le double radical zend *Qa-Dâta*, le pehlvi et persan *Khoda*, l'arabe *Caddem*, l'hébreu *Chaddai*, et le *Gotha* du gothique d'Ulphilas qui sert de transition d'Asie en Europe.

Ce mot a deux éléments essentiels, le *g* qui peut être *q, k, kh, gh, c, ch*, et le *d* ou *t* indifféremment.

Le premier de ces éléments exprime l'*aséité*, le *soi-même*, et le second exprime l'*action de tirer de soi pour donner;* d'où il suit que ce mot exprime l'*aséité* de Dieu telle que la comprend la philosophie la plus élevée, et y ajoute encore une nuance d'idée qui indique le don de soi à la créature, c'est-à-dire la grâce. Peut-on exprimer avec plus d'énergie le monothéisme philosophique? Et comprendrait-on que les premiers hommes qui composèrent ce terme et qui s'en servirent, eussent pu le composer et en faire usage sans être profondément monothéistes ?

Ce nom du souverain Etre a été peut-être moins profané que les autres, mais son étymologie sublime a été oubliée. On ne la connaît plus dans nos langues teutoniques. Dans le Pehlvi et le Persan, il a régné sans altération, signifiant toujours l'*Etre existant par lui-même.* L'arabe *Caddem*, qui en possède les deux éléments a toujours signifié le *préexistant.* Signification dont la véritable étymologie peut très-bien rendre compte; celui-là seul est préexistant par excellence qui *est de soi* et, par suite, *incréé*. Et quant à l'hébreu, *Chaddaï*, saint Jérome, après Aquila et Maimonide, le traduisait par *celui qui se suffit à lui-même*, le terme *chad* exprimant un pronom personnel de la troisième personne, et le terme *daï* marquant l'action de se suffire. C'est encore une décomposition qui tient de près au double radical zend, dont le premier mot marque aussi le pronom, et le second l'action d'un être qui se suffit, puisque c'est de lui-même qu'il se donne.

Comme c'est le zend qui fournit les deux éléments avec le plus de clarté, il est à présumer que le mot, sous ses diverses formes, a découlé de cette vieille langue. Cependant on peut supposer et il est à croire qu'une autre langue antérieure aura fourni ces racines.

Si ce *God*, nom sublime de Dieu, a passé par un polythéisme persan, et plus tard, scandinave et teutonique, c'est à nous de le ramener à sa signification primitive, en le comprenant aussi bien que les premiers hommes qui l'avaient formé.

IV. — Famille Yehova, *hébreue*.

Il va résulter du tableau, qu'on pourrait appeler cette famille *hebraïco-sino-latine*.

1° *Langues européennes, vivantes et mortes.* — Eskuara ou basque : *Jaon, Jaun, Iaon, Chaon, Khaon, Jauna, Jabea* (bon maître). Manx ou gaëlic de l'île de Man : *Jee.* (Il peut venir aussi de *déva*.) — Finnois : *Jumala* (*Yioumala*). — Latin : *Iovi, Joupiter, Jupiter* (*iov-pita : iov le père*), evohe. Varron disait que *Jovis* était le Dieu des Juifs. (Aug., *in Ev.* l. 1, c. 2.)

Ombrien (sabins ombriens) : *Ivve.*—Grec : *Iaô, Ieuo, Iaou, Iabé, Ia, Iaè-Ieuó*. (Transcriptions de l'hébreu.)

2° *Langues d'Afrique, vivantes.* — Galla : *Iwak.* — Papaa : *Gajiwodou.* — Egyptien et copte : *Phtha*, (Feu, c'est le mot que les anciennes traductions donnent pour correspondant à *Yéova*.)

3° *Langues américaines vivantes.*—Guyane hollandaise : *Yowahou.* — Tuscaroras : *Yewauniou.* — Cayougas : *Hauweneyou.* — Sénecas : *Howeneah.*

4° *Langues de l'Océanie, vivantes.* — Javanais : *Yewung-Widi.*

5° *Langues asiatiques, vivantes et mortes.* —Tchérémisse : *Youma.* — Péruvien : *Yen.* — Arabe et juif modernes : *Hou* (lui). — Chinois : *I-hi-wei.* — Hébreu : *Yéhova, Yah, Ehyé* (radical *hava, être*.)

Les principaux mots de cette famille sont l'hébreu *Yéhova*, le chinois *I-hi-wei* et le latin *iovi*. Car nous ne parlons pas des formes grecques qui ne sont que des transcriptions, ni de l'égyptien *phtha* dont on ne saisit pas la filiation, et qui ne fut sans doute pris que comme correspondant par les anciens traducteurs.

Quant à *iovi*, il est très-probable qu'il fut tiré de l'hébreu, bien que les anciens peuples de l'Italie l'eussent déjà à peu près sous la forme *ivvé*. Mais quant au chinois et à l'hébreu, on ne conçoit guère qu'une langue l'ait donné à l'autre; c'est pourquoi nous devons tenir pour probable que ces deux langues, parlées aux deux extrémités du monde, l'avaient reçu d'une mère commune antérieure à elles.

Le *yéhovah* hébreu vient de la racine *hava* qui signifie l'*être*; il exprime l'*être par excellence*, l'*être absolu*, l'*être*, enfin, dans son unité philosophique. Il est impossible à l'esprit humain de s'élever plus haut dans l'idée métaphysique de Dieu. Nos traducteurs de la Bible ont bien rendu cette idée dans notre langue en traduisant : *Je suis celui qui suis*, — *celui qui est* : c'est la même pensée fondamentale que celle du *khoda* pehlvi, sauf la nuance du *donner* ou de la grâce qui n'y est pas impliquée. Mais, en revanche, il y a, de plus, une autre nuance dans la composition du signe et du mot *yéhova*; *y*, avec son signe, représente le futur; *o* avec le sien représente le présent qui se dit *hové*; et *a* avec le sien, représente le passé, qui se dit *hava*. Ce mot ajoute donc l'idée de l'*éternité* embrassant le futur, le présent et le passé dans son unité indivisible d'être. On ne peut rien de plus profond et de plus sublime. Aristote a appelé Dieu, dans son livre I *De cælo*, Διών, *l'étant toujours* (ἀεὶ τοῦ *jours*, ὢν *étant*). Saint Jean (*Apoc.* 1, 4) a traduit *yéhova* par *l'étant, l'ayant été, le devant être*, ὁ ὢν καὶ ὁ ἦν, καὶ ὁ ἐρχόμενος; *qui est, et qui erat, et qui venturus est.*

Voici maintenant l'analyse du *I-hi-wei* de la langue chinoise, donnée par Lau-Tseu, six cents ans avant notre ère. On va voir que ce philosophe y trouvait plus que la Trinité de la durée ou du temps, la trinité elle-même de l'essence dans l'unité de l'être et de la substance.

« Celui que vous regardez et que vous ne voyez pas se nomme *I*; celui que vous écoutez et que vous n'entendez pas se nomme *Hi*; celui que votre main cherche et ne peut saisir se nomme *Wei*. Ce sont trois êtres qu'on ne peut comprendre et qui, confondus, n'en font qu'un. Celui qui est au-dessus n'est pas plus brillant; celui qui est au-dessous n'est pas plus obscur ; c'est une chaîne sans interruption, qu'on ne peut nommer, qui rentre dans le *non créé*. C'est ce qu'on appelle forme sans forme, image sans image, être indéfinissable. En allant au-devant on ne lui voit point de principe ; en le suivant on ne voit rien au delà. » (*Trad.* d'Abel Rémusat.)

Ce grand nom a eu, comme les autres, son second âge, son âge de profanation; il a servi, par exemple, à nommer, pendant des siècles, cet impur Jupiter qui prenait les formes de la brute pour séduire nos princesses. Mais il remonte aujourd'hui à sa grandeur première; la philosophie et la poésie saintes s'en saisissent pour louer le Dieu suprême qu'adorèrent nos premiers aïeux, et il tend à devenir une seconde fois universel, pour nommer celui à qui conviennent tous les noms ineffables.

A côté de ces quatre grandes familles de

noms divins, se placent beaucoup d'autres mots dont les filiations phoniques avec elles ne se perçoivent pas, mais dont les idées leur sont corrélatives. Nous devons résumer ces principales idées.

1° Les parentés d'idées avec le *Div*, *Déva*, *Ti*, *Thien*, *Tao*, *Téos*, *Deus*, etc. sont nombreuses.

L'idée fondamentale est double ; c'est, d'un côté, celle de *ciel* et de *lumière*, et de l'autre celle de raison et d'esprit. Parcourons encore les contrées du globe.

L'Asie, étudiée dans toutes ses régions, nous donne une multitude de noms, ayant, étymologiquement, les significations suivantes : les *cieux*, le *roi du ciel*, le *génie céleste*, le *lumineux*, l'*habitant du ciel*, le *résidant dans les trois cieux*, le *remplissant tout*, l'*excellente intelligence*, le *resplendissant*, la *vérité*, le *céleste*, le *ciel*, l'*auguste ciel*, l'*immensité*, le *suprême gouverneur*, l'*esprit*, l'*âme*, le *génie*, le *grand esprit*, l'*esprit du ciel*, le *seigneur du ciel*, l'*empereur du ciel*, etc.

L'Afrique nous donne : le *ciel*, le *maître du ciel*, le *sublime*, le *grand ciel*, le *Père céleste*, le *roi du ciel*, le *maître du ciel*, le *Dieu du ciel*, le *Seigneur du ciel*, l'*esprit*, le *génie*, l'*âme*, le *chef qui habite le ciel*, le *roi des cieux*.

L'Europe nous donne : le Basque, *Gaincoa*, *celui d'en haut* ; le Grec, *Daïmôn*, l'*esprit*, le *génie*; les Ombriens, le *lumineux*, le *haut*, le *dieu des pluies*, le *tonnant*, etc. ; le Lapon, *Ailek*, le *génie*; le Hongrois, *Ur*, le *seigneur*. Tous les autres sont des dérivés de l'Orient.

L'Amérique nous donne : l'*esprit du ciel*, le *père du ciel*, l'*âme de l'univers*, la *grande âme*, la *première âme*, le *ciel*, le *vieillard du ciel*, l'*ancien des cieux*, le *sublime*, l'*esprit*, l'*âme*, le *grand esprit*, l'*esprit sublime*, le *maître du ciel*, le *génie*, le *bon esprit*, l'*esprit des esprits*, l'*âme des esprits*, le *grand génie*, etc. Il faut remarquer le nom *Manitto* ou *Manitou*, l'*esprit*.

L'Océanie, les suivants : le *céleste*, l'*esprit céleste*, l'*ouvrier du monde*, le *grand esprit*, l'*habitant du ciel*, la *grande étoile*, l'*esprit*, le *souffle tout-puissant*, l'*ombre immortelle*, l'*oiseau esprit*, le *Dieu du ciel*, le *Dieu du jour*.

2° Les parentés d'idées avec *El*, *Alah Allah*, *Eloah*, ne sont pas moins nombreuses. L'idée fondamentale est celle d'*Être adorable*, avec les nuances de *puissance* et de *force*, dont celle de *création* dérive.

L'Asie nous donne : le *maître*, le *très-haut*, le *seigneur des hommes*, le *seigneur*, le *chef par excellence*, le *digne d'être adoré par sacrifice*, *celui qui nourrit tout*, le *protecteur du monde*, le *gardien du monde*, le *souverain*, le *distributeur de la justice*, le *créateur*, le *maître des mondes*, l'*adorable*, la *souveraine félicité*, le *créateur des mondes*, le *gouverneur*, *celui qui accroît*, *celui qui fait subsister*, *celui par qui tout existe*, l'*être souverain*, l'*immortel*, l'*exempt d'infirmités*, le *vigilant*, *celui qui se nourrit de sacrifices*, le *souverain maître*, le *premier maître*, la *grandeur*, le *parfait*, le *juste*, le *maître de toutes choses*, l'*objet d'adoration*, le *très-excellent Dieu*, la *puissance*, la *majesté*, le *très-saint*, le *très-précieux*, l'*inestimable*, le *tout-puissant*, l'*être supérieur*, la *puissance infinie*, la *majesté divine*, etc.

Remarquons, dans ce nombre en particulier, l'indien *Bhagava*, l'*adorable*, du sanscrit *bhag*, *puissance*, *excellence*, *félicité*, lequel a engendré le nom de Dieu, des langues slaves; russe, polonais, slavon, illyrique, etc., *bog*; venède, *bogh*; serbe ou servien, *boxé*, qui se prononce *bojé*.

Remarquons encore le zend et le persan, *iezd*, *ized*, *iezdan*, venant du zend *yazata*, ou du sanscrit *yadjota*, le *digne d'être adoré par sacrifice*; d'où est venu l'arménien *asdowadz*, le *génie des génies*, l'*esprit des esprits*; et le sanscrit *iswar*, qui a engendré ; l'étrusque et l'irlandais, *Aesar*, le *souverain gouverneur*.

L'Afrique nous donne : l'*esprit créateur et formateur du monde*, le *maître*, le *seigneur*, le *bon père*, le *seigneur des régions*, le *seigneur de tous*, le *seigneur de tout l'univers*, l'*adorable*, le *très-haut*, le *Dieu sublime et tout-puissant*, le *régulateur des mouvements célestes*, le *créateur de tout ce qui est*, l'*être saint et sacré*.

Il faut remarquer, en particulier, l'éthiopien ou abyssinique, *egzié*, *maître*, qui engendre *egziabber*, le *bon maître*, ou, selon d'autres, le *dominateur de l'univers*. Ce mot a donné naissance au tigréen *esgher*.

L'Europe nous donne : le basque *Jaincoa*, le *bon maître*; le latin ancien, *cervs manvs*, le *bon créateur*; le latin *numen*, du sanscrit *nama*, l'*adoration*; les anciennes dénominations ombriennes, de *sauveur*, *très-puissant*, *fort*, *auteur de la parole*, *pacifique*, *saint*, *vivifiant*; les Scandinaves, *seigneur*, *créateur*, *père tout-puissant*, le *sachant tout*, le *sage*, l'*heureux*, le *père des guerriers morts*, etc. Le reste est dérivé.

L'Amérique nous donne : le *Créateur de tout*, le *tout-puissant*, le *gouverneur du peuple*, le *grand-père*, le *père*, le *seigneur*, le *vivificateur*, le *riche*, *celui qui travaille dans l'ombre*, le *grand maître*, le *notre Père*, le *très-élevé*, la *sainte connaissance*, le *seigneur*, la *raison personnifiée*, le *père vénérable*, le *saint père*, l'*arbitre souverain*, l'*auteur de tout*, le *très-haut*, le *saint*, le *vénérable*, l'*adorable*, le *grand*, le *créateur du monde*, le *seigneur de la vie*.

L'Océanie nous donne : le *dominateur suprême*, le *maître*, le *très-haut*, le *grand seigneur*, le *chef des pères*, le *Dieu suprême*, le *Dieu des éléments*, le *Dieu de la mort*, le *Dieu tutélaire*.

3° Enfin, les parentés d'idées avec *Ga-dala*, *Khoda*, *God* et *Hava*, *Yéhova*, *I-hi-wei*, *Iovi*, se montrent aussi en abondance.

L'idée fondamentale est celle d'*être par soi*, avec la nuance de *donation*, *grâce*, d'une part, et d'*éternité*, de l'autre.

Nous trouvons en Asie : 1° le chapelet musulman, qui renferme 99 dénominations de Dieu, dont quelques-unes se rapportent à cette grande famille, et toutes à l'une des trois idées fondamentales. C'est Mohammed qui l'a composé; mais il en prit les mots dans l'arabe, qui est une des plus vieilles langues du monde, depuis qu'il en existe plusieurs.

2° Le zend *Ahura-mazdao* (*Ormouzd*), venant du sanscrit *Asura*, le *propriétaire de la vie*; et *Mazdao*, le *souverainement savant*; lequel se dit, en persépolitain, *Auramazda*; en mandchou, *Kourmouzda*.

3° Le sanscrit *Swayambhou*, ou *Swayam Datta-bhou*, *être*, *datta*, *donné*, *Swayam*, *soi-même*, *celui qui est par lui-même*.

4° Le sanscrit *parametma*, *l'intelligence primitive*.

5° Le tamoul *paravaston*, *le premier être*, et *Tambouran*, *celui qui est parfait*.

6° Le thibétain, *rang-troub*, *l'existant par lui-même*.

Nous ne trouvons en Europe que des dérivés, sauf peut-être le hongrois ou madjar *Isten*, de *ist*, est, il est, l'être existant par lui-même.

Nous trouvons en Amérique le *Ngen* des Chiliens, *l'être par excellence* et *Eutagnen*, le *grand être*; le *conomé* d'Yaroura, le *premier*, le *Jokanna* de l'ancienne langue d'Haïti, le *premier moteur*; le *Ipalné-moani* de la langue toltèque, *l'existant par soi*; le *soronhiata* des Hurons, *l'existant*. Ces mots appartenaient aux anciennes langues parlées bien avant l'arrivée des Européens. Au reste l'Amérique a été trouvée par nous avec des notions très-belles de la divinité, et un monothéisme très-spiritualiste, souvent pur encore.

Nous ne trouvons pas dans l'Océanie la notion de l'*aséité*, sauf peut-être dans quelques dérivés venus par la voie du bouddhisme.

Il en est de même de l'Afrique. Notons cependant le madécasse *Zan-har*, qui paraît signifier le *principe de tout*; le nom de Dieu des Guanches, en dialecte ténérife, *Achguarergenam*, le *soutenant tout*; le *Za-koulon-yekhaz*, de l'Ethiopie, le *contenant tout*; et terminons cette revue par quelques observations sur l'ancienne Egypte dont on a remarqué avec raison qu'il n'était guère question jusqu'à ce moment.

Le langage et l'écriture antique de cette contrée sont très-mystérieux, et les noms divins qui nous en restent ne montrent pas un air marqué de famille avec les quatre grands types sous le rapport phonique et graphique. On trouve dans cette langue, *nouter* qui, chez les Coptes, devient *nouta*, *nouté*, *nouti*, *nout*, *phnouta* et *pinouta*. Le hiéroglyphe qui le précède est une hache. On ignore son étymologie.

Amon, ou *Ammon* qui signifie, selon Jamblique, l'*esprit moteur* et *formateur du monde*.

Knef et *Knoufis*, le grand nom du *Dieu souverain, et unique qui n'est pas né et qui ne meurt pas*. On sait que tel était le sens qu'ils attachaient à ce mot.

Enfin *phtha*, qui s'écrivait aussi sans voyelle *phth*, dont l'étymologie est encore inconnue. Selon les uns ce mot ne signifia d'abord que le *feu*, et en vint plus tard à exprimer Dieu, quand l'idolâtrie eut étendu son règne. Selon d'autres il renferme l'idée d'*ouvrier*. Ce qu'il y a de certain, c'est qu'il a signifié le *feu*, dans la langue égyptienne, et Dieu en même temps.

Parmi les hiéroglyphes démotiques qui représentaient *Dieu*, il faut citer l'œuf unique et générateur, et la croix.

Mais, quoi qu'il en soit des origines de ces signes, aujourd'hui très-mystérieux pour la plupart, les archéologues ont pu constater par la comparaison des nombreuses reliques de l'Egypte primitive et par l'étude de son histoire, que la religion y consista d'abord dans un monothéisme très-philosophique et très-sublime. Voici ce qu'en dit M. Champollion-Figeac :

Après avoir expliqué comment les anciens Egyptiens avaient été accusés d'un grossier polythéisme, par suite de l'inintelligence de leurs monuments symboliques, il ajoute :

« Quelques philosophes cependant, plus disposés à bien voir, animés de quelque impartialité, et plus capables de sérieuses études, approchèrent peu à peu de la vérité et furent ainsi récompensés de la fatigue de leurs veilles. Porphyre osa affirmer que les Egyptiens ne connaissaient autrefois qu'un seul Dieu; Hérodote avait dit aussi que les Thébains avaient l'idée d'un Dieu unique, qui n'avait pas eu de commencement et qui était immortel ; Jamblique, très-curieux scrutateur de la philosophie des anciens siècles, savait, d'après les Egyptiens eux-mêmes, qu'ils adoraient un Dieu, maître et créateur de l'univers, supérieur à tous les éléments; par lui-même immatériel, incorporel..., etc.»

« Un tel témoignage, reprend M. Champollion, a une tout autre autorité que les plaisanteries des satiriques anciens et modernes; et l'étude récente des ouvrages même des Egyptiens, les tableaux religieux qui couvrent leurs monuments et les textes écrits qui en donnent l'interprétation, ont rectifié enfin l'opinion des personnes de bonne foi, que n'offense pas l'antiquité de la raison humaine, et qui ne réservent pas orgueilleusement pour leur siècle et pour leurs amis les révélations de l'esprit et les plus nobles inspirations de l'âme. » (*Egypte pittoresque*.)

Il est bon d'ajouter que ces réflexions, d'une grande justesse pour les temps primitifs les plus anciens, ne peuvent pas s'entendre rigoureusement de l'époque de Moïse, dix-huit siècles avant Jésus-Christ, puisque ce grand sauveur du monothéisme antique disait à son peuple : *Vous savez de quelle manière nous avons habité dans la terre d'Egypte ; comment nous avons passé au milieu des nations, et comment, en les traversant, vous avez vu les abominations et les ordures, c'est-à-dire, leurs idoles, et le bois, et la pierre et l'argent et l'or, qu'ils adoraient.* (*Deut.* XXIX, 16.) Si donc, le polythéisme de cette époque n'était encore qu'un symbolisme dans l'esprit des lettrés et des philosophes, il faut dire que le symbole avait déjà pris la place de la réalité dans l'esprit des peuples.

Nous croyons pouvoir conclure en bonne logique, de cet exposé de la science ethnographique, linguistique et philologique sur les noms de Dieu, qu'il y a, entre toutes les langues du monde vivantes et mortes, une concordance suffisante pour prouver qu'elles remontent à une origine première pendant laquelle l'idée monothéiste et l'adoration par le sacrifice, ou la simple prière, composaient toute la religion du genre humain, ainsi que Moïse nous le donne à penser dans son rapide résumé de l'histoire primordiale.

Lors donc que Jésus-Christ est venu nous annoncer un temps « *où l'on adorerait Dieu, non plus à Jérusalem ni sur le mont Garizim, mais en esprit et en vérité* (*Joan.* IV, 23), » il n'a fait que nous prédire le troisième âge du monde, celui du retour universel au monothéisme des premiers aïeux. Aussi disait-il sur des questions de ce genre, quand on lui objectait les coutumes du deuxième âge : *Il n'en était pas ainsi au commencement.* « *Ab initio autem non fuit sic.* » (*Matth.*, XIX, 8.)

III. — Faits sociaux primitifs.

Obligé de nous concentrer pour l'exposé de ce qui nous reste à dire, nous réunissons sous un même titre les six grands faits sociaux de l'origine du monde, l'*unité du langage*, l'*unité du mariage*, l'*absence de royauté*, l'*absence d'esclavage* sous toutes ses formes, l'*absence d'usure* et l'*absence de la peine de mort* dans la cité.

Voyons d'abord ce que Moïse nous apprend sur tous ces points.

1° Unité du langage. — *Or la terre*, dit Moïse, *avait alors une seule langue, et la même manière de parler ; et, comme ils descendaient de l'Orient, ils vinrent dans les champs de la terre de Sennaar, et y habitèrent.* (*Gen.* XI, 1, 2.)

Voilà du positif. Le genre humain n'a qu'une langue, et c'est de l'Orient que les peuples s'étendent vers la terre de Sennaar, pendant les temps où l'on ne parle encore que cette langue primitive. N'oublions pas ce fait.

2° Unité du mariage. — *L'homme quittera son père et sa mère, et il s'attachera à sa femme, et ils seront deux dans une seule chair.* (*Gen.* II, 24.) Telle est la loi primitive.

Avant le déluge, vers la fin, cette loi est violée par Lamech, descendant de Caïn, qui est tout à la fois bigame et assassin. (*Gen.* IV, 18-24.)

Après le déluge, il n'est pas question de polygamie avant Abraham, qui n'a d'abord qu'une femme dans le pays de ses pères, à Ur de Chaldée, et qui n'en prend plusieurs que longtemps après, parce que la sienne était stérile. On doit penser que l'usage d'une polygamie modérée, consistant à adjoindre une ou deux concubines à la femme légitime, commença à s'établir quelque temps avant Abraham ; il faut bien qu'elle existât quelque peu, même en Égypte, puisque le roi de ce pays voulut s'emparer de Sara, qu'Abraham faisait passer pour sa sœur pendant son voyage. Sur la tolérance de Moïse à ce sujet, *voy.* MARIAGE.

Ajoutons que Jésus-Christ dit positivement dans l'Évangile qu'il n'y avait, dans le principe, ni polygamie ni divorce.

3° Absence de royauté sous toutes ses formes. — Vers la fin de la période antédiluvienne, il y a *des hommes puissants et fameux dans le siècle, génération géante*, qui est fille de la corruption, et qui profite de la corruption pour dominer. Voilà la première origine. (*Gen.* VI.)

Après le déluge, la terre est purifiée, il n'y a que des frères et des pères de famille. Ce n'est que bien longtemps après qu'un des descendants de Cham, Nemrod, « commence à être puissant sur la terre, » et se fait appeler « chasseur violent devant le Seigneur. » C'est de lui que part le proverbe qui dit que les hommes sont, pour ceux qui ressemblent à Nemrod, comme un gibier pour le chasseur violent. Il fonde le premier des royaumes dans l'ordre des temps ; et Babylone est sa capitale, la grande Babylone qui sera, pour les prophètes jusqu'à saint Jean, le type symbolique du monde maudit. Il est donc le premier roi, et avant lui point de royauté.

Ajoutons que Jésus-Christ, sauveur des deux mondes, dira à ses Chrétiens, en prophétisant le dernier âge : *Les rois des nations les dominent, et ceux qui exercent la puissance sur elles sont appelés bienfaiteurs. Parmi vous, qu'il n'en soit point ainsi.* (*Luc.* XXII, 25). *Ne veuillez point être appelés maîtres ; car vous n'avez qu'un maître, et vous êtes tous frères.* (*Matth.* XXIII, 8.)

Le fait historique que nous venons de noter n'avait point échappé à saint Augustin. « Dieu, dit-il, ne permit à l'homme, fait à son image, d'étendre son empire que sur les créatures privées de raison ; il ne voulut pas que l'homme commandât à l'homme, mais aux bêtes. Aussi les premiers justes furent-ils pasteurs de troupeaux, et non *rois des hommes.* » (*Cité de Dieu*, XIX, 15.)

4° Absence d'esclavage sous toute espèce de forme. — C'est une conséquence de ce qui précède. C'est Nemrod qui fait les premiers esclaves, en se faisant chasseur d'hommes. L'esclavage sous toute espèce de forme suppose des Nemrod plus ou moins puissants ; et sans Nemrods, il ne pourrait être question d'esclavage.

Moïse, qui chercha à ramener autant que possible son peuple aux règles primitives, ou au moins à l'empêcher de se jeter dans les excès du second âge, comme les autres nations, recommanda à ce peuple de n'avoir d'autre roi que sa loi et Dieu, sans cependant lier sa souveraineté politique, et prohiba l'esclavage, au moins entre Juifs et à perpétuité ; il faisait tout ce que pouvait faire un prophète avant le Christ, au milieu d'un monde comme celui qui existait déjà. — *Voy.* SOCIALES (Sciences).

5° Absence d'usure. — Il n'y a pas un mot dans l'histoire primitive de Moïse qui puisse faire supposer qu'il se fît entre les hommes des prêts d'objets quelconques moyennant un intérêt autre que l'indemnité équivalente au dommage que pouvait s'imposer le prétour, pour rendre service. Les usages et la manière dont la terre était possédée rendaient même ce commerce hors de propos. On était laboureur ou pasteur, et ce qui rendait riche, c'était l'accumulation seule des fruits qu'on faisait produire à la terre par sa propre industrie. On ne pensait pas à soutirer, par le prêt, une partie du travail des autres, puisque chaque famille allait planter sa tente et recueillait ce qu'elle avait semé. Aussi Moïse, voyant ce fléau du prêt usuraire se répandre dans le monde, eut-il soin de le prohiber sévèrement chez son peuple, et même de prendre mille moyens détournés, tels que celui de l'abolition des dettes au bout d'un certain temps, pour qu'il ne pût se montrer sous aucune forme. Cette organisation était, dans sa pensée profonde, le préservatif contre le paupérisme, qu'il voulait, à tout prix, empêcher dans la nation juive, et qui en effet ne s'y développa jamais, tant que sa loi fut rigoureusement suivie.

6° enfin. Absence de la peine de mort dans la cité. — Voici les paroles et les faits qui l'établissent, à notre avis, sans le moindre doute. *Celui qui me trouvera me tuera*, dit Caïn dans son désespoir, après le meurtre d'Abel. *Point du tout*, répondit Dieu, *il n'en sera pas ainsi; mais qui tuera Caïn en sera puni au septuple; et le Seigneur*, reprend l'historien, *mit un sceau sur Caïn, afin que ceux qui le trouveraient ne le tuassent point.* (Gen. IV, 14, 15.) Voilà le [plus grand des coupables marqué par Dieu même d'un sceau qui défend aux hommes de lui faire subir la peine du talion. — Longtemps après, Lamech est assassin à son tour, et il dit à ses femmes Ada et Sella : *J'ai tué un homme en le blessant, un jeune homme, par envie; vengeance sera tirée sept fois de la mort de Caïn, et de celle de Lamech septante fois sept fois.* (Gen. IV, 23, 24.) La défense de Dieu a donc été comprise jusqu'alors, puisque Lamech s'en couvre lui-même après son crime. — Après le déluge, Dieu renouvelle sa défense au genre humain dans la personne de Noé : *Je demanderai compte de la vie de l'homme à la main de l'homme, à la main de son frère. Quiconque aura répandu le sang humain, son sang sera répandu, car l'homme a été fait à l'image de Dieu.* (Gen. IX, 5, 6.) C'est ainsi que le Christ défendra à Pierre de tirer l'épée en donnant pour raison que celui qui use de l'épée périt par l'épée. On se jettera dans la voie des représailles; ce sera la guerre et l'horreur; il est bien vrai que le fait se passera ainsi dans le second âge; mais, pour moi, dit Dieu, je demanderai toujours compte à la main de l'homme du sang de l'homme, car la vie de l'homme est l'image inviolable de la vie de Dieu : la juste vindicte n'a pas plus droit de la violer que l'inique envie.

Il faut bien entendre la chose ainsi; car celui qui verrait dans le mot de Dieu : *Son sang sera répandu*, une loi qui ordonnerait à l'homme de venger le sang de l'homme juridiquement par l'effusion du sang du coupable, serait obligé de dire que la même obligation existerait à l'égard d'une bête qui a tué un homme, puisqu'on lit immédiatement avant ce que nous avons cité : *Je demanderai compte de vos vies et de votre sang à toute bête qui l'aura répandu.* Il est évident qu'une bête ne peut être juridiquement condamnée à la peine de mort. Dieu dit donc seulement par ces mots, qui sont les mêmes à l'égard des bêtes et à l'égard des hommes, féroces comme elles, quand elles sont féroces, que l'effusion du sang provoquera l'effusion du sang, et que l'être destructeur de l'homme sera détruit lui-même, par suite de l'enchaînement providentiel. C'est un résultat général qu'on peut remarquer à tout instant dans les rapports de l'homme avec l'homme, et de l'homme avec les bêtes. Mais c'est Dieu qui se réserve la vengeance.

Le Christ qui appellera le lever du troisième âge redira, en parabole, la parole première. — *Voy.* SOCIALES (Sciences).

Pour Moïse, obligé de commander à l'âge horrible des ténèbres, à l'âge des passions, des vices et des ignorances brutales de l'humanité, il prendra son parti et appellera à son aide la dictature de la mort contre la mort !

Nous continuons d'être, à certains égards, sous le règne de Moïse, celui du Christ n'ayant pas encore acquis sa plénitude.

Telle est l'histoire sociale des commencements du monde que nous donnent à méditer nos livres sacrés.

Or, tous ces faits ne sont pas également appuyés par les sciences historiques profanes; ils remontent si haut, si loin des premiers livres et de la plupart des monuments les plus antiques, qu'ils sont, pour l'historien, comme les étoiles invisibles pour l'astronome. Mais ce que nous voulons seulement constater, c'est la tendance du progrès scrutateur des temps anciens à les consolider en probabilité ou certitude à mesure que ce progrès pousse plus profondément ses regards dans le passé.

Les systèmes sociaux largement développés le long du second âge sont basés sur le mépris de la vie de l'homme, mépris qui se fait un jeu de la punition par la mort; sur le mépris des droits acquis par le travail, mépris dont l'usure est la grande cheville ouvrière; sur le mépris de la liberté individuelle, mépris dont l'institution de l'esclavage est la grande explosion; sur le mépris des droits collectifs de la cité, mépris dont le despotisme est le fruit; sur le mépris de l'égalité relative des deux sexes, mépris dont la polygamie est la justification organisée; enfin sur le mépris des relations fraternelles internationales, mépris qui trouve son moyen, son existence et sa justification, en quelque sorte, dans la diversité des langues; or plus on remonte haut dans la trame historique des nations, plus on sent ces systèmes perdre de leur force, se disloquer, s'évanouir, et indiquer qu'ils n'existaient pas dans le principe. Il se produit chez l'investigateur, le même effet que dans l'esprit du physiologiste quand il remonte la série vitale depuis le jeune homme jusqu'aux divers états de l'embryon ; la progression diminutive annonce pour un moment primitif une disparition complète d'organisation.

C'est ainsi que les tableaux mythologiques de l'âge de fer, de l'âge d'airain, de l'âge d'argent et de l'âge d'or, prouvent que, de tous temps, les poëtes ont cru à une époque primitive où il n'était pas question des six faits sociaux dont nous parlons, et après laquelle ces faits se sont peu à peu établis sur la terre. Les descriptions des anciens analogues à celle de la Bétique de notre *Télémaque*, mènent aux mêmes conclusions. L'histoire positive elle-même n'est pas sans laisser entrevoir, à l'aurore de l'humanité, l'absence complète de ces caractères de l'âge malheureux. L'archéologie ne nous montrera pas de monuments, vraiment primitifs, qui révèlent ces tristes caractères, et nous soutenons que, si elle réussit dans sa tâche, c'est-à-dire si elle vient à bout de mettre au net le tableau qu'elle a entrepris de l'origine des peuples, elle démontrera, en même temps, la thèse consolante que nous posons dans cet article.

Déjà nous aurions des preuves à donner, s'il nous était permis de faire un livre au lieu d'un chapitre, nous en aurions sur les six points, sans en excepter un seul. C'est ainsi, par exemple, qu'à l'égard du mariage, il suffit de remonter aux premiers temps historiques pour voir disparaître la polygamie, dans l'Orient lui-même, sa patrie véritable. La Chine, l'Inde, l'Egypte se montrent pures de cette profanation de la femme dans leurs premiers âges ; et, avant l'institution de ces sérails de l'Orient, où l'on voit les Assuérus moissonner pour eux toutes les plus belles femmes de l'empire, nous pourrions constater une transition de la monogamie à cette polygamie dans l'usage intermédiaire des concubines, ou femmes admises au lit conjugal, sans avoir le titre d'épouses. Nous verrions aussi, dans l'Egypte de Sésostris, par exemple, dix-huit siècles seulement avant l'ère chrétienne, pendant que les Hébreux erraient dans le désert, non-seulement la polygamie encore tellement rare qu'il serait difficile d'en trouver un exemple certain, mais des lois indiquant le souvenir des âges purs où elle n'existait pas ; telle est celle qui défendait aux prêtres d'être bigames, même successivement, selon l'interprétation de plus d'un critique.

Si l'ouvrage de Manéthon nous restait ; s'il nous en était parvenu autre chose que la simple liste des premières dynasties, nous verrions dans cette histoire, malheureusement perdue, que les chefs antiques, qu'il donne pour prédécesseurs aux rois plus modernes, n'étaient point des rois, mais des patriarches, des pères de famille ; et il en serait de même des premiers empereurs de la Chine, avant l'invasion du second âge, si nous trouvions des histoires détaillées de leur mode de domination, ainsi que des premiers rois de la Chaldée. Nous nommons, en passant, ces trois peuples, vu que tous les autres commencent, historiquement, par la démocratie, ou n'ont point d'annales qui approchent des frontières du second âge.

Mais laissons tous ces détails pour donner un exemple, aussi curieux que solide, des résultats de la science historique relativement à la justification des récits de Moïse. L'objet en question est l'unité primitive du langage, et c'est l'ethnographie philologique, linguistique et archéologique qui prend la parole.

Déjà nous avons montré, par notre aperçu sur les étymologies des noms de Dieu, comment l'étude comparée des langues peut arriver à des résultats précieux pour l'histoire primitive. Nous n'avons pris pour type qu'un seul mot, et, par ce seul mot, nous avons comme assisté à la formation de plusieurs familles de langues à origine commune. On conçoit qu'on puisse aller loin dans cette voie quand on considère et qu'on étudie tous les mots, et qu'on ajoute à cette étude celle des constructions grammaticales, tel que le système des signes pour représenter les temps et les modes des verbes, les divers rôles des noms dans les phrases qu'on a appelés *cas* dans plusieurs langues, etc., etc.

Or, depuis Leibnitz, qui proposa l'étude comparée des langues comme moyen d'éclairer les migrations des peuples dans l'antiquité, qui commença cette étude d'une manière vraiment scientifique, parce qu'elle était philosophique, et qui annonça d'avance une partie des nombreuses découvertes qu'on a faites, la philologie ethnographique est devenue une des sciences les plus fécondes des temps modernes.

Après des efforts vains et longtemps prolongés pour faire remonter toutes les langues à quelqu'une des langues connues qui aurait été leur mère commune, et que la plupart prétendaient avoir été l'hébreu, par bienveillance pour nos livres sacrés ; on prit enfin le parti de renoncer à tout système préconçu et de se mettre à comparer simplement les langues entre elles, mortes et vivantes, afin de constater, par détails, leurs affinités. Citons, parmi les nombreux déblayeurs d'une Babel à effrayer les plus audacieux et à tuer d'ennui les plus patients, Paulin de Saint-Barthélemy, Young, Anquetil Duperron, Abel Rémusat, Adelung, Vater, Bopp, Crawfurd, Marsden, les deux Champollion, Kircher, Guillaume de Humboldt, Klaproth, Balbi, Kennedy, Betham, les deux Schlégel, Jackel, Prichard, Whiter, Goulianoff, Merian, Paravey, Hammer, Leipsius, Sharon Turner, etc., etc. Ces hommes, qui ont surgi depuis un siècle, de tous les pays savants, travaillèrent d'abord, sans aucun plan commun et sans méthode commune. Chacun attaquait, au hasard, les langues pour lesquelles il avait plus d'attrait ; chacun observait à sa manière : les uns, tel que Klaproth, disant que « les mots sont l'étoffe du langage, et que la grammaire ne donne que la forme, » s'attachèrent aux étymologies et formèrent ce qu'on a appelé l'école des *Lexicographes*; d'autres, tels que Bopp, W. A. Schlégel et G. de Humboldt, considérèrent la construction grammaticale comme plus importante, et les analogies qu'elle présentait entre plusieurs langues comme plus fondamentales. Et, enfin, il est résulté de ces travaux épars, des matériaux scientifiques qu'on a pu coordonner, et dont nous allons résumer, en peu de mots, les résultats.

Trois grandes familles de langues ont été constatées et sont aujourd'hui reconnues avec certitude comme réunissant tous les dialectes dont elles sont composées dans une communauté d'origine. Ce sont la famille indo-européenne ou indo-germanique; la famille sémitique; et la famille malaie ou polynésienne.

La famille indo-européenne a été découverte la première et est restée jusqu'alors la plus étudiée et la plus importante. Un si grand nombre de rapports étymologiques et grammaticaux se sont révélés entre les dialectes européens et ceux de l'Inde jusqu'au Gange, que leur unité de filiation est devenue évidente. Plus on a travaillé, plus la parenté s'est étendue; chaque nouvelle étude apportait à la famille une sœur ou une mère nouvelle qu'on en croyait d'abord indépendante; et, aujourd'hui ces sœurs et ces mères sont en nombre très-considérable. Le groupe indo-européen a pour dialectes principaux, le sanscrit, le zend, le pehlvi, qui sont des langues mortes, l'indoustani qui est parlé dans l'Indoustan, le grec, le latin, les dialectes teutoniques, les dialectes celtiques, et, en un mot, presque tous nos idiomes européens, français, anglais, allemand, espagnol, italien, russe, etc. Les derniers réunis sont l'arménien, le géorgien, et l'ossète, de la région voisine du Caucase, l'afghan, et en Europe, le celtique gallois et irlandais.

Nous devons dire encore que l'on trouve aujourd'hui des inscriptions sans nombre en trois langues différentes sur les monuments assyriens et persépolitains. Or, l'une de ces langues a été comprise au moyen du sanscrit et du zend; c'est l'ancien persan que parlaient les Achéménides vainqueurs de Babylone. Une seconde écriture commence à être comprise, grâce aux études de Westergaard; c'est la médique ancienne; mais celle-là est en étroite affinité avec l'idiome actuel des Turcs. Et, quant à la troisième, qui est probablement celle des vaincus, puisque cette seconde était celle des alliés des vainqueurs, on en cherche encore la clef, et on la trouvera certainement.

Quant à la question d'ordre et de précession dans la filiation, question la plus difficile et non encore résolue à beaucoup près, la plupart des linguistes sont tombés d'accord pour regarder le sanscrit comme la forme la plus ancienne et la plus pure. Le latin lui ressemble sous ce rapport, et l'emporte sur le grec; cependant Jackel a entrepris de prouver qu'il en est dérivé, comme beaucoup d'autres, et même en passant par le teuton dont l'allemand fait partie.

La famille dite sémitique, assez improprement, occupe le nord de l'Afrique et l'Asie Mineure, plus l'Abyssinie. Depuis longtemps les rapports intimes des dialectes qui la composent étaient connus. Ces dialectes se rapprochent tellement, qu'ils ne forment, pour ainsi dire, qu'une seule langue : ce sont l'hébreu, le syro-chaldaïque, l'arabe et le gheez ou abyssinien.

La famille malaie se compose d'une multitude infinie d'idiomes parlés dans les îles de l'archipel indien, et s'est tellement accrue par l'étude comparée de ces dialectes, que, selon Crawford et Marsden, on doit l'appeler la famille polynésienne. Il y a dans ces langues une tendance commune à la forme monosyllabique, tendance qu'elles partagent avec celles de l'Indo-Chine et le chinois. Marsden dit à ce sujet : « Outre le malai, il y a une multitude de langues parlées à Sumatra, qui cependant ont, non-seulement une affinité manifeste entre elles, mais aussi avec ce langage général que l'on trouve dominant et indigène dans toutes les îles de la mer orientale, depuis Madagascar jusqu'au point le plus éloigné des découvertes de Cook, comprenant un plus grand espace qu'aucune langue, même la langue romaine, ait pu se vanter d'occuper. »

A côté de ces trois groupes, s'en sont révélés de plus petits qui tendent à y rentrer, ou qui en paraissent plus ou moins indépendants.

Telle est, en Europe, la famille finnoise ou oralienne qui couvre la Laponie, la Finlande, l'Esthonie, la Livonie, la Nouvelle-Zemble, toute une bande s'étendant de la mer Blanche au nord-est, puis descendant le long de l'Oural, et retournant vers le sud-ouest, jusqu'à la rencontre du Volga, et enfin la Hongrie, véritable île finnoise, dit Wiseman, isolée au milieu du vaste océan indo-européen.

Les dialectes du Caucase ont aussi formé un petit groupe, réservé pour de nouvelles études, avec le kourillien, son frère de l'extrême Orient; et le basque forme à lui seul, jusqu'alors, une individualité mystérieuse de la plus haute antiquité.

En Asie, le samoyède, qui embrasse toute la région boréale de la Sibérie, a aussi réclamé une sorte d'île considérable, près du lac Baïkal. Le kamskatkan et le koraïque se sont partagé la région orientale et boréale du détroit de Béring; le jenessien a eu son territoire aux sources et le long de l'Iénisséi; le tartaro-mongole a occupé tout le centre de l'Asie, depuis la mer Caspienne jusqu'à la mer du Nord et à la mer d'Okhotsk, et enfin la famille transgangétique a enveloppé le chinois, le thibétain, l'indo-chinois, le japonais, le coréen, etc.

L'égyptien et le copte furent aussi réservés et mis en attente, bien qu'on eût grande envie de leur trouver une affinité sémitique, et le nubien se trouva présenter des rapports de fraternité avec le kamskatkan de l'extrémité de l'Asie, que nous avons cité.

Les dialectes sans nombre de l'Amérique ont paru beaucoup plus indépendants les uns des autres; et cependant, après des études sérieuses de Smith Barton, de Vater, de Humboldt et autres, on a reconnu qu'elles forment aussi leur famille. Leur génie, observé par G. de Humboldt, consiste à modifier la signification et les rapports des verbes par l'insertion de syllabes, opération commune que ce savant a qualifiée du nom générique d'*agglutination*. Balbi a pu en commencer une classification méthodique, malgré leur multitude infinie.

L'intérieur de l'Afrique, avec la partie australe de cette vaste contrée, est, comme l'Amérique et les îles de l'Océanie, occupée par des milliers d'idiomes dont l'étude est à peine commencée, sur lesquels on peut prédire des résultats futurs analogues à ceux déjà obtenus pour l'ethnographie de l'ancien monde, mais que la science expérimentale n'a pas encore fait passer par son examen.

Après ces classifications en parentés naturelles étymologiques et grammaticales, il était naturel de chercher s'il n'y avait pas des relations du même ordre entre les groupes eux-mêmes. Quand nous avons exposé les quatre grandes familles de noms divins : Deva, Khoda, Allah, et Iehova, l'idée n'est-elle pas venue au lecteur, après avoir vu la filiation évidente de la plupart des formes dérivées de celles-là, de se demander si ces mères de famille ne seraient pas elles-mêmes liées entre elles, ou s'il faut se résoudre à les considérer comme existant parallèlement sans commune origine. C'est cette idée qui, appliquée aux grandes familles de langues, a déterminé déjà des travaux centralisateurs qui ne sont pas sans fruit, et qui, poursuivis, amèneront, il n'en faut pas douter, quelque découverte capitale. Voici ce que nous savons des derniers résultats sérieux. Avec de l'imagination et de la persévérance au travail, on arrive toujours à bâtir un système ; c'est ce qu'ont fait quelques savants; plusieurs, par des procédés très-ingénieux ont fait dériver toutes les langues d'un petit nombre de radicaux et de quelques règles générales : mais la science positive ne tient pas compte de ces jeux de l'esprit, et nous ne devons pas en parler. Voici donc ce qu'ici nous devons noter.

William Jones a reconnu que l'ancien pehlvi, un des principaux dialectes de la famille indo-européenne, est sémitique par ses mots, et indo-germanique, par sa grammaire ; d'où Balbi l'a placé dans les langues sémitiques. Torn explique ce phénomène par une importation supposée de mots sémitiques dans le pehlvi ; cela peut être, mais le fait n'en est pas moins très-important.

Crawford a fait la même observation entre le sanscrit et le kawi, langue de la famille polynésienne.

On cite une dizaine d'exemples de cette espèce ; et quelques-uns tombent sur des dialectes d'Amérique, de l'Afrique centrale, et de l'Océanie, comparés avec des dialectes des familles de l'ancien monde.

Leipsius, dans sa *Paléographie*, a fait entrer l'écriture ancienne comme élément de comparaison, et il a trouvé des ressemblances frappantes et multipliées entre des familles très-distinctes, par exemple entre le sanscrit et l'hébreu. Son livre, d'après lui, ne laisse aucun doute sur l'existence, dans ces deux langues, « d'un germe commun. »

Le même, après avoir constaté l'identité fondamentale du copte et de l'égyptien, que nous avons notés plus haut comme formant un petit groupe à part, a trouvé entre le copte et l'hébreu une parenté profonde surtout dans les formations pronominales : l'analogie est étonnante. Aussi fait-on souvent rentrer, maintenant, le copte et l'égyptien dans la famille sémitique, malgré leur grande dissemblance avec cette famille.

Leipsius est allé plus loin. Il a trouvé que l'écriture des noms de nombres, ou les chiffres, de l'égyptien et du copte est identique avec celle de la famille sémitique et de la famille indo-européenne, et il est arrivé à conclure « que ces figures numéraires lui paraissent décidément avoir passé de l'Egypte dans l'Inde, d'où elles ont été transportées par les Arabes, qui même encore leur donnent le nom d'indiennes, par la même raison que nous les appelons arabes, parce que nous les avons reçues de ces peuples. » (WISEMAN, 2ᵉ disc., p. 73.)

Il a aussi constaté une liaison incontestable entre l'alphabet sémitique, et l'alphabet hiéroglyphique des Egyptiens. La conclusion à tirer de ces observations, c'est que le copte et l'égyptien font l'office d'un lien de parenté entre la famille indo-germanique et la famille sémitique, ce qui empêche ces deux familles d'être indépendantes.

Le docteur Leyden, remarquant la forme monosyllabique des langues de la famille indo-chinoise, et trouvant le même caractère dans celles de la famille polynésienne, tels que le bugis, le javanais, le malyn, le talaga, le batta, etc., n'est pas loin de les réunir toutes en une seule famille. Voilà encore le groupe transgangétique et le groupe malai très-rapprochés.

N'avons-nous pas vu, pour le nom *Dieu* seulement, le chinois et le grec se rapprocher de très-près ? Il y a bien d'autres points de contact entre les dialectes indo-européens et les dialectes indo-chinois.

Nous avons vu aussi le mexicain nommer Dieu à peu près comme le grec, l'un dit Téos et l'autre Téotl. Ces deux langues ont d'autres points de ressemblance aussi surprenants.

Voici ce que dit Alexandre de Humboldt dans son bel ouvrage, *Vue des Cordillières*. « Des recherches faites avec la plus scrupuleuse exactitude, en suivant une méthode qui n'avait pas encore été employée dans l'étude de l'étymologie, ont prouvé l'existence de quelques mots communs aux vocabulaires des deux continents. Dans quatre-vingt-trois langues américaines examinées par Barton et Vater, on trouve cent soixante-dix mots dont les racines paraissent les mêmes ; et il est facile de voir que cette analogie ne peut être accidentelle, puisqu'elle ne repose pas purement sur l'harmonie imitative, ou sur cette conformité d'organes qui produit une identité presque parfaite dans les premiers sons articulés par les enfants. De ces cent soixante-dix mots qui ont cette analogie, trois cinquièmes ressemblent au mantchou, au tongouse, au mongole et au samoyède ; et deux cinquièmes se retrouvent dans les langues celtique et tchoude, biscayenne, cophte et congo. Ces mots ont été trouvés en comparant la totalité des langues américaines avec la totalité de celles de l'ancien monde ; car jusqu'à présent nous ne connaissons aucun idiome américain qui paraisse avoir une correspondance exclusive avec aucune des langues de l'Asie, de l'Afrique ou de l'Europe. »

On trouvera bien autre chose, on peut compter là-dessus ; mais ce qui a été trouvé déjà a suffi à Balbi, Maltebrun, et tant d'autres pour conclure à d'antiques émigrations de l'Asie en Amérique. Ce n'est pas seulement, au reste, par les langues que les peuples du nouveau monde rappellent, et rappelleront de plus en plus, ceux de l'ancien; il y a beaucoup d'autres points de relation, sans même parler de leurs traditions identiques, pour le fond, à toutes les nôtres; ils ont, par exemple, la même division du temps, que les Chinois, les Japonais, les Kalmouks et les Mantchous. Ils ont même un zodiaque composé des mêmes signes que celui des Thibétains, des Mongols et des Japonais ; ces signes sont le *tigre*, le *lièvre*, le *serpent*, le *singe*, le *chien* et un *oiseau*; le zodiaque tartare manque de plusieurs des signes mexicains; ces signes manquants sont, une *maison*, une *canne à sucre*, un *couteau* et trois *empreintes de pied*; c'est ainsi que se complète le nombre douze. Or, ces signes, perdus chez les Tartares, subsistent encore chez les Shastras indous, exactement placés comme dans le zodiaque mexicain.

Revenons à la question des langues, et citons, pour terminer ce rapide exposé, quelques conclusions générales des autorités les plus graves.

« Quelque isolés que certains langages paraissent d'abord, » dit Alexandre de Humboldt, « quelque singuliers que soient leurs caprices et leurs idiomes, tous ont une analogie entre eux; et leurs nombreux rapports s'apercevront plus facilement à proportion que l'histoire philosophique des nations et l'étude des langues approcheront de la perfection. » (Cité par Klaproth, *Asia polyglotta*, p. vi.)

Goulianoff ayant distribué à l'académie de Saint-Pétersbourg un prospectus annonçant un ouvrage qui devait prouver l'unité primitive des langues, l'académie, après de longues recherches, « appuya la conclusion que toutes les langues peuvent être considérées comme les dialectes d'un langage maintenant perdu. » (WISEMAN, 2ᵉ disc., p. 79.)

Merian a dit à ce sujet : « Ceux qui doutent de l'unité de langage, après avoir parcouru Whiter (*Etymologicum universale*), peuvent lire Goulianoff (*Tripartitum*). (*Ibid.*)

Jules Klaproth est de la même opinion, bien qu'il ne croie pas à la confusion de Babel telle que la raconte Moïse. D'après lui, ses ouvrages placent « dans un jour si vif l'affinité universelle des langues que tout le monde doit la considérer comme complétement démontrée. » On ne peut, ajoute-t-il, expliquer les phénomènes « qu'en admettant que des fragments d'un langage primitif existent encore dans toutes les langues de l'ancien et du nouveau monde. » (*Asia polyglotta*.)

Schlégel a appuyé très-philosophiquement les mêmes déductions.

On sait les travaux ingénieux de Court de Gibelin et de Paravey pour prouver l'origine unique de tous les alphabets ; le philosophe Herder a dit, en ce qui concerne l'écriture, que « les alphabets ont entre eux présentent une telle analogie, qu'à bien approfondir les choses, il n'y a proprement qu'un alphabet. » (*Nouv. mém. de l'acad. roy.*, année 1781, p. 413); et G. de Humboldt paraît être du même avis.

Serons-nous exagéré en concluant que la tendance des études ethnographiques et linguistiques est tout entière à prouver qu'il n'y eut, au commencement, comme le dit Moïse, qu'une seule langue humaine, de laquelle sont sortis d'une manière quelconque tous les idiomes du monde ?

IV. — Trame historique du second âge.

La question la plus importante étant celle de l'antiquité des nations depuis leur organisation en cités politiques, nous la renverrons à la fin, et nous ferons, avant de la traiter, quelques observations sur les harmonies de notre histoire sacrée avec l'histoire profane quant à la série des grands faits qui marquent le passé du genre humain sur les théâtres dont il est question dans la Bible.

La critique historique a eu plusieurs phases. Il y eut des temps et des lieux où l'on acceptait aveuglément tout ce qui, dans l'histoire profane, était confirmé par l'histoire sacrée, ou ce qui s'accordait sans peine avec elle, et où l'on rejetait aveuglément tout le reste. La foi seule parlait ; la science était inactive et muette. Il y a eu d'autres temps et d'autres lieux où, la liaison intime de la trame biblique avec la trame historique ayant été aperçue. On prenait le parti, pour ne pas croire, de révoquer en doute les deux trames à la fois, c'est-à-dire tout le récit antique du passé. On s'attaquait, pour atteindre ce but, à l'authenticité même des livres tant sacrés que profanes. On avait recours à des hypothèses de supposition et d'invention romanesque pendant les siècles d'ignorance, et principalement ceux du moyen âge. Moïse avec les autres historiens hébreux, Hérodote avec les autres historiens profanes, furent déclarés des mythes, ou des héros de fiction. Il y a eu d'autres temps et d'autres lieux où, pareille rêverie ayant perdu tout crédit pour de bonnes raisons, on s'attaquait à la véracité de ces historiens sans nier leur existence. Moïse, Hérodote, Manéthon, Bérose, et tous ceux qui ont parlé des temps antiques, furent traités de conteurs de fables. Enfin, dans une époque plus voisine, celle où la science d'observation a commencé ses sérieux travaux, il s'est fait une confusion universelle. Les uns, voulant croire à tout prix et croyant qu'il leur était impossible de croire, en accordant confiance aux auteurs païens sur beaucoup de questions, prenaient le parti qu'avait pris autrefois l'ignorance, celui de les accuser de mensonge; les autres, voulant à tout prix ne point croire, et cependant ne pouvant nier la trame historique sans une absurdité pour eux évidente, cherchaient des contradictions entre le sacré et le profane, et patronaient celui-ci aux dépens de celui-là; d'autres continuaient de saper les deux à la fois, et traitaient l'histoire dans son ensemble sur le ton de la satire et du rire incrédule : mais dans ce croisement de contradictions, la question s'étudiait; et peu à peu se reconstruisait, sur des bases inattaquables, la certitude de la grande trame historique du passé dans la double manifestation profane et sacrée. Notre siècle est venu ramener l'ordre, imposer silence au ridicule; il y travaille encore aujourd'hui avec une ardeur d'autant plus sainte en soi qu'elle est mieux marquée du sceau de l'impartialité; mais déjà il en sait assez pour que Moïse et ses fils, Hérodote et les siens, soient proclamés de toutes parts, dans la société des érudits, pour de graves narrateurs dont la fidélité devrait toujours servir de modèle à nos contemporains.

Nous n'entrerons pas dans les détails qui feraient comprendre au lecteur comment tous les historiens de la Grèce, de Rome, de l'Asie, de l'Afrique et de la Palestine, ont été mis en concordance dans une trame dont chaque filet sert d'appui à tous les autres, et comment il n'y a plus d'autre parti à prendre pour nier tel ou tel fait important que de nier tout l'ensemble. Ce travail a été fait par une foule d'ouvriers à intentions et méthodes diverses. Nous pourrons en faire un tableau, s'il en est besoin, dans le supplément de cet ouvrage.

Nous dirons seulement ici, en quelques mots, la grande œuvre de notre siècle : c'est l'archéologie, qui en est la cheville ouvrière, et cette précieuse branche de l'histoire ne date que de soixante ans à peine dans son épanouissement véritable. Depuis les explorations faites, en Egypte, au temps de Champollion, et couronnées d'un succès si inattendu, l'archéologie s'est animée d'une ardeur sublime; toutes les nations savantes, avec la France et l'Angleterre en tête, ont formé, pour elle, une sorte de croisade; on s'est organisé pour opérer, d'une manière continue, des fouilles en Egypte, en Assyrie, en Palestine, comme celles que les papes ont la gloire d'avoir poursuivies sans arrêt dans le sol romain; et les résultats s'entassent, chaque jour, avec un bonheur et une abondance au-dessus de tout espoir. Que ne trouvera-t-on pas, quand on pourra étendre ces recherches sur tous les grands théâtres de l'antiquité, en Chine, dans l'Inde, chez les Parsis, en Amérique, et dans l'intérieur de l'Afrique? Mais ne parlons que de ce qui est déjà fait, et qui a suffi pour faire disparaître l'école sceptique de la scène des sciences.

En Egypte, dans l'Assyrie et dans la Palestine : médailles, bas-reliefs, obélisques, tombeaux, pierres gravées, terres cuites, bronzes, dalles de gypses sculptées, briques, stèles, cylindres, statues, etc., toutes choses couvertes d'inscriptions cunéiformes, hébraïques, syro-chaldaïques, démotiques, hiératiques, hiéroglyphiques, souvent très-longues, et constituant des séries complètes d'annales de ces pays, voilà les précieuses découvertes qui s'accumulent chaque jour.

On copie les textes à mesure qu'on les trouve, et les linguistes s'occupent ensuite de les déchiffrer. Champollion le Jeune eut la gloire de réussir à ce déchiffrement pour l'Egypte, après que Young en avait préparé la voie. Il trouva la clef de la triple écriture égyptienne : démotique ou vulgaire, hiératique ou sacerdotale, et hiéroglyphique ou monumentale. C'est à l'aide de sa clef que Letronne put traduire, pour la première fois, le passage au quatrième livre des *Stromates*, où saint Clément d'Alexandrie donne une explication de ces écritures. Les noms propres sont d'une grande ressource pour aider le déchiffrement. Pour tout dire en un mot, on vient à bout aujourd'hui, avec du temps, de tout lire et de tout comprendre, aussi bien dans le style cunéiforme de l'Assyrie et de la Médie, que dans les styles égyptiens, et dans ceux de la Palestine et de la Grèce, qui sont beaucoup moins embarrassants.

Déjà on a des collections très-nombreuses d'inscriptions, dont plusieurs offrent encore des énigmes à éclaircir, et ces collections attendent un historien patient qui aura le courage de les réunir et d'en refaire un ensemble historique. Nous aurons alors le tableau des faits antiques tracé par la main des auteurs de ces faits. Il faudra encore des années pour que ces résultats définitifs soient obtenus, car il se rencontre encore de temps en temps des difficultés qui demandent des travaux considérables; mais nous avons, au moins, les fragments élémentaires de l'ouvrage attendu, et ces fragments suffisent pour l'affirmation de la proposition suivante :

Tous les documents concourent à confirmer la trame historique des auteurs sacrés, d'Hérodote, des fragments de Manéthon et de tous les historiens antiques, depuis Moïse jusqu'aux Romains de la décadence.

Que faudra-t-il maintenant pour convaincre les incrédules en fait d'histoire, si le monde ne cesse pas d'en produire?

Donnons seulement deux ou trois exemples de ces confirmations archéologiques; ne les prenons pas dans les monuments relatifs aux époques de Nabuchodonosor, qui sont assez modernes en histoire ancienne, et dont les noms propres et les faits consignés dans la Bible, se retrouvent à la file sur les inscriptions, avec d'autres qui sont nouveaux pour nous, l'histoire ne nous en ayant pas parlé. Remontons plus haut dans nos exemples.

Moïse parlé de vigne croissant en Egypte, et de vin bu par les Egyptiens, dès le temps de Joseph. Hérodote dit qu'il n'y a pas de vignes en Egypte; et Plutarque, que les Egyptiens ont horreur du vin. Or, les monuments ont prouvé que, dans les siècles les plus reculés, on cultivait et buvait le vin dans ce pays. Des amphores encore imprégnées de tartre, des peintures représentant des vendanges, et enfin des inscriptions ont mis fin à la discussion. En faut-il conclure qu'Hérodote et Plutarque ont menti? Nullement. Les pays changent d'usage, et il est vrai que, dans des temps plus modernes, le vin a cessé d'être d'un usage commun parmi les Egyptiens.

On reprochait à la Bible de passer sous silence l'invasion de Sésostris dans la Palestine et toute l'Asie; les monuments et les inscriptions viennent prouver que cette invasion eut lieu, telle que la rapportent les historiens profanes, mais, dans le XVII⁰ siècle, avant notre ère, et pendant que les Israélites étaient dans le désert; il est donc tout simple que la Bible n'en parle pas. Ils attestent également que les Hébreux vinrent en Egypte sous les Hyk-Shos qui les protégèrent; qu'Aménophis, restaurateur de la dix-huitième dynastie de Manéthon, fut celui qui les persécuta, et dont l'Ecriture dit qu'il survint un tyran qui n'avait point souvenir de Joseph; que Ramsès, son fils, fut ce Pharaon à qui Moïse enleva les Hébreux; et que Sésostris, lui ayant succédé, fit ses grandes conquêtes, sans s'occuper de cette bande échappée dans les déserts.

La Bible raconte une invasion de Sésac, la cinquième année de Roboam (971 ans avant Jésus-Christ); les monuments prouvent que Seshouck commença son règne, et la vingt-unième dynastie, à la même époque; et on retrouve dans la cour de Karnak, parmi beaucoup de figures de rois captifs, celle du roi de Juda, les mains liées derrière le dos, avec ce hiéroglyphe à ses pieds : *Roi des Juifs*. Le *Livre des Rois* dit, en effet, qu'il fut emmené captif par Sésac.

M. Caillaud, dans son ouvrage intitulé : *Recherches sur les arts*, etc., *des anciens peuples de l'Egypte*, a mis une foule de planches dans lesquelles il trouve l'explication de plusieurs passages de l'Ecriture (*Exod.* v, 6-12; *Nomb.* xi, 4-6; *Deut.* xi, 10, 11; *II Paral.* ix, 28; *Exod.* xxxv, 25; *Psal.* xliv, etc., etc.), où il est fait allusion à diverses coutumes des Egyptiens.

Ezéchiel dit (xxix, 30-32) que Dieu donne Pharaon et la terre d'Egypte à Nabuchodonosor; le roi d'Egypte, à cette époque, est Amasis, qu'Hérodote et Diodore donnent comme roi de ce pays; or, les monuments donnent à Amasis le titre de *melek*, vice-roi; il avait été rendu tributaire, sans être détrôné. L'histoire profane avait perdu cette circonstance.

Les découvertes de ce genre sont très-nombreuses, et celles que font, dans les années même où nous écrivons, les savants anglais et français, à Ninive, en Egypte et en Palestine, sont de plus en plus curieuses. Les journaux en parlent de temps en temps. Nous ne pouvons quitter cette matière sans en citer une toute récente, relative à Sémiramis, et qui justifie une tradition rapportée par Hérodote. Cet auteur dit que Sémiramis, d'après cette tradition, aurait précédé Nitocris de cinq générations, ou cent cinquante ans. Or, le colonel Rawlinson vient de lire, sur une statue du dieu Nébo, le nom de Sémiramis, avec une légende qui indique que cette reine était la femme du Phul, dont il est question dans le *Livre des Rois*, et contemporain de Manahem, roi d'Israël, d'où Sémiramis serait placée quinze ans avant Nabuchodonosor, et par conséquent avant Nitocris, femme de ce dernier, puisqu'Hérodote attribue à cette Nitocris des monuments que Bérose attribue à Nabuchodonosor, et que les inscriptions prouvent remonter, en effet, à l'époque de son règne.

Le même colonel Rawlinson vient aussi de trouver un cylindre avec une inscription très-bien conservée, qui rend certaine la date déjà assignée par le docteur Hincks, d'après une copie d'inscription à lui communiquée par M. Layard, à un Teglath-Phalassar Ier, antérieur de 418 ans à Sennachérib, et, en même temps, à la construction d'un temple, existant sous ce chef, et ayant été bâti 1840 ans avant Jésus-Christ.

Ajoutons encore un fait qui nous revient en mémoire. Le voyageur qui a rapporté au Jardin des plantes l'âne hermaphrodite, en 1849, rapporta, en même temps, d'Arabie des inscriptions qu'il avait trouvées à Saba, lesquelles faisaient mention de la reine de ce pays et du roi Salomon qu'elle était allée visiter, etc., etc., etc.

C'en est assez pour donner au lecteur une idée de l'important appoint que l'archéologie vient donner, dans notre siècle, à la certitude de nos histoires anciennes. C'est elle qui fera taire définitivement le scepticisme.

Il nous reste encore quelques observations à présenter avant de passer à la question de l'antiquité chronologique. Elles regardent les faits bibliques surnaturels dont le second âge est rempli, le premier âge n'étant représenté par Moïse que comme une époque dans laquelle il y avait inspiration plus sensible de Dieu à l'homme, mais point de miracles proprement dits, comme dans l'âge suivant.

Il y a deux sortes de faits surnaturels dans la Bible : les prophéties et les miracles.

L'histoire ne doit s'occuper de la prophétie que pour constater son existence antérieure à l'accomplissement, et ensuite cet accomplissement lui-même. Or, les grandes prophéties de l'Ancien Testament portent sur les événements les plus considérables de l'humanité. Venue du Messie, institution et formation de l'Eglise chrétienne, empires du monde et leurs chutes éclatantes, tels sont les objets de ces prophéties. Elles entrent donc dans le domaine de l'histoire.

Quant à leur antériorité relative à l'accomplissement, c'est une question que résout toujours celle de l'authenticité du livre qui les contient, c'est-à-dire de sa préexistence, à cet accomplissement, dans l'état où il nous est parvenu. La critique théologique réclame cette matière qui sort de notre plan. Quant à l'événement lui-même, c'est aux histoires particulières à le constater ; et nous disons, en général, que ces histoires n'y manquent jamais en ce qui tient aux révolutions sociales et religieuses qui forment l'objet des prophéties dont nous parlons. La théologie le constate encore dans ses démonstrations. Reste ensuite la question de la réalité de l'esprit prophétique surnaturel, qui est philologique pour l'examen du texte, et théologico-philosophique pour l'essence de la discussion. Nous devons, dans cet ouvrage destiné aux généralités, renvoyer le lecteur aux livres sans nombre écrits par tant de grands hommes sur ces trois sortes de questions spéciales.

Les miracles tiennent plus intimement à l'objet de cet article. Nous présenterons une réflexion générale sur ces sortes de faits, et quelques observations sur quatre d'entre eux qui sont plus intimement liés, de leur nature, à l'histoire universelle.

La réflexion générale est celle-ci : ce serait bien à tort qu'on accuserait l'histoire sacrée de ne point se trouver en harmonie avec toutes les histoires en matière de merveilleux. Elle a ses miracles ; et ces miracles ne sont, disons-le en passant, ni très-extraordinaires pour la plupart, ni fantastiques, ni ridicules, ni inutiles, ni puérils ; ils sont graves, en général nobles et grands, et toujours motivés par un but évident d'utilité ; la force de l'imaginative et de la poétique n'y paraît guère. Or, quel est le peuple dont l'histoire n'en est pas remplie, surtout dans ses époques les plus reculées ? Vous trouvez toutes les histoires assaisonnées de faits étonnants dont les lois naturelles communes ne rendent pas compte, et vous voyez ces histoires commencer par une mythologie qui n'est qu'une féerie miraculeuse mille fois plus étonnante dans ses caractères. Il y a donc harmonie entre toutes les histoires et notre histoire sacrée sur cette particularité ; une seule différence se fait observer : un mélange de déraisonnable et de raisonnable existe d'une part, tandis que, de l'autre, il n'y a, comme nous l'avons dit, que du raisonnable et du sérieux dans ce qui est tout à fait éclatant et extraordinaire. Comment expliquer cette concordance universelle de toutes les histoires pour raconter des choses merveilleuses si le merveilleux n'entrait pas, à un degré quelconque, dans la trame providentielle et historique de l'humanité ? Nous avouons que ce phénomène si immense, si universel, si multiplié, nous paraît inexplicable sans un fond de vérité. Cette réflexion nous porte à penser que le peuple hébreu n'a pas eu le privilége exclusif des faits surnaturels ; mais qu'il n'y a pas de nation dans laquelle la Providence n'ait manifesté son action de manière à donner des convictions universelles, que l'imagination et la poésie ont ensuite transfigurées avec plus ou moins de fécondité et richesse de couleurs. L'avantage du peuple monothéiste par excellence, c'est le don qu'il a reçu de Dieu de rester grave et rationnel, jusque dans la poésie la plus exaltée, en racontant et chantant ses miracles ; don qui est, à lui seul, le plus grand des miracles et près desquels tous les autres n'ont assurément rien d'incroyable. Au reste, nous ne comprenons guère la répugnance qu'on éprouve à admettre des manifestations variées et particulières de la force divine dans notre évolution sociale et religieuse, car nous nous sentons plongés à tout instant dans une atmosphère de surnaturel et de divin, dont tous les phénomènes, philosophiquement étudiés, sont pour nous des miracles.

Nous ne devions que constater l'harmonie du profane et du sacré sur la question du merveilleux historique pris en général ; nous l'avons fait, notre tâche est remplie.

Passons aux observations particulières sur quatre phénomènes qui signalent, dans la narration biblique, les premiers temps du second âge. Ce sont la confusion des langues à la tour de Babel, qu'on peut considérer comme servant de point de départ à ce second âge ; la destruction de la Pentapole ; la sortie d'Egypte ; et le soleil arrêté par Josué.

1° Nous avons vu l'ethnographie philologique et linguistique nous conduire à la conviction de l'unité primitive du langage. Une langue universelle a existé, et nous ne savons que trop qu'elle n'existe plus. Mais comment s'est faite la dérivation des langues distinctes de cette langue primitive ? Moïse dit que Dieu intervint contre une association d'hommes qui bâtissaient une tour dans un dessein coupable, et confondit leur langage ; que ces hommes s'isolèrent par groupes les uns des autres, et que de là sont venus les différents dialectes. (*Gen.* xi, 1-9.)

Un fait ethnographique à noter, c'est que la langue mère de toutes les langues vivantes et mortes paraît introuvable. On arrive à des familles à filiations évidemment communes ; ces familles trouvées, on découvre encore des similitudes assez radicales entre elles pour qu'on ne puisse se refuser de croire à une souche supérieure d'où elles ont germé. Mais cette souche n'est aucune des langues connues : parvenu aux degrés les plus reculés de la ligne ascendante, il se manifeste un parallélisme mystérieux et une fraternité claire, qui, tout en révélant l'existence de la souche, la laisse inconnue et fait désespérer de la trouver jamais. De plus, la fraternité qui annonce cette souche est mêlée d'un antagonisme si profond, sous d'autres rapports, qu'il exclurait, s'il était seul, toute communauté d'origine.

Or, de ce fait, beaucoup ont conclu à la probabilité scientifique d'une séparation violente primordiale de plusieurs idiomes au sein d'une langue commune. « De nouvelles recherches, dit Wiseman, diminuèrent graduellement le nombre des langues indépendantes et étendirent, par conséquent, les limites du terrain des plus grandes masses. A la fin, quand ce champ paraissait presque épuisé, une nouvelle classe de recherches a réussi, autant qu'on l'a essayé, à prouver des affinités extraordinaires entre ces familles, affinités existant dans le caractère même et l'essence de chaque langue, tellement qu'aucune d'elles n'aurait jamais pu exister sans ces éléments, sur lesquels était fondée la ressemblance. Or, comme ceci exclut toute idée que l'une ait pu faire des emprunts à l'autre, comme elles ne peuvent pas avoir pris naissance dans chacune par un procédé indépendant, et comme les différences radicales parmi les langues défendent de les considérer comme des dialectes ou des rejetons l'une de l'autre, nous sommes amené forcément à cette conclusion, que, d'un côté, ces langages doivent avoir été originairement réunis en un seul, d'où ils ont tiré ces éléments communs et essentiels à chacun d'eux ; et, d'un autre côté, que la séparation entre eux qui a détruit d'autres éléments de ressemblance, non moins importants, ne peut avoir pour cause une séparation graduelle ou un développement individuel ; car ces deux cas, nous les avons exclus depuis longtemps ; mais cette cause est une force active, violente, extraordinaire, suffisant seule pour concilier les apparences de conflit et pour expliquer, d'un même coup, les ressemblances et les différences. » (2ᵉ disc., t. I, p. 77.)

Sharon Turner a soutenu la même thèse, et l'autorité la plus imposante à l'appui de cette idée est celle de Herder qui, tout en considérant l'histoire de Babel comme un fragment poétique dans le style oriental, affirme cependant avec assurance que, « d'après l'examen des langues, il est clair que la séparation de l'espèce humaine doit avoir été violente, non pas, en vérité, que les hommes aient changé volontairement leur langage, mais ils ont été violemment et soudainement séparés les uns des autres. » (Cité par Wiseman, *ubi supra*, p. 84.)

Abel Rémusat pose la question devant les recherches de l'avenir ; il donne la linguistique et la philologie, mises en rapport avec l'histoire, « comme devant fournir plus tard le moyen de trouver dans les langages cette confusion qui leur a donné naissance à tous, et que tant de vains efforts n'ont pu expliquer. » (Cité par Wiseman, *ubi sup.*, p. 86.)

Nous regardons comme trop vagues les déductions dont nous venons de parler pour avoir droit de les apporter en témoignage de la véracité du passage de Moïse pris absolument à la lettre, et, comme Abel Rémusat, nous laisserons au progrès futur le soin de les tirer.

On sait que presque toutes les mythologies antiques et modernes possèdent la fable des Titans entassant montagnes sur montagnes pour escalader le ciel, et foudroyés par les dieux. Cette fable indique une tradition primitive qui devait partir elle-même du fait d'un grand ouvrage d'architecture violemment interrompu par la Providence. Voilà ce qu'on ne peut nier comme probable ; mais la question du langage devenu tout à coup multiple n'y est pas impliquée nécessairement.

Le fait de philologie comparée que nous avons cité prouve aussi, comme infiniment probable, une dispersion abrupte analogue à celle qui aurait résulté d'une anarchie survenue tout à coup, sans prouver précisément encore, ce nous semble, la naissance simultanée de beaucoup d'idiomes différents tout formés ; car on a remarqué que les langues sans nombre des peuplades sauvages, et isolées les unes des autres, de l'Amérique, de l'Afrique et de l'Océanie, sont celles qui sont le plus disparates ; que l'union des peuples, fruits de la civilisation, tend à unifier leur langage, et que leur désunion tend à le diversifier. Voici ce que dit Wiseman à ce sujet :

« On trouve que, dans des cas où l'on ne peut pas douter que des hordes sauvages n'aient été originairement réunies, il s'est élevé parmi elles une variété de dialectes si complète et si multipliée, qu'on n'y peut découvrir que peu ou point d'affinité ; et de là nous tirons, en quelque sorte, une règle que l'état sauvage qui isole les familles et les tribus, où le bras de chacun est toujours levé contre son voisin, a essentiellement l'influence toute contraire de la civilisation, dont les tendances sociales sont de réunir ; cet état introduit nécessairement une jalouse diversité et des idiomes inintelligibles dans les jargons, qui assurent l'indépendance des différentes hordes. » (2ᵉ disc., p. 95.)

Il suit de là que l'antagonisme, mêlé de communisme, des grandes familles de langues, exige au moins, dans le principe, une division violente des groupes parlant d'abord la même langue, laquelle division rendit ces groupes ennemis, les isola indéfiniment, bien qu'ils ne fussent séparés que par des distances locales d'abord peu considérables, et donna lieu à la formation de langages différents. C'est, au fond, la pensée du grand critique Herder.

Cela posé, pourrait-on expliquer comme il suit le passage biblique relatif à la tour de Babel ? Le genre humain conserve la fraternité et l'unité du premier âge pendant cinq siècles. Vers 531 après le déluge, époque présumée de la tentative de Babel, plusieurs chefs, semblables à Nemrod, et dont il fait sans doute partie, ainsi que l'ont pensé plusieurs Pères de l'Église, se réunissent pour bâtir une ville et une tour extraordinaire, dans un but de ralliement des hommes sous leur puissance, ou de centralisation (10*) : un très-grand nombre

---

(10*) *Faciamus nobis civitatem et turrim ; cujus culmen pertingat ad cœlum ; et celebremus nomen nostrum antequam dividamur in universas terras.* (*Gen.* XI, 4.) Ces paroles sont mises par l'historien sacré dans la bouche des chefs de l'entreprise, ce qui est loin de nier le dessein caché ou l'arrière-pensée que notre hypothèse leur suppose.

travaille sous leurs ordres; mais Dieu voyant que l'unité de fraternité, d'égalité et de liberté, va se changer en une unité de tyrannie communiste, préfère semer l'anarchie dans cette association perverse, d'où l'on pourrait arguer plus tard, si elle réussissait, le droit divin de l'absolutisme (11). Il y suscite donc des germes de discorde; tout se confond dans les idées, dans les discussions, dans les plans; c'est la dislocation la plus complète; on ne s'entend, on ne se comprend plus; l'inimitié naît pour ne plus disparaître que dans la réunion future des peuples au troisième âge; et, à partir de ce moment, naissent les différents idiomes primitifs, qui serviront de souche aux principales familles que nous étudions aujourd'hui. L'histoire peut dire que *de là fut confondu le langage de toute la terre, et se fit la dispersion dans toutes les régions* (*Gen.* xi, 8,9), puisque c'est de là que part la dissémination par peuplades ennemies, et la formation, par là même, des diverses manières de parler. Le fait de l'antagonisme étonnant des dialectes entre les peuplades sauvages des pays les plus récemment peuplés, c'est-à-dire de l'intérieur de l'Afrique, de l'Amérique et des îles de l'Océanie les plus éloignées, antagonisme beaucoup plus grand que celui des dialectes des peuples civilisés de l'ancien monde, donne, ce nous semble, à cette hypothèse les conditions de la possibilité, et peut-être même de la probabilité. Les traditions de la guerre des géants se trouvent aussi en parfaite conformité avec elle, puisqu'il résulte de cette confusion anarchique l'interruption de l'ouvrage, ce que la poésie aura peint sous les figures grandioses des montagnes culbutées, et des titans foudroyés par le maître des dieux.

Il est vrai que cette supposition demande un temps assez long pour la formation achevée des langues premières à l'aide des éléments fournis par la langue primitive, sous l'influence des inimitiés, des isolements, des diversités de climats, d'habitudes, d'objets de comparaison, etc. Mais n'avons-nous pas été conduits à admettre ce temps assez long pour la formation de la race nègre, de la race mongole et de la race rouge? (*Voy.* Physiologiques.) Et, d'ailleurs, il faut avoir soin de ne pas en exagérer la longueur nécessaire : tout indique que la population indigène du Mexique commença par une colonie mongole, après que toute l'Asie orientale et centrale était déjà peuplée; or, la langue du Mexique est de celles qui diffèrent le plus des langues mongoles; il faut donc admettre qu'en quelques milliers d'années, une langue toute nouvelle peut se former dans certaines circonstances. Voyez d'ailleurs la langue française, qu'était-elle il y a mille ans?

(11) *Nec desistens a cogitationibus suis, donec eas opere compleant. Venite, igitur, descendamus et confundamus ibi linguam*, etc. (*Gen.* xi, 6, 7.) Ces paroles de Dieu paraissent favorables à la supposition d'une arrière-pensée, que leur a prêtée plus d'un interprète pour expliquer la sévérité du Seigneur.

Nous venons de jeter une hypothèse; si l'ethnographie philologique, l'archéologie et l'histoire venaient à prouver qu'il y eut réellement formation simultanée et abrupte de langues diverses à la confusion de Babel, nous serions des plus empressés à prendre rigoureusement à la lettre le tableau de la *Genèse*.

2° La destruction de Sodome n'est pas un événement assez universel pour qu'on soit en droit d'en réclamer des confirmations aux sciences historiques traditionnelles ou autres des différents peuples. Mais on en peut demander à la minéralogie et à l'archéologie du territoire même où furent situées les cinq villes coupables. Or, M. de Saulcy dans son voyage de Palestine en compagnie de l'abbé Michon, notre ami, a exploré avec soin, il y a près de trois ans, les bords de la mer Morte, et a trouvé les traces évidentes de la destruction de ces villes. Elles périrent par suite d'une éruption volcanique considérable dont on voit encore les laves refroidies et tous les restes. Cette éruption eut pour effet d'abaisser le niveau du sol et de former un lit qui servit à l'agrandissement du lac Asphaltite. Ce fut donc d'un événement naturel que Dieu se servit pour punir la corruption de Sodome, ainsi qu'il arrive tous les jours, ce qui n'ôte rien au merveilleux providentiel de la punition.

3° La sortie d'Égypte est accompagnée, dans la narration, de divers prodiges, dont le plus grand est celui du passage de la mer Rouge; et ces prodiges tiennent tellement à la trame historique des Égyptiens qu'on peut demander à leur histoire d'en conserver des indices. La géologie et l'archéologie peuvent aussi être invoquées pour constater quelques reliques du passage de la mer Rouge.

Il n'y a que deux interprétations raisonnables de tous les prodiges de la sortie d'Égypte : celle qui consiste à prendre tout à la lettre, et à admettre que la Providence fit réellement toutes ces choses contre les tyrans des Israélites : la philosophie dit que Dieu s'occupe de ses œuvres et que les événements les plus extraordinaires ne sont pas plus étonnants, comme produits par sa puissance, que les faits dont nous sommes sans cesse les témoins et que nous appelons naturels; et celle qui consiste à assimiler ces prodiges à celui de la destruction de Sodome, c'est-à-dire, à faire intervenir la Providence pour amener des événements naturels, très-rares en soi; si bien à point que tous les témoins en aient été assez frappés pour dire avec Pharaon et ses magiciens : *Le doigt de Dieu est là* (*Exod.* viii, 19), et en être tellement convaincus que la mémoire en soit restée d'âge en âge chez le peuple hébreu, comme de choses merveilleuses que la poésie ne cessa jamais d'exalter dans ses chants.

Les Pères qui mettent Nemrod dans la tentative de Babel, disant que Babylone, qu'il fonda, n'en fut qu'un diminutif qui réussit après la dispersion, autorisent notre hypothèse, puisqu'il est dit de ce fils de Chus : *Ipse cœpit esse potens in terra*, etc. (*Gen.* x, 9.)

Celui à qui cette seconde interprétation sourirait davantage devrait s'expliquer certaines expressions du récit, telles que les deux murailles que formèrent les eaux pour ouvrir un passage, par le même procédé qu'on explique une foule de locutions orientales très-énergiques et très-hyperboliques. Mais, la protection spéciale de la Providence et son intervention miraculeuse pour délivrer les Hébreux n'en devrait point être atteinte, pas plus qu'en ce qui concerne Sodome; car, sans cette intervention visible et frappante, il serait impossible d'expliquer le récit de Moïse livré aux témoins oculaires, admis par eux, et toute la suite d'allusions faites à cet événement pour soumettre le peuple à une organisation sociale qu'il avait une grande répugnance à accepter.

Cela posé, nous sommes obligés d'avouer que jusqu'alors, on n'a pas trouvé de livres ou de monuments de ces contrées qui fassent mention de ces grands événements. Le lieu où passèrent les Israélites est cependant toujours nommé par les Arabes, *route des Israélites*; les stations de Moïse sont connues et indiquées dans les localités ; tels sont *Socoth* aujourd'hui *Tel-Maaser*, en arabe *Om-Riham*, qui, comme le mot hébreu, signifie *tente; Etham*, d'où la tribu des Ethamis, qui y campe dans la saison des pâturages, a tiré son nom ; *Bir-Marra* (puits amer), dont les eaux sont saumâtres et où les Bédouins de Sinaï usent du même procédé que Moïse pour les rendre potables, c'est-à-dire se servent, à cet effet, du fruit du câprier ou des branches d'un arbuste nommé *assaf*, etc. Les traditions de ces pays parlent aussi d'un *événement inouï* arrivé en faveur des Hébreux ; mais tout cela est encore peu de chose. On a parlé d'écritures nombreuses gravées sur une série de rochers des environs de Sinaï, trouvées depuis peu et supposées gravées de la sorte par les Hébreux durant leur séjour dans le désert. Mais, s'il est fait est vrai, nous sommes dans l'attente de l'interprétation de ces écritures, et depuis deux ou trois ans, il n'en a pas été question. Manéthon composa un grand ouvrage qui consistait dans une histoire complète de l'Egypte : cet ouvrage est malheureusement perdu ainsi que tant d'autres qui périrent dans l'incendie de la bibliothèque d'Alexandrie commandée par le calife Omar, acte barbare que l'islamisme commence à payer cher aujourd'hui, avec beaucoup d'autres de la même qualité; on sait qu'il ne reste du livre de Manéthon que la liste des dynasties égyptiennes sans aucuns détails historiques.

Si cet ouvrage venait un jour à être retrouvé, nous sommes persuadés qu'on y trouverait des indices de ce qui se passa lors de la sortie des Israélites. On n'a pas fait, non plus, jusqu'alors , beaucoup d'explorations sur les lieux du passage de Moïse. Ces lieux ne sont plus occupés par les eaux à l'endroit même où la mer fut traversée, mais tout indique et même démontre qu'alors le golfe Arabique formait une pointe d'à peu près quinze lieues sur l'isthme qui est large aujourd'hui de 25 ou 26, laquelle pointe a été remplie par les sables et par les alluvions de la mer elle-même. Le terrain ne laisse aucun doute sur ce fait par ses croûtes salines, ses coquillages, ses laisses de mer ; de sorte que Moïse n'eut pas besoin de faire un grand détour en partant de Ramsès, pour trouver le golfe dont l'extrémité donnait en face de la vallée de Gessen. Le lac Timsah, dont va probablement se servir M. de Lesseps avec les ingénieurs du vice-roi d'Egypte, pour faire un port intérieur sur le canal qui va percer l'isthme, formait au temps de Moïse, la limite de la mer Rouge. Il y a, entre ce lac et Suez, les lacs amers qui sont aujourd'hui desséchés, dont le sol est encore de huit à dix mètres au-dessous du niveau de l'Océan et qui étaient, il y a deux mille ans, un golfe de la mer Rouge, puisque c'est de là que Néchao fit partir le canal qu'il avait commencé pour aller joindre la Méditerranée, et dont on voit les traces. La grande entreprise du percement de l'isthme de Suez qu'on va réaliser, en nécessitant des terrassements considérables sur le passage même des Hébreux, amènera peut-être quelques découvertes d'objets géologiques et archéologiques qui feront foi de la destruction de l'armée de Pharaon ; il doit s'en trouver d'enterrés dans ces lieux qu'occupait autrefois la mer Rouge. Quoi qu'il en soit de ce qui arrivera, s'il n'y a pas encore de trouvailles véritablement confirmatives de la miraculeuse destruction, il n'y en a pas une seule de réfutative ; d'où il suit qu'il faut attendre au point de vue scientifique; et nous sommes bien persuadé qu'on n'attendra pas toujours en vain.

Supposons, au pis aller, que le hasard fasse trouver un témoignage profane qui donne à conclure que Moïse franchit la pointe du golfe qui pouvait former comme un havre, au moyen d'un reflux extraordinaire, après lequel un flux précipité aurait surpris Pharaon, ou encore à la faveur d'un soulèvement souterrain qui aurait formé l'isthme et n'aurait duré que peu de temps, de manière à surprendre encore l'armée des Egyptiens, ou par tout autre moyen expliquant mieux leur confiance pour suivre les Hébreux ; alors, il ne résultera pas plus d'objection contre l'*Exode* qu'il n'en résulte contre la *Genèse* de la découverte de reliques d'une éruption volcanique sur le territoire de Sodome, puisque la seconde interprétation dont nous avons parlé aura été proposée d'avance; c'est dans ce but, et à tout événement, que nous n'avons pas voulu la passer sous silence.

4° Enfin, le soleil arrêté par Josué implique un miracle si universel et si frappant pour toute la terre, qu'il ne paraît pas possible que le genre humain en ait été témoin sans que les histoires et les traditions de tous les peuples en fassent mention, d'autant plus qu'il ne remonte qu'à une antiquité très-modérée relativement aux siècles qui durent s'écouler auparavant depuis le déluge. On ne manque pas de monuments qui remontent au xvi° siècle avant Jésus-Christ ; l'Egypte en est couverte, ainsi que l'Assyrie ; il y en a aussi dans l'Inde et la Chine, mais qui sont peu connus ; il y a même des livres et des fragments de livres de cette époque et des siècles suivants, dans ces contrées. Comment se fait-il qu'il ne soit pas question dans ces livres, sur ces monuments et dans les traditions populaires, d'un jour d'une longueur double, de la perturbation du mouvement des eaux de l'Océan qui dut s'en suivre, et d'un arrêt du soleil qui dut faire croire au monde que c'en était fait de son existence ?

A moins que des découvertes ultérieures ne résolvent cette difficulté, nous la trouvons insoluble, et il ne nous reste de moyen pour y répondre que celui d'une interprétation du récit de Josué dans un sens qui laisse le soleil et la lune poursuivre leur cours habituel ; ou, pour parler scientifiquement, qui laisse la terre continuer sa rotation sur elle-même, puisque c'est la seule modification qu'il soit utile de concevoir, depuis les découvertes astronomiques de Kopernic, Kepler, Galilée, pour expliquer un tel miracle.

Mais nous atteindrons cette interprétation sans grand effort. On en a donné deux pour une.

Le rabbin Maïmonide, Grotius et même Vatable, commentent cette prière de Josué comme il suit : O Dieu, permets que le soleil et la lune ne cessent de nous fournir leur lumière avant que nous ayons vaincu nos ennemis ; c'est-à-dire, fais que ce qui va rester de crépuscule à l'Occident avec ce que la lune nous fournit de lumière à l'Orient, nous suffisent pour vaincre, et nous valent un second jour ; ce que Dieu fit en complétant la victoire de celui que l'avait prié de la sorte, *obediente Domino voci hominis*. (*Josue* x, 14.) Il est évident qu'en style figuré on peut exprimer cette pensée comme le fait le *Livre de Josué* (x,12 et seq.), d'après un autre livre perdu, probablement poétique, appelé le *Livre des justes*, et comme le font ensuite l'*Ecclésiastique* (XLVI, 5) et *Habacuc* (III, 2) d'après le *Livre de Josué*.

D'autres ont dit que Dieu fit durer, toute la nuit, un phénomène lumineux qui éclairait aussi bien que le soleil couchant, que la lune véritable fut rendue invisible par ce crépuscule extraordinaire et qu'un autre phénomène semblable à la lune pâle quand elle se montre à l'opposé du soleil, la représenta arrêtée vers la vallée d'Aïalon, pendant que le crépuscule brillait vers Gabaon. Nous préférons la première explication, mais celle-ci répond également au silence des histoires et des monuments.

V. — Antiquités chronologiques.

Considérant, comme nous l'avons fait, l'événement de Babel, origine de la formation des langues diverses, comme le point de départ de ce que nous appelons le second âge, et plaçant cet événement vers le v° ou vi° siècle après le déluge (11*), il nous faudrait, pour répondre au titre, ne considérer que l'antiquité de ce grand fait, et voir si les chronologies profanes sont d'accord avec la chronologie sacrée sur l'ancienneté des constitutions sociales datant de cette époque. Mais comme l'époque précise de la division de Babel est inconnue, et que le déluge est un fait bien plus frappant dans l'histoire du monde, nous prendrons le déluge pour point de ralliement. Le lecteur n'aura qu'une soustraction de quatre ou cinq ou six siècles à faire pour avoir, à peu près au juste, la durée du second âge.

Les renseignements sur lesquels on peut fonder une chronologie du monde sont de cinq espèces. Ils sont *géologiques*, *astronomiques*, *archéologiques*, *historiques* et *chronologiques* proprement dits.

Ceux qui fournit l'histoire sacrée sont historiques et chronologiques tout ensemble ; et la question est de savoir s'il y a harmonie suffisante entre ces renseignements bibliques et tous les autres.

Pour faire la comparaison, exposons d'abord la chronologie sacrée, dans son résumé le plus succinct.

I. *Chronologie sacrée.* — La Bible existe sous plusieurs textes. Les plus anciens et les plus authentiques sont le texte hébreu, dont notre Vulgate est une traduction latine ; le texte des Septante, traduction grecque antérieure à notre ère de plus de deux cents ans ; et le texte samaritain, qui remonte encore beaucoup plus haut. Or, ces trois textes diffèrent considérablement sur l'antiquité du monde à partir, en remontant, de la vocation d'Abraham. Voici les différences.

Il s'est écoulé de la création d'Adam au déluge :

D'après les Septante, 2,242 ans.
D'après l'hébreu, 1,656 ans.
D'après le samaritain, 1,307 ans.

Il s'est écoulé du déluge à la vocation d'Abraham :

D'après les Septante, 1,017 ans.
D'après l'hébreu, 367 ans.
D'après le samaritain, 1,017 ans.

Les trois textes s'accordent, ou au moins presque complétement, pour le temps écoulé de la vocation d'Abraham à la naissance du Christ. Ce temps, d'après la supputation des Bénédictins, la seule reçue aujourd'hui parmi les savants, et laquelle donne raison à saint Paul contre le texte hébreu pour les 430 ans passés en Egypte, est de 2,296 ans.

Résumant ces périodes et y ajoutant notre ère moderne jusqu'en 1850, nous avons, pour la durée totale du monde :

Septante, 7,405 ans.
Hébreu, 6,169 ans.
Samaritain, 6,470 ans.

Pour la durée du monde depuis le déluge :

Septante, 5,163 ans.
Hébreu, 4,513 ans.
Samaritain, 5,163 ans.

Ce dernier résultat est le seul qui nous

(11*) Environ 100 ans avant la fondation de Babylone par Nemrod, que la chronologie des Bénédictins place l'an 2640 avant Jésus-Christ, et, par suite, l'an 668 du déluge.

importe, puisque c'est le déluge que nous prenons pour point de repaire, et qu'en ce qui regarde les temps antédiluviens, il n'y a pas de documents profanes à mettre en harmonie avec les documents sacrés.

Observons que la chronologie basée sur le texte grec, laquelle donne au monde une ancienneté plus considérable, fut discutée et soutenue par Eusèbe, qui n'hésita pas à déclarer erronés, par suite d'altérations depuis la traduction des Septante, les nombres du texte hébreu; que beaucoup de Pères, entre autres saint Augustin, Sulpice-Sévère, Bède, ont suivi Eusèbe, pendant que saint Jérôme et Lactance soutenaient l'hébreu et la Vulgate; et qu'enfin l'Eglise ne s'est jamais prononcée sur ces questions.

Observons encore que les Bénédictins, dont on suit, depuis quelques années, la chronologie, ont conservé l'hébreu pour les temps antédiluviens et ont donné la préférence aux Septante et au Samaritain pour les temps postdiluviens, la seule, en effet, qu'il importe d'allonger le plus possible.

Observons enfin que les différences des trois textes naissent principalement des années, plus ou moins nombreuses, attribuées par eux aux patriarches, de leurs naissances aux époques signalées par la Bible pour la génération de celui de leurs fils dont elle fait mention dans ses généalogies.

Cela posé, passons à l'examen comparé de ces documents avec les documents profanes. Nous les diviserons en documents géologiques, documents astronomiques et documents historico-archéologico-chronologiques.

II. *Documents géologiques.* — Nous les exposons vers la fin de l'article GÉOLOGIQUES (Sciences), et il résulte de cet exposé que le déluge ne peut remonter au delà de six ou sept mille ans. Ajoutons ici que, dans l'état présent de la science, ces documents ne donnent pas encore de chiffre exact; ils ne font que poser des limites au delà desquelles il est défendu de s'étendre. Ces limites, en moins, sont à peu près cinq mille ans, de sorte qu'il est beaucoup plus facile de concilier avec eux le texte des Septante et celui des Samaritains que celui des Hébreux. Ces limites, en plus, sont d'à peu près huit mille ans; nous mettons ici le chiffre le plus fort possible; et, s'il en était besoin, on pourrait encore, à la rigueur, monter jusque-là. Mais on voit que la géologie ne fait que concourir avec les textes sacrés pour rejeter des antiquités très-considérables, comme celle de trente mille ans, par exemple, qu'Hérodote, trompé par des renseignements égyptiens mal interprétés, accordait à l'Egypte. Et il faut remarquer que la réfutation géologique est absolue devant la science.

III. *Documents astronomiques.* — Ces documents, quand ils sont bien avérés, donnent une certitude de premier degré. Que telle position relative des astres soit constatée dans un livre ou sur un monument, comme ayant eu lieu lors de tel événement, et que cette position soit retrouvée par le calcul rétrograde des astronomes modernes, on obtiendra une date astronomique de la plus haute certitude historique. Mais il faut que toutes les conditions exigées par ces sortes de preuves soient réunies. C'est ce qui a lieu très-souvent pour les temps qui ne sont pas très-anciens : ainsi, les observations astronomiques faites, par exemple, depuis Hipparque, c'est-à-dire depuis à peu près deux mille ans, conserveront à jamais certaines dates importantes d'une manière impérissable, pourvu que ces observations soient elles-mêmes conservées. Mais il n'en est pas de même pour les temps très-anciens, où l'astronomie était moins avancée, et dont il ne reste que des témoignages disloqués par le temps, ou qui manquent du concours de certaines circonstances essentielles. On en va juger par le résumé suivant de la question des zodiaques de Denderah et d'Eslé, et de celle des observations astronomiques des Indiens, qui ont tant occupé les savants du dernier siècle.

Quant aux zodiaques, la preuve de leur antiquité repose sur leur division. Celui de Denderah, sculpté sur le plafond du temple, montre le solstice d'été dans la constellation du Lion, c'est-à-dire à 60 degrés de celle où se rencontre aujourd'hui ce solstice. Or, disait-on, comme les solstices ne rétrogradent que d'un degré par 72 ans, il s'ensuit que ce zodiaque, s'il est la copie de l'état du ciel quand il fut construit, remonte à 4,320 dans l'antiquité. En raisonnant de même de celui d'Eslé, qui place le même solstice dans la Vierge, on lui trouve une antiquité de 6,420 ans. Ajoutant les siècles nécessaires aux Egyptiens pour arriver aux connaissances astronomiques qu'exigèrent ces constructions de zodiaques, on trouve une ancienneté bien supérieure à celle que la Bible attribue au genre humain. Dupuis base sa théorie sur 15 à 20 mille ans.

Mais Cuvier, voyant que ce raisonnement aboutissait à des conclusions contraires à ses observations géologiques, qui le forçaient de ne pas faire remonter le déluge au delà de 6 à 7 mille ans, comme nous l'avons dit, s'occupa de la question des zodiaques, à cause du retentissement que lui avaient donné les œuvres de Dupuis, Lalande et quelques autres; et, la traitant avec son talent d'investigation, arriva à la conclusion suivante : « Ainsi se sont évanouies pour toujours les conclusions que l'on avait voulu tirer de quelques monuments mal expliqués contre la nouveauté des continents et des nations; et nous aurions pu nous dispenser d'en traiter avec tant de détail, si elles n'étaient pas si récentes et n'avaient pas fait assez d'impression pour conserver encore leur influence sur quelques personnes. »

Et, en effet, il résulte des recherches archéologiques de Letronne et de Champollion le Jeune, que ces zodiaques, au nombre de quatre, et les seuls trouvés dans les ruines de l'antique Egypte, appartenaient à des temples construits dans le 1er siècle de notre ère, et qu'eux-mêmes ne dataient que des règnes de Claude et de Néron. Ce fut la lecture d'inscriptions qui révéla ces dates. Comment, d'ailleurs, les premiers Egyptiens auraient-ils pu les posséder, et ne pas connaître la longueur juste de l'année, ainsi que la précession des équinoxes, connaissance qu'ils n'eurent cependant pas avant Hipparque? Enfin, on a trouvé dernièrement un cercueil de momie, de l'an 116 après Jésus-Christ, qui renferme une figure zodiacale divisée au même point que celles de Denderah : d'où l'on conclut que cette division ne fut pas copiée sur l'état du ciel, mais fut imaginée pour marquer quelque thème astrologique.

Cependant nous ne donnerons pas comme impossible la découverte de quelque zodiaque dont la construction remonterait, en réalité, à une antiquité de 4 ou même 6 mille ans; et si cela arrivait, nous n'en serions nullement embarrassé, comme nous le ferons comprendre dans les conclusions qui termineront cet article.

Quant aux observations astronomiques, il faut considérer les Chaldéens, les Chinois et les Indiens.

L'*Almageste* de Ptolémée rapporte trois éclipses de lune observée en Chaldée, et qui remontent aux années 720 et 721 avant notre ère : c'est trop récent pour être noté ici. Epigène, cité dans Pline, assure que les Chaldéens faisaient remonter leurs observations astronomiques à 720 mille ans; c'est très-différent. Bérose et Critodème ont dit 474 mille ans; Diodore, 472 mille, et Cicéron, 470 mille, en trouvant le chiffre excessif. Ce qu'il y a de positif et de digne de foi, c'est le résultat des recherches de Callistène à Babylone, au moment du séjour qu'y fit Alexandre. Aristote, qui ne croyait pas à de telles antiquités, pria ce savant de lui envoyer tout ce qu'il rencontrerait de certain; et Callistène lui fit tenir des observations astronomiques de 1,903 ans d'antiquité. Ajoutant à ce nombre les 330 ans d'avant Jésus-Christ, qui sont la date de la prise de Babylone par Alexandre, on a 2,233 ans; et y ajoutant encore 1,850, nous avons une antiquité de 4,083 ans, époque à laquelle il paraît certain que les Chaldéens étaient déjà très-forts en astronomie. Ils connaissaient l'année de 365 jours, 6 heures et 11 minutes; ils savaient que les comètes étaient des planètes, et prédisaient le retour de quelques-unes; ils connaissaient la longueur de la circonférence de la terre; ils avaient les douze signes du zodiaque, etc., etc.

Ce vers latin passé en proverbe dans l'antiquité :

Tradidit Ægyptis Babylon, Ægyptus Achivis.

indique aussi un progrès scientifique très-ancien, vu celui qu'on est obligé d'accorder à l'Egypte.

La Chine, ayant des histoires parfaitement coordonnées, et existant encore en très-grand nombre, malgré un incendie de livres commandé par un empereur barbare et servant de pendant à celui d'Omar, il faut donner la plus grande attention à tous les documents qui nous viennent de ce pays. Or, l'observation la plus remarquable des Chinois est celle d'une conjonction de cinq planètes arrivées 2,500 ans avant Jésus-Christ. Il y a encore une éclipse de soleil marquée dans la constellation du Scorpion à la date 2150. Mais plusieurs astronomes modernes, ayant cherché si l'éclipse et la conjonction avaient réellement eu lieu dans l'année indiquée, ne sont point arrivés à un résultat satisfaisant; on conçoit qu'une erreur de date de peu d'importance ait suffi pour les égarer. Il faudrait des temps infinis pour calculer tous les phénomènes célestes qui ont eu lieu depuis de si longs siècles; on ne réussit facilement que quand il se trouve que la date indiquée est parfaitement exacte. Les missionnaires en Chine nous ont fourni beaucoup de renseignements, mais ne sont jamais tombés complétement d'accord sur l'antiquité de l'astronomie dans cette nation. F. du Hald dit que Tcheou-Kong, le plus grand astronome de cette contrée, vivait 2,000 ans avant Jésus-Christ.

Il nous reste donc, pour la Chine, en supposant tous ces nombres exacts, une antiquité de 4,350 ans.

Passons à l'astronomie des Indiens. L'observatoire de Bénarès avec son méridien est une preuve du génie astronomique de ces peuples. Aussi trouve-t-on dans les bibliothèques de cette nation des tables d'observations dressées par des philosophes, et d'un très-grand intérêt. Bailly en examina quatre, celle de Siam, une rapportée par le Gentil, et deux autres conservées dans les papiers de M. de Lisle. Il les trouva d'accord et se rapportant au méridien de Bénarès. Or deux époques y sont assignées à une conjonction du soleil, de la lune et des planètes : la première en 3102, la seconde en 1491 avant Jésus-Christ. Et Bailly, comme on peut le voir dans son traité de l'*Astronomie indienne*, ayant calculé la conjonction décrite, trouva qu'en effet elle avait eu lieu à la première de ces deux dates. Quant à la seconde, il fut assez bien démontré qu'elle n'avait pu être signalée par une conjonction pareille.

Pour tout résumer, il suffit de dire que « les Indiens formaient, dans l'opinion de ce savant, une nation pleinement constituée 3,553 ans avant Jésus-Christ; » et, « qu'on trouve chez les brahmanes des tables astronomiques dont l'ancienneté est de cinq à six mille ans. » (*Hist. de l'ast. ancienne*, p. 107 et 115, édit. de 1775.) — Il est bon d'ajouter que ce philosophe soutenait, en même temps, l'existence, dans la Péninsule asiatique, d'une nation antédiluvienne ayant poussé très-loin le progrès astronomique, et ayant légué quelques débris épars de sa science à celle qui lui succéda plus tard dans la même contrée. (*Ibid.*, p. 89.)

Bailly eut plus d'un savant contradicteur, ainsi que l'explique Wiseman dans son *Discours sur l'histoire primitive* (t. II, p. 8-24.) Tel fut Delambre, exagéré peut-être dans un sens opposé et à coup sûr trop violent, qui répondit par un livre portant le même titre (*Hist. de l'astr. ancienne*); tel fut Montucla dans son *Histoire des mathématiques*; tel fut l'Anglais Bentley dans ses *Recherches sur l'Asie*, où il voyagea lui-même pour étudier ces questions, et dans son *Examen historique de l'astronomie indienne*, où il ne fait remonter les premières observations astronomiques des Indiens que dans le xv° ou xvi° siècle avant Jésus-Christ. Enfin Laplace est arrivé, après examen des fameuses conjonctions de 1491 et 3102 avant l'ère chrétienne, à penser qu'elles n'avaient pu être réellement observées à ces dates, attendu qu'il les regardait comme ne pouvant avoir eu lieu. Voici sa conclusion générale: « L'origine de l'astronomie, dans la Perse et dans l'Inde, est maintenant perdue, comme chez toutes les autres nations, dans l'obscurité de leur histoire ancienne. Les tables des Indiens supposent des connaissances très-avancées en astronomie; mais il y a tout lieu de croire que ces tables ne peuvent réclamer une très-haute antiquité; en ceci je m'éloigne à regret de l'opinion d'un illustre et malheureux ami. » (*Exposition du système du monde*, 4° édit., p. 427.)

Quand on voit des phénomènes célestes de ce genre consignés dans des histoires, à moins de circonstances précises, il y a à se défier, lors même qu'ils se trouveraient d'accord avec nos calculs; car on peut supposer que leur consignation ne soit pas due à l'observation simple du ciel, mais à des calculs rétrogrades faits plus récemment par des astronomes ou par les auteurs mêmes des récits. Cependant nous n'aimons guère en général ces manières de répondre; car de défiance en défiance on pourrait finir par retomber dans le sot scepticisme du P. Hardoin. Aussi indiquerons-nous une autre réponse qui obviera à toutes les éventualités possibles en fait de découvertes chronologiques. Si les zodiaques eussent été aussi antiques qu'on le croyait d'abord, la religion aurait-elle été réfutée? Bien insensé celui qui eût donné la main à Dupuis pour le dire! elle n'en aurait, pour nous, rien perdu de son absolue certitude. Ce n'est pas sur quelques nombres en écriture assez mystérieuse transmis jusqu'à nous par quarante siècles et par de nombreuses copies, qu'elle prétend asseoir son édifice. Nous le dirons avec saint Paul en finissant et nous prierons le lecteur de ne jamais l'oublier.

Résumons ce qui précède. Les deux zodiaques, s'ils eussent été la copie réelle de l'état du ciel, auraient eu: l'un, 4,320 ans d'existence; l'autre, 6,420.

Nous avons trouvé, pour la Chaldée une antiquité de 4,083 ans constatée par Callistène.

Le chiffre le plus élevé fourni par la Chine est de 4,350 ans.

Les observations astronomiques indiennes, que le sentiment de Laplace rend improbables, mais ne réfute pas complétement, donneraient, pour la plus ancienne qui est la seule importante, la date 3102 avant Jésus-Christ, c'est-à-dire en 1850, une antiquité de 4,952 ans.

Enfin, toutes les argumentations de Bailly sur l'antiquité des Indiens, aboutissent à dire que cette nation était constituée l'an 3552 avant notre ère, ce qui leur donne, en 1850, une antiquité de 5,403 ans.

De tous ces nombres il y en a deux seulement qui dépassent la durée du monde depuis le déluge d'après les Septante; l'un la dépasse de 240 ans; c'est cette dernière évaluation de Bailly; l'autre la dépasse de 1,257 ans. C'est le zodiaque qu'on avait estimé le plus ancien.

IV. *Documents historico-archéologico-chronologiques.*—Les chronologies sérieuses de l'antiquité profane sont les suivantes:

La romaine, la grecque, la persane, la chaldéenne, l'indienne ou brahminique la chinoise et l'égyptienne.

1° La chronologie romaine n'offre aucune difficulté. Denys d'Halicanasse a tout dit sur cette question. Le temps que les Siciliens avaient occupé l'Italie avant l'arrivée d'OEnotrus avec une colonie d'Arcadiens, en 1675 avant notre ère, est inconnu. Ainsi donc, antiquité d'OEnotrus, 3,525.

2° La chronologie grecque présente Sicyone, avec son premier chef Egialée, comme la plus ancienne ville de la Grèce. Date 1350 avant la première olympiade, 2126 avant Jésus-Christ, d'où, antiquité de Sicyone, 3,976.

Les monuments cyclopéens, consistant dans des constructions formées de pierres énormes, reliques laissées par les anciens Pélages, sont attribués au xxv° siècle avant Jésus-Christ, d'où, antiquité des Pélages, 4,400.

Point de difficulté, et d'ailleurs incertitude.

3° La chronologie persane nous est donnée par Firdoussi, auteur du *Chah-Nameh*, ou livre des rois. La première dynastie, dite des *Pichdadiens*, a pour premier roi un homme qui vit mille ans et en règne trente; c'est Kacoumaratz. Il a huit successeurs qui occupent le trône pendant 2,302 ans. On croit que le Kaïkorson de ces annales, second roi de la seconde dynastie, est le Cyrus des Grecs; il est placé l'an 553 avant Jésus-Christ. Le total de toute cette chronologie est 4,105 ans avant Jésus-Christ, ce qui donne une antiquité de 5,955 ans.

Kacoumaratz ressemble à Noé

4° La chronologie chaldéenne est fondée sur un assez grand nombre de monuments qui, tous, font mention de dix souverains primitifs et d'un Xixonthros, dernier de ces dix, sous lequel eut lieu le déluge. D'après ce que Eusèbe et le Syncelle nous ont conservé de Bérose, le règne de ces dix rois formerait 462 mille ans. C'est absurde. Mais on reconnaît les dix patriarches antédiluviens du récit de Moïse. A partir du déluge de Xixonthros, viennent, d'après Eusèbe et le Syncelle, deux dynasties avant Bélus, lesquelles sont suivies de Nemrod, père de Bélus. Ces dynasties forment 525 ans. Puis vient, avec Bélus, l'ère de Calisthène, 3,925 ans avant Jésus-Christ. D'où nous avons, pour la chronologie chaldéenne, une antiquité de 4,500 ans à peu près depuis le déluge de Xixonthros, qui ressemble encore beaucoup à Noé.

Les monuments qu'on déterre aujourd'hui à Babylone et à Ninive justifient pleinement tout ce qui nous reste de Bérose, ainsi que l'histoire d'Hérodote, sur les temps historiques de la Chaldée.

5° La chronologie indienne des Brahmes donne au monde quatre âges, dont les trois premiers varient, en diminuant, de plus d'un million et demi à un peu moins d'un million d'années ; ce sont les âges géologiques qu'on retrouve aussi dans la Chaldée, la Chine et l'Egypte. Le quatrième âge, appelé kaliougam ou âge d'infortune, ne doit durer que la moitié du troisième, 432 mille ans. Il a commencé, ainsi que les autres, par un grand cataclysme. La 4926° année de cet âge répondait à l'année 1825° de notre ère. D'où nous avons, en 1850, une antiquité de 4,951 pour le déluge, d'après la computation brahminique.

6° La chronologie chinoise est un peu plus embarrassante. Elle donne d'abord à peu près cent mille ans au règne des trois Auguste pour le temps antérieur aux époques historiques, ce qui, pour le fond, n'a rien que de conforme aux indications de la géologie ; et, ensuite, pour les temps historiques, qui sont parfaitement coordonnés dans les annales chinoises, 3,468 ans avant l'ère chrétienne comme date de l'empereur Fo-Hi, troisième successeur de Yeou-Tchao, premier de tous les empereurs. Un autre empereur, nommé Yao, fournit une date plus récente, qui porte tous les caractères de la certitude. Cette date est fixée à l'an 2357 ans avant notre ère, et à cette époque, d'après les missionnaires, et surtout le P. Gaubel (*Traité de chronologie chinoise*), la Chine était peuplée jusque dans les îles ; on composait des vers ; il y avait des colléges ; on était fort en astronomie et dans beaucoup d'arts ; on naviguait, etc., etc. Nous avons donc pour la Chine une antiquité certaine de 4,207 ans, jusqu'au règne de Yao, quatorzième successeur de Fo-Hi, et, jusqu'à Fo-Hi, troisième successeur de Yéou-Tchao, une antiquité probable de 5,318 ans, ce qui dépasse la date du déluge, selon les Septante, de 255 ans.

La Chine possède aussi des monuments dont la date certaine remonte à une antiquité de 4,434 ans.

7° La chronologie égyptienne devient encore plus embarrassante. Elle est, fondée sur la *vieille chronique*, sur des monuments de toute espèce, tels que inscriptions sur papyrus, tables généalogiques plus ou moins complètes gravées sur les bas-reliefs des temples comme la *table d'Abydos*, statues, mausolées, etc., et surtout la liste des trente-et-une dynasties de Manéthon.

Manéthon, en égyptien *Manéith* (ami de Neith, Minerve égyptienne), était un prêtre du temple d'Héliopolis, extrêmement savant dans les écritures égyptiennes, et dans les langues célèbres de son temps, qu. fut chargé par Ptolémée-Philadelphe de rédiger, en grec, une histoire complète de l'Egypte, ce qu'il fit avec un plein succès sur les sources et archives sans nombre que l'Egypte put lui fournir, et dont nous retrouvons encore, de temps en temps, quelques textes originaux. Il fit trois volumes dont le premier racontait l'histoire des onze premières dynasties, portant 292 règnes et une durée de 2,350 ans et 70 jours ; le second, celle des huit suivantes portant 96 règnes et une durée de 2,121 ans, et le troisième, celle des douze dernières dynasties, portant une durée de 1,050 années. Il ne nous reste de ce grand ouvrage que quelques fragments et la liste incomplète des dynasties et des rois. Ce sont les écrivains chrétiens Jules l'Africain, Eusèbe et saint Jérôme qui nous ont conservé ces documents ; saint Jérôme les a traduits en latin ; l'historien Josèphe en a aussi inséré une partie dans son livre contre Appion. Georges le Syncelle, chroniqueur du vin° siècle, a recueilli aussi ces listes dans sa chronographie.

Ces listes donnent au premier chef de la première dynastie une antiquité de 5,533 ans avant l'année de la conquête de l'Egypte par Alexandre, 340 avant Jésus-Christ ; une antiquité de 5,867 ans avant la naissance de Christ ; et, par conséquent, en 1850, une antiquité de 7,717 ans.

Les monuments égyptiens, depuis qu'on en lit les inscriptions, ont justifié pleinement ces listes jusqu'à une antiquité de 4,349 ans, sauf quelques énigmes dont on finit par trouver le mot avec du travail. On dit même aujourd'hui qu'il se lit chaque jour de nouvelles inscriptions jusqu'alors indéchiffrées, lesquelles continuent de les justifier en remontant beaucoup plus haut. Voici ce qu'écrivait, il y a peu de temps, M. de Saulcy, dont la bienveillance, à l'égard de nos livres saints, est hors de toute question. « Veut-on savoir ce que cette découverte (celle de Champollion pour la lecture des hiéroglyphes) a déjà produit ? Elle a constaté de la manière la plus précise la vérité d'une histoire égyptienne remontant à plus de quarante siècles avant l'ère chrétienne. Le canon royal de Manéthon, cette liste effrayante, où les rois de l'Egypte se comptent par centaines, s'est vérifié petit à petit, grâce au hasard providentiel, qui veut que, sur le sol de l'Egypte, les monuments ne périssent que par la main des hommes. Aujourd'hui nous savons, à n'en plus pouvoir douter, que les pyramides, simples tombes royales, étaient édifiées il y a tout au moins 6,000 ans. » (*Sur le déchiffrement des écritures inconnues.*)

Malgré tout, il y a encore deux systèmes sur les listes de Manéthon : les uns les adoptent dans leur totalité comme fidèles et donnant une longue série de règnes successifs ; les autres tiennent à maintenir la chronologie dans des limites plus étroites, et, pour cet effet, attaquent ces listes sous un rapport ou sous un autre, quant aux parties qui concernent les temps les plus reculés. « Les défenseurs d'une chronologie plus restreinte, dit M. Champollion-Figeac, ont rejeté ces listes de Manéthon, d'une part comme supposées en partie, et de l'autre comme contenant dans un ordre successif des dynasties qui étaient collatérales, c'est-à-dire qu'elles avaient régné en même temps dans des parties distinctes de l'Egypte. Le Syncelle imagina une autre objection, prétendant que les années des dynasties de Manéthon n'étaient que de trois mois, et que la somme de ses règnes devait être réduite au quart de son énoncé. Ce règne simultané de deux ou plusieurs dynasties a été particulièrement soutenu par le savant chronologiste anglais Mersham, et récemment dans un important ouvrage sur l'Egypte, publié, en 1845, à Hambourg par M. Bunsen, ministre de Prusse à Londres. » (*Encyclopédie du* XIX*e siècle*, art. *Manéthon*.)

Quant à l'objection des années plus courtes, elle vaut, pour nous, la même opinion appliquée aux patriarches de la Bible, pour les empêcher de vivre neuf cents ans. Quant à l'autre interprétation, elle est beaucoup plus raisonnable, bien que la fidélité de la succession pour les époques qui n'embarrassent pas soit une sorte de garantie pour la liste entière. L'étude archéologique résoudra cette question.

Remarquons enfin, à l'égard de l'Egypte, que, d'après la Bible, quand Abraham passa dans ce pays, il y a 4,146 ans, il y trouva les Pharaons en plein exercice de leur royauté.

V. Il nous reste à donner une solution générale qui puisse obvier à toutes les éventualités scientifiques.

En résumant les détails qui précèdent, nous trouvons les nombres suivants :

Observations astronomiques chaldéennes,	4,083
Observations astronomiques chinoises,	4,350
Zodiaque égyptien réfuté,	4,320
Zodiaque égyptien réfuté,	6,420
Observations astronomiques indiennes,	4,952
Antiquités indiennes d'après Bailly,	5,403
Chronologie romaine,	3,525
Chronologie grecque,	3,976
Monuments grecs,	4,400
Chronologie persane,	5,955
Chronologie chaldéenne,	4,500
Chronologie indienne,	4,951
1re chronologie chinoise,	4,207
2e chronologie chinoise,	5,318
Monuments chinois,	4,434
Chronologie égyptienne,	7,717

Celui qui résulte du texte des Septante et du texte samaritain, pour la date du déluge, est 5,163.

Sur les seize nombres sus-notés, il y en a onze qui lui sont inférieurs, et cinq seulement qui lui sont supérieurs. Celui qui l'emporte davantage est le nombre de Manéthon. Il surpasse le nombre biblique de 2,554 années, ce qui est considérable. Celui des Chinois ne le surpasse que de 155 ans ; il est aussi respectable que celui de Manéthon. Quant aux trois autres, l'un est celui du zodiaque réfuté ; un autre est celui qui résulte des appréciations de Bailly, et il ne dépasse que de 240 ans. Le dernier est celui de la chronique persane ; il n'est pas sans quelque gravité, et il l'emporte de 792 ans.

Cela posé, qu'adviendra-t-il du progrès scientifique en histoire ancienne ? Il ne peut arriver que l'un ou l'autre des deux résultats suivants ; ou tous les nombres qui dépassent celui des Septante seront réfutés ; ou quelqu'un d'eux sera déclaré conforme à la vérité historique.

Dans la première hypothèse, nous arborerons triomphalement la vérité biblique exprimée par le texte des Septante ; et il ne pourra rester qu'une difficulté à résoudre, celle de l'extension des populations terrestres, de l'établissement des constitutions nationales, du développement des civilisations, du progrès scientifique, artistique et industriel, de la multiplication des idiomes de même famille, et surtout de la formation des races distinctes pendant le temps qui sera laissé, pour tous ces effets, entre le déluge et leur apparition. Cette difficulté exigera, pour être soluble, un temps raisonnable ; mais il faudra se garder de l'exagérer, ainsi qu'on y est porté de prime-abord. Dans un espace de 1,000 ans, par exemple, on concevra, en y réfléchissant, que de grands développements aient pu déjà s'opérer. Sans entrer dans des calculs approximatifs, que chacun peut faire en son particulier, nous prierons seulement le lecteur de considérer le développement qui s'est fait chez nous depuis trois siècles ; si une histoire ancienne nous présentait le tableau d'un pareil phénomène, elle paraîtrait exagérée jusqu'à la folie. Il suffit, en fait de civilisation et de progrès dans les sciences et les arts, d'un homme de génie pour lancer l'esprit humain dans une voie où il marchera désormais avec la rapidité de la foudre. Il y a eu peu de siècles aussi ignorants et aussi barbares que notre moyen âge ; cependant il avait ses éclairs. Voici ce que Roger Bacon, né en 1214 et mort en 1294, écrivait il y a six cents ans :

« On peut construire, pour la navigation, des machines telles que les plus grands vaisseaux, gouvernés par un seul homme, parcourent les fleuves et les mers avec plus de rapidité que s'ils étaient remplis de rameurs ; on peut aussi faire des chars qui, sans le secours d'aucun animal, courront avec une vitesse incommensurable. On peut créer un appareil au moyen duquel un homme assis, en faisant mouvoir avec un levier certaines ailes artificielles, voyagerait dans l'air comme un oiseau. Un instrument long de trois doigts et d'une égale largeur, suffirait pour soulever des poids énormes à toutes les hauteurs possibles.

« Au moyen d'un autre instrument, une seule main pourrait attirer à soi des poids considérables, malgré la résistance de mille bras. On imagine aussi des appareils pour cheminer sans péril au fond des fleuves et des mers... Des choses semblables se sont vues, soit chez les anciens, soit de nos jours, excepté le mécanisme pour voler, découvert par un sage qui m'est bien connu. On peut encore inventer beaucoup d'autres choses, comme des ponts qui traversent les fleuves les plus larges, sans piles ni appui intermédiaires. Mais, parmi toutes ces merveilles, les jeux de la lumière méritent une attention particulière.

« Nous pouvons combiner des verres transparents et des miroirs de telle manière que l'unité semble se multiplier, et qu'un seul homme semble une armée; qu'il apparaisse autant de lunes et de soleils que l'on voudra, puisque les vapeurs répandues dans l'air se disposent quelquefois de façon à doubler et même à tripler, par une réflexion bizarre de la lumière, le disque de ces astres. On pourrait ainsi, par des apparitions soudaines, jeter l'épouvante dans une ville ou dans une armée. Cet artifice semblera plus facile si l'on considère qu'on peut construire un système de verres transparents qui rapprochent de l'œil les objets éloignés, en écartent les objets plus voisins, ou les montrent de quelque côté qu'on veuille.

« Ainsi on lira d'une grande distance des caractères très-fins et l'on comptera des choses imperceptibles : comme on dit que César, du haut des côtes de la Gaule, voyait, à l'aide d'immenses miroirs, plusieurs villes de la Grande-Bretagne. On pourrait, par des moyens analogues, grossir, rapetisser ou renfermer les formes des corps, et abuser ainsi les regards par des illusions infinies. Les rayons solaires, adroitement conduits et réunis en faisceaux par l'effet de la réfraction, peuvent enflammer à une certaine distance les objets soumis à leur activité. »

La plupart de ces prédictions, avec une foule d'autres qu'on aurait pu faire, sont aujourd'hui réalisées, et elles l'ont été, en moins d'un siècle, par un débordement d'émancipations scientifiques et industrielles qui eût renversé tous les calculs des probabilités. Oui, il suffira de penser à ce qu'était l'Europe, il y a mille ans et à ce qu'elle est aujourd'hui pour comprendre tout ce que l'histoire pourra nous raconter des premiers mille ans d'un genre humain nouveau, poussé aux inventions par une nécessité qui n'existait pas pour l'Europe moderne, et déjà héritière, par la famille de Noé, d'une civilisation complète antédiluvienne.

Cette observation vaut également pour le développement de la civilisation, celui des sciences et des arts, et l'établissement des constitutions nationales. Quant à l'extension des populations dans les lieux les plus distants les uns des autres, tels que l'Egypte et la Chine, les îles de la Méditerranée et celles de l'Océanie, il y a des limites au-dessous desquelles on ne la concevrait pas et qu'il faut réserver. C'est un calcul facile à faire. Nous avons parlé plus haut de la formation des langues, et, au mot PHYSIOLOGIQUES, nous parlons de la formation des races. C'est ce dernier phénomène qui demande le plus de siècles; mais aussi, est-ce celui dont il est question le moins anciennement dans les histoires et sur les monuments connus jusqu'alors (12).

Reste la seconde hypothèse, celle qui suppose que les découvertes commencées se poursuivront et s'entasseront de manière à concourir pour justifier les nombres les plus élevés que peut encore admettre rigoureusement la géologie, tels que celui de Manéthon pour l'Egypte, 7,717, lequel reporterait le déluge à 8,000 ans d'ancienneté.

Il pourra encore arriver deux choses dans cette hypothèse. Serait-il impossible que des monuments eussent survécu au déluge dans certains lieux très-éloignés de celui du soulèvement qui put causer l'invasion des mers et favorisés contre l'établissement de torrents destructeurs par la configuration du sol? Nous n'oserions résoudre cette question *a priori*. Il est donc permis de faire entrer dans les éventualités de l'avenir, la possibilité de découvertes qui prouveraient que les parties des annales des peuples qui dépasseront cinq mille ans d'antiquité, se rapporteraient aux temps antédiluviens, ainsi que Bailly l'avait supposé pour les Indiens, dans son premier ouvrage. Si cela arrivait, tout s'expliquerait encore de soi-même, et le texte des Septante resterait victorieux.

Mais ce qui est plus probable, dans l'hypothèse dont nous parlons, c'est la supposition contraire, à savoir que les séries d'annales constatées se seraient déroulées sur le globe depuis le grand cataclysme du déluge. Que dirions-nous dans cette supposition, nous autres Chrétiens? Faudrait-il nous voiler la face comme des vaincus? Oh! nous l'avons déjà dit, ce n'est pas sur quelques chiffres vieux de quatre mille ans, et ayant passé par des écritures très-amphibologiques, dépourvues de voyelles, ainsi que par des multitudes de copies, que repose notre foi, ainsi que chercheraient à le faire croire les argumentateurs de l'autre camp. Cette certitude a d'autres bases, et, sans avoir un seul instant tremblé pour elle, nous renoncerions aussitôt au double texte samaritain et des Septante, comme déjà nous avons re-

---

(12) On a parlé, dans ces derniers temps, de quelques crânes de Peaux-Rouges et de nègres égyptiens trouvés à l'état fossiles; mais ces trouvailles n'étaient point accompagnées de circonstances qui exigeassent une antiquité capable de nous offusquer; il a été prouvé, par d'autres trouvailles du même genre, qu'un crâne, placé dans un terrain favorable à la fossilisation, peut en acquérir le caractère en deux ou trois mille ans.

On vient de découvrir, à la Martinique, des poteries cachées dans une couche de terre végétale de deux pieds et demi d'épaisseur située sous deux autres couches formées depuis la première. Ces poteries révèlent l'existence d'une population très-antérieure à l'invasion des Caraïbes et même aux soulèvements du Mont-Pelée. Mais les signes n'exigent pas une antiquité de plus de quatre à cinq mille ans. Nous sommes même très-généreux en accordant ce chiffre.

noncé au texte hébreu sur la question chronologique. Est-ce que l'autorité de ces textes sur ce point n'est pas infirmée considérablement par leur défaut d'accord? Ce défaut d'accord n'est-il pas même en prévision providentielle de ce qui peut arriver; il a embarrassé, dans un temps, les commentateurs catholiques; il sera peut-être, un jour, une ressource contre des objections nouvelles. Rien ne se fait sans calcul de la part de Dieu; ce n'est pas sans but qu'il ne nous a fait parvenir les livres de ses révélations qu'avec des altérations assez nombreuses, et des divergences notables entre les divers textes. Nous pouvons affirmer sur la trame de cette histoire primitive et sur les indications géologiques, que, l'antiquité du déluge est très-peu considérable; mais qu'est-ce que deux mille ans à ajouter, s'il le faut? La géologie trouvera moyen de les loger, et il ne sera pas difficile de les faire cadrer avec l'histoire sacrée, sauf les chiffres qui seront mis hors de question. Nous avons déjà dit que, dans le récit mosaïque de la dispersion des descendants de Noé, les noms propres représentent des peuples entiers; qui empêcherait, au besoin, de prendre pour des peuplades s'engendrant les unes les autres, les générations patriarcales du déluge à Abraham? Moïse les aurait consignées, selon les traditions de l'époque, sous le nom de leurs souches. Enfin, il serait toujours facile de gagner deux, et même trois mille ans, s'il le fallait, après que les chiffres auraient été écartés, dans un âge où la vie humaine était encore très-longue.

Nous sommes donc préparés à tous les événements, et nos adversaires sont avertis que, quoi qu'il arrive, nous avons, dans nos arsenaux, surabondance de munitions pour leur répondre.

En ce qui est des croyants dont la foi peu raisonnée chancellerait dans des circonstances pareilles, nous prendrions les Épîtres de saint Paul, et nous leur lirions, pour tout argument, les mâles paroles que cet apôtre, le plus digne du Maître, si cette expression nous est permise, adressait aux âmes faibles et aux jeunes prêtres que tourmentaient, sans doute, quelques questions de ce genre : *Allez-vous, pour de tels motifs, enseigner autrement? Ne vous tourmentez ni des fables, ni des généalogies sans terme qui soulèvent plutôt des questions qu'elles ne servent à l'édification de Dieu, laquelle est dans la bonne foi; car la fin des préceptes est la charité qui naît d'un cœur pur, et d'une bonne conscience, et d'une foi non feinte; ne savons-nous pas que la loi n'est bonne qu'autant qu'on en use légitimement et selon son esprit?* (*I Tim.*, I, 3-8.) Et encore : *Ne diffamez personne, fuyez les contentions, soyez équitables, montrez-vous pleins de mansuétude envers tous les hommes; car nous étions, nous-mêmes, autrefois insensés, incrédules, égarés, esclaves de toute sorte de désirs et de voluptés, vivant dans la malignité et l'envie, haïssables, nous haïssant les uns les autres. Mais, lorsqu'a paru la bénignité et l'humanité de Dieu notre Sauveur, il nous a sauvés...... par le bain de régénération et de rénovation de l'Esprit-Saint..... Soyez fermes dans ces choses..... Ces choses sont bonnes et utiles aux hommes. Mais ne vous inquiétez pas des questions folles et sans importance, des généalogies, des discussions, des disputes de la loi; tout cela, pour vous, est vain et inutile.* (*Tit.* III, 2-8.)

On sent, à tous les discours de saint Paul que des difficultés archéologiques étaient pour lui de bien peu d'importance au point de vue de la religion, et que, s'il vivait aujourd'hui, il montrerait une grande largeur d'esprit pour dire à la science : Prends tout ce que tu voudras de ce côté-là, pourvu que tu me laisses mon Eglise, ma morale et mon Christ. — *Voy.* COSMOGONIES.

HONNETETE — DEVOTION (Iʳᵉ part. art. 18). — L'honnêteté est une vertu naturelle par laquelle on ne se permet l'injustice à l'égard de qui que ce soit et de quoi que ce soit; elle a pour base la simplicité d'intention qui fait qu'on se conforme toujours à la conscience, sans chercher à la vicier et à l'obscurcir. La dévotion est une vertu surnaturelle qui consiste à tout faire en vue de Dieu créateur et sauveur de l'humanité; elle ne se borne pas à ce qu'on appelle les pratiques de dévotion proprement dites; ces pratiques n'en sont que l'habit ordinaire; elle règle la conduite dans tous les détails et en rapporte à Dieu tous les mouvements.

Dieu étant la vérité même, dans toute son étendue, la vérité sous toutes ses faces et aussi bien en tant que sentie par la conscience qu'en tant qu'illuminée par la révélation, il est évident que la dévotion et l'honnêteté doivent produire les mêmes fruits et se fondre en une même vertu radicale, souche de ces productions identiques.

Tel est le droit perçu *a priori* par la pensée; Dieu nous a donné la faculté de concevoir synthétiquement, directement et clairement les vérités générales, afin que cette conception fût la règle permanente de nos actions; il suffit toujours, pour ne pas s'égarer, de remonter à cette hauteur d'où l'on aperçoit le résumé des choses, à peu près comme un œil perçant, placé au-dessus de notre monde planétaire, en verrait l'harmonie, pendant que celui qui est plongé dans l'intérieur de ce monde et mêlé à ses détails ne la saisit point. Mais il faut avoir la bonne volonté de mettre en jeu cette grande faculté; là est le secret de la vertu; car, si cette bonne volonté manque, on reste dans les complications du monde inférieur et l'on s'y égare comme dans un labyrinthe; le péché ne consiste pas, alors, dans l'égarement lui-même qui peut n'être ni voulu ni senti, il ne consiste que dans le manque de bonne foi originel qui vous a retenu dans la région des ombres, lorsqu'il vous était loisible de monter où siège la lumière.

De là tant de diversités choquantes entre les pratiques humaines et ce que disent les théories. De là l'insurrection perpétuelle des droits contre les faits humains. Les hommes font leurs combinaisons en comparant leurs choses entre elles ; nous entendons par leurs choses ce qui est déjà fait par eux ; tandis qu'ils devraient toujours arranger leurs ménages, grands et petits, généraux et particuliers, sur le modèle lumineux des vérités générales dont Dieu éclaire *a priori* leur intelligence : on voit, par cette courte explication, que la faute est à eux tout entière, et point à Dieu.

Revenons à notre sujet : l'honnêteté et la dévotion sont donc, radicalement, une seule et même vertu. Cependant, si nous étudions les faits humains, nous les trouvons souvent séparées ; voici comment :

Il arrive tous les jours que, par dévotion envers Dieu, on pratique l'injustice à l'égard du diable, ce qui est se donner au diable ; et que, par honnêteté naturelle envers le diable, on pratique l'injustice à l'égard de Dieu, ce qui est encore se donner au diable.

Ces propositions peuvent paraître bizarres ; qu'importe si la bizarrerie n'est que dans la forme ? or nous en appelons à tout esprit de bon sens et de bonne foi qui nous lira. Voici comment se produisent ces phénomènes désastreux dans l'ordre moral.

On est très-ardent défenseur de la religion, et on en pratique les commandements positifs avec la même ardeur ; cet amour se transforme en passion ; la passion est aveugle ; elle attaque sans garder de mesure ; elle protège les yeux fermés ; tout ce qui lui paraît servir à sa cause est excellent ; tout ce qui pourrait servir d'excuse à la cause contraire lui paraît détestable ; on niera donc tout le bien, et souvent on transformera le bien en mal, pour se remuer plus à l'aise dans la lutte d'où l'on veut sortir vainqueur, coûte que coûte et vaille que vaille, parce qu'ayant la bonne cause à soutenir, tous les moyens pour la faire triompher ne peuvent être que bons. Oh ! détestable tactique ; la justice domine tout, même Dieu ; la raison est la loi éternelle dont l'Eternel est lui-même l'éternel esclave, parce qu'elle n'est autre que sa nature immuable ; vous la violez pour faire triompher Dieu ! C'est insulter Dieu pour le défendre ; vous êtes injuste à l'égard de Satan pour le précipiter ! c'est lui qui vous précipite ; il a déployé contre son ennemi la plus insidieuse de ses ruses, il est votre vainqueur, et vous êtes son soldat.

Oui, car l'honnêteté naturelle qui palpite dans tous ces cœurs étrangers à notre Evangile ne manque pas d'être scandalisée de vos manœuvres ; trop peu éclairée parce qu'elle n'a pas étudié à fond la vérité, et parce que vous l'avez maintenue dans les ténèbres par votre conduite sans raison, elle confond votre cause avec vos moyens de la soutenir, avec vos personnes ; et, comme Satan se remue dans vos mouvements, elle lui apparaît comme la cause de Satan. Il s'ensuit une mêlée confuse dans laquelle les injures se croisent et se décochent contre des fantômes, et dont l'esprit du mal est le seul à profiter ; il a fait de tous les combattants des fondateurs de son empire.

Règle première, dont il n'est permis à qui ce soit, sous peine de travailler pour Satan, de se départir : honnêteté, loyauté, bonne foi, justice à l'égard de toutes les causes, même celle de Satan.

Que tous les soldats de tous les camps suivent cette règle, et, devenant des serviteurs de la vérité, tous ne formeront bientôt, par la force des choses, qu'une armée de frères sur le même champ de bataille. — *Voy.* ABNÉGATION.

HORS L'EGLISE POINT DE SALUT (La sentence :) — DEVANT LA FOI ET DEVANT LA RAISON. *Voy.* Foi ; Raison ; Déchéance ; Rédemption ; Vie éternelle, etc.

HUETISME, *Voy.* Logique.

HUMANITE (La vertu d'). — CONFUCIUS. *Voy.* Morale, II, 12.

HUMILITE (La vertu d'). — PLATON. *Voy.* Morale.

HYPOSTASES. *Voy.* Trinité.

HYPOSTATIQUE (Union). *Voy.* Incarnation, IV.

HYPOTHESES ONTOLOGIQUES. (Toutes les) *Voy.* Ontologie, III.

I

ICONOCLASTIE et ICONOLATRIE. *Voy.* Peinture.

IDEALISME PHILOSOPHIQUE. *Voy.* Panthéisme, II et III.

IDEALISTES et REALISTES EN ARTS. *Voy.* Art, III.

IDÉE DE L'ABSOLU. *Voy.* Mathématiques, II.

IMITATION (L') — DANS L'ORDRE NATUREL ET DANS L'ORDRE SURNATUREL (IV° part., art. 2). — Tous les phénomènes dont nous sommes les témoins et les acteurs dans le monde physique, dans le monde intellectuel, dans le monde moral, en fait d'art, en fait de science, en fait de religion, sont des imitations. Ne prenez pas cette singulière proposition pour un paradoxe. Elle est facile à établir.

Voyez l'arbre qui pousse, verdit, fleurit et fructifie ; que fait-il ? il imite son père ; chaque printemps imite un de ceux qui l'ont précédé, le soleil d'aujourd'hui imite son ellipse de la veille : tout ce qui est, vit, respire, a mouvement dans la nature, n'est, ne vit, ne respire, n'a mouvement qu'en imitant, et pour imiter quelque chose ; et c'est cette imitation même qui constitue toutes les ressemblances et toutes les différences d'où résultent les genres et les espèces. Si le reptile n'imitait pas le reptile, il n'aurait pas le caractère propre qui le spécifie, et ainsi de tous les êtres; c'est par la chose imitée que se déterminent les classes; qu'on suppose chaque individu ne copiant rien au monde, il sera impossible de lui assigner une catégorie.

Il en est de même dans le monde intelligible. Qu'est-ce qu'une idée? une image, une ressemblance, un portrait dont l'esprit est la toile, le peintre, le pinceau et la couleur; l'objet imité en est seul distinct, quand il n'est pas l'esprit lui-même. Il y a mieux : les idées n'imitent pas seulement les êtres dont elles sont les images; elles s'imitent les unes les autres, et la parole est l'instrument dont elles se servent pour se copier mutuellement, et par là se former, se modifier, se combiner de mille et mille manières; car si l'imagination se perd dans l'infini lorsqu'elle veut errer à travers les combinaisons des nombres, que deviendrait-elle, si elle pensait à scruter les combinaisons de ses propres idées? Et cependant ces combinaisons ne sont que des imitations sans fin d'idées mêmes prises sous divers points de vue. Vous parlez; que fait mon esprit? il esquisse avec une rapidité mystérieuse une pensée dont la vôtre est le type; il se hâte de copier ce qui est dans votre âme, et il y réussit avec plus ou moins d'exactitude, selon qu'il a plus ou moins d'adresse, selon le talent qu'il a reçu de Dieu pour ce genre de peinture. Je lis un ouvrage; à chaque mot, à chaque ligne, à chaque page, mon esprit recommence la même opération, et, s'il est fort dans son art, il reformera, en lui-même, après la lecture achevée, le plan général ou confus que l'auteur du livre avait possédé. Mystère incompréhensible qu'une combinaison de caractères morts, et ne signifiant rien par eux-mêmes, soit un intermédiaire suffisant entre deux âmes qui ne se sont jamais vues, entre la mienne et celle de Platon, par exemple, pour que la mienne s'informe à l'image de celle de Platon.

Il en est de même dans le monde des vertus. En est-il une seule dont la pratique ne soit une imitation? Quel homme oserait se dire l'inventeur premier d'une vertu? Celui-là prouverait, par sa prétention même, qu'il ne la connaît ni ne la possède. Nous choisissons nos modèles dans l'ordre moral et notre mérite consiste, avant tout, dans la bonté de ce choix. Lisez les moralistes les plus antiques, ceux de la Chine, ceux de l'Inde, ceux de la Grèce, ceux de Rome, vous trouvez partout des modèles proposés avec cette grande maxime : Imitez les anciens.

En fait de littérature et d'art, vous vous perdez encore dans des séries indéfinies d'imitations. Les artistes imitent la nature comme la nature s'imite elle-même. Les littérateurs font comme les artistes; et les uns et les autres imitent des maîtres qui les ont précédés.

Il est vrai que tout n'est pas imitation pure du modèle immédiat dans ces imitations; on ajoute, on modifie, on s'élève souvent plus haut que celui qu'on imite; mais, en surpassant le maître, on imite encore, comme nous en ferons la remarque un peu plus loin, de sorte que l'originalité n'est elle-même qu'une plus parfaite imitation.

Voilà le phénomène universel dans l'ordre de la nature, et il se retrouve également dans l'ordre de la grâce. Que sont tous ces grands hommes, qu'on appelle saints, dans l'Église, sinon des modèles proposés sans cesse à l'imitation de ses fidèles? Depuis les patriarches jusqu'aux pères des générations présentes qui ont saintement vécu, ce ne sont qu'exemplaires à imiter. L'homme ne crée rien dans aucun ordre, il ne sait que copier, avec plus ou moins d'excellence, quelque chose ou quelqu'un qui existait avant la copie.

Mais, s'il en est ainsi, nous devons nous demander quel est le premier type de la série des imitations, quel en est le point de départ; c'est une chaîne d'anneaux dont le suivant s'appuie sur le précédent, pour jouer dans l'univers un rôle semblable au sien, et cette chaîne ne saurait se passer d'un premier anneau. S'arrêter, dans la progression ascendante, à un des termes moyens, c'est briser avec le bon sens et tenter l'impossible, car il est, au fond de nos consciences, une voix qui ne cesse de crier, avec autant de force aux échelons les plus reculés qu'aux premiers de la série : Monte, monte encore; et cette voix ne se résout au silence qu'à la découverte de celui qui est sans précédent, et qui peut s'en passer. Point de copie sans original, dit-elle incessamment jusqu'à l'original qui n'est copie sous aucun rapport.

S'agit-il de la beauté en sculpture, en peinture, en architecture, dans tous les arts, nous ne voyons que des images, s'imitant les unes les autres, et nous sommes oppressés jusqu'à l'aperception du type radical de cette beauté, qui est la beauté même en soi, de soi et par soi. S'agit-il d'une science, nous n'y voyons que des idées superposées les unes aux autres, comme ces séries de lustres qui se prolongent dans les glaces des salons, et nous cherchons le type qui se réfléchit ainsi d'âme en âme. S'agit-il d'une vertu, c'est une merveille semblable demandant avec l'inflexibilité de la logique, la même explication. Nous sommes enveloppés, dans tous les ordres, de choses bonnes, de choses vraies, de choses belles, qui ne sont, de leur nature, que des images réfléchies sous des milliers de formes différentes; et notre esprit soupire après l'objet réel dont les rayonnements infinis sont, à la fois, les causes productrices et les types originaux de tous les jeux de lumière.

Cette pensée poursuivit, durant plus de soixante ans, le génie de Platon, lui inspira toutes ses conceptions, et l'éleva jusqu'à la grande formule de toute science, de toute morale et de tout art, sur laquelle retomberont à jamais les vrais philosophes, qui les satisfera tous, et que nous allons répéter comme le dernier mot de l'énigme humaine, comme la réponse finale à toutes les questions de l'esthétique, de l'éthique et de la dogmatique. La révélation, dans le génie de saint Paul, pose la même formule sous des termes pareils, avec une supériorité d'énergie et d'assurance.

L'imitation, avons-nous dit, se joue et se dilate dans l'ordre naturel et dans l'ordre surnaturel, c'est-à-dire de toutes parts et sous tous les rapports, en sorte que ce grand univers dont nous sommes des membres, n'est autre qu'un immense atelier de copistes, et il faut un original commun à toutes les copies. Sera-t-il le même dans l'ordre de la création et dans l'ordre de la rédemption? Prenons-le d'abord sous sa double forme directement perçue par l'œil à la portée duquel il se pose.

Que serait-il dans la nature, s'il n'était le créateur même de la nature et de ses lois? le type du bon ne peut être que le bon absolu; celui du beau, le beau absolu; celui du vrai, la vérité absolue; et ces trois types n'en peuvent former qu'un seul, car, d'en supposer trois qui seraient distincts, serait ravir à chacun d'eux une partie de son essence, le beau, le vrai et le bien étant essentiels chacun à chacun; or le créateur des imitations n'est évidemment que le type premier des images dans lesquelles ces imitations se réalisent.

Que serait-il dans la rédemption, s'il n'était le rédempteur même de la nature, celui qui vient l'élever de l'état sauvage où elle était tombée à l'état de culture domestique, où elle peut, désormais, fleurir comme la rose des jardins, greffée sur l'églantier par l'artiste?

Dans le premier ordre, c'est Dieu; dans le second, c'est Jésus-Christ. Dans le premier, c'est la nature éternelle qui crée; dans le second, c'est l'art tout-puissant qui cultive, restaure et embellit. Voilà les deux modèles de toutes les imitations; et ceux qui s'en éloignent vont dans les ténèbres où l'imagination dépérit, faute d'exemplaire aperçu. La philosophie propose Dieu; la révélation propose le Christ. Elles disent l'une et l'autre : Voilà l'exemplaire élevé sur les hauteurs; imitez-le.

Platon dit, dans le *Timée*, que Dieu, en créant le monde, « fit une image de l'éternel modèle, qui était lui-même, et que l'homme fut fait à l'image des dieux nés, après que les dieux nés eurent été faits à l'image de Dieu. » Et, partant de cette base, il s'élève jusqu'à poser comme loi suprême de toute grandeur humaine, qu'*il faut imiter Dieu*. Voici comment il la résume dans le *Théétète* :

« Généreux transfuges de cette patrie mortelle, ressemblons à Dieu autant qu'il est permis à l'homme : on lui ressemble par la justice, la science et la sainteté. O combien il sera difficile de persuader au peuple que, si l'on doit fuir le vice et pratiquer la vertu, ce n'est pas, comme il le croit, pour éviter le blâme et mériter la louange! Cette raison est aussi frivole que toutes ses fables. Voici la vérité : Dieu ne peut être injuste, puisqu'il est la justice même; et rien ne lui ressemble tant que le plus juste des hommes. De là dépend notre vraie grandeur, ou notre bassesse et notre néant. *Connaître et imiter Dieu*, c'est la science, la vertu réelle; l'ignorer, c'est n'avoir ni science ni vertu. »

Cette idée sublime fut saisie et répétée par tous les platoniciens. Plotin s'applique à la développer transcendentalement dans la II° Ennéade. Alcinoüs a grand soin d'en tirer parti ainsi que Porphyre (*De abst.*, 34), Jamblique (*De myster.*, I, 15, x, 5); *Protreptic.*, c. 19), Arrien. (*In Epict.*, II, 14.) Sénèque a écrit dans la lettre 95 et en maints passages : « Le meilleur culte qu'on puisse rendre à Dieu, c'est de l'imiter; » et Hiéroclès commente dans le même sens le 54° des vers dorés attribués à Pythagore.

Plusieurs philosophes des antiques civilisations de l'extrême Orient étaient parvenus à préciser les mêmes conclusions. On les trouve dans Lao-Tseu, dans des livres bouddhistes; et voici comment les résume Koung-Feu-Tseu dans le *Chou-King* : « Il n'y a que le ciel qui soit souverainement intelligent et éclairé; l'homme parfait l'imite; » et Lao-Tseu dit dans le même sens : « La terre imite le ciel, le ciel la raison souveraine, et la raison s'imite elle-même, car elle est nécessairement son propre modèle. »

La révélation chrétienne, qui s'empresse toujours d'apposer son sceau aux enseignements de la philosophie pure, tout en y surajoutant la divine auréole des vérités surnaturelles de la rédemption, nous dit par la bouche auguste de Jésus lui-même : *Soyez parfaits comme votre Père est parfait*; et saint Paul, tout à la fois interprète de la philosophie et de la révélation, nous crie dans les termes platoniques : *Soyez les imitateurs de Dieu* : « *Imitatores Dei estote.* » (*Ephes.* v, 1.) Viennent après lui les Clément d'Alexandrie (*Stromat.*, l. II), les Cyrille (*Advers. Julian.*, l. v), Théodoret (*Therap.*, XI), et tous les Pères. « La fin de tout culte religieux, dit Augustin, doit être d'imiter le Dieu qu'on adore. » (*De civit. Dei*, VIII, 17, etc.) Synésius écrit au consul Aurélien : « Faire le bien comme Dieu, c'est participer de sa nature; c'est rapprocher l'imitateur du modèle. Tu as su t'identifier avec Dieu par ce noble sentiment qui vient de lui. » (Epist. 31.)

Pourquoi donc Pascal fait-il l'observation suivante, comme si le christianisme différait beaucoup, dans ses enseignements, de la philosophie, et s'éloignait de la nature? « Le christianisme est étrange; il ordonne à l'homme de reconnaître qu'il est vil et même abominable, et il lui ordonne, en même temps, de vouloir être semblable à Dieu. Sans un tel contre poids, cette élévation le rendrait horriblement vain, ou cet abaissement le rendrait humblement abject. » Ces paroles, saturées de jansénisme, sont originales et éloquentes, mais peu mesurées.

Où donc l'Evangile nous représente-t-il l'homme comme un être *vil* et *abominable* ; et de ce que nous ayons pour devoir d'augmenter, par la vertu et la science, nos traits de ressemblance avec Dieu, que s'ensuit-il, sinon que notre imperfection doit nous être sans cesse présente, et que nous devons nous humilier d'autant mieux, que nous nous élevons plus haut vers une grandeur, qui nous écrase davantage à proportion que nous pénétrons plus profondément dans ses énigmes par la science et par l'art.

Venons à l'ordre surnaturel. C'est le Christ qui nous est offert comme modèle des modèles. Lui-même il nous dit : « Je suis venu en exemple, afin que ce que j'ai fait, vous le fassiez comme moi. » Et Paul se charge de développer cette pensée sous toutes les formes. Il ne voit que le Christ, ramène tout au Christ, ne pense qu'au Christ ; il ne peut ouvrir la bouche sans que le nom du Christ se mêle à toutes ses paroles : il remonte à ce type de la science et de la sainteté, comme Platon remonte à Dieu. Il s'écrie : *Dieu nous a prédestinés à devenir conformes à l'image de son Fils, afin qu'il soit le premier-né entre beaucoup de frères.* (Rom. VIII, 29.)

Mais qu'est-il ce type à imiter, ce Fils de Dieu, cet aîné de la famille ? C'est encore Dieu, mais Dieu incarné sous une forme que la nature ignore, et que la révélation seule nous fait connaître, sous la forme d'un ouvrier naissant, vivant et mourant parmi nous pour nous montrer la voie. Quand Socrate et Platon disaient qu'il faut imiter Dieu, il s'agissait, dans leur pensée, d'un idéal de sagesse et de bonté que l'intelligence seule pouvait voir en s'élevant au-dessus de l'univers sensible; depuis que le Christ est venu, cet idéal s'est rendu visible ; il s'est incarné dans le monde des corps, a pris rang dans l'assemblée des hommes, a rempli devant nous le rôle d'homme parfait, et l'imitation est devenue facile. Les saints s'imiteront désormais les uns les autres, et tous, en s'imitant, imiteront Jésus-Christ, la sainteté en soi humanisée.

Voilà donc les deux types radicaux des deux ordres qui se confondent en un; il nous reste le même Dieu pour centre universel où convergent toutes les imitations; et c'est ainsi que se réalise, au point de vue que nous envisageons, l'harmonie complète entre le naturel et le surnaturel.

Encore une observation. S'informer à l'image de ce qu'il y a de vrai, de bien et de beau dans les degrés intermédiaires entre soi et Dieu, imiter soi et le Christ, c'est, en résultat, imiter Dieu et le Christ. Mais en quoi consiste la supériorité du génie et de la vertu ? Dans une originalité relative à ces degrés intermédiaires, et qui n'est, en soi, qu'une imitation directe et immédiate du premier type. Celui qui s'élève, dans la science et dans l'art, jusqu'au vrai absolu, jusqu'à la beauté parfaite, en faisant un grand saut par-dessus tous les intervalles, est l'homme de génie ; il perfectionne la science et l'art, et devient, pour l'humanité, un modèle nouveau. Il en est de même dans l'ordre de la sainteté surnaturelle au sein du christianisme. Si la vertu, non satisfaite des exemplaires imparfaits qui remplissent la distance, fait de grands efforts pour imiter directement Jésus-Christ, parvient à le bien comprendre et réussit à lui ressembler, elle domine au conseil des vertus, elle devient la force sublime qui correspond au génie et qui poursuit l'œuvre sainte du salut du monde. Souvent le martyre sera sa récompense, et elle n'en sera que plus sublime encore, puisqu'elle ressemblera davantage à son modèle.

Cette idée n'est pas de nous; elle est développée dans Platon et dans saint Paul aux deux points de vue du Créateur et du Rédempteur, avec une sublimité qui nous a fait dire, en lisant l'un et l'autre, que, si Platon avait été le disciple de Jésus, il eût été un saint Paul, et que si saint Paul avait été le disciple de Socrate, il eût été un Platon.

Saint Augustin, qui les connaissait tous deux, explique comme il suit cette pensée au XXe liv. du ch. 13 de ses *Confessions*, à propos de ces paroles de saint Paul : *Transformez-vous par un entier renouvellement de votre esprit.* (Rom. XII, 2.)

« Dans ce renouvellement, à quoi l'Apôtre nous exhorte, nous ne prenons plus pour règle et pour modèle ceux qui nous ont devancés dans la voie; et ce n'est plus l'exemple ni l'autorité de ce qu'il y a de meilleur et de plus saint parmi les hommes, que nous nous proposons de suivre ; c'est vous-même, Seigneur, que nous imitons dans ce renouvellement qui trace en nous les traits de votre ressemblance; nous consultons nous-mêmes votre sainte volonté, et nous ne nous proposons plus d'autre règle. C'est à quoi ce fidèle dispensateur de votre vérité, qui ne voulait pas que ceux qu'il avait engendrés par l'Evangile demeurassent des enfants qu'il ne pût nourrir que de lait, et qu'il fût obligé de tenir toujours sur son sein, comme une nourrice qui veut échauffer son nourrisson, le tient sur son sein, les exhortait par ces paroles : *Transformez-vous par un entier renouvellement de votre esprit, afin d'être capables de reconnaître par vous-mêmes ce que Dieu demande de vous, et de discerner ce qu'il y a de meilleur, de plus parfait et de plus agréable à ses yeux* (*loc. cit.*), car celui dont l'esprit *renouvelle* de cette sorte, voit les splendeurs de votre vérité par les yeux de son intelligence, et n'a plus besoin qu'un autre homme la lui fasse connaître; il n'en est plus à imiter ceux de son espèce ; c'est vous-même qu'il a pour guide et pour modèle, et c'est à la faveur des lumières que vous lui communiquez qu'il reconnaît, sans l'aide de personne, ce que votre volonté demande de lui, ce qu'il y a de meilleur, de plus parfait et de plus agréable à ses yeux. »

Ce que nous venons de dire dans cet article, après les grands génies et les grands saints que nous avons cités, paraît simple, et l'est en effet ; la pieuse mère le pourrait dire à son enfant, et le lui dit souvent.

Voilà cependant, nous le répétons, la solution de tous les problèmes de la philosophie, de la morale et de l'art; c'est la définition du génie et de la vertu.—*Voy.* Littérature—Christianisme.

IMITER DIEU.—CONFUCIUS. *Voy.* Morale, I, 11.

IMMACULÉE CONCEPTION DE MARIE (L') DEVANT LA FOI ET DEVANT LA RAISON. (II° part., art. 46.)—L'Immaculée Conception de la mère du Christ vient, cette année même, d'être officiellement déclarée dogme de foi catholique. Cet événement est très-important dans l'Eglise, et par la rareté des proclamations de ce genre, et par les rapports intimes que celle-ci présente avec le dogme antique de la déchéance, et par le caractère de cette vérité qui, d'une part, n'est point, comme presque tous les dogmes, nécessairement impliquée dans la révélation au regard de la logique naturelle, et, d'autre part, ne s'est universalisée explicitement que depuis quelques siècles dans la croyance de l'Eglise ; enfin, par la forme qu'a employée l'autorité ecclésiastique pour la déclarer. On a soulevé des objections assez graves en apparence contre cet acte de l'Eglise provoqué par Pie IX ; ces oppositions, bien qu'elles ne se soient pas organisées d'une manière ouverte, et que, très-probablement, elles soient destinées à s'éteindre sans bruit, n'en ont pas moins circulé sourdement dans les conversations sur des proportions assez larges ; elles se sont montrées aussi, et se montrent encore, dans quelques écrits même périodiques ; c'est pourquoi nous jugeons utile de faire entrer, dans cet ouvrage, une étude raisonnée et impartiale de cette question. Nous ne cacherons rien de tout ce que nous savons, et nos conclusions en auront d'autant plus de force comme justification de l'Eglise. Pour traiter cette matière avec ordre et de manière à tout dire, nous ferons six paragraphes, dont voici la série :

I.—*Etat de la question considérée a priori devant la raison catholique.*

II.—*Etat de la question devant l'Ecriture, la tradition apostolique et l'Eglise, à ne considérer que les dix premiers siècles de l'ère chrétienne.*

III.—*Etat de la question devant l'Eglise à partir du* x^e *siècle, quant à la croyance dispersée.*

IV.—*Etat de la question au* xixe *siècle quant à la déclaration officielle collective.*

V.—*Réponses aux objections des opposants.*

VI.—*Conséquences importantes de la déclaration dogmatique de l'Immaculée Conception.*

I. — Etat de la question considérée *a priori* devant la raison catholique.

Nous expliquons, autant qu'on peut le faire, aux mots Déchéance et Rédemption, la faute d'Adam, ses suites, et le remède qu'il a plu à Dieu d'y apporter. Lisez ces articles.

Or, les principes qui y sont posés étant admis, voyons si une immunité en faveur d'une, ou même de plusieurs créatures humaines, descendant d'Adam et d'Eve par la voie ordinaire de la génération, est antipathique, *a priori*, avec la loi générale de transmission de l'état de déchéance.

Cet état, considéré dans toute son étendue, est la privation d'une perfection intellectuelle, d'une perfection morale et d'une perfection physique, que l'on aurait possédées, en vertu du cours ordinaire des choses, si l'on était ici dans les conditions primitives antérieures à la perturbation. Mais dans ces trois ordres de perfections, il en est un qu'il faut remarquer avant les autres ; c'est l'ordre moral ; car c'est lui qui implique le fond du phénomène. La perfection morale primitive présentait deux conditions d'être ; une beauté intérieure de pénétration de Dieu à titre de sanctificateur, beauté qu'on a nommée en théologie grâce sanctifiante et surnaturelle par rapport à notre état présent ; et une énergie plus grande dans l'élévation vers le bien, une liberté dans la vertu plus complète, moins laborieuse, moins pénible ; cette puissance morale au bien était l'effet naturel de la première condition, ou, si l'on aime mieux, son accompagnement. Quant à la perfection intellectuelle et à la perfection physique, elles n'étaient pas essentiellement jointes à la perfection morale ; comme elles sont des qualités matérielles de compréhension spirituelle et de force mécanique, la raison concevrait très-facilement la beauté morale et la facilité du bien, avec un degré inférieur de force intellectuelle et de force corporelle. Cependant elles existaient aussi, et leur diminution a été une suite de la diminution de la beauté et de la liberté morales dans l'homme déchu ; mais la déchéance, sous ces deux rapports, n'est point l'essence même de la déchéance ; c'en est un accessoire qui est conçu possible, métaphysiquement, sans elle aussi bien qu'avec elle. Ne conçoit-on pas un être intelligent, libre et corporel, très-beau moralement, très-libre, parfaitement à couvert des atteintes du mal, et néanmoins très-limité dans ses puissances intellectuelles et corporelles ?

Cette analyse de l'état de déchéance étant comprise, remontons un instant au moment éternel où se formule en Dieu le décret de rédemption en suite de la vue de la déchéance humaine consommée. L'ordre était celui-ci : Si l'homme ne pèche pas, sa postérité, naissant de l'union des sexes, sera douée de la perfection morale dont il est doué, et aussi de perfections diverses intellectuelles et corporelles de l'espèce des siennes. S'il pèche, sa postérité sera privée de la perfection morale, qui ne lui était pas due, dont il sera déchu par sa faute, mais elle différera de lui en ce que, chez lui, cette privation aura été la suite d'un acte criminel, tandis que, chez elle, elle ne sera qu'un état passif où elle naîtra sans qu'il y ait de sa faute, et qui ne lui sera point reproché. Quant aux deux autres perfections, il en sera de même ; elles tomberont du plus au moins.

L'ordre était encore que la transmission de la privation se ferait par la voie de la génération, ce qui était très-naturel; quoi de plus convenable qu'un être, tombé à l'état simple de sauvageon, engendre des sauvageons pareils à lui-même? Or, la déchéance a lieu, et voici venir le décret de restauration. Dieu décrète son incarnation comme moyen de contre-balancer les suites de la déchéance; mais deux manières d'opérer se présentent à son bon plaisir. Restaurera-t-il la postérité d'Adam par guérison ou par préservation? Quant à Adam lui-même, il ne peut que le guérir, puisqu'il n'est plus temps de le préserver, et que l'infini, avec toute sa puissance, ne saurait faire que le passé ne soit pas ayant été; mais quant aux enfants qui ne sont pas encore, il peut les préserver avant leur naissance, ou les laisser naître dans l'état déchu, en organisant un moyen de les guérir quand ils seront nés. Il est bien certain qu'il peut ces deux choses, quoique chacune d'elles présente une difficulté; s'il choisit la guérison après naissance à l'état déchu, le père étant lui-même déjà guéri, comment se peut-il, dira-t-on, que la postérité ne naisse pas toute guérie, et par conséquent préservée, puisque la souche est déjà guérie? comment pourra-t-elle naître ayant besoin de guérison, puisqu'elle naîtra de parents que le baptême de Dieu aura déjà ramenés à l'état de beauté primitive? Si, au contraire, il choisit la préservation, on dira : Comment peut-il se faire que des enfants naissent préservés de la déchéance et doués de la beauté primitive, de pères qui ont perdu cette beauté et qui n'engendrent plus que dans la concupiscence et dans les conditions déterminées par la chute? Mais ces deux difficultés sont également sans valeur. Les résultats de la génération n'ont rien d'essentiel en soi; ils dépendent de la volonté du Créateur; Dieu peut faire une série de créatures dans laquelle l'échelle monte du moins parfait au plus parfait; le moins servant de générateur au plus, puisque c'est Dieu qui reste le vrai générateur, et que les causes secondaires ne sont que des occasions, des phénomènes s'occasionnant les uns les autres; il peut faire aussi la série dans laquelle l'échelle descend du plus au moins par la même raison. Voilà l'explication fondamentale et générale. Dans le cas présent, il suffit de comprendre que, si Dieu choisit la guérison postérieure à la naissance dans l'état déchu, la loi sera que chaque guérison ne peut être qu'individuelle, et relative, en cette vie, à la partie morale, le fond de la nature gardant la dégénérescence par le côté générateur qui est le côté physique; d'où il suivra que, tout guéri, tout baptisé que sera l'individu, tout lavé qu'il sera de sa tache morale, il n'en devra pas moins engendrer des êtres déchus, ayant besoin de guérison à leur tour, parce que le fond matériel par lequel il est capable d'engendrer gardera, en cette vie, son imperfection suite de la déchéance. Si, au contraire, Dieu choisit la préservation, il suffit de comprendre qu'en laissant la partie intellectuelle et la partie matérielle se reproduire dans les conditions de la déchéance, il agisse directement, par sa volonté toute-puissante, sur chaque individu au moment de sa conception, et ne souffre pas que le nouvel être soit un seul instant privé de la beauté primitive dans sa partie morale; cette action consistera seulement à empêcher que les deux autres parties, et surtout la matérielle, par laquelle se fait la génération, influent sur la morale de manière à lui communiquer leur défaut. Si l'on supposait que l'être tout entier, dans ses trois parties, fût préservé, tout s'expliquerait de soi-même; car rien de plus naturel que chaque père et chaque mère engendrassent des êtres aussi parfaits qu'eux; Adam et Eve feraient seuls difficulté; mais on dirait alors qu'eux-mêmes auraient été totalement guéris. Il nous faut raisonner dans l'hypothèse du fond intellectuel et matériel restant le même, c'est-à-dire gardant l'imperfection, suite de la chute; et, dans cette supposition, nous disons que la préservation et la guérison sont également possibles; les raisons que nous venons d'en donner reviennent à cette simple observation qu'il est également possible à Dieu, de faire que le fond intellectuel et corporel déchu influe ou n'influe pas, pendant la conception, sur le fond moral, de manière à lui communiquer l'imperfection de la déchéance. Cette influence et cette non-influence, cette concomitance et cette non-concomitance sont également possibles, puisque nous avons posé en principe que la déchéance intellectuelle et physique n'est pas tellement liée à la déchéance morale que la séparation ne puisse en être conçue.

Voilà donc Dieu pouvant sauver le genre humain dont Adam est la souche, par préservation ou par guérison, tout en laissant les individus s'engendrer dans le même état déchu, quant à la faiblesse d'intelligence et quant aux assujettissements corporels, tel que la douleur, la mort, etc. Or, ce qu'on peut faire pour tous, on peut le faire pour un, deux, trois, etc., en particulier. Donc il est très-facile de comprendre que la sainte Vierge ait été sauvée de l'imperfection morale originelle, véritable essence de la déchéance, par préservation, pendant que tous les autres enfants d'Adam le sont par guérison. Elle est conçue et naît par les moyens ordinaires, cela est vrai; elle ressemble, quoique avec avantage, aux autres femmes en puissance intellectuelle, cela paraît naturel à penser d'après ce qu'en rapporte l'Evangile; elle est surtout semblable aux autres quant aux besoins physiques, aux assujettissements, aux misères, aux douleurs, à la mort, cela est encore vrai; mais nous venons de concevoir la beauté morale primitive, alliée aux imperfections intellectuelles et corporelles, suites de la déchéance; nous venons de concevoir un fond moral qui surgit, du néant, aussi beau qu'il eût été s'il n'y avait pas eu déchéance, avec un fond intellectuel et physique, imparfait, dont il ne reçoit aucune atteinte et qui est la seule transmission résultant de la génération paternelle et maternelle dans l'être engendré. Rien n'est donc plus facile à comprendre *a priori* que la conception immaculée de la mère du Christ. C'est la rédemption qui se fait, relativement à elle, par préservation, lorsqu'elle ne se fait que par guérison relativement à nous, d'où il est dit, dans la bulle qui déclare ce dogme, qu'elle a été préservée en vertu des mérites du Rédempteur, comme nous sommes guéris par les mêmes mérites. Si on soutenait qu'étant fille d'Adam, elle n'a pas eu besoin de rédempteur pour être élevée à l'état surnaturel, on concevrait des réclamations ; il y aurait contradiction à dire pareille chose ; par le décret de la création, tout enfant d'Adam doit naître non déchu, si le père ne pèche pas, déchu si le père pèche ; et jusqu'alors Marie, étant fille d'Adam, appartient à la loi commune; puis, la déchéance survenant, vient le décret de la rédemption, en vue de combattre les effets de la déchéance, et tout ce qui se fait dans la postérité d'Adam, à l'encontre de cette déchéance, soit par préservation, soit par guérison, fait partie de la rédemption ; il est donc essentiel de dire que la Vierge est rachetée, comme tous les hommes, par Jésus-Christ ; pour avoir droit de parler d'elle autrement, il faudrait lui ôter le titre de fille des hommes, ce qui est contraire à tout ce qu'en pense l'Église ; d'ailleurs la même croyance qui la dit conçue sans la tache originelle, la dit ainsi conçue par un privilége spécial de Dieu en tant que rédempteur ; il n'y a donc aucune difficulté de ce côté-là. C'est le Fils de Dieu, c'est le Sauveur qui la préserve des suites de la déchéance sous le rapport moral, comme il nous en guérit par le baptême, sous le même rapport seulement, puisque le baptême ne nous donne pas une intelligence plus puissante et un corps moins mortel et moins misérable. Il n'y a de différence entre la rédemption de la Vierge et la nôtre, que dans le mode. Qu'une épidémie règne dans un lieu, et s'attaque à tous les habitants ; qu'un médecin habile trouve un remède pour ceux qui la contractent, et un préservatif pour d'autres qui doivent la contracter ; Pierre contracte la maladie et est guéri par le premier remède ; Paul devait la contracter, mais il en est préservé par le second remède ; ne sont-ils pas tous deux sauvés par le médecin ? Voilà tout le mystère.

Entrons dans une analyse encore plus minutieuse à l'aide des données que fournit la science médicale sur la génération des organismes. Nous avons déjà dit que la matière totale de ce mystère consiste dans l'ovule, germe du fruit, et dans la poussière ou rosée fécondante qui transforme l'ovule en fruit véritable susceptible de développement. L'un et l'autre eussent existé avant la déchéance et tout se serait fait de la même manière ; la seule différence aurait consisté en ce que les deux matières n'étant pas viciées, auraient produit, par leurs concours, un être plus fort physiquement et intellectuellement, plus beau moralement. Quant à l'abaissement physique et intellectuel, nous avons dit que tout suit, dans le cas de préservation comme dans celui de guérison, la même marche ; la rédemption ne s'applique, dans cette vie, quelque soit son mode, qu'à la partie morale. Il y a mieux, le Christ lui-même, dont le germe, en tant qu'homme, fut un de ceux que possédait sa mère, présente du côté physique les imperfections suites de la déchéance, puisqu'il fut sujet aux douleurs, à la mort, aux besoins qui nous incombent. Nous ne devons donc nous occuper, quant à la Vierge, que de la partie morale. Cette partie, ainsi que la partie intellectuelle, commence d'être et de rayonner, quoique d'une manière insensible, au moment qui détermine la première formation du foyer humain susceptible de développement. Que faut il donc pour qu'elle soit préservée de manière à ne présenter un seul instant l'imperfection qu'on nomme la tache d'origine? il suffit que le principe immatériel qui s'élance du néant dans l'être lors de la fusion des deux éléments soit soustrait, sous le rapport moral, à l'influence délétère corrosive de ces deux éléments ; dira-t-on que Dieu ne peut pas faire cela ? on conçoit plus difficilement la loi commune qui implique cette influence. Ne peut-on pas dire aussi que les deux principes matériels sont modifiés antérieurement à leur fusion, de manière à redevenir semblables à ce qu'ils auraient été sans la déchéance, quant à leur influence sur la partie morale ? tout préservatif médical relatif à une épidémie est aussi mystérieux, aussi difficile à expliquer dans son action intime.

Allons plus loin encore. La matière n'est-elle, comme le soutient Berkeley, qu'une modification de l'esprit ? Est-elle, comme le soutient Leibnitz, une hiérarchie de monades commandée par une monade-âme ? Est-elle, enfin, comme le veut Descartes, une substance infiniment divisible, totalement distincte de l'âme et de la nature des âmes ? — Dans cette troisième hypothèse, ce qu'il y a de difficile à comprendre, c'est l'influence de la matière sur l'esprit, du vase sur son contenu, dans la transmission de la tache originelle, mais ce n'est pas une préservation de l'esprit ; il semblerait plutôt que toutes les âmes devraient sortir pures du néant, et n'être pas influencées par les corps qui leur sont donnés pour demeure, au point d'en contracter des imperfections qui leur soient propres ; cet effet se conçoit au moins bien plus difficilement que son contraire : or ce contraire, par rapport à une âme en particulier, est la préservation dont il s'agit. — Dans l'hypothèse de Leibnitz, le contenant et le contenu étant de même nature, on conçoit mieux l'influence de l'un sur l'autre en détérioration ; mais on conçoit très-bien aussi l'absence de cette influence, soit par modification antécédente dans le père et la mère, soit par isolement, sous le rapport moral ; de l'âme relativement a sa demeure. — Enfin, dans l'hypothèse de Berkeley, tout devient de la simplicité la plus grande ; il n'y a plus substantiellement que des âmes ; la transmission de l'imperfection originelle se fait purement et simplement, comme la génération elle-même, en vertu d'une loi primitive du Créateur ; et pour concevoir la préservation dans un cas donné, il suffit de comprendre une exception à la loi, ayant pour effet de faire que le moins engendre le plus. Puisqu'en dernière analyse c'est Dieu qui crée chaque individu, il peut le créer dans une perfection plus grande que celle qui résulte du cours ordinaire des choses, dans une perfection morale aussi grande que celle qui aurait eu lieu pour chaque âme humaine dans l'hypothèse de l'absence de déchéance.

Donc, de quelque côté qu'on tourne sa pensée, on ne découvre *a priori* aucune difficulté réelle, aucune impossibilité.

Mais, s'il en est ainsi, la raison, en partant des données chrétiennes, ne peut-elle pas aller un peu plus loin ? ne peut-elle pas se demander lequel lui paraît le plus convenable, que la mère du Christ ait été préservée ou simplement guérie comme nous tous ? Oui, sans doute ; ce n'est pas, chez elle, trop d'audace, puisque Dieu lui a donné la puissance de présumer les convenances des choses, aussi bien que celle d'en concevoir les possibilités ou les impossibilités.

Or, portant la question *a priori* sur ce terrain, nous n'avons pas peur de répondre que l'immaculée conception, en d'autres termes, la préservation ou la mesure préventive contre les effets de la chute, paraît à la raison plus convenable et plus naturelle que la guérison simple après le mal contracté. C'est une opération unique et immense dans l'humanité que celle de la rédemption ; c'est une femme bien singulièrement privilégiée, bien distinguée de toutes les autres, que celle qui sera la mère du Rédempteur ; c'est un sein tout particulier que celui qui fournira le germe physique de l'Homme-Dieu, où il se développera et sucera la vie matérielle avant et après sa naissance. Il n'y a, entre toutes les créatures humaines, qu'une Marie mère du Christ, qu'une vierge qui enfante en restant vierge ; il n'y a qu'une femme qui doive être liée au Dieu incarné par les rapports intimes, profonds, ineffables de la mère au fils. Quoi de plus naturel, quoi de plus convenable, quoi de plus présumable que Dieu fasse une exception pour cette femme, se hâte, en quelque sorte, de la sauver en la sauvant par préservation, prenne les devants sur elle, la distingue, enfin, de tous ceux dont elle sera l'instrument de salut, par le mode de restauration qu'il emploiera à son égard ? Il nous semble qu'il suffit d'énoncer cette convenance pour qu'elle soit immédiatement comprise. Ce n'est pas, sans doute, nécessité ; Dieu fera ce qu'il voudra, et tout se concevra dans les deux systèmes ; mais c'est à nos yeux une grande probabilité rationnelle.

C'est ainsi qu'en juge la raison catholique *a priori* ; et, la question en étant à ce point, il ne reste plus qu'à chercher ce que Dieu a fait réellement, à l'aide des moyens surnaturels de connaissance qu'il nous a fournis, lesquels sont l'Ecriture et la tradition comme sources, et l'Eglise comme autorité chargée de tirer les déductions de l'Ecriture et de la tradition.

II. — Etat de la question devant l'Ecriture, devant la tradition apostolique et devant l'Eglise, pendant les dix premiers siècles de l'ère chrétienne.

1. *Devant l'Ecriture.* — Une proposition dogmatique peut se trouver dans plusieurs situations relativement à l'Ecriture sainte ; elle peut y être explicitement affirmée, de manière à ce que le simple lecteur ne puisse s'empêcher de l'y voir ; elle peut y être impliquée par mode de déduction logique, de manière que le simple logicien ne puisse s'empêcher de la conclure d'affirmations plus générales qui la contiennent ; elle peut y être impliquée en manière de déduction libre, de telle sorte que le logicien soit obligé de dire : Cela peut signifier la proposition, en lui donnant une extension large, mais il n'est point nécessaire de l'entendre ainsi, d'où je conclus que je n'ai droit ni de nier ni d'affirmer qu'elle y soit contenue ; elle peut être niée par l'Ecriture, soit explicitement, soit par déduction logique et nécessaire : nous ne parlons pas de la négation possible par déduction libre, puisqu'elle serait sans valeur comme réfutation ; enfin, elle peut n'y être traitée d'aucune manière, de sorte qu'aucune phrase ne présente aucun rapport avec elle, prochain ou éloigné.

Voyons dans lequel de ces six états se trouve le dogme de l'Immaculée Conception relativement à l'Ecriture sainte.

1° Tout le monde accorde que les apôtres n'ont point dit explicitement, dans leurs écrits, que la mère du Christ ait été exempte de la tache d'origine.

2° Tout le monde accorde encore qu'il ne se trouve dans l'Ecriture sainte, aussi bien dans l'Ancien Testament que dans le Nouveau, aucune affirmation impliquant logiquement et nécessairement cette vérité.

3° Tout le monde accorde encore, et est obligé d'accorder, que ce dogme n'est point nié explicitement et positivement dans l'Ecriture.

4° Les opposants à l'immaculée conception prétendent que ce dogme est nié dans l'Ecriture par voie de déduction et implicitement. Nous allons dire tout à l'heure ce qu'il faut penser de leurs raisons.

5° Il serait absurde de prétendre qu'il ne se trouve dans l'Ecriture aucun discours ayant quelque rapport à ce point doctrinal, et qu'on puisse discuter comme favorable ou comme défavorable. C'est ce qui va résulter de notre examen.

6° La vérité est que l'Ecriture ne prouve logiquement ni le pour ni le contre, mais qu'elle renferme quelques paroles qui peuvent impliquer l'immaculée conception, sans cependant l'impliquer nécessairement.

Les trois dernières propositions sont les seules importantes, puisqu'il n'existe pas de controverse sur les trois premières. On va comprendre ce qu'il en faut penser par l'exposé des raisons contre et des raisons pour l'Immaculée Conception tirées de l'Ecriture.

Textes défavorables à l'Immaculée Conception.

Voici les principaux. 1° Après la chute d'Eve et de son mari, Dieu dit au serpent : *Puisque tu as fait cela, tu seras maudit entre tous les animaux....... Je placerai des inimitiés entre toi et la femme, entre ta semence et sa semence; elle écrasera ta tête, et tu chercheras à la mordre au talon.* Il dit aussi à la femme : *Je multiplierai tes peines et tes conceptions; tu enfanteras tes fils dans la douleur; tu seras sous la puissance de l'homme, et il te dominera.* (Gen. III, 14-16.)

On raisonne ainsi: Au même temps où Dieu porte les malédictions, qui sont l'exposé des effets de la chute, il annonce la rédemption par la voie de la femme; or c'est à Eve qu'il parle, à Eve déchue, et c'est de cette Eve déchue, représentant la femme en général, et par conséquent la Vierge-mère en particulier, instrument propre de la rédemption, qu'il dit : Elle écrasera la tête du serpent, c'est-à-dire du mal, ou de Satan son génie personnificateur. Il est donc impliqué dans la pensée de Dieu, que la femme, par le moyen de laquelle le genre humain sera sauvé, dans le sein de laquelle se fera l'incarnation du Rédempteur, ne différera pas des autres femmes, en ce qui concerne la chute, ne différera pas d'Eve déchue, sera, en un mot, cette Eve même, quant au genre et à l'espèce, à part seulement la distinction des individualités. Or, la première condition d'identité de manière d'être et de ressemblance, c'est la conception dans l'état de déchéance. Le pronom *ipsa*, en montrant Eve déchue, est d'une grande force.

2° Jésus-Christ, lorsqu'il parle de lui comme rédempteur, dit toujours, sans exception, « qu'il est venu sauver ce qui était perdu, *quod perierat* (Matth., XVIII, 11) ; que ce ne sont point les bien portants, mais les malades qui ont besoin de médecin (Matth. IX, 12) ; qu'il n'est pas venu appeler les justes, mais les pécheurs (Matth. IX, 13), qu'il n'est envoyé que pour les brebis perdues (Matth. XV, 24) ; que son sang sera répandu en rémission des péchés et non en préservation des péchés (Matth. XXVI, 28) ; que quiconque n'est régénéré, *renatus fuerit denuo*, ne peut voir le royaume de Dieu (Joan. III, 3) ; que celui qui ne renaît de l'eau et de l'esprit ne peut entrer dans le royaume de Dieu (Ibid., 5); que ce qui est né de la chair est chair, que ce qui est né de l'esprit est esprit (Ibid., 6), » etc, etc.

Or, dit-on, tout cela suppose que la loi de déchéance est absolue, qu'elle tombe sur tout ce qui naît dans l'humanité par la voie ordinaire de l'union charnelle, et que la rédemption se fait, pour tous sans exception, par régénération, rémission, restauration, en un mot, guérison.

On ajoute que Jésus-Christ ne fait aucune distinction entre sa mère et les autres femmes : il lui dit aux noces de Cana : *Femme, qu'y a-t-il de commun entre vous et moi?* (Joan. XI, 4.) Une femme du peuple s'écrie : *Heureuses les entrailles qui vous ont porté !* il répond : *Heureux plutôt ceux qui écoutent la parole de Dieu et la mettent en pratique !* (Luc. XI, 27.) Quand on lui parle de sa mère et de ses frères, il dit : *Ceux qui sont fidèles à ma parole, voilà ma mère et mes frères*, etc. (Matth. XII, 49.)

3° Quand la vierge Marie, enceinte du Sauveur, chante Dieu et sa gloire là elle-même dans les montagnes de Judée, elle dit : *Mon esprit tressaille en Dieu mon sauveur, parce qu'il a regardé la bassesse de sa servante. Voilà que de ce jour les générations me diront heureuse, car celui qui est puissant a fait en moi de grandes choses.* (Luc. I, 47-49.)

Si Dieu, dit-on, est le Sauveur de Marie, c'est donc qu'elle a eu besoin d'être sauvée, et par suite qu'elle a participé à la déchéance ; si c'est du moment où se réalise sa maternité qu'elle doit être proclamée heureuse par excellence, ce n'est pas du jour de sa conception.

4° Toutes les fois que saint Paul parle de la déchéance, il n'en excepte aucun des enfants des hommes ; il affirme, au contraire, que tous absolument y sont assujettis, sauf Jésus-Christ qui en détruit les conséquences. Il se résume ainsi dans l'*Epître aux Romains* (V, 12, 18) : *Comme par un seul homme le péché est entré dans le monde, et par le péché la mort, et qu'ainsi la mort a passé dans tous les hommes par celui en qui tous ont péché....* (Il y a ici une longue parenthèse sur laquelle nous reviendrons pour mieux pénétrer le sens).... *Comme, dis-je, par le péché d'un seul, en tous les hommes la condamnation ; ainsi, par la justice d'un seul, en tous les hommes la justification de la vie.*

« Il se résume plus brièvement encore dans la *Ire Epitre aux Corinthiens* (XV, 22) : *Comme tous meurent en Adam, ainsi dans le Christ tous seront vivifiés.* (La suite est encore très-utile à étudier.)

Le même Apôtre fait le raisonnement suivant (II Cor. V, 14) : *Si un seul est mort pour tous, donc tous sont morts ; or, le Christ est mort pour tous, afin que ceux qui vivent ne vivent plus pour eux, mais pour celui qui est mort et est ressuscité pour eux.*

Voilà tout ce que l'Ecriture fournit de plus défavorable à l'Immaculée Conception de la Vierge-mère. Nous allons en peser la valeur un peu plus loin.

Textes favorables à l'Immaculée Conception.

On en cite quelques-uns de l'Ancien Testament, surtout du *Cantique des* cantiques, qui ne tirent leur force que de l'application qu'en fait l'Eglise à Marie ; nous ne devons pas les citer ici, mais plutôt dans l'examen de la croyance de l'Eglise.

Nous ne voyons que les paroles de l'ange à Marie, et celles d'Elisabeth à la même, qui puissent être données comme fournissant des inductions sérieuses.

L'ange étant entré, lui dit : Je vous salue, pleine de grâce; le Seigneur est avec vous; vous êtes bénie entre les femmes. (*Luc.* I, 28.)

Elisabeth ayant entendu la salutation de Marie, l'enfant tressaillit dans son sein; elle fut remplie de l'Esprit-Saint et s'écria d'une grande voix : Vous êtes bénie entre les femmes, et le fruit de vos entrailles est béni! (*Luc.*, I, 4.)

Le mot *pleine de grâce*, dans sa généralité, implique, dit-on, la préservation des ravages de la déchéance, au moins d'une manière probable. C'est le titre qui est donné à Jésus-Christ par saint Jean : *Plenum gratiæ et veritatis* (I, 14) ; or il signifie en Jésus-Christ l'absence de tache originelle, dans son humanité ; il semble donc qu'il doive signifier cette même absence en Marie. Il en est de même, et mieux encore peut-être de ces autres mots : *Vous êtes bénie entre toutes les femmes.* Ne semble-t-il pas qu'il y a une distinction posée entre Marie et tout le reste du genre humain? Or, une grande sainteté consistant, par exemple, dans l'absence de toute faute, lorsqu'il s'agit d'une jeune fille de quinze ans, serait-elle suffisante pour motiver cette distinction? Il est plus naturel d'entendre qu'elle est bénie au-dessus de toutes les femmes dès sa conception même. Les paroles d'Elisabeth corroborent celles de l'ange, et y ajoutent le rapprochement de la mère bénie au-dessus de toutes les mères avec son fruit béni lui-même ; or le mot *béni* doit s'entendre du fruit dès sa conception : il est donc naturel de l'entendre, dans la même phrase de la mère dès sa conception également.

Examen du pour et du contre.

Nous soutenons qu'il n'y a, dans toutes ces citations, rien qui puisse donner lieu à une déduction rigoureuse ; que les textes favorables, tout en ne prouvant pas, peuvent renfermer le sens le plus large qu'on leur donne pour en déduire l'Immaculée Conception, et que les textes défavorables, tout en pouvant impliquer devant l'interprétation rationnelle l'exclusion de toute exception, peuvent aussi très-facilement en admettre une ou même plusieurs.

Il est d'abord évident que les mots *pleine de grâce ; bénie entre toutes les femmes*, n'impliquent pas nécessairement l'immaculée conception ; l'idée qu'ils expriment peut très-bien ne convenir à la sainte Vierge que relativement au moment où le mystère de l'incarnation s'accomplit en elle, et relativement à sa vie actuelle depuis son âge de raison. Les deux rapprochements ne prouvent rien non plus : nous avons avancé nous-même, dans un sermon qui a été publié, que e mot *plein de grâce* n'avait été appliqué, dans les Ecritures, qu'à Jésus-Christ et à Marie ; nous nous sommes trompé ; il nous souvient l'avoir rencontré quelque part appliqué autrement ; et d'ailleurs, ce qui est dit de saint Jean-Baptiste : *Il sera rempli de l'Esprit-Saint dès le ventre de sa mère* (*Luc.* I, 15) est bien aussi fort, sinon davantage. L'autre rapprochement du mot *béni*, dans l'exclamation d'Elisabeth, n'a rien de rigoureux non plus ; la mère et l'enfant peuvent être bénis sans l'être de la même manière et sous les mêmes rapports ; cela est même nécessaire pour mille raisons.

Mais il n'est pas moins évident que ces mêmes paroles peuvent très-bien avoir le sens de l'Immaculée Conception ; que Marie peut être dite *pleine de grâce* non-seulement quant au moment où elle devient mère et quant à sa vie actuelle, mais encore quant à ce qu'elle a été dès le premier instant de son existence ; et qu'elle peut très-bien aussi être dite *bénie entre toutes les femmes*, non-seulement à cause de sa vertu et de l'élection qu'en a fait Dieu pour mère du Christ, mais encore à cause d'une distinction spéciale que Dieu en avait faite, à sa conception même, en la sauvant de la tache originelle par préservation, lorsqu'il ne sauve les autres que par guérison.

Voilà ce que nous trouvons dans les textes favorables ; les autres demandent un peu plus d'étude. Repassons-les successivement.

1° Quant à celui de la *Genèse*, sa force comme objection est dans le mot *ipsa* (la femme telle que la voilà, la femme déchue, mais qui sera guérie) *conteret caput tuum*. Or il paraît que l'hébreu et les Septante font rapporter le pronom correspondant à *ipsa*, qui, dans la Vulgate, ne peut signifier que la femme, puisqu'il ne peut remplacer *semen*, au mot même rendu par *semen*; d'où ce texte dirait seulement que le fils de la femme écrasera la tête du serpent, ce qui détruit complétement l'objection. Quoi qu'il en soit, on peut très-bien entendre, sans rien changer à la Vulgate, que de la femme prise en général, comme on dirait de la fécondité humaine, de la série des générations humaines, du genre humain, de la race des hommes, sortira celui qui tuera le serpent ; et qu'en conséquence, la fille des hommes, celle qui devient mère, l'Eve, fille d'Eve, est semblable à Eve par sa qualité de femme tirée de l'homme, mais non semblable à elle en tout point, si on la considère dans l'individualité même en qui se réalisera le prodige, lui écrasera la tête par celui qui devra le jour à sa maternité.

2° Tout ce qu'on cite de Jésus-Christ sur la régénération ne tire à aucune conséquence quant à la conception de Marie, et cela pour deux raisons : la première est qu'il suffit toujours, dans les langues humaines, pour motiver les locutions générales, que ce qui sort de la règle exprimée soit exceptionnel et particulier ; quand on énonce une généralité, elle n'est jamais absolue, jamais prise au sens rigoureux exclusif de toute exception, à moins qu'on n'insiste sur l'absence d'exceptions, qu'on ne dise formellement qu'il n'en existe aucune. Il suffit donc qu'on garde le silence sur cet article des exceptions, tout en s'exprimant comme s'il n'y en avait point, pour que le lecteur ou l'auditeur soit en droit d'en supposer encore. Tel est le langage commun, celui de la poésie, celui de la conversation, celui de l'éloquence; il n'y a que le langage du mathématicien qui soit différent; or la Bible et l'Evangile ne parlent jamais la langue des mathématiques, et parlent toutes les autres. La seconde raison est encore meilleure : tout ce qu'on cite de Jésus-Christ peut être pris au sens rigoureux, et envelopper la sainte Vierge comme les autres hommes, sans que l'immaculée conception en soit atteinte; tous, en effet, absolument tous ceux qui doivent sortir d'Adam tombent sous la loi de dégénérescence et ne peuvent en éviter les conséquences sans la rédemption; mais cette rédemption peut se faire de diverses manières, comme nous l'avons dit; elle peut se faire aussi bien par préservation que par guérison, et la préservation sera tout autant une régénération que la guérison, c'est la régénération *in principiis*; il suffit donc de dire, comme le suppose la bulle *Ineffabilis*, que la Vierge tombait comme les autres sous la loi de déchéance; qu'elle serait née en réalité avec la tache originelle, s'il n'y avait pas eu rédemption, et qu'elle a été régénérée *a radice* par Dieu rédempteur, en vue des mérites du Christ, pour que les paroles de l'Evangile lui soient applicables comme à nous, malgré sa conception immaculée. Ajoutons que beaucoup de paroles ne paraissent faire allusion qu'au péché actuel; qu'on ne peut pas prendre au sens absolu celle qui dit que, *si on ne renaît de l'eau*, on ne peut entrer dans le royaume du Christ, puisque le baptême d'eau peut être remplacé, et que la dernière citée, *ce qui est né de la chair est chair* (Joan. III, 6), ne dit rien qui ne puisse convenir à la sainte Vierge, puisque, toute conçue qu'elle fut sans la tache, elle n'en portait pas moins un corps mortel et misérable comme les autres ; c'est sur quoi nous allons avoir occasion d'insister.

Quant à ce que les évangélistes nous racontent de la conduite de Jésus devant sa mère, on peut trouver surprenant qu'il se montre, en général, sévère et grave à son égard, et qu'il paraisse s'en occuper peu; mais tout le monde avouera que cela n'a aucun rapport à l'Immaculée Conception, qui ne pouvait être un mérite dans la Vierge, puisqu'il n'y a de mérite, comme le dit Jésus, que là où il y a libre usage de ses facultés dans l'observation de la parole de vérité, et qui ne pouvait, partant, être le motif déterminant pour lequel Jésus, la justice même, traitât sa mère conçue immaculée avec plus d'égards que les autres femmes conçues maculées. Si la Vierge, en conséquence de sa conception eut moins de difficulté à être vertueuse, ce fut, au contraire, une raison pour que Jésus montrât plus d'attention à ceux pour qui la vertu était plus difficile; de sorte que l'objection tournerait à l'avantage de l'immaculée conception.

3° La double raison tirée du cantique de Marie est déjà réfutée ; Marie eut besoin d'être sauvée, sans aucun doute, de la déchéance qui pesait sur tous les enfants d'Adam ; mais elle le fut par la mesure préventive, par un préservatif. Elle se dit heureuse du moment où sa conscience lui rend compte de ses vertus et du choix divin qui détermine sa maternité ; cela est conforme à la parole du Christ : Heureux ceux qui écoutent ma voix et se rendent dignes de mes faveurs par leurs vertus !

4° L'observation que nous avons faite sur la généralité des expressions de Jésus-Christ trouve son application à la généralité des paroles du grand Apôtre; et il en est de même de l'observation sur l'absolu de la loi de déchéance que la restauration combat dans ses effets, soit par préservation, soit par guérison. Mais, de plus, ces textes donnent lieu à des remarques particulières.

Celui de l'*Epître aux Romains* (v, 12-18) parle *du péché, entré dans le monde par un homme, de la mort entrée par le péché dans tous les hommes par celui en qui tous ont péché; et enfin de la vivification ou justification de la vie opérée par la justice d'un seul, qui est le Rédempteur*. Or, il n'est pas nécessaire d'entendre par *la mort* la tache originelle proprement dite, ayant son siège dans la partie morale de l'être humain ; on peut ne voir dans ce terme que la détérioration intellectuelle et physique, l'affaiblissement de l'énergie rationnelle, pénétrative des mystères, et de l'énergie corporelle devant les douleurs et la mort matérielle, imperfections par lesquelles la Vierge a passé aussi bien que nous ; car nous ne pensons pas qu'on soutienne, en la disant sans péché, que son intelligence ait été ce qu'aurait été celle de l'homme non déchu, et que son corps n'ait point été sujet à nos misères, dont la mort est l'aboutissant. Le mot *en qui tous ont péché*, ne nie pas cette interprétation, car il peut signifier, *en qui tous ont encouru la détérioration intellectuelle et physique par son propre péché*, l'effet pouvant toujours être dit contenu dans la cause. Ce qui semble autoriser à entendre ainsi ces paroles, ce sont plusieurs explications de la parenthèse qui commence au 13° verset et finit au 17° inclusivement ; par exemple, il est dit, verset 14, que *la mort a régné même en ceux qui n'avaient point péché en la ressemblance de la prévarication d'Adam*. Nous savons que Paul entend par là le péché actuel en imitation de celui d'Adam, péché qui n'est pas la cause de la déchéance, et sans lequel elle existe également ; mais cependant, cette distinction de la mort d'avec le péché, même le péché matériel non imputé par défaut d'existence ou de connaissance de la loi (§ 13), ne semble-t-elle pas indiquer que Paul, en disant que la mort a passé dans tous, n'a sur la pensée, en ce moment, que l'affaiblissement intellectuel et physique, à laquelle la Vierge elle-même n'a pas échappé, et non le fond même du péché originel, qui est la coulpe morale, la tache, la privation d'une beauté surnaturelle de l'ordre moral, analogue en soi à celle qui résulte du péché actuel, mais très-différente quant à l'imputation par la justice, puisqu'on ne peut reprocher à un être ce qui est en lui sans sa faute.

Le texte du chapitre xv de l'*Epître aux Corinthiens* (ỹ 22), présente une particularité qui vient fortement à l'appui de l'observation relative à l'admission des exceptions, malgré la généralité des termes. *Comme tous meurent en Adam*, dit l'Apôtre, *ainsi dans le Christ tous seront vivifiés*; or est-il vrai absolument que tous seront vivifiés dans le Christ ? Que deviendrait donc la doctrine sur les enfants non régénérés, non initiés à l'ordre de la rédemption? (*Voy.* Déchéance, Vie éternelle, Rédemption, etc.) Mais si on admet les exceptions au mot *tous* du second membre, pourquoi le prendre absolument dans le premier? Voici qui est bien plus fort ; le contexte paraît exclure les exceptions en ce qui concerne la vivification, *et chacun* (sera vivifié) *en son ordre*, dit l'Apôtre, *les prémices* (en premier lieu, en tête) *le Christ, puis ceux qui sont du Christ, qui ont été en son avénement; ensuite la fin* (tout le reste) *lorsqu'il aura remis le règne à Dieu et au Père, qu'il aura aboli toute principauté, et puissance et vertu; car il faut qu'il règne jusqu'à ce qu'il ait mis tous ses ennemis sous ses pieds ; le dernier ennemi, la mort sera détruite.* (*Ibid.*, 22-26.) Ne semble-t-il pas, à de telles affirmations, sans exception qui les accompagne, que tous finiront par être vivifiés en Jésus-Christ? On répondra qu'il ne s'agit que de la résurrection des corps, comme l'indique le mot : *les prémices, le Christ*, puisqu'il ne peut s'agir, dans le Christ, de résurrection spirituelle ; nous n'allons pas contre cette explication ; mais en ce cas soyons conséquents, et disons que la mort dont parle l'Apôtre, la mort par laquelle *tous meurent en Adam*, la mort, cet ennemi dont le Christ triomphe, n'est que la mort physique, à laquelle la Vierge elle-même n'a point échappé, et qui est très-distincte de ce que l'Église entend par l'essence de la tache d'origine.

Dans le troisième passage, Paul paraît faire le raisonnement suivant : *Un seul mort pour tous ; or celui-là n'est mort que pour ceux qui avaient besoin d'être ressuscités par sa mort ; donc tous sont morts*. Mais, 1° reviennent nos raisons précédentes en faveur de l'interprétation qui n'entend, par la mort dont parle l'Apôtre, que la mort physique ; il faudrait conclure de ce sens que, s'il n'y avait pas eu rédemption, il n'y aurait pas eu résurrection des corps ; ce qui n'a rien de contraire ni à la raison, ni à la foi. 2° Si l'on veut qu'il s'agisse de la mort morale, tache originelle, reviennent nos deux raisons sur la généralité des expressions, et sur la loi de mort planant sur tous, mais dont on peut être sauvé par préservation. Il est vrai que la première raison perd ici de sa force, vu que l'Apôtre généralise la mort autant que la rédemption, et qu'on ne peut pas, en bonne théologie, mettre la Vierge en dehors de la rédemption ; ce serait la contredire elle-même, puisqu'elle a appelé Dieu son Sauveur. Mais la seconde est toujours excellente ; tous sont morts en Adam, la Vierge elle-même, c'est-à-dire que tous sont tombés tout à coup sous la loi de mort; ensuite est venue la rédemption qui a sauvé les uns par le baptême d'eau, d'autres par la foi, d'autres par le martyre, Jean-Baptiste par la sanctification dans le sein de sa mère, d'autres par d'autres moyens qu'on peut ou qu'on ne peut pas imaginer, et enfin la Vierge par préservation dans sa conception même.

On voit que la vraie conclusion à tirer de l'Écriture, c'est qu'elle ne nie point, par déduction nécessaire, l'Immaculée Conception, qu'elle ne l'affirme pas non plus, mais qu'elle présente quelques mots qui, en les entendant de la manière la plus large, peuvent l'impliquer.

Passons à la tradition.

II. — *Devant la tradition apostolique des premiers siècles.* — Nous ne pouvons, maintenant, étudier la tradition que dans les écrivains qui en ont consigné les points doctrinaux, et dont les livres nous sont restés. Ce sont, dans l'Église catholique, les Pères des premiers siècles qui sont ces écrivains ; résumons donc l'état de la question en ce qui concerne leurs témoignages, selon la méthode que nous venons déjà d'appliquer.

Autorités des premiers siècles défavorables à l'Immaculée Conception.

On allègue, 1° l'absence d'affirmations de ce point dogmatique chez les Pères de l'Église. 2° Des affirmations qu'on prétend impliquer, par déduction, la négation de ce point. 3° Des déclarations formelles et explicites, disant que la Vierge a été conçue dans les mêmes conditions que les autres hommes, quant à la tache originelle.

1° Quant au silence, on est obligé de l'accorder, et tout le monde l'accorde, sauf les quelques citations que nous ferons connaître plus loin en faveur de l'Immaculée Conception.

2° Quant aux textes qui, sans nommer la sainte Vierge, paraissent impliquer, par déduction, la négation de sa Conception Immaculée, ils sont sans nombre, comme on peut s'en convaincre en lisant la thèse de Vincent Bandellis, général des Dominicains, contre l'Immaculée Conception, ouvrage publié au xv° siècle, ainsi que plusieurs autres sur la même matière. On compte, dit-on, dans cette thèse quatre mille citations, et deux cent soixante auteurs invoqués en témoignage.

Pour donner une idée de ces sortes de textes, citons en quelques-uns des plus forts.

Beaucoup ne sont que la reproduction

des expressions générales de saint Paul, du mot *omnes*, dont nous nous sommes occupé. C'est ainsi, par exemple, que le Pape Gélase affirme que « rien de ce que nos premiers parents ont produit de leur germe, n'a été exempt de la contagion du mal qu'ils ont contracté par leur prévarication, quoique ce produit soit l'ouvrage de Dieu, par l'institution de la nature..... D'où il insiste pour répéter avec saint Paul que « tous ceux qui ont été engendrés du père Adam ont été engendrés dans les ténèbres qu'on appelle dam ou damnation. » (GEL., *Epist. ad episc. Picen.*)

Cyprien dit de même (*Epist. de baptis. parv.*) : « Tout enfant qui vient au monde par la génération, contracte le péché de notre premier père, et est assujetti à l'arrêt de mort prononcé contre Adam et Eve, » etc., etc., etc.

D'autres expriment la même idée, mais avec plus de force, en ce qu'ils ajoutent que Jésus-Christ seul, en tant qu'homme, fait exception. Tels sont les suivants :

Augustin (*Cité de Dieu*, xx, 6) : « Ainsi tous, sans exception absolument de personne, *nemine prorsus excepto*, sont morts par le péché, soit par le péché originel, soit par les péchés actuels qu'ils y ont ajoutés... et un seul vivant (Jésus-Christ), c'est-à-dire exempt de tout péché, est mort pour tous ces morts, etc..... »

Tertullien (*De anima*, § 4) : « Le Christ est le seul homme qui soit sans péché, parce que lui seul était Dieu. »

Origène (*hom. in Levit.*) : « Quiconque entre dans le monde par la voie ordinaire de la génération, a, par cela même, été souillé dans son père et dans sa mère, puisque personne n'est exempt de souillure, pas même l'enfant d'un jour. Jésus-Christ seul, Notre-Seigneur, a été conçu sans péché. »

Irénée (*Advers. hæres.*, IV, 16) : « Jésus-Christ seul a été exempt du péché, quoiqu'il ait paru avec la ressemblance du péché. »

Athanase (*In Luc.*) : « Jésus-Christ a été saint d'une manière *toute singulière*, car il y a eu cette différence entre lui et les autres saints, qu'il a reçu *la sainteté avec la nature*. »

Le Pape Gélase (*Advers. Pelag.*) : « C'est le *propre de l'Agneau immaculé*, de n'avoir jamais eu aucun péché. »

D'autres enfin, expriment la même pensée avec plus de force encore, en ce qu'ils donnent la raison pour laquelle Jésus-Christ seul est distingué des autres : raison qui n'a point son application à la sainte Vierge, puisqu'elle consiste à faire observer que le Christ est né d'une Vierge sans union charnelle. Tels sont les suivants :

Augustin (*Advers. Julian*) : « Le péché originel passe dans *tous* les hommes, mais il n'a pu passer dans ce *corps unique* que la Vierge a conçu *autrement que par la concupiscence*... Aussi le corps de Jésus-Christ a tiré sa mortalité de la mortalité de sa mère ; mais il n'en a pu tirer le poison du péché originel, n'ayant pas été conçu par la voie de la concupiscence... Lui seul est né comme sans un vice dont n'est exempt aucun des autres hommes. »

Tertullien (*De carne Christi*, § 16, 17, 20), soutient cette thèse : « Que la transmission du péché originel est inhérente à la procréation humaine par une union charnelle, et que la chair du Christ est la seule pure, parce qu'elle fut conçue par l'opération du Saint-Esprit dans une Vierge. »

Ambroise (*In Luc.*, lib II, § 55) : « Parmi tous ceux qui sont nés des femmes, il n'y a de parfaitement saint que le Seigneur Jésus, lui seul, *par la manière ineffable dont il a été conçu*, et qui, par la puissance infinie de la majesté divine, n'ait point éprouvé la contagion du vice qui corrompt la nature humaine. »

Le vénérable Bède, à la fin du VII° siècle, tient le même langage. (*Homil. in Joan.*)

Le Pape Innocent Ier, cité par Augustin (*adv. Julian.*), raisonne de même.

Le Pape Léon le Grand (serm. 1, 2, 5, *in Nativ. Dom.*) soutient la même thèse. Il dit (serm. 2) : « Jésus-Christ fût conçu sans péché... Afin que cela pût être, il fut conçu sans semence virile, d'une vierge que féconda le Saint-Esprit, et non point la conjonction humaine ; car, comme dans toutes les mères, la conception ne se fait pas sans la souillure du péché, celle-ci tira sa purification du principe d'où elle conçut. Là où ne parvint pas la transmission de la semence paternelle, là l'origine du péché ne se mêla pas. La virginité inviolée ne connut point la concupiscence, et fournit la substance. » Et il conclut ainsi (serm. 5) : « Le Seigneur Jésus est le seul entre les enfants des hommes qui soit né innocent, parce qu'il est le seul conçu sans la souillure de la concupiscence charnelle. »

Le Pape Grégoire le Grand (lib. XII *Moral.*, c. 52, *in Job* c. XIV, 4), dit : « On peut comprendre dans cet endroit, que le saint homme Job, pénétrant jusqu'à l'incarnation du Rédempteur, vit que le seul au monde qui ne fût point conçu d'un sang impur, était celui-là qui est venu au monde d'une vierge, de manière à n'avoir rien d'une impure conception, car ce n'est point d'un homme et d'une femme, mais du Saint-Esprit et de la vierge Marie qu'il a été formé. Donc celui-là seul a été vraiment pur dans sa chair qui n'a pu être atteint par la délectation de la chair, parce qu'il n'est point venu ici-bas par la délectation charnelle. »

3° Restent les textes positifs où Marie est nommée et affirmée conçue dans les conditions ordinaires de la déchéance. Ceux-là sont beaucoup plus rares ; nous ne connaissons que les suivants :

Augustin (*De peccat. remis.*, lib. II) : « Jésus-Christ seul n'a jamais eu de péché ; il n'a pas pris la chair du péché, quoiqu'il ait pris de sa mère une chair *qui était celle du péché* ; car ce qu'il en a pris de sa mère, ou il l'a purifié avant de le prendre, ou il l'a purifié en le prenant. »

Le même (*Advers. Julian.*) : « La concupiscence par laquelle Jésus-Christ n'a pas voulu être conçu a fait la propagation du mal dans le genre humain, puisque le corps de Marie, *quoique venu par cette concupiscence*, ne l'a pas cependant transmise au corps qu'elle n'a pas conçu par elle... Le corps de Marie a été conçu par la voie de la concupiscence, mais elle n'a eu aucune part à la génération de l'enfant qu'elle a conçu elle-même sans concupiscence. »

Pélage et Julien d'Eclane, reprochent à Augustin de soumettre la Vierge au démon par le péché originel, Augustin n'a pas recours à l'idée de l'immaculée conception pour répondre, il dit seulement : « Nous ne soumettons pas Marie au démon par sa naissance, parce que cette naissance a été effacée par la grâce de la renaissance. »

Hilaire de Poitiers (*De Trinit.*) : « La Vierge a été conçue par la concupiscence ; elle a donc eu besoin d'être régénérée spirituellement et purifiée du péché. »

Eusèbe d'Emèse (*De nativ. Dom.*, hom. 2) : « Personne n'est exempt du péché originel, *pas même la Mère du Rédempteur du monde*. Jésus-Christ seul est exempt de la loi du péché. »

Fulgence (*De incarn. et grat.*) : « Le corps de Marie, qui avait été conçu dans l'iniquité par la voie ordinaire de la nature, *fut certainement une chair de péché* : « *Caro fuit utique* « *peccati*. »

Alcuin, au vIII° sièle, parlait comme il suit (lib. I *Sent.*, c. 18) : « Quoique le corps de Jésus-Christ ait été tiré de celui de la Vierge *qui avait été corrompu par le péché originel*, Jésus-Christ, cependant, n'a pas été coupable du péché originel, parce que sa conception n'a pas été l'ouvrage de la concupiscence de la chair. »

Autorités des premiers siècles favorables à l'immaculée conception.

1° On invoque le passage suivant de saint Augustin (*De nat. et grat.*, c. 26) : « Tous ont péché excepté la sainte Vierge Marie, de laquelle, pour l'honneur du Seigneur, je veux qu'il ne soit nullement question, quand il s'agit des péchés, car nous savons qu'il fut accordé plus de grâce, pour vaincre, de toute part, le péché, à celle qui mérita concevoir et enfanter celui en qui il est constant que ne fut aucun péché. »

2° On cite la phrase suivante de saint Jérôme (*in psal.* LXXVII) : « Elle (Marie) ne fut jamais dans les ténèbres, mais toujours dans la lumière. »

3° Saint Jean Damascène (orat. 1 *De nativ. B. M. V.*) appelle Marie la *Vierge Immaculée*, *l'épouse conservée de Dieu* : « *Immaculatam, conservatam Dei sponsum*. »

Il l'appelle (orat. 2) : « Une terre qui n'est pas maudite comme la première, mais sur laquelle fut la bénédiction du Seigneur, et dont le fruit est béni. »

4° Saint Denys d'Alexandrie (*epist. adv. Paul. Samosat.*) : « Il (le Christ) a habité non dans le tabernacle de l'esclavage, mais dans son saint tabernacle, qui n'est pas de la main des hommes, lequel est Marie mère de Dieu... et il a conservé, bénie des pieds jusqu'à la tête, sa mère sans corruption, comme lui seul a connu le mode de sa conception et de sa naissance. »

5° On lit dans les actes de la passion de saint André (*Epist. de passione S. Andreæ*), monument regardé comme très-ancien, cité par l'abbé Hispanus (sub fin. lib. I *contr. Elipand*), par Pierre Damien et par saint Bernard (serm. 14 *De diversis* ; *Serm. in vigil. S. And.* ; serm. 1 et 2 *in fest. S. And.*), ces paroles sur la sainte Vierge : « Puisque le premier homme avait été créé d'une terre immaculée, il était nécessaire que l'homme parfait naquît d'une Vierge immaculée. » Or, dit-on, le rapprochement de la terre que Dieu avait trouvée très-bonne, qu'il avait bénie, et qui ne fut maudite qu'après la déchéance, *maledicta terra in opere tuo*, avec la Vierge mère, indique que le mot *immaculata* signifie pureté absolue pareille à celle d'Adam avant sa chute, et ne s'applique pas seulement à la virginité.

6° On cite deux ménologues grecs dont l'un est de saint Sabbas, et paraît très-ancien ; l'autre de saint Théophane, et le paraît aussi, quoique d'autres prétendent qu'il est du moyen âge.

Celui de saint Sabbas s'exprime ainsi, s'adressant à la Vierge : « O Vierge *Deipare*... de toi seule il conste publiquement que tu as été pure dès l'éternité, comme étant celle qui possédait le soleil de justice !... Je mets mon espérance en toi qui n'as jamais été alliée à aucune faute... dès l'éternité, par la splendeur de ton intégrité, par ta plénitude virginale, et enfin par ces grâces et ces dons qui t'ont faite *exempte de toute tache*, « *ab omni nævo immunem*; » seule, tu as été manifestement digne de l'honneur d'un tel enfantement !... Personne comme toi, ô reine, n'a été comme toi sans inculpation ; personne, excepté toi, sans souillure, ô Vierge exempte de toute tache ! »

Celui de saint Théophane s'exprime de même : « O reine mise à l'abri de toute souillure et la plus exempte d'inculpation, au-dessus de tous ceux qui sont sans inculpation, *inter inculpatos inculpatissima !* C'est toi, ô Vierge mère, que les prophètes ont vue comme un livre absolument sans tache dans lequel était écrit le Verbe de Dieu. »

Ces divers passages se lisent dans les liturgies grecques 18 januar. od. 6 ; 3 januar. od. 2 ; 12 feb. od. 5 ; 3 januar. od. 3 ; 22 feb. od. 4 et 5 ; 25 januar. od. 6.

7° On cite enfin un vieux rituel des Abyssins qui appelle Marie *la sainteté en toutes choses*, « *in omnibus sancta*; » une autre liturgie primitive qui célèbre la joie apportée au monde par la conception de la Vierge qui fut absolument immaculée, *plane immaculata*, et quelques autres liturgies orientales s'exprimant de la même manière. (*Voy.* OZEDA, *in reform. eccle. pro imma. virg. concept.*, c. 3 et 4, et Génébrard.)

8° Enfin, on cite Mahomet, dont le témoignage aurait beaucoup d'importance pour attester une croyance de l'Eglise chrétienne orientale au viie siècle, si ce témoignage était formel. On lit dans le Koran, surah iii, v. 27 : « Les anges dirent à Marie : Dieu t'a choisie, il *t'a rendue exempte de toute souillure*, et il t'a élue parmi toutes les femmes de l'univers. »

Voilà tout ce que nous connaissons pour le moment.

Examen du pour et du contre.

1° Les témoignages défavorables n'établissent pas une croyance explicite, universelle et constante des dix premiers siècles, formellement négative de l'Immaculée Conception.

2° Parmi ces témoignages il en est quelques-uns qui paraissent indiquer assez clairement que leur auteur croyait, dans son esprit, à la conception dans les conditions ordinaires.

3° L'ensemble de ces témoignages prouve aussi bien que possible, la croyance formelle que la Vierge mère tomba sous la loi commune de la déchéance, et ne fut sauvée des ravages de cette loi, soit par préservation, soit par guérison, qu'en vertu des mérites de Jésus-Christ ; de sorte que les théologiens qui ont soutenu qu'elle appartient à une création distincte, et qu'en dehors de l'hypothèse de la rédemption, elle n'aurait pas, non plus, contracté la tache originelle, se sont gravement trompés, ainsi que l'indique, au reste, suffisamment la bulle de Pie IX.

4° Les témoignages favorables ne fournissent rien de concluant pour établir une tradition explicite devant la critique rationnelle ; mais ils peuvent impliquer le sens que l'Eglise y a trouvé depuis.

5° Enfin, il résulte de ces propositions que, jusqu'au xe siècle, il n'y avoit, dans l'enseignement et la croyance universelle, ni négation ni affirmation formelles de l'Immaculée Conception ; et qu'en conséquence la vérité qui vient d'être définie par l'Eglise était, alors, au nombre de ces vérités déposées en germe par le Fils de Dieu dans l'humanité, devant y rester, d'abord, à l'état d'astres voilés, selon l'expression de Mgr Parisis, et ne passer que plus tard à celui de dogmes précis, formellement connus, crus, professés, et enfin officiellement déclarés dogmes de foi. C'est aussi ce qu'insinue suffisamment la bulle *Ineffabilis*, en un passage utile pour en expliquer d'autres.

Quelques réflexions vont suffire pour rendre lumineuses les propositions que nous venons d'émettre.

La remarque déjà faite sur la généralité des expressions de saint Paul, sur le mot *omnes*, revient naturellement à l'égard des textes de la tradition qui tirent leur force du même caractère. Et voici une observation relative à saint Augustin en particulier qui montre la justesse de cette réponse. On a vu que ce Père est toujours invoqué, et par les deux parties. Or, dans la citation en faveur de l'Immaculée Conception, que le lecteur est prié de relire en ce moment, le moins qu'on puisse entendre, c'est que la Vierge-mère fut exempte de tout péché actuel, d'après Augustin ; cependant le même Père dit ailleurs (lib. v *contr. Julian.*, c. 9) : « Parmi les hommes, il n'en est aucun, excepté le Christ, qui n'ait commis des fautes en avançant en âge, parce qu'il n'en est aucun, excepté lui, qui n'ait été en péché dès l'enfance. » Voilà qu'Augustin, après avoir dit que la Vierge ne connaît aucune faute actuelle, dit maintenant *qu'aucun, excepté le Christ*, n'a été sans en commettre, parce qu'aucun, excepté lui, n'a été sans le péché d'origine, germe qui rend trop difficile la fuite de toute faute actuelle ; on ne peut donc prendre absolument à la rigueur les termes d'Augustin ; puisque lui-même y pose une exception formelle en faveur de Marie quant au péché actuel, on a droit de supposer qu'il pouvait admettre la même exception quant au péché originel, malgré la formule énergique : *Aucun, excepté Jésus-Christ*, cette formule étant également employée par lui quant aux deux sortes de péchés. Ne peut-on pas supposer la même chose des autres Pères ? On n'avait pas encore, de leur temps, appliqué à la théologie, les formes mathématiques d'Aristote.

Ce qui précède est évidemment une réponse excellente aux textes qui ne font qu'énoncer en général l'assujettissement de tous les hommes au péché originel ; c'en est aussi une à l'égard de beaucoup de ceux dans lesquels Jésus-Christ est seul excepté, puisque celui d'Augustin qui fournit cette réponse est un de ceux-là ; mais il faut avouer qu'il en est d'autres qui, par leur contexture, ne laissent guère moyen à la bonne foi de supposer dans l'esprit de l'auteur une seule exception ; tels sont quelques-uns de ceux qui notifient celle du Christ comme la seule, et ceux qui s'appuient sur la raison de la génération par voie ordinaire, de laquelle, d'après eux, la transmission de l'état de déchéance serait inséparable.

Or plusieurs de ces textes, que nous avouons être d'une grande force, non point comme exprimant un raisonnement rigoureux, puisque Dieu peut tout aussi bien purifier le germe maternel au moment de sa fécondation naturelle par le père, que purifier ce même germe dans Marie avant ou pendant sa fécondation surnaturelle par l'Esprit-Saint, mais comme exprimant l'exclusion de toute exception dans la pensée de l'auteur ; plusieurs de ces textes, disons-nous, peuvent s'entendre de la loi de déchéance à laquelle tous même la Vierge, sont assujettis ; ils exprimeraient, en ce sens, la rigueur absolue de la loi à l'égard de tous ceux qui sont engendrés par l'union charnelle, et la nécessité de la rédemption pour tous, mais n'excluraient pas la possibilité de cette rédemption par *préservation* ; quelle différence y a-t-il au fond, lorsqu'une maladie vous est essentielle, quant à la transmission de son germe, entre un moyen qui vous sauve de ses ravages par neutralisation dès le premier moment de la réalisation de l'être, et un moyen qui vous sauve des mêmes ravages par guérison proprement dite, plus ou moins longtemps après que l'être est formé ; il n'y a qu'une différence de temps ; et l'on conçoit très-bien que les Pères, n'étant pas entrés dans ces détails subtils, aient seulement dit, en général, que la loi de déchéance était la même pour tous, sauf le Christ, ce qui est vrai, et ce qui n'exclut pas les diversités de mode dans la restauration. En comprenant de la sorte les affirmations des Pères sur l'exception unique du Christ, leur raison de la différence de génération entre l'Homme-Dieu et les autres reprend sa valeur ; car il est naturel de penser que la loi de déchéance ne doit tomber que sur ceux qui descendront d'Adam et d'Eve par le mode ordinaire de reproduction. Ce n'est plus une détérioration de la chair qui se communique à l'âme, c'est simplement l'exécution d'une loi divine faisant partie de notre création, la spécifiant et la distinguant de celles qui ne lui sont point semblables.

Parmi les textes où Marie est nommée, ceux qui disent seulement que son corps a été conçu par la concupiscence de ses parents, qu'elle en reçut une chair qui était celle du péché, nous n'y voyons pas une preuve rigoureuse de croyance au péché originel en Marie. L'Immaculée Conception tombe sur l'âme et la partie morale de l'âme ; elle n'exclut pas la concupiscence dans le père et la mère ; elle n'empêche pas que le corps pris seul ne soit celui de la déchéance, misérable et mortel ; c'est ce que nous avons expliqué.

La réponse d'Augustin à Julien d'Eclane, est plutôt favorable que défavorable à l'Immaculée Conception, puisque l'Immaculée Conception n'est, d'après ce qui a été dit, qu'une *renaissance*, une rédemption opérée au moment même de la conception, laquelle fait que Marie n'a jamais été quant au fait, dans l'état qu'Augustin appelle l'assujettissement au démon.

Plusieurs des mêmes textes peuvent s'entendre de la loi de déchéance tombant absolument sur tous ceux qui sont conçus par la concupiscence charnelle, et pouvant aussi être éludée, dans ses résultats, par la rédemption simultanée à la conception.

Enfin, nous avons déjà accordé qu'on peut citer des témoignages qui sont exclusifs de l'Immaculée Conception aussi clairement qu'il était possible avant l'apparition, dans la polémique religieuse, des distinctions précises ; mais ils prouvent seulement l'opinion de leur auteur. Ils ne sauraient établir une croyance universelle positivement négative de la vérité récemment définie, 1° parce qu'ils sont rares ; 2° parce qu'il est impossible que cette croyance négative se fût formulée dans un temps où la question véritable n'était pas même posée ; or cette question n'était pas posée ; la seule qui le fût était celle-ci : Tous les enfants d'Adam ont-ils besoin de rédemption ? et l'on répondait : Oui, tous absolument, excepté Jésus-Christ ; mais c'est ce qu'on répond encore, et la vraie question était : La Vierge a-t-elle été rachetée par le même mode que les autres hommes ? la théologie subtile du moyen âge a eu l'idée de supposer qu'elle pouvait être rachetée, ou par guérison après sa naissance, comme les enfants et adultes qu'on baptise, ou par sanctification dans le sein de sa mère, aussitôt après sa première formation, comme saint Jean-Baptiste, ou enfin, par préservation, dans le moment même de la première formation, comme personne autre qu'elle, et par privilége tout à fait spécial. Mais comme ces distinctions n'étaient pas mises à l'ordre de la théologie dans les premiers siècles, il était absolument impossible qu'il se formât une croyance positive sur la vraie question. On s'en tenait à distinguer celui qui n'avait pas besoin de rédemption, puisqu'il était, au contraire, le Rédempteur, et à confondre tout le reste dans une catégorie générale, qui, nous le répétons, n'était et ne pouvait être ni affirmative ni négative de l'Immaculée Conception bien comprise.

Deux mots restent à dire sur les textes favorables. Celui d'Augustin ne prouve réellement que relativement au péché actuel ; mais cependant, si on le rapproche de la réponse à Julien d'Eclane, il indique une sorte de pressentiment de la vraie question dans le génie d'Augustin, pressentiment qui le rend timide quand il s'agit de parler de la déchéance de fait dans Marie, et qui donne à penser que, s'il avait vécu plus tard, il aurait plutôt soutenu la thèse des scotistes que celle des thomistes. Ceux de saint Jérôme, de saint Jean Damascène, de saint Denis d'Alexandrie, indiquent mieux encore peut-être que celui d'Augustin un soupçon sur le mode distinctif et particulier de rédemption ; ils pourraient former une preuve si la question avait été posée et jetée dans la controverse ; mais comme on sait par toute la tradition qu'il n'en était pas ainsi, on peut soutenir que cette *absence de ténèbres, cet état immaculé, cette bénédiction, cette conservation sans corruption*, sont choses relatives à la virginité et à la pureté de la vie actuelle et pratique. Le mot de saint Denis sur le *mode de la conception et de la naissance de la Vierge*, dont Dieu s'est réservé la connaissance, indique bien le pressentiment dont nous avons parlé. Il faut dire de même du texte des actes de saint André ; le rapprochement des deux termes, poussé à la rigueur, est significatif, mais cependant y voir une pleine clarté n'est pas possible. Enfin, les passages des liturgies orientales présentent quelques expressions plus fortes ; mais il est regrettable que l'antiquité de ces monuments puisse être contestée.

Quant au chapitre du Koran, nous l'avons lu tout entier avec grande attention, et nous n'avons pu y trouver que l'idée d'une préservation particulière des souillures actuelles ; rien ne force à étendre l'élection spéciale de Marie dont parle Mohammed, jusqu'à la préservation de la tache d'origine.

On voit qu'il en est de la tradition des dix premiers siècles comme de l'Ecriture.

Point de croyance universelle négative bien établie.

Une pareille croyance à l'état formel est même impossible par absence de position de la question avec les distinctions nécessaires.

Point de croyance universelle affirmative à l'état formel bien établie.

Par conséquent ni affirmation ni négation de l'Eglise universelle.

Mais, d'une part, des croyances particulières de docteurs dans la direction négative, et, d'autre part, quelques soupçons de la vérité précise dans plusieurs docteurs, parmi lesquels on peut classer Augustin, malgré tout ce qu'on cite de ce Père contre l'Immaculée Conception.

Passons à l'Eglise.

III. — *Devant l'Eglise au* x*e siècle* — Il ne s'agit pas d'exposer l'état de l'enseignement catholique; nous venons de le faire en exposant la tradition ; nous voulons seulement nous demander en ce moment ce que peut maintenant l'Eglise sur le point dogmatique qui nous occupe.

Ce point, nous l'avons prouvé, n'a rien d'irrationnel *à priori*; il présente, au contraire, des raisons de convenance ; du côté de la révélation écrite, il n'est ni nié ni affirmé par elle, mais il peut être impliqué dans les paroles de la Salutation angélique ; et enfin, du côté de la tradition, point de croyance universelle explicite ni pour ni contre.

Or, non-seulement nous disons que rien ne s'oppose à ce qu'un dogme en cet état se développe désormais par la discussion théologique, s'épure, s'approfondisse, se comprenne, se formule enfin en proposition fixe, et envahisse peu à peu la croyance universelle ; mais nous ne craignons pas d'affirmer que c'est là le propre de tous les dogmes, et que la plupart ont passé ou passeront par les mêmes phases. S'il n'en était pas ainsi, il n'y aurait pas de progrès possible dans l'Eglise, et cependant le progrès est essentiel à la société du Christ, comme l'explique si bien saint Vincent de Lérins dans un passage qu'on trouve cité partout, et que le lecteur connaît; comme l'explique également Bossuet, quoique plus implicitement, dans un passage non moins connu, où il rend compte de l'infaillibilité radicale de l'Eglise consistant dans la foi commune, qui se formule à l'état explicite plus ou moins insensiblement ; comme le dit la bulle elle-même de déclaration de l'Immaculée Conception, dans quelques paroles précieuses ; comme l'expose enfin parfaitement Mgr Parisis, à la page 56 de sa *Démonstration de l'Immaculée Conception*, lorsqu'il dit :

« L'histoire de l'Eglise nous révèle ce fait capital, que les vérités même fondamentales de la foi n'ont pas toutes été complétement définies dès le principe ; que, déposées certainement, mais seulement en germe, par le Fils de Dieu lui-même dans l'Ecriture sainte ou dans la tradition, quelques-unes ne sont arrivées à l'état précis de dogme de foi, qu'à mesure que, se trouvant attaquées par des erreurs publiques, elles ont eu besoin d'être formulées dans des termes rigoureux, pour résister aux adversaires de la vérité révélée. — Il est dans l'économie de la Providence de ménager pour la suite des siècles le développement et la connaissance plus parfaite de certaines vérités religieuses. Cette divine économie est parfaitement appropriée aux besoins de notre faiblesse, parce que notre misérable nature se lasse et s'engourdit dans l'habitude monotone de pratiques entièrement semblables, tandis que quelque nouveauté accidentelle soutient l'attention et ranime la ferveur. Il en sera sans doute ainsi dans le ciel, où le bonheur des saints sera constamment soutenu par la vue et l'admiration de nouvelles perfections en Dieu. — Il eût donc pu se faire qu'aucune mention expresse ne nous fût restée de l'Immaculée Conception de Marie, dans les annales de la primitive Eglise, et l'on ne pourrait pour cela rien en conclure contre ce que nous croyons aujourd'hui. »

Voici les seules choses que ne puisse jamais faire notre Eglise en vertu de son infaillibilité :

1° Croire universellement ce qui est évidemment absurde et contraire au bon sens.

2° Croire universellement ce qui est évidemment nié par la révélation écrite ou traditionnelle, ou nier universellement ce qui est évidemment affirmé par cette révélation.

3° Croire universellement et formellement ce qu'elle-même a nié universellement et formellement, ou nier universellement et formellement ce qu'elle-même a affirmé de la même manière.

4° Croire ou définir comme révélé et appartenant au dépôt religieux, dont la garde forme sa compétence, ce qui est évidemment et certainement étranger à ce dépôt, ou sur quoi la révélation religieuse et catholique ne dit absolument rien et ne donne rien à déduire.

Mais un point doctrinal qui se trouve dans les conditions de celui que nous venons d'étudier dans ses rapports avec la raison, l'Ecriture et la tradition catholique, et qui peut être déduit, quoique non rigoureusement, de paroles connues existantes dans l'Ecriture, en donnant à ces paroles un sens large, qui est aussi compatible avec elle que tout autre sens plus étroit, un pareil point est de ceux qui tombent sous la compétence de l'Eglise, et qui peuvent en venir, après un temps plus ou moins long dans la suite des âges, à être l'objet de sa croyance universelle, ayant valeur de certitude catholique. Autrement la mission de l'Eglise serait réduite à rien dans l'ordre dogmatique ; il faudrait dire qu'elle ne peut élucider dans son sein, et croire jamais universellement comme révélé que ce qui est dans l'Ecriture ou la tradition, soit explicitement d'une manière évidente, soit par déduction d'une manière également évidente; mais alors de quoi servirait-elle, et quels seraient les droits surnaturels qu'elle tient de Jésus-Christ? Elle ne servirait à rien, puisque la raison de chacun verrait, par hypothèse, avec évidence, le point doctrinal dans l'Ecriture ou la tradition; ses droits seraient nuls, puisqu'ils ne seraient que les droits naturels de la raison de tous et de chacun. Il n'en est pas ainsi : l'Eglise tient du Christ un œil surnaturel qui peut voir dans la révélation ce qui n'y est pas contenu par déduction logique et nécessaire, ce qui n'y est contenu que par déduction libre. C'est en cela qu'elle est assistée de l'Esprit-Saint, pour ne jamais faillir dans sa croyance universelle.

Il résulte de ces explications que l'Eglise va pouvoir maintenant, à partir du x° siècle, s'occuper plus directement de la conception de Marie, l'étudier par la controverse, et arriver peu à peu à la croire universellement immaculée. Si cette croyance se formule, c'est alors, et alors seulement, que poindra à l'horizon du monde la certitude catholique sur le privilège spécial du mode de rédemption de la Vierge mère.

Une foule de vérités religieuses, maintenant classées dans la catégorie des dogmes de foi, dont l'Eglise exige la croyance comme condition de l'admission sur son catalogue, ont passé par la même évolution. Avant la dispute des évêques d'Afrique avec ceux d'Europe sur la validité du baptême des hérétiques, il y avait doute sur ce point doctrinal, et doute tellement fondé que Cyprien pouvait, de son temps, invoquer à l'appui de son erreur, une série traditionnelle remontant plus ou moins clairement jusqu'aux apôtres. Combien de propositions ariennes, pélagiennes, nestoriennes, wiclefistes, protestantes, jansénistes, ou au moins favorisant ces erreurs par leur sens le plus naturel, ou par une généralité manquant de précision, passaient sans inconvénient et sans exprimer une croyance formulée, avant les controverses qui ont abouti à la fixation positive de la vérité exacte sur les mêmes matières. Il est impossible de prouver logiquement, par l'Ecriture et par la tradition des dix premiers siècles, que le mariage soit un sacrement, et même on ne manque pas de témoignages qui lui refusaient positivement, dans ces temps, cette qualité; ce n'est que vers le xii° siècle que la question fut clairement posée, et clairement résolue par la croyance universelle explicite. La dissolubilité du mariage contracté mais non consommé, par la profession de foi religieuse, dont le concile de Trente a fait un article de foi, était complétement ignorée dans les premiers âges où la profession religieuse n'était pas en usage; c'est à peine si l'on trouve une parole fort peu concluante à ce sujet dans le vii° siècle; de plus, il n'y a pas un mot dans l'Ecriture d'où on puisse l'inférer par déduction libre; c'est un exemple d'un point doctrinal formant exception à un dogme plus général, qui est l'indissolubilité du mariage déclarée par le Christ, qui ne se trouve ni dans l'Ecriture ni dans la tradition primitive d'une manière perceptible; en concluons-nous que l'Eglise a outrepassé son droit en le déclarant? Non, car il se rapporte à la révélation et s'y trouve sous-entendu suffisamment par le bon sens interprétatif; quand une loi existe et qu'un cas non prévu par le législateur survient, il faut bien interpréter la loi dans un sens quelconque; c'est ce que l'Eglise fait et est chargée de faire à l'égard de la révélation, sur les cas nouveaux et les questions nouvelles de loi religieuse et de dogmatique religieuse; il suffit que le cas, ou la question, soient intimement liés à une loi ou décision révélée, pour qu'ils tombent sous la compétence de l'autorité interprétative; et il peut arriver, par là, que l'Eglise se voie obligée de déclarer des exceptions qui sont absolument à l'état de *sous-entente* dans la révélation; c'est ce qui est arrivé à l'égard du mariage valide mais non encore consommé, lequel est dissous par l'entrée en religion et rend le conjoint libre; lequel peut même, d'après la pratique des trois derniers siècles seulement, être dissous par simple déclaration de l'autorité suprême ecclésiastique qui est le concile universel et, en son absence, la papauté.

On voit donc que l'Eglise garde, au x° siècle, toute sa compétence sur la question de l'Immaculée Conception, et que le point à étudier pour nous est celui de savoir ce que va devenir, dans la croyance universelle des huit derniers siècles, cet article jusqu'alors resté dans les ombres par défaut de position claire et distincte de la vraie question.

III. — Etat de la question devant l'Eglise, à partir du x° siècle, quant à la croyance dispersée.

Dans ces temps plus modernes, où l'histoire voit se dessiner la méthode théologique par l'application de la logique d'Aristote à la controverse, la question de l'Immaculée Conception se pose avec ses distinctions; c'est ce qu'on sent très-bien à l'examen des témoignages pour et contre, lesquels deviennent beaucoup plus positifs. Donnons, par quelques citations, une idée des uns et des autres

Témoignages des huit derniers siècles, défavorables à l'Immaculée Conception.

Saint Anselme (*Cur Deus homo.*) : « Quoique la conception de Jésus-Christ ait été pure et exempte du péché qui est attaché à la concupiscence charnelle, la Vierge, cependant, dont le corps de Jésus-Christ a été tiré, a été conçue dans l'iniquité, sa mère l'a conçue dans le péché. »

Hugues de Saint-Victor (*Summ. Sent.*, tract. 1, c. 16) : « Touchant cette chair, à laquelle le Verbe a été uni, on demande si elle avait été d'abord soumise au péché dans Marie. Saint Augustin l'affirme. Mais, au moment où elle fut séparée de celle de Marie, elle fut purifiée par l'Esprit-Saint de tout péché et de toute pente au péché. Il purifia aussi Marie de tout péché, mais non de toute inclination au péché ; cependant il affaiblit tellement cette inclination qu'on croit qu'elle n'a pas péché ensuite. »

Saint Bernard, dans sa fameuse lettre aux chanoines de Lyon, contre l'établissement, dans leur église, de la fête de la *Conception de la sainte Vierge*, s'exprime comme il suit, en 1140 : « Il a été nécessaire que Marie ait été sanctifiée, après avoir été conçue, afin de pouvoir naître dans la sainteté qu'elle n'avait point eue dans la conception qui a précédé sa naissance..... Peut-être dira-t-on que, dans l'action charnelle de ses parents, la sainteté s'est unie à la conception, en sorte qu'elle a été sanctifiée et conçue en même temps. Mais cela répugne à la raison : *Nec hoc quidem admittit ratio*... La sanctification de Marie, qui a suivi sa conception, a bien pu s'étendre sur sa naissance ; mais elle n'a pu remonter, par un effet rétroactif, jusqu'au moment de sa conception... à moins qu'on ne prétende qu'elle a été conçue du Saint-Esprit sans l'opération d'aucun homme ; mais une pareille assertion est inouïe ; je lis que le Saint-Esprit est venu en elle, non pas avec elle, et pour parler le langage de l'Église, je dis qu'elle a conçu, et non qu'elle a été conçue du Saint-Esprit ; je dis qu'elle a enfanté en restant vierge, et non qu'elle a été enfantée par une vierge.... Il en est peu qui soient nés saints, mais nul n'a été conçu dans la sainteté, à la réserve de celui qui, devant sanctifier les hommes et expier le péché, en devait seul être exempt. »

Sur les raisons de saint Bernard, plusieurs évêques, entre autres Maurice de Paris, Richard de Crémone et Robert de Milan, prohibèrent la fête de la *Conception*, disant, au rapport de Bandellis, que « la bienheureuse Vierge Marie fut conçue dans le péché originel. »

Saint Thomas d'Aquin (*Sum.*, III part., quæst. 27), établit une thèse pour prouver, d'une part, la conception de la Vierge dans l'état de péché originel, et, d'autre part, sa sanctification miraculeuse dans le sein de sa mère, après la conception. On lit dans cette thèse : « La bienheureuse Vierge Marie a contracté la tache du péché originel, parce qu'elle a été conçue par l'union charnelle des deux sexes. D'ailleurs, si elle avait été conçue sans péché, elle n'aurait pas eu besoin d'être rachetée par Jésus-Christ, ce qui ne peut se dire sans offenser Jésus-Christ. » Nous avons expliqué comment et pourquoi ce raisonnement, pris en lui-même, est sans valeur.

Saint Bonaventure (III *Sent.*, distinct. 3, quæst. 2, art. 1.) fait une thèse dans le même sens que saint Thomas ; on y lit : « Si la Vierge n'eût pas été coupable, elle n'aurait pas été rachetée par la mort de Jésus-Christ, ce qu'on ne peut dire sans horreur et sans impiété..... Aucun des hommes que nous avons vus ou entendus jusqu'à présent, n'a jamais osé dire que la bienheureuse Vierge ait été conçue sans le péché originel..... Si la Vierge n'eût pas été conçue dans le péché originel, elle n'aurait pas dû mourir. Ainsi, ou elle serait morte injustement, ou bien pour le salut du genre humain. La première supposition offense Dieu, la seconde outrage Jésus-Christ. »

Après nos explications, on doit déjà comprendre que ces arguments ne sont pas rigoureux ; on le comprendra encore par celles qui suivront.

Pierre Lombard, Alexandre de Halès, Guillaume d'Auxerre, Godefroy, Durand, évêque de Meaux, Jean de Pouilly, Hervé, Jean de Boulogne, etc., ont écrit dans le sens de saint Thomas et de saint Bonaventure.

Le pape Innocent III (*serm.* 10 *in Assumpt.*) dit : « La glorieuse Vierge a été conçue dans le péché, mais elle a conçu son Fils sans péché. »

Le pape Innocent III (*Serm. in Purif.*) : « Le Saint-Esprit était déjà venu en elle (au jour de l'Annonciation) lorsque, étant encore dans le sein de sa mère, il purifia son âme du péché originel. » Le même dit ailleurs (*Serm. in Assump.*) : « Ève a été formée sans péché, mais elle a conçu dans le péché ; Marie a été conçue dans le péché, mais elle a conçu sans péché. »

Innocent V (*Comment.*, III *Sentent.*) : « La bienheureuse Vierge a été sanctifiée dans le sein de sa mère, non pas avant que son âme eût été unie à son corps, parce qu'elle n'était pas encore capable de grâce, ni dans le moment même de cette union, parce que, si cela était, elle aurait été exempte du péché originel, et n'eût pas eu besoin de la rédemption de Jésus-Christ, nécessaire à tous les hommes, ce qu'on ne doit pas dire, *quod non est dicendum*. Mais il faut croire pieusement qu'elle a été purifiée par la grâce, et sanctifiée très-peu de temps après cette union, par exemple, le même jour ou dans la même heure, non pas cependant dans l'instant même de l'union. »

Clément VI (*Serm. sup.* : ERUNT SIGNA, etc.) « Il me paraît qu'on ne doit pas célébrer la fête de la Conception de la Sainte-Vierge. Je le prouve : 1° par l'autorité de saint Bernard, qui, dans sa lettre aux chanoines de Lyon, les reprend fortement de ce qu'ils célèbrent cette fête. On célèbre une fête en l'honneur de la sainteté de celui dont on fait la fête. Or, la conception de la Vierge n'a pas été sainte, parce que la Vierge a été conçue dans le péché originel, comme on le voit par le témoignage d'un grand nombre de saints. 2° La Vierge, dans sa conception, a été coupable du péché originel, parce qu'elle a été conçue par l'union charnelle de l'homme et de la femme, ce qu'on ne peut pas dire de son Fils, qui a été conçu d'une autre manière, c'est-à-dire par l'opération du Saint-Esprit. Ainsi, être exempt de tout péché, c'est un privilége singulier qui n'appartient qu'à Jésus-Christ seul. »

Eugène IV, célèbre par ses luttes avec le concile de Bâle, dans le xv° siècle, envoya à ce concile le grand inquisiteur Torquémada, cardinal de Turre-Cremata, avec ordre de combattre l'opinion de l'Immaculée Conception, que soutenaient, dans ce concile, avec avantage, les docteurs de l'université de Paris. Le cardinal portait un mémoire ayant pour titre : « *Traité de la vérité de la conception de la sainte Vierge*, destiné à être communiqué au concile de Bâle, l'an du Seigneur 1437, au mois de juillet, composé par mandement des légats du siége apostolique, présidents de ce saint concile. » Dans ce traité, qui a été ensuite publié à Rome, le cardinal soutient que l'opinion de la Conception Immaculée contient cinquante-huit erreurs contre la foi. Ce mémoire ne fut pas lu devant le concile, et ce ne fut qu'après le départ des légats et la dissolution de l'assemblée qu'elle décréta l'Immaculée Conception, comme l'explique Torquémada par ces paroles, qu'on lit dans son traité : « Nous offrîmes de faire notre rapport dans une assemblée publique, ainsi qu'il avait été ordonné et arrêté dans le concile même; mais nous ne pûmes pas le faire, parce que les légats qui présidaient au concile, au nom du pape Eugène, s'étant retirés, nous fûmes obligés de nous retirer nous-mêmes..... Ce fut après notre départ que ce concile, qui n'en était plus un, décida que la Vierge a été conçue sans péché. »

C'est donc, dit-on, dans le sens absolu et enveloppant la Vierge, que le même pape Eugène émit la proposition suivante dans la formule de foi qu'il présenta aux Grecs lors du concile de Florence : « La sainte Eglise romaine croit fermement et enseigne que, de tous ceux qui ont été conçus par l'union de l'homme et de la femme, nul n'a été affranchi de la domination du démon. »

Il serait fastidieux de poursuivre les citations à travers les controverses violentes qui datent du milieu du xv° siècle. Il suffira de dire qu'à partir de ce moment, les écoles théologiques se divisent : les unes, professant l'Immaculée Conception; les autres, la rejetant avec ténacité. Parmi ces dernières, on remarque principalement les Dominicains, les Jacobins, une partie des Bénédictins, et, en général, les thomistes. Parmi les autres figurent, en première ligne, l'université de Paris, les Cordeliers, les Jésuites, et, en général, les scotistes.

Témoignage des huit derniers siècles favorables à l'Immaculée Conception.

Saint Bernard avoue (*Lettre aux chanoines de Lyon*) que la fête de la Conception de Marie était déjà célébrée depuis fort longtemps dans l'Eglise grecque, et il donne à penser que l'idée d'une conception différente des autres, quant à la sainteté, se mêlait à l'institution de cette fête.

Au xi° siècle, Pierre Damien disait (*Serm. de Annonciat.*) : « La chair de la Vierge, prise d'Adam, n'admet pas la tache d'Adam. »

L'ordre des Prémontés, fondé au xii° siècle par saint Norbert, possédait, depuis son origine, un office de la fête de la Conception où on lisait : « Je vous salue, ô Vierge, qui, par la préservation de l'Esprit-Saint, avez triomphé du péché formidable du premier père sans en être atteinte. » L'invitatoire du même office chez les Trinitaires, ordre fondé au xiii° siècle, portait ces mots : « Célébrons l'Immaculée Conception de la Vierge Marie. »

Les Carmes ont toujours fait mémoire chaque jour de *l'Immaculée Conception de la bienheureuse Vierge Marie*, d'après un de leurs statuts.

Les Frères Mineurs, dès la naissance de leur ordre, qui eut lieu au xii° siècle, fêtèrent la Vierge comme conçue sans péché originel, et en 1645 la proclamèrent comme telle, d'une voix unanime, dans un chapitre général, « selon que leur ordre avait toujours soutenu cette immunité dès son origine, » *ab ipso exordio, immunitatem sanctissimæ Dei genitricis ab originali culpa, non tam pertinaci quam felici et insuperabili labore, propugnaverit.* (*Delibération du chap. germ. des Frères Minimes, de l'an 1645.*)

Les religieux de la Merci ont toujours porté leur habit blanc « en mémoire de l'Immaculée Conception de la Vierge mère de Dieu. » (*Schol. consti.*, apud Velasquez, lib. iv, dissert. 9, adnot. 1); ils ont reçu de leurs traditions, remontant au xiii° siècle, l'oraison suivante qu'ils répètent chaque jour : « O Dieu, qui avez préservé de toute tache de péché dans sa conception l'immaculée Vierge Marie, afin qu'elle fût la digne mère de votre Fils, faites que nous, qui croyons véritablement à la pureté de son innocence, nous éprouvions les effets de son intercession pour nous auprès de vous. »

Les Franciscains d'Espagne réunis à Ségovie, en 1621, s'exprimaient ainsi : « Renouvelant l'antique et affectueuse dévotion, qui certainement et manifestement est venue de nos premiers pères jusqu'à nos jours envers l'Immaculée Conception de la Vierge Marie ; voulant de plus, nous y astreindre par le lien d'une obligation nouvelle, nous faisons serment et vœu à Dieu, Notre-Seigneur, à sa très-sainte Mère, à notre séraphique père, saint François, et à tous les saints, de croire, de soutenir et d'enseigner, en public et en particulier, que la Vierge, Notre-Dame, fut conçue sans le péché originel, et préservée de ce péché par les mérites de Jésus-Christ Notre-Seigneur, » etc.

Les ordres de Saint-Jacques, de Calatrava et d'Alcantara, faisaient vœu de défendre l'Immaculée Conception par leur épée.

Il est positif que la même croyance appartenait aux traditions anciennes des Chartreux, des Cisterciens, des Célestins, des Hiéronymites, des Minimes, des Camaldules, des religieux de Cluny, des Servites, etc.

En 1306, Jean Scot, de Duns en Ecosse, surnommé le docteur subtil, venant se faire recevoir docteur à l'Université de Paris, prit pour sujet de sa thèse, l'Immaculée Conception. Fleury raconte ce fait dans les termes suivants : « Il y soutint l'opinion de la Conception Immaculée de la sainte Vierge, dont il parla ainsi : « On dit communément « qu'elle a été conçue en péché originel ; » et il en apporte les preuves auxquelles il s'efforce de répondre ; puis il résout ainsi la question : « Je dis que Dieu a pu faire que « la Vierge ne fût jamais en péché origi- « nel ; et il a pu faire qu'elle n'y fût qu'un « instant ; et il a pu faire qu'elle y fût quel- « que temps et que dans le dernier instant « elle en fût purifiée ; » et après avoir rapporté les raisons de ces trois probabilités, il conclut : « Lequel des trois a été fait ? Dieu le sait, « et il semble convenable d'attribuer à Marie « ce qui est le plus excellent, s'il ne répugne « point à l'autorité de l'Eglise et de l'Ecri- « ture. » Fleury ajoute : « C'est ainsi que Scot s'explique sur ce sujet, et quoiqu'il le fasse modestement, il passe pour le premier auteur du dogme de la Conception Immaculée, qui a fait, depuis, de si grands progrès. Cette opinion, toutefois, semble avoir paru dès le milieu du XIIe siècle. La lettre de saint Bernard, aux chanoines de Lyon, et les deux de Pierre de Celle à Nicolas, moine de Saint-Alban, en Angleterre, supposent que c'était le fondement sur lequel on voulait introduire la fête de la Conception de Notre-Dame, ce qui, toutefois, n'est pas nécessaire, puisque les Grecs célèbrent encore la conception de saint Jean-Baptiste, qui était aussi marquée autrefois dans la plupart des Martyrologes de l'Eglise latine. » (*Hist.*, liv. XCI, c. 29.)

Dans le siècle de Jean Scot, qui est le XIVe, la croyance à l'Immaculée Conception se répandit dans le peuple, les couvents et les universités, avec une incroyable rapidité ; tous les monuments l'attestent et personne ne le nie.

On alla même, dans les académies, jusqu'à faire prêter serment de défendre l'Immaculée Conception ; c'est ce qu'on fit dans celles de Paris et de Toulouse ; de Bologne et de Naples ; de Cologne, de Mayence et de Vienne ; de Louvain, d'Oxford et de Cambridge ; de Salamanque, de Tolède, de Séville, de Valence, de Barcelone de Coïmbre et d'Evora ; de Mexico et de Lima, etc.

On trouve, dans un très-ancien Missel de Lyon, deux messes propres sous le titre de l'*Immaculée Conception de la Vierge Marie*, (*Voy.* VELASQUEZ, lib. IV, dissert. 4, adnot. 3), et dans un Missel de Milan, dont saint Charles Borromée a constaté l'antiquité, une messe dont l'*introït* est ainsi conçu : « Réjouissons-nous dans le Seigneur en célébrant ce jour de fête pour l'honneur de la bienheureuse Vierge Marie, dont l'Immaculée Conception fait la joie des anges. » Témoignages, auxquels on pourrait ajouter plusieurs autres du même genre ; d'où l'on conclut que la croyance pieuse se manifestait aussi dans les liturgies communes des fidèles.

L'opposition des grands théologiens et des Papes à l'opinion des scotistes commença de disparaître dans le XVe siècle, après les luttes du concile de Bâle et d'Eugène IV, Par suite de la décision de ce concile en faveur de l'Immaculée Conception, décision qui doit être comptée ici comme très-importante, bien qu'elle n'ait eu lieu qu'après le départ des légats. il s'éleva des discussions vives, où l'on se traitait d'hérétiques, entre les docteurs de la Faculté de Paris et les Dominicains ; alors Sixte IV, par une constitution de l'an 1483, imposa silence aux deux parties, en leur défendant de se donner mutuellement aucune mauvaise note.

Le même Pape autorisa la célébration de la fête de la Conception, en disant qu'on n'entendait pas seulement célébrer la *conception* spirituelle ou la sanctification de Marie, comme quelques-uns le prétendaient témérairement ; et il approuva un office dans lequel se trouvaient diverses applications à Marie, de paroles de l'Ecriture comme celle-ci : *Vous êtes toute belle ma bien-aimée*; *et il n'est point de tache en vous* (*Cant.* IV, 7), celle-là était même ainsi modifiée, *tu es toute belle, Marie, et la tache originelle n'est point en toi.*

Depuis lors les Papes sont favorables à l'Immaculée Conception. Tels sont Innocent VIII et Léon X, qui encouragent la piété des fidèles à ce sujet ; Pie V qui, en établissant l'uniformité liturgique, approuvait la fête de la Conception et permettait aux Franciscains de garder leur office approuvé par Sixte IV, dans lequel on lit : « Que l'Immaculée Conception de la vierge Marie soit l'objet de notre culte ; adorons Jésus-Christ qui l'a préservée ; » Grégoire XIII qui condamnait cette proposition de Baïus : « Personne, à l'exception de Jésus-Christ, n'est exempt du péché originel ; » Clément VIII qui approuve le catéchisme de Bellarmin, où on lit que « notre divine Reine est pleine de grâce, parce qu'elle n'a jamais été atteinte par aucun péché, ni originel, ni actuel, ni mortel, ni véniel ; » Paul V qui interdit les assertions publiques affirmatives de la conception en péché originel, etc., etc., en allant de plus en plus fort jusqu'à Pie IX.

N'oublions pas le concile de Trente. Ce concile ne voulut pas décider la question de manière à faire un article de foi, surtout par déférence pour les Dominicains qui persistaient dans leurs négations ; il ne voulut pas même qualifier de pieuse l'opinion devenue la plus commune, pour que l'autre n'en reçût point, par opposition, une note désagréable ; mais il déclara, après avoir porté le décret sur le péché originel, « qu'il n'était pas cependant dans son intention de comprendre en ce décret, où il s'agit du péché originel, la bienheureuse et Immaculée vierge Marie, mais qu'il fallait observer les constitutions du pape Sixte IV... qu'il renouvelait. » Or, il est évident que le concile marquait, par ces paroles, une disposition d'esprit favorable au dogme de l'Immaculée Conception. C'est le moins qu'on puisse y voir, et l'on sait, par l'histoire, que la majorité des Pères y croyaient en leur particulier.

Il est inutile d'ajouter que, dans le XVIIe siècle, la croyance à l'Immaculée Conception avait envahi l'Eglise, était soutenue par les plus grands théologiens, tel que Bossuet, était prêchée, comme pieuse, par tous les orateurs chrétiens, qu'au XVIIIe siècle, elle n'avait fait que s'étendre encore, et qu'au XIXe, on aurait parcouru l'univers sans trouver un diocèse où elle ne fut examinée dans l'esprit de la plupart des personnes pieuses. Ces dernières assertions ne sont pas contestées et ne peuvent pas l'être.

Résumons. Bien que la fête de la Conception, qui paraît remonter à une très-haute antiquité dans l'Eglise orientale, ne soit pas une preuve rigoureuse de la croyance dans cette Eglise à l'Immaculée Conception, puisqu'on y célèbre aussi, de temps immémorial, la conception de Jean-Baptiste, et que la Conception de la Mère du Christ, fût-elle semblable à toutes les autres, n'en mériterait pas moins une fête, à notre avis, aussi bien et beaucoup mieux que la naissance des autres saints, à titre d'événement heureux pour le monde ; bien que la manière timide avec laquelle Jean Scot posait la thèse au commencement du XIVe siècle indique que ce n'était pas l'enseignement formel de l'Immaculée Conception qui dominait de son temps dans l'Eglise ; bien qu'il soit peut-être difficile d'établir, en ce qui concerne plusieurs des témoignages tirés des liturgies, qu'ils soient antérieurs à l'époque où l'opinion de Scot devint la dominante ; malgré ces aveux auxquels nous contraint notre bonne foi, nous osons sans crainte tirer les déductions suivantes :

1° Les documents qui sont favorables à l'Immaculée Conception ne s'expliquent pas facilement sans la supposition de quelques traditions cachées remontant à une haute antiquité, lesquelles auront servi de point de départ à un épanouissement lent, mais réel, non pas dans les hautes régions de la science, du génie ou de l'autorité, mais dans les rangs les plus humbles de l'Eglise.

2° Les documents défavorables établissent une opposition persistante à cet épanouissement dans les hautes régions dont nous venons de parler, puisqu'on voit jusqu'à Jean Scot toutes les sommités théologiques se prononcer formellement pour l'opinion contraire ; et, après Jean Scot, jusqu'au milieu du XVe siècle, les Papes eux-mêmes continuer cette opposition, malgré qu'elle envahisse les universités, et qu'au concile de Bâle elle soit de beaucoup la dominante.

3° Les uns et les autres prouvent que c'est dans les populaires et humbles solitudes des couvents, ainsi que chez les fidèles ignorés, que la pieuse croyance recrute d'abord ses autorités et sa force, pendant que la science et la puissance ecclésiastiques font ce qu'elles peuvent contre son développement ; que c'est malgré les oppositions terribles des Anselme, des Bernard, des Bonaventure, des saint Thomas, de tous les maîtres, et malgré les oppositions non moins claires et non moins terribles des Innocent II, Innocent III, Innocent V, Clément VI, Eugène IV, qu'elle fait insensiblement son chemin, s'étend, devient formidable et force bientôt la science et l'autorité à une volte-face qui se manifeste d'abord au concile de Bâle, ensuite par les constitutions de Sixte IV, puis par la conduite des autres souverains pontifes, puis, solennellement, dans le concile de Trente, et enfin triomphalement dans le XIXe siècle.

Ce n'est donc point par en haut que la croyance à l'Immaculée Conception s'est universalisée dans l'Eglise ; c'est par en bas que Dieu a voulu qu'elle s'étendît, et malgré l'opposition d'en haut ; c'est donc une victoire qu'il a ménagée au peuple catholique, et le docteur Scot ne fut que le premier avocat de la simplicité monastique et populaire, lorsqu'avec ses subtils arguments il aida l'introduction de cette vérité dans l'école.

4° Au XIXe siècle la croyance est universellement formulée, et tout est fait. Dès lors, la certitude est acquise, le dogme existe, et la déclaration ne sera plus qu'une promulgation officielle du fait de la croyance.

— Ce dernier point va être l'objet du paragraphe suivant.

IV. — Etat de la question au XIXe siècle quant à la declaration officielle collective.

Il ne faut pas confondre la déclaration officielle qui fait qu'une certitude déjà existante dans l'Eglise est classée parmi les articles de foi, avec le fait de la croyance universelle dispersée qui détermine la certitude catholique. Nous expliquons la différence au mot *infaillibilité* et ailleurs ; l'objet direct de la croyance dispersée de toute l'Eglise est la vérité elle-même surnaturelle se déduisant, d'une manière quelconque, ainsi que nous l'avons expliqué, de l'Ecriture ou de la tradition ; et si l'Eglise est infaillible, sa croyance dispersée fournit la certitude complète de la vérité universellement crue. Les opposants au dogme de l'Immaculée Conception soutiennent que, pour constituer cette certitude complète, il faut que l'Eglise, non pas seulement dans un point de sa durée, tel qu'un siècle en particulier, mais dans toute sa durée, depuis sa fondation jusqu'à la fin, présente la croyance et l'enseignement formels du point révélé ou déduit de la révélation ; mais c'est là une grande erreur que nous avons déjà réfutée plus haut, qui conduirait à nier tout progrès dans l'Eglise, à la laisser dans une complète immobilité, et qui, de plus, détruirait, dans une raison sage, toute certitude catholique. Pourquoi l'avenir, que je peux supposer devoir être infiniment plus long que le passé, et que j'ignore, dirait cette raison, n'aurait-il pas sa valeur en tant que croyance de l'Eglise du Christ, puisqu'il sera la continuation de la même Eglise ? Or, comme il me faut, pour compléter ma certitude, non pas l'accord de l'Eglise universelle à un moment donné, mais l'accord de l'Eglise universelle dans tous les lieux et dans tous les temps, je dois suspendre mon jugement et rester dans le doute, puisque cet accord ne pourra être bien constaté qu'à la fin du monde.

Le véritable enseignement sur l'infaillibilité de l'Eglise est que, du moment où il y a réellement croyance universelle bien établie, ce qui suppose que cette croyance est établie depuis un temps moralement assez long pour que la discussion ait produit la lumière, il y a certitude ; parce qu'il est impossible, par suite de la promesse de Jésus-Christ, *je suis avec vous tous les jours jusqu'à la fin*, que la société catholique se trouve un seul jour croyant universellement ce qui serait une erreur en matière religieuse, surnaturelle et révélée. Quant à la déclaration ou classification officielle parmi les articles que tout membre est tenu de professer sous peine d'être qualifié d'hérétique, l'objet direct de cette déclaration est le fait même de la croyance dont nous venons de parler, et l'autorité qui déclare est l'Eglise enseignante, gouvernante et, en même temps, représentative ; nous expliquons, au mot INFAILLIBILITÉ, comment le concile œcuménique est évidemment cette autorité dans son expression la plus élevée, mais aussi comment la papauté peut très-bien arriver au même résultat que le concile, en constatant le fait de la croyance au moyen des évêques, et en le déclarant ensuite officiellement à la face de toute la catholicité.

Cela posé, puisque la croyance dispersée à l'Immaculée Conception existait depuis plusieurs siècles, et en particulier dans celui-ci, il y avait déjà, pour quiconque est véritablement catholique et comprend sa foi, certitude surnaturelle acquise définitivement sur ce point ; et il ne restait, pour l'élévation à la solennité d'article de foi, qu'à faire la déclaration officielle du fait existant depuis plusieurs siècles, et dans le nôtre en particulier. Pour la légitimité de cette déclaration, trois conditions étaient suffisantes et nécessaires : 1° la constatation régulière, en forme et officielle, du fait existant ; 2° la déclaration publique et officielle du fait constaté ; 3° le tout exécuté par l'autorité compétente. Or nous voyons, aussi clairement qu'il est possible, que ces trois conditions accompagnent la déclaration qui vient d'être faite de l'Immaculée Conception ; c'est ce qui ne demande pour luire dans tout son jour qu'un récit fidèle de ce qui s'est passé.

Le 2 février 1849, le pape Pie IX, retiré alors à Gaëte, envoya à tous les évêques du monde catholique une lettre encyclique dans laquelle il manifestait le désir de faire la déclaration dont il s'agit, et ajoutait la recommandation suivante, principal objet de la lettre :

« Nous souhaitons vivement que vous vouliez bien nous signifier, avec le plus de célérité qu'il sera possible, de quelle dévotion sont animés et votre clergé, et votre peuple fidèle, à l'égard de la conception de la vierge immaculée, et quels vœux ils forment pour que ce point soit décrété par le siége apostolique ; nous désirons surtout ardemment connaître ce que vous-mêmes, vénérables frères, dans votre éminente sagesse, pensez et désirez sur ce même objet... Nous ne doutons nullement, vénérables frères, qu'eu égard à votre piété singulière envers la très-sainte Vierge Marie, vous n'obtempériez à nos désirs avec tout l'empressement et toute la satisfaction de votre zèle, et ne vous hâtiez de nous donner, en temps opportun, les réponses que nous sollicitons de vous. »

Le Pape demandait aussi « des prières publiques dans chaque diocèse, selon que l'évêque le jugeait bon et sage, à l'intention d'obtenir du Père des lumières son assistance, et afin que, dans une affaire d'une telle importance, il pût prendre le parti qui pouvait le plus contribuer à la gloire de son saint nom, à l'honneur de la bienheureuse Vierge et à l'utilité de l'Eglise militante. »

Depuis le 2 février 1849, jusqu'en 1854, le temps fut occupé par les réponses des évêques, le dépouillement de ces réponses à Rome, et l'étude de la question.

Les lettres épiscopales furent imprimées en 1854 par la Propagande, ce qui a formé plusieurs volumes considérables qui sont à Rome.

Nous ne savons pas au juste le résultat du dépouillement ; mais, de l'aveu du plus intrépide de tous les opposants, l'abbé Laborde, il n'y a eu que cinq réponses négatives ; une trentaine, tout en accordant le fait de la croyance, se sont prononcées contre l'opportunité de la déclaration officielle ; à peu près trois cents n'ont pas répondu, soit qu'ils n'aient pas reçu l'encyclique, soit qu'ils n'aient pas eu les moyens de faire parvenir leurs réponses, par suite de l'opposition de leur gouvernement ou d'autres obstacles, soit parce qu'ils n'ont pas jugé à propos de répondre ; et enfin à peu près cinq cents sur huit cent cinquante prélats existant présentement sur le globe, ont répondu affirmativement tant sur la question en soi que sur le désir qu'ils avaient de la voir définie officiellement.

Le Pape ne s'est pas contenté de ces réponses pour faire la proclamation définitive. Il a envoyé à tous les évêques une nouvelle encyclique par laquelle il leur annonçait que la déclaration serait faite le 8 décembre 1854, et qu'il y aurait, à cette occasion, dans le mois qui précéderait, un synode où ils pourraient tous venir. Il écrivit, de plus, des lettres particulières à un certain nombre d'évêques plus connus de tous les pays pour les inviter spécialement à venir au synode, se chargeant de les recevoir lui-même au Vatican.

Un peu plus de deux cents prélats se sont rendus à Rome, ayant, sans doute, pour la plupart, un prêtre assistant ; le synode a eu lieu, en cinq ou six séances du 20 novembre au 26 du même mois ; on ne sait pas encore les détails de la discussion, mais le résultat a été l'unanimité d'adhésion à la proclamation.

Il paraît cependant qu'une bulle avait été rédigée d'avance ; que cette bulle fut présentée au synode, et qu'elle n'en fut point acceptée, de sorte qu'il fut résolu qu'au lieu de lire cette bulle le 8 décembre devant l'assemblée des fidèles, on lirait un simple décret, et qu'une autre bulle serait rédigée pour être envoyée à tout l'univers catholique. C'est cette seconde bulle qui est la bulle *Ineffabilis*, maintenant connue de tout le monde.

Tel est le résumé des faits relatifs à la proclamation de l'Immaculée Conception. Ajoutons que depuis cet acte ecclésiastique, si important par la rareté dans l'Eglise de ceux de son espèce, il n'y a aucune opposition considérable de la part du clergé et des fidèles, que jamais définition dogmatique ne passa plus librement, que tout annonce pour l'avenir la continuation de cette adhésion paisible et tacite, et qu'en conséquence il est impossible de douter du fait de la croyance formelle existant déjà, comme nous l'avons dit, dans l'Eglise dispersée, depuis longtemps.

Or si l'on juge avec impartialité cette série historique, on trouve que tout s'est fait régulièrement, sagement, et de telle manière que, si l'on parcourt toutes les déclarations dogmatiques des siècles passés, on n'en trouve aucune qui présente à un plus haut degré les garanties de validité au point de vue de la foi catholique.

C'est ce qui va ressortir encore des réponses aux principales objections. *Voy.* aussi **Infaillibilité**.

V. — Réponses aux objections des opposants.

Ire *objection*. — Le dogme de l'Immaculée Conception, étant nouveau dans l'Eglise, ne pouvait jamais devenir un dogme de foi. Il ne pouvait qu'être à jamais une opinion ; d'après l'adage des anciens Pères définissant la doctrine catholique *ce qui a toujours été cru, ce qui est cru par tous, ce qui est cru partout* ; et d'après la règle de saint Vincent de Lérins qui, commentant le mot de saint Paul à Timothée, *garde le dépôt, évitant les profanes nouveautés de paroles,* conclut ainsi : *Tout ce qui est nouveau, tout ce dont on n'a point entendu parler antérieurement, n'appartient pas à la religion ; c'est une tentation.*

Nous avons répondu à cette objection, qui est la principale, par la dissertation qui précède. Pour la résoudre directement il suffit de la distinction suivante :

Toute doctrine nouvelle en ce sens qu'elle n'ait aucun rapport aux vérités générales qui ont toujours été crues et qui forment le fond du catholicisme, et surtout en ce sens qu'elle implique la négation de quelqu'une de ces vérités, ne peut être introduite dans le symbole catholique. Cela est incontestable.

Mais une doctrine nouvelle seulement en ce sens que, n'impliquant aucune contradiction avec ce qui a été explicitement professé, et pouvant être déduite de certaines propositions de l'Ecriture ou de la tradition, entendues largement, elle n'a commencé à être connue dans l'Eglise, d'une manière explicite, que plus tard, par l'effet de la discussion et du développement progressif de la théologie ; une telle doctrine peut être élevée à tout instant par l'Eglise à la hauteur des vérités de foi, comme nous l'avons expliqué.

Quand les Pères disaient : *Quod omnibus, semper, ubique creditum est*, ils indiquaient par là que l'ancienne croyance ne pouvait jamais se perdre et faire place à une autre ; mais ils ne pensaient point à soutenir que, la théologie se développant, de nouveaux articles ne pussent être ajoutés aux anciens, ce qui eût été nier tout progrès dans l'Eglise. Ils ne prétendaient pas définir la doctrine tout entière, la doctrine complète, à moins qu'on ne dise qu'ils parlaient de la croyance générale à la révélation chrétienne, laquelle renferme, en effet, quoique implicitement, tout ce qui a été, est, et sera à jamais défini par l'Eglise, sens dans lequel il n'y a plus d'objection, si l'on se reporte à l'examen que nous avons fait de la tradition.

Saint Vincent de Lérins s'explique lui-même de manière à ne laisser aucun doute sur ce qu'il veut dire, par le mot *nouveauté*, lorsqu'il se pose cette objection : « Quelqu'un dira peut-être : Ne peut-il y avoir aucun progrès religieux dans l'Eglise du Christ ? » (§ 23) et qu'il répond, que le progrès est, au contraire, essentiel à cette Eglise ; « qu'il y en ait un, dit-il, et un très-grand, quel homme serait assez ennemi du Christ pour le nier ? Mais ce progrès doit être un vrai progrès et non pas un changement, une contradiction. Il est de l'essence du progrès que l'objet s'accroisse en lui-même ; et le changement, au contraire, consiste dans la transmutation de l'objet en un autre. Qu'elles croissent donc et beaucoup, l'intelligence, la science, la sagesse de chacun et de tous, de l'homme et de l'Eglise entière, en raison des âges et des siècles ; mais qu'elles restent dans leur nature, dans la même vérité, dans l'identité de sentiment. »

N'est-ce pas dire clairement qu'il entend lui-même par nouveauté cela seulement qui est contraire à ce qui a toujours été cru universellement ? Or nous avons prouvé qu'il n'y a jamais eu dans l'Eglise une croyance formelle et universelle positivement négative de l'Immaculée Conception.

A la formule mal comprise et abusivement invoquée par les opposants, qui dit que cela peut être ou devenir article de foi *qui est une vérité surnaturelle et de révélation, crue partout, toujours et par tous, de manière à avoir pour elle l'antiquité, l'universalité et l'unanimité*, substituons la suivante qui s'explique d'elle-même : *Toute vérité surnaturelle révélée explicitement ou implicitement, qui devient, à une époque quelconque, l'objet d'une croyance explicite universelle, peut devenir par là même, l'objet* de la *déclaration officielle dogmatique*, constitutive des articles de foi.

II° objection. — La consultation adressée aux évêques est sans valeur par la manière même dont la question leur est posée. Le Pape demande des prières afin d'obtenir pour lui la grâce de prendre la bonne résolution; il demande que l'évêque lui fasse connaître : 1° La dévotion de son clergé; 2° celle de son peuple fidèle ; 3° sa propre manière de voir, au sujet de l'Immaculée Conception, et de la déclaration qu'il s'agit d'en faire. Or, la question devait être posée dans les termes suivants :

Quelle a été, dans tous les temps, la foi unanime de votre Église touchant la question de l'Immaculée Conception de la sainte Vierge?

Nous avons répondu à cette objection en répondant à la précédente. Il ne s'agissait pas de savoir ce qu'on avait toujours formellement cru et professé dans l'Eglise, mais ce qu'on y croyait et professait formellement et universellement, bien que jusqu'alors à titre d'opinion, puisqu'il n'y avait pas encore eu déclaration officielle de la foi générale, au moment même de la consultation. Car, si l'Eglise est infaillible dans sa croyance universelle, elle l'est aussi bien dans le xix° siècle qu'elle le fut dans le xviii° et qu'elle le sera dans le xx°, et entendre, par croyance universelle celle qui embrasse, non-seulement tous les catholiques présentement vivants, mais encore tous les catholiques morts et à naître, c'est enlever toute valeur démonstrative à cette croyance même, en la rendant perpétuellement impossible à constater. Le Pape aurait donc mal posé la question, s'il l'avait posée comme on l'imagine, et il l'a posée précisément comme il devait raisonnablement et théologiquement la poser.

III° objection. — D'après les termes de toutes les encycliques ainsi que du décret sur l'Immaculée Conception, c'est le Pape seul, se disant infaillible, qui définit, et non l'Eglise.

Nous répondons, 1° qu'il ne s'agissait point de la question du souverain suprême dans l'Eglise; que de tels actes ecclésiastiques n'ont de valeur que relativement à leur objet, et par conséquent, qu'on n'en peut absolument rien conclure à l'égard de l'ultramontanisme. 2° Que les formes de rédaction ne sont rien en présence des faits, et que la conduite du Pape consultant tous les évêques pour savoir ce que pensent leurs fidèles, leur clergé et eux-mêmes, est au contraire, un des événements ecclésiastiques les plus solennels et les plus convaincants de l'antique croyance qui fait consister l'infaillibilité radicale dans l'accord de tous. Si le Pape s'était véritablement cru compétent pour définir à lui seul et directement la vérité dont il s'agissait sans s'occuper de la croyance de tous, fidèles, prêtres et évêques, aurait-il fait cette consultation dans un temps où le vent souffle si fort à l'ultramontanisme? Ce qui vient de se passer deviendra un jour, pour les gallicans eux-mêmes qui en ce moment font opposition, un de leur meilleurs arguments contre l'infaillibilité du Pape ; sont-ils aveugles !...

3° Que, si l'on étudie bien les termes des encycliques et ceux du décret, on n'y trouvera point, comme on l'a dit, un coup d'état ultramontain. Il est possible que la première bulle renfermât ce coup d'état; mais elle n'a point passé, chose remarquable dans notre époque, et celle qui a été publiée est parfaitement indifférente à cette question. Les mots les plus forts ont été ceux que l'*Univers* du 22 décembre 1854 a racontés comme ayant été prononcés par le cardinal Machi avant et après la déclaration solennelle. On demande au Pape que l'Immaculée Conception soit définie par *son suprême* et *infaillible jugement*. On le remercie ensuite de ce qu'il a daigné définir de *son autorité apostolique* l'Immaculée Conception, et on le prie d'ordonner que *sa définition dogmatique* soit promulguée. Or, si l'on rapproche ces termes qui, en soi n'ont aucune autorité et même aucune importance théologique, de la conduite du Pape à l'égard de la question dont il s'agissait, on est obligé de comprendre que *suprême et infaillible jugement*, cette *autorité apostolique*, cette *définition dogmatique* ne portent que sur le fait de la croyance de l'Eglise déjà existant, et non pas sur la vérité elle-même pour appeler sur elle la croyance ; fait sur lequel on ne peut pas ne pas reconnaître l'infaillibilité du Pape après qu'il a été si régulièrement constaté. (*Voy.* INFAILLIBILITÉ.)

4° Enfin nous accordons très-volontiers que c'est le Pape seul qui, en sa qualité de chef, représentant par droit divin l'Eglise entière, lorsqu'il s'agit de proclamations officielles, même quand il y a concile œcuménique, a fait la proclamation et la promulgation sur l'Immaculée Conception, après que la croyance de l'Eglise en a fait une certitude catholique, et que tous les évêques ont témoigné de cette croyance. Dans une assemblée politique, n'est-ce pas le président qui déclare le résultat du dépouillement des votes, la volonté de l'assemblée, et en fait la promulgation officielle ?

IV° objection. — On reproche à l'autorité ecclésiastique d'avoir étouffé la discussion dans le synode convoqué pour la proclamation, de l'avoir empêchée autant que possible, et même d'avoir usé de la force pour chasser d'Italie un prêtre, au moins, qui demandait à être entendu sur la question théologique.

Notre réponse commencera par un aveu. Dans quelque circonstance que ce soit, comprimer la discussion et charger la force publique de reconduire aux frontières un théologien paisible qui ne demande qu'à faire valoir ses raisons, est chose inconcevable, criminelle et maladroite; voilà le principe général, que nous défions tout homme de bon sens de contester. Si de pareilles choses ont eu lieu à Rome, ainsi que le raconte l'abbé Laborde de lui-même dans la brochure intitulée : *Relation et mémoire des opposants au nouveau dogme*, etc. Nous sommes bien obligé de les blâmer. Mais tout ce qui a pu se passer de ce genre n'a aucun rapport à la valeur de la définition : d'où sort cette valeur ? 1° De la croyance universellement répandue dans l'Eglise à l'Immaculée Conception ; 2° de la constatation officielle et régulière de cette croyance par les réponses des évêques ; 3° de la proclamation du dogme à titre d'article de foi, par l'autorité suprême ecclésiastique, après constatation faite de la croyance. Or, ce qu'on reproche à cette autorité au moment de la proclamation ne détruit en rien les trois faits fondamentaux, et, par conséquent, ne peut donner lieu à une objection contre la définition théologique en tant qu'application pratique des droits surnaturels de l'Eglise.

V° objection. — Etait-il opportun dans notre époque de faire autant de bruit pour un point dogmatique si peu important à la religion des masses; de consulter tous les évêques du monde et d'en convoquer deux cents pour cette question seule, pendant qu'il y en a un si grand nombre d'autres qui seraient si utiles à traiter, si pratiques, et si propres à rappeler la vie dans la catholicité indifférente ; de s'occuper de celui-là, lorsqu'il est, peut-être, celui de tous le mieux approprié à éloigner, de plus en plus, du giron, les sectes dissidentes, à confirmer les incroyants dans leur incroyance, et à provoquer les satires de l'impiété ? Etait-il opportun, d'ailleurs, de résoudre la question comme on l'a fait ? N'aurait-il pas mieux valu user du mode, autrefois pratiqué avec tant d'avantages, des conciles œcuméniques où la discussion se remue à son aise, et d'où elle jaillit en éclairs brûlants sur le monde catholique ? Celui qui comprend bien les intérêts de la religion de Jésus-Christ ne juge-t-il pas que, dans ce siècle plus que jamais, le mode de la définition solennelle dans l'assemblée universelle de la catholicité est celui qui peut influer le plus efficacement pour le triomphe de l'Eglise, pour sa propagation, pour la défaite de ses ennemis et pour la gloire de Dieu ici-bas ?

Nous n'avons qu'une chose à répondre. L'Eglise considérée dans son gouvernement n'est point infaillible, tous les théologiens en sont d'accord, en ce sens que son infaillibilité ait pour résultat de la faire agir toujours de la manière la plus parfaite, quant à l'opportunité des questions, et quant au mode employé pour les résoudre. Il n'y a point que de l'optimisme, et la promesse du Christ s'accomplira dès qu'elle ne définira que la vérité, et que, pour la définir, elle se mettra dans des conditions quelconques suffisantes à la vraie constatation de la croyance. C'est ce qui est arrivé à l'égard de la Conception Immaculée de la Vierge Marie. Voilà tout ce que nous soutenons, et tout ce qu'il nous suffit de soutenir pour justifier l'Eglise. Nous abandonnons le reste à l'appréciation des hommes de bon sens comme un accessoire qui ne touche pas au fond de la doctrine chrétienne.

VI. — Conséquences importantes de la définition de l'Immaculée Conception.

Ire conséquence. — Ne dites jamais qu'un point théologique soit un article de foi, et même une certitude catholique absolue, lorsqu'il n'y a pas eu déclaration formelle et complète. Relisez, en effet, la discussion impartiale qui précède, et vous trouverez qu'on aurait pu établir sur l'Ecriture et la tradition, contre la Conception Immaculée, une thèse aussi formidable qu'un grand nombre de thèses de la théologie sur d'autres points non encore définis formellement, et qu'on donne comme ayant atteint les conditions de la certitude. La prudence, la retenue, la modération à traiter d'hérétiques ceux qui pensent autrement que nous, sont les grandes vertus du bon théologien.

II° conséquence. — Quand il y a eu dans l'Eglise croyance universelle bien constatée, avec déclaration officielle de cette croyance, sur un point doctrinal de révélation, la négative rend à jamais impossible l'affirmative, et, *vice versa*, l'affirmative rend à jamais impossible la négative ; et nous défions, en effet, nos adversaires, de trouver dans les annales de notre Eglise, une contradiction de cette espèce. Mais dans l'intervalle de la l'affirmative formelle et de la négative formelle, il y a mille degrés qui, en matière de foi, ne fournissent que des probabilités sur lesquelles la discussion conserve ses droits, et dont le parcours constitue le progrès dans l'Eglise.

III° conséquence. — Puisque la Vierge Marie a été exempte de la tache originelle, et que cependant elle a été soumise, comme les autres hommes, aux misères de la vie, à la mort, aux douleurs physiques et morales, etc., il est indiqué une fois de plus, en théologie, que Dieu aurait pu créer directement l'homme dans l'état présent, et, par suite, que la considération de cet état n'est point une preuve rigoureuse du péché originel, ainsi que nous le soutenons au mot DÉCHÉANCE.

IV° conséquence. — La déclaration de l'Immaculée Conception porte que, dans la conception même de Marie, et au premier instant de son existence, elle a été complètement pure, complètement semblable à ce qu'eût été le fils d'Adam, s'il n'y avait pas eu déchéance. Or, ne suit-il pas de là que le vieux système de la formation du corps seul dans la conception et de l'addition de l'âme à un jour donné de son développement, est rejeté par l'Eglise, et qu'elle suppose vrai celui de la réalisation simultanée de l'être humain tout entier au moment de l'union sexuelle normale et féconde ? Car la tache originelle n'est pas, dans son essence, un état physique, mais une tache morale, et puisqu'il y a eu, dans la Vierge, absence de cette tache morale au moment où cette tache a eu lieu chez tous les autres, c'est donc qu'il y avait à ce moment, qui est celui de la conception même, existence de son âme, et que cette existence a lieu également chez les autres hommes au premier moment. L'état physique est, en soi, chose indifférente dans l'ordre moral, et la sanctification de Marie dans le sein de sa mère au moment de l'introduction de son âme dans son corps, plus ou moins de temps après la conception, équivaudrait parfaitement à la Conception Immaculée, si le vieux système dont nous parlons avait raison. Pour que la conception dans l'état de pureté morale, signifie quelque chose, et diffère, en réalité, de la sanctification, il faut que l'âme de Marie ait été créée avec son corps dans sa conception, et qu'au premier moment l'être humain ait existé pleinement comme être humain. Nous invoquons donc la déclaration qui vient de se faire, à l'appui de notre manière de voir sur la première formation de l'être humain.

V° *conséquence*. — La manière dont l'Immaculée Conception a été déclarée est un fait précieux comme explicatif de l'infaillibilité de l'Eglise considérée dans son essence. Nous étudions cette conséquence au mot INFAILLIBILITÉ. — *Voy.* ANGES.

IMMENSITÉ DES CRÉATIONS DE DIEU. *Voy.* ANGES.

IMMORTALITÉ DE L'AME. *Voy.* PSYCHOLOGIE.

IMMORTALITÉ DE L'ART ET DE LA RELIGION. *Voy.* ART, IV.

IMPRÉVOYANCE SOCIALE. *Voy.* SOCIALES (Sciences), II.

INCARNATION (LE MYSTÈRE DE L').— DEVANT LA FOI ET DEVANT LA RAISON (II° part., art. 8). — L'incarnation est le moyen fondamental que Dieu, voulant restaurer l'humanité déchue, a employé pour réaliser son plan de rédemption. Nous exposons en peu de mots, à l'article SYMBOLE, ce qu'il est nécessaire de croire à ce sujet pour être catholique de profession. Il nous reste ici à entrer dans quelques détails sur l'enseignement théologique en ce qui concerne l'incarnation du Christ, afin de faire comprendre à la raison que cette mystérieuse et ineffable opération de la Divinité dans notre monde ne présente, telle que la théologie la propose, aucune impossibilité rationnelle. C'est ce que nous allons faire dans quelques paragraphes.

I. Le mystère de l'incarnation est exposé dans les trois symboles catholiques de la manière suivante :

1° Symbole des apôtres : *Je crois en Jésus-Christ, son Fils unique, Notre-Seigneur, qui a été conçu de l'Esprit-Saint, est né de la Vierge Marie*, etc. Ces paroles, sans nommer positivement l'incarnation, la supposent en donnant le Christ comme Dieu et comme homme tout ensemble.

2° Symbole de Nicée : *Nous croyons... en un seul Seigneur Jésus-Christ Fils unique de Dieu, né du Père « avant tous les siècles » Dieu de Dieu, lumière de lumière, vrai Dieu de vrai Dieu, engendré non fait, consubstantiel au Père par lequel tout ce qui est dans le ciel et sur la terre a été fait ; qui pour nous autres hommes et pour notre salut est descendu des cieux, a été incarné « du Saint-Esprit, de la Vierge Marie »* s'est fait homme.

Les mots entre guillemets, furent ajoutés par le concile de Constantinople, pour plus de clarté.

3° Symbole d'Athanase : *Il est nécessaire pour le salut éternel de croire aussi, fidèlement, l'incarnation de Notre-Seigneur Jésus-Christ.*

C'est donc la foi droite, que nous croyions et confessions que Notre-Seigneur Jésus-Christ Fils de Dieu est Dieu et homme.

Il est Dieu engendré de la substance du Père avant les siècles, et il est homme né de la substance de la mère dans le siècle.

Dieu parfait, homme parfait ; subsistant en âme raisonnable et en chair humaine.

Egal au Père selon la Divinité, moindre que le Père selon l'humanité.

Qui, bien qu'il soit Dieu et homme, n'est pas cependant deux, mais un seul Christ.

Un, non par conversion de la Divinité en chair, mais par l'assomption de l'humanité en Dieu.

Un tout à fait, non par confusion de substance, mais par unité de personne.

Car de même que l'âme raisonnable et la chair est un seul homme, ainsi Dieu et l'homme est un seul Christ. »

II. La théologie fondée sur ces symboles et sur tout ce qui est dit dans l'Ecriture sainte du mystère théandrique, résume les principaux points de la doctrine catholique à ce sujet dans les propositions suivantes :

1° C'est la seconde personne de la Trinité, et elle seule, qui s'est incarnée ; ce n'est ni le Père, ni l'Esprit, bien que l'incarnation se soit réalisée par la puissance du Père, et par un acte d'amour de l'esprit, d'où l'on dit avec raison que le Christ fut conçu par l'opération de l'Esprit-Saint.

On pourrait exprimer ce point de doctrine sous une forme plus philosophique en disant : La puissance s'est mise au service de l'amour, et l'amour, avec elle, a opéré l'incarnation de l'intelligence, qui est demeurée la personnalité du Christ.

Le concile d'Ephèse définit, en 431, contre Nestorius, qu'il n'y a qu'une personne en Jésus-Christ, la personne du Verbe.

2° Jésus-Christ est Dieu et homme tout ensemble ; « le Verbe s'est fait chair, » dit saint Jean. « Mon Père et moi nous sommes un, » dit Jésus-Christ. « Il a été fait de la femme, » dit saint Paul. Il présente la nature humaine étroitement embrassée par la nature divine, mais de sorte qu'il n'y ait point annihilation de la première.

« Qu'est-ce que l'homme, dit saint Augustin, c'est une âme qui a un corps. Qu'est-ce que Jésus-Christ? C'est le Verbe qui a une nature humaine. » (*In. Joan.*, tract. 19, 17.)

Nous confessons, dit le concile de Chalcédoine, qu'il faut reconnaître en Jésus-Christ deux natures sans confusion ; que l'union de ces deux natures n'en détruit pas la différence ; et qu'elles subsistent chacune dans leurs propres attributs.

3° La nature humaine conserve ses opérations en Jésus-Christ : ses opérations d'entendement, ses opérations de volonté, et ses sensations corporelles ; mais le Verbe divin domine tout à tel point que non-seulement ce qui est entendement et volonté de Dieu dans le Christ, mais encore ce qui est, en lui, entendement, volonté et sensation de l'homme, est la propriété intime et absolue du Verbe, par l'assomption qu'il en fait, et par la dépendance dans laquelle il tient tout ce qui constitue l'humanité distincte. En un mot, bien que l'homme pense, veuille et sente, le Verbe seul est autonome ; l'homme ne pense, ne veut, ne sent que dans la loi, sous la domination, et en conséquence nécessaire de la lumière entraînante, et maîtresse absolue, du Verbe de Dieu.

C'est ainsi que le concile de Constantinople (III, art 17) expliqua ce grand mystère : *Nous professons*, dit-il, *selon la doctrine des saints Pères, en Jésus-Christ, deux volontés naturelles et deux opérations naturelles, sans division, sans conversion, sans séparation, sans confusion, et deux volontés non contraires, ainsi que l'ont avancé des hérétiques impies* (absit), *mais la volonté humaine suivant, et ne résistant pas, ne luttant pas, soumise, au contraire, à la volonté divine et toute-puissante.*

Saint Athanase avait dit dans le même sens : « Tout ce qui se fit dans le Christ, se fit sans division dans l'essence même des opérations, en sorte que ce qui était produit par le corps n'était pas produit sans la Divinité, et que ce qui était produit (en lui) par la Divinité ne l'était pas sans le corps. Tout se faisait conjointement ; c'était le Souverain Seigneur qui effectuait tout, d'une manière admirable, par la grâce. » (T. I, p. 705.)

Bossuet l'explique de même dans le *Discours sur l'histoire universelle.* (II p., c. 19.)

M. de Pressy observe très-bien, dans son instruction pastorale sur l'Incarnation, que c'est le Verbe qu'il faut voir d'abord en Jésus-Christ pour le bien comprendre, le Verbe assumant notre nature, de telle sorte que notre nature devient vis accessoire, une propriété intimement et absolument possédée, comme l'âme possède son corps dans l'être humain.

4° La volonté humaine n'en a pas moins des désirs qui lui sont propres, et qui peuvent même se trouver différents de ce que veut la volonté divine ; mais tout s'harmonise par la subordination de l'une à l'autre. *Je suis descendu du ciel*, dit Jésus-Christ, *non pour faire ma volonté, mais la volonté de celui qui m'a envoyé.* (Joan. VI, 39.)

Saint Thomas pénètre très-profondément dans cette question ; considérant la volonté humaine en ce qu'elle peut avoir de contraire, dans le bien, à la volonté divine, comme il arriva quand le Christ dit : *Mon Père, que votre volonté soit faite et non pas la mienne.* (Luc. XXII, 42.) Il s'exprime ainsi : « Cela même, que la volonté humaine voulait autrement que la volonté divine, procédait de la volonté divine elle-même, par le bon plaisir de laquelle la nature humaine était mue de mouvements qui lui étaient propres. » (*Summ.*, III p., q. 18.) Ce qui n'est point une contradiction avec ces autres paroles du même saint Thomas : « La volonté humaine du Christ eut son mode déterminé par cela qu'elle fut dans l'hypostase divine, à savoir qu'elle était mue selon le mouvement de la volonté divine (*Summ.*, III p., q. 18, art. 1, ad 4) ; » car, ce mouvement de la volonté divine pouvait être souvent, relativement à la volonté humaine, en sens différent de ce qu'elle était en soi et relativement à l'ensemble des choses ; d'où il arrivait, alors, que la volonté humaine désirait par la volonté divine ce que la volonté divine ne voulait pas lui accorder, puis se soumettait à elle.

5° Le mal moral fut impossible dans le Christ. C'est une déduction du principe précédent, puisque ce mal consiste dans une rupture d'harmonie entre la volonté humaine et la volonté divine, et qu'en Jésus-Christ l'harmonie était complète et inamissible par l'essence même de son être, dont une des conditions les plus fondamentales était la subordination intime et parfaite de l'homme à Dieu, jusqu'à absorption de l'autonomie humaine dans l'autonomie divine. Le Christ fut donc impeccable, comme le dit Scot : « Le Christ n'avait pas puissance de transgresser les préceptes, et même il répugnait à son être de ne point suivre les conseils, parce que lui répugnait, non-seulement le péché, en raison de sa souveraine sainteté, mais encore toute imperfection morale se contractant par omission d'un conseil. » (*Auctore* FRASSEN, t. III, p. 219.) Et, malgré cela, le Christ eut une liberté, dans le bien, suffisante pour pouvoir mériter. *Il se fit obéissant jusqu'à la mort*, dit saint Paul. (Philipp. II, 8.) *Il a été offert par ce qu'il l'a voulu*, dit Isaïe. (Isa. LIII, 7.)

6° La douleur physique et morale, le sentiment pénible, en un mot, n'était pas incompatible dans le Christ, avant sa mort, avec sa divinité, quoique des théologiens très-orthodoxes aient nié en lui la peine intime et profonde. C'est ce qui suit du catéchisme du concile de Trente. (Ire part., ch. 5.) C'est ce que professent Bossuet (*Sermons sur la passion*), Liguori (*Amour des âmes*, IIIe part.), et presque tous les catholiques. C'est ce sur quoi ne laissent aucun doute plusieurs paroles du Christ, telles que celles-ci : *Mon âme est triste jusqu'à la mort.* (Matth. XXVI, 38.) *N'a-t-il pas fallu que le Christ souffrît ?* (Luc. XXIV, 26.) et ces mots du Symbole : *Il a souffert.* C'est enfin ce que nous allons expliquer un peu plus loin.

7° Bien que les mouvements passionnels violents, avec tendance au dérèglement qui consiste dans l'assujettissement de l'âme au corps, ne soient pas, en eux-mêmes, choses plus mauvaises que la douleur, qui n'est qu'un mouvement passionnel d'un ordre différent ; bien que la similitude du Christ, en tant qu'homme, aux autres hommes, poussée jusqu'à la présence en lui de ces mouvements, n'attaquât en rien l'essence de l'Incarnation, la théologie catholique en a affranchi Jésus-Christ par convenance. « Dans le Christ, » dit saint Thomas, « ne fut point la contrariété de la chair à l'esprit, comme en nous. » (*Summ.*, III part., q. 18.)

8° Quoi qu'en aient dit plusieurs Pères de l'Église, et surtout le P. Malebranche, l'Incarnation n'était point indispensable dans l'hypothèse de la création du monde. Cependant Benoît XIV a défendu de taxer d'aucune note l'opinion de ceux qui croient qu'elle aurait eu lieu lors même qu'Adam n'aurait pas chuté, bien que ce ne soit pas le sentiment commun.

L'Incarnation n'était pas, non plus, indispensable pour restaurer l'humanité déchue. « Insensés, dit saint Augustin, ceux qui disent que la sagesse divine ne pouvait délivrer l'homme qu'en assumant l'homme. »

Mais il est vrai, d'ailleurs, que la nature humaine, sans une union quelconque avec le Verbe éternel, ne pouvait remonter à son état de perfection primitive, puisqu'elle ne pourrait pas même être sans un degré de cette union. Si c'est là ce qu'entendent saint Fulgence (*De incarnat.*, c. 4), ainsi que plusieurs autres Pères et théologiens, ils disent une vérité évidente; mais s'ils entendent parler de l'union hypostatique qui constitue le Christ, ils ont tort d'affirmer que sans cette union il était impossible à Dieu de rendre l'homme capable de lui présenter une satisfaction suffisante. Prétendre pareille chose, disent avec raison tous les scotistes, c'est ne pas avoir une idée vraie de Dieu, et retomber sous le jugement sévère, mais exact, de saint Augustin.

L'Incarnation a donc été, dans toute hypothèse, une opération gratuite de la part de Dieu, et à laquelle il n'était obligé par aucun de ses attributs. C'est un honneur qu'il a fait à l'humanité, déchue par un accident dont le père seul était coupable ; et comme c'est la faute de ce premier père qui en a été l'occasion, on peut s'écrier avec saint Ambroise et beaucoup d'autres. Faute heureuse, qui nous a plus servi qu'elle ne nous a nui !

III. Avant de lever les difficultés que pourrait se faire une raison prévenue sur quelques-uns des points de doctrine qui viennent d'être exposés, il est bon de présenter une observation générale sur l'idée d'Incarnation de la Divinité dans l'humanité.

Cette idée, envisagée dans sa plus large extension, s'analyse en trois idées plus particulières, quoique encore très-générales, par rapport aux subdivisions qu'on pourrait leur donner. Ce sont l'idée de manifestations visibles de la Divinité, que nous appellerons incarnations imparfaites; l'idée de l'incarnation proprement dite, avec union intime des natures sans les confondre ; et enfin l'idée d'incarnation outrée, avec confusion et identification des natures; nous appellerons celle-ci incarnation panthéistique.

Il est tellement naturel à l'homme de ne pouvoir se passer de l'idée de Dieu et de sa providence, qu'il n'exista jamais un peuple chez lequel il n'y eût une religion basée sur des apparitions vraies ou prétendues de la Divinité sur la terre. Toutes les mythologies sont sorties de cette source. Que la fiction de ces incarnations imparfaites sous formes visibles soit l'effet pur et simple de l'idée d'une Providence, que Dieu fait germer au cœur de l'homme, ou l'effet de traditions remontant à la promesse antique de notre rédemption, sur lesquelles la poésie et l'imagination auraient bâti sans mesure, ou, ce qui nous semble plus rationnel, l'effet de ces deux causes à la fois, c'est une question qui, à notre avis, ne présente aucune importance, d'autant plus qu'elle est insoluble. Mais, quoi qu'il en soit, il faut avouer que l'universel concert des âges et des lieux, proclamant des manifestations de Dieu parmi nous, est un phénomène qui ne saurait être absolument sans objet. Oui, puisque le genre humain s'accorde à imaginer, raconter, décrire, chanter, sous toutes les formes, des manifestations visibles de Dieu parmi les hommes, c'est qu'il existe réellement quelque manifestation de cette espèce. On pourrait porter le défi de présenter un livre où il ne soit question de ces incarnations imparfaites : l'idée en est donc propre à l'esprit de l'humanité, et une idée de la sorte a toujours un fonds de vérité. Voilà ce que nous voulions observer sur le premier degré de l'idée d'incarnation.

Passons au troisième. L'incarnation panthéistique, dans laquelle la créature n'est pas conservée, et où Dieu reste seul, s'incarnant en des formes qui ne sont, en soi, que des extensions ou modifications de lui-même, pour se révéler à d'autres formes qui ne sont pas plus réelles n'étant pas plus distinctes de son essence, se retrouve aussi dans beaucoup de nations, mais principalement dans celles de l'extrême Orient. On connaît cette multitude de prières, d'odes, de chants indiens où le Dieu est toujours un et le même, quel que soit l'être dans lequel on l'invoque. Il prend tous les noms, devient toutes les choses et finit par conclure : Je suis l'âme de tout ce qui est, je suis ceci, je suis cela, je suis tout. (*Voy.*, pour exemple, le morceau qui termine l'art. *Vichnou* du *Dict. des religions.*)

Or, cette idée d'incarnation exagérée sans conservation de l'intégrité de la créature, n'est pas, non plus, sans un fonds de vérité. Elle outrepasse le but ; mais le fait de son existence dans une multitude d'hommes, depuis la plus haute antiquité, prouve que l'humanité couva toujours l'idée vague d'une union intime de Dieu avec elle.

En ajoutant à l'idée des simples manifestations sous formes humaines purement imitées, fantastiques ou réelles, et seulement extérieures, ce qu'elle a de trop peu, c'est-à-dire la réalité humaine, et en retranchant à l'idée de l'incarnation panthéistique ce qu'elle a de trop, c'est-à-dire l'annihilation de cette réalité humaine dans l'union de Dieu avec elle, on tombe exactement sur l'idée de l'incarnation proprement dite que professe toute la société des Chrétiens.

Cependant peut-on dire que cette idée, dans sa parfaite et précise exactitude, ait été conçue par quelques esprits avant la venue de Jésus-Christ et avant la théologie catholique? Elle n'est pas chez Platon; saint Augustin, qui y trouve la Trinité et tout ce qui regarde le Verbe en lui-même (*Voy.* TRINITÉ), n'y trouve pas cette idée : « Que le Verbe se soit fait chair, et qu'il ait habité parmi nous..... que ce Fils de Dieu se soit anéanti en prenant la forme de serviteur ; qu'il se soit fait semblable aux hommes, et qu'il ait paru à l'extérieur comme un homme ; qu'il se soit humilié et rendu obéissant jusqu'à la mort, et à la mort de la croix...... c'est ce que je n'y trouvai point. » (*Confess.*, liv. VII, ch. 9.) Nous ne l'y avons pas trouvé non plus. Le juste de Platon mis en croix, dont on a tant parlé, n'est qu'un homme ; c'est l'homme vertueux, conçu naturellement par le génie honnête.

Elle est encore moins chez aucun des autres philosophes de la Grèce, et de Rome, simple reflet de la Grèce.

Elle n'est pas dans la grande poésie d'Eschyle; celui qui délivrera Prométhée est Dieu ou homme; mais n'est pas Dieu-Homme.

Serait-elle chez les philosophes de la Chine? Le P. Prémare a groupé une multitude de phrases de l'Y-King, des livres de Confucius, de ceux de Meng-Tseu et de beaucoup d'autres, sur le *saint* attendu des anciens Chinois ; parmi ces phrases, plusieurs conviennent à l'Homme-Dieu, et ne conviennent guère qu'à lui; mais elles peuvent en rigueur s'interpréter de l'homme sanctifié à un degré supérieur par l'influx divin, et ne sont point assez claires pour donner la conviction que celui qui les a écrites pensa même à l'Incarnation véritable dont il s'agit. Tout ce qu'on peut en dire de plus fort, c'est qu'elles ressemblent aux propositions prophétiques dont la Bible est remplie, et qui n'ont suscité d'idée claire sur l'Incarnation que depuis l'accomplissement. (*Voy.* quelques exemples de ces phrases à l'art. *Ching* du *Dict. des religions.*)

Il ne reste que les brahmanes et les bouddhistes, car le Zend-avesta ne donne Zoroastre que comme un prophète à qui Dieu se révèle ; or ici la question devient plus grave. Le Dieu Vichnou, seconde personne de la trinité indoue, par quelques-uns de ses avatars, et Adi-Bouddha par ses renaissances en Bouddhas et Dalaï-Lamas, ne susciteraient-ils pas, dans les esprits de ceux qui les adorent, l'idée de véritables incarnations, bien qu'il s'y mêle des tendances panthéistes plus ou moins avancées?

Quant à Vichnou, la huitième de ses incarnations, laquelle se fit en Krichna, au moins mille ans avant Jésus-Christ, est expliquée assez clairement pour qu'il soit impossible de n'y pas voir, dans l'idée que les brahames ont de ce Krichna, un véritable Homme-Dieu. (*Voy.* le curieux article de l'abbé Bertrand, sur ce Krichna, *Dict. des religions.*) Les nombreuses analogies historiques que présente sa légende avec la vie de Jésus-Christ ne sont pas ce qui nous frappe ; elles peuvent être fortuites ou venues de traditions chrétiennes mélangées avec son histoire primitive ; mais, ce qu'on ne peut, à notre avis, s'empêcher de reconnaître, c'est une idée très-antique d'incarnation de la divinité dans l'être humain, chez les peuples qui l'adorent.

Il en est de même des incarnations d'Adi-Bouddha. On trouve chez les bouddhas, les deux natures intimement unies. (*Voy.* l'art. *Bouddha* et tous ceux qui se rapportent au bouddhisme dans le même dict.)

Or, on ne peut dire que cette idée d'imaginer Dieu fait homme ait rayonné des Hébreux chez ces peuples, car les Hébreux, d'après les plus judicieux commentateurs de l'Ecriture sainte et les plus savants théologiens, n'avaient pas l'idée de l'incarnation, bien qu'ils eussent l'attente du libérateur. Leurs prophéties, avons-nous dit, n'ont pu devenir claires sur ce dogme qu'après l'événement. Dira-t-on qu'il exista une révélation plus explicite dans les premiers siècles du monde de laquelle ces idées indiennes seraient des écoulements? Mais, en outre que la supposition en est gratuite, on ne concevrait guère que Moïse, qui a donné l'histoire des vraies révélations, n'eût point cité celle-là. Nous croyons simplement que les peuples de l'Inde plus religieux par nature, plus contemplatifs qu'aucune nation de la terre, se seront élevés à cette fiction, par un travail de méditation et d'imagination sur l'idée naturelle de la Providence et sur ce que les traditions leur avaient appris du libérateur attendu. Portés, par leur tendance au panthéisme, à faire intervenir la divinité dans tous les phénomènes, ils auront fini par des hommes qui étaient dieux tout en étant hommes. Nous ne pouvons nous expliquer que de cette sorte quelques incarnations divines dont il est question dans plusieurs livres hindous qui remontent certainement aux siècles antérieurs à l'ère chrétienne ; et nous en tirons tout naturellement l'argument suivant :

Si l'homme a conçu et adopté une telle pensée sur une moitié du monde, cette pensée n'a rien que de rationnel dans son objet fondamental, comme nous allons maintenant le faire comprendre en étudiant le dogme en lui-même.

IV. Reprenons chacun des points que nous exposions tout à l'heure au § II.

1° C'est le Fils seulement qui s'incarne, d'où il suit qu'on doit dire qu'il n'y a en Jésus-Christ qu'une personne incarnée, la personne du Verbe. Or cette profession ne présente rien de contradictoire. Les trois personnes divines sont inséparables dans leur essence, et l'une ne se trouve jamais sans l'autre; mais dans leurs opérations, Dieu fait ce qui est propre à chacune, par celle-là seulement à laquelle cela est propre. Quand mon âme pense, dirai-je que c'est ma volonté qui pense? Quand elle aime, dirai-je que c'est mon intelligence qui aime? De même quand Dieu pénètre une créature de sa lumière intelligible, c'est son intelligence, son Verbe qui le fait; et quand il la pénètre des ardeurs de son amour, on doit dire qu'il le fait en tant qu'esprit. L'incarnation est une opération *ad extra* dont l'essence originelle consiste dans une assomption, un ravissement profond, intime, permanent, élevé à l'état de nature de l'être humain, complet, par le soleil du monde intelligible, qui est le Verbe de Dieu : or, si l'on doit reconnaître que c'est l'amour, et par conséquent l'esprit, qui détermine cette opération, en opérant lui-même la *conception* qui en est la première réalisation formelle; si l'on doit reconnaître également que c'est la puissance du Père qui en est l'instrument et le moyen, on doit ajouter que c'est l'intelligence seule qui est conçue et incarnée, ou plutôt qui embrasse l'être humain dans sa vertu, le retire de soi et le fait sien, par une pénétration plastique, analogue à celle par laquelle mon âme pénètre mon corps et en fait comme une végétation d'elle-même. Dire que le Père et l'Esprit, bien qu'ils soient, de présence, partout où est le Fils, puisqu'ils en sont inséparables, se seraient incarnés, serait émettre une contradiction; car ce serait attribuer à la puissance et à l'amour ce qui est le propre de l'intelligence, cette assomption dans la lumière intelligible, qui est le fond essentiel de l'incarnation.

On peut en trouver des comparaisons dans les choses les plus ordinaires. J'écris cette phrase : *Dieu est bon*. C'est par la puissance de ma main que mon âme l'écrit; c'est ma volonté qui détermine mon âme à l'écrire; mais il y a quelque chose qui s'incarne et qui reste incarné dans cette phrase : c'est ma pensée, et ma pensée seule. Bien que ma puissance et ma volonté y laissent des traces de leur concomitance, mon âme y reste incarnée, en tant que pensée seulement, puisque la chose qui frappe, la chose dominante, la chose qui règne désormais dans ma phrase, c'est ma pensée que Dieu est bon. Si j'ai la faculté d'incarner ainsi mon intelligence dans des lettres mortes, est-ce que Dieu n'aurait pas la puissance d'incarner la sienne dans un être humain qui en deviendra, pour l'humanité, la lettre vivante, sur la terre comme au ciel, au degré profond conçu par la théologie catholique.

Descendons encore plus bas dans la comparaison. Cicéron était pontife, orateur et consul. Quand il présidait à une cérémonie religieuse, étaient-ce l'orateur et le consul qui étaient en fonctions? quand il exécutait un décret du sénat, étaient-ce l'orateur et le pontife qui exécutaient? quand il plaidait pour un accusé, étaient-ce le pontife et le consul qui soutenaient la cause? cependant l'homme tout entier, l'homme triple était présent dans chacune des opérations, c'était toujours le même Cicéron qui opérait.

Dieu s'incarne; le Père et l'Esprit sont présents : mais il ne s'incarne qu'en tant que Fils, et le Fils seul, demeure la personne incarnée : d'où la raison applaudit au concile d'Éphèse, lorsqu'il déclare qu'en Jésus-Christ le Verbe seul est incarné et constitue la personne du Christ.

2° Que l'homme reste complet sans confusion, sans annihilation, sans absorption destructive, en Jésus-Christ, c'est ce qui n'offre encore rien d'incompatible avec sa divinité.

Nous posons en principe, à l'article ONTOLOGIE, l'impossibilité absolue du mode fini et du mode infini dans le même sujet. Ce principe est évident, et c'est le seul qui mène à la réfutation du panthéisme; il est antérieur à toute doctrine; il est de ceux qui constituent le but des certitudes humaines; il est donc inviolable, et ce n'est pas à lui de se modifier pour s'harmoniser avec les enseignements, mais bien aux enseignements à se modifier, quand il en est besoin, pour s'harmoniser avec lui. Voilà ce que nous accordons *a priori*, sans aucune crainte sur les résultats de notre concession.

Or, dira-t-on, vous professez en Jésus-Christ une seule personnalité. Vous affirmez d'ailleurs l'intégrité de la nature humaine avec la nature divine. La nature humaine a, pour essence, le mode fini; la nature divine, pour essence, le mode infini. Voilà donc le mode fini et le mode infini dans le même sujet, et il vous faut, ou laisse le champ libre au panthéisme en abandonnant votre axiome, ou modifier votre enseignement sur l'incarnation.

Nous avons dit le dernier mot sur l'axiome, et cependant nous ne modifierons pas notre enseignement sur l'incarnation.

L'unité de personnalité exclut-elle deux sujets, l'un pour le mode fini, l'autre pour le mode infini? Voilà la question; et cette question revient à celle-ci : l'unité de personnalité exclut-elle la multiplicité de nature?

Celui qui répondrait affirmativement professerait, sans doute, l'opinion commune sur la substantialité des corps, distincte et étendue; et nous pourrions, par conséquent, lui opposer l'exemple de sa propre personnalité. Elle est une, il n'y a en lui qu'une autonomie, qu'une maîtrise en dernier ressort, et cette maîtrise résulte de la subordination harmonique de deux natures, la nature corporelle servant de sujet au mode de l'étendue, et la nature spirituelle servant de sujet au mode de la simplicité; ces deux modes qui s'excluraient réciproquement dans le même sujet, ne s'excluent pas dans la même personnalité, témoin le fait même de notre être; et l'objection serait ainsi résolue. Mais l'argument serait *ad hominem*, et nous voulons donner une réponse absolue, applicable à tous les systèmes.

Toute créature est en Dieu, soutenue et pénétrée par Dieu, et sa perfection résulte du plus ou du moins de participation qu'elle reçoit des perfections de Dieu. C'est la théorie de saint Thomas, et la seule qui soit admissible en philosophie, pour rendre compte de la créature. Il y a cependant en elle un support du mode fini, réalisé par Dieu quand il l'a créée, lequel support a lui-même Dieu pour support radical, mais n'en est pas moins distinct et réel pour servir de sujet au mode fini qui serait sans lui une contradiction. Telle est la nature essentielle de toute créature, quant à l'être. Si nous envisageons la créature intelligente en tant qu'intelligente, nous trouvons encore que son intelligence n'est qu'une vue des vérités qui sont en Dieu, et que plus ces vérités vues sont nombreuses et clairement aperçues, plus l'intelligence est élevée. Voici donc que déjà, au point de vue philosophique, on est forcé de reconnaître un degré d'union de Dieu et de son Verbe avec la simple créature, mais un degré tel qu'il en résulte une personnalité finie qui se juge elle-même *être soi*, et qui juge Dieu comme *autre*, malgré qu'elle tienne, par donation incessante, tout ce qu'elle a de Dieu même, et que Dieu soit en elle pour la faire ce qu'elle est. Mais tout est harmonisé de telle sorte qu'elle est *sui juris*, et qu'elle se distingue elle-même, sous tout rapport, par le sentiment qu'elle a de soi. Il n'y a, en elle, qu'une personnalité; elle le sent, à n'en pas douter; et cependant la philosophie la plus rigoureuse la mène à savoir avec certitude qu'elle n'est pas seule, qu'il y a, en elle, une union nécessaire avec Dieu, que Dieu est même la première base de son être. Ton être s'anéantirait, lui dit la philosophie, si l'être de Dieu ne le vivifiait; ta pensée s'éteindrait, si la pensée de Dieu ne lui prêtait sa lumière, et ainsi de tout le reste. Voilà donc un premier degré d'union de Dieu avec ce qui n'est pas lui, dans lequel la personnalité est une et l'élément double; il y a l'élément divin soutenant le mode infini et n'en manifestant que des rayonnements; il y a l'élément créé, soutenant le mode et soutenu lui-même; puisqu'il n'est pas infini et de l'accord de ces deux sujets résulte une seule subsistance, un seul être personnel.

Cela compris, élevons-nous plus haut. Prenons la nature, que nous venons de concevoir, dans l'état où nous l'avons conçue; et que Dieu nous pardonne d'ajouter quelques mots sur l'opération mystérieuse et ineffable par laquelle il va l'élever jusqu'à une incarnation de lui-même : cette audace nous est inspirée par l'amour de sa cause.

Le foyer divin continue d'alimenter le foyer humain au degré qui constitue sa nature d'homme; mais le Verbe surajoute un embrassement lumineux d'un autre genre; n'a-t-il pas des modes à l'infini de se donner en participation à la créature ? un embrassement de sa lumière, non pas seulement tel qu'il en résulte pour l'être humain une vision intuitive de ses splendeurs dans une mesure incompréhensible, ce à quoi la nature peut être élevée sans qu'elle cesse d'être autonome, et de dire moi avec dégagement personnel de Dieu, qui est l'autre, comme nous l'avons dit; mais un embrassement plus rapproché du fond de l'être, plus puissant, plus complet, plus pénétrant dans toutes les directions, plus électrisant toutes les cordes du moi humain, et exerçant, par une loi fixe constitutive d'une nature immortelle, une action si profonde, que la personnalité qui se distinguait par son autonomie, se trouve absorbée dans un assujettissement plastique à la lumière éternelle qui l'a ravie en soi pour toujours. Plus de *sui juris* dans la créature ainsi assumée; plus de personnalité autonome; un moi résultant d'un sentiment de désir et de volonté propre à ce qui reste d'humain, mais ce moi subordonné à la lumière divine, à la volonté divine, au décret divin, qui est la Vérité éternelle; et subordonné à tel point, qu'il n'est plus qu'une passivité qui se sent possédée avec une clarté pure de tout nuage, et qui dit : Moi-Dieu, par le moi divin qui le possède, bien que, par abstraction du Verbe qui est le lien commun des deux natures, et qui en fait l'unité personnelle, elle se connaisse comme créature, et s'humilie devant son auteur.

Or, qu'avons-nous fait dans notre hypothèse? Nous avons simplement élevé, au plus haut que nous l'ayons pu, ce qui se passe déjà nécessairement en des degrés inférieurs dans toute créature pour qu'elle soit ce qu'elle est. Si l'alliance du fini et de l'infini n'est pas impossible dans un degré, elle ne l'est pas dans l'autre; et, d'ailleurs, l'objection qu'on avait faite est pleinement résolue, puisque, si d'un côté il ne reste qu'une autonomie, qu'une personnalité hypostatique, qu'une maîtrise personnelle, il reste, d'un autre côté, deux natures pour sujets des deux modes qui les différencient.

Ne pourrait-on pas concevoir deux âmes assez étroitement unies pour que l'une eût conscience de l'autre, possédât l'autre et la maîtrisât dans toutes ses opérations, comme mon âme maîtrise les mouvements de mon corps? C'est ce que Leibnitz a imaginé pour expliquer toutes les individualités de l'univers, et c'est peut-être sa théorie qui aura gain de cause, car elle explique mieux que les autres la nature corporelle. Or, dans cette hypothèse, il n'y a qu'une personnalité résultant de deux natures en hiérarchie. Ce que l'on conçoit que Dieu puisse faire d'un esprit à un esprit, ne conçoit-on pas qu'il le puisse faire de lui-même à une âme humaine par le nœud de son Verbe, pourvu que ce soit lui qui garde l'autonomie personnelle, qu'il ne saurait abdiquer en l'assujettissant à une volonté finie? Nous le concevons encore mieux, pour notre propre compte, de Dieu à une créature que d'une créature à une autre créature : car, pour le concevoir d'une créature à une autre, nous nous sentons obligé, avec Descartes et Malebranche, de faire intervenir Dieu comme médiateur, tandis que, dans l'autre cas, cette médiation devient inutile, puisque c'est Dieu lui-même qui s'attache un être qu'il a fait.

3° La conservation des opérations de la nature humaine, de la pensée, de la volonté et des sensations, avec sujétion harmonique à la souveraineté divine, s'explique facilement par ce qui vient d'être dit, et ne nous paraît recéler aucune difficulté nouvelle. Les théologiens en donnent pour comparaison le changement qui se fait dans un peuple républicain, lorsqu'un conquérant s'empare de son gouvernement ; le peuple perd sa personnalité de peuple, sa possession de soi, et cependant ne perd point sa nature de peuple, et continue d'agir, quoique sous la dépendance d'une pression étrangère.

On pourrait demander ce qui se passa dans le Christ durant toute l'époque de son développement extérieur. Nous n'en savons rien; mais il nous semble que, le dessein de Dieu étant qu'il fût homme, de son côté humain, en tout semblable aux autres, il n'y eut pas en lui opérations intellectuelles et morales humaines, dans le sein de sa mère et dans son berceau, mais que ces opérations eurent leur accroissement successif suivant la loi commune. Quant au Verbe éternel qui est toujours le même, il posséda le germe dès sa formation, comme plus tard l'homme complet; et l'homme en eut de plus en plus conscience, à mesure que sa conscience d'homme s'ouvrit devant elle-même. Voilà ce qui nous paraît le plus naturel à penser sur ce secret de Dieu, bien que ce ne soit pas l'opinion commune. Nous concevons très-bien que l'assomption de l'humanité par le Verbe ait eu lieu avant qu'elle fût sentie par l'humanité, le Verbe seul la connaissant jusqu'alors. Ce qu'on ne concevrait pas sans que l'humanité en eût conscience, si ce n'est cependant en puissance et en prédisposition, ce serait l'union simplement morale telle que la voulait Nestorius. Mais l'union hypostatique pouvait être *physiquement* avant que ce qu'elle devait impliquer plus tard de moral et d'analogue à l'amitié formelle, vînt s'y joindre ; et nous sommes porté à penser qu'il en fut ainsi, par cette raison que le Christ fut assujetti, en tant qu'homme, à toutes les lois de la nature de l'homme. Devant subir celle de désorganisation et de mort, ne dut-il pas subir celle d'organisation et de développement gradué, tant au dedans qu'au dehors ; ce qu'il y a de certain, historiquement, c'est que toutes les apparences furent conformes à cette pensée : *Il grandissait*, dit l'évangéliste. *en âge et en sagesse devant Dieu et devant les hommes.* (*Luc.* II, 52.)

4° Nous ne voyons pas ce qu'il serait nécessaire d'ajouter à ce que dit saint Thomas des désirs, répugnances et volontés humaines, qui se trouvèrent quelquefois, dans le Christ, en opposition avec les décrets éternels. Tout ce qui découle de la nature humaine, en conséquence de ses relations limitées, était voulu par le Verbe dans le Christ, mais avec soumission entière à l'éternel décret. Quant à la contradiction de volonté entre l'homme et Dieu dans Jésus-Christ, avant l'acte de soumission parfaite, rien de plus facile à comprendre : l'être humain désire selon l'étendue bornée de sa vue et de tous ses rapports, et ce n'est point un mal pour lui de désirer de la sorte, puisque c'est désirer conformément à sa nature ; l'être divin, au contraire, veut, d'une manière absolue, selon la compréhension parfaite qu'il a de l'ensemble des choses, et de chaque chose en particulier : or, en Jésus-Christ, l'être humain restait limité dans sa vue et ses rapports en tant qu'être humain ; il est de foi qu'il ne comprend pas Dieu, et il serait absurde de le dire ; il devait donc concevoir des désirs, qui, quoique bons en soi et relativement à l'étendue de sa compréhension, se trouvaient contrariés par la volonté absolue de Dieu, laquelle est l'ordre universel lui-même ; et cela par la volonté même de Dieu.

5° Mais la soumission résidait toujours à côté du désir ; elle était une suite nécessaire de l'absence d'autonomie personnelle humaine et de la maîtrise absolue, hypostatique, une, du Verbe sur l'homme. C'est pour cette raison que le Christ fut impeccable, comme nous l'avons dit, aussi bien comme homme que comme Dieu. Mais, quoique impeccable, ce fut librement qu'il fit tout ce qu'il fit, et qu'il mourut pour le genre humain ; d'où il suit qu'il mérita véritablement.

Ceci pourrait paraître une contradiction avec l'absence de personnalité humaine ; mais il suffit d'y réfléchir de bonne foi pour voir disparaître cette apparence de contradiction.

Observons d'abord que la difficulté de concilier notre liberté morale entre le bien et le mal, et entre deux biens différents avec la science et la puissance souveraines de Dieu, est peut-être encore plus grande.

On accorde à l'homme, dira-t-on, sa personnalité autonome, et cette concession laisse le champ libre à la liberté, puisqu'elle en est l'essence. Cela est vrai ; mais c'est précisément cette autonomie, dont notre conscience perçoit clairement le fait, qui est si difficile à concilier avec la part immense qu'on est obligé d'attribuer à l'influx divin dans son jeu le plus intime, sous peine de la laisser s'éteindre elle-même dans le néant. (*Voy.* Grace et Libre arbitre.) On comprendrait bien plus facilement qu'il n'y eût aucune créature autonome, que l'on ne comprend qu'une créature le soit, sans pouvoir l'être par elle-même. Or cette difficulté n'existe pas dans l'idée qu'on se fait de Jésus-Christ, puisque cette idée ne garde pas, en lui, l'autonomie humaine ; et, sous ce rapport, l'acte surnaturel de création, par lequel Dieu a réalisé le Christ, est moins obscur peut-être aux yeux d'une droite raison, que l'acte naturel par lequel il nous crée, nous soutient, nous active, dans notre état d'autonomie morale capable de bien et de mal. Mais la même difficulté se représente par une autre issue : Comment, sans autonomie humaine, le Christ peut-il avoir la liberté essentielle au mérite, celle qui consiste, non pas à pouvoir mal faire, mais à pouvoir choisir entre des biens différents et des degrés divers, par exemple entre une mort tranquille et une mort ignominieuse?

Or, nous ne trouvons pas, dans ce mystère, plus de difficulté que dans le précédent, et dans tous ceux qui ont pour objet le rapport du fini à l'infini. Si l'on disait que l'homme seul, abstraction faite de l'union hypostatique, fut tout à la fois libre et sans personnalité, nous verrions une contradiction, car si la personnalité se conçoit sans la liberté, la liberté ne se conçoit pas sans la personnalité. Mais on est loin de dire pareille chose, et on ne le peut pas, puisque dans le Christ a lieu l'union hypostatique, et qu'en vertu de cette union, toutes les opérations du Christ sont, à la fois, le propre de l'humanité et de la divinité; de sorte que les deux natures sont responsables de toutes ces opérations, et qu'à cause de la divinité il ne peut s'en produire de mauvaises, c'est-à-dire dans l'ordre négatif de l'éloignement de Dieu. Donc les opérations libres et méritoires sont, à la fois, le résultat du double élément, et, par conséquent, lorsqu'on dit que le Christ est libre, on ne dit pas qu'il le soit comme homme simplement par abstraction de Dieu, mais comme Dieu-Homme. Cela posé, quelle difficulté reste-t-il? L'homme serait libre par sa nature d'homme, s'il n'y avait pas union hypostatique; Dieu est libre au suprême degré par son essence divine; les deux libertés se fusionnent par subordination de l'une à l'autre, dans une seule harmonie qui est l'autonomie personnelle et une de Jésus-Christ: donc il ne peut résulter de cette harmonie qu'une suprême liberté dans le bien, puisque d'éléments homogènes il résulte toujours des composés en homogénéité avec leurs éléments.

Nous ne voyons en cela rien que de très-rationnel, et, par conséquent, toutes les paroles du Christ telles que celles-ci : *Personne ne m'arrachera la vie; je la dépose moi-même, j'ai le pouvoir de la déposer... j'en ai reçu le commandement de mon Père* (Joan. x, 18), ne nous paraissent donner lieu à aucune obscurité choquante pour le théologien psychologiste.

6° Que le Christ ait véritablement et profondément souffert en tant qu'homme, c'est ce dont il n'est pas permis de douter. Mais comment concilier la souffrance réelle avec la vue intuitive des splendeurs de Dieu qui était en lui le résultat de l'union avec le Verbe?

On a donné plusieurs réponses. Les uns ont atténué la souffrance et l'ont reléguée dans les sens et l'imagination, qu'ils ont nommés la partie inférieure de l'être. D'autres, tels que l'abbé Guitton (*L'homme relevé de sa chute*), ont prétendu que la présence simultanée de la douleur et de la joie résultant de la vision intuitive de Dieu, était d'une incompatibilité rationnelle évidente, et s'en sont tirés en disant que l'humanité du Christ, malgré l'union avec le Verbe, n'était pas nécessairement et constamment, pendant sa vie mortelle, témoin de la gloire, et que, pour être passible comme la nôtre, elle fut privée de ce privilége avant sa résurrection, au moins dans les moments de souffrance, bien que l'impeccabilité lui restât toujours par la domination de la loi éternelle du juste, qui est le Verbe lui-même. D'autres, enfin, ont soutenu qu'il n'y avait pas impossibilité démontrable d'alliance de la vision béatifique avec la douleur du corps et la tristesse de l'âme.

Nous allons nous rapprocher de ce dernier sentiment, sans nous éloigner trop des deux autres par l'hypothèse que nous allons déduire d'un principe certain et même de foi.

Ce principe est celui-ci : l'homme, dans le Christ, ne peut embrasser toutes les splendeurs de l'Être infini, parce qu'aucune créature ne le peut. Il est impossible en soi que Dieu se manifeste dans toute sa richesse à l'être limité, en vertu de cet axiome à jamais évident, que le fini ne saurait comprendre l'infini. C'est aussi ce qu'a défini, au moins équivalemment, le concile de Bâle, en condamnant la proposition suivante d'Augustin de Rome : « L'âme du Christ voit Dieu aussi clairement et attentivement que Dieu se voit lui-même. »

Mais si Dieu ne peut se révéler dans toutes ses splendeurs et avec toute la clarté dont il se voit lui-même, à aucune créature, il peut le faire dans des proportions et à des degrés infinis, tant sous le rapport sensible que sous le rapport intelligible; et c'est du degré de participation de lui-même que résulte l'élévation, en être, en bonheur et en gloire, de la créature.

Cela posé, il y a certainement un degré de participation de Dieu relatif à chaque espèce de créature, un relatif à l'homme, un relatif à l'ange, etc., dans lequel la souffrance est impossible sous aucun rapport, et qui n'admet qu'un bonheur sans mélange, quoique toujours susceptible d'augmentation. C'est le degré dans lequel l'être tout entier, en tant qu'intelligent, en tant qu'amoureux et en tant que sensible, est ravi dans la possession assez claire de richesses divines des trois ordres pour qu'il oublie toute autre pensée, tout autre amour et toute autre sensation. Cette vision, qu'il nous est donné de concevoir, n'est pas même, au moins à tout instant, la vision béatifique céleste, puisqu'il reste aux élus des pensées, des amours, des sensations relatives aux créatures, lesquels modifient en plus ou en moins leur état de bonheur. Jésus-Christ n'a-t-il pas dit que l'allégresse augmente dans les cieux lorsqu'un pécheur se convertit sur la terre? Mais en dessous de ce degré très-élevé, on en peut concevoir une série descendante indéfinie, dont le dernier échelon est l'état terrestre de l'âme sainte et éclairée qui a l'idée de Dieu et qui l'aime; car cette idée est bien certainement une vue immédiate de quelques-unes des vérités qu'il renferme, et cet amour un embrassement de ces vérités, comme l'expliquent Malebranche, et, à sa suite, plusieurs philosophes de bon sens de notre époque, parmi lesquels il faut nommer M. Branchereault, professeur à Saint-Sulpice.

Or, parmi ces degrés, en commençant par le plus bas, il en est beaucoup avec lesquels on conçoit que la souffrance physique et morale soit compatible, comme elle l'était avec la joie qu'éprouvaient les martyrs en souffrant pour Jésus-Christ. Supposez, par exemple, un degré dans lequel la partie intelligente soit mise seule en communication avec Dieu ; vous pouvez imaginer que cette communication soit très-élevée, et que les deux autres parties de l'être, le sentiment moral et le sentiment physique, soient en butte à de très-grandes douleurs au même instant : si l'esprit est distrait de la douleur, elle ne sera pas sentie, sans doute, et sera comme si elle n'existait pas ; mais on peut très-bien concevoir que cette distraction n'ait pas lieu. Combien de fois n'arrive-t-il pas qu'on éprouve de très-grandes peines au milieu de plaisirs très-vifs se développant dans la même personnalité sous des rapports différents ? Supposez même les trois parties de l'être, le corps, l'amour et l'intelligence béatifiés en Dieu à un degré très-élevé, vous n'en concevrez pas moins comme très-possible, dans le même être, une pensée triste, un amour qui saigne, une sensation pénible, non pas sous le rapport des beautés divines qui sont conçues, aimées et senties, mais sous un autre rapport, comme serait celui d'un ami malheureux. Il suffit, pour rendre l'hypothèse raisonnable, d'en éloigner la distraction et l'oubli de l'objet qui est cause de la peine ; or cette distraction est pleinement dépendante de la volonté de Dieu.

Si nous appliquons ces principes à Jésus-Christ, nous trouvons qu'en lui la partie sensible n'était point béatifiée avant sa résurrection, puisqu'elle était soumise à la mort et aux misères de la vie comme la nôtre. C'en serait déjà assez pour expliquer chez lui la vraie douleur. Quant à l'intelligence et à l'amour moral, on peut les concevoir béatifiés à des degrés divers, vu que l'union intime, par laquelle la lumière du Verbe l'embrassait pour lui ôter son autonomie humaine, était d'un ordre différent de l'union par laquelle cette même lumière pouvait le glorifier et le rendre heureux. Nous voilà donc on ne peut plus à l'aise pour concevoir chez lui la douleur à toutes les intensités possibles ; il suffit de supposer un des degrés de participation de la gloire divine, dans lequel la douleur est possible, c'est-à-dire celui qu'on voudra, pourvu qu'on ait soin de n'y point introduire la distraction relative à l'objet qui fait souffrir. Rien n'empêche, d'ailleurs, de supposer des élévations et des abaissements variés dans la vision des splendeurs divines, comme, chez nous, il y a variation dans nos petits ravissements ; notre âme est une palpitation continuelle dans la vérité avec grande irrégularité de battements. L'âme du Christ fut sans doute de même sur la terre à d'autres hauteurs ; et ceci ramène la pensée de M. Guitton.

Voilà donc que les trois explications des théologiens viennent s'embrasser dans une même hypothèse dont nous défions qui que ce soit de nous montrer l'impossibilité rationelle.

7° Nous n'avons rien à dire de l'harmonie des mouvements de la chair avec ceux de l'esprit, que les théologiens attribuent au Sauveur en tant qu'homme. Rien n'est plus facile à comprendre, puisqu'il existe des créatures humaines qui se trouvent naturellement affranchies de la violence passionnelle qui rend la vertu plus difficile. Cependant il faut observer que cet affranchissement ne peut avoir lieu en Jésus-Christ que jusqu'à un certain point, puisqu'en l'exagérant, on arriverait, par exemple, à lui enlever la répugnance physique pour la mort et les insultes, répugnance qu'il faut lui laisser.

8° Ce que nous avons dit de la non nécessité de l'incarnation, proprement dite, dans aucune hypothèse, nous paraît ressortir avec évidence de l'idée qu'on doit se faire de Dieu, de sa puissance et de sa liberté. Nous disons de même, par contre, de la nécessité de l'union naturelle par laquelle Dieu soutient et vivifie toutes ses œuvres, et de l'union surnaturelle, appelée grâce, par laquelle il peut les élever plus ou moins haut dans l'ordre surnaturel, à quelque état qu'il les prenne ; sans cette grâce, il y a pour elles la même impossibilité intrinsèque de s'embellir surnaturellement, que d'être, de vivre et d'agir naturellement sans la grâce naturelle ou la Providence. (*Voyez* les articles sur la grâce.)

Nous venons de traiter des questions profondes, mais qui, depuis la vie et la mort du Sauveur, sont devenues populaires, et doivent être présentées à tous ; maintenant le mystère de notre humanité n'est plus un monopole pour les rois de la science et de la force ; il doit agiter et il agitera toutes les têtes ; c'est par son étude que s'accompliront les grandes révolutions de la terre. Les rois de la force n'aiment pas voir les esprits du peuple se remuer sur ce mystère et tous ceux qu'il implique ; ils sentent leurs trônes frémir au bruit des passions qui s'éveillent. Au temps d'Arius, le monde retentissait de luttes théologiques sur la consubstantialité, l'union hypostatique, et tout ce qui concerne la question de l'Homme-Dieu ; Constantin, semblable à tous les chefs, écrivait aux évêques : « ces questions, *qui ne sont point nécessaires*, et qui ne viennent que d'une *oisiveté inutile*, peuvent être faites pour exercer l'esprit, mais elles ne doivent pas être portées *aux oreilles du peuple.* Qui peut bien entendre des choses si grandes et si difficiles, ou les expliquer dignement ? et à qui d'entre le peuple pourra-t-il les persuader ?.... Il ne s'agit point du capital de la loi ; *vous êtes d'un même sentiment dans le fond* ; et vous pouvez aisément vous réunir, étant divisés sur *un si petit sujet* ; et il n'est pas juste que vous gouverniez, selon vos pensées, une si grande multitude du peuple de Dieu. Cette conduite est *basse et puérile*, indigne de prêtres et d'hommes sensés. Puisque vous avez une même foi, et que la loi vous oblige à l'union des sentiments, ce qui a excité entre vous cette *petite dispute* ne doit pas vous diviser : je ne le dis pas pour vous contraindre à vous accorder entièrement sur cette *question frivole*, quelle qu'elle soit; vous pouvez conserver l'unité avec un différend particulier, pourvu que ces diverses opinions et ces susceptibilités demeurent secrètes dans le fond de la pensée. » (FLEURY, *Hist. ecclés.*, x, 52.)

Le *petit sujet*, la *petite dispute*, la *question frivole*, c'était le sujet, la dispute, la question de la divinité de Jésus-Christ. Le peuple et les évêques n'eurent pas d'oreilles pour les avertissements intéressés de l'empereur; la querelle fut chaude et immense, l'empire en fut secoué dans ses bases ; le Christ vainquit, et le peuple à qui l'empereur voulait, pour toute part, laisser le quiétisme de l'ignorance, sut pourquoi il était chrétien.

C'est ainsi qu'il s'est élevé peu à peu, et de questions en questions auxquelles il prenait part, aux conditions de son affranchissement.

La dogmatique religieuse, que Voltaire, après Constantin, trouvait inutile, n'est pas seulement la nourriture de la foi qui sauve pour l'éternité ; elle est aussi le souffle de Dieu sur les nations pour leur inspirer la conquête des droits et leur en donner le courage.

Il n'est rien qu'elle n'implique ou qu'elle n'occasionne.—*Voy.* CONCEPTION DU CHRIST.

INCRÉDULITÉ. — PLATON. *Voy.* MORALE, I, 10.

INDEMNITÉS (JUSTES) DANS LE PRÊT. *Voy.* SOCIALES (Sciences), II.

INDISSOLUBILITÉ DU MARIAGE. *Voy.* MARIAGE.

INDULGENCES (LES) — DEVANT LA FOI ET DEVANT LA RAISON (II° part., art. 45). — I. Ce qu'il y a de foi sur les indulgences est indiqué au mot SYMBOLE CATHOLIQUE DEVANT LA FOI, n° XLIII,

II. Pour bien comprendre les indulgences, il faut remonter à leur source, et alors peu de paroles suffisent à rendre tout clair sur ce sujet.

L'Église, comme société spirituelle, a-t-elle le droit d'infliger des peines spirituelles à ceux de ses membres qui se révoltent contre ses lois ? Oui, elle le pourrait au simple titre de société, d'association d'hommes libres ; car le tout peut au moins ce que peut la partie; or, chaque homme peut, en entrant dans l'association, s'engager à en suivre le règlement, sous la condition que, s'il le viole, il s'imposera lui-même telle punition, laquelle consistera dans un retranchement plus ou moins complet des bénéfices de l'association; donc la société entière peut elle-même, en s'organisant sur cette base, se donner un code pénal qui déclarera les infracteurs de son règlement soumis à telle peine spirituelle. Nous disons spirituelle, car il ne s'agit point ici de la violence corporelle qui ne convient qu'aux associations formées dans un but matériel. — L'Église a, de plus, le même droit, par la volonté constituante de Jésus-Christ, son fondateur ; c'est un de ceux qui sont impliqués le plus directement dans cette parole : *Ce que vous lierez sera lié, ce que vous délierez sera délié.* (*Matth.* XVIII, 18.) C'est le droit exprimé positivement et directement par cette autre parole : *Celui qui n'écoute pas l'Église doit être regardé parmi vous comme un païen* (*Ibid.*, 17) ; c'est-à-dire comme un homme qui n'en fait plus partie, qui en est excommunié. Jésus-Christ suppose le dernier degré de la peine, parce qu'il a supposé le dernier degré de la révolte ; les degrés inférieurs et de faute et de peine sont déduits naturellement par le simple bon sens.

L'Église a-t-elle le droit de remettre les peines qu'elle a infligées à ceux qui en manifestent le repentir et qu'elle juge dignes d'être relevés de la pénitence avant de l'avoir accomplie ?

Oui; c'est évident, et tellement évident qu'il serait puéril de chercher une démonstration plus claire que la réponse.

Qu'est-ce qu'une indulgence?

C'est la rémission de la peine canonique infligée par l'Église à tel et tel coupable, et réglée par le code pénal ecclésiastique appelé canons pénitentiaux.

Donc l'Église a droit d'accorder des indulgences.

Voilà donc cette fameuse question qui a suscité tant d'orages.

III. Cependant il ne faudrait pas s'en tenir à ce simple raisonnement. Il est bon d'entrer dans un peu plus de détails.

L'Église ne croit pas seulement que dans l'indulgence est impliquée la rémission de la pénitence canonique qu'on aurait dû subir d'après les canons pénitentiaux, et qu'on aurait réellement subie dans les premiers siècles, à moins qu'on n'eût préféré rester hors de l'Église; elle ne croit pas seulement à cet effet direct, immédiat et si simple de l'indulgence ; elle croit encore à une influence sur la peine qui est méritée devant Dieu par le péché, et qui doit être subie en ce monde ou dans l'autre, si elle n'est remise et effacée d'une manière quelconque. On peut étendre jusque-là le sens du concile de Trente lorsqu'il dit que l'usage des indulgences est utile et salutaire aux fidèles, et on lui donne, en effet, cette extension dans l'enseignement commun. Il n'est pas un docteur, pas un fidèle catholique qui ne croie, en sa qualité de catholique, à une influence réelle des indulgences sur le purgatoire futur. Cela nous suffit, bien qu'il n'y ait pas dogme officiellement déclaré sur cette matière.

Or, il est facile de comprendre cet effet, à l'aide de ce qu'on dit de la manière dont les indulgences agissent. Elles agissent devant Dieu, disent les théologiens, selon la mesure de dévotion du fidèle, selon ses dispositions, en une manière qui ressemble à celle de la prière, à celle de l'offrande du sacrifice de la messe, et non point par elles-mêmes, *ex opere operato*, comme les sacrements. Il faut bien remarquer que les sacrements exigent aussi des dispositions, mais non point au même titre; dans le sacrement l'âme est le terrain, et quand ce terrain n'oppose pas son refus, ne se rend point incultivable et improductif par soi-même, le sacrement le modifie et le fructifie par la grâce dont il l'engraisse, l'arrose, le féconde. Dans l'indulgence, ainsi que dans toutes les sortes de prières, l'âme est encore le terrain, mais ce n'est plus l'indulgence qui modifie ce terrain dans l'hypothèse de l'absence d'obstacle, c'est le terrain lui-même qui se modifie en coopération avec la grâce, à l'occasion de l'indulgence. C'est la disposition de foi, de contrition, etc., que présente l'âme, qui est l'agent producteur avec Dieu; le reste ne joue que le rôle d'occasion externe, cela est impliqué dans la foi catholique, puisque, d'après cette foi, il n'y a que sept sacrements, et que les sacrements seuls produisent la grâce *ex opere operato*. Quand un chirurgien coupe un membre gangrené dans un corps qui se laisse faire, il agit en la manière du sacrement. Quand un médecin indique à un malade un système d'hygiène, de précautions à prendre pour se guérir, et que le malade suit l'ordonnance, c'est le malade qui se guérit lui-même, et le médecin n'agit qu'en la manière de tous les moyens religieux autres que le sacrement, en fournissant aux puissances du malade, puissances qu'il tient de Dieu et dont Dieu est le ressort intime, l'occasion de s'exercer.

Cela posé, il est facile de comprendre l'action médiate, et par ricochet, de l'indulgence sur l'état futur des âmes relativement à la peine qui peut être la suite de leur état moral de la vie présente. D'abord, supposant l'accomplissement volontaire de la pénitence canonique, on suppose un mérite en vue de la neutralisation de cette peine future; car il est impossible que la justice éternelle compte pour rien cet accomplissement pénible librement réalisé, avec bonne intention. Supposant, ensuite, que l'Eglise vienne dispenser de la pénitence canonique celui qui l'a commencée ou va la commencer, sous les conditions de tels ou tels actes moins difficiles, de telles ou telles dispositions morales excellentes, et, d'un autre côté, que les intentions de celui qui profite de la dispense soient aussi profondément méritoires, aussi intenses que si elles avaient engendré l'accomplissement matériel, la raison conçoit que ces intentions dévotes, jointes à la dispense et se formant à son occasion, aient absolument le même effet devant Dieu; elle conçoit même qu'il ne puisse en être autrement au point de vue de la justice exacte, puisque, dans l'ordre moral, c'est le moral qui est tout; principe d'où est venue la croyance catholique que la contrition parfaite efface à la fois coulpe et peine, et rend l'âme aussi pure, aussi blanche, aussi impunissable qu'elle l'était au sortir du néant. Nous voilà donc arrivé à pouvoir affirmer que l'indulgence jointe aux bonnes intentions de l'indulgencié produit un effet sur les peines dues devant Dieu, par le terme moyen de la rémission directe des peines canoniques. Et, de là, nous arrivons à cette croyance catholique qu'elle modifie au moins, ou même efface complétement, la peine du purgatoire selon l'intensité de la dévotion de celui qui la reçoit.

L'indulgence rentre dans les immenses ressources de l'Eglise destinées à agir sur les âmes en direction du bien. Qui connaît la nature humaine, le besoin qu'ont les hommes de motifs extérieurs et sensibles pour se maintenir dans la voie de la vertu, n'accusera point ce trésor d'être trop abondant.

IV. Mais que signifient les indulgences d'un temps déterminé, comme de quarante jours, une année, dix années, etc., et les indulgences dites plénières?

Question facile à résoudre avec les principes qui viennent d'être posés. Les canons pénitentiaux réglaient et règlent encore les pénitences, lesquelles consistent dans l'exclusion, plus ou moins complète et rigoureuse, de la participation aux biens spirituels de l'Eglise, par durées plus ou moins longues, composées de jours, de mois, d'années. Il est donc tout naturel que l'indulgence, qui en est la remise, soit réglée de même. Quant à celle qui est dite plénière, elle consiste dans la dispense de la peine canonique tout entière, par la même raison.

Mais il ne faut pas croire qu'il s'ensuive que la rémission de la peine due devant Dieu, qui lui correspond, comme nous venons de le dire, se mesure de la même manière. Cette peine n'est pas du ressort de l'Eglise, et, si l'on peut dire qu'il y en a toujours quelque chose de remis à l'occasion de l'indulgence, quand l'indulgence est gagnée avec les dispositions convenables, on ne sait jamais la somme qui est remise véritablement. Vous gagnez une indulgence de dix ans; que s'ensuit-il? que dix années de la pénitence canonique vous sont remises par l'Eglise qui avait porté contre vous cette pénitence, sorte d'excommunication; mais vous ne savez pas ce que cela vous vaut devant la justice éternelle; Dieu seul peut apprécier la relation d'une valeur à l'autre sur vos dispositions morales, et tout ce que vous pouvez affirmer, c'est, 1° que ce que vous avez fait en gagnant l'indulgence vaut quelque chose, par la vertu de votre intention et de vos dispositions, pour l'autre vie, et, 2° que vous ne perdrez pas la moindre parcelle du mérite acquis par vous dans cette circonstance, parce que vous êtes certain que Dieu est juste et bon. Il en est de même de l'indulgence plénière; il n'y a que Dieu lui-même qui juge et qui sache à quoi elle correspond et ce qu'elle vous vaut dans la réalité des choses éternelles.

Comprenant ainsi les indulgences, nous le

demandons une seconde fois, y a-t-il matière à la moindre difficulté ? Nous ne parlons pas des abus ; ils peuvent se multiplier à l'infini parmi les gens d'église comme parmi les autres, et sont toujours avec raison flétris par le premier venu qui les constate; mais on ne doit pas confondre l'abus avec le principe : or, dans cet ouvrage, nous ne nous occupons que des principes.

V. On est dans l'usage d'appliquer quelquefois les indulgences, que l'on gagne naturellement pour soi, aux âmes du purgatoire, à peu près comme on fait dire des messes et qu'on y assiste à l'intention des défunts. Ce sont des manières diverses de prier Dieu pour l'Eglise souffrante; tout cela se fait par mode de suffrage, d'impétration, peut-être même aussi de substitution de satisfaction, en vertu de la fraternité sainte des membres de la société chrétienne, que nous expliquons au mot *communion des saints*. Si l'application des indulgences, l'offrande du saint sacrifice, et tout ce que l'on peut faire à l'intention des amis défunts, pour que leur sort en soit amélioré, n'est qu'un langage, varié dans ses formules, signifiant qu'on demande à Dieu de modifier en mieux leur état, rien de plus facile à comprendre, et tout ce qu'on pourrait objecter ne serait qu'une attaque contre la prière en général. S'il peut arriver que, dans l'ordre surnaturel, il soit possible de payer quelquefois pour un ami, c'est que Dieu aura établi ainsi la nature humaine; il n'en résultera que des liens plus étroits de fraternité, et une ressemblance plus grande avec l'ordre naturel, dans lequel ces substitutions sont très-possibles et très-pratiquées. Chaque jour on voit et on admire le dévouement du frère qui se livre pour son frère, souffre à sa place, paye sa dette, en un mot satisfait pour lui devant la justice ou la nécessité des événements. La possibilité de ce dévouement est peut-être le plus sublime et le plus admirable des attributs de l'être intelligent. C'est celui que le Christ a surnaturalisé dans la plus grande mesure en s'offrant pour la nature déchue; celui qu'il a glorifié, prêché, mis en exemple, avec le sublime dont il devait s'entourer en sa qualité de Verbe.

VI. On crie beaucoup, encore aujourd'hui, contre l'explication théologique, assez répandue, des indulgences par le moyen de la dispensation des satisfactions surabondantes de Jésus-Christ, de la sainte Vierge et des saints, dont l'ensemble est appelé le trésor de l'Eglise. Il faut d'abord observer avec soin que cette explication n'appartient point à la foi, qu'elle n'est que le fait des théologiens, et qu'on peut se contenter d'une autre, si on éprouve des répugnances pour celle-là. Mais nous ne voyons pas ce que le trésor de l'Eglise peut avoir de si mystérieux et de si extraordinaire aux yeux de la raison. Allons au fond des choses.

En ce qui concerne Jésus-Christ, c'est le point fondamental de la doctrine chrétienne, qu'il a satisfait à la justice éternelle pour le genre humain tout entier, qu'il s'est offert devant cette justice, et que, par son action puissante, il a porté la nature à une hauteur qu'elle ne pouvait atteindre sous tous les rapports, aussi bien sous le rapport de l'effacement des cicatrices du mal, que sous le rapport de l'élévation dans le bien positif. C'est encore un point de la même doctrine qu'il a, de cette manière, satisfait surabondamment, c'est-à-dire rendu possible, dans l'ordre surnaturel, tout ce qu'il nous est donné de rêver de plus complet et de plus sublime relativement à notre nature. C'est enfin un troisième point de notre foi, qu'il est le seul médiateur radical, que tout ce qui se fait de surnaturel se fait par lui, en vertu de ses mérites, qu'il ne peut s'opérer le moindre phénomène surnaturel sans qu'il en soit le moyen. Or, ces trois points reconnus, le trésor de l'Eglise se fait de lui-même, nous voulons dire la chose que ce mot exprime, quel que soit le terme dont on la nomme ; en effet, nous avons trouvé que la remise à peine canonique, ou l'indulgence, entraîne, lorsqu'elle est bien gagnée, une remise de la peine due devant Dieu dans une mesure quelconque, que cela est essentiel, comme il est essentiel que tout mérite ait sa récompense; donc elle entraîne et implique, en vertu des trois principes précédents, une application des satisfactions de Jésus-Christ dans une mesure quelconque, puisque, si cela n'était pas, elle n'aurait aucune valeur, aucune utilité dans l'ordre surnaturel ; nous voilà donc arrivé à comprendre que l'Eglise ne peut pas accorder une indulgence à un fidèle la gagner par de bonnes dispositions, sans qu'il y ait, d'une manière médiate, et en dernier résultat, application des mérites et satisfactions de Jésus-Christ. C'est l'Eglise qui accorde l'indulgence, c'est le fidèle qui la gagne; donc l'une et l'autre travaillent de concert à puiser dans le trésor des satisfactions de Jésus-Christ, et à en faire l'application bienfaisante dont le résultat est la purification de l'âme ; qu'on se serve de ce langage ou d'un autre, l'idée et la chose n'en subissent aucune atteinte ; or cette idée et cette chose sont tellement essentielles à la théorie même de l'ordre surnaturel qu'il faut la nier tout entière ou les accorder.

En ce qui regarde les saints, dont la Vierge-Mère est la reine, ce n'est pas plus difficile : il n'y a qu'un médiateur et un rédempteur, Jésus-Christ ; mais ce médiateur posé, il peut s'établir d'autres médiateurs secondaires agissant par son moyen ; disons mieux: tous les hommes deviennent médiateurs seconds les uns pour les autres, sans quoi il n'y a plus relation entre eux dans l'ordre du salut, influence active, solidarité, fraternité, familiarité, communion sainte. Mais, parmi les hommes, il y en a de plus et de moins parfaits; il y en a de tous les degrés ; il y a ceux qui ne satisfont, à l'aide de Jésus-Christ, en coopération avec sa grâce, que juste pour eux-mêmes ; il y en a qui ne satisfont même pas suffisamment pour eux-mêmes, il n'y en a que trop sans doute; et il y en a qui satisfont, avec la grâce de Jésus-Christ, plus qu'il n'était nécessaire, aux yeux de la justice, pour leur propre individu; cela doit être ; la raison le préjuge, et cela est : par exemple, la Vierge-Mère a été toujours pure, sa vie fut constamment sainte; l'Église le croit; et cependant elle a souffert; combien de grands saints, ignorés ou connus, ont dû se trouver dans des cas approchant de celui-là? Tout est désordre ici-bas, en apparence, sur le chapitre de la douleur; le bon sens dit qu'on souffre souvent sans l'avoir mérité; la Providence n'a pas de peine à se justifier; elle serait déjà suffisamment justifiée par la somme de biens qu'elle oppose à celle des maux; elle l'est encore mieux par l'observation même que nous faisons en ce moment, et que nous tirons des rapports de solidarité des frères d'une même famille. Voilà donc des satisfactions de certains frères surabondantes relativement à ce qui les concerne; sont-elles sans but dans l'ordre providentiel? N'est-il pas naturel de penser qu'elles sont enchaînées dans leur fin comme elles le sont dans leur origine, par des lois sages de relations paternelles? qu'elles ne sont point inutiles, et que, si elles ne sont pas nécessaires à l'individu qui les subit, elles le sont à d'autres dans la grande combinaison harmonique de la création et de la rédemption? D'ailleurs, nous avons dit que rien n'est plus naturel que l'offrande de soi pour les autres, le sacrifice, le dévouement, la substitution de soi au vrai débiteur, le don, en un mot, aussi bien que l'échange ? Or, les grandes âmes qui ont satisfait plus qu'il n'était nécessaire pour elles n'ont-elles pas toujours l'intention, la volonté formelle de mettre leurs satisfactions surabondantes en compte pour d'autres dettes qui ne sont pas leurs, sous la condition essentielle que ces autres débiteurs accepteront la donation? Voilà donc bien réellement des satisfactions surabondantes de saints destinées à servir pour d'autres ; comment se fera le passage, comment se réalisera le don? Il faut un intermédiaire, un signe ou un moyen quelconque de transmission et d'application : l'intermédiaire radical est Dieu même, puisqu'il est le seul médiateur philosophique de tous les êtres entre eux, comme le prouve et l'explique Malebranche, dont on a fini par ne plus rire dans le monde sérieux. Mais le signe extérieur, le signe parlant, la langue de la chose, où le trouverons-nous? En ce qui est des satisfactions de Jésus-Christ, tous les actes religieux de l'ordre surnaturel jouent ce rôle à quelque degré, et le sacrifice de la messe doit être mis en tête, parce qu'il résume le reste, et présente un caractère auguste de contact plus immédiat avec Dieu et le Christ. En ce qui est des saints, l'invocation et toutes les dévotions raisonnables sont nos signes d'acceptation des dons qu'ils nous offrent toujours par cela même qu'ils sont saints; et les indulgences ne peuvent-elles pas être du nombre? Oui, elles peuvent signifier, la raison ne voit en cela rien de contraire à ses premières données, que nous apposons notre signe de donataire acceptant aux satisfactions qu'ils veulent nous appliquer, et que Dieu juge pouvoir nous être appliquées vu nos dispositions; c'est un sublime commerce de fraternité. L'Eglise ne fait, à l'extérieur, que régulariser, le rendre plus frappant, plus sensible; on ne peut pas s'en plaindre; l'homme a besoin de ce qui parle à ses sens. Si l'on disait que l'Eglise prend, dans le trésor des satisfactions des saints, à son caprice, et distribue, à qui il lui plaît, sans condition et sans réserve, on dirait l'absurde, on élèverait le pouvoir ecclésiastique au-dessus de la justice éternelle : mais non, on dit qu'elle déclare des indulgences accordées directement sur les pénitences canoniques; que ceux qui seront dans les dispositions convenables au regard de Dieu, en profiteront proportionnellement à leurs dispositions, et que, relativement à l'effet *supra-temporel*, les saints, offriront, à notre profit, leurs satisfactions surabondantes; d'où l'on conclut, pour résumer la chose et la dire en un mot, que, par suite d'une série de phénomènes inconnus dont Dieu tient la clef, il se trouve que l'Eglise a puisé dans son trésor pour en enrichir ceux de ses membres qui se sont faits dignes d'y participer.

Nous ne voyons en tout cela que de belles idées, de sublimes inspirations de fraternité religieuse, et nous ne comprenons pas pourquoi M. Bordas-Demoulin, bon philosophe cependant, s'arrête, dans son dernier ouvrage (*Les pouvoirs constitutifs de l'Eglise*), aux puérilités des apparences sur ce point comme sur plusieurs autres.— *Voy.* Immaculée Conception.

INDUSTRIE — CHRISTIANISME IV° partie, art. 18).—L'industrie est la science en action; elle en est l'écriture de fait, la manifestation utile, l'application à l'amélioration matérielle de la nature humaine, après avoir été et en continuant d'être le travail inspiré par l'instinct pour l'entretien de la vie.

Ces mots suffisent pour indiquer que nous entendons par industrie, non-seulement l'espèce de travaux qui en portent le nom spécial, mais tout le travail de l'homme ayant pour instrument sa main et pour objet son bien-être corporel.

Or, nous disons que l'industrie, étant ce qu'elle doit être, se trouve avec le christianisme dans les mêmes conditions relatives que la philosophie, la science et l'art; ce qui peut se résumer dans la proposition suivante:

Le développement du christianisme entraîne le développement de l'industrie; et l'industrie rend la pareille au christianisme en favorisant son extension.

Obligé que nous sommes de renvoyer au complément de l'ouvrage, plusieurs fois promis, les preuves détaillées de cette proposition, lesquelles doivent se trouver exposées, d'abord en gros, dans un article général, puis, en particulier, dans plusieurs articles appropriés aux branches principales de l'industrie agricole, manufacturière et commerçante, nous prenons le parti de poser seulement ici, en quelques mots, les bases les plus radicales de l'argumentation.

I. L'industrie est fille de la science, et, à ce premier titre, il est essentiel que notre thèse soit conforme à la vérité, quels que soient d'ailleurs les faits particuliers qu'on pourrait alléguer contre elle; ces faits devraient tenir à des causes accessoires différentes des relations réelles entre la bonne industrie et le christianisme véritable. Le christianisme, en effet, implique l'éveil de l'esprit humain dans tous les ordres de la science; c'est ce qui résulte de plusieurs des études dont ce Dictionnaire est composé. La science entraîne après elle le progrès industriel par suite de la tendance que Dieu a mise dans l'homme vers le maintien et l'amélioration incessante de son état physique sur la terre; il est naturel que chaque moyen nouvellement découvert soit rendu utile à cet effet par l'application, et c'est ce qui a lieu dans notre âge sur des dimensions qui émerveillent. Donc le christianisme, en émancipant la science, émancipe l'industrie.

Réciproquement : l'industrie pousse à l'extension du christianisme, d'abord en vertu de la loi essentielle de liaison entre les vérités et les bonnes choses; il n'en est pas une qui ne soit en relation avec toute autre par des fils plus ou moins aperçus; il n'en est pas qui n'entraîne tout art, et ne soit entraînée par tout art, pourvu qu'il s'agisse de l'art en ce qu'il doit être. Mais nous pouvons même saisir beaucoup de ces relations; l'exposé en sera donné dans les articles que nous promettons. Observons seulement en gros que l'industrie s'acquitte envers la science par les heureux hasards, tous les essais, tous les tâtonnements qu'elle lui présente; il y a autant de connaissances venues par cette voie providentielle, toute pratique, qu'il y en a d'engendrées par la déduction théorique; et l'industrie n'est autre qu'une permanente mise en action de cette recherche que la science surveille. D'un autre côté nous savons même que la science favorise le développement rationnel et vrai de l'intelligence du christianisme et du catholicisme; d'où nous concluons qu'il est impossible que l'industrie, par l'entremise de la science, ne fournisse pas une forte impulsion au progrès chrétien, comme ce progrès lui en fournit une, plus forte encore, par la même entremise.

II. Le christianisme est, de sa nature, le restaurateur surnaturel de l'humanité : l'industrie en est la restauratrice matérielle : à eux deux ils refont, autant que le comporte la possibilité présente, le paradis antérieur à la déchéance.

Or, travaillant ainsi côte à côte et dans le même but, peuvent-ils n'être pas d'intimes amis. Ils sont, plus que deux amis, les deux compagnons du grand atelier, les deux frères d'armes du grand combat, les deux médecins du même hôpital, les deux sauveurs du même naufragé : ils s'aiment et s'entr'aident comme le sacerdoce et l'art, la théologie et la philosophie, la raison et la révélation, l'évangile et la science, la grâce et la liberté. Ils s'embrassent d'amour, sur le sein du Père commun, devant leur pupille, leur enfant, leur sauvé, le malade guéri, au nom de Dieu, par leurs soins communs.

III. Le progrès du christianisme est une obéissance à la loi de la rédemption qui se résume ainsi : âmes saintes, croissez et multipliez avec la grâce qui vous est donnée; âmes humaines, soyez baptisées, soyez enseignées, soyez instruites, soyez sanctifiées; marchez à la perfection du Père céleste.

Le progrès de l'industrie est une obéissance à la loi de la création qui se résume ainsi : croissez et multipliez; marchez au perfectionnement de votre état terrestre; dominez les êtres de ce monde; commandez à tous les règnes; transformez la nature; rendez utile à vos besoins toute matière; assujettissez les bêtes sauvages, les plantes et les déserts, et, ensuite, les éléments eux-mêmes jusqu'aux subtiles forces que votre œil ne voit pas.

Or ces deux lois descendent du même Dieu, tombent de la même bouche, et leurs parallèles accomplissements ne peuvent que se favoriser mutuellement.

IV. Dans l'individu, le christianisme est l'expression la plus complète et la plus élevée du travail sacré en sanctification de l'âme, en élévation de la partie morale dans la voie de la ressemblance à Dieu par la vertu.

Dans l'individu, l'industrie est, à mesure qu'elle progresse, une expression plus complète et plus haute d'un travail également saint de sa nature, puisqu'il est l'accomplissement de la volonté créatrice formellement exprimée par la révélation dès l'apparition de l'homme sur la terre.

Or qui travaille prie, dit un proverbe, et qui prie travaille, dit la réciproque sous-entendue; et les deux parties de l'axiome, bien comprises, ne sont qu'une vérité. Le christianisme est le travail de la prière; l'industrie est la prière du travail. On peut dire aussi, sans se tromper, que le christianisme est la prière du travail, et l'industrie le travail de la prière. Il y a dans ces phrases tout un monde à développer. Or quoi de plus intime!...

Le christianisme perfectionne directement l'individu moral; l'industrie perfectionne directement l'individu physique : mais comme ces deux individus n'en forment qu'un seul, le christianisme et l'industrie viennent s'identifier dans le sujet de leur existence, et s'unir dans les modifications bienfaisantes qu'ils lui communiquent.

Malheur à déplorer par tous les Jérémies, quand le christianisme n'est pas un travail de perfectionnement terrestre, et quand l'industrie n'est pas une prière en action ; c'est l'anomalie satanique que les nations qui ne veulent pas se plonger dans la décadence doivent poursuivre en gros et en détail, jusqu'à extinction, par les moyens conformes au droit.

V. A considérer la société en général, le christianisme sanctifie, et l'industrie moralise. Or, moraliser, n'est-ce pas opérer le premier degré de la sanctification, et sanctifier, n'est-ce pas opérer le perfectionnement de la moralisation?

Le christianisme sanctifie, puisqu'il transforme les sociétés en des parties du corps spirituel de Jésus-Christ ; l'industrie moralise, ne serait-ce que parce qu'elle est l'ennemie de l'oisiveté source des vices ; et ces deux effets se confondent, comme la nature et la grâce, dans notre état relevé.

Mais il faut ici appuyer sur une observation déjà faite ; car ce que nous venons d'avancer pourrait surprendre à la vue de la démoralisation qu'on peut constater dans les grands centres industriels : c'est que nous parlons de l'industrie telle que l'esprit évangélique veut qu'elle soit, et non telle que les faits nous la peuvent présenter ici et là. Nous ne parlons pas de l'industrie qui alimente le luxe effréné, qui est escortée de misère, et semble ne pouvoir subsister qu'avec cette escorte, qui vit de l'exploitation des hommes, qui gorge d'une part et affame de l'autre, dont voici le portrait en quelques mots : après avoir médité, inventé, essayé dans l'ombre des tours de passe, de rusés sortiléges, elle va se placer hypocritement en escamoteur déguisé entre la production à sa droite, la consommation à sa gauche, et, jouant habilement des deux mains, dépouille à la fois, sans qu'ils s'en doutent, celui qui produit et celui qui consomme, jusqu'à ce qu'enfin elle aboutisse à un accaparement sans mesure, ou à une ruine immense qui se compose d'une multitude de ruines. Nous ne connaissons qu'un mot qui résume à lui seul toutes les ramifications de cette industrie, le mot d'*usure* pris dans son extension la plus large. Celle-là est la grande Babylone démoralisatrice des nations ; où elle existe en fonction permanente, ne cherchez ni christianisme ni morale ; c'est le règne du vice, de la lâcheté et de la dégradation marchant à grands pas ; c'est aussi le travail excessif qui épuise les corps et laisse les âmes sans aliment. Nous ne parlons que de l'industrie fille de Dieu, de l'industrie vraie, sainte, laborieuse dans tous ses anneaux, excluant, d'une part, l'excessive misère, d'autre part l'accumulation excessive, et laissant à l'homme le temps nécessaire pour tous les développements de la nature intellectuelle, physique et morale. Et, si nous n'entendons parler que de cette dernière, nous n'entendons aussi par le christianisme que celui qui rejette la violence, le maintien de l'ignorance, la servitude, les lois de contrainte, l'hypocrite piété, en un mot toute une collection de mauvaises choses insinuées par l'esprit malin, laquelle compose un christianisme faux, que nous nous abstiendrons de décrire ici par respect pour le véritable. Avec cette double observation, l'objection tirée des faits présents se résout d'elle-même.

VI. Le christianisme pousse à l'association des forces morales, il organise la communion des saints. L'industrie pousse à l'association des forces terrestres, elle organise la communion des travailleurs ; nouveau caractère d'union et de ressemblance, nouveau titre à un mutuel amour.

VII. Suivez l'histoire de l'industrie depuis que le Christ est venu : où progresse-t-elle, si ce n'est dans le christianisme? d'où partent les inventions et les perfectionnements admirables, si ce n'est de notre Europe chrétienne? Que sont les peuples étrangers, sous ce rapport, en comparaison de ceux-ci ? et n'est-ce pas un fait acquis, qu'aussitôt l'Evangile déposé dans un lieu, ce lieu devient le théâtre des progrès industriels?

Suivez de même l'histoire du christianisme, et vous le verrez progresser lui-même en absorption des individus et en interprétation raisonnable, d'autant mieux que l'industrie prend un vol plus hardi là où il pénètre.

Mais ce nouveau point de vue demandera des études approfondies.

VIII. A considérer l'évolution totale de l'humanité dans son passé et dans son avenir, que trouvons-nous ?

Dans le passé, le christianisme pousse l'industrie plutôt que l'industrie ne le pousse lui-même ; c'est ce qui résultera de l'étude historique. Mais aujourd'hui, une transformation se fait : l'industrie n'a plus besoin d'être poussée, tant son essor est immense et vigoureux ; elle est lancée sur une pente qu'il lui suffit de descendre ; toutes les portes lui sont ouvertes, elle commence à se suffire elle-même, et à ne demander que la liberté pure. Le christianisme paraît donc avoir accompli chez nous la plus grande partie de sa tâche à l'égard de cette sœur ; il l'a élevée, soignée, nourrie, allaitée, protégée ; elle lui doit sa vigueur de santé, ses ailes : et maintenant le christianisme peut dire à l'industrie comme une mère à sa famille grandie à son foyer : Vis désormais de ton propre labeur.

Telle est la situation présente ; mais, au fond de cette révolution, on sent que l'industrie va rendre à sa sœur aînée tout ce qu'elle en a reçu selon la règle du juste échange établi par Dieu dans toutes ses créations. Nous voyons l'industrie organiser des congrès cosmopolites, réunir les nations les plus éloignées, relier tous les coins de la terre, étendre dans toutes les directions des transmissions électriques de la pensée, couvrir le sol de voies de communications rapides, percer les isthmes et les montagnes, tout vaincre pour détruire l'antique isolement des peuplades et des peuples. Or il est impossible que cette fusion se fasse sans que le christianisme, et plus tard le christianisme catholique en particulier, ne dévore tous les cultes les uns après les autres. Quelle religion pourra subsister devant lui, quand il sera posé par l'industrie en ʰconcurrence libre avec toutes les religions ?

IX. Le christianisme vrai implique un nivellement fraternel entre les peuples et les individus, selon la mesure harmonique avec les possibilités de la nature. Il veut une universalisation de la richesse ; il souffre trop devant la misère pour en tolérer l'éternisation ; il poussera à l'application de tous les moyens justes et efficaces de la faire disparaître ; il veut enfin de grandes réformes économiques, et il aidera puissamment toutes les tendances vers ce but.

Or l'industrie, de son côté, est une force réelle, fatale, nécessairement efficace, comme le sont toutes les puissances physiques qui transforment les sociétés, comme le sont les influences météorologiques contre lesquelles pas de résistance possible; il n'y a pour cette force aucun poids trop lourd, parce qu'elle grandit proportionnellement à l'obstacle, ainsi que les gaz comprimés. Ses tendances aux transformations économiques sont claires comme le jour; qui ne voit pas son effort et son progrès, n'entend point son aspiration, n'a pas d'yeux ni d'oreilles.

Donc le christianisme va aimer plus que jamais l'industrie, et l'industrie rendra au christianisme amour pour amour. Le moment des embrassements sincères, dans un dévoilement des deux visages qui les fera se reconnaître, n'est pas très-éloigné, bien qu'il y ait encore à traverser auparavant de rudes épreuves.

X. Enfin, nous aurons, après avoir developpé toutes ces idées, à prendre chacune des grandes classifications de l'industrie, comme nous l'avons fait pour la science et pour l'art, et à montrer leur point de contact avec le christianisme, souvent même avec le catholicisme, qui est le christianisme pur, et nous verrons les nombreux devoirs, ainsi que les nombreuses influences, qui lient chacune de ces branches avec la religion de Jésus-Christ.

Pour ne pas laisser nos lecteurs sans quelque étude plus complète que ces observations générales sur cette importante région de nos Harmonies, citons presque en entier la brochure que publiait, en 1844, M. H. Feugueray, dont nous regretterons toujours la mort prématurée, en réponse à ceux qui veulent soutenir que le mysticisme chrétien et catholique est ennemi de l'industrie. Ce n'est qu'un des points de vue particuliers impliqués dans notre plan; mais n'est-ce pas celui par lequel il est bon de commencer la défense commune du christianisme devant l'industrie et de l'industrie devant le christianisme ?

Le catholicisme est-il hostile à l'industrie ?

« La tactique ordinaire des ennemis de l'Eglise est de la représenter comme nécessairement hostile, en vertu de ses doctrines, à toutes les tendances de la société moderne. Que notre siècle, par exemple, se prenne de passion pour le progrès, — aussitôt nos docteurs s'efforcent de démontrer la radicale opposition de cette idée et du catholicisme ; et si un philosophe s'attache à distinguer entre les diverses théories du progrès et à en proposer une qui ne heurte pas l'orthodoxie, ils lui diront tout net qu'il ne sait ce dont il parle. Que les nations européennes, et la nôtre surtout, réclament une satisfaction pour les sentiments démocratiques qui les remuent, — et nos incrédules vont nous apprendre que l'Eglise ne peut vivre que sous la protection de l'épée du noble ou à l'abri du trône d'un monarque absolu. L'Eglise, selon eux, n'est qu'une institution temporaire, qui a eu sa raison d'être dans les nécessités d'une autre époque, un vieux débris de la féodalité qui doit disparaître dans l'âge nouveau. Il en est de même quand il s'agit de l'industrie. La puissance de l'homme sur la matière s'accroît chaque jour par les découvertes de la science ; le travail occupe dans le monde une place plus grande qu'à aucune autre époque, et, appuyé sur sa charrue ou sur sa mécanique, se déclare hardiment l'héritier légitime du pouvoir de l'épée ; et voici que nos grands philosophes recourent encore à leur raisonnement favori, et posent en principe l'incompatibilité absolue de l'industrie et de la doctrine catholique, pour en conclure, comme toujours, que nous assisterons bientôt aux funérailles d'un grand culte.

« Ce système est habile, mais est-il fondé ? On a déjà prouvé bien des fois que non ; nous voulons le prouver une fois de plus. De ces trois oppositions signalées entre notre foi et les tendances de notre siècle, prenons-en une ; laissons de côté la démocratie et le progrès, et cherchons si, en effet, l'enseignement catholique est contraire au développement de l'industrie. La transformation de la matière, son appropriation à nos usages et à nos besoins, la conquête du globe, l'assujettissement de la nature à notre puissance, sont-ce des choses pour lesquelles l'Eglise n'ait que des répugnances ou des dédains ? Le travail producteur trouve-t-il un mobile suffisant dans la morale orthodoxe ? Telle est la question à laquelle nous essayons de répondre, et que nous posons ici avec une rigueur scolastique, pour qu'on ne nous accuse pas de nous perdre dans le vague littéraire.

« Beaucoup de nos lecteurs s'étonneront peut-être que nous traitions ainsi *ex cathedra* une question déjà tranchée aux yeux du bon sens et par l'autorité de l'histoire. Pour en comprendre la gravité, il faut en effet savoir quelle importance y attachent les sectes qui s'agitent autour de nous. C'est par là que commence l'initiation des disciples. L'impuissance du christianisme à résoudre les difficultés de notre temps, c'est le premier mot du catéchisme philosophique ; les saint-simoniens l'ont inventé, les fouriéristes le crient sur les toits, et les éclectiques le répètent tout bas. Notre foi s'en va; sa fécondité est épuisée; ses mamelles sont taries; le vieux tronc n'a plus de sève. Jadis, sans doute, le christianisme a été glorieux et utile; au besoin, on avouerait même qu'il a été vrai; mais tout change et tout passe. A l'ère pacifique qui commence, à l'ère du travail et de la richesse, il faut une autre loi, une autre religion qu'à l'époque guerrière qui finit. L'industrie, c'est la reine de l'avenir, et elle ne saurait s'accommoder du mysticisme chrétien. Qui n'a lu, qui n'a entendu toutes ces belles choses? Ne sait-on pas que nous allons avoir un messie? et celui-là ne nous enseignera pas à mépriser les biens de la terre; il ne nous prêchera pas l'abnégation et le sacrifice; il n'aura pas d'anathèmes pour la richesse; il ne nous parlera pas du ciel et des consolations d'une autre vie. Oh! que non pas! Mais il nous délivrera du spiritualisme qui opprime notre corps et paralyse notre puissance; il nous donnera la recette pour harmoniser la libre expansion des facultés et des penchants de chacun, et nous ouvrira ici-bas les portes du paradis, où nous serons tous riches, indépendants et heureux.

« C'est sur ces bases que repose toute l'argumentation des philosophes panthéistes qui réclament en faveur de l'industrie. Pour eux la religion chrétienne n'est qu'un pur mysticisme, proche parent des superstitions de l'Inde, qui, en appelant notre pensée au delà des limites de ce monde, nous détourne de l'œuvre à laquelle l'homme est destiné, qui abolit la vie, la nature et l'humanité, suivant l'expression favorite de M. Pierre Leroux. Les plus indulgents reconnaîtront volontiers quelque chose d'admirable dans le détachement des sens et dans l'esclavage de la chair sous la domination de l'esprit; mais ils y trouveront aussi quelque chose d'excessif, une exagération malheureuse qui a entraîné après elle une exagération en sens contraire. Car ainsi va l'homme, selon leur doctrine : passant tour à tour d'une extrémité à l'autre, ne s'élevant vers les pures régions de l'esprit que pour se plonger ensuite dans les ténèbres de la matière, toujours au delà ou en deçà de la vérité, ne la possédant jamais. Le jeu de bascule, dont on a fait pendant un temps la règle du gouvernement représentatif, est le type de ce balancement nécessaire, suivant lequel oscille l'humanité, suivant lequel du moins elle a oscillé jusqu'ici; car un temps viendra, et il est proche, où une religion nouvelle réconciliera la chair avec l'esprit et rétablira la paix dans notre être......

« Voici l'objection dans toute sa force : le christianisme proscrit les satisfactions de la chair; il enseigne à vivre comme si l'on ne vivait pas; il tourne les yeux de ses fidèles vers des lieux imaginaires où ils espèrent trouver le repos et le bonheur; il dit à l'homme de faire son salut, de prier, de s'élever par la contemplation au-dessus des réalités contingentes, d'aspirer uniquement au bien absolu. Comment donc l'industrie, la chose la plus terrestre qu'on puisse imaginer, elle qui vit du travail et exige une activité incessante, pourrait-elle s'allier à une doctrine qui la condamne en principe et l'effacerait du monde, si elle le pouvait? Et voyez, ajoute-t-on, les âges qui ont été le plus sincèrement catholiques, le moyen âge, par exemple, est-ce une époque d'industrie? Le commerce y est une fonction vile, le travail y est en déshonneur; toutes les dignités et tous les honneurs y sont réservés à la crosse et à l'épée. Voyez les peuples qui sont restés courbés sous le joug clérical, voyez l'Espagne et l'Italie; ne sont-ce pas des pays pauvres, des populations paresseuses, sans fabrique, sans commerce, sans navigation? Où donc l'industrie s'est-elle développée? là même où le christianisme a reculé, où il a fait une transaction avec les intérêts temporels, où il s'est mutilé pour obtenir un sursis de quelques siècles, chez les nations protestantes, et en Angleterre surtout. Les disciples les plus parfaits du christianisme, ce sont ceux qui ont renoncé au mariage et au travail : c'est le chartreux dans sa cellule, l'anachorète dans sa solitude, la carmélite dans son cloître. Ne nous parlez donc pas d'industrie, vous qui vous dites chrétiens, nous crient les philosophes panthéistes; n'abâtardissez pas votre doctrine; fils exilés d'Eve, pleurez et gémissez dans votre vallée de larmes, implorez votre délivrance; pour nous, la terre n'est pas un lieu d'exil : elle est notre domaine que nous ferons fructifier en dépit de vos enseignements et de vos préjugés.

« Telle est l'argumentation de nos adversaires; c'est ainsi qu'ils dénaturent la doctrine pour mieux la combattre, et faussent l'histoire pour y trouver leurs preuves, comme nous le prouverons tout à l'heure..

« Le but le plus élevé que la plupart des écoles de la philosophie contemporaine aient assigné à l'humanité est de dominer les forces de la nature pour les employer à son usage, et de perfectionner l'organisation sociale pour arriver à constituer une grande unité dans le sein de laquelle nos descendants puissent vivre heureux. De ce point de vue tout matériel, l'industrie occupe nécessairement la première place dans les sociétés comme dans l'histoire. C'est par elle, en effet, que nous transformons la matière et l'exploitons comme notre domaine; elle est à la fois l'instrument de notre bonheur et le moyen de notre but. Cette théorie, en la dépouillant de son caractère exclusif, n'a rien de contraire au christianisme; bien plus, elle en est sortie. Dieu n'a-t-il pas dit aux hommes en la personne d'Adam : *Emplissez la terre et vous l'assujettissez* (*Gen.* I, 28)? Et l'Eglise, qui ne s'appelle pas catholique sans motif ni sans espoir, n'attend-elle pas des jours où il n'y aura plus qu'un troupeau et un pasteur? Mais si, en philosophie chrétienne, on peut et doit reconnaître un grand dessein de la Providence dans cette amélioration progressive de l'état civil et politique des peuples, et dans cette domination toujours croissante de l'homme sur la nature, il ne s'ensuit pas que la recherche du bien-être matériel doive seule nous occuper ici-bas et qu'elle soit le but même de l'humanité. Il est de foi au contraire que l'homme a été créé pour connaître Dieu, l'aimer, le servir, et mériter par là la vie éternelle, comme dit le catéchisme. Or, de ce second point de vue, l'industrie descend du rang qu'on veut lui faire usurper; elle n'est plus la loi suprême, elle n'est plus le premier devoir de l'homme. Les philosophes socialistes, qui se préoccupent exclusivement du bonheur sensuel, ont été conduits par la nature même de leurs études à tout donner à l'industrie; les philosophes chrétiens, qui n'oublient pas que l'homme est avant tout un être spirituel, doivent la remettre à sa place. Ils reconnaîtront volontiers en elle une des grandes fonctions nécessaires à l'existence des peuples; mais ils la subordonneront à la morale, à la religion, comme ils subordonnent le corps à l'âme.

« Que l'Eglise et la philosophie de nos jours ne considèrent pas l'industrie du même œil et ne lui donnent pas une égale importance, cela est donc vrai; mais que l'Eglise proscrive l'industrie, cela est faux. Loin de là, elle l'honore et elle l'encourage; car l'industrie n'est que le travail appliqué à l'appropriation de la matière à nos besoins, et l'Eglise honore et ordonne le travail. Le Chrétien qui ne travaille pas pèche: l'Ancien et le Nouveau Testament n'ont sur ce point qu'un même langage. *L'homme est fait pour travailler comme l'oiseau pour voler*, est-il dit dans le *livre de Job* (v, 7). *Celui qui ne veut pas travailler ne doit pas manger*, écrit saint Paul. (*II Thess.* III, 10.) L'Eglise a mis la paresse au rang des péchés capitaux, et quand des sectes protestantes ont soutenu que la foi seule suffit au salut, elle les a condamnées. Il n'y a pas de salut sans bonnes œuvres; or, il n'y a pas de bonnes œuvres sans travail, et le travail lui-même est une bonne œuvre, s'il est dirigé vers une fin pure.

« Bien plus, c'est au christianisme que le travail doit l'estime et la considération dont il jouit chez les peuples modernes. Il n'est dans la société, aux yeux de l'Eglise, aucune fonction, si infime qu'elle soit, qui ne puisse être relevée et ennoblie par l'esprit dans lequel elle est remplie. « Les citoyens « ne doivent exercer ni les arts mécaniques, « ni les professions mercantiles, »disait Aristote, interprète en cela de toute l'antiquité (*Politique*, l. VIII, ch. 8); » il ajoutait même que « les citoyens ne doivent pas être la-« boureurs; car ils ont besoin de loisir, soit « pour cultiver la vertu, soit pour exercer les « fonctions politiques. » Mais les Chrétiens ont un autre Maître qui leur a enseigné une autre doctrine. Leur Maître, à eux, a été artisan, salarié; il a exercé un métier, et l'Eglise, fidèle à l'esprit de son fondateur, n'a pas oublié que, jusqu'à l'âge de trente ans, le Seigneur Jésus a travaillé dans l'atelier de saint Joseph. Saint Paul gagnait sa vie en faisant des tentes, et plus d'un saint a gagné la sienne en exerçant quelque autre profession mécanique. Au concile de Nicée, il y avait au rang des évêques un homme qui avait été berger: c'était Spiridion, que ses vertus avaient fait élever à l'épiscopat et qu'elles ont fait canoniser. Alexandre, l'évêque de Comana, avait été charbonnier, et le premier évêque de Berrhoé en Macédoine fut Philémon, l'esclave d'Onésime, que saint Paul avait converti. Voilà comment l'Eglise a réhabilité le travail.

« Ce travail, il est vrai, ou du moins les conséquences qu'il entraîne après lui, le cortège de douleurs et de fatigues dont il est actuellement accompagné, sont une suite du péché qui ne pesait pas sur l'homme primitif, tel qu'il était sorti des mains du Créateur; c'est après la chute qu'il a été dit à l'humanité: *Tu mangeras ton pain à la sueur de ton front*. (*Gen.* III, 19.) Mais qu'importe? Si l'homme était dans un autre état, il serait soumis à d'autres lois; dans son état actuel, il est soumis à celle du travail dans toute sa rigueur, et ne peut s'y dérober sans manquer au commandement de Dieu. Quel est le Chrétien parfait? C'est celui qui a la charité. Or la charité n'est pas seulement humble, patiente, désintéressée; elle est active aussi. Elle ne s'endort pas dans les douceurs du quiétisme; elle ne s'oublie pas dans les ravissements de la contemplation; elle associe la prière et le travail; ni l'austérité ni la mortification ne lui suffisent: il lui faut les œuvres. La charité est comme la foi, elle n'est sincère que si elle agit.

« Il est pourtant un passage de l'Evangile qui peut sembler contraire à ce que nous avançons ici; c'est la réponse fameuse que Jésus-Christ fit à Marthe, quand elle se plaignit à lui que Marie, sa sœur, restât assise aux pieds du Seigneur et lui laissât à elle tout le fardeau du ménage. *Marthe, lui dit Jésus, vous vous empressez et vous troublez dans le soin de beaucoup de choses; une seule pourtant est nécessaire: Marie a choisi la meilleure part qui ne lui sera point ôtée*. (*Luc.* X, 43.) La meilleure part, c'est donc la contemplation; c'est là le lot des âmes d'élite qui ont pénétré dans le cœur de la doctrine chrétienne; la vie active n'est bonne qu'à la foule qui ne saurait vivre de la vie spirituelle; les parfaits ont une autre loi. Ainsi raisonnent les incrédules qui veulent nier la puissance sociale du christianisme; ainsi, il faut le dire, ont raisonné beaucoup de Chrétiens qui ont grandement abusé de la parole du Seigneur. Mais ce n'est pas ainsi qu'ont entendu ce passage ni les docteurs les plus autorisés, ni les saints, même ceux dont l'âme était la plus tendre et la piété la plus vive, saint François de Sales entre autres. Voici comment il s'explique sur ce sujet, avec toute la naïveté de son langage, dans une lettre adressée à Mme de Chantal: « De vrai, « ma chère fille, Marthe avait raison de « désirer qu'on l'aidât à servir son cher « hôte; mais elle n'avait pas raison de vou-

« loir que sa sœur quittât son exercice pour
« cela et laissât le Jésus tout seul... Savez-
« vous comment je voulais accommoder le
« différend ? Je voulais que sainte Marthe,
« notre maîtresse, vînt aux pieds de Notre-
« Seigneur en la place de sa sœur, et que sa
« sœur allât apprêter le reste du souper ; et
« ainsi elles eussent partagé le travail et le
« repos comme bonnes sœurs, et je pense
« que Notre-Seigneur eût trouvé cela bon. »
N'est-ce pas là l'esprit chrétien dans toute sa
pureté, et ce partage de la vie entre le travail et
la prière n'est-il pas l'abrégé de nos devoirs?
L'auteur de l'*Introduction à la vie dévote* ne
mutilait pas les saintes Ecritures; il n'en
prenait pas une parole isolée pour la com-
menter à sa guise et conformément à ses
sympathies personnelles ; il avait de l'Evangile une vue plus haute, une vue d'ensemble, et savait que, dans l'interprétation, le
guide le plus sûr, celui qui ne trompe pas,
c'est la charité. Ce qu'il écrivait d'ailleurs à
Mme de Chantal, bien d'autres déjà l'avaient
dit avant lui. Il y a surtout parmi les faits
et dits des Pères du désert, tels qu'ils
ont été recueillis par Rufin, une histoire
que nous demandons la permission de transcrire ici tout entière ; c'est le meilleur commentaire que nous connaissions sur les paroles de Jésus. « Un solitaire étranger étant
« venu trouver l'abbé Sylvain, qui demeu-
« rait sur la montagne de Sina, et voyant
« les frères qui travaillaient, il leur dit :
« Pourquoi travaillez-vous ainsi pour une
« nourriture périssable ? Marie n'a-t-elle pas
« choisi la meilleure part? Le saint vieillard
« ayant su cela, dit à Zacharie, son disciple :
« Donnez un livre à ce frère pour l'entre-
« tenir, et mettez-le dans une cellule où il n'y
« a rien à manger. L'heure de none étant
« venue, ce solitaire étranger regardait si
« l'abbé ne le ferait point appeler pour aller
« manger ; et, lorsqu'elle fut passée, il le
« vint trouver et lui dit : Mon Père, les frè-
« res n'ont-ils point mangé aujourd'hui ? —
« Oui, lui répondit ce saint homme. — Et
« d'où vient donc, ajouta ce solitaire, que
« vous ne m'avez pas fait appeler ? — D'au-
« tant, lui répartit le saint, que vous, qui
« êtes un homme tout spirituel, qui avez
« choisi la meilleure part et qui passez les
« journées entières à lire, n'avez pas besoin
« de cette nourriture périssable ; au lieu
« que nous, qui sommes charnels, ne nous
« pouvons passer de manger, ce qui nous
« oblige à travailler. Ces paroles ayant fait
« voir à ce solitaire quelle était sa faute, il en
« eut regret et dit à Sylvain : Pardonnez-moi
« je vous prie, mon Père. Sur quoi Syl-
« vain lui répondit : Je suis bien aise que
« vous connaissiez que Marie ne saurait se
« passer de Marthe, et qu'ainsi Marthe a
« part aux louanges qu'on donne à Marie. »
« Cette discussion nous conduit à parler du
mysticisme, et nous réclamons ici la bien-
veillante attention des lecteurs, car nous
croyons toucher au nœud même de la question. »
L'auteur, après avoir fait une digression,
dont le but est de distinguer le mysticisme
catholique des autres mysticismes panthéistes et hérétiques, continue comme il suit :
« Les mystiques chrétiens travaillent surtout, il est vrai, à leur sanctification intérieure, et doivent à ce titre être condamnés
sans miséricorde par les utilitaires, qui ne
voient dans l'homme qu'un producteur et
dans la société qu'un atelier. Mais pour ne
pas remplir dans le monde une fonction
spéciale, les croit-on inutiles à ce monde?
La société n'en irait certes pas plus mal
quand nous aurions parmi nous un plus
grand nombre de ces mystiques, ou pour
mieux dire un de ces ascètes (c'est le nom
qui leur convient).
« Leurs exemples ne nous profiteraient
pas moins que leurs prières ; et si nous retournons aux mœurs romaines, qui sait si
l'Eglise, en revanche, ne devra pas repeu-
pler quelque Thébaïde nouvelle, pour faire
un contre-poids à l'empire de la chair et
retremper les âmes amollies par le sensualisme ?
« Etablissons bien d'ailleurs les limites
dans lesquelles doit se renfermer l'ascétisme;
elles sont assez étroites pour rassurer l'industrie. D'une part, la vie mystique n'a
jamais été qu'une exception ; l'Eglise, qui
est faite pour tout le monde, ne l'impose à
personne, et ne l'autorise que pour les âmes
en petit nombre qui en ont la vocation
réelle. En second lieu, la vie mystique n'exclut pas l'action extérieure ; les plus contemplatifs parmi les saints ont pratiqué le
travail manuel, nous le verrons bientôt, et
il n'en est pas un seul qui n'ait été toujours
prêt à sacrifier la contemplation pour venir
au secours du prochain.
« En résultat donc, le mysticisme proprement
dit est bien une doctrine mortelle
pour les peuples ; mais il est séparé de notre
foi par l'épaisseur d'un dogme fondamental. L'histoire et la logique démontrent
également qu'il se rattache au panthéisme
comme un fleuve à sa source. Comment
pourrait-il découler du spiritualisme chrétien ?
« Cette distinction entre le mysticisme
panthéiste et la morale chrétienne une fois
bien établie, la plupart des objections dogmatiques élevées contre la fécondité sociale
du christianisme tombent d'elles-mêmes,
car elles manquent leur but. Restent seulement
les objections historiques, auxquelles
nous allons tâcher de répondre dans la seconde partie de notre travail.
« La morale chrétienne ne date pas d'hier;
elle a été expérimentée pendant dix-huit
siècles ; elle a pénétré dans toutes les couches de la société ; elle s'est fait des peuples;
souveraine d'une portion de l'humanité, elle
a eu bien des sujets désobéissants, rarement
elle a rencontré des rebelles qui osassent
nier sa légitimité. Or, cette doctrine qu'on
représente comme indifférente aux choses
d'ici-bas et laissant couler à ses pieds les
divers flots de la terre, sans détourner les
yeux du ciel, elle a précisément modifié,

transformé, remué de la base au faîte toutes les institutions humaines ; il n'en est pas une où elle n'ait laissé sa trace et dont elle n'ait entrepris ou achevé la réforme ; elle a innové partout. Le pouvoir, — elle l'a changé dans son essence. *Vous savez que les princes des nations les dominent avec empire, qu'il n'en soit pas de même parmi vous ; que celui qui voudra être le premier se fasse le serviteur des autres.* (*Matth.* xx, 25, 26.) Cette parole du Maître a été le principe suprême dont, avec une persévérance infatigable, les peuples chrétiens ont poursuivi l'application à travers tout le cours des âges. La famille, — elle l'a réglée suivant une loi nouvelle : le mariage indissoluble, la puissance maritale et la puissance paternelle limitées et adoucies, la femme devenue la compagne de son mari, au lieu d'en être l'esclave ; l'infanticide proscrit, le fils obtenant à sa majorité la libre disposition de lui-même, tout cela ce sont des choses nouvelles, pur fruit de l'Evangile dont n'ont pas goûté les peuples restés en dehors de la lumière. La société, — elle en a rapproché les deux extrémités ; elle a comblé l'abîme qui les séparait. Qu'est-ce que notre noblesse à côté du patriciat ? Qu'est-ce que nos classes pauvres à côté des esclaves de l'antiquité ? Le droit civil personnel chez les Chrétiens et le droit civil personnel chez les païens diffèrent du tout au tout ; un étudiant en droit de première année n'a plus de doute sur ce point quand il a comparé le premier livre de notre Code avec le premier livre des Institutes de Gaïus. Singulier mysticisme en vérité, qui non-seulement a ses poëtes, ses artistes et ses théologiens, mais a aussi ses juristes ; qui, en créant un art nouveau, crée aussi un droit également nouveau ! Les nations chrétiennes ont toujours été tourmentées par un invincible besoin d'expansion, de mouvement, de progrès ; le repos est antipathique à leur nature ; il faut qu'elles marchent. Leurs marins découvriront les terres inconnues ; leurs savants renouvelleront les sciences ; leurs artistes inventeront des formes nouvelles ; leurs gouvernements n'auront de puissance qu'en se mettant à la tête de tous ces mouvements et en prenant l'initiative de tous ces progrès. Des peuples soumis à une autre loi, des Chinois, par exemple, s'endorment volontiers dans le culte exclusif des traditions ; mais les peuples chrétiens ne conservent que pour développer ; ils ont plutôt les yeux tournés vers l'avenir que vers le passé ; ils se rappellent toujours la fameuse parabole de l'Evangile : le *talent* qui leur a été donné, ils ne l'enterrent pas ; ils le font fructifier pour accroître le trésor qu'ils ont reçu des générations antérieures et qu'ils doivent transmettre aux générations suivantes.

« Si pourtant les progrès des nations chrétiennes étaient bornés à l'ordre moral et politique, on pourrait comprendre jusqu'à un certain point l'objection qu'on nous oppose ; mais il n'en est pas ainsi. Sur le terrain de l'économie politique pure, la supériorité des Chrétiens sur les infidèles de toutes les couleurs n'est pas moins évidente. Les nations chrétiennes ne sont pas seulement les plus éclairées et les plus morales du globe, elles en sont aussi les plus industrieuses, les plus laborieuses, les plus riches. Il n'est pas de terre habitée par des musulmans, des bouddhistes, des idolâtres, qui ait été autant remuée, fertilisée, appropriée à l'usage des hommes, que les terres habitées par les Chrétiens. Nulle part autant que chez eux le travail n'a été opiniâtre et intelligent ; nulle part ailleurs la science n'a prêté un secours plus efficace à la force des bras ; nulle part ailleurs l'agriculture et l'industrie proprement dite n'ont été poussées à un plus haut degré de perfection. Et, qu'on le remarque bien, cette primauté n'est pas seulement l'œuvre des derniers siècles ; elle a commencé, nous l'établirons bientôt, dès l'époque purement catholique, au moyen âge, alors que la tiare s'élevait au-dessus des couronnes et que l'autel dominait la fabrique et le comptoir.

« Le premier coup d'œil jeté sur l'histoire justifie donc la morale évangélique des reproches qui lui ont été adressés par les socialistes modernes, et cette incompatibilité prétendue entre les progrès de la richesse et la conservation de la foi, qu'on allègue entre nous, s'évanouit à l'instant même qu'on étudie l'état passé et l'état présent des sociétés chrétiennes. Notre mysticisme, si mysticisme il y a, n'est pas si redoutable qu'on le suppose ; il n'a pas empêché nos pères de défricher le sol, de bâtir des villes, d'établir des fabriques ; pourquoi nous empêcherait-il d'en faire autant ? Il y a longtemps que dans la France catholique on a percé des routes et creusé des canaux ; pourquoi la France, restant catholique, n'établirait-elle pas aussi bien des chemins de fer ?

« Ces généralités pourraient peut-être suffire ; il nous semble utile pourtant de les compléter par des observations de détail et des études plus développées.

« Les faits historiques qu'on nous oppose, et sur lesquels nous voulons donner des éclaircissements, sont de deux ordres différents. D'une part on attaque les institutions monastiques ; on les représente comme une cause de dépérissement pour les sociétés ; on prétend qu'elles détournent les hommes de l'accomplissement de leurs devoirs sociaux, et surtout du travail, unique source de la production ; on les accuse de nuire essentiellement aux intérêts matériels, qu'elles sacrifient à de prétendus intérêts moraux. D'autre part, on argue de l'état de faiblesse et de nullité où l'industrie a été réduite pendant le moyen âge, alors que le catholicisme était souverain, et où elle est encore réduite dans les pays où elle a conservé sa souveraineté jusqu'à nos jours, comme en Espagne et en Italie, et l'on tâche de démontrer par là qu'il y a une opposition radicale et constante entre une religion toute spiritualiste et les progrès de la richesse et du bien-être, qui sont le but réel où doivent tendre les peuples.

« Nous examinerons ces objections historiques dans deux sections séparées.

De l'influence du clergé régulier sur l'industrie.

« Les ordres religieux peuvent être divisés en deux classes distinctes ; la première comprend ceux dont les membres, aspirant avant tout au perfectionnement religieux de leur âme, se décident à fuir le monde pour vivre dans la retraite et pour trouver dans le cloître un asile où ils puissent se livrer en paix à la prière. A cette classe appartiennent, entre autres, la plupart des ordres de l'Eglise orientale, et, dans l'Eglise latine, ceux qui se rattachent en si grand nombre à la souche bénédictine. Ce sont les congrégations purement monastiques. Les ordres religieux de la seconde classe, loin de s'éloigner de la société humaine, y sont au contraire retenus par la nature même des occupations qu'ils ont embrassées ; la fin de leur institut n'est pas tant la sanctification personnelle des hommes qui en font partie que l'accomplissement d'une fonction à laquelle la corporation tout entière se consacre. Ici nous trouvons les innombrables congrégations qui ont un but spécial et déterminé : soit un but d'enseignement, comme les Oratoriens, les Piaristes de Pologne, les frères de la Doctrine chrétienne ; soit un but de charité, comme les Sœurs de Saint-Vincent de Paul, les Pères de la Merci, et tant d'autres ordres institués dans la vue de secourir le prochain. Nous y trouvons de plus ces fameuses sociétés militantes, les Franciscains, les Dominicains, les Jésuites, qui, par les diverses voies de la prédication, de l'éducation, de la science, des missions, doivent poursuivre un même but, le triomphe de l'Eglise.

« Cette distinction posée, de laquelle de ces deux catégories entendent parler les écrivains qui reprochent aux moines d'être des membres inutiles du corps social, des parasites qui vivent aux dépens de la masse laborieuse, sans rien faire pour elle, et qui concluent de là que l'Eglise dédaigne le travail, et tend, par une de ses plus importantes institutions, à détruire dans sa source la prospérité des peuples ? De la première évidemment. Il serait trop étrange d'accuser de désœuvrement des congrégations enseignantes ou hospitalières ; et quant aux disciples de saint François, de saint Dominique et de saint Ignace, qui s'est jamais plaint qu'ils s'endormissent dans l'inaction ? C'est de leur activité au contraire qu'on s'effraye, c'est leur zèle et leur ardeur qu'on dénonce comme des dangers. Car ainsi sur ce sujet argumentent les incrédules. Les religieux s'enferment-ils dans la solitude : on leur demande à quoi ils servent, et on les somme de reprendre dans la société la place qu'ils ont désertée. Se postent-ils au milieu du monde pour y combattre : on les appelle des ambitieux, et on oppose à leur vie de mouvement et d'agitation le calme paisible de ces bons moines qui coulent leurs jours purs dans le silence de la retraite. Argumentation singulière, et dont on pourrait s'étonner, si l'on ne savait que la haine ne recule pas plus devant la contradiction que devant la calomnie !

« Quoi qu'il en soit, nous n'avons pas à nous occuper ici de ces accusations d'ambition et d'envahissement dont on poursuit les ordres religieux qui tendent à diriger l'activité morale des peuples. Le but de nos recherches étant de nous assurer si l'existence des corporations monastiques a compromis, chez les peuples catholiques, le développement de l'agriculture et de l'industrie, comme on le soutient, nous devons nous arrêter spécialement sur l'histoire des ordres religieux qui ne sont pas destinés à agir directement sur le monde, et qui sont l'objet habituel des attaques de nos adversaires.

« Il s'éleva à la fin du XVIIe siècle une controverse sérieuse entre dom Mabillon, l'un des plus savants Bénédictins de la congrégation de Saint-Maur, et dom Bouthillier de Rancé, le fameux réformateur de la Trappe. Mabillon avait publié en 1691 son *Traité des études monastiques*, où il avait entrepris de prouver que de tout temps les moines se sont livrés à l'étude, et que la culture des lettres et des sciences, de celles surtout qui se rapportent à la religion, forme une des bases de leur institut. Ce traité est un des plus beaux monuments de l'érudition bénédictine. Dès l'année suivante pourtant, Rancé fit imprimer, sous le titre de *Réponse au Traité des études monastiques*, une critique étendue et vigoureuse de cet ouvrage, dont il attaquait la pensée fondamentale comme contraire au but même et à toute la tradition de la vie monastique. L'étude, selon lui, n'était pas faite pour les moines ; ils n'étaient pas destinés à composer des livres ; appelés à vivre dans la retraite et la prière, ils devaient craindre et non pas rechercher la science, qui enfle plus qu'elle n'édifie. Que quelques hommes, doués d'une aptitude particulière, fussent choisis par leurs supérieurs pour se vouer à l'étude, il le tolérait ; mais cette exception ne devait s'étendre qu'à très-peu de sujets. Pour l'immense majorité des moines, savoir assez de latin pour entendre la Vulgate et consacrer deux heures par jour à des lectures édifiantes, c'était assez, et c'était tout ce qu'il permettait dans son couvent. Que prétendait donc ce Trappiste ? Voulait-il que les moines vécussent dans l'oisiveté, ou plutôt poursuivissent toujours, sans l'interrompre aucunement, le cours de leurs austérités et de leurs prières ? Ni l'un ni l'autre. Rancé voulait que les moines travaillassent de leurs mains. Le travail manuel était pour lui un des premiers devoirs de la vie monastique, un devoir dont rien ne pouvait suppléer l'accomplissement, pas même le travail intellectuel.

« Evidemment le point de vue de Rancé était

trop exclusif; il méconnaissait tout un côté de l'histoire monastique ; il oubliait que les couvents avaient toujours été des écoles et avaient été longtemps les seuls asiles où le savoir se fût réfugié ; il ne comprenait pas que chacun d'eux devait être un foyer tout à la fois d'instruction et d'éducation, d'où la science rayonnât sur les contrées voisines en même temps que la piété et la vertu. Mais, à part ces exagérations, l'illustre pénitent, en rappelant aux moines dégénérés de son siècle l'utilité, la nécessité, la sainteté du travail manuel, marchait dans la voie ouverte par les fondateurs des ordres monastiques et longtemps suivie par leurs disciples. Ni les textes des Pères, ni les prescriptions des règles, ni les exemples des saints ne lui manquaient pour appuyer sa thèse. Sa voix n'était qu'un écho de la voix de saint Benoît et de tous les grands maîtres de la vie cénobitique.

« Dès l'origine de l'institution, en effet, les anachorètes qui s'étaient retirés dans les solitudes de la Thébaïde avaient pratiqué sévèrement la loi du travail. Ces Pères du désert, auxquels on reprochait déjà d'avoir trop quitté le monde, « ne sachant pas, » dit saint Augustin, « combien leur exemple cause de biens dans ce monde, qui ne les voit pas, » ces Pères du désert ne vivaient pas d'aumônes ; c'étaient eux qui en envoyaient aux pauvres d'Alexandrie et des autres villes d'Egypte. Nous avons cité l'histoire de ce moine qui ne voulait pas travailler, et que l'abbé réprimanda avec une ironie si douce et si persuasive ; le livre où Arnauld d'Andilly a réuni ce que saint Jérôme, Rufin, Cassien, Léonce ont écrit sur ces solitaires, abonde en pareils exemples. Il suffit de l'ouvrir pour apprendre quel était le genre de vie de ces compagnons de saint Antoine et de saint Pacôme. Chacun d'eux exerçait son métier ; les uns tressaient des nattes, d'autres fabriquaient des paniers, la plupart cultivaient des jardins autour de leurs cellules; tous alliaient ainsi les travaux de l'industrie avec ceux de la pénitence. Cette tradition se perpétua chez tous les moines d'Orient. Saint Basile, dans ses *Constitutions*, impose à ses disciples l'obligation du travail manuel, et la plupart des Pères de l'Eglise orientale, saint Grégoire de Nazianze, saint Jean Chrysostome et saint Ephrem entre autres, insistent fréquemment dans leurs livres sur l'accomplissement de ce devoir.

« En Occident, les mêmes faits se reproduisent, mais sur une plus grande échelle et avec une tout autre importance. Saint Benoît est, comme on sait, le grand patriarche des cénobites de l'Eglise latine. Les ordres qui l'avaient précédé avaient seulement préparé le terrain où le sien s'enracina. Le mont Cassin fut la ruche sainte d'où s'élancèrent, sur les diverses contrées de l'Europe barbare, les premiers essaims de ces conquérants pacifiques, qui devaient soumettre à la loi chrétienne les cœurs farouches des Germains. Or ces pieux bataillons ne portaient pas seulement la croix et l'Evangile, mais aussi la bêche et la pioche. Saint Benoît avait dit dans sa Règle (c. 48) : *Tunc vere monachi sunt, si labore manuum suarum vivunt ;* le vrai moine vit du travail de ses mains. Les enfants étaient fidèles aux instructions de leur père. Partout où ils s'établissaient, les forêts s'éclaircissaient, les marais se desséchaient, et la charrue prenait possession de ces terres vagues qu'avaient dépeuplées la tyrannie du fisc et les invasions barbares.

« Les Bénédictins s'adonnèrent surtout à l'agriculture. Une utilité plus évidente et plus immédiate ne fut pas la seule cause de leur préférence; ils aimaient les rudes travaux des champs, ces travaux qui fatiguent les bras et font couler la sueur du front. C'étaient même ceux-là que leur fondateur avait eus en vue dans ses prescriptions; car il avait autorisé la dispense du jeûne pour les grands jours de l'été, alors que la tâche est plus longue et le soleil plus ardent. Les Gaules durent aux colonies bénédictines le rétablissement de la culture et la conservation de la société, même sous le rapport matériel. On sait combien ces colonies se multiplièrent dans toutes nos provinces, depuis le VIe siècle, où elles s'y établirent, jusqu'au XIe, pendant cet enfantement de cinq cents ans, d'où sortit le moyen âge. Qu'on ne s'en étonne pas ! Au point de vue de l'économie politique toute seule, jamais institution ne fut plus utile et plus féconde. N'oublions pas qu'une grande partie de nos villes sont nées et ont grandi à l'ombre des monastères. Dans ces temps d'anarchie, un couvent était un lieu d'asile pour le travail, qui y trouvait la sécurité ; c'était un établissement agricole et industriel, où de nombreux travailleurs appliquaient à l'exploitation de la terre les ressources de l'association, et qui ressemblait beaucoup à ces vastes domaines impériaux dont il est si souvent question dans les Capitulaires. C'était de plus un grand enseignement : donner l'exemple du travail dévoué au milieu d'une société qui n'avait d'estime que pour la guerre, y avait-il œuvre plus méritoire et plus sociale ? Aussi, dans l'histoire économique de nos diverses provinces, les premiers développements de la richesse, les premiers germes de la prospérité apparaissent-ils toujours après la fondation de quelque grande abbaye. Ainsi en fut-il, par exemple, quand naquirent les abbayes de Saint-Bertin ou Saint-Omer sur les confins de la Flandre et de l'Artois, de Conques dans le Rouergue et de la Grasse en Languedoc (13).

---

(13) Parmi les exemples de ces travaux intelligents des moines, nous aimons à citer le dessèchement de la Bresse et de la Brenne. Les eaux qui s'étendaient sur ces terres, où elles ne trouvaient pas de pente, furent recueillies et retenues dans des étangs, qui sont devenus une source de richesse pour le pays. Le reste des terres étant ainsi mis à sec fut bientôt cultivé. Le desséchement des marais

« Cette rapide revue de l'antiquité monastique suffit à établir ce fait, qui est capital dans notre cause, que, dans l'origine, le travail manuel a été compris parmi les premiers devoirs des religieux, et qu'à l'avénement de la société moderne les couvents, loin d'être pour aucun pays des causes d'appauvrissement, ont grandement contribué à l'accroissement des produits, et surtout aux progrès de l'agriculture. Plus tard les choses ont-elles changé ? Que trop souvent la paresse et l'oisiveté aient envahi les cloîtres, nous n'irons pas le nier ; mais qu'en résulte-t-il ? De ce qu'il y a eu beaucoup de moines fainéants, s'ensuit-il que la vie monastique soit favorable à la fainéantise ? Depuis quand les abus prouvent-ils contre la chose dont on abuse ? Gardons-nous d'ailleurs de ces exagérations qu'ont accréditées dans trop d'esprits les déclamations protestantes et voltairiennes. A aucune époque, même aux plus mauvaises, le mal n'a triomphé pleinement ; en face de lui, le bien a toujours eu sa place, et souvent plus grande. Le travail des religieux, il est vrai, changea généralement de nature et d'objet ; mais ce ne fut pas sans motif. Le caractère de la fonction monastique avait été profondément modifié. Les moines originairement étaient de simples laïques, qui s'associaient pour mieux conformer leur conduite aux conseils de l'Evangile. A dater du moyen âge, ils furent presque tous admis aux ordres sacrés, et devinrent membres du corps ecclésiastique. Ce changement en amena nécessairement un autre dans leurs occupations. Devenus prêtres, ils eurent à remplir les fonctions sacerdotales ; l'administration des sacrements fut un de leurs devoirs, et un grand nombre d'entre eux se livrèrent à la prédication. Et cependant, malgré ces innovations, le travail des mains ne fut jamais entièrement abandonné dans les diverses branches de l'ordre de Saint-Benoît. Il s'y élevait, de temps à autre, quelque âme énergique, qui, par la parole et l'exemple, ramenait les monastères à l'exécution rigoureuse de la règle primitive. Saint Bernard fut l'un de ces hommes. Cet arbitre de l'Europe ne dédaignait pas de manier la bêche et de porter du bois, et, quoiqu'il n'eût aucune aptitude à scier les blés et à faire les autres travaux de la moisson, il raconte lui-même qu'il en obtint la grâce à force de prières. D'autres réformateurs l'avaient précédé, d'autres le suivirent, et le nom de Rancé n'est pas le dernier de cette liste glorieuse.

« Aujourd'hui l'ordre de Saint-Benoît a presque entièrement disparu de notre sol. De tant de couvents qu'il avait élevés sur les divers points de la France, il n'existe plus que deux ou trois chartreuses, l'abbaye de Solesmes et quatorze maisons de Trappistes. Or les Chartreux ne mènent pas, que je sache, une vie si douce et si paresseuse ; les Bénédictins de Solesmes cultivent le terrain de la science ; et quant aux Trappistes, qui oserait les accuser de négliger le travail ? Tous, depuis le Père abbé jusqu'au dernier frère convers, s'adonnent à la culture des terres ; ils exploitent eux-mêmes les champs et les jardins qui dépendent de leurs maisons, et déploient, dans ces divers travaux, autant d'intelligence que de zèle. Le couvent de la Meilleraye, près Nantes, est entre autres une véritable ferme modèle, dont le dernier abbé, dom Antoine, était agronome aussi distingué que moine fervent, et dont l'exemple n'a pas peu servi au perfectionnement de l'agriculture dans les cantons voisins. En vérité on ne saurait concevoir l'aveuglement de certains économistes qui en veulent tant à ces pauvres religieux. Quels hommes pourtant, d'après les règles mêmes de leur science, ont droit de se dire meilleurs citoyens ? Les Trappistes produisent beaucoup et consomment très-peu. On a calculé que l'entretien complet de chacun d'eux ne revenait guère qu'à 40 centimes par jour, moins de 150 fr. par an. Quel économiste voudrait se contenter de ce régime ?

« Un mot encore sur les Trappistes. On sait que quelques-uns d'entre eux viennent de s'établir à Staoueli, près d'Alger. Constitués en société civile, ils ont obtenu du gouvernement la concession d'une certaine quantité de terres qu'ils doivent avoir défrichées et mises en valeur d'ici à un petit nombre d'années. C'est là un germe précieux qui fructifiera sans doute. Les Trappistes sont appelés en Algérie à remplir parmi les Arabes musulmans une mission semblable à celle que les couvents fondés en Allemagne par saint Boniface ont remplie parmi les païens barbares, mission sublime qui consiste à convertir à notre foi et à notre civilisation des populations ennemies. Mais, sans entrer dans ces considérations qui sont étrangères à notre sujet et qui n'ont pas prévalu sans doute dans les conseils des hommes qui gouvernent l'Algérie, on peut se demander quel motif a décidé le maréchal Bugeaud, qui ne paraît pas fort enclin au mysticisme, à adopter une mesure aussi grave, et même, dans l'état de notre société, aussi étrange. Cette mesure, il faut le reconnaître, est un des meilleurs gages qu'ait donnés le gouvernement de son intention, si longtemps douteuse, de coloniser notre conquête. Décidé à fixer dans le nord de l'Afrique un noyau de population française, voulant prendre par la culture une possession réelle du sol, ayant besoin pour cela de ces travailleurs persévérants qui sont la fortune des établissements nouveaux, le gouvernement de l'Algérie n'a pas cru pouvoir mieux faire que d'accueillir les Trappistes. Il y a dans ce seul fait une réponse victorieuse à bien des arguments.

« Pour terminer nos recherches sur les

---

du Bas-Poitou fut aussi entrepris par des moines ; le premier canal qu'on y creusa pour donner de l'écoulement aux eaux fut appelé le Canal des Quatre-Abbés, parce qu'il avait été établi aux frais de quatre abbayes.

travaux agricoles et industriels des ordres religieux, nous avons à nous occuper de ceux de ces ordres qui se sont consacrés à la vie active. La plupart d'entre eux, il est vrai, n'ont exercé sur l'industrie qu'une influence indirecte. Absorbés par des occupations plus élevées et souvent plus périlleuses, dévoués à l'enseignement, à la prédication, à l'apostolat, leurs membres avaient autre chose à faire qu'à exercer des métiers. Mais parmi ces congrégations, quelques-unes se sont adonnées spécialement à l'industrie, et celles-là nous ne devons pas les passer sous silence. Il y a eu des ordres religieux industriels comme il y a eu des ordres religieux militaires; nous voulons parler des frères Pontifes et des Humiliés.

« L'abbé Grégoire a écrit, sur les frères Pontifes, une brochure intéressante et très-connue; nous nous contenterons d'en donner ici une courte analyse. Les Pontifes, ou Pontistes, ou frères du Pont, ont été ainsi appelés pour avoir construit le fameux pont d'Avignon, sous la direction de saint Benezet, qui avait été d'abord berger dans le Vivarais et qui passe pour avoir fondé leur ordre. Ils contribuèrent de même à la construction d'un autre pont sur le Rhône, à Saint-Saturnin-le-Port, de concert avec les habitants de cette petite ville, qui s'étaient réunis en confrérie pieuse instituée pour cet objet. Quand le pont fut terminé, la ville obtint de changer son nom primitif contre celui de Pont-Saint-Esprit, persuadés que, sans les secours de l'Esprit-Saint, elle n'aurait pu jamais achever une œuvre aussi difficile à cette époque. La congrégation des Pontifes se chargea d'entretenir les deux ponts qui avaient été ainsi élevés, et d'exercer l'hospitalité envers tout voyageur et tout pèlerin. Elle fut transportée plus tard dans d'autres provinces de la chrétienté, et notamment en Italie, où elle donna les mêmes preuves de zèle, en établissant, sur les rivières, des ponts et des bacs, et en accueillant les voyageurs auxquels elle offrait un abri et la nourriture, comme le faisaient aussi, à la même époque, les monastères établis dans tous les passages des Alpes, et comme le fait encore celui du grand Saint-Bernard.

« L'esprit qui animait les Pontifes n'ap« partenait pas à eux seuls. On avait vu
« l'Église, dans son intelligence maternelle,
« plier la sévérité des peines canoniques à
« la satisfaction la mieux entendue des in« térêts temporels, et commuer à propos
« ses rigueurs en œuvres pies dont l'utilité
« matérielle assurait le profit à la société
« tout entière. Par des ouvrages consacrés
« au bien général, on espérait attirer la
« miséricorde divine sur soi, sur ses amis,
« ses parents décédés. On regardait comme
« action méritoire, non-seulement d'élever
« des églises, de se dévouer au service des
« pauvres, des malades, mais encore de
« rendre les chemins praticables, d'ouvrir
« des routes, de construire des ponts (14).
« Cette croyance datait de loin : Théodoret,
« évêque de Cyr, dans une lettre au patrice
« Anatole, lui disait : « Vous savez que
« nous avons employé une grande partie
« des revenus ecclésiastiques à faire des
« portiques, des lavoirs, des ponts et autres
« édifices utiles au public. En cela nous con« sidérions plus l'avantage des pauvres que
« celui des riches (THÉODORET, epist. 79).»Les
« constructions des ponts sont particulière« ment citées comme bonnes œuvres par la
« plupart des écrivains qui, au XIIe siècle,
« ont traité de la pénitence. La Grande-Bre« tagne doit à la piété du clergé catholique
« un grand nombre de monuments de ce
« genre. La loi des Ostrogoths statue que si
« quelqu'un, pour le salut de son âme, a
« bâti un pont, l'entretien ne sera pas à sa
« charge, à moins qu'il n'y consente. Olaüs
« Celsius, qui a recueilli soigneusement les
« antiquités celtiques, rapporte beaucoup
« d'inscriptions runiques sur des ponts cons« truits dans ce but pieux et dont le motif
« s'y trouve formellement exprimé. Nous
« lui en emprunterons une, consacrée aux
« routes nouvellement ouvertes, et qui
« résume d'une manière touchante l'esprit
« qui inspirait ces utiles entreprises :

«Straverunt alii nobis, nos posteritati,
«Omnibus ut Christus stravit ad astra viam.»

« M. Bory de Saint-Vincent, dont le témoignage n'est pas suspect quand il est émis en faveur du christianisme, attribue aussi, dans son *Résumé géographique de la Péninsule ibérique* (p. 185), la construction des ponts nombreux qu'on rencontre dans le nord du Portugal à l'idée fortement établie dans ces provinces qu'une telle construction est une œuvre pie, et aux indulgences que les prélats accordaient à ceux qui les bâtissaient, les réparaient ou les entretenaient.

« Quant aux Humiliés, ils sont moins connus que les frères Pontifes. Beaucoup d'auteurs les confondent à tort avec une secte hérétique du même nom et du même temps, que condamna le Pape Lucius, et ceux qui n'ont pas fait cette confusion ne font guère mention d'eux que pour rappeler la suppression de l'ordre, en 1570, à la suite d'un attentat que quelques-uns de ces religieux avaient commis sur saint Charles Borromée; car ils étaient, à cette époque, tombés dans un relâchement extrême. Le P. Hélyot seul, dans son *Histoire des ordres monastiques*, a donné sur nos Humiliés des renseignements utiles, quoique insuffisants. Voici quelle avait été leur origine :

« Au commencement du XIIe siècle, quelques gentilshommes milanais, faits prisonniers par les troupes de l'empereur Henri V, furent emmenés en Allemagne, où l'un d'eux, le bienheureux Gui, les convertit à la pénitence et les ramena au Seigneur. De retour

---

(14) Voy. *Commentarius historicus de discipl. in administratione sacramenti Pœnitentiæ*, auctore J. Marino. In-fol., Parisiis, 1651, l. x, c. 22, p. 768 et suiv.

en Italie, ils ne voulurent pas rentrer en possession de leurs richesses, les distribuèrent aux pauvres et vécurent en communauté dans la piété et dans la mortification. Leurs femmes les imitèrent et entrèrent dans leur association, qui s'accrut bientôt de nouveaux membres. Tous ensemble travaillaient à fabriquer des draps et autres étoffes de laine. Les femmes filaient, les hommes tissaient et faisaient les autres opérations de la fabrique. Ils étaient habillés de drap brun et s'appelaient, à cette époque, les Berrettini de la Pénitence, à cause de leur bonnet (*barrettino*). Ils ne reçurent le nom d'Humiliés que quelques années après, quand saint Bernard, passant à Milan, leur eut fait prendre l'habit blanc et les eut consacrés à la sainte Vierge. Saint Bernard, d'ailleurs, introduisit une grande modification dans leur institut. A son instigation, les hommes et les femmes se séparèrent et formèrent des couvents séparés. A dater de ce jour seulement, l'association des Humiliés, qui n'avait été jusqu'alors qu'une confrérie pieuse, devint une congrégation monastique. Cependant elle ne renfermait encore que des laïques et saint Jean de Méda, qui mourut en 1159, en fut le premier prêtre; il la soumit à la règle de saint Benoît et fit élever au sacerdoce plusieurs de ses compagnons. L'ordre des Humiliés fut enfin solennellement approuvé, en 1200, par le Pape Innocent III. Il était dès lors répandu dans toute la haute Italie. A la destruction de Milan par Frédéric Barberousse, beaucoup de prisonniers, suivant l'exemple de leurs devanciers, avaient fait le vœu de s'y unir et l'avaient accompli après leur délivrance. Il n'y eut plus bientôt dans toute la Lombardie de ville qui ne contint au moins un couvent de cet ordre. C'était l'époque où florissaient les communes italiennes, ce grand foyer de liberté et d'industrie pendant tout le moyen âge. Les Humiliés jouaient, dans chacune de ces républiques, un rôle politique important. Ils étaient les receveurs des droits d'entrée et des péages; ils exerçaient diverses charges de magistrature, entre autres celle de la *Canevaria;* dans toutes les villes où il y avait des magasins de munitions de guerre, chaque supérieur des monastères de l'ordre en avait une clef. Ces divers priviléges leur avaient été accordés par reconnaissance, parce qu'ils avaient introduit dans toutes les cités de la Lombardie les manufactures de laine, qui étaient une des plus grandes sources de la richesse de la province, et aussi des fabriques d'étoffes brochées d'or et d'argent.

« Il ne faut pas croire, en effet, que les Humiliés, en devenant de vrais moines, eussent renoncé à leurs habitudes industrielles; le P. Hélyot, qui le donne à entendre, est dans une erreur complète sur ce point. Comment les Humiliés auraient-ils établi des fabriques dans tant de villes, comme ils l'ont fait, s'ils eussent renoncé au travail manuel, ainsi qu'il le présume, dès l'époque du passage de saint Bernard, en 1134, si peu d'années après leur fondation? Voici d'ailleurs un passage du livre que M. Delécluze a écrit sur l'histoire de Florence, qui lève toute incertitude sur ce sujet. « En 1239, « les Pères Humiliés de Saint-Michel d'A-« lexandrie, obligés par les statuts de leur « ordre de se livrer à la fabrication de la « laine, vinrent s'établir à Florence. L'évê-« que de cette ville, c'était Jean de Mangia-« dori, non-seulement les accueillit avec « plaisir, mais leur concéda l'église de Saint-« Donato-aux-Tours, hors de Florence, afin « qu'ils pussent y fonder une manufacture « dans laquelle ils travaillassent et formas-« sent de jeunes apprentis. Cet établisse-« ment eut un tel succès, les ouvriers qui « en sortaient devinrent si habiles que, « plusieurs années après, en 1251, l'évêque « s'étant aperçu que la distance qui séparait « le couvent de la ville faisait perdre du « temps aux jeunes apprentis, que d'ailleurs « l'emplacement de la manufacture des Hu-« miliés n'était plus assez vaste, donna à « ces religieux l'église de Sainte-Lucie-sur-« Pré, et enfin les rapprocha encore de Flo-« rence, cinq ans après, en les établissant « dans leur nouvelle fabrique d'Ognissanti, « où ils sont restés jusqu'en 1564, vers le « temps où Pie V supprima leur ordre.

« Dans l'acte de donation de l'église de « Sainte-Lucie faite par l'évêque de Flo-« rence, on trouve plusieurs détails qui « tournent tout à l'honneur de ces Pères. « Humiliés. Comme l'église de Saint-Donato-« aux-Tours est devenue trop petite, y est-il « dit, pour que les frères y puissent exer-« cer commodément leur *art,* c'est-à-dire « travailler la laine, fabriquer et vendre des « draps, et se livrer à tous les travaux des « mains au moyen desquels ils se nourris-« sent et s'entretiennent, non-seulement « sans demander l'aumône, mais en en dis-« tribuant même d'abondantes aux indigents; « considérant enfin que leur éloignement de « la ville nuit à leur commerce en ralentis-« sant leurs relations avec les marchands, « nous avons décidé de les rapprocher de « Florence, etc. Le couvent des Humiliés « donna naissance au faubourg d'Ognissanti, « qui fut plus tard renfermé dans l'intérieur « de la ville. Peu de temps après leur der-« nier changement de domicile, les Humiliés « fournirent aux dépenses nécessaires pour « la construction du pont d'Alla-Carraia, sur « l'Arno. » (*Florence et ses vicissitudes,* t. I, ch. 4, p. 34 et suiv.)

« L'histoire des Humiliés est encore à faire. M. de Sismondi, dans sa volumineuse *Histoire des républiques italiennes,* n'en a pas, croyons-nous, dit un seul mot; omission bien extraordinaire chez un historien économiste. Tous les matériaux, du reste, sont réunis dans la bibliothèque Ambrosienne, à Milan ; ils consistent en deux *chroniques* écrites par des religieux de l'ordre en 1419 et 1493, et en une nombreuse collection de pièces originales, telles que la règle, les constitutions et les décisions des chapitres généraux. Il paraît même que, dans la première moitié du xviie siècle, un savant Milanais, nommé Puricelli, aurait écrit les annales des Humiliés; mais son travail n'a jamais été publié. Il doit aussi se trouver à l'Ambrosienne. Puisse quelque Milanais, soucieux de la gloire de sa patrie, tirer ces précieux documents de l'oubli où ils sont ensevelis, et nous donner l'histoire d'un ordre qui a tant contribué à la prospérité de l'Italie et aux progrès de l'industrie manufacturière dans la chrétienté !

De l'industrie dans les âges et chez les peuples exclusivement catholiques.

« Le moyen âge, époque éminemment catholique, n'a pas été une époque d'industrie ; la dignité du travail y a été méconnue ; le laboureur, l'artisan, le manufacturier, le commerçant y ont été écrasés par la puissance du prêtre et de l'homme de guerre. Les pays où la religion catholique a conservé dans les temps modernes une suprématie incontestée, les deux péninsules méridionales de l'Europe, sont actuellement dans un état évident d'infériorité industrielle vis-à-vis des peuples qui, d'une manière ou d'une autre, ont secoué le joug de Rome. A des faits aussi importants il faut une explication. Or, cette explication ne peut se trouver que dans les doctrines religieuses et morales qui ont dominé le moyen âge, et ont dominé jusqu'à nos jours en Italie et en Espagne. Ces doctrines, ce sont les doctrines catholiques.

« On peut réduire à ces termes l'objection qui nous reste à combattre, et dont nous ne nous dissimulons ni la portée ni la puissance.

« Parlons d'abord du moyen age.

« Cette période de la civilisation chrétienne a été avant tout sacerdotale et guerrière ; le fait est vrai. La féodalité et la théocratie s'y sont partagé la souveraineté. Les classes laborieuses, qui fournissent tous les produits nécessaires à l'existence humaine, y ont été généralement tenues dans l'ombre. Le grand rôle, le rôle brillant, était échu au noble et au prêtre. Les intérêts matériels n'occupaient alors dans la chrétienté qu'une place secondaire. Les questions de douane, de viabilité, de manufactures, de navigation, etc., toutes ces questions auxquelles l'économie politique, la science favorite de notre temps, s'est chargée de répondre, ne passionnaient pas des esprits absorbés par la foi religieuse et l'activité militaire. On se battait dans tous les coins de l'Europe pour les intérêts des familles nobles, les peuples se levaient en masse pour conquérir la terre sainte, mais les guerres commerciales étaient à peu près inconnues. Ni le comptoir, ni la fabrique n'étaient encore des puissances. L'agriculture elle-même était dans un état de souffrance ; les récoltes étaient souvent insuffisantes pour nourrir les populations ; d'horribles famines décimaient de temps à autre même les contrées les plus riches et les plus fertiles.

« D'où provenait cette situation ?

« L'état d'un peuple, à une époque donnée, est toujours une énigme dont le passé seul peut donner le mot. Pour comprendre l'état de la chrétienté au moyen âge, il faut donc remonter dans l'âge antérieur. Or, le grand fait qu'on y rencontre est la destruction de l'empire romain par les invasions barbares. La société était à reconstruire tout entière : c'est là le travail que les peuples chrétiens ont accompli pendant tout le cours de cette période, dont les limites ne sont qu'imparfaitement fixées, et qu'on appelle le moyen âge. Ils étaient partis de la barbarie, ils ont abouti à la société moderne. Le moyen âge, comme tout autre âge, a donc été une époque de transition. Le juger en lui-même, sans tenir compte de son point de départ, et surtout le comparer à l'état actuel, c'est une injustice et une faute. Les générations nouvelles ne devraient jamais oublier qu'elles jouissent du travail des générations passées, et que la plus grande partie de leur richesse et de leur puissance leur est venue par héritage.

« A ce point de vue, comment nous apparaît le moyen âge pris dans son ensemble ? Comme un effort immense pour fondre entre elles des populations ennemies, comme une victoire remportée sur la barbarie, comme un pas en avant dans la réalisation des principes chrétiens. Pourrait-on nier qu'au moyen âge la condition des classes inférieures et la constitution de la famille ne fussent de beaucoup supérieures à ce qu'elles étaient avant l'invasion, dans la dernière période de l'empire romain ?

« Depuis les cours de M. Guizot, il est admis généralement que la civilisation moderne provient du mélange de trois éléments divers, les barbares, Rome et l'Evangile ; mais ce serait une grande erreur d'attribuer à ces trois éléments une valeur égale. Les traditions romaines et barbares ont moins été des principes constituants des sociétés modernes que des obstacles au développement du vrai principe de notre civilisation, du principe chrétien. C'est ce que M. Guizot aurait compris, sans doute, s'il eût procédé dans ses travaux en vue du progrès au lieu de faire simplement de l'analyse et de l'éclectisme. Or d'où venaient précisément ces institutions féodales qu'on reproche au moyen âge ? Elles venaient surtout des barbares. D'où résultait l'abaissement des classes inférieures, des classes industrielles? C'était un legs des sociétés antiques, de Rome et de la Germanie. Le christianisme n'est pour rien dans tout cela ; ce qui forme sa part au moyen âge, c'est la fusion des races, c'est l'abolition de l'esclavage personnel, c'est l'émancipation de la femme, c'est la chevalerie, c'est l'influence sacerdotale, cette influence pacifique qui introduisait dans le droit public la trêve de Dieu et étendait une protection respectée sur le travail du pauvre.

« Il n'est pas d'ailleurs dans toute l'histoire de période où l'amélioration progressive de la condition humaine soit plus sensible que dans les xie, xiie et xiiie siècles, qui renferment le moyen âge proprement dit, qui commencent après le débrouillement définitif du chaos barbare, quand la féodalité est constituée et que la papauté entreprend la réforme ecclésiastique. Cette grande époque a été l'objet des travaux de la plupart des historiens contemporains, qui l'ont étudiée sous ses divers aspects. Joseph de Maistre, dans son livre du *Pape*, exposa d'abord la mission providentielle que les pontifes romains y avaient remplie. Depuis, cette réhabilitation d'une époque si longtemps calomniée a été poursuivie sans interruption; amis et ennemis y ont également contribué; MM. Aug. Thierry et Michelet n'ont pas moins servi cette cause que les écrivains catholiques. L'opinion publique s'est éclairée; elle s'est inclinée devant les monuments élevés par la foi de nos pères; elle a apprécié plus justement une littérature et une science qui avaient été trop dédaignées; elle a compris quels progrès avaient été réalisés dans les institutions politiques et dans le droit civil, sous l'influence du sacerdoce et de la royauté. Un seul point est resté dans l'ombre : l'économie politique du moyen âge est encore peu connue. Le grand ouvrage qu'un savant italien, M. Cibrario, a annoncé sur cette matière, n'a pas encore vu le jour, ou du moins l'introduction seulement en a été publiée; les recherches statistiques de MM. Dureau-Delamalle, Guérard, Géraud, etc., ne concernent presque toutes que des localités isolées. Ces travaux spéciaux sur la matière sont même d'une rareté extrême. Et pourtant, malgré cette indigence, il est un fait hors de doute et qu'une étude même superficielle suffit à constater : c'est que le moyen âge a été, pour le développement de la richesse publique, une époque de progrès immense, l'époque où la culture s'est étendue sur la plus grande partie du sol de la chrétienté, et où les industries les plus importantes ont été fondées.

« L'Allemagne, qui avait été à peine entamée par les Romains; la Pologne et les pays scandinaves, où les aigles n'avaient jamais pénétré; les provinces belgiques, qui étaient restées depuis la création couvertes de forêts et de marécages; la Grande-Bretagne, qui était retombée dans l'état sauvage depuis l'arrivée des Anglo-Saxons; toute cette immensité de terre a été défrichée, rendue habitable, humanisée, si l'on peut ainsi dire, pendant le moyen âge. Les pays méridionaux, où la culture n'avait jamais été interrompue, ont repris dans le même temps une prospérité qu'ils n'avaient pas connue depuis les beaux jours de Rome; et, quant à la France, après qu'elle fut sortie de l'anarchie, dès les premiers rois de la troisième race, elle entra dans une voie de progrès matériel qui la rendit capable de suffire à toutes les grandes choses qu'elle fit alors dans le monde. Cette ère d'amélioration se perpétua chez nous jusqu'aux guerres des Anglais. Au xie siècle une grande partie du territoire était encore inculte; le désordre des guerres féodales paralysait le travail; les famines étaient longues et fréquentes. Deux passages de Froissard nous mettront à même de juger combien les choses étaient changées au xive. Quand Édouard III débarqua en Normandie, en 1346, il trouva une province riche, paisible, déshabituée de la guerre; les villes n'avaient plus de fortifications; les châteaux féodaux avaient été rasés dans les campagnes; les fabriques abondaient même dans les simples bourgs; « et ceux du pays, dit le chroniqueur, « étaient effrayés et ébahis, ce qui n'était « merveille ; car, avant ce, ils n'avaient « onéques vu d'armes, et ne savaient que « c'était de guerres ni de batailles. » En 1356, quand le prince de Galles ravagea le Languedoc, il en fut de même. « Sachez, dit « Froissard, que ce pays de Carcassonnais, « de Narbonnais et de Toulousain, où les « Anglais furent en cette saison, était un des « gros pays du monde; bonnes et simples « gens, qui ne savaient que c'était de guerre; « car onéques ne furent guerroyés ni n'a- « vaient été devant aincois que le prince de « Galles y conversât. » Ainsi le travail pacifique avait détrôné la guerre, et cette transformation si complète s'était opérée pendant le moyen âge. Ces observations feront peut-être admettre avec moins d'étonnement les résultats auxquels est arrivé M. Dureau-Delamalle dans les travaux purement statistiques qu'il a entrepris pour évaluer la population totale de la France dans ce même xive siècle; on sait qu'il la fait monter à un chiffre à peu près égal à celui où elle s'élève aujourd'hui. (*Mémoires de l'Académie des Sciences morales*, t. I, pag. 169 et suiv.)

« L'industrie proprement dite participa, comme l'agriculture, au progrès général. Elle avait été dans l'antiquité le lot des esclaves; dans la période barbare, elle n'était qu'un accessoire de grandes exploitations agricoles. Pour la première fois elle conquit dans les communes une existence indépendante et devint un patrimoine d'hommes libres. Les communes n'existaient que par l'industrie et le commerce; or, puisqu'au moyen âge les communes se sont multipliées dans toute la chrétienté, puisqu'elles ont élargi successivement leurs enceintes pour contenir une population toujours croissante (15); puisqu'elles se sont enrichies assez pour construire tant de monuments religieux et civils, n'en résulte-t-il pas clairement que l'industrie et le commerce y ont pris incessamment un essor plus élevé, et que les richesses s'y sont accumulées d'âge en âge ? Et enfin, dans le xiiie siècle et dans la première moitié du xive, les représen-

---

(15) Dans un mémoire très-intéressant, M. H. Géraud a établi, sur des preuves solides, que la population approximative de Paris, en 1292, était de 215,000 habitants. M. Dulaure ne l'avait évaluée, pour 1313, qu'à moins de 50,000. (Paris sous Philippe le Bel; population. Documents inédits publiés par le ministère de l'instruction publique.)

tants de la bourgeoisie n'ont-ils pas été admis dans les états généraux et provinciaux chez tous les peuples de l'occident et du midi de l'Europe? Où pourrait-on trouver une preuve plus convaincante de l'importance que les fonctions industrielles avaient prise dans les sociétés chrétiennes?

« Toutefois, le développement de l'industrie s'opéra plus spécialement dans les républiques municipales de l'Italie et dans les communes de Flandre. Ces deux contrées forment même, au milieu de l'Europe restée agricole et féodale, un contraste frappant. On voit déjà poindre dans les grandes villes manufacturières les embarras, les dangers qui assiégent aujourd'hui l'Angleterre. Les luttes des ouvriers et des entrepreneurs d'industrie ne datent pas de notre temps. Les tisserands et les foulons de Gand et de Bruges étaient souvent, pour les riches bourgeois, des ennemis aussi dangereux que les comtes et les gentilshommes de Flandre. A Florence, le *popolo minuto* (le petit peuple) réclamait sa part de la souveraineté que le *popolo grasso* (les banquiers et les fabricants) avait enlevée à la noblesse. Ce sont là les signes, hélas! trop certains, d'une industrie puissante. Et les Flandres, non plus que les républiques italiennes, n'étaient pourtant pas, que je sache, des pays hérétiques ni indifférents; la foi vivait chez elles, plus pure même et plus fervente que dans les châteaux des barons; leurs corporations étaient placées sous le patronage des saints; leurs églises étaient les plus riches et les plus magnifiques de tout le monde; elles prenaient une part active aux croisades; elles étaient, en un mot, des membres dévoués du grand corps de la catholicité.

« Il nous paraît donc évident que la place de l'industrie agricole et manufacturière a été plus importante au moyen âge qu'on ne le croit généralement; nous croyons avoir surtout établi d'une manière invincible que cet âge catholique n'a pas été, pour la production des richesses matérielles, une époque de léthargie et de nullité, mais au contraire l'époque d'un tel développement qu'il faut venir jusqu'à nos jours pour en trouver un plus rapide et plus général. Toutefois, comme nous ne voulons rien exagérer, nous avouons que le rôle de l'industrie dans ces temps n'a été que secondaire, qu'il a été primé par celui des prêtres et des hommes de guerre, fait qui s'explique aisément par la situation même de la société, et qui, du reste, ne nous semble nullement condamnable. Si respectable que soit le travail, il est encore une vertu plus haute : c'est le dévouement. Le soldat qui donne son sang, le prêtre qui se donne tout entier, sont plus haut placés, à nos yeux, que l'homme qui loue ses bras, et surtout que le fabricant qui cherche fortune.

« Du moyen âge passons à l'Italie et à l'Espagne, dont on invoque aussi l'exemple dans l'intérêt de la thèse que nous combattons.

« La décadence de ces pays illustres provoque, il est vrai, de sérieuses réflexions, surtout quand on la compare aux progrès de puissances schismatiques ou hérétiques, comme la Russie, la Prusse et l'Angleterre. Sous le rapport économique, qui nous occupe ici. L'opposition n'est pourtant pas aussi flagrante qu'on le suppose. Aujourd'hui même on ne trouverait pas dans toute l'Allemagne protestante de provinces plus peuplées et plus industrieuses que la Catalogne et la Lombardie. Bien plus, si l'on compare en général la richesse et la population des divers Etats du continent européen, on voit que les Etats catholiques l'emportent sur ceux qui sont séparés de l'Eglise. Ainsi, d'après le tableau statistique de l'Europe qu'a donné M. Balbi, dans son *Abrégé de géographie*, la Belgique compte 453 habitants par mille carré, tandis que la Hollande, placée dans des conditions de climat analogues, et qui possède des colonies et une marine, n'en compte que 262; l'empire d'Autriche en renferme 162, et la monarchie prussienne 155 seulement; et encore faut-il remarquer que dans ce dernier Etat les provinces les plus peuplées sont les provinces catholiques de la rive gauche du Rhin. De même, en Pologne, la population est, relativement au territoire, plus considérable que dans l'empire russe, que dans les gouvernements du centre même, où le climat n'est pas plus rigoureux qu'à Varsovie. La statistique de la richesse est plus difficile à établir, mais on peut croire qu'elle donnerait des résultats semblables. Le Tyrol, par exemple, ni la Bavière ne sont certainement pas plus pauvres que la Saxe ou le Hanovre. Notez de plus que nous n'avons pas parlé de la France, dont la supériorité en industrie, en commerce, en marine, ne peut être contestée par aucun Etat continental; et nous avons pourtant le droit de la faire entrer en ligne de compte : car nos concitoyens sont catholiques en immense majorité, et l'esprit catholique est encore assez vivant parmi nous pour pénétrer même les incrédules. Reste donc seulement l'Angleterre, le pays protestant par excellence, où la population et la richesse ont pris un développement prodigieux, qui fait ressortir davantage l'état de marasme et d'atonie où sont tombées les péninsules méridionales. C'est là une comparaison qu'on aime à faire : faisons-la donc à notre tour.

« Au xvi° siècle, Séville et Lisbonne étaient les premières places de commerce de l'Europe; aujourd'hui c'est Londres. Au xvi° siècle, les nombreuses fabriques de laine et de soie auxquelles l'Italie a dû tant de richesses étaient encore en voie de prospérité; Séville et Ségovie retentissaient encore du bruit des métiers; Rome était la ville où le crédit public était établi sur les plus larges bases; aujourd'hui Birmingham, Manchester, Leeds ne sont plus de rivales, et Londres est la métropole de tous les banquiers. Au xvi° siècle, enfin, l'Espagne colonisait tout un monde qu'un Génois avait découvert, et promenait sur toutes les mers un pavillon victorieux; mais les jours de l'invincible *armada* sont passés; c'est l'Anglais qui, depuis Cromwell, affecte la souveraineté de l'océan. Colomb, Cabral, Gama, Magellan ont eu pour successeurs Cook et Nelson. L'Espagne ni le Portugal n'ont plus de marine, presque plus de colonies, et la race anglaise s'éparpille à son tour sur tous les points du globe pour y fonder des empires.

« Certes, le contraste est frappant. Où faut-il en chercher l'origine?

« La religion catholique est-elle la cause de la décadence de l'Espagne et de l'Italie? C'est ce que nous examinerons tout à l'heure; mais que le protestantisme ait contribué, au moins indirectement, à la puissance de l'Angleterre, nous le reconnaissons sans hésiter. L'Angleterre a tout sacrifié à un but unique, l'accumulation de la richesse; l'extension de son commerce et de ses manufactures a été le seul mobile de sa politique; elle s'est lancée tout entière à la poursuite du gain; le corps de la nation est devenu une immense société de marchands, n'ayant de passion que pour l'argent, et trouvant tout moyen bon pour la satisfaire. Or, nous avouons qu'aucune société catholique n'aurait pu en descendre là. Il y a dans l'Eglise un esprit de renoncement et d'amour qui ne permet pas aux peuples qu'elle prêche de judaïser de la sorte. Pour donner à l'Angleterre l'esprit public qui fait sa force et sa honte, il ne fallait rien moins que l'égoïsme national, accru par l'isolement religieux et combiné avec l'orgueilleuse sécheresse du protestantisme.

« Qu'on trouve en cet aveu un sujet d'éloges pour la prétendue réforme, soit; les catholiques n'en sont pas jaloux. Si l'Angleterre était restée catholique, elle n'eût pas atteint un aussi haut degré de richesse commerciale et manufacturière; cela est vrai. Seulement il est bon d'ajouter qu'en revanche elle n'aurait pas tout un peuple de pauvres, et ne serait pas obligée d'ouvrir des prisons, déguisées sous le nom de maisons de travail, pour y renfermer les *mechanics* coupables d'avoir faim. Ce sont là des ombres qui déparent tant soit peu le tableau de la prospérité anglaise, et qui devraient modérer l'enthousiasme qu'elle inspire à tant d'économistes.

« Or, et c'est là le revers de la médaille, le second terme de la comparaison qu'il ne faut pas négliger non plus, les péninsules méridionales sont restées jusqu'ici à l'abri de ce fléau du paupérisme qui a envahi toute la Grande-Bretagne. D'après les calculs qu'a donnés M. de Villeneuve-Bargemont, dans son *Economie politique chrétienne*, l'Angleterre comptait, il y a dix ans, un indigent sur six habitants, proportion inouïe, et qui n'a certainement pas diminué depuis! A la même époque, au contraire, l'Italie et le Portugal ne comptaient qu'un indigent sur vingt-cinq habitants, et l'Espagne un sur trente. N'y a-t-il pas dans ce seul fait une compensation qui rachète au moins en partie l'inégalité de population et de richesses que nous constatons tout à l'heure? Spectacle singulier! la Grande-Bretagne, dans les derniers siècles, s'est continuellement enrichie; mais, à mesure que les capitaux s'y sont multipliés, le paupérisme s'y est étendu; la plus riche contrée du globe est celle qui renferme le plus de pauvres. En même temps, dans les pays catholiques du midi de l'Europe, la production restait stationnaire; elle diminuait même au lieu d'augmenter; le commerce y dépérissait: et cependant la condition des classes inférieures y est restée tolérable, et les salaires y ont été maintenus à un taux suffisant, eu égard au prix des denrées. De nos jours l'ouvrier espagnol ou italien, sans être astreint à un travail excessif, est assez rétribué pour se procurer le nécessaire et pour élever sa famille, tandis que les prolétaires anglais sont condamnés à une misère toujours croissante, qui en fait la population la plus nécessiteuse et la plus abrutie de l'Europe entière.

« Qui nous donnera le mot de cette énigme? Pourrait-on conclure de ces faits que l'esprit protestant a donné à l'Angleterre sa richesse, en lui infligeant le paupérisme comme une expiation, et que l'esprit catholique, s'il a réduit les péninsules méridionales à une pauvreté relative, y a du moins dispensé les produits avec plus d'équité entre le travail et les capitaux?

« Cette conclusion ne serait fondée qu'en ce qui concerne les protestants; elle est fausse en ce qui concerne les nations catholiques.

« Qu'on apprécie en effet la portée sociale du protestantisme d'après l'exemple de l'Angleterre, rien de plus juste. La semence déposée par Henri VIII dans le sol anglais y a germé et y a crû en paix, à l'ombre de la protection du pouvoir; elle est devenue un grand arbre qui a étendu ses rameaux au loin, et a produit tous les fruits, ou doux ou amers, qu'il pouvait produire. L'Angleterre est le plus brillant fleuron de la couronne du protestantisme. Juger une doctrine par ses résultats les plus grands et les plus beaux, quoi de plus légitime?

« Mais dans l'histoire des sociétés catholiques, l'Italie et l'Espagne modernes sont loin d'occuper un rang aussi élevé; elles restent sur un plan secondaire, elles ne sont qu'un accident passager. Deux faits isolés ne prouvent rien quand des faits contraires les annulent; et quand il serait exact, comme nous le croyons en effet, que des institutions catholiques qui avaient perdu leur sève, qui s'étaient abâtardies et viciées, auraient contribué en partie à l'abaissement de deux grands peuples, il en résulterait seulement que les hommes peuvent abuser des meilleures choses, ce qui n'est pas nouveau, mais est toujours vrai. Ces mêmes institutions ont fait la gloire d'autres âges, ont donné une vie puissante à d'autres peuples: pourquoi donc ne les juger que par leurs abus? M. de Chateaubriand a merveilleusement dit qu'il y a, en littérature, deux sortes de critiques; la petite, qui ne voit que les défauts ; la grande, qui s'attache aux beautés. Il en en est de même en politique. Gardons-nous de cet esprit mesquin et stérile, qui n'a d'yeux que pour le mal, toujours inséparable des choses humaines, et s'acharne sur les époques de décadence comme sur une proie où il peut se repaître.

« Il est d'ailleurs, dans l'ordre purement politique, mille causes importantes dont il faut tenir compte pour expliquer la décadence des peuples d'Italie et d'Espagne. Pour les premiers, c'est une nationalité perdue, c'est la domination de l'étranger vainqueur, c'est la perte de la liberté politique, c'est le commerce s'ouvrant des voies nouvelles et désertant la Méditerranée. Pour les seconds, c'est la toute-puissance d'un monarque absolu, c'est une administration déplorable, c'est l'épuisement causé par des guerres étrangères et définitivement malheureuses. Ce sont là des faits graves, qui ont dû exercer sur l'état de l'industrie agricole et manufacturière une action plus immédiate et plus puissante que les priviléges du clergé et la richesse des ordres monastiques.

« En général même, on ne saurait demander compte à l'Eglise de l'infériorité de divers Etats catholiques aux XVIIe et XVIIIe siècles. Elle avait alors perdu toute influence sur le gouvernement temporel des sociétés ; l'évêque du dehors, empiétant sur les attributions du véritable évêque, avait usurpé jusqu'aux fonctions purement spirituelles ; le clergé était soumis à la servitude royale. C'était la souveraineté monarchique, qui, à Madrid comme à Paris, s'élevait triomphante sur les ruines de tous les pouvoirs antérieurs, y compris le pouvoir ecclésiastique. Les prêtres et les moines avaient des richesses et des honneurs ; mais rien de tout cela ne suppléa la liberté qu'ils n'avaient pas. Ouvertement battue en brèche par les sectes protestantes, sourdement minée par l'ambition des princes, l'Eglise catholique laissait le monde marcher dans les voies qu'il s'était frayées. Attendant patiemment des jours meilleurs, où, après bien des déceptions, il prêterait de nouveau l'oreille à sa voix, elle se bornait à sa fonction principale, qui est de conserver le dogme ; elle avait abdiqué la direction de la chrétienté. Que les peuples ne fassent donc pas remonter jusqu'à elle la responsabilité des maux qu'ils ont pu souffrir pendant cette période ; le coupable qu'ils doivent en accuser n'est pas difficile à découvrir : c'est la monarchie absolue (16).

« Nous sommes arrivé au terme de notre travail. Nous voulions prouver que, loin de condamner les peuples à la pauvreté, l'esprit catholique était éminemment favorable aux progrès de l'agriculture, des manufactures et du commerce ; nous croyons l'avoir établi pour une double preuve, par la doctrine et par l'histoire.

« Il y aurait peut-être lieu maintenant de prouver que ce même esprit est la meilleure règle de l'industrie dont il peut être le mobile, qu'il donne à la prospérité matérielle des peuples le seul fondement qui soit solide, qu'il peut les mener à la richesse sans la leur faire acheter au prix du paupérisme et de l'immoralité. Mais cette tâche n'est plus la nôtre ; c'est aux économistes chrétiens que revient le devoir de l'accomplir. Jamais plus grande mission ne fut offerte à des publicistes.......... — Radicalement impuissants à s'élever au-dessus de la critique, les économistes anglais, saint-simoniens, fouriéristes, remueront vainement tous ces problèmes. Qu'attendre d'hommes dépourvus de tous principes moraux arrêtés ? A quels résultats peuvent aboutir des doctrines qui ne reconnaissent au travail d'autre mobile que la satisfaction des appétits, qu'on proclame comme la fin dernière de l'homme ? L'exemple de l'Angleterre montre assez dans quel abîme tombent les sociétés qui ne vivent que par la perpétuelle excitation de tous les égoïsmes. Seuls, les économistes chrétiens peuvent tirer la science de l'impasse où elle est engagée. Connaissant les principes sur lesquels repose l'existence des sociétés, sachant que l'économie industrielle doit avoir ses racines dans l'économie morale, qui est la vie même des nations, assignant au travail le seul mobile qui le rende profitable à tous, le devoir imposé par Dieu, ils trouvent d'abord dans la religion chrétienne un point de départ assuré. Mais les secours qu'elle leur offre ne

---

(16) Les observations que nous venons de faire ne s'appliquent qu'en partie aux Etats de l'Eglise. Pour exposer les causes historiques qui ont amené le dépérissement de l'agriculture dans plusieurs de ces Etats, il faudrait plus de place que nous n'en avons ici. Nous dirons seulement que le népotisme contribua beaucoup à produire ce triste résultat. Les familles qui, aux XVe et XVIe siècles, durent à cet abus leurs titres et leurs richesses, se créèrent, surtout dans les environs de Rome, des domaines immenses qui ne furent soumis au régime des majorats. La possession du sol se concentra ainsi en un petit nombre de mains, et c'est de cet établissement de la grande propriété que date la dépopulation de la campagne romaine. Cette transformation de la propriété s'effectua d'autant plus aisément que les petits gentilshommes et les bourgeois trouvaient dans les fonds publics un placement avantageux pour leurs capitaux, et aimaient mieux mener à Rome la vie douce et commode de rentier, que de garder leurs patrimoines et de surveiller la culture de leurs terres. Ranke, dans son *Histoire de la Papauté*, fournit sur ce sujet des renseignements précieux. En général d'ailleurs, le proverbe allemand : « Il fait bon vivre sous la crosse, » ne peut avoir qu'une vérité relative. Qu'il valût mieux au moyen âge vivre sous le gouvernement paisible d'un évêque ou d'un abbé que sous la domination capricieuse et violente d'un baron féodal, le fait est certain ; mais d'un point de vue plus élevé, et en pure théorie, on ne saurait comprendre que la confusion des deux pouvoirs soit profitable à la prospérité des peuples. Si le glaive spirituel ne doit jamais être remis à des mains royales, le sceptre, d'autre part, ne saurait être placé entre les mains pontificales que par une exception à la règle commune....

se bornent pas là ; la morale révélée leur indique aussi le but vers lequel leurs efforts doivent constamment tendre. Ce but n'est pas, comme dans l'économie politique anglaise, l'exagération fiévreuse d'une production illimitée qui ne tourne au profit que du petit nombre ; il est plus grand et plus beau : c'est un accroissement continu et mesuré dans la masse des produits, et la distribution régulière et équitable qui doit en être faite entre les diverses classes de producteurs. Ce but, c'est l'amélioration de la condition des classes pauvres, c'est le soulagement des faibles et la protection des déshérités, c'est l'incarnation dans le corps social des principes de justice et de charité que l'Evangile a révélés au monde, et qui, par une lente transformation, passent peu à peu de l'Eglise qui les enseigne dans l'Etat qui les applique.

« Que les économistes chrétiens poursuivent sérieusement l'œuvre qu'ils ont commencée, et les préjugés que nous avons combattus tomberont d'eux-mêmes. Tout le monde comprendra alors que, si l'Eglise est l'ennemie née de l'industrialisme, elle est la meilleure protectrice de l'industrie, et la religion chrétienne sera vengée des accusations insensées qu'on a lancées contre elle. Heureux, en attendant, si nous avons éclairé quelques esprits, et si nous leur avons montré comment la religion catholique se concilie avec l'accroissement de la richesse et les progrès de la production !

« Tout notre travail peut être résumé en deux mots : *Cherchez d'abord le royaume de Dieu, et tout le reste vous sera donné par surcroît,* est-il dit dans l'Evangile. (*Matth.* VI, 33.) Ces paroles, qui devraient être toujours présentes à l'esprit des économistes, sont la lumière de la politique chrétienne et le vrai secret de la prospérité des peuples. »

Fin de la IVᵉ partie.

INÉGALITÉ DE DISTRIBUTION DES GRACES NATURELLES ET DES GRACES SURNATURELLES (IIᵉ part., art. 30).

Avant de lire cet article, il faut avoir lu et compris celui qui est intitulé : *Grâce et libre arbitre.*

I. — *Distribution des grâces naturelles.*

Nous n'avons qu'à ouvrir les yeux pour apprendre que Dieu donne ses grâces sous toutes les formes, selon toutes les mesures, à tous les degrés et avec une variété infinie. Si nous considérons l'ensemble des êtres, nous apercevons une échelle immense de perfections diversés ; c'est l'échelle même des quantités de grâces qu'il projette au dehors dans l'ordre des natures. Si nous considérons chaque espèce en particulier, nous voyons la même diversité se produire entre les individus qui la composent ; on n'en peut jamais trouver deux qui soient complétement pareils soit quant au genre de beauté qui les décore, soit quant au degré de telle ou telle qualité spéciale. Mais si cette richesse d'inégalités qui fait l'harmonie de l'ensemble et qui donne une plus grande idée du Créateur que si tous les êtres présentaient la même perfection, s'étale dans toutes les espèces, elle prend des proportions plus grandes dans la nôtre ; il n'existe pas une nature qui présente autant de variétés que la nature humaine ; une des causes de cette inégalité réside dans l'homme, c'est l'autonomie dont il est doué ; avec la prérogative de son libre arbitre, ou de la disposition de son être dans certaines limites, il se modifie selon un aussi grand nombre de différences qu'il y a d'individualités. Mais, on voit aussi avec évidence que beaucoup d'inégalités sont inhérentes à la nature elle-même, ne dépendent nullement de la liberté de chacun et, par conséquent, viennent d'une répartition inégale des grâces du Créateur.

S'agit-il des grâces qui servent de base à l'être lui-même et aux qualités qui constituent son essence, nous plongeons, de prime abord, en esprit, dans des multitudes infinies d'êtres humains qui sont aussi possibles que ceux qui sont ou seront, et qui ne sont pas ou ne seront jamais ; ceux qui sont ou seront ont sur ceux-là le privilège de l'être ; ils ont ou auront la première de toutes les grâces, et les autres sont exclus de ce partage. En ce qui concerne les forces ou énergies radicales, nous les voyons se diversifier dans chaque homme, et quant à l'intelligence et quant au sentiment, et quant à toutes les qualités corporelles.

S'agit-il des grâces d'entendement, ou d'exercice de la pensée ? nous en trouvons l'absence complète dans l'idiot, la présence à un degré bien grand dans Platon, et de Platon à l'idiot, y a-t-il un échelon qui manque ?

S'agit-il des grâces de volonté ou de règlement de soi-même ? nous en trouvons l'absence complète dans la folie la plus intense, la présence à un degré très-élevé dans Socrate répondant à ses juges, conversant avec ses amis dans la prison, et buvant la ciguë ; et du fou à Socrate y a-t-il encore un seul échelon imaginable à l'homme qui ne se trouve en quelqu'un ? Ces sortes de grâces sont plus difficiles à apprécier, quant à leur absence ou à leur présence, que toutes les autres, parce qu'elles se mélangent de déterminations libres qui sont des coopérations ou des résistances immédiates à leur attrait, tandis qu'à l'égard des idées l'influence de la liberté individuelle n'est pas aussi prochaine ; mais ce qu'il y a de certain, d'après ce qui a été dit de leur nécessité, c'est qu'aucun fruit bon et louable ne peut sortir de l'homme sans que ces grâces en soient la cause première, et qu'en conséquence on doit toujours dire : Elles sont là ; quand on voit de bons fruits.

Cette inégalité des dons de Dieu est une suite de leur complète gratuité, et absolue, et relative. Dieu donnant à qui il lui plaît, soit pour un motif d'harmonie, soit sans autre motif que sa volonté, il s'ensuit une profusion de présents de toutes les espèces et de toutes les mesures. Mais il ne faut pas croire cependant que cette inégalité fut impossible, dans les systèmes d'optimisme de

Leibnitz et de Malebranche, car bien que, dans ces systèmes, il n'y ait pas gratuité relative, puisque Dieu serait tenu, en vertu de sa sagesse, à faire ce qui est le mieux pour l'harmonie universelle, On y soutient que cette harmonie elle-même veut les inégalités. Aucun philosophe ne développera jamais aussi bien cette pensée que ceux dont nous venons de rappeler les grands noms.

Toujours est-il que, d'un côté, l'ontologie nous oblige d'attribuer à des grâces naturelles de Dieu tout ce qu'il y a et tout ce qui se fait de bon dans la nature, que d'un autre côté la simple observation nous montre une inégalité infinie dans ces biens, et qu'en conséquence la logique nous force à dire que la répartition des grâces naturelles est très-inégale, qu'elle s'échelonne, par des degrés sans nombre, depuis l'absence complète jusqu'à des sommes très-élevées entre les espèces, et entre les individus de chaque espèce.

II. — *Distribution des grâces surnaturelles.*

Si le phénomène de l'inégalité des grâces de Dieu est inhérent à la nature, et essentiel à sa beauté comme le démontre si bien Leibnitz, et comme l'avaient observé tous les grands philosophes, Platon à leur tête, ne devons-nous pas en inférer, par analogie, que l'inégalité des grâces de Jésus-Christ doive être chose inhérente à l'ordre de la rédemption? La gratuité étant la même et aussi complète du côté de Dieu, et l'harmonie de l'ordre surnaturel paraissant également le demander, en ce qui concerne l'homme, pour varier les richesses de ses fins dernières, comme on peut le conclure de notre article sur la vie éternelle, et pour faire concorder, dans cette vie, les deux mécanismes de la nature et de la grâce, la raison ne voit, de toutes parts, que des motifs de croire à cette variété, même *a priori*. Aussi, proposition ne nous a-t-elle jamais paru moins rationnelle que celle de l'auteur anglais du siècle précédent, qui consistait à soutenir que, dans l'ordre naturel, les grâces devaient être inégalement réparties, et, dans l'ordre surnaturel, les mêmes pour tous.

Ce principe général de convenance étant posé, éclairons-nous des lumières de la révélation et de la théologie, et voyons si la similitude entre les deux ordres ne s'étendrait pas jusqu'aux derniers détails.

Et d'abord, le principe général que nous venons d'émettre, comme de simple convenance aux yeux de la raison, est certain et même de foi dans le christianisme. Ce serait s'élever contre l'essense de la doctrine catholique, de prétendre que le Rédempteur accorde à tous les hommes les mêmes grâces et dans le même degré. Ce serait aussi s'élever contre l'évidence des faits; peut-on soutenir que le sauvage qui n'a jamais entendu parler de Jésus-Christ reçoit autant de grâces surnaturelles que le Chrétien qui puise du matin au soir à leur source?

Entrons maintenant dans l'analyse.

1° Quant à la grâce de justification et de persévérance, correspondante à la grâce naturelle de création des qualités de l'être et de conservation de ces qualités, tous les théologiens reconnaissent qu'elle n'est point commune à tous. De même qu'il y a des êtres humains qui pourraient être régénérés et qui ne le seront pas, sans qu'il y ait de leur faute; tels seront les enfants qui meurent sans avoir été baptisés d'aucune manière (*Voy.* Déchéance, Rédemption, et, pour la destinée de ces êtres, Vie éternelle), de même aussi qu'il y a des hommes non régénérés qui perdent par leur faute la droiture naturelle du berceau, ce qui leur reste de beauté malgré la déchéance, et meurent sans l'avoir recouvrée; de même il y a des régénérés, des Chrétiens, qui perdent l'innocence baptismale et meurent sans l'avoir recouvrée. Mais ce phénomène a pour cause unique la liberté individuelle, puisque, si l'on supposait que cette non-persévérance fût l'effet du refus de la grâce suffisante, nécessaire pour que la persévérance soit possible, il n'y aurait plus de la faute de la créature, et qu'on sortirait de l'hypothèse pour rentrer dans une autre qui aurait une grande analogie avec le cas précédent; et, par conséquent, il ne doit pas figurer dans la liste des inégalités de distribution de la grâce, mais bien dans celle des inégalités que l'homme crée lui-même par l'exercice très-varié de son autonomie.

2° Quant à la grâce surnaturelle d'intelligence, on doit distinguer l'éducation extérieure par les sens, et l'illumination intérieure, qui est une inspiration immédiate des idées dans l'âme.

Or, la première n'est point accordée à tous, ni à tous au même degré. Quand le Christ disait aux Juifs que, si les merveilles qui se passaient devant eux s'étaient passées dans Tyr et dans Sidon, ces villes auraient fait pénitence, c'était dire assez qu'elles avaient été privées de ces grâces. D'ailleurs, comme il faut admettre l'absence complète de la grâce naturelle d'éducation dans l'enfant et dans l'idiot, il faut admettre l'absence complète de la même grâce, en tant que surnaturelle, dans l'enfant et dans l'idiot même régénérés, et non-seulement chez ces individus où ni la naturelle ni la surnaturelle ne se rencontrent, mais aussi chez tous ceux qui meurent sans jamais avoir entendu parler ni de Jésus-Christ, ni de l'Évangile, ni d'une déchéance, ni d'une rédemption, quoiqu'ils reçoivent, par l'éducation extérieure, les connaissances de beaucoup de vérités naturelles; et chacun sait que, jusqu'alors, leur nombre est très-considérable. Quant à l'inégalité dans les degrés d'instruction, il n'est pas moins évident qu'elle se correspond chez les Chrétiens et chez les infidèles sous les deux rapports.

La grâce d'intelligence intérieure est plus difficile à analyser dans sa répartition. On ne sait ce qui se passe dans les âmes, et il n'en est aucune dont on puisse dire : Celle-là n'a jamais eu telle ou telle idée, parceque Dieu a toujours pu la lui faire luire plus ou moins vaguement, à un jour quelconque de sa vie, sans qu'il en soit résulté des manifestations visibles. Cette maxime est vraie du monde naturel comme du monde surnaturel. Mais au moins doit-on reconnaître encore, à en juger par toutes les apparences, que cette grâce d'intelligence est absente, comme la précédente, dans les enfants et les idiots, et que, dans les autres, elle porte des fruits observables qui en font présumer des partages très-divers, quand tout ne conspire pas à faire penser qu'elle est, comme la grâce extérieure, totalement refusée en tant que surnaturelle. Ceci mérite, au reste, un examen particulier que nous allons faire un peu plus loin.

3° Quant à la grâce surnaturelle de volonté qu'on appelle plus spécialement grâce excitante, ou suffisante, elle n'est qu'intérieure à proprement parler, car toutes les exhortations, impulsions, attractions au bien qui se font du dehors par la voie des sens, ne paraissent agir sur la volonté qu'en provoquant des idées, et par l'entremise de ces idées. Toute influence du dehors qui n'excite aucune idée, au sens absolu, est une influence incomprise et non sentie, qui laisse la volonté indifférente. Il en est de cette grâce comme de la grâce intérieure d'illumination. Il paraît certain que l'enfant et l'idiot en sont dépourvus; tout le monde l'admet; n'ayant ni connaissance des devoirs, ni exercice de la volonté, ils ne peuvent être poussés à s'acquitter de devoirs dont ils n'ont pas l'idée, ni à vouloir avec une volonté dont ils n'ont pas l'usage. Il n'est pas moins certain que, parmi les adultes qui reçoivent cette grâce, les uns la reçoivent plus forte et les autres plus faible, comme, dans l'ordre naturel, les propensions au bien naturel que la conscience indique, ne sont pas dans tous de la même force. Enfin, il paraît certain que le fou furieux, régénéré ou non, bien qu'il ait une certaine somme de grâces d'intelligence, est complétement privé de celles de volonté, car, étant déjà privé des grâces naturelles de cette sorte, il ne peut avoir les surnaturelles, les premières étant le *substratum* des secondes, et leur étant essentielles comme la *nature* est essentielle à tout ce qui est *surnature*, ainsi que le mot lui-même l'implique dans sa composition.

Reste une grande question: tous les adultes ont-ils reçu et recevront-ils une somme de grâces surnaturelles, tant d'intelligence que de volonté, suffisante pour leur rendre possible le salut en Jésus-Christ, lors même qu'ils ont été, sont ou seront privés des grâces extérieures, et qu'ils ont passé ou passeront leur vie dans les états plus ou moins ténébreux de l'infidélité?

Voici nos réponses.

4° Observons en premier lieu que, puisqu'on est obligé de reconnaître l'absence totale de grâces surnaturelles extérieures et intérieures dans les enfants et les idiots non régénérés par le baptême, on ne voit nullement pourquoi il ne s'en trouverait pas d'autres dans le même cas; Dieu ne doit pas plus ces grâces aux adultes qu'aux enfants, et toutes les apparences conspirent pour donner à penser que beaucoup de païens et de sauvages sont restés étrangers à la rédemption sans qu'il y ait eu de leur faute.

Cela posé, les opinions théologiques sur la question présente, question à laquelle l'Église n'a point fait une réponse décisive, peuvent se ramener à deux principales. La première, qui est la plus commune parmi les théologiens modernes, consiste à poser, en général, la thèse suivante: *Dieu accorde à tous les adultes quelques grâces plus ou moins éloignées, mais telles que, si l'on y coopère de son mieux, Dieu en ajoutera d'autres qui amèneront, soit par voie ordinaire soit par voie extraordinaire, les conditions nécessaires de nécessité de moyen pour la régénération.* La seconde, qui est la moins en vogue, mais qui s'appuie néanmoins sur de grandes autorités, consiste à poser la thèse suivante: *Il y en a qui, après avoir joui de l'usage de raison, meurent sans qu'il leur ait été possible d'arriver à la régénération, et que Dieu laisse, sans qu'il y ait de leur faute, comme les enfants et les idiots non régénérés, dans l'état de nature déchue, les traitant, au reste, dans cet état, avec justice et les y récompensant de leurs bonnes œuvres naturelles.* — *Voy.* VIE ÉTERNELLE. — Quoique M. Hallier et ses collègues députés à Rome dans l'affaire des cinq propositions de l'*Augustinus*, fussent très-ardents pour la première thèse, — on l'était alors de part et d'autre, — ils avouèrent, dans un de leurs écrits, présenté à Innocent X, que leur opinion n'était pas essentielle à la foi (*Journal de saint Amour*, p. 285), et tous les docteurs sont d'accord là-dessus: La Chambre qualifie ainsi la question: « question abandonnée à la dispute des théologiens. » (*Expos. claire* etc., t. I, p. 311.)

Ceux qui adoptent l'opinion commune se divisent en trois classes; les uns disent que ces secours éloignés dont la mise à profit amènera infailliblement les conditions nécessaires à la régénération, sont purement naturels. C'est ainsi que pense Molina, comme on l'a dit un peu plus haut, et il nous semble qu'on doit lui associer saint Thomas sur ce point. Voici, en effet, la parole de ce grand homme, devenue si populaire: « Si quelqu'un, élevé dans les forêts parmi les animaux sauvages, suivait le dictamen de la raison naturelle... il faut tenir pour très-certain que Dieu lui révélerait les choses nécessaires à croire, soit par inspiration interne, soit en lui envoyant quelque prédicateur de la foi, comme il envoya Pierre à Corneille. » (Quæst. 14, art. 2, ad 1.) Quelle différence y a-t-il, quant au résultat, entre dire, avec Molina, que le Rédempteur s'engage vis à vis du Créateur à donner la grâce surnaturelle qui conduit à la régénération, à tous ceux qui useront de leur mieux de la raison naturelle, et dire, avec saint Thomas, qu'il le fera *pour tous*, sans s'y être engagé ; la considération de la non-succession de l'éternité divine enlève même toute différence du côté de Dieu.

D'autres prétendent que les grâces éloignées dont il s'agit sont purement surnaturelles dans leur principe, leur mode, leur essence et leur *objet* ; mais il s'ensuivrait qu'aucun adulte ne serait jamais sans quelque devoir surnaturel à remplir, ce qui ne paraît pas admissible, vu que cela supposerait, dans tous, quelque connaissance de l'ordre surnaturel, et que les faits présentent beaucoup d'hommes qui ne manifestent aucune connaissance en dehors des vérités naturelles.

Enfin, les derniers prennent un milieu ; ils imaginent des grâces mi-naturelles mi-surnaturelles : naturelles dans leur objet, qui est l'accomplissement de la morale naturelle que leur raison leur dit de pratiquer, et surnaturelles dans leur principe, parce qu'elles seraient, non pas seulement ce qui reste de capacité pour le bien naturel depuis la déchéance, mais encore une addition à cette capacité faite par Jésus-Christ.

Si nous nous proposions le choix entre ces trois explications, nous inclinerions pour celle de saint Thomas et de Molina, comme plus simple, moins subtile et plus facile à comprendre. Mais nous préférons, puisque liberté nous est laissée, l'autre thèse, ainsi que nous l'avons déjà dit plusieurs fois ; et voici nos raisons.

1° L'opinion qui ne laisse aucun adulte, avant ou après Jésus-Christ, dans l'état purement naturel, sans qu'il y ait de sa faute, nous paraît mal établie.

On invoque plusieurs passages de l'Ecriture. Les plus forts sont : le mot de saint Jean qui appelle le Verbe *la lumière qui éclaire tout homme venant en ce monde* (Joan. I, 9) ; ceux-ci de saint Paul : *Dieu, dans les générations passées, a laissé toutes les nations marcher dans leur voie, et cependant ne s'est point laissé sans témoignage, répandant ses biens, donnant les pluies du ciel et les saisons fécondes, emplissant nos cœurs de nourriture et de joie.* (Act. XIV, 15, 16). *Il (Dieu) donne à tous la vie et l'inspiration et toutes choses... et de chercher Dieu, si peut-être ils ne le toucheraient ou le trouveraient point, quoiqu'il ne soit pas loin de chacun de nous, car en lui nous vivons et nous mouvons et nous sommes.* (Act. XVII, 25, 27, 28.) *Je recommande donc en premier lieu qu'on fasse des prières, des demandes, des supplications pour tous les hommes... car cela est bon et agréé de notre Sauveur, qui veut que tous les hommes soient sauvés et parviennent à la connaissance de la vérité* (1 Tim. II, 3, 4) ; et les nombreux oracles de la révélation écrite, où il est dit, en termes équivalents, que *Jésus-Christ est mort pour tous les hommes.* — De ces passages et de celui qu'on vient de citer de l'*Epître à Timothée*, on rapproche cette parole du Christ : *Nul ne vient au Père que par moi.* (Joan. XIV, 6.) Et l'on conclut, non-seulement que tous peuvent arriver au salut, ne serait-ce que par l'intermédiaire du bon usage des dons naturels dans le sens expliqué, mais encore que la grâce surnaturelle du Christ ne manque à personne dans un degré quelconque.

Or, ces preuves ne sont pas concluantes. Le tableau sublime de saint Jean, et les deux premiers textes de saint Paul, qui ont à peu près le même sens, établissent seulement l'existence de grâces naturelles, tant intérieures qu'extérieures, pour arriver à la connaissance philosophique de Dieu et des vérités naturelles, selon la thèse que nous ne cessons de soutenir. Saint Jean attribuant au Verbe éternel l'illumination de toute intelligence avant même son incarnation, dont il ne parle qu'ensuite, et saint Paul associant, dans le premier texte, les biens naturels extérieurs, tels que la pluie et les saisons, à l'aliment intérieur des âmes, expliquant, en philosophe, et à des philosophes, dans le second, l'omnipotence de Dieu et le travail intellectuel de sa recherche par tâtonnement, avaient évidemment dans l'esprit, en premier lieu, lorsqu'ils disaient ces profondes vérités, la grâce naturelle qui constitue l'intelligence même et qui est essentielle à son exercice. On ne dira pas, d'un autre côté, qu'on puisse trouver, dans ces textes, l'indication de la suffisance de ces premières grâces pour conduire, de proche en proche, si on y coopère, à celles de la régénération et du salut surnaturel ; car ils ne contiennent pas un mot qui ait rapport à cette conclusion.

Il en est autrement du troisième passage de saint Paul et des paroles révélées qu'on en rapproche. Il résulte de ce texte et de ces paroles une objection sérieuse contre notre opinion, mais à laquelle nous nous réservons de répondre un peu plus loin. Disons seulement ici, que cette objection demeure aussi considérable dans la thèse contraire à la nôtre, puisque les enfants non régénérés ne sont point exceptés de la généralité des paroles invoquées contre nous, et qu'il reste toujours à concilier la volonté de Dieu rédempteur de sauver tous les hommes avec l'exclusion de ces enfants sans qu'il y ait de leur faute.

On invoque quelques paroles de saint Augustin, et un grand nombre de tous les Pères des quatre premiers siècles ; mais qu'on les étudie bien et on verra que presque toutes peuvent aussi bien s'appliquer à la grâce naturelle du Verbe en tant que créateur, grâce qui s'étend en effet à tous ceux qui ont l'usage de raison, par la nécessité des choses, qui suffit toujours pour empêcher la culpabilité personnelle, et qui l'empêche, en réalité, si on y coopère, ce qui produit au moins le salut naturel dont nous parlons souvent. On n'avait pas distingué, dans ces siècles, les deux ordres et les deux grâces, d'une manière précise et théologique comme on l'a fait depuis, d'où il y avait presque toujours allusion mélangée à l'une et à l'autre tout à la fois. Quant à saint Augustin en particulier, s'il présente quelques maximes qui paraissent impliquer l'universalité absolue des grâces qui mènent à la régénération, si on y coopère, on peut d'abord opposer à ces textes l'objection des enfants qui nécessite une restriction telle qu'on ne voit plus d'inconvénients à l'étendre davantage ; et, ce qui est plus fort, on peut y répondre par d'autres textes qu'on est obligé de torturer au dernier excès pour les concilier avec les premiers entendus comme on veut les entendre. Par exemple, Augustin et le concile d'Orange déclarent, sans autre explication, que celui-là ne pense pas juste sur la grâce (il ne s'agit ici bien évidemment que de la grâce surnaturelle) qui pense qu'elle est donnée à tous, et on ne peut pas dire avec Bergier, qu'il ne s'agit que de l'exclusion des enfants, car le concile ajoute plus bas : « La grâce n'est point donnée à tous, puisque ceux qui ne sont pas fidèles (c'est-à-dire chrétiens d'une manière quelconque et à un degré quelconque) ne peuvent en être participants. » Augustin dit encore dans la lettre xxvii° à Vital : « Nous savons que la grâce n'est pas donnée à tous. » Dans le sermon v°, ch. 19 : « Les païens n'ont pas la grâce du Seigneur par Notre-Seigneur. » Dans le sermon xi° : « La nature est commune, mais non la grâce, » etc. Ce dernier mot est bien clair pour distinguer la grâce naturelle de la grâce surnaturelle. Qu'on explique ces textes d'une manière plus ou moins plausible, il n'en sera pas moins vrai qu'ils nous sont favorables, et qu'ils contre-balancent puissamment les autres.

Il y a plus. Nous sommes persuadé que saint Augustin soutenait exactement ce que nous croyons, à savoir que Dieu accorde des grâces surnaturelles quand il lui plaît, non-seulement aux Chrétiens, mais à des individus de toutes les religions, et que, dans l'infidèle, l'observation de la morale naturelle, à l'aide de la seule grâce naturelle qui lui rend cette observation possible, est une excellente disposition pour que Dieu le conduise jusqu'à la régénération, mais que cependant, comme Dieu ne lui doit cette régénération à aucun titre, ni la grâce surnaturelle qui la réalise ou la prépare plus prochainement, il arrive souvent qu'on se trouve avoir fait de son mieux dans l'infidélité sans qu'on meure régénéré, parce qu'on avait, dans le plan divin, d'autres destinées que celles qui suivent la régénération. L'observation suivante nous met dans cette persuasion sur la pensée intime du grand Augustin :

Dans le fort de sa lutte contre Pélage, on lui objecta qu'il suivait de son système que la réprimande adressée à certains pécheurs, à ceux qui n'avaient point la grâce, était une injustice, et qu'il fallait se contenter de prier pour eux. Observons en passant que cette objection n'aurait eu aucun prétexte s'il avait professé que tous les hommes ont la grâce suffisante pour éviter tout ce qui, à l'extérieur, est péché aux yeux des Chrétiens. — On entendait alors, comme maintenant, par *grâce* la grâce surnaturelle seulement — Augustin répondit par son livre *De la correction et de la grâce*, où, se gardant bien d'affirmer que tout pécheur est digne de réprimande, parce que tout homme a la grâce qui suffit pour ne pas pécher, il distingue les pécheurs en deux classes, les non régénérés et les régénérés, et ajoute que les premiers sont répréhensibles quand ils pèchent, parce qu'étant sortis des mains de Dieu dans un état de rectitude naturelle, malgré la déchéance (*Dieu a fait l'homme droit*, dit le Sage *Eccle*. vii 30), ils déchoient de cette rectitude par leur mauvaise volonté quand ils pèchent ; mais que les seconds sont encore plus répréhensibles que les premiers, vu les grâces qui leur sont données et dont ils abusent. Or, cette réponse supposait deux choses : que l'homme déchu est doué de la liberté suffisante pour ne point pécher, et, par suite, de la grâce naturelle suffisante sans laquelle il n'y a pas de liberté possible ; et que les pécheurs non régénérés n'ont point, au moins tous, la grâce surnaturelle que possèdent les régénérés dans les circonstances semblables. Plusieurs autres passages du même Père, par exemple Epist. 194 *ad Sixt.*, c. 6, n. 22 ; *Lib. de spirit. et litt.*, c. 28, n. 48, confirment cette interprétation. Elle se trouve aussi confirmée dans le même livre (*De corrept. et gratia*, c. 8, n. 19), quand il compare, ainsi que nous le faisons dans cet article, l'inégalité de distribution des dons de la nature et celle des dons de la grâce. Si, en effet, la comparaison doit se presser, il s'ensuivra que, dans certains individus, il y aura absence complète des grâces surnaturelles d'intelligence et de volonté, puisqu'il y en a où l'on remarque de l'absence complète des mêmes grâces de l'ordre naturel ; tels sont les idiots. Il n'y a pas une seule des choses que Dieu ne doit pas, et, par conséquent, de toutes choses, puisqu'il ne doit rien, qu'il ne paraisse vouloir nous prouver, par les faits, être réellement gratuite, en la refusant à quelques-uns et la distribuant très-inégalement aux autres. Ne semble-t-il pas qu'il doive en être de même en ce qui concerne les dons invisibles de la grâce, surtout lorsqu'on observe facilement qu'il en est ainsi des dons visibles de même ordre, que nous avons appelés les grâces extérieures d'instruction ?

On invoque enfin quelques propositions condamnées : ce sont les suivantes de Quesnel condamnées par Clément XI, bulle *Unigenitus* : « La foi est la première grâce, et la source de toutes les autres. » — « Aucunes grâces ne sont données que par la foi. » — « Hors l'Église aucune grâce n'est accordée. » — Et celle-ci condamnée par Alexandre VIII en 1690 : « Païens, juifs, hérétiques ne reçoivent aucun influx de Jésus-Christ, d'où l'on doit inférer qu'en eux la volonté est nue et débile sans aucune grâce suffisante. »

Or il est évident que la condamnation de ces propositions ne tranche nullement la question. Elles donnent bien à conclure que Jésus-Christ ne s'occupe pas seulement des Chrétiens et de ceux qui ont la foi ; nous en profitons pour l'établir dans notre article sur la *rédemption;* mais elles ne suffisent point à démontrer ni que tous ceux qui n'ont pas la foi, sans exception d'aucun, reçoivent un influx du Verbe, en tant que rédempteur, ni que celui qu'ils reçoivent du Verbe, en tant que créateur, soit toujours tel, qu'il leur rende possible la cessation de l'infidélité. Dire avec Quesnel que la foi est la première grâce, et le reste, c'est affirmer qu'avant d'avoir la foi, on n'en peut recevoir aucune, ou qu'au moins on n'en reçoit jamais ; or c'est une exagération que le simple bon sens trouve absurde ; mais la négation de cette exagération n'implique nullement que la grâce, soit naturelle soit surnaturelle, qu'on peut toujours recevoir dans l'infidélité, à des degrés divers, y soit, par le fait, toujours reçue au degré qui suffit pour rendre possible, d'une manière plus ou moins éloignée, l'accession à la foi. Il en est de même de l'autre proposition condamnée ; on peut penser qu'elle est condamnée pour dire que ni païens, ni juifs, ni hérétiques ne reçoivent aucune influence de Jésus-Christ, et, partant, aucune grâce suffisante pour un bien quelconque ayant un rapport quelconque à l'ordre surnaturel ; or s'ensuit-il que tous païens, hérétiques et juifs reçoivent cet influx, et la grâce qui suffit, non pas seulement pour quelque acte ayant une relation éloignée avec la foi, mais pour mener à la plénitude même de la foi qui régénère ? Ne suffit-il pas que cet influx et cette grâce aient quelquefois lieu dans des païens, juifs ou hérétiques pour que la proposition soit condamnable ?

Les preuves de la thèse communément reçue ne sont donc pas concluantes.

2° Cette même thèse est difficile à concilier avec quelques principes reconnus soit par tout catholique, soit par les théologiens qui les soutiennent.

Il est de foi catholique, aussi bien que d'évidence rationnelle, que l'infidélité négative, dans laquelle on reste par ignorance et avec bonne foi, n'est point un péché; Baïus le soutint, et l'Église condamna sa thèse dans la proposition suivante : *Infidelitas pure negativa in quibus Christus non est prædicatus, peccatum est.* Or, il suit de ce dogme qu'il existe une infidélité purement négative, laquelle n'est point coupable. La conclusion la plus naturelle à tirer de là, c'est qu'il existe une infidélité d'où l'on ne peut pas sortir, et, par suite, dans laquelle Dieu vous laisse sans les grâces qui feraient qu'on en pourrait sortir, puisque, si vous en pouvez sortir et que vous n'en sortiez pas, vous êtes coupables d'y rester. On répond par une subtilité qui n'est pas sans valeur ; on dit que la possibilité de sortir de l'infidélité n'est point incompatible avec l'absence de faute dans l'acte même par lequel on y reste; pour qu'un acte soit véritablement et directement coupable en lui-même, il faut qu'il soit connu explicitement comme mauvais et accompli malgré cette connaissance : s'il n'est qu'une suite d'autres actes mauvais, tels que la négligence de s'instruire de leurs conséquences, ou la résistance à des grâces portant immédiatement vers d'autres biens moraux, ces actes sont coupables et peuvent l'être d'autant plus ou d'autant moins, relativement à leurs suites, selon qu'on pouvait plus ou moins prévoir ces suites; mais la suite elle-même n'est point le crime, elle n'est que la conséquence du crime ; on ne pèche pas dans l'effet non prévu et, par conséquent, non voulu, on pèche seulement dans la cause : « Ce n'est pas votre ignorance qui vous est imputée à péché, disait Augustin aux manichéens, mais votre négligence à chercher ce que vous ignorez. » Or la proposition ne dit pas que les infidèles négatifs sont tous des pécheurs sous un rapport quelconque, mais seulement que l'acte même par lequel ils restent dans l'infidélité est un péché, d'où il suit qu'elle a pu être condamnée seulement comme affirmant cette dernière chose, et sans qu'on en puisse conclure que, parmi ceux qui restent dans l'infidélité, il y en ait quelques-uns qui ne soient pas responsables de la cause qui les y maintient. Selon cette interprétation, tous les infidèles négatifs seraient coupables de fautes qui empêchent que Dieu ne les retire de leur ignorance, mais ne seraient pas coupables de leur infidélité même. Voilà ce qu'on répond, et nous ne nions pas la possibilité de cette interprétation ; mais nous n'en persistons pas moins à penser que l'interprétation la plus naturelle de la proposition est celle-ci : l'infidélité négative est un *état* de péché actuel quelconque, de telle sorte que l'infidèle négatif, quel qu'il soit, est toujours dans l'état analogue à celui d'un homme qui a péché, qui pèche et qui reste dans son péché ; d'où il suit que condamner cette proposition, c'est dire qu'il peut exister des infidèles négatifs qui ne soient point dans l'état de péché grave devant la loi naturelle. Nous croyons que le mot *péché* signifie dans ce cas, comme il arrive très-souvent, l'état du péché actuel, et non l'acte spécial de tel ou tel péché. Comment, en effet, pourrait-on qualifier d'acte mauvais en lui-même la permanence dans l'infidélité lorsque, la foi n'ayant été annoncée d'aucune manière, l'âme n'a pu produire aucune détermination actuelle sur la question de rester dans l'infidélité ou d'en sortir. Baïus aurait dit une trop grossière absurdité s'il avait prétendu qu'il y a détermination mauvaise là où il n'y a aucune détermination.

Ce qui confirme cette explication, c'est la doctrine même de Baïus, qui ne consistait pas à prétendre que l'infidélité négative fût, en soi, un acte mauvais, mais bien qu'impliquant la permanence de l'état de déchéance, il ne pouvait en sortir aucun acte moral qui ne fût un péché, vu que le péché originel a laissé la nature complétement sans Dieu, sans grâce naturelle, et dans l'impossibilité de produire aucun bon fruit. C'est donc dans le sens d'*état* de péché résultant de péché actuel et non d'*acte* de péché, qu'il prenait le mot *peccatum*, lorsqu'il l'appliquait à l'infidélité négative, et, par conséquent, il semble bien naturel de penser que l'Église, en condamnant la proposition, voulut dire que l'infidélité négative est compatible avec l'absence de culpabilité grave et définitive, aussi bien dans les adultes que dans les enfants et les idiots.

D'ailleurs n'a-t-on pas toujours entendu par infidèles négatifs, bien plutôt des hommes de bonne volonté sous tous les rapports, et agissant de leur mieux relativement à l'étendue de leur science, que des hommes dont l'ignorance seulement n'est point coupable, et qui se rendent criminels, d'autre part, contre leur conscience et la loi de nature? Mais nous allons développer un peu plus bas cette pensée, dans un raisonnement qui s'y rapporte.

Il est admis par tous les catholiques que, selon les lois générales de la rédemption, le baptême, ou la foi en Dieu, créateur et rémunérateur, venant par un écho quelconque de la révélation surnaturelle, *ex auditu*, foi qui renferme le vœu au moins implicite du baptême, sont de nécessité de moyen pour la régénération. La plupart des théologiens, et surtout ceux dont nous rejetons la pensée en ce moment, exigent même, dans l'adulte, la foi explicite en Dieu rémunérateur surnaturellement, c'est-à-dire rédempteur — *Voy.* Rédemption.—Or, il n'y a nécessité de moyen que quand la condition est telle qu'il puisse arriver qu'on en soit privé sans sa faute, et qu'on n'obtienne pas le but malgré cette absence de faute; autrement la chose n'est plus que de nécessité de précepte. Donc, si c'est toujours par sa faute qu'on manque d'arriver à la connaissance, surnaturelle dans son principe, des vérités nécessaires pour avoir la foi exigée, on ne peut plus dire qu'elle est de nécessité de moyen. On peut le dire du baptême, quand l'usage de raison manque, parce qu'il est évident qu'il peut arriver qu'on en soit privé du baptême sans sa faute; mais on ne peut le dire de la foi dans l'adulte, puisque le cas correspondant ne peut plus se présenter; cependant on met cette foi de l'adulte sur la même ligne que le baptême de l'enfant, et on la qualifie nécessaire, comme lui, de nécessité de moyen; donc il peut arriver qu'elle manque, et, par suite la régénération, sans qu'il y ait de la faute de l'individu en aucune manière. Il est vrai que cette foi n'est pas la première grâce, tandis que le baptême est la première dans l'enfant en vue de la régénération; mais si la grâce qui, elle, est par essence de nécessité de moyen, est toujours donnée de manière à suffire pour rendre la foi possible, on ne pourra plus dire que cette dernière puisse quelquefois manquer sans la faute de la personne, et il s'ensuivra que la théologie sera obligée de modifier pour elle l'idée qu'elle attribue à ce qu'elle appelle nécessité de moyen ; cela revient à dire qu'il nous semble que la théologie, en qualifiant la foi de nécessaire de nécessité de moyen, suppose la possibilité du cas où elle manquerait sans la faute de la personne, et par absence de la grâce éloignée qui y conduit, comme lorsqu'elle dit que le baptême est nécessaire de cette même nécessité, elle suppose, en accessoire, la possibilité du cas où le baptême manque par absence des circonstances extérieures, qui font que le baptême est administré, et qui sont aussi des grâces. On peut faire des réponses à cet argument un peu subtil; mais il restera vrai qu'il n'est pas sans quelque valeur pour indiquer une nuance de pensée qui repose au fond de la théologie catholique et qui nous est favorable. Cette pensée cadre d'ailleurs parfaitement avec les apparences; de même que beaucoup d'enfants se trouvent dans l'impossibilité de recevoir le baptême, et manquent des circonstances qui en amènent l'administration, on juge que beaucoup de sauvages, de barbares, d'infidèles, isolés des contrées où circulent les traditions de la vraie révélation, se trouvent dans l'impossibilité d'acquérir, par l'ouïe, la foi qu'on exige, et manquent des circonstances qui semblent seules capables de donner cette foi *ex auditu*.

3° L'opinion que nous combattons conduit à des conséquences terribles contre l'infidélité négative, lesquelles sont contraires à la nature humaine, et peu conformes à l'Ecriture et à la tradition.

Il faudra donc prétendre que tous les individus appartenant aux nations, aux peuplades, aux catégories, en un mot, sur lesquelles pèse cette absence des circonstances favorables, méritent, chacun, en particulier, le refus des grâces prochaines par la résistance à d'autres plus éloignées, et que les nations mieux favorisées, où pénètre la prédication de la foi, se composent en général d'individus meilleurs; or, cette supposition nous paraîtrait peu sage; l'étude de la nature humaine et l'idée même de la liberté individuelle conduisent à penser qu'il y a, dans toutes les réunions d'hommes, des bons et des mauvais, des scélérats et des innocents, des cœurs droits et des volontés perverses. Ce n'est point par collection que se développent les vertus et les voies de l'ordre naturel, mais par individualités; l'ignorance et la science peuvent se propager par grandes masses, mais non la bonne et la mauvaise volonté, qui, dans l'étendue de la science de chaque individu, demeurent toujours le fait propre de sa liberté. Il nous paraît donc contraire au bon sens et à l'observation morale de l'humanité de penser que, quand une société est privée, durant des siècles, de la possibilité matérielle d'arriver à la foi régénératrice, la raison en soit dans la culpabilité actuelle de tous les individus qui la composent, ce qu'on affirme cependant implicitement, en disant que la grâce éloignée à laquelle Dieu attache toujours, quand on y coopère, le don de la foi, ne manque à personne.

Non-seulement la conséquence que nous venons de signaler comme sortant de ce principe ne paraît pas conforme aux faits observables; mais il serait même très-difficile de la concilier avec un grand nombre de passages de l'Ecriture et de la tradition, et avec l'idée qu'on a communément de l'infidélité négative dans l'Eglise. Nous avons fait cette dernière observation un peu plus haut. On entend par infidèles négatifs, des hommes qui sont dans l'infidélité, sans qu'il y ait de leur faute d'aucune façon, et on croit qu'il en existe beaucoup de cette espèce; celui qui ne le croirait pas n'a qu'à étudier les mœurs des pénitents bouddhistes, par exemple, et il changera d'opinion. Il est vrai qu'on peut élargir, avec l'abbé Guitton, la porte de la régénération, et prétendre qu'il y a chez tous ces hommes assez de connaissance et de foi pour qu'ils soient catholiques sans le savoir, et c'est de ce côté là que nous tournerions nos pensées, s'il ne nous était pas permis de soutenir la thèse que nous soutenons en ce moment; mais nous trouvons l'autre issue plus conforme au fond même de la théologie, qui nous paraît exiger plus pour l'initiation à la rédemption.

Nous venons de parler de témoignages de l'Ecriture et de la tradition sur le fait de la droiture d'âme dans le domaine exclusif de la nature déchue. Citons-en deux entre mille. Est-ce que saint Paul ne suppose pas, aussi clairement que possible, qu'il y a, dans l'infidélité, des hommes qui font le bien, et qui cependant ne sont pas régénérés, lorsqu'il dit : *Trouble et angoisse dans l'âme de tout homme qui fait le mal, Juif d'abord et Grec; gloire, honneur et paix à quiconque fait le bien, Juif d'abord et Grec..... Quiconque a péché sans la loi périra sans la loi, et quiconque a péché sous la loi sera jugé par la loi..... Lorsque les gentils, qui n'ont pas la loi, font naturellement ce qui est selon la loi, n'ayant pas la loi, ils sont à eux-mêmes la loi, et montrent l'œuvre de la loi écrite dans leurs cœurs, leur conscience leur rendant témoignage?* (*Rom.* II, 9, 10, 12, 14, 15); est-ce que saint Augustin, même dans le plus fort de sa polémique avec les Pélagiens, ne supposait pas la même chose, lorsque, étant obligé de les réfuter sur ce qu'ils prétendaient que les païens de bonne foi, n'étant pas coupables de leur ignorance, devaient être *justifiés*, c'est-à-dire *régénérés*, par leur ignorance même, sans baptême ni foi en Jésus-Christ, il leur répondait, en propres termes, que ces païens n'en seraient pas moins exclus du royaume du Christ.—Cette exclusion s'exprimait alors par le mot générique : *damnation* ou *dam*, embrassant tous les états en dehors de ce royaume — soit à cause de fautes volontaires qu'ils auront commises contre la loi naturelle et étrangères à leur ignorance, *soit seulement à cause du péché originel, qui n'aura point été effacé en eux?* (*De nat. et grat.*, c. 2, n. 2; t. 4, n. 4.)

Il est évident que saint Augustin, disant ces derniers mots, supposait que des infidèles pouvaient mourir sans autre charge que celle de la tache originelle, qui n'est qu'une condition inférieure et relativement fâcheuse, mais non point une criminalité, et, par suite, ou que ceux-là avaient toujours agi selon leur conscience en matière grave, ou qu'ils s'étaient suffisamment repentis de leurs fautes devant Dieu, ce qui revient au même, double hypothèse qui implique la non-résistance définitive aux grâces reçues, sans qu'il y ait, pour cela, régénération.

4° La théorie de Bergier et de la plupart des modernes, selon laquelle les grâces prochaines ou éloignées suffisent pour amener les conditions de l'initiation à l'ordre surnaturel, si on y coopère, est incompatible avec notre manière de comprendre les diverses demeures de la vie éternelle (*Voy.* ce mot), manière qui, cependant, nous paraît très-propre à neutraliser, d'un seul coup, une foule d'objections, et à justifier clairement, aux yeux de la raison, la grandeur de Dieu, sa sagesse et sa bonté. Supposons que tout homme reçoive ces grâces, naturelles selon Molina, surnaturelles selon d'autres, qui rendent possible la surnaturalisation de l'individu, il arrivera de deux choses l'une : ou l'individu y sera fidèle, ou il leur résistera. Dans le premier cas, il sera régénéré, et, par suite, gagnera le ciel de Jésus-Christ, s'il persévère, ou le séjour des coupables régénérés, s'il ne persévère pas; dans le second cas, il gagnera, par sa mauvaise volonté, le séjour des coupables non régénérés, et comme, par l'hypothèse, ce raisonnement est applicable à tous les adultes, la demeure des heureux non régénérés, subdivision correspondante à celle des enfants morts sans baptême, demeurera vide. Or, cette conséquence ne nous paraît en harmonie ni avec une théologie raisonnable ni avec les faits humains. Si vous prenez le parti d'exiger moins pour la régénération, de n'exiger, par exemple, que la foi en Dieu rémunérateur naturellement, en ajoutant qu'il y a, dans les traditions de tous les peuples, assez de restes de la révélation pour que cette foi soit toujours suffisamment surnaturelle sans que l'individu le sache, vous serez un théologien bien large, et votre système, qui aboutit à mettre les infidèles sur la même ligne que les Chrétiens, quant à la facilité d'obtention de l'état surnaturel, sera difficile à concilier avec des autorités graves, et la croyance commune de l'Eglise.

Si, au contraire, vous n'élargissez pas la porte de la régénération, et que vous exigiez la foi explicite en Dieu rédempteur en Jésus-Christ, ce qui suppose quelque connaissance de la doctrine chrétienne, vous êtes conduit à un rigorisme épouvantable. Comme il est facile d'observer que des multitudes immenses, et jusqu'alors beaucoup plus nombreuses que celles des sociétés chrétiennes, demeurent dans l'infidélité, dans la non-croyance en Jésus-Christ, vous devez conclure que tous les individus qui composent ces multitudes sont des hommes méchants, sans bonne foi, des volontés perverses qui résistent aux grâces de Dieu ; or cette conclusion est atroce, contraire aux apparences et inconciliable avec l'idée qu'on doit se faire de la nature et de la liberté, comme nous l'avons déjà dit. Nous ne pouvons admettre cette dernière conséquence ; l'autre ne nous répugne pas, mais ne cadre point avec notre théologie ; nous nous jetons donc dans le milieu qui échappe aux deux inconvénients.

Disons cependant encore ceci : dans le cas où quelqu'un voudrait admettre les grâces universelles dont il s'agit, ne pas croire à la culpabilité damnable des multitudes étrangères au christianisme, et exiger les conditions les plus rigoureuses pour la régénération, nous lui offririons encore un moyen de ne point briser avec la logique : ce serait d'ajouter que la résistance aux grâces éloignées qui sont, par volonté de Dieu, en vue de la régénération, peut n'engendrer qu'une culpabilité légère, dont toute la punition consisterait dans la *non-régénération*, ou dans une peine purificative de cette vie ou de l'autre. Comme, en effet, la régénération est le plus grand bien de l'homme déchu, on conçoit qu'il faille pour le mériter, au sens convenu, non-seulement l'accomplissement des devoirs graves et la bonne volonté ordinaire, mais une perfection déjà supérieure, qui consisterait dans la coopération à des grâces ayant pour objet des œuvres morales de surérogation, et dont l'abus ne serait que véniel relativement à la personne, qu'on suppose ignorer le but qu'elle manque en n'y correspondant pas. On voit qu'il y a moyen de rationaliser presque toutes les opinions théologiques. Mais cela n'empêche que nous ne préférions de beaucoup notre explication qui n'a nullement besoin de ces subtilités.

5° Venons aux objections contre la théorie que nous croyons devoir soutenir. Il en est une que nous passerions sous silence si elle ne nous fournissait l'occasion d'ajouter quelques détails utiles. Quelle mauvaise raison n'a pas été apportée par un théologien ? nous avons trouvé celle-ci : L'Eglise a déclaré en maintes circonstances, par exemple, dans un décret de la sixième session du concile de Trente, et en condamnant la première des cinq propositions de Jansénius, qu'il n'y a point de préceptes impossibles ; or c'est la grâce de Dieu, qui fait que l'accomplissment d'un précepte est possible ; d'ailleurs les préceptes connus des Chrétiens sont faits pour tous les hommes, et ne comportent point d'exception dans les termes qui les révèlent ; donc tous les hommes ont nécessairement, ou les grâces prochaines qui rendent cet accomplissement possible au moment du devoir, ou, au moins, les grâces éloignées qui doivent amener, par la coopération de la liberté, un état intellectuel et moral tel que l'individu puisse s'acquitter de tous les préceptes ; ce qui est nié par notre théorie, puisqu'elle implique des cas où il y a impossibilité, jusqu'à la mort, d'accomplir les devoirs de chrétien.

Nous ne répondrons pas que, dans les décrets invoqués, il ne s'agit que des justes régénérés, car si ces deux définitions se bornent à cette classe d'hommes, il y en a beaucoup d'autres qui étendent le principe à tous les hommes, par exemple, le concile de Trente dit d'une manière générale (sess. 6, c. 11) : *Deus impossibilia non jubet, sed jubendo..... adjuvat ut possis.* « Dieu ne *commande point des choses impossibles, mais en ordonnant, il donne le secours qui rend la chose possible.* » Voici ce que nous répondons : L'Eglise, dans ses définitions, nécessitées par de déraisonnables théories qui s'élevaient dans son sein, a déclaré deux choses : la première, qu'un précepte ne saurait être impossible pour un homme en restant précepte obligatoire pour le même homme, ce qu'osaient soutenir Luther et Calvin, et même les jansénistes, quoique moins brutalement, de sorte que, s'il y a précepte, il y a, par là même, possibilité de l'accomplir, et que, si cette possibilité est supposée n'exister pas, le précepte cesse, dans ce cas, d'être un précepte ; inutile d'observer combien est évident ce principe de morale, et combien furent extravagants ceux qui obligèrent l'Eglise à le déclarer, comme si la raison n'eût pas dû suffire : la seconde, que les préceptes de la morale chrétienne sont possibles pour la généralité des hommes, lorsqu'ils sont connus, et qu'en conséquence, Dieu donne les grâces nécessaires pour les accomplir ; concevrait-on, en effet, que la nature et Jésus-Christ nous imposassent des obligations au-dessus de notre puissance ? Celles qui résultent de la nature même, et que la conscience impose, antérieurement à la révélation, sont déclarées possibles par la conscience elle-même, qui ne les regarderait pas comme des obligations dans le cas contraire ; celles qu'a surajoutées Jésus-Christ et, après lui, l'Eglise, le sont également dans les cas ordinaires ; c'est ce que dit encore la conscience, et ce qui résulte de la suprême sagesse du législateur. Mais faut-il entendre qu'il n'arrive jamais que ces préceptes soient impossibles, et cessent d'être préceptes en devenant impossibles ? Nullement ; l'expérience démontre le contraire. Combien de fois n'arrive-t-il pas qu'un devoir ordinairement possible ne le soit pas pour tel ou tel ? Cela arrive toutes les fois qu'il est ignoré, toutes les fois que l'accomplissement s'en trouve empêché par des obstacles matériels, extérieurs, et toutes les fois que des obstacles, résultant du concours de devoirs opposés, viennent se présenter. On pourrait citer mille exemples. Resterait à savoir si, à ces trois sortes d'obstacles, on ne pourrait pas ajouter, pour quelques cas particuliers, le manque des grâces suffisantes intérieures, que Dieu est toujours libre de refuser. Or, nous pouvons alléguer d'autant mieux cette dernière raison à l'égard des infidèles ; qu'il ne s'agit, en ce qui les concerne, que de grâces éloignées n'ayant pas un rapport direct à l'accomplissement de tel ou tel précepte surnaturel, et que, quant aux grâces prochaines, le sens des définitions de l'Eglise sur la possibilité des préceptes, est si peu absolu, si peu exclusif de toute exception, que, d'après tous les théologiens, il n'est pas même de foi que la grâce suffisante soit toujours accordée à tout Chrétien, ou l'ait été à tout Juif dans l'ancienne loi. Voici où en est là-dessus la théologie. Quant aux temps qui précédèrent l'incarnation, il est de foi que la grâce du Christ exista en général pour ceux qui espéraient au Messie ou à une rédemption, ce qui n'a rien de déraisonnable, puisqu'on entend, par cette grâce, celle du Verbe en tant que rédempteur incarné ou devant s'incarner, et que le Verbe était le même avant l'incarnation qu'après ; mais il n'est pas de foi, bien que ce soit l'opinion la plus commune, que cette grâce, soit en tant que grâce d'action donnée au juste pour accomplir de nouvelles œuvres surnaturelles, soit en tant que grâce de conversion donnée au pécheur, ait été accordée, sans exception, à tous ceux qui étaient dans les conditions d'initiation à la rédemption, Juifs et autres, et qui correspondaient aux Chrétiens des temps modernes. Quant à l'époque présente, il est encore de foi que la grâce du Sauveur existe en général pour les fidèles visibles ou invisibles, en prenant ce mot comme l'opposé de celui d'infidèles, soit en tant que grâce rendant leur conversion possible, s'ils sont pécheurs, soit en tant que grâce leur rendant possibles de nouveaux actes de vertu surnaturelle, s'ils sont justes ; mais il n'est pas de foi que cette grâce s'étende absolument à tous sans aucune exception, et encore moins à tout acte en particulier, bien que l'opinion d'après laquelle elle ne manque jamais soit de beaucoup la plus commune. « Nous sommes persuadé, » dit La Chambre, « que Dieu accorde à tous les fidèles, sans exception d'aucun, indépendamment de tout état et de toute condition, le secours actuel nécessaire pour pratiquer le bien ; mais, quelque bien fondé que soit ce sentiment, personne n'est en droit de le mettre au nombre des dogmes qu'on ne peut combattre sans tomber dans l'hérésie. » (*Exposition claire*, etc., t. I, p. 297.) Il faut bien observer que, dès qu'on suppose un cas où la grâce manque, et, par suite la possibilité d'obéir, le précepte cesse, et Dieu n'ordonne plus ; sans cette restriction on tombe dans le jansénisme, et l'on encourt les anathèmes des conciles après ceux du bon sens.

6ᵉ Répondons maintenant à l'objection la plus considérable, que déjà nous avons indiquée ; on la tire du mot de saint Paul : *Dieu veut que tous les hommes soient sauvés* (*I Tim.* II, 14), ainsi que de l'axiome théologique : *Le Christ est mort pour tous*. Si, dit-on, ces principes sont vrais, Dieu et le Christ donnent à tous les moyens d'arriver au salut surnaturel ; car c'est de ce salut qu'il s'agit dans le texte et dans l'axiome, et vous n'avez droit d'interposer aucune exception, pas plus à l'égard des infidèles qu'à l'égard des Chrétiens.

Observons d'abord que, si telle était la conséquence inévitable de ces principes, l'Eglise aurait tiré certainement cette conséquence, vu les grandes discussions dont cette matière a été l'objet, et que tout ce que nous venons d'indiquer, comme n'étant pas de foi, serait déclaré comme tel, ou au moins comme absolument certain.

Observons, en second lieu, que ces principes, entendus en toute rigueur, auraient leur application à l'égard des enfants morts sans baptême, comme à l'égard des adultes, puisque ce sont des hommes exactement semblables, aux yeux de Dieu, à tous les autres, et que cependant il est contraire à la doctrine catholique de la déchéance, de la rédemption et du baptême, de les leur appliquer, au moins entendus en ce sens que Dieu veut la régénération de tous ceux qui ne s'y opposent pas, et que le Christ est mort pour tous ceux qui ne refusent point de profiter de ses mérites.

Observons enfin qu'en conséquence de la remarque précédente les réponses que nous allons donner ont autant pour but de justifier la doctrine catholique dans plusieurs de ses articles de foi, que de justifier notre opinion propre sur la question des infidèles.

Cela posé, entrons dans l'interprétation directe du texte de saint Paul et de l'axiome théologique.

Origène se tire facilement d'embarras : il dit que, puisque Dieu veut sauver tous les hommes, il les sauvera tous en réalité définitivement, après les épreuves et purifications plus ou moins nombreuses qu'il jugera bon de leur faire subir, pour les amener à l'état moral nécessaire au salut. Quelques Pères anciens entrèrent dans ses idées ; saint Jérôme paraît avoir lui-même un peu flotté de ce côté-là, au dire de Leibnitz, qui l'avait, à ce qu'il paraît, étudié minutieusement. Mais saint Augustin réfuta Origène dans la *Cité de Dieu*, et son opinion, qui était un renouvellement chrétien de la métempsycose des anciens, en ce qui concernait les coupables, et même un pas en avant sur Platon, puisque Platon admettait des coupables incurables, fut rejetée dans l'Eglise comme une erreur. Elle en renfermait deux : celle qui consiste à prétendre que toute différence disparaîtra un jour entre bons et méchants, et celle qui consiste à neutraliser, pour une époque quelconque de l'immortalité, les effets de la déchéance, par l'extension à tous des mérites de la rédemption ; d'où l'on devrait conclure qu'au fond il n'y aurait point de délimitation réelle entre l'état naturel et l'état surnaturel, et, par suite, que Pélage finirait par avoir raison dans le dernier résultat. On ne peut donc pas avoir recours à l'interprétation d'Origène, qui ne ferait, au reste, que transporter la difficulté sur d'autres textes, puisqu'il en est qui sont au moins aussi clairs pour annoncer une séparation éternelle des bons et des méchants, des régénérés et des non régénérés. Nous avouons facilement qu'un monde dans lequel les choses se passeraient comme le voulait Origène n'est point impossible : il peut même en exister de tels; mais ce n'est pas le nôtre. Nous le savons par les phénomènes surnaturels dont il est rempli, et la raison seule suffirait pour en donner de très-forts soupçons.

Voici maintenant ce que les théologiens répondent sur le mot de saint Paul en particulier : On distingue en Dieu deux volontés qui doivent s'harmoniser : la volonté de créateur, qu'on pourrait appeler volonté naturelle, laquelle se réalise par le cours ordinaire des lois de la nature; et la volonté de rédempteur, qu'on peut appeler surnaturelle, et qui se réalise par l'application des grâces de la rédemption. Or, par la première, Dieu veut deux choses : que les lois naturelles de ce monde se développent régulièrement, avec toutes leurs exceptions, complications, anomalies; et que l'homme, si ces lois lui permettent d'atteindre l'âge de raison, demeure l'arbitre de son sort. Par la seconde, Dieu ne veut qu'une chose, celle qu'implique le but même de son acte réparateur : le salut surnaturel de tous. Mais cette seconde volonté est logiquement subordonnée, dans ses effets, aux effets de la première, et, par conséquent, conditionnelle par son essence même d'intervention en second ordre et de suraddition. En Dieu, la suraddition n'est point un changement d'idée : tout se décrète ensemble; mais la subordination de raison et de logique n'en reste pas moins. Si donc il arrive que, par la première volonté, c'est-à-dire par l'effet des lois naturelles, ou par l'effet de la libre détermination de l'individu, la seconde ne puisse obtenir sa fin, c'est à celle-ci de céder, pour que l'harmonie demeure. Or, que peut-il arriver par les enchaînements qui suivent la première volonté? Et qu'arrive-t-il en effet? Il arrive, quant aux enfants, que beaucoup doivent mourir sans qu'il ait été possible que le moyen de régénération, institué pour tous sans préjudice de l'ordre établi *primario* par la création, leur soit appliqué : d'où il suit qu'ils ne seront pas régénérés, malgré la seconde volonté prise en soi et indépendamment de sa subordination. Il arrive, quant aux adultes, la même chose, à notre avis, pour ceux que le développement régulier de l'éducation chrétienne laisse à l'écart, ou que des obstacles indépendants de leur volonté, soit intérieurs, soit extérieurs, empêchent de tomber sous les conditions de la régénération. Et quant à ceux qui rejettent librement les avantages que leur offre la volonté du Rédempteur, il arrive enfin qu'en vertu de la subordination de la rédemption à la création, ils se trouvent exclus du salut, malgré que la rédemption leur fût offerte par la seconde volonté, comme à tous les autres. En résumé, *Dieu veut sauver tous les hommes*, signifie : Le but de la rédemption est le salut de tous en général, le salut de l'ensemble, sans exception inhérente à l'acte rédempteur, mais avec les exceptions qu'entraîneront les lois naturelles et la liberté des individus, volonté première inhérente à l'acte même de la création. Il en est ainsi dans les combinaisons de la nature. Puisque le gland a pour but de reproduire un chêne, on peut dire que Dieu veut que tout gland devienne chêne; et cependant, par la subordination logique de cette loi à d'autres lois, il y a plus de glands qui pourrissent et meurent dans la forêt qu'il n'y en a qui atteignent leur fin.

Cette réponse est excellente; elle consiste simplement à préciser le sens que l'Eglise attache à la proposition : *Dieu veut sauver tous les hommes*. Mais si l'on fait abstraction de cette phrase en tant qu'adoptée par l'Eglise, et qu'on s'en tienne au texte tel qu'on le lit dans saint Paul, il sera plus facile encore de répondre; car l'Apôtre, en recommandant de prier pour tous, même pour les tyrans, et donnant pour raison de sa recommandation que *Dieu veut que tous les hommes soient sauvés et parviennent à la connaissance de la vérité*, paraît dire simplement qu'il entre dans le plan de la rédemption, que peu à peu tous arrivent au bercail de l'Eglise, et qu'ainsi l'Eglise s'étende universellement sur la terre par l'instruction de chacun, sans exclusion de personne, instruction qui sera l'effet des prières des uns et des efforts des autres. Lorsque le même Apôtre dit, dans l'Epître à Tite (II, 11) : *La grâce de Dieu votre Sauveur s'est montrée à tous les hommes, nous instruisant*, etc., entend-il parler de tous les individus qui étaient sur la terre? évidemment non, puisqu'il s'agit de la manifestation extérieure et visible du Sauveur, dont si peu furent témoins; il veut dire seulement que le Sauveur s'est montré de manière que tout homme qui se trouva dans les circonstances favorables put le voir et l'entendre, et que sa parole avait retenti de manière que les échos la répéteraient un jour aux oreilles de tous. Le mot *tous* peut avoir le même sens dans l'autre texte, et ce qu'ajoute l'Apôtre, « que tous parviennent à la connaissance de la vérité » favorise beaucoup cette interprétation. Mais comme l'Eglise s'est emparée du mot : *Dieu veut que tous soient sauvés*, en le prenant dans le sens du salut particulier et éternel de chacun des individus morts, vivants et à naître, sens qui peut très-bien avoir été dans l'idée de saint Paul en même temps que l'autre, il faut garder la première réponse, aussi bien que la seconde.

Cette première réponse est applicable à l'autre proposition également reçue dans l'Eglise comme de foi dans sa généralité, surtout depuis la condamnation des cinq fameuses propositions de Jansénius, dont la dernière est ainsi conçue : « C'est être demi-pélagien de dire que Jésus-Christ est mort ou a répandu son sang pour tous les hommes absolument. » Saint Prosper entend « que Jésus-Christ a mérité plus qu'il n'était besoin pour la rédemption du genre humain tout entier en gros et en détail ; qu'il a pris, pour mourir, une nature commune à tous, et enfin qu'il est mort pour le péché, soit originel, soit actuel, cause commune à tous. » (*Resp. ad 1 obj. Vincentianam.*) Le concile de Trente a déclaré, en propres termes, que, *quoique le Sauveur du monde soit mort pour tous, tous néanmoins ne reçoivent pas le bienfait de sa mort, et que ceux-là seuls le reçoivent à qui le mérite de sa passion est communiqué.* (Sess. 6, cap. 3.) Ces explications laissent une large place à notre opinion sur les infidèles ; celle de saint Prosper détruit totalement l'objection, et celle du concile de Trente ne la favorise point, puisqu'il n'ajoute pas que le mérite de la passion de Jésus-Christ est communiqué à tous ceux qui n'y mettent pas volontairement des obstacles, ce qu'il ne pouvait dire, au reste, à cause des enfants. Mais on peut dire plus que saint Prosper sans inconvénient.

Il y avait dans Jésus-Christ la volonté divine et la volonté humaine ; quant à la première, on peut dire que l'acte libre par lequel Dieu se détermine à la rédemption, a pour objet formel tous les individus comme nous l'avons expliqué, sans aucune exception, mais avec subordination aux nécessités de l'ordre antérieurement fondé, ainsi qu'aux exigences de l'harmonie des destinées futures. Quant à la seconde, on distingue la volonté de nature, qui est un mouvement naturel de bonté, et la volonté de raison ; or Jésus comme homme parfait n'a pu concevoir que le désir sincère de voir tous les hommes participer un jour à sa félicité et à sa gloire, et a, dans ce sens, fait l'offrande de sa mort pour tous sans aucune exception. En a-t-il été de même de la volonté raisonnée, définitive, de réflexion, analogue à celle par laquelle après avoir dit : *Mon Père ! éloignez de moi ce calice,* il ajouta : *Que votre volonté soit faite et non la mienne.* (*Matth.* xxvi, 39.) Vasquez a soutenu, sans qu'on l'ait taxé d'hérésie, que, par raison, Jésus n'eut pas la volonté de faire, sans restriction des obstacles, l'offrande de sa mort pour les enfants qui meurent sans baptême ; nous sommes de son avis ; voyez au mot VIE ÉTERNELLE les motifs d'harmonie universelle qui purent peut-être porter Jésus-Christ comme homme, à cette détermination négative de raison froide et réfléchie.

En ce qui regarde les infidèles adultes qui meurent dans l'infidélité, l'auteur du *Livre des trois épîtres* (cap. 20), dit que c'est une pieuse pensée de croire que le Christ a voulu, par décision réfléchie et définitive, au moment de sa mort, leur salut surnaturel à tous, mais que ce n'est point un dogme de foi ; non-seulement nous sommes de cet avis, mais nous croyons encore que les mêmes raisons d'harmonie, dont nous venons de parler à l'égard des enfants, ont pu déterminer la haute sagesse du Christ, en tant qu'homme, à ne point offrir son sacrifice pour ceux-là, bien que l'acte de la rédemption ne fût point restreint, comme nous l'avons dit, à tel ou tel, mais fût décrété en généralité humanitaire. Il y a peut-être, dans la grande prière du Christ au gethsemani, et ailleurs, des paroles d'où l'on pourrait le déduire. Quant à tous ceux, enfants ou adultes, qui parviennent à la régénération, il est de foi, comme le décide Bossuet (*Justification des réflexions morales sur le Nouv. Test.* § 25, p. 99) que Jésus-Christ a fait l'offrande de sa passion et de sa mort pour eux tous, sans aucune exception, sauf les oppositions indépendantes de sa propre volonté humaine.

Nous manifestions, au commencement de l'article sur la *grâce et la liberté*, dont celui-ci n'est qu'une suite, la crainte que des esprits inconsidérés ne nous accusent de semi-pélagianisme, et, en ce moment, peur nous vient que ces mêmes esprits ne nous suspectent de jansénisme ; cette accusation ne serait pas mieux fondée que la première. Pour être janséniste, il faut exagérer les ravages de la déchéance, dire que l'homme n'a plus pour partage, de toute nécessité, sans la grâce surnaturelle, que le crime et le malheur ; que Dieu refuse cette grâce à beaucoup, ne l'accorde même qu'à un petit nombre de prédestinés, et qu'en conséquence, tous ceux qui ignorent la rédemption sont, par nécessité, des criminels voués à d'éternels tourments. Or c'est précisément pour éviter de pareilles conséquences, et, en même temps, pour ne point incliner au pélagianisme, que nous avons eu recours à notre théorie. Si l'on dit, en effet, que tous les hommes sans exception reçoivent la grâce suffisante pour arriver à la régénération, on se trouve entre deux conséquences, dont l'une est analogue à celle des jansénistes, et l'autre analogue à celle des semi-pélagiens, bien que le principe ne soit ni janséniste ni semi-pélagien ; car, il faudra dire, ou que ces multitudes d'infidèles, qui n'arrivent pas à la connaissance de la vérité, sont des criminels qui résistent à la grâce et encourent la vraie damnation, résultat qui ne diffère point de celui qu'entraînent les principes jansénistes ; ou qu'on peut se sauver, dans l'infidélité la plus ténébreuse, aussi bien que dans le christianisme, sans le baptême, avec la foi la moins développée et une conduite conforme à la conscience, résultat semblable à celui de la doctrine semi-pélagienne et même pélagienne. Nous évitons ces deux conséquences en disant qu'il y en a beaucoup, dans les ténèbres de l'ignorance, auxquels Dieu n'accorde pas plus les grâces surnaturelles qu'il ne les accorde aux enfants qui meurent sans baptême ; qui, par suite de ce manque de grâces, ne sont point coupables de leur persistance dans l'infidélité, peuvent agir, d'ailleurs, selon leur conscience, et mériter un ciel naturel dans le dam même, ou privation de la gloire chrétienne, qui incombe, par suite des lois de notre monde, à l'état de déchéance.

C'est ainsi qu'on arrive facilement à accorder la théologie avec l'étude rationnelle de la nature humaine et l'observation des faits, aussi bien qu'avec l'idée philosophique de l'Être infini, qui distribue ses faveurs avec une variété sans mesure, sans cesser d'être bon et juste à l'égard de tous. — *Voy.* Prescience et Prédestination, etc.

INFAILLIBILITE (L') — DANS L'ORDRE NATUREL ET DANS L'ORDRE SURNATUREL (II° part., art. 19). — Nous en disons assez au mot *Eglise* pour justifier, devant la raison, ce que la catholicité croit et enseigne sur son infaillibilité ; nous ne faisons cet article que pour émettre une pensée de conciliation, qui nous paraît très-simple, entre les deux écoles ultramontaine et gallicane, sur la question de l'infaillibilité du chef de l'Eglise en particulier. Nous ne voulons pas recourir aux distinctions subtiles de Fénelon sur l'*ex cathedra*; nous réduisons le problème à des termes beaucoup plus grossiers et qui nous semblent plus raisonnables. Nous disons : Ou la personne individuelle du Pape considérée seule est infaillible en matière de foi, dès qu'elle parle avec l'autorité de chef de l'Eglise, s'adressant à l'Eglise au nom de l'Eglise ; et, dans ce cas, ce sont les ultramontains les plus carrés, ceux qui le sont un peu plus encore que ne l'est Bellarmin, qui ont raison. Ou elle ne l'est jamais soit qu'elle parle seule, soit qu'elle parle avec assistance de son conseil, soit qu'elle parle avec assistance de son Eglise particulière, soit qu'elle ait ordonné des prières universellement, soit qu'elle n'en ait pas ordonné à l'occasion de la décision qu'elle doit porter, etc., etc. Et, alors, ce sont les gallicans les plus carrés qui ont raison. Mais nous ajoutons que ces deux extrêmes sont parfaitement conciliables, sans que chacun cède rien à l'autre de ce qu'il présente d'affirmatif ; le problème paraît insoluble, que le lecteur en soit juge. Mais avant d'émettre notre idée, il convient de justifier le titre en disant quelques mots des deux infaillibilités, naturelle et surnaturelle.

I. Il y a certainement une infaillibilité naturelle qui se manifeste sans cesse et qui est le nœud de notre monde moral. Elle règne dans l'ordre physique en tant que déclarative des faits ; dans l'ordre intellectuel en tant que déclarative des axiomes et de leurs déductions évidentes ; dans l'ordre moral, en tant que déclarative des obligations résultant de la nature ou des contracts libres. Supposez une grande réunion d'hommes sains de corps et d'esprit, voyant, entendant, palpant avec clarté un grand phénomène physique à leur portée, se disant les uns aux autres ce qu'ils voient, entendent, palpent, et se trouvant d'accord sur le résultat de leur observation, il ne viendra dans l'esprit d'aucun d'eux de soupçonner d'erreur une telle unanimité, et ils la regarderont tous comme absolument infaillible. Qu'on leur fasse des arguments pour leur démontrer que le miracle qui tromperait leurs sens est possible ; ils nieront point, s'ils sont raisonnables, cette possibilité métaphysiquement parlant, mais ils n'en croiront pas moins, quant au fait présent, que leur observation est infaillible et se conduiront en conséquence, Ils auront raison, c'est une véritable infaillibilité sauf la condition du miracle, et s'il vient s'ajouter des considérations importantes qui obligent Dieu même, au jugement de leur bon sens, à s'abstenir, dans la circonstance, de ce miracle trompeur, sous peine de manquer de véracité, ils jouiront d'une infaillibilité absolue. Qu'on ne fasse point ici la ridicule objection qui repose sur la distinction de la certitude dans tel ou tel cas, et de l'infaillibilité qui est une prérogative générale; car d'une certitude particulière on passe immédiatement à la prérogative pour tous les cas semblables, comme d'une démonstration géométrique sur une figure en particulier, on passe à la généralité de la démonstration et de la propriété qui en résulte pour toutes les figures pareilles. Il y a mieux ; l'infaillibilité est la cause essentielle de la certitude pour les cas qui tombent sous les conditions constitutives de cette infaillibilité ; s'il n'était pas certain *a priori* que la grande réunion d'hommes que nous avons supposée fût infaillible dans toutes les circonstances semblables à celle où le témoignage de ses yeux et de ses oreilles est marqué du sceau de la certitude, il y aurait contradiction à affirmer cette certitude dans le cas particulier, comme il y aurait contradiction à affirmer une propriété d'un triangle tracé sur un tableau, s'il n'était pas certain auparavant que toutes les figures semblables à celle-là en sont douées. Certitude implique donc infaillibilité dans tous les cas semblables. On objectera peut-être encore que cette infaillibilité est sous condition, et qu'une telle infaillibilité n'en est pas une ; oui, sous condition des cas semblables ; mais il n'existe dans les créatures aucune infaillibilité naturelle ou surnaturelle qui ne soit soumise à la même condition, parce que celle qui n'y serait pas soumise ne pourrait être que l'infaillibilité de Dieu même. Nous en ferons l'observation un peu plus loin en prenant pour point de comparaison l'Ecriture sainte et l'Eglise.

Il en est des vérités métaphysiques comme des vérités physiques. Ce ne sont pas les sens qui les observent, ce sont les yeux de l'âme qui les lisent sur le livre des choses éternelles, qui est l'intelligence même de Dieu, quand il plaît à Dieu d'en ouvrir devant eux quelques pages ; mais ces yeux intellectuels les voient et les saisissent comme ceux du corps les images corporelles, et il est des circonstances où leur vision n'est pas moins infaillible. Quand toutes les raisons dont se compose l'humanité aperçoivent clairement quelqu'une de ces vérités, la découvrent dans sa splendeur, et de manière à la juger si simple, si nécessaire, si absolue, si évidente, que toutes déclarent à la fois l'impossibilité qu'elle ne soit pas comme elles la voient, ainsi que cela a lieu pour les axiomes de géométrie, de philosophie, de morale, il y a certitude complète, et par suite, infaillibilité générale dans la vision intellectuelle de toutes les vérités semblables et semblablement perçues. La certitude n'est pas plus grande qu'elle ne l'est dans l'exemple précédent avec l'hypothèse de l'absence de miracle, mais il n'est pas besoin, dans celle-ci, de cette hypothèse, parce qu'on voit, en même temps, que le miracle trompeur est impossible, la vision étant immédiate et impliquant la nécessité absolue qu'il en soit ainsi. Quand je conçois qu'il ne se peut pas qu'un être *soit* sans être, je suis absolument certain qu'il ne peut arriver par aucun miracle que l'objet de mon idée soit autrement que je le vois.

De même encore des obligations naturelles ou contractées. Le genre humain s'accorde tout entier à reconnaître que c'est un désordre intérieur d'agir contre sa conscience, et il est infaillible dans la proclamation de cette vérité morale ; il s'accorde à reconnaître que celui qui s'est engagé par une promesse qu'il avait droit de contracter, qu'il peut accomplir, et qu'il n'a aucune raison de ne pas accomplir, est obligé, sous peine de crime, à l'accomplir; et il est également infaillible dans ce jugement, pour les mêmes raisons que nous avons apportées à l'égard des vérités métaphysiques, parce que celles-ci, reposant sur des vérités simples de la même espèce, sont elles-mêmes des vérités de la même espèce.

Ce que nous avons dit de ces infaillibilités naturelles, lorsqu'elles ont pour sujet un grand nombre d'individus, doit se dire de chaque individu en particulier. Il est évident que chacun n'a nullement besoin du témoignage des autres pour affirmer, sans aucune crainte d'erreur, des vérités comme celles que nous avons citées en exemple, lorsqu'elles se trouvent dans toutes les conditions de l'évidence. Voilà donc l'infaillibilité de la collection qui devient celle de chacun, et qui ne cesse pas d'être aussi complète, aussi absolue, pour tous les cas où sont présentes les conditions qui la constituent dans chacun des cas particuliers.

C'est ainsi qu'il est impossible de ne pas reconnaître des infaillibilités naturelles ; ce sont les dons de Dieu, par lesquels nous sommes ses images, et sans lesquels nous ne serions pas des êtres intelligents.

II. Or, si nous trouvons des infaillibilités dans notre nature, pourquoi donc Jésus-Christ n'en aurait-il pas introduit d'autres dans la société humaine, d'autres ayant pour but de nous donner des certitudes d'un ordre différent auxquelles les premières ne pouvaient nous élever? C'est ce qu'il a fait en nous donnant l'Ecriture sainte et l'Eglise; ce sont deux infaillibilités permanentes destinées à nous guider dans la voie supérieure des vérités religieuses et surnaturelles. Loin d'être établies à l'encontre des infaillibilités naturelles, ce sont celles-ci qui présentent leurs titres de créance, et sont chargées de les conserver, de sorte que s'attaquer à celles de la nature, c'est porter le coup de mort à celles de la grâce. Si les premières sont douteuses, que deviennent les faits historiques sur lesquels est fondée la certitude des secondes? Que deviennent les axiomes et les déductions par lesquelles on établit leur existence et leur compétence? Si, par exemple, l'infaillibilité des yeux et des oreilles d'une multitude, pour constater un fait matériel, est revoquée en doute, la certitude que nous pouvons avoir des faits divins qui ont servi de preuve à Jésus-Christ pour établir, devant les hommes, sa mission, et à l'Eglise pour montrer qu'elle tenait de lui la sienne, devient absolument nulle, puisqu'elle le devient pour ceux-là même qui ont vu et entendu, et de qui nous tenons les faits dont il s'agit ; or, cette certitude ébranlée, l'infaillibilité de l'Eglise n'existe plus, puisque sa mission surnaturelle, remontant à Dieu par le Christ et dans le Christ, n'a plus de bases capables de convaincre celui qui raisonne juste.

L'infaillibilité naturelle est donc la condition essentielle de l'infaillibilité surnaturelle relativement à nous, et, d'un autre côté, dès qu'elle est admise, cette seconde infaillibilité s'échafaude avec une solidité à toute épreuve sur la série des certitudes et des déductions logiques que fournit la première, comme on peut le voir en étudiant les Traités de la religion et de l'Eglise de la théologie chrétienne.

Si nous considérons les infaillibilités surnaturelles de l'Ecriture et de l'Eglise, nous trouvons qu'elles sont limitées, comme celles de la nature et toutes les manifestations de Dieu dans l'homme, à ce que nous avons appelé la catégorie des similitudes. Et, d'abord, cela est nécessaire *a priori*; supposons que Dieu veuille communiquer à un homme ou à un conseil une infaillibilité qui soit la plus étendue possible, il faudra, par nécessité absolue, qu'il la renferme encore dans la nature bornée de cet homme ou de ce conseil, car il ne saurait mettre dans le fini la science infinie, en d'autres termes, créer son égal en intelligence. Ce qu'il pourra faire de plus merveilleux, de plus absolu, sera de dire à son représentant : Tu seras infaillible dans tout ce qui sortira de ta bouche. Or, quelque générale que soit cette promesse ou collation de privilèges, elle est bornée à la catégorie des choses qui seront enseignées par l'autorité dont il s'agit, et celles qui seront en dehors ne se rapporteront point à son infaillibilité. Mais Dieu n'a concédé à aucune autorité humaine, parole ou écriture, ce privilége dans des termes aussi généraux; il ne l'a pas fait dans l'ordre naturel, c'est ce qui résulte de ce que nous avons dit : l'infaillibilité naturelle des individus ou des collections d'individus, est sujette à des conditions qui établissent des catégories de cas semblables, et l'impossibilité d'erreur n'a lieu que dans le cercle circonscrit par ces conditions. Il ne l'a pas fait, non plus, dans l'ordre surnaturel; les deux seules infaillibilités de cet ordre, établies dans le monde d'une manière fixe et durable, sont l'Ecriture sainte et l'Eglise. Or, il serait faux de dire que nos livres sacrés, tels que nous les possédons, soient tellement infaillibles qu'il ne puisse s'y trouver la moindre erreur sur aucune matière; il y a à s'assurer de la fidélité des traductions et des copies; il faut distinguer ce qui y est enseigné au nom de Dieu même ou simplement au nom de tel ou tel dont on fait l'histoire, distinction qui n'est pas toujours facile; il y a à s'assurer du vrai sens, chose plus difficile encore; il y a enfin à considérer si telle ou telle pensée entre dans le but de la révélation, ou n'est qu'un accessoire explicatif et utile pour l'époque de la composition, soit par suite du génie de la langue originale, soit par suite des croyances populaires de cette époque (*Voy.* ÉCRITURE SAINTE). Quant à l'Église, le cercle de l'infaillibilité est tracé par la théologie d'une manière beaucoup plus positive; il n'est entré dans l'esprit d'aucun Chrétien, docte et intelligent, d'avancer que cette infaillibilité s'étende à toutes les matières qui puissent être l'objet de l'enseignement extérieur ecclésiastique, ni à tous les modes de cet enseignement. Il y a des conditions d'infaillibilité sous les deux rapports; tous les théologiens exceptent, par exemple, les sciences naturelles et les faits étrangers au dépôt doctrinal évangélique, des objets de l'infaillibilité de l'Église; et, des modes de décision qui emportent infaillibilité, tous ceux qui ne sont point expressifs et représentatifs de la foi universelle.—*Voy.* ÉGLISE.—Il est donc vrai que les deux infaillibilités surnaturelles ne se dilatent, comme les infaillibilités naturelles, que dans des catégories données de cas semblables qu'il faut connaître et qui sont connues.

Il suit de ces principes très-clairs, très-raisonnables et conformes à ce qui se passe devant nous, chaque jour, dans les deux ordres, que toute infaillibilité donnée à la créature a son objet propre au delà duquel cesse sa compétence, et que cet objet est toujours en rapport parfait avec l'institution, la nature, l'essence, le but de l'infaillibilité elle-même. C'est de là que nous allons partir pour concilier l'ultramontanisme et le gallicanisme sur l'infaillibilité particulière du chef de l'Eglise.

III. Toute infaillibilité religieuse surnaturelle a pour objet le dogme; car il ne s'agit point ici de la souveraineté qui porte des lois. Or, qu'est-ce qu'un dogme?

Ce mot, pris comme exprimant une vérité en soi, ne peut signifier quelque chose qui change, qui devient par la suite des temps autre que ce n'était. Nulle puissance ne peut faire des vérités nouvelles; Dieu lui-même n'en fait pas, bien qu'il fasse des créatures qui n'étaient pas avant qu'il les fît; car faire une créature, ce n'est pas réaliser une vérité qui n'existait en aucune manière, c'est uniquement faire une expression, une copie substantielle d'une vérité existant éternellement en Dieu, à l'état d'idée, en sorte, comme l'observe Platon, que, quoique la créature soit réellement existante dans sa limite propre, supporte ses attributs, et se distingue de celui qui l'a faite, aussitôt qu'elle est créée, ce n'est cependant pas elle qui est la grande vérité ayant le plus d'être, mais bien l'idée éternelle dont elle est la copie. Une créature n'est donc pas une vérité nouvelle dans la durée divine; la vérité de cette créature était éternelle avant la créature; elle reposait dans la raison de Dieu avec toutes les vérités possibles, à l'état de type et d'original tellement invariable que la copie n'y change rien. Or, si Dieu lui-même ne crée pas des vérités, qui en créera parmi nous? Aussi est-ce une réflexion que la théologie a toujours soin de présenter à propos des dogmes que l'Église déclare; elle dit qu'il ne se fait aucuns dogmes nouveaux.

Mais, si toutes les vérités sont éternellement en Dieu à l'état de pensée ou de Verbe intérieur, il n'en est pas de même de la créature et en particulier du genre humain. Nous ne connaissons qu'un très-petit nombre de vérités, et nous sommes susceptibles de progresser dans cette connaissance. Il est vrai que, si l'on parle de connaissance implicite, nous les connaissons toutes en connaissant une seule d'entre elles; car elles sont toutes impliquées les unes dans les autres par un admirable enchaînement que Dieu voit avec plus de clarté que nous ne voyons les rapports des membres d'une famille composés d'ascendants et de descendants, lorsque cette famille est sous nos yeux. Ainsi, par conséquent, nous pouvons dire, dès que nous avons la connaissance certaine d'une seule vérité, que nous les voyons toutes implicitement par les relations de parenté que toutes les autres ont avec celle-là; de même quand nous croyons en Dieu, nous pouvons dire que nous croyons, implicitement, en tout ce qui est vrai, puisque toute vérité est en lui. Mais il y a loin de cette connaissance implicite à la connaissance explicite qui est la seule dont il s'agit quand nous disons que notre connaissance est limitée, et par là même, susceptible d'accroissement. Revenons au mot dogme; si nous voulons entendre par ce mot non pas la vérité en elle-même, mais la certitude de cette vérité, nous pourrons dire qu'il peut se former chez vous des dogmes nouveaux, en ce sens que des vérités qui n'étaient connues et crues qu'implicitement, c'est-à-dire ignorées, peuvent devenir connues et vues explicitement; ou encore dans ce sens que des vérités qu'on soupçonnait, mais qui étaient douteuses, peuvent devenir certaines, par l'épanouissement, à nos regards, d'une liaison, que nous n'avions pas encore aperçue, avec un principe certain.

Ce phénomène de connaissance, de certitude et de foi explicite se passe dans l'Église. Depuis qu'elle existe on voit des points s'éclairer par le temps et la discussion, rester douteux pendant des siècles et finir par passer à l'état de certitude surnaturelle, ou de dogme de foi.

Or, c'est précisément dans ce développement de la certitude théologique que l'infaillibilité surnaturelle joue son rôle. La discussion remplit le sien jusqu'au jour où l'autre vient clore les débats; c'est à la discussion que l'on doit l'éclaircissement, l'apparition lente et progressive de la lumière; c'est à l'infaillibilité que l'on doit le grand sceau déclaratif de la certitude, après laquelle il n'y a plus à discuter pour quiconque admet l'infaillibilité elle-même.

Cela posé, arrêtons-nous encore un instant sur l'essence d'un dogme ecclésiastique. Il y a dedans deux degrés; la vérité certainement connue et crue comme telle de toute la catholicité; et la vérité déclarée officiellement crue de la sorte après constatation de la croyance universelle; en d'autres termes, il y a la foi de l'Eglise existant de fait, et la déclaration officielle de cette foi. Ces deux conditions forment le degré suprême du dogme chrétien. Avec la première, vous avez une certitude théologique, mais qui, n'étant pas encore officiellement constatée, déclarée et proclamée, peut être ignorée de quelques-uns et contestée par d'autres; avec la seconde vous avez la constatation et la déclaration universelles, non ignorables, et non contestables, du fait de la foi, et par suite, de la certitude.

Portons maintenant notre coup d'œil sur l'Eglise elle-même, sur le sujet qui croit et qui déclare. L'Eglise peut être considérée comme croyant et comme enseignant; or l'enseignement de celui qui enseigne précède la foi de celui qui est enseigné, par l'essence même des choses; ainsi avant que les disciples de Jésus-Christ eussent la foi, Jésus-Christ les enseignait; mais la foi de celui qui enseigne précède son propre enseignement, car on enseigne ce que déjà l'on connaît et l'on croit; sans cette connaissance et cette croyance antécédente, l'enseignement est impossible; quand le collége des apôtres se mit à prêcher, il connaissait et croyait avant d'enseigner. On dira ici qu'on peut enseigner ce que l'on ne croit pas; cela est vrai de l'individu qui peut être hypocrite, mais n'a aucune application à la question présente dans laquelle nous considérons la foi collective de l'Eglise comme corps. Il est donc vrai que la foi doit, en résultat, être considérée comme antécédente à l'enseignement, de même que la pensée est antécédente à la parole, puisque la foi ne suit l'enseignement qu'après qu'elle-même l'a déjà précédé. Donc l'Eglise commence par être l'Eglise croyante aux vérités qu'a enseignées Jésus-Christ, et elle n'est enseignante que parce qu'elle est croyante. Ce principe repose sur l'essence de la chose.

Faisons encore un pas. C'est par la foi et l'enseignement qui naissent des résultats de la discussion, des lumières qu'elle développe, et qui, s'appuyant mutuellement, se propagent jusqu'à l'universalité, que se forme et s'exprime cette croyance moralement unanime, qui est le cachet ecclésiastique de la certitude surnaturelle, dont nous avons parlé, premier degré du dogme, mais degré fondamental; et l'objet immédiat de cette croyance que nous supposons, en ce moment, non encore déclarée officiellement pour ne rien devancer dans la marche des faits, c'est la vérité crue comme appartenant au dépôt sacré des vérités révélées que recèlent l'Ecriture et la tradition, ou les deux à la fois; de telle sorte, qu'en prenant le mot *dogme* dans le sens de vérité révélée, connue et crue d'une manière plus ou moins développée, mais universellement et, comme disaient tous les Pères, *ubique, semper et omnibus*, il y a déjà dogme, quoique non proclamé et promulgué, par le seul fait de la croyance et de l'enseignement moralement unanimes qui sont, sans cesse, en train de se propager de plus en plus. N'oublions pas cette assertion incontestable, que la foi de l'Eglise, existant par le fait, a pour objet immédiat la vérité elle-même dont il s'agit.

Faisons un dernier pas. Que va-t-il se passer? Le dogme existe avec sa certitude surnaturelle pour quiconque sait qu'il fait partie de la foi universelle; maintenant l'Eglise se montre, à son heure, et toujours après avoir longtemps attendu, sous une nouvelle forme; elle se pose devant elle-même en autorité officielle déclarative du dogme déjà existant, du fait de sa foi. C'est alors qu'elle décrète publiquement que la proposition, qui résume la croyance et l'enseignement, est bien réellement proposition universellement crue et enseignée, article de foi catholique, et déclare ne faisant plus partie de ses croyants, ou hérétiques, ceux qui ne la croiront pas. Voilà le dernier acte qui est l'acte solennel de la déclaration. Or, remarquons avec soin que l'objet immédiat de ce dernier acte, c'est le fait même de la croyance et de l'enseignement, comme l'objet immédiat de la croyance et de l'enseignement, qui existaient déjà, est la vérité elle-même. N'oublions pas cette distinction fondamentale, que posent tous les théologiens sans s'y arrêter avec assez de soin, et sans la conserver assez limpide quand ils abordent les questions de l'infaillibilité.

Il suit donc de cette distinction que l'infaillibilité de l'Eglise croyant et enseignant ce qu'elle croit, tombe directement sur la vérité révélée, et que l'infaillibilité de l'Eglise déclarant officiellement un dogme ne tombe directement que sur le fait de sa propre croyance.

Venons maintenant aux conciles et au Souverain Pontife. Il y a bien entre l'un et l'autre une différence qui est en faveur du système gallican, et qu'on ne peut contester; c'est que le concile œcuménique représente et possède de fait, en lui-même, *hic et nunc*, la foi de l'Eglise universelle, tandis que le Souverain Pontife pris seul, n'étant pas, de fait, l'Eglise entière, n'a dans son âme et sa parole, avant le moment de la déclaration, que sa foi propre de docteur particulier ou d'évêque, laquelle peut fort bien se trouver non conforme à celle de l'Eglise, soit qu'elle cadre avec la foi de quelques autres docteurs ou évêques, soit qu'il se montre seul de son avis, comme cela s'est vu dans Jean XXII, lorsqu'il reculait le moment de l'entrée de tous les élus dans la vision béatifique jusqu'après la résurrection. Aucun ultramontain, que nous sachions, n'a prétendu que toute croyance de Pape soit la croyance de toute l'Église; les théologiens n'appliquent l'infaillibilité, qu'ils attribuent au chef de l'Eglise, qu'au moment de la déclaration officielle. C'est pourquoi cette différence, qu'il faut bien accorder, quant à la foi, entre le concile œcuménique et le Pape, n'importe en rien à notre manière de traiter la question ; en ce qui est du Souverain Pontife, son importance est nulle, puisque ce n'est pas dans sa foi qu'on le prétend infaillible, mais dans sa parole déclarative ; en ce qui est du concile, s'il n'est pas possible de concevoir que la foi réelle de sa majorité, s'il est bien œcuménique, ne soit point conforme à ce que sera sa déclaration, et ne soit la même que celle de toute l'Eglise, bien que cela puisse se concevoir dans chaque évêque en particulier, nous n'avons pas à nous en occuper, puisque la foi de l'Eglise dispersée existe, par hypothèse, et que tout est fini de ce côté-là.

C'est donc seulement en tant que pouvoir officiel déclaratif de la foi de l'Eglise, qu'au point où en est la question, nous devons considérer et comparer le concile et le Pape, le Pape et le concile. Or, c'est ici que nous espérons concilier les deux opinions, à moins que les partisans ne soient tellement amis de la dissidence, que la raison soit impuissante à les rapprocher. Contre la volonté les arguments sont des balles perdues.

Quant à la foi universelle de la catholicité, devant être toujours et partout la même, quoique plus ou moins développée, les deux écoles sont d'accord pour la reconnaître infaillible en vertu des promesses de Jésus-Christ ; et la discorde ne règne entre elles que sur la déclaration officielle de cette foi, ou, ce qui revient au même, de tel ou tel dogme comme en faisant partie. Or, rappelons ici ce que nous avons établi : l'infaillibilité de la foi porte directement sur la vérité révélée, et celle de la déclaration officielle ne porte directement que sur le fait de la foi. Quelle est d'abord la plus importante de ces deux infaillibilités? C'est évidemment la première. C'est elle qui est la base, puisque c'est elle seule qui s'adresse, en ligne droite, à la doctrine du Christ. Avec celle-là, une fois posée, il n'est plus difficile d'être infaillible sur cette doctrine; il suffit de la pouvoir constater comme on constate tous les faits éclatants du genre humain. Que Pierre, Paul, André, simples individus, trouvent moyen de s'assurer que telle proposition est enseignée, non pas seulement dans le lieu qu'ils habitent, mais dans toutes les Eglises particulières dont se compose la grande Eglise, ils n'auront qu'à croire, professer, enseigner, par livres ou paroles, la proposition, et ils seront certains d'être infaillibles dans leur croyance et leur enseignement sur cet objet. Nous tous, théologiens, sommes infaillibles par ce procédé, lorsque nous nous renfermons dans ce que nous savons avec certitude être cru et enseigné par toute la catholicité. Quant aux moyens de nous assurer de ce fait fondamental, ou de la réalité du dogme, nous en avons plusieurs : Le premier, le plus clair et le plus facile, est la déclaration officielle elle-même, quand elle a eu lieu. Dans ce cas, le travail est tout fait, le problème résolu, et nous disons, non-seulement que le dogme est certainement existant dans la croyance de l'Eglise, mais encore qu'il est déclaré solennellement article de foi, de sorte que celui qui le nie manque d'une des conditions reconnues comme essentielles pour faire partie du corps visible de l'Eglise. Les autres moyens consistent à recueillir soi-même les témoignages des docteurs, des théologiens, des évêques, des Papes parlant comme simples évêques ou docteurs, etc., et à nous assurer, par cette recherche, de l'universalité de la croyance. Si nous arrivons à constater, d'une manière certaine, cette universalité, nous ne disons pas que le point de doctrine est article de foi de manière à ce que quiconque le nie est hérétique, parce que, la constatation solennelle n'ayant pas été faite, ainsi que la promulgation officielle, aucun n'est obligé à se fier au résultat de nos recherches particulières, et à croire que telle soit réellement la croyance de l'Eglise ; mais nous disons que le dogme existe, et qu'il est certain. Combien de choses sont absolument certaines en théologie, qui ne sont point encore des articles de foi, par manque de déclaration solennelle !

Reste donc à débattre, entre ultramontains et gallicans, quelle est l'autorité infaillible pour faire cette déclaration. Les uns disent que c'est le concile œcuménique seul, ou une bulle du Pape adressée à toute l'Eglise et promulguée partout, mais seulement après qu'on est certain que, partout, elle a été acceptée sans réclamations. D'autres disent que c'est le Pape seul, de telle sorte que c'est lui qui donne la valeur au concile œcuménique lui-même, et que ce concile n'en a aucune sans lui dans le cas de dissentiment. D'autres veulent que ce soit le Souverain Pontife parlant assisté de son conseil et de son Eglise particulière ; d'autres, que ce soit encore lui parlant après avoir ordonné des prières spirituelles, et s'adressant à l'Eglise universelle ; d'autres veulent que ce soit le Pape et le concile réunis, disant qu'il n'y a pas de concile sans le Pape, mais que le Pape y étant, s'il se trouve dans la minorité, il doit céder à la majorité ; d'autres émettent encore des théories à nuances différentes. Pourquoi donc tant de systèmes, ou plutôt pourquoi tant de négations? Pourquoi tous n'auraient-ils pas raison dans ce qu'ils affirment et tort dans ce qu'ils nient? Pourquoi toutes ces prétentions d'infaillibilité ne seraient-elles pas fondées en même temps? S'il s'agissait de dogmes nouveaux à formuler, de donner à croire à l'Eglise universelle ce qu'elle ne croit pas encore, ce qu'elle n'a jamais cru, alors la question nous paraîtrait importante, et, pour le dire avec franchise, nous donnerions l'avantage au concile universel, ou plutôt nous trouverions bien extraordinaire qu'une pareille autorité existât dans le monde; mais il est contraire à la théologie bien comprise d'affirmer pareille chose; point de dogmes nouveaux dans l'Eglise, voilà un axiome universellement répété. Il s'agit donc simplement d'une infaillibilité sur la constatation d'un fait, du fait de la foi universelle, et, partant, d'une infaillibilité qui ne tombe sur la vérité en elle-même que médiatement par l'entremise de cette foi, en sorte que l'infaillibilité n'est telle qu'avec celle de l'Eglise universelle, comme nous le disions, tout à l'heure, de celle de tout bon catholique qui croit simplement ce que l'Eglise lui enseigne. Nous ne voyons donc aucun inconvénient à admettre à la fois toutes les infaillibilités de déclaration officielle du dogme cru. Que le concile, avec ou sans le Pape, soit infaillible dans cette déclaration, c'est ce qui nous paraît nécessaire; comment penser que la réunion de tous les évêques de la catholicité n'exprime pas la croyance réelle de la catholicité? Il faudrait un miracle beaucoup plus grand pour ce fâcheux résultat, que celui par lequel Jésus-Christ assiste son Eglise pour l'empêcher de tomber dans l'erreur en croyance et en enseignement, puisque ce serait la plus monstrueuse des contradictions. Que le Pape le soit également, avec ou sans le concile, c'est ce qui ne nous paraît pas plus difficile à croire; car le Pape, en vertu de sa charge même, a des relations constantes avec toutes les Eglises; peut, quand il lui plaît, interroger les évêques avec la certitude d'en avoir les réponses qu'il désire; et, par conséquent, il n'y a pas, dans toute la catholicité, un seul homme qui puisse connaître aussi bien la croyance universelle; il la connaît sur toutes les questions importantes et agitées comme un président d'assemblée connaît l'esprit de son assemblée sur tel et tel point après qu'il en a recueilli les suffrages. Si l'on suppose l'incertitude naissant du partage à peu près égal de sentiments dans l'Eglise, on suppose que la phase de la discussion dure encore, et que le jour de la déclaration n'est pas arrivé; l'histoire ecclésiastique atteste les questions où la foi de l'Eglise ne s'est pas dessinée ouvertement, sont restées sans décision officielle, et que cette décision n'a jamais eu lieu qu'après épanouissement éclatant et notoire de cette foi, soit qu'il se produisît dès la première contradiction, soit qu'il fût le résultat d'une discussion très-longue. Tous les jugements de Papes qui n'étaient point dans cette condition, n'étaient ni donnés, ni reçus comme proclamations d'articles de foi. Supposera-t-on que le Pape, tout en connaissant infailliblement le fait de la foi universelle, puisse mentir à sa conscience et à cette foi dans la proclamation même? Certes, nous ne nions pas qu'un mauvais Pape ne puisse concevoir ce crime de haute trahison ecclésiastique; mais nous affirmons que jamais il ne l'exécutera; si on imagine qu'il s'adresse à un seul individu, ou à quelques individus, il peut mentir, mais il n'y a point alors déclaration officielle par le fait même; pour cette déclaration il faut qu'il parle à toute l'Eglise; et comment pourrait-il dire à toute l'église : Tu crois ainsi, voilà ta foi, lorsqu'il est notoire qu'elle croit autrement? De pareils mensonges ne sont pas possibles; ils sont incompatibles avec la charge de la papauté instituée par Jésus-Christ; il faudrait pour les rendre possibles de plus grands miracles de l'esprit du mal qu'il n'en est besoin de la part de Jésus-Christ pour veiller à ce que ces monstruosités n'arrivent pas, et n'aient jamais besoin d'être rectifiées par le soulèvement général de l'orthodoxie.

Ainsi donc quand les gallicans disent : le concile œcuménique, c'est-à-dire véritablement composé de tous les évêques de la catholicité, moralement parlant, et de docteurs qui les assistent, ne peut se tromper ni mentir lorsqu'il déclare que telle est la foi de l'Eglise universelle sur tel point particulier, soit que le Pape pense de même, soit qu'il pense autrement; disons comme eux, pour ne pas fronder le sens commun. Et, quand les ultramontains disent : Le Pape seul ne peut se tromper ni mentir, lorsqu'il déclare officiellement et solennellement devant toute l'Eglise, en sa qualité de chef de l'Eglise, que telle est la foi de l'Eglise universelle sur tel point particulier; disons encore comme eux, pour ne pas fronder le sens commun. Puis, quant aux négations des ultramontains à l'égard du concile, réuni ou dispersé, sans le Pape, et quant aux négations des gallicans à l'égard du Pape sans le concile réuni ou dispersé, rejetons-les toutes.

On peut objecter des hypothèses comme celles-ci : mais si le Pape fait une déclaration solennelle de la foi universelle, sans le concile, et que le concile en fasse une, de son côté, aussi solennelle et sur le même point, dans le sens opposé, laquelle suivra-t-on? Mais si le Pape devance la foi manifestée de l'Eglise universelle, et fait la déclaration solennelle sans la connaître, cette déclaration sera-t-elle infaillible? mais, si le concile fait de même sans l'avis du Pape? mais si l'un et l'autre le font d'un commun accord?.....

Nous répondrons en niant toutes ces hypothèses. Elles n'ont jamais eu leur application depuis dix-huit siècles sur un point véritablement dogmatique, et véritablement déclaré solennellement; elles n'auront jamais lieu; c'est une prédiction qui tire ses garanties des promesses du Christ bien comprises, et de l'esprit de son institution. Nous disons cela en particulier de la première ; quant aux autres, nous ajoutons, en ce qui concerne la seconde, que si le Pape y tombait, c'est qu'il ferait un dogme nouveau, ou, au moins, s'exposerait à en faire un, ce qui est reconnu impossible en bonne théologie ; sa croyance particulière ne le déterminera jamais à une déclaration qui équivaut à ceci : c'est un fait patent et notoire que l'Eglise croit partout telle ou telle chose. En ce qui concerne la troisième et la quatrième, nous ajoutons qu'elles sont l'une et l'autre absolument impossibles, vu que le concile représente, dans les deux cas, l'Eglise croyante et l'Eglise enseignante, dans sa totalité morale, et qu'il y a contradiction à supposer qu'il déclare solennellement et officiellement ce que l'Eglise universelle, qui est lui-même, ne croit ni n'enseigne déjà.

Nous avons jeté, un peu plus haut, ce mot important : point de doctrine véritablement dogmatique ; ce n'est pas sans raison, car tout ce que nous disons de l'infaillibilité n'a point son application à la souveraineté législative et administrative ; quelquefois la division s'est faite entre le concile et le Pape, et entre des évêques et le Pape, sur ce terrain, et elle peut se faire encore. Ce qu'on ne peut nier, c'est que l'épiscopat est de droit divin comme la papauté, et que les droits qu'on tient de Jésus-Christ ne peuvent être enlevés par personne, ne peuvent, non plus, se trouver en contradiction les uns avec les autres. Le problème consiste à fixer exactement ces divers droits, et ce problème n'est point encore résolu dans tous ses détails. Ce que nulle opinion ne peut contester, c'est que la souveraineté la plus haute réside dans le concile œcuménique présidé par le Pape, puisque tout s'y trouve réuni, et c'est cette souveraineté admise par tous qui résoudra les difficultés.

Il vient de se passer, au moment où nous écrivons, un fait éclatant qui, par la clarté de ses détails, peut servir à expliquer tous ceux du passé ou de l'avenir, qui, par des complications quelconques, ne seraient pas aussi faciles à juger dans leur esprit : c'est la déclaration officielle de l'Immaculée Conception. Ce dogme existait depuis le commencement de l'Eglise, d'abord à l'état presque latent, puis à l'état de croyance et d'enseignement explicites, bien qu'avec de très-fortes oppositions, et enfin dans ce même état sans oppositions notables. Le Pape voyait mieux que personne ce qui se passait, à l'occasion de cette vérité, dans la foi et l'enseignement universels ; n'était-il pas infaillible dans la reconnaissance de ce grand fait ecclésiastique ? Chacun de nous l'eût été, s'il se fût trouvé en position de savoir ce qui était cru et enseigné dans la presque totalité des églises catholiques ; le Pape, par sa charge même, était dans cette position, et, de plus, il avait la grâce du Christ dans cette constatation, sans quoi il faudrait dire que le Christ ne s'occupe plus de ce qui se passe dans l'exercice d'une charge qu'il a lui-même établie. Le Pape aurait donc pu, après avoir acquis la certitude du fait de la foi, déclarer officiellement cette foi. Il a poussé beaucoup plus loin la prudence, et, comme si Jésus-Christ lui avait directement révélé la conduite spéciale propre à éclairer les âges futurs, et à leur démontrer tout ce que nous venons d'expliquer, il a écrit, depuis plusieurs années, à tous les évêques du monde, afin de savoir leur croyance et celle de leur église, ainsi que leur enseignement ; il a attendu et reçu toutes les réponses ; il les a fait imprimer en plusieurs volumes ; et enfin, voyant, aussi clairement que possible, le fait de la foi universelle, il pouvait encore, à ce moment, faire la déclaration à lui seul ; mais il n'a pas jugé que c'en fût assez : il a dit aux évêques : Venez, si vous le trouvez bon, pour la proclamation officielle ; et à un certain nombre : Venez, je vous convoque en particulier pour la constatation nouvelle des réponses et la proclamation. Deux cents évêques se sont rendus à Rome, ont tenu leurs séances, ont pu vérifier l'accord unanime de toute la catholicité, ont émis de nouveau leur vote de vive voix, étant réunis, comme ils l'avaient émis par écrit étant dispersés, et enfin la proclamation s'est faite. Bien petite serait l'intelligence de celui qui ferait une grande affaire des termes de la rédaction, que nous ne connaissons pas aujourd'hui, mais qui pourrait peut-être choquer quelques esprits ; ce qu'il faut envisager, c'est la série d'actes que nous venons de résumer, laquelle établit, avec une clarté à crever les yeux, tout ce que nous avons dit, et qui se résume dans ces deux principes : l'infaillibilité de la foi et de l'enseignement universels de l'Eglise porte directement sur la vérité révélée ; l'infaillibilité de l'autorité qui déclare officiellement tel ou tel dogme, soit concile, soit Pape, ne porte directement que sur le fait lui-même de la foi et de l'enseignement.

Si les gallicans et les ultramontains ne veulent pas s'embrasser sur le terrain commun que ces principes leur offrent, qu'ils restent en guerre, et ils nous paraîtront, tout à la fois, dépourvus de la logique du théologien et de l'esprit du Christ.

Encore un mot. Nous ne prétendons pas qu'il soit bon que toutes les déclarations d'articles de foi se fassent exactement comme celle-ci ; loin de là : il arrive souvent que les questions sont plus compliquées, moins claires, et que la foi réelle de l'Eglise est plus difficile à reconnaître ; c'est alors que le beau et grand moyen des conciles se présente de lui-même ; la discussion se fait dans l'assemblée ; les esprits s'éclairent les uns les autres au contact ; la foi s'exprime du concours des thèses ; la science se formule, et la déclaration devient facile, de très-difficile qu'elle était auparavant. Quand l'Eglise a eu besoin de conciles, elle y a eu recours ; quand elle en aura besoin dans l'avenir, elle imitera son passé. — *Voy.* COMMUNION DES SAINTS.

INFIDÉLITÉ NÉGATIVE. *Voy.* INÉGALITÉ, etc., DÉCHÉANCE, VIE ÉTERNELLE, etc.

INFINI (L'). *Voy.* ONTOLOGIE.

INFINI (L') DISTINCT DU FINI. *Voy.* Mathématiques, III.

INFIRMITES HUMAINES EN ECONOMIE SOCIALE. *Voy.* Sociales (Sciences), II.

INJUSTICE DANS LA CITÉ. — PLATON. *Voy.* Morale, I, 10.

INSPIRATION SURNATURELLE. *Voy.* Livres sacrés.

INSPIRATION DANS L'ART. *Voy.* Art, IV.

INSTITUTION DU SACREMENT. — INSTITUTION DE LA PAROLE. *Voy.* Sacrement, VII.

INTENTION DANS LE SACREMENT. *Voy.* Sacrement.

INTERDICTION. *Voy.* Ordre, X.

INTERESSÉ (Amour). *Voy.* Contrition.

INTERET PROPRE RAISONNABLE. — PLATON. *Voy.* Morale, I, 5, et III, 12.

INTERNATIONALE (Question). *Voy.* Sociales (Sciences), V.

INTOLERANCE (L') ARMÉE DANS L'ORDRE RELIGIEUX (I" part., art. 28). — Nous transcrivons cet article déjà publié dans un journal, il y a quelques années, pour compléter et, en quelque sorte, résumer la longue dissertation que nous donnons au mot Liberté de conscience.

I. A qui avons-nous déclaré la guerre?

Est-ce à des hommes? Non, nous les aimons tous; nous leur supposons à tous de bonnes intentions; nous préférons croire qu'ils sont mus, quelles que soient les excentricités et les extravagances de leurs théories, par des convictions sincères qui, sans jouir de la clarté parfaite qui implique la certitude métaphysique de la réalité des choses, sont cependant souveraines, irrésistibles, et suffisent pour légitimer, dans l'individu, les actes qui leur sont conformes.

Est-ce à des idées, et par conséquent à des écoles? Oui; car il est impossible d'émettre des idées, d'avoir un système et des convictions, d'appartenir à une école, sans attaquer, par ce seul fait, les idées contraires, les systèmes contraires, les convictions contraires, les écoles contraires.

Entre des déclarations de guerre et le sacrifice hypocrite de la vérité dont on est convaincu, et, mieux encore, dont on a la certitude complète quand cette certitude existe, il n'y a qu'un milieu, le mutisme. Or, le mutisme est lui-même une violation de la conscience, dès que la conscience vous révèle la mission de parler. C'est le cas qui nous incombe.

Nous parlerons donc, et nous attaquerons des idées et des écoles.

Nous attaquerons, en première ligne, les idées et les écoles ennemies de la vérité catholique, mais nous attaquerons aussi celles qui, par un dévouement aveugle à cette vérité, lui font, à notre avis, plus de mal que ses ennemis déclarés.

Parmi ces dernières écoles, il en est une que nous voulons signaler aujourd'hui, en résumant clairement la théorie qui sert de pivot à tous ses mouvements.

Trop souvent on se querelle sans savoir bien distinctement ce qu'on défend et ce qu'on attaque. C'est le défaut que nous désirons, avant tout, d'éviter.

Voici donc le système que nous poursuivrons de nos réfutations, en nous conformant au plus ou moins d'opportunité des circonstances.

Ce système consiste à demander l'inquisition la plus terrible, la plus inexorable, exercée par l'Eglise ou pour l'Eglise, contre tout ce qui l'attaque, hérésies, philosophies, schismes, sciences, histoires, littératures, livres et discours.

Et il s'appuie sur les trois arguments que voici, qu'il reproduit sous toutes les formes, qu'il actualise chaque matin, et dont il ne sortira jamais, parce qu'en effet ce sont les seuls qui lui soient présentés par la nature même de la question.

Premier argument. — La vérité a deux priviléges intrinsèques que n'a pas l'erreur. Le premier consiste à pouvoir affecter les esprits par la vue claire et distincte, qui donne la certitude absolue, et elle seule jouit de cette propriété; car si l'erreur en jouissait comme elle, c'est-à-dire s'il pouvait arriver qu'un esprit eût cette vue claire métaphysique de ce qui est faux, tout serait incertain pour l'homme sur la terre, et le scepticisme le plus radical aurait gain de cause. Si, d'un autre côté, la vérité ne pouvait jamais luire avec cette clarté, l'homme retomberait, par la route opposée, dans le même abîme, puisqu'il n'y aurait plus moyen pour lui de distinguer la vérité de l'erreur, l'une et l'autre n'affectant jamais, par l'hypothèse, que ténébreusement son intelligence.

Le second privilége de la vérité consiste en ce qu'elle soit armée de droits auxquels l'erreur n'a aucun titre. L'erreur, prise en elle-même, a-t-elle le droit de propagande? a-t-elle le droit de s'imposer? a-t-elle le droit de poursuivre la vérité? a-t-elle même le droit d'empêcher celle-ci d'entrer quelque part et de lui fermer la porte? Répondre affirmativement à ces questions serait contraire au plus simple bon sens. La vérité, au contraire, prise en elle même, a tous ces droits, car elle est, par sa nature, l'objet; la lumière et la vie de toute intelligence; il est de son essence éternelle de projeter ses rayons par toutes les fissures qui lui sont ouvertes; et, comme il n'y a pas de droit contre le droit, si elle entreprend de se frayer des routes en un lieu, nulle puissance ne peut légitimement lui barrer le passage.

Or, ces deux priviléges étant reconnus, et étant reconnu en même temps, entre catholiques, que le catholicisme est la vérité, il reste logiquement à conclure que le catholicisme, et lui seul, peut avoir droit à la liberté de propagande d'une part, et, d'autre part, doit arrêter toute propagande de ce qui n'est pas lui.

Dans le catholicisme seul, en effet, peuvent se trouver des esprits voyant clairement et avec certitude que leur doctrine est la vérité, puisque lui seul est, en réalité, la vérité, et la parole de ceux-là étant l'expression du vrai lui-même, elle en a tous les droits, tandis qu'on ne saurait en avoir aucuns contre elle.

Ils peuvent donc user de tous les moyens qui sont en leur puissance pour étendre la vérité dans le monde et pour y tuer l'erreur; *ils* peuvent tout, légitimement, contre les autres, et les autres ne peuvent rien, légitimement, contre eux.

Nous pensons n'avoir pas atténué la force de ce grand argument de nos adversaires. Nous mettrons toujours notre gloire à faire briller leurs raisons dans tout leur éclat, c'est le point d'honneur de notre bonne foi.

Second argument. — La vérité doit écraser l'erreur par la force et lui ôter la liberté si, d'une part, ce système ne présente aucun inconvénient, et si, d'autre part, il présente tous les avantages.

Or, il ne présente aucun inconvénient. On n'en peut imaginer que deux : l'un, relatif aux individus, qui consisterait à faire des victimes d'hommes qui peuvent être de bonne foi dans l'erreur et sincèrement convaincus ; l'autre, relatif à la vérité elle-même, qui consisterait à la rendre passible du reproche d'avoir détruit la liberté dans le monde et de s'être imposée en se faisant bourreau.

Quant au premier, il n'est pas réel : voici un homme qui fait du prosélytisme contre l'Eglise ; vous le prenez de force et vous lui dites : Tu cesseras ton prosélytisme et tu nous feras une profession de foi catholique, ou tu mourras. Il arrivera de deux choses l'une : cet homme cédera ou se laissera tuer (inutile de parler de la prison et de l'exil ; le plus renferme le moins). S'il se laisse tuer, étant de bonne foi, pour ses convictions, c'est un martyr qui vous remerciera dans l'éternité du service que vous lui aurez rendu. S'il se laisse tuer par haine de la vérité, dans un paroxysme impie, il n'a que ce qu'il mérite. S'il cède, sachant que c'est à la vérité qu'il cède en réalité, vous lui épargnez tous les crimes qu'il devait commettre. Si, enfin, il cède malgré ses convictions, il devient hypocrite : c'est un malheur individuel ; mais ce malheur, qui sera sans doute très-rare, d'après le premier argument, peut-il contrebalancer l'immense bien qui résulte, pour la société, du silence imposé aux propagateurs du mensonge?

Quant au second inconvénient, il n'est pas plus réel que le premier. Qu'importent les reproches qu'on pourra faire à la vérité si elle règne ? On ne les lui fera plus quand elle régnera, et n'est-ce pas son règne seulement qui importe? Vous parlez de liberté ; mais la liberté est une arme dont on peut user pour le mal comme pour le bien ; or, les hommes étant toujours mauvais en majorité, et usant, par conséquent, en majorité, de cette arme pour le mal, ne vaut-il pas mieux la leur ravir ? Entre deux maux il faut choisir le moindre. D'ailleurs, le système inquisitorial n'ôte la liberté qu'à l'erreur, la vérité la conserve entière ; et ce n'est pas, pour la vérité, se faire bourreau que de persécuter le mensonge, c'est rester ce qu'elle est par son essence, l'éternelle ennemie du mal, comme Dieu l'est de Satan.

Ce système présente d'ailleurs tous les avantages. En peut-on imaginer de plus grands pour la société que l'extinction de l'erreur et du mal, et la propagation de la vérité?

Tel est le second argument dans sa plus grande force.

Troisième argument. — L'âme doit régir le corps. Il est de l'essence des deux que l'une soit maîtresse et l'autre esclave.

Or, la société spirituelle, ou l'Eglise, est l'âme ; et la société politique et civile n'est que le corps. Donc c'est la première qui doit commander. L'Eglise décrétera donc le système inquisitorial, et les gouvernements seront les exécuteurs de ses ordres.

Ce dernier argument n'a pas besoin d'être plus longuement développé.

Voilà le système qui ne sera jamais le nôtre, quels que soient les hommes qui s'en feront les avocats. Le voilà dans son exposé le plus simple et dans ses raisons les plus puissantes.

II. Indiquons *maintenant* les bases sur lesquelles doivent poser les arguments en réponse aux trois arguments du système inquisitorial.

I. — *Bases de la réponse au premier argument.*

1° Quant au premier privilége qu'il attribue à la vérité, et exclusivement à la vérité, de pouvoir produire dans une intelligence la vue claire et distincte, impliquant certitude métaphysique absolue, analogue à celle des axiomes, il faut l'accorder. C'est le cartésianisme tout entier. Il est au reste fort piquant de voir une école qui se donne pour anticartésienne et traditionnaliste, être obligée d'avoir recours à ce principe pour édifier sa théorie d'intolérance, et ne pouvoir éclairer cette théorie de quelque apparence de raison qu'en remontant à cette base philosophique.

2° Quant au second privilége qu'il attribue à la vérité prise en elle-même et qu'il refuse à l'erreur prise aussi en elle-même, celui du droit de s'étendre et de se propager dans les âmes, il faut encore l'accorder. L'erreur en soi n'est rien et, par conséquent, n'a pas de droits ; la vérité seule, prise en soi, peut en avoir.

Si, cependant, il prétend par là poser en principe que toute vérité a tous les droits possibles, il faut nier cet aphorisme dans son sens absolu. Chaque vérité a ses droits, mais n'a pas tous les droits, distinction sans laquelle on serait conduit à la fusion de toutes les vérités dans une identité absolue équivalente au panthéisme le plus radical. La vérité infinie, la vérité-Dieu a bien tous les droits affirmatifs, tous les droits réels, tous les droits excepté ceux qui seraient négatifs de sa perfection, excepté ceux de mal faire, lesquels ne sont pas des droits, mais seulement des possibilités dans la créature et des impossibilités dans l'être infini. Les vérités finies n'ont, aucune, tous les droits ; chacune, au contraire, a les siens mesurés sur sa nature même, d'où résulte la grande harmonie des créations de Dieu.

3° Quant à l'affirmation que le catholicisme est la vérité religieuse dans sa manifestation sur la terre, non-seulement nous l'accordons encore, mais elle est nôtre ; nous ne vivons, nous ne pensons, nous n'écrivons, nous ne parlons que pour la soutenir envers et contre tous, pour en démontrer la solidité logique, et pour contribuer, autant qu'il est en nous, à lui conquérir, par le raisonnement, toutes les âmes.

4° Enfin, quant à la déduction dernière, consistant à dire que le catholicisme, considéré dans l'assemblée de ceux qui le professent et dans l'autorité représentant et gouvernant cette assemblée, a droit d'employer tous les moyens, même celui de la force matérielle, pour se propager, nous la nions complétement, de sorte que, pour nous, l'homme professant réellement la vérité n'a pas plus le droit de persécution que l'homme professant l'erreur.

Voici, en abrégé, nos raisons :

1° Comme il ne s'agit pas de la vérité en soi, mais bien de la vérité en tant que perçue par l'intelligence humaine ; comme ce n'est pas à la vérité abstraite qu'il s'agit d'adjuger le droit du *compelle intrare*, mais bien à des hommes persécutant d'autres hommes au nom de cette vérité ; nous devons, pour élucider la question, prendre tous les états dans lesquels pourra se trouver la conscience des persécuteurs et celle des persécutés.

Or, ces états possibles sont au nombre de quatre pour celui ou ceux qui persécuteront, et au nombre de trois pour celui ou ceux qui seront persécutés.

Au nombre de quatre pour les premiers ; les voici :

Ils peuvent avoir la vue claire absolue, la certitude mathématique de la vérité, comme un géomètre a cette certitude d'un théorème de géométrie.

Ils peuvent avoir seulement la certitude morale qui est le motif déterminant de presque tous nos actes, et qui suffit pour la foi, parce qu'elle est une conviction souveraine, irrésistible, à laquelle participent toutes les puissances de l'âme, l'amour comme l'intelligence, quoiqu'elle soit dépourvue de cette vue claire, infaillible, analogue à celle qui me montre que le tout est plus grand que sa partie et les déductions logiques qu'on en tire.

Ils peuvent être dans tous les degrés de l'incertitude, c'est-à-dire du probable, du douteux et de l'improbable, états exclusifs de la foi.

Ils peuvent être enfin dans la persuasion négative de la vérité qu'ils professent, dans l'incrédulité.

Au nombre de trois pour les persécutés, ce sont les trois derniers états que nous venons d'énumérer.

Ils peuvent être dans la certitude morale de leur doctrine fausse pour laquelle ils seront persécutés. Ce sera un fanatisme, mais ce fanatisme avec conviction souveraine, avec toutes les qualités de la foi non basée sur la vue claire intuitive ou déductive, est possible et existe souvent ; d'autant mieux que l'erreur n'est jamais sans une grande somme de vrai, que c'est ce vrai qui agit sur l'esprit, et que si le faux passe avec lui comme caché sous son manteau, c'est plutôt l'analyse, la distinction philosophique, un travail intellectuel auquel peu d'esprits sont aptes, qui manque, que la bonne volonté. Cette persuasion sincère, cette foi fanatique, cette certitude morale de l'erreur en gros, comme d'une religion fausse, laquelle est toujours mélangée d'une foule de choses vraies, est donc très-possible. Nous constatons ce principe comme très-important dans la question.

Ils peuvent être aussi dans tous les degrés de l'incertain, et dans l'absence complète de foi à leur doctrine, dans l'incrédulité ; cela est évidemment possible *a fortiori* à l'égard de l'erreur, puisque c'est possible à l'égard de la vérité, par ignorance et aveuglement.

Observons avec soin que nous n'avons pas attribué, comme possible, aux persécutés, le premier état, celui de la certitude métaphysique. Nous les supposons dans l'erreur ; — car, inutile de parler du cas où c'est la vérité qui est persécutée ; tout le monde accordera que l'erreur n'a jamais le droit de persécuter la vérité, ni même une autre erreur. — Et, les supposant dans l'erreur, il serait contraire au principe, accordé plus haut, de prétendre qu'ils puissent jamais avoir la certitude absolue, la vérité seule pouvant affecter les esprits de ce degré de lumière.

Ces possibilités établies, nous disons que, dans aucun des états supposés, la persécution au nom de la vérité ne peut, en droit, lever la tête.

Sera-ce dans le dernier ? Personne n'osera le soutenir. L'homme qui n'a pas la foi, qui est incrédule à la religion vraie dont il est membre, quel que soit son poste, devient un monstre s'il persécute au nom d'une vérité qu'au fond de sa conscience il qualifie de mensonge. Rien de plus évident.

Sera-ce dans le second ? Même évidence, puisqu'il y a dans cet homme absence de foi, doute, ou, tout au plus, des probabilités. Tuer les autres dans leur vie, leur liberté ou leur bien, pour les forcer de professer des dogmes qui, quoique vrais en soi, ne sont, pour celui qui en prend ainsi la défense, que probables, quel crime fut jamais plus atroce ?

Sera-ce dans le troisième ? Le crime diminue en intensité, mais il reste crime. Vous avez la foi, la certitude morale, la conviction souveraine de la vérité, et fondé sur cette base, vous persécutez ceux qui sont dans l'erreur. Mais nous avons reconnu que les trois derniers états sont possibles au sein de l'erreur comme au sein de la vérité. Cette conviction souveraine est un de ces états. Vous ne connaissez pas les consciences, Dieu seul les connaît; vous pouvez donc toujours supposer que celui que vous persécutez a cette conviction souveraine égale à la vôtre, vous le devez même. Voilà donc conviction souveraine contre conviction souveraine, certitude morale contre certitude morale, foi contre foi, est-ce que les droits sont différents ? Le persécuté peut vous dire en toute sincérité : Ma conscience est dans une situation parfaitement semblable à la vôtre ; donc, si j'étais le plus fort, j'aurais également le droit de vous persécuter; et, par conséquent, tout se réduit entre vous et lui à la sotte question de la force brutale.

Enfin, sera-ce dans le quatrième ? Oh ! nous avouons hautement que, sur ce terrain, celui de la vue claire et distincte au sens mathématique, la partie ne saurait être égale entre la vérité et l'erreur. La vérité seule peut projeter dans une âme cette lumière sans ombres.

Mais d'abord, combien est rare la foi raisonnée, la foi basée sur l'évidence ! Les esprits sérieux, froids, sans passions, les philosophes seuls la possèdent, à part les merveilles exceptionnelles et intérieures de la grâce. Or, les philosophes ne sont jamais persécuteurs ; ils ne savent que manier l'argument, convaincre et persuader ; ils y mettent leur gloire ; ils rougiraient toujours de dégaîner l'épée, et font plus de vraies conquêtes que ceux qui la dégaînent ; ils le savent bien aussi. Soit donc répugnance naturelle, soit précaution sage, ils ont soin de briser le glaive avant que se présente l'occasion d'en user.

Ce n'est pas tout. A l'encontre de la vérité clairement perçue, que se présente-t-il ? L'erreur, mais l'erreur mélangée de vérité, laquelle, dans ce qu'elle renferme de vrai, peut être aussi clairement perçue, et, dans ce qu'elle a de faux, peut reposer, dans les âmes, à l'état de conviction souveraine. Or, ce mélange moral de certitude métaphysique et de conviction fanatique, lequel doit toujours être présumé dans celui qu'on persécute, engendre pour la conscience un devoir aussi réel, aussi inviolable, que la persuasion droite, de l'avis de saint Paul, de tous les théologiens et du bon sens, le devoir d'agir en conséquence de sa conviction et de se laisser tuer plutôt que de céder, jusqu'à ce que l'instruction soit venue rectifier le jugement. Il n'y a pas de droit contre le devoir. Donc, la certitude mathématique elle-même demeure sans droit de violence contre l'erreur, puisque lui attribuer un tel droit serait dire qu'on peut avoir le droit d'exiger, par la force, de la part d'un homme, la consommation d'un crime.

Si l'on objectait qu'en pressant le raisonnement on le mènerait à l'absurde, c'est-à-dire, à démontrer qu'il n'est pas permis à la société de défendre ses membres contre ceux qui attaquent leur vie, leur liberté, leur propriété légitime, leur honneur, il suffirait de répondre que les crimes évidents contre la loi naturelle n'engendrent jamais dans l'homme en santé d'esprit la conviction souveraine erronée, et que, s'ils la peuvent engendrer dans le fou, le fou n'en doit pas moins être enfermé comme on enferme un animal furieux, en vertu du droit de légitime défense que possède toute société temporelle contre les perturbateurs directs de la tranquillité de ses membres, motif qu'on ne saurait alléguer en matière de religion que dans le cas où, sous ce mot, se déguiserait un système clairement attentatoire aux droits naturels, évidents pour tous, dont il s'agit, lequel système serait manifesté par la parole et par l'action.

Telle est, en résumé, l'argumentation que la raison oppose à celle du système inquisitorial.

Qu'il nous suffise d'indiquer seulement la réponse que lui fait l'autorité même de la révélation catholique.

2° La raison, se trouvât-elle embarrassée sur cette grande question, ce qui, après tout, lui arrive sur une foule de questions, l'Evangile et la tradition ecclésiastique la tireraient d'embarras. Nous promettons, pour une autre occasion, une thèse théologique fondée sur ces deux bases, et aussi solide que la plus solide de la théologie en faveur du mieux démontré de tous les dogmes (15.)

II. — *Bases de la réponse au deuxième argument.*

1° Quant aux motifs qu'on y allègue pour établir que le système inquisitorial ne présente aucun inconvénient relativement à l'individu persécuté, il est bien vrai qu'en faisant abstraction des intérêts de ce monde et ne considérant que l'éternité, la conscience de l'individu restant libre et échappant, par sa nature spirituelle, à toutes les violences, elle n'aura jamais, dans tous les cas possibles, à démêler avec Dieu que la question de sa culpabilité ou de son innocence intérieure.

Cependant il y a, sous ce rapport, une considération importante à présenter. Les hommes sont faibles ; les occasions de chute influent beaucoup sur leur état moral ; tel serait resté toujours bon, qui deviendra mauvais, parce que l'occasion de le devenir lui aura été fournie. Or, l'effet le plus général de la persécution sera de faire des hypocrites, des renégats de leurs convictions, crime

---

(15) Cette thèse est donnée dans ce livre au mot LIBERTÉ DE CONSCIENCE.

dont ils devront compte à Dieu. Ce système présente donc, en pratique, des inconvénients graves pour la conscience individuelle, en ce qu'il est un grand excitant à l'hypocrisie.

Mais la question n'est pas là. Il s'agit du persécuteur et non du persécuté. Quand Dioclétien tuait les Chrétiens, il travaillait sans doute à leur composer la plus glorieuse des couronnes, la couronne du martyre, et, d'un autre côté, la vérité n'en faisait qu'une plus rapide propagande. En fallait-il conclure que son système était sans inconvénient et qu'il était à désirer, pour lui et la société, qu'il le continuât? C'est la terre qu'il faut considérer ainsi que la mission de la puissance, quelle qu'elle soit, qui tient le glaive sur la terre.

Or, à ce point de vue nous disons que le système inquisitorial présente, au contraire, tous les inconvénients et aucun avantage.

La mission de toute puissance armée est de veiller au bien-être temporel de ceux qui lui obéissent. Persécuter les uns pour des motifs purement spirituels et religieux, pour affaires de conscience qui n'impliquent pas l'attentat à la liberté temporelle des autres, c'est les rendre malheureux temporellement sans nécessité temporelle. Or, les malheurs de cette vie ne sont-ils pas des inconvénients ayant leur importance relative? Si les victimes sont de bonne foi, elles souffrent injustement; malheur donc aux sociétés. Si elles sont de mauvaise foi et qu'elles souffrent par entêtement, malheur encore, puisque la persécution ne produit sur elles qu'un mauvais effet moral sans rien perdre de son atrocité. Si elles cèdent contre la voix de leur conscience et par lâcheté, malheur encore plus grand : hypocrisie d'une part et, d'autre part, société qui se démoralise à l'école de la peur. Si elles cèdent par conviction, il n'y avait pas besoin de bourreaux, car ce ne sont pas les bourreaux qui leur auront donné ces convictions, une pointe d'acier n'étant rien moins, par sa nature, qu'une démonstration.

Quant à l'avantage que prétendrait tirer la vérité de la persécution contre l'erreur, pour l'extension de son règne, il faut lui opposer la négation la plus complète; tous les faits sont contre. Quant à la vérité, tout lui est bon pour vaincre, excepté le rôle de bourreau : persécutée, elle triomphe; libre, elle triomphe; persécutrice, elle est en décadence. Quant à l'erreur, la liberté lui est pernicieuse, et la persécution lui ménage des succès momentanés.

On objecte que, les hommes étant mauvais en majorité, ils useront, en majorité, de la liberté pour le mal. C'est l'argument de Rousseau contre la science et l'art, en faveur de la barbarie; les misanthropes de la civilisation et les chefs des hordes barbares sont les seuls mortels qui croient à sa valeur.

Vous dites encore que le système inquisitorial n'ôte la liberté qu'à l'erreur pour la donner plus grande à la vérité. Cela est faux. Considérez le genre humain; l'erreur n'y a-t-elle pas encore la majorité? Ce sera donc elle qui aura les avantages du système. Aussi, ce n'est pas l'erreur qui vous attaquera, elle s'en garderait bien; elle est plus fine que vous; czars et sultans, mandarins et Cochinchinois seront de votre avis. Mauvais diplomates, si vous étiez seulement habiles, vous auriez la patience de tenir vos théories secrètes jusqu'au jour opportun. A Dieu ne plaise que cette parole soit, de notre part, un conseil ou un reproche! nous vous louons sincèrement de votre grosse franchise..... comme étant la seule chose commune entre nous.

Vous dites enfin que ce n'est pas, pour la vérité, se faire bourreau que de persécuter le mensonge, mais rester ce qu'elle est éternellement, l'ennemie du mal. Savez-vous comment le bien est l'ennemi du mal, le vrai du faux? comme la lumière est l'ennemie des ombres, le plein du vide, l'être du néant. La lumière, le plein, l'être s'épandent, se dilatent, s'universalisent; et les ombres, le vide, le néant ne disparaissent que parce qu'ils sont eux-mêmes absorbés et remplis. Voilà le grand et véritable duel entre la vérité et l'erreur. Pour y voir des lames brisées, du sang répandu, des bourreaux et des victimes, disons-le franchement, il faut avoir la berlue.

III. — *Bases de la réponse au troisième argument.*

L'âme doit régir le corps. L'Eglise est l'âme du monde présent, la société temporelle en est le corps; c'est donc à l'Eglise de gouverner.

Cet argument confond les deux ordres, l'ordre naturel et l'ordre surnaturel. Il est hérétique par déduction, car poser un principe d'où il suit qu'il n'y a qu'un ordre, que les uns appelleront naturel et les autres surnaturel, c'est poser la base de la négation qui constitue la plus radicale des hérésies.

Pour conserver les deux ordres, il faut dire qu'il y a deux sociétés, ayant chacune leur être complet, c'est-à-dire l'âme et le corps, la société naturelle et la société surnaturelle; que la société naturelle se gouverne par son âme, que la société surnaturelle se gouverne aussi par son âme, et que l'une ne saurait être l'âme de l'autre, pas plus qu'un homme ne saurait être l'âme d'un autre homme. Il faut ajouter, cependant, que l'une doit exercer une grande influence sur l'autre, l'exerce en effet et l'exerce d'autant mieux qu'il y a entre les deux sœurs union, bon accord, amitié, entente, liberté et indépendance réciproque, harmonie.

Nous ne développerons pas, en ce moment, cette thèse, n'ayant pour but que de préciser les bases de nos réponses, et tous nos articles n'étant que des défenses de cette pensée fondamentale, selon les points de vue divers sous lesquels elle se montre et les échappées de lumière qu'elle ouvre devant nous aux différents jours de notre vie intellectuelle, religieuse et sociale. — *Voy.* Absolutisme-schisme.

INVALIDATION DES DROITS. *Voy.* Ordre, X.

INVENTIONS ET INDUSTRIE. *Voy.* Sociales (Sciences), II.

INVOCATION DES SAINTS. *Voy.* Communion des saints.

ISLAMISME. (l'Art dans l') *Voy.* Art, VI.

J

JANSENISME. *Voy.* Panthéisme, et les articles sur la grâce.

JÉSUS (Vie de). — VIES DES GRANDS CHEFS DE RELIGION ET D'ECOLE (II° part., art. 11). — I. Pour avoir une idée juste du passage de Jésus-Christ sur la terre, il faut prendre les quatre Evangiles, les étudier attentivement en les comparant, et faire soi-même le travail de la concordance. C'est ainsi, qu'en arrivant à les compléter l'un par l'autre, on arrive, en même temps, à bien comprendre le héros divin dont ils racontent l'histoire; car chaque tableau détaché ne donne qu'un point de cette grande vie; et si, ne lisant que séparément les épisodes de saint Matthieu, et les trois autres histoires, on n'en établit pas, dans sa pensée, une suite méthodique, il n'en reste qu'une appréciation peu claire et peu juste sous plusieurs rapports.

Nous avons fait le travail dont nous parlons; et cette vie, dont aucune intelligence humaine n'aurait jamais conçu la fiction, qu'on arriverait à peine à construire en prenant tout ce qu'il y a de beau dans celles de tous les grands hommes que le monde a produits, et les dépouillant de tout ce qui peut les déparer, forme un drame mystérieux, humain et divin tout ensemble, dont les actes nous ont paru se développer au nombre de neuf, comme le fera comprendre le tableau analytique des quatre évangiles, que nous sommes forcé de renvoyer au *Supplément.*

Voici seulement les noms qu'on pourrait donner à ces neuf grandes phases de la vie du Sauveur : *Le Mystère; la grande nouvelle; l'éveil du peuple; l'enthousiasme du peuple et l'envie de la Synagogue; le repos; la haine et l'amour; le triomphe de la haine; le sacrifice; le triomphe de l'amour.*

Comme cet article ne comporterait pas une comparaison détaillée de la vie de Jésus, et de celles des grands philosophes et réformateurs religieux de l'histoire humaine, nous nous bornerons à quelques observations qui mettront sur la voie de cette étude [ceux qui voudront s'y livrer. Ces observations générales ne seront que le résultat de nos propres lectures.

Il ne peut d'abord être question d'établir des parallèles entre Jésus-Christ et les philosophes ou réformateurs qui sont venus depuis l'établissement de sa religion dans le monde; car tous ceux-là ont pu avoir plus ou moins connaissance des merveilles de sa vie, de sa doctrine, de sa morale, de son caractère, et du surnaturel dont il s'est enveloppé jusqu'à un certain point, et, par conséquent, ont pu s'en inspirer. Il n'est pas de grand homme, dans quelque genre que ce soit, qui ne cherche à imiter le Christ depuis qu'il est connu; et il n'en paraîtra plus dont l'originalité ne soit une pâle réflexion de la sienne. Il faut donc renoncer à toute comparaison de notre divin Maître avec les réformateurs modernes, soit en dehors, soit en dedans du christianisme. Mais il n'en est pas de même des lumières antiques du genre humain, de ces flambeaux que Dieu voulut allumer d'âge en âge, non pas pour inonder la terre des clartés pures et complètes dont il réservait les semailles à cette unique incarnation de son Verbe, mais pour la sauver d'une nuit qui, sans eux, serait devenue trop profonde. Parmi ces flambeaux s'allument, de temps en temps, des précurseurs proprement dits de l'Evangile, au sein du peuple où le Christ devait naître, tels que les Moïse et les Isaïe; on peut établir avec ceux-ci des comparaisons; mais comme ils appartiennent au courant de la vraie révélation, et sont envoyés directement en vue de Jésus-Christ, ces comparaisons se réduisent aux figures prophétiques de l'Homme-Dieu, que l'Eglise chrétienne se plaît à trouver en eux. Job est de ce nombre, bien qu'il ne soit qu'un Iduméen; le tableau que fait de son héros le prince des poètes, que ce héros soit un personnage réel, ce que nous aimons à croire, ou un personnage feint, est incontestablement admirable de perfection, de pureté, de pieuse énergie; et, s'il est d'un ordre inférieur à celui que les évangélistes nous ont laissé du Christ lui-même, dans leur simplicité narrative, il peut soutenir une comparaison en ce qui concerne les vertus humaines et la profondeur philosophique. Le malheur de Job n'est pas de la même espèce que celui de Jésus; mais il est, ce nous semble, plus humiliant encore, presque aussi cruel, et la patience de l'homme est si noble, si calme, si parfaite, qu'elle ne pouvait être surpassée que par un mélange d'effusions d'amour d'un autre ordre dont Jésus divinisa la sienne.

C'est en dehors de la révélation pure qu'il faut chercher des objets de comparaison avec le Christ. Or, sachons éviter les deux excès. Quelques-uns, par un amour aveugle de ce qui doit être aimé par-dessus toutes choses, se jettent dans le sarcasme, l'injure et le mépris de tout ce qui n'est pas Jésus-Christ; d'autres, par l'aveuglement de l'ignorance ou de la guerre déclarée, exaltent au delà du vrai ce qui n'est pas Jésus-Christ pour essayer d'assombrir sa gloire. Les premiers sont plus dangereux que les seconds, car, en rabaissant tout ce qui est magnifique dans les œuvres de Dieu pour exalter son Fils incarné, ils transportent la discussion sur un terrain difficile où ils peuvent être repoussés avec avantage, ce qui est de nature à donner le change aux juges peu instruits, et à leur faire prendre la défaite du panégyriste pour celle du héros. D'ailleurs, ils ne savent donc pas que, plus on élève un rival, plus on élève, en même temps, celui qui ne saurait avoir de rivaux. Il n'y a de grande gloire qu'à vaincre de puissants ennemis. Les autres ne sont pas plus heureux, ils manquent leur but pour cette même raison; mais au moins peuvent-ils être considérés comme d'aveugles instruments de la vraie glorification de Jésus-Christ. Nous leur accorderons, en effet, tout ce qu'ils voudront attribuer de grandeur à leurs protégés, et nous leur dirons : Montrez-les maintenant dans leur beauté et leur parure, en face du héros des Chrétiens. Ce ne sont plus que des astres éclipsés.

Disons quelques mots des plus célèbres.

Il ne viendra dans l'esprit de personne de présenter Manou qui n'est qu'un petit Moïse, pas plus qu'Odin, poëte guerrier presque inconnu, ni même l'auteur des *Védas*, dont la lyre exaltée ne peut être mise en comparaison qu'avec la harpe des prophètes, ni plusieurs autres génies dont les écrits restent sans la légende, ou dont la vie n'embrasse pas assez de rapports avec celle du Christ. Mais on peut présenter plus sérieusement le dieu-homme indien Krichna, le Mouni Chakia, aussi dieu-homme fondateur du bouddhisme, le réformateur-philosophe Zoroastre, et quelques chefs d'écoles purement philosophiques.

Krichna, huitième incarnation de Wichnou, vécut, à ce qu'il paraît, trois ou quatre cents ans après Rama-Tchandra, qui avait été l'avatar précédent et que W. Jones place deux mille ans avant Jésus-Christ. Il est célébré par Vyasa, dans le *Mahabharata*, comme Rama par le poëte Valmiki dans le *Ramanaya*. Il manque peu de chose à ce singulier personnage, tel qu'il est chanté par Vyasa, et à part la différence d'authenticité des faits rapportés, pour qu'il puisse soutenir la comparaison du côté du surnaturel. Il est annoncé par d'autres avatars inférieurs qui ne sont que des prophètes. C'est une véritable incarnation de la divinité dans un homme. Le *Prem-Sagar* contient des prières à cet homme-dieu qui ne peuvent convenir qu'au Dieu suprême, et qui sont aussi fortes que celles d'un Chrétien à Jésus-Christ. La persécution s'attaque à son berceau; les guérisons miraculeuses, les prophéties, et même les résurrections de morts ne manquent pas à sa vie; ses légendes, en fait de merveilleux, sont en nombre infini dans les Indes.

Sa doctrine est belle; sa morale présente des élans tout chrétiens. Il préconise l'humilité, le mépris des richesses, le pardon des injures; il fait consister la perfection de l'amour du prochain à faire du bien à ceux qui ne nous en font pas. « Point de mérite, dit-il, à rendre le bien pour le bien » Il lance des anathèmes contre les orgueilleux brahmanes comme Jésus-Christ contre les pharisiens, tandis qu'il est doux et clément pour les bergers, les pauvres, les hommes du peuple, dont il est quelquefois suivi et acclamé. Voilà le beau côté de ce héros divin des adorateurs de Wichnou, qui lui ont consacré plusieurs jours de fête.

Mais, quand on l'a admiré sous tant de rapports, on est surpris de le voir quitter la condition de berger, où il passa sa jeunesse sous le nom de *Govinda*, pour se faire général d'armée contre le tyran Kansa et beaucoup d'autres ennemis, qu'il abat d'une manière sanglante par la force; de le voir devenir un dieu riche et puissant, aux somptueux palais, et surtout de le voir, après sa jeunesse de pâtre, se livrer aux voluptés des sens avec les gopis, ou bergères de la contrée, parmi lesquelles il se donne plus de seize mille amantes, dont Rahda est la plus chérie. Il enlève, durant la guerre, la belle Roukmini, fille d'un roi et fiancée d'un autre; puis, victorieux de ses ennemis, il s'abreuve d'amours sensuels dans des châteaux féeriques, profitant de son omniprésence pour se livrer simultanément à ses seize mille gopis, sans oublier la royale Roukmini.

Krichna, malgré sa divinité véritablement incarnée, perd donc tout son prestige devant Jésus-Christ. Qu'est-ce que Salomon avec sa science, sa philosophie, sa sagesse, dans sa cour splendide, dans ses voluptés, dans sa royauté temporelle, près du charpentier de Judée, constituant, par sa vie, sa prédication et sa mort sans pareille dans la fiction comme dans l'histoire, l'éternel royaume des esprits ! Nous n'avons rien dit de la mort de Krichna ; elle est sanglante, mais tout ordinaire : Wichnou permet qu'étant assis au pied d'un arbre, un chasseur le prend pour une bête fauve et le transperce d'une flèche. Malgré l'idée d'incarnation réelle qui entoure la mémoire de Krichna, sa belle morale et son merveilleux, trop approchant peut-être de celui de l'Evangile pour qu'il n'y ait pas, dans sa légende, du surajouté depuis le christianisme, nous trouverons qui mérite beaucoup mieux la comparaison avec notre Homme-Dieu.

Le pénitent Chakia-Mouni, ou Bouddha, autre incarnation de la divinité suprême, nommée Adi-Bouddha par les Chamanéens, se présenterait avec plus d'avantage. C'est un fils de roi, dont quelques prodiges illustrent la naissance, qui s'élève par lui-même à une science prodigieuse et à une grande sagesse, épouse une seule femme dont il a un fils et une fille, puis abandonne son épouse, ses enfants, sa famille et la gloire temporelle qui lui était destinée, pour suivre une vocation céleste. Il se mortifie dans la solitude, travaille à éteindre en lui les passions, résiste aux séductions des femmes, s'adjoint quelques disciples, et va prêcher sa réforme sur les bords du Gange. Les multitudes l'écoutent, l'admirent, le suivent : il compose des livres ; il triomphe de ses ennemis par les seules armes du raisonnement ; il passe de là une longue vie, et meurt dans une sorte d'extase, où il va retrouver la grande âme qui n'est autre que lui-même. Sa morale est d'une grande pureté, et très-philosophique ; l'austérité et la contemplation en sont les ressorts principaux, et sa vie est, en tout point, conforme à cette morale sévère. Point de jouissances, point de richesses, point de royauté temporelle, nul appel à la force, une doctrine égalitaire et mystique qui fait d'immenses progrès au milieu des persécutions ; enfin des miracles en assez grand nombre. Voilà Chakia-Mouni, dont le nom chinois est Fo ou Foe. (Les citations de l'art. Fo du *Dict. des religions* en donnent une idée.)

Cependant, il manque beaucoup encore à ce singulier personnage, si on le met en regard de Jésus-Christ. Le mysticisme de sa doctrine tombe dans des excès révoltants ; il dépasse la nature ; il pousse à l'inaction, jusqu'à l'idiotisme ; le travail de l'âme paraît se réduire à des efforts vers le sommeil de l'annihilation dans l'oubli complet de toutes choses. Les miracles qui lui sont attribués ne sont pas tous très-raisonnables ; la clarté, et l'harmonie ne règnent pas dans sa symbolique comme dans celle de Jésus, et il lui manque complétement le drame de la passion, ce point central où convergent tous les traits du Sauveur, cette explosion lumineuse de sa vie.

Zoroastre est un mélange de haute philosophie et de surnaturel. Il n'est pas précisément une incarnation de la divinité comme les précédents ; ce n'est qu'un prophète inspiré d'Ormouzd, à qui les révélations et les miracles ne manquent pas non plus. Toujours même morale, celle dont les premiers principes sont gravés par Dieu même au cœur de l'homme, et que tous les philosophes ont plus ou moins dégagée des erreurs dont les passions la surchargeaient sans cesse. Il se prépare, comme les autres, par la retraite, à remplir sa mission de réformateur ; il est appelé par le Dieu suprême à lutter, au nom d'Ormouzd, contre Ahrimane. C'est d'Ormouzd qu'il reçoit la loi sainte du Zend-Avesta qu'il apporte aux mortels ; et ce livre contient des prières inspirées par l'amour de Dieu et des hommes, très-dignes de figurer dans la bouche des Chrétiens.

Mais ces belles choses sont déparées par des superstitions ; la fraternité et l'égalité évangéliques y sont beaucoup moins que dans le moine Chakia ; c'est aux rois que Zoroastre va annoncer sa doctrine, et c'est à leur influence qu'il a recours pour la répandre ; il est attaqué, et il use de la force des armes contre ses ennemis ; il épouse successivement trois femmes, et s'il est tué par Ahrimane, au moyen d'une étincelle que ce génie du mal fait jaillir d'une étoile, il n'a pas à lutter contre des maux inouïs avant de quitter la terre.

Restent les philosophes proprement dits. Or parmi eux le Chinois Lao-Tseu, espèce de Platon, très-profond métaphysicien et bon moraliste, n'est connu que par ses livres ; ce qui ne suffit pas, puisque au contraire il vaudrait mieux qu'il y eût absence de livres pour la ressemblance qui nous occupe en ce moment. Kong-feu-Tseu est un ministre de l'empereur, qui renonce à sa charge par le dégoût que lui inspirent les désordres de la cour, et qui va prêcher dans plusieurs lieux une morale sublime, en fondant des écoles. Il n'oublie aucune des vertus humaines : l'humilité, la chasteté, la charité, la douceur, la tempérance, la bienfaisance sont les objets de ses prédications et de son culte. Mais sa vie est tranquille, n'a rien de dramatique, de surnaturel ; les vertus qui ne se rapportent qu'à Dieu sont presque oubliées dans ses livres ; il manifeste un respect, qui étonne dans un si grand homme, pour les puissances de la terre, dont le Christ ne daigne parler que pour leur jeter des paroles d'ironie ou d'anathème ; et enfin, il reste encore chez lui quelque apparence de participation aux superstitions de la grande tortue, accréditées de son temps.

Prendrons-nous Pythagore ? Ce que nous en savons nous en donne une très-grande idée. Doctrine profonde, morale pure, mortification des sens dans l'intérêt de l'âme, et surtout une belle mort, puisqu'elle est sanglante et déterminée par des persécutions contre son école ; mais cette mort nous est trop peu connue ; il ne paraît pas qu'elle fut librement endurée pour sa doctrine, bien que sa doctrine en fût l'occasion ; et d'ailleurs, cette association de disciples, assujettis à des épreuves et à un régime de mortification, nous paraît bien petite à côté de la grandeur de Jésus-Christ, ne s'occupant nullement de ces choses inférieures, n'exigeant, dans ceux qui voudront le suivre, que l'adoration de l'esprit et l'amour des frères, et appelant le monde entier à composer son royaume. Laissons Pythagore.

Platon est le plus grand des philosophes ; mais il faut en dire à peu près ce que nous avons dit de Lao-Tseu. Nous trouvons dans sa vie des infortunes noblement endurées, ce qui n'est pas rare pour l'honneur de notre histoire, et des études intellectuelles qui n'ont pas de rivales. C'est un caractère tout humain qui éloigne la similitude plutôt qu'il ne la rapproche, puisque la vie du Christ est sous ce rapport, toute surnaturelle. Platon domine tous les génies antiques ; il n'a rien qui puisse faire penser à le mettre en parallèle avec Jésus-Christ.

Reste Socrate. Sa condition est humble et ordinaire ; il est audacieux dans sa guerre ironique contre les faux sages ; il n'écrit rien ; son ambition est d'instruire la jeunesse d'Athènes ; il va d'échoppe en échoppe s'entretenir avec les artisans ; il ne craint pas les tyrans de la Grèce, il flétrit leurs vices ; il refuse, au péril de sa vie, de participer à leurs assassinats juridiques ; il se moque des superstitions païennes ; il se soumet cependant aux pratiques du culte, en les interprétant raisonnablement comme des formules légales d'adoration des forces de Dieu. Il est calme et patient dans ses malheurs domestiques; il vit de manière à s'attacher des disciples, tels que Platon, d'un amour sans bornes. Il prêche la morale pure de tous les grands hommes, et y ramène la philosophie égarée dans des abstractions inutiles pour le bien du vulgaire. Enfin, il meurt librement, avec le calme du juste condamné par des juges iniques, sur des accusations fausses, excepté celle d'avoir professé l'unité de Dieu. Il meurt après avoir reçu sans pâlir les pleurs de sa femme et de ses enfants, et les avoir éloignés pour s'entretenir de l'immortalité de l'âme avec ses disciples. Il meurt au milieu des cris de désespoir de ses amis, en leur prêchant la force d'âme, l'espérance et la pratique des vertus; et ses disciples vengent sa mort devant la postérité en écrivant son histoire dans d'immortels ouvrages où ils l'appellent « le meilleur et le plus juste de tous les hommes (Phédon, *Derniers mots*). » Oui, Socrate demeurera toujours la merveille humaine la plus étonnante et la plus digne de comparaison avec la merveille divine que Dieu s'était réservé de nous présenter dans son Christ.

Nous venons, par les deux qualifications de divine et d'humaine, de dire ce qui manque à Socrate, et ce dont Jésus l'emporte sur lui. Socrate est la raison pratique, naturelle, élevée aussi haut qu'on le puisse concevoir : le Christ est d'abord toute cette raison pratique, car rien ne lui manque de ce qui est beau dans la morale et dans la conduite de Socrate, et il est, de plus, la poésie, la sublimité, l'enthousiasme, l'amour sans bornes, le merveilleux, le surnaturel, en un mot, se déployant comme une lumière infinie autour d'une nature déjà parfaite. Le Christ est véritablement le philosophe-Dieu, et Socrate n'est que le philosophe.

Comme c'est par sa mort que Socrate s'élève le plus haut dans la voie de la ressemblance avec Jésus-Christ, et que c'est aussi dans sa mort que Jésus-Christ s'est montré le plus Dieu sans cesser d'être homme, nous renvoyons le lecteur au mot Passion, pour y comparer les récits de ces deux morts.

Il résulte de ce rapide coup d'œil jeté sur les hommes les plus étonnants que l'humanité ait produits, que toutes les grandeurs sont éclipsées par celle de Jésus-Christ. A lui seul rien ne manque. Ni la pureté de la doctrine; qu'on trouve une erreur dans une de ses paroles; et pas un de ceux qu'on pourrait lui donner pour rivaux n'en est tout à fait pur. Ni la plénitude de l'exposé des vérités utiles; qu'on dise le principe qui manque, celui qui serait indispensable pour en déduire quelques règles de morale dont l'humanité ait besoin, soit au point de vue individuel, soit au point de vue social, soit au point de vue de Dieu; aucun des autres n'est aussi complet. Ni le rationalisme de l'adoration religieuse; il néglige tout ce qui est petit, matériel, formule indifférente en soi, loi variable et capricieuse, pour ne s'occuper que du fond même des choses, pour tout ramener à la double loi de nature et de régénération, ainsi que l'a compris si bien saint Paul, son grand interprète; souvent les autres gardent un intérêt superstitieux pour certains dehors de la coupe. Ni aucune des qualités d'un surnaturel raisonnable ; de sa naissance à sa mort, tout ce qu'il y a de merveilleux est motivé et plein de bon sens ; que des esprits trouvent ridicule le miracle de la légion de démons impurs envoyée dans une troupe de pourceaux, nous y voyons une manière de dire au vieux monde, avec énergie, qu'il doit laisser ses passions à la bête; parmi les autres, ceux qui sont entourés de surnaturel présentent plus de miracles petits et ridicules que de miracles sérieux et raisonnables. Il ne lui manque enfin, ni les grandeurs du drame, ni les effusions de l'amour, ni les sublimités de la poésie, ni le charme de la parabole, ni la finesse de l'esprit, ni rien de ce qui plaît, séduit, exalte, entraîne, produit les merveilles de l'ordre moral ; on ne trouve chez aucun autre un pareil ensemble.

Pour approcher du Christ, il faudrait réunir tous les héros de toutes les époques, tant les héros réels que les héros de fiction ; laver les uns des imperfections qui les déparent, ajouter aux autres les perfections qui leur manquent; prendre ici et là tout le beau, tout le grand, tout le sublime, tout le vrai, aussi bien dans l'ordre naturel que dans l'ordre surnaturel; et, de ces beautés réunies, composer un idéal. On achèverait ainsi, par le côté naturel, le rêve de Platon imaginant son juste persécuté jusqu'à la mort de la croix, et, par le côté surnaturel, l'idée de Dieu fait homme, conçue plus ou moins par les philosophes mystiques et religieux des bords du Gange ; ce serait alors à peu près Jésus-Christ ; mais n'est-ce pas, en effet, cet idéal réel de toutes les perfections compatibles avec la nature humaine, que Dieu devait nous présenter comme modèle en s'incarnant ?

Voilà donc le héros des Evangiles ; s'il n'était qu'une fiction, ce ne pourrait être celle d'un poëte ni d'un philosophe, ce serait la fiction du genre humain tout entier ; or, comme cette fiction n'était possible et ne se faisait, dans l'ancien monde, que par lambeaux épars, et qu'il ne tombe pas sous le bon sens que quelques Juifs aient réalisé un travail que le monde lettré du XIXᵉ siècle n'est pas encore en mesure de mener à sa fin, il suffirait de lire la simple histoire qu'ils nous ont laissée pour en conclure la réalité et la divinité de leur héros. — *Voy.* Passion de Jésus-Christ.

JEU. *Voy.* Gymnastique.

JUGEMENT DE LA RAISON, — JUGEMENT DE LA FOI (Iʳᵉ part., art. 14). — Il y a des esprits qui veulent séparer la raison de la foi et les voir toujours en antagonisme; les uns ont pour but d'élever la raison sur les ruines de la foi, les autres pour but d'élever la foi sur les ruines de la raison ; ces deux extrêmes se valent; car ils sont également destructifs, et de la raison et de la foi ; mais nous ne voulons pas le leur prouver dans cet article ; nous voulons seulement leur présenter une observation pratique que nous avons eu mille fois l'occasion de faire, et que nous les prions de vérifier.

Dans les moindres circonstances de la vie surgissent des questions à résoudre ; questions de bien et de mal, de beau et de laid, de convenable et d'inconvenant ; questions auxquelles il vous faut une réponse pour agir. Or, supposez, dans tous ces cas, que vous ayez à droite et à gauche deux juges ; l'un qui soit la personnification d'une raison sage, prudente et éclairée des seules lumières naturelles, comme serait un des bons philosophes de la Grèce ou de l'Egypte, de la Chine ou de l'Inde, ou, si vous aimez mieux, un simple citoyen de bon sens de l'ancienne Rome aux vertueux jours de la république ; l'autre qui soit un casuiste intelligent, connaissant à fond l'Evangile et la théologie morale des Chrétiens, et sage dans le jugement ; car, s'il ne l'est pas, sa science ne lui servira souvent qu'à l'égarer dans un labyrinthe de distinctions d'où il sortira avec la berlue dans l'œil, et le sot avis sur la langue. Puis, faites la question à l'un et à l'autre, en commençant par celui que vous voudrez : Soyez impartial, droit, sincère, et notez avec soin les circonstances où les deux juges auront répondu différemment, aussi bien que celles où ils auront fait la même réponse ; laissez passer une année de la sorte, sans omettre une seule fois la note ; vous aurez au bout de l'an plus de réponses qu'il ne se sera passé d'heures ; et s'il vous arrive ce qui nous est arrivé, vous trouverez que les réponses du bon sens naturel seront toutes, sans aucune exception, parfaitement conformes à celles de la foi, et réciproquement. — *Voy.* ABERRATIONS DE LA RAISON, — DE LA FOI.

JUGEMENT DES AMES PAR LE CHRIST (LE) — DEVANT LA FOI ET DEVANT LA RAISON (II° part., art. 17). — I. Le Symbole des apôtres et le symbole de Nicée terminent leur résumé de la vie de Jésus-Christ par ces mots : *Il viendra juger les vivants et les morts ;* et c'est dans ces simples paroles que se concentre la doctrine entière de l'Eglise sur le jugement général ; or, il faut avoir soin de ne la pas dépasser par des assertions sans fondement. La matière est féconde pour l'imagination ; raison de plus pour être sur nos gardes en ce qui la concerne.

Disons donc simplement avec l'Eglise qu'il y aura une manifestation générale et glorieuse de Jésus-Christ dans laquelle seront jugés les vivants et les morts, et tenons-nous-en à ces expressions sans trop chercher à les approfondir et à savoir au juste ce qu'elles signifient, quand il s'agit de la profession de foi rigoureuse qui constitue l'orthodoxie d'un catholique.

Il n'en est pas de même lorsqu'on se promène dans les domaines de la philosophie ou de la poésie ; on peut alors donner un libre cours aux hypothèses, pourvu qu'elles ne soient point négatives du sens littéral des expressions du Symbole.

Nous pouvons cependant ajouter, en ce qui regarde la foi, qu'on entend communément par cette parole, *les vivants et les morts,* tous les hommes, soit qu'il s'agisse de la vie et de la mort spirituelles, soit qu'il s'agisse de la vie et de la mort corporelles, auquel cas, les vivants seraient ceux qui vivraient au jour du jugement, ou bien ceux qui vivent à tous les instants où le Symbole est récité, ce qui envelopperait encore le genre humain passé, présent et futur, puisque le Symbole catholique sera récité jusqu'à la fin du monde.

Nous pouvons encore ajouter que la croyance catholique distingue deux jugements des âmes : l'un particulier, par lequel chacune est appréciée par la souveraine justice et par sa propre conscience au moment de la mort, et l'autre général, qui sera comme un résumé de tous les jugements particuliers après la résurrection des corps (*Voy.* RÉSURRECTION DE LA CHAIR), et dans lequel l'état bon ou mauvais de chacune sera manifesté et rendu public. C'est cette manifestation au grand jour qui distingue principalement, dans la croyance des Chrétiens, le jugement général du jugement particulier.

II. Il n'y a pas de religion où il ne soit question d'un jugement des âmes dans la vie future, et qui ne représente ce jugement par des images tirées des choses de cette vie. Les plus grands philosophes ont eux-mêmes accepté le fond de cette croyance, qu'on peut qualifier d'universelle, en l'exprimant souvent, comme les peuples, par les comparaisons métaphoriques que leur fournissait la poésie.

Le chapitre 31 du *Boundehesch,* un des livres sacrés des Parsis, traite d'une fin du monde devant avoir lieu par le feu d'une comète, d'une résurrection générale et d'un jugement qui la suivra. « Chacun, » est-il dit, « verra le bien et le mal qu'il aura fait. »

Les anciens Egyptiens croyaient à un jugement solennel et rigoureusement juste des âmes dans l'*amenthi.* Quarante-deux juges examinaient la vie du mort ; Osiris prononçait la sentence ; les bons étaient appelés dans le séjour des dieux, et les mauvais étaient renvoyés à de nouvelles épreuves. Leur cérémonie, tant admirée avec raison, du jugement des morts, aussi bien des rois que des sujets, avant de leur accorder la sépulture, n'était qu'une représentation visible de ce qui se passait dans les enfers.

On connaît les traditions mythologiques gréco-latines qu'ont chantées les poëtes de la Grèce et de Rome, sur le tribunal d'où les âmes étaient envoyées, soit dans les Champs-Elysées, soit dans le Tartare, soit à de nouvelles épreuves ou purifications. On sait aussi l'admirable parti qu'en a tiré Fénelon, dans le grand siècle de la littérature française, en se faisant antique pour nous instruire.

Dans le bouddhisme, dans le brahminisme, et dans les religions polythéistes d'Afrique et d'Asie, on retrouve des dogmes métempsycosiques qui supposent un jugement des âmes, par la justice souveraine, avant leur rentrée dans des vies nouvelles mesurées sur les vertus ou les vices qu'elles emportent au sortir de celle-ci.

On sait que Mahomet enseigne, dans le Koran, un jugement particulier et un jugement général. Les images par lesquelles il représente ces idées sont d'une épouvantable horreur pour les méchants et reviennent sans cesse dans les chapitres du livre sacré. On y lit, par exemple, que l'ange Gabriel tiendra une grande balance; que le livre des vertus de chacun sera mis dans le bassin de la lumière, le livre des vices dans le bassin des ténèbres; que le balancier marquera aussitôt le degré dont l'emportera le bien ou le mal; qu'après ce jugement tous passeront à la file sur le Poul-Serrho, pont immense semblable à la lame d'un rasoir, jeté par la puissance de Dieu au-dessus du feu éternel dont il est donné d'affreuses descriptions; que la grâce divine soutiendra les bons dans ce terrible passage au delà duquel s'ouvrira le paradis, mais que les méchants abandonnés à eux-mêmes tomberont tous, dans le trajet, au fond de l'abîme étendu par-dessous.

On sait que les Juifs interprètent diverses prophéties de l'Ancien Testament dans le sens d'un jugement général, et qu'ils croient que ce jugement se fera dans la vallée de Josaphat, non pas que cette vallée puisse contenir tous les membres du genre humain, que la surface entière du globe ne saurait peut-être même contenir, mais que le siége du tribunal sera dans cette vallée, les hommes étant, d'ailleurs, répandus tout à l'entour dans l'espace ouvert. Cette tradition est aussi assez populaire chez les Chrétiens.

Réfléchissant à toutes ces croyances des peuples, et à l'influence qu'elles exercent sur la morale pratique, J.-J. Rousseau écrivait dans l'*Emile*, sur le Poul-Serrho des mahométans dont nous venons de parler, en le prenant pour exemple, ces paroles peu flatteuses pour les philosophes : « Les mahométans disent, selon Chardin, qu'après l'examen qui suivra la résurrection universelle, tous les corps iront passer un pont appelé Poul-Serrho, qui est jeté sur le feu éternel.... C'est là que se fera la séparation des bons d'avec les méchants.... Philosophe, tes lois morales sont fort belles; mais, montre-m'en, de grâce, la sanction. Cesse un moment de battre la campagne, et dis-moi nettement ce que tu mets à la place du Serrho. » (L'*Emile*, liv. ıv.)

Sans blâmer précisément Rousseau de ces jolis coups de patte que motivait, sans aucun doute, la philosophie de son siècle, nous lui ferons cependant observer que nous ne connaissons guère de philosophes vraiment grands qui n'aient enseigné la sanction du Poul-Serrho dans ce que les images, dont on se sert pour la peindre, cachent de raisonnable et de solide, et même qui n'aient plus ou moins conservé ces images, tout en faisant voir qu'ils les entendaient d'une manière digne de Dieu. Citons en exemple le divin Platon, citons quelques-unes des peintures qu'il ne trouvait pas au-dessous de son génie d'employer pour exprimer les effets de l'éternelle justice; nous dirons un peu plus loin ce que sa raison comprenait de ces effets dans leur réalité.

Voici comment il commence sa description de l'autre vie, au xe livre de *La république* :

« Her l'Arménien, illustre guerrier d'origine pamphylienne, mourut dans un combat. Dix jours écoulés, on enleva les corps défigurés de ceux qui étaient tombés avec lui; le sien fut trouvé intact, et on l'emporta pour l'ensevelir. Déjà sur le bûcher, il revécut après douze jours; et alors cet homme raconta les spectacles de l'autre vie.

« Lorsque mon âme, dit-il, eut pris son essor, elle arriva bientôt, avec d'autres âmes, en un lieu tout divin où deux abîmes s'ouvrent dans la terre à peu d'intervalle, et où le ciel, de l'autre côté, ouvre aussi deux passages.

« Le milieu est réservé pour les juges.

« Quand la sentence est prononcée, ils ordonnent aux justes de monter à droite dans les cieux, le front empreint du sceau de la vertu, et aux coupables, de se précipiter, à gauche, dans les abîmes, le dos marqué de ce qu'ils ont fait parmi nous. »

Suit un tableau plus beau que ceux d'Homère des divers états de l'autre vie, que nous donnons au mot Vie éternelle.

Voici une autre explication mythique du jugement des âmes, qu'on lit dans le *Gorgias*. C'est Socrate qui parle.

« Je veux vous conter les destinées de l'homme. Ecoutez : peut-être croirez-vous entendre une fable, et moi, je crois vous dire une vérité.

« Les trois fils de Saturne, comme l'ont répété les récits d'Homère, se partagent l'héritage du monde. Alors, par une loi de la terre qui n'est plus que la loi du ciel, l'homme d'une vie juste et sainte allait, en mourant, dans les îles Fortunées, où, loin de tous les maux, il trouvait tous les biens; tandis que l'homme injuste et sacrilége était enfermé dans le Tartare, prison d'expiation et de vengeance. Sous l'empire de Saturne et dans les premiers temps de Jupiter, des juges vivants prononçaient sur le sort des vivants, le jour où ils devaient mourir. Aussi, les arrêts étaient mal rendus; et Pluton et ses ministres vinrent se plaindre au roi suprême qu'on décernait quelquefois sans justice le bonheur et les tourments. Je saurai, dit le dieu, mettre un terme à ces erreurs : il y a tant de fausses sentences, parce qu'on juge les hommes avec leur enveloppe terrestre et lorsqu'ils vivent encore. Plusieurs, sous les plus beaux dehors, cachent une âme dépravée; leur naissance, leurs richesses éblouissent; ils se font suivre au lieu fatal par un long cortége de témoins, défenseurs mercenaires de leurs vertus. Les juges peuvent donc être abusés, puisqu'ils sont vivants eux-mêmes, et que les yeux, les oreilles, le voile du corps offusquent la lumière de leur âme. Ainsi un double rempart s'élève entre le tribunal et ceux qu'il juge. Commençons par ôter aux hommes la prescience de leur mort : car ils l'ont aujourd'hui; mais Prométhée a reçu l'ordre de les en priver. Ensuite, qu'on ne juge que leur âme, qu'on les juge dans une autre vie. Le tribunal lui-même, composé d'êtres incorporels dont les âmes libres et pures examineront d'autres âmes, ne prononcera sur les hommes qu'après leur mort inattendue : sans illusion, sans cortége, sans tout ce vain appareil de la terre, ils seront mieux jugés. Instruit de ce mal avant vous, j'avais déjà nommé trois de mes fils, Minos et Rhadamante d'Asie, et l'Européen OEacus, pour être les juges des âmes. Ils vont mourir, et ils rendront leurs arrêts dans la prairie, au lieu même où se rencontrent le chemin des îles Fortunées et celui du Tartare. Rhadamante jugera l'Asie, OEacus l'Europe, et je chargerai Minos de revoir les causes indécises : nous saurons enfin par quelle route l'âme de chaque mortel doit continuer son voyage.

« Ce discours est venu jusqu'à nous, et j'y crois ; mais voici maintenant comment je raisonne. » (*Gorgias*, trad. de Leclerc.)

Platon est rempli d'allégories de ce genre. Il aimait la langue populaire aux tableaux éloquents.

Terminons ces citations de la philosophie qui se fait poëte pour le bien des mortels, par celle de cette belle prière qu'on lit, entre beaucoup d'autres, dans le *Zend-Avesta* de Zoroastre :

« Par la voie du temps arriveront sur le pont Tchinévad les darvands et les justes qui auront vécu, dans ce monde, purs de corps et d'âme. Les âmes des justes passeront le pont Tchinévad qui inspire la frayeur, en compagnie des izeds célestes. Bahman se lèvera de son trône d'or; et Bahman leur dira : Comment êtes-vous venues ici, ô âmes pures! du monde des maux dans ces demeures où le mal n'existe pas? Soyez les bienvenues, ô âmes pures ! près d'Ormouzd, père des amschaspands, père du trône d'or, dans le Gorotman au sein duquel est Ormouzd, au sein duquel sont les amschaspands, au sein duquel sont les saints. »

III. Jésus-Christ, malgré sa douceur ineffable, sa tolérance touchante, son inépuisable longanimité, saisit une fois, lui aussi, le pinceau dramatique et livra au monde un tableau de son avenir jusqu'à la consommation des temps. Ce tableau efface, en sublime accablant, tout ce qu'a jamais produit la poésie profane et sacrée. Nous le citerons en entier dans le *Supplément* comme nous le disons au mot avenir du monde, et nous y renvoyons plutôt que d'en extraire les passages qui se rapporteraient directement à l'objet qui nous occupe. On ne peut dédoubler de pareils morceaux sans leur enlever toute leur beauté et sans les rendre inintelligibles.

IV. Nous venons de voir Platon s'emparer du symbolisme de la mythologie pour rendre sensibles au regard des esprits des idées qui, dans leur nudité, eussent été trop subtiles, et aussi pour ne pas s'élever contre des traditions dont la pensée fondamentale était identique avec la sienne. Il ne rejette jamais brutalement ces formes mythiques; il en garde toujours quelque chose pour aider son éloquence et sa poésie; mais il laisse suffisamment percer les artifices de pensée par lesquels il les rationalise. Quelquefois il fait dire à Socrate pour conclusion, après ses splendides tableaux : Je ne dis pas qu'il en soit littéralement ainsi, mais de quelque manière à peu près semblable. D'autres fois il lui fait ajouter en termes clairs : C'est ainsi que l'antiquité ingénieuse nous montre la vérité sous le voile de la fable. Souvent enfin, tout en continuant lui-même la fiction, il jette des flots de lumière qui ne laissent aucun doute sur sa compréhension raisonnable des choses. Il en est ainsi de ce qui suit le passage du Gorgias que nous venons de citer.

Socrate continue : « Voici comment je raisonne : la mort n'est que la séparation du corps et de l'âme. Or, quand ils se séparent, ils sont à peu près l'un et l'autre ce qu'ils étaient pendant la vie. Le corps, par exemple, conserve en mourant les dons qu'il tient de la nature, les fruits de ses soins, les traces de ses douleurs, et l'homme à qui la nature, l'exercice, et tous deux ensemble ont fait une grande taille, est encore grand dans le tombeau. La mort ne change rien à l'embonpoint de l'athlète ; l'homme occupé de sa belle chevelure l'emporte avec lui ; l'esclave souvent frappé de verges, et meurtri de nombreuses blessures, en garde à sa mort les cicatrices ; les membres disloqués et rompus restent aussi les mêmes ; en un mot, pendant quelque temps, cette forme extérieure ne s'altère pas, et survit à l'homme qui n'est plus. Eh bien! l'âme aussi, en rejetant sa dépouille, emporte chez les morts, et par des traces sensibles permet de distinguer, son caractère, ses habitudes, ses affections.

« Voyons donc les âmes d'Asie se présenter devant Rhadamante, leur juge. Il les examine sans savoir quel fut leur destin sur la terre; et souvent, arrivé à celle du grand roi, d'un autre monarque, d'un tyran, il n'y reconnaît rien de noble ni de pur, mais il la trouve toute cicatrisée de parjures et de crimes ; il y découvre les empreintes d'une vie coupable, les plis et les replis d'un cœur faux et perfide, nourri loin de la droiture et de la vérité, les monstruosités du pouvoir absolu, la laideur de l'intempérance et du vice ; il voit cette âme tout entière, et l'envoie honteusement dans la prison chercher les peines qui l'y attendent. »

Il divise ensuite les méchants en curables et en incurables, dans une explication que nous renvoyons au mot *vie éternelle*, et reprend comme il suit :

« Ainsi, lorsque Rhadamante juge un de ces mortels, et que, sans connaître ni son nom ni sa naissance, il a vu ses crimes, il l'envoie dans le Tartare, en imprimant à son âme le sceau de la punition passagère, ou celui des éternels supplices; l'abîme la reçoit et la justice commence.

« Puis, lorsqu'il voit une âme qui a vécu dans la religion et la vérité, l'âme d'un homme privé ou de quelque autre, surtout l'âme d'un sage qui, renfermé en lui-même, n'a point fatigué sa vie par de frivoles désirs, il lui sourit, et l'envoie aux îles du bonheur.

« Son frère juge le reste des hommes : l'un et l'autre tiennent un caducée. Minos, occupant auprès d'eux un trône solitaire, surveille leurs jugements et tient un sceptre d'or, Minos qui, suivant l'Ulysse d'Homère,

Un sceptre d'or en main dicte aux ombres des lois.

« Oui, je veux croire ce que nos pères ont raconté, et je travaille à présenter une âme pure à mon dernier juge.

« Adieu le monde et son estime mensongère : je cherche le vrai, et je n'aspire qu'à vivre, à mourir dans la vertu.

« Oh! que ne puis-je me faire entendre de tous les hommes! je leur crierais : Soyez vertueux.

« Et toi, mon ami, je te défie à cette noble rivalité, toi qui, peut-être, s'il te fallait subir aujourd'hui la fatale épreuve, ne trouverais aucun secours en toi-même, et, tremblant au pied du tribunal, muet devant ton juge, éprouverais le même vertige que moi devant les miens. Et qui sait si quelque main audacieuse, insultant à ta misère, ne te fera pas souffrir tous les outrages ?

« Mais sans doute tu regardes ces récits comme les rêves d'une vieille en délire, et tu les méprises. Je les mépriserais moi-même si, dans nos recherches, nous avions trouvé quelque chose de plus salutaire et de plus certain ; mais, tu le vois ô Calliclès, Polus, Gorgias et toi, vous êtes les trois premiers philosophes de notre siècle, et vous n'avez pu nous enseigner une meilleure vie que celle qui, suivant moi, fait le bonheur de l'autre. » (Trad. de Leclerc.)

On tire de ce passage trois principales idées. La première, que l'âme emporte en elle les affections bonnes ou mauvaises qu'elle a contractées dans la vie, et les garde en sa qualité de substance non sujette, comme le corps, à la dissolution. La seconde, qu'une justice exacte, que le philosophe personnifie, avec la tradition païenne, dans les trois juges, et qu'il personnifierait en Jésus-Christ, s'il était Chrétien, découvre à chaque âme l'état plus ou moins beau, plus ou moins hideux où elle se présente, et la fixe dans le bien ou le mal être qui en sont la suite. La troisième, que les images riantes ou terribles, sous lesquelles on se représente ces choses dans cette vie, sont précieuses pour engager les hommes à la vertu et engendrer le bonheur de l'autre ; c'est ce qu'il exprime d'une manière admirable, et bien frappante pour ceux qui le liront; quand ils penseront que lui, le grand philosophe, l'esprit fort, disait avec tout le sérieux dont il était capable : « Je travaille à présenter mon âme pure à mon dernier juge; adieu le monde et son estime passagère, je n'aspire qu'à vivre et à mourir dans la vertu. Oh ! que ne puis-je me faire entendre de tous les hommes ; je leur crierais : Soyez vertueux... »

Or, ces trois idées fondamentales sur le jugement des âmes par la justice absolue, sont et seront toujours celles du philosophe chrétien, comme elles furent celles des Socrate et des Platon. La raison voit clairement qu'il y a des différences énormes d'habitude, de volonté, d'affection dans les âmes, relativement au bien en lui-même, différences qui résultent de l'usage que ces âmes font de la liberté morale dont elles sont douées ; qu'il est nécessaire que ces différences engendrent, dans la vie future, des différences d'états proportionnelles, et que les âmes, dans cette nouvelle vie, ne peuvent passer à l'état voulu par la justice sans un jugement de Dieu et de leur conscience, quel qu'en soit, si l'on peut s'exprimer ainsi, le cérémonial. Elle voit, de plus, non moins clairement, quand elle considère les faiblesses humaines, et le besoin que nous avons de freins vigoureux pour nous arrêter dans nos voies mauvaises, que les tableaux destinés à rendre sensibles les phénomènes spirituels de l'autre vie, en les revêtant d'un corps imaginatif, ne sauraient être trop frappants, soit pour inspirer la défiance et la crainte, soit pour inspirer l'espérance et le courage. La poésie, la sculpture, l'architecture et la peinture, sont les ouvrières de cette mission, la plus utile, peut-être. Que seraient devenus les siècles barbares sans leur symbolisme effrayant ? Auraient-ils produit les nôtres pour la terre, et, pour le ciel, fourni leur contingent ?

Cependant, il faut, sur ce dernier point, de la mesure et de la prudence. Ce qui convient dans un temps ne convient plus dans un autre, et l'on peut facilement tomber dans des excès qui détruisent l'effet même qu'on se propose. Malgré que Platon se fasse souvent peindre sur les mystères de la vie future ; malgré qu'il se fasse le rival heureux du grand Homère, il n'en critique pas moins très-sévèrement certains tableaux du poëte, au point de vue de leur convenance dans sa république idéale. (*Voy.* Poésie.) Il craint les frayeurs superstitieuses que ces tableaux peuvent inspirer, et qui seraient de nature à tuer l'intelligence, la noblesse du sentiment, la grandeur d'âme, le courage, aussi bien que les descriptions voluptueuses. Quand une nation devient plus rationaliste, plus spiritualiste, moins enfantine, il lui faut des aliments d'une autre espèce, et, si l'on veut son bien, il est urgent d'expliquer les choses d'une manière plus frappante pour l'esprit que pour les sens et l'imagination. En continuant la première méthode, qui convenait à l'enfance, on court grand risque de choquer l'âge mûr et de l'éloigner des pâturages sacrés, en ayant l'air de le prendre pour ce qu'il n'est plus, et en le traitant comme la nourrice traite son nourrisson. Si le vin nouveau ne convient pas aux outres vieilles, pour emprunter la comparaison de Jésus-Christ, le vin vieux ne convient pas davantage aux outres nouvelles. Il faut donc que les tableaux parlants changent d'espèce, et se spiritualisent à mesure que les peuples grandissent. Ces remarques sont des conseils donnés aux prédicateurs de la doctrine chrétienne, dans l'intérêt des âmes, et pour la plus grande gloire de Dieu sur la terre.

Ces principes posés, nous devons ajouter, pour dépouiller de toute métaphore la vérité en ce qui concerne le jugement des âmes, et pour la ramener aux pures interprétations de la raison, que ce jugement, essentiel en soi, comme nous l'avons dit avec Platon, dès qu'on a posé la mortalité humaine et l'immortalité des esprits, se fait perpétuellement dans le temps, et perpétuellement dans l'éternité, chaque action émanée d'un être libre se faisant devant l'éternelle loi de la justice, et modifiant l'état de cet être dans une direction bonne ou mauvaise, heureuse ou malheureuse, par déduction nécessaire de la logique des choses, qui est le juge absolu, dont toute manifestation de Dieu, et Jésus-Christ lui-même, ne peuvent être que le porte-expression, le verbe éloquent.

Mais ce jugement, perpétuel et éternel comme Dieu, peut s'illuminer d'irradiations particulières devant la créature, et produire ainsi des sortes d'explosions relatives aux grandes époques de son évolution. Il y a nécessairement de ces explosions lumineuses dans la vie de l'individu et en ce monde et en l'autre. En ce monde les changements mystérieux qui se font selon les divers âges, et les évolutions qui échelonnent notre pèlerinage, apportent des manifestations du jugement de Dieu, dont il faut profiter pour devenir meilleurs. Dans l'autre monde, la raison soupçonne aussi de ces manifestations, quoique sous des modes différents; elle met en tête celle qui doit avoir lieu au moment même du passage, et elle se trouve heureuse de rencontrer l'Église pour la confirmer dans sa croyance en lui enseignant celle-là même sous le nom de jugement particulier. Elle croit à d'autres encore, et elle ne se trouve pas moins heureuse d'être appuyée de nouveau par l'Église qui lui parle d'un purgatoire où les choses varient, de résurrection des morts et d'avènement glorieux de Jésus-Christ. Il y en a aussi dans la vie sociale ; les révolutions et les métamorphoses qui la coupent en époques bien marquées sont des explosions de l'éternel jugement. S'il en est ainsi dans la société terrestre, la raison demande encore qu'il se passe des choses à peu près semblables dans la prolongation éternelle de cette société au delà des tombeaux ; et l'Église vient jusqu'au bout transformer ses soupçons en certitudes, en lui disant, non pas tout ce qui se fera sans doute, mais au moins une partie de ce qui se fera dans cette société, ce qu'il a plu à Dieu de lui prophétiser, et qu'elle exprime par le mot facile à comprendre de jugement général et public.

Elle attribue au Christ l'honneur de présider à ces grandes manifestations de la loi suprême, et d'en déclarer l'application au genre humain ; le Christ, de son côté, quand il en parle, se représente entouré des intelligences supérieures et des grands hommes dont il se sert pour animer le corps de son Église. Quoi de plus naturel ? Le Christ, en tant que Verbe de Dieu, n'est-il pas le propriétaire de toute créature ; et, en tant que Christ, n'est-ce pas à lui que revient, comme rédempteur des individus et des sociétés, la mission de conduire à toutes les grandes aventures de la destinée humaine ? N'est-il pas naturel aussi que les intelligences créées, anges ou hommes, qui ont le mieux compris la loi suprême, soient ses assistantes sur le tribunal des manifestations de cette loi ? Si Platon avait connu Jésus, et ses apôtres, il n'aurait pas nommé Rhadamante et ses frères.

Reste à résoudre une petite objection.

L'Église, dit saint Paul, ne juge pas ceux qui sont dehors

Entre-t-il dans la logique de la rédemption que le Christ soit le juge de ceux que son père ne lui a pas donnés, et qui n'ont pas été enrôlés sous ses étendards, qu'ils se soient, d'ailleurs, rendus dignes ou non de l'amour de son père ?

D'abord Jésus-Christ, comme Christ, est mort pour tous, sauf restriction, quant à l'application, des obstacles coupables ou non coupables qui s'opposeront à l'enrôlement dans son royaume. Il a donc l'attention fixée sur tous les membres de la famille humaine. Or, ces membres présentent, en premier lieu, deux classifications, celle des naturalisés dans sa patrie, et celle de ceux qui sont restés au delà des frontières. Les premiers, il les juge, et distingue, en général d'armée, les braves d'avec les lâches ; les seconds, il les juge aussi, comme étrangers, pour les remettre entre les mains de son père, qui prononce leur sentence par son Verbe, quoique non pas à titre d'incarné ; c'est ainsi que Jésus demeure, à un degré relatif, le juge de tous.

Nous avons montré comment se consomme l'harmonie entre les déductions de la raison et les enseignements de la foi.

Il résulte de nos observations que les manifestations du jugement de Dieu sur les âmes sont de ce monde et de l'autre, sont particulières et sociales ; aussi Jésus, dans le grand tableau prophétique qu'il nous a laissé de l'avenir du genre humain, a-t-il même jeté ses coups de pinceau de manière à ouvrir la voie à plusieurs interprétations simultanées. C'est ce que nous expliquerons dans les notes qui accompagneront la citation de ce tableau sublime, à l'article du *Supplément* AVENIR DU MONDE. — *Voy.* EGLISE.

JURIDICTION ECCLÉSIASTIQUE. *Voy.* ÉGLISE et ORDRE.

JUSTE (LE) MARTYR. — PLATON. *Voy.* MORALE, III, 15.

JUSTICE A L'EGARD DE TOUT. *Voy.* HONNÊTETÉ.

JUSTICE DIVINE. — PLATON. *Voy.* MORALE, I, 10.

JUSTICE ET PUDEUR, BASES DE LA POLITIQUE. — PLATON. *Voy.* MORALE, II, 8.

JUSTICE EN ECONOMIE SOCIALE. *Voy.* SOCIALES (Sciences)', II.

JUSTIFICATION (LA) DEVANT LA FOI ET DEVANT LA RAISON (II° part., art. 26).

I. — La justification devant la foi.

I. Nous exposons suffisamment ce que la foi nous enseigne sur la justification surnaturelle dans l'article SYMBOLE CATHOLIQUE, I'° partie, n. 26.

Cet exposé, qu'il faut relire en ce moment, porte sur plusieurs choses relatives à cette matière, la plus mystérieuse peut-être que présente la théologie chrétienne. Ce sont la foi, la grâce agissante, la fin surnaturelle, la rédemption, le sacrement, les bonnes œuvres, la prédestination, et la justification considérée dans l'individu justifié, ou l'état de justice, qu'on nomme aussi état de grâce, état de sainteté, grâce habituelle, etc.

Nous ne devons étudier présentement la justification que sous ce dernier rapport, tous les autres étant traités dans les articles sur la grâce, ou qui se rattachent à ce point capital de la théologie. Ces articles vont être indiqués après celui-ci.

II. Les points de doctrine les plus importants relatifs à l'état de justice surnaturelle sont les suivants :

1° Cet état ne consiste pas seulement en ce que les péchés cessent d'être imputés, ce qui réduirait la différence entre l'âme surnaturellement sainte et celle qui ne l'est pas, à une relation purement extrinsèque entre elle et Dieu, à une manière dont Dieu la considérerait et la traiterait, sans aucun changement intérieur; c'est ce que prétendent, contrairement à la doctrine catholique et au bon sens, les sectes protestantes.

2° Cet état consiste dans une manière d'être intrinsèque, réelle, qui fait que l'âme est véritablement belle comme elle ne l'était pas auparavant, soit que la justification surnaturelle lui soit venue par le baptême, soit qu'elle lui soit venue par la foi, accompagnée de l'espérance, de la charité, du repentir s'il y a lieu, de la participation aux sacrements des adultes, si cette participation est possible, et de toutes les vertus chrétiennes, dont la pratique s'appelle les bonnes œuvres.

3° Cette beauté ou justice surnaturelle a pour cause formelle, pour type, pour moule, pour sceau, la justice même du Christ, qui s'infuse en nous, et nous forme à son image, par une mystérieuse communion plus ou moins sentie, ou même complétement ignorée jusqu'à l'éveil de l'âme.

4° Cet état de justice, non-seulement n'est pas un bien radicalement nôtre par son essence, comme nous venons de le dire, mais encore ne peut être mérité par nous de manière que nous ayons sur Dieu et Jésus-Christ l'antériorité.

5° Cet état peut être perdu et recouvré. L'homme le perd par sa faute et le recouvre par la contrition due à la grâce de Dieu qui l'excite et à laquelle il coopère. La doctrine de l'inamissibilité de la justice, soutenue par Calvin, est une hérésie condamnée par l'Eglise. Quant à l'inamissibilité inverse de la précédente, c'est-à-dire de l'état de péché, qu'on pouvait appeler avec Platon *incurabilité*, il n'est pas de foi que Dieu ne laisse pas, dès cette vie, certains pécheurs endurcis, totalement privés de la grâce suffisante nécessaire pour la conversion, de telle sorte qu'ils soient déjà dans l'état de damnation ; quelques théologiens anciens l'ont enseigné ; mais cette croyance est communément rejetée dans l'Eglise. Au reste, la *curabilité*, comme *loi commune*, est aussi certaine devant la foi que l'amissibilité de la justice dans le même sens.

6° La persévérance dans l'état de justice est, comme la justification elle-même, un effet soutenu de la bonté de Dieu, avec coopération de notre part. Si cette coopération se change en opposition, Dieu se retire et l'effet cesse. Si Dieu se retirait de nous sans que nous nous retirassions de lui, nous tomberions plus bas, par exemple dans l'état de nature dégénérée ou même tout à fait dans le néant, selon le degré dont il se retirerait, mais, par l'hypothèse, notre abaissement ne serait point une culpabilité morale.

7° Personne ne peut savoir, d'une manière certaine, sans révélation spéciale, s'il est dans l'état de justice surnaturelle, le concile de Trente l'a déclaré (sess. 6, cap. 9, can. 13, 14 et 15). Mais si l'on suppose une conscience parfaitement pure et ne se reprochant rien en toute vérité et certitude, bien qu'elle ne sache pas, d'une manière absolue, si elle est dans cet état surnaturel, que Dieu ne doit à personne, même au plus innocent, elle sait bien qu'elle n'est pas coupable d'actions criminelles et que Dieu ne lui en reprochera point.

8° Enfin, quant à l'essence intime de l'état de justice, les théologiens l'expliquent de plusieurs manières.

Les uns veulent que ce soit une simple qualité physique ou plutôt psychique, puisqu'il s'agit de l'âme, laquelle consiste dans une modification de l'être qui n'influe en rien sur les actes, n'y a aucun rapport; telles sont certaines qualités matérielles dont l'essence est tout entière dans la beauté dépouillée de tout accessoire ; on ne peut dire de ces qualités qu'une chose, à savoir que c'est une beauté, une auréole qui embellit. Ces théologiens rejettent le reste sur la grâce actuelle.

D'autres prétendent que c'est une habitude intérieure renfermant une prédisposition permanente à la pratique du bien. Ceux-là ne conçoivent pas la beauté seule dépouillée de l'aptitude à la vertu, en d'autres termes, le beau sans l'utile pour les œuvres, le beau sans une fécondité de production proportionnelle.

D'autres enfin rapprochent encore davantage la grâce sanctifiante de la grâce actuelle. Ils commencent par ne la point distinguer de la charité en habitude, et ils imaginent cette charité habituelle comme une série d'actes d'amour, de mouvements, de soupirs sentis ou non sentis qui se succèdent dans l'intimité la plus profonde de l'être. C'est une palpitation des esprits en Dieu et par Dieu, leur contenant, leur milieu, leur soutien, mais au degré et en la manière surnaturels qui résultent de la communion avec Jésus-Christ. Dans ce système, qui nous paraît le plus philosophique, et aller au fond même du mystère sans nier les deux autres, surtout le second, mais plutôt en les expliquant, l'enfant régénéré par le baptême, soupire, dans son être, la vie surnaturelle sans le savoir, comme l'animal qui dort soupire la vie naturelle, sans y réfléchir, ou, si l'on aime mieux, comme le bouton naissant de la rose surnaturalisée par la culture, végète, dans le sanctuaire de ses plis, une beauté supérieure à celle qui bourgeonne, dans les buissons de la forêt voisine, aux branches du sauvageon. C'est ainsi que s'explique, beaucoup mieux qu'on ne le penserait au premier abord, le mystère de ce qu'on a nommé la foi infuse du baptême.

Ces trois explications sont également compatibles avec la doctrine de l'Église.

Les divers points que nous venons d'exposer sont, pour la plupart, tirés de la session du concile de Trente sur la justification, indiquée plus haut.

II. — La justification devant la raison.

La raison ne se serait pas élevée, de ses propres ailes, à ces idées de justice surnaturelle et à ces théories mystérieuses; mais, après que la révélation lui en a ouvert le champ, elle s'y promène avec plus d'aise qu'on ne le pense trop souvent, et que ne le prétendent certaines écoles qui veulent amoindrir ses puissances et lui ôter jusqu'au goût du beau. Suivons-la dans ses études sur la matière présente, et nous allons la voir reconstruire, avec sa méthode et sous la forme qui lui convient, les théories mêmes proposées par la foi.

Mettons l'homme hors de cause et prenons pour objet d'analyse une autre créature, afin qu'il puisse dominer la question comme un juge désintéressé. Notre hypothèse ressemblera à la parabole du Prophète devant David adultère, et celui qui en sera l'objet véritable se dira à lui-même chaque fois qu'il en sera besoin : *C'est toi, « tu es. »* (*II Reg.* xii, 7.)

Nous venons de parler de la rose domestique et de la rose forestière. Un célèbre philosophe, pour étudier l'homme, supposa bien un automate dans lequel il introduisait la pensée ; nous pouvons imaginer la pensée dans la rose, et voici l'histoire, aussi vraisemblable dans ses faits matériels que vraie et rationnelle dans son acception allégorique, qui se présente dès lors à l'esprit.

Dieu avait créé une fleur de prédilection, la rose ; elle avait germé et s'était épanouie, sous le souffle créateur, aussi belle que la plus belle de nos jardins. Mais la fleur capricieuse dit un jour en elle-même : mes racines vont moissonner des sucs dans les veines de la terre où je suis plantée ; elles suivent, par un instinct dont il me semblerait que je ne serais pas maîtresse, des voies où elles composent, pour moi, la sève et la beauté ; je veux éprouver ma puissance ; je veux montrer à mes racines que je puis les conduire où il me plaît. Cela dit, notre fleur entreprend de les contrarier sans cesse ; elle les détourne du point où elles tendent ; celle qui se dirigeait naturellement vers la droite, sera rappelée vers la gauche, et ainsi des plus minces filaments qui s'en échappent. La rose a bien prouvé qu'elle pense, qu'elle est libre, qu'elle est maîtresse d'elle-même. Mais qu'est-il résulté de ses expériences ? Sa beauté s'est peu à peu ternie ; elle est tombée dans la langueur ; elle a perdu de sa fécondité ; elle n'a guère produit que des feuilles ; et il s'est trouvé, enfin, que, faisant effort pour fleurir, elle n'a produit que la corolle simple de la ronce et de l'églantier. Ses rejetons lui ont été semblables, et la rose de la création primitive n'a plus été qu'une ruine, une fleur dégénérée, déchue, le sauvageon des bois.

Dieu l'a considérée ; il l'a vue détourner ses racines des sources de la vie ; il ne l'en a point empêchée, puisqu'il lui en avait donné la puissance avec le raisonnement ; mais, dans sa ruine, il a eu pitié d'elle ; il l'a remise aux mains d'un jardinier qu'il a doué d'un art admirable, celui de lui rendre, par la culture, sa beauté primitive, pourvu qu'elle ne s'oppose pas à l'effet de ses soins. Ce jardinier, c'est l'homme.

Voici donc que la culture humaine s'empare de la rose sauvage, l'étudie, la soigne, la soumet à mille épreuves, la sème et resème, la déplante et la replante, la fume, la taille, lui varie sa terre, la greffe, l'écussonne, et parvient à en faire la rose à mille feuilles et aux couleurs tendres de nos jardins.

Remarquons ici que la beauté récupérée de la fleur ne consiste pas en ce que la faute primitive de la mère des roses ne soit point imputée à celle-ci ; pourrait-on même dire qu'elle lui fut imputée avant sa restauration par l'art ? Elle en éprouvait les effets, mais ces effets n'étaient point coupables en elle, et une faute imputée, étant une faute que la justice vous reproche, ne saurait être qu'une faute personnelle. Toujours est-il que la beauté regagnée est une beauté réelle, intrinsèque, que n'avait pas la rose avant les soin; du jardinier et qu'elle a maintenant.

C'est le premier principe énoncé plus haut. Il suffit, pour en faire l'application à son objet véritable de mettre, à la place de la fleur, l'homme lui-même, à la place du jardinier Jésus-Christ, et, à la place des artifices qu'emploie le jardinier, ceux du Sauveur, parmi lesquels se trouve le baptême, sorte de greffe du surnaturel sur les âmes sauvages.

C'est aussi le second de ces principes, qui n'est qu'un développement du premier. Mais il est bon, ici, d'étendre un peu l'allégorie. Parmi tous les sujets dégénérés, tous ne sont pas choisis par le jardinier pour la restauration artificielle; celui-ci prend les uns et néglige les autres. Que diront les premiers? Ils le béniront et le combleront d'amour. Et les autres? Ils ne se plaindront pas de n'être pas élevés à une excellence qui ne leur était pas due; ils vivront heureux, quoique moins beaux, dans leur état sauvage.

D'autres phénomènes se passeront encore. Nous n'avons pas oublié que la fleur est douée du sentiment, de la pensée, du raisonnement, de la réflexion et d'une dose de liberté, dans la direction de ses racines, relative à l'étendue du terrain qu'elles embrassent. Malgré l'infériorité du sauvageon, il possède encore une beauté assez grande, qui lui reste des dons primitifs du créateur, et qui peut tomber beaucoup plus bas. Or parmi les sauvageons, les uns suivent les lois raisonnables qu'ils trouvent dans les tendances de leurs racines et dans les besoins de leur être; ceux-là sont les justes de leur classe, et conservent la beauté qui leur reste. D'autres imitent leur mère dans ses funestes caprices, ils se détournent des sources de la vie capables d'alimenter leur beauté naturelle et sauvage, et ils tombent à des degrés encore inférieurs, où ils ne produisent plus ni fleurs ni fruits, ni même quelques feuilles; cependant, jusqu'à sécheresse et mort, le créateur conserve dans leur volonté la puissance du retour, et, si ce retour a lieu, ils reprennent vie, verdeur, activité de production, et les corolles sauvages reparaissent sur leurs tiges.

C'est une justification naturelle qui se fait, en dehors du jardin de Jésus-Christ, avec les seules grâces naturelles du Créateur, parmi les étrangers à son opération rédemptrice; et celle-là, dans l'étendue de son infériorité relative, est aussi, non pas seulement une cessation d'imputation des fautes, mais encore une récupération réelle d'une beauté propre qu'on avait perdue.

Continuons l'épanouissement de notre parabole. Parmi les roses domestiques, dont l'art s'est emparé, et qui puisent leur végétation luxuriante dans la terre cultivée, il y en a, également, qui résistent aux attractions de la vie, qui retirent vers elles les filaments de leurs racines, loin de les dilater dans les sucs de leur terre, qui ferment leurs canaux à l'ascension des sèves; celles-là perdent leur éclat surnaturel, et deviennent plus hideuses que les sauvageons, par le mélange antithétique qui se montre en elles de laideur et de beauté. Mais, jusqu'à mort complète, elles peuvent changer de conduite, et se rendre dociles aux soins du jardinier. Si elles le font, le jardinier les voit reverdir, bourgeonner, refleurir et redevenir belles.

C'est la justification surnaturelle des Chrétiens adultes, par le repentir après la faute. C'est le jardinier Jésus-Christ, qui voit l'âme reprendre, sous sa main, dans sa terre, par ses soins, par ses dons, par la foi, l'espérance, la charité qu'il inspire, quand on ne repousse pas son inspiration, par ses sacrements, qui sont ses arrosoirs, la beauté intérieure qu'elle avait perdue, beauté que nous ne voyons pas comme celle des roses, parce qu'elle est d'une autre espèce, de l'espèce qui convient à la nature des âmes et des cœurs, mais que voient aussi bien, et mieux encore, Dieu et son verbe, parce qu'ils ont l'œil subtil qui voit les esprits.

Poursuivons. La splendeur intrinsèque de la rose domestique dont le jardinier repaît sa vue, le parfum dont il se plaît à savourer la douceur, sont des réalités dans cette rose, appartiennent à elle quand elle en est douée; mais cependant, ce ne sont pas ses vertus propres qui les ont développées, ce ne sont pas des biens qui lui appartiennent dans leur origine; la rose sauvage pouvait-elle s'élever par elle-même à cette excellence? La rose domestique flétrie et mourante, pourrait-elle sans la terre, l'arrosement, les soins du jardinier, redevenir ce qu'elle fut? Quelle est donc cette beauté, cette perfection dans sa source même? C'est une infusion de l'art du jardinier; c'est une information, dans la rose, de la beauté plastique conçue par l'esprit de celui qui la cultive, et incarnée en elle par son travail sur elle.

Voilà le troisième principe de nos conciles sur la justification de l'homme par Jésus-Christ; il suffit pour le comprendre de substituer l'art divin à l'art humain, et l'être qu'on appelle âme à celui qu'on nomme fleur.

Qui donc du jardinier ou de la rose déchue, puis relevée, a l'antériorité dans le mérite des merveilles de l'art? Est-ce que la rose déchue avait quelque droit au travail de l'homme sur elle-même? N'est-ce pas plutôt l'homme qui l'a prise, soignée, greffée, arrosée, taillée, fournie d'aliments convenables, pour son propre plaisir, et par une pure libéralité envers elle. Elle peut méditer, au fond de son calice, tout ce qu'elle voudra, il n'en sera pas moins vrai que l'être supérieur qui l'a choisie dans les broussailles, l'a transplantée dans son jardin, où, la voyant dépérir, a redoublé de soins près d'elle, pouvait, sans la moindre injustice, la laisser végéter les baies du sauvageon, ou se dessécher dans le jardin même, après qu'elle avait refusé de répondre à ses dons.

C'est le quatrième principe, qui s'épanouit de lui-même devant la raison.

La rose la plus belle, si on lui donne la

puissance et la liberté d'arrêter ses pompes, de fermer ses veines au courant de la séve, et de détourner ses racines des principes nourriciers, peut toujours déchoir de sa beauté présente. Or il serait plus facile de concevoir que la rose déchue ne pût récupérer ce qu'elle a perdu. Il est plus difficile de guérir un mal que de le contracter ; et, d'ailleurs, ne dépend-il pas du jardinier d'abandonner à elle-même la fleur qui lutte contre ses efforts? Que sera-t-elle sans culture, si le jardinier ne s'en occupe plus? Cependant il est naturel qu'après avoir pris tant de peine pour la tirer de son état sauvage, il ne l'abandonne que le jour où, séchée avec sa tige, elle lui aura ravi toute lueur d'espérance.

C'est le cinquième principe.

Allons jusqu'à la fin. La rose qui persévère dans sa magnificence, doit sa persévérance à deux causes ; la première est dans la vigilance de celui qui la taille et l'arrose ; la seconde est dans sa correspondance volontaire à ces attentions. Otez la culture, vous la verrez retomber peu à peu vers l'état sauvage, sans qu'il lui soit possible d'arrêter sa chute. La dégénérescence se fera sans qu'il y ait de sa faute, et, si le Créateur lui-même se retirait comme le jardinier, le néant complet en serait la fin. Mais alors, elle ne serait pas coupable, et le jardinier, ainsi que le premier semeur, ne le seraient pas non plus, puisqu'ils ne lui doivent pas leurs sollicitudes. Supposez que la dégénérescence vienne de la seconde cause, la fleur sait dans sa conscience que le mal est en elle, et qu'elle en éprouve justement les effets.

C'est le sixième principe.

Notre fleur pourrait-elle affirmer qu'elle est vraiment décorée de la beauté surnaturelle, lors même qu'elle l'étale dans son éclat le plus pur et qu'elle embaume le jardin de ses plus doux parfums? Nous lui avons donné le sentiment d'elle-même, nous avons fait mouvoir la réflexion et la liberté dans son calice ; mais nous ne lui avons pas donné les yeux de l'homme, pour s'apercevoir avec la clarté dont celui-ci la voit. Comment se voir soi-même de l'œil dont on voit les autres? Comment sentirait-elle les parfums qu'elle exhale? Comment se connaîtrait-elle avec la certitude et la précision de jugement dont l'apprécie celui qui la cultive? Non, elle ne sait jamais avec assurance si elle est belle ou laide, si elle brille de l'éclat supérieur à sa nature ou si elle languit dans une floraison pareille à celle de l'églantier des buissons. Mais elle peut savoir que sa conscience est pure, et qu'elle fait, dans les intimités de son être, ce qui dépend d'elle ; si sa conscience d'humble fleur lui rend ce témoignage, aucun reproche ne descendra jamais sur elle de l'absolue justice.

Il en est ainsi de nous. Nous n'avons pas les yeux qui voient les âmes, quoique nous sentions la nôtre ; le Fils de l'Éternel, qui est notre cultivateur, possède ce regard infaillible ; il voit nos esprits comme le jardinier voit ses fleurs, et lui seul connaît les beautés de chacun d'eux, pendant que ceux-ci savent uniquement, par la conscience de soi qui jamais ne trompe, s'ils ont fait ou non ce qu'ils ont cru bon de faire. C'est cette distinction doctrinale que pose saint Paul, le grand rationaliste de la science surnaturelle, dans un passage dont plus d'un théologien rigoriste a abusé aussi bien que les hérétiques de la prédestination fatale. Les Corinthiens portaient leurs jugements sur les autres, et principalement sur les ministres de l'Évangile ; ils déclaraient justes ou coupables celui-ci ou celui-là : Paul leur dit : « Que les hommes nous regardent comme les ministres du Christ et les dispensateurs des mystères de Dieu. Mais voici qu'on cherche déjà, parmi les dispensateurs, à en trouver quelqu'un de fidèle. Or il m'est à minime souci d'être jugé par vous, ou par homme que ce soit ; je ne me juge pas moi-même ; car *je n'ai rien, en moi, sur la conscience, mais, je ne suis point en cela justifié.* Celui qui me juge, c'est le Seigneur. Ne jugez donc point avant le temps, jusqu'à ce que le Seigneur vienne, qui éclairera les secrets des ténèbres et manifestera les intentions des cœurs ; alors chacun aura de Dieu sa louange. » (*I Cor.* IV, 1-5.) Paul, en disant qu'il n'a rien sur la conscience en ce qui concerne l'exercice de son ministère, proclame dans la conscience de chacun, le droit de se connaître elle-même et d'affirmer qu'elle n'a rien à se reprocher devant la justice ; et, en disant que ce n'est pas là néanmoins ce qui le justifie, et que, sous le rapport de la justification surnaturelle devant le Seigneur, c'est le Seigneur seul qui juge et qui, en son jour, donnera à chacun sa louange, il reconnaît que nul n'a ces yeux qui voient dans les âmes cette beauté qui ne dépend pas d'elles et qui ne sera définitive qu'au jour des manifestations de Dieu.

Voilà le septième de nos articles sur la justification surnaturelle.

Enfin, si nous revenons à la beauté de la fleur surnaturalisée par l'art, pour tâcher de comprendre cette beauté en elle-même, nous trouvons qu'envisagée dans son ensemble et dans le ton général sous lequel elle s'exprime, c'est une qualité, une modification, une propriété acquise qui se présente au regard avec la simple apparence de beauté. Mais si nous pénétrons plus profondément dans l'être qui la supporte, nous trouvons qu'elle implique une tendance habituelle des forces de la fleur vers son maintien et son accroissement, une direction intime des mouvements en vue de la conserver et de l'agrandir encore. Plus l'art de l'horticulteur s'incarne dans ce qu'il perfectionne, plus ce qu'il perfectionne devient apte aux productions qu'il en attend, et susceptible de perfectionnements nouveaux. Si, pénétrant plus intimement encore dans le mystère de la fleur, nous nous demandons en quoi peut consister une qualité générale accompagnée d'une aptitude habituelle, résultant, dans cet être, d'une multitude d'éléments combinés, nous arrivons à nous en rendre compte en imaginant dès forces intérieures mises et entretenues par l'art dans une série de mouvements, de vibrations, d'actions végétatives dont la résultante est la beauté artificielle elle-même de la fleur. Et, ainsi considérée, nous apercevons un premier remuement, une palpitation première de cette série vitale dans la germination même du bouton à l'état microscopique, ou de la bouture dans son premier élan vers la vie sous l'influence de l'art. Malgré que l'épanouissement ne se fasse pas encore, la différence est posée et existe en réalité entre le sauvageon et la rose des jardins ; c'est ce que nous avons déjà fait observer plus haut.

Les trois explications théologiques viennent donc se confondre et s'embrasser dans la troisième, sauf ce que la première renferme de négatif relativement à l'influence de la qualité de justice sur les œuvres. Nous y trouvons aussi une explication, sinon exempte des plus mystérieuses énigmes, au moins très-rationnelle de la différence entre l'enfant qui n'a pas encore joui de son autonomie et que le baptême a régénéré, et l'enfant non régénéré qui lui est en tout semblable sous les autres rapports. Il n'y a, dans ce dernier, que ce qui est dans le bourgeon de l'églantier sauvage, et, dans le second, ce qui est dans le bourgeon de la rose domestique; la simple vie naturelle, telle qu'elle est depuis la déchéance, palpite, dans l'un, ses premières vibrations, sans qu'il en ait conscience; la vie surnaturelle, telle qu'elle existe après communion commencée avec le Rédempteur, palpite, dans l'autre, ses aspirations premières; lesquelles, à l'éveil de l'âme ayant conscience de soi et de ses mystères intérieurs, si elle n'y répond par la résistance, deviendront l'amour lui-même, la sainte charité en action permanente quoique rayonnant plus ou moins ses feux par les œuvres, dans la divinité et par la divinité qui la pénètre, la vivifie, l'enveloppe; elles deviendront cette charité sans plus changer de nature que la chaleur latente des liquides en devenant la chaleur rayonnante, lorsqu'ils passent à l'état solide, ou, pour garder jusqu'au bout notre parabole, que ne changent de nature les compositions chimiques et invisibles du bouton de rose, lorsqu'elles deviennent, plus tard, les parfums dilatés de la fleur épanouie.

Cette conception du mystère a l'avantage de se trouver en harmonie parfaite avec la définition des substances créées de Leibnitz qui les envisage comme des forces plus ou moins en action, et qui confond, dans cette même idée générale, les foyers de vie matériels, tels que la fleur qui végète, et les foyers de vie intellectuels, tels que l'âme qui sent et qui pense. Elle s'accorde également avec la pensée d'Aristote et de toute l'école théologique péripatéticienne qui considère l'esprit humain comme une *entéléchie*, c'est-à-dire, *un mouvement versé un fin*. Elle s'accorde enfin avec la grande théorie philosophique des idées innées, qui remonte à Platon, et qui fait une partie de la gloire des Augustin, des Descartes, des Malebranche; cette théorie, en supposant des idées, des sentiments, des effets aussi beaux dans leur épanouissement que la fleur développée, ne fait que supposer, dans l'ordre naturel, ce qu'enseigne notre foi dans l'ordre surnaturel en nous parlant de cette sainteté infuse, non sentie, non épanouie, mais réelle que le sacrement communique. Les phénomènes que nous avons analysés dans la rose sont exactement de la même espèce, sauf la différence à imaginer entre le mode d'être des forces végétales et celui des forces mentales, différence, qui au fond, n'a aucune valeur philosophique, dès qu'on s'explique les corps par les théories ingénieuses de la monade de Leibnitz, ou de la simple modification de Barkley, les seules qui, à notre avis, n'impliquent point contradiction, et soient rationnelles.

Si nous avons pris pour sujet de comparaison la rose sauvage et la rose domestique, nous aurions pu choisir toute autre nature de l'univers visible ; il n'en est pas qui ne présente de semblables phénomènes et métamorphoses; et si, d'ailleurs, nous n'avons pas cherché à nous enfermer dans les notions exactes de la botanique et de l'horticulture, telles que la science moderne nous les offre dans son degré présent de perfection, tout esprit juste n'aura pas même l'idée de nous en faire un reproche, vu qu'il ne s'agissait pas, pour nous, de faire une leçon de botanique ou d'horticulture, mais seulement de démontrer une possibilité du monde intelligible par une possibilité du monde sensible, qu'indiquent, avec une évidence incontestable les phénomènes journaliers dont nous sommes témoins

Ajoutons une dernière remarque. S'il est naturel qu'un jardinier, après avoir semé un églantier et l'avoir vu grandir sous sa main, ne l'abandonne pas, mais cherche à l'élever, par les ressources de son art, à l'excellence de la plus belle des roses, ne devons-nous pas trouver naturel et soupçonner jusqu'à l'audace de l'affirmation, avec le seul bon sens, que Dieu, après avoir semé dans ses créations notre humanité, qui vaut mieux qu'une fleur, ne l'abandonne pas, mais y revienne à elle pour y produire, par des artifices de sa bonté, tous ces phénomènes de surnaturalisme dont nous avons compris le développement?

Voilà donc cette doctrine transcendante de notre Église sur la justification qui devient un mystère aussi simple que tous les mystères de la nature les plus ordinaires, et qui s'harmonie avec la raison comme les notes élevées avec les basses dans une symphonie. — *Voy.* ŒUVRES MORALES.

L

LAICAT (Le) DANS L'EGLISE. *Voy.* Eglise et Ordre, X.

LANGAGE (Unité primordiale du). *Voy.* Historiques (Sciences), III.

LANGAGE (Le) MATÉRIALISTE, SPIRITUALISTE ET SURNATURALISTE (IV° part., art. 4). — L'article philologique auquel doit donner lieu le développement de ce titre, est un de ceux que nous réservons pour le Supplément. Cet article empruntera des idées au discours de réception à l'Académie française, de Mgr Dupanloup, évêque d'Orléans; discours d'autant plus beau, à notre avis, qu'il brisa notablement avec les traditions académiques. Les bases de notre étude peuvent se résumer d'avance dans les points suivants :

Il y a deux classes de mots : les mots exclusivement spiritualistes dont l'apparition, dans le langage humain, ne peut s'expliquer par le rapport des sens ; et les mots qui révèlent une origine matérialiste, c'est-à-dire qui ont commencé par signifier les êtres particuliers de la nature physique.

Les premiers existent dans les ouvrages des philosophes antérieurs au christianisme à leur état naturel.

Les seconds éprouvent déjà, sous l'incubation de ces philosophes, une élévation vers un sens figuré tout spiritualiste ; et c'est l'art qui est le moyen plastique dont se sert la philosophie pour les élever à cette première dignité. Il n'en est pas qui ne se spiritualisent sous la pression de l'esprit armé de la poésie.

A la philosophie succède le christianisme, et, à son apparition sur la terre, les mots grandissent jusqu'à la dignité du surnaturel chrétien, dignité jusqu'alors inconnue, sous laquelle nous les montre la théologie catholique.

Aujourd'hui donc, dans nos langues chrétiennes, quant aux mots spiritualistes de leur nature, chacun d'eux se présente à nous sous deux significations, la signification purement philosophique, la signification théologique ; et quant aux mots matérialistes de leur nature, chacun d'eux se présente sous trois nuances de pensées qui sont : le sens matériel, le sens spirituel dû à la philosophie artiste, et le sens surnaturel dû à la théologie artiste. Tels sont les phénomènes; et ils rappellent, à la fois, la double puissance qui régit l'humanité, la philosophie spiritualiste et la théologie catholique.

Etudier le travail de ces deux forces dans les mots eux-mêmes, et faire ressortir l'unité de but de ce double travail, tel sera l'objet de l'article que nous promettons. — *Voy.* Eloquence.

LÉGENDE. *Voy.* Poésie.

LÉGISLATION ÉCONOMIQUE. *Voy.* Sociales (Sciences), II.

LIBERTÉ EN DIEU. *Voy.* Ontologie, question des essences, Mathématiques et Cosmologie, VII.

LIBERTE DE CONSCIENCE (La) — PRESENTEE A LA FOI PAR LA PHILOSOPHIE ET LA THEOLOGIE (I" part., art. 27). — Le mot *liberté de conscience* est un de ceux qui a le plus grand besoin de distinctions pour être bien compris, et il n'en est peut-être pas un sur lequel on en fasse moins dans les écrits de nos jours. On se dit partisan ou adversaire de la chose qu'il exprime ; on entasse, pour l'attaquer ou pour la défendre, phrases sur phrases, et on s'en tient là, comme s'il n'exprimait qu'une chose.

Nous nous appliquerons, dans ce travail, à éviter ce défaut pour échapper plus encore à l'accusation de mauvaise foi qu'à celle d'incapacité logique, et nous espérons atteindre notre but en suivant la méthode des divisions et des sous-divisions dont nos pères s'étaient fait une arme si puissante.

Nous nous adresserons à deux sortes d'adversaires, ceux qui se portent défenseurs de la théologie catholique en la présentant comme intolérante, et ceux qui se déclarent ses ennemis en la croyant telle, et nous démontrerons aux uns et aux autres que cette théologie est rationnelle et tolérante, pour détruire, dans les seconds, le malheureux préjugé qui les éloigne du catholicisme, et que les premiers semblent avoir pris à tâche d'éterniser dans le monde, par un aveuglement que nous sommes loin d'attribuer aux dispositions du cœur.

Il y a sur terre trois puissances en face desquelles peut se trouver la conscience dans sa liberté :

La conscience elle-même, qui est essentiellement individuelle ;

La puissance religieuse, qui est incarnée dans une organisation hiérarchique, appelée Eglise ;

La puissance civile qui peut, comme la précédente, être incarnée dans une organisation hiérarchique, et qui l'est ordinairement sous une forme quelconque.

Ces trois souverainetés, trois énergies, trois manifestations du droit et de la force de Dieu, avec lesquelles l'individu a des rapports, dont le contact engendre pour lui des devoirs et des droits, et qui peuvent lier plus ou moins sa liberté.

Nous allons donc considérer dans trois chapitres successifs :

La liberté de la conscience devant la conscience elle-même ;

La liberté de la conscience devant l'autorité religieuse ;

La liberté de la conscience devant l'autorité civile.

Le premier chapitre servira à poser les bases les plus radicales des solutions aux questions que soulèveront les deux autres.

Dictionn. des Harmonies.

CHAPITRE PREMIER.

Liberté de la conscience devant elle-même.

La conscience est-elle libre devant elle-même?

Question vague à laquelle il est impossible de répondre avec exactitude sans préciser les pensées diverses qu'elle peut cacher. On va le comprendre par les transformations que nous allons lui faire subir.

Question Ire. — La conscience est-elle libre devant elle-même en ce sens qu'elle puisse tout faire sans aucun inconvénient pour son état moral, c'est-à-dire sans se rendre criminelle?

Répondre affirmativement serait tout nier, Dieu et *le moi*; car croire en Dieu, c'est croire à un ordre éternel de vérités, de droits et de devoirs contre lesquels la conscience ne peut se révolter sans désordre, sans contradiction, sans subversion d'harmonie, sans crime. Croire en *le moi*, c'est croire à un ensemble de phénomènes qui se développent dans notre être : or le plus frappant, le plus constant, le plus énergique, le plus absolu de ces phénomènes, c'est l'intuition claire, invincible, de choses bonnes et de choses mauvaises, entre lesquelles nous avons la puissance de choisir, et, par déduction immédiate, de certains devoirs dont la violation, étant une contradiction entre la raison et la volonté, engendre le remords, cette fumée du mal.

Cependant il m'est impossible de nier ni *le moi* ni Dieu ; il m'est donc impossible de croire que ma conscience soit autonome, maîtresse d'elle-même, jusqu'à pouvoir tout se permettre sans devenir coupable.

Inutile de nous appesantir sur ce premier principe de toute philosophie morale, dont la négation, étant la négation même de la raison en tant que puissance intuitive et déductive, ne peut être considérée, dans le domaine rationnel et religieux, que comme le suicide d'un fou.

Question II. — La conscience est-elle libre devant elle-même en ce sens qu'elle puisse faire le bien ou le mal à son gré, mais sous la condition que si elle veut le bien, elle aura du mérite ; que si elle veut le mal, elle sera coupable: en ce sens en un mot, qu'elle puisse pécher?

Cette question est celle du libre arbitre. La vérité Dieu ne mène pas nécessairement à la réponse affirmative, car on conçoit comme possibles des créatures intelligentes auxquelles soit cachée la vue du mal, et, par conséquent, soit refusée la possibilité de choisir ; mais cette réponse affirmative est une déduction nécessaire du fait même de notre nature. Je sens que je possède cette liberté ; c'est un des phénomènes de mon être ; pour le nier, il faudrait me nier moi-même. Je sens que je la tiens de Dieu, à tel point que nulle puissance extérieure, matérielle ou morale, ne saurait me la ravir ; à tel point qu'une force, quelle qu'elle soit, pourvu qu'elle ne soit pas une vertu éternelle, toute-puissante, infinie, venant s'abattre sur l'essence même de mon être, et en transformer la constitution, ne peut qu'arracher des actes matériels à mon corps, ne peut extraire de mon âme cet intime *Je veux*, qui est mon acte suprême de souverain, dont je ne dois compte qu'à moi et à Dieu, qui récuse enfin toute énergie créée extrinsèque dans ses éléments de génération, dans ses conditions d'être.

Question III. — La conscience est-elle libre devant elle-même, en ce sens qu'elle puisse, à volonté, avant le mérite ou le démérite qui accompagne la mise en harmonie du cœur et de la raison, modifier sa loi morale, de sorte qu'elle soit elle-même chargée de se créer la matière du péché ?

Pour répondre, il nous suffit encore d'étudier les phénomènes qui se passent en nous. Si nous sentons notre volonté maîtresse d'adhérer ou de résister à ce que la raison nous montre comme bon, nous sentons, en même temps, que notre raison n'est pas maîtresse de voir les choses comme bonnes ou comme mauvaises, comme vraies ou comme fausses, comme belles ou comme hideuses à son gré.

Quant à certains principes clairs de droit naturel, il nous est impossible de ne pas les percevoir en tant que justes, et la déduction qui nous fait un devoir d'harmoniser avec eux notre conduite, n'est pas libre non plus.

Quant à certaines choses plus éloignées, la vision du juste et de l'injuste est proportionnée, en nous, à notre instruction ; mais l'instruction posée, si nous voyons clairement la vérité du devoir, nous ne pouvons changer cette vision en la vision contraire, et si nous ne la voyons pas clairement, il en est de même, nous restons, malgré nous, jusqu'à nouveau travail et nouvelle illumination, dans une perception plus ou moins douteuse, plus ou moins probable. La seule liberté qui nous soit donnée à ce sujet est celle de ne pas étudier, et par ce moyen de prolonger la nuit qui nous enveloppe ; mais cette liberté rentre dans celle de la question précédente puisqu'elle a pour matière l'accomplissement ou la violation d'un devoir.

Ainsi donc notre conscience est aussi peu maîtresse de ses visions qu'elle est maîtresse de ses volontés, ce qui revient à dire que, notre loi morale, la règle de nos actions est indépendante de notre vouloir, quoique nous soyons libres de la suivre ou de l'enfreindre.

Cependant, en dehors de la loi morale de droit naturel, et conformément à cette loi, la conscience peut se créer des devoirs positifs par la promesse contractée envers Dieu, envers une créature, ou envers elle-même. Elle tient cette puissance de son Créateur qui la possède par essence, qui en use à l'égard de ses créatures, et qui la leur transmet dans la limite qu'il lui plaît. Il est évident qu'il peut ordonner tout ce qu'il veut, pourvu que ce qu'il ordonne soit conforme à la morale éternelle ; et il n'est pas moins évident, à l'inspection de nous-mêmes, que nous pouvons nous engager par des contrats à des choses non obligées en soi, pourvu qu'elles ne soient contraires ni à la morale éternelle ni aux lois positives déjà portées par Dieu ou par tout autre pouvoir à qui il aurait donné droit d'en porter. Dans le cas de la loi morale naturelle la chose oblige par elle-même ; dans le cas du contrat, la promesse oblige à la chose.

Question IV. — La conscience est-elle libre devant elle-même, en ce sens qu'elle ait toujours droit de se conformer, dans sa conduite morale, à ses perceptions ?

Nous répondons, en général, que ce n'est pas seulement un droit pour la conscience de mettre sa pratique en harmonie avec ses perceptions du bien et du mal, que c'est encore un devoir, de sorte qu'il y a crime pour elle à prendre le parti contraire.

Mais ici, nous nous retirons du débat, pour exposer simplement la doctrine des théologiens catholiques.

Ils distinguent, relativement au degré de certitude, la conscience métaphysiquement certaine, la conscience moralement certaine, la conscience probable, la conscience douteuse, et la conscience improbable ; et relativement à la vérité en soi, la conscience droite et la conscience erronée.

La conscience *métaphysiquement certaine* est celle qui possède la vue parfaitement claire de la vérité. Telle est la conscience des axiomes de science et de morale dans ceux qui les connaissent. Je vois avec cette clarté parfaite que le *tout* est plus grand que sa *partie* ; que c'est un crime de nier ce dont je suis absolument certain, de promettre ce que je ne veux pas tenir.

Or une conscience dans cet état ne peut jamais être erronée ; si cela était possible une seule fois dans un seul homme, il nous faudrait logiquement tomber dans le doute universel, puisque nous ne saurions jamais si nous ne sommes pas cet homme malheureux que sa conscience métaphysiquement certaine peut tromper.

Il est, de plus, évident, qu'une telle conscience engendre l'obligation, pour l'être moral, d'agir conformément à son dictamen. Ce principe n'a jamais été nié, et ne le sera jamais. Il y a des bornes à la bizarrerie des idées : on niera bien le fait de la certitude métaphysique ; mais, ce fait supposé, on n'osera nier l'obligation qui en découle.

La conscience *moralement certaine* est celle qui, sans posséder cette vue claire absolue, possède assez de motifs de crédibilité pour ne pouvoir révoquer en doute le devoir en question dans l'usage de la vie. Il y a une foule de choses admises par tous, crues par tous, servant pour tous de règles pratiques que nul ne viole sans éprouver le remords, et qui cependant ne sont, pour la plupart des hommes, que moralement certaines. Il y a aussi des convictions individuelles souveraines, profondes, inébranlables, qui sont des certitudes morales du même genre sans vision claire absolue.

Or la conscience dans cet état peut être erronée, et même l'est souvent. Combien d'âmes, dans les fausses religions, sont tellement fanatiques des idées reçues de leurs mères qu'elles n'en ont aucun doute ? Combien, dans la religion vraie, sont imbues d'idées fausses de détail dont il est quelquefois impossible de les dépersuader ?

Néanmoins, de l'avis de tous les théologiens, cette conscience oblige individuellement sous peine de crime, qu'elle soit, en réalité, vraie ou fausse.

Si elle est vraie, pas de difficulté. Si elle est fausse, l'erreur peut être vincible ou invincible : si l'erreur est invincible, elle peut l'être absolument ou relativement : si elle est invincible absolument, c'est-à-dire, si tout moyen d'instruction est enlevé à la personne — tel serait l'état d'une famille isolée dans une oasis du Sahara ou dans une île de l'Océan, n'ayant pas même le soupçon de l'existence d'autres hommes — pas de difficulté non plus ; si elle est invincible relativement, c'est-à-dire que des moyens d'instruction soient à la disposition de la personne, mais que celle-ci soit tellement persuadée de la vérité de ce qu'elle croit, qu'elle n'ait pas même l'idée de s'en servir et d'entrer dans un examen ; ou qu'après examen, son esprit soit fait de telle sorte qu'en toute sincérité d'âme, elle en soit sortie avec une foi erronée plus puissante encore, cela est possible, Dieu le permet, il n'y a pas plus de difficulté que dans le premier cas, cette invincibilité relative ayant, pour l'individu, la même valeur que l'invincibilité absolue.

Si l'erreur est vincible, c'est-à-dire si l'on a à sa disposition des moyens d'arriver à une conscience métaphysiquement ou moralement certaine du vrai opposé à ce que l'on croit, et que, de plus, on pense à s'en servir, qu'une voix secrète vous dise chaque jour : Etudie, examine, instruis-toi ; le devoir urgent est d'obéir à cette voix intime en faisant son possible pour atteindre la vérité.

Mais, en attendant, quelle règle suivra-t-on dans ses actions ? Le bon sens dit que, s'il n'y a pas obligation de prendre un parti, il faut s'abstenir, et que, s'il y a obligation d'en prendre un, on est tenu de se conformer provisoirement à la conscience moralement certaine vraie ou erronée.

Il semble qu'en pratique, lorsqu'il y a certitude morale, l'erreur est presque toujours relativement invincible ; car une telle conscience exclut le doute et par suite l'idée d'approfondir davantage la question.

Cette doctrine sur le droit que possède la conscience, en tant que volonté, d'obéir à elle-même en tant que raison, quand elle est sous la pression d'une certitude morale, et même sur le devoir qui lui incombe d'en agir ainsi, quand la certitude morale porte sur l'obligation d'agir, est professée par tous les docteurs ; et il ne peut en être autrement, car il est de la dernière évidence que l'éternelle justice ne peut rien reprocher à celui qui, dans la sincérité de son cœur, a cru bien faire, lors même que matériellement il a mal fait, par action ou par omission, et qu'elle condamne nécessairement celui qui a cru mal faire, lors même que matériellement il a bien fait d'agir ou de s'abstenir. Le remords est l'éperon de cette justice éternelle; or qui jamais éprouva des remords pour avoir suivi les prescriptions de sa conscience? Il y aurait contradiction à qualifier crime moral une détermination à laquelle la raison et la volonté ont concouru en parfaite harmonie, et il y aurait la même contradiction à ne pas qualifier de criminelle une conduite, quelle qu'elle soit matériellement, à laquelle la volonté s'est déterminée malgré les défenses ou les prescriptions de la raison.

Il y a des esprits qui n'admettent pas ces preuves tirées du bon sens naturel, et qu'on ne peut convaincre que l'Ecriture et les définitions de l'Eglise à la main. Peu nous importe; car, l'Ecriture et l'Eglise étant toujours d'accord avec le bon sens, il n'y aurait d'embarrassants pour nous que ceux qui n'admettraient ni la raison, ni l'Ecriture, ni l'Eglise.

Sur la question présente l'Ecriture est pleine de préceptes moraux qui impliquent clairement la pensée que nous venons d'exposer. Nous citerons deux passages positifs.

On lit dans l'*Ecclésiastique*, chap. xxxii, 27, la sentence que voici : *Dans toutes vos œuvres fiez-vous à la croyance de votre âme; en cela consiste l'observation des commandements* : « *In omni opere tuo crede ex fide animæ tuæ; hoc est enim conservatio mandatorum*. » Il n'y a de réponse possible qu'en niant l'autorité du livre sacré.

Saint Paul n'est pas moins clair dans le chap. xiv de l'*Epitre aux Romains*. Parlant de pratiques admises par les uns et rejetées par les autres comme obligatoires, il dit explicitement à tous d'agir selon leur conscience relativement à ces pratiques, et, usant de ce langage clair, positif, énergique qui le distingue, il ajoute (ŷ 5, 22, 23) d'une manière générale et sans restriction : *Unusquisque in suo sensu abundet.... Beatus qui non judicat semetipsum in eo quod probat.... Omne quod non est ex fide peccatum est*. — « Que chacun abonde dans son sens.... *Heureux celui qui ne se condamne pas lui-même en ce qu'il approuve.... Tout ce qui n'est pas selon la persuasion est péché*. »

Observons en passant que le mot *fides*, tant employé par saint Paul, signifie, le plus clairement du monde, dans ce chapitre et dans beaucoup d'autres, la *croyance intime*, la *persuasion sincère*, le *dictamen de la conscience*, la *bonne foi*. On a souvent abusé de ce mot en le détournant du sens que lui attribue le grand Apôtre.

C'est pour inculquer la même vérité que le même apôtre, au vii° chapitre de la même Epître (ŷ 7-11), avait expliqué comment la *loi connue* est la condition essentielle du péché, la condition sans laquelle le péché n'est pas, bien que la loi, en elle-même, soit chose bonne : *Je ne connaîtrais pas la convoitise, si la loi ne me disait : Tu ne convoiteras point..... Sans la loi le péché est mort.... Quand j'étais sans connaître la loi, j'étais vivant; j'ai connu le commandement, et le péché a vécu, et moi je suis tombé dans la mort; la loi qui était pour la vie est devenue pour la mort, parce que le péché prenant occasion de la loi, m'a séduit et m'a tué*.

Tous les discours de Paul respirent le même esprit.

Quant aux conciles, nous citerons seulement une phrase dogmatique du quatrième concile de Latran, phrase d'autant plus remarquable, que ce fut ce même concile qui, parmi ses décrets de discipline, porta contre les Albigeois le fameux canon d'intolérance dont nous parlerons ailleurs. Voici cette phrase : *Quidquid fit contra conscientiam ædificat ad gehennam* : « *Tout ce qui se fait contre la conscience édifie pour la géhenne*. »

En fait de théologiens, nous pourrions les citer tous. Holden dit par rapport à l'obligation de la foi intérieure : « Toutes les fois que quelqu'un pense avec santé de cœur et d'esprit qu'un acte de cette foi est opposé et contraire à la lumière naturelle et à la raison, il ne peut être tenu à le produire. » (*De resolutione fidei*, lib. i, cap. 9 ad finem.) —

« Il n'est jamais permis, » dit de La Chambre, « d'agir contre les impressions de sa propre conscience. » Et quand il examine si la certitude absolue est nécessaire pour la détermination sage, il s'exprime ainsi, bien qu'il appartienne à la catégorie des plus exigeants : « Pour agir avec sagesse et avec prudence, sans craindre de commettre un péché, il n'est point absolument requis d'avoir une certitude absolue de la bonté de l'action à laquelle on se détermine : la maxime contraire réduirait l'homme, dans un très-grand nombre de circonstances de la vie, à une inaction pernicieuse à l'Eglise et à l'Etat. Il connaît rarement, d'une manière absolument certaine, si telles ou telles actions sont réellement bonnes, et c'est lui imposer un joug trop dur que d'exiger de lui qu'il ait cette connaissance avant de se déterminer à faire telle ou telle chose. » (*Exposition claire*, etc., t. I, p. 204, tableau du traité des actes humains.) Le même ajoute, pour compléter la doctrine, que c'est agir contre la prudence, que de se déterminer sans aucun motif qui réponde de la légitimité de l'acte, mais que dès qu'une action paraît bonne, après mûr examen, c'en est assez pour autoriser la conscience à l'accomplir.

Saint Thomas dit que « dans les actes humains on ne peut exiger la certitude démonstrative, mais qu'il suffit de la certitude probable. » Il appelle *certitude probable* ce que nous appelons certitude morale.

Enfin Pie IX disait encore dernièrement, dans l'allocution au consistoire du 9 décembre 1854 : « L'ignorance invincible de la vraie religion n'est pas coupable aux yeux de Dieu. » Il est singulier de voir M. Bordas Demoulin, qui cependant est un bon philosophe, attaquer dans son dernier ouvrage, intitulé les *Pouvoirs constitutifs de l'Eglise*, le Pape et les théologiens, pour avoir professé d'aussi évidentes, d'aussi raisonnables choses.

Nous venons de résumer la morale théologique sur la conscience métaphysiquement et moralement certaine; il nous reste à résumer cette morale sur la conscience plus ou moins douteuse, pour en finir avec la liberté de la conscience vis-à-vis d'elle-même.

La conscience qui n'est certaine ni métaphysiquement ni moralement, ne peut être que *probable*, *douteuse* ou *improbable*; et alors elle comprend elle-même qu'elle peut être droite ou erronée; elle sait qu'elle est nécessairement l'une de ces choses, sans savoir laquelle; autrement il y aurait au moins en elle certitude morale.

Si elle est *probable*, c'est qu'il y a, à ses yeux, plus de raisons de croire à la réalité du devoir ou du droit dont il s'agit, qu'il n'y en a de croire à sa fausseté; si elle est *douteuse*, c'est qu'il y a, à ses yeux, égales raisons pour et contre; si elle est *improbable*, c'est qu'il y a, à ses yeux, plus de raisons contre qu'il n'y en a pour.

Or, sur la question des obligations qu'engendrent ces trois sortes de consciences, ou, si l'on aime mieux, de la liberté qu'elles laissent à l'adhésion de la volonté, en dehors de l'hypothèse du crime, les théologiens se divisent en deux grandes classes, les rigides et les tolérants: les premiers, presque tous gallicans, sont connus sous le nom de *probabilioristes* et *tutioristes*; les seconds, presque tous ultramontains, sont connus sous le nom de *probabilistes*.

On peut synthétiser de la manière suivante les règles de morale des uns et des autres.

1° Quand il s'agit de choisir entre deux partis dont l'un a pour lui, relativement à la personne qui doit choisir, la *probabilité*, c'est-à-dire l'avantage sous le rapport des preuves soit de raisonnement soit d'autorité, et la *sûreté*, c'est-à-dire l'avantage sous le rapport du résultat en ce sens qu'il expose moins à la violation d'un précepte, et dont l'autre est à la fois moins probable et moins sûr, que doit faire la volonté?

Les probabilioristes-tutioristes répondent, comme l'indique leur nom, que la volonté doit, sous peine de crime, choisir le parti le plus probable et le plus sûr.

Les probabilistes répondent qu'il est permis à la volonté de préférer le parti le moins probable et le moins sûr, disant, pour raison générale, qu'il suffit toujours qu'une opinion jouisse d'un degré quelconque de probabilité en elle-même, et sans comparaison à aucune autre, pour qu'il soit permis de la suivre.

2° Entre deux partis également probables (ce qui, pour la conscience, établit le doute), mais dont l'un est plus sûr et l'autre moins sûr, que fera la volonté?

Les tutioristes répondent qu'elle est tenue de préférer le parti le plus sûr. Voici leurs termes: « Lorsqu'elles (les opinions opposées) sont également probables, on doit, de toute nécessité, suivre celle qui est favorable à la loi et abandonner celle qui favorise la liberté au préjudice de la loi; tout est pour lors dans l'ordre; on témoigne par sa conduite qu'on abhorre jusqu'à l'apparence du mal, et c'est une disposition d'esprit que le christianisme exige de ceux qui l'ont embrassé, et qui aiment foncièrement les règles de l'équité naturelle. » (La Chambre, *ubi supra*.)

Les probabilistes répondent que la volonté peut, à son gré, préférer le parti le moins sûr, puisqu'il jouit, par l'hypothèse, d'un degré de probabilité en soi. Ainsi pensent la plupart des ultramontains.

3° Entre deux partis dont l'un est plus probable et moins sûr, et l'autre moins probable et plus sûr, que fera la volonté?

A cette question, les rigides se subdivisent en deux classes, les probabilioristes et les tutioristes.

Les premiers répondent qu'il est permis de préférer l'opinion la plus probable à la plus sûre, à celle qui expose le moins. Voici ce qu'en dit La Chambre qui est de cet avis: « Quand deux opinions sont inégalement probables, la moins probable est quelquefois la plus sûre, et la plus probable est quelquefois la moins sûre. Dans ce cas, il est constamment permis de régler sa conduite sur le sentiment le plus sûr quoique moins probable. D'où vient? c'est qu'il n'y a rien à craindre du côté de ce choix. Mais on aurait tort de prétendre qu'on est dans l'obligation absolue d'embrasser ce parti. On peut en sûreté de conscience souscrire au sentiment qui est le plus probable quoiqu'il soit le moins sûr. Dès qu'on agit avec prudence on n'est point criminel; et on agit toujours ainsi lorsqu'on conforme ses mœurs au plus grand éclat des lumières du bon sens. » (*Ubi supra*.) L'Herminier pense de même et citant en exemple le partage d'opinions sur la question du cumul des bénéfices, il ajoute: « On ne peut douter que l'opinion de ceux qui se déclarent contre le cumul ne soit la plus sûre; mais comme l'autre est la plus probable soit par les raisons qui l'établissent, soit par le poids des autorités qui le soutiennent, personne ne peut faire un péché de la pluralité des bénéfices. » (*Tract. de act. hum.*, p. 78.)

Les seconds, qui sont les plus rigoristes, répondent qu'il y a encore, dans ce cas, obligation de conscience de se déterminer pour le parti le plus sûr.

Quant aux tolérants, ils répondent, *a fortiori*, comme les premiers, disant qu'on peut suivre en toute sûreté de conscience l'un ou l'autre parti.

4° Entre deux partis dont l'un est plus probable et l'autre moins, sans que la sûreté soit engagée ou, si l'on aime mieux, qui, étant inégalement probables, sont également sûrs, que fera la volonté?

Il n'est plus question de tutioristes; mais les probabilioristes répondent qu'il y a devoir pour la conscience de suivre le parti le mieux fondé en preuves soit de raison, soit d'autorité. « S'agit-il de sentiments inégalement probables, « dit La Chambre, » il est certain qu'on doit nécessairement suivre celui qui est plus probable. La raison en est, qu'il faut toujours agir avec prudence, et qu'il est évident qu'on n'agit de cette manière qu'autant qu'on préfère, dans le concours de deux opinions, celle qui est mieux fondée à celle qui l'est moins. » (*Ubi supra*.)

Les probabilistes continuent toujours d'affirmer, et à plus forte raison, qu'on peut suivre le parti le moins probable. Quelques-uns vont même jusqu'à dire que ce parti, fût-il dénué de toute preuve de raison, et n'eût-il, pour constituer sa petite probabilité, que l'autorité d'un seul docteur, il serait encore permis d'y conformer sa conduite, contrairement à l'autre qu'on suppose muni des meilleures preuves et de l'appui de tous les docteurs moins un.

5° Enfin, entre deux partis dont l'un n'est que plus probable, et l'autre tout à fait sûr, en ce sens que, si on choisit le premier, on s'expose à manquer complétement son but, tandis que, si on prend le second, on est certain de ne pas le manquer, que fera la volonté? Presque tous répondent que la prudence l'oblige à prendre le dernier parti quoique moins probable dans ses preuves, puisqu'avec lui on est certain de réussir.

Telles sont les règles de ces deux écoles célèbres. Ce n'est pas le lieu d'examiner les motifs qu'elles allèguent, ni d'émettre une opinion. Nous dirons cependant que, sans adopter exclusivement l'une des deux théories, nous serions moins probabiliste que la plupart des ultramontains, et moins tutioriste que la plupart des gallicans.

La conclusion que nous tenons à constater, relativement à la liberté de la conscience vis-à-vis d'elle-même, peut se résumer comme il suit :

1° Devant la persuasion métaphysiquement certaine, et même devant la persuasion souveraine qu'on appelle certitude morale, non-seulement c'est un droit, une liberté pour la conscience de se conformer à cette persuasion, mais c'est encore un devoir, lequel devoir est la base humaine première de toute la morale, d'après le bon sens, d'après Jésus-Christ, dont nous aurions pu citer plusieurs enseignements de parole et d'action aussi claires que possibles, d'après la *Bible*, d'après saint Paul, d'après l'Eglise et d'après tous les théologiens.

2° Devant la probabilité et la sûreté réunies, c'est un droit pour la conscience de se conformer à l'une et à l'autre, d'après tous les théologiens; et d'après les probabilioristes, non-seulement l'exercice de ce droit est libre, mais encore il est obligé à titre de devoir.

Nous prions le lecteur de ne pas oublier ces conclusions. Elles nous seront utiles pour résoudre les graves questions de la liberté de conscience devant la puissance religieuse et devant la puissance civile.

L comprend déjà, sans doute, les déductions que nous en pourrons tirer sur les droits et les devoirs de ces deux puissances, à l'égard des consciences individuelles, à l'aide de ce principe incontestable et incontesté : *Il n'y a pas de droit contre le droit; de droit contre le devoir*. Comment, en effet, pourrait-il se faire, par exemple, qu'un chef politique fût en droit de m'imposer tel ou tel culte, lorsque ma conscience m'en impose un autre? Ce serait donc qu'un droit réel pourrait s'élever contre un devoir réel; et alors tout l'ordre moral ne serait plus qu'un gouffre d'illusions.

Il n'en est pas ainsi; mais comme la puissance religieuse et la puissance civile ont aussi leurs devoirs et leurs droits, les questions vont se réduire à des problèmes d'équilibre.

CHAPITRE II.
Liberté de la conscience devant la puissance religieuse.

La conscience est-elle libre devant la puissance religieuse considérée dans l'état où elle nous apparaît sur la terre, c'est-à-dire visiblement constituée en hiérarchie?

Question vague comme la première, et qu'on ne peut résoudre si on ne la décompose en tous les éléments qu'elle renferme. Traitons-la comme le chimiste traite les corps qu'il soumet à ses opérations. En toute chose, l'intelligence est un laboratoire de chimie, dans lequel l'opérateur, qui est l'esprit, compose, décompose et recompose les idées.

*Question I*re — La conscience est-elle libre devant la puissance religieuse, publiquement, visiblement, hiérarchiquement constituée, en ce sens que cette puissance ne puisse exercer sur elle assez de pression pour lui ôter la possibilité de mal faire?

Il n'est venu dans l'esprit de personne de répondre négativement à cette question. La conscience, tenant son libre arbitre de sa nature, Dieu seul serait assez puissant pour le lui ravir. Que l'autorité religieuse fasse éclater ses foudres, la liberté de l'homme n'en ressentira aucune atteinte. Nous l'avons dit, il s'agit d'un *je veux*, d'un *je ne veux pas* que nulle force, excepté celle de Dieu par les artifices intimes et mystérieux de sa grâce, ne saurait ni tuer dans son germe, ni paralyser dans son développement.

Question II. La conscience est-elle libre devant la puissance religieuse, en ce sens que cette puissance ne puisse modifier la loi morale dont l'accomplissement est pour elle un devoir et un droit?

Cette question ne souffre encore aucune difficulté. De même que la conscience ne peut changer le bien en mal, ni le mal en bien, parce qu'elle ne peut rien contre la vérité en soi, de même la puissance religieuse ne le peut pas; Dieu non le pourrait lui-même, la loi du juste et de l'injuste étant éternelle, immuable et indestructible.

Cependant, si nous avons attribué à la conscience le droit de s'imposer des obligations, par promesse, sous la condition de la conformité à la loi morale éternelle, par exemple sur tel ou tel mode d'accomplissement de cette loi, nous devons attribuer à la puissance religieuse, véritablement instituée par Dieu sur la terre, le droit d'imposer à ses membres des obligations de la même espèce, c'est-à-dire des lois positives dans les limites du pouvoir que Dieu lui a donné.

La possibilité de ce droit est évidente; la raison, en effet, ne peut le refuser à Dieu; or il est évidemment possible que Dieu l'ait transmis, dans une étendue quelconque, à une puissance chargée de le représenter.

Quant au fait même de ce droit, c'est la question de la constitution divine de l'Eglise par le Christ en ce monde, question que nous ne devons traiter au point de vue où nous nous sommes placé et qui d'ailleurs donnerait lieu à des volumes.

Enfin, quant aux limites que toute loi positive humaine, religieuse ou autre, ne saurait dépasser légitimement, pas plus que tout engagement contracté par la conscience envers elle-même, ces limites sont marquées par l'inviolabilité du droit primitif de la nature, qu'on peut appeler, pour le définir, *droit divin naturel*, et par le droit surnaturellement révélé, qu'on peut appeler, pour le définir, *droit divin surnaturel*.

Question IIIe — La conscience est-elle libre devant l'autorité religieuse, en ce sens que cette autorité ne puisse rien contre le droit et le devoir que nous lui avons reconnus de conformer sa conduite à ses perceptions?

Aucune puissance, même celle de Dieu, ne saurait empêcher qu'il n'y ait crime pour la conscience à agir contre sa persuasion métaphysiquement certaine, laquelle est toujours droite, et contre sa persuasion moralement certaine, qu'elle soit en réalité vraie ou erronée, les règles de morale que nous avons exposées sur l'essence constitutive du péché étant une nécessité de toute nature intelligente et libre.

Une autorité peut bien rectifier, par son influence enseignante, la conscience erronée, et changer ses persuasions en des persuasions contraires.

Une autorité peut aussi, sur une question douteuse, comme celle qui est débattue entre les probabilioristes et les probabilistes, déclarer le droit naturel, en supposant qu'elle en ait reçu de Dieu le pouvoir, ce qui n'est pas faire le droit, mais seulement instruire sur le droit; cette possibilité est évidente; et, quant au fait, l'Eglise catholique tient cette prérogative de Jésus-Christ.

Mais n'oublions pas que, quant aux règles de la conscience devant ses persuasions, tant qu'elles persistent, aucune autorité ne peut rien, et que, supposée la persuasion, il y a toujours droit et obligation de s'y conformer, quoi que fasse l'autorité extérieure, jusqu'à ce que cette persuasion soit elle-même entamée. Prétendre le contraire serait dire qu'une autorité peut faire que le oui et le non soient vrais en même temps sous le même rapport.

Question IV. — La conscience est-elle libre devant la puissance religieuse, en ce sens qu'elle ait le droit, s'il y a plusieurs sociétés religieuses, de rester ou d'entrer dans celle qui lui plaira, ou de n'appartenir à aucune?

Cette question est celle du tolérantisme philosophique sur laquelle on a débité tant de vaines, contradictoires et obscures paroles. Il suffit, pour la résoudre, de nous reporter aux règles de morale que nous avons établies dans le chapitre sur la liberté de la conscience devant elle-même.

D'abord, il est évident que si l'on rencontre sur la terre plusieurs sociétés rivales ennemies les unes des autres, ayant des symboles contradictoires sur des points importants, elles ne peuvent être, à la fois, également bonnes, la négation et l'affirmation d'une même chose, sous le même rapport, ne pouvant être vraies en même temps.

Or, cette déduction du plus simple bon sens étant posée, naît immédiatement pour la conscience l'obligation de s'enquérir, autant que possible, de chacune de ces sociétés, et, cet examen fait dans la mesure raisonnable, relative à la position intérieure et extérieure de chacun, lequel sera d'autant moins long et moins difficile que la personne sera plus isolée et moins lettrée — ceci paraît tenir du paradoxe; mais avec un peu de réflexion, et surtout d'expérience, on saisira notre idée,—cet examen fait, la conscience ne pourra se trouver que dans l'un des états que nous avons distingués, et que nous allons rappeler.

Si elle parvient, soit par déduction, soit par intuition, à la certitude métaphysique de la divinité de l'une des sociétés rivales; ce qui, nous l'affirmons non-seulement avec foi, mais avec certitude, n'arrivera jamais que pour la société catholique; il est évident que la conscience ne pourra, sans crime, refuser d'y entrer, si elle n'y est pas encore, ou en sortir si elle y est déjà.

Si elle n'arrive qu'à cette persuasion souveraine que nous avons appelée certitude morale, elle devra encore, d'après la règle admise par tous, entrer dans la société dont elle aura cette certitude.

Si elle n'arrive qu'à des probabilités, revient la question débattue entre les probabilistes et les probabiliorastes-tutioristes.

Si elle arrive, ce qui est sans doute possible, à une persuasion erronée et négativement fanatique, mais réelle et sincère, qu'il n'y en a pas une seule de bonne ou que toutes sont bonnes, la logique la condamne à attendre encore jusqu'à nouvel éclaircissement; Grâce qu'elle doit demander à Dieu, si elle n'est pas athée — et y a-t-il des consciences athées? — avant de prendre un parti.

Ainsi se formulent devant la raison les droits et les devoirs de la conscience vis-à-vis des différents cultes.

Question V. — La conscience est-elle libre devant la puissance religieuse, en ce sens qu'appartenant librement et volontairement à une société religieuse, non point seulement par cette qualification extérieure que donne la naissance, mais de volonté réelle, elle puisse, sans pécher, ne tenir aucun compte des lois positives et des déclarations dogmatiques de cette société?

La contradiction de celui qui attribuerait ce droit à la conscience est claire comme le jour. Il s'agit d'une des plus simples déductions qui puissent être offertes à l'intelligence. Vous appartenez à une société religieuse librement, parce que vous avez, soit la certitude métaphysique, soit la persuasion souveraine, soit même une grande probabilité que cette société est établie de Dieu pour la régularisation et l'organisation de la conduite morale des âmes; donc vous devez vous soumettre à ses lois; donc, si vous vous refusez à l'observance de ses lois, c'est contre votre propre conscience que vous vous révoltez; et vous ne le ferez pas impunément, c'est-à-dire sans éprouver le sentiment de l'état anormal dans lequel vous vous constituez, le trouble intérieur qu'engendre l'anarchie de l'âme, la guerre intestine entre la raison et la volonté; à moins toutefois que votre esprit ne soit assez court de jugement pour ne pas saisir la déduction simple que nous venons de formuler, auquel cas votre état intellectuel approcherait fort de l'idiotisme.

On objectera : S'il arrive que cette société déclare des droits et des devoirs, ou porte des lois positives qui soient contraires à des certitudes métaphysiques ou morales ayant la priorité dans mon intelligence, serai-je obligé de me soumettre?

Si ces déclarations ou prescriptions sont clairement négatives de certitudes métaphysiques absolues, non; vous n'êtes pas obligé de vous soumettre, vous ne devez même pas vous soumettre. Mais que s'en suivra-t-il? Que la vérité de la société elle-même sera réfutée dans ses prétentions à l'infaillibilité, et que vous devrez en sortir puisqu'elle n'est pas de Dieu. — C'est ce qui ne peut arriver pour la société catholique, c'est ce qui n'arrivera jamais pour elle. Nous donnons cette affirmation comme une prophétie dont nous sommes sûr ; mais c'est ce qui peut arriver et ce qui arrive pour les autres sociétés religieuses.

Si ces déclarations ou prescriptions sont contraires à des persuasions morales seulement, ce n'est point une raison pour sortir de la société; car, sachant que ces persuasions peuvent être erronées, l'influence de la société sur vous sera d'affaiblir votre persuasion et de vous mettre dans l'obligation d'y renoncer pour lui obéir. Si vous avez, au préalable, la certitude métaphysique de l'infaillibilité de la société, l'effet que nous venons de signaler sera tout naturel; une certitude métaphysique écrase une certitude morale. Si vous n'en avez que la certitude morale, ce seront deux certitudes morales en lutte; une des deux triomphera, et votre devoir sera de céder à la plus forte. Tout cela est mathématique.

Jusqu'alors nous n'avons parlé des droits de la conscience vis-à-vis de la puissance religieuse que dans ses actes intérieurs, dont les seules sanctions, en cette vie, sont le remords que traîne à sa suite le péché comme une chaîne de forçat et la joie morale qui entoure la vertu comme un turban de fête.

Il nous reste trois questions importantes à poser sur cette liberté de la conscience dans ses actes extérieurs, visibles, relatifs au milieu social où elle vit et agit par son enveloppe de chair.

Question VI. — La conscience est-elle libre dans ses actes extérieurs vis-à-vis de la puissance religieuse, en ce sens qu'elle puisse tout se permettre de parole et d'action, sans que cette puissance, dont elle est membre, ne puisse rien contre elle au for extérieur?

Le bon sens répond qu'il n'en peut être ainsi.

Par cela seul qu'une société religieuse existe, elle a son symbole d'unité, sa législation, sa discipline, sa forme commune, avec plus ou moins de développement et de conformité à son esprit, sans quoi il n'y aurait pas société, mais individualisme absolu, mais anarchie complète, mais dissolution doctrinale, légale et disciplinaire.

Or, si cette société déclare qu'il est facultatif pour chacun de s'affranchir de la règle commune, de s'en affranchir ostensiblement de parole et d'action, affranchissement qui suppose une propagande dans le même sens à l'égard d'autrui; car nous sommes tous, quelque inactifs, quelque endormis que nous paraissions, des propagateurs d'une part et de l'autre des prosélytes; si la société, disons-nous, fait cette déclaration, elle renonce à son unité, comme le protestantisme l'a fait en un certain degré assez étendu pour que ce soit le ver rongeur, le germe de mort qui le tuera; elle se suicide, se déclare dissoute, cesse *ipso facto* d'être une société.

Que doit-elle donc faire pour vivre à l'état de société religieuse? Elle doit déclarer les consciences, qui extérieurement se sépareront de son unité, passives de peines spirituelles extérieures, lesquelles seront des privations de participation à ses biens spirituels extérieurs, à ses sacrements, à ses sépultures, etc., et se résoudront, toutes, dans l'excommunication, plus ou moins complète, proportionnée au degré de séparation de l'individu.

N'y aurait-il pas antithèse évidente dans la conscience de l'individu lui-même, s'il prétendait faire partie de la société et participer à ses biens, sans professer son symbole et subir ses lois? C'est lui-même qui s'en sépare, s'en excommunie par ses paroles, ses écrits ou ses actions ; la société, en portant sa sentence, ne fait qu'une simple déclaration de l'état dans lequel il s'est posé volontairement. S'il a du jugement, il l'avouera toujours.

Mais s'il doit en être ainsi de toute société religieuse raisonnablement constituée, celle qu'a fondée Jésus-Christ ne peut déroger à cette loi rationnelle. Aussi trouvons-nous que Jésus-Christ lui a donné le droit d'excommunication en termes assez clairs, tels que ceux-ci : *Tout ce que vous lierez sur la terre sera lié dans le ciel (Matth.* xviii, 18), c'est-à-dire sera bien lié, sera lié par une déclaration basée sur le droit et ratifiée dans le ciel, dans le séjour de la vérité absolue, quant aux effets qui ne regardent directement que le for extérieur, et peuvent être sans aucun préjudice pour le for intérieur, lequel n'est jamais soumis qu'aux règles morales que nous avons exposées d'abord ; tels encore que ceux-ci : *Que celui qui n'écoute pas l'Eglise soit regardé comme un païen (Ibid.*, 17) : on ne saurait s'exprimer plus clairement, le païen étant celui qui n'appartient pas à l'Eglise extérieure et visible.

Aussi voyons-nous, dans l'histoire, que l'Eglise catholique a toujours usé de ce droit en déclarant hérétiques ceux qui refusaient extérieurement de professer son symbole ; schismatiques ceux qui refusaient extérieurement de se soumettre à sa hiérarchie ; excommuniés à des degrés divers ceux qui, sans aller si loin, se mettaient extérieurement par des paroles, des écrits ou des actes, sous le coup des peines portées par les canons. Cette excommunication ne consista, à l'origine, que dans un refus de communication avec les frères indignes, et plus tard elle se régularisa comme il arrive dans une société qui s'étend et s'organise.

Mais n'oublions pas que la législation pénale ecclésiastique, pour rester en harmonie avec la législation naturelle de la conscience considérée vis-à-vis d'elle-même, ne s'adresse *directement* qu'au for extérieur. Au for intérieur on peut continuer d'appartenir, par la bonne foi, par la sincérité d'intention, par la persuasion intime de l'âme croyant bien faire, à la société invisible des bons, qu'on a nommée l'âme de l'Eglise, tout excommunié qu'on soit de la société visible qu'on a nommée le corps. Lorsqu'on dit : *Hors l'Eglise point de salut*, si l'on entend parler de l'Eglise invisible, de la réunion des bons, de l'âme de l'Eglise, la proposition dans sa généralité est d'une évidence rationnelle absolue. Si l'on entend parler de l'Eglise visible seulement, elle ne s'applique qu'à ceux qui sont hors l'Eglise par mauvaise volonté, malgré leur raison et leur conscience qui leur commandent d'y entrer, ou leur défendent d'en sortir, ainsi que l'expliquent tous les Pères de l'Eglise et, en particulier, saint Augustin dont on peut citer, parmi beaucoup d'autres, la sentence qui suit :

« Ceux qui défendent leur opinion, quoique fausse et perverse, sans opiniâtre animosité, principalement lorsqu'ils ne l'ont pas enfantée par l'audace de leur présomption, mais qu'ils l'ont reçue de pères séduits et tombés dans l'erreur, mais cherchent la vérité avec une sage sollicitude, disposés à se corriger quand ils l'auront trouvée, ne doivent nullement être comptés parmi les hérétiques : » *Qui sententiam suam, quamvis falsam atque perversam, nulla pertinaci animositate defendunt, præsertim quam non au-*
dacia præsumptionis suæ pepererunt, sed a seductis atque in errorem lapsis parentibus acceperunt, quærunt autem cauta sollicitudine veritatem, corrigi parati cum invenerint, nequaquam sunt inter hæreticos deputandi. (Epist. 43, al. 162.)

Toute cette doctrine n'est qu'un développement du plus simple bon sens. Elle se trouve exposée dans les Epîtres de saint Paul d'une manière soutenue qui remplit d'admiration pour le rationalisme du grand Apôtre quiconque le lit avec intelligence. Au nombre des phrases qui l'impliquent on peut citer celle-ci : « *Que suis-je* (Paul parle en qualité de ministre de l'Eglise), *que suis-je pour juger ceux qui sont dehors* (hors de la société extérieure et visible), *et de ceux qui sont dedans, n'êtes-vous pas vous-mêmes juges?* (il s'adresse à toute l'Eglise qui a droit de les séparer extérieurement de sa communion et de les mettre dehors) *ceux qui sont dehors Dieu les jugera* (Dieu jugera leur conscience comme elle se juge elle-même).(*I Cor.* v, 12, 13.)

Deux questions restent encore à résoudre sur les droits de la puissance religieuse devant les consciences ; elles ont pour objet l'emploi de la force matérielle : ce sont les plus importantes ; elles exigeront un examen plus approfondi.

Avant d'entrer dans cet examen, constatons qu'au moyen des principes et des explications qui précèdent, l'équilibre entre les droits de la conscience et ceux de l'autorité religieuse n'éprouve jusqu'alors aucune perturbation. Ce sont deux souverainetés qui s'harmonisent, et dont chacune conserve sa liberté de pouvoir et d'action sans préjudice pour l'autre.

Question VII. — La conscience est-elle libre, dans ses actes extérieurs, vis-à-vis de la puissance religieuse, en ce sens que celle-ci ne puisse forcer aucun individu, par les armes, soit d'entrer dans son giron, s'il n'y est pas, soit de professer de parole, d'écrit ou d'action son symbole, soit, au moins, de s'abstenir de tout prosélytisme contraire à sa doctrine et à ses lois ?

Nous entrons dans le vif. Si nous ne disons qu'une faible partie de ce qui serait à dire sur cette question, nous en dirons assez pour la résoudre.

D'abord, si nous considérons l'histoire des sociétés religieuses, nous trouvons que presque toutes se sont armées du glaive matériel pour leur propagation et leur conservation. Elles ne pouvaient, ce semble, réussir autrement. Elles avaient sous leurs yeux des écoles de philosophie souvent très-respectables, admirables même dans leur enseignement, et qui ne sortaient jamais des limites d'une académie, précisément parce qu'elles étaient dépourvues de la force, ou qu'elles n'en usaient pas quand elle leur était proposée, la repoussant comme une ressource indigne d'elles et de la vérité. Or les sectes religieuses, tenant à réussir avant tout, en agissaient autrement ; elles s'emparaient d'un sabre et disaient aux malheureux humains :

Crois ou meurs ; et comme ces malheureux n'étaient pas forts, les forts ont toujours été rares, excepté néanmoins au temps de nos martyrs, ils s'enrôlaient dans la société, condamnant leurs convictions au silence, pour respirer tranquillement, quelques jours de plus, l'air des cieux. Ainsi s'établissait la puissance religieuse, qui se trouvait, de la sorte, confondue avec la puissance temporelle; car l'armure étant la même et dans la même main, la distinction devenait une abstraction pure que le simple peuple, dont l'esprit n'est point familiarisé avec les abstractions, ne fit jamais.

Ainsi se passaient les choses quand Jésus-Christ vint, et ainsi se sont-elles passées en général, depuis qu'il est venu, en dehors de son Evangile ; mais lui s'y prit d'une autre manière ; il choisit le rôle de victime, non celui de bourreau ; ses apôtres l'imitèrent, et l'on vit s'épanouir, dans le monde, cette grande société qu'on appelle l'Eglise.

Or, comme il ne s'agit vraiment ici que de cette société, qui est la nôtre, et qui, seule, est la véritable Eglise, la question est celle-ci :

L'Eglise du Christ, en tant que puissance religieuse, peut-elle user du glaive pour sa propagation et sa conservation; pour le respect de son Symbole et de sa législation sur la terre?

Et comme ce droit ne peut lui être attribué qu'autant qu'elle aurait été armée du glaive par son fondateur, la question se réduit encore à celle de savoir ce qu'a fait pour elle Jésus-Christ sous ce rapport; il sera certain pour tout catholique que, si elle ne tient pas l'épée de la main de Jésus-Christ, que si, au contraire, Jésus-Christ lui en a interdit l'usage à jamais, elle n'aura jamais le droit de s'en servir.

Mais on nous arrête et on nous dit: Vous accordez à l'Eglise le droit de repousser le prosélytisme de l'erreur par les peines spirituelles, par l'excommunication. Pourquoi donc n'aurait-elle pas celui de fermer ses barrières et de prosélytisme et d'y poser des gardes armées pour l'arrêter au passage ? quand tout va bien au bercail, pourquoi laisser entrer le loup? Lorsque Jésus-Christ constitua la société religieuse, toute puissance lui avait été donnée au ciel et sur la terre; il pouvait donc armer la puissance morale du droit de la force ; or, ne l'a-t-il pas fait en disant à ses disciples : *Je vous envoie comme mon Père m'a envoyé* (Joan. xx, 31), avec la double puissance dont il m'a revêtu.

L'objection est grave et digne d'examen.

D'abord nous accordons qu'absolument parlant, Dieu aurait pu en agir ainsi; la raison ne voit pas qu'une telle conduite fût directement contraire à l'ordre éternel et essentiel des choses. Dieu aurait pu fusionner les deux puissances, ou peut-être même, en les laissant séparées, donner à son Eglise le casque, la cuirasse et la lance pour se faire respecter sur la terre.

Cependant, si cela ne paraît point impossible, la raison préjuge, comme plus digne de Dieu, plus conforme à la nature intelligente et libre, plus en harmonie avec la vérité en soi, plus propre à faire éclater sa gloire et son intervention dans les choses de ce monde, la conduite opposée, consistant à lancer son Eglise au sein du chaos qui couvrait l'univers, sans autre provision que la science et l'amour, sans autre arme que la parole, avec la ceinture du pèlerin, et à lui dire : Va instruire les nations ; le raisonnement, la persuasion, la pauvreté, le martyre, la faiblesse, voilà tes forces ; c'est avec ces forces que tu vaincras le monde ; et quand tu l'auras vaincu, tu régneras sans glaive et sans couronne; les couronnes et les glaives sont les attributs de ce qui passe; tu seras immortelle, et le monde saura que c'est moi qui t'envoyai.

Il n'est personne qui ne trouve, en conscience, ce second système plus beau.

Mais la question n'est pas de savoir ce que Dieu aurait pu faire; elle est de savoir ce qu'il a fait.

Or, pour la résoudre dans ces termes, il nous faut étudier la constitution même de la société catholique, dans l'Evangile, qui est sa racine, dans ses décisions, ses pratiques et ses lois, qui sont sa vie externe, son écorce, et dans ses grands hommes de toutes les époques, qui sont ses rameaux.

Et nous ne craignons pas d'affirmer que, pour quiconque l'a étudiée de la sorte et comprise, l'opinion qui prétend que Jésus-Christ a armé l'Eglise du glaive matériel est une *hérésie* (18).

Lisez les quatre Evangiles, du commencement à la fin : vous n'y trouverez pas une phrase qui donne à penser que le Christ ait investi l'Eglise de la force matérielle ; vous trouverez, au contraire, que l'esprit qui y règne, d'une manière constante, est antipathique à cette pensée; et enfin, vous trouverez plusieurs sentences du Maître, qui défendent positivement à son Eglise l'emploi de la force.

Quant aux deux premières parties de notre proposition, nous renvoyons à la lecture de l'Evangile les hommes intelligents qui ne le connaissent pas assez, et il y en a beaucoup, plus encore, peut-être, parmi les Chrétiens les plus dévoués que parmi les autres.

Quant à la troisième, nous pouvons, sans sortir des limites que nous impose le plan de ce travail, faire quelques citations.

Il ne faut pas oublier les termes de la proposition que nous voulons établir en ce moment ; il s'agit uniquement de savoir si l'Eglise a été armée du glaive par Jésus-Christ, et si elle est autorisée par lui à s'en

---

(18) Il est inutile d'avertir le lecteur que nous ne prenons pas ce mot dans le sens rigoureux du langage théologique, puisqu'il n'y a pas de définition de l'Eglise universelle directement portée, sous peine d'anathème, contre cette opinion. Nous voulons dire que l'hérésie existe, ou, au moins, nous paraît certaine, quoique la déclaration officielle n'en soit pas encore faite.

servir de *sa propre main* contre ses ennemis. Quand la proposition inverse sera démontrée, nous irons plus loin :

1° Saint Jean nous raconte (ch. VI, 15), qu'un jour le peuple, enthousiasmé, voulut conférer à Jésus la puissance matérielle, en le nommant roi par acclamation. Jésus, comme Dieu, n'avait pas besoin d'élection pour régner; comme homme, il pouvait accepter cette charge de la part de son peuple : un peuple peut toujours remettre, entre les mains d'un seul ou de plusieurs, le glaive de sa force; mais Jésus n'était pas seulement Dieu, d'une part, et homme de l'autre, il était le Christ, le représentant de la puissance religieuse dans sa plénitude, et l'envoyé du ciel pour organiser cette puissance. A ces deux titres, il ne devait porter ni la couronne, ni le sceptre, ni le manteau des Césars, si ce n'est en manière de parodie quand il fut couronné d'épines, armé d'un roseau, et couvert d'une pourpre ensanglantée. C'est pourquoi, sans blâmer le peuple, il s'enfuit.

Voilà comment se comporte la puissance religieuse dans sa manifestation par excellence, dans son modèle complet, dans le Christ.

2° Lorsque Jésus envoie ses apôtres à cette moisson d'essai, délicieuse miniature des grandes moissons de l'avenir, leur parle-t-il d'un droit quelconque à l'emploi de la force, et leur donne-t-il la force comme un moyen de propagande? Voici ce qu'il leur dit (*Matth.* x, 9 et seq.) :

N'ayez en possession ni or, ni argent, ni monnaie dans vos ceintures, ni sac pour la route, ni deux tuniques, ni chaussures, ni bâton.... en entrant dans une maison, saluez-la, disant : Paix à cette maison..... Je vous envoie comme des brebis au milieu des loups..... Les hommes vous livreront à leurs tribunaux, et, dans leurs synagogues, ils vous flagelleront. Vous serez conduits devant leurs chefs et leurs rois à cause de moi, pour leur être, et aux nations, en témoignage..... Vous serez en haine à tous à cause de mon nom..... Lorsqu'ils vous poursuivront dans une ville, fuyez dans une autre.... les disciples ne sont pas au-dessus du maître, ni le serviteur au-dessus de son chef..... Ne craignez point ceux qui tuent le corps et ne peuvent tuer l'âme...... Qui ne prend pas la croix, et ne me suit pas, n'est pas digne de moi.

Il y a loin de pareilles instructions à la pensée qui attribuerait à l'Eglise la possession d'une force temporelle, et le droit d'en user. Remarquez l'énergie avec laquelle Jésus-Christ insiste sur l'obligation où sont les disciples d'être semblables au maître. Du jour où ils ne seront pas ce qu'il fut, ils seront indignes de lui.

3° Le dernier repas venait de finir; Judas était allé vendre la liberté de son ami, et quelques discours, d'une mélancolie, d'un amour grave, qui ne sont pas de la terre, se tenaient entre Jésus et ses onze apôtres fidèles. C'est alors qu'il leur disait: *Les rois des nations les dominent et ceux qui ont pouvoir sur elles sont appelés bienfaiteurs* (19) : *pour vous, non pas ainsi ! mais que celui qui est le plus grand devienne comme le moindre, et celui qui gouverne comme celui qui sert. Je vous donne ce commandement nouveau que vous vous aimiez les uns les autres comme je vous ai aimés; en cela tous connaîtront que vous êtes mes disciples.* (*Luc.* XXII, 25, 26.) C'est alors qu'il leur annonçait son prochain départ entouré de circonstances si désespérantes que Pierre lui-même, non encore assez éclairé pour voir l'espérance naître du désespoir, ne serait que lâche en le reniant. Et comme Pierre se prétendait assez robuste pour le suivre en prison et à la mort, et donner sa vie pour lui, Jésus leur dit à tous : *Quand je vous ai envoyés sans bourse, sans sac et sans chaussures, quelque chose vous a-t-il manqué? ils répondirent : Rien. Et Jésus ajouta : Maintenant, que celui qui a une bourse la prenne et un sac pareillement ; et que celui qui n'en a point vende sa tunique et achète une épée ; car je vous le dis, il faut que ceci encore, qui a été écrit de moi, s'accomplisse: Il a été rangé parmi les malfaiteurs ; et tout ce qui me regarde touche à sa fin. Ils lui dirent : Seigneur, voici deux épées. Et il leur dit : C'est assez. (Ibid., 35-38.)*

Observons qu'en ce moment, qui ne précède que de quelques heures la scène épouvantable de Gethsémani, Jésus ne considère ses disciples, en leur parlant de la sorte, que comme des hommes qui vont être, avec lui, en butte à l'outrage, à l'assassinat, au martyre; or le droit de la défense, en pareil cas, est un droit naturel que Jésus ne peut nier, et selon lequel il doit mesurer son langage quand il parle à des amis en tant qu'individus, et simplement amis. C'est pourquoi il use, conformément à la manière orientale, souvent ornée de figures, de cette locution : *Que celui qui a une bourse la prenne, que celui qui n'en a pas vende sa tunique et achète une épée;* Ce n'est plus le jour de la paix, des noces de l'Epoux ; c'est le jour des douleurs, le jour du combat, le jour où l'Epoux sera rangé parmi les malfaiteurs avec ses amis, le jour où tout ce qui le regarde touche à sa fin, le jour où l'on a droit de repousser la violence par la violence, où l'on a besoin de tous les moyens matériels pour sauver son corps, où une épée vaut mieux qu'une tunique.

Les disciples, prenant la phrase à la lettre, ainsi qu'ils le pouvaient, sans erreur, lui disent : *Voici deux épées*, comme s'ils eussent eu en pensée de demander à leur Maître s'il en fallait davantage. Mais Jésus qui, jusqu'alors, veut rester dans l'ordre de la nature, pour résoudre, un peu plus tard, au milieu même du danger, et par conséquent, de la manière la plus énergique, afin que l'Eglise s'en souvienne jusqu'à la fin

---

(19) Allusion ironique aux rois surnommés *Evergètes*, mot qui signifie *bienfaiteurs*.

des temps, la grande question du glaive, s'arrête là et met fin à la conversation par ce mot qui ne répond rien : *C'est assez*. Ce qui peut signifier tout à la fois : *C'est assez de dit là-dessus; et c'est assez de deux glaives*, puisque je vous défendrai, quand l'heure en sera venue, de vous servir d'un seul.

Un peu plus tard Jésus priait au Gethsémani, et ses apôtres dormaient. Ils sont assaillis par la troupe nocturne des pharisiens que conduit, à la lueur des torches, le traître Judas. C'est le cas de la légitime défense, et Jésus se gardera bien de nier son droit naturel et celui de ses amis. Ceux-ci, dans un éclair de zèle, pensent à user de leurs armes ; cependant ils n'osent s'y résoudre sans l'autorisation du Maître : *Seigneur*, disent-ils, *frapperons-nous de l'épée? (Luc.* xxii, 49.) Et, au même instant, Pierre, plus ardent que les autres, sans attendre la réponse, tire son glaive et en abat l'oreille d'un serviteur du grand prêtre. Aussitôt Jésus s'adressant à Pierre en particulier, comme chef du conseil apostolique, comme étant celui que les autres allaient imiter, et enfin comme ayant agi le premier : *Arrête*, lui dit-il, *remets ton épée dans son fourreau, car tous ceux qui prendront l'épée périront par l'épée.* (*Matth.* xxvi, 52.)

La défense est positive. L'Eglise avec son chef, aura de fait la force, car, après tout, la force, c'est le grand nombre, et voilà pourquoi Jésus lui dit seulement : *Remets l'épée dans son fourreau*. Mais cette force est paralysée à jamais, quant au droit d'en user, par la parole du Maître. Est-ce que Pierre oserait maintenant dégaîner l'épée ? Cette épée est au fourreau, qui l'en tirera jusqu'à ce que le Seigneur vienne lever sa défense ? Or il fera comme Lycurgue, il ne reviendra pas, et l'épée restera dans l'étui. Mais il y a cette différence entre la loi de Lycurgue et celle du Christ, que la première est déjà oubliée et que la seconde ira s'exécutant de mieux en mieux jusqu'à la fin des temps.

Donc la force que possédera naturellement l'Eglise comme humanité, comme collection d'hommes, elle n'aura pas le droit de s'en servir comme Eglise du Christ.

Et remarquez que Jésus ne se contente pas de proscrire l'usage du glaive; il en donne le motif. Si la vérité veut se propager, et même simplement se défendre par l'épée, elle périra par l'épée. Ce qui commence par la force finit par la force : or le règne de la vérité ne doit pas finir. Rien de plus logique; quand il ne reste que le droit du plus fort, c'est à chacun son tour. Voilà pourquoi, représentant alors avec ses apôtres la puissance religieuse en face de la puissance de l'erreur tout armée, Jésus refuse même de repousser la force par la force. Voilà pourquoi il refuse d'appeler à son secours les légions d'anges de son Père.

Nous portons le défi à tous les théologiens du monde de présenter, dans une thèse quelconque, un texte évangélique plus clair que celui-là.

4° Quand Jésus comparut devant Pilate, la cabale pharisienne l'accusa d'avoir excité des séditions parmi le peuple, d'avoir conseillé le refus des impôts, d'avoir voulu s'adjuger le titre de roi au mépris de César. Pilate lui demanda ce qui en était. Jésus persista à se dire roi, mais en expliquant charitablement au païen, autant qu'il est possible à un accusé dont on presse les réponses, la royauté dont il s'agissait : *Mon royaume*, lui dit-il, *n'est pas de ce monde. Si mon royaume était de ce monde, mes ministres auraient combattu pour que je ne fusse pas livré aux Juifs ; mais mon royaume n'est pas maintenant d'ici. Pilate lui dit : Vous êtes donc roi? Jésus répondit : Vous le dites, je suis roi ; pour cela je suis né, et pour cela je suis venu dans le monde, afin que je rende témoignage à la vérité. Quiconque est de la vérité écoute ma voix.* (*Joan.* xviii, 36, 37.)

Voilà donc à quoi se réduit la royauté de la puissance religieuse dans Jésus-Christ, et par conséquent dans son Eglise, laquelle sera envoyée comme il a été envoyé; c'est la royauté spirituelle des âmes à l'exclusion de la royauté visible des corps que Jésus appelle celle de ce monde; c'est la royauté de la vérité même, la seule absolue, la seule éternelle, la seule de l'avenir, même en ce monde; elle a pour sujets tous ceux qui adhèrent à la vérité et en écoutent la voix, qui est celle de Jésus. Si le royaume du Christ était matériel, avait pour insignes la couronne et le glaive, il ne manquerait pas de ministres pour le défendre ; outre les légions d'anges de son Père, il aurait pour libératrices les foules qu'il a guéries et évangélisées.

Il y a plus : le sens de la réponse du Christ à Pilate est tellement clair que Pilate, ce païen ignorant ou sceptique pour qui la vérité n'est qu'une question, ce servile procureur de la puissance de César qui ne connaît de crime à punir que l'insurrection contre cette puissance, avoue lui-même, après cette réponse, ne trouver dans celui qui l'a faite *aucune cause de condamnation* : «*Ego nullam invenio in eo causam.*» (*Ibid.*, 38.)

Or, ce que dit Jésus-Christ de lui-même, l'Eglise le dit et doit le dire, puisqu'elle est son royaume envoyé par lui comme il a été envoyé; car nous ne nous arrêterons pas à discuter l'objection des théologiens modernes, qui s'appuient sur le mot *nunc* pour prétendre que Jésus-Christ n'a parlé que de sa personne au moment de la passion. Diront-ils que l'explication qu'il donne de sa royauté sur les âmes par la vérité n'a son application que jusqu'au Calvaire ?

5° Deux fois, après sa résurrection, Jésus résuma, en quelques paroles adressées aux apôtres, la mission totale de l'Eglise sur la terre.

La première fois, les disciples étaient rassemblés, à l'exception de Thomas. Jésus paraît, se fait reconnaître, prend sa part du repas, et dit à tous :

La paix soit avec vous. Comme mon Père m'a envoyé, je vous envoie. (*Joan.* xx, 21.)

Allez par tout le monde et prêchez l'Evangile à toute créature. Celui qui croira et qui sera baptisé sera sauvé; celui qui ne croira pas sera condamné. Ces signes accompagneront ceux qui auront cru : ils chasseront les démons en mon nom; ils parleront des langues nouvelles; ils prendront les serpents, et s'ils boivent quelque breuvage mortel, il ne leur nuira point; ils imposeront les malades, et ils seront guéris. (*Marc.* xvi, 15-18.) *Et, cela dit, il souffla sur eux et ajouta : Recevez l'Esprit-Saint : ceux à qui vous remettrez les péchés, ils leur seront remis, et ceux à qui vous les retiendrez, ils leur seront retenus.* (*Joan.* xx, 22, 23.)

Voilà toute la mission donnée à l'Eglise, en complétant la narration de saint Jean par celle de saint Marc.

Or il n'est pas dit un mot de la puissance matérielle ni de l'emploi de la force. Cependant l'Eglise n'a de droits que ceux qu'elle a reçus de Jésus-Christ. Tirez la conclusion.

La seconde fois, Jésus conduisit les disciples à Jérusalem, puis de Jérusalem dans le bourg de Béthanie, et leur dit :

Toute puissance m'a été donnée dans le ciel et sur la terre. Allez donc, et enseignez toutes les nations, les baptisant au nom du Père, du Fils et du Saint-Esprit; leur apprenant à garder tout ce que je vous ai commandé. Et voilà que je suis avec vous jusqu'à la consommation du siècle. (*Matth.* xxviii, 19, 20.)

C'est ainsi que Jésus parla à son Eglise pour la dernière fois. Or l'Eglise n'a et ne peut avoir de droits en tant qu'Eglise que ceux qu'elle a reçus de Jésus-Christ. Tirez la conclusion avec saint Paul : *Arma militiæ nostræ non carnalia sunt* : « *Les armes de la milice chrétienne ne sont point charnelles, mais puissantes pour soumettre les intelligences à l'obéissance du Christ.* (*II Cor.* x, 4 et seq.)

Le Seigneur pouvait cependant lui donner la puissance matérielle, puisqu'il avait *toute puissance au ciel et sur la terre;* mais s'il l'avait voulu, aurait-il parlé comme nous venons de le voir pendant sa vie, à sa mort et après sa résurrection? Il y a persistance à n'en pas dire un mot, quand il n'y a pas négation positive et formelle.

Répondrons-nous à la déduction qu'on prétend tirer de cette parole : *Je vous envoie comme mon Père m'a envoyé,* rapprochée de cette autre : *Toute puissance m'a été donnée au ciel et sur la terre?*

Cette déduction est puérile. D'abord il est impossible d'entendre par là que Jésus-Christ transmit à son Eglise tous les droits et toutes les puissances qu'il avait lui-même. A-t-elle, comme lui, d'une manière libre, perpétuelle, absolue, la puissance des miracles? A-t-elle le droit d'instituer de nouveaux sacrements? A-t-elle le droit de modifier les lois portées par le Christ et transmises par l'Ecriture et la tradition? Sa mission, pour le spirituel, se borne, de l'avis de tout le monde, à déclarer la révélation des dogmes, l'existence du droit divin naturel et du droit divin positif, à administrer les sacrements, à régler, par la discipline, le mode d'observation de ces droits, et à propager l'Evangile. C'est surtout sous ce dernier rapport que Jésus-Christ lui disait, lorsqu'il s'agissait de la conversion du monde : *Comme mon Père m'a envoyé je vous envoie.* Mais si on voulait entendre cette parole au sens absolu, elle prouverait beaucoup trop, et qui prouve trop ne prouve rien.

D'ailleurs, lors même qu'on l'entendrait ainsi, ce qui serait absurde, il faudrait encore, de toute nécessité, la borner au spirituel. Quand Jésus dit, parlant pour la dernière fois à ses apôtres : *Toute puissance m'a été donnée au ciel et sur la terre,* il parle en qualité de Fils de Dieu, rapport sous lequel sa puissance est la puissance infinie. Mais quand il dit : *Comme mon Père m'a envoyé je vous envoie,* il parle en qualité de Christ, de Rédempteur, d'envoyé du ciel sur la terre pour opérer la restauration de l'humanité. Or, en cette qualité, il ne représente directement que la puissance religieuse; c'est ce qui suit de tout ce que nous avons cité de lui, de sa pratique constante par laquelle il affecte de s'isoler de la puissance temporelle et de la trame évangélique entière. Si donc sa puissance à lui-même, en tant qu'envoyé de Dieu sur la terre, se borne à une puissance spirituelle, il ne transmet à son Eglise que cette même puissance, et encore, comme nous l'avons remarqué, dans une certaine limite, en lui disant : *Comme j'ai été envoyé je vous envoie.*

La conclusion, c'est que cette parole est une preuve de plus en faveur de notre thèse. Elle ordonne à l'Eglise d'être sur la terre ce qu'a été Jésus-Christ. A-t-il été roi ou proconsul?

Oui, répéteront quelques modernes ultramontains, puisqu'il a chassé les vendeurs du temple, puisqu'il a permis aux démons d'entrer dans le troupeau de pourceaux, puisqu'il a ordonné à ses apôtres de lui amener l'ânesse et son ânon sans s'inquiéter des droits du propriétaire; et nous ne perdrons pas notre temps à leur démontrer, après tous les théologiens raisonnables, comme quoi Jésus-Christ n'était roi ni par concession divine, puisqu'il a déclaré que son royaume n'était pas de ce monde, ni par succession, puisqu'il n'était pas le fils d'un roi de la terre, ni par conquête, puisqu'il s'est glorifié de n'avoir pas même acquis une pierre où reposer sa tête (*Matth.* viii, 20), ni enfin par l'élection populaire, puisqu'il s'esquiva quand on voulut le faire roi; mais nous leur tournerons le dos avec un sourire admirant, comme poëte, la vivante parabole des pourceaux, nous associant, comme disciple du Maître, à la joie de l'homme du peuple qui prêta son ânesse au triomphe du Seigneur, et tombant à genoux devant l'énergie divine du restaurateur de l'humanité lorsqu'il use de son double droit, naturel et surnaturel, pour stigmatiser les mauvaises traditions pharisaïques et rappeler aux hommes du temple le respect de Dieu.

Nous ne perdrons pas non plus notre temps à réfuter les objections qu'on tire du *compelle intrare* : « *contraignez-les d'entrer* (*Luc.* xiv, 23), » qui se trouve dans la parabole des invités aux noces, et des lois terribles de Moïse contre ceux qui feraient une propagande de polythéisme parmi son peuple.

Le *compelle intrare* ne signifie évidemment, dans la parabole, qu'une invitation pressante par la parole et l'exhortation : entendre que les serviteurs reçurent ordre d'entraîner de force au festin les passants du carrefour en leur liant les mains et les pieds, comme les gendarmes font pour les voleurs, ne mérite qu'un fou rire.

Quant aux lois de Moïse, on sort de la question en les invoquant; il ne s'agit pas de l'organisation mosaïque, mais bien de l'organisation chrétienne dont Jésus-Christ est l'auteur. Tous les écrivains du Nouveau-Testament, saint Pierre en première ligne, ont eu soin d'en constater la différence, appelant la première la loi de servitude, la loi de crainte, et la seconde la loi de liberté, la loi d'amour. Au reste, si nous avions à justifier Moïse, nous l'étudierions en détail, et nous n'aurions pas de peine à démontrer qu'ayant à fonder solidement un peuple monothéiste au sein d'un vaste monde idolâtre, et se trouvant obligé de constituer ce peuple avec une nation *à la tête dure* (*Act.* vii, 51) qui, pour quarante jours de son absence, se mettait à danser comme une folle autour d'un veau d'or, il n'avait d'autre moyen de réussite que la terreur, et qu'il fut, en de telles circonstances, d'autant plus grand, comme législateur et organisateur, qu'il se fit plus énergique et plus terrible, lui le *plus doux des hommes*. L'humanité est telle qu'il y a des cas où on ne peut la sauver qu'en tournant le dos au droit absolu, et alors gloire aux sages qui en ont l'audace et la force ; mais le droit n'en reste pas moins ce qu'il est; et comme le Christ était Dieu, il n'eut point à encourir cette nécessité malheureuse des exceptions, et il fonda la vérité sur le droit rigoureux comme base et comme moyen.

D'un autre côté, si l'on veut analyser les exécutions sanglantes et les mesures légales d'intolérance de l'ancienne loi, l'examen ne pourra conduire la critique qu'à l'une des conclusions suivantes : ou bien Dieu ordonne surnaturellement la mesure, en son nom, de manière que l'homme ne soit que l'instrument passif de sa puissance ; ou bien l'homme agit de lui-même prétendant se conformer aux règles rationnelles de l'ordre de la nature. Dans le premier cas, on ne peut rien conclure contre nous, car Dieu est le maître de ses créatures, et, pour lui, se servir d'un homme afin d'en détruire ou asservir un autre, est identique à se servir d'une maladie pour tuer ou paralyser le premier-venu ; les lois de justice qui président à la conduite de Dieu ne peuvent servir de règle à la conduite de l'homme ; rien de plus évident. Dans le second cas, où l'homme agissant de lui-même est désapprouvé par l'écrivain sacré, ou l'écrivain ne l'approuve ni ne le désapprouve ; ou enfin, il l'approuve positivement. Il est clair que, dans les deux premières hypothèses, la Bible ne fournit aucun argument contre la tolérance, puisqu'elle raconte une foule d'atrocités qu'elle blâme ou au moins n'approuve pas et dont leur auteur est seul responsable. Dans la dernière seule elle peut nous être opposée; or, qu'on l'examine bien, et l'on trouvera que ce dernier cas n'arrive pas souvent; et, s'il arrive, nous y répondrons, soit par l'excuse de la nécessité que nous venons d'indiquer à l'égard de Moïse, soit par celle de la bonne foi de l'individu fondée sur les usages, les préjugés du temps, ainsi qu'on est obligé d'y avoir recours en ce qui concerne la polygamie, l'esclavage, etc.; toutes choses mauvaises en soi.

Pour compléter cette thèse il faudrait joindre à notre examen de l'Evangile, celui de la tradition dans les Pères de l'Eglise et celui de la doctrine catholique dans les théologiens, dans la pratique ecclésiastique et dans les décisions des Papes et des conciles.

Nous éviterons ce long développement en présentant les observations suivantes :

I. Il y a unanimité entre toutes les autorités qu'invoque la théologie pour appuyer notre proposition dans les termes où nous l'avons posée. Car les documents théologiques sérieux, les plus exagérés qu'on pourrait nous opposer, ne vont pas jusqu'à dire que Jésus-Christ a armé l'Eglise du glaive matériel, de manière qu'elle puisse en user de sa propre main. Ils disent, seulement, qu'elle a reçu de Dieu puissance sur la puissance temporelle, de sorte qu'elle peut diriger le glaive de celle-ci, comme elle peut la briser elle-même et la refaire à son gré. Or cette question sera l'objet d'une autre proposition.

II. Qui prouve plus prouve moins ; or nous citerons plus loin des autorités qui affirment que l'Eglise ne peut pas même appeler contre ses ennemis les foudres de la puissance civile, et que la puissance civile, de son côté, n'a qu'un droit, celui de garantir la liberté à toutes les religions.

III. L'histoire de l'Eglise ne présente que des excommunications, et la pratique des tribunaux ecclésiastiques, durant l'époque la plus déplorable, dans ces temps féroces du moyen âge, où la dignité religieuse fut le plus confondue avec la force armée, où des hommes d'Eglise, qui n'étaient pas l'Eglise, devenaient inquisiteurs et persécuteurs ; dans ces temps de barbarie qui ont fourni si abondante matière à la philosophie du xviiie siècle pour dresser contre nous la plus formidable des luttes, et à tous nos adversaires occasion de nous faire endurer force représailles ; la pratique de ces tristes jours, disons-nous, présente, dans la formule même des condamnations, tout hypocrite que fût cette formule, l'aveu solennel de la doctrine que nous venons d'établir ; le tribunal ecclésiastique livrait seulement ses excommuniés au bras séculier, n'osant pas, chose étrange, prononcer directement contre eux la peine matérielle.

IV. Ajoutons à ces observations quelques témoignages, dont plusieurs prouvent déjà plus qu'il ne serait besoin.

1° Saint Augustin faisant ressortir la différence entre les temps de la loi mosaïque, où les deux puissances étaient confondues, et les temps de la loi évangélique, dit, dans son traité *De vera religione* : « Tant que le Verbe a été parmi les hommes, il n'a point voulu mettre la force en usage, il n'a rien fait que par voie d'enseignement et de persuasion ; parce que le temps de l'ancienne *servitude* étant passé, et celui de la *liberté* lui ayant succédé, il était *désormais* à propos d'apprendre aux hommes quel est le prix de la *liberté* dont le Créateur les a gratifiés, et quel usage ils devaient en faire, les choses étant *désormais* au point qu'ils pussent profiter d'une telle connaissance. »

2° Saint Chrysostome résume très-bien et très-rationnellement la véritable doctrine sur la question présente, dans son *Traité du sacerdoce*, l. II, c. 2 : « On ne peut point traiter les hommes malades avec la même autorité qu'un berger traite ses brebis; Il est le maître de lier, de couper et de brûler; mais ici le médecin ne peut qu'ordonner la médecine, et non pas contraindre à la prendre. C'est pour cela que le grand Apôtre parle ainsi, écrivant aux ?or··"hiens : *Nous ne dominons point sur votr   mais nous coopérons à votre joie.* (II Cor.., 23.) La chose la moins permise aux Chrétiens est de corriger par la force ceux qui pèchent. Lorsque les juges séculiers ont en leur puissance ceux qui ont violé les lois, ils emploient leur autorité à leur faire quitter, malgré eux, leurs mœurs déréglées : mais dans le christianisme, on ne doit point entreprendre de contraindre les hommes par la violence : il faut s'appliquer à les gagner par la douceur et la persuasion. Notre sainte loi *ne nous donne point la même autorité*, pour la correction des vices, que les lois civiles donnent aux puissances de la terre; et, quand même elle nous la donnerait, *nous n'aurions pas où l'exercer*, Dieu ne couronnant que ceux qui quittent volontairement leur mauvaise vie, et non pas ceux qui le font par force. »

Le même Père dit ailleurs (hom. 3) que « le prêtre est revêtu du glaive spirituel et non matériel, mais que son arme est plus puissante que celle du prince de la terre. »

3° Saint Grégoire de Nazianze, dans son *Discours sur le sacerdoce*, explique de même la raison morale pour laquelle l'usage de la violence est interdit à l'Eglise : « Un pasteur *est obligé d'agir* par voie de douceur et de charité, et d'attirer, par l'éclat de ses vertus éminentes, le reste des hommes à la pratique des vertus communes et ordinaires, *sans entreprendre de les forcer et de les violenter*. En effet, où la violence rien de ferme, rien de stable et de permanent. Il s'y trouve, d'ailleurs, je ne sais quoi d'odieux et de tyrannique, qui répugne à la sainteté de l'auguste ministère. Il en est de ceux qui n'agissent que par contrainte comme de ces arbrisseaux que l'on courbe avec effort : on n'a pas plutôt cessé de les retenir qu'ils se hâtent de reprendre leur premier pli. Ceux, au contraire, qui agissent de leur plein gré, et à qui on a persuadé de remplir leurs devoirs, seront toujours fermes et constants dans le bien; leur attachement à la vertu est d'autant plus solide, qu'il est plus volontaire et qu'il n'a d'autre principe que l'amour même de la vertu. Aussi ne voyons-nous pas que ce qui nous a été *le plus expressément* recommandé par notre divin législateur, c'est de conduire avec douceur son troupeau, et de *ne point employer* à son égard la violence et la contrainte. »

4° Saint Athanase disait d'une manière générale : « Le *propre* de la vraie religion est *de ne pas contraindre* et de persuader. C'est ce que Jésus-Christ voulait nous faire entendre quand il disait au peuple : « Si « quelqu'un *veut* venir après moi... » Et à ses apôtres : « Et vous aussi, *voulez-vous* me « quitter? »

5° Tertullien est plus énergique, selon son habitude : « Que nous importent les sentiments des autres? La force n'*appartient* point à la religion : on doit l'embrasser de plein gré, et non contraint. » (*Ad Scapulam*.)

Nous réservons pour des propositions plus fortes que celle qui fait l'objet de la démonstration présente d'autres témoignages que nous pourrions citer, et nous demandons s'il y a eu exagération de notre part lorsque nous avons qualifié d'hérétique la doctrine qui soutient que l'Eglise, en tant que puissance religieuse, a le droit d'user, elle-même, du glaive pour sa propagation et sa conservation sur la terre.

On nous objectera sans doute ici ce qu'on a appelé les gouvernements cléricaux. N'est-ce pas, dit-on, la puissance religieuse elle-même qui se montre, quoi qu'en ait dit et fait Jésus-Christ, coiffée d'une couronne et armée d'un glaive?

Mais l'objection n'est sérieuse que pour les esprits inaptes aux distinctions logiques, lesquels sont malheureusement trop nombreux.

La puissance religieuse, en soi, ne peut jamais dégaîner l'épée ; nous l'avons prouvé. Mais cette puissance, ayant été hiérarchiquement et visiblement organisée par le Christ, doit nécessairement résider dans des hommes, qui, pour en être revêtus, ne sont pas moins des hommes, et n'ont rien perdu de leurs droits naturels et civils, de leur aptitude à l'ordre temporel. Jésus-Christ ne nous a ravi, à aucun, le droit de cité : il ne le devait pas, il ne le pouvait pas, il ne le voulait pas, ce droit ayant été légué par son Père à notre nature, en tant que sociale. Si, pour être son disciple, à un degré quelconque d'autorité, il fallait cesser d'être homme et citoyen, que deviendrait le monde en ces jours à venir, où il n'y aura plus que des Chrétiens sur la terre? Il n'en est pas ainsi : le disciple du Christ, soit simple fidèle, soit simple ministre, soit successeur des apôtres, soit successeur de Pierre, n'a point perdu le droit d'accepter, en tant qu'homme, les charges civiques que la puissance sociale peut lui proposer, si cela lui plaît; on ne trouve pas un mot dans l'Evangile qui le lui défende. Quand Jésus-Christ s'esquive pour n'être pas élu roi, il ne dit rien; il ne fait qu'user du droit de refus, sans blâmer ceux qui voulaient l'élire. Et si tous ses actes et tous ses discours indiquent qu'il n'était envoyé que comme personnification de la puissance religieuse, que lui-même n'envoyait ses apôtres qu'à ce titre, et que cette puissance n'aurait aucun droit d'user de la force, ses actes et ses paroles n'indiquent nullement, par contre, qu'il serait à jamais obligatoire pour ses disciples de l'imiter dans le refus d'une autorité temporelle, si une telle autorité leur était proposée. Il ne la leur donne pas; il ne s'occupe que de les constituer spirituellement : il n'a mission que pour cela; et, par conséquent, lorsqu'il arrive qu'un de ses ministres, déjà revêtu par lui de l'autorité spirituelle, est choisi par qui de droit pour exercer, en outre et à un titre tout différent, une autorité temporelle, ce n'est pas de Jésus-Christ qu'il tient cette autorité temporelle : c'est d'un autre, qui avait droit de la lui donner, et qui pourra la lui retirer par là même, puisqu'il n'y a que ce qu'il tient du Christ qui ne puisse lui être ôté. Et alors ce ministre, ministre de la puissance religieuse de par le Christ, ministre, en même temps, de la puissance civile, étant dans le cas d'un homme qui serait tout à la fois médecin et jurisconsulte, ne peut rien, en tant que ministre de la société religieuse, de ce qu'il peut en tant que ministre de la société civile, comme le médecin ne peut, en tant que médecin, rien de ce qu'il peut en tant que jurisconsulte. Il y a alors, dans le même homme, deux hommes, dont l'un seulement porte l'épée. C'est à lui d'avoir soin de bien distinguer ses deux missions.

Le cumul des deux autorités ainsi compris n'est donc pas impossible, n'est pas une trangression de la loi évangélique. Il y a plus : si l'Evangile en eût fait la défense, il eût peut-être eu tort; n'a-t-on pas reconnu, — c'est une des gloires de notre siècle, — les avantages immenses, pour la société temporelle, de cette alliance au temps des Hildebrand? nous disons, *pour la société temporelle*, car, pour la société religieuse, nous n'avons foi que dans ses vertus intrinsèques et dans l'œil qui la veille d'en haut.

Au reste la question du cumul des deux autorités est essentiellement de circonstance. C'est ici qu'il faut dire : *O tempora! ô mores!* Le grand évêque de Ptolémaïs, Synesius, écrivait au IVᵉ siècle de l'Eglise : « Dans les temps antiques, les hommes étaient prêtres et juges. Les Egyptiens et les Hébreux furent longtemps gouvernés par des prêtres. Mais comme l'œuvre divine se faisait d'une manière tout humaine, Dieu sépara ces deux existences; l'une fut sacrée, l'autre toute politique. Il renvoya les uns à la matière; il rapprocha les autres de lui. Les uns furent attachés aux affaires, et nous à la prière; et l'œuvre que Dieu demande et d'eux et de nous est également belle.... Pourquoi revenez-vous là-dessus, et essayez-vous de réunir ce que Dieu a divisé, en mettant dans les affaires non pas l'ordre, mais le désordre? Rien ne saurait être plus funeste. Vous avez besoin d'une protection? allez au dépositaire des lois; vous avez besoin des choses de Dieu? allez au pontife. La contemplation est le seul devoir du prêtre qui ne prend pas faussement ce nom. » Ordinairement toute société a trois âges, celui de l'enfance où sont posées les bases vraies de la constitution; l'âge moyen, où tout se confond dans l'effervescence de la lutte; et l'âge mûr, *summum* du progrès, où se développent, s'asseoient, et se perfectionnent les bases légales déposées en germe à l'origine.

On nous objectera peut-être encore certains faits nombreux de l'histoire ecclésiastique, même certains décrets de papes et de conciles, tendant à prouver que, si l'Eglise n'a pas employé la force de sa propre main, en tant qu'Eglise, pour contraindre les hommes à professer sa foi, ou, au moins, pour arrêter le prosélytisme de ses ennemis, elle a fait un devoir aux gouvernements d'agir dans le même but, en sa place.

Mais cette objection devient précisément l'objet de la question suivante.

Question VIII. — La conscience est-elle libre de ses actes extérieurs devant la puissance religieuse, en ce sens que celle-ci ne puisse, sans lui montrer la pointe du glaive de sa propre main, appeler le bras séculier et lui ordonner ou conseiller de sévir contre elle à sa place?

On conçoit la différence entre la question résolue et celle-ci. Si nous avons prouvé que l'Eglise n'a pas le droit d'user de violence, nous n'avons pas encore prouvé, au moins directement, qu'elle n'ait pas droit d'appeler les foudres de la puissance civile sur ceux qui les méritent extérieurement, à ses yeux, par une propagande anticatholique.

La question ainsi posée renferme les deux suivantes :

1° L'Eglise a-t-elle des droits sur la puissance civile?

2° Si elle a des droits sur la puissance civile, peut-elle en user pour lui commander ou seulement conseiller de sévir contre ceux qui professent extérieurement une foi contraire à la sienne?

La première de ces deux questions est une question d'ultramontanisme et de gallicanisme qui demanderait un opuscule à part.

Tout le monde connaît le premier article de la fameuse déclaration de Bossuet et du clergé gallican, lequel se résume dans la proposition suivante :

« Ni le Pontife romain, ni l'Eglise n'a une

puissance, soit directe, soit indirecte, sur le temporel des gouvernements. »

Si cet article était admis par l'Eglise universelle, s'il n'y avait pas scission entre les théologiens à son sujet, nous pourrions nous arrêter là. La difficulté serait tout entière résolue, au moins quant au droit d'*imposer* aux Etats tel ou tel usage de leur force. Si l'Eglise, en effet, n'avait aucun droit, ni direct ni indirect, sur l'autorité civile dans l'exercice de sa mission temporelle, elle ne pourrait jamais lui dire, au moins avec autorité : C'est de ce côté que tu dois braquer tes canons. Mais l'article est loin d'être admis par toute l'Eglise, et, jusque dans ce clergé gallican qui, à la fin du xviie siècle, rédigea et signa solennellement les quatre articles, on a pu facilement constater, au milieu du xixe, un mouvement vers des idées ultramontaines tout opposées.

Nous dirons plus. Si nous ne sommes pas ultramontain sur cette question au degré de Bellarmin, nous ne sommes pas, non plus, gallican comme Bossuet. Nous admettons le pouvoir indirect de la puissance religieuse sur la puissance temporelle, non pas en ce sens, qui est celui de Bellarmin, que l'Eglise puisse, *quand cela est utile au salut des âmes*, briser les contrats sociaux et changer les gouvernements, par des décrets explicites *ad hoc*, ce qui revient au droit *direct* restreint dans les limites de l'utile, mais en ce sens qu'elle puisse porter des décrets spirituels qui entraînent, par les déductions que tirent les événements, les mêmes résultats. Nous n'admettons pas dans l'Eglise, avec ce grand théologien, une puissance qui serait *indirecte quant au motif et au but*, mais *directe quant à l'action* et au *mode d'action*, ce qui revient au droit civil; nous ne lui attribuons sur cet ordre qu'une puissance indirecte sous tout rapport, *indirecte aussi bien quant à l'action et au mode d'action que quant au motif et au but déterminants*; ce qui revient à dire qu'elle n'a droit de porter que des décisions purement religieuses, et jamais de décisions politiques, fût-ce en vue du bien spirituel; mais que, s'il doit résulter de ses décisions religieuses des conséquences politiques, non-seulement la considération de ces résultats ne doit point entraver son action, mais qu'elle peut même se les proposer comme un but à atteindre par voie de ricochet si le bien spirituel des peuples y est intéressé, ce qui arrive presque toujours.

Il y a cette différence entre la puissance ecclésiastique et la puissance civile, que cette dernière, quoi qu'en disent les gallicans parlementaires, n'a aucun pouvoir, même indirect, sur l'autre, ne peut, sans outre-passer son droit et faire de la tyrannie, gêner l'autre, même indirectement; tandis que la puissance religieuse peut beaucoup sur sa rivale d'une manière indirecte, c'est-à-dire par l'entremise des dispositions que concevront les peuples de ce qu'elle ordonnera et déclarera, en religion, pour le bien et l'instruction de ses fidèles.

Nous ne développerons pas cette pensée; nous dirons seulement qu'elle est une conséquence nécessaire de l'influence essentielle de l'esprit sur la matière, de la loi divine sur les lois humaines, des droits et des devoirs religieux naturels et révélés sur l'ordre temporel, de l'immuable sur le changeant, de la puissance ecclésiastique, déclarative des cas de conscience, sur tout ce qui se passe en ce monde. Oui, les gouvernements civils sont perpétuellement sous la main de la puissance religieuse dans leur action, dans leur vitalité, en droit et en fait; ils agiront sagement pour leurs propres intérêts, s'ils évitent de se mesurer avec elle en lui laissant sa pleine indépendance par la liberté absolue des religions.

En cas cependant qu'on n'ait pas compris notre théorie du pouvoir indirect de l'Eglise sur les sociétés temporelles, nous ajouterons deux exemples qui la feront comprendre.

Nous avons reconnu à l'Eglise le droit d'excommunier spirituellement. Supposons des mœurs, des idées, un peuple et un siècle tels, qu'il soit passé en sorte de droit commun qu'un excommunié ne puisse être le chef d'une nation, que les multitudes en aient horreur comme d'un fantôme satanique. Cela peut être, cela s'est même vu. Alors l'Eglise n'aura-t-elle pas, tout naturellement, d'une manière indirecte, le pouvoir de faire tomber les chefs qui lui déplairont. Il lui suffira de les excommunier. Prétendre qu'elle outre-passerait son droit en leur ravissant la couronne par ce biais serait manquer de logique.

Supposons qu'un homme méchant quelconque, Cosaque, Turc ou Français, ait fait la conquête de la France et lui fasse subir la tyrannie la plus atroce sous le double rapport civil et religieux. L'Eglise, consultée sur ces trois cas de conscience : *Est-il permis en conscience aux Français d'obéir au despote, en acceptant son culte?* — *Seront-ils obligés en conscience, s'ils deviennent assez forts pour regimber, de se laisser tyranniser sans résistance?* — *Seront-ils criminels s'ils chassent le tyran pour reconquérir leur indépendance nationale et leur liberté?* — L'Eglise ainsi consultée n'aura-t-elle pas le droit, en vertu de son pouvoir déclaratif du *fas et nefas*, de répondre *non*, par la voix de son Pape, de ses évêques et de ses prêtres, par la voix de ses fidèles éclairés eux-mêmes, et de provoquer, par cette réponse, une croisade contre l'oppresseur? Nous allons plus loin. Celui de ses membres qui imiterait l'antique Mathatias, ce père des braves, et, usant, comme citoyen, de la force, dont sa foi de Chrétien lui déclarerait l'emploi légitime, ne ferait que son devoir.

C'est ainsi que nous entendons le pouvoir indirect de l'Eglise sur l'ordre temporel.

Quant au pouvoir direct dont l'application consisterait à commander explicitement, quel qu'en fût d'ailleurs le motif, à la puissance civile dans les choses temporelles de son ressort, il est certain, en religion, qu'elle n'a pas ce pouvoir. Le droit d'organisation sociale, de législation politique et d'exécution par la force, appartient à la société civile, et, par délégation, à ses mandataires jusqu'à révocation du mandat, sauf la limite infranchissable du respect des droits et des devoirs naturels et révélés; c'est ce qu'enseigne Bellarmin en maints passages, et en s'autorisant de saint Thomas : « *toute puissance émane de Dieu* (*Rom.* XIII, 1), dit-il, rien de plus vrai ; mais il en est qui en viennent immédiatement, telles furent celles de Moïse, de saint Pierre, de saint Paul ; d'autres en découlent par l'intermédiaire du consentement humain, telles que celles des rois, des consuls, des tribuns, etc. Car, ainsi que l'enseigne saint Thomas, « les princi-« pautés et les domaines temporels ont pour « principe le droit humain et non le droit di-« vin. » (*De potest. S. pontif. in rebus temp.* cap. 3.) Mais ce droit d'organisation sociale, de législation et d'exécution, *appartenant à la communauté des hommes qu'on nomme nation*, pour parler comme Fénelon, lui appartient *exclusivement* et sans *subordination directe* à aucune autre puissance existant sur la terre, ce que ne veut pas Bellarmin et ce que veut Fénelon, qui qualifiait la puissance directe de l'Eglise sur le temporel *d'absurde et de pernicieuse.* (*Manusc. de ses plans du gouvern.*) C'est qu'il avait compris que ce principe de l'indépendance de la société civile dans l'ordre civil ne peut être attaqué sans que soit attaquée l'essence différencielle des deux puissances, et que les subtilités de Bellarmin sont sans valeur pour sauver la vérité incontestable, et presque incontestée, de l'existence d'une société temporelle distincte de la société religieuse. Si l'on attribue, en effet, à l'Eglise, mission de régler l'ordre temporel, ne serait-ce que dans le cas où le bien des âmes y est intéressé, il n'y aura plus qu'une autorité en ce monde, celle de l'Eglise; car, le motif du bien spirituel pouvant toujours être invoqué, l'autre puissance sera toujours, ou une usurpation avec violation permanente du droit, ou un simple pouvoir exécutif des injonctions de la première.

Les Papes eux-mêmes n'ont jamais professé une pareille doctrine, si l'on en excepte quelques-uns du moyen âge, que notre admiration pour leur énergie et leurs services ne nous empêche pas de trouver exagérés jusqu'à l'erreur, dans quelques bulles dont le sens naturel étend à peu près jusque-là le pouvoir des *clefs*.

Le Pape Gélase s'exprime ainsi (tom. *De anathemat. vinculo*) :

« Les rois n'ayant permission que de juger des choses temporelles, et, ne pouvant point présider aux choses divines, comment ont-ils la hardiesse de juger de ceux qui sont les dispensateurs des divins mystères ? Que cela ait été, si l'on veut, dans l'ancienne loi où des gens charnels avaient les mêmes personnes pour prêtres et pour rois; mais quand on est venu à la vérité de la religion de Jésus-Christ, qui est tout ensemble roi et pontife, les empereurs n'ont plus pris le nom de pontifes, et les pontifes ne se sont plus attribué l'autorité royale..... Jésus-Christ, qui a jeté des yeux de compassion sur la fragilité humaine, a entièrement distingué les devoirs de ces deux puissances, en les faisant exercer par deux dignités toutes différentes. Désirant que les siens fussent sauvés par une humilité médicinale et non accablés de l'orgueil des hommes, il a ainsi disposé les choses. »

Le même Pape s'exprime d'une manière aussi formelle dans sa 8ᵉ *lettre à l'empereur Anastase.* (*Concil.*, col. 1182, t. IV.)

Il en est de même du Pape Symmaque. (*In apologetico adversus Anastasium*, t. IV *Conc.*, col. 1298), et du Pape Grégoire II, dans sa 2ᵉ *lettre à Léon l'Isaurien.*

Sans remonter si haut dans l'histoire ecclésiastique, Pie IX n'exprimait-il pas encore dernièrement la même doctrine dans sa lettre au roi de Sardaigne, sur le mariage ? « Que César, disait-il, gardant ce qui est à César, laisse à l'Eglise ce qui est à l'Eglise...; que le pouvoir civil dispose des effets civils qui dérivent du mariage. »

La pratique constante des dix premiers siècles est invariablement conforme à la distinction et à l'indépendance réciproque des deux puissances., comme on peut s'en convaincre par les témoignages sans nombre des Pères de l'Eglise et des historiens ecclésiastiques. Citons seulement quelques paroles d'Osius de Cordoue, s'adressant à l'empereur Constance, qui voulait l'obliger de souscrire à la condamnation d'Athanase.

« Cessez, lui dit-il, de me presser de faire une chose contraire à ma conscience. Souvenez-vous que vous êtes mortel, craignez le jour du jugement, ne vous mêlez pas des affaires ecclésiastiques, et ne nous commandez plus rien sur ces choses ; mais apprenez de nous que Dieu vous a donné l'empire et qu'il nous a confié le soin de gouverner l'Eglise..., il est écrit : *Rendez à César ce qui est à César, et à Dieu ce qui à Dieu.* Par conséquent, comme il ne nous est pas permis d'entreprendre sur l'empire que vous avez ; de même il vous est défendu de toucher aux choses sacrées. » (*Apud S. Athanas. epist. ad solit.*)

Enfin l'Evangile, aussi bien que saint Paul, présente quelques textes qui sont la déclaration, plus ou moins explicite, la plus incontestable de la doctrine que nous établissons. Rappelons ces textes.

1° Jésus ne passait pas pour un ami de César; il s'était fait, par sa prédication et sa conduite, une réputation tout autre ; c'est ce qui explique comment l'insidieux pharisien, escorté de quelques hérodiens, lui tendait un piège en venant lui dire de la part de la Synagogue : *Maître, nous savons que vous êtes véridique et que vous enseignez la voie de Dieu dans la vérité, sans souci de qui que ce soit ; car vous ne regardez point à ce que sont les hommes. Dites-nous donc ce qui vous en semble : est-il permis, ou non de payer le cens à César?* (*Matth.* XXII, 16.)

Or, malgré l'antipathie réelle qu'il éprouvait pour tout ce qui sentait le césarisme, Jésus, exact avant tout, et sachant que César, maître de la Judée par le droit du plus fort, était souffert, en ce moment, jusqu'à révocation, par le peuple juif, demande une pièce de monnaie, fait remarquer à ses interlocuteurs l'image et l'inscription que porte cette pièce, comme signe de l'acceptation, au moins extérieure, de la nation, puisque c'est cette monnaie qui a cours chez elle, et leur dit : *Rendez donc ce qui est de César à César, et ce qui est de Dieu à Dieu.* (*Ibid.*, 21.) En d'autres termes : Rendez ce qui est de la matière à la matière, ce qui est de l'esprit à l'esprit ; en d'autres termes encore : Rendez à chaque chose ce qui lui est dû ; réponse générale qui ne résout pas les cas particuliers, et de laquelle il faut se garder de tirer des déductions trop larges, mais qui renferme au moins, vu les circonstances dont elle est entourée, la déclaration des deux vérités suivantes :

Chaque particulier peut, et même doit, payer sa cotisation du cens, au pouvoir civil dont il est sujet, quand tous le font et au moment où tous le font, parce qu'en ce moment, ce pouvoir représente, de fait, la nation, et se sert des cotisations individuelles pour protéger chacun contre les voleurs et les assassins.

Il existe, dans l'humanité, deux puissances distinctes, qu'on peut mettre en parallèle comme on met en parallèle dans l'homme le corps et l'âme, la chair et l'esprit, et à chacune desquelles revient quelque chose que chacun doit lui rendre.

Or il paraît difficile, pour ne pas dire impossible, de concilier ces deux vérités, avec la doctrine ultramontaine qui réduit la puissance civile à un pur instrument de la puissance religieuse ; car, quoi que ce soit qui revienne à César, selon les cas divers, fût-ce quelquefois la résistance, toujours est-il qu'avec de la bonne foi, on trouve dans le discours du Christ une vertu intrinsèque attribuée à la puissance civile, alors représentée par César, vertu qui suppose des devoirs, à elle relatifs, chez les citoyens de son ressort.

2° Voici qui est plus explicite. Un jour, raconte saint Luc, *un homme du peuple dit à Jésus : Maître, dites à mon frère de partager avec moi notre héritage. Mais Jésus lui dit : O homme, qui m'a constitué juge sur vous, ou pour faire vos partages ?* (*Luc.* xii, 13.)

N'est-ce pas affirmer, de la manière la plus énergique, que la puissance religieuse, dont Jésus-Christ est la personnification, n'a reçu de Dieu aucun droit direct sur les choses de la terre ? Pour que Jésus lui-même, en tant que Christ, pût se mêler de ces choses, il lui faudrait des pouvoirs qu'il tiendrait de Dieu immédiatement, car la puissance religieuse tient tous ses droits de Dieu même, aucuns de l'homme ; or, il affirme qu'il n'a pas ces pouvoirs ; *qui m'a établi juge entre vous ?* d'où il se récuse comme incompétent, ainsi que la logique de son raisonnement le lui commande. Il est vrai qu'étant homme et citoyen, il pourrait, à ce titre, avoir reçu de tels pouvoirs de la cité humaine dont il est membre, cette cité les ayant elle-même reçus de Dieu avec droit de les transmettre ; c'est précisément ce qu'elle voulut faire un jour ; mais Jésus refusa, en sa qualité d'homme. Supposons qu'il eût accepté, et qu'il possédât des pouvoirs temporels à ce dernier titre ; il ne pourrait plus dire absolument, dans l'occasion présente : *Qui m'a établi juge entre vous ?* bien qu'il pût le dire encore comme puissance religieuse, sa position sous ce rapport n'ayant nullement changé ; mais les esprits grossiers pourraient confondre ; et, afin que toute confusion soit impossible, il a soin de rester dans la privation complète de pouvoirs temporels à quelque titre que ce soit, de manière à pouvoir dire, au sens absolu, aussi bien comme simple citoyen que comme personnification de la puissance religieuse : *Qui m'a établi juge entre vous ?* Celle qui est chargée de poursuivre son œuvre, l'Eglise catholique, répond avec lui sans cesse à toutes les questions semblables : O hommes, qui m'a établie juge sur vous pour juger vos différends ?

Ce texte est rigoureusement sans réplique ; et ce sera pour s'y conformer que le chef des philosophes chrétiens, le grand Paul, invitera les citoyens convertis de Corinthe à se créer des tribunaux entre eux, leur attribuant ainsi un pouvoir constituant qu'il tient pour étranger à sa qualité d'apôtre.

3° Le même Paul résout la question d'une manière aussi claire dans le passage tant de fois cité de l'*Epître aux Romains*, où il fait intervenir la conscience dans la soumission aux gouvernements de fait, lesquels sont toujours au moins tolérés par la nation, puisqu'ils tombent dès que cet appui leur manque.

Voici ce passage traduit littéralement :

Que toute âme soit soumise aux puissances supérieures ; car il n'est puissance sinon de Dieu ; celles qui sont ont été ordonnées par Dieu. C'est pourquoi, qui résiste à la puissance résiste à l'ordination de Dieu, et ceux qui résistent acquièrent eux-mêmes, pour eux-mêmes, la condamnation ; car les chefs ne sont point la terreur des bonnes œuvres, mais des mauvaises. Voulez-vous ne point craindre la puissance ? Faites le bien, et vous en aurez de la louange ; car elle vous est ministre de Dieu pour le bien. Mais si vous faites mal, craignez, car elle ne porte pas le glaive sans motif ; elle est ministre de Dieu, vengeresse en colère pour celui qui agit mal. C'est pourquoi soyez soumis par nécessité, non-seulement en vue de la colère, mais encore en vue de la conscience. Pour cela donc vous payez les tributs ; car les chefs sont les ministres de Dieu, servant en cela même. Rendez donc à tous ce qui leur est dû : à qui le tribut, le tribut ; à qui le subside, le subside ; à qui la crainte, la crainte ; à qui l'honneur, l'honneur. (*Rom.* xiii, 1-7.)

On voit que saint Paul, comme Jésus-

Christ, considère la puissance temporelle et l'obéissance qu'on lui doit comme choses indépendantes de l'Eglise. Il faut, d'après lui, être soumis à cette puissance parce qu'elle vient de Dieu. Et, en effet, elle en vient toujours, soit immédiatement, si on la considère en elle-même, auquel cas c'est la cité humaine, soit médiatement, comme le remarque Estius, si on la considère dans le mandataire qu'elle se choisit ; mais c'est pour cette raison, d'après saint Paul, qu'on lui doit obéissance, et nullement parce qu'elle ne serait qu'une espèce d'exécuteur des volontés de l'Eglise, choisi par l'Eglise.

Quant à l'interprétation des ultramontains qui voient, dans les puissances supérieures dont il est question, l'Eglise elle-même, la lecture seule du passage suffit pour en faire justice.

Saint Paul ajoute une seconde raison de l'obéissance par conscience ; c'est que la force est *ministre de Dieu pour le bien*, vengeresse en colère contre celui qui agit mal. Supposons qu'elle cesse d'être ministre *in bonum* et qu'elle devienne ministre *in malum*, en sera-t-il de même ? Le prudent saint Paul n'a pas voulu traiter l'hypothèse ; il savait que le sens commun dirait assez hautement à tous, durant la suite des âges, que le devoir d'obéissance au droit divin naturel, au droit divin révélé, au droit divin ecclésiastique, l'emporte sur le devoir d'obéissance au plus fort, à celui qui tient le glaive, ce qui se résume dans la parole des premiers martyrs : *Il vaut mieux obéir à Dieu qu'aux hommes* (Act. v, 29), laquelle n'est qu'un développement du principe général posé par le Christ : *Rends à chacun ce qui lui est dû ; à Dieu d'abord ce que tu dois à Dieu, et à César ce que tu dois à César* (Matth. xxii, 21), à ce dernier l'obéissance ou la désobéissance, selon que sa loi sera conforme ou contraire à celle de Dieu.

Toujours est-il que, dans la citation de saint Luc, il est impossible de ne pas voir la négation d'un pouvoir direct de la puissance religieuse, même considérée dans le Christ, sur la puissance civile ; et que, les deux autres, en établissant une démarcation entre les deux puissances, impliquent également la négation de toute autorité directe de l'une sur l'autre dans ce qui est de leurs attributions respectives.

La seule objection sérieuse qu'on puisse faire contre la doctrine, aussi fondée en révélation qu'en raison, de l'indépendance réciproque des deux sociétés, c'est la longue série de faits politico-ecclésiastiques et ecclésiastico-politiques, que présente l'histoire depuis l'envahissement des trônes eux-mêmes par le christianisme.

Les uns sont des manifestations pratiques de la persistance qu'ont presque toujours mis les chefs des peuples à asservir l'Eglise à leur puissance, soit par force en l'attaquant, soit par ruse en la protégeant ; or ceux-là, en outre qu'ils n'ont point rapport à la thèse présente, sont sans valeur en droit, et ils n'ont besoin d'autre réfutation que celle qui résulte des réclamations perpétuelles des grands hommes de l'Eglise.

Les autres émanent de la source ecclésiastique, et sont les résultats de la tendance des Papes et de quelques conciles durant plusieurs siècles, à une domination sur l'ordre temporel. Ces faits sont graves et constituent une véritable objection contre la doctrine que nous venons d'exposer, par la même raison qu'ils servent d'argument principal à Bellarmin et aux autres ultramontains pour établir les droits de l'Eglise sur la société civile.

Pour éviter d'entrer dans un examen qui serait long, nous considérerons, comme les résumant tous, la fameuse bulle *Unam sanctam* de Boniface VIII.

Cette bulle, purement dogmatique, fut promulguée solennellement comme bulle papale, et porte ce qui suit :

« Qu'il (le successeur de Pierre) ait en sa puissance les deux glaives, l'un spirituel, l'autre temporel, c'est ce que l'Evangile nous apprend : car les apôtres ayant dit : *Voici deux glaives ici*, c'est-à-dire dans l'Eglise, puisque c'étaient les apôtres qui parlaient, le Seigneur ne leur répondit pas : *c'est trop*, mais, *c'est assez*. Assurément celui qui nie que le glaive temporel soit en la puissance de Pierre méconnaît cette parole du Sauveur : *Remet ton glaive dans le fourreau*. Le glaive spirituel et le glaive matériel sont donc l'un et l'autre en la puissance de l'Eglise ; mais le second doit être employé pour l'Eglise, et le premier par l'Eglise. Celui-ci est dans la main du prêtre, celui-là dans la main des rois et des soldats, mais sous la direction et la dépendance du prêtre. L'un de ces glaives doit être subordonné à l'autre, et l'autorité temporelle doit être soumise au pouvoir spirituel. Car suivant l'Apôtre : *Toute puissance vient de Dieu* (Rom. xiii, 1); celles qui existent sont ordonnées de Dieu ; or elles ne seraient pas ordonnées, si un glaive n'était pas soumis à l'autre glaive, et, comme inférieur, ramené par lui à l'exécution de la volonté souveraine, » etc. Et un peu plus loin :

« D'après le témoignage de la vérité même il appartient à la puissance spirituelle d'instituer la puissance terrestre, et de la juger si elle n'est pas bonne. Ainsi se vérifie l'oracle de Jérémie (i , 10) touchant l'Eglise et la puissance ecclésiastique : *Voilà que je t'ai établi sur les nations et les royaumes*, et le reste comme il suit. Si donc la puissance terrestre dévie elle sera jugée par la puissance spirituelle. Si la puissance spirituelle d'un ordre inférieur dévie, elle sera jugée par son supérieur. Si c'est la puissance suprême, ce n'est pas l'homme qui doit la juger, mais Dieu seul, suivant la parole de l'Apôtre : *L'homme spirituel juge et n'est jugé lui-même par personne*. (*I Cor.* ii, 15.) Or, cette puissance qui, bien qu'il ait été donnée à l'homme et qu'elle soit exercée par l'homme, est non pas humaine, mais plutôt divine, Pierre l'a reçue de la bouche divine elle-même, et celui qu'il confessa l'a rendue, pour lui et ses successeurs, inébranlable comme la pierre. Car le Seigneur lui a dit (*Matth.* XVIII, 18) : *Tout ce que tu lieras*, etc. ; donc quiconque résiste à cette puissance ainsi ordonnée de Dieu résiste à l'ordre même de Dieu, à moins que, comme le manichéen, il n'imagine deux principes, ce que nous jugeons être une erreur et une hérésie. Aussi Moïse atteste que c'est dans le principe, et non dans les principes, que que Dieu créa le ciel et la terre. Ainsi toute créature humaine doit être soumise au pontife romain, nous le déclarons, affirmons, définissons et prononçons que cette soumission est absolument de nécessité de salut. »

Bellarmin s'appuie sur cette bulle pour établir son système d'une juridiction ecclésiastique devant s'exercer directement sur la société civile, quoique seulement en vue du bien spirituel.

Fénelon, le plus modéré et le plus habile des ultramontains, regardant d'une part cette théorie de Bellarmin comme une erreur, et, d'autre part, ne voulant pas avouer que le siége de Rome ait pu faillir momentanément dans un enseignement adressé à toute l'Eglise, répond à l'objection qui résulte pour lui de cette bulle, que Boniface VIII expliqua lui-même dans un discours prononcé devant le consistoire en 1302, qu'il reconnaissait deux puissances ordonnées de Dieu, et qu'il ne prétendait pas, comme on l'en accusait, que le Pape, en qualité de monarque universel, pût ôter et donner à son gré les royaumes de la terre ; que les cardinaux, dans une lettre écrite d'Anagni aux grands du royaume de France, le justifièrent dans des termes semblables ; qu'on doit prendre les expressions de la bulle dans le sens d'une puissance, non *civile* et de *juridiction*, mais *directive* et *ordonatrice*, termes qu'il emprunte à Gerson pour exprimer le droit de décider les cas de conscience, c'est-à-dire le pouvoir indirect que nous avons admis; que la bulle dit elle-même que l'Eglise ne tire pas directement et immédiatement le glaive matériel, en disant que les deux glaives *doivent être tirés l'un pour l'Eglise et l'autre par l'Eglise*; que, si elle ajoute que c'est à la puissance spirituelle d'*instituer* et de *juger* la puissance terrestre, cela doit s'entendre encore d'une institution médiate par les lumières qu'elle fournit aux électeurs constituants de la représentation politique, et qu'enfin le jugement dont il s'agit est encore un jugement, non de juridiction, mais qui ne se réalise qu'indirectement par l'entremise des peuples que l'Eglise éclaire, quand ils la consultent sur ceux qu'il est bon de *destituer ou de confirmer au faîte du pouvoir*. (*De l'autorité du Souv. Pont.*, chap. 26.)

Ces réponses de Fénelon expriment par elles-mêmes une doctrine très-raisonnable et parfaitement identique avec la nôtre sur la question présente ; mais, nous devons l'avouer, elles ne nous paraissent pas dans le sens naturel de la bulle de Boniface VIII ; d'où il suit qu'à notre avis Bellarmin seul est logique dans les déductions qu'il tire de cette bulle.

1° L'explication de Boniface VIII et des cardinaux, longtemps après la publication de la bulle, est sans valeur, au point de vue ultramontain, puisqu'à ce point de vue il faut prendre la bulle dans le sens naturel qu'elle présente au sortir même du Saint-Siége, lorsqu'il l'adresse à l'Eglise ; c'est alors seulement qu'il parle comme Pape ; dans l'explication il n'est plus que simple théologien ainsi que les cardinaux ; et tout ce qu'on peut en conclure c'est que la bulle, dans son sens naturel, n'avait pas été acceptée de l'Eglise universelle, conséquence qui ne touche que les gallicans.

2° Cette explication reconnaît les deux puissances, mais ne paraît pas nier formellement le droit direct de l'une sur l'autre au sens de Bellarmin.

3° L'observation de Fénelon sur ces mots : le *premier glaive doit être employé pour l'Eglise et le second par l'Eglise*, n'est pas à la question ; elle prouve bien que, d'après Boniface lui-même, l'Eglise ne doit pas user du glaive matériel de sa propre main, d'où il suit que nous aurions pu invoquer le témoignage de ce Pape, si grand d'énergie, quand nous avons établi cette vérité dans l'article précédent (question VII) ; mais elle ne prouve nullement que l'Eglise n'ait pas juridiction directe sur la société civile pour lui imposer tel ou tel usage de sa force ; les paroles de Boniface disent précisément le contraire, comme nous allons le faire remarquer tout à l'heure.

4° L'interprétation des termes de Boniface dans le sens d'une puissance et d'un jugement, non de juridiction, mais de direction par la solution des cas de conscience, laquelle constitue le fond de la réponse de Fénelon, paraît inadmissible à quiconque lit avec impartialité la bulle entière. Examinons-la :

Boniface pose d'abord en principe que les deux glaives sont dans la main de l'Eglise en tant qu'Eglise ; cette pensée est exprimée de la manière la plus claire au commencement et impliquée dans toute la suite ; il dit même suffisamment, pour qu'il ne reste aucun doute sur sa pensée, que l'Eglise a, des deux épées, la même propriété, les possède au même titre, puisqu'il ne fait une distinction que quant à l'usage et à l'exercice : *Tous deux sont en la puissance de l'Eglise, seulement l'un doit être employé par les rois et les soldats pour l'Eglise, et l'autre par l'Eglise elle-même, pour elle-même*. Donc il est clair que, d'après la bulle, l'Eglise est le vrai propriétaire, le propriétaire radical de la puissance civile, et que les rois et les soldats ne sont que ses ministres. Tout ce qui vient après est dans le même sens. Quand Fénelon prétend qu'il ne s'agit que d'une subordination médiate par l'intermédiaire de la solution des cas de conscience, il oublie ce principe de Boniface que les deux glaives sont la propriété de l'Eglise, principe incompatible avec celui de la subordination indirecte qui laisse à la société civile la propriété de son glaive, et n'attribue à l'église-

que la mission de lui déclarer des devoirs dans l'usage qu'elle peut faire de cette propriété. elle doit toujours s'en servir pour le bien, *in bonum,* dit saint Paul, et c'est ainsi qu'elle est subordonnée à l'Eglise qui décide entre ce qui est bien et ce qui est mal, au point de vue de la révélation ; mais ceci n'a aucun rapport à ce que dit Boniface qui, en établissant que l'Eglise est propriétaire du glaive matériel, établit, par là même, aussi énergiquement et clairement que possible, que la domination de l'Eglise sur la force armée, et, partant, sur ceux qui l'ont en main, est une domination réelle de juridiction, une domination directe comme celle de tout propriétaire sur sa propriété, quoique le Christ lui interdise de la manœuvrer elle-même.

Voilà pour la première partie de la bulle. Voici pour la seconde.

Boniface affirme que, *d'après le témoignage de la vérité même, il appartient à la puissance spirituelle d'instituer la puissance terrestre et de la juger,* etc. ; c'est la même pensée qui va se développant. Dire avec Fénelon, qu'il ne s'agit que d'une institution et d'un jugement par le biais de l'instruction des peuples constituant, conservant ou destituant, selon les lumières qu'ils ont reçues de l'Eglise, c'est se montrer subtil au point d'être obligé de passer sous silence le rapprochement que fait Boniface quelques lignes plus bas, rapprochement qui ne laisse aucune issue à la subtilité : *Si donc, dit-il, la puissance terrestre dévie, elle sera jugée par la puissance spirituelle ; si la puissance spirituelle d'un ordre inférieur dévie, elle sera jugée par son supérieur ; si c'est la puissance suprême, ce n'est pas l'homme qui doit la juger, mais Dieu seul.* N'est-il pas évident que la bulle ne fait aucune différence entre la puissance par laquelle l'Eglise jugera le pouvoir civil, et la puissance par laquelle la papauté, dans l'Eglise, jugera les autres degrés de sa hiérarchie ? Elle met ces deux jugements sur la même ligne, les rapproche, les compare, sans signaler la moindre différence entre eux ; or la puissance par laquelle le degré supérieur juge, dans l'Eglise, les degrés inférieurs, est bien une puissance directe de juridiction, et non simplement d'instruction et de direction ; donc la bulle entend parler d'une puissance de même espèce ; c'est-à-dire d'une juridiction du Pape sur le temporel des rois, et de tous les chefs des peuples.

Si l'on peut interpréter cette bulle autrement, il nous semble qu'il n'existe plus de définition ecclésiastique qu'on ne puisse expliquer à sa fantaisie ; et, par une conséquence rigoureuse, qu'il n'y aurait plus d'articles de foi clairs et positifs.

C'est donc Bellarmin, et encore mieux peut-être, les ultramontains qui ne mettent aucune restriction aux pouvoirs directs de l'Eglise sur l'ordre temporel, qui raisonnent logiquement sur la bulle *Unam sanctam,* et qui la comprennent comme elle doit être comprise. Ils invoquent aussi des conciles, dont deux généraux, celui de Latran, et celui de Lyon, mais avec beaucoup moins de justesse, vu que les décrets de ces conciles ne sont point, comme la bulle, des décisions dogmatiques, mais seulement des mesures de circonstances, comme nous le dirons plus loin, à propos de celui de Latran, en répondant à l'objection qu'on en pourrait tirer contre la liberté de conscience.

Quant à la bulle, que répondrons-nous, puisque notre bonne foi nous force de lui laisser toute la valeur intrinsèque que lui attribue Bellarmin ?

Nous dirons franchement, à l'encontre de Fénelon, et de Lamennais qui accepta les explications de Fénelon, que cette bulle paraît présenter un mélange de vérités, de confusions et d'inexactitudes en interprétation de l'Ecriture, en théologie, et même en philosophie, lesquelles ne doivent point être ici discutées ; que, pour cette raison même sans doute, elle n'a jamais été reçue de l'Eglise universelle dans son sens naturel, et ne le sera jamais, quoiqu'on la trouve dans le corps du droit canon ; que la preuve la plus antique de cette non acceptation est la justification dont nous avons parlé, à laquelle fut obligé d'avoir recours le Saint-Siége un temps notable après l'avoir publiée, et qu'une autre preuve, presque aussi antique, est la décrétale *Monuit,* de Clément V, dans laquelle, quelques années plus tard, sans révoquer explicitement la bulle de Boniface, et sans s'occuper de l'interpréter, il déclare qu'il en doit être, des rapports des deux puissances, comme il en était avant cette bulle.

On résoudrait, par des réponses semblables, toutes les difficultés que peut présenter l'histoire ecclésiastique.

Il y a encore, entre autres, deux objections spécieuses d'une autre nature, fondées sur deux passages évangéliques qu'invoque Bellarmin, à l'appui de sa théorie.

La première est tirée de ces paroles de saint Paul aux Corinthiens : *Quelqu'un de vous, ayant avec un autre un différend, osera-t-il le soumettre en jugement devant les iniques et non devant les saints ? Ne savez-vous pas que les saints jugeront de ce monde ? et si le monde sera jugé par vous, êtes-vous indignes de juger des choses moindres ? Ne savez-vous pas que nous jugerons les anges ? Combien plus les choses du siècle* (le grec porte : qui est de cette vie). *Si donc vous avez a juger les choses du siècle, établissez, pour les juger, les moindres de ceux qui sont dans l'Eglise. Je le dis à votre honte, n'y a-t-il donc parmi vous quelque sage qui puisse être juge entre ses frères ? Quoi, un frère plaide contre son frère, et cela devant les infidèles ?* (*I Cor.* vi, 1 et seq.)

Saint Paul, dit-on, autorise les premiers Chrétiens à se soustraire aux lois civiles des païens, à leur magistrature, c'est-à-dire au seul gouvernement politique qui existât de son temps, et à s'organiser entre eux et pour eux un gouvernement, une magistrature, etc. Or, cet Etat chrétien qu'ils fonderont dans l'État, qu'ils peuvent au moins fonder, en conscience, d'après saint Paul, s'ils en ont la possibilité matérielle, étant, une fois fondé, une création de l'Église sera, par là même, sous la juridiction de l'Église; et, ce principe admis, le système de l'indépendance du civil à l'égard de la société ecclésiastique, en pays chrétien, tombe ruiné par sa base.

Le raisonnement n'est que spécieux, il oublie une distinction essentielle qu'on va comprendre tout à l'heure.

Saint Paul, qui représentait alors, pour sa part, l'Église enseignante devant les fidèles de Corinthe, pouvait résoudre un cas de conscience. Il en résout un dans ce passage ; voici ce cas :

Une réunion d'hommes peut-elle, en conscience, se soustraire à un mauvais gouvernement, à une mauvaise organisation sociale, en supposant que la force matérielle ne rende pas la chose impossible, et, ensuite, s'organiser entre eux d'une manière plus conforme à la justice?

Or Paul répond sans crainte, non pas seulement en disant qu'elle le peut, mais en lui conseillant de le faire; la même question se présentera devant nous au troisième chapitre (*voyez* quest. VI) et nous la résoudrons comme saint Paul. La raison de cette solution, c'est que tout gouvernement civil est le résultat permanent, tant qu'il dure, de l'acquiescement persistant des volontés constituantes des membres de la cité; que nul individu n'appartient, de droit naturel, quand il est en âge de raison, à telle cité plutôt qu'à telle autre, les pères ne pouvant, sous ce rapport, engager leur postérité; qu'en conséquence, une collection d'individus peut à tout moment, faire cité à part, sauf la force matérielle qui ne touche pas la conscience, et, par suite, se créer une organisation sociale de son goût, conforme à la justice, à l'encontre de l'ancienne.

Voici maintenant la confusion que fait Bellarmin; il attribue à l'Église, en tant que société surnaturelle hiérarchiquement constituée par le Christ, le droit de fonder, au sein de la société païenne, une société civile chrétienne, droit que l'Apôtre n'attribue qu'aux Chrétiens en tant qu'hommes, éclairés, il est vrai, par la solution ecclésiastique du cas de conscience, mais n'agissant qu'en vertu de la loi naturelle mieux connue. C'est ce qui ressort clairement des paroles mêmes de Paul. Il s'adresse à tous les fidèles de Corinthe et s'étonne de ce qu'ils osent faire juger leurs procès par les tribunaux païens et n'osent pas se donner des tribunaux à eux; il s'étonne de ce qu'étant instruits suffisamment pour juger les anges mêmes, ils n'osent se reconnaître idoines à juger les moindres choses de la terre; et il ajoute : *N'y a-t-il donc parmi vous quelque sage qui puisse être juge entre ses frères? Établissez, pour juges dans cet ordre de choses, les moindres de ceux qui sont dans l'assemblée.* Ce qui revient à leur dire : « Organisez-vous comme vous l'entendrez pour juger vos différends. » En quoi donc est-il question de l'autorité ecclésiastique? Paul, apôtre, ne dit pas *j'établis*; il dit aux fidèles : *établissez*, et, par conséquent, le pouvoir civil qui en résultera sera une création des fidèles, des Chrétiens en tant qu'hommes éclairés par l'Évangile. Il ne dit pas même : Prenez pour juges ceux qui sont déjà vos chefs ecclésiastiques par institution divine, mais : Prenez les moindres d'entre vous, ceux qui n'ont en religion aucune autorité; le conseil est remarquable et donne à réfléchir sur plus d'un usage reçu dans certaines Églises.

Nous accordons facilement à Bellarmin que le passage est d'un radicalisme profond, qu'il suppose, dans saint Paul, la doctrine philosophico-théologique la plus républicaine et la plus avancée ; mais nous ne pouvons lui accorder la déduction qu'il en tire s une juridiction de l'autorité ecclésiastique vur l'ordre civil, autre que la juridiction indirecte, par la solution des cas de conscience, dont il donne, le premier, l'exemple en résolvant, si hardiment, celui dont il est question. Il récuse même tout pouvoir constituant et cette juridiction, dans l'ordre civil, en disant : *établissez*; est-ce que vous n'auriez pas de *sages* capables de juger ? C'est celui qui fonde qui est et qui reste le souverain ; or d'après saint Paul, c'est le peuple qui fondera, et lui, l'apôtre, avec ses confrères en tant qu'apôtres, n'ayant point fondé, n'auront d'autre souveraineté sur les juges choisis que celle de la prédication de la vérité divine qui domine toutes choses.

Ceci se conciliera, d'ailleurs, facilement avec la solution de l'autre cas de conscience adressée aux Romains (xiii, 1): *Soyez soumis aux puissances* civiles ; non pas en ce qu'il voudra dire, ainsi que le prétend Bellarmin, soyez-leur soumis par force, et seulement pour éviter le scandale, puisqu'il dit expressément, soyez-leur soumis par conscience ; mais parce que les constituants s'engagent eux-mêmes à l'obéissance envers leur constitution, jusqu'à révocation légale, et sauf le cas où cette constitution sera reconnue porter le glaive pour le mal, au lieu de le porter *pour le bien*, « *in bonum,* » et devenir, dans ses dispositions ou son exercice, une violation organisée des droits humains.

La seconde objection ultramontaine repose sur les versets 23, 24, 25 et 26 du chapitre xvii de saint Matthieu : *Étant venus à Capharnaüm, ceux qui recueillaient le didragme s'approchèrent de Pierre et lui dirent : Est-ce que votre maître ne paye pas le didragme? Pierre dit : il le paye ; et comme il rentrait dans la maison, Jésus le prévint, disant : Que t'en semble, Simon ? De qui les rois de la terre reçoivent-ils le tribut ou le cens? de leurs enfants ou des étrangers ?* Pierre répondit : *des étrangers. Jésus lui dit : Les enfants en sont donc affranchis ! mais pour ne point les scandaliser va à la mer et jette l'hameçon, et prends le premier poisson qui montera, et ouvre sa bouche; tu y trouveras un statéro, et, l'ayant pris, donne-le pour moi et pour toi.*

Nous n'oserions rien affirmer sur le sens de cette anecdote, si ce n'est qu'il est impossible d'en conclure, avec Bellarmin, un droit de juridiction de l'Eglise sur la société civile, et même d'immunité dans ses membres à l'égard de l'obligation de payer les impôts. L'Eglise n'était pas encore constituée quand Jésus-Christ parlait de la sorte à Pierre, Pierre n'était qu'un simple ami de Jésus, sujet de la société civile existant alors, et, par conséquent, le texte ne peut s'appliquer à l'Eglise future, puisqu'il n'est pas sous forme de promesse. Tout ce qu'on en pourrait tirer dans ce sens, c'est que Jésus parla alors en sa qualité de Christ, rapport sous lequel il n'était pas tenu aux contributions, quoiqu'il y fût tenu comme citoyen.

Mais cette interprétation ne nous satisfait pas, vu que Jésus-Christ nous semble parler dans cette circonstance comme homme et comme citoyen, et que l'image qu'il tire des enfants des rois, affranchis du tribut, ne nous paraît lui convenir sous aucun point de vue. Voici comment nous avons compris ce passage, en lisant et méditant l'Evangile.

Il arrive souvent à Jésus-Christ de jeter, à l'occasion, des critiques, aussi mordantes que délicates, fines et douces, sur les désordres de son siècle, pour instruire les siècles futurs. La réponse qu'il fait à Pierre, en cette circonstance, nous paraît appartenir à cette catégorie. La société avait alors pour base de son organisation le privilége; tous n'étaient pas assujettis aux impôts; il y avait des privilégiés qui en étaient affranchis, entre autres les enfants des rois. Jésus profite de l'occasion pour en faire naître l'idée dans l'esprit de ceux qui l'écoutaient et de Pierre en particulier, en disant à celui-ci, sous la forme indirecte qu'il affectionne : *Que t'en semble, Simon ? De qui donc les rois de la terre reçoivent-ils le tribut ? De leurs enfants ou des étrangers ?* Pierre répond en constatant le fait même : *Des étrangers ;* ce qui implique déjà ceci : des étrangers seulement, de ceux qui ne jouissent pas du privilége de l'affranchissement; et, par suite, la constatation même des partialités de la loi. Et Jésus ajoute, sans doute avec un ton qui expliqua suffisamment sa pensée à ceux qui l'écoutaient : *Les enfants des rois en sont donc affranchis,* sont donc exceptés des charges communes !... *Mais pour ne les point scandaliser, va à la mer* etc. C'est comme s'il eût dit : Puisque la loi n'est pas égale pour tous, puisque les hommes, qui sont tous frères, ne sont pas tous soumis, dans cette société, à la contribution utile à tous, puisqu'il y a des faveurs exceptionnelles à l'égard de charges qui devraient être communes vu que tous en profitent, pourquoi payerais-je le cens plutôt que ceux qui ne le payent pas? Pourquoi enfin m'y obligerait-on, moi simple fils d'un charpentier de Judée, plutôt qu'un fils de roi? Mais qu'importe? pour ne pas les scandaliser, paye mon didragme et le tien. — C'est l'idée qu'exprime naturellement tout homme intelligent, en acquittant une charge sous un régime de priviléges, non pas pour se plaindre de ce qu'il concourt au bien de la patrie, mais pour faire observer l'injustice régnante.

On voit qu'en interprétant de la sorte le passage évangélique, ce qui nous paraît on ne peut plus naturel, on ne peut plus conforme à la méthode d'instruction de Jésus-Christ, et en même temps donner à l'image tirée des enfants des rois, ainsi qu'à la conversation entière, une naïveté, une grâce, une spontanéité, une justesse d'à-propos, une finesse, une éloquence même, admirables, on retombe dans une pensée qui fraternise intimement avec celle que nous venons de trouver dans saint Paul, et qui n'a aucun rapport avec la juridiction qu'on veut donner à l'Eglise sur l'ordre civil.

C'est assez de discussion avec Bellarmin.

Nous venons de traiter suffisamment la question de la puissance ecclésiastique dans ses rapports avec la société temporelle pour être en droit de tirer cette déduction, que l'Eglise ne peut imposer directement à sa compagne armée l'obligation de sévir contre ses ennemis dans le but de les amener à la foi ou d'arrêter les ravages de leur prosélytisme.

Mais nous n'avons, en cela, traité qu'indirectement le point dont il s'agit; et nous allons l'aborder de plain-pied en établissant, comme certain, théologiquement, que l'Eglise, lors même qu'elle aurait tous les droits possibles sur la société temporelle, n'aurait pas celui d'évoquer les foudres de cette dernière contre ses ennemis, parce que le Christ, son législateur et son maître, lui en a fait spécialement la défense.

C'est ainsi que sera résolue la seconde question.

Ouvrons encore une fois l'Evangile.

1° Jésus allait avec ses disciples à Jérusalem pour y célébrer la fête des tabernacles. Il lui fallait passer dans Samarie, ville habitée par un peuple ennemi des Juifs pour cause de religion, et dont la haine se réveillait, dans ces occasions, à la vue des pèlerins. Il envoie Jacques et Jean demander, pour lui et pour eux, un logement dans cette ville, sans dire, par prudence, qu'il allait à Jérusalem. La ville en conçoit le soupçon et refuse de le recevoir; c'eût été, dans son préjugé, se rendre complice d'une action que son culte, dont le temple était à Garizim, défendait à tout Samaritain. Les disciples reviennent pleins de colère contre une pareille intolérance religieuse, si opposée à la conduite du Maître qu'ils aiment, et lui disent : *Seigneur voulez-vous que nous commandions au feu de descendre du ciel et de les consumer ?* C'était répondre à l'intolérance par l'intolérance; c'était oublier la loi de l'impartialité dans la réciprocité du devoir; c'était imiter les Samaritains; c'était enfin un manque de logique. Aussi *Jésus, se tournant vers eux, les gourmanda, disant : Vous ne savez de quel esprit vous êtes* (c'est-à-dire quel est l'esprit de mes disciples, en tant que mes disciples ; de quel esprit je veux que mes disciples soient); *le Fils de l'Homme n'est pas venu pour perdre les âmes* (c'est-à-dire les vies matérielles et spirituelles ; c'est le sens du mot *animas*), *mais les sauver.* (*Luc.* IX, 51 et seq.)

La réponse de Jésus-Christ ne souffre pas l'objection. Ce qu'il défend à ses apôtres : c'est d'appeler une force matérielle contre les hérétiques de Samarie, même lorsqu'ils viennent, intolérants, de lui refuser l'hospitalité. Qu'aurait-il dit si les disciples avaient manifesté le désir qu'il fût sévi contre eux pour le seul fait de leur hérésie ?

On se perd dans les plus tristes rêves quand on pense que des écrivains influents, faisant profession d'apologistes de la doctrine chrétienne, ne prennent pas au sérieux ces oracles du Christ.

2° On sait que le Sauveur avait l'habitude de ne fuir personne, de fréquenter, comme les autres, les pécheurs, les Samaritains, les publicains, les païens, ceux enfin qui professaient une mauvaise doctrine ou une religion fausse. Un jour, il dînait à la table d'un publicain, avec ses disciples, étendu sur le lit à la romaine au milieu des incirconcis. Les pharisiens menaient une conduite tout opposée ; ces innocentes brebis évitaient avec grand soin la fréquentation des loups. Grand scandale parmi eux en voyant Jésus en agir de la sorte. *Pourquoi donc, disaient-ils aux disciples, mangez-vous et buvez-vous avec les publicains et les pécheurs ? Ce que Jésus ayant entendu, il leur dit : Ceux qui sont sains n'ont pas besoin de médecin, mais ceux qui se portent mal. Allez apprendre ce que ceci veut dire : Je veux la miséricorde et non le sacrifice* (ce mot est du prophète Osée). (*Matth.* IX, 10 et seq.)

N'y a-t-il pas la distance d'un monde entre cette conduite et l'hypothèse qui attribuerait à l'Eglise, que Jésus-Christ a envoyée comme son Père l'a envoyé, le droit d'appeler, sur les infidèles et les dissidents, la violence matérielle ? Or qui prouve plus, prouve moins.

3° Toutes les fois que Jésus-Christ fait des prédictions sur l'avenir de la chrétienté, soit à ses apôtres, soit aux pharisiens, soit au peuple, il annonce pour ses disciples la persécution, et les appelle heureux d'être persécutés. (*Matth.* V, 10 et seq.; XXIII, 34 et seq. etc., etc.) Saint Paul prophétise de même dans *l'Epître Ire à Timothée* (III, 12).

Or, s'il est impossible d'étendre ces prophéties jusqu'au temps et aux lieux où la vérité, victorieuse par le martyre et par la discussion de tous ses ennemis, jouit enfin de la liberté qu'elle a conquise, toujours est-il qu'en vertu de ces mêmes prophéties, il est à jamais défendu d'aller chercher les disciples de Jésus parmi les persécuteurs. Quand il y a persécution, voulez-vous les trouver ces disciples du Galiléen ? Cherchez dans les rangs des persécutés : il n'est pas nécessaire qu'ils y soient toujours, mais, à coup sûr, ils ne sont pas dans l'autre camp, et vous les y chercheriez en vain.

Or, persécuter par soi-même ou par des ministres à qui on en a donné l'ordre ou le conseil, n'est-ce pas la même chose en fait et même en droit ?

4° Relisez la parabole de l'ivraie (*Matth.* XIII, 24) avec l'interprétation donnée par Jésus lui-même.

Le Fils de l'homme ne sème dans son champ que de bonnes graines. L'ennemi vient y semer de l'ivraie ; et, quand l'été approche, les serviteurs voyant pousser l'ivraie parmi le froment, disent au maître : Voulez-vous que nous allions l'arracher ? Non, répond-il, de peur qu'en arrachant l'ivraie vous n'arrachiez aussi le froment ; laissez monter l'un et l'autre jusqu'à la moisson. Or la moisson, d'après l'explication qui suit, est le temps où Dieu envoie lui-même ses anges demander compte à chacun.

Il est donc interdit à l'Eglise, qui est bien la servante du Fils de l'homme sur la terre, d'arracher ou de faire arracher violemment l'ivraie en herbe, et pendant toute la durée de sa végétation, de peur qu'elle n'arrache en même temps le froment. Qui, en effet, connaît les consciences ? Ce qui paraît ivraie ne peut-il pas souvent être d'excellent grain aux yeux de Dieu ? Rappelez-vous ce que nous avons dit de la conscience erronée. L'Eglise, de par l'ordre du Maître, doit patiemment attendre le jour où Dieu moissonne.

5° Relisez aussi la parabole du Samaritain.

Un docteur de la Synagogue judaïque, qui alors était l'Eglise militante dans le degré supérieur de sa hiérarchie, demande à Jésus : Qui est donc mon prochain que la loi m'ordonne d'aimer et de traiter comme moi-même ? On sait que l'ancienne Synagogue, au temps de Jésus-Christ, n'aimait pas les Samaritains, défendait tout rapport avec eux, et les persécutait, à l'occasion, comme ceux-ci persécutaient les Juifs. La raison en était la diversité de culte et l'opposition dans leur prosélytisme réciproque. — Or, Jésus lui répond par cette délicieuse parabole que vous n'avez qu'à lire. (*Luc.* X, 30.)

Il suppose un Juif étendu sur le chemin de Jérusalem à Jéricho, et couvert de blessures. Un prêtre passe, un pharisien ! et n'a pas pitié du malheureux. Un lévite fait de même. C'est précisément un Samaritain qui le ramasse, le porte à une hôtellerie et en a soin. Et Jésus ajoute : *Qui vous paraît avoir été le prochain de celui qui avait été assailli par les voleurs ?* Le docteur fut bien obligé de répondre : Le Samaritain. Il ne prononça pourtant pas ce mot trop odieux : il dit : *Celui qui a exercé la miséricorde.* Mais la déduction logique était facile à tirer, la voici : les Samaritains sont donc aussi bien votre prochain que vos confrères en religion, puisqu'ils peuvent, aussi bien qu'eux, exercer la charité envers vous. Dans le cas présent, le Samaritain fut bien plus le prochain du malheureux que le prêtre et le lévite. Vous devez donc aimer les Samaritains comme vous-mêmes et les traiter comme les Juifs vos frères. Vous avez donc tort, vous, docteurs de la Synagogue, vous, Eglise, de les traiter comme vous les traitez.

Cette conclusion était trop évidente, et Jésus avait trop de finesse pour la formuler lui-même. Il la tourna avec une habileté et une grâce exquise, en donnant ce malin conseil au docteur : *Allez et faites de même* que le Samaritain, qui n'a pas considéré si le malheureux voyageur était orthodoxe ou hétérodoxe à son point de vue pour exercer la charité envers lui. C'est le Samaritain, c'est l'hérétique qui devient le modèle du docteur ; c'est lui qui, dans la parabole de Jésus, fait la leçon de la réciprocité de tolérance qui doit exister entre les diverses sociétés religieuses.

Les derniers passages que nous venons de citer et que nous pourrions accompagner de plusieurs autres, prouvent avec évidence que l'autorité religieuse, lors même qu'elle aurait le droit de la force, ou celui d'appeler la force des gouvernements, ne devrait pas s'en servir ; prouvent avec évidence que les membres de cette autorité non-seulement ne doivent jamais persécuter, mais encore doivent faire, d'une manière active, le bien à leurs adversaires en religion quand l'occasion le demande. Or, le moins est toujours renfermé dans le plus.

A l'Evangile nous devons faire succéder la tradition. Les Pères de l'Eglise présentent, dans leurs ouvrages, des passages sans nombre sur la tolérance chrétienne, qui pourraient tous figurer dans cette thèse. Nous n'en citerons que quelques-uns.

1° Saint Athanase, cette grande personnification du concile de Nicée, voyait des sectes chrétiennes appeler à leur secours l'autorité impériale, et de cette seule démarche il concluait à la fausseté de leur enseignement, disant « qu'elles manifestaient, par cela seul, combien elles étaient impies et ignorantes de la manière dont le Créateur veut être honoré : » *Atque ita, quam non sit pia nec Dei cultrix, manifestat.*

Il ajoutait ces paroles admirables :

« Le caractère de la vraie religion est de ne point contraindre, mais de persuader. Jésus-Christ ne forçait personne à le suivre. Il laissait à chacun la liberté de souscrire aux dogmes qu'il annonçait. Il n'en est pas ainsi du diable. Comme il est le père du mensonge, il vient avec des haches et des coignées pour se faire obéir. »

2° Saint Hilaire de Poitiers s'exprime ainsi dans son écrit contre Auxence :

« Qu'il nous soit permis de déplorer la misère de notre âge, et les folles opinions d'un temps où l'on croit protéger Dieu par l'homme, et l'Eglise du Christ par la puissance du siècle. Je vous prie, ô évêques qui croyez cela, de quels suffrages se sont appuyés les apôtres pour prêcher l'Evangile? Quelles armes ont-ils appelées à leur secours pour prêcher Jésus-Christ? Comment ont-ils converti les nations du culte des idoles à celui du vrai Dieu? Est-ce qu'ils avaient obtenu leurs dignités du palais, ceux qui chantaient Dieu après avoir reçu des chaînes et des coups de fouet? Est-ce avec des édits du prince que Paul, donné en spectacle comme un malfaiteur, assemblait l'Eglise du Christ? Ou bien était-ce sous le patronage de Néron, de Vespasien, de Decius, de tous ces ennemis dont la haine a fait fleurir la parole divine? Ceux qui se nourrissaient du travail de leurs mains, qui tenaient des assemblées secrètes, qui parcouraient les bourgs, les villes, les nations, la terre et la mer, malgré les édits des princes, ceux-là n'avaient-ils point la clef du royaume des cieux? Et le Christ n'a-t-il point été d'autant plus prêché qu'on défendait davantage de le prêcher? Mais maintenant, ô douleur! des suffrages terrestres servent de recommandation à la foi divine, et le Christ est accusé d'indigence de pouvoir par des intrigues faites en sa faveur! Que l'Eglise donc répande la terreur et la prison, elle qui avait été confiée à la garde de l'exil et de la prison! Qu'elle attende son sort de ceux-là qui veulent bien accepter sa communion, elle qui avait été consacrée de la main des persécuteurs! »

3° Tout le monde connaît la mémorable parole de saint Grégoire le Grand dans sa lettre au patriarche de Constantinople, après une sédition où l'on avait maltraité des hérétiques, parole qui indique quelle était la croyance de l'Eglise sur la question qui nous occupe, jusqu'au milieu du VI° siècle. Voici cette parole :

« C'est une prédication nouvelle et inouïe que d'exiger la foi par des supplices. »

4° Saint Jean Chrysostome s'exprime clairement dans une foule de passages sur la vérité que nous défendons en ce moment. Nous citons le premier qui nous tombe sous les yeux.

Parlant de Jésus-Christ envoyant les apôtres « vêtus d'une seule tunique, sans chaussure, sans bâton, sans ceinture, sans argent ; leur disant : Exhibez la mansuétude des brebis, tout en allant contre les loups, et non-seulement contre les loups, mais au milieu des loups ; et leur ordonnant même de montrer non-seulement la mansuétude des brebis, mais encore la simplicité de la colombe, » le grand orateur tire les conclusions suivantes : 1° celle-ci, qu'il met dans la bouche du Christ : « Ainsi je montrerai ma force quand les brebis vaincront les loups, quoique au milieu des loups, quoique lacérées de leurs morsures ; quand non-seulement elles ne seront pas détruites par les loups, mais convertiront les loups. » 2° Celle-ci, qu'il pose en principe général : « Certes il est plus grand et plus admirable de changer la volonté des adversaires, et de transformer leur esprit, que de les tuer. » 3° Cette dernière contre les Chrétiens qui, après avoir été brebis lorsqu'ils étaient faibles, veulent se faire loups à leur tour quand ils sont devenus nombreux et forts : « Rougissons donc nous autres si, tenant la conduite inverse, nous attaquons nos ennemis à la manière des loups ! Tant que nous sommes brebis, nous vainquons ; quoique entourés de loups sans nombre, nous triomphons; mais si nous nous faisons loups, nous sommes vaincus : car nous perdons l'assistance du pasteur, du pasteur qui ne paît pas les loups, mais les brebis. Alors il te délaisse, il se retire de toi, parce que tu ne lui permets plus de montrer sa vertu. » (Hom. 34 *in Matth.*)

5° Saint Cyprien le Grand, évêque de Carthage et le vieux martyr, dans une lettre à Pomponius, après avoir cité une loi pénale du *Deutéronome*, ajoute la réflexion suivante :

« Le Seigneur a prononcé de sa bouche cet arrêt de mort contre ceux qui refuseraient d'obéir à ses prêtres et à ses juges établis par lui pour un temps, alors que l'on était sous la loi de la circoncision charnelle. Aujourd'hui, que nous sommes sous l'empire d'une circoncision spirituelle, c'est par le glaive spirituel (l'excommunication), que les orgueilleux et les rebelles doivent être retranchés de l'Eglise. »

6° « Nul ne doit être forcé à embrasser la foi, dit saint Thomas, mais seulement engagé. »

7° Bergier, en plein XVIII° siècle, portait le défi suivant à la phalange contre laquelle il défendait, presque seul, la religion catholique.

« Nous défions nos adversaires de citer un seul Père de l'Eglise qui ait *approuvé, conseillé* ou *demandé* la contrainte contre les hérétiques, qui ne donnaient aucun sujet d'inquiétude au gouvernement, ni aucune loi des empereurs, *sollicitée* par le clergé contre des mécréants de cette espèce. » (*Dict.,* art. TOLÉRANCE.)

Nous citerons encore quelques passages des Pères, quand nous examinerons si la puissance civile elle-même a le droit d'agir contre les erreurs en religion *proprio motu*. Le lecteur a dû remarquer que nous allons de plus fort en plus fort.

Quant aux citations de saint Augustin et de quelques autres qu'on peut nous objecter, voici nos réponses :

1° Les membres de l'Eglise, étant des citoyens comme les autres, peuvent évidemment réclamer la protection des gouvernements contre les violences dont ils sont l'objet; et si des hérétiques ou infidèles sont, comme le dit Bergier, turbulents, séditieux, mettant le trouble dans l'ordre public, et nuisant à la liberté du culte, il est clair qu'on ne fera point une exception en leur faveur. Qu'on étudie bien les passages dont il s'agit, on trouvera presque toujours que les sectaires contre lesquels la force publique est invoquée s'étaient mis dans ce cas, et que les textes ne sont, en résultat dernier, que des appels à la protection armée de la liberté de conscience violée ou menacée.

2° Nous n'irons cependant pas jusqu'à renouveler, non plus contre les incrédules, mais contre les croyants qui ont repris leur thèse, chose étrange! pour soutenir le catholicisme, le défi de Bergier. Nous croyons qu'on peut trouver dans la tradition des affirmations réellement contraires à la doctrine que nous exposons.

Mais il arrivera de deux choses l'une. Ou bien l'on trouvera, dans le Père de l'Eglise, les deux opinions, aussi clairement formulées, dans des ouvrages divers et à diverses époques de sa vie; ou bien on nous déterrera un Père de l'Eglise si violent par caractère que la douceur évangélique ne l'aura jamais touché.

Dans le premier cas, qui nous paraît être, jusqu'à examen plus approfondi, celui de saint Augustin, le Père lui-même se réfute et neutralise l'objection.

Dans le second cas, nous en appellerons du Père de l'Eglise à Jésus-Christ, aux autres Pères, à la pratique ecclésiastique des premiers siècles, à la théologie et au bon sens.

Il nous reste à invoquer la pratique de l'Eglise, et même quelques définitions de conciles.

1° La pratique de l'Eglise est constamment opposée, durant les premiers siècles, à l'intervention du pouvoir civil en matière de religion, à part quelques luttes violentes entre des hérétiques et des orthodoxes qui ne faisaient, en général, que se défendre, et qui d'ailleurs n'étaient pas l'Eglise.

Voici un fait cité par tous les théologiens les plus sages, et que n'a pas oublié Lacordaire dans ses conférences. Ce fait parle haut; il semble avoir eu lieu tout exprès, pour justifier les termes de notre thèse.

A la fin du IV° siècle, Ithace et Idace, avec quelques autres évêques espagnols, appelèrent sur Priscillien et les priscillianistes les vengeances du gouvernement en les dénonçant à l'empereur Maxime, et furent cause que plusieurs subirent des condamnations juridiques. Priscillien fut le premier hérétique condamné à mourir par la main du bourreau. Or le Pape Sirice, Souverain Pontife dans le même temps, s'éleva contre les évêques dénonciateurs ; saint Ambroise les sépara de sa communion ; saint Martin se repentit toute sa vie d'avoir une seule fois communiqué avec eux. Les ithaciens, c'est ainsi que furent nommés les dénonciateurs, du nom de leur chef, furent condamnés en 389 par les évêques des Gaules, en 390 dans un concile de Milan, et en 401 dans un concile de Turin.

Nous avons cité saint Martin; ce qui se rapporte à sa conduite dans l'affaire des ithaciens est très-remarquable; le voici en quelques mots, d'après l'historien Sulpice Sévère :

« Martin, dit Sulpice Sévère (lib. III *Hist. sacr.*), évêque de Tours, ne cessait d'adresser des réprimandes à Ithace pour qu'il se désistât de sa dénonciation, et de prier Maxime de s'abstenir du sang de ces malheureux ; qu'il était plus que suffisant que ces hérétiques fussent exclus, par le jugement et la sentence épiscopale, de la communion ecclésiastique; que de porter la cause de l'Eglise devant les juges du siècle était *un crime nouveau et inouï*, « *novum esse et inauditum nefas.* »

La remontrance de Martin eut pour effet de faire rougir Ithace de sa conduite, mais ne le convertit pas; il cessa de poursuivre les hérétiques mais chargea un nommé Patrice de le faire à sa place, sur quoi Sulpice Sévère ajoute: «Qu'Ithace, voyant combien il deviendrait odieux parmi les évêques, s'il dénonçait ouvertement, se retira de la poursuite et consomma son crime par la ruse, de sorte que ces hérétiques furent tués ou exilés, *exemple détestable, pessimo exemplo*, quoiqu'ils fussent indignes de la lumière. »

Après la condamnation, Martin, sollicité par l'empereur, eut une faiblesse. « Il promit, dit Sulpice, de communiquer avec les Ithaciens, à condition que les sectateurs de Priscillien seraient épargnés et que les tribuns, envoyés en Espagne pour les poursuivre, seraient rappelés. » Mais cette condescendance n'alla pas très-loin,« car les efforts des évêques ithaciens ne purent extorquer sa signature pour approuver qu'on communiquât avec eux. » Et, ce qui est plus fort, il en eut, dès le lendemain, un profond repentir, tellement qu'un ange lui apparut en songe et lui dit : « Martin, tu as raison d'être affligé de ce que tu as fait. Mais reprends courage, et ne t'expose plus à une pareille faute de peur que ton salut ne soit en péril. » Le fait est ainsi raconté dans le 3ᵉ dialogue *De virtutibus B. Martini*. Il y est ajouté que, depuis cette faute, qu'il pleura toute sa vie, il se sentit toujours moins de vertu pour faire des miracles.

Telle était la délicatesse de conscience de nos pères dans la foi en ce qui touchait la défense évangélique d'avoir recours au bras séculier contre l'hérésie ; car il ne faut pas oublier que les ithaciens n'avaient fait qu'appeler les vengeances de Maxime à l'aide de la vérité religieuse menacée par une propagande hérétique.

L'historien Socrate raconte que Nestorius (vᵉ siècle) fut très-zélé contre les hérétiques avant qu'il le devînt lui-même, et que ce zèle consistait à appeler le bras de l'empereur au secours de la foi. « Donnez-moi, prince, dit-il à Théodose le Jeune, dans son premier sermon prononcé le jour de son ordination, donnez-moi une terre purgée d'hérétiques, et moi, je vous donnerai le ciel; combattez avec moi les hérétiques et je combattrai les Perses avec vous. » Et Socrate observe que, dès ce début, Nestorius fut énergiquement blâmé par les évêques et par les fidèles, sauf quelques-uns qui haïssaient les hérétiques, et que, sa conduite étant devenue conforme à ces paroles, il se rendit odieux par des actes contraires à l'esprit et à la coutume de l'Eglise; sur quoi Bergier ajoute que l'Eglise veut bien souffrir la violence, mais ne veut pas la faire, en sorte que, lors même qu'elle a été obligée d'implorer le secours des princes catholiques pour arrêter les attentats des hérétiques, elle a eu soin, en même temps, d'empêcher qu'ils ne se portassent aux dernières rigueurs et qu'ils n'employassent, pour la vérité, des voies dont ses défenseurs auraient pu rougir. (Socrate, l. vii, ch. 29 et 31.)

2° Dans les actes des conciles on trouve des canons portés contre ceux des fidèles qui dénonceraient aux magistrats les coupables, hérétiques ou autres.

Le concile d'Elvire, dans le iiiᵉ siècle, déclare, dans un de ses décrets, que si un fidèle, s'étant rendu dénonciateur, a fait proscrire ou mettre à mort quelqu'un, il ne recevra pas la communion, même à la fin ; mais que, si la cause est plus légère, il la recevra dans cinq ans.

Un concile de Tolède, tenu en 633, ordonne, à propos des Juifs, que nul ne soit contraint de professer la foi, laquelle doit être embrassée volontairement et d'une manière entièrement libre ; et ce décret a été inséré dans le droit canonique.

Ces décisions prouvent plus qu'il n'est besoin pour la thèse que nous avons posée; mais, disons-le encore, qui prouve plus prouve moins quand il ne prouve pas trop.

Terminons par l'indication de quelques documents de l'histoire ecclésiastique, où l'on trouvera des témoignages en faveur de la liberté de conscience.

Lettre de saint Grégoire Pape, à Virgile, évêque d'Arles et à Théodore, évêque de Marseille.. — Voy. Fleury, *Hist. eccl.*, année 591, liv. xxxv.

Lettre du même à Pierre, évêque de Terracine. — *Opera*, edit. 1675, lib. i, indict. ix, epist. 34.

Lettres du même. — Voy. Sirmond, *Conciles des Gaules*, t. I, p. 411 ; Dupin, p. 106.

Lettres de saint Léon. — Voy. Sirmond, t. I, p. 211.

Lettre 62ᵉ du pape Hormisdas en 519. — Voy. Fleury, *Hist. eccl.*, liv. xxxi.

Conférences ecclésiastiques de Duguet.

Discours sur les six premiers siècles de l'Eglise, par Fleury, n. 4.

Histoire ecclésiast. univers., part. i, tit. 13, c. 1, n. 8 et 11. — Van-Espen.

Discipline de l'Eglise, part. i, liv. ii, n. 14, n 3. — Thomassin.

Lettre du concile de Nicée aux évêques d'Egypte. — Socrate, *Hist.*, liv. i, ch. 9.

Lettre du concile de Constantinople, tenu en 381, aux évêques d'Occident.—Concil., t. II, p. 964.

Lettre de saint Jérôme à Evagre. — Theodoret, *Hist.*, IV, 17.

Tillemont, *Election de saint Basile.* — *Lettre 229ᵉ et 230ᵉ de saint Basile.*

Concile de Nicée, en 787.—Concil., t. VII, p. 36 et 398.

Concile de Riez, en Provence.—Concil., t. VII, p. 439.

Concile de Troyes, en 1107. Dupin, *Concil.* (20).

---

(20) Nous n'avons pas vérifié toutes ces indications; nous les donnons au lecteur comme des moyens d'étudier la question.

Il nous reste à résoudre la grande objection tirée de la marche sanglante du moyen âge, à laquelle l'Eglise dans son personnel prend une large part. Ici nous accordons tout, et nous pleurons sur l'aveuglement de ces temps barbares, dont l'horreur en devrait faire perdre jusqu'au souvenir, si ce n'est à nos ennemis.

Il se fit alors une espèce de mélange, de confusion extérieure entre les deux forces, de sorte que l'Eglise subit la solidarité des tyrannies, des guerres, de tout ce croisement de glaives pour cause de religion. Il y eut des espèces de concessions réciproques des Etats à l'Eglise, de l'Eglise aux Etats, mélangées de réclamations de droits, d'usurpations même, et tout cela fut souvent si confus que ce n'était qu'un immense chaos.

Cependant, si on étudie à fond l'histoire de cette singulière époque, produite par le travail de fusion entre les jeunes nations barbares et les vieilles reliques de la civilisation romaine disloquée, pour enfanter l'Europe moderne, on constatera de deux choses l'une :

Ou bien que la responsabilité des faits d'intolérance contraires à l'esprit évangélique retourne au gouvernement civil, qui agissait de lui-même, en faisant suivre l'excommunication spirituelle de conséquences qu'elle ne devait pas avoir.

Ou bien que certaines autorités ecclésiastiques, certains dignitaires, ont réellement méconnu l'esprit de leur mission, comme les évêques espagnols dont nous avons parlé, et se sont rendus, comme eux, indignes du Maître et de son Eglise, laquelle, prise dans ce que ce Maître l'a faite, n'est point responsable des crimes de ses membres.

Il y a cependant un fait plus grave que tous les autres ; notre impartialité sans mesure ne saurait le passer sous silence ; c'est le fameux canon porté par le quatrième concile de Latran contre les albigeois.

Ce concile fut le douzième œcuménique. Il a son tableau dans la Bibliothèque du Vatican, honneur que ne partagent pas plusieurs autres conciles généraux ; il fut présidé par Innocent III, premier fondateur de l'inquisition. Il s'y trouva deux patriarches, celui de Constantinople et celui de Jérusalem, soixante-onze archevêques, quatre cent seize évêques et plus de huit cents abbés. Le second de Latran, non inscrit au Vatican, tenu sous Innocent II, avait possédé mille évêques présents. Celui dont il s'agit ici fut tenu en 1215.

Voici maintenant la teneur du décret :

Si le chef temporel, requis et averti par l'Eglise, néglige de purger sa terre de l'hérétique infection des albigeois, qu'il soit frappé d'excommunication par le métropolitain et ses comprovinciaux, et s'il néglige de satisfaire dans l'année, qu'il soit dénoncé au Souverain Pontife afin que celui-ci déclare ses vassaux déliés, dès lors, de sa fidélité.

Certes, on ne citera rien de plus fort, rien qui soit de nature à nous embarrasser davantage. Voici nos réponses.

1° Nous ne donnerons pas, comme nôtre, celle de plusieurs critiques gallicans qui contestent, jusqu'à un certain point, l'authenticité du décret en tant que décret du concile œcuménique. Nous la citerons seulement, en faisant observer que ce qui gêne ici les gallicans, n'est pas tant l'intolérance du canon que les déductions qu'en tirent les ultramontains, quant au pouvoir de l'Eglise sur la puissance temporelle.

Ces théologiens prétendent que ce canon fut inconnu pendant deux cents ans comme faisant partie des actes du concile ; que les histoires du temps n'en font aucune mention ; qu'elles ne parlent que de décisions relatives au grand mouvement européen qui se fit alors sous l'influence des assemblées ecclésiastiques et des grands hommes de l'Eglise, dans le but de tenter cette conquête de la terre sainte, à qui Dieu refusa la sanction de la réussite ; que ce canon ne fut point porté par le concile lui-même, mais seulement par Innocent III ; que d'après Matthieu Paris, plusieurs décrets de la même espèce, ayant été lus dans le concile, ne reçurent pas l'approbation de beaucoup de membres ; et qu'enfin, pendant que plusieurs autres décrets portent, dans les actes, la clause : *avec approbation du concile*, celui-là n'y figure qu'au nom du Pape seulement.

2° Pour qui connaît à fond cette époque du moyen âge, il y avait alors un tel mélange des deux autorités, civile et religieuse, elles étaient si souvent et en tant de lieux concentrées dans la même main, que les conciles étaient, plus ou moins directement, assemblées politiques en même temps qu'assemblées religieuses, et, malgré les formules qui sauvegardaient encore, comme par miracle, la distinction, les *actualités* y étaient traitées, par le fait, autant humainement que divinement. Nous ne prétendons pas que ce fut un mal, un tel ordre de choses sauva peut-être la société de ce temps-là ; il produisit au moins des fruits heureux, historiquement incontestables, qui balancent puissamment les inconvénients. Mais le fait est ainsi, et il doit entrer pour beaucoup dans l'appréciation des décrets du genre de celui dont nous nous occupons en ce moment. On peut le considérer comme étant, au fond, plutôt un décret belliqueux, humain, tel que ceux qui regardaient les croisades, que comme une décision du conseil ecclésiastique, malgré le religieux qui teint la formule.

Faisons une hypothèse. Le Pape est armé d'une puissance civile : c'est un reste de l'organisation sociale du moyen âge qui a produit de grands biens, qui a enfanté l'âge moderne, lequel en enfantera un autre qu'on soupçonne à peine, et qui est appelé à ne plus vivre, un jour, que dans l'histoire. Mais le fait est encore ainsi, parce que Dieu le veut ainsi. Or, imaginez qu'un mauvais Pape, comme il y en a eu quelques-uns, porte un décret sanglant, tyrannique, analogue à celui de la révocation de l'édit de Nantes, contre une partie de ses sujets ; ce décret fût-il mélangé d'arrêts d'excommunication, fût-il sous forme de canon ecclésiastique, pas un théologien de jugement ne pensera même à le considérer comme une décision dogmatique du Pape, en tant que Pape, contre la grande vérité de la liberté des cultes qui est en train d'envahir l'univers.

On peut juger à peu près de la même manière le canon du concile de Latran, en tenant compte, en sa faveur, de la différence énorme des mœurs, des idées, des coutumes, du droit reçu des deux époques.

4° Quoi qu'il en soit, voici la réponse péremptoire applicable à tous les cas semblables.

Le canon du concile de Latran n'est point une décision dogmatique : il n'est pas même une loi de discipline ecclésiastique, n'en ayant pas la généralité. Il n'est purement et simplement qu'un décret de circonstance pour un cas spécial. Les albigeois étaient en guerre déclarée, d'une part, avec les Etats chrétiens au point de vue politique, d'autre part, avec l'Eglise, au point de vue religieux puisqu'ils avaient un autre Pape qui envoyait partout des évêques de sa façon ; et le décret ne fut autre chose que l'expression de l'animation belliqueuse qui existait contre eux dans le monde orthodoxe. Qui voudrait y voir une décision dogmatique générale applicable à tous les temps, en exagérerait la portée et se tromperait fort. Le théologien sage n'y verra qu'une décision de fait, nullement la décision d'une question de droit.

Or, sans entrer dans la question de savoir si le concile eut tort ou raison, laquelle n'est pas de notre compétence, et, pour être résolue, demanderait, comme toutes les questions de fait, une connaissance des actualités de cette époque qu'on ne saurait avoir dans la nôtre, nous dirons seulement qu'un décret de discipline émané, pour une circonstance particulière, d'un concile universel, n'a rien qui puisse infirmer, en bonne théologie, une vérité dogmatique fondée sur l'Evangile, sur la pratique générale de l'église durant ses plus beaux siècles, sur ses traditions constantes consignées dans les œuvres des Pères, sur le témoignage des plus grands hommes de la société catholique. C'est un cas particulier, un simple fait de conduite pratique, qu'on pourrait peut-être juger comme ceux de Moïse dont nous avons parlé, enfin une de ces bizarreries qui se rencontrent si souvent dans le dédale des événements de ce monde, et dont les résultats peuvent, providentiellement et exceptionnellement, être favorables à la société, tout contraires qu'ils soient à la théorie, laquelle est invariable dans son éternelle vérité.

Toutes les autres objections, comme celle de la condamnation de Jean Hus et de Jérôme de Prague par le concile de Constance, et leur atroce exécution par le bras séculier auquel le concile les avaient livrés, trouvent leur réponse dans celle que nous venons de faire à la plus grave qui puisse nous être opposée.

Il en est une autre que l'on peut tirer de la bulle *Unam sanctam* de Boniface VIII, dont nous avons parlé, et de toutes les bulles rédigées dans le même esprit : il est dit positivement, dans cette décrétale, que « le glaive matériel doit être tiré pour l'Eglise, et que c'est à l'Eglise de régler à ceux qui le portent, l'usage qu'ils en doivent faire. »

S'il était possible de comprendre que le glaive matériel doit être tiré pour l'Eglise, c'est-à-dire pour la liberté générale de conscience, laquelle renferme celle de l'Eglise catholique en particulier, et que l'Eglise n'a que le droit de direction sur son usage, par les définitions qu'elle donne sur les cas de conscience, l'objection serait nulle ; mais malheureusement il n'en est pas ainsi, à notre jugement, la pièce entière et l'esprit de l'époque ne nous laissant pas de doute sur la pensée intolérante de Boniface à l'égard de tout ce qui n'est pas l'Eglise catholique, aussi bien que sur le droit de juridiction direct, comme nous l'avons expliqué plus haut. D'un autre côté, la réponse que nous venons de faire à l'objection tirée des conciles n'est pas applicable à celle-ci, vu qu'il ne s'agit nullement d'un décret de circonstance et disciplinaire, mais bien d'une définition dogmatique générale et absolue. Nous ne trouvons donc d'issue possible qu'en déclinant, comme nous l'avons déjà fait, la valeur intrinsèque de la bulle elle-même, et lui refusant toute autorité démonstrative en théologie, ce qu'ont déjà fait, depuis des siècles, beaucoup des plus savants organes de la doctrine chrétienne.

Au reste, quelles réflexions n'inspirent pas au moraliste tant de faits de l'espèce de ceux dont nous venons de parler sur les inconvénients, les difficultés, les complications, les confusions qu'entraîne la réunion des deux puissances dans une seule main, ou même leur mariage trop intime!

Nous venons de préciser les limites de l'autorité religieuse instituée par le Christ, relativement à la liberté de la conscience dans ses actes extérieurs.

Il nous reste à préciser celle des droits de la société temporelle, en tant que société temporelle, sur le même sujet.

Nous y arriverons en procédant par gradation, comme nous l'avons fait jusqu'ici.

CHAPITRE III.
Liberté de la conscience devant la puissance civile.

La conscience est-elle libre devant la puissance civile ?

Pour répondre, il nous faut encore faire plusieurs distinctions.

Question Ire.—La conscience est-elle libre devant la puissance civile, hiérarchiquement et visiblement constituée, en ce sens que cette puissance ne puisse exercer sur elle assez de pression pour lui ôter la liberté de faire mal?

Il est évident qu'il en est de la société temporelle comme de la société spirituelle, sur la question de la liberté de conscience ainsi posée.

L'une et l'autre se brisent également contre la volonté de l'individu. Celle-ci tient de Dieu son libre arbitre, et nulle créature n'est assez forte pour le paralyser. Une compression matérielle peut lui arracher des actes, ou l'empêcher d'en consommer ; mais nulle compression ne lui arrachera le *je veux* ou *je ne veux pas* intérieur ; elle est chez elle, sous ce rapport, indépendante, au sens absolu, excepté de Dieu, sauf la condition du bien ou du mal.

Question II. — La conscience est-elle libre devant la puissance civile, en ce sens que cette puissance ne puisse modifier la loi morale, dont l'accomplissement est, pour la conscience, un devoir et un droit?

Nous avons déjà constaté que cette loi morale est tellement immuable et éternelle, que ni la puissance religieuse, ni la conscience, ni Dieu lui-même, ne peuvent la changer.

Il serait donc bien absurde de prétendre que la puissance temporelle en a le droit. Pour le dire sans trop d'inconséquence, il faudrait commencer par poser en principe, avec Hobbes et Helvétius, qu'il n'y a pas de loi morale éternelle, que ce sont les gouvernements qui l'ont inventée et l'inventent sans cesse ; système le plus athée, le plus dégradant et le plus dénué de raison qui ait jamais été conçu par un cerveau d'homme.

Néanmoins, de même que nous avons reconnu en Dieu, dans la conscience et dans la puissance religieuse, la possibilité et le droit d'ajouter à la loi morale des règlements positifs, non essentiels en soi, mais propres à régulariser l'observation de la loi morale ; de même nous reconnaissons dans la puissance civile le droit d'imposer à ses membres des règlements de cette espèce dans la sphère de ses attributions, et, par conséquent, relatifs à l'ordre temporel de la société.

Ce droit est implicitement enseigné par cette parole du Christ : *Rendez à César ce qui est de César* ; et par le passage de saint Paul déjà cité, où il est dit que le chef temporel est *ministre pour le bien*, et qu'on doit lui obéir, non-seulement *par crainte du glaive*, mais encore *par conscience*.

Il y a plus, la raison seule suffit pour le découvrir avec évidence.

Une puissance temporelle ne peut exister que de deux manières, ou venant de Dieu immédiatement, c'est-à-dire imposée directement aux hommes par une révélation spéciale qui leur dirait : Je vous donne ce chef ou cette assemblée, qui se perpétuera de telle ou telle façon, pour vous gouverner, et j'exige que vous obéissiez à ses lois dans tout ce qui ne dépassera pas les limites de son droit — ces limites vont être déterminées un peu plus loin — ou venant de Dieu médiatement par l'élection, exprimée ou sous-entendue, de la société à qui Dieu dit: Gouvernez-vous comme vous l'entendrez ; et qui dit à son tour, soit à un seul mandataire, soit à plusieurs, soit à la majorité d'elle-même : Faites des lois, nous les observerons.

Or, dans la première hypothèse, qui n'a probablement jamais eu son application qu'à l'égard de Moïse, au temps de la sortie d'Égypte et de la vie nomade des Hébreux dans le désert, il est évident que les règlements de l'autorité, ainsi établie de Dieu, obligent en conscience tant qu'ils n'outrepassent point les bornes de la mission dont cette autorité est investie.

Dans la seconde, qui est la seule conforme à ce qui se passe dans l'ordre temporel de tous les peuples, le devoir de soumission, pour chaque individu, aux règlements civils, est une déduction de son propre droit.

L'individu pourrait s'imposer ces règles à lui-même en particulier puisqu'on suppose qu'elles ne dépassent pas leurs limites, lesquelles sont renfermées dans celles des droits de la conscience en fait de vœux et de contrats, comme nous allons le dire.

Or, toute association suppose, pour convention radicale, que la minorité se soumettra à la majorité, convention qui n'outrepasse pas les droits de la conscience de chacun, puisqu'il est sous-entendu, de droit nécessaire, que cette obligation de se soumettre n'ira pas au delà des limites de ce que peut s'imposer la conscience elle-même.

C'est d'ailleurs la majorité, par hypothèse, qui fait les règlements ; elle les fait ou par soi directement, ou par plusieurs mandataires, ou par un seul.

Donc il y aurait contradiction et manque à une promesse licite et valide dans les membres de la minorité, aussi bien que dans ceux de la majorité, s'ils n'obéissaient pas aux règlements portés, puisque ces règlements ne sont qu'une émanation indirecte du droit de la minorité comme ils sont une émanation directe du droit de la majorité.

Il est donc vrai que la conscience individuelle est tenue d'obéir aux règlements de la société civile qui ne dépassent pas les limites du droit civil.

Quelles sont maintenant ces limites?

Le droit civil ne peut d'abord engendrer que des règlements relatifs à l'ordre extérieur et visible de la société, puisque c'est à cet ordre que se borne son essence ; or, dans cet ordre extérieur et visible, voici les limites qu'il ne saurait franchir.

1° Il a pour borne infranchissable la loi morale éternelle, comme la conscience, comme la puissance religieuse, comme Dieu lui-même ; et, par conséquent, tout ce qu'il produirait contre cette loi morale serait illicite, invalide, nul de plein droit.

2° Il a pour borne le droit naturel humain connu par la raison ou par la révélation, ou par l'une et l'autre à la fois, comme la conscience, comme la puissance religieuse, et nous n'ajoutons pas comme Dieu, vu les nombreuses distinctions que ce mot exigerait pour être compris.

3° Il a pour borne le droit positif surajouté au droit naturel par le Christ, lequel est un droit divin comme les deux précédents quant à son origine, et est, de plus, surnaturellement révélé. Cette limite lui est commune avec la conscience et la puissance religieuse; mais Dieu ne la connaît pas.

4° Enfin, il a pour borne à respecter, le droit ecclésiastique, c'est-à-dire les lois positives portées par la puissance religieuse en vertu du pouvoir qu'elle tient du Christ et que nous lui avons reconnu. Il garde cette limite avec la conscience seulement, car l'autorité religieuse peut défaire ce qu'elle a fait.

Il suit de là qu'en vertu du principe, *il n'y a de droit ni contre le droit ni contre le devoir*, la conscience, loin de devoir obéissance aux lois de la société civile, à laquelle elle appartient, dans le cas où ces lois contrecarrent la loi morale éternelle, le droit naturel humain, le droit divin révélé ou le droit ecclésiastique, elle est tenue à refuser cette obéissance.

La raison de cette doctrine est évidente; car le droit civil n'étant, comme nous venons de le dire, qu'une expression sociale du droit de chaque conscience en particulier sur l'ordre temporel, il ne peut que ce à quoi chaque conscience a droit de s'engager par la promesse. Et comme chaque conscience n'a aucun droit sur les quatre espèces de lois que nous venons d'énumérer, le droit civil ne peut rien, non plus, contre ces lois.

Il en serait encore de même dans l'hypothèse, qui n'a jamais lieu, où Dieu établirait directement, par révélation, le gouvernement; car alors Dieu ne lui donnerait jamais le droit de contrecarrer la loi éternelle, le droit naturel humain, ses propres lois positives ni celles de son Eglise; il y aurait impossibilité pour les deux premières espèces; et, pour les deux autres, contradiction avec ses propres actes, à moins qu'il ne révoquât sa première révélation et les droits donnés à son Eglise.

L'étendue du droit civil est donc la même dans toutes les suppositions. La seule différence consisterait en ce que le gouvernement établi immédiatement de Dieu, s'il existait, ne serait révocable que par Dieu lui-même, en supposant que Dieu l'eût établi à perpétuité; tandis que le gouvernement de la seconde hypothèse, le seul pratiqué en ce monde, est essentiellement et perpétuellement révocable par la société, laquelle ne peut jamais engager validement son avenir, une conscience ne pouvant promettre pour une autre, ni même pour soi dans son existence future, d'une manière *complétement absolue*.

Telles sont les limites du droit civil. Le pouvoir peut les outrepasser violemment; mais alors il n'est plus qu'une tyrannie à laquelle toute âme est tenue de résister au prix de son corps.

Ainsi l'ont compris tous les grands hommes de la chrétienté, et l'ont-ils exprimé, avec plus ou moins d'énergie, selon les circonstances et la valeur de leur caractère. Voici en quels termes le faisait Ambroise, en qualité d'évêque de Milan, lorsque Valentinien le Jeune voulait le forcer à céder son église aux ariens : « Prince, les Chrétiens souhaitent la paix, mais leur confiance à défendre la foi et la vérité n'est point ébranlée par le péril de la mort..... Les palais appartiennent à l'empereur, mais les églises appartiennent au prêtre; vous avez droit sur les murailles publiques, non point sur les murailles sacrées... Ce qui est divin n'est point soumis à votre puissance. Si vous voulez mon patrimoine, prenez-le; si vous voulez mon corps, prenez-le; voulez-vous m'ôter la liberté ou me faire mourir, cela ne me fera point de peine... Mais pour l'église de Milan, je ne puis consentir qu'elle soit livrée aux ennemis de la divinité du Sauveur. » (Lib. v, epist. 33, *Ad Marcellin.*)

Holden, si connu pour sa rigueur théologique, pose hardiment, après étude approfondie des auteurs ecclésiastiques, des livres saints, des définitions des conciles et de toutes les sources de certitude pour un catholique, le principe suivant, qui, non-seulement donne le droit de résistance passive, mais encore celui de résistance active dans le cas où cette résistance est possible : « Ce qui a été dit jusqu'alors du refus d'obéissance peut s'appliquer à la résistance; car, par la même raison et par le même droit que les sujets sont délivrés et déliés de l'obéissance à celui qui commande, il leur sera permis de s'opposer au même commandement, et de l'attaquer. En effet, quand l'empereur outrepasse les limites et bornes connues de son pouvoir, et veut faire violence aux sujets, les forcer et les contraindre à des choses impies et injustes, opposées aux lois divines, aux lois naturelles et même aux lois humaines, il est manifeste, d'après ce qui a été dit, qu'il est permis, dans ce cas, aux sujets, par le droit de nature, de se mettre en garde et de se défendre en la manière qu'il leur sera possible; bien plus, que ce sera peut-être quelquefois pour eux une obligation. » (*De resolutione fidei*, lib. II, cap. 9.)

Et quand le même théologien se pose la question : Quel sera le juge, entre le chef et les sujets, de la tyrannie de l'un, de la juste révolte des autres, il répond simplement que rien n'est si facile à résoudre, d'après les prémisses qu'il a posées, que « le juge sera la raison commune et le bon sens de ceux qui ont l'âme libre de l'esprit de parti, ou de ceux qui ne sont point intéressés dans l'affaire. » (*Ibid.*, paulo infra.)

On demandera peut-être ici comment s'arrangeront, pour sauvegarder leurs droits respectifs, la puissance religieuse et la puissance civile sur les questions mixtes, c'est-à-dire dans lesquelles il est impossible de détacher le temporel du spirituel ;

Il faudrait, pour répondre, un traité spécial sur ces questions, et en particulier sur celle du mariage, la plus mixte de toutes. Nous dirons seulement que le droit divin et le droit ecclésiastique sont inviolables pour la puissance civile; que le devoir de celle-ci est de s'y prendre de manière à ce que ses membres ne soient jamais dans la nécessité matérielle de les violer; que c'est ce qui aura lieu s'il y a véritablement, dans la mesure complète, liberté des cultes ; et enfin que, si la loi civile se renferme dans son droit réel, les questions les plus mixtes cesseront de l'être. (*Voy.* Mariage.)

Question III. — La conscience est-elle libre devant l'autorité civile, en ce sens que cette autorité ne puisse rien contre le droit et le devoir, que nous avons reconnus dans la conscience, de conformer sa conduite à ses certitudes morales vraies ou erronées ?

La réponse est facile. Agir selon sa foi, *ex fide*, comme disent saint Paul et l'Ecclésiastique, est un devoir moral contenu dans la loi morale éternelle. Aucune puissance, même celle de Dieu, ne peut faire qu'il y ait crime à se mettre en harmonie avec sa croyance sincère, obtenue par la certitude métaphysique ou par la certitude morale, et qu'il n'y ait pas crime à se mettre en antithèse avec cette croyance. Donc la puissance civile, qui est assurément la dernière de toutes les puissances, ne peut rien contre ce principe, ni contre l'application de ce principe.

Il est inutile de faire observer qu'il ne s'agit ici que de la conduite intérieure de la conscience ; nous allons parler, dans une autre question, des actes extérieurs.

Question IV. — La conscience est-elle libre devant la puissance civile, en ce sens qu'elle ait le droit de rester ou d'entrer dans la société civile qu'elle préférera, ou de n'appartenir à aucune?

Il n'en est pas des sociétés civiles comme des sociétés religieuses. Parmi ces dernières il n'y en a qu'une qui puisse être réellement la vraie, quand elles se nient réciproquement ; et la vraie est la société catholique fondée par Jésus-Christ. Parmi les sociétés civiles, au contraire, toutes peuvent être bonnes en même temps. On ne voit donc aucune raison pour refuser à la conscience de chacun la liberté de se faire enrôler dans celle qu'elle préférera et qui voudra bien l'accepter. Cette liberté est un droit naturel, analogue à celui d'habiter le lieu du monde qui lui plaira le mieux : c'est dans ce sens, ainsi que dans bien d'autres, que Dieu a donné la terre aux enfants des hommes ; et c'est dans ce sens aussi que saint Paul engageait, comme nous l'avons vu, les Corinthiens à s'organiser en société distincte au sein de la grande société romaine. (*I Cor.* vi, 1 et seq.)

Chacun peut donc, en toute sûreté de conscience, quitter la cité dont il a fait partie jusqu'alors, entrer dans une autre qui a ses sympathies, ou même, à l'imitation des Paul du désert, s'y prendre de façon à n'appartenir, pas plus que les morts, à aucun des états de ce monde.

Heureux les siècles où on put le faire assez facilement ! Heureux les braves qui eurent le courage de dire l'éternel adieu aux joies de la vie sociale, et, en même temps, aux dangers et aux peines dont elle est hérissée ! Heureux les sages qui comprirent que la liberté, des animaux sauvages, avec ses privations, vaut mieux, individuellement, que l'esclavage des animaux domestiques, avec son abondance !

Question V. — La conscience est-elle libre devant la puissance civile, en ce sens, qu'appartenant, de fait, librement et volontairement, à une société civile, elle puisse, sans pécher, ne tenir aucun compte des lois positives de cette société ?

Pour répondre, il suffit de tirer la conséquence du principe que nous avons posé sur le droit qu'a la société civile de faire des règlements d'ordre temporel, de police par exemple, non contraires aux divers droits inviolables antérieurs aux siens. Si c'est en elle un droit, c'est un devoir pour ses membres de les observer par conscience, comme l'a dit saint Paul.

C'est d'ailleurs une déduction logique de la nature même de la société civile. Puisque vous en êtes membre librement et volontairement, ce serait vous mettre en contradiction avec vous-même que de refuser de vous soumettre à sa législation. Vous vous êtes, vous-même, imposé le devoir de les observer en vous enrôlant dans cette société, ou en y restant, quand vous pouviez plus ou moins facilement en sortir.

On objectera, sans doute, le cas où un règlement serait contraire à une persuasion métaphysiquement ou moralement certaine. Mais alors il est clair que la conscience n'est pas tenue d'obéir dans son for intérieur ; elle désapprouve et résiste autant qu'il est en elle, ne faisant, en cela, que son devoir devant elle-même et devant Dieu, ainsi que nous l'avons expliqué dans le premier chapitre, que sa persuasion soit d'ailleurs, en réalité, vraie ou erronée. Pour l'acte extérieur, la force peut le lui arracher malgré elle, sans qu'elle en soit responsable. Nous allons exposer, tout à l'heure, les droits de la société temporelle sous ce rapport.

Question VI. — La conscience est-elle libre, dans ses actes extérieurs, devant la puissance civile, en ce sens qu'elle puisse tout faire, de parole et d'action, sans que cette puissance, dont elle est membre, ne puisse rien faire contre elle au for extérieur ?

Il en est de la société civile comme de la société religieuse ; par cela seul qu'elle existe, elle a ses règlements protecteurs des intérêts matériels de tous les citoyens, des libertés de chacun contre les envahissements d'autrui, et sa mission est de veiller à ce que nul ne les viole en action.

Nous avons reconnu que la société religieuse a, pour sanction extérieure de l'observation de ses lois, l'excommunication spirituelle à tous les degrés. La société civile a, de son côté, l'excommunication matérielle à tous les degrés. Ce sont les peines auxquelles elle condamne les violateurs de ses lois, les perturbateurs du bien public, et qu'elle fait subir au moyen de la force dont elle est armée.

Ce n'est pas ici le lieu d'examiner si cette excommunication peut aller jusqu'à la peine de mort. Il faudrait une thèse spéciale, que nous établirions, en droit utopique, dans le sens négatif. — *Voy.* Sociales.— Ce qu'il nous suffit de constater, c'est le droit qu'a la société politique de sévir contre les coupables, le glaive à la main, au moins pour enfermer, exiler, etc.

Ce droit ne peut lui être contesté pour mille raisons, dont la plus radicale est celle-ci : que chacun des membres de l'association, en le supposant raisonnable, veut que la majorité, par ceux qui la représentent, use du glaive, dont elle est armée, pour veiller à ses propres intérêts et à la conservation de l'association elle-même. Si ce membre était attaqué isolément, au milieu d'un désert, en dehors de toute société, dans ses droits, il pourrait employer sa propre force, ses armes s'il en avait, pour se protéger lui-même ; ce serait le cas de la légitime défense ; or, c'est précisément ce droit de la légitime défense que chaque citoyen confère à la force publique, plus puissante qu'il n'est, en son particulier, pour l'exercer efficacement.

Les constitutions, lois, règlements, sanctionnés de peines plus ou moins graves, ne peuvent avoir d'autre but que cette protection des libertés de chacun.

On objectera encore, sans doute, le cas où l'observation d'une loi serait contraire à une certitude individuelle métaphysique ou morale.

Quant à la certitude métaphysique, aucune loi civile ne peut se trouver en contradiction avec elle sans dépasser les limites du droit civil, puisque cette certitude a nécessairement pour objet une vérité réelle, et qu'aucune loi ne peut, sans être mauvaise, tyrannique, bonne seulement à être violée ou détruite, être contradictoire à une vérité.

Mais quant à la certitude morale, laquelle peut être erronée individuellement, la loi civile ne saurait en tenir compte, sauf cependant l'appréciation des juges dans l'application de la peine ; elle doit sévir contre ceux qui la violent extérieurement et volontairement, qu'ils agissent conformément ou contrairement à leur conscience. Il est vrai que, dans le premier cas, elle en fait des martyrs dont le mérite est réel devant Dieu ; mais cet inconvénient est, pour elle, inévitable, comme l'inconvénient analogue qui peut résulter de l'excommunication spirituelle de la société religieuse.

Supposons, par exemple, qu'un homme, une espèce de fou, ait la conscience tournée de telle sorte qu'il croie sincèrement bien agir en punissant par ses propres mains, les voleurs, les corrupteurs, les calomniateurs, etc., et les tue net lorsqu'il les rencontre sur son passage, comme autrefois Hercule tuait les monstres ; il est évident que l'autorité civile devra l'enfermer comme un perturbateur de l'ordre public, comme un être dangereux, comme on enferme un animal enragé, sans s'occuper de savoir si sa conscience est pure ou non devant Dieu et devant elle-même.

Il y a de ces inconvénients inévitables dans toute organisation humaine.

Question VII. — La conscience est-elle libre, dans ses actes extérieurs, devant la puissance civile, en ce sens que celle-ci ne puisse forcer aucun individu, par la menace des peines matérielles de son ressort, soit à entrer dans une société religieuse plutôt que dans une autre, soit à professer extérieurement un symbole religieux plutôt qu'un autre, soit à observer les lois positives d'une société religieuse plutôt que celles d'une autre ; ou, au moins, ne puisse empêcher aucun individu de s'occuper, sur son territoire, d'une propagande religieuse quelconque, par exemple d'une propagande contraire à la foi de la majorité ou de l'universalité de ses membres.

Nous avons résolu cette question par rapport à la puissance religieuse, et nous l'avons résolue affirmativement, nous fondant sur ce que Jésus-Christ a refusé à son Eglise tout droit d'user de la force pour étendre son règne.

Mais, dira-t-on, la question change. Si la société religieuse, en tant que société religieuse, n'a pas le pouvoir du glaive, la société civile, en tant que société civile, en est armée ; c'est à sa force, à elle, son moyen de protection d'elle-même et de ses membres. Pourquoi donc n'aurait-elle pas droit d'user de ses armes pour protéger sa foi religieuse, en mettant au moins à ses portes une garde armée qui dise : *On ne passe pas,* à quiconque viendra prêcher des doctrines contraires à sa foi. Ce peut être d'ailleurs, pour elle, une sage mesure de sûreté publique et de conservation d'elle-même, de sorte que, sous ce rapport, ne sortira point, en agissant ainsi, des limites de sa mission directe.

L'objection, comme on le voit, n'est pas sans gravité ; elle vaut la peine qu'on s'en occupe. C'est ce que nous allons faire en terminant ce travail.

A l'encontre de tous ceux qui n'osent, de compagnie avec J.-J. Rousseau, refuser à une société temporelle le droit d'adopter une religion d'Etat, à l'exclusion de toute autre, et de la protéger, en arrêtant toute propagande contraire par la force des armes, nous oserons établir la proposition suivante :

« La puissance temporelle n'a pas le droit, même par mesure d'ordre public, d'arrêter une propagande religieuse, ou de persécuter un culte pour en protéger un autre ; c'est, au contraire, pour elle un devoir rigoureux, absolu, inviolable, d'accorder et de garantir à tous les cultes la même liberté et de ne s'immiscer dans les affaires d'aucun, dût-elle, à ce régime, perdre la vie.

Pour établir cette proposition d'une manière solide, il nous faut remonter à la nature même de la puissance civile, et distinguer clairement, avec détail, ce qu'elle peut de ce qu'elle ne peut pas.

Nous invoquerons ensuite l'Ecriture et la tradition catholique.

I. Une association d'hommes formant corps de nation, devenue cité, a-t-elle le droit de décréter par elle-même, ou par ses mandataires, qu'il n'y en ait qu'un ou qu'il y en ait plusieurs, peu importe, la vérité humaine naturelle, philosophique, scientifique, artistique?

Cette question ne soutient pas l'examen. Le chef ou les chefs politiques qui se proposeraient de décréter, par exemple, qu'il y a ou qu'il n'y a pas de Dieu, que c'est le firmament qui tourne autour de la terre, ou seulement la terre qui tourne sur elle-même en vingt-quatre heures ; que le beau architectural consiste dans les combinaisons de la ligne droite, ou dans celles de la ligne courbe, ou dans celles des deux à la fois, seraient regardés comme fous, et n'obtiendraient d'autre succès que celui de provoquer un grand éclat de rire, du pôle arctique au pôle antarctique, de la part de tous les hommes de bon sens. La vérité ne se décrète pas au moyen d'une loi ou d'un vote d'assemblée, cette assemblée fût-elle une académie : chacun la cherche, la trouve ou ne la trouve pas, et, quand il expose ce qu'il a trouvé, les auditeurs ou les lecteurs conçoivent ou ne conçoivent pas les preuves qu'il en apporte. Celui qui l'a découverte a pour juges les siècles, et le rayon qu'il projette se répand plus ou moins vite dans les esprits, selon que les esprits ont l'organe visuel plus ou moins sensible à son éclat. Le règne de la vérité philosophique, scientifique, artistique, se fonde par une infiltration sourde d'âme en âme, et la force des décrets et des lances n'y est pour rien, parce que cette force n'a aucun point de contact avec l'intelligence.

Aussi ne trouvons-nous, dans l'histoire du passé, aucune nation qui ait seulement eu l'idée d'attribuer de pareils droits à son gouvernement. La vérité philosophique fut toujours laissée aux recherches des philosophes, les secrets de la science aux recherches des savants, et le beau des arts au travail des artistes.

Donc, *vérité humaine*, premier terrain à éliminer du domaine de l'autorité civile.

II. En est-il de même de la vérité religieuse? D'abord il est évident que, si on la considère dans son point de vue humain philosophique, scientifique, artistique, il n'en peut être autrement. Elle est, ainsi considérée, une seule et même chose avec la philosophie, la science et l'art.

Mais on peut la considérer dans sa révélation surnaturelle, et, à ce point de vue, est-elle du ressort de la puissance civile? Cette puissance en est-elle juge?

Quoiqu'elle ne l'ait pas toujours laissée aussi tranquille que la science, il est vrai de dire qu'elle n'a aucune mission pour la décréter. Il y a d'abord la même raison à en donner que pour la science; et, de plus, il y a celle-ci, que doit admettre tout catholique, sous peine de cesser de l'être : Jésus-Christ a fondé une autorité religieuse déclarative de la vérité religieuse, c'est-à-dire ayant mission de conserver et d'interpréter la parole révélée transmise par l'Ecriture et la tradition. Cette société relève immédiatement du Christ, tient son droit de lui seul, ne dépend que de lui, est enfin le seul juge de la religion révélée; si donc la puissance civile, quelle qu'elle fût, s'arrogeait le droit de juger la vérité religieuse, elle se rendrait simplement coupable d'usurpation des droits dont l'Eglise tient exclusivement le monopole de la main de Dieu même. C'est ainsi que l'a compris toute la tradition catholique, qui n'a jamais cessé de réclamer, par ses grands hommes, le libre exercice de ce divin privilège contre les prétentions des puissances de la terre, ainsi que le faisait saint Ambroise, devant l'empereur Valentinien, par ces paroles : « Pour peu qu'on parcoure l'Ecriture et les anciens monuments de l'histoire, qui doutera que c'est aux évêques à juger de la foi des empereurs et non pas aux empereurs à juger de la foi des évêques? » (Epist. 21, al. 32.)

Donc, *Vérité religieuse*, second terrain à éliminer, par une double raison, du domaine de la puissance civile.

III. Mais on peut considérer la religion dans ses formes extérieures et visibles, dans le culte qui se professe et se pratique par des actes publics se rattachant à l'ordre social.

En est-il de même sous ce rapport?

Si Jésus-Christ n'avait pas établi et organisé son Eglise en lui léguant le monopole du gouvernement des âmes, en fait de déclaration publique du symbole à croire et de la législation du culte extérieur, on concevrait *peut-être* qu'une association humaine eût le droit de faire entrer, dans son code, des mesures relatives aux pratiques religieuses, pût adopter, comme signes telle ou telle profession de foi, telle ou telle législation spirituelle mélangée de règlements d'ordre temporel, et ne sortît pas de sa logique en déclarant que cette partie de sa constitution sera protégée, comme le reste, par la force. Cette pensée, que nous ne voulons pas approfondir, et que nous laissons aujourd'hui sous le coup d'un *peut-être*, a, du moins, paru naturelle aux sociétés humaines fondées en dehors du christianisme. On n'en trouve pas une seule dans l'antiquité, et, depuis Jésus-Christ, chez les nations infidèles, où ce mélange ne se rencontre, à un degré plus ou moins élevé.

C'est chez les peuples chrétiens seulement qu'a germé et fructifié l'idée de la division des deux puissances et de la liberté des cultes, conséquence de cette division. Aussi n'est-il pas surprenant que presque tous les grands hommes antichrétiens se soient acharnés à les confondre et n'aient guère compris la religion que comme religion d'Etat. On peut dire que tous les incroyants ont suivi, sur cette question, les Spinosa, les Hobbes et les Helvétius.

Rousseau, la seule âme, à notre sens, qu'ait produite le siècle incrédule ; Rousseau qui aura l'éternelle gloire d'avoir trouvé, le seul de son camp, des larmes d'admiration vraie dans son cœur, à la lecture des Evangiles ; Rousseau qui produisit, le premier, des pages immortelles d'enthousiasme humain sur les vertus du Christ, pendant que les autres lui jetaient des injures dont notre plume frémit quand elle y pense ; Rousseau aussi différent de Voltaire, son ennemi, que la profession de foi du vicaire savoyard est différente du sermon des cinquante ; Rousseau, enfin, le premier jalon jeté de loin à la réaction moderne en faveur de la morale chrétienne et de l'auguste supplicié de la Judée ; Rousseau était le seul homme, dans l'armée de nos adversaires, qui pût bien comprendre la distinction ; mais son siècle fut possédé d'un esprit philosophique tellement païen que, n'étant pas encore assez mysanthrope à l'égard de la société des lettrés, pour être chrétien suffisamment, il écrivit, à sa honte éternelle, le dernier chapitre du Contrat social, où règne le même esprit de confusion païenne entre les deux ordres.

Il faut donc être véritablement catholique, pour pouvoir résoudre la question présente. Nous en faisons l'aveu, quiconque ne prendra, pour base de la solution, l'établissement de l'Eglise par le Christ comme autorité religieuse indépendante de toute autorité sur la terre, courra tous les risques de s'égarer dans l'inconnu aux simples lumières de sa raison.

Mais avec cette base, et un peu de logique pour déduire, il est facile de résoudre le problème.

Puisque la puissance religieuse existe, à elle seule revient le droit de la législation spirituelle tout entière ; et par suite, aucun des objets du culte, dans ce qu'ils ont de religieux, ne saurait être du ressort de la puissance civile. Lors même qu'avant le Christ ils eussent été de son ressort, le Christ les lui aurait tous ravis, en vertu de sa puissance divine, pour les livrer à son Eglise, sans quoi il n'aurait fait que la moitié de son œuvre, ce qui est impossible, et ce qui n'a pas eu lieu. Les empereurs le reconnaissaient eux-mêmes, dans les grandes circonstances, malgré leurs perpétuels efforts pour usurper sur le terrain religieux.

« C'est un crime, » disait Théodose le Jeune à Candidianus, son représentant au concile d'Ephèse, « c'est un crime à ceux qui ne sont pas évêques, de s'ingérer dans les affaires et les délibérations ecclésiastiques. » (*Epist. ad synod. Ephes.*, t. III *Conc.*, p. 441.) « Par rapport à nous, laïques constitués en dignité, disait de même l'empereur Basile, je n'ai autre chose à vous dire, sinon qu'il ne nous est point permis de traiter des matières ecclésiastiques... La discussion et l'examen en appartient de droit aux patriarches, aux évêques et aux prêtres qui ont été chargés du gouvernement de l'Eglise. » (t. VIII, p. 1154). Les Pères ne manquaient pas non plus de le rappeler aux chefs des nations : « Ne vous ingérez pas dans le maniement des affaires ecclésiatiques, disait Osius de Cordoue à l'empereur Constance, et ne vous mêlez pas de nous ordonner quelque chose sur cette matière ; mais apprenez de nous ce qu'il faut que vous en sachiez..... Prenez garde de devenir coupable d'un grand crime en voulant attirer à votre tribunal le jugement des affaires ecclésiastiques. Il est écrit : *Rendez à César ce qui appartient à César, et à Dieu ce qui appartient à Dieu ;* ainsi, comme il ne nous est pas permis de commander à la terre, vous n'avez pas, non plus, la puissance d'offrir l'encens. » (*Apud S. Athanas.*, *Epist. ad Solit.*, t. II, p. 371.) Enfin, nous avons pour garants, nous autres Chrétiens, des droits exclusifs de l'Eglise en fait de profession extérieure et de législation religieuses, l'Evangile tout entier, nos traditions et l'attitude constante de notre Eglise, depuis le jour où elle prit l'essor, après que Jésus ressuscité lui eut dit, à elle, et non pas aux peuples ni aux rois : « Va, instruis, baptise, lie et délie jusqu'à la consommation des âges. »

Donc, *religion dans sa profession et son culte extérieurs*, troisième terrain à éliminer du domaine de la société civile.

Que lui reste-t-il ? Nous allons le dire.

IV. Il y a certaines vérités générales reconnues par tous les peuples, d'une évidence pratique incontestée, et engendrant directement des droits et des devoirs dont le respect et l'accomplissement sont essentiels à l'ordre social extérieur et visible. La société civile trouve ces vérités universelles à l'état de faits tout posés dans l'humanité ; elle les trouve dans chacune des consciences dont l'ensemble forme l'association qui la constitue ; elle les trouve, de plus, comme autant de conditions de vitalité pour elle, comme choses indispensables à son organisme et à sa durée.

Voilà les vérités que, non-seulement elle peut, mais qu'elle doit protéger ; elle doit les proclamer, comme le faisait Platon dans les préambules de ses lois, et en exiger l'application pratique de chacun de ses membres, sous la sanction d'un code pénal ; c'est le droit de réprimande, d'avertissement, et de légitime défense d'Abel contre Caïn, qui se généralise alors sous forme de loi.

C'est ainsi que le larcin, la fraude, l'assassinat, le viol, la calomnie, le duel, l'adultère, toutes les oppressions, en un mot, du droit d'autrui, doivent être empêchées, autant que possible, par la force publique, et rendus passibles, par précaution de défense, sinon comme punition de peines proportionnées à la gravité du crime.

Au reste, les actes eux-mêmes ne doivent pas seulement être poursuivis, mais encore la prédication publique et scandaleuse ayant pour but direct de les justifier, et d'y entraîner les hommes.

Mais il faut, en tout état de cause, qu'il y ait acte extérieur, violation par parole, par action ou par écrit, du devoir naturel évident, et que cette violation soit attentatoire au droit d'autrui plus que par tendance, pour que la société civile ait mission d'agir. On pardonne au sentiment théiste de Rousseau, qui lui fit exclure les athées en parole, de son gouvernement, mais on juge la mesure tyrannique, illogique, outre-passant le droit de l'État.

Ainsi donc, *vérités évidentes de morale sociale, reconnues par toutes les religions, et essentielles à la vie de la cité*, dont l'ensemble forme ce qu'on pourrait appeler la *dogmatique sociale*, premier terrain sur lequel la puissance civile a domaine, non pas pour les modifier, non pas même pour les déclarer, mais seulement pour les promulguer officiellement, une fois déclarées par la conscience du genre humain, et pour les faire respecter en les sanctionnant.

V. De la mission imposée à la puissance civile d'exiger le respect pratique de ces principes fondamentaux de l'ordre social, découle celle de décréter une législation positive qui sauvegarde l'accomplissement des devoirs sociaux, le respect des droits et des libertés, non-seulement par des sanctions pénales, mais encore par des mesures générales, auxquelles chacun se soumettra, propres à régulariser les rapports des citoyens quant à la propriété, aux effets du mariage, aux contrats, etc. ; c'est le code civil, qui doit être en conformité parfaite avec les principes premiers dont nous avons parlé.

De la même mission découle celle de décréter les mesures nécessaires à la conservation de la vie et de l'honneur de la société elle-même dans sa généralité, en ce qui est des dangers qui peuvent la menacer.

Ainsi, *lois positives propres à régulariser le respect pratique des premières vérités de la morale naturelle, particulière et générale*, dont l'ensemble formera ce qu'on peut appeler la *discipline sociale*, second terrain sur lequel la puissance civile a domaine, non pas pour en faire de contraires à la vérité, mais pour en faire de conformes à la vérité, terrain qui n'est qu'un prolongement du précédent, et qui est celui sur lequel se déploie le pouvoir législatif, vu qu'on peut concevoir dans cet ordre, et dans cet ordre seul, plusieurs modes de réglementation sur le même objet, tous conformes à la loi morale, quoique divers, et, par conséquent, un droit de choix entre eux dans la volonté générale de la cité.

Mais, cela fait, reste-t-il autre chose à faire à la puissance civile ?

Nous avons beau chercher nous ne trouvons rien, et, par le fait, il n'y a plus rien.

La vérité philosophique, scientifique, et artistique, la vérité religieuse, en tant que naturelle et en tant que révélée, sont en dehors de sa mission, nous l'avons constaté. Or, ces deux ordres de vérités renferment tout, de sorte que, si nous n'avions pas fait la restriction des premières certitudes de la morale humaine communes à toutes les religions, les droits de la société civile eussent été réduits à zéro. Nous avons fait cette restriction, parce qu'il fallait la faire sous peine d'anéantir tout ordre politique humain et de rendre impossible toute législation civile, en lui ravissant toute base, tout fondement naturel.

Refuser cette assise radicale au droit civil serait nier la société civile en tant que légitime, serait absorber cette société dans la société surnaturelle, serait dire, par exemple, qu'avant le Christ et en dehors du christianisme, il ne s'est rien fait de valide, en ce qui est de l'organisation des cités, serait enfin tomber dans l'exagération la plus outrée de l'ultramontanisme, consistant à ne reconnaître, au monde, de puissance légale, que celle de l'Église.

Mais, d'un autre côté, c'est la seule restriction qu'on puisse faire en faveur de la société civile ; car si on étend plus loin ses attributions, on se trouve logiquement forcé de tout absorber dans la puissance civile, philosophie, science, art, et religion, ce qui est tomber dans l'exagération opposée du système de Hobbes, système aussi antirationnel qu'antichrétien.

VI. Ces notions admises sur la nature et le droit de la puissance civile, il nous sera facile d'établir notre proposition.

Il s'agit de savoir, si une société humaine peut proscrire un prosélytisme religieux.

Observons d'abord que, d'après ce qui vient d'être établi, il ne s'agit pas d'un prosélytisme d'immoralité contraire aux vérités de droit naturel, reconnues par le genre humain tout entier, et dont la violation mènerait à la désorganisation de l'univers social. Un tel prosélytisme peut et doit être proscrit.

Il ne s'agit que des divers cultes dans ce qu'ils ont de spécial, dans les déductions qui les différencient, et dont un seulement, lorsque ces déductions sont véritablement contradictoires, peut posséder celles qui sont réellement logiques.

Nous venons de reconnaître, comme vérité de raison et de catholicisme, que la société civile n'est pas juge de ces déductions, de ces différences.

Donc elle ne peut proscrire un culte pour en protéger un autre, proscrire le prosélytisme de l'un pour favoriser l'extension d'un autre.

La conséquence est rigoureuse ; sortez, en effet, si vous le pouvez, du dilemme suivant :

Ou elle s'attribuera le droit de *faire* la vérité religieuse, de la construire ; ou elle s'attribuera celui de la *déclarer*, de prononcer entre ce qui est erreur et ce qui est vérité en religion ; ou elle déclinera toute compétence sur cette matière.

Si elle s'attribue le premier droit, elle est athée dans toute la force du mot ; elle nie l'absolu, l'éternel ; elle se fait Dieu, plus que Dieu, car Dieu ne fait pas la vérité, ne se faisant pas lui-même ; elle tombe dans la plus manifeste des contradictions, dans la plus profonde des absurdités, et, en même temps, elle se coupe la gorge en donnant à chacun de ses membres le droit qu'elle s'attribue.

Si elle s'adjuge celui de déclarer la vérité religieuse, elle est logique dans sa conduite, en protégeant le culte qu'elle déclare être la vérité, et en persécutant tous les autres. Mais la revendication par elle d'un pareil droit est, devant la théologie catholique, une usurpation et une tyrannie ; nous l'avons reconnu. On prouverait qu'il en est de même devant la raison.

Si enfin elle se déclare incompétente sur le prononcé du jugement, elle sera logiquement obligée de ne proscrire aucun culte, pour ne pas s'exposer à proscrire le bon ; elle sera obligée, au contraire, de garantir à tous la même liberté, et d'assister, comme une puissance neutre, à leurs luttes pacifiques sur le terrain de l'argumentation et des bonnes œuvres, certaine, d'ailleurs, que la vraie religion triomphera toujours, étant libre de ses mouvements sur l'arène aussi bien que ses rivales.

Votre dilemme, nous dira-t-on, n'est pas logique ; il néglige une hypothèse ; celle où la puissance religieuse, établie par le Christ, est là, parlant haut, et décidant ce qui est l'erreur, ce qui est la vérité ; par conséquent, ce qui est à protéger, ce qui est à proscrire.

Nous répondons que notre dilemme est logique, et que c'est l'objection qui ne l'est pas.

L'hypothèse qu'on veut intercaler suppose la question relativement à la puissance civile, en tant que puissance civile. Celle-ci, par son essence même, n'a aucun droit de décider quelle Eglise est la véritable ; elle ne peut donc savoir à laquelle s'adresser, laquelle écouter, pour persécuter avec connaissance de cause. Dire qu'elle s'adressera à une en particulier, c'est lui supposer une compétence de choix qu'elle n'a pas. Dire qu'elle s'adressera à toutes, c'est la lancer dans l'absurde et le contradictoire. Dire enfin qu'elle fermera les yeux sur toutes pour n'en protéger aucune, ou, ce qui revient au même, qu'elle ouvrira les yeux sur toutes pour les protéger toutes également, est le seul parti qu'il reste à prendre.

Considérez le monde. Beaucoup de sociétés civiles ont leur religion, leur Eglise particulière ; elles consulteront naturellement la leur, et il s'ensuivra que l'extension de la vérité religieuse sera réduite aux chances des combats de la force brutale, à la merci des gros bataillons. Si la vérité réelle se trouve protégée par quelques Etats, elle sera persécutée par d'autres, et votre principe, en outre qu'il aboutira logiquement à concéder à la puissance civile un droit de juger qu'elle n'a pas, fera germer sans cesse la plus affreuse des anarchies sociales, celle qui a pour aliment les haines de religion.

Ce n'est pas tout. Ce sera, dites-vous, l'Eglise véritable, l'autorité compétente qui désignera ce qui est à proscrire. Mais, pour cela, il faudra que cette autorité se prête à cette manœuvre, et nous retombons dans la dernière de nos propositions sur la puissance religieuse, par laquelle nous avons démontré, l'Evangile à la main, que défense a été faite par le Christ à son Eglise, non-seulement de persécuter par elle-même, mais encore d'appeler la vengeance matérielle des Etats contre ses ennemis, de la conseiller, de l'approuver, de l'accueillir.

Elle n'ordonnera pas, dira-t-on, l'emploi du glaive, elle désignera seulement ce qui est erreur, ce qui est vérité, et la puissance politique fera le reste de son propre mouvement, gardant sur soi toute la responsabilité.

Mais, en outre que notre première raison fondamentale de l'incompétence de l'autorité civile pour décider quelle est la véritable Eglise, conserve toute sa force ; en outre, que l'Eglise, n'ayant jamais tout défini, devrait être consultée sur chacune des questions nouvelles en particulier, avant que la proscription n'eût lieu, et que, si elle se prêtait à ce manège, un esprit de bonne foi ne verrait pas une grande différence entre se mettre ainsi au service des gouvernements pour leur dire où frapper, et prendre elle-même l'initiative, si ce n'est une lâche hypocrisie de plus ; on doit conclure des défenses faites à l'Eglise par Jésus-Christ, de l'esprit qu'il a manifesté et communiqué à ses apôtres, des enseignements et de la pratique des plus grands hommes qu'ait enfantés l'Evangile, enfin de la manière d'agir de l'Eglise en général dans les premiers siècles, et encore maintenant, si on le juge avec impartialité, et non sur tel ou tel détail, que l'Eglise devra en pareil cas, non-seulement ne pas se prêter à la persécution, mais encore la condamner, et fermer la porte aux persécuteurs, comme saint Ambroise à Théodose.

On voit que le cercle est fermé, que, de quelque côté qu'on se tourne, la persécution, pour motif de religion, est impossible en droit, et que le devoir essentiel des gouvernements est de laisser la vérité religieuse se développer librement par sa propre vertu, comme la philosophie, la science et l'art.

On dira peut-être encore : Nous accordons que, pour motif de foi, la persécution religieuse soit toujours illégale : mais en est-il de même, quand elle est pratiquée comme mesure d'ordre public ?

Oh ! raison satanique et impie ! il s'ensuivrait que les Césars auraient agi dans leur droit, et accompli un devoir, en martyrisant nos pères qui semaient, dans leur empire, une doctrine et des idées incompatibles avec l'ordre social alors régnant, des idées qui devaient un jour, comme le prévoyait Julien, bouleverser cet ordre de fond en comble. Il s'ensuivrait que les empereurs de la Russie, de la Turquie, de la Chine, du Japon, auraient usé de leur droit en empêchant, de force, l'idée catholique de pénétrer dans leurs Etats, parce qu'elle était bien, en toute conscience, un principe de mort pour l'organisation moscovite, mahométane, mandarine et japonaise.

Non, l'ordre religieux est supérieur à l'ordre civil, aussi bien que les ordres philosophique, scientifique, artistique, industriel. L'ordre civil doit encourir les malheurs qui peuvent résulter de l'influence d'une vérité quelconque de ces ordres divers. Son devoir est de mourir résigné comme un condamné de la justice, quand il ne peut vivre en harmonie avec eux. Il doit, sa nature l'y oblige, laisser la vérité s'étendre d'elle-même, et, quand elle triomphe, se métamorphoser au plus vite pour se mettre en accord avec elle. Telles sont les éventualités nécessaires de sa constitution ; il faut qu'il les subisse, de bon ou de mauvais gré, comme des conséquences absolues de la hiérarchie des choses.

Il nous reste à invoquer, en faveur de la doctrine que nous venons d'exposer, l'autorité de l'Écriture sainte et de la tradition catholique. Voulant resserrer notre thèse dans ses limites les plus étroites, nous ne présenterons que quelques observations sur les passages de l'Évangile déjà cités, et quelques paroles des Pères de l'Église les plus célèbres.

Quoique les citations évangéliques que nous avons faites ne s'adressent, pour la plupart, *directement*, qu'à l'Église, en tant que puissance religieuse, elles n'en sont pas moins des leçons indirectes pour tout homme et toute société. L'Évangile est le livre de l'humanité, en même temps qu'il est l'acte constitutionnel de la puissance ecclésiastique, et Jésus-Christ a eu soin, très-souvent, de donner à ses paroles une telle généralité qu'il est impossible de ne pas les appliquer à tous les hommes, à toutes les sociétés, à tous les ordres. Par exemple, lorsque, défendant à Pierre d'user du glaive, il ajoute, pour raison, que celui qui use de l'épée périra par l'épée, il dit bien clairement, d'une manière générale, que ce qui est fondé par la force sera détruit par la force, et, conséquemment, que sa religion ne doit jamais être fondée par la force, quelle que soit la main qui en fasse usage, puisqu'elle doit être fondée pour durer toujours. Il en est de même de ses paraboles et d'un grand nombre de ses sentences. Quand il défend d'arracher l'ivraie de peur qu'on arrache, en même temps, le bon grain, étant impossible de les distinguer lorsqu'ils sont en herbe, il est évident que la défense s'applique aussi bien à la puissance civile qu'à la puissance ecclésiastique, et même à plus forte raison. Quand il met, dans la parabole du Samaritain, l'hérétique en regard de l'orthodoxe, et qu'il donne à l'erreur les mêmes droits à la tolérance, et à donner des leçons de tolérance réciproque, qu'à la vérité, il n'est pas moins évident qu'il pose un principe de morale générale, obligeant tous les hommes, sous quelque titre qu'ils se présentent. On pourrait faire une foule de remarques de cette espèce.

D'ailleurs, comme il s'agit principalement des Etats chrétiens, — ceux contre lesquels nous argumentons ne donnant pas le droit de persécution aux autres Etats, — que l'Etat est toujours représenté par des hommes, et que ces hommes font partie de l'Église, il est nécessaire d'avouer que ces hommes doivent être animés de l'esprit évangélique, et, par suite, qu'ils ne doivent jamais persécuter à aucun titre, puisqu'il est établi que la persécution est contraire à cet esprit évangélique.

Nous ferons la même observation sur les paroles de tolérance chrétienne émises, comme miraculeusement, par quelques conciles dans les époques et les lieux où régnait déjà l'intolérance et toutes ses fureurs ; ces paroles s'appliquent d'autant mieux aux deux puissances à la fois, qu'elles étaient alors plus intimement liées, et presque confondues en fait. Ces conciles, vu les circonstances, entendaient parler des princes chrétiens politiques plus encore que des princes de l'Église.

Quant aux Pères, ils n'ont pas manqué, en général, d'étendre le sens des instructions évangéliques jusqu'aux hommes ceints du glaive de la force, et d'exiger d'eux, aussi bien que des ministres de l'Église, qu'ils fussent animés, dans toute leur conduite, de l'esprit de douceur et de liberté recommandé par Jésus-Christ.

Voici quelques textes qui s'adressent directement à la puissance civile.

1° Tertullien dit aux chefs des peuples, en termes généraux, dans son *Apologétique* (24 et 28), « Prenez garde ; c'est une irréligion d'ôter la liberté de religion et l'option de la Divinité, de ne pas me permettre d'adorer le Dieu que je veux adorer, de me contraindre d'adorer celui que je ne veux point adorer. Quel Dieu recevra des hommages forcés ? Nul ne consentirait à être adoré par force, pas même un homme... Il est d'une évidente injustice de forcer malgré eux des hommes libres à sacrifier ; car, indépendamment du reste, une volonté libre est exigée dans le service de la Divinité. »

Le même Père exprime, dans un autre ouvrage, la même idée avec la même énergie : « Il n'y a que l'impiété qui ôte la liberté de religion, et qui prétende enchaîner les opinions sur la Divinité, en sorte qu'on ne puisse adorer le Dieu qu'on veut et qu'on soit forcé de croire celui qu'on ne veut pas. » (*Ad Scapulam*.)

Il argumente encore comme il suit, de l'incompétence de l'Etat en matière de religion : « Je ne veux point que Jupiter me soit propice : de quoi vous mêlez-vous ? que Janus me regarde de l'œil qu'il voudra, en quoi cela vous touche-t-il ? » (*Apolog.*)

Enfin il pose, aussi clairement que possible, le dogme de la tolérance civile comme une vérité de droit naturel, humain et religieux, en se basant sur cette raison que la religion de chacun ne nuit ni ne sert au droit d'autrui. « *Humani juris et naturalis potestatis est, unicuique quod putaverit colere : nec alii obest aut prodest alterius religio. Sed nec religionis est cogere religionem, quæ sponte suscipi debeat, non vi.* Il est de droit humain et de droit naturel que chacun adore ce qui lui plaît, car la religion de chacun ne nuit ni ne sert à son voisin. C'est une irréligion de forcer la religion, qui doit être acceptée de plein gré, non par force. »

2° Lactance dit positivement en parlant de ceux qui voulaient employer la violence pour la religion : « Il faut défendre la religion, non par le meurtre, mais par le martyre ; non par la persécution, mais par la patience ; non par le crime, mais par la foi. Si vous voulez défendre la religion par les supplices, vous ne la défendez pas, vous la *souillez*, vous la *transgressez*.......... Nous ne demandons pas qu'on adore Dieu malgré soi ; et si quelqu'un ne le fait pas, nous n'avons pas contre lui de colère..... C'est dans la religion que la *liberté* a établi sa demeure. » (Lib. x *Inst.*, cap. 2 et cap. 7.)

Il dit encore (id. lib. v, c. 20) : « Qui m'imposera la nécessité, ou de croire ce que je ne veux pas, ou de ne pas croire ce que je veux ? Rien n'est si volontaire que la religion. »

3° Saint Chrysostome résume, dans ce mot général, toute sa doctrine : « Si quelqu'un ne veut pas croire, *qui* a le droit de l'y contraindre ? *Si quis nolit credere, quis habet cogendi jus ?* »

4° Saint Augustin disait aux Manichéens : « Que ceux-là sévissent contre vous qui ignorent combien il est difficile de découvrir la vérité et d'éviter les erreurs........ Je vous dois les mêmes égards *qu'on me devait* et qu'on a eus pour moi lorsque j'étais, comme vous, aveugle et insensé. » (*Contra. Manich.*)

Ce grand homme, génie aussi ardent qu'étendu, ce Platon chrétien, ne parla pas toujours avec autant de miséricorde ; il fut témoin de guerres religieuses, signalées par d'atroces brutalités, par de terribles représailles ; et son âme, comme toutes les nôtres, subit quelquefois l'influence des événements contemporains. Les hommes ne sont jamais des dieux. Mais ce qu'il y a de remarquable à l'égard d'Augustin, c'est que, d'après ses propres aveux, aux moments mêmes de ses exaltations théocratiques, il avait puisé dans la religion qu'il avait embrassée l'esprit de tolérance, et que, nouveau converti, il ne reconnaissait d'autres armes, pour recruter des membres à l'unité chrétienne, que celles de la persuasion et du raisonnement. Voici ce qu'on lit dans sa lettre 43° :

« Mon premier sentiment a été que personne ne doit être contraint à entrer dans l'unité du Christ ; qu'il faut travailler par la parole, combattre par la discussion, vaincre par la raison, de peur de changer en de faux catholiques des hérétiques déclarés. *Mea primitus sententia non erat, nisi neminem ad unitatem Christi esse cogendum ; verbo esse agendum, disputatione pugnandum, ratione vincendum, ne fictos catholicos haberemus, quos apertos hæreticos noveramus.* »

Et ce premier sentiment, puisé dans l'enseignement évangélique de la primitive Eglise, fut si enraciné dans cette grande âme, qu'elle la soutint devant plusieurs conciles, aux jours heureux où le cri des combats et des douleurs n'était pas encore venu lui souffler des colères, et que, jusqu'à la fin de sa vie, elle ne cessa de le mettre en pratique.

5° Au temps d'Arnobe, il se trouva des intolérants qui demandèrent au sénat la suppression du livre de Cicéron *De natura deorum*. Arnobe, que la controverse avait converti au christianisme, leur disait dans son traité contre les gentils (liv. III, p. 103) « Si vous croyez sincèrement à votre religion, réfutez Cicéron, prouvez qu'il a tort ; mais supprimer ses œuvres, empêcher de les lire, ce n'est pas défendre les dieux, c'est avoir peur de la vérité. »

Il s'agissait de l'intolérance païenne, mais on peut retourner l'argument contre toute espèce de persécuteurs. Il revient au dilemme de Jésus, dont toute parole doctrinale a droit de se couvrir : « Si j'ai mal parlé, prouve que j'ai mal parlé ; si jai bien parlé pourquoi me frappes-tu ? »

6° Saint Hilaire, s'adressant à l'empereur Constance, est formel : « Vous comprenez, lui disait-il, qu'on ne doit contraindre personne, et vous ne cesserez de veiller à ce que chacun de vos sujets jouisse des douceurs de cette liberté..... Laissez les peuples prendre pour guides ceux qu'ils voudront.... Il n'y aura alors ni divisions, ni murmures... Dieu nous a enseigné à le connaître ; il ne nous y a pas forcés. *Docuit, non exegit*...... Il a rejeté tout hommage forcé. Si l'on employait la violence en faveur de la vraie foi, les évêques s'élèveraient et diraient : Dieu est le Dieu de tous les hommes, il n'a pas besoin d'un hommage involontaire ; il rejette toute profession forcée ; il ne faut pas le tromper, mais le servir. C'est pour nous et non pour lui que nous devons l'adorer. Je ne puis recevoir que celui qui veut, écouter que celui qui prie, mettre au nombre des Chrétiens que celui qui croit librement. »

7° L'esprit de tolérance était enseigné aux rois, dans l'Eglise au VII° siècle, comme le prouve, entre autres faits, le suivant, rapporté par le Vénérable Bède (liv. I, ch. 26.

Ethelbert, roi de la Grande-Bretagne, ayant embrassé le christianisme, ne força aucun de ses sujets à suivre son exemple ; « car, » dit Bède, « il avait appris, *des docteurs et auteurs de son salut*, que le service du Christ doit être volontaire et nullement contraint. »

8° A ces témoignages que nous pourrions multiplier à l'infini, joignons, comme résumant très-bien la question, un passage de Fénelon, dont il ne faut pas chercher la doctrine dans une ou deux lettres de sa jeunesse non destinées à voir le jour, qui étaient écrites sans précaution dans ces moments bilieux par lesquels la jeunesse de Fénelon lui-même a passé, mais dans sa pratique constante et dans ses ouvrages sérieux où il traite la question en philosophe, en théologien, en pasteur des âmes.

« Sur toutes choses, » dit-il en qualité de ministre de Jésus-Christ à tout chef politique, « ne forcez jamais vos sujets à changer de religion. Nulle puissance humaine ne peut forcer le retranchement impénétrable de la liberté du cœur. La force ne peut jamais persuader les hommes ; elle ne fait que des hypocrites. Quand les rois se mêlent de religion, au lieu de la protéger ils la mettent en servitude. Accordez à tous la tolérance civile, non en approuvant tout, comme indifférent, mais en souffrant avec patience tout ce que Dieu souffre, et en tâchant de ramener les hommes par une douce persuasion. » (*Direction pour la conscience d'un roi*, p. 147.)

Il serait bon d'ajouter à ces témoignages ceux de plusieurs théologiens catholiques, dans le but de convaincre les personnes du monde, pour qui notre théologie est la mystérieuse inconnue, qu'elle n'est pas intolérante, et que sa doctrine est, au contraire, parfaitement identique à celle que nous venons d'exposer nous-même. Mais il faudrait pour cela trop agrandir notre cadre, car tous les théologiens seraient à citer, sauf quelques ultramontains et quelques gallicans exagérés, qu'on pourrait qualifier d'hérétiques et qui ont abouti, par deux routes contraires, à la même intolérance ; les premiers, en outrant les droits de l'Eglise jusqu'à réduire la puissance civile à une arme brute et inerte remise en sa main ; les seconds, en outrant les droits de la puissance civile jusqu'à faire de l'Eglise un simple instrument de sa domination.

Nous nous contenterons d'indiquer un théologien gallican (21) très-sage, très-estimé, très-orthodoxe, que tout le monde peut lire, vu qu'il a publié une théologie complète en français. Il est connu sous le nom de Delachambre. Ses traités furent édités sans nom d'auteur l'an 1743. Quand on n'a pas lu des œuvres de ce genre, on attaque toujours la théologie chrétienne sans connaissance de cause et sous l'influence des préjugés les plus injustes.

Lisez, dans le *Traité de l'Eglise de Jésus-Christ* par ce théologien, la onzième dissertation ayant pour titre : *De la tolérance en matière de religion*. Après cette lecture, vous aurez une idée vraie de nos théologiens, et vous saurez que penser des journalistes modernes, plus païens que catholiques, qui ont l'audace de se poser, à titre d'intolérants, comme les organes de l'orthodoxie.

Citons deux ou trois passages de cet auteur ecclésiastique :

« Ils ne peuvent (les princes) en faire usage (de leur autorité) pour forcer les sentiments de leurs sujets en matière de religion..... Quel est, en effet, le but que les hommes se sont proposé en se réunissant en corps pour vivre sous les lois d'un même chef (22) ? Leur fin a été de se mettre à couvert des insultes des méchants. S'ils se sont dessaisis de la liberté qu'ils avaient de vivre selon leurs propres désirs, et s'ils se sont engagés à vivre sous les lois d'un chef, ce n'est point l'esprit de religion qui en a été le motif ; la crainte de se voir exposés aux insultes, à la violence, à la persécution et à la tyrannie des ambitieux, des personnes débauchées et des voleurs, est le seul principe qui les a déterminés à former des villes, des peuples et des corps d'état. Sous quel prétexte pourrait-on donc prétendre que ceux à qui ils ont confié le gouvernement civil soient revêtus du droit de forcer les consciences ? Le règlement extérieur des sociétés est la seule chose qui soit de leur ressort. Chefs des différents Etats qui sont dans le monde, c'est à eux à y maintenir le bon ordre et la tranquillité publique, par la sagesse de leurs lois et par leur exactitude à punir les réfractaires. C'est à quoi se borne toute leur autorité. Ils en abusent visiblement dès qu'ils veulent en faire usage pour forcer tels esprits à embrasser tels ou tels sentiments. Un prince, par exemple, ne peut, sans tyrannie, prescrire à ses sujets, sous peine de punition, de croire que la terre est immobile au centre de l'univers, que l'essence de la matière ne consiste pas dans l'étendue actuelle, que les bêtes ne sont pas de purs automates. La raison en est que l'autorité séculière n'a aucune juridiction sur les mouvements de l'esprit, ni sur l'acquiescement de la volonté aux vérités spéculatives, que toute question philosophique doit se décider au tribunal du bon sens, et que nul homme n'est tenu de sacrifier son évidence particulière à celle d'un autre. On ne doit donc pas reconnaître, dans les princes, le pouvoir de forcer les esprits à croire tels ou tels points de doctrine en fait de religion. Outre que cette matière n'est point de leur ressort, Dieu ne veut avoir pour adorateurs que ceux qui se rendent d'eux-mêmes aux vérités saintes de la foi, » etc.

Il dit plus loin : « L'erreur est une maladie de l'esprit. Il ne faut, en conséquence, que

---

(21) L'éloge que nous faisons de ce théologien ne signifie pas que nous acceptons toutes ses opinions ; il suffit, pour faire comprendre combien nous en sommes loin, de rappeler qu'il croit à la royauté de droit divin, qu'il donne aux princes certains droits, ridicules à notre avis, sur les affaires ecclésiastiques, et, dans un autre ordre de choses, qu'il nous semble trop rigide, comme le sont en général les gallicans, sur des questions de probabilisme et sur les nécessités de moyens pour la participation aux mérites de Jésus-Christ.

(22) Ceci suppose la souveraineté du peuple. Il n'en faut pas conclure que ce principe soit celui du théologien, loin de là ; mais il veut démontrer sa thèse de la tolérance dans tous les systèmes, et, après l'avoir établie dans celui du droit divin, l'établit dans celui-ci, qui était de son temps celui des ultramontains, et qui est maintenant celui de tout le monde.

des remèdes spirituels pour la détruire, remèdes spirituels qu'on trouve dans l'enseignement des pasteurs et dans la privation des choses sacrées, lorsque ces mêmes pasteurs l'ordonnent avec sagesse et avec prudence. Ce n'est point aux souverains à corriger les hommes des défauts intérieurs de l'esprit; ils ne peuvent, par exemple, décerner des peines temporelles contre les ambitieux ni contre les orgueilleux ; l'ambition et la vaine gloire ne nuisent qu'à ceux qui sont sujets à ces deux vices... Or l'erreur en fait de religion est un crime de la même espèce. Il n'est que spirituel dès qu'il n'a point pour objet la corruption des mœurs qui intéressent le bon ordre et la tranquillité publique. Concluons donc que les princes ne peuvent, dans ce cas, sévir contre ceux qui la soutiennent avec un esprit de paix et sans entreprendre de rendre odieuses les personnes qui pensent différemment. »

Il dit plus loin : « La vérité ne doit être redevable de son établissement qu'à des moyens qui la fassent aimer; son règne est d'autant plus affermi dans les cœurs que l'esprit est plus touché des raisons qui la soutiennent. On ne doit donc point la faire recevoir par la crainte des peines qui sont du ressort de la puissance civile. Loin de la faire respecter, c'est la rendre odieuse.

Il dit encore : « Si c'est un des apanages de la puissance séculière que de pouvoir contraindre les esprits à prendre tels et tels sentiments sur le fait de la religion, tous les princes, sans distinction d'infidèles ou de chrétiens, ont droit de forcer leurs sujets à se rendre à ce qu'ils croient être la vérité... Le Turc, par exemple, qui croit sa religion bonne, est en droit de sévir contre les Chrétiens pour les engager à se faire disciples de Mahomet, conséquence affreuse, mais nécessairement liée avec le principe de la contrainte en fait de religion. D'où vient? C'est que la conscience errante de bonne foi a les mêmes droits et les mêmes priviléges que la conscience la plus éclairée. » Et il développe ensuite cet argument, tiré des droits de la conscience qui se trompe, avec le même bon sens.

Plus loin, répondant à l'objection qu'on prétend tirer des dangers de l'athéisme, il dit : « Ceux qui nient l'existence d'un Dieu, et qui sont de bonne foi, suivent dans leurs jugements ce que leur dictent leurs propres lumières. Quelque fausses qu'elles soient, ils sont tenus de les écouter, tant que des raisons contraires ne leur font pas sentir qu'ils sont dans l'erreur. Sans cela, ils agiraient contre leur conscience, et dès lors ils seraient criminels. Que les princes ne les exposent donc pas à agir contre leur conscience... La contrainte n'éclaire point l'esprit ; son fruit propre et ordinaire est l'hypocrisie et la dissimulation... » etc.

Citons encore le passage suivant : « Le Sauveur du monde ne veut que des adorateurs volontaires, et c'est qu'il a laissé à tous ceux qui n'ont point voulu le suivre leurs biens, leurs maisons, leur honneur, leur famille. Armer les princes contre ceux qui se trompent en matière de religion, c'est donc vouloir servir le christianisme par une voie que la conduite du Sauveur réprouve. La religion sainte, qu'il a scellée de son sang, n'a pris racine dans le monde que par la voie de l'instruction... Divine dans son établissement, il faut qu'elle soit revêtue de ce caractère dans sa conservation, et c'est le lui enlever que de faire usage des peines corporelles pour la soutenir. Les infidèles, en effet, n'y reconnaîtront plus le doigt de Dieu, et ils diront avec fondement : *Les Chrétiens se sont insinués dans le monde en renards pour gouverner en tyrans ;* La modération et la douceur qu'ils ont d'abord fait paraître ne formaient pas l'esprit de leur religion ; ils n'en ont usé ainsi, dans les premiers moments de sa naissance, que pour gagner les cœurs; Accrédités aujourd'hui dans le monde, ils veulent y régner en lions; Leur résignation n'est donc point l'ouvrage de Dieu. — Ce reproche est injurieux au christianisme ; anathème, par conséquent, à la voie de la contrainte qui y donne lieu ! »

Dans un temps où l'inquisition régnait presque partout sans conteste, Holden, dont l'*Analyse de la foi catholique* est si célèbre par son exactitude et sa précision, bien qu'il fût sous l'influence de l'usage universel où l'on était de poursuivre les hérétiques, disait : « Tous les plus pieux et les plus doctes catholiques n'approuvent pas l'usage et le système de l'inquisition. » (*De resolutione fidei*, l. I, c. 9, lect. 1, ad finem.)

Nous avons voulu, par ces citations, donner à nos lecteurs une idée vraie de la théologie catholique et de la haute raison qui distingue la plupart de nos théologiens.

On pourra, sans aucun doute, nous objecter des témoignages et des pratiques contraires aux témoignages et aux pratiques que nous venons d'invoquer. Nous renvoyons, pour une partie de la réponse, aux observations que nous avons déjà faites à la fin de la question VIII du deuxième chapitre ; et pour les compléter nous ajoutons ici, d'une manière générale, la note suivante.

Notre doctrine consiste à refuser franchement, absolument, sans restriction et sans arrière-pensée, au gouvernement civil tout droit de *protection* ou de *persécution* d'un culte quel qu'il soit, parce que *protection* suppose *persécution* à un degré quelconque, et *vice versa*, et que, le plus petit pas fait dans cette voie, elle est, de par la logique, tout entière envahie.

Mais le mot protection peut avoir deux sens, celui de protection avec préférence, et celui de protection sans préférence. C'est dans le premier sens que nous prenons ce mot, car dans le second il est évident qu'il n'exprime plus qu'une égalité complète de protection pour tous les cultes ; il devient un terme équivalent à celui de *garantie de la liberté religieuse*, et nous reconnaissons, dans la puissance civile armée de la force brutale, non-seulement le droit, mais le devoir de *protéger*, dans ce sens, toutes les libertés, de les garantir, de les délivrer de toute pression tyrannique, si cette pression se fait déjà sentir, de les en mettre à couvert, si elle n'existe pas encore. Là est sa mission, aussi bien dans l'ordre religieux que dans l'ordre purement humain ; c'est en l'accomplissant qu'elle sera fidèle au devoir que nous avons reconnu peser sur elle de se porter garant des vérités sociales universellement reconnues, la liberté elle-même étant une des premières ; c'est ainsi encore qu'elle sera, comme l'a dit saint Paul (*Rom.* XIII, 4), *ministre de Dieu pour le bien*, « *minister in bonum*, » et qu'elle ne portera pas en vain l'épée.

Or cela posé, on citera, contre la thèse que nous établissons en ce moment, un plus ou moins grand nombre de textes des Pères et des théologiens, analogues à celui-ci de saint Léon écrivant à l'empereur :

« Vous devez considérer sans cesse que la puissance royale ne vous a pas uniquement été donnée pour le gouvernement du monde, mais qu'elle vous a surtout été confiée pour être le soutien et le protecteur de l'Eglise, pour réprimer les entreprises téméraires que l'on fait contre elle, et pour faire observer ses décisions. » (Epist. 81.)

Et sur tout ce qu'on pourra nous opposer de ce genre, nous répondrons par les deux observations suivantes :

1° Si, après avoir bien étudié, bien approfondi le Père de l'Eglise, le docteur ou le théologien, on découvre que la protection dont il veut parler n'est qu'une garantie armée de la liberté de conscience, une répression des atteintes matérielles portées, contre l'exercice d'un culte, par les ennemis de ce culte, l'objection sera nulle ; elle militera pour nous. Or, nous invitons ceux qu'intéressent ces sortes de questions, et elles devraient intéresser tout le monde, à étudier l'esprit des auteurs ecclésiastiques, les textes et les contextes, et ils reconnaîtront que, très-souvent, ce qu'on nous oppose se réduit, dans la réalité, au sens très-rationnel d'une protection ainsi comprise.

2° Si, au contraire, après examen sincère et sérieux du Père de l'Eglise, du docteur ou du théologien, on trouve qu'il entend parler d'une protection avec préférence, d'une protection non pas simplement de la liberté de conscience et d'exercice du culte, mais d'un culte en particulier avec persécution, à un degré quelconque, des cultes rivaux, l'objection sera réelle ; mais elle sera sans valeur à nos yeux, n'étant que l'expression pure et simple de l'opinion erronée que nous réfutons dans ce traité.

Nous ne craignons pas d'affirmer que, somme toute, c'est la philosophie du bon sens et l'esprit de l'Evangile qui ont eu l'avantage, ainsi que cela devait être, dans la longue série traditionnelle de la catholicité. En fût-il, d'ailleurs, autrement, c'est-à-dire, la plupart des esprits eussent-ils dévié dans le courant de l'intolérance civile et religieuse, le mouvement général des idées, depuis un siècle, malgré quelques prédications en sens inverse, qui ne ressemblent qu'à des accès de folie, nous serait une garantie suffisante de leur triomphe absolu dans l'avenir. Sur tous les points l'Evangile du Fils et la raison du Père doivent rester maîtres du champ de bataille.

Nous venons de dire que les prédications d'intolérance civile, pour cause de religion, ne ressemblent plus qu'aux fébriles clameurs des énergumènes ; et en effet, quelle question pourrait être plus facile à résoudre en présence de l'état actuel des sociétés ? Conçoit-on même qu'on en soit réduit à la traiter sérieusement ?

Quand la terre présente encore tant de cultes divers ; quand la vérité catholique a encore tant de cités à conquérir ; quand de si vastes régions, séjour de l'ignorance et de l'erreur, réclament sa propagande ; quand elle a tant besoin d'une liberté que la réciprocité seule lui donnera ; quand on a foi en elle ; quand on sait, avec certitude, qu'elle est bien la vérité religieuse, qu'elle est appelée à la domination universelle, qu'elle a le doigt du Père pour sa providence, la parole du Fils pour son oracle, le souffle de l'Esprit pour son principe de vie ; quand on sait par expérience qu'elle a tout à gagner à la liberté universelle, rien à perdre, et que de la protéger par les armes lui est plus nuisible que ne le fut jamais la persécution ; quand on mûrit toutes ces pensées, non, on ne comprend pas qu'un seul catholique sincère ose appeler au secours de sa foi le bras d'un tyran, c'est-à-dire, la faiblesse au secours de ce qui s'appuie sur la force de Dieu. C'est donc qu'il doute, celui-là ; car il blasphémerait s'il ne doutait pas !

Quoi qu'il en soit, nous voulons pousser la question plus avant. Nous supposerons l'état du genre humain le plus favorable à un pareil système, celui où la foi catholique sera devenue, selon notre espérance, la foi commune de toutes les nations, et où l'erreur en religion ne figurera plus en symboles officiels, mais seulement éparse par individualités, sans corps ni centre.

Nous irons plus loin. Nous supposerons ce qui peut-être n'arrivera jamais, que, toutes les frontières s'étant aplanies sous l'action du progrès matériel, industriel, économique, il n'y ait plus qu'une seule nation sur le globe, la nation humaine ; que tous les peuples se soient fusionnés en *un* sous le rapport social, politique, religieux, en *un* comme se sont fusionnés en *un* les peuples de la Gaule.

Ce n'est pas tout. Nous supposerons encore, — ce qui, à coup sûr, n'arrivera jamais, toutes les tendances de l'humanité étant tournées vers le pôle contraire, pour réaliser plusieurs prophéties dont on percevra plus tard le vrai sens, — que la puissance civile et la puissance religieuse se trouvent concentrées dans une même unité, de sorte qu'il n'y ait, sur la terre, qu'une seule représentation de la société religieuse et de la société politique, laquelle, en tant que religieuse, tiendrait sa constitution et son autorité de

Jésus-Christ, et, en tant que politique, tiendrait l'une et l'autre de tous les peuples fondus en *un*.

Voilà notre hypothèse. A coup sûr on n'en fera jamais une qui soit plus favorable à la justification et à l'application du système d'intolérance contre lequel se révolte notre logique.

Or, dans cette supposition, nous raisonnerons ainsi :

Quoique les deux hiérarchies soient dans les mêmes mains, elles sont encore distinctes par essence, l'une relevant du Christ, ce qui est de foi chrétienne, l'autre n'en relevant pas, ce qui est de certitude philosophique et théologique.

Donc la nature, les attributions, les droits et les devoirs de chacune d'elles restent distincts et les mêmes que dans l'état passé.

Donc nous devons leur rappeler ces devoirs et ces droits comme il suit :

A vous, hiérarchie en tant que religieuse, déclarer les dogmes révélés, faire des lois positives conformes au droit naturel et au droit surnaturel, porter des peines d'excommunication spirituelle et pacifique contre les contempteurs, visibles et agissants, de votre législation et de votre symbole ; voilà vos droits, voilà vos devoirs.

A vous, hiérarchie en tant que politique, protéger, de votre force, les principes de morale reconnus par tous, dont la violation extérieure entraîne la désorganisation sociale ; faire des règlements conformes à ces principes pour sauvegarder les droits et les libertés de chacun contre les atteintes extérieures ; voilà vos droits, voilà vos devoirs.

Mais s'il s'élève une parole indépendante qui, sans attaquer directement les premiers principes de la morale sociale, conditions essentielles de la double vie individuelle et commune, prêche une doctrine contraire, dans ses déductions, soit à la science, soit à la philosophie, soit à l'esthétique, soit à la religion universelle, cette parole sera libre matériellement ; elle aura droit à la liberté, parce que vous n'êtes munie, ni comme puissance religieuse, ni comme puissance civile, du droit de lui river des chaînes.

Comme puissance religieuse, le Christ vous a défendu d'user de la force, d'appeler la force à votre aide, d'avoir recours, en aucune manière, à la force pour la conservation de sa doctrine.

Comme puissance civile, vous n'avez aucun droit de juger si cette parole qui surgit annonce la bonne ou la mauvaise nouvelle ; vous n'en savez rien, et, par conséquent, si vous la bâillonniez, vous feriez un crime en vous exposant à bâillonner la vérité même.

Vous donc, en tant que puissance religieuse, pouvez l'excommunier spirituellement ; voilà tout.

Et vous, en tant que puissance politique, devez lui garantir la liberté matérielle, comme aux paroles qui se présenteront pour lui répondre ; voilà tout.

Si vous agissiez autrement, nous vous dirions :

Persécutez-vous comme autorité religieuse ? Mais alors, vous violez le précepte du Christ.

Persécutez-vous comme autorité civile ? Mais alors, et à ce titre, que savez-vous si ce n'est pas la vérité que vous persécutez ? Vous usurpez sur le Christ et son Eglise, sur vous-même en tant qu'Eglise, le droit de déclarer la vérité des doctrines. Puissance politique, vous devez dire, par votre essence même, comme Pilate : *Qu'est-ce que la vérité ?* Non pas, comme lui, pour livrer au bourreau celui qui peut toujours être un prophète, mais pour le renvoyer libre, à moins qu'il n'attaque les vérités évidentes dont le respect est nécessaire à l'ordre social, seules certitudes dont vous puissiez vous porter protecteurs dans leur application pratique.

Persécutez-vous comme autorité religieuse et autorité politique tout ensemble ? Mais alors vous êtes doublement coupable.

Persécutez-vous enfin comme autorité politique éclairée par votre autorité religieuse ? Mais alors vous tombez dans une contradiction avec vous-même, en disant, d'une part, que c'est votre autorité religieuse qui éclaire votre autorité politique sur la vérité religieuse, et, d'autre part, que c'est votre autorité politique qui prononce sur la vérité religieuse radicale, celle de l'authenticité et de l'infaillibilité de votre autorité religieuse. Vous tournez dans le cercle vicieux. De plus, vous annulez votre autorité politique en la réduisant à l'état de servante mécanique de votre autorité religieuse. Oh ! ce n'est pas en ce sens que les peuples vous l'ont donnée ; ce n'est pas ainsi que Jésus-Christ et Paul l'ont comprise.

Société naturelle, écoutez bien ceci :

Quand s'étendit sur terre la société religieuse fondée par le Christ, vous ne lui étiez pas unie ; vous en étiez matériellement distincte ; vous lui portiez, de plus, une grande haine ; vous couvriez de malédictions son berceau. Aveugle, vous trempiez des palmes dans son sang, et vous en couronniez sa tête ! D'abord faible, d'abord imperceptible, il vous semblait que quelques prétoriens suffiraient pour la faire rentrer dans le néant. Mais plus vous lui tuâtes de soldats, plus elle vous absorba ; et, de conquête en conquête, elle est devenue ce que vous la voyez, ce que vous la sentez au cœur de vous-même.

Allez-vous faire à ces idées fausses, que Satan vient décocher contre elle, l'insigne honneur de les traiter comme vous l'avez traitée dans son enfance ? Allez-vous leur donner des martyrs ? Ne craignez-vous pas, en essayant contre elles le même genre d'escrime, de déterminer dans les âmes, toujours libres, d'effrayantes réactions ? ne craignez-vous pas de ramener, pour un temps, sur l'horizon des âges, d'infernales aurores ? Vous savez l'histoire de la vérité dans le monde ; plus on persécute en son nom, plus elle s'obscurcit ; plus on la persécute au nom de l'erreur, plus elle brille ; si vous n'avez pas d'oreilles pour entendre les argumentations du logicien, ayez des yeux pour voir l'évolution des choses.

Vous, d'ailleurs, qui persécutez, vous êtes un homme, et quand vous en persécutez un autre, oseriez-vous dire que vous ne persécutez pas un juste? Il suffit qu'il soit dans la certitude morale erronée, dans la conviction souveraine, fanatique, constituant la bonne foi, pour que son ardeur de prosélytisme lui soit imputée à mérite devant Dieu. Vous allez donc punir celui que Dieu aime et récompense, vous qui doutez peut-être! Qu'importe? croyez ou ne croyez pas, ayez même la certitude métaphysique de votre foi, vous avez, en face, une certitude morale, qui engendre le devoir dans celui qui la possède; avez-vous des droits contre le devoir?

Vous pouvez et vous devez courir la chance, aussi rare que terrible, de faire souffrir l'innocent quand vous y êtes forcé pour protéger la liberté des uns contre l'atteinte des autres; mais en religion, pas plus qu'en science humaine, les nécessités de la vie sociale ne vous obligent jamais à courir ces risques, non moins probables que terribles; si donc vous les affrontez, quel coupable êtes-vous?

Bien plus; vous n'ignorez pas l'inutilité radicale de vos efforts contre le retranchement impénétrable de la conscience; Vous savez que vos verges mettront la mauvaise foi en colère et la rendront plus mauvaise encore, qu'elles feront mentir à son âme le faible convaincu, qu'elles forceront le brave à produire contre la vérité le plus désastreux des arguments, celui du martyre! quel coupable vous êtes!

Vous savez aussi que vous jetterez le trouble et la douleur dans le peuple, vous, uniquement chargé de maintenir la liberté et la paix de cette vie! quel coupable vous êtes!

Voulez-vous être juste? laissez, laissez croître la moisson du Seigneur, lui seul en aperçoit l'ivraie, et il s'est réservé d'en faire le triage.

Concluons. — Ni Dieu, ni les hommes ne vous ont envoyé pour arrêter ces sortes de scandales, qui ne sont autres que la discussion même, d'où la vérité doit surgir comme le soleil des brumes du matin, comme l'or des écumes du fourneau; s'il n'y avait pas en d'hérésies, le jour serait-il aussi pur? où en seraient les gloires de la chrétienté? la vérité veut que le serpent soit libre d'enrouler ses anneaux à l'arbre de nos destinées; elle n'a pas chargé l'ange au glaive de feu de lui barrer le passage; elle a prédit seulement à la douce tolérance, à l'explication pacifique, à l'humble prière, à l'amour qui s'immole, au sourire qui plaît, à la main qui bénit, à la voix qui pardonne, à la jeune fille qui, pour toute armure, est pleine de grâces, qu'elle écrasera sa tête.

Auriez-vous l'ambition de faire mieux?

Non, ce n'est pas là ton intime pensée, mauvais pasteur des peuples; nous l'avons saisie dans le jet de ta louche prunelle; tu veux protéger la vérité pour l'asservir! tu veux faire d'elle le grand instrument de l'oppression! tu veux la réduire à l'état de cravache dans ta main! tu veux la profaner, la faire esclave! tu n'es qu'un hypocrite!

Il nous reste, pour terminer, à poser et à résoudre une question.

N'y aurait-il pas un terrain commun sur lequel devraient s'exercer, de concert et en alliées, la force spirituelle de l'Eglise et la force matérielle de la puissance terrestre?

Oui; et ce terrain, c'est la liberté elle-même.

La liberté de conscience est un droit naturel. C'est ce qui résulte de toutes nos thèses.

Le droit naturel est le premier droit que les deux puissances aient pour devoir de protéger, dans son exercice, l'une par sa prédication et par ses foudres spirituelles, l'autre par ses lois et par ses baïonnettes.

Donc les deux puissances pourront et devront, dans la grande croisade qui aura pour but de faire disparaître de la surface du globe toutes les oppressions et de fonder solidement toutes les libertés, réunir leurs glaives pour assurer, aux nations et aux individus, la complète et impartiale garantie de tous les droits pratiques renfermés dans cette sainte légende du drapeau de l'avenir : *Liberté de conscience.* —Voy. Intolérance armée.

LIBERTÉ DU TRAVAIL. *Voy.* Sociales (Sciences), II.

LIBERTÉ MORALE. *Voy* Physiologiques, I-III.

LIBERTÉ MORALE. — CONFUCIUS. *Voy.* Morale, I-11°.

LIBERTÉS INVIOLABLES. *Voy.* Liberté de conscience.

LIBRE ARBITRE. *Voy.* Grace et liberté.

LIBRE (Le) ET LE NÉCESSAIRE. *Voy.* Mathématiques (Sciences.)

LIBRE-ÉCHANGE. *Voy.* Sociales (Sciences.)

LICITE. *Voy.* Sacrement.

LIMBES. *Voy.* Enfers.

LIMITATION DE POUVOIRS. *Voy.* Ordre, X.

LINGUISTIQUE. — HISTOIRE SACRÉE. *Voy.* Historiques (Sciences), III.

LITTÉRATURE. — CATHOLICISME (IV° partie, art. 3). — La littérature, prise dans toute son étendue, est un arbre superbe composé de trois branches principales, qui se subdivisent en des multitudes de rameaux plus petits.

Ces branches sont l'éloquence, l'écriture et la poésie.

Nous entendons par l'éloquence, la parole exercée avec l'art qui lui convient; par l'écriture, la parole écrite pour être lue, et écrite dans le style ordinaire destiné à exprimer naturellement la pensée; enfin, par poésie, tout ce qui, en fait d'écriture, revêt la forme poétique, que la phrase soit, d'ailleurs, prose ou vers.

Ce qui distingue, dans notre pensée, l'éloquence, proprement dite, de l'écriture, c'est que l'une demande à être entendue, et l'autre à être lue. Ce qui les distingue toutes deux de la poésie, c'est leur manière d'exprimer directement la pensée, sans user des moyens particuliers qu'emploie celle-ci.

Il est évident que cette classification n'est pas rigoureuse jusqu'aux détails et que les trois branches peuvent se nouer parfois et mélanger leurs séves.

La littérature, ainsi composée, est déjà elle-même une des souches de l'art, et la première en importance, en étendue, en dignité. Elle est la sœur aînée de la famille, dont la peinture, la sculpture, l'architecture, le drame en action, la musique et la gymnastique sont les autres membres. Le besoin que la religion a d'elle et qu'elle a de la religion est donc établi dans l'article général sur l'Art. Il ne reste qu'à l'étudier dans ses rapports harmoniques spéciaux avec la religion chrétienne et catholique en particulier. présentons quelques considérations sur cet objet avant de renvoyer le lecteur aux mots Eloquence, Ecriture et Poésie.

La littérature peut être considérée dans son passé, dans son présent et dans son avenir; et, si on l'envisage telle qu'elle se pose devant nous, en tant que catholique, elle se divise en littérature sacrée et littérature profane. Notre littérature sacrée est celle qui jaillit directement de cette longue traînée lumineuse dont le Pentateuque est le foyer antique, et l'Evangile le foyer moderne; elle se concentre, par conséquent, 1° dans la série des livres de Moïse et de tous ceux des écrivains hébreux dont il est le père; 2° dans la série des quatre histoires du Christ, et de tous les écrits, à commencer par ceux des apôtres, qui n'ont pas seulement eu l'Evangile pour inspiration, mais encore dont le but direct a été d'en propager pieusement et ecclésiastiquement le dogme et la morale. Nous appelons, à titre de catholiques, tous les autres livres du nom de profanes, soit que l'esprit humain les ait produits en dehors de la traînée de lumière dont nous parlons, soit qu'il les ait produits sous son influence. Les livres sacrés des autres religions rentrent, devant la nôtre, dans la catégorie des livres profanes.

Cela posé, nous disons que la littérature, tant sacrée que profane, a toujours été, est aujourd'hui et sera toujours le premier moyen de propagation de la vérité catholique; et, en ce qui concerne les intérêts de la littérature elle-même, que c'est la vérité catholique qui lui a toujours inspiré, lui inspire aujourd'hui et lui inspirera toujours les plus belles choses, dans la proportion la plus considérable. C'est ce que les réflexions suivantes suffiront à faire comprendre.

1. Que la littérature sacrée soit la grande armure avec laquelle la vérité catholique ait livré ses combats et remporté ses victoires, c'est ce qui n'a besoin que du simple énoncé pour luire avec évidence. Les propagateurs et les soutiens de cette vérité dans le monde hébreu, père du monde chrétien, ne sont-ils pas les Moïse, les Job, les David, les Salomon, les Elie, les Isaïe, tous les prophètes, tous les historiens, tous les moralistes dont les écrits ou les discours composent la collection biblique? Or ne sont-ils pas tous des littérateurs? Ceux qui n'ont pas écrit ont été des orateurs populaires prêchant de parole, en même temps que d'action, et déployant toutes les ressources de l'éloquence les plus propres à influencer les âmes aux temps et aux lieux que Dieu les avait chargés d'éclairer; tels sont les Debborah, les Judith, les Elie, les Elisée, les Jonas, les Jean-Baptiste et beaucoup d'autres. Parmi ceux qui ont écrit, plusieurs sont des poëtes sublimes: Job et l'Ecclésiaste sont des épopées philosophiques; David chante sur la lyre les grandeurs de Dieu; Salomon met en scène l'époux et l'épouse aux flancs des montagnes éclairées par le soleil d'Orient, habitées par ses faons et dorées de ses fruits; Daniel et Ezéchiel racontent les visions et les songes; ils les peignent en traits de feu; ils symbolisent la vérité, la Providence, la justice dans des allégories; Jérémie, pour lamenter sur les maux qu'a mérités son peuple par ses infractions, emprunte à l'élégie des charmes, des accents, des pleurs que lui seul a pu lui ravir; Isaïe et les autres prophètes font retentir, jusqu'aux rives de l'Euphrate, des bruits mâles et sombres, éclatants et terribles, des trompettes maudissantes, ou les chants magnifiques d'un avenir mystérieux. D'autres sont des penseurs qui enregistrent, avec tous les styles qu'affecte la prose, l'histoire ou la morale, ou les deux combinées; tels sont les historiens des temps antiques, ceux du temps des rois, ceux de l'insurrection sainte des Machabées, ceux des épisodes ou des vies particulières de Ruth, d'Esther, de Judith, de Tobie; tels sont aussi les philosophes auteurs des *Proverbes*, de la *Sagesse*, de l'*Ecclésiastique*. Enfin, Moïse est, à la fois tout ce que sont les autres, ayant fourni à chacun d'eux le premier filon de son travail et de son art; il est, de plus, rédacteur de lois sociales aussi bien résumées que solidement bien conçues. La littérature, voilà donc l'arme avec laquelle Dieu lutte contre le mal dans le monde antique; il la lance à la croisade du monothéisme, au sein des ténèbres, avec ses trois filles, la parole éloquente, l'écriture commune, et la poésie variée.

Durant l'évolution chrétienne, même tactique. Le Christ, dans ses trois années de prédication, consacre les trois branches de la littérature, comme le moyen de propagande de ses futurs envoyés, par son propre exemple. Il est orateur éloquent et populaire; il ne fait que provoquer des attroupements sur la voie publique, dans les champs, dans les villes, dans les temples, et exalter les âmes par tous les charmes de la parole. Il donne approbation de la rédaction des vérités par ses citations de la loi écrite, ses lectures de cette loi, et ses exposés simples de la morale naturelle. il est poëte, et honore de son sceau la poésie par ses fictions sublimes, ses fables naïves, ses lyriques tableaux, ses énergiques élans. Aussi voyons-nous surgir, du foyer qu'il allume, orateurs, écrivains, poëtes, et ce sont ces poëtes, ces orateurs et ces écrivains qui deviennent les vrais propagateurs et suppôts de son Eglise. A peine a-t-il quitté la terre, tous les apôtres se font orateurs; ils assemblent les foules, les prêchent, leur plaisent, les touchent, les convainquent et les baptisent. Plusieurs se font écrivains, soit pour raconter son histoire, soit pour exposer sa doctrine. D'autres se font poëtes pour chanter ses gloires du présent et de l'avenir. Quel orateur plus grand et plus adroit que Paul devant la foule, devant l'Aréopage et devant les proconsuls ou les rois? Quel écrivain plus concis, plus énergique, plus chaleureux, plus positif et plus philosophe que ce grand Paul? Saint Jean est un poëte, et quel poëte plus exalté que lui dans l'*Apocalypse*, plus touchant dans son histoire de Jésus, plus doux dans ses Epîtres?

A quoi bon citer ce qui est connu de tous? Nous ne finirions pas de classer les grands noms qui se défilent à la suite de ceux-là, et jusqu'à nous, comme une colonne sans fin. Presque tous sont orateurs, presque tous écrivains, et beaucoup sont poëtes. Que serait devenue la religion chrétienne et l'Eglise catholique sans cette armée de littérateurs? Il est évident que Dieu voulait ainsi composer ses légions; c'est à la littérature qu'il avait, de toute éternité, confié le soin de christianiser le monde.

La philosophie avec sa logique est, sans aucun doute, la première activité mise en jeu dans cette grande transformation terrestre; c'est l'argumentation qui a le prix d'honneur; mais comme elle a besoin d'un vêtement qui attire et plaise avant qu'elle puisse convaincre; comme il arrive même souvent que le sentiment, enchanté et comme ébloui par le vêtement seul, entraîne à sa suite la raison vaincue avant d'avoir combattu, l'éloquence du parleur, celle de l'écrivain, et la magie du poëte, qui sont les draperies dont l'argument s'habille, partagent avec elle les gloires du triomphe, et quelquefois les méritent à elles seules. Voilà ce qui s'est passé jusque-là dans la propagation chrétienne; voilà ce que Dieu a voulu; honneur donc, et merci à la littérature sacrée.

II. En dirons-nous autant de la littérature profane? Oui, sans crainte aucune. Son influence n'est pas aussi directe dans le soutien de la cause catholique; mais elle n'en est, ni moins réelle, ni moins nécessaire, ni moins digne d'actions de grâces.

Et d'abord, pourquoi Dieu l'aurait-il fait entrer, pour une si grosse part, dans l'évolution humaine, si elle ne se reliait par des rouages à son but dernier, qui est l'absorption des sociétés et des esprits dans le catholicisme? On ne peut nier ce but sans nier la vérité catholique elle-même; on ne peut, non plus, nier que la littérature profane ne joue un rôle immense, depuis l'antiquité jusqu'à nos jours, dans le développement des idées; on ne peut nier enfin que tout ne soit calculé, dans le plan de la Sagesse, pour la conduite de l'humanité au but divin, surtout lorsqu'il s'agit d'actions aussi considérables; donc, il est certain, *a priori*, que la littérature profane est un des moyens providentiels de christianisation de l'univers; donc, il faudrait le dire ou manquer de foi, lors même que l'esprit ne saisirait pas les enchaînements par lesquels cette cause seconde se trouverait en concours avec toutes les autres.

Mais il n'en est pas ainsi, les enchaînements sont à notre portée, et il nous suffit d'ouvrir les yeux pour les apercevoir.

Si nous considérons en gros la littérature profane de l'antiquité, tant orientale que gréco-romaine, nous trouvons d'abord que c'est elle qui prépare les voies au christianisme; elle en est, pour nous servir de la parole de M. de Maistre au sujet de Platon, la *préface humaine*, le préliminaire, le précurseur, l'ébauche. C'est elle qui conserve et développe les principes généraux de la morale et du dogme naturel; elle prêche aux peuples, dont les tendances sont au matérialisme et à l'égoïsme pratiques, les nobles actions, le dévouement, la grandeur d'âme, l'amitié, l'hospitalité, et aussi la divinité avec les vertus qui l'ont pour objet. Trouvez un grand orateur, un écrivain véritablement artiste, un poëte surtout, dominant les anciens âges par son imagination et son génie, qui ne soit théiste, qui ne prêche Dieu ou les dieux, qui ne tire ses ressources de la foi aux esprits supérieurs, à l'immortalité de nos âmes, et de l'admiration des belles actions qu'enfantent les vertus. Le spiritualisme est la vie intime de tous les chefs-d'œuvre littéraires de l'antiquité dans la Grèce, dans Rome et dans l'Orient. Or, n'est-ce pas là préparer les voies au christianisme? Dans quel état serait tombé l'univers moral sans ces influences? et la prédication chrétienne aurait-elle réussi comme elle a réussi, si elle l'avait trouvé dans l'état d'oubli de tout spiritualisme dont l'a préservé la littérature! Aujourd'hui même, dans les pays où le christianisme n'a pas encore établi son règne, n'est-il pas heureux de trouver quelque traité de morale, quelque poëme antique, quelque production respectée des foules, pour l'ouvrir, y moissonner et grouper en faisceau les idées spiritualistes, fussent-elles plus ou moins panthéistiques, et dire à tous, à l'imitation de saint Paul devant l'Aréopage : Voilà ce qu'ont dit vos grands hommes, vos orateurs, vos philosophes, vos historiens, vos poëtes ! c'est la vérité même que je vous annonce; elle est imparfaitement exposée ; c'est encore le Dieu inconnu; je viens vous le montrer dans sa splendeur; je viens vous apprendre à connaître ce Dieu que vous ne connaissez pas assez; mais c'est le même Dieu, la même vérité fondamentale; ce ne sont pas des réfutations de vos grands hommes que j'apporte; ce sont des développements de tout ce qu'ils ont dit de vrai, de bien et de beau. N'est-ce pas toujours ainsi que le Chrétien intelligent a fait sa propagande? Lisez Justin, Clément d'Alexandrie, Origène, Augustin, tous les Pères, et vous en serez convaincus. Consultez tous les missionnaires d'esprit que l'Eglise envoie de nos jours dans l'Inde, la Chine, l'Amérique et partout; ils vous diront ce qu'ils en savent par leur propre expérience. N'avons-nous pas notre expérience à nous-mêmes? Quand nous voulons attirer à Jésus-Christ un homme de lettres qui n'a reçu que des influences profanes, ne mettons-nous pas en jeu la même tactique, et ne serions-nous pas de maladroits lutteurs si, au lieu de tirer profit de cette précieuse ressource, nous allions jeter brutalement aux gémonies tout ce que cet homme admire et respecte, tout ce qui fait autorité dans son jugement? Ce n'est pas ainsi que nous nous y prenons, et, en agissant par le procédé contraire, nous ne faisons que pratiquer la justice exacte et la bonne foi, comme saint Paul, ce qui est toujours, et dans toutes les causes, en fin de compte, la plus grande habileté?

Envisageons la question à un autre point de vue. Homère fut sans doute le fils d'une littérature antérieure, que nous croyons être descendue de l'Orient vers les îles de la Grèce; les étymologies sanscrites, dont est remplie la langue du père des poëtes, ne le prouvent-elles pas suffisamment? On ne conçoit guère, non plus, qu'un homme, quel que soit son génie, trouve subitement dans son âme, de telles harmonies, et, sans créer la langue elle-même, ce qui est évidemment impossible, l'élève, tout à coup, à cette sublimité de tournures, de combinaisons et de cadences. L'homme ne produit jamais qu'avec un fonds déjà réalisé; il ne pétrit que ce qui a été déjà pétri; il perfectionne tout, il ne crée rien; et le premier fil de chaque invention se perd dans la nuit du passé. Mais, quoi qu'il en soit d'Homère, nous savons que le siècle de Périclès est son fils, et nous savons, de même, que le siècle d'Auguste est l'enfant du siècle de Périclès; voilà l'enchaînement de la littérature gréco-romaine, dans son résumé le plus concis. Or, cette littérature n'est pas sans postérité; les premiers siècles de l'Eglise, dont le plus grand est le quatrième, la réclament pour leur mère concurremment avec la littérature sacrée des deux Testaments. Qu'auraient été tous les Pères de l'Eglise sans l'étude des lettres profanes? N'est-ce pas cette étude qui les a tirés de la foule ignorante ou indifférente, leur a donné le goût et la passion du beau, a développé leurs énergies natives, et a mis leur génie à même de se sentir et de faire ce qu'il a fait pour le christianisme? beaucoup d'entre eux, de leur propre aveu, n'auraient même jamais été chrétiens sans la culture des lettres et de la philosophie; et, s'ils eussent été Chrétiens, ils ne l'auraient été que pour eux et quelques amis, n'auraient pas agi sur le présent et sur l'avenir du monde, n'auraient pu mériter d'être appelés par l'Eglise, ses Pères. Or, sans ce premier résultat, que serions-nous aujourd'hui, nous-mêmes? Tout s'enchaîne dans l'expansion de la lumière en ce monde; c'est le jour qui donne naissance au jour; nous devons notre part de science et de civilisation chrétiennes au travail de nos aïeux, comme nos descendants devront la leur à nos semailles et à nos sueurs présentes. La logique impartiale nous conduit donc à conclure que, par une chaîne savamment conçue dans l'esprit de Dieu, nous sommes redevables, en partie, de notre christianisme aux Homère, aux Eschyle, aux Démosthènes, aux Platon, aux Cicéron, aux Virgile, aux Horace, dont les grands propagateurs de l'Evangile furent les fils avant d'être nos pères.

Paul avait étudié les lettres romaines et connaissait assez la Grèce pour parler avec honneur devant les académiciens d'Athènes, en citant leurs poëtes. Luc écrivait le grec avec une élégance qui annonce un lettré. Justin, Aristide, Athénagore, Théophile, Meliton, Orygène, Clément d'Alexandrie, et tous les apologistes du IIe et du IIIe siècle, étaient des savants, des philosophes et des littérateurs.

Toute la légion de grands chefs qui emplit le IVe se présente dans les mêmes conditions. Que fait l'empereur Julien pour essayer d'arrêter les progrès du christianisme? Il proscrit parmi les Chrétiens l'enseignement de la littérature grecque; il n'imagine pas de moyen plus efficace, et il leur dit : « A nous l'éloquence et les arts de la Grèce avec le culte des dieux; à vous l'ignorance et la rusticité, et rien au delà de ces mots : *Je crois* : voilà votre sagesse ! » (Cité par M. Villemain, *Tableau de l'Eloquence chrétienne au* IVe *siècle.*)

Mais cette interdiction est ce qui choque le plus les orateurs chrétiens, et elle redouble leur ardeur pour les sciences profanes.

Grégoire de Nazianze, dit à ce sujet, aux païens et aux Césars :

« Je vous abandonne tout le reste, les richesses, la naissance, la gloire, l'autorité et tous les biens d'ici-bas, dont le charme s'évanouit comme un songe; mais je mets la main sur l'éloquence; et je ne regrette pas les travaux, les voyages sur terre et sur mer que j'ai entrepris pour la conquérir. » (*Oper.* t. I, p. 142.)

S'il se forme des communautés laborieuses dans les riantes plaines de l'Asie, elles se partagent le temps entre le travail des mains et l'étude de la littérature. Basile, évêque de Césarée, fait un *Traité sur l'utilité à retirer des lettres profanes*, pour indiquer aux jeunes gens la manière d'y trouver les vérités naturelles et les principes de vertu. Grégoire de Nazianze est professeur d'éloquence dans Athènes. Chrysostome est, comme tant d'autres, élève du rhéteur Libanius, puis orateur au barreau d'Antioche, avant de devenir saint Démosthènes.

« Hélas! » disait Libanius, au lit de la mort, « j'aurais laissé le soin de mon école à Chrysostome, si les Chrétiens ne nous l'avaient ravi par un sacrilége. »

L'évêque de Ptolémaïs, Synésius, est le

disciple de la célèbre Hypatie, va étudier à Athènes, et continue d'être, après son élection épiscopale, philosophe et poëte platonicien. Saint Hilaire, surnommé le *Rhône de l'éloquence latine*, raconte, après son élévation à l'épiscopat, qu'il est arrivé à la foi par la culture de la philosophie et des lettres; cette culture, dit-il, lui donna le mépris des plaisirs sensuels, puis le désir de connaître la Divinité, puis la croyance à un seul Dieu, puis celle de Dieu révélateur, et de l'âme immortelle. Saint Ambroise, avant de devenir le grand évêque de Milan qui convertit Augustin, se livre à l'étude des lettres grecques, de la philosophie et du droit civil, s'adonne au barreau, et est même procurateur de Ligurie. Jérôme, l'éloquent moraliste, est d'abord étudiant à Rome, et passionné pour les poëtes, les orateurs et les philosophes. Il dit, « qu'il avait puisé chez eux, et surtout dans Platon, de pures maximes, qu'il croyait, plus tard, avoir prises dans les *Epîtres* des apôtres. » Il emporte, dans sa solitude de Bethléem, Cicéron et Platon, pour les lire après les Prophètes; il y forme une collection des chefs-d'œuvre de l'éloquence profane et l'y conserve, jusqu'à fin, comme son trésor; il s'y occupe même « de faire expliquer, dit Rufin, à des enfants qu'on lui confiait pour leur inspirer la crainte du Seigneur, *son cher Virgile*, et les autres auteurs comiques, lyriques et historiques. » Augustin est passionné comme lui pour la poésie; il ouvre une école de rhétorique à Carthage, puis à Rome, puis à Milan; mais on en sait assez sur le côté littéraire de ce grand athlète. On en sait assez aussi sous le même rapport, de toute la série d'apologistes qui se déroule jusqu'à nous, sans oublier les théologiens du moyen âge. Ces derniers, il est vrai, substituèrent à la forme variée, onctueuse et vivante de la poésie, la forme sèche, angulaire et brutale de la simple logique ou, pour tout résumer, Aristote à Platon; mais c'est encore cette littérature profane qui joue le rôle d'introductrice des génies sur l'arène catholique. Il est inutile d'ajouter qu'aux XVIᵉ et XVIIᵉ siècles, la poésie renaît avec le platonisme, et que ce sont les lettres profanes qui, s'unissant aux sacrées, nous donnent nos Fénelon et nos Bossuet. Elles font plus que les engendrer comme les aïeux engendrent les petits-fils, elles gardent encore, sur leur naissance, le droit direct de la paternité.

Enfin passons à un troisième et dernier point de vue, celui de l'éducation de la jeunesse. Aujourd'hui même, serait-il heureux, pour le catholicisme, que l'on rejetât de l'enseignement les modèles de l'antiquité gréco-romaine qui a pris le nom de classique, sous prétexte que le christianisme en a lui-même assez produit, et que l'étude des orateurs, écrivains et poëtes qu'il a enfantés serait devenue suffisante? Un examen détaillé de cette question sortirait de notre cadre; mais nous ne craignons pas d'affirmer que l'application d'un tel système serait pernicieuse. Elle serait d'abord en contradiction avec la logique de l'évolution providentielle qui veut que les richesses produites par le travail de tous les temps s'accumulent pour former le trésor de l'avenir et servir d'éléments à de nouvelles productions; les inspirateurs ne peuvent être trop nombreux, et, jusqu'à la fin, on aura besoin de choisir parmi tous les chefs-d'œuvre de tous les âges pour composer le répertoire où la jeunesse ira puiser le sentiment et le développement de ses forces. Retrancher une partie des éléments de travail et d'inspiration fournis par le passé, sera toujours s'appauvrir, et entraver le progrès; or, c'est là faire tort au christianisme qui, devant l'homme de foi, s'illuminera, de plus en plus, dans le développement de la littérature, ainsi que tout ce qui est vérité; le mensonge est évidemment la seule chose qui puisse perdre à toute augmentation de lumière dans l'art comme dans la science. A cette raison générale s'ajoutent une foule de raisons particulières: au point où nous en sommes, il est faux que les modèles de l'évolution chrétienne puissent remplacer les autres; ils ne les valent pas au point de vue de la pureté classique et du bon goût; ils sont trop philosophiques pour l'enfance; ils ne peuvent intéresser les esprits naissants; ils sont écrits dans les langues de la décadence; si l'on renonçait à l'étude d'Homère et de Virgile, de Démosthènes et de Cicéron, il faudrait rejeter des humanités, le grec et le latin, ce qui aboutirait à les réduire à l'instruction primaire et à l'enseignement scientifique, et ce qui serait, par suite, laisser sans culture le germe du sentiment poétique dont la religion fait son grand mobile. On ne le voit que trop chez cette jeunesse dont on atrophie le cœur aujourd'hui par une étude prématurée et presque exclusive des mathématiques, contre laquelle M. Dupanloup, évêque d'Orléans, a élevé de si justes plaintes; la classe des littérateurs fournit des Chrétiens en grand nombre; celle des mathématiciens n'en fournit presque pas, dans ses rangs secondaires; nous ajoutons ce dernier mot, vu que les génies, dans tous les ordres, ne sont pas soumis aux influences des spécialités. Il faut, pour le bien de la religion, que les jeunes gens adonnés à l'étude, et dont la légion est toujours l'espérance de la propagande catholique dans l'avenir, soient exercés au sentiment du beau, afin qu'ils puissent apprécier le beau divin, l'embrasser avec enthousiasme, et devenir ainsi des semeurs ardents de la vérité religieuse; or, il est impossible, en général, de leur ouvrir l'âme à ces horizons invisibles pour les yeux de la chair, si on ne mélange, au moins, leur nourriture intellectuelle, des attrayantes beautés de la littérature profane. Qu'on essaye d'un autre système, et l'on verra la société lettrée se diviser en deux parts, la classe des profanes qui n'auront pas voulu renoncer à l'étude de la Grèce et de Rome, et la classe des dévots qui maudiront cette étude pour se livrer exclusivement à celle des Pères de l'Eglise; mais bientôt l'infériorité de celle-ci deviendra visible ; elle ne pourra soutenir la concurrence; elle sera l'objet du mépris du monde, pendant que sa rivale brillera de toutes les splendeurs d'une littérature solide, étendue, savante et pure; et le catholicisme en subira toute la responsabilité dans l'esprit des masses, puisqu'elles ont pour habitude de toujours confondre les choses avec les hommes ; on s'éloignera de son sanctuaire appelé alors le refuge des sots ; et se réalisera le plan infernal d'isolement qu'avait conçu contre lui Julien l'Apostat. Mais ne sera-ce pas le plus grand des malheurs ? Il est donc essentiel que nous ne cessions jamais de nous alimenter de toutes les littératures, et qu'en cela nous suivions toujours l'exemple des Pères de l'Eglise, si nous voulons poursuivre avec succès leur sublime et sainte entreprise. Les langues perfectionnées par les Homère, les Platon, les Cicéron, les Horace, deviendront les armures de la religion catholique aux jours réglés par la Providence ; elles sont maintenant les pierres acérées sur lesquelles nous devons aiguiser nos lames, et elles ne cesseront jamais de nous être nécessaires dans la grande croisade, parce que les élaborations du passé ne se perdent plus, et que l'ennemi, ne manquant pas de les ajuster pour sa cause, nous forcera toujours, si nous ne voulons encourir des défaites, de prendre, pour la nôtre, les mêmes précautions.

III. Nous avons parlé des classiques grecs et latins, mais nous n'avons rien dit des écrivains profanes de la période chrétienne.

Ils ne se présentent pas avec autant de majesté ; ils ne sont pas devenus, à l'égal des premiers, un principe de vie intellectuelle agissant d'âge en âge sur toutes les productions, et partageant, avec les maîtres de la littérature sacrée, la domination universelle. Homère et Platon, Cicéron et Virgile, sont des chefs dont l'esprit préside à tous les mouvements littéraires des générations qui les ont suivis, et il n'y a pas de noms qui puissent rivaliser avec les leurs dans le même genre d'influence. Cependant, il en est quelques-uns qui sont aussi de grands inspirateurs et de puissantes forces motrices : Que devons-nous dire, en général, de cette littérature, qui, tout en naissant au sein de l'atmosphère chrétienne, doit conserver la qualification de profane ?

Il faut d'abord la diviser en deux espèces essentiellement distinctes relativement au catholicisme : celle qui ne l'attaque pas ou qui le protége indirectement, et celle qui lui fait la guerre.

La première lui est évidemment favorable, quel que soit son but immédiat ; car ce but ne peut être que la recherche et l'exposé de quelque vérité humaine ; or, toute vérité étant nécessairement liée à toute vérité, travailler pour l'une, c'est travailler pour l'autre. D'ailleurs, la littérature en elle-même développe l'esprit, aiguise la sensibilité, active l'énergie, ouvre l'âme étend ses horizons, et rend, par une suite nécessaire, l'individu qui subit son influence, plus propre à la conception, à l'amour et à la défense des vérités religieuses. Que l'éloquence discoure donc, en dehors de la religion, devant les foules qu'elle passionne, sur les questions d'ordre politique, ou d'organisation sociale, ou de droit humain, ou d'intérêt particulier, ou de science, ou d'histoire, ou d'art, ou de toute autre espèce, elle sera bénie par la religion qu'elle ne prétend ni attaquer ni soutenir. Que l'Ecriture discute sur la philosophie naturelle, élucide les événements passés, expose les découvertes, propose des théories d'amélioration sociale, fasse des traités dans tous les genres, et vulgarise les idées nouvelles aussi bien que les anciennes, elle sera considérée avec amour et reconnaissance par la religion, qu'elle ne fera que servir avec d'autant plus d'efficacité qu'elle paraîtra moins s'occuper d'elle. Que la poésie, variant ses habits de fête, se joue dans les malices de l'apologue, ou dans les grâces de la pastorale ; qu'elle jette l'épigramme et la satire aux vices des individus et des sociétés ; qu'elle revête de ses fleurs la philosophie ; qu'elle tire de la corde lyrique les mélodies et les frémissements, les amoureux soupirs et les marches glorieuses, les chants de tristesse et les cris exaltés ; que, livrée à toutes les péripéties du sentiment et aux accès créateurs du génie, elle mette en action les héros épiques ; qu'elle les fasse vivre sur la scène, dans leur grandeur, leurs passions, leurs tragiques aventures, ou qu'elle y personnifie, dans les riants et comiques entretiens, les vertus et les vices, les ridicules des mœurs et les délicatesses du bon ton ; que la poésie s'abandonne à tous ses jeux, elle n'a rien à craindre de la religion intelligente, pourvu qu'elle ne la traite point en ennemie : celle-ci l'applaudira, et trouvera sans cesse occasion de la remercier, comme une sœur, de services reçus.

La littérature dont nous parlons travaille pour le bien-être terrestre, soit du corps, soit de l'esprit, soit du cœur ; la religion s'occupe aussi de ce bien-être, elle sait que la terre, étant le vestibule qui mène au dernier séjour, ne doit pas être négligée, que négliger la voie serait négliger le but, et que prétendre travailler pour le ciel, sans faire entrer dans la trame la considération des intérêts terrestres, n'est autre chose qu'une inconséquence grossière et déplorable ; elle se retrouve donc luttant près de la littérature sur le même terrain et pour la même cause ; et comment se ferait-il que deux frères d'armes ne seraient pas amis ? Leurs missions se confondent, toutes différentes qu'elles soient dans leur objet direct ; on s'aime, on se soutient, on s'excite, on s'applaudit, on s'entr'aide quand on combat dans les mêmes colonnes, bien qu'avec des armes, des costumes, des tactiques, des langages divers et des motifs différents.

La littérature qui fait la guerre à la religion ne mérite pas ses faveurs si on la considère dans ses intentions ; mais il est un point de vue sous lequel la religion lui doit toute reconnaissance. Rappelons-nous les grands combats intellectuels de nos pères dans la foi avec les soutiens des religions antiques et des philosophies erronées ; sans le besoin qu'avait l'Eglise de ces plumes ardentes, sans les coups d'aiguillon que lui portaient des adversaires redoutables, nos grands hommes se seraient sanctifiés dans la retraite sans avoir même l'idée de produire un chef-d'œuvre ; tout ce qu'ils nous ont laissé de bien en éloquence sacrée fut provoqué par des attaques auxquelles il était essentiel de répondre. Sans les Porphyre et les Jamblique, nous n'aurions pas les Origène et les Augustin ; sans les littérateurs profanes ennemis de l'Eglise, nous n'aurions pas nos littérateurs sacrés ; sans les hérétiques nous n'aurions pas les Pères. Oh! que la parole du Christ était profonde! *Il est nécessaire qu'il y ait des scandales.* (*Matth.* xviii, 7.) Que serait l'Eglise sans la contradiction? Une reine sans gloire, une armée sans trophées, une humble sainte endormie dans sa foi, ignorant le progrès, manquant tout ensemble de faits glorieux à enregistrer dans ses annales et de plumes éloquentes pour les décrire : ce serait la mort où est la vie, le silence où est le bruit, la nuit où est la lumière. Ne nous plaignons pas de la littérature ennemie, nous lui devons tous nos titres de gloire. Si, aujourd'hui même, elle venait à disparaître complétement de la scène du monde, la discussion se voilerait la face, et Dieu n'aurait plus qu'à rappeler sa religion dans les cieux, car sa grandeur terrestre aurait clos sa carrière. Littérateurs ennemis, faites des chefs-d'œuvres de poésie, d'argumentation, d'éloquence ; plus vous en ferez plus nous en ferons ; nous avons besoin d'une concurrence formidable ; nous avons besoin de vos coups pour déployer nos vertus ; nous vous saurons gré de vos efforts, puisque nous leur devrons nos tactiques nouvelles et de nouveaux triomphes.

Arrière donc les théories d'intolérance et d'étouffement par lesquelles on prétend laisser libre cours à nos productions religieuses en élevant des barrières matérielles contre les productions opposées! L'esprit seul peut condamner et enchaîner l'esprit ; mais, de plus, nous ne connaissons pas d'aussi perfide manœuvre ; c'est nous condamner nous-mêmes au silence ; c'est nous dire : Dormez sur vos exploits passés, votre règne est fini, plus d'ennemis, plus de combat, plus de triomphes, plus de gloire ; et à la religion : tu seras désormais sur la terre une oisive déesse savourant les délices énervantes que Satan te prépare dans la grande Capoue. Mais Dieu aura soin de sa fille ; il lui conservera sa grandeur et en dépit de Satan, des ennemis pour signaler sa force. Il l'a faite guerrière, il l'a faite militante ; et, jusqu'au dernier jour de son pèlerinage, elle brillera devant le monde sous les traits de la Pallas antique : les loisirs de Cythère ne sont que pour Vénus. Oh! liberté de la discussion, liberté de l'attaque, liberté de la réponse, liberté de la presse, liberté de toute littérature! tu es notre force, notre grandeur, notre mouvement, notre vie! tu es notre espérance!...

IV. Quelques réflexions sur la littérature de notre époque et sur ses tendances, plus ou moins prophétiques de ce qu'elle deviendra dans l'avenir, ne seront pas inutiles

Le grand siècle avait conçu, et en partie réalisé, une sublime alliance entre le sacré et le profane en philosophie. Descartes, Leibnitz, Malebranche, Fénelon, Bossuet, furent les premiers héros de cette grande entreprise, contre laquelle s'est révolté en vain le siècle suivant par mauvais vouloir contre le christianisme, et ensuite le nôtre par une aveugle prévention contre la philosophie. Le xviii° croyait tuer la religion en sauvant la raison ; le xix° croyait sauver la religion en tuant la raison ; le premier ne faisait, au fond, que sauver la religion, et le second l'aurait tuée si elle eût été mortelle. On ne tue pas la philosophie sans tuer la religion ou la religion sans tuer la philosophie ; voilà la vérité ; de sorte que toute levée de boucliers avec de tels plans est peine perdue. Mais où donc voulons-nous arriver? à cette observation que le xvii° siècle, en travaillant, d'un côté, à l'alliance du profane et du sacré, n'y travaillait pas de l'autre, au moins explicitement et sauf les exceptions ; il ne christianisa pas la littérature ; elle se fit gréco-romaine plus qu'elle ne l'avait jamais été. Cela fut-il un malheur? nous pensons le contraire ; elle dut, à la passion des génies de cette époque pour l'antique, sa formation sous les meilleurs auspices, c'est-à-dire sous les auspices de la pureté, du bon sens, du bon goût, de l'ordre, de la règle, du travail sévère, et de tout ce qui fait qu'une langue s'élève promptement à une grandeur immense. Mais il n'en reste pas moins vrai que la couleur fut païenne en général ; qu'on n'apprécia point les ressources que fournissent la religion et la nature à l'artiste ; que la mythologie régna comme jadis dans Athènes, et plus qu'à Rome ; qu'on ne put comprendre ni les Pères de l'Eglise, ni Dante, ni Milton, ni Shakespeare, ni le Tasse, ni même la Bible et l'Evangile sous le rapport littéraire ; et qu'enfin il ne fut créé rien de sublime qui n'eût déjà son type dans l'antiquité, en ce qui regarde la forme ; Corneille ressuscite Eschyle et Sophocle ; Racine, Euripide ; Molière, Aristophane, Plaute et Terence, qu'il réunit en *un* dans sa personne type inimitable ; la Fontaine, Esope et Phèdre, qu'il surpasse autant que la nature nos jardins ; Fénelon, Homère et Virgile, qu'il réconcilie avec Platon ; Bossuet et Bourdaloue, Cicéron et Démosthènes, qu'ils égalent peut-être ; Boileau, Horace, qu'il égale aussi sous certains rapports et perfectionne même sous quelques-uns, etc. Le dix-huitième siècle, ne voulant pas profiter du principe fécond, semé par son père, que nous avons appelé l'alliance de la philosophie et de la religion, ne garda que la forme gréco-romaine en cherchant même à la désosser de l'idée chrétienne qu'il y trouvait fortement unie ; aussi fut-il très-inférieur en productions littéraires ; il se montra froid, imitateur, peu inventif, sans lyrisme, et calculateur jusqu'en poésie, bien que très-beau par sa clarté, sa précision, son esprit, et ses études critiques. Ce n'est que dans le dix-neuvième que le germe semé par le dix-septième a produit des fruits, et ces fruits n'ont été visibles jusqu'alors que dans l'épanouissement littéraire. Pendant qu'on attaquait les efforts du cartésianisme pour harmonier la philosophie et la religion, on se lançait dans un genre nouveau de littérature qui n'était autre que l'alliance du sacré et du profane. Déjà l'Allemagne en avait donné l'exemple, et madame de Staël, en nous la faisant connaître, nous poussa avec énergie dans cette voie. Notre siècle a l'honneur d'avoir été nouveau, et d'avoir créé quelque chose ; il a sans doute poussé la pointe à l'excès, mais ce sera un titre d'autant plus évident à son commencement de paternité sur le vrai genre chrétien réservé à l'avenir.

On connaît l'essor majestueux et grandiose donné au genre nouveau, dit romantique, et qu'ailleurs nous qualifions d'oriental, par Chateaubriand. Honneur immortel à cette grande intelligence, à ce noble cœur, à ce sentiment élevé, qui conçut l'idée du *Génie du Christianisme!* Lamennais, Lamartine, Victor Hugo, Lacordaire, sont ses fils, avec une foule d'historiens, de critiques, de romanciers, d'orateurs, de poètes, et d'écrivains dans tous les genres. C'est lui qui a révélé aux talents naturels de notre âge le sentiment de leur individualité et de ce qu'ils pouvaient tirer d'une mine inconnue, qui devait devenir la source des plus fastueuses richesses. La Bible et l'Evangile ont été étudiés, admirés, sentis, glorifiés et pris pour modèles. Dante, Milton, le Tasse, Shakespeare, sont devenus populaires. On a observé la nature à l'œil nu, comme l'avaient observée les premiers maîtres, au lieu de le faire, selon la vieille méthode, à travers le store magnifique tendu sur elle par ces maîtres eux-mêmes ; on l'a vue avec son regard propre, et elle a été reproduite sous des nuances aussi variées qu'ignorées jusque-là. C'est alors, pour la première fois, que la poésie lyrique a pris, chez nous, son véritable essor ; elle s'est inspirée et nourrie de philosophie religieuse ; elle s'est empreinte du caractère biblique ; a l'appel des Lamartine et des Victor Hugo, elle a ouvert ses ailes toutes grandes et s'est donné pour carrière les infinis de la nature et du christianisme. Par une sorte de reconnaissance, les Lacordaire et les Cœur ont associé, dans la chaire, le profane au sacré, ont fait celui-ci homme, l'ont rapproché du monde et l'ont réconcilié avec la terre. Tout a changé dans la couleur, le ton, la méthode ; tout s'est imprégné d'une mélancolie évangélique ou de la vigueur exubérante des prophètes. L'abondance des images a débordé ; le ciel, la campagne, le soleil, l'orage, l'oiseau, la fleur, l'océan, ont déteint sur le style. Les maîtres ont produit des créations solidement belles dans le genre nouveau, et, comme il arrive toujours, les petits, à leur suite, ont manqué souvent de goût, et se sont perdus dans l'exagération ; d'où est résulté que le classisme austère du xviiie siècle a eu son prolongement honorable dans le xixe, et s'est rendu éminemment utile par sa critique et son exemple mis en antithèse avec les abus.

Or, dans cette brillante irradiation de la littérature, le christianisme n'a-t-il pas gagné considérablement? Il y a eu rapprochement rapide des cœurs vers le sentiment évangélique. On a vu une réaction religieuse des plus touchantes et des plus universelles ; c'est la littérature qui l'a provoquée, conduite, et puis chantée dans toutes ses langues. La preuve que nous ne faisons pas un sophisme en donnant le nouveau débordement littéraire pour une des causes du mouvement chrétien, c'est que, dans la classe lettrée, ceux-là seuls, en général, qui sont restés des classiques purs, et qui ont formé ce prolongement du xviiie siècle dont nous parlions quelques lignes plus haut, ont résisté à l'invasion religieuse, et ont composé le petit troupeau héritier de ce qu'on appelait la philosophie au temps de Voltaire. C'est que la forme agit sur le fond comme le corps sur l'âme ; elle agit souvent sur le fond plus que le fond n'agit sur la forme ; il en est d'une foule de phénomènes moraux comme d'un grand nombre de plantes, en qui la sève circule par l'écorce et non par le cœur.

Mais on se tromperait étrangement si l'on nous attribuait la folie de penser que la littérature romantique est le *summum* du progrès, et même l'emporte sur celle qu'on a voulu sottement lui opposer comme rivale. Il lui manque une condition essentielle de la grandeur parfaite, le véritable esprit philosophique ; elle ne sera catholique, comme nous l'entendons, que le jour où, reprenant au xviie siècle son idée de l'harmonie de la raison et de la foi, se l'appropriant et la développant avec largeur, elle rappellera, en même temps et par là même, quelque chose de la sévérité classique dans son maintien, tout en gardant et déployant mieux que jamais ses draperies orientales. C'est alors qu'elle sera divine et humaine, profane et sacrée, philosophique et religieuse, naturelle et surnaturelle tout ensemble, en un mot catholique. Voilà le saint mariage où l'avenir convole, la fin des tendances du présent, le but des efforts de l'intelligence et de la foi.

Oh! quelle sera belle et majestueuse cette littérature qui est encore à naître ! La philosophie platonique et cartésienne lui prêtera sa logique, lui montrera les splendeurs de son rêve et la munira du sceau de la sagesse. Le bon sens et le bon goût gréco-romain régleront son vol, modéreront ses écarts, poliront ses formes. La religion catholique et la nature lui ouvriront leurs palais enchantés. Le vrai surnaturel manquait aux anciens ; il lui sera révélé dans ses splendeurs magiques. Déjà nous avons vu les plus grands chefs-d'œuvre littéraires sortir de cette source, ceux de la Bible et ceux des poëtes chrétiens ; mais il faut bien le dire, il leur manquait encore, soit le goût exquis de la Grèce, soit l'idée philosophique élevée aux clartés qui l'attendaient, ou, si ces qualités n'y manquaient pas, il y avait une sorte d'esclavage de la règle au détriment de la libre expansion poétique et de l'audace chrétienne. Ces éléments s'uniront dans une magnifique harmonie, aujourd'hui en problème, mais dont la découverte s'épanouit, au regard prophétique, dans le mystérieux laboratoire de génies nouveaux et de nouvelles explosions littéraires. Il y a des esprits qui n'imaginent rien de plus beau que ce qu'a réalisé le passé ; il y en a d'autres qui pressentent et annoncent, sans les pouvoir définir, des créations sublimes réservées au temps ; il y a, enfin, les grands maîtres qui les réalisent : Dieu nous a refusé la puissance de ceux-ci, et nous a préservé de l'aveuglement de ceux-là ; nous sommes de ceux qui ont le pressentiment vague de ce qu'ils ne peuvent ni faire ni définir.

V. Mais nous avons donné à conclure que, dans notre pensée, le nouveau genre comptera le christianisme pour son premier générateur, et nous tenons à laisser nos lecteurs sous cette affirmation. Il en sera de la littérature comme de la politique et de l'économie sociale ; l'Evangile aura fourni la semence et arrosé la terre. Le passé peut servir de garant à la vérité de ces prédictions. Dans l'antiquité, si l'on compare la littérature biblique à toutes les autres, on la trouve supérieure sur les points les plus essentiels ; les livres de l'Orient sont loin d'être soutenus comme nos livres sacrés, et il est douteux qu'ils présentent même des morceaux qui égalent leurs pages les plus belles. Les œuvres de la Grèce et de Rome, pour être plus châtiées et plus pures, leur sont d'une infériorité frappante sous tous les rapports qui tiennent à la pensée et à l'espèce des ressources mises en jeu ; leur mythologie, quoique belle, ne vaut pas, tout le monde en est d'accord aujourd'hui malgré Boileau, la nature elle-même, prise dans sa réalité sublime, comme moyen d'imager les choses de l'esprit. Plus tard se montrent, en concurrence, les productions des Pères de l'Eglise et celle des païens de leur époque ; or la supériorité des premiers est plus que jamais évidente ; si même on compare les Pères de l'Eglise grecque, nourris de la Bible et du genre oriental, avec les Pères de l'Eglise latine, qui furent moins initiés à cette littérature, on trouve que les premiers sont plus poëtes, plus artistes que les seconds. Vient le moyen âge, suivi de la renaissance ; que sont alors, au point de vue littéraire, les œuvres écrites sous l'inspiration péripatéticienne, près de la divine comédie, cette épopée grandiose, la plus belle de toutes au goût de Lamennais, et de ce qui naît, après elle, sous l'impulsion des idées platoniques et de la poésie des Hébreux ? Nous avons parlé du xvii° siècle et de l'alliance qui s'y fait entre la philosophie spiritualiste et le dogme chrétien, bien que la forme gréco-romaine soit presque exclusivement employée ; or cette alliance joue le principal rôle dans la production, et les chefs-d'œuvre de ce siècle adorable sont encore, par ce biais, les fruits du christianisme. L'âge qui voit naître Polyeucte, Athalie, le Télémaque et le Mysanthrope, c'est la Grèce et Rome converties au christianisme. Quelle figure nous offre le xviii° après lui, pour avoir essayé de se faire moins chrétien ? L'Allemagne devient sublime en devenant biblique et platonicienne tout ensemble ; puis c'est le rôle de nos contemporains, qui surpasse celui des grands hommes de l'époque précédente, — desquels il faut cependant distinguer Rousseau, plus imbibé de christianisme — de toute la hauteur dont le Dieu de l'Evangile surpasse le Jupiter d'Horace.

Il est donc vrai que la littérature monte d'autant plus qu'elle s'inspire à la fois de la philosophie spiritualiste et du sentiment chrétien. Nous pouvons prédire qu'elle n'atteindra sa grandeur future que sous ces deux influences combinées.

Eh qui donc pourrait lui donner à parcourir d'aussi riches domaines, étendre à ses regards d'aussi vastes horizons, la brûler d'aussi dévorantes flammes ? C'est la création tout entière et, par-dessus, la sphère infinie des richesses de la rédemption ; c'est l'homme et Dieu, la terre et le ciel, le temps et l'éternité, la déchéance et la restauration, l'Eden et le Jardin des Olives ; c'est l'inépuisable répertoire de toutes les merveilles, que la philosophie et le christianisme proposent à l'exploitation de l'épopée, de la lyre, du drame, du discours, de l'histoire, du roman, de toutes les muses de la littérature. — *Voy.* LANGAGE.

LIVRES SACRÉS (Nos) — DEVANT LA FOI ET DEVANT LA RAISON. (II° part., art. 25.)

I. — L'Ecriture sainte devant la foi.

1. L'Eglise catholique universellement représentée dans le concile de Trente a porté, par ce concile, le décret suivant :

Le saint concile de Trente, œcuménique et général, légitimement assemblé sous la conduite de l'Esprit-Saint, les trois légats du Siège apostolique y présidant,...... afin que personne ne puisse douter quels sont les livres saints qu'il reçoit, a voulu que le catalogue en fût inséré dans ce décret.....

(Suit l'énumération de tous les livres de l'Ancien et du Nouveau Testament selon l'ordre de la *Vulgate,* commençant par la *Genèse* et finissant par l'*Apocalypse.*)

Or, si quelqu'un ne reçoit pas pour sacrés et canoniques tous ces livres avec toutes leurs parties, tels qu'ils ont coutume d'être lus dans l'Eglise catholique, et qu'ils se trouvent dans l'ancienne édition latine, la Vulgate, et méprise avec connaissance et de propos délibéré les *traditions susdites*, *qu'il soit anathème* (sess. 24).

C'est ainsi que procède l'Eglise. Elle étudie, examine, approfondit les questions souvent durant des siècles entiers; et quand arrive pour elle le moment de déclarer la vérité reconnue, et déjà crue universellement dans son sein, elle clôt les débats en proposant cette vérité à la foi sous les termes les plus précis.

Cependant, quelque clairs que soient ces termes, il reste toujours matière à discussion sur des points que le temps soulève ensuite, ou que l'Eglise a jugé prudent de laisser à l'examen des siècles suivants, ou même qu'elle trouve convenable, en mère tolérante, de ne point définir pour ne pas enfermer la raison de ses enfants dans un cercle trop étroit.

Tel est le décret qu'on vient de lire. Il reste à savoir ce que l'Eglise entend par livres *sacrés* et *canoniques*.

II. Pour mettre le lecteur à même de bien comprendre la latitude qui est laissée à sa raison par la sage retenue de l'Eglise à ce sujet, nous résumerons brièvement l'état où les travaux théologiques ont amené la question.

On distingue quatre espèces d'influences surnaturelles de Dieu sur l'homme, quand il s'agit d'émissions d'idées par la parole ou l'Ecriture. Ce sont la *révélation*, l'*inspiration*, l'*assistance* et le *pieux mouvement*.

1° Il y a révélation quand Dieu dicte lui-même la pensée et l'expression, ou au moins la pensée. Elle existe surtout, et même alors est essentielle, quand il y a ignorance antécédente de la chose révélée dans celui à qui elle est révélée. Les discours de Jésus-Christ à ceux qui l'écoutaient furent des révélations complètes de pensée et d'expression, bien qu'il ne fît souvent que révéler de nouveau des vérités naturelles évidentes ou déjà connues. Les prophéties, au sens vrai du mot, sont toujours des révélations, au moins de pensée, puisque Dieu seul connaît l'avenir.

2° Il y a inspiration, quand Dieu pousse directement et surnaturellement le parleur ou l'écrivain à dire ou écrire telle ou telle chose, dont il peut avoir naturellement la connaissance; l'inspiration, comme la révélation, peut porter sur la pensée seule, ou sur la pensée et l'expression. Quand les évangélistes racontent ce dont ils ont été les témoins, ou ce que d'autres disciples leur ont appris, il n'y a qu'inspiration. Il en est de même de Moïse quand il raconte ce qu'il a vu, ou ce qui est parvenu jusqu'à lui par la tradition.

3° Il y a assistance divine quand tout se passe naturellement sauf que Dieu veille d'une manière surnaturelle pour empêcher l'erreur. C'est ce qui a lieu dans le concile œcuménique et dans l'enseignement universel de l'Eglise. Ici la pensée et la parole sont de l'homme, comme dans l'ordre naturel; Dieu ne révèle point des choses inconnues, ce qui serait la *révélation*; il ne pousse point, non plus, extraordinairement à telle ou telle chose, ce qui serait l'*inspiration*; il laisse le cours des événements se développer, sans les diriger autrement qu'il ne le fait pour tout le reste, excepté ce seul point, auquel il s'est engagé, qu'il veille surnaturellement à ce que l'erreur ne s'introduise point, et fait en sorte de la repousser si elle se présente.

4° Il y a pieux mouvement quand l'homme se propose un but louable et selon Dieu, et qu'il écrit, au reste, sans garantie surnaturelle de véracité. Tous les bons livres sont écrits plus ou moins sous l'influence du pieux mouvement. On cite, comme exemple remarquable, l'*Imitation de Jésus-Christ*.

Ces distinctions posées, la théologie catholique n'admet pas que le pieux mouvement suffise, dans la composition d'un livre, pour qu'il puisse être appelé sacré et canonique; et, en effet, il ne différerait pas, alors, de tous les bons livres, et n'offrirait pas plus de garantie ni d'autorité.

Elle n'admet pas, non plus, que l'assistance suffise, bien que l'autorité fût alors aussi grande que possible puisqu'elle serait égale à celle de l'Eglise, parce que le livre ne pourrait pas être dit la *parole de Dieu*, et que, d'ailleurs, cette assistance est évidemment insuffisante pour expliquer la prophétie et tout ce qui est nécessairement chose révélée.

Nos livres sacrés sont donc, pour la foi chrétienne, des écritures révélées ou inspirées.

Mais, comme la qualité de révélé ne convient, d'après la définition qu'on en donne, qu'aux paroles qui sont sorties de la bouche de Dieu même, ou aux pensées qui expriment des vérités que l'homme ne pouvait connaître naturellement, telles que les prophéties; que d'ailleurs ces paroles sont des citations faites par les auteurs sacrés, et que ces pensées n'occupent qu'une très-faible partie des livres saints, étant souvent elles-mêmes exprimées sous forme de citations, de récits de visions, ou choses semblables, il reste, pour qualifier l'œuvre même de l'écrivain, dans son ensemble, le mot *inspiré*.

Ainsi donc la théologie entend par livres sacrés et canoniques des livres inspirés, qui, d'ailleurs, renferment, au moins en presque totalité, la révélation parvenue jusqu'à nous.

Nous disons, *en presque totalité*, parce que toute la révélation n'a pas été relatée dans ces livres, et que quelques points de cette révélation surnaturelle, surtout de celle du Christ, ont été conservés par la tradition orale, ou consignés dans d'autres livres non inspirés, au sens théologique du mot.

III. Mais, s'il nous faut reconnaître que, devant la foi catholique, nos livres saints sont inspirés, ce mot, bien que défini comme nous venons de l'expliquer, nous laisse encore une grande latitude.

L'inspiration peut tomber sur la pensée et l'expression, sur la pensée seule, et enfin, sur une partie seulement des pensées.

Or, l'Eglise n'a rien défini sur ces trois questions, et elles ont donné lieu à trois systèmes qu'on peut soutenir sans blesser la foi.

1° Les uns veulent que l'Ecriture soit inspirée quant à l'idée et quant au style, en sorte que tout soit de Dieu agissant surnaturellement, et que l'homme n'ait été, dans sa main, qu'un pur écrivain au sens matériel du mot, un simple scribe.

2° D'autres disent que Dieu n'a point influé miraculeusement sur la phrase et tout ce qui s'y rattache en fait d'expression, qu'il a laissé au contraire chaque auteur s'exprimer naturellement dans son langage; mais qu'il a inspiré la composition dans toute sa trame et dans tous ses détails, non pas en ce sens qu'il n'y ait aucune parole dont Dieu n'accepte la pensée comme sienne, car on lit, dans les Ecritures, beaucoup de propos mauvais, erronés, impies, ainsi que de faits de la même qualité, qui sont relatés en genre de narration, et dont le personnage en question est seul responsable, mais en ce sens que Dieu a inspiré à l'écrivain, par détails, d'écrire tout ce qui est écrit, à savoir le bien pour lui-même, et le mal dans l'intérêt et au profit du bien.

3° Enfin, plusieurs ont soutenu que Dieu n'a inspiré que les idées principales touchant à l'ordre religieux, à la foi et aux mœurs.

La première de ces opinions a été soutenue par les célèbres sociétés de Douai et de Louvain, par l'éditeur de la Bible de Vence, et par quelques interprètes de l'Ecriture jouissant d'une autorité semblable.

La seconde a pour elle la société des Jésuites, la théologie de Poitiers, Bergier et la plupart des théologiens.

La troisième est regardée, en général, comme dangereuse. Nous avons lu, dans plusieurs interprètes, qu'elle ne s'appuie que sur des autorités équivoques, quoique l'Eglise ne l'ait jamais condamnée. Nous croyons ce jugement un peu hasardé, car nous trouvons dans Holden, qui n'est point une autorité équivoque, tant s'en faut, les paroles suivantes : « Le secours spécial divinement accordé à l'auteur d'un livre que l'Eglise reçoit comme parole de Dieu, ne tombe que sur les choses qui sont ou purement doctrinales, ou ayant une relation prochaine ou nécessaire à la doctrine; mais dans les choses qui ne sont point dans le but de l'Ecriture, ou qui se rapportent à d'autres objets, nous jugeons que Dieu lui a accordé seulement le secours commun qu'il accorde à tous les pieux écrivains. » (*De resolutione fidei*, lib. i, cap. 5, lect. 1.)

IV. Nous n'exposerons pas les raisons de ces trois systèmes; vu qu'à notre avis elles n'en valent pas la peine. Elles sont de trois espèces : les unes sont tirées de passages de l'Ecriture elle-même; d'autres de l'autorité des saints Pères; d'autres enfin sont des raisons de convenance. Or les premières ne sont point concluantes, soit parce que les textes allégués peuvent s'interpréter facilement dans un autre sens que celui qu'on leur donne, soit parce qu'ils sont contre-balancés par d'autres qu'apportent les adversaires et qui peuvent en modifier la rigueur apparente. Les secondes sont sujettes aux mêmes inconvénients en ce qui concerne les deux premières opinions considérées entre elles ; mais quant à la troisième, la tradition paraît lui être très-défavorable. Enfin les raisons de convenance sont toutes susceptibles d'être réfutées par des explications très-plausibles ou balancées par des convenances contraires à peu près aussi fortes.

Mais puisqu'il nous est loisible de faire un choix, nous dirons notre avis, en l'appuyant de quelques motifs.

Nous prenons pour base le principe posé dans la seconde opinion qui est la plus commune, à savoir qu'il n'y a rien dans les Ecritures qui ne soit inspiré quant à la pensée, en ce sens que Dieu a voulu que tout ce qui s'y trouve y soit écrit, et a pris, dans ce but, le moyen surnaturel qui consiste dans cette impulsion intime, particulière, qu'on nomme inspiration ; et à ce principe nous rattachons quelque chose des deux autres opinions.

D'abord il y a une liaison si parfaite entre le style et la pensée qu'il nous semble dériver, par voie de conséquence, de l'inspiration de la pensée une inspiration du style, toutes les fois qu'il s'agit de productions poétiques et d'émissions de vérités philosophiques. Dans ces deux circonstances une inspiration implique l'autre, bien qu'on puisse ne regarder celle du style que comme médiate et dérivant de la première. Il n'en est pas de même de ce qui n'est ni poésie ni philosophie, tel que les simples narrations de faits ; on conçoit très-bien, alors, que le surnaturel ne soit en jeu que pour pousser l'écrivain à raconter la chose avec tous les détails de la chose, et que le reste se fasse naturellement comme dans le travail de tous les historiens. Par exemple, lorsque Moïse appelle Dieu, *celui qui est*, nous ne voyons pas que, dans l'émission de ce principe philosophique, on puisse concevoir que la pensée ait été inspirée sans l'expression, celle-ci étant une suite nécessaire de celle-là. De même de tous ces morceaux lyriques dont Job, Moïse, David, Salomon, les prophètes, saint Jean, sont remplis. Le style de ces morceaux est principalement dans l'image, et l'image est inséparable de la pensée qui constitue l'essence de la production. Si cependant on voulait entendre par le style ce qu'il y a de purement grammatical, mécanique et conventionnel dans l'expression, nous dirions que cette partie s'est produite d'une manière toute naturelle, aussi bien sous la plume de l'auteur que sous la plume des traducteurs qui ont fait passer son œuvre d'une langue dans une autre. Mais ce n'est point là le style à notre avis; le style est quelque chose d'indéfinissable qui se distingue difficilement de la pensée, qui en est comme la nuance, l'auréole, le rayonnement, la couleur, la floraison vivante et qui participe essentiellement de son origine. Cette inspiration du style que nous admettons dans les écrivains sacrés n'empêche pas la variété des genres; car chaque époque et chaque écrivain ayant leur nature propre sous le rapport littéraire, et Dieu, se servant de cette nature, non pas comme d'un instrument matériel, mais bien comme d'une vertu morale, l'inspirait à produire des fruits en rapport avec elle-même, lui soufflait une expansion, qui, au sortir de son moule, en gardait la forme, le caractère, la teinture. Dieu aurait pu en agir autrement, mais le fait même atteste qu'il en a agi de la sorte, et le naturel qui en résulte nous paraît être une merveilleuse beauté.

Voilà ce que nous empruntons au premier système. Nous emprunterons aussi quelque chose au dernier.

Il y a dans l'Ecriture sainte des fautes de géographie, de chronologie, d'histoire naturelle, de physique, de science en un mot, peut-être aussi des inexactitudes philosophiques, et des défauts en littérature contre le bon goût réel et invariable. Comme ces fautes tiennent, en général, à la pensée même, la seconde opinion ne suffit pas pour les expliquer. Il est vrai que les partisans de ce système se rejettent sur les copistes et les traducteurs pour rendre compte d'un grand nombre et pour en disculper la vérité éternelle; mais cette explication n'est pas toujours plausible; on trouve des choses inexactes qui sont liées trop essentiellement au texte, et trop considérables pour qu'on puisse les expliquer par les copistes; d'ailleurs cette réponse ne fait, à notre avis, que reculer la difficulté; si Dieu a voulu donner au monde un livre qui soit absolument sans erreur, en quelque genre que ce soit, et qui lui serve de règle sous tous les rapports, il a dû prendre le même soin à ce que ce livre parvienne intègre jusqu'aux derniers âges, qu'à la pureté de sa composition même. Ne semble-t-il pas, au moins, qu'il eût ménagé des moyens aux siècles à venir pour retrouver sans cesse le texte pur avec certitude et corriger les altérations. On répond qu'il y a une grande différence entre les deux inconvénients, que dans le premier, Dieu lui-même serait l'auteur de la faute, tandis que dans le second, ce sont les hommes, et qu'il paraît naturel que, le livre inspiré une fois jeté dans le courant humain, Dieu n'en surveille pas l'intégrité avec plus de soin que celle des révélations jetées dans la tradition orale. Nous ne pensons certainement pas que Dieu soit obligé à faire davantage; nous croyons qu'il a pu en agir ainsi, et s'il l'a fait, l'humanité ne lui en doit que des actions de grâces; mais il n'en est pas moins vrai que nous ne voyons aucune différence, relativement au genre humain actuel, entre le livre entaché de quelques erreurs par altération, et le livre entaché de ces erreurs par composition, quand il n'y a plus moyen de retrouver le premier original; et, en conséquence, nous avons recours à une autre explication qui résoudra d'avance toutes les difficultés qui pourraient surgir, par exemple, des découvertes modernes en archéologie antique, lesquelles paraissent devoir donner au monde une durée qui dépasse celle que lui attribue la *Vulgate* et même le texte des *Septante*. Il paraît, en effet, que les études archéologiques de ces dernières années sur les monuments égyptiens ont trouvé une pyramide dont la construction remonte à l'an 4440 avant Jésus-Christ, et, bien qu'elles viennent jusqu'alors confirmer la narration biblique en ce qui est des temps assyriens et babyloniens, elles amèneront peut-être cependant quelques divergences dont les esprits malintentionnés pourraient profiter s'il n'y avait pas une réponse toute prête à leur offrir. — *Voy.* HISTORIQUES.

Dieu, en donnant au genre humain les livres inspirés, et plus tard l'Eglise, n'a point eu en vue de lui offrir, dans ces livres et dans cette Eglise, une règle de vérité de l'ordre purement humain, soit philosophique, soit scientifique, soit géographique, soit historique, etc., il a voulu seulement lui donner une règle en religion dans l'ordre surnaturel d'abord, et dans les principes de l'ordre naturel, qui sont essentiellement liés à cet ordre surnaturel. Quand il surveille l'Eglise en vertu de la promesse : *Je suis avec vous jusqu'à la consommation des siècles* (*Matth.* XXVIII, 20), quand il l'assiste à tout instant pour l'empêcher de tomber dans l'erreur, ce n'est pas sur toutes les matières possibles qu'il lui prête cette assistance; l'église peut très-bien participer aux erreurs humaines des siècles qu'elle traverse, lorsque ces erreurs ne sont point des erreurs en religion; c'est même ce qui a toujours lieu. Quand l'univers croyait que le soleil tournait, l'Eglise le croyait aussi; et en était-elle moins infaillible dans la conservation et le développement de la doctrine chrétienne? Appliquons ce principe aux livres inspirés : bien que Dieu les ait inspirés, en ce sens qu'il a poussé les auteurs à écrire tout ce qu'ils ont écrit, s'ensuit-il qu'il n'ait pu les pousser à y introduire des idées conformes aux croyances erronées des époques où ils écrivaient? Nullement : la seule chose qui eût été contraire à sa véracité eût été de leur inspirer des émissions d'erreurs religieuses faites en son nom et au nom de la vérité, parce que de telles émissions auraient été opposées au but de l'inspiration même; mais si une erreur historique, géographique, astronomique, d'histoire naturelle, de chronologie, de chimie, de physique, de littérature, de politique, d'économie sociale, de philosophie même, dans ce que ces sciences ont d'étranger à la religion, était accréditée, et que, d'un autre côté, la suite ou l'esprit de la composition amenât l'emploi de cette idée commune, il nous paraît tout simple que Dieu poussât l'écrivain à profiter de cette ressource, ou à se mettre en rapport avec cette croyance générale, en s'y conformant et la répétant. S'imposer le silence absolu sur toutes les erreurs reçues et sur tous les préjugés, eût été s'isoler de l'état des esprits, et négliger des ressources utiles; corriger ces erreurs et ces préjugés eût été entreprendre un enseignement que

Dieu avait réservé, dans son plan primitif, au développement naturel des âges futurs. De semblables inexactitudes n'avaient aucune importance relativement au but que Dieu se proposait, et il était d'ailleurs utile, en vue de ce but, qu'il poussât l'écrivain à s'y conformer, pour que l'ouvrage fût à la portée du genre humain. Jésus-Christ lui-même n'a-t-il pas quelquefois usé, dans ses paraboles et son langage, d'une méthode semblable? Qu'un curé explique à des enfants le chapitre du catéchisme sur la création du monde, et, pour se faire comprendre, leur dise à plusieurs reprises, qu'il y a six mille ans il n'y avait rien, et que tout à coup, en six jours, Dieu fit l'univers par sa parole; que ce curé soit, par devers lui, un géologue fermement convaincu que la terre existait déjà, se développant peu à peu depuis des siècles innombrables à ce moment même dont il parle à ces enfants, et qu'il cherche à leur représenter comme éloigné seulement d'une soixantaine de vies d'hommes mises bout à bout, pour arriver à introduire dans leur esprit l'idée exacte de la création, dira-t-on que ce curé a fait un mensonge, en se mettant de la sorte à la portée des enfants auxquels il fait le catéchisme, et non pas un cours de géologie? Il en est ainsi de Dieu inspirant, pour l'instruction religieuse du genre humain, les auteurs sacrés. La Bible est une règle de foi dans l'ordre religieux, et, dans tout le reste, représente seulement, ce nous semble, les croyances de l'époque, comme les livres ordinaires, bien que tout soit inspiré dans le sens expliqué ci-dessus. La même raison est applicable à l'intégrité de la conservation; Dieu empêche qu'il s'introduise, par les copistes et les traducteurs, des erreurs dans l'ordre de choses dont elle est la règle, et pour le reste laisse la transmission se faire d'un siècle à l'autre avec ses inconvénients naturels, qui sont, au reste, complétement disparus depuis l'invention de l'imprimerie. Ansi donc, s'il arrive qu'on découvre, dans l'Ancien ou dans le Nouveau Testament, des erreurs d'un ordre scientifique quelconque, étrangères à la religion, n'en éprouvons aucun embarras, disons seulement : telle était la croyance à cette époque ; Dieu, pour se mettre à la portée des hommes, se conforma à cette croyance en inspirant l'écrivain, et il ne faillit point à sa véracité en agissant de la sorte, par cela même que, n'ayant point pour but de les instruire sur cette matière, il ne donnait comme sienne aucune des propositions de cette espèce, mais poussait seulement l'auteur à les emprunter au langage et à la croyance du peuple et du siècle auxquels il s'adressait dans le moment de la composition.

Voilà ce que nous prenons du troisième système. Nous ne disons pas, qu'il n'y ait d'inspiré que les passages d'enseignement religieux. Au contraire, nous disons, avec le plus grand nombre des interprètes, que tout est inspiré; mais, malgré cette inspiration, nous ne laissons le caractère de règle de foi, et de certitude absolue qu'aux émissions de l'ordre religieux, dogmatiques et morales, toutes les fois qu'elles sont faites au nom de la vérité.

C'est au reste à cette conclusion qu'arrivait Holden, un demi-siècle avant Bossuet, par une voie différente de la nôtre. Tout en ne reconnaissant l'inspiration que dans les choses tenant à la religion, il professait l'absence complète de toute erreur dans l'Ecriture sainte, et raisonnait ainsi : « Les vérités philosophiques (il entend par ce mot tout ce qui est étranger à la religion) ne doivent être ni démontrées ni réfutées par les pures et nues paroles ou sentences de l'Ecriture sacrée; car, quoiqu'elle ne comporte aucune fausseté, le mode d'élocution y est, en général, vulgaire, et adapté à la portée commune des hommes, plutôt qu'à la propriété des termes et à la rigueur du discours. Ainsi celui qui voudrait tirer de la forme du langage et de la phrase de l'Ecriture sainte, des règles de grammaire, de poésie, de rhétorique, ou d'autres arts libéraux, s'éloignerait singulièrement de l'excellence et de la perfection de ces arts (ceci prouve qu'au temps de Holden, si on savait faire de la théologie et de la philosophie, on ne savait pas apprécier la beauté littéraire de nos Ecritures sacrées), de même celui qui voudrait déduire de passages rencontrés dans l'Ecriture, et exprimant, en langage vulgaire, des vérités physiques, mathématiques, astronomiques, ou de toute autre science philosophique, ferait une chose indigne d'un théologien et d'un philosophe. » (*Ubi supra.*)

V. Résumons-nous : il est de foi catholique que tous les livres de l'Ancien et du Nouveau Testament sont inspirés de Dieu surnaturellement. Il n'est pas de foi que tout soit inspiré dans ces livres, et moins encore que l'élocution soit inspirée. Nous croyons que l'inspiration a porté sur la composition entière avec ses détails, que le style lui-même, dans les morceaux philosophiques et poétiques, est inséparable de l'inspiration, mais que l'erreur est possible dans tout ce qui est étranger à l'ordre religieux dogmatique et moral, soit par introduction dans la composition même, soit par altération de la transmission jusqu'à nous, et qu'en conséquence, ils ne sont règle infaillible et certaine que dans cet ordre religieux, et ce qui s'y rattache d'une manière importante.

C'est l'inspiration ainsi comprise que nous allons faire poser devant la raison.

II. — L'Ecriture sainte devant la raison.

I. La raison du philosophe n'imaginerait pas sans doute une autre inspiration divine que cette inspiration naturelle qu'elle est obligée de mettre, comme cause première, à la racine de toutes les opérations intellectuelles et de toutes les connaissances de la créature, pour en concevoir la possibilité. Mais elle trouve, à l'inspection des peuples et de leur histoire, un phénomène aussi universel que singulier, qui lui en donne nécessairement l'idée.

Pas une seule des grandes familles qui ont composé jusqu'alors le genre humain n'a été dépourvue de livres sacrés auxquels on attribuait l'idée d'inspiration spéciale que nous venons d'expliquer et même avec exagération.

Les Ecritures sacrées des anciens Grecs étaient les chants mythologiques et philosophiques d'Orphée.

Celles des Romains étaient les livres sibyllins.

Celles des Egyptiens les livres d'Hermès ou *Thôth*.

Nous savons que les Chaldéens, Babyloniens, Assyriens en avaient aussi, lesquelles sont perdues comme les précédentes.

Nous avons encore une partie des livres sacrés de la famille des mages, du Zend-Avesta de Zoroastre.

L'immense société des brahmes conserve les siens qui sont en grand nombre; les quatre *Vedas* et le Code de Manou, sont les principaux; viennent après, les dix-huit pouranas, *le Mehabharata*, *le Ramayana*, *le Hariransa*, etc.

Les Djainas ont aussi leur *Vedas* particuliers, leurs *Pouranas*, et leurs *Sastras*.

Les Chinois ont leur *Kings*, leur *Tao-te-King*, leur *Y-King*, leur *Sse-Chou*, etc.

Les Japonais gardent leur *Kiô*.

Les Mongols leur *Neligarin-Dalai* (Océan de paraboles) et plusieurs autres.

Les Bouddhistes, formant encore une famille de 260 millions d'hommes, ont leur *Kha-Ghiour*, leur *Sta-Ghiour*, leur *Phati-Mokkha*, leur *Virak*, etc., etc.

Les Scandinaves avaient leurs *Eddas* dont il nous reste quelque chose.

On sait que la famille islamite a *le Koran*.

Il serait enfin difficile de trouver, dans un point quelconque des deux hémisphères, une communauté religieuse ou une peuplade un peu considérable qui n'ait, au moins, quelques chants sacrés que la tradition transmet, et que l'on révère comme étant la parole de la Divinité même.

Il n'y a pas à se tromper sur le sens attaché par tous ces peuples aux mots livres saints, livres sacrés, livres canoniques; la différence qu'ils mettent entre ces livres et tous les autres dont leurs langues sont plus ou moins pourvues, le respect qu'ils leur portent, la foi aveugle qu'ils ont à l'enseignement que ces livres contiennent, l'histoire merveilleuse qu'ils leur attribuent, tout enfin ne laisse aucun doute sur l'idée complète de révélation ou d'inspiration qu'ils ont dans l'esprit. —*Voy.* dans le *Dictionnaire des Religions* tous les articles sur les livres sacrés des divers peuples.

Voilà le grand phénomène moral que la raison constate nous oublier de le renforcer de celui des livres sacrés des Hébreux et des Chrétiens, qui vient donner, à l'idée d'inspiration divine dans l'Ecriture humaine, le plein caractère de l'universalité.

II Ce premier pas fait dans l'observation, la raison en fait un second d'une autre espèce dans l'examen *a priori* de la possibilité de l'inspiration en elle-même; et voici comment elle raisonne :

Si l'on remonte à l'origine de tout ce qui se produit de vrai, de bon et de beau dans la créature, on arrive à Dieu comme inspirateur radical; impossible de rendre compte d'aucune idée vraie, d'aucune volonté pure, d'aucune beauté morale ou physique, d'aucune éruption d'être, en un mot, sans lui donner Dieu pour cause. Le mal seul, qui est un retrait de la créature dans le vide, un écart, senti ou non senti, voulu ou involontaire, coupable ou innocent, loin de l'être et de la vie, peut venir d'elle et vient nécessairement d'elle, vu qu'étant déjà, par sa nature, un mélange d'affirmation et de négation, elle est capable d'augmenter la seconde par elle seule, par sa mauvaise volonté ou par les simples tendances de son être, tandis qu'elle ne peut ajouter à la première sans un travail de Dieu sur elle-même, par cela qu'elle ne saurait être une puissance créatrice. Tout le bien, tout le vrai, tout le beau de toute composition philosophique, religieuse, littéraire, scientifique, artistique, etc., est donc une inspiration de Dieu, pendant que tout le mal, tout le laid, tout le faux est le fruit de l'homme, fruit purement négatif, sans consistance et sans être.

Voilà, par conséquent, que tous les bons livres sont inspirés, et, dans les mauvais, tout ce qu'il y a de bon, d'où suit que, si la raison s'en tenait à cette considération fondamentale, il n'y aurait aucune différence entre les livres sacrés qui méritent ce titre et les autres livres. Mais elle conçoit, de plus, deux sortes d'inspirations : l'inspiration naturelle et philosophique qui vient d'être exposée, et une autre inspiration qu'on peut appeler surnaturelle en ce qu'elle se fait par une influence plus spéciale, et par des moyens autres que ceux dont Dieu ne peut se dispenser d'user pour maintenir la créature en action, puisque, sans le jeu de ces moyens naturels, celle-ci tomberait dans la léthargie de la mort. N'a-t-il pas, en effet, des influences de toutes sortes? Infini dans son essence, il l'est dans ses opérations. On comprend donc parfaitement une inspiration autre que l'inspiration naturelle et dont l'effet sera, par exemple, de révéler ce qu'il n'était pas du ressort des premiers moyens de faire connaître, tel que l'événement caché dans les profondeurs de l'avenir, tel que des vérités supérieures inaccessibles à la nature munie de la simple inspiration philosophique, ou encore d'empêcher l'erreur dans l'énoncé des vérités déjà connues ou pouvant être découvertes par la première inspiration. Cette inspiration surnaturelle se conçoit d'autant mieux qu'elle n'est, au fond, qu'un redoublement d'intensité de la première sans laquelle la création intelligente, aussi bien que la parole et l'écriture humaine, seraient des effets sans cause et sans raison. Elle se conçoit aussi d'autant mieux que le genre humain, au milieu du tourbillon de passions et de nuages qui l'enveloppe, a besoin d'une règle, non pas plus sûre que l'évidence rationnelle quand elle existe à l'état absolu, ce qui serait impossible, mais plus étendue vu le petit nombre de vérités sur lesquelles luit cette évidence. Elle se conçoit, enfin, d'autant mieux que, dès qu'on a admis la déchéance de l'humanité et la rédemption, on ne peut s'empêcher de trouver naturel que Dieu vienne apprendre à sa créature les mystérieux moyens dont il se sert pour relever ses destinées. Ne semble-t-il pas que l'hypothèse d'une rédemption implique même nécessairement, comme partie de l'ordre surnaturel qu'elle engendre, une inspiration surnaturelle de paroles et d'écritures, puisque ce sont les deux grands moyens de transmission des idées parmi nous ?

La raison conçoit donc, non-seulement comme possible, mais comme très-convenable et très-probable, que Dieu ait fait usage, à notre profit, de cette surabondance de manifestation de lui-même, de cette explosion surnaturelle de lumières et de flammes, qu'on appelle l'inspiration de l'Ecriture, et dont toutes les sociétés religieuses ont plus que l'idée, puisque chacune d'elles s'en attribue le privilège. La création nous prouve, par ses merveilles, que Dieu n'est point avare de ses dons, et cette considération suffirait pour disposer toute conscience droite à accepter sans peine ce qui n'est, de sa part, que surabondance de générosité.

III. Le troisième pas de la raison consiste dans l'examen comparé de tous les livres prétendus inspirés, afin d'arriver à découvrir ceux qui le sont réellement et tout à fait dans le sens que nous avons déterminé d'abord.

Cet examen doit porter sur les livres eux-mêmes, si l'on veut approfondir la question en savant et en philosophe, ce qui ne convient qu'à un petit nombre, et sur les preuves extrinsèques dont s'appuient les diverses religions pour établir l'inspiration de leurs livres sacrés.

Nous ne ferons pas ici cette étude, bien qu'on pût la résumer en un traité de médiocre longueur, parce qu'il n'entre dans notre plan que de l'indiquer, en renvoyant le lecteur aux travaux de la théologie et de la philosophie chrétienne sur cette matière : nous présenterons seulement quelques observations utiles au point de vue général.

IV. La raison observe que les prétentions des diverses nations relativement à leurs livres sacrés ne sont pas les mêmes. En dehors du christianisme, on leur attribue une autorité qui est de nature à fixer les peuples dans un état d'immobilité scientifique et philosophique vraiment déplorable. Avec le Koran, le code de Manou, les Kings de Confucius, le Zend-Avesta lui-même, et les livres brahminiques et bouddhistes, admis pour règle de toute vérité au point où ils le sont encore, le développement social est impossible, et, par le fait, n'existe pas ; c'est le fanatisme, la superstition ou l'absurde étiquette qui continuent de régner sans variation visible. Ces livres sont tellement une incarnation de la pensée divine, dans l'esprit des peuples, que c'est à la lettre même qu'on s'en tient, et que, sans se donner la peine d'en pénétrer l'esprit, on fait souvent tout consister dans la sainte récitation de textes cabalistiques que l'on ne comprend pas. Il n'en est point ainsi de notre foi en nos livres sacrés ; cette foi est rationnelle, comme on a pu en juger par l'exposé que nous en avons donné (*Voy.* Symbole), et elle laisse toute latitude au développement de l'activité humaine dans l'interprétation.

V. Une autre différence, non moins importante, résulte de l'étendue des matières dont ces livres s'occupent, et par suite de l'étendue de l'autorité elle-même qu'on leur attribue quant à l'objet. Nos livres saints ont pour but évident et même exclusif, la religion, sauf ce qui fut particulier aux institutions et aux mœurs du peuple juif, et nous avons dit que leur autorité se borne à ce qui concerne ce but. Les autres sont des encyclopédies où sont traités tous les sujets. Politique, économie sociale, science, lettres, industrie, tout est fixé avec le culte ; c'est un mélange de l'humain et du divin, qui ne ressemble pas à celui qu'on remarque dans notre Bible, en ce sens qu'il est presque toujours impossible de distinguer l'importance attachée aux vérités générales de l'ordre religieux et l'importance attachée à tout le reste. Il n'est guère de principe vrai ou faux, d'une espèce quelconque étrangère à la religion, qui ne soit élevé au niveau du dogme le plus sacré. Il en résulte encore une fixation des esprits dans une immobilité incompatible avec le progrès.

VI. Si l'on étudie les livres sacrés des autres religions, on y découvre un caractère capital sur lequel on ne saurait trop s'appesantir. Quoiqu'ils renferment des morceaux sublimes en abondance, dont quelques-uns peuvent lutter de beauté poétique avec ceux de la Bible, et dont quelques autres l'emportent peut-être en profondeur philosophique et morale sur les plus beaux de l'Ancien Testament ; quoiqu'on pût, au moyen d'un triage, recomposer avec tous ces livres, la vraie doctrine à peu près complète ; ils ne sont, aucuns, purs d'absurdités grossières sur toutes sortes de matières aussi bien qu'en philosophie morale et religieuse. Les livres de Confucius sont les seuls qui fassent exception, mais celui-là n'est qu'un froid moraliste qui ne sort jamais de son humble domaine ; et il faut dire aussi que sa doctrine sur le mandat céleste des empereurs, bien qu'expliquée par des passages hardis et méchants, est souvent exprimée par des phrases qui, prises en elles-mêmes, sont d'une révoltante absurdité. Un manque de pureté doctrinale aussi évident que considérable, ainsi que de pureté scientifique dans un enseignement scientifique directement et sérieusement proposé, voilà le caractère des livres sacrés étrangers au christianisme.

Si on compare à ces livres nos livres saints, la différence est énorme. Point d'enseignement scientifique, et, par conséquent, s'il y a, de ce côté, des inexactitudes, ce sont de simples accessoires pris dans la croyance du pays et du temps pour le besoin de la composition même et de l'enseignement qu'elle renferme, ainsi que nous l'avons expliqué. Quant à la morale et à la religion, on trouvera sans doute quelques propositions ayant besoin d'interprétation, mais on n'en trouvera pas une seule qu'il ne soit possible de ramener à un sens raisonnable ; c'est partout une doctrine et une morale plus ou moins élevées selon la circonstance et la matière, mais toujours compatibles avec les vérités fondamentales reconnues par la droite raison. On peut donc avancer, sans crainte, que la pureté doctrinale est le caractère distinctif de nos livres saints entre toutes les écritures sacrées.

Quant à l'étendue de la philosophie religieuse, s'il est quelques vérités importantes, et même fondamentales qui ne se trouvent pas explicitement professées dans l'Ancien Testament, quoiqu'elles le soient dans plusieurs livres sacrés des autres peuples, elles le sont toutes dans le Nouveau Testament auquel rien ne manque, en sublimité, en étendue, en clarté, en plénitude doctrinale, et qui est, sans contredit, le livre parfait auquel la raison humaine ne désire, en le lisant, ni ajouter ni retrancher une parole. Celui qui s'élèverait contre ce jugement ne le ferait que parce qu'il n'aurait pas bien compris notre Évangile.

VII. Terminons par la classification et les jugements particuliers que met en réserve une raison impartiale après lecture de la collection entière de nos livres saints.

Ces livres se rattachent à trois chefs : histoire, philosophie et poésie.

ANCIEN TESTAMENT.

I. *Histoire*. — Les histoires de l'Ancien Testament peuvent se diviser en trois espèces :

1° Un précis historique très-succinct de la création et des premiers temps du monde, jusqu'à Abraham, précis sublime qui est l'expression des traditions du genre humain au temps de Moïse, et dont les grands faits sont confirmés d'un côté par tous les livres les plus anciens, d'un autre côté par les monuments géologiques. — *Voy* COSMOGONIES, DÉCHÉANCE, DÉLUGE, GÉOLOGIQUES, HISTORIQUES, PHYSIOLOGIQUES. — Cette partie comprend les onze premiers chapitres de la *Genèse*.

2° L'histoire nationale du peuple hébreu. Cette histoire est racontée, en styles très-divers, et avec un intérêt qui ne se dément pas un seul instant dans les cinq livres de Moïse, celui de *Josué*, celui des *Juges*, les quatre livres des *Rois*, les deux livres des *Paralipomènes*, le *Livre d'Esdras*, celui de *Néhémias*, et dans les deux livres des *Machabées*.

3° Des épisodes ou vies particulières, dont les récits sont des chefs-d'œuvre en divers genres. — Plusieurs de ces récits sont intercalés dans l'histoire générale ; tels sont les aventures de Joseph dans la *Genèse*, la vie de Samson et l'épisode du lévite d'Éphraïm dans *les Juges*, la vie du prophète Élie et celle du prophète Élisée dans *Les Rois*, etc.
— D'autres forment des livres à part ; ce sont l'histoire de Ruth, pastorale délicieuse ; la vie de Tobie, tableau enchanteur des vertus domestiques ; l'épisode de Judith, modèle de narration vigoureuse qui ressemble à un poème héroïque ; l'épisode d'Esther et de Mardochée brûlant d'intérêt dramatique ; et les aventures de Daniel, dont le merveilleux est d'un attrayant qui n'a son pareil ! que dans les vies de Joseph, de Samson et des prophètes Élie et Élisée.

II. *Philosophie*. — Elle présente trois branches. La philosophie dogmatique, la philosophie morale et la philosophie sociale.

1° La philosophie dogmatique n'a point de livre spécial, si ce n'est le livre de Job que nous lui attribuerions s'il n'était, avant tout, un poème sublime sur la question du mal et de la Providence ; mais cette philosophie réclame pour elle, des paroles profondes çà et là répandues, avec plusieurs morceaux de la plus grande beauté philosophique, qu'on rencontre surtout dans les livres de la *Sagesse*, et qui ont fait croire aux anciens Pères de l'Église qu'il en était parvenu des échos aux oreilles de Platon.

2° La philosophie morale domine partout quant à la pensée, ce qui devait être, puisque le but de la religion est d'amener et de maintenir les hommes dans la pratique de cette philosophie. Et il y a, de plus, quelques traités qui ont le caractère spécial de livres moraux ; ce sont les *Proverbes* de Salomon, la *Sagesse* et l'*Ecclésiastique ;* l'éloquence antique des *Proverbes* est d'une sublime originalité, celle de la *Sagesse* et de l'*Ecclésiastique* est plus moderne et non moins admirable dans son espèce.

3° La philosophie sociale de la Bible est politico-religieuse. C'est la législation même de Moïse, profondément démocratique et la plus avancée en économie égalitaire qui ait jamais été pratiquée jusqu'alors. Les deux principes radicaux de cette constitution sont les suivants : point de royauté, sans cependant lier absolument et à jamais la souveraineté de la nation sur le choix de son gouvernement ; partage égal du sol entre les familles et maintien perpétuel des effets de ce partage par la prohibition d'aliénation au delà du grand jubilé revenant deux fois par siècle. — La sanction est celle-ci : Si les Israélites ne violent jamais cette constitution, toutes les bénédictions et promesses qui leur sont adressées depuis Abraham, de la part de Dieu, se réaliseront à la lettre dans l'ordre temporel. S'ils la violent, ils seront malheureux.

Cette législation mosaïque comprend une partie de l'*Exode*, la presque totalité du *Lévitique* et des *Nombres* et une partie du *Deutéronome*.

III. *Poésie*. — La poésie de nos Écritures

sacrées est, dans son ensemble, la plus riche et la plus sublime des poésies de la terre. L'antique et même la moderne l'ont égalée pour certains détails, mais nulle part il n'existe une collection vaste et soutenue comme celle-là. C'est la grande poésie lyrique de l'Orient dans son âge viril. Elle présente plusieurs genres :

1° Le lyrisme épique et philosophique. L'Ancien Testament possède deux poëmes qui appartiennent à ce genre, le grand poëme de Job et celui de l'Ecclésiaste qui est plutôt un chant dityrambique. Le premier est une épopée de l'homme et de Dieu, une iliade sublime de la lutte du génie du mal et du génie du bien dans l'humanité, depuis la déchéance ; il porte à des hauteurs surhumaines la magnificence et l'énergie de l'argument et du tableau. Le second est une satire ironique, dramatique, sérieuse, de la vie de l'homme sur la terre; c'est le philosophe poëte chantant les amertumes des jouissances, des grandeurs, des richesses, de la vertu elle-même, en repassant sa vie et décrivant, avec la rapidité désordonnée d'une lyre pindarique, les divers sentiments qui l'ont agité dans sa recherche.

2° Le lyrisme moral du sentiment religieux. La plupart des Psaumes appartiennent à ce genre. C'est la prière enthousiaste, exaltée, divine. C'est l'abondance des images, jointe à l'harmonie des sentiments les plus variés.

3° Le lyrisme héroïque, dont les chants de victoire de Moïse, de Debbora, de Judith, et quelques psaumes de David sont des exemples admirables.

4° Le lyrisme élégiaque, dont plusieurs psaumes tels que ceux de la pénitence, le *super flumina Babylonis*, et surtout les lamentations de Jérémie sont des types que rien n'égale dans aucune langue.

5° Le lyrisme de l'amour.—Notre Bible en possède un modèle inimitable dans le Cantique des cantiques, chant d'amour conjugal, sous forme dramatique, aux fraîches peintures, aux voluptueux tableaux, mais aux nuances mystérieuses, qui vous tiennent en suspens entre les amours de la terre et les amours des cieux. Dieu a voulu que le côté de la nature humaine dont l'esprit a défiance ne fût pas oublié dans la poésie qu'il inspirait lui-même.

6° Enfin le lyrisme prophétique, qui renferme en lui tous les genres de poésie, mais principalement l'imprécation, la bénédiction, la vision et l'allégorie. Daniel, Ezéchiel, Jérémie, Baruch, la plupart des petits prophètes, surtout Isaïe, dépassent, sous ce rapport, tout ce que l'art présente de plus énergique et de plus beau. Quelques passages de Moïse, tels que les bénédictions de Jacob à ses enfants, quelques psaumes et plusieurs morceaux des livres sapientiaux et historiques, appartiennent au même genre. Il y a, entre la prophétie de nos livres sacrés et tout ce qui a été fait dans cette sorte de composition, la différence très-sensible entre l'enthousiasme qui résulte de la vision vraie de l'avenir et celui qui résulte de la fiction imaginative.

Telles sont les idées générales que l'on retient de la lecture de l'Ancien Testament.

NOUVEAU TESTAMENT

I. *Histoire.* — Cette partie comprend l'histoire particulière de Jésus-Christ racontée dans les quatre Evangiles, qui se composent d'une collection d'épisodes dont chacun est un chef-d'œuvre de narration simple. Convenait-il que l'historien fît des frais de style et d'imagination pour narrer les actes et les paroles du Christ? La fidélité la plus naïve était le seul genre propre au récit de si grandes choses, et les évangélistes l'ont trouvée à tel point que leurs récits sont d'une beauté aussi surprenante que les plus éblouissants tableaux des prophètes.

Elle contient encore l'histoire des premières prédications des apôtres, et principalement de saint Paul ; c'est ce qui fait l'objet du livre des Actes, livre aussi intéressant dans le génie évangélique que le sont les histoires de l'Ancien Testament.

II. *Philosophie.* — 1° La philosophie dogmatique n'a point de livre particulier ; mais l'Evangile de saint Jean, les discours de saint Paul, rapportés dans les *Actes* et ses Epîtres en sont remplis. Il n'y a pas, comme nous l'avons dit, de vérité philosophique fondamentale, enseignée par les sages de toutes les nations, et consignée dans les livres sacrés étrangers au christianisme, qui ne soit suffisamment énoncée par le Nouveau Testament.

2° La philosophie morale et religieuse est la matière commune de tous les écrits des apôtres, de tous les exemples et de tous les discours du Sauveur ; chacun sait que, de ce côté-là, le Nouveau Testament a, sur tous les livres, une supériorité incontestée. Toutes les épîtres, dont treize sont de saint Paul, une de saint Jacques, deux de saint Pierre, trois de saint Jean, et une de saint Jude, sont des traités spéciaux de philosophie morale. La raison est partout émerveillée de la profondeur, de l'exactitude, de l'étendue et du rationalisme de la philosophie morale et surnaturelle du docteur des nations.

3° La philosophie sociale n'a point de livre particulier ; elle n'entre pas même comme but direct d'aucun des enseignements du Nouveau Testament. Le Christ n'a point traité, comme Moïse, de législation humaine, et ses apôtres ont gardé la même réserve. Mais on trouve dans les paroles du Christ, et dans quelques développements de ces paroles par les apôtres, les principes de morale fraternelle d'où l'humanité doit déduire toute sa politique et toute son économie sociale.—*Voy.* SOCIALES (Sciences.)

III. *Poésie.*— Le Nouveau Testament nous offre un poëme prophétique très-mystérieux et très-extraordinaire, qui contient, à lui seul, tous les genres de la poésie biblique ; c'est l'*Apocalypse de saint Jean*. Tous les lyrismes que nous avons signalés y sont en action. C'est par ce genre sublime que Dieu a voulu clore la collection des pages inspirées qu'il donnait au monde.

D'autres morceaux sont encore réclamés par la poésie, en même temps que par la philosophie morale et surnaturelle ; tels sont le cantique sublime de Marie, celui du père de Jean-Baptiste, celui du vieillard Siméon, plusieurs prières et discours du Christ rapportés par saint Jean, le grand tableau de l'avenir par Jésus-Christ, que nous a conservé saint Matthieu, les imprécations contre les pharisiens, et toutes les paraboles et comparaisons délicieuses du Sauveur. La parabole évangélique est une espèce de poésie douce, simple, piquante, enchanteresse, dont le germe existait dans la fable antique, et dont l'Ancien Testament ne présente guère d'exemple que la fable des arbres voulant élire un roi, du livre des Juges, et la fiction de Nathan à David après son adultère. Jésus choisit ce genre sentimental et spirituel pour instruire les hommes, qui, en effet, se laissent plutôt entraîner par les charmes qui vont au cœur et au simple bon sens que par les froides argumentations du logicien.

Nous avons achevé l'analyse critique de nos Écritures saintes au point de vue rationnel, et nous y avons trouvé des types de tous les genres de productions intellectuelles, excepté celles qui concernent les sciences de la nature physique. Le monde visible est ouvert devant nous par le Créateur depuis le commencement ; c'est le premier des livres ; à nos propres travaux la mission d'en scruter les mystères ; et nous accomplissons suffisamment cette mission par nous-mêmes. Les hauteurs du monde moral étaient plus difficiles à gravir ; le révélateur a eu pitié de nous et est venu nous aider.

VIII. La raison, après toutes les observations qui précèdent, se livre sans répugnance à l'examen des preuves théologiques et directes de l'inspiration de nos livres sacrés ; elle les pèse, et elle croit. Elle a trouvé le bonheur. — *Voy.* JUSTIFICATION.

LOGIQUE. — CERTITUDE DE LA FOI (1re part., art. 4). — La logique répond à la question de la certitude ; et il y a deux logiques : la logique générale et la logique particulière. L'une et l'autre sont aussi vieilles, en pratique, que la raison de l'homme ; mais, si on les considère en tant que résolues sous forme théorique, la seconde est plus vieille que la première. Singulière destinée de l'humanité de commencer toujours, dans son progrès, par où finit l'essence des choses ; l'homme remonte le fleuve de l'être, et Dieu seul le descend. La logique particulière fut l'œuvre d'Aristote dans le monde grec, et celle de Gotama et de Canada dans le monde indien. Dans cette logique particulière qui trace les règles du raisonnement et donne les conditions de certitude des espèces de vérités en détail, est sous-entendue la logique générale, qui est la vraie logique de l'homme, comme la grammaire générale est sa vraie grammaire. Descartes est le premier qui l'en ait dégagée pour la mettre en théorie spéciale et fixer sur elle les regards du philosophe. Le monde lettré avait grand besoin de cette distinction clarifiante ; elle fut la suite nécessaire du coup de génie par lequel, s'enfermant dans sa pensée et tenant hypothétiquement pour rien tout ce qu'il avait appris jusqu'alors, Descartes se dit en lui-même : Je pense ; je le sens, cela est clair pour moi, cela est évident, et tout ce qui présentera la même évidence aura pour moi la même certitude. La logique générale était dégagée par cette réflexion.

Nous ne dirons qu'un mot sur la logique spéciale : elle a l'honneur d'être l'arsenal commun de la philosophie et de la théologie. C'est avec ses syllogismes, ses enthymèmes, ses dilemmes, ses règles de certitude du témoignage des hommes, toutes ses formes d'argumentation, que ces deux sœurs se sont toujours défendues, et ont établi leur empire sur les âmes. C'est de là qu'Aristote fut si respecté dans les siècles de la théologie scolastique, et qu'à un moment, il fut mis en question s'il ne serait pas bon de le canoniser. Ce point est tellement clair pour celui qui a lu quelques théologiens, que nous ne nous y arrêterons pas plus longtemps. Observons seulement que, si c'est avec la même essence d'argumentation que la raison établit ses certitudes et la foi les siennes, il n'en faut pas conclure, dans l'application individuelle, à la nécessité de cette argumentation pour arriver aux certitudes de la raison ni aux certitudes de la foi. La logique générale que Dieu a mise dans l'intelligence, et dont la base est la vision primitive de certaines vérités, produit ses résultats sans que l'homme s'en rende compte : depuis le commencement du monde, elle multiplie les âmes de sens et les âmes de foi, sans le secours des formes de l'autre logique.

Cette logique universelle est donc, encore mieux que la première, la base commune des certitudes naturelles et surnaturelles. Si le surnaturel de la certitude tient à une transmission humaine, par parole ou par écriture, d'une révélation divine, la fidélité de la transmission devant être établie, pour qu'il y ait certitude réelle, et ne pouvant l'être, pour l'esprit qui y adhère, que par une évidence de conditions qui tombe sous le sentiment et le jugement rationnel, c'est la logique générale qui fournit le premier fondement de cette certitude. Si le surnaturel tient à une intuition directe particulière que Dieu donne de tel ou tel point non évident pour les autres, c'est encore cette logique qui garantit la certitude à l'individu privilégié, puisque c'est elle qui lui rend compte de son intuition, la juge, la lui déclare parfaitement claire, irrésistible, et lui en déduit la force probante.

Malgré l'évidence de ces réflexions, elles ont été contestées depuis que Descartes les avait formulées en système méthodique ; et, tout près de nous dans le passé, retentit encore la grande querelle suscitée, en théologie et en philosophie, par l'abbé de Lamennais. Cet ardent écrivain eut la puissance, par son style, de lever subitement une légion nombreuse dont la fougue audacieuse avait juré de vaincre la raison, comme celle des géants de la Fable avait juré de vaincre Dieu. La nouvelle école a été foudroyée par la raison même, ainsi que tant d'autres, et il n'en reste plus que quelques timides survivants, aux lames fondues, et aux membres boiteux, sous le nom de traditionnalistes. Le lion est mort vierge, et n'a point laissé de sa race.

Il est bon cependant de conserver à jamais l'argumentation qui foudroya cette nouvelle école; c'est la même qui écrasera toutes celles qui pourront s'élever contre la logique du sens individuel. Cette argumentation fait voir, en même temps, la nécessité de la certitude rationnelle pour les certitudes de la foi, l'impossibilité de celles-ci sans la première, partout leur indissolubilité, et leur profonde harmonie; c'est pourquoi nous en ferons entrer l'anayse dans cet ouvrage.

Nous laisserons parler un professeur de philosophie de l'époque agitée que nous venons de nommer; cette intelligence solide et sérieuse sentit aussitôt toutes les conséquences de la théorie antirationaliste, et posa, dès le début de la dispute, les véritables bases de toute la logique humaine, à l'encontre du terrible novateur, dans un traité classique de philosophie. Nous ferons donc une simple traduction de la logique du criterium par laquelle M. l'abbé Lebrec, aujourd'hui vicaire général du diocèse de Coutances, commençait son *philosophiæ cursus elementarius*. — Je saisis avec bonheur cette occasion de témoigner ma vénération et mon affectueuse reconnaissance à un homme que je bénirai éternellement à l'égal de mon père, pour avoir continué sur ma jeunesse l'œuvre de ce dernier, en dirigeant, comme lui, les tendances de mon âme vers les terrains solides où l'on trouve la pierre pour bâtir.

L'abbé Lebrec, après avoir rejeté le scepticisme comme contraire à la conscience et à la nature de l'être pensant, qui est certain de son être par cela seul qu'il sent sa pensée, tout en avouant qu'un sceptique est impossible à réfuter logiquement, puisqu'il enlève, par son doute même, toute assise d'argumentation *ad hominem*, réduit à trois systèmes tous les systèmes passés et futurs de logique générale sur la norme radicale de toute certitude; et ces trois systèmes, il les trouve personnifiés dans trois hommes, Descartes, Huet l'évêque d'Avranches, et Lamennais.

Le critérium radical de vérité, d'après le premier système, est *la conscience de la vérité clairement et distinctement perçue*;

D'après le second, *la foi surnaturelle* toute seule;

Et d'après le troisième, *le témoignage commun du genre humain*.

Ce que l'auteur résume comme il suit :

« Selon les cartésiens, le dernier critérium de vérité est, pour chacun, le témoignage individuel de sa conscience ; selon Huet, le témoignage de Dieu, et selon Lamennais, le témoignage de la société. »

Puis il expose et réfute comme il suit les deux dernières théories, pour, ensuite, exposer et soutenir la première.

I. — *Exposition de la doctrine de Huet.*

« 1° Huet distingue trois degrés de certitude: le plus élevé est celui dont jouissent les bienheureux dans le ciel ; le second consiste dans la connaissance des choses que Dieu nous révèle ; et le troisième, dans la connaissance qu'acquièrent les mortels par la seule raison.

« Je ne parlerai point de la première certitude. Il appelle la seconde certitude divine, et la troisième certitude humaine.

« 2° Il affirme que la certitude divine l'emporte, en dignité et en force, sur la certitude humaine ; d'où il soutient que ce qui jouit de la plus haute certitude humaine n'est que probable, bien que de la plus haute probabilité, sans en excepter même les principes de la géométrie ; et la raison qu'il en apporte, c'est que l'esprit humain, livré à lui-même, ne perçoit rien avec une assurance parfaite, mais perçoit tout d'une manière plus ou moins douteuse. *La raison, dit-il, est, en nous, l'indice d'elle-même et de tout le reste; nous la connaissons par elle, ainsi que les autres êtres, et selon sa manière d'être et sa portée, très-fermement si elle est claire, avec doute si elle est ténébreuse et faible. Dans quel état se trouve-t-elle en cacun de nous ? C'est ce qui ne peut apparaître manifestement à nos regards; nous ne pouvons l'entrevoir qu'à travers des nuages.* (*Quæst. alnet.*, p. 13, 14, 72.)

« 3° Cela posé, que fera l'homme doué de raison ? Désespérera-t-il d'atteindre toute certitude? A Dieu ne plaise, reprend le philosophe dont la conscience sent trop bien l'impossibilité d'un tel doute... *comme un homme en voyage qui parvient dans des lieux qu'il ne connaît pas, et qui ignore la route pour aller plus loin, ne pouvant la conjecturer par la situation du ciel ou du lieu, ne perdra cependant pas courage, et ne terminera point là sa course, mais cherchera quelqu'un qui lui montre la voie, et par qui il se laissera conduire ; ainsi l'âme, ayant conscience de sa faiblesse pour atteindre sûrement et prochainement la vérité par la raison, ne se reposera pas dans son ignorance, mais jettera les yeux sur un autre être qui sera son guide, auquel elle se confiera sans balancer, et, de qui recevant l'indication du chemin, elle poursuivra sa route.* (*Ibid.*, p. 14.)

« 4° Mais qui pourra être ce guide, et par quel moyen pourra-t-il être distingué? Assurément, répond Huet, la raison serait incapable de le découvrir. Car *elle s'avoue impuissante pour atteindre avec certitude la vérité, par elle seule.* Mais ce guide, que la raison ne pourrait jamais trouver, ce guide désirable, s'offrira de lui-même. *Il est à la* porte; c'est Dieu; il s'insinue même dans nos âmes, et nous promet de se faire, pour nous, démonstrateur et indicateur de la vérité, de nous conduire dans la voie libre et sûre. (*Ibid.*, p. 14.)

« Dieu est donc le guide unique, la seule règle certaine de la vérité; il est cette *lumière de la foi qui, tombant dans nos âmes, se rend elle-même, et rend tout le reste visible et croyable.* (*Ibid.*, p. 21.) Car notre esprit qui, par lui-même, non point tout à fait aveugle, mais ténébreux et faible, ne saisissait rien avec certitude, éclairé de cette nouvelle lumière, peut, dès lors, percevoir infailliblement; c'est ainsi qu'un homme, qui n'est point complétement aveugle, mais dont les yeux ne sont pas assez vifs, distinguera clairement, si quelque nouvelle lumière vient à leur secours, ce qu'il ne pouvait clairement distinguer avec la seule lumière habituelle. »

II. — *Réfutation de la doctrine de Huet.*

« Cette doctrine se présente avec une grande apparence de religion, et peut-être aussi une apparence de vérité, au moins de prime abord. Cependant elle est contraire à la raison, et, ce qu'a été loin de penser l'illustre défenseur de la foi qui l'a soutenue, elle détruit la foi elle-même.

« 1re *proposition.* — Elle est contraire à la raison.

« Car, avec une telle philosophie tout ce qui n'est pas révélé est incertain. Il n'est pas certain que *deux et deux font quatre*, que *Cicéron a harangué à la tribune romaine*, que *Confucius a philosophé dans la Chine* et *Descartes chez nous;* il n'est pas certain qu'*il y a une ville qui s'appelle Paris*, que *Rome fut consumée par un incendie sous Néron*, et ainsi de tout le reste.

« Or, de pareilles propositions sont tellement absurdes que rien de plus absurde ne saurait être conçu.

« Donc........

« 2e *proposition.* — Elle est contraire à la foi.

« Car, avec une telle philosophie, la foi elle-même manque de certitude. Une foi ne peut être qualifiée certaine qui ne s'appuie pas sur un motif certainement perçu. Or, quel que soit le motif de la foi, il ne pourra être certainement perçu par la raison, qui, ténébreuse et vacillante, *ne se perçoit elle-même et tout le reste*, qu'avec doute et obscurité, et laisse encore incertaines les choses qu'elle enseigne avec le plus de confiance.

« En vain réplique-t-on, qu'il en serait de la sorte, s'il s'agissait de la raison abandonnée à elle-même; mais qu'il en est autrement dès qu'il s'agit de la raison éclairée par la foi. — Je comprends qu'un homme aux yeux faibles puisse saisir, à l'aide d'une nouvelle lumière, ce qu'il ne pouvait saisir auparavant. Mais évidemment une condition est nécessaire pour ce résultat: que cet homme puisse, avec ses yeux, tels qu'ils sont, distinguer la vraie lumière de toutes les lumières fausses, telles que nous en voyons, dans certains de nos jeux, changer complétement les formes des objets. — De même, l'homme aidé de la foi pourra connaître ce qu'il ne pouvait voir auparavant sans la lumière de la foi; mais il faut, pour cela, qu'il puisse distinguer avec certitude la vraie lumière surnaturelle de toutes les fausses illuminations qui trompent tant d'esprits. — Or, il ne le pourra, si l'on ne suppose en lui quelque agent capable de cette distinction.

« Donc, ou il faut admettre qu'en deçà de la foi nous est donné un principe de certitude, ou il faut nier la certitude de la foi elle-même.

« Qu'ils n'insistent pas en disant que la grâce est la cause unique de la foi. Je n'attaque point ce principe. La grâce est, en effet, la cause de la foi, c'est-à-dire que, dans les choses de *la foi surnaturelle*, nous concevons qu'il faut croire et croyons par un effet de la grâce. Mais ce n'est pas la grâce qui perçoit, c'est la raison, à la lumière que fournit la grâce; de même que ce n'est pas la grâce qui croit, mais la volonté sous la motion de la grâce. Or, comme je viens de le dire, pour que la raison, dans l'éclat de la lumière surnaturelle, *perçoive qu'il faut croire*, il est absolument nécessaire qu'elle distingue, avec certitude, cette lumière surnaturelle de toute fausse illumination; car, il y a de fausses illuminations; ou, au moins, ces fausses illuminations sont possibles.

« Mais par où la raison fera-t-elle cette distinction? Par elle-même ou par une autre lumière surnaturelle; point de milieu.

« Si Huet dit que c'est par une autre lumière surnaturelle, alors nous lui demanderons comment il distinguera cette autre lumière surnaturelle, et il sera forcé de répondre: par une troisième lumière surnaturelle; et ainsi à l'infini, sans qu'il puisse jamais parvenir à un motif certain de crédibilité.

« Mais s'il dit que la raison fait cette distinction par elle-même, alors nous rappellerons ce que nous l'avons entendu émettre d'abord, à savoir, que la raison ne peut, par soi, se percevoir elle-même ni les autres choses, qu'avec *doute* et *obscurité*, d'où il sera forcé de conclure, avec nous, qu'un Chrétien ne pourra jamais constater, avec certitude, la présence de la vraie lumière surnaturelle, plutôt que de toute imitation trompeuse de cette vraie lumière. »

Cette argumentation est évidemment décisive. Si Huet n'avait pas distingué ses deux certitudes, et avait seulement prétendu expliquer l'impossibilité où est la raison, supposée complétement délaissée de Dieu, de percevoir aucune vérité, à aucun degré de clarté, ajoutant que les vérités naturelles, aussi bien que les vérités surnaturelles sont éclairées par une lumière divine, qui fait que la raison les voit avec évidence, toutes les fois qu'il y a certitude, la réfutation ne porterait plus; car, ce serait simplement le malebranchisme, qui dit, avec raison, que la créature intelligente ne voit pas plus par elle seule la vérité, qu'elle n'existe par elle seule et n'agit par elle seule, sans le secours de Dieu comme cause première. Mais Huet a distingué la vision naturelle, dont Dieu est l'agent primordial, de la vision surnaturelle, dans laquelle il y a nouvelle révélation surajoutée au fond premier, dont l'âme et Dieu forment la plénitude, et a rejeté la compétence de ce fond pour distinguer le vrai du faux ; d'où il suit que le raisonnement de l'abbé Lebroc porte en plein contre lui, et l'écrase à jamais.

III. — *Exposé de la doctrine de Lamennais.*

« On peut ramener cette doctrine nouvelle à quatre propositions :

« *Première proposition.* — Lamennais enseigne qu'on ne peut tenir tout pour incertain; mais que, au contraire, beaucoup de vérités jouissent, pour nous, d'une certitude complète.

« *Quelques hommes de bonne foi, mais inattentifs, nous accuseront peut-être d'ébranler la raison humaine, parce que nous montrons qu'en effet la raison individuelle, la raison de l'homme seul, ne saurait le conduire qu'à un doute profond, universel, puisqu'elle ne peut se prouver elle-même. Les personnes qui nous feraient ce reproche nous auraient bien mal compris. Si nous insistons sur la faiblesse de la raison particulière, c'est pour établir ensuite la raison générale, en prouvant que les vérités primitives, qui en sont le fondement, ont une certitude infinie, et que les vérités secondaires qu'elle en déduit sont également certaines ; d'où il suit que la raison individuelle elle-même a, dès lors, une règle sûre pour apprécier ses propres pensées, et qu'elle ne s'égare que lorsque l'orgueil la porte à méconnaître ou à violer cette règle.* (Essai, t. II, p. 100. — Voir aussi p. 5 et p. 174.)

« Il est vrai qu'il dit ensuite (p. 144) : *La certitude absolue et le doute absolu nous sont également interdits.* Mais, comme tout lecteur le comprendra, Lamennais ne parle point, en ce lieu, de la certitude ordinaire et proprement dite, mais seulement de la *démonstration* de chaque vérité, et même des principes ; car il conclut : *Ainsi l'homme est dans l'impuissance naturelle de démontrer pleinement aucune vérité, et dans une égale impuissance de refuser d'admettre certaines vérités... Dès qu'on veut que toutes les croyances reposent sur des démonstrations, l'on est directement conduit au pyrrhonisme.* (Ibid. p. 144.)

« Par conséquent, ceux des partisans de la nouvelle philosophie qui prétendent que Lamennais n'admet rien de certain altèrent la doctrine du maître.

« *Deuxième proposition.* — Cette certitude dont Lamennais vient d'enseigner la possibilité, il affirme, dans sa seconde proposition, qu'on ne peut la tirer que de son *sens individuel*, ou du *sens commun* des hommes en société.

« *Chercher*, dit-il, *la certitude, c'est chercher une raison qui ne puisse errer ou une raison infaillible. Or cette raison infaillible, il faut nécessairement que ce soit ou la raison de chaque homme, ou la raison de tous les hommes, la raison humaine.* (Essai, t. II, p. 174.)

« Et, dans un livre récemment édité : *La vérité par rapport à l'homme ne pouvant être ce que l'esprit humain repousse, nous sommes forcés, pour nous entendre, d'appeler vérité ce à quoi l'esprit humain adhère. Mais alors, dirons-nous que la vérité est ce à quoi l'esprit de chaque individu adhère ? Si nous admettons cette définition, qu'en résultera-t-il ?..... La vérité serait quelque chose de mobile et de variable..., et le scepticisme serait l'état naturel de l'homme... Or, l'adhésion individuelle mise à part, que restera-t-il sinon l'adhésion commune ? En conséquence, appelons vérité ce à quoi l'esprit de la généralité des hommes adhère.* (Progrès de la Révolution, p. 260.)

« *Troisième proposition.* — Conduit à ce point, d'examiner successivement la force du sens privé et celle du sens commun, Lamennais commence par le premier et le déclare indigne de foi en toute chose, si l'autre ne l'accompagne et ne le vivifie de son témoignage. Et, afin de paraître au moins établir, d'une manière quelconque, son assertion, il scrute les divers moyens qui peuvent conduire l'homme-individu à la connaissance de la vérité, et il pense qu'on doit les ramener tous à trois, les sens, le sentiment et le raisonnement.

« *Les seuls moyens de connaître que chacun de nous trouve en soi sont les sens, le sentiment et le raisonnement.* (Essai, t. II, p. 129.)

« Cela posé, il passe en revue chacun de ces trois moyens, et s'efforce de démontrer qu'aucun d'eux, dans aucune circonstance, même une seule, ne peut être un moyen certain de connaître.

« 1° Les sens ? — *Qu'est-ce que nos sens peuvent nous apprendre de certain et sur nous-mêmes et sur les autres êtres ? La première leçon qu'ils nous donnent, c'est de nous en défier... Qui nous dit qu'un sixième sens, par un témoignage contraire, ne troublerait pas leur accord ? Sur quoi se fonderait-on pour le nier ? Je vois, dans nos sensations, une suite de phénomènes dont la nature et la cause nous sont également inconnues, et dont, par conséquent, je ne puis rien conclure. Qu'est-ce que sentir ? qui le sait ? suis-je certain de ce que je sens ?* (Ibid., p. 129.)

« Le sentiment ou l'évidence ? (Car, d'après lui, sentiment et évidence sont une même chose.) — *Le sentiment, et sous ce nom je comprends l'évidence, n'est pas une preuve plus certaine de la vérité que les sensations... Rien ne nous est si évident que nous puissions nous promettre de ne pas le trouver demain ou obscur ou erroné... La force avec laquelle le sentiment nous entraîne ne prouve rien en faveur des principes que nous adoptons par son autorité ; car qui nous assure qu'il soit une règle infaillible du vrai ?* (Ibid., p. 140, 141, 142.)

« Le raisonnement ? — Mais ayant rejeté, ainsi, le rapport des sens et le témoignage des affections de l'âme, comment le raisonnement s'échapperait-il intact, lui qui s'appuie tout entier sur ces deux premières bases ? Poursuivons et admirons le nouveau philosophe, hâtant comme il suit sa marche assurée :

« *En vain appelons-nous le raisonnement : fragile barrière contre le doute, ou plutôt impétueux torrent qui brise toutes les digues, emporte et submerge toutes les certitudes, quand il vient à se déborder sur nos connaissances !... Je ne sais quelle puissance fatale se joue dédaigneusement de notre raison, la pousse et la repousse en tous sens dans des ténèbres impénétrables... On ne raisonne que sur ce que l'on connaît ; or nous ne connaissons rien qu'imparfaitement et incertainement ; nos raisonnements participent de l'incertitude et de l'imperfection de nos connaissances.* (Essai, t. II, p. 144, 148.)

« Que peut-on ajouter ? Poursuivons cependant et écoutons l'auteur, comme s'il craignait de n'avoir pas encore suffisamment appuyé sa thèse, la confirmer par ce qui suit :

« *Ce n'est pas tout encore ; lorsque notre esprit compare, infère, conclut, que fait-il que mettre en œuvre les matériaux que lui fournit la mémoire ? Entièrement à la merci de cette faculté mystérieuse, il dispose et combine les idées qu'il reçoit d'elle aveuglément. Or, dépourvus de tout moyen de vérifier ces rapports, nous ne saurions nous assurer que nos réminiscences ne sont pas de pures illusions. La mémoire seule atteste la fidélité de la mémoire.*, *Ainsi, nous n'avons aucune certitude que la mémoire ne nous trompe point... Nous savons seulement que, si elle nous trompe, notre raison n'est qu'une chimère, une ridicule parodie de je ne sais quelle intelligence supérieure dont il semble que nous sentions le besoin et concevions la nécessité, en même temps qu'une force invincible arrête notre propre intelligence dans une inquiétante obscurité, qui la force à douter d'elle-même.* (Ibid., p. 148 et 149.)

« Donc, par les sensations individuelles, par les affections individuelles de l'âme, et par le raisonnement individuel, nulle certitude !

« Donc, selon Lamennais, qui ne connaît d'autre moyen de connaître que ces trois moyens, nulle certitude, à jamais, pour la raison, si elle est seule.

« *Quatrième proposition.* — Supposées les trois assertions précédentes, à savoir : 1° qu'une vraie certitude puisse exister pour l'homme sur la terre ; 2° qu'il n'y a d'autres voies pour y arriver que le témoignage du sens individuel ou le témoignage du sens commun du genre humain ; 3° que le témoignage du sens individuel ne peut, en aucune sorte, être le moyen de cette certitude ; il restait nécessairement à soutenir, en quatrième lieu, ainsi que le fait Lamennais, dans chacune de ses pages, que le seul moyen certain de connaître est le sens commun de l'humanité, lequel est toujours certain par là même. *Le consentement commun,* « *sensus communis,* » *est pour nous le sceau de la vérité ; il n'y en a point d'autre.* (Ibid., 147.)

« Mais, pour ne pas paraître tomber en contradiction avec lui-même, en invoquant à l'appui de cette assertion le raisonnement individuel, ou la persuasion individuelle, il n'invoque que la nature en général, prétendant que tous sont portés invinciblement à tenir pour vrai tout ce qui est réputé vrai par tous les hommes.

« *Il est de fait qu'un penchant naturel nous porte à juger de ce qui est vrai ou faux d'après le consentement commun, ou par la plus grande autorité ; que, pleins de défiance pour les opinions, les faits dépourvus de cet appui, nous attachons la certitude à l'accord des jugements et des témoignages ; que si cet accord est général, et plus encore, s'il est universel, on cesse d'écouter les contradicteurs et d'essayer de les convaincre ; on les méprise comme des insensés, des esprits malades, des intelligences en délire, comme des êtres monstrueux qui n'appartiennent plus à l'espèce humaine,* etc., etc. (Ibid., p. 160, 148, 149 et partout.)

« Telle est, si je ne me trompe, la doctrine du *sens commun* toute entière. Et, en effet, 1° elle repose sur les quatre propositions susdites ; c'est ce qui est patent par tout ce qui précède. Et 2° elle n'en contient pas d'autres, ou, au moins, à ces quatre peuvent être ramenées toutes celles qu'elle peut présenter sur la question qui nous occupe ; je le dis avec assurance, non-seulement parce qu'il ne s'en offre au lecteur aucune autre dans tout le cours de l'ouvrage où cette doctrine est exposée, mais encore parce qu'il est évident, pour tout esprit, qu'avec ces quatre propositions, la chose est complète, et qu'on n'en peut ajouter, d'aucune manière, une cinquième. »

IV. — Réfutation de la doctrine de Lamennais.

« Nous avons montré que toute cette doctrine nouvelle peut être ramenée à quatre propositions, que nous avons vues tellement enchaînées entre elles que, l'une s'écroulant, s'écroulerait la doctrine entière.

« Or, ce n'est pas une seule qui s'écroule, mais les trois dernières à la fois comme fausses en elles-mêmes ; et la première, bien que vraie en soi, devient contradictoire et insoutenable pour Lamennais.

« Les quatre assertions qui vont suivre prouveront par parties cette assertion générale.

« 1ʳᵉ *assertion.*—Bien que la première proposition de Lamennais, *que tout ne peut être tenu pour incertain,* soit vraie en soi, l'illustre auteur ne pouvait l'émettre, en émettant les trois propositions suivantes ; mais il devait tenir tout pour incertain.

« C'est ce qui deviendra évident par les pages suivantes où nous prouverons que, de la seconde et de la troisième des propositions de la philosophie nouvelle, il suit nécessairement qu'il n'y a rien de certain.

« 2ᵉ *assertion*. — Lamennais ne pouvait émettre logiquement sa seconde proposition : *que la certitude ne peut nous venir que de notre sens individuel ou du sens commun des autres hommes.*

« Car, quoi que signifie dans sa bouche le mot *sens commun*, soit le consentement de *tous les hommes absolument*, soit le consentement de *la majeure partie des hommes*, soit le consentement de ceux dont *l'autorité est plus grande en ce qui est de la chose à prouver*, soit tout autre sens qu'il lui plaira, à moins que ce ne soit, peut-être, un *témoignage étranger quelconque*, comme serait celui de Pierre, de Paul, d'un savant, ou d'un idiot ; l'illustre auteur use évidemment d'une énumération de parties incomplètes, en énonçant cette seconde proposition.

« En effet, posé que mon sens individuel ne puisse jamais être pour moi un motif certain de crédibilité, de quel droit prononce-t-il qu'il faille nécessairement recourir au sens commun ? Pourquoi ne suffirait pas l'assentiment des Français ou des Italiens, ou d'un peuple quelconque ? Pourquoi pas l'assentiment des doctes seulement chez un de ces peuples ? Pourquoi pas l'assentiment de quelques doctes, s'ils l'emportent par leurs études et par leur génie ? Pourquoi pas enfin, je le répète, l'assentiment d'un seul autre qui serait d'accord avec moi ?

« Observez bien, je vous en prie, que je ne professe pas que cet assentiment, ou d'un peuple, ou de tous les doctes, ou de quelques doctes, ou d'un seul homme avec moi, soit un motif certain de crédibilité. J'affirme une seule chose ; que Lamennais aurait dû, ou prouver que ces hypothèses sont absurdes, ce qu'il n'a point fait, ou poser plus généralement sa proposition ainsi qu'il suit : *Il ne peut exister, pour chacun, aucune autre règle ultérieure de vérité que le sens propre individuel, ou un témoignage étranger*. Mais du là tombait le système, et l'auteur s'écartait de son but, puisqu'il avait en esprit de conclure, de sa réfutation de la *raison particulière* comme agent de certitude, à la valeur de la *raison universelle*, et non pas de quelques autres raisons individuelles. »

Faisons observer qu'ici M. Lebrec ne veut que signaler un défaut de logique dans la position du système ; quand une théorie n'est pas calquée sur la vérité même, elle porte dans toutes ses parties le sceau de l'imperfection.

« 3ᵉ *assertion*. — Lamennais ne pouvait émettre sa troisième proposition, savoir que *jamais certitude ne peut sortir du sens particulier*.

« Car, ainsi que la doctrine de Huet, cette proposition implique des conséquences parfaitement absurdes à première intuition, et renverse de fond en comble, du même coup, la certitude des choses divines et des choses humaines.

« I. Elle implique des conséquences parfaitement absurdes à première vue.

« Quoi donc ? Si, comme le prétend l'illustre écrivain, du matin au soir ne peuvent être dans l'individu qu'instruments d'erreur, et le rapport des sens, et les affections de l'âme, et le raisonnement, et, avec eux, la mémoire ; s'ils ne sont jamais l'instrument d'une certitude vraie et proprement dite, quoiqu'il y ait propension invincible pour adhérer ;

« Donc, 1°, il ne pourra jamais arriver qu'un homme, ouvrant les poëmes d'Homère et cherchant le sens d'un vers quelconque, soit certain d'avoir trouvé le sens naturel, bien qu'il le croie invinciblement : *La croyance individuelle, même invincible, ne suffit pas pour discerner avec certitude la vérité de l'erreur*. (Essai, t. II, 142.)

« Donc, 2°, le plus savant investigateur des choses de la nature, découvrant, pour la première fois, quelque plante, ne pourra, avec certitude, la discerner du vieux chêne sous lequel il joua enfant, bien qu'il soit porté par une force invincible à déclarer cette distinction : *La croyance individuelle, même invincible, ne suffit pas pour discerner avec certitude la vérité de l'erreur*.

« Donc, 3°, pour Lamennais lui-même, s'il est seul, il ne sera pas véritablement certain qu'un homme ait bien *conclu*, qui, après avoir supposé les deux prémisses suivantes :

« *La matière ne peut penser ;*

« *Or, l'esprit de l'homme pense ;*

« en a déduit cette conclusion :

« *Donc l'esprit de l'homme n'est pas matière.*

« Bien que lui-même soit porté invinciblement à tenir pour certain que la déduction est rigoureuse, dans l'hypothèse des prémisses : *La croyance individuelle, même invincible, ne suffit pas pour discerner avec certitude la vérité de l'erreur*.

« Donc, 4°, après qu'aura été émise devant lui quelque proposition, il ne pourra affirmer avec certitude le sens ou la forme de cette proposition, puisqu'il aura pu en oublier complètement le *sujet*, pendant que l'autre aura énoncé l'*attribut* : *Nous n'avons aucune certitude que la mémoire ne nous trompe point*. (*Ibid.*, p. 149.)

« Voilà qui est bien admirable et bien philosophique !

« II. Cette troisième proposition supposée, il ne reste rien de certain, qu'il s'agisse de vérités naturelles ou de vérités révélées ;

« En effet, s'il pouvait rester quelque chose de certain pour un homme quelconque, cet homme aurait son motif de crédibilité, ou *au dedans* de lui-même, ou *en dehors* de lui-même, *vel intra vel extra* : Pas de milieu possible.

« Or, 1°, il ne l'aura pas au dedans de lui-même, *non intra* ; car, au dedans de lui-même, l'homme n'a de motifs et de moyens, dit Lamennais, *que les sens, l'évidence et le raisonnement*, lesquels, d'après lui, ne peuvent donner aucune certitude.

« 2° Il ne l'aura pas en dehors de lui-même, *non extra*, car tout motif externe qui n'est perçu et connu *qu'avec incertitude*, est lui-même incertain. Or, ce motif externe ne pourra jamais être perçu et connu avec certitude par l'individu duquel toute perception particulière est supposée faillible en toutes choses.

« En vain Lamennais répondra que tous les hommes sont invinciblement portés à croire au sens commun, et que, en conséquence, tout ce que déclare vrai le sens commun est certain. Car, en outre que la première partie de l'assertion, à savoir : que *tous les hommes sont invinciblement portés à croire au sens commun*, est gratuitement affirmée, ce fait lui-même ne serait jamais cognoscible à l'homme privé que par le témoignage de sa conscience individuelle, au moins comme motif ultérieur d'adhésion. Or, si ce motif est faillible, ainsi que le soutient en principe notre philosophe, l'assertion manque de base, et, par suite, toutes choses demeurent incertaines.

« On doit dire de même de la seconde partie de l'assertion, à savoir : que, *en conséquence de l'impossibilité du doute universel et de l'absence de tout autre motif que le sens commun, tout ce qui est déclaré vrai par ce sens commun est certain*. Car incertaine sera cette conclusion pour chaque homme, puisque incertaine est la valeur de son sens individuel, sur lequel elle est appuyée.

« En vain répondra-t-il encore, pour éviter le coup, qu'au témoignage individuel de notre âme valeur est donnée par l'accession des témoignages des autres, et qu'ainsi ce témoignage acquiert facilement la certitude dont il était dépourvu jusqu'alors ;

« Car tous les témoignages des autres ne m'arriveront point avec certitude, ni ne me donneront aucune certitude, tant que n'aura pas été reconnue et proclamée, dans mon âme individuelle, la faculté de percevoir avec certitude et l'existence et la valeur de ces témoignages qui m'arrivent du dehors.

« Non moins en pure perte M. Gerbet vient-il nous expliquer tout cela en distinguant entre la raison purement individuelle et la raison comme formée et perfectionnée dans l'individu par la raison commune ; car cette solution ne diffère qu'en paroles de la solution précédente. Assurément, quoi qu'on suppose être cette raison commune ; de laquelle se forme la raison privée de chacun, elle n'apportera rien de certain, comme je viens de le dire, si ne sont perçues avec certitude, et son existence, et son entrée dans la raison individuelle, et pareillement sa valeur et force.

« Donc, comme je l'avais avancé, tout devient incertain, par supposition de la troisième proposition susdite.

« 4ᵉ *assertion*. — Lamennais ne pouvait émettre sa quatrième proposition, à savoir : que *le sens commun du genre humain est la seule règle certaine de jugement*, *et que cette règle est toujours certaine*.

« Il ne pouvait donner le sens commun comme *la seule règle certaine de jugement*; c'est ce qui résulte avec évidence de la discussion précédente, où nous avons prouvé que tout deviendrait incertain, si chaque homme privé ne trouvait en lui-même quelque motif de crédibilité.

« Il ne pouvait le donner pour *la règle toujours certaine ;* c'est ce qui résultera avec évidence de dissertations auxquelles nous nous livrerons dans la seconde partie de la logique, où il sera prouvé que ce qui est affirmé comme vrai par le consentement du genre humain, peut quelquefois se trouver faux. »

Que pense le lecteur d'une pareille argumentation ? elle écrase sans retour la doctrine qu'elle attaque ; rien de plus évident ; et elle écrase, en même temps, tout système qui, sans vouloir être le scepticisme, c'est-à-dire la négation de toute doctrine, ferait consister le critérium radical de la certitude ailleurs que dans le sujet de cette certitude même. Les maigres traditionnalistes et autoritaristes, que nous voyons aujourd'hui se traîner piteusement, sans oser même en faire l'aveu, sur les traces qu'a laissées, de son passage, le géant de ce siècle, sont tués d'avance, à jamais, dans la personne du maître.

Continuons de traduire.

V. — *Exposé de la doctrine cartésienne sur le critérium de certitude*.

« D'après les cartésiens, ainsi qu'il a été dit plus haut, en toutes choses le motif ultérieur de crédibilité certain et unique, ou, ce qui revient au même, le critérium général ultérieur de vérité, est *la conscience de la vérité clairement et distinctement perçue*, ou, comme on dit vulgairement, *la perception claire et distincte de la vérité*.

« D'où, selon eux, tout cela est certain, et cela seul est certain pour chacun, de la vérité duquel il a conscience, en tant que clairement saisie, de quelque manière, d'ailleurs, que cette vérité soit saisie.

« Voici comment s'exprime Descartes lui-même :

« 1° *Il est certain, lorsque nous adhérons à quelque raison que nous ne percevons pas, ou que nous nous trompons, ou que nous ne tombons sur la vérité que par hasard, et, par conséquent, que nous ignorons si nous ne nous trompons pas*.

« 2° *Il est certain, au contraire, que nous n'admettrons jamais le faux pour le vrai, si nous ne donnons notre adhésion qu'aux choses que nous percevons clairement et distinctement*. (*Princ. phil.*, p. 16)

« Or, les cartésiens donnent divers noms à la conscience de la vérité perçue, selon les divers objets qu'elle peut avoir.

« 1° Si elle a pour objet une chose *interne*, *présente*, ou une affection présente de l'âme, ils l'appellent vulgairement, *témoignage du sens intime*.

« 2° Si elle a pour objet une chose *présente* mais *externe* et *intellectuelle*, ils l'appellent *témoignage de l'évidence*. Et ils reconnaissent deux genres d'évidence, l'*évidence intuitive*, quand la chose est perçue par intuition première et directe, et l'*évidence déductive* quand elle n'est perçue qu'avec le secours d'un ou de plusieurs termes moyens.

« 3° Si elle a pour objet une chose présente externe, mais *physique*, et *tombant sous les sens*, ils l'appellent *témoignage des sens*, ou simplement *sensation*.

« 4° Enfin, si elle a pour objet quelque *affection intérieure, passée*, ou quelque *évidence passée*, intuitive ou déductive, ou quelque *sensation passée*, elle prend communément le nom de *mémoire*.

D'où résulte que, d'après les cartésiens, cela seulement et tout cela sera certain pour chacun dont il aura pour motif, au moins ultérieur, ou le témoignage clair de son sens intime, ou le témoignage clair son évidence déductive ou intuitive, ou le témoignage clair de ses sens, ou enfin celui de sa mémoire. »

Nous remarquerons ici que Descartes, avant de faire entrer le témoignage des sens, et même celui de la mémoire, au nombre des motifs certains de connaissance, s'est vu obligé de remonter à Dieu, en partant d'abord du simple témoignage du sens intime, ou de l'idée, je pense, et en raisonnant, sur cette idée, par les moyens que fournit l'évidence déductive, afin de reconnaître la véracité de Dieu et l'impossibilité où il est de mettre en illusion les sens et la mémoire, lorsqu'il y a propension invincible et vision claire. Ce grand logicien avait vu, en effet, que l'illusion dans les sens peut être complète, et parfaitement semblable à l'expression de la vérité, sans contradiction ; tandis que cela est impossible pour le sens intime et l'évidence intuitive, y ayant contradiction absolue à ce que je me sente penser sans penser réellement, à ce que je perçoive clairement un principe ou une déduction rigoureuse, sans qu'ils soient des réalités. Dieu peut illusionner mes sens et ma mémoire, mais ne peut pas me faire croire être sans que je sois, ni me faire avoir l'évidence que *le tout est plus grand que sa partie*, sans que le tout soit réellement plus grand que sa partie; il fallait donc, quant aux sens et à la mémoire, constater d'abord la véracité de Dieu. mais cela fait, leur témoignage prend rang dans les divers modes de perception claire et distincte, ainsi que l'auteur vient de l'exposer.

VI. — *Défense de la doctrine cartésienne.*

« 1. Défense du premier principe.

« Des deux principes énoncés plus haut, le premier est évident par lui-même, à savoir : *qu'il n'y a de certain pour chaque homme que ce dont il a conscience comme vérité clairement et distinctement perçue*.

« Car, il est évident par cela que cela ne peut, être certain dont la vérité n'est pas clairement vue, ou immédiatement ou médiatement. Il n'est pas certain, par exemple, pour un homme à qui aucune autorité ne l'a révélé, que la terre se meut autour du soleil, s'il ne l'a pas perçu tout à fait clairement; il n'est pas certain, non plus, dans les choses qui sont connues par un témoignage étranger, que ce qui nous a été révélé soit vrai, à moins que, préalablement, nous n'ayons clairement vu 1° que cela a été réellement révélé, et 2° que le révélateur ait révélé la vérité, ou n'ait pu révéler qu'elle. C'est ainsi que M. de Bonald a laissé échapper cette vérité cartésienne : *La raison humaine ne peut céder qu'à l'autorité de l'évidence, ou à l'évidence de l'autorité.* (Rech. phil., t. I, p. 61.)

« II. 2° Défense du second principe.

« Le voici : *cela est toujours certain pour chacun dont chacun a conscience en tant que vérité clairement et distinctement perçue*.

« Peut-être ne souscrirez-vous pas à ce second principe avec la même facilité qu'au premier. *N'arrive-t-il pas, direz-vous avec tant d'autres qui l'ont dit avant vous, n'arrive-t-il pas, tous les jours, que nous estimons perceptions claires celles qui ne le sont en aucune façon? n'arrive-t-il pas, à tout instant, que l'un saisisse clairement comme vrai ce que l'autre saisit clairement comme erroné? bien plus! n'arrive-t-il pas que le même esprit voie aujourd'hui distinctement fausse la chose qu'il a vue hier distinctement vraie?*

« Il semblerait donc que ce principe dût être démontré, et cependant, à strictement parler, il ne peut être démontré. Car s'il était démontré, ou sa démonstration s'appuierait sur une perception claire, ou non. Si elle s'appuyait sur une perception claire, elle deviendrait une pétition de principe ; puisque la question est précisément, si tout ce qui s'appuie sur la perception claire est certain. Et si la démonstration ne s'appuyait pas sur une perception claire, d'après le premier principe de Descartes elle serait complètement sans valeur; puisque, d'après ce principe, il n'y a de certain que ce qui s'appuie, au moins ultérieurement et médiatement, sur la perception claire.

« Donc ce second principe ne peut être démontré à proprement parler.

« Mais, ainsi que cela doit être du véritable critérium, de la règle ultérieure et dernière de toute vérité, 1° ce principe est enseigné par la nature ; 2° il est très-bien prouvé par le raisonnement contre ceux qui, en le rejetant, n'osent cependant pas rejeter tout à fait le raisonnement; et 3° enfin, il est confirmé par l'autorité commune du genre humain ; d'où il suit qu'il ne peut être rejeté que par ceux qui nient et la nature, et la raison et l'autorité.

« 1ᵉʳ *argument, tiré de la nature.* — Nous tenons, des leçons de la nature elle-même, le second principe susdit, à savoir, l'infaillibilité du sens individuel dès qu'il y a conscience de la vérité clairement et distinctement perçue.

« Certes, qui jamais, tout seul qu'il soit, pourra réputer incertain ce que sa conscience lui attestera vrai de tout point;

« Réputer incertaines ses propres affections : *Je me réjouis, je suis affligé, je crains*, etc.?

« Réputer incertain ce jugement : *Deux ajoutés à deux donnent quatre?*

« Réputer incertaine, dans le raisonnement que nous avons mis ci-dessus en exemple, la conséquence après qu'on a supposé les prémisses :

« *La matière ne peut penser;*
« *Or l'âme humaine pense;*
« *Donc l'âme humaine n'est pas matière.*

« Réputer incertaine la conséquence, les antécédents étant également supposés, dans cette série méthodique :

« *L'avare désire beaucoup;*
« *Qui désire beaucoup a besoin de beaucoup;*
« *Qui a besoin de beaucoup est misérable;*
« *Donc l'avare est misérable.*

« Personne ne pourra jamais s'abstenir d'adhérer à toutes ces choses et à toutes leurs semblables, parce que, en pareil cas, la nature commande l'adhésion, et que, comme l'a dit quelqu'un, la *nature dirige qui veut et entraîne qui ne veut pas* : « *Volentes ducit, nolentes trahit.* »

« Donc, je le répète, nous ne prétendons pas démontrer notre criterium, mais nous l'admettons par ordre de la nature, et il n'en mérite pas moins notre foi; car Pascal a dit avec raison :

« *Les premiers principes ne peuvent se démontrer....; mais comme la cause qui les rend incapables de démonstration n'est pas leur obscurité, mais, au contraire, leur extrême évidence, ce manque de preuve n'est pas un défaut, mais plutôt une perfection.* (Pensées, part. I.)

« 2ᵉ *argument, tiré du raisonnement* (contre ceux qui, rejetant l'autorité infaillible de la perception claire, veulent cependant garder le raisonnement).

« L'infaillibilité du sens privé clair et distinct, que la voix de la nature vient de nous enseigner, tout ce qu'il y a dans l'homme de raison l'enseigne également.

« Preuve. — D'après ce qui a été dit, on ne peut admettre le doute général des sceptiques, ni tout réputer pour incertain.

« Or, posé que, une seule fois, sur toute la face du globe et dans tout le cours des âges, pût se trouver quelqu'un qui fût déçu en adhérant à une chose dont il sentirait clairement percevoir la vérité, par cela seul tout deviendrait incertain.

« Car, à celui qui, après avoir supposé l'hypothèse susdite, prétendrait encore que quelque chose de certain lui reste, par exemple, l'*existence de Dieu*, ou la vérité géométrique de *la somme des trois angles égale à celle de deux droits dans tout triangle*, je lui demanderais ceci : Pourquoi tiens-tu pour vraie cette proposition, quelle qu'elle soit? Est-ce parce que ton sens individuel te l'atteste? est-ce parce qu'un témoignage étranger te la déclare vraie? ou, peut-être, serait-ce parce que te la déclarent vraie, tout ensemble, et ton sens individuel et une autorité étrangère? Pas de milieu.

« 1° Est-ce parce que ton sens individuel te la déclare vraie? mais, il y aura peut-être, dans le cours des âges, un homme qui croira voir clairement vrai ce qui ne sera point vrai. D'où sais-tu avec certitude que tu n'es pas cet homme malheureux, et que tu ne tombes pas dans cette malheureuse circonstance dont l'heure n'est connue de qui que ce soit?

« 2° Est-ce parce que un témoignage étranger te la déclare vraie? mais, pour qu'une vérité soit rendue certaine par un témoignage externe quelconque, il faut deux conditions : 1° que l'existence de ce témoignage soit constatée avec certitude, et 2° qu'il en soit de même de sa valeur.

« Or, d'où sortira la constatation? de ta raison individuelle? mais elle peut errer, et elle erre peut-être. Du témoignage étranger lui-même? tu supposes la question; car il est précisément en question de savoir si tu peux constater avec certitude et l'existence et la valeur de ce témoignage? d'un autre témoignage quelconque? tu recules la difficulté et ne la résous le moins du monde; car il ne sera pas constaté plus facilement en ce qui concerne cet autre témoignage, qu'en ce qui concerne le premier.

« 3° Serait-ce enfin que ce qui ne pourrait être rendu certain ni par la raison seule, ni par l'autorité seule, le pourrait devenir par l'autorité et la raison réunies? Jamais, c'est évident; car toujours en vain se présentera une autorité extérieure, si l'on ne peut s'assurer ni de sa présence, ni de sa valeur; or, on ne le pourra, d'après ce qui précède, avant d'avoir admis l'infaillibilité générale du sens individuel clair et distinct.

« Donc, si le sens individuel clair et distinct pouvait une seule fois tromper, il ne resterait rien de certain.

« Donc, le sens clair et distinct de la vérité est absolument infaillible dans l'individu.

« Et, en effet, si, comme nous l'avons dit plus haut, souvent les hommes prétendent voir clairement ce que plus tard ils avoueront n'avoir pas vu clairement, il ne s'agit pas alors, et dans leur esprit, de cette *clarté* dont nous traitons en ce moment, laquelle est absolue, et que n'accompagnent ni les moindres ténèbres, ni les moindres nuages.

« 3ᵉ *argument, tiré de l'autorité.* — Cette infaillibilité de la raison individuelle, toutes les fois que celle-ci a conscience de la vérité claire et distincte, que nous soutenons en ce moment, a été admise toujours et par tous moralement parlant.

« Nous le prouvons 1° par la manière d'agir de tous les hommes, 2° par le sentiment des doctes qui ont étudié la question.

« 1° De la manière commune d'agir de tous les hommes, il faut conclure que le sens clair et distinct, dans l'individu, est considéré comme une règle certaine de vérité. En ceci les anti-cartésiens et les sceptiques ne diffèrent pas réellement des cartésiens; car il n'est personne, comme je l'ai déjà dit, qui cherche encore quelque chose au delà, dès qu'il a la persuasion complète d'avoir clairement perçu la vérité de tout point; personne, par exemple, qui, dès qu'il sent s'être évanouie la douleur qui le tourmentait, cherche, là-dessus, le témoignage des autres; personne qui pense à interroger les autres pour savoir s'il ne prend pas une pierre au lieu d'un pain, dans les circonstances ordinaires ; personne qui doute, avant de consulter les doctes, de la rectitude de cette conclusion :

« *Dieu est infiniment juste;*

« *Donc il ne punit jamais sans qu'on l'ait mérité.*

«Et ainsi du reste. Il est vrai que souvent, après avoir attentivement considéré une matière, et avoir émis notre jugement sur elle, ou avoir déduit quelque vérité de certains principes, nous cherchons encore, avec anxiété, le témoignage des autres : mais pourquoi cela, si ce n'est parce que le concept de la vérité n'était pas encore complet, parce que la perception n'était pas encore claire de tout point? conditions dans lesquelles consiste précisément le critérium. Si l'âme voit clairement, elle ne cherche rien au delà. Si elle ne voit pas tout à fait clairement, ou bien elle fera effort pour trouver plus ample lumière, ou bien elle cessera toute inquisition, mais restera dans le malaise du doute.»

2° L'auteur énumère ensuite les témoignages des philosophes. Le système de la perception claire a pour lui, d'après Huet lui-même, tous les sages anciens, platoniciens, cyrénaïques et épicuriens (*Cens. phil. cart.*, p. 245); il a aussi les Pères de l'Eglise, parmi lesquels saint Augustin (*Cité de Dieu*; — *De anima*, 17), et saint Basile (t. III, p. 277); et enfin les modernes, Malebranche, Fénelon, Bossuet, Arnauld, d'Aguesseau, Bullet, M. Emery, les Jésuites, les Sulpiciens, etc., etc. M. Lebrec a oublié de citer saint Thomas et tous les scolastiques.

Puis il conclut généralement :

« Donc la nature, la raison et l'autorité nous forcent de souscrire à la doctrine cartésienne. » (*Philosophiæ cursus elementarius ad usum minoris seminarii Constantiensis, Auctore L. Lebrec presbytero atque professore.* De la page 24 à la page 68, t. I, *De logica*.)

Nous aurions cité cette argumentation décisive, ne serait-ce que pour donner à tous les professeurs une idée de cette logique ferme au giron de laquelle se développent et se pressent tous les solides esprits.

On comprend assez, d'ailleurs, que par cette argumentation est réfuté le traditionnalisme contemporain, qui consiste dans une sorte d'amalgame du système de Huet avec celui de Lamennais. Les traditionalistes font consister, avec Huet, le criterium ultérieur de certitude primordial, celui qui fut mis à la disposition des premiers hommes, dans des révélations surnaturelles de Dieu, distinctes des manifestations de sa vérité par l'évidence rationnelle, et, avec Lamennais, ce même criterium, durant l'état présent de l'évolution humaine, dans l'accord des traditions qui transmettent la révélation primitive : cette révélation primitive est le criterium unique et premier de la *vérité* en tant que certaine ; et l'accord des traditions est le criterium unique et premier de la *révélation* en tant que certaine ; quant à la raison, elle n'a point place au foyer ; c'est une diseuse de mensonges qu'on ne saurait trop maudire. Or, il est bien clair pour tout lecteur que la thèse précédente tombe d'aplomb sur cette théorie, ainsi que sur toutes celles, nées ou à naître, qui ne seront pas le cartésianisme pur.

•Nous regrettons de ne pouvoir citer toute la partie de la logique du même auteur, où il expose les conditions de certitude et du témoignage des hommes et du témoignage surnaturel de Dieu se révélant ; on verrait comment il bâtit, sur cette base de la perception rationnelle, tout l'édifice de la foi. Nous remplacerons cette lacune en mettant ici, sous les yeux du lecteur, une simple série d'énoncés que nous retrouvons dans nos *Etudes sur les prédicateurs contemporains*, et qui fait voir la germination des certitudes surnaturelles du sein même des certitudes de raison.

Voici cette série :

1° Tout soutenu a un soutenant, tout contenu un contenant, tout produit un producteur, tout mode une substance.

2° J'ai la conscience claire qu'il se passe en moi un ensemble de phénomènes parmi lesquels la pensée occupe la place d'honneur. Quand tout cela serait un rêve, une illusion, ce serait encore un phénomène, ce serait une idée, c'est le moins que ce puisse être.

3° Cette pensée, cette idée, ce rêve, sont choses produites, soutenues, contenues, existant simplement à l'état de modes ; c'est encore le moins que ce puisse être.

4° Donc, en vertu du premier principe évident, ces choses ont un soutenant, un contenant, un producteur, une substance.

5° Cette substance, je l'appelle *je* ou *moi*.

6° Ce *je*, ce *moi*, ne peut être que de deux manières : ou sans soutenant autre que lui-même, sans contenant autre que lui-même, sans producteur autre que lui-même, sans substance autre que lui-même ; ou bien il est soutenu par un autre, contenu par un autre, produit par un autre, qui est la substance de sa substance, avant qu'il soit la substance de ses modes. Pas de milieu, car entre ces deux manières d'être substantiellement, il n'y a qu'une chose : ne pas être ; et supposer qu'on puisse être en même temps de ces deux manières serait émettre une contradiction manifeste.

7° Celui qui est sans soutenant autre que lui-même, sans contenant autre que lui-même, sans producteur autre que lui-même, sans *substratum* autre que lui-même, est le *non plus ultra* substantiel, puisqu'il a la subséité ; le *non plus ultra* de l'étendue, puisqu'il a l'intraséité ; le *non plus ultra* de l'être, puisqu'il a l'aséité.

8° Celui qui est le *non plus ultra* de l'être, de l'étendue et de la substance est l'absolu, l'éternel, l'immense, l'infini, l'imperfectible. Cela est évident pour la substantialité. Ce ne l'est pas moins pour la modalité ; car il est contradictoire d'affirmer que la substance absolue puisse être absolue sans que sa manière d'être, sa susceptibilité soit absolue.

9° Le moi est soumis à trois possibilités évidentes : la possibilité du commencement, la possibilité du perfectionnement et la possibilité de la finition. La première est basée sur un fait : je ne suis pas éternel, je commence ; je ne suis pas, je deviens. La seconde est encore basée sur un fait : je ne suis pas imperfectible, je progresse. La troisième est basée sur le sentiment et la déduction : je sens que l'être pourrait m'échapper sans opposition de la part de l'essence des choses ; et d'ailleurs, si j'ai commencé, je puis finir.

10° Donc je ne suis pas l'absolu, l'infini, l'imperfectible.

11° Donc je suis de la seconde manière, c'est-à-dire un soutenant soutenu, un contenant contenu, un producteur produit, une cause effet.

12° Donc j'ai un soutenant, un contenant, un producteur, une cause autre que moi.

13° Mais si ce soutenant, ce contenant, ce producteur, cette cause existe aussi de la seconde manière, je raisonnerai sur cette substance comme je viens de raisonner sur la mienne.

14° Donc il me faudra arriver, en dernière analyse, à une substance soutenant, contenant, produisant, sans être soutenue, contenue, produite.

15° Cette substance, nécessaire par là même que je suis, je l'appelle Dieu, cause des causes, substance des substances, espace des espaces. — Et voilà mon premier pont jeté du moi au non moi, du moi à l'autre, du moi à Dieu.

16° J'ai déjà compris que de l'aséité, de la subséité, de l'intraséité naît la perfection absolue, la plénitude de l'être, à tel point qu'il est impossible, absurde, contradictoire de supposer quelque chose au delà. Donc Dieu est infini.

17° Si Dieu est infini, il a toutes les qualités imaginables. Il ne lui manque que la limite qui est l'imperfection, et qui suppose la perfectibilité ; autrement il pourrait être idéalisé plus parfait et ne serait pas l'infini.

18° Parmi ces idéalités se trouvent essentiellement comprises celles de l'intelligence, de la bonté et de la véracité.

19° Donc s'il n'est pas tenu, d'une part, de me révéler les choses, s'il ne peut même me les révéler toutes, il est tenu, d'autre part, de ne jamais mentir à ma face, c'est-à-dire de ne me mettre jamais dans un ensemble de circonstances telles que je sois invinciblement forcé de croire une chose grave, touchant mes intérêts réels, à moins qu'elle ne soit vraie.

20° Il me laisse dans un ensemble de circonstances tellement claires, tellement convaincantes, qu'il m'est impossible de ne pas croire à l'existence de mes semblables en tant que différents de moi-même, chose importante pour moi.

21° Donc je suis certain de la réalité du milieu social dans lequel je suis placé.—Et voilà ma seconde passerelle jetée de la certitude du moi à la certitude du genre humain, en passant par la certitude Dieu, qui lui sert de clef de voûte.

22° Ce milieu social a un présent et un passé ; il a une histoire ; et, dans cette histoire, il y a une trame de faits qui jouit de toutes les conditions désirables de certitude, de conditions telles qu'il m'est impossible de douter que les multitudes qui en rendent témoignage puissent être trompées ou trompeuses.

Ici devrait se placer toute la logique des vérités de témoignage humain, et son application à l'ensemble des faits importants de l'histoire humaine.

23° La plus importante galerie de cette trame est celle qui résulte des faits bibliques, évangéliques, ecclésiastiques.

Viendrait ici l'examen de cette galerie, la démonstration de son importance, et la preuve détaillée de sa certitude par l'authenticité et la véracité des livres qui la contiennent.

24° Cette galerie de phénomènes, longue comme l'humanité, implique la certitude d'une révélation venant de Dieu, et dont le pivot est Jésus-Christ.

Ici la démonstration de la réalité de cette révélation, en rapportant tout au grand fait de la divinité du Christ. On a tort de s'arrêter à tels et tels détails ; il faut embrasser l'ensemble, et ne s'appliquer qu'à prouver que le Christ est Dieu ; que faut-il de plus, d'autant mieux que, cette vérité établie, il est facile d'en tirer déduction à toutes celles dont on aura besoin en ce qui concerne la révélation antérieure et postérieure au Christ.

— Voilà mon troisième pont jeté du moi à la révélation par les points d'appui, Dieu et le genre humain.

25° Cette révélation présente à la foi du genre humain telles et telles vérités. — Ici la série de tous les points de foi catholique ; et montrer qu'ils sont tous réellement contenus dans la révélation, les uns parce que la raison les y trouve directement, les autres parce que l'Église, dont l'infaillibilité est dans la révélation, les en déduit en vertu de son droit d'interprète.

26° Donc je suis certain de la vérité de tous ces points de foi, par là même que je suis certain de la révélation et de la véracité de celui qui l'a faite. — C'est la dernière arcade de ma passerelle qui va du moi à Dieu, de Dieu au genre humain, du genre humain à la révélation, et de la révélation à chacun des articles de foi de la doctrine catholique.

27° Donc ma certitude de chacun de ces points de foi est une déduction logique du premier des axiomes rationnels : *Tout phénomène suppose une substance ; je pense, donc je suis.*

Nous défions le logicien le plus subtil de trouver la moindre solution de continuité dans cette série d'anneaux.

Et c'est ainsi que la logique cartésienne est la seule qui soit vraiment sœur de la foi, puisque toutes les autres, sous leur habit de l'humilité ou de la dévotion, ne mènent à rien de moins qu'à la dissolution de la foi elle-même : c'est ce qui a été démontré par l'abbé Lebrec avec l'invincible puissance de l'évidence complète,

Par une singulière coïncidence, nous arrive, à cette minute même (18 décembre 1855), le journal qui nous apporte la lettre de l'archevêque de Paris adressée au clergé de son diocèse pour lui faire part d'une communication du Saint-Siége, laquelle lui transmet quatre propositions formulées et approuvées dans le sein de la congrégation de l'Index; propositions dont les termes font dire à l'archevêque, après en avoir cité le texte :

« Vous le voyez, Messieurs et chers coopérateurs, ces propositions sont dirigées contre ce système nouveau, qui s'appelle *traditionnalisme*, et qui tend à enlever à la raison humaine toute sa force. »

En effet, voici ces propositions traduites mot à mot :

I. Bien que la foi soit au-dessus de la raison, aucune division véritable, aucun désaccord ne peut cependant jamais être découvert entre elles, puisque toutes deux sortent de la seule et même source immuable de la vérité, Dieu très-bon et très-grand, et qu'ainsi, elles se prêtent un mutuel secours.

II. Le raisonnement peut prouver avec certitude l'existence de Dieu, la spiritualité de l'âme, la liberté de l'homme. La foi est postérieure à la révélation, et, par suite, elle ne peut être convenablement invoquée pour prouver l'existence de Dieu contre l'athée, pour prouver la spiritualité de l'âme raisonnable et la liberté contre le sectateur du naturalisme et du fatalisme.

III. L'usage de la raison précède la foi et y conduit l'homme avec le secours de la révélation et de la grâce.

IV. La méthode, dont usèrent saint Thomas, saint Bonaventure et les autres scolastiques après eux, ne conduit point au rationalisme (23) *et n'a point été cause que, dans des écoles contemporaines, la philosophie ait introduit le naturalisme et le panthéisme. Il n'est donc pas permis d'imputer à crime à ces docteurs et à ces maîtres de s'être approprié cette méthode, surtout pendant que l'Eglise l'approuvait, ou au moins se taisait sur elle.* »

Jamais nouvelle ne nous causa plus de joie que celle qui nous apporte cette décision doctrinale, aussi grave que modérée et exacte dans l'expression. Rien n'égale notre bonheur quand il émane du centre de l'Eglise de ces manifestations sages tellement propres à la servir devant les intelligences d'élite dont l'influence mène le monde. —*Voy.* Abus de la raison, — Abus de la foi.

LOI (Les quatre espèces de). *Voy.* Œuvres morales.

LOIS DE L'EGLISE. *Voy.* Eglise, II, Œuvres morales, Confession, IV, Ordre.

LOIS DE L'EGLISE (Les). — DEVANT LA RAISON ET DEVANT LA FOI (II° part., art. 48). — Nous avons fait observer plusieurs fois que la discipline ecclésiastique ne peut jamais donner lieu à de graves difficultés rationnelles contre la révélation chrétienne : 1° parce qu'il n'est pas de l'essence de l'infaillibilité ecclésiastique de porter toujours les meilleurs règlements relativement aux circonstances, vu qu'elle n'est pas tenue, sous ce rapport, à l'optimisme, et 2° parce que cette discipline étant, de sa nature, perpétuellement susceptible d'être modifiée, les inconvénients qu'elle pourrait présenter ou qui pourraient lui survenir dans tel ou tel cas, sont faciles à guérir.

Cependant, l'étude détaillée des lois ecclésiastiques, au moins des principales, comme celles de la confession et de la communion annuelles, de la célébration des dimanches et fêtes, du jeûne et de l'abstinence, du célibat des ministres, des empêchements au mariage, etc., devrait entrer dans notre œuvre pour la compléter. Aussi la promettons-nous dans le supplément. Il s'agira de rechercher historiquement si, eu égard aux temps, aux lieux, aux mœurs, aux abus, aux besoins, en un mot, de la société spirituelle, toutes les lois ecclésiastiques ne portent pas le sceau de la sagesse, dans leur institution première et dans leur maintien, jusqu'aux époques où l'autorité juge convenable de les modifier ; et nous savons à l'avance que le résultat de nos recherches sera tout entier à la glorification de l'Eglise, malgré toute la bonne foi que nous mettrons à comparer le pour et le contre.

Contentons-nous, ici, de présenter quelques observations générales sur cette discipline considérée dans ses rapports avec la nature humaine, et en appliquant ces observations à celle de ses mesures qui paraît aux esprits du monde la moins digne de l'homme, à la loi de l'abstinence.

L'abstinence est un acte de suprématie de l'esprit par lequel l'homme s'abstient de satisfaire ses appétits matériels. Le mot convient à tous les refus de l'âme aux demandes des passions ; mais l'usage a prévalu d'en user principalement lorsqu'il s'agit des mets relatifs à la nourriture. C'est aussi dans ce sens que nous allons presque exclusivement parler de l'abstinence.

Si nous considérons l'histoire du genre humain, nous y trouvons un ensemble considérable de faits qui prouvent que, si l'homme est sollicité, d'une part, à la satisfaction de jouissances animales, il n'en éprouve pas moins une espèce de besoin intérieur et de conscience de conserver, au profit de son âme, une maîtrise sur ces entraînements, et de se la démontrer à lui-même par l'argument de l'épreuve. Il trouve de la gloire à résister aux appétits dont il ne peut éteindre totalement les attractions, et du bonheur à en diminuer, par

---

(23) On sait que, par un abus de mots, comme il s'en fait tant, le mot *rationalisme* a été employé dans ces dernières années pour désigner le philosophisme qui, en admettant la valeur de la raison, rejette, par une grande inconséquence, toute révélation.

des luttes persistantes suivies de victoires, la ténacité et la violence.

Un grand nombre de sectes philosophiques s'étaient imposé des obligations d'abstinence. On cite, en première ligne, celle des Pythagoriciens qui s'abstenaient de toute espèce de viandes et même de fèves. Quant aux religions, il n'en est aucune qui ne présente quelques prohibitions du même genre. Les plus étonnantes abstinences auxquelles les hommes se soient jamais assujettis sont celles des Hindous; elles effrayent par leur austérité et par la gêne continuelle où elles mettent les pénitents de l'Inde, sectateurs de Brahma, de Bouddha, d'Ormouzd; dans ces contrées, les plus terribles mortifications sont toujours imposées aux castes les plus élevées en dignité; on peut s'en faire une idée en lisant les lois de Manou. On sait que la religion mosaïque avait ses abstinences, dont quelques-unes ont été reprises par Mohammed, et que conservent à peu près en totalité les Juifs modernes. On sait aussi que l'Eglise catholique a les siennes, qu'ont plus ou moins modifiées les sectes hérétiques qui en sont sorties. On trouve des abstinences obligatoires et de perfection jusque chez les Hottentots et les Virginiens. Notons aussi ces espèces de communautés qui s'étaient formées chez les Hébreux sous les noms de Réchabites, de Nazaréens, d'Esséniens, etc., qui s'imposaient volontairement une vie austère comme les nôtres, telles que les Trappistes, et comme avaient fait les Pythagoriciens.

Ces notions historiques établies, nous voulons entrer plus profondément dans la question.

L'abstinence, plus encore que la prière vocale et toutes les pratiques extérieures, peut donner lieu à deux excès directement opposés: celui de la superstition et celui du mépris philosophique. Quand on donne dans le premier, on n'adore plus en esprit, on croit avoir tout fait après s'être imposé de rudes privations, et on oublie la substance de la loi; on va même jusqu'au ridicule et au défendu par la loi véritable, en se livrant à une sorte de suicide à petit feu qui peut rendre le corps et l'esprit incapables de répondre à leur vocation terrestre; et, par-dessus ces malheurs, vient s'asseoir trop souvent celui de l'orgueil, qui dévore à lui seul tous les mérites et tous les biens. Quand on se jette dans le second, on considère les pratiques corporelles comme des puérilités, les passions comme choses insignifiantes qu'il importe peu de combattre; on se retranche dans sa sagesse intime; on prétend que l'esprit est tout l'homme, que c'est perdre son temps que de l'employer à lutter contre les tendances matérielles; on suit ces tendances avec indifférence et l'on aboutit à l'épicurisme.

Ces deux excès se sont développés sur d'immenses proportions : l'un, dans la ligne du surnaturel altéré et des abus de la foi; l'autre, dans la ligne du naturel égaré et des abus de la raison. Les abstinences des pénitents de l'Inde, les lois de Manou dont nous avons dit un mot sont des exemples du premier excès, et le rapetissement de l'esprit qui en est la suite dans la plupart des hommes fanatisés par ces superstitions, en fait comprendre les dangers. Dans l'intérieur même du christianisme, les exemples n'en sont pas rares; ils abondèrent au moyen âge; c'est que le christianisme doit être compris pour rester pur au sein des populations; c'est qu'étant la doctrine de la Sagesse éternelle déposée parmi les hommes, les hommes peuvent quelquefois la surcharger de couleurs mensongères, sans quoi Dieu, en la leur donnant, les aurait rendus impeccables. Les attaques superbes des faux sages contre toutes les religions, principalement contre la vraie, les théories épicuriennes des poëtes sensualistes, les débordements du matérialisme dogmatique et pratique sont des exemples de l'autre excès. Ils sont nombreux dans l'antiquité grecque et romaine; ils ne le sont pas moins dans la période catholique en dehors de la foi, pour la raison même que nous avons apportée de l'exagération contraire durant cette période. Si l'on peut surcharger la vraie doctrine, on peut aussi la nier; si l'on peut la défigurer par superposition, on le peut aussi par soustraction; dans un cas, c'est la foi qui s'aveugle; dans l'autre, c'est la raison qui s'égare; dans les deux, c'est le manque d'équilibre entre la foi et la raison.

Si maintenant nous reportons nos yeux sur la raison droite et sur la foi éclairée, nous les verrons offrir le spectacle qu'elles offrent toujours, celui d'une harmonie parfaite, dans la manière de comprendre l'abstinence et tout ce qui s'y rapporte.

La raison dira, par la bouche de Platon, que « le sage met Dieu avant son âme, son âme avant son corps, mais que le corps n'est pas non plus à mépriser; que nous avons deux parties dans notre être, l'une forte, noble et qui doit commander; l'autre faible, sans vertu et qui doit obéir; que l'homme juste communique avec Dieu par la prière, l'offrande, la mortification et toutes les pratiques du culte religieux; que celui qui succombe au charme des passions déshonore son âme, lui apprend le crime et le remords; que cette terreur de la raison met le corps au-dessus de l'âme, et que pourtant il n'y a pas à hésiter entre la fange et le ciel; qu'il est noble de s'imposer l'expiation de ses fautes; mais que, pourtant, il faut donner au corps l'intérêt qui est dans sa nature; que le corps a aussi sa religion; qu'il a ses vertus, et que la tempérance, la modération équilibrée entre ce qu'il demande et ce qu'on doit lui accorder pour la santé de l'homme tout entier est la première des vertus qui le regardent. » (*Lois* IV, V, *et passim* dans tous les dialogues.)

Platon dira même que le sage suit, comme l'enfant, les lois religieuses extérieures du culte auquel il appartient, parce que la pratique de ces lois est un moyen d'adorer Dieu, et de s'habituer à la vertu. Le sage se soumettra donc, d'après Platon, aux abstinences réglées par l'autorité qui préside au culte, jusqu'à ce que les besoins, les mœurs, les convenances ayant changé avec le temps, cette autorité, pour agir avec raison, les modifie. Mais il aura soin de ne jamais attribuer aux formules matérielles plus d'importance qu'elles ne méritent; il aura soin que son adoration n'en soit pas moins, en esprit et en vérité. Quant aux mortifications libres, la loi en est toute posée par la raison même, c'est la tempérance et la modération.

Ainsi en juge la sagesse humaine.

La Sagesse divine s'exprimant par saint Paul tiendra-t-elle un autre langage? Non; mais elle se montrera plus tranchante, plus éloquente, plus hardie.

Paul se trouvait en face, non pas de la raison égarée qui méprise, mais de la foi faible habituée à tenir trop de compte des pratiques corporelles et quelque peu superstitieuses. C'est donc à cette foi qu'il va s'adresser, et voici comment il combattra ces excès dans un moment où règne puissamment sur les âmes la loi des enfants, qu'il a qualifiée de la loi de crainte, par opposition à la nouvelle qui est la loi de liberté et d'amour.

Il dira aux Colossiens : « *Que nul ne vous condamne sur ce que vous mangez ou buvez, ou à l'égard des jours de fête, ou des cérémonies, ou des sabbats, qui ne sont que l'ombre des choses futures et le corps du Christ. Que nul ne vous séduise sous prétexte d'humilité ou d'un culte des anges, choses qu'il n'a point vues, marchant enflé de vaines pensées de sa chair, et se détachant de la tête par qui tout le corps, relié et fortifié par les jointures et les connexions, croît de l'accroissement de Dieu. Si donc vous êtes morts avec le Christ aux éléments de ce monde, pourquoi, comme si vous viviez encore de la vie du monde, vous assujettissez-vous à ces commandements : ne mangez point de ceci, ne goûtez point à cela, n'y touchez pas. Tout cela est mortel par le seul usage, selon les préceptes et les doctrines des hommes. Ces choses ont pourtant quelque sorte de raison dans la superstition et l'humilité, et dans le refus de flatter le corps, et dans le peu de souci de rassasier la chair. Donc, si vous êtes ressuscités avec le Christ, cherchez les choses d'en haut, où le Christ est assis à la droite de Dieu. Ayez le goût des choses d'en haut et non des choses de la terre.* » (Col. II, 16, 23 ; III, 1.)

Nous avons traduit en nous aidant du grec qui fixe le sens du ỷ 23. La pensée de l'Apôtre est précise et carrément formulée: il dit à ceux des fidèles dont la religion était trop formaliste, trop étroite, trop asservie à des règlements charnels, qu'ils doivent élever leur vue plus haut; se détacher de l'ombre et du corps pour s'attacher à la réalité et à l'esprit du Christ; se garder de ces cultes imaginaires dont l'objet n'est ni raisonnable, ni fondé en bonnes preuves; éviter l'humilité orgueilleuse et affectée; ne jamais oublier pour ces petitesses la tête, qui est le Christ, par lequel on *croît de l'accroissement de Dieu*; planer par une sainteté réelle au-dessus des petits commandements qui viennent de l'homme, et dont la matière, indifférente par elle-même, n'a d'importance que d'après les ordonnances et les jugements humains; en un mot, chercher les choses d'en haut, les choses de l'esprit, et n'avoir de goût prononcé que pour elles. Mais remarquez, en même temps, la prudence et le jugement du grand Apôtre qui, tout en émettant si vigoureusement ces vérités, n'oublie pas la restriction sans laquelle on pourrait peut-être l'accuser lui-même de mettre trop d'importance aux petites choses pour les attaquer. *Elles ont pourtant*, dit-il, *quelque sorte de raison dans la superstition et l'humilité*, c'est-à-dire dans l'humble bonne foi des faibles qui sont persuadés de leur vertu, *et dans le refus de flatter le corps*, c'est-à-dire parce qu'elles sont, après tout, des preuves de courage et des précautions pour fortifier l'âme contre les sens, *et enfin dans le peu de souci de rassasier la chair*, c'est-à-dire en ce qu'elles peuvent dénoter un cœur insensible à l'amour des biens périssables.

Il ne manque rien à l'explication de l'Apôtre pour que l'accord soit parfait avec la raison philosophique.

L'idée qu'il a émise d'une tolérance charitable et rationnelle à l'égard des faiblesses de la bonne foi peu éclairée, il la développe dans ses Épîtres avec une persistance que nous admirons sans mesure quand nous les relisons, tant cette persistance annonce le logicien. Citons encore ici ce qu'il dit aux Romains, dans ce sens, sur la question des abstinences et de toutes les formes du culte ne constituant pas, par elles-mêmes, des vertus.

Recevez le faible dans la foi, sans contestations de sentiment. L'un croit qu'il peut manger de tout, et l'autre, qui est faible, ne mange que des herbes. Que celui qui mange ne méprise pas celui qui ne mange point, car Dieu l'a fait sien. Qui es-tu, toi qui juges le serviteur étranger? S'il tombe ou demeure ferme, cela regarde son maître ; mais il demeurera ferme, car Dieu est puissant pour l'affermir.

L'un fait différence entre un jour et un jour ; un autre les juge tous pareils. Que chacun abonde en son sens. Celui qui distingue les jours les distingue à cause du Seigneur, (le grec ajoute : *et celui qui ne les distingue point ne les distingue point à cause du Seigneur). Celui qui mange mange à cause du Seigneur, car il rend grâces à Dieu ; et celui qui ne mange point ne mange point à cause du Seigneur ; il rend aussi grâces à Dieu....*

Pourquoi donc condamnes-tu ton frère? ou pourquoi méprises-tu ton frère? car tous nous paraîtrons devant le tribunal du Christ......

Ne nous jugeons donc point les uns les autres ; mais plutôt prenez garde d'être à votre frère une cause de chute ou un scandale. Je sais, et j'ai cette foi dans le Seigneur Jésus, que, de soi, rien n'est impur, et qu'il n'est impur qu'à celui qui l'estime impur. Que si, par ce que tu manges, tu contristes ton frère, déjà tu ne marches point selon la charité. Ne perds point, par ce que tu manges, celui pour qui le Christ est mort.

Qu'on ne blasphème donc point ce qui est bon en nous (c'est-à-dire relativement à nos intentions), car le règne de Dieu n'est ni le manger ni le boire, mais justice et paix et joie dans l'Esprit-Saint. (Rom. XIV, 1-17.)

Ces paroles n'ont pas besoin d'être expliquées pour donner une idée complète de la largeur d'esprit, de la tolérance et du bon sens du premier des philosophes chrétiens. C'est la raison et la révélation qui s'embrassent.

Mais quand le même philosophe parle d'une autre abstinence, de celle qui consiste à repousser les attaques du sensualisme, à lui refuser les plaisirs désordonnés qui dégradent la nature morale, et que la loi naturelle condamne, il devient austère et inflexible, et il se retrouve encore en harmonie avec Platon, en appelant mortification des œuvres de la chair, ce que l'autre avait appelé la tempérance, mère du vrai bonheur.

Tout se résume, quant aux lois positives ecclésiastiques et autres, mais sortant d'une autorité légitime, dans l'anathème du Christ aux prêtres de son temps :

Malheur à vous, Scribes et Pharisiens hypocrites qui payez la dîme de l'aneth, de la menthe et du cumin, et avez négligé ce qui est le plus grave dans la loi, la justice, la miséricorde et la bonne foi. Voilà ce qu'il fallait pratiquer, sans omettre le reste. (Matth. XXIII, 23.)

Justice, miséricorde, bonne foi; trois mots philosophiques qui disent toute la morale de l'homme; trois mots sacrés qui devraient se lire, depuis qu'ils ont reposé sur les lèvres de Jésus, au fronton de tous les temples.

Pratiquez ce qu'ils disent, le reste viendra de soi; pratiquez tout, et négligez ce qu'ils disent, vous ne serez jamais qu'un hypocrite.

C'est ainsi que la révélation donne la main à la raison pour tracer la route entre les excès.

Fin de la II° partie. — *Voy.* pour 1ᵉʳ art. de la III°, SCIENCE, RELIGION.

LONGÉVITÉ DES PATRIARCHES. *Voy.* PHYSIOLOGIQUES, II, I.

LUTHÉRANISME. *Voy.* PANTHÉISME ET GRACE ET LIBERTÉ.

LUXE. *Voy.* SOCIALES (Sciences) II, et BALS.

LYPÉMANIE. *Voy.* PHYSIOLOGIQUES (Sciences.)

LYRIQUE (POEME). *Voy.* POÉSIE.

M

MACHINES (RÉSULTATS DES) EN ECONOMIE SOCIALE. *Voy.* SOCIALES (Sciences), II.

MAITRE (ETRE MAITRE DE SOI);—PLATON. *Voy.* MORALE, III, 5.

MAJESTÉ. *Voy.* ART, III.

MAL (LE);— PLATON. *Voy.* MORALE, I, 10.

MAL (QU'EST-CE QUE LE). *Voy.* GRACE, IV.

MARIAGE (LA THÉOLOGIE DU) DEVANT LA FOI ET DEVANT LA RAISON, — ou PHILOSOPHIE, THÉOLOGIE ET POLITIQUE DU MARIAGE (II part., art. 44).—Cette théologie, prise dans toute son étendue, implique la dogmatique du mariage et la morale du mariage.

Dogmatique du mariage.

Pour arriver à faire ressortir les harmoniques rapports de la théologie catholique sur le mariage avec les enseignements de la raison, il nous faut éviter avec soin la complication. Cette matière traitée comme on la traite le plus communément est un chaos, et cependant aucune n'aurait besoin d'autant de précision et de clarté, vu les questions pratiques auxquelles elle donne lieu à toute occasion.

Nous allons étudier, dans le mariage, le contrat naturel, le contrat civil, le contrat religieux, les rapports des trois contrats entre eux, le sacrement, et, sur chacun de ces objets, aborder de front les difficultés les plus sérieuses.

I. — *Du contrat naturel en soi.*

I. Le mariage est, avant tout, un contrat naturel dont l'objet est l'union des sexes pour la perpétuité de la race. Il résulte de cette définition même que son essence consiste dans le consentement des parties ayant valeur de contrat moral, et que l'usage du mariage n'est qu'un résultat du contrat légitimé par le contrat même; cet usage n'est qu'un fait, qui peut avoir lieu ou n'avoir pas lieu sans le contrat ou avec le contrat; il ne constitue pas plus l'essence du mariage que la prise de possession d'un bien ne constitue la donation de ce bien par le propriétaire. Ainsi raisonne la théologie, et le bon sens avec elle.

II. Tout contrat produit un engagement, un lien qui persiste après le consentement donné, qui forme comme la prolongation du consentement lui-même. Il en est du mariage comme des autres contrats; il en résulte un lien entre les parties contractantes, et ce lien mutuel est l'essence du mariage considéré dans les époux après l'acte par lequel ils se sont mariés. L'usage n'est encore que l'objet principal sur lequel porte l'obligation réciproque, et non point l'essence de cette obligation. Rien que de simple jusque là.

III. Le mariage, devant le droit naturel, est-il libre? en d'autres termes est-ce un droit de la nature humaine que tout individu puisse vivre et mourir dans le célibat?

La théologie répond affirmativement pour les cas ordinaires. La raison nous paraît donner la même réponse. Consultons le fond de notre conscience : ne nous sentons-nous pas libre de refuser toujours à qui que ce soit la concession de droits qu'implique le mariage, comme nous nous sentons libre de la faire à tel individu préférablement à tel autre? Notre conscience éprouvera-t-elle jamais des remords pour avoir refusé cette concession, à moins de circonstances accessoires toutes particulières? N'y a-t-il pas, au fond de notre être, une voix qui nous dit que ce n'est point par un précepte obligatoire en conscience que Dieu a pourvu à la multiplication du genre humain, mais par une tendance purement passionnelle qui ne peut manquer d'obtenir ses résultats, sans qu'il soit besoin d'aucun ordre? C'est ainsi que l'on s'explique la parole du Créateur : *Croissez et multipliez-vous* (*Gen.* I, 28) ; elle exprime une volonté de Dieu qui aura infailliblement son effet, et non pas un commandement moral ; elle s'adresse à l'homme, sous le rapport dont nous parlons, comme elle s'adresse aux animaux, aux plantes, à tous les êtres qui se reproduisent dans notre création.

La théologie ajoute qu'il peut se trouver des ensembles de circonstances dans lesquels le mariage devienne une obligation de conscience; par exemple, le cas où la violence de la concupiscence serait telle que le mariage en fût le seul remède. Dans cette hypothèse, le devoir serait tel lui-même qu'aucun droit ne pourrait s'élever contre lui et le neutraliser, puisque ce serait un devoir naturel antérieur à tout autre. Beaucoup de théologiens ajoutent le cas où il y aurait danger d'extinction de la race, et, par suite, pensent qu'Adam et Ève furent obligés au mariage et à l'usage du mariage. Comme l'Église n'a rien dit à ce sujet, les opinions sont libres. Il nous semble que, si l'on soutenait l'affirmative, il s'en suivrait assez logiquement que chacun des enfants d'Adam serait lui-même tenu au mariage; car il a sa postérité propre comme Adam avait la sienne, dans l'ordre des possibles ; et la question de l'obligation du mariage revient à celle de savoir si un individu, pouvant être la souche d'une postérité, est libre moralement d'appeler au réel cette postérité, ou de la laisser, par son refus, dans les simples possibles. Pour Adam, il s'agissait de tous ses fils et petits-fils; pour chacun de nous, il s'agit de tous nos fils et petits-fils : nous ne voyons pas de différence dans la relation de la souche à la postérité, relation qui nous semble la seule à considérer.

Nous croyons donc qu'il en fut d'Adam et d'Ève comme de chacun de nous ; qu'ils furent libres d'engendrer ou de ne pas engendrer ; et que Dieu ne pourvut, alors comme aujourd'hui, à la perpétuité du genre humain que par une loi purement matérielle, dont les résultats étaient, pour lui, certains. Si cependant on prétendait que Dieu mit nos premiers pères dans le cas du violent besoin dont nous avons parlé d'abord, on en pourrait conclure à un devoir de conscience ; mais la supposition ne peut être ni prouvée ni réfutée.

La théologie dit encore, avec le concile de Trente, que la virginité ou le célibat sont un état plus excellent que le mariage. On a attaqué l'Église sur cette question avec plus ou moins d'injustice, et toujours sans tenir compte de l'esprit de ses enseignements. Voici ce que dit la raison ; et ce que dit la raison est ce que dit l'Église.

Dans les cas particuliers où l'on admet que le mariage avec l'usage du mariage soit un devoir, il est évident que rien ne saurait l'emporter sur l'accomplissement du devoir, relativement à l'individu. Dans le cas où il est constant que l'on est appelé au mariage par l'auteur de la nature, il est encore évident que la plus grande perfection relative est dans l'accomplissement de sa vocation. Enfin, dans les cas où l'on compare le mariage le plus excellent quant aux résultats, avec la virginité ou le célibat mauvais ou nuls dans leurs résultats à l'égard de Dieu, de la société et de soi-même, la question de supériorité ne souffre pas, non plus, la discussion. Mais ce n'est pas ainsi que l'Église se comprend quand elle émet une proposition de ce genre, elle dit en général, après saint Paul (*I Cor.* VII, 37,38) qu'il est meilleur et plus heureux, dans notre état présent, de rester vierge ou célibataire que de se marier (*Conc. de Trente*, sess. 24, can. 10); cela signifie que, généralement parlant, celui pour qui le devoir ou la vocation du mariage n'existe pas, et qui use de la liberté qui lui est laissée sous ce rapport pour vaincre sa chair, se livrer exclusivement aux travaux de l'esprit, vaquer plus à son aise à la méditation de Dieu et des choses saintes, travailler plus activement et sans perte de temps au bien de soi-même et de la société, adopter enfin, préférablement à la famille particulière, la grande famille des frères, et se sacrifier pour elle sans restriction obligée, est plus admirable, plus beau, plus fort, plus intelligent, plus grand devant soi-même, devant Dieu et devant le monde, que celui qui se jette dans la voie commune des satisfactions charnelles et des soins particuliers du foyer conjugal, paternel et maternel. Or, nous le demandons à la bonne foi, la question de la supériorité en force, en bonheur réel et en excellence, sous tous les rapports que nous venons d'indiquer, peut-elle même donner lieu à discussion, dans tous les cas où l'on suppose le choix parfaitement libre, et l'individu se déterminant sur les motifs que suppose l'Église? il est utile de faire observer qu'il ne s'agit pas, en ce moment, de la loi par laquelle l'Église oblige ses ministres à garder le célibat, mais seulement de la virginité librement choisie et librement soutenue à chacun des moments de sa durée. Quant à la loi ecclésiastique du célibat des ministres dans l'Église latine principalement, il en est dit quelque chose au mot Sociales (Sciences) II, III, et elle sera traitée dans le supplément.

IV. Plusieurs théologiens soutiennent que le contrat de mariage n'est valide qu'autant que chaque partie consent intérieurement, et ne dénie point, d'intention, le consentement extérieur qu'elle donne. Un plus grand nombre croient qu'il suffit pour la validité du consentement extérieur donné librement et sans aucune violence physique ou morale. L'Eglise n'a point tranché cette controverse. Exiger le consentement intérieur, n'est-ce pas livrer à l'incertitude tout mariage, et jeter la perturbation dans la société sur ce point? Se contenter de l'apparence extérieure du consentement, n'est-ce pas donner à un jeu bien joué la valeur d'une réalité? La question nous paraît difficile à résoudre, en restant sur le terrain du droit naturel. Mais si l'on considère le contrat civil et le contrat religieux que surajoutent les sociétés au contrat naturel, ou, si l'on aime mieux, la sanction et la législation, civiles et religieuses, que les sociétés ajoutent à ce contrat, on sort facilement d'embarras. La société civile et la société religieuse, dont on fait partie, étant obligées de se faire une règle, et ne pouvant constater l'intention intérieure que par l'intention extérieure, disent à leurs membres : il est convenu que le mariage sera reconnu valide et traité comme tel, toutes les fois que l'intention sera sérieusement et solennellement manifestée au dehors; que chacun s'en tienne pour averti; et, dès lors, manifester au dehors le consentement équivaut, dans l'individu, à le donner en réalité, puisqu'il sait que, par ce qu'il fait, il s'engage, se lie et encourt les résultats matrimoniaux de manière à ne pouvoir plus s'en délivrer, par suite de la convention sociale. Il en est de même des autres contrats. Si la société était obligée, pour protéger leur exécution, au profit des réclamations, de constater l'intention intime du contractant, elle n'aurait droit de sanctionner aucun contrat, puisqu'elle ne peut jamais constater cette intention; aussi se contente-t-elle de la manifestation extérieure, et a-t-elle raison.

V. Le contrat de mariage, en tant que naturel, et abstraction faite de toute loi positive, divine ou humaine, ne peut-il se faire validement qu'entre un seul homme et une seule femme?

La théologie répond que, du côté de la femme, il est contraire au droit naturel qu'une femme ait simultanément plusieurs maris, parce qu'un tel état est contraire à la fécondité de la femme, comme le prouve l'expérience des prostituées, à l'éducation des enfants dont le père serait inconnu, et à l'harmonie du ménage. La raison donne évidemment la même réponse; d'où il suit que les rares peuplades où existe la polyandrie, sont en révolte contre la nature.

Mais, en ce qui concerne l'homme, il y a controverse entre les théologiens, et l'Eglise ne s'est pas prononcée. Les uns disent, avec saint Thomas, que, si la polygamie simultanée n'est point absolument contraire au premier but du mariage qui est la généra- tion, puisque l'expérience prouve qu'un seul homme peut très-bien rendre mères plusieurs femmes, elle contrarie assez les autres fins du mariage, pour être une violation du droit naturel ; elle rend, disent-ils, l'éducation convenable des enfants très-difficile, et la paix du foyer presque impossible, à moins d'une organisation tyrannique du mariage aux dépens de la femme, ce qui est encore contraire à la nature; elle détruit l'égalité dans le contrat, dont parle saint Paul, puisque, avec elle, la femme peut bien abdiquer par devers l'homme la liberté de son corps, mais que l'homme ne le peut pas à à l'égard de la femme, ne pouvant répondre au désir de plusieurs à la fois; elle blesse les droits de l'homme au mariage, en ôtant à un grand nombre la possibilité de trouver des épouses, puisque la nature n'engendre qu'à peu près autant de femmes que d'hommes; enfin les paroles de la *Genèse* relatives au mariage supposent, aussi clairement que possible, la volonté divine de créer notre nature pour l'union d'un seul avec une seule : *Ils seront deux dans une seule chair*, et le reste. (*Gen.* II, 24.) D'autres théologiens, avec Maldonat, prétendent que la polygamie simultanée n'est point contraire au droit naturel, et ils en donnent pour raison que, s'il en était ainsi, elle n'aurait pu être tolérée chez les patriarches ; saint Augustin émet la même opinion dans plusieurs ouvrages.

Nous sommes de l'avis de saint Thomas, et il nous semble très-facile de répondre à l'objection tirée de l'usage de la polygamie chez les patriarches. Quand on pose en principe qu'une violation du droit naturel ne peut jamais être tolérée ou réglementée par la loi, en un mot devenir licite, on se trompe fort. La criminalité d'un acte exige, pour condition, dans ceux qui l'accomplissent, la connaissance de cette criminalité même, la persuasion qu'il est en réalité criminel ; or il arrive souvent que des usages, prohibés en réalité par la nature, se répandent, deviennent communs, paraissent naturels aux individus, perdent complètement, aux yeux de tous, leur caractère de culpabilité, et sont accomplis, de toutes parts, avec une bonne foi parfaite fondée sur une erreur universelle. Telles sont une foule de superstitions chez tous les peuples ; tel est, chez quelques sauvages, l'usage de l'anthropophagie ; tel est, chez nous, celui de l'usure dans certaines limites ; tel fut partout, et tel est encore dans quelques lieux, l'esclavage ; telle est la coutume des sacrifices humains dont le peuple juif ne fut pas tout à fait exempt, comme il paraît par l'histoire de Jephté ; on en citerait des exemples par milliers. Pourquoi donc la polygamie ne se serait-elle pas introduite de la même manière, et n'aurait-elle pas été une erreur universelle sans être un crime blâmable, aux yeux de la justice, dans les individus ? Dieu est tenu de ne jamais approuver le crime, quand il y a crime ; mais il n'est pas tenu de dissiper tout à coup les préjugés, d'éclairer les erreurs, de développer les connaissances; il peut fermer les yeux sur l'irrégularité des actions prises en elles-mêmes, pour ne voir que ce qu'elles sont dans la croyance des personnes et des peuples; souvent il y a prudence pour l'homme instruit à en agir de même, les confesseurs le savent; il y a des ignorances qu'il faut respecter. Cela posé, l'objection tirée de la conduite des patriarches et de certaines dispositions de la loi mosaïque à l'égard de la polygamie, serait solide si elle présentait un texte révélé affirmant dogmatiquement que la polygamie n'est point un mal en soi, mais ce texte n'existe pas; on ne peut invoquer que l'absence d'improbation dans les dispositions de la loi relatives à l'usage existant, et les éloges de sainteté données aux patriarches sur l'ensemble de leurs actions. Mais ces éloges pouvaient très-bien être mérités, malgré que la polygamie fût un mal en elle-même, par la raison que nous en avons donnée plus haut; et s'ils étaient mérités, Dieu ne les devait-il pas? Il n'est donc pas besoin de recourir, avec saint Thomas, à une dispense du droit naturel accordée par Dieu aux patriarches, dispense qui ne s'expliquerait guère à notre jugement; il suffit de concevoir l'usage établi, généralisé, les saints de l'Ancien Testament plongés dans cet usage, leur conscience ne pensant nullement à mal en s'y conformant, et Dieu, de son côté, réservant à la révélation évangélique du Sauveur la gloire de déchirer le voile qui couvrait, sur ce point doctrinal, les enseignements de la *Genèse*. On est obligé, au fond, d'avoir recours à cette explication, pour justifier Dieu de toutes les erreurs générales du genre humain, et pour éviter, en même temps, de jeter sur les populations et les siècles, l'épouvantable sentence d'une réprobation absolue et universelle. Pourquoi donc ne pas l'employer sur cet article comme sur tant d'autres? Dans notre XIXᵉ siècle est-ce que la pratique de la guerre, dont on n'a pas de remords, peut se justifier autrement? Nous croyons qu'un jour tout l'attirail des combats disparaîtra à jamais devant les pacifiques et solennelles paroles de grands tribunaux d'arbitrage; comment donc, alors, expliquera-t-on nos folies, sans nous vouer tous à l'enfer, si ce n'est par le biais que nous venons d'indiquer? David fut un violent exterminateur, et l'Ecriture ne le blâme point sous ce rapport, pendant qu'elle lui reproche avec tant de sévérité sᵃ faiblesse avec la femme d'Urie; ses exterminations cruelles furent, en soi, de plus grands crimes encore; pourquoi la différence dans le jugement de Dieu, si ce n'est que les sanglantes violences du guerrier, alors en usage, n'étaient point exécutées contre la voix de la conscience et qu'il en était autrement de l'adultère?

On voit qu'il est facile de concilier l'opinion de saint Thomas avec l'usage contraire des saints de la loi Mosaïque et des sages de toutes les nations où régna la polygamie.

VI. Le contrat de mariage, en tant que purement naturel, engendre-t-il un lien indissoluble, de sorte que ce lien, une fois validement contracté, ne puisse être rompu par aucune raison?

Pour résoudre cette question avec clarté, il nous faut avancer pas à pas sur le terrain où nous sommes placé.

1° Tout le monde s'accorde pour reconnaître que le mariage naturel, auquel ne manque aucune des conditions de validité, et lors même qu'il est cimenté et consacré par l'existence d'une postérité, est dissous par la mort de l'un des conjoints. Toutes les législations civiles et religieuses sont fondées sur cette base, et quelques hérétiques seulement des premiers siècles de l'Église ont prétendu le contraire. Il nous semble que la raison seule suffirait pour arriver aux mêmes conclusions; car, d'un côté, la philosophie se représente assez naturellement l'autre vie comme n'admettant la continuation du lien conjugal, qu'à titre de fait passé propre à celle-ci, puisque ce lien a rempli son but et devient inutile dès que la multiplication humaine, qui est le propre de cette vie, est accomplie; et, d'un autre côté, Dieu ayant attaché à la nature présente une tendance violente à l'union des sexes, laquelle continue d'exister, par le fait, après un premier mariage comme auparavant, on ne voit pas que le droit de satisfaire légitimement cette tendance, ce besoin, puisse être détruit par le premier mariage qui ne donne plus les moyens de satisfaction. Quant aux enfants qui restent, une mère adoptive, ou un père adoptif ne peut que leur être utile, sauf les cas d'abus qui ne font jamais règle, et les frères qui peuvent survenir ne sauraient, à notre avis, compliquer la question que dans le cas d'une législation civile mal faite, dont le droit naturel ne serait pas responsable. Ainsi donc nul embarras ne peut résulter des secondes noces dans la vie éternelle, puisque le mariage n'est pas de cette vie, et nul dans la vie présente, où, d'ailleurs, le besoin continue de se faire sentir; d'où nous concluons que, devant le bon sens, le mariage se présente comme étant dissous par la mort, puisque, autrement, les secondes noces impliqueraient une polygamie et que la polygamie ne paraît pas conforme à la nature du mariage. On peut ajouter que, dans la croyance universelle, l'acte moral par lequel on se marie exclut l'engagement au-delà de la mort de l'un des conjoints; chacun des contractants n'entend s'engager et engager l'autre que jusqu'à la mort de l'un des deux, et par suite, tout engagement disparaît quand cette mort arrive; mais cet argument n'a de valeur que relativement à la clause en tant que mutuellement consentie, et il suppose la question de ce qu'exige ou n'exige pas la loi de nature, des contractants eux-mêmes, sur la signification intrinsèque du contrat.

2° Il ne s'agit donc que de la dissolubilité entre conjoints vivants; mais il faut encore éliminer de la question tous les cas où il manque quelque chose, soit à la plénitude du mariage, soit à la certitude de sa valeur complète. Voici les principaux.

Si le mariage n'a pas encore été ratifié par l'acte procréateur qui en est la fin la plus immédiate, on conçoit qu'il soit raisonnable de réserver cette circonstance et de ne pas la prendre pour type de la question d'indissolubilité absolue; car, bien que ce soit le contrat, la promesse mutuelle, qui forme l'essence du mariage, et non l'union charnelle, il n'en est pas moins vrai que la plus puissante garantie de la force du contrat lui-même, après qu'il est déjà fait, c'est cette union qui vient fondre, en toute réalité, les époux dans l'unité de l'acte procréateur et de l'être procréé ; il n'en est pas moins vrai que la vertu du contrat est plus évidemment et plus définitivement consacrée par la tradition physique et réelle, qu'elle ne l'a encore été par la promesse de cette tradition. Voilà ce que la raison conçoit, et, par conséquent, s'il doit nous apparoir que le mariage naturel est indissoluble, ce sera plutôt après la consommation qu'auparavant. Nous comprenons parfaitement que, jusqu'à cette consommation, il reste encore une restriction impliquée dans le droit naturel qui régit le contrat, portant que, jusqu'à ce moment, on peut encore se séparer; d'où il nous paraîtrait contraire aux lumières naturelles de soutenir l'indissolubilité avant consommation.

Dans le cas de consommation du mariage et de cohabitation durant un temps suffisant, il y a stérilité ou fécondité. S'il y a stérilité, peut-on dire que ce soit la situation à laquelle puisse incomber certainement, aux yeux de la raison, l'indissolubilité? La négative nous semble évidente ; car, ou la stérilité est une suite de l'impuissance absolue ou relative de l'un des époux à consommer le mariage, ou elle existe malgré que l'union régulière soit possible. Dans la première supposition, le mariage est certainement invalide, puisqu'il a consisté à promettre l'impossible, et l'on sort de l'hypothèse de la consommation. Dans la seconde, on ne saurait dire s'il est valide ou s'il ne l'est pas. La raison conçoit que, s'il y a impossibilité d'engendrer avec le conjoint devant exister toujours, on est dans une position qui choque la nature, pendant qu'on pourrait se mettre avec un autre dans une position qui répondrait à ses tendances et à ses fins; car, bien qu'il n'y ait pas impuissance d'opérer l'acte extérieur et sensible de procréation, il y a impuissance de l'opérer dans sa réalité intime, dans sa qualité de procréateur, soit que le germe fécondable soit absent, soit que le défaut tienne à l'élément fécondant, soit qu'il y ait impossibilité de relation convenable entre l'un et l'autre. Il est évident que la consommation n'est qu'une satisfaction physique de lubricité, nullement une opération procréative, et, par suite, nullement une consommation réelle du mariage. Il en est autrement si la stérilité, étant propre à la femme, ne provient, en elle, que de l'impossibilité de conduire à terme et de livrer à la respiration aérienne son fruit, puisque, alors, il y a formation d'un être humain, paternité et maternité, conjugalité par là même, ce qui suffit. La raison conçoit, d'ailleurs, que l'impossibilité d'engendrer puisse cesser avec le temps et l'usage, et que, dans cette hypothèse, la nature sera définitivement satisfaite. Mais, comme on ignore ce dernier résultat, sauf les cas, peut-être inouïs, de constatation possible par voie médicale, on ne saurait dire, nous le répétons, si le mariage est valide ou invalide devant la nature. Or, comme la raison ne voit d'inconvénient ni à ce que les époux continuent de vivre en époux pour tenter les chances de l'avenir, tant qu'elles dureront, et ensuite s'assister en amis, si ce parti leur plaît, ni à ce qu'ils se séparent et contractent d'autres unions pour tenter les chances de la procréation, s'ils s'accordent à préférer cet autre parti, ne semble-t-il pas que c'est le cas douteux où l'indissolubilité doive, à ne considérer que le droit naturel, dépendre de la libre volonté des conjoints?

3° Reste le cas où les époux, ayant contracté avec toutes les conditions naturelles de validité, et ayant consommé le mariage, ont produit un rejeton, soit que ce rejeton vive encore, soit qu'il ait vécu dans un état quelconque assez de temps pour qu'on ait pu constater son existence.

Telle est la situation conjugale sur laquelle on doit poser la question de l'indissolubilité de droit naturel.

Or, sur cette question, les théologiens sont divisés comme sur celle de la polygamie, et l'Eglise n'a point interposé son jugement. Nous avouons qu'aux simples lumières du bon sens, la solution claire et certaine nous paraît introuvable; les raisons qu'apporte saint Thomas contre la polygamie simultanée perdent leur force à l'égard du divorce, sauf celle de la bonne éducation des enfants, quand il y en a. Il nous semble cependant très naturel de considérer la conjugalité comme un lien indissoluble, quand elle est accompagnée de la paternité et de la maternité; elle emporte avec celles-ci un caractère indélébile, et, comme ce caractère est intimement uni au lien, comme le lien va se souder lui-même dans l'unité filiale, nous ne voyons pas qu'on puisse plus facilement cesser d'être époux que cesser d'être père. Qui brisera le lien paternel? Et si le lien paternel est inséparable du lien conjugal, qui brisera celui-ci? Cette raison serait pour nous sans réponse, si elle n'admettait deux objections difficiles à résoudre; la première, que la paternité peut avoir lieu par la pure fornication, sans contrat de mariage, sans volonté de s'épouser mutuellement, et que, dans ce cas, la paternité est séparée de la conjugalité; la seconde, que l'argument, s'il est rigoureux, conclut assez bien à l'indissolubilité absolue, et, par suite, contre les secondes noces elles-mêmes, qu'on ne peut, cependant pas condamner à la rigueur. La difficulté nous paraît donc inextricable; mais nous inclinons fortement, en notre particulier, vers l'indissolubilité de droit naturel et nous y croyons, dans le cas que nous avons supposé, et sauf quelques autres exceptions que nous expliquerons.

Jésus-Christ a parlé plusieurs fois du divorce. Ses paroles sur cette matière peuvent être considérées soit comme de simples déclarations du droit naturel, soit comme une législation positive du mariage qu'il surajoutait au droit naturel, en sa qualité de Dieu révélateur et rédempteur. Nous n'avons pas à nous occuper, en ce moment, de ces paroles considérées à ce second point de vue, nous y reviendrons bientôt à propos du mariage en tant que contrat religieux; mais nous devons les invoquer comme déclaration des règles de la nature, vu qu'il est très-raisonnable de les envisager de la sorte, ainsi qu'on va le voir.

Il est question du mariage dans l'Evangile en quatre endroits différents : 1° *Matth.*, v, 31, 32, *Sermon de la montagne*; 2° *Matth.*, xix, 3-12; 3° *Marc*, x, 2-12; 4° *Luc*, xvi, 18.

Or les passages du chap. xix de saint Matthieu et du chap. x de saint Marc ne sont que deux narrations d'un même discours de Jésus-Christ tenu aux pharisiens dans la même occasion; et celui de saint Luc, consistant dans un seul verset qui n'a aucun rapport avec ce qui précède et ce qui suit, ressemble tout à fait à une transposition de copiste; ce verset paraît avoir sa place naturelle dans l'abrégé fait par saint Luc du sermon de la montagne, abrégé dans lequel l'historien aurait complétement omis ce que dit Jésus-Christ du mariage, en cette occasion, si le verset en question ne lui appartenait pas. On peut donc réduire à deux circonstances toutes celles où le Sauveur parla du mariage, et dont les historiens ont fait mention; la première, en Galilée, dans le sermon de la montagne; la seconde, en Judée, dans un colloque avec les pharisiens sur cette question. Citons les textes évangéliques dans leur intégrité.

1° Circonstance du sermon de la montagne. — Saint Matthieu raconte comme il suit la parole du Christ : *Il a été dit encore aux anciens : Quiconque renverra sa femme, qu'il lui donne le libelle de répudiation; mais moi je vous dis que quiconque renverra sa femme, excepté pour cause de fornication, la fait devenir adultère; et celui qui épousera la renvoyée commet un adultère.* (*Matth.* v, 31.)

— Saint Luc cite, d'après nous, la même parole, plus en abrégé, comme il suit : *Tout homme qui renvoie sa femme et en épouse une autre, fornique; et celui qui épouse celle qu'un homme a renvoyée, fornique.* (*Luc.* xvi, 18.)

2° Circonstance du colloque avec les pharisiens. — Récit de saint Matthieu (xix, 3-12) : *Les pharisiens, s'approchant de lui pour le tenter, lui demandèrent s'il est permis à l'homme de renvoyer sa femme pour une cause quelconque. Il leur répondit : N'avez-vous pas lu que celui qui fit l'homme au commencement les fit mâle et femelle, et dit : A cause de cela, l'homme quittera père et mère et s'attachera à son épouse; et ils seront deux dans une seule chair. C'est pourquoi ils ne sont plus deux, mais une seule chair. Ce que Dieu a uni, que l'homme ne le sépare point. Ils lui dirent : Pourquoi donc Moïse a-t-il ordonné de donner le libelle de divorce et de renvoyer? Il répondit : A cause de la dureté de votre cœur Moïse vous a permis de renvoyer vos femmes; mais il n'en fut point ainsi au commencement; et je vous dis que quiconque aura renvoyé sa femme, si ce n'est pour adultère, et en aura épousé une autre, est adultère; et celui qui épousera la renvoyée, est adultère. Ses disciples lui dirent : Si telle est la condition de l'homme avec sa femme, il n'est pas avantageux de se marier. Il leur dit : Tous ne comprennent pas cette parole, mais, etc....* — Récit de saint Marc (x, 2-12) : *Les pharisiens, s'approchant, lui demandèrent s'il est permis à l'homme de renvoyer sa femme. Ils disaient cela pour le tenter. Mais il leur répondit : Que vous a ordonné Moïse? Ils dirent : Moïse a permis d'écrire le libelle de répudiation, et de renvoyer. A quoi Jésus répondant, dit : A cause de la dureté de votre cœur, il écrivit pour vous ce précepte; mais au commencement de cette création* (24), *Dieu les fit mâle et femelle; c'est pourquoi l'homme quittera son père et sa mère, et s'attachera à son épouse, et ils seront deux dans une seule chair. Ils ne sont donc plus deux, mais une seule chair; ainsi ce que Dieu a uni, que l'homme ne le sépare point. Et dans la maison, ses disciples l'interrogèrent de nouveau sur le même sujet; et il leur dit : Quiconque renvoie sa femme et en épouse une autre, commet sur elle un adultère; et si la femme renvoie son mari et se marie à un autre, elle fornique.*

Quand on fond en un ces deux récits du même discours, on obtient ce qui suit :

Les pharisiens, s'approchant de lui pour le tenter, lui demandèrent s'il est permis à l'homme de renvoyer sa femme pour quelque cause que ce soit. Il leur répondit : Que vous a ordonné Moïse? Ils dirent : Moïse a permis d'écrire un acte de répudiation et de la renvoyer. A quoi Jésus répondit, disant : Il vous a donné ce précepte à cause de la dureté de votre cœur; mais n'avez-vous pas lu que celui qui fit l'homme au commencement les fit mâle et femelle, et dit : A cause de cela l'homme quittera père et mère et s'attachera à son épouse, et ils seront deux dans une seule chair? C'est pourquoi ils ne sont plus deux mais une seule chair. Ce que Dieu donc a uni, que l'homme ne le sépare point. Ils lui dirent encore : Et pourquoi donc Moïse a-t-il ordonné de donner le libelle de divorce et de renvoyer? Il leur répondit : A cause de la dureté de votre cœur, Moïse vous a permis de renvoyer vos femmes, mais au commencement il n'en fut pas ainsi; et je vous dis, moi : Quiconque aura renvoyé sa femme, si ce n'est pour adultère, et en épousera une autre, est adultère; et celui qui

---

(24) De la création de notre genre humain.

épousera la renvoyée est adultère. Ses disciples l'interrogèrent encore dans la maison sur le même sujet, et il leur dit : Quiconque renvoie sa femme et en épouse une autre commet un adultère sur elle; et si une femme quitte son mari et en épouse un autre, elle se rend adultère. Ses disciples lui dirent : Si telle est la condition de l'homme, etc....

Après avoir ainsi rapproché les textes, nous pouvons en tirer des déductions aux intentions de Jésus-Christ sur l'interprétation de la loi naturelle.

1° Trois considérations donnent à penser que Jésus-Christ voulut, avant tout, déclarer simplement la loi naturelle sur le mariage; qu'il voulut nous instruire, en révélateur, sur le mariage naturel bien plutôt que légiférer le mariage chrétien à titre de législateur.—Il s'appuie sur la création de l'être humain qui est la base du droit naturel auquel cet être est assujetti. — Il s'appuie sur l'essence du mariage considéré aussitôt que l'homme sort des mains de Dieu, et ajoute cette parole, d'une force extrême pour indiquer que l'union conjugale ne peut être dissoute par l'homme, parce qu'elle est l'œuvre de Dieu créant la nature : *Ce que Dieu a uni, que l'homme ne le sépare point.* — Enfin, à l'objection de l'autorisation mosaïque relative au divorce, il répond que c'est une tolérance du législateur hébreu ne pouvant mieux faire avec un peuple dont la *dureté de cœur* était incapable de supporter l'application régulière et parfaite de la loi naturelle. Ce mot est précieux pour appuyer ce que nous avons déjà dit de la possibilité de tolérances semblables, quand nous avons parlé de la polygamie. Mais ce qui est important pour le moment, c'est de bien observer que, si Jésus entendait que le divorce n'est point contraire au droit naturel, on ne verrait pas pourquoi il dirait que Moïse l'a toléré et légiféré à cause de la dureté du cœur, puisque ce serait, dans cette hypothèse, une chose qui n'aurait rien de mauvais en elle-même.

On objectera peut-être que le texte du sermon de la montagne paraît prophétiser une législation nouvelle, positive, sur le mariage, laquelle sera seulement plus parfaite que l'ancienne, bien que cette ancienne fût déjà très-conforme au droit naturel; et que celui du colloque peut s'interpréter dans le même sens, quand on se sert de l'un pour expliquer autre. Nous répondrons que cette observation ne nous semble pas très-judicieuse; car si l'on étudie bien le sermon de la montagne tout entier, on trouve qu'il ne porte ni ne prédit des décrets positifs, mais qu'il présente partout un simple exposé de la morale naturelle, dans sa pureté la plus complète. La formule du discours : *Il a été dit aux anciens, et moi je vous dis;* qui revient souvent, s'applique toujours à des préceptes moraux dont l'exposé n'était que commencé par Moïse et que Jésus-Christ complète, et nullement à des lois positives que Jésus-Christ ajouterait à celles de la nature. Remarquez aussi qu'à propos du mariage, le Sauveur ne dit pas : « Celui qui renvoyait sa femme par le libelle du divorce chez les anciens, n'était point adultère; mais il le sera maintenant sous la loi évangélique que je viens promulguer. » Il dit au contraire : « La loi portait que, pour renvoyer sa femme, il fallait lui donner le libelle; mais moi je vous déclare que de se divorcer, dans le sens complet de ce mot, c'est-à-dire en formant un autre mariage, c'est commettre l'adultère. » Assurément Jésus ne prétend point que ceux qui se sont divorcés parmi les Juifs ont commis l'adultère moral qui rend criminel devant Dieu ; il se tait là-dessus, puisque la bonne foi justifie tout, et que Dieu est le seul juge de l'individu sous ce rapport; mais il nous paraît dire très-clairement que le divorce avec le mariage subséquent est, en soi, un adultère matériel; et serait-il logique s'il pensait autrement, puisqu'il s'appuie, comme nous l'avons fait observer dans l'autre circonstance, sur la création même de l'être humain, telle qu'elle est racontée dans la *Genèse*, livre qui existait pour les anciens comme l'Evangile existera pour les Chrétiens futurs ? L'objection ne fait donc que nous fournir un argument de plus.

2° Mais Jésus-Christ, en déclarant ainsi l'essence naturelle du mariage, pose une exception à l'indissolubilité, celle du cas d'adultère de la part de la femme, cas qui devra, d'après saint Paul et l'esprit évangélique, s'entendre également de l'adultère du mari, puisque saint Paul et l'esprit évangélique proclament l'égalité de droits des deux époux par rapport au devoir conjugal. Que penser de cette exception?

L'Eglise grecque et l'Eglise latine ne sont pas d'accord sur l'interprétation des deux passages de saint Matthieu, où elle se trouve posée. L'Eglise grecque la fait tomber sur la proposition entière, en sorte que la parole du Christ reviendrait à celle-ci : « Celui qui renvoie sa femme et en épouse une autre commet un adultère, excepté cependant le cas où la femme a délié son mari à son égard en commettant l'adultère. » L'Eglise latine, ou plutôt la majorité des théologiens dans l'Eglise latine, ne fait tomber l'exception que sur le premier membre de la phrase, pour laisser au second le sens absolu : ce qu'a dit Jésus reviendrait à ceci : « Celui qui renvoie sa femme, excepté quand elle a commis l'adultère, est adultère au sens de l'autre texte, c'est-à-dire en l'exposant à devenir adultère : *Facit eam mœchari*; mais, dans tous les cas possibles, s'il en épouse une autre, il se rend adultère. » On voit que, d'après cette interprétation, Jésus n'autorise, dans le cas d'adultère de la femme, que la séparation de corps et de cohabitation, la dissolubilité *quoad torum*, et prononce, d'autre part, l'indissolubilité absolue, quant au droit de mariage avec une autre. On sait d'ailleurs que, dans toute la catholicité, on enseigne l'indissolubilité du mariage, même dans le cas d'adultère, et que la pratique est partout conforme à cet enseignement. Le monument ecclésiastique le plus positif à cet égard est

le canon du concile de Trente, ainsi conçu :
Si quelqu'un dit que l'Eglise se trompe quand elle a enseigné et enseigne, selon l'évangélique et apostolique doctrine, que le lien du mariage ne peut être dissous pour adultère de l'un des époux...., et que celui-là se rend adultère qui, ayant quitté une épouse adultère, en épouse une autre ; ainsi que celle qui, ayant quitté un mari adultère, en épouse un autre ; qu'il soit anathème. (Sess. 24, c. 7.)

Malgré ce canon, il nous semble facile de concilier les deux Eglises. Nous ne dirons pas avec Launoi, pour atteindre ce but, que la déclaration du concile n'est qu'un décret de discipline ecclésiastique, bien que le soutenir ne soit point une hérésie, mais plutôt une prétention déraisonnable. Nous n'allèguerons pas, non plus, les autorités de Cajetan et de Catharin, qui soutiennent, avec les Grecs la solubilité du mariage dans le cas d'adultère, et qui ne sont point considérés comme hérétiques, pas plus que les Grecs eux-mêmes ; ils moururent avant la session 24° du concile de Trente, et l'on ne sait ce qu'ils auraient pensé après cette session. Nous avons une autre théorie syncrétiste à présenter.

N'oublions pas qu'il ne s'agit, en ce moment de notre étude, que du contrat naturel et de la loi naturelle qui le régit, nullement du contrat religieux, du contrat chrétien, et de la législation divine que le Christ a pu surajouter, contrat et législation surnaturels dont nous allons parler plus loin.

Or, nous avons considéré, non sans de graves motifs, les paroles de Jésus-Christ sur le mariage comme une simple déclaration du droit de la nature; elles ne peuvent, à ce titre, nuire en rien à toute prescription positive qu'en qualité de législateur il aura pu ajouter, et, par conséquent, nous sommes parfaitement libres dans leur interprétation. Si l'on veut en savoir les raisons plus en détail, les voici : 1° L'Eglise n'a rien décidé sur l'indissolubilité du mariage devant le droit naturel ; cela est reconnu par tous les théologiens, et la preuve en est dans leur controverse à ce sujet.

2° Le concile de Trente n'a pas défini que les textes de saint Mathieu sur le mariage doivent s'interpréter comme le veulent les théologiens de l'Occident; il ne s'occupe pas de cette question; il dit seulement que « l'Eglise latine ne doit pas être accusée d'erreur lorsqu'elle enseigne, conformément à la doctrine évangélique et apostolique, que le mariage ne peut être dissous pour cause d'adultère. » Mais cette impossibilité de dissolution peut très-bien être relative au contrat religieux chrétien, en vertu d'une injonction positive de Jésus-Christ, sans l'être au contrat purement naturel, de par la nature; et cette injonction, qui ferait nécessairement partie de la doctrine évangélique et apostolique, lors même qu'elle ne serait transmise que par la tradition, est-elle formulée dans les passages en question? C'est ce que le concile ne décide point; il suppose qu'elle existe, si le droit naturel ne l'implique pas ; mais il ne dit point où l'Eglise l'a prise. Liberté reste donc de penser que ce n'est ni dans le sermon de la montagne, ni dans le colloque avec les pharisiens que Jésus ajouta cette loi, mais bien dans quelque autre occasion. Si, d'ailleurs, le concile avait déclaré positivement que c'est dans les textes existant des évangélistes qu'il faut la prendre, les Grecs seraient hérétiques en ne voulant pas l'y trouver, et ils ne le sont point. Nous le répétons, l'interprétation des paroles écrites n'est point fixée, et nous pouvons y voir, d'un côté, une simple déclaration du droit naturel, d'un autre côté, le sens qui, à ce titre, nous paraîtra le plus raisonnable.

Cela posé, l'interprétation de l'Eglise grecque nous paraît plus naturelle que l'autre ; d'où il suit qu'il nous semble assez clair que Jésus-Christ n'a dit autre chose sinon que, de droit naturel, le mariage, pris dans ses conditions les plus rigoureuses de perfection, est indissoluble, sauf cependant le cas d'adultère, se réservant à retrancher même ce cas dans sa législation du contrat chrétien. 1° L'idée qui vient tout d'abord à l'esprit en lisant saint Mathieu, c'est que l'exception tombe sur la proposition entière ; la faire tomber sur le premier membre seulement, et en inférer deux espèces de dissolution du contrat, avec deux manières très-distinctes de se rendre adultère, impliquées dans le même mot, *mœchatur*, nous paraît torturer la lettre. 2° Dire que les autres textes forcent à cette interprétation, c'est outrepasser la vérité ; car n'est-ce pas le texte le plus étendu et le plus développé qui doit être considéré comme explicatif du plus concis? 3° Comme le vrai divorce était en usage chez les Juifs ; comme le mari y avait droit de répudier sa femme pour une cause quelconque, en employant les formalités légales, il ne s'agit, entre les pharisiens et Jésus-Christ, que de ce divorce complet, et rien n'indique qu'ils aient même pensé à la séparation simple d'habitation. 4° Quand Jésus dit : « Celui qui répudie sa femme, excepté dans le cas de fornication, la fait devenir adultère, ou se rend lui-même adultère, » il dirait trop s'il ne s'agissait que de la séparation *quoad torum* ; car tout le monde accorde que cette simple séparation peut être légitimée par d'autres raisons que celle de l'adultère : les mauvais traitements, par exemple, sans infidélité, suffisent pour la justifier. Telles sont les principales considérations qui nous font pencher pour l'interprétation de l'Eglise grecque, de Cajetan, de Catharin, de Launoi, etc.

Mais que suit-il de là? Uniquement, comme nous l'avons dit, que Jésus-Christ, dans les deux circonstances racontées par les évangélistes, déclare que, devant la loi naturelle, le mariage n'est dissous que par l'adultère de l'un des époux, ce qui n'empêche pas qu'il n'ait, de sa propre autorité de législateur, défendu aux Chrétiens d'user de cette exception, et ne l'ait rayée de la législation du contrat religieux, comme nous savons qu'il l'a fait par l'enseignement de notre Église, ce que nous dirons plus loin.

Notre conclusion sera donc que, tout pesé, raisons purement philosophiques et paroles de Jésus-Christ, en tant que déclaratives du droit naturel, nous croyons que le contrat du mariage, abstraction faite de toute loi positive, n'est pas indissoluble de par la nature, dans le cas de l'infidélité conjugale, bien qu'on le suppose consommé et fécond. N'est-il pas naturel, en effet, que, malgré tous les inconvénients qui peuvent résulter du divorce, surtout à l'égard des enfants, on soit radicalement délié du serment conjugal, qui n'est autre que le contrat lui-même, quand le conjoint viole la clause essentielle et première de ce serment? Si la raison ne voit pas ce principe avec la clarté qui implique la certitude complète, elle se trouve au moins très-disposée à accueillir l'oracle du Christ ainsi compris.

Mais, cette dissolubilité étant admise, ne pourrait-on pas encore l'étendre quelque peu? Est-il certain que Jésus-Christ, en disant: *Nisi ob fornicationem, mœchatur* (*Matth.*, xix, 9), ait explicitement nommé toute exception possible, et n'ait pas eu l'intention d'impliquer, dans celle qu'il signale, toutes celles qui lui seraient semblables relativement à l'essence du contrat, et aux motifs de dissolution en faveur de la partie innocente? Nous ne voyons pas qu'il ne puisse en être autrement. Par exemple, les infidélités par moyens antinaturels pratiquées par l'un des conjoints, ne valent-ils pas bien le commerce naturel avec l'étranger ou l'étrangère, comme motif d'affranchissement de l'autre conjoint? Cela nous paraît évident; et, s'il en est ainsi, le simple refus du devoir conjugal, indéfiniment et pertinacement prolongé, n'a-t-il pas aussi la même valeur? La partie innocente sera-t-elle obligée d'en souffrir? N'est-ce pas ce que paraît dire saint Paul en parlant d'un époux infidèle qui se convertit au christianisme, malgré l'autre, et que l'autre abandonne pour cette raison? *Si une femme fidèle*, dit-il, *a un mari infidèle, et que celui-ci consente à cohabiter, qu'elle ne le quitte point..... mais si l'infidèle s'en va, qu'il s'en aille ; car le frère ou la sœur n'est point, en ce cas, soumis à la servitude.* (*I Cor.* vii, 12-15.) N'en sera-t-il pas de même, si le coupable rend la cohabitation impossible pour la conscience de l'innocent? Nous ne voyons pas au fond de différence entre ces manières de manquer à la foi conjugale, et l'adultère; dans un cas comme dans l'autre, la foi promise est violée relativement au but essentiel du mariage, et la position est la même pour la partie dont la conscience n'a rien à se reprocher. La raison conçoit donc que le mot *fornicatio* de Jésus-Christ, puisse impliquer toutes ces hypothèses, et, d'autre part, elle ne concevrait point que, la dissolubilité étant admise dans le cas d'adultère proprement dit, elle fût rejetée dans ceux-là.

La conclusion dernière et complète de cette étude sera donc celle-ci : Nous regardons comme probable que, devant la simple nature, le contrat de mariage n'est indissoluble que dans le concours de toutes les conditions suivantes : — 1° Qu'il soit validement conclu ; 2° qu'il soit consommé naturellement ; 3° qu'il soit fécond ; 4° qu'il n'y ait point infidélité par adultère proprement dit ; 5° qu'il n'y ait infidélité ni par pratique contre nature, ni par refus du devoir conjugal, ni par refus de cohabitation, ni par conduite rendant la cohabitation criminelle, — et que ce contrat est véritablement indissoluble, lorque toutes ces conditions sont observées, de telle sorte que le mutuel consentement soit lui-même impuissant pour le briser.— Il va sans dire que les cas prévus par les deux dernières conditions ne peuvent donner droit de divorce qu'à la partie innocente, le crime ne pouvant profiter à son auteur, et que celui-ci ne saurait être délié de ce qu'il doit à son conjoint, que du jour où ce conjoint se sera déterminé à contracter un autre mariage, puisque, jusqu'alors, il demeure soumis à ses exigences.

Telle est la loi naturelle de l'indissolubilité du mariage dans la condition présente, autant, du moins, que notre raison peut apprécier le pour et le contre de cette question difficile, en s'aidant de la révélation. Le lecteur comprendra bientôt les graves difficultés dont cette manière de répondre nous délivrera.

VII. Le contrat naturel du mariage est-il toujours licite? est-il toujours valide? ne peut-il pas être illicite, et même invalidé par certaines puissances? Que dit, sur ce point, la raison, que dit la théologie catholique?

Nous n'imaginons que quatre puissances qui puissent peser sur l'individu relativement à ce contrat comme à tous les autres ;

La nature elle-même, qui n'est que Dieu créateur de la nature et de ses lois.

La puissance individuelle qu'on a sur soi-même, en vertu de la liberté.

La puissance religieuse qui est, 1° Dieu réparateur ou Jésus-Christ, et 2° l'Église catholique, pour ceux qui appartiennent pleinement à la vraie religion. Et pour ceux qui font partie d'une autre communion, c'est la société religieuse dont ils sont membres, ou l'autorité qui la représente et la dirige.

Enfin la puissance civile, pour celui qui fait partie d'une société civilement organisée.

Or voici ce qu'enseignent, de concert, la raison et la théologie sur la prohibition ou l'invalidation du contrat de mariage par ces quatre puissances.

1° Il est évident que la nature, et la nature seule, pose directement les conditions de validité ou d'invalidité du contrat naturel. Dire qu'une autre puissance peut invalider directement le mariage naturel, au moyen d'empêchements qui dirimeraient directement le consentement des parties, serait dire que des empêchements de droit naturel peuvent sortir de ce qui n'est pas le droit naturel, hypothèse absurde et contradictoire, puisqu'elle supposerait qu'un empêchement pourrait, tout à la fois, être et n'être pas de droit naturel.

Il est donc vrai que le contrat naturel du mariage ne peut être directement attaqué, en tant que naturel, que par la nature; et, par une conséquence nécessaire, aucune puissance ne peut dispenser des empêchements naturels, c'est-à-dire valider le mariage quand la nature l'invalide.

Voici les empêchements naturels que signale la théologie, d'accord avec la raison.

L'erreur sur la personne avec laquelle on contracte, croyant contracter avec une autre, ou sur toute condition que l'on exige explicitement, sous peine de refus de consentement.

La consanguinité en ligne directe, au moins au premier degré, c'est-à-dire entre le père et la fille, entre la mère et le fils. — Les théologiens étendent même cet empêchement au second degré, et quelques-uns à tous les degrés; nous sommes de ce dernier avis; il est contraire à la nature d'épouser sa petite-fille ou son arrière petite-fille, aussi bien que sa fille; et la répugnance est encore plus forte à l'égard de la grand'mère, de l'arrière grand'mère, etc. Quant à la consanguinité en ligne collatérale, nous ne croyons pas que la répugnance, même entre frère et sœur, puisse aller jusqu'à engendrer l'invalidité, de droit naturel, bien que plusieurs théologiens pensent autrement.

La violence et la crainte. — On distingue la terreur qui va jusqu'à enlever, à celui qui est sous son influence, la puissance de la réflexion et de la volonté, et celle qui ne fait que diminuer cette puissance, de sorte qu'il reste encore la liberté morale, rigoureuse, du oui ou du non. — Il est évident que la première détruit le consentement. Quant à la seconde, si elle est grave, nous pensons avec beaucoup de théologiens, qu'elle dirime le mariage devant la nature, aussi bien que l'autre, vu qu'il s'agit d'un acte tellement important, qu'on ne le conçoit valide et engageant l'avenir, qu'à la condition d'être consenti avec la liberté morale la plus complète.

Le lien du mariage déjà contracté avec un autre et non rompu, — cet empêchement est une suite de ce qui a été dit sur la polygamie. Puisque nous regardons la polygamie comme contraire à la nature, nous devons considérer cet empêchement comme posé par la nature, — il suit encore de ce qui a été dit sur l'indissolubilité naturelle, qu'un mariage déjà contracté ne rend invalide un second mariage qu'en dehors des cas de dissolution que nous avons avoués.

La démence. — Il est évident qu'un fou ou un imbécile est incapable de tout contrat, — dans les moments lucides, il en est autrement; alors c'est à l'autre partie de savoir ce qu'elle fait, et, si elle est trompée notablement, on retombe dans l'empêchement d'erreur.

L'affinité dans la ligne directe au premier degré seulement, c'est-à-dire entre le beau-père et la belle-fille, la belle-mère et le gendre, est regardée par plusieurs théologiens comme dirimant le mariage devant la nature; nous reconnaissons une grande répugnance; mais notre raison ne va pas jusqu'à concevoir l'impossibilité d'un mariage valide.

L'impuissance. — Quand il y a impossibilité absolue ou relative, par constitution physique, de rendre le devoir conjugal, il est clair qu'on ne saurait contracter un mariage valide, puisqu'alors se marier, c'est promettre l'impossible. — Quant à la stérilité sans impuissance proprement dite, nous avons dit ce que nous en pensons devant la nature en parlant de l'indissolubilité. Les théologiens font observer que souvent la stérilité n'est point perpétuelle, ce qui est vrai; aussi serait-il peut-être plus exact, en droit naturel, de considérer le mariage ou comme valide, sous la condition que la stérilité, si elle a lieu, ne durera qu'un temps, ou comme dissoluble pour le fait de la stérilité probablement perpétuelle, bien qu'il fût validement contracté. — Quoiqu'il en soit, il y a des sortes d'eunuques qui ne sont point impuissants, au sens dont il s'agit, et ne sont qu'inféconds; tous les théologiens, avec Sixte V, les déclarent inhabiles à contracter mariage, de droit naturel. Quelle différence y a-t-il, en réalité, quant au contrat naturel, outre l'infécondité artificielle, l'infécondité survenue par accident, comme blessure, maladie, et l'infécondité native?

Le rapt, s'il rentre dans la *violence morale,* rend évidemment le mariage invalide. S'il n'y rentre pas, on ne voit point ce qui pourrait en faire un empêchement dirimant de droit naturel. Ainsi jugent la théologie et la raison.

Quant à la licité du mariage devant la nature, on conçoit mille et mille circonstances qui font qu'on a tort ou raison de se marier avec tel ou telle, sans qu'elles aient aucun rapport à la question de validité.

2° Les trois autres puissances, à savoir, la liberté individuelle, l'autorité religieuse, et la société civile sont incapables d'atteindre directement le contrat naturel de manière à l'invalider dans son essence; de manière à faire qu'il ne soit pas un accord naturel entier et parfait, obligeant par lui-même tout homme d'honneur qui l'a librement consenti; mais ces puissances ne pourraient-elles pas rendre cet accord de nul effet, au moyen de quelque biais et en l'attaquant indirectement?

Pour résoudre cette question, il est nécessaire de poser un principe général. Voici ce principe : *La promesse d'une chose impossible ou illicite est nulle de soi.* Il est certain qu'une telle promesse ne lie point la conscience, puisque, dans le cas de l'impossible, elle ne peut être accomplie, et que, dans le cas de l'illicite, elle ne peut être accomplie sans un crime qu'on doit éviter.

Or, le contrat de mariage, comme tout contrat, se résout dans une promesse; si donc nous trouvons que les trois puissances dont nous parlons peuvent rendre illicite ou impossible la matière et l'objet de cette promesse mutuelle, nous arriverons à conclure qu'elles peuvent, par ce biais, l'invalider et, par suite, poser des empêchements dirimants au mariage.

Supposons un tyran qui, à tout instant, vous tient sous la pression de sa force; son pouvoir n'est pas un droit; il ne peut rien directement sur votre conscience; mais il peut matériellement vous rendre impossibles, tous les actes qui constituent la pratique du mariage avec telle ou telle personne; il le fait; dans une pareille position, pouvez-vous vous marier validement avec cette personne? Non, parce que l'objet du contrat est impossible, en réalité, bien que l'impossibilité naisse d'une oppression. Il n'y a aucune différence entre l'impuissance du mariage dans laquelle vous met la circonstance extérieure, et la même impuissance venant d'une cause interne posée par un défaut de la nature ou par un accident. L'injustice de l'origine ne change pas le fait; or le fait produit son résultat comme fait matériel.

Supposons une puissance morale qui ait droit de me défendre tout ce qui constitue l'objet du mariage, qui ait droit de m'en faire un crime, et qui use de son droit à mon égard; pourrai-je, dès lors, m'engager avec un autre à ce même objet? Nullement, car il serait contradictoire de dire que je puisse me constituer dans l'alternative forcée du mal et du mal. Mon engagement sera donc nul, si je le donne, ou, s'il n'est pas nul, c'est l'obligation primitivement imposée par cette puissance qui le sera, auquel cas nous sortons de l'hypothèse.

Il est important de faire ici une observation. Si la puissance dont nous parlons met cette restriction, que la chose est défendue, mais que cependant elle n'entend pas étendre l'effet de la défense au delà de sa violation par le premier acte, qui est la promesse, en sorte qu'il soit entendu que, si ce premier acte a lieu, il sera une désobéissance criminelle, mais qu'une fois accompli, il n'en aura pas moins son effet, la défense étant levée à partir de ce moment; alors l'invalidité n'aura pas lieu, mais seulement l'illicité, dans le fait du contrat. Du moment où c'est la puissance extérieure qui crée l'obligation, on conçoit qu'elle la limite à son gré. C'est ainsi que peuvent naître les empêchements simplement prohibitifs au mariage. Si la puissance qui a droit de défendre dit : Je défends absolument tout ce qui constitue le mariage pratique, je le défends à jamais dans tel ou tel cas; il y aura création d'empêchement dirimant, puisque la promesse qui constitue le mariage ne peut plus porter que sur une chose défendue à jamais. Si, au contraire, elle dit : Je défends le mariage; mais, cependant, si ma défense est violée, je considérerai la promesse faite malgré ma défense, comme l'emportant sur elle, et l'annulant à partir du moment où elle aura été violée par le premier acte; il n'y aura alors qu'empêchement prohibitif.

Reprenons maintenant successivement les puissances que nous avons nommées, et disons un mot de chacune d'elles.

La liberté individuelle peut s'interdire le mariage par le vœu de chasteté, au moins vis-à-vis du droit naturel, sauf certaines conditions; nous ajoutons cette restriction, car l'homme, ne connaissant jamais absolument son avenir, et Dieu pouvant lui envoyer des motifs non prévus qui l'obligent rigoureusement à agir contrairement à ce qu'il a promis, soit motifs de conscience, soit forces matérielles rendant impossible l'accomplissement du vœu, il est contraire à la nature humaine que le vœu soit jamais tout à fait absolu, et tout vœu, par son essence de vœu humain, est assujetti à la restriction du devoir surgissant, ou de l'impossibilité survenant. Mais on doit raisonner en dehors de cette supposition; or, posé que la liberté individuelle ait le pouvoir du vœu négatif du mariage, ne s'ensuivra-t-il pas que, si on se marie sous le coup du vœu, on promettra ce qu'on s'est à soi-même interdit, ce qui est déjà devenu criminel par une application antécédente d'un droit naturel; d'où il faudra conclure que, naturellement, le mariage est invalide? N'oublions pas que l'effet peut aussi n'être que dans le sens prohibitif expliqué plus haut, et hâtons-nous d'ajouter, par précaution contre les objections, que les législations, soit religieuses, soit civiles, exercent une grande influence sur l'intention réelle de ceux qui s'obligent; et qu'en ce qui concerne le vœu, il est entendu entre catholiques, par suite des réglementations ecclésiastiques, que le vœu simple emporte seulement l'illicité de l'acte par lequel on se marie, tandis que le vœu solennel emporte l'invalidité, mais encore avec restriction de la possibilité d'en être déclaré dispensé, s'il y a lieu.

La puissance religieuse se manifeste par le révélateur lui-même et par la société qu'il fonde pour durer après lui. Nous savons que c'est Jésus-Christ qui est le vrai Révélateur des hommes, et l'Église catholique la vraie société qu'il fonda; c'est donc de Jésus-Christ et de l'Église catholique que nous devons parler. Jésus-Christ avait bien le droit d'exiger certaines conditions en dehors desquelles il défendit, soit dans le sens de l'illicité, soit dans le sens de l'invalidité, expliqués plus haut, le mariage pratiqué entre ses Chrétiens. Ces conditions forment le droit divin du mariage, et elles donnent naissance à des empêchements, non pas de droit naturel, ou tombant directement sur le contrat naturel, mais seulement, comme nous l'avons dit, rendant impossible, à une conscience de Chrétien, l'objet du contrat naturel, ce qui revient à invalider ce contrat entre Chrétiens.

Il en est de même de l'Eglise. On ne peut pas lui refuser le droit de légiférer ses membres, et, par suite, de défendre, soit dans le sens prohibitif, soit dans le sens dirimant, le mariage pratiqué entre Chrétiens; droit qui aboutit, par le biais que nous avons expliqué, à rendre illicite ou invalide le contrat naturel. C'est ainsi que l'Eglise peut apporter des empêchements prohibitifs ou dirimants au mariage entre catholiques, comme le déclare le concile de Trente par le canon suivant : *Si quelqu'un dit que l'Eglise n'a pu établir des empêchements dirimant le mariage, ou qu'elle a erré en en établissant, qu'il soit anathème.* (Sess. 24, c. 3.) C'est un effet analogue à celui de la puissance individuelle pouvant se lier par le vœu, en s'interdisant l'objet du contrat.

Enfin la puissance civile peut, au moins, rendre impossible matériellement le mariage entre ses membres hors certaines conditions qu'elle exige; et cela suffit pour qu'elle puisse, par ce biais, faire que le contrat naturel soit invalide, en le faisant porter sur une matière impossible. On ne voit pas, non plus, pourquoi les membres d'une société ne pourraient s'engager par promesse, par convention, par vœu mutuel, à ne jamais contracter mariage dans l'absence de telles et telles conditions; alors la conscience serait elle-même compromise, soit dans le sens de la licité, soit dans celui de la validité; et il s'en suivrait que, par le même biais que l'Eglise, aussi bien que par celui de l'impossible, la puissance civile pourrait mettre des empêchements prohibitifs et dirimants au mariage. A moins qu'on ne détruise complètement l'autorité civile, pour tout donner à l'autorité religieuse, avec les ultramontains les plus outrés, on ne voit pas pourquoi cette autorité, résultant du concours des volontés associées, ne pourrait pas agir, dans le sens que nous l'avons expliqué, sur le contrat naturel du mariage ainsi que sur les autres contrats; mais il ne faut pas oublier que cette action ne peut être qu'indirecte, ne peut arriver jusqu'au contrat naturel que par le terme moyen du contrat civil, base des effets civils, lequel est exclusivement de son ressort.

Reste un mot général à dire ici sur la dispensation des empêchements au mariage, quels qu'ils soient. Le bon sens dit que l'autorité seule d'où ils ressortent peut en dispenser; et, par conséquent, les empêchements posés par la nature ne peuvent être levés que par la nature elle-même, au moyen d'un changement de position relative, ou de constitution physique; ceux qu'a portés Jésus-Christ ne peuvent être levés que par la cessation des cas qui les constituent, vu que Jésus-Christ n'est point parmi nous pour faire des exceptions à l'application de ses lois; ceux que porte l'Eglise peuvent être sans cesse levés par l'Eglise, et de même pour ceux de la puissance civile, puisque ces deux puissances sont chez nous en permanence.

Nous venons de franchir le pas difficile; tout va maintenant s'expliquer de soi-même, quant au contrat religieux, au contrat civil, à leurs rapports avec le contrat naturel et au sacrement.

II. — *Du contrat religieux.*

I. Dans presque toutes les religions, le mariage est élevé à la dignité de cérémonie religieuse; on ne se contente pas de contracter individuellement, on le fait solennellement devant le culte en usage. C'est le contrat passé devant l'autorité religieuse, accepté et consacré par elle, que nous appelons le contrat religieux. Quoi de plus naturel que cette élévation du mariage à la plus auguste qualité dont l'homme ait l'idée ! Y a-t-il dans la vie humaine un acte plus important et plus digne d'être honoré ainsi?

Or, dès que le contrat religieux est surajouté, dans le mariage, au contrat naturel, ce contrat religieux tombe directement sous le pouvoir législatif de la puissance religieuse; c'est lui qu'elle légifère, organise, soumet à des conditions et à des formes; nous avons expliqué comment le contrat naturel peut en être influencé indirectement quant à la licité et même quant à la validité; nous n'avons plus à nous occuper de ce point; nous ne devons ici que montrer l'harmonie de notre législation chrétienne et catholique du mariage, avec la raison; ce qui sera facile et court, après nos explications sur le contrat naturel.

II. La législation religieuse du mariage catholique renferme deux parties, la partie divine, ayant Jésus-Christ pour auteur; et la partie ecclésiastique que l'Eglise peut modifier sans cesse et qu'elle modifie en effet, selon les besoins des temps et des lieux.

III. Jésus-Christ ne s'est occupé lui-même du mariage chrétien que pour en proscrire la polygamie et en ordonner l'indissolubilité; d'où il suit qu'il n'a établi qu'un seul empêchement à ce mariage, celui du lien matrimonial déjà contracté.

Quant à la polygamie, l'ordonnance du Maître impliquait l'affranchissement de la femme, avec l'égalité de droits et de devoirs que saint Paul a explicitement proclamée, entre l'époux et l'épouse, dans l'intimité conjugale. Nous avons dit notre pensée sur l'enseignement de la raison à ce sujet; nous croyons que les lumières dont le Créateur l'a douée suffisent pour mener un homme de bonne foi à regarder l'unité simultanée du mariage, c'est-à-dire de la maternité, de la paternité et de la conjugalité, comme ordonnée par la nature; d'où il suit que la loi du Christ s'harmonise tellement avec la raison, que, si elle n'était pas ce qu'elle est, elle serait en désaccord avec elle. Nous ne voyons même, dans les paroles du Seigneur rappelant le chant d'amour d'Adam à son épouse tirée de lui-même et lui apparaissant pour la première fois, qu'une simple déclaration du droit naturel, en ce qui concerne la polygamie. Quoi qu'il en soit, l'Eglise, en sa qualité d'interprète de la révélation chrétienne, enseigne explicitement que la polygamie est proscrite de droit divin, et se reconnaît impuissante à la tolérer par dispense.

Quant à l'indissolubilité, nous ne voyons pas clairement, avons-nous dit, que le contrat catholique du mariage soit rendu indissoluble absolument, et même dans le cas d'adultère, par les textes évangéliques relatifs au divorce des anciens; nous trouvons même plus naturelle et plus probable l'interprétation d'après laquelle ces textes excepteraient explicitement le cas d'adultère, et implicitement les cas semblables; mais, pris dans ce sens, ces textes ne sont qu'une déclaration du droit naturel sans addition aucune, ce qui n'empêche pas que Jésus-Christ ait ajouté, par ordre positif, une loi d'indissolubilité plus complète pour les Chrétiens futurs. C'est ce qu'il a fait; nous le savons par l'Eglise qui, dès les premiers temps de sa vie sur la terre, a tenu le mariage de ses fidèles pour indissoluble, même dans le cas d'infidélité de l'un des époux. Cette addition à la loi naturelle s'explique comme toutes les lois positives faites par une autorité compétente, et elle nous paraît d'une utilité rationnelle incontestable; c'est la consécration du foyer, la sauvegarde des intérêts de l'enfant, et le moyen de préserver, autant que le peut une loi de conscience, la sainteté du lit conjugal. Que l'on compare avec impartialité les inconvénients et les avantages du divorce admis par la loi religieuse dans tous les cas où nous avons accordé que la loi naturelle le pourrait admettre, avec les inconvénients et les avantages qui doivent accompagner et qui accompagnent la législation catholique sur le même point, nous n'hésitons pas à affirmer qu'une supériorité considérable demeurera à cette dernière. Il n'est pas de notre plan d'entrer dans ces détails de mœurs; il nous suffit d'avoir expliqué comment il se peut que la défense du Christ, relative seulement au contrat religieux entre Chrétiens, retombe indirectement sur le contrat naturel, et ait pour effet d'invalider tout mariage contracté dans la société ecclésiastique contrairement à cette défense.

Malgré que l'indissolubilité du contrat catholique soit très-rigoureuse de droit divin, n'admet-elle pas cependant quelques exceptions, lesquelles doivent elles-mêmes avoir pour base le droit divin, puisqu'il n'y a que le droit divin qui puisse modifier le droit divin?

Il en est ainsi; et voici les exceptions qui, jusqu'alors, ont été pratiquées dans l'Eglise.

La première est celle des secondes noces après la mort de l'un des époux. Nous avons admis que le contrat naturel, lequel sert de base au contrat religieux et en est inséparable, est dissous lui-même, de droit naturel, par la mort; d'où il suit que l'admission des secondes noces par l'Eglise n'a rien que de conforme au droit naturel, et que toute objection est résolue d'avance. Cette exception n'est pas explicitement posée dans l'Evangile, mais elle est dans saint Paul : *Si le mari meurt*, dit-il, *l'épouse est déliée* (Rom. VII, 2) ; et, dès les premiers siècles, elle fut proclamée par la condamnation des hérétiques qui la rejetaient.

La seconde est celle du mariage contracté mais non encore consommé, *ratum et non consummatum*, qui, d'après le concile de Trente, est dissous par l'entrée solennelle en religion de l'un des époux, soit avec le consentement, soit contre le consentement du conjoint, de sorte que celui qui reste peut se marier à un autre. Voici le canon du concile : *Si quelqu'un dit que le mariage* « *ratum et non consummatum* » *n'est pas dissous par la profession solennelle de religion de l'un des époux, qu'il soit anathème.* (Sess. 34, c. 6.) Cette exception n'est point contraire au droit naturel, d'après ce que nous avons posé en principe sur ce droit. Elle ne se trouve pas dans l'Ecriture ; il n'en est pas question, non plus, dans les écrits des Pères de l'Eglise des premiers siècles, et cela doit être puisqu'alors il ne s'agissait pas même encore d'entrée en religion ni de vie monastique. Ce n'est que vers le VIIe et le VIIIe siècles qu'on en trouve quelques traces ; et c'est au XIIe qu'elle est publiquement reconnue par le IIIe concile de Latran et les Souverains Pontifes. Cependant, elle n'est point contraire au droit divin, car il n'y a rien, dans l'Ecriture et les traditions des premiers siècles, qui la nie, et, si l'Eglise l'a déclarée, quand l'occasion s'est présentée de la déclarer, elle n'a fait qu'user du droit qu'elle tient de Jésus-Christ de lier et de délier en interprétant la révélation dans ce qu'elle a de sous-entendu. Peut-être même y a-t-il quelqu'autre exception de cette espèce à l'indissolubilité du mariage qu'elle aura plus tard occasion de déclarer, bien que personne n'y pense aujourd'hui. Tout ce que l'Eglise en vient à croire universellement, comme faisant partie de la révélation chrétienne, en fait réellement partie soit à titre d'enseignement explicite, ou implicite, soit à titre de chose simplement sous-entendue ; c'est en cela que consiste l'infaillibilité de l'Eglise, et ceux qui exigent toujours une croyance formelle antécédente, remontant à l'origine, ou bien un oracle de l'Ecriture, se trompent fort. (*Voy.* IMMACULÉE CONCEPTION.) C'est le bon sens de l'Eglise, assistée de l'Esprit-Saint, et jugeant des choses bonnes à faire pour le bien commun, qui prononce sur les choses que la révélation sous-entend ; et c'est ainsi que le progrès se réalise dans l'ordre religieux comme dans tous les ordres.

La troisième est celle du mariage non consommé, comme dans le cas précédent, mais pouvant être dissous, sans entrer en religion, par simple dispense de l'autorité suprême, qui est le concile général, et, en son absence, le Souverain-Pontife. Il est vrai que celle-ci est contestée par beaucoup de gallicans, et ne repose pas sur une définition positive comme la précédente ; il est vrai que non-seulement il n'en est nullement question dans l'Ecriture et les monuments traditionnels des premiers siècles, mais que Martin V, qui vivait au xv°, est le premier qui se soit attribué le droit de déclarer le mariage dissous dans ce cas; et cependant nous l'admettons très-volontiers, vu que, depuis Martin V, beaucoup de Papes ont agi de même, et que Benoît XIV a réglé, dans la bulle *Dei miseratione*, les formes à observer pour la concession de cette dispense, sans que l'Eglise se soit soulevée contre cette prétention nouvelle; vu surtout qu'elle s'explique aussi facilement que l'exception précédente, laquelle paraît avoir été également inconnue dans les premiers âges, qu'elle est tout aussi facile à concilier avec l'Ecriture, et que le droit naturel n'y fait aucune opposition, puisque nous avons reconnu que le mariage ne peut être considéré devant la nature comme absolument indissoluble qu'après consommation.

La quatrième et la dernière qui ait été pratiquée jusqu'alors, dans l'hypothèse du mariage valide, est celle de la dissolution lorsque, deux époux infidèles étant bien mariés devant la nature, leur religion et leurs lois, l'un d'eux se convertit au christianisme, et l'autre ne veut pas consentir à vivre en paix avec la personne convertie, soit qu'il s'en sépare, soit qu'il blasphème et la tyrannise, soit qu'il la mette dans la nécessité du mal.

Tous les théologiens et canonistes interprètent les paroles de saint Paul de la Ire *Epître aux Corinthiens* (VII, 12 - 15), dans le sens de la dissolution complète donnant droit à contracter un autre mariage; et c'est la doctrine qui a cours dans l'Eglise. On voit qu'il ne s'agit pas, dans cette hypothèse, qui a dû se réaliser souvent, de la rupture du contrat catholique, mais seulement du contrat naturel. Or, si nous avions posé en principe que le contrat naturel est absolument indissoluble, nous ne verrions pas comment sortir de la difficulté consistant à demander de quel droit l'Eglise déclare dissous, dans ce cas, ce que la nature a joint. Mais, nous avons mis en exception à la règle d'indissolubilité naturelle, le cas où une partie se sépare, refuse opiniâtrément le devoir conjugal, ou rend la cohabitation impossible à la conscience de l'autre. Donc tout s'explique de soi; si l'Eglise admet, dans la circonstance supposée, la rupture du lien, elle ne va pas contre la nature qui l'admettait déjà avant elle. Voilà encore un exemple d'une exception dont Jésus-Christ n'a point parlé, puisque saint Paul le dit positivement en la signalant : *Cæteris ego dico, non Dominus*..... (*I Cor.* VII, 12.) Mais il n'en est pas cependant comme des deux autres, puisque le grand Apôtre en parle, et qu'elle remonte, dans la pratique ecclésiastique, aux temps les plus anciens.

Telles sont les exceptions reçues jusqu'alors; mais qui serait assez hardi pour affirmer que l'Eglise n'en déclarera pas plusieurs autres dans l'avenir? N'a-t-elle pas les mêmes droits qu'elle avait quand elle admit celle de la dissolution du mariage non consommé par l'entrée en religion? Les seules choses qu'on puisse affirmer qu'elle ne fera pas, sont celles que le Christ a explicitement déclarées ne devoir jamais être faites dans son Eglise, celles qui sont évidemment contraires aux droits naturels, et celles qu'elle-même s'est à jamais interdites, en les définissant explicitement comme appartenant à l'une des deux classes précédentes. Or le concile de Trente a déclaré, en ce qui est de la dissolution du mariage, que le lien résultant du contrat chrétien tel que le Christ l'a légiféré, ne peut, d'après la doctrine de l'Eglise, être dissous ni pour cause d'adultère de l'un des époux (sess. 24, c. 7), ni pour cause d'hérésie, ou d'habitation pénible, ou d'absence affectée du conjoint (sess. 24, c. 5); mais ces définitions expriment-elles *certainement* un droit divin *irrévocable?* C'est ce que des théologiens ont contesté, bien que sans trop de raison, à notre avis, disant que le mot *juxta* n'exprime qu'une conformité de convenance avec l'esprit évangélique; et, d'un autre côté, si c'est un tel droit divin qu'elles déclarent, qui pourrait dire qu'il ne se présentera point des cas nouveaux, non prévus dans les termes rigoureux de ces décrets, bons à excepter, et que l'Eglise exceptera?

IV. Nous n'avons parlé, dans tout ce qui précède, que des causes de dissolution dans l'hypothèse du contrat naturel et du contrat religieux validement opérés. Il reste, en dehors de cette hypothèse, un terrain dont il n'est question ni dans l'Evangile ni dans les écrits des apôtres, et sur lequel l'Eglise conserve, selon nous, une grande liberté de mouvement; ce sont tous les cas où l'on peut soulever des doutes sur la validité du contrat naturel; nous les avons indiqués plus haut, et nous trouverions bien audacieux le théologien qui affirmerait que l'Eglise n'admettra pas un jour le divorce pour la simple cause de stérilité, comme elle l'admet pour celle d'impuissance, se fondant sur ce que le mariage, contracté dans ces conditions, peut être considéré comme invalide. Elle tolère maintenant l'usage du mariage dans certains cas où il y a certitude d'impossibilité de conception; nous concevons cette tolérance comme celle de la polygamie chez les Hébreux; mais nous sommes porté à croire qu'un jour, devenant plus rigide en morale pratique, selon le précepte du Sauveur : *Soyez de plus en plus parfaits*, elle rejettera l'usage du mariage par pur motif de sensualisme, et ne l'admettra qu'avec espoir de génération; or, dans cette hypothèse, du moment où la stérilité perpétuelle serait assez certaine pour que le concours sexuel fût inadmissible, il nous semblerait juste que le divorce fût autorisé, si les époux le désiraient. Nous ajoutons cette condition, car le mariage se conçoit très-bien comme simple société fraternelle, entre personnes stériles et même impuissantes, ainsi qu'entre vieillards que la nature a mis dans l'un de ces deux cas.

V. La partie humaine ecclésiastique de la

législation du mariage catholique nous occupera peu, vu, qu'étant variable, elle ne peut donner lieu à des difficultés sérieuses. Mille imperfections, mille abus peuvent l'accompagner, surtout à cause des modifications de mœurs et de besoins moraux que ne suivent pas assez vite les modifications de la discipline ; mais qu'importent les imperfections et les abus pratiques à la substance des choses ? On les accorde largement et sans peine dès qu'il y a preuve suffisante; on fait observer que les personnes seules chargées de gouvernementer en sont responsables, et tout finit là devant la droite raison.

Cette législation ecclésiastique, laquelle ne tombe directement que sur le contrat religieux, se réduit à l'institution d'empêchements dirimants et prohibitifs, et à ce qui concerne les dispenses de ces empêchements. Sur ces deux points la discipline a beaucoup varié, et, peut-être même, pas assez encore, car les réformes se font ordinairement trop attendre dans les administrations humaines ; c'est un défaut inhérent aux gouvernants de reculer devant elles, comme c'est un défaut inhérent aux gouvernés de mettre souvent trop de précipitation à les demander.

1° Les empêchements dirimants posés par le droit ecclésiastique sont :

La parenté naturelle ou *consanguinité.* Elle dirime le mariage ecclésiastique, dans la ligne collatérale, jusqu'au quatrième degré inclusivement. On compte les degrés de la souche au parent le plus éloigné, et il y a autant de degrés que de personnes sans compter la souche. La principale raison de cet empêchement est une raison sociale ; l'Eglise désire que les alliances s'étendent, autant que possible, au delà des familles, pour le mélange des races, la fusion des intérêts, la purification du sang et l'expansion de la fraternité.

La parenté spirituelle, qui résulte du baptême et de la confirmation, entre le ministre et le sujet du sacrement; entre le ministre et les père et mère du sujet ; entre les parrain et marraine et le sujet; entre les parrain et marraine et les père et mère du sujet. La raison en est dans l'assimilation de la paternité spirituelle avec la paternité naturelle.

La parenté légale ou *l'adoption.* Les théologiens ne sont pas d'accord sur la question de savoir si, depuis que l'adoption est rétablie dans le code français, elle est redevenue, comme elle le fut autrefois, un empêchement canonique, vu qu'il n'y a pas eu de nouvelles dispositions ecclésiastiques à ce sujet.

L'adultère ou *l'homicide d'un premier conjoint,* avec promesse de mariage faite au complice ; ou les deux réunis, avec intention, dans l'homicide, de contracter mariage avec le complice de son adultère. Cet empêchement est sagement établi pour enlever un puissant motif d'adultère et d'homicide.

La disparité de culte, dans le cas où l'un des deux est baptisé et que l'autre ne l'est point. On conçoit les inconvénients de pareilles alliances et pour l'éducation des enfants, et pour la paix domestique, et pour la conscience du Chrétien.

L'ordre. L'Eglise a jugé convenable d'imposer le célibat à ses ministres.

L'honnêteté publique, soit provenant des fiançailles, soit provenant d'un mariage non consommé. Le mariage avec le père ou la mère, le fils ou la fille, le frère ou la sœur d'une personne avec laquelle on a été fiancé, n'est point admis par l'Eglise. Il en est de même du mariage avec un parent ou une parente jusqu'au quatrième degré, d'un conjoint avec lequel on n'a point consommé le mariage.

L'affinité. C'est l'espèce de parenté naturelle qui résulte du commerce charnel licite ou illicite, avec les consanguins de la personne avec laquelle on a eu ce commerce. Dans la ligne directe, l'affinité rend le mariage nul à tous les degrés. Dans la ligne collatérale, elle le rend nul jusqu'au quatrième degré si l'affinité résulte du mariage, et jusqu'au deuxième seulement si elle résulte de la fornication.

La clandestinité. Le concile de Trente a décidé que l'Eglise considérerait comme non avenus, en tant que mariages catholiques, les mariages qui ne seraient pas contractés en présence du curé et de deux ou trois témoins. C'est, en effet, le signe visible et patent par lequel le contrat est rendu solennellement acte religieux et catholique. Cependant, avant ce décret, les mariages clandestins contractés entre catholiques, en l'absence du curé et de témoins, n'étaient qu'illicites, et c'est ce concile qui a étendu la défense jusqu'au sens de l'invalidité que nous avons expliqué plus haut.

Le rapt par violence, ou même par séduction, bien qu'il n'y ait pas violence dans le consentement au mariage, quand il a lieu. Il y a cependant divergence entre les théologiens sur le rapt par séduction quant à l'invalidité du mariage qui le suit.

On conçoit facilement les raisons morales et de convenance de tous ces empêchements.

Quant aux empêchements simplement prohibitifs, ce sont l'hérésie de l'un des conjoints, les fiançailles avec un autre, les jours interdits pour les noces, etc.

Nous avons déjà dit que le *vœu solennel* de chasteté est consacré par le droit ecclésiastique comme mettant obstacle à la validité du contrat religieux, de sorte qu'il dirime le mariage, tout à la fois, par volonté de la puissance religieuse et par mise en action du droit naturel de la liberté individuelle ; tandis que le *vœu simple* ne fait que le rendre illicite par le concours des deux mêmes puissances, dont l'intention ne forme, en vue de cet effet, par suite de l'enchaînement qui existe entre elles.

2° Que l'autorité ecclésiastique ait droit de dispenser en particulier des empêchements qu'elle a elle-même établis, ainsi que de les modifier, en général, quand bon lui semble, c'est ce qui ne peut souffrir aucune difficulté. L'Eglise peut donc soit délier tel ou tel de chacun des empêchements canoniques que nous avons énumérés, soit les abolir pour tous, du jour au lendemain, si elle le juge convenable, ce qui n'arrivera jamais probablement pour plusieurs, vu que leurs raisons d'être continueront d'exister. Cette matière nous paraît cependant présenter deux points obscurs qui ont besoin d'explication. Ces deux points sont la dispense de l'empêchement dirimant qui résulte du vœu solennel, et la réhabilitation du mariage invalide par la dispense qualifiée *a radice*.

Sur le premier point, si l'on soutient, comme c'est notre avis, que le vœu rend par lui-même le mariage invalide de droit naturel, sauf les cas où la nature, en changeant l'état des choses, détruit l'effet du vœu, et que, si le vœu simple ne touche que la licité, dans notre Eglise, c'est par l'influence que l'Eglise exerce sur ses membres, lesquels n'ont, dans la perpétration du vœu, que l'intention de s'engager au sens ecclésiastique; si l'on adopte cette théorie, on est obligé de considérer la dispense du vœu solennel, gardant sa valeur naturelle dirimante, comme une déclaration de la dispense déjà posée par la nature, puisque le droit naturel seul peut dispenser du droit naturel. Supposons le vœu dirimant formé en dehors de l'Eglise, et même de toute Eglise, devant la nature seule, il n'en est pas moins un véritable vœu; et supposons de plus que, les circonstances ayant changé, il tombe dans les conditions, essentiellement sous-entendues, où sa valeur obligatoire est détruite; n'est-on pas, alors, dispensé de son vœu par la nature elle-même? Supposons maintenant la même chose dans l'intérieur de l'Eglise; il est évident qu'en droit naturel, avant toute décision ecclésiastique, la dispense naturelle aura lieu; que restera-t-il donc à faire à l'autorité si ce n'est une simple déclaration de ce qui est, c'est-à-dire de la cessation d'engagement par les circonstances mêmes. Comme les dispenses du vœu ne s'accordent jamais, ou, au moins, ne doivent jamais s'accorder, sans graves raisons, il n'y a aucun inconvénient à les entendre ainsi, et on y est forcé quand on pose d'abord, en principe, la valeur naturelle dirimante du vœu solennel. Mais, si on prétend que le vœu n'est pas dirimant par lui-même, qu'il est impossible à l'homme de s'ôter la possibilité de contracter mariage validement, qu'un tel pouvoir surpasse la puissance de liberté qu'il a sur sa personnalité, et qu'en conséquence il n'y a, dans le vœu solennel, que la solennité même du vœu qui dirime, cette solennité ayant été élevée par l'Eglise à la valeur d'empêchement dirimant, comme tous les autres empêchements de droit ecclésiastique, on devra dire, alors, que la dispense est un véritable retrait de la loi pour le cas particulier où elle est accordée, ce qui se conçoit très-facilement. Nous avons dit que la première interprétation nous satisfait davantage.

Il arrive souvent qu'un mariage ait été contracté avec empêchement dirimant, et qu'il s'agisse de le revalider entre les mêmes personnes. Dans ce cas, le moyen naturel, simple et n'offrant rien que de rationnel, consiste à se marier de nouveau dans les conditions de validité qui avaient manqué la première fois. Mais il arrive aussi qu'il soit convenable et même nécessaire de réhabiliter sans cette nouvelle opération, par exemple, lorsqu'un seul des conjoints connaît la nullité, et qu'il est certain que l'autre ne voudra jamais consentir à recommencer le mariage, s'il en est instruit. Dans ces cas embarrassants, l'Eglise a coutume d'accorder la dispense *in radice*, laquelle consiste à valider le mariage qui était nul sans que l'un des époux sache rien de ce qui se passe, et sans aucune coopération active de leur part; comment concevoir une pareille dispense?

Il est, d'abord, essentiel de faire observer que cette dispense ne s'accorde et n'est possible que dans les cas de nullité par empêchement ecclésiastique. Si le contrat naturel se trouve nul par l'effet d'un des empêchements naturels, aucunes forces ne peuvent revalider que la nature elle-même, en faisant cesser l'empêchement, et la liberté individuelle, en produisant de nouveau l'acte constitutif du contrat. Elle n'est encore possible, que dans les cas où l'on sait que les deux époux persévèrent dans le consentement donné d'abord; car, si l'un d'eux manifeste une révocation de ce consentement, il n'existe encore aucune puissance qui puisse le marier malgré lui, pas plus dans cette occurrence que dans toute autre.

Mais en dehors de ces deux exceptions, c'est-à-dire quand le contrat naturel a été conclu avec toutes les conditions naturelles de validité, et qu'il continue d'exister par absence de révocation, la dispense *in radice* est possible, et voici comment on la peut concevoir.

Par l'hypothèse même, le contrat naturel n'avait rien en soi qui le rendît nul, et il est chaque jour ratifié de nouveau, implicitement, par la disposition d'esprit et la conduite des époux. Cependant le contrat religieux était rendu directement nul par la présence d'un obstacle qui fait que l'Eglise ne l'accepte pas comme vrai, comme bien conclu devant elle. Or, l'Eglise n'est-elle pas maîtresse d'accepter un tel mariage, tel qu'il est, en tant que religieux, par le moyen de la dispense de l'empêchement à partir du jour où elle l'accorde? Si l'on disait que ce qui a été nul cesse d'avoir été nul, il y aurait contradiction; mais on dit seulement que ce qui jusqu'alors était nul, ne l'est plus à partir du moment où l'Eglise veut bien l'accepter et, par là même, l'élever à la dignité de contrat religieux. Quel motif pourrait empêcher le mariage ainsi réhabilité d'être complet au triple point de vue naturel, divin et ecclésiastique? Du côté de la nature, rien ne manque, et le consentement se continue même chaque jour; c'est l'hypothèse. Du côté de la loi divine, on suppose aussi l'absence de nullité. Et enfin du côté de l'Eglise, s'il y a eu invalidité jusqu'alors, cette invalidité cesse, puisque l'Eglise, qui est maîtresse des conditions du contrat de mariage, en tant que religieux, l'accepte tel quel, par la dispense qu'elle accorde. Elle pourrait, si elle le voulait, se contenter toujours de la validité naturelle et divine ; elle le peut donc dans le cas présent ; et c'est là tout le droit dont elle use pour la dispense, puisqu'elle ne s'occupe, en l'accordant, que des conditions ecclésiastiques qu'elle-même a posées. Nous ne voyons donc rien, au fond, que de rationnel et de très-possible dans la réhabilitation par dispense *in radice*. La seule chose que l'on pourrait critiquer serait le terme lui-même, *in radice*, qui semble dire plus que la théologie ne comprend ; mais quand on se jette dans les chicanes de mots, on ne mérite que la réponse du silence

III. — *Du contrat civil.*

I. Comme le mariage met les époux et les enfants, en un mot, la famille, dans une situation sociale extérieure, il est naturel que la société civile s'en occupe, en ce qui concerne les rapports extérieurs de subordination des membres de la famille et les fortunes, pour garantir à chacun le libre exercice de ses droits contre les atteintes injustes dont ces droits peuvent être l'objet. On appelle *effets civils* les résultats sociaux du mariage, en tant qu'ils sont réglés par la loi et protégés par la force publique. Mais il faut bien une base, un titre, sur quoi la justice sociale organisée, et, s'exerçant par les tribunaux, puisse appuyer son action. Ce titre est le contrat de mariage en tant que conclu devant l'officier public, ou accepté par l'autorité civile. C'est cet acte, base des effets civils, que nous appelons le contrat civil.

II. La société civile peut se légiférer comme elle le juge convenable à ses intérêts, pourvu qu'elle n'attaque, par ses dispositions, ni le droit naturel, ni le droit divin, ni le droit religieux d'un culte quel qu'il soit. Son devoir est de respecter tous ces droits en ne s'occupant d'eux que pour leur garantir la plus complète liberté, ce qui implique l'obligation de repousser, d'une part, les atteintes tyranniques contre leur exercice, et, d'autre part, de ne les gêner en aucune sorte, sous prétexte de protection (*Voy*. LIBERTÉ DE CONSCIENCE) ; et son droit consiste à se réglementer, en dessous de ce triple firmament inviolable, comme elle le trouve bon.

Nier qu'elle puisse réglementer, dans la limite permise, le contrat civil du mariage, base des effets civils, serait tomber dans une contradiction manifeste, puisque ce contrat n'existe, dans son essence, en tant que civil, que par la société civile qui le reçoit, le consacre, y appose son sceau pour en garantir les effets ; et, d'un autre côté, nier que cette société puisse exiger l'addition de cet acte au mariage naturel, pour prendre sous sa garde les intérêts matériels des époux et des enfants, c'est encore tomber dans la contradiction ; car il est impossible qu'elle accorde la protection dont il s'agit sans un acte public donnant droit à ceux qui l'ont signé de réclamer la force sociale pour l'exécution des clauses qu'il renferme.

Cela posé, disons, en quelques mots, ce que peut ou ce que doit exiger la société temporelle, comme conditions du mariage civil, pour ne pas outrepasser ses droits d'une part, et, d'autre part, accomplir ses devoirs. Les objets principaux de la question présente sont la polygamie, l'indissolubilité, les empêchements, et les clauses d'intérêt que les contractants peuvent consentir.

III. Nous avons considéré la polygamie comme contraire au droit naturel. Suivrait-il de là que la société civile pût la proscrire, en n'admettant le contrat civil du mariage qu'entre un seul et une seule ? Non, car tous les crimes contre le droit naturel ne sont pas du ressort de cette société ; ils ne doivent être empêchés et poursuivis par elle que lorsqu'ils impliquent des attentats extérieurs, positifs, matériels, aux droits d'autrui. Mais la polygamie ne fait-elle tort qu'à celui qui s'en rend coupable ? Voilà la question ; or il nous semble évident qu'elle attaque les droits de la femme et ceux des enfants. Cette proposition n'a même pas besoin d'être développée ; et, par conséquent, nous croyons que c'est un devoir pour la société de l'interdire entre ses membres, au moins en n'admettant le contrat civil qu'entre un seul et une seule, et par suite, en excluant de sa protection tout mariage contracté dans d'autres conditions. Voilà ce que la raison nous paraît clairement enseigner sur ce premier point.

IV. En est-il de même de l'indissolubilité ? La société civile ne pourrait-elle pas reconnaître le divorce et admettre le contrat civil entre personnes divorcées ?

Que le lecteur relise ce que nous avons dit du divorce considéré devant le droit naturel, et la logique tirera d'elle-même la conclusion. Dans les cas où le divorce ne paraît pas opposé à la nature, on ne voit point que la société soit obligée de l'interdire, et ne puisse pas l'admettre. Dans les autres cas, la raison l'assimile à la polygamie vu qu'elle y aperçoit une violation des droits des enfants et des familles dans leurs intérêts matériels.

On objectera, contre la première partie de cette déduction, que si la société agit ainsi, le contrat civil ne se trouvera pas en parfaite harmonie avec le contrat catholique ; et, contre la seconde, que ce même contrat ne s'harmonisera pas mieux avec la liberté et l'égalité de tous les cultes, puisqu'il y en a qui admettent le divorce, même dans les cas où nous avons trouvé que la nature le rejette.

Nous accordons les deux inconvénients, et voici nos réponses :

L'inconvénient relatif au culte catholique en particulier est inévitable sur toutes les questions religieuses comme sur celle-ci, à moins que l'on ne pose le principe d'une religion d'État seule admise et seule garantie dans sa liberté ; or nous démontrons, dans l'article LIBERTÉ DE CONSCIENCE, que cette théorie politique est contraire à la raison et à la révélation. L'autorité civile doit seulement garantir la liberté entière de religion, n'y jamais porter atteinte, et ne pas souffrir les atteintes des particuliers contre les particuliers sur cet objet. L'admission de la dissolubilité du contrat civil dans les cas exceptionnels dont il s'agit ne gêne en rien cette liberté, puisque la loi de conscience prêchée par l'Eglise n'en reçoit aucune modification, et que liberté entière est laissée à chacun de s'y conformer. D'ailleurs, rejeter le divorce civil, même dans les cas où la nature le permet, serait attaquer plus encore la liberté des cultes qui l'autorisent. Loin donc que la puissance séculière soit obligée de calquer son contrat de mariage et les lois qui le régissent sur le contrat et les lois catholiques, on conçoit qu'elle doive plutôt prendre pour règle unique la simple nature, afin d'établir, autant que possible, l'égalité réelle de tous les cultes.

L'inconvénient relatif à cette égalité des cultes est également inévitable. Parmi les cultes mélangés d'erreurs, il y en a qui admettent des choses condamnées par la raison et par la nature, et, en même temps, injustes à l'égard d'autrui, attentatoires à ses droits d'une manière matérielle et temporelle ; or il est impossible d'admettre qu'une société politique, sage et bien organisée, puisse souffrir ces injustices sans manquer à sa mission, sous prétexte qu'un des cultes professé dans son sein les autorise ; son devoir est de ne point consacrer par ses lois, mais, au contraire, de réprimer tout ce qui est évidemment attentatoire à la liberté et aux justes intérêts de ses membres sans s'occuper de savoir si un culte, mauvais par là même, en est attristé. Qu'une religion permette l'anthropophagie ; l'autorité civile doit-elle en protéger et même tolérer l'usage ? Qu'une autre permette l'esclavage ; l'Etat doit-il en tenir compte pour protéger le commerce des esclaves ? Qu'une autre permette l'abus de la propriété par l'usure ; faudrait-il que l'Etat, dans lequel il est reconnu que l'usure est un vol, se tienne pour impuissant à proscrire l'usure et à n'en point admettre le contrat, sous prétexte de liberté des cultes ? On voit que le principe de la tolérance civile ne peut aller si loin ; qu'ainsi compris, il n'aboutirait à rien moins qu'à anéantir tout pouvoir civil, et à jeter la société en proie à l'anarchie des religions. Si donc il se trouve un culte qui admette le divorce dans les cas où nous pensons que la nature le défend, la logique nous force de dire que la société civile, si elle pense comme nous sur ce point, n'en doit pas tenir compte. Ce qu'il faut désirer, c'est que tous les cultes se mettent d'accord au moins sur les droits et les devoirs naturels, ce qui sera le premier pas de leur fusion dans le catholicisme, et que les sociétés civiles fassent de même ; alors il y aura harmonie sur ce terrain commun, et, par suite, absence de toute inégalité devant la loi.

V. Quant aux empêchements au contrat civil, il est évident que la société civile doit d'abord, aussi bien que l'autorité religieuse, accepter ceux que pose la nature, puisque le contrat naturel est aussi bien la base du contrat civil que du contrat religieux, et que, sans ce contrat naturel valide, il ne peut y avoir mariage d'aucune façon. Cependant, il faut excepter, des empêchements naturels que l'Etat doit reconnaître, ceux, s'il y en a, qui n'intéressent en rien les droits d'autrui. Peu importe à la société temporelle que le contrat civil soit consenti par les deux parties avec un empêchement intérieur de pure conscience, tel que le vœu, si personne n'est lésé dans ses intérêts temporels par le crime intérieur de celui qui le commet ; les choses de pure conscience ne sont pas de son ressort, ni en fait de constatation, ni en fait de protection ou de proscription. Pour que la paix règne avec la raison et la justice, chaque autorité doit rester dans les limites de ses attributions.

La société civile peut, de plus, créer des empêchements civils au contrat civil, c'est-à-dire décréter qu'elle n'acceptera ce contrat et n'en protégera l'exécution que dans telles et telles conditions qu'elle juge bonnes à exiger pour le bien public. Ces conditions sont justes et louables lorsqu'elles sont, en réalité, utiles au bien-être commun ; elles sont tyranniques lorsqu'elles sont gênantes pour la liberté raisonnable, et non motivées sur le bien public. Mais nous avons expliqué comment, dans l'un et l'autre cas, elles peuvent avoir, par ricochet, un effet dirimant sur le contrat naturel lui-même, ne serait-ce qu'en le rendant impossible dans son exécution. Nous ne devons pas revenir sur ce point. Nous ne devons pas, non plus, entrer dans l'examen des empêchements civils particuliers à chaque nation, matière qui pourrait donner lieu à une très-longue critique. Nous n'écrivons pas sur les harmonies de la politique, mais bien de la foi catholique avec le bon sens.

VI. Enfin, pour ce qui concerne les clauses que les contractants civils peuvent consentir, et que l'officier civil inscrit dans l'acte afin que la force publique en protège l'exécution, il nous semble que toute liberté doit être laissée aux époux, sauf les atteintes aux droits d'autrui, comme seraient des clauses usuraires, des clauses préjudiciables aux enfants, ou à des tiers, des clauses contraires à la morale sociale évidente, etc., etc. Il en est de ce contrat comme de tous les autres ; la société, loin d'accepter sous sa garde ce qui est une violation du droit social évident et universellement reconnu, doit le proscrire et le poursuivre par des sanctions pénales. Mais en dehors de ces atteintes à la justice et à la morale, nous ne croyons pas que la société puisse, avec raison, limiter la liberté des conventions individuelles. Il y aurait encore, de ce côté, matière à de sévères censures contre les codes humains.

IV. — *Des rapports du contrat civil avec le contrat naturel et le contrat religieux.*

Le contrat naturel étant la base des deux

autres, et les deux autres ne pouvant exister sans lui, on doit poser en principe qu'il leur est antérieur; c'est là toute la relation à signaler du contrat naturel au contrat religieux et au contrat civil. Mais il n'en est pas de même de ceux-ci considérés entre eux; comme ils reposent sur le droit positif, ils peuvent se présenter dans des combinaisons diverses de ressemblance, d'antériorité, et d'influence réciproque.

I. Il est essentiel que le contrat civil et le contrat religieux diffèrent dans leur législation, au moins aussi longtemps qu'il y aura plusieurs religions et plusieurs organisations politiques; il faudrait un miracle pour que tous les cultes et tous les codes civils s'accordassent sur le mariage, tout en différant sur le reste. Supposons que l'Eglise catholique parvînt à faire accepter sa législation du mariage par tous les Etats et par toutes les religions, le contrat religieux n'en différerait pas moins, par son essence, du contrat civil; ce seraient encore deux contrats divers, dont l'un produirait des effets de conscience et l'autre des effets civils; mais il y aurait ressemblance parfaite dans leurs conditions d'être, de sorte que les effets civils s'harmoniseraient avec ceux de conscience comme cela se rencontre sur d'autres points; tel est, par exemple, l'assassinat, que défendent en même temps, et toute religion et toute législation politique. Mais, nous le répétons, il faudrait un immense miracle pour ce résultat, un miracle plus grand et moins probable que celui de la fusion universelle des cultes dans le culte catholique, des sociétés civiles dans une même société. Quant au fait présent, nous savons que chaque société civile a son contrat de mariage réglé comme elle l'entend; que chaque culte a le sien; que, par suite, les sociétés civiles, dépendantes d'un même culte, présentent à leur culte des contrats civils de diverses espèces, et que les cultes divers, dépendant d'une même société civile, comme sont, en France, les catholiques, les protestants, les mahométans, les juifs, présentent, par contre, à leur société civile, des contrats religieux également très-divers; ce qui fait une grande complication. Voilà pour la ressemblance.

II. Cette diversité étant posée comme fait essentiel à l'état présent du genre humain, voici les principales combinaisons qu'on peut imaginer entre les deux contrats.

Ou le contrat religieux sera accepté, par l'Etat, comme base des effets civils, sera élevé par lui à la qualité de civil, sans que l'Etat en exige un spécial signé devant son officier, en sorte que le même acte sera tout à la fois religieux, en tant que consenti devant le ministre du culte, et civil, en tant qu'accepté par l'autorité civile, sans modification.

Ou le contrat civil sera lui-même accepté par l'autorité religieuse, et élevé par elle à la dignité du contrat religieux. C'est le vice versa du cas précédent.

Ou enfin, les deux sociétés auront chacune leur contrat réglé par elles, et consenti devant elles.

La première hypothèse se subdivise en deux autres: ou la société civile n'acceptera qu'un contrat religieux, celui de la religion professée par la majorité de ses membres; ou elle les acceptera tous comme servant de base aux effets civils du mariage dans son sein.

La seconde ne présente pas de subdivisions; elle suppose que la société religieuse qui embrasse plusieurs nations, acceptera, dans chaque nation, le contrat civil de la nation; car on ne saurait imaginer qu'elle acceptât, pour une nation, celui d'une autre.

La troisième présente trois subdivisions: ou le contrat civil sera postérieur au contrat religieux et dépendant de lui, ce dernier étant exigé comme condition de l'autre; ou le contrat religieux sera postérieur au contrat civil et dépendant de lui, ce dernier étant exigé comme condition de l'autre; ou les deux contrats seront complètement détachés, indépendants, pouvant se consentir l'un sans l'autre, et n'exerçant aucune influence l'un sur l'autre, si ce n'est dans la conscience de l'individu.

Telles sont toutes les hypothèses que nous puissions imaginer. Jugeons-les brièvement l'une après l'autre.

1° Si la société accepte, comme contrat civil, le contrat religieux du culte professé par la majorité de ses membres, et celui-là seul, elle attaque la liberté de conscience, et l'égalité des citoyens devant la loi, puisqu'elle met tous les fidèles d'un culte différent dans la nécessité de contracter mariage devant une religion qui n'est pas la leur, et, par conséquent, de faire un acte d'apostasie pour avoir part au bénéfice civil du mariage, et y faire participer leurs enfants. Or, *Voy.* LIBERTÉ DE CONSCIENCE.

2° Si la société civile accepte tous les contrats religieux de mariage qui se font dans son sein, elle oublie encore quelque chose dans sa tolérance, le contrat naturel pur et simple conclu par deux individus qui se disent n'appartenir à aucun culte. Mais elle pourrait ajouter ce contrat à tous les autres et l'admettre aussi bien qu'eux, de sorte que rien ne fût oublié; ce contrat naturel consisterait dans l'accord de deux individus ne suivant aucunes lois ecclésiastiques, et faisant leurs conventions comme ils le veulent, bien que conformément au droit naturel. Dans cette hypothèse, l'égalité des cultes devant la loi est parfaitement sauvegardée; mais quel désordre, quelle complication, quelles difficultés dans l'exécution d'une si grande variété de contrats! Plus de règle fixe, plus de législation commune; l'autorité civile est obligée d'entrer dans l'étude de toutes les organisations religieuses, et de prononcer des jugements contradictoires, selon que le contrat, devenu base des effets civils, est celui d'un culte ou celui d'un autre culte; nous n'entrevoyons, dans un pareil système, qu'une immense anarchie, sans cependant affirmer qu'il fût impossible d'en sortir. D'un autre côté, comme les lois religieuses, auxquelles seraient soumis tous ces contrats, et qui seraient élevées à la valeur de lois civiles, présenteraient tantôt de simples rapports avec la conscience, tantôt des rapports extérieurs avec les résultats civils du mariage, serait-il possible au magistrat de distinguer entre les uns et les autres, et de ne point s'ingérer dans les affaires de conscience? Évidemment, il y aurait confusion perpétuelle, et l'on verrait sortir de ce régime, non pas l'inquisition au profit d'un culte, mais l'inquisition confuse et contradictoire au profit de tous. Chacun s'assujettirait par .e mariage à sa règle religieuse, sous peine de châtiments publics, sauf celui qui ne contracterait que devant la nature, et que beaucoup finiraient par imiter. Ce ne serait pas l'égalité dans la liberté, mais l'égalité dans l'esclavage. Donc l'hypothèse n'est pas admissible.

3° Si c'est l'autorité religieuse qui accepte le contrat civil, elle abdique son indépendance ; elle s'expose à se voir obligée de tenir pour siens des contrats de mariage portant des clauses contraires à ses lois ; elle s'assujettit aux changements que les peuples amènent sans cesse dans leurs législations ; ou bien, elle s'engage dans des luttes perpétuelles qui ne sauraient manquer de finir par la séparation et le retour à des systèmes différents. Cette théorie ne peut être soutenue que par ceux qui veulent asservir l'Eglise à l'Etat, ou qui ne reconnaissent, avec Hobbes, d'autre puissance que la puissance politique.

4° S'il y a deux contrats de mariage, l'un religieux, l'autre civil, et que le premier soit exigé comme condition de validité du second, il arrivera ou que la société civile exigera le contrat religieux d'un seul culte, ou qu'elle se contentera de celui d'un culte quelconque reconnu par la loi, comme professé dans la contrée.

Dans le premier cas, la liberté de religion et la liberté de conscience sont attaquées comme par l'hypothèse que nous avons jugée en premier lieu ; c'est évident.

Dans le second, la complication, résultant du mélange de l'ordre civil avec tous les ordres religieux, qui nous a effrayé en examinant la supposition du n° 2, n'existe plus ; car le contrat civil est *un*, se fait en son particulier comme le veut la loi, est assujetti à ses règles civiles, les mêmes pour tous, et est le seul qui fasse titre en réclamation des effets civils ; le contrat religieux antérieur, qui ne regarde que la conscience, et se fait aussi très-librement en sa manière, différente selon le culte, est seulement exigé dans son existence comme condition à la conclusion du contrat civil ; et nous supposons, d'ailleurs, que la loi ne s'occupe pas de l'exécution de ses clauses, sans quoi, nous retomberions dans la supposition du n° 2.

Mais il reste encore un côté par lequel la liberté de conscience est attaquée ; celui qui veut se contenter du contrat naturel comme fond de son mariage, et du contrat civil comme titre aux bénéfices de la loi, ne le peut ; il est obligé de se déclarer membre d'un culte quelconque et de commencer par contracter devant ce culte. On peut répondre que la société civile se contentera, dans ce cas, du simple contrat naturel, consenti sans aucune notification de culte, sans aucune cérémonie religieuse ; mais alors on retombe, par le fait, quoique par une voie peu franche, dans la dernière de toutes les suppositions que nous allons examiner plus loin, puisque cette ressource du contrat naturel pur et simple rendra le contrat civil indépendant du contrat religieux.

5° Si le contrat civil est antérieur au contrat religieux et exigé comme condition de validité de celui-ci, il peut arriver deux choses : que l'autorité civile ne permette pas le contrat religieux qui se fait solennellement au temple, si le contrat civil n'est déjà conclu ; ou seulement que le culte lui-même exige, comme condition de conscience, cette existence du contrat civil, avant d'admettre à contracter solennellement devant son ministre.

Dans le premier cas, il y a tyrannie de la part de l'autorité civile ; cette autorité s'ingère dans ce qui n'est pas de sa compétence ; les cérémonies qui se font à l'église, nuptiales et autres, ne la regardent point, tant qu'elles ne troublent pas l'ordre public ; c'est à elle de leur garantir toute liberté ; quant à les empêcher, elle ne peut en avoir le droit.

Dans le second cas, il n'y a rien à dire contre l'autorité civile ; la critique ne pourrait tomber que sur l'autorité religieuse, qui pose les empêchements qu'il lui plaît de poser à son contrat religieux, et qui est plus ou moins rationnelle dans sa conduite ; mais comme il ne s'agit que de la conscience, la liberté reste sauve, et c'est tout ce qu'il faut. Cette hypothèse ne présente pas les inconvénients de celle du n° 3, vu que la société religieuse, quelle qu'elle soit, garde son contrat, bien distinct du contrat civil, et n'exige ce dernier que comme condition du sien, exigence qu'elle peut lever à tout moment ; cette supposition peut donc être considérée comme rentrant dans celle de l'indépendance des deux contrats qui nous reste à juger.

6° Enfin, si les deux contrats sont indépendants, de manière qu'il soit loisible aux citoyens ou de se marier seulement devant leur culte, auquel cas ils n'auront, ni eux ni leurs familles, aucune part aux protections de la loi en ce qui est du mariage, et seront, devant elle, comme des concubinaires ; ou bien de se marier seulement devant le civil, auquel cas ils auront part à tous les bénéfices de la loi, n'étant considérés par leur Eglise que comme des fornicateurs ; ou bien de se marier d'abord devant leur culte, puis devant le civil, ou d'abord devant le civil, puis devant leur culte, au moment qu'il leur plaira de choisir ; dans cette hypothèse, nous ne voyons, de toutes parts, que la liberté des cultes et la liberté de conscience, sans aucun inconvénient. La loi de conscience joue son rôle en toute liberté, recueille et sauve les âmes sans contrainte et sans entraves ; la loi civile admet à ses bénéfices ceux qui veulent en profiter, quelle que soit leur disposition de conscience, sans les obliger à des profanations ; c'est l'ordre vrai qu'indique la raison.

Il reste cependant une difficulté jusque dans cette supposition si large de l'indépendance réciproque des deux contrats. Cette difficulté naît de la qualité d'indissolubilité du contrat naturel que nous avons avouée devoir être consacrée par l'autorité civile elle-même, hors les cas d'exception. Deux époux sont mariés validement devant le civil seul et ont des enfants ; ils se trouvent dans une telle situation vis-à-vis de leur culte, que ce culte les autorise et même les oblige à divorcer, divorce auquel l'indissolubilité ne s'oppose pas devant leur loi religieuse, puisque, devant cette loi, leur état n'est qu'un concubinage, et nullement un mariage indissoluble. Cependant, nous supposons que, devant la loi civile, toutes les conditions d'indissolubilité sont présentes. Voilà donc les deux lois en opposition ; et si la loi civile empêche, par la force, le divorce avec le mariage subséquent, qu'on peut supposer lui-même être exigé par la conscience, elle va contrecarrer la loi religieuse et en rendre l'application impossible.

Pour résoudre ce grand embarras, nous ne voyons qu'un biais à prendre ; c'est que l'autorité civile ne protége l'indissolubilité qu'en tenant pour bon et produisant les effets civils, son contrat civil déjà signé, et celui-là seul, et en le déclarant empêchement dirimant à tout autre du vivant des deux conjoints ; mais en n'allant pas au delà et ne gênant en rien le divorce matériel des époux ; car si elle prête au mari la force publique pour obliger la femme à la cohibitation, elle met celle-ci dans la nécessité du concubinage devant son culte, ce qui est tyranniser la conscience. Elle doit donc s'en tenir à cette disposition : dès qu'un mariage civil est contracté, l'acte reste et produit ses effets relativement aux biens des époux et aux droits des enfants ; il forme empêchement dirimant à tout autre acte de même espèce du vivant des conjoints, sauf les cas prévus où la dissolution peut être admise ; mais tout le reste est libre ; tout se fait d'un commun accord quant à la cohabitation, et la loi ne s'en occupe pas. De cette manière, la liberté de conscience est respectée même dans le cas supposé, excepté cependant que le second mariage, avec sa postérité, n'a point de part aux bénéfices de la loi, et est ignoré d'elle, ce qui est inévitable avec le principe d'un contrat civil portant indissolubilité.

Voilà ce qui nous parait le plus raisonnable. Le contrat civil, dans ce système, n'est qu'un acte d'association entre deux personnes, dont les effets temporels ne peuvent plus être détruits par la volonté des contractants, à cause des tiers qui y sont intéressés.

V. — *Du sacrement de mariage.*

I. Jusqu'aux XII° et XIII° siècles il n'était pas de foi, dans l'Eglise, que le mariage eût été élevé par le Christ à la dignité de sacrement. Saint Thomas, saint Bonaventure et Scot le pensèrent, mais sans oser en affirmer la certitude ; ils ne donnèrent leur opinion que comme plus probable. Durand, le maître des sentences, et plusieurs scolastiques nièrent qu'il fût un signe productif de la grâce, et, par conséquent, un véritable sacrement. Si l'on remonte plus haut, on ne trouve rien de positif et de véritablement clair sur cette question. Il est vrai que le mot *sacrement, sacramentum*, est attribué au mariage par plusieurs Pères, selon ces paroles de saint Paul : *C'est là un grand sacrement je veux dire dans le Christ et dans l'Eglise* (Ephes. v, 25) ; mais ce terme n'était pas consacré, dans ces âges, pour exprimer le sacrement proprement dit ; il exprimait alors l'idée vague de *signe, figure, symbole, image*, etc. De sorte que l'emploi du mot ne suffit pas pour conclure à un enseignement explicite et formel. C'est dans les contextes que l'on cherche l'idée véritable de sacrement, et si quelquefois on peut l'y trouver, ce n'est point par la même nécessité logique qu'à l'égard de plusieurs autres sacrements, tels que le baptême, l'ordre, l'extrême-onction, etc. C'est donc vers le XIII° siècle que cette croyance devint explicite dans l'Eglise, et elle le devint bientôt si universellement, que le deuxième concile de Lyon compta sept sacrements au nombre desquels il mit le mariage, qu'Eugène IV fit la même chose dans le décret aux Arméniens accepté par le concile de Florence, et que le concile de Trente ne fut que l'écho de la croyance catholique, formant certitude complète, en portant la déclaration suivante :

Si quelqu'un dit que le mariage n'est pas véritablement et proprement un des sept sacrements de la loi évangélique institué par le Christ Notre-Seigneur ; mais qu'il est une invention humaine dans l'Eglise, et ne confère point la grâce ; qu'il soit anathème. (Sess. 24, c. 1.)

Les protestants sont accusé, avec beaucoup de bruit, notre Eglise d'avoir, par cette déclaration, fait un dogme nouveau ; ce fut un cas exactement pareil à celui de la déclaration de l'*Immaculée Conception* qui vient d'être faite il y a quelques mois ; nous renvoyons le lecteur à ce mot pour la solution de toutes les objections de même espèce. (*Voy.* Immaculée Conception.)

II. Il n'y a rien de défini sur la matière et la forme de ce sacrement, ni sur la personne, — ou les personnes, — qui en est le ministre.

Les uns veulent que la matière soit le contrat naturel lui-même des parties en tant qu'exprimé par des signes quelconques, et renfermant la tradition des corps ; que la forme consiste dans les paroles mêmes par lesquelles ceux qui contractent devant l'Eglise se declarent l'un à l'autre qu'ils se prennent pour époux ; et, qu'en conséquence, ces contractants sont eux-mêmes les ministres du sacrement sur eux-mêmes.

D'autres soutiennent, avec Guillaume de Paris et Melchior Cano, qui, malgré leurs dires, furent les deux premiers à en avoir l'idée, que le ministre du sacrement de mariage est le prêtre qui bénit l'union conjugale, et, par conséquent, que la forme consiste dans les prières qu'il récite et dans la bénédiction nuptiale commençant par ces mots : *Ego vos conjungo : « Je vous unis. »*

Ces derniers se divisent en deux parts : les uns, ne laissant rien aux parties contractantes de ce qui constitue le sacrement, et les réduisant au rôle simple de sujet comme celui qui reçoit le baptême, font consister la matière dans l'imposition des mains du prêtre; ce sont des gallicans forcenés, plutôt jurisconsultes que théologiens, tels que Pierre Léridant et Maultrot. Ils ont intérêt, dans leur système, à isoler, autant que possible, le sacrement du contrat. Les autres, plus favorables aux droits de l'Eglise, laissent, comme ceux de la première opinion, la matière aux contractants, disant que cette matière est le contrat naturel, — que quelques-uns confondent, par un gallicanisme beaucoup plus dangereux, à notre avis, avec le contrat civil — et attribuent la forme au prêtre qui bénit.

A part l'opinion qui fait du contrat civil, et non du contrat naturel, la matière du sacrement, opinion qui aboutit à asservir l'Eglise à l'Etat, puisqu'elle exige le contrat civil comme condition du sacrement, et donne, par là même, à l'Etat le droit de paralyser l'Eglise dans ses opérations spirituelles ; et à part l'opinion qui fait consister la matière dans l'imposition des mains du prêtre, laquelle est peu conciliable avec les paroles du concile de Trente, disant « que le mariage *a été élevé* par le Christ à la dignité de sacrement ; » nous ne voyons rien que de rationnel et de possible dans tous ces systèmes théologiques. Le Christ a fait ce qu'il a voulu en institution de sacrements ; et, posé les explications que nous donnons du *sacrement en général* (Voy. ce mot), la raison conçoit avec la même facilité qu'il ait attaché la grâce sacramentelle au contrat tel que le présente la nature, lorsqu'il est consenti d'action et de paroles entre Chrétiens ayant l'intention suffisante, ou qu'il l'ait attachée au même contrat, à condition que viendra s'y joindre la bénédiction nuptiale prononcée par son prêtre en qualité de forme.

III. Il suit de tout ce qui a été dit jusqu'alors, que le contrat naturel et le contrat civil peuvent être valides, sans qu'il y ait sacrement : c'est ce qui ne fait aucun doute, quant aux mariages des infidèles entre eux. Il est certain, d'un autre côté, que le sacrement ne peut avoir lieu sans le contrat au moins naturel, puisque si ce contrat en est la matière, c'est évident, et que, lors même qu'il n'en serait pas la matière, il n'y a de sujet capable du sacrement de mariage que celui qui se marie.

Mais on peut se demander si le mariage religieux en tant que contrat chrétien, c'est-à-dire contracté par des Chrétiens devant leur culte, hérétique, schismatique ou catholique, peut être séparé de la qualité de sacrement?

A cette question on ne sait que répondre. Si l'on croit que le prêtre est le ministre, on doit croire, par là même, que le contrat religieux peut très-bien exister parfaitement valide, sans qu'il y ait sacrement ; c'est ce qui devait avoir lieu dans les mariages clandestins, avant que le concile de Trente eût exigé la présence du prêtre pour la validité ; c'est ce qui a encore lieu dans ces mêmes mariages partout où le décret du concile de Trente n'a pas été promulgué ; telles sont, en général, les contrées où règne l'hérésie. C'est encore ce qui peut avoir lieu même avec la présence du prêtre ; car le concile de Trente n'exigeant la présence du curé qu'en qualité de principal témoin ecclésiastique, le contrat sera valide si le curé n'est pas prêtre, — la congrégation du concile de Trente le déclara en 1570 — ; si, tout en assistant, il ne donne point la bénédiction nuptiale ; si, enfin, il assiste malgré lui et refuse son intention pour le sacrement ; toutes circonstances dans lesquelles le sacrement est impossible.

Si l'on croit que les parties sont elles-mêmes ministres, on doit trouver la séparation beaucoup plus difficile ; cependant des théologiens prétendent qu'on peut empêcher le sacrement, tout en faisant le contrat validement, par retrait d'intention à l'égard du sacrement ; c'est, en effet, ce dont la raison ne voit point l'impossibilité, à moins que Jésus-Christ n'ait rendu les deux choses inséparables, ce qu'on ne peut pas prouver, et ce qui déciderait la question du ministre en faveur des parties contractantes, puisqu'il est bien certain que de vrais mariages chrétiens, et même catholiques, ont existé sans bénédiction nuptiale. Cette inséparabilité du sacrement et du contrat entre Chrétiens paraît être professée par Pie IX, dans sa réponse au roi de Sardaigne sur le mariage.

Quant au mariage par procureur, qui peut être un vrai contrat naturel et religieux, il y a des théologiens qui soutiennent qu'il ne peut être un sacrement, parce qu'on n'est pas présent à la cérémonie ; nous ne voyons nullement cette raison : est-ce que Jésus-Christ a exigé la présence matérielle du sujet dans tous les sacrements? est-ce que l'Eglise a défini la nécessité de cette présence? est-ce que la raison ne conçoit pas aussi bien la collation de la grâce dans les deux situations? Aussi l'Eglise tolère-t-elle ces mariages avec toutes les cérémonies ordinaires qui impliquent le sacrement et n'exige-t-elle pas absolument qu'on les réitère ensuite, à moins que les parties ne le désirent.

Lorsque deux infidèles se convertissent, on n'exige pas qu'ils renouvellent leur mariage, et s'ils ne le font point, on s'accorde à dire qu'il demeure ce qu'il était, c'est-à-dire simple contrat sans qualité de sacrement. Mais s'ils le renouvellent devant le prêtre, avec toute la cérémonie religieuse, Sanche, Bellarmin, Sylvius, Benoît XIV, croient au sacrement; Billuart, Tournely, Bailly, etc., n'y croient point. La raison ne saurait décider la chose; car elle conçoit très-bien que Jésus-Christ attache ou n'attache pas la production de la grâce à cette cérémonie, qui n'est point un vrai mariage, puisque le vrai mariage existe depuis longtemps, et qui, cependant, est une nouvelle consécration actuelle du mariage existant.

Nous disons de même du mariage qui serait validement contracté entre un fidèle et une infidèle; Jésus-Christ peut très-bien faire que ce soit un sacrement pour le fidèle, mais nous ne savons pas s'il le fait.

Sur toutes ces questions indécises, nous ne devons pas faire de grands efforts d'harmonisation avec la raison, car ce ne sont pas les opinions de tel ou tel théologien que nous prenons en garde, mais bien les certitudes surnaturelles de la foi catholique.

Morale catholique du mariage.

Il est un grand nombre d'objets sur lesquels les philosophies antiques, depuis celles de la Grèce jusqu'à celles de l'extrême Orient, s'étaient élevées au *summum* de l'exactitude, de la vérité, de la pureté morale; en sorte que Jésus-Christ ne fit qu'ajouter sa grande autorité surnaturelle aux proclamations constantes, et aussi vieilles que le monde, de la raison sur ces objets. C'est ce qu'on peut voir dans plusieurs articles de cet ouvrage. Mais celui du mariage fait exception; il faut avouer que l'Evangile n'a pas seulement consacré, sur ce point capital, les enseignements judicieux de la sagesse humaine, n'a pas seulement mis dans leur clarté plus grande et plus pratique ces enseignements, mais qu'il a encore lancé l'esprit humain vers une austérité doctrinale jusqu'alors inconnue.

Pour faire le résumé complet du code théologique sur cette matière, il faut envisager successivement les diverses conditions dont le mariage est le nœud et la source, lesquelles sont la *filialité*, la *nuptialité*, la *conjugalité*, et la *paternité* qui comprend la *maternité*; ce qui donne à étudier les quatre morales suivantes: morale *filiale*, morale *nuptiale*, morale *conjugale*, et morale *paternelle* et *maternelle*.

Nous sommes forcé, par les dimensions du volume, de couper cette sixième partie de notre dissertation, et de la promettre au lecteur dans l'ouvrage qui servira de complément à celui-ci. — *Voy.* INDULGENCES.

MARTYRE. (OBLIGATION DU) PLATON. *Voy.* MORALE, II, 14.

MATERIALISME. *Voy.* ONTOLOGIE, quest. des essences, I, II, et ATHÉISME.

MATERIALISME (LE) RÉFUTÉ PAR LES MATHÉMATIQUES. *Voy.* ce mot, VI.

MATHÉMATIQUES (SCIENCES). — PHILOSOPHIE RELIGIEUSE (III° *part.*, art. 4). — Les bases premières de la religion sont:

La réalité de certitudes pour l'homme; réalité sans laquelle la religion ira se perdre avec tout le reste dans l'abîme du doute.

L'existence de Dieu, qui est le point de départ et la fin, l'alpha et l'oméga de toute dogmatique et de toute morale religieuse.

L'unité de Dieu, sans laquelle la religion devient la mère, aussi féconde que monstrueuse et insensée, de toutes les superstitions imaginables.

La distinction de la créature et du Créateur, sans laquelle, tout étant Dieu, la religion se réduit à un mot vide de sens, puisqu'elle n'est plus que la relation de Dieu avec Dieu même, relation nécessaire, impliquant tout ce qui se fait, ne condamnant rien et justifiant tout.

La liberté en Dieu, qui est la condition absolue de notre propre contingence et de notre liberté propre, puisque, si Dieu fait nécessairement tout ce qu'il fait, nous sommes nécessaires nous-mêmes, ainsi que tout ce qui doit sortir de notre activité; or, plus de liberté, plus de bien et de mal, et plus de religion.

Enfin, l'immatérialité de nos âmes, qui, sans engendrer nécessairement ni logiquement leur immortalité, les dégage de l'ordre matériel et de ses décompositions, rend leur vitalité indépendante des organismes corporels de cette vie, et fait, par là même, concevoir à notre esprit leur vie future, dont la religion a pour but de préparer le bonheur.

Il sera donc établi surabondamment que les mathématiques sont religieuses, si nous parvenons à faire comprendre qu'elles favorisent puissamment, et souvent même démontrent ces six grandes vérités; en d'autres termes, qu'elles réfutent et rejettent de leur empire le scepticisme, l'athéisme, le dualisme avec le polythéisme, le panthéisme, le fatalisme avec l'optimisme, et le matérialisme.

Les sciences mathématiques embrassent trois parties: l'arithmétique, la géométrie et l'algèbre, qui n'est que la généralisation des deux premières, l'algèbre élémentaire n'étant que l'arithmétique analytique, comme l'application de l'algèbre à la géométrie est la géométrie analytique, et le calcul différentiel n'étant que l'algèbre elle-même élevée à son plus haut degré d'abstraction généralisatrice. Obligé que nous sommes de nous imposer une grande concision, nous grouperons, de notre mieux, dans un seul article, les considérations générales que nous voulons tirer de ces trois parties des sciences mathématiques à l'appui des vérités religieuses que nous venons d'énumérer.

I. — *Les mathématiques réfutent le scepticisme.*

On peut lire, au mot LOGIQUE, le résumé des divers systèmes sur la certitude humaine, et le pourquoi il est nécessaire, pour éviter le scepticisme absolu, aussi bien en religion qu'en tout autre matière, d'admettre celui de Descartes qui consiste à reconnaître pour certain ce que notre conscience perçoit clairement et distinctement être nécessaire ou existant, soit par intuition directe,—telle est la vérité, *je suis quelque chose*;—soit par déduction plus ou moins éloignée,—telles sont toutes les vérités bien démontrées, c'est-à-dire que notre esprit voit clairement appartenir à une série logique dont le premier anneau est lui-même évident, et dont tous les autres s'impliquent réciproquement d'une manière évidente. — Ce système est le seul qui établisse solidement la réalité de certitudes pour l'homme, et il ne laisse rien à désirer dans sa preuve des vérités religieuses, puisqu'il fait voir avec évidence qu'elles sont impliquées, quant à leurs motifs de crédibilité, dans le long enchaînement qui a pour base la certitude naturelle du fait de notre être.

Or, les mathématiques sont essentiellement cartésiennes; d'où il suit qu'elles réfutent le scepticisme, aussi énergiquement que possible, en lui jetant la plus vigoureuse négation qui puisse être conçue.

Que les mathématiques soient cartésiennes, c'est la première réflexion qu'elles suggèrent à celui qui les étudie philosophiquement. Elles posent des principes premiers qu'elles appellent axiomes, et dont elles proclament la démonstration impossible, précisément parce qu'ils sont évidents par intuition, et que, selon la réflexion très-juste du mathématicien Pascal, cette extrême évidence qui les rend impossibles à démontrer, loin d'être un défaut, est, au contraire, leur perfection même en certitude logique. Puis, ces axiomes posés, elles en déduisent des séries de vérités à l'infini qu'elles offrent à l'esprit comme autant de certitudes absolues, parce qu'elles voient et font voir leur implication dans ces axiomes, avec une telle évidence, que le moindre doute ferait qualifier de fou celui qui oserait l'émettre après avoir compris. Ces deux procédés, qui résument toutes les mathématiques, poser des axiomes et en tirer des déductions, accompagnés, dans la pratique, d'une telle clarté que le mot de *certitude mathématique* en est resté dans toutes les langues, pour dire *certitude complète* avec le *summum* de l'énergie humaine, ne sont que la mise en action de la théorie cartésienne élevée contre le doute. Et comme il est impossible à l'homme de bon sens, qui étudie et comprend ces sortes de sciences, de révoquer en doute, une seule fois, la valeur de ces procédés durant toute la filière, il s'ensuit que les mathématiques sont une protestation perpétuelle, contre toute prétention sceptique et anti-cartésienne, établie au cœur même de notre intelligence par l'auteur de notre nature. Donnons-en quelques exemples.

Je veux démontrer, en arithmétique, ce principe, non évident à première vue, au moins pour celui qui n'en connaît pas la démonstration : *Un produit ne change pas quand on intervertit l'ordre de ses facteurs*. Que fais-je? Je pose deux évidences intuitives, dont je tirerai les déductions jusqu'à celle que je veux établir, ainsi qu'il suit :

Evidences :

1ᵉʳ tableau	1 1 1	2ᵉ tableau	2 2 2
	1 1 1		2 2 2
	1 1 1		2 2 2
	1 1 1		2 2 2

Il est évident, à première vue, que la somme des 1 contenus dans le premier tableau, et que la somme des 2 contenus dans le second tableau, ne change pas, soit que je considère les deux tableaux par colonnes horizontales, soit que je les considère par colonnes verticales.

Déductions. — Donc $3 \times 4 = 4 \times 3$; c'est la conséquence du 1ᵉʳ tableau, car en le considérant par colonnes horizontales, on a 3 dans chaque colonne et 4 colonnes semblables; par conséquent 3×4; et en le considérant par colonnes verticales, on a 4 dans chaque colonne et 3 colonnes, par conséquent 4×3.

Donc $2 \times 3 \times 4 = 2 \times 4 \times 3$; c'est la conséquence du second tableau; car en le considérant par colonnes horizontales, j'ai répété 3 fois dans chaque colonne, et 4 colonnes semblables, par conséquent $2 \times 3 \times 4$; et en le considérant par colonnes verticales, j'ai 2 répété 4 fois dans chaque colonne et 3 colonnes, par conséquent $2 \times 4 \times 3$.

Donc, 1° *le produit de deux facteurs ne change pas quand on intervertit leur ordre*; c'est la conséquence du 1ᵉʳ tableau; car il est évident que, pouvant allonger indéfiniment les colonnes dans les deux sens en ajoutant des 1, je pourrai faire représenter à ces colonnes tous les nombres possibles, et, par là, rendre mon tableau démonstratif pour toutes sortes de facteurs.

Donc, 2° *le produit de trois facteurs ne change pas quand on intervertit l'ordre des deux derniers*. C'est la conséquence du 2ᵉ tableau; car je pourrais remplacer le nombre 2 par tous les nombres possibles, et je pourrais aussi, en allongeant les colonnes par la répétition indéfinie du nombre choisi, substituer aux facteurs 3 et 4 tous les facteurs possibles.

Donc, 3° *le produit d'un nombre quelconque de facteurs ne change pas quand on intervertit leur ordre d'une manière quelconque*. C'est, cette fois, la proposition non-évidente émise d'abord; mais il faut que je fasse voir que cette conséquence est contenue dans les précédentes; je le fais voir :

Soit une série quelconque de facteurs, par exemple $2 \times 3 \times 4 \times 5 \times 6 \times 7$. En vertu de la conséquence n° 2; je peux intervertir les deux derniers facteurs 6 et 7, de manière à mettre 7 à la place de 6 et *vice versa*. Car tous les autres qui précèdent reviennent à un seul, qui est leur produit effectué, puisque si j'opère sans rien déranger, j'aurai fait ce produit avant de multiplier par 6 et 7. D'où il suit que nous sommes retombés dans le cas de trois facteurs seulement, cas du n° 2.

Mais après avoir fait venir le facteur 7 à la place du facteur 6, je raisonnerai de même sur 5 et 7 relativement à ceux qui précèderont encore; et quant au 6 qui restera le dernier, je ferai observer que l'interversion n'aura aucun effet sur la multiplication par ce 6, puisque jusqu'à lui le produit sera le même. J'aurai ainsi amené, en usant du droit fourni par le n° 2, mon 7 à la place du 5.

Même raisonnement sur 4 et 7 par rapport aux facteurs précédents, et aussi par rapport aux deux suivants qui sont maintenant 5 et 6, le produit qui leur arrivera après l'interversion n'ayant pas changé.

Allant ainsi de proche en proche, j'amènerai successivement mon 7 jusqu'à la place du 3.

Or, arrivé là, je ne puis plus intervertir en vertu du principe n° 2, puisqu'il n'y a plus que deux facteurs et non trois; mais je le puis en vertu du n° 1, où il ne s'agit que de deux facteurs. Je mettrai donc mon 7 à la place du 2, et j'aurai fait ainsi occuper, sans dépasser les droits qui m'ont été fournis par les deux évidences primitives, à mon 7 toutes les positions, de la dernière à la première.

Je recommencerai les mêmes opérations et raisonnements sur le 6 qui est maintenant le dernier et le ferai venir au 1er rang.

De même ensuite sur le 5 qui aura pris la place du 6 et ainsi successivement pour tous les facteurs.

D'où je conclurai la certitude générale de mon n° 3, puisqu'il est clair que, chacun de mes facteurs pouvant être amené successivement à toutes les places, il m'est loisible de les placer tous, *ex abrupto*, où le voudra mon caprice.

L'esprit voit d'ailleurs très-distinctement, par sa faculté d'embrasser les généralités absolues, que la démonstration est applicable à une série quelconque de facteurs; d'où il suit qu'il est parfaitement satisfait.

Nous avons posé une évidence intuitive, puis des évidences successives déductives;

ne faudrait-il pas être fou pour les révoquer en doute, quand on en a compris l'énoncé.? Tout le cartésianisme est dans cet exemple, et, par conséquent, dans toutes les démonstrations de l'arithmétique, dont aucune ne diffère de celle-là.

Passons à la géométrie :

Voici une proposition géométrique très-générale, relative à la mesure des figures, qui sera d'autant moins évidente à première vue, même pour le mathématicien le plus alerte, que nous l'imaginons, ne l'ayant vue nulle part et regardant comme probable qu'en effet elle n'a été ni émise ni démontrée par personne. Elle nous vint à l'esprit, il y a près de deux ans, après une conversation avec M. Bailly, qui avait eu l'idée de substituer le triangle équilatéral au carré comme unité de mesure géométrique. Nous n'acceptâmes point la substitution; mais la proposition suivante et sa démonstration, lesquelles résument à peu près toute la géométrie, se fixèrent dans notre pensée et n'ont cessé de nous paraître assez intéressantes. Le lecteur nous pardonnera, en considération de leur nouveauté, de nous y arrêter quelque temps.

Proposition. — *La surface de tout triangle est, avec un triangle quelconque pris arbitrairement pour unité de mesure, dans le rapport exprimé par le produit des deux facteurs suivants* : 1° *le nombre entier ou fractionnaire qui dit le rapport des bases des deux triangles; on prend pour base le côté que l'on veut;* 2° *le nombre entier ou fractionnaire qui dit le rapport du côté que l'on veut prendre, adjacent à la base, du triangle-unité, avec la ligne abaissée, du sommet du triangle à mesurer, de manière à former, avec sa base ou son prolongement, un angle égal à l'angle correspondant du triangle-unité, c'est-à-dire à l'angle formé, dans ce triangle, par la base et le côté qu'on a pris.*

Comprenons d'abord cet énoncé :

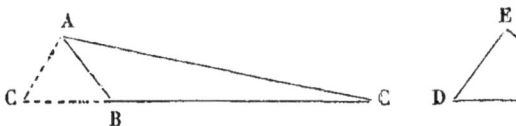

Soit à trouver le rapport des deux triangles ABC, EDF. Je compare la base BC avec la base DF et je trouve que la première contient l'autre une fois et demi ou $\frac{3}{2}$. Je prends le côté ED et l'angle D pour second élément, comme je pourrais prendre le côté EF et l'angle F — et, après avoir mesuré cet angle D, j'abaisse, du sommet A, sur le prolongement de la base, BG, la ligne AG de manière que l'angle AGB soit égal à l'angle EDF. Et enfin je compare cette ligne abaissée avec sa correspondante ED; je trouve, par exemple, qu'elle en est les trois quarts, d'où il résulte que j'ai pour second facteur $\frac{3}{4}$; je multiplie $\frac{3}{2}$ par $\frac{3}{4}$ ce qui me donne $\frac{9}{8}$ pour le rapport du triangle ABC avec EDF. Le premier, étant les $\frac{9}{8}$ du second, le contient, plus un 8e à son profit.

Telle est l'application de la proposition à la comparaison de deux triangles quelconques. Mais si l'on prend une unité fixe de mesure basée sur l'unité de longueur, soit le mètre, il sera naturel de prendre, pour cette unité, un triangle isocèle dont les côtés égaux auront chacun un mètre; et on choisira, de plus, celui qu'on voudra quant à l'ouverture de l'angle adjacent à ces côtés. Mais alors la proposition générale se simplifiera dans son application, comme on va le comprendre.

Si, par exemple, je prends pour unité de mesure le triangle isocèle équilatéral, d'un mètre de côté, comme l'angle sera de 60 degrés, je n'aurai qu'à abaisser, du sommet de mon triangle à calculer, sur sa base ou son prolongement, dans une direction quelconque, une droite formant avec cette base un angle de 60 degrés, puis à multiplier la base par cette droite, après les avoir évaluées l'une et l'autre en mètres, puisque je sais que les deux côtés de mon triangle-unité à comparer avec ceux-ci sont d'un mètre chacun ; et le produit me dira le nombre de fois que le triangle-unité sera contenu dans celui dont je cherche la valeur en superficie, ou le contiendra s'il est plus petit.

Si je prends pour unité un triangle isocèle dont l'angle adjacent aux deux côtés égaux soit de 100 degrés, et ces deux côtés égaux d'un mètre chacun, je n'aurai qu'à abaisser, du sommet de mon triangle à mesurer, sur sa base, une droite qui forme avec cette base un angle de 100 degrés, puis à multiplier cette droite par la base ; et le produit me dira combien de fois mon triangle-unité est contenu dans l'autre, ou le contient.

Si je prends pour unité le triangle isocèle rectangle dont les deux côtés adjacents à l'angle droit sont d'un mètre, je n'aurai qu'à abaisser, du sommet sur la base du triangle dont je cherche la valeur, une droite qui forme, avec cette base, un angle droit, ou de 90 degrés, (c'est dans ce cas ce qu'on a nommé la hauteur); et le produit me dira combien de fois le triangle unité est contenu dans l'autre si cet autre est plus grand, ou le contient s'il est plus petit. — On comprend que, dans ce dernier cas, qui est un des cas particuliers de la proposition générale, on se rencontre avec la méthode ordinaire, avec cette différence que, comme, dans cette méthode, on prend pour unité de mesure, non pas le triangle isocèle rectangle, mais le carré qui est le double de ce triangle, il faudra, pour l'évaluation en carrés, diviser notre produit par 2.

Il est inutile d'ajouter qu'après que nous aurons établi notre principe général pour la mesure du triangle, il fournira le moyen de mesurer tout polygone, puisque tout polygone est réductible en triangles, et même le cercle, puisque c'est en le considérant comme composé d'une infinité de triangles isocèles qu'on parvient à établir sa mesure, et, par suite, les solides polyèdres et la sphère.

On doit maintenant comprendre notre énoncé ; il revient à celui-ci quand on l'approprie à une même unité de longueur : Toutes les fois qu'on multipliera la base d'un triangle par une droite quelconque abaissée du sommet sur cette base ou son prolongement, on obtiendra un produit qui dira le rapport de la surface du triangle avec un triangle isocèle dont les côtés égaux sont égaux à la mesure de longueur dont on fait usage, et dont l'angle adjacent à ces côtés est égal à celui qu'a formé la droite susdite avec la base ou son prolongement.

Voilà la vérité très-générale qu'il s'agit de démontrer directement sans passer par une trop longue filière géométrique.

Démonstration. — Commençons par énumérer plusieurs évidences intuitives.

1re *évidence.* — Deux figures telles qu'on puisse, en les appliquant l'une sur l'autre, les faire coïncider parfaitement, sont égales ; et *vice versa*.

2e *évidence.* — Deux lignes droites distinctes ne peuvent avoir qu'un point commun, et ce point ne peut être que celui de leur intersection.

3e *évidence.* — Deux quantités égales, semblables ou équivalentes à une troisième sont égales, semblables ou équivalentes entre elles.

4e *évidence.* — Si l'on applique l'un sur l'autre deux angles égaux, leurs côtés correspondants prennent la même direction ; et *vice versa*.

5e *évidence.* — Deux sommes sont égales ou équivalentes lorsqu'elles se composent d'un même nombre de parties égales ou équivalentes.

6e *évidence.* — Lorsqu'on retranche de deux sommes égales une quantité égale, les restes sont égaux.

7e *évidence.* — Lorsqu'on rend deux quantités égales un nombre égal de fois plus grandes ou plus petites, l'égalité reste entre les résultats.

8e *évidence.* — Une droite partage l'espace en deux parties égales.

Établissons maintenant quelques principes dont nous aurons besoin :

1er *principe.* — *Deux triangles sont égaux lorsqu'ils ont un côté égal adjacent à deux angles égaux chacun à chacun* :

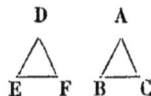

En effet, soit le côté BC égal au côté EF, l'angle B égal à l'angle E, et l'angle C égal à l'angle F ; si je porte BC sur son égal EF, le point B tombera en E et le point C en F, d'après la 1re évidence. Mais l'angle B étant égal à l'angle E, le côté BA prendra la direction de ED, et l'angle C étant égal à l'angle F le côté CA prendra la direction FD, d'après la 4e évidence ; donc le point A, qui appartient à la ligne BA, tombera sur quelque point de la ligne ED, et le même point, en tant qu'appartenant à la ligne CA, tombera sur quelque point de la ligne FD ; donc il tombera en même temps sur les deux lignes FD et ED ; donc il tombera sur le point D en vertu de la 2e évidence ; donc les deux triangles coïncideront dans tous leurs points ; donc ils seront égaux en vertu de la 1re évidence.

2e *principe.* — *Quand deux droites se coupent, les angles opposés au sommet sont égaux*.

En effet, la droite AB, prise seule, partage l'espace en deux parties égales (8e évidence) :

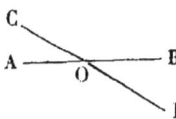

Donc AOC + COB = AOD + BOD.

La droite CD partage aussi l'espace en deux parties égales, d'où AOC + AOD = COB + BOD.

Additionnant, nous avons, d'après la 5° évidence, AOC + COB + AOC + AOD = AOD + BOD + COB + BOD.

Retranchant des deux sommes les quantités identiques qui s'y trouvent, nous avons (6° évidence) AOC + AOC = BOD + BOD, et, par conséquent, AOC = BOD, d'après la 7° évidence, puisque AOC n'est que AOC + AOC rendu plus petit de moitié, et de même pour BOD par rapport à BOD + BOD.

Même raisonnement pour les deux autres angles AOD, COB.

3° principe. — *Lorsque deux parallèles AB, CD sont coupées par une transversale EF, les angles correspondants, tels que* FHB, FGD *sont égaux, et par suite les angles alternes-internes tels que* AHE, DGF.

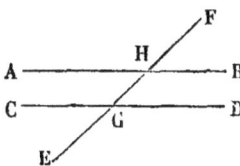

En effet, par la nature relative des parallèles, qu'on pourrait définir deux lignes telles que si elles s'approchent l'une de l'autre sans changer de direction, elles coïncideront dans leur longueur indéfinie, mon esprit voit qu'en laissant la ligne AB et la ligne EF immobiles, et faisant rouler l'autre, CD vers AB sans qu'elle change de direction, et, par conséquent, qu'elle perde rien de son parallélisme, elle portera, par son mouvement même, l'angle FGD sur FHB, et le fera coïncider avec lui, puisque les deux autres lignes n'auront pas varié, et qu'elle-même coïncidera avec AB. Donc ces deux angles sont égaux, puisque FGD, dans sa translation, n'a pas cessé d'être égal à lui-même, par l'hypothèse du maintien constant de la position de CD par rapport à EF.

Mais si les angles correspondants sont égaux, les alternes-internes le sont aussi ; car FGD = FHB, c'est ce qu'on vient de voir ; or AHE = FHB en vertu du 2° principe. Donc FGD = AHE, par suite de la 4° évidence.

4° principe. — *Lorsque deux parallèles sont coupées par deux autres parallèles, les parties coupées opposées sont égales entre elles.*

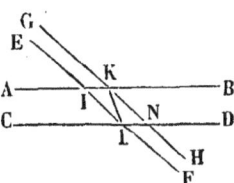

L'esprit voit encore cette vérité comme une déduction de la nature du parallélisme ; mais il est bon cependant de la prouver par les principes précédents. Tirons la ligne KL, nous aurons deux triangles égaux, IKL, NLK, par suite du 1" principe ; Le côté KL est commun, l'angle adjacent à ce côté LKI est égal à l'angle KLN (alternes-internes), de même l'autre angle adjacent KLI = l'angle NKL (alternes-internes); donc les deux triangles sont égaux; donc les côtés KI, LN, et KN, IL sont égaux chacun à chacun ; car il est évident que ce sont les côtés opposés aux angles égaux qui en sont égaux, les côtés étant nécessairement en proportion avec l'ouverture des angles qu'ils soutendent.

Déduisons maintenant notre théorème des évidences et des principes précédents.

Soit un triangle isocèle quelconque, c'est-à-dire un de ceux que peuvent former les deux branches d'un compas BA, BC

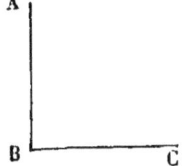

entre les deux extrêmes du compas complètement ouvert et du compas complètement fermé. Ces triangles sont possibles en nombre indéfini, mais se rapportent à l'une des trois espèces indiquées par la fig. suivante :

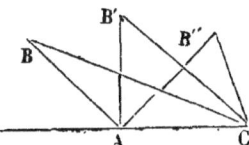

savoir ABC, dont l'angle A est plus grand que l'angle droit, AB'C, dont l'angle A est l'angle droit, et AB''C, dont l'angle A est plus petit que l'angle droit. Je prendrai, pour fixer les idées dans la démonstration présente, le triangle isocèle équilatéral dont l'angle adjacent aux deux côtés égaux est de 60 degrés, ainsi que les deux autres, et j'établirai la figure suivante, qui peut paraître compliquée au premier abord, mais qui deviendra claire quand on l'aura étudiée par parties ; elle implique en elle un monde géométrique dont nous ne ferons ressortir que quelques richesses.

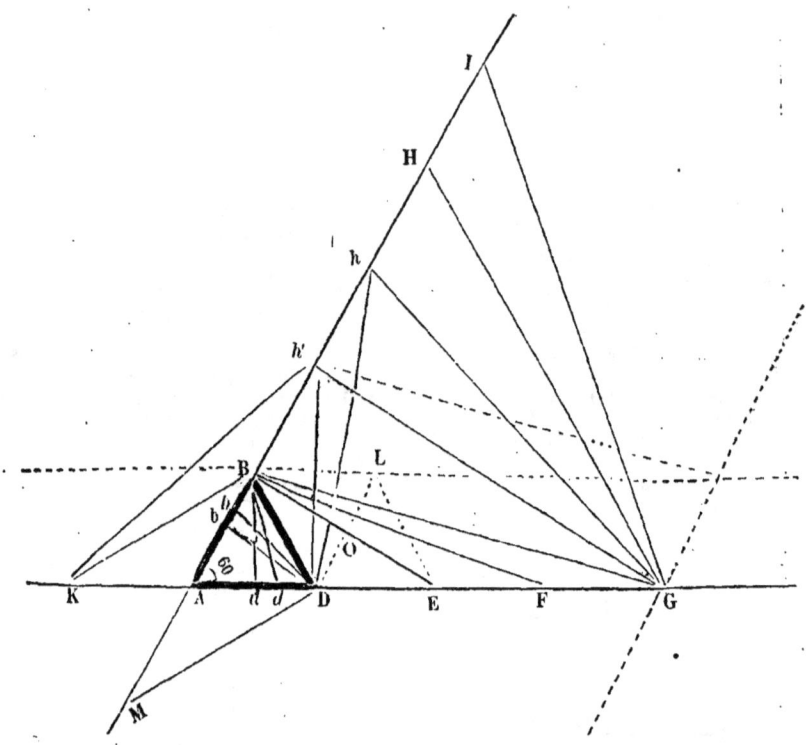

Mon triangle originel est ABD. L'angle type est A, et est de 60 degrés dans le cas choisi pour exemple. J'appellerai, pour la clarté, la ligne AD la base, et la ligne AB la hauteur; la hauteur est donc, dans ce cas-ci, la droite abaissée du sommet sur la base à angle de 60 degrés. Puis je raisonne comme il suit :

Construisant sur mon triangle ABD les triangles DBE, EBF, FBG, etc., en abaissant du sommet B les lignes BE, BF, BG, etc., sur le prolongement de la base AD, de manière que les divisions DE, EF, FG, etc., égalent AD; j'obtiens une infinité de triangles dont chacun est équivalent au triangle originel ABD. En effet, il est facile de le démontrer pour le triangle DBE; 1° DLE = ABD en vertu du premier principe ; car le côté DL égale le côté AB par suite du quatrième principe, le parallélisme existant par construction, et les angles adjacents à ce côté égal sont égaux chacun à chacun en vertu du troisième principe ; l'angle LDE et l'angle BAD s'égalent comme correspondants ; l'angle DLE et l'angle BDL s'égalent comme alternes-internes ; ce dernier BDL et l'angle ABD s'égalent encore comme alternes-internes ; donc, en vertu de la troisième évidence, DLE = ABD. — 2° LOE = BOD encore en vertu du premier principe ; car le côté LE = BD par suite du parallélisme établi par construction ; l'angle OLE = l'angle ODB (alternes-internes) et l'angle OEL = l'angle OBD (même raison). — 3° Donc DOE + BOD (ou le triangle DBE) est équivalent à DOE + LOE (ou au triangle DLE), puisqu'on vient de dire que BOD et LOE s'égalent (cinquième évidence). — 4° Donc DBE est équivalent au triangle ABD, puisqu'il a été prouvé que celui-ci est égal, et *a fortiori* équivalent, à DLE, (troisième évidence).

Il ne serait pas plus difficile de démontrer l'équivalence de tous les autres triangles, EBF, FBG, etc., avec le même triangle originel ; car la même méthode, c'est-à-dire la construction de parallèles, servirait pour prouver l'équivalence des deux triangles adjacents DBE, EBF, puis des deux triangles adjacents EBF, FBG, et ainsi de suite à l'infini ; d'où l'on conclurait l'équivalence de chacun d'eux avec le premier ABD, en vertu de la troisième évidence.

Il en serait de même de la série de triangles formés dans les mêmes conditions vers la gauche, en bas, ou en haut, puisque la construction des parallèles se ferait aussi facilement et dans des conditions semblables.

Que suit-il déjà de cette démonstration? Que tous les triangles que je formerai ainsi sur ABD, en ayant soin que leurs bases soient égales à AD, auront la même mesure que ABD lui-même; mais, comme nous l'avons supposé être l'unité de mesure, cela revient à dire que la surface de chacun d'eux contiendra une fois la sienne. S'il n'était pas l'unité de mesure, ce qu'on peut très bien supposer, s'il était plus grand ou plus petit, il resterait démontré que la valeur de chacun des autres, en superficie, serait dans le même rapport que la sienne avec l'unité de mesure plus grande ou plus petite que lui-même.

Continuons.

Nous avons démontré l'équivalence de tous les triangles construits sur ABD, et ayant pour hauteur commune sa propre hauteur AB, et pour bases, des longueurs égales à sa base AD; mais considérons maintenant tous les autres triangles que l'on peut faire avec des bases plus grandes ou plus petites, la hauteur restant invariable. Prenons, pour fixer les idées, le grand triangle ABG; ne pouvons-nous pas calculer son rapport avec le triangle type?

Il renferme quatre triangles équivalents entre eux et au triangle ABD qui en fait partie; donc il renferme quatre fois ABD; nous voyons en même temps que c'est le nombre de fois que la base AD est répétée qui dit le nombre de fois que le grand triangle renferme l'unité de mesure; nous voyons aussi que, quelle que fût la répétition de cette base, il en serait toujours de même, parce que l'autre élément, qui est la hauteur, restant invariable, c'est la multiplication seule de la base qui multiplie les triangles équivalents; nous voyons encore que, si l'on prenait des bases plus petites que AB, en conservant toujours la même hauteur, telle que A d, qui est les trois quarts de AD, telle que A d', qui en est la moitié; c'est encore la fraction exprimant la base qui dirait le rapport en moins des triangles plus petits, puisque c'est le seul élément qui ait varié : l'arithmétique nous dit, dans ce cas comme dans le précédent, de multiplier par la variable, et comme l'invariable est 1 dans notre hypothèse, nous avons dans le premier cas $1 \times 2, 3, 4$, etc., et dans le dernier $1 \times \frac{1}{4}, \frac{1}{3}, \frac{1}{2}, \frac{1}{3}$, etc. ce qui donne pour produit la diminution demandée. Nous voyons encore que, si l'on prenait des bases plus grandes que AB, mais dans un rapport quelconque, et fractionnaire, avec elle, comme $4 \frac{1}{4}, 3 \frac{1}{3}, 7 \frac{1}{10}$, etc., ce serait encore le nombre exprimant le rapport de la base qui dirait le rapport du triangle tout entier avec ABD, toujours par la même raison que c'est la seule cause qui ait entamé l'équivalence, l'autre élément n'ayant pas varié, et le grand principe de l'impossibilité d'un effet sans cause, quelque minime qu'il soit, lequel implique celui de la proportionnalité de l'effet à la cause et de la cause à l'effet, étant perçu clairement par l'esprit, comme ne pouvant souffrir aucune exception.

Mais cela posé, construisons notre figure dans le sens inverse, en faisant varier la hauteur et laissant la base invariable comme l'indiquent les lignes D h', D h, etc., pour le plus, et les lignes D b, D b', pour le moins; ce que nous avons dit de la première construction sera vrai de celle-ci, puisqu'il n'y a eu d'autre changement réel que la substitution du mot base à celui de hauteur; la ligne AB pouvant aussi bien être considérée comme base, et la ligne AD comme hauteur.

De là résulte le droit de poser le principe général suivant :

Deux triangles de même hauteur sont entre eux comme leurs bases, et deux triangles de même base sont entre eux comme leurs hauteurs. (On sait ce que nous entendons par hauteur.)

Ce principe est démontré par la figure pour tous les cas possibles; car elle implique, dans chacun de ses sens, tous les triangles imaginables. Dans le sens ABD, elle épuise l'espace pour donner aux angles B toutes les grandeurs depuis celle du plus aigu, projetant ses côtés vers d', jusqu'au plus obtus, rapprochant les siens autant que possible de la parallèle BL, sans tomber dans la ligne droite; elle épuise aussi toutes les grandeurs possibles de l'angle A se modifiant dans les triangles engendrés; à droite de la perpendiculaire B d', cet angle s'obtuse indéfiniment; à la gauche, il devient de plus en plus aigu; c'est l'inverse pour l'angle D. Quant aux côtés, ils prennent aussi entre eux toutes les grandeurs relatives compatibles avec l'essence du triangle, depuis l'équilatéralité, qui est représentée dans l'exemple par le triangle original, et qui le serait dans un autre exemple, par un des autres triangles, jusqu'à toutes les variations de la scalénéité, sans oublier celles de l'isocéléité; tous les triangles scalènes se forment de chaque côté de la ligne B d', pris seul; et tous les triangles isocèles se forment, comme le triangle KBE, des deux côtés pris ensemble. Mêmes raisonnements sur le sens ADB, AB étant alors considéré comme base. Quant au sens DAB, c'est l'angle type; il pourrait être de toutes les grandeurs, puisqu'il suffirait, pour les lui donner toutes, de construire la figure successivement sur chacun des triangles isocèles que fournit le compas en s'ouvrant et se fermant, comme nous l'avons dit; il est évident que, quelque ouvert ou quelque fermé que fût cet angle, on n'en pourrait pas moins tirer des droites, des angles B ou D, sur le côté opposé ou ses prolongements; mais dans ces changements de l'angle A, l'unité de mesure changerait elle-même chaque fois.

Jusqu'alors nous n'avons parlé que des variations de la base, la hauteur restant la même, et des variations de la hauteur, la base restant la même; qu'arrivera-t-il si nous faisons varier les deux éléments à la fois? La même figure va nous le dire.

Après avoir construit, sur ABD, la série des triangles équivalents DBE, EBF, etc., construisons, d'après le même principe, en prenant pour triangle original ABG, par exemple, la série des triangles plus grands BGh'; h'Gh, hGH, HGI, etc., sur des divisions du prolongement de la hauteur AB, égales à AB. Nous démontrerons, par la même méthode des parallèles, ainsi que l'indique la figure, que tous ces triangles sont équivalents entre eux et au triangle ABG, d'où nous conclurons que chacun d'eux contiendra autant de petits triangles équivalents à ABD, qu'en contient ABG lui-même, soit 4 dans le cas pris pour exemple, c'est-à-dire autant que le dit la longueur de la ligne AG, comparée à AD.

Mais prenons maintenant le grand triangle AIG ; il renferme, par construction, autant de triangles équivalents à ABG que la hauteur AB a été de fois répétée, soit 5 dans le cas présent. Donc il renfermera autant de fois ce que renferme de petits triangles équivalents à ABD son original ABG, que le dira le rapport de la hauteur AI, avec la hauteur AB. Ce sera, dans l'exemple, 5 fois 4, ou 4×5.

Nous raisonnerons de même pour tous les autres triangles, tels que BGH, h'GH, etc.

Nous raisonnerons de même pour toutes les divisions fractionnaires, comme nous l'avons fait dans le cas précédent; la même cause produit toujours son même effet proportionnel.

Nous voilà donc arrivés à voir clairement que, si les deux éléments, base et hauteur, varient à la fois, le résultat de leur double variation sur la surface est exprimé par le produit des deux nombres exprimant leurs variations mêmes.

Nous tirons de là le principe suivant :
Les surfaces de deux triangles sont entre elles comme les produits de leur base par leur hauteur.

Ainsi, le triangle-unité ABD, est au grand triangle AIG, comme 1×1 ou 1, produit de sa base par sa hauteur, est à 4×5, produit de la base par la hauteur du grand.

Ainsi encore Ah'G sera à h'GI, comme 2×4, est à 4×3.

Et ainsi de tous les triangles imaginables, puisque, les lignes AG, AI, étant indéfinies et tous les points de ces lignes étant à notre disposition pour en faire partir des lignes qui déterminent des triangles, nous épuiserons l'espace pour former des triangles de toute forme et de toute grandeur, qui, appartenant tous à notre construction, seront assujettis aux mêmes démonstrations.

Mais notre proposition générale est établie, et la démonstration de son absolue vérité est dans la figure.

Car, la hauteur dont il est question n'est autre que la ligne abaissée du sommet de l'un des triangles à comparer sur la base ou son prolongement, de manière à former, avec cette base ou son prolongement, un angle égal à l'angle correspondant de l'autre triangle ; soient à comparer les triangles ABE avec Dh'G : il faut que je multiplie le rapport des bases AE, DG, par le rapport des hauteurs AB, Ah'; c'est le résultat de la démonstration; mais qu'est-ce que la hauteur Ah' du second triangle, sinon la ligne abaissée de son sommet sur un prolongement de sa base, de manière à former, avec ce prolongement, un angle égal à celui que forme l'autre hauteur AB avec l'autre base AE, ici un angle de 60 degrés. Cet angle peut être, au reste, de toutes les grandeurs, puisque nous pouvons ouvrir ou fermer à volonté, par concept, l'angle BAD, sans que la même construction ne soit possible.

Au reste, si l'esprit du lecteur s'est perdu dans notre série géométrique, il devra suivre le résumé suivant, qui remonte en sens inverse la route parcourue, et dont l'ordre pourrait être appliqué à la démonstration

Il n'y a pas de triangle dans lequel on ne puisse prendre arbitrairement un angle pour sommet, et, pour base, le côté opposé.

Il n'y en a pas dans lequel on ne puisse abaisser, du sommet sur la base ou son prolongement, une droite formant, avec cette base ou ce prolongement, un angle donné, soit de 90 degrés, soit obtus de toutes les grandeurs, soit aigu de toutes les grandeurs.

Or, abaisser cette ligne, c'est commencer à construire notre figure en suivant le triangle proposé, en remontant de ce triangle au triangle original qu'il plaît de lui donner.

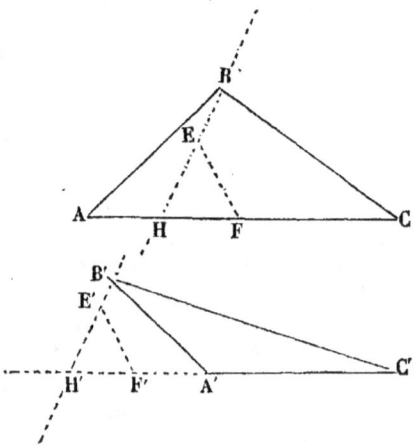

Ces deux figures le montrent sans raisonnement. Les hauteurs à angles de 60 degrés par hypothèse, HB, H'B', ne sont que le commencement de la ligne indéfinie AB de la grande figure.

Pour la simplicité, prenons, pour triangle original et unité de mesure, le triangle isocèle dont les côtés égaux sont d'un mètre ; il nous servira de terme moyen pour comparer entre eux les triangles donnés, au lieu de les comparer directement.

Cela posé, on peut toujours, après avoir abaissé la ligne susdite à angle quelconque, sur la base ou son prolongement (nous appelons cette ligne abaissée la hauteur), former dans l'angle, le triangle isocèle original ; l'angle existant déjà, il suffit de déterminer les côtés égaux d'un mètre chacun, par la ligne EF, E'F', qui donnera un triangle soit enveloppé soit enveloppant, en tout ou en partie.

Mais, cela fait, le triangle à mesurer sur lequel on a opéré comme nous venons de le dire, est un de ceux que comporte notre construction, puisque son sommet appartient à l'un des points de la ligne HB, H'B', et que sa base fait partie du prolongement de la base du triangle originel et unité de mesure, seules conditions d'admission à la figure démonstrative. Donc il est assujetti aux propriétés qui conviennent, d'après nos raisonnements, à tous les triangles de cette figure; donc le rapport de la base AC, A'C' avec celle du triangle unité HF, H'F', multiplié par le rapport de sa hauteur HB, H'B' avec la hauteur du triangle unité, HE, H'E', donnera le rapport de sa surface avec celle du triangle unité.

Dès que le rapport avec le triangle unité est connu, il suffit d'opérer de même sur l'autre triangle si l'on en avait deux à comparer, et, le rapport de ce dernier avec le triangle unité étant aussi connu, il suffit de comparer les deux rapports pour avoir celui des deux triangles; que l'un contienne 10 fois le triangle unité, que l'autre le contienne 5 fois, il est évident qu'ils seront entre eux, comme 10 est à 5.

On pourrait encore procéder comme il suit, pour prouver que tous les triangles possibles sont, avec le triangle isocèle d'un angle type quelconque pris pour unité, comme l'exprime le produit du rapport de leur base avec sa base, par le rapport de leur hauteur avec sa hauteur.

Soit un angle quelconque à côtés indéfinis ABC, AB'C, etc.,

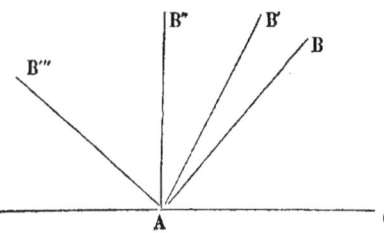

on peut toujours prendre un triangle quel qu'il soit, et appliquer un de ses côtés qu'on appellera sa base, sur la ligne AC. Puis le faire glisser sur cette ligne, ou son prolongement, jusqu'à ce que le sommet rencontre l'autre côté de l'angle, soit AB, soit AB', soit AB", etc.

Or cela fait, quel que soit le triangle, il sera assujetti à notre construction et tout triangle isocèle pris dans l'angle BAC, B'AC, etc., lui servira de mesure comme nous l'avons prouvé. C'est le triangle, dans cette manière de considérer la chose, qui vient lui-même se mesurer à son étalon tout construit. On pourrait même établir un étalon de ce genre avec une échelle qui dirait immédiatement la valeur des triangles en triangles isocèles d'un mètre de côté, d'une ouverture donnée quant à l'angle type.

Tout autre triangle que l'isocèle peut aussi lui servir de mesure, puisque celui qu'on voudra faire sur l'angle donné entrera aussi dans la construction, et qu'ainsi il sera assujetti à la règle du rapport de tout triangle avec tout autre de la même figure; mais il est plus simple de tout rapporter aux types uniformes des triangles isocèles ayant un mètre de côté.

Quant au choix entre ces triangles isocèles, celui dont l'angle est droit, ou le rectangle, se rapporte à la manière ordinaire de mesurer et paraît mieux convenir, vu qu'il y a plus d'angles droits dans les choses à mesurer que d'autres angles, et qu'on se représente plus facilement les égalités et les similitudes que les équivalences sous variation de formes.

Nous venons de traîner le lecteur le long d'une série géométrique qui lui donnera l'idée des jeux infinis de l'évidence dans les lignes, les surfaces et les solides. Quoi qu'il en soit de la substance qui supporte ces êtres, leur réalité et leur relation n'en sont pas moins l'objet de certitudes absolues qu'il faut être fou pour révoquer en doute, quand on les comprend. Et ce qui ajoute encore, pour ainsi parler, à cet absolu du certain mathématique, c'est l'harmonie parfaite et constante qui s'établit, à mesure que le progrès se fait, entre les premières découvertes et toutes celles qui les suivent. Pythagore invente, 600 ans avant Jésus-Christ, le théorème du carré de l'hypoténuse avec sa démonstration; que de complications trouvées depuis, relatives à cette vérité, en géométrie, en algèbre et dans les combinaisons de l'une et de l'autre! Cependant tout s'accorde avec elle, tout concourt, et tout concourra éternellement à l'établir encore; les vérités arrivent des extrémités opposées de l'univers et s'embrassent dans la plus parfaite unité. Pythagore, après avoir trouvé le théorème du carré de l'hypoténuse, put dire avec l'infaillible assurance de Dieu même : cela est, et jamais intelligence ne découvrira vérité, ni multitude de vérités qui se trouvent en antithèse avec celle-là, parce qu'il n'en existe pas de la sorte, et qu'on ne découvre point ce qui n'est pas. Parlant ainsi au sein de sa claire vue du théorème isolément pris, il prophétisait l'harmonie future avec la même certitude que nous autres la voyons dans son horizon découvert.

Or Descartes parla de même, dans son exposé philosophique, à l'égard des principes qu'il voyait clairement et de leurs déductions évidentes, lui, le mathématicien par excellence, l'homme prudent et sur ses gardes, qui avait consacré son génie et sa vie entière à faire le triage du certain et du douteux. C'est que la seule différence entre les déductions de la géométrie et celles de la théologie religieuse, lorsqu'elle dit : *Je suis ; donc Dieu est ; donc,* etc., consiste en ce que la langue et la logique de cette dernière sont plus simples et plus à la portée de tous les esprits, différence qui est grandement à son avantage. On vante l'évidence des mathématiques, et on a raison ; mais c'est une évidence que peu d'yeux sont capables d'apercevoir, à cause de la longueur des enchaînements ; tandis que la théologie ne présente que des déductions rapprochées de leur principe, et que, par là même, presque tous les esprits peuvent saisir.

Au reste, l'union, dans une même tête, de la logique des mathématiques et de celle de la philosophie religieuse est quelque chose de sublime qui enfante des merveilles. Descartes est l'Alexandre de la certitude philosophique, et il fut, en même temps, le plus grand mathématicien qui eût existé, jusqu'à lui, si ce n'est le plus grand de tous, car Leibnitz et Newton ne sont allés si loin qu'en poursuivant dans les voies qu'il avait ouvertes. Aurait-il pu être l'un sans être l'autre? nous n'en savons rien; mais ce que nous concevons à merveille, c'est qu'un génie à la vue si limpide, dut, à mesure que les lumineuses déductions de la géométrie se montraient à ses regards, et le béatifiaient de certitude, tirer cette conclusion simple : Pourrai-je douter, en toute autre matière, chaque fois que je percevrai l'axiome et sa déduction avec la même distinction et la même clarté? Non, car si cela m'était possible, il me faudrait douter de ces évidences mathématiques elles-mêmes ; j'affirmerai donc, sans crainte de me tromper, les évidences philosophiques en qualité de géomètre et les évidences géométriques en qualité de philosophe.

Nous voulions encore interroger l'algèbre; mais, ayant été long dans la dernière digression, nous la consulterons sur d'autres questions.

II. — *Les mathématiques réfutent l'athéisme.*

Comme le *certitudinisme*, prenant le nom de son plus grand théoricien dans l'histoire de la philosophie humaine, peut s'appeler le *cartésianisme*, de même le *théisme* peut être appelé le *platonisme*. Or le platonisme consiste en trois points : 1° Constater, dans l'homme, l'idée claire et affirmative de l'absolu, au moins comme mode, sous tous les rapports, mais principalement sous ceux de causalité et de perfection ; 2° déduire du fait de cette idée la nécessité de l'absolu en soi à titre d'objet et à titre de cause ; 3° de cette certitude de l'absolu en soi, déduire Dieu, en montrant que l'absolu-mode ne peut être sans une substance absolue qui le supporte, et qui, par l'hypothèse même, ayant le mode absolu, et rejetant toute négation, est précisément l'Etre indépendant sous tout rapport que l'homme appelle Dieu. Nous développons aux mots ONTOLOGIE et ATHÉISME ces trois degrés de la démonstration platonique dans l'état de perfection où elle nous apparaît, après avoir passé par les cribles des Plotin, des Augustin, des Anselme, des Thomas d'Aquin, des Descartes, des Leibnitz, des Malebranche, des Fénelon, des Bossuet, de tous les génies de la grande école. Mais il est un de ces degrés que les mathématiques ont reçu mission particulière de prendre sous leur garde. C'est le premier ; et nous allons essayer de le faire comprendre. L'importance d'un tel rôle est capitale; car il consiste à poser la pierre angulaire du théisme, et la seule qui puisse servir à une construction inattaquable. L'athéisme l'a toutoujours senti, et s'est, en général, retranché dans la négation de l'idée de l'absolu, tantôt en cherchant à la réduire à une pure négation du relatif, tantôt en essayant de donner le change à l'esprit en ce qui la concerne, par la confusion de la voie pratique, toute baconnienne, qui le mène souvent à cette idée, avec cette idée elle-même, ce qui revient à la détruire et à en faire encore une négation en substituant la route au but, et enlevant, par là, à ce but le besoin d'une objectivité et d'une causalité en proportion avec lui. En un mot, tous les efforts de l'athéisme se sont tournés contre la réalité de l'absolu et l'idée que nous en avons. Un seul homme dans notre siècle, suivi en philosophie (il en est autrement de l'économie sociale), de quelques rares disciples, nous paraît survivre au grand naufrage de l'athéisme et être véritablement athée : c'est Proudhon; nous avons eu occasion de l'attaquer un jour sur ce point; il a, de prime abord, nié l'absolu et l'idée de l'absolu ; lui ayant fait observer qu'il était cependant évidemment absurde d'admettre un soutenu sans soutenant, il répondit avec une audace qui ne prouvait que l'absence complète de philosophie et de vraie logique fondamentale, que nous n'avons l'idée que de soutenus qui se soutiennent les uns les autres, qu'il n'y a pas autre chose, et nous ne pûmes le faire sortir de cette proposition qui choque le bon sens et toutes les idées humaines, en ce qu'elle nie la vertu radicale d'être dans l'ensemble des soutenus, et, par suite, les nie en les affirmant. Mais venons aux mathématiques.

L'arithmétique nous fournit l'idée claire, distincte et jouissant de toutes les conditions de certitude, de l'absolu. Elle nous la fournit dans sa base qui est l'unité, et dans chacune de ses lois de combinaisons des nombres.

L'unité abstraite est l'absolu lui-même, qui ne dépend de rien et de qui tout dépend. L'idée d'*un* a pour objet un être général intelligible que l'esprit voit clairement ne dépendre d'aucun autre. Cet être est perçu, essentiel, nécessaire, indispensable à tout ce qui n'est pas lui. Il tient le milieu entre deux séries indéfinies dont il est le point de départ ; la série des nombres entiers, qui ne sont que lui-même ajouté indéfiniment à lui-même, et la série des nombres fractionnaires, qui sont encore lui-même ajouté à lui-même, pour exprimer les jeux de l'esprit le partageant de mille et mille manières. Sans l'unité, il est aussi impossible de faire deux que de faire quelque chose avec un rien permanent ; sans l'unité il est aussi impossible de concevoir un demi que d'imaginer l'être dans ce qui n'est pas. L'idée de deux suppose celle de *un* de toute nécessité; l'idée de un demi la suppose également. Multiplier sans l'unité, c'est agir sans objet d'action, agir sans agir ; il en est de même de diviser sans diviser *un*. L'unité est l'élément essentiel à toute opération d'arithmétique, l'élément sans lequel l'arithmétique est impossible, et, par conséquent, auquel tout est relatif en matière de nombre. Cet élément, de son côté, n'est relatif à aucun autre, non pas en ce sens qu'il n'engendre pas des relations, mais en ce sens qu'il n'est point engendré pour être. Il y a cette différence, entre le nombre et l'unité, que l'unité est sans être engendrée ni par le nombre entier ni par la fraction, et que le nombre, entier ou fraction, est nécessairement engendré par l'unité. Cet élément rayonne autour de lui-même, des multiplications et des divisions, des combinaisons sans terme, et n'est rayonné par rien. Il enfante des mondes, et n'est point enfanté; il est créateur d'une fécondité infinie, et n'a pas d'autre créateur que lui-même. Cela est si vrai, qu'il est impossible à l'arithmétique d'imaginer un langage qui exprime le nombre ou la fraction sans poser antécédemment l'idée d'*un*. Un dixième est un dixième d'*un*; dix est dix fois *un*. L'unité se conçoit seule: il n'y a pas contradiction à penser *un* sans penser deux ni un demi, tandis qu'il y aurait contradiction à penser deux et un demi sans penser *un*. Voilà ce que l'esprit voit clairement, et ce que l'arithmétique répétera, pendant les siècles des siècles, aux intelligences qui l'interrogeront. Elle leur dira que, non-seulement elle ne trouve pas de terme duquel l'unité dépende, pendant qu'elle trouve tous les autres dépendants d'elle; mais qu'elle voit clairement, comme résultat de la nécessité des essences, que tout terme, en fait de numération, est relatif par rapport à *un*, tandis que *un* est le terme absolu. Et la philosophie, s'emparant de ses aveux, ajoutera que, cet *un* absolu ne pouvant être pensé de la sorte qu'à la condition d'être, et devant, pour être, reposer sur un soutien éternel comme lui, il faut un principe se soutenant lui-même et se concrétant en lui-même, de qui dépendent les nombres concrets, comme les nombres abstraits dépendent de l'unité abstraite, et que, quelque nom qu'on donne à ce principe, on ne saurait lui en imaginer d'assez sublime.

Il en est de même des lois de combinaison des nombres. Dans l'exemple que nous avons cité, il y a une loi établie et clairement vue après la démonstration, laquelle consiste à exiger, sans qu'il puisse y avoir exception au grand jamais, que le résultat soit le même dans quelque ordre qu'on multiplie les facteurs; or cette loi est un absolu clairement saisi par la pensée, et il en est de même de toutes les règles de l'arithmétique, quelles qu'elles soient, en nombre et en complication, pourvu qu'elles soient réelles; car l'homme aura beau en imaginer, il n'épuisera jamais leur multitude, qui, dans l'intelligence infinie, est une vue abstraite d'une simplicité lumineuse, et donnant lieu à des séries de concrétions sans terme. Mais c'est l'algèbre qui va bientôt demander la parole pour nous éclairer sur l'absolu de ces lois

La géométrie nous montre dans l'espace ce que l'arithmétique nous a montré dans le nombre; l'absolu à sa base, dans ses lois, l'absolu.

L'absolu à sa base est le *point*, qu'elle est obligée de concevoir indivisible, et qui, ainsi conçu, ne diffère pas de l'immensité. Comment assigner un milieu et des côtés à ce qui n'admet rien de plus petit que soi-même? Comment en assigner à ce qui n'admet pas la conception de quelque chose au delà? Si, dans l'arithmétique, on imaginait le nombre infini, on n'imaginerait que l'unité elle-même, si l'on n'imaginait pas une contradiction. Nombre infini et unité sont une seule et même chose; espace infini et point indivisible sont une seule et même chose. Voilà cependant ce que la géométrie, aussi spiritualiste pour le fond qu'elle est matérialiste en apparence, est obligée de concevoir, le point indivisible ou l'essence en soi et incommensurable. Or ce point est l'absolu de la géométrie, comme l'unité est l'absolu de l'arithmétique. Entre ces deux manières d'être conçu, comme point ou comme immensité, s'étend la série indéfinie des dilatations et des contractions, c'est-à-dire des figures, toutes relatives, dépendantes, ayant pour seule condition d'être dans le point enveloppé et enveloppant tout ensemble, et n'étant jamais essentielles à sa génération. Impossible de concevoir une ligne, une surface, un solide, sans que le point serve à les composer, et sans que l'espace les enveloppe. L'espace immense est l'unité qui embrasse toutes les figures, lesquelles présentent la série indéfinie des fractions; le point indivisible est l'unité dont la répétition intelligible forme la série indéfinie des mêmes figures, des lignes, des surfaces et des corps. De quelle figure, dites-le donc, dépend le point et dépend l'espace? Quelle figure, dites-le encore, n'est pas dépendante du point et de l'espace? L'idée du point et de l'espace peut s'éveiller dans l'âme par la considération de la figure; celle-ci peut servir de voie pour aller jusqu'à elle; mais, quand l'esprit l'a saisie, ne présente-t-elle pas son objet comme l'absolu indépendant, de qui tout dépend, avec la clarté la plus éblouissante? Revoyons la figure multiple que nous avons tracée impliquant tous les triangles; ne pouvons-nous pas la multiplier et la dilater dans l'espace, sans que l'espace cesse jamais de la contenir, et sans qu'il en soit plus absorbé qu'au commencement? N'existe-t-elle pas aussi à ses dépens? Ôtez l'idée d'espace, l'idée de cette figure n'est-elle pas dévorée? Ne pouvons-nous pas aussi la contracter, par la pensée, dans le point d'intersection qui forme l'angle type; et enlevez-lui ce point, que devient-elle, sinon une négation pure? Cette figure est le relatif; le point ou l'espace qui lui donne l'être, voilà l'absolu de la géométrie. Vous concevez le point, vous concevez l'espace sans la figure; de quelle nécessité est-elle donc à ces deux êtres qui n'en sont qu'un, et qui ne diffèrent que par la relation où nous portons la vue? Mais vous ne concevez pas la figure sans l'espace et le point.

Chaque loi géométrique est encore l'absolu; déjà l'esprit le conçoit sans en pouvoir douter à la démonstration de tout théorème, tels que ceux que nous avons établis pour exemple. Il voit que la démonstration est applicable aux infinités d'infinités de cas semblables, et il affirme la propriété avec autant de certitude des milliers de cas qu'il ignore, que de celui qu'il a pris pour point d'application. Mais c'est l'algèbre surtout qui élève, à l'infini, l'esprit humain dans cette voie.

L'algèbre dégage la loi de ses applications particulières ; elle fixe l'âme sur l'abstrait et la fait embrasser l'*omnia* des possibles, en la débarrassant de toute concrétion. C'est le phénomène, éblouissant de beauté philosophique, que présente cette science avec d'autant plus d'étendue et de grandeur qu'elle s'élève à de plus hautes abstractions et étend son empire. Dans son état présent de perfection, elle offre trois degrés ; l'arithmétique algébrique ou analytique, dont les premières irradiations partent de Diophante, philosophe mathématicien d'Alexandrie ; la géométrie algébrique ou analytique, dont le philosophe Descartes est le créateur ; et enfin le calcul différentiel, dont les philosophes Newton et Leibnitz, mais principalement ce dernier, sont les pères. Or, elle constate l'absolu en le dégageant du relatif, avec plus de puissance encore dans le second degré que dans le premier, et dans le troisième que dans le second. Nous ne pouvons pas entrer dans de longues considérations à cet égard ; mais il faut bien cependant que nous donnions au lecteur une idée claire de ce que nous avançons ; et nous essayerons de le faire en choisissant pour exemple ce que l'algèbre présente de plus élémentaire et de plus simple.

Soit posée la question suivante d'arithmétique : 100 est la somme de deux nombres inconnus, 20 est leur différence. Quels sont ces deux nombres ? L'algèbre répond comme il suit :

Représentons par a la somme donnée 100.
Représentons par b la différence donnée 20.
Représentons par x le plus grand des nombres cherchés et l'autre par y ; puis procédons comme il suit.

D'après la question même nous avons les égalités ou équations suivantes.

$a = x + y$, puisqu'il est la somme de x et de y.

$b = x - y$, puisqu'il est leur différence.

Additionnons les deux valeurs de a et de b ; nous avons

$$(x + y) + (x - y.)$$

Mais dans cette addition les deux termes $+ y$ et $- y$ se détruisent ; ajouter y pour le retrancher ensuite, revient à n'en pas tenir compte. Donc il reste seulement $x + x$ ou $2x$, d'où nous avons l'équation suivante, en reprenant les deux premières expressions primitives a et b : $a + b = 2x$.

Retranchons maintenant $x - y$, valeur de b, de $x + y$ valeur de a, afin d'avoir une expression équivalente à $a - b$. Figurant la soustraction, nous obtenons : $(x + y) - (x - y)$.

Mais ici, nous observons que retrancher $x - y$ c'est retrancher moins que de retrancher x. Combien de moins ? y. Mais que comme x était posé d'abord affirmativement, avec $+ y$, ou augmenté d'y, il s'ensuit que la soustraction de x détruit sa première adjonction, mais à condition qu'on laissera le second y avec le premier. Cela revient à dire que x ou $+ x$ est détruit par $- x$, et que ce — qui tombe aussi sur y n'y tombe que pour le conserver, vu qu'il est précédé d'un autre —, et que la négation d'une négation revient à une affirmation. Nous avons donc pour résultat réduit : $y + y$ ou $2y$; d'où l'équation suivante : $a - b = 2y$.

Mais si nous avons ces deux équations, ne pouvons-nous pas maintenant obtenir celles de x et de y sans leur multiplicateur ou coefficient 2 ? il suffit pour cela de les dégager de ce coefficient.

Or, si $a + b = 2x$, $\dfrac{a+b}{2}$ égalera x tout seul ; car enlever au nombre $2x$ son multiplicateur 2, c'est le diviser par 2, ou le rendre deux fois plus petit ; et il est évident qu'en rendant à la fois les deux membres le même nombre de fois plus petits, leur égalité ne changera pas.

Nous avons donc ;

$$x = \frac{a+b}{2} \text{ ou } \tfrac{1}{2}(a+b) \text{ ou encore, } \tfrac{1}{2}a + \tfrac{1}{2}b.$$

Même raisonnement sur $2y$ de l'autre équation. D'où nous avons ;

$$y = \frac{a-b}{2} \text{ ou } \tfrac{1}{2}(a-b) \text{ ou enfin, } \tfrac{1}{2}a - \tfrac{1}{2}b.$$

Mais retournons à notre hypothèse. x et y représentent les nombres demandés. a représente la somme donnée 100 ; b représente la différence donnée 20.

Donc $x = \tfrac{1}{2}\,100 + \tfrac{1}{2}\,20$, ou $50 + 10$, ou 60,
et $y = \tfrac{1}{2}\,100 - \tfrac{1}{2}\,20$, ou $50 - 10$, ou 40.

Or, à présent que la question est résolue, faisons nos réflexions philosophiques.

Rien ne nous oblige à entendre par nos lettres a, b, les nombres 100 et 20 plus que tous autres nombres ; il est évident qu'elles représenteront en soi, tous les nombres qu'on voudra, et, par suite, que nos deux dernières équations, appelées formules :

$$x = \tfrac{1}{2}a + \tfrac{1}{2}b, \quad y = \tfrac{1}{2}a - \tfrac{1}{2}b$$

résultats certains de nos deux premières équations :

$$x + y = a, \quad x - y = b,$$

nous donnent, en une fois, la solution de toutes les questions possibles, semblables à celle qu'on nous avait posée, en nous indiquant, une fois pour toutes, les opérations d'arithmétique à faire pour les résoudre.

De ces formules résultent ces deux lois générales : *La demi-somme, plus la demi-différence de deux nombres, est égale au plus grand de ces nombres.*

La demi-somme, moins la demi-différence de deux nombres, est égale au plus petit de ces nombres.

Ces deux lois sont écrites dans la formule même. Or, qui en montrera jamais l'absolu avec plus d'évidence que cette formule ? elle est exprimée dans un langage qui ne détermine aucun nombre, et qui les signifie tous à la fois; elle prévoit l'*omnia* des semblables et en résout toutes les questions dans son laconisme; elle dit, enfin, la loi dans son entité la plus universelle et la plus abstraite. L'algèbre est la parole de l'absolu, et elle serait aussi impossible, s'il n'était pas, que l'idée s'il n'y avait pas d'être, que le mot s'il n'y avait pas d'idées.

La géométrie analytique nous fournit, dans chacune de ses équations et de ses formules, les mêmes renseignements philosophiques; prenons la plus simple, celle qui implique en substance cette méthode lumineuse et féconde dont le génie de Descartes a enrichi les mathématiques, et qui consiste à fournir les moyens de calculer les courbes, en les représentant par des équations; nous voulons parler de l'équation du cercle; on s'étonne, quand on y pense, que l'humanité ait attendu pendant six mille ans une idée aussi simple dont la mise en pratique est aussi facile.

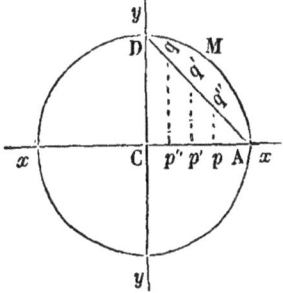

Pour initier le lecteur qui n'aurait jamais étudié les mathématiques à la méthode que nous devons lui faire comprendre dans le but de le mener à nos conclusions, commençons par représenter en équation, non pas une courbe, mais la droite AD, hypoténuse du triangle rectangle isocèle ACD, ou, si l'on veut, corde du quart de cercle circonscrit AMD.

Les lignes CD, CA sont le rayon du cercle circonscrit, et qu'on peut toujours circonscrire ; je désigne leur valeur relative à l'unité de mesure par R.

La ligne CA, en tant qu'elle peut prendre toutes les grandeurs relatives à R par diminution depuis A jusqu'à C, telles que Cp, Cp' etc, je l'appelle *l'abscisse*, et je la désigne par x. l'égalité avec R est sa plus grande longueur, mais en cet état elle se confond avec R, et n'existe plus comme quantité distincte. Sa diminution jusqu'à disparition complète dans le point C appartenant au rayon CD ou à la droite yy est sa plus grande petitesse ; mais alors elle se confond dans le point C, et est réduite à O. Ses autres valeurs sont indéfinies, entre ces deux extrêmes. Elle est désignée par x, vu qu'elle est fournie par la ligne xx laquelle est appelée, en algèbre, l'axe des x.

La ligne CD, en tant qu'on la considère comme se transposant parallèlement à elle-même, et prenant aussi toutes sortes de longueurs, depuis CD jusqu'au point A, et devenant, par conséquent, qp'', $q'p'$, etc., je l'appelle *l'ordonnée*. de l'abscisse, et je dis qu'elle est *en fonction* de cette abscisse, c'est-à-dire dépendante d'elle, en ce sens que sa longueur dépend de celle de l'abscisse, bien qu'en raison inverse; on voit facilement que plus l'abscisse sera longue, soit Cp plus long que Cp', plus l'ordonnée sera courte, soit pq'' plus court que $p'q'$. Cela revient à dire que l'ordonnée est la parallèle au côté CD du triangle élevée vers l'extrémité de droite de l'abscisse qu'on appelle extrémité positive. Je désigne l'ordonnée par y, vu qu'elle dérive de la ligne yy, laquelle est appelée l'axe des y. L'abscisse et l'ordonnée prennent le nom commun de *coordonnées*. L'ordonnée est une variable inconnue dont la variation est subordonnée aux diverses grandeurs qu'on veut donner à l'abscisse, qui s'appelle proprement la *variable*. La plus grande valeur qu'elle puisse prendre est celle de son égalité avec CD, mais alors elle a disparu pour devenir R. L'autre extrême est son rapetissement jusqu'au point A ; mais alors elle a disparu, et est devenue O. D'où il suit que, quand l'abscisse égale R, l'ordonnée égale O; que quand l'abscisse égale O, l'ordonnée égale R; et la proportion en sens inverse se continue pour les intervalles.

Cela posé, on démontre en géométrie que *deux triangles équiangles ont toujours et nécessairement leurs côtés homologues* (c'est-à-dire opposés aux angles égaux) *proportionnels*.

Or, il est facile de voir, à l'inspection de la figure, que l'ordonnée, soit pq'', soit $p'q'$, soit $p''q$, etc., par là même qu'elle est parallèle à CD, par hypothèse, engendre un triangle, soit $p''qA$, ou $p'q'A$, etc., lequel est équiangle avec son triangle contenant CDA, puisque l'angle A reste commun, que l'angle A qp'', l'angle A $q'p'$, etc., égale l'angle ADC (correspondant), et que l'angle $Ap''q$, l'angle $Ap'q'$, etc., égale l'angle ACD par la même raison. Et l'esprit voit qu'il en serait de même de tout triangle qu'on diviserait par une ordonnée parallèle à son côté.

Donc nous avons les proportions suivantes :

côté pq'' : côté CD : : côté Ap : côté AC;

côté $p'q'$: côté CD : : côté Ap' : côté AC,

et ainsi pour toutes les ordonnées. Fixons-nous seulement sur cette dernière.

Le côté $p'q'$ est l'ordonnée que nous avons exprimée en général par y.

Le côté Ap' n'est pas l'abscisse, puisque l'abscisse est Cp'; mais il égale le côté qui fournit l'abscisse, AC (lequel, dans le cas de la figure et de tout triangle isocèle est le rayon R), diminué de l'abscisse elle-même :

d'où il suit que nous pouvons le représenter, quel qu'il soit, par l'expression suivante AC — x, puisque x est le nom de l'abscisse, et, dans le cas du triangle isocèle par R — x.

Substituant ces deux expressions à leurs équivalentes de la proportion, nous avons

$$y : CD :: (AC-x) : AC$$

et pour tout triangle isocèle,

$$y : R :: (R-x) : R$$

puisque CD égale aussi bien R que AC.

Or, soit y l'inconnue. Pour l'obtenir, nous n'avons qu'à multiplier (d'après la règle des proportions) les moyens connus, et diviser le produit par l'extrême connu. Nous obtenons :

$$y = (R-x) \times R : R$$

mais $\times R : R$ se détruisent. Il reste donc

$$y = R - x.$$

Telle est l'équation de tout triangle isocèle. L'ordonnée de toute abscisse qu'il plaira de choisir sera égale à l'un des côtés égaux, ou au rayon du cercle circonscrit, diminué de l'abscisse. Soit, par exemple, quatre mètres la longueur du rayon AC et CD, et soit pris pour abscisse 2, j'aurai

$$y = 4^m - 2 = 2^m.$$

C'est ce qui a lieu dans la figure pour l'ordonnée $p'q'$.

Mais n'oublions pas que la longueur de cette ordonnée aboutit, par son essence, à la ligne AD qui est l'hypothénuse du triangle enveloppant, et que sa direction est déterminée par son parallélisme avec le côté CD ; donc elle donne un point par où doit passer nécessairement la ligne AD. Il suit de là que, connaissant le côté CA, il me sera toujours facile, en ramenant la généralité de l'équation à ce particulier CA, de dire, au moyen de plusieurs ordonnées en fonction de plusieurs variations arbitraires de l'abscisse, tous les points par où passera la ligne AD, quand il me sera impossible de la tracer directement du point A au point D.

Voilà pour le triangle isocèle. Mais nous avons, en même temps, trouvé l'équation de tout triangle. Reportons-nous à la première proportion : $y : CD :: AC - x : AC$.

Cette proportion donne pour l'inconnu y l'équation suivante :

$$y = (AC-x) \times CD : AC$$
$$\text{ou } y = \frac{(AC-x) \times CD}{AC}$$

C'est l'équation de tout triangle, quel qu'il soit ; nous ne pouvons pas la ramener à autant de simplicité que l'autre, parce que CD et AC peuvent très-bien ne pas s'égaler ; cet effet n'a lieu que dans le triangle isocèle ; mais exprimons-la par des signes simples. Comme AC et CD expriment les deux côtés du triangle connus dont on se sert pour trouver les points par où l'autre passe, convenons que ces deux côtés seront indiqués par les simples lettres a et b. Nous aurons pour équation de tous les triangles possibles

$$y = \frac{(a-x) \times b}{a}$$

Si le lecteur a compris ; et s'il s'est donné la peine de suivre sur la figure, comment n'aurait-il pas compris ; il nous suffira de quelques lignes pour lui faire comprendre l'invention de Descartes pour le calcul des courbes. Ce n'est qu'à leur égard qu'on se sert des mots *abscisse* et *ordonnée* ; nous n'en avons fait l'application au triangle que pour simplifier la démonstration.

Soit un cercle quelconque, par exemple celui de la figure suivante :

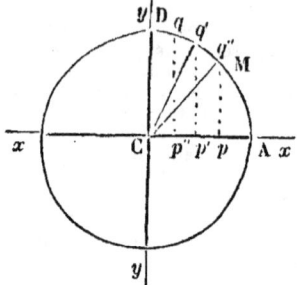

Il n'y a plus de triangle, et il s'agit, non plus de calculer une droite, telle que la corde AD de la première figure, mais bien la courbe elle-même DMA, et d'assigner les points de son passage sans la tracer sur son rayon.

L'abscisse et l'ordonnée nous restent avec la même définition relative à leurs génératrices CA, CD, qui ne sont autre chose que le rayon R : seulement l'ordonnée, telle que pq'', $p'q'$, etc., au lieu de s'arrêter en chemin sur un point de la corde, ira jusqu'à un point de la courbe. Et il s'agit de trouver une équation qui dise avec quelle quantité dépendante des variations de l'abscisse elle se trouvera en égalité constante, comme dans le cas précédent, de telle sorte qu'on puisse toujours, par une même opération, trouver sa longueur, et, par suite, le point où passe la courbe, pour toutes les valeurs qu'on voudra donner à l'abscisse entre ses deux extrêmes R—O ou R et R—R ou O.

Transportons le rayon au point q'', ou au point q', ou en tout autre point où aboutira l'ordonnée que nous allons déterminer ; soit, pour exemple, le point q'' ; nous obtenons un triangle rectangle en p, par l'hypothèse du parallélisme de l'ordonnée pq'' avec l'axe des y, ou, ce qui revient au même, avec le rayon CD, et de la perpendicularité de l'axe des x, ou du rayon CA, sur l'axe des y. (On peut trouver d'autres équations du cercle, et on peut être obligé, pour d'autres courbes, de former avec les deux axes tout autre espèce d'angle que l'angle droit ; mais nous avons annoncé la plus simple, et celle-là se fait avec l'angle droit.)

Or, on démontre en géométrie que *le carré de l'hypothénuse de tout triangle rectangle est équivalent à la somme des carrés des deux autres côtés.*

D'où l'on a pour le triangle rectangle ACq'' l'équation suivante :

$$Cq'' \times Cq'' \text{ ou } \overline{Cq''}^2 = Cp \times Cp$$
$$\text{ou } \overline{Cp}^2 + pq'' \times pq'' \text{ ou } \overline{pq''}^2.$$

Mais qu'est-ce que l'hypoténuse Cq''? C'est le rayon R ; et il en serait de même de tous les autres triangles $Cp'q'$, etc.

Qu'est-ce que le côté Cp ? C'est l'abscisse, variable à volonté, prise dans une de ses grandeurs.

Qu'est-ce que le côté pq'' ? C'est l'ordonnée à découvrir, variable aussi par dépendance des variations de l'abscisse, prise dans une de ses grandeurs, celle que nous voulons déterminer.

Donc, substituant aux noms particuliers de l'hypoténuse et des côtés employés dans l'exemple, les noms généraux R, x et y, nous avons

$$R \times R \text{ ou } R^2 = x \times x \text{ ou } x^2 + y \times y \text{ ou } y^2$$
$$R^2 = x^2 + y^2.$$

Or, cette équation revient à la suivante :

$$y = \sqrt{R^2 - x^2},$$

car, R^2 égalant $x^2 + y^2$, y^2 tout seul ou sans x^2 égalera $R^2 - x^2$, puisqu'à cause du signe— l'opération revient à retrancher x^2 des deux membres. On obtient donc :

$$y^2 = R^2 - x^2.$$

Or, y^2 signifie $y \times y$. Donc mettant y sans l'exposant 2, on substitue la racine carrée au carré. Et, par conséquent, pour conserver l'égalité dans l'autre membre, il faut faire de même, et l'écrire $\sqrt{R^2 - x^2}$ avec le signe de la racine, ce qui en fait un radical.

Voici donc la formule générale de l'équation du cercle :

$$y = \sqrt{R^2 - x^2}.$$

Par conséquent si je veux trouver tel et tel point par où passe la courbe DMA ou celle de tout autre cercle, je n'ai, connaissant le rayon, qu'à l'élever au carré ; puis élever de même au carré la valeur que je voudrai donner à l'abscisse, pourvu qu'elle soit moindre que R et supérieure à O ; retrancher le second carré du premier ; et enfin prendre la racine carrée du résultat. Le nombre qui exprimera cette racine carrée me dira à quelle longueur (soit en mètres), je dois prolonger l'ordonnée, c'est-à-dire la parallèle au rayon perpendiculaire à l'abscisse, à partir de l'extrémité de cette abscisse, telle que je l'ai faite, pour avoir le point où passe la courbe.

Soit le rayon $CA = 5^m$— et l'abscisse choisie $Cp = 3^m$, le carré de 5 est 25. Le carré de 3 est 9 ; $25 - 9 = 16$; la racine carrée de 16 est 4 ; 4 mètres est la longueur de mon ordonnée, et je sais qu'à quatre mètres de p, parallèlement à CD, est le point par où passera le cercle.

On peut remarquer que l'équation du triangle isocèle, donnant les points de la droite AD, assigne à y la valeur $R - x$; pendant que celle du cercle, donnant les points de la courbe AMD, assigne à y la valeur $\sqrt{R^2 - x^2}$. Dans un cas *l'ordonnée est constamment égale au rayon diminué de l'abscisse ;* dans l'autre, *elle est constamment égale à la racine carrée du carré du rayon diminué du carré de l'abscisse.*

Si l'on prenait l'abscisse dans ses deux extrêmes R et O qui, comme nous l'avons vu, sont négatifs d'elle-même, on aurait les équations suivantes qui ne cessent pas de dire la même vérité absolue :

Pour le triangle isocèle, 1° $y = R - R = 0$. 2° $y = R - O = R$. Dans le premier cas, en effet, y devient nul en s'absorbant dans le point A. Dans le second, il devient nul encore en ne faisant plus qu'une seule et même chose avec le rayon CD.

Pour le cercle,

1° $y = \sqrt{R^2 - R^2} = \sqrt{O^2} = 0$,
2° $y = \sqrt{R^2 - O^2} = \sqrt{R^2} = R$.

dans le premier cas, en effet, l'ordonnée y devient nulle en s'absorbant dans le point A, point extrême du rayon ; dans le second, elle devient nulle encore, en tant que distincte, en ne faisant plus qu'une seule et même chose avec le rayon CD. Mais les équations ne se trompent pas.

C'est ainsi que la raison ne se trompe pas non plus, quand elle voit la création comme une ordonnée indéfiniment variable entre Dieu et le néant, ses deux extrêmes qu'elle ne saurait égaler sans cesser d'être ; et, à ses états particuliers, en fonction proportionnelle et constante de son abscisse, qui est le rayon du centre divin, le fils de ce centre, se particularisant à son niveau pour l'engendrer et le soutenir, pendant que la circonférence, que, grande ou petite, elle rencontre toujours, est la chaîne unifiante de la dilatation totale.

Au reste, quoi qu'il en soit de ce qui est image dans ces rapprochements, toujours est-il que les équations, dans leur évidence absolue, ne font autre chose que constater des lois absolues ? Le rapport d'égalité qu'elles établissent embrasse l'*omnia* des particuliers, bien que cet *omnia* soit irréalisable même à la puissance infinie ; il l'embrasse aussi clairement qu'il est clair que R, dans l'équation, n'exprime pas un rayon spécial, mais tout rayon possible qu'on voudra lui faire exprimer.

La vérité absolue du rapport traduit par l'équation de Descartes est si lumineuse pour le mathématicien, que, toute formule de courbe étant donnée *à priori*, on en déduit algébriquement les propriétés essentielles de cette courbe telles que les démontre la géométrie proprement dite. Mais le développement de cette proposition nous mènerait trop loin.

S'il nous était permis d'entrer dans une exégèse un peu longue sur le calcul différentiel et intégral, l'absolu se montrerait, non pas avec plus de clarté, mais en ouvrant à l'esprit les régions qu'on pourrait appeler transatlantiques de son empire, par rapport à celles dont nous venons de sonder les premiers rivages. Nous ferons seulement comprendre l'essence de ce calcul par quelques considérations générales.

Le calcul différentiel sort de l'idée de rapport invariable entre une variable, telle que l'abscisse, et sa fonction, telle que l'accroissement ou la diminution de l'ordonnée ; d'où il suit que, si Leibnitz et Newton en sont les pères, Descartes en est l'aïeul, puisqu'il a fourni, dans son équation de la courbe, cette idée même de rapport invariable entre une variable et la variation de ce qui en dépend. Mais la sublimité de ce calcul consiste en ce qu'il ne travaille plus sur une abscisse pour obtenir une ordonnée, mais sur la *fonction* même en soi, et abstractivement prise, pour la dégager dans son universel, c'est-à-dire dans sa loi invariable de dépendance de la variable, et la montrer toute nue à l'esprit, en une manière qui ressemble sans doute à celle dont Dieu voit la loi éternelle des créations qu'il crée ou ne crée pas. Ce dégagement, et cette incarnation dans une langue humaine, d'un simple rapport invariable et absolu entre de choses variables, s'appelle *différentiation*, car la *différentielle*, dont la découverte en est le but, n'est que l'expression de ce rapport, dans son abstraction régissant l'*omnia* des particuliers ; et, quand la différentiation est opérée, redescendre de cette différentielle à la quantité finie et déterminée, c'est-à-dire au particulier dont la différentielle est l'incrément absolu, s'appelle *intégration*, vu qu'on nomme l'*intégrale* cette quantité assignable et particulière.

Le calcul différentiel prendra, par exemple, une fonction, c'est-à-dire une variation dépendante d'une variable indépendante représentée par x ; il appellera cette fonction y ; d'où il aura $y = F(x)$; puis il travaillera sur cette égalité en lui faisant subir des transformations par additions, soustractions, multiplications, divisions. Dans le cours de ses recherches, il trouvera un rapport qui exprimera la limite que la relation ne peut atteindre sans cesser d'être ; ce rapport se présentera sous la forme d'une fonction nouvelle de x ; il l'appellera la *dérivée* en l'exprimant par $F'(x)$ ou y'. En allant plus loin encore dans les transformations permises, c'est-à-dire possibles sans que l'égalité en soit altérée, il arrivera à un produit de la dérivée y' par la variation de la variable indépendante ; il appellera ce produit la *différentielle* de la fonction prise d'abord ; il désignera cette différentielle par le symbole dy ; et l'assignation de la valeur de cette différentielle sera le but qu'il cherchait, pour en faire ensuite un usage précieux dans les questions d'arithmétique et de géométrie.

Quelques-uns, comme M. Poisson, ont voulu trouver dans le calcul différentiel des infiniment petits ; rien de plus absurde. Cette idée antiphilosophique a été réfutée mathématiquement par les plus grands algébristes, depuis Leibnitz à M. Cauchy. On ne trouve que des lois absolues qu'on exprime sans les accompagner d'aucune concrétion. Si l'on veut poursuivre les infiniment petits comme des réalités, on se voit obligé de faire un saut jusqu'à O, ou d'en négliger dans le calcul, à titre d'erreur insignifiante, des multitudes qui donneraient lieu à recommencer pour l'éternité tout entière.

On comprendra de quelle fécondité et de quel avantage peut être un tel calcul en applications analytiques et géométriques, puisque, en fournissant telle et telle loi universelle, il obvie à des infinités d'infinités de calculs, par la présentation *a priori* de l'absolu régissant les infinités d'infinités de particuliers qui composent son empire.

Dira-t-on au calcul différentiel que l'absolu n'est pas ? ce serait le nier dans toute son étendue et dans sa lumineuse beauté ; ce serait lui dire : Tu n'es qu'un néant explorant, découvrant, voyant et nommant en vain un néant comme toi. Mais il répond sans cesse à tous les mathématiciens par son enchaînement et ses résultats d'une absolue évidence.

Il est donc vrai que les mathématiques constatent l'absolu, le complet, l'imperfectible, l'universel, et qu'elles ne progressent que pour le dégager de plus en plus, pour le présenter à l'idée de plus en plus débarrassé des infinités de particuliers dans lesquels il se concrète en les régissant. Il est donc vrai que les mathématiques réfutent l'athéisme et prouvent Dieu en fournissant la base même de toute la démonstration du théisme.

III. — *Les mathématiques réfutent le dualisme, et établissent l'unité de Dieu.*

Après que la philosophie a démontré l'existence de Dieu en donnant une des places les plus importantes aux renseignements fournis à cet effet par les mathématiques, celles-ci reviennent encore à son aide pour en établir l'unité.

Dieu, après que la nécessité de son être est prouvée, est reconnu n'être autre chose, en essence radicale, que l'absolu-substance s'enrichissant de l'absolu-mode. Or, cet absolu-substance, rayonnant autour de son être l'absolu-mode, peut-il être *deux*, ou tout autre nombre ? Voilà la question du monothéisme.

La philosophie religieuse suffit seule à y répondre, sans aucun doute ; mais cependant il ne faut pas mépriser les considérations puissantes, invincibles, dont les mathématiques viennent lui faire hommage. Rappelons-en quelques-unes seulement avec rapidité.

L'absolu, au sens complet, comme nous venons de le définir, ne peut être deux. L'arithmétique et la géométrie nous suffiront pour le démontrer.

L'arithmétique nous présente le nombre comme une série essentiellement indéfinie dont l'*omnia*, qui en serait l'absolu, est impossible à réaliser. « L'*omnia*, » dit Leibnitz, « pris comme *numerus maximus* est chose contradictoire. De même le *nihil* comme *numerus minimus*. Ils sont l'un et l'autre hors des nombres; ils sont *extremitates exclusæ, non inclusæ.* » (*Lettre à Dangicourt.*) Voilà du bon sens et de l'évidence. Mais il faut ajouter que ce *numerus maximus*, ce nombre infini, *est* cependant, aussi bien que l'étendue infinie, dans une certaine acception. L'un et l'autre sont contradictoires en tant qu'impliqués dans le nombre et l'étendue; ils sont, comme dit Leibnitz, en dehors et non en dedans, mais ils sont en dehors; et que sont-ils? l'unité absolue et le point absolu. Le nombre complet ne diffère pas plus de l'unité que l'espace complet ne diffère du point indivisible et inextensible; et l'unité, ainsi que le point intelligiblement compris, ne sont ni le nombre ni l'étendue, mais l'absolu, qui les engendre au dehors de lui-même, *ad extra*, pour parler comme la théologie. Le symbole 1 précédé du signe affirmatif+est leur nom à l'un et à l'autre; et si on met, devant, le signe négatif—, il devient le symbole de la négation de l'absolu, ou du néant, qui est l'autre extrême également en dehors de l'idée de nombre et d'étendue. L'*un* affirmé, voilà l'absolu de l'arithmétique et de la géométrie; l'*un* nié, voilà leur zéro, autre absolu qui n'en est pas un, puisqu'il n'a pas l'être, et qui ne doit son idée qu'à celle du premier, le seul absolu véritable. Puis, entre ces deux extrêmes 1 et o, +1 et—1, se dilate et se contracte indéfiniment la série du nombre et celle de l'étendue qui n'a rien d'absolu en soi par sa susceptibilité même de contraction et de dilatation.

Or, cet *un* absolu arithmétique et géométrique ne peut être double.

D'abord l'esprit voit, *a priori*, que les expressions, deux *néant*, deux *tout*, deux *un*, sont contradictoires, soit qu'on les rapporte à l'idée de nombre, soit qu'on les rapporte à l'idée d'espace. Deux un, c'est deux par nécessité, et, en le disant, on sort de l'*un* pour entrer dans le nombre relatif indéfini. Deux tout est une expression absurde, puisque le tout ne laisse rien en dehors de lui, et, que, par là même, il ne peut-être qu'*un*. Deux néant n'est pas moins absurde par une raison semblable, le néant unique n'omettant rien de ce qui est néant.

Il n'est pas douteux que *un* ne puisse être répété en arithmétique, puisque le nombre relatif n'est que l'addition de *un* à lui-même. Mais cet *un* qui se répète n'est pas l'*un* absolu dont nous parlons; c'est l'unité créée, concrétée, faite seulement à l'image de l'autre et entrant dans le nombre, comme les individus entrent dans leurs collections. L'*un* absolu dont nous parlons ne peut-être répété, et sa répétition implique contradiction dans l'idée; pour le comprendre, représentons-nous la collection de tous les nombres possibles, par l'artifice du calcul différentiel, qui consiste à envelopper l'indéfini dans sa limite; cette collection peut-elle avoir deux *un* pour base? non, car le *deux un*, chez elle, est le deux et non l'*un*. On dira peut-être qu'on imagine facilement des collections de nombres à l'infini ayant chacune leur *un*, ce qui fait plusieurs *un*; mais ces *un* au pluriel cessent encore d'être l'*un* absolu dont nous parlons, car faites tant que vous voudrez des collections de collections commençant toutes par *un*, elles ne formeront ensemble qu'une partie de la collection totale des nombres possibles, laquelle, comme nous venons de le dire, n'a essentiellement qu'un seul *un* pour générateur.

Il en est de même de l'espace en géométrie : on conçoit des étendues particulières, non-seulement au nombre deux, mais en nombre indéfini; mais on ne conçoit qu'*un* espace et qu'*un* point absolu. Multiplier des points particuliers dépendant les uns des autres, ainsi que des espaces de cette espèce, est très-possible; mais multiplier le point ou l'espace indépendants de tout et de qui tout dépend dans la multiplication précédente, implique contradiction.

On le voit par les images qui s'en forment dans tous les ensembles particuliers. Chaque cercle, par exemple, peut-il avoir deux centres et deux circonférences? Dans la figure des triangles que nous avons faite, nous voyons tout sortir du point A et en même temps se dessiner par agrandissement dans l'espace, sans que l'espace en soit plus dévoré à la fin qu'au commencement; peut-on imaginer deux *points*, A, engendrant, et deux espaces contenant tout?

L'absolu n'est qu'à la condition de n'avoir aucune relation à d'autres, pendant que tout autre en a à lui. Or supposer deux absolus, c'est détruire, par la supposition, cette condition essentielle de son être; puisque c'est dire 1 + 1, par conséquent mettre les deux 1 en dépendance réciproque, par conséquent encore les faire sortir du règne de l'absolu pour les faire entrer dans celui du nombre relatif. Il n'y a que l'*un* parfaitement unique avec qui tout ait relation de dépendance, sans qu'il soit lui-même dépendant d'un autre.

Dans le calcul différentiel, on ne trouve d'absolu que la limite, et ce calcul ne se comprend philosophiquement que par la théorie des limites où toute autre qui revient à celle-là. Or la limite est essentiellement unique, qu'elle soit 1 ou 0 qui n'est que 1 effacé totalement ou le *nihil*.

Appliquant ces considérations, tirées des lois abstraites de l'être par les mathématiques, à l'univers réel, notre esprit lui trouve, par la même nécessité, l'unité absolue, ne pouvant être deux, pour cause génératrice, soutenante, et contenante.

Aussitôt qu'on veut la doubler, on entre dans la série indéfinie du relatif. Comme substance, supposer deux fois la *substance absolue*, c'est supposer deux centres au cercle universel, deux espaces contenant tout, deux unités engendrant tous les nombres, autant d'associations contradictoires; comme mode, supposer deux fois le *mode absolu*, c'est supposer deux totalités de perfection, deux tout, absurdité identique avec la première; soit comme substance, soit comme mode, supposer la dualité de l'absolu-

Dieu, c'est supposer la dualité de l'*un* générateur des nombres, la dualité de l'espace contenant les étendues, la dualité de la limite fermant la série algébrique, etc, etc.

Il est donc vrai que les mathématiques établissent, à leur manière, le monothéisme.

IV. — *Les mathématiques réfutent le panthéisme.*

Nous n'avons, pour le faire voir, qu'à ajouter une observation à ce qui précède. Nous avons reconnu la nécessité de l'unité de l'absolu et comme négatif et comme positif. Mais entre ces deux extrêmes 0 et 1 qu'il pose par son essence, et qui, nommés théologiquement, s'appellent le néant et Dieu, nous avons vu aussi s'allonger indéfiniment, soit vers la limite 1, soit vers la limite 0, une série de relatifs qui implique et engendre le nombre, et de laquelle ces deux limites sont, pour parler comme Leibnitz, *extremitates exclusæ*. (Extrémités exclues.)

Or, il résulte de la même analyse que cette série intermédiaire est distincte des deux extrêmes, et aussi distincte de l'une que de l'autre. Elle est distincte de zéro, puisque, quoiqu'elle en approche, pourvu qu'elle ne franchisse pas le saut, elle en diffère comme le oui du non, l'être du néant. Cela est clair comme le jour, et elle est distincte de *un*, qui n'est autre que le tout absolu, par la même raison, puisqu'elle ne peut pas davantage lui devenir identique quoi qu'elle en approche ; l'esprit peut faire le saut et passer au delà, en pensant ce *tout-un*, mais il s'échappe par là même de la série relative ; et il lui est impossible d'en sortir sans faire ce saut, par là même qu'en l'augmentant indéfiniment, il la laisse toujours susceptible d'augmentation.

Il est impossible à l'esprit de voir quelque chose plus clairement que cette double distinctivité de la série relative et du *rien* absolu, de la série relative et de *l'un* absolu, lesquels, dans le langage théologique, prennent les noms suivants : création et néant ; création et Dieu.

Toutes les parties des mathématiques fournissent des expressions et des images frappantes de cette vérité fondamentale. Nous avons vu la géométrie analytique montrer la série des ordonnées se développant entre O et R ; qui oserait soutenir qu'il n'y a pas distinction radicale et essentielle entre cette série et ces deux limites, aussi bien la limite affirmative que la limite négative ? Le calcul différentiel repose sur la même base ; s'il n'y avait pas la distinction dont nous parlons, entre la série des fonctions qui est indéfinie, et la limite *ad* et *extra* de cette série qui est fixe, ce calcul n'aurait jamais été inventé. La circonférence du cercle présente le même phénomène symbolique par rapport aux polygones inscrit et circonscrit dont on multiplie les côtés. En un mot, la vérité générale qui nous occupe, et qui est exclusive du panthéisme, se reflète en tout lieu dans le domaine que parcourt le mathématicien. Mais il est une série présentée par l'arithmétique qui l'exprime si clairement qu'il nous est impossible de ne pas la mettre sous les yeux du lecteur. La voici :

$$O \ldots \text{etc.}, -\tfrac{1}{64}-\tfrac{1}{16}-\tfrac{1}{8}-\tfrac{1}{4}-(\tfrac{1}{2})+\tfrac{1}{4}+\tfrac{1}{8}+\tfrac{1}{16}+\tfrac{1}{32}+\text{etc.} \ldots 1.$$

Il faut lire de gauche à droite, selon notre méthode européenne, toute la partie à droite depuis $\tfrac{1}{4}$ jusqu'à l'infini ; et il faut lire de droite à gauche la partie contraire qui tend vers 0.

$\tfrac{1}{4}$ représente l'imparfait, le relatif. Il est impossible, en effet, de concevoir $\tfrac{1}{4}$ sans le concevoir dépendant de 1, et sans supposer 1, comme son élément antérieur essentiel.

La limite 0 est l'absolu négatif qui n'est rien, puisqu'il n'est qu'à titre de négation de l'autre ; et la limite 1 est l'absolu positif, le parfait, l'infini, ce qui n'a besoin de rien pour se parfaire.

La limite 1 doit être considérée comme l'élément générateur de tout le reste, puisque sans cet élément on ne peut faire ni $\tfrac{1}{4}$ ni $\tfrac{1}{2}$, etc., et aussi comme le tout absolu de la série relative ; car si cette série pouvait être achevée, elle égalerait 1.

La limite 0 doit être considérée comme la négation de l'élément générateur, 1, et aussi comme la négation du tout, 1.

On voit déjà que chacune de ces limites est essentiellement *une*, de quelque manière qu'on l'envisage ; d'où il suit que, ainsi que nous l'avons dit, *l'un* absolu et le *tout* absolu sont une seule et même chose

La série positive $\tfrac{1}{2}+\tfrac{1}{4}+$, etc., représente l'augmentation indéfinie de l'imparfait, concevable pour l'esprit comme essentiellement possible.

La série négative $\tfrac{1}{2}-\tfrac{1}{4}-\tfrac{1}{8}-$ etc., représente la diminution indéfinie de l'imparfait, concevable pour l'esprit comme essentiellement possible.

Or, il est mathématiquement certain que la série totale, partant, à droite et à gauche, du terme relatif $\tfrac{1}{2}$ pris arbitrairement pour point de départ, a son entité parfaitement distincte, et de la limite 1 qui est l'absolu positif, et de la limite 0 qui est l'absolu négatif. En effet, la seule chose qui pourrait neutraliser la distinction entre la série positive et 1, et les panthéiser dans une même entité, serait la possibilité pour la série d'arriver à égaler 1 ; si on pouvait, en la poussant à son terme, acquérir le droit de mettre au bout $=1$, la distinction aurait disparu ; et de même, *vice versa*, pour l'autre série à l'égard de 0.

Mais obtenir jamais cette double équation est mathématiquement impossible. Dans la série positive, la disposition des dénominateurs selon la loi invariable du doublement montre clairement à l'esprit qu'il restera toujours, quoi qu'on multiplie le nombre des fractions, une quantité égale à celle exprimée par la dernière, pour compléter 1. Dans la série négative, la même disposition selon la même loi invariable montre à l'esprit qu'il restera toujours une quantité égale à celle exprimée par la dernière, pour empêcher qu'il n'y ait rien, et, par suite, empêcher l'égalité avec 0.

Il est donc évident que la distinction est essentielle et à jamais ineffaçable entre la série et ses deux limites; d'où nous concluons qu'il est aussi insensé de panthéiser la création dans le Créateur, le fini dans l'infini, par agrandissement du premier, que d'annihiler dans le rien ce qui a une somme quelconque de perfection, en le diminuant.

Toutes les séries fractionnaires n'ont pas les mêmes propriétés que celle-là. On en peut faire de toutes les espèces. Mais celle que nous venons d'analyser, et toute autre ayant le même caractère de l'indéfini, sont les seules qui puissent représenter la nature relative, puisqu'elle est conçue indéfiniment progressive. Y a-t-il un être, excepté Dieu, que nous ne puissions agrandir sans fin par la pensée? y a-t-il quelque chose, excepté le néant, que nous ne puissions sans fin concevoir moindre?

Le panthéiste a coutume d'objecter que Dieu avec la création est plus grand que Dieu sans la création; que Dieu, étant le *summum* de la perfection et de la grandeur, doit se composer de lui-même et de sa créature; qu'en conséquence, tout redevient Dieu, la cause par essence, l'effet comme nécessaire à la cause et ne faisant qu'un avec elle pour compléter la divine perfection. En raisonnant ainsi, on fait rentrer la création dans la Trinité divine à titre de fille éternelle du Père.

Mais, en outre des réponses philosophiques, ce que nous venons d'emprunter aux mathématiques a déjà réfuté cette objection. Prenons d'abord la limite 0. 0, moins la série négative dont il est le terme inaccessible, est-il moindre que 0 tout seul? Une telle question contient sa réponse. Or, tout est pareil en sens inverse pour l'autre extrémité. L'*un* absolu, qui est le tout essentiel, et générateur, ne peut être plus grand avec la série relative dont il contient déjà toutes les perfections que sans cette série. Voici, au reste, un symbole géométrique de cette vérité générale, qui la rend visible aux yeux mêmes du corps:

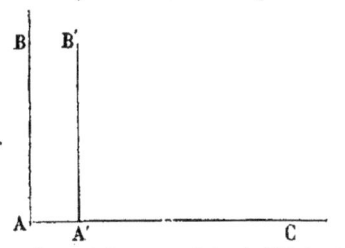

L'angle BAC, aux côtés indéfinis AB, AC, embrasse-t-il plus d'espace avec l'angle B'A'C qu'il n en embrasserait seul, c'est-à-dire sans que cet angle fût tracé dans son sein?

Le plus n'est pas plus parfait avec le moins que sans le moins; l'absolu n'est pas plus absolu avec le relatif que sans le relatif; Dieu n'est pas plus Dieu avec la créature que sans elle.

V. — *Les mathématiques réfutent le fatalisme avec l'optimisme.*

Il y a trois sortes de fatalismes : le fatalisme proprement dit; le fatalisme par absolutisme ; et le fatalisme par optimisme.

Le premier est le fatalisme ignorant qui croit et prêche directement le *fatum* aveugle, ou l'irrévocable destinée.

Le second raisonne un peu plus : il consiste à se faire une idée de la puissance infinie dépassant les limites du possible, et à détruire en Dieu toute liberté par l'absorption de la sagesse, qui en est le moyen et la règle, dans la volonté absolue. Descartes, sans prévoir les conséquences qui en seraient tirées, laissa échapper quelques passages où il semble dire que la volonté de Dieu est la raison première de toutes choses, même des vérités absolues et des lois éternelles; le fatalisme dont nous parlons, découlerait de cette théorie; car, si la volonté est antérieure à la sagesse, ne lui est pas soumise, et est la raison primitive de tout, tout dépend d'un aveugle *volo* qui, au fond, n'est qu'un *fatum* inexorable, puisqu'il n'a pas consulté la sagesse, puisque, au contaire, il n'y a de sagesse que lui-même, et que ce qui est sage n'est sage que parce qu'il le veut. Malebranche et Leibnitz ont fait payer cher à Descartes quelques légèretés sur cette question; mais il faut dire que le maître les en aurait bénis, pendant qu'il aurait pleuré de voir Spinosa lui en témoigner de la reconnaissance.

Le troisième fatalisme raisonne beaucoup plus et beaucoup mieux. Il exalte la sagesse à tel point que la volonté n'a plus à choisir devant elle, mais n'a qu'un parti à prendre, celui du mieux : c'est l'optimisme où sont tombés Leibnitz et Malebranche par réaction contre le danger de l'absolutisme sans raison. Fénelon a rétabli, sur ce point capital et délicat, la vérité pure, en n'accordant à Leibnitz et à Malebranche que ce qui devait leur être accordé, et en les réfutant, sur tout le reste, avec une logique et un style qui présentent, peut être, le chef-d'œuvre de toutes les réfutations qu'on ait jamais faites. — *Voy.* OPTIMISME.

Interrogeons un instant les mathématiques sur ces trois fatalismes:

Le premier suppose un enchaînement nécessaire de toutes choses. Or, les mathématiques, reflet le plus exact des essences mêmes, nous offrent sans cesse deux ordres de phénomènes : ceux de nécessité et ceux de liberté, allant de compagnie avec ceux de l'absolu et ceux du relatif. En arithmétique, nous voyons des lois essentielles qui ne peuvent pas ne pas être, qui ne peuvent pas ne pas avoir leur effet, et, à côté de ces lois, régis par elles, sous la condition de leur être présentés, des infinités de particuliers qui n'ont aucune nécessité d'être, et qui sont inexplicables, si on ne leur donne pour cause une liberté indépendante qui les pose, parce qu'elle veut les poser. Tels sont tous les nombres concrets, et leurs combinaisons arbitraires, que nous exposons nous-même à volonté, sous l'inexorable nécessité des lois absolues qui les régissent. En géométrie, même observation ; chaque théorème exprime une nécessité qu'il n'est au pouvoir d'aucun être de détruire ou de violer ; mais, à côté, des millions d'applications diverses, qui n'ont rien d'absolu, rien d'essentiel, et qu'on ne peut s'expliquer, quand elles sont réalisées, que par suite d'un choix libre. Chaque cercle, chaque triangle particulier est dans ce dernier cas, malgré l'inexorabilité absolue des lois du triangle et des lois du cercle. Dans l'algèbre appliquée à la géométrie, la même distinction devient de plus en plus visible. Rappelons-nous seulement l'exemple de l'équation du cercle ; la fonction de l'abscisse, produisant l'ordonnée, prise en soi, est une loi constante, invariable, nécessaire, fatale, exprimée par la formule universelle qui prévoit tous les cas possibles ; mais l'abscisse elle-même, x, est une variable indépendante de toute loi universelle ; l'esprit comprend, aussi clairement que possible, qu'elle attend toujours un caprice, un $volo$, pour se déterminer en valeur relative au rayon. Enfin, le calcul différentiel ne cesse de mettre en regard l'absolu et le libre, dans ses millions de jeux ; il a beau se dilater sans mesure, traîner son fil par tous les labyrinthes des infinités d'ordres d'infinis, et s'abstraire aux plus transcendantes idéalités, il ne peut se débarrasser des deux phénomènes dont se compose l'universalité des êtres, le nécessaire et le libre, l'universel de la fonction, et l'arbitraire de la variable.

Or, comment s'expliquerait-on cette distinction, posée si clairement par les mathématiques, s'il n'y avait, en réalité, que du nécessaire et du fatal dans les choses ? Tout alors se ressemblerait, et ces sciences n'auraient à montrer que des lois absolues.

Le fatalisme par l'absolutisme de la volonté toute-puissante, conçue indépendante de toute raison supérieure, et maîtresse même des vérités nécessaires, jusqu'à pouvoir faire, si tel eût été son caprice, que le tout ne fût pas plus grand que sa partie, n'est pas des plus heureux avec les mathématiques. Ne venons-nous pas de reconnaître, au nombre des deux phénomènes, celui des nécessités absolues, qu'aucune volonté ne peut modifier ni suspendre dans leur résultat ? Si donc la distinction que nous venons de constater prouve la réalité d'une liberté, et même sa nécessité, posé ce qui est, dans l'ensemble des êtres, elle prouve également la réalité de vérités immuables, indépendantes de toute volonté, et dont la vision par l'intelligence constitue la raison et la sagesse supérieures à tout arbitraire. Pourquoi, avons-nous dit, ce champ ménagé pour une volonté libre qui en fera varier, à son caprice, les richesses, mis à côté d'un autre si différent, et montré par les sciences les plus inexorables, les plus absolues, s'il n'y avait pas de puissance propre à l'exploiter ? L'inutile est impossible dans l'univers. Or, nous disons maintenant : pourquoi cet autre champ évidemment soustrait, par son essence, à toute influence de volonté libre ? Pourquoi cette souveraineté inexorable ne demandant à aucune activité volontaire de déterminer ses effets, bien qu'elle les mesure, en pratique, sur les éléments fournis par la liberté ? Pourquoi enfin cette raison suprême de l'inévitable ? Il est nécessaire que cet ordre de faits corresponde à une vérité infinie se voyant elle-même et devenant, par sa vision de soi, la suprême sagesse, régulatrice immuable des proportions entre les occasions originaires de l'autre domaine et les résultats. D'ailleurs, la notion que nous fournissent les mathématiques de la vérité invariable qui se $voit$, et dont la vue constitue la raison, mais qui ne se $veut$ pas, et sur laquelle aucune volonté ne peut rien, parce qu'elle n'est pas fille d'une volonté, mais éternelle et existant par soi, est tellement claire, évidente, exacte et complète que, si on la révoque en doute, il ne restera pour l'homme qu'un parti, celui du scepticisme universel ; or, il suit de cette notion, que le fatalisme par l'absolutisme d'une volonté aveugle, raison première de toutes choses, est une folie contre laquelle protestent chaque jour l'arithmétique, la géométrie et l'algèbre, en disant à l'esprit : Voilà l'éternel, l'absolu, l'immuable, dont la connaissance forme la sagesse, mais qui n'a jamais demandé à un $volo$ sa génération, et à qui la toute-puissance, aussi bien que les autres puissances, ne peut qu'être soumise.

Reste le fatalisme par optimisme, celui qu'on ferait sortir de cette sagesse même, en la rendant tellement maîtresse de la volonté qu'elle obligerait toujours celle-ci à vouloir le mieux, ne lui laisserait, par là même, aucune possibilité de choisir, et, enfin de compte, rendrait tout fatal.

Or, les mathématiques se présentent encore pour le réfuter sans contestation possible. La première condition de l'optimisme, c'est que le meilleur des possibles, ou le $summum$ de la perfection, ailleurs que dans l'absolu, soit assignable, puisse exister d'abord en idée dans l'intelligence suprême, et ensuite être réalisé $ad\ extra$ par la toute-puissance. Mais l'arithmétique montre clairement que cette condition est impossible, parce qu'elle implique contradiction ; d'où nous concluons qu'il est nécessaire de dire que la volonté n'est point assujettie au choix du meilleur, mais détermine la concrétion et la réalisation du particulier, qu'il lui plaît d'appeler à l'être, dans le domaine des possibles plus et moins parfaits.

Reportons-nous à la série de fractions que nous avons posée plus haut. Le plus parfait et le moins parfait y sont inassignables; il est impossible d'en concréter l'idée, par là même que la série est vue indéfinie par les deux bouts. Dieu, pas plus que la créature, ne pourrait penser et dire d'un degré quelconque : voilà le dernier, le *maximum* ou le *minimum*, le plus parfait et le moins parfait. Il n'y a de plus parfait possible que la limite 1 et de plus imparfait possible que la limite 0. Mais ces deux limites sont en dehors de la série relative; l'une est l'absolu en plénitude, c'est Dieu; l'autre est l'absolu en vide ou négation, c'est le néant. Il y a donc contradiction à supposer et l'idée et la réalisation *ad extra* du plus parfait de la série relative, puisque ce plus parfait n'y est réellement pas. Il ne se trouve qu'en dehors; et, par suite, dire que Dieu est tenu au mieux, c'est dire qu'il est tenu à concréter et à créer un autre lui-même.

Il suffit à l'arithmétique de présenter la série de ses nombres entiers pour réfuter l'optimisme. Elle montre une colonne sans fin et qu'il est impossible de finir aussi bien à Dieu qu'à l'homme, aussi bien par l'idée concrétant chaque nombre que par la puissance qui réaliserait le particulier dont ce nombre est l'expression. Le plus parfait possible serait l'*omnia* des relatifs, et, par conséquent, des nombres possibles ; faites donc cet *omnia*, pensez-le même si vous le pouvez; créature ou créateur, imaginez un nombre auquel on ne puisse plus ajouter un : imaginez, en géométrie, l'*omnia* des cercles particuliers; imaginez le plus grand triangle ou le plus grand cercle possible, celui que la pensée ne peut plus agrandir. L'esprit voit clairement la contradiction : le *summum* ou l'*omnia* dans l'empire du relatif est donc un rêve absurde auquel il est absurde de dire que la Sagesse éternelle assujettisse la volonté toute-puissante.

Si nous résumons ce paragraphe, nous trouvons pour conclusions qu'il faut admettre, dans la marche des relatifs, une combinaison de la raison et de la liberté, comme élément de tous les résultats, et que le fatalisme, par là même qu'il ne saurait être conçu que par un absolutisme de la volonté détruisant toute sagesse, ou par un absolutisme de la sagesse détruisant toute volonté libre, double conception contraire aux évidences mathématiques, est lui-même, dans toute son étendue, réfuté par ces évidences.

VI. — *Les mathématiques réfutent le matérialisme.*

Le matérialisme consiste à n'admettre d'être substantiel que la matière, c'est-à-dire un composé dont les éléments, divisibles à l'infini comme le composé lui-même, sont inassignables en tant qu'éléments premiers. Dans ce système, toute réalité concevable est dans une collectivité qui disparaît par la division, pour faire place à une autre, de sorte que l'individu n'a pas plus de consistance que n'en a le rapport établi entre les divisibilités qui le composent ; toutes ses propriétés sont fugaces, ne tenant qu'à une organisation variable; la pensée, la volonté, l'âme, le sont comme toutes les autres; la nature enfin est une immense scène de métamorphoses, desquelles il ne reste rien à la disparition de chacune d'elles par la division. Tel est le seul matérialisme qu'il soit important de réfuter. Car l'autre matérialisme consistant à faire tout matière, mais à dire que la matière est une collection d'unités substantiellement indivisibles, n'est point un matérialisme, mais un spiritualisme, puisqu'au lieu d'anéantir l'esprit au profit du corps, c'est le corps qu'il détruit au profit de l'esprit, en n'admettant que des esprits et des collections d'esprits. Nous laisserons celui-là avec son mot qui nous importe peu ; et, ne nous occupant que du premier, qui implique seul la négation de notre immortalité comme être individuel et moral, nous lui dirons que les mathématiques le condamnent sans appel, en établissant, comme condition de toute existence, la nécessité absolue d'éléments fixes, identiques en substance à cette unité simple qu'on appelle esprit, lesquels ne sauraient être entamés par aucune désorganisation divisionnaire.

Oui, la science du mathématicien conduit jusqu'à la négation, comme possible, de toute substance telle que le matérialisme la suppose. On peut le faire comprendre de mille et mille manières.

Rappelons-nous encore la série de fractions, $\frac{1}{2} + \frac{1}{4} + \frac{1}{8} +$ etc., et, pour mieux fixer nos idées relativement à ce dont il s'agit, prenons-la sous la forme de soustraction, $\frac{1}{2} - \frac{1}{4} - \frac{1}{8} -$, etc.

Cette série est directement applicable à la substance corporelle du matérialiste, et la représente avec toute l'exactitude possible; car, dire que cette substance corps est divisible à l'infini, c'est dire que si on prend la moitié, puis la moitié de cette moitié, ou le quart, puis la moitié de ce quart, ou un huitième, etc., etc., comme l'exprime la série $\frac{1}{2} - \frac{1}{4} - \frac{1}{8}$ etc., on n'arrivera jamais à une partie si petite qu'il ne soit pas encore possible d'en prendre la moitié.

Or, cela posé, notre série de soustractions n'est autre chose que la poursuite, indéfinie et successive, par l'esprit, de l'élément réel du corps, tel que le présente et le définit notre matérialiste; et il est évident, certain mathématiquement, que cette série n'aboutira pas; cela est certain pour la série en soi, prise comme nombre abstrait, et cela est certain pour la même série prise comme nombre concret exprimant les parties réelles qu'on enlève successivement à l'unité corps qu'on a soumise à l'opération analytique, par la définition même qui a été donnée de ce corps.

Cependant si l'élément qu'on cherche existait, on le trouverait à force de le poursuivre, car rien ne résiste à l'investigation de l'esprit ; il a devant lui à dépenser la durée tout entière; et il la dépense en un clin d'œil par sa dévorante abstraction. Il est évident qu'on ne le trouvera pas, cet élément pur, premier, indivisible, ce composant réel, seul capable de donner lieu à des composés. Donc il n'existe pas.

Faisons maintenant rayonner la même opération d'arithmétique dans tous les sens, à partir de toutes les parties du corps qui lui est soumis, dans la direction de tous les éléments. Le même effet se produira par hypothèse à l'égard de tous. Aucun ne sera découvert, ni découvrable. Et la conclusion sera qu'aucun d'eux n'existe.

Mais qu'est-ce qu'un être dont aucune des parties constituantes n'est une réalité, en d'autres termes, qui manque d'éléments constitutifs, qui se compose, et ne se compose de rien ? C'est un être néant, un être qu'on nie en le définissant. Et voilà ce que le matérialiste me donne pour sujet de ma pensée, pour ce moi qui ne suis pas un rêve et qui serais encore si j'en étais un, vu que, pour rêver, il faut être : c'est la contradiction la plus manifeste. Ni mon penser, ni mon agir, ni mon vouloir, ni mon sentir, ni rien de ce que je suis ne peut trouver où reposer son être dans une telle substance, puisqu'elle ne présente pour assises que ce qui est indécouvrable à l'effort de l'esprit, que ce qui n'existe pas.

Il ne faut pas répondre qu'on pourrait pousser le même raisonnement contre la réalité de l'unité abstraite, puisqu'on ne trouve pas plus son élément ; car il y a cette différence capitale entre cette unité et le corps, que, par hypothèse, l'unité est donnée, *a priori*, comme simple, et non point comme un composé, d'où il suit que la série de soustractions n'est, devant elle, qu'un jeu de l'imagination qui ne saurait attaquer sa substance, qu'il n'y a aucune contradiction de constatée en ce qui la concerne, puisque toute la contradiction relative au corps est basée sur sa définition d'être divisible par essence substantielle, et qu'enfin, tout ce que l'argument demande comme nécessaire à dire de corps lui-même, c'est qu'on le définisse autrement, et qu'on lui attribue une simplicité élémentaire comme celle de l'unité.

Donnons une autre forme à l'argumentation. Nos deux séries, l'une de soustractions, l'autre d'additions, sont applicables à la perfection toujours finie des relatifs, comme nous l'avons vu ; elles caractérisent cette perfection de manière à la distinguer radicalement du rien et de Dieu, quoi qu'on la diminue d'une part, quoi qu'on l'augmente d'autre part. Mais il faut bien remarquer qu'elle n'empêche pas la simplicité substantielle de chacun des relatifs dont elle peint le degré de grandeur, la quantité de force et de beauté. Il faut remarquer aussi qu'elle ne met pas dans les collections l'infini numérique ; au contraire, elle détermine toujours la collection déjà formée, lui assigne un nombre limité, et n'est indéfinie que parce qu'elle reste sans cesse susceptible d'être encore prolongée. Elle exprime donc un infini de succession, et non pas un infini réalisé existant au même moment dans un même lieu. Un tel infini serait le nombre infini, ou l'*omnia* des relatifs mis à l'état de réalisation simultanée, c'est-à-dire l'absurdité et la contradiction que déjà nous avons signalées ; car il ne s'agit pas de l'infini réel et absolu consistant dans la limite inaccessible, lequel est nécessaire à titre d'être duquel tous dépendent, et n'implique aucune contradiction, parce qu'il est *un* et non multiple.

Or, cela compris, revenant à la substance du matérialiste, nous disons qu'elle implique cette contradiction même du nombre infini, ou de l'*omnia* numérique dans la divisibilité infinie qu'on lui attribue. Il ne s'agit plus, en effet, d'une série qui se prolonge sans fin et qui n'est jamais close, mais d'une individualité réelle, existant dans sa plénitude relative ; c'est le corps, celui qu'on voudra prendre pour exemple ; or, ce corps, par l'hypothèse, peut être soumis à l'analyse métaphysique exprimée par la série des nombres ; ce n'est plus une collection déterminée qu'on augmente indéfiniment, ce n'est plus une grandeur finie qu'on agrandit indéfiniment ; c'est une collection formée et une grandeur existante, au sein de laquelle on trouve la même série infinie toute consommée. Faites rayonner, comme nous l'avons dit, la série de soustractions dans tous les sens, sur chacun des restes de chaque soustraction, vous obtenez une répétition sans fin de cette série sans fin, en ne cessant pas de travailler chimiquement, pour ainsi parler, sur quelque chose de substantiel et d'existant. Mais vous tirez par là, de ce quelque chose, des nombres concrets qui n'ont pas de limite ; vous le faites éternellement avec la certitude de ne jamais épuiser les éléments. Vous ne pouvez cependant tirer de cet être que ce qu'il contenait simultanément avant votre opération commencée. Il y avait donc chez lui, en ce moment même, le nombre infini, l'*omnia* numérique, puisque celui-là seul est inépuisable. Mais là précisément gît la contradiction ; ce nombre, en tant que réalisé, est impossible ; en affirmant votre substance matérielle, la seule que vous vouliez reconnaître, vous transportez dans un être existant la série des nombres qui n'est infinie que par succession à l'égard de ce qui n'est pas encore, et qui l'est ainsi par cela même qu'elle est toujours finie dans sa partie réalisée. Vous êtes donc obligé, pour être matérialiste, d'affirmer la contradiction la plus manifeste, sous peine de tout réduire à zéro si vous ne voulez pas vous réfugier dans la théorie simple, lumineuse, consolante de l'unité absolue et de l'unité relative faite à son image, de Dieu et de l'esprit.

Toutes les parties des mathématiques fournissent en abondance des arguments semblables.

Soyez donc matérialiste et mathématicien....!

VII. — *Que demanderons-nous encore aux mathématiques?*

Nous avons à peu près accompli notre tâche. Nous sommes loin de nier d'autres harmonies que plus d'un grand homme a cru saisir entre les mathématiques et la religion, même révélée. Marchant sur les traces de Pythagore qui basait sa philosophie et ses dogmes religieux sur les nombres; sur celles de Platon qui nous a laissé quelques passages très-peu compréhensibles et très-mystérieux, fondés sur des sortes de calculs cabalistiques; sur celles de Laotseu, qui exprimait la Trinité comme s'il l'avait trouvée dans une manière de comprendre la génération des nombres; beaucoup de modernes ont inventé ou imaginé des rapprochements nombreux entre certaines combinaisons numériques et de grandes vérités chrétiennes, telles que la Trinité, les trois vertus théologales, les sept sacrements, les sept vices capitaux, etc. Les nombres 1, 3 et 7 sont, en général, pour eux, les nombres générateurs. On peut lire des considérations de ce genre dans un beau livre philosophique de l'abbé Lacuria, intitulé : *Les harmonies de l'être exprimées par les nombres*. Pour nous, n'ayant jamais saisi assez clairement la nécessité de ces relations, et n'ayant pu nous identifier suffisamment aux contemplations de ces auteurs pour acquérir la conviction qu'il y ait, dans leurs rapprochements, autre chose que des jeux de l'imagination, souvent très-ingénieux et très-utiles, pour le moins, à titre de comparaisons explicatives, nous n'en parlerons pas à nos lecteurs. — Voy. Cosmologiques.

MATIÈRE ET FORME. Voy. Sacrement, XI.

MÉDECINE. — RELIGION. Voy. Physiologiques (Sciences).

MER ROUGE (Passage de la). Voy. Historiques (Sciences), IV, 3.

MÉRITES. Voy. OEuvres morales.

MESSE. Voy. Sacrifice de la messe.

MÉTEMPSYCOSE. Voy. Enfers.

MÉTÉOROLOGIE — RELIGION. Voy. Géologiques (Sciences).

MÉTHODE HYPOTHÉTIQUE ET EXPÉRIMENTALE. Voy. Science. — Religion, I, 3.

MINÉRALOGIE. — RELIGION. Voy. Géologiques (Sciences).

MINORITÉ (Droits inviolables de la). Voy. Sociales (Sciences), I.

MIRACLES ET PROPHÉTIES. Voy. Cosmologiques (Sciences), II, III, et Symbole, II.

MIRACLES BIBLIQUES. Voy. Historiques (Sciences), IV.

MIRACULEUX (Essence du) COMME VERTU PROBANTE. Voy. Symbole catholique, II, vers la fin.

MISÈRES HUMAINES, — PÉCHÉ ORIGINEL. Voy. Déchéance, V.

MITIGATION DES PEINES. Voy. Vie éternelle.

MODE. Voy. Ontologie.

MOLINISME. Voy. Panthéisme, IV et Grace, IV.

MONADES. Voy. Eucharistie, Ontologie, Panthéisme, Athéisme.

MONOGAMIE PRIMITIVE. Voy. Historiques (Sciences), III.

MONOTHÉISME. Voy. Mathématiques (Sciences), III et Ontologie.

MONOTHÉISME PRIMITIF. Voy. Historiques (Sciences), II.

MORALE PHILOSOPHIQUE. — MORALE CHRÉTIENNE (Ire part., art. 16). — Malgré les nombreux renvois à l'article Morale, çà et là répandus dans notre ouvrage, nous sommes obligé de supprimer cet article à cause de sa longueur.

Il consiste principalement dans un exposé des préceptes de Platon et de Confucius, mis en rapport avec ceux de l'Evangile, et dans l'explication de ce qui constitue la vraie supériorité de la révélation évangélique sur les purs enseignements de la raison des anciens.

Le lecteur trouvera cet article, tel que nous l'avions composé pour ce dictionnaire, dans celui qui lui servira de complément, — Voy. Acatalepsie.

MORT (La). Voy. Déchéance, II, et Résurrection.

MORT DE SOCRATE. — MORT DE JÉSUS. Voy. Passion.

MORT (Peine de). Voy. Sociales (Sciences), III.

MORTS (Sacrements des). Voy. Sacrement, IX.

MOTS. Voy. Langage.

MOTS (Abus des). Voy. Rationalisme et Naturalisme.

MUSIQUE. — PROGRÈS RELIGIEUX (IVe part., art. 14). — La musique présente l'image la plus éloquente et la plus claire de la grande harmonie des créations divines. De la combinaison de ses accords résulte une parole qui dit à l'âme, mieux que toute autre, la sublimité de Dieu et de la nature. Cette parole exalte, élève aux saintes rêveries, berce d'aise, et transporte les cœurs au delà des limites de nos vallées de larmes. Quand on veut peindre les joies, les frémissements béatifiques d'un autre séjour, on ne trouve rien de plus fort que les expressions du vocabulaire musical; on parle aussitôt des concerts des anges.

Qui n'a pensé quelquefois, avec étonnement, à la puissance des chants populaires et des airs guerriers? pour enthousiasmer les esprits, leur faire oublier la peur du fer et les pousser, la poitrine en avant, contre les armées, on emploie la musique. C'est de là qu'est né l'orchestre militaire, le plus mâle de tous et le plus utile si, au lieu de pousser les hommes contre les hommes, il se bornait à les animer aux combats sacrés qu'ils doivent livrer à leurs mauvaises passions, ce qui, espérons-le de Dieu et de l'humanité, aura lieu quelque jour.

Quand les heureux de la terre éprouvent le besoin de dissiper l'ennui qui les dévore et de rappeler, comme de force ouverte, le bonheur qui fuit leurs loisirs inoccupés, ils ont recours aux concerts, aux symphonies, aux cantates, aux gaies chansons, aux tendres romances, aux contredanses, aux fantaisies de toutes sortes, que leur offre la musique de salon, dans son intarissable répertoire.

S'ils veulent plus encore, la musique de théâtre leur verse à large coupe ses opéras, ses intermèdes, ses partitions, ses solo, ses trio, ses quatuor, ses récitatifs, ses ouvertures, ses entr'actes, ses chœurs, ses mille et mille richesses.

Enfin quand l'homme veut que son âme soit ravie aux divines extases, aux pieuses pensées, aux douces prières, aux saintes espérances, aux rassérénements vraiment heureux, il compose, exécute, écoute le plainchant, la psalmodie, le cantique, l'oratorio, la messe, le spirituel concert, le chœur sacré, l'accompagnement grandiose et mystique du géant des instruments, toutes les harmonies pures et sublimes qui forment la richesse de la musique d'église.

La nature humaine est douée de l'idée innée de l'harmonie des sons. Il n'est pas de peuplade qui ne la cherche dans ses sauvages instincts, pas de société civilisée qui n'en découvre quelques mystères. Cette harmonie, dans la plénitude relative à notre création, existe au sein de l'univers, elle résulte de la combinaison des bruits innombrables de la nature; mais semblables à l'animalcule qui n'entendrait qu'une note détachée d'un de nos concerts, nous n'en percevons que des éclats qui, grâce à notre intelligence, nous avertissent de l'accord universel; et il semble qu'à peine épanouis à l'existence nous fassions effort pour reconstruire en petit, de manière à la mettre à notre portée, cette mélodie rhythmique et harmonique du concert de Dieu.

Il faut que la musique soit une révélation pour le philosophe; car les plus profonds de tous les sages, Platon, Augustin et Descartes s'en sont largement occupés, et n'ont cessé, dans leurs œuvres, de lui emprunter des conseils, de lui demander des solutions. Il n'est pas besoin de faire observer ce qu'elle est pour le poëte; sœur bien-aimée de la poésie, elle ne fait rien sans celle-ci, et celle-ci la consulte, interroge son oreille, puis se met à ses genoux en la priant de lui prêter ses accords. La musique est la déclamation de la poésie, comme la parole est celle de l'écriture. La musique, en exprimant par les sons les harmonies de l'être, est la peinture de la philosophie.

Douée de tels apanages, quelle ne doit pas être sa puissance pour aider l'infiltration de la religion et de la piété dans les cœurs! elle attire comme la voix d'une amante; elle est la syrène des régions sacrées, et elle n'appelle pas vers les écueils, elle cherche à en préserver les aveugles errants; elle tourne le plaisir sensuel au profit du bien; elle détermine l'attention du distrait, la force de penser à ce qu'il mettait dans un oubli funeste, lui souffle, par l'oreille, le sentiment divin que son âme ignorait. Combien d'esprits mondains, d'intelligences futiles ou déviées, n'a-t-elle pas rappelés aux méditations pieuses! Il est des siècles et des peuples pour lesquels la principale ressource de la vertu est dans la musique religieuse; notre âge présente ce phénomène; plus de philosophie; plus d'études sérieuses; indifférence sur les objets métaphysiques; on ne nie pas,

on n'affirme pas; on se contente de ne pas savoir; et l'on dissipe ainsi son existence dans la distraction des vanités du faste ou des utilités matérielles; c'est la musique qui sauve la religion dans les grandes cités; les oreilles sont flattées par les symphonies du sanctuaire; on suit leur attrait, on va à l'église chrétienne comme on irait au théâtre, et beaucoup rentrent au berceau par la porte même qui leur avait servi pour en sortir, par les voies sensuelles, que la religion a trouvé moyen de transformer en séductions saintes. Honneur aux esprits perspicaces du clergé moderne qui ont eu sentiment des besoins de leur époque, et qui n'ont pas craint d'introduire dans l'Eglise jusqu'aux musiques mondaines et aux airs de spectacle! qui les a critiqués sérieusement, et n'a pas fait comme eux, n'a prouvé que son manque d'habileté dans le maniement du siècle.

Il est vrai qu'autant la musique est une arme puissante dans les mains de la religion et de la vertu, autant elle exerce d'empire au profit de la mollesse quand Satan s'en empare, ce qu'il ne manque pas de faire. Mais comme il en est ainsi de toutes les forces mises par Dieu à la disposition de l'homme, nous n'avons pas à nous occuper de réfuter cette objection; la vie humaine est un champ de bataille sur lequel sont jetées toutes sortes d'armures; le bien et le mal s'en saisissent et luttent; au bien de ne négliger aucune ressource, et la victoire définitive lui est infailliblement réservée. Qu'est, au reste, la part du mal près de celle du bien dans les produits de l'art musical? Nous devons attribuer à celui-ci, et par conséquent à la religion, quoique indirectement, tout ce qui fait partie du tableau de la nature, et dont le but n'est pas d'amollir par l'avantage donné à la faiblesse sur la force d'âme, au vice sur la vertu; or, que l'on passe en revue toutes les compositions anciennes et modernes, soit de musique nationale, soit de musique de chambre, soit de musique de théâtre, et que l'on mette en réserve celles dont l'esprit total est à la glorification de quelque vertu et à la flétrissure de quelque vice, on sera surpris du faible lot qui restera aux mauvais génies de l'erreur et du sensualisme. Quand nous entendîmes la pastorale de Bethoven, notre âme acquit une aptitude nouvelle, et qu'elle a conservée pour la sainte rêverie.

Mais si la musique est pour la vérité religieuse un secours aussi puissant, si cette dernière lui doit tant de gratitude, la vérité religieuse rend à la musique le centuple de ses dons. Quel sentiment exalte l'artiste comme ce sentiment de l'infini dans lequel se résument toutes les idées que la religion propose! Dieu, ses œuvres, la rédemption, le Christ et les scènes qui l'entourent, sont les thèmes sublimes que notre culte fournit au talent du compositeur et à l'âme du chantre. Carrière sans bornes, qui ne sera jamais épuisée, et que l'art exploitera jusque dans les cieux; car il n'est point prédestiné à mourir: s'il en était ainsi, c'est que l'homme lui-même ne serait pas immortel ; il fait partie intégrante de l'être humain ; l'être humain tout entier vivra, en grandissant indéfiniment dans les siècles des siècles, et l'art avec lui. Or c'est la religion, cette angélique chose posée, comme une passerelle, entre Dieu et l'humanité, qui présentera, dans ce monde et dans l'autre, le thème inépuisable au génie, à l'âme et à leur voix.

Voyez déjà les magnificences du cantique sacré. Jugez des chœurs antiques par les poésies que Moïse, Debbora, David, confiaient à leur enthousiasme, et que l'Ecriture nous a conservées. Admirez nos messes, nos préfaces, nos psalmodies, nos oratorio, notre plain-chant, nos *Requiem*, nos *Miserere*, nos *Stabat mater*, nos *Magnificat*, nos *Te Deum*. Entendez les chefs-d'œuvre catholiques des Allegri, des Palestrina, des Stradella, des Haydn, des Mozart, des Pergolèse, des Lesueur, des Chérubini. Ne trouvez-vous pas que les inspirations fournies par l'Eglise chrétienne mériteraient qu'on représentât la muse de l'harmonie à genoux et l'œil au ciel sous sa main bénissante, ou abritée sous un pan de son manteau ? Etudiez ensuite dans les opéras, les symphonies, les chœurs, les morceaux de violon et autres instruments, ce qui sent le christianisme soit pour le thème, soit pour l'idée, soit pour la nuance expressive, soit sous un rapport quelconque, et, si vous êtes musicien passionné, vous embrasserez de reconnaissance la fille de Dieu qui a si bien servi vos amours, fécondé avec tant d'énergie et inondé de tant de charmes les sillons où vous passez si heureusement vos loisirs.

Oui, la musique doit sa gloire à la révolution opérée par l'Evangile dans notre monde moral, et l'Eglise catholique est sa meilleure patronne. Une observation générale sur son histoire dans le monde suffirait pour le donner à penser, pour le prouver même ; les musiques de l'antiquité, autant qu'on en peut juger par les rares documents qui nous les font soupçonner, étaient peu de chose près de la musique moderne ; que sont les chants du musulman, de l'Indien, de l'idolâtre, du Chinois, de toutes les nations infidèles, près de ceux du Chrétien ? et, dans le christianisme, c'est à l'ombre des ailes de notre Eglise que la science de l'harmonie, celle du rhythme, la composition mélodieuse, et l'exécution musicale, réalisent depuis plusieurs siècles, leurs plus grandes merveilles. Nous tenons l'avant-garde du progrès. Les maîtres dans l'art, les compositeurs de génie sont pour la plupart catholiques. Enfin il suffit d'ouvrir les yeux pour voir qu'en musique comme en sculpture, en peinture et en architecture, c'est du sein de notre église que l'élan se donne au monde.

Ne perdons pas cet avantage ; en le gardant, nous préparerons de nouvelles gloires à notre foi ; et, pour le garder, aimons et cultivons les arts avec l'esprit large qui sait envelopper l'humain dans le divin et qui ne gêne pas la liberté, condition essentielle de tout progrès. Ouvrons les bras et attirons à nous, au lieu de repousser dehors et de laisser vivre au delà, en nous enfermant dans une étroite clôture. Par l'exclusion rigide on peut se purifier, mais on ne purifie pas, et, ce qui est pire, on s'isole ; or l'isolement dans le monde est une maladie de langueur qui, toute longue qu'elle soit, n'en aboutit pas moins à la mort. — *Voy.* GYMNASTIQUE.

MYSTÈRE. *Voy.* ABSURDE (L'), etc.

MYSTÈRES NATURELS. *Voy.* COSMOLOGIQUES (Sciences), II, IV ; GÉOLOGIQUES (Sciences), I, 2 ; PHYSIOLOGIQUES (Sciences), II, 1.

MYSTÈRES SURNATURELS. *Voy.* SACREMENT, XII.

MYSTICISME. *Voy.* Art. IV.

MYTHE. *Voy.* POÉSIE.

MYTHOLOGIQUE. — HISTOIRE SACRÉE. *Voy.* HISTORIQUES (Sciences), IV.

N

NAISSANCE DU CHRIST (LA). — DEVANT LA FOI ET DEVANT LA RAISON (IIe part., art. 10). —I. Voici comment l'histoire sacrée raconte cette naissance :

Il arriva, dans ces jours, qu'un édit de César Auguste ordonna qu'on fît le dénombrement de toute la terre. Ce premier dénombrement fut fait par Cyrinus, préfet de Syrie, et tous allèrent se faire inscrire chacun dans sa ville.

Joseph aussi partit de Nazareth, ville de Galilée, et monta en Judée dans la ville de David qui est appelée Bethléem, parce qu'il était de la maison et de la famille de David, afin de se faire inscrire avec Marie, son épouse fiancée, qui était enceinte.

Or il arriva, pendant qu'ils étaient là, que le jour où elle devait mettre au monde s'accomplit.

Et elle enfanta son fils premier-né et l'enveloppa de langes, et le coucha dans une crèche, parce qu'il n'y avait pas de place pour eux dans l'hôtellerie. (Luc. II, 1-7.)

Vient ensuite l'admirable récit de la visite des bergers, après lequel on doit lire, dans saint Matthieu (ch. II), celui de la visite des trois philosophes de la religion de Zoroastre.

II. Voici ce qu'en disent les Symboles :

1° Symbole des apôtres. *Je crois...... en Jésus-Christ, son Fils unique, Notre-Seigneur...... qui est né de la Vierge Marie.*

2° Le Symbole de Nicée. Développé par le concile de Constantinople, sous-entend la naissance en disant : *A été incarné du Saint-Esprit, de la Vierge Marie.* On peut entendre : *Est né de la Vierge Marie*, et on traduit quelquefois ainsi.

3° Le Symbole d'Athanase mêle, comme le précédent, la naissance avec l'incarnation et la conception : *Il est homme né de la substance de la mère dans le siècle.*

III. Nous ne voyons que deux points dans la naissance du Christ qui puissent donner lieu à quelques réflexions en harmonie avec l'esprit de cet ouvrage. C'est la virginité de Marie conservée pendant l'enfantement, et le titre de Mère de Dieu que l'Eglise lui donne.

Sur le premier point, il faut dire d'abord qu'il n'y a pas de naissance de réformateur religieux qui soit aussi peu entourée de merveilleux, ou, si l'on veut, entourée d'un merveilleux aussi simple, et aussi grand dans sa simplicité. Ce sont tout bonnement, à l'extérieur deux époux de la classe ouvrière, qui, pour obéir à un décret du gouvernement, vont dans la ville assignée à leur famille pour s'y faire inscrire sur le cadre du dénombrement; ils trouvent l'hôtellerie commune, ainsi qu'elles le sont toutes en Orient, remplie par les premiers venus; ils se mettent à l'abri dans une grotte qu'ils rencontrent, et la jeune épouse, enceinte, se trouvant, au même jour, surprise par le besoin de mettre au monde l'enfant qu'elle porte, accouche dans cette grotte. Rien dans le récit ne sort des conditions ordinaires, sauf les deux visites mystérieuses, et sublimes dans leur rapprochement, des pâtres du voisinage et des trois philosophes de l'extrême Orient, à quelques jours de distance. Il n'est pas question d'un enfantement différent des autres, dans le genre de ceux, par exemple, que prêtent les auteurs chinois à leurs grands hommes. D'après ces auteurs « le grand Yu sortit par la poitrine de sa mère; Sié, par le dos; Lao-Tseu par le côté gauche; Chakia-Mouni par le côté droit, et fut reçu par la fleur d'un nénuphar; Héou-Tsi par la voie ordinaire, mais qui demeura fermée. » (*Dict. des. relig.*, art. *Vierge.*) Seulement l'Eglise a déduit de quelques passages de la révélation relatifs à Jésus-Christ, et de traditions qu'elle a recueillis sur sa mère, que cette mère ne cessa jamais d'être vierge.

Or, bien qu'elle entende, avant tout, que Marie put dire, jusqu'à la mort et dans tous les moments de son existence, ce qu'elle répondait à l'ange dans sa jeunesse : *Je ne connais point d'homme* (Luc. 1, 34); pour imposer silence au pitoyable adversaire qui objecterait qu'on perd la virginité par le seul enfantement, elle a déclaré que cette virginité purement matérielle ne fut pas, non plus que la véritable, enlevée à Marie durant l'enfantement du Sauveur. Et en cela, elle se trouve dire une chose analogue à celle que chantait le poëte du *Chi-King* dans cette strophe : « O grandeur! ô sainteté de Kiang-yuen! oh! que le Chang-ti a bien exaucé ses désirs! loin d'elle la douleur et la souillure; arrivée à son terme, elle a enfanté Héou-Tsi dans un instant. »

Cependant faudra-t-il conclure de là que l'enfantement ait eu lieu autrement que celui des enfants ordinaires? nullement : il suffit de concevoir que le détachement se soit fait comme celui d'un fruit mûr, sans déchirures sanglantes, et qu'aucune des propriétés corporelles n'en ait gardé, dans la suite, de traces cicatrisées. Assurément Dieu put opérer les dilatations nécessaires sans rupture violente.

Le second point ne souffre pas plus de difficulté. En vertu de l'union intime de Dieu avec l'homme dans le Christ, l'Eglise a jugé naturel, convenable et nécessaire, pour rappeler sans cesse le grand mystère de l'Incarnation à ses fidèles, d'user du langage que la théologie appelle la *communication des idiomes*, et qui consiste à attribuer, en parlant du Christ, à l'humanité ce qui ne convient, dans la réalité des choses, qu'à la divinité, *et vice versa*, langage parfaitement analogue à celui dont tout le monde se sert, dans l'ordre naturel, relativement aux trois parties de l'être humain, le corps, la volonté et l'intelligence. On n'a pas l'habitude de dire à sa mère : Mère de mon corps; on dit : Ma mère; et comme c'est l'âme qui émet la pensée, cette locution revient à celle-ci : Mère de mon âme, ce qui cependant n'est pas d'une exactitude de même espèce. C'est ainsi que l'Eglise dit de Marie qu'elle est la Mère de Dieu; elle s'est suffisamment expliquée pour qu'on n'ait pas droit de lui attribuer cette absurdité, que Marie aurait engendré Dieu sans qu'il existât auparavant. Elle a engendré le Christ dans son corps comme les mères communes engendrent leur fils; dans son âme comme les mères communes engendrent l'âme de leurs enfants; et dans sa divinité en ce sens que la divinité s'est incarnée dans ce corps et dans cette âme, au même instant que l'un et l'autre furent déterminés dans le sein de Marie, ainsi que nous l'avons expliqué au mot INCARNATION. Elle a, de plus, mis au monde, comme les autres mères, sauf la virginité conservée, l'enfant Homme-Dieu, qui était résulté de ces diverses opérations surnaturelles; n'en est-ce pas assez pour qu'elle mérite être honorée du nom de Mère de Dieu, au sens rationnel que cette locution comporte si facilement? — *Voy.* JÉSUS (Vie de).

NATIONS ANTIQUES. *Voy.* HISTORIQUES (Sciences).

NATIONS (UNIFICATION DES). *Voy.* SOCIALES (Sciences), V.

NATURALISME — SURNATURALISME (Ire part., art. 3). — De même qu'on a altéré la signification des mots RATIONALISME et TRADITIONNALISME, en leur faisant exprimer un exclusivisme qu'ils n'impliquent pas nécessairement, de même on a détourné ceux-ci de leur sens véritable.

Le naturalisme, dans son sens propre, devrait exprimer le culte du vrai, du beau et du bien naturels, lequel n'implique nullement le mépris et le rejet du vrai, du beau et du bien surnaturels.

Il faut raisonner de même, en sens inverse, du mot surnaturalisme.

Cependant le premier de ces mots sert aujourd'hui de qualificatif à tout système qui, en gardant le culte de la nature, ainsi que nous venons de le dire, rejette celui de tout ce qui est au-dessus de la nature; et le second qualifiera, par contre, tout système qui, en gardant le culte du vrai, du beau et du bien surnaturels, repousse comme appartenant au mal celui de tout ce qui reste dans la sphère naturelle.

Pour le partisan du premier système, il n'y a, ni vérité, ni beauté, ni vertu supérieures à celles de la nature et de la raison.

Pour le partisan du second système, rien n'est vrai, rien n'est beau, rien n'est bon, que ce qui se produit dans la terre cultivée par la piété catholique. Hors des sillons de l'Eglise, et loin de son giron, tout est pernicieux, laid, sans valeur, diabolique et damnable. La philosophie mérite le pilori ; la science ne vaut que le mépris, dès qu'elle ne sert pas directement à glorifier la révélation ; le progrès industriel est une nécessité à laquelle il faut bien se soumettre, quand le fait a parlé, mais contre laquelle on oppose toutes ses forces pour le retarder du mieux qu'on peut; on agit de même à l'égard de toutes les améliorations sociales, de toutes les théories plus ou moins utopiques qu'inspire la simple philanthropie. Cette philanthropie n'est elle-même qu'une hypocrisie dont le nom fait horreur, malgré qu'il signifie l'amour des hommes; enfin, que ne dirions-nous pas? L'art, la poésie, la littérature ne sont, en dehors du sacré ou de ce qui chante directement la dévotion chrétienne, que des filles prostituées sur lesquelles on n'oserait profaner son regard, et qu'il est urgent, pour la société, de brûler vives. Voilà, en quelques mots, les excès du surnaturalisme dont nous parlons.

Exposer ces excès, c'est les réfuter devant le bon sens ; car le bon sens dit que tout ce qui est vrai, bien et beau, ne peut être maudit sans un crime, dont le résultat est un blasphème contre Dieu. Qu'importe que cette vérité, cette beauté, cette vertu, vienne d'une inspiration surnaturelle ou d'une inspiration naturelle ? par cela seul qu'elle est, elle est fille de Dieu, et Dieu l'aime comme il s'aime lui-même. Allez donc haïr ce que Dieu aime !...

Nous n'en dirons pas davantage ici , puisque tout notre ouvrage n'a pour but que de montrer l'unité radicale des deux sortes de produits, leur harmonie dans leur générateur commun qui est l'infini, et, par suite, de faire voir que le seul système rationnel consiste dans l'union du naturalisme et du surnaturalisme, dépouillés, l'un et l'autre, de leur partie exclusive, et gardant, l'un et l'autre, tout ce qu'ils peuvent renfermer d'affirmatif. — *Voy.* Logique.

NATURES DES ETRES. *Voy.* Ontologie (Question des essences).

NATUREL (Droit). *Voy.* Sociales (Sciences), I.

NATUREL (Le). — LE SURNATUREL. *Voy.* Justification II ; Grace et Liberté.

NEANT. *Voy.* Absolu.

NÉCESSAIRE (Le) ET LE LIBRE. *Voy.* Mathématiques, V ; Cosmologiques (Sciences), I, vii.

NÉCESSITÉ DE LA GRACE. *Voy.* Grace et Liberté, II.

NÉCESSITÉ (Phénomènes de). — PHÉNOMÈNES DE LIBERTÉ. *Voy.* Grace et Liberté, III.

NESTORIANISME. *Voy.* Panthéisme, III.

NOMBRE (Le). *Voy.* Mathématiques.

NOMINALISME ET REALISME. *Voy.* Histoire de la philosophie et de la théologie.

NOTIONS DIVINES. *Voy.* Trinité.

O

OBSERVATIONS ASTRONOMIQUES LES PLUS ANCIENNES. — *Voy.* Cosmologiques. (Sciences), V, iii.

OCCUPATION (L') PREMIER TRAVAIL, PÈRE DE LA PROPRIÉTÉ. *Voy.* Sociales (Sciences), II.

ŒUVRES MORALES (Les) DEVANT LA FOI ET DEVANT LA RAISON (IIe part. art. 27). — Nous exposons, de la manière la plus abrégée, au n° XXVII de la première partie de l'article intitulé Symbole catholique, ce que la doctrine chrétienne nous donne à croire sur les bonnes œuvres et sur les mérites. Entrons, en ce moment, dans plus de détails, en invoquant les simples lumières du bon sens.

I. Toute œuvre bonne en elle-même consiste, soit, en l'accomplissement, volontaire et libre d'une loi naturelle ou d'une loi positive ayant valeur de précepte obligatoire, soit dans une action non commandée faite librement en vue du bien. Cela est évident.

II. En ce qui est de la loi naturelle, dont le plus beau résumé est celui que Jésus-Christ tirait de l'Ancien Testament : *Aimer Dieu par-dessus toutes choses et son prochain comme soi-même* elle est inhérente à la nature humaine, n'est qu'une application des lois éternelles de la raison divine à cette nature, de sorte que Dieu lui-même ne pourrait, sans tomber dans la contradiction, la détruire ou en dispenser l'homme, à moins de changer son espèce. Aussi Jésus-Christ, en abolissant la loi de Moïse pour le peuple qui y était soumis, n'a-t-il pas touché à son Décalogue qui est un abrégé de la loi naturelle, pas plus qu'à aucun des préceptes de son code émergeant de cette loi. Il venait accomplir, en exemple, les règles de la nature, les proclamer de nouveau, en développer la connaissance, et en appeler, dans le monde entier, l'observation parfaite sous tous les rapports, individuels et sociaux. Qu'est-ce que son Evangile, sinon, en grande partie, un exposé aussi détaillé que sublime de ces règles? Quand l'ordre surnaturel vient se développer sous son action réparatrice, les lois de la nature, loin d'être entamées et compromises, ne sont que renforcées par leur introduction dans ce champ nouveau, par leur application aux vérités supérieures qui s'y épanouissent. Un exemple général fera comprendre cette observation. La loi naturelle veut qu'on aime Dieu plus que toute chose et toutes les choses ensemble, et ses frères autant que soi-même; elle exige cet ordre dans l'amour, aussitôt que la créature humaine intelligente et libre commence d'exister, et avant toute apparition nouvelle de Dieu dans son domaine. Mais quand la rédemption s'opère, que Dieu se manifeste à nous sous la forme d'un frère, que Jésus-Christ s'interpose dans l'humanité, la même loi d'amour est-elle changée, est-elle abolie ou compromise? Elle gagne au contraire en évidence et en intensité, par son extension à l'ordre surnaturel; Dieu manifesté dans le Christ est conçu par l'homme plus aimable encore, si l'on peut s'exprimer ainsi, ou plutôt l'homme est excité à l'aimer davantage. Voyez l'amour de Paul pour Dieu en Jésus-Christ, voyez le même amour dans sainte Thérèse; assurément la loi naturelle de l'amour divin avant la rédemption et en dehors de sa connaissance, ne se conçoit guère à de pareilles hauteurs. Il en est de même de l'amour du prochain; quand on pense que les hommes, après avoir été frères par la création, le deviennent encore par une rédemption commune, sont les frères du Christ, rachetés par son immolation sanglante, La loi qui ordonne d'aimer les hommes, loin de s'affaiblir, devient d'une puissance à engendrer tous les dévouements que le christianisme seul présente à l'observation sur une échelle aussi considérable.

III. En ce qui est des lois positives, il y en a de plusieurs espèces. Les unes sont des déductions ou applications du droit naturel, que font les hommes entre eux, au moyen de promesses ou contrats par lesquels ils s'obligent les uns à l'égard des autres; on appelle ces lois lois humaines; elles ne peuvent être valides et obligatoires qu'autant qu'elles sont conformes au droit naturel et qu'elles ne contrarient pas celles dont nous allons parler; elles sont sujettes, sans cesse aux modifications, réformes et abrogations qu'il plait aux contractants de leur faire subir. D'autres viennent aux hommes de Dieu même, aussi bien que la loi naturelle, mais par une autre voie, par révélation et législation surnaturelles; on les appelle lois divines, ou droit divin; ce sont quelques ordonnances de Jésus-Christ lui-même, qui ne sont point contenues dans la loi naturelle, qui ne peuvent pas cependant lui être contraires, parce que Dieu rédempteur ne peut se mettre en antithèse avec Dieu créateur, et qui ne peuvent être ni abrogées ni modifiées, depuis qu'elles existent, par aucune puissance si ce n'est par celle qui les a portées, qui est le Christ en personne. Telle est, par exemple, l'obligation de recevoir le baptême pour ceux qui le connaissent; cette obligation n'a sa source que dans une volonté de Jésus-Christ. Il y a enfin les lois positives ecclésiastiques; celles-là sont humaines comme les premières, mais, au lieu d'être des extensions du droit naturel faites par conventions des hommes en tant que membres de la cité naturelle, elles sont des sortes d'extensions et de développements de la loi surnaturelle du Christ faites par une autorité qu'il a munie du droit de les faire, et qui est l'Eglise. Elles sont variables, comme les conventions humaines, puisque l'autorité qui les porte est toujours en permanence pour les changer si elle le trouve convenable; et, comme ces conventions ont pour devoir essentiel le respect du droit naturel, celles-ci ont pour devoir non moins essentiel le respect du code divin surnaturel porté par Jésus-Christ.

IV. Ainsi donc, toutes les lois qui puissent obliger les hommes se rapportent à ces quatre chefs : loi naturelle invariable — loi divine invariable —loi humaine variable, sorte d'application, d'écoulement et de floraison du droit naturel — loi ecclésiastique variable, sorte d'application, d'écoulement et de floraison du droit divin.

Or c'est dans l'accomplissement des devoirs qu'engendrent ces diverses lois, les deux premières universellement et sans variation dès qu'elles sont connues, les deux secondes selon leur manière d'être dans tel temps et dans tel lieu, que consiste la partie la plus importante des bonnes œuvres.

Et il suit de là que les œuvres sont nécessaires dans la proportion où les lois sont connues; car, supposer qu'elles ne le seraient pas, serait supposer ou que les lois n'existent point, ou qu'il n'est pas nécessaire de leur obéir; or, supposer la première chose, c'est nier la nature humaine d'une part, et, d'autre part, tout l'ordre de la rédemption; supposer la seconde, c'est nier la notion la plus claire qui soit dans la conscience, celle de la loi. On peut contester la valeur de loi obligatoire dans telle ou telle loi en particulier, mais, des lois réellement lois étant accordées, il en résulte la nécessité morale des œuvres qui consistent dans leur observation.

Les sectateurs protestants qui ont prétendu que les bonnes œuvres ne sont pas nécessaires pour les Chrétiens, malgré la parole, tant de fois répétée, *à chacun selon ses œuvres* (Rom. II, 6), et malgré l'explication positive que donne saint Jacques de cette nécessité, alléguant pour raison, que le Christ a révoqué la loi naturelle en surnaturalisant la nature, et que, depuis la promulgation de la rédemption, la foi seule est nécessaire pour la justification; ces sectateurs, disons-nous, se sont insurgés en premier lieu contre le bon sens, la conscience et la logique; or, quand on se conduit de la sorte, eût-on ensuite les plus éblouissantes raisons d'autorité à étaler devant les yeux, on est condamné *a priori*, et sans appel.

V. Quant aux œuvres de surérogation,

chacune d'elles en particulier n'est point exigée, mais il y a un prétexte général du Christ qui oblige tous les Chrétiens à tendre sans cesse vers une perfection plus grande : *Soyez parfaits comme votre Père céleste est parfait.* Et ce précepte est encore de droit naturel révélé par la conscience elle-même; est-ce que toute conscience ne dit pas que celui-là manque à son devoir qui, pouvant devenir meilleur, ne le devient pas par décision libre de sa volonté, refusant de s'en donner la peine, bien que, dans le concours de deux actions bonnes et également autorisées, nulle conscience ne se croie obligée à se décider pour la plus excellente? Le commandement de Jésus-Christ, compris dans sa généralité, est tellement conforme aux inspirations de la pure raison, qu'on le trouve en termes équivalents dans Platon, et dans les philosophes de l'extrême Orient, chaque fois qu'ils répètent que l'homme doit imiter Dieu et tendre sans cesse vers ses perfections.

VI. Ce qui précède explique les bonnes œuvres en elles-mêmes et en général; mais, si on les considère dans l'individu, il peut arriver, par défaut de connaissance exacte des lois et des devoirs qu'elles engendrent, ainsi que de ce qui est réellement bon ou réellement mauvais, qu'une œuvre soit bonne et méritoire pour celui qui l'accomplit, quoiqu'en soi elle n'ait pas cette qualité, et qu'elle fût mauvaise et déméritoire dans une autre; en sorte qu'à considérer la question sous ce rapport, on doit poser le principe général suivant : l'homme fait une bonne œuvre relativement à lui-même toutes les fois qu'en toute sincérité d'âme, et, après avoir pris toutes les précautions d'examen que sa raison lui prescrit, il croit en faire une bonne; et il en fait une mauvaise toutes les fois qu'il pense en faire une telle. — *Voy.* LIBERTÉ DE CONSCIENCE, ch. 1. — La vertu et le mérite, dans leur acception la plus étendue, sont le résultat d'une harmonie parfaite entre la conscience et la détermination à l'acte; le péché et le démérite, dans l'acception correspondante, sont le résultat d'une antinomie ou antithèse entre ces deux forces de la nature morale, ils ne peuvent se produire actuellement que par une contradiction posée dans une même conscience.

VII. Il y a deux espèces de mérite : le mérite dans l'ordre de la nature telle qu'elle existe depuis la déchéance, et le mérite dans l'ordre de la rédemption. Le premier a pour fin une récompense naturelle de ce monde ou de l'autre; le second, une récompense supérieure en participation des gloires du Christ. —*Voy.* DÉCHÉANCE, RÉDEMPTION, VIE ÉTERNELLE.

Or, chacun de ces mérites a sa source première en Dieu même, et l'homme ne fait que partager, dans l'œuvre méritoire, par mode d'adhésion ou de non opposition, par la réponse *oui,* une vertu dont la propriété radicale est à Dieu d'une éternelle antériorité. Mais cette vertu méritante n'est pas la même dans les deux mérites; dans le premier, c'est l'action providentielle du Créateur sur l'âme qu'il a créée; dans le second c'est l'action surnaturelle de Dieu incarné ou du Christ, action qu'on appelle grâce, sur l'âme qu'il a restaurée par son incarnation et tous les moyens intérieurs et extérieurs qui en ont été le complément. Il ne s'agit, devant la foi chrétienne que du mérite surnaturel dont la fin dernière est le ciel de Jésus-Christ; donc on doit poser en principe, que nos œuvres ne sont méritoires, dans l'ordre du salut proprement dit, que par application, en elles et en nous, des mérites mêmes du Christ; et c'est, en effet, ce qui est de foi. Si l'on suppose une bonne action dépouillée de toute relation avec les grâces vivifiantes de l'Homme-Dieu, on suppose qu'elle ne mérite rien pour la fin surnaturelle qu'il nous a conquise.

VIII. Il suit de ce qui précède qu'il faut être initié à la rédemption, par le baptême d'eau ou autrement, pour que les bonnes œuvres puissent mériter surnaturellement. Quelque bonnes qu'elles soient, il est aussi impossible qu'elles soient méritoires de cette façon dans un sujet non régénéré qu'il est impossible qu'elles existent et soient méritoires de l'autre façon dans un sujet non créé. Il y aurait contradiction à soutenir le contraire, car ce serait dire que le même sujet ne serait pas, d'un côté, participant de la rédemption et, de l'autre côté, en serait participant, ce qui est impossible. Si ses œuvres méritent surnaturellement, c'est qu'il est initié par elles ou autrement à l'ordre surnaturel, et s'il n'y est initié d'aucune manière, ses œuvres, par l'hypothèse même, ne méritent pas surnaturellement. On peut discuter sur les conditions nécessaires pour l'initiation (*Voy.* RÉDEMPTION), mais la logique défend de discuter sur l'absence de tout mérite surnaturel en dehors de l'hypothèse de cette initiation. Toute cette théologie est tellement du simple bon sens qu'il serait fastidieux de l'étudier plus longuement.

IX. Parmi les sujets régénérés, et, par conséquent, dont les œuvres peuvent mériter pour le ciel de Jésus-Christ, on distingue les justes, c'est-à-dire, non pas ceux qui sont absolument sans péché, mais ceux qui ne sont point assez éloignés de Dieu et de Jésus-Christ relativement à l'étendue de leur connaissance, pour qu'on puisse dire d'eux qu'ils ont perdu, devant Dieu et Jésus-Christ, le droit au salut surnaturel, et, avec ce droit, l'état qui l'implique et qu'on nomme grâce sanctifiante, justice habituelle, sainteté, etc. On distingue aussi les coupables ou pécheurs, c'est-à-dire, non pas ceux qui sont coupables ou pécheurs dans un degré quelconque, mais ceux qui le sont assez pour avoir perdu, dans leur état présent, la justice habituelle suffisante pour le droit au salut surnaturel. Il est évident que nul homme ne peut connaître ceux qui appartiennent à l'une ou à l'autre de ces deux catégories, qu'une telle appréciation des âmes est exclusivement du ressort de Dieu ; mais il n'est pas moins évident qu'on doit partager théoriquement les sujets régénérés en ces deux classes.

Or, la théologie émet, à propos de cette classification, une proposition qui, à notre connaissance, choque beaucoup les personnes du monde, et qui cependant n'est qu'une simple déduction logique de la classification elle-même. Elle dit que les œuvres, quelque bonnes qu'elles soient, quelque vertu qu'elles dénotent, n'ont aucun mérite direct pour le ciel, dans ceux de la seconde catégorie, c'est-à-dire qui, selon son langage, sont en état de péché mortel, ou privés de l'état de grâce, ou morts à la vie surnaturelle. Quoi de plus essentiel après l'hypothèse posée ? On suppose, d'une part, un état tel qu'il est exclusif du salut au sens chrétien, et cet état continuant de durer ; on suppose, d'autre part, dans le même sujet restant dans le même état, des œuvres vertueuses accomplies avec toutes les conditions du mérite surnaturel, sauf l'obstacle qu'on vient d'exprimer ; donc on doit conclure, si on est logicien, que ces œuvres ne méritent pas le ciel *hic et nunc* à l'individu qui les accomplit, puisque d'émettre une pareille affirmation, sans rétracter la première, serait dire que cet individu mérite le ciel et ne le mérite pas tout à la fois, ce qui est absurde. Développons autrement cette vérité de simple bon sens. Ou l'œuvre bonne détruit l'état exclusif du ciel, ou elle ne le détruit pas ; si elle détruit l'exclusion, c'est donc qu'elle implique la contrition de ce qui a causé l'exclusion, et alors on devient juste par la contrition même, et ce n'est plus le cas de la thèse, puisque l'état de péché mortel n'existe plus. Si elle ne détruit pas l'exclusion, c'est donc que la contrition n'a pas lieu et qu'il y a persévérance dans l'adhésion à ce qui cause l'exclusion ; c'est le cas de la thèse ; mais alors, il y a contradiction à dire que la bonne œuvre détruit l'exclusion et ouvre la porte du ciel, puisqu'on vient de supposer que c'est précisément ce qu'elle ne fait pas.

Il est donc vrai et nécessaire que les bonnes œuvres faites hors de l'état de grâce ne méritent point le ciel à proprement parler et d'une manière directe.

Mais il serait faux de dire qu'elles ne méritent rien, et même qu'elles n'aient aucune relation avec la fin surnaturelle. C'est ce que nous allons expliquer dans le numéro suivant.

X. On sait que les plus célèbres réformateurs du XVI° siècle prétendirent, au moins dans quelques ouvrages, que les œuvres faites sans l'état de justice, non-seulement ne méritent rien, mais sont toutes de vrais péchés dignes de l'enfer, quelque bonnes qu'elles soient et en elles-mêmes et dans l'intention de celui qui les opère. Le bon sens se révolta contre une pareille folie ; et comme ils n'admettaient guère la valeur des évidences rationnelles, bien qu'on se soit plu trop souvent et sans raison à les qualifier d'enfants de la philosophie cartésienne, l'Eglise se hâta d'ajouter son sceau à celui du bon sens, pour rendre leur condamnation plus éclatante. Dans une époque plus récente, les jansénistes, ayant soutenu des principes qui conduisaient à des conclusions semblables, furent également condamnés. La première des propositions de Quesnel, que l'Eglise anathématisa, fut celle-ci : « Que reste-t-il à une âme qui a perdu Dieu et la grâce, sinon le péché et ses suites,... une impuissance générale au travail, à la prière et à toute bonne œuvre. » Et l'Eglise, en rejetant de son sein ces doctrines atroces, déclarait toujours, en termes plus ou moins explicites, que les bonnes œuvres accomplies en dehors de l'état de grâce sont encore bonnes, louables, utiles et profitables en quelque chose, même dans l'ordre du salut, en ce sens que ce sont des grâces de Dieu qui disposent à la justification, en aplanissent la voie.

Si donc il est contraire à la saine logique de donner aux bonnes œuvres, accomplies en dehors de l'état de grâce, une valeur méritoire du ciel même, il n'est pas moins contraire à la raison, aussi bien qu'aux définitions de l'Eglise, de ne leur en attribuer aucune. Précisons cette valeur d'une manière exacte.

Une bonne œuvre, telle, par exemple, que le sacrifice de ses biens, de ses aises, de sa vie pour le prochain, peut être accomplie librement ou par nécessité ; peut être faite en vue de Dieu et de Jésus-Christ, c'est-à-dire par un motif surnaturel, ou par un bon motif purement naturel, comme la pitié des malheureux, sans rapport à Dieu et à Jésus-Christ ; peut enfin être surnaturelle dans sa cause, ce qui a lieu quand elle est excitée par la grâce de Dieu rédempteur, et ce qu'on ne sait jamais avec certitude, ou purement naturelle dans sa cause, ce qui a lieu quand elle est excitée par les simples grâces providentielles de l'ordre de la création.

Quant à la première de ces trois distinctions, il faut l'écarter de notre examen ; car une bonne œuvre qui est accomplie par nécessité n'est plus qu'une œuvre indifférente, relativement à son auteur : il est impossible qu'il y ait quelque mérite dans une action qui n'est pas libre, et à laquelle on ne s'est pas déterminé par un choix dont on était maître. Nous ne sommes pas maîtres de ne pas aimer et désirer le bonheur ; il n'y a aucun mérite pour nous dans cet amour et ce désir. Nous entendons donc par bonne œuvre une œuvre qui, étant bonne au jugement de la conscience, est librement accomplie.

Quant aux deux autres distinctions, l'œuvre peut être bonne des deux manières, c'est-à-dire étant naturelle ou étant surnaturelle dans son motif et dans sa cause divine. Or, parlons d'abord de celles qui sont surnaturelles, quoique faites sans l'état de justice.

Nous avons déjà dit que, d'après l'Eglise catholique, elles ont une relation indirecte avec la fin surnaturelle du Chrétien, en ce sens qu'elles disposent à la contrition, rendent la conversion plus facile et plus probable, et qu'étant elles-mêmes des fruits de la grâce, elles provoquent d'autres grâces plus puissantes, qui pourront conduire jusqu'à la justification complète, si l'on y coopère. Rien de plus rationnel que cette doctrine, rien de plus conforme à l'idée que la philosophie nous donne de l'Etre suprême.

Mais ce n'est pas tout. Il arrivera de deux choses l'une : l'individu finira par mourir justifié dans la mesure suffisante pour que la porte du ciel de Jésus-Christ lui soit ouverte un jour; ou il mourra dans un état de conscience tel que cette porte lui soit toujours fermée. Or, à quoi lui auront servi les bonnes œuvres dont nous parlons dans les deux hypothèses?

S'il meurt dans l'état de réprobation, il est évident qu'elles ne lui auront servi de rien pour le ciel, puisqu'il en sera exclu; mais la raison dit qu'elles lui serviront beaucoup pour modifier son état dans un sens favorable, là où la justice aura fixé sa demeure. Puisque chacun sera traité selon la disposition morale qu'il se sera faite durant la vie présente, puisque le souvenir des vertus qu'on aura pratiquées luira toujours aux yeux dans une clarté parfaite, souvenir nécessairement doux et agréable, il est impossible de ne pas admettre que toute bonne œuvre conserve sa récompense dans quelque demeure que l'on soit placé. Il est vrai que de terribles remords pourront opposer un lourd contre-poids, et que l'on conçoit, dans le même individu, des changements en mal qui peuvent neutraliser les bonnes volontés qu'il a conçues avant ces changements; mais, quoi qu'il en soit des équilibres de l'éternelle justice, nous sommes certains que les bonnes œuvres entreront en compte, et que, quel que soit et doive rester ou devenir l'état moral d'un homme, il ne perd jamais son temps dans les vertus qu'il pratique. C'est aussi la pensée de l'Église, quand elle enseigne que tout est pesé, le bien comme le mal. Supposons, par exemple, un homme qui a consacré son existence, avec toutes ses ressources intellectuelles et physiques, à l'amélioration du sort de ses semblables, et qui, cependant, s'est constitué indigne de la participation au banquet de l'Homme-Dieu: l'hypothèse est acceptable, et peut être même assez souvent réalisée; il est évident que le juge des hommes ne pourra pas dire à celui-là : J'ai eu faim, j'ai eu froid, et tu ne m'as pas nourri, et tu ne m'as pas vêtu, puisque ce ne serait pas conforme à la vérité. Or, qu'il lui dise autre chose, en sera-t-il moins vrai que l'absence de ce terrible reproche, et le mérite, intérieurement senti, de l'éloge contraire, ne soient pour cet homme un allégement considérable, disons-le sans crainte, un bonheur relatif que d'autres envieront? Les notions claires que Dieu nous a données de ses attributs nous obligent à en juger de la sorte.

Si l'individu que nous avons supposé meurt dans l'état qui ouvre la porte du ciel, il est encore évident que ce ne seront pas les bonnes œuvres qu'il aura faites avant sa justification qui lui auront mérité son bonheur, à proprement parler, puisque, quand elles ont eu lieu, elles ne le méritaient pas directement, et que le passé ne saurait perdre son caractère, Dieu lui-même ne pouvant rendre à ce qui a été et n'est plus une nature qu'il n'avait pas quand il était; mais il est bon d'approfondir un peu mieux la question.

Les théologiens distinguent trois espèces de bonnes œuvres : les œuvres vivantes, qui se font en état de justice; les œuvres mortes, qui se font en état de péché; et les œuvres *mortifiées*, qui, après avoir été vivantes, passent à l'état de mortes par la perte de la justice, qu'entraînent les mauvaises œuvres, qu'ils appellent *mortifères (donnant la mort)*.

Or, ils enseignent généralement que les œuvres *mortifiées* revivent avec la récupération de l'état de justice, au moyen de la pénitence, de sorte qu'elles entrent en compte pour le ciel, comme si elles n'avaient point cessé d'être vivantes. Cette croyance est très-raisonnable; car, puisque ces œuvres ont été accomplies avec toutes les conditions du mérite surnaturel, elles doivent avoir leur effet, dès que l'obstacle qui s'opposait à cet effet se trouve détruit; mais, quant aux bonnes œuvres *mortes*, ils résolvent généralement la question par ce simple raisonnement : ce qui a toujours été mort, ce qui n'a jamais vécu, ne saurait revivre. C'est à peu près la raison que nous venons d'apporter nous-même, en disant que ce n'est point à ces œuvres que sera attaché, d'une manière directe, le mérite du salut, le passé étant, par essence, immodifiable en lui-même. Cependant, ne pourrait-on pas concevoir que les effets de ce passé fussent modifiés par le présent, et que l'obstacle, qui empêchait ces œuvres de mériter le ciel, étant levé, elles entrassent en compte pour augmenter le bonheur surnaturel, puisqu'elles ont eu la qualité de surnaturelles au moment de leur accomplissement? Nous voyons d'autant moins l'impossibilité de cette hypothèse que ce ne sont point, au fond, les actes détachés qu'il faut considérer, et que considérera la justice éternelle, mais bien l'ensemble moral de la personne, la vie entière, et l'état de la volonté qui résulte de cette vie au moment de la mort. Nous aimons donc à penser qu'encore que ce ne soit point à ses œuvres mortes que l'élu sera redevable de sa bienheureuse éternité, ce qui serait absurde à dire, ces œuvres entreront en compte, pour augmenter la somme du bonheur, par l'effet des œuvres vivantes qui auront succédé. Nous ne croyons pas que l'Eglise ait jamais rien défini contre une pareille pensée, et, quoi qu'il en soit, si l'on se rejette sur la considération du souvenir de ces bonnes actions et de l'influence qu'elles auront exercée pour disposer à la conversion, on arrive, par ce biais, à des conclusions semblables, puisqu'il est impossible de concevoir ce souvenir sans une douceur de plus dans la conscience.

Il nous reste à dire quelques mots des œuvres purement naturelles : celles-là ne peuvent avoir aucune relation avec le ciel surnaturel de Jésus-Christ; mais comme la nature né sera pas plus détruite par la surnaturalisation, dans l'autre vie, qu'elle ne l'est dans celle-ci, on doit dire d'elles, relativement à l'ordre naturel, qui demeurera le *substratum* du surnaturel, ce que nous avons dit des autres : elles apporteront, en dehors du séjour des bons, une modification favorable au malheur, exactement en rapport avec leur valeur naturelle, et, dans ce séjour, quelque chose de plus au bonheur en ce qu'il aura de naturel pour fond. Il n'y aura donc rien de perdu de tout ce qu'on aura semé; seulement, chaque graine produira des fruits conformes à son espèce : naturels, si elle est d'espèce naturelle; surnaturels, si elle est d'espèce surnaturelle ; et proportionnels au degré de vertu fructifiante qu'elle aura reçue de l'influx divin, de qui tout bien découle dans l'un et l'autre des deux ordres, quoiqu'il reste nécessairement vrai de dire que, toute œuvre bonne, faite dans l'état de culpabilité morale, exclusif soit du ciel du Rédempteur, soit du limbe naturel, en ce qui concerne les infidèles, ne puisse mériter directement ni pour l'un ni pour l'autre de ces deux avenirs. Prise au moment de son accomplissement, elle n'entraîne qu'une chose, à savoir, une diminution de souffrance dans la conscience du coupable et en ce monde et en l'autre.

XI. Jusqu'alors nous n'avons guère parlé des bonnes œuvres que dans l'état de péché. Que faut-il, pour qu'elles soient méritoires du salut chrétien, dans l'état de justice? On peut conclure de ce qui a été dit, qu'elles doivent être libres, c'est-à-dire affranchies de toute nécessité absolue ou relative, de même que les mauvaises ne peuvent avoir le caractère de crimes qu'à la condition d'être librement accomplies, ce qui est évident, et ce sur quoi la conscience droite ne trompe pas ; qu'elles doivent, en sus, être opérées dans un motif surnaturel, et excitées par la grâce surnaturelle de Jésus-Christ : ce sont ces deux dernières conditions qui leur donnent la qualité d'œuvres chrétiennes, comme c'est la première qui leur donne la qualité d'œuvres morales. Donc si l'on peut concevoir qu'un Chrétien juste fasse une bonne œuvre dans un motif simplement naturel, celle-là ne sera point une semence pour la récompense surnaturelle ; il en serait de même de celle à laquelle la grâce du Sauveur n'aurait pas concouru, quel qu'en fût, d'ailleurs, le motif. Chacun sait dans quel motif il agit, nul ne sait quelle grâce l'y pousse ; d'où saint Paul disait que, bien que sa conscience ne lui reprochât rien dans l'exercice de son ministère, il n'en pouvait conclure qu'il fût pour cela justifié; et d'où on a toujours raison de dire qu'il faut opérer son salut avec crainte et tremblement, parce que ce salut demeure un don gratuit, de quelque côté qu'on l'envisage ; mais il faut ajouter, quant au motif surnaturel qu'on se propose, qu'il peut très-bien être mélangé à des motifs naturels, et que ce mélange ne lui ôte pas son caractère, ne fait même souvent que le solidifier dans sa base : la pitié du malheur, par exemple, va à merveille avec le désir d'imiter Jésus-Christ ; et, comme il n'est pas nécessaire que ce motif soit actuellement et formellement raisonné, on peut dire que, par habitude, toutes les bonnes actions d'un bon Chrétien sont munies de cette condition. Il faudrait, pour l'effet contraire, qu'il y eût, dans son esprit, exclusion formelle de ce motif, ce qui n'est pas concevable. Et, en ce qui concerne la grâce existante de Jésus-Christ, bien qu'on ne puisse affirmer qu'elle existe pour tel acte en particulier, parce que chacun serait peut-être possible, dans sa matière visible et sentie, dans son corps apparent, avec la grâce naturelle de la Providence, auquel cas il ne serait qu'une bonne œuvre naturelle, la théologie nous enseigne qu'en général les grâces du Christ, suffisantes pour la réalisation du salut surnaturel, sont accordées à tous ceux qui connaissent assez Dieu rédempteur pour avoir la foi nécessaire de nécessité de moyen. — *Voy.* GRACE.

Toutes ces assertions sont des déductions logiques de la distinction des deux ordres auxquels l'humanité est assujettie depuis la déchéance.

XII. C'est encore un point de foi catholique que les bonnes œuvres, dans le juste, ont pour effet de conserver l'état de justice et d'en augmenter la perfection. Voilà ce qu'elles méritent en cette vie : or quoi de plus raisonnable, tant dans l'ordre naturel que dans l'ordre surnaturel? Si l'on considère la créature et tous les biens qui peuvent être en elle, dans leur racine première, on trouve qu'elle ne peut rien mériter, à proprement parler ; le soutenir avec Pélage serait émettre, en dernier résultat, la plus grossière des hérésies philosophiques, celle qui consiste à dire qu'il y a quelque chose dans la créature qui n'a pas Dieu pour cause, et, par suite, qui est Dieu sans l'être. Mais quand on a posé le fait de la créature par l'acte créateur, et le fait de l'activité morale de la créature par l'acte moteur, ainsi que le fait de la substance de la créature par l'acte soutenant ou substantificateur, pour être conséquent avec soi-même, il faut admettre, dans la créature, la possibilité du mérite basée, à la fois, sur les dons de Dieu, sur sa prémotion intime, et sur la coopération libre de celle-là. Or, comme les bonnes œuvres sont les mises en action de cette prémotion et de cette coopération, elles doivent mériter quelque chose, quelque chose de naturel dans l'ordre naturel avec la grâce naturelle, quelque chose de surnaturel dans l'ordre surnaturel avec la grâce surnaturelle. Et il est clair, d'ailleurs, que la première chose qu'elles méritent, c'est le maintien de l'état de vertu et de bonté, et son augmentation. Ce résultat leur est essentiel tant qu'elles se continuent, comme le maintien et l'accroissement de la science sont le résultat nécessaire de la série d'actes efficaces dont se compose le travail pour l'acquérir. C'est ainsi que Jésus disait que plus l'on a, plus l'on reçoit; c'est ainsi qu'Augustin, tout en démontrant contre Pélage l'impossibilité du mérite sans la grâce, et la nécessité d'une première action divine dans tout mérite humain, admettait néanmoins que l'homme peut mériter, par ses œuvres, l'augmentation de la grâce sanctifiante, quoiqu'il ne puisse mériter par elles une seconde grâce actuelle, à moins que Dieu ne l'ait promise librement et gratuitement moyennant la condition des œuvres. C'est enfin ce qu'établit le concile de Trente d'une manière admirable, en ce qui concerne l'ordre surnaturel, dans la session 6e (*De justificatione*).

XIII. Restent plusieurs questions dont s'occupe l'école.

On distingue deux espèces de mérites : le mérite *de condigno*, qui est complet, absolu, qui rend digne de la récompense à tel point qu'il y aurait injustice à ce qu'elle en fût détachée ; et le mérite *ex congruo*, qui n'est que de convenance, en sorte qu'après son obtention à l'aide de la grâce, la récompense pourrait encore en être détachée sans injustice et sans qu'on eût à faire valoir, en réclamation, aucun droit rigoureux.

A laquelle de ces deux sortes de mérites se rapporte le mérite des bonnes œuvres accomplies avec toutes les conditions requises pour la valeur méritante prise dans son extension la plus complète? Telle est la première question.

Il nous semble que, pour répondre, il faut reporter sa pensée sur la récompense elle-même, et se demander de quelle récompense il s'agit. Il y a d'abord une rémunération essentiellement liée à l'accomplissement même de tout acte de vertu; c'est la satisfaction intérieure qui en résulte, ainsi que la gloire réelle et intrinsèque qu'on s'est acquise en s'y déterminant librement, laquelle est proportionnelle à l'effort. Cette récompense est évidemment méritée *de condigno* ou par rapport à la relation essentielle à toute créature. Elle résulte des lois éternelles contre lesquelles Dieu ne peut pas agir, et non d'une générosité libre ; la générosité est dans l'acte créateur et moteur qui mène à l'acquisition du mérite ; mais, cet acte posé, la récompense en est la suite nécessaire, comme la conclusion d'un syllogisme l'est des prémisses. Jusqu'à quel point s'étend cette récompense de condignité que Dieu ne saurait empêcher sans injustice, nous n'en savons rien ; Dieu seul connaît les lois inviolables de la nature *ad intra* et *ad extra*, les limites de sa liberté, ce qu'il ne peut pas faire par la raison que ce serait mal agir, et les harmoniques rapports de sa puissance avec ses autres attributs. Mais ce que nous savons, c'est que, l'activité morale de la créature étant posée, il existe pour elle une récompense de condignité plus ou moins grande, exactement proportionnelle à son mérite, et fondée sur la nécessité des choses.

En sus de cette récompense on conçoit que Dieu puisse ajouter tout ce qu'il voudra ; or il est évident, par l'hypothèse même, que tout ce qu'il ajoutera sera l'effet de sa bonté pure et ne sera point fondé sur un mérite de condignité. Il peut arriver que ce soit fondé sur un mérite de congruité ou de simple convenance, sans droit réel, ou même ne soit fondé que sur la pure libéralité de Dieu agissant librement, sans y être porté par aucun motif de convenance (*voy.* OPTIMISME); mais il est impossible d'imaginer un droit, par subséquence, dans la créature, à ce surplus, en vertu de la supposition même. Dieu multipliera ses dons dans la vie éternelle ; donner ce qu'il s'est obligé lui-même à donner par l'acte de la création et par l'imposition d'une fin, n'est l'œuvre que de la justice ; sa bonté est sans cesse palpitante pour se dilater en effusions nouvelles; il donnera toujours ; et voilà pourquoi saint Paul s'est écrié : *J'estime que les souffrances de ce temps ne sont point « condignes » de la gloire future qui sera révélée en nous.* (*Rom.* VIII, 18.) Mais, nous l'avons dit, ces souffrances, vaincues par la liberté morale avec la grâce qui constitue cette liberté même, sont condignes de quelque chose, dont Dieu seul voit la juste proportion, par-dessous la gloire future dont parle saint Paul.

Voici la seconde question : le mérite, dans le Chrétien, est-il une suite de la valeur même de l'œuvre accomplie avec la grâce, ou seulement une suite des promesses de Jésus-Christ?

La distinction précédente fournit encore la réponse. La récompense, dans sa partie qu'on pourrait appeler philosophique ou de déduction, laquelle est essentiellement attachée à la pratique du bien, est méritée par la valeur même de cette pratique. C'est le principe que nous venons de poser. Quant à tout le surplus qu'on imaginera, ou plutôt qu'on ne saurait imaginer en cette vie des ombres, on ne peut y avoir droit qu'en vertu des promesses du Christ ; mais ces promesses, dès qu'on les suppose faites à tous ceux qui rempliront les conditions qu'elles exigent pour leur accomplissement, constituent, non-seulement une certitude de la récompense, mais un droit réel à cette récompense dans celui qui a rempli ces conditions. Dieu rédempteur s'est engagé librement ; mais, l'engagement pris, il n'est plus libre de ne pas le remplir, parce que ce serait mal agir, et que le mal agir est incompatible avec la perfection infinie. Il résulte donc des promesses du Christ une sorte de mérite *ex condigno* relativement à l'objet de ces promesses, et le surplus qu'on peut encore concevoir rentre, sous tout rapport, dans le domaine de la pure libéralité subséquente. C'est à ce mérite, résultant d'une libéralité antécédente et engendrant une obligation de fidélité en Dieu, que Bergier ramène la question de la condignité, pour éluder les difficultés qu'elle offrait aux théologiens quand ils l'envisageaient, comme nous l'avons fait, dans sa généralité absolue. (*Diction. théol.* art. *Mérite.*)

On pourrait faire la même question sur l'ordre naturel ; car on peut soutenir qu'en dehors de la révélation chrétienne, il y a une révélation naturelle, par laquelle Dieu a donné à l'homme l'assurance d'une rémunération de la vertu, supérieure à celle qu'exigent les lois de l'éternelle, justice à l'égard de toute créature intelligente qui choisit le bien par un amour libre du bien lui-même : et il faudrait faire la même réponse. Dieu, après ces promesses naturelles, est tenu à tout ce qu'il a promis ; c'est un contrat qu'il a bien voulu passer avec l'homme, et tout contrat, en impliquant l'obligation de son accomplissement dans la partie qui s'est obligée, implique le droit en réclamation de cet accomplissement dans la partie au bénéfice de laquelle l'autre s'est obligée. Si donc on trouve, dans le genre humain non initié aux bienfaits de la rédemption, des espérances de rémunérations supérieures à celles qui sont inséparables de la vertu elle-même, fondées sur des promesses de Dieu manifestées d'une manière quelconque, l'homme vertueux y a droit, comme le Chrétien vertueux a droit à la demeure surnaturelle que Jésus-Christ lui a promise.

On demande encore quel est le mode de relation avec le Christ par lequel le Chrétien parvient au mérite ? Question insoluble ; c'est demander comment Dieu s'y prend dans les intimes profondeurs de sa puissance, pour opérer toutes ses merveilles, —*Voy.* aux mots GRACE, INCARNATION, RÉDEMPTION, ce qu'il nous est permis d'en penser dans l'état présent.

Enfin, l'on voudrait savoir si un juste peut mériter pour un autre d'une manière quelconque ; et la question nous paraît assez facile à résoudre.

Si l'on entend parler d'un mérite réel et direct, il est évident que la chose est impossible. Ce mérite réel et direct est dans la coopération même de la volonté à l'action divine, et il y a contradiction à imaginer qu'une volonté coopère pour une autre volonté, de manière que celle-ci ait coopéré elle-même, par la première, sans aucune détermination qui lui soit propre. Mais si l'on entend parler d'une influence d'une créature sur une autre, par l'entremise de Dieu, en ce qui concerne, soit son état physique, soit son état moral, soit son état heureux ou malheureux, c'est ce qui se conçoit le mieux du monde. Cette influence revient à celle de la prière qu'on ne peut contester en bonne philosophie ; car, pour mériter au profit d'un autre de cette façon, il est indispensable d'offrir à Dieu soit des vœux, soit des sacrifices, soit des peines, soit de bonnes œuvres quelconques, avec désir qu'en considération de ces offrandes il se montre favorable à son égard ; or, quelle que soit l'offrande, c'est toujours prier. Jésus-Christ lui-même concourt, en tant qu'homme, à la rédemption du genre humain, en s'offrant à son Père, et en s'offrant, que fait-il, si non prier sous la forme et dans la langue la plus énergique ? Au reste, après que Dieu a promis d'agir à l'occasion de la prière, on peut dire qu'en vertu de cet engagement, qui ne saurait manquer d'être accompli dans les cas prévus par le contrat et que Dieu seul connaît, l'homme mérite pour l'homme, puisque la promesse lui donne le même droit d'en réclamer les effets à l'égard de son frère qu'à son propre avantage, quand il s'agit d'une récompense personnelle.

Il en est à peu près de même du démérite dans un sens opposé. Dieu peut dire à un homme : Si tu fais le mal, il s'ensuivra tel ou tel malheur pour ta famille ; pourvu qu'il s'agisse d'un malheur qui pourrait être attaché à une création de Dieu sans provocation de la part du créé ; et, cette loi portée, si l'homme fait le mal, il déméritera pour sa famille, par l'effet de la loi. De même Dieu peut dire à un homme : Si tu fais telle ou telle bonne action, il s'ensuivra tel avantage pour ta famille ; et si cet homme fait la bonne action, il saura qu'il a travaillé pour sa famille et mérité pour elle par l'effet de la loi qu'il a plu à Dieu d'établir. Mais tous ces mérites ou démérites pour autrui ne sont tels qu'indirectement, par suite des enchaînements que Dieu fonde entre ses créatures, et dont il reste lui-même le terme de communication ; ce ne sont à proprement parler que des influences heureuses ou funestes, naissant des rapports naturels ou surnaturels des êtres entre eux, et dans lesquelles celui qui influe, influe librement.

Si l'on a compris notre manière de procéder dans cet article, on a remarqué que, sur chaque point théologique, nous avons pris pour guide la logique naturelle, la raison, et que l'emploi de cette méthode n'a modifié en rien les conclusions auxquelles nous aurait conduit la méthode d'autorité. — *Voy.* GRACE ET LIBRE ARBITRE.

OFFRANDE (L') A DIEU. *Voy.* HISTORIQUES (Sciences).

ONCTION EXTRÊME. *Voy.* EXTRÊME-ONCTION.

ONTOLOGIE. — CATÉCHISME CHRÉTIEN. (1re part., art. 10). — L'ontologie est la science humaine la plus élevée, la plus abstraite, la plus métaphysique. Elle est née dans le rêve transcendant de l'esprit ; elle se promène aux régions invisibles les moins fréquentées ; elle se nourrit d'aliments dont la foule ignore même le nom. Quelques philosophes, aussi rares parmi les philosophes que ceux-ci le sont parmi les lettrés, et plus rares que ne le sont les lettrés parmi tous les hommes, sont entrés dans les vraies profondeurs de l'ontologie, sont allés, par un saut infini, au-dessus des phénomènes sensibles, étudier l'être dans son *a priori*.

Il serait donc beau de voir toutes les pérégrinations intelligibles, toutes les explosions de force mentale, toutes les peines de l'ontologue aboutir simplement à la première phrase de nos catéchismes ; *il y a un Dieu, pur esprit, infiniment parfait, éternel, présent partout, créateur de tout, et gouvernant toutes choses, avec bonté, liberté, paternité, sagesse.* S'il en était ainsi, nous saluerions à la fois et l'ontologie, science du philosophe, et la doctrine chrétienne, science de l'enfant du peuple ; la première, pour avoir fourni à la raison pure la démonstration mathématique désintéressée de la base même des religions, la seconde pour avoir révélé, en quelques mots simples, à l'ignorant comme au sage, la grande énigme de l'Etre des êtres et de la créature ; toutes les deux, pour s'être rencontrées au point central de la vérité, quoique parties des extrémités de l'univers, et ayant cheminé sur les routes les plus opposées.

Or, il en est ainsi ; nous allons le démontrer, non pas en résumant les travaux ontologiques de la philosophie, ce qui demanderait des volumes aussi longs qu'obscurs, mais en concentrant toutes les ontologies faites et à faire dans quelques hypothèses. Quand on aura compris que, quoi qu'on imagine en étude ontologique, il faudra nécessairement aboutir, par un chemin ou par un autre, à la même conclusion que celle du catéchisme, on partagera, nous l'espérons, la double admiration et reconnaissance dont nous parlions tout à l'heure.

L'ontologie envisagée dans toute son étendue peut se résumer dans trois questions : la question des *existences*, la question des *essences* et la question des *rapports*. Tout ce qui se rattache à ces questions ne peut pas être étudié exclusivement *a priori*; c'est une imperfection essentielle à la philosophie de la créature de n'être qu'une image commencée et jamais finie de celle du Créateur ; et pour cette raison, il est essentiel qu'il s'y mêle toujours de l'*a posteriori*. Nous en ferons entrer le moins qu'il nous sera possible dans notre aperçu ontologique, et d'un autre côté, tout ce qui sera indispensable pour nous conduire à la démonstration.

Traitons nos trois questions.

PREMIÈRE QUESTION.
Question des existences.

Pour la traiter, nous sommes obligé de donner quelques définitions de termes, afin d'écarter toute confusion, de poser quelques axiomes incontestables, de classer mathématiquement toutes les hypothèses possibles, de passer en revue toutes ces hypothèses, et enfin de tirer les conclusions, en faisant observer leur identité avec celles du catéchisme chrétien. Reprenons.

I. — Définitions de termes.

1. *Etre*. — Nous entendons par *être* ce qui est d'une manière quelconque et à un degré quelconque ; ce qui n'est pas néant ; ce qui est conçu *en soi*, ou *dans un autre* ; ce qui est *soutenant* ou *soutenu, contenant* ou *contenu, causant* ou *causé, produisant* ou *produit, étant* ou *devenant ;* en un mot, tout ce dont il est faux de dire que ce n'est rien.

Après avoir ainsi défini le mot être, il est évident que les choses les plus abstraites, telles que l'idée, la qualité, le rapport, seront pour nous des *êtres*, aussi bien que les choses dites concrètes, telles que un homme, le soleil, un arbre.

L'être, ainsi compris, a pour terme contradictoire le non-être, la négation pure, l'absence complète, le vide absolu.

II. *Substance*. — Nous entendons par *substance*, ou *être soutenant*, ou *être sous-étant*, cette espèce d'être intelligible et concevable qui a une existence sienne ; qui sert de sujet, de *substratum*, de soutien à un autre jouissant, à son tour, ou ne jouissant pas de la même propriété ; l'être enfin qui a la puissance, l'énergie d'en supporter d'autres, lesquels ne seraient rien, ne pourraient pas être, s'ils n'étaient ainsi supportés ou possédés par lui, bien que, cette condition essentielle de leur possibilité étant posée, on puisse les imaginer eux-mêmes soutenant, à leur tour, quelque chose, ou ne soutenant rien. S'ils soutiennent, à leur tour, quelque chose, ils seront eux-mêmes substance par rapport à ce quelque chose ; s'ils ne soutiennent rien, ils ne seront pas substance, puisque, pour être substance, d'après notre définition, il faut soutenir.

La substance, ainsi définie, peut être envisagée par rapport à son étendue intelligible simultanée, et par rapport à son étendue intelligible successive. L'étendue intelligible simultanée peut être appelée *espace*, l'étendue intelligible successive peut être appelée *durée*. Et il suit de la définition, 1° que la substance est, sous le premier rapport, relativement à ce qu'elle soutient, le contenant, l'enveloppant de ce qu'elle soutient, au moins par une contenance et un enveloppement de raison, puisque c'est elle qui le contient, le retient, le possède ; 2° que la substance est, sous le second rapport, antérieure à ce qu'elle soutient, au moins d'une antériorité de raison, puisque ce qu'elle soutient ne peut être conçu existant sans elle et, par conséquent, avant elle ; la base est nécessairement antérieure, en raison, à l'édifice qu'elle porte. Il suit de cette remarque que, dans l'idée que nous venons de donner de la substance, sont impliquées les deux suivantes : 1° que la substance est l'*espace* de ce qu'elle soutient ; qu'elle en est le *lieu* intelligible et rationnel, et qu'on peut la nommer *espace contenant*, aussi bien qu'*être soutenant ;* 2° qu'elle embrasse de même la *durée* de ce qu'elle soutient ; qu'elle en est le siècle, le temps, le vase historique, et qu'on pourrait aussi bien la nommer la *durée contenante* que l'*être soutenant*.

Sous ces deux rapports, de l'espace et de la durée, la substance peut être appelée *quantité* intelligible, ou de raison ; et c'est de cette notion que viennent les idées de grandeur et de petitesse par rapport à l'espace et à la durée, ainsi que la *numération* pour exprimer la relation du plus au moins quant au temps et au lieu. Mais ceci deviendra plus clair par la suite.

La substance, telle que nous l'avons définie, peut encore être envisagée comme *force* ou énergie productrice de ce qu'elle soutient ; nous enveloppons encore cette idée dans le mot substance ; de sorte que nous aurons droit, en vertu de cette remarque, de l'appeler *activité produisante, force génératrice, vitalité féconde*, etc., aussi bien qu'*être soutenant*, par rapport aux êtres qu'elle soutient; et ceux-ci, par rapport à elle, *choses produites, fruits engendrés, irradiations de vie, créations*, etc. De cette nouvelle notion de la substance viennent les idées de *perfection* et d'*imperfection*, ou, si l'on veut, de grandeur et de petitesse en force productive, ainsi que la numération pour exprimer les relations du plus au moins à la puissance de produire. C'est encore ce qui deviendra plus clair par la suite.

Ainsi donc, le mot *substance* a, dans notre esprit, pour synonymes, *être soutenant*, *être contenant*, *être antécédent*, *être produisant*, selon qu'on l'envisage par rapport à ce qui est soutenu par elle, ou contenu en elle, ou postérieur à elle, ou produit par elle ; et tous ces termes ne sont synonymes, eu égard à notre manière d'entendre la qualité de soutenant, que parce que ce qu'on soutient on le contient, on le précède, et même on le produit, au sens intelligible, dans la même étendue selon laquelle on le soutient. Mais nous nous servirons presque toujours, pour la clarté, du mot *soutenant* comme fixant l'idée sur un rapport plus simple et aussi plus ontologique.

III. *Mode*, ou *forme*. — Nous entendons par mode, par forme, par *être soutenu*, par *être sur-étant*, cette espèce d'être intelligible et concevable, dont l'essence consiste à ne pouvoir pas être s'il n'est soutenu, et à ne pouvoir rien soutenir. Le mode a besoin, pour être, d'un *soutenant*, d'un *sous-étant*, d'une substance qui soit son soutien immédiat, sa réalité subjective, son appui nécessaire; et, d'autre part, il ne peut servir lui-même de réalité subjective à rien ; il ne peut être que soutenu ; mais, étant ainsi supporté, il est véritablement. Tels sont les attributs, les qualités, les propriétés qui, étant possédées par la substance, constituent sa forme, son *formosum*, son *decorum*, sa beauté, sa splendeur, sa possibilité, enfin, d'être perceptible réalité existante ; mais, sans aller si loin, tenons-nous en à l'idée simple de *soutenu sans soutenir*.

Par la même que la substance est le *contenant* du mode, quant à l'espace et à la durée, par sa quantité ou son étendue intelligible, le mode est le *contenu* de la substance sous les mêmes rapports. Il est embrassé par elle et précédé par elle, au sens ontologique.

Par là même aussi que la substance, envisagée comme force, est la vertu génératrice de ses manières d'être, de ses qualités, de ses modes, le mode est son *produit* dès qu'on la considère comme producteur, et il ne peut être que produit, car s'il redevient producteur à son tour, il redevient substance en sortant de sa définition et rentrant dans celle de la substance. A considérer les êtres réels existant sous nos yeux, on est porté à donner aux modes la propriété de producteur, et la langue est pleine de locutions qui leur attribuent ; mais il suffit de réfléchir un instant pour comprendre que ce sont des figures de diction, très-utiles pour l'art, et qu'en réalité, le vrai producteur est toujours la substance décorée et armée du mode, lequel rayonne d'elle en elle, et lui sert de moyen pour produire. Quand on dit que la force du chêne résiste aux vents, on veut dire que le chêne lui-même leur résiste au moyen de sa force, et ainsi de toutes les locutions semblables. Les substances, telles que nous les avons définies, sont les seuls êtres auxquels puisse être appliquée philosophiquement l'idée de production.

Ainsi donc, *être soutenu*, *être contenu*, *être conséquent*, *être produit*, sans pouvoir ni soutenir, ni contenir, ni antécéder, ni produire, sont, pour nous, autant de termes synonymes des termes *mode*, *forme*, *qualités*, *attributs*, *propriétés*, etc. Nous userons, le plus souvent, pour la clarté des mots *mode* ou *être soutenu*.

IV. *Dieu*, l'*absolu*, le *complet*, le *parfait*, l'*infini*, l'*imperfectible*, l'*exempt de progrès*, *celui qui est*, etc. Nous entendons, par tous ces termes, l'être dans sa plénitude ; l'être tel qu'il soit impossible de lui ajouter, par la pensée, quelque degré de grandeur et de perfection ; l'être tel qu'il soit contraire à son essence d'être conçu plus parfait ; l'être enfin tel qu'il n'exclue de sa nature parfaite que ce qui implique contradiction ou imperfection.

S'il s'agit de l'*absolu-substance*, ce sera la substance complète, tellement complète qu'on ne puisse la concevoir plus complète encore ; et, par conséquent, elle sera :

1° Quant à la *substantialité* proprement dite, se soutenant elle-même, soutenant tout, et n'étant soutenue par rien autre qu'elle-même. Nous appellerons cette propriété de l'absolu en substantialité, la *superséité*, si on la considère *ad intra*, et l'*omnisubstance*, si on la considère *ad extra*.

2° Quant à l'espace intelligible, se contenant elle-même, contenant tout, et n'étant contenue par rien autre qu'elle-même, nous appellerons cette propriété de l'absolu en étendue, l'*intraséité*, si on la considère *ad intra* ; et, si on la considère *ad extra*, l'*omnicontenance*, qui implique l'omniprésence.

3° Quant à la durée intelligible, existant en elle-même, enveloppant toutes les durées imaginables, et n'étant ni précédée, ni suivie, ni accompagnée d'aucune durée autre que la sienne ; étant, par conséquent, sans commencement ni fin. Cette propriété de l'absolu en durée, est appelée l'*éternité*.

4° Enfin, quant à la force active, s'engendrant elle-même éternellement dans tout ce qu'elle peut avoir d'engendré, produisant tout ce qui est produit, et n'étant ni produite, ni activée, ni mue, ni vivifiée par aucune autre force que sa propre force. Cette propriété de l'absolu en activité est appelée l'*aséité*, si on la considère *ad intra* ; et, si on la considère *ad extra*, c'est l'*omnicréation*, et l'*omnimotion* ; on l'appelle aussi la *toute-puissance*.

Il faut observer que, dans l'idée de l'absolu-substance, telle que nous venons de la développer, et telle qu'elle existe dans notre esprit, est impliquée essentiellement celle de l'*unité* exclusive de tout nombre. Si on considère l'absolu-substance, *ad intra*, il n'admet pas le nombre ; car, pour l'admettre, il faudrait qu'il fût divisible, et que sa divisibilité s'exprimât par un nombre infini , puisque, si elle s'exprimait par un nombre non infini, on pourrait la concevoir plus grande, et qu'on sortirait, par là, de l'idée de l'absolu ; or , la raison voit clairement qu'un nombre infini, existant simultanément en substance, est une contradiction ; il ne peut donc y avoir, dans l'idée de l'absolu-substance considéré *ad intra*, que l'unité indivisible. Si on le considère *ad extra*, il en est de même ; il faudrait, pour qu'il admît le nombre, qu'il fût *numérable*, qu'il y eût, à son égard, possibilité de *numération* par l'addition de l'unité à elle-même , par la répétition de l'absolu ; or, cela est impossible, parce qu'alors, pour ne pas sortir de l'idée de l'absolu, il faudrait y voir un nombre infini d'unités égales à lui-même, ce qui serait une contradiction, comme nous venons de le dire ; et en second lieu, parce que , concevoir plusieurs absolus, c'est détruire l'absolu en imaginant quelque chose en dehors de lui, à savoir l'autre ou les autres absolus, qui ne soit ni soutenu, ni contenu, ni précédé, ni produit par l'absolu.»

S'il s'agit de l'absolu-mode, ce sera le mode complet, la forme parfaite, la beauté sans tache, la perfection d'attribut, telle qu'on ne puisse l'agrandir, en idée, dans aucune de ses dimensions et sous aucun de ses rapports ; d'où il suit que cette richesse renfermera toutes les perfections concevables, compatibles avec la définition du mode, et sera :

1° Quant à la substantialité, essentielle, non pas en tant qu'elle se porte elle-même, puisque ainsi elle serait la substance, mais en tant qu'elle sera essentiellement portée par la substance.

2° Quant à l'espace intelligible, essentielle, non pas à titre d'espace servant de lieu à tout, mais à titre de contenu remplissant l'espace absolu de manière à le combler, à n'y laisser aucun vide, aucun besoin de perfectionnement.

3° Quant à la durée intelligible, essentielle et nécessaire, et par conséquent éternelle, non pas au même titre que la substance, ou la durée absolue, mais seulement en ce sens qu'elle remplira éternellement cette durée, comme l'espace, et la comblera sans aucune mutabilité, étant précédée par elle d'une précession de raison, et la suivant inséparablement.

4° Enfin, quant à la force, essentielle encore, non pas en ce qu'elle s'engendre elle-même et engendre tout, puisque c'est le fait impliqué dans l'idée de la substance, mais en ce qu'elle soit essentiellement et éternellement une floraison, un épanouissement, une auréole engendrée, produite, procédée, germée par la substance.

Je forme en moi cette idée générale de la substance, tellement substance, qu'il soit impossible de la substantifier encore, décorée du mode tellement complet, qu'il soit impossible de le compléter encore, et je conçois ainsi l'*être absolu*, l'*être imperfectible*, l'*être parfait, ce qui est, Dieu* enfin, et je ne cesserai plus d'entendre cela par tous ces mots ; c'est le sens que j'y attache, sens qui se résume dans l'idée d'un *nec plus ultra* sous tout rapport ; et, comme j'ai droit d'attacher aux mots le sens que je veux, nul ne peut jusqu'alors me faire une objection.

V. Le *non-Dieu*, le *contingent*, le *relatif*, l'*incomplet*, l'*imparfait*, le *fini*, le *perfectible*, le *capable de progrès, ce qui devient*, etc. nous entendons par tous ces termes l'être qui n'a point la plénitude que nous venons de décrire ; l'être tel qu'il soit possible de lui ajouter, par l'imagination rationnelle, quelque chose ; l'être tel qu'on puisse le concevoir, quelque grand et parfait qu'il soit, encore plus grand et plus parfait, ou plutôt moins petit et moins imparfait ; l'être tel enfin qu'il soit de l'essence de son idée d'être conçu limité.

S'il s'agit du *relatif-substance*, ce sera un foyer d'être incomplet, qu'on pourra concevoir indéfiniment perfectible en substantialité, en étendue, en durée et en force.

1° Quant à la substantialité, il sera, non pas se soutenant par sa propre énergie, puisqu'ainsi il serait l'absolu, mais soutenu, soit par l'absolu immédiatement, soit par un autre soutenu lui-même. Il aura besoin, pour être, d'un *substratum*, d'un appui permanent, à peu près comme le mode, mais avec cette immense différence qu'il pourra, à son tour, étant soutenu par le foyer d'être complet médiatement ou immédiatement, servir de soutien à un ensemble de modes ; car il n'est pas nécessaire à la définition de la substance de la dire exempte de tout support ; il suffit, pour la substantialité, de pouvoir être soi-même un *substratum*. La substance incomplète et relative que nous imaginons sera donc un *substratum soutenu* et *soutenant* tout à la fois.

2° Quant à l'étendue intelligible, il sera, non pas embrassant tout, et n'ayant rien qui l'embrasse autre que soi, mais embrassé de toutes parts, puisque, s'il ne l'était pas sous un seul côté, il serait l'absolu de ce côté-là, ce qui serait contre l'hypothèse, et, d'ailleurs, embrassant quelque chose dans sa limite. Il sera se limitant dans un lieu intelligible déterminé, au delà duquel il n'est pas, et contenant, dans son lieu, des étendues moins grandes que la sienne. Il sera, enfin, tout à la fois *contenu* et *contenant*.

3° Quant à la durée, il présentera les mêmes caractères ; il ne sera point éternel, puisqu'étant éternel il serait l'absolu ; il sera essentiellement contenu dans l'éternité de la substance absolue, et, par conséquent, précédé par elle, mais aussi précédant d'autres durées inférieures à la sienne, et plus limitées que la sienne. Il sera à la fois *précédé* et *précédant*, ne serait-ce que précédant ses modes par précession de raison et de nature?

4° Enfin, quant à la force, il sera encore relatif, de quelque côté qu'on l'envisage, soit comme producteur générateur de ses modifications, soit comme producteur d'êtres extérieurs à lui, soit comme moteur de mouvements quelconques *ad intra* ou *ad extra*. Sous tous ces rapports, il sera une force qui n'engendre qu'en étant elle-même engendrée, qui ne produit qu'en étant elle-même produite, qui ne meut qu'en étant elle-même mue. C'est une *activité* tout à la fois *activée* et *activant*.

De même que l'absolu-substance est exclusif du nombre *ad intra* et *ad extra*, en tant qu'appliqué à lui-même, et n'admet que l'idée d'unité; de même, et par contre, le relatif-substance admet le nombre par la nécessité de sa nature, mais n'exclut pas pour cela l'unité. Le nombre *ad intra* ou la divisibilité lui est essentielle, car il est impossible de l'imaginer exempt de la possibilité d'être conçu plus faible en substantialité, ou en puissance de soutenir, plus petit en étendue intelligible, plus court en durée, plus stérile en activité génératrice, et par conséquent l'esprit le divise, par soustraction des degrés qu'il renferme, en prenant sa limite pour point de départ, selon toutes les combinaisons et à l'infini. Le nombre, ou la numérabilité, lui est également essentiel *ad extra*, car l'esprit ne peut le concevoir, sans le concevoir en même temps susceptible de répétition, d'addition de lui-même à lui-même, de semblables enfin distincts de lui numériquement, et aussi nombreux que l'esprit le voudra. D'ailleurs il n'exclut pas l'unité, et l'unité ne cesse pas de lui être essentielle, parce qu'elle est l'élément de sa divisibilité et de sa numérabilité intelligibles; que ni l'une ni l'autre ne pourraient exister sans elle, par la raison qu'il n'y a pas de composé sans composant, de collection sans individus; nier l'unité dans le *relatif-substance*, c'est nier l'être et l'y nier complètement, car c'est par l'unité, et non par le nombre, que ce relatif-substance peut être conçu comme étant; il a cela de commun avec l'absolu, qu'il lui faut être *un* pour pouvoir être conçu; il a cela de distinctif avec l'absolu, qu'il admet le concept de son unité à un degré inférieur, et, par conséquent, la divisibilité intelligible, ainsi que le concept de sa multiplicité par l'existence de semblables, d'où naît sa numérabilité.

S'il s'agit du *relatif-mode*, ce sera le mode incomplet, la forme imparfaite, la beauté avec défaut, un ensemble d'attributs plus ou moins limité, et tel qu'on puisse l'agrandir indéfiniment par le concept aussi bien que le diminuer sans fin dans l'intervalle qui sépare sa limite de zéro. Il sera :

1° Quant à la substantialité, contingent, non pas en tant que soutenant déjà soutenu, puisque ainsi il serait la substance contingente, mais en tant que soutenu sans soutenir; et ce mot *contingent* signifie qu'on peut concevoir son *substratum* sans lui, et avec une autre forme, ce qui ferait, il est vrai, un autre être individuellement pris, mais ce qui ferait encore un être non absolu. Dire que son mode peut lui être ravi sans qu'il soit anéanti dans son individualité spécifique, c'est dire une contradiction, et, par suite, son mode lui est essentiel à ce point de vue; mais ce point de vue est conditionnel, et l'on ne sort pas de la notion du relatif en imaginant la substance soutenue changeant de mode et de degré de perfection, d'où il suit que le *mode relatif*, pris dans son espèce et son degré, est contingent et non essentiel à l'idée de l'être relatif;

2° Quant à l'étendue, contingent à titre de contenu remplissant son lieu relatif en ce sens qu'un autre mode, en espèce et en degré de perfection, peut être conçu remplissant le même lieu substantiel et formant ainsi un autre relatif.

3° Quant à la durée, contingent de la même manière, c'est-à-dire qu'il remplit conditionnellement, par dépendance et sans nécessité, les limites temporelles de la durée substantielle qui le contient. Il commence en conséquence d'elle, et elle pourrait commencer avec un autre que lui en espèce et en degré.

4° Quant à la force, contingent encore, en ce sens qu'il est l'épanouissement et la floraison de la force substantielle déjà vivifiée elle-même, mais floraison non éternelle et non nécessaire, que l'on conçoit pouvoir différer de ce qu'elle est, en espèce et en degré, par là même que le nombre est inhérent à sa substance *ad intra* et *ad extra*, par là même qu'on peut comprendre cette substance plus ou moins belle, et qu'on peut lui supposer des semblables; car c'est l'idée de nombre, en tant qu'applicable à tout relatif-substance, qui fait que le relatif-mode est contingent, conditionnel, non nécessaire sous tous les rapports.

Tout ce que nous venons de dire ne peut être contesté, en ce sens que nous ne le donnons jusqu'alors qu'à titre de définitions des mots *être, substance, mode, absolu* et *relatif*, et de leurs synonymes. Chacun est en droit d'attribuer aux termes le sens qu'il lui plaît de leur attribuer. C'est contre la démonstration de l'existence réelle de l'absolu et du relatif, tels que nous les avons définis, que tout adversaire peut préparer ses armes.

II. — Axiomes.

*I*ᵉʳ axiome. — L'être ne peut être conçu que de trois manières:

1° Comme *soutenant sans être soutenu*, ou comme *substance absolue*;

2° Comme *soutenu sans être soutenant*, ou comme *mode*, qu'il soit d'ailleurs absolu ou relatif, complet ou incomplet;

3° Comme *soutenant et soutenu tout ensemble*, ou comme *substance relative, incomplétement substance*.

Il est impossible de concevoir une quatrième manière d'être; car ce qui n'est ni *purement soutenant*, ni *purement soutenu*, ni *soutenant-soutenu* n'est évidemment, en aucune sorte, et ne peut être exprimé que par l'absence d'expression véritable, par la négation de l'expression, ou, ce qui revient au même, par l'expression négative, *néant*, *non-être*, *rien*.

L'axiome dilemmatique, que nous venons de poser sur les possibilités de l'être considéré par rapport à l'idée de substantialité, conserve toute sa valeur, étant appliqué aux idées d'espace, de durée et de force.

Quant à l'espace, il prend cette formule : l'être ne peut être conçu que *contenant-non-contenu*, *contenu-non-contenant* et *contenu-contenant*.

Quant à la durée, il prend celle-ci : l'être ne peut être conçu que *précédant-non-précédé*, *précédé-non-précédant*, et *précédé-précédant*.

Quant à la force, il prend celle-ci : l'être ne peut être conçu que *produisant-non-produit*, *produit-non-produisant*, et *produit-produisant*. On pourrait dire dans le même sens : *cause-non-effet*, *effet-non-cause*, et *effet-cause*, ou encore : *moteur-non-mu*, *mu-non-moteur*, et *mu-moteur* ou *moteur-mu*.

Spinosa avait, en quelque sorte, flairé ces évidences en parlant de la *nature-naturante* et de la *nature-naturée*; mais il eut le malheur de ne pas les compléter dans son esprit, et de s'égarer, par suite de sa demi-perception, dans le plus fantastique et le plus logique tout à la fois des labyrinthes de l'idéologie erronée. Les allemands Schelling, Fichte et Hégel ont divagué à sa suite, et beaucoup plus loin, dans les mêmes parages, en conséquence des mêmes oublis.

IIe axiome. — Il est conçu impossible *a priori* que l'être soutenu, qu'il soit, d'ailleurs, soutenant ou non soutenant, existe sans un soutenant; et cette vérité implique cette autre plus particulière, à savoir que la forme, ou le mode, ou le phénomène, comme on voudra l'appeler, ne peut être sans une substance qui le supporte, sans un sujet, sans une réalité subjective.

C'est la conséquence immédiate des définitions et de l'axiome précédent. Si l'on supposait, en effet, l'être soutenant-soutenu, existant sans soutien, c'est qu'il se soutiendrait lui-même dans son être, et dès lors il ne serait plus un soutenant-soutenu, mais seulement un *soutenant pur*, ce qui est contraire à l'hypothèse, puisqu'il s'agit du *soutenant-soutenu*, et non du *soutenant non soutenu par un autre*. De même, quant au mode, si l'on supposait la forme existant sans soutien, c'est qu'elle se soutiendrait elle-même dans son être, et soutiendrait sa manière d'être; mais elle retomberait, dès lors, dans la définition de la substance, serait une substance et ne serait plus un mode.

Cet axiome, appliqué aux trois autres rapports substantiels, prend les formes suivantes :

Il est impossible que l'être *contenu* existe sans un *contenant*.

Il est impossible que l'être *précédé* existe sous un *précédant*.

Il est impossible que l'être *produit* existe sans un *produisant*, l'être *effet* sans une *cause*, l'être *mu* ou le *mouvement* sans un *moteur*.

IIIe axiome. — Il est impossible que l'être soutenant, soit *soutenant-non-soutenu*, soit *soutenant-soutenu*, existe sans une forme quelconque soutenue par lui. Il est impossible que la substance soit conçue dépouillée de tout mode, et parfaitement nue.

Cette assertion ne suit peut-être pas immédiatement des définitions; mais il suffit d'un instant de bonne réflexion pour en saisir l'évidence. Comment concevoir un soutenant s'il ne soutient quelque chose, une réalité subjective sans aucune forme, sans aucune qualité qui la rende perceptible et concevable? N'a-t-elle aucune forme, aucune manière d'être, elle n'est pas concevable; n'est-elle pas concevable, elle n'est pas.

On objectera peut-être que son essence de *soutenant* peut n'être qu'une virtualité, une capacité de soutenir sans rien soutenir effectivement; mais l'objection se réfute par ses propres termes; la virtualité dont il est question est déjà elle-même une manière d'être, une qualité soutenue; c'est une puissance possédée par l'être substantiel sans lequel elle ne serait rien; car on ne dira pas qu'une simple virtualité abstractive puisse exister seule abstractivement. Il faut, de toute nécessité, qu'elle se substantialise en quelque sorte pour être, et aussitôt qu'elle est conçue substantialisée, elle devient une qualité soutenue par le foyer d'être qui en est doué.

Ce troisième axiome est encore applicable aux trois autres faces de la substance.

Appliqué à l'espace, il se formulera ainsi : Il est impossible que l'être contenant existe sans contenir quelque chose.

Appliqué à la durée : Il est impossible que l'être précédant existe sans précéder quelque chose.

Appliqué à la force : Il est impossible que l'être produisant existe sans produire quelque chose, ne serait-ce que sa virtualité productive, sa possibilité de produire; que l'être cause existe sans causer quelque chose, ne serait-ce que sa possibilité d'engendrer des effets; que l'être moteur existe sans mouvoir quelque chose, ne serait-ce que sa vertu de mouvoir qui, *ad intra*, est déjà un mouvement.

Nous avons dit que, pour la simplicité de cette argumentation, nous nous en tiendrons presque toujours à la première face de la substance, à celle que l'esprit considère quand il l'appelle l'*être soutenant*.

IVe axiome. — Les deux séries de termes énoncés dans les définitions IV et V, à savoir : *Dieu*, l'*absolu*, le *complet*, le *parfait*, etc., le *non-Dieu*, le *relatif*, l'*incomplet*, l'*imparfait*, etc., sont opposées entre elles, en ce sens que chacun des termes de la seconde série nie son correspondant de la première sans cependant nier l'idée d'*être* qu'il renferme. Il n'y a qu'un mot qui en serait la négation complète, celui de *néant*; mais il serait, en même temps, négatif de tous les termes de la seconde série. Les termes de cette seconde série sont donc distingués du ceux de la première par l'association, en chacun d'eux, de l'idée d'*être* à l'idée d'*absence d'être* ou de néant, sous des rapports différents.

Il en est de même de l'idée d'*unité*; cette idée de me urecommune aux termes des deux séries quand on les suppose exprimer des réalités; mais celle de divisibilité et de numérabilité les distingue en ce qu'elle ne convient pas aux termes de la première et convient aux termes de la seconde. Diminuer, par soustraction ou division, l'absolu, c'est énoncer une contradiction ; l'augmenter par addition ou multiplication, c'est énoncer une autre contradiction; mais diminuer ou augmenter, par les mêmes moyens mathématiques, le relatif, n'est pas énoncer une contradiction, car ce n'est pas faire que le relatif cesse d'être le relatif, c'est au contraire opérer sur lui mentalement, conformément à son essence.

Il suit de ces observations qu'entre *Dieu* et *non Dieu*, entre *absolu* et *relatif*, entre *complet* et *incomplet*, entre *imperfectibilité* et *progressibilité*, entre *unité* et *numérabilité*, il est impossible de concevoir un terme moyen auquel convienne l'idée d'*être* et d'*unité*. Après qu'on a posé l'*être sans néant*, et l'*être avec néant*, il ne reste à poser que le *néant absolu*. Après qu'on a posé l'*unité sans nombre* et l'*unité avec nombre*, il ne reste à poser que le *nombre sans unité*, ou l'*impossible*, et par conséquent encore le *néant absolu*.

Tels sont nos axiomes.

III. — Hypothèses ontologiques.

Toutes les hypothèses possibles sur les existences de l'absolu et du perfectible, se rattachent à trois chefs que nous exprimons ainsi : *ni l'un ni l'autre ; l'un et non l'autre ; l'un et l'autre*.

Premier chef. — *Ni l'un ni l'autre*

Ce premier chef donne lieu à trois hypothèses.

Ire *hypothèse.* — « Ni l'absolu ni le relatif ne *sont*, ni en tant que substance, ni en tant que mode. »

IIe *hypothèse.* — « Ni l'absolu ni le relatif ne *sont* en tant que substance, quoiqu'ils soient, l'un et l'autre, ou l'un ou l'autre, en tant que mode. »

IIIe *hypothèse.* — « Ni l'absolu ni le relatif ne *sont* en tant que mode, bien qu'ils soient l'un et l'autre, ou l'un ou l'autre, en tant que substance. »

Second chef. — *L'un et non l'autre.*

Ire *hypothèse.* — « L'absolu *seul est* en tant que substance et en tant que mode. »

IIe *hypothèse.* — « Le relatif *seul est* en tant que substance et en tant que mode. »

IIIe *hypothèse.* — « L'absolu *seul est* en tant que substance ; mais, en tant que mode, le parfait et le perfectible *sont*. »

IVe *hypothèse.* — « Le relatif *seul est* en tant que substance ; mais, en tant que mode, le parfait et le perfectible *sont*. »

V^e *hypothèse.* — « L'absolu *seul est* en tant que substance ; et le perfectible *seul est* en tant que mode. »

VIe *hypothèse.* — « Le relatif *seul est* en tant que substance ; et l'absolu *seul est* en tant que mode. »

VIIe *hypothèse.* — « L'absolu *seul est* en tant que mode ; mais, en tant que substance, le parfait et le perfectible *sont*. »

VIIIe *hypothèse.* — « Le relatif *seul est* en tant que mode ; mais, en tant que substance, le parfait et le perfectible *sont*. »

Troisième chef. — *L'un et l'autre.*

Hypothèse unique. — « L'absolu et le relatif *sont* en tant que substance et en tant que mode. »

Nous épuisons ainsi toutes les combinaisons mathématiques sur l'existence de l'absolu et du relatif. Examinons rapidement les douze hypothèses qui résultent de ces combinaisons.

IV. — Examen des douze hypothèses ontologiques.

Premier chef. — *Ni l'un ni l'autre.*

Ire *hypothèse.* — « Ni l'absolu ni le relatif ne sont, ni en tant que substance, ni en tant que mode. »

Cette proposition signifie, en vertu du Ier et du IVe axiomes, qu'il n'existe absolument rien, ni être *soutenant-non-soutenu*, ni être *soutenu-non-soutenant*, ni être *soutenant soutenu*; et, par conséquent, il suit de cette absolue négation, que l'idée elle-même, prise aussi abstractivement que possible, n'est pas.

Or, si nous ne voyons pas clairement, comme Dieu le voit sans doute, dans l'hypothèse de son existence non encore examinée, que cette absence complète d'être soit impossible en soi *a priori*, nous savons, *a posteriori*, par l'idée que nous avons de nous-même, que la proposition qui l'énonce est fausse. Je suis quelque chose, je suis au moins idée, puisque je crois être, puisque je pense être ; il y a donc quelque chose, et il est absolument certain pour moi qu'il est faux de dire qu'il n'y ait rien : ceci est l'évidence la plus radicale qui soit en moi, et cette évidence est telle qu'elle ne laisse de possibilité au plus petit doute.

Donc, première hypothèse évidemment absurde et inadmissible.

IIe *hypothèse.* — « Ni l'absolu, ni le relatif ne sont, en tant que substance, quoiqu'ils soient l'un et l'autre, ou l'un ou l'autre, en tant que mode. »

Cela signifie que l'être *soutenu non-soutenant* existe seul sans aucun soutenant, ni soutenant absolu, ni soutenant relatif déjà soutenu lui-même ; que l'être contenu existe sans contenant ; que l'être précédé existe sans précédant ; que l'être engendré existe sans générateur ; en un mot, que le mode existe sans substance.

Or, cette hypothèse est clairement impossible *a priori*, étant contraire au IIe axiome. Qui osera dire qu'une forme quelconque, par exemple l'idée, n'étant que soutenue, puisse être sans un soutien ? ne serait-ce pas dire aussi clairement que possible qu'elle est sans être ?

On a dit que Hégel est allé jusque-là ; nous ne croyons pas qu'au fond de sa métaphysique réside, véritablement, une semblable extravagance. Il est probable que si nous raisonnions devant Hégel, il nous répondrait que l'*idée*, qui est son tout, son Dieu, et son moi, son créateur et sa créature, ses genres et ses espèces, son sujet et son objet, son unité et son nombre, son univers enfin, se soutient elle-même.

Mais alors nous lui répondrions simplement que, s'il en est ainsi, elle devient l'être soutenant, contenant, précédant, produisant, par conséquent la substance, et qu'il est sorti de l'hypothèse par une subtilité logomachique.

Donc, deuxième hypothèse évidemment absurde et inadmissible.

III° hypothèse. — « Ni l'absolu ni le relatif ne sont, en tant que mode, quoiqu'ils soient l'un et l'autre, ou l'un ou l'autre, en tant que substance. »

Cela signifie qu'il n'existe que l'être soutenant, soit *purement soutenant*, soit *soutenant soutenu*, et que le soutien qui existe ne soutient aucune forme, aucune manière d'être.

Or, cette proposition énonce une impossibilité conçue *a priori*, et rejetée par le III° axiome. Comment oser dire, en effet, que ce qui est soutenant ne soutienne rien, que ce qui est contenant ne contienne rien, que ce qui est antécédent par nature ne précède rien, que ce qui est engendrant n'engendre rien ? Comment oser dire que la substance puisse être sans être décorée d'une forme quelconque, qu'on la suppose, d'ailleurs, complète ou incomplète : complète, il faut bien qu'elle se complète dans sa forme ; incomplète, il faut bien qu'elle se limite dans sa forme.

Nous pourrions ajouter une raison *a posteriori*, tirée de l'inspection du moi. L'hypothèse suppose qu'il n'existe point d'êtres *soutenus non soutenant*, ou de modes. Or, en m'analysant moi-même, je trouve en moi de ces sortes d'êtres, je me sens posséder des qualités, des modalités, des affections passagères, des idées paraissant et disparaissant, en un mot, des manières d'exister qui ne *sont* qu'autant que je sois leur possesseur, leur soutenant, leur générateur. Le fait du moi réfute donc aussi l'hypothèse, sinon en ce sens qu'il établisse l'impossibilité de la substance sans forme, mais en ce sens qu'il établit la réalité d'êtres-formes, ce qui suffit pour la réfutation.

Donc, troisième hypothèse également absurde et inadmissible.

Les trois suppositions appartenant au premier chef, *ni l'un ni l'autre*, étant éliminées comme impossibles, il nous faut avoir recours à celles des deux autres chefs, *l'un sans l'autre*, *l'un et l'autre*.

Second chef. — *L'un et non l'autre ou l'un sans l'autre.*

I° hypothèse. — « L'absolu seul est en tant que substance et en tant que mode. »

Cette proposition signifie que le complet, l'imperfectible, Dieu, étant substantiellement et formellement, l'incomplet, le perfectible, le *non-Dieu*, n'est en aucune manière, ni substantiellement, ni formellement.

Cette supposition n'a rien d'impossible *a priori*, la définition que nous avons donnée du relatif n'impliquant aucune nécessité d'existence, et aucun de nos axiomes n'exigeant l'existence du relatif comme indispensable à celle de l'absolu. Loin de là, la définition du relatif suppose que le relatif n'est pas nécessaire à l'absolu, puisque, du moment où cette nécessité serait supposée, le relatif serait supposé lui-même renfermé dans l'essence de l'absolu, et, par conséquent, serait l'absolu, auquel cas il ne serait plus le relatif tel qu'il a été défini, et lieu ne serait plus de demander si l'absolu existe seul, ou si le relatif existe distinct de lui à l'état de vrai relatif.

L'hypothèse n'a donc rien d'impossible; mais si, nous jetant dans l'*a posteriori*, nous considérons le fait de notre être, nous voyons qu'elle est niée par ce fait même. Analysons ce fait tel que nous le trouvons dans notre conscience, et sans nous occuper de savoir s'il consiste en autre chose que les purs phénomènes de conscience, de pensée, de sentiment, de volonté, etc., dont il nous est impossible de douter, puisqu'ils forment l'ensemble que nous appelons *moi*.

Je me sens porté, et non me portant moi-même et portant tout, ne serait-ce que dans cette partie de mon être que j'appelle mon corps ; je me sens contenu dans un tout, et non contenant tout ; je sens même que ma limite est très-étroite, et, à tout instant, je fais des efforts pour l'étendre ou la dépasser ; je me sens un être précédé et non précédant tout ce que je puis concevoir en idée, un être qui commence et même qui peut finir ; je me sens enfin, non pas activant tout ce que je conçois, mais, au contraire, recevant des sommes d'activité, de vie et de mouvement de mille influences que j'imagine venir du dehors. Pour toutes ces raisons et sous tous ces rapports, j'éprouve un besoin perpétuel de m'agrandir, de me compléter s'il était possible, de progresser en un mot ; il y a plus, je sens que je progresse en réalité, je le sens du même sentiment intime que je sens mon existence ; je ne puis le nier, j'en suis certain : voilà le fait de mon être dans sa vérité absolue.

Cependant, si l'incomplet, le perfectible, le relatif, le non-Dieu, n'est pas et n'est à aucun titre, ni comme substance, ni comme mode, ainsi que le suppose l'hypothèse, le progrès ne peut pas être, puisqu'étant un agrandissement, une marche vers la plénitude, il implique comme condition essentielle de sa réalité, dans l'être qui progresse, la non-plénitude, l'imperfection, au moins sous le rapport selon lequel on progresse.

Il y a chez moi, je viens de le constater, sentiment d'imperfection sous plusieurs rapports, et, par suite, désir de progrès ; il y a, de plus, progrès réel, perpétuel, certain, puisque nier le progrès en moi serait me nier moi-même.

Donc, il y a en moi du relatif, de l'incomplet, du perfectible, au moins sous certains rapports, si tant est que ce ne soit pas sous tous rapports, ce que nous aurons sans doute l'occasion de prouver plus loin ; et, par conséquent, j'ai droit d'affirmer, à l'inspection de moi-même, qu'il est faux de dire, comme le dit l'hypothèse, que l'absolu existe seul; je dois, au contraire, affirmer sans crainte qu'il y a du relatif dans l'ensemble des êtres, ne serait-ce que moi-même sous les rapports selon lesquels je me reconnais perfectible et même progressant.

Donc première hypothèse du deuxième chef à éliminer comme inadmissible.

Cette hypothèse touche de près à celle de la philosophie moderne des Allemands. Ils ne disent rien, dans leur vaste étalage de métaphysique transcendante, s'ils ne disent pas, en résumé, que l'absolu seul existe, qu'il est l'idée, et que cet absolu, éternellement existant et conservant exclusivement le monopole de l'être, varie en lui des univers infinis par les jeux de son intarissable faculté imaginative, se subjective et s'objective avec une opulente richesse de combinaisons par la toute-puissance de cette faculté. C'est le seul sens par lequel les théories de Fichte, de Schelling et de Hégel, puissent se formuler dans notre esprit. Or cette explication ne peut signifier que deux choses; ou que l'absolu seul existe sous tout rapport, aussi bien comme mode que comme substance, et que les modifications de l'idée, dans leur infinie variété, composent précisément le mode absolu; ou que l'absolu existe seul comme substance, et que l'idée-substance réalise en elle, par sa vertu toute-puissante imaginative, le mode fini dans son indéfinie multiplicité. Dans le premier sens, il n'y a rien de relatif et d'incomplet, pas même des modes, des images, ce que Spinosa appelait des affections; dans le second, il y a du relatif et de l'incomplet, mais seulement en tant que modes, images, affections. L'hypothèse allemande, comprise dans le premier sens, est, au plus juste, celle que nous venons de réfuter par la considération du fait de notre être qui pose devant nous, avec évidence, l'existence du relatif, de l'incomplet, du perfectible au moins comme mode; dire que le variable et le susceptible de progrès en fait, puisse être l'absolu en réalité, dans sa variété infinie, c'est se contredire de la manière la plus nette; il y a moins de déraison à se jeter dans le sens qui fait rentrer le mode relatif dans la compréhension de l'absolu, sans, pour cela, nier sa réalité en tant que relatif en lui-même, et sans cesser de l'appeler relatif; mais ce sens du panthéisme allemand va être étudié dans la troisième hypothèse du deuxième chef.

Ce qui est clair, c'est que la première hypothèse, que nous venons de passer en revue, prise à la lettre, est inadmissible, non point *a priori*, mais parce qu'il suit évidemment du fait de mon être qu'il y a, dans l'univers, du relatif et du perfectible, du susceptible d'augmentation et de diminution.

II* hypothèse. — « Le relatif seul est en tant que substance et en tant que mode. »

Cette hypothèse signifie que l'absolu n'existe d'aucune manière et sous aucun rapport, bien que le relatif existe substantiellement et formellement.

Cette hypothèse est celle de toutes les théories athées. Quand on admet l'absolu, on admet Dieu, et ce qui reste à examiner, c'est la question du *non-Dieu*, ou de la créature, que nient les panthéistes en disant qu'il n'y a pas de créature, ou qu'elle entre comme élément dans l'essence de Dieu; mais quand on nie l'absolu sans se nier soi-même, on nie Dieu directement pour n'admettre que les contingents, les perfectibles, les relatifs, et l'on cherche à donner une apparence générale de raison à son système en évitant d'approfondir la question de l'être, s'en tenant aux phénomènes, et disant, en gros, que les relatifs se rattachent les uns aux autres, comme anneaux d'une chaîne indéfinie. Proudhon, puissant dialecticien et grand observateur des combinaisons phénoménales, dont il fait son étude exclusive, a renouvelé, dans notre siècle, cette manière de procéder, laquelle consiste, en résultat, à jeter le voile sur le fond des choses, et à s'en tenir aux faits observables. Un jour nous eûmes occasion d'argumenter quelque temps avec lui sur l'absolu, et, poussé par notre série logique, il produisit, pour dernière réponse, cette proposition d'où il nous fut impossible de le faire sortir : *Les phénomènes relatifs se soutiennent les uns les autres*. Cette réponse est, en effet, le cul-de-sac où s'assied nécessairement tout système athéiste; les variations ne peuvent porter que sur les manières diverses d'entasser résultats sur résultats, d'engrener rouages avec rouages; et ces manières sont en nombre infini; il en est comme des machines à vapeur : si vous ne voulez pas descendre, par la conception, jusqu'à la vapeur même, qui est la force motrice, il vous sera facile de passer votre vie à imaginer des transmissions de mouvement de toutes les espèces; c'est le labyrinthe inépuisable de la mécanique d'application; mais si vous voulez descendre à cette force motrice, vous vous expliquerez tout, immédiatement, par un saut jusqu'à la cause, sans même rien comprendre aux enchaînements des effets, sinon en imaginant en gros que le mouvement engendré peut se communiquer selon des combinaisons à l'infini.

Que dirait-on du physicien qui passerait sa vie à rêver sur ces combinaisons sans jamais vouloir ouvrir les yeux sur la force motrice, et en s'acharnant à la nier? Evidemment ses travaux seraient en pure perte, en tant qu'explicatifs de l'ensemble des résultats : il en est ainsi de l'athée; il perd son temps à reculer de degré en degré le mot de l'énigme; et ne voulant jamais y arriver, il a pour dernier refuge la proposition fameuse n'expliquant rien et prétendant expliquer tout : *les effets se produisent les uns les autres ; les soutenus se soutiennent les uns les autres ; les contenus se contiennent les uns les autres ; les précédés se précèdent les uns les autres; les mus se meuvent les uns les autres*, etc. C'est cette proposition que nous avons à réfuter, et nous la réfutons par un raisonnement *a priori* sur l'être ; car elle est impossible en soi, en ce qu'elle implique contradiction ; et par un raisonnement *a posteriori* sur le moi, dont les phénomènes de conscience impliquent la réalité de l'absolu.

1. Impossibilité *a priori* de l'existence du relatif sans l'absolu.

Le relatif en substance est le soutenant qui est soutenu avant de soutenir ; en étendue, le contenant qui est contenu avant de contenir ; en durée, le précédant qui est précédé avant de précéder ; en force, le produisant qui est produit avant de produire. Ces propositions sont incontestables puisqu'elles ne sont que le résumé de nos définitions de termes, et que nous n'argumentons que sur les idées fournies par ces définitions.

Donc supposer que le relatif existe seul, ou que tout est relatif, c'est supposer le soutenu sans soutenant, le contenu sans contenant, le précédé sans précédant, le produit sans produisant.

Or, pareille supposition est contraire au II° axiome, et implique contradiction.

On cherche à éviter cette contradiction en supposant une multitude d'êtres relatifs dont chacun se conçoit en particulier, vu qu'on lui donne un soutenant, un contenant, un antécédant, un produisant dans un autre relatif que l'on trouve au delà, et ainsi à l'infini, soit par série rectiligne de causes toujours différentes, soit par série curviligne de retours périodiques ; mais on ne fait qu'embrouiller la question autant que possible, et, dans ces nuages, la contradiction reste. En effet :

Le *tout* est conçu, en général, par l'esprit d'une manière claire et complète ; il est conçu ainsi par celui même qui soutient l'hypothèse, puisqu'il ne peut la soutenir sans affirmer ce *tout*, afin de le dire relatif, et de nier en lui l'absolu. Or, dès là que le *tout* est affirmé relatif, il est affirmé formant un ensemble qui est soutenu, contenu, précédé et produit, sans avoir ni soutenant, ni contenant, ni précédant, ni producteur, puisqu'en dehors du *tout* conçu comme on l'a conçu, conçu métaphysiquement, il ne reste rien qui puisse jouer ces rôles de soutenant, de contenant, de précédant et de produisant. Ce qui donne le change à certains esprits, c'est l'observation par laquelle l'athée attire leur attention sur la qualité de soutenant, contenant, précédant et produisant qu'il attribue à chacun des relatifs ; c'est, dit-il, un ensemble de causes, puisqu'il n'en est aucun qui ne soit supposé cause ; et, par conséquent, il ne faut pas dire que le *tout* soit un soutenu, mais plutôt que le *tout* est un soutenant. Nous répondons en ramenant la question à des termes clairs : supposez-vous le *tout* soutenant sans être soutenu ? Alors vous rentrez dans l'hypothèse de l'absolu dont vous ne voulez pas. Supposez-vous le *tout* soutenu sans être soutenant ? Alors vous retombez dans l'absurdité du soutenu sans soutenant. Supposez-vous enfin le *tout* soutenant et soutenu tout à la fois ? Alors ce

n'est pas sur sa qualité de soutenant qu'il faut porter notre attention, puisque cette qualité n'est relative qu'à ce qui est postérieur de postériorité de raison, et que cela nous importe peu, mais bien sur sa qualité de soutenu qui est la seule intéressante quand il s'agit de concevoir sa possibilité, et de rendre compte de son être ; or, puisque vous le prétendez *soutenu*, pour le dire relatif, et pour nier l'absolu, dont vous ne voulez pas, vous l'affirmez soutenu sans soutien, et vous retombez nécessairement dans l'abîme que vous vouliez ne pas voir.

Si l'on détaille cet argument en l'appliquant aux quatre rapports substantiels du relatif, que l'on prétend exister seul, on obtient toujours les mêmes résultats.

Quant à la substantialité proprement dite, imaginez, si cela vous plaît, une série indéfinie de soutenants soutenus les uns par les autres, elle supposera un soutenant premier qui ne soit pas soutenu par un autre, et qui soit la base de toute la pyramide ; et si, pour nier l'absolu, vous retirez ce soutenant non soutenu, vous anéantissez la pyramide entière, vous la rendez impossible *a priori*, en la disant former un *tout* soutenu qui n'est soutenu par rien, c'est-à-dire qui n'est pas soutenu, c'est-à-dire encore qui est et n'est pas tout à la fois.

Quant à l'espace, imaginez des orbes comme celui des cieux, se contenant les uns les autres, et tous contenus, parce que tous sont relatifs, vous n'arrivez, par ce concept, qu'à un grand orbe total qui est encore contenu et limité ; mais ce contenu, étant sans contenant, n'est contenu par rien, d'après votre hypothèse ; or, un contenu qui n'est pas contenu, dites-nous ce que c'est, sinon une absurdité dépourvue de sens. Osez dire plutôt que ce grand orbe est contenant sans être contenu, il n'y aura plus contradiction ; mais alors ce grand orbe est l'absolu, et vous avouez votre défaite.

Quant à la durée, imaginez la série indéfinie des âges ou des jours se précédant les uns les autres, vous n'arrivez qu'à une durée totale, laquelle ne peut être que précédant sans être précédée, c'est-à-dire éternelle, ou encore précédée. Dans le premier cas, vous accordez l'absolu, en accordant l'être éternel, puisque, sous ce rapport, l'éternel est le complet, l'insusceptible d'agrandissement. Dans le second, ou vous dites que cette succession totale est précédée par quelque chose qui n'est pas précédé, et alors, vous accordez encore l'absolu, en le distinguant du temps relatif ; ou vous dites qu'elle n'est précédée par rien, c'est-à-dire précédée sans un précédant, c'est-à-dre encore précédée sans être précédée, c'est-à-dire enfin, étant sans être, absurdité toujours la même et toujours aussi claire.

Enfin, quant à la force, imaginez une série indéfinie de produits, d'effets, de mouvements, se produisant, se causant, s'activant les uns les autres ; vous en avez le droit. Mais j'ai le droit aussi de vous demander raison de la série totale, à laquelle s'élèvent facilement, par un saut brusque et infini, votre conception et la mienne ; cette série est-elle, dans sa totalité, un produit ou un producteur non produit? Si elle est un producteur non produit, c'est l'absolu, puisque c'est cette qualité même d'être et *de n'être pas produit* qui forme l'essence de l'absolu en force, d'après nos définitions ; et vous renoncez à votre hypothèse. Si elle est un ensemble produit, ou elle est produite par quelque chose qui ne sera pas produit, puisque, s'il était produit, il rentrerait dans la série totale supposée, ou elle n'est produite par rien ; mais, produite par ce quelque chose non produit lui-même, elle implique l'absolu, et vous n'en voulez pas ; et, produite par rien, elle implique la contradiction déjà tant de fois constatée, puisque dire produit par rien, c'est dire produit sans être produit, être sans être.

Il est donc conçu *a priori* absolument impossible que le relatif existe seul indépendamment de l'absolu. Le mot suffit pour le faire comprendre ; *relatif* implique une relation ; *relation* implique un terme de relation ; et quand on a, par la pensée, enveloppé tout le relatif dans une même idée générale, il ne reste que l'absolu pour terme de relation.

II. Démonstration *a posteriori* de l'existence de l'absolu.

Il suffit, pour réfuter l'hypothèse, de prouver que l'absolu ou l'imperfectible existe d'une manière quelconque et sous un rapport quelconque, ne serait-ce que comme mode, ou comme idée, puisque l'hypothèse le nie absolument. Or cela n'est pas difficile ; nous en apporterons deux raisons.

1° Il y a en moi l'idée de l'absolu ; donc l'absolu est, d'une manière quelconque.

Pour constater le fait de l'idée en moi de l'absolu, je n'ai qu'à me consulter moi-même, et je le trouve m'enveloppant de toutes parts. Dans l'ordre géométrique, n'ai-je pas l'idée du cercle parfaitement rond? En arithmétique n'ai-je pas l'idée de l'unité absolue? Dans la logique des mathématiques, n'ai-je pas l'idée de la démonstration applicable à tous les cas semblables? L'algèbre n'est-elle pas fondée tout entière sur l'idée de l'absolu des formules? En philosophie, n'ai-je pas l'idée de la perfection, d'un *summum* en bonté, en puissance, en étendue, en substantialité, en durée? etc. Si je n'avais l'idée de l'absolu, pourrais-je en raisonner, en parler, disserter sur le parfait et l'imparfait comme je le fais en ce moment ? N'est-ce pas une réalité évidente de mon être intelligent, que j'ai l'idée du *tout* qui est l'absolu affirmatif par opposition à celle du *rien* qui est l'absolu négatif? Je conçois même qu'il me serait impossible de concevoir le plus et le moins indéfinis, sans concevoir, en même temps, les deux termes qu'ils poursuivent sans les pouvoir atteindre, lesquels sont le parfait d'une part, le néant d'autre part. Je ne puis nier que j'aie l'idée du rien absolu ; or, qu'est-ce que cette idée sinon un effort de mon esprit par lequel j'oppose à la présence de tout l'absence de tout ? Comment avoir le concept du relatif si je n'avais celui de l'absolu, puisque l'un suppose l'autre ontologiquement comme nous l'avons prouvé ? De quelque côté que je me tourne, je suis donc obligé de m'avouer à moi-même la présence en moi de l'idée du complet, de l'imperfectible, de l'absolu, de Dieu, selon le sens que nous avons attaché à ce mot dans les définitions. C'est le fait du moi le plus immédiatement saisi par le moi. Cette idée est la mesure de tous mes jugements, le point d'appui de toutes mes opérations, le moyen et le but de tous mes efforts ; sans elle pas de progrès, pas même l'idée de progrès ; dire que sans l'idée du parfait, il pourrait y avoir en moi tendance raisonnée et intelligente vers le parfait, est émettre une contradiction palpable. On objecte que cette idée humaine de l'infini, du complet en toute bonté, en toute grandeur, en toute perfection, est vague, imparfaite, obscure. Elle est vague sans doute et imparfaite en ce sens qu'elle embrasse, en gros, ce qu'elle ne voit pas en détail ; mais elle n'est point obscure à titre d'idée générale ; qu'y a-t-il de plus simple et de plus clair que l'idée du *summum* au delà duquel on ne puisse rien mettre qui n'y soit pas déjà mis? La question n'est pas si nous avons la plénitude de l'idée de l'absolu, mais si nous avons l'idée de la plénitude absolue, et nier que nous l'ayons, c'est nous nier nous-mêmes.

Or ce fait prouve l'existence réelle de l'absolu s'il ne peut s'expliquer sans cette existence ; si, au contraire, il est conçu impossible *a priori* dans l'hypothèse de la non-existence de l'absolu, et c'est ce que nous soutenons ici.

L'idée réelle et affirmative de l'impossible, non pas en tant qu'impossible, non pas de l'impossibilité, mais de l'impossible en tant qu'être, en d'autres termes, d'une réalité impossible, répugnante en soi, et ne pouvant être d'aucune manière parce qu'il y aurait contradiction dans sa supposition, est impossible aussi bien que son objet ; car l'image réelle de ce qui se neutralise de soi, se neutralise, s'anéantit, se détruit elle-même en même temps que l'objet qui en serait le fond, si elle pouvait exister. C'est ainsi que nous ne pouvons réaliser en nous l'idée d'une chose qui serait et ne serait pas tout à la fois sous le même rapport ; nous rapprochons seulement l'idée affirmative de l'*être* de l'idée négative du *non-être*, et comme l'une et l'autre s'entre-détruisent, il ne reste point en nous une idée, mais l'absence de tout objet représenté. Il n'y a donc point d'idée possible de l'absolument impossible. On peut déjà conclure de là que, notre idée du parfait existant comme idée réelle et affirmative, il est nécessaire que le parfait soit au moins possible. Mais l'absolu a ce caractère, particulier à lui seul, qu'il ne peut être possible qu'à la condition qu'il soit en réalité ; car un possible n'est possible que de deux manières, ou bien en tant qu'il existe, ou bien en tant qu'il peut être créé, n'existant pas avant sa création ; or dire l'absolu possible de la seconde manière, c'est émettre une contradiction, puisque c'est détruire l'absolu en le supposant créé, produit, soutenu, etc. Donc il faut qu'il *soit* pour être *possible*, puisque, s'il n'était pas, il serait impossible par l'essence des choses. Nous l'avons reconnu possible, en vertu de l'idée que nous en avons. Donc il est.

On a cherché à détruire cet argument, en rendant compte de notre idée de l'absolu, fait incontestable et que ne contestent que les esprits étrangers à la métaphysique, lesquels ne l'ont peut-être pas ou au moins ne savent pas la constater, sans l'existence réelle de l'absolu lui servant de type et d'origine ; et, pour expliquer cette formation ou construction intellectuelle purement romanesque, on a dit que l'infini a été imaginé par opposition au fini et comme sa négation, ou encore qu'en augmentant indéfiniment le fini, et cumulant ses propriétés, on est arrivé, par l'effort abstractif, à l'idée de l'infini.
— *Voy.* Athéisme.

Mais ces explications s'évaporent devant une minute de réflexion. Rien n'empêche que le moyen ou la route par où l'esprit est arrivé à *inventer* l'infini, à le trouver, à découvrir son être, n'ait été le rêve intellectuel sur les êtres finis. Il faut des occasions, des aiguillons, des moyens aux idées pour se formuler ; mais là n'est pas la question ; il s'agit de savoir si on pourrait construire en soi l'idée du parfait sans qu'il existât, et le fini seul existant, soit par négation du fini, soit par agrandissement du fini. Or c'est ce que nous nions comme impossible en soi.

Construire ce parfait sans qu'il existe, par négation du fini, ne se peut si, dans l'essence des deux, la priorité est au complet sur l'incomplet, et si c'est le parfait qui est l'affirmatif, l'imparfait le négatif ; car il n'est pas absurde que l'âme, s'éveillant avec le sentiment de son imperfection, monte de ce sentiment qui est le *non*, à l'idée du *oui* que ce *non* suppose, il est absurde que l'affirmation que ce *non* soit une réalité à laquelle on oppose le *oui* qui n'en serait pas une, et que l'on créerait par simple opposition. Or, c'est bien le parfait qui est l'affirmatif, et n'implique aucune négation ; et c'est bien l'imparfait qui est le négatif, il ne se conçoit que comme se limitant dans le parfait, que comme une partie se déterminant dans son tout ; de sorte que, du moment où l'imparfait est pensé, déjà la pensée implique essentiellement, bien qu'on n'en fasse pas la réflexion, l'hypothèse du tout et du parfait. Cela est dans l'essence de la chose.

Dire qu'on puisse imaginer, sans qu'il existe réellement, le parfait, en niant l'imparfait ou en l'augmentant, c'est dire qu'en arithmétique entre l'unité et la fraction, la priorité est à la fraction ; qu'en géométrie, entre le cercle et le quart de cercle la priorité est au quart de cercle ; or quoi de plus subversif de l'essence des choses, quoi de plus contradictoire? Dès que vous posez un dixième par exemple, est-ce que vous n'avez pas posé essentiellement l'unité ? et, dans le cas où le dixième se présenterait le premier à votre œil intellectuel, que ferez-vous en vous élevant à l'unité ? vous ne la créerez pas, vous vous apercevrez seulement que votre dixième la supposait comme antérieure à lui, et qu'il vous eût été impossible de penser le dixième, s'il n'y avait pas eu unité, par la bonne raison que l'essence des choses ne peut présenter un dixième sans le tirer de l'unité existant déjà et déjà divisée en dix parties égales. Quand vous ajoutez ensuite le dixième à un autre dixième, et ainsi jusqu'à dix dixièmes, vous reconstruisez l'unité, cela est vrai ; mais vous ne la reconstruisez et ne pouvez la reconstruire ainsi que parce que le dixième en était sorti et qu'elle lui était antérieure. Il en est de même du cercle et du quart de cercle ; il est impossible que le quart du cercle soit une réalité sans que le cercle lui-même en soit une, et, par suite, que votre esprit conçoive ce quart sans impliquer le cercle entier comme existant. Si le cercle absolu n'existait pas éternellement, en d'autres termes, si l'idée éternelle et absolue du cercle parfait n'était pas une réalité de l'essence des choses, on conçoit très-bien que nul être n'aurait pu avoir l'idée d'un quart de cercle, pour en faire ensuite celle du cercle. Il peut arriver, dans l'être fini, nous l'avons avoué, que la série pratique du développement des idées se fasse en sens inverse de la série métaphysique des essences, et que les tiers, les quarts, tous les imparfaits, tous les plus et les moins, tombant d'abord sous l'éveil de l'esprit, lui servent de marchepied pour s'élever à l'unité absolue qui les a engendrés ; mais quand l'esprit a opéré cette ascension, il s'aperçoit avec évidence qu'il n'a fait que remonter une échelle que l'essence des choses avait descendue, et dans laquelle l'unité avait été posée avant ses parties, puisqu'il conçoit, comme contradictoire, la réalité des parties sur la réalité du tout.

Nous concluons de toutes ces observations que l'idée du fini implique essentiellement elle-même celle de l'infini, comme son affirmative correspondante et sa génératrice ; que la construction du parfait avec l'imparfait, sans qu'il existe antérieurement à l'imparfait, est une absurdité qui se dévore elle-même ; que l'idée du parfait est réellement une idée positive éternellement essentielle comme premier élément de celle de l'imparfait, et que, de cette idée, il faut conclure à la réalité du parfait sous un rapport quelconque.

L'argument que nous venons d'exposer est de Descartes dans sa base, et de Leibnitz dans son perfectionnement ; on l'a contesté dans la partie leibnitzienne où l'on conclut de la possibilité à l'existence ; pour nous, nous le trouvons logique et rigoureux.

2° On peut tirer l'existence de l'absolu, sous quelque rapport, ce qui suffit pour réfuter l'hypothèse, de l'observation de nous-même, sans avoir recours à la déduction de l'idée à son objet, et en ne considérant que l'idée seule. Je trouve en moi de l'absolu, du parfait, de l'imperfectible, du divin complet. Ce sont quelques idées ou certitudes tellement parfaites, qu'il est impossible de les concevoir plus grandes, et qu'elles atteignent le *summum* de l'absolu. Telles sont les idées des axiomes géométriques, perçus *primo intuitu*, et celles des démonstrations mathématiques quand je les ai comprises. — *Voy.* Mathématiques. — Or de quelque manière que ces vérités et ces perceptions de vérités soient en moi, elles y sont, je ne puis le nier. Il est, par exemple, absolument, éternellement, complétement vrai sous tout rapport, que le tout est plus grand que sa partie ; que tous les points de la circonférence du cercle sont également distants du centre, dans un cercle parfait ; que les trois angles d'un triangle valent deux droits, etc., etc. : donc l'absolu existe sous quelque rapport, et, au moins, comme vérité idéale, comme intellection, comme idée. Donc l'hypothèse est fausse en ce qu'elle nie absolument l'absolu.

On pourrait multiplier les arguments contre la théorie fondamentale de tous les systèmes athéistes. Nous en avons déjà trop écrit pour un résumé ontologique, car le premier argument *a priori* tranchait la question mathématiquement.

Passons à l'hypothèse suivante.

IIIe Hypothèse. — « L'absolu seul est en tant que substance ; et, en tant que mode, l'absolu et le perfectible sont l'un et l'autre. »

Cette hypothèse signifie qu'il n'y a qu'une seule substance, la substance absolue, et que cette substance sert de soutien universel à deux séries de modes, la série absolue et imperfectible des modes absolus, et la série relative et perfectible des modes relatifs. Elle est très-importante à réfuter, vu qu'elle se résume en elle le triple panthéisme, des Indiens, des Allemands, et de Spinosa, comme nous le ferons voir ; réfutons-la directement d'abord pendant que le lecteur la conçoit dans sa simplicité.

Cette hypothèse implique contradiction en ce qu'elle dit qu'il y a, en même temps, dans le même vase, plénitude et non plénitude ; dans le même sujet, perfection et non perfection de forme ; dans la même durée substantielle, éternité et non éternité ; dans la même force, productivité toute-puissante et non toute-puissante, etc., etc. En effet :

Tous les modes affirmatifs du beau, du bien, du vrai, sont, et chacun d'eux au degré absolu, dans la substance absolue ; c'est cet ensemble, imperfectible parce qu'il est le *summum* de la perfection intelligible, qui constitue sa forme et sa beauté essentielle. Cela suit de la partie de l'hypothèse qui dit qu'en tant que mode l'absolu est.

D'un autre côté, tous les modes du beau, du vrai et du bien, ne sont pas, et chacun d'eux n'est pas au degré absolu ni à l'état d'essentiel, sur la substance absolue ; cela suit de la partie de l'hypothèse qui dit que le relatif est en tant que mode ; car ce relatif, ce perfectible, ce limité, cet incomplet ne peut être qu'autant que la substance qui le porte n'a qu'une partie des modes du vrai, du bien et du beau, et chacun d'eux au degré relatif, non essentiel, perfectible, etc., en d'autres termes, qu'autant que le mode absolu n'y est pas.

Développons un peu cette pensée.

Quant au rapport de la substantialité, le mode absolu est la forme essentiellement soutenue par la substance et inséparable d'elle, en sorte que l'une ne peut être conçue sans l'autre. Le mode relatif est la forme non essentiellement soutenue et telle qu'on peut concevoir plus ou moins belle et changée en une autre. La même substance, dit-on, porte immédiatement ces deux modes ; mais cela ne se peut, car le mode relatif à sa perfection contenue dans le mode absolu, n'en est qu'un degré, et quand on dit que le mode absolu, dans toute son étendue de perfection, est essentiel à la substance, en est inséparable, on a nié que le mode relatif soit sur la même substance, puisque le mode relatif ne peut y être qu'autant qu'une partie du mode absolu, ou, si l'on aime mieux, le mode absolu sous un rapport particulier, ne lui soit pas essentielle. En un mot, dire, tout à la fois, qu'elle a le mode absolu et le mode relatif, c'est dire, d'une part, que le mode dans toute son étendue lui est essentiel, et d'autre part, que le mode dans une partie de son étendue ne lui est pas essentiel, ce qui est une contradiction semblable à celle de celui qui, après avoir dit, au sens absolu, que tout homme est mortel, ajouterait que les hommes, Pierre, Paul, Jacques, etc., ne le sont pas.

Quant à l'espace, la substance absolue a pour mode absolu d'être immense, c'est-à-dire, présente à tout elle-même et à tout ce qui n'est pas elle, dans l'hypothèse où il y a quelque chose qui ne soit pas elle. Le mode relatif consiste dans une limitation à un lieu déterminé, de sorte qu'au delà de la limite, il n'y ait point présence. Donc quand on a dit que la substance absolue a l'immensité absolue, on a nié qu'elle ait le mode relatif de limitation. Si elle est présente à tout, il est faux de dire qu'elle ne soit pas présente à tout, mais seulement à des lieux desquels elle ne serait point, par son mode relatif de spaciosité. Elle ne peut pas être tout à la fois omni-présente et non omni-présente.

Quant à la durée, même raisonnement. Si son mode est d'être éternelle, et si éternelle est sa manière d'être, on ne peut dire qu'en même temps elle puisse avoir pour mode d'être temporelle, et que temporelle puisse être sa manière d'être. Le temps est essentiellement dévoré par son éternité, et ne peut former sa manière d'être, puisqu'il est de son essence de commencer, et qu'en la disant éternelle, on a nié qu'il y eût, en elle, commencement sont aucun des rapports de son essentialité.

Enfin quant à la force, dire, d'une part, que la substance absolue possède le mode absolu de la puissance productive, et dire, d'autre part, qu'elle possède aussi le mode relatif de cette puissance, c'est se contredire, puisque posséder la productivité absolue, c'est pouvoir produire tout ce qui se peut produire, et que posséder la productivité relative, c'est ne pouvoir produire qu'une partie de ce qui peut être produit. Évidemment l'un nie l'autre.

Il suit de cette contradiction perçue *a priori* que, pour concevoir le perfectible et le relatif *modaliter*, il est nécessaire de concevoir, en même temps, un *substratum* intermédiaire, lequel est soutenu, d'une part, par la substance absolue, et soutient, d'autre part, le mode perfectible. C'est la possibilité du *soutenant-soutenu* réservée par le premier axiome qui est la seule ressource pour rendre concevable le relatif. On obtient, par cette supposition, une individualité, une personnalité, un moi senti ou non senti *ad intra*, un sujet de mode qui, se limitant lui-même essentiellement dans sa forme, engendre et soutient le mode perfectible. C'est ce *substratum* qui sert de voile, d'intermédiaire, de ligne de démarcation et de distinction du fini dans l'infini ; sans lui l'infini dévore le fini et l'annule en lui-même, sans lui le relatif est une contradiction.

Supposons que je sois la substance absolue qu'on prétend pouvoir porter, tout à la fois, le mode imperfectible et le mode perfectible, qu'arrive-t-il immédiatement? que j'ai toutes les idées, c'est-à-dire toutes les lois des essences, et chacune de ces idées dans sa plénitude. Or, ayant toutes ces lois et chacune dans sa plénitude, il est contradictoire de dire que je puisse, restant le même sans modification, n'avoir qu'une partie de ces lois ou idées, et n'avoir chacune de celles que j'aurai qu'au degré perfectible. Si c'est le oui, ce n'est pas le non ; s'il y a infinité, il ne peut y avoir finité. Mais si j'ajoute qu'étant toujours la substance absolue, je forme dans mon espace immense, dans ma durée éternelle, dans ma force complète, des *substratum* que je soutiendrai comme je les formerai, mais qui, eux-mêmes, soutiendront une manière d'être, et pourront dire *moi*, dès lors ces *substratum* soutenus, mais aussi soutenants, ces individus seront limités à un lieu dans mon espace immense, limités à un temps, qui partira du moment de leur information, dans mon éternité, limités à une puissance donnée dans ma force, et ils pourront, sans contradiction, et n'avoir qu'une partie des idées, lois des essences, et n'avoir chacune de celles qu'ils auront qu'avec imperfection, non plénitude et perfectibilité. Ce qui rend la chose concevable *a priori*, c'est la supposition du *substratum* intermédiaire, limité en lui-même en tant que soutenu, localisé, temporalisé, produit, et se limitant dans sa forme en tant que décoré d'un ensemble partiel d'idées et de qualités ; car, sans ce *substratum*, point de vase déterminatif d'un lieu, d'une durée, etc., et il n'y a que l'immensité, l'éternité, etc. ; mais, avec lui, vase déterminant un *ad intra* relatif, voile qui cache l'*ad extra* absolu, soutien immédiat qui distingue l'être fini de l'être infini, en le localisant, le temporalisant, etc. L'être devient, par cette conception, pouvant être conçu capable de progrès dans son étendue propre ; il suffit pour cela de le concevoir ayant une force donnée capable de reculer ses limites, capable de travailler, en ouvrier laborieux, à ravir sans cesse à la grande mine des choses éternelles sans la pouvoir jamais épuiser.

Disons-le donc encore : si nous n'imaginons ce soutenant-soutenu qui s'interpose, se fait vase à parois limitées, enserre, pour ainsi parler, une partie des formes éternelles de l'océan absolu et en cache l'infini, se construit enfin, par le fait de sa réalisation, un *ad intra* particulier, nous ne concevrons jamais que le mode imperfectible et le mode perfectible soient en même temps.

Malgré cette explication qui nous paraît claire, nous avouons cependant qu'une grande difficulté reste sur la présence, dans l'absolu, des images correspondantes aux phénomènes du relatif, lesquelles ne peuvent être dites en nombre infini simultanément existant, ni en nombre déterminé, ce qui ramène une sorte de nécessité du temps et du relatif dans l'éternel et l'absolu. C'est le mystère des mystères. Nous traiterons plus loin cette difficulté, non point avec la prétention de la résoudre, mais avec l'intention la plus humble d'adorer l'incompréhensible.

A la démonstration *a priori* qui précède, il n'est pas sans importance d'ajouter celle que nous sommes forcés de tirer, *a posteriori*, du fait de notre conscience, laquelle tranche la question plus simplement devant la bonne foi.

Comment oser dire que je ne suis qu'un mode dans tout ce que je trouve de relatif en moi? et cependant, c'est ce que je dois soutenir si je prétends qu'il n'y a qu'un soutenant qui soutient, à la fois, les modes absolus et les modes relatifs. Si je m'étudie bien, est-ce que je ne me sens pas substantiellement produit, contenu, précédé, mu et soutenu dans l'être? qui me persuadera que, si ce par quoi je me sens, me dis une personne, et m'appelle *moi*, était la substance absolue, éternelle, immense, improduite, toute-puissante, je ne me sentirais pas tel que je me sens, mais bien improduit, éternel, tout-puissant et immense ? Il suffit ici de rappeler cette pensée qui, étant fondée sur l'observation, ne doit pas être un thème longuement développé dans un traité d'ontologie.

Nous avons dit que cette troisième hypothèse résume en elle les panthéismes de l'Inde, de l'Allemagne et même de Spinosa, d'où il suit qu'en la réfutant, nous avons réfuté ces panthéismes.

Les Indiens, qui disent que la création n'est qu'un rêve de Dieu, disent-ils autre chose sinon que Dieu, ou la substance absolue, tout en possédant la forme absolue du bien, du vrai et du beau, imagine, par celle de ses propriétés qui combine les éléments intelligibles, des univers sans fin n'ayant d'autre réalité que la qualité d'images relatives successivement formées et détruites, et, de cette manière, produit, soutient et possède la série des modes relatifs, temporels, perfectibles? Ce système n'est erroné qu'en ce qu'il nie le *substratum* intermédiaire que nous avons reconnu nécessaire pour rendre possible la réalité du mode relatif ; car nous verrons, en parlant des rapports des essences, que la conception divine des relatifs existe, en effet, comme ils la comprennent à peu près, mais n'est point relative, fait partie de l'absolue productivité imaginative de Dieu, et n'est autre chose que l'éternelle action de sa puissance idéaliste.

Le panthéisme allemand ne diffère de celui des Indiens que par la métaphysique transcendante et moins poétique avec laquelle il est développé. C'est l'idée qui varie ses jeux et, par ces variations, réalise les mondes ; mais ne les réalise qu'en images, et sans donner à ses créations aucun soutenant qui les distingue et les détermine dans une existence personnelle, individuelle, locale, relative et réelle dans son *ad intra*. Même défaut que dans la conception des philosophes du Gange, supposé toutefois qu'on les ait bien compris ; sans le *substratum* soutenu, point de mode relatif existant réellement, tout est absolu, et le *moi* limité devient une impossibilité métaphysique.

Spinosa est moins spiritualiste. Appelant attributs ce que nous avons appelé modes, il en distingue deux foyers, la quantité matérielle ou l'étendue qui est inerte et multiple, la force qui est spirituelle et une *ad intra* quoique numérable et pouvant se répéter ; ces deux foyers, matière et esprit, sont les racines de toutes les formes, et ne sont que des propriétés soutenues par la substance absolue, qui est unique. Ces deux attributs sont eux-mêmes absolus pris en soi ; ils sont éternels et immenses ; mais ils engendrent des combinaisons, qu'il nomme la *nature naturée*, pour les distinguer de la substance qui les engendre éternellement et les supporte, et qu'il nomme la *nature naturante*. Ce système peut être réfuté par plusieurs côtés ; nous prouverons, dans le chapitre des essences, que la quantité matérielle et la force spirituelle sont deux choses incompatibles dans le même sujet, et il est aussi réfuté par ce qui précède ; car faire de la matière limitée dans ses parties distinctes, et de l'esprit limité également dans ses individualités, des attributs de la substance absolue, se modifiant en choses relatives, c'est associer, comme les autres, le mode absolu et le mode relatif et réaliser celui-ci sans lui donner le *substratum* particulier, relatif lui-même, dont nous avons reconnu la nécessité comme support immédiat et déterminatif du mode perfectible.

Quoi qu'il en soit, au reste, de ces systèmes, si souvent incompréhensibles, nous constatons que la troisième hypothèse est reconnue impliquer contradiction, et nous passons aux suivantes dont les absurdités ne demanderont que peu de mots pour devenir palpables.

IV° *hypothèse*. — « Le relatif seul est en tant que substance ; et, en tant que mode, le parfait et le perfectible sont. »

Cela veut dire qu'il n'y a qu'une substance, la substance incomplète, laquelle sert de soutien à deux séries de modes, la série absolue des modes absolus, et la série relative des modes relatifs.

Or cette hypothèse implique d'abord la même contradiction que la précédente, en supposant que le mode perfectible et le mode imperfectible sont, à la fois, sur le même soutien immédiat.

Elle implique, de plus, les deux absurdités que voici :

1° Il n'y aurait que le *substratum* incomplet, c'est-à-dire *soutenant-soutenu, contenant-contenu*, etc., car s'il n'était que *soutenant, contenant*, etc., il serait absolu, et l'on sortirait de l'hypothèse pour rentrer dans la précédente. Or il y a contradiction à supposer ce *soutenant-soutenu*, ce *contenant-contenu*, ce *produisant-produit*, ce *précédant-précédé*, existant seul sans un soutenant primitif, un contenant plus étendu, un produisant antérieur etc. rien de plus clair.

2° La substance incomplète ne saurait soutenir la forme complète, parce qu'il est essentiel que la cause soit proportionnelle à l'effet. Tout ce qu'elle peut faire, c'est 1° avoir l'idée générale du complet ; 2° avoir l'idée en particulier du *nec plus ultra* d'une perfection ; 3° recevoir ou s'approprier indéfiniment de nouvelles idées au répertoire infini ; 4° arriver à des certitudes ou idées claires absolument évidentes par leur simplicité. Mais il est de son essence de ne pouvoir supporter, contenir, posséder, embrasser la forme infinie, absolue. Elle ne peut qu'en concevoir un rayon, deux rayons, trois rayons, etc., lesquels lui suffisent pour en constater l'être, comme un seul rayon de soleil pénétrant sur la rétine de l'insecte suffit pour lui en révéler l'existence, bien que cette rétine soit loin d'envelopper l'étendue du soleil. Dire que la substance incomplète peut avoir la plénitude des formes, c'est dire que le petit peut embrasser le grand, le faible porter le fort, la partie renfermer le tout. La forme ressort de la substance et ne peut être conçue en elle qu'à la condition de n'être ni niée par elle, ni négative d'elle ; or, il est évident qu'affirmer la substance relative et incomplète en tant que substance, c'est l'affirmer ne pas se compléter, ne pas *s'absoluer* dans sa forme, en d'autres termes, ne pas avoir la forme complète, absolue. Il en est de même du *vice versa* ; affirmer la forme complète, c'est affirmer la substance complète en tant qu'elle se complète dans sa forme, puisqu'elle ne peut être complète qu'à cette condition, d'après un des axiomes.

Donc, quatrième hypothèse impossible comme les précédentes.

V° *hypothèse*. — « L'absolu seul est en tant que substance, et le relatif seul en tant que mode. »

Il n'y aurait, d'après cette supposition, qu'une substance, l'absolue, laquelle ne serait décorée que de la forme perfectible.

Or, cela est impossible *a priori* ; et, *a pos-*

teriori, notre conscience nous dit que cela n'est pas.

Il est contradictoire d'affirmer que la substance absolue puisse être absolue sans que sa manière d'être, sa conceptibilité soit absolue. Sous le rapport de sa durée, par exemple, n'est-ce pas se contredire d'affirmer qu'elle soit éternelle sans que sa manière d'être en durée soit éternelle ; n'est-ce pas dire, à la fois, qu'elle est éternelle et qu'elle ne l'est pas ? Sous le rapport de l'espace, l'immensité ou la propriété de tout contenir essentiellement est son mode radical quant à l'espace ; donc affirmer qu'elle soit l'espace absolu en substance, sans être l'espace absolu en modalité, c'est encore émettre une contradiction. Sous le rapport de l'activité ou de la force, c'est encore émettre une contradiction de dire, d'une part, qu'elle est substantiellement force absolue, c'est-à-dire produisant tout et non produite, et, d'autre part, qu'elle est force à mode relatif, c'est-à-dire à productivité non essentielle, ne produisant pas tout, et produite elle-même par quelque chose d'indépendant et de distinct d'elle-même.

Il en est ainsi de toutes les faces sous lesquelles on peut considérer le mode de la substance absolue, sauf une seule, celle par laquelle cette substance peut se faire dépendante des relatifs qui prioriquement dépendent d'elle ; et cette face se résout tout entière dans le nombre des idées de ces relatifs en tant qu'existant, par création, à l'état d'individualités ; ce nombre ne peut être que relatif lui-même, ou susceptible à jamais d'augmentation, aussi bien en Dieu que dans la créature, supposé qu'il y ait création. Nous avons déjà dit que nous examinerons ce point, qui est le grand mystère. Nous le ferons en parlant des rapports essentiels du fini à l'infini ; et nous montrerons, autant que possible, comment il n'y a pas contradiction à accorder ce relatif en Dieu après ce que nous avons établi sur l'impossibilité de la troisième hypothèse.

Si nous nous étudions nous-mêmes, nous trouvons que la supposition présente, consistant à nier tout mode absolu, n'est pas conforme au fait de notre existence, puisque nous avons déjà constaté, en réfutant la deuxième hypothèse, que cette existence implique au moins la réalité de l'absolu en tant que mode. Cette réalité est essentielle pour rendre possible notre idée de l'absolu, pour rendre possibles nos tendances progressives qui ne se conçoivent qu'avec un point vers lequel on tend et qu'on n'atteint jamais, pour rendre raison enfin de ce désir du parfait qui nous incombe sans cesse. Si, par exemple, la rotondité parfaite n'était pas une réalité idéale éternelle, une image permanente de l'essence des choses, pourrions-nous avoir l'idée et le désir de la réaliser ? *Ignoti nulla cupido*, a-t-on dit avec vérité ; mais il est vrai de dire *a fortiori* : *nihili nulla cupido*.

Donc encore V⁵ cinquième hypothèse impossible.

VI⁵ *hypothèse*. — « Le relatif seul est en tant que substance, et l'absolu seul en tant que mode. »

Cela signifie qu'il n'y a qu'une substance, la substance incomplète, laquelle ne possède que le mode absolu.

Nous avons déjà fait observer qu'il est essentiellement impossible de concevoir la substance incomplète existant seule, puisque, d'après la définition même, elle implique, pour être substance incomplète, un soutenant, un contenant, un précédant, un produisant qui lui soit priorique. (II⁵ hypothèse.)

D'un autre côté, nous avons montré qu'il est également impossible que la substance incomplète supporte le mode complet, vu qu'il est nécessaire qu'elle se limite dans sa forme, pour être incomplète. (IV⁵ hypothèse.)

Enfin, il est contraire au fait de mon être qu'il n'existe pas de mode perfectible, puisque le plus évident de mes phénomènes est le progrès.

Donc sixième hypothèse impossible.

VII⁵ *hypothèse*. — « L'absolu seul est en tant que mode ; mais, en tant que substance, l'absolu et le relatif sont. »

Cette hypothèse suppose deux substances, l'absolue et l'incomplète, lesquelles sont, l'une et l'autre, vêtues du mode absolu.

Or, quant à la substance absolue, qu'elle soit vêtue du mode absolu, rien de plus concevable ; c'est même la nécessité des choses.

Mais, pour la substance relative, qu'elle soit vêtue de la même forme que la substance absolue, de la forme complète et imperfectible, c'est l'absurdité déjà réfutée deux fois ; et c'est encore la négation du progrès, fait incontestable de mon être.

Donc septième hypothèse inadmissible.

VIII⁵ *hypothèse*. — « Le relatif seul est en tant que mode ; mais, en tant que substance, l'absolu et le relatif sont, et le perfectible aussi. »

Cela dit qu'il y a deux substances, l'absolue et la relative, lesquelles ne supportent, toutes deux, qu'une forme perfectible.

Or, en ce qui concerne la substance incomplète, qu'elle ne soit décorée que d'une forme incomplète, cela est concevable et nécessaire.

Mais, que la substance absolue ne soit décorée que d'une forme incomplète, c'est encore une impossibilité plusieurs fois déjà constatée.

Donc huitième hypothèse inadmissible.

Donc aucune des hypothèses du 2⁵ chef, *l'une et non l'autre*, n'est possible.

Donc il faut avoir recours au 3⁵ chef, *l'un et l'autre*.

Troisième chef. — *L'un et l'autre.*

Hypothèse unique. — « L'absolu et le relatif sont en tant que substance et en tant que mode. »

Selon cette hypothèse, la substance absolue est, et est décorée de la forme absolue en subtantialité, en étendue, en durée, en force, en tout genre de perfection ; et, d'autre part, la substance relative, soutenant-soutenu, contenant-contenu, etc, est également, et est décorée de la forme incomplète et perfectible, forme qu'elle tend, d'ailleurs, à perfectionner sans fin en l'élevant vers son type, qui est la beauté absolue de la substance absolue.

C'est l'hypothèse *théiste*, négative des hypothèses *athéistes* et *panthéistes*. On peut aussi la nommer en philosophie, l'hypothèse platonique, néo-platonique, théomiste et cartésienne, selon les diverses formes dont elle s'est vêtue, dans l'atelier de la philosophie, pour se montrer aux hommes et les convier à l'adoration de l'infini.

Or, 1° cette hypothèse est nécessaire à admettre *a priori*, puisqu'aucune des autres n'est admissible, et qu'elle est la dernière qu'on puisse imaginer après elles. Nous défions les mathématiques de construire jamais, par addition et soustraction, une combinaison en dehors des douze, avec les quatre éléments donnés, qui sont l'*absolu*, le *relatif*, la *substance*, le *mode*, et qui embrassent tous les concevables *a priori*.

2° Elle est conforme au phénomène de mon existence et l'explique, en effet :

Je suis ; donc je suis substance, puisque l'être-mode ne peut, d'après le deuxième axiome, être sans un soutien substantiel, soit purement soutenant, soit soutenant-soutenu.

Je suis perfectible et progressant ;

Donc je suis décoré du mode incomplet, puisque le mode complet est exclusif du progrès.

Or je ne suis pas la substance absolue, puisque j'implique en moi le mode perfectible, et que le mode perfectible a besoin d'un *substratum* immédiat qui ne soit pas le *substratum* absolu. Nous avons prouvé que *substratum absolu* implique *mode absolu*.

Donc je suis un soutenant-soutenu, un contenant-contenu, un précédant-précédé, un produisant-produit, en un mot, une substance incomplète ornée du mode perfectible en un degré de perfection quelconque déjà réalisé.

D'ailleurs, mon *substratum* incomplet suppose, de toute nécessité, le *substratum* complet, absolu, comme dernier appui, pour le soutenir lui-même. Car la seule idée que l'on puisse concevoir, en dehors du *substratum* absolu soutenant, contenant, etc. Directement mon *substratum* relatif, est celle d'une série pyramidale, sphéroïdale, successive, et causative des substances incomplètes dont le nombre sera aussi considérable qu'on voudra, qui se soutiendront les uns les autres, et dont la base radicale sera toujours la substance absolue ; or, cette hypothèse, qui n'a rien d'impossible ontologiquement, se résout dans celle dont nous reconnaissons, en ce moment, l'absolue nécessité, puisqu'elle implique l'absolue substance pour base, pour centre, pour premier antécédent, pour premier producteur.

D'ailleurs encore ce *substratum* absolu, cette substance des substances, soit qu'on les imagine les unes sur les autres, soit qu'on les imagine les unes à côté des autres, ne peut être douée que de la forme complète ; nous l'avons prouvé.

D'ailleurs enfin, un des noms de ce *substratum* absolu à forme absolue, est le mot *Dieu*.

Donc Dieu est.

J'ai dit que je ne suis pas le *substratum* absolu, que de l'affirmer serait me mettre en contradiction avec les faits de mon existence de conscience intime, que je ne suis, et ne peux être, pour me mettre d'accord avec ces faits, qu'un *substratum* soutenu et soutenant tout ensemble, ce qui suffit, comme nous le verrons, et ce qui doit suffire, par la nécessité de l'*ab actu ad posse*, pour me constituer en unité personnelle, identique et distincte.

Donc *Dieu* et *moi* sont deux substances distinctes, dont le rapport consiste en ce que la substance-dieu soutient, contient, précède et produit la substance-moi, comme la substance-moi soutient, contient, précède et produit sa forme limitée, mais avec cette différence que la relation de sustension, de contenance, d'antécédence et de production est, dans ce dernier cas, de substance à mode, tandis que, dans le premier, elle est de substance à substance, de foyer de vie à foyer de vie, puisqu'elle est du *substratum* absolu à ce qui fait le fond de mon être, le soutien de mes modifications, et, par conséquent, à un vrai *substratum*.

Cette ontologie repose tout entière sur les principes suivants :

La substance absolue implique le mode absolu ;

Le mode absolu implique la substance absolue ;

La substance relative implique le mode incomplet ;

Le mode incomplet implique la substance relative ;

La substance incomplète implique elle-même la substance complète comme soutien pour la soutenir, lequel soit lui-même non soutenu et n'ait pas besoin de soutenant.

3° Enfin, notre douzième hypothèse, étudiée en elle-même et abstraction faite de sa nécessité, ne renferme rien d'évidemment inconcevable et contradictoire.

Mais le développement de cette pensée va ressortir des deux autres parties de notre dissertation ontologique.

V. Conclusions.

Ce qui résulte de l'examen auquel nous venons de procéder est aussi simple que court à dire, mais capital. Le voici :

Dieu ou le parfait est ; et moi, homme, je suis un être qui me distingue de lui substantiellement par le moyen d'un *substratum* relatif parfaitement réel. De plus, si je vais au fond de mon existence, je trouve que je suis soutenu par Dieu, contenu par lui, précédé par lui de toute éternité, et produit par lui ; je vois clairement qu'il est absolument impossible qu'il en soit autrement, et que, quelques êtres que je suppose exister hors de moi, s'ils sont, ainsi que moi, distingués de Dieu par un *substratum* relatif propre à eux, il est essentiel qu'ils soient, aussi bien que moi, sur Dieu, en Dieu, après Dieu et par Dieu, comme l'a dit saint Paul : *In ipso, ex ipso, per ipsum; in ipso vivimus, movemur, et sumus*.

Or, quelle différence y a-t-il entre ces déductions transcendantes de l'ontologie et les simples mais profondes paroles de nos catéchismes, qui représentent Dieu comme un être souverainement parfait; créateur de toutes choses excepté de lui-même ; conservateur et maître souverain de ses œuvres, qu'on exprime par les mots sensibles du ciel et de la terre ; enfin présent partout, n'ayant ni commencement ni fin, embrassant tous les lieux que nous pouvons concevoir, et pouvant tout ce qui se peut? Il serait fastidieux de développer cette harmonie de la science la plus élevée dans la métaphysique avec les simples enseignements de nos écoles, tant elle luit aux yeux les plus aveugles.

DEUXIÈME QUESTION.
Question des essences.

La question des essences a déjà été effleurée dans les définitions par lesquelles nous sommes entré en matière. Si l'on rapproche ces définitions de notre démonstration des existences par la méthode négative, on trouve qu'il est nécessaire d'admettre la réalité des quatre essences suivantes :

1° L'essence-substance absolue, ayant pour caractères radicaux d'être soutenant sans être soutenue, contenant sans être contenue, précédant sans être précédée, ou éternelle ; enfin produisant, activant, mouvant, etc., sans être produite, activée, mue, etc.

2° L'essence-mode absolu, ayant pour caractère radical d'être la forme essentiellement inhérente à la substance absolue, de telle sorte qu'on ne puisse concevoir, sans contradiction, cette substance dénudée de cette forme. Cette forme consiste dans toute propriété impliquée par l'idée d'absolu, d'imperfectible, d'infini, de plénitude parfaite à laquelle il soit impossible d'ajouter encore.

3° L'essence-substance relative, ayant pour caractère originel d'être soutenue par la substance absolue, et soutenant des modes; d'être contenue par l'espace absolu, et contenant des lieux dans sa limite; d'être précédée par la durée éternelle des durées, et précédant des durées relatives; enfin d'être produite, activée, fortifiée par la force absolue, et produisant, activant, fortifiant, à son tour, au moyen de sa force d'emprunt, des mouvements réels d'une puissance proportionnelle à leur cause.

4° L'essence-mode relatif, dont le caractère est d'être la forme toujours perfectible, parce qu'elle est toujours incomplète, de la substance relative; d'être la beauté proportionnelle à la perfection de cette substance ; d'être enfin sa forme essentielle en ce sens que, sans cette forme, elle n'est plus la même en perfection, mais non essentielle en ce sens, qu'avec un autre degré de cette forme elle cesse d'être la même en individualité ou identité personnelle ; car on conçoit l'augmentation et la diminution indéfinies de la forme relative, dans la substance relative, sans qu'il y ait changement d'individu.

Telles sont les quatre essences dont nous avons reconnu l'existence réelle. Les deux premières forment l'absolu tout entier, c'est-à-dire Dieu; les deux secondes, par leur union, forment tout ce qui n'est pas l'absolu, tout ce qui n'est pas Dieu, et le moi tout d'abord. Les deux premières, unies par nécessité absolue, engendrent la plénitude de l'unité substantielle indivisible et innumérable, vu qu'elle ne peut être conçue fractionnée ou répétée, sans que son concept soit détruit. Les deux secondes engendrent aussi l'unité substantielle, sans quoi il n'y aurait rien de l'absolu dans le relatif, et ce dernier ne serait pas, mais, en même temps, le nombre par division et multiplication, le concept de cette unité relative, image imparfaite de l'unité absolue, impliquant la susceptibilité de diminution indéfinie, *ad intra*, et la susceptibilité de répétition indéfinie, *ad extra*.

Que nous reste-t-il encore à étudier sur ces essences? A tirer quelques déductions sur la forme intrinsèque nécessaire de l'être absolu, résultant des deux premières éternellement liées, et sur la forme intrinsèque de l'être relatif résultant des deux secondes temporellement réalisées. C'est ce que nous allons faire le plus succinctement qu'il nous sera possible.

Déductions sur la nature de l'être absolu.

Nous savons, jusqu'alors, à n'en pouvoir douter, que l'être absolu est à titre de substantiel au sens complet, d'immense, d'éternel et de producteur tout-puissant. Mais ne pourrait-il pas être que ce *substratum* universel, cet espace enveloppant tout, cette durée absolue, cette vertu productrice de tout, ne fussent qu'une *quantité-force* matérielle, aveugle, fatale, pesant, par ses lois, d'un poids éternel, sur toutes les destinées, et ne laissant aucune raison d'être aux espérances que le moi, et tout ce qui peut me ressembler, ne fondent rationnellement que sur les idées de spiritualité, de bonté, de sagesse, de liberté dans l'absolu. S'il en était ainsi, notre théisme retomberait dans les conséquences du spinosisme ; car, peu importe la distinction de la créature et du créateur par le moyen du *substratum* intermédiaire dont nous avons reconnu la nécessité, si les individualités créées ne trouvent dans le *substratum* absolu qu'un ensemble de lois fatales, d'inexorables exigences au malheur ou au bonheur, au néant ou à l'être, et si la liberté, la bonté, la sagesse, tout ce qui fait qu'on peut espérer et prier, n'y est point pour faire équilibre aux nécessités éternelles de la rectitude absolue ou de l'aveugle justice.

Nous avons à tirer trois déductions qui répondront à cette grave question : celle de la spiritualité de la substance absolue ; celle de la trinité du mode absolu ; et celle de la liberté intelligente du moi-dieu dans ses actes.

Ire déduction. — *Spiritualité de la substance absolue.*

Nous entendons par pur esprit une substance qui n'est point divisible, et par suite, étendue de manière à ce que ses parties soient distinctes les unes des autres, mais qui est *une* dans la force du mot aussi bien *ad intra* que *ad extra*. Son unité *ad intra* résulte de l'absence de parties distinctes ; son unité *ad extra* résulte de l'absence de l'unité qui puisse rendre concevable sa multiplication par l'introduction idéale, à côté d'elle, d'une étendue semblable, ou par l'addition, à elle-même, d'une étendue nouvelle, qui la différencierait de ce qu'elle était déjà dans le concept. L'unité *ad intra* implique l'unité *ad extra* ; car s'il y a divisibilité par l'existence de parties distinctes, on peut dès lors concevoir la diminution et l'augmentation, et ainsi multiplier l'être aussi bien que le diviser ; l'un implique l'autre ; en arithmétique, tout ce qui peut être multiplié peut être divisé, et *vice versa*; tout ce en quoi on peut imaginer une soustraction, admet aussi l'addition, et *vice versa*.

Nous avons déjà fait observer comment l'unité substantielle absolue résulte essentiellement de l'idée de l'absolu ; mais nous voulons étendre ici cette déduction dans son développement, qui est l'exclusion en Dieu de toute propriété analogue à celle qu'implique toute idée qu'on puisse avoir de la matière, pour faire comprendre la parfaite harmonie des résultats de l'effort ontologique de l'esprit humain avec ces deux mots du catéchisme des Chrétiens : *Dieu est un pur esprit. Il n'y a qu'un Dieu*. On verra que le premier n'est qu'une manière de nommer l'*unité ad intra*, ou l'indivisibilité absolue, et le second, l'*unité ad extra*, ou l'innumérabilité absolue.

Nous allons procéder par la méthode négative déjà employée, et la seule qui puisse fournir à la créature des preuves *a priori*.

Nous avons compris que tout est contradictoire et inconceptible sans l'existence de la substance absolue décorée de la beauté absolue ; et rien, dans l'idée de cette substance, n'implique contradiction, bien que tout y implique mystère ; car cette idée n'est autre que celle de l'être dans sa plénitude, et, par suite, l'idée la plus simple, l'idée première et génératrice de toutes les autres. Si nous comprenons de même que tout est contradictoire et absurde dans cette substance, si on veut y introduire l'étendue mensurable, ou le nombre substantiel, entendu d'une manière quelconque, nous comprendrons, par là même, la pure spiritualité de Dieu comme seule hypothèse admissible.

Or, le corps, ou l'étendue mensurable, ne se peut imaginer que de trois manières ; ou, avec Descartes, comme une étendue limitée positive, divisible à l'infini d'une part, augmentable et multipliable à l'infini d'autre part ; ou, avec Leibnitz, comme une étendue limitée positive, composée d'éléments indivisibles ou monades ; ou enfin, avec Berkeley comme une limite négative par laquelle se détermine, au moyen de l'idée et de l'image, l'esprit limité, limite qu'on peut concevoir comme dans les deux autres systèmes, plus petite ou plus grande ; dans cette théorie, l'être fini, quel qu'il soit, se distingue de l'infini et des autres finis, en établissant un *non-moi* au delà de sa présence intrinsèque, et, par cette distinction, se donne un corps quelconque plus ou moins étendu intelligiblement selon son espèce, sa perfection, sa nature.

Or, nous disons que chacune des trois hypothèses qui résultent de l'attribution à Dieu d'un corps entendu dans chacun de ces trois sens, implique contradiction, d'où nous concluons que l'idée de corps est incompatible avec celle de Dieu, ou de l'être absolu, et, par conséquent, que Dieu est nécessairement *pur esprit*.

Ire Hypothèse. — « Dieu ne peut être corps au sens attribué à ce mot par les cartésiens purs, en effet : »

Ou Dieu, en tant que corps, en d'autres termes, le corps de Dieu, serait le soutenant éternel du mode éternel ; ou il ne serait qu'un soutenu éternel de la substance éternelle ; ou il serait un soutenu éternel de cette substance, soutenant à son tour des modifications parallèlement à l'esprit qui serait dans le même cas.

Le premier sens revient au système matérialiste de l'épicurien qui, en n'admettant de substance éternelle que la nature matérielle composée d'atomes, ajouterait que ces atomes sont divisibles à l'infini.

Le second revient au système de quelques stoïciens qui paraissent avoir cru, sans nier la réalité substantielle de la nature matérielle divisible à l'infini, qu'elle était une éternelle germination de Dieu.

Le troisième revient au système de Spinosa, qui interpose parallèlement sur la substance éternelle, sous le nom d'attributs, la matière et l'esprit, et leur donne la propriété de soutenir eux-mêmes des modifications ou affections d'où résultent les variétés éternellement changeantes du monde des corps et du monde des âmes.

Or, ces trois sens sont également entachés d'absurdité métaphysique.

1° Le premier pour plusieurs raisons. — *Première raison.* — Un soutenant composé de parties distinctes séparables à l'infini, implique contradiction ; car c'est un composé sans composants ; c'est un composé par hypothèse ; c'est un composé sans composants, puisqu'il est impossible, par hypothèse encore, à l'idée de trouver ces composants. Il n'y a pas de limite à la puissance idéale de division ; cette puissance ne trouve pas les composants, puisqu'on suppose la divisibilité sans limite ; s'il y en avait, l'idée les trouverait, puisque rien ne peut lui échapper de ce qui est sur la trace qu'elle parcourt ; donc il n'y a pas de composants ; donc il n'y a rien ; et cependant on dit qu'il y a un *substratum* éternel ; donc on dit tout à la fois, qu'il y a quelque chose et qu'il n'y a rien. Le simple énoncé de la supposition emporte une contradiction saisissable à première vue; affirmer divisibilité à l'infini, c'est affirmer la composition absolue, et nier tout composant non composé; donc c'est tomber dans l'absurdité de l'athéisme qui affirme la contingence absolue, et, par suite, l'effet sans cause, en affirmant la succession indéfinie sans précédant non précédé. L'esprit voit clairement que, dès qu'on a supposé le composé, on a supposé, par la force des choses, le composant non composé, et, par suite, non divisible ou non résolvable en éléments plus simples, comme, dès qu'on a supposé un contenu, on a supposé par là même, un contenant non contenu, comme, dès qu'on a supposé un produit, on a supposé, par là même, un produisant non produit, et ainsi des autres rapports; donc l'hypothèse se nie elle-même.

Seconde raison. — Un *substratum* éternel divisible à l'infini suppose l'existence éternelle d'un nombre infini de parties réelles, puisque, si ces parties n'étaient pas en nombre infini, l'idée absolue, dont la puissance est sans limite, le pourrait numérer. Elle ne peut pas les numérer par hypothèse, puisque, si elle le pouvait, il y aurait un nombre ayant premier et dernier, par quelque côté qu'elle commençât sa numération, et que si ce nombre était dans l'essence du divisible, il n'y aurait plus divisibilité à l'infini; donc il y a éternellement nombre infini; cependant l'existence éternelle et, par conséquent, simultanée, ou présente à toute conception idéale, d'un nombre infini, est une absurdité; c'est l'*omnia* du nombre; or l'*omnia* du nombre est une contradiction, puisque *nombre* n'est *nombre* que parce qu'il est susceptible d'augmentation; donc encore négation de l'hypothèse par l'hypothèse elle-même.

On n'a pas droit d'objecter qu'il est nécessaire d'admettre le nombre infini simultanément existant dans l'idée de toute généralité, impliquant une multiplicité de concrets à l'infini; par exemple, dans l'idée du cercle en général, dans l'idée absolue de toute créature, dans l'idée de l'unité en tant que divisible par la série de fractions indéfinies suivantes : $\frac{1}{2}$ $\frac{1}{4}$ $\frac{1}{8}$ $\frac{1}{16}$, etc.; car, il est faux que, dans ces idées, il y ait nombre infini conçu, il n'y a, au contraire, de conçu, qu'un nombre fini, lequel se présente à l'esprit indéfiniment et à tout jamais, d'une manière évidente, susceptible d'augmentation, par là même qu'il est fini; c'est la série successive indéfinie, ce n'est point le nombre infini réalisé; c'est le jeu de la pensée qui étend son effort indéfiniment dans la division, et qui voit clairement qu'elle n'en trouvera pas le terme; tandis que, dans l'hypothèse du *substratum* réel qui formerait la substance éternelle de Dieu et serait divisible à l'infini, ce serait un nombre infini de parties distinctes existant en soi, et non plus une division successive indéfinie, purement idéale; ce nombre existerait en soi dans le *substratum*, puisque ce *substratum* serait réel et résulterait réellement de parties distinctes dont le nombre serait inépuisable devant l'effort indéfini de l'idée absolue travaillant dessus.

Troisième raison. — Le *substratum* éternel du mode absolu que l'on suppose divisible à l'infini, supporterait la force absolue impliquant toutes les forces de la nature, telles que la force électrique, la force végétative, la force sensitive, la force pensante, la force voulante, etc.; or, il est impossible que deux êtres soient dans le rapport naturel et réel du soutenant au soutenu, si leurs natures n'ont aucun point de liaison, aucune ressemblance, aucune relation concevable; cette proposition est évidente, et l'adage connu, *Il n'y a rien dans l'effet qui ne soit, au moins potentiellement, dans la cause*, n'est qu'une des propositions particulières qu'elle renferme. Cependant la force active absolue est essentiellement simple; si on l'analyse, on trouve, par exemple, avec évidence, que penser est chose simple, que vouloir est chose simple, en un mot que l'idée de force et d'activité quelconque a pour objet un être simple, indivisible, non mesurable, non étendu. D'un autre côté, on conçoit qu'il n'y a rien de commun entre ce qui serait substantiellement divisible et ce qui est substantiellement indivisible. Donc, il est impossible de concevoir qu'un *substratum*, divisible par essence ou à l'infini, soutienne des forces, ou des qualités simples, quelles qu'elles soient; on ne peut mettre des vertus simples et *unes* que sur une substance simple et *une*. Voilà donc encore l'impossibilité du dieu-matière, en substance, démontrée par l'impossibilité d'une substance composée, servant de soutien aux vertus simples et indivisibles qu'on est obligé d'attribuer à l'absolu.

Cet argument est, au fond, identique avec celui par lequel l'école cartésienne démontre que le corps, tel qu'elle le conçoit, ne saurait sentir, ni penser, ni vouloir : la matière, dit-elle, étant divisible à l'infini, fuit sans cesse devant l'idée, le sentiment, le vouloir, et tout ce qui est *un*, comme support; elle refuse tout sujet réel, tout soutenant positif, puisqu'il est impossible de trouver en elle l'unité vraie qui puisse posséder la qualité simple. Cette qualité est-elle dans la partie droite ou dans la gauche, ou dans les deux à la fois? Dans les deux à la fois, cela ne se peut, puisqu'elle est indivisible, et que pour la mettre dans les deux à la fois, il faudrait la concevoir étendue et divisible, ces deux parties étant absolument distinctes; On comprend que des êtres distincts soient, en même temps, l'objet d'une pensée ou d'une activité simple et identique; mais on ne conçoit pas qu'ils soient le *substratum*, le sujet d'une vertu *une*, simple, identique, parce qu'en se distinguant entre eux, ils distingueraient substantiellement et personnellement la vertu de l'un et celle de l'autre. Dans une des parties seulement, cela ne fait que reculer la question à l'infini, puisque chaque partie a encore un côté droit et un côté gauche, et ainsi de suite des sous-divisions ; Or, comme on n'arrive jamais à l'unité indivisible, on ne trouve jamais le sujet demandé ; et, d'ailleurs, un sujet introuvable pour l'énergie de l'idée absolue, est un sujet qui n'est pas ; d'où il faut conclure qu'imaginer, pour sujet de la force absolue, un sujet divisible à l'infini, ou essentiellement étendu, c'est imaginer cette force sans sujet réel, imaginer un soutenu positif sans soutenant positif, et, par conséquent, le oui et le non dans le même être et sous le même rapport.

Quatrième raison. — Un *substratum* éternel divisible à l'infini, ne peut être attribué au mode absolu, parce que l'absolu et le divisible sont incompatibles et s'excluent réciproquement. L'absolu, d'après les définitions, est ce qui n'est pas susceptible d'augmentation ; or ce que l'on conçoit susceptible d'être diminué à l'infini par division, est conçu, par là même, susceptible d'être agrandi à l'infini par addition. Il n'y a pas d'étendue mesurable en kilomètres et en divisions de kilomètres à l'infini, qui ne soit en même temps et par son essence, concevable comme doublée, triplée, etc., et cela à l'infini. Il est nécessaire à la conceptibilité de l'espace absolu, qu'il soit imaginé indivisible, afin de pouvoir être imaginé non multiple. Donc un *substratum* divisible absolu et supportant le mode absolu est une contradiction.

C'en est assez pour réfuter le premier sens, qui est celui du système épicurien.

2° Le second — prétendre que le corps de Dieu qu'on imagine ne serait qu'un soutenu et un produit éternel de la substance éternelle n'est pas moins déraisonnable. Il ne faut pas oublier qu'on suppose ce corps véritablement *matière*, et non point consistant dans des images spirituelles simplement soutenues, ce qui reviendrait à la grande théorie de Platon qui se représente les corps éternellement en Dieu à l'état d'idées, et ce qui sortirait complétement de celle-ci. Ce corps éternellement produit serait donc, d'une part, un soutenu perpétuellement inhérent à la substance éternelle, et, d'autre part, un *substratum* réel divisible à l'infini soutenant éternellement des qualités. Or ce sens revient au troisième que nous allons réfuter. Pour l'en distinguer, il faudrait se représenter le corps de Dieu comme n'étant qu'un soutenu ; mais, en ce cas, il ne serait qu'un mode, une qualité simple, sans étendue en soi, et, par conséquent, non réductible matériellement en parties distinctes, ce qui détruirait l'hypothèse dans sa partie essentielle qui exige la divisibilité matérielle. Nous concluons de là que, si on imagine le corps en question comme simple soutenu, et ne contenant rien, on le détruit, ou plutôt on le réduit à une forme sans étendue réelle divisible en parties solides, et qu'on rentre dans la troisième hypothèse qui sera refutée plus loin ; et que, si on l'imagine véritable corps matériel, on rentre dans le troisième sens de la première hypothèse que nous abordons immédiatement.

3° Le troisième, qui paraît correspondre à l'idée de Spinosa, n'est pas moins absurde que le premier ; on peut aussi en donner plusieurs raisons.

Première raison. — Si on considère ce corps éternel de la substance absolue, en tant que *substratum* éternel lui-même, soutenant toutes les forces de la nature matérielle, les quatre raisons que nous avons apportées contre le premier sens gardent leur valeur pour en établir l'impossibilité. L'absurdité du composé sans composants, celle du nombre infini, celle de l'absence de relation entre le divisible à l'infini et les forces supportées, celle enfin de l'incompatibilité de l'absolu avec l'étendue divisible reviennent avec la même évidence. La dernière seule a besoin d'une nouvelle observation de plus pour luire au grand jour : toute propriété éternelle de l'absolu lui est essentielle ; toute propriété essentielle de l'absolu est elle-même absolue ; donc le corps de la substance absolue, tel qu'on l'imagine, serait absolu ; cependant il a été compris que le divisible à l'infini et l'absolu s'excluent, aussi bien que l'idée de nombre et celle d'infini ; donc la quatrième raison est applicable, comme les trois autres, à la théorie de Spinosa qui donne la matière, étendue par essence pour un éternel attribut de la substance absolue.

Deuxième raison. — Si on considère ce corps en tant que soutenu par la substance absolue, et éternellement engendré par elle, on le trouve encore impossible. Il résulte de l'impossibilité du premier sens que le *substratum* absolu du mode absolu est un, identique, simple, indivisible et incapable d'augmentation ; nous avons déjà posé en principe que le rapport du soutenant au soutenu, du contenant au contenu, de l'engendrant à l'engendré, etc., n'est concevable qu'autant qu'il existe une relation de nature entre les deux termes ; on ne conçoit aucune relation de nature, aucun point de liaison, aucune ressemblance intrinsèque entre l'indivisible, l'*un*, le simple, et le divisible, le multiple, le composé, l'étendu ; donc il est impossible que la substance absolue, qui est une et identique comme l'idée, engendre et soutienne éternellement le corps, réellement et substantiellement étendu et divisible, qu'on veut lui donner pour sorte d'attribut.

On objectera sans doute contre cette raison, et à l'appui de la possibilité du corps soutenu par la substance, bien qu'il soit composé, et elle non composée, bien qu'il y ait entre eux impossibilité de mélange, d'affinité, de contact, que la génération et le support de l'idée-corps, qu'il faut bien admettre en Dieu, puisqu'elle est en nous, ne sont pas plus faciles à concevoir. Mais on répond sans peine que la même impossibilité n'existe plus, parce que l'idée-corps, n'ayant en soi, dans son essence, rien de divisible, peut être conçue dans le rapport de l'engendré et du soutenu à l'égard de la substance absolue, qui est une comme elle. Le corps-idée n'est autre que la substance elle-même pensant, imaginant, idéalisant des êtres limités en étendue dans un lieu déterminé ; on conçoit donc très-bien la liaison du soutenant au soutenu, puisqu'il s'agit de choses de même ordre, ou, pour aller jusqu'au fond du mystère, d'une seule et même chose se modifiant dans l'étendue de son activité.

Il est donc vraiment contradictoire en soi de donner à Dieu un corps matériel divisible à l'infini selon l'idée cartésienne de la matière.

IIe hypothèse. — « Dieu ne peut être corps au sens attribué à ce mot par l'école de Leibnitz. »

Les trois sens reviennent : ou ce corps composé de monades indivisibles sera le *substratum* éternel du mode absolu ; ou il sera un mode du *substratum* absolu ; ou il sera germé et soutenu par ce *substratum*, d'une part, et, d'autre part, germant et soutenant des modes matériels en concurrence avec l'esprit qui s'ornera de modifications spirituelles.

Le premier sens implique absurdité.

Première raison. — Puisque chaque monade est distincte, la substance absolue résultera d'une multitude de monades dont l'une ne sera pas l'autre. Or, ou chacune d'elles sera absolue, complète, parfaite, au point de ne pouvoir être conçue plus parfaite ; ou elle ne sera que relative et imparfaite : dans le premier cas, c'est une multitude d'absolus ; mais dire une multitude d'absolus, c'est dire une contradiction ; car le tout l'emporte en perfection sur les parties ; et il ne saurait y avoir plus absolu et moins absolu ; dans le second, c'est un composé de relatifs et d'imparfaits, qui ne saurait faire un tout absolu et parfait.

Seconde raison. — Ou le nombre des monades est infini ou il est limité : dans le premier cas revient l'absurdité de l'existence éternelle et simultanée d'un nombre infini ; dans le second, l'absolu est nié par le nombre lui-même, puisque tout nombre déterminé est susceptible d'augmentation et peut être conçu plus grand.

Troisième raison. — Chaque monade éternelle occupe son lieu déterminé exclusif et distinct des lieux occupés par les autres ; ou bien est elle-même l'espace absolu contenant tout. Dans le premier cas, il n'y a pas d'espace substantiel absolu, et l'absolu est nié malgré la démonstration de sa nécessité qui a fait l'objet du traité des existences ; car, pour trouver cet espace substantiel absolu, il faudrait l'imaginer comme contenant toutes les monades, et cela est défendu par l'hypothèse qui suppose qu'il n'y a aucun soutenant et aucun contenant en dehors du corps Dieu dont il s'agit, et qui est le *substratum* unique du mode absolu. Dans le second cas, chaque monade, étant supposée le contenant universel, est supposée contenir toutes les autres ; mais dire cela de chaque monade, c'est se contredire, puisque dès qu'on l'a dit d'une seule, on a affirmé que toutes les autres sont contenues en elle, et, par conséquent, sont relatives ; il est impossible que la même soit à la fois contenant sa sœur et contenu par sa sœur. On ne peut attribuer la propriété de contenant universel qu'à une seule, et, par là, on retombe dans l'unité de l'absolu, unité qui est exclusive de la multiplicité corporelle au sens de Leibnitz.

Quatrième raison. — L'hypothèse de la multitude de monades éternelles indivisibles formant le *substratum* étendu du mode absolu, détruit par elle-même l'essence matérielle qu'on veut attribuer à Dieu. Car, l'essence d'un tout ne peut résulter que de l'essence de ses parties, et on ne peut concevoir, dans un composé, aucune propriété essentielle qui ne soit déjà dans les parties ; or chaque élément du *substratum* éternel, vous le supposez simple, indivisible, n'ayant ni milieu ni côtés distincts ; donc l'ensemble de ces éléments simples ne peut former une étendue à parties contiguës distinctes, selon l'idée qu'on a d'un corps, mais seulement une collection d'unités spirituelles, laquelle n'a pas plus d'étendue matérielle que chacune des unités composant cette collection, et, par conséquent, ne peut s'appeler corps. Vous substituez par là au *substratum* un beaucoup de *substratum* spirituels, et faites plusieurs dieux éternels et absolus, ce qui est absurde pour les raisons susdites.

On conçoit que réfuter cette hypothèse dans son premier sens, c'est réfuter l'atomisme d'Épicure, entendu de telle sorte que les atomes éternels fussent des unités simples et essentiellement indivisibles.

Le second sens n'est pas plus admissible.

Le corps-Dieu, résultat de monades simples, ne serait qu'un mode de la substance absolue, laquelle serait une et échapperait à toute division métaphysique. Mais, c'est une pure contradiction : d'un côté ce corps n'est qu'un mode ne soutenant rien ; d'un autre côté son contenant est *un* ; et enfin, il est composé d'unités distinctes pouvant se numérer et formant une étendue. Évidemment ces affirmations se nient réciproquement ; s'il se compose d'unités distinctes et réelles en soi, il n'est pas seulement soutenu, mais aussi soutenant des manières d'être, et l'on retombe dans le troisième sens que nous allons réfuter. S'il est composé d'unités distinctes les unes des autres, il est nécessaire que son *substratum* ne soit pas *un*, mais soit composé lui-même d'unités distinctes, et l'on retombe dans le premier sens que nous venons de réfuter. Enfin on peut l'affirmer simple soutenu, en renonçant à son essence composée de parties distinctes et le disant de la même nature qu'une image spirituelle, mais alors on se jette dans la définition berkeleyenne du corps, dont il va être question plus loin en ce qui concerne Dieu.

Le troisième sens pourrait être adopté par le spinosiste qui, ayant senti l'absurdité de l'attribut-corps entendu comme soutenu-soutenant divisible à l'infini, aurait recours à l'attribut-corps entendu comme soutenu-soutenant composé de monades indivisibles. Mais il ne serait pas plus heureux dans son nouveau retranchement.

La première raison sus-exposée, contre le *substratum* absolu composé de monades, reprend ici toute sa valeur; car le *substratum* produit qu'on suppose former le corps de Dieu est éternellement et nécessairement produit; c'est une génération essentielle de la substance absolue; donc il entre dans l'absolu comme élément intégrant; donc il est absolu lui-même; donc on peut dresser contre lui le même dilemme que contre le *substratum* radical entendu de la même manière. (*V.* plus haut IIe hypoth., premier sens.)

Il en est de même de la seconde raison pour le même motif.

On ne peut pas alléguer la double raison qui va si bien contre le troisième sens de la Ire hypothèse, reposant sur l'impossibilité de relation entre l'unité soutenant et la multiplicité soutenue, entre la multiplicité soutenant et les modes soutenus qui sont aussi des unités en essence; car, les monades étant elles-mêmes des unités simples, on conçoit très-bien le rapport du soutenant au soutenu, et du soutenu au soutenant entre l'unité absolue substantielle et chacune des monades, entre chacune des monades et ses modes passifs et actifs. Mais la quatrième raison contre le premier sens de la IIIe hypothèse revient, par là même, pour faire comprendre que ce prétendu corps n'en est plus un, mais une multitude d'esprits éternellement engendrés par la substance absolue; d'où le spinosiste qui a recours à la définition leibnitzienne des corps ne peut plus distinguer les deux attributs corps et esprit, mais seulement l'attribut esprit. D'un autre côté, cette hypothèse d'une multitude d'esprits, germination éternelle et essentielle de la substance, est déjà réfutée comme incompatible avec l'absolu, par les deux premières raisons.

Il est donc impossible d'imaginer en Dieu un corps matériel au sens attribué par Leibnitz au mot matière.

IIIe hypothèse. — « Dieu ne peut être corps selon le sens attribué à ce mot par l'école de Berkeley. »

Les trois sens reviennent toujours. Ou ce corps, simple limite n'ayant sa réalité que par l'idée et le sentiment, sera le *substratum* du mode absolu; ou il sera ce mode absolu lui-même soutenu par la substance absolue; ou il sera un soutenu et un engendré de cette substance, soutenant et engendrant des modes qui lui seront propres.

Mais le premier sens se dévore lui-même; car le corps étant supposé un simple soutenu, un mode pur, il est défendu d'ajouter qu'il soit le soutenant substantiel du mode absolu.

Le troisième sens se détruit également pour le même motif; le corps supposé ne peut contenir des modes, puisqu'il n'est qu'un mode, un pur soutenu, par la définition de Berkeley.

Le second sens est le seul qui mérite examen. On ne voit pas, à première vue, qu'il soit contradictoire de dire que la substance absolue s'engendre éternellement un corps idéal impliquant l'universalité de tous les modes matériels possibles. Dans cette théorie, la création d'un esprit relatif, comme le moi, aurait, pour une de ses conditions, le développement, dans la vision de cet esprit, d'une partie du corps éternel de Dieu, d'une perspective coupée dans son immensité, laquelle formerait l'univers de cet esprit. La création d'un monde relativement à tel ou tel *moi* serait l'acte divin par lequel Dieu ouvrirait, devant les yeux de ce moi, l'échappée de vue relative à son espèce à travers le corps éternel de l'infini.

Cette théorie est grandiose, rappelle les archétypes de Platon composant le Verbe de Dieu, et paraît avoir été celle des plus profonds philosophes de l'Inde.

Cependant elle implique, comme les autres, une grande erreur fondamentale, qui, comme toutes les erreurs du même ordre, se résout dans une impossibilité métaphysique.

Si l'on disait que ce panorama de mondes idéaux n'est que relatif, contingent, libre en Dieu, et toujours susceptible d'augmentation et de diminution, en sorte que Dieu, par sa force absolue de créateur, peut à tout instant s'imaginer librement des plans de mondes nouveaux, et détruire en lui les images de mondes déjà construits, en un mot, créer, anéantir ou modifier ces idéaux qu'il plaît d'appeler corps, on ne dirait que la vérité même, comme on le comprendra par les explications que nous donnerons sur les rapports des deux essences, l'essence absolue et l'essence relative.

Mais ce n'est point là ce qu'on veut dire. On imagine en Dieu un corps idéal éternel et faisant essentiellement partie de lui-même. Or, cette idée, toute belle et grande qu'elle paraisse, implique contradiction, pour plusieurs raisons.

Première raison. — Ce corps, simple forme, ne peut être conçu sans une étendue déterminée susceptible d'augmentation à l'infini. D'un autre côté, on le suppose essentiel à la substance absolue, par conséquent absolu. Or, ces deux idées s'excluent : tout espace susceptible d'augmentation n'est qu'une limite, et toute limite, ou forme limitée, est incompatible avec l'absolu, le parfait, l'imperfectible, l'immensurable, l'inextensible. On ne peut donc pas faire rentrer ce corps imaginaire dans l'essence de l'absolu; et déjà on pourrait conclure, de cette impossibilité, la liberté dans l'absolu, raison nécessaire de toute contingence imaginable.

Seconde raison. — Ou ce corps divin, pure idéalité en soi, mais forme essentielle dans laquelle se concréterait l'essence absolue, renfermerait un nombre infini d'images correspondant au nombre éternellement indéfini des possibles; ou il n'en renfermerait qu'un nombre déterminé. Dans le premier cas, l'absurdité de l'existence simultanée, et réalisée *hic et nunc*, d'un nombre infini, revient et nous arrête. Car peu importe à cette absurdité, pour être ce qu'elle est, qu'il s'agisse d'éléments réels et substantiels, ou d'éléments modes et simplement idées, puisque c'est le nombre infini simultané qui est absurde en soi, quels que soient les objets de la numération. Le nombre infini par succession, c'est-à-dire le nombre toujours susceptible d'augmentation, n'a rien de contradictoire, et, de plus, est le seul nombre concevable et possible; d'où il suit que, s'il y a nombre dans l'esprit de Dieu, ce ne peut être que ce nombre toujours fini et toujours augmentable, aussi bien que chez nous, ce qui cependant serait nié par l'hypothèse, puisqu'on y suppose éternellement, non pas le nombre d'images augmentable, mais le nombre d'images inaugmentable ou infini, en d'autres termes, l'*omnia* des images possibles. Dans le second cas, le seul compatible avec l'idée de nombre, l'absolu disparaît, puisqu'il y a susceptibilité éternelle d'augmentation, d'addition, d'imagination nouvelle, et l'essentialité disparaît aussi, puisqu'on ne peut pas dire que cela est essentiel à la substance, qui survient dans la forme de la substance.

En résumé, attribuer à l'essence de Dieu une forme corporelle étendue imaginativement, et pouvant se numérer en images, comme nous pouvons le remarquer dans notre manière d'être, en supposant que les corps ne soient en nous que des images, c'est lui attribuer une limite, et le détruire en tant qu'absolu, c'est-à-dire en tant que Dieu.

On objectera qu'il faut pourtant bien reconnaître en Dieu l'*omnia* des images correspondantes aux créations possibles, et, partant, le nombre infini, puisque les possibles, dans l'ordre du relatif, sont en nombre toujours susceptible d'addition. Mais c'est précisément ce dont nous nions la possibilité en Dieu, aussi bien qu'en nous, par cela seul que l'*omnia* des possibles, aussi bien en images, premier degré de leur création, qu'en réalités extrinsèques, second degré de leur création, est une absurdité, si on l'imagine existant simultanément, soit dans l'éternité, soit dans un point quelconque des durées temporelles. Nous reviendrons un peu plus loin sur ce point, que nous avons déjà nommé le mystère des mystères.

Il résulte de cette dissertation que Dieu ne peut être *corps* dans aucun des sens qu'il est donné à l'esprit d'attribuer à ce mot; et, par conséquent, que l'ontologie la plus transcendante, après avoir erré d'abstractions en abstractions, après avoir parcouru toutes les perspectives de son empire, après avoir épuisé tous ses efforts, est obligée de revenir s'abriter sous le mot simple de nos catéchismes : *Dieu est un pur esprit*.

II° déduction. — *Trinité du mode absolu.*

Quand nous avons dit que le nombre est impossible en Dieu, il s'agissait de la substance, et il n'en est pas de même du mode. Si le nombre n'était en Dieu sous aucun rapport, il ne serait pas en nous, puisqu'on ne peut rien concevoir dans le relatif, sauf sa limite, qui ne soit, en type antérieur, dans l'absolu. Il est vrai que la trinité engendre le nombre, et est même identique avec lui; mais il y a, dans le nombre comme dans la limite, deux rapports à considérer, le positif et le négatif. Le positif est ce qu'il y a de réel dans le cercle limité; le négatif est ce qui fait qu'au delà de la limite il y a le *non* de l'être limité, ou l'*autre*, par lequel le limité se distingue de son semblable qui le joint, et de l'absolu qui le contient. Le nombre qui correspond à la limitation, qui en est l'expression adéquate, a aussi son positif et son négatif : son positif, qui est ce qu'il a de réel ; son négatif, qui est ce par quoi il n'est pas un nombre plus grand. L'algèbre opère sur l'un et sur l'autre rapport au moyen des signes + et —. Or, puisque le positif de la limite et du nombre sont des réalités, il faut bien qu'ils aient en Dieu, origine de toutes choses, leur loi originelle, et, par suite, que le nombre y soit dans ses éléments radicaux, sous le rapport selon lequel il peut s'y trouver, c'est-à-dire sous le rapport du mode. Nous allons y découvrir le nombre trois, ou l'unité trois fois ajoutée à elle-même, ce qui suffit pour type de tout nombre. Nous ne voyons pas, dans notre faible vue, pourquoi *trois* plutôt que *deux*, *quatre*, etc. ; mais il nous suffit de trouver trois, par le fait, pour soupçonner, sous ce phénomène, quelque loi essentielle de l'être que Dieu nous fera peut-être comprendre un jour. Des métaphysiciens ont cependant eu la prétention de donner des aperçus de la nécessité *a priori* du nombre trois en particulier; mais nous n'avons pas assez clairement saisi leurs raisons pour les pouvoir présenter ici avec la confiance qui doit accompagner l'ontologiste. Laissons donc ce côté de la question, et, sans chercher si le nombre trois en soi est plutôt le nombre générateur avec l'unité que le nombre deux ou tout autre nombre, si même il est celui qui doive exprimer la plénitude des harmonies de l'essence plutôt que le nombre quatre ou tout autre, voyons ce que nous sommes conduits à trouver dans le mode absolu, par déduction analytique des principes déjà posés, et surtout en remontant de notre propre *a posteriori* jusque dans les profondeurs de l'essence infinie.

1° *Déduction « a priori. »* — Parmi les éléments radicaux constitutifs de l'absolu et essentiels à sa définition, nous avons signalé la force, que nous avons aussi appelée activité, productivité, vertu de génération, etc. ; nous avons adjoint l'absolu de la force à l'absolu de la substantialité qui soutient tout, à l'absolu de l'espace qui contient tout, à l'absolu de la durée qui précède tout excepté lui-même.

Or l'absolu de la force ne se conçoit et n'est lui-même qu'autant qu'il implique tous les genres de forces, et le *summum* de chaque force, puisque autrement la perfectibilité reviendrait détruire l'idée même de l'absolu.

D'ailleurs trois verbes sont nécessaires et suffisent pour exprimer toutes les forces dont nous avons l'idée : ce sont, *pouvoir, savoir* et *vouloir*.

Chacun de ces verbes exprime une force qui peut être considérée comme s'exerçant *ad intra* ou *ad extra*. La force du pouvoir *ad intra* consiste en *se pouvoir soi-même*, c'est-à-dire avoir l'être par une énergie intrinsèque exclusive de toute relation à une cause externe; c'est l'*aséité, summum* de la force d'être. La force du pouvoir *ad extra* consiste à pouvoir tous les possibles extrinsèques; c'est la toute-puissance, *summum* de la force de création. La force du savoir *ad intra* consiste en *se savoir soi-même* dans toute son entité, à engendrer en soi une idée adéquate de son essence, une idée absolue de son absolu comme substance et comme mode; c'est le *summum* de la vertu du sage, du Γνῶθι σεαυτόν. La force du savoir *ad extra* consiste à savoir tous les possibles extrinsèques autant et selon que le comporte la possibilité métaphysique; c'est l'omniscience, *summum* de la vertu du savant. Enfin la force du vouloir *ad intra* consiste en *se vouloir soi-même*, dans sa plénitude, à produire, en vertu de ces deux forces précédentes, une adhésion absolue à son absolu; c'est l'amour adéquate à la perfection, *summum* de la vertu du bon, puisque le bon, connaissant le bon, doit adhérer au bon par une volonté et un amour en équation avec sa plénitude de bonté. La force du vouloir *ad extra* consiste à vouloir, par l'adhésion de l'amour, tous les degrés de bonté composant l'échelle du relatif, tous les possibles en un mot, mais autant et selon que le comporte la possibilité métaphysique; cette restriction est importante, car l'oubli qu'on en ferait conduirait à la nécessité permanente de la création de l'*omnia* des relatifs conçus, nécessité qui implique l'optimisme, et, du même coup, l'annihilation de toute liberté en Dieu, par l'asservissement de la volonté à la science, ainsi que nous le dirons plus loin. Cette force du vouloir *ad extra* est le *summum* de la vertu du bon en tant qu'il s'épand au dehors, ou de la vertu de bienfaisance.

Les trois verbes *pouvoir, savoir* et *vouloir*, ainsi développés, sont nécessaires, disons-nous, pour exprimer toutes les forces dont nous avons l'idée ; car l'un ne dit pas l'autre ; *se pouvoir* et *pouvoir tout* ce qui se peut, est distinct de *se savoir* et *savoir tout* ce qui peut être su, de *se vouloir* et *vouloir tout* ce qui peut être voulu. Dire l'un n'est pas nécessairement, aux yeux de l'esprit, dire les deux autres, à moins qu'on ne remonte à l'idée centrale de l'unité absolue qui les implique tous les trois. Force *a se* et toute-puissante peut s'imaginer, si l'on ne remonte à cette idée centrale, comme une nécessité aveugle et sans volonté; sagesse et toute-science a également son caractère distinctif et particulier; et il en est de même de l'amour du bon absolu et du bon relatif. Il faut donc les trois verbes pour exprimer toutes les énergies qu'il nous est donné de concevoir.

D'un autre coté, ils suffisent pour les énoncer toutes ; non pas qu'il soit permis à notre raison d'affirmer qu'il n'y en ait pas une quatrième série dans l'essence des choses, laquelle nous serait inconnue ; c'est à la révélation à nous l'apprendre ; mais ils énoncent, par une classification complète, toutes celles que nous imaginons et sur lesquelles il nous est possible de raisonner. Nous voyons clairement que, quand on a dit, *pouvoir, savoir*, et *vouloir* par l'adhésion de l'amour, on a tout dit en fait d'énergie. *Pouvoir* embrasse toutes les forces physiques, productives, motrices, plastiques, toutes les forces de substantiation et d'information, d'être et de vie, de création et de mouvement. *Savoir* embrasse toutes les forces intellectuelles de vision, d'idée, de raisonnement, de construction imaginative, de perception de soi et de non-soi. *Vouloir* embrasse toutes les forces morales d'amour, d'attachement, de répulsion, de commandement, d'arbitrage, etc., etc. En un mot nous n'apercevons plus rien, dans l'ordre des forces, quand nous les avons englobées dans les trois énoncés génériques : *pouvoir, savoir, vouloir*, ou, si l'on aime mieux, *puissance, intelligence, amour*.

Or, ces notions posées, nous reportant à la notion de l'absolu, dont nous avons prouvé l'existence nécessaire, nous trouvons immédiatement que l'absolu de la force ne peut être lui-même qu'à la condition d'impliquer, dans son mode, *le trinôme* de la force, et le *summum* de chacun des termes de ce trinôme. Supposer qu'il lui manque un de ces termes ou qu'il ne l'implique qu'au degré relatif et perfectible, c'est le détruire, en le rendant tout entier perfectible et relatif. Ceci n'a pas besoin d'explication.

Nous voilà donc arrivé à percevoir la nécessité de la trinité du mode, ou de la puissance *ad intra* et *ad extra*, de l'intelligence *ad intra* et *ad extra*, de l'amour *ad intra* et *ad extra*, dans l'unité de la substance absolue.

Nous avons appelé cette argumentation, argumentation *a priori*. Il ne faut pas chicaner sur le mot. Ce n'est point un *a priori* pur ; cet *a priori* n'est et ne peut être qu'en Dieu ; c'est un *a priori* mêlé d'*a posteriori* comme nos arguments sur les existences.

2° *Déduction « a posteriori. »* — Le lecteur est prié de la lire dans l'article Trinité.

3° *Conclusion*. — Il suit de ce qui précède, que Dieu ou l'absolu est, tout à la fois, *un* dans sa substance, et *trine* dans son mode en tant que force. C'est ce que disent nos catéchismes à nos enfants ; et l'ontologie n'a divagué dans ses hautes régions que pour être ramenée par sa logique à ces simples mots :

Un seul Dieu. Un dieu en trois personnes. —*Personnes*, mot profond ! qui exprime avec une singulière énergie, et la distinction des trois forces, et leur essence absolue d'être par soi, *per se*, sans besoin de relation à autre chose qu'à leur propre unité substantielle.

En prouvant ainsi la Trinité, nous avons déjà prouvé que l'absolu, dont l'existence est nécessaire, n'est pas une simple puissance, une grande fatalité substantielle, donnant les lois éternelles des choses, et inexorable dans sa justice, parce que sa justice ne serait qu'une rectitude aveugle; mais qu'il est nécessairement, pour être l'absolu, intelligence et sagesse, ainsi que volonté, bonté, et amour. C'est avoir fait un pas énorme dans les profondeurs de la théodicée ; et avoir, en même temps, fait apparaître les harmonies de la raison philosophique avec la raison catholique de notre Eglise.

Il reste cependant encore un point capital à établir, celui de la liberté de la volonté absolue.

III° déduction. — *Liberté du moi Dieu dans les productions de son activité.*

On conçoit dans l'absolu, tel que nous le représente maintenant l'idée ontologique que nous sommes parvenu à nous en former, dans l'absolu *puissance, intelligence, amour*, des productions d'activité de deux ordres, celles qui lui sont intrinsèques et celles qui lui sont extrinsèques, ou plutôt celles dont l'entité ne se substantialise pas en s'individualisant et se distinguant au moyen d'une quantité limitée, et par conséquent qui restent, en Dieu, simples modifications de ses vertus; et celles qui se substantialisent en elles-mêmes en s'individualisant et formant des soutenant-soutenus distincts de la substance infinie qui les soutient. Les premières sont les idées divines; les secondes sont les créatures proprement dites.

On conçoit encore d'autres productions d'activité en Dieu, lesquelles ne sont que des actes de puissance et d'amour, soit relatifs à lui-même et à ses idées, soit relatifs à ses créatures ; celles-là ne sont plus des créations, ni d'idées, ni de réalités, mais des actions, des influences, des vivifications, des déterminations de mouvement, des prémotions, comme disait saint Thomas, dirigées sur la réalité déjà existante, et néccessairement pour son bien.

Or, les productions de l'activité de Dieu, ou de la force trine, qui ont pour terme lui-même, avec tout ce qui est essentiel à sa qualité d'absolu, ne peuvent être libres, parce que dire que l'absolu peut se dispenser de produire en soi ce qui fait qu'il est absolu, serait dire que l'absolu peut se rendre relatif, affirmation qui est un non-sens. C'est ainsi que tout ce qui sort de la puissance pour réaliser l'intelligence et l'amour, que tout ce qui sort de l'intelligence pour former en Dieu une idée adéquate de son infini, et des lois essentielles de toutes choses, et que tout ce qui sort de son énergie volontaire pour informer un amour conforme à cette idée, et, par suite, aux lois absolues de la raison universelle, est éternel, invariable, nécessaire et non libre. C'est dans ce sens que Leibnitz et Malebranche ont eu raison de soutenir, avec tant d'éclat, contre Descartes, qui avait été aussi inexact qu'obscur et peu développé sur ce point, que Dieu est assujetti, dans ses actes, aux lois de la sagesse. Nous reviendrons sur cette question dans la troisième partie de ce traité.

Mais les productions de l'activité divine qui consistent 1° dans la concrétion de telle ou telle idée d'une créature particulière, premier acte créateur, par lequel le plan de l'être est formulé et comme extrait de la loi générale de sa possibilité, loi de sagesse éternelle, absolue, invariable, essentielle à Dieu et dominant invinciblement sa volonté, mais très-distincte de l'idée concrète de l'individu, ainsi que nous le ferons comprendre plus loin par des considérations mathématiques. 2° Dans la réalisation même *ad extra* de la créature individuelle, par l'introduction d'un *substratum* soutenu par Dieu et soutenant les qualités de cette créature, second acte créateur, complément du premier, parce que l'idée concrète de l'être passe à l'état de réalité individuelle étant soi. 3° Dans toutes les transmissions de mouvement et de vie, qu'on a appelées *prémotions physiques*, quand on les a considérées dans leur essence, et *grâces*, quand on les a considérées dans leur qualité de gratuité résultant de la liberté du donateur à les donner ou à ne pas les donner, transmissions qui ne se conçoivent qu'exercées sur la créature réelle déjà parfinie dans son *être-soi*. — Ces trois sortes de productions de l'activité divine sont libres, et, par suite, temporelles, contingentes, variables, susceptibles de formation et de destruction. La volonté de Dieu n'est assujettie, en ce qui les concerne, à aucune nécessité autre que celle de ne rien faire d'injuste, de mauvais, de contraire à la loi éternelle du vrai, du bien, et du beau. Elle peut les laisser dans le non-être ; elle peut préférer, sans raison autre que son bon plaisir, l'une à l'autre, pour l'appeler à l'être ; elle peut soumettre leur réalisation à telles ou telles conditions prises d'autres contingents, comme la prière d'une créature, l'action libre d'une autre bonne ou mauvaise, un événement quelconque dans l'ensemble harmonique des causes secondes ; en un mot, elle est libre au sens absolu sur ces trois points.

Telle est la liberté divine que nous allons établir sur plusieurs raisons que nous diviserons, pour la clarté, comme précédemment, en raisons *a priori* et raisons *a posteriori*.

Première raison « a priori. » — La liberté, telle que nous venons de la définir, est une perfection ; l'être que l'esprit se représente doué de cette liberté est plus grand, plus beau, plus heureux que celui dont la toute-puissance, la toute science, et l'amour adéquate à l'un et à l'autre, produirait tous ses actes par nécessité, fût cette nécessité le résultat de l'éternelle rectitude, et de l'immense sagesse ; la conscience du bon vouloir librement exercé en est une conséquence, et cette conscience est la condition du bonheur. La bonté est aussi la suite de cette liberté, et ne se conçoit même pas sans elle ; car un bienfait nécessaire n'est point un acte de bonté dans sa source ; il ne peut être qu'une émanation indifférente en soi et sans moralité ; or l'absolu, dont nous avons reconnu la nécessité, peut-il se passer de cette perfection, pour être l'absolu ? Ne serait-il pas perfectible, ne pourrait-on pas le concevoir plus parfait, et plus absolu encore, s'il ne l'avait pas? Otera-t-on à Dieu la conditon du bonheur qui résulte de la conscience de la bienfaisance libre ? Lui ôtera-t-on la qualité de bon par essence ? L'imaginer ainsi serait le détruire. Il lui faut, pour être l'absolu et le parfait, qu'il soit libre. Il faut qu'on trouve moyen de concilier, en lui, le libre avec le volontaire, le volontaire-libre avec les exigences de la suprême sagesse.

Seconde raison « a priori. » — Nous avons trouvé, dans la première partie, que la seule des hypothèses admissibles est celle qui pose l'existence du relatif et du contingent à côté de celle de l'absolu. Or, sans la liberté en Dieu, il n'y a pas de contingent possible, et tout redevient absolu. En effet, tout redevient nécessaire comme Dieu même, puisque tout ce qui sort de l'activité de Dieu en sort par une nécessité éternelle, et sans choix libre de sa part. Il n'y a plus rien de conditionnel, par cela seul qu'il n'y a plus de volonté libre d'où dépende la formation des choses. Tout émane de l'absolu par l'exigence de ses lois, comme son Verbe et son esprit émanent de sa substance par la même exigence. Donc tout est ou l'absolue cause, ou l'absolu effet essentiel à la cause, en d'autres termes tout est absolu, tout est Dieu. Mais nous avons trouvé que cette hypothèse est inadmissible ; donc en prouvant la vérité du relatif, nous avons établi la liberté dans la cause.

Troisième raison « a priori » par l'absurde. — Ayant établi que Dieu est, à la fois, toute-puissance, toute-sagesse, et tout-amour, il nous est impossible de concevoir en lui l'absence de liberté, ou la nécessité de tous ses actes, qu'en vertu des exigences de ces forces. Il faudrait donc dire que ce qui l'empêche d'être libre, c'est qu'il est tenu à l'une des choses suivantes :

1° A avoir éternellement, en vertu de l'absolue sagesse, *l'omnia* des idées concrètes ; à réaliser, en vertu de l'absolue puissance, *l'omnia* de ces mêmes idées, en d'autres termes, à créer *l'omnia* des relatifs ; et enfin à communiquer, en vertu de l'amour absolu, à *l'omnia* des créatures, *l'omnia* de ses grâces ou prémotions. C'est le *totalisme*.

2° Ou, comme le veut Leibnitz, à avoir éternellement, en vertu de son absolue sagesse, le plan concret du meilleur des univers possibles ; à créer cet univers, de préférence à tous les autres, en vertu de son absolue puissance ; et enfin, à communiquer à l'ensemble de cet univers, en vertu de son amour absolu, la meilleure des combinaisons de ses grâces. C'est l'*optimisme absolu*.

3° Ou enfin, comme le veut Malebranche, à avoir éternellement, dans sa sagesse, le plan concret du meilleur des univers possibles, et, tout en restant libre de ne créer aucun de ces univers, à choisir, pour l'appeler à l'être, s'il se détermine à créer, le meilleur de tous, ainsi qu'à lui communiquer la meilleure combinaison des dons de son amour. C'est l'*optimisme conditionnel*.

Mais ces trois hypothèses, destructives de la liberté divine, sont également entachées d'impossibilités métaphysiques.

La première est absurde en ce qu'elle implique trois impossibilités.

1° L'impossibilité de l'*omnia* simultané des idées concrètes dans l'intelligence infinie. — Cet *omnia*, en effet, implique la contradiction du nombre infini existant *hic et nunc*. Chaque idée concrète est le type et l'image d'une créature particulière ; le nombre des créatures particulières est indéfini et toujours susceptible d'augmentation, de multiplication, en un mot, de toutes les opérations de l'arithmétique ; donc il ne peut être infini, c'est-à-dire tel qu'étant nombre il ne soit plus susceptible d'augmentation ; ce qui est vrai des créatures est vrai des idées concrètes qui leur correspondent, puisque ces idées sont des types particuliers de ces créatures, ou, pour mieux dire, sont ces créatures elles-mêmes dans la première phase de leur création et particularisation, comme le plan d'un tableau est, dans l'imagination du peintre, le premier degré et le plus important de la création du tableau. Il est donc absurde de concevoir en Dieu le nombre infini des idées concrètes des possibles ou l'*omnia* de ces idées. Aussi, dirons-nous plus loin que, par la concrétion des idées des relatifs, qui est libre en Dieu comme la création, et ouvre sans cesse une carrière inépuisable devant sa force, Dieu réalise le temps et l'étendue divisibles dans son éternité et dans son espace indivisibles, avant même la réalisation des substances incomplètes. Dieu, d'ailleurs, ne serait ni l'absolu ni l'infini s'il n'impliquait pas, en lui, par ce moyen, le relatif lui-même selon toute l'ampleur permise [par la possibilité métaphysique. On peut et on doit imaginer, dans son intelligence, toute science et toute vision, mais non pas la science et la vision qui impliquerait contradiction, puisque la contradiction ramène le néant ; or un nombre infini d'idées concrètes et particulières est une contradiction ; c'est une numérabilité non numérable, une multiplicité non multipliable, une délimitation non augmentable. Nous expliquerons plus loin comment c'est la vue parfaite de la loi générale du fini et non la possession simultanée de toutes les idées concrètes de tous les possibles particuliers, qui fait que rien n'échappe à la sagesse de Dieu. Nous verrons aussi qu'aucune idée concrète ne peut survenir à la créature, si elle n'a déjà été concrétée, c'est-à-dire créée par Dieu, créateur unique.

2° L'impossibilité de l'*omnia* simultané des réalisations possibles *ad extra*. — C'est la même absurdité que la précédente. La puissance de Dieu étant adéquate à sa sagesse, et *vice versa*, ce qui lui est possible en concrétion d'idées particulières lui est possible en création d'individualités relatives, et *vice versa*. S'il n'était pas absurde qu'il contint simultanément, dans sa pensée, l'*omnia* des idéaux concrets, il ne le serait pas qu'il réalisât simultanément l'*omnia* de ces idéaux, et, par suite, des créatures possibles. Mais l'un et l'autre sont également contradictoires par la raison donnée que, le fini étant toujours susceptible d'être conçu plus parfait, et différent de ce qu'il est, il y aurait nombre infini réalisé, s'il y avait l'*omnia* réalisé, soit des idées particulières des êtres finis, soit de ces êtres eux-mêmes, ce qui implique contradiction.

3° L'impossibilité de l'*omnia* des prémotions vivifiantes. — C'est encore la même absurdité. Les relatifs particuliers considérés d'abord à l'état d'idées concrètes, première phase de leur création, et ensuite à l'état de réels, seconde phase de leur création, sont les termes sur lesquels tombent les actions de l'amour absolu ; donc s'il est absurde de rêver la présence en Dieu de l'*omnia* des relatifs sous leurs deux états, il est absurde de rêver l'effusion totale des grâces en vue des relatifs. Dieu peut concréter sans cesse, en idées particulières, des relatifs nouveaux, créer sans cesse des relatifs nouveaux, et, par conséquent, verser sans cesse de nouvelles combinaisons de grâces appropriées à ces relatifs nouveaux. Que disons-nous? Sur les relatifs déjà réalisés, il n'est pas moins absurde d'imaginer l'*omnia* des effusions, parce qu'il n'y a pas de fin dans les modifications possibles d'un relatif, par suite, dans les modes d'influence de l'amour divin sur ce relatif, et qu'en conséquence, imaginer l'effusion totale des moyens d'influence, c'est encore imaginer le nombre infini réalisé. De là vient que l'amour de Dieu à l'égard de sa créature est inépuisable, et qu'il peut éternellement lui prodiguer des caresses nouvelles, qu'elle n'a point soupçonnées.

Donc la première hypothèse est inadmissible, et, par suite, la liberté de Dieu n'est pas détruite par la nécessité, pour sa sagesse, d'avoir l'*omnia* des idées concrètes; pour sa puissance, de créer l'*omnia* des objets de ces idées; pour son amour, de verser l'*omnia* de ses rosées vivifiantes.

Donc, jusqu'alors, il reste libre, du côté de l'*omnia*, et de concréter ou non, des plans nouveaux de relatifs, et d'exécuter ou non ces plans, et de gratifier les êtres réalisés de plus ou moins de dons, puisqu'il n'en doit pas la totalité, étant absurde de dire qu'il puisse déverser à la fois cette totalité.

Voyons si l'*optimisme* sera plus heureux que le *totalisme*.

Cette seconde hypothèse est également absurde. Il ne s'agit plus de l'*omnia* des relatifs, mais du meilleur des mondes possibles, ou du *summum* de la perfection relative. Dieu cesserait d'être libre par assujettissement à sa sagesse, à sa puissance et à son amour, qui, en leur qualité d'absolus, lui imposeraient la conception concrète de ce *summum*, sa création, et sa vivification dans les conditions les plus élevées possibles de l'harmonie.

Mais d'abord ce *summum* ne diffère pas de l'*omnia* sous le triple rapport des idées concrètes, des créatures réelles, et des actions de l'amour ; il est évident que le tout est plus parfait que la partie, et, par conséquent, le plus parfait des possibles, c'est le tout des possibles. Que l'on imagine la collection des possibles occupant tous les degrés d'excellence relative formant l'échelle indéfinie des perfections finies, et, dans cette collection un univers plus beau que tous les autres, le bon sens nous dira que le plus bel univers possible n'est pas celui-là, mais bien l'ensemble de tous les univers où l'échelle entière, puisque cette échelle comprend celui qu'on a supposé être le plus beau, et, de plus, d'autres beautés inférieures. Donc l'optimiste conséquent doit se jeter dans le totalisme, et dire que c'est une nécessité en Dieu de concréter en idée, de créer en réalité, et d'animer, par toutes ses prémotions, tous les possibles. Or, nous avons prouvé que, si Dieu n'est pas libre de choisir dans les possibles, sans aucune raison tirée de la considération des relatifs, mais est tenu à l'*omnia*, il s'ensuit qu'il ne peut ni penser rien de concret, ni créer rien de réel, ni épandre aucune prémotion, puisque cet *omnia* est, par son essence métaphysique, introuvable ; d'où l'on tombe dans un autre absurde, réfuté plus haut, à savoir la négation de tout relatif.

Ce n'est pas tout. Si l'on considère directement, et sans relation à l'*omnia*, le *summum* dont il s'agit, on s'aperçoit qu'il implique, comme l'*omnia*, trois contradictions correspondantes à celles que nous avons développées.

La première est celle de la conception concrète en Dieu du plus parfait des possibles. Le néant, en mathématiques zéro, voilà l'absolu négatif; Dieu, tel qu'il a été défini, représenté en mathématiques par l'unité, voilà l'extrême opposé, l'absolu affirmatif ; dans l'intervalle se montre la série indéfinie des diminutifs et des augmentatifs, des possibilités de division et de multiplication, qui est la série des incomplets, des relatifs ; or, il est clair que cette série n'a ni *summum* en haut, ni *infimum* en bas, puisqu'elle exclut, par hypothèse, ces deux absolus ; dire qu'elle a un *summum*, c'est dire qu'il y a un nombre le plus grand possible, non susceptible d'être encore augmenté ; dire qu'elle a un *infimum*, c'est dire la même absurdité, en appliquant le nombre en sens inverse, c'est-à-dire, en tant que diviseur, y a-t-il un plus grand multiplicateur possible? y a-t-il un plus grand diviseur possible? Non, puisque nombre implique la susceptibilité d'une addition nouvelle ; donc il n'y a ni *summum*, ni *infimum* trouvable ; donc l'intelligence de Dieu ne peut concréter en soi l'idée ni du plus grand, ni du plus petit, ni du meilleur, ni du moins bon, dans l'ordre des relatifs. C'est un champ indéfini qui est ouvert devant sa force conceptive d'idées concrètes, comme devant la nôtre.

Il en est de même de la création réelle et plénière, et de la vivification des réalités créées. Nous avons dit assez comment ce qui est de l'essence de l'un est de l'essence de l'autre. Telle est la nécessité intrinsèque de l'être, que le relatif, soit en tant que conçu individuellement par l'intelligence absolue, soit en tant que réalisé par sa puissance, soit en tant que vivifié par son souffle, exclut le *summum* et l'*infimum*, parce qu'il n'y a pas d'incomplet qui ne puisse être conçu soit plus incomplet, soit moins incomplet, et qu'imaginer celui qui ne serait pas susceptible de ce double concept, serait imaginer ou le complet absolu, d'où naîtrait la contradiction *incomplet-complet*, ou le rien absolu, d'où naîtrait la contradiction *incomplet-rien*.

Donc Dieu reste libre du côté du *summum* comme du côté de l'*omnia*, et quant à la formation des idéaux concrets, et quant à la réalisation de ces idéaux, et quant au perfectionnement des créés par ses impulsions vivifiantes.

A l'*optimisme absolu* succède l'*optimisme sous conditions* : Dieu serait libre de créer ou de ne pas créer ; mais, dans l'hypothèse de la détermination à créer, il serait tenu de créer le plus parfait possible, et, par suite, d'amener le créé à la plus sublime des beautés harmoniques compatibles avec le relatif.

Mais cette troisième hypothèse n'est pas plus rationnelle que les deux précédentes.

D'abord dire, d'une part, que Dieu est tenu au plus parfait, et de l'autre, qu'il n'est pas tenu de créer, c'est se contredire, car il est évident qu'il est mieux pour tout être d'exister à l'état de réel, que de n'exister qu'à l'état d'idée concrète en Dieu ; d'où il suit que la troisième hypothèse, qui est de Malebranche, est repoussée par la logique dans la seconde, qui est de Leibnitz, et de là, comme nous l'avons vu, dans la première, qui est la contradiction même. Voici l'enchaînement : il est mieux de créer, c'est-à-dire d'exécuter les plans connus, que de ne pas créer, c'est-à-dire de laisser les plans à l'état de simples conçus. Le *summum* de la perfection compatible avec le relatif est mieux que tous les degrés inférieurs. Le tout des possibles est mieux que le plus parfait des possibles isolé des autres. Donc Dieu est nécessairement porté, en vertu de la loi du mieux, seule raison de la troisième hypothèse, à créer le tout. Donc, avoir montré l'absurdité de la première hypothèse, c'est avoir montré, du même coup, celle des deux autres.

Si, maintenant, nous abordons la troisième directement, nous trouvons qu'elle implique, comme la seconde, l'existence réalisée de l'idée concrète du meilleur des possibles dans les incomplets, existence qui implique elle-même contradiction, comme nous l'avons prouvé. Nous trouvons encore qu'elle implique la supposition de la réalisation de ce meilleur des possibles par la puissance absolue; nouvelle contradiction, c'est encore prouvé. Nous trouvons enfin qu'elle implique la supposition du *summum* des combinaisons possibles des dons et de l'amour; autre contradiction identique aux deux précédentes. Donc nous trouvons l'impossibilité métaphysique de cette troisième hypothèse, ou de l'optimisme conditionnel.

Il suit de tout ce qui précède que chercher en Dieu, trine et un, en Dieu puissance, intelligence et amour absolus, un motif nécessitant la volonté, et l'empêchant d'être libre relativement à ses actes de concrétion des idées du relatif, de création des possibles relatifs, de vivification des créatures, c'est se plonger dans la contradiction.

D'où nous concluons qu'il faut choisir entre ces deux partis, ou affirmer que Dieu ne peut ni penser, ni créer, ni animer aucun relatif, ou affirmer que sa volonté se détermine librement, et à construire idéalement tel plan concret plus ou moins parfait, et à créer, par réalisation *ad extra*, tel relatif déjà conçu, et à vivifier, dans telle mesure, telle création déjà faite ; puisqu'on se perd dans l'absurde quand on cherche, dans les rapports des forces divines et des perfections relatives, une raison déterminante, autre que la volonté libre appliquant les vertus de l'infini à la création des plans, et des réalités des plans, comme le fait en petit, et à l'imitation de Dieu, la volonté de nos artistes. — *Voy.* au mot Optimisme, la belle réfutation que Fénelon fit de ce système, et dans laquelle il s'aida des conseils de Bossuet.

Quatrième raison « a posteriori. » — Notre conscience nous dit que nous sommes libres, dans une foule de circonstances, des déterminations de notre volonté. Or, cette liberté, qui est une puissance admirable, ne peut s'expliquer qu'autant qu'elle a son type et sa cause dans l'absolu. Si elle ne se rattachait pas à la liberté divine, elle serait sans relation à aucune raison antérieure du même ordre, et serait, par conséquent absolue, ce qui est absurde ; car il est absurde d'imaginer le relatif absolu. Cela signifie que la liberté, dans le relatif, ainsi que toutes les vertus qu'on y peut trouver, ne peut y être qu'à la condition d'avoir pour ressort radical une vertu correspondante de l'absolu, et que la vertu correspondante de l'absolu, servant de ressort et d'origine à notre liberté, ne peut être qu'une liberté infinie, sans quoi on sortirait du principe de la proportion nécessaire entre les effets et les causes. Cette argumentation suppose que mon être est relatif, mais ce point est admis dans la première partie. Si, d'un autre côté, on niait le moi en tant que relatif, il faudrait bien l'admettre en tant qu'absolu, et alors on admettrait, par là même, la liberté dans l'absolu, puisqu'elle est en moi. Quant au fait de ma liberté, il ne se prouve pas, il se sent, et chacun de ceux qui se savent libres se l'avouent à eux-mêmes sous la pression d'une évidence complète.

Concluons. — Dieu est libre et absolument libre dans les opérations de sa triple énergie, ayant pour objets les êtres contingents particularisés.

Le catéchisme chrétien atteint donc, d'un pas de géant, le but que l'ontologie n'atteint qu'avec toutes les sueurs de l'esprit, lorsqu'il représente à l'enfant le grand Dieu, Père, Fils et Saint-Esprit, comme un être bon, heureux par sa bonté même, libre dispensateur de tous ses dons, mettant à ses promesses les conditions qu'il lui plaît, et que, par conséquent, on doit *prier*, remercier, glorifier, adorer par tous les modes de l'adoration.

Cette troisième déduction ontologique sur la liberté dans l'infini, fait comprendre, comme le lecteur en a sans doute fait la remarque, la rationabilité de l'*espérance* et de la *prière*.

Déductions sur la nature de l'être relatif.

De tous les relatifs possibles, c'est l'être-moi que je dois envisager comme type de comparaison, puisque c'est le premier qui s'offre à ma pensée. Je n'ai même pas droit, jusqu'alors, de m'occuper des autres, vu qu'il me faudrait, auparavant, chercher s'il y en d'autres, ce qui est l'objet de la psychologie. Je sais seulement, à titre d'ontologiste, qu'il y a des relatifs, ne serait-ce que moi, et cela me suffit pour avoir droit de raisonner sur la nature du relatif, au moins du relatif-moi.

Or, parmi les propriétés de ce relatif, il y en a qui s'épanouissent en phénomènes tellement clairs qu'il me suffit de les noter, comme on note les faits.

Ce sont ma trinité relative et ma liberté morale-relative. — *Voy.* TRINITÉ HUMAINE, GRACE ET LIBERTÉ. — Mais il en est une autre que je ne sens pas de la même manière, et à laquelle je ne puis arriver que par la déduction : c'est ma spiritualité incomplète, que j'appellerai la spiritualité corporelle du relatif. Ainsi donc :

Déduction unique. — *Spiritualité corporelle de l'être relatif.*

D'après les définitions par lesquelles nous avons commencé, l'être relatif est un *substratum* incomplet, décoré du mode incomplet; rien de plus rationnel et de plus harmonique que cette association du mode incomplet avec la substance incomplète. Mais que suit-il de là? qu'il est de l'essence de l'être relatif de se limiter dans une étendue déterminée qui fait qu'au delà de cette étendue, ce n'est plus lui. Or, nous entendons par *corps* cette étendue elle-même plus ou moins grande, et pouvant être de toutes les dimensions, dans laquelle se borne et s'emprisonne l'être imparfait. Donc, il est de l'essence du relatif d'être corps.

Mais il est aussi de son essence d'être esprit, si l'on entend par esprit, l'unité réelle qui fait qu'un individu quelconque est un individu, qui fait, puisqu'il s'agit du *moi*, que je puis dire : *moi un*, *moi non l'autre*, *moi indivisible*, *moi particulier*, *moi personne identique, réelle et distincte*.

Entendus dans ce sens, il est clair comme le jour que les mots *esprit et corps* sont essentiels à l'être relatif, puisque dire *esprit-corps* n'est autre chose que dire : *individualité limitée* ou *unité susceptible d'augmentation et de diminution*. Il ne peut exister un seul relatif qui ne tombe sous cette définition, dont le premier terme, en exprimant son être réel, dit son genre et, par suite, sa ressemblance avec Dieu, dont le deuxième terme, en exprimant sa limitation, dit son espèce, et, par suite, sa différence avec Dieu.

Mais il ne suffit pas de cette généralité : il nous faut préciser, avec plus de détails, la nature du relatif, au moins du relatif moi en particulier.

Ce relatif est bien certainement un foyer d'être, de vie, d'action, de sentiment. Je le sais à tout instant, je le répète, sans cesse, en disant moi. C'est encore une unité substantielle, un individu *substratum*, bien que *substratum* soutenu; cela résulte de nos études sur les existences. Or, dans quel sens et pour quelles raisons est-il faux de dire que l'unité-moi puisse être un corps pur ou un esprit pur, et est-il vrai de dire que c'est un esprit-corps? Tel est le but de cet examen, et nous allons l'atteindre en établissant les propositions suivantes :

1° Il est impossible que le relatif-moi ne soit que *corps* pur, dans quelque sens que l'on prenne ce mot; et par conséquent, il est nécessaire qu'il soit *esprit*.

2° Il est impossible qu'il soit *esprit-corps*, dans le sens attribué au mot *corps* par les cartésiens purs.

3° Il est possible qu'il soit *esprit-corps* dans le sens leibnitzien du mot *corps*.

4° Il est nécessaire qu'il soit *esprit-corps*, au moins dans le sens berkéléien du mot *corps*.

Reprenons.

1re PROPOSITION. — « Il est impossible que le relatif moi ne soit que corps pur dans quelque sens que l'on prenne ce mot, et, par conséquent, il est nécessaire qu'il soit esprit. »

On se rappelle les trois sens du mot corps, exposés plus haut. Reprenons-les successivement.

Premier sens. — Il est impossible que le moi ne soit qu'un corps pur en entendant par là un soutenant-soutenu résultat de parties contiguës distinctes séparables substantiellement à l'infini, et, par conséquent, existant distinctement en nombre infini, dans le *substratum* réalisé. On peut en donner plusieurs raisons.

Première raison. — Un tel *substratum* est impossible en soi, pour les deux premières raisons données à l'appui de la même thèse appliquée à Dieu. (*Voir, plus haut,* Déductions sur la nature de l'absolu, 1re déduction.) Ces raisons qui s'appuient, l'une sur l'impossibilité du composé sans composant, l'autre sur l'absurdité du nombre infini ou innumérable réalisé, gardent ici toute leur valeur, vu qu'elles ne la tirent pas, en ce qui concerne Dieu, de sa qualité d'absolu, mais seulement de sa qualité de *substratum*. Il suffit de les relire pour s'en convaincre.

Seconde raison. — Un tel *substratum* est impossible en tant que soutenant, contenant, produisant l'idée moi, et l'identité personnelle que je sens par cette idée. L'argument qui le démontre est dans tous les traités de philosophie, et nous l'avons déjà résumé plus haut. (Même passage, troisième raison) Cet argument repose à la fois sur une évidence de sentiment, qui me fait voir que le moi est un centre identique parfaitement irréductible en parties distinctes, et pour lequel il n'y a pas de milieu entre *être un* ou *ne pas être* du tout dans son degré de perfection, et sur une évidence de raisonnement qui me fait comprendre que le substratum de ce *moi* est introuvable, et n'est qu'une chimère, dans un composé qu'on suppose résulter de parties distinctes dont aucune n'est l'élément *un* pouvant servir de centre autour duquel rayonnent les autres, et par suite de siége à l'idée moi. Le même argument s'applique à tout relatif dans lequel on supposera des forces simples, des vertus quelconques, ressemblant à mes forces et à mes vertus.

Trsisième raison. Un tel *substratum* est impossible en tant que soutenu par la substance absolue. Le raisonnement qui le prouve est le même que celui qu'on a exposé relativement à Dieu, sous le nom de *deuxième raison* contre le *troisième sens* de la corporalité de Dieu selon la définition cartésienne des corps. Il s'appuie sur l'essence évidente de relation entre un soutenant non composé et un soutenu composé de parties distinctes à l'infini ; et, comme il ne tire pas sa valeur de la qualité d'éternel qu'on attribuait au corps de Dieu, mais seulement, de la qualité de *substratum* soutenu par un autre *substratum*, il conserve ici toute sa force.

Second sens. — Il est impossible que le relatif-moi ne soit qu'un corps pur, en entendant par corps une composition hiérarchique d'unités simples en nombre déterminé.

Il n'en est pas de cette hypothèse comme de la précédente ; rien ne s'oppose, dans l'essence de l'être, à ce qu'un nombre donné d'unités substantielles incomplètes soient liées entre elles par une constitution harmonique, établissant de l'une à l'autre des relations de sustention, de contenance, d'influence, de prémotion, de production même, etc., toutes ces relations n'impliquent aucune contradiction perçue par notre esprit, puisque les termes sont supposés de même nature, de même forme intime, se ressemblant enfin suffisamment dans le fond de leur être.

Mais, dans cette supposition, très-acceptable pourvu qu'on ne veuille pas l'entacher d'une absurdité en qualifiant le tout d'étendu substantiellement au sens cartésien, malgré que les éléments ne le soient pas, dans cette supposition, disons-nous, les mots *corps* et *esprit* sont conservés pour signifier, le premier l'ensemble des unités assujetties entre elles et rayonnant toutes vers un centre commun, et le second, ce centre commun lui-même, d'où il suit que nier l'esprit serait nier le centre commun qui est le moi, c'est-à-dire l'unité dominante, recevant les impressions de toutes ses subordonnées, et leur envoyant ses ordres dans une certaine mesure, ainsi que notre conscience nous l'apprend quand elle réfléchit sur nos phénomènes. Mais nier le centre dans la hiérarchie, c'est le détruire, et par conséquent, dans le système de Leibnitz, c'est émettre un nonsens d'affirmer que le moi n'est qu'un corps pur. Il est bien vrai que l'esprit et le corps ne différent plus par la différence du non-composé au composé, puisque les monades du corps sont simples comme la monade esprit ; mais qu'importe ? la distinction est ramenée par la diversité des rôles, et elle devient tellement nécessaire, que l'affirmation d'un corps pur sans esprit, ou sans monade centrale, devient simplement la négation de l'individualité, de la constitution personnelle du moi, du phénomène qu'on veut expliquer, et par conséquent de l'explication même à laquelle on a recours.

Troisième sens. — Il est impossible que le relatif-moi ne soit qu'un corps pur, en entendant par corps une limite négative, simple mode devant à la puissance imaginative de l'idée son apparence d'entité distincte.

Cette proposition est évidente, puisque la nier serait faire consister le moi dans une pure modalité, sans *substratum*, dans un soutenu sans soutenant. Dieu, dira-t-on, sera le soutenant. Il faut bien qu'on le dise ; mais en ramenant Dieu, vous ramenez l'esprit, et de plus, vous tombez dans l'hypothèse prouvée inadmissible du mode relatif existant sur la substance absolue, sans *substratum* intermédiaire.

Il résulte de ce qui précède que le relatif-moi ne peut pas n'être que corps ou matière, quel que soit le sens qu'on attache à ces mots ; d'où il suit qu'il est esprit, soit esprit sans corps, soit esprit avec corps, et, par conséquent, que le matérialisme est réfuté *a priori*.

IIe PROPOSITION. — « Il est impossible que le relatif-moi soit esprit-corps dans le sens cartésien du mot corps. »

La première et la seconde raison contre le premier sens de la proposition précédente revivent dans toute leur force : la première, puisqu'elle établit l'impossibilité intrinsèque d'un *substratum* composé à l'infini et à parties divisibles à l'infini, et que, dans la proposition présente, on suppose un tel *substratum* uni à celui de l'âme ; la seconde, puisque ce *substratum* étant supposé, il faut bien qu'on le fasse reposer sur l'unité divine, comme toute substance incomplète, chose impossible par absence de relation entre le soutenant et le soutenu. A ces raisons on peut ajouter celle de l'absence de rapport naturel entre les deux substances qu'on suppose unies, et agissant l'une sur l'autre; par où l'âme qui est une unité substantielle agira-t-elle sur le corps qui manque de toute unité composante d'après l'hypothèse? Elle cherchera éternellement la réalité élémentaire pour lui parler, et ne la trouvera pas, puisqu'il y a distinction, divisibilité, recule à l'infini. De son côté le corps n'a rien pour influer directement sur l'âme, pour la même raison.

Il est vrai qu'on évite cette difficulté, en ayant recours à Dieu, avec Malebranche et Leibnitz, comme terme moyen entre les deux extrêmes, et disant que c'est lui qui, par une législation, (harmonie préétablie) ou par une action permanente et immédiate, (causes occasionnelles) établit la liaison. Mais nous avons dit qu'entre Dieu et le corps, entendu comme on l'entend, la relation n'est pas plus concevable qu'entre le corps et l'âme.

III° PROPOSITION. — « Il n'est pas impossible que le relatif-moi soit esprit-corps, dans le sens leibnitzien du mot *corps*. »

Pour que cette proposition soit vraie, il faut y ajouter cette condition que les monades ou unités dont on suppose le corps composé ne sont pas en nombre infini, mais en nombre fixe et déterminé, et qu'elles ne sont pas, non plus, des étendues substantielles, infiniment petites, dont la collection fasse un tout matériellement étendu; car l'hypothèse du nombre infini est une contradiction, et celle des infiniment petits en est une autre; il n'y a pas d'infiniment petit; il n'y a que zéro, l'unité, et les collections d'unités. La fraction n'est que la collection appelée unité par l'esprit, et ramenée par lui à ses unités composantes, qui sont les seules unités réelles. Il est vrai qu'une unité créée étant donnée, l'esprit la conçoit rendue indéfiniment plus parfaite ou moins parfaite, sans que Dieu ni zéro soient jamais atteints; mais elle n'en est pas moins une unité indivisible dans sa perfection et sa quantité; c'est l'esprit seul qui joue sur elle et imagine, par comparaison avec elle, d'autres unités de perfection et de grandeur différentes. Il est absurde de dire qu'elle soit elle-même une collection d'infiniment petits; cette locution est une fuite devant la difficulté; la supposer formée d'éléments égaux à zéro, c'est dire qu'elle n'est pas; supposer qu'elle est, c'est supposer qu'elle est unité simple, ou qu'elle est une collection d'unités simples; or, dans ces deux cas, point d'infiniment petit, puisque l'on suppose l'unité distincte de zéro; il est évident que ce ne peut être qu'une grandeur et une perfection quelconques finies, mais positives, fixes, petites en un degré déterminé, et, par là même, telles qu'on puisse en concevoir d'autres plus grandes et plus parfaites, moins grandes et moins parfaites, ce qui exclut l'infiniment petit. L'infiniment petit, par opposition à l'infiniment grand, qui est Dieu, n'est que le néant; et avec des néants ou des éléments qui ne sont pas, on ne peut rien faire qui soit, en procédant par addition. C'est l'A B C de l'arithmétique.

Mais en rejetant l'infiniment petit, et le nombre infini, de l'idée de corps, nous disons qu'il n'y a pas contradiction à penser que le relatif-moi soit esprit-corps, au sens de Leibnitz, c'est-à-dire soit esprit par la monade centrale dominante, recevant les impressions des autres, et leur communiquant les siennes, formant, en un mot, l'unité moi, et soit corps, par une hiérarchie d'autres monades qui obéissent, et, en vertu de leur association naturelle harmonique, forment l'être humain tout entier, selon son espèce.

La raison pour laquelle cette hypothèse n'a rien d'impossible, c'est qu'elle n'implique aucune des contradictions sur lesquelles nous nous sommes appuyés pour établir les thèses précédentes, et qu'on peut défier l'esprit le plus subtil de la réfuter par l'absurde. La contradiction du nombre infini réalisé en est exclue comme nous venons de le dire. Celle du composé sans composants en est exclue également, puisque les unités composantes sous-livrées à l'esprit. Celle de l'absence de relation entre l'unité Dieu, soutenant universel, et le soutenu, n'y paraît plus, puisque le corps n'est, comme l'esprit, dans son entité élémentaire, qu'unité simple, à l'image et ressemblance de l'unité créatrice et conservatrice. Il en est de même de celle de l'absence de relation entre le *substratum* corps et ses qualités; on trouve à ces qualités un siége dans l'unité composante; il en est de même enfin du problème de l'union du corps et de l'esprit; plus d'absence de ce que nous pourrions nommer, pour exprimer notre idée, point de contact intelligible entre les deux termes; rien de plus concevable que la réciprocité d'action et de réaction, de demande et de réponse entre des unités qui, sans être de même espèce, par la perfection et la quantité, sont cependant de même nature foncière, et de même forme intime.

On fait cependant une grande objection contre la possibilité intrinsèque du corps leibnitzien. D'une part, dit-on, vous en faites un *substratum* essentiellement étendu, et de l'autre, vous le considérez comme un résultat d'éléments qui sont simples, puisqu'ils sont indivisibles; or, n'est-ce pas une contradiction? L'essence d'un tout ne peut résulter que de l'essence de ses éléments; si donc les éléments sont des unités simples, et non déjà collectives; s'ils sont dépourvus de milieu et de côtés distincts substantiellement, leur réunion formera bien une collection d'unités non étendues en essence, mais ne pourra former un tout étendu en essence, ayant un milieu et des côtés distincts; unissez autant que vous le voudrez d'êtres sans côtés distincts, vous n'en pourrez obtenir un tout à côtés distincts, mais seulement une multitude d'unités indivisibles et non étendues, analogue à une société d'esprits.

L'argument est certainement sans réponse contre celui qui s'acharnerait à voir dans la collection une étendue matérielle, telle que l'entend l'école des cartésiens purs; mais quelle raison pourrait forcer le monadiste à se jeter dans un tel abîme? Qu'il accorde net qu'en effet, ce qui résulte des monades mises en hiérarchie, n'est point un tout matériellement étendu, à milieu et côtés contigus distincts, comme il paraît d'après les phénomènes des sens, mais seulement une hiérarchie d'unités, simples comme les esprits, et enchaînées par des lois harmoniques; qu'il fasse cette concession que lui commande la logique de son système, et il évitera la contradiction qu'on lui reproche avec justesse; qu'il s'explique d'ailleurs comme il suit :

La numérabilité est essentielle à la substance incomplète : c'est un principe posé dans les définitions. Or, la numérabilité implique la divisibilité, c'est-à-dire la diminution par fractionnement, et la multipliabilité, c'est-à-dire l'augmentation par additionnement. D'un autre côté, cette divisibilité et cette multipliabilité sont nécessairement indéfinies, puisqu'entre le néant ou zéro et Dieu ou l'unité absolue, il n'y a pas de terme qui ne puisse être conçu plus grand ou plus petit. C'est de cette vérité essentielle que résulte l'indéfini des nombres, aussi bien comme diviseurs que comme multiplicateurs. Si la créature n'était pas indéfiniment augmentable et indéfiniment diminuable, les nombres n'auraient pas cette propriété; il n'existerait pas non plus, en arithmétique, de progression sans fin vers l'unité, telle que les fractions périodiques; en géométrie d'asymptotes, etc.

Mais il y a deux sortes de numérabilité, la numérabilité matérielle et la numérabilité intelligible. La première est une réalité qui se nombre d'elle-même, par le seul fait de son être; la seconde n'est qu'un jeu de l'effort intellectuel sur le possible qui n'est pas, ou sur le rapport qui pourrait s'établir entre ce qui est et un autre qui n'est que possible, ou enfin, sur ce que pourrait être et n'est pas tel ou tel réel relatif que l'esprit considère. La première a pour caractère essentiel une vraie distinction d'unités élémentaires, existantes de telle sorte que l'une ne soit pas l'autre; la seconde n'a pour caractère essentiel que la possibilité d'augmentation et de diminution en perfection et en grandeur de toute substance ou unité relative.

Or, la première numérabilité est nécessairement déterminée, soit qu'on la considère en tant que divisibilité, soit qu'on la considère en tant que multipliabilité; car si on enlève à la divisibilité son terme fixe qui est l'unité élémentaire, en supposant que la division peut être indéfinie, on la rend impossible par la raison que tout nombre est impossible sans l'unité; et si l'on enlève à la multipliabilité son terme fixe, qui est, dans tel ou tel cas, une multitude quelconque, on la rend encore impossible en la faisant consister dans l'absurdité du nombre infini.

Il n'en est pas de même de la numérabilité intelligible; il est de son essence d'être sans terme fixe, soit comme augmentation, soit comme diminution de chaque unité relative, ou foyer d'être incomplet, parce que l'esprit voit clairement que la loi du relatif consiste en ce que tout relatif peut être plus ou moins grand, plus ou moins parfait qu'il n'est en réalité. Mais cet indéfini n'implique aucune contradiction, parce qu'il n'est qu'un jeu de la pensée, un sentiment de l'âme qui ouvre devant elle l'angle des possibles et lui dit, en même temps, qu'elle n'a jamais droit de le fermer.

Cette numérabilité intelligible, essentiellement indéterminée, et ne pouvant, par conséquent, être épuisée par aucun nombre, ne nuit en rien à la numérabilité matérielle, et essentiellement limitée à une frontière, de chaque nature relative; car la propriété de cette nature de pouvoir être soit indéfiniment répétée, soit indéfiniment agrandie dans son unité élémentaire, soit indéfiniment rapetissée en perfection dans cette même unité, n'empêche pas que, telle qu'elle existe, elle ne soit répétée qu'un nombre fixe de fois, et n'ait son unité élémentaire d'une perfection fixe, aussi bien que d'une entité indivisible, puisqu'elle est unité telle que l'esprit ne puisse y trouver des parties dont l'une ne soit pas l'autre, dont chacune ne soit pas le tout.

Ces principes posés, nous attribuerons, dans le système des monades, la divisibilité matérielle aux collections d'unités réalisées substantiellement, puisque ces collections se divisent en un nombre donné d'unités élémentaires indivisibles; et, quant à ces unités elles-mêmes, véritables foyers d'être, d'action, de sentiment, etc.; véritables forces et quantités d'où résultent les mondes, nous aurons soin de ne leur attribuer que la divisibilité intelligible, qui ne les empêche pas d'être des unités.

Quant aux apparences d'étendue matériellement divisible, sous lesquelles se présentent les corps à nos sens, elles s'expliqueront facilement comme une information idéale de la limite essentielle à tout relatif, comme une image sous laquelle doivent s'individualiser et se déterminer la perfection et la grandeur propres de chaque nature finie. Il en est de la monade moi, par exemple, et de chacune des monades qui composent mon corps, sous le rapport de leur limite en espace, comme de la même monade sous le rapport de leur limite en durée. Dire qu'elles résultent de parties distinctes, composées elles-mêmes de parties distinctes, et ainsi à l'infini, c'est la même absurdité que si l'on disait que leur durée est éternelle, en ce sens qu'elle se compose de siècles qu'ont précédés d'autres siècles, précédés eux-mêmes d'autres siècles, et ainsi à l'infini. Il y a nécessairement, dans les deux cas, un premier élément qui a sa valeur fixe, laquelle n'admet, par derrière lui, que l'unité pour diviseur, et, par conséquent, que la divisibilité intelligible. Dans le cas de la durée, c'est l'instant de l'apparition dans l'être, qui peut, ensuite, se répéter matériellement à l'infini, par succession; dans le cas de l'espace, c'est la monade radicale, qui peut de même, ensuite, se répéter matériellement à l'infini, par succession. Sans ces deux espèces d'éléments, matériellement indivisibles, nul point de départ d'où l'idée puisse partir pour imager le temps et l'étendue, c'est-à-dire, la qualité de limite du relatif, et l'on s'abîme, soit dans l'absolu affirmatif, qui est Dieu, soit dans l'absolu négatif, qui est le néant : dans un cas, on devient panthéiste, et l'on est réfuté par le fait même du temps et de l'étendue; dans l'autre, on devient nihiliste, et l'on est réfuté par le fait même de l'être.

Laissons cette discussion, aussi longue qu'abstraite, pour conclure la possibilité que le relatif moi soit esprit-corps, en entendant par corps une collection de monades matériellement indivisibles, bien qu'elles soient, comme tout être fini, divisibles intelligiblement.

IVᵉ PROPOSITION. — « Il est nécessaire que le relatif-moi soit esprit-corps au moins dans le sens berkeleyen du mot corps. »

Berkeley réduit le corps au sentiment que l'être limité a de sa limite; il en fait une sorte d'auréole idéale que détermine négativement le non-moi, l'autre, tout ce qui n'est pas le moi relatif, l'*au delà* de ce moi, et, positivement, le sentiment du moi lui-même. C'est une qualité de l'esprit créé, qui résulte du rapport entre cet esprit et les autres esprits qui sont dehors, et l'esprit infini qui le contient aussi bien que ces autres esprits.

Or, il est clair qu'il faut, à tout le moins, donner ce corps au moi relatif, par là même qu'il est relatif. Le lui ôter serait lui ravir son essence distinctive, qui est d'avoir une limitation déterminée en espace, comme en durée, comme en puissance, comme en toute perfection. On pourrait cependant lui en ôter le sentiment; mais alors ce relatif, ne pouvant avoir le sentiment qu'à Dieu de son infinité ou spiritualité pure, n'aurait donc pas le sentiment de son être, ce qui est possible, comme l'indique en moi l'état de sommeil. Au reste, le fait de mon être suffit contre cette supposition, puisque je me sens corps, à tout le moins corps limite pure. D'où nous avons droit, en parfaite logique, de conclure à l'irrévocable vérité de la proposition, comme exprimant le moins que je puisse être, à titre de corps.

Conclusion

Donc je suis esprit-corps; donc mes digressions dans le domaine transcendantal de l'ontologie me ramènent encore aux simples paroles du catéchisme de mes jeunes années, qui me disaient que l'homme est un composé de corps et d'âme dont la mort est la séparation.

Ces derniers mots, cependant, ne seraient-ils pas malencontreux ? Si le corps est ce que dit Leibnitz, ni la définition de la mort du rudiment chrétien, ni celle de la résurrection qu'il promet, ne font difficulté; mais, s'il n'était que ce qu'ont pensé les idéalistes, en serait-il de même ?

Quelques pages, que l'on est prié de lire dans l'article RÉSURRECTION, répondent suffisamment à cette question.

Le catéchisme va beaucoup plus loin. Il me dit que mon âme, qui est le vrai moi, ne mourra jamais. L'ontologie, qui raisonne sur les nécessités des essences, ne saurait aller jusque-là; car elle trouve que Dieu seul est, par son essence, immortel; mais la psychologie prend ici sa place, et n'est pas sans observer des choses qui suffisent pour lui donner la foi à cette immortalité de mon âme. *Voy.* PSYCHOLOGIE.

TROISIÈME QUESTION.
Question des rapports

La question des rapports ontologiques entre l'absolu et le relatif est la plus mystérieuse. Le premier acte de notre esprit, quand il plonge la vue dans ces profondeurs, est un acte d'humilité profonde. D'un côté, nous sommes certain que l'absolu est la grande réalité nécessaire; de l'autre, nous ne le sommes pas moins que le relatif, sans être nécessaire, est une réalité existante, puisqu'il est impliqué dans le *moi* que nous ne pouvons nier. Les plus grandes difficultés peuvent s'interposer sur la possibilité de relation de l'un avec l'autre, sans qu'elles aient, devant notre logique, d'autre résultat que de nous faire apprécier mieux encore combien la créature est peu de chose près du Créateur.

Résumons cependant notre manière de comprendre la possibilité des relations dont il s'agit, ou plutôt notre manière de nous les représenter, pour en faire disparaître les symptômes de contradiction dont ils s'enveloppent à plus d'un point de vue.

Nous ramenons ces rapports aux quatre grands chefs déjà plusieurs fois étudiés, qui sont la relation du soutenant au soutenu ou de *substantialité*; la relation du contenant au contenu, ou d'*étendue*; la relation du précédant au précédé, ou de *durée*; et la relation du produisant au produit, qui donne lieu à tous les problèmes de la *création* et de l'*animation* des créatures.

I. L'absolu et le relatif ne nous paraissent offrir rien de ressemblant à l'irrationnel dans leur rapport de substantialité. L'absolu a l'aséité, et l'autre la contingence; de sorte que l'un est soutenant sans que rien le soutienne, si ce n'est lui-même; et que l'autre ne peut être soutenant quelque chose qu'à la condition d'être déjà soutenu par l'absolu. Or, une difficulté insoluble se présenterait ici quant aux relatifs corps, si nous les définissions *des essentiellement composés d'éléments distincts, et eux-mêmes essentiellement composés, sans que l'esprit puisse atteindre l'élément composant;* car il n'y aurait plus aucun rapport concevable entre le soutenant, qui est l'unité absolue, et son soutenu; c'est un argument que nous avons invoqué. Mais ayant donné du *relatif-moi* l'idée que nous en avons donnée, laquelle le réduit lui-même à l'unité élémentaire, une et simple en substance comme l'absolu, et étendant cette idée à tous les relatifs possibles, quant à leur substantialité radicale, nous ne voyons plus que du rationnel dans la relation du soutenant au soutenu, puisque c'est l'unité imperfectible par-déssous, et l'unité perfectible par-dessus; on conçoit facilement que le simple soit soutenu par le simple.

On fait une objection d'une autre espèce : votre soutenu-soutenant, que vous appelez substance incomplète, n'est qu'un mode, car il n'y a de substance que ce qui se soutient en soi-même et par soi-même; c'est l'idée qu'on s'en forme en comparant toutes les substances de notre monde à leurs qualités, l'*arbre* à sa *grandeur*, le *soleil* à son *éclat*, le *moi* à toutes ses *énergies* ; d'où je conclus qu'en n'admettant qu'une substance se soutenant elle-même, vous réduisez toutes les autres à des modes de cette substance, et tombez dans le panthéisme.

Mais cette objection n'a pas de sens après toutes les explications qui ont été données :

1° C'est précisément en définissant toute substance, un être qui se soutient lui-même, qu'on tombe de force dans le panthéisme : c'est ainsi que Spinosa y est tombé, comme on peut s'en convaincre en lisant sa série démonstrative, basée tout entière sur cette définition, et parfaitement logique quand on prend la définition pour bonne. Si, en effet, on suppose que toute substance n'est substance qu'à la condition de posséder la propriété de se soutenir elle-même, propriété qui est l'absolu de la substantialité, puisqu'elle exclut toute relation à un point d'appui antérieur, il ne sera pas difficile de prouver qu'une telle substance ne peut être qu'une; ce sera la preuve même de l'unité de l'absolu, appliquée au rapport de la substantialité : c'est ce qu'a fait Spinosa avec une grande puissance de dialectique ; mais ses premiers mots n'étant qu'une définition qui implique d'avance en elle-même tout son panthéisme, son livre n'est, au fond, qu'une pétition de principe. Pour bien raisonner sur les possibles, il faut commencer par bien distinguer l'idée de l'absolu de l'idée du relatif comme nous l'avons fait, et voir ensuite ce qui est possible et ce qui ne l'est pas, sur l'un et sur l'autre. Si la substance relative est, comme le veut l'objection, ce qui se soutient soi-même dans la substantialité, que dira-t-on de la substance absolue? Peut-on en dire mieux et plus fort? Voilà donc que la preuve spinosiste de l'unité va tomber à la fois sur toute substance possible, puisqu'elle découle de cette définition, et nous allons nous précipiter dans le panthéisme. Au contraire, en définissant, comme nous l'avons fait, la substance relative, celle qui est soutenue, la preuve spinosiste de l'unité ne tombant que sur la substance définie comme le veut l'objection, laquelle est la substance absolue, ou Dieu, laisse de côté la substance relative, et n'est plus qu'une preuve de l'unité de Dieu.

2° Il est faux d'ailleurs que notre définition du relatif substance le réduise à un mode de Dieu, car le mode est le soutenu sans pouvoir être soutenant, aussi bien le mode de Dieu que tout autre mode : ce ne sont point ses propriétés en elles-mêmes qui soutiennent les êtres, les animent, etc., c'est sa substance en tant qu'armée de telle ou telle énergie ; donc, quand nous avons ajouté que le relatif substance est un *soutenu-soutenant*, nous l'avons suffisamment distingué du mode; l'attribut de soutenant dont nous le qualifions est capital, et en fait très-réellement une substance, bien que relative et ayant besoin d'un point d'appui, comme cela doit être, pour qu'elle ne soit pas l'absolu-substance, qui est la substance par excellence, et même la seule qui en méritât le nom. Car on aurait dû, en métaphysique, ne jamais confondre sous un même terme la substance absolue et la substance relative, tant leurs essences diffèrent. Sous les autres rapports, on appelle l'un créateur, l'autre créature ; l'un éternel, l'autre temporel ; l'un infini, l'autre fini ; l'un immense, l'autre limité; l'un moteur, l'autre mouvement; l'un vivifiant, l'autre vie, etc. Pourquoi donc n'a-t-on pas construit un mot renfermant la double idée de *soutenant* et de *soutenu*, pour la substance relative, afin de laisser à Dieu le monopole exclusif du grand mot *substance*, qui exprime si bien la base ontologique de ses propriétés ?

3° Nous avons, au reste, en nous-même, un type de ce que nous entendons par soutenu-soutenant : c'est le moi, foyer de sustentation pour toutes nos qualités, foyer de production de toutes nos créations déjà assez admirables, foyer de mouvement de notre activité laborieuse, centre personnel, enfin, qui dit *moi*, qui est bien *soi*, non tout autre, non Dieu, et qui cependant ne peut s'expliquer sans qu'on le dise soutenu par la substance absolue, puisque autrement il serait l'absolu substantiel ne pouvant être qu'éternellement par soi. Le fait et l'argument parlent ici également haut; servez-vous, si cela vous convient, du mot panthéisme ; les mots nous touchent peu, pourvu que vous reconnaissiez, à la fois, votre moi distinct du moi absolu et de tous les moi relatifs qui peuvent être conçus. Si le mot panthéisme vous plaît à ces conditions, il signifiera simplement la doctrine du catéchisme qui nous représente la créature comme un être personnel responsable de ses actes, et Dieu comme l'unique cause, soutien, providence, fond, ressort de tous les êtres.

II. La relation du contenant au contenu commence à offrir un peu plus d'embarras. L'espace absolu, l'espace de Dieu est un espace intelligible, au delà duquel on ne peut rien concevoir; donc il est nécessaire que l'étendue relative tout entière y soit contenue ; d'ailleurs cette étendue relative est telle qu'on peut l'agrandir indéfiniment par la pensée; elle est indéfinie; elle peut se mesurer par des mètres sans fin surajoutés les uns aux autres; donc l'espace divin contient une multitude sans fin d'étendues mesurables, rapport absurde, puisqu'il suppose le nombre infini, soit de mètres, par exemple, dans l'espace absolu. Telle est la difficulté.

Or, quelques mots suffisent pour écarter cette apparence de contradiction. Il faut distinguer 1° le réel de l'étendue relative, lequel n'existe que dans chaque monde déjà réalisé, et n'est point indéfini, mais déterminé fixement par le monde lui-même, ayant sa perfection et sa grandeur propres ; 2° l'idéal divin des mondes possibles, concrétés en image dans l'intelligence infinie ; 3° l'idéal général, absolu, complet des possibles non concrétés, et n'existant que dans la loi générale éternelle du relatif. Or, quant au réel de l'étendue des mondes créés, pas de difficulté, puisque l'étendue de ce réel est déterminée à ses frontières propres, et est, par conséquent, enveloppée sans peine dans l'espace absolu indivisible et insusceptible d'agrandissement ; c'est simplement l'être limité qui se limite lui-même, selon son espèce, dans l'espace intelligible de Dieu. Quant à l'idéal concret des possibles non réalisés, ou de tous les degrés de grandeur que pourrait prendre, par agrandissement, l'objet de tel idéal en particulier, il y a deux théories, dont l'une établit une contradiction insoluble, et dont l'autre lève toute contradiction ; la première soutient qu'il est de l'essence de l'absolu d'être tellement invariable et immuable dans son concept qu'il doive posséder éternellement l'image concrétée de tout possible particulier et de toute grandeur possible particulière ; la seconde soutient que la concrétion des images du fini est un acte de création qui n'est pas plus éternel que la réalisation matérielle de l'objet ; que Dieu, par cet acte, temporel en soi, concrète tel ou tel possible selon sa volonté, comme il le crée tout à fait, aussi selon sa volonté, et qu'en conséquence il n'y a jamais en lui, en image, qu'une étendue déterminée et comme découpée dans l'indéfini des possibles. Nous avons déjà indiqué pourquoi nous rejetons la première théorie, et nous le montrerons plus directement encore, un peu plus loin, en parlant du rapport du produisant au produit. Il ne s'agit donc pour nous que de la seconde : or dans celle-là nulle difficulté, puisqu'elle ne fait consister dans l'espace absolu que l'image concrète d'une étendue déterminée. On peut la supposer représentant avec notre univers des millions de millions d'autres univers qui l'enveloppent, s'enveloppent les uns les autres, ou sont à côté les uns des autres ; mais qu'importe cette immensité, puisque ce n'est jamais qu'une immensité mensurable et définie. Enfin, quant à la loi générale du relatif, loi qui fait qu'il est indéfini dans le sens de l'agrandissement comme dans le sens de la diminution, il est nécessaire que cette loi soit adéquatement comprise dans le concept divin ; c'est par elle que rien ne lui échappe, bien que tous les possibles n'y soient pas concrétés idéalement. La géométrie nous fournit autant d'exemples du phénomène dont nous parlons qu'elle présente de figures et de théorèmes.

Prenons le cercle pour le faire comprendre. Nous avons l'idée du cercle parfait et de la possibilité d'imaginer indéfiniment des cercles particuliers de toute petitesse et de toute grandeur ; il résulte de cette idée un cône de cercles allant en diminuant par un bout, en augmentant par l'autre bout, et sans terme assignable pour les deux extrémités, parce qu'il n'y a pas de cercle si petit qu'on n'en puisse concevoir un autre encore plus petit, et *vice versa* pour le grand côté. Nous pouvons aussi idéaliser ou concréter en esprit un ou plusieurs quelconques de ces cercles possibles ; c'est ce que nous faisons quand nous imaginons, par exemple, un cercle d'un mètre de rayon. Enfin, nous pouvons réaliser sur un tableau, avec de la craie, le cercle que nous avons concrété ainsi par la pensée. Or, quant à cette troisième opération, y a-t-il une puissance, même celle de Dieu, qui pourrait finir de réaliser les cercles de toutes les dimensions possibles ? Non, car une telle réalisation impliquerait l'absurde, à savoir, qu'un des cercles réalisés serait tellement grand qu'il n'en admettrait point un plus grand encore, ce qui lui donnerait l'espace absolu, qui ne convient qu'à Dieu, ce qui le ferait limité et non limité tout ensemble ; et qu'un autre de ces cercles serait tellement petit qu'il n'en admettrait point un plus petit, ce qui le réduirait à zéro, et le ferait sans dimensions et avec dimensions tout ensemble, cercle et non cercle tout à la fois. Quant à l'opération intellectuelle de la concrétion idéale des cercles particuliers, ou de leur cône, c'est le même résultat pour la même raison ; il y a contradiction à concevoir un cercle tellement grand qu'il n'en puisse exister de plus grand, et de même pour le petit côté. Mais quant à la conception de la loi d'agrandissement et de diminution du cône par allongement, en d'autres termes, du raccourcissement et de l'agrandissement indéfini du rayon, notre esprit l'embrasse tout entière avec toutes les possibilités qu'elle engendre, de sorte que notre idée, par le moyen du concept de cette loi, voit, en général, en bloc, et sans les pouvoir particulariser ou concréter, tous les cercles possibles, dans l'idéal absolu du cercle en soi et de ses lois. C'est ainsi qu'elle affirme, à coup sûr, de tout cercle possible, ce qu'elle sait vrai de celui qu'il lui plaît de concréter.

Voilà une image de ce qui se passe en Dieu relativement à l'étendue limitée qu'il idéalise par concrétion ou réalise par création. Bien qu'il y ait contradiction à dire qu'il puisse imaginer un *summum* d'étendue, ou l'étendue indéfinie, rien cependant ne lui échappe des étendues possibles, parce qu'il les embrasse toutes dans la loi générale de l'étendue limitée dont il a le concept parfait.

Le seul point qui reste à comprendre dans la relation du contenant au contenu, est celui du rapport concevable entre l'espace absolu, qui est simple, un, indivisible, et non multipliable, et le lieu relatif qui n'a pas ces propriétés. Or, quant à ce point indivisible et universel que nous appelons l'espace absolu, il ne peut pas être imaginé et embrassé par notre esprit; autrement nous aurions la compréhension de Dieu; mais on peut arriver à s'en faire quelque idée par la méthode des contrastes. Le géomètre imagine et suppose le point indivisible tellement petit qu'on ne puisse le concevoir plus petit; c'est une fiction absurde en elle-même, si on la rapproche de l'idée que le géomètre se fait des corps et des lieux, et si on pense que le point tellement petit en étendue qu'il échappe à toute tentative intellectuelle de diminution, ne peut être que zéro. Mais, quoi qu'il en soit, le géomètre ne s'en forme pas moins l'idée d'une étendue indivisible, et cela par l'effort intellectuel de diminution. Or prenons le contre-pied, épuisons notre effort intellectuel par agrandissement, et voici ce qui se passe : nous sentons qu'en agrandissant le mensurable, nous n'obtenons jamais que du mensurable, et, après ce sentiment, notre esprit fait un saut, correspondant à celui qu'il fait pour aller du petit à zéro, par lequel il passe du grand encore fini, au tellement grand qu'il ne soit plus possible de rien concevoir au delà. Ce n'est plus rien de semblable à la série qui a précédé; c'est quelque chose qui en diffère comme par l'autre extrême le zéro diffère du petit; et comme zéro est indivisible, cet immense que l'on rêve est indivisible, c'est l'absolu. Il nous paraît même impossible de penser la série indéfinie du relatif, sans qu'elle soit comme encadrée, tout indéfinie qu'elle est, dans ces deux extrêmes immensurables, l'absolu, le néant.

Cela posé, c'est-à-dire cette unité immensurable trouvée, laquelle ne peut plus être conçue, pour être immensurable, que spirituelle et sans aucune ressemblance avec les dimensions corporelles, il n'est pas impossible de la concevoir embrassant, en elle, des dimensions limitées, mais qui sont aussi des unités spirituelles ; le seul embarras consisterait dans l'obligation de la faire enfermer en soi des étendues matérielles comprises dans le sens des cartésiens purs; mais comme nous avons rejeté cette théorie, nous ne voyons pas qu'il puisse rester aucune difficulté sérieuse. Un espace intelligible sans limites peut enfermer en lui des lieux intelligibles à limites, puisque l'essence de l'étendue est radicalement semblable dans le contenant et dans le contenu.

III. La relation du précédant au précédé, ou de l'éternité au temps, s'explique de la même manière.

Le précédant éternel ne peut être qu'un point indivisible, toujours présent à lui-même, et ne pouvant se mesurer en moments successifs, puisque la base manque au départ et au calcul. Que l'esprit remonte autant qu'il voudra dans l'éternel, il ne trouve aucun premier moment; d'où il est absurde de dire qu'il y ait succession, puisque ce serait dire qu'il y a et qu'il n'y a pas, tout à la fois, un nombre déterminé de moments écoulés. Platon et Augustin ont magnifiquement saisi et démontré cette vérité. Mais il n'en est pas moins vrai qu'on ne peut concevoir le relatif dans l'éternel sans y concevoir l'introduction du temps; il y a mieux, on ne peut y concevoir la formation de l'idée concrète d'un relatif sans y concevoir, par là même, cette introduction; car dès qu'on suppose que le concept divin possède en lui l'idée fixe et déterminée d'un relatif, tel que le moi, ou notre monde, on suppose qu'il voit, dans son idée, ce relatif commencer d'être, durer, et finir, s'il doit finir, ou continuer d'être toujours s'il doit être immortel; cette idée a pour effet nécessaire de partager, dans le concept divin, l'*avant* de l'*après*, et d'y introduire une succession relative à l'objet idéalisé. La concrétion elle-même de telle idée extraite de la loi générale du relatif implique une création du temps. Voilà donc qu'il nous faut admettre en Dieu, tout à la fois, l'éternité immobile et le temps mobile; or, nulle difficulté et nulle contradiction, vu que l'immobilité et la mobilité ne tombent pas sous le même rapport; l'immobilité est inhérente à l'essence de l'absolu, laquelle implique le vrai absolu, et, dans le moi absolu, la vision immuable de toutes choses dans la loi générale du relatif; la mobilité est inhérente à l'essence du relatif, laquelle implique l'idée concrète de tel et tel relatif en particulier, comme premier degré de son existence. Toute idée concrète d'un relatif commence, ainsi que nous le dirons plus loin, aussi bien que toute substance relative, d'où il suit que l'on ne trouve, quoi que l'on imagine, que des durées finies à premier jour assignable dans cet ordre des visions de Dieu, pendant qu'on ne trouve qu'un moment toujours présent dans l'ordre de ses visions ayant pour objet l'absolu. Quand une aiguille tourne sur un cadran fixe, n'y a-t-il pas tout à la fois immobilité et mobilité ? Le cadran échappe à tout calcul de succession, et l'aiguille implique, dans son mouvement, un point de départ de ce mouvement, sans quoi le mouvement ne serait pas mouvement ; le cadran peut servir d'image à l'immobilité de l'absolu-substance, et de l'absolu-mode qui renferme l'idée générale et absolue de la loi du relatif; l'aiguille peut représenter les concrétions d'idées ainsi que les réalisations des relatifs particuliers.

IV. La relation du produisant au produit présente le grand mystère de la création du relatif par l'absolu. Il est bon que nous nous y arrêtions un peu plus longuement, en terminant ce traité d'ontologie. Ce rapport embrasse d'ailleurs tous les autres, en sorte que, si on pouvait l'expliquer, on les aurait expliqués tous ; car le soutenu, le contenu, le précédé, sont nécessairement choses produites ; il ne s'agit pas ici de ce qui est soutenu, contenu, précédé métaphysiquement, étant naturellement éternel comme le producteur ; c'est ce qui forme son mode absolu, et se conçoit facilement ; mais il s'agit de ce qui est contenu, soutenu, précédé physiquement ; or tout cela est créature, ne peut être autre chose, et est conçu si la création l'est.

Si nous considérons ce foyer de vie relatif, que nous appelons *moi*, ou tout autre qu'il nous plaira de nous représenter dans des conditions d'être plus ou moins semblables, et que nous analysions toutes les opérations causatrices par lesquelles doit se parfaire sa création, nous en trouvons quatre qui, si on les énumère en remontant de l'effet à la cause, s'impliquent l'une l'autre. Ce sont :

1° Le maintien, dans l'être et dans le mouvement, du foyer de vie. Nous appellerons cette opération, qui est la plus près de notre sentiment présent, *l'animation*, la *vivification*, la *prémotion*, et aussi la *conservation*. Cette opération est perçue nécessaire pour que le relatif soit relatif dans sa substance et dans son activité, puisque, si cette persistance et cette activité venaient de lui, il serait absolu sous ces rapports.

2° La *création* proprement dite, qui diffère de la précédente, au moins relativement au créé, puisqu'elle ne tombe que sur son être au premier moment où son être s'épanouit. C'est la réalisation du soutenant-soutenu en lui-même, réalisation qui fait qu'il est soi et peut dire : *moi, je suis*, etc. Cette opération est impliquée par la précédente, car il est absurde de concevoir une chose animée, vivifiée, mue et maintenue, sans qu'elle soit déjà une réalité.

3° La création idéale de l'objet ou la formation de l'idée concrète de l'individu, avant qu'il soit réalisé en soi. Nous l'appellerons la *concrétion* de l'idéal, ou du plan de la créature. Cette opération divine est encore impliquée par la précédente, car il serait contradictoire de prétendre que la puissance pût réaliser une créature sans que la pensée en eût déjà formé l'idée complète, formelle et spéciale ; autrement elle ne saurait ce qu'elle fait, agirait en aveugle, ne pourrait avoir en vue les causes finales, et serait réduite à une simple fatalité ; disons mieux, la création cesserait d'être possible, car on perçoit directement qu'une cause première ne peut faire ce qui n'est pas sans en avoir déjà fait l'idée. Cette information de l'idée concrète est un premier degré de création nécessaire au second.

4° La génération idéale de l'objet en tant qu'impliquée dans la vue complète, absolue, mais générale, de la loi des possibles, sans concrétion particulière du plan déterminé. Il est bon de faire comprendre par un exemple la différence entre cet idéal et l'idéal concret. Soit la série additionnelle des fractions suivantes : $\frac{1}{2} + \frac{1}{4} + \frac{1}{8} + \frac{1}{16}$, etc., à l'infini. Cette série est telle que, quoiqu'on la poursuive, on ne pourra jamais atteindre la valeur de l'unité, et cependant, à la prendre en gros, il est vrai de dire qu'elle égale 1, puisqu'elle ne fait qu'exprimer le nombre de parties dont 1 se compose. Elle est combinée de manière qu'en divisant et additionnant selon son ordre, on voit clairement qu'on approchera toujours et qu'on n'atteindra jamais ; cette combinaison est le résultat d'un jeu de l'esprit qui ne peut exister physiquement dans la nature, nous l'avons prouvé ; mais il n'en est pas moins vrai que chaque fraction partielle est un possible très-réalisable ; $\frac{1}{16}$, par exemple, est aussi réalisable que $\frac{1}{2}$ et ainsi des autres termes. Elle peut donc exprimer une multitude indéfinie de possibles ; d'ailleurs l'esprit ne saurait embrasser cette multitude indéfinie, en concrétant chacun des possibles en particulier, puisque ce serait, pour lui, réaliser le nombre infini. Cependant il voit en général, et sans les concréter, tous les possibles qui peuvent être exprimés par l'unité numérateur et les dénominateurs 2, 4, 8, 16, 32, etc. Il les voit tous d'un regard dans la loi même de la série, qui est l'absolu mathématique. Voilà une sorte de contradiction ; il m'est impossible de concréter à la fois dans mon idée tous les possibles, ou tous les degrés de fractionnement de l'unité, que cette série est capable d'exprimer ; je peux concréter celui que je voudrai ; j'en peux concréter autant que je voudrai, sauf la collection entière qui est introuvable, irréalisable, aussi bien en idée que de fait sur un tableau. Enfin je perçois clairement la loi mathématique et absolue de la série, de sorte que je vois, dans cette loi, tout ce que je pourrais et idéaliser concrètement et faire réellement avec des chiffres. Donc par la loi rien ne m'échappe, pendant que *l'omnia* m'échappe nécessairement lorsque je veux concréter. C'est ainsi que nous distinguons, en Dieu, la création des idéaux concrets, de la vue complète absolue de la loi du relatif impliquant tous les possibles, c'est-à-dire tout ce qui peut être concrété et créé. Nous n'appellerons plus cette vision une création, parce qu'il n'y a plus en elle commencement, nous l'appellerons une génération éternelle, fixe, immuable, toujours la même, de la vue parfaite de l'essence des choses, laquelle devient, quant au relatif, la vue complète des lois du possible. A la considérer dans son objet total, qui est l'essence de l'absolu et l'essence du relatif, cette génération ne diffère pas de la génération du verbe. Elle est nécessairement impliquée par l'opération de concrétion des idéaux particuliers ; car on ne conçoit pas, dans la cause première, la formation d'un idéal spécial, sans qu'il y ait préalablement vue de la loi qui rend cet idéal possible ; autrement nous retomberions encore dans le hasard aveugle et fatal, dans le non-sens et la contradiction.

Nous pouvons maintenant éclaircir quelque peu, à l'aide de l'analyse précédente, deux grandes questions qui sont, de celles qu'on puisse faire, les plus mystérieuses et dans lesquelles se concentrent tellement toutes les difficultés que, si elles étaient résolues, on pourrait dire qu'il n'y aurait plus de mystères. Voici ces deux questions :

Ne répugne-t-il pas en soi qu'une chose qui n'est pas puisse commencer d'être ?

N'est-il pas contradictoire de concevoir en Dieu la progressivité, la mutabilité, la succession, la liberté, le nombre, etc., à titre de créateur et de vivificateur, et de concevoir, en même temps en lui, à titre d'être absolu, l'improgressivité, l'immutabilité, l'insuccession, la nécessité, la pure unité, etc.

C'est à l'aide de la distinction que nous venons de faire des quatre opérations impliquées dans la création, que nous pourrons repondre à ces deux questions. Reprenons.

1° Ne répugne-t-il pas en soi qu'une chose qui n'est pas, puisse commencer d'être?

Il y a deux manières d'entendre ces mots : *une chose qui n'est pas.* Ils peuvent signifier une chose qui n'est, sous aucun rapport, et d'aucune manière, ou seulement une chose qui est déjà éternellement dans une première entité quelconque, mais qui n'est pas dans l'état où l'on suppose qu'elle va commencer d'être.

Dans le premier sens, nous accordons la contradiction; il répugne en soi que ce qui est néant pur, au sens absolu et sous tous les rapports, puisse devenir quelque chose. Aucune puissance ne peut rien faire avec rien, en entendant ces paroles dans leur acception rigoureuse.

Mais, dans le second sens, il en est autrement; et nous le savons par notre propre expérience. Toute activité ne peut être activité qu'à la condition de pouvoir créer des états qui n'étaient pas avant qu'elle les créât, et la nôtre en est là; nier la création entendue ainsi, c'est nier l'activité même de l'être dont nous sommes un type. Le peintre, l'architecte, le musicien, l'écrivain, l'orateur, composent, dans leur imagination, des idéaux qui sont bien leur ouvrage, les produits de leur activité, qui n'étaient pas, avant la composition, et qui sont après; il en est de même du dernier degré de ces compositions, qui consiste dans le tableau peint, dans l'édifice construit, dans l'opéra exécuté, dans le livre écrit, dans le discours prononcé; ce sont des idéaux qu'une activité créatrice a fait passer de l'état d'idéaux à celui de choses réelles. Mais, avant d'être idéaux et choses, ils étaient déjà élémentairement dans la loi éternelle de leur possibilité, bien que ni concrétés en idées formelles ni réalisés en choses perceptibles pour nous, sans quoi ils auraient été incréables.

Cela bien compris, la création, opération divine, devient concevable au moins comme ne renfermant pas de contradiction rationnelle. Suivons tous les degrés de cette opération mystérieuse, ineffable. Dieu engendre, par son essence, nécessairement et éternellement, la loi générale du relatif et la vue adéquate de cette loi; jusque-là c'est l'absolu lui-même, existant, ne pouvant pas ne pas exister; et, par conséquent, pas de difficulté, puisque c'est l'être portant son explication et sa raison en soi, de sorte qu'il serait absurde d'en demander la cause. Or, dans cette loi et sa vision sont impliqués tous les possibles connus; le cercle en soi et son idée absolue, sont impliqués tous les cercles particuliers possibles, comme dans la loi mathématique de la série $\frac{1}{2} + \frac{1}{4} + \frac{1}{8}$ sont impliquées toutes les fractions possibles ayant pour numérateur 1, et pour dénominateur un multiple quelconque de 2, pouvant s'exprimer par un nombre quelconque de facteurs égaux à 2, tels que 2×2 ou 4. $2 \times 2 \times 2$ ou 8, $2 \times 2 \times 2 \times 2$ ou 16, etc., à l'infini. Donc nous voilà arrivés à trouver, dans l'origine la plus reculée du relatif, un commencement d'existence, une existence élémentaire, éternelle et absolue comme Dieu même, de ce relatif; et à ce degré, point de création, mais génération éternelle et nécessaire. C'est ce qui explique tout; c'est ce qui fait disparaître la contradiction de quelque chose qui serait fait avec rien. C'est avec ce germe éternel, et non créé, du relatif que le Créateur va tout faire. Passons donc aux autres degrés par lesquels il va traduire cette première essence; ce sont des métamorphoses qu'il lui fera subir.

C'est d'abord sa puissance d'idéalisation, ou de concrétion des particuliers qui va travailler; elle a pour champ et pour matière tous les possibles impliqués dans la loi absolue du relatif, et il s'agit, pour elle, d'en extraire un ou plusieurs, ceux qu'elle voudra, et de les faire passer à un état nouveau, celui d'idéal concret, formel, représentant spirituellement, en image, le particulier ou les particuliers dont il s'agit; c'est la première création du relatif; et cette création se fait par un travail divin véritablement producteur, lequel implique, par essence, la nouveauté, la liberté, la variabilité, la progressivité, le temps, l'étendue limitée, en un mot, le nombre, puisque l'objet de ce travail, qui est l'être relatif représenté par l'image idéale, implique nécessairement toutes ces qualités.

Après cette première création qui ne nous paraît pas peut-être aussi mystérieuse que celle qui va suivre, et qui cependant ne l'est pas moins, puisqu'elle correspond à celle de l'homme que nous appelons la création du génie, et qui est beaucoup plus importante que la réalisation matérielle de l'idée créée; après cette première création, vient celle qui réalise *ad extra* l'idéal conçu et concrété. Par là même que la concrétion en a été possible, la réalisation le sera; c'est un foyer d'être, de vie, de mouvement, d'action que Dieu a idéalisé, et nous supposons qu'il a dit librement aussitôt après : faisons-le tel qu'il est conçu; faisons l'homme à notre image tel que nous en avons concrété l'idée. Dès lors, la puissance infinie fait passer l'idéal à l'état de réel, et ceci suppose encore la nouveauté, le commencement, la progressivité, etc., c'est un simple *soutenu* de Dieu, que Dieu fait passer à l'état de *soutenu-soutenant*. Mais ce qui surprend, c'est que Dieu n'a pas de matière pour appuyer son œuvre, comme en a, par exemple, le peintre pour tracer son tableau. Difficulté futile! N'est-il pas naturel, en premier lieu, qu'il reste une différence entre nos créations et celles de l'absolu? et, d'ailleurs, à le bien prendre, peut-on dire avec vérité que le peintre, l'architecte, le poëte, l'écrivain aient une matière pour soutien de leur ouvrage? l'ouvrage, en soi, est une combinaison qui demeure et se reproduit sans fin dans les esprits ; ce qu'on nomme la matière n'est qu'un signe servant de langage transmissif entre les âmes ; non, il n'est pas juste de dire que l'artiste a fait son œuvre avec de l'huile, des pierres, de l'encre, etc., il l'a fait avec son idéal, et tout le reste est un pur geste qui lui sert de canal pour la faire passer d'âme en âme. Enfin, Dieu ne reste-t-il pas le soutien du foyer de vie qu'il crée? ne demeure-t-il pas le soutenant et le contenant universel ? il ne manque donc pas de ce qui paraît nécessaire à notre artiste pour achever sa création. J'étais en lui en tant qu'idée, et alors je ne me connaissais pas, je ne me sentais pas, je ne pouvais dire *moi* ; je suis encore en lui en tant que foyer réel, se connaissant, se sentant, disant moi; certes, notre artiste ne saurait faire passer son œuvre à l'état de centre d'action, ou de personnalité ; c'est ce qui distingue la puissance absolue de la puissance relative ; mais, s'il n'y avait pas cette différence entre ces deux puissances, toute notion des choses serait un rêve. Que je ne comprenne pas le souffle énergique, le plastique ressort par lequel Dieu peut faire passer l'être de l'idéalité pure à la substantialité réelle, rien de plus simple et de plus nécessaire ; il suffit seulement que je ne perçoive pas une contradiction claire dans l'opération ; or je n'en perçois aucune, puisque c'est avec quelque chose, avec une idée concrète, et non pas avec rien, que l'infini réalise le foyer d'action, comme c'a été avec l'idée éternelle de la loi du relatif, qu'il a réalisé d'abord cette idée concrète. Le fini trouve, de cette sorte, sa première raison d'être dans l'essence éternelle, avec l'infini.

Enfin, la quatrième opération s'ajoute aux précédentes, et l'être relatif est, par elle, une existence fixée, demeurante, et non point seulement une étincelle s'allumant et s'éteignant dans l'éternité. Cette quatrième opération est la conservation et l'animation du relatif, sorte de création sans cesse renouvelée. Inutile de nous y arrêter ; car notre esprit est fait de telle sorte, qu'il n'éprouve aucune difficulté à concevoir que Dieu, après avoir donné le grand coup qui fait surgir les personnalités, les disant *moi* avec plus ou moins de perfection, même les connaissant et adorant leur auteur avec plus ou moins d'étendue, leur communique, par une influence permanente, la durée et l'activité pour lesquelles il les avait prédestinées en les idéalisant dans les profondeurs de son génie.

Pour parler avec justesse et raison de l'opération créatrice, il faut dire que les ressorts intimes, par lesquels le génie humain idéalise et réalise ses œuvres, ne sont pas plus compris de ce génie lui-même, que ceux par lesquels l'être infini idéalise et réalise les siennes ; d'où il suit que, si la création reste un mystère, elle l'est au même titre, dans les deux cas, et qu'étant obligés d'admettre celle du génie, puisque c'est un des faits de notre existence, nous n'avons droit de rien objecter contre la possibilité de celle de Dieu.

2° N'est-il pas contradictoire que Dieu admette, à titre de créateur, la progressivité, la succession, la liberté, le changement, et qu'il rejette ces attributs à titre d'être absolu ?

Pour arriver à rendre la difficulté sensible, il est bon que nous résumions les efforts philosophiques de l'esprit humain autour de ce mystère.

Dans l'antiquité, nous apercevons deux directions philosophiques, dont les chefs de file sont Platon et Zénon. Le platonisme fait Dieu science et idée avant de le faire volonté et puissance ; il l'imagine *primario*, sagesse, bonté et beauté souveraine, et il tire de cette base tous ses autres attributs.

Le stoïcisme paraît plutôt concevoir Dieu *primario* comme une volonté absolue et toute-puissante, d'où la science n'est qu'une déduction. D'après Platon, Dieu possède éternellement en idée les types des choses, et il agit conformément aux exigences de sa sagesse dans la réalisation de ces types. D'après Zénon, Dieu veut que les choses soient, et elles sont bien, par cela seulement qu'il les a voulues. D'après Platon, Dieu voit l'avenir comme le présent et le passé par la force intrinsèque de sa science. D'après Zénon, Dieu voit l'avenir parce qu'il le veut ; le Tout-Puissant sait ce qu'il fera, voilà toute sa prescience.

Augustin et les Pères platoniciens mêlèrent quelque chose du stoïcisme au platonisme, quand ils abordèrent les questions de la grâce et de la prédestination. Quand on lit Augustin, on saisit en lui un effort de syncrétisme entre la théorie de la science antécédente au décret, et la théorie du décret antécédent à la science.

Plus tard les thomistes et les molinistes posèrent clairement et distinctement ces deux théories : le thomisme expliqua la prescience par la prédestination ; Dieu sait ce qui sera, parce qu'il a décrété de le faire ; le molinisme expliqua, au contraire, la prédestination par la prescience ; Dieu voit d'abord éternellement tous les avenirs possibles, et la prédestination n'est autre chose que l'usage qu'il fait de sa liberté créatrice pour réaliser tel ou tel ; il est d'ailleurs réglé par son immense sagesse dans le choix de celui qu'il réalise.

La même question tourmenta fort les philosophes du xviie siècle. Descartes, beaucoup plus grand, comme législateur de la certitude humaine que comme plongeur en métaphysique, sans s'arrêter longuement sur ce point difficile, jeta, dans quelques pages, des paroles peu réfléchies quant à la portée qu'elles pouvaient avoir, et qui suffisent pour prouver qu'il acceptait l'idée du thomisme plutôt que celle du molinisme ; il dit, dans ces passages, que la volonté de Dieu est la raison première de la vérité, et que la vérité mathématique la plus absolue dépend encore de sa puissance ; erreur profonde, où le thomisme lui-même n'était jamais desrendu. Nous allons dire pourquoi le père de la philosophie moderne tomba dans cet excès, comme par distraction, sous l'influence d'une préoccupation que sa sagacité lui suscita en prévision de l'optimisme. Leibnitz et Malebranche, plus grands métaphysiciens que leur maître, et surtout doués du génie poétique sans lequel on ne s'élèvera jamais au vol platonique, se jetèrent dans la direction opposée, expliquèrent tout par la sagesse et la prescience, assujettirent à leurs lois la liberté des décrets divins, et employèrent les efforts de toute leur vie à réfuter les conséquences fatalistes, et destructives même de toute certitude, où pouvaient conduire les quelques paroles échappées au maître; Dieu soumis à la raison absolue, à sa propre sagesse; voilà leur grande thèse, voilà leur gloire.

Mais, par manque de certaines distinctions que nous allons signaler, ils tombèrent dans l'optimisme qui rétablit un autre fatalisme dont la loi de la sagesse est la règle absolue ne laissant aucune porte à la liberté. Bossuet et Fénelon réfutèrent cette erreur en rétablissant la nécessité, dans l'absolu créateur et vivificateur, de la liberté du choix entre le plus et le moins, entre le meilleur et le moins bon. Mais, tout en exposant la vérité même, ils conservèrent le principe thomiste cartésien qui consiste à expliquer la prescience par la volonté; Dieu, disaient-ils, voit l'avenir par la simple raison qu'il le veut : or ce principe, vrai avec une restriction, faux dans le sens absolu, suffisait encore pour ramener le fatalisme aveugle auquel conduisait le stoïcisme ancien.

Le lecteur ne comprend peut-être pas la liaison entre ce que nous disons là et la question posée. Elle est cependant essentielle. En effet, si l'absolu a, dans ses créations, la volonté complètement subordonnée aux rapports de bonté, de beauté, de vérité, que la science lui montre dans les relatifs possibles, éternellement existant en lui à l'état d'idéaux, que s'ensuit-il ? Il s'ensuit 1° qu'il y aura en lui une éternelle création, ou plutôt génération, des idéaux-relatifs concrets, par suite un nombre infini, présentement existant, de ces idéaux, puisque les relatifs possibles sont en nombre multipliable à l'infini, et, par suite encore, absence de toute nouveauté, de toute variabilité, de toute progressivité en Dieu considéré comme créateur de ces idéaux; or cela est inadmissible, à cause de l'absurdité du nombre infini réalisé qui s'y trouve impliqué. 2° Qu'il y aura encore création proprement dite nécessaire, et par suite éternelle, du meilleur des relatifs, c'est-à-dire de l'*omnia* de ces relatifs, puisque la création réalisée est meilleure que la création simplement idéale, et que le meilleur des relatifs en est l'*omnia*: nouvelles impossibilités, que pour éviter, on est obligé de concevoir en Dieu une progressivité, une mutabilité, une introduction de temps quand on le considère à titre de Créateur: 3° Qu'il n'y aura en lui aucune liberté, puisque la volonté sera assujettie, dans tous les détails, aux règles de la bonté et de la sagesse qui le forceront de choisir, parmi tous les possibles, conçus *primario* et éternellement idéalisés, celui qui sera le plus conforme à cette bonté et à cette sagesse, pour le réaliser; dernière impossibilité qui ne disparaît qu'autant qu'on imagine en Dieu une volonté libre d'agir sans autre motif que son vouloir, et pouvant varier en ce sens qu'il lui plaira tantôt de créer tel possible, tantôt d'en créer tel autre.

Si, au contraire, l'absolu fait, par son pur caprice, le bien, le vrai, le beau, de manière que sa sagesse tire sa raison de son vouloir de qui tout dépendra, le bien comme le mal, le vrai comme le faux, le beau comme le laid, que s'ensuivra-t-il ? Il s'ensuivra 1° qu'il n'y aura plus ni sagesse, ni raison absolues, éternelles, invariables, mais que toute vérité sera conditionnelle et susceptible d'avoir été ou de devoir être erreur, si la volonté de l'absolu le veut ainsi, ce que personne n'a droit de nier ni d'affirmer; absurdité qu'on ne peut éviter, qu'en rendant à l'absolu l'immutabilité de la théorie précédente. 2° Que la considération des causes finales ne sera plus qu'un non-sens, puisqu'il n'y aura plus d'autre raison de sagesse que le *sic volo, sic jubeo* de la volonté éternelle; nouvelle erreur qu'on n'évite encore qu'en retournant à la théorie précédente qui met l'idée des choses avant la volonté que les choses soient, et qui établit des règles inviolables de sagesse qui font que telle organisation est bonne et sage parce qu'elle aboutit à telles fins prévues. 3° Que tout sera assujetti à un *fatum* aveugle, puisque l'on suppose qu'il n'y a pas, avant le *sic volo*, une vision des résultats lui servant de règle, mais que ce *sic volo* est la raison première des choses. Il est évident que cette volonté pure, non éclairée, n'est autre chose qu'une loi fatale; c'est un absolutisme qui n'est mu par aucune sagesse, qui dit : *Je veux*, sans savoir pourquoi, et qui ne se justifie par aucune considération du beau, du vrai et du bien, comme règle de son opération, puisqu'il les fait; cette sorte de fatalisme est encore pire que la première, puisqu'au moins la première n'était que l'inexorabilité de la sagesse, tandis que celle-ci est l'inexorabilité d'un aveugle *je veux*. Mais on n'en peut sortir qu'en ayant recours à la théorie de la sagesse antécédente qui rétablit une immutabilité de raison dans l'absolu.

On doit comprendre maintenant combien il est nécessaire, pour éviter les abîmes, de faire un partage entre les théories de Descartes et de Leibnitz, du thomisme et du molinisme, du décret antécédent et de la prescience antécédente, et, par là même, d'introduire en Dieu, tout à la fois, la mutabilité et l'immutabilité, la liberté et la nécessité, la raison dominante et la volonté gardant son indépendance d'action. Mais comment donc concilier ces contraires? Comment réaliser ce syncrétisme entre Descartes et Malebranche, entre Bossuet et Molina ?

Ce syncrétisme est déjà tout réalisé par notre distinction des quatre opérations de l'infini dans la création.

Dans la première de ces opérations, qui est la génération éternelle et essentielle de la loi du relatif ou des possibles, avec celle de l'idée claire et adéquate de cette loi, il n'y a que de la sagesse, et cette sagesse est absolue, invariable, immuable, inviolable, excluant toute liberté, toute possibilité de la contredire ou de la changer, en un mot, nécessité et immuabilité complète. C'est dans cet ordre que Platon, Plotin, les molinistes, Leibnitz et Malebranche ont complétement raison. Dieu commence par voir la loi des possibles, et, dans cette loi, d'une manière générale et, non concrète, tout ce qui peut en sortir. C'est dans ce sens que son Verbe est le grand réceptacle éternel de tous les archétypes. Par exemple, l'idée du cercle en lui-même s'y trouve, mais non les idées concrètes de tous les cercles particuliers, ce qui serait impossible, et cela suffit pour qu'aucun de ces cercles particuliers n'échappe à l'intelligence infinie. Par exemple encore, la loi mathématique de la série $\frac{1}{2}+\frac{1}{4}+\frac{1}{8}$, etc., s'y trouve adéquatement vue dans sa racine la plus profonde, mais non toutes les fractions particulières qu'elle implique pour égaler 1, puisque cet *omnia* n'existe pas, et cependant aucune de ces fractions ne peut échapper à l'idée divine, puisque la loi les implique toutes dans leur possibilité. Par exemple enfin, cette proposition géométrique générale : *Toute moyenne proportionnelle exprime le côté d'un carré équivalant au rectangle dont les côtés sont exprimés par les deux extrêmes*, est perçue, dans sa plénitude et tous ses rapports, mais non dans chacune des applications qu'elle peut avoir, puisque l'*omnia* de ces applications est encore irréalisable, consistant dans une série qui n'a pas de limite. C'est de cette lumière que Dieu voit tous les possibles éternellement ; c'est dans ce sens qu'on peut le dire de lui, avec les molinistes, et que nous le dirons nous-même si souvent, principalement dans nos articles sur la Grace et la Liberté.

Il les voit tous comme nous voyons toutes les fractions possibles de la série $\frac{1}{2}+\frac{1}{4}+\frac{1}{8}$, etc., et il est libre, à tout instant, d'idéaliser concrètement tel ou tel, comme il nous est loisible, à tout instant, quand nous avons compris la loi de cette série, de concréter en idée telle ou telle des fractions qu'elle renferme ; la différence est dans le travail, qui est, d'une part, tout-puissant et non pénible, et, d'autre part, très-limité et hérissé de difficultés. Cette loi du relatif, ou, si l'on aime mieux, l'ensemble des lois générales du possible, est en Dieu une règle de sagesse et de raison que Dieu n'est pas libre de violer, et à laquelle il est assujetti comme le veulent Leibnitz et Malebranche ; la volonté est impuissante contre elle, soit dans l'ordre mathématique, soit dans l'ordre philosophique, soit dans l'ordre moral, soit dans tout ordre dont nous n'ayons pas même l'idée ; et il doit en être ainsi, puisque violer ces lois serait agir contrairement à l'essence des choses et à la perfection suprême de l'absolu. Voilà donc le champ dans lequel tout est invariable, éternel, *un*, non successif, nécessaire, etc. ; et ce champ embrasse tout en germe, mais non pas toutes les concrétions particulières. Le moi relatif y est en principe comme tous les autres, de sorte qu'à ce point de vue je suis éternel comme Dieu, puisque j'appartiens à une loi de possibilité qui fait partie de l'essence même de Dieu. Il ne faut pas oublier d'observer que cette loi des essences implique, en elle, tout ce qui régit les trois autres opérations dont nous allons parler, la concrétion des idéaux, leur réalisation et leur vivification, et qu'en expliquant ces trois autres opérations, à l'égard desquelles les thomistes et Descartes vont avoir gain de cause, nous ne les considérerons plus que dans leurs applications individuelles et déterminées. Passons donc à ces opérations.

Dans la seconde, qui est celle de la concrétion de tel ou tel plan, et le premier degré de l'acte créateur, la volonté commence à jouer son rôle, et, avec elle, nous voyons apparaître la liberté de former, dans la série indéfinie possible, le concret qu'il lui plaît. Avec cette liberté, se montrent, par nécessité, le temps, le lieu, le nombre, la succession, la nouveauté, le changement, le progrès. Pour nier l'apparition, ou plutôt la création, en Dieu, de ces choses, il faudrait nécessairement affirmer que l'*omnia* des idéaux concrets réside éternellement dans son intelligence ; dans ce cas, il n'y aurait plus liberté de concrétion ou de non concrétion de tel ou tel idéal, direction libre du travail concréteur vers tel ou tel possible, et, par suite, on rentrerait dans l'immutabilité de Platon et de Leibnitz sous ce rapport comme sous le premier ; mais cette affirmation renferme la grande contradiction du nombre infini réalisé et de l'*omnia*, existant *hic et nunc*, des termes de la série indéfinie des possibles, comme de la série des fractions $\frac{1}{2}+\frac{1}{4}+\frac{1}{8}$, etc., égale à 1. Tout le monde accorde que cet *omnia*, réalisé par création complète, est une grossière absurdité ; mais cette absurdité est la même quand on le suppose réalisé simplement par concrétion idéale ; car Dieu pouvant évidemment réaliser complétement tout relatif dont il a le plan conçu, il pourrait réaliser complétement cet *omnia*, s'il pouvait en concréter idéalement tous les termes particuliers. Nous sommes donc forcés par l'évidence à nous représenter l'intelligence absolue travaillant, avec une liberté et une puissance dont les seules limites sont les lois éternelles du vrai, du beau, du bon, à idéaliser des univers, et à créer ainsi des temps dans son éternité, des lieux dans son espace, des nouveautés dans son immutabilité, des nombres dans son unité, des relatifs, en un mot, dans son absolu ; car les les idées concrètes des relatifs sont relatives elles-mêmes, sont déjà des créations, fruits de sa volonté libre. S'il en est ainsi, dira-t-on, il pourra se faire qu'un génie créé imagine un idéal que Dieu n'aura pas encore imaginé ; oh ! point du tout ; par là même que cet idéal est une des déductions de la création à laquelle appartient le génie qui l'imagine, il était entré dans celui que Dieu s'était fait de ce possible. La liberté, dira-t-on encore, n'est pas possible dans l'être relatif, avec une pareille théorie, d'après laquelle Dieu, par un acte libre, travaille, à sa manière, à idéaliser un monde, et le veut ensuite tel qu'il l'a conçu. Sans doute ce mystère est grand, mais cependant nous croyons le rendre assez concevable dans les articles sur la GRACE, la LIBERTÉ, et la PRESCIENCE (*Voy.* ces mots.)

Voilà donc ce dont Descartes avait le sentiment, et ce qu'il ne dit qu'avec exagération, par peur de l'optimisme qu'il semblait pressentir, lorsqu'il osa avancer que Dieu, par sa volonté, fait la vérité : Oui, Dieu fait la vérité concrète relative aussi bien dans son type idéal que dans sa création réelle, et, dans ce sens, cette vérité est dépendante de sa liberté. C'est ce qui fait qu'il est bien réellement créateur ; le serait-il, si, ayant éternellement en lui les types concrets des créatures, il ne faisait que réaliser ces types ? il ne serait créateur, dans un pareil système, que comme l'ouvrier qui copie l'œuvre du grand artiste ; il n'aurait pas, dans sa création, l'honneur dû au génie qui a tout idéalisé, tout tiré du néant dans sa tête.

La troisième et la quatrième opération n'ont rien d'embarrassant après la précédente et n'ajoutent rien pour éclairer le mystère. Déjà le temps, le lieu, le nombre, le muable sont créés par l'idéalisation concrète ; la création réelle et la vivification du créé se font dans le temps, dans le lieu, dans le nombre et dans le muable existant ; plus de difficulté. Nous ajouterons cependant que Dieu reste encore libre de réaliser ou de ne pas réaliser ses idéaux concrets, de les vivifier ou de ne pas les vivifier, auquel cas ils s'anéantissent, ainsi que de les vivifier avec plus ou moins d'étendue ; mais on peut dire que tout cela est déjà impliqué dans la concrétion de l'idéal lui-même, puisque le décret relatif à la création et à la vivification peut être conçu comme y entrant déjà, ou en étant exclu.

C'est ainsi qu'en réconciliant, autant que possible, Platon et Zénon, les molinistes et les thomistes, Malebranche et Descartes, nous parvenons à nous rendre compte, à un certain degré, du plus écrasant des mystères, celui de la création qui implique, à la fois, un être absolu et immuable dans sa sagesse, et un créateur dans lequel se remue un travail tout-puissant de liberté, de conceptualité, de réalisation, de progressivité indéfinie dans le champ inépuisable du relatif, ouvert à son plastique effort. L'absolu en soi exige 1° la vue éternelle et complète de la loi inviolable et immodifiable du relatif ; 2° l'idée parfaite et adéquate à son terme de chacun des relatifs qu'il lui a plu de construire conformément à la loi de la sagesse ; 3° la prescience de toutes les déductions qui puissent surgir des combinaisons de nécessité et de liberté inhérentes à l'objet de l'idéal concrété. Mais il n'exige pas que tous les idéaux concrets soient en lui éternellement, pas plus qu'il n'exige que toutes les créatures possibles soient éternellement réalisées, ni qu'elles reçoivent la plus grande somme possible de ses vivifications ; la qualité d'absolu n'exige pas ces conditions qui détruiraient la liberté du Créateur, tout mouvement en lui, parce que cette qualité ne saurait exiger l'absurde, et que l'existence simultanée et de l'*omnia* des idéaux concrets et de l'*omnia* des créatures, et de l'*omnia* des actions vivifiantes sur ces créatures, est une contradiction.

Notre solution se résume, en dernière analyse, dans ces deux propositions : Dieu a le *summum* de la science par le concept parfait de la loi qui régit toutes choses ; mais il ne peut avoir le concept du *summum* du relatif, ou de l'*omnia* des plans concrets, qui peuvent naître de la loi par l'action de sa liberté toute-puissante.

Bien que nous ayons dit et que nous disions partout, que Dieu voit, par la concrétion même de l'idéal d'un monde, tous les effets particuliers qui s'y passeront, aussi bien ceux qui résulteront de la liberté d'une créature que les nécessaires, nous ajouterons ici, pour celui dont l'intelligence ne pourrait concilier la liberté complète de la créature avec cette prescience dont la base immédiate est la libre concrétion du monde dont il s'agit et dont la base radicale est la vue éternelle, antérieure à tout acte libre, de tous les possibles dans la loi de leur possibilité, nous ajouterons, disons-nous, que nous ne verrions pas un grand inconvénient à se représenter Dieu comme organisant ses plans concrets avec réserve des déterminations libres qui y entreront comme éléments ; il dirait : si tel individu choisit librement ce parti, j'harmonierai de cette manière les résultats de son choix avec l'ensemble ; s'il choisit l'autre parti, j'harmonierai de l'ensemble de telle autre manière. En comprenant ainsi les calculs de l'absolu sur les éventualités du relatif, il nous paraît demeurer sage autant qu'on peut l'être, tout-puissant autant qu'on peut l'être, et réservant la liberté du relatif intelligent d'une manière tellement complète et tellement claire qu'il ne reste pas matière à la moindre objection. On ne peut dire que, dans cette théorie, la prescience et le domaine absolu de Dieu sur la créature soient attaqués ; car, puisque la créature ne peut opérer que ce que le Créateur lui donne la force d'opérer, le Créateur sait tout ce qui peut résulter de la réalisation de son idéal ; quelque parti que prenne l'individualité libre, il ne sera jamais trompé, et l'individualité libre n'aura agi que par une vertu reçue de lui. D'ailleurs le point décisif dans lequel se résume la liberté, et qui consiste dans une inclinaison à droite ou à gauche reste à l'être créé, et cette faculté de choix est tellement indépendante que la suite du développement en sera réellement modifiée. Qui nous prouvera que Dieu ne peut pas créer, dans sa pensée, et réaliser ensuite des plans de créations dans lesquels ces conditionnels, dépendant du choix des créatures libres, entrent comme éléments? dans cette théorie, le crime vient perturber ou plutôt modifier la série des futurs, et la lancer dans une des directions prévues, bien que le choix, qui est libre et qui détermine cette direction, n'ait été prévu que conditionnellement. Nous ne voyons pas que l'absolu soit détruit par cette hypothèse; nous ne voyons pas qu'elle ne puisse être dans l'essence des choses en ce qui concerne la liberté des êtres intelligents ; et s'il en est ainsi, tout le mystère de la vérité et de la prescience devient facile à interpréter. Nous la proposons donc comme refuge aux esprits qui ne peuvent voir qu'un système de nécessité dans le système thomiste par lequel Dieu est conçu comme amenant infailliblement les résultats qu'il a voulus, par une influence toute-puissante sur la liberté sans la détruire.

。Conclusion.

L'ontologie vient encore de nous ramener, par ses circuits, à la doctrine du catéchisme chrétien, lequel nous présente Dieu comme un être qui, quoique immuable, éternel, infini, sachant tout, ressemble cependant à un père qui éprouve des sentiments divers selon que ses enfants font le bien ou le mal, se met en colère, s'apaise, condamne, pardonne, accorde plus quand on l'aime davantage, est sensible aux prières, enfin, admet de la variation, des retours, des changements de sentiments, dans son immutabilité. Toutes ces idées que la piété catholique a de Dieu ne sont, au fond, qu'une simple traduction des principes ontologiques que nous venons de poser; et elles peuvent se résumer, tant au nom de l'ontologie qu'au nom du catéchisme, dans la grande et antique parole : *Dieu créa l'homme à son image*, laquelle implique une pensée dont les peuples ont abusé, sans doute, en se jetant dans l'anthropomorphisme, mais aussi dont les philosophes se sont souvent trop écartés, en idéalisant l'absolu jusqu'à l'impossible. Cette pensée est celle-ci : Dieu est le modèle de l'homme ; et c'est en concevant la copie qu'on peut concevoir l'original. — *Voy.* Théodicée.

OPÉRA. *Voy.* Musique.
OPTIMISME. *Voy.* Ontologie, question des essences, déduct. sur la nat. de l'absolu, III° déd.
OPTIMISME (L') RÉFUTÉ PAR LES MATHÉMATIQUES. — *Voy.* Mathématiques (Sciences), V.
OPTIMISME (L') DE PLATON POUR EXPLIQUER LE MAL.—*Voy.* MORALE, I, 10.
OPTIMISME (L') REFUTÉ PAR FÉNELON ET BOSSUET (Iʳᵉ part., art. 26). — Nous sommes obligé, par les dimensions limitées du volume, de retrancher cet article, et de le renvoyer au Dictionnaire qui servira de supplément à celui des *Harmonies*. — *Voy.* Liberté de conscience.

OPTIQUE. *Voy.* Cosmologiques, I, 4.
ORDRE DANS L'AMOUR — SOCRATE. *Voy.* Morale, III, 10.
ORDRE SURNATUREL (Rationalité et certitude de l'). *Voy.* Symbole catholique, II.
ORDRE (Le sacrement de l') — DEVANT LA FOI ET DEVANT LA RAISON (IIᵉ part., art. 43). — I. L'effet moral du sacrement de l'ordre, impliquant dans l'individu qui en est le sujet, une collation de droits surnaturels en vue du ministère ecclésiastique dans la religion de Jésus-Christ, s'explique comme celui des autres sacrements (*Voy.*Sacrement); nous ne devons ajouter ici que quelques observations relatives à des particularités qui pourraient présenter des difficultés rationnelles.

II. On distingue, dans l'Eglise latine, la tonsure, les ordres mineurs qui sont celui de portier, celui de lecteur, celui d'exorciste et celui d'acolyte, le sous-diaconat, le diaconat, la prêtrise et l'épiscopat.

L'Eglise grecque n'admet qu'un ordre mineur, celui de lecteur.

III. La tonsure n'est point un ordre, mais seulement une préparation aux ordres ; elle est d'institution humaine. Les ordres mineurs, bien qu'ils soient des ordres, ne sont également que d'institution humaine. Le sous-diaconat n'est aussi regardé par les théologiens que comme une institution ecclésiastique, vu que l'Ecriture n'en dit pas un mot, et qu'il n'en est fait aucune mention dans les documents des deux premiers siècles de l'Eglise. Nous n'avons rien à dire de ces institutions dont l'Eglise est maîtresse, si ce n'est de faire observer qu'elles sont belles et convenables, comme degrés pour élever l'homme jusqu'à l'auguste dignité de ministre du Seigneur.

IV. Le diaconat est déclaré par le concile de Trente institution divine remontant aux apôtres, et l'on sait, en effet, qu'il en est question dans les *Actes*, dans saint Paul, et dans les Pères les plus anciens, tels que saint Clément et saint Ignace. Mais le diaconat est-il un sacrement? Question abandonnée aux discussions de l'école ; les uns affirment, les autres nient, et l'Eglise ne se prononce pas.

V. La prêtrise est le vrai sacrement de l'Ordre, institué par Jésus-Christ pour la perpétuité du ministère ; ce point est de foi catholique. C'est l'évêque qui l'administre.

VI. Enfin, l'épiscopat remonte également à Jésus-Christ, comme la prêtrise et la papauté, et il implique une supériorité de droits, et comme représentation ecclésiastique pour la déclaration et la conservation des vérités révélées, et comme autorité hiérarchique et disciplinaire.—*Voy.* Eglise.—Mais l'ordination de l'évêque est-elle un sacrement, en a-t-elle le caractère ? Nouvelle question abandonnée à la controverse, bien que, cependant, il soit regardé communément comme plus probable que l'ordination de l'évêque est sacrement, et aussi celle du diacre, comme celle du prêtre.

VII. Or, cette opinion, qui est la plus admise, engendre une difficulté. Le concile de Trente a défini positivement qu'il n'existe que sept sacrements institués par Jésus-Christ. Si le diaconat et l'épiscopat sont sacrements, comme la prêtrise, le nombre sept est dépassé.

Pour sortir de cet embarras, on peut d'abord se jeter dans l'opinion de ceux qui n'accordent le titre de sacrement qu'à la prêtrise. L'ordination du diacre et de l'évêque ne seraient que des cérémonies transmissives des droits attachés aux ordres qu'elles confèrent; elles ne produiraient pas la grâce *ex opere operato*; elles seraient du même genre que la consécration des Papes, que personne n'a jamais pensé à qualifier de sacrement. Il est vrai qu'elles sont, comme le sacrement, d'institution divine, mais Jésus-Christ a pu instituer autre chose que des sacrements. Comprenant la chose ainsi, nulle difficulté; mais il n'en est pas moins utile de concilier avec le nombre sept, l'autre opinion qui est la plus commune.

Or, pour atteindre ce but, on répond que le sacrement de l'ordre a trois degrés, le diaconat, le presbytérat et l'épiscopat; que le diaconat en est le commencement, le presbytérat, le degré le plus important, et l'épiscopat l'extension et la plénitude. Quant aux signes matériels dont se compose un sacrement, la matière et la forme, on conçoit très-bien cette division en trois degrés; et quant à la grâce que confère le sacrement, on le conçoit encore; puisque la grâce est une action de Dieu sur l'âme, déterminant et maintenant en elle une modification, soit comme secours actuel, soit comme état habituel, on comprend que Dieu puisse opérer cette action, dans une même ligne, à diverses reprises, en la commençant à telle occasion, la poursuivant à telle autre occasion, et la perfectionnant à une troisième occasion. Il n'y a donc rien d'irrationnel dans l'hypothèse d'un seul sacrement renfermant plusieurs degrés, plusieurs extensions diverses. Ce qui fait l'unité de ce sacrement, c'est la série dans le même ordre de choses; ce qui en fait les degrés divers, c'est la distinction des signes sensibles et des additions successives de grâces et de droits composant la série. On pourrait citer mille exemples de choses semblables; en voici un : la poésie française est un langage; la prose française est un langage; la poésie n'est pas la prose; et cependant l'une et l'autre réunies ne font qu'une langue, qui est la langue française.

VIII. Il est défini par le concile de Trente, que l'élection des fidèles n'est point essentielle à la validité de l'ordination épiscopale. (Sess. 23, can. 7.) On comprend, en effet, que le Christ ayant attaché à des cérémonies visibles, la collation des droits radicaux du diacre, du prêtre et de l'évêque, dès que ces cérémonies ont lieu régulièrement, elles transmettent ces droits par elles-mêmes.

Quant à la licité, pour la promotion aux charges, la question change. De forts théologiens, tel que Génébrard, archevêque d'Aix, ont soutenu que l'élection du clergé et des fidèles, et surtout du clergé, est ordonnée par le Christ comme mode de présentation à l'épiscopat; ils s'appuient sur de fortes raisons, et, si cette thèse est fondée, il s'ensuit, comme déduction rigoureuse, que l'ordination est illicite toutes les fois que, faire se pouvant, l'élection n'est pas employée.

Ajoutons à ce propos que, si ce principe est vrai, ainsi que nous le pensons en notre particulier, l'Eglise reviendra aux élections canoniques dès que cela lui sera possible, dans les pays où elles sont passées de mode, et où les gouvernements temporels, ayant trouvé moyen de les usurper, en empêchent cependant la prescription, par la conservation même d'un droit qu'ils n'exercent qu'à titre de représentation de leurs sujets.

On pourrait demander ici, comment il se peut que l'Eglise ait laissé tomber la coutume des élections canoniques, si cette coutume fut la suite d'une institution de Jésus-Christ, agissant par lui-même ou par les apôtres, ainsi que la lecture des *Actes* et l'histoire des premiers siècles nous en donnent une complète persuasion. Voici nos réponses :

1° Ce n'est pas l'Eglise qui a aboli d'elle-même cette coutume; ce sont les rois qui se sont emparés des droits du clergé et du peuple; et l'on peut soutenir que l'Eglise n'a pu empêcher cette usurpation.

2° Cette coutume, comme nous venons de le dire, n'est pas complétement perdue, puisque, dans les contrées où elle n'est plus pratiquée, les gouvernements la conservent en agissant à titre de représentants du clergé et du peuple, ce qu'on peut regarder comme une action permanente en opposition à la prescription.

3° L'Eglise, dans sa partie qui gouverne, a bien le droit de délimiter l'exercice de droits inhérents aux divers ordres; c'est ce que nous allons dire plus loin ; pourquoi n'aurait-elle pas reçu le droit de délimiter l'exercice des droits d'élection du clergé et du peuple pour les cas particuliers, où le bien des fidèles exigerait cette délimitation, et qui prouvera que, dans les époques où les élections canoniques ont cessé de se faire, il ne valait pas mieux, somme toute, pour le bien des fidèles, qu'il en fût ainsi?

4° Quand on serait obligé de dire qu'il y a eu, à ce sujet, oubli d'une loi de Jésus-Christ, avec responsabilité des chefs de l'Eglise, que s'ensuivrait-il contre l'Eglise elle-même, contre sa divinité et tous ses attributs ? rien, car l'indéfectibilité de l'Eglise ne consiste pas en ce que toutes les ordonnances du Seigneur soient toujours et perpétuellement exécutées dans son sein, mais seulement en ce qu'aucune loi ne soit portée par l'Eglise universelle, d'une manière positive, laquelle soit contraire aux lois du Christ; il peut s'intrôduire des manques d'exécution de ces lois, des sommeils qui seront suivis de réveils à un temps donné, par la faute des chefs particuliers ; ce sont des relâchements de discipline qui appellent des réformes ; il y en a eu des exemples dans le moyen âge, nous le croyons du moins, et personne ne trouvera une loi émanée de l'Eglise universelle, relative à la présentation pour les promotions, qui soit positivement négative du mode électif. l'Eglise entière elle-même n'est pas tenue à l'optimisme en fait d'application de l'Evangile ; son infaillibilité exige seulement qu'elle ne légifère pas, d'elle-même et universellement, contrairement à l'Evangile.

IX. On sait que le sous-diacre, en recevant les ordres, prend deux engagements, celui de réciter l'office quotidien et celui de ne se point marier. Ces deux engagements ne sont attachés par Jésus-Christ à aucun des ordres sacrés, c'est l'Eglise qui a jugé bon d'assujettir ses ministres à ces deux obligations ; elle pourrait donc, si elle le voulait, changer la discipline relative au célibat ecclésiastique, qui est un point souvent attaqué, et par conséquent nulle difficulté grave ne peut être élevée contre la religion du Christ sur cette matière.

Viendrait ici la question du célibat ecclésiastique, en tant que loi de l'Eglise latine, et, pour justifier cette loi, il faudrait entrer dans des études morales, religieuses et économiques, tenant les lieux et des temps où cette loi fut portée, que de l'humanité présente et future. Ce n'est qu'à ce point de vue qu'on peut élever des critiques contre les règlements ecclésiastiques, quels qu'ils soient, et qu'on doit répondre à ces critiques. Nous renvoyons à un supplément ces études sur toutes les *lois de l'Église*, ainsi que nous le disons à ce mot lui-même.

X. Chacun des ordres emporte en soi certains pouvoirs qui lui sont inhérents par institution de Jésus-Christ ; le diacre a ceux du laïque, et de plus, ses droits propres que le laïque n'a pas ; le prêtre a ceux du diacre, et, de plus, ses droits propres que le diacre n'a pas ; l'évêque a ceux du prêtre, et, de plus, les siens propres que le prêtre n'a pas.

Or, à ce sujet, on soulève des difficultés qu'on peut résumer dans l'argument suivant : les droits inhérents à chaque ordre viennent du Christ immédiatement ; donc ils ne peuvent être modifiés, ni en augmentation, ni en diminution, par aucune puissance humaine. Cependant l'Eglise admet et pratique des modifications de ce genre ; quand un évêque délègue ses pouvoirs à un simple prêtre, il modifie, en augmentation, le pouvoir attaché à la prêtrise. Quand il ôte la juridiction à un prêtre par interdit, il modifie ses pouvoirs en diminution ; il en est de même de toutes les limitations de juridiction à une étendue de territoire, ou à une certaine quantité d'âmes ; l'Eglise, dans toutes ces choses, ne porte-t-elle pas atteinte à l'œuvre du Christ, qui n'a établi aucune limitation pareille ?

Pour bien répondre, il faut établir plusieurs distinctions, et poser quelques explications préliminaires.

1° On doit distinguer, dans tout pouvoir relatif à un objet, l'aptitude radicale, qui fait qu'on est capable d'opérer l'effet dont il s'agit, et le droit actuel d'exercer le pouvoir et d'opérer l'effet. On peut citer, comme exemple tiré de l'ordre positif humain, celui d'un militaire ayant l'instruction et le grade de général, sans avoir aucune mission spéciale lui donnant le droit et le devoir d'exercer sa profession ; il a le pouvoir radical de général d'armée, et il n'en a point le pouvoir d'exercice. Relativement aux ordres sacrés, nous appelons en théologie, le pouvoir radical, *puissance d'ordre*, et le droit d'exercice, *juridiction*.

2° On doit encore distinguer les fonctions exercées *validement* et les fonctions exercées *licitement*. Une fonction est exercée *validement* quand elle produit son effet sur la personne ou la chose qui en est l'objet ; elle est exercée *licitement*, quand celui qui l'exerce ne désobéit à aucune loi en l'exerçant. Elle ne peut jamais être exercée licitement si elle ne l'est validement, à moins d'ignorance et de bonne foi ; mais elle peut souvent être exercée validement, sans que l'exercice en soit licite ; il suffit pour cela d'une loi, ayant valeur de loi obligatoire, qui vous défende d'user, dans le cas en question, du droit radical dont vous êtes investi, bien qu'elle ne puisse ou ne veuille rendre nul l'effet de votre action. Un laïque qui baptise en présence d'un prêtre pouvant le faire, fait une action illicite, mais valide ; il fait une action illicite, parce que l'Eglise lui défend de baptiser en pareil cas ; il fait une action valide, parce qu'il tient du Christ la puissance de baptiser validement et que nulle autorité ne peut empêcher son baptême d'être un vrai baptême.

3° On peut attacher plusieurs sens au mot *délégation*. Ce mot peut signifier, dans l'esprit de celui qui s'en sert, une transmission de pouvoirs que n'avait, en aucune manière, le délégué avant d'être délégué, transmission qui fait qu'il agira en son nom en les exerçant. Ce sens n'est pas le sens propre du mot *délégation* ; nous appellerons cette transmission de pouvoir, *collation* de la puissance d'ordre et de la juridiction ; c'est ce qu'on peut donner de plus complet. — Le même mot peut susciter dans l'esprit l'idée de transmission du droit d'exercice à celui qui a déjà le pouvoir radical, le pouvoir d'ordre ; mais ce n'est pas encore le vrai sens du mot délégation ; cette transmission est la collation de la *juridiction*, et, pour être clair, nous lui conserverons cette qualification. — Enfin ce mot peut signifier une simple procuration, une mission par laquelle le délégué n'agit point en son nom, mais sert uniquement de commissionnaire, de porte-voix, d'instrument à la puissance qui délègue ; c'est le vrai sens de ce mot ; c'est, au moins, celui que nous lui attribuerons exclusivement. On conçoit qu'en entendant la chose ainsi, le délégué est, pour nous, une seule et même chose avec le déléguant, comme la lettre est une seule et même chose avec celui qui l'a envoyée.

4° Le mot *collation du pouvoir d'ordre* n'a pour nous qu'un sens possible, celui de création, dans l'individu, de l'aptitude radicale à la fonction. Mais le mot *collation de la juridiction* peut en avoir deux, celui de transmission du droit d'agir *validement*, et celui de transmission du droit d'agir *licitement*. Le premier sens suppose que, tout en étant muni du pouvoir d'ordre, on pourrait, par manque de juridiction quant à l'exercice, se trouver dans l'impossibilité d'exercer validement. Le second sens suppose seulement qu'on peut avoir la puissance d'exercer validement sans pouvoir exercer licitement, ce qui se conçoit très-possible, *primo intuitu*, comme nous l'avons dit plus haut. La séparation de la validité du pouvoir d'ordre paraît plus difficile à comprendre; nous avons posé la distinction, cela suffit en ce lieu; nous reviendrons sur ce point.

5° Le mot *limitation de pouvoir* est l'opposé du mot *collation de juridiction*. Il peut présenter les deux sens correspondants à ceux que nous venons de distinguer. Il peut signifier limitation plus ou moins étendue quant au droit d'exercer *validement*, et limitation plus ou moins étendue quant au droit d'exercer *licitement*. L'*interdiction* complète est le dernier degré de la limitation et peut aussi s'entendre de la validité ou seulement de la licité.

6° *Le pouvoir d'ordre, la juridiction* et *la délégation* peuvent se rapporter, dans l'Eglise, à trois chefs principaux, savoir : l'*enseignement dogmatique, la discipline, l'administration des sacrements*.

Quant à l'enseignement dogmatique, il présente deux degrés et deux formes : l'enseignement dispersé d'individus à individus, et la déclaration collective des articles de foi entraînant l'hérésie dans ceux qui refusent d'y croire. — L'enseignement dispersé se fait par le simple Chrétien, avec le degré le plus inférieur de la mission chrétienne ; par le ministre de second rang, diacre et prêtre, avec un degré plus élevé de mission et d'autorité ; et par l'évêque, avec le degré le plus éminent de mission et d'autorité ; mais comme, dans aucun de ces degrés, il n'y a infaillibilité individuelle, la question de validité ne saurait être introduite ; dès que la personne enseigne, elle enseigne validement selon le degré d'importance de son caractère, ce qui revient à dire que ce qu'elle dit, elle le dit en tant que laïque, prêtre ou évêque, et pouvant toujours se tromper. Il n'en est pas de même de la licité ; il peut arriver qu'il lui soit défendu de prêcher, d'enseigner, dans telle et telle condition, et si, malgré la défense, elle enseigne, son enseignement est illicite, quoique valide. — La déclaration officielle des articles de foi se fait collectivement par une voix qui représente adéquatement l'Eglise ; cette voix est le concile universel, et, en son absence, le Pape soit, selon les gallicans, sous la condition d'approbation au moins tacite de toute la catholicité, soit, selon les ultramontains, antérieurement même à cette condition (ce n'est pas le lieu d'entrer dans cette controverse ; voyez nos efforts de conciliation au mot INFAILLIBILITÉ). Or la question de validité a ici sa raison d'être ; on peut demander si, dans le concile, telle ou telle voix, par exemple celle d'un prêtre présent, a sa part de valeur concourant à l'infaillibilité de la déclaration collective ; en d'autres termes, si cette voix est *délibérative* ou seulement *consultative*. Celle de la licité demeure à plus forte raison.

Quant à la discipline, la question de la validité peut toujours se poser ainsi que celle de la licité. On conçoit très-bien que, quand il s'agit de porter des règlements, de les faire exécuter, d'en dispenser, etc., il importe toujours de savoir si celui qui gouverne ainsi a droit de gouverner ; car un intrus peut faire le gouvernant, et tous ses actes seront plus qu'illicites, ils seront nuls. Un gouvernant peut aussi n'être point un intrus dépourvu des droits radicaux produisant la validité des actes, et cependant désobéir à des ordres qui lui défendent d'user de sa puissance dans le cas donné.

Enfin, quant à l'administration des sacrements, les deux questions de la validité et de la licité sont encore plus importantes ; c'est ce qu'il est inutile de développer.

7° Il y a une hiérarchie ecclésiastique fondée par Jésus-Christ, dont les divers degrés sont subordonnés les uns aux autres. L'ensemble de cette hiérarchie forme l'Eglise elle-même, et voici, en n'oubliant rien, tous les échelons dont elle se compose : 1° l'Eglise entière, soit considérée en elle-même, soit considérée dans sa représentation adéquate. Personne ne peut nier, quelle que soit d'ailleurs son opinion, que le tout, renfermant toutes ses parties, ne soit le plus haut souverain imaginable, puisque toutes les autres souverainetés y sont comprises. 2° La papauté. Jésus-Christ a donné à Pierre une juridiction universelle sur les évêques, les prêtres et les fidèles. 3° L'épiscopat. 4° Le presbytérat. 5° Le diaconat. 6° Le laïcat. N'oublions pas que chacun de ces degrés a des droits sur ceux qui lui sont inférieurs, et cela par institution divine, sans quoi il n'y aurait pas hiérarchie.

8° Dans ces six degrés, il n'y en a que trois qui soient des ordres sacrés, et, par conséquent, auxquels on puisse appliquer, à proprement parler, le mot théologique *pouvoir et d'ordre*. Ce sont l'épiscopat, le presbytérat le diaconat. Il est important de résumer ici les droits radicaux propres à ces trois degrés.

Quant à l'enseignement dispersé, le diacre a une mission spéciale supérieure à celle du laïque, le prêtre, une mission spéciale supérieure à celle du diacre, et l'évêque, une mission spéciale supérieure à celle du prêtre. — Quant à la déclaration officielle des articles de foi, il est certain, en théologie, qu'à l'épiscopat est attachée la grande voix délibérative dans le concile; mais quand on demande si, parmi les pouvoirs d'ordre de la prêtrise et du diaconat, ne se trouverait pas celui d'opiner à titre de voix délibérative comme l'évêque, les théologiens se partagent; surtout à l'égard du prêtre, et l'Église se tait. Maultrot, Lachambre et beaucoup d'autres soutiennent l'affirmative avec de terribles arguments; La Luzerne prétend les réfuter, mais la réfutation ne fait pas équilibre. Quoi qu'il en soit, supposons que le prêtre, au moins, ait voix délibérative, et raisonnons jusqu'à la fin de cet article dans cette supposition.

Quant à la discipline, il est certain que les pouvoirs d'ordre de l'évêque impliquent une très-large puissance à cet égard; que ceux du prêtre en impliquent une autre infiniment moindre ; et que ceux du diacre deviennent très-restreints sur cet objet. Nous ne devons pas entrer dans plus de détails sur une matière aussi compliquée.

Le point le plus important est celui de l'administration des sacrements. Les pouvoirs d'ordre de l'évêque impliquent l'aptitude à les administrer tous sans exception ; ceux du prêtre, l'aptitude à les administrer tous, sauf celui de l'ordre lui-même, qui ne peut être administré validement que par l'évêque. Il y a cependant controverse à l'égard de la confirmation, dont le ministre ordinaire est l'évêque, d'après le concile de Trente; mais, comme saint Grégoire le Grand autorisa des prêtres à donner ce sacrement aux enfants de Cagliari, à défaut d'évêque, et que, si Jésus-Christ n'avait pas rendu le prêtre apte à cette fonction, aucune puissance n'aurait pu le faire, nous croyons, avec le plus grand nombre des théologiens, que les pouvoirs d'ordre de la prêtrise impliquent cette aptitude. Enfin ceux du diacre n'emportent rien de plus que l'état de simple Chrétien en ce qui concerne l'administration valide des sacrements, bien qu'ils lui donnent un droit spécial à servir le prêtre et l'évêque dans cette administration.

Nous avons dit qu'il ne peut être question des pouvoirs d'ordre à l'égard des trois autres degrés ecclésiastiques, puisque ce ne sont point des ordres; mais il n'en est pas moins vrai que des droits radicaux venant du Christ leur sont également inhérents. L'Église universelle possède le pouvoir le plus élevé, auquel tous les autres sont subordonnés dans les limites voulues par le Christ ; quant à l'enseignement dogmatique et à la législation, la papauté est investie également de droits propres très-élevés sous ce double rapport; et, quant aux sacrements, comme le Pape est évêque, il faut dire de lui ce qu'on dit de l'évêque.

Reste le laïque — l'homme et la femme — considéré comme agissant à titre de membre de l'Église, ou voulant faire ce que fait l'Église. Il n'est pas sans droits relativement au sacrement ; il est revêtu par le Christ d'une sorte de premier degré de sacerdoce, auquel est attaché aussi comme un pouvoir d'ordre qu'on ne peut lui ravir, en tant qu'aptitude surnaturelle. Ce pouvoir renferme d'abord la capacité d'administration du baptême, tout le monde le sait ; mais ce n'est pas tout : il existe encore deux sacrements sur lesquels il est loin d'être de foi que le laïque, homme et femme, n'ait pas reçu du Christ l'aptitude radicale à en être le ministre. C'est premièrement le mariage : jusqu'à Melchior Cano, on avait toujours cru, et le plus grand nombre des théologiens croient encore, que ce n'est point le prêtre qui est ministre du mariage, mais que ce sont ceux qui se marient qui se l'administrent à eux-mêmes. C'est en second lieu la pénitence ; bien que le concile de Trente ait déclaré que les prêtres seuls soient dépositaires du droit de donner l'absolution, quelques théologiens, tels que le P. Pétau et Mgr de L'Aubépine, évêque d'Orléans, ont soutenu, sans qu'on les ait taxés d'hérésie, que les simples fidèles qui, dans les persécutions, donnaient l'absolution, administraient réellement le sacrement de pénitence, et que le concile n'a voulu parler que du droit ordinaire d'absolution. S'il en était ainsi, il faudrait bien admettre que le Christ eût donné aux laïques eux-mêmes, dans une mesure quelconque, l'aptitude radicale à l'administration de la pénitence, sans quoi ils n'auraient jamais pu, dans aucun cas, opérer ce sacrement, si ce n'est à titre de simple procureur ou délégué portant l'absolution d'un autre ; ce qui n'est nullement le sens des absolutions dont il est question, puisque le diacre ou laïque agissait comme ministre, et qu'il n'est point parlé d'un prêtre dont ils auraient été les commissaires.

Telles sont les distinctions et explications qu'il était utile de poser d'abord. Nous pouvons maintenant répondre directement à l'objection, et voici les réponses :

1° Les pouvoirs radicaux, soit inhérents aux ordres sacrés, soit inhérents aux trois autres degrés, qui sont le laïcat, la papauté et l'universalité catholique, viennent du Christ en ligne droite par le canal qu'il a institué, sont sans aucune limitation quant aux lieux et au nombre des subordonnés, sont incommunicables et indestructibles et immodifiables. Ceux de l'Église se perpétuent par la perpétuité même de l'Église. Ceux de la papauté se transmettent par l'élection de l'Église, se donnant un Pape, l'instituant dans sa charge et l'y maintenant; car si elle le dépose, ou si lui-même donne sa démission, il cesse d'être Pape ; c'est la papauté et non le Pape qui tient un pouvoir dans ce degré élevé de la hiérarchie ; mais l'Église elle-même ne pourrait pas les détacher de la papauté, ni, la papauté étant donnée, lui limiter ou les étendre leur essence de pouvoirs radicaux. Ceux des trois ordres sacrés se transmettent par l'ordination, qui est certainement un sacrement, au moins dans la prêtrise ; et ceux du laïque étant attachés à la qualité d'homme agissant comme ministre de l'Église, ou ayant l'intention, au moins extérieure, de faire ce que fait l'Eglise (*voy.* SACREMENT), ils se transmettent depuis le Christ avec l'humanité même et la connaissance de l'Eglise. Ces quatre dernières espèces de pouvoirs radicaux sont possédées à titre de propriété personnelle. Voilà pour la collation des pouvoirs d'ordre et des aptitudes de même nature; voilà aussi pour leur immodificabilité dès qu'ils sont possédés.

2° Quant à la juridiction, la question change. Nous avons reconnu, et il est de foi catholique, que les degrés de la hiérarchie sont subordonnés les uns aux autres. Or en quoi pourrait consister cette subordination, si elle ne consistait en ce que le degré supérieur puisse limiter, quant à l'exercice actuel, les pouvoirs du degré inférieur? Il est évident que, si ce droit n'existait pas sous le triple rapport de l'enseignement, de la discipline et du sacrement, il n'y aurait pas hiérarchie. Donc, par là même que Jésus-Christ a établi la hiérarchie, il a donné aux degrés supérieurs le droit de limiter l'exercice des pouvoirs radicaux des degrés qui leur sont subordonnés; et, par conséquent, ce qu'ils accorderont ou retireront, quant à l'exercice, devra être dit venir aussi du Christ, bien que d'une manière médiate.

Cela posé, il est facile de déterminer les limites que ne saurait dépasser la juridiction. Elle ne peut rien ajouter aux pouvoirs radicaux, puisqu'elle ne porte que sur leur exercice; elle les suppose déjà existants dans celui qui la reçoit, et elle ne peut donner le droit d'exercer un pouvoir radical dont on ne serait pas déjà pourvu; elle ne peut, par exemple, donner la puissance de consacrer à celui qui n'est pas déjà prêtre; mais elle peut retrancher l'exercice en tout ou en partie. Or l'Eglise s'est fait une législation, dont le premier règlement implicite est d'ôter l'exercice des droits radicaux à tous les degrés hiérarchiques en général, afin d'ajouter que chacun d'eux aura besoin, pour le droit d'exercice, d'une autorisation particulière qui en réglera les limites. Cette autorisation est ce qu'on appelle la *collation de la juridiction*; mais on voit que cette collation est, au fond, une abrogation plus ou moins étendue d'une interdiction antérieurement posée. On conçoit très-bien que l'Eglise ait eu besoin, pour la régularité de son gouvernement, d'en user de la sorte. C'est de là que sont venues les limitations par patriarcats, exarchats, diocèses, cures, etc., elle ne fait donc, en donnant la juridiction, que dire à son ministre : je te limite pas l'exercice des pouvoirs que tu tiens du Christ, au delà de telles et telles conditions, de telles ou telles frontières, de telles ou telles personnes. On sait que, pour les cas de nécessité, l'Eglise n'a fait aucune limitation; de sorte que, dans ces cas, on exerce le pouvoir radical avec la juridiction qui lui fut attachée par le Christ lui-même.

Mais il se présente ici une question grave. Nous avons distingué la validité et la licité dans l'exercice d'un pouvoir. Supposons, pour un instant, que la limitation de juridiction n'entraîne jamais l'invalidité de l'acte, mais seulement son illicité; rien ne sera plus facile à comprendre que ce que nous disons en ce moment. Aux pouvoirs radicaux sera inhérente la puissance d'agir validement, et cette puissance ne pourra jamais en être détachée, parce qu'aucune autorité ne saurait déjoindre ce que Dieu a joint; et la hiérarchie ecclésiastique n'aura pour mission et pour effet que de défendre ou de permettre à ses subordonnés d'user des droits attachés à leur titre, ce qui est le moins qu'on puisse accorder au gouvernement ecclésiastique, puisque ne pas lui accorder ce droit serait le détruire complétement. Mais en est-il ainsi, et la puissance hiérarchique ne peut-elle pas aller jusqu'à invalider les actes du pouvoir radical?

Avant de rendre raison de cette possibilité, résumons l'état de l'enseignement théologique quant au fait.

Il est d'abord un grand nombre de cas dans lesquels l'Eglise, pouvant illiciter l'acte, par refus de juridiction, ne peut l'invalider; voici les principaux :

L'Eglise, en limitant l'exercice de l'administration du baptême, ne fait que rendre cette administration illicite; tout baptême bien administré sur un sujet capable est valide par lui-même, et l'Eglise ne peut rien contre cette validité. Quand on dit que les ministres *ordinaires et d'office* de ce sacrement sont les prêtres, qu'ils sont subordonnés aux évêques à cet égard, que dans les premiers siècles les évêques seuls avaient droit de baptiser, que les diacres sont les ministres *extraordinaires* et *de délégation* du baptême, que tout laïque peut baptiser dans le cas de nécessité, que pour baptiser il faut être en état de grâce, etc., etc., il ne s'agit que de la licité de l'action.

Il en est de même de l'Eucharistie. L'Eglise ne peut rien contre la validité de la consécration faite par un prêtre véritablement prêtre, avec la forme et la matière convenables.

Il en est de même de l'ordre. Tout prêtre consacré selon le rite par un évêque qui lui-même a été bien ordonné, est véritablement prêtre; aucune loi de l'Eglise ne peut empêcher ce résultat.

Il en est de même de l'extrême-onction. Elle est toujours donnée validement par le prêtre; la juridiction n'est requise que pour la licité.

Restent, en ce qui concerne les sacrements, la confirmation, la pénitence et le mariage.

Quant à la confirmation, l'évêque confirme toujours validement, fût-il excommunié, hérétique, en un mot privé de juridiction en tout ou en partie. Mais les théologiens pensent autrement du prêtre; ils qualifient d'invalides les confirmations données par un prêtre non approuvé *ad hoc*. Mais comme il n'y a rien de rigoureusement défini à l'égard de la confirmation donnée par le simple prêtre, ce point ne saurait embarrasser; si l'on croit que le prêtre peut, dans certains cas, *confirmer* validement, à titre de vrai ministre, et non point d'interprète de l'évêque portant la parole à sa place, nous pensons qu'on ne serait pas hérétique en ajoutant que, dans cette hypothèse, la juridiction ne touche que la licité. Et, d'un autre côté, on pourrait se tirer facilement d'affaire en se jetant dans l'opinion de Durand, d'Estius, de l'Herminier, qui soutiennent, malgré ce que fit saint Grégoire, et malgré l'usage de l'Eglise grecque schismatique, que l'évêque seul a la capacité d'administrer validement la confirmation.

Quant à la pénitence, le sentiment commun des théologiens exige la juridiction dans le ministre, non-seulement pour la licité, mais encore pour la validité ; mais ce point n'est pas de foi, vu que le concile de Trente, en déclarant, selon la croyance de l'Eglise, que l'absolution donnée par un prêtre privé de juridiction ne doit être d'aucune importance : *Nullius momenti absolutionem eam esse debere*, a pu vouloir dire que, dans la pratique et au for extérieur, on ne doit en tenir aucun compte, bien qu'elle puisse, dans la réalité et devant Dieu, n'être pas invalide ; le mot *debere* est très-important ; pourquoi l'avoir mis ? (*Voy.* PÉNITENCE.) On pourrait alléguer à l'appui de cette interprétation l'opinion communément reçue, qu'il suffit, pour la validité de l'absolution de la part du ministre, d'un titre coloré, c'est-à-dire faux, et ne donnant en réalité aucune juridiction, mais cru bon par le public ; car, en l'absence de ce titre au moins coloré, il y a dans le pénitent mauvaise intention, en s'adressant au ministre qu'il sait n'avoir aucune juridiction, et, sa mauvaise intention rendant infructueuse l'absolution qu'il reçoit, la question de l'invalidité venant du ministre perd son importance. On voit donc encore qu'à l'égard de la pénitence, on pourrait, en rigueur, éluder la difficulté.

Reste le mariage. A l'égard de ce sacrement, tout est obscur ; on ne sait pas quel en est le ministre, si c'est le prêtre qui bénit le mariage ou si ce sont les parties elles-mêmes ; et, par conséquent, il n'y a rien de défini sur l'effet direct du manque de juridiction dans le ministre. Mais, comme le contrat est essentiel au sacrement, on peut transporter la question sur ce point. Or, l'Eglise pose des empêchements à la validité du mariage, en tant que contracté chrétiennement ; le concile de Trente, par exemple, a déclaré nuls les mariages clandestins, bien qu'ils fussent valides auparavant. Cette création d'empêchements dirimants n'est autre chose qu'une limitation de juridiction dans l'exercice d'un pouvoir antérieur, et il est très-clair que celle-là, dans la pensée de l'Eglise, n'emporte pas seulement l'illicité, mais encore l'invalidité. Il est vrai qu'elle ne regarde le sacrement qu'indirectement, et l'invalide à peu près comme on invaliderait la consécration, en substituant au pain et au vin ce qui ne serait ni l'un ni l'autre ; aussi faisons-nous rentrer ce qui concerne la législation du mariage dans la généralité que nous allons poser sur la discipline. — *Voy.* MARIAGE.

Nous venons d'épuiser la question en matière de sacrements.

Quant à la discipline, on ne peut nier que l'absence de juridiction n'ait souvent pour effet d'invalider les actes dans celui qui a cependant le pouvoir radical de les produire ; nous venons d'en trouver un exemple des plus considérables dans la législation catholique du mariage. On en pourrait citer mille autres ; supposons un évêque, véritablement évêque par son ordination, mais intrus, et venant faire des règlements ecclésiastiques, de la compétence épiscopale, dans un pays sur lequel il n'a reçu aucune juridiction, ou dont on lui aura, en bonne forme, interdit le gouvernement : il nous semble très-clair que ces règlements ne seront pas seulement illicitement portés, mais qu'ils seront sans valeur obligatoire pour les fidèles du pays.

Maintenant, il nous importe peu de savoir si le droit radical de voter au concile, pour la déclaration des articles de foi, peut aussi être invalidé dans son exercice. Puisque nous avons trouvé des cas où cet effet est produit, à coup sûr, par l'absence de juridiction, nous sommes obligé d'en rendre raison et d'en justifier notre doctrine devant le bon sens.

Or rien de plus facile. Quand il s'agit d'un pouvoir radical naturel, ou inhérent à la nature de l'être, l'exercice ne peut en être invalidé que par le concours d'une autre loi naturelle supérieure qui paralyse l'effet de la première. Par exemple, j'ai un droit naturel quelconque, mais un droit tel que je puisse y renoncer dans tel cas donné ; j'y renonce ; puis-je maintenant user validement et licitement du droit que j'avais ? Non, car le droit de renonciation dont j'ai usé, qui était antérieur à l'autre, paralyse, dans le cas donné, cet autre droit et en invalide l'exercice. Par exemple encore, j'ai le droit radical de promettre à un autre une chose qui m'appartient ; mais, par un ensemble de circonstances indépendantes de ma volonté, il se trouve que la tradition de cette chose est ou sera impossible au moment de l'accomplissement du contrat ; l'exercice de mon droit, c'est-à-dire, ma promesse est invalidée par la loi naturelle antérieure, qui fait qu'on ne peut promettre validement l'impossible ; ces exemples suffisent : voilà pour les droits naturels.

Mais il en est autrement des droits positifs. Leur exercice est d'abord invalidé par l'opposition des devoirs naturels qui se trouvent en concours avec eux. Mais ils peuvent, de plus, être paralysés, en validité, par d'autres droits positifs émanant de la même source, et supérieurs à eux. Cela est évident ; celui qui me donne un pouvoir radical relatif à tel ou tel effet, peut, en même temps, donner à un autre la puissance de me limiter dans l'exercice de ce droit, non-seulement de manière que je sois criminel en l'exerçant, mais encore de manière que je n'obtienne pas l'effet promis.

Or, comme il s'agit, dans l'ordre ecclésiastique surnaturel, de droits positifs créés par Jésus-Christ, il suffit de concevoir comme nous venons de l'expliquer la volonté du législateur, toutes les fois que l'absence de juridiction invalide les actes. On dira que les restrictions ne se lisent pas dans l'Ecriture ; cela est vrai souvent ; mais, pour un catholique, n'est-ce pas l'Eglise qui sait à quoi s'en tenir sur toutes ces questions ? n'est-ce pas elle qui connaît au juste, par les déductions qu'elle tire de l'Ecriture, par la tradition qu'elle possède, par ses coutumes remontant ordinairement, dans ces sortes de choses, jusqu'aux apôtres, les droits de sa hiérarchie en limitation de l'exercice des pouvoirs radicaux ? Il nous suffit, à nous, de montrer la possibilité rationnelle des choses pour que le bon sens ne soit pas choqué ; nous laissons, de grand cœur, le reste à l'Eglise, et nous nous soumettons sans peine.

Le mariage présente des difficultés spéciales, vu le concours particulier qui s'y rencontre du droit naturel avec le droit positif. — *Voy.* MARIAGE.

3° Nous venons d'expliquer la juridiction qui a pour base la délimitation de l'exercice des pouvoirs ou de la mise en jeu des aptitudes. Peu de mots suffiront pour rendre clair tout ce qui concerne la *délégation*.

Quand un déléguant envoie un délégué, il peut arriver deux choses : ou le déléguant ne fait que déclarer libre au délégué l'exercice de pouvoirs radicaux dont il est déjà muni par sa qualité propre ; c'est ce qui arrive lorsqu'un évêque délègue un prêtre pour absoudre des cas réservés dans son diocèse ; lorsqu'un curé délègue un diacre pour prêcher dans son église, etc.; ou bien le déléguant donne au délégué la mission d'exercer un pouvoir radical dont il n'est pas revêtu, et que possède seulement le déléguant ; c'est ce qui arrive quand un Pape se fait représenter au concile par ses légats; quand un évêque s'y fait représenter par un ou plusieurs prêtres; c'est ce qui arriva quelquefois dans les siècles passés, quand la confession et l'absolution se pratiquèrent par ambassadeur

Dans le premier cas, la délégation n'est qu'une variété de la juridiction, et s'explique de même. On l'appelle juridiction *extraordinaire* ou *déléguée*, pour la distinguer de la *juridiction ordinaire* ; l'une est amovible, pour un temps court, et sans charge ou office qui l'accompagne ; l'autre est fixe, permanente, attachée à un titre durable ; mais au fond, elles ne diffèrent pas, comme on le conçoit à merveille.

Dans le second cas, c'est la vraie délégation ; et alors le délégué n'est qu'un pur instrument qui agit au nom et au titre du déléguant ; c'est, en réalité, le déléguant qui est tout et qui exerce, par une voix empruntée, les pouvoirs de son titre. Aussi, dans les cas que nous avons cités de la représentation au concile, les légats du Pape ou les commissaires de l'évêque n'ont-ils que l'autorité de celui qu'ils représentent, et leurs voix, fussent-elles nombreuses, n'ont-elles, à titre de voix de délégués, que la valeur de celle du représenté. On voit que ce n'est pas là une attribution de pouvoirs radicaux que l'on ne tiendrait pas du Christ, et que l'objection, sur ce point, n'a aucun sens.

Nous oserons faire observer, en finissant, que le cardinal de La Luzerne, dans la thèse qu'il construit pour expliquer les voix délibératives de simples prêtres dans beaucoup de conciles, nous paraît ouvrir la porte à de dangereuses théories, en prétendant que ces prêtres purent tenir le droit de délibérer, d'une concession ecclésiastique ou d'une délégation, sans qu'ils eussent du Christ le pouvoir radical à cet effet. De deux choses l'une : ou les prêtres ont reçu de Jésus-Christ ce pouvoir radical, et l'Eglise celui d'en limiter l'exercice comme nous l'avons expliqué ; ou les évêques seuls ont reçu de Jésus-Christ ce pouvoir. *Si prius*, le fait s'explique de lui-même. *Si posterius*, ceux qui ont délibéré ont émis un vote par le fait invalide, ou bien n'ont fait que jouer le rôle de simples délégués, ayant voté au nom d'un autre qui était leur déléguant. Voilà les seules hypothèses qui nous paraissent logiques. — *Voy.* MARIAGE.

ORGUEIL.—PLATON. *Voy.* MORALE, III, 9°.
ORIENTAL (Art). *Voy.* ART, VI.
ORIENTAL (Genre). *Voy.* ART, VII.

P

PANTHÉISME. — TOUS LES PANTHÉISMES RÉFUTÉS A LA FOIS. *Voy.* ONTOLOGIE, quest. des existences, III° hypothèse du II° chef.

PANTHÉISME (Le) RÉFUTÉ PAR LES MATHÉMATIQUES *Voy.* MATHÉMATIQUES, IV.

PANTHEISME (Le) — DEVANT LA RAISON ET DEVANT LA REVELATION (Ire part., art. 23). — Toutes les hérésies du genre humain s'appuient sur un fond de vérité ; elles ne sont que des constructions mal faites, établies sur des bases réelles ; elles consistent dans des exagérations soit par addition, soit par soustraction ; elles prouvent, par leur existence même, leur variété et leur nombre, l'activité individuelle de l'homme, sa personnalité et sa puissance distincte, non-seulement relativement à Dieu, mais relativement aux membres de la famille humaine considérés entre eux ; elles prouvent aussi la solidité du fond commun dont elles ne peuvent se passer ; en sorte que, dans l'harmonie universelle, elles concourent, avec les doctrines pures, à la démonstration et à la manifestation de la vérité.

Ne les répudions donc pas avec une colère exclusive, avec un mépris absolu; nous offenserions la vérité, en confondant les clartés cachées sous leur enveloppe dans une malédiction qui ne doit tomber que sur les soustractions et les additions ténébreuses formant l'enveloppe elle-même.

Cette prudence philosophique doit être mise en usage à l'égard de la grande hérésie du panthéisme, plus encore qu'en ce qui concerne toutes les autres. C'est ce que vont comprendre, nous l'espérons, tous nos lecteurs, après méditation des observations que nous allons leur soumettre.

Tout le monde sait la signification étymologique du mot panthéisme. (Παν, tout, ϊος, Dieu), tout est Dieu ou Dieu est tout.

Or, on a distingué plusieurs espèces de panthéisme.

Les uns les ont classées simplement d'après les écoles ou les peuples chez lesquels a régné plus ou moins l'idée panthéistique. C'est ainsi qu'on a distingué le panthéisme stoïcien, le panthéisme indien, lequel se subdivise en brahministe et bouddhiste, le panthéisme chinois, le panthéisme cartésien de Spinosa, le panthéisme allemand, etc.

D'autres les ont classées d'une manière plus philosophique en apparence, quoiqu'elle ne le soit pas davantage en réalité; ils se sont appuyés sur l'essence même des théories, et sont arrivés, par cette voie, à signaler quatre sortes de panthéisme :

Le panthéisme par *génération*; — le panthéisme par *émanation*; — le panthéisme par *animation*; — le panthéisme par *limitation*.

Ces classifications ont leur utilité, sans contredit; mais elles ne nous paraissent ni très-exactes, ni parfaitement à la question.

La classification historique est bonne comme telle, et ne vaut rien au point de vue doctrinal et synthétique. Elle ne groupe pas les idées par familles, et n'a point, au reste, la prétention de le faire.

L'autre a cette prétention et n'en atteint pas le but, ce qui est pire. D'abord elle n'est pas complète, ne comprenant ni le panthéisme indien, ni le panthéisme allemand, ni même le panthéisme de Spinosa, ni, enfin, un autre panthéisme plus important et plus répandu, surtout dans l'antiquité, dont nous allons faire une division générale à part. Il est bien question, dans le panthéisme indien, non-seulement d'émanations, mais aussi de générations, d'animations et de limitations, et cependant ces mots n'en expriment pas le vrai caractère; ce sont des manières de parler comparatives, presque toujours poétiques, pour peindre, autant que possible, une autre pensée très-mystérieuse qui serait mieux rendue par le terme de *modification*. Il en est de même du panthéisme de Spinosa et du panthéisme allemand ; dans l'un, la substance unique, Dieu, a deux attributs substantiels qui subissent des *modifications*, l'attribut matière et l'attribut esprit; dans l'autre il n'y a que l'idée sans attributs fixes, se soutenant elle-même éternellement et se *modifiant* par toutes les métamorphoses fantastiques et imaginaires possibles, lesquelles sont inépuisables dans leurs combinaisons. Ce qui distingue surtout ces deux derniers systèmes, c'est que le premier admet la réalité substantielle de la matière étendue comme attribut fixe de la substance, et que l'autre la nie, pour ne voir que l'idée se modifiant directement. Le panthéisme indien ne diffère pas de ce dernier quant à la matière; il est, comme lui, exclusivement spiritualiste; et, si tant est qu'il existe réellement dans l'Inde à l'état extrême, il devient en tout semblable, pour le fond, au panthéisme allemand. Si tous ces panthéismes parlent de générations, de limitations, etc., ce ne sont que des générations et des limitations métaphoriques, et, dans tous les cas, ne portant point sur le fond substantiel, mais seulement sur ses modifications entre elles, qui sont ou réelles comme le veut Spinosa, ou fantastiques comme le veulent les Allemands et les Indiens; l'une engendre l'autre; l'une se limite ou s'étend dans une autre; l'une anime l'autre; l'une émane de l'autre; mais, par-dessous tous ces jeux, la substance éternelle n'engendre pas, n'anime pas, ne se limite pas; elle se *modifie* en des manières d'être qu'elle contient et soutient.

En second lieu, cette classification ne touche pas à l'essence du panthéisme, et elle peut faire accuser d'être panthéistes des hommes qui ne le seraient ni de fait ni d'intention. Elle tombe sur les conceptions de l'esprit humain pour s'expliquer, autant que possible, le mystère inexplicable de la création, et de la permanence des créatures dans leur être. Dites que la création et cette permanence se réalisent par une sorte de génération, ou de limitation, ou d'émanation, ou d'animation : vous direz ou vous ne direz pas une absurdité, vous poserez ou vous ne poserez pas, selon l'idée que vous attacherez à vos formules, des principes d'où la logique rigoureuse déduirait l'erreur panthéistique; mais si vous avez soin de m'affirmer et de bien m'expliquer antérieurement, simultanément et postérieurement à votre systématique sur la création et la conservation, que vous admettez ces deux points dans leur vrai sens, c'est-à-dire une création et une conservation telles qu'auparavant, l'être créé, soit l'homme, n'existait en aucune sorte comme personnalité distincte, comme moi s'appartenant et se séparant réellement de tout le reste, comme sujet particulier pouvant dire *je*, qu'après il a existé de cette façon, qu'il continue d'exister ainsi, et qu'il continuera toujours d'exister de la même manière, étant immortel et l'étant de cette sorte, je ne vous accuserai pas d'être panthéiste et je serais souverainement injuste si j'élevais contre vous cette accusation. Vous avez exclu le panthéisme par votre profession de foi, et quelles que soient, en d'ehors de cette profession, vos hypothèses explicatives du mystère, vous n'y sauriez rentrer qu'en niant, par une contradiction flagrante et directe, ce que vous avez explicitement affirmé.

Si l'on devait se conduire autrement, il faudrait donc accuser de panthéisme les plus célèbres Pères de l'Eglise, qui parlaient d'étincelle divine et d'émanation quand ils traitaient la question de la création des âmes. Il faudrait aussi partager l'injustice de ceux qui élèvent la même accusation contre Lamennais, parce qu'il a cherché à concevoir les mystères de la création et de la conservation des êtres contingents par une sorte de limitation ou d'information dans un corps, bien qu'il affirme à satiété la distinction immortelle de la personnalité humaine, vérité dont la négation constitue, à elle seule, l'essence complète de l'erreur panthéistique.

Nous avons suffisamment démontré l'insuffisance ou le danger des classifications historiques ou dogmatiques qu'on a voulu faire. Quelle sera la nôtre?

Pour éviter les mêmes défauts, nous la ferons beaucoup plus générale, et nous la baserons sur le fait même constitutif et distinctif du panthéisme pris dans le sens propre du mot qui l'exprime.

Toute erreur dont le symbole consiste dans l'affirmation, au sens absolu, que *tout est Dieu*, ou *que Dieu est tout*, est pour nous le panthéisme; et sur cette donnée nous en distinguons deux:

Le panthéisme par *multiplication* ou par excès de distinction.

Le panthéisme par *unification*, ou par excès de confusion.

Et entre ces deux panthéismes extrêmes, qui engendrent, comme nous le dirons, les mêmes résultats, quant au culte, dans l'esprit des peuples, se place un panthéisme harmonique qui n'en est pas un, qui est simplement la vérité théocosmique aussi bien dans l'ordre surnaturel que dans l'ordre naturel, mais qui peut être ainsi nommé en philosophie, et qui, en religion, s'appelle la doctrine catholique sur la création et la rédemption, sur la conservation et la sanctification. Il conserve l'unité dans la distinction multiple, et la distinction multiple dans l'unité.

Cet exposé forme un cadre que nous allons remplir le plus brièvement et le plus complétement possible.

I. — Panthéisme par multiplication.

L'athéisme n'exista jamais dans aucune pensée; c'est un fantôme vain qui n'a pas plus de réalité que le néant, mais dont le nom était nécessaire, comme le sont tous les mots négatifs, en vertu des affirmatifs auxquels ils correspondent. *Théisme* devait engendrer *athéisme*, comme *oui* devait engendrer *non*. Mais l'athéisme, en soi, est impossible. Il n'y aurait qu'un moyen de l'exprimer; ce serait de dire : *Il n'y a rien*; car dire : *Il y a quelque chose*, c'est dire : *Dieu est*; et dire : *Je doute s'il y a quelque chose* n'est pas affirmer l'athéisme; c'est cependant le mettre en question; mais les deux propositions : *Je doute s'il y a quelque chose, j'affirme qu'il n'y a rien*, impliquant l'une et l'autre l'affirmation du sujet qui les profère, ne sont que des affirmations de l'être, et par conséquent de Dieu. L'athéisme n'existe que dans celui qui ne dit rien, c'est-à-dire qui ne pense rien. La moindre pensée est une proclamation de l'existence de Dieu plus irréfutable et plus éloquente que celle des astres.

Ainsi raisonnèrent Platon et Augustin.

On a donc mal nommé les systèmes vulgairement dits athéistes, puisque l'athéisme ne saurait être que la négation de tout système par l'absence de toute pensée. Mais comment devait-on les qualifier? Pour répondre, il faut les bien comprendre.

Toutes les théories de cette classe se réduisent à trois : celle des atomes, celle du développement rectiligne à période unique, et celle du développement circulaire à périodes successives revenant éternellement.

Or celle des atomes imagine un nombre indéterminé de monades éternelles, éternellement douées de mouvement, se hiérarchisant aveuglément selon toutes les combinaisons possibles, et venant un jour, dans la série infinie des siècles, se combiner de manière à former notre monde, lequel courra ensuite toutes les chances qu'on ne saurait prévoir.

Mais qu'a-t-elle fait dans son beau rêve? A-t-elle nié Dieu? Loin de là : elle l'a multiplié en raison directe du nombre des atomes; elle a imaginé autant de dieux qu'elle a imaginé de monades éternelles; car chacune a l'absolu de l'être, puisqu'elle est par soi, en soi, de soi, indépendamment d'un autre, et possède tout ce qui est impliqué par cet absolu, tout ce qui en constitue l'essence, tout ce qui appartient à l'idée de Dieu. Venons au monde visible dont nous faisons partie. Ce monde n'est qu'une immense combinaison de ces atomes; donc chacun des éléments qui le composent est Dieu; donc *tout est Dieu*. C'est une multiplicité de dieux que je puis adorer collectivement ou en particulier. Je puis donc adorer le tout, adorer chacune des parties, m'adorer moi-même; et me voilà arrivé sans effort au polythéisme, qui n'est que le panthéisme par multiplication.

La théorie du développement éternel à période unique ne diffère de la précédente qu'en ce qu'elle se tait sur la nature des éléments premiers de l'univers. Taisonsnous, avec elle, sur ces éléments. Elle reconnaît que les parties se composent et se décomposent pour servir à en recomposer de nouvelles, parce que rien ne sort de rien ni ne rentre dans le rien, sans quoi la contradiction serait trop choquante. Donc ce qui reste éternellement sous l'organisme variable *est* encore, et, par cela seul qu'il est, est absolu, est Dieu; tout est Dieu de la même manière que dans l'atomisme.

Même raisonnement dans le système du

développement éternel à périodes circulaires, et à plus forte raison, puisque non-seulement l'élément subsiste en soi et par soi, mais que chaque organisme est assuré de voir éternellement recommencer son règne. Encore autant de dieux que d'êtres; encore le polythéisme, c'est-à-dire le panthéisme par multiplication de l'absolu.

Faites entrer dans l'esprit des peuples des théories de ce genre, ils ne seront point athées, ils auront encore trop de logique pour le devenir à de pareils discours; ils en déduiront tous les fétichismes que pourra créer leur fantaisie, et, par-dessus, le fatalisme, qui est la plus universelle de leurs passions.

Conclurons-nous de cette remarque que ce sont les philosophies multiplicatrices de la divinité qui ont amené le polythéisme traditionnel ? Il y a grand nombre d'esprits à qui une pareille déduction ferait plaisir; mais ces esprits connaissent peu la nature humaine et l'histoire. Tout, en ce monde, commence par la pratique ; les théories ne viennent que longtemps après ; la multiplication de la divinité s'était faite, peu à peu, dans les traditions avant de passer dans les systèmes ; et, quand ceux-ci parurent, les vrais philosophes pouvaient dire, depuis de longs siècles, avec la grande mélancolie de Bossuet : « Tout est Dieu, excepté Dieu lui-même ! »

Le panthéisme polythéiste fut une erreur traditionnelle bien longtemps avant d'aller s'abriter sous le manteau de la sagesse.

II. — Panthéisme par unification.

Que l'esprit humain, saisissant l'absurdité du panthéisme précédent en ce qu'il imagine autant d'êtres éternels et absolus qu'il y a d'essences élémentaires dans le monde, contradiction très-évidente avec les déductions les plus simples de la logique, lesquelles conduisent à l'unité nécessaire de l'être éternel et absolu (*Voy.* ONTOLOGIE), se jette, saisi d'un accès de répulsion, dans l'extrême opposé ; qu'au lieu de multiplier l'être, il l'unifie; qu'illuminé tout à la fois de ces deux évidences : *il y a quelque chose d'éternel et d'absolu*,—*ce quelque chose est nécessairement un*, il s'emporte, dans son rêve extatique jusqu'à dire : *cet* UN *est tout ; il n'existe pas autre chose ; rien ne s'en distingue ;* L'AUTRE *n'est pas et ne peut pas être ;* il tombera dans le panthéisme par unification, qui, dans la langue philosophique vulgaire, garde pour lui seul le nom de panthéisme.

Dans ce système, plus de distinction de personnalités ; ma conscience me trompe en disant *moi* ; je ne suis qu'une des illusions nécessaires de l'absolu, de l'idée éternelle, de Dieu ; cette illusion se métamorphose durant l'éternité, elle se joue dans toutes les formes ; elle est la modification pure et simple de la substance absolue ; elle est sa lumière qui scintille, son mirage flottant, sa palpitation éthérée ; elle est tout, excepté une réalité personnelle à demeure. Quand ma pensée dit : je vis et je vivrai à jamais, elle ment et ne ment pas : elle ne ment pas parce que l'absolu vit éternellement; elle ment, parce qu'elle s'en distingue, et prétend s'en distinguer toujours en disant toujours, *moi*. Et ce mensonge est encore un des miroitements de la grande illusion de l'absolu.

Si, dans le panthéisme polythéiste, la créature est déifiée, dans le panthéisme monothéiste, la créature est annihilée.

C'est ainsi que se montrent, au point de vue philosophique, le panthéisme allemand et le panthéisme indien, qu'on peut confondre sous le nom de panthéisme idéaliste. Celui de Spinosa est la synthèse adroite de ce panthéisme et du précédent, qu'on peut aussi nommer panthéisme matérialiste. Par le déploiement d'une sorte d'algèbre fantastique, il trouve le moyen d'associer la matière et l'esprit dans la non-distinction substantielle, et d'unir la multiplication extrême de l'absolu avec l'unification extrême de l'absolu, tour de force le plus merveilleux de la puissance du génie égaré.

L'hégélisme est connu, le spinosisme encore mieux ; on connaît moins le système du Vedanta, qui parait être le livre le plus franchement panthéiste des Hindous. Un de ses plus ardents propagateurs, le célèbre Sankara-Atcharya en fit un résumé, vers le xe siècle de notre ère, qu'a traduit M. Pauthier ; citons-en les passages les plus tranchés :

» L'âme étant associée avec les principes impurs dit avec ignorance : *je suis*, et elle est ainsi séduite.....

« Ayant éloigné, par cette déclaration : *il n'est pas*, tous les accidents qui constituent le monde, l'âme et l'esprit universels sont, par le moyen des mots célébrés, *tu es lui, cet esprit de moi est Brahma, je suis lui*, discernés comme étant *un*........

« La conception perpétuelle que je suis Brahma lui-même, éloigne la confusion naissant de l'ignorance ; de la même manière que la maladie est éloignée par la médecine...

« Celui qui comprend l'invisible essence, ayant rejeté l'idée de formes et de distinctions, existe dans l'être universel, vivant et heureux.

« Absorbé dans ce grand esprit, il n'observe pas la distinction de *percevant, perception* et *objets perçus*; il contemple une existence infinie, heureuse, qui est rendue manifeste par sa propre nature.....

« Quand la connaissance naît de la perception du premier principe, elle chasse cette ignorance qui dit: *je suis, cela est à moi*, comme l'incertitude concernant le chemin que l'on veut parcourir est levée par l'apparition du soleil......

« Le Yogui, dont l'intellect est parfait, contemple toutes choses comme demeurant en lui-même, et ainsi, par l'œil de la connaissance, il perçoit que toute chose est esprit.

« Il connaît que toutes ces formes corporelles sont des choses tout esprit, et que hors de l'esprit il n'existe rien....... et ainsi il perçoit que lui-même est toutes choses.

« L'âme émancipée est cette personne illuminée qui se dépouille de ses premiers accidents et de ses premières qualités, et qui devient identifiée avec l'être véritable, vivant, heureux, de la même manière que la chrysalide devient une abeille.....

« Le Mouni (*le saint*), pendant sa résidence dans le corps, n'est pas affecté par ses propriétés, comme le firmament n'est pas affecté par ce qui flotte dans son sein; connaissant toutes choses il demeure non *concerné* (non emprisonné), et se meut libre comme le vent.

« Quand les accidents sont détruits, le Mouni et tous les êtres entrent dans l'essence qui pénètre tout; comme l'eau se mêle à l'eau, l'éther à l'éther, le feu au feu, etc.

« Il est Brahma, après la possession duquel il n'y a rien à posséder; après la jouissance de la félicité duquel il n'y a point de félicité qui puisse être désirée, et après l'obtention de la connaissance duquel il n'y a point de connaissance qui puisse être obtenue.....

« Il est Brahma qui est répandu partout, dans tout; dans l'espace moyen, dans ce qui est au-dessus et dans ce qui est au-dessous; le vrai, le vivant, l'heureux, sans dualité, indivisible, éternel et un.

« En outre, il est Brahma décrit dans le Vedanta comme l'être qui est distinct de ce qu'il pénètre, qui est incorruptible, incessamment heureux et un.

« Soutenus par une portion de bonheur de l'être éternellement heureux, Brahmâ (virtualité créatrice de Brahma) et les autres dieux secondaires peuvent être, par induction, appelés *êtres heureux*.

« Toutes choses sont unies en lui, tous les actes dépendent de lui; c'est pourquoi Brahma est répandu en tout comme le beurre est dispersé dans le lait.....

« Il pénètre lui-même sa propre essence éternelle, et il contemple le monde entier apparaissant comme étant Brahma; de même que le feu pénètre un boulet de fer enflammé et se montre aussi lui-même extérieurement.

« Brahma ne ressemble point au monde, et hors Brahma il n'y a rien; tout ce qui semble exister en dehors de lui est une illusion, comme l'apparence de l'eau (le mirage) dans le désert de Marou.

« De tout ce qui est vu, de tout ce qui est entendu, rien n'existe que Brahma, et, par la connaissance du principe, Brahma est contemplé comme l'être véritable, vivant, heureux, sans dualité.

« L'œil de la connaissance contemple l'être véritable, vivant, heureux, pénétrant tout; mais l'œil de l'ignorance ne le découvre point, ne l'aperçoit point, comme un homme aveugle ne voit point la lumière.....

« Quand le soleil de la connaissance spirituelle se lève dans le ciel du cœur, il chasse les ténèbres, il pénètre tout, embrasse tout, illumine tout.

« Celui qui a fait le pèlerinage de son propre esprit, un pèlerinage dans lequel il n'y a rien concernant la situation, la place ou le temps, qui est partout, dans lequel ni le chaud, ni le froid ne sont éprouvés, qui accorde une félicité perpétuelle et une délivrance de toute peine, celui-là est sans action, il connaît toutes choses et il obtient l'éternelle béatitude. » (*Atma-Bodha* ou *la connaissance de l'esprit* par Sankara-Atcharya, traduit par M. Pauthier. *Appendice à l'essai* de Colebrooke *sur la philosophie des Hindous.*)

Nous avons cité les passages panthéistiques les plus forts et quelques autres qui paraissent les atténuer, afin que le lecteur en juge par lui-même.

Est-il vrai que la doctrine du Védanta soit aussi panthéistique que le donne à penser ce résumé? Nous en doutons, et, d'après un autre abrégé que nous citerons plus loin, il n'en serait point ainsi. Quant aux Védas, nous n'avons trouvé dans ce que nous en avons vu que des tendances et de poétiques hyperboles. Reprenons notre fil.

Quelle forme prendra le panthéisme monothéiste dans l'esprit des peuples? La même que l'autre. Si tout ce qui paraît, à l'intérieur de moi-même comme à l'extérieur, n'est qu'une manifestation phénoménale, une forme de la Divinité, je puis, je dois tout adorer, m'adorer moi-même et adorer tout le reste. Dans le panthéisme divisionnaire, ce sont des dieux qui s'entr'adorent; dans le panthéisme unionnaire c'est Dieu qui s'adore lui-même, Dieu sous une forme qui s'adore sous une autre forme. Mais la différence devient nulle en pratique; c'est, dans les deux cas, le polythéisme et tous les fétichismes.

Aussi voyons-nous que les cultes polythéistes ou fétichistes se sont multipliés à l'infini chez les peuples de l'Asie orientale avec l'idée de la non-distinction panthéistique, aussi bien que chez les peuples de l'Asie occidentale, de l'Afrique et de l'Europe avec l'idée de la distinction panthéistique. L'histoire nous montre partout la *pantolâtrie*.

Mais ici, même observation que dans le cas précédent. Ce n'est point sur les théories panthéistes de quelques philosophes de l'Inde qu'il faut rejeter la responsabilité du fétichisme indien, et il y aurait la même folie à penser que le panthéisme allemand ramènera, quelque jour, le polythéisme en Europe, malgré les excentricités de ce professeur de second rang qui, dans son fanatisme hégélien, s'adorait lui-même. L'humanité suit, dans son développement moral, la série inverse de celle des déductions rationnelles. Le panthéisme indien philosophique a germé dans le champ ténébreux du fétichisme; croyant lui présenter des remèdes, il ne lui fournit que des breuvages enivrants, n'étant lui-même qu'une de ses fructifications. L'histoire l'atteste aussi bien que pour l'autre; et la science morale de l'homme suffirait seule pour l'établir.

C'est donc le polythéisme traditionnel qui est le véritable père des deux panthéismes, et, par conséquent, de toutes les philosophies mauvaises, car on juge facilement, à notre courte analyse, que toutes les hérésies du genre humain viennent s'engloutir dans ces deux grandes erreurs.

Cela explique comment Moïse et les autres précurseurs de Jésus-Christ, ayant pu lutter contre la passion du peuple hébreu pour l'idolâtrie universelle, et ayant sans cesse réussi à le ramener au monothéisme, on ne vit jamais naître, au sein de ce peuple, ni l'un ni l'autre des deux panthéismes raisonnés que nous venons d'exposer dans leur idée la plus fondamentale et la plus simple.

III. — Panthéisme harmonique.

On sait déjà dans quel sens et dans quel but nous nous servons de ce mot. On le saura encore mieux par les explications qui vont suivre; car elles feront comprendre, nous l'espérons, comment l'erreur est toujours une vérité transfigurée par exagération, et comment il suffit à la raison naturelle de trouver la position moyenne entre les extrêmes pour tomber en accord parfait avec la révélation pure.

Nous venons, sur la question présente, de fixer les extrêmes, tâchons de fixer, d'une manière aussi claire, la position moyenne.

Sans tomber dans les abîmes, on peut y tendre, on peut aller même jusque sur l'arête du torrent, et c'est un défaut d'autant plus dangereux qu'on s'en approche de plus près, quoique ce ne soit pas la consommation du mal. Précisons d'abord ces tendances vers la droite ou vers la gauche, et nous finirons ainsi par trouver le milieu.

Elles peuvent se manifester dans l'ordre naturel ou philosophique, et dans l'ordre surnaturel ou théologique, étudiés l'un et l'autre par la raison.

I. —*Tendances panthéistiques dans l'ordre naturel.*

Elles peuvent se rapporter à deux points de vue principaux de la personnalité créée, à celui de l'être subsistant et à celui de son activité. Puisque nous nous plaçons en dehors des deux abîmes, cet être subsistant et cette activité sont reconnus dans le *moi* contingent; mais on peut les expliquer de manière à incliner vers l'un ou vers l'autre de ces deux abîmes.

Pour être court et clair, nous concentrerons tous les degrés de tendance dans un seul pour chacune des deux directions.

La tendance au panthéisme par multiplication consiste à trop séparer de Dieu la personnalité créée quant à la subsistance et quant à l'activité productrice, à lui donner trop d'être et de vertu en elle-même, à oublier Dieu en parlant d'elle, en la définissant.

Supposez que je définisse ma subsistance une subsistance créée, mais qui, une fois créée, subsiste par elle-même, n'a plus besoin de support, de sujet qui la soutienne dans l'être, d'appui autre que sa propre énergie, que fais-je, sinon usurper l'absolu sous un rapport, sinon rompre une des relations à la substance complète qui font que je suis un être contingent, et, partant, me faire Dieu, sans le vouloir, mais par déduction? J'aurai beau dire que je garde la contingence quant au temps, puisque j'affirme avoir commencé dans l'éternel; que je la garde quant à l'espace, puisque j'affirme être contenu et limité dans l'infini; que je la garde quant à la causalité, puisque j'affirme avoir été produit par la cause première : il n'en est pas moins vrai que je prétends m'en passer quant à la subsistance dans l'être, quant à la substantialité, et que, m'en dépouillant de ce côté-là, je ne puis la garder sous les autres rapports que par inconséquence. Je suis donc sur la voie logique de ma déification.

Il en est de même de l'activité. Si je me considère comme une force ayant assez de vertu pour produire par elle-même, pour être son propre moteur, le moteur radical de ses pensées, de ses volitions, de ses actes, de tous ses mouvements, pour être son principe vital de liberté et d'action, j'aurai beau me dire un être relatif et contingent quant à la puissance, à la bonté, à l'intelligence, à tous les attributs affirmatifs, je n'en aurai pas moins posé un principe d'où ma logique, si j'en avais, me conduirait à la déification de moi-même; car l'absolu est indivisible; il emporte sa plénitude avec lui dans l'être où il réside, non pas quant aux modifications de l'essence qui peuvent être complètes sous certains rapports détachés (*voyez* LOGIQUE), mais quant aux propriétés de l'essence. — *Voy.* ONTOLOGIE.

Cette tendance s'est manifestée dans un assez grand nombre de philosophies anciennes et modernes. Celle d'Aristote la favorisait. Le pélagianisme, dont nous allons parler à un autre point de vue, en fut une éclosion plus prononcée quant à l'activité humaine. Durant le moyen âge, elle montra souvent le bout de l'oreille dans les disputes de l'école. En dehors du christianisme on la sentait partout, excepté chez les platoniciens, les pythagoriciens et les stoïciens; et, dans les temps modernes, elle reparaît dans la définition de la substance de l'école cartésienne, définition héritée du moyen âge, et qui servit de souche à toute l'argumentation de Spinosa.

Cette école divise les êtres en substances et en modes, pour subdiviser ensuite les substances en substance absolue et subtances relatives. Première inexactitude, consistant à mettre en subdivision ce qui devait être mis dans la division première, laquelle devait avoir trois membres : l'être *soutenant*, ou substance absolue; l'être *soutenu-soutenant*, ou substance relative; et l'être seulement *soutenu*, ou mode.— *Voy.* ONTOLOGIE. — Quant aux soutenus, il faudrait ensuite les distinguer en énergies ou essentialités subsistantes *ad intra* et en absolues, ou hypostases (*voy.* TRINITÉ): en énergies ou essentialités subsistantes *ad intra*, mais relatives, ou facultés (*voy.* TRINITÉ, — TRINITÉ HUMAINE); et en modifications *ad extra* absolues ou relatives, actives ou passives.

Après la division, peu prudente, en substances et en modes, la même école, au moins encore en majorité, définit la substance, sans avoir encore distingué celle de Dieu de celle de la créature, *l'être qui existe en soi ;* quelques-uns même disent *par soi, indépendamment de tout sujet d'inhésion.* Or cette définition assimile trop la substance relative à la substance absolue ; elle ne convient rigoureusement qu'à celle-ci ; et quand on vient ensuite, pour rentrer dans la vérité, faire l'importante distinction de la substance absolue et de la substance relative, on corrige sa faute par une espèce de contradiction, mais il est trop tard ; on a prêté le flanc à Spinosa et ouvert la voie à la déification de l'être contingent.

Il s'en est suivi quelques inexactitudes un peu pélagiennes, qui ont été relevées par les ennemis de cette école.

Cependant rendons justice au maître : Descartes, ce logicien le plus vigoureux qui soit sorti, parmi nous, des mains de Dieu, a senti l'inconvénient, quand personne n'y pensait encore, de la définition de la substance, et il a eu la précaution d'en écarter la responsabilité par une explication que nous transcrirons plus loin.

La tendance au panthéisme par identification consiste à trop amoindrir la personnalité créée au profit du Créateur, qui cependant n'a pas besoin de cet amoindrissement pour être ce qu'il est ; à la trop annihiler devant lui quant à son caractère substantiel, et quant à ses vertus actives. On trouve aussi, dans les philosophies où cette tendance se manifeste, des expressions exaltées et métaphoriques, des efforts explicatifs du mystère de la création, de la conservation et de l'animation, des exagérations de peintre, des comparaisons de poète, que l'on doit avoir la charité de ne pas trop presser, mais qui servent cependant à montrer la tendance, plus ou moins avancée, vers l'abîme.

Les stoïciens nous paraissent avoir donné dans cette voie. Si nous ne regardons pas comme une profession de foi de panthéisme, le vers que Lucain met dans la bouche de Caton :

Jupiter est quodcunque vides, quocunque moveris.
(*Pharsalia*, lib. IX, 581.)

puisqu'il vient de lui faire dire :

Estne Dei sedes, nisi terra, et pontus et aer,
Et cœlum et virtus? Superos quid quærimus ultra?
(*Ibid.*, lib. IX, 579-580)

si nous n'aimons à y voir qu'une manière forte de peindre l'omniprésence de ce qu'adorait Caton, sous le nom d'âme du monde, analogue à celle dont se sert le pieux catholique quand il adore Dieu dans une fleur ; si nous pouvons lire dans le même sens deux ou trois beaux passages de Sénèque, dont l'un, sur les divers noms qu'on peut donner à l'âme du monde, qui n'est autre, pour lui, que le Dieu véritable, contient ces mots : *Ipse enim est totum quod vides, totus suis partibus inditus, et se sustinens vi sua* (*Quæst. nat.* II, 45) ; et l'autre ceux-ci : *Totum hoc, quo continemur, et unum est,* *et Deus ; et socii ejus sumus et membra* (epist. 92) ; paroles qui rappellent celles de saint Paul, disant que nous sommes non-seulement les frères, mais les membres du Christ, *membra de membro* (*I Cor.* XII, 27) :— *Tollens ergo membra Christi* (*I Cor.* VI, 15) ; nous y voyons cependant la tendance panthéistique, parce que, toutes corrigées que soient ces expressions par des passages sublimes qui représentent Dieu comme un être intelligent et libre, auquel on doit le culte de la prière, et l'âme comme immortelle dans le sens ordinaire, on ne peut étudier les livres des stoïciens sans qu'il reste de forts soupçons, pour ne pas dire plus, qu'elle existait dans leur esprit.

Voici, par exemple, une page de Varron qui peut, sans doute, être expliquée, mais qui confirme ces soupçons.

« L'âme universelle de la nature a trois degrés : dans le premier, elle pénètre toutes les parties du corps vivant, elle ne donne pas la sensibilité, mais seulement le principe de vie ; ainsi, les plantes se nourrissent et s'accroissent ; quoique privées de sentiment, elles développent leur vie propre. Au second degré, l'âme universelle devient sensitive, et elle communique la sensibilité à la vue, à l'odorat, à l'ouïe, au goût et au toucher. Au troisième degré, l'âme universelle est intelligente, noble privilége que l'homme seul possède. »

Cette explication présente une singulière analogie avec celle-ci de M. Proudhon : « Dieu est la force universelle pénétrée d'intelligence, qui produit, par une information infinie d'elle-même, les êtres de tous les règnes, depuis le fluide impondérable jusqu'à l'homme, et qui, dans l'homme seul, parvient à se connaître et à dire *moi*. »

Nous devons ajouter, quant aux stoïciens, qu'il serait difficile de déterminer si leur tendance se rapportait plutôt au panthéisme par identification qu'au panthéisme par multiplication.

C'est dans l'Inde et dans la Chine que la tendance dont nous parlons se trouve à tous les degrés, ainsi que dans l'Allemagne moderne, quand elle ne va pas jusqu'au panthéisme complet. Arrêtons-nous un peu sur ce qui concerne l'extrême Orient.

Nous avons déjà parlé du *Védanta* et dit un mot des Védas. On s'accorde en général à reconnaître que la dogmatique de ces derniers est moins panthéistique que celle du Védanta ; qu'elle admet Dieu comme principe créateur et créant, et la créature comme quelque chose de vivant et de réel ; et il y est d'ailleurs grandement question de moralité humaine, de vice et de vertu, et d'immortalité heureuse ou malheureuse. Nous ne devons donc les classer que dans les tendances panthéistiques. Nous en jugeons de même de Manou pour les mêmes raisons, malgré qu'il dise au commencement de sa cosmogonie que Dieu « le grand pouvoir, l'existant par lui-même, *lui*, que l'esprit seul peut concevoir, *lui*, l'esprit suprême, ayant résolu de *faire sortir de sa pro-*

pre substance corporelle les créatures diverses, produisit d'abord les eaux. » Nous disons de même encore de Bouddha dont le mysticisme très-contemplatif et très-exalté produit des exagérations dans le sens panthéiste, mais conserve au fond la personalité humaine heureuse ou malheureuse, vertueuse ou vicieuse, pendant la vie et après la mort, nous disons de même. En un mot, de presque tous les livres indiens les plus antiques; on y trouve la négation de la matière comme substance distincte des esprits, et la théologie morale de l'absorption en Dieu; mais le premier point n'a aucun rapport au panthéisme, comme nous allons le dire un peu plus loin, et le second n'est qu'une tendance consistant dans une idée de la sainteté exagérée jusqu'à une extase qui amène, dans l'être, l'oubli complet de soi.

Le savant brahmane Ram-Mohan-Raé, mort à Londres en 1833, avait composé, à Calcutta, en 1816, un abrégé du *Védanta* et des Védas dans le but de détourner ses coreligionnaires de leurs superstitions et de les ramener au vrai culte du Dieu unique de la religion hindoue; « J'espère prouver, disait-il, que les pratiques superstitieuses qui déforment cette religion n'ont rien de commun avec l'esprit pur de ses enseignements. » Dans cet exposé la tendance panthéistique demeure, mais le panthéisme n'y est pas réellement; le brahmane paraît même établir assez bien, par de nombreuses citations du *Védanta* et des *Védas*, destinées à concilier des passages qui semblent se contredire, que le *Védanta* lui-même ne professe pas, dans le fond, le panthéisme absolu; citons-en les principaux raisonnements.

« Vyasa, d'après le résultat de divers arguments coïncidant avec le *Véda*, trouve que la connaissance exacte et positive de l'Etre suprême n'est pas dans les limites de la compréhension humaine, c'est-à-dire que *quel et comment* est l'Etre suprême ne peuvent pas être définitivement affirmés. C'est pourquoi dans le second texte (dans le *Védanta*) il a expliqué l'Etre suprême par ses effets et ses œuvres, sans tenter de définir son essence..... *Celui par qui la naissance, la conservation et l'annihilation du monde sont réglées est l'Etre suprême.* — Nous voyons cet univers varié, étonnant, ainsi que la naissance, la conservation et l'annihilation de ses différentes parties; de là nous inférons naturellement l'existence d'un Etre qui règle et dirige le tout, et nous l'appelons le suprême; comme de la vue d'un vase, nous concluons l'existence d'un ouvrier habile qui l'a formé. Le *Véda*, de la même manière, déclare ainsi l'Etre suprême : *Celui de qui l'univers procède, qui est le souverain de l'univers, et dont l'œuvre est l'univers, est l'Etre suprême (Taittirya).*

« Le *Véda* n'est pas supposé un Etre éternel, quoiqu'il soit quelquefois honoré de cette épithète, parce que sa création par l'Etre suprême est ainsi déclarée dans le même *Véda : Tous les textes et toutes les parties du Véda furent créés*...

« Ce n'est pas la *nature* qui peut être désignée par les textes suivants du *Véda* comme la cause indépendante du monde, savoir : *L'homme ayant connu cette nature, qui est un Etre éternel, sans commencement et sans fin, est délivré de l'atteinte de la mort;* parce que le *Véda* affirme que : *Aucun être n'est égal ou supérieur à Dieu.* Et le *Véda* dit : *Connais Dieu seul;* et le *Védanta* s'exprime ainsi : *La nature n'est pas le Créateur du monde, et elle n'est pas représentée ainsi par le Véda*, car il dit expressément : *Dieu, de son regard, a créé l'univers.* La nature est un être insensible; c'est pourquoi elle est dénuée de vue ou intuition et conséquemment incapable de créer le monde régulier...

« L'âme ne peut être induite, des textes suivants, comme le souverain Seigneur de l'univers, savoir : *L'âme étant unie à l'Etre resplendissant, jouit de la félicité — Dieu et l'âme entrent dans le petit espace vide du cœur,* — parce que le *Véda* déclare que : LUI préside dans l'âme comme son régulateur, et que : *L'âme, étant unie à l'Etre gracieux, jouit de la félicité....*

« Par le texte qui commence avec la sentence suivante : *Celui-ci est le soleil,* et par plusieurs autres textes affirmant la dignité du soleil, ce dernier n'est pas supposé la cause primordiale de l'univers, parce que le *Véda* déclare que : LUI *qui réside dans le soleil* (comme son Seigneur) *est distinct du soleil;* et le *Védanta* fait la même déclaration ..

« Le troisième chapitre du *Védanta* explique ainsi la raison de ces assertions secondaires (24*) : *Par ces appellations du Véda qui dénotent l'esprit de l'Etre suprême, répandu également sur toutes les créatures, au moyen de son extension, son omniprésence est établie:* ainsi dit le *Véda : Tout ce qui existe est par conséquent Dieu;* c'est-à-dire : Rien n'a une véritable existence excepté Dieu, *et tout ce que nous sentons par l'odorat ou que nous touchons par le tact est l'Etre suprême;* c'est-à-dire : l'existence de toute chose quelconque qui nous apparaît repose sur l'existence de Dieu. Il est incontestablement évident qu'aucune de ces représentations métaphoriques, qui naissent du style élevé dans lequel tous les Védas sont écrits, ne fut destinée à être considérée que comme une pure allégorie. Si des individus pouvaient être reconnus comme des divinités séparées, il y aurait une nécessité de reconnaître plusieurs créateurs du monde indépendants, ce qui est contraire au sens commun et à l'autorité répétée du *Véda*...

« Quelques dieux célestes, en différents exemples, se sont déclarés eux-mêmes des divinités indépendantes et des objets de culte; mais, ces déclarations étant dues à leur pensées abstraites ou entièrement détachées d'eux-mêmes et leur être étant absorbé dans la réflexion divine, le *Védanta* déclare que :

(24*) Il s'agit de celles qui paraissent admettre autant de dieux que de choses.

cette exhortation d'Indra (Dieu de l'atmosphère) *concernant la divinité, doit être conforme aux autorités du Véda* : c'est-à-dire, chaque être, ayant perdu toute contemplation de soi-même, en conséquence de son union avec la divine réflexion, peut parler comme croyant qu'il est l'Être suprême ; ainsi que Ramadéva (brahmane célèbre) qui, en conséquence d'un tel oubli de sa personnalité, se déclara lui-même le créateur du soleil, et Manou le second être [après Brahma. C'est pourquoi il est libre à chacun des dieux célestes, aussi bien qu'à chaque individu, de se considérer lui-même comme Dieu dans cet état d'oubli de sa personnalité et d'unité avec la réflexion divine, comme le dit le *Véda* · *Vous êtes cet être véritable* (lorsque vous perdez toute contemplation de vous-même) ; et : *O Dieu ! je ne suis rien autre chose que vous*. Les commentateurs sacrés ont fait la même observation, savoir : *je ne suis rien autre chose que l'être véritable, et je suis une pure intelligence, pleine d'une félicité éternelle, et je suis, par ma nature, libre des effets mondains*. Mais, en conséquence de cette réflexion, chacun peut être reconnu comme la cause de l'univers, ou l'objet de l'adoration.

« Dieu est la cause efficiente de l'univers, comme un potier l'est de ses vases et autres ustensiles de terre ; et Dieu est aussi la cause matérielle de l'univers, comme la terre ou la glaise est la cause matérielle des différents vases et ustensiles de terre ; ou bien comme une corde, prise par inadvertance pour un serpent, est la cause matérielle de l'existence conçue du serpent, qui paraît véritable à propos de l'existence réelle de la corde. Ainsi s'exprime le *Védanta : Dieu est la cause efficiente de l'univers, ainsi que la cause matérielle* (de même qu'une araignée l'est de sa toile), comme le *Véda* l'a positivement déclaré : *que de la connaissance de Dieu seul procède la connaissance de toute chose existante* (25). Le *Véda* compare aussi la connaissance concernant l'Etre suprême à une connaissance de la terre, et la connaissance des différentes espèces d'êtres existantes dans l'univers, à la connaissance des vases et ustensiles de terre, lesquelles déclaration et comparaison prouvent l'unité de l'Etre suprême et de l'univers ; et par la déclaration suivante du *Véda*, savoir : *l'Etre suprême a créé l'univers par sa seule intention*, il est évident que Dieu est l'agent volontaire de tout ce qui peut avoir l'existence.

« Comme le *Véda* dit que l'Etre suprême eut la volonté (à l'époque de la création) de s'étendre lui-même, il est évident que l'Être suprême est l'origine de la matière et de ses diverses apparences ou formes ; comme la réfraction des rayons méridiens du soleil sur des plaines de sable est la cause de la ressemblance d'une mer étendue (du mirage). Le *Véda* dit que *toutes figures et leurs appellations sont de pures inventions, et que l'Etre suprême seul est l'existence réelle* ; par conséquent, les choses qui ont une figure et qui portent une appellation ne peuvent pas être supposées la cause de l'univers....

« Les passages suivants du *Véda* affirment que Dieu est le seul objet du culte, savoir : *Adore Dieu seul. Connais Dieu seul. Rejette tout autre discours*. Et le *Védanta* dit : *On trouve dans les Védas qu'il n'y a que l'Etre suprême qui doive être honoré d'un culte; nul autre, excepté lui, ne doit être adoré par un homme sage*.....

« Le *Véda* explique ensuite le mode dans lequel nous devons adorer l'Etre suprême, savoir : *Nous devons approcher de Dieu, nous devons lui prêter l'oreille, nous devons penser à lui, et nous devons faire nos efforts pour arriver à lui*...... Par l'expression *prêter l'oreille à Dieu* on entend prêter l'oreille à ses paroles qui établissent son unité ; et par celles-ci : *Nous devons penser à lui*, on entend penser au contenu de sa loi ; et par la dernière : *Nous devons nous efforcer d'arriver à lui*, on entend s'efforcer d'appliquer son intelligence à cet Etre véritable sur lequel repose l'existence incommensurable de l'univers, afin que, par le moyen de cet effort, nous puissions approcher de lui.....

« Le *Védanta* montre que le principe moral est une partie de l'adoration de Dieu, savoir : *Commander à ses passions et à ses sens externes, pratiquer des actes méritoires, sont déclarés par le Véda indispensables pour que l'intelligence approche de Dieu ; ils doivent être, par conséquent, l'objet de tous nos soins, avant et après une telle approche de l'Etre suprême*.....

« La dévotion à l'Etre suprême n'est pas limitée à un lieu saint ou à une contrée consacrée, comme le déclare le *Védanta* : *Dans quelque lieu que ce soit où l'esprit se trouve en paix, les hommes peuvent adorer Dieu. L'homme* (dit le *Veda*) *peut adorer Dieu partout où son esprit éprouve du calme et de la tranquillité*.....

« Le *Véda* assure aussi positivement que *celui qui, pendant sa vie, a été dévoué à l'Etre suprême sera* (après sa mort) *absorbé en lui, et ne sera plus, désormais, sujet à la naissance ni à la mort* (26), *ni à la réduction, ni à l'augmentation* (de son être)...... »

(Traduction d'un abrégé du *Védanta* ou solution de tous les *Védas*, par Ram-Mohan Raé. Calcutta 1816, et Londres 1832.)

On peut regarder le passage suivant du grand philosophe chinois Lao-Tseu comme renfermant la même tendance panthéistique, quoiqu'elle y soit un peu moins prononcée :

« Il faut s'efforcer de parvenir au dernier

---

(25) Ce passage peut certainement s'entendre, relativement à l'univers matériel, dans le sens du système de Berkeley, et, relativement à l'esprit créé, dans le sens du système de Malebranche. Il n'y a aucun doute sur l'idéalisme indien quant à l'essence des corps, et cet idéalisme expliqué dans leur style à figures, sans assez de précision pour distinguer le corps de l'esprit, peut souvent paraître un vrai panthéisme sans l'être en réalité.

(26) Ceci paraît supposer la métempsycose comme moyen de punition de ceux qui n'ont pas bien vécu ; et telle est, en effet, la doctrine des *Védas*.

degré de l'incorporéité, pour pouvoir conserver la plus grande immuabilité possible.

« Tous les êtres apparaissent dans la vie et accomplissent leurs destinées; nous contemplons leurs renouvellements successifs. Ces êtres matériels se montrent sans cesse avec de nouvelles formes extérieures; chacun d'eux retourne à son origine (à son principe primordial).

« Retourner à son origine signifie devenir en repos; devenir en repos signifie rendre son mandat; rendre son mandat signifie devenir éternel; savoir que l'on devient éternel (immortel) signifie être éclairé. Ne pas savoir que l'on devient immortel c'est être livré à l'erreur et à toutes sortes de calamités.

« Si l'on sait que l'on devient immortel (dans le sein du Tao) on contient, on embrasse tous les êtres dans une commune affection, on est juste, équitable pour tous les êtres; étant juste, équitable pour tous les êtres, on possède les attributs de souverain; possédant les attributs de souverain, on tient de la nature divine; tenant de la nature divine, on parvient à être identifié avec le Tao ou la raison universelle suprême; étant identifié avec la raison suprême, on subsiste éternellement; le corps même étant mis à mort, on n'a à craindre aucun anéantissement (aucune transmigration). » (*Traduction* de Pauthier.)

Les Tao-ssé, espèces de mystiques chinois sectateurs de Lao-Tseu, qui ont pitoyablement modifié et embrouillé la doctrine de leur maître, regardent toutes les formes matérielles comme des émanations de la raison suprême, et, ne distinguant pas assez clairement ces formes qui semblent, dans leur système, n'avoir rien de substantiel en soi, d'avec les personnalités spirituelles, disent beaucoup de choses qui paraissent panthéistiques.

Il faut discerner, dans toutes les philosophies et poésies orientales inclinant au panthéisme, ce qui se rapporte à l'origine de l'être créé, et ce qui se rapporte à sa fin; sous le premier rapport, le défaut consiste dans l'absence de définitions précises de la substance créée et soutenue, dans un vague obscur à ce sujet. Sous le second rapport, le défaut consiste dans des émissions d'idées trop vagues encore et trop exaltées sur la vérité que nous exprimons par *vision intuitive*. Ce second défaut, par une sorte de contradiction, touche, en même temps, au panthéisme par multiplication, en attribuant à l'activité créée trop de puissance sur soi pour se dépouiller de soi, et au panthéisme par identification, en représentant le dernier degré de la béatification comme une absorption telle dans les splendeurs de Dieu, que l'être ne se sent plus et devient ainsi, par une métaphore dangereuse, Dieu lui-même.

Si l'on n'avait pas toutes les œuvres de Fénelon qui s'expliquent les unes par les autres, il serait aussi naturel de le qualifier de panthéiste que les philosophes indiens que nous avons cités : témoin le beau morceau que voici :

« Quand je parle pour vous, » s'écrie-t-il, « en s'adressant à Dieu, je trouve toutes mes expressions basses et impures; je reviens à l'être, je m'envole jusqu'à celui qui est; je ne suis plus en moi, ni moi-même; je deviens celui qui voit, celui qui est; je le vois, je me perds; je m'entends, mais je ne saurais me faire entendre; ce que je vois éteint ma curiosité; sans raisonner, je vois la vérité universelle; je vois, et c'est ma vie; je vois ce qui est et ne veux plus voir ce qui n'est pas. Quand sera-ce que je verrai ce qui est, pour n'avoir plus d'autre vie que cette vue fixe? Quand serai-je, par ce regard simple et permanent, *une même chose avec lui?* Quand est-ce que tout moi-même sera réduit à cette seule parole immuable : il est, il est, il est?... » (*Existence de Dieu*, c. 5, art. 4.)

Disons quelques mots des tendances dans l'ordre surnaturel. Elles vont nous servir à préciser mieux encore les deux écarts dans leurs plus faibles nuances

II. — *Tendances panthéistiques dans l'ordre surnaturelle.*

La théologie chrétienne nous fournit, dans ses hérésies et ses écoles, des tendances plus ou moins prononcées vers les deux panthéismes, et principalement sous le rapport de l'activité qui touche davantage aux importantes questions de la morale pratique. Nous les grouperons toutes sous deux noms philosophiques, puisqu'en ce moment nous les étudions rationnellement. Ce sont le *naturalisme* et le *surnaturalisme*.

L'un et l'autre se sont produits, durant la période chrétienne, dans deux ordres très-distincts : 1° par rapport à la définition du Christ, cette synthèse vivante, formelle, individuelle même, de Dieu et de l'humanité; — sur ce point le plus élevé du surnaturel théologique, qui est l'ineffable mystère de la théandrie, la question touche à la substantialité aussi bien qu'à l'activité, et à 2° par rapport à la définition de l'homme lui-même en ce qui concerne son élévation dans le vrai, le beau et le bien naturel et surnaturel. — Cet ordre se rapporte principalement à l'activité et se subdivise en deux autres, selon qu'on considère la production du bien moral, auquel cas il touche plutôt à l'activité de volonté, ou l'acquisition de la connaissance philosophique et religieuse, auquel cas il touche à l'activité intellectuelle. Sous ce dernier point de vue, le naturalisme prend le nom de *rationalisme* exclusif, et le surnaturalisme ceux de *traditionalisme* et d'*autoritarisme* exclusifs.

Suivons cette classification, et voyons rapidement comme quoi le naturalisme et le surnaturalisme ne sont, à tous leurs degrés et sous toutes leurs faces, que des tendances vers l'un des deux panthéismes.

D'abord, en ce qui regarde l'union spéciale nommée hypostatique, c'est-à-dire produisant une seule personnalité autonome, de Dieu et de l'homme dans le Christ, Arius et Nestorius se présentent avec des légions de

Chrétiens, le premier affirmant que le Verbe divin est une créature engendrée avant notre création, comme l'âme du monde du *Timée*, et que c'est cette créature, très-distincte de Dieu, qui s'est incarnée en Jésus-Christ; le second affirmant que le Christ n'est, à sa conception et à sa naissance, qu'un homme ordinaire qui conserve sa vie, sa personnalité, son autonomie humaine, et auquel la Divinité vient s'unir dans une simple communauté d'affection et d'opération, ce qui fait deux personnes, deux autonomies. Or, comme l'un et l'autre conservent la restauration de l'humanité par le Christ, avec tous les mystères qui en découlent ainsi que l'adoration qui lui est due, ils élèvent, par leur naturalisme, une simple créature, très-distincte de Dieu, à la déification: Tendance au panthéisme divisionnaire en Jésus-Christ.

A l'encontre d'Arius et de Nestorius, se présente Eutychès, enseignant que la divinité a tellement absorbé l'humanité dans le Christ, qu'il n'en est rien resté; non-seulement l'autonomie humaine a disparu, mais encore la nature humaine et la volonté humaine; non-seulement le *moi* actif a été absorbé, mais encore le *moi* passif tout entier, de sorte qu'il n'est resté qu'une seule nature substantielle, celle de Dieu. Or n'est-ce pas un surnaturalisme excessif qui implique une tendance, et même, en ce qui est du Christ, plus qu'une tendance, au panthéisme par identification?

Descendons dans des régions moins divines et considérons, en premier lieu, l'activité de l'homme dans la production du bien moral, dans sa sanctification.

Le naturalisme excessif se manifeste principalement dans le pélagianisme et le semi-pélagianisme. Pélage soutient que l'activité humaine se suffit à elle-même pour élever l'homme au plus haut de la sainteté et de la gloire, et les semi-pélagiens croient modifier suffisamment l'exagération de leur maître en disant qu'il faut la grâce, la motion divine, mais que cette grâce est accordée à un premier mouvement de volonté purement humain dans le sens de la vertu, en sorte que c'est l'homme qui a la priorité dans l'œuvre de sa sanctification. Que devient l'homme dans de pareils systèmes? Vous avez beau en faire un être relatif à tous les autres points de vue, il devient Dieu, parce que vous en oubliez un, sous lequel vous le rendez absolu, en lui donnant la priorité sur Dieu, et lui faisant les honneurs de cause humaine que ne saurait mériter aucune créature. C'est donc une tendance au panthéisme par multiplication.

Le surnaturalisme excessif est plus tenace et se développe sur une plus grande échelle; il prend toutes les formes, il emploie toutes les ruses. C'est le prédestinatianisme, le fatalisme musulman, le wicléfisme, le luthérianisme, le calvinisme, le baïisme, le jansénisme. L'homme perd son autonomie et sa liberté; il devient un instrument purement passif dans la toute-science et la toute-puissance; il n'est plus rien; Dieu est tout en lui; il est absorbé, et son activité est neutralisée. Ballotté, comme un débris de naufrage, entre les mauvais penchants et les attraits de la grâce, il ira où Dieu, de toute éternité, a voulu qu'il aille, et ses propres efforts, en coopération ou en résistance aux appels de la vertu, ne sont rien dans la balance de la suprême justice. N'est-ce pas l'exagération du surnaturalisme, et cette exagération n'est-elle pas la tendance opposée à la précédente et, par conséquent, au panthéisme par identification des activités créés dans l'activité infinie?

Beaucoup plus près de la ligne moyenne, et à des distances si imperceptibles que la raison ne saurait les juger, se placent deux écoles qui ont rempli plusieurs siècles du bruit de leurs discussions, l'augustinianisme et le thomisme d'une part, lesquels se sont ainsi nommés de ce qu'ils prétendaient tirer leurs théories des principes posés par saint Augustin et saint Thomas, et, d'autre part, le molinisme. Le premier système, donnant moins à l'homme, veut que la prédestination n'ait pas seulement lieu par prescience, mais plutôt que la prescience soit une suite de la prédestination; que la grâce qui sauve soit différente, par sa nature, de celle qui suffirait si l'homme le voulait, mais qui ne suffit jamais; que le décret touchant le salut soit antécédent, chez Dieu, à la connaissance du mérite de la créature; et, avec tout cela, il conserve la liberté comme l'arche sainte. Il veut, de plus, expliquer la grâce par une prémotion agissant dans les plus intimes profondeurs de l'être. Le second système, donnant plus à l'homme, veut que la prédestination soit complètement subordonnée à la prescience, que la grâce efficace ne diffère de celle qui n'est que suffisante que par le fait même de la coopération ou de la résistance libre; que le décret du salut soit subordonné à la connaissance des mérites, et enfin il explique la grâce par des attraits de Dieu touchant à l'extérieur de l'être plutôt qu'à sa substance; il est inutile de dire que le molinisme fait aussi de la liberté morale son arche sainte, puisqu'il n'imagine ses théories que pour éviter les préjudices que l'autre système cause, d'après lui, à cette liberté.

Or ces deux systèmes se présentent à la raison comme de faibles tendances vers les deux panthéismes. Le molinisme incline au premier, car il semble que l'homme, dans ce système, devient son moteur radical dans la sanctification; le thomisme incline au second, car il semble que l'homme n'ait plus son activité complète et parfaitement autonome. Mais, comme l'un et l'autre réservent positivement le fait de cette autonomie, et qu'ils ne se divisent que sur le comment du mystère de la concordance des deux activités divine et humaine, mystère que la raison sage ne saurait avoir la prétention d'éclaircir, il semble que celle-ci doit les laisser s'ébattre en pleine liberté. — *Voy.* Grace et Liberté, n. IV.

Enfin se présente le quiétisme chrétien, qui, comme celui des Hindous, tient à la fois des deux tendances : de la première, par la base; de la seconde, par le sommet. Il veut que l'homme, sans sortir des voies ordinaires de la Providence, puisse s'élever à un tel dépouillement de lui-même, qu'il ne reste plus en lui, d'une manière permanente, que l'amour pur, ce qui le porterait à un degré de béatitude contemplative très-voisin de ce que les bouddhistes et les brahmanes appellent l'absorption, l'annihilation en Dieu. Dire que Dieu lui-même, par une préférence spéciale, puisse ravir une âme dans ces hauteurs, et l'y conserver, n'a rien que de rationnel; mais dire que c'est l'homme qui le peut, avec les dons communs de la divine bonté, c'est affirmer un fait que chaque conscience dément en ce qui la concerne. L'âme douce, aimante et subtile de Fénelon, tout à la fois cartésien et poëte à la manière orientale, mit un pied sur les frontières de ce beau rêve, qui est celui des cieux.

Considérons maintenant l'activité intellectuelle, dans l'acquisition de la connaissance.

Le naturalisme prend ici le nom de rationalisme, mot excellent dans sa vraie signification, et auquel nous ajoutons l'épithète d'*exclusif*, pour remédier, autant que possible, à l'abus qu'on en fait. Or le rationalisme exclusif consiste à soutenir que la raison individuelle, telle qu'elle existe, se suffit, à elle seule, sans les secours fournis par la révélation et par la tradition qui la transmet, pour arriver à toutes les découvertes dans tous les ordres. C'est un orgueil philosophique qu'ont eu bien peu de philosophes, même parmi les mauvais, et qui est une véritable tendance à la déification de l'être humain.

Le surnaturalisme prend ici les noms de traditionalisme ou d'autoritarisme. Or ce système, qui tire, comme l'autre, son défaut de l'exclusivisme, consiste à soutenir que la raison, telle que Dieu l'a faite, n'est capable de rien, non-seulement d'arriver à la découverte de quelques vérités, mais même à aucune certitude ni démonstration certaine de vérités quelconques. Il se rejette sur la foi aux traditions et sur l'obéissance aveugle à l'autorité, pour ne pas laisser le genre humain en proie aux ténèbres du doute absolu; mais bien en vain aux yeux de la saine logique. (*Voy.* Logique.) C'est une humilité philosophique qui ne paraît pas être au fond de l'âme de ceux qui la mettent en théorie, puisqu'elle ne fut jamais aussi mal pratiquée que par ceux-là même. C'est, de plus, une exagération qui déprécie l'activité intellectuelle outre mesure, qui correspond au fatalisme prédestinatien, qui peut y mener si l'on a de la logique, et qui est, comme lui, une tendance évidente au panthéisme, par unification de l'activité individuelle avec l'activité sociale, et de l'activité sociale traditionnaliste avec l'activité divine surnaturellement révélatrice.

Si l'étendue de cet article nous permettait de considérer l'activité humaine, tant morale qu'intellectuelle, dans l'ordre politique, nous y trouverions encore nos deux tendances, sous les noms d'*individualisme* et de *communisme*. L'individualisme prétend détacher l'individu de son milieu, l'affranchir de tout lien avec le tout dont il fait partie ; c'est une tendance au panthéisme par multiplication : les membres deviennent des dieux isolés et égoïstes, et le corps disparaît par dissolution. Le communisme prétend annihiler l'individu au profit de la collectivité, qui devient le dieu social. C'est toujours par lui et avec lui que se montrent le despotisme et la tyrannie ; la liberté individuelle s'anéantit devant l'autorité. C'est la tendance au panthéisme par unification.

Nous avons signalé toutes les tendances panthéistiques dans tous les ordres : il est maintenant facile de préciser la ligne moyenne que nous avons appelée philosophiquement le panthéisme harmonique.

III. — *Ligne moyenne, ou panthéisme rationnel*

Commençons par mettre une grande question hors de cause, celle, nous ne dirons pas de l'existence corporelle de notre être, en douter serait douter de soi-même, mais de sa nature, de sa substantialité en soi, en tant que distincte de celle de tout esprit, tant de l'esprit absolu que des esprits créés. Il est évident que cette question ne touche nullement à celle du panthéisme. La matière peut être tout ce qu'on voudra, pourvu que la personnalité créée qui a conscience d'elle-même soit distincte, substantielle et autonome, c'est-à-dire soutenant des qualités et des accidents, et se modifiant en bien ou en mal par sa volonté propre. La matière considérée en elle-même n'est pas *moi*, et que m'importe ce qu'elle est si j'ai ma substantialité et mon activité distinctes des autres créatures et de Dieu? Je ne puis même rien savoir sur l'essence du monde matériel, puisque je ne le perçois intelligiblement que comme un ensemble d'accidents, sous lesquels je ne suis pas pour y pouvoir découvrir un *substratum* particulier ; et, par conséquent, il serait malheureux qu'on fût obligé de démontrer ce *substratum* pour réfuter le panthéisme ; qui en viendrait jamais à bout ? Mais il n'en est pas ainsi ; les deux panthéismes se réfutent, sans adresser à la matière aucune question sur sa nature. Le premier tombe devant les arguments métaphysiques qui démontrent la nécessité de l'unité de l'absolu ; le second tombe devant le témoignage de ma propre conscience, qui me dit clairement que je suis une personnalité distincte, et devant les arguments que je fais ensuite sur les phénomènes de mon être, lesquels me font voir, de la manière la plus évidente, que je ne suis pas cet absolu unique dont j'ai reconnu la nécessité. — *Voy.* Ontologie.

— Laissons donc la matière pour ce que Dieu l'a faite, et admettons sur elle tout ce qu'on voudra sans aucune crainte de dévier vers le panthéisme pour cette raison. Que les philosophes de la Chine et de l'Inde voient dans les corps de simples formes que Dieu nous manifeste ; que Platon paraisse les considérer comme des fantômes visibles ; que Leibnitz les réduise à des hiérarchies d'unités simples, c'est-à-dire à des âmes de tous les degrés de perfection ; que Malebranche explique à peu près comme l'Indien notre vision du monde matériel par une participation à la vision infinie du Verbe éternel ; que Berkeley soit le plus hardi et le plus formel de tous pour prétendre nous démontrer que les corps n'ont aucune réalité substantielle en dehors des esprits, et pour nous dire que la création de l'univers visible n'a été qu'un épanouissement déterminé dans l'âme créée par la puissance infinie, ayant pour résultat de la modifier et de la gratifier d'une partie du grand spectacle des images dont s'entoure l'intelligence suprême. Que tous ces grands hommes imaginent leurs systèmes plus ou moins contraires à ce qui nous paraît, ils n'en seront pas moins, si d'ailleurs rien ne s'y oppose, classés dans la catégorie des bons philosophes qui ont su garder la ligne intermédiaire entre les deux abîmes, sans aucune déviation.

Cette importante observation étant posée, traçons notre ligne intermédiaire en nommant les principaux philosophes qui l'ont en effet suivie.

Cette ligne moyenne consiste à conserver tout ensemble les droits du Créateur et ceux de la créature. Or, quant au Créateur, il faut qu'il demeure absolu sous tous les rapports, qu'il conserve la priorité en toutes choses, aussi bien en substance qu'en activité. En substance, il doit rester la substance des substances, les commençant toutes, les pénétrant toutes, les contenant toutes, les embrassant toutes, les soutenant toutes ; et en activité, il doit rester le moteur des moteurs, leur propulseur radical et premier. En conséquence de ce principe, de quelque côté que j'envisage mon être, je trouverai Dieu et lui rendrai gloire comme l'arbre à sa racine, l'édifice à sa base, l'orbite à son foyer. Ma vie sera une germination de sa vie ; ma lumière un rayonnement de sa lumière ; ma liberté une transmission de mouvement de sa liberté ; toutes mes vertus, tous mes biens, des éclosions *ad extra* de ses biens et de ses vertus ; et le fond le plus intime de ma subsistance, ce fond sur lequel je produis et soutiens des phénomènes, ce foyer d'action sera lui-même quelque chose d'incompréhensible, de plus incompréhensible peut-être que Dieu tout entier, mais perpétuellement et essentiellement en suspension sur sa substance.

Et, de mon côté, il faut que, tout en demeurant relatif à tous les points de vue, je sois aussi substantiel par rapport à mes modes que Dieu l'est par rapport à ma substance ; que je sois cause seconde, mais vraiment cause ; que je sois moteur mû, mais cependant vrai moteur ; être engendré, mais engendrant ; être limité, mais limitant ; être contenu, mais contenant : il faut que je sois *moi*, distingué de Dieu par l'intermédiaire même de ma substantification en lui et par lui, et qu'ainsi je sois responsable de mes mouvements ; c'est ce que le fait perpétuel de ma conscience me force de reconnaître antérieurement même aux déductions que je tire de ce fait à sa cause efficiente, substantielle et motrice, puisque je ne puis sentir et connaître Dieu sans me connaître et me sentir.

Voilà la ligne moyenne entre les deux abîmes et entre les deux tendances vers ces abîmes. Que le lecteur se donne la peine de repasser les divers systèmes que nous avons parcourus, et il lui sera facile d'appliquer le principe à tous les rapports qui sont l'objet de ces systèmes.

Remarquons-le bien ; nous n'expliquons pas le mystère ; nous le posons comme nécessaire, comme essentiellement exigé par la raison pour éviter deux directions conduisant à l'absurde, au contradictoire. Nous défions même le génie d'entrer jamais dans l'explication de la manière dont la chose se fait ; c'est un gouffre sans fond, pour l'être créé, que celui de la création, de la conservation et de l'animation de ces foyers de mouvement jetés par vous, ô Dieu, dans le temps et l'espace, et qu'Augustin n'osait définir, devant votre plénitude d'être, ni en disant qu'ils sont ni en disant qu'ils ne sont pas. Mais par là même que nous portons ce défi et que nous reconnaissons, avec adoration, notre insuffisance, nous n'osons condamner les semblants d'explication que quelques-uns en ont tentés. Qu'ils parlent de génération, d'animation, de limitation, d'émanation, que nous importe si, étant admis le fait de notre réalisation en tant que personnalité libre, vivante et immortelle, ils ne sortent pas des limites que nous venons de tracer ?

Or, pour rester dans ces limites, il faut bien reconnaître que ce n'est pas nous qui avons la grande part, que ce n'est pas nous qui sommes *tout* dans le mystère, mais *Dieu*. Le mot *panthéisme* peut donc nous rester en philosophie, pourvu cependant que nous en éloignions, par une épithète, les mauvais sens *accrédités*.

Ce panthéisme harmonique fut celui de Platon à qui on ne peut reprocher, à notre connaissance, aucune déviation vers la droite ou vers la gauche, sauf dans les déductions très-éloignées qui regardent la politique. Il conserve à Dieu tout ce qui lui revient, ne substantialisant jamais notre être que d'une manière relative ; s'il l'éternise quelquefois, c'est en tant qu'idée du *logos* avant que cette idée devienne une réalité par la parole du Père. Ce philosophe ne peut jamais voir l'homme et la nature sans voir Dieu par-dessous ; il ne peut envisager aucun des phénomènes de ce monde sans lui trouver Dieu pour type et pour fondement. Et jamais, d'ailleurs, il n'oublie la personnalité humaine immortelle ; il ne parle pas même d'absorption de cette personnalité en Dieu dans l'autre vie, mais seulement d'une vision plus claire et plus complète de sa lumière et de sa beauté, ainsi que de toutes les beautés qui s'épanouiront dans l'illumination de *ce flambeau* des esprits.

« Mortels, il est un Dieu, dit-il au *Livre des lois*, que les pères de nos pères ont nommé le *commencement*, le *milieu*, la *fin* de tous les êtres, et dont l'âme *environne* et *pénètre* le monde. A ses côtés marche éternellement la justice vengeresse des actions où la loi divine est profanée..... Ainsi que doit penser, que doit faire le sage ? Toutes ses pensées, tous ses efforts se tourneront vers Dieu ; c'est de lui qu'il faut être aimé, c'est lui qu'il faut suivre. » (*Lois*, IV.)!

« L'âme apporte, en naissant, dit-il ailleurs, une force qui lui est *propre*, l'organe de l'intelligence... et il faut que cette puissante faculté s'arrache avec l'âme entière aux êtres créés pour aller *contempler* l'éternelle lumière de l'Etre créateur. O homme, voilà le souverain bien que je t'ai promis. » (*Républ.*, VII.)

Quelquefois même Platon, quoiqu'il proclame partout la liberté humaine (voy. *Répub.*, X, 14 ; *Lois*, X, 12, etc.), va jusqu'à parler comme saint Paul de la prédestination (*Lois*, IV), et il insinue assez souvent que l'esprit humain doit s'en tenir à constater le fait de la créature réalité et activité soi, quoique Dieu soit tout en elle pour la faire l'une et l'autre, sans entreprendre de s'expliquer comment la chose peut se faire. Socrate, dans le *Phédon*, remontant du beau réalisé parmi nous à son type radical et premier, dit ces paroles sages : « Si quelqu'un me demande ce qui fait qu'une chose est belle... je laisse là toutes les belles raisons qui ne font que me troubler, et je réponds sans façon et sans art, bonnement peut-être, que rien ne la rend belle si ce n'est la présence ou la participation de ce premier beau, de quelque manière que cela ait lieu. »

Ailleurs Platon résume en une phrase très-profonde, dont saint Thomas a tiré, en la développant, un de ses plus beaux arguments sur la nécessité d'un premier créateur unique, le panthéisme sage que nous exposons. « Avant toute *multitude* il faut nécessairement une *unité*, non-seulement dans les *nombres*, mais aussi dans les *natures*. » Le philosophe pose d'abord le fait d'une multiplicité d'êtres distincts que lui révèle sa conscience, puis voyant en ces êtres des choses communes, des généralités, il conclut que ces généralités qui leur sont communes doivent provenir d'une unité comme source ; or cette source unité ne peut être, dans l'ordre substantiel, qu'une substance *une*, substantifiant et soutenant toutes les autres ; dans l'ordre de l'activité, qu'une activité *une*, activant toutes les autres ; dans l'ordre des lumières, qu'une lumière *une*, illuminant toutes les autres ; dans l'ordre des félicités, qu'une félicité *une*, béatifiant toutes les autres ; dans l'ordre des beautés qu'une beauté *une*, communiquant son beau à toutes les autres ; dans l'ordre des durées, qu'une durée *une*, déterminant toutes les autres ; dans l'ordre des grandeurs, qu'une grandeur *une*, circonscrivant toutes les autres ; et ainsi de toutes les qualités possibles communes à plusieurs. C'est cette idée qui fait le fond de toute la philosophie de Platon, laquelle peut se résumer dans cette formule : *unité dans la multiplicité, multiplicité dans l'unité*, comme chez le nombre ; tout nombre est plein de l'unité et n'existe que par elle tant qu'il dure.

Si nous avons cité quelques paroles d'un philosophe chinois qui paraissent incliner vers un amoindrissement exagéré de la créature, on en trouve d'autres de ce même philosophe et de ses rivaux qui sont exactes en ce qui regarde Dieu, et même aussi en ce qui regarde l'homme.

« L'homme, » dit Lao-Tseu, « imite la terre, la terre le ciel, le ciel la *raison*, et la *raison* s'imite elle-même ; car elle est nécessairement son *propre modèle*...., étant par elle-même ce qu'elle est..... *la raison qui peut être exprimée n'est pas l'éternelle raison*..... Celui qui est éternel, comme l'explique la glose, n'est jamais altéré et ne change pas ; il existait avant le ciel et la terre sans qu'il ait eu aucun commencement ; il sera après le ciel et la terre, sans qu'il ait jamais de fin. Il ne peut être saisi ni par l'oreille ni par l'œil, il ne peut-être exprimé par la parole. »

« L'éternelle raison, dit Houi-Nan-Tse, maintient le ciel, *soutient* la terre. Elle est très-élevée et ne peut-être touchée, très-profonde et ne peut-être pénétrée. Elle est immense ; l'univers entier ne peut la renfermer, et cependant elle *est tout entière dans la plus petite chose*. C'est d'elle que les montagnes tiennent leur hauteur, l'abîme sa profondeur ; c'est par elle que les animaux marchent sur la terre et que les oiseaux volent dans l'air. Le soleil et la lune lui doivent leur clarté, les astres le pouvoir d'accomplir leurs révolutions. »

« La raison, dit Pa-Pou-Tse, enveloppe le ciel et pèse la terre dans ses doigts. Elle est ineffable ; en comparaison de son incorporéité le son et l'ombre sont quelque chose d'épais et de matériel ; en comparaison de son *être* toutes les créatures, sont comme si elles *n'étaient pas*. »

« Le Tao (c'est encore Lao-Tseu qui parle) préexistant à tout, ne peut avoir de nom par lui-même et dans son essence ; mais quand le mouvement a commencé et quand *l'être* a succédé au néant, alors il a pu recevoir un nom *des êtres qu'il avait créés*..... la confusion de tous les êtres précéda la naissance du ciel et de la terre. Oh ! quelle immensité et quel silence ! un être unique planait sur tout, immuable et toujours agissant sans jamais s'altérer. Il est la mère de l'univers ; j'ignore son nom ; mais je l'appelle *Tao*, verbe ou principe..... »

On ne peut nier que ces passages ne renferment la distinction suffisante sans préjudice des droits de Dieu.

Koung-Feu-Tseu, simple moraliste, s'aopesantit plus que les autres sur la personnalité humaine et tout ce qui en découle en bien ou en mal; il est, sous ce rapport, le Descartes de la Chine et ne sent jamais le panthéisme identificateur. « Il n'y a que l'homme, dit-il, qui soit capable de discerner le bien du mal..... les facultés de son âme, ses vertus puissantes l'*égalent* au ciel. » Et cependant il n'oublie pas l'absolu :«Le parfait est *par lui-même* parfait, absolu..... la loi du devoir est par elle-même loi du devoir..... le *parfait* est le *commencement* et la *fin* de tous les êtres..... sans le parfait les êtres ne seraient pas.......... » (*Tchoung-Young.*)

Il suffit d'ouvrir au hasard un des ouvrages du grand Augustin, dont l'étude de Platon et des platoniciens avait commencé la conversion, pour y trouver ce que nous appelons, en ce moment, le panthéisme rationnel.

« Je ne serais point, dit-il à Dieu, je ne serais en aucune manière, si vous n'*étiez en moi*, ou plutôt si je n'*étais en vous*, *de qui* toutes choses, *par qui* toutes choses, *en qui* toutes choses *sont*..... Vous êtes toujours agissant, toujours tranquille..... *supportant*, et *remplissant*, et *couvrant* toutes choses; créant, et nourrissant, et perfectionnant; cherchant toujours quoique rien ne vous manque..... En vous subsistent les causes de toutes les instabilités, les origines immuables de toutes les choses muables, les raisons éternelles et vivantes de toutes celles sans raison et sans éternité..... Par quelle veine pourraient couler en nous l'être et le vivre, sinon par celle par laquelle vous nous faites, Seigneur, vous en qui l'être et le vivre sont une même chose..... Les jours ne s'écoulent point en vous, et cependant s'écoulent en vous, puisqu'ils sont en vous comme tout le reste, et que, si vous ne les conteniez, ils manqueraient de voie pour courir...... » etc. (*Confess.* l. 1, ch. 1, 2, 3, 4, 5, 6, 7, passim.) Et ailleurs : « J'ai considéré les choses qui sont au-dessous de vous, et j'ai vu qu'on ne saurait dire *ni qu'elles sont ni qu'elles ne sont pas*; elles sont, puisqu'elles sont de vous, *ab te sunt*; elles ne sont pas, puisqu'elles ne sont pas ce que vous êtes. » ...... (l. vii, ch. 11)...... « J'ai vu que, si elles sont, elles vous en sont redevables, tous les finis étant en vous, non comme dans un lieu, mais comme ils peuvent être dans votre *vérité* qui est la *main contenant* et *soutenant* toutes choses. » (L. vii, cap. 15, et alibi passim.)

Comment exprimerait-on plus clairement et plus énergiquement notre idée de la substance créée active, substantiellement soutenue et activée par la substance absolue?

C'est sur cette base que s'assit inébranlablement le génie d'Augustin pour foudroyer à droite et à gauche les pélagiens et les prédestinatiens.

A sa suite vient saint Thomas, qui ne laisse rien à désirer en profondeur. Du côté de l'activité, sa *prémotion physique*, par laquelle Dieu nous pénètre et nous meut par le fond le plus reculé de notre essence, est une des conceptions les plus fortes pour peindre la vérité que nous développons; et, quand il lutte de toutes les puissances de son génie pour expliquer quelque peu le mystère de la création, il pose encore des principes de même genre relativement à la substantialité : « Dieu seul, dit-il, est l'*être à soi : esse suum*; Dieu est l'être subsistant par soi, de toutes parts indéterminé..... toutes les autres choses ne sont pas *suum esse*, mais *participes* ; elles n'ont pas l'être à soi, mais elles sont des participants de l'être..... elles sont êtres *par participation*..... comme tout igné est causé par le feu, c'est-à-dire, comme ce qui brûle est ignifié par le feu, comme toute chaleur est chaleur par le feu. » Quand il définit l'âme humaine, il l'appelle *un être subsistant : Ens subsistens*, non pas subsistant *en soi* ou *par soi*, comme on l'a dit plus tard, dans l'école, de toute substance, même de la substance créée, mais subsistant *en Dieu* et *par Dieu*, comme le disait saint Augustin.

Descartes se présente. Concentrant toutes ses méditations sur la question de la certitude humaine, il est obligé, par son essence même d'être contingent, de prendre pour base sa personnalité dans la construction de son édifice : cette base, dans la nature des choses, n'est que le sommet; mais Dieu seul se voit *a priori*, et le logicien, enfant né sur le haut de l'arbre, voyant les branches avant la racine, les descend pour arriver à celle-ci, quoique la nature ait posé la racine avant les branches : mais cette nécessité a ses dangers; ce qu'il a vu d'abord, ce qui lui a servi de base, ce à quoi il doit toute sa série logique, bien que ce ne soit qu'un néant près de la base réelle dans l'ordre des natures, son *moi*, son *je pense*, son *je suis*, ne lui fera-t-il pas illusion, et ne prendra-t-il pas, à ses yeux, trop d'être, trop de substantialité, trop de puissance en lui-même?

Cet effet s'est produit dans quelques disciples, mais non pas dans le maître, ni dans les disciples fidèles. Laissons les détails. Tout ce qui a pu surgir de naturalisme exagéré, sous la grande excitation cartésienne, peut être ramené à l'abus de la définition de la substance, que le maître aurait dû rayer de la philosophie, comme il en raya tant d'autres, que lui avait léguées la scolastique : *Toute substance est un être subsistant en soi, indépendamment d'un sujet d'inhésion.* Cela est vrai de la substance Dieu; mais, quant à la substance homme, cela n'est vrai que par rapport à ses modifications, pour l'en distinguer abstractivement; et par rapport à Dieu, cela est faux de cette substance; la substance homme est en Dieu, et elle n'est pas indépendante d'un soutien, puisqu'elle ne peut être qu'autant que celle de Dieu lui sert d'appui. Or le mot *sujet d'inhésion* ne présente pas d'autre idée rationnelle. Si l'on entend qu'elle est en soi, étant en Dieu, on dira seulement qu'elle est une réalité, et on pourra dire de même du simple mode, qui est bien en soi, étant dans sa substance. On semble donc, pour dire quelque chose, exclure Dieu comme soutenant substantiel, ce qui n'est pas raisonnable. *L'ordre des effets suit l'ordre des causes*, dit saint Thomas après Aristote; *si l'on trouve dans un être quelque chose par participation, il est nécessaire que ce quelque chose soit causé par ce à quoi il se rapporte essentiellement, comme le fer devient igné par le feu*..... D'où l'on doit conclure, avec Aristote (*Métaph.*, lib. II), que *ce qui est le plus être est la cause de tout être; ce qui est le plus vrai, la cause de tout vrai; comme ce qui est le plus chaud est la cause de toute chaleur*. Donc, pour remonter de la substance effet à la cause, il faut remonter à la substance en soi, comme, pour remonter au vrai effet à sa cause, il faut remonter au vrai en soi, et ainsi du reste. Or on ne conçoit de relation dans l'ordre de substantification que celle de la substance substantifiant au substantifié; dans l'ordre de conservation substantielle, que celle de la substance soutenant au substantifié soutenu, comme, dans l'ordre du mouvement, on n'en conçoit que du moteur au mu, etc., ce qui fait encore dire à saint Thomas que Dieu est, en toutes choses, de toutes manières, par puissance, par présence, par essence : *Per potentiam, per præsentiam, per essentiam*. Or on a, dans la définition cartésienne, dérangé l'ordre, en faisant rapporter la substance effet, dans sa création et sa conservation, à autre chose qu'à la substance cause, comme pour l'isoler de cette substance, pouvoir dire qu'elle est en soi, non dans elle, et lui ôter tout autre soutien qu'un acte abstractif de volonté. On se trompait doublement ; car, en outre que l'ordre des relations était interverti, on séparait, en Dieu, ce qui est inséparable, l'action, en lui, n'étant et ne pouvant être autre chose que sa substance même, agissant, réalisant, soutenant, contenant, conservant, etc.

Spinosa profite cruellement de la définition amphibologique et orgueilleuse ; il s'en empare, la pose en tête d'un livre sous cette forme : « J'entends par substance tout ce qui est en soi et est conçu par soi, c'est-à-dire, tout ce dont le concept n'a pas besoin, pour se former, du concept d'un autre, » et en déduit tout son panthéisme. Si vous lui disiez simplement que sa définition est, en effet, la définition de Dieu même ; que son argumentation prouve très-bien l'unité de Dieu, mais qu'il a oublié, dans sa classification, entre la substance ainsi définie et des attributs, une chose moyenne qui tient de la substance, en ce qu'elle soutient, comme elle, des attributs et des modes, mais qui, d'autre part, est elle-même soutenue, et a besoin, dans son concept, du concept de celle en qui, sur qui, de qui et par qui elle est, il n'aurait rien à vous répondre, et toutes ses peines auraient produit pour vous ; mais si vous vous acharnez à lui prétendre que toute substance, même la nôtre, est absolument en soi, et n'a pas besoin du concept d'un support autre qu'elle-même, vous aurez beau lui dire qu'il en existe qui en ont besoin comme cause créatrice, il continuera sa série sur la substantialité, en laissant de côté toute autre idée, et c'en sera assez pour lui, parce que vous lui aurez laissé un absolu sur quoi bâtir la démonstration de l'unité.

Revenons à Descartes. Il pressentit l'inconvénient et dit, dans ses principes : « Lorsque nous concevons la substance, nous concevons seulement une chose qui existe en telle façon qu'elle n'a besoin que de soi-même pour exister, en quoi il peut y avoir obscurité touchant l'explication de ce mot : *n'avoir besoin que de soi-même*. Car, à proprement parler, il n'y a que Dieu qui soit tel, et il n'y a aucune chose créée qui puisse exister un seul moment sans être *soutenue* et conservée par sa puissance. C'est pourquoi on a raison, dans l'école, de dire que le nom de *substance* n'est pas *univoque* au regard de Dieu et des créatures, c'est-à-dire qu'il n'y a aucune signification de ce mot que nous concevions distinctement, laquelle convienne, en même temps, à lui et à elles ; mais parce que, *entre les choses créées*, quelques-unes sont de telle nature qu'elles ne peuvent exister sans quelques autres, nous les distinguons d'avec celles qui n'ont besoin que du *concours ordinaire* de Dieu, en nommant celles-ci des substances et celles-là des qualités ou des attributs de ces substances... »

On voit que le maître ne s'y est pas trompé. Mais s'il avait été plus hardi, qu'il eût rejeté la définition commune, en eût fait une pour Dieu en particulier, une pour la créature, et que, conservant pour Dieu seul le mot de *substance*, il en eût imaginé un autre pour ses œuvres, comme serait celui de *subsistance*, ou mieux encore, un autre qui serait composé de manière à exprimer l'idée de *soutenu-soutenant*, il eût coupé le fil de bien des idées fausses.

Plusieurs, voyant le parti qu'avait tiré Spinosa de l'application du même mot à Dieu et aux créatures, définirent celles-ci des *sujets modifiables*, ce qui valait mieux.

Leibnitz, sentant plus fortement que personne le besoin de la distinction, dit de la substance créée que c'est une force, un foyer de mouvement, une unité vivante, abandonnant, dans cette définition nouvelle, le côté substantiel, pour ne plus voir que celui de l'activité ; mais il fallait encore une explication pour faire comprendre qu'il ne s'agissait pas d'une force radicale et première, mais d'une *force mue ;* et Leibnitz ne manque pas de la donner, car il le tient une des premières places parmi les philosophes qui ont su garder la ligne moyenne. Tâcher de rendre compte de l'équilibre par lequel Dieu vient à bout de conserver intacte nos spontanéités personnelles, sans cesser d'être le germinateur premier de tous les biens, a été le travail de sa vie.

Malebranche et Berkeley sont peut-être les deux génies qui ont pénétré le plus avant dans le mystère du panthéisme rationnel, et ils sont accompagnés de tous les philosophes chrétiens du XVIIe siècle. A cette époque l'idée de saint Thomas, que la conservation n'est que la création continuée : *Conservatio, creatio continuata*, devint populaire. On répétait, dans tous les livres, que Dieu nous soutient sur le néant par une opération positive, et qu'il lui suffirait d'un acte négatif, d'un retrait pur et simple de sa présence en nous, pour nous anéantir, parce qu'alors nous retomberions, de notre propre poids, dans le non être. Les Fénelon et les Bossuet developpèrent magnifiquement cette pensée et une foule d'autres sortant du même principe. Quel principe? que Dieu est notre soutien substantiel et radical. En effet, qu'un être se soutienne en lui-même, il faudra une attaque positive de la part d'un autre pour l'abattre ; qu'au contraire, il soit soutenu par cet autre, il suffira à celui-ci de se retirer pour qu'il tombe.

Lorsque Fénelon prouvait, d'une manière si belle et si profonde, la nécessité d'un être unique ayant la plénitude de l'être, ne disait-il pas implicitement que Dieu seul est substance dans la force du mot ? car avoir la plénitude de l'être, c'est avoir la plénitude non-seulement de la force, de la sagesse, de la bonté, de la beauté, de la grandeur, de la durée, de l'espace, de toutes les qualités enfin, mais encore de la substance qui leur sert de fond ; or qu'est-ce qu'avoir la plénitude de la substance, sinon être se soutenant soi-même? et s'il y en avait d'autres qui jouissent de cette propriété, la plénitude de la substance ne serait plus unique, mais partagée, et, par suite, anéantie.

D'un autre côté que pourrait-on reprocher au grand siècle en ce qui touche les droits de l'homme, sa personnalité, sa liberté morale, son âme immortelle?

Ne pouvant ni citer ni analyser les idées, tout identiques en germe, de tant de génies, citons seulement quelques paroles de Malebranche et de Fénelon, c'est-à-dire des deux grands hommes qui expliquèrent le mieux le vrai panthéisme sous le rapport de l'illumination intellectuelle, et de la production du bon vouloir.

« Certainement l'homme n'est point à lui-même sa sagesse et sa lumière. Il y a une raison universelle qui éclaire tous les esprits, *une substance intelligible commune à toutes les intelligences, substance immuable, nécessaire, éternelle.* Tous les esprits la contemplent sans s'empêcher les uns les autres ; tous s'en nourrissent sans rien diminuer de son abondance. Elle se donne à tous et tout entière à chacun d'eux ; car tous les esprits peuvent embrasser une même idée dans un même temps et en différents lieux. Deux hommes ne peuvent pas se nourrir d'un même fruit; toutes les créatures sont des biens particuliers qui ne peuvent être un bien général et commun; ceux qui les possèdent en privent les autres, et par là les irritent. Mais la raison est un bien commun, qui unit d'une amitié parfaite et durable ceux qui la possèdent ; car c'est un bien qui ne se divise pas par la possession, qui ne s'enferme point dans un espace, qui ne se corrompt point par l'usage. La vérité est indivisible, immense, éternelle, immuable, incorruptible. Or cette sagesse commune et immuable, cette raison universelle, c'est la sagesse de Dieu même, celle par laquelle et pour laquelle nous sommes faits ; car Dieu nous a créés par sa puissance pour nous unir à sa sagesse, et, par elle, nous faire cet honneur de pouvoir lier avec lui une société éternelle et lui devenir semblables autant qu'en est capable une créature. » (MALEBRANCHE, *Traité de morale*, III, 6, 7, 8.)

C'est le même philosophe qui a dit : « Il est absolument nécessaire que Dieu ait en lui-même les idées de tous les êtres qu'il a créés, puisqu'autrement il n'aurait pu les produire. Or Dieu est uni très-étroitement à nos âmes par sa présence, de sorte qu'on peut dire qu'il est *le lieu des esprits* comme les espaces sont, en un sens, le lieu des corps. Il est donc certain que l'esprit peut voir ce qu'il y a, dans Dieu, qui représente les êtres créés, puisque cela est très-spirituel, très-intelligible et très-présent à l'esprit. » (*Recherche de la vérité*, III.)

Malebranche dit encore d'après Platon : « Il est indubitable qu'il n'y avait que Dieu seul avant que le monde fût créé et qu'il n'a pu le produire sans connaissance et sans idées ; que ces idées ne sont point différentes de lui-même, et qu'ainsi toutes les créatures, même les plus matérielles et les plus terrestres, sont en Dieu, quoique d'une manière toute spirituelle et que nous ne pouvons comprendre. » (*Ibid.*, III, 2, 5.)

Et ailleurs : « On ne voit la vérité que lorsqu'on voit les choses comme elles sont, et on ne les voit jamais comme elles sont si on ne les *voit dans celui* qui les renferme d'une manière intelligible. » (*Ibid.*)

Platon avait dit : « que l'idée du souverain bien est l'origine de tout ce qui est bon et majestueux, que le monde matériel lui doit sa lumière, et que, dans le monde intellectuel, elle est la vérité, l'intelligence elle-même. » (*Républ.*, VII.) Malebranche continue : « La vérité est Dieu; nous voyons des vérités immuables et éternelles; donc nous voyons Dieu. » Et plus loin : « Demeurons dans ce sentiment que Dieu est le monde intelligible, ou le lieu des esprits, de même que le monde matériel est le lieu des corps ; que c'est de sa *puissance* qu'ils reçoivent toutes leurs modifications, que c'est dans sa *sagesse* qu'ils trouvent toutes leurs idées ; et que c'est par son *amour* qu'ils sont agités de tous leurs mouvements réglés. Et parce que sa puissance, sa sagesse et son amour ne sont que lui, croyons avec saint Paul qu'il n'est pas loin de chacun de nous, et que c'est en lui que nous avons la vie, le mouvement et l'être. » (*Recherch.*, II° part., III, 6.) Nul génie n'est sans des taches inexplicables. Comment comprendre que Malebranche ait trouvé moyen, avec sa théorie, de se moquer de la prémotion physique de saint Thomas ?

« Oh ! que l'esprit de l'homme est grand, dit Fénelon : il porte en lui de quoi s'étonner et se surpasser infiniment lui-même ; ses idées sont universelles, éternelles et immuables ; elles sont universelles, car lorsque je dis : Il est impossible d'être et de n'être pas ; le tout est plus grand que sa partie........, toutes ces vérités ne peuvent souffrir aucune exception..... Ces règles sont de tous les temps, ou, pour mieux dire, elles sont avant tous les temps, et seront toujours au delà de toute durée compréhensible..... En assurant que deux et deux font quatre, dit saint Augustin (*De lib. arb.*, III, 8) non-seulement on est assuré de dire vrai, mais on ne peut douter que cette proposition n'ait été toujours également vraie, et qu'elle ne doive l'être éternellement..... Ces idées sans bornes ne peuvent jamais ni changer, ni s'effacer en nous, ni être altérées (Fénelon suppose, comme il l'explique dans le même passage, que l'esprit est sain et possède l'usage de la vue); elles sont le fond de notre raison..... L'idée de l'infini est en moi comme celle des nombres, des lignes, des cercles, d'un tout et d'une partie. Changer nos idées serait anéantir la raison même..... Je ne suis point libre de nier ces propositions ; et si je nie ces vérités, ou d'autres à peu près semblables, j'ai en moi quelque chose qui est au-dessus de moi, et qui me ramène par force au but. Cette règle fixe et immuable est si intérieure et si intime, que je suis tenté de la prendre pour moi-même : mais elle est au-dessus de moi, puisqu'elle me corrige, me redresse, me met en défiance contre moi-même, et m'avertit de mon impuissance. C'est quelque chose qui m'inspire à toute heure pourvu que je l'écoute ; et je ne me trompe jamais qu'en ne l'écoutant pas. Ce qui m'inspire me préserverait sans cesse de toute erreur, si j'étais docile et sans précipitation ; car cette inspiration intérieure m'apprendrait à bien juger des choses qui sont à ma portée, et sur lesquelles j'ai besoin de former quelque jugement ; pour les autres, elle m'apprendrait à n'en juger pas, et cette seconde sorte de leçon n'est pas moins importante que la première. Cette règle intérieure est ce que je nomme ma raison..... A la vérité ma raison est en moi, car il faut que je rentre sans cesse en moi-même pour la trouver : mais la raison supérieure, qui me corrige dans le besoin et que je consulte, n'est point à moi, et elle ne fait point partie de moi-même. Cette règle est parfaite et immuable ; je suis changeant et imparfait. Quand je me trompe, elle ne perd pas sa droiture ; quand je me détrompe, ce n'est pas elle qui revient au but, c'est elle qui, sans s'en être jamais écartée, a l'autorité sur moi de m'y rappeler et de m'y faire revenir. C'est un maître intérieur, qui me fait taire, qui me fait parler, qui me fait croire, qui me fait douter, qui me fait avouer mes erreurs ou confirmer mes jugements ; en l'écoutant, je m'instruis ; en m'écoutant moi-même, je m'égare. Ce maître est partout ; et sa voix se fait entendre, d'un bout de l'univers à l'autre, à tous les hommes comme à moi. Pendant qu'il me corrige en France, il corrige d'autres hommes à la Chine, au Japon, dans le Mexique et dans le Pérou, par les mêmes principes....... Ainsi ce qui paraît le plus à nous, et être le fond de nous-mêmes, je veux dire notre raison, est ce qui nous est le moins propre, et qu'on doit croire le plus emprunté. Nous recevons sans cesse et à tout moment une raison supérieure à nous ; comme nous respirons sans cesse l'air, qui est un corps étranger, ou comme nous voyons sans cesse tous les objets voisins de nous à la lumière du soleil dont les rayons sont des corps étrangers à nos yeux....... Tous les hommes sont raisonnables de la même raison qui se communique à eux selon divers degrés ; il y a un certain nombre de sages, mais la sagesse où ils puisent comme dans sa source et qui les fait ce qu'ils sont est unique. Où est-elle, cette sagesse ? Où est-elle, cette raison commune et supérieure, tout ensemble, à toutes les raisons bornées et imparfaites du genre humain ?....... Où est-elle, cette vive lumière qui illumine tout homme venant en ce monde ?..... Tout œil la voit, et il ne verrait rien s'il ne la voyait pas, puisque c'est par elle et à ses purs rayons qu'il voit toutes choses. Comme le soleil sensible éclaire tous les corps, de même ce soleil d'intelligence éclaire tous les esprits. La substance de l'œil de l'homme n'est point la lumière ; au contraire l'œil emprunte, à chaque moment, la lumière des rayons du soleil. Tout de même, mon esprit n'est point la raison primitive, la vérité universelle et immuable ; il est seulement l'organe par où passe cette lumière originale et qui en est éclairé....... Où est cette raison parfaite qui est si près de moi...... il faut qu'elle soit quelque chose de réel....... N'est-ce pas le Dieu que je cherche ?... Ce premier être est la cause de toutes les modifications de ses créatures. L'opération suit l'être, comme disent les philosophes. L'être qui est dépendant dans le fond de son être ne peut être que dépendant dans toutes ses opérations. L'accessoire suit le principal. L'auteur du fond de l'être l'est donc aussi de toutes les modifications ou manières d'être des créatures. C'est ainsi que Dieu est la cause immédiate de toutes les *configurations*, combinaisons et mouvements de tous les corps de l'univers........ Or le vouloir est la modification des volontés, comme le mouvement est la modification des corps..... cette modification, la plus excellente de toutes, sera-t-elle la seule que Dieu ne fera point dans son ouvrage, et que l'ouvrage se donnera lui-même avec indépendance ? Qui le peut penser ? Mon bon vouloir, que je n'avais pas hier, et que j'ai aujourd'hui, n'est donc pas une chose que je me donne ; il me vient de celui qui m'a donné la volonté et l'être....... Voilà la dépendance de l'homme ; cherchons sa liberté..... Je suis dépendant d'un premier être dans mon vouloir même, et cependant je suis libre..... C'est en cela principalement que je suis son image et que je lui ressemble. Quelle grandeur qui tient de l'infini !

Voilà le trait de la Divinité même...» etc., etc. (*Existence de Dieu*, 1, 2.)

Pourrait-on concevoir un développement plus beau de la philosophie des Platon, des Augustin, des Malebranche?

Bossuet est moins subtil, moins spirituel, moins pénétrant, moins plongeur; mais il a sa beauté simple, précise, catégorique, profonde et non moins sublime. Pourrions-nous quitter le grand siècle sans lui emprunter quelque chose?

« Toutes ces vérités (les vérités évidentes et nécessaires) et toutes celles que j'en déduis par un raisonnement certain, subsistent indépendamment de tous les temps : en quelque temps que je mette un entendement humain, il les connaîtra ; mais en les connaissant, il les trouvera vérités, il ne les fera pas telles; car ce ne sont pas nos connaissances qui font leurs objets, elles les supposent. Ainsi ces vérités subsistent devant tous les siècles, et devant qu'il y ait eu un entendement humain : et quand tout ce qui se fait par les règles des proportions, c'est-à-dire tout ce que je vois dans la nature, serait détruit excepté moi, ces règles se conserveraient dans ma pensée ; et je verrais clairement qu'elles seraient toujours bonnes et toujours véritables, quand moi-même je serais détruit, et quand il n'y aurait personne qui fût capable de le comprendre. Si je cherche maintenant où et en quel sujet elles subsistent éternelles et immuables, comme elles sont, je suis obligé d'avouer un être où la vérité est éternellement subsistante, et où elle est toujours entendue ; et cet être doit être la vérité même, et doit être toute vérité ; et c'est de lui que la vérité dérive dans tout ce qui est et ce qui s'entend hors de lui. C'est donc en lui, d'une certaine manière qui m'est incompréhensible, c'est en lui, dis-je, que je vois ces vérités éternelles; et les voir, c'est me tourner à celui qui est immuablement toute vérité, et recevoir ses lumières.... Ainsi nous les voyons dans une lumière supérieure à nous-mêmes, et c'est dans cette lumière supérieure que nous voyons aussi si nous faisons bien ou mal, c'est-à-dire si nous agissons, oui ou non, selon ces principes constitutifs de notre être... Ces vérités éternelles, que tout entendement aperçoit toujours les mêmes, par lesquelles tout entendement est réglé, sont quelque chose de Dieu, ou plutôt sont Dieu même. Car toutes ces vérités éternelles ne sont, au fond, qu'une seule vérité. En effet, je m'aperçois, en raisonnant, que ces vérités sont suivies. La même vérité qui me fait voir que les mouvements ont certaines règles, me fait voir que les actions de ma volonté doivent aussi avoir les leurs, et je vois ces deux vérités dans cette vérité commune qui me dit que tout a sa loi, que tout a son ordre : ainsi la vérité est une, de soi ; qui la connaît en partie en voit plusieurs ; qui les verrait parfaitement n'en verrait qu'une.... En la présence d'un être si grand et si parfait, l'âme se trouve elle-même un pur néant et ne voit rien en elle-même qui mérite d'être estimé, si ce n'est qu'elle est capable de connaître et d'aimer Dieu... Mais nul ne connaît Dieu que celui que Dieu éclaire ; et nul n'aime Dieu que celui à qui il inspire son amour, car c'est à lui de donner à sa créature tout le bien qu'elle possède, et, par conséquent, le plus excellent de tous les biens, qui est de le connaître et de l'aimer. Ainsi le même qui a donné l'être à la créature raisonnable lui a donné le bien-être. Il lui donne la vie, il lui donne la bonne vie, il lui donne d'être juste, il lui donne d'être saint, il lui donne enfin d'être bienheureux... L'intelligence et l'objet, en nous, peuvent être deux ; en Dieu, ce n'est jamais qu'un, car il n'entend que lui-même, et il entend tout en lui-même, parce que tout ce qui est, et n'est pas lui, est en lui comme dans sa cause. Mais c'est une cause intelligente qui fait tout par raison et par art, qui, par conséquent, a en elle-même, ou plutôt qui est elle-même, l'idée et la raison primitive de tout ce qui est. Et les choses qui sont hors de lui n'ont leur être ni leur vérité que par rapport à cette idée éternelle et primitive... Quand j'entends actuellement la vérité que j'étais capable d'entendre, que m'arrive-t-il, sinon d'être actuellement éclairé de Dieu et rendu conforme à lui ?... N'est-ce pas que celui qui a répandu partout la mesure, la proportion, la vérité même, en imprime en mon esprit l'idée certaine? Mais qu'est-ce que cette idée? Est-ce lui-même qui me montre, en sa vérité, tout ce qu'il lui plaît que j'entende, ou quelque impression de lui-même, ou les deux ensemble ? Et que serait-ce que cette impression ? Quoi ! quelque chose de semblable à la marque d'un cachet gravé sur la cire ? Grossière imagination qui ferait l'âme corporelle et la cire intelligente. Il faut donc entendre que l'âme, faite à l'image de Dieu, capable d'entendre la vérité qui est Dieu même, se tourne actuellement vers son original, c'est-à-dire vers Dieu, et la vérité lui paraît autant que Dieu la lui veut faire paraître. Car il est maître de se montrer autant qu'il veut ; et quand il se montre pleinement, l'homme est heureux... Enfin donc il est certain qu'en Dieu est la raison primitive de tout ce qui est et de tout ce qui s'entend dans l'univers ; qu'il est la vérité originale, éternelle ; que, cherchant la vérité, nous le cherchons, que, la trouvant, nous le trouvons et lui devenons conformes... L'âme l'a toujours en elle-même, car c'est par lui qu'elle subsiste; mais, pour voir, ce n'est pas assez d'avoir la lumière présente, il faut se tourner vers elle, il lui faut ouvrir les yeux ; l'âme a aussi sa manière de se tourner vers Dieu, qui est sa lumière, parce qu'il est la vérité ; et se tourner à cette lumière, c'est-à-dire à la vérité, c'est en un mot vouloir l'entendre... Là s'achève la conformité de l'âme avec Dieu... Dieu, qui nous a faits à son image, c'est-à-dire, qui nous a faits pour entendre et pour aimer la vérité à son exemple, commence d'abord à nous en donlier l'idée générale, par laquelle il nous sollicite à en chercher la pleine possession, où nous avançons à mesure que l'amour de la vérité s'épure et s'enflamme en nous... Malheur à la connaissance stérile qui ne se tourne point à aimer et se trahit elle-même. » etc. (*Connaissance de Dieu et de soi-même*, c. 4.)

On reconnaît encore le sage panthéisme de l'école de Platon.

Mais c'est surtout quand Bossuet expose son thomisme sur la grâce, qu'il devient profond et va jusqu'aux dernières limites qu'il soit donné d'atteindre, sans tomber dans l'abîme du panthéisme erroné, en ce qui concerne le mystère de l'activité libre. « Comme la volonté de Dieu, » dit-il, « est la cause universelle de tout ce qui est, il faut que tout ce qui est, en quelque manière qu'il soit, vienne de lui...... N'importe que notre choix soit une action véritable que nous faisons, car, par là même, elle doit encore venir *immédiatement* de Dieu, qui, étant, comme premier être, cause immédiate de tout être, comme premier agissant doit être cause de toute action ; tellement qu'il fait en nous l'agir même comme il y fait le pouvoir agir. L'état de notre être, c'est d'être tout ce que Dieu veut que nous soyons. Ainsi, il fait être homme ce qui est homme, et corps ce qui est corps, et pensée ce qui est pensée, et passion ce qui est passion, et action ce ce qui est action, et nécessaire ce qui est nécessaire, et libre ce qui est libre, et libre en acte et en exercice ce qui est libre en acte et en exercice ; et c'est ainsi qu'il fait tout ce qu'il lui plaît dans le ciel sur la terre, et que, dans sa seule volonté suprême, est la raison *a priori* de tout ce qui est....... Il (Dieu) atteint, pour ainsi parler, toute action de nos volontés dans son fond, donnant immédiatement et intimement à chacune tout ce qu'elle a d'être. »(*Traité du libre arbitre*, ch. 3 et ch. 8.)

« L'efficace toute-puissante de l'opération divine, dit-il encore, n'a garde de nous ôter notre liberté, puisqu'au contraire elle la fait, et dans l'âme et *dans ses actes*. Ainsi on peut dire que c'est Dieu qui nous fait agir, sans craindre que pour cela notre liberté soit diminuée ; puisqu'enfin il agit en nous comme un principe intime et conjoint, et qu'il nous fait agir comme nous nous faisons agir nous-mêmes, ne nous faisant agir que par notre propre action, qu'il veut et fait, en voulant que nous l'exercions avec toutes les propriétés que sa définition enferme. » (*Ibid.*, c. 9, vers la fin.)

Il serait difficile d'être plus énergique, et même plus hardi ; qui affronta jamais avec plus d'aplomb la multitude des petits philosophes, qui ne peuvent voir, dans de tels exposés, que la contradiction et l'inconséquence ?

Le siècle des Malebranche emporta dans sa tombe nos gloires philosophiques, et le génie, comme ennuyé de l'harmonisme entre Dieu et son œuvre, entreprit de les constituer en répulsion. Ce ne sont plus que des déviations dans tous les sens : en Allemagne, l'idée de Dieu veut absorber celle de l'homme ; en France et en Angleterre, l'idée de l'homme veut absorber celle de Dieu ; puis vient le siècle où nous écrivons, siècle de la mêlée la plus confuse des deux panthéismes extrêmes à tous les points de vue, et qui manque de médecins pour le guérir !

On dit cependant beaucoup de vérités, on en remue un plus grand nombre qu'on ne le fit jamais ; mais on ne peut se fixer dans la voie de la modération et de la sagesse ; on outrepasse toujours la vérité qu'on veut défendre, et surtout l'on n'écrit presque plus qu'avec du fiel pour encre.

Avant de passer à un examen rapide de la révélation, pour en montrer les harmonies avec le panthéisme rationnel que nous venons d'exposer, citons un exemple de cette fièvre d'exagération qui nous possède, lequel nous serve encore à jeter un dernier trait de lumière sur la question qui fait l'objet de cet article.

Que n'a-t-on pas dit contre le panthéisme de M. Cousin ? Cependant un homme qui professe la spiritualité, la personnalité morale, et l'immortalité de l'âme humaine, ne saurait être panthéiste ; nous en avons fait l'observation en commençant ; malgré cela, on a voulu qu'il le soit, et il l'est dans l'esprit d'un grand nombre. Nous accordons cependant qu'il se trouve dans ses œuvres certaines tendances de ce côté, mais rien de plus. Voici un des passages les plus forts sur lesquels on se soit appuyé pour établir ces accusations.

On lit dans les *Fragments philosophiques*, p. 23 : « Une cause absolue et une substance absolue sont identiques dans l'essence, toute cause absolue devant être substance en tant qu'absolue, et toute substance absolue devant être cause pour pouvoir se manifester. De plus, une substance absolue doit être unique pour être absolue ; deux absolus sont contradictoires, et l'absolue substance est *une* ou n'est pas. (Jusqu'ici point de panthéisme, ce n'est que l'unité et la substantialité de Dieu démontrées, mais voici :) On peut même dire que toute substance est absolue en tant que substance, et par conséquent *une* ; car des *substances relatives détruisent l'idée même de substance*, et des substances finies qui supposent, au delà d'elles, une substance encore à laquelle elles se rattachent, *ressemblent fort à des phénomènes*. L'unité de la substance dérive donc de l'idée même de la substance, laquelle dérive de la loi de la substance. »

Il n'y a, dans ces paroles, quelque chose à reprendre qu'autant qu'on mettra de la malveillance à les interpréter ; car supposez que l'écrivain ait dans l'esprit la substance en soi, la substance par excellence, celle-là seule qui n'est que substance, qui n'est que soutenant, et par conséquent qui n'est point soutenue, il doit dire, pour être exact, qu'elle est nécessairement absolue, puisqu'autrement elle serait et ne serait pas absolue tout à la fois ; et, par suite, qu'elle est *une*. Ajoutera-t-il que *des substances relatives détruisent l'idée même de substance et ressemblent fort à des phénomènes?* Oui, dans un sens, elles détruisent l'idée de substance en soi, proprement dite, non soutenue, c'est évident ; elles ressemblent aussi à des phénomènes si on les considère relativement à la substance absolue qui les soutient, puisqu'on doit dire d'elles, comme on le dit des phénomènes, qu'elles sont soutenues ; et enfin, la conclusion ne sera pas moins vraie, en prenant toujours le mot substance dans le sens de soutien non soutenu.

Mais si, au lieu de parler de la substance purement et absolument substance, vous parlez d'une autre chose qui n'est point substance par rapport à un soutien dont elle a besoin pour être, mais qui l'est réellement, à son tour, par rapport à des modes qu'elle possède, engendre et supporte, il n'y aura plus un seul mot dans l'argument qui puisse se rapporter à cette chose ; elle pourra être multiple ; sa propriété d'être relative ne détruira plus l'idée du terme quelconque qui la nommera, et elle ne ressemblera pas plus à ce qu'on entend par phénomène que son soutien ne lui ressemble, puisqu'il y aura, entre elle et ses phénomènes, la même différence qu'entre son soutien et elle-même, la différence de l'actif au passif.

On voit qu'il suffit de se comprendre pour se trouver réunis dans la vérité quand on se croyait aux deux pôles contraires. Pourquoi n'attribuerions-nous pas à M. Cousin la bonne pensée plutôt que la mauvaise qui, au fond, se réduirait à un misérable jeu de mots propre à aveugler les yeux déjà malades?

Nous dirons de même des paroles suivantes de Lamennais, bien qu'elles paraissent positives à première vue, et que nous reconnaissions en lui une tendance panthéistique, mais que nous ne pouvons déclarer panthéiste puisqu'il réserve, comme nous l'avons dit, le moi humain distinct, immortel et même susceptible, dans l'autre vie, de peines et de récompenses : « Il n'existe qu'une substance, infinie en Dieu, finie dans les créatures ; et ce qui est vrai de la substance est également vrai des propriétés inhérentes à la substance. » Lamennais entend parler du soutenant radical qui ne se distingue pas de la cause première, et de ses propriétés essentielles comme sont l'intelligence et l'amour ; il serait même bon, nous l'avons dit, que le mot *substance* fût exclusivement réservé pour expliquer cette cause ; or, cela posé, n'est-il pas vrai, dans un sens, qu'il n'existe qu'un soutenant de cette espèce, et que ce soutenant, infini en lui-même, devient relativement fini dans la créature qu'il soutient, comme la lumière de la vérité, qui éclaire notre âme et qui est la propriété de ce soutenant, est infinie en soi, et finie dans notre âme, parce qu'elle ne l'éclaire que par un rayon ; comme la grâce par laquelle Dieu nous pousse au bien est infinie en soi, et devient finie en nous puisqu'elle se borne à une action relative à notre nature? Leibnitz, qu'on ne peut accuser d'être panthéiste, a dit : « Nous pensons Dieu lui-même en concevant comme illimité et infini ce qui est limité en nous. » (T. II, p. 24.)

IV.—Accord de la révélation avec la doctrine rationnelle sur la question du panthéisme.

Si l'on voulait résumer, aussi brièvement que possible, la doctrine rationnelle que nous venons de préciser, on pourrait la ramener aux deux principes suivants.

1ᵉʳ principe. — Si la raison envisage la créature du côté de Dieu, elle attribue à Dieu la priorité à tous les points de vue, puisqu'elle voit clairement que la créature est relative dans sa plénitude, et que la concevoir sans cette priorité divine sous un rapport quelconque, fût-ce sous le plus petit, serait la concevoir absolue.

C'est ainsi qu'elle ne peut être, relativement à Dieu, qu'une création de sa puissance, une suspension sur sa substance, une limitation dans son immensité, un commencement dans son éternité, une virification de sa vie, une motion de sa force, etc., etc.

2ᵉ principe. — Si la raison envisage la créature du côté de ses propres modifications, elle lui attribue une véritable force intrinsèque et distincte, dont la conscience de chacune est la preuve invincible pour les créatures qui ont la propriété de se connaître et de dire *moi*.

C'est ainsi que chaque raison se dit à elle-même en considérant ses phénomènes : Je suis moi, non pas tout autre, et ce moi est créateur de modifications, appui substantiel de formes, germe d'idées, producteur de déterminations, électeur libre entre le bien et le mal, etc., etc.

Ces deux principes sont également certains aux yeux de la raison, le second étant, de prime abord, instinctivement senti par la créature douée de raison, puisqu'il est le fait de son être, le premier étant une déduction claire et rigoureuse de la nécessité d'un absolu, et des caractères de notre nature, lesquels sont exclusifs de ceux de l'absolu. (*Voy.* Ontologie.)

Demandons maintenant à la révélation quel est son symbole.

Elle s'ouvre par le tableau de la création, et nous présente Dieu comme créateur, incubateur, formateur, ordonnateur, animateur, type et législateur premier de l'univers.

Il *crée* toutes choses.

Son esprit *incube* son œuvre pour la rendre féconde.

Il *forme* l'homme. Il *forme* la femme.

Il sépare la lumière des ténèbres et met partout l'*ordre*.

Il *anime* l'homme de son souffle.

Il *s'imite* lui-même en le faisant.

Il pose les lois de la croissance, de la multiplication, et de la distinction du bien et du mal.

De son côté, la créature est distinguée du Créateur par quelque chose qui devient sien et qui la constitue en réalité-soi.

Dieu lui dit : *Croissez et multipliez* (*Gen.* I, 28) ; elle a donc une vertu secondaire qui, bien que fondée sur la sienne, n'en est pas moins un vrai germe de développement et de production.

Dieu réalise l'homme à son *image*. L'homme sera donc un créateur second, créant par une vertu reçue et perpétuellement donnée, mais créant réellement non pas des individualités-soi, mais des combinaisons sublimes. Où était l'*Iliade* avant qu'Homère l'eût conçue ? Il sera, de même, à l'image de Dieu, incubateur, formateur, ordonnateur, animateur, législateur et type de millions de choses qui n'existent encore qu'à l'état d'idée dans l'être infini.

Dieu tire la femme de l'homme ; l'homme est donc bien une chose-soi d'où l'on peut tirer une autre chose.

Dieu lui annonce le bonheur ou le malheur selon qu'il choisira le bien ou le mal ; il est donc une puissance libre.

La suite de l'histoire se développe par une série déductive dont cet exorde est la majeure, et qu'il est impossible de surprendre en défaut. Toujours Dieu, partout Dieu, sous tous les rapports Dieu mis en première ligne, et l'homme en cause seconde, causée, inspirée, dominée, conduite, et cependant causant, inspirant, dominant, conduisant. C'est là l'esprit fondamental des cinq livres de Moïse, du livre de *Job*, et de tous les livres qui en sont la continuation.

N'oublions pas la définition que Dieu donne de lui-même : *Je suis celui qui est.* (*Exod.* III, 14.) Et nous, ô Dieu ! est-ce que nous ne sommes pas ? Nous sommes quelque chose, puisque vous dites à Moïse : Va dire à mon peuple : *Celui qui est m'a envoyé vers toi.* (*Ibid.*) Nous avons compris : près de vous nous ne sommes pas, puisque nous ne sommes qu'en vous, puisque nous ne sommes que parce que vous êtes, puisque, enfin, nous ne sommes pas plus sans vous que nos qualités ne peuvent être sans nous.

Dieu donnera le décalogue par Moïse, et le premier article ordonnera l'adoration du Dieu unique, avec la défense expresse de tout culte à des créatures. Les autres impliqueront plus spécialement la personnalité humaine, et ainsi seront écartés, autant que possible, les deux panthéismes extrêmes. Il n'est pas un livre qui les sente moins que la Bible, et toutes les précautions qu'elle prend contre l'invasion du polythéisme, leur père, prouvent le soin qu'elle a d'en garantir la postérité de Jacob.

La révélation aura ses poëtes, ses lyres enthousiastes, ses chantres ardents, ses peintres exaltés, ses styles aux plus hardies figures, et cependant il ne lui échappera pas une image qui paraisse favoriser l'une ou l'autre des deux idées panthéistiques. L'humilité devant Dieu sera prêchée, mais une humilité mâle, laborieuse, forte, qui conserve l'homme et ne ressemble pas à l'annihilation quiétiste des Hindous.

Les tableaux de la Divinité éviteront, en général, le côté philosophique, dangereux pour les peuples jeunes, quoique vrai en soi, de son omniprésence substantielle ; ils peindront plutôt sa grandeur ; ils diront : *Toute chair est de l'herbe, toute gloire est comme la fleur d'un champ. L'herbe s'est desséchée, et la fleur est tombée quand l'esprit de Dieu a soufflé sur elles. Le peuple est vraiment de l'herbe ; l'herbe sèche, et la fleur tombe ; mais le Verbe de Dieu demeure éternellement. Toutes les nations sont devant lui comme si elles n'étaient pas ; elles sont comme un rien, comme un vide. A qui ferez-vous ressembler Dieu ?* (*Isa.* XL, 6, 7, 8, 17, 18.) Et cependant ce côté ne sera pas toujours oublié, ce qui pourrait être un défaut. La raison éternelle sera décrite comme existant, dès le principe, avant toute chose (*Prov.* VIII, 22) ; étant là quand le Père étendait les cieux ; se jouant dans l'orbe des êtres (*Ibid.*, 27, 31) ; étant partout où n'est pas la mort... ; répandue dans toutes ses œuvres et sur toute chair (*Eccli.* I, 10)...... ; nous ayant dans sa main nous et nos discours (*Sap.* VII, 16)... ; une et multiple .., subtile..., agile..., pénétrante..., active..., bienfaisante..., aimant l'homme..., infaillible..., pouvant tout..., voyant tout ; contenant en soi tous les esprits..., intelligible..., pure..., atteignant partout..., la vapeur de la vertu de Dieu..., l'émanation de sa clarté..., la lumière éternelle..., immuable et renouvelant tout ce qui change..., répandue parmi les nations (*Ibid.*, 22, 27)... ; premier artisan des ouvrages de l'homme, et des grandes vertus, et de la justice, et de la science (*Sap.* VIII, 6 et seq.)... ; type enfin de la beauté que l'homme a vue dans les choses dont il a fait des dieux. » (*Sap.* XIII, 2, 3, 10.) Et Job dira à Dieu : *Toi seul es : Tu solus es.* (XIV, 4.)

Voici venir la grande révélation du Christ, l'alpha et l'oméga de l'humanité. Elle sera plus hardie, plus complète ; l'homme va entrer dans l'âge mûr ; il peut tout entendre.

Je suis le principe, disait Jésus-Christ aux Juifs et aux apôtres, *je suis le pain de vie ; mais personne ne peut venir à moi, si le Père qui m'a envoyé ne l'attire.... Je suis la vigne.... demeurez en moi, et moi en vous ; comme la branche ne peut porter du fruit d'elle-même, si elle ne demeure sur la vigne, ainsi vous non plus, si vous ne demeurez en moi, car je suis la vigne et vous êtes les branches ;......sans moi vous ne pouvez rien faire. — Je suis la voie, la vérité et la vie, nul ne vient au Père que par moi.* (*Joan.* VI, 44 ; XV, 1, 4, 5 ; XVI, 6.)

Et il dit au Père avant de mourir : *Père, sanctifiez-les dans la vérité. ... que tous soient un ! comme tu es en moi et moi en toi, qu'eux aussi soient un en nous..... Je leur ai donné la clarté comme tu me l'as donnée, afin qu'ils soient un comme nous sommes un. Moi en eux et toi en moi, pour qu'ils soient consommés en un !* (*Joan.* XVII, 17, 21, 22, 23.) Voilà une consommation dans l'unité, dont il n'a pas encore été question ; c'est l'unification surnaturelle en Dieu et dans le Christ, par une même connaissance et par un même amour, qui ne sont que des participations de la connaissance et de l'amour infini; et c'est à Dieu, Père et Fils, qu'est attribuée l'opération première de cette sanctification merveilleuse, qui d'ailleurs n'est point une identification, comme le montre, aussi clairement que possible, toute la trame de la prédication de Jésus-Christ.

Saint Jean, le poëte philosophe du collège apostolique, dit, en commençant son Evangile, que *le Verbe est Dieu*, *qu'en lui est la vie*, et que *la vie est la lumière des hommes; que cette lumière éclaire tout homme venant en ce monde*, et que cependant *elle luit dans des ténèbres qui ne la comprennent pas*. (Joan. I, 1, 4, 9, 5.) C'est ce qu'avait peint Platon, dans son allégorie de la caverne, en parlant du soleil intelligible dont la lumière est commune à tous les esprits, et ce qu'ont si bien développé saint Augustin et Malebranche. Mais la distinction n'est pas attaquée, car l'éclairé est distinct de celui qui éclaire, et d'ailleurs saint Jean dit en parlant de celui qui fut le précurseur de la lumière incarnée: *Il n'était pas la lumière, mais pour rendre témoignage de la lumière.* (Ibid., 7.)

Saint Jacques pose aussi clairement le premier de nos principes rationnels : *Tout ce qui se reçoit de bon et tout don parfait est d'en haut, et descend du Père des lumières, en qui point de changement et d'ombre de vicissitude. Il nous a volontairement engendrés par la parole de la vérité, afin que nous soyons quelque commencement de ses créations.* (Jac. I, 17, 18); et quant au second principe, il est impliqué dans tout le reste de l'épître.

Mais c'est dans saint Paul surtout qu'on trouve exposé, sous la forme énergique et sublime, notre panthéisme raisonnable aussi bien dans l'ordre naturel que dans l'ordre surnaturel.

Ne le prendrait-on pas pour le maître des Platon et des Aristote, quand il parle ainsi de Dieu devant l'Aréopage : *Il a fait le monde et tout ce qui est dans le monde; il est le Seigneur du ciel et de la terre; il n'habite pas dans des temples de main d'homme; il n'est pas honoré par des œuvres mortelles, n'ayant besoin de quoi que ce soit et donnant lui-même à tous la vie, l'inspiration, et toutes choses... il n'est pas loin de chacun de nous, car en lui nous vivons, nous sommes mus, et nous sommes; comme l'ont dit quelques-uns de vos poëtes, nous sommes une génération de lui-même; puis donc que nous sommes une génération de Dieu, nous ne devons pas estimer que le divin soit semblable à de l'or, à de l'argent ou à la pierre sculptée par l'art et la pensée de l'homme.* (Act. xvii, 24 et seq.)

• Paul va plus loin que nous. Il ne craint pas d'user du mot génération (genus-γένος), employé par le poëte Aratus qui avait dit : Ἐξ Διὸς ἀρχώμεστα, τοῦ γάρ καὶ γένος ἐσμέν, *venant de Dieu, nous sommes sa génération*; et plus tard par Cicéron qui, s'inspirant de la philosophie de Platon qu'il traduisait, avait dit dans le même sens : « Puisque la raison est dans Dieu et dans l'homme, il y a donc une première société de l'homme avec Dieu, une ressemblance de l'homme avec Dieu; on peut nous appeler ainsi la famille, la race, la lignée de Dieu; d'où il résulte que, pour l'homme, reconnaître Dieu, c'est se reconnaître et se rappeler d'où il vient. » (*Lois*, II.)

Comment osera-t-on dire, après cette leçon philosophique adressée par Paul à tous les siècles, que la substance créée subsiste en soi, n'ayant besoin de quoi que ce soit pour se soutenir, et tout ce qui n'est pas lui a la vie dans sa vie, le mouvement dans son mouvement, l'être dans son être : *In ipso vivimus, et movemur et sumus.* (Act. xvii, 28.)

L'Apôtre deviendra de plus en plus énergique, pour exprimer la même pensée, à mesure qu'il plongera plus profondément dans le surnaturel :

Rendons grâces à Dieu le Père, qui nous a faits dignes de participer au sort des saints dans la lumière; qui nous a arrachés de la puissance des ténèbres, et nous a transplantés dans le royaume du Fils de son amour; en qui nous avons rédemption par son sang, rémission des fautes; et qui est l'image de Dieu invisible, le premier-né avant toute créature. Toutes choses ont été fondées en lui dans le ciel et sur la terre, les visibles et les invisibles..... Tout a été créé par lui et en lui; il est avant tout, et tout consiste sur lui. « Omnia in ipso constant. » (*Coloss.* I, 12 et seq.)

Il n'y a que le mal dont le Père, le Fils et l'Esprit, dans l'ordre naturel, et le Fils incarné, dans l'ordre surnaturel, ne soient pas le fondement, la substance première et le premier ressort, parce que le mal est la volition négative et ténébreuse de la créature qui veut se passer de son principe sans qu'elle le puisse, lutte ainsi par sa liberté contre son essence, et consomme son suicide autant qu'il est en elle. C'est ce qu'a dit saint Jacques : *Dieu n'est point tentateur du mal..... mais la concupiscence fascine; puis ayant conçu, elle enfante le péché; et le péché engendre la mort.* (Jac. I, 13, 15.)

C'est ce qu'explique de la même manière Augustin, en condamnant cette doctrine avec son platonisme : « La justice qui vit en soi-même, c'est Dieu, sans aucun doute, et elle vit immuablement. Mais comme cette vie, bien qu'elle soit en elle-même, devient cependant vie nôtre, quand nous devenons participants d'elle-même d'une manière quelconque; ainsi, bien que la justice soit en elle-même, elle devient cependant justice nôtre, quand nous vivons justement en y adhérant; et nous sommes d'autant plus ou moins justes que nous lui adhérons plus ou moins. » (Epist. 120, C.)

Oui, mon Dieu, vous m'illuminez dans votre lumière et par votre lumière; vous me vivifiez dans votre vie et par votre vie; vous m'échauffez dans votre amour et par votre amour; vous me justifiez dans votre justice et par votre justice; vous me béatifiez dans votre béatitude et par votre béatitude; vous me substantifiez dans votre substance et par votre substance; vous me faites moi-même en vous-même et par vous-même; et cependant je peux vous opposer pour réponse ma négation libre, mon refus d'adhésion, et, par ce moyen, me tuer moi-même de volonté dans mon germe.

Reprenons saint Paul : *Un seul corps et un seul esprit, comme vous avez été appelés dans une seule espérance, un seul Seigneur, une seule foi, un seul baptême, un seul Dieu et Père de tous, qui est sur tous, et par toutes choses, et en nous tous :* « Super omnes, et per omnia, et in omnibus nobis. » (*Ephes.* iv, 4-6.)

Et plus loin, parlant du mystère de la régénération par le Christ, de cette seconde création surnaturelle :

Celui qui est descendu est celui-là même qui s'élève au-dessus de tous les cieux pour tout remplir... et qui a tout fait pour la consommation des saints..... et l'édification du corps du Christ, jusqu'à ce que nous nous rencontrions tous dans l'unité de la foi...., en un homme parfait..... nous sommes les membres de son corps, de sa chair et de ses os. (*Ephes.* iv, 10 et seq.; v, 30.)

L'Apôtre revient souvent sur cette image de l'unité harmonique des membres dans un corps malgré leur diversité propre, ce qui fait penser à l'harmonisme de Leibnitz et de Malebranche.

Ces passages, et beaucoup d'autres du père de la théologie chrétienne, de notre Platon, se rapportent principalement au fond substantiel de l'être. En voici quelques autres sur l'activité de la créature intelligente et libre. Voici pour l'activité intellectuelle,

Ayons confiance en Dieu par le Christ; car nous ne sommes suffisants pour penser quoi que ce soit par nous-mêmes et comme de nous-mêmes; mais notre suffisance est de Dieu. (II *Cor.* iii, 5.)

Voici pour l'activité de volonté dans les œuvres.

C'est Dieu qui opère en vous et le vouloir et le faire à son bon plaisir. (*Philip.* ii, 12.)

On ne fut jamais plus positif et plus hardi. Cependant saint Paul n'en professe pas moins l'autre principe, de la productivité réelle de l'âme, quoiqu'à titre de cause seconde. A quoi auraient servi tous ses efforts pour déterminer les hommes à bien choisir s'ils n'eussent pas été, dans sa pensée, des activités libres? Il le suppose à l'endroit même que nous venons de citer en disant : *Opérez votre salut :* « Vestram salutem operemini. » (*Ibid.*)

Enfin, combien de fois ce grand Apôtre n'a-t-il pas fait des résumés comme celui-ci : *Tout est en lui, de lui, par lui:* « Omnia in ipso, ex ipso, per ipsum. » (*Col.* i, 16.) Et cependant il ne dépasse jamais la ligne moyenne; il réserve la personnalité de l'homme dans le travail de cette vie : *J'ai travaillé plus abondamment qu'eux tous,* s'écrie-t-il, *non pas moi seul, mais la grâce de Dieu avec moi* (*I Cor.* xv, 10); il la réserve aussi jusque dans la béatitude céleste, qu'il peint avec les mots de Platon, et non pas avec ceux des Indiens trop hyperboliques. Cette béatitude consiste, pour lui, dans une vision face à face avec un corps céleste, dans une vue claire du soleil des esprits, après les visions voilées, nébuleuses, énigmatiques de cette vie au sein du mouvement des ombres. *Toute chair n'est pas la même chair... il y a corps célestes et corps terrestres; enfin, autre est l'éclat des célestes, autre l'éclat des terrestres... est semé le corps animal, ressuscitera le corps spirituel...* (*I Cor.* xv, 39-43.) *Maintenant nous voyons dans un miroir, en énigme, et alors face à face; maintenant je connais en partie, alors je connaîtrai comme je suis connu.* (*I Cor.* xiii, 12.)

Ne quittons pas la grande révélation chrétienne sans nommer le mystère ineffable de l'Eucharistie, qui est, tout à la fois, la réalité et la figure sacramentelle de la communion de la multiplicité créée dans l'unité incréée.

L'Eglise est le développement de cette révélation, et elle continue d'éclairer la ligne moyenne, grâce aux écarts des Chrétiens égarés à droite et à gauche.

Rappelons-nous les déviations que nous avons signalées dans l'ordre surnaturel, et voyons comment se conduit l'Eglise à l'égard de ces déviations plus ou moins panthéistiques dans un sens ou dans l'autre.

Arius et Nestorius, avons-nous dit, tendent au panthéisme par division, en séparant, dans le Christ, la créature du Créateur. Que fait l'Eglise? elle condamne les systèmes d'Arius et de Nestorius.

Eutychès tend au panthéisme par unification, en faisant absorber, dans le Christ, l'humanité par la divinité. Que fait l'Eglise? elle condamne *Eutychès*.

Le pélagianisme et le semi-pélagianisme tendent, d'une manière grave, au panthéisme qui déifie l'homme en donnant à son activité une force prioritique dans la sanctification. Que fait l'Eglise? éclairée par les torrents de lumière que verse Augustin, elle déclare hérétiques les pélagiens et les semi-pélagiens.

Le prédestinatianisme, le fatalisme, le wiclefisme, le luthérianisme, le calvinisme, le baïsme et le jansénisme se succèdent et veulent entraîner la chrétienté vers le panthéisme par identification, en ôtant à l'homme sa liberté et son autonomie dans la prescience et dans la puissance de la cause première. Que fait l'Eglise? Elle les condamne tous et les poursuit, avec une constance qu'on n'admire pas comme elle le mérite, jusque dans les plus sinueux détours de leurs labyrinthes.

Le thomisme et le molinisme se font une guerre dont les feux croisés couvrent l'horizon pendant plusieurs siècles. Que fait l'Eglise? Elle se tait. Il y a cependant deux tendances contraires vers les abîmes; mais ces tendances ne consistent pas dans des affirmations doctrinales directement négatives de la ligne moyenne ; elles ne portent que sur l'explication du mystère d'harmonie entre l'action de Dieu et celle de l'homme ; elle se taira donc ; n'est-ce pas de la sagesse?

Elle fera de même à l'égard de tout système explicatif de l'énigme de Dieu et de la créature, pourvu que les deux vérités fondamentales soient garanties.

Que dirons-nous du quiétisme? La double tendance s'y trouvait, non plus dans une réponse au comment du mystère, mais sur le fait même de la vie présente ; elle y était, quoique assez faible, pour être invisible. L'Eglise a condamné ; et si l'on a regretté les circonstances des débats et la condamnation elle-même, ce n'a pas été par douleur de voir la ligne moyenne compromise.

Enfin le rationalisme et le traditionalisme exclusifs ont mille degrés. L'Eglise a fait connaître sa doctrine jusqu'à un certain point ; elle la manifestera davantage dans l'avenir, et l'on peut affirmer, par les garanties que fournit son passé, qu'elle ne fera que délimiter de mieux en mieux le milieu rationnel (27).

Quant aux tendances dans l'ordre politique, elle ne s'en mêlera pas plus pour prononcer d'autorité, qu'elle ne le fera dans l'ordre des sciences et dans celui des arts ; mais la raison en accomplira l'œuvre ; elle triomphera, sur tous les points, des deux panthéismes, non pas seule, comme dit saint Paul, mais Dieu avec elle.

Résumons-nous. Voulez-vous connaître la doctrine catholique sur Dieu et sur l'homme ? ouvrez un catéchisme ; vous y trouverez que Dieu est la cause infiniment puissante, créatrice de toutes choses, conservatrice de toutes choses, présente partout, sachant tout, voyant tout, soutenant tout, productrice première de tout bien, pourvoyant à tout, surveillant tout, inspiratrice des bonnes pensées et des bons désirs, principe des vertus, ressort nécessaire des bonnes œuvres par sa grâce ; et que l'homme est un être intelligent, libre, immortel, responsable de ses actions, et devant recueillir, dans l'autre vie, ce qu'il aura semé dans celle-ci. Or ne sont-ce pas les deux principes où la droite raison nous avait conduits?

Quant à l'explication du mode par lequel Dieu crée, conserve et active la personnalité créée sans nuire à sa liberté, l'Eglise catholique ne l'aborde pas ; elle s'en tient au mystère, sans condamner ni approuver les efforts de la science philosophique et théologique pour en hasarder d'hypothétiques interprétations ; or c'est encore à cette prudente réserve que s'en tient la sagesse rationnelle ; nous en avons fait la remarque dès le commencement.

Où trouver plus belle harmonie ? — *Voy.* Polythéisme.

PAPAUTÉ (La) DANS L'EGLISE. *Voy.* Eglise. *Voy.* Ordre, X.

(27) Quand nous écrivions ces lignes, nous ne savions pas que, dans l'année même, sortirait la déclaration de la congrégation de l'Index que nous

PARABOLE. *Voy.* Poésie.
PARADIS TERRESTRE. *Voy.* Déchéance, VII.
PASSION (La) DANS L'ART. *Voy.* Art, II.
PASSION DE JÉSUS-CHRIST. — LA MORT DE SOCRATE. — LA MORT DU CHRIST (II° part., art. 12). — Obligé que nous sommes de faire quelques coupures, nous nous décidons, à regret, à renvoyer le lecteur au *Dictionnaire du vrai, du bien et du beau*, qui complétera celui des *Harmonies*, pour la lecture d'un long parallèle entre la mort du juste de Platon et la mort du Sauveur, parallèle dont le but est de faire admirer la première comme le plus grand chef-d'œuvre des forces de la nature, et la seconde comme une manifestation des forces de Dieu dont le sublime surpasse celui de l'autre d'une telle hauteur, qu'il suffit de la comparaison des deux merveilles pour démontrer, en même temps, la double vérité théologique du naturel fils de la création, et du surnaturel fils de la rédemption. — *Voy.* Enfers.

PASSIONS (Les) SENSUELLES. — PLATON. *Voy.* Morale, III, 6.
PATHOLOGIE. — RELIGION. *Voy.* Physiologiques (Sciences).
PATIENCE. — CONFUCIUS. *Voy.* Morale, II, 12.
PAUVRETÉ. CONFUCIUS.—*Voy.* Morale, II, 12.
PÉCHÉ ACTUEL (Ce que c'est que le). *Voy.* Œuvres morales.
PÉCHÉ ACTUEL (Conditions du) *Voy.* Grace, III.
PÉCHÉ ORIGINEL. *Voy.* Déchéance. *Voy.* Physiologiques (Sciences), II, II.
PÉDAGOGIE (Question sociale de). *Voy.* Sociales (Sciences), IV.
PEINE DE MORT (Absence primitive de la). *Voy.* Historiques (Sciences), II.
PEINES (Éternité des). *Voy.* Vie éternelle, III, 1re quest.
PEINES (Mitigation des). *Voy.* Vie éternelle.
PEINES CANONIQUES. *Voy.* Indulgences.

PEINTURE.—PROGRÈS RELIGIEUX (IV° part., art. 10). La peinture est l'écriture directe des réels ou des idéaux, tandis que l'écriture ordinaire n'est, immédiatement, que la peinture du langage. L'une est l'incarnation *matérielle* et fixe des images, des sentiments, des idées ; l'autre n'est que l'incarnation des termes et des combinaisons de termes qui les nomment. Les objets vus par les yeux du corps ou les conceptions imagées et vues par les yeux de l'esprit sont imités par la peinture. Par l'écriture il n'y a rien d'imité matériellement, mais seulement des idées suscitées dans l'esprit par des signes qui n'ont avec elles qu'un rapport de convention. La peinture est l'écriture naturelle ; l'écriture est la peinture artificielle ; aussi les écritures hiéroglyphiques, qui sont les premières en usage à l'origine des peuples,

citons dans l'*Introduction* et au mot Logique. Cette déclaration est évidemment un commencement de réalisation du souhait que nous formions ici,

sont-elles la peinture même naissante, et l'écriture alphabétique ne vient-elle que longtemps après; cette dernière est une grande simplification, mais elle est, en même temps, de sa nature, mathématique, froide, sans poésie; toute la poésie est dans l'idée, dans les rapports harmoniques des termes, et aussi dans les sons parlés qui souvent sont imitatifs, et qui devraient toujours être en sympathie directe avec ce qu'ils expriment; il n'y en a pas dans les signes qu'on appelle lettres, dans les combinaisons qu'on appelle mots, ni dans les assemblages de mots. Si l'on parvient à inventer et vulgariser plus ou moins une écriture universelle, elle sera plus mathématique encore, plus algébrique, plus insignifiante en soi, afin d'être la simplicité même ; et il faut remarquer ici que les extrêmes se touchent : la peinture, qui est la première écriture enseignée par l'instinct, est universelle et comprise de tous, comme se sera la langue écrite dont nous parlons et que Leibnitz cherchait à imaginer; l'une et l'autre exprimeront directement les idées et non les sons; la seule différence, si cette langue existe un jour, sera dans la facilité de rendre toutes les idées humaines, avec leurs nuances variées, à l'aide d'un système simple à clef, et d'exécution prompte. Mais la peinture restera l'écriture sublime inspirée de Dieu seul, pour signifier dignement la poésie et l'art. L'écriture cosmopolite sera l'utile; la peinture sera l'agréable. Il est à remarquer que Dieu, après les instincts de nécessité absolue, met dans la nature ceux du beau, et que ces instincts se développent longtemps avant les instincts de simple utilité. Ayons donc soin de ne pas tourner toutes nos forces vers l'utile, d'en réserver pour l'agréable, qui est une des nourritures de l'âme, et de ne pas réduire le progrès aux calculs matériels du plus productif pour les besoins du corps.

L'oiseau partage sa journée entre ses amours, ses chants, et la recherche du grain ou de l'insecte qui le nourrit; le papillon doré ses ailes tout en pompant le suc des fleurs; la nature est, pour nous, une leçon perpétuelle de la sagesse infinie; soyons-y fidèles, et ne cédons pas, en insensés, à la passion de l'utile qui semble vouloir, depuis quelques années, absorber tout l'homme. La religion perdrait gros à ce nouveau jeu; elle est esprit, comme l'art; les journées qu'elle réclame, elle engage celui-ci à les partager avec elle; toujours l'art et la religion iront de compagnie, grandiront ensemble, faibliront ensemble, et ils mourraient ensemble, s'ils devaient mourir. Que l'industrie prenne une partie des jours et des heures de l'homme sur la terre, c'est un bien pour la religion elle-même; mais qu'elle ne s'empare ni de tous les individus, ni de toutes les forces, ni de tous les moments : ce serait un malheur énorme pour l'homme d'ici-bas; il doit même advenir un temps, si le progrès ne se fait pas à reculons, où tout travailleur ne travaillera que médiocrement, et pourra mettre en réserve une partie de sa journée, en dehors de ce qu'elle doit au repos absolu, pour la consacrer à la culture de l'intelligence par l'étude scientifique et à la culture du cœur par la religion et l'art. Revenons à la peinture, en particulier.

Elle a plusieurs branches.

Le dessin peint le réel ou l'idéal avec les lignes, les contrastes du clair et de l'obscur, et les combinaisons harmoniques des objets entre eux.

La peinture proprement dite, qu'elle soit à l'huile, à l'eau, au crayon, sur toile, sur papier, sur porcelaine, sur muraille ou de toute autre espèce, ajoute les couleurs.

La gravure, invention précieuse des modernes pour multiplier et éterniser les chefs-d'œuvre, est l'imprimerie de la peinture, et, en même temps, une traduction de l'artiste par un autre artiste. Le peintre compose, le graveur traduit, l'imprimeur édite. On n'estime pas assez le graveur, en général; on le regarde comme un copiste, on a tort; il fait passer l'œuvre d'une langue dans une autre; il a tout le mérite du traducteur. Il peut faire sa planche, qui est son manuscrit, avec le burin sur le métal, le bois, ou la pierre, ou, par l'emploi d'acides, après qu'il a gravé son dessin sur une couche grasse ajoutée au fond dur, et dans toutes ces méthodes, il lui faut le génie du traducteur. Il y a cependant la gravure héliographique dernièrement inventée par M. Niepce de Saint-Victor, et que cet esprit ingénieux s'occupe de perfectionner, qui ne demandera guère, pour son exécution, que de l'habileté mécanique, puisqu'il suffira de faire travailler le rayon lumineux réfléchi par le tableau sur un fond chimiquement préparé, pour obtenir la traduction demandée.

La lithographie est une gravure sur pierre; l'œuvre est d'abord traduite avec un crayon gras sur la pierre polie; puis, au moyen d'une préparation acidulée, qui mord imperceptiblement dans le grain du calcaire, mais différemment selon les variétés du dessin, on obtient un relief microscopique dont l'imprimeur se sert comme de toutes planches à impression. Ainsi que dans la gravure, les tableaux, ou les objets naturels, doivent être imités vus dans un miroir, si l'on veut qu'il n'y ait pas inversion de droite à gauche.

Enfin, la photographie sur plaque de métal ou sur papier est un moyen mécanique et chimique tout ensemble, de forcer le soleil à imprimer lui-même l'image sur un fond qui la conserve; mais jusqu'alors les couleurs sont omises, et le papier ou la plaque ne gardent que les clairs et les ombres et, par suite, le dessin avec ses lignes.

Telle est la peinture avec tout ce qui s'y rattache de plus important.

Si on la considère dans ses genres divers relatifs aux objets de son travail, on trouve la peinture historique, qui écrit en sa manière les grands événements, les scènes sociales, les aventures particulières, tout ce qui ressort de beau ou d'atroce, de digne d'amour ou de digne de haine, de l'évolution humaine. Les tableaux de batailles appartiennent à ce genre; ils en sont la partie faible, honteuse et sans avenir; espérons qu'on jour ils seront relégués parmi les œuvres maudites, où l'on ira les voir, ainsi que les sculptures infâmes du Musée napolitain, pour déplorer les tristes passés de l'homme, et frémir d'horreur à leurs souvenirs. Nous trouvons encore la peinture allégorique, qui est la sœur bien-aimée de la poésie, et dont le tableau mythologique, quand il n'est pas vivifié de l'esprit chrétien ou philosophique, est aussi la partie honteuse; la peinture domestique, qui conserve en image les mœurs, les genres, les habitudes de la famille pendant les époques où elle observe et compose; enfin le portrait des hommes, celui des monuments, et celui des lieux qu'on nomme le paysage.

On doit encore diviser la peinture en profane et religieuse : la première s'inspire de la simple nature; la seconde, sans négliger les beautés que cette région lui offre, s'élève jusqu'au surnaturel pour lui emprunter des sublimités célestes et les mélanger avec celles de la terre. Dans toutes les œuvres d'art, le naturel peut régner seul, mais le surnaturel ne saurait en être isolé, pas plus que l'écusson ne peut exister sans l'églantier qui lui sert de tige. Le religieux a donc pour avantage sur le profane, de l'embrasser dans son extension, et, en retour, le profane a pour avantage sur le religieux de lui être nécessaire, comme élément de ses épanouissements.

Ces principes posés, nous n'avons plus qu'à faire ressortir le secours que se prêtent mutuellement le christianisme et la peinture. Quelques réflexions générales seront suffisantes.

Voyez d'abord la puissance populaire des tableaux, des images, des portraits dans l'ordre religieux : le grand peintre exprime sur la toile une scène émouvante dont la foi du Chrétien, l'énergie du martyr, la prière de l'anachorète, la charité de la sainte, l'espérance du malheureux, la divine splendeur du Crucifié sont les acteurs; les artistes en sont transportés, les connaisseurs l'étudient et l'admirent, peu à peu tous comprennent le chef-d'œuvre, déjà beaucoup l'ont vu et ont rêvé, en le regardant, leur mentale oraison; bientôt la gravure, la lithographie, la photographie s'en emparent et en multiplient les reproductions; le même effet moral se propage dans les foules, sous l'influence de ces éditions sans nombre d'une grande idée conçue par le génie, inspirée par la vérité religieuse, et écrite pour l'art en caractères brûlants. Voilà le pouvoir du peintre; il s'étend à toutes les âmes; plus heureux que l'écrivain, le peintre est doué d'une langue que n'a point atteinte la confusion de Babel, et que comprennent à la fois toutes les nations.

Les hérésies sont toujours insensées sous quelque rapport; elles n'existent jamais sans une monomanie funeste qui recèle contre elles-mêmes un principe mortel. L'iconolatrie est une démence, et l'iconoclastie une autre démence; la raison se place dans leur intervalle; rien n'est plus clair dans le siècle où nous écrivons, et cependant on a vu toutes les filles rebelles de la religion chrétienne se jeter vers l'une ou vers l'autre de ces aberrations. Le protestantisme avait cependant pour école tout le passé chrétien sur la question des images, c'est-à-dire de la peinture appelée au secours du progrès religieux; à lui qui prétendait faire de la sagesse, de la raison, de la réforme au profit de l'adoration vraie, il n'était pas difficile de comprendre que la fureur des anciens iconoclastes ne pouvait aboutir qu'à priver l'idée évangélique d'une de ses langues les plus éloquentes, et que, si cette fureur avait eu gain de cause, la religion aurait perdu tout ce que l'art lui a conquis de sympathies, d'admiration, d'amour, pendant que l'art lui-même eût été privé de tout ce que la religion sublime du Crucifié lui a fourni de magnificence, de force, de vie et de grandeur.

Il ne lui était pas, non plus, difficile de comprendre qu'en isolant ces deux puissances il les paralysait du même coup, et que, d'ailleurs, comme il est impossible de réussir jamais à séparer ce que Dieu a uni, il se tuerait lui-même en épuisant ses forces contre une impossibilité posée de toute éternité. Ces réflexions étaient simples, elles devaient venir naturellement à l'esprit des réformateurs; et cependant, par un aveuglement inséparable de la colère qui fait les hérésiarques, ils chassèrent du temple le tableau et la statue. Cette folle entreprise suffirait seule pour dénoncer l'erreur. Le temple bâti par les hommes à la gloire du Très-Haut doit ressembler à celui de la nature que le Très-Haut lui-même a construit pour le prêtre de la création, qui est l'homme; or celui de la nature n'exclut aucune des formes de l'art; il se compose de leur ensemble le plus complet : il étale devant nous l'art divin lui-même, type du nôtre, sous toutes ses manifestations; les forêts, les monts, les lacs, les aurores, les bruits, les chants, les couleurs et tout le reste, sont les harmonies de la statuaire, de l'architecture, de la peinture, de la musique et de la poésie du Créateur. C'est à nous d'accumuler dans les temples bâtis par nos mains, comme autant d'offrandes, toutes les productions de notre génie, imitateur du génie de la nature. Le fondateur d'un culte qui n'a pas compris cette pensée, ce vaste syncrétisme des formes de l'adoration, ne peut être qu'un imposteur ou un monomane, dont l'œuvre périra avec le temps.

Oui, car si la religion vraie peut admettre, dans son épanouissement temporel, des imperfections, des obscurités, des défauts de lumière, elle ne saurait établir jamais des exclusions positives du vrai, du bien et du beau. Elle peut se taire aujourd'hui sur ce qu'elle dira demain, elle ne peut nier un seul jour ce qu'elle proclamera dans une période quelconque de sa vie immortelle. Elle a besoin de la peinture sur la terre pour sa prédication universelle, aussi bien que de tous les arts, de toutes les écritures et de toutes les langues; elle en aura besoin dans l'éternité même ; c'est alors que se dérouleront les grandes toiles de la beauté incréée devant le génie des créatures, et que celles-ci en feront leurs grandes et fidèles copies pour les rendre à Dieu en dignes offrandes. La peinture est donc la compagne nécessaire de la religion vraie, et toute religion qui l'exile de son temple, depuis Jésus-Christ, est nécessairement une intruse.

Notre catholicisme encourage le peintre et le sculpteur, avec l'architecte, le musicien, le poëte, l'écrivain, l'orateur, et tous les artistes. S'il paraît, dans certaines contrées, faire mauvaise mine à deux seulement, à l'acteur dramatique et au danseur, c'est aux abus, non à l'art qu'il s'adresse, et, du jour où les abus cesseront, l'amphibologie disparaîtra. Notre catholicisme est donc dans la condition de la vérité religieuse ; il évite les abîmes, garde le sentier de la sagesse, appelle à lui toutes les forces naturelles pour s'en servir, les glorifier et les diviniser en sa compagnie. Gloire à lui par-dessus toutes les religions de la terre !

Si la vérité religieuse trouve dans la peinture un puissant moyen de prédication et de propagande, la peinture doit plus encore à la vérité religieuse ; elle puise en elle ses inspirations les plus sublimes, elle enfante sous son influence ses plus grands chefs-d'œuvre ; et l'union est tellement intime que c'est en échauffant son génie à son foyer qu'elle travaille pour elle. Quelle source pour le peintre que notre Évangile, notre histoire ecclésiastique, nos mystères, nos poésies bibliques, notre foi, nos espérances, nos vertus sublimes ! quelles scènes aussi propres à féconder le génie que celles du drame divin, point de départ du culte catholique ! quel type trouvera-t-on dans l'humanité pareil à celui de Jésus, pour exercer jusqu'à la fin le pinceau des grands maîtres ? Philippe de Champagne, le Titien, le Guide, Raphaël, Michel-Ange, Rubens, Murillo, Le Sueur, tous les chefs de l'art l'ont rêvé et traduit à leur manière, dans d'immortelles pages ; et cependant on a vu de nos jours Ary Scheffer et Eugène Delacroix concevoir et peindre des Christ non moins sublimes, non moins touchants, non moins étonnants de sentiment et de grandeur divine, que ceux des anciens, sans leur ressembler ; il en sera de même des artistes à venir. Le christianisme est l'infini lui-même en tant qu'objet de l'art; nous le savons à peine par notre court passé, mais assez pour prédire que l'humanité s'en nourrira toujours sans l'épuiser jamais. On fera des digressions dans la simple nature, et dans le merveilleux des autres cultes ; on peindra leur histoire, on mettra sur la toile leurs fictions en allégories, on dessinera leurs scènes domestiques, on transmettra à la postérité les portraits des hommes, des monuments, des sites ; on s'exercera sur toutes les matières, il doit en être ainsi, puisque rien n'arrive dans le monde que Dieu ne l'envoie pour être étudié par le génie des arts ; mais quand on produira de ces grands tableaux qui étonnent les âges, font tomber en adoration tous les fronts, exaltent les âmes et font ruisseler les cœurs de larmes d'amour, on aura demandé au christianisme des inspirations.

Nous passons rapidement ; les pages nous manquent. Une dernière remarque d'utilité pratique.

Puisque la peinture est une arme si précieuse dans les intérêts de la religion, et puisque la religion est pour le peintre une mine féconde qu'il essayera toujours d'exploiter quand il aura du génie, il est important que le Chrétien n'enserre point l'artiste dans de trop rigides prescriptions. Il doit tolérer en lui la liberté de l'étude et la variété de composition jusqu'où peut le permettre une morale raisonnable et indulgente ; il ne saurait être question de ces profanations du pinceau dont le but est honteux et criminel ; le devoir du peintre est le même que celui de l'orateur, de l'écrivain, du poëte : ce qui concourt au règne du mal, de l'erreur, du laid lui est interdit ; mais tout lui est permis quand l'effet naturel doit se trouver en concours avec le règne du vrai, du bien et du beau ; peu importe l'abus que la mauvaise intention peut en faire : elle tire le mal du bien lui-même, faut-il pour cela, voiler le bien devant l'homme ? Il suffit donc d'une direction louable résultant de l'ensemble de l'œuvre pour qu'une dévotion intelligente la doive tolérer. Tâchons de nous faire comprendre en entrant quelque peu dans l'application.

Exclure le nu du palais des arts serait d'abord une folie. Il est impossible que le talent se développe sans l'étude des formes les plus délicates ; la preuve, c'est que l'académie entre essentiellement dans le professorat du dessin, et qu'un élève ne saurait devenir peintre sans en avoir esquissé des multitudes ; la proscrire, c'est ravir à l'art un moyen de développement, c'est l'éteindre peu à peu, et, par suite, c'est nuire à la religion, à la philosophie, à la morale, dont l'art, comme nous l'avons dit, est le prédicateur le plus éloquent, le plus efficace et le plus populaire.

Proscrire la mythologie et tout ce qui ne ressort pas du christianisme serait encore une folie de même espèce. Les modèles grecs offrent des types de beau qui n'ont pas de rivaux, jusqu'alors, comme inspirateurs. Il suffit de comprendre et de comparer la Minerve et la Vénus antiques pour juger que l'art grec s'était élevé aussi haut que possible dans l'expression du sentiment de la sagesse, de la virginité et de la pudeur, d'une part ; et du sentiment de la beauté, conquérante ou molle et voluptueuse d'autre part. Ces antithèses antiques seront toujours des éléments de développement pour le talent naissant ; elles auront puissamment contribué à la formation de tout grand maître chez les modernes. Ces phénomènes n'ont rien d'étonnant; Dieu a voulu que les âges de l'humanité s'entassent les uns sur les autres comme les pierres d'un édifice, et que les nouveaux venus soient toujours redevables d'une partie de leur mérite aux anciens.

Il en est de même de ce que peuvent fournir aux beaux-arts toute religion et toute histoire étrangères au christianisme ; on ne doit rien proscrire de ce qui sert à réveiller la puissance latente de l'artiste, pourvu qu'il n'en soit pas fait usage dans un but de propagation du mal. Si la fin de l'œuvre consiste à ajouter une glorification nouvelle aux vieilles glorifications de la grandeur d'âme, de l'héroïsme, de la philosophie, de la liberté, du patriotisme, du dévouement, de toutes les vertus humaines, ou bien une flétrissure nouvelle aux anciennes flétrissures de la lâcheté, de la tyrannie, de l'asservissement, de l'égoïsme, de tous les vices contraires aux vertus, il est évident que la production doit être accueillie par le Chrétien comme prêtant son appui à la consommation de l'Evangile sur la terre, puisque l'Evangile commence par adopter tout le bien que produit la nature. C'est ainsi que David, peignant avec son génie Socrate buvant la ciguë, et d'autres héros du paganisme, travaillait pour le christianisme et doit être considéré par l'homme d'intelligence comme un de ses apôtres, quel que fût d'ailleurs le fond de sa pensée à cet égard. N'y eût-il même, dans le travail, que l'utilité de l'étude, si à cette utilité ne se joint pas une intention de dépravation sociale, il est acceptable et ne peut être proscrit.

Les historiens profanes et mythologiques fournissent aussi à la peinture une source féconde de prédications allégoriques, dont les artistes modernes doivent tirer grand parti au profit de la vulgarisation des idées évangéliques. Nous devons, sous ce rapport, de grands éloges à l'école des romantiques de notre siècle, dont Gros fut le père et dont notre Delacroix est devenu le génie. Cette école a christianisé le profane, quand elle n'a pas peint le christianisme, ce qu'elle a fait presque toujours. L'école classique, sa rivale, dont le chef vivant est Ingres, n'a pas, au même degré, le sentiment chrétien ; elle ne sait pas imaginer le Christ et sa Mère, qu'imaginaient si bien les Raphaël ses maîtres ; elle n'est pas, non plus, aussi pudique ; elle aime le nu, parce qu'elle vise à la beauté matérielle plutôt qu'à l'expression de l'âme et de la pensée, unique but des efforts de l'autre.

Delacroix et Ary Scheffer plus grand encore, parce que c'est le dessin qui fait sa grandeur, ne voient, dans la matière, qu'un signe auréolique de l'être immatériel, et pour eux les plis d'une robe expriment aussi bien le fond que les mouvements d'un muscle. Ne méprisons pas cependant le premier genre ; il est souverainement utile dans les siècles révolutionnés par l'imagination, pour maintenir l'art dans la limite du goût, le retenir sur la pente qui le mènerait aux abîmes. C'est à lui, d'ailleurs, qu'il faut demander le délicat, le fini, le *formosum* des anciens, qui doit toujours servir d'exemplaire aux jeunes talents, et dont le génie seul a droit de s'écarter pour s'élever plus haut. Quand on sait, comme Ary Scheffer, mélanger les deux genres, on domine son temps. Si à ce mélange on savait ajouter la couleur vivante, harmoniée, énergique d'un Delacroix, on serait aussi grand qu'on peut l'être ; et, enfin, si l'on visait toujours à mettre au fond de la toile une pensée évangélique de restauration humaine, on surpasserait l'artiste comme le Christ a surpassé Moïse.

Nous avons jeté une idée sur la question de la pudeur artistique ; nous voulons la faire comprendre, en terminant, par un ou deux exemples de peintres vivants. Ces exemples ne peuvent être tirés des répertoires de Scheffer, le spiritualiste, de Delacroix le poëte, de Paul Delaroche et d'Horace Vernet, les peintres français par excellence, ni de Léon Cogniet, le classique chrétien. Tirons-le de deux peintres qui n'ont aucun point de ressemblance, d'Ingres l'archaïque et de Couture le romantique échevelé. Ingres a fait une Vénus anadyomène, c'est-à-dire naissante, sortant du sein des ondes, et n'éprouvant encore que le sentiment de la vie. Cette Vénus est nue et rien ne manque, en elle, à la modestie ; c'est une œuvre pleine de grâce que le moraliste intelligent ne reprochera jamais à la peinture. Voyez, près de cette œuvre, toutes les courtisaneries que font les petits peintres, et dites où est la pudeur, la convenance et la vraie beauté. La Grèce antique avait la Vénus impudique, et cette Vénus était habillée. Couture a peint, dans un tableau qui est peut-être le seul chef-d'œuvre qui pût naître de sa palette, les Romains de la décadence faisant une grande orgie. Ce tableau, aussi hardi que possible, est une leçon de morale du plus puissant effet pour les individus et pour les nations.

Empruntons, sur le même article, à la sculpture deux exemples antithétiques. Un artiste de Milan a fait une Angélique, attachée au rocher et saisie d'effroi à la vue du monstre qui s'approche pour la dévorer ; elle est nue, mais le sentiment de terreur qui s'exprime de toutes les parties de son corps est tellement saisissant, qu'il lui sert d'habit et ne laisse, dans sa tenue, rien d'indécent. Un artiste anglais a fait une Dorothée vêtue en homme, assise près d'une fontaine, où elle va se laver les bras et les jambes ; rien n'est plus immodeste.

La Madeleine nue de Canova est une sainte qui prêche le repentir avec une énergie inexprimable ; la bacchante de Clesinger est une femme dégradée qui donne l'horreur du vice. Les Atalante, les Vénus, les Pandore de Pradier, toutes gracieuses qu'elles sont, ne nous ont jamais paru prêcher que la mollesse. Peintres et sculpteurs, représentez le bien, faites parler le mal, usez de toutes les situations, ayez recours aux draperies, montrez à nu les muscles et les formes, ressuscitez les Romains et les Grecs, l'Europe antique et l'Asie sa mère; peignez et sculptez les Spartacus et les Sardanapale, Cornélie avec les Gracques et Cléopâtre avec ses amours, Caton et Brutus, César et Antoine, Minerve et Vénus, Socrate et l'aréopage qui le condamne; usez de toutes les ressources que recèlent l'humanité et votre génie; nous ne vous condamnons pas à n'exploiter que la mine intarissable et sublime de notre christianisme; mais prêchez-nous toujours la vertu, la grandeur, la force morale, la liberté, la générosité, la charité, l'abnégation, tout ce qui fait l'homme grand, et que votre œuvre ait pour résultat non douteux la flétrissure du mal. A cette condition vous serez Chrétiens, même sous les formes païennes ou mythologiques; vous hâterez parmi nous le progrès religieux, de concert avec nos apôtres, et vous accomplirez votre part de la grande mission exprimée par ces mots divins : Allez civiliser la terre. — *Voy.* Sculpture.

PÉLAGIANISME. *Voy.* Panthéisme, III, 2.

PÉNITENCE. — CONFUCIUS. *Voy.* Morale.

PÉNITENCE (Le sacrement de). — DEVANT LA FOI ET DEVANT LA RAISON. (II° part., art. 38.) — Exposons le plus brièvement possible la doctrine catholique sur ce sacrement, en ayant soin de préciser ce qui est de foi en toute rigueur, et de le justifier devant la raison.

I. La pénitence est, radicalement et par elle-même, avant toute addition surnaturelle, une vertu qui consiste dans une douleur sincère d'avoir mal agi, accompagnée d'une ferme résolution de ne plus agir de même, et d'une acceptation contrite des conséquences du péché, c'est-à-dire des peines qu'il entraîne en vertu des lois éternelles de la justice infinie.

La pénitence ainsi considérée est absolument nécessaire pour la cessation de la culpabilité et la purification de l'âme. Le bon sens le dit : c'est la liberté individuelle qui s'est rendue coupable, et l'on voit clairement que sans elle, sans une coopération active de sa part impliquant les trois actes que nous venons d'énumérer, douleur quant au passé, résolution quant à l'avenir, et soumission quant aux conséquences, il ne se peut que son état change.

II. Jésus-Christ a élevé cette vertu à la hauteur surnaturelle du sacrement en y ajoutant quelque chose de sensible, signe de sa grâce ou de son influx sur l'âme, dont l'effet est cet influx lui-même exercé dans le but d'élever l'âme aux conditions nécessaires de justification, et produisant ces conditions quand l'âme y coopère suffisamment.

On pourrait ici faire une objection grave en apparence. La vertu de pénitence, telle qu'elle a été définie, est nécessaire; on l'a compris, mais on a compris en même temps qu'elle est suffisante; car il est impossible qu'avec les trois conditions réalisées pleinement, et selon les forces du libre arbitre aidé de la grâce divine, l'état moral ne devienne pas bon de mauvais qu'il était. Donc l'addition de ce qui constitue le sacrement est inutile, puisque la vertu, sans cette addition, produit, par elle-même, tout l'effet demandé.

Nous répondrons à cette objection dans l'article contrition, et voici le résumé de la réponse : Le repentir peut être plus ou moins intense, et il faut bien admettre que, parmi les degrés de contrition relatifs à telle ou telle âme, il en est un, et un seul, dont l'effet est de la rendre juste; or il suffit, pour rendre compte de l'utilité du sacrement, d'imaginer qu'il aura pour effet d'élever l'âme qui ne sera encore que dans les degrés inférieurs, non suffisants par eux-mêmes, à celui qui suffit. Dieu ne peut pas faire qu'une volonté attachée au mal soit bonne en restant attachée au mal; mais il peut, à toute occasion qu'il lui plaira de choisir, la changer et faire qu'elle cesse d'être attachée au mal, sans violenter sa liberté, comme on le reconnaît dans les articles sur la grâce. Il peut donc instituer un sacrement dont l'effet surnaturel sera d'achever la conversion de l'âme qui, avant la réception de ce signe, n'est encore que sur la voie de la conversion complète. Cette observation suffit ici pour rendre raison de l'institution du sacrement de pénitence, malgré l'existence essentielle et antérieure de la vertu de pénitence.

III. Le sacrement de pénitence n'a d'effet, en tant que sacrement, que sur l'âme devenue chrétienne par le baptême. Jésus-Christ a établi les sacrements comme il l'a voulu, selon le but qu'il a jugé convenable, et leur a donné la vertu qu'il a trouvé bon de leur donner. Ayant établi le baptême pour l'élévation de l'être humain à l'ordre surnaturel de la rédemption, ou, ce qui revient au même, pour l'effacement de la tache originelle, et en général de tout ce qui peut déparer une âme avant sa réception, il serait contradictoire de dire que la pénitence, en tant que sacrement, peut produire les mêmes effets; car ce serait confondre en un ces deux sacrements, et il est de foi catholique qu'ils sont distincts. Quand le baptême est administré à l'enfant, ou à l'homme qui n'a contracté par lui-même aucune culpabilité, et qui n'a subi que l'état de déchéance dont il n'est pas responsable, le baptême ne ressemble en rien à la pénitence; puisque la vertu de contrition ne lui sert pas même de fond dans cette circonstance; il est alors une cérémonie sacramentelle toute pure, signe d'une action de Dieu sur l'âme, dans laquelle on ne trouve aucune coopération de l'âme elle-même; et le sacrement de pénitence, par son essence, ne peut jamais ressembler à ce baptême, vu qu'il lui faut toujours, comme base, la contrition en tant que vertu morale impliquant l'usage de la liberté. Mais lorsque le baptême est administré à l'adulte qui a surajouté des fautes actuelles à son état de déchéance, il prend une ressemblance avec la pénitence, vu qu'il lui faut alors la coopération de l'âme à l'action divine, pour que le double effet relatif à la tache originelle et aux fautes actuelles soit produit ; le bon sens dit que cela doit être, puisqu'on suppose l'âme ayant acquis son *sui juris*, son autonomie, au moment où elle reçoit le baptême. Aussi le concile de Trente a-t-il exigé, pour la fécondité du baptême dans ce cas, les mêmes conditions à peu près que pour la pénitence, conditions qui se rencontrent toutes dans la contrition vivifiée d'un *commencement au moins d'amour de Dieu comme source de toute justice.*

Mais, malgré cette ressemblance, la raison saisit très-bien encore la distinction des deux sacrements. La disposition morale, dans le baptême, doit être considérée relativement à la tache originelle, et relativement aux fautes actuelles. Sous le premier rapport, ce n'est point une contrition proprement dite, car il est déraisonnable de se repentir d'un état dont on n'est pas la cause ; c'est simplement une volonté d'entrer dans l'ordre surnaturel de la rédemption. Sous le second rapport, c'est un vrai repentir, semblable à celui du sacrement de pénitence ; mais le mélange de l'autre disposition suffit déjà pour établir une différence profonde du côté du sujet. Si l'on envisage les deux sacrements du côté de leur institution, on conçoit très-bien que Jésus-Christ les ait fondés très-distincts, puisque leur but n'était pas le même ; et l'on trouve qu'en effet ils diffèrent sous tous les points de vue, et quant à la matière, et quant à la forme, et quant au ministère, et quant aux conditions de validité, etc.

Dans le cas où l'on ignore l'absence du baptême antécédent, la pénitence le remplace, ou plutôt l'implique comme vœu implicite ; car ce n'est pas elle alors qui efface le péché originel, c'est le baptême *in voto*, lequel suffit à défaut du baptême d'eau. La contrition suppose qu'on voudrait le recevoir si on savait qu'on ne l'a pas reçu, et c'est ce vœu implicitement renfermé dans la contrition qui a valeur de baptême. La pénitence, comme sacrement particulier, n'a son effet qu'après que ce vœu, qui est un baptême, a produit le sien et rendu le sujet capable des sacrements. Il suit de là que, dans quelque cas qu'on se pose, la distinction rationnelle ne saurait disparaître.

IV. Il n'est pas encore décidé dans l'Église quelle est la matière du sacrement de pénitence ; peut-être cette question sera-t-elle un jour résolue. Il y a une foule de choses de cette espèce dont la vérité finira par être déclarée ou ne le sera jamais. Sans ces incertitudes il n'y aurait pas dans l'Église de progrès possible au point de vue dogmatique ; mais la révélation est tellement féconde en déductions implicitement renfermées dans les principes qu'elle pose, qu'il restera toujours de ces incertitudes, lesquelles serviront de matière à la discussion théologique, et seront la source d'un progrès qui n'aura pas de fin en cette vie. L'opinion la plus commune sur la matière de la pénitence, c'est qu'elle consiste dans les trois actes du pénitent : la contrition en tant que manifestée par signes et paroles ; la confession ; et la résolution de satisfaire pour la peine encourue, résolution qui, en tant que matière, est prise aussi dans sa manifestation sensible. Le concile de Trente a dit, à ce sujet, que ces trois actes sont comme la matière du sacrement : *quasi materiam*, décision qui n'est pas précise et exclut, par ses termes mêmes, le caractère de déclaration affirmative sur la matière proprement dite. L'autre opinion, que professent plusieurs théologiens, consiste à croire que l'imposition des mains du ministre est la matière du sacrement ; d'où il suivrait que le sujet ne serait que passif dans l'administration, bien qu'il dût rester actif dans la présentation des dispositions comme condition essentielle.

Quant à la forme, il est décidé qu'elle consiste dans l'absolution du prêtre, laquelle peut être absolue : *je vous absous* ; impérative : *soyez absous* ; ou déprécatoire : *que Dieu vous absolve.*

C'est à la réunion de la forme et de la matière, quelle que soit celle-ci, qu'est attaché l'effet dont nous avons parlé, lequel consiste dans une action de Dieu sur l'âme ayant pour résultat d'élever l'âme jusqu'au degré de disposition morale qui suffit pour la justification. Quant à la vertu que peut avoir une simple parole, soit jointe à l'imposition des mains du ministre, auquel cas le sacrement dans sa plénitude se fait sans action du sujet comme le baptême et plusieurs autres, soit jointe aux actes du pénitent, auquel cas il y a déjà action de son côté dans la formation même du sacrement, et non-seulement dans sa fécondation intérieure, il faut lire le chapitre qui traite des sacrements en général.

On pourrait objecter le cas où les dispositions suffisantes pour la justification sont déjà réalisées avant la réception du sacrement, et demander à quoi sert alors l'application de la forme à la matière, du *verbum ad elementum*, pour parler comme saint Augustin. Nous répondons, au mot contrition, qu'en effet les théologiens reconnaissent que la contrition qui, alors est appelée parfaite, justifie seule, mais que, comme elle implique la volonté de recevoir le sacrement, aussi bien que de faire tout ce qui plaît à Jésus-Christ, le sacrement s'y trouve mêlé, au moins *in voto*, et que, d'ailleurs, sa réception, dans ce cas, peut très-bien élever l'âme à une perfection de contrition plus grande encore, puisqu'il n'y a jamais de fin au perfectionnement du fini, et qu'on aboutit aussi, par là, à une utilité de l'application de la forme à la matière.

Il faut remarquer, au sujet de la forme, qu'il est de foi qu'elle n'est pas seulement déclaratoire de la rémission du péché comme l'ont soutenu des protestants. Elle est d'abord, comme toutes les formes des sacrements, déclaratoire de l'effet sacramentel, puisque les paroles, à titre de signe, disent toujours ce qui a lieu intérieurement dans l'âme ; mais elle est aussi douée d'une vertu rémissive, sans quoi ce sacrement ne serait qu'une formule ordinaire. Nous venons d'expliquer comment on peut se faire une idée de cette vertu rémissive : Dans le cas où, avant le sacrement, le degré de contrition n'a pas été suffisant pour la justification, elle concourt avec la matière pour amener ce degré par l'influx divin dont elle est comme le canal ou l'occasion, et alors rien de plus facile à comprendre. Dans l'autre cas, elle est *in voto* dans la contrition même, et il est admis en théologie que, dans les sacrements nécessaires pour tous, qui ne confèrent point un droit particulier, comme le fait l'ordre, le vœu a la même valeur que la réception, ce qui est parfaitement rationnel ; ce vœu existe dans la contrition dans le cas de l'hypothèse ; on peut donc dire qu'il a joué son rôle pour former la contrition elle-même. Si enfin on ne le suppose qu'implicite, nous ne voyons pas d'inconvénient à avouer que l'âme se trouve alors justifiée par Dieu, sans le concours du sacrement, et qu'elle sort de la catégorie pour laquelle le sacrement a été institué, jusqu'à nouvelle faute de son fait et plus d'instruction ; car Jésus-Christ a institué les sacrements pour ceux qui en ont besoin ; et, en ce qui concerne celui de la pénitence, qui n'est point de nécessité de moyen en tant que sacrement, on est loin d'enseigner, en théologie, que toute justification n'ait lieu que par son influence prochaine ou éloignée. Le baptême seul a ce caractère en ce qui concerne l'introduction dans l'ordre surnaturel, parce que lui seul est de nécessité de moyen relativement à ce but.

V. Le concile de Trente, dans la session xiv, *de pœnitentia*, canon 3, a déclaré que le droit de donner l'absolution sacramentelle fut conféré à l'Eglise, et le sacrement de pénitence institué par le Christ, lorsqu'il dit aux apôtres : *Recevez le Saint-Esprit ; les péchés seront remis à ceux à qui vous les remettrez ; ils seront retenus à ceux à qui vous les retiendrez.* (Joan. xx, 21 ; xxii, 23.)

Deux observations sont bonnes à faire sur cette décision. La première, c'est que le concile n'a pas dit que ces paroles du Sauveur ne puissent comporter que ce sens ; tout ce qu'exige cette définition, c'est qu'on reconnaisse que l'acception particulière, relative au pouvoir d'absolution dans le sacrement de pénitence, est impliquée dans les sens plus généraux et plus vagues que la proposition peut présenter. On peut donc accorder aux protestants et autres les interprétations qu'ils en ont faites, pourvu qu'elles ne soient pas négatives de celle du concile de Trente. Celui, au reste, qui médite avec impartialité sur ce texte, et qui le rapproche de ce qui se fait dans l'Eglise universelle au tribunal de la pénitence, trouve que le premier sens et le plus naturel est celui qui se rapporte à l'absolution, que le confesseur, en qualité de juge, donne ou refuse.

La seconde observation est plus importante. Jésus-Christ a-t-il entendu que le ministre de l'absolution pourra, en accordant ou refusant à son caprice la formule d'absolution, purifier les âmes ou les maintenir dans leur état de maladie ? On doit répondre *a priori* qu'il n'a pas pu dire pareille chose. Les premiers principes rationnels évidents, déposés dans la conscience par le Créateur, restent antérieurs et supérieurs à tout ; quand la révélation présente des formes de langage qui, prises dans un sens, contrarient ces évidences, c'est à ces formes de langage à céder et à s'interpréter dans un autre sens compatible avec la raison lumineuse dont nous parlons. Il en est ainsi dans le cas présent. Il est clair qu'il ne peut dépendre du caprice d'un autre homme, qui ne peut connaître ma conscience comme je la connais, de faire que je sois pur ou impur devant Dieu ; il est clair que ce sont mes dispositions intérieures, lesquelles sont le fruit de ma coopération ou résistance à la grâce, qui font que je suis juste ou injuste devant l'éternelle justice. Que signifie donc la parole de Jésus-Christ ? Elle ne peut signifier que la vertu sacramentelle de l'absolution en elle-même. Lorsque l'absolution est jointe à la matière du sacrement et aux dispositions convenables du pénitent, elle remet le péché et guérit l'âme, en ce sens qu'elle implique, comme nous l'avons dit, un écoulement de grâce qui élève l'âme au degré de contrition suffisant pour la justification ; et alors on peut dire que, par l'absolution, le ministre de l'Eglise a remis le péché, puisque c'est lui qui a donné l'absolution, moyen de cette rémission. Au contraire, lorsque l'absolution est donnée et n'est pas jointe aux dispositions requises de la part du pénitent, elle n'a pas son effet, elle devient même une anomalie qui implique une profanation et rend l'état de péché plus grave : d'où il suit qu'elle devient, par le fait, une rétention du péché ; et comme c'est encore le ministre qui l'a donnée, on peut dire qu'il a retenu devant Dieu au lieu de remettre. Enfin, dans les cas où le ministre refuse d'absoudre, ou il a raison ou il a tort : S'il a raison, c'est qu'il a bien jugé l'état du pénitent, et il est vrai de dire qu'il retient le péché de concert avec la justice éternelle et la conscience libre du pécheur ; s'il a tort, soit par mauvaise volonté, soit par une ignorance non coupable, on peut croire que toujours, dans ce cas, Dieu élèvera, sans l'absolution, l'état du pénitent jusqu'à la contrition parfaite, s'il n'y est pas déjà parvenu ; et le ministre n'aura ni retenu ni remis, parce qu'il aura été mauvais ministre, ou ministre nul, ou dont le Christ n'a pu entendre parler. Il ne nous paraît pas non plus impossible que, l'absolution manquant, l'élévation de l'âme jusqu'au degré de contrition qui justifie n'ait pas lieu quelquefois, bien qu'elle eût eu lieu si l'absolution avait été donnée. Dans cette hypothèse, l'état de péché persistera par suite du mauvais vouloir ou de l'ignorance du ministre. Mais n'y a-t-il pas dans l'humanité une foule de malheurs de ce genre, résultant de la complication des relations humaines ? n'a-t-on pas sans cesse l'occasion de remarquer que tel individu aurait bien agi, ou serait devenu honnête homme, sans telle ou telle occasion indépendante de sa volonté ? Ici la question s'élève à l'étude générale de la Providence dans ses rapports avec le bien et le mal de ce monde. Si l'homme demeure libre et responsable de sa culpabilité, Dieu est justifié, car le plus ou le moins de facilité pour le bien est une suite des droits de Dieu sur toute créature. Dieu n'est tenu qu'à une chose : ne jamais considérer comme mal répréhensible que le mal librement consenti en dehors de toute coaction et de toute nécessité ; or, dans le cas supposé, le pécheur a péché librement, et, quant à sa conversion, si le sacrement lui est refusé, il a la ressource de le recevoir impliqué dans le repentir complet, désir qui équivaut en valeur au sacrement lui-même. Au reste, on peut nier, comme nous l'avons dit, qu'il puisse arriver jamais que, par suite d'une absolution injustement refusée, l'état de péché persévère, vu la ressource même dont nous venons de parler, qu'on peut soutenir être toujours réalisée en pareil cas ; et c'est à cette opinion qu'il vaut mieux se tenir.

VI. Il est de foi que les prêtres et les évêques sont les seuls ministres ordinaires et d'office du sacrement de pénitence ; que ce sont eux qui tiennent du Christ le pouvoir d'absolution sacramentelle qu'on nomme aussi le pouvoir des clefs. Mais il n'est pas de foi que « les diacres et même les laïques, soit hommes, soit femmes, ne puissent en être les ministres extraordinaires et de délégation dans les cas d'une nécessité pressante et absolue. » (LA CHAMBRE, *Exposition*, etc, tom. II, p. 20.) On cite de nombreux exemples, dans l'histoire ecclésiastique, de confessions faites à des diacres et à des laïques hommes et femmes, suivies d'absolution ; et le P. Pétau, de la Société de Jésus, M. de l'Aubépine, évêque d'Orléans, le P. Morin, de l'Oratoire, M. Dupin, docteur de la faculté de Paris, ont soutenu, sans qu'on leur en ait fait un crime, que ces absolutions étaient sacramentelles ; mais telle n'est pas l'opinion la plus commune. La raison n'a rien à dire là-dessus ; Jésus-Christ a fait à ce sujet ce qu'il a voulu, et ces deux hypothèses sont également possibles.

VII. Pour qu'un prêtre puisse, et licitement et validement, donner des absolutions, il ne suffit pas, hors le danger de mort du pénitent, qu'il soit prêtre et, par suite, muni de l'aptitude radicale qu'il tient de Jésus-Christ ; il faut encore qu'il tienne de l'Eglise la mission d'exercer son pouvoir radical ; c'est ce qu'on appelle la juridiction ecclésiastique. Quant à la licité, il n'y a aucun doute que le prêtre non approuvé qui donne l'absolution se rende coupable. Mais quant à la validité de l'absolution, laquelle est relative au pénitent, la question n'est pas aussi claire. Il faut distinguer l'invalidité quant au for extérieur et l'invalidité quant au for intérieur. Au for extérieur, l'Eglise n'a aucun égard aux absolutions données par les prêtres non approuvés ; elle les regarde, dit le concile de Trente, *nullius momenti*, et les fait recommencer. En ce qui concerne le for intérieur de l'âme du pénitent, à peu près tous les théologiens, après saint Thomas, qualifient d'erronée l'opinion qui consisterait à soutenir que ces absolutions sont valides. Cependant on ne peut dire que ce point appartienne aux vérités de foi, car il n'existe aucune définition précise à ce sujet. Le concile de Trente dit que l'absolution dont il s'agit *doit être de nulle conséquence*, c'est-à-dire qu'on ne doit point, dans l'Eglise, au for extérieur, en tenir compte ; mais il ne dit pas qu'*elle n'est en réalité, devant Dieu, d'aucune conséquence* : « *Nullius momenti absolutionem eam esse debere.* » (Sess. 14, cap. 1.)

La raison conçoit encore les deux hypothèses. Elle conçoit également que Jésus-Christ ait attaché sans condition à la prêtrise le pouvoir d'absoudre validement, ou qu'il ait mis, pour condition à l'exercice de ce droit, que le prêtre ait mission spéciale à ce sujet, de la part de l'Eglise.

Il en est de même, et mieux encore, des absolutions tombant sur les cas réservés, sans juridiction pour absoudre de ces cas en particulier. Le Pape et les évêques ont le droit de réserver l'absolution de certains cas : le concile de Trente l'a déclaré, et ce droit découle de celui de donner juridiction pour absoudre ; car, dès qu'on a droit de permettre l'exercice de tel ou tel pouvoir, de refuser pleinement cette permission, on peut ne l'accorder que dans certaines limites et sous certaines conditions. Mais la défense d'absoudre de tel ou tel cas, laquelle emporte évidemment illicéité quand elle est violée, invalide-t-elle l'absolution relativement au sujet ? Les termes du concile ne le disent pas positivement. Sont frappés d'anathème ceux qui diront que « la réserve des cas ne prohibe pas, *non prohibere*, que le prêtre n'absolve véritablement de ces cas. D'un côté, on ne voit guère à quoi sert le mot *véritablement, vere*, s'il ne s'agit pas de la validité ; et, d'un autre côté, le mot *prohibere*, qui signifie défendre, interdire, et non empêcher, indique qu'il s'agit de la licéité, d'autant plus que ce mot fut substitué sciemment, après mûr examen, au mot *impedire*, qui avait été mis dans la première rédaction. Dire que la réserve des cas *prohibe* l'absolution véritable, c'est seulement déclarer que cette réserve interdit au prêtre de donner l'absolution véritablement sacramentelle, tandis que la formule qui fut effacée, au rapport de Palavicin, et qui était celle-ci : *La réserve des cas empêche l'absolution*, aurait signifié qu'elle rend l'absolution nulle. Cajetan soutient que la réserve des cas n'entraîne que l'illicéité ; Prepositus, professeur de Douai et de Louvain, le soutient également, et leur opinion n'est pas condamnée. Dans le danger de mort, l'Eglise déclare, en tant qu'Eglise universelle supérieure à toutes les parties qui la composent, qu'il n'y aura jamais de cas réservés ; de sorte que ni le Pape ni les évêques ne pourraient faire, ni validement ni licitement, aucune réserve pour le danger de mort du pénitent.

VIII. Il resterait encore quelques points dogmatiques à passer en revue sur le sacrement de pénitence ; mais comme ils regardent les trois actes du pénitent, la *contrition*, la *confession* et la *satisfaction*, nous renvoyons à ces articles. — *Voy.* CONTRITION.

PENTAPOLE (DESTRUCTION DE LA).—*Voy.* HISTORIQUES (Sciences), IV, 2.

PENTECOTE. *Voy.* DESCENTE DU SAINT-ESPRIT SUR L'EGLISE NAISSANTE.

PERFECTION (TENDRE VERS LA). — CONFUCIUS. *Voy.* MORALE, III. 16.

PERSEVERANCE — PERSISTANCE (II° part., art. 32). — Il existe un canon du concile de Trente qui a beaucoup occupé les théologiens ; ce canon est ainsi conçu :

Si quelqu'un dit, ou que l'homme juste peut persévérer dans la justice reçue sans un secours spécial de Dieu, ou qu'avec ce secours il ne le puisse, qu'il soit anathème.

On s'est demandé s'il fallait entendre par ce secours spécial, un secours quelconque simplement distinct des secours naturels qui suffisent pour persévérer dans la justice de même ordre ; ou un secours distinct de la grâce habituelle de justice, c'est-à-dire actuel ; ou un secours distinct de ces grâces actuelles ordinaires, nécessaires et suffisantes pour éviter chaque faute grave en particulier, secours qui serait, dans ce cas, une grâce propre de persévérance ; ou enfin un secours distinct des secours communs, un privilége particulier, qui ne serait accordé qu'à quelques-uns.

Les jansénistes seuls ont soutenu cette dernière acception du mot *spécial*, d'après laquelle il serait défini par le concile de Trente que quelques justes seulement seraient dans la possibilité de persévérer et, par suite, d'arriver au salut. On les a réfutés en leur opposant le concile d'Orange, qui dit qu'après la justification tous peuvent accomplir, avec le secours de Jésus-Christ, ce qui est nécessaire pour le salut ; par d'autres explications du concile de Trente lui-même ; et par l'enseignement très-positif de l'Eglise, de ses théologiens et de ses docteurs.

Mais les trois autres sens sont restés l'objet de divergences parmi les catholiques. Thomassin a soutenu le premier, disant qu'il suffit au juste, pour persévérer, de la grâce de justice habituelle dont il est revêtu, laquelle devient comme actuelle et lui suffit. Quelques autres ont soutenu le second, et ont dit qu'il suffit, pour persévérer dans la justice surnaturelle, des grâces actuelles propres à éviter chaque faute grave en particulier, puisque la persévérance consiste dans la fuite de la collection de ces fautes, et que celui qui peut éviter chacune d'elles peut les éviter toutes. Enfin la plupart ont soutenu le troisième sens, et on dit qu'il s'agit, dans la pensée du concile, d'une grâce actuelle particulière à la persévérance, parce que, de ce qu'on a la puissance d'éviter chaque faute en détail, il ne s'ensuit pas qu'on ait celle d'éviter la collection entière, et qu'il faut un secours de plus, pour y réussir, lequel est, au reste, donné à tous par loi commune.

Ce dernier sens paraît beaucoup plus conforme aux termes du décret, et nous avouons, en notre particulier, n'y pouvoir trouver d'autre pensée, le mot *spécial* étant toujours employé pour exprimer, non point l'idée théologique de simplement surnaturel, ni l'idée théologique de simplement actuel, mais l'idée d'une *espèce* particulière à l'objet dont il s'agit.

Mais voici que se présentent des objections. Comment le concile peut-il comprendre qu'il faille, pour éviter une collection de fautes, un secours autre que la collection des secours particuliers suffisants pour éviter chacune de ces fautes ? Au reste, il n'est pas surprenant qu'il soutienne cette singulière idée, car il l'a positivement enseignée en ce qui concerne les fautes légères. Tout en disant, comme l'Eglise n'a jamais cessé de le dire, qu'on peut éviter chacune d'elles en particulier, avec la grâce actuelle ordinaire et commune, il a porté le canon suivant :

Si quelqu'un dit que l'homme une fois justifié....... peut, pendant toute sa vie, éviter tout péché, même véniel, si ce n'est par un privilége spécial de Dieu, comme l'Eglise le pense de la bienheureuse Vierge, qu'il soit anathème.

Il s'agit, dans ce canon, d'un *privilege* spécial, c'est-à-dire d'un secours de préférence accordé non à la généralité des justes, mais à un ou quelques-uns seulement, tandis que, dans l'autre canon, il s'agit d'un secours de l'espèce propre à la persévérance et accordé à la généralité ; mais, il ne s'ensuit pas moins que le concile suppose, dans les deux cas, que la répétition du secours divin par lequel on peut éviter chaque faute en particulier, ne suffit pas pour arriver à les éviter toutes, bien que cette répétition se fasse à toutes les occasions sans en excepter une seule. N'y a-t-il pas là une sorte de contradiction ?

Pour en juger avec impartialité et connaissance de cause, portons nos regards sur les phénomènes de l'ordre naturel, dont l'appréciation nous est toujours plus facile. Il existe, dans cette sphère, une vertu dont il est impossible de contester la spécialité parfaitement distincte : c'est la ténacité, la persistance par laquelle on suit la même ligne malgré la fatigue qui résulte, non pas de chacun des pas qu'on exécute pour la suivre, puisque chacun de ces pas n'est point, en lui-même, plus difficile que celui qui le précède ou celui qui le suit, mais uniquement de la monotonie et de la répétition des mêmes efforts. Celui qui possède cette vertu poursuit son but par la voie qui y mène, en luttant jusqu'au bout victorieusement contre le découragement et l'ennui ; celui, au contraire, qui manque de cette propriété et qui se trouve dans la faiblesse contraire, se soutient pendant des jours, des mois, des années, et finit par abandonner sa ligne, bien que, fort souvent, les actes particuliers qu'il faudrait accomplir à la fin soient plus faciles qu'ils ne l'ont été au commencement, soit par suite des circonstances extrinsèques qui opposent de moindres obstacles, soit, au moins, par suite de l'habitude qu'on en a contractée. On nous objectera peut-être que nous tombons dans la contradiction; qu'en supposant l'habitude contractée, on suppose plus facile le maintien dans la ligne choisie, et qu'en supposant la fatigue résultant de la monotonie et de l'ennui, on suppose se maintien plus difficile, ce qui ne saurait se concilier qu'en imaginant un excès d'une force sur l'autre, et en disant que c'est cet excès qui l'emportera toujours. Mais on ne fait pas attention à deux choses, en raisonnant ainsi. D'abord le fait de la nature humaine est si bizarre qu'à tout instant il se présente sous forme d'antithèse; chaque jour la difficulté et la facilité se trouvant mélangées; l'une croît sous un rapport, l'autre croît sous un autre dans la même proportion, et il en résulte un mystère qui, de tout temps, a fait dire aux sages que l'homme est la plus inextricable des énigmes. La seconde observation qu'il ne faut pas négliger, c'est que l'homme sent toujours son libre arbitre, dans ces complications, relativement à chaque pratique de vertu en particulier, et que, quel que soit le contraste des influences, il se dit avec certitude : je fais ce que je veux et je pourrais faire autrement; d'où il suit qu'il est ordinairement contraire au fait de la conscience d'expliquer chaque résultat partiel par un excès d'une force sur l'autre, et, dans le cas dont nous parlons, par l'excès de la fatigue sur l'habitude, ou de l'habitude sur la fatigue.

Or, s'il est incontestable que certains hommes soient doués de la persistance qui les mène au but, quoique souvent ils soient beaucoup plus sensibles à l'ennui résultant de la monotonie que ceux qui n'ont pas cette persistance, et qui, malgré les facilités que donne l'habitude, n'arrivent pas du tout, ou, au moins n'arrivent qu'à travers une foule de chutes, parce que ceux-là auront quelquefois une autre vertu qui fera compensation, par exemple, celle du courage redoublant sous l'aiguillon de la défaite, lequel est une sorte de colère contre soi-même, qui réveille et donne la force de réparer le mal; si ce fait, disons-nous, est incontestable, il en faut conclure qu'il y a une grâce naturelle de ténacité, source et racine de cette vertu, et, d'après tout ce que nous venons d'expliquer, que cette grâce est distincte de la force particulière à chaque occasion, par laquelle on se sent libre de bien ou mal agir. Par exemple, que plusieurs personnes aient pris la résolution sérieuse de distraire, tous les soirs, sur les revenus de leurs journées un petit quantième, pour la bourse des pauvres, et de le faire durant toute leur vie; à moins d'impossibilité survenue vous verrez les résultats suivants : l'une n'y manquera jamais et persistera jusqu'à la fin. Une autre y manquera quelquefois, y recommencera pendant quelque temps, puis recommencera avec plus d'ardeur, et ainsi de suite. Une troisième persistera longtemps, et viendra un moment où, fatiguée de cette répétition quotidienne, elle y renoncera tout à fait. Ces résultats se produiront, dans la première, en dépit de l'horreur qu'on peut lui supposer pour la répétition; dans la seconde et dans la troisième, en dépit de l'habitude qu'on peut supposer très-puissante en elle. D'ailleurs, à prendre chaque acte en particulier, il ne sera pas plus difficile à accomplir à chacun des jours de la vie, en supposant que les circonstances autres que celle de la répétition n'aient pas changé, qu'il ne le fut le premier, le second, le troisième, le dixième jour, etc.

Que conclure de cette petite étude morale? Qu'il y a une force ou une grâce naturelle de persistance, qui diffère de la force suffisante pour chacun des actes particuliers dont la persistance se compose; qu'il y a, en un mot, dans la nature humaine une capacité spéciale de persistance, que les individus possèdent plus ou moins, et sans laquelle on ne persiste pas, bien qu'on ait toute la capacité possible de chaque action en particulier.

Or, s'il en est ainsi dans la nature, le même phénomène ne doit-il pas se manifester dans l'ordre de la grâce, dans cet ordre qui est greffé sur la nature, qui se mélange avec elle, et qui s'informe par elle et se mesure à sa hauteur comme Elie se rapetissait à la grandeur de l'enfant mort pour le rendre à la vie. Oui, et, par conséquent, nous devons imaginer une grâce de Jésus-Christ, correspondante à celle que nous venons de reconnaître expérimentalement dans la nature, laquelle est spécialement de persévérance et qui donne la force de poursuivre sa course dans la pratique des vertus surnaturelles, malgré les fatigues, les ennuis, les difficultés de la répétition, de la durée et de la monotonie.

Voilà comment le concile Trente, en jetant cette parole de *secours spécial*, nécessaire et suffisant pour persévérer, sans penser probablement aux discussions théologiques qu'amènerait cette locution susceptible de plusieurs acceptions, supposait simplement une vérité morale des plus faciles à reconnaître, et des plus lumineuses aux yeux du bon sens. — *Voy.* SACREMENT.

PHÉDON. (ANALYSE DU) *Voy.* PASSION DE JÉSUS-CHRIST, I, 3.

PHILANTHROPIE. CHARITÉ.—PLATON. CONFUCIUS. *Voy.* ABNÉGATION, etc.; MORALE, II, 1; MORALE, II, 12.

PHILOLOGIE ET LINGUISTIQUE. *Voy.* HISTORIQUES (Sciences), III.

PHILOSOPHIE.—THÉOLOGIE. (Ire part., art. 1). — La philosophie est la réponse à cinq grandes questions :

La question de la certitude dans le moi; la question de l'être; la question de Dieu.

la question de l'homme ; et la question des relations de l'homme avec Dieu, de l'homme avec ses semblables, et de l'homme avec lui-même.

Ces cinq questions donnent lieu aux cinq traités classiques vulgairement nommés *la logique, l'ontologie, la théodicée, la psychologie* ou *l'anthropologie, et la morale* ou *l'éthique*, à laquelle il faut joindre *l'esthétique* ou *le traité du beau* pour que cette partie soit complète.

N'ayant à faire, dans cet ouvrage, aucun traité spécial, mais seulement à montrer les harmonies de toute la science humaine et rationnelle avec la science divinement et surnaturellement révélée, nous devons nous en tenir ici à quelques observations très-générales, vu que les harmonies de la philosophie et de la théologie seront amplement développées dans tous les articles spéciaux de la première et de la seconde partie, selon l'ordre de lecture indiqué en tête du volume.

Faisons d'abord observer que la matière de la théologie est parfaitement la même que celle de la philosophie. Les cinq questions que nous venons de poser sont celles qui font l'objet des études du théologien. Celui-ci, comme le philosophe, établit, en premier lieu, ses bases et ses moyens de certitude dans ce qu'il appelle le *Traité des lieux théologiques*. Il approfondit l'être, son existence, ses espèces, son essence, l'essence de l'être nécessaire et incréé, l'essence de l'être créé, les différences profondes de l'une et de l'autre, et tout ce qui concerne l'existence et les attributs de Dieu, dans le *traité de Dieu*. Puis, dans une longue série de traités spéciaux, il étudie toutes les questions relatives à l'homme, à sa création, à sa double nature corporelle et spirituelle, à son immortalité, à sa déchéance, à sa rédemption, etc. Et enfin, dans une autre série de traités, appelés traités moraux, il épuise les nombreuses questions que présente la morale.

Il semblerait jusque-là que la philosophie ne différerait pas de la théologie. Et, en effet, elle n'en avait jamais été distinguée avant Descartes. Platon moissonnait partout, aussi bien dans les traditions que dans sa raison propre ; il mélangeait ce que la révélation primitive, toute confuse et surchargée d'altérations qu'elle fût de son temps et dans les pays qu'il visita, avec ce que lui disait son génie, celui de Socrate, et celui de tous les philosophes qu'il pouvait connaître. Ses dialogues sont autant une théologie qu'une philosophie, et, malgré les erreurs qu'il ne put éviter, ils sont restés, pour le théologien comme pour le philosophe moderne, une source féconde objet de leurs vénérations.

Les auteurs sacrés étaient ou poëtes sacrés, ou historiens sacrés, ou philosophes sacrés. C'est aussi, chez eux, le mélange de la philosophie et de la théologie, auquel s'ajoute celui de l'art.

L'Évangile est la révélation même, mais cette révélation se produit encore sous la forme théologico-philosophico-artistique. Et les écrivains du Nouveau Testament, Paul et Jean surtout, ne sont autres que des théologiens philosophes, ou des poëtes philosophes et théologiens.

Les grands auteurs de l'Orient, Veda-Vyaça, Zoroastre, Bouddha, Lao-tseu, l'auteur de L'y-King, etc., se présentent sous des formes semblables ; point de distinction entre philosophie, théologie et poésie ; et si Confusius n'est guère que philosophe-moraliste, cela vient de ses tendances personnelles et nullement d'une systématique.

Les Pères de l'Église, et les platoniciens d'Alexandrie confondent partout ce que nous distinguons aujourd'hui ; il n'y a pas même chez eux la moindre idée de faire deux sciences distinctes.

Les théologiens du moyen âge, dont saint Thomas est la personnification la plus élevée, font des encyclopédies théologico-philosophiques, où l'on invoque la raison à côté de la révélation, et *vice versa*. Tout est mélangé.

Mais cette méthode si naturelle à l'homme, puisqu'elle fut la première employée, et fut si longtemps mise en pratique ; cette méthode si syncrétiste, si universaliste, si dépourvue d'exclusion ; cette méthode enfin mère de tant de chefs-d'œuvre où la raison, la révélation et l'art unissent leurs efforts pour la glorification de l'être dans sa triple manifestation du beau, du vrai et du bien ; cette méthode sublime, imitée de la nature dont on retrouve toutes les forces dans chacun de ses produits, avait fini, durant le moyen âge, par engendrer une maladie qui serait devenue mortelle pour la vérité, et que pour guérir, Descartes fut le médecin suscité de Dieu.

Deux mots étaient passés en axiome : *Le maître l'a dit*, en parlant d'Aristote. *La philosophie est la servante de la théologie*, en entendant par cette dernière la révélation. Ces deux mots pouvaient avoir un sens raisonnable, et ce fut le premier qu'ils eurent ; mais ils en étaient venus à exprimer un esclavage intellectuel et moral, dont les chaînes paralysaient la pensée, et où sommeillait la vérité comme dans un suaire. Un certain nombre de propositions du philosophe grec, trop métaphysiques pour être bien comprises, étaient reçues à titre d'aphorismes inviolables, et exerçaient une immense tyrannie sur l'esprit, qui ne peut vivre que de liberté. Des interprétations plus ou moins étroites de ces propositions étaient passées à l'état de seconde nature, et étaient devenues des sortes de préjugés dont personne ne pensait même à s'affranchir. La révélation se trouvait dans un cas à peu près semblable ; on lui assujettissait tout, mais ce n'était pas à elle, en résultat définitif, qu'on obéissait ; c'était au sens qu'on lui attribuait et qui passait pour l'arche sainte sur laquelle aucune main ne devait s'allonger. La philosophie était donc encore, à ce second point de vue, la servante, non pas de la théologie véritable, au moins très-souvent, mais la servante du fanatisme, de la superstition, des préjugés aveugles. Aussi se remuait-on avec grand fracas dans un chaos d'immobilité qui ne laissait pressentir aucune issue. Voilà où l'esprit humain en était venu.

Descartes paraît et opère la révolution la plus profonde, la plus considérable et la plus difficile qui puisse jamais être opérée par un enfant des hommes, puisque l'autre, plus merveilleuse mille fois sans aucun doute, n'avait pas été l'œuvre d'un homme, mais celle du Fils de Dieu lui-même. Voyant le cloaque où la pensée s'agitait embourbée, il la saisit, l'isola, la séquestra, l'enferma de force dans son propre sanctuaire, et lui dit: Tu travailleras seule, plus de maître ni de maîtresse; tu n'es la servante de personne, tu n'as besoin que de toi; rebâtis donc comme tu le pourras ton édifice. Et la pensée, affranchie par violence, posa ainsi la pierre fondamentale du *cogito, ergo sum*.

Mais qu'avait fait le grand révolutionnaire? Une seule chose, dont le doute méthodique ne fut que l'habit: séparer la philosophie de la théologie, pour la première fois depuis le commencement du monde. Il mit cette dernière à part, en l'avertissant, pour toute consolation, qu'il la respectait *a priori*, et qu'il ne remettrait plus les pieds dans son *Saint des saints*; puis se débattit à l'aise, seul à seul, avec la philosophie reprise à son état de vierge pure. Et c'est ainsi qu'il opéra son œuvre, sauva la vérité, fit la période moderne, engendra les Leibnitz, les Malebranche, les Fénelon, les Bossuet, les Berkley, les Kant, toutes les gloires de la philosophie reconquise.

Aujourd'hui cette philosophie retourne au sommeil: l'œuvre est faite; la maladie chronique du moyen âge est totalement guérie; le cartésianisme, en tant qu'il isola l'étude philosophique de la révélation et lui interdit cette carrière, pour une nécessité semblable à celle qui porte la nourrice à limiter la promenade de son nourrisson, semblable à celle qu'exprimait Jésus-Christ quand il parlait du vin nouveau et des outres vieilles, a rempli sa tâche. La philosophie ne reprendra vie désormais qu'en s'alliant de nouveau à la théologie, et en poussant ses explorations dans toutes les mines, dans celles de la nature, comme dans celles de la grâce, dans celles de la raison, comme dans celles de la foi. Le retour du mal n'est plus à craindre, et, s'il revenait, Dieu saurait encore susciter un Descartes.

Allions donc la théologie et la philosophie, et préparons, par leur mariage, la vraie science de l'avenir.

Unies, elles embrassent tout: elles forment l'encyclopédie universelle. Il en sera dit assez dans ce livre pour le faire sentir, et pour lancer le travail dans son œuvre. Commençons par donner un tracé de cette œuvre immense qui serait impossible, si nous n'avions, pour la construire, le produit de la raison de tant de siècles, d'une part, et d'autre part, ceux de la révélation déjà amplement développés dans son interprétation par l'Eglise.

Nous ne saurions mieux faire, pour décrire ce tracé, que de soummettre ici aux méditations du lecteur le plan que déjà nous avons publié dans une étude critique des ouvrages de M. Gilliot, modeste penseur dont le caractère moral conquiert toutes les sympathies de l'âme honnête, et dont les erreurs sont encore aimables.

Voici ce plan qui embrasse toutes les sciences de l'homme:

« Dieu est sans limite, par conséquent sans corps au sens absolu. Il se manifeste à la créature comme il le veut, mais toujours, dans l'intimité de son être, par le rapport du contenant au contenu; et, par contre, la créature ne peut être en relation avec lui que par le rapport du contenu au contenant.

« L'homme est avec limite, et par conséquent avec un corps. Nous savons la manière d'être de ce corps, puisqu'il est une des conditions essentielles de notre être et que nous le sentons à tout instant. L'homme se manifeste à l'homme, comme toute créature à une créature, par le contact des extrémités, des limites, des corps, en d'autres termes par le rapport du contenu à un autre contenu.

« Dieu est un en substance et trine en essence; il est puissance, intelligence, amour; force, idée, volonté; Père, Fils, Esprit; énergie concentrique ou attractive, énergie excentrique ou expansive, souffle harmonique, procédant de l'une et de l'autre, et allant de l'une à l'autre. Et il est tout cela sans limites.

« L'homme est, comme Dieu, *un et trine*: un comme foyer de vie, comme personnalité, comme *être soi*, et *trine* en essence. Or, tout type de trilogie ne pouvant résider qu'en Dieu, et toute trilogie créée ne pouvant être qu'un reflet de la trilogie incréée, il est, comme Dieu, force ou être, intelligence ou idée, et amour. La force ou l'être, étant le foyer générateur de l'autre, pourra s'appeler l'*âme*; de sorte qu'on aura pour trinité humaine l'*âme*, l'*intelligence* et l'*amour*; mais tout cela avec limite, tout cela dans un corps, dans une forme, dans un organisme qui est essentiel, non pas sous l'état présent, mais sous un état quelconque. La limite avec tous ses rapports étant appelée corps, matière, ordre *physique*, nous appellerons le reste en lui-même, en tant qu'affirmatif, ordre *métaphysique* ($\mu\epsilon\tau\alpha$, après, au delà du côté intérieur), d'où nous aurons le nombre *deux* dans l'ordre physique et dans l'ordre métaphysique, venant s'harmoniser, dans l'homme, avec le nombre trois dans l'âme, l'intelligence et l'amour.

« Par le côté physique, l'homme sera passif; par le côté métaphysique, il sera actif. Il y aura donc, en lui, l'âme active et l'âme passive, l'intelligence active et l'intelligence passive, l'amour actif et l'amour passif. On devine facilement que l'amour actif, c'est la *volonté*, et que l'amour passif c'est le *sentiment*; et que notre série donne raison à Descartes et à Bossuet contre

M. Gilliot, lorsqu'il les accuse d'avoir vu, dans l'amour, le germe de toutes les passions, et de les avoir toutes fait converger à ce foyer commun. Qu'on parcoure, d'ailleurs, toute la catégorie qu'il en donne, et l'on verra que les divers sentiments qui la composent ne sont que des variétés de l'amour passif. Continuons.

« Ame active et passive, intelligence active et passive, amour actif et passif, voilà l'homme, et de cette définition découlera l'*anthropologie* complète.

« Pour l'exécuter, il y a deux marches à suivre : descendre du germe aux phénomènes, ou remonter des phénomènes au germe. C'est la seconde qu'il faut prendre pour étudier l'homme et tout ce qui s'y rattache, selon la méthode baconnienne expérimentale, qui a conduit les naturalistes, les botanistes, les chimistes à leurs classifications admirables. Prenons celle-là. Ceux qui voudront user de l'autre n'auront qu'à commencer par où nous finirons.

« Les phénomènes se manifestent par l'amour et par l'intelligence, comme Dieu se manifeste par son esprit et par son Verbe. Nous devons donc étudier d'abord l'amour et l'intelligence ; l'âme se présentera en dernier lieu et sera suivie de l'étude de sa cause. Nous sommes partis de Dieu, nous retournerons à Dieu, comme la création même. Nous l'avons pris tel qu'il existe en idée dans le genre humain, nous continuerons de le prendre ainsi quand nous en aurons besoin ; nous nous servirons, au même titre, de sa révélation surnaturelle, et c'est en dernier lieu que nous établirons la certitude de la réalité de l'un et de l'autre, donnant ainsi le grand coup de marteau qui suspendra inébranlablement notre échafaudage déjà tout construit.

« Ainsi, donc, commençons par l'amour et par l'amour passif, par le sentiment, pour la classification et l'analyse de nos tendances, de nos goûts, de nos propensions, de nos passions enfin, ces voix de Dieu qui crient sans cesse à l'homme et à l'humanité, du fond le plus intime de leur être, ce qu'il veut qu'ils deviennent. C'est la pathologie morale ; c'est l'œuvre qu'a entreprise, en premier lieu, M. Gilliot, et nous ne voyons pas qu'il y ait à rien modifier dans son ordre de classification.

« Après l'amour passif vient l'intelligence passive ou la faculté de réceptivité des idées, l'impressionnabilité humaine sous ce rapport. Or, les phénomènes qui se rattachent à ce côté de notre être sont les idées elles-mêmes formant le répertoire intellectuel de l'humanité au point où elle en est de son parcours. Ces phénomènes sont exprimés par les mots des langues. La classification et l'étude de ces phénomènes seront nommées l'*idéologie* (ἰδέα, idée, apparence, forme ; ἰδεῖν, voir). L'ordre inférieur, l'ordre social, l'ordre religieux, toutes les sciences physiques, métaphysiques et mixtes lui fourniront copieuse nourriture.

« Il semblerait que nous dussions reprendre l'amour pour étudier les phénomènes de l'amour actif, de la volonté. Non, les phénomènes de l'ordre passif s'étudient tels qu'ils se présentent ; mais ceux de l'ordre actif, quant à la volonté, ne peuvent s'étudier qu'après avoir posé les règles rationnelles du vrai, du beau et du bien, qui se rattachent à ceux de l'intelligence active ou de la raison. Le *connaître* est antérieur au *choisir*. Nous ferons donc suivre l'*idéologie* de la *déontologie* (δέον, convenable). C'est la seconde partie du plan de M. Gilliot. La logique, l'éthique, le traité du beau, doivent y trouver place.

« C'est maintenant le tour de l'amour actif, de la volonté. C'est la *dymologie* ou *dynamique morale*, qui traite de la liberté humaine et des produits du jeu combiné et contrasté, comme le dit avec justesse notre auteur, du monde passionnel, du monde intellectuel, du monde rationnel et du monde libre. La religion, la politique, l'histoire, les codes, les arts, les littératures, les sciences, sous un rapport, viendront subir l'examen du dymologue.

« Après avoir classé et analysé les phénomènes de l'intelligence et de l'amour, tant du côté passif que du côté actif, tant du côté physique que du côté métaphysique, nous aurons à tirer des déductions et à observer encore sur le foyer radical générateur des deux autres, sur l'âme (*anima*, principe de la vie). Mais l'homme, dans ce sanctuaire intime de son être, est encore double. Il est passif et actif, physique et métaphysique. Nous aurons donc à l'étudier d'abord du côté physique et passif, dans sa vie animale, et cette étude, qu'on pourrait nommer l'*organologie*, renfermera la physiologie, l'anatomie, la phrénologie, etc., en tant qu'elles expliqueront, autant que possible, le mécanisme intime qui engendre les phénomènes.

« Restera l'âme active, l'âme métaphysique, le *substratum* positif, le nid des mystères ; la *psychologie* dira ce qu'elle pourra dire de sa nature, de son activité, de ses opérations merveilleuses ; elle établira, par tous les moyens qui lui seront offerts, son identité immortelle ; elle déduira des phénomènes étudiés, ses attributs.

« Enfin, cette âme n'est qu'un soutenant soutenu lui-même, un producteur qui lui-même est produit. Il nous faudra bien remonter au premier soutenant, au premier producteur, démontrer son existence, étudier sa nature, et répéter ce qu'il nous a dit de son mystère. Ce sera l'objet de l'*ontologie* qui renfermera la *théologie* ou *théodicée* ; elle sera le dernier regard extatique de l'intelligence et de l'amour jeté au firmament, quand nous aurons accompli notre tour du monde. »

Si nous avions à faire une philosophie théologique de toutes les sciences, nous suivrions ce plan, dont l'unité serait notre salut. Mais comme ce livre, ou plutôt cet assemblage d'articles n'est qu'un grand déblayage propre à servir d'introduction et d'encouragement à un tel ouvrage, nous conserverons la distinction opérée par Descartes ; mettant à part la philosophie et la théologie, nous en ferons seulement voir le sublime concert. On comprendra que la raison, internée dans son empire, n'a travaillé seule que pour aboutir aux conclusions que la révélation avait annoncées sans suivre la série méthodique, preuve à jamais bénie de leur vérité commune, preuve due au coup d'audace du grand insurgé de la pensée. Cette manière d'agir, que nous préférons, correspond à l'état de ce siècle ; elle marque le passage de la *philosophie cartésienne* à la *philosophie catholique.* (Lisez *rationalisme*.)

PHOTOGRAPHIE. *Voy.* PEINTURE.
PHRENOLOGIE. RELIGION. *Voy.* PHYSIOLOGIQUES (Sciences).
PHYSIOLOGIQUES (SCIENCES). — ANTHROPOLOGIE CHRETIENNE. (III° part., art. 7.) — Nous comprenons sous ce titre général de *sciences physiologiques*, ainsi qu'on le voit dans l'article SCIENCES, duquel celui-ci dépend, toute l'idéologie humaine dont l'objectivité s'étend aux merveilles de la nature organique propre à cette terre.

Ce groupe de nos connaissances implique donc toutes les branches de la science relatives au règne végétal et au règne animal. Ses trois grandes divisions sont la *botanique*, la *zoologie* et la *médecine*.

La botanique prend divers noms selon les objets dont elle s'occupe dans le règne végétal. Elle s'appelle *anatomie végétale* quand elle décrit les tissus, les canaux, les séves ; *organographie*, quand elle étudie les organes de la nutrition et de la reproduction ; *physiologie végétale*, quand elle explique les fonctions vitales des organes, la manière dont ils agissent pour la nutrition et la reproduction de l'individu ; *phytographie* ou *botanique descriptive*, quand elle classe et décrit les genres et les espèces ; *géographie botanique*, quand elle traite des patries des plantes et de leurs naturalisations ; *tératologie végétale*, quand elle s'occupe de leurs anomalies ; et *nosologie végétale*, quand elle étudie leurs maladies et les moyens de les guérir. Ces trois dernières parties constituent l'hygiène et la médecine des plantes.

La zoologie doit s'appeler *anthropologie* quand elle traite de l'homme animal, de l'homme dans son entité somatique ; *anatomie humaine et comparée* ou *organologie*, quand elle analyse, décrit et compare les organes de l'homme et des animaux, depuis les plus parfaits jusqu'aux plus imparfaits ; *physiologie humaine et comparée*, quand elle se rend compte des fonctions de la vie, fonctions de nutrition, fonctions de relation, fonctions de reproduction de l'homme et de ses inférieurs dans l'échelle animale ; et *zoo-* *logie proprement dite ou descriptive*, quand elle classe et décrit les genres et les espèces.

Les médecines humaine et animale méritent une distinction, vu leur importance, bien qu'elles ne soient que des parties de la zoologie. Elles renferment l'*hygiène*, qui traite des conditions préventives de la santé ; la *pathologie générale*, qui traite des maladies et de leur diagnostique ; la *pathologie interne*, qui décrit les maladies spéciales et cherche leurs causes ; la *pathologie externe* ou *chirurgie*, qui s'occupe des lésions visibles ; la *thérapeutique*, qui indique les remèdes, et qui comprend la *pharmacie* ; enfin la *tératologie animale*, qui traite des anomalies et des monstruosités.

La médecine humaine se distingue de toutes les autres branches de la science physiologique, en ce qu'elle ne peut s'adresser à l'homme-corps, sans s'adresser, en même temps, à l'homme-esprit, l'un et l'autre étant identifiés dans une même unité de personne. Elle devient, pour cette raison, une science physique et métaphysique tout ensemble, qui termine assez bien la grande série des sciences physiques, et sert de transition vers les sciences encore plus mixtes qu'elle, qui sont les sciences *historiques* et les sciences *sociales*.

Les limites étroites d'un chapitre nous défendent d'entrer dans une étude quelque peu détaillée des merveilles que les sciences physiologiques ont découvertes et qu'elles analysent, même en nous bornant aux rapports de ces merveilles avec la religion. Nous le regrettons d'autant plus que ces sciences se laissent comprendre avec facilité par tous les esprits, et qu'elles n'exigent pas une prédisposition particulière, comme les mathématiques et celles qui ont besoin de leurs secours. Nous sommes obligé de nous concentrer dans quelques considérations sur les points les plus frappants où elles se montrent en relation avec la théologie naturelle et la théologie surnaturelle. Entrons en matière.

I. — Principales harmonies des sciences physiologiques avec la théologie naturelle.

I. Le premier sentiment qui naît au cœur humain, à chaque pas que fait l'esprit dans la carrière des sciences, est une élévation d'adoration et d'amour vers l'auteur de tant de merveilles ; à moins cependant qu'il ne soit atrophié et détourné de sa voie, situation morale que nous croyons rare et sur laquelle nous ne pouvons arrêter nos pensées. Ce que la philosophie nous démontre de l'existence nécessaire et de l'essence infinie du créateur en puissance, en sagesse, en bonté, chacune des autres catégories de connaissances vient, ensuite, nous l'émietter, pour ainsi dire, et nous le refléter par détail, comme le diamant, avec ses milles facettes, décompose les richesses d'un rayon de lumière en autant d'images d'un brillant qui éblouit. Les mathématiques accompagnent chacun de leurs calculs d'un souvenir de l'infini divin, et d'une affirmation de la liberté. Les sciences cosmologiques ne formulent pas une loi générale du monde matériel sans la montrer marquée du sceau multiple et un des attributs divins. Les sciences géologiques, en se bornant à la terre, remplacent l'immensité de l'espace, cette première image de Dieu, par une immensité non moins étonnante qui le peint également. Elles nous le montrent se jouant, sur notre grain de sable, avec une aisance et une abondance de ressources pareille à celle qu'il déploie dans les créations de firmaments étoilés ; elles le présentent à notre esprit épuisant, sur ce grain de matière, insuffisant pour séparer sensiblement deux rayons partis du centre d'une étoile, les siècles, les révolutions, les métamorphoses, les merveilles du feu, celles de l'eau, les générations d'êtres, et toutes les formes organiques, petites et grandes, belles et monstrueuses, que l'imagination la plus délirante puisse combiner dans ses rêves fantastiques. Si l'on a lu notre résumé de la géologie, on en a conclu à une exhibition indéfinie, par la puissance suprême, sur la surface du globe, d'une féerie vivante et fastueuse, de dimension et de complication à contenir tous les possibles terrestres que nous reverrons jamais. Il semble même que plus nous restreignons le cercle de nos observations et lisons dans le petit, plus nous approchons de la substance divine et sommes absorbés dans sa grandeur. Le même effet se produirait, au reste, si, commençant par le peu, nous allions nous perdre dans l'immense ; de quelque côté que l'homme se retourne et lance sa pensée, il se confond dans l'essence et dans le don de Dieu.

Nous sommes circonscrits, en ce moment, à l'organisme végétal et animal de l'époque présente, à la fleur et à l'oiseau, à l'arbre et au mammifère, au brin de mousse et au polypier. L'espace est devenu petit, et voilà que les merveilles se multiplient d'une manière effrayante ; le cadre se resserre en étendue et n'en devient que plus inépuisable.

Quand Grégoire de Nazianze, Chrysostome, Augustin, se servaient, ô Dieu, de la science de leur temps, pour s'élever et élever les autres à des idées dignes de vous, ils n'avaient pas les ressources qu'eurent plus tard Bossuet et Fénelon ; ils ignoraient tant d'artifices de votre sagesse que ceux-ci connurent! Mais que n'ignorèrent pas aussi ces derniers! Bossuet expliquant, à votre gloire, les merveilles de l'anatomie et de la physiologie animale, eût été plus éloquent encore, s'il avait connu les détails que nous avons trouvés, que nous trouvons chaque jour. La nature est l'argument de votre sagesse ; mais, livre fermé, vous chargez le progrès scientifique d'en développer les pages.

Il accomplit sa tâche avec fidélité : quels mondes de merveilles ne se sont pas révélés dans le végétal depuis que la botanique a descendu de Théophraste aux naturalistes de nos jours, en passant par l'étude des Boerhaave, des Tournefort, des Chomel, des Linné, des Jussieu ! Quelle richesse d'artifices, de précautions, de minutieuses ressources ne nous ont pas montrée, dans l'organisme animal, la zoologie, l'anatomie et la physiologie, depuis Aristote, Pline, Gessner, Fallope, Réaumur, Buffon, Daubenton, Pallas, Lacépède, Haller, Hunter, Bichat, de Blainville, Lamarck, Cuvier, Blumenbach, Geoffroy-Saint-Hilaire, et nos contemporains!

Que ne devons-nous pas, enfin, en motifs d'admiration et d'adoration des minutieux travaux de Dieu dans notre organisme, aux Hippocrate, Galien, Paracelse, Harvey, Van Helmont, Sydenham, Bourgelat, Cabanis, Gall, Spurzheim, Bichat, Broussais, Dupuytren, Parent-Duchâtelet, Hahnemann lui-même !

Tous ces ouvriers des sciences physiologiques ne font autre chose que d'élever sur la terre un des plus beaux trophées des gloires du Seigneur ; ils y suspendent, les uns après les autres, les chefs-d'œuvre de sa puissance, et nous lui en ferons notre éternelle offrande.

La botanique apporte les mécanismes, aussi merveilleux que délicats, de ses tissus, de ses trachées, de ses fibres, de ses épidermes, de ses cellules, de ses glandes, de ses racines, de ses tiges et de ses écorces ; les forces d'absorption et d'ascension de ses sèves, de composition et de décomposition des liquides et des gaz, d'exhalation et de respiration ou absorption de l'oxygène dans ses feuilles ; celles de distribution de ses sucs nourriciers, celles de ses sécrétions. Elle apporte ses organismes savants de reproduction, la structure élégante de ses fleurs, de ses pédoncules, de ses pédicelles, de ses calices, de ses limbes, de ses étamines, de ses anthères, de ses pistils, avec les vertus de son pollen pour féconder l'ovaire. Elle apporte son calendrier de flore, les mystères de ses fruits, de ses graines, de ses germinations, de ses développements, de ses greffes, de ses boutures, de ses marcottes, de ses tubercules. Elle apporte enfin ses classifications généralisatrices qui reconduisent l'esprit, de ses voyages dans les détails infinis, à l'unité harmonique des créations de Dieu.

La zoologie ajoute au trophée les merveilles de la circulation du sang, des mouvements du cœur, du jeu des artères, de leurs valvules, de leurs vaisseaux capillaires, des respirations trachéenne, branchiale, pulmonaire, des exhalations et sécrétions des vésicules où s'opère la vivification oxygénique, de la chaleur interne, du suc gastrique, de la formation du chyle, de son absorption dans le sang par les pompes naturelles, de l'encéphale, du grand lymphatique, du cerveau, de l'inervation, de l'œil et des jeux de la lumière dans ses chambres et sur ses membranes, de ceux du son dans les liquides de l'oreille interne avec les filets nerveux qui y nagent, de la glotte et des cordes vocales, des mouvements que détermine l'âme ou l'instinct dans les muscles et dans le squelette par l'entremise du système nerveux, des sensations, de la génération, et des variétés spécifiques avec leurs mœurs, leurs habitudes, leurs propriétés, leurs arts, dont ses classifications et ses descriptions étalent à nos yeux les sublimes harmonies.

La médecine ajoute ses observations multipliées, délicates, sans terme possible, sur tous les phénomènes normaux et anormaux de l'organisme; et c'est ainsi que se compose, s'élève et se décore indéfiniment le trophée de la physiologie à la glorification et à la manifestation de la sagesse qui a conçu et de la puissance qui a réalisé.

Pouvons-nous quitter ce thème sans citer au moins un exemple des précautions de cette sagesse en vue de la production, de la conservation, du développement et de la fin de ses œuvres ? Prenons le premier qui nous vient à l'esprit et qui ne demande que deux mots d'explication pour être compris : celui des anastomoses dans le système artériel. Après que le cœur a repompé du poumon le sang veineux qu'il y avait envoyé reprendre sa vertu vivifiante sous l'influence de l'oxygène atmosphérique, il le relance par l'artère aorte dans les canaux qui forment les branches de cette artère, afin qu'il aille réparer toutes les pertes qu'a pu faire l'organisme, guérir les blessures et rajeunir tout ce qui a vieilli. C'est Harvey qui découvrit cette merveille de la circulation, que Platon soupçonnait et n'osait donner que comme une hypothèse; mais il n'en trouva que la loi générale, et, depuis Harvey, chacun ayant saisi un détail nouveau, il est arrivé ce qui arrive toujours, que la beauté de l'ouvrage n'a semblé se révéler que dans les minuties. L'anastomose est une de ces petites précautions nouvellement découvertes, qui donnera une idée de ce que nous voulons dire. On s'est donc aperçu qu'au delà des bifurcations des artères, au delà, par exemple, de la bifurcation qui donne naissance aux deux carotides destinées à alimenter les deux côtés de la tête, a été ajoutée une artère-supplément qui va d'une branche à l'autre, ne sert pas ou presque pas en état de santé, puisque, alors, elle s'affaisse, devient flasque et se ferme en collant ses parois comme un boyau sec, mais devient d'une utilité capitale en état de maladie. Il arrive souvent qu'une des deux branches principales, soit une carotide, s'oblitère, s'engorge, se ferme par là même, et ne laisse plus passer, par son canal, le liquide nourricier jusqu'au flot qui en aurait besoin; faudra-t-il, dans ce cas, que cet organe périsse pendant le temps nécessaire à la guérison de l'artère malade? C'est ce qui n'arrivera pas, grâce à l'anastomose. Le sang, parvenu à la bifurcation, cherchera à pénétrer par l'artère engorgée, et, ne pouvant franchir l'obstacle, s'arrêtera; mais, en même temps, son flot deviendra plus considérable dans l'artère correspondante, et, par un mécanisme admirable, il ouvrira la soupape qui sert de porte à l'anastomose, entrera dans celle-ci, qui, vu le besoin, se dilatera et formera canal; puis il parviendra, par cette voie supplémentaire, après avoir fait un détour, au-dessus de l'engorgement, dans la prolongation de l'artère malade, qui continuera, grâce à l'artifice préventif du mécanicien, de le distribuer dans les organes qui le demandent.

La médecine a profité de cette supercherie de la nature, pour guérir certains maux par la ligature des artères; on conçoit que, si un organe tuméfié a besoin, pour se guérir, d'une diminution de sang, on arrivera à produire chez lui ce résultat, en liant l'artère qui l'alimente, puisque l'anastomose continuera de le vivifier suffisamment pour empêcher sa mort, et pas avec assez d'abondance pour empêcher sa guérison. Voilà de ces admirables soins de la Providence que la science physiologique découvre chaque jour, les uns après les autres, et qu'elle ne peut reconnaître sans rendre témoignage à une intelligence infinie dans la cause, à moins d'un aveuglement qu'on ne saurait comprendre. Les Lamarck et les Cabanis sont pour nous d'inexplicables phénomènes: ils travaillent à nous détailler les miracles de Dieu; nous les en remercions de toute notre âme, et ils n'ont pas d'yeux pour lire le sceau brûlant de sa sagesse, imprimé dans la substance même qu'ils émiettent avec tant d'habileté. Quelle contradiction !

Que Lamarck s'efforce de nous faire comprendre comment la nature, sans prévision et sans calcul, est arrivée par des tâtonnements aveugles et des modifications nécessitées par des circonstances fortuites, à ses appareils si bien appropriés, dont notre science consiste à découvrir chaque jour les destinations prochaines et éloignées, nous ne pourrons jamais le croire, et nous lui dirons : arrière! avec d'autant plus d'énergie que nous pénétrerons plus profondément dans les intentions de la nature. Nous ne croirons point, en voyant la grenouille munie d'un énorme poumon, qu'elle gonfle d'air avant de plonger dans son marécage, qu'il n'y a pas, dans cette conformation, l'intention que ce ballon lui serve, à la fois, de magasin d'oxygène et de flotteur, pour la mettre en équilibre dans les ondes. Nous ne croirons pas, en disséquant le poumon de l'oiseau, que cette ouverture, qui communique à des conduits distribués dans tous ses tissus, dans ses chairs, ses plumes et ses os, pour y faire pénétrer l'air qu'il respire, et maintenir tout son corps à l'état vivant d'une éponge légère, ne soit pas mise là par un calcul qui avait en vue la vie et l'activité aérienne de l'être qui en est pourvu. Nous ne croirons pas, non plus, que la *vallisneria spiralis*, petite fleur sous-fluviale ou sous-lacustre, soit munie, sans intention, de cette tige frêle et longue, qui va porter jusqu'à la surface de l'eau sa fleur femelle, afin qu'elle y reçoive, dans l'air, le pollen de la fleur mâle qui s'est détachée en bulle d'argent, a monté seule à la surface, y a vogué comme un petit navire, et s'y est ouverte pour donner sa poussière prolifique au stigmate de l'ovaire, que la tige femelle, se roulant en spirale, ramène au fond des eaux, dès qu'il est fécondé, afin qu'il y éclose. Nous ne croirons jamais que la guêpe des murailles ait reçu d'une cause aveugle cet admirable instinct qui la pousse à creuser son petit trou, y déposer ses œufs, y transporter copieuse provision d'insectes propres à nourrir sa couvée quand elle éclora, puis à calfeutrer le nid par dehors, en ayant soin de le bien dissimuler, par précaution contre les ennemis, et enfin à s'en aller mourir en paix, laissant le reste au soleil et à l'instinct de ses petits, qui, quand ils seront éclos, vivront de la provision, puis briseront le mastic, et s'envoleront, pour répéter, un peu plus tard, l'œuvre maternelle, sans y rien changer. Mais où allons-nous avec ces détails ? à l'infini ; et à quoi bon ? Notre esprit a saisi l'universel ; il a vu que la conclusion nécessaire du physiologiste, c'est que la nature entière est une des phrases sublimes de l'infinie sagesse.

II. Si les sciences physiologiques nous révèlent Dieu et ses attributs, comme les sciences cosmologiques et géologiques ; comme ces dernières aussi, et mieux encore, elles nous révèlent l'âme.

Elles nous la révèlent par la puissance de généralisation qu'elles exigent pour se former et réaliser leur progrès humain. Qui croira jamais sérieusement que c'est un peu de boue organisée qui analyse et synthétise de la sorte les règnes de la nature ?

Mais passons à d'autres considérations ; et, pour éviter de rentrer dans la métaphysique, où toutes les routes conduisent, voyons si l'observation seule, telle que la pratique du médecin, par exemple, ne donne pas, de sa nature, à tout instant, la conviction de l'âme immatérielle, comme réalité présente dans la personne humaine.

Quand on étudie physiologiquement l'être humain, soit dans l'enfance, soit dans le développement, soit dans la santé, soit dans la maladie, soit dans les phénomènes de la guérison, soit dans ceux qui accompagnent la mort, on arrive à constater une unité de personnalité par l'union intime d'une nature à titre d'instrument, avec une puissance qui ne peut pas être matérielle, et qui joue le rôle de centralisateur ; en sorte que cette étude mène à cette règle générale : Ce n'est point étudier l'homme que d'étudier son cerveau et le reste de son organisme, sans étudier son âme ; ce n'est point étudier l'homme que d'étudier son âme sans étudier son cerveau et tout son organisme : on ne l'étudie qu'en étudiant ces deux choses à la fois. Mais, on n'arrive pas et on ne peut arriver à constater une unité de personnalité par pure unité d'organisation matérielle ; tout concourt, dans l'observation, à déraciner de l'esprit cette prétention matérialiste.

Telle est la pensée que nous ne pouvons pas développer suffisamment, vu que l'espace nous manque ; mais que nous mettrons le lecteur en voie de vérifier par l'analyse aussi complètement qu'il lui plaira de le faire.

Prenez l'enfant ; suivez-le dans son éducation et son développement sous les soins de ceux qui le dirigent, depuis la nourrice jusqu'aux maîtres. Vous voyez le directeur, sans autre avertissement que celui qu'il a reçu de la nature, sans calcul, sans système, sans aucune analyse scientifique, par cet *ex abrupto* naturel auquel on fait allusion quand on dit que le premier mot et la première pensée sont l'expression de la vérité ; vous le voyez se faire double à l'égard de l'enfant, et supposer constamment que l'enfant est double. Il traite dans un même être deux êtres, il s'occupe de deux santés ; il soigne quelque chose qui a besoin d'un aliment matériel, et quelque chose qui a besoin d'un aliment invisible, insensible matériellement, et pourtant qui est, puisque c'est cette chose qui appelle la majeure partie de ses efforts, à mesure qu'elle grandit. Et ce double phénomène ne s'observe pas seulement chez les peuples civilisés ; allez dans la hutte de la Hottentote ; voyez la mère et son enfant, vous trouverez, à un degré moins élevé, sans doute, tant sous le rapport matériel que sous le rapport de l'esprit, ces doubles soins, vous les trouverez à leur degré relatif. A quelle force intérieure s'adresse donc la seconde moitié du travail, si ce n'est à l'âme ? Et, s'il n'y avait pas d'âme, pourquoi cette duplication en activité dans le gouverneur, et supposée par lui dans le gouverné ? Est-ce à un néant pur, à ce qui ne serait rien, que nous nous adressons ? Que signifient ces idées générales d'unité, de pluralité, de temps, de lieu, de grandeur, de petitesse, de oui, de non, de cela est bien, de cela est mal, que vous travaillez plutôt à éveiller, dit Platon, dans ce jeune esprit, qu'à les y introduire ? Et si vous préférez ce dernier mot, que m'importe ? ne faudra-t-il pas que vous accordiez une unité centralisatrice qui les reçoit, les garde, et y rattache désormais, de mieux en mieux, ses actions et ses paroles ? Est-ce à l'organisme matériel que vous prêchez raison, et ne supposez-vous pas, dans chacune de vos démarches, quelque puissance mystérieuse qui n'a aucun point de ressemblance avec un mécanisme d'organes et de fonctions ? Il y a une partie de vos actes qui ont pour objet ce mécanisme, vous les connaissez ; pourquoi d'autres qui en diffèrent ? Voilà le point capital auquel ne peut satisfaire le physiologiste s'il n'a recours à l'esprit.

On objectera, sans doute, que cette distinction n'est pas sans réalité, jusqu'à un certain point, chez l'animal lui-même, en ce qui concerne la conduite de la mère à l'égard de ses petits. Nous ne le nions pas, malgré l'énorme différence ; mais aussi nous en concluons, avec Leibnitz, que l'animal est un foyer vital doué de son centre, et que ce centre, quelque nom qu'on lui donne, n'est pas plus matériel que notre intelligence.

Prenez l'homme dans sa perfection de vie et d'activité ; vous retombez aux mêmes observations. Toujours l'être double dans l'unité. Vous trouvez l'organisme exerçant une influence perpétuelle, et inséparable de l'être qui pense, veut, raisonne, et l'être qui pense, veut et raisonne, exerçant un empire immense sur cet organisme. Vous avez vous-même deux méthodes distinctes pour agir sur l'être *un* qui résulte de ces deux êtres : la force et tous les moyens mécaniques, physiques, chimiques, d'une part; la raison et tous les moyens spirituels, démonstratifs ou touchants, d'autre part. Si vous professez que l'homme est matière et seulement matière, vous agissez, du matin au soir, comme si vous pensiez directement le contraire de ce que vous enseignez. Le physiologiste, qui ne croit qu'à la méthode expérimentale, a moins le droit d'être matérialiste que celui qui, comme le métaphysicien, passe sa vie dans les spéculations hypothétiques; et cependant, s'il y en a, ils ne se rencontrent guère que parmi les premiers. Quelle contradiction !

Soumettez l'homme à vos expériences; que constatez-vous? Qu'il a besoin de son cerveau pour agir moralement, comme il a besoin du nerf qui correspond au mouvement du doigt pour remuer ce doigt : que, si la fonction cérébrale est suspendue, l'activité morale l'est aussi; que si un malade par commotion au cerveau reprend la vie intellectuelle, il n'a aucun souvenir d'avoir eu la pensée pendant son mal; que, même, si le système nerveux est mis à découvert, et qu'on exerce une pression sur les lobes cérébraux, à l'instant toute pensée disparaît à tel point que le malade, subitement interrompu dans le fil de sa phrase, l'achève dès que la pression cesse, comme s'il ne s'était rien passé dans l'intervalle. Voilà les phénomènes que vous constaterez, et vous en conclurez, avec raison, une nécessité du cerveau pour penser, analogue à celle des nerfs et des muscles pour remuer bras et jambes. Mais où cela vous mène-t-il, si ce n'est à constater, une fois de plus, l'être double, la force motrice et son instrument? Sans l'instrument, comment agirait la force; mais sans la force que ferait l'instrument? Direz-vous que le muscle qui fait plier votre cubitus agit de lui-même? Et quelle différence y a-t-il entre un lobe et un muscle relativement à la force dont nous parlons? Cette force est une vertu centrale qui pense et qui veut, vous le voyez avec évidence, à l'inspection de l'individu; et, quand vous arrêtez son action par un obstacle, vous ne croyez pas plus à son identité avec l'instrument que vous ne croyez à l'identité de la roue d'une locomotive avec la force qui la fait tourner, lorsque vous lui rendez violemment son mouvement impossible par l'introduction d'une barre de fer dans les rayons.

Nous venons de qualifier l'âme de force centrale; c'est un nom que le physiologiste ne lui refusera pas, parce qu'il ne fait que résumer ses observations. Or, on a dit quelquefois, en riant, que le médecin ne croit pas toujours à l'âme parce qu'il ne la rencontre jamais au bout de son scalpel. Ce mot ne peut être, en effet, qu'un mot pour rire ; car le médecin sait, comme nous, que s'il la rencontrait quelque jour, c'est alors qu'il aurait prouvé qu'elle n'existe pas; mais il peut la poursuivre de son instrument, il ne la trouvera point, parce qu'elle existe. Si elle n'était pas ce que nous disons qu'elle est, comme la réalité en nous d'une force centrale ne se peut contester, l'organe substantiel de cette force serait anatomique; il aurait beau se cacher dans l'un des hémisphères, sous les os du crâne, il formerait un point qu'on pourrait découvrir. Or, écoutez ce que dit là-dessus un médecin de bon sens, le docteur Buchez, dans un mémoire excellent sur les *Éléments pathogéniques de la folie* : « Il y a, Messieurs, plus de deux cents ans qu'on le cherche (ce point centralisant le cerveau), qu'on le cherche de toutes manières sans le trouver. Il n'y a peut-être pas un point probable où l'on n'ait posé l'hypothèse, et pas une de ces hypothèses que l'observation n'ait mise à néant. Vous savez, Messieurs, ce qui est arrivé de la glande pituitaire, du corps calleux, etc. La réalité, c'est qu'il n'y a pas d'organe central dans le cerveau. Gall le premier qui, je crois, a démontré cette vérité. La meilleure preuve à cet égard, c'est l'organisation fibrillaire des hémisphères, du corps calleux, etc., où tout est trajet et rien n'apparaît comme centre. »

Que Gall et Spurzheim aient tort ou raison dans leur cranioscopie, et Lavater dans son physiognomonisme, nous savons *a priori* quelques pensées fondamentales sont des vérités. L'âme modifie nécessairement les traits et les mouvements externes, et ceux-ci ne peuvent manquer d'avoir une influence sur l'âme; la manière dont les sens lui rendent compte des choses est, pour elle, ce qu'est, pour un monarque, le compte rendu de ses ministres; et s'il en est ainsi des organes visibles, à plus forte raison en sera-t-il de même des organes internes avec lesquels on ne peut nier qu'elle ne soit en des relations d'autant plus intimes qu'elles sont plus mystérieuses. Mais dira-t-on que c'est la bouche, le nez, l'œil et l'oreille qui sont la force centrale qui pense et qui veut? Et si cette absurdité choque le bon sens et l'expérience, les choquera-t-on moins en disant que ce sont les fibres du cerveau qui sont cette force, puisqu'ils sont autant de petits organes ses serviteurs et ses instruments, aussi distincts et aussi nombreux que le sont toutes les molécules dont se compose un visage? Que chaque filet nerveux soit une aptitude, comme l'a dit Charles Bonnet; que chaque lobe en soit une, comme l'a soutenu Gall : rien de plus rationnel. L'œil n'est-il pas une aptitude à penser la lumière et les couleurs? Cette aptitude est même si essentielle à la force centrale, que nous ne concevons guère et que nous ne croyons pas que la lumière et les couleurs aient jamais été pensées par un être humain qui n'avait pas d'yeux. Mais ce n'est cependant pas l'œil qui pense la lumière. Le physiologiste observateur ne peut s'empêcher de l'apercevoir; il en est de même des lobes du cerveau et de leurs trajets nerveux, chacun pour sa fonction. Charles Bonnet l'expliquait assez longuement, et Gall le savait bien.

Qu'on place, avec Cabanis, la source de l'instinct dans le grand sympathique, dans cet appareil plus ou moins isolé du cerveau, dont les ganglions se ramifient en filets, plus que microscopiques, dans la profondeur de l'organisme, et que Bichat nommait le système de la vie organique ou végétative, pendant qu'on fera à l'encéphale, ainsi qu'on le doit, les honneurs de la présidence de la vie animale; ou qu'on place tout dans le système encéphalique, avec Gall et la majeure partie des physiologistes; on ne résout pas plus pour l'instinct que pour l'intelligence la question de centre et d'unité. Qu'une série d'observations les plus fines, les plus délicates, les plus heureuses et les mieux groupées vous conduise à résoudre la question entre Cabanis et Gall, disons mieux, à pouvoir nommer le filet ganglionnaire ou encéphalique, qui correspond à telle tristesse vague, à tel malaise, à telle joie, à telle crainte, à tel frémissement, à telle sensation, aussi bien qu'à telle pensée, à telle idée, à tel raisonnement en ce qui concerne le cerveau, en sorte que la science soit parvenue à donner le tableau des petits organismes partiels correspondants aux nuances de l'instinct et de la pensée, comme elle possède celui des muscles et des os correspondants aux mouvements mécaniques; c'est ce que Gall avait cru faire; on l'abandonne maintenant; mais il y a probablement des points vrais dans son analyse, et peut-être arrivera-t-on un jour à un grand système auquel le sien fournira sa belle part, et celui de Cabanis la sienne également. Mais où ce progrès nous aura-t-il menés, si ce n'est à démontrer mieux encore la nécessité de cette force centrale, qui ne pourra être un des petits organismes, puisque chacun d'eux ne sera reconnu que pour l'instrument d'une fonction, comme la main, ni plus ni moins. Plus la science émiettera l'individu, plus elle prouvera la nécessité de l'âme. Il faut, pour être matérialiste, demeurer dans le vague, et parler en gros de l'organisme total, du corps tout entier. On peut dire alors, sans trop choquer le bon sens dans les apparences, que l'instinct et la pensée, lesquels se réduisent à *un* en personnalité, en moi, en individu, sont une résultante de l'ensemble; mais aussitôt qu'on analyse, qu'on divise, qu'on fait de la vraie science expérimentale, et qu'on met les points sur les i, l'absurdité de l'hypothèse se développe, s'éclaire, se montre à nu, et l'esprit voit clairement que la dissection court après l'introuvable, si elle cherche le petit organisme, qui serait le moi commun de tous les organismes.

On comprend que Descartes ait pu, sans manquer au bon sens et en ne brisant qu'avec les apparences, faire de l'animal une pure machine, dans laquelle manque ce moi central, instinctif et intellectuel; car nous ne sentons pas l'animal, et nous ne pouvons le juger que par sa surface. On peut nier chez lui tout instinct centralisateur, et n'y voir qu'un ensemble de rouages bien organisés par le mécanicien des mondes; mais, si on admet cet instinct, disant *je* à un degré quelconque par ses appétits, ses joies, ses douleurs, ainsi que l'indiquent les dehors, on se contredit, si on ne lui donne pas, pour essence, l'unité immatérielle. Or chacun de nous sait ce qui se passe en lui en fait d'instinct, en fait de pensée ; il sent un point unique et qui est partout, à la fois, dans son organisme sans cesser d'être *un* ; il l'exprime par *je* quand il est en santé morale ; et c'est ce point que nous défions l'observation physiologique de trouver jamais dans la matière ; car nous savons *a priori* que Dieu ne pourrait pas l'y mettre, à moins qu'avec Léibnitz on ne commence par la dématérialiser elle-même préalablement.

Nous venons de monter à la métaphysique; retombons dans les observations, et adressons-nous à la pathologie, en nous bornant à l'étude de la maladie qui a le plus de rapport avec l'être moral : nous voulons parler de la folie.

Écoutons encore le docteur Buchez s'adressant à la société de ses confrères : « Le rôle de l'âme, dit-il, au début et à la fin de l'aliénation, est visible. C'est elle qui, au début, lutte contre les tendances erronées de l'organisme, comme nous le verrons bientôt. C'est elle qui, vers la convalescence, travaille à détruire le trouble établi par la maladie. Son action apparaît du moment que, par une cause quelconque, l'organisme encéphalique se rapproche de l'état normal. Ainsi, il arrive parfois qu'un aliéné, frappé d'une maladie intercurrente, revient à la raison lorsque cette maladie atteint son plus haut degré de gravité. Il arrive aussi, lorsque, par un traitement approprié, on a amené le calme du système nerveux, que l'on voit la lutte de la raison contre la folie s'établir chez le malade. Or, quelle puissance est assez indépendante de l'organisme pour apparaître ainsi, tout d'un coup, dans le complet de son intégrité, aussitôt que l'organisme est apaisé, si ce n'est celle de l'âme! D'ailleurs, à quelle puissance s'adresse le médecin lorsqu'il emploie le traitement moral? Sur quelle puissance compte-t-il, lorsque, par l'isolement, la discipline, le travail, il refait, en quelque sorte, l'éducation de l'aliéné, ou plutôt il cherche à reconstruire l'homme intellectuel et moral? Osons le dire, Messieurs; expliquons le sens de cette pratique : Le médecin cherche à mettre en mouvement la seule force du système intellectuel et moral qui soit saine ; il s'adresse à l'âme ; il cherche, à travers le trouble de l'appareil encéphalique, à travers le trouble des sens et des idées, à faire parvenir la vérité, à faire apercevoir à l'âme qu'elle est trompée. Rien, à mon avis, ne prouve plus clairement l'existence de l'âme que la possibilité de discipliner les fous, et surtout de guérir la folie. »

Ces réflexions sont aussi fondées en raison qu'en expérience.

Si l'on considère la folie dans ses éléments pathogéniques, on est obligé de reconnaître, pour cause immédiate, un trouble, une rupture d'équilibre dans les organes cérébraux ; chacun a proposé sur cette question son hypothèse ; Esquirol croit voir, autant qu'il nous en souvient, une affluence de force vitale vers le cerveau, aux dépens de tout le reste ; sa rupture d'équilibre est dans l'individu tout entier.

Au temps de Gall et de Broussais, où l'on attribuait tout à l'inflammation, la folie passait pour être le résultat d'une irritation générale ou partielle du cerveau, selon qu'il y avait manie ou monomanie, laquelle irritation se naturalisait et devenait chronique, ce qui distinguait la folie des états fébriles ; mais l'observation anatomique ayant montré qu'il n'y a jamais lésion appréciable dans le cerveau d'un fou, on retomba dans un grand embarras ; et Buchez, pour aider à lever l'embarras, présente aussi son hypothèse. Il s'adresse au cerveau, sans exclure le système ganglionnaire, surtout dans les cas de lypémanie. Mais ne parlons que du cerveau. Il le considère comme double, tant dans sa grande division en deux hémisphères que dans ses subdivisions ; attribue à chaque partie sa fonction propre, en sorte que l'une servirait, par exemple, à penser, et l'autre, à surveiller la pensée, à la diriger, à la juger, ainsi que ce double effet se manifeste dans le phénomène. Toujours l'homme sain de raison se juge et se dirige en même temps qu'il pense et imagine. On le remarque très-bien en écrivant, puisqu'on se juge à mesure, et qu'on se corrige. C'est, d'après lui, et, jusque-là, on doit être de son avis, cette faculté de se juger soi-même qui constitue le *sui juris*, et qui fait qu'on n'est pas fou. Or, s'il y a dans chacun des organismes du cerveau un double organe, comme il y a deux yeux dans la tête, et que l'un de ces deux organes soit l'instrument de la production imaginative, intellectuelle, instinctive, sensitive, pendant que l'autre est celui de la surveillance et du jugement de la production dans la sphère relative au but de cet organisme particulier, que suffira-t-il, pour concevoir la folie, qui est la production sans règle et sans raison ? Il suffira de concevoir que, par un simple dérangement dans la nutrition du système nerveux, dérangement qui sera produit par une cause physique ou morale, l'équilibre normal soit rompu dans la vitalité relative des deux organes confrères. Cet équilibre normal ne doit pas s'entendre d'une égalité de force dans chacun, mais plutôt d'une certaine inégalité proportionnelle. Il en est du cerveau comme des membres et des sens extérieurs, qui sont doubles ; une main est plus ouvrière que l'autre, et l'autre, plutôt aide et surveillante, prête à lui porter secours et à la modérer. De même des yeux ; on regarde d'un œil, et l'autre surveille et juge. Bichat avait dit que les deux hémisphères du cerveau devaient être égaux en volume et en vitalité, pour que l'homme fût dans les meilleures conditions du génie. La dissection de son crâne montra qu'il y avait une inégalité notable entre les deux hémisphères de cet homme de génie. Les personnes qui ne présentent pas, plus ou moins, cette inégalité sont des têtes mal organisées moralement, dont les idées ne sont pas pesées par la raison ; et cet effet peut venir aussi bien de l'usage ou du non usage qu'elles ont fait de celle-ci. C'est peut-être pour ce motif que le plus grand nombre ont un œil plus bas que l'autre, le développement plus considérable d'un des hémisphères tendant à déranger la ligne des yeux de sa parfaite horizontalité. Revenons à la théorie. S'il arrive que, sans inflammation ni lésion proprement dite, il y ait, par trouble dans la nutrition, ou affaiblissement excessif de l'organe qui sert à la surveillance, ou augmentation excessive de force, ou même qu'il y ait, par un effet de volonté acharnée, de peur subite, de passion satisfaite, etc., occupation de cet organe par l'idée au jugement de laquelle il devrait seulement servir, ne s'en suivra-t-il pas quelqu'un des phénomènes de la folie ? Si l'effet que nous venons d'expliquer n'a lieu que dans un organisme particulier, il y aura seulement monomanie relative à l'idée correspondante au dérangement ; si cet effet s'étend davantage, et gagne tout le cerveau, il y aura folie complète. Buchez n'a pas ajouté que, pour expliquer l'idiotisme, il suffirait peut-être de renverser l'hypothèse, et de dire que la nutrition cesse de porter la vie à l'organisme qui correspond à la production. Dans ce cas, l'âme dormirait comme génération d'idées, en ne produisant plus rien, et, n'ayant pas, par là même, plus rien à juger ni surveiller, dormirait aussi comme direction, par manque d'objet. C'est ce qui devrait sans doute être déduit de son explication.

Il faut avouer que cette manière de raisonner sur la folie est très-ingénieuse ; elle fait aux phrénologistes et autres les plus larges concessions, et n'en conserve pas moins toute notre spiritualité, puisque c'est l'âme qui reste le principe efficient, et même le chef du logis, douée de liberté pleine dans l'état normal ordinaire. Nous ajoutons qu'elle cadre très-bien avec les observations en éducation. Qui n'a remarqué que le grand point à obtenir de l'enfant c'est qu'il apprenne à se juger lui-même, à sentir ses défauts, ses manques de goût en écrivant, ses vices moraux, etc. Presque toujours, il est plus ou moins doué par la nature de la propriété de production ; mais il n'a presque jamais celle du jugement, du goût, de la bonne direction de lui-même ; et on réussit, en fait d'éducation, quand on parvient à éveiller en lui ce sentiment et cette volonté qui font qu'on se surveille sans cesse, et qu'on se corrige perpétuellement dans ses paroles, dans ses actes, dans ses pensées, dans ses écrits, dans toute sa personne. Or, ne semble-t-il pas que le travail de l'éducation consiste, pour le maître, à rappeler l'âme, par les excitants les plus actifs qu'il puisse imaginer, à un effort sur l'organe intime de la surveillance afin qu'elle exerce cet organe, comme on exerce un muscle à la gymnastique, et qu'en y attirant l'afflux de la nutrition nerveuse, elle arrive à le rendre souple, vigoureux, délié, propre, en un mot, à la bien servir désormais dans sa direction d'elle-même et de ses productions? Mais remarquons que cette méthode du précepteur, consistant à s'adresser à l'âme, par des voies détournées, et à remplacer lui-même ainsi, autant que possible, l'aptitude qui manque dans l'organe, afin que ce soit l'âme qui commence par lui donner le bienfait qu'elle en recevra plus tard, quand l'aptitude et l'habitude seront prises, prouve la puissance de l'âme et sa distinction d'avec l'organisme.

Revenons au fou. Celui qui le soigne le travaille par l'âme comme le maître son élève ; nous avons vu Buchez en faire l'observation, d'où nous tirons la même conclusion qu'à l'égard de l'enfant. Mais considérons-le aussi dans l'origine de sa folie, et l'observation nous mènera encore à reconnaître l'influence d'une puissance qu'on ne peut pas expliquer par l'organisme pur, et qui joue souvent, avec liberté, le plus grand jeu dans l'aliénation.

Quand on visite une maison de fous, dans un pays quelconque, on est frappé d'en trouver un grand nombre qui se croient Papes, rois, empereurs, et, plus souvent encore, Dieu lui-même. Ce phénomène est surtout commun parmi les hommes ; les femmes y sont moins sujettes ; en revanche elles sont plus folles encore que les hommes, en ce sens qu'elles se maîtrisent moins ; les hommes fraternisent entre eux, s'ils ne sont pas au dernier degré de la folie, et gardent quelque chose du jugement de soi ; les femmes ne se lient pas ; elles se fuient, s'entre-méprisent, et n'ont aucune retenue ; mais il y a chez elles beaucoup moins souvent la folie de l'orgueil et de l'égoïsme. D'où viennent généralement ces résultats, si ce n'est de ce que l'âme, en consentant à des vices, a été malade la première, et a communiqué son mal à l'organisme qui le lui communique à son tour ; et comme les vices de la femme ne sont pas absolument ceux de l'homme, vu la différence des situations extérieures, qui a d'abord exercé une influence sur l'âme, il en résulte, dans une société de fous et de folles, mille variétés du genre de celles que nous venons de citer pour exemple. L'âme seule, énergiquement tendue en direction de la monomanie ou de l'aliénation, pourrait faire un monomane ou un aliéné : c'est ce qui s'est vu.

Écoutons encore le docteur Buchez : « L'âme est sujette à l'erreur et aux conceptions vicieuses ; sa maladie, à elle, si l'on peut donner ce nom à cet état, c'est de vouloir ou d'accepter une erreur ou un vice. Or, on comprendra sans peine que l'aliénation viendra bien plus facilement, et sera bien plus difficile à guérir, si l'aliénation est fondée sur une erreur à laquelle l'âme ait consenti. Examinons, par exemple, la situation intellectuelle où l'homme est placé, du moment qu'il se livre à l'exagération du sentiment personnel, qu'il accepte et cultive en lui-même le vice de l'égoïsme. Du moment qu'il s'abandonne à ce vice, il n'est déjà plus complétement raisonnable ; il ne tardera pas à voir les choses autrement qu'elles ne sont, à juger ses relations d'une manière fausse. En effet, que fait l'égoïste ? il voit toutes choses à son point de vue, et les rapporte toutes à lui ; en un mot, il se pose comme le centre du monde, dont il n'est cependant qu'une partie infime. Arrivé à ce point, il n'est pas fou sans doute, mais il n'est déjà plus raisonnable.

« J'invoque ici l'expérience de chacun. Qui n'a vu de ces gens qui apportent partout les exigences de leur amour-propre excessif, qui introduisent le trouble dans toutes les relations parce qu'ils veulent tout pour eux-mêmes et n'accordent rien aux autres ; qui ont une susceptibilité que tout blesse, et que rien ne satisfait ; qui, dans la justice faite aux autres, ne voient qu'une injustice envers eux-mêmes ou une occasion d'envie ; qui élèvent la moindre inadvertance en hostilité ; gens qui sont en même temps vains et jaloux, orgueilleux et envieux, etc. Certes, de telles gens sont en dehors de la raison ; et, si chez eux vient la folie, l'âme consentira sans peine à des hallucinations sensuelles ou idéales qui flatteront ses tendances mauvaises. Les formes de l'égoïsme sont nombreuses, et toutes susceptibles d'une intensité capable de remuer tout l'organisme. Or, dans la monomanie et la lypémanie, on retrouve presque toujours, si ce n'est toujours, une de ces formes. Aussi je crois, je l'avoue, depuis longtemps que l'égoïsme est le vice par lequel l'âme se prédispose à accepter les troubles organiques qui constituent ces formes d'aliénation. »

Enfin, de quelque côté que le physiologiste se tourne dans son étude de l'homme, il voit se présenter de front deux ordres de faits, les uns tendant à prouver l'influence de l'organisme sur l'âme, et les autres tendant à prouver l'influence de l'âme sur l'organisme ; ce qui suppose avec évidence l'existence de l'âme ; et plus il pénètre profondément dans l'analyse, plus il sent la nécessité de ces deux causes pour rendre raison des phénomènes. Otant l'une, il réduit l'être humain, qu'il étudie, à plus qu'un mystère, à une impossibilité.

Si, d'une part, vous trouvez, par exemple, que certains souvenirs sont effacés par suite de maladies graves, ainsi que des catégories tout entières d'idées et de mots, d'autre part vous trouvez aussi qu'un travail interne, un effort de volonté, une étude qu'il faut bien attribuer au moi central, ainsi que tout l'indique, refait peu à peu la mémoire effacée, la ressuscite de sa tombe. Puisque l'organe, qui était le corps de la pensée évanouie, n'en a plus la forme ni le moule, comment concevoir que ce soit lui qui fasse l'effort pour se reformer de nouveau à son image? Cette éducation nouvelle que l'individu est obligé de faire, et la manière dont on le voit procéder sont une manifestation de l'âme dont le physiologiste est obligé d'avouer l'éloquence.

Dans ces oublis par troubles cérébraux résultant de secousses violentes subies par l'organisme, on a remarqué que la mémoire des substantifs isolés et simples était celle qui se perdait le plus facilement ; que celle des adjectifs se perdait aussi, quoique beaucoup moins, et que celle des verbes ne se perdait pas. Pourquoi ces différences, si ce n'est parce que l'âme tient beaucoup plus par elle-même les idées de rapports, d'action, d'état, que celles des substances ; si ce n'est parce qu'elle a moins besoin, pour penser les premières, de leur existence matérielle dans son cerveau, que Buchez appelle l'*objectif* de leur existence spirituelle, qu'elle n'en a besoin pour penser les secondes. Pour peu, en effet, qu'elle soit en action, elle trouve, dans son action même, l'excitant de l'idée des rapports, tandis qu'elle n'y trouve pas l'excitant de l'idée d'un être qui n'est pas elle ; il faut pour celle-ci qu'elle retravaille, comme l'enfant, à l'incarner en image organique dans son corps. Il le faut aussi pour celle du verbe, afin qu'elle soit claire et très-positive ; mais elle la tient, au moins, par des racines inséparables de sa propre substance immatérielle, ce qui fait qu'elle ne l'oublie pas.

Voyez encore ce qui se manifeste dans le convalescent à qui manque tout à coup le fil de la phrase : il perd toute idée, et il s'en étonne ; il est stupéfié de lui-même ; il ne s'explique pas ce qui se passe en lui ; mais en cela il se juge ; et quelle est cette puissance qui s'étonne de la sorte sans avoir aucune idée positive, si ce n'est l'âme ? Elle ressemble à une main tout occupée de brandir une arme, et à laquelle une cause inconnue escamoterait cette arme subitement : l'état d'angoisse qui se révèle prouve à la fois et le manque à l'appel de l'instrument, et la réalité de la main qui s'en sert.

Observez encore ce qui se passe dans les habitudes ; suivez toutes les phases de ce singulier phénomène, vous voyez avec évidence l'âme se remuer dans son organisme, soit pour lutter contre des appétits, soit pour l'exercer à les satisfaire ; si elle résiste et triomphe, elle façonne au silence l'organe intérieur qui leur correspond ; si elle cède et se laisse vaincre, elle lui souffle des ardeurs de plus en plus brûlantes. Et s'il vient un jour où, se retournant contre elle-même et son organisme, elle prouve sa force et sa liberté en se servant de toutes les énergies matérielles et morales, qui sont entre ses mains, pour démolir ce qu'elle avait construit, dira-t-on que cette puissance, dont le travail est si considérable et l'agitation si violente, n'est pas une réalité distincte de son domicile, de son champ de labeur, de cette argile plus ou moins brute que vous la voyez pétrir avec tant d'effort ?

Les observations s'entasseraient sur les observations. Nous en avons dit assez pour mettre l'esprit sur la voie de les faire, de lui-même, du matin au soir, sur soi comme sur le premier venu. Il verra toujours l'âme, au sein de cette auréole matérielle, que Buchez appelle avec raison l'*existence nerveuse et corporelle* d'elle-même et de ses idées, sentiments, combinaisons discursives, s'agiter dans sa vertu propre, et rayonner autour de son centre sa spiritualité, comme le soleil rayonne son essence lumineuse.

Il est donc vrai que la science physiologique et anatomique, qu'on l'appelle phrénologie ou de tout autre nom, loin de conduire au matérialisme, ne fait que constater de mieux en mieux, par sa méthode expérimentale, la vérité de l'âme, comme nous l'avons vue constater celle de Dieu.

III. Mais l'immatérialité du moi humain n'est pas la seule vérité relative à l'âme qu'observe chaque jour la physiologie, et qu'elle observera de mieux en mieux en progressant indéfiniment. La liberté morale de l'âme humaine, dont la véritable preuve est le témoignage de la conscience, se retrouve également établie par cette science d'une manière détournée. Nous avons dit quelque chose des systèmes qui ont pour objet de fournir les indications organiques du diagnostic moral des vertus et des vices ; celui de Gall a fait beaucoup de bruit ; celui de Lavater est considéré comme plus solide, en ce qu'il s'adresse à la personne entière considérée dans toutes ses parties ; on en fera d'autres, et nous sommes persuadé qu'on arrivera à une théorie d'indications très-fondée. Par là même, en effet, que l'être est une unité corps et âme, et que le corps n'est que l'existence physique de l'âme elle-même, on doit découvrir peu à peu, par l'analyse, dans l'ensemble du corps, les corps partiels des qualités de l'âme, de ses idées, de ses tendances, de ses vices et de ses vertus ; et, cela découvert, on aura les expressions visibles et palpables des immatérialités invisibles ; ces propriétés ne seront autre chose que la langue des propriétés correspondantes de l'âme. Elles en seront les mots révélateurs comme les mots d'une langue ordinaire sont les expressions matérielles et révélatrices des idées du peuple qui la parle ou qui l'a parlée. Mais il arrivera aussi ce qui est déjà arrivé par rapport au physionomisme et au phrénologisme, à savoir, qu'on sera obligé de classer d'abord les indications organiques en deux catégories, celle des aptitudes naturelles héritées, et celle des aptitudes acquises par l'usage de la liberté morale ; on y sera obligé, comme on l'a été déjà, sous peine de se jeter dans un labyrinthe d'erreurs qui, se révélant dans la pratique, donnera toujours le coup de mort au système. Or cette simple classification ne sera autre chose qu'un aveu scientifique de la liberté morale.

Il arrivera, en second lieu, ce qui est encore arrivé, que, malgré toutes les précautions et la perfection de la théorie, malgré sa conformité avec la nature, les pronostics seront très-souvent convaincus d'erreur par l'expérience. A quoi donc a tenu et tiendra cette disconvenue fréquente, malgré la vérité des principes? A une seule cause, qu'il sera à jamais impossible d'assujettir à une loi constante, à la liberté qui, par son essence même, doit souvent déconcerter l'économie du système; elle n'a d'autre règle que son caprice, que son vouloir indépendant; il est donc nécessaire qu'il arrive quelquefois que, malgré toutes les indications réunies d'une aptitude qui existe réellement dans l'individu, l'individu ait, librement et par sa seule énergie morale, produit des séries d'actes contraires à l'indication. La théorie n'aura pas trompé sur ce qui était de son ressort, c'est-à-dire la tendance, puisque cette tendance existe; mais elle sera tombée en défaut sur les suites de cette tendance dont la liberté morale avait le souverain empire, et qui ne sauraient être du ressort de la théorie autrement que dans les limites de la probabilité.

Ainsi donc, chaque fois que le pronostic se sera trouvé faux, nouvelle démonstration de la liberté morale, et démonstration de plus en plus rigoureuse à mesure que le système deviendra plus solide et plus parfait. Si cette liberté morale était une chimère, on peut déjà dire, en félicitant la science moderne de sa puissance acquise, qu'elle aurait, dès maintenant, la théorie infaillible du diagnostic des âmes ; c'est la liberté qui l'a déconcertée, et même nous avertissons les physiologistes de n'être ni matérialistes ni fatalistes, s'ils veulent faire avancer la question; car on s'égare toujours, et l'on se désespère d'autant plus que l'on omet quelque élément capital dans la série des observations.

IV. Quand le médecin a su lire, dans la nature organique, les impressions révélatrices de Dieu et de ses attributs, de l'âme immatérielle et de sa liberté, il lui reste peu de chose à faire pour s'élever jusqu'à la conviction d'une vie future qui, ajoutant aux détails de celle-ci ses détails compensateurs, formera une somme totale de grandeur, de justice, de sagesse et de bonté. Car nous sommes aujourd'hui dans une situation semblable à celle du spectateur d'un drame qui n'en aurait vu jouer que le premier acte, ou du juge d'un tableau qui n'en verrait que le coin, ou encore dans celle d'un Cuvier qui, avant d'avoir reconstruit peu à peu l'animal perdu, n'en voyait qu'un débris.

Notre vie est une phrase commencée, dont l'esprit seul, par la puissance qu'il a de déduire, peut deviner d'avance toute la suite. Le physiologiste, au point où nous en sommes, possède, pour données, Dieu, l'âme et la vie présente ; Dieu c'est le juste et le bon absolu qui ne peut engendrer que des ensembles dont le caractère est le beau. L'âme est une puissance, non pas indépendante de l'organisme, mais qui ne tire pas son être et son essence de cet organisme, et, par conséquent, à la dissolution de laquelle on ne peut conclure par suite de la dissolution de l'organisme. Enfin la vie telle que le médecin la voit, n'est pas, à elle seule, une chose belle; c'est la douleur, la peine, la laideur, le mal, sous toutes ses formes, distribué, somme toute, sans calcul apparent de justice et de bonté. Que doit-il retirer de ces observations combinées, si ce n'est la persuasion intime d'une prolongation de l'existence de la personnalité au delà du tombeau dans un nouveau monde qui, étant établi en compensation de celui-ci, développe un ensemble auquel ne manquera rien de ce qu'exigent les attributs de Dieu dans ses ouvrages? Il ne peut s'empêcher, s'il a un jugement que sa volonté n'écrase point, d'achever, de la sorte, en prophétique espérance, la phrase commencée, de supposer la fin du tableau sur la portion de toile que l'avenir recouvre, de prévoir en gros le dénoûment du drame conformément à l'idée prioriquement conçue de l'artiste suprême, enfin de construire, en pensée, la forme complète de l'être dont il n'a à étudier qu'un petit bout d'ossement.

C'est ainsi que la science physiologique achève de réaliser ses rapports harmoniques avec la théologie naturelle.

II. — Principales harmonies des sciences physiologiques avec la théologie surnaturelle.

I. Commençons par éliminer deux points de vue qui seraient longs à traiter si on voulait épuiser la matière, mais dont nous ne devons ici qu'indiquer la pensée générale.

Le premier dont nous voulons ne dire qu'un mot est celui de la leçon que nous donnent tous les jours la botanique, la zoologie et la médecine à l'égard de la croyance aux mystères. Ces sciences ne font, dans leur progrès, que soulever des problèmes, et nous dénicher, chaque jour, de nouvelles énigmes. Le pas qu'elles font vers l'explication du phénomène n'est que le débucher d'un autre phénomène plus difficile à comprendre, par là même qu'il s'approche davantage de la cause universelle sans être encore cette cause. Vous avez trouvé la circulation du sang ; expliquez donc maintenant cette perpétuité de mouvement, par laquelle le cœur ne cesse de battre dans l'animal vivant, et de réclamer le liquide indéfiniment. Donnez la raison radicale des métamorphoses de la respiration, de celles de la digestion. Rendez compte de cet ovaire qui, dans la plante et dans l'animal, implique l'animal et la plante en petit avec les germes qu'ils produiront et les générations indéfinies de ces germes. Comprenez seulement le premier bourgeon du petit chêne ; il puise, par les racines, ses éléments de croissance dans la terre, se développe, pousse les branches qu'il contenait en petit ; sur ces branches émergent de nouveaux bourgeons qui sont des graines d'autres chênes dont la branche mère est le sol nourricier ; ces bourgeons répètent le développement du premier pour la branche qu'ils engendrent ; cette branche germe, à son tour, les siens, et ainsi, durant des siècles, jusqu'à la mort du chêne; de sorte que le grand arbre n'est qu'un entassement indéfini d'individus sur individus, chaque petite branchette étant un chêne, et chaque bourgeon une graine dont la branche mère est le terrain. Or, comprenez comment toute cette série fut impliquée dans le premier œil, frêle produit du gland. Expliquez ces émergescences de forces actives que tire l'organisme d'éléments bruts, cette vie que ses vertus font sortir de la mort. Vous ignoriez jadis mille merveilles qui se passent à l'intérieur des êtres organisés ; ici le système nerveux avec son arbre aux ramifications plus que microscopiques, ici le système artériel, ici les glandes et leurs appareils sécréteurs, ici le mécanisme osseux et musculaire ; vous ignoriez les structures délicates de l'insecte invisible, celles du végétal trop petit pour vos yeux, et cependant surchargé d'animalcules qui vivent à ses dépens ; vous ignoriez des multitudes d'artifices employées par la nature pour atteindre ses fins ; vous les avez trouvées, voilà votre science ; mais que sont toutes ces choses? Des mystères de plus ; et tout ce que vous trouverez encore portera le même sceau. La médecine est un tâtonnement dans un labyrinthe d'autant plus étendu, compliqué et obscur que le progrès le mesure mieux, l'analyse mieux et l'éclaire davantage. Avant les découvertes physiologiques et anatomiques, l'ensemble du végétal et de l'animal était le mystère ; depuis ces découvertes, ce sont les parties du végétal et de l'animal qui sont les mystères ; le mystère s'est multiplié, et il se multipliera ; voilà la vérité de toute science dans la créature.

Et, pendant qu'il en est ainsi dans l'ordre naturel, nous montrerions de la répugnance à accepter le mystère dans l'ordre des esprits, et des rapports de Dieu avec les âmes ! Nous qui livrons nos corps et nos vies avec confiance aux procédés scientifiques de la médecine, malgré que nous la sachions constamment égarée dans les ténèbres, nous aurions de la peine à nous livrer humblement et avec espérance au Dieu de la raison et de la foi, au Verbe du salut, à la parole de l'éternel amour ! « Chant divin, disait Clément d'Alexandrie, accord puissant qui transforme en homme la brute sauvage, la pierre insensible,...... céleste concert du chantre des cieux qui met l'ordre et l'ensemble dans l'univers, enseigne aux éléments la concorde, et fait que tout ce monde est une harmonie..., comme le musicien, qui sait adoucir les modes d'Orient par ceux de la Lydie,... il tempère, les unes par les autres, toutes les parties du monde... L'univers est l'image de ce chant immortel qu'a fait entendre le Verbe, de ce divin concert, où tout se tient, s'harmonise, se répond, la fin avec le milieu, le milieu avec le commencement. Ce ne sont plus les accords du chantre de Thrace, semblables à ceux dont Tubal fut l'inventeur, mais les accents que David imitait sous l'inspiration du Dieu qui fit le monde. Le Verbe de Dieu, né de David, bien qu'il fût avant lui, a rejeté les instruments sans vie, et, accordant, avec l'Esprit-Saint, et le monde et l'homme qui est un monde, et, dans l'homme, l'âme et le corps, il a fait la lyre vivante, instrument à toutes voix, pour célébrer le Créateur. Il chante, et l'homme répond, l'homme la première voix, de qui il a été dit : Vous êtes ma lyre, ma trompette et mon temple... L'homme, l'être raisonnable sorti du Verbe divin, l'éternelle raison... » (*Discours aux gentils.*)

Le second point de vue, que nous voulons éliminer, est sans importance réelle. Il s'agit de la conciliation des énoncés physiologiques qui peuvent se rencontrer dans l'Ecriture sainte, soit en botanique, soit en géologie, soit en médecine, avec la science physiologique de nos jours, au moins dans ce qu'elle a de bien établi. Tels seraient, par exemple, quelques faits comme celui des écorces blanches ou brunes que Jacob mettait dans la fontaine où venaient boire ses brebis, pour les faire engendrer des agneaux à laine blanche ou à laine brune ; comme celui de la cécité du vieux Tobie par la fiente d'hirondelle, et la guérison par le fiel de poisson ; comme les descriptions d'histoire naturelle du livre de Job, etc., etc.

Or, nous détruisons, d'un seul coup de faux, toutes ces difficultés, dont on tirait parti au temps de Voltaire, par l'affirmation que nous avons déjà faite relativement aux sciences cosmologiques et géologiques, à savoir qu'il n'y a pas plus de physiologie biblique que de géologie et de cosmologie biblique : ce qui s'y trouve de relatif à cette science n'y est pas donné à titre d'enseignement scientifique, mais seulement comme expression de la croyance du temps, ou bien encore y est employé comme ressource poétique ; en sorte que la révélation n'en est pas responsable devant la science.

Si le traité de botanique, et peut-être aussi de zoologie, qu'avait composé Salomon était parvenu jusqu'à nous, et que l'Eglise l'eût fait entrer dans le canon des livres sacrés, à titre de traité d'histoire naturelle, nous serions bien obligés de raisonner différemment de ce livre ; mais Dieu, ne nous ayant laissé parvenir que des poésies, des histoires, des législations et des traités de morale d'écrivains inspirés, nous a évité ces sortes d'embarras. Si on désire, au reste, savoir notre pensée à ce sujet, la voici : Nous croyons que, si l'histoire naturelle de Salomon existait encore, elle renfermerait de nombreuses erreurs, aussi bien que celle d'Aristote, n'aurait jamais été déclarée livre inspiré, si ce n'est peut-être relativement aux vérités religieuses et morales qu'elle pourrait contenir, et ne serait aujourd'hui, pour nous, qu'un livre profane, comme tant d'autres, bien que ce fût un des plus précieux et des plus curieux qui pussent exister.

Il y a cependant un grand fait physiologique, raconté par Moïse, qui mérite une mention particulière. C'est la longévité des hommes avant le déluge, et le changement qui s'est fait dans leur constitution, sous ce rapport, quelques siècles après.

Si l'on peut dire que Moïse résume, à ce sujet, les traditions de son temps, et même des livres existant avant les siens, il n'en est pas moins vrai, que le fait est si considérable et affirmativement au nom de l'auteur, qu'il a besoin d'être étudié et justifié en lui-même devant la science. C'est un point historique qui ne se rattache qu'accessoirement à la physiologie, et dont la révélation nous paraît responsable.

Quelques-uns ont essayé de soutenir que les années dont parle la *Genèse* n'étaient pas les années véritables d'aujourd'hui, mais un temps plus court. Cette réponse est puérile et réfutée par Moïse lui-même qui, aux chapitres vii° et viii°, compose très-clairement l'année de 360 jours et de mois comme les nôtres.

D'autres ont supposé que les noms de patriarches n'exprimaient pas seulement des individus, mais des familles entières, des sortes de tribus ou de nations, portant le nom de la souche qui avait commencé leur dynastie, et dérivées les unes des autres. Cette réponse aurait plus de raison que la précédente, vu qu'à l'égard des patriarches qui suivent le déluge, et que Moïse nous montre se divisant dans les diverses contrées, tout annonce qu'il s'agit de peuples et non pas seulement d'individus ; plusieurs noms eux-mêmes, employés par l'historien hébreu dans des conditions grammaticales semblables à celles dans lesquelles nous disons, par exemple, *les Edouard*, pour désigner la famille dont la tête s'appelle Édouard, le donnent à conclure. Dans cette hypothèse, les expressions : *Caïnan vécut neuf cents ans et mourut*, signifieraient : le peuple dit Caïnan, de son père Caïnan, dura neuf cents ans, et cessa d'exister comme peuple. Ces autres expressions : *Caïnan vécut tant d'années et engendra un tel*, signifieraient la formation d'une nouvelle tribu sortie de la précédente. On pense bien que, dans cette interprétation, on chercherait à allonger autant que possible l'intervalle de la naissance à la génération du fils indiqué, et qu'on préférerait le texte des Septante qui donne toujours à cet intervalle cent ans de plus que l'hébreu. On pourrait même allonger davantage, en supposant des altérations considérables dans ces chiffres, puisque les éditions ne sont pas d'accord. — *Voy.* Historiques (Sciences), à la fin.

Mais, bien que cette explication ne soit peut-être pas inadmissible, nous n'y aurions recours, pour les temps antédiluviens, que si l'on venait à découvrir des reliques géologiques qui indiqueraient d'une part, dans les hommes de ces temps, une vie aussi courte que la nôtre, et, d'autre part, une période plus longue que celle qui nous est fournie par le texte des Septante ; car elle réduit tous les récits mosaïques à une allégorie, et nous aimons toujours à prendre, autant que possible, les choses à la lettre.

Les prenant donc ainsi, que dirons-nous de cette longévité et du changement survenu ?

D'abord, ce fait n'est pas seulement raconté par Moïse ; les traditions mythologiques parlent presque toutes de premiers humains vivant très-longtemps, ainsi que de géants dont la constitution l'emportait de beaucoup sur la nôtre.

Quant à la possibilité physiologique du fait, elle nous paraît évidente ; pourquoi l'homme, dont le corps est un mécanisme qui a la propriété de se réparer sans cesse par l'assimilation des aliments, n'aurait-il pas besoin d'une longue période pour se détraquer insensiblement ? Ce que nous concevons moins, c'est qu'il lui suffise de 60, 80, 100 ans pour s'user et mourir. Les machines que nous construisons peuvent durer de longues années, et cependant elles n'ont pas la propriété de se raccommoder et de se renouveler en matériaux à mesure qu'elles s'usent : puisque le corps de l'homme et celui de l'animal ont cette faculté, il semble qu'il devrait ne s'user que très-lentement, et ne pas s'user du tout. On conçoit le cercle perpétuel, avec réparation permanente, beaucoup mieux que la décrépitude ; pourquoi une mèche qui se recomposerait indéfiniment et qui ne manquerait jamais d'huile cesserait-elle de brûler ? Il y a mieux ; l'histoire géologique de la terre nous montre des périodes, terminées par des révolutions, et, à chacune de ces périodes, des modifications considérables dans les êtres vivants soit en fait d'espèces nouvellement apparues, soit en fait de transformation dans la même espèce. L'homme a survécu à la terrible commotion du déluge ; mais on doit croire, par analogie, que la terre ne subit pas impunément cette commotion, qu'il se fit une révolution dans la constitution du règne végétal et du règne animal, par conséquent chez l'homme, et que la nature se fixa dans une nouvelle manière d'être, ne serait-ce que sous l'influence de la nourriture qui cessa d'avoir les mêmes propriétés. Il y a des pays où l'on vit beaucoup moins longtemps que dans d'autres ; n'est-il pas naturel que la terre avant le déluge et la terre après le déluge ressemble à deux séjours divers, où la longévité n'est pas la même ? Enfin, disons que si les hommes vivaient aujourd'hui neuf cents ans, la femme pouvant engendrer durant une série d'années proportionnelle à cette longue vie, le globe serait bientôt couvert au point que le genre humain n'y pourrait plus exister ; Dieu a dû combiner les choses de telle sorte que notre vie, et, par suite, la multiplication des hommes s'harmonise avec la durée assignée à notre période humaine. Au commencement, au contraire, que la terre était vide, Dieu put vouloir amener promptement la population du globe par notre espèce.

Jugeant la question à ce point de vue, la longévité de nos pères, et la brièveté de notre vie n'ont rien que de parfaitement rationnel.

II. La base de toute la dogmatique surnaturelle consiste dans la vérité d'une déchéance humaine par suite d'une déviation morale dans la souche de l'humanité. Or les sciences physiologiques conduisent l'observateur à la certitude de la possibilité du dogme chrétien, et même à la probabilité de la réalité d'une déchéance.

Deux choses sont à prouver en ce qui concerne la possibilité du péché originel : 1° la possibilité d'un trouble organique survenu d'abord par une déviation purement morale, lequel trouble s'est comme naturalisé et fixé en une seconde nature inférieure à la première; 2° la possibilité d'une transmission d'un état moral inférieur au premier par l'intermédiaire de la transmission du trouble organique.

Or, la physiologie nous démontre, et par le raisonnement et par l'expérience, ces deux possibilités.

La première est déjà démontrée par les considérations qu'on a lues dans la première partie. Les annales de la médecine expérimentale sont remplies de faits qui prouvent ce que peut, sur l'organisme, une déviation morale fortement accentuée. Celui de la folie, par l'égoïsme de l'avarice, de l'orgueil et des autres passions, est, de tous, le plus frappant; car il y a dans ce fait, non-seulement subversion organique analogue aux maladies ordinaires, mais établissement fixe de l'individu dans un état constitutif inférieur à son état normal; il y a sa naturalisation dans la monomanie, la lypémanie, l'aliénation, l'idiotisme; il est rapproché plus ou moins de la condition des brutes; et, le fait étant tel, les interprétations qu'imaginent la physiologie et la pathologie, pour en rendre compte, sont autant de raisonnements qui établissent la possibilité dont nous parlons en ce moment; l'hypothèse de Buchez que nous avons exposée est une de ces interprétations démonstratives de cette possibilité. Donc rien de plus concevable que l'homme ait été créé de manière à ce qu'une révolution morale, libre et criminelle, dût amener, dans son organisme, une chute vers un état très-inférieur à celui de ses premières destinées.

La seconde possibilité, qui est celle de la transmissibilité de l'état nouveau, dans ses aptitudes inférieures, du père aux enfants, demande un peu plus d'explication, puisque nous ne l'avons pas encore traitée. Commençons par en comprendre l'énoncé. Il ne s'agit pas de la transmission d'une acte moral coupable en soi; pareille transmission est impossible, vu qu'un tel acte ne peut consister que dans la détermination libre de celui qui en est le sujet. Il ne s'agit que de la transmission d'un *état* moral et organique, et même organique avant d'être moral par antériorité de raison. C'est ce qu'on peut voir dans nos articles sur la Déchéance, la Rédemption, et la Grace. C'est donc cette transmission seule d'un état qui peut rendre plus facile à commettre l'acte mauvais, mais qui ne le nécessite nullement, puisque, dans le cas où il le nécessiterait, il lui ôterait son essence d'action coupable, que nous soutenons être démontrée par la science physiologique, soit qu'elle étudie les faits, soit qu'elle raisonne sur ce qu'elle sait des mystères de la génération.

Donnons encore la parole au docteur Buchez discourant sur la folie : « La loi de transmissibilité organique par voie de génération ne comprend pas-seulement les caractères qui constituent l'espèce, et certaines variétés générales telles que la race ; elle comprend même de simples variétés individuelles, telles que la ressemblance, par exemple. Il n'y a pas de fait plus vulgaire et plus connu. De ces apparences extérieures qui frappent tous les yeux, il est naturel de conclure à une ressemblance organique, interne, analogue. En effet, la ressemblance ne s'arrête pas à un certain rapport dans les traits du visage, à la couleur des cheveux, etc., elle comprend toujours une partie de l'organisme physique des parents; elle va même plus loin encore, elle s'étend jusqu'aux dispositions acquises par les parents; or ces dispositions transmissibles par génération, sont très-nombreuses et quelquefois très-étranges. Les vétérinaires ont observé que chez les bêtes, non-seulement les dispositions données par la domesticité et l'alimentation, mais encore des mutilations, lorsqu'elles étaient suivies pendant plusieurs générations, se transmettaient des parents aux enfants. Il en est de même chez l'homme. Les dispositions maladives, et, par exemple, les dispositions aux scrofules, aux maladies nerveuses, à la folie, etc., sont transmissibles. Le développement que l'exercice a donné à certaines parties de l'économie, par exemple, aux muscles, lorsque ce développement a été cultivé pendant plusieurs générations, devient également transmissible. Ce qui est organiquement bien, comme ce qui est organiquement mal, devient transmissible, sans autre condition que d'avoir été suivi, pendant plusieurs générations, de tous les côtés de la parenté ascendante. Pourquoi n'en serait-il pas de même du développement donné à certains organisme cérébraux par la prédominance de certaines catégories d'idées, de certains systèmes d'occupations intellectuelles ? Sans doute il ne s'agit pas ici de la transmission *des idées elles-mêmes*, car l'âme, qui est la vraie substance des idées, ne s'engendre pas à la manière des corps physiques, mais il s'agit seulement de la prédisposition, de l'aptitude, de la facilité à recevoir ces idées.

« Or, Messieurs, ce que je viens de mettre en question, je crois que c'est une vérité. J'en ai trois preuves qui me semblent sans réplique : la première est l'induction qui ressort des effets généraux de la loi de transmissibilité physiologique. La seconde est la transmissibilité constatée des dispositions nerveuses, sous le rapport maladif, à la douleur, aux névralgies, à la folie; puisque les détériorations maladives peuvent être héréditaires, pourquoi en serait-il autrement des développements dans l'ordre de la santé? Ma troisième preuve est tirée de l'étude des races humaines; permettez-moi d'en dire un mot

« Depuis Camper, et surtout depuis Gall, les physiologistes se sont souvent occupés de la forme du crâne pour en tirer des inductions sur la puissance intellectuelle des individus. Ils ont bientôt vu que, sous ce rapport, la forme importait plus que le volume. Néanmoins, le plus souvent, lorsqu'on voulait conclure de l'apparence extérieure au résultat proposé, il se trouvait que les prévisions étaient démontrées fausses ; de là il est advenu qu'on a généralement abandonné ce genre de recherches comme absolument stérile. Il faut, en effet, tenir compte de trop de conditions, même en admettant que le volume et la forme soient quelque chose, pour être autorisé à en conclure dans la pratique. Ainsi il faudrait tenir compte de l'épaisseur des os, du développement des sinus frontaux, de l'activité de la circulation, etc., toutes choses qu'on ne voit pas ; mais surtout de l'éducation et de la volonté des individus, chose que l'on ignore bien plus encore ; car quelque beau, quelque bien approprié que soit le domicile, faut-il encore que la volonté en fasse usage. Mais ce que l'étude appliquée à une centaine d'individus ne donne pas, l'étude appliquée à des masses, c'est-à-dire à quelques millions d'hommes, pourra le donner. La méthode suivie est-elle mauvaise, on s'en appercevra tout de suite ; comment doit-elle être modifiée, on le verra également. Mais où trouver ces masses ! Il y a, pour atteindre ce but, une voie qui s'aperçoit tout de suite, lorsque l'on applique la doctrine du progrès à l'histoire ; c'est d'étudier, par catégories séparées, les crânes appartenant aux divers degrés d'une civilisation donnée, depuis le premier moment jusqu'au développement le plus avancé.

« Ce sont, sans doute, ces réflexions et ces considérations qui ont conduit l'abbé Frère aux études qu'il a publiées, et que continue aujourd'hui, devant l'Institut, M. Serres, avec la puissance de sa science anatomique. Ces études ne sont que commencées, et cependant elles donnent déjà une conclusion générale : c'est qu'à mesure que la civilisation s'élève, c'est-à-dire que la masse des idées, le nombre et la complication des relations, et la somme des raisonnements s'accroissent, les parties antérieures et supérieures du crâne, la partie cérébrale, en un mot, se développe, le trou auriculaire semble reculer et se porter en arrière, le sphéroïde s'élargit, etc. Le mouvement des idées a donc une action sur le cerveau : il le développe. Et comment n'en serait-il pas ainsi? Pourquoi le cerveau échapperait-il à la loi commune qui préside à la nutrition, à savoir, que là où il y a activité, la circulation, la nutrition et le volume augmentent.

« Il y a, Messieurs, d'autres observations qui donnent la même conclusion ; je n'en citerai qu'une, parce qu'elle est décisive. Elle a été faite par les missionnaires du Tonking et de la Cochinchine ; elle est consignée dans les *Annales de la propagation de la foi*, et certes, en la faisant, les bons religieux ne se proposaient point la solution d'un problème physiologique. Vous savez, Messieurs, que les missionnaires européens choisissent, parmi les meilleurs et les plus intelligents de leurs disciples, les élèves qu'ils se proposent d'associer à leur ministère sacré. Ces élèves sont toujours doués d'une volonté énergique et d'un immense dévouement ; car ils savent qu'en embrassant cette carrière ils consacrent leur vie à des dangers de chaque jour et à des chances presque certaines de tortures et de mort. On apprend à ces jeunes gens la science des séminaires européens ; on les conduit souvent à une maison que les missionnaires ont à Sincapour. Eh bien ! Messieurs, chez ces jeunes gens pleins de volonté et de zèle, on remarque que l'acquisition des connaissances est difficile, et qu'ils n'arrivent guère avant quarante ans au savoir que possèdent, avant vingt-cinq ans, les hommes les plus ordinaires parmi les séminaristes européens.

« Je termine, Messieurs, ce très-long chapitre sur les effets de l'activité de l'âme, relativement à l'organisme cérébral, en concluant que si cette activité peut engendrer des aptitudes parfaitement ordonnées, selon le but de la vie humaine, transmissibles par voie de génération, elle peut aussi produire des aptitudes déréglées, également transmissibles par la même voie. »

Il résulte, de cet examen, que les mouvements de l'âme modifient l'organisme interne et externe, ainsi que nous l'avons dit plus haut ; que ces modifications, en bonne ou mauvaise direction, peuvent se constituer à l'état fixe ; qu'étant constituées à l'état fixe, elles deviennent transmissibles par la génération des corps, ce qui se conçoit assez bien théoriquement, puisque, quelque système de génération qu'on adopte ou qu'on invente, il faudra toujours accorder une information du germe, des plus intimes et des plus profondes, dans le moule maternel, et une impression énergique du sperme paternel sur ce qui devient le germe fécond, puisque cette impression est assez puissante pour le féconder ; enfin, que ces modifications organiques intérieures héréditaires, portant directement sur l'être physique des activités de l'âme, qui est leur corps comme le mot est le corps de l'idée, il doit s'en suivre des modifications dans l'état intellectuel et moral de l'âme elle-même, ainsi que le prouve l'expérience.

Or, cela suffit pour démontrer notre thèse. Que faut-il pour concevoir le péché originel ? Purement et simplement ce que nous venons de dire, à un degré considérable. La modification organique en détérioration, pour user du mot du concile de Trente, *in deterius*, produite par la révolution morale criminelle dans Adam et Eve, s'est constituée en un tempérament nouveau qui se transmet par génération, et qui entraîne avec lui un état de l'âme lequel est lui-même *deterius*, c'est-à-dire inférieur, en beauté et en toutes sortes de perfections, à l'état précédent. Comment refuser son adhésion à une pareille possibilité, lorsque nous voyons, dans les races, dans les nations, dans les familles, des sortes de péchés originels relatifs, commençant et se propageant dans des conditions semblables, quoique infiniment plus rétrécies sous tout rapport? Qu'une famille soit entachée de prédisposition à la folie, par suite d'un vice porté librement à son paroxisme dans la souche, c'est ce qui se voit souvent ; la médecine le constate pour l'égoïsme, l'avarice, l'orgueil; et comme il faut bien, d'ailleurs, que la maladie héréditaire ait commencé dans un individu, puisqu'elle est propre à une famille, il est aussi rationnel, très-souvent, de l'attribuer à un premier accident moral qu'à un premier accident physique. Or, dans ce cas, n'avons-nous pas une déchéance de cette famille, relativement à l'état de santé des familles ordinaires? C'est un petit péché original qu'il est impossible de nier. Pourquoi donc nier le grand? Il est tout simple que celui-ci soit le grand, près de tous les autres; car l'âme, étant infiniment plus puissante dans l'état primitif, dut produire un bouleversement infiniment plus considérable.

Voilà où nous mène la science physiologique et anatomique. Qui osera dire qu'elle est antipathique à la religion, et *vice versa* ?

Nous avons dit même que cette science, considérée dans ses études pathologiques, reconnaît et doit enseigner la probabilité de la déchéance originelle.

Faisons d'abord observer la valeur du mot que nous employons. Si nous disions plus, et si, avec Pascal, le génie exalté, nous prétendions ici conclure de l'état maladif et déplorable de l'humanité, à la certitude scientifique complète de cette déchéance, nous nous contredirions nous-mêmes, puisque nous établissons ailleurs la possibilité d'une création immédiate semblable à la nôtre dans son état présent.—*Voy.* Déchéance. — Mais nous n'employons que le mot *probabilité*, et le lecteur est averti de le prendre dans sa rigueur exacte.

Or, bornant la thèse à ce terme, nous soutenons qu'en effet la science pathologique mène à la persuasion d'une déchéance, non pas avec autant d'énergie qu'à la persuasion d'une vie future qui compensera celle-ci, mais avec une énergie qui approche de la première. C'est ce qui explique comment Platon démontrait et affirmait une vie subséquente pendant qu'il énonçait seulement sa croyance à une vie antérieure de beauté, de bonheur et d'innocence, troublée par le crime. Comment voir, en effet, toutes ces douleurs, toutes ces prédispositions contre lesquelles il faut lutter, tous ces troubles organiques, tous ces désordres moraux, suites de désordres nerveux et matériels, toutes ces hérédités maladives, toutes ces manières pénibles et hideuses d'aboutir à la mort, toutes ces infirmités résultant du travail qui est, en soi, notre point de ressemblance avec Dieu, toutes ces peines de la mère, toutes ces hypocondries de la femme, toutes ces contradictions enfin dans les éléments de notre organisme, sans penser à une perturbation originelle? Oui, notre existence, analysée par le médecin, porte le cachet d'une faute originelle, comme l'hérédité de la folie fait penser, malgré soi, à des souches vicieuses, comme l'hérédité de certaines détériorations véroliques donne à conclure aux débordements d'aïeux corrompus. Les réflexions que fait naître dans l'esprit du physiologiste l'observation des races, des groupes, des familles, sur la cause de leurs misères héritées, l'observation de la famille totale les lui suggère aussi sur la cause des misères universelles du genre humain. Il reconnaît des affections morbides innées qui sont générales et inhérentes à notre organisme comme la mortalité ; il en reconnaît d'autres qui ne sont que particulières et accidentelles ; ces dernières le mènent presque toujours au soupçon, si ce n'est à la certitude, d'un vice moral dans la cause ; les autres ne le mèneront-elles pas, à mesure qu'il les approfondira, au soupçon, pour ne pas dire à la déduction, par les raisons susdites, d'une criminalité immense dans la souche commune ?

En ce sens, nous acceptons pleinement les observations de M. Huet et du docteur Pidoux cité par lui dans son excellent travail sur la *Réformation de la philosophie* servant d'introduction au bel ouvrage du philosophe Bordas-Demoulin, *Le cartésianisme*.

Et c'est ainsi que, sans abandonner l'argument de Pascal, et de plus d'un Père de l'Eglise, consistant à déduire le péché originel de l'état présent considéré dans ses misères, nous nous réservons néanmoins une porte pour fuir les objections métaphysiques contre la déchéance.

III. Il reste une grande question anthropologique que nous ne pouvons pas traiter d'une manière complète, mais que, cependant, nous mettrons le lecteur à portée de développer lui-même, en résumant les éléments principaux qui peuvent servir à la résoudre. C'est la question d'unité de l'espèce humaine. Commençons par la poser, comme elle doit être posée à notre avis.

On peut imaginer quatre systèmes, qui tous ont des défenseurs. Les voici :

1ᵉʳ *système*. — Non-seulement unité et fraternité d'espèce et de souche entre les hommes, mais encore entre tous les animaux, et même les végétaux. L'homme n'aurait été d'abord qu'un singe perfectionné, après que le singe aurait été un autre animal perfectionné, et ainsi de suite en remontant jusqu'à l'huître et au polype, pour passer du polype à la plante. C'est l'excès de centralisation dans la ligne ascendante.

2ᵉ *système*. — C'est l'extrême opposé au précédent. Point d'unité ni de fraternité d'espèce et de souche entre tous les hommes. Ils se composent de plusieurs races distinctes ; c'est la décentralisation la plus complète qu'on puisse établir dans la ligne ascendante sans choquer les faits historiques et scientifiques les plus évidents.

3ᵉ *système*. — Il prend un certain milieu entre les deux précédents. Unité d'espèce et do fraternité entre tous les hommes, mais cependant pas unité de souche, ou, pour parler plus convenablement, de centre de formation. Dieu aurait créé, en même temps, plusieurs couples de la même espèce. C'est la décentralisation de la ligne ascendante quant à la souche seulement.

4° *système*. — C'est le système de l'enseignement catholique. Unité et fraternité complète entre tous les hommes, non-seulement par unité d'espèce, mais encore par unité de souche, avec distinction radicale entre l'espèce humaine et les autres espèces du règne animal. Dieu créa un seul couple à part, d'où sont descendus tous les humains. C'est la centralisation la plus parfaite de la ligne ascendante avec la distinction la plus parfaite entre l'homme et l'animal.

Le premier de ces systèmes répugne à la conscience humaine; il porte atteinte à notre dignité en nous ravalant au niveau de l'animal. Lamarck est un de ceux qui l'ont soutenu avec le plus de méthode; c'est ce qu'il s'efforce de faire dans sa *Philosophie zoologique*. Bien que cette théorie n'ait guère été patronée que par des athées, des matérialistes ou des panthéistes, elle n'exclut pas nécessairement le vrai théisme. On conçoit très-facilement, *a priori*, un monde créé par Dieu sur ce plan. Il suffit de supposer qu'il eût mis dans le premier être organisé, ou même dans la nature minérale, un principe immatériel qui serait l'âme en embryon; que ce principe eût tout à la fois la propriété de se multiplier et de se perfectionner par le développement progressif de la nature avec l'organisme lui-même, de manière à engendrer les diverses espèces jusqu'à l'homme par des pas successifs. Nul n'a droit d'affirmer qu'il n'existe point, dans les créations de Dieu, une création sur ce modèle. Mais cette théorie n'est point celle qui correspond à notre nature. C'est ce que démontre l'observation scientifique. Sur cette terre, point de passage d'une espèce à une spécification différente, caractères radicaux et distinctifs propres à chacune et ne disparaissant jamais. La fourmi et l'abeille sont ce qu'elles étaient il y a deux mille ans; les plantes et tous les animaux également; nous le savons scientifiquement par Aristote et Théophraste. L'homme est le seul être qui soit perfectible, et encore n'est-ce que son esprit sans aucun changement dans l'espèce; s'il y a des introductions de variétés dans le règne animal et végétal, c'est une suite de son art, de sa culture, et, ce qui est le point capital, le caractère spécifique demeure toujours imperturbablement. Cette puissance humaine, qui étonnait tant le génie de Cuvier lorsqu'il pensait aux incroyables transformations qu'elle fait subir aux animaux et aux plantes dans l'état de domesticité, n'a d'action que sur les races, c'est-à-dire sur les variétés dans la même espèce; elle s'arrête à la création d'espèces nouvelles, même par le moyen des mélanges et des métis, puisque ces métis sont privés de la fécondité continue. C'est au moins à ce point qu'est fixée la science contemporaine. Les découvertes géologiques prouvent sans doute des apparitions périodiques d'espèces nouvelles, dans le genre végétal et dans le genre animal; mais c'est la nature, c'est-à-dire Dieu, qui les produit; et elle prouve, en même temps, que, dans ces germinations de la nature, il n'y a point eu de passage progressif d'une espèce dans une autre espèce. Les populations terrestres étaient détruites par des révolutions, et d'autres populations leur succédaient; mais la précédente n'engendrait jamais la suivante par métamorphoses spécifiques insensibles. La gradation n'existe que simultanément entre les êtres organiques depuis le plus imparfait jusqu'au plus parfait; et tous les monuments géologiques prouvent qu'il n'y a point génération progressive du plus parfait par le moins parfait. La géologie, étudiée à ce point de vue, est en voie de tuer radicalement la théorie dont nous parlons; tant par les fossiles qu'elle nous montre d'espèces encore existantes qui, après des milliers de siècles, n'ont pas fait un pas vers une autre espèce; l'huître de tous les terrains est la même huître; tant par l'absence complète de signes de transition d'une espèce à une autre; point d'huîtres allant se perfectionnant et s'élevant à une autre organisation; de même les hyènes, les ours et les singes les plus anciens sont pareils à ceux d'aujourd'hui, aussi bien que les hommes des cavernes osseuses, quant aux caractères spécifiques; tant enfin par les monuments qu'elle apporte en preuve de destructions, et créations, dans lesquelles ce qui se montre est nouveau sans vestiges de transition et ce qui échappe à la destruction reste vieux sans changer de manière d'être. En un mot, pas un seul exemple solide de la théorie de Lamarck, ni dans les temps historiques, ni dans les temps géologiques; qu'est-ce qu'une théorie comme celle-là devant la science, toute possible qu'elle soit *a priori*.

On voit déjà, par cet exposé, dont nous apporterons, dans le supplément de cet ouvrage, les détails justificatifs, que la science physiologique, aidée de l'histoire et de la géologie, renverse d'elle-même une hypothèse qu'il serait difficile de concilier avec la doctrine chrétienne.

Le second système, soit qu'on le fasse sortir du premier, ce qui n'est pas difficile, soit qu'on l'en distingue en donnant pour origines aux diverses espèces humaines qu'il suppose, divers couples créés à part, est contraire au sentiment inné de fraternité de tous les hommes à l'exclusion des animaux. Il a été soutenu par Desmoulins qui comptait onze espèces d'hommes (*Hist. nat. des races humaines*); par Bory de Saint-Vincent, qui en comptait quinze, dans lesquelles, la race adamique, ayant Adam pour père, n'était qu'une subdivision de l'espèce arabique, *homo arabicus* (*Dict. class. d'hist. nat.*); et par Virey. (*Hist. nat. du genre humain,—Dict. des sciences médical.*) Ces auteurs ont développé scientifiquement quelques paroles jetées çà et là, avec plus ou moins de légèreté, dans les écrits de Voltaire. Nous disons de leur système ce que nous avons dit du premier ; il est au nombre des possibles ; mais il ne correspond pas à la nature humaine telle qu'elle existe. L'étude physiologique, anatomique et descriptive de l'homme, tant dans ses types présents, que dans ses types passés fournis par la géologie, la sculpture, les tableaux historiques, tous les monuments, conduit la science de nos jours à ne reconnaître qu'une seule espèce. Du côté de l'organisme, les mêmes règles qui déterminent la classification des espèces d'animaux, et qui forcent les savants à faire rentrer telles et telles variétés dans la même espèce, les forcent à conclure à l'unité spécifique de tous les individus hommes.

Leurs conclusions portent sur les conditions générales que la nature a posées comme constitutives de l'identité d'espèce, et sur les caractères qui séparent l'homme de tous les autres animaux, en convenant à tous les hommes.

Les conditions générales de l'identité d'espèce sont anatomiques, physiologiques et morales.

Les conditions anatomiques consistent dans la similitude de construction générale, mais n'exigent pas la ressemblance parfaite des parties entre elles ; ces parties peuvent avoir plus ou moins de développement, et varier beaucoup dans leur forme. C'est ainsi que les races de chiens diffèrent considérablement, et cependant ne forment qu'une espèce. Le boule-dogue et le carlin, par exemple, diffèrent même par le crâne. Le crâne du carlin est lisse, et celui du boule-dogue est armé de crêtes osseuses, entre lesquelles se logent les muscles des mâchoires.

Les conditions physiologiques consistent dans une similitude harmonique du jeu vital, assez profonde pour qu'il y ait fécondité continue. Cette condition est la plus capitale de toutes. Quand les mâles et les femelles de deux sortes d'animaux ne peuvent produire ensemble, il ne peut y avoir identité d'espèce. Au contraire, il y a toujours identité d'espèce quand ils se reproduisent indéfiniment. Nous disons *indéfiniment*, car il y a des productions de métis, tels que ceux de l'âne et du cheval, du chien et du loup, du chien et du chacal, etc. ; mais, dans ce cas, si le métis a la faculté de reproduction, ce qui est très-rare, cette faculté ne s'étend jamais au delà de quelques générations ; il n'y a point reproduction continue et perpétuelle. (28) Il arrive entre quelques animaux que les caractères d'identité d'espèce sont tous présents, excepté celui de la fécondité perpétuelle ; alors, malgré la ressemblance complète anatomique et morale, il y a espèce différente ; c'est ce qui se remarque du chien sauvage au chacal.

(28) Le métis d'hémione et d'âne de notre Jardin des plantes est fécond et très-vigoureux ; mais il reproduit, jusqu'alors, avec des ânesses et des hémiones femelles ; et, s'il arrivait qu'ayant produit

Enfin les conditions morales consistent dans une puissance d'instinct ou d'intelligence dont on ne peut pas assigner les limites exactes, mais qui se fait sentir ordinairement d'une manière très-marquée, quand on compare des espèces distinctes.

Or, toutes ces conditions se trouvent réunies chez toutes les races d'hommes de manière à prouver qu'elles appartiennent toutes à la même espèce. Il faut remarquer la reproduction continue en particulier, qui ne souffre aucune exception. L'étude de ces races a conduit les naturalistes à ces affirmations.

Les caractères distinctifs de l'homme, c'est-à-dire exclusifs de tous les animaux et propres à tous les hommes, se font observer sous le triple rapport que nous venons de signaler. Ils sont nombreux. Voici les principaux.

1° *Grand développement du cerveau*, d'où résulte la saillie du front ; l'angle facial, calculé d'après la méthode de Camper, varie, chez l'homme, depuis le Hottentot jusqu'à l'Européen, de 70 à 85 degrés, pendant que chez l'animal, la plus grande ouverture qu'il puisse atteindre est celle que présente le crâne du singe Orang, laquelle est de 58 degrés.

2° *Conformation des mains* pour la préhension et le toucher ; doigts longs et flexibles, mouvements séparés, pouce très-opposable aux autres doigts, ongles larges et plats, flexibilité de rotation la plus étendue ; point de variété humaine qui n'ait ces caractères.

3° *Position verticale et bipède* ; membres thoraciques ne pouvant servir à la locomotion ; membres postérieurs exclusivement destinés à cet usage ; tout disposé dans le corps pour la station verticale, de sorte que l'homme ne pourrait jamais transformer ses bras en organes de locomotion, et harmoniser ses jambes avec la position horizontale : pied, talon, genou, muscles du tibia et du fémur, bassin, colonne vertébrale, tête, position des yeux et artères du cerveau exigent la position verticale chez tout homme, et chez l'homme seul ; il est le seul animal bimane et bipède, et il n'y a pas de variété humaine qui ne le soit au même degré.

4° *Perfection de l'appareil vocal* ; tout homme a cet appareil conformé naturellement pour articuler des sons, et aucun animal ne jouit de cette conformation ; d'où il suit que tout homme, et l'homme seul, a la parole, ne serait-ce que par conformation physique.

5° *Du côté moral, perfectibilité* ; c'est de ce côté que l'unité et la distinction de l'espèce humaine sont les plus frappantes ; il n'y a pas de variété d'hommes qui ne révèle l'intelligence, à l'état normal, par le geste, par le regard, par la parole, par la manière de vivre, par tous les détails, et il y a une différence si grande entre l'homme et le plus parfait animal, sous ce rapport, qu'il faut avoir l'esprit bien singulièrement tourné pour ne pas conclure, avec tous les physio-

avec une métis comme lui, il servit de souche à une variété nouvelle, ce qui est très-improbable, il en faudrait conclure que l'hémione et l'âne ne sont, eux-mêmes déjà, que des variétés d'une même espèce.

logistes sérieux, à l'unité de l'espèce.

Milne Edwards qui, comme tant d'autres, mais plus clairement que la plupart, résume cette science sérieuse, commence ainsi sa zoologie descriptive : « L'ordre des bimanes, facile à distinguer du reste de la classe des mammifères par l'existence de mains aux membres thoraciques seulement, et par plusieurs autres caractères anatomiques, ne se compose que d'un seul genre, formé, à son tour par une espèce unique. »

M. Is. Geoffroy Saint-Hilaire, M. Serres, M. Flourens et tous nos naturalistes de premier ordre démontrent, chaque jour, cette vérité dans leurs leçons publiques.

Nous ne parlerons pas de quelques phénomènes singuliers dont on amuse, de temps en temps, la curiosité publique : il arrive toujours que, soumis à l'inspection de la science, ils ne font que corroborer ses déductions, en révélant des monstruosités exceptionnelles provenant ou des jeux de la nature, ou d'un art abominable, et jamais des espèces à part. C'est encore ce qui a eu lieu, cette année, à Londres et à Paris, relativement aux prétendus aztèques ; M. Serres, après examen, les a déclarés, devant l'Académia, des anormalités exceptionnelles de l'espèce humaine ne pouvant ni révéler ni former une espèce particulière.

Nous ne devons pas quitter ces deux premiers systèmes sans dire un mot de la théorie de Buffon sur les productions spontanées et sur les générations sexuelles qu'il explique, sans recourir à l'ovaire, par ses molécules organiques vivantes, lesquelles s'organiseraient en un germe fécond dans un mélange de deux principes spermatiques, l'un paternel, l'autre maternel. Quelques-uns ont défendu ce système comme favorisant leurs idées sur la formation de nouvelles espèces dans la nature, au moyen de combinaisons de molécules organiques se trouvant, par un hasard pur, dans les vraies conditions nécessaires pour ces formations nouvelles. D'autres l'ont attaqué comme renouvelant l'atomisme de Leucippe, de Démocrite et d'Epicure chanté par Lucrèce, et comme conduisant à des conclusions antichrétiennes. Nous trouvons ces défenses et ces attaques également puériles dans leur esprit. Qu'importe la nécessité, dans la nature, de l'ovaire maternel pour toute production organique ; qu'importe aussi qu'il puisse se former spontanément, sans père et mère, des espèces nouvelles, puisque nous savons métaphysiquement que ce ne sont que des moyens dont Dieu peut se servir pour ses créations. Qu'il emploie toujours l'union sexuelle, ou quelquefois un concours de molécules organiques vivantes pour créer ce qu'il veut créer, cela est fort indifférent à notre philosophie ; et, en ce qui concerne l'espèce humaine, qu'il ait déterminé, si cela lui a plu, la formation du premier homme par un centre de molécules organiques vivantes, il ne l'en aura pas moins tiré du limon de la terre. La question des molécules et des productions dites spontanées est purement scientifique et sans aucun rapport à la religion. Tout ce que nous avons à en dire, c'est que la science moderne tend à rejeter complétement la belle hypothèse du grand naturaliste comme n'ayant pas, de fait, son application sur la terre ; il paraît qu'il n'existe point de productions d'espèces végétales ni animales sans unions sexuelles, sans père et mère, et que la théorie de la génération par la fécondation paternelle d'un ovaire maternel aura gain de cause. On peut dire que cette théorie est, néanmoins, plus favorable encore que toute autre à l'origine des espèces par un premier couple unique, bien qu'aucune ne soit, à beaucoup près, incompatible avec cette origine, surtout quand on borne la question à l'espèce humaine.

On doit conclure, de ce que nous avons dit des deux premiers systèmes, que les deux derniers sont les seuls qu'on puisse soutenir sérieusement en anthropologie.

Le troisième souriait à Lamennais depuis son passage de l'ultramontanisme et de sa théorie de la foi non raisonnée, au naturalisme négatif de tout ordre surnaturel. Il l'a donné comme assez probable dans son *Esquisse d'une philosophie*, autant qu'il nous en souvient ; et, quelques mois encore avant sa mort, il le rappelait, dans la préface de la traduction du Dante, comme pouvant être un jour démontré par la science. Le grand démocrate ne nous a point paru, en ayant l'air de caresser cette pensée, céder trèslargement à ses énergiques sentiments et besoins de fraternité ; car, comme nous allons le dire, ce système atténue la fraternité et l'égalité humaine, que le quatrième seul élève à leur plus haute intensité, en ajoutant à l'identité spécifique l'identité numérique de la souche. Quoi qu'il en soit, c'est ce système qu'il s'agit, pour nous, d'examiner et de comparer avec le quatrième, au double point de vue de la théologie et de la science.

D'abord, comme les deux premiers, et même à plus forte raison, il est possible en soi. Rien n'empêche que Dieu, voulant faire un genre humain, ne le fasse commencer tout à coup par une population plus ou moins nombreuse, ou par quelques couples seulement ayant les mêmes caractères spécifiques, et ne se distinguant que par des variétés individuelles qui pourront donner lieu à des générations également distinctes par ces seules variétés, ne constituant pas espèces à part.

Quand on étudie les monuments géologiques, et qu'on trouve, dans un terrain, des débris de plésiosaures, par exemple, on ne voit pas qu'il soit nécessaire que Dieu en ait lancé la race par un seul couple ; s'il en a fait naître toute une génération à la fois, ils n'en ont pas moins été des plésiosaures. On peut raisonner de même à l'égard de l'homme par rapport à la possibilité d'unité d'espèce malgré la pluralité de centres de formation. Si Dieu avait créé tout à coup un genre humain commencé assez nombreux, ou successivement divers couples ici et là, pour peupler la terre plus promptement, il n'y en aurait pas moins une seule espèce humaine, puisque chaque individu aurait le même organisme et serait composé, comme tous les autres, d'un corps et d'une âme. Passons donc là-dessus, et considérons maintenant ce système par rapport à la théologie surnaturelle.

Lamennais paraît dire que, si la science vient à prouver la pluralité de couples originaires dans l'espèce humaine, elle aura porté le coup décisif au dogme de la déchéance. Nous ferons là-dessus une restriction qui prouvera, une fois de plus, que l'exactitude logique n'était pas, chez cet homme puissant, en raison directe de son éloquence.

Dans ce système, la déchéance, prise en elle-même et indépendamment des accessoires dont elle est entourée par l'Eglise catholique, n'en serait point atteinte. Il suffirait, pour la concevoir, d'en placer l'acte originel dans la société humaine tout entière qui, après avoir vécu dans l'innocence d'un âge d'or, se serait corrompue collectivement. Plusieurs mythologies l'ont même ainsi transfigurée. Adam et Eve seraient deux types allégoriques du genre humain entier ; ils signifieraient l'homme et la femme en général. Nous avons déjà parlé de détériorations partielles, héréditaires, qui se manifestent dans les familles et dans les races ; quelle raison s'opposerait donc à ce qu'une grande détérioration morale et organique se fût accomplie dans la race humaine collective, après un temps de maintien, par le bon usage de la liberté, dans un bonheur primitif très-élevé individuel et social? cette détérioration, advenue par une corruption criminelle à laquelle tous les couples existant auraient participé, en fin de compte, eût été telle, relativement à l'état premier, qu'une action surnaturelle de Dieu, ou une rédemption aurait été nécessaire pour relever les âmes du genre humain déchu à leurs premières destinées. C'est ce caractère qui la distinguerait des détériorations subséquentes et partielles, se passant dans l'état de déchéance organique, et pouvant être combattues et réparées par le jeu naturel des forces humaines et du progrès. On concevrait donc encore très-facilement le péché originel dans l'hypothèse de la pluralité des centres de formation.

Il y a même des interprètes de la Bible, à opinions singulières, qui ont prétendu voir dans la Bible elle-même, qu'il existait déjà un genre humain commencé quand Adam fut créé. Ils s'appuient sur le chapitre IV de la *Genèse* où il est question, après l'expulsion du paradis terrestre, de Caïn agriculteur, d'Abel pasteur, du premier disant, après le meurtre de son frère : *Je serai fugitif et vagabond sur la terre, quiconque me rencontrera me tuera* (2, 14), et même bâtissant des villes; toutes choses qui paraissent supposer un genre humain, et non une simple famille. Ils s'appuient encore sur le passage de la création d'Eve, mis en comparaison avec deux autres où il est dit que *Dieu créa l'homme mâle et femelle* (Gen. 1, 27), passage dans lequel ils voient des créations différentes entre elles. On prétend aussi trouver dans le mot hébreu traduit par *Adam*, un nom collectif, etc., etc. Les anciens qui eurent cette idée furent appelés *préadamites* ; ils firent partie des premiers Pères de l'Eglise qui croyaient au retour d'un âge d'or, avant la fin du monde, et qu'on a surnommés les *millénaires*. Saint Clément d'Alexandrie fut de ce nombre ; quelques savants modernes ont renouvelé ces hypothèses.

On répond assez facilement : 1° Quant au chapitre IV, qu'à l'époque du meurtre d'Abel et des villes bâties par Caïn, époque qui n'est indiquée dans le texte que comme venant *longtemps après* le premier commencement, le genre humain avait pu se multiplier déjà beaucoup, tant par les enfants des enfants d'Eve, dont Moïse ne parle pas, que par les enfants de ceux dont il parle, puisqu'on vivait alors plus de neuf cents ans ; 2° quant aux autres passages, que ce sont des descriptions différentes du même fait, dont le style, assez différent lui-même, semble indiquer évidemment plusieurs documents distincts introduits par Moïse dans son ouvrage. Wiseman s'autorise même, dans cette réponse, du philologue Eichhorn, qui a établi là-dessus ce qu'Astruc avait conjecturé dans le dernier siècle.

Au reste, quand on accorderait qu'une ou plusieurs races d'hommes purent, d'après ces premiers chapitres de la *Genèse*, avoir été créées avant celle d'Eve, et qu'on verrait encore un signe de cette diversité de races primitives dans la distinction entre les *enfants de Dieu et les filles des hommes* du chap. VI, on n'en serait guère plus avancé ; le x° chap. de la *Sagesse*, plusieurs de saint Paul et la *Genèse* elle-même, dans son récit du déluge de Noé, donnent évidemment l'Adam de la création d'Eve comme le père de tout le genre humain actuel, par Noé, son descendant ; d'où il faudrait dire que ces premières races, supposées distinctes de celle d'Eve, étant éteintes, n'ont plus de rapport avec nous, et ne nous importent en rien.

Voici, au reste, ce qui nous empêche de regarder le système de la pluralité des centres de formation comme applicable à notre humanité : il n'est pas en harmonie avec l'esprit du christianisme, dans sa manière de raconter la déchéance, et surtout de comprendre la fraternité humaine avec l'égalité qui en découle. Il n'y a aucun doute que l'Eglise chrétienne n'entende toutes les paroles de la Bible et de l'Evangile, relatives à la chute originelle, d'un seul couple primitif, et qu'elle n'entende aussi la fraternité d'une fraternité, la plus complète possible, par l'identité *numérique* de la souche. Elle distingue deux fraternités : celle de la nature, par l'unité d'un père commun, et celle de la grâce, par l'unité d'un Rédempteur commun. Tous sont fils d'un même père, tous ont chuté dans ce père, et tous sont appelés, sauf circonstances dirimantes, au bénéfice de la restauration par un seul Christ. D'où il suit que nous sommes tous, Juifs, Grecs, barbares, frères en Adam et frères en Jésus-Christ, dans le sens le plus rigoureux. Un seul type de perfection primitive, un seul type de nature déchue, un seul type de réparation, un seul modèle de perfection à imiter; et tous les hommes frères par génération et régénération ; telle est la doctrine de saint Paul et de l'Eglise catholique. Or, cette doctrine demande plus que l'unité d'espèce; elle veut l'unité numérique de la souche. Y aurait-il cette fraternité parfaite sans la seconde condition? Non, car en étudiant le genre humain, on trouve des variétés très-distinctes ; nous allons en compter quatre, ou au moins trois ; ces variétés ou races présentent des supériorités évidentes de l'une sur l'autre ; si ces supériorités ne sont qu'accidentelles, ne remontent pas à des souches différentes, et peuvent disparaître, elles ne sont point à compter dans la question présente ; mais si elles tiennent aux diversités de centres de formation, ce qu'il sera nécessaire d'avouer dans le système de la pluralité des couples primitifs, elles prennent alors assez d'importance pour soulever des objections insolubles contre la fraternité évangélique ; elles ramènent la théorie d'Aristote et du droit romain sur les esclaves : la race nègre, par exemple, sera faite pour servir, puisqu'elle sera inférieure, par sa création primitive, à la race blanche ; plus de fraternité absolue, plus d'égalité naturelle sans restriction aucune. C'est cependant ce que nous voulons, et comme Chrétien, et comme philosophe.

Donc, nous rejetons la troisième hypothèse.

Maintenant qu'il ne nous reste plus que la quatrième, il s'agit de la défendre devant la science physiologique. Nous avouons d'abord que l'histoire naturelle de l'homme n'en est pas encore arrivée à établir l'unité de souche, et qu'elle présenterait plutôt des difficultés; mais nous ajoutons que, si elle a du contre, elle a aussi du pour ; qu'elle donne elle-même les réponses aux objections qu'elle soulève; et qu'enfin nous osons prédire qu'un jour, avec l'aide de la géologie, de l'ethnographie et de l'archéologie, ses progrès auront pour résultat la démonstration de cette unité numérique du couple premier dont nous sommes tous, blancs et noirs, rouges et jaunes, les enfants égaux.

C'est ainsi que nous voulions poser la question. Résumons maintenant, le plus en abrégé possible, les conclusions de la science anthropologique, au point où elle en est de son évolution.

1° « Il n'existe dans le genre humain, disent Milne Edwards et Achille Comte, qu'une seule espèce ; mais cependant tous les hommes sont loin de se ressembler, et les principales différences qu'ils présentent se transmettent, sans interruption, de génération en génération ; aussi ne peut-on se refuser à admettre, dans cette espèce unique, plusieurs variétés bien distinctes. »

Tous les savants, ainsi que ceux qui les résument dans les traités classiques, parlent de même.

Les caractères distinctifs des variétés portent principalement sur la forme du crâne et de toute la tête, la couleur de la peau, des cheveux et de l'iris, la texture du poil, et les propriétés intellectuelles et morales.

L'observation de ces bases de classification est due à Camper et à Blumenbach. De tout temps, on avait remarqué les différences de couleur; mais ce n'était pas assez. Leibnitz, Linnée, Buffon, Kant, Hunter, Zimmermann, Meiners, Klugel et les autres s'en étaient presque tenus à cette base dans leurs classifications; Powal parla de prendre en considération la forme du crâne; puis vinrent Camper et Blumenbach, qui firent passer cette condition au premier rang.

L'*angle facial* est une idée de Camper; c'est l'angle formé par deux lignes, dont l'une descend de l'endroit le plus protubérant du front jusqu'à la base du nez ; et dont l'autre, dirigée transversalement, coupe la première à la base du nez, en passant par le conduit auditif externe.

Blumenbach, ne trouvant pas, avec raison, ce caractère suffisant, y ajouta la forme de l'ovale, vu verticalement, de haut en bas, *norma verticalis*, la largeur du front, la saillie des pommettes, la forme des os du nez et des mâchoires, et enfin les caractères déjà observés par les anciens, à savoir, la couleur des yeux et de la peau, et la texture des poils.

2° On distingue quatre variétés ou races d'hommes : *la race blanche* ou *caucasique*, *la race jaune* ou *mongolique*, *la race noire* ou *africaine*, et *la race rouge* ou *américaine*.

Race blanche. — Angle facial d'environ 85 degrés ; ovale beau et régulier, front développé, pommettes et mâchoires peu saillantes, yeux placés horizontalement, dents verticales, bouche moyenne, nez généralement aquilin, cheveux fins et lisses, peau blanche ou légèrement brune ; enfin grande puissance intellectuelle.

Cette race occupe toute l'Europe, excepté la Laponie, la Finlande et la Hongrie, l'Asie occidentale jusqu'au Gange et l'Afrique septentrionale.

On l'appelle aussi *caucasique*, parce que, d'après les traditions des peuples, elle paraît avoir eu pour berceau les montagnes du Caucase, c'est-à-dire le pays situé entre la mer Noire et la mer Caspienne.

Abraham, Moïse et tous les poëtes hébreux; Vyaça, Zoroastre, Bouddha, Manou et tous les génies de l'Inde; Homère, Platon et tous les grands hommes d'Athènes et de Rome; Odin, Mohammed; et tous les génies du christianisme, ont été des produits de la race caucasique. C'est enfin une vierge de cette famille, privilégiée jusqu'alors, que le Christ a honorée de sa maternité.

Race jaune. — Angle facial de 75 à 80 degrés; face aplatie, front bas, oblique, carré ; crâne excessivement large, pommettes saillantes, yeux étroits et obliques en s'élevant de dedans en dehors, menton légèrement saillant, nez épaté à narines découvertes, barbe grêle; cheveux noirs et plats, peau olivâtre; enfin puissance intellectuelle moindre que celle de la race caucasique, mais bien supérieure à celle de la race noire.

Cette race occupe le vaste empire de la Chine, le grand désert de l'Asie habité par les tribus nomades des Kalmoucks, des Kalkas, etc.; le Japon, les îles Philippines, les Mariannes, les Carolines, et toutes les régions polaires de l'Asie et de l'Amérique.

On l'appelle aussi *mongolique*, parce que son berceau paraît être la chaîne des monts Altaï, entre la Sibérie et le plateau du Tibet, patrie des Mongols.

Les langues de ces peuples, à mots monosyllabiques, et dépourvues d'alphabet, se distinguent nettement des langues des peuples caucasiques.

Koung-fen-tseu, Lao-tseu et tous les grands hommes de l'antique civilisation chinoise ont illustré cette race.

La plupart des naturalistes regardent les Malais, qui occupent l'Inde au delà du Gange, et les habitants d'une grande partie de l'archipel asiatique comme provenant d'un mélange de la race caucasique et de la race mongolique.

Les Lapons, les Samoïèdes, les Esquimaux et toutes les peuplades abâtardies voisines des deux pôles paraissent aussi descendre de la variété mongolique. Blumenbach y fait rentrer enfin le rameau hongrois.

Race noire. — Angle facial de 70 à 75 degrés; crâne long et étroit avec excès, front déprimé et fuyant en arrière, nez écrasé et large, mâchoires saillantes, dents fortes, longues et obliques en avant; lèvres épaisses, cheveux courts, laineux et crépus; peau plus ou moins noire; enfin puissance intellectuelle très-inférieure à celle des races précédentes. On remarque aussi que les nègres ont l'ombilic situé un peu plus bas.

Cette race habite tout le midi de l'Afrique au delà de l'Atlas. On l'appelle encore, pour cette raison, la race africaine ou éthiopienne. Elle forme, dans ces régions, plusieurs rameaux distincts, dont les principaux sont l'éthiopien, le cafre et le hottentot.

On la trouve encore dans la population primitive de l'Australie et de plusieurs archipels importants de l'Océanie; mais ces peuplades misérables, assez semblables aux nègres mozambiques, diffèrent des Africains par les cheveux, qui, quoique rudes, sont lisses. On leur a donné le nom d'Alfourous, et elles sont encore peu connues.

Race rouge. — Angle facial moyen comme celui de la race mongolique; coloration rouge et cuivreuse de la peau, puissance intellectuelle supérieure à celle de la race nègre.

Cette race se compose des indigènes de l'Amérique, ce qui lui a fait donner le nom de race américaine. Plusieurs naturalistes l'ont considérée comme un rameau de la race mongolique, mais ce n'est pas le plus grand nombre; et aujourd'hui on en fait une race à part. Elle a, comme les Mongols, la barbe rare, les cheveux longs et noirs. Il y a de grandes différences entre les peuples qui la composent; les uns paraissent semblables en tout aux asiatiques, sauf la couleur rouge; d'autres se rapprochent des formes européennes : nez aussi saillant, œil grand et ouvert. Les hommes rouges se trouvent surtout dans l'Amérique méridionale.

Dans toutes les races, la couleur de l'iris suit en général celle des cheveux et de la peau.

Toutes présentent aussi le phénomène des albinos, à peau blanche, cheveux fins et œil rouge. Il s'en trouve même parmi les plus noirs enfants de l'Afrique, où leur blanc de neige contraste singulièrement avec la population.

Il ne faut pas oublier qu'entre les races, se présentent des nuances dont il est quelquefois difficile d'assigner la place; que des peuplades entières peuvent offrir ces sortes de caractères intermédiaires, et que, dans chaque variété, il y a des individus qui s'éloignent plus ou moins du type complet de leur race. Nous ne croyons pas qu'aucun physiologiste puisse contester cette observation.

3° Ces diverses variétés de l'espèce humaine existent, telles qu'elles sont aujourd'hui, depuis la plus haute antiquité. Voici ce qu'on sait là-dessus, dans l'état présent de la science, ou, au moins, ce que nous en savons.

Nous n'avons pas souvenance qu'il soit question des diversités que nous venons de décrire dans les livres de Moïse ni dans le reste de la Bible. Quand la Sulamite de Salomon dit à son bien-aimé : *Je suis noire, mais belle:* « *Nigra sum, sed formosa* (Cant. 1, 4), » elle ne parle que de son teint bruni par le soleil, et tout ce qui est dit d'elle, dans le cantique, indique très-clairement une superbe fille de la race caucasienne.

On ne dit pas, non plus, qu'il en soit fait mention dans les anciens livres de l'Inde, de la Chine et de la Perse, aujourd'hui connus. Homère parle de Thraces qui étaient sans chevelure, *acrocomoi*, ou qui n'avaient de cheveux que sur le sommet de la tête; c'est depuis les temps les plus anciens, la coutume chez les Kalmouks de se raser la tête, et de ne laisser qu'une touffe de cheveux sur le sommet; mais la description d'Homère ne peut donner lieu qu'à une conjecture sans valeur. Restent donc les auteurs plus modernes, à commencer par Hérodote.

Or, ces auteurs, qui sont nos classiques, ne laissent pas de doute sur l'existence des trois races de l'ancien continent au temps où ils écrivaient.

Hérodote parle des Egyptiens comme ayant la peau noire et la tête laineuse. (*Lib.* II, § 104.) Voilà bien la race nègre.

Il décrit encore, avec son exactitude habituelle, que toutes les découvertes modernes vengent chaque jour d'une vieille réputation non méritée, deux races dans la Scythie, l'une qui est la race germanique répandue alors dans une grande partie de cette contrée, comme tous les monuments le prouvent; et l'autre qui est évidemment la race mongole, puisqu'il dit « qu'elle passe pour chauve de naissance, qu'elle a le nez aplati, le menton allongé, et des mœurs douces et inoffensives. » (*Melpom.*, § 33.) La réputation de calvitie s'explique par l'habitude qu'ont toujours eue ces peuples de raser la tête à leurs enfants.

On retrouve aussi chez Aristote des indications suffisantes des trois races; il décrit très-clairement la race nègre, en l'appelant tout à la fois éthiopienne et égyptienne; dans la manière dont il parle de certains Thraces, on reconnaît assez bien la race mongole; et il cite, comme Hérodote, les Scythes avec des attributions qui font penser aux anciens Germains, rameau de la race caucasienne comme les Grecs en étaient un.

Hippocrate, Adamantius, Julius Firmicus, indiquent les mêmes races assez clairement. Ce dernier attribue, comme Aristote, à des Thraces des caractères de la race mongolique.

Les recherches de l'archéologie et de la géologie sont appelées à jeter un grand jour sur la question de l'antiquité des races; mais il faudra attendre longtemps encore leurs découvertes, car elles ne seront abondantes que du jour où, la civilisation ayant étendu son règne, on pourra procéder librement, et sur une grande échelle, aux explorations dans les pays qui ont été le théâtre des développements des races étrangères à la nôtre, comme en Chine, au Japon, chez les lamas, dans tout l'intérieur de l'Afrique, en Ethiopie, en Nubie, etc. Cependant on sait déjà, par des représentations de nègres évidentes qui se trouvent sur les monuments égyptiens et de l'ancienne Ethiopie, que les traits de cette race étaient fixés au temps d'Homère et peut-être même longtemps déjà avant lui, c'est-à-dire une douzaine de siècles avant l'ère chrétienne.

La manière claire et affirmative, avec laquelle Hérodote et Aristote attribuent aux Égyptiens la couleur noire et les cheveux laineux, prouverait que les indigènes de l'Egypte étaient autrefois nègres, bien qu'ils soient aujourd'hui aussi caucasiens que nous, si les monuments qui abondent dans ce pays s'accordaient avec ces témoignages et d'autres qui leur sont semblables. Mais il en est tout autrement. Quoique Blumenbach ait cru retrouver, dans ces monuments, trois types, dont le plus ancien s'approcherait du modèle nègre, le second de l'Indou et le troisième du Berber ou Egyptien moderne (*Beitræge zur Naturgeschichte*, 2 ter), on ne peut, d'après Wiseman, dont la bonne foi ressort en cet aveu comme en plusieurs autres, voir dans ces monuments que le type caucasien. Cela est d'autant plus évident que quelquefois, à côté de figures égyptiennes soit en peinture, soit en bas-reliefs, soit en statues, on trouve des figures de nègres qui contrastent avec elles, comme celles qu'on en ferait aujourd'hui. Les différences observées par Blumenbach tenaient aux diverses époques de l'art lui-même. Quant aux momies, toutes celles qu'on a développées jusqu'alors ont invariablement le crâne et les cheveux du type européen. On peut ajouter que, si les Egyptiens eussent été nègres au temps de Moïse, il serait peu concevable qu'il n'en eût rien dit dans ses livres. Comment concilier ces contradictions? On ne le peut guère qu'en supposant qu'au temps d'Hérodote et d'Aristote, il y avait, en Egypte, un grand mélange d'Ethiopiens descendus des sources du Nil, mélange d'où a pu même résulter l'Egyptien moderne, la race la plus vigoureuse et la plus belle s'étant assimilé l'autre. Les monuments et les momies doivent naturellement représenter presque toujours la race dominante. Ajoutons qu'il n'est guère probable que ce mélange existât déjà au temps de Moïse, puisqu'il ne fait allusion à aucune trace noire. On pourrait peut-être dire aussi qu'Hérodote et Aristote, ainsi que les autres, ont appelé indifféremment Ethiopie et Egypte toute la vallée du Nil. Au reste, on sait, par des monuments très-antiques qui se trouvent, comme en Egypte, dans certaines parties de l'Ethiopie telles que Méroé, qu'il y exista, dans les temps les plus reculés, une brillante civilisation, avec culture des arts, et qu'alors la race n'y était pas noire, mais d'un brun rougeâtre avec cheveux lisses; il paraît même que ce fut une colonie de ces peuples qui vint civiliser l'Egypte, et que, plus tard, l'Egypte y renvoya, à son tour, des colons. Il y a eu, depuis, mélange de plusieurs races.

Il nous reste à dire un mot de l'antiquité des variétés américaines à peau rouge.

Les traditions populaires ne peuvent révéler grand'chose sur un sujet de cette nature; il faudrait des livres très-anciens, et c'est ce qui manque en Amérique. Mais il y a des monuments archéologiques et géologiques qui fournissent quelques indications.

M. Pentland, par exemple, étudiant les crânes déterrés sur les bords du lac Titicaca, reconnut des caractères particuliers et très-distincts de ceux des races de l'ancien monde. De pareils crânes furent trouvés plus tard dans l'intérieur du Brésil par le docteur Lund; ces derniers furent découverts dans des fentes de pierre à chaux, avec des os de différentes espèces d'animaux perdus, ce qui prouve, dit M. Serres, que cette forme d'hommes existait déjà en Amérique, à une époque très-reculée.

Le docteur Lund remarqua que les dents incisives et molaires des adultes avaient des couronnes aplaties, caractère qui se rencontre aussi, selon M. Hamilton, sur beaucoup de mâchoires d'anciens Egyptiens, et dans les têtes des momies des Guanches.

Ce qui distingue surtout ces crânes, c'est un aplatissement du front auquel l'art paraît n'avoir pas été étranger; d'où l'on a appelé la race, probablement perdue, à laquelle ils appartiennent, Paltas Aturiens, Aztèques, ou têtes aplaties de l'Amérique du sud; les traditions en conservent des souvenirs. M. d'Orbigny a constaté que les crânes de femmes ne portent pas l'empreinte de l'aplatissement.

M. Raynaud a donné au Muséum de Paris d'autres crânes trouvés dans une île du golfe du Mexique, dont la compression, en sens inverse, avait pour but de l'élargir en lui imposant la forme trilobée.

La remarque la plus importante sur les anciens Aztèques a été faite par le docteur Tschudi : il a constaté que la partie supérieure de l'os occipital, qui, chez les Européens, s'ossifie dès les premiers mois de la vie fétale, persistait longtemps après la naissance, sans ossification.

M. de Humboldt a observé que les portraits des anciens Aztèques et les figures de quelques-unes de leurs divinités sont remarquables par la dépression du front, et, par suite, la petitesse de l'angle facial. Il paraît que cette forme a appartenu anciennement, chez beaucoup de nations américaines, au beau idéal de la face, et que souvent elles cherchaient à l'imiter artificiellement. M. Prichard fait la même remarque. (*Hist. nat. de l'homme.*)

Ce qui nous importe le plus, dans ces découvertes, c'est le mélange d'ossements d'animaux perdus avec les crânes des couches du Brésil. Il y a encore beaucoup à demander à l'observation, pour arriver à des renseignements décisifs, et M. Serres pose, à ce sujet, plusieurs problèmes à résoudre sur l'ancienneté des couches de terrains, leur étendue, etc., cependant il y a déjà indice de haute antiquité.

Disons, à ce propos, que si l'on venait à constater une existence trop ancienne de populations de ce genre, ce qui probablement n'arrivera point, il y aurait peut-être à se faire la question si ce sont réellement des hommes dont on retrouve les débris, et si ce ne serait point un animal très-approchant de la forme humaine, approchant d'elle beaucoup plus que le singe, lequel aurait appartenu, dans les créations géologiques, à l'époque antérieure à celle de l'homme, et serait totalement perdu comme les autres animaux dont on retrouverait les fossiles avec les siens.

Il résulte de cet examen, très-imparfait sans doute, mais qui demanderait, pour être plus satisfaisant, que la science fût elle-même plus avancée, ce qui viendra avec de la patience, qu'on doit reconnaître comme certaine l'existence des races humaines telles que nous les voyons aujourd'hui, dans les dix ou douze siècles qui ont précédé Jésus-Christ, mais qu'il n'y a pas, jusqu'alors, des monuments positifs de leur existence, ni dans les temps antédiluviens, ni dans les temps voisins du déluge, ni peut-être même à l'époque de Moïse ; voilà au moins ce que nous en savons ; et c'est sur cette base que nous devons raisonner.

4° Il n'y a pas de grands faits généraux et positifs de transitions complètes d'une race à une autre, comme serait celui d'une population entière étant devenue blanche ou jaune, de nègre qu'elle était, ou *vice versa*.

Voici, là-dessus, les exemples les plus remarquables, et qui ne manquent pas d'être communément cités.

Il y a, depuis plusieurs générations, des Français, des Anglais et des Portugais établis sur la côte d'Afrique, et ils n'ont éprouvé aucun changement dans les traits caractéristiques de leur race.

Les esclaves nègres de l'Amérique septentrionale, transplantés là depuis plusieurs siècles, sont toujours nègres.

Les descendants des soldats bosniaques, transportés par Sélim Ier, au commencement du XVIe siècle, dans la Nubie, ont conservé les traits de leur pays natal, quoiqu'ils en aient oublié la langue. (*Burckardt*, cité par Wiseman, t. I, p. 170.)

Il est vrai que, dans les climats chauds, l'effet du soleil est de noircir la peau plus ou moins, mais cette coloration tient à une cause externe, puisqu'en prenant des précautions contre la chaleur, on l'évite ; c'est ainsi que les femmes moresques, qui ne sortent pas, sont presque tout a fait blanches. L'enfant nègre, au contraire, commence à devenir noir dès huit jours après sa naissance, quelque précaution qu'on prenne.

Il faut dire aussi qu'il se trouve des nègres, des jaunes, des rouges, des blancs sous les latitudes les plus opposées.

Enfin, quant aux autres caractères, ils varient encore beaucoup moins que la couleur sous l'influence des climats.

Tels sont les faits que nous devions encore ajouter pour n'omettre aucune des difficultés que nous connaissions.

5° Malgré tout ce que nous venons d'exposer sur la diversité des races, nous croyons que les données de la science moderne tendent à établir les quatre propositions suivantes :

Première proposition. — « Il n'est point impossible, physiologiquement, que toutes les variétés de l'espèce humaine soient sorties d'une souche commune, d'un couple numériquement identique.

Seconde proposition. — « Il est probable que la nature n'a pu opérer la dégradation nécessaire, fixer les diverses races existantes depuis trois mille ans, en proportion plus ou moins grande, qu'avec un long temps, soit, par exemple, deux, trois ou quatre mille ans. »

Troisième proposition. — « Ce temps nécessaire ne manque pas entre le déluge et les premières apparitions des races nègres, jaunes et rouges, constatées jusqu'alors. »

Quatrième proposition. — « Il est probable que le type commun d'où toutes les races sont sorties fut blanc, et que, dans un avenir éloigné, elles se fondront toutes, par suite d'une civilisation uniforme, dans ce type blanc d'où elles sont sorties. »

Reprenons ces propositions, pour résumer brièvement les principales raisons qu'on en peut donner dans l'état présent de la science humaine.

Première proposition. — « Il n'est pas impossible, physiologiquement, que toutes les variétés de l'espèce humaine soient sorties d'une souche commune. »

Déjà nous avons raisonné sur la possibilité de modifications organiques qui se fixent à la longue, deviennent inhérentes à la famille, et acquièrent la propriété de transmissibilité par génération. Nous avons lu ce qu'en a dit le docteur Buchez, en ce qui concerne surtout les modifications intérieures du cerveau. Si de pareilles détériorations ou améliorations dans l'organisme intime le plus rapproché de l'âme, sont non-seulement possibles, mais nécessaires à admettre, à plus forte raison doit-on reconnaître que l'écorce de l'être puisse varier de la même manière, et quant à la forme du crâne qui est l'enveloppe du cerveau et qui doit suivre son développement, et quant à la couleur qui est assujettie à toutes les influences du climat, de la nourriture, des habitudes, etc., et quant à la texture du poil qui est soumise aux mêmes influences, et enfin, quant à la puissance intellectuelle qui dépend en partie de la conformation du cerveau, quand cette conformation est fixée, et qui, avant que cet effet fût produit, a dépendu de la culture civilisatrice qu'elle a reçue. Nous regarderons même, dans ce qui nous reste à dire, cette circonstance, comme la vraie cause des diversifications de races, et comme celle qui les ramènera, un jour, à leur premier type.

Ajoutons à ces raisonnements les faits suivants qui en démontrent, par expérience, la rationalité.

Dans le règne végétal, les artifices de l'horticulteur, se jouant avec les puissances de la nature, obtiennent chaque jour des variétés nouvelles

Dans le règne animal, le même effet se produit sous nos yeux. Nous ne pouvons plus citer l'exemple du sanglier et du cochon, car M. Dureau de la Malle a prouvé que notre cochon descend d'un cochon sauvage de l'Inde, et non du sanglier, que Cuvier lui donnait pour aïeul, et M. Isidore Geoffroy Saint-Hilaire a été convaincu par ses raisons. Mais nous ne manquons pas d'autres exemples, et Cuvier pourrait toujours se livrer au même étonnement, en pensant à la puissance de la domesticité pour créer des races dans les espèces. D'après tous les naturalistes, par exemple, tous les chevaux domestiques descendent du cheval sauvage, tous les canards apprivoisés du canard sauvage, tous nos chiens d'un chien sauvage, et ainsi de tous les animaux assujettis à notre empire ; or n'y a-t-il pas souvent beaucoup plus de différences entre ces animaux et leur type original, qu'il n'y en a entre un nègre ou un kalmouck et un Arabe ? Si tous les chiens viennent d'un même couple, il est évident qu'il s'est opéré une plus grande transformation de ce premier couple à la levrette et au boule-dogue, ou au caniche, que du premier homme à l'Européen et au Hottentot, dans les caractères anatomiques. Chez le cochon lui-même quelle variété ! Il y avait à ne pas revenir d'étonnement en voyant, à l'exposition de 1855 à Paris, les différences de taille, de forme, de couleur, etc., entre les races porcines de fabrique humaine. Il en était de même des énormes variantes produites par la culture domestique et les changements de climat dans l'espèce chevaline, l'espèce bovine, l'espèce ovine, les volailles, les lapins, etc.

Parmi les hommes, ne remarque-t-on pas quelquefois, chez des individus d'une race, des variétés de conformation qui les font ressembler à ceux d'une autre race ? Il n'est personne à qui il ne soit arrivé de penser, en voyant un Européen, qu'il ressemblait à un nègre, ou à un chinois. Supposons un phénomène de cette sorte situé dans toutes les conditions favorables ; ne pourra-t-il pas arriver qu'il finisse par former une variété très-distincte, après de longs siècles ? Les histoires de voyages sont remplies de faits singuliers de cette sorte, et les observateurs en constatent tous les jours. Buckingham en cite un très-curieux (*Travels among the arab tribes*, p. 14); il a vu une famille arabe du sang le plus pur, qui avait la peau noire, les cheveux crépus et les traits nègres, sauf le père qui ressemblait aux autres Arabes.

Une variété fort singulière s'est produite chez un homme du XVIII° siècle nommé Lambert et surnommé l'homme Porc-Épic. Il avait le corps couvert de verrues grosses comme de la ficelle et longues d'un pouce et demi ; ses enfants lui furent semblables, et ce phénomène a duré pendant trois générations, sur quoi M. Backer, qui en fit la description après examen, tire la conclusion suivante : « Il paraît hors de doute qu'une race particulière peut être propagée par cet homme, ayant une peau rugueuse ou recouverte comme la sienne ; et si cela arrivait, et que l'origine accidentelle fût oubliée, il n'est pas impossible qu'on pût regarder cette race comme une espèce d'hommes différents. Cette considération nous conduirait presque à imaginer que l'espèce humaine a été produite d'un seul et même tronc, la peau noire des nègres et plusieurs autres différences de même nature pouvant aussi, en toute possibilité, être dues originairement à quelque cause accidentelle. » (Cité par Wiseman, 3° disc.)

On pourrait invoquer des multitudes de faits particuliers du même ordre.

De grands faits généraux ne manquent pas non plus tout à fait, bien qu'ils soient moins frappants et plus embrouillés. Par exemple la communauté de caractères et d'étymologies des langues hongroise, finnoise, laponienne, esthonienne, qui forment la famille *ouralienne* dans l'ethnographie de Balbi, prouvent que les peuples qui les parlent remontent à une commune origine. Or, ces peuples, qui sont tous, à la vérité, d'une petite taille, diffèrent énormément par les traits physiologiques. Le Hongrois, par exemple, a à peu près perdu tous les signes de la variété mongolique à laquelle, cependant, on le rattache avec les peuplades du Nord.

On peut faire une observation semblable sur l'Indien et le Grec avec les autres Européens ; l'affinité des langues prouve encore l'origine commune de ces peuples, et cependant ils diffèrent considérablement entre eux ; cet exemple ne vaut pas le précédent, puisque, malgré leurs différences, ils sont tous classés dans la variété caucasique ; mais il prouve cependant la puissance de la nature pour modifier les races avec le temps.

Abel Rémusat, Balbi, Klaproth et Pallas placent la langue des Tartares et celle des Mongols dans la même famille. Donc origine commune ; et cependant les Tartares sont caucasiens et les Mongols de la race jaune. Les Kirghis paraissent tenir le milieu entre les deux ; mais cela peut venir, comme le croit Prichard, d'inter-mariages, bien qu'on ne puisse pas le prouver.

Quant à la couleur, il y a des faits de transition en abondance. En outre que la gradation, sous ce rapport, passe par toutes les nuances, et qu'il n'y ait pas de teint, depuis le noir foncé jusqu'au blanc le plus clair, qui ne s'observe sur quelqu'une des peuplades du globe, on doit citer l'exemple des indigènes de l'Abyssinie dont les traits sont caucasiens, ainsi que leur langage qui est de la famille sémitique, et qui cependant sont devenus complètement noirs ; on doit citer encore les Turcs envoyés en Nubie par Sélim, lors de la conquête de l'Egypte, ainsi que les Arabes d'origine qui habitent avec eux la ville de Souakin, sur la côte nubienne de la mer Rouge ; ils sont restés caucasiens pour les traits, mais ils sont noirs comme les nègres. Les faits abondent de ce côté-là. (*Voy.* WISEMAN, 4ᵉ disc.) Ces caucasiens noirs sont plus intelligents que les noirs véritables.

On cite encore la population sauvage de Mahass, décrite par Burckhardt : « Quant à la couleur, dit-il, ils sont complètement noirs ; leurs lèvres sont comme celles des nègres, mais non pas le nez ni l'os des joues. » Cela semble indiquer un état de transition.

Chez les Hindous, il y a des Portugais qui y sont établis depuis trois cents ans, qui ne se marient qu'entre eux, et qui sont maintenant aussi noirs que des Cafres. (*Heber's narrative*, vol. I, p. 68.)

Les Hindous eux-mêmes se rapprochent un peu des formes et de la couleur de la race mongole.

Quant aux cheveux, il y en a, par exception, de toute texture dans toutes les races. La chevelure frisée, presque pareille à celle du nègre, n'est pas très-rare chez nous.

Le caractère le plus important est celui de la forme du crâne et des grands traits de la face. Or, sur ce point, il y a encore des faits scientifiques très-curieux en ce qui regarde les modifications.

Long, dans son *Histoire de la Jamaïque*, et Edwards, dans son *Histoire des Antilles*, ont remarqué que les crânes des colons blancs venus d'Europe se sont beaucoup rapprochés de ceux des Américains.

Prichard assure, d'après de graves autorités, que, dès la troisième génération, les esclaves noirs des Etats-Unis qui sont attachés au service intérieur de la maison, ont le nez moins déprimé, la bouche et les lèvres moins saillantes, la chevelure plus longue, pendant que ceux des champs gardent leur forme primitive.

On remarque, entre les Arabes nomades et les Arabes sédentaires, des différences de formes très-considérables. Il en est de même pour les dents, qui varient selon la manière de vivre.

Si le nègre a l'ombilic plus abaissé que l'Européen, cet effet ne se manifeste que dans la croissance de l'individu ; il dépend du développement du foie, et ce développement du foie peut dépendre lui-même du régime alimentaire et des habitudes.

Dans les îles de l'Océanie, il y a des familles dont l'unité d'origine est incontestable, et qui se subdivisent en variétés si grandes pour la forme, qu'on dirait les unes européennes et les autres nègres. « Les naturels de quelques-unes des îles de la mer du Sud, » dit M. Lawrence parlant de la forme du crâne, « peuvent à peine se distinguer des Européens par la figure et la tête. » Et cependant il s'agit de populations qu'on rattache à la race noire. M. Forster, parlant de ces variétés entre les tribus d'une même race, dit : « Chacune de ces races se divise en plusieurs variétés qui forment la dégradation vers l'autre race. » Prichard observe, à ce sujet, que « si l'on compare les Papous et les Polynésiens, ils semblent fournir une preuve suffisante que les diversités physiques les plus distinctes, que présente la forme humaine des différentes nations, peuvent et doivent provenir d'une souche commune. »

On sait aussi que beaucoup de peuples, tombés dans des préjugés erronés, ont eu pour habitude de déformer le crâne de leurs nouveaux nés, comme les Chinois pétrissent les pieds de leurs filles pour les rendre plus petits. Ces habitudes continuées pendant de longs siècles peuvent se naturaliser dans leurs résultats, et finir par déformer le moule naturel lui-même, en vertu de la loi qui fait que le fils ressemble à son père.

Enfin, ce qu'il y a de plus positif aujourd'hui dans le dédale de contradictions que présente l'anthropologie physiologique et anatomique, c'est la série d'études de M. Serres sur des crânes et squelettes humains de tous les temps et de tous les pays ; il est résulté de ces études un nouveau musée, au Jardin des Plantes, qui ne sera pas le moins curieux. Cette série de recherches méthodiques ne fait que commencer, et elle amènera, à coup sûr, plus tard, des découvertes de la plus haute importance. Or, ainsi que l'a fait observer Buchez dans le passage que nous avons cité, ce qui en résulte, aujourd'hui, c'est que la forme du crâne va se modifiant en se rapprochant des plus beaux types de la race blanche, à mesure que les peuples se civilisent. Cette loi est capitale dans la question présente, elle prouve que la culture de l'intelligence avec toutes les circonstances qui l'entourent exerce une grande influence sur le principal caractère distinctif des variétés humaines. Il serait absurde de dire que dans cette concomitance du phénomène moral et du phénomène physique, ce fût le second qui serait cause première et déterminante du premier; car le principe actif est du côté moral, soit pour pousser à l'amélioration, soit pour pousser à la détérioration; et l'on ne peut raisonnablement supposer que le crâne se modifie de lui même pour entraîner la modification de l'intelligence. L'expérience nous dit trop que c'est la culture et l'exercice qui agissent directement sur celle-ci, dans les limites où le permet l'organisme.

Quant à l'intelligence et à la liberté, elles sont dans les hommes de toutes les races, et l'on voit, dans toutes, que les uns s'en servent pour se détériorer sans cesse, et les autres pour s'améliorer autant que possible. On remarque cette différence d'individu à individu, et, dans un autre sens, de peuplade à peuplade. On a même exagéré beaucoup la dégradation de la race nègre; elle conserve encore, malgré son infériorité, une puissance considérable de civilisation. Le missionnaire anglais Livingston, qui fait, en ce moment même, de si hardis voyages dans les contrées inconnues de l'Afrique, escorté de Cafres dévoués qu'il a convertis au christianisme, et qui a découvert en 1855 cet immense lac de Gnami, véritable mer intérieure, écrivait, il y a quelques jours, à la société géographique de Londres qu'entre les sources du Zambèse et saint Paul de Loanda, il a vu des royaumes, dont les uns sont formés d'hommes sauvages, et plusieurs autres de citoyens *industrieux*, *honnêtes* et *intelligents*, malgré leur ignorance complète de nos civilisations.

Il résulte encore, de ces observations imparfaites et très-peu débrouillées, que, loin qu'il soit défendu de nier physiologiquement la possibilité de modifications survenues, dans les descendants d'un même couple, à un point suffisant pour donner lieu aux quatre races humaines et à toutes leurs subdivisions infiniment variées, tout concourt, au contraire, à rendre probable cette possibilité (29).

Seconde proposition. — « Il est probable que la nature n'a pu opérer la dégradation nécessaire et fixer les races, existantes en proportion plus ou moins grande depuis trois mille ans ou à peu près, qu'avec un long temps, tel que deux, trois ou quatre mille ans. »

Il n'y a que deux manières, à notre avis, d'imaginer rationnellement l'introduction de races nouvelles. Ou par suite d'un accident brusque, d'un écart de la nature qui, se manifestant tout à coup dans un ou deux individus, se naturaliserait chez les enfants, vu les circonstances favorables où on supposerait que la famille eût été placée; ou par l'influence lente et progressive en détérioration ou en amélioration d'une culture civilisatrice, jointe à l'action non moins lente du climat, du genre d'aliments, et de la manière de vivre.

Or la première hypothèse est peu probable, pendant que la seconde l'est beaucoup.

Comment supposer qu'il se soit trouvé précisément quatre grands écarts pour donner naissance aux quatre grandes variétés, puis des écarts particuliers pour les subdiviser? Au contraire, il est très-naturel de supposer que, dans les premiers temps de la propagation du genre humain, lorsque le berceau de la race blanche, c'est-à-dire l'Asie Mineure jusqu'au Caucase, attribué par toutes les traditions aux premiers hommes après le déluge, devint trop peuplé, des familles se soient écartées jusque dans les régions perdues de l'Afrique centrale et méridionale, jusque dans les plaines de l'Asie vers les monts Altaï, et enfin jusque dans l'Amérique elle-même; puis que, s'étant trouvées ainsi isolées du foyer de la civilisation primitive, héritière de la civilisation antédiluvienne, elles soient tombées dans des dégradations progressives qui auront amené lentement les trois variétés dont il s'agit, lesquelles auront suivi les influences des trois grands climats, très-différents, de l'Afrique, de l'Asie septentrionale, et de l'Amérique, et de leurs habitudes prises dans ces climats. La race jaune sera celle qui sera tombée le moins bas, et qui aura le mieux continué ou repris la culture de l'esprit, peut-être à cause de certains voisinages avec l'extension de la civilisation primitive dans tout le sud de l'Asie. Les deux autres types naissants n'auront fait, au contraire, que se dégrader pendant de longs siècles, perdus qu'ils étaient, avec les bêtes sauvages, dans les déserts, les cavernes, les sables, les marais ou les bois de l'Afrique et du nouveau monde.

Voilà comment nous concevons le mieux ce résultat. Et il ne se comprend bien qu'avec plusieurs milliers d'années.

Il est d'ailleurs en conformité avec les faits que nous avons cités. Toutes les modifications, soit en bien soit en mal, soit dans le règne végétal, soit dans le règne animal, se présentent sous le caractère de la progression insensible. Il n'y a pas un seul fait de changement brusque qui ait réellement de la valeur dans la question présente. Il n'y a, dans cette ligne, que des écarts particuliers sans résultats suivis.

Si l'on calcule approximativement, sur cette base, le temps nécessaire pour produire le changement si étonnant entre la race caucasique et la race éthiopienne, qui sont les deux extrêmes, en partant des données fournies par quelques faits, tels que ceux des Turcs devenus noirs en Nubie sans avoir encore pris sensiblement la forme du crâne nègre, ce qui se conçoit, au reste, par la conservation de leur civilisation relative, tels surtout que ceux, en sens inverse, des esclaves d'Amérique attachés au service de la maison, et par

---

(29) Nous apprenons d'un archéologue vendéen qu'on vient de découvrir dans son pays de nombreux squelettes, de taille moyenne, dont le crâne a le front déprimé, le cervelet protubérant, la mâchoire très-allongée en avant, et des dents énormes. Si ces crânes, qui sont excessivement anciens, ont appartenu à nos ancêtres, notre race a passé, dans les époques de barbarie les plus reculées, par une conformation analogue à celle des nègres, pour redevenir, par la civilisation, ce qu'elle est aujourd'hui.

là même associés au bienfait de la culture de l'esprit beaucoup plus que les esclaves des champs, on arrive à comprendre la nécessité de plusieurs fois mille ans passés dans le sauvage isolement, pour la dégradation humaine jusqu'à la famille hottentote.

Troisième proposition. — « Le temps nécessaire ne manque pas entre le déluge, et les premiers symptômes historiques de l'existence des races nègres, jaunes et rouges, constatés jusqu'alors. »

Les monuments *géologiques* (*voy.* ce mot) et les monuments *historiques* (*voy.* ce mot) permettent, ou même exigent, que l'on fasse remonter le déluge au moins à six ou sept mille ans, d'où l'on a une latitude de trois ou quatre mille ans à accorder pour la formation des diverses races, puisque nous avons vu que les variétés, autres que la blanche, ne donnent guère, dans l'histoire, signe de vie que mille à douze cents ans avant Jésus-Christ.

Quant à la conciliation de ces six à sept mille ans, peut-être même huit, d'ancienneté accordés au déluge, avec les textes divers de l'histoire de Moïse, c'est chose facile, comme on peut le voir dans l'article HISTORIQUES (Sciences).

Quatrième proposition. — « Il est probable que le type commun d'où sont sorties toutes les races fut blanc, et que, dans un avenir éloigné, elles se fondront toutes, par suite d'une civilisation uniforme, dans ce type blanc d'où elles sont sorties. »

Observons d'abord que, quand nous disons *blanc*, il ne s'agit pas du teint qui peut conserver toutes les nuances selon les climats, ni de tous les caractères secondaires, tels que le poil plus ou moins frisé, la taille grande ou petite jusqu'à un certain point, l'ombilic situé un peu plus ou moins haut, etc.; mais de l'ovale de la tête, des grands traits du visage, surtout de l'angle facial et de la forme du front, choses qui sont intimement liées à la culture de l'esprit et au développement de l'intelligence, et enfin de la couleur elle-même, non pas en tant que causée par l'air et le soleil, mais en tant que résultant d'un principe interne, comme cela a lieu chez le nègre pur.

Que le type premier de l'humanité ait été caucasien, ce fut l'opinion de Blumenbach, autorité imposante, et nous croyons que les sciences géologiques et historiques fourniront un jour à la physiologie les moyens de le déduire. Voici comment nous raisonnons, dès maintenant, sur cette question.

Si l'on étudie la nature, on trouve toujours qu'elle évite les extrêmes dans sa marche normale, et que, quand elle y tombe, c'est toujours par exception à ses règles. Le géant et le nain, par exemple, sont deux excès qui ne sont point naturels. Le manque de sensibilité et la sensibilité excessive sont des maladies, et ainsi de tout le reste. Si l'on veut trouver, dans un ordre de choses, l'état normal, il faut constater les extrêmes et prendre le milieu. Or appliquant ce principe à la question du type normal et primitif de l'humanité, nous devons raisonner comme il suit.

Quant à la couleur, elle résulte d'une matière colorante, espèce de sécrétion qui forme enduit, mais qui n'est point un tissu de l'économie animale, une partie vivante de son organisme. Cette matière colorante s'amasse entre le *derme* et l'*épiderme interne*, nommé aussi *corps réticulaire de Malpighi*, et qu'il ne faut pas confondre avec l'épiderme proprement dit ou externe, qui est la peau visible. Cette matière est appelée le *pigmentum*. Son existence a été démontrée par Alpin ; et l'on observe, au sujet de cette matière, deux excès, dont l'un est évidemment une affection morbide, et dont l'autre est aussi, très-probablement, une anormalité naturalisée et fixée à l'état de transmissibilité, pendant qu'un milieu se dilate à divers degrés entre ces deux extrêmes. Le premier excès, qui est évidemment morbide, est celui qui a lieu chez l'albinos. On a dit que sa blancheur de neige tient à l'absence complète du *pigmentum* ; il paraît prouvé qu'elle tient, au contraire, à la présence d'un *pigmentum* tout à fait blanc, formé d'utricules remplis d'une substance blanche ; mais ceci nous importe peu. Le second excès est celui qui a lieu chez le nègre, où le *pigmentum* est très-abondant et d'un noir très-foncé. Enfin l'état intermédiaire, lequel a plusieurs degrés, est celui des autres races ; mais il faut encore, dans ces races, considérer comme excès moindres le rouge et le jaune prononcés, vu que le rouge se rapproche du noir, et le jaune olive de l'albinos. Le vrai milieu est la coloration très-variée des familles caucasiques. Dans cet état, le *pigmentum* est si peu abondant qu'on n'en découvre de traces qu'avec le secours du microscope. On en trouve cependant un peu plus chez l'Arabe que chez l'Européen. Une preuve au reste que le climat contribue à développer cette matière, c'est que M. Flourens en a trouvé une quantité très-marquée dans la peau, rapportée par M. Guyon, d'un soldat français basané mort en Algérie.

« La nature, disait très-bien M. Charles Roux dans le feuilleton de *la Presse* du 23 novembre 1855, n'a pas fait des hommes noirs et des hommes blancs ; elle a fait des hommes plus ou moins colorés. »

On peut donc penser que le noir de l'Ethiopien, opposé au blanc de l'albinos, fut d'abord un mal qui passa à l'état de nature, et qui peut disparaître comme il est venu ; un régime alimentaire, non fait pour l'homme et prolongé durant des siècles, suffirait peut-être pour en rendre raison. La chair et les os de certains animaux prennent des couleurs diverses selon leur nourriture. Qui pourrait dire jusqu'où vont les forces de la nature dans cette voie, tant pour la naturalisation d'un mal que pour sa guérison ?

Quant au crâne et aux traits du visage, on peut leur appliquer le même raisonnement. Tout ce qui est aplatissement, rétrécissement, diminution, dans un sens quelconque, de la boîte du cerveau, ne ressemble qu'à une dégradation de l'espèce humaine ; c'est l'excès opposé à celui de ces têtes énormes, et monstrueuses que l'on voit quelquefois sur des corps rachitiques et à peine formés. Tout le corps humain analysé indique pour état normal la forme la plus approchée possible de la tête caucasique, et pour déviations contraires à l'ensemble de l'être, tout ce qui s'en éloigne considérablement.

Nous arriverions aux mêmes résultats, si nous analysions, un à un, tous les traits caractéristiques des diverses races; nous trouverions toujours le type caucasien entre les extrêmes; ce type serait, de tout point, le vrai beau de la forme humaine, ainsi que l'ont compris l'Inde, la Judée, la Grèce, Rome, l'art chrétien, et nous en conclurions qu'il est le type normal de notre origine et de nos destinées.

Il y a beaucoup de points d'analogie entre l'évolution de l'individu et celle de l'espèce, malgré la différence radicale qui les sépare, en ce que l'individu s'use et meurt, tandis que l'espèce est immortelle et toujours jeune. Or, un fait philosophique qui donne à réfléchir, c'est celui de la ressemblance des enfants de toutes les races au premier moment de leur naissance; les dissimilitudes ne se montrent que dans le développement. Tous les enfants naissent blancs et sans plus de pigmentum que les nôtres; tous avec l'ombilic à la même hauteur, tous avec un nez sans développement, etc., etc. C'est l'inscription en faux de la nature contre la prescription, en attendant qu'elle soit rentrée dans tous ses droits.

Les traditions populaires sont d'accord avec Moïse, pour placer dans l'Asie Mineure les premiers développements du genre humain après le déluge; or, les indigènes de cette partie du monde ont toujours été de la race blanche. Quand le genre humain n'avait qu'une langue, il ne présentait qu'une seule race, et cette race était la nôtre; la science le démontrera, ou au moins ne le réfutera pas. Déjà les plus anciens monuments et les plus anciens livres connus n'indiquent que des chevelures plus ou moins lisses, mais non pas laineuses au degré du nègre, et il en est de même jusqu'alors de la forme du crâne. Nous espérons que, si l'on découvre des types antédiluviens ou contemporains du déluge, on trouvera qu'ils étaient de la race blanche.

Déjà nous en savons assez sur les marches affectionnées de la nature, pour avoir droit de dire qu'elle les résume en trois périodes, la santé pour début, la maladie ensuite par les perturbations accidentelles, et enfin l'effort puissant et efficace en retour vers une santé nouvelle, souvent plus solide et plus brillante que la première. Or, il y a tendance, dans les forces naturelles, à ramener, sous l'influence de la culture intellectuelle et morale, qui est le grand moyen de guérison, les races inférieures vers un développement organique qui se rapproche du type caucasien. Nous avons dit que la civilisation, qui, d'après Cuvier, est l'agent le plus énergique de modification des races, même chez les animaux qui en sont influencés, tend à développer le cerveau, et, par là même, à le rapprocher de son ovale caucasique. L'exemple des nègres qui se trouvent quelque peu associés, en Amérique, à la famille civilisée, mis en opposition avec celui de leurs semblables qui languissent dans un esclavage plus abandonné, est assez frappant. On aura plus tard à y ajouter celui des noirs auxquels nos révolutions ont procuré le bienfait de l'affranchissement; déjà, peut-être, peut-on constater, dans quelques-uns, de petites améliorations. N'oublions pas surtout les observations scientifiques de M. Serres, que l'abbé Frère avait commencées, et que d'autres poursuivront. Si donc la nature, agissant dans le sens de la guérison, rappelle vers le type caucasien, et, agissant en sens contraire, en éloigne, il est à supposer que le premier type fut celui-là, puisqu'elle a pour habitude de commencer par un état normal vers lequel elle cherche à ramener ses propres écarts, dès que la cause qui les avait produits vient à disparaître.

Nous savons qu'il y a, néanmoins, deux théories sur le développement de la famille humaine. Les uns disent qu'elle monte du plus bas au plus haut, et du laid vers le beau. Les autres disent qu'elle commence par un degré normal, quoique nu, de beau, de vrai et de bien, puis se corrompt souvent, et se dégrade pour se relever ensuite et regagner son état primitif, en ajoutant les perfectionnements du travail et de l'art. Mais nous sommes de ce dernier avis; nous pensons, avec Schlegel, que, « quand l'homme se fut une fois séparé de la vertu, aucune limite déterminée ne put être assignée à sa dégradation ni à son ravalement successif vers le niveau de la brute, et qu'étant, par son origine, essentiellement libre, il était capable de changement et même très-flexible dans ses facultés organaniques. » Et nous ajoutons sans crainte que c'est cette seconde théorie qui est en harmonie avec les faits observables, ainsi qu'avec la métaphysique de l'homme et de Dieu.

Où est, dans la nature, cette variabilité constante que nous remarquons dans l'humanité? Nulle part. Dans tous les règnes, ce qui sort des mains de Dieu en sort bon et bien organisé selon son espèce, de sorte qu'il n'ait besoin d'aucun changement en mieux; et, par le fait, il ne change pas, il ne progresse ni vers le bien, ni vers le mal. Dieu, faisant l'homme dépositaire libre de ses destinées, ne pouvait le faire ainsi sans lui donner la puissance de se dégrader ou de se perfectionner; mais il ne pouvait, en même temps, le jeter sur la terre que bon et beau dans son espèce et dans sa situation relative; c'est ce qu'il a fait pour lui comme pour tous les êtres. La détérioration n'est venue qu'ensuite, par la faute plus ou moins sentie de l'homme lui-même. Mais aussi la liberté, par la même raison qu'elle peut dévier vers le laid, peut aussi remonter vers le beau avec l'aide de Dieu, qui ne lui manque pas; et c'est ce qui arrive dans l'ordre des races comme sous les autres rapports.

En fait de langues, c'est l'unité qui commence, puis vient la division avec des inégalités sans nombre, et l'avenir verra, selon l'antique croyance des Mages rapportée par Plutarque, se réformer l'unité avec le règne complet du Christ sauveur, du Christ vainqueur de la confusion de Babel, comme il l'est de la trahison du serpent.

En fait d'ordre social, il y a aussi trois âges, celui de la liberté, de l'égalité, de la fraternité originelle et patriarcale ; celui de l'esclavage et de la dictature qui prend toutes les formes, qui est long, qui dure encore, qui est la passion laborieuse et sanglante, expiatoire du passé et génératrice de l'avenir ; et, enfin, celui du retour à la liberté, à l'égalité, à la fraternité, dans la résurrection chrétienne, dont nous attendons l'universalité.

En religion, même évolution trinitaire. Le genre humain commence par un monothéisme pur et universel, puis il se divise et se jette dans l'anarchie du polythéisme ; et, par la civilisation chrétienne, nous le voyons en voie de rentrer dans son monothéisme primordial, avec plus d'extension dans la connaissance, et plus de perfection dans l'adoration ; car les travaux et les douleurs de l'âge anarchique et dictatorial ne sont pas perdues. Dans l'intérieur du christianisme, phénomène semblable : unité catholique au début, hérésie et superstition au moyen âge, et, enfin, retour à l'unité, par la disparition de l'hérésie et de la superstition dans le christianisme pur.

En fait de races, il en sera de même : les trois âges s'accompliront ; le premier fut le règne de la race type, qui est la race blanche ; il dura jusqu'à la confusion des langues : vint ensuite la dégradation et la division avec la confusion du langage ; ce second âge dure encore ; les efforts se font vers la précipitation de ses périodes ; les sciences et l'industrie prêtent leur concours ; la religion les bénit et travaille avec elles ; puis viendra peu à peu la restauration des races dégradées par leur fusion dans celle-là même qui servit d'origine à toutes les autres.

Dieu ne crée pas l'homme malade, mais bien portant ; la race nègre est un mal dans l'humanité ; la race rouge en est un second, la race jaune en est un troisième, quoique beaucoup moindre, puisque ces trois races sont inférieures à un type plus beau existant à côté d'elles dans la même espèce ; puisqu'elles ne sont pas, d'ailleurs, selon le moule du Sauveur et du modèle commun ; ce sont des maladies causées et naturalisées chez nous par la dégradation morale ; la restauration morale les guérira, et leur guérison ne sera que le retour à la santé primordiale universelle.

Il n'y aura de différence, sous tous les rapports, entre le premier âge et le troisième, que dans la multiplication du genre humain, et dans l'addition, aux simplicités pures du berceau, de toutes les merveilles de l'art chez un être collectif intelligent et perfectible. Ce sera le développement humain et surnaturel en même temps, grâce à l'intervention de Jésus-Christ, du germe primitivement sorti bon et beau du souffle divin.

* Quand l'humanité libre est dans la déviation vers le laid, c'est en remontant vers sa source qu'on peut retrouver en elle l'image du Créateur. Quand elle est dans la voie du retour vers le beau, de l'amélioration, de la civilisation, de la guérison enfin, c'est en la suivant [et jetant les yeux vers son terme, qu'on trouve cette image.

Le Christ est, à tous les points de vue, le type de nos destinées, comme Adam fut le type de notre premier âge ; il est le fils de la race blanche comme Adam en fut le père ; le fils est un autre père plus puissant que le premier ; il ramènera tous les hommes déviés à sa ressemblance.

Oui, Seigneur, nous entendons le bruit de la révolution progressive universelle, dont la fin sera la fusion de toutes les langues, de tous les peuples, de tous les droits, de toutes les nationalités, de tous les codes, de toutes les religions, de toutes les fraternités, de toutes les races, dans la langue, le peuple, le droit, la nationalité, le code, la religion, la fraternité et la race du Christ.

Si les nations civilisées, au lieu de se dévorer les unes les autres, organisaient en commun des armées permanentes de savants, et d'artistes missionnaires, qui parcourraient le monde sans interruption comme de grandes caravanes civilisatrices suffisamment fortes pour ne pas craindre les brutales atteintes des peuples sauvages ou barbares ; qui porteraient peu à peu nos idées et nos connaissances aux tribus abruties ; qui ouvriraient la voie et protégeraient, par là même, la liberté des prédicateurs du Christ, travaillant de leur côté à l'amélioration morale de l'espèce humaine par le plus puissant des moyens ; qui, enfin, moissonneraient, en même temps, pour les sciences et les arts, on verrait se produire assez vite les effets que nous attendons dans l'avenir, et les nations civilisées se conduiraient entre elles comme des sœurs, et en mères touchantes devant les peuples misérables ; mais ce que nous désirons ne se peut faire qu'après la fin des dictatures. — *Voy.* Historiques (Sciences)

PHYSIOGNOMONISME. — RELIGION. *Voy.* Physiologiques (Sciences).

PHYSIQUE. — RELIGION. *Voy.* Cosmologiques (Sciences).

PIÉTÉ. — PLATON. *Voy.* Morale, I, 6.

PITIÉ DES CŒURS ÉGARÉS. — PLATON. *Voy.* Morale, II, 2.

PITIÉ DU MALHEUR. — CONFUCIUS. *Voy.* Morale, II, 12.

PLAN D'UNE PHILOSOPHIE THÉOLOGIQUE. *Voy.* Philosophie-Théologie.

PLATONISME. *Voy.* Histoire de la philosophie, etc.; Mathématiques, II.

POÉSIE. — PROGRÈS RELIGIEUX (IVe part., art. 9.) — La poésie embrasse une grande partie de la littérature, et ses domaines les plus délicieux. Nous ne comprenons pas seulement dans son empire la poésie proprement dite, qui mesure ses périodes, cadence son langage et souvent même ajoute au rhythme la combinaison des rimes. Nous ne voulons lui rien ôter de ce qui lui appartient, et pour cela nous lui attribuons tous les ouvrages d'esprit dans lesquels l'imagination joue le principal rôle, tenant pour indifférent qu'ils soient écrits en prose ou en vers.

Ces ouvrages peuvent se rapporter aux espèces suivantes :

Le poëme historique, qui narre, décrit, chante et entoure de fictions des faits vrais ou supposés. Il comprend l'épopée, le roman, le conte, l'épisode, la légende.

Le poëme lyrique, qui prête ses accents aux passions pour peindre avec enthousiasme ou avec grâce l'admiration ou le mépris, la joie ou la douleur, l'amour ou la haine, la bénédiction ou la malédiction, les choses antipathiques et sympathiques, consolantes et terribles, douces et grandes, heureuses et malheureuses, Il comprend l'ode, la méditation, l'élégie, la lamentation, l'imprécation, la louange, la prière, la cantate, le dythirambe, la prophétie, la rêverie philosophique, la romance, quelquefois l'idylle et l'églogue.

Le poëme allégorique, qui imagine des actions possibles ou impossibles, pour couvrir d'un vêtement qui plaise, et rendre visibles devant l'esprit des vérités historiques, dogmatiques ou morales. Le mythe, l'apologue, la parabole, et toute métaphore prolongée appartient à ce genre.

Le poëme dramatique, qui déroule l'action héroïque ou familière, sociale ou domestique, en faisant parler les personnages. Il excite le rire ou les larmes, l'admiration ou la haine; il est malin ou sublime, tendre ou dur, gracieux ou énergique, mélancolique ou gai. C'est la tragédie, la comédie, le drame antique, le drame moderne, et quelquefois la pastorale, l'églogue et l'idylle.

Le poëme didactique, qui expose les vérités scientifiques ou religieuses, historiques ou philosophiques dans leur nudité pure, mais avec le style agréable, fleuri, cadencé, imagé, sympathique, qui suffit pour élever un ouvrage d'esprit aux rangs de ceux qui composent la bibliothèque d'Apollon. Les épîtres en vers, certaines études ou certains tableaux historiques, quelques traités tels que les *Géorgiques* de Virgile, appartiennent à cette catégorie.

Enfin le poëme critique, dont le but est de ridiculiser les vices de la société et des individus. La satire, le conte malin, la chanson et l'épigramme sont ses principales variétés.

Le grand poëme chrétien, où ces divers genres seraient harmonisés, n'existe pas encore, et sera le produit de l'avenir.

Toutes ces poésies sont des floraisons d'une inspiration divine, faisant partie des éléments constitutifs de l'humanité, et autant la morale, la philosophie, la religion les provoquent, les encouragent, les fortifient et les sanctionnent, autant elles sont utiles au progrès religieux, philosophique et moral.

I. Que la philosophie morale et religieuse aime la poésie dans toutes ses manifestations, c'est ce qui doit être et ce qui est en effet. Comment la mère n'aimerait-elle pas ses filles? Or, c'est la philosophie dogmatique, morale et religieuse, qui a engendré toutes les poésies, et ces poésies sont d'autant plus belles que leur mère est en meilleure santé lorsqu'elle les enfante.

Consultons la nature et l'histoire, voici comment naît la poésie :

L'évolution humaine présente des choses sublimes, mystérieuses, étonnantes, grandioses; l'âme sensible et profonde les observe, les médite, les rêve, et les trouve remplies, dans leur essence, de la divinité même. Elle s'exalte, elle s'agrandit, elle vole au sein de l'invisible; elle sent que, pour peindre le mystère de Dieu et de l'homme, il ne lui suffit plus de raconter, mais qu'il lui faut la fiction, et que sa puissance à imaginer restera toujours au-dessous du réel divin qui est devenu son idéal. Elle fait de son mieux, elle chante; et l'épopée est la synthèse de ses chants. C'est la philosophie et la religion qui l'ont enfantée, car elle n'est autre que le mystère de Dieu et de l'homme, incarné par le génie rêveur et exalté sous un corps de sa création. Toutes les épopées, de celles d'Homère à celles des Indiens, de celle de Job à celle du Dante, de celles de Milton et de Fénelon à celles des Allemands et aux plus modernes, telles que celles de Chateaubriand et d'Alexandre Soumet, ne mettent-elles pas en scène Dieu et l'homme, ne mélangent-elles pas, dans leurs fictions, le ciel avec la terre? Les plus belles sont les plus philosophiques, et celles-là naissent dans la traînée lumineuse du christianisme qui commence à Moïse et à Job. Homère se nourrit des pieuses croyances des premiers temps de la Grèce. Virgile s'alimente de la philosophie religieuse de Platon. Les Indiens puisent leur sublime dans la religion panthéistique de l'extrême Orient. Tous sont surpassés par Job et l'Ecclésiaste qui s'inspirent des dogmes purs de la religion de Moïse. Enfin nos Dante, nos Milton, nos Tasse et nos Fénelon n'ont pas de rivaux dans les âges modernes, en dehors du christianisme.

Le roman, lorsqu'il n'est pas l'épopée elle-même, ce qui arrive quelquefois, doit être considéré comme une création récente et propre au christianisme. On trouve chez les peuples non chrétiens, l'épopée, le conte, l'épisode, la légende; on n'y trouve pas le roman proprement dit, cette sorte d'épopée domestique. Mais il naît aussi de la philosophie religieuse, et plus elle y règne avec le bon sens et la sagesse, plus il mérite les honneurs de la poésie. Le premier modèle du roman, c'est la biographie. Quand un homme est grand, d'autres sentent le besoin de laisser son histoire au monde; s'il est grand par la vertu, on veut le poser en exemplaire; s'il est grand par le crime, on veut le poser en épouvantail; idée profondément charitable, philosophique, sociale et religieuse ; mais l'âme ardente, le poëte, n'en a pas assez des héros réels ; il faut qu'il en imagine et qu'il en peigne à sa fantaisie, pour satisfaire ses inspirations idéalistes ; de là les fictions romanesques plus ou moins naturelles, plus ou moins sages, mais toutes filles de la religion du beau, pourvu qu'elles ne soient pas de délirantes fadaises. Le type chrétien du roman nous est fourni par l'Évangile dans la charmante fiction de l'enfant prodigue ; si ce n'est pas elle qui en a donné l'idée, ce qui pourrait être, c'est l'esprit qui y préside que tous les romanciers sont conviés par Jésus à prendre pour objet d'imitation dans leurs créations.

Le conte, l'épisode, la légende sont encore de petits rejetons de l'épopée, et leur nature, comme la sienne, réclame pour inspiratrice et pour règle la philosophie religieuse. Le conte est sans raison d'être s'il n'est provoqué par le besoin d'adresser au lecteur, et surtout à l'enfant, quelque leçon de morale, si petite qu'elle soit. L'épisode a pour but de reposer l'esprit en charmant le cœur ; et la légende ne peut même se concevoir, si elle n'a pour fond quelque fait tellement digne d'admiration et d'amour que la mémoire des hommes n'ait pu le conserver sans le transfigurer dans ses rêves.

Mais la fiction historique ne suffit pas pour assouvir la soif du sublime qu'éprouve sans cesse la philosophie religieuse. Celle-ci, enflammée aux rayons de la beauté divine et humaine, ou bercée d'amour dans ses vivantes effluves, s'empare de la lyre et se met à chanter ses transports. Elle glorifie l'héroïsme qui l'exalte ; elle module ses mélancolies ; elle pleure ses lamentations, elle loue, elle prie, elle délire d'enthousiasme, elle prophétise, elle rêve, elle raconte les extases ou les larmes ; elle entend les harmonies célestes ; elle voit et imite celles de la nature ; elle maudit, avec le bruit de la foudre, ce qui détonne à ses oreilles dans le divin concert ; elle s'abandonne à tous les entraînements de sa sensibilité. Le poëme lyrique est, par son essence, enfant de la religion et de la philosophie.

Aussi le voyez-vous toujours, quand il est vraiment beau, mêler, dans ses chants, la nature humaine et la nature divine. Chez les anciens, la mythologie en est l'âme, qu'il s'agisse pour lui de magnifier la grandeur, de roucouler l'amour, ou même de chanter les plaisirs des sens. Pindare, Anacréon, Sapho, Horace ne composent qu'assis dans l'Olympe au cercle des dieux. Or la mythologie n'est, au fond, qu'une panthéisation universelle de la divinité dans l'humanité. Il en est de même des lyriques de l'extrême Orient. Mais, si notre théorie est juste, n'est-ce pas dans la religion pure que les harpes atteindront les plus sublimes harmonies ? le fait en est incontestable ; quelle corde a vibré, en aucun lieu du monde, comme celle de Moïse, de Job, de Debborah, de David, de Salomon, de Judith, d'Isaïe, de Jérémie, des autres prophètes et de saint Jean ? C'est dans cette grande famille que le génie s'élève au véritable sublime de la pensée, de l'image, du sentiment, de l'enthousiasme. Si les Védas et le Zend-Avesta renferment quelques hymnes de la même qualité, sinon de la même perfection, elles sont inspirées par une philosophie et un monothéisme à peu près semblables. Nous citerons plus loin quelques exemples de la poésie des Pères de l'Église ; on verra le germe du chant lyrique chrétien et l'on sentira la supériorité de ce genre sur celui qu'on peut appeler mythologique. La lyre s'était comme perdue dans le moyen âge, siècle d'ombres parsemées d'éclairs ; elle pressent sa puissance au temps de Malherbe, s'élève, par exception, à ses plus grandes hauteurs dans les chœurs d'Athalie, reste païenne et froide dans J.-B. Rousseau, excepté quand il traduit les Psaumes, et enfin se déploie dans sa magnificence, en se faisant définitivement chrétienne, sous les souffles ardents, les modes harmonieux et les fastueux étalages de Victor Hugo et de Lamartine. Voilà pour nous, Français ; mais déjà plusieurs nations étaient heureuses d'avoir éprouvé le sentiment philosophique et chrétien dans les jeux de la lyre. Il faut citer Macpherson, Goëthe, Schiller, Byron et plusieurs autres.

La philosophie religieuse veut épuiser tous les moyens de se produire et de communiquer aux hommes ce qu'elle sait des vérités utiles ; c'est dans ce but qu'elle imagine encore d'autres genres de poëmes.

L'allégorie se présente, lui offrant le mythe, l'apologue et la parabole. Elle se recueille alors, appelle l'esprit, la finesse, le bon sens, la sagacité, l'ingénieux emploi du merveilleux, et, munie de ces armes nouvelles, poursuit sa tâche. Le mythe est inventé afin de revêtir des vérités, des faits, des êtres invisibles, de manière à les faire accepter par les peuples jeunes pour les agréments du costume. Que nous importe, ensuite, l'abus qu'en fera l'ignorance ? et d'ailleurs il sera rejeté, s'il le faut, quand viendront les jours de lumière. L'apologue sera conservé, la morale ne trouvera jamais plus charmante et plus spirituelle méthode pour donner ses leçons. La parabole lui est supérieure ; elle ne violente en rien la nature ; le Christ l'a marquée de sa bénédiction, et désormais la religion ne poursuivra point son pèlerinage sans l'avoir pour suivante. La Fontaine, chrétien, quoique pas assez, laisse loin derrière lui Ésope et Phèdre ; et l'on sait que l'Évangile a été jusqu'alors et restera probablement toujours sans rival pour la parabole.

Vient, à son tour, le poëme dramatique, avec la tragédie d'une main, la comédie de l'autre, et les unissant quelquefois pour en faire le drame. C'est encore la philosophie et la religion qui l'ont mis au monde ; elles ont senti qu'il était utile d'occuper le loisir de la société à lui faire admirer les belles actions, à lui donner de l'horreur pour les grands crimes, et à la faire rire aux dépens de ses propres vices ; elles n'ont rien trouvé de plus éloquent, de plus vivant et de plus propre à obtenir ces résultats, que le drame ; et elles ont chargé le génie de le réaliser. N'a-t-on pas vu, dans toutes les civilisations, les premiers essais de compositions scéniques ne se faire, durant longues années, que sur les mystères théologiques ou les grands faits de l'histoire religieuse du pays? Quant à la comédie, elle porte sur elle le cachet de son origine ; c'est la philosophie morale elle-même qui, dans ses jours de maligne gaieté, se livre aux ébats de la satire en action. Molière, chrétien, est le plus grand de tous les auteurs comiques ; et, malgré que nous sentions plus de puissance encore dans le génie d'Eschyle que dans celui des grands types modernes, les œuvres des Shakespeare, des Corneille, des Goëthe, doivent être avouées, tout compensé, supérieures aux siennes.

Le poëme didactique montre à nu la pensée première qui lui donna naissance. La vérité exposée avec les agréments du style poétique, voilà son essence ; or la religion de la vérité est la religion universelle.

Enfin le poëme critique descend en ligne droite de la philosophie morale avec la comédie, qui est sa sœur. La satire, le conte malin et la fable maligne, la chanson, l'épigramme n'ont de valeur et de raison que par les leçons philosophiques qui s'y mêlent à tous les jeux de l'esprit. La supériorité du christianisme, comme inspirateur de l'art, est moins visible dans ce genre que dans les précédents, parce que la morale naturelle, la science et l'esprit, qui en sont les ressorts, appartiennent à peu près également à tous les âges. Cependant il ne faut pas oublier que c'est un de nos contemporains qui a fait à la chanson une place honorée dans le temple des Muses ; et que, depuis Béranger, le chansonnier peut s'asseoir près du fabuliste.

Il est donc vrai que, si l'on remonte à la racine des choses, c'est la philosophie et la religion qui sont les mères de toutes les poésies, et que c'est dans le christianisme qu'elles les élèvent à la sublimité qui leur est destinée. Dans les religions antiques, la grande philosophie spiritualiste transforme en poëtes tous ses amants ; Platon, par exemple, est aussi grand poëte que grand philosophe ; mais il faut à ces types une nature bien extraordinaire, un bien profond génie pour grandir à ce point dans les âges de ténèbres ; aussi sont-ils si rares. Dans le christianisme, qui est la force vulgarisatrice de la philosophie divine, il n'est pas besoin d'une aussi grande puissance naturelle pour produire des fruits de la même beauté ; la religion supplée la nature, et donne à celui qui eût été stérile la fécondité. C'est ce qui explique la multitude des productions magnifiques de l'ère chrétienne, malgré la rareté, toujours aussi grande, des génies supérieurs.

Pour faire comprendre mieux notre pensée, ayons recours à quelques exemples. Ne les prenons pas chez un Augustin qui est un génie philosophe et poëte comme Platon, prenons-les chez saint Basile, saint Grégoire de Nazianze, Synésius, qui ne sont, par eux-mêmes, que des forces de second degré, et voyons quels poëtes le christianisme fait d'eux.

Basile, évêque de Césarée, parle ainsi à son troupeau : « Si quelquefois, dans la sérénité de la nuit, portant des yeux attentifs sur l'inexprimable beauté des astres, vous avez pensé au Créateur de toutes choses ; si vous vous êtes demandé quel est celui qui a semé le ciel de telles fleurs ; si quelquefois, dans le jour, vous avez étudié les merveilles de la lumière, et si vous vous êtes élevé par les choses visibles à l'être invisible ; alors vous êtes un auditeur bien préparé, et vous pouvez prendre place dans ce magnifique amphithéâtre. Venez... de même que, prenant par la main ceux qui ne connaissent pas une ville, on la leur fait parcourir ; ainsi, je vais vous conduire, comme des étrangers, à travers les merveilles de cette grande cité de l'univers. » (Oper., t. I, p. 50.) Puis il décrit, avec un charme angélique, les beautés de la nature pour faire admirer Dieu ; les saisons, les aurores et les crépuscules, les instincts des animaux, les migrations de l'oiseau, les grands mouvements de l'Océan auxquels il compare ceux des foules animées qui lui plaisent encore davantage ; tous ces détails viennent s'harmonier dans un tableau auquel les erreurs physiques de l'époque n'ôtent rien de son sublime. C'est le génie chrétien qui a levé la tête ; c'est la vraie poésie qui commence ; elle n'aura plus besoin des fictions mythiques, des dieux et des déesses d'Homère ; elle prendra immédiatement Dieu et ses œuvres, s'embaumera de leurs essences, et, par son espèce seule, surpassera les plus merveilleuses productions du génie païen.

Grégoire de Nazianze, l'ancien professeur d'éloquence à Athènes, élevé dans la poésie classique des anciens, devient évêque de Sosime où il se porte le défenseur du peuple, puis de Nazianze où il joue le même rôle devant le préfet de l'empereur, ensuite de Constantinople où il pratique la tolérance envers les ariens, malgré les édits de Théodose, et se fait accuser de tiédeur ; enfin se retire dans la solitude d'Arianze où il cultive un petit jardin et fait des vers pendant toute sa vieillesse. Or, dans la double période apostolique et solitaire de sa vie, il est poëte sous l'influence chrétienne, et voici quel poëte :

Avant de quitter sainte Sophie, il prononce l'admirable improvisation d'adieux que l'on connaît, où il sème tant d'ironies mélancoliques contre les persécuteurs des ariens, et où l'on remarque tant de passages comme ceux-ci : « Non sans doute, rien n'est changé dans ma ville depuis les édits de Théodose, car pour moi la vengeance, c'est de pouvoir me venger et de ne le faire pas... Je ne savais pas que nous dussions disputer de luxe et de magnificence avec les consuls et les généraux d'armée ; si telles furent mes fautes, pardonnez-les-moi ; nommez un autre évêque qui plaise à ces foules, et accordez-moi la solitude et le repos des champs...

Adieu, vous qui aimiez mes discours, foule empressée où je voyais briller les poinçons furtifs qui gravaient mes paroles! Adieu, barreaux de cette tribune sainte, forcés tant de fois par le nombre de ceux qui se précipitaient pour m'entendre. Adieu, ô rois de la terre, palais des rois, serviteurs et courtisans des rois, fidèles à votre maître, je veux le croire, mais certainement infidèles à Dieu! applaudissez! élevez jusqu'au ciel votre nouvel orateur! elle s'est tue, la voix incommode qui vous déplaisait. » Puis il s'en va dans cette solitude que nous avons nommée; et là il chante ainsi sa philosophie mélancolique.

« Hier, tourmenté par mes chagrins, j'étais assis sous l'ombrage d'un bois épais, seul et dévorant mon cœur; car, dans les maux, j'aime cette consolation de s'entretenir avec son âme. Les brises de l'air, mêlées à la voix des oiseaux, versaient un doux sommeil du haut de la cime des arbres, où elles chantaient, réjouies par la lumière. Les cigales, cachées sous l'herbe, faisaient résonner tout le bois; une eau limpide baignait mes pieds, s'écoulant doucement à travers le bois rafraîchi par elle; et moi, je restais occupé de ma douleur, et n'avais nul souci de ces choses; car, lorsque l'âme est accablée par le chagrin, elle ne veut pas se rendre au plaisir. Dans le tourbillon de mon cœur agité, je laissais échapper ces mots qui se combattent : Qu'ai-je été? que suis-je? que deviendrai-je? je l'ignore; un plus sage que moi ne le sait pas mieux. Enveloppé de nuages, j'erre çà et là, n'ayant rien, pas même le rêve de ce que je désire; car nous sommes déchus et égarés tant que le nuage des sens est appesanti sur nous; et celui-là paraît plus sage que moi qui est le plus trompé par le mensonge de son cœur.... Je suis..... dites quelle chose..... car ce que j'étais a disparu de moi, et maintenant je suis autre chose.

« Que serai-je demain si je suis encore? rien de durable. Je passe et me précipite tel que le cours d'un fleuve. Dis-moi ce que je te parais être le plus; et, t'arrêtant ici, regarde, avant que j'échappe..... On ne repasse pas les mêmes flots qu'on a passés; on ne revoit pas le même homme qu'on a vu.

« J'ai existé dans mon père, ensuite ma mère m'a reçu, et je fus formé de l'un et de l'autre. Puis je devins une chair inerte, sans âme, sans pensée, ensevelie dans ma mère. Ainsi, placés entre deux tombeaux, nous vivons pour mourir. Ma vie se compose de la perte de mes années! Déjà la vieillesse me couvre de cheveux blancs; mais si une éternité doit me recevoir, répondez...... Ne vous semble-t-il pas que la vie est la mort, et que la mort est la vie?

« Mon âme, quelle es-tu? d'où viens-tu? qui t'a chargée de porter mon cadavre? quel pouvoir t'a tirée des chaînes de cette vie? comment es-tu mêlée, souffle à la matière, esprit à la chair? Si tu es née à la vie en même temps que le corps, quelle funeste union pour moi. Je suis l'image de Dieu, et je suis fils d'un honteux plaisir! La corruption m'a enfanté! homme aujourd'hui, bientôt je ne suis plus homme, mais poussière; voilà les dernières espérances. Mais si tu es quelque chose de céleste, ô mon âme, apprends-le-moi; si tu es, comme tu le penses, un souffle et une parcelle de Dieu, rejette la souillure du vice et je te croirai divine......

« Aujourd'hui les ténèbres, ensuite la vérité; et alors, en contemplant Dieu, où dévoré de flammes, tu connaîtras toutes choses......

« Quand mon âme eut dit ces paroles, ma douleur tomba; et vers le soir, je revins de la forêt à ma demeure, tantôt riant de la folie des hommes, tantôt souffrant encore des combats de mon esprit agité. » (*Oper.*, t. II, p. 86, traduit par Villemain.)

Voilà bien la poésie de la nature, qui, des siècles plus tard, s'éveillera radieuse avec les Goëthe, les Schiller, les Byron, les Châteaubriand, les Lamennais, les Lamartine, les Victor Hugo.

Encore un petit morceau du même poëte, où il mélange son platonisme de christianisme. Après avoir parcouru tous les systèmes sur l'âme, il s'écrie : « Écoute maintenant notre grande tradition sur l'origine de l'âme. ...... Il fut un temps où le Verbe suprême, obéissant à la voix du Dieu tout-puissant, forma l'univers qui n'existait pas. Il dit, et tout ce qu'il voulait fut. Quand toutes les choses qui sont de ce monde eurent été formées, et le ciel, et la terre, et la mer, il chercha un témoin intelligent de sa sagesse, un roi de la terre qui fût semblable à Dieu, et il dit : Déjà, de purs et immortels esprits habitent, pour me servir, l'immensité des cieux; rapides messagers, et chantres assidus de ma gloire; mais la terre n'est encore habitée que par des êtres sans raison : il me plaît, à moi, de créer une race mêlée de ces deux natures, qui tienne le milieu entre les substances mortelles et les immortelles, l'homme, être raisonnable, jouissant de mes ouvrages, sachant explorer les cieux, roi de la terre; et, comme un second ange, suscité d'en bas pour louer mes grandeurs et ma sagesse. Il dit, et prenant une parcelle de la terre, nouvellement créée, de ses mains vivifiantes il façonna mon corps; et, le douant de sa propre vie, il lui communiqua son souffle, fragment détaché de sa divine essence. Ainsi, j'ai été fait de poussière et d'esprit, mortelle image de Dieu : la nature de l'âme, en effet, touche à ces deux extrêmes. Par le rôle terrestre, je tiens à cette vie d'ici-bas; par l'émanation divine, je porte dans mon sein l'amour d'une autre vie. »

Synésius était un honnête philosophe que le peuple de Ptolémaïs appela à la chaire épiscopale de cette ville. Avant de citer quelque chose des poésies qu'il composa étant évêque, nous ne pouvons résister au désir de faire connaître ce qu'il écrivait, au moment de son élection, à propos de sa femme et de ses opinions philosophiques, dont il ne voulait point se séparer, et qui en effet lui furent laissées.

« Songes-y. Je partage aujourd'hui mon temps entre le plaisir et l'étude : quand j'étudie, surtout les choses du ciel, je me retire en moi ; dans le plaisir, au contraire, je suis le plus sociable des hommes. Mais un évêque doit être un homme de Dieu, étranger, inflexible à tout plaisir, entouré de mille regards qui surveillent sa vie, occupé des choses célestes, non pour lui, mais pour les autres, puisqu'il est le docteur de la loi et doit parler comme elle... Dieu lui-même, la loi et la main de Théophile (le patriarche d'Alexandrie) m'ont donné une épouse ; aussi je déclare et affirme que je ne veux ni me séparer d'elle, ni vivre furtivement avec elle comme un adultère. Je veux et souhaite, au contraire, en avoir de beaux et de nombreux enfants. (*Oper.*, p. 246.)

« Je ne me réduirai jamais à croire que l'âme est née après le corps ; je ne dirai jamais que le monde et toutes ses parties doivent être anéantis. Je crois cette résurrection, dont il est tant parlé, quelque chose de mystérieux et d'ineffable, et il s'en faut de beaucoup que je partage sur ce point les opinions vulgaires. Sans doute une âme philosophique qui voit la vérité peut accorder quelque chose au besoin de l'erreur ; il y a un rapport à choisir entre le degré de lumière qui reçoit la vérité et l'œil de la foule ; car l'œil ne jouirait pas sans dommage d'une lumière excessive. Si les lois de l'épiscopat m'accordent cette liberté, je puis être évêque en continuant à philosopher, n'enseignant pas les opinions que je n'ai point, mais ne les décréditant pas, et ne portant pas atteinte à la croyance antérieure. Mais si on dit qu'il faut changer, et que l'évêque doit être peuple par ses opinions, je n'hésiterai pas à m'expliquer. Qu'y a-t-il de commun entre le peuple et la philosophie (29*) ? Appelé à l'épiscopat, pour pas faire mentir le dogme, j'en atteste Dieu, j'en atteste les hommes. La vérité est amie de Dieu, devant qui je veux être sans reproche. Pour cela seul je ne puis feindre. Passionné pour le plaisir et ayant encouru dès l'enfance le reproche d'aimer trop les armes et les chevaux, je souffrirai de mon état nouveau. Quelle peine ce sera pour moi de voir mes chiens bien-aimés à la chaîne, et mes dards rougir de rouille ! Je le supporterai cependant si Dieu l'ordonne, malgré mon aversion pour les soucis ; je supporterai l'ennui des procès et des affaires comme une dette un peu lourde dont je m'acquitte envers Dieu. Mais ces croyances, je ne les voilerai pas, et ma pensée ne sera pas en désaccord avec ma langue. En parlant ainsi, je crois être agréable à Dieu ; je ne veux laisser à qui que ce soit prétexte de dire que j'ai enlevé, sans être connu, l'élection épiscopale. Que le bien-aimé de Dieu, mon père Théophile, sachant cela, et m'ayant marqué à moi-même comment il le comprend, décide sur moi ; car ou il ne me permettra pas de rester au point où je suis dans ma philosophie intérieure, ou il perdra le droit de me juger plus tard, et de m'effacer du tableau des évêques. » (*Ibid.*, p. 236.)

On passa sur tout : Synésius garda sa femme et sa philosophie, et il fut un grand évêque, aussi ferme que tolérant, aussi dévoué aux intérêts temporels qu'aux intérêts éternels de son peuple, dans les graves circonstances où se trouva souvent Ptolémaïs. Pendant l'invasion des barbares, on le vit jouer chaque jour le double rôle d'évêque et de gardien de sa patrie. Il soutint la cause de saint Chrysostome contre Théophile, sans cesser de le tenir pour son patriarche. Il sut user de toute sa puissance d'excommunication contre le préfet Andronicus, qui se conduisit en tyran à l'égard du peuple. Mais venons au genre de poésie que lui inspirait le christianisme.

Il chantait ainsi dans les courts loisirs de l'épiscopat : « Viens à moi, lyre harmonieuse ; après les chansons du vieillard de Téos, après les accents de la Lesbienne, dis sur un ton plus grave des vers qui ne célèbrent pas les jeunes filles au gracieux sourire, ni la beauté des jeunes époux. La pure inspiration de la divine sagesse me presse de plier tes cordes à de pieux cantiques ; elle m'ordonne de fuir la douceur empoisonnée des terrestres accords. Qu'est-ce, en effet, que la force, la beauté, l'or, la réputation, les pompes des rois, auprès de la pensée de Dieu !...................

Entends le chant de la cigale qui boit la rosée du matin. Regarde : les cordes de ma lyre ont retenti d'elles-mêmes, une voix harmonieuse vole autour de moi. Que va donc enfanter en moi la divine parole ? Celui qui est à soi-même son commencement, le conservateur et le père des êtres, sur les sommets du ciel couronné d'une gloire immortelle, Dieu, repose inébranlable. Unité des unités, monade primitive, il confond et enfante les origines premières. De là, jaillissant sous la forme originelle, la monade mystérieusement répandue reçoit une triple puissance. La source suprême se couronne de la beauté des enfants qui sortent d'elle et roulent autour de ce centre divin. ....

« Cette âme tombée dans la matière, cette âme immortelle est une parcelle de son divin auteur, bien faible, il est vrai ; mais l'âme qui les anime eux-mêmes, unique, inépuisable, tout entière partout, fait mouvoir la vaste profondeur des cieux ; et, tandis qu'elle conserve cet univers, elle existe sous mille formes diverses : une partie anime le cours des étoiles, une autre le chœur des anges ; une autre, pliant sous des chaînes pesantes, a reçu la forme terrestre, et, plongée dans ce ténébreux Lé-

---

(29*) Platon avait dit cela bien des fois avec une sorte de désespoir et une grande amertume. Synésius le dit près de mille ans après Platon, et malheureusement, il serait encore forcé de le dire aujourd'hui. Nous cherchons le progrès de ce côté-là, et nous ne le trouvons pas.

thé, admire ce triste séjour, Dieu rabaissé vers la terre................

« Heureux qui, fuyant les cris voraces de la matière et s'échappant d'ici-bas, monte vers Dieu d'une course rapide! Heureux qui, libre des travaux et des peines de la terre, s'élançant sur les routes de l'âme, a vu les profondeurs divines! c'est un grand effort de soulever son âme sur l'aile des célestes désirs. Soutiens cet effort par l'ardeur qui te porte aux choses intellectuelles. Le Père céleste se montrera de plus près à toi, te tendant la main. Un rayon précurseur brillera sur la route, et t'ouvrira l'horizon idéal, source de la beauté.

« Courage, ô mon âme! abreuve-toi dans les sources éternelles ; monte, par la prière, vers le Créateur, et ne tarde pas à quitter la terre. Bientôt, te mêlant au Père céleste, tu seras Dieu, dans Dieu lui-même. »

Synésius est loin d'être un Pindare par nature. D'où lui viennent donc cette couleur, ce ton, cette pensée, cette grandeur, cette trame plongeant dans l'infini, cette rêverie, enfin, plus profondément poétique que les plus sublimes productions de l'antiquité, sauf quelques morceaux des livres sacrés de la Perse et de l'Inde, dont les religions étaient chrétiennes par la base, si ce n'est de la philosophie évangélique se mêlant à la philosophie platonique, pour l'élargir et la purifier. Quant aux expressions qui sentent le panthéisme, comme celles de Fénelon, de Malebranche et de la plupart des poëtes chrétiens des nouvelles écoles, il ne faut ni s'en étonner, ni les prendre à la lettre ; la grande poésie a besoin de ce langage, et pourvu qu'elle réserve la personnalité humaine immortelle, peut-elle en dire trop pour exprimer la présence nécessaire de Dieu dans ses œuvres?

Voici l'hymne au Christ du même Père :

« Chantons le Fils de l'épouse devenue Mère sans union mortelle. Ineffable volonté du Père ! l'enfantement sacré de la Vierge a produit, sous l'image de l'homme, celui dont la présence apporte la lumière parmi les humains. Ce rameau mystérieux a vu la souche de l'éternité. Tu es la lumière primitive, le rayon coéternel du Père ; c'est toi qui, perçant la nuit de la nature, resplendis dans les âmes innocentes ; c'est toi qui as créé le monde, et qui maintiens le cours éclatant des astres et l'immobilité de la terre! C'est toi qui es le Sauveur des hommes ! de ton ineffable foyer lançant une flamme qui porte la vie, tu nourris les mondes! de ton sein germent la lumière, l'intelligence et l'âme! aie pitié de ta fille enfermée dans un corps périssable, dans les limites terrestres de sa destinée! préserve de l'atteinte des maladies la vigueur de ce corps. Donne la persuasion à nos paroles, la gloire à nos actions, pour qu'elles ne fassent pas honte à l'antique renommée de Cyrène et de Sparte. Que, libre du poids des chagrins, notre âme mène une vie tranquille, les yeux tournés vers ta splendeur, et que je puisse, dégagé de l'impure matière, me hâter sur la route qui mène à toi, et, transfuge des maux de la terre, me réunir à la source de l'âme! cette vie pure, réalise-la pour ton poëte! Que, chantant un hymne pour toi, que, célébrant la gloire du Père, d'où tu sors, de l'Esprit-Saint qui partage la puissance du Père et unit la racine à la tige, j'apaise, par ta louange, les nobles douleurs de l'âme! salut, source ineffable du Fils! salut, transformation du Père! salut, Esprit incorruptible, centre d'amour du Fils et du Père! qu'il vienne à moi avec Dieu, pour rafraîchir les ailes de mon âme et achever le don céleste! » (SYNES., *Oper.*, p. 241.)

Le vieil évêque sauva, avons-nous dit, sa ville des barbares. A la tête de la jeunesse de Ptolémaïs qu'il avait organisée et dont il soutenait le courage, il passait les nuits tantôt à pied, tantôt à cheval, autour des remparts. Il écrivait : « Je ne me possède pas de douleur ; je suis prisonnier derrière mes murailles ; je vous écris tout occupé à épier les signaux de feu qu'on nous fait et à disposer d'autres signaux pour y répondre....:. le gouverneur ne se tient pas sur les remparts, comme moi, le philosophe Synésius ; mais il se tient près des rames, tout général qu'il est. » Il disait encore : « Nous assurons, au moins, aux femmes un sommeil paisible, pendant qu'elles savent qu'on veille pour leur défense. » Il écrivait à Hypatie, dont il avait été le disciple, et lui disait, malgré qu'elle fût restée païenne : « Si les morts oublient en enfer, là même je me souviendrai d'Hypatie ; car je m'en souviens ici, quoique entouré des misères de ma patrie, accablé par la vue des malheureux qui succombent, et respirant l'air corrompu des corps amoncelés, en attendant pour moi un sort semblable au leur. » Enfin, poëte sensible jusqu'à la fin, il chantait les maux de sa patrie, quand il ne restait plus que Ptolémaïs, qu'il avait préservée de cette invasion : « O Cyrène..... tombeaux antiques des Doriens où je n'aurai pas de place ! Malheureuse Ptolémaïs, dont j'aurai été le dernier évêque ! je ne puis en dire davantage ; ces sanglots étouffent ma voix !.... je resterai à mon poste dans l'église, je placerai devant moi les vases sacrés, j'embrasserai les colonnes du sanctuaire qui soutiennent la table sainte ; j'y resterai vivant, j'y tomberai mort. Je suis ministre de Dieu, et peut-être faut-il que je lui fasse l'oblation de ma vie ; Dieu jettera quelque regard sur l'autel arrosé par le sang du pontife ! »

La fin de Synésius est mystérieuse, comme les ruines de Ptolémaïs.

Nous en avons assez cité pour faire sentir comment la philosophie religieuse du christianisme ouvre l'âme à la poésie vraie, sérieuse, naturelle, spontanée, profonde, vers laquelle se portent plus que jamais les instincts modernes ; et, par suite, comment elle aime cette poésie, puisqu'on aime toujours avec passion ce que l'on inspire. Si l'on trouvait, dans les œuvres des plus grands génies de l'antiquité profane, les morceaux que nous venons de transcrire, on les admirerait comme leurs plus étonnantes productions; cependant leur puissance de création était infiniment supérieure à celle des Pères que nous avons cités.

II. Nous ajoutons que la poésie, considérée dans tous ses rameaux, est une des ressources les plus puissantes, et peut-être la plus féconde, pour le progrès religieux philosophique et moral.

La proposition ainsi émise est d'une telle évidence, qu'il y aurait du ridicule à se mettre en frais pour la démontrer : la vérité, le bien, la vertu ne cessent pas d'être eux-mêmes pour s'entourer des séductions de la lyre, des péripéties du drame, de l'esprit de la comédie et de la satire, des merveilleux enchantements de l'épopée, de tout ce qui plaît, attire, touche, attache et passionne ; et, d'un autre côté, ils conquerront les âmes avec d'autant plus de puissance et d'efficacité, qu'ils se présenteront à elle vêtus de tous ces ornements séducteurs. Qu'un philosophe rustique se plaise à soutenir qu'il préfère la vérité nue, on le peut concevoir; mais il ne prétendra pas, sans perdre le sens, que les masses lui ressemblent ; et comme l'important est la conquête des masses, son goût particulier laisse l'argument intact. Un Chrétien, d'ailleurs, n'oserait y faire opposition, ayant, devant ses yeux, l'exemple donné par l'inspiration divine dans ses livres sacrés. C'est la poésie que cette inspiration a principalement chargée d'annoncer la vérité aux hommes par cette voie. L'Ancien Testament se compose en entier d'histoire, de morale et de poésie; la plus grande partie est même à cette dernière, et le Nouveau, malgré qu'il soit l'accomplissement même, et que le vague poétique de la prophétie n'y soit pas nécessaire, laisse encore une large place à la poésie, comme nous en avons déjà fait l'observation.

Ecoutons au reste, un instant, pour nous distraire, la haute raison platonique peignant, avec le génie des grands poëtes, la puissance magique de ce feu sacré qui est le propre de la poésie, tant sur celui qui compose ou chante, que sur celui qui lit ou écoute. C'est, dit-il, une chaîne magnétique et mystérieuse, qui s'étend du ciel à la terre, anneaux par anneaux, et qui nous enlace dans ses plis; s'il vivait aujourd'hui, il tirerait sa comparaison du fluide électrique, et nous montrerait le courant divin passant de Dieu au poëte, du poëte au lecteur ou à l'acteur, de l'acteur à la foule, et divinisant celle-ci. Ecoutons-le :

« Cette pierre qu'Euripide nomme magnétique et le peuple héracléenne, a non-seulement le pouvoir d'attirer les anneaux de fer, mais celui de communiquer sa force aux anneaux mêmes, qui peuvent, comme elle, en attirer d'autres; et souvent on voit une longue chaîne composée d'anneaux suspendus, à qui l'aimant seul donne la vertu qui les soutient.

« C'est ainsi que la muse élève les poëtes jusqu'à l'enthousiasme ; les poëtes, à leur tour, le font descendre jusqu'à nous, et il se forme une chaîne d'inspirations.

« Ainsi les chantres épiques ne doivent pas à l'art, mais à une flamme céleste, à un Dieu, les belles créations de leur génie.

« Ainsi les maîtres de la lyre, tels que ces Corybantes, toujours hors d'eux-mêmes quand ils célèbrent leurs danses religieuses, ne chantent pas de sang-froid leurs odes sublimes.

« Il faut que l'harmonie, que le rhythme les soulève ; il faut qu'une divinité les possède.

« Je crois voir des bacchantes qui, cédant à une sainte manie, vont puiser le lait et le miel dans les fleuves.

« Le charme cesse avec leur délire.

« Les poëtes lyriques ne nous trompent pas lorsqu'ils nous disent tout ce que l'imagination leur fait voir, lorsqu'ils décrivent ces jardins des muses, ces fontaines de miel, ces riches vallons, où ils recueillent leurs vers, en voltigeant sur les fleurs.

« Oui, le poëte est chose légère, volage, sacrée; il ne chantera jamais sans un transport divin, sans une douce fureur.

« Loin de lui la froide raison ; dès qu'il veut lui obéir, il n'a plus de vers, il n'a plus d'oracles.

« Une preuve que ce n'est pas l'art (29*) qui les guide, c'est que tous les genres ne conviennent pas également à leur génie, et qu'une invincible destinée ne les fait grands poëtes que dans les sujets où leur muse les entraîne.

« L'un chante avec honneur des dithyrambes, l'autre des hymnes, celui-ci des vers pour la danse, celui-là des vers épiques, d'autres enfin des iambes, et chacun d'eux n'a qu'une gloire, parce que ce n'est pas l'art, mais une force divine qui l'inspire. S'ils devaient à l'art un succès, l'art saurait bien leur en procurer d'autres.

« Un Dieu seul, le Dieu qui subjugue leur esprit les prend pour ses ministres, ses oracles, ses prophètes ; il veut, en leur ôtant le sens, nous apprendre qu'ils ne sont pas les auteurs de tant de merveilles, mais qu'il nous les adresse lui-même et se fait entendre par leur voix.

« Tinnichus de Chalcis n'avait pas un seul poëme qu'on daignât retenir, et il a fait ce poëme que tout le monde chante, le plus beau peut-être des hymnes sacrés, et comme il le dit lui-même, l'heureux ouvrage des muses.

« Exemple mémorable où il nous est prouvé d'en haut, pour qu'on n'en doute plus, que ces magnifiques poëmes n'ont rien d'humain ni de mortel, que tout y est surnaturel et céleste, et que ces hommes ne sont que les interprètes d'un Dieu qui les maîtrise.

(29*) Est-il besoin de faire observer que Platon n'entend point ici par l'art, l'art en soi, qui est autant de la nature que de l'étude, et dont le type est en Dieu, mais seulement le travail à froid, selon les règles tracées par le professeur.

« C'est dans cette vue que la Divinité, sur la lyre du plus faible des poëtes, a fait retentir les plus beaux chants qu'elle ait inspirés.

« Et toi, Rapsode, qui nous récites les vers du disciple des dieux, n'es-tu pas l'interprète de leur interprète? Dis-moi, lorsque ta voix fidèle ravit ceux qui t'écoutent, lorsque tu chantes Ulysse, qui, se précipitant sur le seuil, apparaît aux prétendants et répand son carquois à ses pieds, où Achille vainqueur d'Hector, où les pleurs d'Andromaque, où les infortunes d'Hécube et de Priam, ta raison vaincue ne cède-t-elle pas à l'enthousiasme, et ne crois-tu pas assister à ce que tu racontes? Ne vois-tu pas Ithaque, les murs d'Ilion, et tous ces lieux où tes chants te conduisent?

« Non, tu ne peux le dissimuler; aux endroits touchants, tes yeux se remplissent de larmes; aux scènes terribles et menaçantes, tes cheveux se hérissent d'horreur, et ton cœur palpite dans ton sein.

« Où est donc la raison d'un homme qui, tout brillant de pourpre, ceint d'une couronne d'or, sans être insulté ni dépouillé, pleure au milieu des cérémonies et des fêtes, et tremble, frissonne, environné de vingt mille défenseurs?

« Que dis-je? il leur communique à tous la même illusion; du haut de son théâtre, il les voit pleurer, s'indigner, frémir....

« Et l'auditeur ne vous semble-t-il pas alors le dernier anneau de cette chaîne, image de l'inspiration poétique? l'acteur ou le rapsode est l'anneau du milieu; le premier est le poëte lui-même. Le Dieu, faisant passer jusqu'à nous sa puissance, entraîne où il veut l'esprit des hommes; à cet aimant victorieux s'attache obliquement une longue file de danseurs, de chanteurs, de choristes qui secondent les séductions de la muse.

« Chaque poëte est suspendu à la sienne, et nous disons qu'il en est possédé; nous pouvons le dire, car il est son esclave.

« Plusieurs, sans remonter jusqu'à la cause, s'en tiennent au premier anneau, dont la vertu les élève; quelques-uns s'attachent à Orphée, d'autres à Musée, la plupart à Homère, surtout les rapsodes.

« O toi, qui fais ton dieu d'Homère, quand on chante d'un autre poëte, tu sommeilles, l'inspiration ne te vient pas; mais à peine un de ses vers a-t-il frappé tes oreilles, tu te ranimes, ton imagination tressaille, Homère t'a donné l'éloquence.

« Il n'y a point d'art ici, point d'étude, tu répètes des mots inspirés.

« Vois-tu les modernes corybantes? comme ils saisissent avidement l'air consacré au dieu qui les possède! gestes, paroles, rien ne leur manque pour le chanter; aucun autre air ne les éveille. C'est toi; c'est là ton esprit capricieux, éloquent avec Homère, muet sans lui.

« Mais pourquoi tour à tour abondant, stérile? je te l'ai dit; l'art n'y peut rien, ta science est toute divine.

« Tu es l'interprète d'Homère ! »
(PLATON, *Ion*, ou *de la poésie*.)

La poésie est donc une force énorme, une puissance d'entraînement sans égale dans l'humanité; quand elle pousse au bien et à la vertu, elle fait des prodiges. Mais, comme elle peut agir dans une mauvaise direction, la vraie question est entre deux systèmes de conduite sociale, très-différents relativement aux explosions publiques de la poésie. Ces deux systèmes se résument dans les mots censure ou *liberté*.

Platon qui, comme on le sait, pencha, dans ses plans de gouvernement, vers des théories communistes, c'est-à-dire de règlementation de toutes choses par l'état, se prononça clairement pour la censure; beaucoup d'autres l'ont suivi, et le suivent encore; nous ne citerons pas leurs noms, celui du philosophe grec valant à lui seul plus qu'eux tous réunis. Nous nous rangeons, sur ce point, avec ceux qui, malgré l'avis de Platon, croient que la liberté est encore, somme toute, le meilleur parti, et, par conséquent le plus favorable au progrès religieux, au progrès moral et au progrès philosophique. Avant d'en apporter quelques raisons, citons encore un passage de Platon, où il expose ses motifs.

Il prend le grand Homère, c'est lui qu'il va soumettre à la censure; que lui importent les petits talents qui abusent d'eux-mêmes? ils ne valent pas la peine d'une critique, et tous d'ailleurs ne seront-ils pas enveloppés dans celle qu'il fera subir au prince des poëtes?

Platon commence donc par une revue d'Homère, afin de se donner le droit de conclure par un exposé catégorique de sa théorie.

Il lui reproche d'effrayer les hommes par des tableaux horribles de l'autre vie, de leur donner ainsi la peur de la mort, et de détruire en eux la bravoure, qui est une des premières vertus des citoyens de la république. « Loin de nous, dit-il, toutes ces fables. O poëtes! renoncez à l'horreur de vos tableaux; faites-nous aimer l'autre vie; car vous ne dites point la vérité, et vous glacez le courage. » Après avoir cité des vers où, en effet, le poëte met dans la bouche de ses héros des paroles de frayeur à la pensée de l'autre monde, sans distinguer, comme lui-même a soin de le faire toutes les fois qu'il le peint, entre les grands coupables et tous les autres hommes, il ajoute : « En effaçant tous les vers de ce genre, prions Homère et ses disciples de nous pardonner. Ce n'est pas qu'il n'y ait dans ces traits poétiques un charme qui séduit; mais plus ce charme est puissant, moins on doit y exposer l'oreille des enfants et des hommes, nés pour craindre la servitude plutôt que la mort. N'effacerons-nous pas, en même temps, ces mots odieux et redoutables, Cocyte, Styx, Érèbe, mânes, et tout cet appareil de terreur dont le vulgaire frissonne? C'est peut-être un frein salutaire; mais qui sait si nos guerriers, devant cet épouvantail, ne laisseraient pas amollir et dégénérer leur courage? Ah ! que la poésie et l'éloquence les accoutument plutôt à ne pas craindre l'avenir. »

Il ne faut pas prendre ces paroles pour celles d'un incrédule ; car Platon fait lui-même très-souvent des tableaux, bien plus réellement terribles, du sort des méchants, que ne le sont ceux d'Homère. Il ne blâme que la manière, le langage, le ton, la figure et le manque d'exactitude philosophique, qui sont, en effet, les défauts de l'orateur et du poëte. On ne doit pas effrayer celui qui n'a pas des raisons de craindre ; on doit faire en sorte que tout ce qu'on dira de l'autre vie ne fasse peur qu'au méchant. Platon a donc raison contre Homère, pour le fond, sur ce point, comme sur ceux qui vont suivre.

Le second reproche que le philosophe adresse au poëte est celui d'avoir attribué des faiblesses de caractère aux grands hommes, tel qu'Achille, et aux grands dieux, tel que Jupiter. « Supprimons aussi, dit-il, les lamentations, les plaintes des grands hommes : la raison les désapprouve..... La vraie vertu se suffit à elle-même ; elle n'a pas besoin d'autrui pour le bonheur..... Jamais on ne l'entend se plaindre : quels que soient les coups dont le destin la frappe, elle obéit en silence. Pourquoi ces gémissements qu'on prête à des héros? Laissons les pleurs aux femmes ; que dis-je? aux femmes pusillanimes..... Je ne veux pas qu'Achille prenne à deux mains le sable des mers et s'en couvre les cheveux ; je n'aime pas ces larmes, ces sanglots, trop longuement décrits par le poëte..... J'approuve encore moins que les dieux viennent se lamenter devant nous, et qu'une déesse nous conte son infortune..... C'est méconnaître les dieux ; mais surtout l'audace est étrange de prêter un semblable langage à leur chef, à leur maître..... Si les enfants des guerriers écoutent sérieusement le poëte, et ne regardent pas comme absurdes les faiblesses qu'il suppose aux dieux, pourront-ils les croire indignes d'eux-mêmes, puisqu'ils sont hommes, et ne pas se rapprocher et de tels discours et de telles actions? Sans honte et sans courage, au moindre revers ils n'auront plus que les soupirs et les larmes. »

Platon parle de même des ris immodérés, qu'il trouve indignes des hommes d'un grand caractère, et plus encore des immortels, et qu'Homère a cependant introduits dans l'Olympe.

Son troisième reproche est encore plus grave. Il s'agit des vices proprement dits que le poëte attribue à ses héros et à ses dieux ; et, parmi ces vices, il nomme le mensonge, le défaut de sagesse et de puissance sur soi-même pour obéir à qui de droit, l'intempérance, la sensualisme, le vil amour de l'or, la cruauté, la colère, la vengeance, l'impiété, l'enlèvement des femmes. Transcrivons quelques paroles sur les points les plus importants.

« Contemplez encore Jupiter même, qui, après avoir veillé seul pendant le sommeil des dieux et des hommes, oublie tous ses décrets dans l'erreur des passions. Junon vient, et il n'écoute plus que leur délire ; et, sans chercher l'asile des dieux, il tombe dans ses bras sur les fleurs du Gargare ; et il avoue que le désir s'est emparé de son âme tout entière, comme au jour où ils en connurent les premiers charmes,

Loin des parents cruels que trompa leur amour.

Voyez Mars et Vénus enchaînés par Vulcain ; rappelez-vous ces chants de volupté, et dites-moi s'ils enseigneront jamais la vertu. Il est vrai que ces personnages poétiques agissent et parlent souvent en héros ; alors seulement voilà nos maîtres..... Notre jeunesse ne doit aimer ni l'or ni les présents. Qu'on ne chante donc point devant elle :

Les dieux à nos présents cèdent comme les rois.

Qu'on ne fasse point l'éloge du gouverneur d'Achille, de Phénix, qui lui conseille de secourir les Grecs, s'il en reçoit de riches offrandes, sinon de garder son courroux. Nous refuserons aussi de convenir qu'Achille ait jamais été assez esclave de l'intérêt pour accepter les présents d'Agamemnon, et ne rendre qu'à prix d'argent les restes d'Hector. Je pense, et que le génie d'Homère me pardonne, je pense que c'est un crime d'avoir accusé Achille de cette bassesse, ou d'avoir cru ses calomniateurs ; de lui avoir fait encore prononcer ce blasphème :

Apollon, qui te plais à n'insulter que moi,
Oh ! que ne suis-je un dieu pour me venger de toi?

de nous le montrer rebelle au dieu Scamandre et prêt à le combattre ; enfin de supposer qu'il offre, sur le tombeau de Patrocle, honoré par lui comme un héros, cette chevelure déjà consacrée au fleuve Sperchius. Ne croyons rien à ces récits. Ne croyons pas, non plus, qu'il ait traîné Hector autour du monument funèbre, ni qu'il ait égorgé des prisonniers troyens sur le bûcher de son ami ; ne croyons pas et ne laissons pas croire aux guerriers qu'Achille, le fils d'une déesse et du sage Pélée, dont le père était né d'un fils de Jupiter, Achille formé aux vertus par la vigilance de Chiron, ait nourri dans son cœur des passions désordonnées, et deux vices contradictoires, un vil amour du gain et un mépris superbe des dieux et des hommes. Ne laissons pas croire que Thésée, fils de Neptune, et Pirithoüs, fils de Jupiter, aient jamais entrepris des enlèvements sacriléges, ni que les enfants des dieux et des héros se soient couverts de toutes les herreurs qu'on leur prête aujourd'hui. Que dis-je? forçons les poëtes ou de n'en plus faire des scélérats, ou de ne plus les nommer fils des dieux ; qu'ils choisissent ; mais qu'ils n'essayent pas de persuader à la jeunesse que les dieux font le mal sur la terre. Cette audace perdrait l'État ; quel monstre ne se pardonnera ses crimes, quand il pourra se comparer à ces enfants des dieux, à ces hommes nés près de Jupiter,

Dont au sommet d'Ida s'élèvent les autels ?

et qui peuvent dire :

> Une céleste flamme en mes veines circule.

C'est ainsi que Platon traite Homère et les poètes. Puis il achève, comme il suit, la conclusion qu'il vient déjà de commencer : « Ah ! que les muses n'enfantent point, chez nous, de ces fictions, de peur que nos jeunes gens ne rougissent plus d'être coupables..... et si jamais un homme, habile à se métamorphoser lui-même pour imiter toutes ces choses, venait dans notre république et voulait nous faire entendre ses poëmes, nous rendrions hommage à son génie sacré, admirable, enchanteur ; mais notre ville, lui dirions-nous, ne produit pas de si grands hommes, et nos lois les en excluent ; d'autres peuples vous attendent.

« Alors nous répandrions des parfums sur sa tête, et il s'en irait couronné de fleurs.

« Mais nous garderions le poëte austère et grave qui, plus utile pour les mœurs, n'imiterait que le langage de la vertu, et, dans les exemples qu'il offrirait aux jeunes guerriers, ne contredirait pas nos institutions et nos lois. » (*République*, liv. III, traduction de Leclerc.)

On voit que Platon est sévère ; ne dirait-on pas un de nos casuistes chrétiens les plus rigides ? Nous sommes cependant de son avis sur les reproches qu'il adresse à Homère, et nous résumons ainsi notre manière de penser sur cette question.

La poésie est un pinceau magique dont se sert le génie pour peindre les choses devant l'esprit. Le bien et le mal, la force et la faiblesse peuvent être l'objet de ses tableaux. Nous ne mettons aucune réserve à l'exercice de sa puissance dans la peinture du laid, pas plus que dans celle du beau. Mais l'art a pour règle inviolable, pour loi naturelle, dont l'infraction est toujours un crime d'autant plus abominable et plus funeste qu'il est commis avec plus d'habileté, de faire tout concourir, dans la trame, à la glorification du bien, à la honte du mal, et à une prédication non ambiguë, mais claire et positive, de morale, de religion et de vertu. Or de ce principe nous concluons qu'il est permis au poëte de représenter des personnages tout à fait mauvais et hideux, des personnages mélangés de beau et de laid, enfin des personnages tout à fait beaux en force, en caractère, en pratique du bien ; mais que, si cette dernière espèce de héros manque dans un poëme, si ceux de la seconde sont seuls pour représenter la grandeur, et s'il résulte de là que le vice, la faiblesse, l'erreur soient comme excusés, le poëme est mauvais et funeste, sous le rapport moral, dans la société, bien qu'il puisse encore y produire, tout compensé, plus de bons résultats que de mauvais, et que sa présence puisse valoir encore mieux que son absence ; cela dépend de son degré d'imperfection, de son espèce, et de mille circonstances qu'on ne peut détailler. Mais le principe demeure : un poëme n'est vraiment bon et parfait en morale que si le mal y est flétri sans réserve, du commencement à la fin, et que si le héros, donné en exemple de manière que le lecteur soit fortement poussé à l'imiter, est irréprochable. Si Achille n'avait pas les faiblesses qu'Homère lui attribue, s'il en était de même de Jupiter, l'*Iliade* en serait beaucoup meilleure devant la philosophie, la religion et la morale ; elle a exercé, sous ce rapport, une influence fâcheuse, pendant que, sous d'autres, elle produisait de grands biens. Si les héros qu'Homère a posés de manière à faire désirer de leur ressembler, eussent été des hommes parfaits, qui sait si les Alexandres et les Césars, n'eussent pas été de vrais grands hommes, au lieu d'être, en définitive, à des degrés divers, des monstres d'orgueil, d'impudicité, de cruauté, de tyrannie, d'égoïsme, habillés d'une gloire qui ment tout, sauf le génie accompagné de rares accès de grandeur d'âme?

On répondra qu'exiger du poëte une telle perfection comme moraliste, c'est lui enlever les ressources de son art et lui défendre d'être poëte, puisque c'est précisément du mélange de vices et de vertus, dans ses héros, qu'Homère tire ses beautés. Nous répondons que nous ne prohibons pas ce mélange, mais que le génie doit avoir assez de puissance pour tout ramener à de claires leçons de vertu ; que si le héros de l'*Iliade*, ainsi que le dieu des dieux, auxquels on tient à ressembler, étaient sans faiblesses et sans vices, le poëme pourrait n'être encore que plus beau devant l'art ; que le mélange dont il s'agit peut se trouver dans des types contre lesquels on est mis en garde par le contraste d'autres types plus parfaits ; et qu'enfin il est réservé à l'avenir de produire des génies qui seront aussi grands qu'Homère, et qui montreront, par des productions aussi belles que l'*Iliade*, qu'Homère aurait pu faire un poëme auquel Platon n'eût trouvé rien à reprendre. On nous objectera encore que ceux-là sortiront de la nature, et ne peindront pas des hommes, mais des dieux. L'objection est déjà réfutée ; Job, par exemple, est un héros parfait dans un genre de vertu ; sort-il de la nature à titre de héros poétique? Le pieux Énée est aussi à peu près parfait dans un autre genre ; n'est-il pas naturel? Quoi de plus sublime que la Béatrix du Dante, que le Mentor du *Télémaque*? Ceux-ci ne sont plus des hommes, dites-vous ; ce sont des dieux ou des élus. Mais où est le mal, lorsqu'il s'agit de présenter des types idéaux, de s'élever au-dessus des faiblesses de l'humanité? On fait du beau devant l'art, de la vertu modèle devant la morale, que faut-il de plus? D'ailleurs, la nature est plus forte que vous ne pensez, et, si vous y joignez la grâce chrétienne, vous pourrez donner, sans sortir du possible et du vraisemblable, un libre cours à vos élans. Châteaubriant a-t-il conçu trop de perfection dans Eudore et Cymodocée, et n'a-t-il pas fait un poëme aussi beau qu'il est saint et moral? Mais donnez-lui le génie d'Homère, et laissez-lui le couple martyr, il fera, avec la pure vertu, une *Iliade* nouvelle qui, en beauté et en poésie, surpassera l'antique comme le soleil surpasse en lumière les feux de la nuit.

Nous sommes donc de l'avis de Platon dans sa critique des poëtes. En général, ils ne sont pas assez moraux lorsqu'ils pourraient l'être sans que l'art y perdît rien. Depuis le christianisme surtout, la tâche que leur fait la philosophie n'est pas trop dure. Quoi ! Eschyle l'Athénien est peut-être, foncièrement, le plus grand des tragiques qui aient jamais existé, avec une langue austère, une poésie d'ascète, et sans attrister la morale autrement que par une teinte trop sombre et trop belle de fatalisme ! Quoi ! Virgile, païen, fait un poëme sévère autant que sublime, un poëme dont Platon eût été presque satisfait ! et nous autres Chrétiens, nous produisons, par milliers, des romans impurs près desquels l'*Iliade* et l'*Odyssée* brillent de vertu et de chasteté ! Que dirait Platon ? Il reprocherait à nos poëtes le défaut de génie pour ne savoir pas allier les exigences de l'art avec celles de la religion et de la morale ; et nous applaudirions encore à cette méchanceté : car il n'est pas difficile de laisser déborder son imagination, quand on en a une, à tort et à travers, tandis que le grand poëme, vraiment poétique et chrétien tout ensemble, demande une puissance rare que le temps enfantera et qui nous lancera dans de meilleures voies.

Mais si nous empruntons au moraliste d'Athènes sa sévérité contre les poëtes quand il s'agit de les juger, nous sommes loin de lui prendre ses conclusions sur la censure appuyée de la force. Nos motifs sont très-simples ; nous les exposons sans développement.

Le premier, c'est l'impossibilité d'atteindre le but qu'on se propose. Platon l'a dit, la poésie n'est pas chose qui se fasse d'office et de commande, c'est une inspiration intérieure et profonde, qu'il appelle divine, et qui l'est en effet dans ce qui la constitue poésie ; le mal seul qu'elle peut exprimer, ou la mauvaise intention du poëte, ne vient pas de Dieu. Chercher à régler cette inspiration n'est qu'une absurdité ; et l'empêcher de se produire en public n'en est une autre. Si on interdit absolument et sans restriction la circulation par l'écriture et la parole, la poésie fait silence, se retire dans la solitude, s'y roule dans des flammes dévorantes, et, comme la compression se relâche toujours à un moment donné, elle profite alors de la première fissure et du premier rayon de liberté pour vomir tout ce qu'elle a concentré de feux dans sa colère, et propager des incendies qui ne finissent plus. Si le musèlement n'est pas absolu, il reste assez de jour à ses artifices pour scintiller dans les âmes des étincelles brûlantes qui passent invisibles sous l'œil du censeur, et qui lui préparent, pour bientôt, le plus honteux supplice. Il y a cependant une différence entre la poésie faisant librement toutes ses explosions et la poésie comprimée ; sous le premier régime, elle se bat avec elle-même pour ou contre la vérité, ce qui ne peut amener que le triomphe de celle-ci ; tandis que, sous le second, elle se bat contre la force qui veut la museler, lui compose, dans ses nuages, selon la figure de V. Hugo, la foudre qui l'écrasera, et qui, avant de ramener l'ordre naturel, commencera par tout plonger dans le chaos. Car la vie ne peut sortir que de la mort ; tel est l'ordre de la Providence, et elle en sort toujours. On y gagne donc un simple retard dans la marche progressive de l'humanité, et de terribles crises, après lesquelles la poésie, libre, reprend son œuvre où elle l'avait laissée, jusqu'à ce qu'elle soit encore obligée de l'interrompre pour retrouver encore ses forces magnétiques contre un nouvel obstacle, qu'elle brisera de la même manière. La laisser toujours libre, voilà le plus sage conseil qu'on puisse donner à la société, dans l'intérêt de cette dernière ; peut-être la poésie y perdra-t-elle ? Sans la persécution, aurions-nous Dante, aurions-nous Milton ? Nul ne le sait. Elle s'inspire de ses propres malheurs, et n'est jamais plus sublime que couchée sur sa croix. Mais raison de plus pour que ce soit peine perdue de lui forger des brides.

Le second motif est celui de l'incompétance de l'État dans le jugement. L'État, quelque perfection qu'on lui attribue, ne sera jamais représenté que par des hommes ; et les hommes qui le représenteront ne penseront jamais qu'aux intérêts immédiats du régime dont ils seront l'incarnation active et vivante. Tout ce qui attaquera ce régime sera mauvais pour eux ; tout ce qui le soutiendra sera bon ; voilà d'excellents juges en poésie, en morale, en religion, en philosophie ! Ce n'est pas à l'homme armé de distinguer ce que l'art produit de bon ou de mauvais pour le peuple et pour son avenir ; le glaive qu'il porte lui enlèverait la propriété du jugement s'il l'avait par nature ; il ne tire jamais de sa puissance qu'une brutale partialité, ou une aveugle bonne foi plus fatale encore. Les lois, dit-on, lui serviront de règle ; est-ce que les lois sont la vérité absolue. Ne faut-il pas les détruire quand elles sont mauvaises ? Voulez-vous éterniser la société dans l'état décrété par le caprice qui a fait les lois ? Si de tels principes avaient pu triompher dans la pratique, nous en serions encore à la religion de Jupiter et de Vénus. Il est plus heureux pour le monde qu'Homère les ait représentés voluptueux, adultères, criminels, et ait fait rire à leur dépens les sages de la terre, que s'il en avait fait des dieux dignes de l'adoration des hommes ; leur culte s'en est retiré plus promptement et avec plus de honte devant la raison et le christianisme ; voilà comment Platon lui-même, exerçant la censure, se serait grossièrement fourvoyé devant l'avenir. Dieu seul est juge de ce qui convient au monde ; sa providence le mène ; laissons-le faire ; et ne nous mêlons pas d'arrêter ce qu'il lui convient de laisser passer pour des fins toujours sages, et toujours calculées en vue du bien de sa créature. Cependant gardons-nous des conséquences absurdes que pourrait engendrer ce principe mal compris. Il y a une autorité naturelle qui trouve dans son instinct la compétence dont nous parlons, et à qui la conscience impose, en fait de censure, des devoirs sacrés ; c'est l'autorité paternelle et maternelle ; elle a pour mission de préserver le jeune âge des dangers auxquels peut l'exposer la poésie ; elle doit accomplir rigoureusement cette mission, et l'État ne rien usurper sur elle. Loin de nous les théories communistes des anciens, sur ce point comme sur tous les autres. Que les pères et les mères d'une cité se réunissent librement et conviennent entre eux que telle ou telle monstruosité poétique ne sera ni représentée sur la scène, ni même vendue dans l'enceinte de leurs murs, par précaution contre la corruption de la jeunesse, c'est ce que nous pouvons encore accorder au philosophe, parce qu'il n'y a, dans cette hypothèse, qu'une application simple et directe des droits du père de famille ; mais tout ce qui dépasse cette limite est contraire au bon sens. Quant à l'autorité spirituelle, on ne peut lui refuser la compétence pour dresser une liste des productions poétiques dangereuses en morale, et la présenter en avertissement aux pères et aux mères ; mais tout emploi et tout appel de moyens coercitifs et violents est chose étrangère à sa mission. — *Voy.* Liberté de conscience.

Nous soutenons en troisième lieu, que la liberté de la poésie est ce qui peut être le plus favorable au progrès moral et religieux, en sorte qu'un gouvernement sage, intelligent et bien intentionné ne la soumettrait pas à la censure, par intérêt pour la vérité, lors même que le musèlement lui en serait possible, et qu'il aurait le privilége de l'infaillibilité pour juger ce qui convient et ce qui ne convient pas. Cette manière de penser est fondée sur ce principe que, l'humanité étant ce qu'elle est, c'est-à-dire composée de forces dont la tendance est plus au bien qu'au mal, quand elle n'est pas contrariée, et qui, pour produire leurs effets, ont besoin de l'excitant que le combat seul fournit, c'est toujours ménager au bien des moyens de triomphe, que de laisser l'arène libre à l'émulation. Les natures poétiques sont sauvages et ne cessent jamais de l'être ; elles sont indomptables ; elle ne s'apprivoisent point ; si vous gênez leurs mouvements, elles s'irritent, s'emportent, se bouleversent, et vont aux excès ; alors leur instinct, qui est, au fond, toujours bon, devient souvent pervers ; il ne produit plus que dans une atmosphère de colère et de haine ; il n'est plus fécondé que par la passion désordonnée ; il n'entend plus la voix de la raison, de la religion, de la morale ; il ressemble à l'enfant de caractère revêche, qui fait fi de toute loi quand on le mate. Au contraire, s'il se sent libre, il écoute ses propensions généreuses et tourne très-souvent, de luimême, dans la bonne direction. Est-ce à dire que tous les poëtes, on sait l'étendue considérable que nous donnons à ce mot, seront, au sein de la liberté, des professeurs de religion et de morale ? Non, sans doute ; il y aura dans leur académie, comme partout en ce monde, la droite et la gauche, la gauche et la droite ; mais au moins, l'instinct de chacun se développant librement et sans tiraillements provoqués par le dehors, la lutte régulière s'établira ; la raison et la foi s'enflammeront de la noble ardeur de faire triompher leur cause ; elles se livreront à l'inspiration immense de la vérité et des convictions profondes ; elles mettront en feu tous leurs talents ; elles produiront de merveilleuses beautés ; et elles arriveront ainsi à organiser la seule victoire solide du vrai, du beau et du bien, celle qui n'est due qu'aux vertus intrinsèques de la bonne cause, et contre laquelle chacun voit que l'ennemi a pu déployer tous ses moyens.

Enfin, nous invoquons l'expérience. Cet argument, fondé sur l'histoire, demanderait un long résumé de ce qui s'est passé dans le monde depuis les âges connus en ce qui concerne la liberté ou la compression de la poésie, et les résultats comparés des deux régimes. Nous ne pouvons que proposer ce problème aux esprits curieux de ces sortes de questions ; mais nous affirmons qu'après examen impartial et approfondi on trouvera que, plus la liberté fut grande pour la poésie, plus la poésie produisit au compte de la religion, de la morale et du bon sens. Il faut observer, à ce sujet, que cette liberté particulière n'est pas toujours accompagnée des autres ; il peut arriver qu'au sein d'une organisation despotique, où tout meurt d'étouffement, elle vive malgré la loi commune ; il suffit pour ce résultat qu'un chef qui tient tout, pour un temps, dans sa main capricieuse, ait la passion des lettres et fasse, en leur faveur, une belle exception. Cela n'arrive pas ordinairement avec les plus grands génies militaires, qui n'ont de goût que le goût satanique des champs rougis de sang humain, et ne comprennent d'autre gloire que celle des grandes batailles et des trophées de cadavres ; mais cela s'est vu sous des chefs de seconde classe, que n'absorbait pas entièrement la passion des armes, et qui avaient assez d'intelligence pour sentir le besoin d'ajouter, à leur médiocre gloire militaire, celle de l'esprit devant la postérité.

N'entrons donc pas dans le labyrinthe des appréciations historiques ; mais citons cependant, pour finir, notre XIXe siècle. La poésie, et, en général, la littérature et l'art ont joui d'une assez grande liberté durant près de quarante années, les années qui séparent, dans nos fastes françaises, les deux empires. Jamais peut-être le génie des muses n'avait pu se dilater avec autant d'aise, ce qui ne veut pas dire encore que notre idéal fût réalisé, loin de là ; mais tout se juge ici-bas par comparaison. Or, nous ne craignons pas de poser en axiome historique que jamais progrès moral et religieux ne fut aussi considérable, aussi rapide, aussi surprenant. Nous n'avons pas besoin de décrire ce que chacun de nous a vu. La poésie a pris, en France, un essor prodigieux dans le sillage ouvert par quatre maîtres ; Châteaubriant, Lamennais, Lamartine et Victor Hugo. Ces maîtres ont monté leurs cordes à une tension nouvelle ; ils ont pris un accent qu'oreille française n'avait pas encore ouï. Châteaubriant et Lamartine, sorte d'épanouissements de deux zones nouvelles à l'éternel printemps ; Lamennais et V. Hugo, espèces de conquêtes de tropiques inconnus aux orages noirs, entremêlés d'aurores sereines et d'enivrants parfums. L'homme et l'artiste seront immortels dans leurs œuvres ; à quatre ils suffisent pour faire un beau siècle. L'Allemagne, l'Angleterre, la Pologne et l'Italie ont donné leur grande part d'accords au concert; on a chanté de tous les coins de l'Europe; l'Amérique a reçu nos échos et ne les a pas laissés sans réponse. La nature et la Bible, l'Evangile et le sentiment ont magnétisé les imaginations; ils ont régné dans la manière; la poésie, avec tous ses rameaux, s'est christianisée; on a vu jusqu'aux romans qu'on doit appeler mauvais, et auxquels nous avons fait, plus haut, une allusion sévère, valoir mieux, en influence sur les âmes, que ceux qu'on peut appeler les bons d'une autre époque, ne fût-ce que par l'espèce de teinte artistique qui les illuminait. Il n'y a pas de si petit poète qui n'ait concouru, pour une part glorieuse, à la transformation universelle. Quelques prédicateurs à l'esprit sage, au talent brillant, dont Lacordaire et l'abbé Cœur sont les chefs de file, ont saisi le ton général, se sont faits poëtes romantiques et ont activé énergiquement l'impulsion. La France ignorait les vibrations de la lyre; par une métamorphose merveilleuse, elle s'est comme éveillée lyrique tout entière aux sons, jusqu'alors sans type, de nos quatre grands chefs. La religion chrétienne est chaude comme l'enthousiasme, harmonieuse comme une modulation, rayonnante comme le style nouveau, imagée comme lui, rêveuse comme la méditation philosophique; elle s'est mêlée au mouvement universel, et ce mouvement s'est fait à son profit; nous savons tous que son Evangile est devenu le livre de nos poëtes ; nous savons aussi que le sentiment religieux, grande base de l'esprit chrétien d'une nation, s'est emparé des âmes. Les unes sont allées, par légions, se réfugier dans le sanctuaire ; d'autres sont restées méditantes sous les porches; et un si petit nombre ont conservé l'insensibilité du passé, qu'on a cessé de les voir.

Voilà quels ont été, sous nos yeux, les effets de la liberté laissée à la poésie ; car on ne sera que juste en attribuant aux charmes de celle-ci la plus large part d'influence sur la réaction religieuse, qui est le phénomène le plus éclatant de notre époque, mais qui aura son revers. — *Voy.* Peinture.

POINT. *Voy.* Mathématiques (Sciences).

POLITIQUE (Question). *Voy.* Sociales (Sciences.)

POLYGAMIE. *Voy.* Mariage.

POLYTHÉISME (Le). — DEVANT LA RAISON ET DEVANT LE CHRISTIANISME (Ire part., art. 24).—La question de l'unité de Dieu est développée, quant à son essence la plus intime, dans l'article Ontologie. Le polythéisme est lui-même étudié dans sa pensée fondamentale au mot Panthéisme ; et ces mêmes questions sont traitées, sous le rapport historique, autant qu'il en est besoin dans ce livre, au mot Historiques (Sciences).

Il peut rester une étude à faire sur le Jéhovah de la révélation antique comparé avec les dieux des divers polythéismes; nous renvoyons cette étude au Supplément.

Le polythéisme, dans l'histoire pratique du genre humain, fuit, devant le christianisme, aussi honteux que devant le bon sens dans l'esprit du philosophe, et Jéhovah demeure, dans le monothéisme, avec Jésus-Christ.

La raison démontre ; le christianisme opère. — *Voy.* Fatalisme.

POLYTHÉISME (Le) RÉFUTÉ PAR LES MATHÉMATIQUES. *Voy.* Mathématiques, III.

POPULATION (Accroissement de la). *Voy.* Sociales (Sciences), II.

POSSIBILITÉ DU SURNATUREL. *Voy.* Symbole catholique, II.

POUVOIRS ECCLÉSIASTIQUES. *Voy.* Ordre, X.

PRÉDESTINATIANISME. *Voy.* Panthéisme, IV.

PRÉDESTINATION. *Voy.* Prescience.

PRÉDICATION. — PLATON. — CONFUCIUS. *Voy.* Morale, II.

PRÉDICATION CHRÉTIENNE. — VICE RADICAL A ÉVITER (IVe part,. art. 6). — Cette étude est de celles que nous sommes forcé par les exigences typographiques de renvoyer au *Dictionnaire du vrai, du bien et du beau dans l'ordre de la nature et dans l'ordre de la grâce*, servant de complément à celui des harmonies. — *Voy.* Tolérance oratoire pratiquée par saint Paul.

PRESBYTERAT (Le) DANS L'ÉGLISE. *Voy.* Eglise; Ordre, X.

PRESCIENCE ET PREDESTINATION DANS L'ORDRE NATUREL ET DANS L'ORDRE SURNATUREL (IIe part., art. 31). — Cet article sert de complément aux trois autres sur la grâce, intitulés : Grace et liberté, Gratuité des graces, Distribution des graces, et c'est par lui que le lecteur doit finir. Il n'est pas moins important qu'il lise et comprenne celui qui a pour titre, *Vie éternelle*, avant d'étudier celui-ci, car sa raison y trouvera une grande lumière propre à lui servir de flambeau dans les ténèbres dont la théologie a couvert trop souvent la prédestination et la prescience divines, considérées relativement aux êtres libres et à leurs futures destinées.

Pour faire briller de notre mieux les harmonies de la raison et de la foi sur le mystère de la prédestination, nous suivrons notre méthode habituelle qui consiste à mettre en regard des enseignements de la raison ceux de l'Eglise sans y rien changer, mais en les entourant de ce qui est susceptible d'être synthétisé dans les diverses opinions théologiques. C'est ce que nous allons faire en rapprochant les déductions rationnelles et les déductions théologiques, que tirent, parallèlement, la raison et la foi de l'idée de Dieu.

Philosophie et théologie de la prescience et de la prédestination.

I. Les phénomènes du monde dont nous faisons partie sont de deux espèces, les uns résultent *nécessairement* d'enchaînements de causes et d'effets; les autres sont *libres*. Les premiers pourraient se subdiviser en plusieurs catégories, par exemple, en phénomènes matériels, en phénomènes intellectuels, en phénomènes moraux tant passionnels que volontaires. Mais ces sous-divisions nous sont indifférentes en ce moment, comme on va le comprendre dans un instant. Ainsi, que le phénomène soit purement matériel, comme sont les événements du monde physique, qu'il soit intellectuel comme les idées qui naissent en nous sans que nous sachions comment, qu'il soit même volontaire, comme est ma volonté de manger quand je meurs de faim; s'il n'est pas une détermination parfaitement libre dans son auteur, ou une conséquence immédiate de cette détermination, dépendant d'elle, il appartient à ce que nous appelons les phénomènes nécessaires, qu'ils soient d'ailleurs nécessaires par simple nécessité au sens des jansénistes, ou nécessaires par coaction. Quant aux phénomènes libres, nous venons de les définir en même temps. Nous savons d'ailleurs, par l'expérience de nous-mêmes, qu'il existe de ces deux sortes de faits dans le milieu que nous traversons et que nous appelons la vie.

Or, un principe, évident pour tout esprit exercé aux méditations philosophiques, est celui qu'a posé et développé Platon dans presque tous ses dialogues, celui qui sert de base à son grand édifice, et à toutes ses démonstrations de l'existence de Dieu; et ce principe peut se formuler comme il suit :

Par là même que ces phénomènes sont aujourd'hui des réalités, il est nécessaire que tous, depuis les plus grandioses jusqu'aux plus insensibles, depuis les moins libres jusqu'à ceux qui le sont le plus, aient un original éternel, dans lequel ils se développent de la même manière, puisque celle sous laquelle nous en sommes témoins n'est que la copie de l'autre; ils se développent dans cet original, non pas à l'état de réalisations en soi, mais à l'état de possibles et d'idéalités. Sans cette condition ils n'auraient pas de raison d'être, et ce qui n'a pas de raison d'être ne peut jamais être. La création absolue de ce qui n'est éternel sous aucun rapport, pas même comme idée, comme loi, comme possibilité, est une contradiction, parce que c'est un effet sans raison, sans rapport avec quelque chose d'antérieur, sans cause. D'un autre côté, c'est en Dieu, et en Dieu seul, que se trouve cet original éternel, car cet original est Dieu même en tant que vue parfaite embrassant tous les possibles, et, par la raison que sa nécessité implique celle de Dieu, il ne peut lui-même s'impliquer qu'en Dieu. Qu'on se retourne comme on voudra, il n'y a pas de différence, pour ces phénomènes libres et nécessaires, relativement à l'éternité qui les contient, entre avoir été, et devoir être; or l'*avoir été* est essentiellement fixé dans l'éternel comme possible et comme ayant été; donc le *devant être* est également fixé dans l'éternel, comme possible et comme devant être.

Nous concevons cette nécessité des choses *a priori* d'une manière parfaitement lucide; mais, si on préfère l'étudier de moins haut, et par le côté qui nous touche, on arrivera à la concevoir de même, à l'aide de la notion de Dieu conçu d'abord comme régulateur intelligent de toutes choses. Quant aux phénomènes nécessaires, en effet, il faut bien que leur enchaînement soit tout entier fixé dans son esprit suprême, car ils ne peuvent être nécessaires que par suite des lois qu'il établit et d'une manière subordonnée au but de leur création; or, il est absurde de supposer qu'il appelle à l'être, organise et légifère ce qu'il ne connaît pas, puisque ce serait concevoir sans concevoir. Et quant aux phénomènes de liberté, il faut qu'ils soient également fixés dans sa compréhension avec la certitude et la clarté absolues; car ils sont mélangés avec tous les autres; se combinent dans leur enchaînement, y entrent comme causes secondes, et, par conséquent, les autres ne peuvent être conçus sans eux; supposé qu'il en fût autrement, le monde ne serait plus que la combinaison d'un ouvrier qui a introduit dans son œuvre des principes dont il ignore les développements, qui vont sans cesse tromper ses prévisions, et transformeront, à chaque instant, sa création en des chaos de nouvelle espèce auxquels il ne s'attendait pas. Pareille idée est incompatible avec celle de Dieu.

Il faut donc que tout ce qui se passe librement ou nécessairement soit présent, d'une manière fixe et éternelle, dans la pensée de Dieu, bien que sans concrétion déterminée avant le décret de création (*Voy.* ONTOLOGIE), y soit, comme dit Platon, à l'état de modèle idéal, avec toutes ses combinaisons, toutes ses généralités, tous ses détails, à l'état d'archétype complet, dont le temps entraîne en son cours les réalisations successives, selon le grand'ordre logique que Dieu voit sans succession, et qui fait partie de son Λόγος.

Ainsi se prononce la philosophie.

II. En correspondance à ce principe, la théologie pose le sien, qui est le même avec application à l'ordre surnaturel, et notification explicite de cet ordre.

Elle proclame, comme de foi catholique, que tout est fixé, avant la création, *ante constitutionem mundi*, dans la science de Dieu, en ce qui concerne chacun des points suivants :

1° La somme et l'espèce de dons gratuits que chaque individu recevra ou ne recevra pas de la bonté suprême, soit comme moyen de liberté, et, par suite, de mérite ou de démérite, soit comme moyen de le conduire à sa fin sans mérite ni démérite de sa part.

2° Les déterminations bonnes ou mauvaises de ceux qui auront joui de la liberté morale dans une étendue plus ou moins grande.

3° Le nombre précis de ceux qui auront part au royaume du Christ, et, par là même, le nombre précis de ceux qui n'y entreront point.

4° La notification personnelle et spéciale des uns et des autres.

5° Le nombre et la spécification individuelle de ceux qui seront introduits par nécessité, c'est-à-dire sans mérite de leur part, et par bonté pure, dans ce royaume, tels que les enfants qui meurent baptisés.

6° Le nombre et la spécification individuelle de ceux qui seront exclus par nécessité, c'est-à-dire sans démérite de leur part, de ce royaume du Christ, et qui seront, par là même, dans le *dam* ou *damnés* relativement à ce royaume, tels que les enfants morts sans régénération.

7° Le nombre et la spécification individuelle de ceux qui seront élevés à la gloire du Christ en conséquence de leur sainteté librement acquise par les bonnes œuvres.

8° Le nombre et la spécification personnelle de ceux qui s'en excluront eux-mêmes librement en n'usant pas des grâces ou moyens qui leur seront donnés pour y parvenir.

9° Les degrés particuliers de béatification et de glorification de chacun selon les degrés de mérite, ou selon qu'il plaît à l'éternelle bonté.

10° Les espèces et degrés particuliers de dam, selon l'état de chaque individu en absence, présence, espèce et degré de mérite et de démérite, et selon qu'il résulte de l'éternelle justice, ou qu'il plaît à l'éternelle bonté, ou que le veut la suprême sagesse pour l'universelle harmonie.

Tous ces détails sont fixés dans la pensée de Dieu avant leur réalisation ; ils sont écrits dans le livre de sa sagesse, que les anciens appelaient le livre des destins, avant que les choses se soient accomplies, comme après leur accomplissement, sans qu'il y ait, relativement à ce livre, aucune différence entre l'écriture avant l'événement et l'écriture après l'événement, parce que c'est l'événement qui change en passant du possible au réel, du présent au passé, et non son histoire, qui n'est autre que son *devoir être*, son *être* et son *avoir été*.

Ce principe de la fixation en Dieu des destinées humaines de tous nos futurs, tant libres que nécessaires, est clairement enseigné dans toute l'Ecriture sainte, toute la tradition, et fait partie de la foi catholique.

III. Revenons à la philosophie. Supposons que les phénomènes nécessaires soient détachés des phénomènes de liberté, ou, si l'on aime mieux, prenons ceux qui nous en paraissent réellement détachés, telles que les séries harmoniques des corps célestes, et tous les développements naturels indépendants de nos volontés libres. Il ne sera pas difficile de comprendre comment il se peut que toutes ces successions soient fixées invariablement dans la pensée de Dieu. Il suffira de concevoir qu'elles y sont décrétées, voulues, préordonnées par une décision efficace, antérieure d'une antériorité de raison à leur prescience, à leur prophétie. On est facilement prophète quand on prédit ce qu'on fera, ce qu'on a résolu de faire, ce qu'on veut, et on est prophète infaillible lorsque la volonté est une toute-puissance, seule raison et raison nécessitante de ce qui arrivera par nécessité. Dans cette explication il y a prédestination avant qu'il y ait prescience, et tout mystère disparaît devant l'idée de puissance suprême qui convient à Dieu.

Prenons maintenant les phénomènes de liberté et détachons-les par une abstraction semblable. Pouvons-nous raisonner de même ? Pouvons-nous dire que la prédestination est encore le moyen de la prescience ? Cela répugne à première vue, car il semble qu'une pareille explication va directement à détruire l'hypothèse de la liberté du phénomène. Si le phénomène est préordonné, décrété, voulu avant d'être prévu, et n'est prévu, à coup sûr, que parce qu'il est voulu d'une volonté toute-puissante, contre laquelle la lutte est impossible, ne semble-t-il pas qu'il est, dès lors, nécessaire, et que la volonté créée, qui en sera la cause seconde, ne s'y déterminera que par nécessité, puisqu'il ne pourra pas arriver qu'elle se détermine autrement ?

Cependant plus d'un philosophe a encore expliqué la prescience, en Dieu, des phénomènes libres de la créature par leur prédestination, aussi bien que celle des phénomènes nécessaires, et cela sans en détruire la liberté ; car nous ne parlons pas des fatalistes, qui disent que tout est nécessaire, les uns parce que les décrets divins le sont eux-mêmes, les autres, parce que la volonté divine est la seule qui soit libre et puisse l'être, et qui anéantissent, d'un seul coup, tout mystère, pour y substituer l'audacieuse négation de notre conscience nous témoignant, avec évidence, notre liberté.

Comment ces philosophes ont-ils raisonné ? Ils ont soutenu que Dieu, en décrétant les déterminations futures des âmes libres, décrète que ces déterminations se feront librement, et ils harmonisent les deux choses en disant que Dieu, par les influences dont il dispose et qu'il exerce, soit sur le fond de l'être en genre de cause physique et efficiente, soit par les extrémités de l'être, en genre de causes morales ou d'attraits combinés, peut toujours arriver à faire que les volontés se déterminent d'elles-mêmes, et librement, à ce qu'il a décrété. Les créatures entre elles parviennent souvent, par d'habiles combinaisons, à de pareils résultats ; il n'est guère de volonté qu'un homme adroit ne réussisse à fléchir dans la direction qu'il a conçue au moyen d'artifices combinés de longue main, de ressorts moraux que lui fait jouer dans tous les sens. Refusera-t-on à Dieu la puissance d'arriver toujours, infailliblement, à son but, par les ressources infinies dont il dispose, sans cependant violenter, nécessiter et même capter les volontés au point de nuire à leur libre arbitre? Ce serait lui refuser une puissance que l'homme possède en un degré limité, et que lui doit posséder en plénitude parfaite, puisqu'il est impossible de rien concevoir dans la créature qui ne soit, au degré suprême, dans le Créateur.

Ainsi nous paraissent avoir pensé, quoique vaguement et sans précision, les anciens stoïciens qui, d'un côté, soumettaient tout à la nécessité, jusqu'à se donner à jamais la réputation de fatalistes, et, d'un autre côté, ont célébré, avec plus de persistance et d'exaltation que toute autre secte, la liberté humaine et la moralité de nos actions. Mais, quoiqu'il en soit des stoïciens, nous croyons pouvoir citer, comme ayant expliqué la prescience par la prédestination, avec réserve de la liberté individuelle, comme nous venons de l'indiquer, Descartes et la plupart de ses disciples. Fénelon paraît, dans son *Traité de l'existence de Dieu*, au dernier chapitre intitulé : *Science de Dieu*, recourir à la volonté divine pour expliquer cette science, et Bossuet se jette sans réserve dans cette ressource, comme on en peut juger par les paroles suivantes :

« Comme la volonté de Dieu, » dit-il, « est la cause universelle de tout ce qui est, il faut que tout ce qui est, en quelque manière que ce soit, vienne de lui.

« Dieu ne peut connaître que ce qu'il est ou ce qu'il opère, par quelque moyen que ce soit..... »

Comment donc connaît-il le mal?

« Dieu sachant la mesure ou la quantité de bien qu'il met dans la créature, connaît le mal où il voit que manque le bien, comme il connaîtrait un vide dans la nature en connaissant jusqu'où les corps s'étendent. »(*Traité du libre arbitre*, ch. 3, passim.) Et plus loin :

« La cause de tout ce qui est, c'est la volonté de Dieu, et nous ne concevons rien en lui par où il fasse tout ce qu'il lui plaît, si ce n'est que sa volonté est d'elle-même très-efficace. Cette efficace est si grande, que non-seulement les choses sont absolument dès là que Dieu veut qu'elles soient, mais encore qu'elles sont telles dès que Dieu veut qu'elles soient telles, et qu'elles ont une telle suite et un tel ordre dès que Dieu veut qu'elles l'aient. Car il ne veut pas les choses en général seulement, mais il les veut dans tout leur état, dans toutes leurs propriétés, dans tout leur ordre. Comme donc un homme est dès là que Dieu veut qu'il soit, il est libre dès là que Dieu veut qu'il soit libre, et il agit librement dès là que Dieu veut qu'il agisse librement, et il fait librement telle action dès là que Dieu le veut ainsi.

« N'importe que notre choix soit une action véritable que nous faisons ; car, par là même, elle doit encore venir immédiatement de Dieu qui, étant, comme premier être, cause immédiate de tout être, comme premier agissant, doit être cause de toute action ; tellement qu'il fait en nous l'*agir même*, comme il y fait le *pouvoir agir*.

« L'état de notre être, c'est d'être tout ce que Dieu veut que nous soyons. Ainsi il fait être homme ce qui est homme, et corps ce qui est corps, et pensée ce qui est pensée, et passion ce qui est passion, et action ce qui est action, et nécessaire ce qui est nécessaire, et libre ce qui est libre, et libre en acte et en exercice ce qui est libre en acte et en exercice ; et c'est ainsi qu'il fait tout ce qu'il lui plaît dans le ciel et sur la terre, et que dans sa seule volonté suprême est la raison *a priori* de tout ce qui est. » (Id., ch. 7, passim. — Cité de la sorte par l'abbé Guitton : *L'homme relevé de sa chute*, t. II, ch. 16.)

On voit que, dans cette théorie ou toute autre semblable, d'après laquelle Dieu veut d'abord la fin, veut, en second lieu, les moyens de cette fin, et prend, en troisième lieu, les précautions convenables pour que ce qu'il a voulu se réalise, la prescience n'est pas difficile à comprendre, puisqu'elle revient, en lui, à savoir ce qu'il fait et ce qu'il fera relativement à nous. Prétendre, d'ailleurs, que cette théorie soit destructive de la liberté, c'est ce qui nous paraît exagéré, déraisonnable, et refuté par l'exemple même que nous avons cité de l'influence de certaines créatures sur d'autres créatures sans que la liberté de celles-ci en soit atteinte. Mais il reste, dans cette manière d'exposer la chose, un point qui nous répugne fort ; il faut donc accorder que Dieu commence par vouloir, non pas d'une volonté de justice relative au mérite et au démérite, — ainsi que l'explique Descartes dans sa lettre 10°, par sa comparaison d'un roi qui, après avoir fait une loi contre les duels, s'y prend de manière que deux individus se rencontrent, se battent, et encourent les conséquences de la loi, — mais d'une volonté absolue d'événement, que les mauvaises déterminations arrivent aussi bien que les bonnes, et prend ensuite les moyens convenables pour qu'elles arrivent sans que la liberté en soit atteinte. « Ce qu'un roi, dit Descartes, peut faire en cela, touchant quelques actions libres de ses sujets, Dieu, qui a une prescience et une puissance infinie, le fait infailliblement touchant toutes celles des hommes... Il l'a voulu ainsi, mais il n'a pas voulu pour cela y contraindre notre libre arbitre. » Nous ne disons pas avec l'abbé Guitton, qui approuve la critique que fait Bayle de ces paroles, que tout le venin du fatalisme et, en théologie, du jansénisme, est là, puisque nous concevons très-bien l'accord de la liberté avec cette volonté que les choses arrivent, mais nous disons que nous ne comprenons pas cette manière crue de dire que Dieu veut, à titre d'événement, les mauvaises déterminations en même temps qu'il les désapprouve à titre de justice relative; nous disons même que, bien qu'elle revienne au fond, quand on l'interprète convenablement, à ce que nous allons dire, nous ne la trouvons pas, étant prise à la lettre dans Descartes, dans Bosssuet et dans les autres, conforme à la logique des idées et des décrets éternels de Dieu.

D'autres philosophes n'ont admis de prédestination que par rapport aux phénomènes nécessaires, et ont tout réduit à une prescience en ce qui concerne la fixation immuable, dans la pensée de Dieu, des phénomènes de liberté. Dieu a créé le monde, disent-ils, avec deux éléments très-divers, ou deux espèces de causes secondes, les causes sans liberté et les causes libres ; quant aux premières, il faut bien que ce soit lui qui leur serve de prémoteur libre et intelligent, sans quoi, elles seraient des hasards, des non-sens ; mais quant aux secondes, étant douées par Dieu de l'intelligence et de la liberté proportionnelles à leurs effets, Dieu les laisse produire ces effets, qu'il leur a donné la force de produire, les leur laisse produire librement, sans décréter leurs déterminations ; et, comme il les connaît par sa science de toutes choses, par son œil qui voit l'avenir présent devant lui comme le passé, il harmonise les effets nécessaires, dont il est lui-même le producteur immédiat, avec ces déterminations, de sorte que l'enchaînement se développe en parfait accord, grâce à une préordination des séries nécessaires conforme à la prescience des séries libres ; il en est ainsi dans l'homme entre l'âme et le corps; il en est ainsi dans l'univers entre les libertés et les nécessités. On voit que nous tombons dans l'harmonie préétablie de Leibnitz, avec prescience seulement du côté de la liberté.

Cette explication, si favorable au libre arbitre, laisse un grand mystère, celui de la prescience : comment connaître ce que je voudrai librement, sans décret ayant pour résultat de me faire vouloir oui plutôt que non ? Mais ces philosophes ajoutent que Dieu a la science de ces déterminations futures, comme nous en avons la science nous-mêmes lorsqu'elles sont présentes ou passées, et que cela s'explique par l'absence de succession dans l'éternité devant laquelle tout est présent. Ils appellent cette science, la science moyenne ou la science des conditionnels.

Le seul inconvénient que nous trouvons à ce système, c'est qu'il ne va pas au fond de la question. Nous allons dire tout à l'heure qu'il est impossible d'isoler le décret de prédestination de celui de création, et que, celui de création étant nécessaire, il faut admettre l'autre comme suite du premier.

Il nous reste à concilier les deux théories.

Nous posons d'abord en principe absolu et de toute évidence, qu'en Dieu la science est logiquement antérieure à la volonté, et à tout ce qui émane de cette dernière, qu'on l'appelle décret, prédestination, réprobation, loi, préordination, etc. Et voici les deux raisons sans réplique desquelles ce principe tire sa certitude.

Première raison. — En Dieu, comme dans toute intelligence libre, l'idée est antérieure à la volonté. On conçoit, avec une évidence entière, qu'il est impossible de vouloir une chose avant de la savoir. Mettez dans la volonté toute l'efficace que vous voudrez, et dans l'être qui la possède toute la puissance que vous voudrez, s'il n'y a pas connaissance de ce qui est possible à cette efficace et à cette puissance, elles deviennent impossibles en exercice, parce qu'elles manquent d'objet, et qu'une efficace et une puissance sans objet sont nulles. L'être qui ne pense rien ne peut rien et ne veut rien ; pour pouvoir et vouloir, il faut penser ce qu'on peut et ce qu'on veut; on conçoit qu'on puisse ne pas pouvoir, et mieux encore ne pas vouloir ce qu'on pense, mais on ne conçoit pas qu'on puisse pouvoir ou vouloir ce qu'on ne pense pas, ou plutôt on conçoit très-clairement qu'il est absurde de supposer cette possibilité qui n'est qu'une contradiction. C'est de là que, dans la Trinité divine, la troisième personne, qui est l'amour et la volonté, ne vient qu'après la seconde qui est l'idée et l'intelligence, et en vient par procession. — *Voy.* TRINITÉ. — Donc Dieu voit par l'idée et connaît par l'intelligence, en tant que possible, ce qu'il veut par sa volonté et sa puissance en tant que réel, et avant de le vouloir il est essentiel qu'il le voie. Il est libre de vouloir ou de ne vouloir pas la réalité de ce qu'il pense éternellement comme possible, mais dès là qu'il a voulu la réalité d'un possible, tel que notre monde, nous sommes certains qu'avant de vouloir cette réalité, il en avait la science complète, sans quoi il n'aurait pas pu la vouloir; d'où nous concluons qu'il est évident que la prescience, ou plutôt la science, de tous les événements de notre monde, libres et nécessaires, précédait en Dieu, par antériorité de raison, la volonté de leur réalisation.

Seconde raison. — Tous les mondes imaginables, toutes les combinaisons d'êtres et de phénomènes ne sont pas possibles. Il y en a qui impliquent contradiction, il y en a que nie l'hypothèse même qui les affirme, et ceux-là sont directement impossibles à la puissance absolue. Il y en a d'autres qui, sans impliquer contradictions, répugnent à la sagesse suprême, à la justice suprême, à la bonté suprême, ou à quelque autre attribut de l'Etre parfait. Par exemple, l'hypothèse d'une société isolée d'êtres libres qui abuseront tous de leur liberté à tel point, que tous tomberont, par leur faute, dans un état de détérioration et de malheur où ils maudiront l'existence, appelleront le néant sans pouvoir l'obtenir, et jugeront raisonnablement préférable pour eux, de ne pas être, nous paraît d'une possibilité évidente en soi et relativement à la puissance de Dieu considérée seule, mais d'une impossibilité non moins évidente relativement à sa sagesse et à sa bonté. De même une création d'êtres libres, dans laquelle bons et mauvais seraient également traités sous tous les rapports, non pas seulement définitivement après des traitements divers, mais à tout moment depuis le premier jusqu'au dernier, nous paraît encore une impossibilité relative à la justice, sans en être une relative à la puissance.

Nous concluons de là que, dans le nombre infini de combinaisons susceptibles d'être concrétées par la pensée divine, il y en a que Dieu peut réaliser et d'autres que Dieu ne peut pas réaliser ; par conséquent, qu'il juge celles qu'il veut avant de les vouloir ; par suite encore, que sa volonté est soumise à la raison ; par suite enfin, que sa science de ce qui sera est antérieure à son vouloir que cela soit, ou à son décret qui appelle à l'Être réel. Laissons parler Malebranche.

« THÉOTIME. — Nous aimons tous l'indépendance, et ce nous est, à nous, une espèce de servitude que de nous soumettre à la raison, une espèce d'impuissance de ne pouvoir faire ce qu'elle défend. Ainsi nous craignons de rendre Dieu impuissant à force de le faire sage ; mais Dieu est à lui-même sa sagesse. La sagesse souveraine lui est coéternelle et consubstantielle ; il l'aime nécessairement, et, quoiqu'il soit obligé de la suivre, il demeure indépendant. Tout ce que Dieu veut est sage et raisonnable, non que Dieu soit au-dessus de la raison, non que ce qu'il veut soit juste précisément et uniquement parce qu'il le veut, mais parce qu'il ne peut se démentir lui-même, rien vouloir qui soit contraire à la loi, à l'ordre immuable et nécessaire des perfections divines.

« THÉODORE. — Assurément, Théotime, c'est tout renverser que de prétendre que Dieu soit au-dessus de la raison et qu'il n'a point d'autre règle de ses desseins que sa pure volonté. Ce faux principe répand des ténèbres si épaisses, qu'il confond le bien avec le mal, le vrai avec le faux, et fait de toutes choses un chaos où l'esprit ne connaît plus rien. Selon ce principe, l'univers est parfait parce que Dieu l'a voulu. Les monstres sont des ouvrages aussi achevés que les autres selon les desseins de Dieu. Il est beau d'avoir les yeux au haut de la tête, mais ils eussent été aussi sagement placés partout ailleurs, si Dieu les y avait mis. Qu'on renverse tout le monde, qu'on en fasse un chaos, il sera toujours également admirable, puisque toute sa beauté consiste dans sa conformité avec la volonté divine, qui n'est point obligée de se conformer à l'ordre.

« Mais quoi ! cette volonté nous est inconnue ; il faut donc que toute la beauté de l'univers disparaisse à la vue de ce grand principe que Dieu est *supérieur à la raison qui éclaire tous les esprits*, et que sa volonté toute pure est la règle de ses actions. » (*Entretiens sur la métaphys.*, IX° entret., n. 13.)

(30) *Voy.* le mot ONTOLOGIE pour la distinction entre la vue éternelle abstraite et la concrétion, qui est un premier degré de réalisation. Nous ne devons pas, ici, rentrer dans ces difficultés ; c'est

Il est donc vrai qu'en Dieu tout est science et raison avant d'être volonté et décret ; l'idée précède essentiellement la volonté ; la raison domine essentiellement le décret. Dire que Dieu pense — en toute manière de pensée — les choses parce qu'il les veut, et avec Calvin, que les choses sont bonnes parce qu'il les décrète, c'est renverser la logique de Dieu même ; il pense et sait tous les détails des choses avant de les vouloir, et il ne les veut que parce que sa raison les a trouvées bonnes. Nous ne disons pas, avec Leibnitz et Malebranche, qu'il les veut parce qu'il juge qu'elles sont les meilleures, car ce serait réduire sa puissance à une seule création et lui ôter la liberté du choix ; mais nous disons qu'il voit, dans son intelligence, tous les possibles autorisés par ses attributs, et que, parmi ces possibles, et parmi ceux-là seulement, il crée celui qu'il veut (30).

Or, de ce principe incontestable que la volonté se forme, en Dieu, d'après la science, nous voyons sortir plusieurs conséquences lumineuses relatives à la question qui nous occupe : pour les comprendre, représentons nous, autant que possible, ce qui se passe en Dieu.

Reportons-nous avant la création du monde, *ante constitutionem mundi*, comme dit saint Paul. (*Ephes.* I, 4.) Dieu voit en vision très-claire, très-détaillée, en un mot, parfaite, tous les êtres possibles et en soi et relativement aux exigences de ses attributs. Il voit de la sorte, les êtres et les phénomènes dont l'enchaînement est nécessité, les êtres et les phénomènes de libre arbitre. Jusqu'alors il n'y a que vision, et cette vision, au moins avant telle ou telle concrétion particulière, est de l'essence même de l'être infini avec ses objets en tant que possibles ; de sorte que la volonté n'y est encore pour rien, et n'y pourrait rien changer ; elle ne pourrait faire que les objets fussent autrement qu'ils ne sont et autrement vus ; car ce serait changer la pensée de Dieu, qui est essentielle comme Dieu même, qui est l'éternel tableau sur quoi reposent, dans leur loi complète, les types de toutes les choses faites ou à faire. Chacun de nous occupe sa place dans ce panorama sans limites, et, sous ce rapport, nous sommes tout aussi essentiels, aussi éternels que Dieu, puisque nous sommes, en tant que possibles, les objets de sa pensée, et que, si nous n'étions pas éternellement dans sa pensée, il faudrait qu'il y eût du changement dans son intelligence et dans son verbe. Si Bossuet, lorsqu'il dit que Dieu ne peut connaître que ce qu'il est et ce qu'il opère, entend par les mots *ce qu'il est*, lui-même et tous les possibles formant la richesse de sa vue, il dit une grande vérité, car le mot n'oublie rien. Or chacun des possibles incapables et indépendants de déterminations libres se développe, dans cette grande vision, selon la série qui lui est pro-

pourquoi nous ne parlons que de deux états, celui de la création complète et celui qui la précède, confondant en un, dans ce dernier, celui de la vue abstraite et celui de la vue concrète.

pre, qui le spécifie, qui le distingue, en sorte qu'il se compose d'une suite d'effets qui s'engendrent les uns les autres et qui sont causes secondes les uns par rapport aux autres. Encore une fois, la volonté n'y peut rien : changer l'enchaînement de ce possible serait simplement en considérer un autre, ou prendre une autre combinaison, sans rien modifier à la première, qui resterait possible comme auparavant, nulle puissance ne pouvant faire que ce qui est possible ne le soit pas ou cesse de l'être. Nous voilà donc arrivés à comprendre clairement qu'en ce qui concerne tous les phénomènes de nécessité, il est impossible d'expliquer leur prescience par leur prédestination, puisqu'ils sont vus avant d'être voulus, que la volonté ne peut en modifier la vision, et que la vision en existe, pour des multitudes, sans que la volonté en veuille la réalisation ; on ne dira pas sans doute qu'il y ait prédestination relativement à ces derniers, puisqu'ils ne sont pas voulus ; y en a-t-il moins prescience de leur enchaînement ?

Passons aux phénomènes de liberté ; ceux-là se développent aussi selon des séries spécifiques, et, en même temps, s'enchaînent avec d'autres ; mais ce qu'il y a d'important à faire observer, c'est qu'en prenant la série complète, comme est, par exemple, celle de l'histoire totale d'un individu, ou d'un empire, ou d'un globe céleste, ou de tout un monde, on trouve dans cette série une espèce de cause de plus que dans la précédente, celle d'une ou de plusieurs déterminations libres ; n'en considéreront qu'une pour rendre la question plus simple ; voilà donc la série qui se présente devant Dieu, comme les nécessaires, avec une détermination libre dans son enchaînement, dirons-nous que Dieu ne voit pas cette détermination dans la série de ce possible ? Ce serait dire qu'il ne voit pas cette combinaison-là, et, par suite, qu'elle n'est pas possible, car il n'y a de possible que ce que Dieu conçoit parfaitement ; ce serait dire, par conséquent, que Dieu ne peut créer une série dans laquelle entre, comme élément, une détermination libre ; ce serait nier la possibilité *a priori* d'êtres libres, pendant que nous en sentons la réalité *a posteriori*. Donc Dieu voit les séries dans lesquelles entrent, comme éléments, des déterminations libres, aussi bien que les autres ; et c'est par cette vision que tout commence en lui. Nous ne pouvons donc pas expliquer les visions des phénomènes de liberté et de leurs suites par leur prédestination ; il semble même, de prime abord, que c'est un *a fortiori* du cas des phénomènes nécessaires ; mais ce n'en est qu'un *a pari*, au point de vue où nous nous plaçons. Toujours est-il qu'il faut, de toute nécessité, on l'expliquera ensuite comme on pourra, ou on ne l'expliquera point, que Dieu voie, en premier, la détermination libre, qu'il l'a voie avant d'avoir rien voulu en ce qui la touche, aussi bien que le phénomène forcés, sans quoi, quand sa volonté va venir opérer la réalisation de ce possible, il agirait en aveugle, ne sachant ce qui suivra de son acte, et même il ferait l'impossible en faisant ce dont il n'a pas l'idée ; et, par conséquent, il est absurde de ne remonter qu'à la préordination dans la volonté, pour rendre raison de la préordination dans l'entendement, ou de la prescience, puisque ce serait rendre raison du père par le fils.

Au reste la vision des phénomènes de liberté n'est pas plus difficile à comprendre que celle des phénomènes de nécessité puisque la volonté ne joue aucun rôle dans cette vision radicale ni à l'égard des uns, ni à l'égard des autres ; c'est une science directe antérieure à tout décret et dont la meilleure et peut-être la seule explication, est dans la non-succession de l'éternité, devant laquelle les réels sont présents avec leurs enchaînements en la même manière que les possibles le sont, c'est-à-dire sans succession de temps et sans continuité d'espace. Un effet analogue se produit dans nos esprits bornés relativement aux événements qui se sont succédé ; ils nous deviennent présents à la pensée, quoique la pensée voie, en même temps, qu'ils ne le sont pas entre eux ; le déluge et la mort de César sont deux événements très-éloignés l'un de l'autre, que mon esprit voit simultanément tout en jugeant la distance qui sépare leurs réalités. Un phénomène semblable se passe dans l'œil lorsqu'il voit une avenue bordée d'arbres s'étendre en ligne droite : tous les arbres, quoiqu'à des distances qu'il juge par l'angle sous lequel leur image se peint sur sa rétine, sont présents à sa vue. Si des phénomènes de ce genre se produisent en petit dans la créature, qu'y a-t-il d'étonnant à ce qu'ils aient en Dieu un type complet, consistant dans la vue simultanée de toutes choses avec jugement clair des distances qui les séparent les unes des autres et qui font qu'entre elles, les unes sont futures et les autres passées ?

Il en est de même de l'harmonie des relations entre les événements nécessaires et les événements libres. Dire que c'est la volonté qui marche devant pour faire cette harmonie, et que l'intelligence ne s'en forme la connaissance qu'après que la volonté l'a faite, c'est renverser l'ordre absolu ; cette harmonie rentre dans les conditions spécifiques de chaque possible, et est vue directement en premier lieu, d'où il est interdit de l'expliquer par la volonté ou prédestination.

Mais n'y a-t-il pas aussi décret ? Oui, sans doute, et, pour le comprendre, portons notre pensée sur la réalisation du possible. Dieu n'est pas libre de sa science ; elle lui est essentielle ; mais il est libre de vouloir la réalisation de tel ou tel possible, qu'il lui plaît de choisir parmi tous ceux qui ne renferment rien de contraire à sa raison en ce qui viendra de lui-même, et qui sont en nombre infini (31) ; ils sont, par l'hypothèse,

---

(31) Cette thèse de la science des possibles antérieure au décret de réalisation est très-lumineuse

autant de biens réalisables, qui n'ont aucun droit à l'être substantiel, et dont le choix pour l'appel à l'être dépend de sa volonté pure. Nous croyons, disons-le en passant, que Dieu réalise éternellement des mondes nouveaux à son bon plaisir, en prenant tantôt l'un, tantôt l'autre dans sa science des possibles ; mais peu nous importe ici ; supposons qu'il en choisisse un et le réalise ; il y a, dès lors, un grand décret, celui d'une création ; c'est par ce décret que s'exerce la liberté divine, et elle est tout entière renfermée dans ce point : créer ou ne pas créer ce possible, préférablement à tel autre. Nous supposons que Dieu use de sa liberté pour le créer, que s'ensuit-il ? que le décret général de création, implique autant de décrets et prédestinations particulières qu'il y a d'échelons dans le développement du possible choisi, et que ces décrets s'enchaînent eux-mêmes, et sont antécédents les uns aux autres selon l'ordre des échelons, des causes et des effets, ordre qui sera nécessairement, après l'élection supposée, exactement correspondant à celui de la vision préalable. S'il ne s'agit que de phénomènes nécessités, il y a autant de décrets particuliers que de ces phénomènes ; s'il n'y a que des déterminations libres, il y a autant de décrets particuliers que de ces déterminations ; s'il y a enchaînement harmonique de nécessités et de volitions libres, il y aura encore autant de décrets que de crans dans l'enchaînement ; et tous ces décrets, qui forment la prédestination des réalisations, sont essentiellement impliqués dans le décret général de création. On ne peut donc pas plus expliquer la prédestination par la prescience que la prescience par la prédestination ; car pour que la prescience expliquât la prédestination, il faudrait qu'elle la nécessitât ; or, nous attribuons à Dieu la liberté de créer ou de ne pas créer, ce qui suppose que la science du possible n'entraîne pas nécessairement le décret de création de ce possible et, par suite, la série de décrets particuliers impliqués dans celui-là.

Voilà donc deux séries en Dieu, la série de la prescience, nécessaire, essentielle, non libre, découlant de la toute science de Dieu ; et la série de la prédestination parfaitement libre, découlant de la liberté de créer ou de ne pas créer. Ces deux séries sont indépendantes, en ce sens que la première ne nécessite point la seconde, et que la seconde ne peut rien changer à la première. Mais il suit de là que, supposé le décret de création, c'est la première qui sert de règle à la seconde, et, par suite, que chaque décret particulier est conséquent à la vision particulière qui lui correspond.

Il faut conclure que la prescience et la prédestination marchent de pair et en suivant le même ordre, la première étant toujours antécédente à la seconde ; et, par conséquent, ceux qui, comme Bossuet, ne remontent qu'à la volonté de Dieu pour rendre raison de tout, s'arrêtent à un point trop bas, puisque, pour aller jusqu'au fond de la raison des choses, il faut remonter jusqu'à l'idée des choses, qui est antécédente à la volonté de leur réalisation ; ils ne se trompent pas cependant dans leur explication, puisqu'il faut passer par cette volonté, et qu'on peut s'arrêter là où on la rencontre ; mais ils laissent de l'obscurité dans la question, et, par ce manque de considération du premier élément, en augmentent le mystère. D'un autre côté, ceux qui négligent la prédestination, pour ne considérer que la prescience enjambent un échelon, celui du décret libre de création, et, pour simplifier la question, ne la résolvent pas.

Jusque-là, prescience du possible dans toute sa série de développement ; et prédestination du réel conforme au possible dans toute sa série correspondante. Mais voici le plus important.

La série de la prescience est essentielle, invariable, immuable dans son ordre ; ce qui termine ne peut pas la commencer ; ce serait tout bouleverser que de dire, par exemple, que la vision du dernier soit antécédente à la vision de l'effet précédent, en d'autres termes que la fin est vue avant ce qui l'amène. Donc il en est de même de la série des décrets particuliers impliqués dans celui de la création du possible conçu ; il y a logiquement, et par raison nécessaire, décret du premier échelon, en tant que réalisé, avant décret du second sous le même rapport, et il suit de là une conséquence grave qu'il nous faut bien fixer dans notre mémoire ; c'est que le décret particulier qui réalise la fin est *conséquent*, et non *antécédent* au décret particulier qui réalise les moyens, aussi bien que la vision de la fin est conséquente à la vision des moyens, et que les décrets des moyens et de la fin, sont eux-mêmes, conséquents aux mêmes visions correspondantes.

Encore une observation avant d'entrer dans l'application à un exemple. Par où

pour éclairer, comme on va le voir, le mystère de la liberté dans la créature et de la prédestination en Dieu ; mais elle fait surgir dans l'esprit un autre mystère, celui de la conciliation de cette science avec le principe qui dit que la vision simultanée d'un nombre infini est impossible ; tant il est vrai que, de quelque côté que l'âme plonge dans le rapport du Créateur et de la créature, de l'éternité et du temps, il faut qu'elle aille se briser contre une énigme que Dieu s'est réservée. Cependant ce nouveau mystère vers lequel nous nous reportons à pleine course, dans cet article, s'éclaircit lui-même encore devant notre pensée, jusqu'à un certain point, par la distinction que nous faisons dans l'article ONTOLOGIE, entre la vision *abstraite* et la vision *concrète*. — *Voy.* ONTOLOGIE. — En nous, la concrétion précède l'abstraction, parce que nous remontons le fleuve de l'être ; en Dieu, l'abstraction précède la concrétion, parce qu'il le descend. — Le lecteur comprend, au reste, que, pour ne pas embrouiller l'esprit, nous ne parlions pas ici de cette première distinction en Dieu, antérieure à la réalisation des choses.

saurons-nous l'ordre exact des visions particulières logiquement renfermées dans la vision totale du possible, ainsi que des décrets conséquents les uns aux autres, logiquement renfermés dans le décret total de création? Evidemment nous ignorons cet ordre pour tous les possibles et tous les réels, excepté pour notre réel à nous-mêmes; mais, en ce qui concerne celui-là, les faits mêmes nous apprennent cet ordre; car il est impossible que ces faits ne se passent pas exactement selon l'enchaînement et la succession logique de leurs types éternellement vus de Dieu, et des décrets qui réalisent ces types. Autrement l'opéré ne serait pas conforme à l'idée et à la volonté de l'opérateur; autrement, l'œuvre mettrait en défaut l'ouvrier; nous sommes donc certains que ce qui se passe est la copie de la prescience et de la prédestination tout ensemble; c'en est l'écriture et le verbe *ad extra*; et dans cette écriture et dans ce discours, chacune des phrases et chacune des paroles garde le même anneau par succession dans le temps et l'espace, qu'elles occupent éternellement et sans succession sur la toile et sur le code de l'éternité.

Or, si nous observons les faits, que trouvons-nous, par rapport aux phénomènes de liberté, les seuls qui nous intéressent véritablement? Nous trouvons trois échelons principaux; la grâce qui est impliquée dans la constitution même du libre arbitre (voy. *Nécessité de la grâce*, au mot GRACE); la détermination libre, avec le mérite ou le démérite qui s'ensuit; et la gloire proportionnelle en plus ou en moins, en négation ou en affirmation, qui s'ensuit encore, et qui est la fin. Donc, 1° la vision et le décret de la grâce, en d'autres termes, la prescience de la grâce, premier moyen, impliquée dans la vision du possible, et la prédestination à la grâce impliquée dans la volonté de réalisation de ce possible, sont antécédentes à la vision et au décret de la détermination libre; donc, 2° la vision et le décret de la détermination libre, en d'autres termes, la prescience de cette détermination, impliquée dans la science du possible, et la prédestination du réel de cette détermination conformément à la prescience, en d'autres termes encore, la prescience du mérite ou du démérite dans le possible, et la prédestination de leur réel, sont *antécédentes*, et non *conséquentes*, à la prescience et à la prédestination de la gloire proportionnelle, en présence ou en absence, selon le mérite ou le démérite.

Comment donc a-t-on pu soutenir, d'une part, avec Pélage, que le décret de prédestination à la grâce soit conséquent à la prévision des mérites; et, d'autre part, avec les prédestinatiens, que le décret de prédestination à la gloire soit antécédent à la prévision des mérites? N'était-ce pas tout bouleverser, tout mettre sens dessus-dessous dans la série des choses? puisque l'ordre de la prescience domine, du commencement à la fin, celui des décrets, et que l'un et l'autre se correspondent dans tous leurs degrés, il n'y a qu'une chose qui soit bonne à dire, et qui puisse sortir de la tête d'un logicien, c'est que la prescience de la grâce est antérieure au décret de la grâce, que la prescience du mérite est antérieure au décret de la réalisation du mérite, et que la prescience de la gloire est antérieure au décret de la réalisation de la gloire, par là même que la prescience du possible est antérieure au décret libre de la réalisation de ce possible. Voilà pour les rapports de la prescience à la prédestination; et, quant aux rapports des degrés entre eux dans chaque série, la seule chose à dire, c'est que la grâce, dans la prescience du possible et dans l'appel au réel, précède le mérite, et que le mérite, dans la prescience du possible et dans l'appel au réel, ainsi que dans les faits, précède la gloire, par là même que la vision du possible et la volonté de son réel impliquent, à la fois, la grâce avant le mérite, le mérite avant la gloire, et non le mérite avant la grâce, ou la gloire avant le mérite, ce qu'oser dire, serait bouleverser la logique de Dieu. Peut-être a-t-on fait la confusion, parce que, dans notre logique humaine, nous remontons ordinairement le cours que Dieu descend dans la sienne; nous disons pour la démonstration; tel effet, donc telle cause; telle fin, donc tel moyen; mais ce procédé ne convient point à Dieu; il suit, dans ses décrets, la série naturelle qui se développe dans sa raison, et cette série, nous l'avons surabondamment expliqué, va de la racine à la floraison, comme dans la nature réalisée.

Avec cette manière de calquer l'explication du mystère sur la suite naturelle des choses, rien n'est plus facile à comprendre que l'accord de la liberté humaine avec la prescience et la prédestination, aussi bien que l'accord de la prédestination et de la prescience avec le mal et le malheur qui résulteront de la mauvaise volonté des créatures libres. Faisons-le comprendre par un exemple, en choisissant cet exemple dans les phénomènes visibles de l'ordre naturel, puisque nous sommes placés, pour le moment, sur le terrain philosophique.

Dieu, dans sa vision éternelle de tous les possibles, voit notre monde avec son mélange de biens et de maux; il voit, dans ce monde, Socrate et Mélitus, avec la gloire pour l'un et la honte pour l'autre dans la mémoire des générations subséquentes. Expliquer Socrate et Mélitus, c'est évidemment tout expliquer. Que voit Dieu dans ce possible? il voit deux intelligences à nuances diverses, deux caractères de forces différentes, deux esprits dont les natures diffèrent entre elles comme les deux corps et les deux visages, mais qui sont également doués de la liberté, c'est-à-dire de la puissance d'employer, pour le bien ou pour le mal, conformément ou contrairement à la voix de leur conscience, les énergies qui sont en eux; il voit ces deux êtres se développer depuis la naissance jusqu'à la mort, et, durant cet intervalle, user, chacun à sa manière, de leur liberté; pour être simple, réduisons tout à un seul acte; il voit Mélitus se déterminer à la mort de Socrate, employer devant le tribunal d'Athènes les moyens d'arriver à son but, et y réussir; il voit Socrate se résoudre à souffrir la mort plutôt que de faire une seule bassesse, plutôt que de renier aucune des vérités qu'il a enseignées aux pauvres comme aux riches, et boire, en effet, librement, la ciguë, en léguant, pour héritage, à ses amis son plus beau discours sur l'immortalité de l'âme. Il voit enfin, d'un côté, la gloire de Socrate s'épanouir dans la mémoire des hommes et durer aussi longtemps que le monde dont il fait partie; et, d'un autre côté, la honte de Mélitus se transmettre d'âge en âge, accompagnée de malédictions, parallèlement au long trophée de sa victime. Tels sont les trois degrés de la vision divine de ce possible; celui des forces ou des grâces constitutives des deux libertés, celui des deux déterminations libres, et celui de la gloire pour l'un, de l'ignominie pour l'autre. Observons avec soin que cette vue est en Dieu, sans changement, sans modification, qu'elle fait partie de son essence intellectuelle, et, par conséquent, que ce possible, en tant que possible, est par soi et par nécessité comme Dieu même, ou plutôt est Dieu même. Assurément Dieu en voit des infinités d'autres, mais, pour peu qu'on le supposât modifier celui-là dans son idée, on le supposerait en voir un autre, qu'il voit en effet, mais celui-là n'en existerait pas moins; il est avant la réalité, comme il sera après la réalité, s'il est réalisé; aucune différence, en Dieu, entre la vue avant réalisation et la vue après réalisation.

Or, si nous nous arrêtons, un instant, à ce point, nous trouvons que jusqu'alors la vision divine ne nuit, en rien, à la liberté des deux personnages, que leurs déterminations, pour être sues, n'en sont pas moins, dans le possible, parfaitement libres; cette vue, antérieure relativement à la réalisation de la créature dans le temps, mais qui se projette, de Dieu, d'une manière présente qu'on pourrait comparer à celle par laquelle le centre du cercle a, tout à la fois, présents les points opposés de la circonférence, et n'a pas besoin, pour les voir, d'attendre qu'une rotation les lui montre, n'influe pas plus sur la détermination que n'influera sur elle la même vue après réalisation. Que je voie, d'un lieu caché, un homme faire un crime, ma vue a-t-elle une action sur sa liberté? Il en est de même ici; et jusqu'alors aucun embarras. Il faut cependant ajouter que Dieu, en voyant, dans le possible, la bonne volonté de Socrate et la mauvaise de Mélitus, voit, en même temps, que l'une est conforme à l'ordre éternel de justice, et que l'autre est en insurrection contre cet ordre : il voit la bonne à titre d'événement, et l'approuve à titre de volonté conforme à la vertu; il voit la mauvaise exactement comme l'autre à titre d'événement, et la désapprouve par la raison contraire. La vue et le jugement sont inséparables, et la liberté des deux personnages en est indépendante.

Venons maintenant au second acte qui est, en Dieu, un acte de liberté, celui de la création, qui implique, comme nous l'avons dit, la prédestination avec tous ses décrets particuliers. Dieu peut-il vouloir la réalisation de ce possible? La réponse dépend de l'hypothèse du possible lui-même en tant que vu et jugé par l'idée et la raison. Des personnes diront : Nous voyons bien que Dieu peut réaliser le possible Socrate, mais nous ne voyons pas qu'il soit sage et bon de réaliser le possible Mélitus. Mais cette observation n'est pas logique; sans doute on voit clairement que rien ne s'oppose à ce que Socrate soit un possible possible sous tous les rapports; et si on nous demandait : Est-il sage et bon de créer Mélitus tout seul, en le supposant isolé de tout rapport à un monde dont il fasse partie? nous serions assez porté à répondre qu'il nous paraît peu compatible avec les attributs de l'infini, qu'il se décide à le créer plutôt que de le laisser à jamais dormir au nombre des simples possibles, bien que, si l'on imagine que, pour ce Mélitus lui-même, il soit préférable définitivement d'être réalisé, nous ne voyons aucun motif suffisant qui puisse empêcher la sagesse et la bonté sans bornes de ne pas le réaliser comme une foule d'autres biens supérieurs à celui-là. Mais ne divaguons pas; restons dans le possible imaginé d'abord; ce possible c'est Socrate et Mélitus, Socrate pour qui Mélitus est un instrument de glorification, Mélitus pour qui la vertu de Socrate est l'occasion de sa malice et de sa honte. Or, il est évident que Dieu peut réaliser ce possible; autrement, il ne pourrait pas réaliser Socrate puisque Mélitus est essentiel au développement de la grandeur et de la gloire de Socrate; d'ailleurs, si on y voit un mélange de bien et de mal, de gloire et de honte, on y voit, en même temps, que le bien l'emporte sur le mal; quel mal pourrait donc l'emporter sur une gloire comme celle du sage d'Athènes? La postérité bénira Mélitus plus qu'elle ne le maudira, d'avoir honoré le monde de la mort de Socrate; et puis, le fait est là pour répondre; le possible dont nous parlons est bien possible sous tout rapport puisque Dieu l'a réalisé; que nous faut-il de plus? Qu'on ne demande pas pourquoi Dieu ne lui en a point préféré quelque autre; Dieu était libre de son choix, comme le potier est libre de choisir, pour la réaliser, la forme de son vase parmi toutes formes qu'il a dans la pensée; et, au surplus, qui vous a dit que Dieu n'en réalise pas des milliers d'autres? Vous voulez qu'il choisisse tel ou tel, que vous trouvez meilleur! que savez-vous si ce tel ou tel n'est pas déjà fait dans un autre monde, ou s'il n'y a pas un moment décrété dans la succession des temps, où il germera sur le sillon indéfini des réalités? Voulez-vous que celui de Socrate et de Mélitus n'ait pas son tour? De quel droit limiter la puissance et la liberté de l'infini?

Voilà donc l'infini qui réalise, par un décret de sa volonté toute-puissante et toute efficace, le possible de Socrate et de Mélitus, et, dès lors, la prédestination succède à la prescience, étant tout entière comprise dans le décret de création. Que veut le Tout-Puissant par ce décret? Evidemment il veut le possible en tant que réel, et il le veut selon l'ordre intrinsèque de ce possible lui-même en tant qu'il le voit dans son éternité. Dieu, par le fait de la création des deux personnages, décrète donc, 1° la collation de la grâce constitutive de la liberté de Socrate, et la collation de la grâce constitutive de la liberté de Mélitus; 2° le réel de la détermination libre de Socrate à souffrir la mort, et le réel de la détermination libre de Mélitus à la faire souffrir à Socrate; 3° la glorification de Socrate en conséquence de sa grande action, et la réprobation de Mélitus devant tous les siècles en conséquence de son infâme poursuite.

Or, remarquons bien tous les points suivants:

Que fait à la liberté des deux personnages cette prédestination? Absolument rien si le décret de création n'y fait rien lui-même, puisqu'elle se résume tout entière dans ce décret; or ce décret, ne portant que sur la réalisation du possible, n'étant que l'appel à l'être de ce possible antérieurement conçu, n'y peut faire rien de plus que la prévision elle-même; ce qui était libre dans le possible, reste libre dans le réel, puisque l'un n'est que la copie de l'autre. Pour Dieu, vouloir le réel, n'est rien changer à l'essence de la chose, c'est uniquement faire qu'au lieu d'être simplement en type idéal, elle s'épanouisse en réalité qui se sent et qui se voit, et cet acte, exactement mesuré par celui de l'idée et de la raison éternelle, ne change rien aux conditions intrinsèques de l'être en lui-même. Or ces deux déterminations sont libres, de toute éternité, dans le possible, et, le possible réalisé, elles vont l'être dans le temps; donc la volonté du réel n'a pas plus d'influence sur la liberté de la détermination pour la nécessiter, que la prévision n'en avait sur elle pour la rendre nécessaire. Le réel de cette détermination, bonne dans Socrate, mauvaise dans Mélitus, est voulu par Dieu puisqu'il veut la création du possible, mais ce réel, étant, par son essence, un réel de liberté et non de nécessité, sans quoi il y aurait substitution d'un possible à un autre, ce qui est contre l'hypothèse, on ne peut dire qu'une chose, à savoir que Dieu veut que les deux déterminations se forment réellement et librement.

D'un autre côté, il n'en est pas moins certain que la volonté de Mélitus sera mauvaise et que celle de Socrate sera bonne; il est même impossible qu'il n'en soit pas ainsi, comme il est impossible qu'après l'accomplissement, la volonté de l'un ne soit pas ayant été bonne, et la volonté de l'autre ayant été mauvaise; nous l'avons dit, le *devoir être* est absolu comme *l'avoir été*, par cela seul qu'une chose ne peut pas être et n'être pas en même temps qu'elle est, par cela seul que supposer que Mélitus ne se détermine pas librement au mal, serait supposer un autre possible, tout en supposant celui-là; mais c'est librement qu'il est *devant se déterminer* au mal, comme il sera, plus tard, *s'étant déterminé* librement, bien qu'il soit contraire à l'être même des choses de supposer qu'il ne soit pas ou *devant avoir*, ou *ayant eu* sa mauvaise détermination. La seule chose qu'on pourrait prétendre, c'est que Dieu ne pût vouloir la réalisation de ce possible, ce qui irait à nier la possibilité de la création de tout libre arbitre dont le futur implique l'abus de soi-même; il est évident que si Dieu le voulait, il pourrait n'appeler à l'être, dans les possibles, que ceux qui ne renferment, dans leur futur, et ne renfermeront jamais, dans leur passé, que de bonnes déterminations, au moins définitives; mais nous avons dit et prouvé plus haut qu'il peut aussi créer ceux dont l'avenir est en sens contraire. Tout est dans ce mot: Dieu peut-il réaliser un possible à mauvaises déterminations libres? et, le oui répondu, comme le répondent les faits, plus de ténèbres.

Continuons d'analyser les décrets de prédestination impliqués dans la création de Socrate et de Mélitus.

Le décret premier, dans l'ordre logique, dont la prescience donne le type invariable, c'est le décret de la collation de la grâce propre à chaque personnage, pour constituer sa puissance de volonté parfaitement libre, relativement à la matière sur laquelle il s'agira de choisir; et celui-là est antécédent à tous les autres, comme l'acte créateur est antécédent à toute sa floraison, comme le germe est antécédent à la germination. Rien de plus clair.

Le décret qui occupe le second rang, ou la seconde prédestination particulière, c'est la volonté en Dieu du réel de la détermination, bonne dans Socrate, mauvaise dans Mélitus, ou du mérite de l'un, et du démérite de l'autre dans l'ordre naturel, puisque nous ne considérons que cet ordre en ce moment; or, ce qu'il y a à remarquer à ce sujet, c'est que la détermination libre de Socrate, se trouvant en harmonie avec la loi éternelle du juste, se trouve, par là même, en harmonie avec la volonté divine, en tant que justice éternelle; en sorte que Dieu veut, tout à la fois, dans Socrate, et le réel de la détermination comme pur événement, et la détermination en elle-même dans sa moralité relative à la loi de justice; c'est qu'au contraire, la détermination mauvaise de Mélitus, se trouvant en contradiction avec la même loi en justice, se trouve, en même temps, en contradiction avec la volonté divine, en tant que justice éternelle, qui ne veut et n'approuve que le bien; en sorte que l'on peut dire que Dieu veut, par là même qu'il le crée, le réel de la détermination comme pur événement entrant, à titre d'élément, dans l'harmonie du possible qu'il appelle à l'être substantiel, et ne veut pas cette détermination en soi dans sa moralité, mais dans ses rapports individuels avec la justice. Pareils concours de volontés, diverses sous divers rapports, sont très-fréquents chez tous les êtres intelligents et libres. Par exemple, qu'un atroce tyran soit assassiné par un scélérat qui ne veut que son or, tous les honnêtes gens applaudiront à l'événement, et honniront la scélératesse de l'assassin. Or, tout ce qui se passe de conforme à la raison dans la créature a son type en Dieu, sans quoi ce serait un effet sans raison et sans cause. On voit que nous retombons ici dans l'explication de Descartes (lettre 10e); d'où il faut conclure que Bayle a tort de soutenir que les deux volontés, dont parle le philosophe, n'en font qu'une, et que l'abbé Guitton a tort d'approuver ce jugement. La raison de Descartes est excellente et lumineuse, quand on y arrive par toute la série que nous venons de parcourir, mais n'a de rapport qu'à l'acte libre par lequel on mérite ou démérite. Dans ce dernier cas, le seul embarrassant, Dieu veut le démérite, par le décret de création du possible, à titre d'élément dans l'harmonie de ce possible, et il ne le veut pas de sa volonté de justice relative.

Reste le troisième décret particulier, celui de la prédestination à la gloire ou à la honte. Nous appellerons la prédestination de Socrate à la gloire, du mot *prédestination* simplement, et la prédestination de Melitus à la honte, du mot *réprobation*.

Observons d'abord, qu'en conséquence des principes que nous avons posés, ce décret n'est antécédent à aucun des précédents, pas plus que la vision de la gloire de Socrate et de la honte de Mélitus ne peut être antécédente à la vision de la grâce accordée, et à celle du mérite ou du démérite, fruits du libre arbitre coopérant ou résistant à la grâce. Par là même que, dans le fait, la glorification de Socrate a suivi son mérite, et la honteuse mémoire de Mélitus son démérite, le décret du réel de cette glorification, que nous appelons prédestination, et le décret du réel de cette honteuse mémoire, que nous appelons réprobation, sont conséquents aux prévisions et décrets de ce qui a précédé. Il est donc vrai et nécessaire de dire que la prédestination de l'un et la réprobation de l'autre existent comme conséquences logiques de leur mérite ou démérite, ou si l'on aime mieux, sont choses méritées.

Mais on peut considérer la réprobation de plusieurs manières, ou, plutôt, il y a diverses espèces de réprobation : on peut distinguer la réprobation positive et la réprobation négative. La première est le décret, aussi positif que celui de la création du possible, puisqu'il n'en est qu'une partie essentielle, de la triste célébrité de Mélitus, en conséquence de son crime librement commis, et celle-là va de pair avec la prédestination de Socrate. Cependant, on y peut trouver une différence avec cette prédestination; cette différence découle de celle que nous avons trouvée entre la détermination bonne et la détermination mauvaise, relativement aux volontés de Dieu. La glorification de Socrate, suite de sa grande action, est une chose qui, considérée en soi, sourit à la bonté de Dieu, et la honte de Mélitus, suite de son crime, est une chose qui, considérée de même, déplaît à cette bonté. De même que Dieu, en tant que justice souveraine, désapprouve et ne veut pas tout mauvais usage de liberté dans la créature, et cependant veut, en tant que créateur, le réel de ce mauvais usage, comme pur événement, lorsqu'il décrète la création d'un possible où se trouve du bien et du mal; de même Dieu, en tant que bonté souveraine, ne veut directement la réprobation d'aucune créature, pas plus celle de Mélitus que celle d'un autre, et veut, au contraire, à ce titre, la prédestination de toutes. C'est ainsi qu'il est vrai de dire qu'il veut le bonheur de tout ce qu'il crée, quoique, à titre de créateur, il veuille, comme événement essentiellement attaché, par la volonté libre du créé, au possible dont il décrète la création, le malheur de ce créé, sans quoi il ne pourrait créer les possibles, mélangés de bien et de mal, dont nous avons parlé. Ainsi donc, la bonté souveraine n'a pas voulu le malheur de Mélitus, elle a voulu son bonheur, comme celui de Socrate. Mélitus a voulu le contraire. Cette volonté s'est trouvée faire partie du possible que Dieu a voulu créer, et, par la volonté absolue de le créer, il a voulu, en même temps, à titre de créateur pouvant créer tous les possibles, le réel du malheur de Mélitus, parce que la bonté ne pouvait, sans contradiction, détacher du possible choisi ce malheur voulu librement par Mélitus, et inhérent à ce possible.

Par réprobation négative, quelques-uns ont voulu exprimer une simple absence de prédestination à la gloire, une espèce d'oubli ou d'absence d'acte; mais ce sens ne nous paraît impliquer aucune idée : tout est dans le décret de la création, et, comme ce décret est un acte très-positif et très-efficace, il ne peut renfermer que de l'efficace et du positif. Laissons donc ce sens, qui est un non-sens, à moins, toutefois, qu'on ne l'applique aux possibles que Dieu ne veut pas créer, et laisse à l'état de simples possibles; car il y a bien, pour ceux-là, absence d'acte de création, et, par là même, absence de prédestination ou de réprobation, quoique cette absence d'acte créateur ne soit pas, non plus, un oubli, mais une volonté positive de ne pas faire. Mais on peut entendre autre chose par la réprobation négative. Pour le comprendre, ajoutons au possible de Socrate et de Mélitus celui d'un idiot qui n'a rien compris à ce qui s'est passé à la mort de Socrate, et qui est mort ignoré sans que la postérité en conserve aucun souvenir. Il n'y a, pour cet être, ni prédestination à la gloire socratique, ni réprobation positive pareille à celle de Mélitus. Comment appellera-t-on la négation dans laquelle se trouve son souvenir!... On peut l'appeler réprobation négative, par comparaison à la gloire de Socrate; mais c'est un autre possible, dont Dieu a voulu le réel par le décret de création, et dans lequel n'entre, comme éléments, ni la grâce suffisante pour la liberté nécessaire à l'acquisition du mérite, ni le mérite suffisant pour l'obtention de la gloire, ni le démérite suffisant pour la réprobation positive. Il en résulte, pour ce possible réalisé, un état quelconque d'espèce différente, qu'il plut à Dieu de lui donner, en le choisissant pour l'appeler à l'être. Mais ce qu'il faut bien comprendre, c'est que tout est positif dans cette création comme dans les autres. Dieu veut simplement le possible moins parfait, avec son développement, et ce n'est que par comparaison à un autre, qui lui est supérieur, qu'on peut trouver, dans la création de ce possible, une réprobation négative. On peut concevoir ainsi toutes sortes de possibles, et tous seront l'objet d'une réprobation négative, ou d'un refus du mieux, si on les compare à leurs supérieurs, soit que la liberté entre dans les éléments de leur développement, soit qu'elle n'y entre pas. Si elle y entre, ce sera comme capacité relative à leur fin moins élevée; si elle n'y entre pas, l'être sera soumis à la nécessité, et atteindra, par force, ce que les autres atteignent par liberté. Mais les deux cas reviennent à un seul, puisque, dans celui de la liberté, la liberté manque de capacité pour une fin plus élevée, d'où l'on doit dire que, comme dans le second, il n'y a point liberté relativement à cette fin plus élevée. La réprobation négative, ainsi comprise, n'a donc lieu que par comparaison, et relativement aux fins qui sont au-dessus de la capacité d'un être. Quant à la réprobation positive, qui implique souffrance, il importe de se souvenir qu'elle ne peut jamais arriver qu'en conséquence des abus de la grâce et de la liberté.

Nous avons choisi, par exemple, Socrate et Mélitus, et nous n'avons parlé que de leur mémoire devant les hommes; pourquoi donc n'avons-nous pas considéré leurs états relatifs dans la vie des âmes? C'est que nous ignorons ces états, et que, voulant nous concentrer dans l'ordre naturel, nous avons préféré prendre, pour objet de nos explications, le fait visible dont tous sont témoins. Nous croyons que la gloire de Socrate est grande dans l'immortalité, et que Mélitus y rougira toujours de son action infâme; mais, supposé qu'il en soit de la sorte, ce que Dieu sait avec les consciences des morts, et ce qu'on ne sait jamais en cette vie pour tel ou tel en particulier, le lecteur comprend sans peine que tout ce que nous avons dit de la prédestination et réprobation temporelles des deux personnages, s'appliquera à leur prédestination et réprobation éternelles. Il suffira de changer les mots.

Résumons cette étude philosophique.

Toute la série de la prescience, composée d'autant de visions claires et complètes, qu'il y a de degrés dans le développement du possible, est éternelle en Dieu et antécédente à tout le reste.

Dans cette série, l'idée de la grâce à donner, pour constituer la nature, le perfectionnement, la liberté, etc., du possible, est antécédente à celle de la détermination libre, dans les cas de liberté où cette détermination entre comme élément. L'idée de cette détermination est antécédente à celle de la gloire ou de la honte qui est la conclusion du possible; et l'idée de cette gloire ou de cette honte ne peut être, par là même, considérée comme antécédente à aucune des autres.

Le décret de création du possible, tout entier tel qu'il est vu, n'est point nécessité par la science de ce possible : d'où il suit qu'il est défendu de dire qu'aucun des décrets particuliers qu'il renferme, soit nécessité par la prescience considérée en gros ou en détail, quoiqu'il soit vrai que de l'hypothèse de la volonté de créer, il s'en suive des conséquences nécessaires; mais ces conséquences ne sont nécessaires que relativement, et en ce sens qu'étant impliquées dans le décret libre de la création, supposer que Dieu en restât encore maître, serait supposer qu'il peut faire et ne pas faire la même chose en même temps. C'est ainsi que tout est gratuit de ce que Dieu donne à la créature en réalisant, par l'appel à l'être substantiel, tout son développement, et que cependant, dans ce développement les phénomènes s'engendrent et se nécessitent les uns les autres, en vertu de l'impossibilité où est Dieu de se contredire, en voulant et ne voulant pas une même chose sous le même rapport.

D'un autre côté, le décret de création avec tous ceux qu'il implique, ne peut rendre raison de la prescience, et en être le moyen, puisqu'il ne peut venir qu'après, dans l'ordre de raison. Affirmer le contraire en disant que Dieu sait notre avenir parce qu'il le veut, serait émettre cette absurdité, que Dieu ne sait que ce qu'il réalise, et qu'il réalise, par l'efficace de son vouloir, ce qu'il ne sait pas encore.

Enfin les décrets particuliers impliqués dans celui de création, lesquels se résument, quand il s'agit de la réalisation d'un possible à élément de liberté, dans le décret de la grâce, dans le décret du réel de la volition libre, et dans le décret de la gloire ou de la honte, selon que cette volition est bonne ou mauvaise, gardent entre eux leur hiérarchie comme les visions particulières; d'où il suit qu'il y a la même absurdité à prétendre que le décret de la grâce se fasse en vertu du mérite, et que le décret du mérite se fasse en vertu de la gloire. Même raisonnement dans le cas de la réprobation; il n'y a de réprobation véritable que la réprobation positive, et celle-là suppose, antérieurement à elle, le réel du démérite, comme le démérite suppose, antérieurement à lui, le réel de la grâce qui constitue la liberté. Prétendre, avec les fatalistes, que le décret de réprobation est *antécédent*, et que le démérite ne vient qu'en vertu de ce décret, c'est bouleverser les harmonies de l'être. Quant à la réprobation négative qui ne se comprend, à l'égard des possibles réalisés, que par comparaison à des perfections plus grandes, elle exclut la grâce et la liberté relatives à ces perfections plus grandes, et elle vient, dans la volonté suprême, en conséquence du moins de grâce qu'implique le décret de création d'un possible inférieur.

Venons maintenant à la théologie, nous n'aurons que quelques mots à dire pour en faire comprendre l'harmonieux accord avec ce qui précède.

IV. Il s'agit maintenant du surnaturel ; mais on comprend, à première vue, que la question ne change pas en changeant d'objet. Les phénomènes restent ou de nécessité, ou de liberté : quand il n'y a que nécessité, comme dans le cas des enfants qui meurent sans avoir joui de la raison, l'enchaînement se réduit à deux degrés, la grâce, autre que celle qui constitue la liberté, et la gloire ; quand il y a liberté, les trois degrés reparaissent, grâce, volition libre avec mérite ou démérite, et gloire ou honte dans l'éternité. Nous disons cependant que l'objet change ; c'est qu'il s'agit originairement, en Dieu, d'une autre espèce de possible, d'un possible à double développement. Dans ce possible, en effet, se montre au regard éternel : 1° une série naturelle comprenant la grâce de la liberté avec démérite dans le chef de la race ; la constitution de la race dans un état inférieur de réprobation négative relativement à un autre possible dont le chef de race aurait posé le mérite au lieu du démérite : puis, dans cet état inférieur ou cette dégénérescence, ce qui reste de grâce naturelle à chaque individu ; son mérite ou son démérite dans la limite du naturel, s'il est doué de liberté ; et, enfin, sa gloire relative ou sa honte relative, en conséquence de son mérite ou de son démérite. 2° Une série surnaturelle, comprenant la grâce de régénération, ou reconstitution dans un état supérieur plus ou moins analogue à l'état primitif, qu'on appelle surnaturel ; le mérite ou le démérite dans l'étendue de ce surnaturel, pour l'individu qui est élevé à la jouissance de la liberté surnaturelle ; et, enfin, la gloire ou la honte surnaturelle, en conséquence du mérite ou du démérite de même ordre. Dans l'individu qui n'a point liberté, il faut retrancher l'échelon du mérite ou du démérite, et ne laisser que ceux de la grâce non constitutive de la liberté, ou de son absence, et de la gloire non engendrée par le mérite, ou de son absence.

Or c'est de cette seconde série que la théologie s'occupe ; mais, comme on le voit, la prescience relative à cette série, se décompose, domine la prescience relative à la première, et, par suite, la prédestination relative à cette même série.

Et d'abord quelles sont les propositions de foi catholique sur la prédestination et la réprobation ?

Elles sont les mêmes que celles exposées plus haut n° II, sur la fixation éternelle, en Dieu, des dix points énumérés, avec cette simple modification que, non-seulement ces points sont fixés par prescience, ou plutôt science, ainsi que l'ont remarqué saint Augustin et saint Grégoire, mais encore par décret libre de prédestination ou de réprobation ; d'où sont venus les mots élus, prédestinés, réprouvés.

Or, que l'on se rappelle ici tout ce qu'on vient de lire, et on trouvera qu'en effet, il n'y a pas seulement fixation par prescience, à l'égard des possibles réalisés, mais encore fixation de tout l'avenir par autant de décrets libres qu'il y a de choses dans l'enchaînement du possible, lesquels décrets sont tous impliqués dans le décret général de l'appel au réel, ou de la création.

Pour qu'il n'y eût pas fixation par décret, il faudrait, ou qu'il n'y eût pas, en Dieu, volonté de créer, et alors le possible resterait simplement possible, ce qui n'a pas lieu pour le genre humain dont s'occupe la théologie, puisqu'il est devenu une réalité par l'efficace créatrice ; ou que la volonté de créer ne fût plus libre en Dieu, parce qu'alors, la création devenant une éternelle nécessité, comme l'est véritablement la science des possibles, tout se réduirait à cette science, dans laquelle il n'entre aucun décret (32), par cela seul que Dieu n'est pas libre de ne pas l'avoir, de se la donner ne l'ayant pas, de la modifier, etc. Mais cette dernière hypothèse implique des contradictions philosophiques qui en démontrent très-clairement l'impossibilité et l'absurdité. — *Voy.* ONTOLOGIE. — La simple observation de notre liberté prouve celle de Dieu, puisque sans celle-ci, la nôtre serait sans type, sans cause, sans raison d'être.

Voilà donc, jusque là, la théologie en accord parfait avec la philosophie.

Elle ajoute, d'ailleurs, comme de foi catholique, que cette prédestination ne porte aucune atteinte à la liberté humaine, et que, malgré elle, Dieu n'est pas responsable du mal moral et de ses suites, mais le libre arbitre seul. Souvent on l'accuse, en cela, de présenter à nos croyances un mystère de contradiction ; mais jugez de l'injustice d'une telle accusation par la nécessité dans laquelle la philosophie, sa sœur, s'est trouvée de poser le même mystère ; et, par la manière dont elle a réussi à montrer qu'il n'implique nullement contradiction, n'a-t-elle pas bien prouvé que le décret qui suit la prescience ne blesse pas plus la liberté

---

(32) Ceci s'entend de la science abstraite des possibles ; car le décret libre commence à se montrer dans la concrétion. — Voy. ONTOLOGIE. — Nous avons averti le lecteur que, pour simplifier la question, déjà si compliquée par elle-même, nous prendrions la prescience antérieure au décret de réalisation complète, en sens composé, et sans distinguer les deux degrés qu'elle renferme déjà en elle-même. Tout ce que nous avons dit de la liberté en Dieu de réaliser un possible est applicable 1° à la concrétion du possible impliqué dans la vision abstraite de toutes les lois de l'être ; 2° à la création de ce possible, soit considéré, avant sa création, dans son entité idéale éternelle et nécessaire, soit considéré dans son entité idéale concrète, qui a déjà engendré le temps et qui s'est faite par un premier acte de volonté libre.

que la prescience elle-même, et que, pour avoir le droit de reprocher à Dieu le mal de ses créatures, il faudrait commencer par lui interdire la création de tous les possibles qui admettent, comme éléments, de mauvaises déterminations libres, n'y en eût-il qu'une, ce qui est absurde et réfuté par notre propre existence.

Si maintenant nous jetons un coup d'œil sur les solutions systématiques, elles se trouveront conciliées, jusqu'à un certain point, par la conciliation même des opinions philosophiques correspondantes : mais, comme il est impossible de concilier l'erreur et la vérité, ou la négation et l'affirmation sous le même rapport, commençons par éliminer, en quelques mots, ce qui est évidemment inadmissible, certain que ce qui restera pourra s'harmoniser.

Les semi-pélagiens se présentent et nous disent que la prédestination à la grâce se fait en vertu de la prévision des mérites, et lui est conséquente. Nous avons fait voir combien cette doctrine est subversive de la logique même des choses; la prévision des mérites est le second degré de la prévision totale du possible; la prédestination totale, qui n'est autre que la réalisation totale, est libre et indépendante de cette prévision : donc, en premir lieu, aucune des prévisions partielles ne saurait mériter aucune des prédestinations partielles; d'un autre côté, la prédestination à la grâce occupe le premier anneau dans le décret total : donc, le second anneau ne saurait engendrer le premier, puisque c'est, au contraire, le premier qui engendre le second. Il est vrai que les semi-pélagiens cherchent à pallier cette absurdité en disant qu'il s'agit de la prévision des mérites naturels, lesquels sont antécédents aux mérites surnaturels, et de la prédestination à la grâce surnaturelle, laquelle ne vient qu'après tout l'ordre naturel ; mais cette observation n'empêche pas l'absurdité ; car la première des deux raisons que nous venons de donner n'en est nullement atteinte, puisque la prédestination totale, tant du naturel que du surnaturel, n'en reste pas moins très-indépendante de la prescience, que celle-ci ne donne aucun droit au possible d'être appelé à la réalisation, et que la seule chose que la prescience fasse pour lui, c'est de rendre Dieu libre de le créer ou de ne pas le créer, de réaliser ou de ne pas réaliser tout son développement, en montrant à la raison éternelle qu'il ne présente rien de contraire à ses attributs, d'où l'on doit tirer, comme règle absolue, que les prévisions n'impliquent jamais les décrets, et que tout ce qui sort de ces derniers en sort gratuitement. Quant à la seconde raison, il est vrai qu'elle ne trouve son application que quand on parle de la même grâce et du même mérite qui en est la conséquence ; si on suppose un mérite naturel déjà acquis par une grâce naturelle avant la surnaturelle, il n'y a pas contradiction à supposer que la grâce surnaturelle soit donnée comme récompense du mérite antécédent; en ce cas, le décret de prédestination à la grâce surnaturelle serait une conséquence du décret de prédestination au réel du mérite naturel; mais les semi-pélagiens retombent encore, par ce côté, dans une contradiction ; ils détruisent, autant que les pélagiens, le surnaturel, en le donnant comme conséquence impliquée dans le naturel; pour le conserver il faut imaginer la solution de continuité, en telle sorte que Dieu puisse s'arrêter au décret du mérite naturel et de ses conséquences naturelles ; or, c'est bien ce qui a lieu, puisque chaque décret est libre, non pas en ce sens relatif que, le décret total de réalisation du possible étant porté, chacun de ceux qu'il renferme puisse ne pas l'être, mais en ce sens que Dieu prédestine au réel le possible qu'il lui plaît de prédestiner ainsi, et qu'il est de toute évidence que, parmi les possibles, figure toujours l'être en question, diminué de tout son ordre surnaturel.

Voici venir les augustiniens avec une affirmation toute contraire à celle des semi-pélagiens, et cependant marquée du même sceau. Ils disent que la prédestination à la gloire surnaturelle est antérieure à la prescience des mérites surnaturels et des grâces du même ordre qui servent à former ces mérites ; n'est-ce pas faire une inversion toute pareille à la précédente? n'est-ce pas mettre la fin avant le milieu et le commencement? Dieu voit, dans le possible, avant sa réalisation, la grâce, puis le mérite en conséquence de la grâce, puis la gloire en conséquence du mérite, comme dans un chêne la racine, puis le tronc en conséquence de la racine, puis les feuilles en conséquence du tronc. Ensuite il réalise ; et, dans le décret total de réalisation, se présentent, selon le même ordre, de toute nécessité, le décret de prédestination à la grâce, puis le décret du réel des mérites en conséquence de la grâce, puis le décret du réel de la gloire en conséquence des mérites. Au rete, il faut bien comprendre qu'il ne s'agit pas, quand nous parlons ainsi, de conséquences nécessitées autrement que par la volonté libre du décret total de réalisation du possible élu pour l'*être*, autrement nous tomberions en contradiction avec nous-mêmes ; parmi les possibles, se trouve toujours celui-là même dont on parle, moins les conséquences non essentielles à la source d'être qui les précède, et Dieu est toujours libre d'appeler à l'être ce dernier préférablement au premier, puisqu'il appelle celui qu'il lui plaît d'appeler. Mais nous disons que, dans l'hypothèse de l'appel de tel et tel possible, les décrets particuliers se hiérarchisent nécessairement de la racine au tronc, et du tronc au feuillage, et non point du feuillage au tronc, et du tronc à la racine. Si les augustiniens avaient poursuivi leur logique jusqu'au bout, ils auraient enseigné, ainsi que Calvin, que la réprobation positive est antécédente au démérite, comme la prédestination à la gloire l'est, d'après eux, au mérite. Pourquoi, en effet, faire une différence ? si les décrets divins commencent par la gloire, à l'égard des prédestinés, ne doivent-ils pas commencer par l'ignominie à l'égard des réprouvés? L'objet, en changeant de couleur, change-t-il la logique de l'absolu? il faudra donc enseigner que Dieu veut, en premier et directement, le réel du malheur de quelques-uns, puis le réel de leur démérite en conséquence de ce malheur ; ce qui est plus qu'absurde, mais impie et hérétique de la manière la plus injurieuse à la bonté infinie. Les augustiniens préfèrent l'inconséquence à l'hérésie ; ils ont raison, sans doute, mais l'une n'est pas, à nos yeux, meilleure que l'autre ; s'il s'était trouvé un Augustin pour les poursuivre, comme il s'en trouva un pour harceler les pélagiens et les semi-pélagiens, l'Eglise les aurait, sans doute, condamnés, et nous regardons comme probable qu'elle le fera un jour, si l'occasion lui en est fournie.

Ces deux erreurs contraires étant rejetées, tout ce qui restera des diverses opinions théologiques pourra se concilier. Les thomistes et les molinistes auront raison en même temps, et la seule cause de leur divergence sera la diversité des rapports sous lesquels ils considèrent les mêmes choses.

Par exemple, en considérant le décret *a priori* dans sa généralité et sa liberté absolues, nous dirons tout ce que dit Bossuet, et nous nous joindrons aux thomistes pour affirmer, sans crainte, que la prédestination à la gloire n'est pas plus méritée que la prédestination au réel du mérite et la prédestination au réel de la grâce, puisque la prédestination totale à la réalisation du possible est parfaitement libre, ne trouve dans ce possible rien qui la nécessite, et que le tout n'étant pas mérité, chacune de ses parties ne saurait l'être. Nous dirons qu'il en est, au fond, de ceux que Dieu sauve par l'intermédiaire de leur liberté, comme de ceux qu'il sauve par nécessité, tels que les enfants qui meurent baptisés ; car les uns et les autres sont des possibles que Dieu est libre de créer ou de ne pas créer ; et s'il les crée il leur donne très-gratuitement leur fin, aussi bien que les degrés par lesquels ils doivent passer pour l'atteindre. Nous dirons, à l'égard de ceux qui seront dans le *dam*, c'est-à-dire en dehors du royaume du Christ, ce que disent les thomistes : les uns parviennent à ce *dam* sans leur faute et par nécessité, tels sont les enfants qui meurent sans régénération ; les autres y arrivent par leur faute : ce sont autant de possibles entrant comme éléments de l'universelle harmonie, comme moyens de variété et de contraste ; or, quant aux premiers, il est évident que c'est par un acte positif éternel et libre que Dieu les appelle au réel, et, par suite, qu'il les met dans leur réprobation négative, (*voy.* au mot Vie éternelle en quoi consiste cette réprobation ou damnation négative); on ne peut pas même dire, à ce point de vue, que cette réprobation soit motivée par la déchéance, puisque rien n'oblige Dieu, dans les profondeurs de l'éternité, à créer ce possible, et, dans ce sens, Estius a raison d'appeler *fausse et erronée* l'opinion d'après laquelle Dieu trouverait *a priori*, dans le péché originel, le fondement de la réprobation négative de ces êtres, qui n'est autre que leur création selon le type offert par la prescience (l. I *Sent.*, dist. 40, § 12); nous parlerons de même de toutes les exclusions de perfections supérieures, à les considérer dans leur première origine et dans leur absolu. Quant aux adultes qui se trouveront dans le *dam* par leur faute, nous dirons la même chose en considérant leur réprobation au même point de vue. Ce sont des possibles que Dieu peut vouloir réaliser ou ne pas réaliser, et, par conséquent, qu'il réprouve en ce qui concerne leur fin d'une manière très-positive, puisque pour qu'il en fût autrement il faudrait qu'il ne les créât point.

Mais si nous considérons les enchaînements dont se compose le possible tout entier dans la prescience, et le réel tout entier dans le décret, c'est-à-dire les rapports des parties entre elles, nous prendrons un langage moliniste ; nous dirons, de ceux que Dieu sauve naturellement par nécessité, que le décret de réalisation de ces possibles, qui font partie du grand possible harmonique de notre univers, implique, comme premier anneau, le décret du réel de la grâce ou de la régénération après dégénération, et le décret du réel de la gloire comme second anneau conséquent au premier. Nous dirons de ceux que Dieu sauve naturellement par liberté que le décret de leur réalisation implique, comme leur prescience, trois anneaux, celui de la grâce ou de la régénération, celui du réel du mérite, conséquent à celui de la grâce, et celui du réel de la gloire, conséquent à celui du mérite. Nous dirons de ceux que Dieu réprouve par nécessité, que le décret de leur réalisation implique l'absence de la grâce qui régénère après dégénération, ou la perpétuité de l'état inférieur venu en conséquence de la déchéance, premier anneau relatif au surnaturel ; puis l'exclusion de la gloire chrétienne, ou la réprobation, ou le *dam* relatif au royaume du Christ, second et dernier anneau conséquent au premier. Nous dirons enfin, de ceux que Dieu réprouve par liberté, que le décret de leur réalisation implique les trois anneaux suivants : décret du réel de la grâce, premier anneau ; décret du réel de la liberté qui résiste à la grâce, second anneau conséquent au premier ; décret du réel de la réprobation, troisième et dernier anneau conséquent au second. Et comme chaque anneau du décret total est lui-même conséquent à chaque anneau correspondant de la prescience du possible, quoique non nécessité par lui, puisque le décret total du réel ne l'est pas par la prescience totale, nous devons ajouter que chaque anneau du réel se noue librement, mais en vertu et en imitation exacte de son type dans le possible, vu comme s'il était déjà réel.

Ainsi s'enchaînent les choses dans la prescience et le décret divins ; mais si nous voulions faire jouer sur cet enchaînement la logique humaine, elle prendrait la marche inverse : commençant par la fin, qui est le dernier effet, elle dirait très-rigoureusement ce que dira chaque conscience dans la vie future, soit la conscience coupable : Je suis dans la réprobation par liberté, donc j'ai été libre et j'ai abusé de ma liberté; j'ai été libre, donc j'avais reçu la grâce qui fait qu'on est libre. Dieu pense et décrète les causes avant les effets, parce qu'il pense et décrète selon que les choses se font, sa pensée et ses décrets étant les seules raisons d'être des choses et de leurs enchaînements ; l'homme, au contraire, remonte des effets aux causes, parce qu'étant lui-même un effet, il ne saurait opérer qu'*a posteriori* en remontant, par la pensée, le cours du grand fleuve que Dieu descend.

On voit que, par le côté moliniste de notre explication, nous venons d'aboutir à l'ordre même si agréablement exposé par saint François de Sales dans le morceau que nous citons de cet homme aimable à la fin de l'article intitulé : *Grâce et liberté;* tandis que, par le côté thomiste de notre explication, aussi vrai sous son rapport particulier, nous aboutissons aux mystérieuses conséquences de Bossuet, sans peut-être avoir besoin d'en rien éliminer.

La théorie théologique, que nous venons de déduire de l'étude philosophique qui avait précédé, est conforme à la doctrine de saint Augustin bien comprise; une seule observation suffit pour le prouver. Ce grand docteur pose toujours, en premier principe, que le décret se moule sur la prescience, et que celle-ci lui est antécédente par nécessité; soit qu'il s'agisse de la prédestination, soit qu'il s'agisse de la réprobation (*Cité de Dieu*, liv. XI, ch. 19. — *De la prédestination des saints*, n° 19. — *De la perfection des justes*, ch. 13, n° 13. — *Lettre* 186 etc., etc.) Or, n'est-ce pas de ce principe que nous avons nous-même tiré toute notre théorie? Nous avons, au reste, fait voir comment on arrive, en même temps, à des conclusions qui sentent le thomisme aussi bien que le molinisme, selon le rapport auquel on s'arrête. Cela explique comment saint Augustin émet des propositions qui favorisent tantôt les uns, tantôt les autres, bien que, plus souvent, il soit emporté vers les idées thomistes, par réaction contre les pélagiens qu'il avait à combattre.

Finissons en faisant voir, par quelques mots de saint Paul, pris pour exemple, combien la révélation nous est favorable :

Ceux, dit ce grand Apôtre, *que Dieu a vus par sa prescience, il les a aussi prédestinés à devenir conformes à l'image de son Fils.... et ceux qu'il a prédestinés, il les a appelés, et ceux qu'il a appelés, il les a justifiés, et ceux qu'il a justifiés, il les a glorifiés.* (*Rom.* VIII, 29, 30.)

Plusieurs théologiens, entre autres Bergier, prétendent que Paul ne parle point, en cet endroit, de la prédestination à la gloire définitive de l'autre vie, mais seulement à la gloire temporelle de l'entrée dans l'Eglise par la foi, gloire surnaturelle qui correspond à la gloire naturelle de cette vie que nous avons considérée dans Socrate, et qui n'entraîne pas nécessairement l'autre gloire. Ils s'appuient sur ce que l'Apôtre ne dit pas, de ceux dont il parle, que Dieu les glorifiera, mais qu'il *les a glorifiés*, ce qui suppose qu'il ne s'agit point de l'avenir éternel : la raison n'est pas bonne, car en parlant de Dieu pour qui tout est présent, ou, si l'on aime mieux, semblable au passé, on use indifféremment des trois temps des verbes, et la Bible en donne souvent l'exemple. Mais nous ne nions pas l'interprétation de Bergier, parce que, de quelque gloire qu'il s'agisse, et, à quelque degré qu'on s'arrête, les échelons intermédiaires de la partie d'enchaînement qu'on considère suivent le même ordre dans leur disposition ; en sorte que ce qui prouve l'ordre de Dieu, ce n'est pas telle série plutôt que telle autre, mais bien la nécessité de l'ordre en lui-même applicable à toutes les séries. C'est ce qu'on a vu par notre exemple de Socrate, sur lequel nous avons démontré la thèse aussi bien que nous l'aurions démontrée sur la prédestination de saint Paul à la gloire éternelle du Christ. Ainsi donc, quelle que soit la prédestination que l'Apôtre ait dans l'esprit, son texte aura la même valeur en ce qui concerne l'objet qui nous occupe.

Or comprenons bien l'ordre qu'établit le grand Apôtre ; tout ce que nous avons dit et démontré est dans la phrase : *Ceux que Dieu a vus par sa prescience.* Voilà la vision totale du possible que nous avons posée en première base. Paul la pose également. Il s'agit du possible, puisque c'est la prescience qui voit, *præscivit;* on ne voit ainsi qu'avant la réalisation ; cette prescience est, par là même, antérieure au décret qui réalise, c'est ce qu'implique le mot lui-même, *præscivit*, car sans cette antériorité de raison, que rejettent ceux qui expliquent la prévision par l'efficace de la volonté, il n'y aurait jamais vision avant cette efficace, et par conséquent, jamais prescience. Il s'agit du possible dans sa plénitude, *ceux que Dieu a vus*, cela suppose leur développement total. Il s'agit enfin d'objets qui, en tant que possibles, font partie de l'éternité de Dieu, car on ne pourvoir que ce qui est en un sens quelconque, et, jusqu'à ce degré, ce sont choses simplement vues, non faites.

Il les a aussi prédestinés: « Hos et prædestinavit. Voilà le décret total de réalisation du possible prévu ou premièrement vu, décret que nous avons aussi appelé, très-philosophiquement, *prédestination*, puisque ce décret est, à son tour, antérieur au réel en lui-même. La preuve évidente qu'il s'agit de ce décret total embrassant tous les anneaux particuliers, et considéré, par hypothèse, sans décomposition, est dans ce qui suit : *Il les a prédestinés à devenir conformes à l'image de son Fils.* Ceci embrasse tout, même le naturel. Comment est-on conforme au type du Fils de Dieu incarné ? Par l'enchaînement tout entier qui commence au réel de l'être et finit au réel de la glorification. On ne lui est pas conforme seulement par la gloire, mais encore par la grâce et la liberté bien employées, en un mot par tout le travail qui précède la gloire. N'est-ce pas par le Golgotha que lui-même est arrivé à la gloire? Le naturel avec tous les degrés qui le constituent est impliqué dans les mots de saint Paul comme support, comme piédestal, et le surnaturel est implicitement indiqué par les paroles mêmes, *devenir conformes à l'image du Christ* : le mot *devenir*, « *fieri*, » confirme notre explication, en exprimant la série successive avec sa fin, et non pas seulement la finalité abstractivement prise. Il les a prédestinés, non pas à *être* tout à coup, mais à *devenir* peu à peu, ce qui embrasse le commencement, le milieu et la fin. Donc il s'agit du décret total de réalisation du possible antérieurement vu par la prescience; et ce décret est distinct de la vision, puisque Paul dit : *Il les a aussi prédestinés.* Il lui est postérieur, par la même raison, et puisque le mot vient en second lieu. Il s'agit enfin du décret qui réalise, puisqu'il aboutit à la formation réelle de la ressemblance.

Voilà les deux généralités. Voici venir maintenant l'analyse, la décomposition du décret, laquelle va se trouver être la copie de l'idéal éternel décomposé; mais Paul, par là même qu'il se jette dans le réel, va laisser la prescience, pour ne plus parler que de la copie réelle; à quoi bon, en effet, considérer le possible, quand le réel commence par la volonté efficace de création ? Il suffit, dès lors, d'analyser l'un pour analyser l'autre. Voici donc l'analyse de Paul.

Et ceux qu'il a prédestinés; il reprend le général pour en faire le sujet de la proposition analytique, ainsi que cela doit être en bonne grammaire. *Et ceux qu'il a prédestinés, il les a appelés;* voilà la vocation qui rend l'entrée possible, qui donne la liberté ou la possibilité de parvenir, voilà la grâce, car Dieu n'appelle qu'en donnant les moyens de monter là même où il vous appelle. Premier anneau de la prédestination correspondant au premier de la prescience.

Et ceux qu'il a appelés, il les a justifiés. Voilà la justification, soit par liberté, soit par nécessité. Paul a soin d'envelopper les deux modes dans un mot qui n'exclut ni l'un ni l'autre, et qui implique, dans le premier, le mérite librement acquis, ou le bon usage de la grâce, dans le second, l'embellissement de l'être par bonté, et par action directe de Dieu, sans refus possible de la part de la créature. Il ne parle point, dans ce passage, des cas du refus, par la liberté, qui engendrent la réprobation, il en parle dans d'autres; mais l'ordre sera évidemment le même en effet privatif. Ainsi donc, d'après Paul, justification par liberté ou par nécessité, second anneau de la prédestination, ou réalisation du possible correspondant au second de la prescience. Il est bon, seulement, de remarquer, qu'à l'égard des justifiés par nécessité, on peut considérer la justification comme se confondant dans la vocation, ainsi que nous l'avons fait en réduisant, pour plus de simplicité, leur série à deux degrés, puisque celui de la liberté manque. Ajoutons que Paul attribue tout à Dieu, même pour le cas de liberté, *il les a justifiés*. Et, en effet, en outre que tout vient de la prémotion divine, réaliser un possible dont la volonté est vue par la prescience adhérer librement à la grâce, et, par là, devenir juste, n'est-ce pas créer un juste, faire un juste, en d'autres termes, justifier un être : *Justificare, justum facere*?

Et ceux qu'il a justifiés, il les a glorifiés : troisième et dernier anneau de la série complète de prédestination, correspondant au dernier de la prévision. C'est la glorification qui vient après la justification, et en conséquence d'elle, c'est-à-dire en conséquence du mérite. Si la justification implique le mérite, ce qui a lieu dans le cas de liberté, et seulement en conséquence de la grâce si la grâce seule a justifié sans coopération du libre arbitre, ce qui a lieu dans les cas de nécessité.

Nous le demandons, n'est-il pas admirable de voir saint Paul résumer, d'une manière aussi claire, aussi parfaite et aussi concise, toute la théorie que nous parvenons à formuler avec nos pénibles élaborations philosophiques, et que saint François de Sales se voit dans la nécessité de remettre au clair, après que les discussions subtiles de plusieurs siècles l'ont embrouillée ?

C'est ainsi que les harmonies de la raison et de la révélation se représentent toujours dès qu'on se gare des nuages amoncelés par ceux qui ne veulent pas voir ces grandes harmonies.

Après avoir fait comprendre, par des paroles aussi formelles que celles-là, sa théologie, le Docteur des nations ne craint plus d'appuyer, tantôt sur la liberté humaine et la rémunération déterminée par l'usage de cette liberté, tantôt sur la prédestination et la réprobation comme effets positifs du souverain domaine de la cause universelle, sans manifester le moindre souci de l'abus qu'on pourra faire de ses paroles, ou des contradictions dont on pourra l'accuser.

Il dira, par exemple, en faisant parler les saints : *Dieu le Père… nous a élus en lui avant la constitution du monde, afin que nous fussions saints et sans tache devant lui dans la charité; il nous a prédestinés, pour l'adoption des enfants par Jésus-Christ, en lui, selon le décret de sa volonté.* Le grec dit : *Selon le bon plaisir de sa volonté* (Ephes. 1, 4, 5); ce qui signifie simplement, pour qui a compris l'autre passage, que Dieu a élu, pour les appeler à l'être, parmi les possibles de son idéal infini, ceux dont le futur impliquait la sainteté librement acquise, aussi bien que ceux dont le futur impliquait une beauté de même ordre reçue par nécessité et sans mérite, afin que le réel de notre univers impliquât lui-même, dans ses harmonies, les saints devant Dieu dans la charité ; et que ceux qui devaient librement ou nécessairement devenir saints, dans l'adoption des enfants de Jésus-Christ, le devinssent, en effet, par l'existence réelle qu'il dépendait du bon plaisir et du décret de la volonté suprême de leur donner.

Il dira de la même manière, en parlant des réprouvés aussi bien que des saints, sous la figure d'Esaü et de Jacob : *Avant qu'ils fussent nés, ou qu'ils eussent fait ni aucun bien ni aucun mal, afin que, suivant l'élection, le décret de Dieu demeurât, il fut dit à Rébecca, non en conséquence des œuvres, mais de celui qui appelle: L'aîné servira sous le plus jeune, selon qu'il est écrit : J'ai aimé Jacob, et j'ai haï Esaü. Que dirons-nous donc? Y a-t-il en Dieu de l'injustice? Qu'ainsi ne soit! car il dit à Moïse: J'aurai pitié de qui j'ai pitié, et je ferai miséricorde à celui de qui j'aurai pitié. Ainsi, non de qui veut ni de qui court, mais de Dieu qui a pitié. Car l'Ecriture dit à Pharaon : Pour cela je t'ai suscité, que je montre en toi ma force, et que mon nom soit annoncé dans toute la terre. Donc il a pitié de qui il veut, et il endurcit qui il veut. Sur quoi vous me dites : De quoi se plaint-il encore? Car qui résiste à sa volonté? O homme! qui es-tu pour répondre à Dieu? Le vase dit-il à celui qui l'a formé : Pourquoi m'as-tu fait ainsi? Le potier n'a-t-il pas la puissance de faire, de la même boue, un vase en honneur et un autre en ignominie? Que si Dieu, voulant manifester sa colère et signaler sa puissance, a supporté, en grande longanimité, les vases de colère aptes à la perdition, afin de manifester les richesses de sa gloire dans les vases de miséricorde, qu'il a préparés pour la gloire, (à savoir nous qu'il a appelés, non-seulement d'entre les Juifs, mais aussi d'entre les gentils......), que dirons-nous de cela? Que les nations qui ne poursuivaient point la justice ont atteint la justice, la justice qui est de la foi, et qu'Israël, en poursuivant la loi de justice, n'est point parvenu à la loi de justice. (Rom.* ix, 11, seqq.

Tel est le fameux passage dont se sont prévalus tous les théologiens fatalistes. Beaucoup leur ont répondu, et avec raison, qu'il ne s'agit pas, dans la pensée de saint Paul, ainsi qu'il le dit très-clairement à la fin, de l'avenir définitif des âmes, de la prédestination à la gloire de l'éternité, mais seulement de la prédestination de la grâce à la foi et au partage des gloires temporelles de l'Eglise chrétienne, choses qui seules correspondent directement aux destinées de Jacob et d'Esaü, et à l'endurcissement de Pharaon, et choses qui n'entraînent la prédestination ou la réprobation positive de l'autre vie, le bonheur ou le malheur de conscience, que si elles se réalisent par liberté dans celle-ci.

Mais, comme nous l'avons dit à l'égard du premier passage, peu nous importe cette issue; car, de quelque gloire ou ignominie qu'il soit question, la justice éternelle s'y intéresse également, et la loi de l'absolu reste la même. Nous accordons, par conséquent, si on le veut, que saint Paul parle tout à la fois des deux gloires, et nous ne voyons, dans ses paroles, qu'une profonde logique facile à saisir à l'aide du principe qu'il vient de poser dans le précédent chapitre, et par lequel nous avons commencé ce commentaire des plus mystérieux oracles du grand Apôtre. Que dit-il donc, en interprétant toutes ses sentences de la gloire et de la réprobation du grand avenir des âmes? le voici:

« Avant qu'ils soient nés, et, par conséquent, qu'ils aient fait aucun bien ni aucun mal, lorsqu'ils ne sont encore, dans l'éternité, qu'à l'état de possibles, vus par la prescience, il est dit par élection libre, par décret immuable les appelant au réel, par simple volonté de celui qui appelle, et non par exigence d'œuvres qui ne sont pas encore œuvres réalisées, ce qui nécessiterait Dieu à des créations dont il reste toujours maître, il est dit dans l'éternelle parole : L'un est vase en honneur, l'autre est vase en ignominie, soit par leur liberté, dont l'usage est vu dans le possible, type éternel de leur être, soit par nécessité, auquel cas, ce n'est plus la faute du vase, et ce n'est plus qu'une créature inférieure en perfection, qui joue son rôle dans la grande harmonie. Il est dit de même : J'ai aimé l'un et j'ai haï l'autre par comparaison, c'est-à-dire, s'il s'agit des cas de nécessité, l'un m'a plu, parce qu'il est plus beau dans mon idéal, et l'autre m'a déplu en comparaison du premier, mais tous deux m'ont plu en cet autre sens que tous deux ont leur place à remplir; et, s'il s'agit du cas de liberté, l'un m'a plu, puisqu'il se détermine librement, dans mon idéal, selon mes lois de justice, l'autre m'a déplu, puisqu'il se met librement en désaccord avec ces lois, mais le réel de l'un et de l'autre, je le veux, en même temps, pour qu'il y ait harmonie dans l'ensemble, et que le tout me plaise. Ainsi parle le Très-Haut dans ses profondeurs éternelles. Dirons-nous qu'il y a dans le Très-Haut de l'injustice? *Absit!* Il aura pitié de qui il a pitié, il fera miséricorde à celui de qui il a pitié; c'est-à-dire, il décrète le réel de celui en qui se manifeste sa puissance en miséricorde, et comme il n'est pas obligé de décréter ce réel, c'est de lui seul que vient le motif premier qui le détermine au réel de la pitié et de la miséricorde, bien que, dans l'enchaînement subséquent, la pitié soit, dans les cas de liberté, pour celui qui coopère à ses premières faveurs. Ainsi donc, non de qui veut, ni de qui court, mais de Dieu, puisque ce n'est ni la volonté, ni la courte vue dans le possible, antérieurement à la faveur subséquente, qui motive le décret de la réalisation, mais la volonté seule de celui qui crée. Et toi, Pharaon, je te suscite, je t'appelle à l'être, du sein des possibles de ma prescience, aussi bien que l'enfant sauvé des eaux, pour que tu joues ton rôle dans mes harmonies, dans les manifestations de ma gloire; tu es un des éléments de ce grand possible qui s'appellera le genre humain, et voulant le réel de ce possible, je veux aussi le tien. Donc le Très-Haut endurcit qui il veut, comme il éclaire qui il veut. S'il endurcit par nécessité, par refus du jour, Pharaon n'est pas plus responsable de son endurcissement, que n'est responsable de son rabougrissement l'ormeau à qui manque la terre et le soleil, et qui sert de contraste au grand chêne qui, plus loin, brave les vents. S'il endurcit par liberté, alors il endurcit en créant librement celui qui s'endurcit lui-même librement; pour Dieu, réaliser un possible qui se fait vase de colère, n'est-ce pas faire un vase de colère? et il le fait vase de colère, comme il fait celui qui est vase d'honneur. Il réalise Pharaon, parce qu'il en a besoin dans l'hypothèse de la création du possible dont Pharaon fait partie. Sur quoi vous dites encore : Quel reproche Dieu fera-t-il à Pharaon? car qui résiste à sa volonté! O homme, qui es-tu pour interroger Dieu! Le vase dit-il à celui qui l'appelle au réel, après l'avoir conçu: Pourquoi donc m'as-tu fait ainsi! Le potier n'a-t-il pas la puissance de faire, de la même boue, le vase en honneur, et le vase en ignominie! L'un et l'autre s'épanouissaient dans son idéal, avec leur forme propre soit reçue par force, soit librement acquise; il a voulu les appeler tous les deux au réel; qui des deux a plutôt droit de lui reprocher sa création? Ni l'un ni l'autre; on n'a jamais droit de dire à son auteur : Tu as eu tort de me faire; et on ne le dit jamais, car toujours on aime mieux être que n'être pas. Si Dieu, d'ailleurs, pour signaler sa force, laquelle devient colère envers ceux qui s'insurgent librement contre les lois de l'éternelle justice, laquelle devient amour et riche glorification envers ceux qui aiment cette éternelle justice, veut supporter les vases ignominieux, les ormeaux rabougris, aptes à servir d'ombres dans les productions de son art, pour faire ressortir la splendeur de ses vases de gloire, éternellement proposés par le possible et préparés par lui à l'effet qu'ils produiront dans l'exécution du réel : vases d'honneur qui pullulent sous sa main, sur tous les points de son grand atelier, aussi bien chez les incirconcis que dans Israël : si Dieu, dis-je, veut décréter, dans son éternité, qu'il en soit ainsi, que dirons-nous, ô hommes? nous verrons le fait qui sera la copie visible du mystère de Dieu, de sa science et de sa liberté, et nous dirons en le constatant: Oui, les nations que nous maudissions, nous autres Juifs, les nations qui ne poursuivaient point la justice et la gloire, ont atteint l'une et l'autre; elles ont atteint, par la foi, la gloire et la justice; et Israël, si fier de ses dons, Israël qui poursuivait la justice, n'y est point parvenu !... »

Voilà donc le morceau si difficile à comprendre et tant de fois travesti, du philosophe inspiré de la loi nouvelle. Quoi de plus vrai! Quoi de plus simple! Voilà comment les harmonies de la raison et de la révélation se représentent toujours dès qu'on se garantit, répétons-le, des nuages entassés par ceux qui ne veulent pas voir ces belles harmonies. Mais laissons cette pensée, et maintenant que nous comprenons le morceau, relisons-lesans la paraphrase, pour en sentir l'incomparable et concise éloquence. — *Voy.* Persévérance.

PRÉMOTION PHYSIQUE. *Voy.* Grace, Ontologie, 3ᵉ question, IV.

PRÉSENCE RÉELLE. *Voy.* Eucharistie.

PRÊT. *Voy.* Sociales (Sciences), II.

PRÉVISIONS DE LA NATURE (Quelques exemples de). *Voy.* Physiologiques (Sciences).

PRIÈRE (Rationalité de la). *Voy.* Ontologie, question des essences, 1.

PRIÈRE. — PLATON ET CONFUCIUS. *Voy.* Morale, II, 11.

PRIÈRES DES VIVANTS POUR LES MORTS, DES MORTS POUR LES VIVANTS, DES VIVANTS POUR LES VIVANTS, ET DES MORTS POUR LES MORTS. *Voy.* Symbole catholique et communion des saints.

PRODUCTION. ECHANGE ET CONSOMMATION. *Voy.* Sociales (Sciences)

PRODUCTION DES PHÉNOMÈNES DE LIBERTÉ. *Voy.* Grace et liberté.

PRODUCTION DE LA GRACE. *Voy.* Sacrement.

PROFANE (Littérature) ET SACRÉE. — *Voy.* Littérature, II.

PROGRÈS DANS LA SCIENCE, — DANS L'EGLISE. *Voy.* Science, — Religion.

PROGRÈS DOGMATIQUE DANS L'EGLISE. *Voy.* Immaculée conception.

PROGRÈS INDUSTRIEL DE PRODUCTION. *Voy.* Sociales (Sciences), II.

PROHIBITION. *Voy.* Sociales (Sciences).

PROLÉTARIAT *Voy.* Sociales (Sciences), II.

PROPAGANDE DE LA VERTU. — PLATON. *Voy.* Morale, II, 11.

PROPHÉTIES ET MIRACLES. *Voy.* Cosmologiques, II, III.

PROPRIÉTÉ (La). *Voy.* Sociales (Sciences), II.

PROTECTION EN ÉCONOMIE POLITIQUE. *Voy.* Sociales (Sciences), II.

PROTECTION DE LA LIBERTÉ, TERRAIN COMMUN AUX DROITS DES DEUX PUISSANCES. *Voy.* Liberté de conscience, à la fin.

PROTESTANTISME (Le) DEVANT L'ART. *Voy.* Art, VI.

PROVIDENCE. — PLATON. — CONFUCIUS. *Voy.* Morale, I, 1° 10°.

PSYCHOLOGIE — CATÉCHISME CHRÉTIEN (Iʳᵉ part., art. 13). — Voici comment nous résumions, dans une critique de l'*Esquisse d'une science morale* de M. Gilliot, les divers systèmes philosophiques dans leurs rapports avec l'anthropologie morale.

« Tous les systèmes philosophiques peuvent se réduire à trois, qui peuvent être, en leur particulier, diversement nuancés ; ce sont le système *athéiste*, le système *panthéiste* et le système *harmoniste*. Le premier est individualiste, décentralisateur, divisioniste, anarchiste au sens absolu, car il ravit aux êtres tout centre d'unité, tout lien de fraternité, de consanguinité dans une paternité commune ; il les abandonne à leur force intrinsèque ; il en fait d'égoïstes atomes, n'étant que pour soi, ne pensant qu'à soi, et n'ayant en vue que d'occuper la plus grande place, sans souci du voisin. Si ce système n'était absurde, il serait celui de tous les scélérats.

« Le second est communiste, centralisateur, fusionniste, archiste ou gouvernemental au sens absolu, car il confond tous les êtres en une seule unité; il les transforme en rayonnements d'un même centre, et, par conséquent, en autant de dépendances, d'esclavages, de nullités pures. Il en fait moins que des cadavres, moins que des instruments passifs, moins que des choses au sens de la législation romaine ; il en fait des riens, de simples idées non-seulement sans droits, mais sans être. Si ce système n'était incompatible avec le sentiment qu'a tout homme de sa personnalité, il serait celui de toutes les âmes serviles.

« Le troisième tient le milieu entre les deux premiers qui sont les extrêmes, et qui ne peuvent se toucher qu'à la façon des extrêmes. Il conserve, d'une part, la distinction entre le subjectif et l'objectif, et, par conséquent, la diversité ; d'autre part, le centre commun, et, par conséquent, l'unité qui harmonise. Il concilie les droits de la personnalité avec l'abnégation de la fraternité ; il est individualiste et communiste, divisionniste et fusionniste, anarchiste et archiste tout ensemble et dans la juste mesure. Les deux premiers rendent l'harmonie impossible, l'un en lui ôtant son centre, l'autre en lui ôtant ses termes, car il n'y a pas harmonie sans termes distincts se rapportant à un centre unique, comme il n'y a pas syllogisme sans extrêmes comparés avec un terme moyen. Le troisième seul conserve la possibilité de l'harmonie en conservant la diversité du subjectif et de l'objectif, qui sont les extrêmes, avec l'unité universelle, qui est Dieu et qui est le centre. S'il n'y avait que des hommes sages, des cœurs droits, des caractères dignes, il ne serait pas question des deux premiers systèmes sur la terre.

« Tous les trois se reproduisent dans l'ordre individuel, dans l'ordre social et dans l'ordre religieux.

« Dans l'ordre individuel, le système athéistique devient l'état de dissolution, d'anarchie, de désordre et de guerre des éléments de la personnalité ; le système panthéistique devient l'état d'annihilation de ces éléments au profit d'un seul, qui est leur despote.

« Dans l'ordre social, le système athéistique devient l'absence de toute organisation, de tout ordre, de toute régularisation commune, de toute association, de toute société ; c'est l'individualisme et l'anarchisme absolu avec la guerre permanente et tous ses malheurs. Le système panthéistique devient le *communisme* ou le *monarchisme* (μόνος, *seul*, ἀρχή, *autorité*), deux expressions identiques pour exprimer la centralisation absolue, l'absorption de l'individu dans la société, du subjectif dans l'objectif, quelle qu'en soit d'ailleurs la représentation, qu'elle réside dans une individualité isolée ou dans une individualité collective ; car il y a communisme dans les deux cas, et monarchisme dans les deux cas.

« Dans l'ordre religieux, le système athéistique devient le naturalisme, le pélagianisme exclusif avec son égoïsme, son orgueil, son abandon misérable, son isolement aussi pauvre que criminel. Le système panthéistique devient le fatalisme, le prédestinatianisme, le surnaturalisme exclusif avec sa paralysie mystique, son immobilisme, son engourdissement dans l'oubli de toute grandeur, de toute initiative, de toute liberté.

« Dans ces trois ordres, il n'y a que le système harmoniste qui sache concilier toutes les grandeurs, et fonder le règne du vrai, du bien et du beau.

« La tendance athéistique est la plus dangereuse dans l'individu, parce qu'elle est la plus facile à mettre en pratique, et la moins dangereuse dans l'ordre social, parce qu'elle est impossible à réaliser dans son objet.

« La tendance panthéistique est la moins dangereuse dans l'individu, et la plus dangereuse dans l'ordre social, pour des raisons semblables.

« Dans l'ordre religieux elles sont également dangereuses, parce qu'elles y sont également possibles. »

Si les bornes que notre ouvrage, immense dans son plan général, nous impose pour chaque question particulière, nous le permettaient, nous déduirions, des phénomènes de l'âme, ce système harmoniste qui, quant à la nature et aux lois de l'être humain, évite à la fois, et pour cette vie et pour l'éternité, et par rapport à la société et par rapport à Dieu, l'extrême divisionniste et l'extrême confusionniste. Puis nous n'aurions qu'à nous résumer et à mettre notre précis psychologique en regard d'un semblable précis de la foi catholique sur les mêmes objets, pour en étaler les sublimes harmonies. Mais il faudrait, pour cela, faire une psychologie à peu près complète, ouvrage énorme qui pourrait même réunir à lui seul l'encyclopédie totale, ainsi que peut en donner une idée le plan philosophique commençant par l'étude des éruptions de l'être pensant, que nous dennons au mot *Philosophie*.

Nous en agirons donc à l'égard de la *psychologie* comme à l'égard de la *théodicée*, nous bornant à ce qu'en donne notre article fondamental *Ontologie*, et, faisant observer que beaucoup des questions qu'elle présente sont traitées çà et là dans ce livre. Nous renvoyons au *Dictionnaire du vrai, du bien et du beau* celles dont l'oubli fera lacune dans notre plan général.

Parmi ces questions doit figurer celle de l'accord de la révélation mosaïque sur l'immortalité de l'âme avec les traditions des anciens philosophes de la Grèce et de l'Inde, et la révélation de Jésus-Christ. Quelques apologistes de la religion chrétienne ont cru devoir accorder au philosophisme du xviii° siècle que ce dogme, le plus important de tous après celui de l'existence de Dieu, n'était point dans la Bible. Nous croyons qu'ils ont eu grandement tort, malgré leurs bonnes intentions. Nous ne soutiendrons pas qu'il y soit enseigné et démontré *ex professo*, comme il l'est dans Platon, Zoroastre et tous les autres; mais nous soutiendrons qu'il y est supposé et chanté par la poésie prophétique avec une clarté suffisante pour prouver que cette vérité était chez les Hébreux au nombre des vérités populaires tellement inhérentes aux croyances qu'on ne se mettait pas en peine de les poser en question pour les démontrer. Si les philosophes du paganisme le firent, c'est qu'ils y furent poussés par des contradictions graves. Jésus-Christ se trouva dans le même cas : de son temps il s'était élevé des sectes importantes qui niaient l'immortalité ; c'est pourquoi il l'enseigna plus explicitement que Moïse et les prophètes. Mais, malgré cela, on trouve dans la Bible ce dogme impliqué à toutes les pages. C'est ce que nous établirons dans une thèse méthodique.

Cette question de l'immortalité de l'âme est la plus importante, avons-nous dit, de toutes les questions philosophiques, après celle de Dieu ; nous aurions pu ajouter qu'elle l'implique. En effet, il n'y a que deux manières de nier Dieu : le nier par athéisme, ou le nier par panthéisme. La première le nie à proprement parler, la seconde ne le nie pas directement, mais le détruit en le confondant avec la créature ; par la première, il n'y a d'être que ce que nous appelons, dans la philosophie harmoniste, l'œuvre de Dieu, distincte de lui, quelque nom qu'on veuille lui donner ; par la seconde, il n'y a d'être que ce que nous appelons Dieu dans cette même philosophie, quelque nom qu'on veuille aussi lui donner. Donc le véritable athéisme et le véritable panthéisme ne se distinguent que par leur vocabulaire, et se disputent pour des mots ; l'athée et le vrai panthéiste n'admettent qu'une espèce d'être, et ils s'entre-attaquent, parce que le premier nomme cette espèce d'être *nature*, *corps*, *univers*, *atomes*, etc. ; mais s'acharne à ne pas l'honorer du nom Dieu ; tandis que le second tient absolument à lui donner ce beau nom, pour lequel il est plein d'une vénération très-louable en elle-même, qui fait que nous le préférons à l'athée ; mais on comprend qu'au fond la querelle ne porte que sur la qualification. Revenons maintenant à l'âme.

Dans le système athéiste, l'espèce d'être qui est, et que personne ne peut nier, puisque chacun la sent dans son être propre, se forme et se détruit, s'organise et se désorganise, naît et meurt indéfiniment, puisqu'elle ne consiste que dans un fond atomique quelconque qu'on ne cherche pas à expliquer, mais qui est commun et propre à tout former, et dans l'organisme variable qui est la détermination de chaque être spécial. Donc pas d'immortalité de l'âme, c'est-à-dire du moi, de la personnalité humaine, puisqu'il n'y a pas immortalité d'organisme, puisqu'il y a, au contraire, variabilité constante, et par suite variabilité de personnalités successives, dont chacune s'éteint pour être remplacée par une autre.

Dans le système panthéiste, qu'y a-t-il sous le même rapport ? Il y a immortalité du fond appelé Dieu, de la substance, de la vie, de la force, de l'esprit, de la quantité, etc. Mais, il n'y a pas davantage immortalité du moi personnel ; ce moi s'en va, après avoir rempli sa destinée, avec l'organisme qui le déterminait, dans le grand océan de la substance où tout est une seule et même chose, sauf les nouvelles formes éruptives, qui s'y manifesteront éternellement, jeux infinis de l'universelle puissance, de l'universelle vie, de l'universelle idée, de l'universel amour. Donc point d'immortalité de l'âme, pas plus que dans le système athéiste.

Introduisons maintenant cette immortalité du moi dans sa distinction, sa détermination, sa limite : qu'arrive-t-il ? L'athéisme et le panthéisme, que nous venons de décrire, disparaissent forcément, à la fois, pour faire place à la religion harmonique qui admet Dieu et son œuvre essentiellement distincts. L'athéisme disparaît puisque chaque âme, chaque moi moral, reste avec le bien ou le mal dont il s'est enveloppé, pour dire toujours comme aujourd'hui : Je suis, Dieu est, et je ne suis pas Dieu ; il reste comme terme créé attestant à lui-même sa distinction d'avec le Créateur. Le panthéisme disparaît ; c'est encore plus clair, puisque l'être moral qui dure en disant *Je*, se distingue lui-même éternellement de Dieu, et empêche Dieu d'être *tout* au sens absolu. Quelle que soit la manière dont on expliquera cette distinction, elle sera solide, puisqu'elle sera impérissable, et le panthéisme proprement dit n'aura plus de sens.

Voilà donc qu'il suffit d'affirmer l'immortalité de l'âme personnelle pour nier, d'un même coup, et l'athéisme et le panthéisme. C'est, en effet, sur cette vérité que nous ferons reposer l'édifice de l'harmonisme dont nous avons parlé en commençant, quant à ce qui concerne la vie de l'homme dans sa totalité, depuis la naissance jusqu'à la tombe, depuis la tombe jusque dans les profondeurs de l'éternité.

On a grand tort de se perdre dans les discussions métaphysiques sur le panthéisme ; on devrait tout réduire, sur cette question si agitée de nos jours, au point clair et précis de l'immortalité de nos âmes. Nous le ferons dans la thèse que nous avons promise ; commençant la chose par où les autres veulent la finir, nous réfuterons tout, en établissant l'immortalité de notre *moi* ; et nous aurons ainsi synthétisé et démontré, à la fois, la psychologie harmoniste, laquelle consiste à emprunter à l'athéisme ce qu'il faut, au plus juste, pour que l'âme puisse dire : *Je ne suis pas Dieu* ; à emprunter au panthéisme ce qu'il faut, au plus juste, pour que l'âme puisse dire : *Dieu est tout*, et le dire éternellement.

Nous ne saurions mieux finir qu'avec ce chant de David.

« Pauvres, n'enviez point la richesse ; personne ne l'emportera dans l'autre vie. L'âme ne sera pas mise dans la balance avec les biens et les honneurs du monde. Les grands de la terre ne comprennent pas ces choses ; c'est pourquoi, aux yeux de Dieu, ils ressemblent aux brutes. » — *Voy.* Jugement de la raison.

PUDEUR ET JUSTICE, BASES DE LA POLITIQUE. — PLATON. *Voy.* Morale, II, 8

PUDEUR DANS LA PEINTURE ET LA SCULPTURE. *Voy.* Peinture.
PUISSANCE D'ORDRE. *Voy.* Ordre.
PUISSANCES (Indépendance réciproque des deux). *Voy.* Liberté de Conscience, chap. II.
PUISSANCE CIVILE (Droits de la). *Voy.* Liberté de conscience, chap. III.
PUISSANCE RELIGIEUSE (Droits de la). *Voy.* Liberté de conscience, chap. II.
PURGATOIRE. *Voy.* Vie éternelle et Enfer.
PYRRHONISME. *Voy.* Histoire de la philosophie.

Q

QUALITÉS. *Voy.* Ontologie.
QUANTITÉ ET FORCE. *Voy.* Ontologie.

QUATERNITÉ (Hypothèse d'une). *Voy.* Trinité.
QUIÉTISME. *Voy.* Panthéisme, III.

R

RACES HUMAINES. (Question de l'unité de souche.) *Voy.* Physiologiques (Sciences), II, II.

RAISON.—RÉVÉLATION (Ire part., art. 9). — Il y a toujours eu, dans l'humanité lettrée, deux camps en lutte : celui des philosophes qui considéraient la raison comme la source de nos certitudes, et celui des hommes de foi qui, répudiant la raison, faisaient consister cette source dans la révélation de Dieu se transmettant par la tradition et l'Ecriture. Ces deux sortes de penseurs ont souvent changé de noms ; celui de *rationalistes* convient parfaitement aux premiers dans sa signification étymologique, ceux de *sensualistes, traditionalistes, et autoritaires*, peuvent, à divers titres, convenir aux seconds. Si ces deux écoles venaient, un jour, à s'apercevoir qu'au fond elles se querellent pour des mots, et que leurs théories réciproques se confondent dans une vérité commune produisant deux branches également vivantes dans l'humanité, ne serait-il pas beau de les voir s'embrasser, étonnées de s'être si longtemps traitées en ennemies ? C'est cependant ce qui se fera, parce que tout ce qui est vrai a son jour de manifestation noté sur le livre des temps. Nous allons prouver, en quelques mots, que le rationalisme et le traditionalisme sont, dans la vérité radicale, une doctrine identique, pourvu cependant qu'on débarrasse leurs défenses des propositions qui nient la doctrine opposée ; nous ne le ferons pas avec la confiance d'éteindre, par notre froide argumentation, des préventions et des haines invétérées, mais avec celle de prophétiser, quelque temps à l'avance, un des miracles que Dieu fera pour le monde quand le jour en sera venu.

Le rationaliste soutiendrait-il que la raison humaine, absolument seule et dépourvue de tout influx divin, peut saisir la vérité par l'idée ? Ce serait déifier l'homme, transformer le relatif en l'absolu, et, en affrontant la plus évidente des contradictions, se jeter dans l'athéisme. Non, le rationaliste dont nous parlons, le rationaliste raisonnable ne pense point à soutenir pareille chose. Il pose, au contraire, comme base de toute connaissance et de toute certitude, la raison de Dieu ; et la raison humaine, qu'il célèbre, n'est qu'une lumière seconde déjà rendue lumière par la lumière absolue dont elle est pénétrée selon la capacité de son espèce.

Le traditionaliste soutiendrait-il que la raison de l'individu n'est point une lumière, mais une ténébrosité pure où la vérité vient s'installer par une parole humaine transmissive d'une parole divine ? Ce serait se jeter dans une contradiction aussi flagrante que la précédente, non plus en déifiant l'être humain, mais en l'annihilant. Si la raison n'est qu'une pure ténébrosité, elle ne peut s'éclairer à l'occasion de la parole, car ce qui n'a pas d'yeux n'est rien relativement à la lumière, et ce qui n'est rien ne s'éclaire pas ; la parole seule sera donc quelque chose et elle fera voir à un œil qui n'est pas ; c'est l'absurde. Mais le traditionaliste dont nous parlons, le traditionaliste raisonnable ne pense point à soutenir pareille chose ; il accorde que la raison individuelle est un œil qui tient de Dieu la capacité de voir la lumière que Dieu lui enverra.

Où en sont nos deux adversaires ? L'un dit que la raison est une lumière dont la luminosité est une participation de la lumière divine, quel que soit, d'ailleurs, le moyen qu'il plaise à Dieu d'employer pour ce résultat. L'autre dit que la raison est un œil qui tient de Dieu la capacité de voir la lumière que Dieu lui enverra par le moyen qu'il lui plaira d'employer. Ces deux explications se touchent de près, et, avec une simple observation, nous allons les réduire à l'identité.

Celui qui considère la raison comme une lumière a la pensée fixée sur l'idée que Dieu a mise en elle; cette idée est, en effet, une image lumineuse de la vérité. Celui qui la considère comme un œil a la pensée fixée sur le fond même qui supporte l'idée, l'image lumineuse de la vérité. Le premier ne nie pas le fond, la rétine spirituelle sur laquelle la lumière se fait; au contraire, il le suppose et en démontre, au besoin, la nécessité. Le second ne nie pas l'idée, après que Dieu l'a déterminée par une voie quelconque, il en démontrerait également la nécessité, puisqu'il est raisonnable.

Nos deux champions sont donc parfaitement d'accord jusque-là. Pour l'un comme pour l'autre, la raison est un œil où se dessinent des images lumineuses de la vérité, par l'entremise de la lumière divine, lancée en la manière qu'il plaît à Dieu de choisir.

Mais voici la divergence: le rationaliste prétend que Dieu illumine par l'idée, d'une manière immédiate, et en éclairant directement la raison; le traditionaliste soutient que Dieu illumine par l'idée, d'une manière médiate, en éclairant la raison par la parole humaine dont les sens sont le canal. Or y a-t-il, dans cette divergence, une véritable opposition?

D'abord, comme nous les supposons raisonnables l'un et l'autre, le premier avouera que le moyen d'illumination, ou d'éducation par la parole traditionnelle et sensible, n'a rien d'impossible. Il ira plus loin, il accordera que ce moyen est appliqué, dans l'humanité, sur de vastes proportions. Il ajoutera seulement que celui de l'illumination directe lui est antécédent, au moins dans l'ordre de la démonstration, vu que, s'il n'y avait pas, avant l'arrivée de la parole extérieure, une lumière qui montre avec évidence la réalité et la valeur de cette parole, cette parole ne pourrait logiquement échapper à un doute raisonnable; il dira encore que, si l'homme se consulte, il découvre en soi des inspirations spontanées partant du fond de son être, lesquelles ne peuvent s'expliquer que par un influx immédiat de la lumière universelle des intelligences.

Quant au second, il avouera, à son tour, que le moyen d'illumination immédiate par le fond de l'être intelligent, n'a rien d'impossible à Dieu; il ira plus loin, il accordera, sans peine, que Dieu paraît souvent employer la méthode d'inspiration immédiate, vu qu'il n'est pas possible de rendre compte autrement des subites illuminations du génie, de la philanthrophie, de la charité, de toutes les belles passions. Mais il ajoutera que le moyen ordinaire d'enseignement de la raison est la parole extérieure transmettant des vérités primitivement révélées au genre humain; et que, dans l'ordre de la découverte, ce moyen paraît antécédent à l'autre pour certaines grandes vérités, bases des religions, vu que l'expérience nous montre l'enfant initié peu à peu, par l'éducation, à ces vérités, et commençant par la foi sa vie intellectuelle.

Or sont-ce là des contradictions? Nous n'y voyons que des vérités parfaitement harmoniques. La possibilité de la voie médiate et de la voie immédiate, pour l'introduction de la lumière divine, ou des idées dans l'âme, est une de ces évidences qu'on tient à honneur de ne point attaquer, et que concèdent nos deux champions. Qu'il soit naturel que ces deux voies soient employées et que le simple bon sens en acquière la conviction, à l'inspection de la nature humaine, c'est encore un point que tous doivent accorder. D'une part, Dieu ayant fait les hommes pour la société, les faisant naître pères, fils, frères et dans les liens de solidarité, il a dû s'y prendre de manière qu'ils se transmettent et se doivent les uns aux autres la vie spirituelle comme la vie matérielle, résultat qui a lieu par la communication, au moyen de la parole, d'idées dont il fut le premier révélateur. D'autre part Dieu, étant la providence perpétuelle de sa créature, de la société et de l'individu qu'il a faits, ne peut être conçu les abandonner avec un dépôt primitif qui s'altérera s'il n'y veille; il faut qu'il alimente perpétuellement le progrès dont il a décrété le développement, par des inspirations surajoutées aux premières idées, nouvelles déductions précieuses, qui sortiront de l'individu et grossiront sans cesse le fleuve traditionnel.

Ces inspirations seront naturelles ou surnaturelles selon l'ordre auquel elles appartiendront. Voilà donc le concours des deux moyens qui paraît tellement raisonnable, que le simple bon sens ne peut s'empêcher d'y croire *a priori*. Aussi nos deux adversaires accordent encore ce second point, puisqu'ils sont supposés doués de bon sens; si chacun d'eux niait comme non supposable le moyen qu'affirme l'autre, il se tromperait dans sa négation, rien de plus évident. Après ces deux considérations, vient celle qui porte sur le fait lui-même de l'emploi par Dieu des deux voies. Est-il possible de ne pas penser que l'éducation sociale soit pour beaucoup dans l'initiation de l'âme aux idées de tous les ordres? Est-il possible de ne pas penser que le travail individuel de la raison soit aussi pour beaucoup dans la découverte et surtout dans la démonstration d'une foule de vérités de tous les ordres? L'inspiration immédiate et mystique du génie et de la vertu n'est-elle pas un phénomène constant et sublime? Voilà le troisième point qui est encore hors de doute et met en évidence le concours des deux voies comme entrant dans le plan providentiel de notre création. Reste une quatrième considération.

Lequel du moyen médiat ou du moyen immédiat est antécédent à l'autre? Lequel des deux fournit à l'homme le critérium radical de la vérité?

Le rationaliste répond : C'est le moyen immédiat, par lequel Dieu éclaire l'âme et lui donne l'évidence.

Le traditionaliste répond : C'est le moyen

médiat ou de la parole extérieure, par lequel Dieu suscite dans l'âme l'idée de la vérité.

Or, pour concilier ces réponses, il suffit de faire observer que les deux philosophes sont placés sur des terrains différents. S'agit-il de l'initiation pratique et commune de l'âme à la vérité, c'est le traditionaliste qui a raison, car il suffit d'observer l'enfant pour voir qu'on introduit en lui les idées par la parole; il est vrai qu'on ne concevrait pas cette introduction sans quelque idée première existant chez l'enfant à un degré quelconque de développement, ou, ce qui revient au même, sans un travail interne de Dieu en lui qui le rend apte à comprendre le premier geste, le premier signe qui frappe ses sens; car la pensée est nécessaire à l'audition de la parole, pour que la parole signifie quelque chose, et ne soit pas un vain son. Mais cela n'empêche que le grand moyen ordinaire par lequel l'enfant est développé dans sa vie de l'esprit, ne soit l'éducation du geste et de la parole, et que son premier pas ne soit la foi à ce qui lui est enseigné. Cela est vrai surtout des vérités métaphysiques, car, pour les vérités physiques, on pourrait le contester, en partie, vu que l'enfant montre, dans les premiers jours de son réveil intellectuel, une grande défiance, et paraît tout vérifier par lui-même, de sorte qu'on dirait, en l'observant, que tout ce qu'on lui indique n'est guère qu'un aiguillon qui le pousse à expérimenter; il ne se montre confiant ou craintif, assuré ou tremblant, heureux ou effrayé que quand il a éprouvé, par lui-même, les objets. Mais, nous le répétons, ces restrictions, que la vérité nous arrache, n'empêchent pas qu'en somme les idées n'arrivent à l'enfant par l'éducation du geste et de la parole, et que le traditionaliste ne soit dans le vrai, pourvu qu'il ne nie pas la nécessité de quelque germe d'idée et de sentiment venant du fond de l'individu, existant antérieurement à l'action du premier signe extérieur, et donnant à celui-ci sa signification; car nier cette nécessité, serait poser en principe qu'une gamme peut être comprise sans l'intelligence de sa clef, ce qui est contradictoire et absurde.

S'agit-il maintenant de la certitude logique des vérités après que l'idée en est conçue, et que l'invention en est faite sous l'influence de la révélation transmise oralement, c'est le rationaliste qui a gain de cause. Il est impossible d'imaginer une série vraiment démonstrative de la vérité déjà découverte, autre que celle-ci : Dieu me donne le sentiment clair de mon être, et, quelle que soit la voie pratique par laquelle il m'a donné ce sentiment, il n'en est pas moins vrai que, *hic et nunc*, ce sentiment est en moi, et ne s'appuie, dans son évidence, sur aucun témoignage extérieur; c'est le moi qui se sent immédiatement, et qui se sent de manière que le doute me soit impossible. De cette réalité du moi bien établie sans autre preuve que le sentiment direct, je déduis la nécessité d'une cause absolue ou de Dieu; dans la nature de cet absolu je vois clairement la nécessité de la véracité absolue; de cette véracité je déduis la réalité du genre humain; des phénomènes historiques, passés et présents de cette société, je déduis, en me basant toujours sur la véracité de l'absolu, la vérité des perceptions générales ou des grandes vérités, fondements des religions; et ensuite, de proche en proche, la religion vraie. Autrement, il est impossible d'établir une certitude logique. Autrement toute certitude se résout dans la foi directe au témoignage des autres, ce qui est bien un fait dans celui qui a la foi, mais non pas une démonstration.

Résumons-nous. Est-ce que le traditionaliste et le rationaliste raisonnables ne sont pas d'accord? Il leur suffit, pour ce résultat, de soutenir chacun la partie affirmative de leur système, en ayant soin de ne point se jeter dans l'excès qui consiste à nier ce que l'autre affirme. L'un, en disant que Dieu communique aux hommes des idées par l'entremise des sens et de la société, dit une vérité incontestable; l'autre, en disant que Dieu inspire immédiatement à l'individu des idées, et que, quand on fait un raisonnement pour démontrer, il ne peut avoir une valeur logique qu'autant qu'il s'appuie sur une évidence de sens individuel, quel que soit, d'ailleurs, le moyen par lequel cette évidence est venue, laquelle, par sa qualité même d'évidence, n'a pas besoin de preuve, dit une autre vérité non moins incontestable. Tous deux réunis disent la vérité complète, à savoir que Dieu, étant l'organisateur de la société, d'une part, et, d'autre part, le soutien et le vivificateur perpétuel de l'individu, agit sur celui-ci et médiatement par la société, et immédiatement par le fond de l'être.

Ils ne font donc que s'aider pour élever l'édifice de la vérité, et ils ne peuvent être opposés qu'à la condition de protester réciproquement contre la partie vraie, et conciliable avec leur théorie, de la théorie rivale; mais en agir ainsi c'est s'adjuger, avec un orgueil coupable, le monopole de la vérité, pour nier la vérité même; c'est, de plus, se jeter dans la déraison par un aveuglement qui se conçoit avec peine; et comme il n'est question que du traditionalisme et du rationalisme raisonnables et raisonnablement soutenus, nous pouvons conclure que l'alliance sera faite le jour où l'orgueil et la déraison céderont, dans les deux camps, le terrain à l'humilité et au bon sens. — *Voy.* Ontologie.

RAISON. — SYMBOLE CATHOLIQUE. (Dialogue entre la raison et le symbole.) *Voy.* Symbole, II.

RAPPORTS (Question des).—entre l'absolu et le relatif. *Voy.* Ontologie.

RATIONALISME.— TRADITIONALISME (Ire part., art. 2).—Depuis quelques années, on qualifie ainsi deux systèmes philosophiques opposés et qui sont l'un et l'autre des excès déraisonnables; car le premier consiste à rejeter toute vérité qui nous vient d'ailleurs que de notre propre fond rationnel; et le second consiste à ne regarder, comme source de certitude humaine, que la tradition. Ces deux systèmes sont rejetés dans le cours de ce livre, où, tout en acceptant la raison comme fournissant, dans ses évidences, le *critérium antécédent* de certitude (*voy.* Logique), on accepte avec empressement tous les moyens extérieurs de connaître, qui sont la tradition humaine naturelle et la révélation surnaturelle, soit écrite, soit apportée par la tradition. C'est même en partie, afin d'arriver à établir solidement les certitudes de témoignage humain et de révélation divine que l'on pose le fondement premier de l'édifice dans l'évidence rationnelle; c'est pour être solidement croyant et traditionaliste qu'on commence par être rationaliste. Ainsi se réalise, sur ce point comme sur tous les autres, l'harmonie de la raison et de la foi.

Ce n'est pas sans peine cependant que nous voyons les hommes détourner de la sorte les bons mots de leurs acceptions étymologiques. *Rationalisme* ne signifie, par lui-même, que la théorie qui consiste à établir les certitudes humaines sur la raison comme base radicale et antécédente à toute autre, du moins dans la démonstration. *Traditionalisme* ne signifie, par lui-même, qu'acception empressée des vérités qui nous viennent du dehors. Il faudrait des mots négatifs, et marquant l'exclusivisme doctrinal, pour peindre les erreurs dont nous venons de parler, ainsi que toutes les erreurs possibles, puisque ces erreurs consistent, non pas dans l'admission de la raison ou de la tradition, mais dans le rejet de l'une ou de l'autre. C'est cette pensée qui nous domine dans ce livre, s'il nous arrive quelquefois de nous servir de ces mots, et surtout du mot *rationalisme* pour exprimer la vérité logique pure et simple.

Cette explication suffira au lecteur pour nous comprendre toujours.

Et, puisque nous en sommes sur une question de mots, nous dirons que plusieurs autres, tels que celui de *panthéisme*, sont peut-être employés par nous de la même manière en certaines occasions, mais le contexte suffira, nous n'en doutons pas, pour enlever tout danger de méprise.

Terminons les observations de cet article par ces sages paroles de Mgr Sibour, archevêque de Paris; elles font partie de la lettre par laquelle il annonce les quatre propositions, que Rome vient de lui envoyer pour les faire connaître à son diocèse, contre le nouveau système de certitude qualifié de *traditionalisme* par opposition au *rationalisme* exclusif qui n'est pas plus rationnel.

« L'erreur est, le plus souvent, comme on l'a dit, qu'une exagération et un abus de la vérité.

« Il y a une philosophie de ce siècle que l'orgueil emporte dans les plus déplorables écarts. Elle méprise la foi, elle exalte la raison outre mesure. L'homme est déifié. Ce n'est plus cette créature faible et blessée, qui a besoin d'une main rédemptrice pour se relever et arriver à sa fin; c'est un être demeuré intègre dans sa nature, qui se suffit et dont les lumières propres n'ont rien à emprunter aux lumières surnaturelles. Le souverain Pontife, vous le savez, a déploré les égarements de cette philosophie dans son allocution du 9 décembre 1854.

« Mais les excès des rationalistes, quelque funestes et répandus qu'ils soient, n'autorisent pas les enfants de l'Eglise à se jeter dans d'autres excès. Il ne faut pas plus nier la raison que la foi. Dieu nous élève à lui en se servant de nous, de notre nature et de notre raison. C'est ce que disent les propositions d'aujourd'hui, c'est aussi ce que dit l'enseignement catholique de tous les siècles.

« Voyez, dans la grande controverse pélagienne, comme l'Eglise a su tenir la voie mitoyenne d'un pas ferme et sûr entre le naturel et le surnaturel, entre la liberté et la grâce, entre la force de l'homme et l'action de Dieu. Elle n'a pas plus souffert qu'on niât la grâce de Dieu que le libre arbitre de l'homme. De même aujourd'hui, elle a de solennels avertissements et pour ceux qui exaltent trop la raison humaine et pour ceux qui semblent vouloir l'anéantir.

« C'est ainsi que l'Eglise se montre dans tous les siècles la colonne de la vérité. Suivons toujours avec docilité et amour ses enseignements. Estimons-nous heureux d'avoir au milieu de nous ce phare brillant, cette lumière du monde pour dissiper nos doutes et éclairer nos pas. » — *Voy.* Naturalisme, —Surnaturalisme.

REALISME et IDÉALISME. *Voy.* Art, III.

REALISME et NOMINALISME. *Voy.* Histoire de la philosophie et de la théologie.

REDEMPTION (Le mystère de la). — DEVANT LA FOI ET DEVANT LA RAISON (IIe part., art. 7). — Nous expliquons, dans l'article Déchéance, comment l'homme créé dans un état donné de perfection intellectuelle, morale et physique, a pu déchoir de cet état dans un état inférieur sous ce triple rapport, et on sait que la foi catholique nous apprend, sur ce point comme sur tant d'autres, des réalités que la raison ne voit que comme possibles.

Or, que Dieu ait pu réagir sur sa créature par une influence appropriée à son état de déchéance, pour la relever à un état nouveau, soit d'une excellence égale au premier, soit même d'une excellence supérieure encore, c'est un point d'une évidence telle qu'il est inutile de nous y arrêter. Disons seulement qu'on appelle surnaturelle cette réaction divine, parce qu'elle est surajoutée à la nature. La nature ne peut se passer de Dieu, pas plus la nature déchue, que toute autre nature; elle n'est rien sans lui; il soutient en elle ce qu'il y a de bon, de réel, de beau, en un mot, d'être affirmatif; son vide, son imperfection, son néant, ce qu'elle n'a pas, voilà la seule chose qui n'est point à soutenir, parce que ce n'est rien, et, qui par suite, n'ait pas besoin de Dieu. Mais quand on a fait la somme des prérogatives de la simple nature, c'est-à-dire de tout ce qu'il y a, en elle, de divin et d'humain, tant sous le rapport de la substantialité que sous le rapport de l'activité, on conçoit qu'à cette somme, que Dieu pourrait laisser telle qu'elle est, il vienne, par une pénétration nouvelle et plus abondante de lui-même, surajouter des puissances et des ressorts nouveaux. Il en est de l'être moral comme de l'être matériel : prenons un végétal existant, par exemple, à l'état de sauvageon, soit parce qu'il n'a jamais existé autrement, soit parce qu'il est retombé dans cet état par une circonstance quelconque ; il est possible qu'une puissance supérieure à lui, telle que l'homme, vienne lui ajouter, par une culture artificielle, des propriétés qu'il n'a pas, et dont il est simplement susceptible, posé que cette culture lui soit appliquée. Or, ce que l'homme peut faire sur un être inférieur de l'ordre naturel, Dieu peut le faire évidemment sur l'homme et sur tous les êtres. Dans le végétal sauvageon que nous venons de supposer, n'y a-t-il pas déjà une action divine, une manifestation et infiltration de la Providence infinie? Le nier, serait transformer l'arbre tel qu'il est en Dieu même, ou dire qu'il n'est pas. Cependant, quand il devient producteur de fleurs et de fruits superbes, il prend une nouvelle vertu qui ne peut encore lui venir que de Dieu, pour la même raison; il y a donc en lui quelque chose de divin surajouté à ce qui y était déjà, et qu'on pourrait également nommer surnaturel, si ce mot n'était réservé à l'ordre moral de l'humanité. L'ordre surnaturel est donc possible ; et ce principe est d'une telle évidence que l'on ne conçoit pas comment quelques génies, tel que Lamennais, dans son *Esquisse d'une philosophie*, ont pu se déterminer à attaquer cette possibilité, que Rousseau proclamait hautement, malgré son peu d'étude de l'essence des religions. Chaque génie a sa tournure, et souvent le génie est dépourvu de justesse dans l'idée.

Dieu a donc pu restaurer l'humanité déchue sous les rapports et selon les degrés qu'il lui a plu. Il a pu le faire en vue du temps et en vue de l'éternité, quant au corps et quant à l'esprit, dans l'ordre individuel et dans l'ordre social. Il a pu le faire sous tous ces rapports à la fois, ou sous l'un d'eux seulement, en négligeant les autres ; il a pu le faire dans telle ou telle mesure. Lorsqu'il s'agit de donner on donne plus ou moins, et il n'y a pas de limites aux dons quand le trésor est inépuisable : celui de Dieu est le seul de tous les trésors qui soit sans fond ni rive.

Mais on n'agit pas sans employer des moyens d'action : toute opération a sa manière d'être. Or, les modes de rédemption qui s'offraient à la bonté divine étaient en nombre infini ; et, parmi ceux qu'il nousserait possible d'imaginer, il y en aurait, à coup sûr, qui impliqueraient des contradictions, des incompatibilités avec les attributs divins, des absurdités ; il y en aurait, en un mot, d'impossibles. Le mode que Dieu a employé, au dire de la foi catholique, appartiendrait-il à cette classe? c'est ce que nous nous proposons d'examiner sous cette question :

Le mystère de la rédemption tel qu'il a été réalisé parmi nous, au dire de notre symbole, implique-t-il des impossibilités rationnelles ?

Cette question, dans sa généralité, en renfermerait autant de particulières qu'il y a d'articles du symbole catholique ; car tous ces articles ont pour objet quelqu'un des détails dont l'ensemble constitue la rédemption du monde (*voy*. Symbole catholique), bien que le plus fondamental de tous soit celui qui affirme l'incarnation. Nous passons en revue tous ces moyens de communication de l'humanité avec Dieu, dans des articles propres à chacun ; et, par conséquent, nous ne devons étudier, dans celui-ci, que ce qui se rapporte à la rédemption en général, ou aux circonstances de cette rédemption qui pourraient sembler peu raisonnables aux esprits prévenus et induits en erreur sur nos véritables croyances.

Étant éliminée, pour le moment, l'incarnation avec la vie et la mort du Christ, ainsi que l'ordre prophétique qui précède l'accomplissement de ces mystères et le développement mémoratif qui les suit, il ne reste guère, qui puisse paraître embarrassant, que l'inégalité dans la participation au bienfait du rachat, laquelle découle cependant du mode régulier adopté par Dieu pour nous initier à cette participation. Pourquoi, dira-t-on, la souveraine bonté n'a-t-elle pas relevé le genre humain, au degré qui entrait dans ses vues, de manière qu'aucun individu ne lui échappât autrement que par l'abus de sa liberté ? c'est à cette objection que nous allons répondre.

Mais avant de pouvoir disserter sur un objet, il faut le connaître tel qu'il est en réalité. Pour faire connaître celui-ci, nous allons l'exposer sous ce titre : *Théologie de la Rédemption;* et ensuite nous donnerons la réponse promise sous cet autre titre : *Philosophie de la Rédemption*.

I. — Théologie de la Rédemption.

Quel est donc le mode selon lequel chaque individu est initié à la rédemption ?

La théologie catholique en distingue deux : le mode ordinaire et le mode extraordinaire. Exposons le premier avec ses règles, en suivant l'opinion la plus douce, mais en ayant soin de ne pas blesser la foi.

XI. Dieu, en tant que rédempteur, s'incarne dans l'humanité avec la volonté générale de régénérer tous les hommes et de les sauver tous ; tel est le but de son acte ; il ne dit d'aucun : Je ne veux pas de celui-là dans mon royaume.

Notre Sauveur, dit saint Paul, *veut que tous les hommes soient sauvés et parviennent à la connaissance de la vérité. Car un seul Dieu, et un seul médiateur de Dieu et des hommes, le Christ Jésus Homme, s'est donné lui-même en rédemption pour tous* (*I Tim.* II, 3, 6).

« Jésus-Christ, dit saint Augustin, est également mort pour les petits enfants; car le sang répandu pour la rémission des péchés les concerne aussi bien que les autres. Les enfants ne sont-ils pas des hommes compris comme nous tous dans ce qui a été dit : Dieu veut que tous les hommes soient sauvés. » (*Contr. Jul.*, lib. III, cap. 25, et lib. IV, cap. 8.)

Saint Thomas dit que la mort du Christ a eu lieu pour la régénération de tous individuellement, comme tous, individuellement, doivent naître en état de déchéance par la génération charnelle. (*Contra gentes*, lib. IV.)

On connaît la cinquième des fameuses propositions, résumant la doctrine de Jansénius, condamnée pour dire que Jésus-Christ n'est pas mort pour tous.

Voilà le principe. Pas d'exclusion, dans la loi de Rédemption, de la part du législateur en tant que législateur d'un ordre nouveau qu'il fonde. Cet ordre est pour l'humanité sans aucune exception, *a priori*, dans le sens législatif. Passons maintenant à l'application de la loi; c'est ici que se présentent les moyens ordinaires et extraordinaires que nous avons distingués; nous ne parlons d'abord que des voies ordinaires.

Elles se réduisent à deux : une pour ceux qui n'ont pas l'usage de la raison, et une pour ceux qui l'ont. La première est nécessairement matérielle; elle ne peut être morale, puisqu'il n'y a rien de tel pour un être purement passif, sans pensée et sans liberté. La seconde doit au contraire être morale, c'est-à-dire, accompagnée d'actes d'intelligence et de volonté de la part de l'individu. Elles sont de cette sorte; car ce sont, pour les premiers, le baptême pur et simple sans dispositions de la part du sujet, et pour les seconds, la foi par enseignement, *ex auditu*, en un certain degré, soit accompagnée du baptême *in re*, soit impliquant le baptême *in voto*, comme nous allons l'expliquer. Sera initié aux mérites de la mort du Christ, qui en termes équivalents l'abbé Guitton, l'enfant, ou son pareil, par le baptême, et l'adulte par l'enseignement aboutissant à une foi de l'ordre surnaturel. On voit pourquoi le Christ a dit: Baptisez, enseignez. (*L'homme relevé de sa chute*, t. II, c. 15.)

L'application de ces moyens pourra devenir universelle un jour; nous croyons à cet avenir pour le monde, nous le croyons annoncé par les prophéties; mais jusqu'alors elle ne l'a pas été ; on sait que beaucoup d'enfants, ou de semblables aux enfants, n'ont pas été baptisés, et ne le sont pas, vu que le christianisme est encore loin d'avoir envahi l'univers. Quant à la foi pour les adultes, l'extension n'est pas non plus complète, mais elle peut être beaucoup plus grande, et, pour le faire comprendre, il faut entrer dans quelques détails.

Le genre humain se divise, quant à la foi, en catholiques, schismatiques ou hérétiques, et infidèles.

Les catholiques ont le baptême et l'enseignement. Ils sont initiés par les deux moyens à la fois. C'est à leur conscience de faire le reste. Quand l'univers sera catholique il ne sera plus question des deux autres classes.

Les schismatiques et les hérétiques sont chrétiens. Ils ont aussi le baptême et l'enseignement des points fondamentaux nécessaires à connaître de nécessité de moyen, que nous allons signaler. Ils rentrent donc dans la classe des catholiques sous le rapport qui nous occupe. On demandera ce qu'il en est de leur salut, quant aux choses de précepte qu'ils n'observent pas. La réponse est facile : s'ils sont de bonne foi, ils sont catholiques d'intention sans le savoir, ils appartiennent à l'âme de l'Eglise; s'ils sont de mauvaise foi, ils sont criminels et rentrent dans la classe des mauvais catholiques. « On ne doit pas considérer comme hérétiques, dit saint Augustin, ceux qui sont dans l'hérésie sans le savoir, et sans obstination coupable » (*Contra Donat.*, lib. I, cap. 4, p. 5.) « Les paysans et autres hommes simples, dit Liguori, qui sont dits hérétiques et cependant ne sont point dans une obstination coupable... ne sont point formellement hérétiques. Ils ont la foi catholique reçue par le baptême, laquelle ne se perd qu'en errant avec opiniâtreté. (*Théol. Mor.*, liv. II, traité, c. 4.) Voyez encore censure de l'*Emile* par la faculté de Paris (prop. 33), Cornelius *a Lapide* sur la *IIe Epître à Timothée* (II, 19), les sermons de Fénelon, et tous les théologiens raisonnables.

On demandera encore ce qu'on doit penser des sociétés hérétiques qui sont descendues jusqu'à perdre l'usage du baptême. Quant aux enfants, ils rentrent dans la classe de tous ceux qui meurent sans avoir été baptisés. Quant aux adultes, ils rentrent dans celle de tous ceux dont nous allons parler, qui, sans avoir reçu le baptême-sacrement, peuvent s'élever à des dispositions qui le remplacent.

Venons aux infidèles, qui, n'ayant pas reçu le baptême *in re*, n'ont de porte pour entrer dans le royaume du Christ, dans celle des demeures de la maison de son Père dont il est la lumière et la vie, que la foi et l'amour qui impliquent le baptême de désir.

Ces infidèles peuvent se trouver dans deux cas différents : ou les vérités nécessaires à connaître de nécessité de moyen pour être initié à l'ordre de la rédemption leur sont parvenues par une voie traditionnelle ayant pour source la révélation surnaturelle ; ou ces vérités ne sont point parvenues à leur connaissance et par ce canal.

Dans le premier cas, ils ont le nécessaire comme les hérétiques; s'ils joignent, en effet, à la connaissance que Dieu leur fait parvenir la foi et l'amour de Dieu, ils se font baptiser s'ils connaissent le baptême, ont le baptême de désir explicite, si, connaissant le baptême, ils ne peuvent se faire baptiser, et ont ce baptême de désir implicitement s'ils ne le connaissent pas, puisque l'amour de Dieu renferme en gros la volonté de faire tout ce que Dieu exige dès qu'on en a connaissance.

« On obtient, » dit saint Thomas, « la rémission des péchés, selon qu'on a le baptême de désir ou *explicitement* ou *implicitement*. »

« Le sacrement de la régénération, » dit l'abbé Guitton, « peut être suppléé par le désir, même par ce désir interprétatif qui se trouve au fond de l'amour de Dieu quand cet amour est véritable et basé sur la foi. » (*L'homme relevé de sa chute*, t. II, p. 252.)

Il ne faut pas oublier que, dans cette hypothèse, on a la foi aux vérités dont la connaissance est de nécessité de moyen pour l'initiation au corps du Christ, vérités que nous allons préciser tout à l'heure ; et, de plus, une foi acquise par un écoulement de la révélation surnaturelle au moyen de la tradition ou de la renommée. Il ne faut pas oublier, non plus, que nous ne sortons pas de la règle ordinaire et commune.

Dans le second cas, les infidèles dont il s'agit n'ont pas le nécessaire ; ils sont donc hors de la voie commune d'initiation, et, à ne considérer que cette voie, on doit affirmer qu'ils n'ont point part aux mérites de la rédemption.

Sans la foi personne ne peut être justifié, dit le concile de Trente (sess. 6, cap. 6, 7, 8). Or il s'agit de la foi surnaturelle, c'est-à-dire de l'adhésion à la vérité révélée connue par voie de révélation médiate comme est la tradition, *fides ex auditu*. En supposant qu'on fût arrivé à la connaissance des mêmes vérités par la simple raison, on n'aurait pas cette foi surnaturelle, comme il suit de la proposition suivante condamnée par Innocent XI : « La foi, au sens le plus large, acquise par témoignage des créatures ou tout motif semblable suffit pour la justification. » (Prop. 23.) N'oublions pas qu'il s'agit de la justification de même ordre, c'est-à-dire surnaturelle, laquelle n'est que l'initiation à la rédemption.

On demandera : Mais que fera Dieu de ces infidèles, en supposant qu'il ne les fasse pas sortir de la règle commune, par voie extraordinaire ? *Voy.* notre réponse à l'article Vie éternelle. Contentons-nous, pour le moment, de dire ce qui suit :

Saint Clément d'Alexandrie semble parler de ceux-là quand il dit : « qu'à celui qui n'a jamais entendu parler du Verbe il lui sera pardonné à cause de son ignorance. » (*Ad gentes*.) Mais entend-il par ce mot que le péché originel sera effacé par une bonté particulière, dans le cas où celui-là agira selon sa conscience, ce qui rentrerait dans les voies extraordinaires ? ou bien, entend-il cette chose évidente qu'il ne lui sera fait aucun reproche de ce qu'il aura ignoré sans sa faute ? Quoi qu'il en soit, voici ce qui est certain théologiquement dans l'hypothèse où nous sommes placés :

Ces hommes ne seront point jugés sur l'Evangile, mais seulement sur les vérités naturelles dont ils auront eu connaissance, sur le bien ou le mal qu'ils auront fait relativement à l'état de leur conscience ; principe commun à toute créature intelligente et libre, et que saint Paul a soin de poser sans cesse d'une manière générale. Si donc ils meurent en état de culpabilité, leur conscience le leur reprochera dans la vie future ; et s'ils meurent avec de bonnes œuvres naturelles ayant agi de leur mieux, leur conscience les en félicitera dans leur immortalité non chrétienne, et ils seront couronnés naturellement en proportion de leur mérite devant le Père de tous les êtres, qui est la justice absolue.

Mais ce qu'il faut bien noter, c'est qu'il nous est défendu de juger leur conscience par la nôtre. Ce qui est mal, et même très-mal, pour nous eu égard à notre instruction, peut être, non-seulement chose indifférente, mais un bien en eux relativement à la leur. La règle est posée catégoriquement par saint Paul : « Le païen, » dit-il, « est coupable toutes les fois qu'il fait lui-même ce qu'il condamne dans les autres. » Il nous est défendu d'aller plus loin dans nos jugements de la conduite de nos frères. Voyez ce qu'en dit Bourdaloue (*Ier Avent*, jug. der., part. 1) et ce qu'en disent tous les théologiens de bon sens. Sylvius, interprétant saint Thomas dit que : « La fornication simple (plusieurs crimes contre nature qu'il nomme), aussi bien que la pluralité des femmes, la vengeance des injures, et autres choses semblables, peuvent, selon toute apparence, être ignorés justement et invinciblement, comme illicites, chez les infidèles. » (1-2, q. 86, art. 3, concl. 4.)

Quelles sont les vérités dont la connaissance est de nécessité de moyen pour que la foi, qui résulte de cette connaissance, puisse être considérée par la théologie catholique comme impliquant le vœu du baptême, c'est-à-dire d'être régénéré en Jésus-Christ ?

Deux vérités sont essentielles à connaître explicitement sans aucun doute : celle de Dieu, et celle de Dieu rémunérateur.

Sans la foi, dit saint Paul, *il est impossible de plaire à Dieu ; car il faut que celui qui s'approche de Dieu croie qu'il est et qu'il récompense ceux qui le cherchent.* (*Hebr.* xi, 6.)

« Non-seulement il est nécessaire de croire que Dieu est, dit saint Thomas, mais encore qu'il exerce une providence sur les choses ; autrement, on n'irait point à lui si l'on n'espérait de lui quelque rémunération. »

Innocent XI a condamné la proposition suivante : « La foi d'un seul Dieu paraît seule nécessaire de nécessité de moyen, mais non pas la foi explicite de Dieu rémunérateur. » (Prop. 22.)

Mais, ce principe posé, une question grave se présente. Cette foi nécessaire pour l'initiation à la rédemption, est-ce la foi en la rémunération surnaturelle ? Si oui, il faut qu'on ait une idée quelconque de la déchéance, de la révélation, et de la rédemption, ce qui revient à avoir une idée quelconque du Christ. Si non, il suffit de l'idée de Dieu et de sa providence naturelle acquise, d'ailleurs, par un ricochet quelconque de la révélation, comme nous l'avons dit.

Or saint Paul ne tranche nullement cette question. Quand il dit que « sans la foi il est impossible de plaire à Dieu, » il semble parler de lui plaire surnaturellement, c'est-à-dire au point qu'il nous élève à la qualité de sujets du royaume de Jésus-Christ, puisque ce mot vient après ce qui est dit de la foi par laquelle Hénoch plut à Dieu, laquelle éleva ce patriarche à cette hauteur, et que, dans tout le chapitre, il n'est question que d'élévation de la même espèce. Lisez ce morceau éloquent de l'*Epître aux Romains*. Mais quand il pose ce principe explicatif simplement rationnel que « pour s'approcher de Dieu par l'esprit, il faut nécessairement savoir et croire qu'il est, et qu'il récompense ceux qui le cherchent, » il paraît, aussi clairement que possible, n'avoir dans la pensée que cette connaissance de raison par laquelle on sait que Dieu est et qu'il ne peut pas abandonner sa créature au hasard, connaissance sans laquelle il est, en effet, contradictoire d'imaginer qu'on puisse chercher Dieu et s'approcher de lui ; tandis que, s'il s'agissait de la rémunération surnaturelle, on concevrait très-bien que, sans elle, on pût encore chercher Dieu et en attendre une récompense, quoique à un degré inférieur. Dans ce dernier cas, la contradiction n'existerait plus, et cependant saint Paul paraît baser son raisonnement sur cette contradiction. On peut donc dire qu'il remonte, dans sa proposition, à la racine même de sa logique, et qu'il ne parle que d'une foi quelconque au sens le plus large, que de la foi qu'on désigne en théologie par l'épithète *late dicta*.

Aussi les théologiens sont-ils divisés d'opinion sur cette foi de nécessité de moyen pour être surnaturalisé en Jésus-Christ, au moins quant à son objet, puisque, quant à son acquisition, nous avons vu qu'ils exigent dedans quelque chose de surnaturel. Disons cependant que la plupart exigent aussi, dans l'objet, quelque connaissance formelle de la rédemption, ou de vérités qui s'y rattachent et la supposent ; d'où il suit que le sentiment le plus rigoureux est aussi le plus commun. Mais il n'en est pas moins très-permis d'adopter l'autre, et de regarder, comme règle ordinaire, que le Christ accepte, pour ses initiés, ceux auxquels est parvenu un écho lointain de la révélation, leur disant seulement que Dieu est et qu'il récompensera ceux qui l'aiment, pourvu que, d'ailleurs, ils soient dans les dispositions d'amour de Dieu et du bien, selon leur conscience, ainsi que de contrition s'ils ont péché, dispositions dont Dieu lui-même ne peut dispenser qui que ce soit, bien qu'il puisse les donner quand on ne les a pas.

Vivès dit à ce sujet : « On doute si la foi explicite de Dieu rémunérateur nécessaire au salut (on entend toujours par le *salut* le ciel du Christ) doit avoir pour objet Dieu rémunérateur surnaturel, ou s'il suffit de croire que Dieu récompense les mérites par des biens naturels..... Disons avec le sentiment commun que la foi doit avoir pour objet Dieu rémunérateur surnaturel. » (*Damnatæ theses.*) Kilber parle de même.

Le P. Voit, théologien très-estimé, paraît prendre le parti contraire à l'opinion commune, du moins pour les temps qui précédèrent l'Incarnation. Il exige seulement « la foi explicite de Dieu comme existant et comme récompensant tous ceux qui usent de la raison, » sans parler de l'ordre surnaturel, et il ajoute : « D'après toute probabilité, comme le dit Laym avec Soto, Vega, Sa et d'autres, la foi explicite de la sainte Trinité et de l'incarnation du Christ n'est point de nécessité absolue ou de moyen, même depuis la promulgation de l'Evangile, parce qu'une telle nécessité ne peut être démontrée ni par la nature de la chose, ni par l'Ecriture, ni par la tradition des Pères. Néanmoins Gabriel, Ludovic, Molina, Béecan, Pontas pensent autrement. »

Saint Thomas dit à ce sujet : « Il faut dire que, depuis le péché du premier père, personne n'a pu être sauvé des suites de la coulpe originelle que par la foi du Médiateur ; mais cette foi a varié, quant au mode de croire, selon la diversité des temps et des Etats.... Quant aux gentils qui ont été sauvés, il leur suffisait de croire que Dieu était rémunérateur ; comme il s'agit d'une rémunération qui ne se fait que par le Christ, ils croyaient implicitement au Médiateur. » (*In Epist. ad Hebr.*, c. 11, lect. 2.)

On s'accorde assez pour admettre que la connaissance explicite du Messie n'était point nécessaire aux Juifs de nécessité de moyen, avant Jésus-Christ, ni même celle de l'immortalité de l'âme.

Or il suit de tout cela qu'on peut très-bien penser que la connaissance explicite ni de la Trinité, ni de l'Incarnation, ni d'aucune vérité surnaturelle, ni même d'une vie future, n'est de nécessité de moyen pour l'initiation rigoureuse dans la société du Christ, mais seulement celle de Dieu et de sa providence rémunératrice d'une manière quelconque. Il faut dire cependant que beaucoup ont soutenu que la connaissance de ces vérités, quoique non nécessaire avant Jésus-Christ, l'est devenue depuis. Mais cette opinion nous semble répugner au bon sens. Jésus-Christ est-il donc venu rétrécir la voie du ciel ? Elle est aussi repoussée par les théologiens de la plus grande autorité. Il nous semblerait bien plus rationnel d'exiger pour tous les temps du monde quelque idée formelle de la rédemption. Notre jugement incline même de ce côté-là. L'abbé Guitton, que nous avons cité, se prononce carrément pour l'opinion la plus large, laquelle laisse, comme on le voit, une très-grande porte aux infidèles eux-mêmes pour arriver à la gloire chrétienne. D'après cette opinion, il n'aurait rien manqué aux philosophes et autres hommes quelque peu éclairés de l'antiquité pour pouvoir atteindre ce but ; il leur eût suffi de croire et d'agir conformément à leur conscience, car ils avaient la connaissance de Dieu rémunérateur, et ils ne furent pas, non plus, sans recevoir quelque ricochet de la révélation surnaturelle primitive jetée dans le courant de la tradition. Il en serait de même encore à présent des mahométans, des Chinois, des Indiens, et de presque tous les infidèles de bonne foi.

On trouverait dans les Pères de l'Eglise des passages à l'appui de cette opinion. Tel est le suivant de saint Augustin, dont la pensée large et tolérante paraît y mener directement :

« C'est pourquoi depuis le commencement du genre humain, tous ceux qui ont cru en Dieu, l'ont compris d'une manière quelconque, et ont vécu pieusement et justement selon ses préceptes, en quelque temps et en quelque lieu qu'ils aient été, ont été, sans aucun doute, sauvés par lui. » *Itaque ab exordio generis humani, quicunque in Deum crediderunt, eumque utcunque intellexerunt, et secundum ejus præcepta pie et juste vixerunt, quandolibet et ubilibet fuerint, per eum procul dubio salvi facti sunt.* (Epist. 49, ad Deovr.)

On demandera ici ce qu'il arrivera de ceux auxquels n'est survenue aucune idée de Dieu, et qui, malgré cela, ont distingué le bien du mal, ont aimé le bien et l'ont pratiqué, sans connaître Dieu explicitement.

En supposant qu'il y en ait, la réponse est facile et déjà donnée. Ils seront récompensés naturellement du bien qu'ils auront fait naturellement, et ce que tout le monde doit affirmer sans crainte d'erreur, c'est que la récompense ne peut jamais être moindre que le mérite, bien qu'elle puisse le surpasser de beaucoup.

II. Mais jusqu'alors nous n'avons décrit que les voies ordinaires de Dieu Sauveur, que la règle commune de rédemption par application des mérites de la vie et de la mort du Christ. Restent les voies qui sont le secret de Dieu et qui ouvrent à l'espérance des horizons sans limites, puisque c'est le domaine des prédilections et des attentions spéciales d'une bonté qui est infinie.

L'Eglise nous laisse à imaginer, de ce côté-là, exceptions sur exceptions, possibilités sur possibilités, soit quant aux enfants, soit quant aux adultes.

En ce qui concerne les premiers, elle pose elle-même, dans sa croyance commune, une exception à la loi générale, pour les enfants qui sont immolés en haine de Jésus-Christ avant d'avoir reçu le baptême. Elle dit qu'ils ont reçu le baptême de sang, bien que Jésus-Christ n'ait établi que le baptême d'eau, et que ce baptême soit la seule règle commune de régénération pour ceux qui ne peuvent le remplacer par le désir au moins implicite. Elle ne va pas au delà; mais elle présente des théologiens qui vont beaucoup plus loin sans qu'elle les condamne.

Cajetan, suivi de plusieurs autres, prétend que les enfants des Chrétiens auxquels il est impossible de donner le baptême peuvent être admis aux bénéfices de la rédemption par la vertu des prières de leurs parents; et cela non point seulement par un privilége de Dieu, mais d'après les lois ordinaires de l'ordre surnaturel. Cette idée nous semble peu rationnelle à ce dernier point de vue, et peu conciliable avec les définitions des conciles sur la nécessité du baptême; mais elle n'est point condamnée.

Gerson, saint Bonaventure, Durand et beaucoup d'autres sont de même avis, sauf la dernière exagération. Ils engagent à prier pour les enfants morts sans baptême, disant que Dieu les sauve quelquefois de cette façon, et qu'il en sauve aussi de plusieurs autres manières.

Ce qu'il y a de certain, c'est que la prière faite en particulier n'est jamais défendue; que l'Eglise la trouve toujours pieuse, bonne et utile; et, par conséquent, qu'elle ne condamne, dans aucun cas, l'espérance en des bontés inattendues de Dieu.

Nous pouvons donc élargir indéfiniment notre confiance, même à l'égard des créatures qui paraissent exclues le plus clairement de la participation aux joies éternelles de l'Eglise du Christ; mais il nous semble, en notre particulier, qu'une société *nombreuse* de créatures humaines jouissant de l'être et d'une manifestation de Dieu inférieure en espèce à celle des élus de Jésus-Christ, doive entrer éternellement dans les conditions d'harmonie de notre création. — *Voy.* VIE ÉTERNELLE.

En ce qui concerne ceux qui ont l'usage de la raison, nous pourrions encore nous donner plus large carrière.

Nous avons vu la théologie reconnaître, comme moyen régulier d'initiation, l'enseignement partant originellement de la révélation, et aboutissant à donner la foi en Dieu rémunérateur. Mais en dessous de ce canal extérieur, qui traverse les sociétés en jetant, à droite et à gauche, de ses eaux, et qui finira par en arroser toute la face de la terre, n'y a-t-il pas l'illumination particulière et intime, que Dieu peut, quand il lui plaît, rendre surnaturelle en l'augmentant jusqu'au degré nécessaire? D'où saurions-nous ce qui se passe dans les âmes et les cœurs par cette voie? C'est bien là, évidemment, le secret de Dieu et de Jésus-Christ. Nous pouvons tout supposer dans le sens favorable aux hommes, et, dans le sens contraire, il nous est défendu par l'Eglise de délimiter la miséricorde du Seigneur.

Alexandre VIII condamne, en 1690, la proposition suivante, qui prétendait poser de telles limites : « Païens, Juifs, hérétiques, ne reçoivent aucun influx de *Jésus-Christ* : d'où l'on doit inférer qu'en eux la volonté est nue et débile sans grâce suffisante. »

Clément XI, dans la bulle *Unigenitus*, condamne les suivantes de Quesnel :

« Aucunes grâces ne sont données que par la foi. » (Prop. 26.) Il s'agit de la foi en Jésus-Christ, et venue par l'ouïe.

« La foi est la première grâce et la source de toutes les autres. » (Prop. 27.)

« Hors l'Eglise aucune grâce n'est accordée. » (Prop. 29.) Il s'agit de la grâce surnaturelle.

Il nous est donc défendu de penser que non-seulement Dieu, ce qui serait impossible et absurde, mais Jésus-Christ, c'est-à-dire Dieu en tant que médiateur et rédempteur, ne s'occupe pas des infidèles, de ceux qui n'ont point la foi ordinaire, de ceux qui sont en dehors de la société de ses membres. Et, par conséquent, il nous est plus que permis de croire qu'il les aide à monter, par l'inspiration intérieure, selon les motifs de sa sagesse, jusqu'aux degrés de connaissance et d'amour qui suffisent pour le baptême de leur âme. C'est principalement par cette voie que nous aimons à supposer, avec l'abbé Guitton, que l'infidèle de tous les temps et de tous les lieux qui s'attache à ce qu'il sait de Dieu par sa propre raison, et à ce qu'il en apprend par les traditions des peuples, et qui agit de son mieux relativement à l'étendue de sa connaissance, est catholique sans le savoir, aussi bien que l'hérétique qui fait de même.

Croirons-nous cependant que le Christ moissonne, pour les faire habitants de son royaume dans l'éternité, tous les hommes de bonne volonté de cette terre? Non, bien qu'on puisse le croire.— *Voy.* Grâce et Inégalité.—Nous imaginons plus d'harmonie, dans la vie future, avec une demeure, propre à un certain nombre, analogue à celle où le Dante rencontrait Virgile, au début de son voyage, dans les orbes de l'éternité. — *Voy.* Vie éternelle.

Mais nous anticipons sur ce qui nous reste à dire dans la philosophie de la rédemption.

II. — Philosophie de la rédemption.

La philosophie commence, sur toutes les questions de l'ordre surnaturel, par où finit la théologie ; elle enregistre les phénomènes, attend les effets, étudie les surfaces, pour en tirer des déductions au fond même des choses, à leurs causes intimes, aux lois substantielles qui les régissent. La théologie, appuyée sur la révélation, pose le fond, la cause, la substance, la loi, et en conclut à la série de résultats qui doivent s'en suivre. L'une procède *a posteriori;* l'autre *a priori*, dès que le fait de la révélation lui est démontré par la première ; l'une raconte, l'autre prophétise ; l'une dit : Cela est, donc la loi est ainsi ; l'autre : Cela doit être, ou la loi est ainsi ; donc cela est. La philosophie aperçoit les branches, et descend des branches aux racines ; la théologie, ayant trouvé d'abord les racines, en déduit le développement des branches, suivant en cela les procédés de la nature réelle, qui sont à l'inverse de ceux de la logique ; ayant entre ses mains la parole de Dieu, elle tient en effet la cause, la loi, la substance, la volonté efficace, la promesse et la prophétie qui ne sauraient tromper, tandis que la philosophie, n'ayant pour ses bases que les résultats de cette parole, est obligée d'en attendre patiemment la réalisation successive avant de la formuler en loi régulière. Mais l'une et l'autre se rencontrent, car elles voyagent sur le même chemin, l'une descendant de la cause à l'effet, l'autre remontant de l'effet à la cause ; et, parvenues au point où l'on s'aperçoit et se reconnaît, elles s'embrassent d'une manière si étroite, qu'il ne reste plus qu'une lumineuse figure qui est le flambeau du monde.

Voilà ce qui s'est passé et ce qui se passe sans cesse sur l'article fondamental de la rédemption, comme sur tous les autres.

1. Socrate méditant sur l'état d'abaissement où il voyait le genre humain, sur les difficultés immenses que présentait sa régénération dans la science du vrai, et dans l'amour du bien, ne pouvait s'expliquer la bonté du Dieu dont il avait l'idée, sans imaginer qu'il enverrait un jour une vertu céleste pour l'instruire. Platon lui fait dire dans l'*Apologie* : « A moins qu'il ne plaise à Dieu de vous envoyer quelqu'un pour vous instruire de sa part, n'espérez pas de réussir jamais dans le dessein de réformer les mœurs des hommes. »

Platon désespérait, comme Socrate, des ressources de sa langue, pour parler de celui qu'il avait découvert et qu'il appelait le *Père*, en des accents assez compréhensibles et assez frappants pour le faire connaître aux mortels, et il priait Dieu de venir lui-même leur en dire ce qu'il ne concevait pas qu'ils ignorassent toujours. « Au commencement de cet entretien, est-il dit dans le *Timée*, invoquons le Dieu sauveur, afin que, par un enseignement extraordinaire et merveilleux, il nous sauve en nous instruisant de la doctrine véritable. » Le philosophe s'exprime aussi pieusement dans la lettre sixième : « Vous prierez le Dieu de l'univers, l'auteur de tout ce qui est et de tout ce qui sera; vous prierez son Père et son seigneur, que nous connaîtrons tous clairement autant qu'il est possible aux hommes. » Il s'emparait des allégories mythologiques, et inventait lui-même des fictions dans lesquelles des mortels ressuscités, tels que Her l'Arménien (*Rép.*, x), ou des dieux-nés, tels que Mercure (*Protagoras*), venaient parmi nous se faire nos précepteurs ; sur quoi Dacier fait cette observation : « Les anciens ont donc reconnu cette vérité, que Dieu pouvait se servir du ministère d'un dieu ou d'un ange, pour faire connaître aux hommes ses volontés, guérir leur faiblesse et leur communiquer ses vertus. » Platon ne concevait, en désespoir de cause, que cette ressource extra-naturelle pour que les hommes pussent devenir un jour quelque peu philosophes. C'est en admirant une multitude de paroles convergeant vers cette idée, que plusieurs anciens Pères avaient élevé Platon au rang des voix prophétiques de l'antiquité, annonçant le Messie, et l'avaient appelé le Moïse des Grecs.

Aristote arrivait quelquefois aux mêmes conclusions, malgré son grand principe de l'activité humaine qui nous élève à si haute puissance : « Sans quelque révélation divine, notre œil ne verra la lumière que comme le chat-huant voit le soleil. » (*Metaph. Oper.* t. XII, c. 7.)

Tout le monde connaît les prédictions fameuses de la grande évolution des âges par les sibylles, et les grands vers dans lesquels Virgile rappelait ces prédictions au monde romain.

Eschyle composait la grande trilogie de l'humanité coupable, déchue et relevée, sous l'image de son Prométhée ravisseur, enchaîné, et enfin délivré par un Hercule, fils d'une vierge et d'un souffle de Jupiter, vainqueur de sa justice terrible. (*Voy.* les *Etudes* de M. Nicolas, et le *Prométhée enchaîné* qui nous reste.)

Les philosophes de l'Egypte et de la Chaldée distinguaient un dieu, fils de l'Etant par lui-même, et qu'ils appelaient le *Sauveur des hommes.* (D'HERBELOT, *Biblioth. orientale.*)

Ceux de la Chine parlaient d'un saint devant venir dans les contrées occidentales, qui, sans exercer aucun acte de gouvernement, préviendrait les troubles ; qui, sans parler, inspirerait une foi spontanée ; qui, sans exécuter de changements, produirait naturellement un océan d'actions méritoires ; dont aucun homme ne saurait dire le nom, mais qui serait le véritable saint. (*L'Invariable milieu*, trad. de M. Abel Rémusat, p. 144, note.) C'était aussi, dans la Chine, une ancienne croyance « qu'à la religion des idoles, qui avait corrompu la religion primitive, succéderait une dernière religion, celle qui devait durer jusqu'à la fin du monde. » (*Mém. de l'Acad. des inscr.*, t. XLV, p. 542.) D'après Ramsay, on trouve dans les livres Iikyki l'attente d'un héros qui rétablira tout dans sa première splendeur, est nommé Kiantsé, mot qui signifie pasteur et chef, et est surnommé *très-saint docteur universel*, *vérité souveraine.* (*Disc. sur la myth.*, p. 150.) Le livre intitulé *Morale de Confucius*, affirme que, « d'après ce philosophe, un saint devait être envoyé du ciel, qui saurait toutes choses et aurait tout pouvoir au ciel et sur la terre. » (Abel Rémusat, p. 144.). D'après le décret de Xacca, au rapport de Huet, « on croyait en Chine, en Cochinchine, au Tonquin, à Siam, au Japon, etc., qu'un Dieu serait l'auteur du salut des hommes, après qu'il aurait satisfait au Dieu suprême pour leurs déréglements. »

Les philosophes de l'Inde, ainsi que les poëtes et les législateurs des antiques civilisations de cette contrée du monde, ne parlaient que d'incarnation de Dieu pour le salut des hommes. On trouve même dans un poëme ce passage singulier (33) : « Il naîtra un brahme dans la ville de *Scambelom* (*pain de la maison* ; et *Bethléem* signifie *maison de pain*), ce sera Wichnou-Jesoudou (*Wichnou,* seconde personne divine — *Jesoudou, Jésus* avec la terminaison chinoise). » (MARCADÉ, p. 522.) On connaît l'ordre surnaturel et mystérieux établi par Manou pour l'expiation des crimes, ainsi que les sacrifices expiatoires dont aucun peuple n'a été dépourvu ; on connaît l'Homme-Dieu de la religion de Bouddha, qu'on rend perpétuellement visible pour adorer Dieu par sa médiation, qu'on appelle, dans certaines écoles, le Régénérateur, qui est la neuvième incarnation de Vichnou, seconde personne de la Trinité, et dont Chakia-Mouni fut le prêtre inspiré, ou même une manifestation incarnée. —*Voy.* les légendes de Chakia, Bouddha, Fo, etc., dans le *Dict. des religions.*

Zoroastre, d'après Les Guèbres, fut ravi par un ange au pied du trône de Dieu, dont il vit la gloire et qui lui révéla, pour le salut de la terre, les grands secrets de la religion des mages, consignés dans le *Zend-Avesta.* Or Zoroastre enseignait un Dieu mitoyen, Mithra, combattant contre Ahrimane, et servant de médiateur entre Ormouzd et la société humaine confiée à ses soins. (*Acad. des inscr.*, t. XXXIV, p. 382.) Plutarque expliquait de même la doctrine du magisme dans Isis et Osiris (p. 41 et suiv.) : « Cestuy (Zoroastre), dit-il, appelait donc le bon dieu Oromanes, et l'autre Arimanius, et dit qu'il y en avait un entre les deux qui s'appelait Methras ; c'est pourquoi les Perses appellent encore celui qui intercède et qui moyenne, Mithras........ Mais il viendra un temps fatal et prédestiné, que cet Arimanius, ayant amené du monde la famine ensemble et la peste, sera détruit de tout point et exterminé ; et lors la terre sera toute plate, unie et égale, et n'y aura plus qu'une vie et gouvernement des hommes, qui n'auront plus qu'une langue entre eux et vivront heureusement. » (Trad. d'Amyot.) On lit, en effet, dans le Yecht de Mithra (*Avesta-Zend,* XII, *Cardé*), cette prière : « J'adresse ma prière à Mithra, que le grand Ormouzd a créé médiateur sur la montagne élevée en faveur des nombreuses âmes de la terre ; » et beaucoup d'autres du même genre dans tout l'ouvrage de Zoroastre, ainsi que des passages aussi surprenants dans sa légende.

« Les Goths, dit Marcadé, citant les Edda, présentaient le fils premier-né de Dieu comme étant notre médiateur et devant écraser la tête du serpent, pour payer ensuite ce triomphe de la vie. »

« Une prophétie, » dit M. de Humbold, « faisait espérer aux Mexicains une réforme bienfaisante, dans les cérémonies religieuses ; cette prophétie portait que Centeold triompherait, à la fin, de la férocité des autres dieux, et que les sacrifices humains feraient place aux offrandes innocentes des prémices des moissons. » (*Vue des Cordilières*, t. 1, p. 263.)

Nous ne finirions pas de citer, si nous entreprenions d'épuiser les monuments épars qui prouvent qu'avant Jésus-Christ existait partout un mélange de traditions populaires

---

(33) Nous donnons ce passage tel que nous le trouvons dans l'auteur qui le cite. Il nous paraît indiquer des pages écrites depuis Jésus-Christ, sous l'influence d'idées chrétiennes qui auraient rayonné dans l'Inde. C'est à la critique à prononcer.

et d'observations philosophiques aboutissant à de vagues espérances en une rédemption du monde, par un acte mystérieux de la Divinité. Rappelons seulement, pour couronner cet aperçu, les attentes incessantes du Messie rédempteur chez le peuple juif; elles forment le fond de tous les livres sacrés, au nombre desquels se retrouve le poëme sublime de l'iduméen Job, où on lit cette phrase : « Je sais que mon Rédempteur vit; au dernier jour, je dois surgir de la terre; et, dans ma chair, je verrai Dieu, mon Sauveur. »

La philosophie observait, constatait, méditait, soupçonnait, chez toutes les nations et dans toutes les époques de l'antiquité ; mais elle n'arrivait qu'à des lueurs vagues; l'aurore ne s'était pas montrée dans sa réalité visible; elle ne comprenait ni l'état des âmes, ni l'état des corps; l'humanité était pour elle un mystère qui devait avoir un terme; mais il fallait bien prendre son inquiétude en patience, et remettre à l'avenir la rupture du grand sceau.

Le Christ naît, vit, meurt et ressuscite : le monde change de face; le voilà jeté dans une série de révolutions de tous les ordres, qui n'aura plus de limites. C'est le progrès lui-même qui est descendu des cieux; plus on montera dans la science, dans l'art, dans l'industrie, dans la civilisation, dans la liberté politique, dans la morale religieuse, dans le bien-être spirituel et matériel, plus on voudra monter; les digues sont rompues, l'Océan déborde, les dieux malfaisants sont en fuite; tout est changé à la surface des choses.

La philosophie relève la tête, respire au grand air et s'écrie : J'ai trouvé ! j'ai trouvé le mot de l'énigme.

XII. Elle voit se développer la charité de Dieu dans des proportions surhumaines. Platon avait dit dans *Le banquet* : « Tous les sacrifices et toutes les choses auxquelles préside la science sacrée, et par lesquelles la Divinité s'unit aux hommes, ont pour objet la conservation de l'amour. » Et Socrate était mort volontairement pour ne pas violer les lois de sa conscience ; tout cela était beau; mais combien de Platons et combien de Socrates ! Maintenant des millions d'hommes de la classe misérable, de cette population d'esclaves, qui n'était jusqu'alors, par le fait, comme l'avaient observé les philosophes, qu'une multitude abrutie par d'infâmes tyrans, plus semblable à l'animal qu'à l'homme, des millions de ces êtres deviennent des héros qui disent avec saint Ignace : « Que je sois consumé par le feu, que je meure de la mort lente et cruelle de la croix ; que je sois mis en pièces par les tigres et les lions affamés; que mes os soient dispersés, mes membres meurtris, mon corps broyé; que tous les démons épuisent sur moi leur rage; je suis prêt à endurer avec joie tous les supplices pourvu que j'aime le Christ , » et qui prouvent, par leur manière de mourir, que leur langage n'est pas trop énergique.

Elle voit la charité des hommes se développer de même. Voltaire a dit : « Peut-être n'y a-t-il rien de plus grand sur la terre que le sacrifice que fait un sexe délicat, de la beauté et de la jeunesse, souvent de la haute naissance, pour soulager, dans les hôpitaux, ce ramas de toutes les misères humaines dont la vue est si humiliante pour l'orgueil humain et si révoltante pour notre délicatesse. Les peuples séparés de la communion romaine n'ont imité qu'imparfaitement une charité si généreuse (*Essai sur l'histoire, sur les mœurs et l'esprit des nations*, ch. 18); » et sainte Thérèse: « Quiconque n'aime pas le prochain ne vous aime pas, ô mon Rédempteur ! puisque vous avez fait voir, par l'effusion de tant de sang, l'excès de l'amour que vous portez aux enfants d'Adam. » (3ᵉ méditation.)

Elle voit le caractère moral des hommes se transformer dans de prodigieuses dimensions au nom de Jésus ; des multitudes deviennent, à ce seul mot, ce que quelques philosophes à peine avaient été, en désintéressement, abnégation, force, etc. La vie du Christ est le ressort de l'avenir, par la morale complète qu'elle présente en action : « Les hommes, » dit saint Augustin, « pour leur malheur, convoitaient les richesses qui fomentent la volupté; le Christ a voulu être pauvre. Ils avaient soif d'honneur, d'autorité, de puissance; il a refusé d'être roi. Ils avaient pour les outrages une horreur superbe; il a supporté tous les genres d'outrages. Ils regardaient comme impossible de supporter l'injustice; quelle plus grave injustice que d'être condamné juste et innocent ! Ils frissonnaient à l'idée des souffrances; il fut flagellé, torturé. Ils redoutaient de mourir, il subit la mort. De toutes les morts la plus cruelle, c'était la croix ; il fut crucifié. Toutes les séductions dont l'attrait enivrant faisait oublier les devoirs d'une vie sainte, il les a rendues méprisables en ne les prenant point. Tout ce que les hommes redoutaient, toutes les terreurs qui les éloignaient des sentiers de la vérité, il en a brisé l'aiguillon en recevant leurs cruelles atteintes : car on ne pèche que par la poursuite de ce qu'il a méprisé ou par la fuite de ce qu'il a supporté. Ainsi tout ce qu'il fit dans cette humanité qu'il a daigné s'unir fut l'enseignement et la règle des mœurs. » (*De la vraie religion*, 16.)

Elle voit l'esclavage disparaître peu à peu sous l'influence évangélique, l'esclavage dont elle n'avait pas osé soupçonner la disparition, tant il paraissait, jusqu'au Christ, une nécessité inexorable. Elle voit des conciles se réunir sur tous les points pour décréter des articles dans l'intérêt des esclaves ; les églises vendre leurs vases sacrés pour acheter leur affranchissement. Elle entend saint Grégoire crier à tous : « Puisque notre Sauveur a daigné, dans sa bonté, revêtir la chair de l'homme pour nous rendre notre première liberté, en brisant, par la grâce de sa divinité, le lien de servitude qui nous tenait captifs; c'est une action salutaire de rendre aux hommes, par l'affranchissement, leur liberté native; car au commencement la nature les a créés tous libres. » (Lib. v, epist. 12.) Elle observe les maîtres écrire et signer sous la dictée des moines des actes comme celui-ci : « Au nom de Dieu, Père tout-puissant, et au nom de son Fils unique, qui a voulu s'incarner pour délivrer les hommes de l'esclavage du péché et les adopter comme des fils, nous, pour qu'il daigne nous remettre les péchés que nous avons commis, déclarons rendre la liberté à nos hommes abaissés sous le joug de la servitude ; car le Seigneur a dit : remettez et on vous remettra, et en parlant à ses apôtres, il dit : *Vous êtes tous frères.* Donc si nous sommes frères, nous ne devons astreindre aucun de nos frères à une servitude qu'ils ne nous doivent pas ; et c'est ce qu'atteste la vérité suprême dans ces paroles : *Qu'on ne vous appelle pas maîtres;* où elle blâme moins l'arrogance de l'orgueil humain que l'injustice de la domination ; voilà pourquoi nous affranchissons de tout joug nos serfs, hommes et femmes. » (*Mémoires sur le Rouergue*, par Base, III, p. 173. — *Voy.* sur l'esclavage, CHATEAUBRIAND, *Etudes histor.*, t. II, étude 5ᵉ, partie III; BALMÈS, *Le protest. comp. au cathol.*, t. I, p. 24 et suiv., p. 242.)

Elle voit la femme franchement et solidement réhabilitée par l'abolition de la polygamie et du droit de divorce dans l'époux, aussi bien que par un changement merveilleux dans le caractère moral des nations ; et la famille reconstruite par les mêmes causes sur les véritables bases de l'harmonie native.

Elle voit les idées fécondes et immortelles de liberté, d'égalité, de fraternité sociales, faire assaut à toutes les tyrannies terrestres avec l'Evangile pour code, la croix pour drapeau, et les premières sociétés chrétiennes en donner des images vivantes que le monde politique sera tôt ou tard forcé d'imiter. Elle entend saint Chrysostome lui décrire, comme il suit, ces sociétés dans les déserts qu'elles fertilisent : « Qu'un grand de la terre vienne les visiter, c'est alors surtout que se fait mieux sentir le néant de tout ce que le monde offre de plus magnifique. Là vous verrez un simple anachorète, accoutumé à remuer le sol, ignorant de toutes les choses du siècle, assis indifféremment sur le gazon à côté d'un général d'une grande armée, tout fier de son pouvoir. Ce ne sont point de lâches adulations qui sortent de la bouche du solitaire, mais de salutaires conseils, mais de sublimes entretiens qui ne flattent point l'orgueil, et profiteront à celui qui les entend, du moins dans le temps qu'il restera en cette compagnie. Il en sortira agrandi lui-même par les grandes pensées exposées sous ses yeux..... Du reste, point d'inégalité parmi eux ; tout y est commun, table, logements, habits; et, ce qui vaut mieux encore, un même esprit règne entre tous. Ils ont tous les mêmes titres de noblesse; tous obéissent à la même loi ; tous sont libres de la même liberté, possédant les mêmes richesses, les seules vraies, et prétendant au même héritage, à la gloire céleste, la seule gloire qui mérite ce nom. »

Elle voit le travail intellectuel prendre son essor avec assurance, les yeux fixés sur deux points qu'il poursuit avec autant d'acharnement que s'il ne savait pas que ces deux points reculeront à proportion qu'il en approchera davantage; ce sont Dieu et l'homme, Dieu pour pénétrer ses mystères, l'homme pour l'élever vers Dieu. « Le nom de philosophie, dit Augustin, n'est dû qu'à celle d'un monde intelligible auquel la subtilité de la raison ne pouvait rappeler nos esprits aveuglés par les ténèbres de tant d'erreurs, et devenus tout matériels par le commerce des sens, si Dieu, plein de miséricorde pour les créatures, n'eût fait descendre et n'eût abaissé son intelligence jusque dans un corps humain, où, non-seulement par ses préceptes, mais par ses exemples, excitant les âmes, il leur donnât le pouvoir de rentrer en elles-mêmes et de lever les yeux vers cette véritable patrie. » (*Contre les académiciens*, l. III, ch. 29.) Voilà donc le Christ rédempteur de la science; et Bacon ajoutera : « Ce qui doit nous faire rechercher la science, c'est la gloire de rendre à l'homme, en grande partie, la souveraineté et la puissance dont il était investi dans le paradis terrestre ; car du jour où il sera en état d'appeler tous les êtres de la création par leurs noms véritables, il aura sur eux le même pouvoir qu'il avait dans leur état primitif. (*OEuv. phil.*, t. II, p. 501, édit. de M. Bouillet ; » voilà la philosophie rachetée par le Christ avec l'humanité, et rachetant l'humanité à son tour de concert avec le Christ.

Enfin la philosophie voit l'ignorance se dissiper comme par enchantement, les tyrannies se miner peu à peu, les arts se développer, les vices des gouvernements se révéler, les injustices devenir révoltantes, les barbaries disparaître, les absurdités invétérées se déraciner, le monde s'illuminer de clartés. Elle étudie ces phénomènes visibles, ces rédemptions superficielles, mais apparentes, et elle en conclut l'existence réelle d'une cause profonde se remuant dans l'intimité mystérieuse de la nature humaine. Car elle comprend que ce qu'elle a vu de ses yeux n'est qu'un effet accessoire de quelque révolution intérieure et radicale ; c'est la parole et l'écriture de la chose, ce n'est point sa pensée ; c'est l'épanouissement *ad extra* d'un mystère humain qui se passe *ad intra* et dont cet épanouissement n'est que l'image, comme la création est l'image de Dieu.

Elle arrive donc à concevoir Dieu, lui-même, agissant intérieurement dans le cœur et dans l'âme, et opérant, au plus profond de ces retraites, la vraie transformation ; c'est le Verbe qu'elle conçoit ainsi, c'est le Christ, non pas seulement dans sa parole externe, mais dans sa vertu plastique de lumière et de flamme, dans cette vertu qui échauffe ce qui était froid, éclaire ce qui était obscur, donne la vie à ce qui était mort, efface, en un mot, le péché originel, comme l'a dit la théologie quand elle a posé *a priori* la cause et les effets invisibles, avant les résultats visibles. Voilà pourquoi la philosophie s'est écriée : j'ai trouvé !

III. Mais quand la philosophie et la théologie se sont rapprochées d'aussi près, il faut qu'elles s'harmonisent pour vivre désormais en bonne intelligence ; et il leur reste quelques difficultés à éclaircir.

Le Christ, dis-tu, veut initier tout homme venant en ce monde à sa rédemption, et cependant il en est qui passent sur la terre sans en profiter ; comment se fait-il que sa volonté ne soit pas efficace si elle est réelle ?

Philosophons, dit la théologie pour répondre à sa sœur. Dieu veut que toute créature soit bonne, et cependant il en est qui ont la pensée mauvaise. Si sa volonté absolue du bien ne pouvait être que toujours efficace relativement aux êtres qu'il crée, c'est donc qu'il ne pourrait faire des êtres libres ? Soutiendras-tu cette thèse ?

Non, répond la sœur ; je conçois des êtres qui ne puissent devenir méchants, mais j'en conçois aussi qui puissent le devenir ; je crois à l'existence d'esprits de la première espèce, mais je crois aussi à l'existence d'esprits de la seconde espèce ; il est plus parfait qu'il y en ait des deux sortes ; si Dieu n'est pas obligé à faire le mieux, il est naturel de penser qu'il a fait au moins ce que peuvent imaginer de mieux nos faibles efforts. Je sais d'ailleurs que je suis douée de liberté. Mais ce qui m'étonne dans ton symbole sur la rédemption, que je crois comme toi, et plus que toi peut-être, c'est l'absence qui aura lieu, de fait, sur la liste du Dieu sauveur, d'un grand nombre d'êtres humains sans qu'il y ait de leur faute. Ce mal ne peut être l'effet que de la volonté libre de celui qui en est l'objet, ou de la volonté libre de Dieu ; il n'est pas le résultat de la première, puisqu'on suppose qu'il arrive sans sa faute ; il est donc l'effet de la volonté libre de Dieu, et voilà ce qui m'étonne.

Ce n'est point un mal absolu, répond la théologie ; ce n'est qu'une perfection moins grande dans ces êtres ; et, d'après le principe que tu viens de poser, qu'il est plus parfait, pour le tout, qu'il y ait des créatures de plusieurs perfections, ne dois-tu pas dire qu'il est même naturel de penser que Dieu ait arrangé les événements de ce monde, de manière qu'il y ait, dans la vie future, des créatures humaines établies dans ce degré de bonheur et d'être ?

J'accepte volontiers cette réponse, dit la philosophie ; mais il reste une contradiction : d'un côté tu affirmes que c'est Dieu qui harmonise les événements dans le but d'arriver à cette variété d'états ; et tu affirmes, d'autre part, qu'il a voulu, d'une volonté réelle, le salut chrétien de tous les hommes. Dieu peut-il vouloir à la fois le oui et le non ? Tu peux soutenir que diverses catégories d'états, dans l'autre vie, feront un tout plus beau que la présence d'une seule, fût-ce la plus parfaite de celles qui seront ; s'il n'y avait pas sur la terre des animaux de toute perfection, la terre serait-elle aussi belle ? Et tu peux ajouter que Dieu, voulant ce résultat, conduit les choses de façon que tel ou tel enfant des hommes fasse un jour partie de ceux qui ne seront ni coupables par eux-mêmes, ni méritants par quelque bon usage de leur liberté, ni régénérés en Jésus-Christ. Mais alors ne dis pas qu'il a voulu, pour ceux-là, la participation aux mérites de la croix, puisqu'il a fait en sorte qu'ils en soient exclus sans leur faute. Je me résume en un dilemme : ou tous les enfants qui meurent sans le baptême feront partie du ciel de Jésus-Christ, ou Dieu ne veut pas pour tous cette participation. Les deux hypothèses, pour moi, sont admissibles ; mais l'alliance des deux me paraît une contradiction.

La théologie tient alors ce discours :

Ce serait une contradiction si on prenait dans le même sens et sous le même rapport, la volonté par laquelle Dieu veut sauver tous les hommes qui n'y mettront pas librement obstacle, et la volonté par laquelle il veut que les états de l'autre vie soient variés ; Mais telle n'est pas mon affirmation.

Quand Dieu fait un monde, il l'assujettit à des lois dont l'enchaînement est d'une complexité admirable ; chacune de ces lois, prise en son particulier, est l'expression d'une volonté divine ; et, malgré cela, il s'en trouve qui, dans la chaîne de leurs résultats, doivent en neutraliser d'autres. C'est ainsi, par exemple, que la loi de reproduction du chêne par le gland est une volonté générale de Dieu que tout chêne produise un gland, et que tout gland reproduise un chêne ; et néanmoins combien de chênes stériles, combien de glands perdus ! C'est qu'il y a dans la nature d'autres lois dont les rencontres viennent suspendre l'effet de la première. Ces suspensions sont aussi des volontés de Dieu, mais sous des rapports différents ; et si l'on peut dire que l'accord de deux lois ne soit pas impossible bien qu'elles doivent se contrarier dans certains résultats, on peut dire, de même, de la volonté du législateur qui est la source permanente de la loi. Les volontés de Dieu s'harmonisent entre elles en se modifiant les unes les autres quand il le faut, et, pour se modifier mutuellement, elles n'en sont pas moins des volontés réelles, bien que celle qui doit se trouver modifiée dans telle circonstance ne puisse être efficace en même temps que l'autre dans la même circonstance. C'est en ce sens que je parle quand je dis que Jésus-Christ a la volonté de faire participer tous les enfants des hommes aux mérites de sa croix. La rédemption est un monde qu'il surajoute au monde naturel ; ce monde a ses lois, et celles du monde naturel, dans lequel il doit se développer, ne sont pas détruites. Une loi du monde surnaturel, c'est que Dieu s'est incarné, a vécu et est mort pour le genre humain tout entier sans exception d'aucun individu, comme une loi du monde naturel, c'est que tout gland reproduise un chêne, puisque le gland n'a d'autre but ; une seconde loi du monde surnaturel c'est qu'il y ait un ordre d'enrôlement et d'introduction dans ce même monde ; et ces deux lois doivent s'appliquer dans la complication immense de l'ordre naturel lui-même relatif au genre humain, lequel, il ne faut pas l'oublier, demeure intact dans son développement. Voilà donc cet ordre naturel de conception, de naissance, d'éducation, de vie et de mort, qui va nécessairement amener des obstacles, dans certains cas, et dans certains jours de sa durée, à l'application des lois surnaturelles. Celles-ci en seront-elles moins des lois, et dira t-on que Dieu se contredit en voulant les unes et les autres? Non, tout s'équilibre dans son intelligence ; et quand je dis qu'il veut un résultat sans le vouloir efficacement dans certains cas, cela signifie qu'il pose plusieurs législations dont les occurrences doivent se neutraliser quelquefois, mais que chaque législation, prise seule, n'en est pas moins une volonté réelle, sincère et sans exception. Quand notre esprit fait des abstractions, il pose de même des règles absolues, qui cependant se modifieront les unes les autres dans l'application aux choses concrètes. En Dieu sont éternellement toutes les abstractions intellectuelles et toutes les subordinations de volontés; elles constituent l'harmonie infinie de son intelligence et de son amour. Ce n'est qu'en faisant abstraction de toutes les autres circonstances et influences, et en considérant Dieu relativement au genre humain, que j'affirme en lui la volonté de surnaturaliser tous les hommes. Si on considère cette volonté dans son rapport avec celle qui veut que l'homme soit libre, on trouve qu'elle doit être sans résultat toutes les fois que l'homme, repoussant les dons de Dieu, voudra contrairement à la volonté infinie du bien ; de même on trouve qu'elle sera également sans résultat, à moins d'exception miraculeuse posée par sa miséricorde, toutes les fois qu'un ensemble de circonstances, également voulues par sa sagesse, mettront obstacle à l'application du moyen régulier de surnaturalisation. Tu viens, ô ma sœur, de considérer la rédemption dans ses effets visibles et accessoires relatifs à l'évolution temporelle, scientifique, industrielle, religieuse et sociale du genre humain ; tu en avais le droit ; cette rédemption est complète, et, quoique son but principal soit la sanctification de l'individu, et, par ce moyen, la formation de la société chrétienne à venir, de l'Eglise triomphante, elle n'en a pas moins pour objet la civilisation en cette vie sous tous les rapports. Or je dirai de la rédemption, ainsi considérée, que Dieu veut, par elle, civiliser la terre, la relever entièrement jusqu'à un point donné vers l'état dont elle aurait joui dans le paradis terrestre, et cela sans exception formelle et positive d'aucun individu et d'aucun peuple ; cependant beaucoup d'individus et de peuples n'auront point eu leur part des jouissances de cette civilisation, n'auront pas cueilli leur grappe aux vignobles de cette terre promise. Pourquoi cette différence? c'est qu'en même temps que Dieu voulait la rédemption temporelle pour tous, il la voulait par le progrès successif, et qu'il était impossible que, par ce moyen, tous participassent aux mêmes biens à la fois. Ceux qui sont morts avant l'accomplissement restent nécessairement à jamais privés des félicités temporelles que le temps n'apporte qu'après leur départ. Ce sont encore ici des volontés divines en hiérarchie dont le résultat commun est d'une haute sagesse, quoique nous n'y apercevions, avec notre courte vue, que de l'inégalité dans l'ordre temporel et dans l'ordre éternel. Dieu a tout fait pour tous, a préparé pour tous le trésor de ses grâces, sans qu'aucun y eût des droits acquis, mais aussi sans intervertir l'ordre naturel de son œuvre, et sans transformer notre monde en un monde d'une autre espèce ; exiger que chacune de ses volontés de détail eût une efficacité inexorable, constante et infaillible, serait le réduire à n'avoir qu'une seule volonté, à ne pouvoir créer qu'un seul monde, dans ce monde un seul être, et à n'être lui-même qu'une nécessité fatale sans intelligence et sans amour. « Le dessein de Dieu dans son Eglise, a écrit Malebranche, c'est de faire un ouvrage digne de lui. Il veut que son Eglise soit ample, car il veut que tous les hommes soient sauvés. Il veut qu'elle soit belle, car la sanctification des âmes est ce qu'il souhaite le plus. Dieu aime donc la grandeur et la beauté de son ouvrage, mais il aime davantage les règles de sa sagesse ; il veut sauver tous les hommes, mais il ne sauvera que ceux qu'il peut sauver, agissant comme il doit agir. C'est à l'homme à suivre ses voies, Dieu ne changera pas pour lui l'ordre et la régularité de sa conduite. Il faut que l'action de Dieu porte le caractère des attributs divins. » (*Méd. chrét.*, médit. 8.), Assurément Dieu aurait pu faire une autre création, il en fait même, sans doute, et en fera beaucoup d'autres ; mais si, faisant celle-là, il ne faisait pas celle-ci, ne devrait-on pas dire que ce serait un bien et une beauté de moins? Ne dis donc plus qu'il y ait contradiction entre la volonté du salut universel et la volonté d'états variés dans la vie future ; ces deux volontés s'harmonisent ainsi que des millions d'autres dans la volonté générale de réaliser notre univers, qui n'est pas, sans doute, le plus beau des possibles, mais qui n'est pas, non plus, le moins beau, et pour lequel, aussi bien que pour le tout, il est mieux d'être, tel qu'il est, que de n'être pas.

La philosophie, ayant entendu sa sœur, la théologie, revêtir de la sorte sa forme et son langage, et philosopher précisément comme elle, l'embrasse et lui dit : Tu as raison. — *Voy.* INCARNATION

REGENERATION. *Voy.* DÉCHÉANCE, RÉDEMPTION, VIE ÉTERNELLE, OEUVRES, INÉGALITÉ, etc.

RÉHABILITATION DE LA FEMME. *Voy.* SOCIALES (Sciences).

RELATIF (Le). *Voy.* ONTOLOGIE.
RELIQUES ET IMAGES DES SAINTS, SIGNES TERRESTRES DE LA COMMUNION DES SAINTS. *Voy.* COMMUNION, etc., PEINTURE, VIE ÉTERNELLE, à la fin ; — le petit poëme sur les reliques de saint Augustin.
RÉMISSION DES PÉCHÉS (LA) — DANS L'ORDRE DE LA NATURE ET DANS L'ORDRE DE LA GRACE (II° part., art. 21). —
I. La raison conçoit comme principe de justice absolue que, dans toute créature intelligente et libre, tout état de malice, quelque hideux qu'il soit, est détruit par le repentir complet. Il y aurait, en effet, contradiction à supposer que le même être qui se repent du mal qu'il a fait soit encore méchant. Ce qu'ont soutenu quelques hérétiques sur l'irrémissibilité des fautes, même avec le repentir, est donc une absurdité rationnelle avant d'être une doctrine condamnée par l'autorité déclarative des vérités religieuses. Mais il ne faut pas oublier que l'évidence dont nous parlons ne porte que sur la nécessité de la guérison et du pardon dans l'hypothèse du repentir, et non sur la nécessité de la possibilité du repentir lui-même ; si l'être coupable est supposé toujours libre au sens complet du mot, il peut changer son état en aimant ce qu'il n'aimait pas, en détestant ce qu'il aimait ; mais on peut concevoir que l'effet même d'une dégradation morale extrême soit d'ôter la liberté, c'est-à-dire la puissance du bien, par l'éloignement de Dieu sans lequel tout bien est impossible. Au reste, il n'est pas nécessaire, pour que le repentir soit complet, qu'il tombe explicitement sur les fautes mêmes, car ces fautes peuvent être effacées dans le souvenir et il suffit alors de l'amour présent du bien, c'est-à-dire de Dieu, au degré complet : par cet amour, l'être ne cesse pas d'être ayant été coupable dans le passé, car il n'est pas même en la puissance de Dieu de faire qu'une chose qui a été soit n'ayant pas été, mais il cesse d'être méchant dans le présent, d'être ce qu'il était, et il se présente devant la justice comme un être régénéré, dont l'état antérieur est tombé dans la catégorie de ce qui est néant.

Nous avons dit que la possibilité du repentir n'est point essentielle à la créature comme le pardon lui est essentiel, posé le repentir. Mais nous savons, par les affirmations de la révélation, interprétée par l'Église, qu'il est au moins un temps et un degré de criminalité, à nous inconnu, dans lesquels Dieu donne la grâce suffisante pour le repentir. Tant que l'être moral demeure dans ce temps et dans ce degré, la théologie dit qu'il est *in via*. Quels sont les confins de cet *in via* ? en d'autres termes, jusqu'où s'étend la bonté de Dieu à l'égard des créatures coupables ? C'est ce qu'il est impossible de déterminer, Dieu n'ayant jamais dit à l'homme tout ce qu'il fera, et s'étant réservé tous les mystères de l'avenir, sinon en tant qu'ils se rapportent aux lois de la justice, au moins en tant qu'ils peuvent dépendre des munificences de sa bonté. *Nul ne sait le jour ni l'heure*, a dit Jésus, *ni les anges du ciel, ni le fils de l'homme, mais le Père seul.* (*Matth.* XXIV, 36.)

L'unique chose que nous sachions avec certitude, aussi bien par la raison que par la révélation, c'est que, si notre conscience nous témoigne un revirement complet vers le bien dans nos actions, accompagné d'une douleur profonde d'avoir offensé la loi éternelle du juste, ou d'un amour complet de Dieu en soi comme source de toute justice, pour employer les termes du concile de Trente, nous sommes certains que le mal n'est plus en nous et que nous sommes purs à ses yeux dans le moment présent, quoique, en vertu de notre ignorance de l'avenir, nous ne puissions affirmer qu'au sens absolu et définitif nous soyons dignes d'amour.

Telles sont les vérités générales que renferme l'article du symbole catholique : « Je crois à la rémission des péchés. »

II. Nous venons de poser des principes absolus applicables à toutes les catégories d'êtres moraux, à toutes les créatures ayant conscience d'elles-mêmes, discernement du bien et du mal, et liberté de leurs actes.

Or le genre humain peut présenter, dans sa masse totale, deux classes d'individus ayant l'usage de la raison : la classe des membres du Christ vivants ou morts, et celle des étrangers à la rédemption. Dans la première, la rémission des fautes se fait naturellement et surnaturellement tout à la fois ; naturellement par l'activité de la nature morale coopérant à l'influx providentiel dont aucune créature ne peut être dépourvue, non-seulement pour agir, mais aussi pour être et durer ; et surnaturellement par la coopération de ce fond naturel aux grâces du Christ, soit à l'aide des moyens extérieurs donnés par lui qu'on appelle sacrements, soit d'une manière purement intérieure quand ces moyens sont ignorés ou impraticables. Dans la classe des étrangers à la rédemption, tous les phénomènes de l'ordre moral ne peuvent se passer que naturellement, ce qui ne veut pas dire sans Dieu, mais avec Dieu agissant à titre de simple créateur, et non pas à titre de rédempteur incarné. Il en est ainsi des phénomènes moraux de cette vie et de ceux de l'autre. Nous parlons de ces derniers dans l'article VIE ÉTERNELLE, et, quant aux premiers, nous devons nous borner, en ce moment, à faire observer que la rémission des péchés ou la conversion de l'état mauvais à l'état de bonté se réalise aussi, dans un ordre purement naturel, toutes les fois que se manifeste le repentir. Dans ce cas, l'état de déchéance, appelé par beaucoup de théologiens état de pure nature ou de nudité, relativement aux grâces surnaturelles dont l'être paraîtrait vêtu si la chute n'avait pas eu lieu, ou si elle avait été réparée, n'est pas modifié ; mais, dans les limites de cet état, il y a toutes les différences morales des bonnes et des mauvaises consciences ; il y a des vertus et des vices en activité, lesquels engendrent des degrés de beauté ou de laideur proportionnels à leurs intensités ; et, si l'on suppose le repentir après le mal commis, on suppose, par là même, une purification, un retour à l'innocence première, et, par une conséquence rigoureuse, un pardon octroyé par l'éternelle justice. Tout se passe dans cette sphère comme dans l'autre ; les élévations et les abaissements, les fluctuations morales ne se font pas à la même division de l'échelle des créatures, mais les rapports demeurent ; les forces sont différentes, mais les proportions restent. Il en est de ces deux ordres comparés, comme de deux cercles dont l'un est immense et l'autre rétréci : dans le premier, la chute de la circonférence au centre et l'élévation du centre à la circonférence sont en soi bien plus considérables que dans le second ; mais, dans l'un et dans l'autre, les parties sont entre elles comme elles sont à l'égard du tout.

Voilà ce qu'il ne faut jamais oublier quand il s'agit de justifier Dieu d'accusations fondées sur la diversité des dons qu'il accorde, et sur les préférences de sa bonté. Ces préférences existent, c'est un fait non-seulement observable, mais essentiel à l'harmonie de ses créations ; et dans tous les ordres, sa sagesse, sa bonté, sa justice se révèlent avec un éclat infini dans les proportions gardées. — *Voy.* Résurrection de la chair.

RÉPROBATION (en Dieu), *Voy.* Prescience et Prédestination.

RÉSISTANCE A LA GRACE (Possibilité de) *Voy.* Grace, III.

RESPECT DE DIEU. — PLATON. *Voy.* Morale, I, 2.

RESSEMBLANCE A DIEU. — PLATON. *Voy.* Morale, I, 8.

RÉSURRECTION DE LA CHAIR (La) — DEVANT LA RÉVÉLATION ET DEVANT LA RAISON (II° part., art. 22).

I. — La résurrection devant la révélation.

I. L'Eglise enseigne que tous les hommes ressusciteront, comme le Christ est ressuscité, c'est à-dire seront revêtus du corps dont la mort les avait dépouillés, bien que ce corps doive, après cette résurrection, être doué de propriétés différentes de celles sous lesquelles il se présente dans cette vie.

II. Voici les principaux passages de l'Ecriture sur lesquels l'Eglise fonde cette croyance.

1° Job étendu sur son fumier, il y a peut-être plus de quarante siècles, chantait ainsi sa douleur dans les plaines de l'Idumée :

Ayez pitié de moi, ayez pitié de moi, vous au moins, mes amis, puisque la main du Seigneur m'a touché !

Pourquoi, ainsi que Dieu, me persécutez-vous ? Pourquoi vous rassasier de ma chair ?

Qui m'accordera que mes discours soient écrits ? qui me donnera qu'ils soient tracés dans un livre avec un style de fer, qu'ils soient gravés sur une lame de plomb, ou sur la pierre avec le ciseau ?

(34) Le latin porte : *et multi de his qui,* etc. On nant *multi* pour *multitudo.*

Car je sais que mon rédempteur vit, et que je dois ressusciter de la terre au dernier jour !

Je serai encore enveloppé de ma peau, et dans ma chair, je verrai mon Dieu !

Je le verrai moi-même, et mes yeux le contempleront, moi-même et non un autre !

Cette mienne espérance repose dans mon cœur !

Pourquoi donc dites-vous aujourd'hui : Persécutons-le, et trouvons contre lui des sujets de parler ?

Fuyez devant le glaive ! Il est un glaive vengeur des iniquités ; et sachez qu'il est un jugement (*Job* xix, 22-29.)

2° Daniel, dans un de ses prophétiques enthousiasmes, s'écriait :

En ce temps-là surgira Michel, le grand prince qui tient pour les enfants de ton peuple ; et viendra un temps tel qu'il n'en fut depuis que les nations ont commencé d'être jusqu'à ce temps-là.

Et alors ton peuple sera sauvé, et quiconque aura été trouvé écrit dans le livre ; et beaucoup (34) *de ceux qui dorment dans la poussière de la terre s'éveilleront ; les uns dans la vie éternelle, les autres dans l'opprobre, afin qu'ils voient toujours.*

Or ceux qui auront été savants brilleront comme la splendeur du firmament ; et ceux qui forment les multitudes à la justice, comme des étoiles dans les perpétuelles éternités.

Pour toi, Daniel, clos tes discours, et scelle le livre jusqu'au temps marqué. Plusieurs le parcourront, et multiple sera la science. (*Dan.* xii, 1-4.)

3° Au temps des Machabées la croyance à la résurrection était populaire chez les Hébreux, puisque les sept enfants qu'Antiochus faisait martyriser devant leur mère lui disaient :

Toi, scélérat, tu nous perds dans la vie présente ; mais le roi du monde nous ressuscitera, nous morts pour ses lois, dans la résurrection de l'éternelle vie......

Je tiens du ciel ces membres ; mais, pour les lois de Dieu, aujourd'hui je les méprise, parce que j'espère qu'il me rendra un jour....

Il nous est préférable d'être tués par les hommes dans l'espérance que Dieu nous ressuscitera ; car pour toi la résurrection ne sera pas pour la vie.....

Je ne sais comment vous avez apparu dans mon sein, dit la mère aux enfants ; *car ce n'est pas moi qui vous ai donné l'esprit, l'âme et la vie, ni moi qui ai joint vos membres en un corps ; mais le créateur du monde, qui a fait la naissance de l'homme, qui a conçu l'origine de toutes choses, vous rendra de nouveau, avec miséricorde, l'esprit et la vie, selon que vous vous méprisez maintenant vous-mêmes pour ses lois.* (*II Mach.* vii, 9, 22, 23.)

4° Jésus-Christ a souvent parlé de la résurrection :

Quand vous donnez un dîner ou un souper, peut entendre : *la multitude de ceux,* etc., en pre-

disait-il un jour, *ne conviez pas vos amis, ni vos frères, ni vos parents, ni vos voisins riches, de peur qu'ils ne vous réinvitent et qu'ainsi tout vous soit rendu; mais, quand vous faites un festin, convoquez les pauvres, les estropiés, les boiteux, les aveugles, et vous serez heureux de ce qu'ils n'auront pas pour vous rendre; car tout vous sera rendu dans la résurrection des justes.* (*Luc.* XIV, 12-14.)

Il dit dans une autre circonstance : *En vérité, en vérité je vous dis que l'heure vient, et qu'elle est déjà venue où les morts entendront la voix du Fils de Dieu, et ceux qui l'auront entendue vivront; car, comme le Père a la vie en lui-même, il lui a donné le pouvoir de faire le jugement, parce qu'il est le fils de l'homme; ne vous étonnez pas de ceci, car l'heure vient où tous ceux qui sont dans les sépulcres entendront la voix du Fils de Dieu; et ils s'en iront, ceux qui ont fait le bien dans la résurrection de la vie, ceux qui ont fait le mal dans la résurtion du jugement.* (Joan. v, 24-29.)

Telle est la volonté de mon Père, disait-il encore, *que tout ce qu'il m'a donné je le ressuscite au dernier jour..... Celui qui mange ma chair et boit mon sang a la vie éternelle, et je le ressusciterai au dernier jour.* (Joan. VI, 39, 55.)

Citons le passage où il répondit aux saducéens sur cette question, en complétant saint Mathieu, saint Marc et saint Luc l'un par l'autre.

Alors se présentèrent quelques-uns des saducéens qui nient qu'il y ait une résurrection, et ils l'interrogèrent disant :

Maître, Moïse a écrit pour nous cette loi : Si quelqu'un meurt n'ayant pas de fils, que son frère épouse sa veuve pour susciter une descendance à son frère. Or il y avait parmi nous sept frères; le premier prit une femme et mourut sans laisser d'enfants; le second la prit ensuite, et mourut, ne la laissa point, non plus, d'enfants; et le troisième pareillement; et pareillement les sept la prirent et ne laissèrent point d'enfants. La femme enfin mourut la dernière de tous. Dans la résurrection donc, duquel d'entre eux sera-t-elle la femme? car tous les sept l'ont eue pour femme.

Jésus leur répondit : Ne voyez-vous point que vous errez, ne comprenant les Ecritures ni la puissance de Dieu? Les enfants de ce siècle se marient et sont donnés en mariage; mais ceux qui seront trouvés dignes du siècle à venir et de la résurrection des morts n'épouseront ni ne seront épousés; car ils ne pourront plus mourir; les maris ne prendront point de femmes ni les femmes de maris; mais ils seront comme les anges de Dieu dans le ciel, étant enfants de la résurrection. Et, quant aux morts, qu'ils ressuscitent? N'avez-vous point lu dans le livre de Moïse ce que Dieu lui dit dans le buisson : Je suis le Dieu d'Abraham, et le Dieu d'Isaac, et le Dieu de Jacob; or Dieu n'est pas le Dieu des morts, mais des vivants, car tous vivent devant lui; vous errez donc beaucoup.

Quelques-uns des scribes répondant dirent : Maître, vous avez bien dit.

Et les peuples qui l'écoutaient étaient dans l'admiration de sa doctrine. (*Matth.* XXII, 23 et seq.; *Marc.* XII, 18 et seq. ; *Luc.* XX, 27 et seq.)

Très-souvent Jésus-Christ parle plutôt de la résurrection morale des âmes, en ce qui est des deux vies, que de la résurrection des corps ; mais il est aussi des circonstances où ses paroles paraissent impliquer, à la fois, la résurrection spirituelle et la résurrection corporelle ; les passages que nous venons de citer suffisent pour mettre le lecteur à même d'en juger.

5° Citons enfin saint Paul qui, dans son interprétation de l'Evangile sur ce point, est très-explicite.

Que s'il est prêché que le Christ est ressuscité des morts, comment quelques-uns disent-ils parmi vous qu'il n'y a point de résurrection des morts? Car s'il n'y a point de résurrection des morts, le Christ n'est point ressuscité; et si le Christ n'est point ressuscité, notre prédication est donc vaine, et vaine aussi votre foi...

Mais le Christ est ressuscité des morts, premier de ceux qui dorment (35); *parce que, par un homme la mort, et par un homme la résurrection des morts; et, comme tous meurent en Adam, ainsi dans le Christ tous seront vivifiés, mais chacun en son ordre : les prémices, le Christ ; puis ceux qui sont du Christ, qui ont cru en son avénement : ensuite la fin, lorsqu'il aura remis le règne à Dieu et au Père, qu'il aura évacué* (grec, aboli) *toute principauté et puissance et vertu, car il faut qu'il règne jusqu'à ce qu'il ait mis tous ses ennemis sous ses pieds; et la mort, dernière ennemie, sera détruite, puisqu'il a tout mis sous ses pieds.*

Quand donc elle (l'Ecriture) *dit : Tout lui a été soumis : sans doute excepté celui qui lui a tout soumis; et lorsque tout lui aura été soumis, alors le Fils lui-même sera soumis à celui qui lui a tout soumis, afin que Dieu soit tout en tous.*

Autrement que feraient ceux qui sont baptisés pour les morts, si les morts ne ressuscitent pas du tout? Pourquoi seraient-ils baptisés pour eux?

Et nous, pourquoi sommes-nous en péril à toute heure? Chaque jour, frères, je meurs par votre gloire que j'ai dans le Christ Jésus Notre-Seigneur. Si, selon l'homme, j'ai combattu contre les bêtes à Ephèse, que me sert-il, si les morts ne ressuscitent point? Mangeons et buvons, car nous mourrons demain. (I Cor. xv, 12-32.)

Tout ce qui précède pourrait s'entendre simplement de l'immortalité de l'âme ; mais ce qui va suivre implique la résurrection du corps lui-même.

Quelqu'un dira : Comment les morts res-

---

(55) Paul et Jean appellent Jésus-Christ le *premier né d'entre les morts*, c'est-à-dire celui qui est le premier ressuscité.

susciteront-ils? ou en quel corps viendront-ils?

Insensé, ce que tu sèmes n'est point vivifié si auparavant il ne meurt. Et ce que tu sèmes, ce n'est pas le corps qui sera, mais tu sèmes un grain nu, comme de froment ou de quelque autre; et Dieu lui donne un corps comme il veut.

Et à chaque semence son corps propre: toute chair n'est pas une même chair; mais autre celle des hommes, autre celle des troupeaux, autre celle des oiseaux, autre celle des poissons : il y a corps célestes et corps terrestres, et autre est la gloire des célestes, autre des terrestres; autre est la clarté du soleil, autre la clarté de la lune, autre la clarté des étoiles, et l'étoile diffère de l'étoile en clarté.

Ainsi la résurrection des morts

Il est semé dans la corruption, il surgira dans l'incorruption ; il est semé dans l'abjection, il surgira dans la gloire ; il est semé dans l'infirmité, il surgira dans la force. Il est semé corps animal, il surgira corps spirituel.

S'il est un corps animal, il en est aussi un spirituel, comme il est écrit : Le premier homme, Adam, fut fait en âme vivante, le dernier Adam en esprit vivifiant.

Non d'abord ce qui est spirituel, mais ce qui est animal; ensuite ce qui est spirituel. Le premier homme est fait de la terre, terrestre ; le second homme, du ciel, céleste (Grec : le second homme est le seigneur du ciel); tel que le terrestre sont les terrestres, tel que le céleste, les célestes. Donc comme nous avons porté l'image du terrestre, portons aussi l'image du céleste. (Grec : Nous porterons aussi.)

Je dis cela, frères, parce que la chair et le sang ne peuvent posséder le royaume de Dieu, et la corruption ne possédera point l'incorruptibilité.

Voici, je vous dis un mystère: Tous nous ressusciterons, mais nous ne serons point tous changés. En un moment, en un clin d'œil, à la dernière trompette, car la trompette sonnera, les morts ressusciteront incorruptibles et nous serons changés ; car il faut que cette chose corruptible revête l'immortalité.

Et lorsque cette chose mortelle aura revêtu l'immortalité, alors sera accomplie la parole qui est écrite : La mort a été absorbée dans la victoire.

O mort, où est ta victoire ? Où est, ô mort, ton aiguillon?

Or l'aiguillon de la mort est le péché ; et la force du péché, la loi.

Grâces à Dieu qui nous a donné la victoire par Notre-Seigneur Jésus-Christ ! (I Cor. xv, 35-57.)

Nous avons traduit littéralement et presque tout entier ce chapitre aussi éloquent qu'intéressant, vu son importance pour l'examen rationnel que nous allons faire du dogme de la résurrection.

III. Ce n'est pas seulement chez les Juifs et chez les Chrétiens, leurs successeurs dans la foi, que l'espérance d'une résurrection victorieuse de la mort a circulé dans les traditions populaires, et a été proclamée par les grands hommes.

1° Zoroastre enseigna la résurrection des corps de la manière la plus explicite. Cette grande révolution de l'humanité devait terminer le quatrième âge, celui du développement de sa loi, lequel aurait lieu, avant elle, sous Sosiasch, envoyé du ciel pour rendre le monde pur ; il existait même un fargard de l'ancien *Zend-Avesta* qui traitait de ce que doivent être les actions dans les divers âges, jusqu'à la résurrection, pour être dignes d'Ormouzd.

Voici, d'ailleurs, ce qu'on lit dans le *Boundehesch* :

« Les veines seront de nouveau rendues au corps... Tous les morts ressusciteront... Leurs âmes, d'abord, leurs corps ensuite, de la même manière qu'ils ont été donnés d'abord... L'âme reconnaîtra les corps, et dira : C'est là mon père, ma mère, ma femme, mon frère, etc... Ensuite paraîtra l'assemblée de tous les êtres du monde avec l'homme, et chacun verra le bien ou le mal qu'il aura fait. »

2° Quand le Pérou fut découvert, on trouva parmi les Incas la croyance à la résurrection. Lorsque Garcilasso de la Véga leur demandait pourquoi ils mettaient en lieu sûr leurs cheveux et leurs ongles, ils répondaient : « Savez-vous bien que tout ce que nous sommes de gens qui avons pris naissance ici-bas devons revivre dans ce monde, et que les âmes sortiront des tombeaux avec tout ce qu'elles auront de leur corps. Pour empêcher donc que les nôtres ne soient en peine de chercher leurs ongles et leurs cheveux, car il y aura, ce jour-là, bien de la presse et bien du tumulte, nous les mettons ici ensemble afin qu'on les trouve plus facilement. »

Au reste, cette croyance pouvait leur être venue du christianisme par des Européens jetés sur leur continent à une époque dont ils auraient perdu le souvenir ; d'où il suit que tout ce qu'on pourrait citer de ce genre n'aurait pas le même poids que ce qu'on trouve dans les livres antérieurs au christianisme, tel que le *Zend-Avesta*, bien que le témoignage de Zoroastre puisse aussi se confondre avec celui de Job dans une source commune.

3° Nous dirons de même des mahométans, qui professent le même dogme comme un article de foi; Mohammed ne le fit entrer dans le *Koran* que parce qu'il le trouvait dans la croyance des Chrétiens, des Juifs et des Arabes, dont le mélange formait la population des contrées où il prêcha sa réforme.

Il prédit d'ailleurs, en mille endroits, d'une manière splendide et énergique, la résurrection future du genre humain. « Dieu fait jaillir la vie du sein de la mort, dit-il quelquefois, et la mort du sein de la vie ; il fait éclore de la terre les germes de la fécondité ; c'est ainsi que vous sortirez de vos tombeaux... Dieu a formé toutes les créatures; il ranimera leurs cendres... L'homme créé de boue propose des arguments! Oubliant sa création, il s'écrie : Qui p ou ra ranimer des os réduits en poussière ? Réponds : Celui qui leur a donné l'être les ranimera... Ignorent-ils que celui qui a créé sans effort le ciel et la terre peut faire revivre les morts ?... Malheur à ceux qui nient la résurrection !... »

4° Enfin n'oublions pas de faire observer que la croyance à la métempsycose, qu'on trouve partout en dehors du christianisme, dès la plus haute antiquité, aussi bien chez les peuples que chez les philosophes, impliquait une espèce de résurrection, et même, en fin de compte, la résurrection à peu près telle que nous la comprenons. La renaissance des âmes dans des corps nouveaux, soit d'hommes soit d'autres êtres, pour la punition, l'expiation et la nouvelle épreuve, n'était autre chose qu'une résurrection, quoique non définitive, analogue à celle de ces reproductions de végétaux par semence dont saint Paul n'a pas dédaigné de se servir, comme de comparaison, pour faire comprendre la résurrection véritable. Et, après ces résurrections successives que le pieux Charles Bonnet, de Genève, a systématisées à la moderne, à l'aide de la monade de Leibnitz, dans sa *Palingénésie*, on enseignait généralement une dernière résurrection, dans des corps de feu et de lumière, pour ceux que leur bonne volonté aurait fixés dans le bien. Or il n'y a pas loin de cette vieille croyance au *corps spirituel* dont parle saint Paul. La différence paraît plutôt résider dans l'expression et la figure que dans la chose. Quant aux monstres de perversité qui aiment le mal pour le mal, et qui, au jugement de tous les anciens grands hommes, ne sont guère que les tyrans, on les plongeait dans le Tartare immédiatement, et il ne faut pas croire qu'on les y considérait comme privés de toute espèce de corps. Platon, qui a laissé les tableaux les plus magnifiques des résultats de la métempsycose telle qu'il l'avait trouvée dans les traditions des peuples qu'il avait visités, associe toujours, quoiqu'en puisse dire Théodoret (*Thérapeut.*, dis. 11), le corps a l'âme dans le jugement de Dieu, soit pour la récompense, soit pour la punition. Il représente l'âme des tyrans cicatrisée de vices et de mauvaises habitudes, et ces cicatrices se montrant au dehors dans un corps visible qui a sa part de la peine. Ce qu'il dit des bons, revêtus de lumière et habitant l'immensité du firmament avec les astres, ne laisse aucun doute sur la réalité d'un corps glorieux dont il revêt leur âme. Et si l'on rapproche ces peintures du poëte de quelques principes que pose le philosophe, tels que celui-ci, du x° livre des *Lois* : « L'âme et le corps, quoiqu'ils ne soient pas éternels comme la vraie Divinité, sont impérissables, » on arrive facilement à déduire, de la philosophie platonicienne, une transformation dernière des corps mêmes de cette vie en corps spirituels pour les bons, laquelle nous paraît bien voisine de celle que saint Paul comprenait et cherchait à faire comprendre aux Corinthiens. Quant aux méchants, si l'état de leurs corps reste indéterminé dans la métempsycose antique et dans Platon, il faut avouer que Paul ne le détermine pas non plus; il dit (*I Cor.* xv, 51) seulement que *nous ne serons pas tous changés*, et paraît annoncer des degrés très-variés de glorification corporelle par la comparaison qu'il emprunte aux clartés diverses des corps qui composent notre univers visible. Jésus-Christ n'avait pas, non plus, résolu la question des corps des méchants dans sa réponse aux saducéens ; il n'avait parlé que de ceux qui *seront jugés dignes du siècle à venir et de la véritable résurrection d'entre les morts*.

Tels sont les principaux documents que fournit à l'âme croyante le témoignage de Dieu et des hommes sur le dogme de la résurrection de la chair. Il nous reste à examiner ce dogme dans sa rationabilité.

II. — La résurrection devant la raison.

I. Que Dieu puisse rendre à l'âme, après la mort, le vêtement corporel qu'elle posséda en cette vie ; qu'il puisse le lui rendre avec des propriétés différentes, et de manière qu'elle ait sur lui une domination qu'elle n'a pas maintenant, soit pour le transporter partout au gré de ses désirs, soit pour le modifier dans son mouvement ou sa forme ; qu'il puisse affranchir le corps ressuscité des lois de ce monde, telle que la gravitation ; qu'il puisse l'affranchir des lois qui le régissent lui-même dans son organisme, comme la circulation et tout ce qui l'accompagne ; qu'il puisse enfin lui donner toutes les qualités qu'on attribue aux corps glorieux, la clarté, l'agilité, la subtilité, l'impassibilité, par les modifications que sa puissance souveraine peut toujours apporter dans son œuvre ; c'est ce que la raison rougirait de soumettre à l'examen dès qu'elle connaît Dieu.

II. Qu'il en soit réellement ainsi, c'est ce qu'elle ne saurait découvrir par elle-même, Dieu seul sachant ce qu'il a décrété sur tel ou tel être, en particulier, dans l'ordre des possibles, et aucune créature ne pouvant en acquérir une connaissance certaine que s'il plaît à Dieu de la lui révéler ; mais elle peut au moins soupçonner, comme chose naturelle et probable, posé l'immortalité de l'âme, qu'il se passera quelque chose de semblable, vu qu'elle juge l'être humain comme essentiellement composé d'un corps aussi bien que d'une âme, et qu'elle ne conçoit guère l'immortalité d'un de ses éléments sans l'immortalité des autres ; vu qu'en observant ce qui se passe dans l'ordre de la nature visible, elle trouve, comme le dit Platon, que sans cesse la vie renaît de la mort, et que rien ne s'anéantit, à proprement parler, dans les variations infinies des formes ; vu enfin que, la moralité de l'homme étant admise, cette moralité s'étant exercée par le corps aussi bien que par l'âme, et des états divers devant s'ensuivre dans l'autre vie, selon que, dans celle-ci, la liberté aura mis ou non à profit la triple faculté de comprendre, d'aimer et d'agir au dehors, il paraît bien raisonnable que ces divers états soient relatifs aux trois mêmes facultés par lesquelles on aura bien ou mal fait, relation qui ne peut avoir lieu que si l'on suppose la permanence de ces trois facultés, et permanence qui implique, à son tour, la permanence du corps lui-même, puisqu'il est l'organe de la troisième, consistant à sentir et à agir *ad extra*.

Voilà où la raison s'arrête dans sa recherche directe de l'avenir en ce qui concerne la résurrection.

III. Mais il lui faut, de plus, résoudre les difficultés qu'on pourrait élever contre la rationabilité intrinsèque du dogme proposé. Si l'on en trouvait une reposant sur une évidence claire de quelque contradiction impossible, il faudrait revenir à des modifications dans l'interprétation de la chose; et c'est sur ce terrain que la raison est en pleine compétence.

Or, de toutes les objections qu'on puisse faire, il n'en est qu'une que la raison juge digne d'être examinée. Elle ressemble à celle que les saducéens proposèrent à Jésus; seulement, au lieu de la femme appartenant successivement à sept maris, il faut mettre les éléments matériels dont se compose le corps humain, lesquels, comme la femme, appartiennent successivement à plusieurs âmes; et demander non-seulement à laquelle des âmes, qui les auront possédés, ils seront rendus, mais encore s'il sera possible d'en rendre à chacune assez de ceux qu'elle aura possédés pour parfaire la matière de son corps nouveau. L'objection des saducéens, telle qu'ils la posèrent, était simple et facile à résoudre; Jésus y répondit directement, avec une bienveillance qu'il ne témoignait point d'ordinaire à l'égard des pharisiens, et sa réponse ne laisse rien à désirer; nous savons par elle que, dans la société future, il n'y aura plus de ces fonctions matérielles, dont la principale est l'union des sexes, et qui servent de bases à celle-ci; rien de plus naturel, en effet, puisque le genre humain aura complété le nombre de ses membres, et sera appelé à des destinées toutes différentes; quant au reste de la réponse de Jésus, et au raisonnement qu'il tire des paroles de Dieu à Moïse sur Abraham, Isaac et Jacob, il ne s'agit plus que de l'immortalité de l'âme, que niaient aussi les saducéens, et Jésus fait, selon sa méthode ordinaire, un argument *ad hominem*, pour se mettre à la portée des interlocuteurs qui n'admettent d'autre autorité que celle de Moïse, et que devaient frapper beaucoup plus fortement des raisonnements de cette sorte que des preuves intrinsèques, tout écrasantes qu'elles fussent par elles-mêmes.

Venons à l'objection que nous voulons résoudre.

IV. Le corps humain se compose d'un certain nombre d'éléments que la chimie dégage et nomme jusqu'à un certain degré, tels que l'oxygène, l'azote, etc.

Ces éléments sont répandus dans l'air, dans l'eau, dans la terre en une proportion donnée, que Dieu connaît et qu'il a lui-même jugée propre à réaliser l'harmonie de notre monde.

Les corps organiques, auxquels celui de l'homme appartient, se forment de parties combinées prises sur la masse générale de ces principes matériels élémentaires; et cette masse n'est pas inépuisable en ce sens qu'elle puisse fournir indéfiniment des matières qui n'ont jamais servi, mais elle l'est en cet autre sens que chaque corps organisé, n'ayant qu'une vie limitée, et même ne gardant en lui, durant sa vie, que pendant un temps donné, ce dont il s'est emparé pour se former et se maintenir, rend sans cesse à la masse les emprunts qu'il lui a faits. C'est ainsi que le corps humain, par exemple, se renouvelle totalement en quinze ou vingt ans, et qu'alors il a rendu à la masse tout ce qui avait servi à le composer durant ces quinze ou vingt années. De cette manière, il se fait une circulation admirable des principes organiques d'un corps dans un autre, les détritus de chacun d'eux fournissant indéfiniment à la masse ce que celle-ci doit rendre à de nouveaux organismes, et il n'y a aucune raison naturelle qui puisse empêcher la série d'être infinie, sauf le cas d'une augmentation trop grande de la population dans un même moment; c'est le mouvement perpétuel réalisé par Dieu même, sous l'action permanente de sa main comme ressort premier.

Or, si l'on suppose le genre humain se renouvelant sur la terre, ainsi qu'il le fait, durant une longue suite de siècles, comme on en a le droit, et comme tout paraît l'annoncer, on arrivera facilement à concevoir un si grand nombre d'hommes vivants et morts que tous les principes élémentaires de l'organisme humain, mis dans notre circulation et à notre portée, auront servi une multitude de fois, à former des corps différents. Sans même avoir recours à l'hypothèse d'une très-longue durée de l'ordre actuel, il est impossible de ne pas reconnaître que, dans un espace très-peuplé, très-fertile, où l'activité de circulation est puissante, les mêmes éléments n'aient déjà servi successivement pour beaucoup de corps d'hommes, de sorte qu'il s'en trouve un certain nombre qui n'ont rien de nouveau dans leur organisme, et qui n'ont pas droit de réclamer pour eux le corps qu'ils possèdent, parce que d'autres l'ont possédé avant eux tout entier. Réduisons la question à une forme encore plus simple, qui va revenir à celle de l'objection des saducéens. Qu'un enfant naisse d'un père et d'une mère anthropophages qui n'ont vécu depuis longtemps que de chair humaine, il est évident que les principes qui l'auront formé dans le sein de sa mère auront déjà appartenu à d'autres hommes, et comme on peut imaginer facilement qu'il vive lui-même, jusqu'à la mort, de chair humaine ou de choses dont d'autres auront déjà vécu, on arrive à trouver qu'il n'a existé corporellement que d'emprunts qu'il doit rendre, et qu'il ne lui reste rien pour son propre organisme.

Or on demande s'il sera possible, même à Dieu, après une telle organisation naturelle, de rendre à toutes les âmes un corps qui leur ait appartenu. S'il rend aux premières venues leur propre corps, il ne pourra pas rendre le leur à celles dont l'organisme aura été formé des mêmes molécules de matière ; il est impossible qu'un corps numériquement le même en fasse deux numériquement différents.

On ne peut cependant pas appliquer à cette objection une réponse analogue à celle que Jésus-Christ fit aux saducéens ; il dit que dans la résurrection il n'y avait plus de mariages ; mais on ne peut pas dire ici qu'il n'y aura plus de corps, puisque ce serait se mettre en contradiction en détruisant la résurrection elle-même.

Telle est l'objection dans toute sa force. Voyons sa valeur rationnelle.

V. Il existe dans l'esprit humain trois idées sur la nature des corps, et du corps de l'homme en particulier. — La première fait de notre organisme matériel un composé sans composants, en le concevant substantiellement étendu, et partant divisible à l'infini ; c'est la théorie cartésienne, la plus communément admise dans les écoles modernes. — La seconde fait de cet organisme un composé avec composants, en le comprenant comme une hiérarchie harmonique d'unités simples ou de monades indivisibles non étendues en substance ; c'est la théorie de Leibnitz, qui aboutit à nier l'étendue comme existant substantiellement et ailleurs que dans l'image mentale ; elle est maintenant professée par un assez grand nombre de philosophes. — Enfin la troisième fait de l'organisme humain un quelque chose de non composé en soi, espèce de vêtement limité donné à l'âme, dont l'âme est le support, qui est sans *substratum* sien, qui n'a de réalité qu'en tant qu'il est soutenu par l'esprit créé ou incréé, et, par conséquent, ne mérite que le nom de mode ; c'est la théorie des anciens philosophes de l'Inde et de la Chine, favorisée par Pythagore et Platon, plus tard indiquée par Leibnitz et Malebranche, et enfin exposée, avec autant d'esprit que de franchise, par Berkeley.

Or nous disons que, dans le premier système, l'objection n'est pas insoluble ; que, dans le second, elle ne l'est pas non plus ; et que, dans le troisième, elle n'a aucune signification.

1° Nous accordons l'hypothèse sur laquelle cette objection repose ; car il nous semble par le fait impossible de ne pas croire, à l'inspection de la manière dont la nature procède pour la nutrition et la reproduction des êtres animés, qu'il ne se trouve pas un grand nombre d'hommes dont le corps aura été formé tout entier, durant toute leur vie, de matériaux que d'autres se seront déjà appropriés. Nous accordons aussi que, dans le système de Descartes sur la matière et ses propriétés essentielles, il y a contradiction à dire que les mêmes molécules puissent servir à constituer deux corps en même temps. Mais nous soutenons que ce qui fait que le corps d'un homme est son vrai corps, ce n'est pas l'identité numérique des molécules qui le composent, mais seulement leur mode d'organisation et leur union avec son âme ; la preuve claire et irréfragable de cette assertion, c'est le phénomène que constatent les naturalistes des perpétuels changements qui se font dans les corps vivants ; bien qu'il me soit parfaitement prouvé qu'au bout de quinze ans mon corps n'est plus le même numériquement, dirai-je, pour cela, que celui que j'ai aujourd'hui n'est pas autant mon corps que celui d'autrefois, ou l'est davantage ? Nullement ; il est clair qu'il est toujours également mon corps, malgré les modifications qu'il a subies, par cela seul qu'il est toujours uni à mon âme, senti et commandé par elle, la propriété enfin de la même conscience.

Or de ce principe nous tirons les deux explications suivantes : — Voulez-vous admettre une multitude de germes humains tous contenus dans le premier homme ou la première femme, et contenus les uns dans les autres, lesquels se développent successivement par l'assimilation et l'absorption des principes organiques ? Dans ce cas, vous avez déjà autant de germes fondamentaux distincts qu'il y a d'hommes, et ce qui constituera le corps de chacun sera, en premier lieu, l'union d'une matière quelconque avec son âme ; en second lieu, ce germe propre ; et, en troisième lieu, la matière quelconque qui s'y ajoutera ; or, à la résurrection, les âmes étant les mêmes, et les germes aussi, le reste n'importe en rien ; Dieu pourra prendre la première matière venue, et, n'eût-elle jamais appartenu à mon âme, elle n'en sera pas moins mon corps par son union avec elle et avec le germe central, autour duquel avaient déjà circulé, pendant ma vie, tant de molécules différentes les unes après les autres. — Voulez-vous qu'il n'y ait pas de germe propre à chacun, se transmettant par le canal des générations jusqu'à la naissance qui en est le développement prédestiné, mais que l'œuf maternel soit une production toujours nouvelle de l'énergie vitale, ce qui nous paraîtrait beaucoup plus croyable ? alors il suffira à la puissance infinie de refaire mon corps d'éléments quelconques pris dans cet univers, et de l'unir à mon âme : ce corps sera la résurrection du premier, comme le grain de froment est la résurrection de celui qui a servi de semence, comme mes membres d'aujourd'hui sont la résurrection de ceux que je possédais il y a quinze ou vingt ans. Ces interprétations de la résurrection, d'après lesquelles les corps ressuscités seraient plutôt identiques spécifiquement que numériquement, sont d'autant plus admissibles que le dogme lui-même exige, dans les propriétés de l'organisme, une complète métamorphose qui rende cet organisme immortel, et qui l'affranchisse de tous les besoins de cette vie, comme on a vu saint Paul l'expliquer aux Corinthiens. Il est évident qu'au milieu de pareilles transformations l'identité numérique des molécules élémentaires n'a aucune importance.

2° Dans la théorie des monades, la difficulté reste la même; car ces principes élémentaires sans divisibilité et sans étendue, véritables esprits par nature, quoique d'un degré de perfection qui leur est propre, passent, dans le mouvement perpétuel de la génération et de la nutrition, d'une âme à une autre âme, pour se hiérarchiser en subordination, et, par conséquent, comment se pourrait-il faire que les mêmes soient rendus à plusieurs âmes à la fois?

Mais, si la difficulté reste, la réponse que nous venons d'exposer pour la théorie cartésienne est applicable à celle de Leibnitz. Qu'importe l'identité numérique, pourvu que le corps composé de monades subordonnées les unes aux autres soit autant le même qu'il est le même pour nous dans cette vie, à quinze ou vingt années de distance? Il suffit donc de concevoir que Dieu fasse pour la résurrection, d'une manière surnaturelle, ce qu'il fait sans cesse dans la nutrition et la génération, d'une manière naturelle, par le procédé qu'on nomme assimilation plastique, en se servant de monades quelconques prises au riche magasin de la création.

Il est bon d'observer que tout ce que dit saint Paul des corps glorieux devenus spirituels se conçoit beaucoup plus facilement encore dans le système des monades que dans celui de l'étendue substantielle; car, puisque ces monades sont aussi simples en soi que les véritables esprits; puisqu'elles ne sont que des forces plus ou moins vivantes, des foyers d'activité que Dieu subordonne à une monade supérieure qu'on appelle âme, comme tout l'ensemble de la création est subordonné à lui-même, qui est la monade infinie et incréée, rien ne se conçoit mieux que la spiritualisation du corps humain; sa matérialité présente n'est que le résultat d'un enchaînement tyrannique existant entre l'âme et l'association de monades formant son corps; concevez que Dieu modifie cet enchaînement au profit de la liberté de l'âme, vous n'avez plus que du spirituel, du subtil, de l'agile, du lumineux, du beau, tel que l'imaginait, sous l'inspiration divine, le génie du grand Apôtre.

Les fluides impondérables, l'électricité, le magnétisme, la lumière, la chaleur, peuvent donner une idée des corps glorieux, étant déjà des forces résultant de multitudes de monades moins enchaînées que les autres : ces forces sont encore soumises aux lois harmoniques de l'univers, et ne paraissent dirigées par aucune autre intelligence que celle de Dieu, à moins qu'on ne leur donne, avec Platon, des génies directeurs messagers du Très-Haut, ce qui n'a rien de déraisonnable, et ce que favoriseraient certaines expressions évangéliques sur les maladies appelées possessions du démon, dont Jésus-Christ se fit souvent le médecin. Quoi qu'il en soit, supposez que les monades qui composeront les corps glorieux soient aussi dégagées, dans leurs liaisons réciproques, que celles qui forment le fluide électrique, et que, de plus, l'âme en soit absolument maîtresse, vous avez conçu quelque chose de très-compatible avec la nature simple de la monade, et de très-conforme à l'explication de saint Paul.

3° Dans le troisième système sur les corps, il n'est pas besoin d'avoir recours à la distinction entre l'identité matérielle et l'identité personnelle, laquelle est nécessaire dans les deux autres jusqu'à un certain point, même en dehors de l'objection, puisqu'il faut avouer qu'ayant possédé dans cette vie plusieurs corps, l'âme ne pourra pas, au moins, reprendre tous ceux qu'elle aura possédés, sans quoi les hommes ne seraient plus des hommes, mais des monstres.

Il n'y a, dans la pensée de Berkeley, que des formes visibles et sensibles, servant de limite, d'expression et de moyens de rapports entre les esprits créés, formes dont toute la réalité réside dans leur sensibilité et leur visibilité, de sorte que l'esprit lui-même en est le *substratum*, et qu'en ôtant l'esprit, qui est la seule monade réelle, on ôterait tout; il n'y a donc plus, en cette vie, de passage réel d'éléments d'un corps dans un autre par la génération et la nutrition, il ne reste que des développements et des productions d'esprits, en vertu d'un ordre, établi de Dieu, tirant ses moyens des relations des limites entre elles; par conséquent il n'y a plus lieu de poser l'objection, chaque âme ne s'étant pas, en réalité, revêtue d'un habit qu'une autre s'était approprié, mais ayant seulement développé le sien, et toutes les métamorphoses chimiques n'étant plus que des jeux très-réels dans la nature spirituelle, mais purement fantastiques dès qu'on veut leur attribuer des existences extrinsèques indépendantes des esprits. Que se passera-t-il, dans ce système, à la résurrection? Chaque âme reprendra simplement, par un effet de la puissance de Dieu, l'ordre fixe de modifications qui l'enveloppait et la déterminait durant sa première vie, plus l'amélioration qui constitue le corps glorieux.

La théorie de Berkeley simplifie donc beaucoup la question, et elle la simplifie, non-seulement en ce qui concerne l'objection, mais encore sur toutes les propriétés que saint Paul attribue aux corps glorieux, et que fait présumer l'Evangile parce qu'il raconte de Jésus ressuscité. Quoi de plus facile à comprendre que le corps, tout en conservant sa figure humaine, vitale, devienne subtil, lumineux, impassible, et tout ce que l'on voudra, puisqu'il n'est plus qu'une propriété, qu'une forme de l'esprit? Il est terrestre aujourd'hui, parce qu'il est dans la destinée de l'âme d'être elle-même terrestre, et comme enchaînée en ce monde des épreuves ; il deviendra spirituel et céleste, après la résurrection, parce qu'il sera dans la destinée de l'âme d'être elle-même céleste et parfaitement libre dans les champs infinis des grandeurs de Dieu et de ses créations. En un mot, dans cette troisième théorie, l'âme est tout ; et telle elle est, tel est son corps.

Cependant, si cette théorie simplifie beaucoup le mystère de la résurrection, elle en complique un autre à côté de celui-là. Comment concevoir l'état de l'âme dans l'intervalle de la mort, qui est, pour elle, la perte de son vêtement corporel, jusqu'à la résurrection, qui sera le recouvrement de cette même auréole ?

Dans les deux autres systèmes on comprend assez facilement que le corps, ou composé d'éléments divisibles à l'infini, ou composé de monades organisées, reste en ce monde et y rentre, par la dissolution, dans les mille aventures du mouvement vital, et que, pendant cette époque, la monade âme existe seule dans un état quelconque, puisqu'elle a son suppôt et sa personnalité propre, indépendamment des éléments de son corps.

Mais, dans celui-ci, les corps étant les limites mêmes qui déterminent l'espèce des esprits créés, il en faut à tous ces esprits, parce que Dieu seul est sans limite : comment donc se peut-il qu'un esprit perde la sienne sans changer d'espèce, et existe sans elle durant un certain temps ? Comment enfin concilier la mort avec l'immortalité de l'âme humaine ?

On peut répondre assez facilement :
Si l'âme perd, par la mort, la forme visible qui la rendait présente en cette vie, et y laisse cette forme en cadavre, aperçu durant un temps par les âmes qui continuent de vivre, et se dissolvant peu à peu dans leur vision selon des lois naturelles, elle n'en reste pas moins une âme limitée dans une forme quelconque, qui n'est pas, jusqu'à la résurrection, celle de ses destinées dernières, qui n'est qu'accidentelle et provisoire, mais qui est, au fond, une autre espèce de corps, lui servant de moyen de relation avec d'autres créatures jusqu'à ce qu'elle recouvre celui qui lui fut donné en premier lieu. Elle n'a pas, pour cette raison, changé d'espèce, car elle demeure identique dans son moi, dans sa personnalité, dans ses souvenirs, et elle sait qu'elle redeviendra, par sa forme extérieure, ce qu'elle fut durant sa vie terrestre. Cette explication pourrait servir à concilier l'antique croyance à l'existence des âmes au-delà du tombeau sous forme d'ombres impalpables et fugitives, avec la foi catholique sur l'état des hommes dans l'intervalle des deux vies complètes.

On voit que, de quelque côté que se tourne la raison, elle trouve des solutions faciles aux difficultés que paraissent présenter nos mystères. — *Voy.* Vie éternelle.

RÉSURRECTION DU CHRIST (La) — **DEVANT LA FOI ET DEVANT LA RAISON** (II° part., art. 14). — I. Les trois symboles catholiques ont un article sur cette résurrection, et on peut étudier dans toutes les théologies l'argumentation critique, vraiment écrasante, sur laquelle est fondée la certitude de ce grand fait. Au reste, quand on lit l'Évangile, et qu'on le comprend, on se fait une telle idée de son héros, qu'on n'a plus besoin de preuves pour croire à sa divinité, et que des faits comme celui-là paraissent choses toutes simples, auxquelles on ne demanderait pas mieux que d'adhérer sans démonstration. C'est aux Évangiles pris en eux-mêmes et tels que nous les avons, que nous aimons à renvoyer les grandes intelligences et les nobles cœurs qui n'ont pas la foi chrétienne, bien plutôt qu'aux miracles. Qu'ils lisent les discours de Jésus-Christ, et qu'ils disent si vraiment il est possible d'imaginer, sans briser avec toutes les idées justes de la nature humaine, ou qu'un tel héros soit une fiction conçue par des hommes, ou qu'étant une réalité historique, il ne soit pas ce qu'il se dit être, et ce que l'Église croit qu'il est.

Au reste, ce livre n'ayant pas pour but d'établir les faits religieux dans leur réalité historique, mais seulement d'en étudier le rationalisme intrinsèque, lorsqu'ils se présentent devant nous, nous n'avons que peu d'observations à faire au sujet de la résurrection du Christ.

II. Il faut simplement appliquer à ce fait tout ce que nous disons de la *résurrection des morts* en général dans l'article qui arrivera le vingt-deuxième de cette II° partie, et que l'ordre alphabétique place à côté de celui-ci. Le Christ était en tout semblable à nous dans sa propriété d'homme ; son corps était, en essence, ce que sont nos propres corps ; et, quel que soit le système qu'on suive sur la nature des corps, on ne sortira jamais des prescriptions de la foi, pourvu qu'on dise du corps de Jésus-Christ ce qu'on dit des autres corps de la nature. Les hérétiques qui ont été condamnés dans les premiers siècles de l'Église pour avoir soutenu que le corps de Jésus-Christ n'était que fantastique, n'avait pas été tiré du sang de la Vierge Marie, était venu des cieux avec une nature différente de celle des autres corps humains, etc., ne furent condamnés que pour avoir voulu distinguer l'humanité du Christ de l'humanité des autres hommes. Mais, dès que vous affirmez la parfaite similitude, en nature, vous pouvez soutenir, philosophiquement, et physiquement, tout ce qui vous sourira sur l'essence de la matière, sans aucun danger pour votre foi, puisque la révélation n'a jamais rien exprimé sur ces secrets de l'univers, très-indifférents à la religion. Lors donc que l'on dit que Jésus-Christ ressuscita le troisième jour, l'on dit simplement, sans attaquer les énigmes du monde matériel, que la puissance de Dieu rétablit, dans son être, ce que la mort y avait détruit, et qu'ayant été privé, par elle, dans son âme, de cette forme sensible que nous appelons corps, il reprit cette même forme et en revêtit son âme, en en modifiant, toutefois, les propriétés, en sorte qu'elle fut, dès lors, inséparable de son sujet, indissoluble, inaccessible à la douleur, et jouit; en un mot, des perfections spirituelles que saint Paul et l'Eglise attribuent aux corps glorieux.

III. Cela posé, ce serait faire injure à nos lecteurs que de nous arrêter à des objections contre la possibilité du fait en lui-même. Il n'implique aucune contradiction, et il est reconnu que toutes les merveilles imaginables de cette sorte sont des jeux pour la puissance infinie. Le phénomène si commun de la mort humaine serait plus difficile à comprendre; on pourrait se demander comment il se peut qu'un être perde une de ses parties intégrantes sans cesser d'être ce qu'il était; mais, cette possibilité admise, rien n'est si simple que la reconstitution. Il faut ajouter que la résurrection du Christ ne présente pas certaines difficultés que nous sommes obligés de résoudre à l'égard de la résurrection générale, puisque son corps était resté dans son identité complète, sans cesser d'être gardé par la Divinité comme sien, malgré la séparation d'avec l'âme, et n'était point rentré, comme les autres, dans les combinaisons infinies de la matière organique.

IV. Resterait la question des apparitions et disparitions devant ceux auxquels Jésus-Christ se montra après sa résurrection. Ici il mange comme avant sa mort, puis disparaît. Ailleurs il se montre tout à coup dans une chambre dont toutes les portes sont closes. Un autre jour il paraît de même et fait toucher au disciple incrédule, pour le convaincre, les cicatrices de plaies qu'il a reçues durant sa passion. Tout cela est-il possible, raisonnable et digne de Dieu?

Quant au possible, nous en dirons ce que nous avons dit de la résurrection elle-même, que ces faits n'impliquent aucune contradiction. Si le corps humain n'est qu'un ensemble de propriétés phénoménales dont l'âme est le sujet *un* et *unique*, tout s'explique de soi. Il suffit de concevoir, après la résurrection, un tel changement dans cet ensemble de propriétés formant vêtement, que l'âme en soit complétement maîtresse, puisse l'emporter où elle veut avec la rapidité de la pensée, le rendre visible ou invisible, etc., et, pour concilier, avec cette réduction du corps à peu de chose, sa présence réelle sur la croix et dans le tombeau à l'état de corps mort, avant la résurrection, il suffit de dire que l'ensemble phénoménal, pareil à celui des autres hommes, demeura une réalité visible, bien que l'âme, son *substratum* naturel, fût partie, parce que Dieu le soutenait lui-même immédiatement, comme il soutient, dans ce système, l'univers matériel, et le rendait visible à tout œil de chair, comme il rend visible ce même univers.

Si le corps humain est un organisme de sujets simples et non étendus par essence, sortes d'esprits obtus sans volonté et sans pensée, ayant pour chef un autre sujet de même nature en simplicité, mais pensant et voulant, nommé l'âme, ainsi que le veut Leibnitz, et qu'on le soutient implicitement toutes les fois qu'on rejette la divisibilité de la matière à l'infini, tout en continuant de la douer d'un *substratum* à elle, distinct de Dieu et des âmes, toute difficulté disparaît encore; car ces éléments simples, mis en hiérarchie, ne peuvent, par leur assujettissement les uns aux autres, former un tout qui soit étendu autrement qu'en représentation imaginative, et, par suite, qui jouisse de l'impénétrabilité matérielle en soi et indépendamment du concept de la *phantasie*, pour user d'un assez bon mot créé par le P. Ventura. Voilà donc que tout corps, même dans l'état présent et avant d'être élevé à l'état de corps glorieux, ne s'oppose nullement, par son essence, à occuper le le même lieu qu'un autre corps, ou à occuper plusieurs lieux à la fois, puisqu'il n'y a plus de lieu réel, l'étendue ayant été réduite à un pur concept, à une simple idée imaginative formée à l'occasion des corps qui, en soi, sont sans milieu et sans côtés. Il suffit donc de dire, dans cette nouvelle hypothèse, pour expliquer tout ce que fait Jésus-Christ après sa résurrection, que son âme est devenue tellement maîtresse de son organisme de monades corporelles, qu'elle lui fait faire tout ce qu'elle veut avec la rapidité et l'agilité de sa propre pensée. Si aux solutions fournies par les deux systèmes de Berkeley et de Leibnitz on ajoute que, dans le Christ, ce n'est pas seulement une âme qui agit, mais la Divinité même, on a beaucoup plus qu'il ne serait nécessaire pour répondre à toute objection.

Reste à concilier les manifestations de Jésus-Christ, dans son corps, après sa résurrection, avec le système cartésien de l'étendue essentielle divisible à l'infini et emportant avec elle l'impénétrabilité et toutes les autres qualités de la matière, en tant que substantielles, et inamissibles sans destruction du sujet qui les supporte. Or, nous avouons que les difficultés se multiplient et s'aggravent. Cependant elles sont presque nulles si on les compare avec les objections terribles que l'on peut faire contre le système lui-même (*voy*. ONTOLOGIE). Car, 1° on peut répondre que le corps de Jésus-Christ ressuscité, et tout autre corps passé dans un état semblable a été métamorphosé même dans son essence; que Dieu, par une action de même ordre que celle de la création, en a fait une nouvelle nature en annihilant une partie de ses propriétés essentielles, et laissant subsister les autres; puisque nous concevons très-bien les corps tels qu'ils sont, sans étendue substantielle, à l'aide des deux idées que nous venons de rappeler, on conçoit que Dieu puisse leur enlever l'étendue que Descartes attribue à leur essence, et en faire des êtres nouveaux tels que les comprennent Berkeley et Leibnitz. Nous les comprenons nous-même beaucoup mieux dans cet état que dans le précédent; et, si quelque chose nous paraît impossible, c'est la réalité de l'étendue autrement qu'en idée et comme limite nécessaire de tous les êtres finis. 2° Veut-on prétendre que le corps demeure avec toute son essence et continue d'être étendu comme auparavant? Alors on peut du moins comprendre qu'il perde ses propriétés relatives aux autres corps, tels qu'ils existent pour nous dans cette vie, c'est-à-dire qu'il soit affranchi des lois de l'univers présent, mis en dehors de ces lois pour être complétement soumis à celles de l'âme et d'un autre monde. Dès lors plus de pesanteur, plus de ces propriétés résultant du rapport des corps entre eux; et, avec ce simple changement, vous expliquez déjà presque tout. 3° Dans ce dernier cas, dira-t-on, il lui restera l'impénétrabilité avec l'étendue, l'une étant de l'essence de l'autre; et comment un corps gardant cette propriété pourra-t-il passer à travers un autre corps sans désunion de leurs parties à tous deux? Nous répondons qu'on ne voit pas plus l'impossibilité de ce passage que celle du passage de la lumière à travers les corps transparents, et qu'en second lieu on peut supposer des désunions et ouvertures de routes tellement rapides qu'elles échappent à nos sens grossiers. Quand on pense que le fluide électrique fait à peu près cent mille lieues par seconde, on conçoit facilement que si Jésus-Christ voulut ouvrir et fermer la porte avec cette rapidité-là, il fut impossible aux apôtres de s'en apercevoir. La puissance de nos sens pour saisir les mouvements, les sons, les odeurs, etc., a des limites très-étroites; on sait, par exemple, pour le son, la vitesse et la lenteur au delà desquelles l'oreille ne sent plus rien, et, par conséquent, n'entend plus. Il en est de même pour l'œil et tous nos organes. En dehors de ces limites tout peut se faire à une portée sans qu'il nous soit possible d'en rien sentir.

C'en est assez, ce nous semble, pour toutes les puériles objections qu'on pourrait faire. Nous aurions vingt réponses pour une.

Mais on dira peut-être : Est-il de la dignité de Jésus-Christ de se montrer ainsi et de disparaître, de manger avec ses disciples pour les simples apparences sans en avoir besoin, de montrer des plaies qui n'existent plus en réalité, et quelques autres détails de la même espèce? Tous les faits merveilleux de la vie de Jésus-Christ sont dignes, convenables, motivés par de hautes raisons relatives aux circonstances, touchants par la bonté et la charité qui les déterminent, et souvent de la plus grande beauté par les leçons qu'ils renferment sous forme de figures : en est-il de même de ceux-ci?

Nous répondons que Jésus, sous ce rapport, est après sa mort ce qu'il avait été pendant sa vie, et que, loin de tomber en grandeur il monte jusqu'à son ascension par une gradation incomparable. Pour le prouver, nous ne connaissons pas de meilleur moyen que de traduire son histoire en fusionnant les quatre Évangiles, et en accompagnant la narration des notes explicatives dont elle peut avoir besoin pour être bien comprise au point de vue du beau comme à celui du raisonnable.

Mais ayant renvoyé ce travail, en ce qui concerne la passion du Christ, au *Dictionnaire du vrai, du bien et du beau*, nous le renvoyons également à ce *Dictionnaire*, en ce qui concerne la Résurrection et les faits qui la suivent jusqu'à l'Ascension.

Ces deux extraits de nos livres sacrés lus avec intelligence offriront la plus sublime page de tous les livres qui sont sous le ciel. — *Voy.* Ascension du Christ.

RÉVOCABILITÉ DU MANDATAIRE DANS L'ORDRE POLITIQUE. *Voy.* Sociales (Sciences), I.

RÉVOLUTION CARTÉSIENNE. *Voy.* Philosophie, Théologie.

ROIS (Jugement des) APRÈS LA MORT. — PLATON. *Voy.* Jugement des ames.

ROMAN. *Voy.* Poésie.

ROMANTIQUE (Genre). *Voy.* Art. VII.

ROMANTIQUE (Littérature). *Voy.* Littérature IV et V.

ROYAUTÉ (Absence primitive de). *Voy.* Historiques (Sciences), III.

S

SACRAMENTELLE (Grace). *Voy.* Sacrement, X.

SACRÉE (Littérature) ET LITTÉRATURE PROFANE. *Voy.* Littérature, I-III.

SACREMENT (Le) CATHOLIQUE. — LE LANGAGE NATUREL (II° part., art. 33). — Pour rendre plus sensible le rationalisme parfait de la théologie catholique sur le sacrement, prenons successivement toutes les idées qu'elle attache à ce mot, toutes les vertus qu'elle attribue à cette institution surnaturelle, toutes les thèses importantes qu'elle établit sur cet objet, et comparons-les avec les idées que la raison nous force d'attribuer au langage, qui est une sorte de sacrement naturel, eu égard à l'âme et à la pensée humaines.

I. L'idée générale, que suscite le mot sacrement dans l'esprit du Chrétien qui comprend sa religion, résulte de la définition des catéchismes et implique trois idées plus particulières : celle d'un *signe sensible* de la grâce (voyez les articles sur ce mot), celle d'une *cause productive* de la grâce, et enfin celle *d'une institution* de Jésus-Christ.

Or, si nous considérons le langage, nous trouvons que ces trois idées lui conviennent également dans les limites de la nature. Le mot est un *signe sensible* de la pensée, qui est une grâce naturelle puisqu'elle ne peut être qu'une information limitée de l'idée divine dans l'esprit créé, sans quoi elle serait une création sans type et sans cause. Il est évident, d'ailleurs, que le mot n'est pas la pensée elle-même, mais seulement un signe qui, la représente et qui, par soi, abstraction faite de sa qualité de signe, est un son ou un caractère indifférent auquel telle signification n'est pas plus essentielle que telle autre, et que l'on conçoit très-bien comme pouvant être privé de toute signification. Le mot est une *cause productive* de la pensée. Nous ne devons pas chercher ici de quelle manière il la produit dans l'âme du sujet dont les sens sont affectés par la parole, le geste ou l'écriture; nous aurons occasion d'en dire quelque chose un peu plus loin : mais ce qui ne peut pas être contesté, c'est qu'à l'occasion du mot la pensée naît dans l'âme d'une manière quelconque, et qu'il semble qu'elle sorte de celui qui émet le mot pour entrer, par le moyen de ce mot comme canal, dans celui qui en est affecté. Quand l'orateur nous tient sous son influence, nous transporte, nous ravit, nous entraîne, nous illumine de mille et mille rayons et sentiments qui se croisent en tout sens dans nos âmes, peut-on ne pas dire que ses paroles produisent en nous des idées? Il semble que nous ne soyons que passifs en l'écoutant; cela n'est pas au sens rigoureux : notre activité concourt avec la sienne à l'effet, mais, dans ce concours des deux activités, il y a une telle pression de la sienne sur la nôtre, par les paroles, qu'il serait ridicule de contester que son langage joue, en nous, le rôle de producteur. Enfin la parole, le geste, l'écriture, et tout ce qui compose le langage humain, sont choses *instituées de Dieu*; non plus de Jésus-Christ, comme le langage sacramentel, puisqu'il ne s'agit plus de l'ordre de la Rédemption, mais de Dieu Créateur; il ne s'agit pas encore de savoir si l'institution divine est médiate ou immédiate, si elle porte sur le choix des signes pris en particulier, ou seulement sur l'idée et la faculté potentielle d'en choisir; la seule chose qui importe est de savoir si le langage, soit considéré comme faculté, soit considéré dans la première langue que l'homme ait parlée, a Dieu pour instituteur : or la question est tellement claire que ce serait faire profession d'athéisme que de la résoudre négativement.

On pourrait donc définir le *mot* en général comme le *sacrement* en général, en substituant le terme *pensée* au terme *grâce*, et le terme *Dieu* au terme *Jésus-Christ : signe sensible de la pensée, institué de Dieu pour produire la pensée.*

Or, posé l'ordre de la Rédemption, c'est-à-dire une série surnaturelle de faits humains ayant le Christ pour point de départ, et se développant dans la série naturelle de faits humains qui ont Dieu Créateur pour point de départ, n'est-il pas rationnel que le Christ ait introduit, dans sa série, un système de signes relatifs aux effets surnaturels qu'on appelle la grâce, comme le Créateur a introduit, dans la sienne, un système de signes relatifs aux effets naturels qu'on appelle l'idée, le sentiment, etc.? Il fallait un langage particulier à la grâce de restauration de l'humanité, ayant les vertus correspondantes aux vertus naturelles du langage de la nature; ce langage est le sacrement.

II. Les sacrements ne sont pas seulement, comme le prétendent les sociniens, des cérémonies servant à unir extérieurement les fidèles et à les distinguer des juifs et des gentils; ne sont pas seulement, comme le prétendent beaucoup de protestants, des cérémonies instituées de Dieu pour sceller les promesses de la grâce, soutenir la foi et exciter à la piété : ils sont des signes extérieurs ayant, par l'institution du Christ, une vertu propre et spéciale sur les âmes, exerçant sur elles une influence bienfaisante et surnaturelle qui, dans la langue théologique, prend les noms d'infusion, de collation, de production de grâce.

C'est ce qu'on entend lorsqu'on dit qu'ils produisent la grâce *ex opere operato* (à l'opéré par suite de l'opération); c'est à l'opération qu'est attachée par le Christ l'action divine sur l'être moral; ce n'est point à la vertu de l'opérateur, comme cela a lieu dans la prière d'un homme pour un autre, et ce qu'on exprimerait en théologie par ces mots : *ex opere operantis*; ce n'est pas non plus à la vertu de l'*opéré*, ou du sujet, *ex opere operati*, comme cela a lieu dans les pieuses pratiques qui n'ont d'effet que par la foi qu'on y attache : c'est, disons-nous, à l'opération même, quoique, dans le cas des adultes sains de corps et d'esprit, la *coopération* du sujet soit nécessaire pour que l'effet bienfaisant se réalise, ainsi que nous l'expliquerons un peu plus loin. Tel est le sens catholique de l'influx sacramentel.

Or nous accordons facilement aux sociniens et aux protestants que Jésus-Christ aurait pu n'établir que des sacrements servant de signe de ralliement pour ses fidèles, de gage à ses promesses, et d'excitants à la piété; mais nous soutenons, en même temps, qu'il est très-raisonnable qu'il en ait institué au sens catholique, que rien ne répugne dans cette institution, et même que, si l'on poursuit notre comparaison avec le langage naturel, on trouve que le sacrement doit produire la grâce *ex opere operato*.

Le mot, en effet, n'a pas seulement, dans l'ordre naturel, les vertus extérieures que les sociniens et les protestants attribuent au sacrement; il produit l'idée, le sentiment, la détermination, etc., *ex opere operato*, bien qu'avec la coopération du sujet, coopération qui est aussi exigée dans le sacrement, sauf quelques cas spéciaux dont il sera question un peu plus loin. Pour le bien comprendre, portons notre attention sur un mot en particulier, par exemple le mot *soleil*, ou tout autre son reçu pour exprimer le soleil. Dès que le vocable est passé en usage, est consacré par ce pouvoir collectif et indéterminé qui tient de Dieu la mission de consacrer les mots, lequel pouvoir est la coutume sociale, il suscite par lui-même, par une vertu propre qui ne lui est pas essentielle, mais qu'il a acquise, l'idée du soleil dans celui qui l'entend prononcer. C'est le son matériel qui détermine l'idée, et non point, à proprement parler, la vertu de celui qui le prononce, ou la foi de celui qui l'entend. Ce qui le prouve, c'est que cette vertu et cette foi, qui sont très-variables, ne modifient même en rien l'idée qui résulte de l'audition du son dans l'âme qui se présente avec les conditions favorables pour la recevoir. Fût ce mot prononcé par un automate, il n'en donnerait pas moins l'idée du soleil : fût-il reçu par Pyrrhon qui doute de tout, la même idée serait produite dans l'âme de Pyrrhon. C'est donc à la prononciation du mot considérée en elle-même qu'est attaché son effet sur l'âme du sujet; c'est par suite de l'opération en soi, et non de l'opérateur, ou de tout autre accessoire, que le résultat a lieu dans l'opéré; et voilà, en conséquence, tous les mots des langues humaines qui déterminent l'éveil des idées *ex opere operato*, comme les sacrements pour la grâce. La seule différence radicale consiste en ce que, dans un cas, il s'agit de l'ordre naturel, et, dans l'autre, de l'ordre surnaturel.

Il n'y a donc rien que de parfaitement concevable dans la vertu propre que la théologie attribue au sacrement, et la raison ne fait aucune difficulté d'admettre cette doctrine, puisqu'elle est obligée de reconnaître un fait tout semblable dans sa propre nature. Concevrait-on, d'ailleurs, que Jésus-Christ eût établi des sacrements, c'est-à-dire un langage propre à la grâce surnaturelle dont il est la source, sans leur donner une vertu aussi intrinsèque et aussi remarquable que celle des mots des langues naturelles? Il faut cependant, pour en affirmer le fait réel, d'autres preuves; or ces preuves, qui ne sont pas de notre ressort dans ce traité, ne manquent pas aux théologiens.

III. Le sacrement produit-il la grâce comme cause physique ou comme cause morale ?

Dans le premier cas, il tiendrait de l'institution du Christ la propriété d'agir immédiatement sur l'âme, comme le corps lui-même agit sur l'âme qui lui est unie.

Dans le second, il ne ferait qu'être l'occasion à laquelle Dieu se déterminerait toujours à donner la grâce quand le sujet n'y met pas obstacle; Dieu aurait simplement promis d'agir lui-même sur l'âme toutes les fois que le sacrement lui serait appliqué, et exécuterait, invariablement, sa promesse. Tout se réduirait, dans ce dernier sens, à un contrat entre Dieu et les hommes, dont le signal convenu d'exécution serait l'application du sacrement; et rien de plus facile à comprendre.

Les disciples de saint Thomas soutiennent la production physique, et ceux de Scot la production morale. L'Église autorise les deux opinions.

Nous croyons qu'elles ne sont pas réellement distinctes. Tous sont obligés de reconnaître, thomistes aussi bien que scotistes, que la grâce est, dans son origine, une action de Dieu sur l'âme entraînant avec elle des modifications soit transitoires, soit permanentes et habituelles; et qu'elle ne peut venir que de Dieu. Personne n'a dit et ne peut dire qu'une opération mécanique, consistant dans une action visible, qu'on appelle matière, et des paroles, qu'on appelle forme, puisse influer par elle-même, indépendamment de Dieu, sur une créature soit physique, soit spirituelle, et moins encore sur une créature spirituelle. Tous remontent donc à Dieu pour avoir la cause efficiente proprement dite de la grâce. Mais, en y remontant, deux hypothèses se présentent, lesquelles paraissent distinctes au premier abord, et cependant ne le sont pas. Dieu, dira-t-on dans la première, pose, à l'origine, une loi, comme celle de l'union de l'âme et du corps, comme toutes les lois de la nature qu'on appelle causes secondes, en vertu de laquelle l'application de la matière et de la forme avec les conditions requises produira son effet; et puis tout va, d'après cette loi émanée de lui, de sorte qu'après la loi portée, et en conséquence d'elle, c'est l'application de la matière et de la forme qui produit directement l'effet, comme le corps influe sur l'âme, comme la terre se meut autour du soleil, etc., et, par suite, agit à la manière de toutes les causes secondes relativement à leur résultat, manière qu'on appellera, dans le langage des thomistes, production physique. Dieu, dira-t-on dans la seconde hypothèse, promet seulement à l'homme d'agir sur l'âme toutes les fois qu'il y aura application, selon les conditions requises, de la matière et de la forme; mais c'est lui qui vient, chaque fois, agir immédiatement à l'occasion. On voit que la différence entre la production physique et la production morale revient à considérer Dieu, dans la production physique, comme cause première médiate, une cause seconde étant interposée entre lui et l'effet, et, dans la production morale, comme cause première immédiate, la cause seconde n'étant définie qu'une simple occasion.

Or nous ne voyons aucune différence réelle entre ces deux explications, si ce n'est que, dans l'une, on envisage Dieu comme créateur et rédempteur et en faisant abstraction de l'exécution de ses lois de création et de rédemption ; et que, dans l'autre, on l'envisage comme conservateur et exécuteur perpétuel de ces lois. Dieu décrète, et le décret porté s'exécute toujours avec l'enchaînement de causes et d'effets auquel il attache son exécution; et, si on s'arrête là, Dieu n'est que cause médiate des effets subséquents, aux conditions dont il les a rendus dépendants, puisque la condition se trouve interposée entre Dieu décrétant et le résultat final. Mais, si l'on approfondit l'enchaînement lui-même, on trouve que, même après le décret, il ne peut être indépendant de Dieu dans sa réalisation; Dieu continue d'assister son œuvre, de lui entretenir l'être et toutes ses vertus, sans quoi elle s'anéantirait, ou il faudrait dire une absurdité : à savoir que Dieu a pu faire quelque chose qui peut se passer de lui, une fois faite; qui peut être et agir par elle-même sans le secours de son être et de son action; qui, en un mot, peut devenir par création ce qu'il est par essence. D'ailleurs, si l'on remonte à la nature de l'Etre divin, et de son éternité, on trouve qu'étant non successif, ce qu'il fait dans un moment, il le fait dans tous les moments relativement à lui, de sorte que la création ne diffère pas de la conservation, ni le décret de son exécution. Il suit de là que, dès qu'on porte sa pensée sur l'action des causes secondes, on y trouve encore Dieu exécutant ce qu'il a décrété, et qu'ainsi considéré, il redevient cause immédiate de l'effet final dans l'intervention de la cause seconde, comme il l'a été de la création de la cause seconde elle-même ; et la cause seconde, relativement à Dieu exécuteur, rentre dans les phénomènes que les scotistes appellent causes morales ou occasionnelles.

Dieu est au commencement, au milieu et à la fin des choses, comme le dit Platon, d'après les Orphiques ; il n'y a pas un seul point de l'existence créée où il ne se retrouve comme cause radicale immédiate : et c'est ce que soutiennent les thomistes avec plus d'énergie encore que les scotistes sur tant d'autres questions. Nous voilà donc arrivé à dire aux premiers : Oui, en faisant abstraction de Dieu dans l'exécution de ses lois, les sacrements, comme toutes les causes secondes, produisent la grâce physiquement ; mais, dans cette production physique, il faut encore imaginer la vertu divine agissant immédiatement et la réalisant, sans quoi elle ne serait rien. Et à dire aux seconds : Oui, en considérant Dieu dans l'exécution de la loi des sacrements, c'est lui qui est la cause immédiate de l'effet sur l'âme, et l'application de la matière et de la forme n'est que le corps extérieur, le langage de son action, à l'occasion duquel elle a lieu, et par lequel l'homme sait qu'elle a lieu ; mais, dans cette production morale, le sacrement joue un rôle aussi important que toutes les causes secondes de la nature ; il entre dans l'enchaînement qui amène l'effet final dont une part aussi grande que tous les phénomènes naturels suivis d'autres phénomènes qu'on nomme leurs effets.

Lorsqu'on veut approfondir ainsi les questions, on trouve presque toujours que les divergences aboutissent à une identification dans le point central qui est Dieu ; ces divergences n'existent qu'à la surface, comme dans une sphère les rayons, distincts partout, se confondent au centre.

Il ne faut pas un grand effort d'intelligence pour comprendre que tout ce que nous venons de dire du sacrement doit se dire de la parole humaine dans l'ordre naturel. Le mot prononcé produit-il, dans celui qui l'entend, l'idée qui lui correspond d'une manière physique ou d'une manière morale ? il la produit des deux manières à la fois. Le mot est, dans celui qui l'entend, une modification physique qui agit sur l'âme aussi profondément que toutes les modifications corporelles et que le corps lui-même ; on ne voit rien dans l'intervalle de l'âme au mot, en tant qu'ouï, c'est-à-dire arrivé, sous forme d'impression, jusqu'au *sensorium* physique le plus profond, lequel est dans le cerveau ; mais si l'on va plus loin dans la question, et qu'on se demande comment une impression physique peut éveiller une idée dans une âme, on est obligé d'avoir recours à l'intervention de Dieu, avec Malebranche. Jamais on ne pourra donner une autre explication que celle-là : disons mieux, ne pas la donner, c'est ôter Dieu de l'intervalle, et ôter Dieu de cet intervalle comme de tout autre intervalle, c'est se jeter dans l'athéisme, si l'on est conséquent. L'un dira : Je laisse Dieu, mais je dis que tout se fait en vertu d'un décret primitif qui a donné au corps la vertu d'agir sur l'âme. L'autre dira : L'exécution de ce décret, ou l'action elle-même du corps sur l'âme a encore besoin de Dieu à tout instant, comme le corps et l'âme en ont encore besoin pour continuer d'être, bien qu'ils soient créés par un décret primitif. Un troisième dira : Vous avez raison tous deux à la fois, car chez Dieu l'exécution n'est que le décret qui se prolonge, la conservation n'est que la création qui se continue. Or n'est-il pas évident que personne n'a menti, et que le troisième est descendu dans la question plus profondément que les deux premiers ?

Il en est du sacrement surnaturel comme du langage naturel, *et vice versa ;* et il ne reste, dans l'un et l'autre phénomène, que le grand mystère de l'être créé. Il en serait de même du mouvement de la terre autour du soleil, si l'on voulait en approfondir la physique au point de vue métaphysique ; c'est bien la terre qui exécute son mouvement en vertu d'un décret porté *ad hoc ;* mais peut-on dire que, depuis le décret, elle n'a plus besoin de Dieu ? Cette question conduit, de proche en proche, à affirmer tout bonnement que Dieu la pousse à tout instant ; c'est là qu'aboutissent le tourbillon de Descartes, l'attraction de Newton, les lois de Kepler, et toutes les théories, vraies ou fausses, qu'on imaginera.

IV. Le concile de Trente a déclaré que, pour qu'un sacrement soit validement administré, il est nécessaire que celui qui l'administre ait l'*intention de faire ce que fait l'Eglise.* Le concile n'a pas dit qu'il faut avoir l'intention qu'a l'Eglise, mais seulement la volonté de faire l'acte sacramentel que fait l'Eglise, ce qui est très-différent. Pour avoir cette intention, il n'importe en rien qu'on ait la foi et encore moins qu'on soit en état de justice. On conçoit très-bien que celui qui ne croit pas à la religion chrétienne administre cependant un sacrement en voulant simplement, soit par complaisance ou par tout autre motif, faire ce que fait l'Eglise chrétienne, sans s'occuper du reste, et même en disant que, pour ce qui le concerne, il regarde la cérémonie comme indifférente. De l'aveu de tous les théologiens, cette volonté sérieuse, sans la foi, de faire ce que fait l'Eglise, suffit pour constituer l'administrateur vrai ministre de l'Eglise dans le moment où il accomplit l'acte sacramentel, et, par suite, pour la validité du sacrement.

D'un autre côté, on s'accorde également pour reconnaître qu'il n'y a pas intention de faire ce que fait l'Eglise, lorsque l'acte n'est pas un acte humain, moral et sérieux extérieurement ; par exemple, lorsque c'est un idiot, un somnambule, en un mot, un homme privé actuellement de l'usage de sa raison qui administre, et encore lorsque l'ensemble des circonstances visibles annonce un jeu, une dérision, une bouffonnerie, comme cela pourrait avoir lieu sur un théâtre, dans une orgie, dans une mascarade, etc. Mais on a poussé plus loin la question ; et on s'est demandé si le sacrement serait valide dans le cas où le ministre ferait l'acte et prononcerait les paroles avec le sérieux extérieur qu'y met l'Eglise, tout en se moquant intérieurement de ce qu'il fait, et disant dans son âme, au moment où il agit, qu'il ne veut rien faire de sérieux, qu'il veut seulement se moquer et feindre, bien qu'au dehors la feinte soit complète et annonce, par l'ensemble des circonstances, l'administration d'un sacrement. On a appelé cette intention, *intention extérieure*, par opposition à l'*intention intérieure* de celui qui, tout en ne croyant pas, dit en lui-même : Je veux faire ce que fait l'Eglise ; je fais abstraction de ma manière de voir, et je veux tout ce qu'elle veut, quoique, à mon avis, ce soit comme si je ne faisais rien. Ces mots *intention extérieure* pourraient paraître, au premier abord, contradictoires ; toute intention, en effet, est intérieure ou n'est pas intention : mais il faut observer que ce n'est qu'un terme de convention pour nommer, préciser et fixer la distinction très-réelle que nous venons d'exposer. Dans le cas qu'on nomme celui de l'intention extérieure, il reste, malgré l'état moral intérieur qu'on suppose, une véritable intention intérieure qui a pour objet l'acte sérieux extérieurement et fait dans toutes les conditions apparentes que l'Eglise exige, puisqu'on suppose un homme raisonnable, agissant librement, et faisant la chose dans toutes ces conditions ; il est évident que s'il ne voulait pas la faire ainsi, il ne ferait pas, et que, quoi qu'il dise dans sa pensée, il veut encore faire ce que fait l'Eglise par l'hypothèse même qu'il le fait librement, volontairement, humainement. La seule chose qui le distingue du premier, c'est qu'il ne s'unit pas, ne serait-ce que par complaisance, d'intention à l'Eglise ; il ne veut avoir, d'aucune manière, le but, la volonté qu'a l'Eglise, mais il veut faire, tout en s'en moquant dans son âme, d'une manière sérieuse et complète à l'extérieur, ce que fait l'Eglise, puisque c'est ce qu'il fait. Cette volonté suffit-elle ? Un très-grand nombre de théologiens répondent qu'elle suffit et en apportent de nombreuses raisons, dont la principale est que, si l'on exigeait l'intention intérieure au sens susdit, tout serait incertain, dans l'Eglise, sur la validité des sacrements, puisqu'on ne peut connaître cette intention, tandis qu'on connaît l'autre par l'acte lui-même. Nous sommes complétement de cet avis, et il nous semble que le concile de Trente résout suffisamment la question en n'exigeant que l'intention de faire l'acte que fait l'Eglise, et nullement l'intention qu'a l'Eglise ; car dire en soi-même sérieusement : Je veux agir comme l'Eglise sous tout rapport et sans feinte, c'est s'unir, en gros, d'intention avec elle, et avoir l'intention qu'elle a. Ne produire en soi aucun acte de moquerie, c'est encore avoir implicitement l'intention de l'Eglise au moment où on fait l'acte d'une manière sérieuse ; il n'y a de cas où il ne reste que l'intention nue de faire ce que l'Eglise fait, que celui où on se détermine librement à le faire, en y ajoutant la moquerie, qui n'est autre que l'exclusion des intentions de l'Eglise, mais qui n'est pas l'exclusion de l'intention de faire ce qu'elle fait, puisqu'on le fait librement et sérieusement à l'extérieur.

Si nous étendons à ce détail notre parallèle du langage et du sacrement, nous arriverons encore à une similitude parfaite. Il est bien vrai, comme nous l'avons dit, que tout mot prononcé clairement, fût-il émis par un automate, suscite dans ceux qui l'entendent l'idée qui lui correspond ; mais le sacrement n'est pas seulement un mot, c'est un discours qui a un sens sérieux, lequel consiste à appeler, à déterminer une action de Dieu sur l'âme ; c'est donc un discours complet qu'il faut lui comparer. Prenons pour exemple un discours impératif, comme serait celui d'un père commandant quelque chose à son fils. Supposons ce discours prononcé par un automate ; a-t-il le sens sérieux qui fera que celui à qui il s'adresse obéira ? Nullement ; il dit la chose, mais il la dit inutilement. Supposons-le prononcé par le père en état de somnambulisme ; il en sera de même ; le fils ne prendra pas l'ordre au sérieux, et la parole du père sera sans vertu, parce que, l'intention manquant, elle ne sera que machinale. Supposons-le prononcé d'une manière qui indique la plaisanterie ; il en sera de même. Supposons-le prononcé dans le jeu d'une scène dramatique, ni l'ordre, ni son exécution ne seront un ordre véritable et une exécution réelle, etc., etc. Mais supposons que le père le prononce avec toutes les apparences du sérieux et de la réalité dans les circonstances ordinaires ; le fils devra obéissance, et la parole aura toute la vertu qu'a celle d'un père en pareil cas. Mais supposons, en même temps, que le père, dans sa pensée intime et sans le manifester en aucune sorte, se moque de ce qu'il dit, et incline son intention dans un sens tout contraire à celui que sa parole emporte avec elle pour ceux qui l'entendent ; la vertu du commandement y perdra-t-elle quelque chose ? Elle n'y perdra rien relativement au fils, puisqu'on suppose que l'extérieur est de tout point semblable à celui du père qui parle sérieusement. Pourquoi ? Parce que l'intention ne manque pas à la parole elle-même, et que celui qui manifeste cette intention, impliquée par la parole, veut librement la manifester ainsi ; il a l'intention extérieure, au sens théologique, de commander, puisqu'il commande avec toutes les conditions d'un commandement réel, quoiqu'il n'ait pas l'intention intérieure au sens des théologiens ; il veut parler comme un père qui commande, il veut faire ce que fait un père qui commande, mais il n'a pas l'intention réelle intérieure d'un père qui commande, et son ordre n'en est pas moins bon.

On voit, par cet exemple, combien est raisonnable et simple la doctrine théologique de l'intention extérieure seule requise dans le ministre pour la validité des sacrements. Il faut, et dans le sacrement et dans le langage naturel, pour la vertu plastique du sacrement et du langage, que l'intention soit dans la forme sensible, et que cette forme exprime l'intention sérieuse ; si elle exprime l'idée accompagnée de dérision, de bouffonnerie, de singerie, ou si elle part d'un sujet qui n'est pas libre et raisonnable, elle exclut l'intention réelle même à l'extérieur, et c'est en vain qu'elle provoque l'idée, aussi bien en ce qui concerne le sacrement qu'en ce qui concerne le langage naturel. Dans les deux cas, le discours et l'action d'un automate, d'un idiot, d'un somnambule ne sont point le discours vrai d'un être humain ; et celui d'un acteur dans son jeu exprime par lui-même le jeu qui est exclusif de la signification sérieuse. Mais l'intention intime, non manifestée, n'ôte point au discours accompagné de l'action son caractère de vrai discours sérieux, en tant que discours sensible.

V. On distingue dans les sacrements la validité et la licité, et relativement à leur administration, et relativement à leur réception.

Un sacrement est administré validement quand le ministre l'opère avec toutes les conditions qui font que l'opération est sacramentelle : à savoir quand il a juridiction pour l'opérer, qu'il l'opère avec l'intention que nous venons d'expliquer, qu'il se sert de la matière voulue, comme l'eau dans le baptême, qu'il emploie les paroles prescrites, etc. Toutes les fois qu'il manque quelqu'une de ces conditions essentielles, la cérémonie n'est point un sacrement, elle ne peut en avoir que l'apparence. Un sacrement est administré licitement lorsque le ministre ne pèche pas en l'opérant, et illicitement dans le cas contraire. Il en est de même du sujet : pour recevoir un sacrement d'une manière valide, il faut être apte à le recevoir, et ne point présenter des obstacles essentiels qui le rendent nul. Pour le recevoir licitement, et de manière à en profiter pour le bien de son âme, il faut ne pas faire, en le recevant, un crime qui est alors une profanation.

Cette distinction devrait être introduite dans toutes les sciences et notamment dans la philosophie politique ; elle servirait à éclaircir une foule de questions. Mais nous devons ici, d'après le plan de cet article, ne l'appliquer qu'au langage, pour en faire sentir le rationalisme.

Qu'un homme veuille faire au public ou à un particulier une révélation importante, mais qu'il s'énonce sous une forme de laquelle personne ne pourra tirer aucune idée, sa révélation est invalide, elle n'a pas la valeur de révélation. Qu'un autre porte une loi sans être revêtu du droit de légiférer, sa loi est invalide, il lui manque la force du droit. On pourrait multiplier les exemples.

Au contraire, que la révélation soit faite sous la forme compréhensible, qui transmet l'idée au public ou à l'individu, la révélation est valide, il y a révélation ; mais que la raison fasse, en même temps, un devoir au révélateur de se taire, sa révélation est illicite, quoique valide. De même dans le cas de la loi : si elle est portée par un pouvoir qui a droit de la porter, elle est valide ; mais si elle ne convient point, si la conscience défend de la porter, elle est illicite, quoique valide. Rousseau a dit : « Si le peuple veut se faire du mal à lui-même, qui a droit de l'en empêcher ? Le peuple n'a pas besoin de raison pour valider ses actes. » (*Contrat social.*) Ces paroles peuvent avoir plusieurs sens et ont besoin d'explication ; mais si l'auteur entend seulement qu'il est des cas où un peuple se donne illicitement une organisation parce qu'il pèche contre ses intérêts et contre lui-même dans le choix qu'il en fait, vu qu'elle est mauvaise dans la circonstance, et cependant se la donne validement, parce qu'elle n'est pas mauvaise de manière qu'il outrepasse son droit de législateur en se l'imposant, il a raison.

Ne perdons pas de vue le langage en ce qui concerne le sujet. Voici un enfant qui assiste à un mauvais spectacle où son père lui a défendu d'aller ; son audition de ce spectacle est illicite. Mais s'il n'y comprend rien, soit parce qu'il dormira tout le temps, soit parce que son intelligence n'est pas suffisamment développée, il n'y a pas pour lui audition du spectacle, il y a invalidité. Qu'il aille à un bon spectacle qui lui est commandé, et qu'il n'y comprenne rien, il y a licité sans validité. Inutile de développer les réciproques.

VI. Nous avons expliqué jusqu'à quel point le ministre du sacrement doit agir, par l'âme, pour que son opération soit une opération sacramentelle. Il est naturel de demander maintenant jusqu'à quel point doit agir l'âme du sujet par coopération pour que le sacrement soit sacrement ou produise ses fruits. Or, pour répondre, il faut distinguer entre sacrement et sacrement, entre sujet et sujet, entre validité et licité dans la réception.

Parmi les sacrements, il en est trois qui peuvent être reçus validement sans aucune coopération morale du sujet, et par la seule opération du ministre : ce sont le baptême, la confirmation et l'eucharistie. Le baptême s'administre aux enfants dont l'âme n'en a aucune connaissance ; la confirmation peut aussi leur être administrée après le baptême dans les mêmes conditions; et, quant à l'eucharistie, comme elle consiste, dans son entité matérielle, en un être subsistant, il est évident qu'elle est toujours validement reçue, au point de vue de cette entité matérielle, dès que la consécration a été valide du côté du ministre consécrateur. Les autres sacrements, qui sont la pénitence, l'extrême-onction, l'ordre et le mariage, ne peuvent être reçus validement que par des adultes, qui ont, ou au moins ont eu, l'usage de la raison. Pour la validité de l'ordre et du mariage, il faut avoir le *sui juris* raison et liberté, au moment même de la réception du sacrement; et, pour la pénitence, et surtout l'extrême-onction, cela n'est pas nécessaire; il suffit qu'on ait eu son *sui juris* auparavant, avec l'intention et le désir au moins implicites de les recevoir; c'est ce que l'Eglise suppose quand elle les administre aux malades tombés en léthargie et ayant mené une vie chrétienne. Le baptême et la confirmation retombent dans le même cas, s'il s'agit d'adultes; de sorte que l'eucharistie est le seul sacrement qui, même dans l'hypothèse des adultes, soit toujours reçu validement.

Quant à la licité et aux fruits bienfaisants du sacrement, dans le cas des enfants et de ceux qui leur ressemblent, où le sujet n'a jamais eu son *sui juris*, il est évident qu'il y a toujours licité, puisqu'il est impossible de se rendre criminel par profanation sans la raison et la liberté; et il n'est pas moins évident, au point de vue théologique, que s'il y a validité, il y aura profit surnaturel pour l'âme à recevoir le sacrement. Mais dans le cas où l'on a possédé son *sui juris*, le sacrement n'est licitement reçu et ne sanctifie qu'avec la coopération présente ou passée, actuelle ou virtuelle de l'âme qui le reçoit. Si l'on suppose de mauvaises dispositions intérieures, qui cependant n'empêchent pas la validité, il y a illicité, profanation, crime, dans le cas où l'on reçoit le sacrement librement, et stérilité pure et simple si on le reçoit sans liberté au moment de la réception et si on ne l'a pas demandé.

Ces principes théologiques sont tellement lumineux pour la plupart, qu'il est inutile de faire ressortir leur conformité avec le bon sens par des comparaisons. Le seul qui nous paraisse avoir besoin de quelque explication sous ce rapport, c'est celui qui enseigne que plusieurs sacrements peuvent être reçus validement et avec fruit sans aucune coopération prochaine ou éloignée de l'âme qui les reçoit. Ce cas, en effet, présente une différence avec le langage qui n'opère jamais sur l'âme sans un effort de la part de celle-ci. Nous savons cependant que certains philosophes pourraient cependant nous fournir moyen de pousser jusqu'à ce point la comparaison; ceux qui prétendent que l'âme est d'abord absolument passive dans l'enfant, qu'elle n'est, en sortant des mains de Dieu, qu'une pure table rase, dépourvue de toute idée innée, en quelque acception que l'on prenne ce mot. Il faut bien admettre, dans ce système, que les premières actions de l'homme sur l'enfant, par le geste et la parole, agissent sur ce dernier et lui donnent les idées, sans sa coopération; mais nous n'avons pas besoin de recourir à cette ressource, qui blesserait nos convictions philosophiques. Qu'il nous suffise de rappeler que c'est Dieu qui est le véritable agent dans le sacrement, et que, s'il lui a plu d'exiger dans les adultes leur coopération à la grâce, il est tout naturel de penser qu'il lui ait plu d'instituer des signes visibles d'actions surnaturelles qu'il exercera sur les âmes endormies des enfants, sans coopération de la part de ces âmes. Il tient sa créature entre ses mains puissantes, et il peut agir comme il lui plaît sur son état normal, soit avec sa coopération, soit sans sa coopération. Quand il la crée, il agit absolument sans elle; dans la génération de l'enfant, l'enfant n'a aucune part active; le baptême est une seconde génération morale; il est naturel que cette régénération se fasse comme la génération, sans participation du régénéré, quand il n'a pas l'usage de sa raison. La force virtuelle que donnera la confirmation dans le même cas se concevra de même; et, en ce qui concerne l'eucharistie, qui est une nourriture spirituelle, une communion de Dieu avec l'âme, on conçoit encore très-facilement que cette communion ait deux degrés, celui qui est propre à l'âme endormie, lequel aura pour effet la transmission d'une virtualité, d'un germe qui, plus tard éclora, et celui qui est propre à l'âme éveillée, dont l'effet s'épanouira aussitôt.

VII. Tout sacrement remonte à Jésus-Christ et l'a pour auteur, comme tout langage naturel remonte à Dieu et l'a pour auteur; puisque le Christ est le fondateur de l'ordre surnaturel, comme le Créateur du monde est le fondateur de l'ordre naturel. Mais on se demande, en théologie, si Jésus-Christ a institué immédiatement tous les sacrements, en précisant lui-même quel serait le signe de chacun, ou s'il ne les a institués que médiatement en donnant à son Eglise le pouvoir de choisir et déterminer ce signe.

Quant au baptême et à l'Eucharistie, l'Ecriture résout la question : c'est le Christ lui-même qui en assigna la matière et la forme. Quant aux autres sacrements, la question est douteuse; Estius le dit positivement (l. IV *Sent.*, dist. 1, § 6): mais on regarde comme beaucoup plus probable que Jésus-Christ les institua immédiatement comme les deux premiers.

La même question se présente sur le langage naturel, sur la parole et l'écriture. Dieu a-t-il donné directement à l'homme une première langue toute faite, ainsi qu'un système d'écriture? Pour la langue, la négative paraît difficile à soutenir, car il semble assez clair, selon la remarque de Rousseau, qu'il fallait la parole pour inventer la parole. Quant à l'écriture, la parole étant posée, nous en concevons presque aussi facilement l'invention que celle de mille autres arts que l'histoire nous oblige d'attribuer à l'activité humaine comme cause immédiate.

Mais les deux réponses nous paraissent se confondre dans une seule, si l'on descend jusqu'au fond de la question; et cela à l'égard des sacrements comme à l'égard du langage naturel. Dans le cas de la création médiate de la parole et du sacrement, on ne peut expliquer la vertu, que Dieu transmet à la créature, de faire cette création, que par un décret primordialement existant en Dieu, d'après lequel l'institution se fera d'une manière subséquente à la formation de l'activité elle-même qui en sera l'auteur immédiat, et d'après lequel cette activité aura, en elle, par assistance et infusion de Dieu, la vertu divine qui rendra l'institution valide, réelle, produisant son effet; sans quoi, il faudrait se jeter dans l'absurdité déjà signalée qui consiste à attribuer à la créature, au moment de son acte, une puissance, momentanément au moins, indépendante de Dieu. Or, cela compris, quelle différence reste-t-il entre l'institution immédiate et l'institution médiate? Uniquement celle-ci: dans le premier cas, Dieu dit, dans son décret : Que l'homme soit avec la parole et l'écriture, au moment même où il commence d'être; que l'Eglise soit avec les sept sacrements, au moment même où elle commence d'être. Dans le second, il dit dans son décret : Que l'homme soit avec la parole et l'écriture venant s'adjoindre, par progrès et successivement, aux propriétés reçues en premier lieu; que l'Eglise soit avec les sept sacrements venant s'adjoindre à ses premières propriétés à telle ou telle époque de ses commencements. On voit que tout est ramené à une question de temps; or, comme le temps n'est point une réalité relativement à Dieu, mais seulement relativement à l'homme, la différence devient nulle en Dieu, c'est-à-dire dans la réalité de la chose. On dira peut-être qu'il y a, même en Dieu, une différence, celle de la concomitance ou de la subséquence des décrets partiels qu'implique le décret général; mais la raison n'est pas bonne, car il n'y a concomitance logique dans aucun cas, et il y a subséquence d'un décret à l'autre dans les deux. Que la parole vienne concurremment à la première création ainsi que le sacrement, ou qu'ils viennent longtemps après, la subséquence logique est essentielle au décret de la parole et du sacrement par rapport au décret de la création, puisqu'il ne peut y avoir parole ou sacrement sans la création du sujet qui en sera pourvu. Il ne reste réellement que le temps; or le temps est nul dans le décret, comme nous venons de le dire; donc il ne reste aucune différence réelle.

VIII. Il y a trois sacrements qui impriment caractère et qui ne peuvent être administrés qu'une fois au même sujet : ce sont le baptême, la confirmation et l'ordre. Or, qu'est-ce que le caractère?

Les Pères de l'Eglise l'ont comparé à tous les signes d'enrôlement qui distinguent les catégories, par exemple, à la marque particulière que les marchands de moutons impriment sur ceux qu'ils veulent distinguer comme formant telle ou telle catégorie dans le troupeau. Cette pensée rend le caractère très-facile à comprendre. C'est un enrôlement dans une classe dont on fera toujours partie, par là même qu'on y a été inscrit par le sacrement. Le baptême vous enrôle à jamais dans la classe des Chrétiens, la confirmation dans celle des athlètes de Jésus-Christ, et l'ordre dans celle de ses ministres; et ces sacrements vous impriment une couleur morale qui est le sceau de la catégorie où ils vous introduisent.

Si nous considérons le langage, nous trouvons qu'il a produit, dans l'ordre de la nature, des effets semblables, relatifs à l'âme. On peut assigner une multitude de causes physiques et morales aux diversités qui caractérisent les nations ; mais il n'en est aucune qui exerce une influence aussi puissante, aussi efficace, aussi profonde que la langue elle-même ; ce qui le prouve d'une manière frappante, c'est le phénomène historique de la fusion de plusieurs peuples en un par la suite des âges. Tant que les langues sont différentes, le caractère moral, la couleur de l'âme, le génie politique, littéraire, artistique, philosophique, demeurent très-distincts; aussitôt que les langues sont fondues en une, presque toutes les différences disparaissent, et vous n'avez plus qu'une nation. Faites que le gouvernement soit un, la religion une, le caratère n'en sera pas atteint dans ses diversités; faites que la langue soit une, le caractère s'unifiera avec elle : la langue imprime un sceau particulier dans l'âme de celui qui la reçoit à son berceau, et ce caractère est indélébile; c'est une teinte morale et intellectuelle que rien ne peut détruire, et qui ne peut être contractée qu'une fois.

Or ce phénomène naturel est-il plus facile à expliquer que le caractère des sacrements? Si l'on va au fond de la chose, on trouve que le mystère est le même dans les deux cas.

La pénitence, l'eucharistie, l'extrême-onction et le mariage n'impriment pas caractère, et cela se conçoit facilement ; la pénitence est une sorte de baptême supplémentaire pour ceux qui, étant déjà enrôlés dans la catégorie des Chrétiens, deviennent malades moralement; l'enrôlement, étant déjà fait par le baptême, n'est plus à faire par la pénitence. On objectera qu'elle donne lieu à une sous-catégorie, celle des pénitents; oui, mais ce qui détermine cette sous-catégorie, c'est la faute commise et le repentir qu'on en a eu considéré en tant que vertu. Le sacrement exalte la contrition, la surnaturalise, la consacre, etc.; mais le caractère distinctif de la sous-catégorie est posé directement par la chute et par la contrition qui vient après. On ne voit pas que l'extrême-onction puisse donner lieu à une classe : c'est un secours approprié au cas de maladie corporelle ; s'il y avait classe engendrée, ce serait la maladie qui la produirait en premier lieu, mais ce caractère est commun à tous, puisque tous sont malades et meurent; quand elle remplace la pénitence, il faut en raisonner comme de la pénitence. L'eucharistie est la nourriture morale quotidienne des Chrétiens; un aliment ne fait pas, à proprement parler, une catégorie; la classe de ceux qui en usent ou doivent en user est déjà déterminée. Enfin, le mariage emporte avec lui une classification, à peu près comme l'ordre; mais ce qui la détermine, c'est le contrat naturel qui est très-distinct du sacrement, et qui a toute son essence de contrat valide en dehors des conditions de celui-ci.

Nous ne voyons aucunes difficultés rationnelles dans ces détails

IX. On divise, sous un autre rapport, les sacrements en sacrements des morts et sacrements des vivants. Les premiers sont le baptême, la pénitence et même l'extrême-onction à défaut de la pénitence, dans le cas où l'âme présente la disposition habituelle suffisante pour sa guérison morale complète. Les autres sont la confirmation, l'eucharistie, l'ordre et le mariage. Le but direct des premiers est de donner la grâce sanctifiante à ceux qui en sont privés; le but direct des seconds est de l'augmenter dans ceux qui l'ont déjà.

Si nous observons le langage naturel, nous arrivons bien vite à constater des effets semblables relativement à la science et aux idées. Reportons-nous, pour exemple, à l'admirable cours d'astronomie que faisait Arago à l'Observatoire de Paris. Le professeur avait trois sortes d'auditeurs : ceux qui n'avaient jamais entendu parler d'astronomie, et pour qui cette science était tout à fait nouvelle; ceux qui l'avaient déjà étudiée et comprise, mais qui l'avaient complétement oubliée par l'absence de culture pendant longues années; et enfin les quelques savants qui en font leur étude journalière et qui savaient tout ce qu'Arago enseignait : tel était M. de Humbolt, qui y assista une année régulièrement. Les deux premières classes se composaient d'âmes mortes à l'astronomie, soit parce qu'elles n'avaient jamais vécu de cette vie scientifique, soit parce qu'après en avoir vécu elles avaient cessé d'en vivre. La troisième se composait d'âmes vivantes de la vie astronomique. Que se passait-il dans les unes et les autres à l'audition des paroles d'Arago? Les premières étaient initiées à une vie nouvelle; les secondes étaient ressuscitées à une vie qui avait déjà été la leur; les troisièmes, qui écoutaient avec plus de plaisir et d'attachement encore que toutes les autres, sentaient leur vie scientifique s'agrandir, se perfectionner, s'embellir, leur horizon s'étendre, et leur évidence s'illuminer d'une nouvelle auréole.

La même parole produisait tous ces résultats. Qui expliquera le ressort fondamental par où un peu d'air, vibré par la langue d'Arago, allait trouver ces âmes, faire vivre les unes à la science, ressusciter les autres, et augmenter la vie des dernières? Inutile de développer davantage la comparaison. On conçoit qu'il y a une parole des morts et une parole des vivants, comme il y a des sacrements des morts et des sacrements des vivants, et que le mystère de la parole est aussi profond que celui du sacrement, s'il ne l'est encore davantage.

X. Les sacrements produisent deux grâces : la grâce sanctifiante ou habituelle, qui consiste dans un changement d'état moral, par une infusion de Dieu dans l'âme; et une grâce qu'on nomme sacramentelle, parce qu'elle est particulière à chaque sacrement, et qui est une espèce de droit ou prédisposition à recevoir les grâces actuelles propres à bien remplir les charges que le sacrement impose. Ces charges sont, pour le baptême, les devoirs du Chrétien; pour l'ordre, les devoirs de ministres; pour le mariage, les devoirs d'époux et de père, etc.

Nous trouvons encore des effets correspondants dans l'influx du langage sur les âmes qui en sont l'objet. Non-seulement le discours instructif illumine l'esprit et change son état intellectuel d'une manière directe, relativement à la science qu'il communique; mais encore il ouvre la voie à l'acquisition de connaissances nouvelles du même ordre, informe dans l'âme une aptitude, une prédisposition, une facilité à étudier et à élever, bien au delà, sa puissance de conception. Qui admet, ainsi que l'observation l'y oblige, ce phénomène dans le mystère naturel du discours, n'a pas de raison pour le contester dans le mystère surnaturel du sacrement, relativement aux vertus morales.

XI. On distingue, dans tout sacrement, la matière et la forme. La matière est l'acte visible qui peint à l'extérieur l'effet du sacrement, qui en est comme l'image matérielle; la forme est la parole qui exprime le même effet par le langage. Ces mots *matière* et *forme* ne remontent qu'au XIII° siècle de l'Eglise. C'est Guillaume d'Auxerre qui les imagina, et les théologiens les ont vulgarisés. Saint Augustin avait dit : « *Accedit verbum ad elementum, et fit sacramentum.* » *La parole se joint à l'élément, et le sacrement a lieu.* (Tract. 8 *in Joan.*) Quels que soient les termes, il importe peu.

Mais quoi de plus naturel qu'il y ait dans la langue surnaturelle, que le Christ nous a laissée, une action figurative et une parole expressive dont l'union produit l'effet moral sur les âmes? L'homme visible pour ses semblables se compose d'action et de parole, lesquelles sont même inséparables. Sans action au sens absolu, sans quelque geste corporel, point de parole, et, sans parole au sens absolu, sans expression de l'idée, point de langage. C'est le concours des deux qui fait la langue dans sa plénitude. Voyez l'orateur.... Son discours ne passe dans les esprits et ne les agite qu'au moyen de la combinaison de l'action et de la voix. Il était donc très-naturel que Jésus-Christ donnât à la grâce un langage de parole et d'action; il le devait, pour modeler son ordre de rédemption sur la nature, et le mettre en sympathie avec elle : il l'a fait.

XII. Nous pourrions poursuivre indéfiniment notre parallèle en épuisant toutes les parties de la doctrine théologique sur le sacrement. C'en est assez pour ouvrir au lecteur la voie qui mène à comprendre le rationalisme profond de l'ordre surnaturel sous ce rapport comme sous tous les autres. Demandons seulement, en finissant, à celui qui ne croit pas au surnaturel, pourquoi, dès qu'il a bien compris que les mystères de la grâce ont, tous, leurs correspondants dans la nature, aussi obscurs, aussi profonds, exactement les mêmes, disons mieux, beaucoup plus étonnants sous un rapport, puisque ce sont les mystères primitifs essentiels, originaux, et que les autres n'en sont, pour ainsi parler, que des copies divines; demandons-lui pourquoi, par une distinction singulière, il croit sans difficulté les uns et argumente contre les autres, lorsque ces derniers appuient leur certitude sur des faits humains aussi éclatants que les premiers. Si encore il se bornait à contester la valeur ou l'existence réelle de ces faits, il pourrait être logicien, et la logique le conduirait à un examen qui aboutirait à la foi; mais il néglige ordinairement ce côté de la question pour passer son temps à attaquer le mystérieux, en lui-même, des dogmes révélés, pendant que la nature, qu'il n'attaque pas, lui présente le même mystérieux. Nous ne voulons pas l'accuser de mauvaise foi, et cette résolution nous force d'avouer que sa conduite est, pour nous, le plus grand des mystères. — *Voy.* BAPTÊME.

SACRIFICE DE LA MESSE (LE) — DEVANT LA FOI ET DEVANT LA RAISON (II° part., art. 37). — I. On a écrit tant de livres et fait tant d'études sur le phénomène universel du sacrifice dans l'humanité, que nous nous tairons ici sur les questions importantes, les réflexions graves, les déductions curieuses auxquelles cette matière a donné lieu. Nous nous contenterons d'appeler la pensée du lecteur sur l'universalité complète de l'usage de sacrifices quelconques depuis les temps les plus reculés dont l'histoire fasse mention : universalité dont il pourra se convaincre facilement, ne serait-ce que par la lecture de l'article *Sacrifice* du *Dictionnaire des religions* de l'*Encyclopédie théologique*; universalité, enfin, qui donne à conclure que l'idée du sacrifice est naturelle à l'homme, et que la religion ne peut se passer de cette manière énergique d'exprimer à Dieu l'offrande qu'on lui doit de soi-même et de tous les biens qu'on a reçus de lui.

II. De ce principe on tire cette conséquence: que le christianisme devait conserver le sacrifice pour être une religion propre à l'homme, et qu'il devait, pour être la religion parfaite, posséder le sacrifice véritable, le sacrifice d'esprit et de vérité, le grand sacrifice réel, exprimant parfaitement les rapports de l'humanité avec le Créateur et le Rédempteur. Or, c'est ce que nous offre la religion du Christ dans l'eucharistie.

Pour le bien comprendre, il suffit de lire avec attention le chapitre de cet ouvrage sur le mystère eucharistique. — *Voy.* EUCHARISTIE. — Cette lecture donne lieu aux déductions suivantes.

III. Si l'on envisage ce mystère dans sa réalité figurée, il est le grand sacrifice de Dieu créateur se faisant nourriture spirituelle de la créature, et s'offrant à lui-même en tant qu'éternel Etre, au nom de la créature, pour la rendre digne d'exister devant lui; il est plus spécialement encore le grand sacrifice de Dieu rédempteur, de Dieu incarné, de Dieu en tant que fait homme pour guérir l'homme, et s'immolant au nom de celui-ci, pour satisfaire à l'éternelle justice du Père de toutes choses.

Le sacrifice eucharistique ainsi considéré non-seulement n'a rien que de raisonnable, mais est même exigé comme indispensable par la raison philosophique et théologique : c'est ce qui résulte de tous les articles de cet ouvrage qui ont pour objet les vérités fondamentales de Dieu, de la création et de la rédemption.

IV. Si on l'envisage dans sa réalité figurative, quelle que soit la théorie que l'on embrasse sur la nature des corps, on retrouve le sacrifice dans ce sacrement lui-même, et dans ses apparences visibles. Quant aux apparences, l'emblème du sang est séparé de l'emblème de la chair : l'un et l'autre sont offerts, et les deux sont détruits dans la manducation et la nutrition. Quant à la réalité sacramentelle, selon la théorie cartésienne, il y a destruction réelle par la manducation et la nutrition du corps eucharistique, bien que le Christ soit immortel, impassible et immuable dans son corps; et l'on arrive à concevoir très-rationnellement cette contradiction apparente, par la distinction lumineuse de l'identité spécifique, et de l'identité numérique. Dans le système de Leibnitz, la même explication est applicable ; d'où il suit qu'on y peut conserver la véritable destruction, le vrai sacrifice. Et enfin, dans la théorie du corps-mode, du corps-limite, substantiellement spirituelle, sans hiérarchie d'unités distinctes de l'unité-moi pour la constituer, il n'est pas nécessaire de tirer l'idée du sacrifice de la messe, avec le P. Courayer, de la simple commémoration et offrande de la mort de Jésus-Christ; ce qu'on pourrait faire cependant, puisque ce sentiment est autorisé dans l'Eglise. On peut encore la trouver dans l'offrande même du corps eucharistique, ou de Jésus-Christ, en tant que réellement présent *hic et nunc*, avec le P. Le Quien, Vasquez, Bossuet et le plus grand nombre. Il suffit de rappeler, pour le faire comprendre, que le corps de Jésus-Christ, dans l'Eucharistie, se trouvant être parfaitement le même et de même nature au sens absolu que son corps immolé sur la croix, il peut se faire, au regard de Dieu, du Christ et de tous les esprits auxquels le mystère est rendu visible, qu'il y ait, par la communion, le même changement, relatif à l'occasion, qui se fit sur la croix dans le corps-mode dont l'âme du Christ était revêtue, pendant que, relativement au séjour de la gloire, ce changement n'a lieu en aucune manière. Cela se conçoit dans un esprit qui tire toute sa substance de sa spiritualité, et qui, dans son auréole, pure image, peut très-bien se modifier relativement à un terme, au même temps où il ne subit aucune modification relativement à un autre terme. C'est ce que la raison se représente très-facilement.

V. Nous ne voyons aucune difficulté dans le point de doctrine qui affirme que l'offrande du saint sacrifice de la messe peut être faite à toute bonne intention, soit pour les vivants, soit pour les morts. Ce sacrifice est la plus excellente, la plus expressive, la plus énergique des prières. Ne peut-on pas prier la puissance infinie pour soi, pour ses amis, pour tous les hommes, et aussi pour les âmes de ceux qui ne sont plus sur la terre? Ce dernier point suppose le *purgatoire* et la *communion des saints* par la solidarité de la prière. — *Voy.* ces mots.

Tous ces détails n'ont rien d'embarrassant pour la raison, dès qu'elle a admis en Dieu la bonté libre, ainsi que la liberté dans la créature; ce qu'elle est forcée d'admettre, même aux points de vue transcendants de l'ontologie. — *Voy.* Pénitence.

SACRIFICES. — PLATON. — SOCRATE. *Voy.* Morale I, 6; Passion; Mort de Socrate, à la fin.

SAGESSE (L'Ami de la). — PLATON. *Voy.* Morale, III, 11.

SAGESSE (La) EN DIEU. *Voy.* Ontologie. Optimisme. Cosmologiques (Sciences), I, VIII, etc.

SAGESSE ou PRÉVOYANCE EN ÉCONOMIE SOCIALE. *Voy.* Sociales (Sciences), II.

SAINTETÉ (La) DE L'ART. *Voy.* Art. IV.

SAINTE TRINITE (Le mystère de la) DEVANT LA FOI ET DEVANT LA RAISON (II° part., art. 4). — Ce grand mystère intéresse la philosophie en même temps que la théologie. On en traite assez longuement dans l'article *Trinité rationnelle—Trinité révélée*, lequel appartient à la catégorie des chapitres formant la première partie de cet ouvrage. Si le lecteur a suivi la lecture méthodique qui lui est indiquée, il connaît ce chapitre qu'il pourrait d'ailleurs revoir encore ici avant de passer à ceux qui vont suivre. — *Voy.* Création.

SALARIAT (Le). *Voy.* Sociales (Sciences), II.

SANCTIFICATION. *Voy.* Justification.

SATIRE. *Voy.* Poésie.

SATISFACTION (La), en tant que partie du sacrement de pénitence DEVANT LA FOI ET DEVANT LA RAISON (II° part., art. 41). — Quelques mots suffiront sur cette matière qui nous paraît ne présenter aucune difficulté. On conçoit des perfections très-diverses' dans le repentir; on conçoit aussi que toute faute entraîne après elle des conséquences qui en constituent la peine; on conçoit enfin un repentir tellement profond, et impliquant un amour de Dieu tellement pur et complet, que la faute soit absolument détruite même dans la peine qui devait la suivre; un autre repentir moins parfait qui laisse subsister la dette de la peine dans ce qu'elle a de temporel et de guérissable par la peine elle-même subie; et enfin, des degrés entre ces deux repentirs laissant subsister des parties plus ou moins considérables des conséquences pénales.

Cela posé, il est évident que, pour que le repentir, à quelque degré qu'on l'envisage, soit sincère, et l'âme changée, il impliquera la soumission du cœur à ce qui reste de peine à subir devant l'exacte justice, et l'acceptation de cette peine en esprit de pénitence. Il pourra même prendre les devants, et s'imposer des satisfactions volontaires, soit en accomplissant des œuvres pénibles, soit en recevant, en esprit de mortification, les malheurs de la vie, soit de toute autre manière, au moyen de l'intention qui est le principe constitutif de la valeur morale des choses.

Donc, pour que la contrition soit vraie dans le sacrement de pénitence, il faut qu'elle renferme l'intention et la volonté de se soumettre à tout ce qui peut rester des conséquences fâcheuses de la faute devant la justice. Rien de plus évident. Et si cette contrition persévère, elle aura pour effet, à l'occasion et au moment donnés, de faire accomplir au pénitent, par le fait, la peine dont il s'est rendu digne, s'il n'a pas mérité qu'elle lui soit remise. Ceci est une déduction du principe posé d'abord.

Or voilà ce qu'on entend par la satisfaction dans le sacrement de pénitence. Quoi de plus rationnel? On ajoute que la peine qu'on associe au sacrement acquiert une vertu surnaturelle plus grande par cette association même et par son mélange à la contrition et à l'absolution sacramentelle; cet effet doit se produire par la même raison que, sous l'influx du sacrement, la contrition imparfaite est élevée plus haut surnaturellement, ainsi qu'on l'explique au mot *contrition*.

Resterait à expliquer les indulgences qui sont une rémission faite par l'Eglise d'une peine temporelle due au péché, lorsque la contrition n'a pas été assez élevée pour effacer le péché jusque dans ses dernières conséquences. Mais on peut voir, au mot Indulgences, cette explication. — *Voy.* Extrême-Onction.

SCENE (La). *Voy.* Spectacles.

SCEPTICISME (Le) REFUTE PAR LES MATHEMATIQUES. *Voy.* Mathématiques (Sciences), I.

SCEPTICISME (Toute doctrine qui rejette l'infaillibilité de l'évidence mène au) — *Voy.* Logique.

SCIENCE — RELIGION (III° part., art. 1°'). — Cet article sert de point de départ à la troisième partie de notre ouvrage, laquelle consiste à exposer les rapports harmoniques de la science et de notre foi religieuse. Nous y donnerons une idée générale de toutes les sciences, et poserons ensuite quelques principes généraux sur leur parenté commune avec le christianisme. Les autres articles, dépendants de celui-ci, passent en revue les sciences en particulier et montrent la relation de chacune avec la foi catholique, sans entrer dans le détail des pièces justificatives dont un recueil est réservé pour le Supplément.

I. — Idée générale de la science humaine.

La science est une laborieuse indiscrète qui voyage sans cesse, scrute toutes choses, embrasse les grandes dans un rayon visuel aux prolongements infinis, subtilise sa prunelle pour détailler les petites, et se donner en carrière le tout absolu, Dieu et ses créations.

Elle n'a pas de méthode régulière en pratique ; à la considérer dans sa marche sur la terre, on trouve qu'elle moissonne toujours, çà et là, comme au hasard, des fruits de toute espèce, et qu'elle attend à avoir entassé pêle-mêle fragments sur fragments pour s'occuper d'un triage devenu nécessaire et se livrer au travail des classifications. Comment les ferait-elle, en effet, avec intelligence, avant d'en connaître les éléments particuliers ?

Malgré cela, on remarque un certain ordre dans le voyage scientifique de l'esprit humain, ordre qui n'est point le produit d'un calcul de sa part, mais d'un instinct que Dieu lui donna dès le principe.

Après l'éveil de l'effort religieux sous l'incubation du sentiment que la créature a de son Créateur, de l'effort artistique et poétique sous la provocation de l'amour inné du beau, et de l'effort industriel sous l'influence des nécessités de la vie ; après cette triple germination, ou plutôt concurremment avec elle, on voit poindre l'aurore de l'étude raisonnée des choses métaphysiques. Dieu, la providence, le bien et le mal, le bonheur et le malheur, une vie après celle-ci, tels sont les objets des plus antiques méditations. Il est à remarquer que les poëmes des premiers âges dont il nous reste des monuments sont philosophiques : tel est celui de *Job*, tels sont les plus anciens de la Perse, de l'Inde et de la Chine : l'*Iliade* et l'*Odyssée* appartiennent au temps de l'héroïsme et de la mythologie, temps un peu plus modernes. On peut dire que la science humaine a commencé la carrière de ses explorations par la série philosophique ; cette pensée est en conformité avec l'histoire. Ne trouve-t-on pas, à l'époque de Platon, par exemple, et longtemps encore après lui, les sciences physiques dans les langes du berceau, pendant que la philosophie épanouit ses splendeurs et tient déjà l'âge mûr. Il y a mieux, c'est elle qui pousse à quelques observations et hypothèses sur les lois de la nature matérielle ; on s'occupe de physique pour philosopher ; et il en sera ainsi de toutes les sciences ; comme la philosophie tient chacune d'elles par ses racines, elle lancera l'esprit successivement dans leurs domaines divers, en sorte que toutes lui devront leur première naissance.

L'étude de l'histoire et de la politique se montre et se développe au sein même de la philosophie ; celle des langues naît mélangée avec la logique ; la série des mathématiques a son germe dans les abstractions de la pensée sur le nombre et l'espace, elle remonte également à la plus haute antiquité ; et les autres rameaux de l'arbre scientifique se forment successivement, plus ou moins tard, selon qu'ils se rapportent à des objets plus ou moins rapprochés du regard et des besoins de l'homme. Les grandes généralisations ne viennent qu'en dernier lieu, vu qu'elles sont la cime que l'on ne peut atteindre qu'après avoir parcouru des labyrinthes particuliers. C'est en vertu de ces lois que l'on voit se succéder, dans un développement confus, la médecine, l'étude des animaux et des plantes, celle des minéraux, la géographie physique, l'astronomie, et en dernier lieu la météorologie, la géologie, la chimie et la physique.

Nous sommes parvenus à une phase du progrès scientifique, dans laquelle il nous est possible, grâce aux travaux persévérants de nos pères, de donner une classification méthodique des connaissances humaines, qui étonne par son étendue. Nous ne ferons ici qu'en indiquer les titres les plus généraux, en suivant l'ordre qui nous paraîtra le plus synthétique et le plus logique, lequel est loin de correspondre à la progression pratique de la découverte.

Toutes les sciences peuvent être ramenées à sept grandes séries :

I. La série des sciences *philosophiques* dont l'objet est la vérité rationnelle dans sa génération de causes et d'effets, dans ses espèces, dans ses caractères, dans ses certitudes, etc.

II. La série des sciences *mathématiques* qui a pour objet les quantités étudiées rationnellement en tant que numérables et mesurables.

III. La série des sciences *cosmologiques*, qui expose et développe les lois les plus générales de l'univers matériel.

IV. La série des sciences *géologiques*, qui s'occupe des phénomènes relatifs au globe de la terre en particulier.

V. La série des sciences *physiologiques*, qui concentre ses observations et ses études sur la nature organique et vivante.

VI. La série des sciences *historiques*, qui se borne aux phénomènes relatifs à l'évolution passée du genre humain sur la terre.

VII. Enfin la série des sciences *sociales*, qui se compose d'études rationnelles relatives aux sociétés présentes.

Les deux premières séries peuvent prendre le nom commun de sciences *métaphysiques* ;

Les trois suivantes, celui de sciences *physiques* ;

Et les deux dernières, celui de sciences *mixtes*.

La première série comprend :

1° La *logique*, ou le traité de la certitude humaine et de ses règles.

2° L'*ontologie*, qui approfondit les questions fondamentales relatives aux existences, aux essences et aux rapports des êtres.

3° La *théologie rationnelle* ou *théodicée*, qui n'est qu'un supplément à l'ontologie, pour en tirer les déductions relatives à l'être-Dieu en particulier, et y ajouter celles qu'on peut tirer des phénomènes du monde à leur cause.

4° La *psychologie*, qui est un second supplément à l'ontologie pour en tirer les déductions relatives à l'être-homme en particulier, et y ajouter celles qu'on peut tirer de l'observation des phénomènes de la vie présente mis en rapport avec les propriétés de Dieu.

5° L'*éthique* ou *la morale*, qui est le prolongement de la psychologie destiné à exposer et démontrer rationnellement les règles distinctives du bien et du mal, auxquelles est assujettie la volonté.

6° L'*esthétique*, qui est un second prolongement de la psychologie, ayant pour but d'étudier philosophiquement le beau, source, objet, modèle et type de l'art.

7° Enfin l'*histoire des sciences philosophiques*, qui fait partie de la série historique, mais qu'on en détache pour la rapprocher de l'étude de ces sciences ou même la mélanger avec elles.

Cette première série du répertoire scientifique forme, dans nos *harmonies*, une division spéciale que nous mettons en tête de l'œuvre, de sorte qu'elle se trouve soustraite de la troisième partie.

La seconde série comprend :

1° L'*arithmétique*, qui est la science des quantités numérables, de la formation des nombres et de leurs combinaisons.

2° La *géométrie*, qui est la science des quantités mesurables, des lignes, des surfaces, des solides, des figures corporelles et de leurs propriétés relatives.

3° L'*algèbre*, qui généralise les opérations de l'arithmétique et de la géométrie et les ramène à des formules simples, en considérant les grandeurs de même nature sous le rapport abstrait de leur égalité ou inégalité, les exprimant par des caractères communs à toutes leurs valeurs particulières, et opérant sur de simples relations applicables à un nombre indéfini de cas donnés. Les branches de l'algèbre découvertes jusqu'alors sont l'*arithmétique analytique* ou l'*algèbre élémentaire*, la *géométrie analytique*, ou l'application de l'algèbre à la géométrie, inventée par Descartes; enfin le *calcul différentiel et intégral* inventé à la fois par Leibnitz et Newton. Cette dernière branche est encore peu développée.

La troisième série comprend :

1° La *physique*, qui étudie les propriétés générales des corps, les lois des forces et du mouvement, et explique les phénomènes naturels perçus par nos sens, ayant pour causes les agents universels jusqu'alors découverts et connus sous les noms suivants : attraction ou pesanteur, action moléculaire ou *affinité*, son, chaleur, lumière, électricité, magnétisme, électro-magnétisme.

2° L'*astronomie* ou *cosmographie*, qui décrit les lois et relations des globes et des familles de globes dont se compose l'univers. Elle se sert, dans ses explorations, des procédés fournis par les mathématiques et des lois posées par la physique et la mécanique.

3° La *chimie*, qui va scruter les éléments intimes des corps bruts et organisés, étudie les combinaisons variées de ces éléments, décompose et recompose autant qu'elle le peut, pour arriver à poser les lois générales des aggrégations matérielles.

La quatrième série entre dans les applications particulières. Elle comprend

1° La *météorologie*, qui n'est qu'une explication des phénomènes qui se passent dans l'atmosphère, à l'aide des lois générales données par la physique.

2° La *géographie physique*, qui est la description de la surface terrestre dans sa conformation visible et générale.

3° La *géologie*, science encore à son enfance, dont le but est de reconstruire l'histoire des révolutions et transformations physiques que notre planète a subies pour arriver à son état présent, et même de prévoir, à l'aide de son passé, l'avenir de cette planète.

4° La *minéralogie*, grande auxiliaire de la précédente, qui étudie le minéral dans ses particularités à l'aide des lois posées par la chimie.

La cinquième série comprend :

1° La *botanique*, science du règne végétal, qui, quand elle décrit la structure des plantes, prend le nom d'*anatomie végétale*; quand elle explique les phénomènes de leur végétation, les fonctions de leurs organes, prend celui de *physiologie végétale*; et, enfin, quand elle donne la classification des végétaux et leur histoire particulière, garde le nom de *botanique descriptive*.

2° La *zoologie*, science du règne animal, dont l'*anthropologie* est la partie la plus importante, puisqu'elle traite de l'homme, premier des animaux sous le rapport matériel. Elle comprend, comme la botanique, l'*anatomie*, la *physiologie* et la *zoologie descriptive*.

3° Enfin, la *médecine*, qui est l'art de la santé : ses parties sont l'*hygiène*, la *pathologie* ou science des maladies, qui est interne, ou externe; auquel cas elle prend le nom de *chirurgie*, la *thérapeutique*, qui est l'art d'appliquer les remèdes, et la *matière médicale*, qui les fournit. Il y a la médecine de l'homme, celle des animaux et celle des plantes.

La sixième série comprend :

1° La *chronologie*, qui est le tableau des faits dont se compose l'histoire du genre humain, classés selon l'ordre des temps où ils ont eu lieu.

2° L'*histoire* proprement dite, qui décrit ces faits et les étudie dans leur raison d'être, leurs causes, leur influence, leur enchaînement, leurs résultats, leur degré de certitude, etc.

3° L'*archéologie*, qui vient au secours de l'histoire à l'aide des monuments antiques de toute espèce dont elle déchiffre la pensée, et d'où elle tire des discours instructifs.

4° La *mythologique*, qui scrute le symbolisme des religions, comme l'archéologie les monuments matériels.

5° L'*ethnographie*, qui cherche par tous les moyens, et spécialement par l'étude comparée des langues, l'origine des races humaines et des nations diverses.

6° Enfin la *philologie* et la *linguistique*, en ce qu'elles impliquent l'histoire comparée des langues. Elles sont les auxiliaires de l'ethnographie.

La septième et dernière série comprend :

1° La *politique*, qui traite les nombreuses questions relatives à l'organisation des sociétés, quant à l'autorité et aux relations des sociétés entre elles : ce qui donne lieu à deux politiques, la politique intérieure et nationale, et la politique extérieure ou internationale.

2° L'*économie sociale*, qui traite les nombreuses questions relatives à l'organisation des sociétés, sous le triple rapport de la production, de l'échange et de la consommation des richesses.

3° Le *droit*, qui, quand la politique et l'économie sociale ont composé leurs cadres, ne garde que les questions relatives aux actes civils, juridiques, commerciaux, aux crimes et aux pénalités; il est général et particulier, théorique et historique.

4° La *pédagogie*, qui parle de l'enseignement primaire, secondaire et professionnel, sous le double rapport de l'organisation civile et de la méthode.

5° La *philologie* et la *linguistique*, en ce qu'elles impliquent l'étude des principes communs à toutes les langues et de la grammaire de chaque langue en particulier, non pas pour remonter à leur origine, mais pour les connaître dans leur état présent de formation. La philologie et la linguistique fournissent beaucoup à la pédagogie; et comprises comme nous les comprenons ici, elles appartiennent plus à la littérature qu'à la science.

6°. Enfin, la *géographie politique et sociale*, qui décrit l'état de la surface du globe dans ses rapports avec les organisations politiques, civiles, économiques et religieuses. Elle suit l'histoire depuis l'origine du monde jusqu'à nos jours. Elle embrasse comme elle, pour le globe et chacun des peuples, l'âge primitif, l'âge de transition et l'âge moderne.

Comme la série philosophique, chacune des sciences que nous venons d'énumérer a son *histoire spéciale*, que l'on détache de l'histoire générale, pour la rapprocher d'elle et même la mélanger avec elle.

A côté de cette longue énumération scientifique se place la *science théologique* ou religieuse, avec son histoire et ses nombreuses divisions. Elle présente un ensemble de certitudes qui demande à s'harmoniser avec toutes les certitudes de l'encyclopédie scientifique.

La classification que nous venons de donner est peu philosophique. En tête de la première partie de cet ouvrage nous en indiquons une autre qui l'est davantage, et qui, avec la science, embrasse la littérature, l'art et l'industrie. On peut la voir au mot PHILOSOPHIE-THÉOLOGIE. Elle résume mieux l'idée générale de la science humaine, en la rattachant tout entière à la philosophie comme une génération nombreuse au sein maternel qui lui donna le jour.

II. — Harmonies générales de la science et de la foi religieuse.

Pour faire ressortir, avec le moins de développement possible et le plus de clarté que nous le pourrons, ces harmonies, nous considérerons la sience et la foi chrétienne dans leur *nature* intime, dans leur *objet*, dans leurs *moyens*, dans leurs *caractères*, dans leur *puissance*, dans leur *développement* individuel et social, et dans leurs *conclusions rationnelles*. Ces bases établies, il ne restera qu'à étudier les branches diverses de la classification qui précède dans leurs rapports avec la religion, ce qui est l'objet des articles spéciaux ayant pour titres les noms des sciences elles-mêmes.

I. La *nature intime* de la science est toute exprimée par le mot qui la nomme : *connaître*. Voilà ce qui distingue la science de l'ignorance qui est son contraire ; et connaître à fond, est la qualité qui fait différer la vraie science de la science incomplète.

Or la propriété du *connaître* entre aussi dans l'essence de la foi, puisqu'il est impossible de croire une chose avant de la connaître. La foi ajoute seulement à la connaissance une qualité qui fait d'elle une vertu ; elle la vivifie, l'échauffe, l'embellit de l'adhésion du cœur, qu'on appelle l'amour. La science n'est que la connaissance de la vérité, la foi est cette connaissance aimée.

Quelle parenté plus proche, plus intime, pourrait-on concevoir?

Il est vrai que la science peut exister sans la foi, et la foi sans cette connaissance raisonnée qu'on appelle la science ; on peut connaître, aussi bien que possible, une vérité, sans avoir le mérite de la foi à cette vérité, parce que la volonté, qui est libre, peut refuser son amour à la chose connue, et la vouloir nier ou anéantir autant qu'il est en elle ; c'est ce qui constitue le mal moral dans l'individu. On peut, par contre, croire fermement une vérité dont on n'a pas la science véritable, celle qui la rend certaine et hors de doute, parce que la volonté peut vouloir que cette vérité soit selon le désir de son amour, sans que la raison sache réellement si elle est ou si elle n'est pas.

Mais cette science et cette foi sont des anomalies, des contradictions, des antithèses pratiques, qui ne font que montrer mieux encore la profonde liaison de la science et de la foi, puisqu'il en résulte que la science complète, normale, élevée à sa perfection, est accompagnée de la foi, et que la foi complète, normale, sans défaut, est accompagnée de la science.

Qu'est-ce que la science d'une vérité à laquelle on ne croit pas? qu'est-ce que la foi en une vérité dont on ne connaît pas certainement l'existence? La première est un non-sens coupable; la seconde est un non-sens absurde que l'intention peut rendre méritoire.

La foi peut, il est vrai, être basée sur une simple persuasion intuitive que Dieu donne à celui qui n'a pas lutté contre les premières avances de la grâce, et dont la raison de celui qui a cette vue directe ne saurait dire le pourquoi ni le comment. Mais cette foi, qui n'est pas venue par raisonnement, n'en est pas moins une connaissance impliquant certitude intuitive de l'objet, autrement elle ne serait pas dans les conditions de la foi véritable; si elle portait sur un objet faux, elle ne serait qu'un pur fanatisme qui ne pourrait renfermer certitude intuitive ou vue directe complétement claire de la chose, puisque, autrement, l'erreur ayant autant de puissance sur les âmes que la vérité, tout deviendrait incertain; et si, portant sur un objet vrai, elle n'impliquait pas au moins intuition immédiate parfaitement claire, elle ne serait encore qu'une sorte de fanatisme relativement à l'individu, puisque celui-ci n'aurait aucun moyen de le distinguer du fanatisme proprement dit. Il y a donc encore science réelle dans la foi inspirée surnaturellement sans le secours de la démonstration. Et, d'un autre côté, la manière extraordinaire dont nous venons de comprendre la germination de la foi, peut avoir lieu à l'égard de la science, et de toute espèce de science. Dieu ne peut-il pas donner directement la connaissance de tout mystère naturel ou surnaturel, et même ne le fait-il pas tous les jours? Quand il surgit, par exemple, dans l'esprit d'un inventeur, l'idée subite de son invention, sans qu'il puisse s'expliquer ensuite lui-même comment cette idée est venue l'illuminer tout à coup; cet effet intellectuel est-il sans cause, et quelle cause lui assigner autre que l'inspiration immédiate de Dieu donnant une vue claire et une persuasion invincible, sans transition par la filière ordinaire, lorsque cette idée naît absolument détachée de l'enchaînement des causes secondes, et n'aurait aucune raison d'être si l'on ne recourait à la cause universelle? L'inspiration et l'intuition immédiates ne sont donc pas des phénomènes exclusivement propres à la foi ; ces phénomènes sont également fréquents dans l'ordre scientifique; en sorte que, sous ce rapport, on reconnaît de nouveau la consanguinité de la foi et de la science dans la paternité divine.

II. Ce qui distingue le mieux la science humaine de ce qu'on appelle la foi religieuse, c'est l'objet de l'une et de l'autre; et cependant cette différence d'objet aboutit encore à un mélange harmonique. Pour le comprendre, il faut quelques distinctions.

On peut d'abord mettre en parallèle la science en général et la religion ; ensuite la science humaine et la science religieuse; enfin, la science religieuse et la foi religieuse.

L'objet direct de la science est le vrai; l'objet direct de la religion est le bien; et le beau reste comme objet de l'art. Mais le vrai et le bien, dans leur racine, ainsi que le beau, ne sont-ils pas une même chose? Le vrai est l'être dont le beau est la splendeur ; et le bien est la relation harmonique de lui-même, de l'humanité, et de toute collection de créatures morales avec lui-même. Donc la science ne complète son objet qu'en y ajoutant celui de la religion; et la religion ne peut atteindre le sien qu'en prenant pour piédestal celui de la science. Les deux objets se confondent même dans un centre commun qui est l'être; puisque la relation qui unit l'être à l'être, n'est elle-même quelque chose qu'à la condition de faire partie de l'ensemble des êtres.

La science humaine s'occupe des mystères de la nature; la science religieuse, des mystères surnaturels de l'ordre de rédemption. Or ces deux objets sont encore intimement unis ; les mystères surnaturels n'étant que des actes divins ajoutés à celui de la création, comme la culture du jardinier est une action ajoutée à la végétation naturelle, il est impossible de les concevoir, sans concevoir, en même temps, ceux de la nature comme bases, de les étudier sans étudier ceux de la nature. On peut connaître ces derniers plus ou moins parfaitement, sans connaître les autres ; mais on ne peut connaître le surnaturel sans connaître l'ordre naturel dans la partie qui le supporte; pas plus qu'on ne peut voir un écusson sans voir, en même temps, l'églantier qui lui sert de tige. Voilà donc la science humaine devenue partie intégrante de la science religieuse; et, en effet, la théologie n'est-elle pas une vaste encyclopédie de l'humanité? La *Somme* de saint Thomas mériterait ce nom ; la *Cité de Dieu* de saint Augustin le mériterait aussi; les *Stromates* de saint Clément d'Alexandrie ne le mériteraient pas moins, relativement au développement scientifique du II° siècle de l'Eglise.

La science religieuse est essentielle à la foi religieuse, en ce sens qu'il est impossible de croire ce que l'on ignore ; c'est ce que nous avons déjà dit; si donc la science religieuse implique la science humaine, la foi religieuse l'implique également. Ce principe doit cependant être entendu raisonnablement ; il ne signifie pas qu'il soit essentiel, pour croire suffisamment, de tout savoir, mais seulement de savoir explicitement l'objet que l'on croit explicitement; et comme cet objet tient toujours à l'ordre humain par un côté, d'en savoir aussi bien la partie humaine que la partie divine. Si l'on parle de la foi implicite, on va à une conséquence beaucoup plus large : celui qui sait et croit une vérité générale, embrassant toutes les autres, sait et croit implicitement la doctrine entière; d'où l'on peut conclure que la foi véritable la moins développée élève, par l'intention, celui qui la possède à une dignité scientifique embryonnaire qui devra avoir son épanouissement dans l'avenir des âmes.

De ces principes on tire cette déduction rigoureuse, qu'il est impossible, *a priori*, que la vraie foi se trouve, sur aucun point, en contradiction avec la science. Toute science fausse ne peut engendrer qu'une foi fausse ; toute science vraie engendre une foi vraie ; et, si l'on considère la foi avant la science, on doit dire, sans crainte de se tromper, que toute foi vraie ne peut rencontrer, en aucun lieu et en aucun temps, une science vraie qui soit en désaccord avec elle, tandis qu'au contraire, toute foi fausse ne peut se rencontrer en harmonie qu'avec une science fausse, et doit se trouver réfutée par la science véritable.

Cette base posée, et étant posé également, ce qu'on démontre en bonne théologie, que la foi catholique est la vraie foi religieuse, nous devons affirmer, de la manière la plus absolue, qu'aucune science certaine ne sera en contradiction avec cette foi, que toute science certaine, au contraire, ne fera que la seconder dans sa démonstration.

Mais si la contradiction est impossible et l'harmonie nécessaire, est-ce à dire qu'il sera toujours facile de saisir les points de liaison de la science et de la foi, et que jamais il ne se présentera rien de mystérieux sur la question de leur accord, rien qui ressemble, en apparence, à la contradiction ? S'il en était ainsi, nous aurions la science universelle, car elle seule perçoit toutes les relations des vérités ; nous n'avons pas cette science, et, par conséquent, il nous suffira, pour première condition, que la contradiction apparente ne soit pas absolument claire, auquel cas il faudrait bien que l'une des deux, de la science et de la foi, cédât la partie ; et ensuite nous nous appliquerons à faire succéder la lumière aux ténèbres, et à saisir la relation harmonique que notre œil ne voyait pas d'abord. Si nous y parvenons, nous n'aurons plus rien à désirer ; si nous n'y pouvons parvenir, nous nous retrancherons dans l'espérance, dernière ressource contre la nuit, mais ressource solide et suffisante pour la paix du cœur, lorsque ce n'est que la nuit qui règne, et non point la clarté de l'impossible.

Ce que nous disons des rapports de la science et de la foi doit se dire également des rapports de la science avec la science, et trouve, sur ce terrain, son application à tout instant. On peut en citer des exemples frappants. Au temps de saint Augustin, on n'était pas fort dans les sciences physiques, on ne connaissait guère que des phénomènes. Ce grand homme qui, tout profond qu'il était sur la métaphysique, participait de l'ignorance de son siècle dans l'explication des secrets de la nature, donnait, dans la *Cité de Dieu*, comme chose inexpliquée et très-mystérieuse, la contradiction, connue de tout le monde, entre l'effet de la paille employée pour conserver la chaleur, et l'effet de la même paille employée pour conserver le froid. On se couvrira de paille pour avoir chaud pendant l'hiver, et, pendant l'été, on couvrira la glace de paille pour l'empêcher de se fondre. Ces deux résultats paraissaient alors une contradiction insoluble, aussi bien au génie d'Augustin qu'au premier venu. L'insensé criait à l'impossibilité de la conciliation, ne voyait d'autre parti à prendre que celui de conclure à l'incertitude de toutes choses, et se déclarait disciple de Pyrrhon. Le sage n'allait pas si vite ; il disait : Dieu a caché, sans doute, sous ces deux effets, quelque cause qui, dès qu'elle sera connue, lèvera la difficulté ; attendons et espérons. Le sage avait raison, nous le savons maintenant ; c'est la même propriété qui fait que la paille échauffe et refroidit ; par le volume d'air, non conducteur du calorique, qu'elle immobilise entre ses éléments, elle empêche, en été, le calorique du dehors de pénétrer jusqu'à la glace qu'elle couvre et d'en déterminer la fusion en l'échauffant ; et elle empêche, en hiver, le calorique du dedans, c'est-à-dire celui que possède le corps qu'elle enveloppe, de s'échapper dans l'air ambiant qui en possède moins, et, par suite de laisser ce corps avec une déperdition de sa chaleur. Voilà la science conciliée avec la science. C'est ainsi que la vraie foi et la vraie science finissent toujours par s'harmoniser entre elles, et que les résultats du travail humain concourront, de plus en plus, à prouver l'exactitude profonde de la parole de Bacon : *Peu de science éloigne de la religion, beaucoup de science en rapproche*.

III. Les moyens qu'emploient la science et la religion pour fonder et étendre leurs règnes sont identiques. Cette proposition peut paraître singulière. Ne la jugeons pas avant de l'avoir comprise.

Les moyens de la science sont, 1° le raisonnement qui procède *a priori*. — Il ne s'agit pas de l'*a priori* absolu ou métaphysique — et qui dit, après ses calculs : Il doit en être ainsi. On a appelé ce résultat *hypothèse*, et la méthode par laquelle on y parvient, la *méthode hypothétique* ; le mot est bon quand l'hypothèse n'est qu'une supposition non basée sur une clarté parfaite, mauvais dans le cas contraire. 2° L'observation, qui procède *a posteriori*, et qui dit, après expériences suffisantes : Cela est ; telle loi existe. On a appelé cette méthode la *méthode expérimentale*, mot qui la qualifie aussi bien que possible.

La première méthode a eu Descartes pour son plus grand praticien, tellement qu'on l'a quelquefois nommée aussi, et avec raison, la *méthode cartésienne*.

La seconde a eu pour son plus grand théoricien le chancelier Bacon, et pour praticiens tous les savants célèbres des temps modernes. On l'a appelée avec justice la *méthode baconnienne*.

Toutes deux sont bonnes, et nous dirons même qu'elles ne sont l'une et l'autre parfaites qu'en se mélangeant. Sans le raisonnement, même hypothétique, l'expérience ne présente que des faits isolés, ne synthétise rien, ne s'élève pas aux lois générales, et laisse la science dans un dédale où elle ressemble, pendant des siècles, à un troupeau d'enfants qui se querellent, ne se font aucune concession, et ne trouvent jamais l'issue. Sans l'observation et, par suite, l'autorité des faits, le raisonnement laisse ses théories ou dans une véritable incertitude, ou dans une démonstration transcendante, au-dessus de la portée des foules, et qui manque de ce positif convaincant, seul moyen de fermer la bouche à l'universelle incrédulité. Aussi voyons-nous les rares génies qui éclairent la science d'illuminations extraordinaires allier les deux méthodes, en donnant les devants tantôt à l'une et tantôt à l'autre, selon les circonstances et les divinations de leur instinct. Souvent ils ne multiplient les expériences qu'après avoir rêvé une théorie, et pour venir à bout de la sanctionner par les faits; souvent aussi ils se jettent dans le tâtonnement des expériences pour arriver à en synthétiser les résultats dans une loi générale qu'ils ont à peine soupçonnée.

Dans la vie pratique du genre humain c'est l'autorité des faits et la foi que les hommes attachent à cette autorité qui amènent ordinairement les découvertes; la logique vient ensuite les relier, par des théories raisonnées, à des lois générales; mais il arrive aussi quelquefois que l'œil perçant du génie va saisir la loi universelle avant d'avoir saisi ses manifestations détachées, et les prédit, comme le prophète les évolutions futures de la société. Dans le premier cas, l'homme ressemble à l'enfant qui voit, écoute, palpe et croit avant que sa raison, s'emparant de la logique, remonte le sentier qu'il a parcouru, et s'élève au général qui, dans l'essence des choses, c'est-à-dire dans l'intelligence divine, a tout précédé. Dans le second, l'homme ressemble, en un éclair de génie, à Dieu lui-même qui comprend les lois universelles avant leur application, et voit celles-ci en sortir, une à une, comme les membres d'une famille de leur premier père. « L'hypothèse, dit Bordas-Demoulin, est le premier élancement du génie vers les principes. » Rien de plus exact, et, lors même qu'elle se trouve fausse, c'est encore elle qui donne de l'impulsion au travail sérieux et coordonné. Les théories systématiques ont toujours été, dans l'histoire des sciences, les points de départ du progrès. Celles de Descartes, par exemple, fournissent la date de l'épanouissement scientifique qui fait la gloire des trois derniers siècles.

Lorsque ce génie, sans égal dans les temps modernes, ce grand révolutionnaire de la science humaine, refusant de perdre ses heures à expérimenter, dans tout autre but que celui d'appuyer des théories déjà toutes formées, écrivait à Pascal de faire l'expérience du baromètre sur la pesanteur de l'air, et lui prédisait le résultat dans un moment où l'on ne pensait encore qu'à l'horreur du vide, il employait sa méthode, et disait : Cela doit être, c'est une conséquence de ma théorie générale ; et quand Pascal, après avoir méprisé sa prédiction, après avoir publié même une brochure, l'année suivante, pour défendre l'horreur du vide, entendant parler, deux ans après la lettre de Descartes, de quelques essais tentés par Torricelli, s'empressa de monter sur la tour Saint-Jacques, puis sur le Puy-de-Dôme avec un baromètre, reconnut la vérité devinée par le philosophe, et érigea en principe la pesanteur de l'air, sans avoir, disons-le en passant, la générosité d'avouer la lettre qu'il avait reçue du véritable inventeur, il usa de la méthode baconienne et recueillit seul, avec Torricelli, les applaudissements de la foule. Il n'en est pas de même aujourd'hui de la théorie des ondulations lumineuses qui triomphe parmi les savants; il a fallu trois siècles d'efforts pour arriver à tirer de l'expérience les preuves de cette théorie imaginée *a priori* par Descartes, et il n'est personne qui ne lui en rende toute la gloire.

On comprend assez les deux moyens employés par la science pour étendre son règne. Venons à ceux qu'emploie la religion. Ce sont, avons-nous dit, absolument les mêmes, sauf les modifications qu'entraîne le changement d'espèce de vérités à répandre. Nous avons trouvé pour la science, le raisonnement, l'hypothèse, le système, l'élancement vers le général, soit avant l'observation des faits soit après, en un mot la logique théoricienne; or nous retrouvons ce premier moyen dans la théologie religieuse, avec toutes ses variétés. Nous n'ignorons pas les négations que l'école traditionaliste et autoritaire nous opposera jusqu'à ce qu'il lui reste un dernier souffle de vie; mais ces négations sont tellement ridicules qu'il suffit, pour les réfuter, de prendre le premier traité de théologie, depuis ceux de saint Thomas jusqu'à ceux de M. Carrière, et d'en ouvrir une page devant le contradicteur. Le mouvement religieux depuis Jésus-Christ est conduit par une discussion logique qui procède, tantôt *a priori*, en partant des généralités philosophiques, tantôt *a posteriori*, en partant des phénomènes sensibles de l'ordre surnaturel, et qui fait plus de bruit sur le globe terrestre que toutes les autres discussions réunies. Nous ne disons pas qu'il en soit ainsi dans toutes les religions, ni même dans toutes les associations qui ont pu se former au sein du christianisme; voyez, par exemple, la religion de Mahomet, on n'y a jamais discuté, et, du jour où le système, la théorie, le raisonnement oseront s'y agiter, elle sera morte. Mais nous disons que la religion véritable a pour caractère d'ouvrir la barrière à l'argumentation, à la recherche intellectuelle, à la théorie systématique, à l'hypothèse, de les provoquer sans cesse, et d'en tirer parti pour étendre son empire; la vérité ne craint que l'apathie de l'esprit; c'est pourquoi elle le suscite, l'éveille, le pointille sans cesse, afin d'y mettre la vie en ébullition et de mélanger ensuite cette vie dans les éléments de sa propre vie. Telle est la religion chrétienne. C'est avec ces instincts que le Christ la lance. Fait-il autre chose que de mettre le feu aux âmes? Il raisonne, réfute, s'élève contre le pharisien qui ne veut que l'obéissance aveugle, use de l'ironie, jette, à droite et à gauche, des paroles de nature à susciter des discussions jusqu'à la fin du monde; s'il était toujours d'une clarté parfaite, il ne provoquerait pas l'agitation des intelligences, il a donc soin d'être obscur, caché, parabolique, mystérieux au milieu d'une clarté incomparable qui suffit au plus ignorant pour le piquer d'envie de tout comprendre; la prédication du Sauveur renferme le défi le plus habile porté à l'humanité, pour la pousser aux exercices et aux aventures de la gymnastique intellectuelle sur le terrain religieux; elle se montre, au reste, tellement audacieuse dans cette voie, et développe, en trois ans, une telle agitation morale chez le petit peuple où cette agitation a son point de départ, comme le règne de la vapeur a le sien dans la marmite de l'atelier de Papin, que le résulat en est la mort sanglante et juridique de Jésus lui-même.

Paul continue sur le plan du Maître; il coupe et taille dans le passé; il fronde et met tout en question; jamais homme de génie ne fut plus hardi, plus indépendant, plus rempli de traits à mettre en révolution les esprits; il part de l'universel dans sa morale; il jette des aperçus directement tirés de la région des principes, et, en même temps, mélange le mystère à la clarté pour le même motif que le faisait Jésus, pour mettre la raison du monde en travail de génération et d'enfantement; ne la convoque-t-il pas à réglementer l'obéissance lorsqu'il veut que celle-ci soit raisonnable, lorsqu'il résume la religion tout entière, « la fin des préceptes dans la charité d'un cœur pur et d'une bonne conscience, » lorsqu'il engage les disciples du Seigneur à rejeter les sottes fables de vieilles femmes (*I Tim.* iv, 7); et, en général, dans tous ses discours? Aussi l'avenir a-t-il répondu et répond-il encore, de tous ses échos, à cet élan chrétien; l'émancipation de l'intelligence ne s'est montrée dans sa grandeur qu'au sein du christianisme.

Mais, si la méthode rationaliste est employée par la religion vraie comme elle l'est par la science, l'autre méthode, celle de l'expérience et des faits, n'est pas plus omise par l'une que par l'autre. Comment se pourrait-il qu'une autorité capable de trancher les questions devant la foule lorsque la raison les a posées, ou de les poser elle-même devant la raison généralisatrice, quand celle-ci n'y a pas encore pensé, manquât à l'ordre surnaturel, pendant que l'ordre scientifique en est muni, et que les Aristote et les Bacon peuvent dire aux savants : Cette arme est entre vos mains, apprenez à vous en servir? La religion aura sa méthode expérimentale, méthode populaire, comprise par tous, à la portée de tous, et dernier moyen à employer contre ceux qui ne veulent pas entendre raison. C'est l'autorité du miracle que Jésus présente lui-même au peuple, qu'il ordonne à ses apôtres de lui présenter après lui, et dont il établit un prolongement, aussi long que l'avenir, dans le droit légué à son Église de prononcer, en dernier ressort, sur les questions religieuses, avec promesse d'infaillibilité, quand le corps entier apposera son sceau à la décision. Voilà le second moyen par lequel l'ordre religieux complète sa ressemblance avec l'ordre scientifique, et que le catholicisme seul a su conserver. C'est l'autorité du fait même, disant, Cela est, sans ajouter le pourquoi ni le comment, mais laissant toujours à la raison le soin d'interpréter, d'expliquer, de relier aux généralités, de systématiser en corps doctrinal.

Nous dirons encore, comme nous l'avons dit à l'égard de la science, que le rationalisme et l'autoritarisme en religion se complètent réciproquement, se perfectionnent, et ne forment la méthode irréprochable qu'en s'alliant. Sans le rationalisme, l'autoritarisme n'est qu'une répétition sans liaison de bruteaux coups de massue : pas de synthèse, pas de démonstration, pas de généralisation; un dédale où se perdent, sans jamais trouver l'unité réelle, des troupeaux d'esclaves muets. Sans l'autoritarisme, le rationalisme laisse ses théories, ou bien dans une vague incertitude, ou bien dans une démonstration transcendante au-dessus de la portée des masses, et manquant du positif qui a seul la propriété de clore les lèvres à l'incrédulité du peuple simple. Sans le rationalisme, l'autoritarisme, considéré dans ses titres à la confiance, manque de solidité, reste en proie au doute, demeure un problème insoluble, et laisse tout dans l'incertitude absolue. Sans l'autoritarisme, le rationalisme manque lui-même de centre capable d'assembler, dans une même unité compacte, les esprits de la trempe de Thomas, ou distraits par les choses matérielles, dont se compose la presque totalité du genre humain; ce qui ne doit pas surprendre, puisqu'en matière de science, il en est de même : la plus belle découverte, si elle demeure à l'état de théorie, ne se vulgarise jamais; c'est à l'autorité des expériences et des applications que sera toujours due la popularité de toute notion et de tout procédé scientifique. Aussi voyons-nous les plus grands philosophes, et les plus sages esprits faire, dans l'ordre religieux, un ensemble harmonique des deux méthodes, ainsi qu'on le remarque également dans l'ordre de la science. Ils ne font en cela qu'imiter le Christ, et ceux qu'il chargea de propager son Évangile; car on trouve chez eux le germe vivace des deux procédés.

Au reste, les uns commencent par le raisonnement, les autres par la foi à l'autorité, comme nous l'avons aussi remarqué chez les savants. Qu'importe si la conséquence est la même, c'est-à-dire si le rationalisme des premiers les mène à la foi, et si la foi des seconds les mène au vrai rationalisme religieux? Disons cependant que la foi antécédente se rencontre chez presque tous les hommes dans la vie pratique; l'enfant croit ce que l'autorité lui enseigne avant que sa raison soit capable de se rendre compte de la compétence de l'autorité, et beaucoup passent leur vie sans même penser à soulever la question fondamentale de la certitude; leur bonne intention et leur simplicité les sauvent. Il n'y a que les intelligences d'élite qui prennent, en un moment quelconque de leur existence, la marche inverse. Celles-là rationalisent leur foi, s'ils l'ont déjà, ou l'acquièrent par le doute méthodique s'ils ne l'ont pas encore, ou enfin ne l'acquièrent pas, ce qui ne leur sera point imputé à crime, dans le cas seulement où il n'y aura pas eu de leur faute. Ce sont ces hardis navigateurs sur l'océan des investigations philosophiques et religieuses qui provoquent le mieux les irradiations de la lumière devant l'avenir.

Que dirions-nous de plus pour montrer la parfaite ressemblance de la science et de la religion dans leurs moyens de progrès? Nous ajouterons seulement, en forme de résumé, que, dans les deux ordres, la méthode par l'autorité, laquelle prend le nom d'observation en matière de science, et celui de foi en matière religieuse, est, par son essence, plutôt inquisitive que démonstrative, et, sous un autre rapport, plutôt pacificatrice que provocatrice du mouvement; tandis qu'au contraire, la méthode par la raison, laquelle a été nommée hypothétique en matière de science, peut être appelée rationaliste en matière de religion, et est toute cartésienne dans les deux cas, est, par son essence, plutôt démonstrative qu'inquisitive, et, sous un autre rapport, plutôt provocatrice du mouvement que pacificatrice. Mais qui n'a pas l'esprit assez large pour les unir, les concilier, les fondre en une seule et même méthode devenant parfaite par leur alliance même, n'est qu'un raisonneur sans logique, s'il n'est pas le pieux charbonnier, et ne pourra que faire tort, par la partie négative de ses discours, à toutes les causes dont il se fera le champion.

Dans l'ordre religieux, l'empirisme prend le nom de superstition; dans l'ordre scientifique, la superstition prend le nom d'empirisme; c'est, dans les deux ordres, l'ignorance s'immobilisant autant qu'elle peut par le silence opiniâtrement imposé à la discussion; le progrès et le salut sont dans la substitution de la méthode rationnelle à l'empirisme; et cette méthode est, tout à la fois, comme nous venons de le voir, hypothétique et expérimentale.

IV. Les caractères de la vraie science et de la vraie foi établissent entre elles de nouveaux points de contact et d'harmonie.

La foi est un *don de Dieu*, les uns le disent par piété, les autres par excuse; les premiers ont raison, et fasse le ciel que les seconds ne répètent pas souvent cette vérité avec une conscience qui s'accuse elle-même d'avoir repoussé le don de Dieu! Toujours est-il que celui qui croit, quel que soit le mode par lequel il est arrivé à la foi, a reçu la grâce de croire et ne l'a pas rejetée. Mais la science n'est-elle pas aussi un don de Dieu, auquel on a coopéré? On n'y parvient que sous l'influence d'une série d'éclairs célestes que l'on reçoit tous avec un œil ouvert, d'inspirations divines que l'on provoque même en y coopérant par un labeur pénible. Tout savant le sait bien : que sa conduite de savant lui serve donc de modèle pour sa conduite de sage, et il parlera ensuite de la science et de la foi dans les mêmes termes, avec le même sérieux, et en remerciant Dieu de lui avoir donné l'une et l'autre.

Si la science est un don de Dieu, elle est *sainte* dans son origine aussi bien que la foi; mais elle l'est également, comme celle-ci, dans son objet, qui est Dieu, ses attributs, ses œuvres, et leur législation par rapport à lui, par rapport à elles mêmes. Tout en elle est saint, et elle sanctifie en sa manière comme la foi en la sienne, pourvu que l'intention ne la détourne pas de son but naturel, malheur qu'on peut craindre aussi dans la foi. La science sanctifie parce qu'elle implique une obéissance à la loi du travail, parce qu'elle élève l'âme, de vérités en vérités, jusqu'à la vérité éternelle, parce qu'elle la ravit à des occupations qui plaisent à Dieu, parce qu'elle met l'homme en conformité pratique avec sa dignité de nature, parce qu'enfin elle le rapproche de ses destinées.

La foi catholique est *une*, parce qu'elle se centralise dans quelques vérités générales qui embrassent toutes les vérités religieuses; parce qu'elle se compose d'une famille de dogmes, tous harmoniques, concordants, et même nécessaires les uns aux autres; enfin parce qu'elle fait de ceux qui la professent une société parfaitement homogène, ayant, quoique éparse, un centre fixe de ralliement.

La science est *une* comme la foi. Elle a des axiomes évidents qu'on ne peut nier sans folie, et qui sont les pères de famille de toutes les vérités scientifiques. Ces vérités, quelque détaillées qu'elles soient, forment un ensemble dont toutes les parties concordent et se nécessitent mutuellement. Il est impossible qu'il en soit autrement, car la vérité ne peut être contraire à la vérité; il n'y aurait aucun autre moyen d'en soutenir la possibilité que celui de professer l'absurde hypothèse de plusieurs principes contradictoires coéternels, comme le bien et le mal du manichéisme. Cette nécessité de l'unité scientifique est tellement sentie, qu'à peine une apparence de contradiction se montre-t-elle entre une science et une autre science, tous les savants, oppressés, inquiets, tourmentés, se mettent à l'œuvre pour trouver la solution du problème, et ne quittent la partie qu'ils ne l'aient découverte. Enfin la société scientifique est, par la même raison, une société homogène dont les membres épars, n'ont pas, il est vrai, une académie infaillible, analogue à l'Église, pour se rallier autour de ses décisions et de sa croyance, mais ont une collection de principes et de déductions démontrées sans retour, formant la base des livres classiques, et de laquelle tous sont nécessairement d'accord pour ne s'écarter jamais. Cette collection grandit avec le progrès comme le symbole des vérités de foi, déclarées officiellement, peut grandir et grandit en effet, mais ne saurait se rétracter elle-même dans aucun de ses points, pas plus que ce symbole, pourvu qu'on n'y fasse pas entrer ce qui est encore à l'état de doute. Les mathématiciens, les astronomes, les physiciens, les naturalistes, les historiens et tous les savants comprendront facilement ce que nous venons de dire; les autres pourront le nier, si leurs théories le demandent, mais leur négation impliquera l'aveu de leur ignorance dans l'ordre scientifique.

On objectera, contre cette unité de la science, toutes les controverses qui donnent, sous un rapport, un air d'anarchie à la société des savants. Mais la même objection peut être rétorquée contre l'unité de la doctrine religieuse, sans que cette unité en soit atteinte; dans les deux ordres, on trouve la controverse sur tous les points encore à l'état douteux, ce qui doit être, comme condition même de leur éclaircissement; et, sur les autres, des divisions qui sont des hérésies; il n'y a rien de si bien établi qui ne puisse être contesté par des intelligences bizarres ; il y a les hérétiques de la science et les hérétiques de la religion; les uns et les autres ne nuisent pas plus à l'unité de la religion et de la science que les monstruosités naturelles ne nuisent à la régularité des lois de la nature. S'il fallait faire entrer ces anomalies en ligne de compte, on ne trouverait l'unité nulle part; il n'y aurait même pas unité dans le théisme du genre humain, puisqu'on n'est pas sans rencontrer quelques athées.

La *certitude* logique est un troisième caractère commun à la religion et à la science, et dans lequel l'une et l'autre s'identifient. Nous venons d'en dire quelque chose en parlant de l'unité, mais il est bon de le mettre un peu plus en lumière. Si la religion se borne, dans l'individu, à cette parole mise en pratique : Je crois parce que je veux croire, et je conforme ma manière d'agir avec ma croyance, parce qu'il me plaît encore d'en agir ainsi; la religion, dans ce cas, n'a aucune ressemblance avec la science en ce qui concerne la certitude logique; la bonne foi de celui qui parle ainsi peut très-facilement faire un saint, mais sa religion n'est pas celle dont nous devons nous occuper pour la mettre en parallèle avec la science ; car elle peut être fausse aussi bien que vraie, prise en elle-même, et Dieu trouve, sans aucun doute, des saints de cette espèce dans tous les cultes. La religion solide, sûre d'elle-même, est une science aimée de celui qui la possède, ainsi que nous l'avons déjà dit, et qui, partant d'un principe indubitable, s'échafaude de déductions en déductions, jusqu'aux plus élevées, sans se permettre aucune rupture dans la continuité. Son premier pas est celui-ci : Il y a quelque chose ; et le second, cette première déduction logique : Donc je suis certaine que Dieu est; puis vient toute la série dont la certitude de l'existence de Dieu est la souche. Or cette religion ou cette foi raisonnée se fond, dans les premiers pas de son ascension méthodique, avec toute science bien établie. Il n'y en a pas une seule qui n'ait besoin de remonter au même principe pour avoir droit de se présenter avec l'assurance de la certitude complète. Il est vrai que chaque science en particulier ne prend, dans la ligne des êtres, qu'une chaînée spéciale ; mais elle attache d'abord sa série propre soit à des axiomes, soit à des déductions laissées à l'état de certitude par des sœurs, ce qui est déjà se conduire comme la religion ; et ensuite, quand elle veut faire sa propre philosophie, se rendre compte de sa certitude radicale et absolue, elle est obligée de remonter au même fait axiomatique radical que la religion elle-même. L'esprit voit, à première vue, que, si l'on met en doute cette proposition : Il y a quelque chose, et la valeur de la déduction de l'effet à la cause, toute science s'écroule comme un édifice dont on arrache la base. Voilà donc la science et la religion qui s'identifient dans leur certitude logique.

Reste un dernier caractère parmi ceux que nous tenons à ne pas oublier, c'est l'*universalité*. Ce caractère se montre à la fois, pour la religion catholique et pour la science, dans la semence que Dieu a faite de l'une et de l'autre sur les sillons de cette terre et dans le développement de cette semence.

Sous le premier rapport, la science et la religion sont véritablement universelles, relativement au genre humain. Les principes générateurs, les idées premières, et les capacités pour cultiver ces idées et ces principes se retrouvent dans toutes les sociétés, et à l'origine même de l'humanité. Cela doit être, car il n'y a pas de moisson qui n'ait été précédée de la semaille, et, en présence de celle qu'étale devant nous le cours des âges, nous sommes forcés d'avouer que Dieu en avait répandu avec profusion, dans nos vallées, les graines fécondes. Cela se prouve aussi par l'histoire et par l'étude des sociétés humaines. Pas une seule ne se présente devant l'archéologue sans une religion, et pas une religion qui ne recèle, dans sa dogmatique, sa morale, ses mythes, ses allégories, ses erreurs mêmes, les germes du catholicisme chrétien. On le reconstruirait avec une perfection surprenante, en moissonnant ce qu'il y a eu de vrai dans tous les cultes, et en tirant les déductions. Il ne faut pas conclure de là que le surnaturel soit une fable, parce que tout serait dans la nature ; il n'en est pas ainsi; la religion renferme des choses qui ont été ajoutées à la nature depuis la déchéance; mais Dieu en révéla les premiers aperçus au genre humain, à l'origine la plus reculée du développement social, et c'est ce qui explique comment on retrouve cette partie à l'état de germe, plus ou moins étouffé, aussi bien que l'autre, dans les traditions et les enseignements de toutes les religions. De même pour la science; les premières idées scientifiques, les découvertes mères, les racines enfin qui devaient pousser un jour cette végétation magnifique dont nous sommes les témoins, ne manquent à aucune société naissante. On est surpris, quand on étudie à fond l'historique de toute science, de voir qu'elle se perd dans l'antiquité la plus reculée, et qu'il est impossible d'assigner sa première aurore à d'autre phase qu'à celle de la naissance de la famille humaine.

Sous le second rapport, ni la religion ni la science ne sont universelles jusqu'alors, soit quant aux vérités à connaître, soit quant aux sociétés et aux individus qui sont appelés à les connaître; mais l'une et l'autre sont élues de Dieu pour le devenir. Elles ne peuvent pas être universelles, et même elles ne pourront l'être véritablement que le jour où le genre humain aura rempli ses destinées, car, de ce jour seulement, le progrès assigné à notre création aura terminé son parcours; et, comme la progressivité est une des conditions essentielles de notre état présent, il est nécessaire de penser que l'universalité de la science et de la religion, sous les deux rapports que nous venons de distinguer, ne peut atteindre sa plénitude qu'au moment où cet état présent doit finir. L'expérience se trouve d'accord avec la raison sur ce grand principe; ne voyons-nous pas sans cesse la religion et la science s'illuminer de nouveaux développements, et agrandir leur domaine respectif par de nouvelles conquêtes sur les individus et sur les sociétés? Le passé ressemble à un angle dont le point de départ est le sommet, dont les côtés vont s'écartant de plus en plus, et l'avenir sera le prolongement de cet angle jusqu'à ce que la fin vienne le fermer et le transformer en une figure complète.

Aussi faut-il dire que la foi catholique est appelée à l'universalité dans son développement, sans quoi elle ne mériterait pas le surnom qu'on lui donne; et c'est, en effet, ce qu'on déduit théologiquement des promesses du Christ et de ses précurseurs ou continuateurs inspirés. Mais il faut dire aussi que la science est appelée à une destinée semblable; on pourrait trouver des prophéties qui la concernent, et qu'il serait difficile d'expliquer dans un autre sens; quoi qu'il en soit, la marche qu'elle suit suffit pour nous faire présumer son extension jusqu'à l'universalité finale parallèle à celle de la foi; et pourquoi, d'ailleurs, Dieu l'aurait-il semée, universelle en graine, si elle ne devait pas être, un jour, universelle en fleurs et en fruits?

La science et la foi fraternisent donc encore dans une communauté de caractères.

V. Que dirons-nous de leur *puissance*? Elles sont bien les deux grandes rivales, mais rivales amies, qui gouvernent ensemble l'évolution du genre humain. La religion règne sur les cœurs, la science sur les esprits; l'une commande le mouvement des âmes en vue des intérêts célestes, l'autre commande le mouvement des sociétés en vue des intérêts de la terre. Citez une seule amélioration matérielle, et une seule théorie non encore appliquée qui ne soit un fruit de la science; citez, de même, une seule vertu réelle, une seule invention de salut moral qui ne soit, nous ne dirons pas ici un fruit de la foi catholique, ce serait une exagération dont cette foi nous garderait justement rancune, mais un fruit de l'idée religieuse, humano-divine, base de tous les cultes. Voyez l'influence immense de la religion dans le monde, et voyez, en même temps, celle de la science; toutes deux se partagent l'empire de l'univers.

Ce sont deux forces auxquelles rien ne résiste; tous les puissants peuvent se liguer contre elles, ils ne feront que leur préparer, par leurs digues, des envahissements torrentiels semblables au déluge. Devant ces reines géantes, les rois de la terre peuvent mesurer la petitesse de leur taille.

Qu'ont été les efforts des Césars à l'encontre de l'Evangile? Que seront des efforts semblables à l'encontre des métamorphoses que prépare la science à la société pour ses applications industrielles? On peut arrêter, pour un temps, tous les progrès; on peut tuer les arts et les veiller au tombeau jusqu'à leur résurrection; on peut paralyser, pour des heures, le mouvement vital de la société politique; on peut tout, jusqu'à nouvel ordre; mais on n'arrêtera jamais, d'une minute, la marche incessante du progrès qu'entraînent après elles et la religion et la science lorsqu'elles ont atteint, comme l'Evangile au temps des Dioclétien, comme la science aujourd'hui, la vigueur de la puberté.

Alors, qui désespérait de l'ordre social et des transformations dont il avait besoin, telles que l'abolition de l'esclavage, monstruosité humanitaire plus difficile à réaliser et plus effrayante pour le monde heureux qu'il n'en sera jamais conçu, ne voyait donc pas que la religion avait tout pris sur elle, et avait dit aux autres forces : Laissez-moi faire.

Aujourd'hui, qui désespère de l'ordre social et des transformations dont il a besoin, de quelque nom qu'on les qualifie et quelque difficiles qu'elles paraissent, n'a pas vu que la science a tout pris sur elle, disant aux autres forces : Laissez-moi faire, car mon tour est venu.

Ce n'est pas que la religion se soit retirée de la lutte; elle n'abandonne jamais sa tâche, et sa tâche tient à tous les objets. Mais si, au temps de Néron, la science manquait à l'appel de la société mourante, il fallait bien que la religion, qui venait de sortir fraîchement ressuscitée du tombeau de Juda, jeune et forte, marchât la première, et dît à la science encore au berceau : Suis-moi, ma sœur, dans le sentier que je t'ouvre; plus tard tu seras grande, et alors ce sera à moi de te suivre dans la voie faite pour toi. Ce moment est venu : la religion reste la souveraine dans l'ordre du salut éternel, et, dans celui du salut social, elle marche après la science, la secondant de sa force, et l'électrisant, quand il en est besoin, de sa divine haleine, comme nous le faisons dans ce livre.

VI. Le *développement* de la science et de la religion se fait dans l'individu et dans la société. Or ce double phénomène est accompagné d'un fait que nous ne saurions passer sous silence. Ce fait n'est pas sans présenter de nombreuses exceptions, mais il est assez commun pour nous donner le droit de l'exprimer sous forme de règle générale ainsi qu'il suit :

Dans toutes les religions extérieures au christianisme le développement de la science, chez l'individu, fait un incrédule qui proteste plus ou moins hautement, selon la trempe de son caractère, contre tout ce qui a été surajouté, dans le culte de ses pères, à la loi naturelle. A l'intérieur du christianisme, au contraire, le développement de la science dans l'homme de génie, fait un Chrétien de plus en plus convaincu des mystères de la foi.

Même règle pour les sociétés. Hors le christianisme, quand la science envahit un siècle, la religion perd et marche à sa tombe. Dans le christianisme, et surtout dans le catholicisme, plus la science monte, plus la religion monte avec elle.

Enfin, si l'on considère l'origine même des religions, on trouve qu'en dehors du christianisme, toutes les communions religieuses, sauf les plus antiques de l'Asie, dont on ne sait pas l'histoire, et qui paraissent avoir été, dans le principe, comme celle des Juifs, la religion pure, aussi développée qu'elle pouvait l'être avant le Christ, on trouve, disons-nous, qu'elles naissent toutes au sein de l'ignorance. Et l'on trouve, au contraire, que la religion chrétienne se lève et grandit dans les siècles de lumière.

La première de ces trois règles est plus difficile à prouver que les deux autres, parce qu'il s'agit de faits particuliers dont la multitude rend le triage à peu près impossible. Cependant nous pouvons citer à son appui les plus grands noms dont l'humanité s'honore. Chez les Grecs, toute la série des philosophes, qui étaient les seuls savants de ce temps-là, se compose de génies qui passent, dans l'esprit du peuple, pour des incrédules et des impies, et qui manifestent assez, par ce qui nous reste de leurs paroles ou de leurs écrits, qu'un des résultats de leurs travaux scientifiques avait été de leur ôter toute croyance aux dogmes religieux dont on avait caressé leur berceau. Tels sont : Pythagore, Socrate, Platon, Aristote, Zénon, Démocrite, Héraclite, Epicure, Pyrrhon, Thalès, etc. On sait que plusieurs, tombant dans un excès contraire à celui du peuple, poussaient l'incrédulité jusqu'à la négation de Dieu et de la loi naturelle elle-même. Les sages, dont Platon est le type, gardaient le sens vrai et fondamental en rejetant la lettre. Mais tous étaient des impies au jugement de l'orthodoxie régnante. Chez les Romains, mêmes phénomènes ; Cicéron, par exemple, le plus modéré par caractère, n'a pu s'empêcher de laisser voir son âme dans le livre *Sur les divinations*, les augures, et tout ce qui était l'objet de sa propre charge de grand pontife. Pendant les premiers siècles du néo-platonisme, Plotin et ses disciples, sauf quelques superstitieux tel que Porphyre, dont le fond de la pensée reste en question, se présentent dans des conditions semblables. Si l'on trouve quelques savants dans l'islamisme, dans le brahmanisme, dans le bouddhisme modernes, ce seront encore des protestants contre les superstitions de leur enfance. Les Koung-feu-tseu et les Lao-tseu, chez les Chinois, n'invoquent que la raison naturelle. Ceux qu'on voit prêcher des symboles où règne le merveilleux, comme Mohammed, Manou, Vyaça, Zoroastre, Chakia-Mouni, sont eux-mêmes fondateurs de leur culte, et emploient, ainsi que Numa la déesse Egérie, les moyens qu'ils jugent nécessaires pour réussir devant les foules.

Voilà donc ce qu'on remarque chez les grands hommes étrangers au christianisme. Les génies chrétiens se montrent sous un tout autre aspect. Plus ils sont savants, plus ils croient. La légion des Pères de l'Eglise n'est-elle pas ce qu'il y a de plus brillant dans le monde éclairé des cinq premiers siècles ? Et où aboutit leur science, si ce n'est à solidifier leur foi dans tous ses détails, à l'asseoir sur leur génie, telle, sous le rapport des vérités crues, que la possèdent l'enfant et la simple femme ? Durant tout le moyen âge, où est la science, sinon cachée, avec la foi, dans les monastères, et que fait-elle autre chose que la *théologie*, œuvre encyclopédique dont le but est d'apprendre aux sciences humaines, comme le disaient les Thomas d'Aquin, les Scot, les Abeilard, le rôle de servantes de la foi, sans rien céder de leurs droits intrinsèques ? Viennent les XVI° et XVII° siècles, si riches en découvertes, vrai point de départ de notre évolution scientifique ; les savants pullulent ; et chacun sait que tous les plus grands noms inscrits au temple de la sagesse humaine, le sont, en même temps, au sanctuaire de la foi chrétienne, souvent même catholique ; Copernic, Kepler, Tycho-Brahé, Fermat, Galilée, Bacon, Descartes, Huet, Pascal, Newton, Clarke, Leibnitz, Huyghens, Malebranche, Fénelon, Bossuet, Gassendi, Locke, etc. Les noms s'entassent pêle-mêle et sans fin. Nous savons que, depuis le lever de la lumière évangélique, il se forme aussi, dans son sein, des hérésiarques qui protestent contre une partie de la foi et qui se font chefs de sectes nouvelles ; mais sont-ce des savants au même titre que les autres ? ils ne sont, pour la plupart, ni des philosophes, ni des mathématiciens, ni des physiciens, ni des naturalistes, ni des historiens très-érudits, ni même de profonds penseurs en matière sociale ; ce sont des lettrés à l'imagination brûlante, des orateurs fougueux, des écrivains chauds, des artistes enfin, plutôt que des savants. Le xviiie siècle et le nôtre semblent se poser en exception ; les savants du xviiie sont, en majorité, peu chrétiens, et ceux du xixe en majorité, ne s'occupent de la foi religieuse ni pour la professer, ni pour l'attaquer, ni pour la défendre. Mais n'avons-nous pas dit que notre règle n'est point absolue ? et, après tout, les savants de ces deux derniers siècles méritent-ils être mis en contre-poids avec ceux du siècle précédent ? Ils ne sont, en général, que des expérimentateurs qui découvrent beaucoup de détails par le tâtonnement de la méthode baconnienne, et qui généralisent peu. Il manque à la plupart d'entre eux la philosophie de la science, qui est précisément ce *beaucoup de science menant à la foi* dont parlait Bacon, et que l'école cartésienne a si bien pratiquée.

Notre seconde règle ne demande qu'un coup-d'œil sur l'histoire générale des religions pour être aperçue dans sa vérité. L'ancien paganisme déclinait à mesure que le science faisait des progrès ; il ne vécut jamais que de l'ignorance universelle. L'islamisme reproduit sous nos yeux le même phénomène. Tous les cultes plus ou moins bizarres de l'Asie, de l'Afrique, de l'Amérique et de l'Océanie sont évidemment dans le même cas. Faites briller la lumière, ils pâliront comme les torches de la nuit au lever du jour. L'effet contraire se montre dans le christianisme. Les siècles les plus riches qu'il ait vu passer, sous le triple rapport des lettres, des arts et des sciences, sont celui d'Augustin, celui de Michel-Ange, celui de Descartes, et le nôtre dont Châteaubriant aura la paternité ; or, ces quatre siècles ne sont-ils pas, en même temps, les plus glorieux pour la foi chrétienne ? Cette foi a-t-elle pâli devant leurs soleils ? N'a-t-elle pas, au contraire, redoublé de vigueur et d'éclat ? On ne le contestera pas pour le siècle d'Augustin ; on ne le contestera pas davantage pour celui de Descartes et de Bossuet ; on pourrait le contester pour celui de Michel-Ange, qui fut aussi celui de Luther, et pour celui-ci qui est l'enfant de la grande révolution léguée par le xviiie siècle ; mais on aurait tort ; l'épreuve que les réformateurs firent subir à la foi fut la plus terrible qu'elle pût avoir à endurer ; et comment en est-elle sortie ? c'est ce qu'il est facile de juger par la réponse même qu'elle donne à cette question dans l'éblouissant étalage du siècle suivant. Quant à la période que nous traversons, elle est aussi une réponse à l'épreuve du siècle précédent, dans lequel la foi avait semblé pâlir, tant l'attaque philosophique s'était agrandie et avait envahi les échos. Luther et Voltaire sont les deux Attilas des temps modernes suscités par la Providence pour faire payer à notre Eglise les abus, les excès, le fanatisme, les folies et les ignorances de son moyen âge ; la chrétienté s'était rendue coupable ; la justice éternelle demandait des vengeances ; de profondes souillures avaient passé à l'état chronique et menaçaient de devenir à jamais transmissibles ; il était urgent de les guérir ; la plaie voulait un caustique, la purulence un baptême ; le protestantisme et ce qu'on a nommé la philosophie du xviiie siècle ont été les ministres de Dieu pour appliquer ces remèdes ; Paul dirait de chacun d'eux : *Minister in bonum*. Il y avait, d'ailleurs, à jeter en fonte une société nouvelle, aux aspirations du mieux, aux lois de tolérance, aux idées de liberté, aux vraies applications sociales de la pensée évangélique, et, sous ce rapport humain, le protestantisme a énergiquement provoqué, et la philosophie magnifiquement lancé l'œuvre du Sauveur, que nous sommes appelés à consommer, à solidifier, à étendre peu à peu, de proche en proche. Avec Dieu tout s'explique, et à chacun sa gloire. Mais revenons à la foi catholique ; elle avait jeté, en repartie, au moine de Wittemberg les génies du grand siècle ; elle jette aujourd'hui en réponse à Voltaire notre siècle lui-même, qui est son fils sous plus d'un rapport, mais qui, en religion, n'est point à son image. Le catholicisme brille, à nos yeux, dans un nimbe d'autant plus beau et plus divin qu'il se forme de l'émanation même des orages et des éruptions de nos sociétés en mal de transition. Tous les yeux ne voient pas, sans doute, comme les nôtres ; mais ceux de l'avenir verront, et nous remettons à sa charge le soin de nous donner raison.

Enfin, notre troisième règle est encore plus évidente que la seconde. Toutes les religions superstitieuses sont filles des ténèbres ; cela doit être, rien de plus facile que de le démontrer *a priori* ; mais il ne s'agit ici que du fait historique ; or remontez à l'origine de tous les cultes erronés, vous les apercevez comme des voleurs qui ont peur du jour, se cachent dans les ombres, et, à la faveur de la nuit, multiplient leurs conquêtes. Tous ont leur modèle dans l'établissement de l'islamisme. Jamais un siècle de lumière ne donnera naissance à une dogmatique surchargée d'additions anti-rationnelles à la loi de nature ; tout ce qu'il peut faire, c'est d'enfanter des hérésies qui trompent les âmes en retranchant des préceptes et des croyances aux dogmatiques complètes reçues jusqu'alors. Encore ne réussissent-elles qu'à la faveur d'abus réels, dont elles s'emparent pour les confondre avec des vérités dont elles ne veulent pas, et arracher ainsi le bon grain avec l'ivraie. Voilà donc l'effet essentiel des âges éclairés. Cependant le christianisme, et lui seul, s'est établi au sein même des irradiations les plus éblouissantes de la science et de la littérature. C'est à la suite des siècles de Cicéron et de Virgile, dans ceux de Tacite et de Plotin, lorsque les feux allumés par Athènes et Rome, commençaient à épandre, dans les sociétés, leurs rayons, que l'Evangile entreprend de s'asseoir sur le trône des intelligences. C'est avec la science qu'il se popularise, et il la popularise elle-même en se popularisant.

Ceci pourra ressembler à une contradiction avec ce que nous avons dit plus haut à la fin du n° v. Mais l'esprit qui s'en embarrasserait n'aurait pas la vue bien perçante. La science a un immense empire qu'elle ne forme pas tout à coup. Dans les premiers siècles du christianisme, les sciences historiques et philosophiques, aussi bien que les lettres, étaient au comble de leur gloire; elles ne pouvaient s'élever plus haut que sous l'influence du christianisme lui-même ; or ce sont celles-là qui ont le plus de relations avec la religion, et que fuient principalement les cultes mensongers. Les sciences mathématiques, physiques, naturelles, celles qui fournissent des applications à l'industrie et qui amènent, par ce biais, des réformes sociales, voilà les sciences qui n'étaient alors qu'au berceau et qui continuent de nous justifier dans ce que nous avons dit.

VII. Enfin, considérons un instant les *conclusions* rationnelles auxquelles toute science doit conduire et conduit en effet; nous les trouverons parfaitement identiques avec cel es auxquelles aboutit toute religion. Nous n'entrerons pas dans les conséquences particulières de certaines sciences spéciales, lesquelles mènent, non pas seulement à l'idée religieuse, mais encore à l'idée chrétienne et même catholique. Réservant ces détails pour les articles spéciaux, nous ne voulons que jeter une considération générale en terminant celui-ci.

S'il y a quelques certitudes absolues pour l'homme sur cette terre, toutes les sciences doivent aboutir à le démontrer, en fournissant des types de ces certitudes, sur lesquels elles basent leur propre échafaudage; de sorte que, par toutes les voies qu'elles nous ouvriront, nous arriverons à cette grande vérité philosophique : Il y a pour nous une certitude réelle, et le scepticisme est une folie.

Si, parmi ces certitudes absolues, celle de Dieu occupe la place la plus importante, et si Dieu est en réalité, toutes les sciences doivent conduire à cette vérité et concourir à la solidifier dans ses démonstrations ; en sorte que, par toutes les voies qu'elles nous ouvriront, nous devrons encore trouver Dieu.

Arrêtons-nous là, et portons notre pensée sur les religions. Quelles sont leurs vérités fondamentales, sinon la réalité de certitudes auxquelles l'homme doit sa foi, son espérance, son amour, et la réalité de Dieu comme vérité première autour de laquelle toutes les autres rayonnent?

Si donc il est vrai que toutes les sciences nous mènent à la solution affirmative et de la question de certitude en général, et de la question de Dieu en particulier, il sera vrai, par la même, qu'elles nous conduiront toutes au même but que la religion, et à la religion par l'entremise de Dieu, car il sera facile de prouver que, la certitude admise, et Dieu admis comme un des premiers objets certains, la religion, qui est le rapport de Dieu à nous et de nous à Dieu, devient une nécessité de notre nature.

Or il en est ainsi; ce qui doit être, moyennant les deux conditions de la certitude humaine et de la réalité de Dieu, ne saurait manquer d'être, car ces conditions ne manquent pas. Nous le disons ici, et nous en avons le droit après avoir posé la partie philosophique au commencement de notre œuvre. Nous le dirons encore après que nous aurons passé en revue les sciences diverses que nous avons énumérées. Nous verrons que chacune d'elles mène à Dieu, d'où nous pouvons tirer ici cette déduction générale que, pour nier Dieu, il faudrait les nier toutes; que les nier toutes étant une folie, c'en est une, non-seulement philosophique, mais encore scientifique, de nier Dieu et, par suite, la religion qui est, comme nous l'avons dit, la relation nécessaire du genre humain à Dieu et de Dieu au genre humain.

Cette parenté générale des sciences avec la religion par l'entremise de la certitude et de Dieu, suffirait déjà pour les unir d'une intime amitié; que sera-ce donc quand nous verrons les sciences mathématiques fraterniser avec le christianisme pour rejeter non-seulement le scepticisme et l'athéisme, mais encore le matérialisme et les grandes erreurs fondamentales du polythéisme, du dualisme, du panthéisme, de l'optimisme et du fatalisme dont sont entachées les autres religions; quand nous verrons les sciences cosmologiques nous présenter des forces mystérieuses devant lesquelles tout ce que professe notre catholicisme du monde des esprits s'éclaire de la plus grande simplicité rationnelle, et nous forcer, à tout instant, de croire à l'existence de causes dont la réalité est aussi bien établie que l'essence en est inconnue et incompréhensible; quand nous verrons les sciences géologiques et physiologiques nous pousser toutes, de phénomènes en phénomènes, à des conclusions, sur l'origine du genre humain et autres points, parfaitement identiques avec celles de l'enseignement catholique; quand nous verrons les sciences historiques s'harmoniser, de toutes parts, avec la narration de nos Écritures saintes; enfin quand nous verrons les sciences sociales aboutir, dans leurs laborieuses investigations philosophiques, politiques, économiques, à la démonstration de propositions directement et formellement émises par la révélation chrétienne et par son interprétation catholique?

Voilà cependant ce qui résultera des quelques articles spéciaux qui vont faire suite à celui-ci, et que le lecteur est prié de méditer selon l'ordre indiqué par la classification scientifique que nous avons donnée. Voilà aussi ce qui explique pourquoi, chez les hommes de génie les plus profonds, tels que ceux du XVII° siècle, l'étude des sciences se mêlait intimement à l'étude de Dieu et de la religion; pourquoi on ne trouve point l'une sans l'autre; pourquoi l'idée divine et religieuse les accompagne dans tous leurs voyages, pareille à une lumière qu'ils gardent avec soin; pourquoi même cette pensée ressemble à une prière de la science humaine à la science infinie; et pourquoi, enfin, leur puissance en découvertes premières, fondamentales, génératrices du progrès, semble liée, dans leurs ouvrages, à ces conditions, comme la force de Samson était inhérente à sa chevelure. — *Voy.* Stratégie dans la défense, etc.

SCIENCE MOYENNE DE MOLINA. *Voy.* Prescience et Prédestination, III.

SCULPTURE. — PROGRÈS RELIGIEUX (IV part., art. 11). — La sculpture est une sœur de la peinture qui lui est unie si intimement qu'on ne saurait parler de l'une sans qu'il soit question de l'autre. Le lecteur, quand il aura étudié nos articles sur l'art en général et sur la peinture en particulier, attendra facilement ce que nous dirons de la sculpture dans le *Dictionnaire* promis *Du vrai, du bien et du beau, dans l'ordre de la nature et dans l'ordre de la grâce.* — *Voy.* Architecture.

SEMI-PÉLAGIANISME. *Voy.* Grace et liberté, au commencement, et Prescience, IV.

SENS-COMMUN (Système du). *Voy.* Logique.

SENSIBILITÉ. *Voy.* Art, II.

SENSUALISME PHILOSOPHIQUE. *Voy.* Athéisme.

SENSUALISME EN MORALE. *Voy.* Morale.

SENTIMENT RELIGIEUX ET ARTISTIQUE. *Voy.* Art, VIII.

SERMENT. — PLATON. *Voy.* Morale I, 8°.

SERVAGE (Le). *Voy.* Sociales (Sciences), II.

SÉVÉRITÉ ENVERS SOI-MÊME. — CONFUCIUS. *Voy.* Morale, III, 1°.

SOCIALES (Sciences). — MORALE CATHOLIQUE (III° part. art. 11). — Il en est des sciences sociales comme des sciences historiques; elles ont des relations intimes avec la religion révélée; on peut même dire, à l'encontre de ce que nous avons dit des sciences cosmologiques, physiologiques, géologiques, qu'il y a une *politique* révélée, une *économie sociale* révélée, un *droit humain* révélé. Ce n'est pas que Dieu, en se manifestant surnaturellement à la terre, se soit proposé, pour but direct et immédiat, de lui enseigner les moyens et la méthode de s'organiser temporellement. Il a clairement dit, au contraire, que son but était le salut du monde dans la vie future, et sa régénération religieuse. Mais l'ordre politique et social présente tant de points de contact avec la philosophie théologique, par l'intermédiaire des principes absolus de vérité, de justice et de charité sur lesquels sont assises, tout à la fois, les deux cités, qu'il était impossible que la révélation nous instruisît d'une part, sans nous instruire de l'autre. C'est ce qu'elle a fait, et on comprendra, par les exemples que nous passerons en revue dans cet article, exemples choisis au milieu d'une multitude de principes qu'il faudrait un grand ouvrage spécial pour discuter d'une manière sérieuse et complète, que la science sociale, en avançant, ne fait que rejoindre la révélation, et mettre en évidence les déductions des axiomes depuis longtemps posés par elle.

Avant d'entrer dans la série de rapports harmoniques que nous voulons donner en petit modèle de celle qu'on pourrait établir entre la science sociale et la religion chrétienne, nous devons prévenir le lecteur par deux observations qui couperont pied à toutes les difficultés qu'on pourrait élever, dans une matière aussi délicate, contre les théories qui pourront résulter, pour les esprits perçants, des principes que nous baserons, tout à la fois, sur la révélation et sur la science.

La première est celle-ci : Point de systématique; point d'ensemble coordonné dans notre parcours; seulement quelques vérités fondamentales éparses, mises en évidence, pour faire remarquer l'harmonie de la science moderne et de la révélation; ces derniers mots expriment notre but exclusif; et ici, comme partout dans cet ouvrage, nous nous enfermons rigoureusement dans la logique du titre général.

La seconde est celle-ci : Il y a, en tout, deux points de vue, le point de vue pratique et le point de vue utopique ou idéologique; le premier a, ou au moins doit avoir, le second pour but de ses tendances, et pour type à imiter autant que possible; mais il n'en est pas moins très-distinct; il se dilate et se contracte selon les circonstances, tandis que l'autre est rigide comme l'acier, long et court comme la ligne droite, invariable comme l'éternité; il est absolu; et il n'y a à en rire ou à le maudire que les sots qui ne le comprennent pas, ou les intéressés qui en ont peur. Voulez-vous des exemples du droit utopique? Ce seront toutes les vérités-principes émises par les philosophes d'une part, et par les écrivains sacrés d'autre part, Moïse en tête? En voulez-vous du droit pratique, lequel est toujours imparfait, et toujours perfectible? Ce seront toutes les organisations plus ou moins susceptibles d'être critiquées ou admirées, conçues et réalisées par les législateurs philosophes, et par les législateurs sacrés, Moïse encore en tête. Il serait ridicule de regarder la législation mosaïque comme un modèle à suivre dans tous les temps par la raison que Moïse est un auteur inspiré; cette législation n'est pas la vérité absolue; elle n'est que l'œuvre d'un législateur que Dieu éclaire pour faire ce qui convient et ce qui est naturellement possible chez un peuple et dans un âge donnés qu'il s'agit de suivre, et non de devancer, vu que l'ordre de développement progressif de l'humanité ne peut exister, dans le monde, qu'à la condition que Dieu ne réalisera pas brusquement la perfection typique vers laquelle cet ordre marche sans cesse.

Exiger que Moïse, en sa qualité de législateur inspiré, n'eût rien introduit dans sa loi de contraire à cette perfection utopique, qu'il n'y eût pas admis, par exemple, la polygamie et le divorce, sources de violations des droits naturels de la femme par l'homme, et une foule de choses de ce genre, ce serait exiger que Dieu se constituât contradicteur de ses propres décrets, puisqu'avant le décret de la révélation mosaïque existait déjà, en raison métaphysique, le décret du perfectionnement progressif de l'ordre social. Ce qu'il faut prendre pour règle dans le code de Moïse, ce sont uniquement les émissions de vérités générales et absolues, ainsi que l'esprit de la loi, qui se devine souvent, tout recouvert qu'il soit de ces réglementations particulières, devenues aujourd'hui très-sujettes à critique, que le législateur est obligé de décréter pour atteindre son but dans un temps et un pays comme les siens. Cette observation est applicable, devant la philosophie, aux législateurs profanes, et elle retrouve aussi son application dans le christianisme; c'est ainsi, par exemple, que l'Evangile et saint Paul posent, avec évidence, le principe de l'égalité des droits, d'où sortira nécessairement l'abolition de l'esclavage, et que, cependant, ce dernier prêche aux esclaves de son temps la soumission à leurs maîtres. Or, cette distinction bien comprise entre la pratique et la théorie, entre l'utopie et l'application, entre le pouvant être à un moment donné et le devant être idéologiquement, nous ajoutons que nous laisserons, dans cet article, complétement de côté le point de vue d'application, pour soumettre aux méditations de l'utopiste les harmonies de la science et de l'enseignement chrétien sur les idées absolues de perfection dont la réalité pratique doit s'approcher, de plus en plus, autant qu'elle le peut. Quand Jésus-Christ disait : *Soyez parfaits comme le Père céleste est parfait* (*Matth.* v, 48), il parlait à tous les hommes sans exception; et il était, dans cette prescription, le plus hardi et le plus exagéré, si ce mot était permis, de tous les utopistes. Nous voulons imiter Jésus-Christ, poser comme lui la vérité scientifique absolue, la vérité révélée absolue; montrer que ces deux vérités sont identiques; et ne pas même effleurer les questions d'application présente et progressive.

Il nous semble qu'après un tel avertissement, nous pouvons, sans craindre de choquer qui que ce soit, nous donner toutes nos aises dans l'exposé des idées en matière sociale, pour montrer que les plus avancées, dans le cercle tracé par la morale, sont encore devancées par la révélation évangélique.

I. — Questions politiques.

I. — Dans l'ordre politique, la première question qui se présente, et la plus importante, est celle-ci : Quel est le souverain en droit absolu ? Or sur cette question, que répond aujourd'hui la science, et qu'a répondu de tout temps la révélation?

1° Les discussions, aussi longues que bruyantes, aussi solennelles que nombreuses, sur cette matière qui passionne les mortels à un si haut degré, nous paraissent se résumer aujourd'ui, par un concert à peu près universel de tous les lettrés, dans l'argumentation suivante, dont nous ne ferons que dessiner les points indicateurs.

La puissance temporelle n'est pas seulement, en soi, une force brutale; elle est un droit, ou repose sur un droit.

Ce droit ne peut être qu'un *droit divin*, c'est-à-dire émané de Dieu; car tout droit qui ne viendrait pas de Dieu ne serait pas un droit.

Mais il y a plusieurs sortes de droit divin, ou de droit réel engendrant des devoirs de conscience pour ceux qui sont l'objet de son exercice. On imagine le *droit divin immédiat*, ou qui vient de Dieu sans intermédiaire, et le *droit divin médiat*, ou qui vient de Dieu par un intermédiaire; et chacun de ces droits peut être encore conçu *naturel* ou *surnaturel*, c'est-à-dire fondé sur les lois de la nature, ou fondé sur quelque manifestation spéciale de la Divinité.

On peut donner pour exemple du *droit divin naturel immédiat*, celui du père sur son fils; il est évident que la paternité implique des droits et la filialité des devoirs, et que ces droits et ces devoirs n'ont d'autre raison d'être que la nature telle que Dieu la fait.

On peut donner pour exemple du *droit divin naturel médiat*, celui d'un délégué du père, d'un précepteur à qui le père transmet, dans telle ou telle étendue, le droit qu'il tient de Dieu.

On peut donner pour exemple du *droit divin surnaturel immédiat*, celui de l'Eglise, qui a reçu du Christ, par révélation, une mission dans le monde.

Enfin, on peut donner pour exemple du *droit divin surnaturel médiat*, celui d'un délégué de l'Eglise pour une des fonctions qui ressortent de son droit.

Cela posé, on n'imagine que trois sortes d'états sociaux : l'état an-archique, l'état poly-archique et l'état mon-archique.

Nous entendons par état *an-archique*, celui dans lequel le peuple se gouverne directement lui-même, sans représentation ni mandataire. Quand il s'agit de résoudre une question d'intérêt commun, la cité se réunit et la décide. C'est ce qui s'est vu chez de petits peuples, et ce qui se voit encore chez des peuplades plus ou moins sauvages. Ce n'est même qu'ainsi que l'on peut comprendre la première cité, dès qu'elle dépassa les bornes de la famille.

Nous entendons par état *poly-archique*, celui dans lequel le peuple se gouverne par l'intermédiaire d'une représentation multiple ou de plusieurs mandataires. Il ne se réunit que pour élire sa représentation et lui donner les pouvoirs. Nous n'entrons pas dans les divers modes de perpétuité de la représentation; on conçoit qu'il puisse en exister beaucoup.

Enfin, nous entendons par état *mon-archique* celui dans lequel il n'y a qu'un chef qui porte le titre de roi, d'empereur, etc.

Nous laissons encore de côté toutes les combinaisons qu'on peut faire de ces deux derniers états, et qu'on a nommées constitutionnelles, ce que nous dirons de ces deux états devant s'appliquer à leurs combinaisons à double titre.

Reprenons.

Dans l'état an-archique, lequel des quatre droits possibles trouvons-nous? Il est évident que c'est le *droit divin naturel immédiat*. Ce droit résulte du droit individuel que chacun tient de Dieu sur sa propre personne. Chacun convient de telle ou telle mesure générale à laquelle il se soumettra lui-même; la première de ces mesures ou conventions, s'il y a cité, est sous-entendue, et exprime l'obligation, pour chacun des membres, d'accéder à l'avis de la majorité, pourvu, toutefois, que cet avis ne soit pas contraire aux droits et aux devoirs naturels dont l'individu ne peut pas se dépouiller. Mais il y a des choses, en grand nombre, dont la liberté individuelle est maîtresse, et c'est sur ces choses qu'elle se donne pour règle l'avis de la cité ou de l'Etat. Le droit divin naturel qui réside alors dans l'ensemble est appelé immédiat, parce qu'il n'est que le droit naturel de chacun ajouté à lui-même autant de fois qu'il y a de citoyens. Il est réellement un droit politique, sans quoi il n'y aurait qu'une force brutale dans la cité, ce qui est contraire au principe posé d'abord, et ce qui ne peut être, puisque Dieu, ayant fait l'homme pour la société, n'a pu le laisser dépourvu des droits nécessaires pour constituer des associations légitimes. Jusque-là, donc, il y a droit divin naturel immédiat; et ce droit est dans le peuple, d'où il suit que, dans ce cas, le peuple est le souverain de droit, comme il l'est de fait.

Dans l'état poly-archique, lequel des quatre droits possibles trouvons-nous? Nous apercevons deux puissances, la puissance électrice, qui est le peuple, et la puissance élue qui est la représentation gouvernante. Or, dans la première, nous trouvons encore le *droit divin naturel immédiat*; c'est aussi évident que dans le cas précédent. Et, dans la puissance représentative, nous trouvons le *droit divin naturel médiat*; ce n'est pas moins évident, puisque celle-ci n'est ce qu'elle est que par une élection du peuple qui est le vrai souverain, immédiatement établi de Dieu, dans l'état poly-archique.

Dans l'état mon-archique, lequel des quatre droits possibles trouvons-nous?

Est-ce le *droit divin naturel immédiat*? Non. Car il n'y aurait, pour rendre compte de ce droit, que deux hypothèses: celle d'une famille créée pour commander à toutes les autres; et, comme tous les hommes sont fils du même père, cette famille ne se pourrait concevoir qu'en plaçant la première royauté légitime dans le premier père, et la faisant se transmettre ensuite, par succession d'aînés en aînés; et celle d'une collation d'un droit divin providentiel par le triomphe matériel que donne la force brutale; auquel cas, le monarque légitime serait toujours le vainqueur, et après sa mort, sa lignée, d'aînés en aînés, ou de plus proche en plus proche. Mais la première hypothèse est inapplicable et inadmissible; car il s'en suivrait qu'il n'y aurait pas, sur la terre, un seul Etat légitimement constitué, puisqu'il n'y en a pas un seul, parmi les mon-archies, dont le monarque puisse établir sa succession ascendante jusqu'au premier père, de plus proche en plus proche; puisqu'au contraire, il n'y en a pas un pour lequel l'histoire ne constate avec certitude une origine contraire à la loi posée par l'hypothèse. La seconde supposition lèverait cet embarras, mais elle est absurde; il s'en suivrait que le droit consisterait dans la force; toute force, en effet, vient de Dieu considéré comme providence; et, par là même qu'il donnerait la force, il donnerait le droit; elle ramènerait donc tous les droits au droit du plus fort. C'est la subversion complète de toute idée de justice. Inutile d'énumérer les millions de monstruosités qui en découlent.

Donc, dans l'état mon-archique, point de droit divin *naturel immédiat*.

Est-ce le *droit divin surnaturel immédiat*? Pas davantage. Où est la dynastie qui puisse réclamer une révélation surnaturelle de Dieu pour origine? à qui Dieu ait dit surnaturellement: Je vous établis pour gouverner les hommes, comme il a dit à l'Eglise: Je vous envoie pour instruire et baptiser les nations? Il n'en est pas une qui osât même se présenter avec un mandat divin reçu originairement sur un mont Sinaï. Il y a eu cependant, et il y a encore, en Chine aujourd'hui, des espèces de Mohammed et de Manou se disant envoyés de Dieu surnaturellement pour commander aux hommes, et des millions d'hommes les ont crus, ou les croient encore; mais il n'est question ici que de la science moderne européenne; or que pense cette science de toutes ces prétentions dans l'ordre temporel? Poser la question, c'est la résoudre.

Donc, dans l'état mon-archique, point de droit divin *surnaturel immédiat*.

Est-ce le *droit divin surnaturel médiat*? Pas davantage. Il faudrait dire alors qu'il y a une puissance révélée qui est chargée par Dieu, surnaturellement, de faire et de défaire les rois, de constituer à sa guise les Etats. Où est cette puissance? Ce ne pourrait être que la puissance religieuse et sacerdotale; mais il y a beaucoup de ces sortes de puissances qui, toutes, pourront avoir les mêmes prétentions; quant à celles qui ne sont pas l'Eglise catholique, nous savons qu'en penser, et la science moderne est fixée à leur égard. Quant à l'Eglise, elle l'est également contre les théologiens exagérés qui ont prétendu lui attribuer ce que Jésus-Christ ne lui a pas donné. — *Voy.* LIBERTÉ DE

CONSCIENCE. — D'ailleurs, parmi les mille conséquences absurdes qui sortiraient de ce système, il faut citer celle qui consisterait à dire qu'avant l'Eglise, et, depuis l'Eglise, en dehors de son sein, il n'y aurait pas une seule constitution politique fondée en droit, et même que, dans le sein de l'Eglise, il en serait encore ainsi, vu que tout se fait sans elle dans l'ordre politique et civil.

Donc, dans l'état mon-archique, point de droit divin *surnaturel médiat*.

Quel droit reste-t-il à attribuer, comme nous y oblige notre premier principe, à l'État mon-archique que l'on suppose le plus légitimement constitué? Un seul : le *droit divin naturel médiat*. Mais quelle est la puissance qui nous reste à concevoir entre Dieu et le monarque, la puissance constituée de Dieu et constituant le monarque? Une seule : le peuple, qui se donne explicitement ou accepte implicitement un mandataire, absolument comme, dans le cas de la poly-archie, il s'en donne ou en accepte plusieurs.

Donc, dans l'état mon-archique, comme dans les deux autres, c'est encore le peuple qui est le vrai souverain immédiatement établi de Dieu. C'est ce que nous entendons résumer un jour éloquemment à notre Lacordaire : *Allez*, faisait-il dire à Dieu aux nations, *allez et gouvernez-vous*.

Un second principe impliqué dans ce premier, et également important, auquel la science moderne aboutit, c'est celui de la révocabilité permanente du mandataire ou des mandataires; car, pour soutenir leur irrévocabilité, il faudrait dire qu'une génération peut engager les générations suivantes, ce qui est inadmissible. Un père peut engager son avenir et celui de sa lignée, en donnant, sous les conditions qu'il lui plaît de stipuler, un bien qui lui appartient au moment où il le donne; mais ici il n'y a pas de bien appartenant au père : il n'y a qu'une concession d'exercice d'un droit naturel dont il ne peut se dépouiller et encore moins dépouiller ses enfants, puisque c'est un droit inhérent à la nature humaine, à la cité créée de Dieu. D'ailleurs, si l'on soutenait pareille thèse avec un des plus grands journalistes de notre siècle, on serait poussé à cette conséquence immorale, qu'il n'y aurait pas un seul État légitimement constitué sur la terre, puisqu'il n'y en a pas un seul dans lequel une génération n'ait détruit ce qu'avait fait une autre.

Il y a donc *révocabilité perpétuelle* du mandataire ou des mandataires; et quand il se signe une constitution avec stipulation contraire, c'est un pur mensonge que commet le souverain, à moins que tout se passe en son absence morale, auquel cas celui qui introduit la stipulation est un assassin du droit public.

Telle est la réponse de la science à la question fondamentale de toute politique.

2° Si maintenant nous consultons la révélation, nous trouvons que depuis quatre mille ans elle fait exactement la même réponse.

Elle la fait en nous racontant, par Moïse, l'origine de la puissance. Croissez, multipliez, dominez sur les animaux, dit le Créateur à tous les hommes indifféremment. Leur dit-il de dominer les uns sur les autres? Parmi les enfants d'Adam, y en a-t-il qui soient établis pour commander? S'il s'élève des hommes puissants, l'Ecriture nous en parle comme de rejetons, monstrueux et corrompus, d'une corruption déjà presque universelle. Après le déluge, même observation sur ce qui est dit des fils de Noé. Et le premier qui s'arroge de la puissance sur ses frères, celui qui « commence d'être puissant, » est qualifié de « chasseur violent devant Dieu, » ce qui veut dire, d'après saint Jérôme, « un usurpateur et un tyran, » et, d'après saint Augustin et Estius, « un voleur et un brigand. »

Elle la fait en nous montrant Dieu respectant lui-même la souveraineté du peuple qu'il a choisi pour conserver les idées religieuses. Il veille sur ce peuple, mais lui laisse le droit de se gouverner comme il le voudra. Moïse et Josué n'imposent aucune forme de gouvernement. Le premier désapprouve même la forme monarchique, en disant que Dieu et sa loi sont le roi qui suffit; mais cependant il ne veut pas défendre au peuple de jamais opter pour cette forme, puisqu'en prévision de ce cas il en pose l'hypothèse et règle l'élection. Sous les anciens et sous les juges, c'est l'état an-archique, puisqu'il est dit qu'alors « il n'y avait point de chef en Israël, mais que chacun faisait ce qui lui semblait juste. » (*Jud.* xxi, 24.); Et ces anciens, ainsi que ces juges, sont ou des vieillards que le peuple consulte, ou des dictateurs qu'il élit lui-même pour le conduire aux combats contre ses ennemis, et qui redeviennent, presque tous, simples particuliers dès que leur mandat est accompli. On veut établir Gédéon chef à vie, en récompense de ses services; ce grand homme s'y refuse, et le peuple n'insiste pas : la forme de république est ainsi conservée. Abimélech se conduit autrement : il désire la royauté, travaille pour l'obtenir, et le peuple la lui donne : *Congregati sunt,... et constituerunt regem Abimelech;* mais cet homme est un monstre. Un prophète fait sentir aux Israélites leur folie par la délicieuse fable des arbres voulant élire un roi, dans laquelle l'olivier, le figuier, la vigne, tous ceux qui mériteraient la royauté, n'en veulent pas; et le buisson, qui ne la mérite point, l'accepte pour en mal user. (*Judic.* ix, 7 et seq.) Mais ces reproches ne tombent que sur la maladresse du peuple, et non pas sur son droit. Le tyran est tué par une femme, et il ne sera plus question de roi jusqu'au temps de Saül.

Sur chacun des juges, il est dit que c'est le peuple qui lui donne son pouvoir : *Fecitque eum omnis populus principem sui.* (*Judic.*

xi, 11.) Longtemps après, se propage, parmi le peuple, l'idée de se donner un roi comme l'ont fait les nations voisines ; Samuel blâme fortement cette pensée, au nom de Dieu ; on insiste ; Samuel consulte le Seigneur, qui regarde la demande comme une prévarication, mais cependant ne veut point s'opposer au droit du peuple. Va leur dire encore, dit-il à Samuel, pendant qu'il en est temps, ce que sera leur roi, et Samuel leur en fait un portrait dont voici le résumé : « Votre roi prendra ce qu'il y aura de meilleur dans vos champs ; il vous pressurera ; il s'engraissera de votre substance ; il vous fera payer la dîme de vos vignes pour en nourrir ses officiers et ses eunuques ; il fera de vos hommes ses esclaves et de vos filles ses parfumeuses, ses cuisinières et ses boulangères, et puis vous crierez ; mais le Seigneur ne vous écoutera plus ; vous resterez sous la tyrannie que vous vous serez imposée, puisque vous aurez vous-mêmes choisi votre roi. » (*I Reg.* viii, 11-18.) Malgré tout, le peuple s'entête ; Samuel rapporte sa réponse au Seigneur, et le Seigneur lui dit : Eh bien, faites ce qu'ils veulent, et donnez-leur un roi. Puis l'élection se fait ; Saül plaît au peuple qui crie, vive le roi, et le roi est validement nommé, bien que la volonté nationale ait été insensée et illicite. Il est admirable de voir Dieu se soumettre ainsi au caprice du peuple, comme le demande, au reste, sa logique, puisqu'il l'a primordialement fait souverain. Pendant le règne de Saül, ce souverain se révolte pour sauver Jonathas et réduit la cruauté de Saül à l'impuissance.

Après Saül, deux tribus se donnent pour roi David : *Veneruntque viri Juda et unxerunt ibi David ut regnaret super domum Juda*, pendant que les autres conservent le fils de Saül ; et cela dure sept ans ; les uns et les autres étant dans leur droit, Abner n'est point blâmé d'obéir à Isboseth, ni ceux de Juda d'obéir à David ; et quand David demeure seul roi, c'est Israël qui, rassemblé à Hébron, le sacre son chef. A la fin du règne de Salomon, qui avait épuisé la nation par ses constructions et ses fêtes luxueuses, Jéroboam soulève le peuple, et, pour toute réflexion du Seigneur à ce sujet, on trouve qu'un prophète a lui annoncer qu'il deviendra roi, et que Dieu l'aimera s'il lui est fidèle. (*III Reg.* xi, 28 et seq.) Mais, ne pouvant réussir avant la mort de Salomon, il se retire en Egypte ; ce mort arrive ; il revient et fait poser par le peuple, au fils de Salomon, la condition qu'il diminuera les impôts s'il veut être roi ; le jeune homme refuse d'accepter, malgré l'avis des vieillards, et tout Israël se choisit Jéroboam pour chef ; la tribu de Juda conserve la lignée de Salomon. La maison de Jéroboam est ensuite blâmée très-souvent, ainsi que les dix tribus d'Israël, mais seulement pour se livrer à l'idolâtrie, *ce fut là le péché*, est-il dit, *de la maison de Jéroboam* (*III Reg.* xiii, 34), et pas même une insinuation de culpabilité contre l'insurrection d'Israël et l'élection de ce chef malgré les droits prétendus de l'héritier de David. Bien au contraire, *Le Seigneur*, dit l'histoire sacrée, *fit entendre sa parole à Séméias, homme de bien, et lui dit : Va te présenter à Roboam et à l'armée qu'il a réunie* (il voulait soumettre par la force les tribus révoltées) *et dis-leur : Voici la parole du Seigneur : Ne combattez pas les enfants d'Israël qui sont vos frères. Retournez chez vous ; car c'est moi qui ai fait ceci.* (*IV Reg.* xii, 22-24.)

Durant toute la succession des rois, il y a des changements de dynastie qui sont traités comme légitimes, quand ils viennent de la volonté des citoyens. Au temps des prophètes, tout retentit de malédictions contre les despotes qui asservissent les peuples malgré eux, contre les peuples qui se laissent asservir, et méritent d'être esclaves, et de prédictions d'un avenir où ceux-ci se gouverneront eux-mêmes. Au retour de la captivité, sous la conduite de Zorobabel et d'Esdras, le peuple se reconstitue démocratiquement, comme dans le principe ; Esdras lit la loi que Moïse avait donnée pour servir de roi, *et tous ceux qui avaient le discernement*, dit l'Ecriture, *hommes et femmes, prirent l'engagement d'obéir à la loi* (*II Esdr.* x, 28, 29) ; voilà toute la constitution nouvelle ; cependant, quelque temps après, une autre assemblée est convoquée, et, sur la proposition d'Esdras, trois censeurs sont nommés par elle pour veiller à l'exécution des prescriptions de la loi. Soumis, plus tard, à la domination étrangère des successeurs d'Alexandre, le peuple se révolte à l'appel généreux de Matathias ; et les Machabées, ces grands insurgés contre une tyrannie consacrée par le temps, sont comblés des félicitations de l'écrivain sacré.

« Par les soins de Judas Machabée, » dit le marquis de Montagu, « la république juive et la république romaine s'allièrent par un traité offensif et défensif. Ce traité fut gravé sur une table d'airain, scellé dans le mur du temple de Jérusalem. Et à cette occasion, le Saint-Esprit décerna au peuple romain le magnifique éloge que voici : *Nul d'entre eux ne portait le diadème ni la pourpre, afin de paraître plus grand que ses égaux.* » (*Parallèle des intérêts catholiques et des vérités chrétiennes*, t. II, p. 190.) — « Il y eut aussi, » dit le même auteur, « un renouvellement d'une antique alliance qui existait entre les Juifs et les Lacédémoniens, alliance fondée sur une communauté d'origine remontant à Abraham et qu'attestait un acte très-ancien conservé dans les archives publiques de Sparte… « Quant à nous, disaient les Lacédé- « moniens dans ce pacte de famille, nous vous « faisons savoir que nos bestiaux, nos terres « et tous nos autres biens sont à vous. » (*Ibid.*) N'est-il pas étonnant de trouver le peuple Juif aussi démocratique et allié de la sorte aux peuples les plus démocratiques du monde, dans cet Orient asiatique, terre classique de l'autocratie ? Mais ce qui ressort avec évidence de la série historique que nous venons d'analyser, c'est la doctrine de la souveraineté nationale, ainsi qu'on peut s'en convaincre en détail par une lecture intelligente de tout l'Ancien Testament.

La révélation nous fait la même réponse par l'Evangile. Le Christ remonte à la source : tous les hommes sont frères. Son royaume n'est pas de ce monde, mais s'il était de ce monde, ce serait à la portion du peuple qui l'aime qu'il en appellerait, ce serait elle qui combattrait pour lui. Les rois des nations les dominent, il ne doit point en être ainsi parmi les Chrétiens. Il faut cependant rendre à César ce qui est de César, parce que c'est le chef que le peuple accepte au moment où parle Jésus, bien que César soit un étranger et un usurpateur. Le peuple veut faire le Christ roi, le Christ s'échappe mais ne blâme pas le peuple de s'insurger ainsi contre Hérode et Pilate. En un mot, tout l'esprit de l'Evangile est dans la direction de la thèse que soutient la science politique de nos jours. Saint Paul exprime la même pensée en disant que toutes puissances de la terre viennent de Dieu et sont également valides ; il ne peut vouloir dire que c'est la force brutale qui fait leur droit, ce serait absurde ; il veut dire seulement que, comme c'est le peuple qui les fait selon son droit constituant, elles sont basées sur le même droit divin naturel, médiat ou immédiat, ainsi que nous l'avons expliqué ; et il a soin de réserver implicitement le droit de résistance en ne parlant que de celles où le chef est ministre pour le bien : *Minister in bonum.* — *Voy.* LIBERTÉ DE CONSCIENCE.

Enfin, la révélation nous fait cette réponse par les interprétations de l'Eglise que manifeste sa pratique constante, et qu'expriment tous ses grands hommes : Qu'on cite un gouvernement issu de la puissance populaire que l'Eglise n'ait pas reconnu pour valide. Depuis Jésus-Christ jusqu'à Constantin, les Chrétiens obéissent à toutes les constitutions et à tous les chefs que le peuple établit et adopte. Quand il y en a plusieurs, comme dans les premières années de Constantin où l'on en vit six à la fois dans le monde romain, ils obéissent à celui de leur contrée. Un général est-il proclamé empereur quelque part, il est accepté par les Chrétiens comme par les autres. Après Constantin, deux grands empires se forment d'un seul, même conduite de la chrétienté. De Mahomet à Grégoire VII, que de changements, que de constitutions nouvelles, qui naissent toutes de la puissance du grand nombre et de l'opinion publique ! toujours même pratique de l'Eglise. Sous Grégoire VII et ses successeurs, l'Eglise consacre la souveraineté des peuples en se servant d'elle pour faire tomber les rois qui lui déplaisent ; les nations chassent les excommuniés ; telle est l'opinion de cette époque, le Pape n'a qu'à excommunier pour appeler les peuples à l'insurrection, et il le fait quand il le juge à propos ; sachant les conséquences, n'est-ce pas consacrer la souveraineté nationale ? Au reste, on sait de quel œil les Papes de cet âge voyaient les gouvernements monarchiques ; Grégoire V, par exemple, répétait souvent que « la royauté est l'ouvrage du démon fondé sur l'orgueil humain, tandis que le sacerdoce est l'ouvrage de Dieu. » Une des maximes hautement publiées dans l'Eglise était celle-ci : « Un roi criminel n'est plus un roi, le moindre Chrétien vertueux est plus roi que lui ; » et Nicolas Ier professait cette maxime. Dans les temps modernes, l'Eglise ne reconnaît-elle pas tout ce que font les peuples en matière de gouvernements ? Nous en changeons, en France, par périodes de cinq, dix, quinze ou vingt ans, et l'Eglise les accepte tous. N'a-t-on pas vu dernièrement plusieurs évêques faire des mandements pour établir *ex professo* la souveraineté du peuple ? On peut citer, entre autres, celui de l'évêque d'Amiens. Il en est de même chez les autres nations ; car nous en sommes venus à ce point de corrélation européenne, où l'on commence à s'entre-imiter ; ce régime ne fera que s'enraciner et s'étendre jusqu'à l'établissement d'une grande fédération des peuples, que les uns peuvent espérer et que les autres feront bien de s'habituer à ne pas craindre.

Les citations des autorités ecclésiastiques nous mèneraient trop loin. Prenons-en seulement quelques-unes au hasard. Saint Augustin dit, dans les *Confessions* (liv. III, ch. 8), que « chaque Etat subsiste *sur un pacte des citoyens* fondé sur la coutume ou la loi, pacte qu'il n'est permis ni aux citoyens ni aux étrangers de violer, parce que toute partie qui n'est pas en harmonie avec son tout est vicieuse et déréglée. » Saint Thomas professe, tout le monde le sait, « qu'il est permis à un peuple de se défaire d'un tyran. Fénelon dit que « la puissance temporelle vient de la communauté des hommes qu'on nomme nation. » (*Mémoire sur le plan d'un gouv.*) Bossuet, qu'on pourrait ranger parmi les adversaires de cette doctrine, dit cependant que l'hérédité n'est qu'une concession du peuple pour avoir un roi tout fait quand il en a besoin ; et ailleurs, qu'en ce qui concerne la question si la puissance temporelle vient de Dieu *par les peuples*, personne n'en doute. Estius émet la même affirmation (*In Rom.* XIII) : *Sœcularis autem potestas mediate est a Deo per homines, qui, instinctu legis naturæ, sibi præficiunt eos a quibus in commune reguntur.* Enfin, tous les théologiens ultramontains, — sauf les exagérés, qui donnent l'Eglise comme le pouvoir constitutif de l'Etat civil ; — et tous les gallicans, — sauf les exagérés, qui asservissent l'Eglise à l'Etat, en disant que la royauté est de droit divin, — émettent, plus ou moins explicitement, le principe de la souveraineté du peuple.

On peut consulter les sources suivantes : CHRYSOST., *In Epist. ad Rom.*, hom. 24 ; GREG. MAGN., *Expos. in septem ps. pœ-*

nit.; SYLVIUS, t. III, p. 410; BONAVENT. l. II Sent., dist. 44, art. 2, q. 1 ad 5; SUAREZ, disp. 13, sect. 8, conclus. 2. — LESSIUS, *De just. et jure*, lib. II, dub. 4, n. 11; ESTIUS, lib. II *Sent.*, dist. 44, sect. 2, p. 387, col. 2; CAJETAN, quæst. 42, art. 2; SOTO, *De just. et jure*, lib. v, quæst. 1, art. 3, dubit. 1, et lib. IV, quæst. 4, art. 1; NAVARRE, Summa, verbo *Princeps*, n. 11; SYLVESTRE, Summa, verb. *Tyrannus*; VALENTIA, disput. 5, quæst. 8, *De homicid.*, punct. 3; GABRIEL, *De legib.*, quæst. n. 17; BECAN., quæst. 64, quæst. 4, n. 6; AZOR, *De just. moral.*, part. II, lib. II, de 4 *præcept. Decal.*, c. 5, p. I, et p. III, lib. II, c. 2; DE SALAS, quæst 95, tract. 4, disput. 7, sect. 2, n. 17; BOECIUS, *Tract. de seditio.*, sect. 5, in fine; THOMAS, *Sum.*, 2-2, quæst. 42, art. 2 ad 3; BOSSUET, *Def. declar.*, lib. II, c. 25; *Polit.*, lib. VI, art. 3, prop. 2; LIGUORI, *De leg.*, lib. I, tract. 2, n. 104, etc., etc.

Avons-nous eu tort d'avancer que, depuis quatre mille ans, la révélation est en harmonie d'enseignement avec les conclusions de la science sociale moderne sur cette vérité fondamentale de laquelle découle toute la politique? Nous pourrions ajouter que ce n'est pas seulement avec la science moderne qu'elle se trouve ainsi en harmonie, mais aussi avec la philosophie de tous les temps. On sait que la doctrine de Socrate, de Platon et d'Aristote était identique à celle que nous venons d'exposer; le platonicien Cicéron définissait l'État « une multitude d'hommes joints ensemble par des intérêts et des lois communes, auxquelles ils se soumettent d'un commun accord; » et, jusque dans la Chine, le pays classique du droit divin, on peut extraire des livres de Confucius le dogme de la souveraineté du peuple.

II. — Il suit de ce premier principe, en tant qu'il implique la révocabilité perpétuelle des mandataires, que des *élections* nationales sont essentielles à l'état représentatif. Or, trouverons-nous l'Église catholique en défaut d'harmonie sur cette déduction? loin de là. Ne s'est-elle pas présentée sur la terre avec l'élection du clergé et des fidèles dans son propre sein, pour la présentation à la collation surnaturelle des pouvoirs sacrés par le sacrement et l'institution canonique? N'en a-t-elle pas donné le l'exemple aux nations? N'a-t-elle pas fait fonctionner, pendant des siècles, sur la plus grande échelle, ce mode d'élévation à ses dignités, au milieu des peuples? Le savant Génébrard, archevêque d'Aix, a fait un traité théologique sur les *élections sacrées*, dans lequel il prouve, en plusieurs chapitres successifs, qu'elles sont d'*institution divine*, de *droit apostolique*, de *droit ecclésiastique* ou *canonique*, de *droit civil et profane*, de *droit ordinaire et perpétuel en France jusqu'à François Ier*, enfin de *droit nécessaire pour l'intégrité de la religion*. Nous renvoyons à ce livre, dont nous avons fait la traduction française, celui qui voudra se convaincre des harmonies de la constitution ecclésiastique avec ce que doit être toute constitution civile. Nous recommandons aussi, sur cette grande question des élections, les études historiques de M. Brethé, et celles de Bordas-Demoulin.

Il existe cependant, entre les deux objets, une différence essentielle qu'il est important, pour les deux ordres, de ne pas oublier : Dans la constitution naturelle de la cité humaine il y a, par essence, comme nous l'avons dit, révocabilité du constitué par le constituant, tandis que, dans la constitution ecclésiastique, il n'y a point révocabilité des pouvoirs sacrés par les électeurs qui ont présenté le sujet; cela vient de l'élément surnaturel qui s'adjoint à l'élément naturel. Jésus-Christ établit le sacrement et le pouvoir transmissif de la juridiction, et il le fait de son autorité privée, divine, immédiate; il est donc le vrai constituant, le seul constituant proprement dit, et lui seul, par là même, pourrait retirer ce que lui seul a donné. S'il a voulu, ainsi que le soutient Génébrard, à la suite des auteurs ecclésiastiques les plus anciens, que la présentation soit faite par élection du clergé et du peuple, c'est pour allier le droit naturel au droit surnaturel, pour mettre ses ministres dans toutes les conditions réunies de l'autorité morale, et prêcher indirectement aux nations leurs devoirs et leurs droits dans l'ordre civil. Ce serait donc manquer à la logique de conclure, de l'irrévocabilité du droit conféré par l'ordination de l'élu dans l'ordre sacré, à l'irrévocabilité du droit conféré au magistrat par l'élection profane; ainsi que de conclure, de la révocabilité de ce dernier à la révocabilité de l'autre.

III. — A la question : Quel est le souverain? en succède une autre également importante: Que peut le souverain pour engager la conscience de l'individu? En d'autres termes : Quelles sont les libertés inviolables auxquelles il ne peut porter atteinte, sans dépasser ses droits? Il est évident qu'en déterminant les limites du pouvoir du souverain radical, qui est la cité naturelle, on détermine, à plus forte raison, celle du mandataire ou des mandataires, puisque les droits de ceux-ci ne sont jamais aussi étendus que ceux du pouvoir qui les constitue, ce dernier ne pouvant, non-seulement leur donner ce qu'il n'avait pas, mais encore leur donner tout ce qu'il a, pas plus qu'un père ne peut concéder à un délégué tous les droits, sans exception, de sa paternité.

Or, cette question est traitée suffisamment dans l'article LIBERTÉ DE CONSCIENCE ; les libertés n'y sont pas énumérées en détail, mais on y pose des principes généraux qui en impliquent assez clairement la longue liste, pour que tout esprit perspicace les en puisse déduire facilement. Le lecteur sait que la logique ne recule devant aucune conséquence, au moins sur le terrain de l'idéologie; or nous sommes de ceux qui suivent pas à pas cette rigide maîtresse.

Rappelons seulement ici que la révélation n'est pas plus en retard sur cette seconde question que sur la première. Le mot du

Christ : Rendre à la puissance temporelle ce qui revient à la puissance temporelle, et à Dieu ce qui revient à Dieu,. dit tout sur ce point. Qu'est-ce que Dieu parmi les hommes ? c'est sa loi naturelle et surnaturelle ; ce sont les droits et les devoirs qui en découlent ; il ne saurait y avoir de droit contre ces droits et contre ces devoirs. Aussi les Chrétiens se faisaient-ils tuer par la puissance politique, quand elle était la plus forte, et la tuaient-ils, quand elle était la plus faible, en lui résistant sur ce qu'elle commandait contre ces droits et ces devoirs, avec ce mot d'ordre : *Il vaut mieux obéir à Dieu qu'aux hommes.* (*Act.*, v, 29.) Saint Paul prêchait cette résistance d'exemple et de parole ; il n'obligeait les Romains (*Rom.*, xiii) à l'obéissance qu'autant que leur chef était *ministre de Dieu pour le bien*, « *minister in bonum.* » Saint Augustin disait de même (*Confess.* iii, 8), que du moment où Dieu, c'est-à-dire la nature et la révélation, « ordonne quelque chose de contraire aux mœurs ou au pacte social de quelque peuple, il faut le faire s'il n'a jamais été fait, il faut l'établir si on a oublié de l'établir, il faut le rétablir si l'on a cessé de le mettre en pratique. » Toutes les voies de la révélation forment, là-dessus, un concert unanime, depuis aussi long-temps que celles de la droite raison.

Au moyen de ces libertés réservées, qui échappent aux droits du souverain temporel, par cela qu'elles échappent à la puissance de l'individu sur lui-même, on arrive facilement à mettre en harmonie l'Eglise et l'Etat. (*Voy.* LIBERTÉ DE CONSCIENCE.)

IV. — Quand on s'est demandé quel est le souverain dans l'Etat, et ce que peut le souverain sur les membres de l'Etat, il reste à se demander encore, pour épuiser la question politique, ce que peuvent et doivent faire les souverains entre eux, considérés, par Etats divers, dans leurs rapports internationaux.

Or, sur cette matière, nous devons dire que la doctrine chrétienne devance la science d'une distance énorme. Elle prêche aux Etats la charité et la paix, comme aux individus ; elle condamne la guerre, non pas dans l'opprimé qui se défend contre d'injustes attaques, mais en principe général ; elle la dit fille du diable, et engage les nations à s'unir dans la fédération d'une paix universelle. Personne ne niera que tel ne soit l'esprit de l'Evangile.

Quant à la science, elle n'est pas arrivée au degré de clarté qui convainc toutes les âmes, et prédit une réalisation prochaine de l'utopie ; mais cependant elle commence à manifester des principes et des efforts dont la tendance annonce un accord futur avec l'esprit évangélique. Déjà elle reconnaît assez universellement les vérités suivantes:

L'intervention d'une souveraineté nationale à l'égard des autres est un crime quand elle a pour but d'agir contre la liberté de l'une d'elles.

Cette intervention est un devoir de charité, quand elle a pour but de sauvegarder la liberté de l'une d'elles contre une tyrannie quelconque.

Que ces deux volontés viennent à triompher dans l'application, que tous les Etats s'y rallient et ne les violent jamais, on arrivera à la concorde évangélique.

La science va plus loin. Elle manifeste quelques aspirations et quelques théories de fraternité nationale. Plus d'un penseur a publié des plans pour la fondation d'une haute cour arbitrale d'abord européenne, et appelée à devenir cosmopolite, qui jugerait les différends entre nations comme les tribunaux jugent les différends des particuliers. Nous devons citer, à cette occasion, M. Gilliot qui, dans sa *Physiologie du sentiment*, développe des idées pacifiques et humanitaires en avant de son siècle, mais qui auront, un jour, leur triomphe. Nous devons rappeler aussi les congrès de la paix, première éclosion pratique de ces pensées, bien faible encore, mais féconde pour l'avenir.

II. — Questions économiques.

Ces questions sont très-nombreuses et très-compliquées. Nous n'aborderons que les plus fondamentales, et nous montrerons que, si la science économique aboutit aujourd'hui à quelque chose de formel et de précis, la révélation l'avait devancée depuis quatre mille ans, et surtout depuis dix-huit siècles.

La science économique tourne sur quatre objets principaux : la *production*, l'*échange*, la *consommation*, et les *rapports économiques* entre nations. Indiquons seulement les conclusions les plus modernes sur ces quatre objets, en les rapprochant des données fournies par la doctrine chrétienne.

I. — Que nous disent la science et la théologie catholiques sur la *production ?*

1° Que nous dit la science ?

L'élément de la production est le travail ; et le résultat de la production, c'est, dans le producteur, la propriété de la chose produite. L'échange et le don engendrent aussi la propriété, après que le travail l'a déjà engendrée. Par cela même que celui qui a produit a fait *sien* ce qu'il a produit, il peut l'échanger validement contre le produit d'un autre, ou en transférer validement la propriété à un autre, par don gratuit, aussi bien que le consommer par l'usage. La transmission par héritage est une des formes du don, régularisées par la loi.

Or, sur ces vérités élémentaires, la science économique impartiale établit des principes, constate des vices et propose des moyens.

PREMIER PRINCIPE. — *C'est l'individu qui est propriétaire de ses produits et non la société.* — Quelques-uns soutiennent le principe opposé, lequel conduit directement au communisme obligatoire, non libre, et par suite à la tyrannie d'une part, et à l'esclavage de l'autre. Ils disent que, l'individu étant redevable à la société de ses moyens d'action, c'est elle qui a domaine antérieur et primitif sur tout ce qui est produit dans son sein. Mais ils se trompent, et il reste acquis à la science qu'il en est du travail de la société comme du travail de Dieu dans le produit ; que ces deux éléments n'engendrent que la dette de l'amour, et que l'élément fourni par le producteur individu, le constitue, par accession, propriétaire spécial de l'objet total. Ce qui est fourni par Dieu et par la société est chose commune à tous les produits, ne les distingue pas, les laisse égaux quant au droit de possession ; il n'y a que le travail que chacun tire de soi, qui les particularise ; or, comme ce travail n'est qu'au travailleur, et que le reste en est inséparable, il attire ce reste en sa possession. C'est bien dans le travail social que se remue le travail particulier, comme tout travail de créature se remue dans le travail de Dieu, mais cela n'empêche pas le travail individuel de s'appartenir à lui-même, au sein de Dieu et de la société, comme chacun des brins d'herbe d'une prairie est soi dans le sol commun de la prairie. Dès que l'individu a assimilé à son sang l'oxygène de Dieu, il peut dire à Dieu : cet oxygène est à moi, je l'ai fait *mien* par le travail dont tu m'as donné la faculté, ce qui n'empêche pas que je ne te doive tout, et que je ne sois tenu de te payer par l'amour absolu. Quand l'individu a assimilé à sa vie intellectuelle une partie de la science sociale, il peut dire à la société : Cette science est à moi, je l'ai faite mienne par le travail dont Dieu m'avait donné la puissance, et dont tu m'as facilité le jeu, ce qui n'empêche pas que je ne te doive beaucoup, et que je ne sois tenu de te payer par l'amour et tous les dévouements. Nier cette base c'est se jeter dans la confusion des panthéismes.

SECOND PRINCIPE. — *L'occupation de ce qui n'est encore à personne est le premier travail par lequel l'homme devient propriétaire.* — Il s'agit d'une occupation véritable et continue. Qu'un homme place des jalons sur un champ qui n'est à personne, ce n'est point une occupation s'il s'éloigne ensuite de ce qu'il a occupé ; il faut, tout au moins, qu'il le conserve par une continuité d'action, et il n'occupe que ce qu'il peut conserver.

TROISIÈME PRINCIPE. — *Le producteur a droit d'user du fruit de son travail, selon son gré, mais n'a pas droit d'en abuser, c'est-à-dire d'en faire usage de manière à nuire au droit d'autrui.* — C'est évident.

QUATRIÈME PRINCIPE. — *L'échange et le don, quand ils sont faits sans conditions restrictives de la part du propriétaire, mettent l'acheteur ou le donataire dans des droits identiques à ceux que le travailleur avait acquis par son travail.* — C'est encore évident.

CINQUIÈME PRINCIPE. — *Le travailleur est libre de prendre, pour produire et devenir propriétaire, tous les moyens qui n'impliquent point violation de la loi morale et du droit d'autrui.* — Il peut se trouver des organisations sociales où cette vérité ne soit pas respectée ; mais elle n'en est pas moins une vérité naturelle inviolable en soi. C'est encore évident.

Tels sont les principes les plus essentiels de la science économique sur la production, le travail et la propriété.

Passons aux vices qu'elle constate comme s'étant introduits dans l'humanité.

PREMIER VICE : *L'esclavage*. — C'est une organisation économique dans laquelle une portion de la société travaille et produit, sans avoir la propriété de rien, et étant, au contraire, possédée elle-même par l'autre portion qui, en majeure partie, ne travaillera pas, et, sans travailler, sera propriétaire de tout. Il est évident que cette organisation est contraire à tous les principes que nous venons de poser ; c'en est le *vice versa* le plus complet.

SECOND VICE : *Les castes*. — C'est une organisation économique dans laquelle la société est divisée par catégories ou races qui se perpétuent par voie d'hérédité, et dont chacune a sa fonction déterminée, avec nécessité de l'accomplir. Dans l'Inde, il y avait la caste des brahmanes qui était chargée du sacerdoce, de l'enseignement, de la justice, et qui était propriétaire du sol ; la caste des guerriers qui faisait la guerre et partageait avec la première le pouvoir politique ainsi que la propriété du sol ; la caste des vaisyas, qui étaient voués aux travaux agricoles et industriels, à titre de fermiers des deux classes précédentes ; et la caste des soudras, qui était condamnée à servir les autres. — Or, il est évident que cette organisation est encore contraire aux principes établis, bien qu'elle ait eu sa raison pratique, comme une foule d'autres usages inadmissibles en théorie. Chaque travailleur n'est pas libre de son travail, et n'a pas, non plus, la libre disposition de ses fruits. Il y a aussi des propriétaires qui abusent de leur propriété contre le droit d'autrui.

TROISIÈME VICE : *Le servage*. — C'est une organisation dans laquelle il y a une classe de familles qui, sans être possédées personnellement, comme dans l'esclavage, sont attachées à la glèbe, qui est elle-même possédée ; de sorte qu'elles se trouvent sous la domination héréditaire d'un maître par l'entremise de la terre que possède ce maître. — Ce système est encore contraire aux principes ; point de liberté de travail pour le travailleur ; point de propriété libre des fruits de son travail.

QUATRIÈME VICE : *Les corporations avec monopole*. — Dans ce système il se forme des associations de travailleurs par métiers différents, et, par l'effet de règlements protecteurs de ces associations, il arrive que tous ceux qui n'en font pas partie ne peuvent se livrer à l'industrie qui leur convient. — Violation du cinquième principe, et, par un enchaînement qu'il serait trop long de développer, de plusieurs autres.

CINQUIÈME VICE : *La libre concurrence avec liberté d'abuser*. — C'est le système inauguré par la Constituante de 89. Le fort et l'heureux n'est point arrêté dans ses moyens injustes d'exploitation du faible et du malheureux ; il accumule à son profit les instruments de travail, et l'autre est obligé d'en passer par ses conditions, c'est-à-dire de travailler au compte du premier pour le salaire qu'il voudra bien lui donner. C'est de ce système que naissent le salariat et le prolétariat envahissant. — Violation du troisième principe, et, par suite, du premier et du cinquième.

Tels sont les principaux vices que constate la science économique en ce qui concerne la production, le travail et la propriété.

Passons aux moyens qu'elle propose.

Nous avons beau chercher, nous n'en trouvons que deux qui vaillent la peine d'être indiqués, mais que nous croyons souverainement efficaces. Ce sont la *libre concurrence sans liberté d'abuser*, et la *libre association sans possibilité de monopole*.

La libre concurrence est soutenue, sous toutes les formes, et d'une manière trop exclusive, par les économistes les plus célèbres : Malthus, Ricardo, J.-B. Say, Bastiat, Blanqui, etc.

La libre association est soutenue par les socialistes les plus célèbres, d'une manière également trop exclusive. Citons, au nombre des plus modérés, M. Ott dans son *Traité d'économie sociale*, et M. Feugueray dans son charmant petit traité de l'*Association ouvrière*. C'est l'école de Buchez qui a le plus sagement développé et même fait appliquer ce moyen.

Quant aux deux restrictions : point d'*abus* dans la libre concurrence, point de *monopole* dans la libre association, elles reviennent à une seule qui consiste à demander que la société intervienne, avec toutes ses puissances, pour empêcher le fort de pratiquer l'exploitation du faible. C'est dans l'échange que s'introduisent les ruses en vue de ce résultat; et les moyens, dont il sera question un peu plus loin contre les vices relatifs à l'échange, satisferont, en grande partie, à ces deux exigences.

2° Que nous dit la théologie catholique?

Que dit-elle des principes que nous avons déduits de la science économique? Pour le savoir, il faut consulter les théologiens catholiques. Or, qu'on parcoure tous leurs ouvrages, on verra que, des Pères de l'Église à saint Thomas, et de saint Thomas à nos docteurs et philosophes chrétiens les plus modernes, chaque fois que les questions du travail et de la propriété passent sous leur examen, ces principes sont par eux explicitement enseignés. Ceci sera tellement clair pour quiconque les connaît un peu, que nous nous contentons de le rappeler. Rappelons de plus le grand axiome catholique : *A chacun le fruit de ses œuvres.* C'est la forme concise sous laquelle se gîtent toutes les leçons de la justice, et, parmi elles, se trouve impliquée celle qui se rapporte à la propriété matérielle : chacun est légitime propriétaire de ce qu'il produit, et il ne peut être légitime propriétaire que de ce qu'il produit, ou d'un produit équivalent échangé contre le sien, ce qui revient au même,

ou d'une chose qu'il a reçue en pur don, ce qui revient encore au même, puisque alors le producteur l'a mis dans ses droits. Rappelons aussi le mot sévère de l'Apôtre : *Celui qui ne veut pas travailler ne doit pas manger.* Cette parole suppose que la propriété, légitime qui implique le vrai droit de la dépenser, soit en la mangeant, soit en la donnant à manger à un autre, a pour origine le travail.

Quelle a été la conduite de la révélation devant les vices sociaux que nous avons signalés?

Bien qu'on se trompât fort si l'on prenait la législation mosaïque pour une expression pure de l'utopie divine dans l'ordre terrestre, on peut cependant l'invoquer comme indice des tendances de la révélation vers cette utopie, dans un temps et un monde où toute législation ne pouvait être qu'entachée d'imperfections. Voici ce qu'en dit M. Ott : « C'est dans les institutions de Moïse que brille, avec le plus d'éclat, la pensée libérale qui s'était soulevée contre le régime des castes. Dans les lois de Moïse tous les citoyens libres sont égaux. Leur fonction essentielle est l'agriculture; ils sont tous appelés au service militaire, quand l'intérêt social l'exige. La terre est distribuée également entre toutes les familles, et des mesures sont prises pour que chacune d'elles reste éternellement en possession de son lot. Les fonctions politiques et judiciaires appartiennent aux anciens. Une seule caste spéciale est conservée, celle des lévites; mais elle est privée de la propriété des terres et ne vit que de la dîme de tous les produits. » (*Traité d'économie sociale*, p. 153.) Ces remarques sont justes, et l'on pourrait même ajouter que, depuis les temps historiques, aucune organisation n'a été aussi avancée en institutions destinées à garantir la liberté du travail, la propriété du travailleur sur ses fruits, et le soutien du faible contre les absorptions du fort. La rentrée des familles, tous les cinquante ans, dans leurs biens, rendait impossible l'accumulation des instruments du travail dans quelques mains, et l'exploitation continue des familles pauvres par les familles riches. L'esclavage entre Juifs n'y est toléré que pour sept ans, ou pour la vie moyennant le consentement du serviteur lui-même; et quant à l'esclave étranger, bien qu'il soit accepté par nécessité, il y a, à cet égard, dans le code de Moïse, des dispositions qui protègent l'esclave avec une énergie singulière que nous ferons remarquer dans la section des questions de droit.

Mais laissons la loi de l'imperfection et de la crainte, et considérons la marche de celle du Christ depuis dix-huit siècles.

N'est-ce pas elle qui pose le principe de l'égalité de tous les hommes, qui proclame chacun le fils de ses œuvres, et qui déracine par là peu à peu l'antique esclavage?

N'est-ce pas elle qui abolit dans l'ordre religieux toute hérédité, jusqu'à instituer, pour plus de précaution, le célibat ecclésiastique, et qui porte ainsi le coup de mort à tout système de castes; car, en agissant de la sorte dans la sphère de son action, elle insinue à l'opinion publique l'idée répulsive de l'hérédité dans l'ordre temporel.

N'est-ce pas elle qui vient encore provoquer plus tard l'abolition du servage de la glèbe? On en peut juger par les chartes d'affranchissement qui nous restent, et dans lesquelles il est dit que le maître affranchit son serf, parce qu'il est son frère en Jésus-Christ et son égal devant Dieu. (*Voy.* l'exemple cité, article RÉDEMPTION.)

N'est-ce pas enfin l'idée évangélique qui mine tour à tour, en Europe, tous les vices d'organisation qui s'y succèdent, met les esprits en ébullition permanente pour trouver quelque chose de mieux, et les amène jusqu'aux conceptions de notre siècle, en préparation des réalisations de l'avenir? Il suffit de considérer les peuples non chrétiens, où presque rien ne se fait, malgré notre exemple, pour être convaincu de l'influence toute-puissante de la doctrine évangélique contre les organisations vicieuses de la société.

Reste à appeler l'attention sur l'action catholique en faveur des moyens proposés par la science. Il y a deux espèces de travail, le travail de l'esprit et le travail du corps; ce sont les mêmes lois morales qui les régissent : introniser dans le monde la libre concurrence des travaux de l'esprit, c'est appeler celle des travaux matériels; organiser l'association dans les travaux de l'âme, c'est appeler l'association dans les travaux du corps. Or, que fait l'Eglise à son entrée dans le monde, si ce n'est s'emparer de la liberté de la pensée, de l'écriture, de la parole et de l'exemple, malgré toutes les constitutions qu'elle y rencontre et les menaces de la force en colère? Elle réclame la libre concurrence dans la discussion, la prédication, la publication des idées, en un mot, dans la production intellectuelle et morale. Le monde change d'aspect sous le mouvement qu'elle lui communique, et, à partir de ce jour, on verra les sociétés s'approcher pas à pas du régime de la libre concurrence dans l'ordre économique, que proclamera enfin la grande révolution de 89 avec toute la solennité des législations. Ce régime n'est pas cependant sans danger; la liberté de l'abus ne saurait être laissée à la puissance contre la faiblesse; mais l'Eglise, en prêchant la charité avec autant de force que l'égalité et la liberté, pose aussi la base de cette restriction. Elle fait de même pour l'association, et plus encore; car elle ne se contente pas de former association dans l'œuvre de régénération morale; elle associe, en même temps, ses membres dans le travail matériel et dans la propriété des biens de la terre. Une des premières précautions des Chrétiens, c'est d'établir entre eux une communauté libre de richesses; cette communauté fonctionne au sein de l'individualisme païen, et montre en petit, de longs siècles à l'avance, le modèle que l'avenir imitera. Pourrait-on lui demander davantage?

II. — Venons à l'*échange*.

1° Que dit la science? L'échange prend mille formes et mille noms. Citons seulement la vente, l'assurance et le prêt, trois modes d'échange auxquels on peut les rapporter tous. Or, sur cette matière, comme sur la précédente, la science économique aboutit dans ses conclusions à poser des principes, à constater des vices, et à proposer des moyens d'organisation.

PREMIER PRINCIPE. — *Comme la liberté du travail et la propriété des fruits au profit du travailleur sont les deux conditions de justice relatives à la production, de même l'égalité est la grande condition de justice de tout échange où il n'y a pas don gratuit.* — Quels que soient les biens échangés, biens en nature ou en représentation numéraire, biens considérés dans leur substance ou dans leur usage, biens positifs ou biens négatifs, biens matériels ou simples avantages, biens présents et biens futurs, biens certains ou chances hasardeuses, etc., il y a vol, fraude, injustice, lorsque, sans qu'il y ait don, l'égalité n'est pas conservée entre ce qui est donné et ce qui est reçu.

SECOND PRINCIPE. — *Dans la vente et dans le prêt, l'utilité que l'acheteur ou l'emprunteur retirera de la chose n'entre pour rien dans l'estimation de sa valeur; mais l'utilité dont le vendeur ou le prêteur se prive lui-même en vendant ou prêtant, entre dans l'estimation de la valeur.* — Si l'utilité relative au preneur, laquelle provoque les échanges dans la société, pouvait entrer devant la justice comme élément du prix des choses, il s'ensuivrait qu'un homme pourrait vendre ou prêter à un autre, qui meurt de faim, le repas qui lui rendra la vie, moyennant une rétribution aussi élevée qu'il le voudrait, puisqu'il n'y a pas de bien matériel qui vaille la vie. Au contraire, il est très-juste que celui qui vend ou qui prête reçoive de l'acheteur ou de l'emprunteur l'équivalent de ce dont il se trouve privé par le fait de la vente ou du prêt. Le service qu'il rend ne doit lui porter aucun préjudice, et l'utilité, qu'il abandonne pour le rendre, doit lui être pleinement indemnisée.

TROISIÈME PRINCIPE. — *Il y a deux espèces d'utilité des choses, celle qui résulte de la nature et qui consiste dans le travail productif dont la chose sera l'instrument pour celui qui la possède, et celle qui peut résulter des coutumes reçues. La première appelle toujours une indemnité proportionnelle au profit de celui qui s'en prive pour vendre ou prêter. La seconde peut légitimer, en pratique, les indemnités fondées sur elle, dans une société mal organisée, mais ne saurait légitimer l'organisation elle-même.* — Supposons un pays où l'usure est pratiquée par tout le monde; chaque citoyen ne fera, en faisant comme tout le monde, que pratiquer le système de la compensation; c'est ainsi que, quand l'esclavage était un usage universel, on ne pouvait condamner le particulier qui avait des esclaves. Mais, comme cette sorte d'utilité est un désordre en soi, qui en enfante des multitudes d'autres, et doit disparaître dans la société utopique de la justice, nous devons la mettre de côté, et ne réserver que celle qui est fondée sur le travail légitime. On peut appeler l'indemnité à laquelle elle donne droit dans la vente et le prêt, indemnité du *travail cessant*, pour la distinguer de l'indemnité de la *production cessante*, qui embrasserait les deux utilités.

QUATRIÈME PRINCIPE.—*Quand, pour prêter ou vendre, un individu occupe son temps, afin de tenir boutique ouverte à la société, ce temps doit lui être payé.* — Autre indemnité juste qu'on peut appeler indemnité de *salaire* ou de *rétribution*, ou de *travail existant*.

CINQUIÈME PRINCIPE.—*Lorsque, dans le prêt, l'objet prêté se détériore par l'usage de l'emprunteur, il y a lieu, au profit du prêteur, à une indemnité de détérioration.* — C'est évident.

SIXIÈME PRINCIPE. — *Il y a deux manières de prêter : ou le prêteur assure l'objet à l'emprunteur de telle sorte, que si cet objet périt entre les mains de ce dernier, ce sera le prêteur qui gardera la perte à son compte; c'est ce qui a lieu dans les prêts qui tombent sous l'adage :* Res perit domino, *le prêteur étant désigné par le mot* dominus. *Ou bien l'emprunteur se porte assureur de l'objet, comme dans le prêt d'argent en usage; dans ce cas, si l'objet prêté se trouve perdu, c'est l'emprunteur qui subit la perte, et il doit le rendre comme s'il n'avait pas été perdu. Or l'assurance vaut un prix proportionnel à la valeur assurée et aux chances de perte.* — Si c'est l'emprunteur qui assure, il doit être payé de son assurance et de son dépôt; mais comme il jouit, pendant tout le temps de l'emprunt, de la possession de l'objet, tandis que l'autre en est privé durant tout ce temps-là, il est payé de son assurance par cette possession, et l'autre la paye par la privation de sa chose, abstraction faite des autres motifs à indemnité, de sorte qu'alors l'égalité est établie par la nature même du prêt. Si c'est le prêteur qui assure, en gardant à sa charge les chances de perte, bien que l'autre ait la possession de son objet, il lui est dû, en justice, une indemnité d'*assurance*.

SEPTIÈME PRINCIPE. — *Tout ce qui est perçu, à moins de don, en sus de ces quatre indemnités, et de la valeur intrinsèque de l'objet, qui consiste, dans la vente, en la tradition présente d'une valeur égale, et, dans le prêt, en la reddition simple du même objet ou d'une valeur égale, est un vol.*

HUITIÈME PRINCIPE. — *La valeur intrinsèque des objets échangeables résulte du plus ou du moins d'utilité économique absolue qu'y ont mis de soi le travail de Dieu, le travail de la société et le travail de l'individu.* — Dans l'échange, le travail de Dieu et le travail de la société se trouvent en circulation, se payant sans cesse eux-mêmes, puisqu'ils sont dans tous les objets, et le travail de l'individu est payé aussi par un travail correspondant. Malgré cela, il peut arriver que les éléments s'équilibrent autrement que chacun à chacun.

NEUVIÈME PRINCIPE. — *Tout ce qui précède s'applique également au numéraire et aux biens naturels, puisque le numéraire en est la représentation, et qu'avec lui on se procure, par l'achat, des biens semblables, et ayant la même valeur.* — Ce qui est une violation des lois de la justice dans les prêts d'argent et de choses qui se dépensent, en sera une également dans les prêts de biens fonds, pourvu que les conditions relatives à toutes les circonstances que nous avons exposées soient en parfaite identité.

Tels sont les principes les plus importants sur lesquels se fonde la science économique la plus pure devant la philosophie sociale.

Les vices qu'elle constate sont à l'infini, quand on les prend sous leurs travestissements grossièrement visibles ; mais on peut les réduire tous à un seul, en les étudiant dans leur germe ; et ce vice est la violation organisée de l'égalité dans l'échange, ou *l'usure*.

L'usure consiste dans un contrat injuste, toléré ou non toléré par la loi, que le faible se voit obligé d'accepter par la nécessité de sa position, et qui a pour effet de faire passer, dans les mains du fort, une partie des fruits du travail du faible; d'où résulte une accumulation constante des capitaux de la société, c'est-à-dire de tous les fruits du travail passé et présent, dans l'avoir des uns, et, par suite, une aggravation progressive de la misère des autres.

L'usure se reproduit sous mille formes, qui reviennent, presque toutes, au prêt d'instruments de travail en nature ou en numéraire, dans des conditions telles que le prêteur reçoive beaucoup plus que ce qui lui revient à titre de valeur intrinsèque de l'objet, ou à titre des quatre indemnités qu'admet la justice. Maisons, terres, usines, métiers, animaux, instruments quelconques, ou argent pour en acheter, sont prêtés à des hommes qui s'en serviront pour produire, moyennant soit une somme annuelle déterminée, soit ce qui restera de leur produit en sus d'un salaire convenu, mais de sorte que ni la *détérioration par l'usage*, ni le *travail cessant*, ni le *travail existant*, ni *l'assurance* ne leur donnent droit au montant tout entier de cette somme annuelle ou de ce surplus du salaire. Ce n'est pas la détérioration qui donne ce droit, puisqu'on exige à part, en général, l'indemnité qui s'y rapporte, en exigeant, après le temps convenu, la reddition de l'objet tel qu'il a été livré, ou, sinon, avec indemnité réglée par experts. Ce n'est pas le travail cessant, puisqu'en général, on ne se prive pas, en prêtant, d'un instrument de travail qu'on aurait, soi-même, mis en exploitation, et que cette raison ne donnerait droit au prêt à intérêt que de ce qu'un homme ou une association d'hommes pourrait exploiter. Il ne faut pas omettre que nous avons admis, comme raison justificative de la conscience *individuelle*, le *lucre cessant* fondé sur les usages reçus. Ce n'est pas le *travail existant*, puisqu'en général on ne se livre, dans son métier de prêteur, à aucun travail utile à la société et méritant salaire. Ce n'est pas enfin l'assurance, puisque, dans une partie des contrats, elle est à la charge de l'emprunteur, et que, dans les autres, les chances de perte sont si faibles qu'elle ne donnerait lieu qu'à une indemnité ou prime presque inappréciable. Nous n'entrerons pas dans plus de détails. Que le lecteur fasse maintenant ses calculs, il nous suffit d'avoir posé les données.

Disons cependant, en deux mots, ce qui résulte de ce vice. La société se compose de trois couches : la couche supérieure qui n'est que prêteuse ; la couche moyenne qui est prêteuse d'une part et emprunteuse de l'autre ; et la couche inférieure, la plus nombreuse, qui n'est qu'emprunteuse. Or, il résulte du système usuraire, que la production de la couche inférieure qui forme la classe travailleuse, lui est, en grande partie, soutirée ; que la couche moyenne est sucée d'une part et suce de l'autre, ce qui ne fait compensation que dans le tout juste milieu ; et enfin qu'il y a accumulation au profit de la couche supérieure. C'est ainsi que se maintiennent et vont en s'aggravant la misère et l'opulence. Si la Providence ne donnait à quelques-uns de la classe inférieure des talents et des chances d'une force à lutter contre l'impossible, et ne permettait que l'opulence ne transformât souvent la sagesse naturelle en folie et en prodigalité, on verrait, en peu d'années, tous les capitaux se fixer dans un si petit nombre de mains que la société se lèverait un jour horrifiée d'elle-même.

Tel est le vice qui faisait rêver au cœur et au génie de Fénélon des plans dans lesquels « chaque famille ne pourrait posséder que l'étendue de terre absolument nécessaire pour nourrir le nombre de personnes dont elle sera composée (*Télém.*, l. xii, vers la fin ; » et qui met, sans cesse, en si grand travail la science économique.

Quels sont les moyens qu'elle propose ?

Nous n'en connaissons que deux : une législation contre l'usure, qui ne gêne en rien la liberté des contrats légitimes ; et une vaste banque mutualiste d'assurances et de circulation ayant des succursales sur tous les points du territoire, destinée à écraser l'usure par sa concurrence. M. Chevé, en qui la foi catholique et le généreux caractère ajoutent beaucoup à l'autorité du talent, a proposé et soutenu le premier de ces moyens, mais non pas, malheureusement, sans des erreurs de détail et d'application. Proudhon, en qui le vide absolu à l'endroit de la pierre fondamentale, le fatras philosophique, par là même, et l'assujettissement d'esprit à une critique trop minutieusement raisonnée des faits accomplis, infirment considérablement la puissance du penseur et de l'écrivain, a presque été l'utopiste du second ; et Émile de Girardin s'en est fait le théoricien plus pratique, principalement en ce qui concerne la question de l'impôt, que ce publiciste propose de transformer en assurance sur un plan qui lui méritera les souvenirs de la postérité. Son projet de banque d'assurance contre le non-payement des effets de commerce, banque dont la signature donnerait aux billets la valeur du comptant, est aussi très-ingénieux et aurait des résultats, bien qu'il ne saisisse qu'un angle de la question, parce qu'au fond tout le problème est dans tout ce qui n'est pas à côté du problème.

La législation contre l'usure devrait être conçue de manière à paralyser toute stipulation usuraire, sans attaquer les droits aux quatre indemnités que nous avons reconnues légitimes, toutes les fois que ces droits seraient établis. Elle devrait, en même temps, rendre impossible le monopole dans lequel pourraient se constituer les associations heureuses, aussi bien que les particuliers ; c'est elle qui garantirait la libre concurrence de chacun en empêchant les abus, et en ôtant à la force le moyen d'écraser la faiblesse. Il y aurait nécessairement, pour que ce but fût atteint, des stipulations d'échange, et des contrats d'association qui seraient prohibés et poursuivis, soit comme usuraires, soit comme devant engendrer des monopoles tyranniques. Liberté illimitée, mais dans les limites de la justice et du respect des droits d'autrui.

La banque mutualiste de circulation et d'assurance reposerait sur les bases ; 1° du prêt gratuit moyennant garantie, proportionnelle à l'emprunt ; 2° de la prime d'assurance proportionnelle au risque du capital assuré ; 3° d'un fonds de roulement fourni par cotisation générale ; 4° d'une retenue proportionnelle faite sur ceux qui en profiteraient jusqu'à concurrence du montant des frais d'administration. Elle renfermerait plusieurs sections ; la section de l'assurance de protection de la force publique contre les atteintes intérieures à la liberté, à la propriété, à la vie, à l'honneur, etc. ; la section de l'assurance de protection de la même force contre les invasions de l'étranger ; la section d'assurance d'emprunt, sans intérêts, d'instruments de travail, moyennant garantie quelconque pourvu qu'elle soit bonne ; la section d'assurance contre les accidents destructeurs ; la section d'assurance contre le non-payement des effets de commerce ; la section d'assurance contre la misère involontaire, la vieillesse, etc., et on pourrait ajouter plusieurs autres sections, si cela plaisait à la nation, telles que les assurances contre les frais des travaux publics, de l'instruction primaire, des divers cultes, etc., etc.

Tels sont les moyens proposés par la science.

2° Faisons une halte et interrogeons le christianisme.

Pour comprendre l'harmonie des principes posés par la science économique sur l'échange avec la morale chrétienne, il suffit encore d'ouvrir les Traités de théologie de tous les docteurs orthodoxes. On y trouve établi et développé, dans les plus grands détails, le principe de *l'égalité* dans l'échange comme règle absolue de justice ; et aussi ceux qui reconnaissent comme justes les quatre indemnités. Celles de détérioration et de rétribution y sont expliquées sous les mêmes termes ; celle de travail cessant y prend le nom de *lucrum cessans*, et celle d'assurance y est consacrée explicitement dans plusieurs de ses applications relatives aux contrats aléatoires, et implicitement, quant au prêt, dans les règles théologiques tirées du *jus in re*, du *jus ad rem*, et du *res perit domino*. Si, au premier abord, on croyait y voir des règles contraires au neuvième principe, c'est-à-dire supposant une distinction entre les biens fongibles et les autres biens, on se convaincrait bientôt que la contradiction n'est que dans les apparences, vu que, les biens fongibles étant prêtés, depuis longtemps, avec des clauses, exprimées ou sous-entendues, qui mettent l'assurance à la charge de l'emprunteur, pendant que les autres biens sont prêtés, en général, dans la condition contraire, les théologiens, au lieu de baser leur distinction sur la nature du contrat, l'ont basée sur l'espèce des biens objets du prêt.

Il en est de même du vice constaté par la science économique. L'usure a été condamnée par la révélation depuis Moïse jusqu'à nous, en même temps que quelques philosophes la condamnaient également aux simples lumières de la raison. Lorsque la république juive se fut reconstituée, après le décret de Cyrus qui rendait les Israélites à leur patrie, et que Néhémias revint de la cour de Babylone exercer une influence si bienfaisante sur les assemblées, il y eut une convocation nationale pour aviser aux moyens d'arrêter la misère qui obligeait le peuple à des plaintes amères : « Notre chair « n'est-elle pas semblable à celle des riches ? Pourquoi sommes-nous réduits à cette nécessité qui nous force même de vendre nos enfants pour nous procurer quelques ressources ? » Et Néhémias, voyant que le mal venait de ce qu'on n'observait plus les prescriptions de la loi contre l'intérêt du capital, l'usage en ayant cessé durant la captivité chez les Assyriens, leur fit un discours dont le résumé est dans la déclaration suivante : « La cause du mal c'est que vous faites l'usure. » Et il fit voter par l'assemblée, non-seulement la renonciation à cet usage, mais encore l'abolition des dettes contractées par suite de l'usure et la reddition gratuite des objets mis en gage, (*II Esdr.* v). On sait que Jésus-Christ a défendu l'usure ; *prêtez*, a-t-il dit, *sans en rien espérer*; et que l'Église n'a jamais cessé, dans ses conciles et par tous ses orateurs, de foudroyer l'usure comme un des plus grands maux de la société; elle n'a jamais rien cédé du principe général et absolu qui dit qu'en tout état de cause, ce qu'on perçoit, *vi mutui*, en vertu seulement du prêt, est un vol. S'il y a des tolérances en pratique, relativement à l'intérêt légal, ce ne sont pas des concessions sur le principe, mais uniquement des appréciations sages de cas de conscience individuels qui obligent à admettre, en excuse, la nécessité où se trouve le citoyen d'une cité où l'usure est consacrée, de faire comme les autres pour ne pas se trouver dans une position à voir son bien soutiré de toutes parts, sans pouvoir opposer des compensations à son avantage. Cette condamnation solennelle et persistante de l'*usure* par le christianisme est le germe de l'organisation économique de l'avenir.

Enfin, quant aux moyens que la science propose, on les trouve encore en germe dans la révélation. Celui de la législation contre l'usure est déjà mis en jeu, dans l'ordre sacré, depuis quatre mille ans; c'est ce qui résulte de ce que nous venons de dire. Moïse, dans son code théocratique, porte la défense de prêter *quelque chose que ce soit*, moyennant intérêt, et il ajoute que tant que sa loi sera rigoureusement observée, il n'y aura pas de pauvres parmi son peuple ; c'est, en effet, ce que constate l'histoire ; la misère ne vient que quand on se relâche dans l'observation de la loi ; et alors les prophètes, tels que David (*Psal.* xiv) et Ézéchiel (xviii) s'élèvent contre le vice qu'ils voient naître et faire des ravages. La législation ecclésiastique est purement religieuse, mais en plus d'un point elle devrait servir de modèle à la législation civile, et celui-là est au premier rang.

Le deuxième moyen consiste dans une organisation qui rende nécessaire l'application de la loi, par une concurrence écrasante faite aux usuriers, et qui amène les résultats désirés en paralysant, à tout moment, les effets de la rapacité du fort en appauvrissement du faible. Or, nous le trouvons encore en germe et dans l'organisation mosaïque, et dans celle de la primitive église. Moïse, pour ne pas manquer son but, prenait les grandes mesures, et ne craignait pas d'enchaîner la liberté, lorsqu'il ne pouvait faire autrement. C'est ainsi qu'il en usa dans l'institution du jubilé. Il rendit toutes les fortunes territoriales, résultant d'un égal partage entre les familles, inaliénables pour plus de cinquante ans ; comme les familles pullulent à peu près également, en moyenne, si l'on prend des périodes indéfinies, c'était établir l'égalité des biens par le mode opposé à tout autre qui aurait eu pour résultat de nouveaux nivellements périodiques ou continuels, avec cette seule différence que son institution lui offrait plus de garanties d'exécution. C'est le plus grand trait de génie que présente l'histoire des législateurs. Mais qu'est-ce, au fond, que cette mesure, sinon une organisation d'assurance, pour tous, d'emprunt gratuit ? en vendant ses biens ou en les engageant pour des capitaux dont on avait besoin, on était sûr de les reprendre intacts au bout de cinquante ans, et de se trouver, après ce terme, libéré de toute dette ; c'était le partage primitif qui recommençait comme le premier jour. On avait fait, durant la période, des échanges d'usage contre usage, mais jamais d'usage contre propriété réelle, ce qui produisait un résultat assez semblable à celui que produirait l'institution d'assurance dont nous avons parlé, lequel consisterait à provoquer une circulation énorme par échange de capitaux contre capitaux, et à empêcher, en même temps, l'achat de rentes indéfinies avec des capitaux. Moïse fixa la propriété, après répartissement originaire équitable; c'était faire, par l'extrême opposé, ce que ferait une constitution qui mobiliserait réellement la propriété, en rendant l'usure impossible, et en forçant chacun de vivre sur son capital, avec cette différence, néanmoins, que, selon l'idée moderne, un capital acquis pourrait être entretenu ou augmenté par des productions continues, soit matérielles, soit intellectuelles, soit morales, tandis que, selon la loi mosaïque, il y avait nécessairement rentrée de toute acquisition territoriale, au bout de cinquante ans, dans les mains des familles primitivement propriétaires. La seconde méthode nous paraît beaucoup plus juste en théorie, parce qu'elle respecte davantage le travail, la propriété, la liberté, tous les droits, et qu'elle pousse davantage à la production, mais nous n'oserions dire, au point de vue pratique, qu'après avoir essayé de divers systèmes, la société ne se verra pas forcée d'en revenir à l'idée mosaïque, comme plus susceptible d'être sauvegardée dans son application, et plus simple à organiser.

La primitive Église respectait la liberté individuelle dans son communisme de charité; entrait qui voulait dans l'association; venait qui le voulait bien, déposer son capital dans la caisse commune, la condition n'était pas exigée pour être chrétien; mais qu'était-ce que cette communauté sinon une organisation d'assurance entre Chrétiens contre le besoin? La caisse commune était là, non pas seulement pour subvenir aux nécessités de l'infirme et de l'incapable, mais surtout pour fournir gratuitement l'instrument de travail à celui qui ne demandait que cela pour pouvoir travailler; il est vrai que c'était aller beaucoup plus loin que la caisse d'assurance dont nous avons parlé, par cette raison que toute la garantie, exigée pour le prêt gratuit, était la profession de foi et de pratiques chrétiennes; la perfection de la société naissante faisait de cette garantie une garantie solide, ce qui n'a plus lieu. Il y avait aussi, de plus, la communauté de consommation, ce qui ne peut se reproduire qu'en petit, comme dans le couvent chrétien. Il y avait, enfin, l'absence de proportionnalité, par le dévouement libre du riche qui donnait beaucoup plus et ne retirait pas des avantages plus grands ; c'était, en résultat, l'égalité de salaires, mesure très-charitable quand on s'y soumet librement, mais injustice monstrueuse quand elle est obligatoire. Quoi qu'il en soit, toujours est-il que l'idée génératrice de la banque d'assurance était là.

III.—Il nous reste à parler du troisième objet de l'économie sociale, la *consommation*.

1° Que dit la science? La science, sur ce troisième objet, comme sur les deux autres, établit des principes, constate des vices et propose des moyens.

PREMIER PRINCIPE. — *Liberté pour chacun de consommer, à son bon plaisir, sauf l'abus nuisible aux droits d'autrui, ce dont il est propriétaire légitime par travail, échange, ou quelqu'une des formes du don.*

SECOND PRINCIPE. — *Liberté d'exercer la charité par le don.*

TROISIÈME PRINCIPE. — *La charité libre est la grande loi morale propre à amener l'équilibre dans la consommation, comme la liberté du travail et la propriété sont les grandes lois de justice de la production, comme l'égalité est la grande loi de justice de l'échange.*

QUATRIÈME PRINCIPE. — *Il y a deux modes d'exercice dans la charité; le mode par lequel chaque individu la fait en son particulier, et le mode par lequel les individus se réunissent pour en organiser une application commune. Ces deux modes sont également louables.* — Le second peut être exercé dans un petit cercle; tels sont les bureaux de charité maintenant en usage; ou dans un grand cercle, comme serait une association universelle de toute une nation, avec divisions et subdivisions, librement voulue par cette nation.

CINQUIÈME PRINCIPE. — *Une société peut même, du consentement de tous ses membres, renoncer à des droits de propriété par motif de charité publique, pour obvier à des inconvénients inévitables sans des mesures de ce genre.* — C'est un communisme libre qui peut être marqué au coin de la morale, du dévouement et d'une sage prévoyance.

SIXIÈME PRINCIPE. — *C'est la consommation qui provoque la production, et, par suite, une nation n'est sage que quand elle ne consomme des produits inutiles et de luxe qu'autant qu'elle produit tout le nécessaire et tout l'utile pour la vie du corps et pour la vie de l'âme; pour la nourriture, le vêtement, le logement, suffisamment confortables; pour la science; pour l'art; et pour la religion.* — Autrement, il y aura production excessive d'objets inutiles, superflus ou même nuisibles; par suite, occupation du travail à cette production; par suite encore, production insuffisante de l'utile et même de l'indispensable; et, en dernier résultat, détresse ou misère pour le plus grand nombre.

Les vices principaux sont les suivants :

PREMIER VICE: *Le luxe*. — La science économique entend par ce mot l'invasion du goût et de la consommation de tout ce qui satisfait les passions de l'opulence, mais qui n'est ni indispensable ni utile pour le corps ou pour l'âme, pour la vie matérielle, ou pour la vie intellectuelle, ou pour la vie artistique, ou pour la vie morale et religieuse. Il reste vrai à jamais que les anciens ne se trompaient en rien, quand ils disaient que le luxe est la cause principale de la décadence des nations. C'est le vice contraire au cinquième principe, lequel explique la cause de ses fâcheux effets.

SECOND VICE: *L'imprévoyance sociale et le défaut de connaissance du but où l'on marche.* — Ce vice consiste dans une anarchie du travail, telle que chacun se jette dans telle ou telle industrie, ou produit avec surabondance telle ou telle chose sans pouvoir se douter de l'accumulation excessive qui en résultera dans un temps donné, et par suite, de la disette d'autres produits qui deviendront très-chers, pendant que celui-là tombera en dépréciation. Ce malheur résulte de ce qu'il n'y a d'autre thermomètre de la production que l'offre et la demande du jour même ; en d'autres termes, que l'on ne sait que l'effet du passé, et non celui du présent, que l'on ne peut penser au remède que quand le mal est consommé ; en un mot, que la production est réglée par son propre désordre, tandis qu'elle devrait l'être par les besoins de l'avenir. M. Ott explique très-bien, dans son traité, ce mal social qui amène tant de hausses et de baisses, tant de fluctuations, tant de ruines, tant de crises pour l'agriculture et l'industrie.

Troisième vice. — Le progrès dans l'industrie et les inventions est un bien qui engendre beaucoup de maux quand la société est établie sur un mauvais pied ; dans ce cas elle invente et progresse pour quelques-uns contre l'intérêt général.

Le principal résultat, en effet, du progrès industriel est une production plus abondante en moins de temps, avec moins de peine et avec moins de bras ; ce sont d'ailleurs les forts, et seulement les forts, qui peuvent mettre à profit les instruments nouveaux, les machines, usines, etc.? Ceux-là donc deviennent plus indépendants des ouvriers, et peuvent les assujettir plus librement à leurs conditions ; les machines remplacent ces derniers, en partie ; on peut se passer d'un grand nombre d'entre eux ; de là, diminution de salaire, manque d'ouvrage, et aussi diminution du prix des choses, mais, somme toute, aux dépens du faible ; c'est lui qui paye le montant de cette diminution, et le fort empoche tout. C'est ce résultat immédiat qui donne au peuple tant d'animosité contre les machines, bien qu'elles soient l'honneur de l'intelligence humaine et la source d'un bien-être à venir. Au reste il n'est pas de mal qui n'emporte son remède avec lui, et c'est précisément le vice que nous venons de signaler qui provoquera toujours les réformes économiques ; le peuple est une force contre laquelle on ne résiste pas, quand elle est excitée à un certain degré ; c'est le besoin qui l'excite, et, comme le progrès industriel produira forcément et rapidement ce besoin, on le verra amener fatalement de nouvelles organisations compensatrices dans la répartition des richesses. C'est même ce progrès irrésistible, providentiel, fatal, qui sera, en ce sens, la cheville ouvrière de toute nouveauté sociale. Mais supposons que tous les moyens proposés par la science, et que nous avons exposés, fussent appliqués à la fois, ou même d'autres, meilleurs encore, qui seront peut-être inventés : assurément, l'inconvénient que nous venons de signaler aurait à peu près disparu ; non-seulement chacun ne vivrait plus que de sa vraie propriété, et non de celle d'autrui, selon le précepte de l'Apôtre, soit qu'il produisît pour le corps, soit qu'il produisît pour l'âme, l'échange étant là pour donner à tous les besoins légitimes de quoi se satisfaire ; mais encore chacun ne pourrait attirer en ses mains, par les moyens aujourd'hui connus, les instruments de travail pour en faire des instruments d'exploitation de la société faible ; et cependant, il resterait encore un danger d'absorption, provenant du progrès même de l'industrie et de l'invention des machines : Supposons l'impossible pour comprendre le possible ; qu'un homme industrieux vienne à inventer une machine si ingénieuse et si puissante qu'en la faisant marcher de ses seuls bras il produise autant avec elle, soit du blé ou autre chose, que des milliers d'hommes réunis ; point d'usure, point d'exploitation de l'homme, et malgré cela, accumulation de capitaux énormes dans les mains de cet homme, car il vend comme les autres, fait la concurrence, écrase les exploitations rivales, achète et accumule, puis fait la loi. On comprend assez ce qui peut surgir du possible dans cet ordre d'hypothèses. Donc, malgré tous les moyens, il reste encore une possibilité d'absorption pernicieuse pour la société, et génératrice d'une nouvelle misère, bien que les chances en soient très-considérablement diminuées. Quoique ce vice, presque inséparable de la nature humaine, et peut-être sans remède, parce qu'il ne naît d'aucune injustice, mais seulement de l'inégalité des talents, se rapporte autant à la production qu'à la consommation, nous le signalons sous ce dernier chef, vu que, s'il est possible de le prévenir, ce sera par une disposition de charité sociale, consentie par tous, laquelle ne se rapporte qu'à la distribution des biens à consommer, et ne peut avoir pour base que la liberté qu'a chacun de faire ce qu'il veut des fruits de son travail.

Quatrième vice. — Celui-ci résulte encore de la nature et est sans remède dans son germe. Il y aura toujours des faibles par constitution, des vieillards, des infirmes, des orphelins, des idiots, des malheureux sans leur faute, qui ne produiront rien, à qui leurs parents ou amis ne laisseront pas le nécessaire pour vivre, et qui, cependant, ne devront pas mourir de faim, ni même souffrir plus que les autres. Il y aura aussi des paresseux, des coupables qui se trouveront, par leur faute, dans la misère, n'ayant pas, à un jour donné, le nécessaire pour leur consommation. Malgré les avantages des assurances, on rencontrera de ces êtres sur la terre.

Cinquième vice. — Ce dernier vice tient encore à la nature, et plus que tout autre. Il consiste dans l'absence de proportion entre l'augmentation de la population et l'augmentation de la production. L'augmentation de la population, dans une société bien organisée sous tous les rapports, est indéfinie, tandis que la surface du sol ne s'accroît pas, et que sa fécondité, toute susceptible qu'elle soit de dilatation énorme par le travail et le progrès agricole et industriel, n'est pas cependant sans terme. Fénelon, dans sa philanthropie et son espérance, disait, en y pensant, que la terre nourrirait cent fois plus d'habitants qu'elle n'en nourrit. Supposant cette maxime le résultat d'un calcul mathématique, et faisant aujourd'hui le même calcul, on trouverait déjà, en moins de deux siècles, quelque chose comme un vingtième de diminution, pour le globe entier, et beaucoup plus pour tous les pays civilisés puisqu'il y en a, comme la France, qui ne peuvent déjà plus nourrir tous leurs habitants; Cormenin l'a prouvé. D'ailleurs Malthus a fait là-dessus des calculs irréfutables. Nous raisonnons pour toute la durée du genre humain qui peut être énorme, et qui paraît n'être qu'à son début, au moins par appréciation géologique. Nous devons donc signaler cet inconvénient, d'autant plus qu'en ce qui concerne les contrées les plus civilisées, il ouvre une perspective effrayante pour un temps prochain. Ce malheur ne tient à la faute de personne ; il est inhérent à la constitution humaine, au moins depuis qu'il a été dit à la femme : *Je multiplierai les conceptions* (Gen. III, 16).

Tels sont les principaux vices que constate la science économique.

Quels moyens propose-t-elle?

Contre le luxe nous n'en connaissons pas d'autre que l'organisation même qui a été exposée, laquelle aurait pour résultat d'empêcher les trop grandes fortunes; et aussi une institution, comme l'imagine M. Ott, qui ferait connaître l'état de la production et de la consommation, à des périodes rapprochées, montrerait à tous les tendances du travail, rappellerait sans cesse les yeux sur l'abîme où l'on court, pourrait ainsi faire réfléchir les consommateurs et les producteurs, et mettre le luxe en discrédit.

Contre l'imprévoyance sociale, nous ne voyons aussi qu'une institution de ce genre, qui jouerait dans l'Etat, à titre d'avertissement continuel, sans gêner la liberté de personne, le rôle d'une comptabilité bien tenue, dans une ferme, vis-à-vis du directeur de l'exploitation.

Contre le troisième vice, nous ne pouvons concevoir qu'un esprit de charité qui déterminerait les citoyens à renoncer à une partie de leurs droits, pour compenser perpétuellement, jusqu'à un degré raisonnable, les inégalités qui surgiraient. M. Huet imagine une législation des héritages, qui atteindrait ce but : d'après cette idée tout fruit du travail ne pourrait être hérité qu'une fois; le producteur seul aurait droit de transmettre ce qu'il aurait produit, et tout ce qui aurait déjà passé par une autre main que celle de son producteur, serait déclaré appartenir à une caisse commune, laquelle servirait à doter les jeunes gens qui auraient besoin d'être dotés ; la société leur donnerait ainsi l'instrument de travail. Ce communisme mitigé serait un attentat au droit de propriété qui implique le droit de transmettre, soit qu'il naisse immédiatement du travail, soit qu'il naisse du don, puisque le don absolu met le donataire dans tous les droits du donateur, et, par suite, du producteur lui-même ; mais, s'il était accepté bénévolement par une cité, il n'y aurait plus attentat, puisque chacun ferait, par son consentement même, l'acte de charité consistant à abandonner à la caisse du patrimoine général ce qu'il aurait hérité d'un autre. Une telle cité rappellerait la primitive Eglise, et ne serait que digne d'admiration. Ce qui nous paraît évident, c'est la grande utilité de quelque mesure de ce genre, *librement acceptée par tous*, pour prévenir les excessives inégalités qui, malgré les autres moyens, pourraient encore résulter du perfectionnement industriel, mis à profit par les uns pour faire aux autres une concurrence écrasante, toute légitime et pure d'exploitation usuraire qu'elle pût être.

Contre le quatrième vice, nous ne voyons de proposé par la science que les assurances dont nous avons parlé, et, pour ceux qui y échapperaient encore, que l'assistance libre, particulière et publique, organisée et non organisée. Mais, dans tout état de cause, il faudrait, pour être sage, que la charité n'allât point jusqu'à garantir la paresse contre la souffrance; la punition devrait suivre la faute, comme le veut la justice naturelle, sans quoi la production générale en souffrirait, et la société deviendrait misérable.

Enfin, contre le dernier inconvénient, nous trouvons la science muette, car les moyens immoraux, qui reviennent à l'infanticide à tous les degrés, et que pratiquement officiellement un grand nombre de peuples en dehors du christianisme, font horreur, bien que des économistes aient eu l'audace, en pleine civilisation moderne, de nous les proposer ; et, ceux qui consistent à appeler les destructions providentielles au secours de la société, sont en sens inverse de ses tendances raisonnables, qui sont et à la paix d'une part, et à la santé de l'autre.

2° Consultons le christianisme :

Nous avons à peine besoin, sur cette troisième analyse, de faire remarquer l'harmonie de l'esprit évangélique avec la science. Tous les principes que nous avons posés d'abord reposent sur celui de la charité libre, et chacun sait que cette charité est la base de la morale chrétienne. C'est l'Eglise du Christ qui en a popularisé le devoir. Quant aux vices que nous avons énumérés, ceux qui résultent d'excès, dont l'homme ou la société sont responsables, ne cessent d'être en butte, depuis Job et Moïse, à toutes les apostrophes et malédictions de la révélation.

On sait avec quelle fureur sainte retentit l'anathème de la prophétie hébraïque, puis de Jésus, puis des apôtres, puis des Pères de l'Eglise, puis des orateurs chrétiens, contre le luxe et les trop grandes richesses, contre les dépenses inutiles et l'absorption des biens par les forts, contre la folle prodigalité d'une part, et, de l'autre, contre la dévorante avarice. Quant aux moyens proposés pour contrebalancer, autant que possible, les effets de ces vices, ils naissent de trois idées fondamentales, la justice en premier lieu, la sagesse prévoyante en second lieu, et, en troisième lieu, la charité ; or, ces trois vertus sociales ne sont-elles pas l'objet des prédications incessantes de l'Eglise catholique? Ce qui regarde l'assistance du malheur naît aussi de la charité évangélique, et est spécialement enseigné par toutes les exhortations à la piété et à l'aumône; de quelque manière que l'assistance se fasse, dès qu'elle sort du contrat d'assurance, et a pour base le don, elle est une aumône; seulement le mode de cette aumône peut être plus ou moins digne, plus ou moins conforme à la fraternité humaine; et quand la société est assez vertueuse pour prendre des mesures qui se rapprochent de celles qu'employèrent entre eux les premiers Chrétiens, c'est alors qu'elle obéit le plus parfaitement aux instructions du Christ et aux désirs de son Eglise. Cependant la doctrine chrétienne craint aussi l'oisiveté, comme la science, et, tout en prêchant la pitié du malheur coupable, elle la flétrit de toutes ses forces en lui attribuant la hideuse maternité de tous les vices.

Reste le cinquième inconvénient auquel la science ne propose que des remèdes insuffisants et de faibles palliatifs, tels que le moins de précocité dans les mariages. Or, ici l'Eglise est en mesure, et elle seule a trouvé le moyen; elle répond à l'inconvénient de l'augmentation de la population, par l'honneur qu'elle attribue à la virginité et au célibat, ainsi que par ses lois de continence relative à ceux qui se consacrent à ses ministères. C'est le seul remède moral, saint, approuvé de Dieu; le seul que puisse aussi approuver la science, bien qu'il n'entre pas dans sa mission de le proposer, car toute mesure humaine sur une telle matière serait de l'oppression; il n'y a que la puissance morale qui ait droit de pousser à de tels moyens, lesquels ne peuvent, par leur essence même, être mis en usage que par la liberté individuelle. Mais on conçoit que cette puissance morale de la religion parvienne à élever la virginité tellement en honneur, qu'un assez grand nombre d'hommes et de femmes choisissent cet état pour qu'il y ait compensation à l'augmentation excessive des populations. Aujourd'hui la compensation est loin d'exister, mais aussi la terre est loin d'être pleine; et nous croyons qu'à l'avenir est réservée la gloire d'opposer ce remède, d'une manière complètement efficace, aux calculs de Malthus. C'est ainsi que la société ne sera jamais obligée de périr par sa multiplication même; et l'Eglise aura le mérite exclusif de la sauver sous ce rapport. Oui, si la cité cosmopolite de la justice et de la fraternité se réalise jamais telle que la rêvent les cœurs généreux, elle verra, dans son sein, notre Eglise multiplier les vierges selon la proportion équivalente à ce que serait le trop plein. Nous savons qu'aujourd'hui la *bête humaine*, pour user du mot de Lacordaire, rugit encore à de telles prédictions; mais ce n'est pas une raison pour nous taire, et, de plus, elle ne nous fait pas peur.

L'homme de bonne foi avouera que, sur tous les points fondamentaux de l'économie sociale, comme sur ceux de la politique, nous avons trouvé la doctrine catholique, non-seulement en harmonie avec la science, mais la précédant, et projetant sur le but où elle vise, depuis les temps les plus antiques, quelques rayons de son flambeau divin.

IV.— Reste à dire un mot sur l'économie sociale internationale. — La science judicieuse, et véritablement science, nous entendons par là celle qui ne s'arrête pas aux faits accomplis et qui s'appesantit sur ce qui doit être dans l'hypothèse des obstacles disparus, professe le principe du libre échange; et déjà plus d'une grande nation est lancée dans cette voie. La protection est la précaution du législateur pour le développement du peuple-enfant; mais elle devient sans raison et engendre mille atteintes à la liberté dès que le peuple parvient à l'âge viril; la concurrence absolue et l'échange libre de tous les produits sont alors le moyen du bien-être et du grand progrès; jusque-là ce ne sont que les langes du berceau. Or, l'Eglise se retrouve encore ici la première sur la brèche; en outre que nous voyons les plus grands hommes, tels que Fénelon, ne rien comprendre aux prohibitions et aux ceintures de douanes, assimiler les peuples, dans cet état, à des familles que la loi séquestrerait les unes des autres par une sorte de régime cellulaire, nous trouvons, dans les efforts triomphants de la propagande chrétienne, malgré les barrières élevées par les gouvernements contre l'échange et la circulation des idées, le germe et le modèle de la libre circulation des produits matériels. Toute liberté est à naître de toute liberté. Nous savons cependant que des défenseurs maladroits de la religion du Christ, après avoir demandé ce libre échange pour l'Eglise quand elle avait besoin de lutter contre toutes les protections contraires, demandent la protection pour elle dès qu'elle devient puissante, pour ello qui a su s'en passer dans sa faiblesse même! mais leur parole n'est pas l'Evangile. Quand un peuple a atteint l'âge de raison, ni ses idées, ni ses produits ne doivent être protégés; la protection est un service de traître, ou de maître imbécile.

III. — Questions de droit.

Les questions de droit se rapportent, soit à la politique, soit à l'économie, et, par conséquent, sont implicitement renfermées dans les principes généraux qu'on vient de parcourir.

Cependant, il en est quelques-unes que nous ne pouvons passer sans éveiller sur elles l'attention du lecteur. Le Code civil en fournit deux de ce genre : celle de la liberté civile, et celle de l'émancipation de la femme; et le Code pénal en présente une non moins importante, celle de la peine de mort.

I. — Déjà, dans plusieurs nations civilisées, la liberté civile est conquise; mais ce n'a pas été sans peine. Avant cette conquête, que de luttes, que de difficultés pour déraciner successivement l'esclavage, le servage, la féodalité, et tous les priviléges négatifs de l'égalité des droits civils qui se sont succédé sur la terre; mais la doctrine chrétienne n'a-t-elle pas été la grande ouvrière de toutes ces réformes? On peut en juger par ce qui se passe aujourd'hui même. Malgré les progrès réalisés, que l'on compare l'ordre des faits avec l'utopie évangélique, et l'on sera effrayé de la distance dont cette utopie devance l'évolution réelle. Déjà nous avons parlé des divers esclavages au point de vue économique, et nous avons rappelé le fait, avoué de tous, de leur abolition progressive par l'influence des idées chrétiennes; mais nous voulons encore faire remarquer un phénomène antique dont on ne rend pas une justice suffisante à celui qui en est le héros. Il est vrai que Moïse admit, dans sa loi, un esclavage mitigé; il ne pouvait faire autrement au milieu du monde de son temps : mais n'est-il pas surprenant que, depuis les âges historiques, le peuple juif soit le seul où l'esclavage soit réduit à des conditions telles qu'ayant l'air d'être admis, il est cependant comme neutralisé. Nous ne pouvons, sur ce point, pas plus que sur mille autres, faire du Code mosaïque une étude détaillée qui, pour être juste, serait difficile et compliquée, vu les contradictions apparentes qu'on rencontre dans ce code. Nous citerons seulement l'article suivant du *Deutéronome* : *Vous ne livrerez point à son maître l'esclave qui se sera réfugié vers vous; il habitera avec vous dans le lieu où il lui plaira d'habiter ; il trouvera le repos dans quelqu'une de vos villes ; ne le contristez point.* (Deut. XXIII, 15, 16.) Cette disposition est absolue, et elle détruit, implicitement, toutes celles qui paraissent favorables au maître contre l'esclave. Dès que l'esclave pouvait s'enfuir, avec certitude de ne pouvoir être repris par son possesseur, et que toute ville d'Israël lui devait, à cet effet, le refuge, la sûreté et la liberté, l'esclavage n'était que pour ceux qui le voulaient souffrir, et l'essence de l'institution était mortellement atteinte. Quand on lit l'épître, admirable de finesse, de Paul à Philémon, sur son esclave Onésime, qui s'était enfui de sa maison, on trouve que l'apôtre, dans son plaidoyer pour l'affranchissement d'Onésime, et dans toutes ses paroles, qui supposent le droit, chez ce dernier, de briser ses liens, quoique les plus grandes précautions soient prises pour ne pas contrarier Philémon, et pour que tout s'arrange à l'amiable, ne fait que se conformer à l'esprit du Code de Moïse, promulgué dix-sept cents ans avant le Christ. Beaucoup de critiques sont injustes à l'égard de Moïse et de son peuple. A bien étudier le *Pentateuque* on trouve que cette législation et cette peuplade furent les plus avancées qui aient jamais existé sur la terre. N'y eût-il que le jubilé de la cinquantaine, ce serait une invention prodigieuse qui n'a point d'égale. Quoi! tous les cinquante ans, toutes les dettes annulées, toutes les ventes de même, tous les serviteurs affranchis, toute famille réintégrée dans ses biens primitifs? Où trouvera-t-on des mesures de législateurs aussi favorables à l'opprimé, au malheureux, à tous les faibles, aussi hardies contre les envahissements de la richesse et de la domination?

II. — Moïse se montra moins avancé vers l'émancipation de la femme, puisqu'il toléra, *ad duritiam cordis* (*Marc.* x, 5), a dit Jésus-Christ, la polygamie et le divorce, qui ont nécessairement pour effet de lui faire une condition d'esclave; mais Jésus est venu tout réformer au sujet du mariage, et devancer les législations qui sont encore aujourd'hui les plus avancées.

On parle d'émancipation de la femme ; qu'entend-on par ce mot? Il serait absurde d'attribuer aux époux les mêmes droits dans tous les ordres et au sens absolu, puisque la nature les constitue diversement et leur assigne des fonctions différentes; il y a, d'ailleurs, dans l'homme une supériorité de force physique, et de jugement quant à l'esprit, qui est évidente et qui lui donne la prépondérance au ménage dans le cas de contestation. Voici comment en raisonne M. Huet : « Les fonctions se partagent d'après les aptitudes : au mari revient la direction des intérêts, des affaires du dehors, tandis que la femme, reine au foyer domestique, garde l'intérieur sous son empire. En écartant toute rivalité, cette naturelle division du travail prévient les contestations, sans empêcher le concours mutuel. Quant à l'éducation, elle est l'affaire commune des époux, le cœur et les habitudes morales restant sous la garde plus particulière de la femme. On n'aperçoit en cela ni maître ni esclave. Cependant, quoique la nature ait tout disposé avec un soin maternel pour rendre inaltérable une si belle et si sainte union, il est à craindre que tout dissentiment ne soit pas banni de son sein. Faudra-t-il se séparer à la moindre divergence? Trop de liens sacrés, trop d'inviolables intérêts réclament un moyen simple de pacification ; l'*autorité maritale* le fournit. Dès qu'il faut un pouvoir, un droit de décider en dernier ressort, le choix ne saurait être douteux ; tout commande d'en investir le mari. La douceur de la femme, comme sa faiblesse physique et ses entraînements, qui devancent la réflexion, repoussent la responsabilité d'un tel fardeau. Mais l'autorité maritale n'est point du même ordre que l'autorité politique ou l'autorité paternelle ; ses bornes sont infiniment plus étroites. Elle ne doit pas détruire l'égalité, âme de la société conjugale ; elle ne fait pas que la femme cesse d'être la compagne de l'homme pour devenir la victime d'un tyran. Il nous paraît qu'on peut interpréter en ce sens la disposition souvent attaquée de nos codes : « Les époux se « doivent mutuellement fidélité, secours et « assistance ; le mari doit protection à sa « femme, la *femme obéissance à son mari.* » Ce terme d'obéissance choque notre délicatesse ; pourtant c'est le mot propre, et c'est celui de l'Evangile. Le code ne crée pas le mal, il indique un remède pour les cas extrêmes, et les bons ménages se reconnaissent à cette marque, qu'ils n'ont pas besoin de l'appliquer. Une déférence mutuelle, qui n'est point incompatible avec le respect dû au chef de la famille, y tient lieu d'autorité et d'obéissance. Dans l'Icarie de M. Cabet, la loi proclame l'égalité entre les époux, en rendant *seulement* la voix du mari prépondérante. (P. 299.) Ce *seulement* ne renferme-t-il pas toute la doctrine de nos codes? »

Ces appréciations sont pleines de bon sens et d'une justesse incontestable. Elles sont conformes à la morale de saint Paul, qui, tout en exigeant que l'autorité du mari ne s'exprime et s'exerce que par l'amour comme celle de Jésus-Christ sur son Eglise, et en proclamant l'égalité des droits et des devoirs conjugaux, évite néanmoins avec soin d'élever l'épouse au niveau de l'époux sous les rapports où il y a dissemblance. Mais cependant on peut soutenir que le christianisme n'a pas encore fait, dans le monde où il règne, tout ce qu'il est appelé à faire pour la femme; pourquoi lui enlève-t-on la disposition de ses biens et plusieurs autres droits qui lui reviendraient très-rationnellement? M. Legouvé a exposé, sur cette question, dans son livre *Des femmes*, d'une manière charmante, plus d'une idée que nous trouvons sensée, et qui nous paraît découler du principe chrétien.

Quant aux ennemis de l'Église, ils ne sont pas même conséquents; il n'est pas rare aujourd'hui de les voir tantôt accuser le christianisme d'élever trop haut la femme dans son culte à la Vierge-Mère, et tantôt l'accuser de ne pas l'avoir émancipée réellement, ainsi, disent-ils, qu'on l'a prétendu. Ce que nous avons à leur répondre, après examen de la question, c'est que si l'Evangile et saint Paul étaient mis en pratique, non pas dans une ou deux paroles séparées des autres, mais dans l'esprit qui ressort de tous leurs conseils réunis et comparés, la femme serait émancipée dans les justes limites du bon sens, ni trop ni pas assez.

Nous avons lu, dernièrement, avec plus de cinquante mille autres lecteurs, une étude sur les états de la femme dans toutes les sociétés connues. Cette étude, intéressante d'ailleurs, était entachée de cette partialité qui porte à mettre en évidence tout le défavorable, avec grand soin d'oublier les correctifs, en ce qui concerne législations, philosophies, en un mot toutes les causes qui n'ont point les bienveillances de l'auteur, et *vice versa* pour les autres. Moïse et Jésus-Christ étaient de ceux qu'on ne flattait pas; Socrate et Confucius venaient à leur suite. Voici, entre mille, un exemple de partialité. On dit que la religion de Moïse et celle du Christ représentent la femme comme la première coupable, et que de là doit naître la tyrannie de l'homme. Comprenons donc la *Genèse* et le christianisme. La *Genèse* nous montre la femme entraînée au mal par le serpent, puis l'homme entraîné au mal par la femme, cela est vrai; mais quand Dieu demande compte à chacun de son action, si l'homme s'excuse en rejetant la faute sur la femme, celle-ci s'excuse en la rejetant sur le serpent; puis Dieu prédit à chacun son lot de conséquences fâcheuses, lesquelles ne se trouvent que trop vérifiées par l'histoire, aussi bien et plus encore depuis Moïse qu'auparavant; et ce qu'il y a de très-remarquable, c'est qu'on ne voit pas de compensation accordée à l'homme, tandis qu'on en trouve une énorme accordée à la femme; c'est elle qui écrasera la tête du serpent, *ipsa conteret caput tuum.* (Gen. III, 15.) Ce point est capital, et tellement important qu'il semble, au contraire, résulter du récit que l'avantage reste à la femme sur l'homme. Il en est de même dans le christianisme; s'il y a l'*Eve* coupable, il y a, pour compensation, *Marie* innocente et Mère du Sauveur, tandis qu'il n'est question que de l'homme déchu ne pouvant se relever par lui-même. Tout cela est juste; car l'homme en a assez de sa supériorité, intellectuelle et physique, pour n'avoir pas besoin de telles compensations vis-à-vis de la femme; mais au moins n'a-t-on pas droit de dire qu'il y ait partialité à son avantage.

On citait aussi, dans cette étude, à laquelle nous aurions cependant beaucoup pardonné pour la pensée fondamentale qu'elle émettait contre les États qui, en se faisant *marieurs publics*, attaquent la liberté de conscience, on citait, disons-nous, les mots de saint Paul qui disent, de diverses manières plus ou moins énergiques, que le mari est le chef de la femme, et l'on semblait ignorer les nombreux passages où le même apôtre n'admet dans le chef que l'amour pour l'épouse, où il les établit l'un et l'autre sur le pied de l'égalité absolue quant au devoir conjugal (*I Cor.* VII), et celui-ci, qui répond à tout, en impliquant toutes les réformes possibles :

Il n'y a plus ni Juif ni Grec ni esclave, ni libre, ni homme ni femme : « Non est masculus, neque femina; » *car vous êtes tous un dans le Christ.* (Galat. III, 28.)

Que voulez-vous de plus? (*Voy.* MARIAGE.)

III. — Que dit la science du droit sur la peine de mort? A notre avis, elle dit que toute peine doit être un essai de moralisation et sur la société et sur le coupable? La peine de mort peut être une vengeance à l'égard de l'un, et une terreur à l'égard de l'autre; mais une moralisation, vous ne l'y trouverez jamais. De plus, où est le droit de tuer son semblable? Il n'y a de droits dans l'association, que ceux qui résultent des droits des associés; chaque associé peut-il légitimement tuer un de ses frères, sauf dans le moment de la défense personnelle! Or, c'est un sophisme de dire que la société se défend contre un coupable qui est entre ses mains, pieds et poings liés. On insiste en disant qu'elle se défend contre les imitateurs futurs de ce coupable, en leur faisant peur par l'exemple, nouveau sophisme qui suppose, dans chacun des associés, le droit de tuer un agresseur injuste, quand il n'est plus à craindre, étant vaincu, sous prétexte de se garer des éventualités d'agresseurs nouveaux. Qui établira jamais un pareil droit? D'ailleurs quand le coupable se repent, peut-il être permis de l'immoler? On ne peut tuer un innocent; or le repentir égale l'innocence. En vain Jean-Jacques vient nous dire que chaque associé a renoncé à la vie pour les cas de grande culpabilité, par le seul fait de son appartenance à l'association; un homme peut-il renoncer à la vie? Pour que le raisonnement fût bon, il faudrait commencer par établir le droit du suicide. Non, la peine de mort n'est, en utopie philosophique, ni légitime en droit, ni légitime en but. C'est une brutale vengeance qui, dans l'état de civilisation avancée, démoralise, et qui, par la peur qu'elle excite, n'épargne même pas un seul crime à la société; la preuve de cette dernière assertion, c'est qu'en bonne expérience les crimes ont toujours diminué de nombre, à mesure que les supplices sont devenus moins nombreux et moins cruels; et que c'est précisément dans les quelques lieux où la peine de mort n'existe pas, qu'ils sont les plus rares. Ce qui nous fait parler de la sorte n'est pas une pitié de femme pour le supplicié; car la mort juridique, — soufferte pour une conviction — est, de toutes les morts, celle qui nous plairait le mieux : c'est la raison philosophique et la raison chrétienne. Nous avons donné la réponse de la première; voici celle de la seconde.

Nous discutons suffisamment, à l'article HISTORIQUES (Sciences), l'enseignement qui résulte, sur cette matière, du récit mosaïque des premiers temps du monde. Dieu défend à la société de tuer Caïn; l'assassin Lamech est couvert aussi par cette défense; et Dieu parle à Noé pour interdire à l'homme, d'une manière absolue, de verser le sang de l'homme. Si Moïse se montre un terrible dictateur qui punit de mort presque comme Dracon, il trouve son excuse dans l'impossibilité d'exécuter son plan politique et religieux par d'autres moyens. Beaucoup de génies portés par la Providence à la tête des hommes, se sont vus dans des nécessités semblables, et probablement s'y verront encore, car la période de la dictature n'est pas encore passée. Voilà pour la révélation antique. Écoutons maintenant Jésus-Christ.

Un jour on lui annonce que des Galiléens qui s'étaient rendus coupables d'assassinats viennent d'être mis à mort, par l'ordre de Pilate, ce que saint Luc exprime en disant que leur sang a été mêlé à celui de leurs sacrifices, ou qu'ils avaient sacrifié. Que dira Jésus à cette nouvelle? c'est une occasion de nous instruire des vérités fondamentales qui doivent servir de base au code pénal d'une nation. Voici la réponse :

Pensez-vous que ces Galiléens fussent plus pécheurs que tant d'autres Galiléens, parce qu'ils ont ainsi souffert? non, je vous le dis. Mais si vous ne faites pénitence, vous périrez tous semblablement, comme ces dix-huit sur qui tomba la tour de Siloé et qu'elle tua; croyez-vous que leur dette fût plus grande que celle de tous ces autres habitants de Jérusalem? non, je vous le dis. Mais si vous ne faites pénitence, vous périrez tous semblablement;

Et il ajouta, dit l'évangéliste, *cette similitude:*

Un homme avait un figuier planté dans sa vigne; et il vint y chercher des fruits, et il n'en trouva point. Or il dit à celui qui cultivait la vigne : voilà trois ans que je vais chercher du fruit à ce figuier, et je n'en trouve pas. Coupez-le donc; à quoi bon occupe-t-il la terre? Mais le vigneron répondit : Seigneur, laissez-le encore cette année. Je creuserai tout autour, et y mettrai du fumier; peut-être portera-t-il du fruit. Sinon vous le couperez plus tard. (Luc. XIII, 1-9.)

L'esprit de la réponse est facile à saisir, bien qu'il soit enveloppé d'une forme pleine de finesse, caractère très-marqué dans les instructions de Jésus-Christ. Jésus commence par affirmer que ces coupables, que la société punit si rigoureusement et que beaucoup regardent comme des monstres, sans doute à cause de la grandeur du supplice qu'on leur inflige, puisqu'ils ne manifestent pas la même horreur pour les puissants qui ont fait impunément des atrocités semblables, ne sont pas, devant la vérité, plus coupables que bien d'autres qui passent pour justes; il fait la même observation contre le préjugé accrédité chez les Juifs, qui les faisait considérer comme très-criminels ceux que la Providence rendait victimes de grands malheurs, tel que celui de la chute de la tour de Siloé sur les dix-huit malheureux qu'elle écrasa; et il profite, en même temps, de l'occasion pour dire à tous de faire pénitence, afin de ne pas mériter des maux aussi grands. Puis il va plus loin avec sa parabole, dont le sens est qu'il faut cultiver le mauvais arbre, remuer la terre autour, le fumer, l'isoler, si l'on peut paraphraser la pensée, mais ne pas le couper, même après trois années d'épreuves déjà faites. Dans la fable, le propriétaire de l'arbre représente Dieu; c'est pourquoi le bûcheron ne dit pas, en finissant, sinon je le couperai plus tard ; mais bien : vous le couperez. Dieu, en effet, finit toujours par couper. Mais ce n'est pas sans raison, qu'à propos de l'état concentré dans Pilate, pour la Galilée, et exerçant la vindicte publique par des exécutions capitales, Jésus rappelle ainsi, pour modèle, la conduite de Dieu. La finesse de l'allusion est d'une telle évidence, que l'Esprit-Saint n'a pu inspirer à l'historien ce petit épisode, ainsi raconté, sans vouloir que l'avenir en fît son profit sur la question de la peine de mort.

IV. — Question pédagogique.

Pour résumer en quelques mots ce que dit la science sociale sur cette matière, nous émettons les trois titres suivants : extension universelle de l'instruction nécessaire à tous; liberté absolue de l'enseignement; organisation d'un corps enseignant indépendant de l'ordre politique.

Le premier point n'a pas besoin de développement.

Le second est fondé sur un droit naturel inviolable, celui qu'a tout homme de transmettre à un autre sa science par la parole, l'écriture et tous les moyens que la nature met à sa disposition.

Le troisième est enseigné par la sagesse et l'expérience, qui disent que, sans un corps spécial, qui pousse et dirige les études dans une nation et y établisse une certaine unité, l'enseignement restera dans la stagnation et la langueur.

Cette organisation nous paraîtrait devoir être fondée sur les bases suivantes : diplômes spéciaux pour chaque science en particulier, sauf dans l'enseignement primaire, qui exige la réunion de plusieurs connaissances élémentaires ; diplôme ne donnant pas le droit de professer, puisque tout homme a ce droit, mais servant de titre d'admission à professer dans le corps enseignant ; corps enseignant formé et entretenu perpétuellement par les modes du concours et de l'élection, sans que l'Etat s'en mêle. Tous les diplômés de chaque spécialité du corps enseignant électeurs pour les chaires vacantes de la spécialité, et ceux-là seulement ; divisions par académies nombreuses ; réunions de délégués en un conseil central ; nulle protection de l'Etat politique accordée au corps enseignant préférablement à tout enseignement extérieur ; libre concurrence du mérite et des œuvres ; philosophie, lettres, sciences et arts ayant leur section, laquelle se subdivise en autant de divisions qu'il y a de spécialités particulières. Tout ce qui vient d'être dit applicable aux deux sexes. Ces idées suffisent pour ouvrir aux regards un immense horizon.

Or, l'Eglise catholique est-elle en arrière de ces conceptions de la science.

Extension universelle de l'instruction ? Qui donc y a travaillé plus tôt et mieux qu'elle ? Nous lui devons aujourd'hui nos idées avancées sur cette question même. C'est l'Eglise, on ne le niera pas, qui, la première fois dans le monde, se mit en tête de propager les lumières indifféremment dans toutes les classes, et de les faire pénétrer jusqu'aux plus bas étages de la société. Prenant, à l'imitation de Jésus-Christ, la marche inverse des vieilles habitudes, elle commença par en bas pour parvenir en haut ; déjà elle avait civilisé les esclaves et leurs pairs, que les lettrés du passé lui restaient encore à conquérir.

Liberté de l'enseignement ? Elle fut prise d'assaut par l'Eglise chrétienne, elle fut arrachée à toutes les puissances de la terre, contre les droits reçus, en vertu de la parole du Christ : Enseignez les nations. L'Eglise peut changer ses hommes, mais point son esprit. Elle veut toujours la liberté, qui est sa gloire et sa vie.

Organisation d'un corps enseignant sur les larges bases que nous venons d'indiquer ? Il suffit de lire une histoire véridique de la primitive Église et de sa constitution, pour reconnaître que notre utopie n'est guère qu'un simple calque du mode d'organisation qu'elle se donna à elle-même pour l'enseignement religieux, et par lequel cet enseignement a envahi et éclairé le monde.

Sur la question pédagogique, la science sociale peut imaginer toutes les perfections sans crainte de se trouver en désaccord avec notre Eglise.

Il resterait encore à montrer les harmonies de la science et de la religion sur la méthode d'enseignement ; mais ce point important est d'une telle nature, qu'il est impossible de le traiter sans faire un ouvrage particulier. Celui qui fera cette étude, laquelle ne peut être que détaillée, se convaincra que, sous l'inspiration du christianisme se développent, et les qualités personnelles propres à celui qui élève et instruit, et les bonnes manières d'élever et d'instruire ; que c'est le christianisme qui a donné, à ces deux bases de la pédagogie, les conditions véritables d'invasion universelle et de progrès intrinsèque ; et enfin que, dans le christianisme, c'est encore le catholicisme qui tient la tête de cette partie importante de la civilisation

V.—Question internationale ou d'unitéisme humanitaire.

1. — Déjà nous avons jeté quelques idées sur cette question de philanthropie universelle, en tant qu'elle concerne la politique et l'économique. Dans le premier de ces ordres, *fédération pacifique* de toutes les nations ; dans le second, *libre échange* ; telles sont les aspirations de la science sociale la plus avancée.

Mais nous croyons devoir finir ce chapitre par une analyse de ce que la science conçoit aujourd'hui de plus complet, non pas seulement sous le rapport politique et économique, mais sous tous les rapports à la fois. C'est M. Gilliot qui nous en fournit l'occasion dans l'étude des sentiments qui forment le groupe dix-huitième de sa belle classification, lesquels sentiments ont pour titre : *Sentiments ou tendances politiques à direction sympathique, ou vers la constitution de l'unité du genre humain.* Il n'existe rien qui soit plus en avant de ce qui est aujourd'hui, bien qu'un mouvement très sensible, et même s'annonçant avec tous les caractères de la rapidité dans l'application, se révèle sur toute la face du globe, en direction unitéiste, principalement sous l'influence de l'industrie. Mais nous verrons, en même temps, que si cette utopie devance de si loin tout ce qui est, il y a cependant une chose et une seule qu'elle ne fait que suivre, de plus loin encore, dans l'ordre des temps, l'Evangile.

Transcrivons les sommaires de M. Gilliot en y ajoutant quelques-unes de ses explications.

1° « *Nécessité de la formation de liens extérieurs du genre humain, ou de l'organisme du globe-humanité.* — Nous avons vu que de nombreux intérêts exigeaient les moyens de communication les plus rapides et les plus faciles entre les divers peuples. Parmi les intérêts les plus sensibles et les plus palpables aujourd'hui sont ceux du commerce et de l'industrie : les échanges ne peuvent se borner de provinces à provinces, mais ils veulent avoir le monde pour théâtre; l'industrie, par le développement qu'elle a pris, a besoin, pour s'activer, en quelque sorte, du tribut des produits de tous les produits. Mais les intérêts matériels ne sont pas les seuls qui exigent les moyens de communications faciles. N'avons-nous pas vu que la science vise à l'universalité, et que ses progrès ultérieurs exigent de grandes facilités de correspondances et de communications entre savants? Enfin, les intérêts les plus graves de la religion, la propagation du christianisme par les missions, et l'établissement de l'unité religieuse du monde par le concile œcuménique, n'exigent-ils pas aussi les moyens de communication les plus prompts et les plus faciles entre les diverses parties du globe ?...

« Or les voies de communications entre les diverses régions du globe connues sont les voies par terre, par eau et par air; elles constituent la locomotion terrestre, la navigation et l'aéromotion........

« Que sera-ce quand des réseaux de chemins de fer aboutiront de l'Europe et de l'Orient à Constantinople, ce pont jeté entre l'Europe et l'Asie, reliant par des chemins de fer déclarés *neutres* et *communs* entre les nations, l'Egypte et la Syrie, l'Afrique aux deux continents, et, par la Chine, les Amériques? Mais nous anticipons sur l'avenir, et on va crier à l'utopie. Eh quoi! les chemins de fer actuels n'étaient-ils pas une utopie pour les peuples et les provinces du moyen âge, divisés et isolés entre eux ?..... »

L'auteur fait voir ensuite que les fleuves et les mers, loin d'être des frontières, sont des routes *neutres* et *cosmopolites*, moyens d'union entre les nations. Nous ferons observer, sur ce point, que les choses vont vite. Il y a eu, depuis trois cents ans, six problèmes géographiques à résoudre relativement à la navigation : le passage du monde ancien dans le nouveau monde par le sud de l'Afrique, qui fut découvert par Vasco de Gama ; le passage par le sud de l'Amérique en tournant celle-ci, qui a été trouvé par Magellan, Vancouver et plusieurs autres; le passage nord-est, le long des côtes de la Sibérie, qui paraît impossible ; le passage nord-ouest, à la recherche duquel a péri Franklin ; et enfin, les deux passages au centre, l'un à l'ouest par l'isthme de Panama, qui sépare les deux Amériques, et serait percé pour ouvrir ce passage ; l'autre à l'est, par l'isthme de Suez, qui serait également percé pour faire communiquer la mer Méditerranée et la mer Rouge. Or, des quatre derniers problèmes qui restaient encore à résoudre, quand M. Gilliot publiait son *Esquisse d'une science morale* (1848), deux ont été en partie résolus depuis; le passage nord-ouest a été franchi, pour une première fois, par Mac-Clure, en cherchant Franklin, et, si

l'isthme de Panama n'a pas été encore percé, il a vu, en deux ans, s'élever sur son dos, grâce à l'activité incroyable des Américains, et malgré les marais pestilentiels qui semblaient rendre l'exécution impossible, un railway qui est maintenant en plein service. Quant à l'isthme de Suez, on sait qu'en ce moment même les ingénieurs d'Europe, d'Asie et d'Afrique, tiennent des conseils, sous la direction de M. de Lesseps, pour s'entendre sur un plan d'exécution. Continuons de citer M. Gilliot.

« Mais le lien le plus libre, le moins sujet à l'interruption des passions antisociales, par conséquent, le plus universel qui, dans un avenir plus ou moins éloigné, est destiné à faciliter les rapports pacifiques et unitaires entre les peuples du globe, sera la voie de transport par air, l'*aéromotion*, science encore neuve et dans l'enfance, dont les essais tentés jusqu'à ce jour peuvent encore être assimilés aux premières nacelles hasardées à la surface des mers....... »

Il y a eu aussi, depuis que ces lignes sont écrites, de nombreux essais qui se poursuivent, et qui ont déjà amené la solution de quelques difficultés, bien que le véritable navire aérien soit encore caché dans l'inconnu.

« Enfin la télégraphie électrique, cette nouvelle invention qui prête à l'idée et à la volonté les ailes de la foudre, sera bientôt appliquée sur une vaste échelle, et formera ainsi les cordons nerveux de l'être *globe-humanité*, dont les chemins de fer sont la charpente osseuse; les canaux et les mers, les vaisseaux circulatoires ; les voies atmosphériques, les canaux respiratoires et aériens. »

Le lecteur sait que la télégraphie électrique prend un développement qui vise à l'universel ; nous traversons les mers; celle qui sépare la France et l'Angleterre est franchie en plusieurs points ; la mer Noire l'est aussi, la Méditerranée l'est aux deux tiers, et le sera complètement, selon toute probabilité, l'an prochain, par les soins de M. Bret ; enfin, des compagnies entreprennent le projet grandiose de jeter le fil conducteur à travers l'Océan, d'Amérique en Europe; et déjà ce fil a atteint plusieurs îles américaines.

N'oublions pas de rappeler les expositions universelles de l'industrie, dont l'Angleterre et la France ont inauguré la série, qui est indéfinie désormais.

C'est ainsi que l'industrie travaille, avec des ressorts auxquels nulle volonté ne résiste, à l'unification des nations et à la fusion des intérêts.

2° « *Nécessité de l'existence de liens intérieurs du genre humain ou d'un esprit universel.* — L'humanité n'est pas seulement destinée à vivre d'une vie matérielle, à s'organiser matériellement ; elle a encore à soutenir une vie spirituelle ; elle doit avoir ses organes ou facultés intellectuelles, dont l'union forme l'unité spirituelle du genre. »

L'auteur ajoute que le principe de cette

unité est la vérité; nous passons ce qui regarde la vérité religieuse, pour y revenir en terminant.

« Pour que les vérités relatives et la parole humaine se posent avec ordre sous le piédestal éternel, il faut un moyen d'engrenage, un lien secondaire, un organisme de transition, comme le cerveau est l'organisme de transition entre le corps et l'intelligence. Nous avons vu que les organes principaux de la science humaine sont les sociétés savantes, séries communales, académies provinciales, instituts nationaux. Nous avons aussi déjà parlé de la nécessité de correspondances internationales entre les divers instituts et académies nationaux, et nous avons relaté l'initiative prise par l'académie de Bruxelles. Mais un institut national ne peut devenir le centre des divers instituts nationaux du globe; chacun d'eux a des droits égaux à ce titre, et, par conséquent, aucun n'y a un droit exclusif. Il faut donc que les efforts, les travaux, les correspondances des divers instituts soient reliés, *unitarisés*, par un centre universel, l'*institut cosmopolite*, composé des délégués des divers instituts nationaux..... »

Le lecteur peut suppléer, par ses propres réflexions, la mission de cet institut universel. Voici cependant une idée qu'il est bon de noter :

« Une des tâches, certes, les plus importantes qui pourraient être proposées à l'institut cosmopolite, c'est de travailler à cette unité des langues, rompue, détruite par le péché originel... La langue unitaire ne peut être, comme la science, une, que le résultat de la combinaison de toutes les langues particulières, ramenées vers un type unique, commun à tous les hommes. N'est-il pas évident que les générations passées et présentes, le Juif et le Chrétien, l'habitant du désert et l'habitant du pôle, ont tous la même âme, les mêmes sens et les mêmes organes, les mêmes mondes d'objets et de pensées? donc leurs langues doivent être à peu près les mêmes, c'est-à-dire que le fond doit être identique pour toutes.... Déjà des tentatives ont été faites dans ce genre. Parmi les plus remarquables, nous devons citer la *Clef de l'étymologie*, et l'*Echo du panorama des langues*, de l'abbé Auguste Latouche.

« Enfin, un troisième lien général de l'unité intellectuelle du genre humain est la presse, cette nouvelle puissance créée par la découverte de l'imprimerie. La presse périodique et quotidienne est un autre pouvoir moralisant dont personne ne conteste l'influence : son rôle est celui d'une initiation plus spécialement sociale des peuples modernes à des principes généraux et communs ; c'est la grande tribune où se discutent les droits, les griefs et les intérêts des nations, qui, par là, tendent à se fixer à un point dont l'expression est leur équilibre général. Mais, pour arriver essentiellement à ce but, il faut que, en dehors de la presse plus spécialement locale et nationale, il soit organisé une *presse humanitaire, cosmopolite*, propre à faire valoir les motifs humanitaires, à faire triompher les principes de la fraternité chrétienne entre tous les peuples, et à leur faire comprendre qu'ils sont tous issus d'une même souche. »

3° *Fraternité universelle ou sentiment de la consanguinité des hommes.* — L'auteur explique comment nous sentons que nous sommes tous frères, au sens le plus rigoureux du mot, et il ajoute.

« Le problème du maintien de la paix n'est autre que le problème même de l'unité sociale des peuples avec la conservation de leur souveraineté et de leur liberté, dont les mots : *Association universelle*, offrent la solution. Le premier acheminement vers la réalisation de la fraternité universelle et de l'unité sociale des peuples, doit donc être essentiellement l'alliance libre des nationalités. Or, pour que cette alliance puisse se former, il faut qu'elle ait un premier centre d'attraction. Nous avons vu que l'Europe chrétienne, comme étant en tête de la civilisation des nations chrétiennes, a pour mission de constituer ce centre. Les nations américaines, filles de la civilisation européenne, font partie de la même catégorie... Nous l'annonçons avec une foi irrésistible, la question de la réunion libre et facultative des nations chrétiennes sur le pied de l'égalité, est mise à l'ordre du jour par les sympathies du siècle ; elle ne sera pas retirée qu'elle ne soit résolue, que ces unions diverses ne soient consommées. Les dynasties, les préjugés nationaux, l'ignorance, la cupidité, ou la jalousie d'un petit nombre retarderont tout, mais n'empêcheront rien en définitive ; car *Dieu le veut*.

« La première chose qu'aura à faire l'*union centrale des peuples*, c'est de constituer un *congrès d'unité* des ambassadeurs des puissances confédérées qui s'assembleront en *constituante*. Ce congrès aurait pour mission, d'abord de suspendre toutes les hostilités entre les nations et de travailler à établir la constitution humanitaire des peuples unis, laquelle deviendra plus tard la constitution de l'humanité entière. Il sera en permanence jusqu'à ce qu'il ait promulgué la grande *charte des peuples*, la *charte de l'humanité*, et jusqu'à ce qu'il ait institué les divers pouvoirs supérieurs, *permanents*, les *pouvoirs humanitaires*, qui, seuls pourront garantir la stabilité de l'union centrale, et plus tard de l'unité humaine. Ce *congrès constituant l'humanité*, sera la clef de voûte du système pacifique ; et jusqu'à ce que cette clef de voûte soit posée, l'équilibre européen, ainsi que le concert européen, ne seront, comme nous l'avons vu, qu'un équilibre et un concert illusoire et sans cesse menacés dans leur durée. »

L'état présent de l'Europe donne grandement raison à M. Gilliot, devant ceux qui ont besoin de faits pour savoir penser.

Nous avons regret de ne pouvoir suivre l'auteur jusqu'à la fin de son livre, mais ce qui précède suffira pour mettre le lecteur en mesure de comprendre les titres suivants :

4° *Besoin de constitution d'une force humanitaire ou d'un protectorat.* — Cette idée implique celle d'une armée commune qui porterait la civilisation chez les peuples barbares, et écraserait les tyrannies pour donner à chaque nationalité la liberté et son indépendance, jusqu'à ce que la fédération fût complétée.

5° *Besoin de constitution d'un congrès législatif humanitaire et de la promulgation d'un code humanitaire.* — Ce congrès exercera, par des ambassadeurs, une puissance morale progressive sur les gouvernements qui se meuvent en dehors de l'orbite chrétienne, pour les rapprocher peu à peu de la fédération pacifique.

6° *Nécessité de la constitution d'un pouvoir judiciaire cosmopolite, ou d'une haute cour arbitrale des nations unies.* — Les républiques de la Grèce avaient bien, dans le principe, imaginé et constitué entre elles l'amphyctionnie.

7° *Nécessité d'une direction matérielle de l'humanité, ou de la constitution d'un directoire exécutif humanitaire.* — La mission de ce directoire serait de gérer et d'embellir le globe terrestre. Les grands travaux communs lui seraient confiés : il ferait construire des villes cosmopolites, où auraient lieu, sous sa direction, les grands concours de l'industrie, etc.

II. — Tel est le plan que M. Gilliot médite et espère pour le monde. Il serait difficile de concevoir quelque chose de plus désirable et de plus propre à faire crier à l'utopie les hommes vulgaires. Or, trouvons-nous la religion du Christ dépassée par ce rêve et par ces espérances? Pour nous en instruire, supposons un instant que tout ce qui précède soit mis à exécution sur la terre, que cette unification soit réalisée sous nos yeux attendris ; l'Eglise ne pourrait-elle pas dire aux organisateurs de la société nouvelle :

Vous avez fait pour le monde dans l'ordre humain, ce que j'ai travaillé à faire pour lui dans l'ordre divin, depuis la résurrection du Maître; votre plan n'a été qu'une copie de celui que ce Maître avait conçu pour la société de ses disciples, que j'avais hérité de sa parole, et que j'allais prêcher à toutes les oreilles : *Universalité, unité, fraternité,* voilà quelles furent mes devises dès ma naissance à l'ombre de la croix. Le Christ m'avait donné toutes les nations à réunir dans la vérité et la charité ; n'avait-il pas dit à ses adorateurs : « Soyez *un,* comme je suis *un* avec mon Père; j'attirerai tout à moi ; un seul troupeau, un seul Pasteur, un seul Maître qui est le Christ ? » Paul n'avait-il pas senti déjà se réaliser l'unification, lorsqu'il s'écriait avec enthousiasme : « Plus de Grec, plus de barbare, plus de Romain, plus de Juif, plus de circoncis ni d'incirconcis, plus de maître et d'esclave, tous nous sommes *un* dans le Christ ? » Et qu'ai-je fait depuis ces premiers jours, sinon continué de vérifier de plus en plus ces oracles ? Aujourd'hui vous arrivez à l'unité sociale, et vous ne m'avez devancé ni dans la conception de vos plans, ni dans l'exécution : la conception remonte à Jésus; l'exécution commençait de se faire dans mon sein, quand vous n'aviez encore le moindre soupçon du fœtus que devait enfanter le temps, si fort et si beau. Aujourd'hui même dites si votre unité est plus profonde et plus universelle que la mienne ; dites plutôt si ce n'est pas la mienne qui est encore le fondement, le premier lien de la vôtre. J'ai parlé des plans de fraternité, d'unité et d'universalité qui sont dans mon Evangile; mais je pourrais encore remonter plus haut, ma prophétie ne faisait-elle pas retentir les échos de Sion de ses chants d'espérance en un tel avenir, pendant que le monde ne soupçonnait encore que misère, division, tyrannie, contradiction, guerre et individualisme ; pendant qu'il dormait dans les ténèbres du mensonge, et gémissait sous la chaîne de Satan. *Je vais créer,* s'écriait-elle, en faisant parler Dieu, *de nouveaux cieux et une terre nouvelle. Tout ce qui a été auparavant s'effacera de la mémoire, et il n'en restera rien dans l'esprit. Réjouissez-vous, soyez pénétrés d'allégresse dans les choses que je ferai!..... Je ferai de mon peuple un peuple de joie... Vous n'y entendrez plus les voix lamentables et les tristes cris.... Ils bâtiront des demeures et y habiteront; ils planteront des vignes, et ils en mangeront le fruit. Il ne leur arrivera plus de bâtir pour qu'un autre habite leur maison. Ils ne planteront plus la vigne pour qu'un autre en mange les raisins..... Ils ne travailleront plus en vain, et n'engendreront plus des enfants avec crainte, car ils seront la race bénie de l'Eternel ; et leur postérité le sera comme eux. Avant qu'ils crient je les exaucerai, et ils parleront encore que je les aurai entendus.... Le loup et l'agneau paîtront ensemble. Le lion mangera l'herbe avec le bœuf, et la poussière sera la nourriture du serpent..... On ne nuira plus, on ne fera plus de dommage sur toute ma montagne sainte,* a dit l'Eternel. (*Isa.* LXV, 17-25.)

Une preuve, au reste, que l'Eglise n'est pas en arrière dans cet ordre d'idées et d'aspirations, c'est que l'auteur des plans qu'on vient de lire en attribue franchement toute la gloire aux inspirations évangéliques et aux idées chrétiennes. Citons-le encore pour finir.

« Le christianisme est à la fois le centre et la circonférence de la science : c'est le tube étendu d'un pôle de l'univers à l'autre où viennent s'absorber par intussusception toutes les vérités partielles, toutes les sciences spéciales. Et ce tube, élastique et flexible, s'étend, s'élargit pour donner place à toutes les nouvelles découvertes du génie humain, dès qu'elles ont reçu la sanction du temps. C'est assez dire qu'au lieu de tendre, par son esprit, à comprimer, à étouffer les sciences et les vérités partielles, le christianisme est destiné à protéger leur développement, à les relier dans son centre et à les harmoniser dans une unité majestueuse..... En dehors de la raison du christianisme, point d'unité scientifique possible, par conséquent, point de vérité une. L'unité intellectuelle du genre humain commence donc véritablement de ce côté-ci de la croix..... L'Eglise catholique et universelle est donc le lien radical de l'unité spirituelle de l'humanité..... Jamais l'humanité n'a perdu entièrement son principe de vie, le sentiment de *la fraternité universelle*, de *la consanguinité* de tous les hommes..... Mais l'âme humaine, sommeillant dans le peuple juif, s'est réveillée par la venue du Christ, et a commencé ce grand travail de transformation, de renouvellement, de pénétration et d'assimilation de tous les membres disloqués du corps humanitaire. Le christianisme a réveillé et renouvelé le sentiment de la fraternité universelle, ce besoin de l'humanité qui sommeillait dans les limbes du passé. Il a convoqué tous les hommes, Grecs et barbares, libres et esclaves, ignorants et savants, pauvres et riches, noirs et blancs, et les a tous conviés au même banquet, au banquet du père de famille qui les aime tous et qui veut qu'ils s'aiment les uns les autres comme des frères. L'Evangile a élevé la sympathie à sa plus haute puissance, en la faisant sortir des limites de l'individu, de la famille et de la nation, pour s'étendre à l'humanité entière, ce qui rapproche le cœur de l'homme du cœur de Dieu. L'esprit chrétien est essentiellement unissant : lui qui touche à l'éternité, comme l'âme humaine, ne peut pas se renfermer dans les limites d'une province, d'une nation ; il ne doit connaître d'autre unité que celle de l'humanité entière, etc... C'est encore le christianisme qui contient en lui le germe de la législation humanitaire, comme de toutes les institutions humanitaires, dans la promulgation de ce code divin que le Christ nous a légué en mourant sur la croix, de ce code qui ne s'adresse pas à telle ou telle nation, à telle ou telle race, à telle ou telle caste, mais à tous les hommes indistinctement, considérés comme membres d'une même famille, à l'humanité, tout en respectant à la fois les lois de chaque nationalité, de chaque cité, en tant qu'elles ne sont pas contraires à la paix universelle. Toutefois l'Evangile ne s'adresse pas directement aux intérêts temporels : son origine et sa fin sont divines et surnaturelles. L'Evangile ne commande pas par la force naturelle, il commande aux consciences des hommes. C'est le soleil qui éclaire, échauffe, vivifie, et qui renforce l'action propre de la plante pour l'aspiration des sucs nourriciers, mais ce n'est pas la terre dépositaire et conductrice des sucs ; il faut, pour la fécondation de la plante, le mariage du soleil et de la terre.

« L'Evangile a jeté sa lumière, sa chaleur vivifiante et attractive vers le monde ; il a remué les sucs de la vie humanitaire. Il a été le moteur premier de la législation humanitaire : l'idée du droit des gens moderne est due à l'initiation, à l'influence bienfaisante de la doctrine chrétienne. Les sucs qui doivent féconder la plante *humanité* ont été remués, sollicités par le soleil de l'Evangile ; mais pour que leur ascension s'opère réellement dans la plante, il faut le concours de l'action terrestre de l'humanité elle-même. La législation humanitaire, appelée par l'Evangile et fondée sur ses préceptes immuables et éternels, a besoin de l'action propre de l'humanité, du jeu de ses canaux conducteurs ou de ses organes constitutifs, pour avoir une sanction extérieure, pour avoir un caractère de législation positive et obligatoire ; le code humanitaire ne peut être que le fruit du mariage de la législation divine et de la législation humaine. » (*Esquisse d'une science sociale.* — *Physiologie du sentiment*, par Alphonse Gilliot, t. II, de la p. 540 à la p. 599, passim.) — *Voy.* AVENIR.

SOCRATE (MORT DE). — MORT DU CHRIST. *Voy.* PASSION DE JÉSUS-CHRIST.

SOLEIL (LE) ARRÊTÉ PAR JOSUÉ. *Voy.* HISTORIQUES (Sciences), IV, 4.

SOLITUDE. — PLATON. *Voy.* MORALE, III, 10.

SOUHAITER DU BIEN AUX ENNEMIS. — PLATON. *Voy.* MORALE, II, 7.

SOUVERAIN (LE) POLITIQUE. — Ce que dit la science ; ce que dit la révélation. *Voy.* SOCIALES (Sciences), I.

SOUVERAINETÉ DU PEUPLE. — CONFUCIUS. *Voy.* MORALE, II, 12.

SPECTACLES, OU DRAME EN ACTION. — MORALE RELIGIEUSE (IVe part., art. 13). — Presque tous les moralistes ont parlé des spectacles, et beaucoup les ont condamnés sans restriction. Le plus terrible réquisitoire qui ait jamais été dressé contre ces sortes de récréations est celui de J.-J. Rousseau dans sa lettre à d'Alembert. Cet esprit subtil, après s'être déterminé pour le parti le plus sévère, ramassa tous les arguments imaginables et les confia à sa plume brûlante, qui les groupa dans un chef-d'œuvre. Mais s'il est peu de styles qu'on doive autant admirer que celui de Rousseau, il est aussi peu d'argumentateurs dont on doive se défier davantage. C'est le plus habile dialecticien que nous connaissions ; parce que nul ne s'identifie au même degré avec la cause qu'il embrasse ; il se forme autour de son âme, lorsqu'il écrit, un monde particulier, dans lequel tout devient lumière, vraie ou fausse, mais éblouissante, pour le conduire au but où sa passion l'appelle. Les bons arguments se présentent tous, et les sophismes se chargent d'entortiller de leurs anneaux les objections sérieuses ; il en résulte un discours à étincelles ardentes qui ne séduira le lecteur que parce que l'auteur a été le premier séduit.

Telle est la lettre de Rousseau contre les théâtres. Sauf quelques critiques dont on reconnaît facilement le défaut, comme celle du *Misanthrope*, cette admirable satire, non pas d'un sage bourru, mais d'une société tellement vicieuse qu'un honnête homme n'y peut vivre en honnête homme sans tomber dans l'excentricité, sauf, disons-nous, quelques appréciations de ce genre entachées d'une partialité injuste facile à saisir, on ne peut lire cet acte d'accusation sans être convaincu. Cependant voici à quoi se réduit l'argumentation du moraliste :

Le théâtre ne peut faire aucun bien et fait à coup sûr beaucoup de mal.

C'est un amusement inutile qui détourne des devoirs de la famille, dégoûte des plaisirs purs qu'elle présente, et fait perdre le temps. Les Romains n'ont-ils ni femmes ni enfants, disait un barbare en les voyant courir au spectacle.

Ce ne peut être un remède contre les mauvaises mœurs, car ce sont les mœurs qui déterminent le bon ou le mauvais genre des œuvres dramatiques, et non les œuvres qui déterminent les mœurs; le premier but des auteurs étant de plaire et de réussir, « c'est le public qui fait la loi au théâtre et non le public qui la reçoit du théâtre. » D'où il suit que, si les mœurs sont bonnes les spectacles seront bons, mais sans utilité, et que, si elles sont mauvaises, les spectacles seront mauvais, et rendront les mœurs encore plus mauvaises.

L'abus dans cet ordre de choses est inséparable de la chose elle-même, pour des motifs semblables.

La vertu n'a pas besoin du théâtre pour être aimable; elle l'est par elle-même comme le vice est par lui-même haïssable. L'homme d'ailleurs est né bon; c'est Dieu qui l'a fait tel; ce n'est point l'art.

Le spectacle rapetisse les vertus et toutes les belles choses en les abaissant à des rôles feints; il outre tout et ne peut se mettre à la vraie mesure de l'homme sans devenir sermon et ennuyer le public.

Il ne peut, par son essence même, s'adresser qu'aux passions. Toutes les faiblesses sont ses moyens d'action; la raison seule n'est bonne à rien sur la scène. Et, par conséquent, il ne fera que fomenter les passions déjà régnantes. Qu'importe, après tout qu'il cherche quelquefois à purger celles qu'on n'a pas.

Il est dans sa nature de causer des impressions vives de douleur ou de plaisir. La raison ne peut que perdre à ce manège. Toutes les passions étant sœurs, en excitant l'une d'elles il les excite toutes; il amollit; il est un poison pour les mâles vertus.

Les situations qu'il rend visibles, rendent le cœur sensible à l'amour et font trouver naturel de céder à ses faiblesses, tandis qu'on devrait tout faire pour mettre les jeunes gens en garde contre l'amour.

L'effet du spectacle est de vous envelopper d'une illusion qui change, à vos yeux, le bien en mal et le mal en bien. Le héros applaudi n'est-il pas toujours le vice décoré d'adresse, de courage, de force, de beauté, et justifié par le succès?

N'en est-il pas ainsi des héros de Racine, de Crébillon, de Voltaire, des héros de Molière, de Dancourt et de Regnard? Le critique parle moins de Corneille, il n'a pas assez suivi ses pièces au théâtre. « Le savoir, l'esprit, le courage ont seuls notre admiration; et toi, douce et modeste vertu, tu restes toujours sans honneur! Aveugles que nous sommes au milieu de tant de lumières! victimes de nos applaudissements insensés, n'apprendrons-nous jamais combien mérite de mépris et de haine tout homme qui abuse, pour le malheur du genre humain, du génie et des talents que lui donna la nature! »

« Aura-t-on recours à une censure sévère? Mais la première marque de l'impuissance des censeurs à prévenir les abus de la comédie sera de la laisser s'établir; car il est aisé de prévoir que ces deux établissements ne sauraient subsister longtemps ensemble, et que la comédie tournera les censeurs en ridicule, ou que les censeurs feront chasser les comédiens. »

Supposez une ville où règne la simplicité des mœurs, le travail et la vertu; donnez-lui un théâtre; perte de temps, augmentation de dépense, diminution de débit par l'obligation de renchérir les produits, impôts pour subvenir à des frais communs qui deviendront nécessaires, luxe de parures, et tout ce qui s'ensuit.

Et l'exemple des comédiens et des comédiennes dont l'état, excepté à Athènes, a toujours été en déshonneur à cause de la vie licencieuse dont il lui est si difficile de se garantir, ne sera-t-il pas une peste dans la république! La femme qui se montre sur ces tréteaux n'a-t-elle pas déjà perdu la pudeur, et, dans les imitations de la scène, la jeune fille peut-elle rester vertueuse?

Les intrigues se multiplieront; les plus riches citoyens y prendront part; les belles du théâtre deviendront souveraines, bientôt les élections se feront dans les loges des actrices, et les chefs « d'un peuple libre seront les créatures d'une bande d'histrions. »

« Quoi qu'il arrive, il faudra que ces gens-là réforment leurs mœurs parmi nous ou qu'ils corrompent les nôtres. Quand cette alternative aura cessé de nous effrayer, les comédiens pourront venir, ils n'auront plus de mal à nous faire. »

Concluons que, d'une part, l'effet moral ne sera jamais ni bon ni salutaire, et que, d'autre part, il sera pernicieux.

Que les hommes se réunissent dans des cercles où ils s'amusent, qu'ils y jouent, qu'ils y boivent, le jeu et l'ivrognerie détournent plutôt des autres vices qu'ils n'y conduisent, mais la passion des femmes les engendre tous.

Qu'on établisse des fêtes, qu'on se livre à la gymnastique, qu'on organise des bals et des danses publiques, ces jeux sont utiles, innocents, nécessaires, et il est facile de faire en sorte que la vertu n'en souffre pas; mais de spectacles, ne m'en parlez pas, malgré que je les aime à la folie; ils ne sont bons qu'à « tuer nos plaisirs et nos devoirs de notre état et de nous-mêmes. »

Que Rousseau nous pardonne de l'avoir dépouillé de son style; armé de cette lame, nous n'aurions pu le vaincre, ainsi désarmé, il est déjà vaincu.

Nous opposons d'abord à ses raisons, une raison *a priori* qui les détruit toutes. Le besoin de spectacle sous une forme quelconque est naturel à l'homme social, et l'imitation théâtrale est le résultat nécessaire d'un développement de forces que Dieu a mises en nous. Qui empêchera le développement? Il en est du théâtre comme de tous les arts, de toutes les sciences, de tous les talents dont l'épanouissement est inhérent à la société comme une riche végétation à une terre féconde ; empêchez donc les savanes de produire; tout ce que vous pouvez faire, c'est de leur donner de bonnes graines dont l'éclosion étouffera celle des mauvaises. C'est précisément ce que je demande, dit Rousseau, le spectacle est la mauvaise végétation qu'il faut combattre par d'autres végétations meilleures. La réponse n'est pas à la question, dans l'ordre dont il s'agit. Le spectacle est fondé sur un art ; cet art est inhérent à la nature sociale ; il faut qu'il éclose en bonnes ou mauvaises herbes; il faut qu'il produise de bons ou de mauvais fruits ; c'est lui qui est le terrain, la question de la qualité des herbes est celle de la qualité des spectacles. Faites des lettres éloquentes pour prouver que ce terrain doit demeurer stérile, vous perdez votre peine. L'art du comédien est essentiellement lié à celui du littérateur, du poëte et du musicien ; empêcherez-vous les Eschyle et les Térence, les Corneille et les Molière, les Mozart et les Bethoven, d'enfanter leurs chefs-d'œuvres? Dieu a dit au génie de croître et de multiplier, comme aux races de se perpétuer dans la série des temps; Dieu sera obéi dans les deux ordres et vos efforts seront, en tout, pareils à ceux du fou qui voudrait arrêter le flux des grandes eaux. Les drames existant sont une famille féconde qui continuera d'engendrer des fils, et le travail du génie dramatique survivra sans fin dans le jeu des acteurs. Dieu l'a voulu en voulant la société humaine, et plus d'une fois on aura vu le génie travailler d'une main à nourrir cette puissance, pendant qu'il la frappait de l'autre à coup de massue. Rousseau allait au spectacle et travaillait pour la scène.

Disons mieux ; il est bon que cet art ait son développement, et il est impossible que ce ne soit pas bon, puisque c'est Dieu qui l'a voulu. Cette raison est sans réponse. Voyons maintenant votre argumentation.

« Le théâtre détourne des devoirs et des plaisirs de la famille. » Mais ne peut-on pas le dire de toutes les distractions imaginables qu'on se donnera en dehors du foyer paternel ; de vos cercles, par exemple, où les pères iront boire et jouer pendant que les mères caqueteront dans les leurs, et des bals où les jeunes gens danseront pendant ce temps-là. Ces amusements divisent les membres de la famille ; le spectacle, au contraire, les réunit; on aime à en partager le plaisir avec ses amis et ses proches. Ne vaudrait-il pas mieux, sous ce rapport, qu'il y eût un petit théâtre par commune que des cabarets? que ce théâtre soit bien organisé quant aux mœurs on ira, le dimanche, après les offices, s'instruire et se moraliser avec ses enfants, cela vaudra beaucoup mieux que tout ce qui se passe.

« Les spectacles naissent des mœurs et non les mœurs des spectacles. D'où il suit qu'ils sont inutiles si les mœurs sont bonnes, et mauvais si elles sont mauvaises. » De tous vos arguments c'est le plus fort, mais d'abord on peut le retourner contre toutes les choses de la vie ; avec de mauvaises mœurs aurez-vous des bals moraux, des cercles moraux, des livres moraux, de la peinture et de la sculpture morales, des familles morales, des cités morales, des gouvernements moraux, disons-le même des cultes moraux, sauf le christianisme sur qui Dieu veille. Faut-il renoncer à toutes ces choses sous prétexte de couper le mal par sa racine ? mais vous dites vous-même que ce ne sont pas là les racines du mal, que ce n'en sont que les effets. Le théâtre est un instrument qui sert à l'augmenter; soit, faut-il briser l'instrument parce qu'on en abuse? Et si les mœurs sont bonnes, au moins devez-vous dire qu'il sera, dans ce cas, par *vice versa*, un moyen de les entretenir et de les rendre encore meilleures.

La valeur de l'argument repose sur ce que, en fait de spectacles plus qu'en toute autre chose, ce sont les mœurs déjà posées, qui font la loi à l'auteur et à l'acteur, lesquels sont obligés de plaire pour réussir, en sorte que l'abus devient une nécessité. Je nie la différence ; si l'opinion publique fait ici la loi, elle la fait en tout ; on veut réussir, et pour réussir on la flatte dans les arts, dans les lettres, dans la politique, dans la religion, sur tous les terrains. C'est un grand malheur sans doute qu'elle soit corrompue, il en résulte des pestes qui gagnent, et qui multiplient leurs victimes. Mais il y a toujours, dans une nation, des hommes de génie au grand cœur et à l'âme honnête; c'est leur race qui lutte avec constance, depuis le commencement du monde, contre les invasions du mal ; ils n'ont pas réussi à en tarir la source; mais au moins faut-il reconnaître qu'ils en ont atténué les ravages, et que, sans eux avec l'aide de Dieu, le monde croupirait maintenant dans un gouffre de pourriture. Chacun de ces génies a reçu ses armes de la Providence; et ces armes sont de tous les genres: la tragédie, la comédie, le drame sont celles de plusieurs ; il leur suffit de la liberté pour en tirer des ressources toujours nouvelles et imprévues au profit du bien ; leur en défendrez-vous l'usage sous prétexte que, pour réussir, ils seront obligés de céder à l'entraînement des mauvaises coutumes? Raison détestable qui suppose la question ; est-ce leur volonté que vous accuserez, alors vous parlez des suppôts du mal auxquels je dis qu'il faut répondre, et non de ceux dont il s'agit; est-ce leur génie, que vous ne croyez pas de force à vaincre la difficulté, c'est-à-dire à plaire et à réussir en châtiant les mœurs et poussant au. bien? Oh! vous êtes trop hardi de délimiter de la sorte les forces du génie; il puisera ses inspirations dans l'amour de ses frères, et tirera de ses énergies des merveilles que vous ne soupçonnez pas. Il ne demande que la liberté; toujours on la lui refuse, et c'est là qu'est la cause, la grande cause du mal. Vous croyez que son siècle lui fera peur! Faire peur au dévouement, à la passion du bien, aux flammes du génie! Vous blasphémez; il ne craint que la prison où l'on peut enfermer ses mouvements. Laissez-le libre, il trouvera moyen de surprendre le public, et le public croira lui avoir fait la loi quand il l'aura reçue de lui.

Vous alléguez des exemples. Il serait facile de vous les rétorquer, ou de leur en opposer d'éclatants. Est-ce que Corneille et Racine, quand ils réformaient l'art dramatique en France, faisaient beaucoup de concessions au goût du public? Moi, je dis que ce sont eux qui ont fait ce goût; ils auraient pu le faire meilleur encore, mais d'autres achèveront leur tâche, s'il y a liberté. Molière en fit trop aux mœurs dépravées, nous l'avouons sans peine; mais la position était d'une difficulté rare, et la tâche écrasante : disons qu'il s'en est bien tiré, et que, si l'on compare la somme des vices, des travers, des défauts qu'il a combattus, avec plus de succès peut-être que n'en ont obtenu les Bourdaloue et les Massillon sur le même terrain, à la somme de ceux qu'il a quelque peu caressés, on avouera, si l'on est de bonne foi, qu'il a fait beaucoup plus de bien que de mal. Il oppose des vices à des vices, et avec cela vous fait rire; le bon jugement ne s'y trompe jamais. C'est ainsi que Dieu s'y prend quand il punit; il se sert d'un coupable pour en frapper un autre. Est-ce à dire cependant que Molière est sans reproche? Nullement. Lâchez la bride à l'avenir, et vous verrez surgir des Molières qui feront tout à fait bien. Comment expliquez-vous donc que, malgré les circonstances les plus défavorables, la scène aille, somme toute, en s'améliorant du côté de la morale?

« Le théâtre fait de la vertu un rôle, et en diminue l'importance. » Comment donc se fait-il qu'il excite les larmes? Combien de prédicateurs ne font que répéter ce qu'ils ont appris! En sont-ils moins des moralisateurs, d'autant plus puissants qu'ils imitent mieux l'improvisation? Le bon acteur ne joue pas son rôle, il l'invente, il le sent; il est auteur pour une bonne moitié; et il prêche en cela avec entraînement, si la marche du drame est dans la direction de la vertu. Est-ce que toute œuvre d'art n'est pas une fiction? Quand Raphaël faisait ses Vierges et ses Christs, faisait-il autre chose que des fictions? et n'étaient-ce pas de bonnes œuvres? Qui oserait penser autrement du *Télémaque*? Celui qui fait en public une bonne lecture ne rapetisse pas la vérité s'il lit bien; l'acteur d'un bon drame est un lecteur public qui prêche, avec son sentiment et sa voix, le discours du génie, ressuscite sans cesse et éternise l'avocat de la vertu.

« Le drame outre tout. » Cela suppose qu'il ne vaut rien au point de vue de l'art. Dans tous les genres, il y a le beau et le laid; c'est le beau qui fait règle. Il outre, dites-vous, pour atteindre le beau dramatique; je le nie, en disant qu'on ne peut outrer la laideur du mal et la beauté du bien. Mais il n'est pas à la mesure de l'homme; je le nie encore : témoin la religion, qui prêche beaucoup plus par le sentiment que par la froide logique, et qui compte ses prosélytes par milliers, quand la philosophie ne compte les siens que par unités simples.

« Le spectacle fomente les passions et dispose aux faiblesses. » En ce cas il est mauvais, et celui qui a fait le drame a manqué de bonne volonté ou de génie; à moins toutefois qu'il ne s'agisse de la sensibilité louable, dont l'homme est trop souvent dépourvu. L'homme aurait grand besoin de spectacles attendrissants, sous ce rapport. Le stoïcisme à l'égard des autres est un mal qui ne cesse de régner; et la pitié pour le malheur, voire même le malheur coupable, est une passion de la femme qui a grand besoin d'être excitée chez l'homme. Est-ce à dire que la force et la raison ne doivent pas avoir le premier pas? Non. Mais si le drame est beau, la force et la raison n'y manqueront point; elles y seront toujours nécessaires pour le contraste, et chacun en aura pour son goût et pour ses besoins. Le spectateur en pourra toujours rapporter de mauvaises leçons; c'est le sort commun de toute prédication. Le bon grain, en fait de morale, fait plus que de ne pas pousser dans la mauvaise terre : il y devient ivraie; a qui la faute? Les bons professeurs ont souvent de mauvais élèves, et *vice versa;* qu'en conclure? Que le professeur ne sert à rien, et qu'il faut le supprimer? Soyez conséquents; dites au genre humain de se couper la gorge : tous les maux seront détruits.

Les passions sont des forces naturelles qui doivent avoir leur développement. Que serait une raison pure sans passion aucune? Un être incomplet, une monstruosité dans le genre humain, un cerveau sans entrailles. Les époques les plus malheureuses pour un peuple sont celles où l'apathie s'empare de la foule : c'est le désespoir, le sommeil, la mort. Ceux qui gardent quelque sentiment au fond de leur âme le laissent déborder en larmes amères dans la solitude, et crient à Dieu : Seigneur, déchaînez vos tempêtes, sauvez-nous! Il faut à l'humanité le jeu des passions; la raison elle-même s'éteindrait sans elles; sans but et sans champ pour s'exercer, elle dépérirait faute de travail. Que les spectacles excitent les passions, les remuent, les peignent dans leur beauté et dans leur laideur, et qu'en même temps ils fassent comprendre et aimer la science d'équilibre par où la sagesse les mène à bonne fin: Le tableau du mal est la prédication la plus utile, quand il lui laisse sa vraie couleur. Je me rappelle avoir vu jouer dans ma jeunesse un drame terrible sur la passion du jeu. Qui sait si je n'eusse pas été la victime de cette passion, sans ce spectacle qui n'est jamais sorti de ma mémoire? Je fus vivement impressionné; mon cœur bat encore quand j'y pense : il en a été de même de beaucoup d'autres spectacles. Ma sensibilité a pu y gagner et mes passions se remuer davantage; mais ce que je peux dire, c'est que ma raison y a gagné proportionnellement, et, par conséquent, toute ma personne.

Rousseau insiste sur la passion de l'amour, contre laquelle il faut mettre la jeunesse en garde. Il a raison; et quand il dit, ailleurs, qu'il vaudrait mieux encore aimer une maîtresse que de s'aimer tout seul au monde, il entre dans une telle comparaison, qu'on ne pourrait dire qu'il a tort. Mais dans ce rapprochement est la réponse même à son objection. Le spectacle rendra service s'il prédispose à l'amour en montrant les suites terribles de ses excès. Il suffit qu'il soit bon et bien fait, pour qu'il exerce, de ce côté, plus d'action sur la jeunesse, au profit de la société et de la vertu, que quoi que ce soit que l'on puisse imaginer. Que d'amours à glorifier, et qui offriraient les plus fécondes ressources aux développements de l'art : l'amour de Dieu, l'amour du devoir, l'amour de la patrie, l'amour du malheur, l'amour du fils, l'amour du père, l'amour de la mère, l'amour des amis, l'amour des époux, et aussi l'amour pur, qui, selon l'ordre de Dieu, doit conduire à ce dernier Nous savons qu'on abuse de ce moyen d'intérêt; on en abuse tellement, qu'on tombe dans le fade et qu'on pèche contre l'art. Qu'en conclure? Que c'est un défaut à réformer. Le public ne demanderait pas mieux; il en est ennuyé. Que demande-t-il? De bons auteurs, et des auteurs honnêtes, avec des acteurs qu'il puisse respecter. On ne lui donne ni l'un ni l'autre : il faut bien qu'il se contente de ce qu'il a. Mais à qui la faute? Aux hommes de talent bien intentionnés qui fuient l'arène où ils feraient des miracles, pour se jeter dans des voies qui leur semblent plus directes pour opérer le bien, mais qui, n'étant pas celles que la Providence leur avait tracées, ne sont que leurs sépulcres.

Sans doute le drame est une arme puissante entre les mains du mal par les illusions dont il peut entourer la jeunesse sans expérience ; mais la même puissance lui reste entre les mains du bien, et plus assurée du succès, puisque vous dites que l'homme est né bon. C'est toujours la question de qualité qui revient, et qui reviendra éternellement. A ce propos, vous avez dit que les spectacles, fussent-ils bons, la vertu n'en aurait pas besoin étant aimable par elle-même. Mais l'argument ne valait pas une réponse. Poussez le où l'appelle la logique; vous arrivez à conclure que tout est inutile.

Nous parlerons plus loin de la censure dramatique

Quant à vos six inconvénients qui résulteront de l'établissement d'un théâtre dans votre cité patriarcale, voici les réponses : si vous appelez perte de temps la récréation après le travail, il y aura cette perte, mais elle est nécessaire autant que le sommeil. Seulement il y a plusieurs moyens de se récréer; on peut ne rien faire, on peut jouer, on peut danser, on peut boire, etc. ; or tout cela nous paraît ou nuisible ou seulement utile comme repos, ou renfermant une utilité comme exercice du corps. Le nuisible, nous ne l'acceptons pas; l'utile comme repos, nous n'en disons rien; l'utile comme exercice corporel, nous l'acceptons, pourvu que l'âme n'en souffre point, et nous ajoutons qu'une récréation dans laquelle l'âme s'instruit elle-même à l'admiration du beau exerce ses nobles penchants, se moralise et perfectionne son goût, est préférable à toute autre. Or un bon spectacle présente tous ces avantages. Nous trouvons l'un et l'autre évident. La dépense est justifiée par les mêmes raisons; elle sert d'ailleurs à alimenter l'art ; c'est un échange entre le corps et l'esprit ; quoi de plus juste ? Diminution de produits et obligation de les renchérir; ces effets n'auront pas lieu, si on ne perd pas plus de temps au spectacle qu'à la danse, au cabaret et à tout le reste, ce qui doit être. Impôts pour subvenir aux frais communs ; de deux choses l'une: ou on se cotisera pour que tout soit payé en commun, et que le spectacle soit gratis, et alors rien de plus fraternel et de plus édifiant ; le théâtre sera respectable et respecté comme le temple: ou chacun payera pour son assistance particulière, et alors ce sera moins beau, moins fraternel, mais il n'y aura pas besoin d'impôt, et, si l'institution ne se soutient pas, qu'elle tombe, la cité en était indigne. Enfin, luxe : c'est le seul inconvénient sérieux; oui, il y a danger de ce côté-là ; mais le bal et les autres fêtes ne présentent-ils pas le même danger? Disons mieux, les réunions à l'église, le repos du dimanche, toutes ces choses favorisent le luxe; faut-il y renoncer?

Dernière raison : vie licencieuse des comédiens et des comédiennes, mauvais exemple, dépravation des mœurs, intrigues et tout ce qui s'ensuit. Nous accordons tous les inconvénients qui résultent de la présence d'un troupeau de gens de mauvaises mœurs, n'ayant ni religion, ni foi, ni pudeur, ni vertu; et, s'il était démontré qu'une compagnie d'acteurs ne peut être autre chose, nous n'aurions qu'un moyen de défendre encore les spectacles, celui d'imaginer des théâtres sans artistes de profession, espèces de salles d'escrime pour l'intelligence comme on en aurait pour la gymnastique, où s'exerceraient, dans les jours de fête, les amateurs de la localité. Mais nous ne voyons pas que le métier d'acteur entraîne nécessairement le désordre à sa suite. Il suffirait, pour l'en garantir, de quelques précautions; la première serait de l'honorer. La réputation qu'il a depuis si longtemps a pour effet d'amener sur les théâtres plus d'enfants prodigues que de véritables vocations. Qu'il devienne une profession respectée, on n'aura pas plus à se plaindre de son personnel que de celui des autres états. La seconde serait de n'ouvrir le théâtre du lieu qu'à des troupes qui auraient pris pour règle de chasser de leur sein quiconque se conduirait mal, et qui exécuteraient cette loi avec rigueur.

Nous connaissons plus d'un moraliste qui pense, avec Rousseau, qu'une femme a cessé d'être honnête dès qu'elle a osé se montrer sur la scène, qui soutient que ce ne peut être le lieu ni d'une fille, ni d'une épouse, ni d'une mère, et qui voudrait faire du métier de comédien la profession exclusive de l'homme, comme est le métier des armes et plusieurs autres. La nature s'est chargée de les réfuter en donnant à la femme toutes les qualités qui conviennent sur la scène, la voix, la grâce, la finesse, le sentiment, le talent de la musique, etc. Nous ne voyons pas pourquoi la femme ne participerait pas avec l'homme, par ce côté, à la prédication publique, puisqu'elle ne le peut par les moyens plus sérieux, et puisque la nature l'a pourvue de ressources si puissantes qui seraient perdues autrement. Que toutes les précautions soient prises, et il y aura moins d'occasions de corruption pour les actrices, dans les théâtres, qu'il n'y en a pour les jeunes personnes dans les bals du monde.

Si Rousseau, au lieu de plaider devant sa ville natale pour l'empêcher d'établir chez elle une salle de spectacle, avait employé son génie à imaginer un plan d'institution d'un genre nouveau, ayant pour but de donner aux Génevois un théâtre moralisateur, et avait réussi à le faire exécuter, il se serait rendu utile non-seulement à Genève, mais à toute l'Europe en lui fournissant un modèle de ce qui devrait être. Avec sa diatribe, qu'a-t-il obtenu? Tout le monde le lit et l'admire, citoyens, auteurs et acteurs, les uns avant d'apprendre leur rôle, les autres avant d'écrire leurs scènes, les autres dans les entr'actes, et les spectacles vont leur train avec tous leurs inconvénients.

Une puissante raison, bien avant Rousseau, avait fait la critique du théâtre, non pas pour le condamner complétement, mais pour le soumettre à une censure sévère. Voici ce qu'elle en avait dit :

« Tous les citoyens égaux de notre république participeront aux mêmes plaisirs, réglés invariablement par le législateur, qui doit se charger à la fois de leur bonheur et de leur vertu.

« Mais les danses graves, les nobles chants, images de la belle nature, ne suffisent pas; on peut croire aussi que les défauts du corps et de l'esprit, les ridicules, exprimés par les discours, les chants et les gestes, enfin les tableaux comiques ont besoin d'être offerts aux regards et à la réflexion du peuple.

« Il faut avouer que l'homme qui étudie la sagesse ne conçoit parfaitement le bien que par la comparaison du mal, et que rien ne l'éclaire plus que ces contrastes.

« Mais peut-il se permettre également les deux rôles, pour peu qu'il veuille rester vertueux? Non, il ira seulement s'instruire à ces jeux de théâtre, de peur que son ignorance ne lui fasse faire ou dire à lui-même des bouffonneries déshonorantes; et nous ne souffrirons pour acteurs que des esclaves ou des ouvriers mercenaires.

« Le goût de ces représentations sera réprimé; aucune femme, aucun homme de condition libre ne pourra s'exercer dans l'art des histrions, et l'imitation en ce genre aura des spectateurs toujours novices. Tous ces jeux qui n'ont pour but que le rire, ces divertissements que l'on nomme comédies, doivent être ainsi jugés par la raison et par nos lois.

« Mais si quelques-uns de ces poëtes sérieux, que nous appelons tragiques, entraient dans nos murs et venaient nous dire :

« Peuple hospitalier, nous accorderez-vous le libre accès de votre pays et de votre ville? Souffrirez-vous que nous y conduisions notre muse, et que doit-elle attendre de vos décrets?

« S'ils parlaient ainsi, quelle réponse aurions-nous à faire aux enfants et aux chantres des dieux?

« Étrangers vénérables, leur dirais-je, nous aussi nous essayons de construire le plus beau, le plus sublime des drames; dans tout le plan de notre république, c'est le beau, c'est le grand que nous voulons imiter; et nous ne croyons pas qu'il y ait dans la nature de plus sainte imitation. Vous êtes poëtes; nous sommes poëtes comme vous, et nous cherchons, par la beauté de notre fable, à mériter d'être vos rivaux. La loi, la vraie loi nous a promis le succès, noble espérance de la patrie.

« Ne croyez pas cependant que nous vous laissions ainsi élever en liberté votre scène dans nos places, y amener vos premiers acteurs, et, d'une voix plus harmonieuse et plus forte que la nôtre, proclamer devant nos enfants, nos femmes, notre peuple, des maximes trop souvent contraires à nos leçons.

« Nous voudrions nous faire accuser de folie; notre gouvernement serait aveugle, s'il vous donnait cet étrange droit, avant d'être informé par ses magistrats, devenus vos juges, que tous vos vers peuvent être applaudis sans dangers sur nos théâtres.

« Allez donc, fils et nourrissons des muses faciles, allez prier les magistrats de comparer vos chants aux nôtres, et si vous dites comme nous, si vous êtes mieux inspirés, nous vous donnerons un chœur pour vos tragédies; sinon, poëtes aimables, ce n'est pas nous qui pourrons vous entendre.

« Voilà, je crois, les usages à introduire et les lois à porter sur les représentations théâtrales, où nous distinguerons toujours ce qui convient aux hommes libres de ce qu'il faut laisser aux esclaves. » (Platon, *Lois*, liv. vii.)

Une seule chose est choquante dans cette charmante critique ; c'est qu'un génie comme celui de Platon soit assujetti au vieux préjugé contre le métier de comédien, et ne le permette qu'aux mercenaires et aux esclaves. Comment n'a-t-il pas vu que c'était le vrai moyen d'en perpétuer les abus ? Mais il y a des bornes à l'audace du génie ; la hardiesse absolue contre les préjugés universels, dont l'esclavage était le plus hideux, ne devait surgir que sous l'inspiration de l'Evangile.

Le reste du morceau se lit sans répulsion. Platon reconnaît l'utilité des spectacles ; il les veut bons ; et il prend ses précautions contre les abus. Ces précautions sont une censure sévère exercée par les gardiens des lois. Or, nous admettons la moitié de la mesure. Un comité de censure est nécessaire pour que les pères de familles puissent, sans crainte, mener leurs enfants au spectacle ; mais nous ne la voudrions pas exercée par les gardiens des lois ou par un pouvoir quelconque relevant de l'Etat. Un tel pouvoir n'est pas un juge sûr le point important ; c'est un parti qui négligera les choses à considérer, pour ne voir que ce qui l'intéresse. La seule censure qui puisse atteindre le but sans paralyser l'art, est celle qu'exercerait un comité de pères et même de mères de famille de la localité, choisi par les habitants, et délégué par eux pour ne juger que les questions de religion et de morale, et ne rien tolérer, sur cet article', qui pût attrister la vertu.

Jean-Jacques oserait-il nous dire d'un tel comité que« la comédie tournera les censeurs en ridicule, ou que les censeurs feront chasser les comédiens ? »

Voici ce que dit des spectacles un moraliste moderne :

« Le théâtre et particulièrement l'opéra, qui dans notre civilisation actuelle, ne tend qu'à efféminer les mœurs, qui est une arène de galanterie, un appât à la dépense, et souvent un moyen de corruption, doit devenir une institution sociale, moralisante ; propre à polir et à adoucir les mœurs. Soumis au contrôle d'une administration communale, on n'y verra pas étalés, et en quelque sorte honorés, comme dans nos théâtres modernes, des vices et des principes anti-sociaux. Il sera fait un choix de pièces, dont le but sera de façonner principalement les cœurs à l'harmonie sociale, d'entretenir l'enthousiasme, les idées nobles et généreuses........ On y verra en actions les divers sentiments qui ennoblissent l'homme, depuis les plus intimes jusqu'aux plus élevés, et principalement ceux qui tendent vers l'harmonie sociale et religieuse. Au lieu d'y représenter presque exclusivement les fadaises amoureuses et les prouesses guerrières, on y présentera essentiellement le tableau des grandes actions industrielles, sociales et religieuses, en un mot, de l'exaltation des sentiments et vertus qui coopère aux accords sociaux et au règne de l'unité universelle.» (*Esquisse d'une science morale*, par Alphonse Gilliot, t. II, p. 397.)

Qui ne serait heureux de voir se réaliser de pareilles espérances, ne pourrait être qu'un méchant homme.

Qu'avons-nous fait, en écrivant ce qui précède, une œuvre de bonne foi et d'impartialité ; or si la bonne foi et l'impartialité sont accompagnées de bon sens, c'est de la théologie ; il n'y a pas à craindre, alors, de se trouver en désaccord avec elle, bien qu'on puisse parler autrement que certains théologiens. Nous n'ignorons pas ce que les théologiens gallicans en particulier ont écrit contre les théâtres ; ils les prenaient avec les abus que le paganisme et la barbarie leur avaient légués, et que le christianisme, qui ne fait pas son œuvre en une fois, n'avait encore pas même entrepris de réformer. C'était tout ou rien ; et les théologiens parlaient pour leurs temps, comme l'avait fait Aristote défendant à la jeunesse l'entrée des théâtres, ce qu'ils ne manquaient point de rappeler avec les critiques de Platon. Mais la théologie ne parle pas comme les hommes, quoiqu'elle se serve, pour parler, de la langue des hommes ; elle pose des vérités absolues, convenables pour tous les temps, et, afin d'atteindre son but, elle est modérée. Elle condamne les mauvais spectacles comme tout ce qui peut être une occasion de corruption et de relâchement, et elle regrette, en même temps, que le théâtre ne soit pas ce qu'il pourrait être, un grand moyen d'instruction et de moralisation, pour n'être plus obligée de le juger sévèrement. Elle ne prononce pas, comme Rousseau et les moralistes outrés, que les abus en sont inséparables, que l'arbre ne peut produire que de mauvais fruits, et qu'il n'y ait, à tout jamais d'autre ressource que de l'arracher. Elle sait que les grands hommes qui en avaient désespéré, et qui ont voulu se montrer plus pratiques en condamnant sans merci, l'auraient souvent été davantage en faisant de bonnes pièces de théâtre ou des plans de réforme qui auraient fini par être goûtés dans un temps ou dans un autre, tandis qu'avec leur rigorisme, ils n'ont pas empêché les spectacles d'exister et la jeunesse de les fréquenter. Elle sait que l'ancienne Synagogue ne condamnait pas les spectacles, que les Hébreux avaient des juges établis pour juger les pièces nouvelles en prose ou en vers, lesquels ne recevaient que celles qui s'accordaient avec la religion et la morale (Dacier, *Vie de Platon*, p. 118) ; que si la religion surnaturelle doit avoir son culte extérieur, ses fêtes, ses cérémonies, ses chants, ses prières, ses pompes modestes et sages, — nous ajoutons ces mots, car là aussi les abus du luxe sont possibles, et ils ne sont nulle part plus inconvenants, — la vérité naturelle, individuelle et sociale, doit avoir aussi son culte extérieur ; et que l'art dramatique, comme les autres arts, peut avoir, de ce côté, une mission sublime à remplir.

Elle comprend qu'il serait trop malheureux pour l'humanité d'être obligée à jamais de proscrire les deux branches de la poésie les plus vigoureuses, la tragédie et la comédie. Elle n'a jamais pensé à condamner des pièces comme celle d'*Athalie*, d'*Esther*, de *Polieucte*, du *Mysanthrope*, et beaucoup d'autres. Soyons plus hardi, elle sourit plus d'une fois, avec malice, en entendant crier contre *Tartufe*. Elle sait que nos livres sacrés renferment des fictions à tableaux qui peuvent servir à justifier celles que la poésie introduit sur la scène lorsque tout y concourt au profit de la vérité et de la vertu. Elle juge enfin que rien ne s'oppose à ce que la profession d'acteur ne puisse devenir utile à la société, honnête, et justement honorée.

Voilà ce que pense la théologie. Mais d'un autre côté, elle ne fera jamais la moindre concession aux mauvaises passions, et ce qui sera dangereux pour les mœurs, elle l'attaquera sans relâche.

Si tous ceux qui ont été ses interprètes avaient eu le bon sens et l'habileté de l'archevêque de Cambrai, à des degrés divers proportionnels à l'étendue du génie, il y a longtemps que la scène serait réformée. Sa règle était la même que celle de Socrate et de Platon. (1er dialog. *sur l'éloquence*.) On ne doit, disait-il, rien rejeter de ce qui peut rendre les hommes meilleurs, et ne rien admettre d'inutile ou de nuisible. Mais on ne s'est pas occupé de la scène, on l'a abandonnée à elle-même, la condamnant sans modération, ou prenant son parti avec folie. Il n'y a pas de circonstance, dans la vie d'un grand homme, que nous admirions autant que celle de Fénelon se donnant la peine de composer le *Télémaque*. Si tant de génies honnêtes, qui ont passé leur vie à faire des ouvrages de haute métaphysique, qui ne sont utiles qu'à une imperceptible fraction du genre humain, avaient daigné sacrifier un quart ou une moitié de leur temps à faire des romans vraiment instructifs et moraux, on ne serait pas embarrassé comme on l'est, sur le choix des lectures à donner à la jeunesse, et ils feraient maintenant un bien immense qu'ils ne font pas, et qu'ils ne feront jamais. Il en est de même du drame.

Si les hommes moraux et religieux avaient toujours lutté contre les abus, non pas en s'isolant et condamnant brutalement, mais en se mêlant, au contraire, à la pratique de l'art pour l'influencer, les uns par leurs écrits, les autres par leur présence et leur compagnie, ils auraient beaucoup mieux travaillé selon l'ordre de Dieu. Il n'est allé au spectacle, dans certaines époques, que les hommes sans foi ni mœurs ; qu'en est-il résulté ? que les auteurs sans conscience ont travaillé pour ce public, et ont pullulé ; que les acteurs, sous l'influence de leurs rôles, et de la mauvaise compagnie, sont devenus dissolus, et que le théâtre, sans avoir moins de vogue, s'est corrompu. Pourquoi la vertu a-t-elle perdu courage ; que n'a-t-elle levé des armées pour faire tomber les mauvaises pièces et soutenir les bonnes ? Il est arrivé pour le théâtre ce qui arriverait pour la peinture et la sculpture, si la piété, la sagesse, la religion, l'Eglise et la philosophie, n'achetaient point d'œuvres d'art ; il ne se composerait que des Jupiter et Léda, des Mars et Vénus, des Bacchus ivres et d'obscènes Satyres. On a cru bien faire et agir en brave, de déserter les champs de bataille ; quelle tactique ! On s'est fait oiseau de nuit, et, pendant qu'on grossissait sa moue dans son creux, le profane, au grand jour, poursuivait ses brillantes aventures et consolidait son règne. Depuis le commencement du monde, la morale religieuse n'a pas encore organisé sa ligue ! Il est temps qu'elle y pense.

Le moment serait bon, car on ne peut nier que, depuis un demi-siècle, il n'y ait eu quelque retour vers le bien dans l'art dramatique, et cela vient de ce que les dévots se sont un peu familiarisés avec la scène. Depuis quelques années, aussitôt que paraît une pièce morale et bien faite, ne voit-on pas tout le monde y courir ? Remercions M. Ponsard de travailler dans cette direction.

Qui donc se plaindrait parmi les honnêtes gens, si le théâtre devenait tel, que le ministre du culte dût engager ses ouailles à se permettre ce plaisir avec autant d'ardeur qu'il doit en mettre à les convoquer au sermon, et ne donnât qu'un bon exemple en y assistant avec elles.

C'est en travaillant à de pareils résultats, qu'on sert avec intelligence la cause de Dieu, de la religion et de la vertu dans toutes les sociétés. Or qu'on s'entende, et on trouvera l'œuvre plus facile qu'elle ne paraît.

Rousseau cite un théologien moraliste qui résume très-bien la question des spectacles.

« Il peut y avoir, dit-il, des spectacles blâmables en eux-mêmes, comme ceux qui sont inhumains, ou indécents et licencieux ; tels étaient quelques-uns des spectacles parmi les païens. Mais il en est aussi d'indifférents en eux-mêmes, qui ne deviennent mauvais que par l'abus qu'on en fait. Par exemple, les pièces de théâtre n'ont rien de mauvais en tant qu'on y trouve une peinture des caractères et des actions des hommes, où l'on pourrait même donner des leçons agréables et utiles sous toutes les conditions : mais si l'on y débite une morale relâchée, si les personnes qui exercent cette profession mènent une vie licencieuse, et servent à corrompre les autres, si de tels spectacles entretiennent la vanité, la fainéantise, le luxe, l'impudicité, il est visible alors que la chose tourne en abus, et qu'à moins qu'on ne trouve le moyen de corriger ces abus ou de s'en garantir, il vaut mieux renoncer à cette sorte d'amusement. » (*Instruction chrétienne*, tom. III, liv. III, c. 16.)

« Voilà la question bien posée, ajoute Rousseau, il s'agit de savoir si la morale du théâtre est nécessairement relâchée, si les abus sont inévitables, si les inconvénients dérivent de la nature de la chose, ou s'ils viennent de causes qu'on ne puisse écarter. »

Or, il prétend démontrer dans son ouvrage, qu'il en est ainsi. C'est sur ce point seulement que nous avons voulu le réfuter, et nous soutenons que nous n'avons été, en cela, que le fidèle interprète de la raison et de la morale chrétienne. — *Voy.* Musique.

SPINOSISME. *Voy.* Ontologie, Panthéisme.

SPIRATION. *Voy.* Trinité.

SPIRITUALITÉ DE DIEU. *Voy.* Ontologie, question des essences.

SPIRITUALITÉ DE L'HOMME. *Voy.* Ontologie, II; Physiologiques (Sciences), I, II.

SPIRITUALITÉ DE L'ART. *Voy.* Art, IV.

STOICISME (Morale du). — SÉNÈQUE. *Voy.* Morale. II, 9.

STOICISME PANTHÉISTE. *Voy.* Ontologie, quest. des essences. Histoire de la philosophie. Panthéisme.

STRATÉGIE DANS LA DÉFENSE DE LA VÉRITÉ CATHOLIQUE. — DEVANT LE PROGRÈS DE LA SCIENCE (IIIᵉ part., art. 2). — Nous reçûmes un jour la lettre suivante :

« Monsieur,

« La personne qui vous écrit n'a que de bonnes intentions. Elle vous l'affirme tout d'abord, vu les soupçons qui pourraient surgir dans votre esprit par le temps qui court. Si vous en croyez sa parole écrite, sans avoir vu sa tête et scruté son regard, et si vous lui donnez la preuve de cette confiance en lui répondant, vous aurez sa sympathie et sa reconnaissance.

« Cette personne passe sa vie au milieu d'un monde où la religion est sans cesse attaquée, au nom du progrès et surtout du progrès scientifique. Elle entend dire chaque jour que le catholicisme voit son flambeau pâlir, et le verra s'éteindre au rayonnement croissant de la philosophie et de la science.

« Elle voudrait répondre, et elle ne le peut pas. On lui jette les arguments qui la confondent. Ces arguments consistent dans des citations de livres catholiques et d'articles quotidiens qui séparent franchement la cause de l'Église de celle du progrès humain, qui les mettent en lutte, en antagonisme. On lui dit sans cesse : Vous le voyez; c'est à choisir entre l'Église et le monde, entre la foi et la raison, entre la théologie et la science, entre la dévotion et le progrès. Ces deux choses ne peuvent se développer de compagnie ; il faut que l'une soit dévorée par l'autre.

« Que voulez-vous qu'elle réponde, quand elle voit, en effet, les publicistes de la catholicité, les directeurs du clergé français, les représentants de la religion dans la presse, parler de même, quoiqu'au nom de la vérité religieuse, et établir, par un système soutenu sur tous les points, cet antagonisme ?

« Elle vous avoue franchement son embarras. Elle vous avoue même que, si quelque lumière ne vient à son secours, ne pouvant déserter la cause de la civilisation, du bon sens et du progrès, elle craindra pour sa foi.

« Voilà, Monsieur, l'état de cette personne. Si vous lui répondez, elle fera prendre votre lettre où elle a fait déposer celle-ci. »

Nous répondîmes aussitôt :

Paris, septembre 1852.

« Monsieur, ou Madame, car je ne sais comment vous qualifier; si la phrase dénote l'homme, un *incognito* si bien gardé fait soupçonner la femme ; enfin, vous avez voulu rester pour moi le personnage mystérieux, et je vous en remercie, je n'en serai que plus à l'aise.

« Non, quel que soit le nuage qui passe, le vent qui gronde et le temps qui vole, je ne crains pas la trahison. Fussiez-vous un chef de la nouvelle Eglise, je ne vous en dirais ni plus ni moins. Je crois, au reste, à la sincérité de votre plume, et si vous croyez à la sincérité de la mienne, vous n'en resterez pas à cette première question.

« Il s'est formé, dans ces derniers temps, un parti, une secte, une religion nouvelle qui, sous prétexte de dévouement au Saint-Siège, s'attaque, avec un orgueil dont quelques hérésiarques du passé ont seuls donné l'exemple, à la nature humaine, à la science, à l'art, à la philosophie, à la liberté, au bon sens, à tous les droits, à tous les progrès, à toutes les allures de la civilisation. Il n'avait jamais été question, dans l'Eglise, de pareilles théories; et, avant la fin du XIXᵉ siècle, croyez bien qu'il n'en sera plus question. Que vous importent donc les arguments dont vous parlez? Ils ont la valeur de l'école même dont ils s'autorisent. Vous désirez défendre la religion, qu'on attaque en la posant comme un antagoniste de tous les biens naturels, de la vie sociale et de la raison ; faites-le en établissant ses harmonies avec toutes ces choses, en substituant la paix à la guerre entre deux camps qui sont faits pour s'aimer, et sachez repousser avec énergie une solidarité qui n'existe pas. Reniez l'école nouvelle, reniez-la sans crainte, voilà ce que réclame votre foi, voilà ce que Dieu vous demande. C'est la première condition à remplir; si vous en êtes capable, vous pouvez répondre à tous les feux. Le premier caractère du guerrier, c'est la bravoure ; quiconque en est dépourvu perd son temps à étudier la stratégie. Si vous manquez de courage, si vous n'avez pas la force de vous mettre à l'aise, de vous débarrasser des hommes, de ce qu'on appelle des autorités, de ce qui en impose aux timides, vous avez eu tort de m'écrire, et j'aurais tort de vous répondre.

« Je vous crois armé par la nature de la bravoure, qui ne se donne pas, et voilà pourquoi je veux bien entrer avec vous dans l'étude de la stratégie.

« Au reste, vous ne serez pas, non plus, sans autorités que vous puissiez invoquer. Tous n'ont pas déserté le camp de la civilisation et du bon sens. Voici ce que disait dernièrement, dans un discours, un de nos évêques, l'abbé Cœur, dont l'éloquente parole a doté la chaire d'une originalité qu'elle ignorait encore, et dont le choix pour l'épiscopat honora naguère la république. Voici ce qu'il disait :

« Je ne sais si de nos jours on aurait, en
« effet, tenté, sous prétexte de religion, de
« former un parti, et si ce parti s'applique-
« rait à combattre les instincts les plus no-
« bles et les plus profonds de la France. En
« tous cas, je sais bien ce que vaut un parti,
« et si j'adore la parole de Dieu, si je crois
« à l'Eglise, je me réserve de juger libre-
« ment les opinions et les systèmes.

« La religion n'est pas d'enlever à l'homme
« la dignité que Dieu lui a faite, de nier la
« raison, de proscrire la philosophie, de
« jeter des cris perçants contre Homère et
« Platon, de maudire Descartes, d'attenter à
« la majesté même de notre Bossuet, et d'in-
« voquer sur ses contradicteurs tous les feux
« du ciel, ou, au besoin, tout ce qu'on peut
« de persécution, et, si on était assez fort,
« les bûchers de la terre.

« La religion n'est pas d'abaisser le droit
« des nations, de menacer l'indépendance
« politique des peuples, de semer des prin-
« cipes destructeurs de l'idée même d'un
« pouvoir civil, et tellement contraires à
« son essence qu'ils ne pourraient se répan-
« dre un peu sans l'affaiblir, ni prévaloir
« sans amener sa ruine.

« Non, ce n'est pas là la religion, ce n'est
« point celle au moins du Christ et de l'E-
« glise. Saint Louis et Bossuet ne l'avaient
« pas connue. Hier encore on l'ignorait chez
« nous. D'éminents cardinaux dont il est
« permis d'être fier, un de Bausset, un de
« la Luzerne, n'en savaient pas le nom.
« L'archevêque martyr, tombé près de ces
« murs pour le salut de son peuple, l'arche-
« vêque martyr n'avait pas cessé de s'indi-
« gner contre ces tentatives ; vivant, il les
« a condamnées sur son siège et foudroyées
« de son érudition ; mort, du fond de sa
« tombe il proteste contre elles et les re-
« pousse encore avec l'autorité du sang.

« Non ; ce n'est point la religion de nos
« pères qui furent grands ; ce ne sera ja-
« mais, non plus, la religion de nos posté-
« rité, qui n'entend pas déchoir. Nous aimons
« invinciblement ce qui honore l'homme,
« ce qui élève les peuples ; et il n'est pas au
« cœur de la France un généreux désir, un
« noble sentiment, que nous, membres du
« clergé, ne puissions hautement partager
« avec elle. »

« Revenons à nous-mêmes. Il est convenu que nous avons le courage, l'indépendance, le mouvement libre : exposons donc la stratégie que nous mettrons en jeu sans plus d'égard aux théories de la nouvelle Eglise, qu'à la brutale éloquence de ses héros.

« Essayons aujourd'hui d'en poser les bases. Si vous désirez que nous attaquions ensuite les difficultés une à une, veuillez m'en faire part à mesure qu'elles se présenteront. Si je ne puis les résoudre par moi-même, j'aurai recours à des aides.

« Toutes les sciences humaines, et tous les progrès, dont je vais, un peu plus loin, citer quelques branches, se centralisent dans une force unique qu'on peut appeler la raison, l'intelligence, l'esprit humain, la nature humaine, le bon sens, le travail intellectuel individuel et social, etc., expressions également bonnes, et même identiques, vu qu'il ne s'agit pas ici d'établir des classifications psychologiques d'après les nuances des facultés diverses que Dieu nous a départies.

« Il en est de même des sciences et des progrès de l'ordre surnaturel ; elles ont un centre de rayonnement, une force pour germe et pour soutien ; c'est la révélation.

« Ainsi donc, raison et révélation, naturel et surnaturel, voilà les deux forces. Et à ces deux forces correspondent deux sociétés, qui en sont les incarnations vivantes. C'est, en premier lieu, la société naturelle, profane, mondaine, etc., choisissez le mot qui vous plaira le mieux, laquelle se subdivise en société philosophique, société scientifique, société littéraire, société civile, société industrielle. C'est, en second lieu, la société religieuse, chrétienne, catholique, qui s'appelle l'Eglise. La première remonte à la création et est fille de Dieu ; la seconde remonte à la rédemption et est fille du Christ.

« Or, en face de ces deux forces et de ces deux sociétés, l'homme instruit, le lettré, qu'il soit prêtre ou laïque, n'a que trois positions à prendre ; celle de soldat de la première, ennemi de la seconde ; celle de soldat de la seconde, ennemi de la première, et celle de médiateur.

« Expliquons un peu ces trois positions.

« Le soldat du monde, ennemi de l'Eglise, n'est pas le savant, le philosophe, le littérateur, le politique qui, sans volonté préconçue de faire la guerre au christianisme, passe sa vie à feuilleter la nature pour en découvrir et en apprendre aux autres les secrets, les beautés et les droits. Celui-là peut se tromper, mais ses erreurs mêmes seront l'aiguillon du travail et deviendront une occasion, pour les méthodes hypothétique et expérimentale combinées, de découvrir le vrai, qui sera nécessairement, comme l'a dit le savant Wiseman, la conciliation même de la religion et de la science. Le soldat du monde, ennemi de l'Eglise, est celui-là seul qui travaille plutôt contre l'Eglise que pour le monde, contre la religion que pour le progrès. Il n'est pas réellement un soldat du monde, un ouvrier de l'atelier scientifique, il n'en peut être, et n'en sera proclamé qu'un transfuge, quand la lumière se fera, sans quoi Dieu se serait trompé soit en créant soit en rachetant le monde.

« Le soldat de l'Eglise, ennemi de la société naturelle, n'est pas non plus celui qui, sans idée préconçue et système arrêté de faire la guerre à l'autre camp, emploie sa journée à feuilleter la révélation, à étudier la loi ecclésiastique, à scruter le mystère du Christ et de l'Eglise, ou bien encore à garder son troupeau, surveillant les têtes saines, pansant les malades, moralisant les âmes. Celui-là n'est pas l'ennemi du monde, il est son ami, son guide dans le plus rude sentier ; il est son christ ; à lui les honneurs de la sainte mission. Le soldat de l'Eglise, ennemi de la société naturelle, est celui qui travaille contre elle, contre ses progrès et ses destinées, sous prétexte de fonder le royaume de Dieu et du Christ, consommant ainsi une alliance monstrueuse entre l'affirmation et la négation, entre l'esprit qui vivifie et l'esprit qui tue, entre la vie et la mort, et profanant l'or par un amalgame hideux avec le plomb. C'est le pharisien, c'est l'homme de la nouvelle Eglise. Il n'est pas, non plus, le vrai soldat de Jésus-Christ; il n'est qu'un transfuge de la sainte armée, et c'est ainsi qu'il sera qualifié quand la lumière se fera.

« Enfin, le médiateur, le continuateur de la mission du Christ, est celui qui, se posant entre les deux forces, démontre leur harmonie d'origine, d'allure et de tendances, qui, se posant entre les deux sociétés, entre le monde et l'Eglise, les reconcilie comme le Sauveur réconcilie la création avec son Père.

« Cette position a trois degrés ; celui du savant qui défriche le champ de la nature sans s'occuper de l'autre, qui est son voisin, mais aussi sans malveillance, à l'égard de ce dernier, sans jalousie, avec bonne foi, avec la seule préoccupation de l'objet qui l'occupe ; celui du chrétien qui agit de même dans son domaine ; et celui du sage qui va de l'un à l'autre, défrichant les deux à la fois, cherchant les rapports qui les unissent, et dépensant sa vie à étaler, devant les hommes, leurs productions sympathiques, leurs végétations relatives, leurs fruits destinés à entretenir, par leur mélange, la nutrition de l'humanité, et à favoriser son élévation dans la similitude avec son modèle.

« Le premier et le second forment, à deux, le médiateur, en ce que chacun procure un développement de richesse et de vie qui, par son épanouissement même, rendra visible l'harmonie des deux développements. Qu'ils travaillent donc l'un et l'autre avec persévérance ; ils travaillent pour la gloire de Dieu, pour le salut du monde ; et, frères-amis dans l'éternité, ils partageront, en se donnant la main, le grand triomphe.

« Le troisième est, à lui seul, les deux premiers. A lui seul il est médiateur entre le monde et l'Eglise ; il est la synthèse personnifiée des travaux de ses deux frères, et c'est à lui que reviendra, ici-bas comme là-haut, la plus complète des glorifications.

« Je viens d'exposer les trois positions qui peuvent être prises en face des deux forces et des deux sociétés. Vous me paraissez ambitionner la troisième dans son degré le plus éminent, ambition sublime qui contient en germe le salut de l'avenir ; et je me joins à vos nobles tendances pour vous y pousser plus encore.

« Votre pose étant ainsi dessinée, examinons en gros ce que vous avez à faire pour la soutenir dignement et efficacement. Tâchons d'établir des lois générales.

« Les principales arènes sur lesquelles vous aurez à poursuivre votre œuvre de conciliation, à accomplir votre mission de médiateur, seront la philosophie, la littérature, et, en fait de sciences; l'histoire à laquelle se rattachent l'archéologie, l'ethnographie et la philologie ; l'histoire naturelle qui embrasse la physique, l'astronomie, la chimie, la météorologie, la géologie, la botanique, la zoologie, l'anatomie, la physiologie, la médecine ; et enfin la politique, dont les deux subdivisions sont la politique proprement dite et l'économie sociale.

« Chacune de ces tiges va multipliant ses rejetons, ses feuilles, ses fleurs et ses fruits, par la culture de l'esprit humain ; et comme la révélation surnaturelle est, dans l'Eglise, toujours conservée pure, quoique plus ou moins comprise, toujours invariable dans ses dogmes quoique sujette elle-même au progrès dans ses explications et ses déductions, il est nécessaire que la nature s'harmonise avec elle, comme Dieu s'harmonise avec Dieu, sur toutes les situations.

« Il n'y a pas à craindre qu'enfin de compte il en soit autrement, comme l'ont dit nos maîtres anciens et en particulier Bacon et Leibnitz; mais il importe au salut perpétuel de la société et au progrès complet, que cette harmonie se manifeste sans cesse au plus vite. C'est à cette manifestation que vous consacrez votre vie et vos forces.

« Or, pour atteindre votre but, dans le monde où vous vivez, voici la conduite que vous avez à suivre. On peut la résumer dans un précepte.

« Accepter le vrai de quelque part qu'il vienne et quelles qu'en soient les conséquences ; admirer le beau sans partialité ni restriction, sous quelque forme qu'il se manifeste, et en quelque compagnie qu'il se trouve ; Se conduire de même à l'égard du bien. Et, quant à la science en particulier, non-seulement accepter avec empressement ce qu'elle déclare certain, mais encore se montrer dans les rangs les plus avancés parmi ceux qui pressentent ses conquêtes.

« La science, appuyée sur l'observation, découvre sans cesse, et ce qu'elle découvre ne peut servir qu'à corroborer la révélation, quand elle est bien comprise, ou à en rectifier l'interprétation, quand elle est mal interprétée, ou enfin à en dévoiler le mystère, quand elle est énigmatique.

« Voilà le principe auquel vous devez avoir la foi la plus absolue. Ce n'est pas la science qu'il faut modifier sur la révélation, dont le but ne fut jamais scientifique ; c'est le sens des termes de la révélation qu'il faut modifier sur les découvertes de la science dès qu'elles sont avérées. Et, comme il est toujours meilleur de prendre les devants, aussitôt qu'un fait scientifique est probable il faut immédiatement faire cadrer la révélation avec ce fait. Si, plus tard, des conclusions contraires sont démontrées, comme la révélation n'aura pas changé, il sera facile d'en modifier l'interprétation. C'est ainsi qu'elle-même, à l'aide de la science, verra diminuer de jour en jour le nombre de ses énigmes.

« Cette loi posée comme résumé de la stratégie, jetons un coup d'œil général sur les arènes diverses que nous avons signalées.

« La philosophie se présente la première. Que ferons-nous sur ce terrain-là ? Comme la philosophie nous offre, de concert avec les mathématiques, un certain nombre d'axiomes évidents, auxquels adhère forcément toute raison, la chose importante est de montrer que la révélation, ou le dogme catholique, ne contient aucune proposition qui ne puisse se concilier avec ces axiomes. C'est ce que nous appelons rationaliser le mystère, mot qui signifie pour nous l'harmoniser avec les évidences rationnelles, ou au moins faire voir qu'il ne leur est point antipathique.

« Nous ferons mieux encore. Nous concilierons avec la révélation tous les systèmes, à moins qu'ils n'en soient clairement des négations, de manière à faire d'elle, en quelque sorte, la synthèse de ce qui passait pour antithétique. Prenons un exemple. Il y a des esprits qui ont de la sympathie pour le panthéisme, qui aiment à se dire panthéistes. Choqués par le mot, les renverrons-nous avec brutalité ? Dieu nous en garde ! Nous leur dirons : Professez l'unité de la substance, de la substance absolue, de la substance qui, seule, en mérite le nom, de la substance agent radical de toutes choses, vous serez d'accord en cela avec saint Paul, avec la doctrine de la grâce, avec la théorie catholique du sacrement, avec la révélation tout entière, qui, dans ce sens, est véritablement panthéistique; mais admettez, en même temps, votre personnalité, qui est un fait de conscience que vous ne pouvez nier, admettez votre moi doté par le soutenant universel d'une immortelle identité distincte ; et de cette manière, soyez panthéistes; car être panthéiste ainsi, c'est être Chrétien.

« Après la philosophie, vient la littérature couronnée de roses. Oh! cette déesse est bonne. Son humeur est toujours la même et toujours charmante. Vous n'aurez pas de peine à lui faire aimer la révélation. Parlez-lui des prophètes, des cantiques, des paraboles, de tous les poëtes divins. Dites-lui que Dieu nous a parlé par sa bouche, que, pour nous révéler sa pensée, il s'est fait lui-même le Dieu des vers et le roi des muses; il n'en faudra pas davantage, pour que la révélation et la littérature s'embrassent d'amour, dans l'amour du beau, leur commun père.

« L'histoire s'enrichit et s'épure par tous les moyens; l'archéologie lui apporte les débris du passé; l'ethnographie lui développe, comme un livre vivant, la généalogie des nations, et la philologie lui présente, en miroir, celle des langues. Laissons-la faire ; encourageons ses travaux ; ne rejetons rien de ce qu'elle nous dira sur l'antiquité des races, sur les combinaisons des idiomes; tout s'expliquera ; déjà tout s'explique ; et la révélation, dans son histoire à elle, y gagnera en clarté comme en certitude. La difficulté principale qui, jusqu'alors, ait préoccupé les intelligences médiatrices, est celle de l'unité de souche de toutes les races humaines, ainsi que de toutes les langues ; or, cette difficulté s'aplanit chaque jour. Celle de l'antiquité du genre humain s'aplanit également. Il en sera de même de celles qui surgiront.

« Voici venir l'histoire naturelle avec ses nombreuses filles. Un exemple nous suffira pour faire comprendre la nécessité d'appliquer sur ce terrain notre règle. Quand il fut démontré que c'est la terre qui tourne, les interprètes de la révélation furent imprudents; on sait leur histoire ; il fallait que le savant, pour éviter la note d'hérétique reniât des faits dont sa conscience avait la certitude. Depuis lors, il y a eu envahissement des esprits par la vérité astronomique, et, la révélation restant toujours la même, la vieille interprétation a dû se retirer. Que ce grand fait du passé nous soit une leçon pour l'avenir.

« Voici, sur ces sortes de questions, une page pleine de bon sens de Mgr Wiseman. Il s'agit du point, non encore résolu en géologie, consistant à demander si le grand déluge universel, qualifié de déluge géologique, et ayant laissé des traces évidentes sur toutes les contrées, entre autres ces sillonnements immenses dans la direction du nord au sud par des amas énormes de blocs erratiques qu'entraînait le torrent, est le même que le déluge historique de Moïse et des traditions des peuples, ou si ce dernier déluge ne serait pas un déluge beaucoup moins considérable relativement à celui-là, et méritant, près de lui, le nom de particulier. Wiseman s'exprime ainsi :

« Supposons qu'on puisse prouver que tous
« les phénomènes que j'ai décrits appartien-
« nent à une ère antérieure (au déluge de
« Moïse), devrais-je avoir du regret de la dé-
« couverte ? Très-assurément non : car je ne
« craindrai jamais, et par conséquent je ne
« regretterai jamais les progrès faits dans le
« chemin de la science. S'il était possible de
« découvrir un système exact de chronologie
« géologique, et de démontrer que quelques-
« uns des phénomènes décrits appartiennent
« à une période plus éloignée, je les aban-
« donnerais sans chercher à les défendre ;
« parfaitement assuré d'abord que rien ne
« peut être prouvé qui soit hostile aux li-
« vres sacrés, et ensuite, qu'une semblable
« destruction des preuves que nous avons
« cherché à établir ne serait qu'un prélimi-
« naire à la substitution d'autres beaucoup
« plus décisives. Qui regrette, par exemple,
« que le *homo diluvii testis*, ou l'homme té-
« moin du déluge de Scheuchzer se soit
« trouvé n'être seulement qu'une partie d'un
« animal du genre des salamandres? Lui, en
« vérité, le croyait une preuve des plus im-
« portantes ; mais certes, aucun ami de la
« vérité ne peut être fâché de la découverte,
« ou regretter que ce témoignage isolé ait
« été remplacé par les faits coordonnés que
« j'ai réunis. «La religion chrétienne, dit Fon-
« tenelle, n'a eu besoin, dans aucun temps,

« de fausses preuves pour soutenir sa cause,
« et c'est plus que jamais le cas à présent,
« par le soin que les grands hommes de ce
« siècle ont pris de l'établir sur ses vrais
« fondements, avec une plus grande force que
« les anciens ne l'avaient fait. Nous devons
« être remplis d'une telle confiance dans no-
« tre religion, qu'elle nous fasse rejeter les
« faux avantages qu'une autre cause pourrait
« ne pas négliger. » (*Hist. des oracles*, p. 4,
« édit. d'Amst., 1687.) Quoi que nous puis-
« sions penser de cet écrivain, son jugement
« sur notre sincérité dans la confiance que
« nous avons en notre cause est parfaite-
« ment exact. » (2º *disc. sur les sciences naturelles*.)

« Enfin, la politique et l'économie sociale commencent à chasser bien loin devant elles beaucoup de nuages ; la seconde surtout n'est qu'à son aurore, et son aurore est assez brillante pour faire présager de grandes clartés. C'est ici que le sol est brûlant, et qu'il faut s'élargir l'esprit, s'armer d'indépendance ; mais d'autre part, c'est ici que la conciliation est facile. Allez aussi loin que vous pourrez dans la ligne du vrai, la révélation vous y aura devancé. Quand tous verront avec évidence les vrais principes du droit et de la justice, ces principes seront mis en application, et l'on s'étonnera d'avoir été plus de dix-huit siècles à comprendre la portée d'un mot lancé par le Christ.

« Voilà les généralités que je vous envoie en réponse à votre lettre, et qui pourront, si vous le voulez, servir de préface à une série de développements sur toutes les sciences dans leurs rapports avec la théologie et la religion. Faites les questions, exposez les difficultés, prenez au hasard dans le vaste champ de la nature, ou plutôt suivez le courant des conversations du monde où vous vivez, l'ordre symétrique est inutile ; toute question aura son tour par la force même des choses ; et, je le répète, quand je ne me sentirai pas suffisamment armé pour répondre, je trouverai des voisins qui marcheront à ma place au-devant du géant.

« L'abbé LE NOIR. »

Beaucoup des développements que promettait ce défi sont dans ce livre ; ceux qui n'y entrent pas seront donnés dans le *Dictionnaire du vrai, du bien et du beau*, qui doit compléter celui des *Harmonies*. Il y sera traité aussi de la stratégie dans la défense de la vérité catholique devant l'*hérésie*, qui, sous divers noms, plus ou moins modernes, est aussi vivace dans le présent qu'elle le fut dans le passé. — *Voy.* ACADÉMIE. — EGLISE.

SUBSTANCE. *Voy.* ONTOLOGIE.
SUFFISANTE (GRACE). *Voy.* GRACE ET LIBERTÉ, IV.
SUICIDE. — PLATON. — CONFUCIUS. *Voy.* MORALE, III, 7, 16.
SUPÉRIORITÉ DE LA MORALE ÉVANGÉLIQUE SUR CELLE DE LA PHILOSOPHIE. *Voy.* MORALE, conclusion.
SUPERSTITIONS. *Voy.* COSMOLOGIQUES (Sciences), I, IX.

SURNATUREL (DROIT). *Voy.* SOCIALES (Sciences), I.
SURNATUREL (L'ORDRE). — DEVANT LA RAISON, etc. *Voy.* SYMBOLE CATHOLIQUE, II.
SYMBOLE CATHOLIQUE (LE) — DEVANT LA FOI ET DEVANT LA RAISON (IIª part., art. 1). — On entend par Symbole en général la série analytique des points de doctrine que l'on doit croire pour faire partie d'une société religieuse. C'est donc le centre doctrinal autour duquel se groupent les esprits pour former communion ; et il est, par conséquent, impossible qu'il y ait société sans un Symbole quelconque ; aussi ne trouvera-t-on sur la terre aucune Eglise qui n'ait le sien. Mais il ne s'agit pour nous que du Symbole catholique, qui est le nôtre.

Ce Symbole se distingue de tous les autres par un caractère très-frappant. Bien qu'il soit court quand on le réduit à ses points essentiels, il est encore, en réalité, le plus long de tous ; si on les compare entre eux, on aperçoit que tout ce que les autres renferment de raisonnable et de bien établi philosophiquement est dans celui-là ; que ce qui s'y trouve de surnaturel et ne ressemble point à de la superstition pure, y est encore, au moins quant au fond et à l'esprit ; et enfin, qu'après avoir dépouillé ces Symboles les uns après les autres de ce qui, en eux, choque le bon sens, et en avoir mis tout le reste en résumé, le Symbole catholique ajoute encore plusieurs choses à cet ensemble ; en sorte que les autres ne paraissent être que ce Symbole lui-même *moins* des choses omises et *plus* des négations ou additions déraisonnables ; et que le Symbole catholique ne paraît être que le fond rationnel de tous les autres, *plus* des additions, et *moins* des négations ou affirmations superstitieuses qui, au fond, reviennent à des négations pures. Voilà comment, quoique assez court, ainsi qu'on va le comprendre, il est plus long qu'aucun autre.

Il se compose de deux parties, l'une, dont les vérités sont nécessaires, ne dépendent pas de la volonté libre de Dieu, mais de son essence qu'il ne saurait ni modifier ni anéantir, seraient les mêmes dans toutes les créations imaginables, et rallient toutes les intelligences droites qui les connaissent. Ces vérités sont l'existence de Dieu, la distinction du bien et du mal pour toute créature intelligente et libre, et toutes celles qui découlent de ces principes, soit qu'on les considère absolument, soit qu'on les considère relativement à l'homme tel qu'il se sent exister par sa conscience. Cette partie est à la fois, au moins presque tout entière, Symbole rationnel et Symbole révélé, parce que, si, d'un côté, la raison la démontre, d'un autre côté la révélation l'enseigne. L'autre partie est un ensemble de vérités dont on ne voit pas la nécessité, qui sont relatives à l'homme en particulier, dépendent d'actes libres de la bonté du Créateur, sont pour nous des dons gratuits de cette bonté, et, par conséquent des connaissances telles qu'aucune déduction rationnelle des principes nécessaires ne pourrait nous y conduire. C'est le Symbole révélé proprement dit, dont l'autre est la base, comme l'églantier est la base de la rose domestique, mais non point comme toute racine est la base de son fouillage et de sa floraison naturelle.

La première partie du Symbole catholique n'étant pas la propriété exclusive de ce symbole, nous n'en parlerons point dans cet article; elle est traitée par fractions dans tous ceux qui sont philosophiques, avant d'être théologiques. Reste donc à exposer la partie surnaturelle de notre Symbole, en montrant la physionomie générale qu'elle revêt et devant la foi et devant la raison, les détails étant réservés pour les articles spéciaux auxquels donneront lieu les noms des vérités de foi qui vont être énumérées.

Devant la foi, le Symbole ne rend pas compte de sa certitude rationnelle, car ce serait une contradiction de l'exiger à ce point de vue. Il se propose lui-même à croire comme étant révélé de Dieu. La société catholique dit à tous les hommes : Voilà les vérités auxquelles il faut adhérer pour être admis à faire partie de ma corporation ; celui qui fait profession de cette croyance extérieurement, est considéré par moi comme un de mes membres; si sa profession extérieure est un mensonge à sa pensée intime, cela regarde sa conscience que je ne connais pas; je dis seulement en général, que tout mensonge, toute hypocrisie est un crime devant Dieu; celui qui manque sciemment, ou à son insu, de poser le fait extérieur de cette adhésion, peut bien être dans la bonne foi devant sa conscience, mais, par cela même que ce fait lui manque, je ne puis le considérer comme faisant partie de ma communion ; il peut, par sa bonne intention, appartenir à la réunion des justes, à un degré plus ou moins élevé, mais il ne saurait appartenir à mon corps temporel et visible, puisqu'il ne présente pas la condition matérielle qui fait qu'on est enrôlé sous mon drapeau. Nous n'avons donc autre chose à faire, pour considérer le Symbole catholique devant la foi, que de l'exposer purement et simplement, mais fidèlement, tel que l'Eglise le propose. Nous verrons plus loin comment il convient de le considérer devant la raison, avec quelle assurance il affronte sa logique, lui offre le combat et soutient la lutte.

I. — Le Symbole catholique devant la foi.

N'oublions pas que, d'après ce qui vient d'être dit, il ne s'agit que de la partie surnaturelle ; or, dans cette partie, nous ne voulons présenter que ce qui est article de foi dans toute la rigueur du mot, c'est-à-dire ce qui ne peut être nié sans qu'il s'ensuive séparation de la communion catholique. Nous n'avons pas, en effet, à entrer sur ce qui fait l'objet des discussions théologiques, notre but étant de justifier l'Eglise sur ce qu'elle ordonne de croire, et non point ses théologiens dans leurs opinions, chose impossible toutes les fois que ces opinions sont directement contradictoires sur le même objet et sous le même rapport, ce qui arrive quelquefois. *Dans les choses nécessaires, unité,* dit un adage qui remonte à saint Augustin, et sans doute au delà ; mais, *dans les choses douteuses, liberté;* et, *dans toutes, charité.* Nous ne voulons que résumer les choses déclarées par l'Eglise nécessaires à croire pour appartenir à sa communion, en les concentrant le plus qu'il nous sera possible.

Pour être sûr de ne pas nous égarer dans cette opération délicate, nous suivrons Holden, dont la précision théologique n'est contestée de qui que ce soit, dans son analyse de la foi catholique intitulée : *Divinæ fidei analysis, seu de fidei christianæ resolutione libri duo.*

Préambule : *L'existence de Dieu*—Dieu est —Holden fait observer avec une grande logique que cet article est à proprement parler «un préambule à la foi divine et catholique plutôt qu'un article de cette foi; car, dit-il, il est impossible de donner son adhésion à quelque vérité sur l'autorité de Dieu révélant sans supposer d'abord que Dieu est; et nous ne pouvons pas adhérer à cette vérité : *Dieu est*, pour cette raison que Dieu l'a révélée; car les deux termes s'infirment mutuellement, (c'est-à-dire que l'un suppose l'autre et qu'il y a un cercle vicieux ou pétition de principe). Nous supposons donc comme très-clair par la lumière naturelle et établi par des arguments très-évidents et rationnels, pour en faire le premier article du Symbole, que *Dieu est* ou qu'il y a une cause première. »

Art. I. *La Trinité.*—Dieu est *un* en substance et *trine* en personnes. Les personnes sont distinctes en tant que personnes et consubstantielles chacune à chacune. Le Fils est engendré éternellement par le Père ; le Saint-Esprit procède éternellement du Père et du Fils ; il est l'Esprit des deux.

Cet article, en ce qu'il professe l'unité de Dieu, appartient à l'ordre de raison aussi bien qu'à l'ordre de révélation, puisqu'il n'y a pas de vérité qui se démontre plus rigoureusement en philosophie pure que celle de l'unité nécessaire de la première cause.— *Voy.* ONTOLOGIE. - Par conséquent cette vérité ne fait pas encore partie, bien qu'elle soit une vérité de foi, de celles dont nous appelons l'ensemble *Symbole catholique,* puisqu'elle est nécessaire, et non pas surnaturelle en soi, les vérités de cette dernière espèce étant toutes contingentes ou dépendantes de la libre bonté de Dieu.

En ce qu'il professe la Trinité, nous pensons qu'il en est de même avec une modification. Nous croyons qu'une fois ce dogme connu, la raison peut en démontrer la nécessité, jusqu'à un degré que nous marquons à l'article TRINITÉ, non pas comme elle démontre les autres vérités révélées, dont il va être question, par la certitude de la révélation même et la véracité du révélateur, ce qui aboutit à la démonstration du fait, mais par une déduction essentielle et immédiate, analogue à celle qui la fait affirmer la nécessité d'une cause à tout phénomène. Quant à l'idée de la Trinité divine, ou à l'invention de cette vérité, nous ne dirons certes pas que la raison y est arrivée par elle-même et indépendamment d'une révélation de Dieu se faisant connaître à sa créature, car nous ne le disons pour aucune vérité ; ce serait isoler la créature du Créateur et la déifier sous un rapport ; mais on conçoit plusieurs modes de révélation ; on en conçoit une naturelle immédiate et une naturelle médiate par la parole traditionnelle ; on en conçoit, de même, une surnaturelle, ou par voie extraordinaire et de surérogation, immédiate, et une surnaturelle médiate. Les deux premières constituent l'ordre de raison ; les deux secondes l'ordre de révélation proprement dit ; et la question est de savoir par laquelle de ces voies Dieu a donné à l'homme l'idée de sa Trinité. Or nous répondons que, s'il nous paraît certain que Dieu a fait connaître à l'homme son existence et son unité par les deux voies naturelles, il nous paraît douteux qu'il lui ait fait connaître sa Trinité par ces deux mêmes voies. Le silence de nos livres sacrés, antérieurs à Jésus-Christ sur ce point, pendant que plusieurs philosophes parlaient assez clairement de ce dogme en diverses contrées, donnerait à penser que Dieu l'avait révélé naturellement. D'un autre côté, comme on ne trouve pas, chez ces philosophes, la vraie déduction de la trinité humaine à la Trinité divine (*Voy.* TRINITÉ), on est porté à penser par cette considération que l'esprit humain n'avait pas été mené par Dieu à cette idée selon la filière ordinaire que Dieu suit pour le mener aux vérités naturelles. Nous restons donc dans le doute sur cette question, peu importante en soi puisque la révélation évangélique est venue développer très-explicitement ce grand mystère.

Art. II. *La création.* — Dieu a créé l'univers, c'est-à-dire tout ce qui n'est pas lui-même.

Cet article appartient, en même temps, à l'ordre de raison et à l'ordre de révélation ; car, si la révélation nous enseigne que tout ce qui n'est pas Dieu a été créé par lui, la raison le démontre très-facilement comme nécessaire avec toute la rigueur géométrique.— *Voy.* ONTHOLOGIE.

Il faut donc dire de cet article de foi ce que nous avons dit de celui qui a pour objet l'unité de Dieu.

Art. III. *La déchéance ou le péché originel.* —Adam, le premier homme, fut créé dans un état de justice et de sainteté supérieur à l'état présent quant à la beauté de l'âme, et quant au bonheur matériel, n'étant sujet, ni aux passions désordonnées, ni aux misères de la vie, ni à cette mort qui nous répugne. Il se rendit coupable devant sa conscience, et, en vertu d'une loi à laquelle Dieu avait assujetti l'humanité en la créant, il tomba dans un état inférieur, *in deterius* dit le concile de Trente, dont l'infériorité consista, quant à l'âme, en une diminution de science, de force et de beauté, appelée mort de l'âme relativement à la vie de la grâce qu'elle possédait auparavant ; et, quant au corps, dans l'assujettissement à la concupiscence, à la mort et aux peines de la vie. Cet état nouveau et inférieur, qui se caractérise par la privation de prérogatives antérieures, s'est transmis du père aux enfants par la génération, dont l'effet est de reproduire son semblable, et, par conséquent, il est propre, depuis la faute d'Adam, à chaque individu. Il ne met pas l'individu parvenu à l'âge de raison dans l'incapacité matérielle de tout bien ; il lui laisse une puissance morale de bien et de mal ; mais, par le fait du moins de science, ainsi que de force ascensionnelle de volonté vers Dieu, il lui marque une limite beaucoup plus restreinte de perfectionnement moral en cette vie, et par suite, d'élévation dans l'autre, limite qui doit s'appeler naturelle, puisqu'elle est propre à ce qu'est la nature humaine en soi depuis la déchéance. Le péché, dont cet état est la suite, est devenu la cause occasionnelle de toute la série de choses surnaturelles que nous allons exposer.

C'est donc ici que commencent les vérités qui sont purement de l'ordre surnaturel.

Art. IV. *La rédemption.* — Dieu, mu d'une bonté toute gratuite, ne voulut pas laisser l'humanité dans cet état ; il surajouta à l'ordre de la nature un plan de restauration de l'homme déchu, mais un plan tel que l'homme fût obligé de participer lui-même à l'œuvre par une coopération libre. Ce plan consiste en ce que le Fils de Dieu, son Verbe, sa parole, son intelligence, sa lumière, s'introduirait visiblement et formellement dans notre monde, et agirait, comme il va être exposé, pour relever l'homme à son état primitif, et peut-être même, tout compensé, à un état supérieur, bien que la mort, les douleurs de la vie et la révolte des sens demeurent ici-bas. La première loi de ce plan surajouté à la nature, c'est qu'aucun individu ne sera surnaturalisé, dans le sens qu'on vient d'exposer, que par l'intervention du Fils de Dieu médiateur, révélateur et sauveur unique. Ce médiateur est Jésus-Christ. Avant sa venue Dieu le promit à l'homme, et ce fut par une foi plus ou moins développée en l'accomplissement de cette promesse que l'homme fut initié à la rédemption. Depuis sa venue, l'homme possède l'histoire de Jésus-Christ, et c'est encore par l'application des mérites de ce rédempteur que l'homme est relevé de son état déchu. La voie ordinaire d'application des mérites du Christ est le baptême. Le but direct de la rédemption est un bonheur et une gloire surnaturels dans l'autre vie, consistant dans une participation à la gloire et au bonheur du Rédempteur lui-même ; et ce qui est de foi, c'est qu'aucun des enfants d'Adam ne peut arriver à ce ciel surnaturel dont le Christ est le chef sans être *relié*, d'une manière quelconque, à son œuvre réparatrice, comme le dit dans notre langue l'étymologie du mot religion.

Art. V. *L'incarnation.* — La seconde personne de la Trinité, appelée le Fils ou le Verbe, s'est incarnée dans l'humanité; c'est-à-dire, que Dieu, en tant que Fils, a assumé un être humain complet, âme et corps, d'une manière si intime que l'être multiple qui en est résulté, et qui est le Christ, n'a plus formé qu'une personnalité autonome, qui est la personnalité de la personne divine, malgré que la nature humaine, et tout ce qui la constitue, son intelligence, sa volonté et son corps, soit restée nature humaine ; d'où il suit qu'on doit dire qu'il n'y a dans le Christ qu'une personne, la personne divine, mais qu'il y a en lui deux natures, et deux volontés, la nature et la volonté divines, la nature et la volonté humaines.

Art. VI. *La conception du Christ.* — Le Christ a été conçu de l'Esprit-Saint par la Vierge Marie ; c'est-à-dire que c'est la troisième personne de la Trinité, celle qui est amour, qui a opéré le mystère de l'Incarnation de la seconde, de celle qui est intelligence et lumière, dans le sein de Marie, en y développant tous les germes d'un être humain, sans le concours de l'homme, et les unissant intimement comme nous l'avons dit.

Art. VII. *La naissance du Christ.* — Le Christ est né de la Vierge Marie ; Marie est demeurée vierge avant, pendant et après cet enfantement ; d'où il suit qu'il est son fils unique. Il suit aussi de la conception du Christ et de sa naissance que sa mère peut et doit être appelée *mère de Dieu*, comme la mère d'un homme peut et doit être appelée sa mère, quoiqu'elle n'en soit pas la cause efficiente.

Art. VIII. *La Passion du Sauveur.* — Le Christ a souffert, a été crucifié, est mort et a été enseveli. Ces faits, qui rentrent dans le domaine de notre histoire, sont attestés par des auteurs qui sont, en même temps, historiens ordinaires et auteurs inspirés. La Passion et la mort du Christ sont le mode par lequel il a plu au Fils de Dieu de réaliser la rédemption du genre humain.

Art. IX. *Le Christ est descendu aux enfers.* — C'est-à-dire, qu'étant passé, par la mort, en tant qu'homme, dans l'état où la mort nous fait passer tous, il se mit en relation, d'une manière quelconque, qui nous est inconnue, avec des âmes de morts, et modifia leur position dans les limites que nous ignorons. Telle est l'antique croyance de l'Eglise sur ce mot du Symbole des apôtres.

Art. X. *La résurrection.* — Le Christ est ressuscité des morts ; c'est-à-dire, qu'après être resté à peu près deux jours dans l'état que la mort lui avait fait, lequel consistait à être privé du corps qu'il avait sur la terre, il a, le troisième jour, repris ce corps avec les qualités des corps glorieux, en le rendant à son âme, et, ensuite, durant quarante jours, a communiqué avec les hommes à diverses reprises.

Art. XI. *L'ascension.* — Le Christ est monté aux cieux ; c'est-à-dire, qu'après ces quarante jours de commerce avec les hommes, il s'éleva, aux yeux de quelques-uns, vers le ciel visible, et disparut pour ne plus se montrer sur la terre.

Art. XII. *La glorification.* — Le Christ est assis à la droite de Dieu le Père tout-puissant ; c'est-à-dire qu'il est élevé en dignité et en vertu à l'égal de son Père, en tant que Verbe ; et, en tant qu'homme, à la première place parmi tous les membres du genre humain qui sont ses frères.

Art. XIII. *Le jugement des âmes.* — Le Christ viendra juger les vivants et les morts ; c'est-à-dire qu'il se manifestera un jour à tout le genre humain passé et présent, composé des plus anciens des hommes comme des plus nouveaux et le jugera avec sa justice infinie. C'est ainsi que l'Eglise entend cette parole.

Art. XIV. *La sainte Eglise catholique.* — Cette Eglise existe. Elle a été fondée par Jésus-Christ pour devenir universelle et pour durer jusqu'à la fin des temps. Elle ne peut jamais se tromper dans ce qu'elle croit universellement comme révélé de Dieu en matière de religion. Elle est le pouvoir *déclaratif* de la vérité religieuse, ayant reçu de Jésus-Christ promesse d'infaillibilité dans la conservation et le développement de sa doctrine. Elle est le pouvoir *législatif* du culte, ayant reçu autorité de Jésus-Christ pour faire et abroger des lois dans l'ordre spirituel selon la variété des temps et des circonstances, avec réserve d'inviolabilité de tout ce qui est institué de droit divin. Elle est enfin le pouvoir *exécutif* veillant à l'observation des lois religieuses et les protégeant par des sanctions spirituelles. Elle consiste dans l'assemblée des adorateurs de Jésus-Christ composée hiérarchiquement des fidèles, des prêtres, des évêques et du Pape. Le Pape et les évêques sont, par institution du Christ, le grand pouvoir officiel représentatif, déclaratif, législatif et exécutif de l'Eglise. Il est nécessaire de leur être soumis d'une obéissance raisonnable et de rester ainsi en union avec les autres membres de l'Eglise, pour être un fidèle disciple de Jésus-Christ au sens complet du mot.

Art. XV. *La communion des saints.* — C'est-à-dire une fraternité surnaturelle avec participation commune aux mêmes biens spirituels ; et elle n'a pas lieu seulement entre les membres de l'Eglise militante se prêtant un mutuel secours par la prière et les œuvres pieuses, elle s'étend à tous les concitoyens futurs de l'Eglise triomphante, entre lesquels il y a relation d'amour, d'aide et de protection par la prière, Dieu servant de médiateur.

Art. XVI. *La rémission des péchés.* — C'est-à-dire que, dans l'ordre surnaturel, par les mérites de la passion et de la mort du Christ, les péchés sont remis, comme il sera mieux expliqué au sacrement de baptême et surtout de pénitence.

Art. XVII. *La résurrection de la chair.* — C'est-à-dire que chaque homme repassera, un jour, de l'état où la mort l'a mis, dans un autre où il possédera son corps, comme avant de mourir, quoique avec d'autres propriétés.

Art. XVIII. *La vie éternelle.* — Cet article implique l'immortalité de l'âme, et l'Eglise entend que cette vie future immortelle ne sera pas la même pour tous; qu'elle différera selon la manière dont on aura passé celle-ci; que, de ce principe, résulteront deux catégories principales, dont on ignore le nombre, la catégorie de ceux qui auront adhéré, par un véritable amour, à Dieu créateur et rédempteur, lesquels partageront la gloire du Christ, et la catégorie de ceux qui auront sciemment et librement préféré à la vertu et à Jésus-Christ les plaisirs vains et désordonnés de la terre, lesquels seront privés de cette participation; qu'il y aura, dans chacune, des degrés divers de bonheur ou de malheur, exactement déterminés par l'infinie justice, et que ces deux catégories resteront éternellement distinctes.

La série d'articles de foi qui précède est comprise dans le Symbole des apôtres, sauf les n°⁸ III et IV qui n'y sont qu'implicitement supposés, ainsi que les explications que nous avons ajoutées à tous.

Il existe encore dans l'Eglise deux autres symboles, celui du concile de Nicée, adopté et de beaucoup augmenté par le concile de Constantinople en 381, et celui qui porte le nom de saint Athanase; ce dernier n'est qu'un développement exact de la doctrine de l'Eglise sur deux mystères en particulier, ceux de la Trinité et de l'Incarnation (*Voy.* ces mots), avec une phrase de plus, à la fin, pour dire que tous les hommes rendront raison de leurs actions; que ceux qui auront fait le bien en seront récompensés éternellement, et que ceux qui auront fait le mal en subiront éternellement les suites. Celui de Nicée, qui devrait plutôt être appelé le Symbole de Constantinople, n'est qu'une autre rédaction du Symbole des apôtres, présentant quelques additions explicatives que nous avons reproduites en substance, quelques modifications dans les termes, et même quelques omissions qui font que le Symbole des apôtres demeure encore le plus complet en même temps que le plus concis.

Voici les additions explicatives :
Au lieu de : *Je crois en Dieu*, il dit : Je crois en *un seul Dieu*, ou, *en Dieu un*, et ajoute aux mots, *Créateur du ciel et de la terre*, ceux-ci : *de toutes les choses visibles et invisibles*.

Il ajoute aussi le mot *un seul, unum,* à l'égard du Christ. Il explique le mot, *Fils unique de Dieu,* comme il suit : *Né du Père avant tous les siècles, Dieu de Dieu, lumière de lumière, vrai Dieu de vrai Dieu, engendré, non fait, consubstantiel au Père, par lequel tout ce qui est dans le ciel et sur la terre a été fait.* Il ajoute cette profession explicite de l'Incarnation : *Pour nous autres hommes et pour notre salut est descendu des cieux, s'est incarné et s'est fait homme.* Il dit *qu'il ressuscita* le troisième jour, *selon les Ecritures ;* qu'il viendra *encore avec gloire*, etc., et que *son règne n'aura point de fin.*

Il détaille la déité de l'Esprit-Saint et son égalité avec le Père et le Fils de la manière suivante : Je crois au Saint-Esprit, *Seigneur et vivifiant, qui procède du Père, qui doit être adoré et glorifié avec le Père et le Fils, qui a parlé par les prophètes*

C'est le concile de Florence qui, en 1439, ajouta au mot, *qui procède du Père,* le mot, *et du Fils, Filioque.* Les Grecs auraient préféré, *par le Fils, per Filium;* mais ils cachaient peut-être, dit Holden, de mauvaises intentions sous cette formule, et le concile adopta *filioque* comme plus explicite, quoique, ajoute Holden, la différence soit plutôt dans le mot que dans la chose

Il met enfin à la place des mots, *la sainte Eglise catholique,* ceux-ci, *une seule Eglise sainte, catholique et apostolique.*

Voici les changements de termes :
Au lieu de *creatorem,* il met *factorem.* Au lieu de : *conçu de l'Esprit-Saint, né de la Vierge Marie,* il met : *Incarnatus de Spiritu sancto ex Maria virgine,* pour dire que le corps de Jésus-Christ est tiré de celui de la Vierge, et que cette incarnation est un effet de l'Esprit-Saint. Au lieu de : *la rémission des péchés,* il dit : *Je confesse un seul baptême pour la rémission des péchés.* Au lieu de : *résurrection de la chair,* il met : *résurrection des morts.* Au lieu de : *vie éternelle,* il met : *vie du siècle futur.*

Voici les omissions : il passe, au sujet du Christ, *mortuus, est mort,* pour dire aussitôt, *a été enseveli.* Il ne dit pas, *est descendu aux enfers.* Il dit : *est ressuscité,* sans ajouter, *des morts.* Il omet enfin *la communion des saints.*

Continuons la série des articles.
Art. XIX. *La mission visible de l'Esprit-Saint.* — Cinquante jours après la résurrection, le Saint-Esprit descendit visiblement sur les disciples, également assemblés dans le même lieu. (*Act.* II, 1 et seq.) C'est de là que part la propagation de l'Eglise chrétienne.

Art. XX. *L'Ecriture sainte.* — Il existe une parole écrite inspirée de Dieu; ce sont tous les livres que l'Eglise a déclarés canoniques. — Quoique les auteurs n'en soient pas tous certainement connus, et qu'ils ne jouissent pas, sous ce rapport, de la même autorité, ils contiennent la doctrine révélée, et, dans l'exposé de cette doctrine, ne présentent rien de faux.—C'est l'interprétation unanime de l'Eglise entière, qui en fait connaître le vrai sens infailliblement; ne peuvent donner lieu à des articles de foi, les passages diversement interprétés par les docteurs sans décision de la tradition universelle de l'Eglise, ni ceux qui n'ont point rapport à la religion.— Toute la révélation n'est pas dans l'Ecriture, il existe quelques points de doctrine, principalement de ceux qu'a révélés Jésus-Christ, qui n'ont point été écrits; la tradition orale les a conservés, et l'Eglise les a pris dans cette tradition.

Art. XXI. *Les conciles œcuméniques.* — Pour qu'un concile soit œcuménique avec certitude, il faut que toutes les parties de la catholicité y soient représentées par des évêques, et que la discussion y soit complétement libre. — Les membres du concile ne sont pas créateurs des dogmes, ni en tant que vérités en soi, ni en tant que dogmes; ce qui fait qu'un dogme est dogme, c'est la double qualité qu'il a d'être révélé et d'être cru comme tel par toute l'Eglise; ils ne font que les attester et les déclarer, chacun d'eux apportant la foi de son Eglise particulière, et venant au concile, comme les apôtres à celui de Jérusalem, pour examiner la question de la révélation et de la croyance universelle sur tel et tel point, *Videre de verbo hoc.* (*Act.* xv, 16). — L'objet de la déclaration ne peut être une vérité naturelle ou philosophique, mais seulement une vérité qui soit en matière de foi, révélée et catholique, ou un fait divinement révélé, intéressant toute l'Eglise.—Les canons dogmatiques votés librement après examen et sans cabale, forment seuls articles de foi. — Quant aux objets en matière religieuse, qui ne sont point expressément révélés, et transmis par la tradition universelle, ou qui ne sont pas, au moins, des déductions nécessaires et évidentes de principes révélés et universellement crus, Holden dit qu'il faut les accepter, s'ils sont définis par un concile œcuménique, mais ne pense pas qu'ils soient des articles de foi infailliblement vrais, sur lesquels l'erreur soit absolument impossible. (*De resolutione fidei*, lib. i, cap. 9.) — Toute loi portée, en matière de culte, par les conciles, est valide et obligatoire, bien que beaucoup de théologiens pensent qu'il puisse y avoir erreur relative aux besoins du temps, et aux raisons sur lesquelles on la fonde; ce qui n'importe pas extrêmement, puisque la loi peut être révoquée et changée par l'Eglise. — Un concile peut être induit en erreur sur les faits historiques. — Sauf les restrictions posées dans les explications qui précèdent, le concile œcuménique est infaillible comme l'Eglise elle-même en matière de religion.

Art. XXII. *La papauté.* — Le Pape est le premier des évêques, le sommet de la hiérarchie, et le chef qui préside à toute l'Eglise. — Il ne peut s'agir, dans cette liste des articles de foi proprement dits, des priviléges que le Pape peut avoir par concession humaine, soit ecclésiastique, soit civile, mais seulement de ceux qu'il tient de Jésus-Christ, et qui sont les seuls qu'il ne puisse perdre. — Il ne peut s'agir non plus de ceux qui lui sont contestés par une partie des théologiens catholiques, puisque le désaccord seul exclut l'essence même de l'article de foi. — Ce qui ne tombe dans aucun des deux cas précédents, c'est que le Pape préside au concile, de droit divin, et sans qu'aucune autorité puisse l'en empêcher; qu'il a de même une supériorité d'honneur et de juridiction sur tous les autres évêques; et qu'il lui appartient de veiller au bien commun de l'Eglise entière.— On sait, au reste, que le concile de Constance a déclaré le concile œcuménique supérieur au Pape, et que cette déclaration a donné lieu à de grandes discussions.

Art. XXIII. *L'épiscopat.*—L'autorité épiscopale vient immédiatement de Jésus-Christ, comme celle du Souverain Pontife.—Elle n'est pas, de sa nature, limitée à tel ou tel pays, à telles ou telles âmes; elle est, en principe, universelle, comme fut celle des apôtres; mais l'Eglise l'a délimitée par diocèses pour le bien de ses membres.—L'évêque a, dans son diocèse, une autorité propre que la puissance papale elle-même ne peut lui violer; et celle-ci n'a point, sur le corps épiscopal, le même droit qu'a chaque évêque sur son clergé et ses fidèles. Dire que le Pape est *l'évêque universel*, *l'évêque des évêques*, *l'ordinaire des ordinaires*, c'est, dit Holden, (*De resolutione fid.*, l. ii, c. 3 in fin.) une erreur dans la foi, *erroneum est in fide.*—Ce mot, *in fide* nous semble un peu fort, nous ne connaissons pas de réprobation positive de l'église universelle contre ces expressions.

Art. XXIV. *Le presbytérat.* — Le presbytérat est encore une institution de Jésus-Christ, conservé par la tradition. — Les droits du prêtre lui sont transmis par le sacrement de l'ordre. — Quant à l'autorité dont le prêtre est revêtu en sa simple qualité de prêtre, elle est inférieure à celle de l'évêque, et en puissance d'ordre et en puissance de juridiction.— Jusqu'où s'étend-elle dans les conciles, et le reste, questions laissées aux débats de la théologie.

Art. XXV. *Les fidèles.* — Ils forment la partie la plus considérable de l'Eglise; ils en sont même la base, puisque la hiérarchie n'est établie que pour eux, que tout ministre est fidèle avant d'être ministre, et reste fidèle tout en étant ministre. — C'est la profession de foi extérieure qui fait qu'on est membre du corps visible de l'Eglise. — Par la bonne foi on peut appartenir à l'âme de l'Eglise, quoiqu'on soit séparé de son corps. — Le mot *Hors l'Eglise point de salut* signifie qu'il est impossible d'arriver au ciel surnaturel de Jésus-Christ si l'on n'appartient au moins à l'âme de son Eglise, ce qui revient à dire qu'il faut, pour arriver à ce ciel, être relié à l'œuvre de la rédemption.

Art. XXVI. *La justification.* — C'est l'acte de bonté divine par lequel sont communiqués à tel ou tel homme en particulier, les mérites de l'Incarnation et de tout ce qu'a fait Jésus-Christ pour restaurer l'humanité déchue.—Le premier fondement de la justification surnaturelle dans les adultes est la foi en Dieu révélateur, par laquelle on croit en sa parole. — Ce commencement ne peut se faire dans l'adulte sans une grâce prévenante due aux mérites de Jésus-Christ. — La justification ne consiste pas seulement en ce que les péchés ne sont plus imputés, mais dans un embellissement réel de l'homme intérieur comme remis à neuf. — La cause *finale* de la justification est la manifestation de Dieu, et un bonheur éternel supérieur aux fins de la nature présente ; la cause *efficiente* est Dieu nous purifiant et sanctifiant par une bonté toute gratuite ; la cause *méritoire* est Jésus-Christ; la cause *instrumentale* ordinaire est le sacrement, et la cause *formelle*, la justice même du Christ qui se communique à nous et nous rend justes selon la mesure de lumière et d'amour qu'il plaît à l'Esprit-Saint d'accorder à chacun — la foi seule, sans l'espérance, la charité, le repentir et les autres vertus surnaturelles, ne suffit pas pour justifier; elle n'est alors qu'une foi morte qui est sans fruit puisqu'elle est sans bonnes œuvres — la justification dans son application individuelle, c'est-à-dire l'état de justice, peut être perdue et recouvrée, perdue par notre faute, recouvrée par la grâce de Dieu excitant notre cœur à la contrition. — Parmi les hommes, les uns sont élus et prédestinés pour la justification surnaturelle par pure bonté de Dieu, et les autres sont réprouvés, c'est-à-dire privés de cette justification par la justice divine. — La persévérance de l'homme justifié est encore un don gratuit de la bonté de Dieu; — nul ne sait s'il est vraiment justifié surnaturellement lors même que sa conscience lui dirait clairement qu'il n'a rien à se reprocher, bien qu'alors il sût qu'il n'est pas coupable. — Notre justice propre est une pure négation, et nous ne sommes justifiés que par la justice même de Dieu rédempteur qui s'inhère en nous d'une manière incompréhensible.—La grâce de justification ne peut être méritée par nous, de manière que nous ayons sur Dieu l'antériorité.—En quoi consiste exactement l'essence de cette justice divine qui nous justifie et devient réellement nôtre en nous? Est-ce une simple qualité, ou modification, sans influence sur les œuvres, ou une habitude permanente qui porte à la pratique du bien, ou un amour habituel entretenu par Dieu, pendant qu'on n'y met pas obstacle, dont le fond est une opération intime et mentale se produisant sans cesse à mesure qu'elle disparaît; c'est ce qui est laissé aux discussions des théologiens.

Art. XXVII. *Les bonnes œuvres ou les mérites.* — Le Christ est venu non-seulement à titre de rédempteur, mais encore à titre de législateur; il a abrogé la loi mosaïque pour le peuple juif, mais en conservant, pour tous les hommes, la loi naturelle qu'il ne venait pas détruire mais accomplir et développer; — il a donc entendu que les Chrétiens, comme les autres hommes, et mieux encore, fussent tenus à tous les préceptes de la loi naturelle dont les principaux sont contenus dans le décalogue de Moïse ; — c'est à l'accomplissement fidèle de ces lois, et de quelques autres qu'il lui a plu d'ajouter, qu'est attaché le mérite de la récompense consistant dans la participation à son bonheur et à sa gloire. — Cependant ce n'est pas à l'homme de se glorifier en lui-même, mais bien dans le Christ, car c'est par sa grâce et par son mérite, lesquels sont antérieurs à notre coopération, que nos œuvres sont méritoires, en sorte que si l'on suppose ces œuvres accomplies avec les seuls secours naturels de Dieu, sans intervention du Christ, elles ne mériteront rien pour le ciel des Chrétiens, bien qu'elles méritent pour une autre fin naturelle ; car, comme tout ce qui est bon vient du Créateur dans l'ordre naturel, tout ce qui est bon vient du Rédempteur dans l'ordre surnaturel. — Par les œuvres que nous accomplissons en Dieu ou plutôt que Dieu accomplit en nous avec nous, l'état de justice se conserve et s'augmente. — Le mérite du Chrétien est-il *ex condigno* ; c'est-à-dire tel qu'une fois réalisé, la récompense surnaturelle ne puisse en être détachée sans injustice, ou seulement *ex congruo*, c'est-à-dire de simple convenance, en sorte que le prix serait encore une grâce après le mérite obtenu par la grâce? Est-il une suite de la valeur même de l'œuvre accomplie avec la grâce, ou seulement une suite des promesses de Jésus-Christ? Quel est le mode de relation du Chrétien avec le Christ par lequel le Chrétien parvient au mérite? Un juste peut-il mériter pour un autre, et en quelle manière ? Questions subtiles livrées aux théologiens.

Art. XXVIII. *La grâce et le libre arbitre.* — La liberté morale de choisir entre le bien et le mal n'a pas été détruite par la déchéance, quoiqu'elle ait perdu de sa puissance pour le bien ; et l'homme est encore libre, non-seulement dans les actes de vertu naturelle, mais aussi dans ceux du Chrétien qui ont pour but la fin surnaturelle méritée par Jésus-Christ. — La grâce du Christ que produit l'Esprit-Saint dans les cœurs est nécessaire à tous les hommes, pour opérer quelque bien dont l'effet soit, ou la justification surnaturelle, ou un droit à la récompense méritée et promise par le Christ ; aussi bien que pour persévérer dans la justice; — cette grâce n'est point nécessitante ; le libre arbitre, quand il acquiesce au mouvement et à l'excitation de l'Esprit-Saint, pourrait résister s'il le voulait ; car l'homme n'est point purement passif dans sa relation surnaturelle avec le Christ, pas plus qu'il ne l'est dans sa relation naturelle avec Dieu; dans l'une et dans l'autre, il demeure une activité libre de vouloir mal : — cette grâce est suffisante ; l'homme peut, avec elle, observer les préceptes et opérer son salut surnaturel; mais tout homme, sans aucune exception, associé à l'œuvre du Christ par voie ordinaire ou extraordinaire, la reçoit-il dans cette mesure qui suffit? C'est le sentiment commun, quoique ce point ne soit pas de foi.—Au reste, le Christ nous ordonne de faire ce que nous pouvons, et de demander ce que nous ne pouvons pas, et l'Eglise dit, avec le bon sens, que le manque d'accomplissement d'un précepte impossible ne peut être imputé à crime à qui que ce soit, par la justice infinie, laquelle se trouve, en cela, en harmonie parfaite avec toute conscience droite. — Il suit de ces principes que le producteur radical de tout bien surnaturel, soit en fait de connaissance, soit en fait d'amour, soit en fait d'action, est Dieu rédempteur, comme le producteur radical de tout bien naturel, sous les mêmes rapports, est Dieu créateur; et que le mal, dans ce qu'il a de formel et de moral, est exclusivement nôtre.

Art. XXIX. *Les sacrements.* — Il existe des sacrements institués par Jésus-Christ. — Ce sont des signes sensibles par le moyen desquels Jésus-Christ a promis de donner sa grâce à ceux qui les recevront avec les dispositions requises. — Ces sacrements sont au nombre de sept. — Celui qui les administre doit agir sérieusement, au moins à l'extérieur, pour que l'administration en soit valide. — Trois d'entre eux distinguent ceux qui les reçoivent validement par un enrôlement spirituel qu'on appelle caractère, lequel est indélébile.— Tout sacrement consiste dans une action sensible qu'on appelle *matière*, accompagnée de paroles qu'on appelle *forme*.

Art. XXX. *Le baptême.* — Ce sacrement a été institué par Jésus-Christ pour effacer le péché originel, dont il a été question; c'est-à-dire pour faire passer l'homme, de l'état inférieur où il naît, dans l'état supérieur et surnaturel de la milice chrétienne. — Ce sacrement est, dans l'état présent de l'humanité, et à ne considérer que les voies ordinaires de la Providence, nécessaire de *nécessité de moyen*, pour parvenir à la participation de la gloire du Christ. — Il ne peut être remplacé que par la volonté, au moins implicite, de le recevoir, d'où il suit qu'il faut l'usage de la raison pour pouvoir le remplacer. — Cependant l'Eglise regarde comme probable que les enfants qui sont tués en haine de Jésus-Christ dans une cause de religion et qui, par leur mort violente, se trouvent privés du baptême, entrent dans la classe de ceux qui l'ont reçu; elle dit qu'ils ont reçu le baptême de sang. — Ce sacrement a pour matière l'eau naturelle, et pour forme ces paroles : *Je te baptise au nom du Père, du Fils et du Saint-Esprit.* — Tout homme ou femme l'administre validement, pourvu qu'il agisse sérieusement.

Art. XXXI. *La confirmation.*— Ce sacrement a pour effet de rendre plus fort dans les tentations, et principalement dans celles où l'on a besoin d'un courage particulier pour confesser Jésus-Christ devant ses ennemis. — Il imprime le caractère de soldat du Christ.

Art. XXXII. L'*Eucharistie.* — La matière de ce sacrement consiste dans du pain et du vin, et la forme dans les paroles de la consécration, que Jésus-Christ prononça dans son dernier repas avec ses disciples : *Ceci est mon corps, ceci est mon sang.* — Après la consécration, Jésus-Christ est véritablement, réellement et substantiellement présent, en corps, en âme et en divinité sous les espèces du pain et du vin qui ne sont plus que des apparences. — La substance du pain et du vin, c'est-à-dire ce qui faisait que le pain était du pain et le vin du vin, d'après les lois naturelles, est changée, par une action divine surnaturelle appelée transsubstantiation, en la substance du corps et du sang de Jésus-Christ, c'est-à-dire en ce qui fait que son corps est véritablement son corps. — Jésus-Christ est tout entier présent sous chaque espèce, et il demeure tout entier sous chaque parcelle de l'espèce après séparation. — Il est présent, non pas d'une manière corporelle, passible et divisible, mais d'une manière spirituelle, impassible, indivisible, invisible et sacramentelle à l'état de corps glorieux. Le mode de réalisation du mystère nous est inconnu, n'est pas défini par l'Eglise, et est abandonné aux hypothèses théologiques.—Il suit de ce dogme que dans ce sacrement, le Christ, en tant que Dieu, doit être adoré du culte de *latrie*, et qu'il suffit, pour la réception intégrale du sacrement, qu'il soit reçu sous une seule espèce.

Art. XXXIII. *Le sacrifice de la messe.* — Le Christ, sous les apparences du pain et du vin, est offert sur l'autel en victime propitiatoire pour les vivants et pour les morts. La messe est un sacrifice véritable dans lequel la victime est offerte et détruite, puisqu'il y a consommation de l'hostie ; c'est une reproduction mystérieuse du sacrifice de la croix. Ce sacrifice n'a pas pour but et pour effet, comme celui de la croix, la rédemption du monde, puisque le premier a suffi surabondamment, mais l'application des mérites du premier à ceux pour lesquels il est offert. De ce qu'on peut l'offrir pour les morts, il suit qu'il existe un purgatoire, comme il sera dit plus loin.

Art. XXXIV. *La pénitence.* — Le sacrement de pénitence est distinct du baptême. Il ne peut être administré validement comme les autres sacrements, qu'à celui qui a déjà reçu le baptême. Jésus-Christ l'a institué par ces paroles : *Recevez le Saint-Esprit, les péchés seront remis,* etc. Il se compose de la confession, de la contrition et de la satisfaction qui en sont regardés comme la matière, et la forme consiste dans les paroles de l'absolution, quelles qu'elles soient, pourvu qu'elles signifient : *je t'absous de tes fautes.* L'absolution est un acte judiciaire du prêtre tenant lieu du Christ. Le but de ce sacrement est de servir au Chrétien pour sa justification, quand il tombe depuis qu'il est Chrétien.

Art XXXV. *La contrition.* — C'est la douleur d'avoir mal agi, avec la ferme résolution de ne plus recommencer. Elle est parfaite, si le motif pour lequel on se repent est l'amour de Dieu et du bien en lui-même, et la haine du mal en tant qu'opposé aux perfections de Dieu. Elle est dite imparfaite, si le motif déterminant est le dommage que le péché nous cause. Elle n'est surnaturelle, dans l'un et l'autre cas, que si Dieu est considéré comme rédempteur, et s'il s'agit du dommage surnaturel que nous cause le péché. On ne peut passer de l'état où nous met le péché actuel, à l'état de justice, sans la contrition explicite ou implicite du mal qu'on a fait; le bon sens le dit avec l'Eglise.

La contrition parfaite suffit toujours seule pour justifier devant Dieu, mais elle implique la volonté de recevoir le sacrement, si on le connaît, quand on le pourra; telle est la croyance commune. La contrition imparfaite, avec un commencement d'amour de Dieu comme source de toute justice, est regardée généralement comme suffisante pour la validité du sacrement; mais ce point n'est pas de foi. Ce qu'on peut et même ce qu'on doit croire, c'est que le sacrement, quand il est reçu sérieusement et avec bonne intention, a la vertu d'élever l'âme à l'état qui suffit pour la justification, lors même que, sans lui, elle n'y serait pas arrivée.

Art. XXXVI. *La confession.* — C'est l'aveu que l'on fait de ses fautes au ministre de l'Église. Cet aveu est nécessaire pour la réception du sacrement qui se réalise par l'absolution. La confession avec la réception du sacrement de pénitence n'est pas nécessaire, comme le baptême, de nécessité de moyen, mais seulement de nécessité de précepte dans le cas où on en a besoin, et où il est facile de la pratiquer. Le reste est de droit ecclésiastique.

Art. XXXVII. *La satisfaction.* — C'est la peine que mérite le péché, non pas en ce sens qu'il faille restituer quelque chose à Dieu blessé dans ses droits, puisque, ne pouvant rien lui ôter, on ne peut rien lui rendre; mais en ce sens que, par rapport à nous, c'est une suite inhérente au mal commis, d'après l'essence même de la justice. Cet effet est éternel ou temporel de sa nature, selon l'état de malice plus ou moins grave dans lequel on s'est constitué. Aucun homme n'a la puissance de satisfaire par lui-même pour une faute de manière à en détruire l'effet par sa propre vertu. Dieu détruit cet effet en détruisant l'état du pécheur, mais il peut en laisser subsister quelque chose; c'est ce qui arrive quand le pécheur n'est pas monté jusqu'au degré de contrition suffisant pour tout effacer; et ce quelque chose doit alors être acquitté dans ce monde ou dans l'autre. Ces principes sont communs sans doute aux deux ordres, mais il ne s'agit ici que de l'ordre surnaturel. Pour nous conformer aux exigences de ces lois de justice, nous devons satisfaire, de bon gré, à nos fautes, soit par l'acception en patience des maux de la vie, soit par des œuvres pieuses et pénibles que nous nous imposions nous-mêmes, soit par l'accomplissement des satisfactions réglées par l'Église ou par son ministre dans le sacrement de pénitence; c'est cette dernière satisfaction qui est la satisfaction sacramentelle proprement dite. Toute satisfaction n'a une vertu surnaturelle que par association aux mérites de Jésus-Christ qui a pleinement satisfait pour tous, et de qui vient, en toute chose, *notre suffisance,* dans l'ordre du salut surnaturel.

Art. XXXVIII. *L'extrême-onction.* — Ce sacrement, institué par Jésus-Christ, conservé par la tradition, et promulgué spécialement par l'apôtre saint Jacques a pour matière de l'huile et pour forme une prière. — Il a pour effet le soulagement spirituel et même corporel des malades; — il peut remplacer celui de pénitence si le sujet qui le reçoit est dans les dispositions qui auraient suffi pour le justifier.

Art. XXXIX. *L'ordre.*— C'est le sacrement par lequel Jésus-Christ perpétue le sacerdoce visible dont la mission est d'offrir le sacrifice visible dont il a été question. — Il y a donc un sacerdoce fondé par le Christ, et, dans ce sacerdoce, le titre de prêtre ne se transmet plus par hérédité, mais par le sacrement accompagné d'élection.—Ce sacerdoce a le pouvoir de consacrer, d'offrir et d'administrer les symboles eucharistiques, ainsi que de conférer l'absolution sacramentelle. — Il y a plusieurs degrés de sacerdoce, d'où résulte la hiérarchie; ce sont les évêques, les prêtres et les ministres.

Art. XL. *Le mariage.* — C'est un des sept sacrements institués par Jésus-Christ; ainsi que l'ont déclaré le 11ᵉ concile de Lyon, le concile de Florence et le concile de Trente, conformément à ce qu'indiquaient la tradition et la coutume ecclésiastique des premiers siècles. — Il est défendu par le Christ aux Chrétiens d'avoir, en même temps, plusieurs femmes; et l'Église enseigne, conformément à la doctrine évangélique et apostolique, que le mariage *ratum* (36) *et consummatum* est indissoluble. — Le sacrement a pour effet de sanctifier les époux, de perfectionner leur amour naturel, et de leur donner les grâces de leur état, s'ils le reçoivent dignement.

Art. XLI. *Le purgatoire.*—Il existe un purgatoire, c'est-à-dire un état de certaines âmes qui, ayant quitté cette vie, ne sont pas dignes d'être admises à partager le bonheur du Christ et le deviendront un jour. — Les anciens Pères de l'Église ont cru que cet état ne durera pas au delà de ce monde, et qu'après la consommation de la vie présente pour l'humanité, il n'y aura plus de purgatoire. Le reste n'est que supposition sans fondement réel dans la révélation.

Art. XLII. *La prière pour les morts.*— C'est une tradition catholique que les suffrages et prières des fidèles de l'Église militante, surtout le saint sacrifice de la messe, sont utiles et profitables aux âmes du purgatoire. — Voilà tout ce qui est de foi. — Ces suffrages ont-ils quelque valeur comme satisfaction et acquittement pour un autre, ou seulement par mode d'impétration en vertu d'une pure miséricorde de la part de Dieu? Obtiennent-

---

(36) Innocent III entendit par mariage *ratum,* le mariage chrétien sacrement (lib. IV, cap. 4), et on le comprenait communément ainsi au temps du concile de Trente. Le sens propre du mot est celui d'un contrat valide, et beaucoup de théologiens, tous ceux qui veulent que le prêtre soit le ministre, n'y voient que ce dernier sens, vu que le concile a qualifié de *rata* les mariages clandestins qui se faisaient auparavant sans la présence du prêtre, et que *rata* signifiait, dans la pensée du concile, *sacramenta,* la question du ministre serait tranchée en faveur des conjoints.

ils toujours et infailliblement quelque effet, même le sacrifice de la messe? c'est ce qu'on ne sait pas, parce qu'il n'y a pas, à ce sujet, de promesse de Jésus-Christ comme à l'égard des sacrements qui, pour cette raison, produisent, seuls, la grâce *ex opere operato*, c'est-à-dire en vertu de l'administration elle-même par un ordre fixe établi de Dieu dans le monde surnaturel, pourvu que le sujet n'y mette pas obstacle.

Art. XLIII. *Les indulgences.* — La seule chose de foi sur ce point, c'est que l'Eglise a le droit, en vertu de sa constitution divine, d'accorder des indulgences, et que l'usage en est utile et salutaire aux fidèles. — L'effet direct de l'indulgence est la rémission de la peine canonique : quant à l'effet qui doit s'en suivre, relativement à la peine attribuée au péché par la nature même de la chose, et devant être acquittée en ce monde ou en l'autre, il n'existe pas de définition de l'Eglise qui le détermine. Holden dit même à ce sujet « qu'il est douteux si par les indulgences sont remises seulement les peines portées par l'Eglise, ou aussi quelque chose de celles qui sont dues au péché dans l'autre vie. » Nous pensons qu'on peut regarder comme de foi catholique qu'elles ont un effet réactif sur ces peines de l'autre vie, bien qu'on ignore toujours ce que vaut devant Dieu la peine canonique remise. Ce qu'on s'accorde à dire c'est que les indulgences produisent cet effet devant Dieu selon la mesure de dévotion du fidèle qui y participe. — L'indulgence plénière est, dans son objet immédiat, la rémission de toute la peine réglée par les anciens canons ; mais ce n'est pas la rémission de toute pénitence quelconque, dit Bergier avec raison. — Quant à l'application aux âmes du purgatoire, elle se fait par mode de suffrage, et tout dépend de la miséricorde de Dieu, dont les jugements nous sont inconnus. — Ce qu'on dit du trésor de l'Eglise composé des satisfactions surabondantes de Jésus-Christ et des saints, n'est point article de foi, ainsi que tout le reste.

Art. XLIV. *L'invocation des saints.* — La sainte Vierge et les saints, qui sont déjà dans le ciel en compagnie de Jésus-Christ, prient Dieu pour les hommes; il est bon et utile de leur demander d'intercéder pour nous. — Le saint sacrifice de la messe n'est offert qu'à Dieu, ce qui n'empêche pas de l'offrir en mémoire et honneur des saints.

Art. XLV. *Les reliques et les images.* — Il est pieux et salutaire d'honorer les restes des saints, puisque ce sont des objets qui ont été si étroitement unis à leur âme, et qu'il n'en est pas qui puissent rappeler plus vivement leurs vertus. — Les images de Jésus-Christ, de la sainte Vierge et des saints peuvent être exposées dans les temples; l'honneur qu'on leur rend se rapporte uniquement au type qu'elles représentent. — Sur cet article et sur les précédents, il faut éviter la superstition. — Ce que dit la foi catholique sur les reliques et les images correspond à ce que dit la raison sur les monuments qui rappellent le souvenir des grands hommes.

Art. XLVI. *L'Immaculée Conception de la vierge, Mère du Christ.* — Cet article vient d'être déclaré cru par l'Eglise universelle, et par conséquent appartient à la série des articles de la foi catholique. — Il signifie que la Vierge, qui devait devenir la Mère de Jésus-Christ, fut engendrée dans de telles conditions relativement à elle, que dès le premier moment de sa conception, c'est-à-dire de l'existence de son être humain, elle fut telle moralement qu'elle aurait été s'il n'y avait pas eu de déchéance; et cela en vertu des mérites de Jésus-Christ.

Art. XLVII. *Les anges.* — Il existe des anges, c'est-à-dire des esprits dépourvus d'une masse corporelle comme est notre corps. — Ces esprits ne sont pas tous restés dans l'état de justice; il en est qui en sont déchus par leur faute. — Ces êtres ne sont pas sans exercer des influences sur notre monde et parmi nous; ils entrent comme causes secondes intelligentes, bonnes ou mauvaises, dans l'ordre de l'univers. — C'est même un sentiment reçu dans toute l'Eglise que chaque homme a un ange gardien qui a reçu de Dieu mission de l'aider pour le bien. — Il est pieux et utile d'invoquer les bons anges ainsi que les saints.

Art. XLVIII. *Le ciel et l'enfer.* — Le ciel surnaturel du Chrétien consiste dans la vue intuitive de Dieu en participation de la glorification et du bonheur du Christ. — Les degrés de gloire et de bonheur y sont différents, selon les degrés de charité, de vertu et de mérite auxquels se sont élevés les saints sur la terre avec la grâce de Dieu.

L'enfer surnaturel du Chrétien est l'état opposé au précédent, consistant dans la privation de la vue intuitive de Dieu en participation de la glorification du Christ, privation qu'on appelle peine du *dam*, et dans un sentiment de cette privation influant péniblement, mais d'une manière que nous ignorons sur l'organisme de l'individu, sentiment qu'on nomme peine du *sens*. — Les degrés de malheur y sont différents, selon les degrés de malice des coupables.

Art. XLIX. *Les lois de l'Eglise.* — Si nous ajoutions à cet exposé de l'ordre surnaturel les lois de l'Eglise, nous en aurions parcouru toute l'étendue, puisque nous n'y comprenons pas les lois morales que cet ordre trouve et conserve dans la nature même de l'humanité; mais comme les lois ecclésiastiques ne sont pas immuables, comme elles peuvent être détruites ou modifiées par l'autorité même qui les porte, nous dirons seulement qu'elles sont obligatoires pour les membres de l'Eglise tant qu'elles ne sont pas abrogées.

Voilà cet ordre surnaturel, pur effet d'une bonté surabondante de Dieu pour ses créatures, et cependant l'objet de tant d'attaques.

II. — Le Symbole catholique devant la raison.

Faisons maintenant comparaître l'ordre surnaturel devant le tribunal de la simple raison.

Nous n'entrerons dans aucun détail, puisque les détails sont réservés aux articles spéciaux dont les points de foi, qui viennent d'être énumérés, fournissent les titres; mais nous dirons quelques généralités qui serviront de préface ou de conclusion, selon le goût du lecteur, à cette partie de notre ouvrage.

Supposons la raison la plus exigeante, et le Symbole catholique comparaissant devant elle pour lui proposer de s'enrôler sous son drapeau; voici l'entretien qui s'établira :

La Raison. Que viens-tu me demander?

Le Symbole. De croire aux vérités que j'enseigne.

La Raison. Si tu savais combien je suis exigeante, tu n'oserais me faire une pareille demande.

Le Symbole. Quelles sont les conditions?

La Raison. Je ne crois et ne veux croire que ce qui est raisonnable.

Le Symbole. Entends-tu par raisonnable ce que tu comprends absolument, ce qui ne présente à ton regard aucune obscurité, ce dont tu vois clairement tous les ressorts intimes, ce qui, en un mot, n'a pour toi rien de mystérieux?

La Raison. Nullement. S'il en était ainsi, je ne pourrais rien croire, car il n'est rien qui ne cache quelque énigme dont je n'aie pas le mot. Une fleur, un mouvement, un caractère écrit, une parole, une pensée, sont autant de phénomènes dont je ne doute point, et desquels cependant je ne puis m'expliquer la nature intime. J'existe et je le crois, parce que je me sens, et que, n'existant pas, je ne pourrais me sentir, et cependant je ne me comprends guère. Non, ce n'est pas là ce que j'entends par le mot raisonnable; voici ma pensée et ma règle de conduite :

Une chose est pour moi raisonnable quand elle est possible aux yeux de ma conscience, et il est pour moi raisonnable d'y croire lorsque, étant possible, elle est, à mon jugement, bien établie quant au fait de sa réalité. Autrement je rejette ou je doute, et je ne crois pas.

Le Symbole. Encore un mot d'explication. Tu exiges probablement, quant à la possibilité de la chose en elle-même, qu'elle ne présente rien d'évidemment contraire aux vérités intellectuelles les plus simples que tu vois clairement, dont tu ne peux douter, dont tu as la certitude absolue, telle que celle-ci : *le tout est plus grand que sa partie : une action faite avec la persuasion entière qu'elle est bonne ne peut être un crime dans celui qui la fait;* et autres propositions du même genre. Car si tu prétendais voir directement et absolument la possibilité intérieure de la chose au sens affirmatif, c'est-à-dire toutes les raisons positives qui rendent son être possible, tu retomberais dans la nécessité de ne rien croire; cette vision complète des raisons intrinsèques de la possibilité d'une chose impliquerait avec évidence l'absence totale de toute énigme en elle, puisque, s'il y a énigme par un côté quelconque, il est permis de supposer que l'impossibilité existe par ce point ignoré, et, par suite, on est incertain si la chose est ou n'est pas possible, bien qu'elle le soit sous tous les rapports connus, un seul de ceux qui ne le sont pas pouvant cacher la raison d'impossibilité. D'où je conclus qu'ayant accordé que tout recèle, pour toi, quelque mystère, et que cependant tu crois en quelque chose, il te faut bien avouer, sous peine de te contredire, que tu entends par choses possibles celles qui ne présentent rien de contradictoire et d'absurde à tes yeux sous les rapports que tu connais, et que, pour croire, tu n'exiges pas qu'on te fasse voir toute la possibilité affirmative de la chose, mais seulement que on te prouve qu'elle ne renferme, dans ce qu'on en sait et ce qu'on en dit, aucune impossibilité. Est-ce ainsi que tu l'entends?

La Raison. Tu raisonnes aussi bien que moi. C'est ainsi que je l'entends.

Le Symbole. Je n'ai qu'une parole à ajouter sur l'autre condition. Tu veux que la chose soit bien prouvée, quant au fait, avant d'y croire; rien de plus juste. Mais on conçoit plusieurs genres de preuves; que l'importe le genre, si la preuve est bonne?

La Raison. Il m'importe peu. Je demande seulement que la démonstration soit fondée sur des principes incontestables et sur des déductions bien tirées de ces principes.

Le Symbole. J'accepte maintenant les deux conditions. Je pourrais cependant n'accepter que la seconde; que la chose à croire soit rigoureusement établie comme existant réellement; car il y a un vieil axiome qui ne manque pas d'évidence et qui dit que du fait au possible la déduction est bonne; *ab actu ad posse valet consecutio.* Quoi de plus clair que tout ce qui est soit possible, puisque ce qui est impossible ne peut pas être, et que, si ce qui est n'était pas possible, il ne serait pas. Si donc je me contentais de te prouver par des raisons évidentes que toute la série des vérités surnaturelles que j'annonce est une réalité de fait, tu devrais en conclure aussitôt à leur possibilité, non-seulement sous les rapports que tu perçois, mais sous tous rapports, et leur donner ton adhésion sans plus d'examen. Tu as reconnu le fait de ton existence, tu n'en peux douter antérieurement à toute démonstration de la possibilité de ce fait, démonstration qui te serait peut-être impossible à donner s'il te fallait commencer par elle; et tu crois à ton existence, même avant de tirer la conclusion : Je suis, donc je suis possible; laquelle est, au reste, parfaitement rigoureuse. Pourquoi donc ne suivrais-tu pas la même règle à l'égard de toute autre vérité dans le cas où l'on te proposerait de t'en démontrer, de prime abord, l'existence réelle?

La Raison. Je ne puis nier qu'en supposant la preuve du fait absolument certaine, je ne fusse conduite à ces conclusions. Mais, comme il s'agit de choses très-différentes de ma propre existence, de choses que je ne sens pas comme je sens mon être, et sur lesquelles l'illusion est facile, je crains l'erreur pratique dans la démonstration directe du fait lui-même, et je préfère commencer par l'examen, *a priori*, de la possibilité.

Le Symbole. J'ai accepté. N'oublions pas que la possibilité dont il s'agit consiste dans l'absence de toute impossibilité intelligible, et que, quand nous en serons au fait, tu recevras toute espèce de preuve, pourvu qu'elle soit bonne.

La Raison. Nous ne l'oublierons pas.

Le Symbole. Que penses-tu et que crois-tu de mon préambule?

La Raison. Ne perdons pas notre temps. Ton préambule ou premier article m'appartient comme à toi, si tu dis *Je crois en Dieu*, je démontre avec évidence que *Dieu est*, et par conséquent qu'il faut y croire. Je vais plus loin; ce que tu enseignes sur la Trinité et sur la création, je l'accepte également sans plus d'examen. Ce sur quoi tu feras bien de m'éclairer, si tu peux, c'est toute cette série de choses que tu nommes surnaturelles, dont je ne vois pas en effet la nécessité, qui, exposées comme tu les exposes, seraient bien des additions, faites à la nature humaine, après coup, par une espèce de travail en sur-œuvre, et qui partent de ce que tu nommes la déchéance de l'humanité. Pourquoi le genre humain ne serait-il pas dans l'état naturel où Dieu l'aurait mis par le seul fait de sa création? Est-ce que Dieu ne peut pas faire une créature de cette espèce, dans laquelle la vie lutte avec la mort, pour que l'une d'elles ait enfin le dernier mot, et le bien avec le mal, pour que cette créature, étant intelligente, soit libre de préférer l'un? la somme des biens n'est-elle pas supérieure encore à celle des maux, puisque le plus malheureux des hommes ne veut pas mourir? D'ailleurs l'autre vie, que j'ajoute à celle-ci pour donner à la justice de Dieu tout le loisir de réparer les désordres qui déparent notre existence présente et paraissent la rendre incompatible avec la sagesse et la bonté du Créateur, ne suffit-elle pas pour tout expliquer? Pourquoi donc avoir recours à cette perte d'un état antérieur dans lequel l'homme, sortant des mains de la Cause suprême, ait été exempt de cette mort qui n'est en soi, qu'une transformation avantageuse, ainsi qu'à toute la série de phénomènes surnaturels que tu en fais découler pour la restauration de l'être humain? La nature, telle que je la trouve, me suffit pleinement pour justifier Dieu et concevoir l'homme.

Le Symbole. Je ne le nie pas; au contraire, je le pense aussi. Mais ce qu'il s'agit, entre nous, d'examiner, tu l'as dit toi-même, et je l'ai accepté, c'est d'abord la possibilité du surnaturel que j'ajoute à la nature, et, ensuite, sa réalité même en fait. Si nous arrivons à ces deux résultats affirmatifs, Dieu sera, d'une part, surabondamment justifié, et, d'autre part, tu devras croire à cette manière dont il se justifie, à l'exclusion de toute autre, puisque la véritable question, en définitive, n'est pas de savoir ce qu'il aurait pu faire, mais bien ce qu'il a fait.

La Raison. Cela est vrai. Parlons du possible, comme il est convenu, ainsi que je le faisais déjà en ce qui concerne la nature.

Le Symbole. Suis bien mon raisonnement: Dieu peut créer des natures de toute espèce, des univers de toutes les beautés, des séries d'êtres finis se développant selon toutes sortes de combinaisons. Tout ce que ton imagination peut rêver, Dieu peut le faire passer à l'état réel; car toute construction intelligible que tu feras toi-même, ne saurait être qu'une scène détachée du spectacle infini de ses conceptions éternelles, sur laquelle il ouvre à ton regard une échappée de vue; et ce que Dieu conçoit par l'idée, ce qu'il exprime dans son Verbe, et qu'il aime en même temps dans son esprit d'amour, il le peut réaliser par sa puissance. Il n'y a de limites à ses créations possibles, que la création de lui-même, dont l'aséité immanente exclut toute germination nouvelle, et la création de l'absurde, c'est-à-dire de ce qui associe l'affirmation et la négation sous le même rapport, soit intrinsèquement, soit parce que ce serait contraire aux attributs divins. Mais entre ces deux extrêmes, qui sont l'absolu affirmatif, incréable parce qu'il est de soi, et l'absolu négatif, incréable, également parce qu'il est impossible, se développe la série indéfinie des relatifs qui sont des participations de l'être à tous les degrés, excluant à la fois la plénitude de la perfection et la plénitude de l'imperfection; or, dans cette série de mondes, il n'en est pas un qui ne soit contenu, en idée, dans l'intelligence suprême, et il n'en est pas un, non plus, qui ne soit réalisable à la fantaisie du Créateur. Tu peux en supposer autant que le le permettra la richesse de ton imagination, et tu n'as pas à craindre de dépasser jamais la souveraine puissance, pourvu que tu n'associes point les incompatibles. Imagine donc des mondes, construis des combinaisons, varie les hypothèses avec l'abondance du génie des nombres, et, à chacune de celles que tu m'auras présentées, je répondrai: Oui, Dieu a pu faire cette création-là, et il n'est pas de mon droit d'oser dire qu'elle n'existe point, en réalité, quelque part; je ne connais que la mienne, et je l'affirme sans nier aucune des autres.

La Raison. Cette manière de procéder me convient. Continue. Il s'agit de savoir si la combinaison est au nombre des combinaisons possibles.

Le Symbole. Précisément. Tu viens toi-même de m'en opposer une; celle d'une humanité qui serait sortie des mains de Dieu dans l'état où est l'espèce humaine qui habite la terre, en butte à mille difficultés, devant travailler à la conquête d'un empire qui lui est destiné en cette vie sur la nature matérielle, et d'une possession d'autres biens plus réels qui lui sont destinés dans la vie future, ayant, pour ce double travail, la force suffisante, mais obligée de vaincre des obstacles sans nombre, et devant acquérir une couronne d'autant plus glorieuse que la victoire lui aura été plus longtemps et plus vivement disputée. J'admets avec toi la possibilité d'une telle création. Mais ce n'est pas la seule, comme je viens de le dire ; on peut en supposer beaucoup d'autres.

Que des êtres soient créés intelligents et libres, mais ignorant le malheur, sans ennemis, vertueux par nature, connaissant, aimant et glorifiant le Créateur, et préservés par lui éternellement de tout mauvais usage de leur liberté, tu n'en nieras pas non plus la possibilité ; ne semble-t-il pas même qu'une telle création fût encore plus conforme aux perfections de Dieu ? imagine une autre sorte d'êtres destinés à subir des transformations indéfinies, soit par des séries circulaires comme celle de l'œuf au ver à soie, du ver à soie à la chrysalide, de la chrysalide au papillon, du papillon à l'œuf, soit par des séries rectilignes dans lesquelles les mêmes termes ne seraient pas répétés ; donne à ces êtres l'intelligence et la liberté, et ajoute que les passages de leur *moi* dans d'autres états, plus ou moins agréables et glorieux, seront déterminés par l'usage qu'ils auront fait, dans chacun de ces états, des dons de Dieu, tu as encore un monde possible, fort approchant de celui qu'avaient imaginé, pour le genre humain, d'anciens philosophes sous le nom de métempsycose. Imagine d'autres intelligences existant simultanément sans qu'il y ait entre elles production du fils par le père, sortant, toutes à la fois, de l'atelier divin, toutes filles de Dieu sans l'intermédiaire de causes secondes, mais libres de choisir le mal, et Dieu leur ayant dit dès leur entrée dans l'être : si vous choisissez le mal, vous en subirez éternellement les suites, et jamais vous ne pourrez remonter à la splendeur de votre état premier ; bien que je garde pour moi le secret de mes bontés, je vous avertis que votre déchéance sera consommée sans retour, et qu'éternellement votre état sera très-inférieur à celui de vos compagnes qui auront choisi le bien. Cette combinaison ne tient-elle pas encore sa place dans le nombre indéterminé des combinaisons possibles ? tu n'oserais le nier.

Laissons mille et mille hypothèses que nous pourrions imaginer, et arrivons à celle-ci : Dieu crée le premier père d'une race dont l'ordre de développement sera la génération, de sorte que tous seront frères matériellement aussi bien que spirituellement : il leur donne la conscience de soi, celle du bien, qui est l'amour de la perfection souveraine, et celle du mal qui est la préférence donnée sur cette perfection à des êtres inférieurs ; il le décore de science et de vertu ; il ne lui donne que de bons instincts ; il le fait, de sa nature, immortel ; et, malgré tous ces dons, il organise en lui les forces morales de manière qu'il soit en équilibre entre le bien et le mal, et qu'il dépende de sa volonté libre de s'incliner lui-même du mauvais côté, ou de se maintenir dans son innocence ; puis il ajoute : Connais, ô homme, la loi de ta création ; si tu te maintiens dans le bien, tu resteras ce que tu es, immortel, savant et heureux ; si tu penches dans le mal, ta vie ne sera plus qu'un mélange de biens et de maux, qui aboutira à la mort ; tu es fait de telle sorte que ces suites sont inséparables de ton élection, comme l'effet l'est de sa cause ; ce n'est pas tout : tes enfants te ressembleront, quel que soit l'état dans lequel tu les engendreras. Non que ta faute, si tu la commets, leur soit imputée comme faute individuelle ; ceci n'est pas dans l'ordre de ma justice ; mais l'état qui, chez toi, en sera la suite, tu le leur transmettras, comme si je t'avais fait sortir toi-même du néant dans un état pareil, ce qui dépendait de moi.

Après ce discours du Créateur, les hypothèses recommencent encore : le premier père se maintient dans son innocence ou ne s'y maintient pas. S'il s'y maintient, il en résulte un genre humain pour qui la nature est féconde sans douleur, et dont les membres sont immortels ; or ce genre humain n'est-il pas dans le monde des possibles ? Rien de plus évident. S'il ne s'y maintient pas, il en résulte un genre humain pareil à celui que tu as conçu la première fois, il n'en diffère que dans le mode par lequel il arrive à son état mélangé ; tu le concevais sortant tel des mains de Dieu ; conçois-le devenant tel par suite de la loi de sa nature que Dieu lui-même expliquait tout à l'heure. Si ce genre humain est possible dans un cas, il est possible dans l'autre, et même à plus forte raison, puisque le manque d'une perfection plus grande, qu'il pourrait avoir, ne lui vient plus de ce que Dieu a voulu l'en priver, mais de ce que le type de la race s'en est privé lui-même, et, par cette privation volontaire, s'est rendu matériellement incapable de procréer dans de meilleures conditions. N'est-il pas évident que, jusqu'alors, nous ne sommes pas sortis des combinaisons possibles ?

Continuons : Deux hypothèses se présentent encore. Si Dieu laisse ce genre humain déchu se développer dans cet état, quelle raison pourra le lui reprocher ? Ce n'est pas toi, puisque tu le concevais tel à son entrée dans l'être, et devant rester tel jusqu'à la consommation de sa durée. Il va sans dire que chaque individu, dans cet état, sera seul responsable de sa conduite, et que le prolongement de sa vie au delà du tombeau sera exactement en rapport, quant au bonheur, avec les causes morales qu'il aura librement posées de ce côté-ci de la tombe ; mais il n'y entrera rien de surnaturel ; tout y sera une déduction logique pure et simple des prémisses que je viens de supposer. Jusque-là sortons-nous des possibles ?

La Raison. La mauvaise foi seule, ou l'aveuglement pourraient t'en accuser. Continue.

Le Symbole. Si, maintenant, j'imagine que Dieu, par une bonté toute gratuite, revienne, pour ainsi parler, trouver sa créature, et lui dise : Bien que je pusse te laisser dans cette condition, il me plaît d'en agir autrement; remonte à ton premier état; je le veux ainsi, et ne recommence plus, car si tu recommences, tu retomberas encore, et je t'avertis que ta chute sera définitive. Si je fais cette supposition, n'aurai-je pas imaginé un possible de plus?

La Raison. Oui.

Le Symbole. Si, au lieu de poser cette hypothèse dans sa plénitude, je prends un milieu, et que je conçoive Dieu agissant sur notre humanité déchue pour la relever, non pas à son état primitif de félicité et d'immortalité dans la vie présente, mais à la possibilité de reconquérir elle-même, par ses efforts, un degré quelconque de la science et du bien-être primordial dans cette vie, et la totalité des destinées qu'elle se serait acquises pour l'avenir qui devait suivre son évolution sur la terre. Si je prends ce milieu, n'est-il pas vrai que je n'aurai rien imaginé que de parfaitement intelligible?

La Raison. Cela est encore vrai.

Le Symbole. Je n'ai plus qu'une question dont je désire la réponse. Le mode par lequel Dieu relèvera sa créature dans ce dernier sens, n'est-il pas à sa disposition? Ne peut-on pas encore en supposer des mille et des mille? Un acte de volonté suffit à Dieu sans doute, mais s'il lui plaît de rendre son action visible, afin de mieux toucher sa créature, ne le peut-il pas?

La Raison. Il le peut. Et tu peux encore choisir dans tous les possibles, quant au mode de restauration sous forme visible, pourvu que tu n'introduises rien, comme nous en sommes convenus, qui, renfermant contradiction en soi-même ou avec les attributs essentiels du créateur, soit absurde.

Le Symbole. C'est là précisément ce dont je veux me garer. Tu m'écoutes; aie soin de m'arrêter si j'y tombe. Je viens maintenant à la série de vérités surnaturelles que je propose. Qu'est-ce que cette série tout entière, sinon un moyen, aussi touchant qu'admirable, que Dieu a pu choisir pour opérer, dans l'humanité déchue, les résultats que tu viens d'avouer n'être pas déraisonnables? C'est Dieu, en tant que lumière, qui s'incarne dans l'homme, qui se fait un des fils de l'homme par l'essence même de sa manifestation, pour éclairer l'homme. C'est l'esprit d'amour qui détermine l'œuvre. Et de ce grand fait humain et divin tout ensemble, dont le résumé est tout entier compris dans le nom de Jésus-Christ, naissent les anneaux de la chaîne surnaturelle que j'offre à ta foi. C'est Dieu s'interposant dans la trame de l'humanité pour la renouer à ses premières destinées, et pour l'élever même plus près encore de la source vitale du bonheur et de l'être, loin de laquelle elle s'était égarée. C'est une série d'interventions divines partant d'un même foyer, et qu'on doit appeler surnaturelles, parce qu'elles se distinguent, dans leur mode et leur but, des interventions naturelles qui soutiennent les créatures dans l'être, leur donnent la puissance du mouvement, la vertu de vivre, et que tu nommes Providence. La rédemption, et tout ce qui l'accompagne d'un bout de l'histoire à l'autre, n'est que la Providence même se manifestant et agissant d'une manière spéciale, produisant des fruits qui n'étaient pas dus à l'humanité en vertu de sa création première, et se révélant dans un panorama tellement éblouissant que l'imagination la plus puissante n'en aurait jamais eu le soupçon. Qu'en dis-tu?

La Raison. Je ne nie rien de ce que tu viens de dire. Je sais aussi que ton surnaturel a tout ce qu'il faut pour enthousiasmer ma sœur la poésie, et que c'est lui qui l'inspira, dans tous les temps, avec le plus de puissance. Mais ma sœur est légère; si je la suivais partout, il nous arriverait souvent de nous égarer l'une et l'autre. Ne l'appelons pas à nos entretiens. Si tu veux me convaincre, garde-toi d'invoquer sa muse. Je suis trop en défiance contre ses illusions. J'accepte jusqu'alors ton argumentation, et par une suite nécessaire, la possibilité d'un ordre surnaturel; mais je n'ai pas oublié nos premières conventions; avant que je puisse classer définitivement la chaîne de tes articles dans la catégorie des possibles, il nous faut les examiner tous, afin de bien constater qu'étant compris comme tu veux que je les comprenne, ils ne renferment rien qui soit clairement absurde. Une seule impossibilité évidente en détruirait pour moi toute la valeur?

Le Symbole. Tu n'as rien dit qui ne soit juste, commençons l'examen..........

Ici, nos interlocuteurs étudient successivement tous les articles du symbole catholique. On peut voir les résultats de leur étude aux chapitres de cet ouvrage ayant pour titres les mots qui résument ces articles. Puis l'entretien s'achève de la manière suivante :

La Raison. Je ne vois rien d'impossible, en effet, dans aucun de tes articles expliqués de la sorte; et, puisque tu m'affirmes que c'est ainsi qu'on doit les comprendre, je tiens ton ordre surnaturel pour une des combinaisons qu'il est permis d'imaginer.

Le Symbole. C'est ainsi qu'en ont jugé les plus belles intelligences dont tu te glorifies. Celles-là seulement qui ne se sont pas donné la peine de m'approfondir, ou qui l'ont fait avec des intentions malveillantes préconçues, sont arrivées à d'autres conclusions, et toujours elles m'ont altéré pour me trouver déraisonnable. Quiconque m'attaque ne m'attaque pas en réalité, il attaque des monstruosités de son invention qu'il me substitue. Mais parmi ceux qui ont su me comprendre, et qui se sont portés mes apologistes, il en est deux qui ont pris devant mes ennemis une pose singulière. A ceux qui m'accusaient de présenter à la foi des choses impossibles, ils ont répondu, non pas seulement que l'accusation était fausse, mais que, de toutes les combinaisons imaginables, la mienne seule étant possible, parce qu'elle était la plus excellente, et que

Dieu, dans ses œuvres, en vertu de sa sagesse, ne peut faire que le meilleur. Tu reconnais Leibnitz et Malebranche. C'était aller loin dans ma défense; c'était répondre avec surabondance et par les contraires. Dans leur système, la faute du premier père devenait une faute heureuse, concourant à la perfection de l'ensemble, puisqu'elle devenait l'occasion du perfectionnement surnaturel, qui n'eût pas eu lieu sans cette faute; il en était de même de tous les maux de notre humanité et de toutes les humanités, s'il en est d'autres que celle-ci; ces maux entraient comme conditions nécessaires de la beauté du tout, comme des rouages le plus sagement combinés pour concourir à la réalisation de l'universelle harmonie. Ce système est sublime; il est digne des âmes qui l'ont conçu; mais il est erroné : il n'y aurait qu'un univers possible; Dieu ne serait plus libre de créer l'un ou l'autre; et, dans les combinaisons des êtres finis, il en existerait une qui, ne connaissant ni rivale ni supérieure à elle, serait au-dessus de tout perfectionnement intelligible; or ce sont là trois erreurs; le fini peut toujours être conçu plus parfait, quelque parfait qu'il soit, puisqu'autrement il serait l'infini; on conçoit sans fin des possibles; et Dieu est toujours libre de créer, parmi ces possibles, celui qu'il veut. Pourquoi n'en réaliserait-il pas sans cesse? Dieu, disent-ils, n'agit pas sans raison; il n'a point de caprice, et sa sagesse se détermine toujours pour le meilleur. Ils se trompent : Dieu se détermine pour le bon, sans comparaison avec le meilleur; et sa volonté ne serait pas infinie si elle avait besoin de raison autre qu'elle-même pour se déterminer; c'est donc qu'elle deviendrait relative et assujettie aux exigences de ce qui n'est pas encore; elle peut faire tout ce qui est en idée dans son intelligence; or sont là, dans une équation universelle et une, toutes les images et tous les plans; le mal seul ne saurait en sortir, parce que le mal est une négation qui n'est compatible qu'avec la créature déjà réalisée. Leibnitz et Malebranche ont donc exagéré ma défense; mais leurs travaux n'en sont pas moins sublimes et précieux; ôte l'exagération, et il restera la démonstration la plus magnifique et la plus puissante qui ait jamais été faite de ma possibilité. S'ils n'ont pu démontrer que je sois la meilleure des combinaisons, ils ont au moins et amplement prouvé que je suis une des bonnes. C'est chez eux qu'il convient au bon sens d'aller s'instruire; tu dois maintenant le juger de la sorte.

La Raison. Je m'avoue vaincue sur le premier point; j'admets sans restriction ton ordre surnaturel au nombre des possibles. Me prouveras-tu de même qu'il est au nombre des possibles réalisés? Si tu y réussis, j'aurai la foi.

Le Symbole. Toutes les vérités naturelles, mais générales et intelligibles que tu démontres, ont leur certitude basée sur ce principe : il existe des phénomènes naturels; donc il existe une cause naturelle de ces phénomènes, et, par suite, une cause première et absolue qui est Dieu créateur et conservateur.

La Raison. Tout, en effet, revient à ce raisonnement ou en découle.

Le Symbole. Toutes les vérités que j'enseigne ont leur certitude basée sur le même principe ainsi modifié : il existe des phénomènes surnaturels; donc il existe une cause surnaturelle de ces phénomènes; et, en remontant à l'origine, une cause première et absolue, qui est Dieu rédempteur et sanctificateur, c'est-à-dire Jésus-Christ.

La Raison. L'application est curieuse. Si tu me démontres qu'il existe dans l'humanité des phénomènes vraiment surnaturels, je serai bien obligée de conclure à une cause qui soit en proportion avec ces phénomènes, et, comme je sais, par mon habitude de la réflexion philosophique, que les vérités s'engendrent les unes les autres selon des ramifications aussi admirables et compliquées qu'elles sont rigoureuses, je crois facilement que tu feras découler tout le reste de cette première source. Le grand point consiste, pour moi, dans la constatation certaine de phénomènes vraiment surnaturels.

Le Symbole. Tu ne doutes pas de ton existence?

La Raison. J'en suis absolument certaine.

Le Symbole. Dans la certitude de ton existence est renfermée la certitude de l'existence de Dieu.

La Raison. Oui, car si Dieu n'était pas, je ne pourrais pas être.

Le Symbole. Dans la certitude de l'existence de Dieu est renfermée celle de sa perfection complète sous tout rapport.

La Raison. Assurément, car ce qui me prouve l'existence de Dieu, c'est la nécessité d'une raison première et absolue de toutes choses; or, ce caractère d'absolu emporte avec lui le degré suprême du vrai, du bon et du beau, puisque, s'il en était autrement, on concevrait qu'il pût recevoir quelque chose d'autrui, ce qui détruirait l'absolu pour mettre le relatif à sa place, ce qui ferait que ce ne serait plus la raison de toutes choses.

Le Symbole. Dans la vérité de la perfection absolue sous tout rapport, est renfermée celle de la véracité et de l'impossibilité du mensonge.

La Raison. Cela est évident, puisque le défaut de véracité est une imperfection.

Le Symbole. Dans ta certitude de la véracité de Dieu est comprise la certitude de l'existence réelle du genre humain dont tu n'es qu'un membre.

La Raison. Sans aucun doute; car Dieu me met dans un ensemble de phénomènes tel qu'il m'est impossible de ne pas croire à la réalité du genre humain; toutes les apparences me conduisent à cette persuasion avec une telle force, que le mensonge de la part de Dieu serait complet si cette persuasion était fausse. S'il ne s'agissait que de phénomènes de l'ordre physique, je pourrais dire que c'est à moi la faute si je me hâte de juger, et que Dieu ne me doit pas de me révéler tous les secrets de ses œuvres; mais il s'agit d'un point très-important sous tous les rapports qui m'intéressent le plus, tels que ceux de la morale qui en découlent; Et, par conséquent, ce ne serait pas, pour Dieu, me laisser dans une simple ignorance d'un secret de la nature que de me montrer, comme il le fait, d'autres hommes auxquels je suis liée par des liens si intimes, s'il n'y en avait pas en réalité : ce serait me tromper directement par le mensonge le plus explicite, le plus affirmatif, le plus énergique, le plus clair qui ait jamais été commis. J'admets ta déduction. Continue.

Le Symbole. Dans ta certitude de la réalité du genre humain est comprise celle de son existence passée, présente et même future, sauf la possibilité des changements que Dieu se réserve toujours dans l'avenir.

La Raison. J'admets encore cela. Notre présent implique un passé et un futur.

Le Symbole. De la certitude de l'existence passée du genre humain découle celle de l'histoire de son développement, quand cette histoire réunit toutes les conditions d'importance et d'accord unanime, qui donnent à l'homme sage une persuasion aussi forte que celle dont tu viens de reconnaître la valeur à l'égard de la réalité de tes semblables.

La Raison. La déduction est encore bonne. Jamais homme ne m'a paru plus extravagant que le P. Hardoin.

Le Symbole. Dans la certitude de l'histoire passée du genre humain est renfermée la certitude d'une série de phénomènes surnaturels, dont les uns sont incontestables quant à la surnaturalité, les autres douteux, et d'autres faux sous ce rapport, quoique certains comme faits, n'étant que des imitations trompeuses des premiers.

La Raison. Voilà le point à débrouiller.

Le Symbole. C'est vrai. Tenons-nous-en d'abord aux généralités, et, pour ne pas perdre notre fil, reprenons la dernière certitude admise.

Dans la certitude de l'histoire passée du genre humain est comprise celle de trois séries historiques : l'une qui précède le Christ, et qui est longue; celle du Christ, qui est très-courte; et une troisième, qui, commençant où finit celle du Christ, se perpétue jusqu'à nous.

La Raison. J'accepte cette division; car l'existence du Christ est incontestable, et tu es dans ton droit en le prenant pour point de division, comme un autre serait dans le sien en prenant, pour ce jalon principal, tel grand homme de l'antiquité.

Le Symbole. Cet aveu me suffit. La première série historique est dominée par un grand fait : celui de l'attente générale d'un renouvellement de l'humanité.

La Raison. Comme je ne nie pas les faits, j'accorde celui-là. Il se montre très-développé chez le peuple juif, et, dans mes études historiques, j'en ai trouvé des traces chez tous les peuples.

Le Symbole. Très-bien. Cette partie de la trame du genre humain présente aussi une multitude de faits singuliers, soit comme prophétiques, soit comme miraculeux, annonçant une attention providentielle spéciale, sortant de l'évolution ordinaire des choses, et concourant, par leurs rayonnements divers, à éclairer le grand phénomène d'espérance et d'attente que tu viens de reconnaître.

La Raison. Je ne nie pas ces faits dans ce qu'ils ont de substantiel, de fondamental et d'important; mais la question est de savoir s'ils furent véritablement surnaturels.

Le Symbole. Ce n'est pas encore le moment d'entrer dans l'examen détaillé de leur caractère surnaturel. Mais voici deux principes généraux que je veux poser sur ce point. Le premier, c'est que la critique de chaque détail me paraît avoir peu d'importance, parce que la preuve péremptoire ne peut guère résulter que de l'ensemble. Il en est de cet ordre de vérités comme de celles dont la certitude dépend de témoignages unanimes : ce qui constitue cette certitude n'est pas, ce me semble, à tes yeux, la valeur de chaque témoignage en particulier, mais l'unanimité des témoignages, lorsque les témoins n'ont pu se concerter et n'avaient aucune raison commune assez puissante pour les réunir dans une même imposture. Si tu exigeais que chaque témoignage suffît à lui seul, tu n'arriverais jamais à aucune certitude par ce moyen; car il n'existe pas d'affirmation humaine individuelle qui ait cette vertu.

La Raison. Cette observation est juste, quant aux vérités qui arrivent à ma connaissance par le témoignage humain, et je veux bien l'admettre relativement aux faits surnaturels. Je n'exigerai pas que la surnaturalité de chacun en particulier soit absolument à couvert de toute objection plausible : il me suffira que tu me présentes un ensemble de faits qui, par l'appui mutuel qu'ils se procureront, forme une unanimité convaincante et irréfutable en faveur de leur surnaturalisme, analogue à l'unanimité probante de plusieurs témoins dans l'attestation d'un fait, bien que chacun d'eux, pris seul, pût avoir été trompé ou avoir voulu tromper.

Le Symbole. Je ne puis qu'applaudir à un pareil rationalisme. Qui pourrait, en effet, être plus raisonnable que la raison elle-même? A cette observation, j'en ajoute une seconde sur le caractère de surnaturel pris en soi. Il pourrait arriver que tu me fisses à ce sujet une objection générale, à laquelle on ne doit répondre qu'en renvoyant chacun à sa conscience. Cette objection consiste à dire qu'on ne connaît ni toutes les lois de la nature, ni leur puissance, et, par conséquent, qu'on n'est jamais en droit d'affirmer, avec certitude absolue, que tel ou tel fait soit surnaturel, ce fait, quelque étonnant qu'il soit, pouvant, en toute rigueur, être un produit de lois naturelles inconnues.

La Raison. L'hypothèse est, en effet, irréfutable en elle-même et par l'absolu; mais, comme celui qui la fait ne peut cependant s'empêcher d'avouer, tout en la faisant, que si tel ou tel fait très-extraordinaire, comme serait la résurrection d'un mort, dont la mort serait incontestable, lui était parfaitement démontré, il n'en croirait pas moins au surnaturel, je ne m'y arrêterai pas.

Le Symbole. Tu agiras sagement; mais pourquoi agiras-tu sagement en agissant de la sorte? cela tient à une raison dont je veux faire un principe. C'est que le surnaturalisme *probant* des faits humains ne tire pas son essence de ce qu'ils sont en eux-mêmes, mais du rapport dans lequel ils se trouvent avec les populations et les siècles sur lesquels ils influent. Supposons des faits qui ne soient point, en eux-mêmes, l'effet de lois naturelles, mais qui paraissent en être l'effet, ou au moins qu'on puisse facilement croire tels; beaucoup de choses qui se passent sous nos yeux peuvent être dans ce cas; il arrive souvent que, tandis que les uns les attribuent à des causes naturelles, les autres se plaisent à les attribuer à des causes surnaturelles, et peuvent avoir raison. Or des faits de ce genre, bien que supposés réellement surnaturels, n'ont pas cependant la surnaturalité dont je parle, celle qui mène à la conclusion logique de la réalité de mon ordre surnaturel, parce qu'ils n'exercent pas l'influence humaine relative que je vais exiger. Supposons d'autres faits qui ne soient pas, en réalité, surnaturels, mais qui, relativement au degré de science et au caractère moral de l'humanité dans telle ou telle époque, passeront nécessairement pour surnaturels, et exerceront l'influence accablante et déterminante que j'ai dans l'esprit; je dis que ces faits auront le cachet surnaturel humain et *probant* dans toute sa plénitude aussi bien que s'ils étaient surnaturels en soi, pourvu, ce que je suppose, qu'il ne soit laissé à la population du temps aucun moyen de sortir de son ignorance sur leur cause. Cela vient de ce que nous avons reconnu, l'un et l'autre, que Dieu ne peut pas laisser sa créature dans l'erreur invincible sur des vérités de l'ordre moral qui l'intéressent à un haut degré. Il peut, dans le cas que je suppose, laisser l'homme dans l'ignorance sur la cause physique du phénomène; mais il ne peut le laisser dans la nécessité de conclure à la vérité d'une erreur de l'ordre intellectuel importante, si le phénomène a pour effet d'entraîner nécessairement les hommes à cette conclusion; d'où il suit que, si le phénomène se pose en preuve d'une chose importante de cet ordre, comme serait, par exemple, ma série d'articles de foi, il en deviendra une démonstration rigoureuse, quel qu'il soit dans sa cause, pourvu que, vis-à-vis du genre humain, il exerce l'influence irrésistible dont je parle, surtout si, comme je l'ai dit dans la première observation, il ne s'agit pas d'un seul phénomène, mais d'un grand ensemble. A celui qui prétendrait que ce qui donne aux faits humains la qualité de *probante*, c'est leur nature intrinsèque, je demanderais s'il n'est pas dans l'ordre des possibles que tel ou tel miracle ait pour cause un malin esprit voulant nous induire en erreur; et il serait obligé de me répondre que Dieu ne peut pas souffrir qu'un malin esprit mette le genre humain dans des illusions invincibles importantes pour ses destinées; et moi je lui dirais, sans qu'il pût rien m'objecter : Puisque Dieu ne peut pas souffrir pareille chose de la part d'un malin esprit, il ne le peut souffrir davantage ni de la part d'un homme, supérieur en science et en puissance, qui jouerait l'imposteur, ni de la part d'aucune cause quelle qu'elle fût. M'embarrasserait-on en m'objectant tous les peuples où a régné et règne encore la superstition? nullement. Je dirais que les faits, surnaturels pour eux dans le sens relatif que j'ai expliqué, n'allaient qu'à prouver, pour tout homme raisonnable et de bonne foi, le fond vrai qui servait de base à leurs croyances; et je mettrais au défi d'en citer un seul ensemble ayant véritablement le caractère que j'exige, qui eût pour but et pour effet inévitable d'appuyer quelqu'une de leurs absurdes superstitions. On me dira peut-être encore : Mais, à entendre ainsi la valeur probante des phénomènes, on arrive à conclure que ce qui a été bonne preuve dans un temps peut cesser de l'être dans un autre, et que cependant une preuve qui n'est pas toujours bonne ne vaut jamais rien. Je réponds que la preuve peut cesser d'être bonne, en ce sens qu'elle n'aurait plus sa valeur démonstrative si elle se présentait pour la première fois, et qu'on la supposât n'ayant aucune influence, eu égard à des changements moraux survenus; mais qu'elle ne peut cesser d'être bonne pour toutes les époques futures, dès qu'elle a produit son effet dans la sienne, parce qu'il sera toujours vrai de dire qu'elle a bien démontré la chose quand elle s'est présentée, et que ce qui est vrai dans le temps est vrai dans tous les temps; la modification qu'on suppose survenue dans la valeur de la chose, employée comme instrument de démonstration, ne touche en rien la vérité démontrée, ni la valeur de la démonstration elle-même, qui est une vertu acquise qu'il n'est au pouvoir d'aucun être de détruire, comme il n'est au pouvoir d'aucun de faire qu'un fait passé n'ait pas eu lieu.

Je conclus que ce qui constitue réellement la valeur démonstrative des phénomènes, c'est l'influence, imposant la foi, qu'ils exercent sur les hommes dans les temps et les lieux où ils se manifestent.

La Raison. Ta logique me satisfait. Si cela dure, tu réussiras. Peu s'en faut que je ne sois déjà convaincue sur l'ensemble.

Le Symbole. Que Dieu te donne de croire avant que la discussion soit arrivée à son terme, il le peut sans doute; et mon Église inscrira ton nom dans sa liste, aussitôt que tu te présenteras avec cette carte d'entrée, sans te demander par quelle voie tu l'as obtenue; mais, quoi qu'il se passe dans ta conscience, tu ne dois pas ici oublier tes droits;

or tu ne seras fidèle aux devoirs qu'ils t'imposent qu'en figurant dans ton fauteuil de juge jusqu'à la clôture des débats.

La Raison. Ceci me plaît encore davantage. Poursuis tes arguments.

Le Symbole. J'ai divisé l'histoire en trois périodes. J'ai déjà constaté le caractère général de la première, celui de l'espérance et de l'attente. Si, négligeant la seconde, je passe à la troisième, je constate un caractère plus universel encore et très-différent, celui de la foi remplaçant l'espérance, celui du souvenir remplaçant l'attente, celui des regards tournés en arrière, au lieu des regards fixés vers l'avenir, et de plus, une transformation merveilleuse de l'humanité se développant sans cesse dans des proportions toujours croissantes. Et c'est le Christ qui est le point central des deux directions. La première aboutit au Christ, la seconde part du Christ. Trouverais-tu, dans l'histoire, un homme, un fait, un peuple qui puisse servir à la diviser de la sorte en deux parts?

La Raison. Il y a eu de grands réformateurs; mais je crois connaître assez l'histoire du monde pour pouvoir affirmer qu'en effet le Christ seul jouit, au même degré, de ce privilège.

Le Symbole. Je dis, maintenant, que le phénomène général de l'attente pour la première phase, celui de la foi et du souvenir pour la troisième, et celui de la vie du Christ racontée par les Evangiles, se détaillent et s'expriment par trois ensembles de faits auxquels tu ne pourras refuser, si tu veux les étudier avec moi, le caractère de surnaturalité probante que j'ai défini. Je dis que ce caractère leur conviendra, à tes yeux, dans une perfection et plénitude si complète, qu'ils t'apparaîtront, ô raison! comme trois soleils, parmi lesquels celui du centre sera la manifestation même de l'infinie lumière.

La raison n'a garde de refuser l'examen, après si magnifique promesse; l'examen se fait donc comme on le trouve dans les théologies, au *Traité de la religion,* ainsi que dans tous les ouvrages des philosophes chrétiens sur la divinité de Jésus-Christ; et ce grand travail achevé, l'entretien reprend sa filière.

La Raison. La triple série de phénomènes a le caractère du surnaturel; à ces phénomènes il faut une cause, un type et une fin qui leur soit proportionnelle, qui soit aussi grande, aussi mystérieuse, aussi bonne, aussi sainte, aussi auguste, aussi puissante, et surnaturelle comme ils le sont; cette cause, ce type, cette fin, c'est le Christ lui-même; le Christ est la manifestation surnaturelle de Dieu parmi les hommes.

Le Symbole. Nous en étions à la certitude de l'histoire passée du genre humain, comprenant la certitude de la triple série des phénomènes surnaturels, de laquelle tu viens de déduire la certitude de la mission divine et surnaturelle de Jésus-Christ. Je poursuis ma trame.

Dans la certitude de la mission surnaturelle de Jésus-Christ est renfermée celle de la véracité de toutes ses paroles.

La Raison. Cela est évident.

Le Symbole. Dans cette dernière est comprise celle de l'infaillibilité de son Eglise, dans sa croyance et son enseignement universels en fait de vérités révélées. Ouvrons l'Evangile, et constatons-le.

Les interlocuteurs arrivent encore aux conclusions qu'on peut étudier dans les traités de l'Eglise des théologiens et de tous les grands hommes du christianisme. Mais il faut dire ici que le Symbole n'a dû sa réussite sur ce dernier terrain, et les aveux qu'il a reçus de la raison, qu'à la précaution qu'il a prise de s'armer de la méthode de Bossuet, et de se dégager des prétentions ultramontaines. S'il avait imprudemment soutenu ou professé l'infaillibilité et la souveraineté papales, la raison eût été portée sur de faibles arguments, et en face de contradictions historiques, dont on ne se tire que par de subtiles distinctions, qu'elle n'aurait pas admises. Réduire les preuves de la religion catholique à un *distinguo* de Bellarmin et léguer au déisme, à l'hérésie, au schisme toute la formidable argumentation des gallicans, est affaiblir, d'une manière effrayante, l'échafaudage de la théologie: aussi le Symbole s'est-il bien gardé de donner dans cette voie, où l'ennemi veut toujours le conduire, ainsi que nous le savons par expérience.

Il l'a franchement évitée, en allant jusqu'à déclarer qu'elle avait été heureusement fermée pour jamais à ses apologistes, par les conciles de Constance et de Bâle, reconnus solennellement, sans restriction, pour œcuméniques, par les Souverains Pontifes Martin V et Eugène IV. C'est grâce à cette intelligente tactique du symbole, que la raison, vaincue, a dû accepter ses conclusions sur la souveraineté déclarative et législative de l'Eglise du Christ.

Le Symbole continue : Dans la certitude de l'infaillibilité de l'Eglise est renfermée celle de la réalité de tous mes articles de foi, puisque je ne les présente comme tels que parce qu'ils sont déclarés par l'Eglise.

La Raison. La déduction est rigoureuse.

Le Symbole. Si, maintenant, franchissant d'un bond tous les échelons par lesquels nous sommes descendus, je rapproche le dernier du premier, comme j'en ai le droit, puisque tous sont bien certainement appuyés les uns sur les autres, j'aurai la proposition suivante, qu'il t'est défendu, désormais, de contester :

La certitude de mes articles de foi, et, par conséquent, de tout l'ordre surnaturel dont ils sont l'histoire et le résumé, est contenue dans la certitude de ton être, en sorte que, niant l'une, il te faudrait nier l'autre, et, qu'affirmant ton être, tu m'affirmes moi-même tout entier.

C'est ainsi qu'après avoir reconnu la possibilité de l'ordre surnaturel, dont je suis l'énoncé, tu arrives à en constater le fait lui-même, et, par conséquent, que ta foi sera raisonnable. Elle sera, comme celle du divin

Paul, une certitude pour ton entendement, un amour pour ton cœur, une *certitude aimée*, et d'autant plus aimée qu'elle aura pour fondement la parole même du Dieu qui te sauve.

Dis-le, ô raison, ai-je fait dans ma course quelque enjambement que ta logique condamne, et as-tu maintenant des motifs de ne pas croire?

La Raison. Je crois. — *Voy.* Foi—Raison.

SYMBOLISME DE LA VIE FUTURE. — PLATON. *Voy.* Jugement des ames.

SYNCRETISME (Le). *Voy.* Histoire de la philosophie et de la théologie.

SYNCRETISME DES SYSTEMES SUR LA GRACE. *Voy.* Grace et liberté, IV.

SYNTHESE PHILOSOPHIQUE ET THEOLOGIQUE. *Voy.* Histoire de la philosophie et de la théologie.

SYSTEMES PHILOSOPHIQUES (Tous les) REDUITS A CINQ. *Voy.* Histoire de la philosophie et de la théologie.

T

TABLEAU DES SCIENCES HUMAINES. *Voy.* Science.

TABLEAU DES SCIENCES PHILOSOPHIQUES. *Voy.* Philosophie — Théologie.

TABLEAU DES VERITÉS DE FOI CATHOLIQUE. *Voy.* Symbole catholique.

TACTIQUE DANS L'APOLOGIE DE LA RELIGION. *Voy.* Morale, I, 1°; Stratégie, etc.

TEMPLE (Le) CATHOLIQUE. *Voy.* Architecture.

TEMPS (Le). — L'ETERNITÉ. *Voy.* Ontologie.

TENACITÉ. *Voy.* Persévérance.

TESTAMENT (L'Ancien et le Nouveau). *Voy.* Livres sacrés.

THEATRE. *Voy.* Spectacles.

THEISME. *Voy.* Ontologie ; Athéisme ; tous les titres de la partie scientifique, Mathématiques (Sciences) ; Cosmologiques (Sciences), etc.

THÉODICÉE. — CATÉCHISME CHRÉTIEN (Ire part., art. 11). — Nous traitons dans l'article Ontologie toutes les questions capitales relatives à ce titre. Il ne resterait, dans celui-ci, qu'à en déduire les détails, et à montrer comment la philosophie, quand elle procède logiquement pour développer sa théodicée, aboutit, d'elle-même, à toutes les propriétés divines, soit intrinsèques, soit relatives aux créatures, soit constituant l'essence éternelle, soit constituant l'omni-providence, que notre catéchisme résume dans ses exposés simples.

Plusieurs de ces développements dépasseraient notre plan ; nous les renvoyons au supplément de l'ouvrage ; mais il est une vérité de la dogmatique chrétienne que nous regardons comme tellement capitale, même au point de vue philosophique, que nous lui consacrerons un article spécial : celle de la Trinité.

Lisez cet article qui peut être considéré comme appartenant tout ensemble à cette première partie, et à celle qui traite des harmonies du symbole catholique avec la raison. — *Voy.* Trinité rationnelle—Trinité révélée.

THOMISME.—*Voy.* Panthéisme, IV ; Grace et liberté, IV ; Prescience et prédestination, III, etc.

TOLÉRANCE ORATOIRE (La) PRATIQUEE PAR SAINT PAUL (IVe part., art. 7.) — Cet article est une étude sur saint Paul orateur. On trouvera cette étude dans le *Dictionnaire du vrai, du bien et du beau dans l'ordre de la nature et dans l'ordre de la grâce*, servant de complément à celui des Harmonies. Elle y sera mieux placée que dans celui-ci dont la matière se borne aux généralités. — *Voy.* Écriture—Progrès religieux.

TOTALISME. *Voy.* Ontologie, quest. des essences, I.

TRADITIONALISME. *Voy.* Rationalisme ; Logique ; Panthéisme, III, 2.

TRADITIONS SUR LA CRÉATION. *Voy.* Cosmogonies.

TRADITIONS SUR LA DÉCHÉANCE. *Voy.* ce mot, VI.

TRADITIONS SUR LE DÉLUGE. *Voy.* ce mot.

TRADITIONS SUR LA RÉDEMPTION. *Voy.* ce mot, II.

TRADITIONS SUR L'INCARNATION. *Voy.* ce mot, III.

TRADITIONS SUR LA CONCEPTION PAR UNE VIERGE. *Voy.* Conception du Christ.

TRAGÉDIE. *Voy.* Poésie ; Spectacles.

TRANSMISSIBILITÉ DU PÉCHÉ ORIGINEL. *Voy.* Déchéance ; Physiologiques (Sciences), II, ii.

TRANSSUBSTANTIATION. *Voy.* Eucharistie.

TRAVAIL (Le). — En soi il n'est pas une peine. *Voy.* Déchéance, VI.

TRAVAIL (Le) EN ÉCONOMIE POLITIQUE. *Voy.* Sociales (Sciences), II.

TRINITE (La) RATIONNELLE. — LA TRINITE REVELEE (Ire part., art. 12). — Ce titre demande une explication pour n'être pas exposé à des interprétations malveillantes. Nous avons suffisamment démontré, dans l'article Raison - Révélation, que la querelle entre ceux qui attribuent à une révélation divine la connaissance des vérités fondamentales et ceux qui l'attribuent à la raison est une querelle oiseuse, dépourvue de sens et de motif, la raison elle-même ne pouvant être, par son être, par son essence, qu'une révélation naturelle en une forme quelconque qui est le secret de Dieu. Nous avons cependant ajouté qu'il importe beaucoup de ne pas confondre la révélation naturelle, appelée raison, avec la révélation surnaturelle, appelée proprement révélation, vu que la théologie catholique est fondée sur la distinction même de deux ordres différents, distinction qui n'est possible qu'autant qu'on garde chacun d'eux comme une réalité. Or une question peut se faire sur le mystère de la Trinité : Dieu nous l'a-t-il révélé naturellement, au moins en partie, ou ne nous l'a-t-il révélé que surnaturellement? En d'autres termes, cette vérité appartient-elle, tout à la fois, à l'ordre naturel et à l'ordre surnaturel, comme celles de l'existence de Dieu, de la distinction du bien et du mal, etc., ou n'appartient-elle qu'à l'ordre surnaturel, comme celle de l'incarnation au sens chrétien, celle de l'Eucharistie, etc.? Mais la question sous cette seconde forme peut avoir deux sens : la première idée de la Trinité divine a-t-elle été suscitée dans le monde par la révélation surnaturelle seulement? ou bien, depuis cette suscitation, quel qu'en ait été le mode, la Trinité tient-elle à l'ordre philosophique?

Telles sont les questions qu'on peut se faire, et on pourrait voir dans notre titre une prétention de les résoudre. Or cette prétention n'existe pas dans notre esprit quant à la première origine de l'idée de la Trinité; nous regardons cette question de fait comme insoluble; mais elle existe, nous l'avouons, quant au second sens de la question. Depuis que la Trinité est connue, elle se rattache, à notre avis, à l'ordre philosophique, tant psychologique que théologique, et même elle devrait lui servir de base; c'est ce qu'on pourra conclure de ce qui va suivre.

Ainsi donc, quand nous disons *Trinité rationnelle*, *Trinité révélée*, nous ne voulons pas donner à entendre que la raison a eu l'idée de la Trinité, mais seulement que la Trinité peut être étudiée philosophiquement depuis qu'elle est connue, et que la raison droite, en l'étudiant ainsi, conduit à des conclusions parfaitement harmoniques avec les affirmations de la révélation surnaturelle.

Cela posé, nous établirons d'abord la série logique que peut suivre, dans l'état présent des connaissances philosophiques, le bon sens, aidé de la bonne foi, en partant de l'inspection et de l'analyse de l'être humain.

Nous ferons ensuite remarquer l'accord des conclusions de cette série avec celles que donne la théologie catholique.

Et enfin nous dirons ce que nous savons et pensons de la connaissance de la Trinité dans le monde avant Jésus-Christ.

I. — Série logique sur la Trinité.

Pour établir cette série, il faut nécessairement commencer par nous observer nous-mêmes, bien que, dans l'ordre réel des natures, nous ne venions qu'après; c'est le caractère essentiel de la réflexion, dans les effets doués d'intelligence, de remonter d'eux-mêmes, de causes secondes en causes secondes, jusqu'à la cause première, comme c'est le caractère essentiel des choses en soi de descendre de la cause première, par des séries d'effets se produisant les uns les autres, jusqu'au dernier effet. L'*a posteriori* est aussi essentiel à la logique que l'*a priori* est essentiel à la nature. Ne craignons donc pas de faire un acte d'orgueil en posant d'abord dans notre série la Trinité humaine; c'est, au contraire, l'acte d'humilité par lequel tout effet glorifie sa cause, en s'offrant elle-même comme en sacrifice. « Qu'est-ce donc que j'aime quand j'aime mon Dieu? dit saint Augustin. Quel est celui-là dont la grandeur surpasse tant la grandeur de mon âme? C'est mon âme elle-même qui me servira de degré pour monter jusqu'à lui. » (*Confess.*, x, 7.)

1. — *Trinité humaine*. — Si je réfléchis profondément sur moi-même, je trouve que je suis une force active qui produit en soi des mouvements et des combinaisons de mouvements; je suis un foyer qui se remue, s'agite, rayonne, s'éclaire et s'assombrit, se dilate et se contracte; ce foyer est passif sous mille rapports, il reçoit des impressions; mais il est actif sous mille autres, il en communique à lui-même et à ce qui l'entoure. C'est une vie centrale, identique, *une*, personnelle, qui est en moi, qui est moi-même. Je ne sais comment cela est, comment cela se fait, le mystère m'enveloppe à la première éclosion de moi-même en moi-même; mais le fait est ainsi. Or il faut bien que je donne un nom quelconque à cette force centrale, à ce foyer de production, à ce germe vivant. Je l'appelle *âme*.

Si je pousse plus loin mon analyse, je trouve que cette âme s'informe dans une science d'elle-même que j'appelle *conscience*; elle se rend témoignage de son être; elle se voit, elle se nomme, et elle se figure en même temps une foule de choses qui lui paraissent *autres* avec tant de clarté, qu'elle ose s'affirmer qu'elles ne sont pas elle; mais leurs images sont en elles, ou plutôt sont elle-même modifiée d'une certaine façon qu'elle ne peut s'expliquer; ce sont ses idées, dont la première est celle de sa propre vie, ou sa conscience. Toute cette information idéale que je ne puis nier, puisque c'est moi-même, je l'appelle mon *intelligence*.

Enfin, réfléchissant encore sur ma propre nature, je découvre une troisième série de phénomènes très-différents de ces derniers, et qui, comme eux, sont le résultat nécessaire d'une énergie intime; je m'attache intérieurement à ce qui se révèle à moi par l'idée, sous les traits de la beauté; j'y adhère; je m'y complais, je veux en jouir, et je fais des efforts pour m'en approcher davantage; je me dis à moi-même que je l'aime. Je suis quelquefois en suspens entre deux objets qui ont chacun leur genre de beauté; je cherche alors à percevoir les rapports de plus ou de moins entre ces objets, et je choisis celui que je préfère en disant : Voilà ce que je veux. Cette puissance nouvelle est encore nommée : c'est l'*amour*.

Je vais plus loin. Cherchant s'il n'y aurait pas encore en moi quelque autre vertu, je ne trouve pas de manifestation dont il me soit donné de me rendre compte, qui ne doive être classée dans l'une des séries précédentes. La mémoire, par exemple, n'est que l'idée des choses qui ne sont plus; l'imagination n'est que l'activité idéale qui groupe des combinaisons d'images; la haine n'est que le retrait de l'amour ; la pitié n'est que l'amour appliqué au malheur; et ainsi de tout ce qui se passe en moi, si j'en parcours la liste complète.

Il resterait ce que j'appelle mon corps et tous les phénomènes auxquels il donne naissance; mais si je pense profondément à cette singulière chose, je crois sentir qu'il est une espèce d'extension *ad extra* des trois parties de mon être que je viens de découvrir. Il se compose d'une vie organique qui me paraît ne faire qu'une avec la vie intérieure que j'ai appelée mon *âme*; c'est mon âme animale, sorte de prolongement dans lequel s'enferme et se limite mon âme spirituelle, et par lequel elle devient passive. Il présente encore un système d'expression de mon *intelligence* qui me paraît lié avec elle comme le rayonnement au foyer lumineux ; c'est l'ensemble de mouvements par lesquels je peins mes idées; le principal est la parole extérieure ou le langage qu'affecte cette parole intérieure que je nomme ma pensée, et dont il lui semble impossible de se passer, tant l'union est étroite entre l'idée et le geste, entre l'idée et le mot, quoique l'idée et le geste soient très-variables dans leur entité concrète. Il présente enfin tout un système de sensations, de passions, tout un sensibilisme qui engendre des attractions et des répulsions, lesquelles ne me paraissent encore être que des informations passives, *ad extra*, de ce que j'ai appelé l'*amour*. Je puis donc considérer mon corps, qui est moi-même, comme la triple formule extérieure que revêt ma triple entité vivante intérieure, ainsi que le disait l'école, au moyen âge, dans cette proposition profondément philosophique : *L'âme est le formant substantiel du corps.*

Me voilà donc ne trouvant dans mon essence, de quelque côté que je l'envisage, que trois choses : l'âme, l'intelligence et l'amour; c'est là tout *moi*; et quand on prétendrait que je me trompe en ce qui est de mon corps, on ne pourrait nier qu'il en soit ainsi de mon *moi* moral tout entier, ce qui va me suffire pour tirer toutes mes déductions.

Ne quittons pas encore l'analyse de mon être.

J'ai défini l'âme en la constatant; et je ne puis la confondre avec l'intelligence et l'amour, puisqu'elle est le foyer vivant qui les fait germer en elle-même; il y a d'elle à eux la différence de la racine aux branches, du radical au dérivé, du père à la lignée. J'ai défini de même l'intelligence et l'amour; l'une est la parole intérieure par où l'âme a conscience d'elle et dit *moi;* c'est sa pensée, sa splendeur, son miroir où elle se contemple ; l'autre est son aspiration d'elle-même et de tout ce qui lui paraît beau ; c'est la palpitation de sa vie dans son embrassement d'elle-même par son intelligence ; par l'une, elle dit : Je suis et je le sais, car je me vois; par l'autre, elle dit : Je suis, et je veux être, car j'aime l'être. Il m'est donc encore impossible de les confondre : oui, l'âme, l'intelligence et l'amour sont en moi trois choses parfaitement distinctes.

Et cependant elles ne sont qu'une même chose, une même individualité, puisque je ne suis qu'*un*; ce sont trois énergies concourant à former l'entité complète de l'être composé, mais unique, que j'appelle *moi*. Je puis dire que mon âme est *moi*; que mon intelligence est *moi*; que mon amour est *moi*, quoique ce ne soient pas trois *moi*, mais un *seul*. Je dois dire aussi que l'âme n'est ni l'intelligence, ni l'amour, que l'amour n'est pas l'intelligence, bien que les trois forment l'être-*moi*.

Allons plus loin encore. Si je considère comment se comporte mon âme dans la production de mon idée d'elle-même et des autres choses, que pourrai-je mieux dire, sinon qu'elle l'engendre ? L'intelligence n'est-elle pas sa fille ? elle naît de son énergie productive, elle germe de son sein comme le rayon du foyer de lumière; et elle l'enveloppe ensuite d'une auréole dont elle s'éclaire elle-même, comme un astre s'éclaire des clartés qu'il engendre.

Et que se passe-t-il dans la production de l'amour ? Dirai-je que l'âme l'engendre immédiatement comme l'intelligence ? Je ne le puis, car je sens avec évidence qu'il faut connaître avant de vouloir et d'aimer, que l'intelligence a la priorité sur l'amour, par suite, que l'âme ne peut engendrer immédiatement que l'intelligence, et, par suite encore, que l'intelligence seule est sa fille à proprement parler. Dirai-je que c'est l'intelligence qui seule engendre l'amour ? Je ne le puis davantage ; car il me faut retourner à l'âme elle-même, en même temps qu'à l'intelligence, pour me rendre compte de la production, puisque l'âme est le seul foyer germinateur. Que dirai-je donc ? Que l'âme produit l'amour par le ministère de l'intelligence en quelque sorte, et que l'amour sort des deux à la fois, de l'une comme on sort d'un principe, de l'autre comme on sort d'un moyen. C'est ainsi que les flammes de l'éloquence procèdent du génie et des lèvres de l'orateur. Je viens de trouver le mot qui dit le mieux la pensée. L'amour *procède* de l'âme et de l'intelligence. Il en est la palpitation commune.

Si je me résume, je dirai donc que mon être est, tout à la fois, le vase et le résultat de trois essentialités distinctes, quoique ne formant qu'une individualité; que ces essentialités sont l'âme, l'intelligence et l'amour; que l'âme est la mère, l'intelligence la fille, et que l'amour est le souffle brûlant de l'une et de l'autre ; pourquoi ne dirais-je pas leur esprit ?

J'ai constaté, à l'inspection de moi-même, la trinité humaine.

II. *Trinité divine*. — Mais que suis-je? un être vacillant, n'ayant rien de fixe, chez qui tout est fugace, et sujet au progrès. Cette progressivité fait ma grandeur; mais elle me prouve que je ne suis pas l'absolu; car un absolu qui progresse est une contradiction. Est-ce pendant qu'il progresse qu'il sera l'absolu? Mais par là même qu'il progresse, qu'il s'agrandit et qu'il court au plus parfait, il est en relation nécessaire avec quelque chose de mieux qu'il veut atteindre; il n'est pas l'absolu. Est-ce avant d'avoir progressé? encore moins, puisqu'il est encore plus éloigné de sa plénitude. Est-ce après avoir progressé? mais qui a progressé peut progresser encore; et d'ailleurs le voilà en relation ineffaçable avec un passé inférieur à lui-même. Ce passé a-t-il le néant pour premier terme de la progression? Absurdité, car ce serait dire que le néant est le premier degré de l'être. A-t-il pour ce premier terme une somme d'être quelconque? Alors cette somme d'être, n'étant pas l'absolu puisqu'elle a progressé, demande une cause, et toutes les causes en demanderont jusqu'à ce que vous ayez posé la cause absolue.

Je ne suis donc pas l'absolu, et l'absolu est puisque je suis. Je l'appelle *Dieu*.

Or on ne peut concevoir dans un être que deux espèces de propriétés, des propriétés affirmatives et des propriétés négatives; ces dernières n'étant pas en soi des propriétés, mais des privations, il serait plus exact de dire qu'on ne peut concevoir dans un être que des affirmations ou des négations, des présences ou des absences.

D'ailleurs, on ne peut concevoir dans un être effet et relatif, aucune propriété affirmative en vrai, en beau et en bien, qui ne soit dans la cause absolue au degré absolu, c'est-à-dire le plus éminent. Ce principe est clair, puisque, si l'on concevait le contraire, la conception qu'on se ferait de l'absolu serait négative de l'absolu lui-même; et, d'un autre côté, cette perfection qui serait dans l'effet en un degré quelconque, sans être dans la cause absolue, serait sans type et sans raison d'être, ce qui est absurde.

Quant aux absences de beauté, aux imperfections, on n'en conçoit aucune dans la cause par là même que l'on conçoit nécessairement en elle toutes les perfections, et que toute imperfection n'est que l'absence d'une perfection.

Ces principes posés, je reviens à mon être. J'ai constaté en lui trois perfections essentielles, l'âme, l'intelligence et l'amour, et je vois très-clairement que ce ne sont pas des absences, mais bien des beautés positives en un degré relatif.

Donc elles sont dans ma cause absolue au degré suprême; car il y aurait contradiction à dire qu'elles seraient en moi sans être en elle; ce serait les affirmer d'une part et les nier de l'autre; les affirmer dans l'effet et les nier dans le principe; ou, si l'on aime mieux, émettre cette absurdité, que des entités réelles pourraient exister sans type et sans cause.

Il y a donc en Dieu, de toute nécessité, un foyer d'être absolu complet, infini, éternel, correspondant à celui qui est en moi et que j'ai appelé l'âme, lequel en est le type. Ce foyer engendre éternellement, pour la même raison, en Dieu, comme en moi, une énergie correspondante à celle que j'ai nommée chez moi l'intelligence; elle est, comme la mienne, considérée *ad intra*, la parole de son être, son Verbe absolu, sa splendeur, sa conscience, son auréole d'idées; et, pour achever la déduction, je suis forcé de dire que du foyer générateur et de l'embrassement ineffable du Verbe engendré, procède en Dieu un amour infini, qui est la spiration éternellement subsistante de l'un et de l'autre, leur palpitation bienheureuse.

J'ai trouvé que ce que j'ai appelé l'âme méritait le nom de mère, ce que j'ai appelé l'intelligence le nom de fille, et ce que j'ai appelé l'amour le nom d'esprit. A combien plus forte raison, le foyer substantiel et immuable de l'être infini sera-t-il appelé le Père, son énergie d'intelligence sera-t-elle appelée le Fils, et son énergie d'amour sera-t-elle appelée l'Esprit!

Mais quelle différence de cette trinité à la mienne! Mon âme, principe qui n'en mérite pas le nom, puisqu'il est relatif, est une sorte de feu follet sans consistance, flottant sur le néant ou plutôt sur l'âme infinie qui est le Père. Mon verbe est une parole balbutiante, une vision interrompue, une idée fugace, une vacillante participation du Verbe infini, un reflet miroitant des splendeurs du Fils. Mon esprit est un souffle passager, une haleine entrecoupée, un amour qui s'allume et s'éteint, une scintillation accidentelle dans l'embrasement de l'Esprit.

En Dieu, au contraire, tout est complet, permanent, immuable; tout est absolu dans l'absolu; le Père est donc une puissance d'être et de mouvement, absolue, éternelle, persistante, immuable; le Fils, une puissance d'intelligence absolue, éternelle, persistante, immuable; et l'Esprit une puissance d'amour absolue, éternelle, persistante, immuable : ce sont donc trois puissances distinctes et immuables dans une seule substance; et, comme elles sont éternellement persistantes, je puis, en les considérant *ad intra* et dans la racine, leur donner des noms qui ne conviendraient pas aux énergies de ma nature, des noms qui rapprochent leur idée de celle de substance, indiquant qu'elles sont éternellement suppôts de leurs effets *ad extra*, idéaux ou réels, comme leur substance *une* est leur suppôt: je puis les appeler *subsistances*, *hypostases*, *personnes*, et il est bon que je le fasse pour distinguer le type éternel un en substance et triple en essence, de toute créature qui n'en sera qu'une image plus ou moins imparfaite.

Elles sont éternellement par soi, les miennes ne sont que dans le temps et ne sont que par elles; elles sont des personnalités immuables, fixes et vivantes, les miennes ne sont que des facultés vacillantes et mobiles, qui s'éclipseraient comme l'éclair si elles n'étaient perpétuellement insoufflées et soutenues par elles; elles sont Dieu lui-même, puisque, comme le dit saint Bernard, « Dieu est tout ce qu'il a, » les miennes ne sont, en comparaison, que des accidents; « l'amour et toutes nos opérations, dit saint Thomas, ne sont que des modifications accidentelles de l'âme. » (*Contra Græcos*, c. 8.)

Mais, dira-t-on, puisque vous découvrez en Dieu tout ce qui est en vous, en l'élevant au degré suprême, vous devez y trouver le corps.

Je réponds que le corps est deux choses: d'abord une limite, un espace borné qui termine l'être, et le concrète dans une dimension déterminée, auquel sens toute créature a un corps quelconque, ainsi que l'ont enseigné Platon, Augustin et la plupart des anciens Pères, puisque toute créature a sa limite; et, en second lieu, un système d'expression *ad extra* des vertus intérieures, lequel n'est pas essentiel, une créature pouvant être conçue privée de cette possibilité d'expression. Or dire que Dieu peut avoir un corps dans le premier sens, c'est introduire la négation dans l'affirmation, la limite dans l'infini, l'imparfait dans le parfait, le relatif dans l'absolu ; c'est se contredire. N'ai-je pas posé en principe que je dois retrouver dans la cause, au degré le plus éminent, toutes les perfections affirmatives qui sont dans l'effet, mais seulement celles-là ? Quant au second sens, je dois attribuer à Dieu la possibilité de s'exprimer *ad extra* par toutes les langues, c'est-à-dire par toutes les créations de natures ou de formes. Dirai-je, avec Leibnitz, que sa sagesse et ses autres attributs lui en font une nécessité? Nullement ; car ce serait lui ôter une liberté qui est une perfection, et dire que l'absolu ne se suffit pas à lui-même, ayant besoin de se manifester au dehors. Dirai-je, avec Malebranche, que, posé sa volonté de se manifester, il se manifestera nécessairement, en vertu de sa bonté et de sa sagesse, de la manière la plus parfaite possible quant à l'ensemble? Pas davantage; car il n'y a pas de limite aux manifestations *ad extra*, puisqu'elles supposent la créature essentiellement finie, et toujours susceptible d'être conçue plus grande et plus belle; et, par conséquent, ce serait obliger l'absolu à l'impossible, ou ce qui revient au même, à l'épuisement de sa puissance. Je dois donc reconnaître dans l'absolu la possibilité simple de s'exprimer *ad extra* par toutes les créations, avec la liberté de le faire à son bon plaisir. C'est, au reste, ce qui a lieu puisque je suis, et que je lis, chaque matin, sa puissance, son intelligence et son amour dans l'immensité de l'univers. Voilà le corps, la bouche éloquente que s'est donnée son Verbe dans l'ordre de la nature ; voilà son discours extérieur dont je suis une des paroles ; quand Dieu écrit, ses mots sont des êtres vivants et ses phrases des mondes.

Il y a plus. Puisque l'univers corporel existe, il a bien fallu qu'il fût éternellement en Dieu à l'état d'image, d'idée, parfaitement semblable à ce qu'il est pour moi, quant à la partie selon laquelle je le vois, et bien plus complet, puisqu'on ne saurait concevoir une beauté qui ne soit pas dans la connaissance et l'imaginative de l'Etre suprême, au moins en mode abstrait et sans concrétion des particuliers. Voilà donc l'immensité des mondes en image éternelle dans l'esprit de Dieu, et concourant à constituer la forme de son Verbe.

On nous dira : Vous retombez dans la difficulté que vous alléguiez tout à l'heure de l'impossibilité de la limite dans l'être sans limite ; qu'importe, en effet, que la corporéité n'y soit qu'en image, si elle ne peut y être, même de cette sorte, sans des bornes, l'étendue infinie et le nombre infini étant contradictoires et impossibles ? Nous répondrons que le corps ainsi compris n'est plus la limite réelle et substantielle qui termine l'être, mais seulement l'image abstraite du fini, et que cette image n'embrasse pas Dieu, comme le corps embrasse la créature, mais est embrassée par lui et contenue dans son infinité. Nous répondrons, en second lieu, que cette compréhension de toute créature possible, paraissant à notre raison finie impliquer le nombre infini, quoiqu'il en soit autrement dans la réalité des choses, est pour nous le grand mystère que Dieu s'est réservé et qu'aucune intelligence humaine ne pénétrera dans cette vie, ni peut-être dans l'autre. (*Voy.* cependant ONTOLOGIE, IIIe quest., IV.)

J'ai donc pu déduire, en suivant la filière du logicien, la trinité divine, jusqu'à un certain point, de ma trinité propre. Cependant ne manque-t-il pas quelque chose à ma série rationnelle pour me donner le droit de conclure absolument à cette trinité? Oui. J'ai bien démontré que les trois essentialités de mon être ont nécessairement en Dieu leurs types éternels, absolus et immuables ; mais ne pourrait-il pas entrer dans l'essence de l'Etre infini quelque autre vertu du même ordre que je ne soupçonnerais pas? Si ce qui est en moi doit être en lui, sans quoi il y aurait des effets sans cause, il n'est pas également certain que tout ce qui est en lui doive avoir en moi son image imparfaite, parce que la cause n'est pas obligée de s'imiter tout entière dans ses effets ; elle en peut créer de toutes les espèces, et de toutes les perfections, et qui me dit qu'elle n'en puisse faire d'autres qui seraient encore mieux son image par la possession d'une quatrième énergie dont je n'ai pas le soupçon? Cette hypothèse n'a rien qui me paraisse impossible, quoiqu'il me semble qu'avec les trois énergies subsistantes que j'ai signalées l'être infini soit complet. Ma raison s'arrête donc ici ; elle avoue son impuissance et en fait hommage à sa cause. Mais la révélation résoudra le problème.

II. — Accord de la révélation avec la raison sur la trinité divine.

1. L'Eglise chrétienne a déduit de plusieurs discours de Jésus-Christ et des apôtres, principalement de saint Jean et de saint Paul, la foi dont elle fait profession sur le mystère de la sainte Trinité.

Voici d'abord en quels termes le Symbole attribué à saint Athanase, et reçu dans toute la catholicité, exprime cette foi :

Nous vénérons en Dieu, l'unité dans la trinité, et la trinité dans l'unité ; ne confondant point les personnes, et ne divisant point la substance ; car autre est la personne du Père, autre celle du Fils, autre celle de l'Esprit ; mais du Père, du Fils et de l'Esprit, UNE *est la Divinité, égale la gloire, coéternelle la majesté. Tel le Père, tel le Fils, tel l'Esprit-Saint ; incréé le Père, incréé le Fils, incréé l'Esprit-Saint ; immense le Père, immense le Fils, immense l'Esprit-Saint ; éternel le Père, éternel le Fils, éternel l'Esprit-Saint ; et cependant non trois éternels, mais un éternel ; comme non trois incréés, non trois immenses ; mais un incréé et un immense. Semblablement tout-puissant le Père, tout-puissant le Fils, tout-puissant l'Esprit-Saint ; et cependant non trois tout-puissants, mais un tout-puissant. Ainsi Dieu le Père, Dieu le Fils, Dieu l'Esprit-Saint, et cependant non trois dieux, mais un Dieu. Ainsi Seigneur le Père, Seigneur le Fils, Seigneur l'Esprit-Saint, et cependant non trois seigneurs, mais un seul Seigneur. Car comme nous sommes obligés par la vérité chrétienne de confesser Dieu et Seigneur chaque personne considérée en particulier, de même nous sommes empêchés par la religion catholique de proclamer trois dieux ou Seigneurs. Le Père n'est ni créé, ni engendré par aucun ; le Fils est du Père seul, non fait, non créé, mais engendré ; l'Esprit-Saint est du Père et du Fils, non fait, non créé, non engendré, mais procédant. Donc un Père, non trois pères, un Fils, non trois fils, un Esprit-Saint, non trois esprits-saints. Et, dans cette Trinité, rien d'antérieur ou de postérieur, rien de plus grand ou de moindre ; mais les trois personnes dans leur tout sont coéternelles, coégales à elles-mêmes, de sorte que partout, comme déjà il a été dit plus haut, doit être vénéré, et l'unité dans la trinité, et la trinité dans l'unité.*

Voici, en second lieu, le résumé de la théologie chrétienne sur le même objet :

1° La sainte Trinité est Dieu même subsistant en trois personnes réellement distinguées l'une de l'autre en tant que personnes, mais possédées par la même substance, et possédant la même nature numérique.

2° Ce qui distingue les personnes n'est pas seulement la diversité d'opérations *ad extra*, comme l'ont soutenu les sabelliens, les spinosistes et les sociniens, d'après lesquels Dieu ne serait *Père* qu'en tant qu'il est le premier de toutes choses et a donné l'ancienne loi ; *Fils*, qu'en tant qu'il a instruit les hommes par Jésus-Christ, qui ne serait lui-même qu'un pur homme ; *Esprit*, qu'en tant qu'il éclaire et enflamme de son amour les êtres raisonnables ; mais encore, et antécédemment aux opérations *ad extra*, une diversité fondamentale reposant *ad intra* et éternellement dans l'essence ; laquelle diversité produit des opérations intérieures ayant pour objet la Divinité elle-même, et diverses entre elles comme le sont les énergies correspondantes. Par ces opérations ineffables, le Père existant substantiellement par lui-même, se connaît par le Fils, et le Père et le Fils s'aiment par l'Esprit.

3° Ce qui unifie les trois personnes n'est pas seulement l'identité de nature spécifique ou la possession d'une même espèce de divinité, comme l'ont soutenu Jean Philoponus et M. Faydit, disant que la nature divine se trouvait réellement multipliée en nombre dans les trois personnes ; mais bien la consubstantialité ou l'unité de substance, ainsi que le concile de Nicée le définit contre Arius, relativement au Fils ; et le second de Constantinople, contre Macédonius, relativement au Saint-Esprit.

4° Le Père est le principe générateur du Fils ; seul il l'engendre éternellement, et n'est point engendré.

5° Le Fils est l'éternelle génération du Père, seul il est engendré.

6° L'Esprit-Saint procède du Père et du Fils : du Père, comme germe radical ; du Fils, comme énergie déjà produite par antériorité de raison ; et il procède de l'un et de l'autre par une seule procession, puisqu'il n'y a qu'une substance.

7° Il y a en Dieu deux productions, et il n'y en a que deux, savoir, la génération du Fils par le Père, et la procession du Saint-Esprit de l'un et de l'autre.

8° Ces productions sont éternelles, nécessaires, et se font dans l'unité de substance, de sorte que le Fils et l'Esprit existent éternellement et nécessairement dans le Père, et le Père en eux, mystère que les théologiens ont appelé *Circumincession*.

9° Il résulte de ces principes qu'il existe des *relations* ou rapports d'origine entre les personnes, lesquelles sont : du Père au Fils, la *paternité*, du Fils au Père, la *filiation*, du Père et du Fils à l'Esprit, la *spiration active*, et de l'Esprit au Père et au Fils, la *spiration passive*, puisqu'il émane d'eux.

Ces relations considérées comme caractères distinctifs des personnes ont pris, en théologie, le nom de *notions*. Il y a donc au moins quatre *notions* : la *paternité*, qui distingue le Père du Fils ; la *filiation*, qui distingue le Fils du Père ; la *spiration active*, qui distingue le Père et le Fils de l'Esprit ; et la *spiration passive*, qui distingue l'Esprit du Père et du Fils.

Un grand nombre ajoutent l'*innascibilité* comme caractère distinctif du Père en particulier. Ce mot s'explique de lui-même et ne paraît pas inutile, puisqu'il indique que le Père n'est produit par aucune chose qui serait encore au delà, ce qui veut dire qu'il est la substance même dans sa première énergie qui est sa puissance d'être, son aséité.

II. Tel est le résumé de toute la doctrine catholique sur la Trinité divine ; or il suffit de l'énoncer, après notre première explication, pour qu'il apparaisse, avec tous les caractères de l'évidence, que cette doctrine n'a rien que de parfaitement harmonique avec elle. Elle n'ajoute qu'une chose à laquelle l'argumentation rationnelle, dans l'état présent de connaissance religieuse, ne saurait atteindre et ne peut que laisser dans le doute, si elle fait abstraction de la révélation : c'est que Dieu, étant trinité, n'est rien de plus, et qu'en conséquence l'idée d'une quaternité quelconque, par exemple, ne saurait lui convenir.

Nous croirions faire injure au lecteur si nous entrions dans de nouveaux développements pour faire ressortir cette harmonie ; mais nous pensons lui être agréable en lui donnant à lire une explication de saint Augustin, qui équivaut, à peu près, à tout ce que nous venons de dire.

« Nous croyons et nous prêchons fidèlement que le Père a engendré le Verbe, c'est-à-dire la sagesse, par qui toutes choses ont été faites ; son Fils unique, un comme lui, éternel comme lui, souverainement bon comme lui ; et que le Saint-Esprit est ensemble l'Esprit du Père et du Fils, consubstantiel et coéternel à tous deux ; et que tout cela est trinité à cause de la propriété des personnes, et un seul Dieu à cause de la divinité inséparable, comme un seul Tout-Puissant à cause de la toute-puissance inséparable, en sorte néanmoins que chaque personne est Dieu et tout-puissant, et que toutes les trois ensemble ne sont point trois dieux ni trois tout-puissants, mais un seul Dieu tout-puissant ; tant l'unité de ces trois personnes est inséparable ! Or le Saint-Esprit du Père qui est bon, et du Fils qui est bon aussi, peut-il avec raison s'appeler la bonté des deux, parce qu'il est commun aux deux ? Je n'ai pas la témérité de l'assurer. Je dirai plutôt qu'il est la sainteté des deux, en ne prenant pas ce mot pour une qualité, mais pour une subsistance et pour la troisième personne de la Trinité. Ce qui me déterminerait à hasarder cette réponse, c'est qu'encore que le Père soit esprit et soit saint, et le Fils de même, la troisième personne divine ne laisse pas toutefois de s'appeler proprement l'Esprit-Saint, comme la sainteté substantielle et consubstantielle de tous deux. Cependant, si la bonté divine n'est autre chose que la sainteté divine, une raison active contribue certainement plus qu'un orgueil téméraire à nous faire découvrir le mystère de la Trinité dans ces trois choses dont on peut s'enquérir en chaque créature : qui l'a faite, par quoi elle a été faite, et pour quelle raison elle a été faite. En effet, c'est le Père du Verbe qui a dit : *Que cela soit fait* (Gen. 1, 3) ; ce qui a été fait à sa parole, l'a sans doute été par le Verbe ; et alors que l'Ecriture ajoute : *Dieu vit que cela était bon* (ibid., 4), cela nous montre assez que ce n'a point été par nécessité ni par indigence, mais pour la seule bonté, que Dieu a fait ce qu'il a fait, c'est-à-dire parce que c'est une bonne chose. Pour cette raison la créature n'a été appelée bonne qu'après sa création, afin de remarquer qu'elle est conforme à cette bonté pour laquelle elle a été faite. Que si par cette bonté on peut fort bien entendre le Saint-Esprit, toute la Trinité nous est insinuée dans ses ouvrages. De là procède l'origine, la beauté et la béatitude de la sainte cité qui est là-haut dans les anges saints. Si l'on demande quel est l'auteur de son être, c'est Dieu qui l'a créée ; si l'on s'informe pourquoi elle est sage, c'est que Dieu l'éclaire ; si l'on veut savoir d'où vient qu'elle est heureuse, c'est qu'elle jouit de Dieu. Ainsi Dieu est le principe de son être, de sa lumière et de sa joie. Elle subsiste dans son éternité, luit dans sa vérité et se réjouit dans sa bonté.

« Autant qu'on en peut juger, c'est de là que les philosophes ont divisé l'étude de la sagesse en trois parties, ou, pour mieux dire, ont adopté cette division après en avoir reconnu l'existence, savoir en *physique*, *logique* et *morale* (27). Je ne prétends pas inférer de là qu'ils aient songé à la Trinité en cette triple division, quoique Platon, qui l'a trouvée, ait reconnu Dieu comme l'*unique auteur de toute la nature*, le *dispensateur de l'intelligence*, et l'*inspirateur de cet amour* qui est la source d'une bonne et heureuse vie. Je dis seulement qu'encore que les philosophes aient des opinions différentes de la nature des choses, du chemin qui mène à la vérité et de la fin du bien auquel nous devons rapporter toutes nos actions, ils adoptent tous néanmoins cette division générale, et nul d'entre eux, de quelque secte qu'il soit, ne révoque en doute qu'il n'y ait quelque cause de la nature, quelque méthode pour apprendre, et quelques règles pour se conduire. En tout ouvrier de même, trois choses concourent à la production de ses ouvrages : la *nature*, l'*art* et l'*usage*. On reconnaît la nature par l'esprit, l'art par la science, et l'usage par le fruit et le progrès..... Les philosophes ont tiré de là leur triple division de la science qui sert à acquérir la vie bienheureuse, en *naturelle* à cause de la nature, en *rationnelle* à cause de la doctrine, et en *morale* à cause de l'usage.....

« Nous trouvons véritablement en nous une image de Dieu, c'est-à-dire de la souveraine Trinité, et bien qu'elle ne soit pas égale à lui, ou pour mieux dire, qu'elle en soit infiniment éloignée, puisqu'elle ne lui

---

(37) Augustin, expliquant ailleurs cette division de la philosophie donnée par Platon, dit que « ceux qui ont la réputation d'avoir le mieux compris Platon et de l'avoir suivi de plus près, ont ce sentiment de Dieu, qu'en lui se trouvent *la cause des êtres*, *le principe de l'intelligence* et *la fin de toutes les actions* : trois choses dont l'une appartient à la physique, la seconde à la logique, et la troisième à la morale. » (*Cité de Dieu*, VIII, 4.)

est ni coéternelle ni consubstantielle, et qu'elle a même besoin d'être réformée pour lui ressembler en quelque sorte, il n'est rien néanmoins, entre tous ses ouvrages, qui approche le plus près de sa nature.

« En effet, *nous sommes*, nous *connaissons* que nous sommes, et nous *aimons* notre être et la connaissance que nous en avons. Nous sommes bien assurés de la vérité de ces trois choses, attendu que nous ne les touchons par aucun sens corporel, ainsi que nous le pratiquons pour celles qui sont hors de nous, telles que les couleurs, les sons, les odeurs, les saveurs, les résistances plus ou moins fortes, tous objets sensibles dont nous avons aussi, dans l'esprit et dans la mémoire, des images très-ressemblantes et incorporelles, et qui nous portent à les désirer ; mais je suis très-certain par moi-même, sans fantôme et sans illusion, que *je suis*, que *je connais* et que *j'aime* mon être. Je ne redoute point ici les arguments des académiciens ; je ne crains pas qu'ils me disent : Mais si vous vous trompez ? Si je me trompe, je suis, vu que l'on ne peut se tromper si l'on n'est pas. Puis donc que je suis, moi qui me trompe, comment me puis-je tromper en croyant que je suis, dès lors qu'il est certain que je suis si je me trompe ? Ainsi puisque je serais toujours, moi qui serais trompé, quand il serait vrai que je me tromperais, il est indubitable que je ne puis me tromper lorsque je crois que je suis. Il suit de là que, quand je connais que je connais, je ne me trompe pas non plus ; car je connais que j'ai cette connaissance de la même manière que je connais que je suis. Lorsque j'aime ces deux choses, j'y en ajoute une troisième, qui est mon amour, dont je ne suis pas moins assuré que des deux autres. Je ne me trompe pas lorsque je pense aimer, puisque je ne me trompe pas dans les choses que j'aime : lors même que ce que j'aime serait faux, il serait toujours vrai que j'aime une chose fausse. Et comment serait-on fondé à me blâmer d'aimer une chose fausse, s'il était faux que je l'aimasse ? Mais comme ce que j'aime est certain et véritable, qui peut douter de la certitude et de la vérité de mon amour ? Or il n'y a personne qui ne veuille être, de même qu'il n'y a personne qui ne veuille être heureux, et dans le fait, comment celui qui n'est point pourrait-il être heureux ? L'existence est naturellement si douce que ce n'est que pour cela que les misérables mêmes ne veulent pas mourir..... Nous avons donc un sentiment intérieur excellent qui connaît ce qui est juste et ce qui ne l'est pas, l'un par une espèce intelligible, l'autre par la privation de cette espèce. C'est par ce sentiment intérieur que je suis certain que je suis, que je connais que je suis, et que j'aime mon être et ma connaissance..... (Pour ce qui est de cet amour, il existe aussi à un certain degré dans les autres êtres) ; si nous étions brutes, nous aimerions la vie de la chair et des sens, et ce bien suffirait pour nous rendre contents, sans que nous eussions la peine d'en chercher d'autre ; si nous étions arbres, quoique nous ne pussions rien aimer de ce qui flatte les sens, toutefois nous semblerions comme désirer tout ce qui pourrait nous rendre plus fertiles ; de même encore, si nous étions pierres, flots, vent ou flamme, ou quelque autre chose semblable, nous serions privés, à la vérité, de vie et de sentiment, mais nous ne laisserions pas d'éprouver comme un certain désir de conserver le lieu et l'ordre où la nature nous aurait mis ; le poids des corps, soit qu'il les fasse tendre en haut ou en bas, peut être considéré comme leur amour ; et de même que l'esprit est entraîné par l'amour, ainsi le corps est entraîné par son poids.

« Puis donc que nous sommes hommes, faits à l'image de notre Créateur, dont l'éternité est véritable, la vérité éternelle, et l'amour éternel et véritable, et qui est lui-même l'aimable, l'éternelle et la véritable Trinité, sans confusion ni division, parcourons tous ses ouvrages d'un pas miraculeusement immobile, et recueillons des vestiges plus ou moins grands de sa divinité dans les choses mêmes qui sont au-dessous de nous et qui ne seraient en aucune façon, ni n'auraient aucune beauté, ni ne demanderaient et ne garderaient aucun ordre, si elles n'avaient été créées par celui qui possède un *être souverain*, une *sagesse souveraine* et une *souveraine bonté*.

« Quant à nous, après avoir contemplé son image en nous-mêmes, levons-nous et rentrons dans notre cœur à l'exemple de l'enfant prodigue de l'Evangile, et retournons à celui de qui nous nous étions éloignés par nos fautes ; là notre *être* ne sera point sujet à la mort, ni notre *connaissance* à l'erreur, ni notre *amour* au désordre. » (*Cité de Dieu*, XI, 24-28.)

C'est après avoir médité ces pages que Bossuet s'écrie :

« Faisons l'homme (*Gen.* I, 26) ; nous l'avons dit ; à ces mots l'image de la Trinité commence à paraître ; elle reluit magnifiquement dans la créature raisonnable. Semblable au Père, elle a l'être ; semblable au Fils, elle a l'intelligence ; semblable au Saint-Esprit, elle a l'amour ; semblable au Père, au Fils et au Saint-Esprit, elle a dans son être, dans son intelligence, dans son amour, une même félicité et une même vie : vous ne sauriez lui rien ôter sans lui ôter tout. » (7ᵉ élévation.)

On sait que Lamennais a développé ces idées sur la Trinité, avec une perfection inconnue jusqu'alors, dans les premiers chapitres de son *Esquisse d'une philosophie*. Comment donc se fait-il qu'une âme aussi éloquente, aussi sublime dans son vol, et aussi généreuse dans ses amours terrestres, n'ait pu vivre un seul jour sans jeter la négation à quelque vérité radicale ?

III. — Le dogme de la trinité avant Jésus-Christ.

1. On ne trouve dans les anciens livres du peuple hébreu aucune allusion claire qui puisse donner à conclure que le mystère de

la Trinité dans l'unité divine fût l'objet des enseignements exotériques ou même des croyances isotériques de la Synagogue. On a voulu, sans raison à notre avis, trouver des indices de ce genre; on a cité, par exemple, ce verset du psaume XXXII : *Par le Verbe du Seigneur les cieux se sont affermis; et par l'esprit de sa bouche toute leur vertu :* « *Verbo Domini cæli firmati sunt, et spiritu oris ejus omnis virtus eorum.* » Or il est évident qu'il n'y a dans ce verset aucune idée positive de trinité réelle ; on n'y voit que deux expressions poétiques signifiant la même chose ; le Psalmiste, se reportant au chapitre de la *Genèse* où Moïse représente Dieu comme créant et coordonnant tout par sa parole, s'écrie : *Par la parole du Seigneur ont été affermis les cieux, et par le souffle de sa bouche (lequel est encore sa parole), a été fondée leur vertu.*

On trouverait plutôt quelques indices de la Trinité dans la cosmogonie mosaïque, en entendant par *Dieu*, le Père, par cet esprit de Dieu planant sur les eaux, le Saint-Esprit ; et en déduisant le Fils de la parole externe par laquelle Dieu disait *Fiat lux* et le reste. Mais il est évident aussi que, si nous n'avions pas la connaissance de la Trinité, l'idée ne nous viendrait jamais d'y penser et de la déduire à la simple lecture de ce chapitre.

Nous disons de même du psaume prophétique (CIX) : *Le Seigneur dit à mon Seigneur : Sieds à ma droite..... avec toi le principe, au jour de ta vertu dans les splendeurs des saints ; je t'ai engendré de mon sein avant Lucifer..... tu es le prêtre pour l'éternité,* quoiqu'on eût beaucoup plus de raison de le citer que l'autre passage.

Il y a quelque chose de bien plus positif, à notre jugement, dans le chapitre Ier de l'*Ecclésiastique* (versets 4, 5, 9), parce que là, ce n'est plus de la poésie seulement, mais, avant tout, de la philosophie que fait l'auteur. Il décrit la sagesse de Dieu, qui est bien l'attribut du Fils dans sa trinité, et il dit : *La sagesse a été créée avant toutes choses, et l'intellect de la prudence est le commencement. La source de la sagesse est le Verbe de Dieu, et ses pas sont les lois éternelles..... le Très-Haut seul, créateur tout-puissant, l'a créée dans l'Esprit-Saint.* On trouve certainement dans ces paroles l'idée de Dieu *puissance* produisant l'*intelligence* avec et dans une troisième chose appelée l'*Esprit-Saint*. Le mot *fut créée* peut s'entendre d'une *génération*, car les deux termes sont quelquefois employés, dans la Bible, l'un pour l'autre.

On trouve aussi dans le *Livre de la Sagesse* (VIII, 25-27) un passage que nous citons au mot PANTHÉISME, où la Sagesse éternelle est encore décrite avec tous les caractères qui conviennent au Fils expliqué philosophiquement : *Elle est la vapeur de la vertu de Dieu, l'effusion de la clarté du Tout-Puissant..... l'éclat de la lumière éternelle, le miroir sans tache de la majesté de Dieu, l'image de sa bonté : une, elle peut tout ; toujours immuable en elle-même, elle renouvelle toutes choses,* etc. On pourrait même voir l'Esprit-Saint ou l'amour éternel implicitement indiqué par des mots comme ceux-ci, qui se trouvent dans le même livre (*Ibid.*, 3) : *Etroitement unie à Dieu, elle est aimée de celui qui est le Seigneur de toutes choses.*

Mais en outre que cette philosophie profonde, impliquant la trinité, puisse être émise sans que l'idée de la trinité divine soit dans l'esprit de l'auteur, et que toutes les grandes philosophies présentent le même caractère, tant la trinité de Dieu nous enveloppe et nous pénètre lors même que nous n'y pensons pas, les deux livres de l'*Ecclésiastique* et de la *Sagesse* sont très-modernes, comparativement aux temps antiques ; le premier est antérieur au Christ d'à peu près deux cents ans, et l'autre, dont l'auteur est inconnu, indique par son style une époque peut-être plus récente encore ; on n'en possède point l'original hébreu, s'il a été écrit dans cette langue, et il ne fait point partie du canon des Juifs.

Au reste, il y a des pages dans les *Proverbes* de Salomon qui renferment la même philosophie exprimée avec plus d'éloquence encore. Mais rien n'indique que la déduction ait été faite jusqu'à formuler la trinité en dogme.

Nous ne parlerons pas des allusions, beaucoup plus claires, que l'on rencontre dans les autres livres hébreux, tels que le *Talmud*, le *Zohar*, les *Paraphrases chaldaïques*, vu que ces livres sont ou d'une époque beaucoup plus récente — le *Talmud* fut composé dans les premiers siècles de l'ère chrétienne — ou d'une authenticité fort douteuse, et que les phrases qu'on en cite ont tous les caractères de phrases empruntées aux premiers Chrétiens. Il nous paraîtrait incroyable que la Trinité eût été l'objet d'une connaissance positive chez le peuple juif, ou même seulement dans l'intérieur de la synagogue, sans qu'aucun des écrivains sacrés, depuis Moïse jusqu'au Christ, en eût laissé échapper de sa lyre ou de sa plume des indications claires.

Concluons sans crainte que les Juifs n'ont pas eu connaissance de la Trinité, au moins jusqu'aux temps voisins de Jésus-Christ, et que Dieu leur cacha ce mystère, aussi philosophique que surnaturel, soit pour leur épargner un danger de trithéisme, soit pour toute autre raison que nous ne connaissons pas.

Il n'en fut pas de même de tous les peuples. Quelques-uns possédèrent des notions plus ou moins incomplètes de la trinité divine. Nous allons signaler ce que la science historique présente de plus remarquable à ce sujet, en distinguant ce qui porte principalement le caractère poétique, mythologique et traditionnel, de ce qui est philosophique et suppose des efforts rationnels dans la direction du mystère.

Nous ne compterons pas comme se rapportant à des notions sur la Trinité les triades sans nombre que présentent les théogonies dans leurs familles de divinités. C'est ainsi qu'à nos yeux n'ont aucune relation avec la trinité philosophique et révélée la triade gréco-latine de *Zeus* ou *Jupiter*, *Posidon* ou *Neptune*, et *Adès* ou *Pluton*; la triade égyptienne d'*Ammon*, Dieu sans père, *Mout* la mère et *Khons* l'enfant; la triade gauloise d'*Esus*, *Taranis* et *Teutatès*, quoiqu'ils parussent être le même dieu sous des rapports différents; les triades slaves, *Peruno*, *Patrimpo*, *Patela*, etc.; les triades scandinaves, comme celles d'*Odin*, *Vili* et *Vé*; et toutes les autres. La seule remarque digne d'attention qu'elles puissent provoquer, c'est l'accord de toutes les mythologies à établir, en tête de leur Panthéon, trois divinités principales, et encore est-ce un fait qui s'explique suffisamment par les avantages que présente naturellement le nombre trois à la poésie; un et deux n'est pas assez pour la beauté de la fiction, quatre et plus de quatre devient trop considérable; avec trois héros de premier ordre on fait tout ce qu'on veut. *Numero Deus impare gaudet.*

Nous ne voyons qui mérite examen, parmi les trinités à caractère principalement traditionnel et mythologique, que la trimourti des Hindous, celle des bouddhistes, et quelques autres moins connues dont il ne reste que d'insuffisantes indications. Quant aux triades qui présentent un caractère plus philosophique, ce sont celle de Zoroastre, celle de Lao-Tseu et celle de Platon.

II. La trimourti des Indiens, telle qu'elle est expliquée dans le code de Manou et dans les *Védas*, présente quelques rapports avec la Trinité véritable, mais ces rapports sont comme écrasés par une mythologie anthropomorphique très-peu rationnelle, et comme détruits par une foule de contradictions.

Brahm ou *Brahma* (par *a* bref) est l'unité éternelle, le dieu véritable souvent appelé *Lui*, c'est-à-dire l'être; il produit *Brahmâ* (par *â* long) ou l'énergie créatrice, *Vichnou* ou l'énergie conservatrice, et *Siva* ou l'énergie destructive, laquelle, après avoir détruit, revivifie. Souvent ces trois dieux sont représentés comme distincts et même ennemis les uns des autres; ils ont des cultes et des sectateurs particuliers. Mais cependant ils sont presque toujours considérés, dans les endroits sérieux des anciens livres, comme formant un tout indivisible; d'où on les représente souvent par un seul corps à trois têtes, forme sous laquelle ils sont la *trimourti*, c'est-à-dire la triple forme de *Parabrahma*, l'être existant par lui-même. Le monosyllabe sacré *aum* est le nom de la trimourti; *a* signifie Brahmâ, *u* Vichnou et *m* Siva. Selon les uns, ces trois énergies sont émanées de l'essence éternelle qui les produisit par son union avec *Mayâ* ou l'illusion, qui n'est autre que l'univers visible auquel les philosophes de l'Inde n'attribuent aucun *substratum* réel et distinct de l'esprit. Selon d'autres, elles émanèrent d'*Adi-sakti*, énergie déjà émanée elle-même de *Lui*. Selon d'autres, elles s'engendrent réciproquement, mais il n'y a pas accord sur leur ordre de génération; les Indiens sont maintenant ou sectateurs de Vichnou ou sectateurs de Siva, de sorte qu'ils donnent la priorité les uns à Vichnou, les autres à Siva. On peut voir dans ces dogmes mythologiques tout ce qu'on voudra, par exemple, avec l'abbé Dubois, M. Nève et plusieurs autres, des allégories de la terre, de l'eau et du feu; mais ces interprétations ne diminuent en rien l'importance religieuse et philosophique d'un grand nombre de particularités et de phrases plus ou moins mystérieuses, dont voici quelques-unes.

A Brahmâ, première énergie de Brahm ou émanée de Brahm, est attribuée la création. A Vichnou, seconde énergie, est attribuée la conservation, et, ce qui est plus singulier, l'incarnation de Brahm pour le salut de l'homme. Il y a, d'après Manou, qui donnait son code plus de mille ans avant Jésus-Christ, neuf incarnations de Vichnou sous diverses formes : la première est sous forme de poisson pour sauver l'homme du déluge. A Siva, troisième énergie, est attribuée la revivification après la destruction.

On trouve aussi, dans plusieurs livres sacrés très-antiques et certainement très-antérieurs à Jésus-Christ, des paroles qui indiquent, aussi clairement que possible, l'idée de la trinité dans l'unité. Telles sont les suivantes :

« Ces trois dieux n'en font qu'un.

« Siva est le cœur de Vichnou et Vichnou le cœur de Brahmâ.

« C'est une lampe à trois lumignons. »

Il y a un dieu qui dit dans le *Rig-Veda* : « Ce qui est le grand un, je le suis. » Et plus loin : « Tisra, Eva et Devatah sont trois dieux qui n'en font qu'un. »

D'après Manou, « de l'énergie de Brahmâ sort l'univers; de l'âme suprême, l'intelligence qui existe et n'existe pas par elle-même, et de l'intelligence la conscience; » et le tout n'est qu'une émanation de la substance du grand être appelé *Lui*.

Un des livres sacrés de la théologie indienne dit (d'après M. Marcadet, *Etudes de science religieuse*, p. 517), qu'il y a, en Dieu, le *grand dieu*, le *verbe* et le *souffle parfait*.

Enfin on ne peut douter que le *Vedanta* ne réunisse les trois puissances, Brahmâ, Vichnou et Siva ou Schiba, dans une même substance, puisqu'il paraît aller jusqu'au panthéisme complet.

III. Il y a, dans la trimourti bouddhiste, plus de spiritualisme et de philosophie que dans la trimourti des brahmanes. Chakia-Mouni, quand il prêcha sa réforme sur les bords du Gange, idéalisa tout, s'éleva à des régions bien supérieures à celles dont il se séparait. Sa tolérance, qui n'admettait pas la propagande de la force, son mysticisme visionnaire et sa doctrine d'égalité, contraire à celle des privilèges de castes, expliquent sa réussite sans exemple dans l'histoire; sa religion a rayonné pacifiquement, dans l'Asie et l'Océanie, avec une telle puissance qu'il possède encore au moins deux cent cinquante millions de prosélytes, c'est-à-dire presque autant ou peut-être plus qu'il n'y a jusqu'alors de Chrétiens sur la terre, en y comprenant le schisme et l'hérésie. Revenons à la trinité de Bouddha.

Disons d'abord qu'il y a plusieurs trinités bouddhistes, et qu'elles sont aussi fort enveloppées de mythologisme. La trimourti brahmanique se retrouve dans le *Gounakaranda-vyuha* avec les mêmes attributions; il n'y a qu'un nom de changé, celui de Siva en Mahésa. La syllabe *aum* se retrouve dans le *Sambha-pourang*, etc., etc.

Mais il y a plusieurs trinités de raison très-dignes de remarque. Bouddha, résumant son symbole mystique, pose en principe que, « pour devenir un bouddhiste ou samanéen parfait, il faut détruire en soi la trinité de Maya. » Or Maya est l'humanité, la nature créée; Bouddha avait donc l'idée d'une trinité humaine, et, puisqu'il voulait qu'on annihilât en soi l'homme tout entier, il considérait cette trinité comme formant tout l'homme. Voilà déjà une trinité humaine individuelle.

En voici une autre qui est divine et humaine tout ensemble et qui porte un caractère social; c'est le trias du culte extérieur. Il se compose de Bouddha, qui est dieu incarné, de la révélation ou la loi, et de l'église ou l'assemblée. Les trois termes de ce trias prennent divers noms selon les pays.

Une troisième, aussi remarquable, est celle des trois formes de Adi-bouddha et des bouddhas, c'est-à-dire de la nature divine en soi, et de cette nature incarnée; ces trois formes sont la *sainteté*, la *science* et la *spiritualité*. Dites le *saint*, l'*intelligent* et l'*esprit*; vous approchez de la trinité chrétienne.

Une quatrième, sous les noms de *Bouddha, Dharma et Sanga*, lesquels deviennent en chinois *Fo, Fa et Seng*, exprime, d'après l'interprétation des aïchonarikas, école de philosophes bouddhistes, le principe mâle, emblème de la puissance qui engendre, premier membre de la trinité; le principe femelle, emblème de la puissance qui produit, second membre de la trinité; et enfin l'*union* des deux premières essences, par laquelle se réalise la création, et troisième membre de la trinité. D'autres traduisent le nom *Dharma* par le mot *verbe* ou *logos*. Il y en a aussi qui prétendent que c'est Dharma, nommé aussi Prajna, qui est la première personne du trias, et Bouddha la seconde; ceux-là disent que Dharma est la personne qui crée et Bouddha la personne régénératrice. Cette dernière école passe pour la plus ancienne.

Ces trois puissances ont un nom collectif: *Pao* en chinois, *Erdni* en mongol, mots qui signifient le *précieux*, et en tibétain, *Kon-tsiogh*, (l'inestimable-suprême), que l'on traduit par *Dieu*; les bouddhistes du Tibet, les lamas, disent que ces trois êtres divins constituent une *unité trine*, et les bouddhistes chinois les regardent comme *consubstantiels* et *d'une nature en trois substances*. « C'est pour exprimer leur parfaite égalité, » dit M. l'abbé Bertrand, « que les Chinois, dont le système d'écriture consiste en lignes tirées du haut en bas de la page, interrompent la colonne pour écrire ces trois noms de front, afin que l'un ne se trouve pas au-dessus des autres. »

Il est dit dans les légendes de Bouddha qu'il composa le *gand-jour* tout entier, huit cents volumes, pour expliquer la métaphysique des créations, la nature périssable de l'homme et l'*éternel trias*.

Ce qu'il y a de plus remarquable dans ces trinités bouddhistes, c'est quelque indice d'un travail soit pour trouver la trinité dans l'homme comme image de Dieu, soit pour remonter de la trinité de l'homme à celle de Dieu comme type. Nous les aurions classées dans les trinités rationnelles si elles n'étaient surchargées de symbolisme et de mythologie à un degré excessif.

IV. Voici quelques débris de monuments antiques qui paraissent indiquer, chez plusieurs peuples, de vieilles croyances à *un* Dieu en *trois* personnifications distinctes.

Il paraît que dans l'ancienne écriture égyptienne, le Dieu suprême était représenté par trois lignes perpendiculaires.

L'inscription du grand obélisque transporté à Rome, au cirque majeur, portait: Μέγας Θεός (le grand Dieu) Θεογέννητος, (l'engendré de Dieu) et Παμφεγγής (le Tout-Brillant.)

Héraclide de Pont et Porphyre rapportent un oracle de Sérapis portant:

Πρῶτα Θεὸς, μετέπειτα λόγος καὶ Πνεῦμα σὺν αὐτοῖς
..... σύμφυτα δὴ τρία πάντα, καὶ εἰς ἓν ἐόντα.

« D'abord Dieu, puis le Verbe, et l'Esprit avec eux..... Or tous trois connexes, et étant en un. »

Dans la cosmogonie finnoise, il est question de *trois paroles divines*, des *trois paroles du Créateur*; et le Dieu Waïnämoinen, dit ces mots: « C'est moi qui ai creusé les sillons des mers, moi qui ai ouvert des retraites aux poissons, qui ai fait des baies profondes, mesuré les plaines, couvert les collines, rassemblé les montagnes. Oui, c'est moi, *moi troisième*, qui ai aidé à fixer les portes de l'air, à placer les voûtes du ciel, à semer les étoiles dans l'espace. »

La théogonie taïtienne était dominée, par une triade: le dieu père, le dieu fils, sanguinaire et cruel, le dieu créateur appelé aussi l'esprit et l'oiseau; mais cette qualification d'oiseau rappelle trop la colombe de l'Evangile et donne des soupçons de nouveauté chrétienne.

Il en est de même de la théogonie des Lapons, qui serait assez exacte sur la trinité, ainsi que plusieurs autres.

V. Nous abordons les triades philosophiques, et nous commençons par celle de Zoroastre ou des Parsis, laquelle tient le milieu entre les précédentes et les deux suivantes.

Zervane-Akerène, ou Zérouané-Akéréné, est le temps en soi, sans limite, l'éternel, le germe de toutes choses, la cause absolue. De son sein s'élance Ormouzd, le bon par excellence d'où dérive tout bien, le chef des bons génies appelés Amchaspands, celui qui aime avec une tendresse ineffable.

Honover sort du même principe; c'est le

Verbe intérieur, la pensée, l'intelligence où est enfermée toute sagesse. Honover signifie en zend, *la parole, je suis*.

Puis vient Hom, l'expression extérieure, *l'arbre vivant*; c'est l'univers, la forme visible, que produisent et dans laquelle se dilatent *ad extra* Zervane, Honover et Ormouzd; c'est l'organisme créé.

A côté de Hom, et en opposition à Ormouzd, qui est l'esprit de bonté, se trouve le génie des ténèbres, Ahriman. Il est impossible, en effet, que la création soit réalisée affirmativement sans que la négation l'accompagne; la lumière créée suppose son absence ou les ténèbres. On peut, dès là qu'on commence d'être, s'approcher de la source qui est la lumière ou s'en éloigner. En un mot le bien créé implique l'idée de son absence qui est le mal. Ahriman se montre avec Hom, et aussitôt lutte contre Ormouzd.

Vient ensuite Mithra, le médiateur, le feu, la source d'amour et de vie incarnée dans l'humanité.

Quant à Zoroastre, c'est une incarnation mortelle de Hom qui ne saurait mourir. C'est l'homme-individu qui meurt dans l'humanité qui ne meurt pas.

Le *Zend-Avesta*, c'est-à-dire la révélation, gît, en principe, pêle-mêle avec l'univers, dans Zervane-Akerène; il se dégage chez Ormouzd; il se sépare en Honover; il s'exprime en Hom, et c'est là que Zoroastre le saisit et le formule.

Ces paroles s'expliquent. La révélation est d'abord une réalité éternelle au sein de l'éternel, mais non déterminée par l'être *ad extra*. Elle est, de plus, un bien, un principe de vie, un souffle excellent, objet d'amour; elle est donc, en même temps, dans Ormouzd à un premier degré de dégagement marqué par le sentiment du bon. Elle est encore une science, une pensée formelle; elle est donc aussi dans Honover, dans la parole intérieure, où elle se sépare sous l'action de la pensée, comme elle commençait à se dégager, dans Ormouzd, sous l'action du sentiment d'amour du bon pour le bon. Mais jusque-là point d'expression extérieure. C'est en Hom qu'elle la prend; c'est dans l'arbre des manifestations de l'infini, dans la floraison *ad extra*, dans l'humanité, qu'elle deviendra parole et révélation proprement dite; et enfin, Zoroastre, l'homme mortel, le rameau périssable de la grande souche immortelle, s'en saisira et en fera un livre qui sera l'*Avesta-Zend*.

Cette philosophie est admirable et très-voisine du christianisme; mais elle a été tellement surchargée, par la tradition des Guèbres, de mythologiques fictions, dans lesquelles jouent un grand rôle les génies mauvais avec leur chef Ahriman, qu'il est maintenant difficile de la reconnaître.

On a cru trouver le même fond d'idées dans le trias chaldéen: *Cronos, Baal* ou *Belus* et *Mylitta*.

VI. Lao-tseu se présente avec une trinité qu'il exprime, six cents ans avant Jésus-Christ, d'une manière tellement claire qu'on ne trouve rien qui en approche dans aucun livre antérieur au christianisme, et qu'on en est ébloui.

On lit dans le *Tao-te-king* les paroles suivantes, dont nous devons la connaissance en Europe à M. Abel Rémusat:

« Le Tao a un nom ineffable et cependant n'a pas de nom, » ce que le commentateur explique ainsi: « Le Tao, préexistant à tout, ne peut avoir de nom par lui-même et dans son essence; mais quand le mouvement a commencé, et quand l'être a succédé au néant, alors il a pu recevoir un nom des êtres qu'il avait créés. »

Lao-tseu continue:

« La confusion de tous les êtres précéda la naissance du ciel et de la terre; oh! quelle immensité et quel silence! Un être unique planait sur tout, immuable et toujours agissant sans jamais s'altérer. Il est la mère de l'univers; j'ignore son nom, mais je l'appelle Tao, *verbe* ou *principe*... *Tao produisit un, un produisit deux, deux produisirent trois, trois produisirent tout.* Tout s'appuie sur l'obscur; l'obscur est enveloppé par le brillant; l'esprit en est le lien... J'enseigne ce qui m'a été enseigné... Celui que vous regardez et que vous ne voyez pas se nomme I; celui que vous écoutez et que vous n'entendez pas se nomme HI; celui que votre main cherche et qu'elle ne peut saisir se nomme WEI. Ce sont trois êtres qu'on ne peut comprendre, et qui confondus n'en font qu'un. Celui qui est au-dessus n'est pas plus brillant, celui qui est au-dessous n'est pas plus obscur. C'est une chaîne sans interruption, qu'on ne peut nommer, qui rentre dans l'incréé. C'est ce qu'on appelle forme sans forme, image sans image, être indéfinissable. En allant au-devant, on ne lui voit point de principe, en le suivant, on ne voit rien au delà. »

Le P. Prémare a recueilli des gloses de commentateurs presque aussi anciens que Lao-tseu, qui servent beaucoup à relever l'importance de ces passages du philosophe chinois. Voici les principales:

Sur la phrase: « *Le tao* (la raison suprême ou le principe) *produisit un*, » Tchao-sang-tsee dit: « Au commencement était l'unité sans figure, et c'est d'elle que l'unité a pris naissance; » et la glose: « L'origine de l'unité est la suprême unité, car l'unité n'est pas sortie du néant; » et Liu-tchi: « La suprême raison n'a pas de semblable, c'est pour cela qu'elle est une; Lao-tseu a donc eu raison d'écrire *tao seng y*; » d'où le P. Prémare conclut que le mot *seng* ne signifie, dans la phrase, ni faire, ni engendrer, ni produire; mais que le Tao est un, et que par cette unité, « principe sans principe, commencent les générations divines, » comme le dit ailleurs Lae-tseu.

Sur la seconde phrase: « Un produisit deux (*Y seng eul*), » les Chinois traduisent: « Un avec un produit deux, » et Tchouang-tsee dit: « L'unité parlant à son verbe forme avec lui deux. »

Sur la troisième : « Deux produisirent trois (*Eul seng san*), » les Chinois entendent que le deuxième et le premier, ce qui fait deux, produisent le troisième, ce qui fait trois ; et les commentateurs disent dans le même sens : « Le premier joint au deuxième produit le troisième. »

Sur la quatrième : « Trois produisirent tout (*San seng wan-voé*), » Liu-tchi traduit : « Trois existent et tout est produit ; » d'où le P. Prémare conclut encore que le mot *trois* ne signifie pas le troisième seul, mais les trois agissant simultanément.

Sur les quatre propositions réunies, le livre *Tin-chu-pien* dit : « La racine et l'origine de toutes les processions est l'unité. L'unité est par elle-même ce qu'elle est, et ne reçoit son être d'aucun autre. L'unité engendre nécessairement le second. Le premier et le second, adhérant l'un à l'autre, produisent le troisième. Enfin les trois produisent tous les êtres. Cette union, ce lien mutuel est un organe admirable et caché, qui fait qu'ils sont produits. »

Lo-pi, appliquant au Taï-ki ce que Lao-tseu disait du Tao, conclut ainsi : « L'unité est donc trine et la trinité une. »

L'ancien auteur Tsee-hoa-tsee dit des trois mots *y, eul, san* (*un, deux, trois*) et des hyéroglyphes qui servent à les écrire —, =, ≡, que par le premier on entend le grand un, par le second celui qui est son coparticipant, et par le troisième celui qui convertit. Le grand un est la racine ; le coparticipant, le tronc ; celui qui convertit, l'esprit. De là cet axiome : « Tout a été fait par l'un, façonné, érigé par l'autre, et perfectionné par le troisième. »

De toutes ces interprétations et de son étude de Lao-tseu, le P. Prémare conclut que ce fameux passage doit être traduit comme il suit si l'on veut rendre au complet la pensée du philosophe : « Les divines générations commencent par la première personne ; cette première, se considérant elle-même, engendre la seconde ; la première et la seconde s'aimant mutuellement, respirent la troisième. Ces trois personnes ont tout tiré du néant. »

Le philosophe Lao-tseu, comme son rival Koung-feu-tseu, et comme Platon, cet autre rival d'un autre hémisphère, n'a pas honte de dire : « J'enseigne ce qui m'a été enseigné. » Les grandes âmes profitent avec simplicité des vérités qu'elles trouvent chez les autres, et emploient leur génie à les entourer de nouvelles lumières. Il avait tiré sa fameuse phrase : *Tao produit un*, etc., de l'*Y-king*, le plus ancien des livres chinois, où elle se trouve, dit-on, mot pour mot.

Ce qui est le plus remarquable dans les émissions des livres philosophiques de la Chine sur la Trinité, c'est qu'elles ne s'en tiennent pas à poser le fait du mystère, mais qu'elles mettent, en même temps, sur la voie de l'explication rationnelle. On y trouve des indications suffisantes du trias philosophique : puissance, parole ou intelligence, et amour.

VII. Il nous reste à parler de la *trinité platonique*.

Le P. Mourgues, après avoir très-bien exposé ce qu'on est convenu d'appeler de ce nom, ajoute : « Platon est inintelligible d'un bout à l'autre, pour quiconque ne comprend rien à cela ; ce sont les fondements de sa morale, et les principes d'une philosophie plus théologique que celle de notre temps ; c'est là sa religion et la vraie clef de ses ouvrages. » (*Plan théologique du pythagorisme*, t. I, p, 113.)

Cudworth a fait la même observation, ainsi que tous ceux qui ont étudié sérieusement Platon et l'ont compris.

On ne trouve nulle part, dans ses œuvres, une formule précise ressemblant à celle de Lao-tseu, ou à celles qui expriment les triades dont nous avons parlé, d'où l'on puisse conclure qu'il ait eu l'idée formelle de Dieu un et trine, un en substance et trine en hypostases. Mais on y trouve beaucoup mieux, à notre avis, au point de vue philosophique : un commencement très-développé et très-laborieux de l'argumentation même que nous avons faite pour remonter de la trinité humaine à la trinité divine ; ce qui ne se voit pas chez les autres, si ce n'est en germe imperceptible ; et c'est ce commencement de série logique qui constitue toute sa philosophie, sert de base à toute sa morale, est, comme le dit très-bien le P. Mourgues, sa religion et sa clef. Platon a passé ses soixante années de méditations à graviter le plus haut qu'il a pu vers cet argument, l'attaquant par toutes les issues, le sentant vaguement, le flairant sans cesse, et est mort sans avoir eu le bonheur de le prendre d'assaut et de jouir pleinement de sa lumière.

Quand il émettait des propositions comme celle-ci : « L'*âme* a deux ailes pour s'élever à la beauté parfaite, l'*intelligence* et l'*amour*, » en était-il bien loin, lui qui déduisait toujours du vrai, du bien et du beau relatifs, qu'il trouvait dans la créature, à leurs types éternels dans le créateur ? Et cependant il n'a pas embrassé ce raisonnement dans sa plénitude ; or s'il en fût ainsi du génie de Platon, quelle raison l'aurait donc atteint ? et, quelque simple que l'idée nous en paraisse, ne devons-nous pas dire, avec lui, qu'en ce qui concerne Dieu, « pour se bien instruire et bien instruire les autres, il faut avoir pour maître Dieu lui-même ? »

Quelle est donc la trinité de Platon ? c'est :
1° le souverain bien, qu'il appelle le père ;
2° son *logos* ou verbe, qu'il appelle le fils ;
3° l'âme du monde. Mais cette trinité a besoin d'explication.

Le souverain bien, ou le père, est Dieu même dans tout ce qu'il a de plus fondamental, dans son vrai, son beau et son bien substantiels ; c'est l'être dans sa racine même, et il est unique, esprit pur, éternel, immuable, immense, tout-puissant.

Le *logos*, ou le fils, est encore Dieu, mais Dieu dans sa forme, dans sa beauté vue par lui-même, dans son expression intérieure, dans l'ensemble de ses idées, ensemble qui se compose de l'idée du père qui est sa conscience, et des idées de tous les possibles. C'est là le monde intelligible et idéal, seul vrai, seul incorruptible, seul éternel, archétype de tous les mondes visibles à l'œil créé, lesquels ne peuvent être que des images de celui-là, plus ou moins imparfaites. Ce monde prend tous les noms après celui de *logos*, tel que ceux de bonté, de justice, de loi, de raison, de sagesse, d'intelligence; c'est la splendide auréole du père.

Tout ce qu'il y a de louable, de bien, de beau et de vrai dans l'homme n'est qu'une participation de ces deux principes, qui n'en font qu'un substantiellement; et chaque beauté particulière est un degré d'où notre esprit peut et doit s'élever jusqu'à cette beauté parfaite qui est son origine, son modèle et sa fin.

C'est en tant que cause originelle qu'elle s'appelle l'auteur, le père, le créateur, la substance parfaite.

C'est en tant que cause exemplaire, ou archétype, qu'elle s'appelle le *logos*, le fils, l'engendré, l'idée, la raison, le soleil des esprits.

En tant que cause finale, elle devient le bon qui perfectionne, le bonheur qui sert d'objet au perfectionnement, le bienheureux qui assimile à lui-même et qui attire.

On pourrait voir, dans ce dernier développement, l'esprit, troisième personne de la trinité; mais Platon n'est pas allé jusqu'à en faire la distinction dans l'essence même de Dieu; il confond ce troisième rapport, tantôt avec le premier, tantôt avec le second.

Mais quant aux deux premiers il les distingue très-bien; il les personnifie, il en fait de vraies hypostases éternelles, quoique résultant, au fond, d'une même substance; tellement qu'il semble quelquefois substantifier le second, et que plusieurs néoplatoniciens, ne l'ayant pas compris, ont altéré sa doctrine en faisant de ses archétypes des substances distinctes de la substance du père. Leibnitz, Berkley, Fénelon, Tennemann, Fleury, l'abbé Flottes, etc., ont restitué à Platon sa vraie pensée sur cet article.

Voilà la synthèse de tous les dialogues du philosophe grec. Ils ne sont, chacun en particulier, que des propositions détachées de cette grande série. Ce sont des scènes plus ou moins longues ayant, toutes, leur place dans un grand drame philosophique dont voilà le dénoûment. Nous invitons à le lire; et, si on le comprend, on retirera de sa lecture les idées mêmes que nous venons d'émettre, car c'est chez lui que nous les avons prises.

Malgré qu'il soit difficile, d'après ce que nous venons de dire, de détacher des passages qu'on puisse considérer comme résumant le philosophe, nous en citerons un du VIe livre de la *République*, en l'abrégeant de notre mieux.

Il faut aux magistrats, dit Socrate, la connaissance du bien éternel, immuable, jointe à celle du beau; la connaissance de ce bien dont toute âme poursuit la jouissance, en vue duquel elle fait tout, quoique toujours dans l'impuissance de définir au juste ce que c'est; de ce bien si grand, si précieux, sans la connaissance duquel on ne peut connaître le juste, l'honnête et le beau.

Adimante demande ce que c'est. Socrate paraît refuser de le dire, et on conçoit cette hésitation, car on voit qu'il s'agit de l'unité de Dieu pour laquelle Socrate a été mis à mort. Glaucon exige une explication des dieux. Socrate répond que cette explication est au-dessus de ses forces et ajoute : « Croyez-moi, chers amis, laissons pour cette fois la recherche du bien tel qu'il est en lui-même ; cette recherche nous mènerait trop loin, et j'aurais peine à vous expliquer sa nature telle que je la conçois ; mais je vais vous entretenir, si vous le trouvez bon, de ce qui me paraît la production du bien, sa représentation exacte. »

« Eh bien, reprend Glaucon, parle-nous du fils ; tu nous entretiendras une autre fois du père. »

Socrate répond : « Recevez ce fruit, cette production du bien. » Puis il entre dans la comparaison des deux soleils, le soleil des corps et le soleil des âmes. « L'un est dans la sphère visible, par rapport à la vue et à ses objets, ce que l'autre est dans la sphère idéale, par rapport à l'intelligence et aux êtres intelligibles, etc. Ce qui répand sur les objets intelligibles la lumière de la vérité (la certitude), c'est l'idée du bien ; elle est le principe de la science et de la vérité en tant qu'elles sont du domaine de l'intelligence. Quelque belles qu'elles soient, tu peux assurer, sans crainte de te tromper, que l'idée du bien est plus distincte et les surpasse en beauté.... Cependant, comme dans le monde visible la lumière et la vue ont de l'analogie avec le soleil, mais ne sont pas le soleil, de même, dans le monde intelligible, la science et la vérité sont des images du bien mais ne sont pas le bien même..... Considère encore son image (le soleil); il ne rend pas seulement les choses visibles, il leur donne la naissance, l'accroissement et la nourriture, sans être lui-même rien de tout cela. De même tu peux dire que les êtres intelligibles ne tiennent pas seulement du bien leur intelligibilité, mais encore leur être et leur essence, quoique le bien lui-même ne soit point cette essence, mais quelque chose de bien au-dessus en dignité et en puissance, » etc.

On voit par ces phrases que le Socrate de Platon, tout en ne parlant que de l'idée du bien, c'est à dire du Verbe de Dieu, dit cependant, en cet endroit, quelque chose du bien lui-même en soi, du Père. Il le compare au soleil, et, à la lumière du soleil son idée, sa science, sa vérité (ou certitude), qu'il ne faut pas confondre avec notre science et notre vérité dont il parle aussi et qui n'en sont que des participations. Il les distingue déjà suffisamment, l'un étant, d'après lui, la chose en elle-même et l'autre son éclat, sa lumière, son idée ; l'un étant le producteur, l'autre le produit ; l'un étant le modèle intrinsèque, et l'autre son image exacte.

C'est après avoir compris Platon de cette manière que Cicéron écrivait dans son *Traité des lois*, liv. II : « Il existe une raison émanée du principe des choses qui détourne du mal. Celle-là ne commence point à être loi du jour seulement qu'elle est écrite, mais du jour qu'elle est née ; or elle est contemporaine de l'intelligence divine. Ainsi la loi véritable et primitive, ayant caractère pour ordonner et pour défendre, est la droite raison de Dieu. »

Il faut donc admettre, pour n'être point injuste, avec tous les plus savants Pères de l'Église et les philosophes chrétiens du XVII° siècle, que non-seulement les deux premières personnes de la Trinité ont été vues par Platon, mais qu'il en a fait la substance même de sa philosophie. C'est ce qui lui valut cette satire de Théopompe : *Un n'est pas un ; deux font à peine un ; Platon l'a prouvé.* C'est aussi ce qui est devenu populaire dans les écoles ; et ceux qui le contesteraient aujourd'hui ne pourraient être que de petits esprits n'ayant jamais compris Platon, ou des esprits prévenus qui ne l'auraient jamais lu. Citons seulement, sur ce point, le témoignage de saint Augustin pour qui la lecture de Platon et de ses disciples devint, comme il le dit en plusieurs endroits, le premier degré de sa conversion au christianisme.

« J'y trouvai toutes ces grandes vérités : Que dès le commencement était le Verbe, que le Verbe était en Dieu, et que le Verbe était Dieu ; que cela était en Dieu dès le commencement ; que toutes choses ont été faites par le Verbe ; que, de tout ce qui a été fait, il n'y a rien qui ait été fait sans lui ; qu'en lui est la vie ; que cette vie est la lumière des hommes, mais que les ténèbres ne l'ont point comprise ; qu'encore que l'âme de l'homme rende témoignage à la lumière, ce n'est point elle qui est la lumière, mais le Verbe de Dieu ; que ce Verbe de Dieu, et Dieu lui-même, est la véritable lumière dont tous les hommes qui viennent au monde sont éclairés ; qu'il était dans le monde ; que le monde a été fait par lui, et que le monde ne l'a point connu. Car quoique cette doctrine ne soit point en propres termes dans ces livres, elle y est dans le même sens, et appuyée de plusieurs sortes de preuves..... J'y trouvai que ce n'est ni de la chair ni du sang, ni par la volonté de l'homme ni par la volonté de la chair, mais de Dieu qu'est né ce Verbe, Dieu comme celui dont il est né.... J'y trouvai que le Fils est dans la forme du Père, et qu'il n'usurpe rien quand il se dit égal à Dieu puisque, par sa nature, il est une même chose avec Dieu ; et cette doctrine est exprimée dans ces livres en plusieurs différentes manières..... On y trouve que votre Fils unique, ô mon Dieu, est avant tous les temps et au-dessus de tous les temps, qu'il est éternel et immuable comme vous, et que c'est de sa plénitude que nos âmes reçoivent ce qui peut les rendre heureuses ; que c'est en participant à cette sagesse éternelle, qui habite en elles-mêmes, qu'elles se renouvellent et qu'elles deviennent sages..... Ce que j'y avais vu me fit comprendre que, pour trouver ce que je cherchais, il fallait rentrer dans moi-même ; et, m'en trouvant capable par le secours qu'il vous plut me donner, je rentrai en effet jusque dans la partie la plus intime de mon âme. Ce fut là que, quelque faible que fût encore mon œil intérieur, je découvris la lumière éternelle et immuable, cette lumière qui ne ressemble en aucune manière à la lumière corporelle dont nos yeux sont éclairés........ c'est elle qui m'a fait ; *elle* est connue de qui connaît la *vérité*; qui la connaît connaît l'*éternité*, et c'est par l'*amour* qu'on la connaît. Ô *vérité* éternelle ! ô *amour* véritable ! ô *éternité* qui n'êtes vous-même que *vérité* et *amour* ! c'est vous qui êtes mon Dieu !.. »

Augustin complète, dans ces derniers mots (*Confess*. VII, 9, 10), la trinité divine en partant de la trinité humaine. L'*éternité* est le Père ; la *vérité* (c'est-à-dire dans son esprit, la *connaissance complète*) est le Fils, et l'*amour* est l'Esprit. Mais il ajoute de lui-même cette troisième déduction qui, comme nous l'avons dit, n'est pas formulée dans Platon, quoiqu'elle puisse l'être dans quelques ouvrages de platoniciens plus modernes.

Le même Père résume ainsi dans une phrase tout ce qui précède : « J'ai trouvé dans le platonisme non tous les mêmes termes, mais en réalité, tout ce que Jean enseigne au commencement de son Évangile sur la splendeur du Verbe, et ce qu'enseigne Paul de son égalité avec le Père : *Re ipsa, non iisdem quidem verbis, quidquid Joannes ipse, Evangelii sui exordio, de Verbi gloria, et quod Paulus de ejusdem æqualitate cum Patre docet.* »

C'est la même observation qui a fait dire à M. de Maistre, que la doctrine de Platon fut *la préface humaine du christianisme*.

Il n'y a qu'un livre de la Bible antérieur à l'époque de Platon, mais il y en a un, dans lequel se trouvent des passages qui, sans distinguer avec autant de soin logique Dieu et son Verbe, et sans nommer l'un le Père et l'autre le Fils, posent très-clairement les bases d'une philosophie toute semblable, en donnant à la *sagesse* de Dieu les mêmes attributions. C'est le livre des *Proverbes* de Salomon. Voici les paroles les plus remarquables ; elles sont d'une profondeur, d'une éloquence et d'une poésie effrayantes.

Moi, la Sagesse....., le Seigneur m'a possédée dès le commencement de ses voies, avant qu'il fît quelque chose, dès le principe. J'ai été formée depuis l'éternité, et dès les choses antiques, avant que la terre fût faite. Les abîmes n'étaient pas encore, et j'avais déjà été conçue. Les sources des eaux n'étaient pas encore sorties ; les montagnes ne s'étaient pas encore établies sur leurs masses pesantes ; avant les collines j'étais enfantée. Il n'avait pas encore fait la terre, et les fleuves, et les pôles de l'orbe du monde ; quand il préparait les cieux j'étais là. Quand, par une loi certaine, il étendait les abîmes dans leur giron ; quand il affermissait l'air en haut et équilibrait les eaux des fontaines ; quand il étendait autour de la mer une limite et qu'il imposait aux ondes une loi pour qu'elles ne franchissent pas leurs confins ; quand il suspendait les fondements de la terre, j'étais avec lui composant toutes choses ; je me délectais chaque jour, me jouant avec lui sans cesse, me jouant dans l'orbe des êtres. Mes délices sont d'être avec les enfants des hommes..., tous ceux qui me haïssent aiment la mort. (Prov. VIII, 29 et seq.)

Si l'on suppose qu'une ode de cette sorte fût tombée sous l'œil du génie de Platon, on conçoit qu'il en eût déduit toute sa philosophie, et on conçoit, de plus, qu'il n'en aurait pas moins de mérite. Le fait est-il probable ? Le P. Mourgues le soutint dans son *Plan théologique du pythagorisme*, en s'appuyant sur les plus graves autorités de l'Eglise grecque et de l'Eglise latine des premiers siècles. Dom Calmet, dans la dissertation qui précède son commentaire sur les proverbes, décida, avec son flegme honnête de critique impartial, que les philosophes n'avaient jamais connu les livres hébreux. Malgré les Pères de l'Eglise et malgré le P. Mourgues, la décision de dom Calmet prévalut, et elle règne encore chez tous les philosophes sérieux. Que signifient quelques phrases jetées dans le public depuis vingt-cinq ans sans autre appui que de petites fantaisies préconçues ?

Reste le troisième terme de la trinité platonique, l'âme du monde ; et c'est ici que s'élèvent de graves discussions.

Platon, après avoir posé le Père en lui-même, souverain bien, souverain être, ayant pour attribut principal l'éternité indivisible, admet qu'il se donne une manifestation extérieure, qui est son image imparfaite ; c'est l'être créé, le temps imparfait, l'étendue et le temps. « Comme la créature, dit-il, ne pouvait ressembler en tout à son modèle, il fit une image mobile de l'éternité ; et, gardant pour lui la durée indivisible, il nous en donna l'emblème divisible que nous appelons le temps. » (*Timée*.)

Il imagine la même chose par rapport au Fils, qui est l'idée et la parole du Père. Il se donne une parole extérieure, qui est encore son image imparfaite. C'est l'intelligence créée, depuis l'instinct jusqu'aux esprits angéliques, participation de sa lumière incréée, comme la vue corporelle est une participation de la lumière du soleil. « En formant ces astres qui voyagent dans l'infini, dit-il encore, le Créateur imitait toujours l'éternelle structure du monde idéal et parfait, et, jusqu'à la naissance du temps, l'imitation était fidèle. Mais voici une autre différence entre les deux mondes ; il manque à cette nature des êtres qui la peuplent et qui l'aiment. Son auteur, pour achever l'ouvrage, continua de reproduire le modèle suprême, et tout ce que l'intelligence peut concevoir d'êtres vivants fut créé par sa pensée. »

Cela posé, l'âme du monde, telle que le *Timée* nous la donne, appartient à cet ordre de manifestations *ad extra*, qui ne sont autre chose que la création ; c'est l'univers lui-même animé d'un germe de vie, centralisé dans un principe d'union, doué d'un centre harmonique : or la question est de savoir si à cette âme créée du grand tout, qu'imagine Platon, il a entendu donner pour correspondante une vie semblable non créée existant éternellement dans l'être infini, laquelle serait le lien harmonique des deux premières hypostases, leur souffle vivant, leur amour, leur esprit, ce qui compléterait la trinité véritable. Conçoit-on que son génie ait conçu cette grande idée d'une centralisation universelle dans la création, au moyen d'une âme commune, sans penser à lui donner un type dans le Créateur, lorsqu'il le fait sous les deux autres rapports, et lorsqu'il remarquait si bien cette troisième énergie dans l'homme en particulier, espèce d'univers en petit : « L'âme a deux ailes pour s'élever à la beauté parfaite, l'intelligence et l'amour ? »

Tel est le véritable état de la question.

Or, les néo-platoniciens prétendirent que Platon l'avait ainsi compris, et les Pères de la primitive Eglise acceptèrent leur interprétation, ajoutant qu'il avait trouvé cette grande vérité chez les Juifs. Ainsi pensèrent Théodoret, saint Grégoire de Nazianze (orat. 37, *de Spiritu sancto*), et saint Cyrille d'Alexandrie. (*Adv. Julian.*, VIII.)

Voici ce que dit Théodoret : « Plotin et Numenius, développant la doctrine de Platon, disent qu'il a reconnu trois hypostases *éternelles*, ὑπέρχρονα καὶ ἀΐδια ; *le souverain bien*, τἀγαθόν ; *l'intelligence*, νοῦν ; *et l'âme du monde*, τοῦ παντὸς τὴν ψυχήν — celui que nous appelons le Père, il l'appelle *souverain bien* ; notre *Verbe* est chez lui *l'intelligence* ; et il appelle *âme du monde* cette force qui anime et vivifie tout, et que les divines Ecritures nomment, *Saint-Esprit*. Platon a fait ces larcins à la philosophie et à la théologie des Hébreux : Καὶ ταῦτα δὲ ἐκ τῆς Ἑβραίων φιλοσοφίας καὶ θεολογίας σεσύληται. » (THERAPEUT. lib. II Opp., t. II, p. 496.)

On sait que la seconde hypostase platonique fut appelée l'âme du monde intelligible, et le démiurge, *démiourgos* (l'architecte du monde), aussi bien que le *logos*, l'intelligence, la pensée, la raison, etc.

La troisième prit deux épithètes. Si on la considérait dans le sens du Timée, on la qualifiait de ἐγκόσμιος, créée avec *le monde*. Comme hypostase divine, on l'appelait ὑπερκόσμιος, *supra-mondaine*, au-dessus du monde, céleste, divine, ainsi que ὁμοούσιος *consubstantielle aux deux autres*. Plotin, Proclus, Porphyre, Amelius l'admettaient dans ce second sens.

Abeilard soutint avec force l'avis de Théodoret et en fut violemment attaqué par saint Bernard.

Cudworth a prétendu trouver *l'âme* consubstantielle et purement divine, dans la dixième livre des *Lois* et a cru voir les trois hypostases dans le Timée. (*Sys. intell.*, IV, 36.)

Mosheim l'a réfuté et a soutenu que cette troisième hypostase fut une invention des néo-platoniciens pour rapprocher leur trinité de celle du christianisme. (*Ibid.*, not. 49.)

Le P. Mourgues se rapproche de Cudworth, en traduisant, d'après Philon, Eusèbe et Théodoret, quelques phrases du Timée de manière à y introduire l'*esprit* à côté du *Verbe*; telle est celle-ci : « le Verbe et l'esprit de Dieu voulant ainsi créer le monde, aussitôt le soleil, la lune, » etc.

Souverain, dans son *Platonisme dévoilé*, ch. 13, dit : « Socrate avait réduit la philosophie à la morale; Platon, son disciple, a été plus loin et l'a portée jusqu'à la théologie, en faisant des trois propriétés divines, par le concours desquelles le monde a été créé, trois personnes ou trois hypostases divines; ou bien, en concevant un Créateur souverainement *bon*, avec une *intelligence* qui trace le plan du monde, et une *énergie* qui l'exécute. Ces philosophes théologiens, allégorisant à leur manière, ont fait du monde intelligible le Verbe, et du monde sensible le Fils. L'un est le λόγος ἐνδιάθετος, et l'autre le λόγος προφορικός. »

Dacier avait pensé de même, et Chateaubriant a suivi Dacier et Souverain.

Sur ce passage de la *République*, liv. VII : « Dans l'empire des idées, l'idée du souverain bien est la plus reculée, la moins visible; dès qu'on la saisit, on y trouve l'origine de tout ce qui est bon et majestueux. Le monde matériel lui doit la lumière et le génie qui la dispense; dans le monde intellectuel, c'est la vérité, c'est l'intelligence elle-même; transportons-nous vers cette idée sublime si nous voulons vivre en sages avec nos semblables et avec nous; » M. Leclerc dont nous prenons la traduction et à qui nous avons emprunté plusieurs des renseignements qui précèdent, met la note suivante :

« Voilà le Dieu *bon*, ou bien suprême; l'*intelligence*, ou monde idéal; et ce Roi, cette âme de notre monde visible, ce génie de la lumière appelé Fils de Dieu (*Répub.*, VI, 17); c'est la trinité platonique. Le philosophe aime à couvrir ses pensées de voiles et d'emblèmes. Ainsi, dans le Timée : *trouver le Créateur et le Père de cet univers est une chose difficile; et quand on l'a trouvé, il est impossible de le dire à tous.* De là encore ce langage énigmatique de la lettre II à Denys de Syracuse : *Dieu, monarque de la nature répandue autour de lui; origine et fin de tou tes les belles choses; second pour les secondes, troisième pour les troisièmes.* C'est-à-dire, Dieu suprême, Dieu du monde intelligible, Dieu de notre monde. Comparez aussi la fin de la VI° lettre. Le P. Hardouin croit voir ici de l'athéisme; c'est le plus fort des auteurs à paradoxes. »

Quoi qu'il en soit de toutes ces interprétations, nous aurions voulu trouver dans Platon une déduction claire de notre faculté d'aimer à l'amour absolu qui est son type en Dieu, comme il en tire un si grand nombre de tous les faits de notre être au Père et au Fils, et le voir formuler ainsi une troisième hypostase sous un nom quelconque. C'est ce que nous n'avons vu dans aucun des dialogues que nous ayons lus, et nous en revenons à notre conclusion, que, si Platon n'est pas allé jusque-là, quoique que cela paraisse maintenant si facile, c'est donc qu'il fallait vraiment *un Dieu* pour nous y conduire. — *Voy.* PSYCHOLOGIE.

TYRAN (PORTRAIT DU). — PLATON. *Voy.* MORALE, II, 10.

TYRANS. — CONFUCIUS. *Voy.* MORALE, II, 12.

U

ULTRAMONTANISME ET GALLICANISME. — (Conciliation de ces deux opinions.) *Voy.* INFAILLIBILITÉ.

UN (L'). *Voy.* MATHÉMATIQUES, III.

UNION HYPOSTATIQUE DANS LE CHRIST. *Voy.* INCARNATION, IV.

UNITÉ. — DANS L'ART. *Voy.* ART, III.

UNITÉ DE DIEU. — *Voy.* ONTOLOGIE. *Voy.* MATHÉMATIQUES, III.

UNITÉ DU MARIAGE. *Voy.* MARIAGE.

UNIVERS (IMMENSITÉ DE L'). *Voy.* ANGES.

UNIVERSALITÉ. — DANS LA SCIENCE ET DANS L'ART. *Voy.* ces mots.

UNIVERSAUX. *Voy.* HISTOIRE DE LA PHILOSOPHIE ET DE LA THÉOLOGIE.

USURE (ABSENCE PRIMITIVE D'). *Voy.* HISTORIQUES (Sciences), III.

USURE (L'). — EN ÉCONOMIE POLITIQUE. *Voy.* SOCIALES (Sciences), IV.

V

VALIDITÉ ET LICITE. *Voy.* SACREMENT, ORDRE, X.

VÉDANTA. *Voy.* PANTHÉISME, II, III.

VÉRITÉ (RESPECT DE LA). — PLATON. *Voy.* MORALE, III, 4.

VERTU (DÉFINITION DE LA). — CONFUCIUS. *Voy.* MORALE, III, 16.

VERTU (LA) PRÉFÉRABLE A TOUT. — PLATON. *Voy.* MORALE, III, 2.

VERTUS DIVINES ENSEIGNÉES PAR LA

PHILOSOPHIE ANTIQUE. *Voy.* Morale, I.

VIE DE JÉSUS. — VIES DES GRANDS CHEFS DE RELIGION ET D'ÉCOLE. *Voy.* Jésus.

VIE ÉTERNELLE (La). — DEVANT LA RAISON ET DEVANT LA FOI (II° part., art. 23). — Il est dans l'Evangile une parole précieuse, d'où la raison peut tirer de lumineuses déductions sur cette vie des âmes que le Symbole des apôtres appelle *la vie éternelle*, et le Symbole de Nicée, *la vie du siècle futur*. Voici cette parole évangélique :

Jésus était sur le point de quitter le cénacle, où il venait de faire son dernier repas avec ses disciples, pour aller au Gethsémani; Judas était sorti afin de se mettre à la tête de la troupe qu'il devait conduire dans ce même lieu pour saisir son maître. Le Seigneur avait annoncé aux onze disciples fidèles le terrible drame qui allait se passer la nuit même, et, aux expressions figurées dont il s'était servi, lorsqu'il avait parlé de glaives, leur visage avait témoigné de l'émotion. C'est alors qu'il leur dit :

Que votre cœur ne se trouble point!... vous croyez en Dieu; croyez aussi en moi....

Il y a plusieurs demeures dans la maison de mon Père; si non, je vous l'aurais dit, car je vais vous préparer le lieu, et lorsque je m'en serai allé, et que je vous aurai préparé le lieu, je reviendrai et vous prendrai avec moi, afin que, où je serai, vous soyez aussi. (Joan. xiv, 1-3.)

La maison du Père, c'est la vie éternelle dans toute son étendue, c'est la durée des créatures immortelles et de nous autres hommes en particulier.

Dans cette maison du Père, il y a plusieurs demeures, plusieurs régions ; et l'une de ces régions, la plus belle sans doute, la plus désirable, c'est ce lieu même que Jésus est allé préparer à ses disciples, dans lequel on jouit de sa présence et, en commun avec lui, des complaisances du Père.

Voilà le sens direct et évident de cette parole; il nous reste à exposer la théorie rationnelle et catholique des principales régions de la vie éternelle, en partant de la donnée qu'elle fournit.

Il faut encore ajouter à cette donnée celle de l'immortalité de l'être humain que fournit aussi l'Evangile, et, de concert avec l'Evangile, la philosophie raisonnant sur les phénomènes de ce monde et sur la croyance universelle des peuples.

Il faut, enfin, y ajouter celle de la déchéance et de la rédemption, dont la révélation seule nous rend certains, avec les conséquences qu'elle engendre sur la classification des membres de l'humanité relativement à l'initiation au royaume du rédempteur. — *Voy.* Déchéance et Rédemption.

En nous établissant sur ces bases, notre raison pourra concevoir une distribution harmonique d'états dans l'éternité, qui se trouvera en accord parfait avec les enseignements de la foi.

Pour bien comprendre cette distribution, il faut distinguer deux ordres de lois éternelles existant en Dieu et produisant des effets divers, qui s'harmonisent toujours en derniers résultats; ce sont l'ordre de la justice et celui de la bonté. Comme nous sommes obligés, dans notre imperfection terrestre, de ne raisonner que par abstractions, en détachant, les unes des autres, des vérités qui n'en font qu'une devant la raison divine, afin de les réunir ensuite, considérons successivement ce qui doit découler des lois de la justice, et ce qui peut suivre des lois de la bonté en modification des premières. Nous terminerons par quelques questions dont la solution peut dépendre, en même temps, de ces deux ordres.

I. — La vie éternelle devant la stricte justice.

I. La justice ne commence son règne qu'après des actes de pure bonté déjà posés ; car Dieu ne doit absolument rien à ce qui n'est pas ; et comme la créature, en remontant le cours de ses annales, arrive nécessairement à une éternité durant laquelle elle n'était pas, elle trouve, par son essence même, sa racine primordiale dans un acte de bonté absolue qui est sa création.

Mais ce fait supposé, il surgit aussitôt un ordre de justice, auquel Dieu est assujetti par son infinie perfection à l'égard de sa fille; car on conçoit, dès lors, diverses manières de la traiter; or, parmi ces manières il y en a certainement qui seraient tyranniques, injustes, et qui répugnent à la nature divine; il y en a d'autres qui sont justes, raisonnables, et dont on peut inférer l'application réelle, ou au moins le possible, par déduction de leur rationalité même. C'est à ces déductions que nous allons nous livrer après que nous aurons ajouté quelques mots sur le premier fond de bonté gratuite qui sert de base à tout ce qui concerne la créature

La création, telle que nous la voyons, implique des perfections variées à l'infini. Chaque créature a la sienne, et leur ensemble forme une immense échelle dont les deux extrêmes sont déterminés, si ce n'est à nos regards, au moins à ceux de Dieu. En outre que c'est le phénomène livré à nos observations et dont nous sommes enveloppés, si la raison l'étudie *a priori* elle n'a pas de peine à le justifier. Quoi de plus simple que l'être infiniment bon, quand il s'agit de réaliser des existences *ad extra*, les réalise à des degrés de beauté différents selon sa volonté et les conceptions de son génie, pour qu'il en résulte un ensemble harmonique qui plaise à son goût. Il en est de Dieu, au moment de la création, comme du distributeur des deniers de la parabole ; ayant donné à l'un telle somme de bien, il peut évidemment donner à l'autre la même somme en y surajoutant quelque chose encore, et nul n'a droit de se plaindre, puisque, dans ce cas, non-seulement celui qui reçoit moins n'avait pas droit au surplus que reçoit son voisin, mais n'avait pas même droit à ce qu'il reçoit lui-même, puisque Dieu n'avait rien promis et n'avait pu rien promettre à ce qui n'était pas. D'ailleurs, si Dieu ne pouvait faire des créatures plus ou moins parfaites, il ne pourrait en faire aucune, d'abord parce qu'il serait tenu, quand il crée, de créer le plus parfait possible, et que ce plus parfait possible est une pure illusion en fait de créature, Dieu seul étant l'être auquel il soit permis rationnellement d'attribuer le superlatif absolu de la perfection ; et, en second lieu, parce qu'il ne pourrait plus réaliser de sublimes univers, la variété de beautés dans les parties, considérées isolément, étant une condition essentielle de la sublimité du tout.

De là une première nécessité d'appelés et d'élus dans la création sans aucune autre raison que la volonté et la sagesse du Très-Haut, puisque ce qui n'est pas ne peut fournir en soi aucun titre ni à l'être ni à telle ou telle somme d'être. Toutes les créatures sont donc appelées à l'existence par la volonté créatrice, c'est une suite nécessaire de l'hypothèse même de la création ; mais toutes ne sont pas choisies pour briller de l'éclat le plus beau relativement aux autres ; toutes ne sont pas élues ; et le nombre de celles-ci est nécessairement le moindre, parce que, dans toute harmonie, c'est le plus rare qui est, relativement, l'objet de la prédilection.

Or, ce que nous disons des créatures en général, il faut le dire de chaque espèce de créatures en particulier. Chaque classe, en effet, est composée d'individus, et les individus doivent, pour la même raison, recevoir des dons plus ou moins éclatants, afin de pouvoir concourir, dans des proportions diverses, à la beauté de l'ensemble. Voyez les hommes ; n'y en a-t-il pas qui sont plus favorisés dans tous les ordres possibles ? et qu'on ne fasse point intervenir, comme cause unique de cette inégalité, la déchéance, car, sans cette cause, le même phénomène eût été nécessaire pour la sublimité de l'œuvre de Dieu. Qu'eût été le genre humain s'il avait présenté mêmes talents, mêmes formes physiques, mêmes puissances, mêmes vertus ? Ne fallait-il pas déjà, pour l'harmonie du premier mariage, de profondes différences, sous tous les rapports, entre les deux époux ? Voilà donc encore des appelés et des élus dans l'intérieur même de la famille humaine. Tous sont appelés à être des hommes, mais tous ne sont pas élus pour la perfection humaine la plus excellente.

Nous avions besoin d'établir ce principe des inégalités, non-seulement raisonnables, mais nécessaires dans les créatures qui doivent composer une association harmonique, avant de raisonner sur la loi de justice dans ses rapports avec la vie éternelle.

II. Dieu, malgré les inégalités, donne aux créatures raisonnables la liberté du bien et du mal ; et, ce don fait, sa justice doit les traiter d'après deux bases : 1° d'après la somme de perfection qu'elles ont reçue de sa bonté dans la répartition première — car une cause posée doit produire ses effets, et les effets doivent être proportionnels à la cause ; les effets ne sont d'ailleurs que le développement de la cause même, d'où il suit que, la bonté ayant posé la cause, c'est un acte de justice relative que ces effets s'accomplissent. — 2° D'après l'usage qu'elles ont fait de leur lot — rien n'est plus juste et plus sage ; y aurait-il justice et sagesse à ce que celles qui ont fait bon usage de ce qu'elles ont reçu ne soient pas mieux traitées que celles qui en ont fait mauvais usage ? c'est encore une cause que pose la créature elle-même, de concert avec Dieu si elle fait le bien, seule par retrait en elle-même, par égoïsme, si elle fait le mal ; et cette cause doit être, comme la première, suivie de ses effets proportionnels d'après l'ordre absolu de la justice.

Il peut arriver aussi qu'il se trouve des créatures qui, par un résultat des lois compliquées de la création, n'aient pas joui, durant les jours de l'épreuve, de leur liberté morale et de la puissance du choix, qui, par conséquent, n'aient à présenter, dans la vie éternelle, que ce qu'elles ont reçu de la bonté de Dieu, sans aucune addition ou soustration par leur fait. Or il est évident que la justice divine n'a qu'une base pour la détermination de leurs destinées immortelles, celle qui consiste dans la perfection de l'être tel que Dieu l'a fait ou modifié, et non tel qu'il s'est modifié lui-même.

Ces principes nous paraissent évidents aux yeux de la droite raison. Voici les riches conséquences qu'on en peut tirer.

III. Posé la création et, après elle, la rédemption, qui est une espèce de seconde création perfectionnant la première déjà modifiée par la déchéance, et un résultat pur de la bonté infinie aussi bien que la création elle-même, il se présente plusieurs catégories d'êtres raisonnables, soit par rapport à ce qu'ils ont reçu, soit par rapport à l'usage qu'ils en ont pu faire ; et la raison en aperçoit d'abord trois principales que voici :

1° Ceux qui ont, durant la vie, connaissance de Dieu créateur et de Dieu rédempteur, de Dieu créateur par une voie quelconque, de Dieu rédempteur par un écho quelconque de la révélation ; c'est la classe de tous les Chrétiens de fait dans l'acception la plus large du mot.

2° Ceux qui n'ont connaissance que de Dieu créateur ; c'est la classe des étrangers au christianisme qu'on appelle, en théologie, les infidèles. Nous y comprenons tous ceux qui ont une idée de la Divinité, quelque peu développée qu'elle soit, et qui distinguent le bien du mal.

3° Ceux qui meurent sans avoir eu cette connaissance et sans avoir joui de la liberté morale ; c'est la classe des enfants morts avant l'âge de raison, des idiots de naissance, de tous les simples, en un mot, jusqu'au degré où commence l'idée du juste et la liberté du choix.

La raison voit encore que chacune de ces catégories se subdivise en plusieurs autres, comme il suit.

Dans la première se présentent :

1° Ceux qui usent de leur mieux des prérogatives qu'ils ont reçues de Dieu, dont la volonté est pleinement bonne, et qui meurent complétement fixés dans le bien ou ce qu'ils croient le bien; leur état, ainsi défini avec exclusion de toute attache à ce qui n'est pas le bien, implique l'amour parfait de la justice exacte, de la beauté souveraine, de la miséricorde infinie, de l'ordre éternel, en un mot, de Dieu. Ce sont les bons chrétiens.

2° Ceux qui usent de leurs prérogatives dans le sens directement opposé et qui meurent décidément attachés au mal, ne voulant aimer ni Dieu ni leurs semblables, repoussant, de toute la force de leur liberté, l'amour du Christ et la pitié des hommes, monstres d'égoïsme qui n'ont de considération que pour leurs propres plaisirs, ont mis volontairement leur conduite morale en antagonisme avec leur conscience, et quittent la vie dans ces dispositions avec l'insouciance des scélérats ou le désespoir des lâches. Ce sont les mauvais Chrétiens.

3° Ceux qui occupent les degrés mitoyens entre la bonté complète à l'égard de Dieu et des hommes, et le mal voulu d'une manière décisive avec pleine connaissance de cause, degrés que Dieu seul apprécie, qu'il est impossible à toute créature de déterminer, mais dans lesquels nous pouvons dire seulement que c'est l'amour du bien qui l'emporte; car l'état d'indécision absolue est incompatible avec la liberté morale et n'appartient qu'à la classe des idiots.

Dans la seconde catégorie, revient la même subdivision selon une proportion inférieure. Nous imaginons les infidèles qui ignorent, sans leur faute, la rédemption, ou agissant de leur mieux devant Dieu et la loi naturelle qu'ils connaissent, et par là se constituant dans le bien qui leur est relatif; ou agissant contrairement à leur conscience et mourant dans une mauvaise volonté bien décidée; ou enfin flottant entre le bien et le mal, de manière que le bien garde l'avantage, en dernier résultat, devant l'exacte justice, quoiqu'il reste encore un fâcheux mélange.

Dans la troisième catégorie se présentent seulement deux classes : celle des enfants ou des simples qui ont reçu le sacrement que le Christ a établi par pure aumône, afin d'enrôler, par ce moyen, un grand nombre d'élus dans la république chrétienne, sans aucun mérite de leur part; et celle des enfants ou idiots qui n'ont pas reçu ce sacrement, et qui meurent pour cette raison en dehors du royaume du Christ, sans avoir choisi ni le bien ni le mal.

Telles sont les divisions et sous-divisions que conçoit la raison sur les données que nous avons établies en commençant.

Et, dans chacune de ces sphères, elle conçoit, de plus, des degrés entre les individus, soit par rapport aux qualités naturelles et surnaturelles indépendantes de la volonté humaine, soit part rapport à l'usage que cette volonté a pu faire de ces qualités. Il est certain qu'il n'y a pas deux âmes ni deux corps parfaitement égaux sous l'un ou l'autre de ces rapports. Les enfants mêmes, morts avant l'âge de raison, ne sont point dans cette égalité parfaite; ils sont bien égaux relativement à l'usage de la liberté, puisque aucun d'eux n'en a joui par supposition; mais ils ne peuvent l'être relativement aux germes de grandeur mis en eux, qui se seraient développés s'ils avaient vécu et qui se développeront d'une autre manière dans la vie future.

IV. Or, les catégories, leurs sous-divisions et les différences individuelles étant ainsi fixées, quel ordre doit suivre la justice infinie dans la fixation du sort de chacun? Il nous semble que la raison peut ici tirer ses déductions, non pas en ce sens qu'elle puisse donner la description des divers états, car, comme l'a dit saint Jean, *ce qui sera ne paraît pas encore*, et la révélation elle-même a gardé le silence sur ce point, sans quoi ce qui sera serait déjà connu, mais en cet autre sens qu'elle puisse établir les proportions relatives de ces divers états. Elle a pour base le principe essentiel que Dieu, étant absolument juste, ne peut traiter personne de manière que la conscience la plus droite puisse lui en faire des reproches, et elle a, de plus, la faculté de voir clairement l'enchaînement des vérités qui découlent d'un principe comme celui-là; double condition qui fait d'elle une prophétesse dans les limites de sa portée.

Que fera donc la justice?

1° Ceux qui auront été doués de la plus belle armure, de la connaissance de Dieu créateur et de Dieu rédempteur, les Chrétiens, et qui, de plus, en auront usé pour le bien, s'élevant chaque jour, jusqu'à la dernière heure, vers la perfection du Père céleste, seront évidemment placés dans la plus belle des demeures, dans celle où règne celui-là même en association duquel ils ont combattu, demeure dont il disait : *Il y a plusieurs demeures dans la maison de mon Père; je vais vous préparer la vôtre; et où je serai vous serez avec moi.* (Joan. xiv, 1 et seq.) Ce qui signifie en réalité que Dieu se manifestera à leur esprit dans la proportion la plus grande, par l'entremise du Christ. *Alors nous verrons face à face,* dit saint Paul (*I Cor.* xiii, 12); et, en parlant du Christ: *Tout en lui, de lui et par lui.* (*Col.* i, 16.)

2° Ceux de ces mêmes hommes qui auront profané leurs dons en amour pour le mal, et qui, malgré ces dons, se seront volontairement fixés dans l'inimitié de Dieu, de la vérité et de la vertu, tomberont évidemment le plus bas, selon l'ordre de la justice. Cette chute se fera naturellement par la force des choses. Morts, en ne voulant pas de Dieu, du Christ et des hommes pour amis, ils demeureront dans l'éloignement de Dieu, du Christ et de l'humanité sainte; le souverain bien dont ils auront méprisé les splendeurs, ne se montrera pas à des yeux ennemis; et comme leur conscience leur rappellera les biens dont ils furent comblés, ainsi que le mauvais usage qu'ils en auront fait librement, ils seront malheureux, et malheureux dans la proportion relative la plus étendue, c'est-à-dire privés, plus qu'aucune autre créature humaine, de la douce et paisible jouissance qui accompagne l'entretien d'amour entre le père et sa fille rachetée par le sang de Jésus-Christ, lorsque leur amitié n'est pas rompue. C'est là cette demeure sombre que Jésus appelait les ténèbres extérieures relativement au festin des noces ; c'est là qu'est le riche qui n'a pas eu suffisamment pitié de Lazare, lorsqu'il lui permettait de partager, dans sa basse-cour, le dîner de ses chiens, et de vivre de ses restes, pendant qu'il se livrait aux jouissances de la table avec ses amis ; c'est là qu'est le traître ; c'est là qu'est celui qui se fait appeler le bienfaiteur des peuples, pour les dominer, et qui ne peut avoir sa place entre ceux à qui Jésus disait : *Pour vous, non pas ainsi, vous êtes frères (Matth.* xxiii, 8) ; c'est là que sont les maudits de l'Évangile, qui ont laissé souffrir de la faim, de la soif et du froid les malheureux de ce monde, et, avant eux encore, ceux qui ont organisé la misère, quand il y avait suffisamment pour tous.

3° Quoi de plus juste que les Chrétiens intermédiaires, dans lesquels le bien l'emporte sur le mal, et qui meurent dans cet état, soient soumis, dans l'autre monde, à une purification combinée par la sagesse infinie, pour les rendre dignes d'être admis un jour dans le royaume du Christ? Cependant la justice absolue ne paraît pas l'exiger d'une manière rigoureuse aux yeux de la raison ; quel reproche pourrait-on lui faire, si elle constituait à jamais cette classe en bande à part, traitée proportionnellement à son état moral? mais, d'un autre côté, il semble naturel que les conséquences d'une situation du cœur, dans laquelle le bien a la victoire, doivent avoir un terme, et pour terme la purification complète qui rend digne des premiers honneurs ; la miséricorde paraît le demander mieux encore ; et la révélation chrétienne nous affirme qu'il en est ainsi, en nous enseignant l'existence d'un purgatoire dont elle ne délimite point la durée, ni ne résout les mystères. L'observation des hommes nous paraît donner à conclure que cette demeure passagère est la plus habitée.

4° Que fera la justice des bons infidèles, de ceux qui n'auront eu que la connaissance de Dieu et du bien, et auront usé de leur liberté selon l'ordre de la loi naturelle, harmonisant ainsi leur pratique avec leur conscience, et faisant leur possible pour s'élever en sainteté et en vertu? La réponse de la raison ne se fait pas attendre. Ils seront dans un état heureux, quoique en dehors des relations établies entre le monde et Dieu par la rédemption ; ils jouiront de l'amitié du Créateur, dans la proportion compatible avec l'état dans lequel les a constitués la déchéance ; et, sans lui être unis par le Christ, qu'ils n'ont pas connu, leur esprit verra et aimera Dieu d'une manière bien différente de celle par laquelle les Chrétiens le verront et l'aimeront, d'une manière que la théologie catholique a nommée naturelle, par opposition à la première, qu'elle a nommée surnaturelle. Mais l'Éternel leur manifestera ses grandeurs dans la mesure relative à leur capacité, et ils seront bienheureux en célébrant ses louanges. Leur conscience ne leur dira-t-elle pas les biens qu'ils ont reçus de sa bonté et les efforts qu'ils ont faits pour coopérer à ses grâces naturelles? Or, la justice admet ce témoignage flatteur qui suffirait pour les combler de joie, et l'infinie miséricorde se gardera bien d'obscurcir en eux d'aussi douces pensées, d'aussi riants souvenirs. Cette demeure, dont s'occupe peu la foi catholique, parce qu'elle est en dehors de la rédemption, et que signale néanmoins plus d'un théologien, sera la seconde dans l'ordre du bonheur.

5° Ceux des infidèles qui auront usé de leur liberté pour mal agir, et méconnu les dons du Très-Haut, seront nécessairement, de par la justice, dans un état anormal et de souffrance, où leur conscience suffira pour les jeter ; mais, comme elle ne leur reprochera point d'avoir abusé des mêmes grâces qu'auront reçues les mauvais Chrétiens, ni d'avoir vainement connu Jésus-Christ, ils auront moins de remords, seront moins tristes, et ne regretteront pas, comme les premiers, d'avoir perdu l'amitié et la compagnie du Sauveur par leur faute. Ils seront dans les ténèbres extérieures, eu égard à la lumière dont jouiront leurs frères infidèles admis aux noces, non pas du Fils, mais du Père seul, tandis que les mauvais Chrétiens seront dans la nuit opposée au grand jour de la réhabilitation par le Fils, nuit beaucoup plus profonde. C'est la seconde demeure dans l'ordre de l'infortune.

6° Faut-il imaginer un purgatoire naturel pour les infidèles de la classe mitoyenne correspondante à celle des Chrétiens dont nous avons parlé? La théologie catholique ne traite pas cette question, que n'a point abordée la révélation surnaturelle ; mais la logique nous y mène, et la raison ne peut s'empêcher de combler cette lacune par l'hypothèse de ce purgatoire, dont le terme et l'effet seront l'inauguration, dans cette patrie future des bons infidèles, que nous avons signalée. La série dont nous déroulons les anneaux nous paraît suffire seule pour entraîner cette déduction. Et, parmi les demeures étrangères à celle du Rédempteur, celle-là nous semble devoir être, jusqu'à la fin des temps, la plus peuplée.

7° Ceux qui seront morts sans avoir joui de l'exercice de la liberté, mais qui auront participé aux effets de la rédemption par une élection pure de la bonté de Dieu, et sans aucun mérite de leur part, au moyen du sacrement de baptême, n'auront pas, pour les rendre heureux, le témoignage de la bonne conscience, le souvenir de luttes et de victoires ; mais ils se pencheront, comme le jeune saint Jean, sur la poitrine du Christ, soupirant de reconnaissance et d'amour, et lui disant sans cesse : Merci, Seigneur! Ils seront heureux par Jésus-Christ comme les Chrétiens; ils seront dans la même demeure; mais leur bonheur et leur gloire seront de beaucoup inférieurs au bonheur et à la gloire de ces braves athlètes à qui Jésus dira. éternellement : *Venez, les élus de mon Père; car j'ai eu faim, et vous m'avez nourri. (Matth. xxv, 34, 35.)*

8° Ceux qui seront morts sans l'usage de la raison, et qui n'auront pas été inscrits par le baptême sur la liste des appelés à la participation du mystère de la croix, n'auront, comme les précédents, aucun reproche à se faire. Ils seront donc heureux, mais ils le seront moins : ils seront dans le bonheur correspondant à celui des bons infidèles et dans la même demeure, quoique beaucoup moins heureux, puisqu'il leur manquera le témoignage de la conscience qui se dit à elle-même : J'ai bien combattu. Ils n'auront enfin que les joies de l'amitié primordiale du Créateur au degré relatif à une créature déchue, sans sa faute, d'un état supérieur antécédent. Ils ne se pencheront pas sur le cœur de Jésus; ils ne participeront pas au festin de l'Agneau, mais ils assisteront à l'éternel banquet réservé par le Père à toute créature qui ne s'est elle-même ni dégradée ni agrandie, et qu'il n'est pas entré dans le plan de sa sagesse d'élever plus haut par bonté pure; et éternellement tombera de leurs lèvres, sur le sein du Père, ce doux mot d'amour : Père, merci!

La théologie catholique s'est beaucoup occupée de cette dernière catégorie, et les conclusions auxquelles vient de nous conduire la logique du bon sens sont conformes à celles du plus grand nombre des docteurs. « Encore que ces enfants, dit saint Liguori, soient séparés de Dieu quant à l'union de la gloire (38), ils lui seront unis par la participation des biens naturels; et ainsi ils pourront se réjouir en lui par une connaissance et un amour naturels. » (II *Sent*., 17.) — *Voy.* Déchéance, Rédemption, et le morceau du P. Bail cité plus loin.

Telles sont donc les hypothèses que la raison imagine quand elle se met en face de l'exacte justice.

V. Ce n'est pas encore tout. Dans chacune des classes que nous avons supposées, comme il y a autant de degrés de perfection, soit reçue, soit acquise, qu'il y a d'individus, il y a aussi autant de degrés de félicité ou d'infortune que d'individus.

Dans la première, le Chrétien, qui aura joint la science la plus profonde et le caractère le plus fort à l'amour le plus désintéressé, sera le plus grand au festin de Jésus-Christ, et, après lui, viendront successivement tous les autres, puisqu'étant posé le principe que l'état futur soit mesuré sur l'état présent, la justice éternelle doit garder les plus minutieuses proportions entre les causes et les effets.

Dans la seconde classe, le Chrétien, qui à la science et au caractère les plus sublimes aura joint le plus de perversité, sera placé le plus bas pour la même raison, et, au-dessus de lui, s'élèveront les autres, degrés par degrés, jusqu'au moins malheureux.

Tout sera proportionné également dans les deux purgatoires; mais nous ne devons plus en parler, vu qu'ils ne sont pas le but final.

Il en sera de même dans le paradis et l'enfer des infidèles. Et enfin, quant à ce qui concerne les enfants et les simples, s'il n'y a aucune différence entre les individus sous le rapport du mérite, puisqu'ils en seront tous absolument dépourvus au sortir de cette vie, pourquoi n'y en aurait-il pas relativement aux perfections que la bonté de Dieu aura pu leur départir, en des sommes diverses, dès leur origine? La beauté générale du plan nous paraît réclamer cette variété comme les autres.

~ Il suit de la théorie que nous venons d'exposer que l'univers des âmes immortelles formera, dans la maison du père, sous le rapport de leur état devant le bien souverain, comme une immense échelle divisée en plusieurs parties distinctes, et chaque partie divisée en autant d'échelons qu'il y aura d'âmes.

Les bons Chrétiens occuperont toute la partie la plus élevée avec le Christ au sommet.

Les baptisés morts avant l'âge de raison viendront à leur suite.

Les bons infidèles leur succéderont dans leur demeure à part.

Les non-baptisés morts avant l'âge de raison occuperont les dernières places dans cette demeure.

Les mauvais infidèles formeront la première série des états de souffrance.

Et les mauvais Chrétiens formeront la seconde.

N'oublions pas que, dans chaque série, chacun a son échelon parfaitement mesuré sur ses prérogatives reçues ou acquises, et bonnes ou mauvaises en ce qui regarde celles qui sont acquises, en sorte que la transition d'une série à une autre se fera par deux individus qui ne seront pas, sans doute, dans des états aussi différents que l'imagination porterait à le croire.

Quoi de plus juste, de plus raisonnable et de plus beau que cette organisation des créatures humaines! C'est l'harmonie la plus grandiose que nous puissions concevoir. Or elle nous paraît renfermée toute entière dans ce dogme, si souvent rappelé, qu'au delà du tombeau tout sera pesé dans la balance de la plus exacte justice.

VI. Il ne faut pas oublier de faire entrer dans la série des causes de ces divers états les deux grandes révolutions du monde moral, la déchéance et la rédemption, ainsi que

---

(38) Les théologiens entendent toujours par les mots *gloire, glorification, bienheureux, vision intui-* *tive, béatitude céleste,* etc., l'état dont on jouit dans le ciel de Jésus-Christ.

nous l'avons fait, sans quoi l'utopie ne serait pas orthodoxe. Si le genre humain s'était développé sans qu'il survînt aucune déchéance dans aucune des phases de sa durée, il n'y aurait eu d'autre classification que celle des individus, fondée sur les différences de perfection entre eux. Il n'y aurait pas eu, non plus, au moins probablement, de noces du Fils incarné, quoi qu'en aient pensé autrement plusieurs Pères de l'Eglise et plusieurs philosophes. Il y aurait eu un festin du Père, du Fils et de l'Esprit sur lequel la révélation ne fournit pas les données suffisantes pour qu'on en puisse raisonner. C'est la chute de l'humanité qui est venue donner lieu à la division de la maison du Père que nous avons exposée. A-t-elle été, pour l'ensemble, un mal ou un bien? C'est encore ce qu'il nous est impossible de dire, malgré que nous ayons, devant nous, les efforts de génie de Leibnitz et de Malebranche pour prouver qu'elle fut un bien dans ses résultats, et même un bien nécessaire à la réalisation du plus beau des univers possibles. Nous serions, au reste, assez de l'avis de ces Pères de l'Eglise qui, en adorant le mystère du Christ et en admirant la manière dont la sagesse infinie a retourné à notre avantage les conséquences de la chute, s'écriaient : heureuse faute !

L'Eglise, dès le principe, n'entra point dans les détails de la classification des âmes ; elle se contenta de diviser l'échelle en deux parties : l'une, supérieure, renfermant la catégorie des Chrétiens qui se sont sanctifiés, et celle des enfants et des simples qui n'ont été sanctifiés que par le baptême ; l'autre inférieure, renfermant les quatre compartiments extérieurs à la république de Jésus-Christ. Elle nomma la première partie *le ciel* par allusion au firmament qui est au-dessus de nos têtes, et la seconde *l'enfer* par allusion à l'intérieur de la terre qui est en bas. La raison qui la détermina à s'arrêter là dans la classification, c'est l'importance, infinie qu'elle mettait et qu'elle mettra toujours à attirer les hommes dans la voie qui mène au festin de Jésus-Christ; en dehors de ce festin sont les ténèbres extérieures relativement à la grande lumière qui y règne, bien que, dans ces ténèbres relatives, se développent aussi des illuminations qui rendent heureux en des degrés inférieurs.

Telle fut donc la première division qu'adopta l'Eglise appelant *salut*, *béatitude*, *vision face à face*, etc., l'état des convives de Jésus, et *dam* ou *damnation*, c'est-à-dire perte ou absence de cette gloire, l'état de toutes les autres âmes.

Mais bientôt, cette division ayant donné lieu à des confusions fâcheuses et à des discussions graves sur le sort des enfants morts sans baptême et des infidèles négatifs, c'est-à-dire ayant vécu selon les prescriptions de leur conscience qui est leur loi à eux-mêmes d'après saint Paul, *ipsi sibi sunt lex* (*Rom.* II, 14), il se trouva de grands hommes dans l'Eglise, qui, pour ôter une confusion dont les ennemis du catholicisme pouvaient grandement profiter, ne voulurent plus nommer *enfer* que les deux séjours les plus inférieurs, celui des mauvais infidèles et celui des mauvais Chrétiens, laissant les deux autres sans dénomination ou leur cherchant des noms de pure fantaisie. Les théologiens de cette opinion se sont peu à peu multipliés, et maintenant on peut dire que l'Eglise n'entend guère, par *enfer*, que le séjour des méchants, soit Chrétiens, soit infidèles, continuant d'appeler *ciel* le séjour des élus de Jésus-Christ, soit enfants, soit adultes, et ne s'occupant pas d'attribuer officiellement un nom au ciel des bons infidèles et des enfants morts sans baptême, bien qu'elle laisse s'accréditer, de plus en plus, parmi les peuples Chrétiens, celui de *limbes*, qui restera très-probablement à cet heureux séjour.

C'est ainsi que l'Eglise, sans entrer dans les détails, accepte volontiers les conclusions où la raison nous a conduits, en se traînant scrupuleusement sur l'idée de justice.

II. — La vie éternelle devant l'infinie bonté.

1. Si, dans la création et dans la rédemption, la munificence divine fait des élus parmi les appelés, soit en ornant celui-ci de dons naturels supérieurs à ceux des autres, soit en donnant à celui-là des connaissances et des grâces surnaturelles d'une plus grande excellence, afin de réaliser les plans harmoniques de l'infinie sagesse, ne devons-nous pas présumer, avec toute confiance, qu'elle ne cessera pas, dans l'éternité, de verser ses trésors et de faire de nouveaux élus, dans un sens relatif, parmi les êtres humains des diverses classes que nous avons déterminées? Aucun d'eux n'aura droit à de telles aumônes ; mais aucun n'avait droit, non plus, à celle de la création, ni à celle de la rédemption. Tout ce que Dieu donne est gratuit ; pourquoi tarirait-il le cours de ses libéralités? Quel motif pourrait nous le faire penser, lorsque nous le voyons en voie de les répandre avec une profusion si merveilleuse ? *Dieu*, dit le Psalmiste, *cessera-t-il d'avoir pitié? enchaînera-t-il sa miséricorde dans sa colère?* (*Psal.* xxx, 23.)

Dans la classe des élus proprement dits, et qu'on a ainsi nommés parce qu'ils doivent leur bonheur à une élection primitive qui les a distingués parmi les appelés, et qui consiste, pour les uns, dans le baptême, pour les autres, dans des dons naturels et surnaturels qu'ils ont mis à profit ; dans cette classe, disons-nous, qui pourrait nier que la bonté sans bornes ne doive varier ses dons, élever, tantôt l'un, tantôt l'autre, à plus de gloire encore sans aucun mérite nouveau de sa part, afin que tous aient à le glorifier et à le remercier de libéralités sans cesse renaissantes, de manifestations inépuisables et imprévues de sa lumière infinie? Ne sera-ce point, pour elle, continuer son œuvre qui est d'épandre sans fin des richesses et de faire ainsi, éternellement, des élus nouveaux dans les élus mêmes?

Cette idée d'un progrès dans la cité des

bons, fondée sur les libéralités de Dieu, est émise par Mgr Parisis dans sa brochure sur l'*Immaculée Conception.*

Parlant du développement des vérités révélées dans l'Eglise militante, il ajoute « qu'il en sera sans doute de même dans le ciel, où le bonheur des saints sera constamment soutenu par la vue et l'admiration de *nouvelles* perfections en Dieu. »

Dans le royaume des bons infidèles, enfants ou adultes, qui pourrait dire qu'elle n'agira pas de même? Ce n'est pas Jésus-Christ qui est ici le dispensateur des grâces, c'est Dieu dans sa manifestation primitive et simplement naturelle; mais qu'importe? Dieu est-il arrêté par quelque nécessité dans la distribution de ses faveurs? N'a-t-il pas des moyens infinis de faire participer ses créatures à ses rosées vivifiantes? Ne peut-il pas les nourrir et les abreuver de lui-même en mille et mille manières? Et y a-t-il un terme à leur agrandissement dans chacun des modes qu'il peut employer? L'éternité est bien longue, et qui dira les merveilles dont il la saturera tout entière, sans intervertir les effets de la justice, qui seront toujours de séparer ce qui ne peut être confondu?

Or si la bonté infinie en agit de la sorte dans les catégories des heureux, pour augmenter et varier sans fin le bonheur, pourquoi donc n'en agirait-elle pas de même dans celles des malheureux coupables pour rendre moins pénible cet horrible *dam*, cette privation relative du souverain bien, cette nuit profonde qui met l'être en souffrance parce qu'elle est contraire à ses aspirations? Pourquoi ne trouverait-elle pas moyen, sans blesser sa justice, de verser dans ces demeures, tantôt pour l'un, tantôt pour l'autre, selon les modifications de disposition de l'âme, qu'il peut toujours amener, et dont il nous est impossible de nous faire idée, des gouttes de sa rosée céleste? Connaissons-nous les secrets et les inventions de sa puissance? Pouvons-nous croire qu'elle se constitue jamais, quelque part, en complète inaction? Et là surtout où sa créature est souffrante! Quelle autre impossibilité lui est imposée, que celle d'augmenter le malheur? Et, pour le diminuer, tout n'est-il pas possible à l'Etre des êtres? Si Dieu n'était, comme le veulent quelques-uns, qu'une nécessité inexorable, un aveugle destin, une loi éternelle comme celle du passé qui ne se peut détruire, il faudrait bien avouer l'immobilité absolue, effrayante, du malheur mérité, qu'on s'est construit soi-même; mais tel n'est pas le Dieu des Chrétiens ni le Dieu des sages; ce Dieu est bon et libre, il n'est soumis à d'autre loi que celle de ne jamais agir mal; et ne voyons-nous pas clairement que faire du bien à qui ne le mérite pas ne saurait être mal agir? Il a, par essence, la propension à s'épandre en faveurs, en prédilections variées, et il le fera sentir à l'enfer proprement dit, comme ailleurs, par pure munificence. Dans l'ordre de la justice que nous avons développé, tout est connu et certain; nous avons des données suffisantes; mais, en ce qui concerne la bonté, les merveilles du siècle futur sont autant de secrets que Dieu s'est réservés. Jésus s'est tu sur ce côté de la question, et nous lui en devons des actions de grâces au nom de l'humanité, qui est un enfant si difficile à conduire, un troupeau si aveugle pour distinguer les bons pâturages. Taisons-nous donc, et tenons-nous-en à cette idée générale de miséricorde infinie qui laisse aux bons quelque chose à espérer pour leurs frères méchants.

II. Cette lueur d'espérance est précisément fondée sur ce que les ennemis du christianisme attaquent le plus, sur le droit divin de préférence, ou de grâce, qu'on a nommé prédestination dans la théologie catholique. Que ces argumentateurs sont aveugles, s'ils ne sont pas ingrats par avance! Ce droit des dons gratuits, de faire des élus, qui est celui de nos dogmes qu'ils nous reprochent avec le plus d'amertume, sera pour eux, s'ils descendent dans les demeures ténébreuses, la dernière ressource, le dernier mot de l'espérance. Mais ils penseront autrement, nous le croyons par charité pour eux, au moins sous ce rapport, dans la vie éternelle. Y a-t-il des damnés aussi pervers que le paraissent quelques-uns des vivants? Nous ne le croyons pas. Si Abraham avait accordé la goutte d'eau au riche de la parabole, ses compagnons de douleur n'auraient pas crié à l'injustice. Le riche lui-même ne demandait-il pas un privilége pour ses frères de ce monde, afin qu'ils ne vinssent pas un jour partager son malheur? Ah! sans doute on en juge autrement, quand on est là, sur la préférence et les dons gratuits. On en voudrait obtenir, on en espère peut-être, et si quelqu'un en reçoit, les autres n'en sont pas jaloux; ils n'y voient qu'un motif d'espérer que leur tour vienne. Le riche osait demander la goutte d'eau; c'est beaucoup de demander! Pourquoi maintenant ne l'aurait-il pas obtenue?

III. L'idée que nous venons d'exposer n'est pas nouvelle dans l'Eglise. Elle remonte aux premiers temps du christianisme et n'a cessé d'avoir des partisans jusqu'à nos jours, sous le nom de croyance à la *mitigation* des peines éternelles. Un assez grand nombre des anciens Pères l'avaient même exagérée, comme nous allons le dire un peu plus loin, et plusieurs autres, tels que saint Augustin, les réfutèrent dans ce qui était exagération; mais ils la respectèrent dans les limites raisonnables où nous venons de la poser.

Voici ce qu'en disait saint Augustin dans la *Cité de Dieu*, en commentant le verset 28 du psaume xxx* que nous avons cité : « Que si quelqu'un veut étendre ce passage jusqu'aux tourments des damnés, qu'il l'explique au moins ainsi, que la colère de Dieu n'arrêtera point le cours de sa miséricorde, même à leur égard, non en les garantissant de ces peines ou en les en délivrant, mais en les leur rendant plus douces et plus légères qu'ils ne le méritent : sentiment néanmoins que je ne prétends pas établir par cela même que je ne le rejette point. » (*Cité de Dieu*, XXI, 24.)

Ces paroles furent écrites par Augustin peu de temps avant sa mort; et déjà il avait énoncé la même idée, dans plusieurs ouvrages à diverses époques de sa vie. Il avait dit, par exemple, dans l'*Enchiridion* (§ 29, c. 110), en parlant de l'offrande du saint sacrifice pour les morts et des aumônes à leur intention, que « ces suffrages leur sont utiles pour leur obtenir ou une pleine rémission ou une damnation plus tolérable. » Et plus bas (même parag.), en parlant de ceux qui avaient compassion des damnés : « Qu'ils pensent, si cela leur plaît, que les peines des damnés sont, en quelques intervalles de temps, mitigées jusqu'à un certain point; car de cette sorte on peut comprendre que la colère de Dieu, c'est-à-dire la damnation, demeure sur eux, de manière que Dieu, dans sa colère même, c'est-à-dire sa colère ne cessant point, n'arrête pas cependant le cours de ses miséricordes, en ne donnant une fin à ce qui doit être éternel, mais en employant ou interposant un allégement aux tourments. »

On cite, comme ayant été dans le même sentiment, saint Jean Chrysostome, Prudence qui a exprimé cette pensée dans une hymne composée pour le jour de Pâques, saint Jean Damascène qui s'est nettement prononcé pour la mitigation, Théophylacte, l'auteur de l'opuscule *Quæstiones ad Antiochum*, attribué à saint Athanase ; saint Basile, etc.

On cite aussi Innocent III qui, répondant à l'archevêque de Lyon sur la même question, pose une catégorie de médiocrement mauvais, laquelle ne peut s'entendre des âmes du purgatoire, pour laquelle il dit qu'il y a lieu de se demander si nos prières ne seraient pas propitiatoires. (Liv. III *Des décrétales*, tit. 41, n. 6.)

Parmi les théologiens, ont professé l'opinion de la mitigation le célèbre Pierre Lombard, dit le Maître des sentences, qui paraît avoir entraîné à sa suite presque tous les docteurs du XIIe et du XIIIe siècle, Prépositivus, Robert Pullus, Rupert, évêque de Lincoln, Sixte de Sienne, etc. Le P. Petau est assez favorable à cette idée.

Saint Thomas, à la suite d'Albert le Grand, son maître, rejette l'opinion commune de son temps qui regardait les prières des vivants comme utiles aux damnés. Mais il dit, en revanche, en expliquant ce texte : *Nunquid in æternum irascetur Deus?* que la miséricorde de Dieu opérera, d'elle-même, pendant la durée de la peine, en la diminuant. *Non totaliter pœna tolletur, sed, ipsa pœna durante, misericordia operabitur eam diminuendo.* (*Suppl.*, quæst. 100, art. 2 ad 4.) Voyez encore saint Thomas, *Commentaire sur le Maître des sentences*, quæst. 100, art. 2 ad 1, et *Sum.* I p., qu. 21, art. 4 ad 1. Le maître des *Sentences*, dist. 46; Estius, IV *Sent.*, dist. 40; § 40. Bossuet t. X, p. 20 et p. 40; saint François de Sales, *Amour de Dieu*, l. IX, ch. 1, etc., etc. S'il ne s'agit pas toujours, dans ces passages de la mitigation continue, il s'agit au moins d'une diminution de peine relative au mérite.

On pourrait ajouter aux théologiens que nous avons cités sur la mitigation proprement dite et pouvant être progressive, un assez grand nombre de canonistes et d'interprètes de l'Ecriture.

M. de Pressy, l'évêque de Boulogne, dans une dissertation sur l'incarnation, adressée à son clergé avant 1790, époque de sa mort, dit (p. 571, part. III) que « l'opinion favorable à la mitigation des peines est fondée sur des raisons plausibles, qu'elle ne blesse ni la raison ni la foi. »

Cette opinion est celle de l'Eglise orientale, comme on peut s'en convaincre par le témoignage de Leo Allatius, l'auteur qui a le plus approfondi l'orthodoxie des Grecs ; par celui de Marc d'Ephèse, dont nous allons parler tout à l'heure; par celui de Dosithée ; par celui du P. Lequien ; et par celui des voyageurs qui ont interrogé, à ce sujet, les moines du mont Athos.

Le concile de Florence se montra favorable à cette manière de penser, en approuvant le discours de Marc, patriarche d'Ephèse, où elle était exprimée au nom de l'Eglise orientale. Le concile n'excepta, de son approbation de ce discours, que deux points, celui qui consistait à dire que la récompense des bons et la peine des méchants seraient différées jusqu'au jour du jugement, et celui qui consistait à nier que les saints pussent voir Dieu aux sens de l'Eglise latine.

N'oublions pas de citer la dissertation de M. Emery sur la *Mitigation de la peine des damnés*, dissertation qu'après examen la congrégation de l'Index a déclarée exempte de motifs à censure.

Rappelons enfin le discours, à Notre-Dame de Paris, du P. de Ravignan, dans lequel il affirma, devant nous, que la croyance à la mitigation était traditionnelle dans la société des Jésuites et qu'elle faisait partie de ses propres convictions.

IV. On a coutume d'objecter contre l'idée de la mitigation de la peine durant l'éternité, que cette idée aboutit logiquement à la négation de la peine éternelle, vu que la même cause, qui est la bonté infinie, étant supposée produire sans fin ses actes de miséricorde, un moment doit venir où toute peine a disparu avec toute différence entre le bien et le mal, quant à leurs fins dernières.

On avait, avant saint Thomas, donné plusieurs réponses à cette difficulté, réponses que l'ange de l'école examine et ne trouve pas bonnes. La plus remarquable est celle des disciples de Gilbert de la Porée que reprit Leibnitz, en l'appuyant sur la géométrie transcendante. Ils avaient comparé la diminution indéfinie à celle d'une ligne dont on retrancherait successivement une partie aliquote toujours la même, soit le quart de cette ligne, puis le quart de ce qui reste, puis le quart du second reste, et ainsi à l'infini, opération qui laissera toujours quelque chose. Leibnitz compare la diminution continue dont il s'agit à ce qui se passe dans les asymptotes de la géométrie.

« La diminution de la peine, » dit-il, « irait à l'infini, quant à la durée, et néanmoins elle aurait un *non plus ultra*, quant à la grandeur de diminution, comme il y a des figures asymptotes en géométrie, où une longueur infinie ne fait qu'un espace fini. » (*Théodic.*, § 92.) Les exemples ne manquent pas, en mathématiques, de combinaisons dans lesquelles on court après une limite sans jamais l'atteindre.

M. Emery répond qu'il n'y a pas besoin de se donner tant de peine, qu'il suffit de supposer que Dieu ait, dans sa loi, établi une limite, et que la miséricorde s'exerce seulement dans l'intervalle de cette limite, ainsi que Guillaume d'Auxerre paraît l'avoir fait dire à Prépositivus comme réponse à la difficulté.

Nous trouvons, avec saint Thomas, toutes ces réponses peu satisfaisantes. Elles ont deux défauts : celui de rendre de plus en plus petite la différence entre les résultats correspondants du vice et de la vertu pratiqués sur la terre ; et celui de représenter la miséricorde comme agissant de moins en moins, bien qu'agissant toujours, à proportion qu'elle a déjà plus agi.

Mais nous ne voyons pas même l'existence de la difficulté dont on s'embarrasse, après qu'on a posé, comme nous l'avons fait, la distinction éternelle des demeures et, dans chacune d'elles, des modifications qui lui sont propres, et d'espèce différente. L'état des uns, avec son progrès par aumône gratuite de la miséricorde, est établi en suite du mal, celui des autres en suite du bien, et la distance reste éternellement la même entre eux. La justice et la bonté sont, à la fois, satisfaites ; il n'y a aucune progression du mal vers la fusion avec le bien, et la bonté n'est pas obligée de diminuer ses dons à mesure qu'elle s'est montrée plus libérale. Il y a, dans l'ordre présent, mille exemples à donner de ce que nous imaginons. Que le pic, par exemple, dont Michelet a fait un si joli tableau dans ses *oiseaux*, se perfectionne autant qu'on voudra, deviendra-t-il le lion? Supposez une diminution continue dans les imperfections du cheval relativement aux perfections de l'homme, aurez-vous jamais l'homme? Opérez de même en esprit sur l'homme, en imaginant dans l'humanité un progrès sans fin, aurez-vous jamais l'ange? Portez aussi loin que vous le voudrez notre progrès terrestre, ce progrès fera-t-il que l'humanité habite jamais le soleil ou toute autre demeure imaginable dans le firmament? Chaque espèce peut se développer sans fin, en restant dans sa nature et dans sa place ; et il peut en être de même entre des catégories d'êtres libres dont la conduite morale a déterminé l'espèce. Ce qui suit le mal est nécessairement peine et prison relativement à ce qui suit le bien, lequel est nécessairement récompense et liberté ; ce qui suit la régénération est nécessairement possession et vie, relativement à ce qui suit la déchéance, lequel est nécessairement dam et mort. Différences fixes, demeures fixes, toutes par nécessité de justice, de sagesse, d'harmonie, et cependant action incessante de la bonté dans l'intérieur de chaque règne sans qu'il y ait aucune modification des barrières et des différences spécifiques. Détruisant la première condition, ne semble-t-il pas que la justice est dévorée par la bonté? Détruisant la seconde, ne semble-t-il pas que la bonté est neutralisée par la justice? Les réunissant, ne semble-t-il pas que la justice et la bonté agissent de concert sans se nuire mutuellement, et qu'on a l'idéal indiqué par le Psalmiste lorsqu'il nous parle de Dieu comme *ne devant jamais arrêter le cours de sa miséricorde jusque dans sa colère*?

Ne semble-t-il pas aussi qu'il ne peut être conçu de fiction à laquelle on puisse appliquer, avec plus de justesse, le raisonnement que fait Augustin dans l'*Enchiridion* (c. 112), lorsqu'il dit « que quelque minime qu'on pût supposer, à chaque instant, la peine du dam, consistant à être exilé de la cité de Dieu et du Christ, à être privé des multitudes de douceurs qu'on y goûte... cette peine formerait encore une telle somme, à la longue, si elle était éternelle, qu'aucuns tourments à durée finie ne pourraient lui être comparés. » Sur quoi Monseigneur de Bologne fait observer qu'en effet, « ces tourments ne formeraient qu'une quantité finie, un nombre déterminé, et qu'il n'y a pas de quantité finie qui ne soit, à la longue, surpassée incomparablement par une autre quantité et un autre nombre qui vont toujours en augmentant à l'infini et dont l'augmentation ne sera jamais déterminée. » Nous conservons, dans ce que nous avons supposé, une distance invariable de la cité du mal à celle du bien, un malaise sensible résultant du désir et de l'impossibilité de franchir cette distance, et nous rendons cette situation éternelle ; voilà bien, assurément, le cas de raisonner comme saint Augustin et monsieur de Pressy sur l'immensité inappréciable de la peine par suite de l'addition indéfinie d'elle-même à elle-même, quelle qu'elle soit, d'ailleurs, considérée en chacun de ses jours.

Nous ajoutons que le coureur qui voudrait en atteindre un autre, lequel fuirait éternellement devant lui, serait, par rapport à l'objet de sa course, bien que sa marche avançât, comme s'il était immobile ainsi que le but lui-même.

III. Questions curieuses.

Nous passerons sous silence les questions que nous tenons pour absolument insolubles ou puériles : celle des lieux que pourront occuper les diverses catégories nous paraît de ce nombre ; chercher, par exemple, à établir comme probable que le séjour des méchants occupe le centre de la terre, ainsi que le fait M. Carl dans sa première dissertation, est à nos yeux une prétention aussi peu philosophique que peu digne d'un interprète sérieux des grandeurs de la doctrine chrétienne; de plus, imprudente devant les études scientifiques, astronomiques et géologiques du présent et de l'avenir, et enfin rappelant trop l'étroitesse d'esprit des sociétés-enfants. Nous nous en tiendrons aux seules questions qui puissent offrir accès à de sérieuses probabilités, soit au point de vue rationnel, soit au point de vue de la révélation.

Première question.

Pourrait-il arriver que des citoyens de l'une des cités de la vie éternelle fussent élevés, à un moment quelconque de l'éternité, dans la cité supérieure à celle que la justice leur a départie?

Nous disons *dans la cité supérieure*, etc., car, pour concevoir qu'on pût déchoir encore dans l'autre monde, il faudrait se le représenter à peu près pareil à celui-ci, quant à la pratique de la vertu, et organisé de telle façon qu'on pût s'y rendre coupable comme dans cette vie. Or, ce serait rentrer dans les théories métempsycosiques des renaissances successives et indéfinies, que ce n'est pas ici le lieu d'examiner, et qui ne sont plus admises partout où le christianisme règne. Il est d'ailleurs beaucoup plus conforme à la bonté infinie que la créature, après cette vie des épreuves, soit au moins assurée de ne plus pouvoir tomber dans un état inférieur à celui qu'elle s'est acquis par son degré de vertu.

Contentons-nous donc de répondre à la question telle qu'elle est posée.

1. Le passé étant indélébile en tant qu'il a existé, et pesant nécessairement, de tout son poids, en bien ou en mal, ou en absence complète de l'un et de l'autre, sur les âmes immortelles, la raison dit qu'un tel changement est impossible à Dieu, quant à ce qui concerne ce passé. La puissance infinie ne peut pas faire que l'enfant qui n'a jamais joui en cette vie de la liberté morale soit, dans l'autre vie, comme s'il en avait joui et eût fait son choix. Cet enfant sera toujours n'ayant ni mérité ni démérité par lui-même sur la terre. Elle ne peut pas faire que celui qui n'a pas eu l'idée de Jésus-Christ, et n'a jamais eu l'occasion de l'aimer ou de le haïr, soit, dans l'autre vie, l'ayant aimé ou l'ayant haï dans celle-ci. Enfin elle ne peut pas faire que le méchant, qui n'a eu en vue que de faire mal, tant à l'égard de Dieu qu'à l'égard du prochain, soit, dans l'autre monde, ayant voulu bien agir en celui-ci. Ce sont là des différences ineffaçables qui existeront toujours, par cela seul qu'il répugne en soi que ce qui a été soit ramené à n'avoir pas été. Quoi qu'il arrive, César sera toujours ayant été le bourreau et Paul la victime.

II. Il ne répugne pas en soi que Dieu arrête le cours des effets du passé dans le moment présent, soit en amenant le repentir dans l'âme par l'artifice de ses grâces, soit en y déterminant un oubli complet de ce qui fut, soit par d'autres moyens que nous ne comprenons pas. Mais est-il compatible avec le plan de notre création qu'il emploie les ressources de sa puissance pour faire passer quelques âmes, de l'une des demeures que leur assigne la justice, dans celles qui sont supérieures à celle-là, et le fera-t-il? Telle est la question.

III. Cette question doit d'abord être traitée relativement au séjour des enfants morts non régénérés, et des bons fidèles ; et voici ce qu'il nous est permis de répondre :

1° On ne voit nullement qu'il soit impossible en soi que Dieu fasse connaître à ces âmes l'incarnation et Jésus-Christ, et les appelle un jour, dans la suite des siècles éternels, au festin de l'Agneau.

2° Il n'est pas de foi catholique que Dieu ne le fera jamais à l'égard d'aucune de ces âmes. Le cardinal Cajetan a soutenu, sans être condamné, que les enfants des fidèles, auxquels il est impossible d'administrer le baptême, peuvent être élevés, dans l'autre vie, jusqu'au salut surnaturel par l'effet des prières de leurs parents, et cela, non point en vertu de priviléges particuliers de Dieu, mais en vertu des lois ordinaires de la rédemption. Quelques théologiens catholiques l'ont suivi dans cette opinion. D'autres avec Gerson, saint Bonaventure, Durand, etc., ont prétendu que ces enfants ne peuvent parvenir à la régénération que par les moyens qui s'administrent pendant la vie, d'après les lois ordinaires de notre monde racheté, mais que, cependant, Dieu exauce quelquefois les prières des parents pour le salut surnaturel de ces âmes; qu'en conséquence, il faut les exhorter à prier Dieu pour elles, et que même, Dieu en élève quelques-unes à la régénération par d'autres moyens que se réserve sa munificence.

3° Bien qu'il nous soit défendu de poser des limites à la bonté divine, et que nous soyons, plus que personne peut-être, sur nos gardes de ce côté-là, nous devons dire que ces opinions, ou d'autres semblables, sur le passage, après cette vie, d'une demeure dans une autre, nous paraissent moins conformes à l'harmonie universelle, aussi bien qu'à la croyance de l'Eglise sur la nécessité du baptême. Si nous croyons fermement à des variations dans la demeure elle-même, il nous répugne de croire à des naturalisations dans des patries étrangères. Cela nous paraîtrait aussi étrange qu'une intervension des règnes de la nature, dont l'effet serait d'élever, par exemple, des individus d'une espèce à une espèce supérieure. Celui qui a qualifié les chiens de *candidats à l'humanité*, a dit, à notre avis, une parole aussi sotte pour le fond que spirituelle pour la forme.

IV. Cette dernière remarque trouve son application, *a fortiori*, au séjour des coupables. Voici ce que nous avons à dire sur ce qui concerne cette catégorie, dont on ne peut nier l'existence à l'inspection du genre humain.

1° Il y a eu de tout temps, dans l'Eglise, des esprits cléments, pleins de pitié pour leurs frères injustes, qui ne conçoivent ni Dieu, ni sa créature sans que la ligne du bien finisse par absorber, dans celle-ci, la ligne du mal, et que tous les coupables, après des séries d'épreuves et de purifications, se trouvent réunis avec les saints. Augustin se livre, dans la *Cité de Dieu*, à une dissertation qui occupe une bonne partie du XXI° livre, pour réfuter cette opinion et celles qui en approchent. Il commence ainsi :

« Il est maintenant à propos de combattre avec douceur l'opinion de quelques-uns des nôtres, que leur sensibilité pour les misérables empêche de croire que les hommes, damnés par l'arrêt très-équitable du souverain Juge, soient éternellement dans leur peine, mais prétendent qu'ils en seront délivrés après un espace de temps, plus long ou plus court selon l'énormité de leurs crimes. »

Ensuite il distingue ceux qui, comme Origène, admettent ce triomphe définitif du bien, et cette destruction complète des effets du mal, pour toutes les créatures intelligentes, anges et hommes, lesquels sont les plus conséquents ; ceux qui ne réclament ce privilège que pour les hommes ; ceux qui disent que les prières des saints, pour leurs frères malheureux, seront si ferventes qu'elles finiront par les attirer tous au ciel, expliquant les menaces de l'Ecriture comme celle de Jonas contre Ninive, laquelle n'eut point son accomplissement, et alléguant plusieurs paroles telles que celles-ci de l'Apôtre : *Dieu a permis que tous tombassent dans l'infidélité afin de faire grâce à tous.* (Rom. II, 32) ; et enfin ceux qui restreignent l'indulgence à un certain nombre de coupables qu'ils cherchent à déterminer, les uns d'une manière, les autres d'une autre, sur des paroles de l'Ecriture mal comprises, et dont les plus dignes d'être signalés ici sont ceux qui croient qu'il n'y aura point d'enfer éternel pour les bienfaisants à l'égard du prochain, quelle que soit d'ailleurs la vie qu'ils auront menée.

Augustin réfute toutes ces opinions, et termine le livre en faisant une concession à la dernière. Se fondant sur le conseil que donnait Jésus-Christ aux hommes, *de se faire, avec l'argent d'iniquité, des amis qui les reçoivent un jour dans les tabernacles éternels* (Luc. XVI, 9), il conclut « qu'il y a un genre de vie qui n'est pas tellement mauvais que les aumônes soient inutiles à ceux qui y sont pour gagner le ciel, ni tellement bon qu'il suffise pour acquérir un si grand bonheur, à moins que d'obtenir miséricorde par les mérites de ceux dont on s'est fait des amis ici-bas par la bienfaisance. » Il ajoute que Virgile, qu'assez souvent il cite comme poëte platonicien, « place dans les champs Elysées, non-seulement ceux qui y sont arrivés par leurs propres mérites, mais encore ceux qui ont obligé les autres à se souvenir d'eux par les devoirs et les assistances qu'ils leur ont rendus » (*Æneid.*, VI) ; et qu'il relit toujours avec admiration cette parole du poëte toute pareille à celle de Jésus-Christ.

Il dit encore « qu'il est très-difficile de savoir quel est ce genre de vie, et quels sont ces crimes qui ferment l'entrée du ciel, et dont néanmoins on obtient le pardon par l'intercession des saints dont on s'est fait ami, mais que cette ignorance est préférable, parce que les hommes en sont plus obligés de se tenir sur leurs gardes. » Enfin, il indique assez clairement, par la dernière page de ce chapitre, qui est le dernier du XXI° livre, qu'il entend parler d'une délivrance qui se fait dans l'autre vie, et non dans celle-ci, mais, au plus tard, le jour même du jugement général.

Telle est la manière dont Augustin traitait cette question. Au grand nom d'Origène qu'il a cité, on pourrait peut-être en joindre quelques autres non moins imposants à l'appui d'hypothèses se rapprochant de la sienne. D'après Leibnitz, qui cite ces opinions dans sa Théodicée sans les adopter ni les réfuter, Saint Jérôme, par exemple, penchait à croire que tous les Chrétiens seront enfin reçus en grâce, et s'autorisait en cela du mot de saint Paul, qui dit que tout Israël sera sauvé. Huet accuse d'origénisme Arnobe, les deux Grégoire de Nazianze et de Nysse, quelques moines de Novalaure, et même saint Augustin, ce que nous ne comprenons guère. Le P. Petau, dans son traité *des anges*, cite aussi comme ayant été plus ou moins origénistes, ou comme ayant émis des doutes sur l'éternité des peines, les deux Grégoire, saint Jérôme, saint Ambroise, saint Justin, saint Irénée. M. Carl explique, dans son traité, p. 153 et suiv., les passages de ces Pères qui semblent voiler de quelques ombres leur foi catholique. Nous n'avons pas assez étudié la question dans les écrits mêmes de ces auteurs pour avoir droit d'émettre un jugement sur le vrai sens de leurs paroles. Nous croirions assez que, tout en admettant l'existence d'un enfer éternel, ils étaient portés à penser qu'il ne serait pas éternel pour tous les damnés, ce qui n'est pas le sens que leur attribue le P. Petau ; mais, quoi qu'il en soit, nous ferons l'observation générale suivante :

2° L'Eglise répond logiquement à tous les systèmes de cette espèce, par le seul article de son symbole qui enseigne l'existence du purgatoire. Cet article revient à professer qu'il y a des coupables, dont Dieu seul connaît le degré de culpabilité ainsi que le nombre, qui, en effet, passeront des demeures où l'on subit des peines proportionnées au péché, dans celles du bonheur et de la récompense. L'Eglise donne même à ces demeures le nom générique d'*enfer* : elle dit, par exemple, aux prières de la messe : *Délivrez, Seigneur, les âmes de tous les fidèles défunts des peines de l'enfer.* Or, après qu'on a ainsi mis à part tous ceux qui doivent changer de séjour, sans les déterminer autrement que par cette classification générale, et en disant que ce sont les âmes susceptibles de guérison en l'autre monde, ou dont la culpabilité est en dehors de celle à laquelle convient le mot de Jésus-Christ sur *le péché* qui ne sera remis ni en ce monde ni en l'autre, la logique veut qu'on rejette toute possibilité de changement d'habitation pour ce qui se trouve au delà de cette catégorie, puisque toute âme qu'on imaginera devoir être introduite un jour aux champs du bonheur, rentrera par là même dans la classification déjà faite, et que sa peine ne sera plus pour elle qu'un purgatoire. La seule question qui reste est donc celle-ci : Y a-t-il un enfer proprement dit d'où l'on ne sort jamais, ou n'y en a-t-il pas ?

Cette simple observation suffit pour réfuter d'un seul coup toutes les fables qui supposent des révélations de revenants dans le but d'établir qu'on peut sortir du véritable enfer une fois qu'on y est, telle est la fable de la délivrance de l'âme de Trajan, qui a été très-populaire dans un temps. Si l'âme de Trajan appartient à la catégorie des damnés, elle n'a pu sortir de cette catégorie d'après la définition même; si elle est sortie d'où elle était, c'est que sa peine n'était que purgative; et nul des vivants ne sait ce qu'il en est.

Nous devons dire cependant, avec M. Emery, qu'en ce qui concerne la foi catholique, l'opinion d'après laquelle Dieu, par des actes extraordinaires de sa puissance, et en dérogeant à l'ordre commun, délivrerait certaines âmes de l'enfer, *n'a rien d'hétérodoxe*. Suarez dit positivement que : « Quoique Dieu ait révélé qu'il ne pardonnera point aux damnés, cependant il n'est pas de foi qu'il n'exceptera personne ; que c'est un point controversé. » (Disp. 7, *De peccat.*, sect. 3.) Saint Jean Damascène, saint Augustin, Estius, saint Thomas et beaucoup d'autres ont cru ou paru croire à de semblables délivrances. Hugo Eterianus, au xii° siècle, publia un traité sous le titre : *De regressu animarum ab inferno*. M. Emery ne s'explique guère dans un autre sens le texte suivant de la cité de Dieu que souvent on entend du purgatoire : « Quand la résurrection des morts sera faite, il n'en manquera pas en faveur de qui la miséricorde de Dieu accordera qu'après les peines que souffrent les âmes des morts, ils ne soient point envoyés dans le feu éternel, car on ne pourrait point dire avec vérité de quelques-uns qu'*il ne leur sera fait rémission ni dans ce siècle ni dans le futur* (*Matth*. xii, 32), s'il n'y en avait pas auxquels il sera fait rémission, sinon dans ce monde, au moins dans l'autre. Mais puisque le Juge des vivants et des morts a dit : *Venez, vous que mon Père a bénis*, etc... *Retirez-vous de moi, maudits*, etc... (*Matth*. xxv, 34, 41), il y aurait trop de présomption à prétendre que la peine ne sera éternelle pour aucun de ceux que Dieu dit devoir aller au supplice éternel, et ce serait donner lieu de désespérer ou de douter de la vie éternelle elle-même. » (*Cité de Dieu*, xxi, 24.)

Quant au système d'Origène et à toutes les fictions poétiques de l'espèce de celle de notre contemporain Alexandre Soumet dans son épopée, laquelle consiste à imaginer une incarnation de Dieu pour les damnés et les mauvais anges, dont le résultat est de les racheter tous, comme le monde présent a été racheté par le Christ, ces conceptions sont conséquentes avec elles-mêmes, mais elles aboutissent simplement à nier tout enfer réel et à n'admettre que des purgatoires.

Or, si nous n'avions que l'Ecriture sainte avec la raison pour l'interpréter, il serait peut-être difficile d'arriver à une certitude absolue, vu que les termes dont elle se sert pour exprimer l'état des grands coupables, *feu éternel, feu qui ne s'éteint pas, feu qui ne meurt point*, sont quelquefois employés, dans la même Ecriture, pour exprimer de très-longues durées qui cependant doivent finir; vu que le langage métaphorique de l'Orient s'enrichit souvent de l'hyperbole; vu qu'on concevrait facilement l'obscurité dans laquelle la révélation aurait voulu rester sur ce point, afin d'inspirer au genre humain une crainte salutaire pour le porter à la vertu et lui éviter les maux, considérables dans toute hypothèse, que le crime entraîne après lui ; vu qu'avant le christianisme il ne paraît pas qu'on eût, chez les Hébreux, une idée fixe de l'éternité, par la même qu'on s'occupait peu de l'immortalité de l'âme, bien que ce dogme fît partie des croyances du peuple juif, et que Jésus-Christ n'a guère fait que répéter les termes de l'Ancien Testament; vu enfin qu'on trouve un assez grand nombre de passages qui élèvent la miséricorde au-dessus de la justice, la représentent comme devant s'exercer même dans la colère et, en cela, paraissent favorables au système indulgent dont nous parlons.

On arriverait cependant à une grande probabilité avec l'Ecriture seule, car les tableaux s'expliquent mieux par l'admission d'un enfer véritable ; tel est surtout celui de Jésus-Christ, surpassant en beauté dramatique tout ceux d'Homère, de Platon, de Virgile, du Dante, de Milton et de Fénelon, dans lequel il met en regard les bons et les méchants, représente le Fils de l'homme s'adressant aux uns et aux autres, appelant les premiers les bénis du Père, les seconds les maudits, et conclut ainsi : *Ceux-là iront dans la peine éternelle, et les justes dans la vie éternelle* (*Matth*. xxv, 46) ; car on ne voit pas, comme le remarque Platon, que le bonheur des justes puisse avoir un terme, et Jésus paraît bien assimiler les deux durées.

Mais, si la raison abandonnée à elle-même n'arrive qu'à de terribles probabilités en consultant la révélation, ces probabilités se changent en une certitude écrasante pour le catholique qui a, de plus, l'interprétation de l'Eglise. Car, depuis la controverse suscitée sur cette question par Origène, l'enseignement universel de la chrétienté orthodoxe est tellement développé et positif, qu'il est impossible d'y voir autre chose qu'une séparation véritablement éternelle de la catégorie d'en bas d'avec les autres, comme le dit Abraham avec la plus sublime énergie, sans cependant indiquer explicitement l'éternité, dans la parabole du riche et de Lazare : *Entre nous et vous s'est affermi un grand abîme, de sorte* que ceux qui veulent passer d'ici à vous, ou venir ici de là où vous êtes, ne le peuvent. (*Luc.* XVI, 26.)

Il est donc vrai qu'éternelle sera la distinction de la demeure qu'on se prépare en cette vie par ce degré profond et complet de malice, que Dieu seul apprécie en tête à tête avec la conscience du coupable.

Et il faut bien que cette vérité ne soit pas contraire au bon sens, car on en retrouve, presque partout, dans les croyances humaines, des indices plus ou moins obscurs ou cachés sous les métaphores.

Comment n'en pas reconnaître l'idée dans Platon, lorsque, faisant ses descriptions du Tartare, il parle de certains coupables « dont rien ne doit purifier la vie » et qu'il les distingue de ceux dont « l'expiation est en voie de s'opérer (*Républ.*, X) ; » lorsque surtout, dans le Gorgias, il décrit ainsi l'état des tyrans dans l'autre monde : « Ces vils scélérats, dont l'âme perverse a mérité d'être incurable, sont réduits à servir d'épouvantail ; et leurs châtiments, qui les tourmentent sans les guérir, ne sont utiles qu'aux témoins de leur effroyable et douloureuse éternité ; suspendus aux voûtes de la prison funèbre, ils instruisent les méchants qui sans cesse y descendent, et leur affreux spectacle est une leçon. » Afin qu'il n'y eût pas à se méprendre sur sa pensée, il venait, avant ces terribles paroles, de parler, comme il suit, des coupables qui sont encore susceptibles de guérison · « Quiconque subit un juste châtiment devient meilleur et gagne à souffrir. On sert au moins d'exemple aux autres que la terreur du supplice peut rendre à la vertu. Ceux qui profitent des punitions infligées par les hommes ou par les dieux sont les condamnés dont l'âme malade n'est pas indigne de guérison ; et ils y arrivent, dans un autre monde, comme dans le nôtre, par les souffrances et les remords, seuls expiations d'une vie criminelle. » (GORGIAS.) Enfin, celui qui comprend Platon et sa métempsycose reconnaît, avec Fleury, qu'il admet bien encore, peut-être même pour le plus grand coupable, des changements d'état, des métamorphoses, mais qu'il le regarde comme étant à jamais exclu, dès qu'il est mort, de ce monde qu'il nomme incorruptible et qui n'est autre que le séjour des bons définitifs pour lesquels il n'y a plus de métempsycose. C'est ce qu'il entend dans ce passage du *Théétète* que Grou avait altéré : « Je parle d'un châtiment inévitable. Quel est-il ? C'est de ne pas voir, les insensés ! que, des deux conditions humaines, de vivre heureusement avec Dieu ou de vivre misérablement sans Dieu, ils ont choisi la pire, et qu'ils s'éloignent tous les jours, par leurs crimes, du céleste modèle ; la vie même qu'ils ont préférée les punit. Ose-t-on leur dire que, s'ils persévèrent, après leur mort ils seront exclus du lieu où le mal n'entre jamais, et que, dans toutes leurs vies, ils n'auront que le mal pour société ; fiers, audacieux, ils traitent ces discours de folie. »

On connaît les beaux vers du poëte platonicien décrivant le Tartare :

..... Sedet, æternumque sedebit,
Infelix Theseus....   (VIRG., *Æn.*, VI.)

On trouve de semblables choses dans les poëtes et les philosophes de l'Inde. Toujours ils promettent aux bons la félicité éternelle dans l'essence divine, et quelquefois ils indiquent, pour de grands coupables, la privation éternelle de cette félicité. Confucius représente les âmes des ancêtres venant assister aux cérémonies soit dans le bonheur soit dans le malheur, et il ne donne nullement à penser que la différence doive avoir un terme. « Celui dont le cœur est droit, dit Dieu à Zoroastre sur la montagne, celui qui est libéral à l'égard du juste, à l'égard de tous les hommes, et dont les yeux ne sont pas tournés vers les richesses, celui dont le cœur fait du bien à tout ce qui est dans le monde, sera éternellement heureux... Celui qui afflige mes serviteurs et qui marche hors de mes préceptes, dis-le aux peuples, sa place est pour toujours au fond du Zohak. » Il faut ajouter néanmoins que le prophète, étant descendu dans le Zohak, put délivrer une des âmes qui y étaient retenues.

Nous pourrions entasser les citations ; et cependant, pour être exact, nous devons avouer que l'observation déjà faite sur nos livres sacrés conserve *à fortiori* sa valeur à l'égard de tous ces témoignages, ou au moins de presque tous, car celui de Platon, qui distinguait si bien l'éternité du temps, nous paraît plus fort que les autres. Les bouddhistes, par exemple, qui ont épuisé toutes les richesses de l'imagination humaine pour décrire les supplices des damnés, expriment toujours les durées de ces supplices par des chiffres qui, quelque considérables qu'ils soient, ne sauraient signifier l'éternité. On sait que la croyance commune des mahométans, c'est qu'en dernier résultat le bien triomphera du mal à la prière de Mahomet ; et on pourrait faire des remarques du même genre sur la plupart des enseignements théologiques profanes en ce qui concerne l'éternelle distinction entre les demeures de la vie future.

Rousseau, dont la manière de penser ne s'accommodait pas de l'éternelle prolongation des effets du mal, n'a cependant pas osé la nier positivement. Sa prière à Dieu sur cet objet mérite d'être citée :

« O Etre clément et bon, quels que soient tes décrets, je les adore. Si tu punis éternellement les méchants, j'anéantis ma faible raison devant ta justice ; mais si les remords de ces infortunés doivent s'éteindre avec le temps, si leurs maux doivent finir, et si la même paix nous attend tous également un jour, je t'en loue. Le méchant n'est-il pas mon frère ? Combien de fois j'ai été tenté de lui ressembler ! Que, délivré de sa misère, il perde aussi la malignité qui l'accompagne ; qu'il soit heureux ainsi que moi : loin d'exciter ma jalousie, son bonheur ne fera qu'ajouter au mien. » (*Emile*, IV.)

Cette prière, qu'on serait injuste de ne

pas trouver belle et bonne dans un déiste comme Rousseau, est cependant teinte d'un doute que nous ne saurions admettre, non-seulement comme catholique, mais encore comme simple philosophe ; car, bien qu'il ne soit point impossible qu'un monde de créatures raisonnables et libres fût organisé de l'autre manière, tout nous paraît indiquer que le nôtre implique, dans sa législation providentielle, l'éternelle permanence des demeures diverses que nous avons expliquées. Nous dirions volontiers, de notre nature elle-même, considérée dans l'ensemble de ses phénomènes individuels et sociaux, ce que dit Montesquieu de notre religion dans le passage suivant :

« Notre religion fait assez sentir que, s'il n'y a point de crime qui par sa nature soit inexpiable, toute une vie peut l'être ; qu'il serait très-dangereux de tourmenter sans cesse la miséricorde par de nouveaux crimes et de nouvelles expiations; qu'inquiets sur les anciennes dettes, jamais quittes envers le Seigneur, nous devons craindre d'en contracter de nouvelles, de combler la mesure, et d'aller jusqu'au terme où sa bonté paternelle finit. » (*Esprit des lois*, XXIV, 13.)

Deuxième question.

Peut-on, en cette vie, se représenter, au moins d'une manière probable, les états respectifs des diverses catégories?

Il n'y a, dans le répertoire des idées humaines, aucun objet sur lequel l'imagination ait autant travaillé et se soit montrée aussi féconde. Poëtes, orateurs, philosophes, Grecs et Indiens, Africains et Scandinaves, anciens et modernes, ont entassé fictions sur fictions, tableaux sur tableaux, dissertations sur dissertations pour décrire ces états divers du siècle futur. Nous nous en tiendrons ici à résumer les réponses de la théologie catholique, en les rapprochant de quelques données philosophiques importantes que nous avons recueillies en dehors du christianisme, et principalement dans Platon.

I. Quand on a posé le principe de l'immortalité de l'être humain dans son corps aussi bien que dans son âme (*Voy.* Résurrection de la chair), on est obligé de dire que la partie sensible, qui est le corps, aura sa part de récompense ou de peine, ainsi qu'elle aura participé, sur la terre, à la pratique du bien ou à celle du mal. Cette réflexion est tellement rationnelle que, toutes les descriptions métaphoriques qu'ont faites les poëtes et les philosophes, du bonheur ou du malheur éternel, ils associent le corps à l'âme, et ne paraissent même concevoir le plaisir ou la peine de celle-ci sans des organes quelconques par lesquels elle sent ; ils lui attribuent ces organes lors même que le corps n'est plus qu'une ombre, afin que la joie ou la douleur soit sensible.

Or l'Eglise catholique est en conformité avec cette déduction rationnelle dans son enseignement. Elle attribue deux causes au bonheur des élus de Jésus-Christ, la possession de Dieu par l'âme, avec le Christ pour médiateur, possession qu'elle nomme vision intuitive, vision béatifique, vision face à face, et l'état glorieux du corps lui-même dont nous disons quelque chose au mot Résurrection. Elle attribue également deux causes au malheur des damnés proprement dits, le *dam*, ou privation de cette vue de Dieu que les élus possèdent, ce qui revient à la privation du bonheur céleste, et le *sens*, qui fait que la peine est sensible et sentie. Elle s'occupe peu des bons non régénérés, disant seulement qu'ils sont dans le *dam* relativement aux élus, ce qui est tout simple ; mais il nous suffit qu'elle pose le principe en ce qui concerne les deux autres classes. Elle pense même que ce qu'elle nomme peine du sens pour les mauvais et les joies sensibles pour les autres, n'attendent pas la résurrection des corps pour exister, ce qui s'accorde avec ce que nous rappelions tout à l'heure des poëtes et des philosophes païens, et ce qui s'expliquerait mieux encore dans le système de Berkeley sur la matière que dans tout autre.

— *Voy.* Résurrection de la chair.

Ainsi donc association du corps et de l'âme dans la récompense ou dans la peine ; telle est la donnée, aussi catholique que philosophique, de laquelle nous ne devons pas nous séparer.

Parlons maintenant successivement des trois classifications principales : bons régénérés, enfants et adultes ; bons non régénérés, enfants et adultes ; mauvais, tant régénérés que non régénérés.

II. La théologie ne décrit pas les joies du ciel comme autrefois la poésie décrivait les champs Elysées ; elle en dit seulement quelques mots vagues de la plus grande énergie, qu'elle tire des prophéties, des Evangiles, des épîtres des apôtres, de l'*Apocalypse* de saint Jean, et surtout des écrits de saint Paul ; puis elle ajoute que l'homme ne saurait comprendre le bonheur que Dieu réserve à ses élus. Ce n'est pas le lieu de recueillir ces paroles qui sont, d'ailleurs, assez connues ; disons seulement qu'elle promet à l'homme une perception intuitive et directe de la lumière infinie par l'intelligence, une absorption extatique dans les splendeurs du Père, du Fils et de l'Esprit, ainsi que du Verbe incarné, par l'amour et par les sens, une liberté immense de participation aux beautés, aux merveilles, aux harmonies des créations réelles et possibles qui sont en spectacle dans l'idée éternelle. Nous venons d'exagérer en paraissant exclure toute limite, car l'être fini ne pouvant comprendre l'infini ne verra jamais qu'une intime partie des splendeurs de Dieu ; mais comme cette partie sera, pour lui, une source inépuisable durant l'éternité, nous l'exprimons de la sorte en faisant observer que nos termes doivent s'entendre dans un sens relatif à la créature.

Or, cette grande idée que donne la théologie du bonheur qui nous est réservé, si nous sommes vertueux, est tellement conforme au désir intime et ineffable qui est au fond de notre être, de posséder la vision des énigmes de Dieu, que les plus grands philosophes, ainsi que les plus grands poëtes de tous les temps du monde, ont élevé leurs rêves jusqu'à l'aborder, et même jusqu'à l'outrepasser quelquefois. Voyez à l'article PANTHÉISME, comment les Indiens surtout l'ont exagérée. Platon a été plus sage : il a conçu à peu près cette idée, tout en conservant à l'homme sa personnalité complète dans la jouissance du souverain bien ; il a parlé, dans des termes presque semblables à ceux de saint Paul, d'une vision face à face du soleil des esprits, d'une vision de Dieu claire et limpide, comme celle que nos yeux corporels ont de l'astre du jour. C'est la pensée qui le poursuit sans cesse, et lui inspire toute sa philosophie.

Il semble, dans le *Banquet*, qu'il voit déjà quelque rayon de la lumière intelligible, quand il la décrit dans sa vivante harmonie ; il ressemble alors à Augustin, lorsque, sur les bords de la Méditerranée, il parle de Dieu avec sa mère, s'élève de beauté en beauté jusqu'à la beauté créatrice, et la voit, dit-il, un instant comme la voient les élus.

Dans le *Phèdre*, il s'imagine les légions des dieux et des génies voltigeant avec majesté au plus haut des cieux, là où réside l'essence éternelle de tous les biens, de toutes les vérités, de toutes les belles choses, la contemplant avec délices, et s'en abreuvant comme de l'aliment unique et immortel de l'intelligence.

Dans la *République*, après avoir développé son image sublime de la caverne, il s'écrie : « Voilà pourtant notre condition. La prison souterraine, c'est tout ce monde visible ; le feu qui brille dans l'ombre, c'est notre soleil ; le captif qui monte sur la terre, et dont les yeux s'ouvrent à de nouveaux spectacles, c'est l'âme qui s'élève à la source de l'intelligence. Oui ! j'ai conçu pour notre âme ce noble espoir ! » Et plus loin : « L'âme apporte, en naissant, une force qui lui est propre, l'organe de l'intelligence ; et comme les prisonniers du souterrain ne pouvaient tourner leurs regards de la nuit vers la lumière qu'avec le corps tout entier, il faut que cette puissante faculté de l'âme s'arrache, avec l'âme entière, aux êtres créés pour aller contempler l'éternelle lumière de l'être créateur. O homme ! voilà le souverain bien que je t'ai promis.» (*Rep.*, liv. VII.)

Ailleurs, rapportant les discours de Socrate à ses amis avant de boire la ciguë, il met dans sa bouche des comparaisons charmantes, et des descriptions, qu'il appelle mythiques, de ce qui va lui apparaître dès qu'il aura rendu le dernier soupir. Or, parmi ces comparaisons, se trouve celle-ci : après avoir montré la différence énorme entre le séjour des poissons au plus profond de la mer et notre séjour, avoir supposé un de ces poissons doué d'intelligence, venant, au-dessus de ces abîmes, contempler les beautés de notre monde et notre lumière, et avoir fait observer quel serait son ravissement, il ajoute : « que les choses de l'autre vie sont encore infiniment plus supérieures à celles d'ici-bas, que ne l'est notre séjour à celui des poissons. » (*Phédon*, LVIII.)

Nous pourrions citer des passages sans nombre de ce genre, où l'on sent que le philosophe fait travailler son génie pour arriver à se faire une idée de la félicité, toute spirituelle, qui attend le juste dans le sein de Dieu, et d'autres aussi, dans lesquels il se livre de riantes descriptions pour représenter, de son mieux, les joies pures des sens dans cette félicité de l'âme. Ce sont ces belles pages de Platon qu'ont reprises et développées, après les Pères de l'Église, nos poëtes chrétiens, le Dante, Milton, et notre Fénelon qui, dans sa courte description de la lumière vivifiante des Champs-Élysées, a surpassé, en harmonie antique, tout ce qui fut jamais dit de plus admirable : « Une lumière pure et douce se répand autour des corps de ces hommes justes, et les environne de ses rayons comme d'un vêtement. Cette lumière n'est point semblable à la lumière sombre qui éclaire les yeux des misérables mortels, et qui n'est que ténèbres ; c'est plutôt une gloire céleste qu'une lumière ; elle pénètre plus subtilement les corps les plus épais, que les rayons du soleil ne pénètrent le plus pur cristal ; elle n'éblouit jamais ; au contraire, elle fortifie les yeux, et porte dans le fond de l'âme je ne sais quelle sérénité ; c'est d'elle seule que ces hommes bienheureux sont nourris ; elle sort d'eux, et elle y entre ; elle les pénètre et s'incorpore à eux comme les aliments s'incorporent à nous. Ils la voient, ils la sentent, ils la respirent ; elle fait naître en eux une source intarissable de paix et de joie ; ils sont plongés dans cet abîme de délices comme les poissons dans la mer ; ils ne veulent plus rien, ils ont tout sans rien avoir, car ce goût de lumière pure apaise la faim de leur cœur ; tous leurs désirs sont rassasiés, et leur plénitude les élève au-dessus de tout ce que les hommes vides et affamés cherchent sur la terre. » (*Télém.*, XIX.)

Voilà ce que le génie de l'homme, aidé de la poésie, peut faire de mieux ici-bas pour décrire les joies pures qu'il espère et qu'il n'a ni vues ni goûtées.

Pour avoir le ciel du Chrétien, il faut ajouter la compagnie et les entretiens de Jésus-Christ, auxquels saint Paul paraît tenir plus encore qu'à tout le reste.

III. Que dirons-nous de la seconde demeure ?

Jésus-Christ n'y est pas ; ce n'est point en lui, de lui, et par lui qu'on y est heureux. Voilà la première différence ; et ce n'est pas la seule : le bien souverain s'y montre, et s'y fait nourriture d'une autre manière et dans des proportions plus limitées ; Mais voilà tout ce que nous en pouvons dire, puisque la révélation ne nous fournit aucune donnée. Les moyens de manifestation de Dieu à ses créatures sont infinis, et nous ne comprenons bien, ici-bas, que celui du voile de ses œuvres et de ce grand spectacle de l'univers par lequel il élève nos âmes jusqu'aux idées les plus sublimes du monde intelligible.

Aussi a-t-on cherché à se représenter l'état heureux des enfants non régénérés et des bons infidèles comme une espèce de paradis terrestre. On avait épuisé, pour les autres, l'idée supérieure de la vision béatifique avec Jésus-Christ; il ne restait plus, pour ceux-ci, qu'à épuiser celle de joies plus matérielles, plus rapprochées des sens, plus semblables à celles de cette vie. C'est ce qu'ont fait plusieurs théologiens, tels que le cardinal Sphondrate, Catharin, Liguori, et plusieurs autres.

Pour nous, il nous semble facile de soupçonner un degré de vision de Dieu tout autre que le précédent, dont il nous est impossible d'imaginer le mode, et cependant non moins différent de celui de cette vie. Toujours est-il qu'il y aura dans cette demeure, dont le seul caractère indiqué par la théologie catholique est un caractère négatif, celui du *dam*, ou de l'absence de la vision béatifique des élus de Jésus-Christ, un bonheur fondé, comme dans la précédente, sur l'esprit et sur les sens, bonheur varié selon la perfection des individus, bonheur enfin beaucoup plus grand pour ceux dont la conscience leur dira qu'ils ont eu à combattre sur la terre, et qu'ils ont été vertueux librement dans la limite de leurs connaissances. Voilà ce que nous pouvons affirmer sur les simples données rationnelles que nous trouvons dans notre nature eu égard aux attributs du Créateur.

En ce qui est des enfants et des simples, il faut aussi qu'ils soient heureux, s'ils ne sont pas mis dans l'épreuve où l'on se fait son sort par son libre choix; car Dieu, comme le dit Platon, ne peut créer que des êtres bons et heureux, et le mal individuel, ainsi que le malheur senti et définitif, ne peut résulter que d'un travail pernicieux de l'individu sur lui-même. Aussi avons-nous toujours lu avec une grande surprise ces vers de Virgile sur l'état des enfants arrachés par la mort au sein de leur mère : « Soudain se font entendre des voix et un grand vagissement; c'étaient les âmes des enfants qui pleurent à l'entrée de ces lieux ; des enfants, privés de la douce vie, et ravis à la mamelle, qu'a plongés la cruelle mort dans l'horreur du tombeau. » (*Æneid.*, vi, 426.) D'où pouvait venir à Virgile l'idée de représenter dans les larmes, aux enfers, ces innocentes créatures ? Peut-être régnait-il chez plus d'un peuple une tradition de ce genre; il nous semble, en effet, en avoir trouvé des indices dans des lectures dont nous avons perdu le souvenir ; et n'est-ce pas aussi ce que suppose cette parole de Platon racontant les révélations de Her l'Arménien, au x° livre de la *République* : « Ce qu'il disait des enfants que la mort enlève sans leur avoir donné le temps de vivre mérite moins d'être rapporté; mais il assurait que l'impie, le fils dénaturé, l'homicide sont réservés à des peines cruelles, et l'homme vertueux a de douces félicités. » Le philosophe ne pouvait admettre que ces êtres innocents pussent éprouver quelque punition qui les rendît malheureux sans l'avoir mérité par eux-mêmes; et qui de nous le pourrait concevoir ? (*Voyez* Déchéance et Rédemption.)

Quoi qu'il en soit de cette singulière et déraisonnable tradition, voici ce que dit agréablement de ces âmes M. L. Bail, savant commentateur de saint Thomas, dans sa *Théologie affective* (III° partie, traité 4°.) :

« L'opinion la plus commune des théologiens est que ces âmes sont, jusqu'au jour du jugement, en un lieu souterrain appelé le *limbe* des enfants, où elles ne souffrent aucune peine ou fâcherie de leur esprit, mais s'entretiennent ensemble, à la façon que les esprits se parlent, des choses de la nature; et quoique ces âmes voient qu'elles sont privées du royaume du ciel à cause du péché originel, elles ne s'en attristent pas, d'autant que ce n'est pas une faute qui leur ait été volontaire, mais seulement au premier parent de la nature humaine.

« C'est pourquoy comme un homme qui n'est pas du sang royal ne s'attriste pas de ce qu'il n'est pas roy, ainsi les enfants mortsnais, ou décédés avec le seul péché originel, sachant qu'ils n'estaient pas héritiers de ce royaume, ne s'en affligent pas. C'est autre chose des damnez : ils connaîtront qu'ils sont privés de la gloire pour le péché mortel qu'ils ont commis volontairement. C'est pourquoy ils en auront des regrets indicibles, comme celui qui, par sa propre faute, serait, ici, exclus de quelque riche héritage. Saint Vincent Ferrier a été de cet avis, lorsque, décrivant la descente de Jésus-Christ en tous les quartiers et régions des enfers, après avoir dit qu'ils ne s'attristent pas de n'être pas bienheureux, non plus que toy, dit-il, qui n'as pas d'ailes, n'es pas en douleur voyant un aigle voler, et représente ces âmes qui saluent ainsy Jésus-Christ en leur limbe : « Gloire à vous, Seigneur, qui êtes mort « pour l'amour des hommes! »

« Mais parce que saint Thomas est de plus grande autorité en ces matières douteuses, il vaut mieux, pour la consolation de ceux ou celles qui sont en peine de l'estat de ces enfants, que nous proposions ce qu'il en dit.

« Traitant donc de la peine du péché originel : « Il faut dire qu'en ceux qui nais-
« sent d'Adam l'infection du péché originel
« appartient à la personne par l'infection de
« la nature, d'où vient qu'aucune peine
« n'est due à la personne, sinon celle qui
« appartient à la condition de la nature, qui
« est laissée et abandonnée à soi-même,
« sans les faveurs surnaturelles de la grâce.
« Or à une telle nature appartient la priva-
« tion de la vision de Dieu où les facultés
« naturelles ne peuvent arriver, comme
« aussi la mort et les pénalités de cette vie,
« qui prennent source dans les principes de
« la nature. Mais la peine sensible dans

« une âme séparée n'appartient point à la
« condition de la nature, d'ou vient que les
« enfants décédans sans baptême n'en sont
« point tourmentez, mais seulement sont
« privés de la vision de Dieu. »

« Le saint docteur ajoute : « Quelques-uns
« disent que ces âmes sont obscurcies de
« ténèbres et ne connaissent pas le dommage
« qu'elles ont encouru par le péché originel;
« mais cela ne semble pas véritable, veu
« que les autres damnés, qui sont plus obs-
« curcis de ténèbres, connaissent ce dom-
« mage et s'en désolent. Pour tant il faut
« dire qu'elles le connaissent et ne s'en dé-
« solent pas, parce qu'il n'a jamais été en
« leur puissance de posséder le bien duquel
« elles sont déboutées, ainsi qu'un rustique
« ne s'afflige pas de n'être pas roy et se se-
« rait affligé s'il eût pu être roy. »

« Saint Grégoire Nazianzène, l'honneur
de l'Eglise orientale, a été de ce même advis,
disant que ces enfants ne sont ni salariez, ni
suppliciez du juste juge; qu'encore qu'ils
n'aient été baptisez, ils n'ont pas commis aucune malice, et qu'ils ont plutot souffert que
fait cette perte. C'est pourquoy il les estime
exempts même des plus legères peines du
monde, et la raison n'y manque pas, d'autant que le tourment du feu n'est que pour
punir la propre volonté qui d'elle-même
s'est détournée de Dieu et convertie à la
créature : car, dit saint Bernard, contre qui
sévira ce feu, sinon contre la propre volonté?
Estant donc ainsi, que ces enfants n'ont pas
eu l'usage de leur propre liberté, le feu n'a
rien à faire contre eux, et il n'y a rien en
eux où il puisse se prendre.

« Enfin le Sage nous avertit de bien estimer de la douceur de Dieu : *Sentez de Dieu
en bonté*, c'est-à-dire n'estimez pas qu'il soit
severe et un tyran cruel qui ne considère
rien ; estimez plutot qu'il est doux, clement
et équitable à l'endroit de tout le monde,
même des plus pauvres, des plus petits et
des plus délaissez. Et, partant, il ne faut pas
estimer qu'il veut tourmenter des innocents,
comme estiment ceux desquels nous combattons les opinions..... Un passereau n'est
en oubliance devant luy, et il n'enveloppe
jamais, dans la ruine des grands, les petits
innocents.

« .....Ces enfants ressusciteront avec les
autres..... Ils entendront ensuite leur sentence, plus douce et favorable, par laquelle
ils se verront privez des biens surnaturels
de la gloire, mais conservez dans les biens
de la nature, qu'ils auront avec avantage,
dont ils demeureront contents et satisfaits.

« .....Le jugement estant achevé, et Jésus-
Christ s'estant retiré dans le ciel avec tous
les éleus, les enfants morts-nais et autres,
qui n'auront que le péché originel, demeureront sur la terre éternellement, en
quelque quartier que la providence de Dieu
leur assignera, où ils le loueront comme auteur de la nature, n'ayant aucune peine positive en leur âme ou en leur corps, qui seront immortels et invulnérables, mais une
peine privative, qui est l'exclusion de la
béatitude surnaturelle, tant de l'âme que du
corps.

« Pour mieux entendre cette vérité, il faut
supposer que le monde sera renouvelé et
remis en un état beaucoup plus parfait après
le jugement..... Or le monde estant ainsi
disposé, il est plus vraisemblable que Dieu
placera les enfants sur la terre à ce qu'elle
demeure toujours inhabitée. En effet, comme
les justes seront au ciel, les pervers aux enfers, ceux-ci estant en un état mitoyen, il est
raisonnable de conclure qu'ils seront aussi
en un lieu mitoyen et entre deux.

« Il est vrai pourtant que les théologiens
n'en parlent point avec assurance, parce que
Dieu nous a tenu ce point sous le secret ;
pourquoy quelques-uns ont cru qu'ils de-
meureraient dans un lieu ténébreux proche
de l'enfer des damnez, ce qui n'est aucunement recevable. D'autres ne déterminent
rien, ne voulant s'avancer sans jour et sans
lumière qui leur manque à ce sujet. D'autres
estiment pieusement et probablement que
ce monde terrestre leur servira de demeure,
ce que nous estimons avec eux, plutôt par
opinion que par assurance ou certitude de
science.....

« Dieu les enrichira de plusieurs perfections naturelles, parce qu'il est convenable à
sa divine bonté qu'en la commune renova-
tion de tout le monde il assortira d'une excellente manière, des biens de la nature, son
image qui n'a rien commis contre lui de sa
propre volonté. Car, s'il ornera admirablement les cieux, la terre et les éléments insensibles, pourquoy non les âmes de ces
petits qui surpassent de beaucoup tous les
corps, et que le péché originel ne rend pas
indignes des biens inférieurs de la nature ?

« Ils ont aussi été créés pour connoître,
aimer et louer Dieu ; il est à estimer que
Dieu, qui assortit tous les êtres de vertus
propres pour atteindre leur fin, ne manquera
pas d'illuminer leur entendement d'une excellente cognoissance par laquelle ils cognoi-
tront Dieu par les choses créées, en ensuite
l'aimeront et le loueront pour sa grandeur
et pour tant d'œuvres admirables de sa toute-
puissance, comme ils feront aussi sa justice
et sa sagesse pour les grandes choses qu'ils
auront vues au jugement dernier, dont le
souvenir les portera à la révérence de J.-C.
duquel ils auront quelque cognoissance.

« Toutes ces choses jointes ensemble feront qu'ils demeureront contents de leur
condition. Par ce moyen, tous les hommes,
après la résurrection, estant divisés en trois
bandes, les petits enfants tiendront le milieu ; ils ne seront ny au nombre des boucs,
ny au nombre des brebis ; ils ne seront ny de
la droite, ny de la gauche, mais seront une
bande à part qui servira à la plus grande
gloire de Dieu, quoyque ce soit d'un ton
plus bas.

« Ainsi s'accomplira ce que dit le prophète :
« Le ciel du ciel au Seigneur ; mais il a donné
« la terre aux enfants des hommes. »

Il y a dans ce joli morceau plusieurs choses
qui sont de pure fiction, sans rien présenter

d'impossible : telle est cette terre renouvelée qu'il donne aux enfants pour séjour. Mais le fond de la pensée est parfaitement conforme à la théorie que nous avons exposée; et nous avons fait cette citation, quoique un peu longue, pour montrer que la théologie catholique bien comprise est très-rationnelle.

Si à ces descriptions et à toutes celles qu'on peut faire de la même espèce, on ajoutait, pour l'état des non régénérés qui ont bien vécu selon la loi naturelle à eux connue, le témoignage de leur conscience, ce que Dieu leur donnera à titre de récompense, et ce qu'il peut leur donner par bonté pure, on se ferait de leur ciel une idée qui surpasserait encore les tableaux les plus enchanteurs de Virgile, d'Ovide et d'Homère.

IV. Il nous reste à résoudre la question sur la demeure des coupables.

C'est ici que les imaginations se sont montrées fécondes en épouvantables conceptions. On connaît tout ce qu'a inventé, sur les supplices des enfers, la mythologie gréco-romaine. On connaît aussi les tableaux de nos deux grand poëtes, le Dante et Milton, qu'a imités de nos jours Alexandre Soumet. La peinture, la sculpture, l'architecture ont suivi la poésie, et se sont montrées, en général, beaucoup plus sublimes pour représenter les tortures que pour peindre la gloire et le bonheur. Il faut rapprocher de leur symbolisme toutes ces aventures populaires du moyen âge, dont la prédication profita quelquefois, sur des révélations d'âmes venant dire aux vivants ce qui se passe au delà du tombeau. Mais si l'on réunit toutes ces inventions effrayantes, et plus matérielles que spirituelles, de l'Occident, on arrive à quelque chose d'imperceptible auprès des créations du grand Orient, c'est-à-dire de la poésie religieuse des Egyptiens, des Arabes, des mages, des Indous, des brahmes, et surtout des bouddhistes. On peut s'en donner quelque idée, en lisant dans le *Dictionnaire des religions*, publié comme celui-ci par l'abbé Migne, l'article *Enfer* avec les renvois.

Dirons-nous avec Platon, dans sa critique d'Homère, qu'il faille déplorer la peine que s'est donnée l'imagination des hommes pour construire des rêves effrayants dont l'objet ne saurait avoir aucune réalité littérale, qui donnent de Dieu des idées indignes de sa grandeur, et qui sont propres souvent à arrêter le développement des grandeurs humaines? Oui et non. Oui, parce que ces conceptions appartiennent à des âges dont l'ignorance, la cruauté, la misère, l'intolérance, la superstition, le fanatisme sont les caractères, et qui sont eux-mêmes déplorables avec la plupart de leurs productions. Non, parce que dans ces âges, et au milieu de telles dispositions morales, rien n'était plus utile que la crainte de pareils supplices, pour modérer le débordement des passions et des crimes ; le temps produisait ses remèdes dans ses excès mêmes. Que de malheurs sociaux et de fautes individuelles n'a pas, sans doute, empêchés cette crainte, dans toutes les nations où elle a régné! Qui oserait affirmer qu'elle n'a pas été un des moyens les plus efficaces de la Providence pour perpétuer, en ce monde, la race humaine jusqu'aux heures de la civilisation chrétienne, qui sera la seule vraie, quand elle sera consommée, et pour peupler dans l'autre, selon les convenances harmoniques de notre univers, les champs où règne la joie ? Quand un père intelligent élève un enfant difficile, il est souvent obligé de lui faire peur en ne lui disant pas la vérité simple, en laissant son imagination se faire des monstres, et en favorisant même en lui ce travail salutaire dont l'erreur sera guérie plus tard, et quelquefois trop tôt. Supposez que Dieu voulût essayer de sauver du malheur éternel tous les hommes par des moyens simplement naturels, pourrait-il mieux faire, dans les temps barbares, que de donner l'occasion à la faculté imaginative de rêver de semblables choses dans l'ordre sensible, qui est le plus frappant, et au fanatisme d'y croire? Nous sommes persuadé qu'une multitude d'âmes devra, dans l'éternité, son salut naturel ou surnaturel à cette précaution de la Providence. Platon, que nous avons cité, le sentait aussi, car, malgré son jugement sur les poëtes qui épouvantent les esprits par des images qu'on prend trop à la lettre, il se fait souvent poëte lui-même pour inspirer aux mortels la crainte du mal, et les tableaux qu'il a laissés de ses effets dans l'autre vie ne sont pas les moins effrayants, parce qu'ils sont les plus sérieux. Au reste, il faut reconnaître entre sa méthode et celle des autres, une différence : comme les poëtes, il peint par des images sombres, comme eux, il accepte ces ressources que les philosophes totalement incrédules rejetaient avec dédain ; mais il a soin d'avertir assez souvent qu'il use du langage figuré qui est à sa disposition, pour exprimer des choses dont il est impossible de se faire une juste idée, quoiqu'on doive affirmer sans crainte que ces choses existent d'une manière quelconque, plus ou moins semblables aux figures qui les expriment.

Cela dit, ajoutons quelques mots sur l'enfer de la foi catholique.

Nous avons posé le principe de l'association du corps et de l'âme dans la peine comme dans la récompense. L'Eglise ne fait donc que se mettre en conformité avec ce principe rationnel en enseignant la double peine du *dam* et du *sens*. Or le dam, que nous avons reconnu exister dans la seconde demeure relativement à la première, puisque c'est la privation même des joies divines de la première, qui rend celle-ci différente de celle-là, existe dans la troisième, relativement aux deux autres, et par conséquent, y est double : les damnés sont privés de la jouissance de Dieu, au premier degré, et de la jouissance de Dieu, au second degré; et de plus, ils le savent et en souffrent puisque leur conscience leur rappelle sans cesse que cette privation est le résultat du genre de vie qu'ils ont mené librement, jusqu'à la fin, sur la terre. Les mauvais Chrétiens savent qu'ils ont ainsi perdu le ciel supérieur ; les autres se reprochent seulement d'avoir perdu le ciel inférieur, puisqu'il n'a pas été en leur pouvoir de s'élever jusqu'à l'autre. C'est de ce *dam* senti, clairement perçu, et éternellement suivi du *mea culpa*, que résulte, pour les uns et pour les autres, cet état sensible appelé peine du *sens*.

Cette peine du *sens* est exprimée dans le langage de l'Ecriture sainte, qu'a conservé Jésus-Christ, et après lui l'Eglise, par ces paroles souvent répétées : *Le feu qui ne s'éteint pas.* (*Marc.* ix, 42.) *Le ver rongeur qui ne meurt point.* (*Ibid.*, 43.) *Les pleurs et les grincements de dents.* (*Matth.* viii, 12.) Le *dam* paraît exprimé principalement par ceux-ci : *Les ténèbres extérieures* (*Ibid.*), c'est-à-dire la somme de lumière qui n'est que ténèbres relativement à celle dont on jouit dans le festin des noces, et dans laquelle il y a pleurs et grincements de dents pour celui qui est exclu du festin par sa faute. Quand le convive de la parabole qui n'avait point la robe nuptiale fut envoyé aux ténèbres du dehors, et qu'il y eut là, pour lui, pleurs et grincements de dents, il ne fut envoyé que d'où il venait, puisqu'on avait pris tous les convives dehors et dans les carrefours. Or, pleurait-il avant son expulsion, quoique l'état fût le même en soi ; et aurait-il eu l'idée de pleurer s'il n'avait pas été appelé et qu'il n'eût pas été loisible à lui de se vêtir de manière à pouvoir rester dans la salle du festin?

Voilà où s'arrêtent l'Ecriture, Jésus-Christ et l'Eglise ; d'où l'on peut déjà conclure que, de toutes les religions, c'est encore la nôtre qui est la plus douce et la plus modérée. Point d'explication détaillée, rien de précis, rien qui indique qu'on doive prendre les termes à la lettre, comme pourraient y obliger des descriptions fixes telles que celles du Coran, du code de Manou, des livres bouddhistes, etc. Tout, au contraire, paraît indiquer la métaphore, et souvent la peine semble réduite à une relation qui affecte ceux dont la conscience sait que c'est librement et par amour du mal qu'ils ont perdu l'état supérieur. Tel est le sens naturel de la parabole de la robe nuptiale que nous venons de citer. C'est aussi ce que donnent à penser plusieurs paroles comme celles-ci : *Celui qui violera ces commandements, et apprendra aux autres à les violer sera le plus petit dans le royaume des cieux ; celui qui les pratiquera et y instruira les autres, sera grand dans le royaume des cieux.* (*Matth.* v, 19.) Et comme cette autre souvent répétée : « *Beaucoup des derniers seront les premiers et des premiers seront les derniers.* » (*Matth.* xix, 30.) Ajoutons que l'association du feu qui dévore au ver rongeur appelle l'idée d'une de ces figures dont le style biblique est si rempli, car le ver en est une de toute évidence.

En ce qui est de l'interprétation de l'Eglise, tous les théologiens et tous les docteurs sont d'accord pour reconnaître qu'elle n'a rien décidé sur ce feu de l'autre vie. Est-ce un feu matériel et sensible? C'est ce qu'elle n'a jamais affirmé et ce que tout Chrétien est libre de ne pas croire. Voici sur cette question la réponse d'un théologien gallican, ce qui veut dire rigide dans cet ordre de questions : « Le feu de l'enfer est-il un feu vraiment sensible et corporel ? question abandonnée à la dispute des théologiens et sur laquelle l'Eglise n'a point encore interposé son jugement. » (De la Chambre, *Exposition claire et précise*, etc., t. I, p. 170, *Trait. des péchés.*)

Cette réserve de l'Eglise dure depuis longtemps, car on voit, dans le xxi° livre de la *Cité de Dieu*, qu'au temps de saint Augustin, les deux opinions avaient cours parmi les Chrétiens. Ce Père incline, dans cet endroit, vers l'idée la plus sévère, mais dans l'*Enchiridion* et ailleurs, il se prononce dans un sens tout opposé.

Le plus éloquent et le plus terrifiant discours qui nous reste, des premiers siècles de l'Eglise, sur le jugement dernier et sur l'enfer est celui du diacre d'Edesse, saint Ephrem, orateur-tribun qui parlait dans la langue populaire de la Syrie. Ce discours, qui est un drame dans lequel l'orateur établit un dialogue entre lui et son auditoire, eut un tel retentissement qu'on le relisait partout en Orient dans les siècles suivants, et qu'au xiii° siècle il était devenu assez célèbre en Europe pour qu'il y ait lieu de penser qu'il inspira le Dante. (*Voy.* dans le *Tableau de l'éloquence chrétienne au* iv° *siècle*, par Villemain, édit. de 1849.) Or il est à remarquer que ce discours s'arrête aux pleurs de l'âme, à l'enfer du cœur; qu'il ne dit pas un mot de douleurs matérielles, et qu'il puise son plus grand élément dramatique dans la séparation des amis et des proches.

Si donc on nous demande ce que nous pensons, en notre particulier, sur cette question, nous pouvons répondre, puisque l'Eglise nous laisse cette latitude. Or, tout examiné dans la révélation, ainsi que dans les données fournies par la raison sur Dieu et l'état présumable des esprits avant et après la résurrection des corps, nous ne pouvons croire à un feu corporel, quelque différents qu'on imagine ce feu et l'organisme qui en serait affecté, du feu et de l'organisme de cette vie, différence nécessaire à poser, dans tous les cas, pour éviter des impossibilités qui, au reste, disparaîtraient au premier souffle du système de Berkley sur les corps, si on voulait y avoir recours; et nous ne voyons avec Jean de Damas, Victor d'Antioche, saint Grégoire de Nysse, saint Ambroise, Théophilacte, probablement saint Jérôme, avec Origène, sans aller aussi loin que lui, avec la permission de saint Augustin et de saint Grégoire qui ont plusieurs fois varié sur cette question, avec celle de saint Thomas, avec Natalis Alexandre, Catharin, Sylvius, Vasquez, avec le pieux et savant évêque de Boulogne Mgr de Pressy, avec M. Emery et M. Carl qui indiquent assez leur manière de penser, enfin conformément au sentiment commun de l'Eglise orientale, nous ne voyons, disons-nous, dans les termes de la révélation que des métaphores. (Consulter l'ouvrage de M. Carl, *Du dogme catholique sur l'enfer*, suivi de la dissertation de M. Émery sur la mitigation.)

Nous dirons encore, avec M. de Pressy, M. Emery et M. Carl, qu'il est raisonnable de penser que les damnés ne désirent pas la mort, ne haïssent pas Dieu, ne le maudissent pas ; et, qu'avec toutes ces restrictions, qui ne sont point condamnées par l'Eglise, on arrive à concevoir facilement une punition rationnelle, dans laquelle Dieu ne se sert que du pécheur lui-même pour le punir, et qui n'est qu'un résultat attaché aux lois de notre nature intelligente et libre.

Mais, malgré toutes ces concessions, quand on pense que Jésus-Christ, si bon, si doux, si tolérant, a usé lui-même des expressions métaphoriques les plus effrayantes, on conclut qu'il y a, sous l'enveloppe mystérieuse que la révélation n'a pas jugé à propos de déchirer à nos yeux, une vérité terrible, et que bien insensés sont tous ceux qui n'en tiennent pas compte.

Quel que soit l'état du coupable, et quoi qu'il puisse devenir, par la mitigation ou élévation sans changement de demeure, que nous avons admise comme effet rationnellement probable de la bonté divine, il sera toujours dans un immense abîme relativement à l'état des bons, et toujours il sentira le poids de son iniquité le mettre dans l'impossibilité de franchir l'espace qui avait été primitivement assigné à l'essor de ses ailes vers la beauté infinie possédée par ceux-là, ainsi que l'expriment, sous des images à peu près semblables, Platon et Massillon à plus de vingt siècles d'intervalle.

« En nous approchant du passage fatal pour monter ici, notre terreur s'est encore accrue, quand nous avons vu le tyran et quelques autres, la plupart tyrans comme lui, ou qui, dans un état privé, ont commis de grands crimes. Ils faisaient pour monter de vains efforts ; et toutes les fois que ces coupables, dont rien ne devait purifier la vie, ou dont l'expiation durait encore, voulaient s'élever hors des ténèbres, l'abîme les y repoussait en mugissant. » (PLATON, *République*, x.)

« L'âme coupable une fois séparée du corps, les fantômes qui l'abusaient s'évanouiront..... tout l'emportera, tout la précipitera dans le sein de Dieu ; et le poids de son iniquité la fera, sans cesse, retomber sur elle-même ; éternellement forcée de prendre l'essor vers le ciel, éternellement repoussée vers l'abîme. » (MASSILLON, *Sermon sur le mauvais riche*.)

Troisième question.

Quelle sera la plus peuplée des demeures de la vie éternelle ?

Une idée assez universellement répandue, c'est que la cité des méchants incurables sera beaucoup plus populeuse que les autres. Cette idée circule sous l'enveloppe de la phrase du Sauveur : *Beaucoup sont appelés, mais peu sont élus*. (*Matth.* XXII, 14.)

Nous pensons que cette croyance a été jusqu'alors plus jutile que nuisible ; elle a dû porter plus d'individus à la surveillance sur eux-mêmes, dans le but d'appartenir au petit nombre, qu'elle n'en a éloigné du giron de l'Eglise, ou porté au découragement. Nous sommes donc loin de blâmer les prédicateurs qui continuent de l'entretenir, d'autant plus qu'ils sont eux-mêmes persuadés de son exactitude. Mais nous ne blâmerons pas non plus Lacordaire, prenant, dans Notre-Dame de Paris, la thèse opposée à celle de Massillon, et faisant un de ses plus éloquents discours pour établir que la contrée des pleurs sera presque déserte relativement aux multitudes qui peupleront les autres cités. Les auditoires n'ont pas tous les mêmes besoins ; les mœurs changent ; la trempe des esprits varie d'un siècle à l'autre ; et, s'il était bon que Massillon parlât comme il le faisait devant les cours de Louis XIV et de la régence, Lacordaire fut admirable de tact et de hardiesse en retournant, comme il le fit, la question devant la jeunesse lettrée de la métropole de la science et de l'art au XIXᵉ siècle. Nous croyons, avec M. de Pressy et M. Emery, que le temps vient où il sera plus profitable au bien des âmes de dire la vérité pure, en évitant toute exagération dans le sens de la rigueur, et plutôt en l'adoucissant.

« Ne serait-il pas sage aux prédicateurs, dit le vénérable supérieur des Sulpiciens, de se tenir aujourd'hui plus en garde contre l'exagération, et de se renfermer ordinairement dans les bornes de ce que la foi nous enseigne ? Et puisque les hommes contestent plutôt sur la nature et sur l'excessive rigueur des peines de l'enfer, que sur leur réalité, la charité, la prudence ne prescrivent-elles pas aux ministres de l'Evangile de leur faire observer, dans l'occasion, que ce qui paraît les révolter le plus n'appartient pas à la foi ; que, dans le sein des écoles catholiques, il existe... des opinions auxquelles ils peuvent adhérer sans scrupule, et qui sont bien propres à calmer ce qui révolte le plus leur imagination. » (*De la mitigation de la peine des damnés*.) Ici nous écrivons pour la vérité seule, et nous n'avons d'autres précautions à prendre, devant le public qui doit nous lire, que celle de l'exactitude théologique et rationnelle.

Or nous disons, après Lacordaire, ainsi que nous l'avions toujours pensé avant de l'entendre, que la croyance au grand nombre des damnés proprement dits n'a aucun fondement réel dans l'Evangile, est peu compatible avec la Providence infinie considérée *a priori*, et semble réfutée par les calculs qu'on peut faire à l'inspection du genre humain.

I. Jésus-Christ a expliqué d'une manière précise, par une parabole, la proposition tant répétée, qu'il a émise quatre ou cinq fois, au rapport des évangélistes : *Beaucoup sont appelés, mais peu sont élus*. Il suppose un père de famille qui loue des ouvriers pour sa vigne, moyennant le salaire d'un denier par jour ; le père de famille en met au travail un certain nombre qu'il trouve sans ouvrage dès le matin ; puis quelques autres trois heures après ; et enfin quelques autres vers la fin de la journée, lesquels, en conséquence, ne travaillent que durant les trois dernières heures ; et, quand vient le moment de payer à chacun son salaire, il donne un denier à tous, c'est-à-dire autant aux derniers venus, bien qu'à ceux-là il ne fût dû, en justice, qu'une partie du denier proportionnelle à leur travail. Les autres s'en plaignent, et le maître répond : *Je ne vous fais point de tort, n'êtes vous pas convenus avec moi d'un denier ? Prenez ce qui est à vous, et allez : moi je veux donner à ces derniers comme à vous. Est-ce qu'il ne m'est pas permis de faire ce que je veux ? et votre œil est il mauvais parce que je suis bon ?* Puis Jésus ajoute comme conclusion morale de la fable : *Ainsi les derniers seront les premiers et les premiers les derniers* (le père avait payé les derniers d'abord) ; *car beaucoup sont appelés, mais peu sont élus.* (Matth. xii, 1 et seq.)

Comment pourrait-on mieux s'expliquer? Il s'agit de faire comprendre deux choses : la première, que, souvent, ceux qu'on juge, d'après les apparences, devoir passer devant, sont jugés par Dieu même comme ne devant passer qu'après, et ce principe ne nous touche pas en ce moment ; la seconde, que Dieu, après qu'il a rendu justice à tous en donnant à chacun le prix de son travail, peut, par pure bonté, surajouter des dons à quelques-uns ; et c'est celle là qui nous regarde ici. Il ne revenait aux derniers venus qu'un quart de denier, et le maître leur donne, selon son bon plaisir, un denier entier, leur faisant ainsi cadeau des trois quarts qu'il ne leur doit pas ; et les autres n'ont pas droit de se plaindre, puisqu'ils reçoivent tout ce qui leur est dû. Or quoi de plus clair ? Les appelés sont tous les ouvriers, les élus sont les derniers venus qui deviennent l'objet d'une prédilection ; mais tous travaillent et reçoivent leur salaire : donc tous ceux que représente la parabole sont bons, et, parmi les bons, il y en a qui sont privilégiés ; les murmures supposés ne sont évidemment introduits que pour amener l'explication du père de famille. Le principe de Jésus-Christ : *Beaucoup sont appelés, mais peu sont élus,* est donc une vérité générale sur le droit de Dieu d'accorder des faveurs spéciales, comme on voit qu'il le fait dans la distribution même des dons naturels, et sur le résultat de l'exercice de ce droit qui implique le petit nombre des privilégiés par rapport à la masse, sans quoi le privilège n'existerait pas ; et ce principe peut convenir à toutes les catégories de créatures, ainsi que nous l'avons expliqué au commencement. Il trouve son application dans l'intérieur de chacune des classes de la vie éternelle ; il y aura les appelés et les élus dans le ciel de Jésus-Christ, les appelés et les élus dans celui de la nature, les appelés et les élus dans l'enfer lui-même, puisque les degrés y seront très-divers, et que la bonté infinie pourra y mitiger la peine selon son bon plaisir. On ne peut donc rien conclure, sur le nombre des habitants de l'enfer proprement dit relativement aux autres habitations, de la parole du Christ : *Beaucoup d'appelés, peu d'élus.*

Il est un mot, dans le *Sermon de la montagne,* qui pourrait paraître plus fort : *Entrez par la porte étroite ; car large est la porte et spacieuse est la voie qui conduit à la perdition, et il y en a beaucoup qui entrent par celle-là. Qu'étroite est la porte et étroite la voie qui mène à la vie, et qu'il y en a peu qui la trouvent !* (Matth. vii, 13.)

Mais qui nous dit que cette sentence se rapporte à la durée entière du genre humain, et à la masse complète de tous les hommes? Combien de fois Jésus-Christ n'a-t-il pas parlé de son temps seulement, et de ce qui se passerait, à son égard, dans son peuple même, durant sa prédication et au moment de sa mort? Il est certain qu'à ce moment, il y en eut peu qui le comprirent et l'aimèrent de manière qu'on pût dire qu'ils entraient vraiment dans la voie de la vie ; il fut ou rejeté, ou persécuté, ou incompris, ou méprisé, ou négligé par presque tous. En sorte qu'alors il devait dire, en voyant ce qui se passait et allait se passer jusqu'à la grande prédication catholique : *Qu'étroite est la voie qui mène à la vie, et qu'il y en a peu qui la trouvent!*

D'ailleurs, qui nous dit que ce qu'il appelle ici la perdition, par comparaison avec la vie, ne soit pas simplement la perte du ciel supérieur et surnaturel où l'on n'entre que par lui ? S'il en est ainsi, il est bien clair qu'à cette époque il y eut bien peu de croyants en sa mission divine, relativement à la multitude de païens qui couvrait l'univers.

D'ailleurs enfin, qui nous dit que ces mots ne tombent pas seulement sur les phénomènes visibles et observables, sur le royaume extérieur de l'Eglise que Jésus constituait? dans ce cas, ce seraient des exhortations dans l'intérêt des hommes qui avaient besoin d'être aiguillonnés pour former le premier noyau de la grande société future, et le jugement intérieur de Dieu sur les consciences n'en serait nullement atteint.

On voit que ces paroles ne sont pas suffisantes pour appuyer réellement l'opinion commune sur la population de la cité infernale durant l'éternité.

Voici encore un passage qu'il faut expliquer. Le temps de la passion devenait plus voisin. Jésus allait, pour la fête de la Dédicace, à Jérusalem, où il devait être si mal reçu par les pharisiens. Quelqu'un lui demande positivement : *Seigneur, n'y en aura-t-il que peu qui soient sauvés?* Il ne répond point à la question, il dit seulement : *Efforcez-vous d'entrer par la porte étroite ; car beaucoup, je vous le dis, chercheront à entrer et ne le pourront ; mais lorsque le Père de famille sera entré et aura fermé la porte ; vous vous tiendrez dehors, et vous frapperez à la porte disant : Seigneur, ouvrez-nous ; et il vous répondra : Je ne sais d'où vous êtes. Alors vous commencerez à dire : Nous avons mangé et bu devant vous, et vous avez ensei-*

gné dans nos places publiques. Et il vous dira : Je ne sais d'où vous êtes, éloignez-vous de moi, vous tous, ouvriers d'iniquité. Là sera le gémissement et le grincement de dents, *lorsque vous verrez Abraham, et Isaac, et Jacob et tous les prophètes dans le royaume de Dieu, et vous chassés dehors. Il en viendra de l'orient et de l'occident, et de l'aquilon, et du midi, et ils siégeront dans le royaume de Dieu. Et j'en vois parmi les derniers qui seront les premiers, et parmi les premiers qui seront les derniers.* (*Luc.* XIII, 23 seq.)

Observons, d'abord, que la question faite à Jésus fut probablement amenée par quelque enseignement où il s'agissait des sauvés, lequel n'est point rapporté, et qu'il est difficile de savoir s'il s'agissait des sauvés pour l'éternité ou des sauvés pour la terre par leur entrée dans l'Eglise chrétienne, ou des sauvés dans les deux sens à la fois.

Observons, en second lieu, que la porte, soit de l'Eglise du ciel, soit de l'Eglise de la terre, pouvait être appelée étroite et difficile à pratiquer vu les écueils qui l'entouraient surtout à cette époque; témoins tous nos martyrs avec Jésus-Christ à leur tête. On peut même ajouter que les peuples ne sont entrés dans l'Eglise que peu à peu et comme en file, ainsi qu'une armée passe un défilé.

Observons, en troisième lieu, qu'il s'agit, dans la réponse de Jésus, du peuple juif et principalement des pharisiens. Cette réponse paraît même indiquer que c'était un pharisien qui avait fait la question, puisqu'il lui parle sur le ton qu'il prenait toujours devant eux. Ne semblait-il pas, en effet, qu'ils dussent être les premiers à entrer dans le royaume du Christ? Et cependant combien d'incirconcis les y ont précédés!

Observons enfin que, si ces paroles assez obscures : *beaucoup chercheront à entrer et ne le pourront,* avec celles qui suivent et qui en sont le développement, doivent s'entendre des Juifs exclus du royaume du Christ dans la vie future, et d'autant plus malheureux alors de s'en voir exclus, qu'ils auraient dû en montrer la route aux infidèles des quatre vents, auquel le mot *chercheront* exprime plutôt une attraction de la nature qu'une volonté sincère et méritoire, puisqu'une telle volonté obtiendrait son objet, observons, disons-nous, qu'il n'y a rien en cela que de peu favorable à l'opinion du petit nombre des heureux dans l'autre monde, à considérer l'ensemble de toutes les nations, et même à considérer la nation juive toute seule, puisque cette réponse est évasive quant à la question posée, et que ces mots : *Nous avons mangé,* etc., *vous avez enseigné dans nos places publiques,* etc., indiquent positivement qu'il s'agit de ceux qui ont vu Jésus-Christ sur la terre et qui l'ont repoussé par amour de la domination, par orgueil, par malice.

Enfin, il existe dans l'Evangile un assez grand nombre de propositions ou de paraboles qui favorisent l'opinion que nous caressons ici, après Lacordaire.

La parabole de l'ivraie représente le monde comme un champ que Dieu et le Christ ont ensemencé de bonnes graines, dans lequel l'ennemi vient surseiner de l'ivraie ; plus tard, le froment fructifie, et l'ivraie paraît aussi ; les serviteurs proposent le sarclage, et le maître refuse, en disant qu'il vaut mieux attendre la moisson, de peur d'arracher, en même temps, du froment.

Or il est évident que le froment domine, comme il arrive toujours dans une terre ensemencée; sans quoi, d'ailleurs, laissant pousser l'ivraie, il ne resterait plus que celle-ci au temps de la moisson, la mauvaise herbe poussant beaucoup plus vigoureusement que la bonne, et la détruisant toujours complétement quand elle est en majorité. Les termes du récit favorisent d'ailleurs cette interprétation.

Voici mieux. Dans la parabole de la robe nuptiale, il n'y en a qu'un qui soit renvoyé dans les ténèbres du dehors, et tous les autres, pris au hasard dans les carrefours, sont gardés au festin.

Voici mieux encore peut-être. Lorsque Jésus-Christ se représente lui-même jugeant les hommes, séparant les bons des méchants, et disant aux uns : *Venez, les bénis de mon Père,* etc. (*Matth.* XXV, 34), il se compare à un pasteur, le genre humain à un troupeau, les bons aux brebis, les méchants aux boucs, et ajoute : *Le fils de l'homme mettra les brebis à droite et les boucs à gauche,* etc. (*Ibid.,* 33.) Or qui ne sait que, dans tout troupeau, les boucs sont en nombre infiniment plus petit que les brebis?

On pourrait multiplier les observations de cette espèce.

Rappelons enfin les paroles suivantes de saint Pierre :

Le Christ lui-même est mort une fois pour les péchés, le juste pour les injustes, afin de nous conduire à Dieu; mort dans la chair, vivifié par l'esprit, en qui il vint aussi prêcher les esprits, retenus en prison, qui avaient été incrédules lorsque les attendait la patience de Dieu, aux jours de Noé, quand on bâtissait l'arche, dans laquelle peu, c'est-à-dire huit âmes, furent sauvés au milieu de l'eau. (*I Petr.* III, 18-20.)

Voilà le Christ qui va, après sa mort, prêcher les esprits, retenus en prison, des incrédules du temps de Noé, et que Dieu avait fait périr par le déluge envoyé contre le monde parce que *toute chair était corrompue.* La théologie entend ces paroles de la délivrance de ceux qui, dans les limbes, subissaient un purgatoire jusqu'à la descente du Christ aux enfers. (*Voy.* ce mot.) Or il faut conclure de ces paroles que ceux mêmes contre lesquels l'Ecriture prononce les plus terribles anathèmes en cette vie, peuvent souvent n'encourir, dans l'autre, que la prison où l'on se purifie, et où l'on reçoit du Christ la visite bienfaisante qui réhabilite et rend digne du ciel.

II. Si nous remontons à l'idée de Dieu, nous ne concevons pas facilement, qu'au nombre des univers possibles, d'êtres intelligents et libres, il y en ait un seul dans lequel la somme du mal moral puisse l'emporter sur la somme du bien. On nous fera sans doute la grande réponse : *Dieu peut créer des êtres libres ; s'il crée des êtres libres, il dépend de ceux-ci d'être bons ou mauvais ; donc il peut arriver, contrairement au vœu du Créateur, qu'un monde d'êtres libres ne soit même composé que de méchants.* Or cette réponse est pleine de valeur pour justifier Dieu de l'existence du mal moral, en une quantité inférieure à celle du bien, dans un monde créé par lui ; mais nous ne la trouvons pas concluante, non-seulement pour l'hypothèse du mal absorbant la totalité d'une manière définitive, mais encore pour celle du mal en majorité, et voici nos deux raisons :

La première est fondée sur l'idée qu'on doit se faire de la science de Dieu, qu'on appelle prescience, d'une manière impropre, en assimilant Dieu à la créature. Il voit éternellement ce que devient tout univers, qu'il crée ou qu'il ne crée pas *ad extra*. Or, celui dont il voit la totalité des individus libres, ou la majorité de ces individus, se rendre mauvais par leur action sur eux-mêmes, nous paraît cesser d'être possible, en ce sens que Dieu se dispensera de le créer. Si le bien ne fait que l'emporter sur le mal, le motif nous paraît suffisant pour déterminer la création ; mais si le mal l'emporte sur le bien, nous ne voyons plus de raison suffisante à l'acte créateur. On objectera que la simple volonté de Dieu suffit pour toute raison. Nous admettons ce principe pour l'élection entre deux biens, soit égaux, soit même dont l'un l'emporte sur l'autre en perfection ; mais nous ne croyons pas que Dieu puisse vouloir un monde dans lequel le mal moral l'emporterait sur le bien. La seule observation qui aurait de la valeur serait celle-ci : qu'il ne faut pas seulement considérer ce monde en lui-même, mais relativement à tous les mondes créés, qui formeront un tout, dans lequel le bien pèsera beaucoup plus que le mal ; dans lequel même le monde mauvais, en totalité ou en grande partie, concourra à l'harmonie de l'universalité. C'est l'argument de Leibnitz appliqué à la question présente ; mais, sans prétendre le réfuter, ce qui serait au-dessus des forces humaines, parce qu'en raisonnant de la sorte on se jette dans l'infini, nous disons qu'il ne nous convainc pas, qu'on aurait beau supposer des millions d'univers, il nous semble toujours que chacun d'eux doit être considéré en son particulier, ainsi que le considèrent les êtres dont il se compose, et que, dans chacun d'eux, le mal doit être peu de chose relativement au bien, indépendamment de toute comparaison avec d'autres mondes, qui n'entrent pas comme parties dans celui-là. Voilà ce qui nous paraît conforme aux attributs divins, dans notre petite conception, et nous en concluons que tout monde, tel, par exemple, que la cité humaine, ne sera point créé, et cessera d'être possible par relation à la prescience de Dieu, quand la liberté morale y devra faire la somme du mal définitif supérieure à la somme du bien.

Notre seconde raison est fondée sur l'idée qu'on doit se former de l'action toute-puissante de Dieu comme moteur et déterminateur radical des opérations de la créature. Il ne faut pas oublier que cette action est infinie dans ses moyens, et qu'il lui est toujours possible d'amener, par les jeux combinés de ses ressorts intimes, tout être libre à vouloir le bien sans que cet être cesse, pour cela, d'être libre. Le mauvais est celui qui résiste à son impulsion, qu'on appelle *grâce* en théologie, et qui est surnaturelle, quand elle se fait par Jésus-Christ, dans l'ordre de la rédemption. La conscience nous dit que nous pouvons lui résister ou lui coopérer, en nous disant, quand nous faisons bien, que nous pourrions faire mal, et, quand nous faisons mal, que nous pourrions faire bien. C'est tout ce qu'il nous faut. Mais il n'en est pas moins vrai qu'en considérant les choses *a priori*, comme nous le faisons en ce moment, on conçoit clairement que Dieu est tellement maître de son œuvre, et tellement doué de ressources en agilité pour gouverner les âmes, qu'il peut toujours les insinuer dans le bien sans que leur liberté en souffre. Si, parmi nous, un directeur adroit exerce une influence considérable sur les déterminations libres d'une jeune nature, et souvent d'une vieille, que ne devons-nous pas penser de l'habileté de Dieu dans le même ordre de choses ! Or conçoit-on que Dieu, considéré sous ce rapport, ne s'y prenne pas de manière à amener le salut définitif, soit naturel, soit surnaturel, soit dans un degré inférieur, soit dans un degré supérieur, de presque tous les hommes, de sorte qu'il n'en reste pour partage à Satan, qu'un nombre infime relativement à la multitude des êtres humains ? Nous dirions qu'il le fera pour tous au sens absolu, si nous n'avions à envisager que ce rapport de la question ; mais il reste une foule d'autres considérations qui viennent contrebalancer celle-là, lesquelles sont tirées principalement de la justice et de la sagesse infinies combinées avec les phénomènes moraux de la vie présente, et qu'on peut lire dans tous les traités de philosophie et de théologie sur les récompenses et les peines futures. Il reste surtout la révélation et l'Église, qui nous disent que les effets du mal se prolongeront éternellement comme ceux du bien.

Telles sont les raisons transcendantales qui nous font présumer que les cités du bonheur seront beaucoup plus populeuses que celles de la souffrance.

III. Les dernières se déduisent *a posteriori* de l'étude impartiale du genre humain.

Pour procéder avec méthode, portons d'abord notre pensée sur les deux bandes qui n'auront pas joui de l'usage de la liberté, dont l'une se composera des régénérés par le baptême d'eau ou par quelque moyen équivalent, et l'autre des non-régénérés.

Ces deux bandes comprennent tous ceux qui meurent sans avoir eu conscience du bien et du mal, et sans avoir fait librement un choix. Or laissons de côté les adultes, qui ne sont pas probablement en nombre très-considérable proportionnellement à la multitude des êtres humains ; et considérons seulement les enfants morts soit dans le sein de leur mère, soit avant l'âge de raison.

Quant à ceux qui meurent pendant et après l'accouchement, nous n'en connaissons pas la proportion exacte, mais ce que nous avons toujours conclu des statistiques, c'est que la moyenne s'élève, en temps ordinaire, pour les époques et les peuples les plus civilisés, à une moitié à peu près des naissances ; que l'on ajoute le surplus qui résulte des circonstances exceptionnelles tenant aux mœurs, aux catastrophes, aux épidémies, aux temps et aux lieux les plus défavorables sous ce rapport, on arrivera facilement aux trois quarts, peut-être même aux quatre cinquièmes.

Ce n'est pas tout. Il faut ajouter tous les embryons qui se trouvent détruits dans le sein maternel à toutes les périodes du développement, par les accidents naturels qu'on sait être de plus en plus multipliés à proportion qu'on remonte vers la conception. Nous n'excluons le fœtus humain à aucun de ses degrés de formation ; en effet, il y a trois systèmes sur le moment de la création de l'âme : le premier, qui remonte à Platon et qu'adoptèrent beaucoup de Pères de l'Église, suppose la création de l'âme antérieure à celle du corps ; le second la suppose postérieure, disant que Dieu la réalise quand l'embryon est assez développé pour la recevoir ; et le troisième suppose l'âme créée en même temps que l'ovule devient germe vivant par la fécondation. Ce dernier avis nous paraît le seul rationnel et le seul convenable ; c'est l'acte producteur dans ses conditions normales qui fait qu'on devient père et mère d'un être semblable à soi ; il y a dès lors un homme de plus, en corps et en âme, dans le germe fécond végétant et vivant qui en résulte. Or combien de ces germes sont emportés par le trop plein de la vie ! Combien le nombre de ces êtres appelés à la qualité d'homme, mais non élus pour voir le jour, dépasse celui des privilégiés qui persistent jusqu'à la naissance ! les pères et les mères ont plus d'enfants dans l'autre monde qu'ils ne le supposent, et la fixité des lois naturelles donne à croire qu'il en sera toujours ainsi.

Voilà donc une multitude immense d'êtres humains jouissant du bonheur au moins naturel, et dépassant, dans des proportions incalculables, les autres multitudes.

Si nous nous demandons, en passant, quelle sera la plus nombreuse des deux catégories qui composeront cette multitude, nous répondons, 1° que jusqu'alors les enfants morts sans baptême sont infiniment plus nombreux que les autres, puisque, même à l'heure qu'il est, sur un milliard d'habitants du globe, il n'y en a pas encore 260 millions qui font baptiser leurs enfants. 2° Que nous croyons fermement à l'avènement d'un temps dans lequel l'univers entier sera chrétien, et par conséquent où tous les enfants nés en vie seront baptisés, et que cette époque pourra durer bien au delà de ce qu'il suffirait pour ramener la différence à l'avantage des régénérés. 3° Mais que, si l'on considère les embryons détruits par le cours naturel des choses, le grand nombre restera toujours aux heureux du simple bonheur naturel, ce qui est parfaitement en harmonie avec la loi d'élection en prédestination, laquelle veut que le petit nombre reste aux privilégiés.

Considérons, en second lieu, ceux qui auront joui de la liberté morale. Cette bande se divise encore en régénérés et non régénérés. Or, avant de comparer les bons, soit tout à fait bons, soit devant être guéris ou purifiés, aux mauvais incurables, pour user des termes de Platon, disons deux mots, sur notre route, des initiés à la rédemption et des étrangers.

Jusqu'alors, à moins qu'on n'étende, comme l'abbé Guitton (*Voy.* Rédemption), au delà des probabilités théologiques, la facilité d'initiation, on est forcé de reconnaître que le nombre des initiés est encore très-minime proportionnellement à celui des étrangers. Six ou sept mille ans d'un monde dans lequel il y a si peu d'hommes qui aient l'idée du Christ-Rédempteur, et encore aujourd'hui 250 millions seulement de Chrétiens, en y comprenant le schisme et l'hérésie, sur un milliard d'habitants du globe ; voilà des faits auxquels il n'y a pas de réponse. Mais il est permis de croire que le germe humain durera encore une multitude de siècles, et qu'il finira par être totalement chrétien ; or s'il en est ainsi, ce que nous croyons, sans le moindre doute, à la lecture des prophéties, le nombre des Chrétiens s'augmentera à tel point qu'il pourra finir par dépasser celui des étrangers. Il n'en est plus, à notre avis, de cette élection comme de celle dont nous venons de parler ; il nous paraît naturel que, l'incarnation ayant eu lieu, le monde en vienne à fournir plus d'adultes au recrutement de Jésus-Christ qu'à l'autre ; comme, aussi, nous trouvons raisonnable qu'en résultat dernier cette incarnation soit profitable au plus grand nombre, ainsi que nous allons le dire tout à l'heure. Inutile, au reste, d'en apporter nos raisons, qui ne reposent que sur des appréciations de sentiment.

Restent les deux questions du nombre des bons ou des susceptibles de purification dans les deux ordres, comparativement au nombre des mauvais incurables qui consomment leur damnation par la manière dont ils passent cette vie.

Considérons d'abord les étrangers. Ce n'est pas, chez ceux-là surtout, les actions qu'il faut soumettre à l'examen ; c'est l'état présumable de leur conscience et de leur intention relativement à l'ignorance morale et religieuse qui leur incombe. Combien d'actions seraient criminelles dans un Chrétien instruit, qui sont, en eux, indifférentes ou même méritoires ! Qui croira, par exemple, que ces femmes qui se font brûler, avec une sérénité d'âme sans mélange, sur le bûcher de leur époux, pour aller le rejoindre dans le nirvana ou dans les transmigrations qui doivent précéder ce bonheur final des saints accomplis, ne font pas une bonne action devant Dieu bien plutôt qu'un crime? et il en est ainsi de mille autres actions condamnées par la loi naturelle bien comprise. A plus forte raison en est-il de même de celles qui sont matériellement bonnes. Nous croyons que, parmi les étrangers à la rédemption, il y en a très-rares qui s'établissent suffisamment dans la haine du bien et en contradiction avec leur conscience pour mériter d'être classés, dans l'autre vie, parmi les damnés de la loi naturelle. Il y en a cependant quelques-uns ; c'est ce qui résulte de ce passage si rationnel de l'*Epître aux Romains* (II, 9-16): *Trouble et angoisse dans l'âme de tout homme opérant le mal, Juif d'abord et Grec. Gloire et honneur et paix à quiconque fait le bien, Juif d'abord et Grec. Car Dieu ne fait point acception des personnes. Quiconque a péché sans la loi périra sans la loi, et quiconque a péché dans la loi sera jugé par la loi* (39), *au jour où Dieu jugera, par Jésus-Christ, selon l'Evangile que j'annonce, ce qu'il y a de caché dans les hommes. Car ce ne sont pas justes devant Dieu ceux qui écoutent la loi, mais justifiés seront ceux qui accomplissent la loi ; et lorsque les gentils qui n'ont pas la loi font naturellement ce qui est selon la loi, n'ayant pas la loi, ils sont à eux-mêmes la loi et montrent l'œuvre de la loi écrite en leur cœur, leur conscience leur rendant témoignage, et leurs pensées s'accusant ou se défendant l'une l'autre.* Et l'observation des faits parle comme saint Paul, car elle présente, en dehors du christianisme, d'épouvantables monstres, qu'avec la meilleure volonté du monde on ne peut ni déclarer fous, ni excuser par la bonne foi. Mais ce ne sont guère que quelques hommes puissants, et plus instruits que les autres, tels que certains tyrans comme ceux dont parle Platon, et qui lui arrachent des tableaux qu'on dirait cruels, ainsi que les pharisiens en arrachaient à Jésus-Christ lui-même. Damnerez-vous ce pauvre anthropophage à qui ses pères ont appris à dévorer son ennemi vaincu, comme les nôtres nous apprennent à manger une chair qui a eu vie? Dieu seul connaît les consciences, mais plus nous méditons sur la nature humaine, moins nous croyons à la méchanceté complète et finale de ces multitudes ignorantes et fanatiques que d'antiques superstitions retiennent, comme d'infranchissables barrières, loin du bercail de Jésus-Christ. L'examen plus détaillé des Chrétiens eux-mêmes, dont nous allons indiquer les bases, pourra leur être appliqué, et servir à corroborer ce jugement dans l'esprit du lecteur.

Il faut lire cet examen détaillé dans le discours du Dominicain, si ce discours a été publié tel que nous le lui avons entendu prêcher à Notre-Dame de Paris. Le grand orateur divisa d'abord, autant qu'il nous en souvient, l'humanité en jeunes gens et en hommes faits. Et, étudiant la jeunesse durant les années où l'être se constitue, il ne trouva point en elle les éléments nécessaires pour la fixation de l'individu dans le mal : c'est l'âge des tempêtes, des luttes, des efforts et des faiblesses ; et dans un tel orage, on ne voit pas comment la raison et la volonté pourraient, sauf peut-être quelques cas très-rares, imprimer sur elles-mêmes le sceau définitif de la réprobation ; l'une et l'autre sont trop tendres pour en avoir la force ; elles peuvent se rendre malades, se mettre dans le cas d'avoir besoin de purification ; mais elles ne peuvent se donner la mort. D'où l'on doit rayer de la liste de Satan tous ceux qui meurent dans l'adolescence. Il divisa ensuite les êtres humains considérés dans la plénitude de leur nature, c'est-à-dire parvenus à l'âge viril, en hommes et en femmes, ainsi que la nature les divise elle-même ; et, se livrant à l'étude morale de la femme, il trouva en elle, prise en général, trop peu de raison, de sang-froid et de calcul, trop de sentiment, de cœur et de tendresse, pour qu'il lui soit possible de consommer sa damnation. Elle vient à la suite de l'adolescent, et c'est une moitié du genre humain que Satan n'attire dans ses lacs que pour la voir lui échapper en résultat final. Enfin, prenant l'homme, il divisa cette classe en riches et pauvres, lettrés et ignorants, puissants et opprimés, oisifs et travailleurs, ceux enfin qui reçoivent les biens de la terre, et ceux qui n'en reçoivent que les maux ; et il n'admit pas que ces derniers puissent consommer, dans leur ignorance, leur simplicité, leur travail, leur misère, leur faiblesse, une vie entière qui comble la mesure nécessaire pour la réprobation éternelle. D'un autre côté, si l'on étudie tous les anathèmes de l'Evangile, et toutes ses paroles d'espérance, on trouve que les uns s'adressent à ceux qui ont joui des biens présents, matériels et intellectuels, les autres à ceux qui en ont été dépourvus ; c'est l'antithèse qui se rencontre à chaque pas dans les deux Testaments, et elle est si naturelle, que la poésie et la philosophie en ont fait un des principaux éléments de leur éloquence, même en dehors du christianisme. Or, si l'on compare ces deux bandes, on trouve que celle de ceux qui souffrent sur la terre sous un rapport ou sous un autre, embrasse presque tout le genre humain. Restait le petit troupeau des riches, des puissants, des lettrés, des génies ; et, si on l'étudie de près, on y trouve encore un bien plus grand nombre d'individus manifestant de la simplicité d'intention, de la bonne volonté dans la somme totale de leur vie, que la pure malice, le mauvais cœur, l'égoïsme complet qui rit, au fond de lui-même, de tout ce qui ne concourt pas à la satisfaction de ses instincts. Cependant c'est dans cette

---

(39) Nous suivons le grec qui, par la parenthèse, indique que telle est la suite. Nous reportons, après cette suite du sens, la parenthèse elle-même ; commençant au mot *car*.

classe qu'on découvre ces monstres rares qui ne peuvent former, dans l'autre vie, que la cour de Satan, ceux à qui Jésus-Christ dira : « Allez, maudits de l'éternelle justice, allez à l'éternel tourment; car j'ai eu froid, j'ai eu faim, j'ai eu soif, et vous avez tout gardé pour vous. » C'est après avoir analysé de la sorte le genre humain et lui avoir supposé un long avenir, pendant lequel Jésus-Christ recrutera des multitudes dont le nombre réduira à de petites proportions relatives les pertes du passé, que l'orateur acquit devant son auditoire le droit de s'écrier en retournant la grande apostrophe de Massillon : « Satan, où sont tes élus, et que le reste-t-il pour ton partage ? »

Résumons-nous. Le ciel naturel des êtres humains non-régénérés et n'ayant point exercé la liberté morale en cette vie, sera infiniment plus peuplé que les autres. Il est probable que le ciel surnaturel des régénérés n'ayant pas joui de la liberté, sera le plus populeux après celui-là, en raison du grand nombre de baptisés que doit donner l'avenir à Jésus-Christ. Il est probable, par la même raison, que la demeure la plus élevée dont parlait le Sauveur quand il disait à ses apôtres : *Je vais vous préparer le lieu* (Joan. xiv, 3), c'est-à-dire celle des Chrétiens adultes, viendra en troisième rang, pour le nombre de ses habitants, et celle des bons étrangers en quatrième. Quant aux deux séjours du malheur éternel, leur population sera imperceptible relativement à celle des autres séjours considérés chacun en particulier.

Il résulte de ce calcul de probabilité, que le ciel naturel, enfants et adultes compris, enveloppera la plus grosse part du genre humain, qu'au-dessus s'échelonneront les félicités surnaturelles, diverses selon les individus, en nombre très-considérable, et qu'au-dessous s'échelonneront également les infortunes diverses, en nombre très-infime proportionnellement à l'immense multitude d'âmes qui représenteront, dans l'éternité, la race humaine.

Quatrième question.

Les demeures seront-elles séparées comme le sont en cette vie les lieux différents, et y aura-t-il impossibilité éternelle de communication des habitants de l'une avec ceux d'une autre?

Quelques mots suffiront pour la réponse. Bien qu'on ne puisse rien affirmer sur de pareilles questions, et qu'il faille s'en remettre avec humilité entre les mains de Dieu, la raison, éclairée par le christianisme et élevée par lui à des conceptions plus nobles et plus dignes de la grandeur infinie du Créateur de tous les êtres, se représente plutôt des états divers que des demeures; elle ne conçoit guère les frères de la famille humaine séparés à jamais par des murailles matérielles infranchissables, comme le sont, eu égard à la vie présente, les vivants et les morts. Les justes qui formeront le cortège de Jésus-Christ ne seraient-ils pas péniblement affectés s'ils ne pouvaient communiquer avec leurs parents, amis, enfants non régénérés qui formeront la cité du second ordre ? Il manquerait, ce semble, à leur joie, une condition capitale s'il y avait pour eux séparation absolue d'avec tous ces êtres, leurs semblables et leurs frères en vertu de liens naturels qui ne s'effaceront jamais. La rédemption aura établi d'autres liens, il est vrai, lesquels auront leur plein développement dans la société même dont ils feront partie; mais, en établissant ces nouveaux liens, elle n'aura pas détruit les autres, le surnaturel n'ayant point pour effet d'abolir la nature. Nous croyons donc que la communication continuera de se faire, malgré les états, essentiellement différents, d'union avec Dieu et de participation de sa lumière.

La raison ne juge pas cette convenance aussi nécessaire à l'égard des rapports entre les citoyens des deux derniers séjours et ceux des séjours supérieurs ; car il y aura, entre les uns et les autres, la distance qui sépare le bien du mal. Cependant, malgré l'extrême diversité des états inférieurs, malgré que les uns porteront, dans leur âme et conscience, le ciel de la nature ou le ciel de la grâce, et les autres l'enfer à ses divers degrés, la raison entrevoit encore que, toutes les guerres de cette vie étant effacées par le triomphe clair et définitif de la vérité, et la haine n'ayant point accès dans les cœurs purs, ceux-ci seront plus heureux de pouvoir communiquer avec leurs frères coupables, les consoler de leur mieux, et leur assurer qu'ils ne cessent de prier la bonté infinie de mitiger leur angoisse dans le sens et dans les limites que nous avons expliqués. Il nous semble plus raisonnable de supposer la nature humaine ressemblant encore à elle-même jusqu'à ces résultats ou d'autres semblables, que de la supposer totalement métamorphosée, et ayant perdu le beau sentiment de la pitié dans la jouissance ineffable de Dieu et de ses merveilles.

D'ailleurs un assez grand nombre de passages de l'Ecriture sainte sont conformes à cette croyance; telle est, par exemple, la fiction qui sert de début au livre de *Job;* on y voit l'ange déchu se présenter devant Dieu avec les autres anges, ce qui donne à penser que tout commerce n'a point cessé entre les bons et les mauvais de la création angélique, *et un jour que les enfants de Dieu étaient venus se présenter devant le Seigneur, Satan se trouva aussi parmi eux.* (Job i, 6.) Or, s'il en est ainsi de ces créatures, pourquoi n'en serait-il pas de même, et à plus forte raison, des hommes, entre lesquels les liens sont beaucoup plus intimes et plus forts, puisque tous sont engendrés les uns des autres? Telle est même la parabole de Lazare et du riche, dans laquelle Lazare se montre au riche, et Abraham s'entretient avec lui, bien qu'il lui dise qu'un grand chaos s'est affermi entre eux. Ce chaos infranchissable peut ne se rapporter qu'à la différence des états moraux de l'un et de l'autre, dont la distance relative est, en effet, infranchissable, comme nous l'avons posé en principe. Ce qu'il y a de certain, c'est qu'un colloque s'établit entre deux citoyens des cités les plus extrêmes, et ce fait, introduit par Jésus-Christ dans son éloquente peinture, en dit assez pour appuyer fortement notre hypothèse.

Terminons ces dissertations, que nous ont inspirées la grande idée que nous avons de Dieu et de Jésus-Christ, et notre amour de l'humanité, en rappelant que plusieurs Pères de l'Eglise, parmi lesquels il faut compter saint Augustin, ont pensé que les réprouvés, malgré leur malheur, préféreront encore leur existence au néant. Nous croyons qu'ils la préféreront de beaucoup, et que plus l'éternité dévidera son fuseau, plus ils remercieront la bonté infinie de les avoir mis au nombre des êtres. Jésus a dit de Judas : *Il serait bon pour cet homme qu'il ne fût jamais né* (*Matth.* XXVI, 24); mais il n'a pas dit : Cet homme regrettera éternellement d'être né, il maudira éternellement son existence. Le Maître parle ainsi au moment même où son disciple le trahit de la manière la plus infâme, le vend pour de l'or, et il est toujours vrai de dire, quand un homme commet un semblable crime, qu'il vaudrait mieux pour lui qu'il ne fût pas né. Les heureux de la terre le disent chaque jour du misérable à un autre point de vue, et celui-ci n'en a pas moins d'attachement pour la vie.

Quoi qu'il en soit, nous le répétons, la différence sera si grande entre les états des deux dernières catégories et ceux de toutes les autres, que Jésus, la douceur même, s'est vu contraint, par la vérité, à signaler cette différence sous les images les plus effrayantes..... Et la raison, en la proportionnant à celle qui distingue la bonté de la malice, la conçoit elle-même tellement considérable, qu'il ne reste au sage d'autre parti à prendre que de viser sans cesse à l'affaire de l'éternité, non-seulement par cet amour du bien que toute créature intelligente doit concevoir, mais encore en considération de ses propres intérêts. — *Voy.* DESCENTE (LA) DE L'ESPRIT-SAINT, etc.

VIE HUMAINE DU PREMIER AGE. *Voy.* PHYSIOLOGIQUES (Sciences), II, I.
VIE FUTURE. *Voy.* PHYSIOLOGIQUES (Sciences), I, IV; VIE ÉTERNELLE.
VIRGINITÉ. *Voy.* MARIAGE.
VIRGINITÉ, EN ORGANISATION ÉCONOMIQUE. *Voy.* SOCIALES (Sciences), II.
VOIX CONSULTATIVE ET DÉLIBÉRATIVE DANS L'ÉGLISE. *Voy.* ORDRE, X.
VOLONTAIRE (LE) ET LE LIBRE. *Voy.* GRACE ET LIBERTÉ, III.
WICLEFISME. *Voy.* PANTHÉISME, IV.

Z

ZENONISME. *Voy.* HISTOIRE DE LA PHILOSOPHIE ET DE LA THÉOLOGIE.
ZODIAQUES (QUESTION DES). *Voy.* HISTORIQUES (Sciences), V, III.
ZOOLOGIE. — RELIGION. *Voy.* PHYSIOLOGIQUES (Sciences).

Puisque le hasard alphabétique nous porte l'article de la VIE ÉTERNELLE à la fin du volume, nous ne résistons pas au désir de rasséréner les yeux qui viendront errer sur ces dernières pages, en leur donnant à lire un petit poëme que nous composâmes à l'occasion de la fête des reliques du grand évêque d'Hippone. Ce poëme exprime, avec la liberté d'imagination qu'on accorde aux muses, les idées de l'article qu'on vient de lire, et peut même être considéré comme résumant l'esprit philosophique et religieux de tout ce *Dictionnaire des Harmonies*.

Les théologiens nous pardonneront facilement ces vers, et les hommes du monde nous en remercieront ; telle est, du moins, notre espérance.

RAISON ET FOI

OU

LES RELIQUES D'AUGUSTIN.

Quand un peuple suivit, sur la rive africaine,
Avec des chants pieux, cette poussière humaine,
Ce fut encor l'enfant qui, devant Augustin,
Voulait mettre la mer dans le creux de sa main.
Que sommes-nous, ici, pour simuler les fêtes
Que Dieu donne, là-haut, à ses grands interprètes?
Chrysalide engourdie aux langes d'un berceau,
Avant d'ouvrir notre aile au céleste flambeau,
Nous rêvons d'exalter les gloires du génie,
Avec des flots d'encens et des flots d'harmonie,
Devant quelques débris que la mort a laissés.
Car voilà notre part : des ossements brisés !

Et le ciel, pour la sienne, emporte l'âme active !
Oui ! mais, pour la pensée, il n'est rien qui ne vive !
En nous elle fermente, et, s'aidant de l'amour,
Tire de notre nuit des feux qui font le jour.
Sous le rayon divin qui s'épand autour d'elle,
Toute ombre a de l'éclat, toute laideur est belle,
Le silence nous parle, et le muet cercueil
A, pour prophétiser, l'accent et le coup d'œil.
Eglise, de tes saints conserve les reliques ;
Continue à parer de leurs os tes portiques ;
De cette cendre froide éclosent des brasiers
Où la foi se réchauffe en nos fangeux halliers...

Ce jour-là, du réveil tu chantas le cantique
Aux peuples endormis sur la tombe d'Afrique!
Et mon âme, à l'écho de tes mâles accords,
Vit, dans un songe platonique,
Comment on célébrait Augustin chez les morts.

II.

Quelle est cette lumière immense
Quel est cet océan de feu
Où s'informe tout être, où germe toute essence,
Et des lieux et des jours l'unique, éternel lieu?
C'est là que les mondes s'allument
Comme nos astres dans l'éther,
Et que les esprits se parfument
Comme nos fleurs au sein de l'air.
La vie émerge en cette flamme,
Y palpite, et jaillit en chauds tressaillements.
Tout foyer qu'elle engendre est une nouvelle âme
Qui, sans lui rien ravir, subsiste à ses dépens.
Là toutes les grandeurs et toutes les richesses,
Tout les espoirs et tous les souvenirs,
Les univers sans nombre avec leurs avenirs,
Leurs passés, leurs présents, leurs genres, leurs espèces;
C'est le panorama des types éternels,
Le spectacle des choses,
Des effets et des causes,
Des possibles et des réels,
Où les créations, ces filles de la grâce,
Météores légers, s'élancent de l'espace,
Et, sur l'onde des temps
Mouvantes barquerolles,
Ressemblent aux corolles
Des nénuphars flottants.

Cette flamme est celui que, chez nous, on appelle
Substance, verbe, amour, beauté toujours nouvelle,
Mais que n'a point nommé le plus sublime nom
Dont Augustin lui-même ait enrichi Platon (40)

Et c'est là que l'esprit s'envole
Quand la mort brise son tombeau!
C'est là l'orbe complet, sans contour et sans pôle,
Où, dans sa source, enfin, nous contemplons le beau.

Mais le Fils nous l'a dit, en sa maison le Père
A préparé plus d'un séjour (41).
Là, pour chacun de nous, se construit une sphère
Où s'harmoniseront la colère et l'amour.

III.

Dans la sienne je vis planer l'aigle d'Hippone
Sous un corps éthéré de nos sens incompris.
Il avait pour couronne
Les noms de ses vertus, les noms de ses écrits.
Son génie éclatait en lumineuse gerbe
Semant, autour de nous, des clartés en tout lieu.
Reflet épanoui d'un des rayons du verbe,
Il surpasse, à jamais, dans la cité de Dieu,
L'Augustin de la terre,
Comme la fleur de nos vallons
Surpasse, en beauté passagère,
Ses plus jeunes boutons.

Il avait l'œil fixé sur l'africain rivage;
Soudain, s'enveloppant d'une robe à longs plis
Faite avec un nuage,
Il descend sur les flots qui l'ont bercé jadis (42).
Du jeune homme il a pris la figure et le geste;
Et Jésus, des hauteurs de la voûte céleste,
Ceint comme l'a chanté le proscrit de Patmos,
Semble se contempler lui-même en son héros
Qui me parut alors, avec son front sublime,
Sa pensée infinie et son regard abime,
Ce qu'Ary nous l'a peint, devant l'horizon bleu

A côté de sa mère,
Le jour où son esprit, de mystère en mystère,
Monta jusqu'à voir Dieu (43).

Sa robe avec les vents jouait comme nos voiles,
Et son âme priait... Or Jésus, souriant,
Nous parut faire un signe à six grandes étoiles
Qu'on voyait poindre à l'orient.

Ces astres, aussitôt, ont déployé des ailes;
Et, s'approchant d'un vol harmonieux
Dont le sillage immense est perlé d'étincelles,
Élèvent leurs contours à la hauteur des cieux.
Tout brille des couleurs que leurs orbes rayonnent.
Les bulles, qu'au zéphir nos enfants abandonnent,
Sont une image de leurs jeux
Devant le patron de l'Afrique
Qui, sur notre mer à genoux,
S'offre à Dieu sous les traits de sa vie héroïque
Afin de mieux prier pour tous.

Mais voici que, s'ouvrant, les globes symboliques
Étalent devant nous des mondes très-divers,
Comme on voit, le matin, lorsque les blés sont verts,
La montagne écarter ses brumeuses tuniques
Et montrer le vallon, par le soleil béni
Qu'habite la colombe,
Avec le rocher noir où l'orfraie a son nid,
Le reptile sa tombe.

IV.

Moteur premier de tout effort!
Solution de tout problème!
Essence qui sers de support
A celles que ton verbe sème!

Éternel espoir des néants!
Vie infinie, en qui tout plonge
Et se nourrit, comme l'éponge
Dans la vague des océans!

Être aux spirations fécondes,
Aux intarissables bontés!
Mon Dieu! grâce pour tous les mondes
Que ton amour ait enfantés!

Augustin est debout. Sa prière est finie.
Redevenu lumière, il n'a que son génie
Pour lui servir de corps.
Le royaume du Père a déchiré ses voiles,
Ouvert tous ses parvis. Sortez de vos étoiles,
Sortez, âmes des morts....

V.

Ces décors merveilleux, pleins d'essences humaines,
Que sont-ils? des réels, ou des images vaines?
Dieu le sait!... La matière est l'abîme sans fond
Où tout esprit créé s'égare, se confond,
A moins qu'avec audace un penseur ne l'explique,
Comme tous les Berkley de la sagesse antique,
Lao-tseu, Vyaça, les mages, les mouni (44),
D'une pure auréole inhérente au fini.
N'importe; qu'elle soit substance ou phénomène,
Elle est, sera toujours; et mon œil se promène
Dans les cercles divers du jour et de la nuit
Qu'avec elle, pour nous, l'éternité construit.

Celui qui les efface en splendeurs délectables,
Que ne peuvent nommer nos langues misérables,
A peur foyer de gloire et de félicités
Le Dieu du Golgotha, dont les douces clartés
S'incarnent dans l'élu, se font sa nourriture (45).

Le second est le ciel de la simple nature.
Ceux qui, n'ayant connu que la raison et Dieu,
Ont eu soin, en passant sur le terrestre lieu,
De vivre en harmonie avec leur conscience,
Habitent ce séjour que, de sa trine essence,
Vivifie, illumine, enchante l'Éternel
Au degré compatible avec le naturel (46).

---

(40) On peut se faire une idée de la philosophie et de la poésie sublimes avec lesquelles Augustin parle de Dieu dans tous ses ouvrages, en lisant seulement les premiers chapitres des *Confessions*.
(41) *Joan.* xiv, 1-3.
(42) *Confessions*, v, 8; ix, 8.
(43) *Confessions*, ix, 10.
(44) Les moines bouddhas.
(45) Continuation et développement sentis et clairement vus de la communion eucharistique.
(46) Tel qu'il résulte de la déchéance. L'Église, par là même qu'elle est l'Église du Christ restaurateur, ne pose officiellement que deux divisions, celle de la *gloire chré-*

tienne, où elle s'efforce d'introduire le plus d'âmes qu'elle peut, et celle du *dam*, ou privation de cette gloire, que le Christ a appelé les ténèbres extérieures par comparaison à la salle éclairée du festin des noces; mais elle admet, dans l'une et dans l'autre, des degrés et des sous-divisions. Or, le principe des sous-divisions étant posé, la raison en déduit des catégories que nous décrivons dans ces vers, avec beaucoup d'autres dans l'intérieur de celles-là, telles que celles des sectes, communions religieuses, écoles philosophiques, nations, etc., car tout ce qui a été est ineffaçable, et est une graine produisant des fruits. Les catégories générales sont en plus grand nombre dans le dam que dans la gloire.

Les enfants qui sont morts privés de tout baptême (47)
Occupent de ces lieux la région extrême.
Ils n'ont point du soldat l'honneur, les souvenirs,
Mais la pure bonté leur fait d'heureux loisirs (48).

Leurs pareils, sont-le front a reçu l'onde sainte,
Des lauriers du vainqueur ont-ils la tête ceinte?
Non. Sauvageons naissants, le jardinier divin (49),
Par un bienfait gratuit, les greffe en son Eden (50).

Deux orbes inférieurs sont peuplés des coupables
Que Socrate appelait les lépreux guérissables (51).
L'espérance est l'étoile où leurs yeux sont fixés.
De désirs et de soins comme nous harassés,
Ces humains ont à faire un dur pèlerinage
Avant de parvenir, les uns à ce rivage
Que l'aile de Platon effleura dans son vol (52),
Les autres à ce ciel où fut ravi saint Paul (53).

Les deux derniers pays sont des rocs nus et sombres,
Où de nocturnes feux laissent voir quelques ombres
Assises où rôdant sur leurs sommets déserts...
En quoi ceci peut-il servir à l'univers?
Ces spectres sont-ils là comme, dans un poëme,
Près de la vierge pure un insolent blasphème (54)?
Nous le saurons un jour !... Mais ce sont les tyrans,
Potentats et sujets, car il n'est pas de rangs
Où ne puissent régner des âmes despotiques.
Or les plus noirs d'entre eux sont les Chrétiens iniques,
Sans cœur, intolérants, que le Sauveur maudit (55).
Des juges de Socrate is jalousent la nuit.

Voilà du genre humain les grandes harmonies
Dans la succession des heures infinies.
Entre les citoyens, comme entre les cités,
L'échelle va montant de beautés en beautés,
Et l'ensemble lui-même est une simple espèce
Dans le sublime tout des jeux de la sagesse.

VI.

Déjà de ces orbes divers
Les âmes ont pris leur volée (56).
A l'entour d'Augustin, sur la face des mers,
Elles forment d'abord une immense mêlée.
L'ordre se fait. On voit, de toutes parts,
Plusieurs chefs glorieux rassembler leur famille.
Ces chefs ne traînent point la pourpre des Césars;
L'honnête vertu les habille.
Et, sur leur front, la royauté qui brille
Est celle du génie, étincelle de Dieu.
On les nomme sans peine à l'éclat de ce feu
Dont leur livre est l'image, image plus fidèle
Que ne l'avait été leur terrestre prunelle.

Homère, le premier, suivi de tous ses fils,
Aux pieds de l'Africain vient déposer sa lyre.

« J'ai chanté, lui dit-il, avec un grand sourire,
La force et la faiblesse, Achille et Briséis;
Astre de l'âge heureux à qui Dieu se révèle,
Sois le poëte ardent de tous les pénitents;
Pour dire les splendeurs de l'essence éternelle
Soit plus grand que moi-même et que tous mes enfants! »

Augustin sur la lyre a repris : « Merci père!...
La science et l'amour naissent du Saint-Esprit
Qu'exhale, d'une croix, un Dieu-Homme proscrit;
La langue qui les chante est la fille d'Homère (57).

Quel est ce foyer radieux
Couronné d'un turban d'étoiles?
D'une main vigoureuse il arrache des toiles,
Et plonge, par derrière, un œil doux et pieux.
Dans le monde invisible il promène un long rêve
Dont il conte le drame en sons harmonieux.
Des rejetons puissants jaillissent de sa sève.
« Philosophe, dit-il, je te rends de grâce.
Sois le Socrate heureux de ce règne du beau (58)
Que j'avais entrevu dans les brumes du doute! »

« Disciple du martyr, » répondit Augustin,
« Que serais-je sans toi? tu m'as frayé la route.
Quand ma raison dormait dans ton noir souterrain,
Et que, de mon erreur adorant les entraves,
J'étais le plus aveugle entre tous les esclaves (59);
Quand je m'abandonnais au terrestre coursier (60),
Un écho de ta voix parvint à mon oreille,
Et je levai les yeux, du fond de mon bourbier,
Vers la source où l'esprit, aussitôt qu'il s'éveille,
Se nourrit, par l'amour, du beau, du vrai, du bien.
Platon, je fus ton fils; et ton fils fut Chrétien (61)! »

Quel est cet ange au vol superbe?
Philosophe transfiguré,
Au docteur de la grâce il présente une gerbe
Où le profane épi se marie au sacré.
C'est l'ange de l'école et sa famille austère.
Un seul mot est tombé de sa bouche : « Mon père ! (62) »

Et cet autre que suit le plus brillant essaim?...
Salut, grand insurgé de la cité moderne,
Dont l'argument vainqueur cria, dans la caverne,
Au lion endormi : « Lève-toi, souverain!
Les droits de la raison sont les droits de Dieu même.
Ce que Descarte apporte au penseur africain,
C'est son immortel enthymème (63).

« La raison et la foi, » leur dit le saint docteur,
« Sont les deux anges de la terre.
De la théologie adorant le mystère
Au flambeau que porte sa sœur,
Terre, soyez bénie et du fils et du père!...
Philosophe, triomphe! aux champs de l'aven'r
Arbore l'étendard de cette tolérance
Que j'aimais, et ne sus qu'à demi définir (64)

(47) Même du baptême naturel de la raison en exercice qui, sans effacer le péché originel, élève cependant l'âme proportionnellement au bon emploi qu'elle fait de ses énergies.
(48) Ainsi pensent la plupart des théologiens, comme on l'a vu dans l'article qui précède.
(49) Jésus-Christ. — N'est-il pas bien raisonnable que Dieu, après avoir semé la nature, revienne la cultiver et l'embellir comme fait le jardinier à l'égard de ses fleurs, surtout si, par un accident survenu dans le cours du développement, la nature a perdu de sa perfection primitive.
(50) Par le baptême chrétien.—Le jardinier n'a-t-il pas le droit de choisir tel ou tel sauvageon pour le surnaturaliser par la greffe? le sauvageon non choisi se plaindra-t-il de ce qu'on le laisse tranquille dans son buisson?
(51) Platon, *République*, x; *Gorgias, Thééthète*, etc.
(52) On sait l'inconcevable fécondité d'images de Platon pour se représenter l'autre vie et pour la peindre dans la langue humaine, où tous les mots ont, plus ou moins, les sens pour appui. — (*Timée, Phèdre, Phédon, République*, etc.)
(53) II Cor. xii, 1 et suiv.
(54) Augustin, *Cité de Dieu*, xi, 18. — Leibnitz, tout entier.
(55) *Matth.* xxv, 31-46.
(56) De quel droit exclurions-nous la présence de telle ou telle catégorie? La parabole du riche suppose que, même du plus haut au plus bas, de Lazare au riche, la séparation n'est pas telle qu'il ne puisse s'établir quelques relations accidentelles et transitoires, sans que l'a-

bime, *magnum chaos*, qui sépare les deux classes, soit détruit; car il est évident que cet abime consiste, avant tout, dans la différence d'état.
(57) Homère, c'est l'art dans le sens large du mot, l'art ayant pour objet le beau ou la forme. Augustin fut un grand artiste. Les *Confessions* murmurent les plus sublimes harmonies de la lyre. Augustin exalte sans cesse les lettres et les arts. — Voir le sage discours de l'archevêque de Paris pour la fête des écoles. p. 44, avec les textes indiqués. — Augustin gagna le prix de poésie à Carthage. Il a fait un traité de la musique. Il fut pendant dix ans professeur de littérature à Carthage, Rome et Milan.
(58) Il devrait dire : Sois le Platon. Ce serait plus exact.
(59) Platon, *République*, vii.
(60) Ibid.
(61) Augustin, *Confessions*, vii, 10; viii, 20, etc.; *Cité de Dieu*, viii. — Il ne connut Platon que vers l'âge de 32 ans; et encore ne le connut-il que par des ouvrages de platoniciens traduits en latin; n'étant pas très-fort sur le grec; c'en fut assez pour qu'il devînt Platon tout entier, avec son génie; mais il n'aurait jamais été manichéen s'il avait connu Platon lui-même, comme il connut Aristote, à l'âge de vingt ans. Il l'indique assez en disant que ce furent ces livres qui l'élevèrent à la véritable idée de Dieu.
(62) Il est évident, pour qui connait saint Thomas, qu'Augustin est encore plus son père qu'Aristote.
(63) Augustin, *Soliloques* ii, 1; *Cité de Dieu*, xi, 26 et 27; *De la Trinité*, xv; *Contre les académiciens*, etc.
(64) Augustin fut toujours très-tolérant en pratique et

Frères, vous formerez une sainte alliance
Après avoir été, tour à tour, des proscrits!
  Alors vous mêlerez vos ondes;
  Et l'on verra, dans les deux mondes,
A vos urnes, un jour, boire tous les esprits (65). »

VII.

De la nue, où le Christ observe avec sa mère,
S'est élancé, suivi d'un torrent populaire,
Le lion de Damas, chef des sublimes fous,
Dont le flanc saigne encor de l'aiguillon de flamme... (66).
A celle d'Augustin, Paul vient mêler son âme
Et redire avec lui la prière pour tous.

Alors vous eussiez vu, des cieux jusqu'aux lieux sombres,
Sous la main de Jésus, ouverte pour bénir,
Tous les fronts s'incliner, tous les genoux fléchir (67),
Et, s'éclairant d'espoir, jusqu'aux plus noires ombres
  Palpiter, tressaillir.

  Vous eussiez vu des phalanges heureuses
    D'esprits soudain transfigurés
    Déployer des ailes nerveuses
    Vers les rivages désirés.

    Dans les cités de l'allégresse
    Toute auréole a doublé sa splendeur,

surtout à l'égard des païens qui étaient devenus les vaincus et les faibles. Mais quant au principe théorique de la tolérance civile-religieuse, il flotta et se contredit lui-même. Il fut influencé malheureusement par les excès des circoncellions. — Voir l'étude de M. Villemain sur saint Augustin dans son bel ouvrage *De l'éloquence chrétienne*, au IVᵉ siècle.
(65) Tous les ouvrages d'Augustin sont inspirés par une tendance à harmoniser la raison et la foi.

Et, sur les rochers nus qu'habite la tristesse,
J'ai vu naître et verdir la tige d'une fleur!
Et toi, théâtre obscur de nos incertitudes,
Terre où doivent passer tous les drames humains,
  Espère, pour tes multitudes,
De celui dont la croix supporte tes destins!

VIII.

Les anges, cependant, s'abreuvaient à l'essence
Qu'ici le cœur adore en lui disant : Mon Dieu !
Ils allaient et venaient dans l'étendue immense,
Comme Platon les peint, avec des chars de feu (68).

  L'un d'eux s'abattit sur nos ondes
D'où les orbes déjà remportaient tous leurs mondes;
  Vaisseaux aériens diversement lestés,
    Rangés en file verticale
Tous montaient, et chacun gardait son intervalle,
    Image des éternités.

Tout avait disparu. Seul, l'ange aux grandes ailes
  Rasait les flots de sa robe de lin,
    Portant un rameau d'immortelles,
Et, du tombeau d'Hippone ayant pris le chemin,
  Mêlait, dans un hymne à la terre,
  Les noms de Platon et d'Homère
  A ceux de Paul et d'Augustin (69).

(66) *Act.* IX, 5 et seq.
(67) *Philip.* II, 10.
(68) *Phèdre.*
(69) Platon et Homère sont la raison naturelle, fille du Créateur, concevant le vrai, aimant le bien et imageant le beau. Paul et Augustin sont la même raison surnaturalisée par le Christ. Dans l'ordre de la Providence, la terre doit son développement à l'une et à l'autre.

TABLE DES MATIÈRES.

A

ABERRATIONS de la raison. — De la foi, 29.
ABLUTIONS. — Baptême, 255.
ABNÉGATION philosophique. — Chrétienne, 34.
ABRUTISSEMENT. — Abandon de Dieu, 36.
ABSOLU (L') de la raison. -- Le Dieu de la foi. — Définition du mot, de l'idée et de la chose, 38 et suiv. Idée de l'absolu, 1150. Son existence nécessaire et certaine, 1153. L'absolu substance et mode. — 1153 et suiv.
ABSOLUTION. — Diverses questions, 1298 et suiv.
ABSOLUTISME. — Schisme, 47.
ABSOLUTISME (Fatalisme par). — Mathém..., 1103.
ABSTINENCE. — Loi ecclésiastique, 117 et suiv.
ABSTRACTION. — Distinction, 50.
ABSURDE. — Rationnel. — Mystérieux, 53.
ABUS de la raison. — De la foi, 64.
ACADÉMIE. -- Église, 66.
ACATALEPSIE de la raison. — De la foi, 69.
ACTEURS, 1592.
ACTIVITÉ et passivité du moi, 180.
ADAM. — Un seul père du genre humain, 1546.
ADULTÈRE. — Mariage indissoluble. — Paroles du Christ, 153.
AGES. — Évolutions humaines en trois âges, 1304.
AGRÉABLE (L') et l'utile, 1285.
ALGÈBRE. — Prouve Dieu, 1089.
ALIÉNATION. — Physiologie et psychologie, 1325.
ALLEMAND (Le panthéisme), 1259 et suiv.
ALPHONSE X de Castille. — Astronomie, 297.
AME. — La santé de l'âme en fait de croyance, 71. L'âme et l'athée, 214. Antinomie de Kant contre l'âme, 215. Peut être présente à plusieurs lieux, 453 et suiv. Révélée par la physiologie, 1315, 1320. Immortalité de l'âme, 1453. Moment de sa création, 1723.
AME du monde de Platon, 1675.
AMOUR et dévouement dans l'art et la religion, 112.

AMOUR. — Spectacles, 1591.
ANALYTIQUE (Géométrie). — Prouve Dieu, 1091.
ANATOMIE, 1309.
ANGES. — Devant la raison et devant la foi, 72. Universalité de la croyance, 72. Rationalité de la croyance, 75. Bons et mauvais anges, 76.
ANGES. — Sciences physiques, 330.
ANTHROPOLOGIE, 1309.
ANTINOMIES de Kant. — Exemple, 205.
APOTRES. — Symbole, 1615.
APPLICATION de l'algèbre. — L'absolu, 1091.
ARABES. — Le shastah. — Création, 281.
ARCHÉOLOGIE. — Histoire sacrée, 657.
ARCHITECTURE. — Culte catholique, 76.
ARCHITECTURE (L') de l'avenir, 81.
ARIANISME. — Panthéisme, 1252 et suiv.
ARISTOCRATIE.— Église, 406 à 420.
ARISTOTE.— L'absolu, 43. — Races humaines, 1351. Rédemption, 1454.
ARISTOTE, Platon, Zénon, etc, 579 et suiv
ARITHMÉTIQUE. — Réfute le scepticisme, 1069. Prouve la réalité de l'absolu, 1086 et suiv. Prouve l'unité de Dieu, 1099. Réfute le panthéisme, 1101 et suiv.
ART. — Religion, 83. Objet de l'art et de la religion, 83. Armes, 86. Qualités, 94. Caractères, 102. Origines et fruits, 110. Phases historiques, 115. Genres dans l'art, 128. L'art et la religion dans l'individu, 132. Branches de l'art, 134.
ASCENSION (L') de Jésus-Christ devant la foi et devant la raison, 155.
ASSISTANCE divine. — Écriture et Église, 979.
ASSURANCE. — Économie sociale, 1557.
ASTRONOMIE. — Idée de Dieu, 297. Idée de l'homme, 301.
ATHANASE (Symbole d'), 1615. Trinité, 1655.
ATHÉE. — Morale de l'athée, 219.
ATHÉISME. — Réfutation d'un essai d'athéisme, 156.

TABLE DES MATIERES.

Système impossible, 1257. En ontologie, 1150. Devant la science physiologique, 1316. Devant les mathématiques, 1096.
ATOMES d'Épicure, 188.
ATOMISME. — En ontologie, 1170. Panthéisme, 1238.
AUGUSTIN (Saint). — Philosophe syncrétiste, 594. Ce qu'il a trouvé dans Platon, 1671. Sagesse et volonté en Dieu, 1212. Eternité des peines, 1697. Panthéisme, 1261. Prédestination, 1423. Trinité, 1655.
AUGUSTINIANISME et thomisme, 1254.
AUGUSTINIENS. — Prédestination, 1420.
AUTORITARISME. — Panthéisme, 1255.
AUTORITE. — Science et religion, 1516-1521.

B

BABEL. — Confusion des langues, 662.
BAIL (Le P.). — Enfants morts sans baptême, 1108.
BAISME. — Panthéisme, 1235.
BALS somptueux. — Casuistique chrétienne, 229.
BANQUE. — Economie sociale, 1557 et suiv.
BAPTEME. — Ablutions, 235. Enfants morts sans baptême, 545. *In re* et *in voto*, 1446. Symbole catholique, 1621. (Le sacrement de). — Distinct de celui de pénitence, 1292.
BASILE (Saint), poëte, 1572.
BEAU. — Objet de l'art identique avec l'objet de la religion, 83.
BELLARMIN et Fénelon ultramontains, 907-920.
BERKELEY. — Question de l'âme des bêtes, 219. Eucharistie, 441 et suiv. Son spiritualisme platonique, 612. Dieu esprit pur, 1177. Son idéalisme n'est pas le panthéisme, 1237.
BETES (Ame des). — Descartes, 217.
BIBLE — Art, 115. Abus de la bible, 317 et suiv. Géologie, 472. Antiquité du monde, 508. Panthéisme rationnel, 1275 et suiv. Trinité, 1658.
BICHAT. — Physiologie, 1321.
BIEN et mal. — Dans la société angélique, 76. Ce qui constitue l'un et l'autre dans l'individu, 1125.
BLUMENBACH et Camper. — Races humaines, 1348.
BONALD. — Péché originel, 359.
BONNE FOI dans l'erreur. — Nécessité de la foi catholique, 462. Devant la conscience, 878.
BONNES ŒUVRES. — Dans l'état de péché, 1125 et suiv. Dans l'état de justice, 1129.
BONTE de Dieu. — Vie éternelle, 1689.
BORDAS-DEMOULIN. — Péché originel, 352. Philosophes modernes, 577, 618.
BOSSUET. — Philosophie, 613. Panthéisme rationnel, 1269. Prédestination, 1397. Trinité, 1658.
BOTANIQUE, 1309, 1312 et suiv.
BOUDDHA. — Art, 110. Création, 280. Vie de Bouddha, 848. Trinité, 1662.
BRAHMA. — Trinité, 1661.
BUCHEZ. — Théorie de la folie, 1318, 1320, 1334. Association, 1551.
BUFFON. — Géologie, 1319. Productions spontanées et génération, 1343.
BULLE *Unam sanctam*, 913.

C

CABANIS. — Physiologie. Ame, 1314.
CAILLY. — Eucharistie, 432 et suiv.
CAJETAN. — Enfants morts sans baptême, 1696.
CALVINISME. — Panthéisme, 1235.
CAMPER et BLUMENBACH — Races humaines, 1348.
CARACTERE. — Sacrement, 1499.
CARTESIANISME. — Histoire de la philosophie, 607. Logique cartésienne, exposée et soutenue par M. l'abbé Le Brec, 1008. Les mathématiques sont cartésiennes, 1068. Dans le système cartésien sur les corps, Dieu nécessairement esprit pur, 1170. Révolution cartésienne, 1305. Prédestination, 1397.
CASTES. — Economie sociale, 1550.
CATECHISME chrétien. — L'absolu, 40. L'ontologie et le catéchisme, 1154, 1166, etc.
CATEGORIES (Les) des êtres humains quant à la vie future, 1680.
CATHOLIQUE (Genre) dans l'art, 130.
CATHOLIQUES (Peuples) dans l'industrie, 787.
CAUSES FINALES dans la nature, 1313.
CELIBAT ecclésiastique, 1225.
CENSURE ou liberté en poésie, 1382, 1587. Spectacles, 1595.
CERTITUDE. — Point de départ de la certitude, 172 et suiv. Théories fausses et vraies, 995 et suiv. Science et religion, 1523.
CHAKIA-MOUNI. — Le Christ, 848. Trinité, 1662.

DICTIONN. DES HARMONIES

CHIMIE. — Idée de Dieu, 299. Mystères, 527.
CHINE. — Cosmogonies, 280. Rédemption, 1455. Philosophes chinois. — Dieu, 1260.
CHIRURGIE, 1310.
CHRIST.— Avant et après le Christ, 1454 et suiv.
CHRISTIANISME. — Art et poésie, 122 et 1378. Economie sociale, 1552 et plus loin.
CHRONOLOGIES diverses, 669 et suiv.
CHRYSOSTOME (Saint), 423.
CIEL ET ENFER. — Symbole catholique, 1626.
CIEL. — Progrès dans le ciel, 1688. Bonheur du ciel, 1705. Ciel naturel, 1706.
CLARTE. — Qualité de l'art et de la religion, 98.
CLASSIFICATION des sciences, 1507.
CLASSIQUE (Genre) dans l'art, 129.
CLASSIQUES (Question des) en éducation, 969.
CLEMENT d'Alexandrie. — Le Verbe incarné, 1329.
CLERGE régulier. — Industrie, 777.
CODE PENAL. — Droit civil, 1572.
COLLATION de pouvoirs dans l'Eglise, 1225.
COMEDIE. — Religion, 1370.
COMEDIENS. — Morale, 1592.
COMMUNION des saints, 245 et suiv. Symbole catholique, 1614.
COMMUNISME. — Panthéisme, 1256.
CONCEPTION du Christ (La) devant la foi et devant la raison, 250. Traditions sur des conceptions virginales, 251. Mystère facile à concevoir en physiologie, 255. Symbole catholique, 1613.
CONCEVOIR et comprendre, 171.
CONCLUSIONS de la science identiques à celles de la religion, 1531.
CONCRETION des idées en Dieu, 1186.
CONCRETION et création des particuliers, 1205.
CONCURRENCE. — Economie sociale, 1550.
CONDILLAC. — Péché originel, 359.
CONFESSION (La) devant la foi et devant la raison, 254. Ce qui suit rationnellement de l'Evangile à ce sujet, 255. Ce qu'a déclaré l'Eglise, 256. Ce qui est de droit ecclésiastique, 257. Loi du Christ sur la confession. — Raison, 259. Objections, 259. Utilité morale et sociale de la confession, 261. Symbole catholique, 1615.
CONFIRMATION (Le sacrement de). — Symbole catholique, 1621. — Raison, 263.
CONFUCIUS.— L'absolu, 43. Art, 120. Dieu, 1260.
CONSCIENCE. — Ses droits et ses devoirs, 874 et suivantes.
CONSOMMATION. — Economie sociale, 1561.
CONSTITUTION de l'Eglise. — Devant la foi, 393. Devant la raison, 403. Sublimité de cette constitution, 406.
CONTENANT (Le) absolu, 197.
CONTRITION (La) en tant que partie du sacrement de pénitence. — Devant la foi et devant la raison, 265 et suiv. Espèces de contrition, 265. La vertu de contrition justifie par soi dès qu'elle existe dans sa plénitude. 265. Est-le nécessaire dans le sacrement ? 266. Un commencement d'amour de Dieu nécessaire dans la contrition, 268 et suiv. Symbole catholique, 1622.
COOPERATION de l'âme. — Sacrement, 1498.
CORPORATIONS. — Economie sociale, 1550 et suiv.
CORPS. — Systèmes sur les corps, 439, 1169, 1477. Existence des corps. — Panthéisme, 1256. En nous et en Dieu, 1647, 1681.
COSMOGONIES philosophiques et traditionnelles, 271 et suiv. Cosmogonies de la raison égarée, 272. Cosmogonies de la révélation altérée, 275. Cosmogonie de la droite raison, 278 et suiv. Partie rationnelle de la cosmogonie de Platon, 278. Partie systématique de la cosmogonie de Platon, 281. Partie traditionnelle de la cosmogonie de Platon, 283. Cosmogonies des divers peuples aujourd'hui connus, 286. Cosmogonie rationnelle et traditionnelle que l'on pourrait former sans avoir recours à Moïse en complétant Platon, 289. Cosmogonie de la révélation pure, 290.
COSMOLOGIQUES (Sciences). — Théologie naturelle et surnaturelle, 296 et suiv. Elles glorifient Dieu, 303. Elles prêchent à l'homme sa grandeur et sa petitesse, 303. Elles montrent la nécessité de Dieu, 305. Elles révèlent des lois essentielles et des lois contingentes, 306 et suiv. Elles prouvent la liberté et l'intelligence divines, 312. Elles guérissent de la superstition, 314. Et ne peuvent nuire à la révélation, 315. Physique. — Miracles, 325. Chimie.— Mystères, 527. Physique. — Anges, 550. Elles favorisent nos dogmes de la rédemption et de la grâce, 331.
COULEURS. — Physique, 301.
COURBES (Calcul des), 1091.
COUSIN. — Panthéisme, 1272.

TABLE DES MATIÈRES.

CRÉATION.—Indéfini des créations de Dieu, 74. Idées et créatures en Dieu, 1183. La création en ontologie, 1206 et suiv. Symbole catholique, 1611
CROIRE. — Ce que l'on peut croire, 59 et suiv.
CULTE. — Architecture, 80. Le culte est indépendant du pouvoir civil, 942.

D

DAM. — Peine du dam, 1708, 1718.
DÉCHÉANCE (La) de l'humanité devant la foi et devant la raison, 333. Que faut-il croire sur la déchéance pour être catholique? 335. Que peut-on croire sans blesser la foi? 337. Comment la théologie explique-t-elle le péché originel? 348. Le fait de la déchéance, tel que le présente la foi renferme-t-il quelque impossibilité rationnelle? 360. Jusqu'à quel point la raison peut-elle soupçonner la déchéance? 366. Jusqu'à quel point la critique historique peut-elle constater le fait de la déchéance? 368. Que peut-on supposer sur l'état antérieur à la déchéance? 374.
DÉCHÉANCE. — Sciences physiologiques, 1352. Système de la non-unité de souche dans la race humaine, 1345. Symbole catholique, 1611.
DE LA CHAMBRE. — Tolérance civile en religion, 955. Décret antécédent. — Prédestination, 1407.
DÉLÉGATION. — Pouvoirs ecclésiastiques, 1221, 1233.
DÉLUGE (Le) devant l'histoire sacrée et devant l'histoire profane, 379. Age du dernier déluge en géologie, 500. Moïse et la géologie du déluge, 508.
DEMEURES de la vie éternelle, 1682. Progrès, 1688. Passage d'une demeure à une autre, 1695. Populations, 1715.
DÉMONSTRATION mathématique. — Il n'y en a pas pour l'athée, 185. L'inscription de l'être dans l'esprit n'est pas nécessaire à sa démonstration, 192.
DESCARTES. — Ame des bêtes, 218. Corps, 439. Eucharistie, 446. Et son école, 607. Et Malebranche, 1212. Panthéisme, 1262. Philosophie et théologie, 1255. Résurrection des corps, 1477. Prédestination, 1393.
DESCENTE de l'Esprit-Saint sur l'Eglise, 344.
DÉSIRS dans le Christ, 749.
DESSIN, 1284.
DIEU. — L'absolu, 58. Absolutisme en Dieu, 49 Peut être démontré, 191 et suiv. La philosophie le démontre, 196 et suiv. Symbole catholique, 1610. Nécessaire à la science cosmologique, 305 et suiv. Sciences géologiques, 470. Les grandes familles des noms de Dieu dans les langues, 632 et suiv. Définition du mot, 1138. Dieu et les plus grands philosophes, 1259 à 1269.
DIFFÉRENTIEL (Calcul). — L'absolu, 1096.
DISCIPLINE ecclésiastique, 257.
DISPENSE des empêchements au mariage, 1029. Droit naturel et droit divin, 1047 et suiv. Droit ecclésiastique, 1052. Vœu, 1053. A radice, 1053.
DISTINCTION théologique 50.
DIVINITÉ. — Art et religion, 104.
DIVORCE. — Droit naturel, 1029. Droit divin, 1047.
DOGMATIQUE religieuse.— Discussion publique, 751.
DON. — Économie sociale, 1549 et suiv.
DRAMATIQUE (Poème). — Religion, 1370.
DRAME. — Morale, 1584 et suiv.
DROIT. — Espèces de droit, 1556. Questions de droit civil, 1568.
DROITS de la puissance civile, 934. Holden sur la question de la résistance, 938.
DUALISME. — Réfuté par les mathématiques, 1098.
DURÉE et ESPACE, 1136.

E

ECCLÉSIASTIQUES (Affaires).—Indépendantes du civil, 942. Élections, 402.
ÉCHANGE. — Économie sociale, 1554 et suiv.
ÉCLECTIQUES contemporains, 618.
ÉCLECTISME. Syncrétiste des premiers Pères de l'Eglise, 598.
ÉCOLES romantique et classique en peinture, 1289.
ÉCOSSAISE (Ecole). — En philosophie, 615.
ÉCRITURE. — Progrès religieux, 387.
ÉCRITURE-SAINTE. Symbole catholique, 1616. Théologie catholique, 978.
ÉDUCATION. — Observation morale, 1322.
ÉGLISE (L') catholique devant la foi, 393 à 403. Devant la raison, 405 à 420. Le Christ lui a interdit le glaive, 408. Elle n'a aucun pouvoir direct sur le civil, 907. Sa conduite avec le panthéisme, 1280. Symbole catholique, 1614.
ÉGYPTE. — Art, 118. Dieu et création, 281.

ÉGYPTIENS. — Aristote et Hérodote les font nègres, 1351.
ÉLECTIONS ecclésiastiques, 402, 1221, 1545.
ELLIPSES des planètes. — Loi contingente, 310.
ÉLOQUENCE. — Progrès religieux, 420.
ÉLUS ET appelés. 1679. État des élus, 1704. Question du nombre, 1715.
EMPÊCHEMENTS au mariage devant la nature, 1040. Devant la loi divine, 1046. Devant le droit ecclésiastique, 1051. Devant le droit civil, 1057.
EMPIRISME, 183.
ÉNERGIE. — Art et religion, 88.
ENFANTS morts sans baptême, 345, 1708.
ENFER. — État de cette demeure, 1711. Peut-on en sortir? 1699. Traditions, 1701.
ENFERS (La descente du Christ aux). Devant la foi et devant la raison, 426.
ENSEIGNEMENT. — Droit civil, 1574. Méthode, 1576.
ENTHOUSIASME. — Art et religion, 111.
ENTHYMÈME (L') de Descartes, 160.
ÉPICURE, 187.
ÉPICURE, PLATON, ZENON, etc., 579 et suiv.
ÉPICURISME. — Ontologie, 1170.
ÉPISCOPAT. — Symbole catholique, 1618
ÉPISODE. — Poésie, 1369.
ÉPOPÉE. — Poésie et religion, 1368.
ÉQUATION. — Philosophie, 1089.
ERREUR par crédulité et incrédulité, 29.
ERREUR (L'). 158. — Rédemption, 1455. Poésie, 1387.
ESCHYLE. — Rédemption, 1455. Poésie, 1387.
ESCLAVAGE. — Christianisme ; Une charte d'affranchissement, 1459. Economie sociale, 1550. Droit civil, 1568.
ESPACE (L') et le point, 1087. Et la durée, 1136. En Dieu, 202.
ESPÈCE. — Point de passage d'une espèce à une autre, 1339. Conditions de l'identité d'espèce, 1341.
ESPÉRANCE. — Elle est rationnelle en ontologie, 1191 avant et après.
ESPRIT HUMAIN. — Ses efforts vers l'absolu, 40.
ESPRIT. — PIÉTE, 430.
ESPRITS OCCULTES. — Physique, 150.
ESPRIT-SAINT (La descente de l') — Symbole catholique, 1616.
ESSENCE. — De l'absolu et du relatif, 1167 et suiv.
ÉTAT ou gouvernement — Espèces, 1556.
ÉTAT DE GRÂCE (Bonnes œuvres en dehors de l'). 1125 et suiv.
ÉTATS divers de l'autre vie, 1703.
ÉTERNITE et temps, 1205. Des peines, 1697.
ETHNOGRAPHIE, 650.
ÉTOILES (Distance des).—Herschell, etc, 208.
ÊTRE (Le mot), 1133.
EUCHARISTIE (L'). — Symbole catholique, 1621. Devant la foi et la raison, 432. Dans sa réalité figurée, 432. Dans sa réalité figurative, 437. Présence de la Divinité, 437. — Présence de l'âme, 438. Présence du corps, 439. Présence réelle possible dans tous les systèmes sur les corps, 439, 442, 444, 446.
EUTYCHÉISME. — Panthéisme, 1255.
ÉVANGILE. — Art, 122. Panthéisme rationnel, 1275 et suiv.
EXAMEN rationnel. — Eglise et foi, 402.
EXCOMMUNICATION. -- Société civile et société religieuse, 938.
EXISTENCE de l'absolu et existence du relatif, 1135 et suiv. De Dieu ; Symbole catholique, 1610. De Dieu ; Preuves métaphysiques, 197 et suiv.
EX OPERE OPERATO. — Langage et sacrement, 1488.
EXTRÊME-ONCTION. — Devant la foi et la raison, 456. Symbole catholique, 1624.

F

FACULTÉ de la raison. — Faculté de la foi, 64.
FANTASTIQUE (Corps) dans le Christ, 1482.
FATALISME. — En ontologie, 1183. — En mathématiques, 104.
FÉDÉRATION DES PEUPLES, 1576.
FEMME (Emancipation de la), 1570.
FÉNELON et Malebranche, 610. Ultramontain, 913. Substance ; Dieu ; Panthéisme, 1235. Panthéisme rationnel, 1266 et suiv. Le Télémaque, 1597.
FEU — Art et religion, 89.
FEU ÉTERNEL, 1713.
FIDÈLES (Les). — Symbole catholique, 1618. Dans l'Eglise, 401.
FIGURES géométriques. — Les lois absolues, 1088.

FINI. — Passage du fini à l'infini, 182. Dans le tout avec l'infini, 186, 1103. Dans le Christ avec l'infini, 746.
FO. — Bouddha chinois, 848.
FOI raisonnable, 59. Abus de la foi, 64. Acatalepsie de la foi, 69. Dans l'art et la religion, 110. Et raison ; A qui la priorité? 459. Certitude aimée, 466. Et science, 1513 avant et après.
FORCE, 1136.
FORMÉ. — Le mot et l'idée, 1137.
FORMULES de l'algèbre. — Langue de l'absolu, 1090.
FOSSILES. — Monuments géologiques, 481 et suiv.

G

GALILÉE. — Cosmologie et révélation, 181, 515 et suiv.
GALL. — Physiologie et philosophie, 1318 et suiv.
GALLICANISME et ultramontanisme sur les rapports des deux puissances, 904 et suiv. Sur l'infaillibilité, essai de conciliation, 821 et suiv. Dans la défense de la foi catholique, 1643.
GÉNÉRALISATION, 181.
GÉNÉRATION. — Systèmes ; Péché originel, 354.
GENÈSE. — Premiers jours de la création, ou partie cosmologique, 520. Derniers jours de la création, ou partie géologique, 503 et suiv. Déchéance, 573.
GENRE ROMANTIQUE, etc., 975.
GENRES, dans l'art, 128. D'éloquence, 420. De peinture, 1284.
GÉOGRAPHIE physique. — Bible, 472. — Botanique, 1309 Les problèmes géographiques, 1577.
GÉOLOGIQUES (Sciences). — Révélation, 469. Ce qu'elles disent sur Dieu, 470. — Sur les mystères, 471. Sur l'homme, 472. Point de géologie, minéralogie, etc., bibliques, 472 et suiv. État présent de la géologie proprement dite, 475 à 502. Harmonies de cette science avec la Genèse, 502 et suiv.
GÉOMÉTRIE (La) réfute le scepticisme, 1072. Réfute l'athéisme, 1087. Prouve l'unité de Dieu, 1099. Résumée dans une proposition, 1072 et suiv.
GLORIFICATION (La) du Christ. — Devant la foi et la raison, 509. Symbole catholique, 1614.
GOUT. — Art et religion, 91.
GOUVERNEMENT (Espèces de) et question du souverain, 1557 et suiv.
GRACE. — Art et religion, 90.
GRACE ET LIBERTÉ. — Symbole catholique, 1620. Dans l'ordre naturel et dans l'ordre surnaturel devant la foi et devant la raison, 511. Principes philosophiques de la liberté naturelle et de la grâce naturelle, 513. Principes théologiques de la liberté surnaturelle et de la grâce surnaturelle, 514. Nécessité des trois grâces naturelles pour la liberté naturelle, 517. Nécessité des trois grâces surnaturelles pour la liberté surnaturelle, 520. Coopération et résistance à la grâce naturelle dans les quatre phénomènes d'équilibre, de liberté imparfaite du bien, de liberté imparfaite du mal, et de nécessité, 524 à 535. Coopération et résistance à la grâce surnaturelle dans les phénomènes correspondants, 533. Hérésies fatalistes : Lucidus, Gotescalc, Wiclef, Luther, Calvin, Baïus, Jansénius, 537 à 541. Combinaison de l'activité divine et de l'activité humaine dans la production des phénomènes de liberté des deux ordres, 545. Systèmes thomiste, augustinianiste, moliniste, congruiste, 545 à 549. Conciliation du thomisme et du molinisme, 551 à 565.
GRACE ET RÉDEMPTION. — Leur nécessité insinuée par la physique, 331.
GRANDEUR de l'homme. — Géologiques (Sciences), 472. Cosmologiques (Sciences), 503.
GRATUITÉ des grâces naturelles et des grâces surnaturelles, 565 à 570.
GRAVURE. — Art et religion, 1284.
GRÉCO-ROMAIN (Genre). — Art et religion, 129.
GRÉCO-ROMAINE (Phase). — Art et religion, 121.
GRÉGOIRE de Nazianze. — Poésie, 1372. Enfants morts sans baptême, 1709.
GUERRE (Question de la). — Science et Révélation, 1547.
GYMNASTIQUE. — Morale religieuse, 572.

H

HARMONIE. — Art et religion, 100. Préétablie et Prédestination, 1399.
HARMONISME. — En psychologie et en théodicée, 1450.

HEGEL. — Panthéisme, 188.
HÉGÉLISME, 1239.
HÉRÉTIQUES. — Rédemption, 1446.
HÉRODOTE. — Races humaines, 1350.
HIÉRARCHIE ecclésiastique, 401 et 1226.
HISTOIRE DE LA PHILOSOPHIE ET DE LA THÉOLOGIE, 577. Eclectisme et syncrétisme en philosophie, 579 à 620. Platon, Zénon, Aristote, Epicure et Pyrrhon, 579 et suiv. Augustin et les premiers siècles de l'Église, 594. Même époque en dehors du christianisme, 600. Thomas d'Aquin et les théologiens, 601. Descartes et les modernes, 607. Eclectisme et syncrétisme en théologie, 620 à 625.
HISTOIRE DE LA SCIENCE ET DE LA RELIGION. — Harmonies dans leur développement, 1527 et suiv.
HISTORIQUES (Sciences). — Histoire sacrée, 627. Division en trois âges et faits capitaux, 627 et suiv. Dispersion des descendants de Noé, 630. Monothéisme, 631. Les quatre familles des noms de Dieu de toutes les langues, 632 et suiv. Faits sociaux primitifs; unité du langage ; unité du mariage ; absence de royauté ; absence d'esclavage ; absence d'usure ; absence de la peine de mort, 645 et suiv. Trame historique du second âge. Accord de l'histoire sacrée et de l'histoire profane, 656 et suiv. Tour de Babel ; Sodome ; sortie d'Égypte ; soleil arrêté par Josué, 662 et suiv. Antiquités chronologiques ; chronologie sacrée ; documents géologiques ; documents astronomiques ; documents historico-archéologico-chronologiques ; solution générale, 669 et suiv. Solution générale sur la chronologie, 680 et suiv.
HOMÈRE. — Art, 121. Critiqué par Platon, 1382.
HOMME (L') et la foi, 468. Caractères distinctifs de l'espèce humaine en zoologie, 1342. Races humaines, 1350.
HONNÊTETÉ. — Dévotion, 684.
HORACE. — Art et poésie, 116.
HORS DE L'ÉGLISE point de salut, 404 et 1618.
HUETISME en logique. — Exposé et réfuté par M. l'abbé Le Brec, 998.
HUMANITÉ complète dans le Christ, 746.
HYGIÈNE (L'), 1510.
HYMNE (L') au Christ de Synésius, 1377.
HYPOSTATIQUE (L'union). — Dans le Christ, 746.
HYPOTHÉTIQUE (La méthode). — Science et religion, 1516.

I

ICONOCLASTIE, 1286.
IDÉALISME panthéistique, 1239 et suiv
IDÉALITÉ. — Art et religion, 93.
IDÉE (L') de Hégel, 188.
IMITATION (L'). — Dans l'ordre naturel et dans l'ordre surnaturel, 686.
IMMACULÉE CONCEPTION (L') de Marie. — Devant la foi et la raison, 693. État de la question a priori devant la raison catholique, 693 et suiv. État de la question devant l'Écriture, la tradition et l'Église jusqu'au x⁰ siècle, 699 à 717. État de la question devant l'Église à partir du x⁰ siècle quant à la croyance dispersée, 720 et suiv. État de la question au xix⁰ siècle quant à la déclaration officielle, 728. Réponses aux objections, 731. Conséquences importantes de la définition, 736.
IMMATÉRIALITÉ de l'âme. — Physiologie, 1320 et suiv.
IMMORTALITÉ. — Art et religion, 103. (L') de l'âme tue, à la foi, l'athéisme et le panthéisme, 1433.
IMPRÉVOYANCE. — Économie sociale, 1562 et suiv.
INCARNATION (L'). — Symbole catholique, 1612. (Le mystère de l') devant la foi et la raison, 738. Doctrine théologique, 738. L'idée de l'Incarnation dans l'antiquité. 740. Rationabilité du dogme catholique, 744.
INDÉFECTIBILITÉ de l'Église, 396.
INDIEN (Panthéisme), 1239.
INDISSOLUBILITÉ du mariage. — Droit naturel, 1029. Droit divin, 1047. Droit civil, 1056.
INDIVIDUALISME et panthéisme, 1256.
INDUCTION et déduction, 190.
INDULGENCES (Les). — Devant la foi et la raison, 755. Symbole catholique, 1625.
INDUSTRIE. — Christianisme, 762. Étude de M. Feuquerav, 764 et suiv. Économie sociale, 1563.
INÉGALITÉ de distribution des grâces naturelles, 797. Des grâces surnaturelles, 799 à 820. Nécessaire pour la beauté du tout, 1678.
INFAILLIBILITÉ de l'Église, 396 et suiv.
INFAILLIBILITÉ dans l'ordre naturel et dans l'ordre surnaturel, 821 et suiv. Il y a une infaillibilité naturelle,

821. Infaillibilité naturelle, base logique de toute autre, 823. Condition des cas semblables, 824. Divers sens du mot dogme, 825. Exemple pratique tiré de la déclaration de l'Immaculée Conception, 833.
INFIDELES. — Rédemption, 1446.
INFIDELITE NEGATIVE. — Y en a-t-il une véritable? 807 à 820.
INFINI (Idée de l'), 211 et suiv. Successif et simultané, 170.
INFIRMITES humaines. — Economie sociale, 1564 et plus loin.
INSPIRATION. — Art et religion, 109. Livres sacrés, 979.
- INSTITUTION des sacrements médiate ou immédiate, 1498.
INTELLIGENCE en Dieu prouvée par les sciences cosmologiques, 513.
INTENTION intérieure et extérieure dans le sacrement, 1492.
INTERET (Prêt à), 1584 et suiv.
INTERVENTION. — Politique, 1547.
INTOLERANCE (L') armée dans l'ordre religieux. — Réfutation de ce système, 833.
INTRODUCTION du *Dictionnaire des Harmonies*. — But de l'ouvrage, 9 L'idée n'est pas nouvelle, 11. Plan de composition, 13. Opportunité, 19. Esprit de l'ouvrage, 21. Exécution, 22. Epigraphe, 23.
INVALIDATION des actes par refus de juridiction, 1250.
INVALIDITE quant à l'absolution, 1297.
INVOCATION des saints. — Symbole catholique, 1625.
IRREMISSIBILITE des fautes (Doctrine de l'), 1465.

J

JANSENISME. — Panthéisme, 1253.
JEAN (Saint). — Panthéisme rationnel, 1277.
JESUS-CHRIST. — Art, 122. Vie de Jésus. — Vies des grands chefs de religion et d'école, 845.
JUBILE mosaïque, 1360.
JUGEMENT de la raison. — Jugement de la foi, 852.
JUGEMENT des âmes. — Symbole catholique, 1614. Par le Christ, 853. — Traditions sur le jugement des morts, 853. Tableaux de Platon, 853. Rationalité de la foi catholique, 861.
JURIDICTION, 401. Collation et limitation de la juridiction ecclésiastique, 1229.
JUSTICE de Dieu dans l'autre vie, 1682.
JUSTIFICATION (La). — Symbole catholique, 1618. Devant la loi et la raison, 863. Comparaison de la rose, 865 et suiv.

K

KANT. — Son antinomie contre les preuves de Dieu, 205. Contre l'esprit, 215. Et son école dans l'histoire de la philosophie, 616.
KEPLER, 297. Lois de Kepler, 308.
KOUNG-FEU-TSEU, 850.
KRICHNA. — Dieu, — homme indien, 847.

L

LAMARK. — Physiologie, 1314. Sa théorie zoologique, 1339.
LAMENNAIS. — Logique, 996. Son système exposé et réfuté par M. l'abbé Le Brec, 1001. Trinité, 1658. Panthéisme rationnel, 1273. Unité de l'espèce humaine, 1344
LANGAGE (Unité primitive du), 650. Matérialiste, spiritualiste et surnaturaliste, 873. Le langage et le sacrement, 1486.
LAO-TSEU. — Philosophe chinois, 849. Panthéisme, 1250 et 1260. Trinité, 1663.
LAVATER, 1318 et suiv.
LEGENDE. — Poésie et religion, 1369.
LEIBNITZ et Spinosa, 184. Ame des bêtes, 218. Système sur les corps, 440. Eucharistie dans ce système, 444. Syncrétisme, 612. Monades et spiritualité de Dieu, 1175. Optimisme en ontologie, 1212. Substance, 1264. Corps et résurrection, 1479. Et Malebranche; Symbole, 1634.
LIBERTE. — En Dieu prouvée par les sciences cosmologiques, 312. De l'Ecriture nécessaire au progrès religieux, 587 et suiv. De l'éloquence, id., 421 et suiv. Morale et grâce, 511. Dans le Christ essentielle au mérite, 750. De la littérature, 973. En Dieu, 1183 et suiv. Morale révélée par la physiologie, 1328. Ou censure en matière de poésie, 1382, 1387. Morale et prédestination; exemple de Socrate et de Melitus, 1396, 1408. Civile, 1568. Morale, symbole catholique, 1620.
LIBERTE DE CONSCIENCE présentée à la foi par la philosophie et la théologie, 874. Liberté de la conscience devant elle-même ; quatre questions, 875 à 884. Question du probabilisme, 881 et suiv. Liberté de la conscience devant la puissance religieuse, 884. Le Christ a interdit à l'Eglise l'usage du glaive ; écriture et objections; tradition et objections, 890 à 902. Le Christ n'a pas donné à l'Eglise juridiction sur la puissance temporelle ; objections ; bulle *Unam sanctum* ; Ecriture, 904 à 916. Le Christ a défendu à son Eglise d'appeler à son secours le glaive des états ; Ecriture ; tradition ; pratique de l'Eglise ; objections, 920 à 929. Liberté de la conscience devant la puissance civile, 932. Limites des droits de l'Etat, 934. Obligation d'obéir à l'Etat, 938. La puissance temporelle doit garantir à tous les cultes la même liberté, 940. Vérités sur lesquelles le pouvoir civil n'a aucun droit, 941. Règlementation en matière de quoi il n'a aucun droit, 942. Vérités que l'Etat peut protéger et lois qu'il peut faire, 944. Le pouvoir civil n'a pas droit de proscrire un prosélytisme religieux, 946 à 956. La question de la tolérance dans l'état présent des sociétés, 958. Même question dans l'hypothèse du monde entier catholique, 958. Terrain commun des deux glaives, 962.
LIBERTES inviolables, 1546.
LIBRE-ECHANGE, 1568.
LICITE et validité, 1224. — Dans le sacrement, 1493.
LIMBES, 1687 et 1706.
LIMITATION de pouvoirs, 1223.
LINGUISTIQUE, 630 à 636.
LIPEMANIE. — Pathologie et psycologie, 1321.
LITHOGRAPHIE, 1284.
LITTERATURE. — Catholicisme, 962. Sacrée, 962 et suiv. Profane antique, 963. Profane depuis le christianisme, 971. Elle doit être libre, 973. De notre siècle et celle de l'avenir, 974. Celle qui est à naître, 976. Le Christianisme sera l'inspirateur du genre nouveau, 977.
LIVRES SACRES (Nos). — Devant la foi et la raison, 978. Décret du concile de Trente, 978. Révélation, inspiration, assistance et pieux mouvement, 979. Trois systèmes, 980. Raisons des trois systèmes et notre opinion, 981. Résumé, 986. Livres sacrés chez tous les peuples, 987. L'inspiration très-rationnelle, 987. Réalité de l'inspiration, 989. Exagération chez les autres peuples, 989. Autre exagération, 990. Pureté doctrinale de nos livres saints, 990. Classification de nos livres saints, 991. Conclusion de la raison, 995.
LOCKE. — Péché originel, 359. Et Condillac, 614.
LOGIQUE (Premier départ), 172.
LOGIQUE. — Certitude de la foi, 995. Les deux logiques relatives à la foi, 996. Logique générale; M. Lebrec, 997 et suiv. Huétisme exposé et réfuté, 998. Ménésianisme exposé et réfuté, 1001. Cartésianisme exposé et soutenu, 1009. Série démonstrative de la vérité totale, 1014.
LOGOS (Le) de Platon, 1668.
LOI naturelle et ordre surnaturel, 1120. Positive (Espèces de), 1121. Naturelle; Cicéron, 1671. Droit de la puissance civile en fait de loi, 944 et suiv.
LOIS de l'Eglise, 257. Du Christ, 258. Cosmologiques essentielles et contingentes, 306 et suiv. Les lois de l'Eglise devant la raison et devant la foi, 1017. Symbole catholique, 1626.
LONGEVITE avant et après le déluge, 1330.
LUMIERE. — Mystères de la lumière, 300.
LUTHER. — Art, 126. Et Voltaire, 1529.
LUTHERIANISME, 1253.
LUXE. — Economie sociale, 1562.
LYRIQUE (poëme). — Art et religion, 1369.

M

MACHINES. — Economie sociale, 1565.
MAHOMET. — Art, 126. Résurrection. 1472.
MAHOMETISME. — Panthéisme, 1253.
MAJESTE. — Art et religion, 89.
MAL. — Bien et mal dans la société angélique, 96. Moral; son essence, 878. Dieu peut-il créer un être qui se rendra méchant, 1410. Un monde où le mal l'emportera, 1721.
MALADIES héréditaires, 1333.

MALEBRANCHE et Fénelon, 610. Et Descartes, 1212. Panthéisme rationnel, 1264 et suiv.
MANOU. — Art, 120.
MARIAGE. — Philosophie, théologie et politique du mariage, 1025. Du contrat naturel; liberté du mariage, polygamie, indissolubilité, droit d'invalider et d'illiciter, 1023 à 1040. Du contrat religieux; exceptions à l'indissolubilité, législation ecclésiastique, dispenses, 1016 à 1051 Du contrat civil; devoirs et droits du pouvoir civil, 1055. Des rapports du contrat civil avec les deux autres; ce que doit être la législation de cette matière mixte, 1058. Du sacrement de mariage; matière et forme, ministre, séparation du sacrement et du contrat, 1064. Morale du mariage, 1067. Symbole catholique sur le mariage, 1624.
MATÉRIALISME. — Absurde, 175 et suiv. Réfuté par les mathématiques, 1107. En ontologie, 1172. En physiologie, 1315.
MATHÉMATIQUES (Sciences). — Philosophie religieuse, 1067. Elles réfutent le scepticisme, 1068. Elles réfutent l'athéisme; arithmétique, géométrie, algèbre, géométrie analytique, calcul différentiel, 1036. Elles réfutent le dualisme, 1098. Elles réfutent le panthéisme, 1101. Elles réfutent le fatalisme avec l'optimisme, 1104. Elles réfutent le matérialisme, 1107.
MATIÈRE et forme. — Dans le sacrement, 1502.
MÉDECINE, 1310.
MÉDIATEUR (Position de). Dans la défense de la vérité catholique, 1602.
MÈRE de Dieu (Marie), 1118.
MÉRITE naturel et surnaturel, 1123. *Ex condigno* et *ex congruo*, 1131. Mériter pour un autre, 1133.
MÉRITES (Les), 1119. Symbole catholique, 1618.
MESSE, 1504.
MÉTEMPSYCOSE (Système de la), 128. Résurrection, 1475.
MÉTÉOROLOGIE. — Bible, 472.
MÉTHODE, inventive et démonstrative, 189. Hypothétique et expérimentale, 1516.
MINÉRALOGIE. — Bible, 472.
MIRACLES. — Sciences naturelles, 325. Autorité des faits, 1509. Leur valeur probante, 1639.
MITIGATION des peines éternelles, 1690.
MOINES. — Industrie; Feugueray, 777.
MOÏSE. — Art, 115. Exécutions sanglantes, 899. Panthéisme rationnel, 1274. Législateur, 1534. Esclavage, 1369. Economie sociale, 1352 et suiv.
MOLINISME et Thomisme, 1212. Panthéisme, 1254. Concilié avec le thomisme, 1421.
MONADE (La) de Leibnitz, 187. Résurrection, 1472.
MONARCHIE. — Eglise, 406 à 420.
MONDE. — Immensité, 298.
MORALE religieuse et politique. — Absolutisme, 48. Chez l'athée, 162. Athéisme, 219.
MORALITÉ des actes dans l'ordre naturel, 1466.
MORT (La) avant la déchéance, 375. Peine de mort, droit civil, 1572. (La) dans le système de Berkeley, 1481.
MORT (Jésus-Christ) pour tous, 818.
MORTES (OEuvres), 1125.
MORTS (Sacrements des), 1501.
MOTS (Les), 1487.
MOUVEMENT elliptique des planètes, 310 et suiv.
MOYEN (Vérités de nécessité de), 1448.
MUSIQUE. — Progrès religieux, 1112.
MYSTÈRE. — Ce que c'est, 53 et suiv. Sciences naturelles, 527. Sciences géologiques, 471. Sciences psycologiques, 1328.
MYSTICISME. — Art et religion, 107. Le mysticisme chrétien est-il ennemi de l'industrie, 767.
MYTHE. — Religion et poésie, 1370.

N

NAISSANCE du Christ (La). — Devant la foi et la raison, 1113.
NATURALISME et surnaturalisme, 566, 1118 et 1253.
NATURE de l'absolu et nature du relatif, 1168 et suiv. 1191 et suiv. (La) Art de Dieu, 1286.
NÉCESSAIRE (Le) et le libre, 189.
NÉCESSITÉ. — Explication de l'athée, 188.
NESTORIANISME. — Panthéisme, 1252.
NICÉE (Symbole de), 1615.
NOMBRE infini, absurde, 1171.
NOMBRES (Lois absolues de combinaisons des), 1087.
NOSOLOGIE végétale, 1309.

NOTIONS divines, 1654.
NUMÉRABILITÉ matérielle et intelligible, 1197.

O

OBLIGATOIRES (Les lois sont), 1122.
OBSERVATIONS astronomiques anciennes, 675.
ODIN. — Art, 122.
OEUVRES (Bonnes). — Symbole catholique, 1618. Morales ou mérites, 1119. Dans l'état de péché, 1122.
ONTOLOGIE. — Catéchisme chrétien, 1134. Question des existences, 1135. Etre, substance, mode, Dieu, non-Dieu, 1138. Axiomes ontologiques, 1142. Toutes les hypothèses possibles, 1145. Examen des douze hypothèses, 1146. Conclusions, 1166. Question des essences, 1167. Spiritualité de la substance absolue dans les trois systèmes sur les corps, 1168. Trinité du mode absolu, 1179. Liberté en Dieu, 1183. Spiritualité corporelle du relatif, 1191. Question des rapports de substantialité, d'espace, de temps et de production ou création, 1200 à 1206 et suiv.
OPÉRATIONS humaines dans le Christ, 748.
OPTIMISME. — Réfuté par les mathématiques, 1106. En ontologie, 1183 et suiv. De Leibnitz, 1187. De Malebranche, 1189. Symbole catholique, 1654.
ORDRE réel et ordre logique, 165.
ORDRE (Puissance d'), 401. (Le sacrement de l'). — Devant la foi et la raison, 1220. Symbole catholique, 1624.
ORGANISME (Force centrale dans l'), 1317 et suiv.
ORGANOGRAPHIE, 1309.
ORGANOLOGIE, 1309.
ORIENTAL (Genre). — Art, 128.
ORIENTALE (Phase). — Art et religion, 114.

P

PANTHÉISME et théologie, 186. Allemand, 1119. Tous les panthéismes réfutés à la fois, 1157 et suiv. Le panthéisme devant la raison et devant la révélation, 1253. Classification des panthéismes, 1235. Par multiplication, 1237. Par unification, 1239. Panthéisme harmonique, 1243. Tendances panthéistiques dans l'ordre naturel, 1245. Tendances dans l'ordre surnaturel, 1252. Ligne moyenne ou panthéisme rationnel, 1256. Accord de la révélation avec la doctrine rationnelle sur le panthéisme, 1274. Poésie, 1377. Emploi du mot en bonne part, 1441.
PANTHÉISTE (Système), athéiste et harmoniste, 1430.
PAPAUTÉ. — Symbole catholique, 1617.
PARABOLE. — Poésie et religion, 1370.
PARADIS terrestre, 374.
PARALLÉLOGRAMME des forces. — Loi absolue, 306.
PASCAL. — Philosophe, 613.
PASSAGE de la mer Rouge, 666.
PASSION. — Art et religion, 87.
PASSION du Christ. — Symbole catholique, 1613.
PASSIONS dans la société, 1390.
PATHOLOGIE, 1310. Prouve l'âme, 1320. Péché originel, 1338.
PATRIMOINE social de M. Huet, 1566.
PAUL. — Philosophe, 623 et suiv. Lois disciplinaires, abstinence, 1021. Panthéisme rationnel, 1277 et suiv. Prédestination, 1423. Agitateur, 1519.
PÉCHÉ ORIGINEL. — Concile de Trente, 354 et suiv. Ce qu'on peut croire, 337. Système moliniste, 340. La transmission, 349. Objections contre la théorie de la privation, 360. Résumé du mystère de la déchéance, 365. Valeur de l'argument tiré des misères de la vie, 367. Sciences physiologiques, 1333. Symbole catholique, 1611.
PÉDAGOGIE. — Droit civil, 1574.
PEINE de mort, 1572.
PEINTURE. — Progrès religieux, 1282.
PÉLAGIANISME. — Panthéisme, 1253.
PÉNITENCE (Le sacrement de). — Devant la foi et devant la raison, 1291. Symbole catholique, 1622.
PÈRES de l'Eglise. — Littérateurs, 966.
PERFECTION (Idée de), 1157.
PERSÉVÉRANCE. — Persistance, 1299.
PERSONNES divines, 1633.
PHARMACIE, 1310.
PHÉNOMÉNOLOGIE du moi, 176.
PHILOLOGIE ethnographique, 650.

PHILOSOPHIE. — Absolutisme, 47. Elle ne pouvait créer l'idée de Dieu, 205. Philosophie. Théologie. leur séparation et leur alliance, 1302 et suiv. Leurs procédés distincts, 1453. Leur histoire comparée, 577 et suiv.
PHOTOGRAPHIE, 301 et 1284.
PHRENOLOGIE, 1318. Ses conclusions quant à l'âme, 1328. Diagnostic des vertus et des vices, 1328.
PHYSIOGNOMONIE, 1318.
PHYSIOLOGIE végétale, 1309. Humaine et comparée, 1309.
PHYSIOLOGIQUES (Sciences).—Anthropologie chrétienne, 1306. Glorification de Dieu, 1310. Révélation de l'âme, 1315. Révélation de la liberté morale, 1326. Probabilité d'une vie future. 1327. Leçon quant aux mystères, 1328. Bible. 1330. Longévité des premiers hommes, 1331. Péché originel possible et probable, 1332 et 1337. Unité de l'espèce humaine, 1338. Quatre systèmes sur cette question, 1338. Caractères distinctifs de cette espèce, 1342 Système de Buffon. 1343. Lamennais, 1344. Rejet de la pluralité de souches, 1346. Etat de la science physiologique sur l'unité d'espèce et de souche, 1347. Races humaines, 1348. Antiquité des races distinctes, 1350. Question des transitions, 1353. Propositions que la science tend à établir, 1354. Modifications possibles dans les races, 1355. Temps nécessaire, 1359. Le type caucasien est probablement celui d'où tous sont sortis et où tous rentreront, 156.
PHYSIQUE, 299.
PHYTOGRAPHIE, 1309.
PLAN d'une philosophie catholique, 1306
PLATON. — L'absolu, 42. Cosmogonie. 278. Platon, Zénon, Aristote, Epicure et Pyrrhon, 579. Platon jugé par Bordas-Demoulin, 586. Platon; Le Christ. 850. Mortification des sens, 1020. Platon et Zénon, 1212. Panthéisme, 1258. Rédemption, 1454. Résurrection, 1473. Poésie et drame, 1379. Critiquant Homère, 1382. Spectacles, 1593. Trinité, 1663.
PLATONIENS (Auteurs) des premiers siècles de l'Eglise, 598.
POESIE. — Progrès religieux, 1306. Classification des œuvres poétiques, 1367. Philosophie et religion, mères des poésies, 1368 et suiv. Saint Basile, saint Grégoire de Nazianze, Synésius, 1370. Poésie ressource puissante pour la religion, 1379. Sa force ; Platon, 1379. Censure ou liberté, 1382. Platon critique les poètes, 1382. Malgré Platon, liberté, 1387.
POETES. — Devoirs quant à la morale, 1385. Caractères, 187.
POINT (Le) géométrique, 1087.
POLITIQUE. — Absolutisme, 49. Du mariage, 1058.
POLYGAMIE.— Droit naturel, 1021. Droit divin,1027. Droit civil, 1036.
POLYTHEISME —Panthéisme, 1258. Devant la raison et la révélation, 1392.
POPULATION des diverses demeures de l'autre vie, 1715. Economie sociale, 1564.
POUVOIRS de l'Eglise, 305. (Limitation des), 1223. D'ordre, 1224.
PRATIQUE (Point de vue) et point de vue théorique, 1554.
PREADAMITES, 1545.
PREDESTINIANISME. — Panthéisme, 1258.
PREDESTINATION et réprobation dans les deux ordres, 1417.
PREDICATION chrétienne, 1392.
PREMARE (Le P.). — Trinité de Lao-tseu, 1666
PRESBYTERAT. — Symbole catholique, 1618.
PRESCIENCE et prédestination dans l'ordre naturel et dans l'ordre surnaturel, 1592. Prescience nécessaire, 1393. Foi catholique, 1394. Prédestination appliquée à l'ordre naturel, 1395. Ordre entre les presciences et décrets, 1399. Exemple de Socrate et de Melitus, 1408. La question appliquée à l'ordre surnaturel, 1417. Subordination de la prédestination à la prescience, 1418. Semi-pélagiens et Augustiniens, 1419. Thomistes et Molinistes; les premiers ont raison en sens composé, les seconds en sens divisé, 1421. Augustin sur la prédestination, 1423. Paul expliqué, 1425.
PRET. — Economie sociale, 1554.
PRIERE entre les vivants et les morts, 216. Base ontologique de la nationalité de la prière, 1181.
PRIERE pour les morts. —Symbole, 1624.
PROBABILISME, 877 et suiv.
PROCUREUR (Mariage par), 1066.
PRODUCTION. — Economie sociale, 1518. De la grâce dans le sacrement, 1489.
PROGRES (Le) et la constitution de l'Eglise, 305. Dans les demeures de la vie éternelle, 1688.

PROPHETIES et miracles de la Bible. — Histoire, 660.
PROPRIETE. — Economie sociale, 1518.
PROTECTION. — Economie sociale, 1568.
PROTESTANTISME. — Peinture, 1286.
PROVERBES de Salomon. — Trinité, 1672.
PSYCHOLOGIE. — Catéchisme chrétien, 1430.
PUDEUR. — En peinture, 1288.
PUISSANCE de la religion et de la science, 1525.
PUISSANCES (Rapports des deux), 907 et suiv.
PURGATOIRE, 1624 et 1698.
PYTHAGORE, 218 et 584, et le Christ, 850.

Q

QUALITES, 1137.
QUANTITE intelligible, 1136.
QUIETISME chrétien. — Panthéisme, 1258.

R

RACES humaines, 1348. Unité d'espèce, 1354.
RAM MAHAN-RAE, savant brahmane, 1217.
RAISON (Abus de la), 66. (Acatalepsie de la), 69. Révélation, 1455.
RAISON et FOI ou les reliques d'Augustin. — Poème, 1730.
RATIONALISME. — Panthéisme, 1258. Traditionalisme, 1440. Autoritarisme, en science et en religion, 1516 et siv.
RATIONNEL (Le) et le mystérieux, 55.
REALISME et nominalisme, 602.
REALITE ou réalisme. — Art et religion, 95.
REALITE des vérités du symbole catholique, 1656
REDEMPTION (Le mystère de la). — Devant la foi et la raison, 1442. Théologie de la rédemption, 1444 et suiv. Voies ordinaires et extraordinaires, 1445 à 1452. Philosophie de la rédemption, 1453. Etat du monde avant le Christ, 1454. Ce qui se passe à la venue du Christ et état du monde après le Christ, 1457. Universalité de la Rédemption, 1461. Symbole catholique, 1612.
REFROIDISSEMENT de la terre, 476.
REGLEMENTS ecclésiastiques, 257.
RELATIF (Le) et l'absolu, 38. Substance, 1140. Mode, 1141.
RELATIONS DIVINES, 1634
RELIGION. — Architecture, 98. Ecriture, 392. Chrétienne. — Poésie, 1378.
RELIQUES et images. — Symbole, 1625.
REMISSION des péchés dans l'ordre de la nature et dans l'ordre de la grâce, 1465. Symbole catho que, 1614.
REPROBATION positive et négative, 1413.
RESURRECTION de la chair (La). — Devant la révélation et la raison, 1467. Ce qu'en disent nos livres saints, 1467. Traditions en dehors du christianisme, 1471. Raison, 1474. Objection, 1475. Réponse dans les trois systèmes sur les corps, 1477. La mort dans le système de Berkeley, 1481. Symbole catholique, 1615.
RESURRECTION du Christ (La). — Devant la foi et la raison, 1481. Symbole catholique, 1615.
REVELATION. — L'absolu, 44. Sa définition, 979
REVALIDATION d'un mariage nul, 1055.
ROGER BACON. — Ses prédictions, 689
ROMAINS (Décadence des), 259.
ROMANS. — Religion, 1568
ROMANTIQUE (Genre). — Art, 128. En littérature, 975
ROUSSEAU — Spectacles, 1584. Eternité des peines, 1702

S

SACERDOCE (Degrés de), 1226.
SACRAMENTELLE (Grâce), 1502.
SACREMENT (Le) catholique. — Le langage naturel, 1485. Symbole catholique, 1621.
SACRIFICE de la messe. — Devant la foi et la raison, 1505. Symbole catholique, 1622.
SAGESSE de Dieu. — Sciences cosmologiques, 1313

SAINTETÉ. — Art et religion, 105.
SALOMON. — Trinité, 1672.
SALUT. — Dieu veut le salut de tous, 815, 1444 et 1461.
SATIRE. — Poésie, 1371.
SATISFACTION. — Symbole catholique, 1623.
SCEPTICISME, réfuté par les mathématiques, 1068.
SCEPTIQUES modernes, 617.
SCHISMATIQUES et hérétiques.—Rédemption, 1446.
SCIENCE (Absolutisme dans la), 47. Impossible pour l'athée, 185. Division logique de la science, 185 et suiv. Elle précède la volonté en Dieu, 1399.
SCIENCE. — Religion, 1506. Idée générale de la science humaine, et classification des sciences, 1507. Harmonies générales de la science et de la religion, 1512. Elles sont sœurs par leur nature intime, 1512. Sœurs dans leur objet, 1513. Sœurs dans leurs moyens, 1516. Sœurs dans leurs caractères, 1521 et suiv. Sœurs dans leur puissance, 1525. Sœurs dans leur développement, 1527. Sœurs dans leurs conclusions, 1531.
SCOLASTIQUE (La). — Ses avantages, 342.
SÉDUCTION et anathème. — Art et religion, 94.
SEMI-PÉLAGIANISME, 511 et 512.
SENS (Peine du), 1718 et 1703.
SENSIBILITÉ. — Art et religion, 80.
SÉRIE démonstrative de la vérité naturelle et surnaturelle, 1014.
SERVAGE. — Économie sociale, 1550.
SIMPLE (Le) et le tout, 182.
SIVA. — Trinité, 1661.
SOCIALES (Sciences). — Morale catholique, 1535. Avertissement, 1534. Questions politiques, 1535. Celle du souverain; réponse de la science, 1535. Réponse de la révélation, 1539. Élections, 1543. Que peut le souverain ? 1540. Guerre entre souverains, 1547. Questions économiques, 1548. Production; principes scientifiques; vices constatés; moyens proposés, 1548 à 1551. Réponses de la révélation, 1551 et suiv. Échange; principes scientifiques; vices constatés; l'usure; moyens proposés, 1557. Réponses du christianisme, 1558. Consommation; principes scientifiques; vices constatés; moyens proposés, 1565. Réponses du christianisme, 1566. Économie sociale internationale, 1568. Questions de droit, 1568. Liberté civile et esclavage, 1568. État civil de la femme, 1570. Peine de mort, 1572. Question pédagogique, 1574. Question internationale, 1576. Réponse de la science la plus avancée, 1576. Réponse de l'Église catholique, 1581.
SOCRATE. — Le Christ, 850. Rédemption, 1454. Socrate et Mélitus pris pour exemple dans l'explication de la prédestination, 1408.
SODOME (Destruction de), 666.
SOLEIL arrêté par Josué, 668.
SOLIDARITÉ humaine universelle, 249.
SOUCHE (Unité de) dans l'espèce humaine, 1346.
SOUFFRANCE dans le Christ, 751.
SOULÈVEMENTS des montagnes, 481.
SOUVERAIN (Question du) en politique, 1535 et suiv.
SPECTACLES. — Morale religieuse, 1584. Théologie catholique, 1596.
SPINOSA, 187. Dans l'histoire de la philosophie, 614. La substance, 1263.
SPINOSISME, 1240. En ontologie, 1174.
SPIRITUALISME. — Art et religion, 107. Sciences physiologiques, 1315.
SPIRITUALITÉ de Dieu, 1169. De l'âme humaine, 1191. Le moi ne peut être corps pur en aucun sens, 1192. Ne peut être esprit-corps au sens cartésien, 1194. Peut être esprit-corps au sens leibnitzien, 1195. Est nécessairement esprit-corps au moins au sens de Berkeley, 1199.
STOÏCIENS. — Panthéisme, 1245. Prédestination, 1397.
STOÏCISME et platonisme, 1212.
STRATÉGIE dans la défense de la vérité catholique devant le progrès de la science, 1599.
SUBSTANCE (Le mot), 1136. En Dieu, 1200. Définition cartésienne, 1244. Définition de la substance, 1262.
SUPERSTITION —Science naturelle, 514.
SURNATUREL (La possibilité du), 1442.
SURNATURELS (Les faits), 1658.
SYLLOGISME, 159. Attaqué par l'athéisme, 189.
SYMBOLE (Le) catholique devant la foi et devant la raison, 1608. Énumération des articles 1610 et suiv. Dialogue entre la raison et le symbole, 1626 et suiv.
SYNCRÉTISME entre Descartes et Malebranche, 1215.
SYNÉSIUS. — Poète, 1374.
SYSTÈME. — Exposé d'un système athée, 138.

T

TABLEAU INDICATEUR de l'ordre à suivre dans la lecture du *Dictionnaire des Harmonies*, 25.
TAO-SSE. — Mystiques chinois, 1251.
TEMPLE (Le) chrétien, 82.
TEMPS (Le) en Dieu, 1205.
TÉRATOLOGIE végétale, 1309. Animale, 1310.
TERRE (Centre de la) incandescent, 475.
THÉÂTRE. — Morale chrétienne, 1584.
THÉOCRATIE. — Église, 406 à 420.
THÉODICÉE, 1644.
THÉOLOGIE (Histoire de la), 620. Économie sociale, 1533.
THÉRAPEUTIQUE, 1310.
THOMAS d'Aquin et les théologiens, 601. Panthéisme rationnel, 1261. Enfants sans baptême, 1708.
THOMISME et molinisme, 1212. Panthéisme, 1231.
THOMISTES et molinistes conciliés sur la prédestination, 1421.
TOLÉRANCE et austérité. — Art et religion, 94.
TOLÉRANCE ecclésiastique en religion, 920. Civile en religion, 916. Dans l'état présent des sociétés, 958. Dans l'hypothèse du monde entier catholique, 958.
TOTALISME en ontologie, 1185 et suiv.
TOUT (Droit d'employer le mot), 181 et 191.
TRADITIONNALISME. — Atteint par quatre propositions de la Congrégation de l'Index, 1017. Panthéisme, 1255.
TRADITIONS. — Sur des conceptions virginales, 251. Sur la déchéance, 368. Sur le déluge, 379. Sur la Rédemption, 1455.
TRAGÉDIE, 1370.
TRANSMISSION du péché originel, 1353.
TRAVAIL (Le) avant la chute, 377. Économie sociale, 1548 et suiv.
TRÉSOR de l'Église (Le), en fait d'indulgences, 759.
TRIADES diverses, 1660.
TRIMURTI des Indiens, 1660. Des bouddhistes, 1662.
TRINITÉ de Dieu en ontologie, 1179. Symbole catholique, 1600.
TRINITÉ (La) rationnelle. — La Trinité révélée, 1644. Série logique de la Trinité humaine à la Trinité divine, 1645. Trinité humaine constatée, 1646. Trinité divine déduite, 1649, accord de la révélation avec la raison, 1653. Le dogme de la Trinité avant le Christ, 1658.

U

UNITÉ. — Loi fondamentale de l'art et de la religion, 94. Idée de l'unité absolue en arithmétique, 1086. Unité de Dieu prouvée par les mathématiques, 1098.
UNIVERSALITÉ. — Science et foi, 1522. Art et religion, 102. Science et religion, 1524.
USURE. — Économie sociale, 1556.
UTILE (L') et l'agréable, 1283.
UTOPIE et application. — Ordre social, 1534

V

VALIDITÉ et licité, 1224. En juridiction, 1230. Dans le sacrement, 1495.
VARIÉTÉS. — Histoire naturelle, 1353.
VARIGNON. — Son système sur l'Eucharistie, 452.
VEDANTA (Panthéisme du), 1240.
VEDAS et Vedanta expliqués par Ram-Mohan-Raé, 1247.
VEDA VYASA. — Art. 163. L'absolu, 43.
VENTE. — Économie sociale, 1554.
VERBE. — seul incarné dans le Christ, 744. Le Verbe incarné; Clément d'Alexandrie, 1329.
VÉRITÉ. — Définition, 163 et suiv. Pouvoir civil, 911.
VÉRITÉS sociales que doit protéger le pouvoir civil, 944.
VICHNOU. — Trinité, 1661.
VIE ÉTERNELLE. — Symbole catholique, 1615.

VIE ETERNELLE (La). — Devant la raison et devant la foi, 1677. Devant la stricte justice, 1678. Devant l'infinie bonté, 1688. Questions curieuses, 1694. Celle de la possibilité du passage d'une demeure dans une autre, 1695. Celle des états des diverses demeures, 1703. Celle de la population des diverses demeures, 1715. Celle de la possibilité de relations, 1727.
VIE FUTURE indiquée par la physiologie médicale 1227.
VIREY 126. Bory de saint Vincent, Desmoulins, etc.; leurs systèmes sur l'espèce humaine, 1340.
VIRGILE. — Poésie, 1387.
VIRGINITÉ de Marie conservée dans sa maternité, 1117.
VISIBILITE de l'Eglise, 401.
VOEU. — Empêchement au mariage et dispense, 1053.

VRAI (Le), le bien et le beau. — Science et religion, 1514.
VYASA. — Création, 280.
WICLEFISME. — Panthéisme, 1253.

Z

ZEND-AVESTA, 1665.
ZENON, Platon, etc., 579.
ZERVANE-AKERENE, Ormonzd et Honover, 1665.
ZODIAQUES de Dendera et d'Esté, 672.
ZOOLOGIE. — Son hommage à la gloire de Dieu, 1312.
ZOROASTRE.—Art, 217. Cosmogonie, 280, et le Christ, 819. Rédemption, 1456. Trinité, 1664.

FIN.

Imprimerie MIGNE, au Petit-Montrouge.

www.ingramcontent.com/pod-product-compliance
Lightning Source LLC
Chambersburg PA
CBHW070858300426
44113CB00008B/878